U0936015

# 中国文化产业年鉴

# CHINA CULTURAL INDUSTRIES YEARBOOK

# 2010

中国文化产业年鉴编辑部编纂

中国经济出版社
CHINA ECONOMIC PUBLISHING HOUSE
北京

**图书在版编目（CIP）数据**

中国文化产业年鉴/中国文化产业年鉴编辑部编

北京：中国经济出版社，2010.12

ISBN 978－7－5136－0419－2

Ⅰ.①中… Ⅱ.①中… Ⅲ.①文化—产业—中国—2010—年鉴 Ⅳ.①G124－54

**中国版本图书馆 CIP 数据核字（2010）第 237053 号**

责任编辑 张路中 余静宜 刘 艳

责任审读 霍宏涛

责任印制 常 毅

封面设计 白朝文

**出版发行** 中国经济出版社

**印 刷 者** 北京市京津彩印有限公司

**经 销 者** 各地新华书店

**开 本** 889mm×1194mm 1/16

**印 张** 彩页：4.75 正文：52.5

**字 数** 1853 千字

**版 次** 2010 年 12 月第 1 版

**印 次** 2010 年 12 月第 1 次

**书 号** ISBN 978－7－5136－0419－2/Z・954

**定 价** 260.00 元

**中国经济出版社** **网址** www.economyph.com **社址** 北京市西城区百万庄北街 3 号 **邮编** 100037

本版图书如存在印装质量问题，请与本社发行中心联系调换（联系电话：010－68319116）

▲ 2009年10月9日，世界媒体峰会在北京人民大会堂开幕。国家主席胡锦涛出席开幕式并发表重要讲话。

▲ 2009年3月30日，中共中央政治局常委、国务院总理温家宝一行视察湖北省武汉市江通动画股份有限公司。

▲ 2009年1月16日，中共中央政治局常委李长春考察新闻出版总署。图为李长春在行政受理大厅参观。

▲ 2009年10月13日，正在德国进行正式访问的中国国家副主席习近平出席法兰克福书展中国主宾国活动开幕式。

▲ 2009年8月14日，全国文化体制改革经验交流会在江苏南京召开。中共中央政治局委员、中央书记处书记、中宣部部长刘云山、国务委员刘延东等为全国文化体制改革先进企业颁奖。

▲ 2009年11月26日，北京文博会期间，中共中央政治局委员、国务委员刘延东（中）在国家广电总局副局长张海涛（右）的陪同下，参观北京人民广播电台展台，并了解北京人民广播电台数字广播的发展情况。

## 文化部文化产业司

文化部文化产业司的主要职能包括拟订文化产业发展规划和政策，起草有关法规草案；扶持和促进文化产业建设与发展；推进文化产业信息化建设；指导文化产业基地和区域性特色文化产业群建设；督促重大文化产业项目实施，负责推进对外文化产业交流与合作。

2009年文化产业司完成的主要工作包括：（一）产业政策和规划工作。第一，组织编写了《当前形势下加快文化产业发展的研究报告》一书，为国务院发布《文化产业振兴规划》起到了重要的铺垫作用。第二，下发了《文化部关于加快文化产业发展的指导意见》，制定了《文化产业投资指导目录》，提出了文化产业的十个发展方向和发展重点、十项主要任务和十条保障措施，对社会资本进入文化产业进行了积极的引导和规范。（二）建立文化产业投融资体系。第一，积极推进金融支持文化产业发展相关文件的出台。2009年4月，商务部、文化部、广电总局、新闻出版总署、中国进出口银行联合出台《关于金融支持文化出口的指导意见》。2009年8月，文化部与中宣部、财政部、中国人民银行、银监会、证监会、保监会、外汇管理局等部门成立“金融支持文化产业发展跨部门工作小组”，开展联合调研，共同研究制订金融支持文化产业发展的政策文件。第二，开展政银合作拓宽文化产业融资渠道。2009年三四月，文化部分别与中国进出口银行、中国银行签订了《关于扶持培育文化出口重点企业、重点项目的合作协议》和《支持文化产业发展战略合作协议》。此外，中国进出口银行与深圳华强集团有限公司签订了贷款额度为100亿元的《支持文化科技产业“走出去”战略合作协议》，重点支持华强集团自主知识产权原创文化科技产品出口、大型项目输出及文化科技产业园的建设。中国银行和中国对外文化集团公司签署了《中国银行与中国对外文化集团公司战略合作协议》。第三，积极推进文化产权交易平台试点的建立。借力已挂牌的上海文化产权交易所、深圳文化产权交易所，以及北京产权交易所、中国人民大学文化科技园管委会、中国社科院等专业机构，对文化产权、无形资产登记、评估、抵质押和交易等环节进行研究，设计符合我国文化产业发展规律，被金融机构认可的无形资产评估、抵质押和交易体系，搭建公共服务平台。（三）积极参与部直属单位转企改制和组建文化产业集团的相关工作，大力培育文化市场主体。参与推动中国文化报、中国东方歌舞团、中国对外文化集团、文化市场发展中心和中国演出管理中心的转企改制工作，为组建中国动漫集团、中国演艺集团和中国文化传媒集团与北京、天津、河北等地积极沟通并进行了实地考察。（四）大力推动动漫产业加快发展。第一，2009年9月，中央编办印发了对文化部、广电总局、新闻出版总署《“三定”规定》中有关动漫、网络游戏和文化市场综合执法部分条文的解释（中央编办发〔2009〕35号），进一步明确了文化部是动漫的主管部

▲ 3月9日，文化部与中国进出口银行签订《关于扶持培育文化出口重点企业、重点项目的合作协议》。

▲ 1月12日，2009年全国文化厅局长会议在北京召开。

▲ 4月24日，文化部与中国银行签订《支持文化产业发展战略合作协议》。图为文化部副部长欧阳坚、中国银行副行长陈四清分别代表文化部与中国银行签约。

▲ 5月15日，在第五届中国（深圳）国际文化产业博览交易会开幕式上，文化部部长蔡武致辞。

门，为文化行政部门的动漫工作提供了有力的制度保证。第二，在各方面的共同努力下，中国动漫集团有限公司于2009年11月挂牌成立，国家动漫产业综合示范园和中国动漫游戏城分别于2009年7月和10月启动建设。第三，2009年6月，文化部与财政部、国家税务总局就实施《动漫企业认定管理办法（试行）》的有关问题下发通知（文产发〔2009〕18号）。7月，财政部、国家税务总局发布了《关于扶持动漫产业发展有关税收政策问题的通知》，明确了对经认定的动漫企业在增值税、企业所得税、营业税、进口关税、进口环节增值税等税种上的优惠政策。第四，由文化部等十部门联合主办的首届中国动漫艺术大展系列活动于2009年10月–11月在京举行。第五，2009年6月，文化部发布了关于加强动漫游戏会展交易节庆等活动管理的通知》（文产发〔2009〕19号）。确定了对动漫游戏会展“控制总量，分类管理，加强规划和指导”的总体原则，明确了对动漫游戏会展等活动的审批程序，并提出了加强监管的要求。第六，2009年上半年文化部启动了“原创动漫推广计划”，通过专题展览等形式，先后在深圳、上海、天津、贵阳、拉萨、南昌、北京等地区向公众集中展示以“原创动漫扶持计划（2008）”所扶持的优秀原创动漫作品为代表的一批我国优秀原创动漫作品。（五）加强对国家文化产业基地和园区的管理工作。在委托各省、自治区、直辖市文化厅局完成2009年国家级文化产业示范基地自检的基础上，通过对各地的巡检报告和相关材料进行认真分析，起草了2009年度基地巡检报告和巡检情况简表。为加强和规范国家级园区的创建、发展和监管，正在起草《国家级文化产业示范园区管理办法》。（六）加快中国文化产业走出去步伐。第一，举办相关论坛与研讨会。“中国—东盟文化产业论坛”；“中英音乐剧论坛”；“中欧文化产业论坛”。

▲ 11月25日，第四届中国北京文化创意产业博览会在北京开幕，图为文化部部长蔡武致辞。

2009中国吉林国际动漫游戏论坛。第二，11月，文化部与商务部、广电总局、新闻出版总署共同评审了2008年国家重点出口文化企业的业绩，并通过中央财政发放奖金5800万元。四部委还联合发布了《2009－2010年度国家文化出口重点企业目录》和《2009—2010年度国家文化出口重点项目目录》，并在第二届中国服务贸易大会上举行了授牌仪式。第三，推动动漫产业对外交流、走向世界。组织动漫企业赴日本参加第八届东京国际动漫节，取得显著成果。文化产业司就动漫游戏出口形势起草的《文化要情》得到了中央领导同志的批示，根据领导批示精神，文化产业司起草了动漫游戏出口奖励办法。3月，文化产业司以国家团的方式组织国内数十家动漫企业赴日本参加东京国际动漫展，签约金额与合作意向近1亿元人民币。

▲ 11月12日，中国东方歌舞团转企改制组建的中国东方演艺集团有限公司，中国文化报社转企改制组建的中国文化传媒集团有限公司，文化部文化市场发展中心、中国演出管理中心转企改制共同组建的中国动漫集团有限公司同时在京成立。三家集团有限公司是文化系统首批由经营性文化事业单位直接转制为国有独资公司的中央文化企业。

## 国家广播电影电视总局办公厅

国家广播电影电视总局的职责任务包括：（一）研究并拟定广播电视宣传和影视创作的方针政策，把握舆论导向；指导广播电视宣传和广播影视创作并协调其题材规划；指导广播电影电视管理体制改革。（二）研究并起草广播电影电视事业管理的法律、法规；制订广播电影电视管理规章和事业的发展规划；监督管理广播电视节目、卫星电视节目收录和通过信息网络向公众传播的视听节目；负责用于广播电台、电视台播出的广播电视节目的进口管理并负责内容审核。（三）审批县级以上（含县级）广播电视播出机构和电影、广播电视节目、电视剧制作单位的建立和撤销；组织审查在广播电视中播出的电影、电视剧及其他节目的内容和质量；发放和吊销电影摄制、公映许可证和电视剧制作、发行许可证。（四）管理广播电影电视科技工作，制订有关技术政策和标准，指导广播电影电视系统适用高新技术的科学研究和开发应用；研究广播电影电视方面的经济政策。（五）按照国家的统筹规划、宏观政策和法律法规，对广播电视专用网进行具体规划并管理；制订广播电视专用网的具体政策、规章和技术标准，指导分级建设和开发工作，保证广播电视节目的安全播出；受信息产业部委托，编制广播电视专用频段规划，指配广播电视频率（频道）和功率等技术参数；参与制订国家信息网络的总体规划。（六）领导中央人民广播电台、中国国际广播电台和中央电视台（以下简称“中央三台”），对其重大宣传进行协调和检查，统一组织和管理其节目的传输覆盖。（七）研究制订广播电影电视系统外事工作的有关规定；管理并指导广播电影电视对外和对香港特别行政区及澳门、台湾地区的交流与合作。（八）承办党中央、国务院交办的其他事项。

▲ 2009年8月14日，中宣部副部长、国家广电总局局长王太华（左四）考察江苏省广播电视监测台。

▲ 2009年11月24日，四川省甘孜州委州政府在北京向国家广电总局汇报工作并表示感谢。图为甘孜州政府州长李昌平（左）向国家广电总局副局长赵实（右）递送奖牌。

▲ 2009年10月27日，国家广电总局副局长张海涛（右二）在浙江省东阳市考察广播影视惠民工程。

办公厅是国家广播电影电视总局党组和总局领导的办事机构，是总局负责处理日常综合事务的内设机构。主要职能包括：负责协调机关司局和直属单位的工作，督查督办总局重要部署、重要文件、会议决议及领导批示的贯彻落实；拟订广播电影电视政策，负责组织对广播影视工作中的重大问题进行调查研究，指导广播电影电视领域的体制机制改革，承办地方广播电影电视重大改革方案的审批工作；负责总局重要文件的起草、修改工作，审核以总局党组和总局名义发布的文件；收集、整理与本系统相关的信息，编辑、报送信息刊物和工作刊物；负责总局文电办理、机要文件和总局党组、总局印章的管理工作；负责以总局党组和总局名义召开会议的会务工作；负责总局档案和保密工作，对机关司局和直属单位的档案和保密工作进行指导和检查；负责人大代表、政协委员的建议和提案的办理工作；负责本系统的来

▲ 2009年12月7日，时任国家广电总局副局长胡占凡（中）与广东省领导一同出席2009年中国（广州）国际纪录片开幕式启动仪式。

信来访工作；负责总局政务公开、信息公开、新闻发言工作；负责总局值班和突发事件应急管理中的综合协调工作，负责与中央和国家机关、各省（区、市）广电部门的联络事宜；负责机关国有资产、政府采购、基本支出和项目支出的管理，委托并指导监督机关服务中心行政后勤事务和服务工作；负责总局政务信息化工作的指导、协调和政府网站的建设、管理工作；协调总局扶贫工作；负责国家广播电影电视总局部级社科课题研究项目组织实施工作；协调安排总局领导活动，完成总局领导交办的其他事项。办公厅设6个处（室）：办公室、秘书处（总局值班室、总局档案室、总局

▲ 2009年5月15-16日，国家广电总局副局长田进（中）到厦门广播电视集团调研对台宣传工作，并出席台海宽频编辑部挂牌仪式。

保密办公室）、综合处（总局信访办公室、总局新闻办公室）、改革发展处、研究处、机关财务处。

根据国家广电总局的统计，2009年，全国广播电视综合人口覆盖率比2008年分别增长了0.35和0.28个百分点，为96.31%和97.23%。2009年，全国有线广播电视用户预计1.74亿户，比2008年增加了1000万户，增长了6.10%。其中，随着有线网数字化改造，数字电视用户达6199万户，占全国有线广播电视用户的35.63%，比2008年增加1672万户，增长36.94%；付费数字电视用户705万户，占全国有线户数的4.06%，比2008年增加256万户，增长57.02%。

2009年，广播电视总收入预计1665亿元，比2008年增加82亿元，增长5.18%。实际创收收入预计1467亿元，占总收入的88.11%，比2008年增加116亿元，增长8.59%。

▲ 2009年12月18日，国家广电总局召开新年电影招待会，国家广电总局副局长张丕民(右一)接见外国嘉宾。

2009年，广播电视广告收入预计752亿元，占总收入的45.22%，比2008年增加50.17亿元，增长7.15%。其中广播广告收入75.83亿元，占广告收入的10.09%，比2008年增加3.27亿元，增长4.51%；电视广告收入654.03亿元，占广告收入的86.98%，比2008年增加44.84亿元，增长7.36%。

2009年，有线电视网络收入预计391.01亿元，占总收入的23.52%，比2008年增加21.51亿元，增长5.82%。其中，有线电视收视费预计269亿元，占总收入的16.18%，比2008年增加19亿元，增长7.61%。付费数字电视收入25.42亿元，比2008年增加11.21亿元，增长78.89%。

2009年，全年故事片产量达到456部，较2008年增长50部，生产动画片27部，纪录片19部，科教片52部，电影频道节目中心供电视播映的数字电影110部。

2009年，全国城市的电影票房收入到达62.06亿元，在2008年票房增幅30%的基础上，本年度同比增幅达到42.96%。其中，献礼影片票房成绩累计超过10亿元，超过50%的献礼影片进入主流院线排映。

2009年，国产电影的海外销售收入27.7亿元，全国各电影频道播放电影的收入16.89亿元，全年电影综合效益106.65亿元，同比增幅26.47%。

截至2009年12月31日，全国农村已组建农村数字电影院线218条，数字电影放映队28730支，落实了2009年农村电影公益性放映场次补贴专项资金3.3亿元，共放映农村电影781.0334万场，观众人次达18.15亿。

## 国家新闻出版总署出版产业发展司

国家新闻出版总署的主要职责是：（一）起草新闻出版、著作权方面的法律、法规草案；研究拟定新闻出版业的方针政策；制定新闻出版、著作权管理的规章和重要管理措施并组织实施和监督检查。（二）制定新闻出版业的发展规划、宏观调控目标和产业政策并指导实施；制定全国出版、印刷、复制、发行单位总量、结构、布局的规划并组织实施；参与拟定新闻出版业的经济政策和有关的经济性宏观调控措施；指导、推进新闻出版业的改革。（三）审批新建出版单位（包括图书出版社、报社、期刊社、音像出版社、电子出版物出版社等，下同）和出版物（包括图书、报纸、

▲ 4月25日，新闻出版总署署长柳斌杰在第十九届全国图书交易博览会开幕式上发表讲话。

期刊、音像制品、电子出版物等，下同）总发行单位；审批音像制品和电子出版物复制单位；审批著作权集体管理和涉外代理等机构；核准新闻出版外商投资企业和出版物进出口单位及其在境外设立的类似机构。（四）对新闻出版活动（包括出版物的出版、印刷、复制、发行、进出口贸易等）实施监督管理；查处或组织查处违禁出版物和出版、印刷、复制、发行、进出口单位的违规活动。（五）审核互联网从事出版信息服务的申请，对互联网出版信息内容实施监督管理。（六）拟订出版物市场"扫黄打非"的方针、政策和计划并指导实施，查处或组织查处非法出版物和非法出版活动；组织、协调各有关部门和地方的"扫黄打非"工作；组织、协调、指导"扫黄打非"集中行动和大案要案的查处工作。（七）拟订出版物市场的宏观调控政策、措施并指导实施；对出版物市场实施监督管理。（八）负责音像制品出版、复制管理和电子出版物出版、复制、发行管理。（九）负责全国印刷业（包括出版物印刷、包装装潢印刷及其他印刷品的印刷）的监督管理。（十）组织、指导党和国家重要文件、文献以及教科书和其他重点出版物的出版发行工作。（十一）管理著作权工作，查处或组织查处有重大影响的著作权侵权案件和涉外侵权案件；代表国家处理涉外著作权关系，组织参加著作权的双边或多边条约、协议的谈判、签约

▲ 5月20日，新闻出版总署署长柳斌杰等领导同志为中国版权保护中心版权登记大厅启动仪式剪彩。

和国内履约活动。（十二）负责新闻出版和著作权对外交流与合作的有关工作；承办政府间文化协定中有关新闻出版、著作权项目的执行工作；管理、协调图书、报纸、期刊和电子出版物的进口贸易；组织、推动出版物的出国（境）展览、展销和出口贸易。（十三）负责国家古籍整理出版规划工作。（十四）编制新闻出版业科技发展规划和信息化、网络化、标准化规划并指导实施，组织协调新闻出版业的科技进步工作。（十五）编制新闻出版业和著作权管理队伍建设、人才培养规划并指导实施；负责新闻出版业和著作权管

▲ 5月21日，中央各部门各单位出版社体制改革工作会议在北京举行。

理工作全国性评奖和表彰活动。（十六）承办党中央、国务院交办的其他事项。

出版产业发展司为国家新闻出版总署有内设机构。主要职能包括拟订新闻出版业发展改革的方针政策；承办报业、出版和发行集团改革方案的审批工作；拟订新闻出版业和印刷业的发展规划、调控目标和产业政策；参与拟订新闻出版业和印刷业的有关政策和调控措施；制定印刷业总量、结构、布局的规划并组织实施等。

▲ 10月15日，中国新闻出版总署署长柳斌杰（左）在德国法兰克福国际书展上向德国柏林国家图书馆馆长芭芭拉·沙伊德尔赠送由方正集团出版的“中华数字书苑”数字图书馆，内有2万多种中文书籍。

2009年，新闻出版业全行业总产出为10668.9亿元；实现增加值3099.7亿元，占同期国内生产总值的0.9%；营业收入10341.2亿元；利润（结余）总额893.3亿元。不包括数字出版的全行业资产总额为11848.5亿元，净资产（所有者权益）为6168.3亿元，纳税总额为620.3亿元。

2009年，全国共出版图书30.2万种，其中新版图书16.8万种，重版、重印图书13.3万种，总印数70.4亿册（张），总印张565.5亿印张，定价总金额848.0亿元。图书出版总产出477.7亿元，实现增加值188.5亿元，营业收入462.8亿元，利润（结余）总额74.8亿元。

▲ 11月10日，全国新闻出版统计工作会议在北京召开。

2009年，全国共出版期刊9851种，平均期印数1.7亿册，总印数31.5亿册，总印张166.2亿印张，定价总金额202.4亿元。期刊出版（包括相关广告业务）总产出150.3亿元，实现增加值70.2亿元，营业收入146.0亿元，利润（结余）总额12.4亿元。

2009年，全国共出版报纸1937种，平均期印数2.1亿份，总印数439.1亿份，总印张1969.4亿印张，定价总金额351.7亿元。报纸出版总产出646.0亿元，实现增加值280.4亿元，营业收入627.6亿元，利润（结余）总额70.4亿元。

2009年，全国共出版录音制品12315种，出版数量2.4亿盒（张），发行数量2.6亿盒（张），发行总金额11.9亿元；出版录像制品13069种，出版数量1.6亿盒（张），发行数量1.2亿盒（张），发行总金额8.1亿元。音像制品出版总产出20.0亿元，实现增加值7.7亿元，营业收入19.4亿元，利润（结余）总额2.3亿元。

▲ 11月26日，全国百佳图书出版单位命名大会在京举行。

2009年，全国共出版电子出版物10708种、2.3亿张。电子出版物出版总产出6.5亿元，实现增加值2.0亿元，营业收入6.3亿元，利润（结余）总额0.6亿元。

2009年，数字出版总产出799.4亿元，实现增加值234.6亿元，营业收入799.4亿元，利润（结余）总额63.9亿元。

2009年，全国出版物进出口经营单位累计出口图书、报纸、期刊、音像制品、电子出版物92.0万种次、896.2万册（份、盒、张）、3498.8万美元，累计进口图书、报纸、期刊、音像制品、电子出版物82.1万种，2811.3万册（份、盒、张），31032.3万美元，进出口总额34531.2万美元，逆差27533.5万美元。出版物进出口总产出53.6亿元，实现增加值6.6亿元，营业收入53.2亿元，利润（结余）总额2.8亿元。

1月1日，中央电视台牵头创建的中国电视新闻协作网（www.cctvnnn.com）正式开通。

1月10日–11日，第6届中国文化产业新年国际论坛在北京大学举行。

1月4日至5日，全国宣传部长会议在北京举行。

1月19日，2009年中国广播影视大奖·广播电视节目奖暨第21届“星光奖”颁奖典礼在北京举行。

1月7日，2009年全国旅游工作会议在北京召开。

2月11日–12日，2009年全国广播影视科技工作会议在上海召开。

2月20日，2009年广电新年发展论坛颁奖盛典在北京举行。

4月25日，第19届全国图书交易博览会在山东济南开幕。

3月13日，全国省级卫视电视剧合作与发展战略研讨会在北京召开。

5月15日，第五届中国（深圳）国际文化产业博览交易会在深圳会展中心隆重开幕。

3月25日，2009年全国广播影视法制工作会议在湖北武汉召开。

6月12日，第15届上海电视节“白玉兰”奖颁奖典礼在上海举行。

6月18日，中国广播联盟成立大会在北京举行。

7月3日－7月6日，第五届中国国际动漫游戏博览会在上海展览中心举办。

6月22日，中国文化产业30人论坛在北京举行。

7月6日–7月9日，第三届中国数字出版博览会在北京国际会议中心举办。

2009年6月13日，第十二届上海国际电影节开幕式在上海大剧院举行。

7月7日–7月8日，2009年全国广播影视局长会议在北京召开。

7月11日，2009年第四届中国国际设计艺术博览会在北京展览馆开幕。

8月12日，新闻出版总署署长柳斌杰与中国银行股份有限公司董事长肖钢在北京签署《支持新闻出版业发展战略合作备忘录》。

7月19日，2009中国国际动漫教育与人才战略高峰论坛在黑龙江哈尔滨举行。

8月14日，全国文化体制改革经验交流会在南京召开。

7月23日–26日，第七届ChinaJoy展会（中国国际数码互动娱乐产品及技术应用展览会）在上海举行。

8月26日至29日，第7届中国国际影视节目展和第18届北京国际广播电影电视设备展在北京举办。

9月1日，中国广播影视大奖电影华表奖（第13届）颁奖盛典在北京举行。

9月29日至10月5日，第二届中国国际漫画节在广州举行。

9月3日，第16届北京国际图书博览会在北京开幕。

10月9日，世界媒体峰会在北京人民大会堂开幕。10月10日，世界媒体峰会全体会议通过共同宣言。

9月8日，中国电视剧第27届“飞天奖”颁奖典礼在北京举行。

10月19日，第四届创意中国·和谐世界文化产业国际论坛在中国传媒大学召开。

10月23日，第二届中国国际动漫创意产业交易会在安徽芜湖举行。

10月30日至11月1日，第16届中国国际广告节在广西南宁举行。

10月25日，第二届中国国际版权博览会在北京开幕。

11月5日，2009年全国艺术创作会议在重庆召开。

10月27日至11月18日，首届中国动漫艺术大展在中国美术馆举行。

11月19日至22日，中国国际旅游交易会在昆明举行。

11月25日，第四届中国北京国际文化创意产业博览会在北京开幕。

12月3日，全国制播分离改革论坛在福建泉州举办。

11月25日，第五届泛珠三角出版论坛在广西南宁举办。

12月17日至19日，2009年中国动画年会在海南海口举行。

11月26日至29日，第四届中国北京国际文化创意产业博览会在中国国际展览中心举行。此次文博会共签署合作意向、协议322个，总金额55.2亿美元。

12月28日，中国网络电视台正式上线。

1月7日至10日，2009北京图书订货会举行。

8月27日，2009年第12届北京国际艺术博览会开幕。

5月27日，北京市政府直属国有独资文化公司——北京演艺集团成立。

8月20日，2009年中国·石家庄第四届国际动漫博览交易会开幕。

8月17日，北京动漫游戏产业联盟成立。

4月27日，天津滨海国际影业有限公司成立。

7月1日，国家动漫产业综合示范园正式落户天津滨海新区中新生态城。

9月15日，2009吉林国际动漫游戏论坛在长春开幕。

10月30至11月1日，中国天津演艺交易博览会举办，文化部常务副部长欧阳坚、中共天津市委副书记、市长黄兴国为演博会鸣锣开幕。

6月26日，北方联合出版传媒（集团）股份有限公司分别与天津出版总社、内蒙古新华发行集团股份有限公司签署《战略合作框架协议》。

10月31日，中国演艺交易史上的首场演艺剧(节)目拍卖会在天津举行。12件拍品成交，成交金额2000余万元人民币。

8月28日至9月1日，第三届东北文博会在沈阳市辽宁工业展览馆举办。800多家文化企业参展，项目签约额达330亿元，参展参观总人数超过300万人次。

3月7日，新华社音视频部和黑龙江电视台全面战略合作意向协议签字仪式在北京举行。

6月12日，2009年第四届甘肃省文化产业博览交易会项目签约仪式。

7月19日，2009中国国际动漫教育与人才战略高峰论坛在哈尔滨举行。

6月15日，国内首个综合性文化产权交易平台——上海文化产权交易所正式揭牌。

7月5日，“五方电影投资联盟”在西安签约。

6月24日，上海文广新闻传媒集团（SMG）版权中心正式挂牌。

7月4日，第五届中国国际动漫游戏博览会开幕现场。

4月28日，2009年中国义乌文化产品交易博览会开幕。

7月31日，科技部、国家广电总局和上海市政府在上海举行中国下一代广播电视网启动暨上海示范网合作协议签字仪式。

9月3日，安徽美术出版社与日本株式会社学习研究社就漫画《三国演义》日文版权输出签署正式协议。

10月18日，第十一届中国上海国际艺术节开幕演出——《王昭君》。

10月23日，2009年第二届中国国际动漫创意产业交易会开幕典礼。

4月17日，首届福建版权创意精品展在福州开幕。

5月，山东省委副书记、省长姜大明同志（中）视察大型水上实景演出《蒙山沂水》演出基地。

10月30日，第二届海峡两岸（厦门）文化产业博览交易会举行。

12月，山东省三大文化产业集团成立，图为省委常委、宣传部长李群（左）出席揭牌仪式。

10月30日至11月1日，2009年第五届海峡两岸图书交易会在厦门举行。

8月12日，河南省人民政府与国家开发银行在北京签订我国金融业首例支持文化产业发展的合作备忘录。

2月5日，湖北省新闻出版工作会议暨首届湖北出版政府奖颁奖大会在武昌召开，湖北省委书记罗清泉、省长李鸿忠为获奖单位和个人颁奖。

7月11日，第五届两岸经贸文化论坛现场。

11月2日，第八届华中图书交易会在武汉开幕，湖北省委常委、宣传部长李春明宣布交易会开幕。

11月17日，深圳文化产权交易所成立。

5月20日，湖南卫视国际频道（HuNan TV World）在香港正式开播。

12月30日，2009年首届中国国际影视动漫版权保护和贸易博览会举行。

5月1日，2009中国昆明国际文化旅游节昆明狂欢节开幕。

12月3日，广西壮族自治区主席马飚（左二）在自治区党委常委、宣传部长沈北海（左一）的陪同下深入广西新华书店集团考察文化体制改革及文化产业发展进程。

10月28日，2009中国—东盟文化产业论坛在南宁隆重开幕，来自国内以及文莱、柬埔寨、印尼、老挝等东盟国家和美、英、日等国的专家、企业家共200多人列席会议。

1月17日，深圳华侨城集团打造的中国西南旅游娱乐基地成都欢乐谷开园。

12月3日，广西文化体制改革暨文化产业发展工作座谈会在广西南宁召开，自治区主席马飚（左三）出席会议并讲话。出席会议的自治区领导还有自治区党委常委、宣传部长沈北海（右三），自治区副席李康（左二）。

6月1日，第二届中国成都国际非物质文化遗产节隆重开幕。

11月6日至8日，第十届四川电视节在成都开幕。

3月22日，第33届香港国际电影节开幕。

8月20日，2009年中国拉萨雪顿节展佛活动现场。

11月28日，金马奖最佳女主角奖获得者李冰冰（中）和金马奖最佳男主角奖获得者张家辉（左）、黄渤（右）合影。当日，第46届台湾电影金马奖颁奖典礼在台北举行。

5月15日，新疆维吾尔自治区党委宣传部副部长施生田参观第五届中国（深圳）国际文化产业博览交易会新疆展馆。

7月22日至28日，第二十届香港书展在香港会展中心隆重举行。

1月1日，2009中国生态旅游年启动仪式在海南三亚举行。

8月19日，重庆市文资公司与工商银行重庆市分行正式签署100亿元意向性融资的《金融战略合作协议》。

2月12日，中国·移动多媒体广播上海商业运营启动暨合作签约仪式举行。

10月23日，第11届北京国际旅游节开幕。

6月5日，天津市委常委、宣传部长肖怀远与天津市副市长李文喜共同启动彩球，宣布北方报业印务股份有限公司正式成立。

11月19日，2009中国国际旅游交易会现场。

# 中国传媒大学

## Communication University of China

中国传媒大学是教育部直属的国家“211工程”重点建设大学，其前身是创建于1954年的中央广播事业局技术人员训练班。1959年4月，经国务院批准，学校升格为北京广播学院。2004年8月，北京广播学院更名为中国传媒大学。学校位于中国北京城东古运河畔，校园占地面积46.36万平方米，总建筑面积37.71万平方米。

中国传媒大学坚持“结构合理、层次分明，重点突出、特色鲜明，优势互补、相互支撑”的学科建设思路，充分发挥传媒领域学科特色和综合优势，形成了以新闻传播、广播影视艺术、信息科学与技术为龙头，文学、工学、管理学、法学、经济学、理学等多学科协调发展，相互交叉渗透的学科体系。目前，学校设有16个学院、4个研究院，拥有新闻学、广播电视艺术学2个国家重点学科，1个国家重点培育学科，4个北京市重点学科，4个博士后科研流动站，24个博士点，48个硕士点，4个专业硕士类别，79个本科专业。

中国传媒大学致力于高层次应用型、复合型创新人才培养。建校50多年来，学校培养了大批广播电视领域高层次人才，为党和国家的传媒事业以及经济社会的发展作出了重要贡献，被誉为“中国广播电视人才摇篮”、“信息传播领域的知名学府”。学校现有全日制在校生近15000人，其中普通全日制本专科生9000余人，博士、硕士研究生近4000人；有继续教育在读生15000余人。

中国传媒大学坚持“结构合理、层次分明，重点突出、特色鲜明，优势互补、相互支撑”的学科建设思路，充分发挥传媒领域学科特色和综合优势，形成了以新闻传播、广播影视艺术、信息科学与技术为龙头，文学、工学、管理学、法学、经济学、理学等多学科协调发展，相互交叉渗透的学科体系。

中国传媒大学校训：立德 敬业 博学 竞先

3月31日，中国传媒大学李培元书记在全校深入学习实践科学发展观活动动员大会上讲话

作为信息传播研究领域的学术重镇，中国传媒大学致力于传媒内容和形式创新研究、传媒高新技术研发和为政府企事业单位决策咨询服务，形成了一批重要科研成果。学校建有艺术研究院、传播研究院、新媒体研究院和文化产业研究院，建有教育部人文社会科学重点研究基地广播电视研究中心、广播电视数字化教育部工程研究中心、媒介音视频教育部重点实验室、国家语言资源监测与研究中心有声语言分中心，建有“高等学校学科创新引智计划”——数字媒体工程创新引智基地、教育部非通用语种人才培养基地和国家动画教学研究基地。

3月23日，苏志武校长主持“教育部、文化部高等学校动漫类教材建设专家委员会第一次主任工作会议”

面向未来，中国传媒大学秉持“植根传媒、依托社会、面向世界开放办学”的办学理念；继承办学传统，创新教育模式，发挥学科的特色和优势；努力将学校建设成为中国传媒与文化事业发展的人才库、科技库、思想库和信息资源库，力争早日实现建设世界知名高水平传媒大学的奋斗目标。

# 文化产业研究院

The Institute of Cultural Industry

依托中国传媒大学学科集群和科研优势，文化产业研究院(下称研究院)于2008年12月正式成立，下辖文化创意产业研究所、文化贸易研究所、娱乐产业研究所、非物质文化遗产研究所、软实力研究所等5个学术研究机构。

研究院拥有一支跨学科、多元化的教学科研队伍。近年来承接了包括中国国家各部委、各省市以及联合国南南合作局、澳大利亚等国内外课题百余项，推出了《文化创意产业前沿》丛书、《中国城市文化消费报告》等著作，出版了《中国文化产业》杂志、《中国娱乐产业》杂志，学术成果斐然。由其主办的品牌活动“创意中国•和谐世界”文化产业国际论坛、“中国文化产业三十人论坛”、“中国文化产业学院奖”评选更是被誉为业界年度盛事。

在学生培养上，研究院开设了区域文化产业发展、文化产业市场、文化产业投融资管理、娱乐产业发展与管理，文化产业项目策划等硕士方向，同时面向社会开展多层次的文化产业培训。

自成立以来，研究院致力于国际学术建设。目前已与剑桥大学穆勒中心、伦敦国王学院、澳洲昆士兰科技大学、美国马里兰大学等二十多所国际知名高校建立了合作关系。

面对未来国家大力振兴文化产业的历史机遇，中国传媒大学文化产业研究院不断开拓进取，正逐步成为中国文化产业领域的重要智库。

文化产业研究院院长 范周

# 领导关怀 政要关注

中国传媒大学文化产业研究院一直深受各级领导的关爱和支持，先后有近百位中央及地方政府各部门的领导莅临我院指导工作。同时，多名外国政要亦高度关注我院的发展。政府的大力支持，领导的亲切关怀，国际友人的广泛关注，为中国传媒大学文化产业研究院提供了不断前行和发展的动力。

全国政协副主席厉无畏同志出席我院发起主办的“中国文化产业三十人论坛”并发表了“创意经济与创意社群”的主题演讲。

中共中央政治局委员、中共北京市委书记刘淇同志参观第四届北京文博会中国传媒大学展台。

中共中央政治局委员、国务委员刘延东同志参观第四届北京文博会中国传媒大学展台。

国务委员、公安部部长孟建柱同志参观第四届北京文博会中国传媒大学展台.

国家新闻出版总署署长、国家版权局局长柳斌杰同志莅临我院指导工作。

国家安全生产监督管理总局局长骆琳参观第四届北京文博会中国传媒大学展台。

司法部部长吴爱英同志参观第四届北京文博会中国传媒大学展台。

联合国副秘书长甘巴里亲切接见范周院长。

北京市委宣传部部长蔡赴朝同志莅临我院参观指导。

美国商务部部长骆家辉为我院《文化创意产业参考》杂志（现更名为《中国文化产业》）题词。

# 学科建设与专业设置

文化产业研究院学术委员主任齐勇锋

## 研究生教育

### 硕士方向

| 培养类型 | 所属专业或门类 | 方向名称 |
| --- | --- | --- |
| 学术型硕士 | 传媒经济学 | 区域文化产业发展 |
| | | 文化市场营销 |
| 艺术硕士 | 广播电视 | 文化产业项目策划 |
| | | 文化市场 |

### 博士方向

| 所属专业或门类 | 方向名称 |
| --- | --- |
| 传媒经济学 | 文化产业政策研究 |
| | 区域文化产业发展研究 |
| | 文化经济研究 |

## 2009年起招收艺术学方向博士后

# 信息平台

《中国文化产业》杂志（原《文化创意产业参考》杂志）是面向全国公开发行的理论月刊，由中国传媒大学文化产业研究院主办，创办于2006年7月。《中国文化产业》以“信息通达，政策导向，决策参考“为功能定位，以“主流影响力，权威洞察力，时事传达力”为发展定位，旨在传递省、市、县域文化产业工作动态，发布各地各部门文化产业工作信息，交流文化产业学术研究、产业研发先进经验，为政府文化产业与文化体制改革主管部门提供决策参考，为各地进行文化产业规划、政策制定提供学术导向，致力于为中国文化产业发展提供主流舆论，发布权威动态，解剖最新政策，传达各级动态，塑造中国文化产业的核心理论读本。

中国娱乐产业网站旨在提供最新、最快、最专业、最全面的娱乐产业资讯。网站为娱乐产业研究提供了一个大众娱乐与产业学术研究相结合的网络传播交流平台。详细划分了娱乐产业各个领域的讯息集合。

网址：www.ceicn.com

作为中国传媒大学文化产业研究院英文门户网站。ICI在线以促进本院国际学术交流为宗旨，积极打造文化产业教学与科研的国际交流平台。本网站以传播本院科研成果为基础，以国际高校间的学术交流和产业间的经验分享为两翼，以新闻报道、特色园区介绍、企业案例分析、重大科研项目公关、人才培训特色教育等多个版块为主体，向海内外立体式地展示中国传媒大学文化产业学科的教学、科研与最新动态。网址：www.egici.com.cn

“中国文化产业学术网”是文化产业研究院的门户网站。作为目前国内唯一的文化产业方向的学术网站，中国文化产业学术网以理论创新和社会服务为出发点，为文化产业学术课题的交流与对接，文化产业人才培养的开发与教育，文化产业前沿理论的传播与探索等方面提供绿色通道。同时，中国文化产业学术网还设有项目库和专家库，致力于通过网站建构一个立体化得优秀项目展示和发布的平台，产学研的交流与合作平台。网址：http://ici.cuc.edu.cn/

《中国文化产业年鉴》主编、副主编

《中国文化产业年鉴》是一部翔实记录和反映全国文化产业年度发展状况的大型综合性、权威性、资料性年刊，也是我国文化产业研究领域信息容量大、资料索引全、可供长期保存和反复查阅的大型工具书，具有“存史”和“镜鉴”价值。从2010年起每年定期出版，每册约150万字。

文化部文化产业司、广电总局办公厅、新闻出版总署出版产业发展司等为《中国文化产业年鉴》的指导单位。

《中国文化产业年鉴》编辑部设在中国传媒大学文化产业研究院，文化产业研究院院长范周教授任主编。

中国文化产业30人论坛是中国传媒大学联合中国社科院、北京大学、清华大学、上海交通大学共同举办。至今已举办两届，在各位政府部门领导和各位专家、学者的关心和支持下，中国文化产业30人论坛已经逐渐成为国内文化产业学术交流的重要平台。

2009年6月20日-21日，为了对中国文化产业发展的过去十年进行一次全面梳理与总结，同时对中国文化产业发展下一个十年的基本走向、趋势和模式进行前瞻性的判断，有关国家文化体制改革与文化产业发展主管部门领导以及来自全国10余所科研院校的文化产业知名专家学者参加了在北京举行的“中国文化产业30人论坛”。

# 会议研讨

## 中国文化产业三十人论坛

第一届中国文化产业30人论坛现场

# “创意中国·和谐世界”文化产业国际论坛

“创意中国•和谐世界”文化产业国际论坛是由中国传媒大学、澳大利亚昆士兰科技大学联合主办的国际高端产业论坛，自2006年始至今已成功举办四届。每届论坛均邀请二十多个国家和地区的专家学者及文化企业与会研讨、交流，已经延伸为高校、政府、企业间重要的文化活动。

## 第一届论坛——嘉宾云集　国际对话

首届“创意中国•和谐世界”文化产业国际论坛于2006年10月在中国传媒大学隆重举行，政府官员、国内外知名专家、学者、产业界人士云集一堂，以“创意中国”与“和谐世界”为主题展开高峰论坛。

苏志武校长在第一届“创意中国·和谐世界”文化产业国际论坛上讲话

第一届“创意中国·和谐世界”文化产业国际论坛全景

## 第二届——走出校园　业界争鸣

第二届“创意中国•和谐世界”文化产业国际论坛于2007年10月在北京798艺术园区隆重举行。此届论坛以“园区与文化创意产业：规律、政策、走向”为主题，邀请包括美国、欧盟、澳大利亚等十几个国家的文化产业从业人员和研究者，共同探讨园区与文化产业发展的关键问题。

第二届“创意中国•和谐世界”文化产业国际论坛全体与会代表

## 第三届——校市合作　亮点纷呈

第三届“创意中国•和谐世界”文化产业国际论坛于2008年12月在河北省承德市隆重召开。此届论坛以“资本•创新•融合”为主题，国内外政府官员、专家学者和产业精英就年度热点进行了广泛交流和深入探讨。此届论坛选址承德，是中国传媒大学文化产研究院实施“走出去”战略、强调政产学研统一融合的集中体现。

第三届“创意中国•和谐世界”文化产业国际论坛讨论现场

## 第四届——追踪热点　谋求全球突破

第四届“创意中国•和谐世界”文化产业国际论坛于2009年10月在中国传媒大学隆重举行。此届论坛以国际金融危机和当前国务院正式颁布的《文化产业振兴规划》为背景，以“全球突破：国家文化产业振兴”为核心主题，探讨金融危机和全球化背景下各国文化产业的发展模式.来自国内政府主管部门、理论界、产业界及来自英国、法国、德国、澳大利亚、马来西亚等10余个国家的专家学者约100余名嘉宾共襄盛举。此届论坛中国传媒大学文化产业研究院携手中共南京市委宣传部共同举办，进一步彰显了文化产业研究院的智库作用。

## 学院奖

作为国内唯一一个文化产业学术类公益评选活动，作为一个以大学为核心的学术评选活动，“全球文化产业学院奖”通过重点考核和评判国内外文化产业的整体竞争力，力推世界文化产业的优秀成果和经典案例，并着重于以学术的引导力和测评力反映文化产业发展状况，广泛关注全球范围内具示范性和领军性的创意城市、富有特色和具有典型性的文化产业园区以及具有引导性和创新性的学术专著，并通过评选活动作为纽带，加强中国文化产业产学研等诸多方面与国际的交流和接轨。

# 文化产业理论研究基地

中国传媒大学文化产业研究院理论研究基地是深化文化产业教学科研，发挥智库作用，服务政府、企业的重要平台，是文化产业研究院探索政产学研一体化建设的具体举措。

## 理论研究基地基本职能：

（一）课题拓展职能

（二）人才培养职能

（三）信息集散、推广宣传职能

苏志武校长参加云南省文化产业基地揭牌仪式

理论与实践基地签约现场

## 文化产业研究院理论实践基地

黑龙江省、河北省、辽宁省、浙江省、江苏省、云南省、广东省、北京市朝阳区、上海市杨浦区、江苏省南京市、辽宁省大连市、浙江省台州市、河北省承德市、山东省济宁市、甘肃省酒泉市、中国电影集团公司、首都广播电视节目制作业协会、澳门影视协会、中国电影发行协会、航天科技集团、四川广电集团。

# 国际交流

中国传媒大学文化产业研究院紧抓中国经济迅速腾飞的历史机遇，逐步建立起全方位、开放性、国际化的合作交流机制。

苏志武校长与澳大利亚昆士兰科技大学文化产业研究会中心主任坎宁安共同签署合作协议

## 建立合作关系的机构

| | |
|---|---|
| 英国 | 国王学院　伍斯特大学 |
| 澳洲 | 昆士兰科技大学　昆士兰大学　阿德莱德大学 |
| 法国 | 巴黎一大 |
| 台湾 | 台湾师范大学　台湾逢甲大学 |
| 韩国 | 中央大学 |
| 新加坡 | 新传媒集团 |

文化产业研究院与新加坡新传媒集团签署关于联合培养文化创意产业人才协议

文化产业研究院与英国伍斯特大学人文与创意艺术学院达成合作协议

范周院长与台湾逢甲大学经营管理学院签订协议

巴黎第一大学科学与经济学院教授泽威尔•格拉菲教授向范周教授赠书。

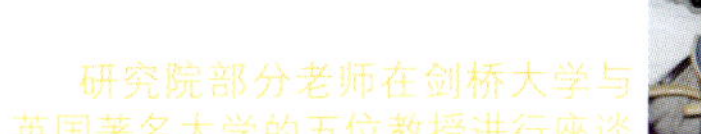

研究院部分老师在剑桥大学与英国著名大学的五位教授进行座谈

与中央大学达成合作意向。

文化产业研究院在凤凰卫视欧洲台调研

文化产业研究院部分教师赴东南亚考察

非洲多国政要访问我院

文化产业研究院部分教师赴日本考察

# 科研成果

文化产业研究院近五年科研经费合计超过3000万。

1、国务院各部委、全国哲学社科规划办、北京市立项的科研项目（部分）

| | |
|---|---|
| 1 | 国家社科基金重大项目：《我国文化产业政策研究》 |
| 2 | 国家社科基金一般项目：《中国文化服务贸易国际竞争力研究》 |
| 3 | 中宣部：《文化产业统计指标体系研究》 |
| 4 | 中宣部：《金融危机背景下的文化发展机遇》 |
| 5 | 中宣部《文化因素在经济社会发展中的作用》 |
| 6 | 中宣部、文化部：《国际文化发展报告》 |
| 7 | 文化部：《文化部2009年五大事业单位文化体制改革研究》 |
| 8 | 文化部：《文化体制改革视域下的文化事业单位转制研究》 |
| 9 | 文化部：《推进国有文艺演出院团转企改制加快发展的政策需求研究》 |
| 10 | 文化部：《文化事业单位转企改制中公益性职能转变研究》 |
| 11 | 文化部：《中国文化产品出口结构分析》 |
| 12 | 文化部：《中国文化产品进出口评价指数编制研究》 |
| 13 | 文化部：《民营资本进入文化产业领域的现状、问题及对策建议》 |
| 14 | 商务部：《中国文化产品出口对策研究》 |
| 15 | 商务部：《中国文化产业"走出去"战略研究》 |
| 16 | 国家版权局：《中国表演者权利与舞台作品版权保护研究》 |

2、各种地方政府、企事业单位、研究机构等委托研究或合作研究的项目（部分）

| | |
|---|---|
| 1 | 《北京市西城区文化创意产业发展规划研究》 |
| 2 | 《北京市石景山区文化创意产业发展规划（2008年－2010年）》 |
| 3 | 《北京市朝阳区文化创意产业"十一五"规划》 |
| 4 | 《京北汤河川满族民俗文化产业发展规划及系列子活动方案》 |
| 5 | 《"木偶城堡"可行性报告、市场调研及营销战略规划》 |
| 6 | 《上海市杨浦区全球创意城市发展规划》 |
| 7 | 《上海市建设文化大都市建议书》 |
| 8 | 《天津市数字电视产业化战略研究》 |

（续表）

| | |
|---|---|
| 9 | 《天津市团泊新城西区传媒产业整体规划》 |
| 10 | 《河北省商务厅“招商引资与软实力”研究》 |
| 11 | 《辽宁省沈阳市文化产业发展规划纲要（2008–2012年）》 |
| 12 | 《辽宁省大连旅顺口区文化产业发展规划（2009–2020年）》 |
| 13 | 《新疆旅游局旅游品牌塑造与推广规划》 |
| 14 | 《浙江横店影视产业实验区重大活动规划》 |
| 15 | 《浙江省台州市文化产业发展规划》 |
| 16 | 《筹办北京“故宫造办处”文化发展有限公司项目可行性报告》 |
| 17 | 《苏州金阊区“十一五”文化发展规划调研报告》 |
| 18 | 《新兴媒体出版内容监管》 |
| 19 | 《怀来县鸡鸣驿文化产业发展规划》 |
| 20 | 《平泉县文化产业发展总体规划及配套园区发展规划》 |
| 21 | 《河北玉田县文化产业发展规划》 |
| 22 | 《唐山玉田北方影视与民俗文化产业园规划》 |
| 23 | 《曲阳雕塑文化产业振兴规划》 |
| 24 | 《山东济宁市文化产业发展规划》 |
| 25 | 《山东国际影视生态城规划》 |
| 26 | 《宿迁运河文化城项目策划》 |
| 27 | 《丰台文化创意产业发展规划》和《卢沟桥集聚区发展规划》。 |
| 28 | 《“文化昆明”建设行动纲要》 |
| 29 | 《怒江傈僳族自治州文化产业“十二五”规划》 |
| 30 | 北京市：《北京市文化创意产业影视、动漫等研究与人才培训基地》 |
| 31 | 北京市：《中国广告博物馆及其他文化创意产业项目》 |
| 32 | 中国广播电影电视协会：《文化多元化与广播电视生态研究》 |
| 33 | 中国广播电影电视协会：《新媒体形态研究》 |

3、近五年该团队取得的科研成果，及所获得的省部级以上科研奖励。

科研成果：

近五年来，文化产业研究院科研人员在全国各类期刊上发表论文300余篇。部分专著如下：

| | |
|---|---|
| 1 | 《文化创意产业前沿》丛书（6卷本） |
| 2 | 《中国文化产业新思考》 |
| 3 | 《文化娱乐产业的评价与发展》 |
| 4 | 《动画文化学》 |
| 5 | 《文化产业系列丛书》（5卷本） |
| 6 | 《文化产业经营系列丛书》（3卷本） |
| 7 | 《国际文化贸易系列丛书》（4卷本） |

科研奖励：

| | |
|---|---|
| 1 | 文化产业研究院官方网站“中国文化产业学术网”2006年被教育部评为“全国十佳高校学术网站”； |
| 2 | 文化产业研究院自办杂志《中国文化产业》（公开出版发行）杂志获2008年北京市文化创意产业专项资金奖励； |
| 3 | 文化创意产业发展研究中心（2008年更名为文化产业研究院）获2006,2007最具投资价值研究机构； |
| 4 | 中俄韩第三届行政管理与城乡和谐发展圆桌会议暨优秀论文学术成果颁奖大会国家优秀人才贡献奖； |
| 5 | 范周获得由北京文化创意产业博览会组委会“2008中国创意产业领军人物奖”； |
| 6 | 《中国文化产品出口结构分析》课题研究报告获2007年度文化部优秀课题一等奖； |
| 7 | 科研项目“文化娱乐产业的评价与发展”获2008年教育部新世纪优秀人才支持计划20万基金奖励； |
| 8 | 谢伦灿获得2008年霍英东教育基金国家高校青年教师奖。 |

联合国南南合作局周一平局长为范周教授颁发聘书

国际文化贸易系列丛书

2007年获中国最具投资价值创意研究机构等荣誉

中俄韩优秀论文奖

文化产业系列丛书

# 两岸文化创意产业研究联盟

“两岸文化创意产业研究联盟”是由中国传媒大学文化产业研究院于2009年11月5日在福建发起成立的。中国传媒大学文化产业研究院院长范周教授为联盟大陆方面召集人，台湾师范大学副校长林磐耸教授为台湾方面召集人。

两岸联盟签约仪式

**指导单位：**

文化部文化产业司
广播电影电视总局办公厅
新闻出版总署出版产业发展司

**主办单位：**

中国传媒大学

**承办单位：**

中国传媒大学文化产业研究院

## 《中国文化产业年鉴》指导委员会

主　　任：欧阳坚　文化部副部长
　　　　　刘上洋　江西省委常委、宣传部部长
　　　　　张天欣　云南省委常委、宣传部部长
　　　　　吉狄马加　青海省委常委、宣传部部长

副 主 任：张晓虎　中宣部文化体制改革与发展办公室主任
　　　　　刘玉珠　文化部文化产业司司长
　　　　　金德龙　国家广电总局宣传管理司司长
　　　　　范卫平　国家新闻出版总署出版产业发展司司长
　　　　　陈文玲　国务院研究室综合司司长
　　　　　杨　光　教育部社科司司长
　　　　　胡景岩　商务部服务贸易司司长
　　　　　韩永进　文化部政策法规司司长

于　平　文化部文化科技司司长
王明星　西藏自治区党委宣传部常务副部长
蒋祖烜　湖南省委宣传部副部长
刘　斌　陕西省委宣传部副部长
余益中　广西壮族自治区文化厅厅长
张　远　福建省文化厅副厅长

委　　员：王　娜　文化部文化产业司综合处
卢　婷　广播电影电视总局改革处
王　楠　新闻出版总署出版产业发展司统计（综合）处
刘　伟　天津市文化广播影视局文化产业处
吴路军　河北省委宣传部文事办
吕芮宏　山西省委宣传部事业处
孙舒凡　内蒙古自治区党委宣传部文化产业处
孙伦熙　辽宁省委宣传部文化发展处
赵　明　吉林省文化厅文化产业处
田凤志　黑龙江省委宣传部改革发展办公室
王明珠　江苏省委宣传部文化改革与发展办公室
申中华　浙江省委宣传部文化事业发展处
周　玉　安徽省委宣传部文化体制改革和文化产业发展办公室
苏忠明　福建省文化厅市场与产业处
涂云云　江西省委宣传部文化产业发展办公室
刘显世　山东省文化厅文化产业处
郭明玉　湖北省委宣传部改革办
王美珍　湖南省委宣传部政策法规研究室
任保胜　广西壮族自治区文化厅办公室
瞿庭娟　重庆市国有文化资产管理公司
代光举　四川省委宣传部文化事业处
吕　波　贵州省委宣传部文化产业办公室
童志平　云南省委宣传部文产办产业处
陈文德　西藏自治区党委宣传部改革办
符航震　陕西省委宣传部文改办
盛文涛　甘肃省委宣传部文化发展改革处

## 《中国文化产业年鉴》学术委员会

蒋述卓　暨南大学党委书记、副校长
黄昌勇　上海戏剧学院副院长
傅才武　武汉大学国家文化创新研究中心负责人
熊澄宇　清华大学国家文化产业研究中心主任
魏鹏举　中央财经大学文化创意研究院执行院长

## 《中国文化产业年鉴》编辑部

**主　　　编：**范　周
**常务副主编：**陈小申
**副　主　编：**刘书峰　蒋　多
**编辑部主任：**陈小申（兼）
**责 任 编 辑：**（以姓氏笔画为序）
王志敏　刘江红　刘京晶　刘　翔　孙晓平　朱　敏
齐　骥　张春河　李　翔　杨剑飞　陈曼冬　赵书波
赵　莹　萧盈盈　谢伦灿　韩骏伟　储钰琦
**编　　　辑：**（以姓氏笔画为序）
于友杰　王安然　王卓钰　王　焕　付　真　孙鲁飞
李平凡　李　杰　刘　畅　刘顺祝　齐雨菡　阳荻雯
杨贝贝　杨垒垒　汪　浛　吴　钊　吴航虹　武　瑶
张雅娟　秦　旭　曹萍萍　韩　梅　韩筱旭　彭楷涵

# 存史与镜鉴

## ——《中国文化产业年鉴》创刊辞

“国民之魂，文以化之；国家之神，文以铸之”。文化是民族凝聚力和创造力的重要源泉，文化作为一种软实力，已成为综合国力竞争的主要决定因素。胡锦涛总书记在党的十七大报告中明确提出“推动社会主义文化大发展大繁荣”，特别是在全球化、全球金融危机背景下，文化的经济属性得到了极大的彰显和激发，发展文化产业成为我国转变经济发展方式、优化产业结构的重要举措。2009 年 9 月 26 日，国务院正式颁布了《文化产业振兴规划》，标志着文化产业已经上升为我国的战略性产业，其存量释放与增量开发在国家宏观政策的推动下，将迈入全面推进和繁荣的新时期。

我们深刻地感觉到，新技术革命不断改变着商业模式、管理手段、内容生产以及消费方式，从而推动文化产业的不断转型、升级与创新，文化产业的形态、生态也正在发生深刻变化。我们面临着适应多元文化生态和寻找特色发展道路的难题，社会经济结构的变化使公共文化政策调整成为必然，以体制创新和政策创新推动文化产业快速发展是面临的共同课题。

方位决定方略，方略明确使命，使命昭示未来。文化产业的迅猛发展凸显出文化产业信息统计工作的重要性和紧迫性。系统完整的文化产业信息统计可以为文化产业的学术研究、政策制定和实践操作，提供更科学、更准确的综合参考，也为国际间的合作与交流带来便利。但是，遗憾的是，目前科学、完整、翔实的文化产业数据信息体系还没有建立起来，这已经成为当前文化产业领域一个现实而迫切的重大问题。为了最大程度地弥补这一缺憾，中国传媒大学文化产业研究院在文化部、广播电影电视总局、新闻出版总署等部委的指导和支持下，主持编纂了《中国文化产业年鉴》。

年鉴编纂工作是一项政治性、历史性、现实性很强的工作。从2010年开始，我们将投入巨大的人才和物力，采取一年一鉴的方式，全面监测文化产业发展数据，记录分析文化产业扶持政策，全景描绘文化产业发展轨迹，融合借鉴国际先进经验，搭建国家文化产业权威信息发布平台。为了彰显《年鉴》的“存史”和“镜鉴”价值，我们力争把《年鉴》建设成为文化产业研究领域信息容量大、资料索引全、可供长期保存和反复查阅的大型工具书。

《中国文化产业年鉴》是我国文化产业各界共同的园地，在这里不问收获只有耕耘，于春风料峭中演绎生命复苏，于冬雪严寒中谱写灿烂华章。各界人士的积极参与会使这里的风景更加精彩。

让我们一起见证中国文化产业的现在和未来！

**范　周**

**2010年12月**

# 编辑说明

《中国文化产业年鉴》是一部翔实记录和反映全国文化产业年度发展状况的大型综合性、权威性、资料性年刊，也是我国文化产业研究领域信息容量大、资料索引全、可供长期保存和反复查阅的大型工具书，具有“存史”和“镜鉴”价值。从2010年起每年定期出版，每册约150万字。

文化部文化产业司、广播电影电视总局办公厅、新闻出版总署出版产业发展司等为《中国文化产业年鉴》的指导单位。

《中国文化产业年鉴》编辑部设在中国传媒大学文化产业研究院，文化产业研究院院长范周教授任主编。

《中国文化产业年鉴》采用“分头编撰，汇总审校”的编撰方法，统计数据主要来自政府权威部门和机构。

《中国文化产业年鉴2010》记录的是2009年度全国文化产业的基本情况和统计资料，主要栏目包括：

特载：主要刊登具有意义和特别重要价值的内容，例如党和国家领导人关于文化产业的讲话、指示等；地方政府及行业主管部门主要领导同志关于文化产业的重要讲话等。

文件与法规：中央、国务院以及其他部委颁发的与文化产业有关的法规、文件；地方政府发布的与文化产业相关的法规、条例、规定、办法等；其他法律法规中涉及文化产业内容的条款。

全国概况：综合反映全国文化产业总体情况及各行业发展情况。

地方概况：全国31个省(市、自治区)文化产业工作及发展情况。

统计与数字：全国及地方文化产业有关统计情况。

园区与基地：各级各类文化产业园区和基地基本情况。

理论研究与出版：摘编有关文化产业学术论文及学术著作简目。

专题调研：选登具有重大研究意义和权威性的文化产业专题调研报告。

规划与项目：中央及地方文化产业规划和项目基本情况。

港澳台文化产业：港澳台文化产业发展基本情况。

评奖与表彰：刊登全国及地方评奖中获奖的作品目录和荣誉称号授予名单等。

大事记：以具体、准确、清楚的事实，日记式记录我国文化产业年度各类重大事项。

编辑部将在广泛征求意见和论证的基础上对下一年度的栏目进行适当的调整和完善。

《中国文化产业年鉴2010》的编辑出版工作得到了国家相关部委、各地政府相关部门、各级行业协会、科研院所、国内外专家及中国传媒大学有关领导和师生的大力支持，在此一并表示感谢。

# 中国文化产业年鉴(2010)

# CHINA CULTURAL INDUSTRIES YEARBOOK

## 简　目

## CONTENTS

# 目　录

## 第一部分　特　载

## 三、2009年各省（市、自治区）主要领导同志重要讲话摘编 /18



# 第二部分　文件与法规

## 一、中央文件与法规 /37

## 第三部分　全国概况



## 第四部分　地方概况

## 河北省 /180



## 山西省 /186



## 内蒙古自治区 /191



## 辽宁省 /196



## 吉林省 /204



## 黑龙江省 /209



## 上海市 /215



## 江苏省 /222



## 浙江省 /227



## 安徽省 /235



## 福建省 /239

## 贵州省 /316



## 云南省 /317



## 西藏自治区 /326



## 陕西省 /333



## 甘肃省 /338



## 青海省 /343



## 宁夏回族自治区 /345



## 新疆维吾尔自治区 /349



# 第五部分　统计与数字

## 一、全国 /355

# 第六部分　园区与基地

## 第七部分　理论研究与出版

### 一、文化产业学术研究论文摘编 /615

## 二、文化产业研究报刊辑览 /623

## 三、文化产业类图书 /638

# 第八部分 专题调研



# 第九部分 规划与项目

## 二、项目 /760



# 第十部分　港澳台文化产业



# 第十一部分　评奖与表彰

## 一、国家级评奖与表彰 /785



## 二、其他评奖与表彰 /800



# 第十二部分　大事记

# 第一部分　特　载

TE ZAI

# 一、2009年党和国家领导人重要讲话摘要

## 胡锦涛在世界媒体峰会开幕式上的致辞

2009年10月9日

当今世界，随着经济社会快速发展和科技进步日新月异，信息传递和获取日益快捷，全球传媒业经历着前所未有的深刻变革，媒体在社会生活中的作用越来越重要。这次世界媒体峰会以“合作、应对、共赢、发展”为主题，反映了人们对全球传媒业发展面临挑战的关切，显示了各媒体加强交流合作、寻求共同发展的愿望，体现了媒体从业者致力于促进世界和平与发展的决心。我相信，会议围绕这一主题深入探讨、广泛交流，有助于加强世界各地媒体合作，有助于推动全球传媒业健康有序向前发展，有助于增进各国人民相互了解和友谊。

当今世界正处在大发展大变革大调整时期。世界多极化、经济全球化深入发展，世界范围内各种思想文化交流更加频繁、更加活跃，开放合作、互利共赢成为国际社会广泛共识，国与国相互联系更加紧密。同时，国际金融危机影响仍在持续，发展不平衡更加突出，气候变化、粮食安全、能源资源安全等全球性问题进一步显现，恐怖主义、跨国有组织犯罪、重大传染性疾病等非传统安全威胁依然存在，局部冲突和热点问题此起彼伏，不稳定不确定因素增多，世界和平与发展面临诸多挑战。

面对前所未有的机遇和挑战，世界各地媒体应该顺应时代发展潮流，携手并进，努力为建设持久和平、共同繁荣的和谐世界作出贡献。

第一，要充分运用自身特点和优势，广泛传播和平、发展、合作、共赢、包容理念。各类媒体应该致力于推动人类和平与发展的崇高事业，促进世界各国在政治上相互尊重、平等协商，经济上相互合作、优势互补，文化上相互借鉴、求同存异，安全上相互信任、加强合作，环保上相互帮助、协力推进，共同创造人类更加美好的未来。当前，世界各国正在全力克服国际金融危机影响，世界各地媒体应该深入反映国际社会同舟共济、加强合作、共克时艰的举措和成效，为推动世界经济复苏和健康稳定发展贡献力量。

第二，要坚持平等互信、互利共赢、共同发展，更好开展交流合作。世界各种形态媒体，不分文化异同、水平高低、规模大小，应该相互尊重、相互信任、平等相处，求同存异，交流互鉴；应该充分考虑各方实际，协商回应各方诉求，兼顾各方利益，既竞争又合作，努力实现互补互助、共同受益；应该分享成功经验，优化发展环境，合力应对挑战，谋求共同发展。

第三，要切实承担社会责任，促进新闻信息真实、准确、全面、客观传播。当今社会，媒体对国际政治、经济、社会、文化等各领域的辐射日益加强，对人们思想、工作、生活等各方面的影响日益深入。正因为如此，对各类媒体来说，树立和秉持高度的社会责任感比以往任何时候都更为重要。各类媒体要被公众广泛接受、受社会广泛尊重，不断提高公信力和影响力，就应该遵守新闻从业基本准则，客观报道世界多极化、经济全球化、文明多样性的现实，充分反映世界各国发展的主流和趋势，热情鼓励发展中国家发展进步。

在推进改革开放和社会主义现代化建设的过程中，中国政府始终高度重视媒体发展，鼓励和支持中国媒体贴近实际、贴近生活、贴近群众，创新观念、创新内容、创新形式、创新方法、创新手段，增强亲和力、吸引力、感染力，在弘扬社会正气、通达社情民意、引导社会热点、疏导公众情绪、搞好舆论监督和保障人民知情权、参与权、表达权、监督权等方面发挥重要作用。中国政府支持中国媒体同外国媒体在新闻传播、人力资源、信息技术、业务发展等方面加强交流、深化合作。现在，越来越多的外国媒体，包括大多数在座朋友们所代表的媒体，向中国派出了常驻记者，临时来华采访的记者人数不断增加。外国媒体报道中国的信息量越来越大、领域越来越广、内容越来越丰富，对各国人民了解当代中国发展变化起到了重要作用。我们将按照有关法律法规，继续推动政务公开，加强信息发布，保障外国新闻机构和记者合法权益，为外国媒体在华从事采访报道业务提供便利。我们真诚希望世界各地媒体为增进各国人民对中国的了解、为巩固和发展各国人民同中国人民的友谊作出新的贡献。

（据2009年10月10日《人民日报》）

## 2009年政府工作报告（摘选）

温家宝

2009年3月5日

2009年3月5日上午9时，第十一届全国人民代表大会第二次会议在人民大会堂开幕，国务院总理温家宝向大会作政府工作报告。报告中提到：

大力发展文化体育事业。促进文化发展和繁荣，既有利于丰富人们的精神文化生活，也可以拓展消费领域。积极发展公益性文化事业，加快完善公共文化服务体系，加

强重点文化设施、城乡基层文化设施特别是广播电视“村村通”和乡镇综合文化站、农家书屋建设，努力推进文化惠民工程。

支持文化产业加快发展，完善扶持政策，培育骨干文化企业。繁荣哲学社会科学，积极发展文学艺术、广播影视、新闻出版事业。加强网络文化建设和管理。做好文物和非物质文化遗产保护。推进公益性文化事业单位管理体制、运行机制改革和经营性文化单位转企改制。加强基层公共体育设施建设，大力开展群众性体育活动，提高竞技体育水平，发展体育产业。

（据 2009 年 3 月 6 日《人民日报》）

# 二、2009 年中央政府部门领导重要讲话摘编

## 中宣部

### 着力强化经营管理　充分运用现代科技

刘云山

2009 年 4 月 12 日

要认真贯彻党的十七大和十七届三中全会精神，按照科学发展观的要求，积极适应社会主义市场经济深入发展和科学技术快速进步的新形势，深入推进文化体制改革，着力强化经营管理，充分运用现代科技，推动我国文化事业文化产业又好又快发展，不断满足人民群众日益增长的精神文化需求。

推动社会主义文化大发展大繁荣，增强我国文化的总体实力和竞争力，必须高度重视文化单位的经营管理，加大文化领域科技应用力度。要遵循精神文明建设规律和市场经济要求，在文化产品的创作生产、市场营销、品牌培育等方面狠下功夫，不断扩大优秀精神文化产品的市场份额，实现经济效益和社会效益双丰收。要不断创新体制机制，完善法人治理结构，强化内部管理，扩大投融资渠道，培育合格市场主体，打造一批有活力、有实力的文化企业和企业集团。要从战略高度审视科学技术在文化发展中的重要地位和作用，积极推动文化与科技的融合，推进文化产品的数字化网络化传播，不断提高文化发展科技含量，提高文化产品的表现力感染力，更好地用先进技术建设先进文化、传播先进文化。要密切关注现代信息技术发展新成果，不断提高自主创新能力，充分运用先进技术创新文化生产方式，积极培育新兴文化业态，延伸产业链条、促进产业升级。

文化繁荣发展关键是人才。各级宣传文化部门要牢固树立人才资源是第一资源的观念，改进培养方式，拓宽培养渠道，完善人才选拔使用机制，在培养理论、新闻、文艺、出版各门类拔尖业务人才的同时，培养一大批优秀经营管理人才和专门技术人才。宣传文化系统经营管理人才和专门技术人才要有崇高的理想追求，确立正确的人生坐标，把个人的理想同国家的前途紧密联系在一起，把个人的追求同事业的发展紧密结合在一起，真正做到对人民负责、对社会负责、对未来负责。要有强烈的创新精神，解放思想、实事求是、与时俱进，以新观念看待新事物，以新思维研究新情况，以新办法解决新问题，积极探索符合中国国情的文化经营管理模式和技术发展道路，不断提高文化领域的经营管理和科技创新水平。要有过硬的业务本领，树立终身学习意识，认真学习党和国家方针政策，广泛涉猎各方面专业知识，进一步优化知识结构，成为经营管理和专门技术领域的行家里手。要有良好的工作作风，秉持高尚的职业精神，恪守良好的职业道德，脚踏实地、兢兢业业、甘于奉献，珍惜党和人民给予的荣誉，珍惜时代和社会创造的条件，为推动文化大发展大繁荣做出应有贡献。

（据 2009 年 4 月 12 日新华网）

### 把握文化产业发展趋势

高书生

2009 年 11 月 24 日

#### 一、文化资源调整和整合趋势越来越明显

长期以来，我国文化资源是按行政区划、行政级次及部门来分配或配置的。这不仅同发展社会主义市场经济不相适应，而且制约了文化产业发展，突出表现在两个方面：一是造成地区封锁。文化资源行政化配置，导致各地业务范围、经营模式雷同。为保护本地利益，一些地区往往用行政手段限制其他地区的文化产品进入本地市场。二是导致产业集中度低。文化资源行政化配置，造成资源分散，文化企业数量多但规模小，市场占有率很低。

随着文化体制改革步伐的加快，打破文化资源的行政化配置体制、调整和整合文化资源已是大势所趋。一是先行改革的经营性文化单位具有强烈的扩张欲望，并开始突破按行政区划及行政级次配置文化资源的传统体制。二是文化系统以外的国有资本投资于文化产业的愿望十分强烈，并开始进入部分文化产业领域。三是非公有资本投资

于文化产业的积极性很高，已进入政策许可的领域，并推动文化资源的调整和整合。不久前国务院通过的《文化产业振兴规划》，把推动文化企业跨地区、跨行业联合或重组，培育骨干文化企业，以及推进有线电视网络、电影院线、数字电影院线和出版物发行的跨地区整合，作为当前振兴文化产业的重点工作。面对这一趋势，经营性文化单位应加快改革步伐，以开放的心态积极参与文化资源的调整和整合，在同骨干文化企业实行联合或重组的基础上谋求发展。

**二、跨越行业界限的条件越来越成熟**

突破传统的行业界限，是文化企业做优做强的内在要求。在文化传播技术日新月异的形势下，文化企业要么走向综合化，要么转向专门化。经营实力较强的文化企业应通过跨行业重组及并购，逐渐发展为跨行业或跨媒体的综合性文化集团公司，成为文化产业的旗舰，引领文化产业发展；规模较小的文化企业则需在专和精上做文章，细分文化市场，不搞“小而全”。无论是综合类的还是专门化的文化企业，都应在文化内容生产上追求“一次开发、多次使用”，形成完整的价值链，以规模化实现利润最大化，增强竞争力。在这个过程中，越来越多的文化企业将突破目前的行业界限，面向多种媒介、多种文化传播渠道开发和生产文化产品，逐渐成为文化内容的集成商。与此相对应，有线电视网络等文化传播渠道将通过跨地区整合成为互联互通的“高速公路”，从而在同一文化传播平台上容纳不同行业的文化企业。特别是随着电视节目传输从模拟转向数字，电视机将成为集成文化资源的终端机，它不仅能够满足人们观看高清晰电视节目和电影的需要，而且可以成为数字图书馆的终端，使人们足不出户就能够浏览或借阅公共图书馆的藏书，还可以在电视上阅读报刊甚至收看高水平的舞台表演，同时还可能出现互联网的新形态——电视互联网。

**三、文化与科技融合步伐越来越快**

文化的传承和传播离不开科技进步。在科技发展日新月异、传播技术迅猛发展的当今时代，文化与科技的融合已成为不可阻挡的潮流。文化产业是科技应用最广泛、科技创新最活跃的产业之一。科技对文化产业的支撑作用体现在文化产业各个环节。第一，文化产业发展离不开共性技术，包括语言文字、声音、图形图像处理技术，以及版权保护、检索等专项技术。第二，文化产品生产的各个环节都依赖技术支撑，包括书、报、刊、音像及电子等各类出版物的生产，广播电视节目的生产，美术及动漫和网络游戏的生产，等等。第三，文化传播的渠道、方式和手段等对科技的依赖更直接。构建覆盖广泛、传输快捷、互联互通的文化传播体系，需要广泛应用高新科技。第四，文化资源的开发、储存以及文化遗产的保护，越来越广泛地采用现代技术手段。此外，文化服务、传统文化产业改造等都需要科技支撑。

文化与科技的融合具有重要意义。一是催生新的文化业态。比如，随着数字技术和网络技术的广泛应用，动漫和网络游戏迅速兴起并成为新兴文化产业。二是创造文化传播新渠道。比如，互联网、手机等成为文化传播的新载体。三是改造传统文化产业。比如，随着数码技术的广泛应用，出现了按需印刷的新工艺，赋予图书出版“编印发”以新的内涵。四是促进文化产业升级。比如，随着二维码技术的广泛应用，产生了新的出版物种——“会说话”的图书，扩大了纸质媒介的生存空间。

**四、文化产业与其他产业关联度越来越高**

文化产业与信息产业具有较强的关联度。无论是互联网、手机还是多媒体电子产品，都需要海量的文化内容予以支撑。特别是随着音频、视频技术的快速发展，信息产业对文化产品的需求呈几何级数增长。文化产业与旅游业的关联度近年来被广泛关注。除了在旅游地举办大型演艺活动以拓展旅游内涵，“深度旅游”将成为国内旅游业发展的趋势，文化寻根、文化展示等活动将进一步增强旅游的吸引力和感染力。旅游纪念品的开发与升级也主要依赖于挖掘及赋予其文化内涵。文化产业与制造业的关联度已在建筑装饰业显露端倪。将文化创意与建筑装饰材料生产有机结合，大大提高了建筑装饰材料的附加值，也为居室装修的个性化创造了条件。制造业的升级换代为文化创意提供了前景广阔的展示空间；离开制造业，文化创意产业将失去可持续发展的条件。文化载体的广泛性和开放性，决定了文化产业与制造业的关联度越来越高。提高制造业产品科技含量的理念早已深入人心，提高制造业产品文化含量及附加值的理念也正在逐渐为人们所接受。

（据 2009 年 11 月 24 日《人民日报》）

**文化部**

## 加快推进文化体制改革

（在 2009 年全国文化厅局长会议上的讲话）

蔡 武

2009 年 1 月 12 日

在新的一年里，要加快推进文化体制改革，增强文化发展活力，解放和发展文化生产力。要打破按部门、按行政区划和行政级次分配文化资源和产品的传统体制，打破条块分割、地区封锁、城乡分离的市场格局，加快建立健全统一开放、竞争有序的现代文化市场体系。要加快经营性文化事业单位转企改制步伐，完善支持文化企业发展壮大的政策保障体系，推动演艺、音像、娱乐、艺术品等产业的跨地区跨行业兼并、重组，实现规模化、集约化发展。

目前，文化部正与中宣部联合制订《全国国有艺术表演团体改革指导意见》，文化部还将制订出台《文化部直属单位调整改革总体方案》，大力推进文化部直属单位改革。要加快中国东方歌舞团、文化部文化市场发展中心、中国文化报社、中国录音录像出版总社、中国演出管理中心等单位转企改制的步伐，力争上半年有1家到3家单位完成转企改制前期工作，挂牌成立新企业。

在新的一年里要加快构建覆盖城乡的公共文化服务体系，切实保障人民群众基本文化权益；以组织新中国成立60周年国庆文艺活动为契机，推动文化创新，大力繁荣文艺创作；大力发展文化产业，满足人民群众多层次、多方面、多样化的精神文化需求；扩大对外文化交流，增强中华文化的国际影响力；转变政府职能，提高各级文化部门“管文化”的水平。

（据2009年1月12日新华网）

## 扭转文化产业“纽扣现象”

（在天津督查时谈培育骨干文化企业时的讲话）

蔡　武

2009年6月11日

眼下正在发生的国际金融危机和经济衰退，对我国文化事业和文化产业的发展造成一定影响。但是，“危”中有“机”，只要我们坚持解放思想，切实把握文化反周期调节的特点，通过深化文化体制改革，破除制约文化生产力发展的体制机制障碍，积极有效应对危机，就能够化困难局面为难得发展机遇。

应当清醒地看到，当前我国文化产业领域普遍呈“小、弱、散”状况：多数文化企业规模偏小；经济效益不高，竞争力不强；资源不集中，相当分散。在一些与高新技术结合的新兴业态中，也大量地呈现“为他人做嫁衣”的“纽扣现象”，为国外做代工、做贴牌的情况广泛存在，产品附加值低、企业收益率低，影响了文化产业的可持续发展。这些状况的形成，归根到底，是因为我们缺乏具有自主知识产权和核心竞争力的骨干文化企业。

在文化领域向多种所有制开放的条件下，公有制文化单位如果不积极面向市场，依然停留在传统体制，不仅难以培育进入国际市场、参与国际竞争的能力，而且可能被逐渐边缘化，影响文化自身发展，影响国家长治久安。重塑文化市场主体是文化体制改革的中心环节，也是衡量改革是否取得实质性进展的重要标志。这既是社会主义市场经济体制日益完善的客观要求，也是经营性文化单位发展壮大的必由之路。

着力培育大批有实力、有竞争力的骨干文化企业，需要进一步提高对经营性文化单位转企改制重要性紧迫性的认识，不仅制定路线图，而且制定时间表，进一步整合资源，盘活存量，一方面鼓励强强联合、自由联姻，打造旗舰型的文化企业，一方面适当运用行政手段，对重复设置、经营不力的文化单位进行资源重组，优化结构。

着力培育大批有实力、有竞争力的骨干文化企业，需要提高面向资本市场融资的意识和能力。行政的资源是有限的，市场的资源是无限的，经营性文化单位要具备出海远航的能力，就必须积极主动地运用资本市场运作手段，有效吸引社会资金的进入，促进文化企业快速成长，同时放开搞活，为多种所有制形式的资本进入文化领域创造适宜、优惠的政策环境，形成以公有制为主体、多种所有制共同发展的文化产业格局。

（据2009年11月《人民日报》）

## 用新的文化发展理念指导国有文艺院团改革

（在全国国有文艺演出院团体制改革工作培训班上的录像讲话）

蔡　武

2009年8月28日

要深刻认识文化体制改革的重大意义，不断增强推进改革的自觉性和坚定性。当前，文化体制改革已进入攻坚克难的关键阶段，要认清形势，振奋精神，大胆探索，勇于开拓，积极投身改革，真正形成想改革、议改革、干改革的良好环境和氛围。要充分认识推进国有文艺院团体制改革的历史必然性，认真总结和推广试点实践的宝贵经验，深刻认识当前国有文艺院团改革面临的深层次矛盾，切实增强完成体制改革任务的紧迫感、责任感，全面贯彻落实中宣部、文化部《关于深化国有文艺演出院团体制改革的若干意见》精神，加大力度、加快进度，推进国有院团体制改革不断取得新的实质性进展。

要坚持解放思想、转变观念，用新的文化发展理念指导国有文艺院团改革，进一步破除崇尚事业、恐惧企业的思想，纠正“改革就是减人减钱甩包袱”的错误观点，认识到改革的目的是破除影响和制约文化发展的障碍，解放和发展文化生产力，增强国有院团发展的活力和竞争力；进一步树立面向市场、面向群众的意识；进一步消除以不同所有制身份论贵贱，以事业、企业身份论高低的落后观念，从思想上解决赋予市场主体平等地位的问题；清醒看到国有院团在文化市场上主体缺位，不利于党和政府对文化发展方向的引导，不利于确立社会主义先进文化的主导地位，甚至会危及国家的文化安全。

要紧紧抓住国有文艺演出院团体制改革的中心环节，大力塑造合格的演艺市场主体。坚持区别对待、分类指导，采取灵活多样的方式推进转企改制；坚持以改革的力度提升发展的速度，以发展的成果检验改革的成效；坚持扶优扶强、抓重点带一般，显著增强国有资本在演艺领域的主导作用。在加快推进国有院团体制改革中，要注意统筹和处理好体制创新与机制转换的关系、转企改制与结构调整的关系、培育市场主体与完善市场体系的关系、分类指导和均衡推进的关系、院团改革和事业单位整体改革的关系、国有院团改革与民营院团发展的关系，统筹兼顾、协调推进，全面提速国有院团体制改革进程。要进一步落实和完善院团改革的保障政策，为院团改革营造良好政策环境，在资源配置、资金支持上对转制院团实行倾斜。要坚持以人为本，切实维护广大演职员工合法权益，进一步激发他们的积极性、主动性、创造性，妥善做好人员安置和身份转换工作，充分激发蕴藏在广大演职员工中的艺术创造活力。

（据文化部网站）

## 动漫游戏产业“八个问题”和文化部“九项工作”

（在全国动漫游戏产业发展与管理工作座谈会上的讲话）

欧阳坚

2009 年 10 月 14 日

2009 年 10 月 14 日下午，“全国动漫游戏产业发展与管理工作座谈会”在北京举行，文化部党组副书记、副部长欧阳坚，党组成员、部长助理丁伟，文化产业司司长刘玉珠、副司长孙若风，文化市场司副司长庹祖海等以及来自全国动漫游戏界近百家企业的代表出席会议。文化部党组副书记、副部长欧阳坚发表了重要讲话。

欧阳坚副部长首先概括了动漫游戏产业的四个特征：第一，动漫游戏产业是新型的产业和朝阳的产业。第二，它是让人们快乐和使人们有梦想的产业。第三，是高新技术加现代艺术相互融合的产业。第四，最能体现创新、创意的智能产业。正因为它有这四大特征，所以动漫游戏产业有它很强的生命力，有它很大的发展空间，有它非常广阔的市场前景。这也是我们这么样的高度重视动漫产业，这么样的下决心加快发展动漫产业的根本原因。正因为动漫产业有这些特性和独特的魅力，所以我们国家动漫游戏产业这几年可以说在整个文化产业当中发展的最快、成效最显著的，增长可以用迅猛来说，不管是企业的规模、产品的数量、播放的时间以及所出的书籍等等增长都是最快的。

欧阳坚概括了八个方面的问题和矛盾：

第一，现在我国动漫游戏企业普遍规模小，缺乏竞争力，缺乏创新力。由于规模小，所以缺乏专业化分工，这样使企业的素质受到很大影响。

第二，虽然现在动漫游戏的园区、基地很多，但是能够起到研发、孵化、示范作用，实现规模化、集约化发展基地园区还没有。

第三，整个行业研发原创的能力普遍偏弱，更多的是做一些来料加工，真正靠智力和创新盈利的不多。

第四，产业链不长，现在更多的集中在动画和影视上，上下游没有完全打开，没有不断地延伸，现在亏损的企业还仍然占大部分。

第五，到现在为止，我们还没有找到一个综合、合理的盈利模式。营销方式也落后陈旧，即使有了好的产品也没有实现其最大的价值和最充分的利润。

第六，我们的行政力量分散，有兴趣、有积极性的部门很多，但是没有形成合力，各自为政比较明显，这样就造成一种功能趋同和同质竞争。

第七，没有找到一个金融资本进入动漫游戏行业的有效途径和办法，动漫企业无法与金融资本对接，使它的资金来源特别是流动资金受到很大的制约。

第八，我们缺乏动漫游戏相关的人才，最缺的是实用型的操作人才和有创新能力的高端人才。人才的短缺严重制约了动漫游戏产业的健康有序发展。

为了尽快解决这些问题，推动我国动漫游戏产业健康、快速发展，欧阳坚提出了按照有关的职能职责，文化部下一步要做好的九个方面的工作。

第一，培育起一批动漫游戏的骨干企业，增强它们的资源整合能力，来增强我国综合竞争的实力。

第二，将建设真正意义上的动漫游戏的产业园区和产业示范基地，发挥研发、孵化、引领和示范的作用。这些基地和园区的重要功能是为社会提供三个服务——高端的技术服务，信息方面的服务和产品的展示交易平台。

第三，从今年底开始，我们将要研究编制“动漫游戏产业中长期规划”。通过编制科学合理的规划来指导全社会动漫游戏产业健康有序的发展，改变各自为政、盲目投资、盲目上项目的状况。

第四，利用各种教育培训的资源，加强实用型人才和高端创意人才的培养。

第五，引导和鼓励动漫游戏企业能够不断的延伸产业链，增加产业的附加值，让整个行业实现盈利。

第六，采取多种形式，包括表彰、奖励、宣传、推荐等方式，鼓励动漫游戏企业提高原创和研发的能力，从而有更多的原创产品问世。

第七，要引导和鼓励更多的有实力、有条件的动漫游戏企业走出国门，走向世界，到境外设立基地开办分支机构，或者跟国外合资合营，成立新的企业和公司。在这样的前提下，按照境外市场的需求量身打造适销对路的中国文化为核心的动漫游戏产品。

第八，要加强市场的监管，为动漫游戏产业的健康发展营造一个良好的法制环境。其中我们尤其要加大对动漫游戏的知识产权、版权的保护，对动漫游戏的假冒伪劣产品严厉的查处，维护我们动漫游戏企业的正当权益。

第九，解决动漫游戏、会展、评比、大奖赛过多过滥的问题，我们要通过调研跟相关部门一起协商，保留什么、合并什么、撤销什么。另外，动漫基地园区过多过滥的问题，我们也将进行清理。

通过做好上述九项工作，文化部要力争为全国动漫游戏产业营造一个良好的发展环境，提供政策保障，为全行业排忧解难，为动漫游戏企业保驾护航。

（据文化部网站）

## 推动文化体制改革向纵深发展

欧阳坚

### 一、推动文化体制改革向纵深发展面临难得历史机遇

当前，我国文化建设正迎来历史上最好的发展时期，推进文化体制改革向纵深发展的一系列有利条件已经具备。从全局上看，党中央、国务院高度重视文化建设，为改革提供了坚强的领导保证；我国综合国力日益增强，为改革提供了坚实的物质基础；文化体制改革配套措施不断完善，为改革提供了有力的政策保障。从特殊的时间节点上看，当前世界金融危机和经济衰退，对文化建设发展既是挑战，更是机遇。因此，要充分利用文化发展反经济周期的特点，抓住机遇、锐意进取，奋发有为，通过深化文化体制改革，推动文化事业文化产业逆势而上，开创文化发展新局面。

### 二、新的文化发展理念是深化文化体制改革的基本遵循

新的文化发展理念有八个方面：在文化的地位和作用上，明确了文化建设是中国特色社会主义事业总体布局的重要组成部分；在文化发展方向上，明确了要牢牢把握社会主义先进文化的发展方向；在文化发展目的上，明确了要坚持以人为本，满足人民群众日益增长的精神文化需求；在文化发展动力上，明确要坚持改革创新和技术进步，破除制约文化发展的体制机制障碍；在文化发展思路上，明确要公益性文化事业、经营性文化产业两手抓，推动文化全面协调健康发展；在文化发展格局上，明确要形成以公有制为主体、多种所有制共同发展的文化产业格局，以民族文化为主体、吸收外来有益文化的文化对外开放格局；在文化发展战略上，明确要提升国家文化软实力，提高全民族的思想道德素质和科学文化素质；在文化发展领导力量和依靠力量上，明确要始终坚持党对文化工作的领导，充分发挥人民群众在文化建设中的主体作用，最大限度地发挥广大文化工作者的积极性。这八个方面的新理念，回答了新的历史条件下文化为什么要发展，实现什么样的发展，怎样发展和发展为了谁，发展依靠谁等一系列重大问题，是科学发展观在文化建设领域的集中体现，是我们在新的历史时期推动文化大发展大繁荣、兴起社会主义文化建设新高潮的重要理论依据。在进一步深化文化体制改革的过程中，必须把新的文化理念作为基本遵循，坚决转变一切不符合新的文化发展理念的思想观念，改变一切不符合新的文化发展理念的做法，革除一切不符合新的文化发展理念的体制机制障碍。

目前，思想认识问题仍然是制约改革进一步深入的主要障碍。一些地区和单位对文化建设环境发生的深刻变化，特别是对社会主义市场经济体制为文化发展提供的新动力新条件认识不足，崇“事”恐“企”思想严重，缺乏市场意识和群众观念，把单位性质视为评价其地位、水平的唯一标准，将转企改制简单片面地理解为甩包袱、推责任，因此，在推动经营性文化事业单位转企改制这一文化体制改革的关键环节上犹豫不决、裹足不前。要解决这一问题，就必须以新的文化发展理念为遵循，大力宣传和确立三个观念。一是无论是文化事业单位还是文化企业，都要面向市场、面向群众。二是文化单位的事业性质或企业性质，与其地位、水平的高低并无直接对应的关系。三是转企改制决不是政府“卸包袱”，而是为了使文化单位更好更快地发展壮大。因此，并不是陷入困境的文化单位才需要转企改制。转企改制成为市场主体，是一切经营性文化单位的改革方向，是利用市场机制的作用加快自身发展的必经之路，是发展文化产业的客观需要。

### 三、着力创新公共文化服务运行机制

建立健全公共文化服务体系是保障人民群众基本文化权益的主要途径，是推动社会主义文化大发展大繁荣的必然要求。按照公益性、基本性、均等性、便利性的原则，不断提高公共文化产品的供给和服务能力，既是公益性文化事业的根本任务，也是深化文化体制改革的重要内容。

当前，要围绕建立公共文化服务体系、创新公共文化服务运行机制来深化文化事业单位改革。一是实现工作重点的转变。二是实现投入方式的转变。三是实现激励机制的转变。要引入成本核算意识和投入产出意识，实现社会效益的最大化。要建立切实可行的绩效考评机制，把被服

务群众满意不满意、喜欢不喜欢作为考核的重要标准，并将评估结果与领导干部任用和单位财政拨款结合起来，进一步健全对事业单位的约束和激励机制，促进公益性文化单位提高服务水平和工作效率。

**四、大力塑造新型文化市场竞争主体**

当前，在培育合格市场主体方面，必须着力做好以下工作。一是继续加快推进经营性国有文化单位转企改制，建立现代企业制度。文化部将着力抓好直属事业单位的转企改制，以中国东方歌舞团、中国文化报社、文化部文化市场发展中心、中国演出管理中心等单位为试点，带动文化系统转企改制取得实质性进展。同时，还将会同有关部门研究制定《全国国有艺术表演团体改革指导意见》，引导和鼓励各地因地制宜、分期分批地推进歌舞、曲艺、杂技等文艺院团的转企步伐。二是以资本为纽带推进文化企业兼并重组，做大做强一批大型文化企业和文化产业基地。另外，将组织协调国家动漫、游戏等重点产业基地的规划和建设。三是要打造一批外向型文化企业，积极参与国际文化市场竞争。把文化交流与文化贸易结合起来，把政府推动与企业市场化运作结合起来，通过政策保障、项目资助，鼓励有实力的文化企业收购、兼并境外企业或资产，把创作生产基地放到境外，直接针对当地消费方式和习惯“量身定做”有中国文化内涵的产品，利用境外销售网络和传输渠道，使我国文化产品打入国际主流社会，从而使文化企业真正成为中华文化“走出去”的主力军。

**五、积极推进文化行政管理体制和方式创新**

当前，增强文化领域宏观调控能力，应努力实现“三个创新”。一是加快推进政府职能转变，实现管理方式创新。按照建设服务政府、责任政府、法治政府和廉洁政府的要求，推动文化行政管理部门逐步实现由办文化为主向管文化为主转变，由管微观向管宏观转变，由主要面向直属单位向面向全社会转变，切实履行好政策调节、市场监管、社会管理、公共服务的职能。要进一步理顺文化部门与所属文化企事业单位和市场中介组织的关系，使政府文化行政部门的工作重心由过去的“办文化”为主转向为文化事业和文化产业的发展创造良好环境，研究制定文化发展战略和规划，提供政策指导和服务，保障全体公民的文化权益上来。二是着力精简评奖活动，实现评奖方式创新。要高度重视文艺评奖多、滥、重问题，采取切实措施，逐步杜绝为评奖而创作生产的现象。着力改进现行评奖机制，扩大群众对文艺评奖的参与面，合理增加市场评价、社会影响在评选中的权重。文化部将推动制定全国性文艺演出和作品评奖的管理办法，确保文艺评奖充分体现社会主义核心价值体系的根本要求，确保评奖活动的广泛性、权威性和公正性，切实发挥文艺评奖的引导激励作用。三是有效整合行政资源，实现监管机制创新。文化体制改革试点工作开展以来，许多地区组建了文化市场综合执法机构，有效解决了文化市场管理中长期存在的职责不清、职能交叉、多头执法等问题，执法效率明显提高。我们要按照中央要求，力争3年之内对地级市及以下城市的文化、广播影视、新闻出版等执法队伍进行调整归并，组建文化市场综合执法机构，实行统一执法，从而改变文化市场执法分散混乱、成本过高的情况，彻底解决执法缺位、越位问题。与此相衔接，按照有利于促进文化繁荣发展、有利于加强文化市场管理、有利于提高公共文化服务能力的要求，鼓励探索在有条件的地方整合有关文化行政管理部门，组建新的综合文化行政机构。

**六、完善文化体制改革的保障体系**

一是健全领导体制。试点经验证明，哪个地方的主要领导重视改革、关注改革、推动改革，哪里的文化体制改革就能开创新局面。因此，一定要大力宣传文化体制改革的重大意义，努力争取各改革试点地区党政主要领导的关注和支持，使改革工作成为“一把手工程”。

二是完善政策法规支持体系。深化文化体制改革，必须坚持用政策引路、用政策激励、用政策保障。

三是健全财政保障机制。要充分认识文化体制改革工作的重要意义，按照“扶上马、送一程”的原则，通过相应机制的建立，把资源向改革早、见成效的文化单位特别是转企改制的单位倾斜，帮助其减轻包袱、获得实惠，为迅速做大做强创造条件，充分体现“早改早主动、早改早受益、早改早发展”。

四是建立人才保障体系。人才是事业之本，是文化发展繁荣、推进改革创新的基本条件和必然要求。因此，要高度重视掌握文化发展规律的文化人才、熟悉市场经济规则的经营管理人才、精通现代信息技术的技术人才的培养和选拔。通过扶持和保障体系的建立，解决各类优秀人才的后顾之忧，让他们的才华有展示的舞台、创造有实现的空间、贡献得到社会的尊重，进而激励他们自觉参与改革、投身改革，为文化体制改革、文化大发展大繁荣提供坚实的人才保障。

（据2009年第8期《求是》）

## 开启文化产业发展新纪元

欧阳坚

国务院于2009年9月颁布的《文化产业振兴规划》（以下简称《规划》），是新中国成立以来首部文化产业规划。《规划》的颁布具有开创性和划时代的意义，是文化领域的一件大事和喜事，标志着文化产业已经成为我国国民经济体系中的一个先导性、战略性的产业。

## 一、《规划》编制的历史背景和深层原因

当前，我国正处于经济、政治、社会、文化全面发展的新的历史阶段，人民群众精神文化需求日益旺盛，大力发展文化事业和文化产业、全面推动文化大发展大繁荣已经成为时代的要求和人民的期盼。改革开放特别是党的十六大以来，我国文化体制改革的不断深化和文化产业发展的成功实践，不仅为文化的发展打下了坚实的基础、营造了良好的氛围，同时也使我们对文化产业的重要意义及发展规律有了更加深刻而全面的理解和把握。在去年爆发的国际金融危机的影响下，我国一般加工制造业和出口贸易受到较大冲击，传统产业产能过剩问题突出。因此，如何保持经济稳定增长、有效调整经济结构、尽快转变发展方式的任务就显得更加重要而紧迫。在此背景下，发展文化产业的必要性和紧迫性进一步凸显。

发展文化产业是实现文化大发展大繁荣的突破口，是满足人民群众多样化、多层次、多方面精神文化需求的重要途径，是推动经济结构调整、转变经济发展方式的重要着力点。国内外文化产业发展的经验证明，文化产业本身具有许多其他经济产业所不具备的重要特征：一是资源消耗低、环境污染小；二是需求潜力大、市场前景广；三是进入门槛低、吸纳劳动力强。文化产业在发展过程中具有很强的适应能力和应变能力；四是经济回报高、受益时间长。另外，文化产业具有一次投入、一次研发而成果却可以多次转化的特点。五是能对内增强凝聚力、对外扩大影响力。优秀的文化产品能够激发出巨大的文化认同感和民族自信心，从而增强民族的凝聚力；同时又能不断扩大和增强本国文化的传播力和影响力，逐渐树立起良好的国家形象，促进国家综合实力的提升。六是具有逆势而上的特点、反向调节的功能。文化产业是能够带给人希望和光明的产业，文化产品具有愉悦身心、提振信心、缓解压力的功能。因此，在经济下滑、社会动荡的时期，文化产业所具有的反向调节的功能表现得更加明显，文化消费往往不减反增，文化产业也会呈现出逆势而上的发展态势。

目前，我国的文化产业虽然发展势头良好，但总体上而言仍处于起步阶段，文化企业素质较低、产业集中度不高、原创能力不强、文化外贸逆差等问题仍比较突出。正是基于这样的背景和原因，为切实推动文化产业又好又快发展，党中央、国务院审时度势、未雨绸缪，及时颁布出台了《规划》，为文化产业下一步发展指明了方向、提供了思路、创造了条件。

## 二、贯彻落实《规划》的重要意义

《规划》的出台和实施，标志着我国文化产业将进入一个快速发展的新阶段，其重要意义体现在以下四个方面。

1.《规划》的出台和实施是贯彻落实科学发展观的具体步骤。

2.《规划》的出台和实施是调整经济结构、推动产业升级的客观要求。

3.《规划》的出台和实施是积极应对国际金融危机的重要举措。

4.《规划》的出台和实施是增强国家文化软实力的有效途径。

## 三、确保《规划》的贯彻实施

为使《规划》能落到实处，最大限度地发挥其积极作用，抓住机遇、乘势而上，实现好、完成好《规划》的目标和任务，当前必须切实做好以下工作：

1. 进一步深化文化体制改革。一是要尽快把所有的经营性文化事业单位转制为规范的文化企业，为文化产业的发展奠定坚实的微观基础。二是进一步转变政府职能，尽快实现由管微观向管宏观、由办文化向管文化、由管直属单位为主向管全社会的转变，建立起适应文化产业发展要求的宏观管理体制。三是整合行政和执法资源，提高行业管理和市场监管的能力。要按照中央的部署，用两到三年的时间，实现副省级以下城市文化部门和市场监管队伍的整合，逐步实现统一管理、统一执法，为文化事业和文化产业发展提供良好的体制环境。

2. 大力培育合格的市场主体，全面提升产业素质和竞争实力。一是要打破行业垄断和地区封锁，实现跨地区、跨行业的资源整合与生产经营，营造开放统一的市场环境。二是通过兼并重组、股份制改造和上市融资，尽快组建一批骨干文化企业，并通过制定优惠政策、加大扶持力度，培育出一批成长性好、竞争力强、资产上百亿的大型文化集团公司，以此来提高研发、营销的能力，增强国际市场上的竞争实力，使其成为文化领域的战略投资者。三是鼓励多种类型、多种所有制文化企业的协调发展，逐步实现以股份制企业为主体、国有企业为骨干、民营企业为依托，互为补充、充满生机的文化产业格局。

3. 合理布局、科学谋划，建设和完善一批产业研发基地和产业集聚示范区。

4. 依靠高新技术积极培育新兴产业和业态，不断拉长产业链、拓展发展空间。

5. 争取实施一批重大的先导性项目为文化产品的生产和消费创造必要条件。

6. 进一步完善现代文化市场体系。

7. 努力扩大对外文化贸易，大力推动中华文化“走出去”。

8. 积极培养各类人才，为文化产业发展提供智力支持。

9. 加强领导、狠抓落实。

（据 2009 年第 4 期《求是》）

## 新闻出版总署

### 打造出版传媒“航空母舰”淘汰“小舢板”

（在全国文化体制改革经验交流会上的讲话）

柳斌杰

2009 年 8 月 15 日

改革的目的是加快发展，发展的标志是做强做大。经营性新闻出版单位转企改制，只是与市场接轨的第一步，要把刚刚下水的“小舢板”变成实力强大的“航空母舰”，还有艰巨的任务在后头。第二步主攻方向，是在市场主体到位的基础上，加快产权制度改革，推进出版企业股份制改造，健全法人治理结构，完善现代企业制度，全力打造中国出版传媒“航空母舰”，全面提升我国出版传媒的国际竞争力。

打造出版传媒“航空母舰”，就要认真落实中央关于新闻出版改革要实现“三个一批”的改革目标。

“做强做大一批”。选择那些体制机制改革到位、整体实力较强、基础条件较好的出版企业集团，通过上市融资、资本重构、重点项目支持、出版资源倾斜等措施重点加以培育，造就出版骨干企业和文化产业战略投资者，力争三五年内造就六七家企业品牌、自有资产、自营销售三超百亿的国内一流、国际知名的大型出版传媒企业，组成国家的主力“舰队”。

“整合重组一批”。抓住当前出版发行单位转企改制的机会，全力推进出版发行企业整合资源、联合重组、调整结构，鼓励业务相近、性质相同、产业相通的新闻出版企业跨媒体、跨行业、跨地区、跨所有制并购、联营、重组，打通整个行业的产业环节和市场网络，形成一批导向正确、机制灵活、主业突出、实力雄厚、管理规范、运行高效、竞争力强的综合新闻出版企业集团和专业性新闻出版企业集团。

“停办退出一批”。“小舢板”捆绑起来还是“小舢板”，打造“航空母舰”必须下决心淘汰没有战斗力的“小舢板”。在两年之内，对于那些方向不正、效益较差、资不抵债、无力生存、难以发展的新闻出版单位注销停办、退出市场，到明年底尚未改革到位的出版社，也将吊销出版许可证，淘汰出局。

打造出版传媒“航空母舰”，就要按照市场经济规律办事，革除计划经济体制下形成的分散布局、僵化模式和落后业态等弊端。首先要坚决打破条块分割、地区封锁、城乡分离的传统体制，以市场为依托，以资本为纽带，以优势企业为龙头重新布局。其次要坚决打破按地区按部门按行政级次配置出版资源、设置出版机构和分配出版产品的管理模式，集中支持重点地区、重点企业、重点项目、重点产品的发展，公共资源要向产业基地、产业集群、产业带倾斜。第三，要坚决打破小生产式的自给自足、自娱自乐的落后业态，大力加强资本、产权、信息、人才、技术等要素的市场建设，用生产要素和重要资源的合理配置，用国际国内统一开放、竞争有序、健康繁荣的大市场大流通体系，整体改变我国出版传媒的产业格局。

（据 2009 年 8 月 15 日《人民日报》）

### 攻坚克难　真抓实干　进一步推动新闻出版产业又好又快发展

（在全国新闻出版局长座谈会上的讲话）

柳斌杰

2009 年 7 月 13 日

当前新闻出版工作面临的形势还很严峻。一是仍在蔓延的国际金融危机对新闻出版产业发展造成的冲击还在延续。二是意识形态方面的斗争在新闻出版领域呈现出新的动向。三是人民群众日益增长的精神文化需求对新闻出版工作提出新的更高要求。四是高新技术特别是信息技术的迅猛发展对新闻出版行业形成新的挑战。一定要正确分析当前形势，准确把握发展趋势，牢记总要求，增强责任感，切实把推动新闻出版产业又好又快发展作为第一要务，进一步解放思想、转变观念，攻坚克难、真抓实干，一心一意谋发展，全力以赴抓发展，深化改革促发展，优化管理保发展。

一、提高认识，统一思想，进一步增强推动新闻出版产业又好又快发展的责任意识。充分认识新闻出版产业发展面临的形势任务；充分认识新闻出版产业发展具备的有利条件；充分认识新闻出版产业发展的历史机遇。

二、科学规划，突出重点，进一步明确推动新闻出版产业又好又快发展的主攻方向。继续发展图书、报纸、期刊等纸介质传统出版产业；大力发展数字出版等非纸介质新兴出版产业；加速发展游戏动漫出版产业；重视发展印刷复制业；积极发展新闻出版物流产业。

三、提高起点，强化战略，进一步落实推动新闻出版产业又好又快发展的重大举措。精品战略要向品牌产品、品牌企业、品牌活动延伸；科技兴业战略要向新媒体、新业态、新产业拓展；集约化战略要向跨媒体、跨行业、跨地区、跨所有制发展。大家要结合当地发展要求，立足当前，着眼长远，优先发展那些成长性好、示范带动效应强，具有全局性和先导性的重大项目工程，为产业的长远发展和跨越式前进奠定良好的基础。

四、深化改革，积极创新，进一步强化推动新闻出版产业又好又快发展的基本动力。全面推进经营性新闻出版单位转企改制和大力实施“三个一批”。

五、强化主体，打造品牌，进一步探索推动新闻出版产业又好又快发展的外向模式。制定规划，选准方向；强化主体，重点扶持；创新形式，走出国门。

六、加强领导，优化服务，进一步完善推动新闻出版产业又好又快发展的政策保障。加强新闻出版产业规划工作；制定并落实推动新闻出版产业发展的各项优惠政策；多渠道筹措资金，加大对新闻出版产业发展的投入；切实加强新闻出版产业发展的基础性工作。

（据新闻出版总署网站）

## 落实《文化产业振兴规划》推动新闻出版产业又好又快发展

柳斌杰

2009年9月29日

### 一、新闻出版业是文化产业的基础产业

新闻出版业是一个实体产业，无论是图书、报刊、音像、电子、网络六大出版，还是发行、印刷、复制三大行业，都是为社会生产和提供产品的。发展新闻出版产业是市场经济条件下发展社会主义文化的重要途径。在当前应对国际金融危机的新形势下，加快振兴新闻出版产业，不仅对于满足人民群众多层次、多样化、多方面精神文化需求，提升我国软实力有重要意义，而且对扩大内需，拉动消费，推动经济结构调整，培育新的经济增长点也具有重要意义。新闻出版产业作为文化产业的重要部分，肩负着坚守意识形态阵地、传播科学理论、传承优秀文化、引领时代潮流、增强文化软实力等重要历史使命，在文化产业发展全局中发挥着不可替代的作用。因此，落实《文化产业振兴规划》，发展新闻出版产业，是新闻出版业加快发展，做强做大，提升软实力，增强硬实力的一个历史起点。

### 二、《规划》出台是新闻出版产业加快发展的新机遇

《规划》的出台，进一步明确了新闻出版产业振兴的目标任务和主攻方向，进一步拓展了新闻出版产业发展的市场空间和政策环境，为新闻出版产业实现科学发展创造了新的机遇和条件。一是增强了信心。二是提供了动力。三是出台了政策。四是给予了新的组织保证。《规划》作为国家级规划由国务院常务会议通过并颁布，这是新中国成立60周年来第一次，是文化产业地位作用空前提高的体现，必将对协调各方加强对文化产业振兴的组织领导发挥重大影响。

### 三、在贯彻《规划》中把握新闻出版产业振兴的主攻方向

《规划》已经明确了文化产业振兴的主要任务，新闻出版行业要具体分析，科学设计，找准定位，借助《规划》的东风，努力驶上发展的快车道。根据新闻出版产业的实际，从行业主管部门来看，当前，新闻出版产业要着力发展“五大产业”。一是继续发展图书、报纸、期刊等纸介质传统出版产业。二是大力发展数字出版等非纸介质新兴出版产业。三是加速发展游戏动漫出版产业。四是重视发展印刷复制业。五是积极发展新闻出版物流产业。要积极扶持农村出版物市场和连锁网点建设。要继续鼓励新闻出版企业发展连锁经营，推动有条件的企业跨地区、跨国连锁经营，鼓励新闻出版企业发展电子商务，带动流通体系建设。

### 四、八项举措把《规划》变成新闻出版行业的行动

新闻出版系统将切实按照党中央、国务院要求，坚持以科学发展观为统领，以结构调整为主线，以推进重大工程项目为重点，以落实政策措施为保障，高举旗帜，把握导向，全面落实《规划》，推动文化产业振兴。今后一个时期，要着力抓好以下八项工作。

一是继续深化经营性新闻出版单位转制改革，激发行业活力。

二是推进联合重组和资源整合，全力打造中国出版传媒“航空母舰”。

三是引导和规范非公有资本有序进入出版发行产业，解放和发展新兴文化生产力。

四是深化流通体制改革，开辟融资渠道，构建统一开放、竞争有序、健康繁荣的现代出版物市场体系。

五是加快新技术应用和推动新闻出版产业升级。

六是继续推动新闻出版产业“走出去”，提高我国新闻出版产业的国际影响力。下一步，我们要采取五条措施进一步推动“走出去”。首先，要仔细分析欧美市场，明确我国新闻出版企业“走出去”的主攻方向。其次，要重点打造一批具有竞争能力和抗风险能力的外向型企业，实施重点扶持，继续鼓励和支持有条件的新闻出版企业在境外设立新闻出版企业，实施并购，实现本土化。第三，要继续实施“中国图书对外推广计划”、“中国图书对外翻译出版工程”，“国产音像制品走出去工程”，打造具有自主知识产权和核心竞争力的国际知名品牌，扩大中国新闻出

版产品的国际市场份额，增强中华文化的国际影响力和传播力。第四，要鼓励新闻出版企业与国际著名文化制作、经纪、营销机构合作，创新营销方式和手段。第五，要改革和改进国际国内市场展销、贸易活动模式，继续支持新闻出版高水平企业参加法兰克福书展等重点国际大型展会和文化活动，提升“北京国际图书博览会”等品牌的重要影响力，打造新的国际出版版权交易平台，发挥其在对外推广文化产品和服务方面的积极作用。加强印刷、复制、动漫开发外包服务业务，占领国际文化服务市场。

七是继续深化行政体制改革，建设服务型政府。

八是大力培养新闻出版产业人才，完善法律法规体系，为《规划》实施和新闻出版产业发展提供强有力的保障。

总之，新闻出版系统将按照中央的要求，整体设计，分步实施，重点攻坚，全面推进，全力构建我国新闻出版业“两个格局”、“三大体系”，即：形成以公有制为主体、多种所有制共同发展的产业格局和以民族文化为主体、积极吸收外来有益文化的开放格局；构建统一开放、竞争有序、健康繁荣的新闻出版市场体系，技术先进、覆盖全面、传输快捷的现代传播体系，政府主导、社会参与、面向基层群众的新闻出版公共服务体系，推动新闻出版产业实现又好又快发展。

（据新闻出版总署网站）

## 加大投入　优化政策　发挥新闻出版业在“保增长”中的重要作用

（在全国政协十一届二次会议举行第三次全体会议上的发言）

李东东

2009年3月8日

2008年以来，国际金融危机影响持续加深。面对挑战，新闻出版业积极采取应对措施，保持了平稳较快增长的势头。2008年，全国新闻出版产业从业人员达到1110万人，总产值超过8500亿元，预计占GDP比重为2.83%。新闻出版业在推动国家经济社会发展和满足人民群众日益增长的精神文化需求中的作用日益明显。在2009年1月举办的北京图书订货会上，订货码洋达25.168亿，同比增长18%；图书馆看样采购8100万元，同比增长26%。从出版物销售情况看，今年年初以来，销售额不降反升，确有逆向发展之势。例如北京图书大厦，仅在春节假期销售额就达1283万元，同比增长20%。

新闻出版产业因其独特作用，不仅能在促进经济走出低谷中发挥特有的社会功能，而且还能对扩大文化内需、促进经济增长发挥重要作用。加快发展新闻出版业至少可以起到三方面重要而独特的作用：通过发挥新闻出版媒体传播优势，全面准确地宣传我国经济发展面临的机遇与挑战，深入解读党和国家保增长、扩内需、调结构、促改革、惠民生的重大决策，激励各行各业迎难而上、共克时艰；通过出版更多以现代金融、经济、科技和管理知识为内容的出版物，为全社会积极应对挑战提供智力支持和文化保障；通过新闻出版业的平稳较快发展，促进经济结构调整，提升经济发展整体质量。国际上公认，包括新闻出版业在内的传媒和文化创意产业具有“少污染、低能耗”的特性，能够有效地拉动就业、扩大消费。

从七个方面将加快新闻出版业发展纳入国家“保增长”政策措施中。一是加快建设新闻出版民生工程。二是设立“国家读书节”，设计层次高、影响面广的活动内容并形成惯例，在全社会营造鼓励读书、热爱读书的文化氛围，提升国民素质。三是试行新闻出版产品消费财政补贴或发放消费券制度。四是将“国家数字复合出版系统”、“数字版权保护技术”、“中华字库”、“国家知识资源数据库”等重大科技基础项目及国家精品学术期刊建设工程作为“保增长”的重点项目，加大支持力度，提高自主创新能力，改变我国出版传播技术的落后局面。五是设立新闻出版产业发展专项资金，由国家财政每年投入资金，用于对重大新闻出版工程的贴息和补助，对骨干新闻出版企业和企业集团公司进行重点扶持。同时，重点支持数字出版产业基地建设，支持关键技术研发，发展新型出版业态。六是比照软件业、高新技术企业给予出版新业态、新媒体和国家级数字出版基地优惠税收政策，出台文化创意中小企业融资政策。七是扩大“走出去”专项资金规模，支持新闻出版“走出去”，在增加出版产品和服务出口的同时扩大中华文化影响力，提升国家竞争软实力。

（据新闻出版总署网站）

## 大传媒时代需整合大传媒资源

（谈进一步深化文化体制改革）

李东东

2009年10月13日

国务院不久前通过的《文化产业振兴规划》要求大力推动跨地区、跨行业联合或重组，培育骨干文化企业。

当前，我国传媒业正处于改革发展的攻坚阶段和关键时期，从业态上看，以数字技术、互联网、无线宽带、移动通讯为代表的传播技术的发展和新媒体的崛起对传统传播方式和传统媒体提出了强大挑战。部分传统媒体不能完全适应传媒竞争的需要，处于亏损状态，举步维艰。媒体事业单位的性质又使其难以直接面对市场，难以成为市场经营主体，“生”不易，“死”也难。有序开放、有效管理，整合报号、刊号、频率、网址等公共资源，使其产生更大更好的效益，已是形势使然。

在经济实力相当时，国与国之间的竞争很大程度是“软实力”的竞争，而“软实力”竞争一定意义上就是传媒传播力、影响力的较量。从国际媒体市场的竞争态势来看，“西强我弱”的舆论格局还没有得到根本改变。我们要按照舆论引导的客观要求、传媒产业的发展规律和新传播技术的发展趋势，积极打造世界级的大型传媒集团。这不仅有利于政府管理，事业发展，也有利于中国声音“走出去”，是传媒产业迎接未来严峻挑战的战略需要和必然选择，也是传媒产业适应文化体制改革、引领文化产业发展潮流的战略选择。

打造大型传媒集团，要求我们必须进一步深化体制机制改革。通过改革，切实破除阻碍全行业发展的公益性事业和经营性产业长期不分、事业单位企业化管理、主体地位缺失、功能定位不明确等体制弊端，破除因体制问题导致的行业在市场经济环境下公共服务功能弱化、自我发展能力不强的根本性障碍。媒体长期可持续的巨大影响力，不仅来自于权威的信息发布，也来自于自身实力的不断增强。我们只有迅速整合大传媒资源，培养一批具有国际社会广泛影响力和强大竞争力的跨地区、跨行业、跨媒体、跨所有制的大型传媒集团，中国“声音”才能真正地可持续地不断地走向世界，走向未来。

（据2009年10月13日人民网）

## 广播电影电视总局

### 贯彻落实好规划实现广播影视产业新的跨越

（就《文化产业振兴规划》接受新华社记者采访）

王太华

2009年9月30日

贯彻落实好《文化产业振兴规划》，实现广播影视产业新的跨越，是广播影视当前和今后一个时期的重大任务。

进一步加快广播影视产业发展，必须按照规划部署，整体推进、重点突破，特别要着力发展以电影、电视剧和影视动画为主的内容产业、有线电视网络产业和广播影视新媒体新业态三大产业。

加快广播影视产业发展，首先必须紧紧抓住转企改制、培育市场主体这一中心环节，加快国有经营性事业单位转企改制和现代企业制度建设步伐，大力发展民营等各类非公有制企业，形成以公有制为主体、多种所有制共同发展的文化产业格局。当前的工作重点是：全面推进国有电影事业单位转企改制，国有电影制片厂今年年底前要完成事转企；中国电视剧制作中心、各省级电台电视台所属的电视剧制作机构要加快转企步伐；鼓励支持有条件的影视制作企业、省级有线电视网络公司通过兼并重组、上市融资等多种方式做大做强。

广播影视产业要着眼于构建覆盖广泛、传输快捷的现代传播体系，以数字化为龙头，促进产业升级，培育新兴业态，充分发挥科学技术第一生产力的作用。一要加快传输覆盖网络数字化。二要加快电台、电视台台内数字化，努力构建采、编、播、存、用一体化的数字技术新体系，优化工艺流程，提高制播效率。

广播影视产业发展必须统筹国内国际两种资源，大力开拓国内国际两个市场，不断扩大市场占有率。要从提升国家文化软实力的高度，坚持政府推动和市场运作相结合，努力扩大我国广播影视产品和服务的国际市场份额。要深入把握文化产品和服务国际贸易规律，着力加强国际营销网络建设，构建符合市场运作规律、覆盖广泛的营销体系；着力实施“中国优秀影视剧海外推广工程”，采取合资、合拍、以进带出等多种方式，加快电影、电视剧和影视动画走出去。要深入把握文化资本国际运作规律，积极探索组建市场化运作的公司，在海外参股、并购或投资创办广播影视企业和中介机构，鼓励支持有条件的国有企业、民营资本投资海外传媒产业。要深入把握文化国际传播规律，充分挖掘和利用中华优秀传统文化题材，适应国外受众消费需求，创作生产出更多更好的体现“中国特色、中国风格、中国气派”的影视作品。

（据国家广电总局网站）

### 重点发展　增强动力　强化保障　推动广电行业文化发展

（就《文化产业振兴规划》接受中央电视台记者采访）

王太华

2009年9月4日

《文化产业振兴规划》，是党中央、国务院从国家战略高度，对我国文化产业作出的重大部署，为广播影视产业加快发展提供了难得机遇和良好条件。按照《规划》，广播影视产业发展的总体思路更加清晰，目标任务更加明确，工作重点更加突出，工作措施更加有力。特别是《规划》从财政、金融、税收等各个方面，对广播影视产业重点领域、重大项目给予政策支持，等等。这些，都将有力促进广播影视产业加快发展，实现新的跨越。根据《规划》总体要求，结合广播影视实际，将采取更加有力的措施，全面加快广播影视产业发展。这些措施可以概括为：发展三大重点产业，增强三个动力，强化三项保障。

发展三大产业，就是要着力发展以电影、电视剧、影视动画为重点的内容产业，着力发展有线电视网络产业，着力发展基于数字技术、网络技术的广播影视新兴业态。增强三个动力，就是要深化产业改革，增强体制动力；加快数字化发展，增强科技动力；开拓国际、国内市场，增强需求动力。强化三项保障，就是要转变政府职能，完善产业政策，培养产业人才，努力为产业发展提供良好环境和条件。随着《规划》的实施，我国文化产业将进入一个快速发展期。就广播影视而言，经过一个时期的努力，电影、电视剧和影视动画有望实现较大增长，我国由影视生产大国向产业强国的转变步伐将加快；有线电视网络将实现由小网向大网、由模拟向数字、由单向向双向、由用户看电视向用电视的转变，在国民经济和社会信息化进程中的地位和作用将进一步巩固和强化；广播影视新媒体新业态有望保持高速发展势头，成为文化产业强劲的经济增长点。

（据国家广电总局网站）

## 大胆改革创新　提升新媒体产业核心竞争力

（在中国广播网改制暨央广网和文化传媒公司成立大会上的讲话）

田　进

2009年7月31日

近年来，广播影视新媒体发展的步伐不断加快，视听节目已经成为互联网信息服务的重要形式。目前，我国3.38亿网民中，互联网视频用户已达2.22亿，视频分享、P2P直播、影视点播、下载、聚合、播客等新形式的互联网视听节目服务形态不断出现。有关统计机构发布的数据显示，互联网视听节目服务业2008年年收入增长率超过200%。可以肯定地说，互联网视听节目服务是下一代互联网的主要业务，其发展前景无论在国内或国外都倍受关注。

中国广播网发展的四点原则性意见。

一、进一步深化体制改革。广播影视新媒体，新在技术、新在内容、新在形式、新在体制。体制是基石，改革体制是为了解放生产力。

二、进一步加强业务创新。广播影视新媒体，业务创新是核心。要积极主动适应新一代互联网发展特点，在技术上，要追求尖端、安全、服务；在内容上，要突出丰富、新颖、独特；在管理上，要体现科学、规范、高效。无论技术业务、内容业务还是管理业务，都必须做到勇于变革、勇于创新，做到永不僵化、永不停滞。

三、进一步加快发展步伐。广播影视新媒体，发展是永恒的主题。当前，我国视听新媒体的发展非常迅速，我国网民的数量稳居世界第一。面对媒体业态发展的新趋势、新要求，中央电台要按照科学发展观的要求，做到统筹兼顾、协调发展，在广播新媒体建设上主动发挥领军作用，加大资金投入，加强整合力度，加快转型进程，找准新的定位，立足自身特色，打造中国特色的中文音频网络文化品牌。

四、进一步注重人才培养。广播影视新媒体，人才队伍建设是根本。新媒体发展带来了新的人才竞争。中国广播网在体制机制改革中，首要的是创造一个有利于人才成长的优质环境。要借鉴现代企业人力资源管理的理念和方法，引进外来人才和培养现有人员相结合，创新用人制度和考评制度，建立健全人才培养的长效机制。借助新媒体建设，中国广播网不仅要打造成广播新时代的新媒体，还要成为国家电台新一代广播人健康成长的新摇篮。

## 加快新媒体建设　推动主流媒体发展

（在中央人民广播电台加快新媒体发展工作会议上的讲话）

田　进

2009年2月17日

随着科技的进步，各种新媒体新业务的涌现。如何抓住机遇，迎接挑战，趋利避害，占领主动，经过前一阶段的探索和实践，中央台对新时期发展新媒体，有了新的认识、新的思路、新的举措。

### 一、认清形势，提高认识，不断增强使命感责任感、紧迫感

第一，要充分认识加快新媒体建设的重要性，把中央的要求落到实处。中央从全局发展的战略高度，提出抓住科技进步带来的文化发展战略机遇，进一步推进网络文化建设和管理，建设有中国特色的社会主义网络文化。第二,要充分认识加快新媒体建设的必要性，把推动中央台不断发展壮大的目标落到实处。十七大报告指出，要运用高新技术创新文化生产方式，培育新的文化业态，加快构建传输快捷、覆盖广泛的文化传播体系。第三，要充分认识加快新媒体建设的迫切性，把各项发展措施落到实处。

### 二、解放思想，改革创新，准确把握客观规律和工作要求

第一，要科学把握新媒体发展的客观规律。一是网络传播不受地域限制，隐匿性和交互性强。二是互联网信息海量、庞杂，传播便捷、迅速。三是受众广泛，市场需求巨大。四是传播方式多样，业态丰富，结构复杂，多向互动。五是融合力强，目前与传统媒体处于互补、竞争、合作的关系，未来呈现融合发展的趋势。六是作为科技进步的产物，其本身技术更新快，对技术手段依赖程度高，内容发展与技术进步互为推动，等等。

第二，要科学把握新媒体建设的工作要求。一是必须从占领文化传播制高点和掌握信息化条件下宣传思想工作主导权的高度，抓住信息化的历史机遇，善于运用先进技术传播先进文化，积极发展中国特色网络文化，创办中国特色网络文化品牌。二是必须加快推进机制体制的改革创新，着力解决制约发展的深层次矛盾和问题，解放和发展生产力。三是必须依托科技发展，利用新技术创新业务形态，提高传播能力。四是必须将内容生产作为新媒体发展的重点，以高质量的音视频内容作为新媒体发展的支撑。五是必须适应互联网音视频受众年轻化的特征，生产有针对性的、适合网络传播的视听节目产品。六是必须整合系统内外资源，增强发展新媒体的综合实力。七是必须高度重视新媒体版权保护，确保持久健康有序发展。侵权盗版问题是目前互联网视听节目发展中的顽疾。八是必须一手抓发展，一手抓管理，综合运用技术、经济、行政、法律等手段，重点从运营主体、内容监管、管理体制入手，改进方式，提高水平。

### 三、统筹兼顾，科学发展，正确处理关键问题和重大关系

一要统筹传统媒体与新媒体。传统媒体和新媒体要共同发展，统筹发展，协调发展，加快发展。要做到在发展传统媒体的同时发展新媒体，发展新媒体的同时不影响传统媒体的建设，并使两者相互促进、相互提携，共同进步、共同发展，组成一个良性互动的有机整体。

二要统筹内容与技术。李长春、刘云山同志指出，要大力推进内容形式和传播手段创新，加快构建传输快捷、覆盖广泛的文化传播体系，努力提高文化的传播能力，运用各种新媒体传播社会主义先进文化。要大力推进文化内容和形式的创新，实现题材体裁、风格流派和表现手法的极大丰富，使我们的文化产品更具吸引力和感染力。要积极扶持原创作品，着力打造一批代表国家形象、具有自主知识产权的文化品牌。在新媒体建设中，内容是核心，技术是手段。这里的关键问题是如何做到相互依托，相互促进和提高。

三要统筹事业与产业。我国的电台电视台必须坚持事业体制，广播影视新媒体要在坚持事业性质和公益职能的同时，加大改革力度，加快内部机制改革，向产业要发展空间。要真正将一切可以经营的事业资产剥离出来，实行公司化管理、市场化运作，并以此为平台，向社会融集资本，组成媒体控股的投资主体多元的股份制企业，按市场法则运作和发展产业。关键问题是中央台新媒体的发展应当在正确处理社会效益和经济效益的前提下，闯出一条新媒体产业发展的新路子。同时带动传统媒体的发展。

四要统筹发展与管理。互联网视听节目服务的发展，既满足了广大网民多样化、个性化的精神需求，也产生了一些不可忽视的问题，给互联网视听节目服务业的健康繁荣可持续发展带来负面影响。因此，我们必须正确处理发展与管理的关系。这里的关键问题是要认识到管理与发展是辩证统一的，没有严格有效的管理就不会有持续健康的发展。管理为发展服务，管理是基，发展是本。管理就是服务，服务是管理的出发点，管理的目的是发展。要在发展规划中，在发展过程中，真正把管住、管好落到实处，自我管理、自我监督一步到位，以良好的管理，促进新媒体健康可持续发展。

五要统筹当前与长远。新媒体、新业务，要加强前瞻性研究，充分认识到今天的发展是为未来的发展创造条件，妥善处理当前与长远、局部与全局的关系，做到科学谋划，整体布局，分步骤，分阶段，积极稳步推进中央台新媒体建设，力争以最低的成本换来最大的发展、最好的效益，实现可持续发展、高质量高水平发展。这里的关键问题是要树立正确的政绩观。

最后，强调一下人才队伍建设问题。要适应新媒体新任务的高要求，牢固“树立人才资源是第一资源”的观念，努力造就一支新媒体人才队伍。

（据 2009 年第 4 期《中国广播》）

**财政部**

## 加大财政支持力度　推动振兴文化产业

张少春
2009 年 10 月 10 日

### 一、支持文化体制改革，加快培育文化市场主体

深化文化体制改革，是促进文化产业加快发展的前提和基础。落实好《规划》，必须首先支持深化文化体制改革，以体制机制的创新，促进文化产业发展。

随着社会主义市场经济的深入发展和对外开放的不断扩大，我国文化发展的体制环境和社会条件发生了深刻变化，文化体制与人民群众日益增长的精神文化需求、与全面建设小康社会和构建社会主义和谐社会的目标任务逐渐不相适应。党中央、国务院审时度势，在全面把握当今世界文化发展趋势，深刻分析我国国情的基础上，做出了深化文化体制改革的重大决策。

按照中央关于深化文化体制改革的总体部署，近年来，各级财政部门一方面继续加大公益性文化事业投入，加强以农村为重点的公共文化服务体系建设，更好地满足人民群众基本公共文化需求；另一方面，积极支持经营性文化事业单位转制为企业，通过制定和完善相关财税优惠

政策，帮助弥补改革成本，并且“扶上马，送一程”，促进其面向市场，培育成为真正合格的新型文化市场主体。2008年，财政部配合中宣部等部门研究起草了《关于印发文化体制改革中经营性文化事业单位转制为企业和支持文化企业发展两个规定的通知》，进一步完善了支持经营性文化事业单位转企改制和文化产业发展的财税扶持政策。2009年，财政部参与制定了《关于深化中央各部门各单位出版社体制改革的意见》，积极研究制定相关措施，大力促进中央各部门各单位出版社改革。今后，财政部门将按照中央要求，会同有关部门进一步完善相关财税优惠政策，有计划、有步骤地推动经营性文化单位转企改制，力争打造一批有实力、有活力的国有或国有控股的文化企业，使之成为文化市场上的主导力量，带动我国文化产业的整体发展。

## 二、加大财政投入力度，促进重点文化产业发展

加大财政投入，是促进文化产业加快发展的重要保障。落实好《规划》，必须进一步加大财政投入力度，制定完善税收优惠政策，支持文化产业重点领域和重点环节，从而带动社会资本投入，实现文化产业的繁荣发展。

从长远来看，我国文化产业发展应坚持以市场为导向，充分发挥市场资源配置的基础性作用。但从目前情况看，文化产业在我国还是一个弱势产业，规模总量小，与人民群众的精神文化需求相比存在很大的战略缺口，在版权贸易、音像制品贸易和文化服务贸易等方面还存在相当大的贸易逆差。同时，文化产业又是一个高投入、高回报、高风险的产业，对资本具有较强的需求和依赖性。针对我国文化产业发展面临的市场活力不足、企业融资困难、投资渠道不畅等问题，迫切需要国家财政发挥示范性和导向性作用，帮助弥补市场失灵和市场缺陷，推动文化产业实现跨越发展。

按照《规划》提出的要求，财政部门将进一步加大对文化产业的投入，通过贷款贴息、项目补贴、补充资本金等方式，支持国家级文化产业基地建设，支持文化产业重点项目及跨区域整合，支持国有控股文化企业股份制改造，支持文化领域新产品、新技术的研发，支持大宗文化产品和服务的出口。同时，将进一步落实并细化相关税收优惠政策，加大税收扶持力度。财政支持文化产业发展的重点，一是要积极推进文化产业结构调整和资源整合，鼓励有实力的文化企业跨地区、跨行业经营和重组，培育骨干文化企业；二是要积极推进文化与科技的融合，运用高新技术改造传统产业，大力发展新兴文化业态，推动文化产业升级；三是要积极推进建立健全文化市场，遵循市场规律，建立统一开放竞争有序的现代文化市场体系；四是要积极推进加快政府职能转变，为文化产业发展营造良好环境。

## 三、创新财政支持方式，构建文化产业融资平台

创新财政支持方式，是促进文化产业加快发展的必然要求。落实好《规划》，必须积极探索创新财政支持方式，按照公共财政的要求，增强科学的投入意识和发展观念，发挥财政杠杆作用，逐步建立和完善文化产业发展的市场机制。

文化产业发展需要大量资金投入，主要应通过市场筹措资金。因此，要按照市场经济要求和公共财政理念，研究制定符合市场经济发展规律和文化产业特点的财政扶持政策，转变财政直接投资方式，积极探索通过贷款贴息、设立投资基金等方式，鼓励社会资本投资文化产业，促进实现文化产业投资主体和投资渠道的多元化，利用资本市场拓宽文化产业融资渠道，构建完善的文化产业投融资体制。

设立文化产业投资基金是借鉴成熟资本市场“产业投资基金”运作模式，由发起人定向募集，委托专业机构管理基金资产，主要采取股权投资方式解决文化产业融资问题的一种探索和尝试。由财政部门发起设立文化产业投资基金，可以充分发挥财政资金的引导作用，调动金融机构和大型国有企业等社会资金投入，搭建文化产业投融资平台。按照中央要求，财政部正在会同相关机构发起设立中国文化产业投资基金，由中央财政注资引导，吸收国有骨干文化企业、大型国有企业和金融机构认购，由专门机构进行管理，实行市场化运作，通过股权投资等方式，支持文化企业上市融资，推动资源重组和结构调整，促进国家文化发展战略目标的实现。

## 四、加强资产财务监管，确保提高国家投资效益

加强资产财务监管，是促进文化产业健康发展的重要保证。落实好《规划》，必须按照科学化、精细化管理要求，做好文化企业资产和财务管理工作，确保国有资产保值增值，提高国家财政资金使用效益。

国有文化资产作为国有资产的重要组成部分，是繁荣和发展文化事业和文化产业的物质基础和经济支撑，是解放和发展文化生产力的重要条件。同时，国有文化资产承载着宣传文化教育功能，是确保党对意识形态领域的影响力、控制力以及维护国家文化安全的重要载体，具有不同于一般国有资产管理的特殊性和复杂性。为落实《规划》任务，今后各级财政部门将按照职能要求，一是加强国有文化资产管理制度建设，认真研究制定文化企业国有资产管理办法，进一步规范文化企业产权管理、重大事项决策、经营者业绩考核等；二是切实做好国有文化企业资产管理基础工作，重点为文化体制改革单位办理清产核资立项和结果审批、资产评估备案及国有资产产权登记等；三

是积极探索新形势下国有文化资产监管体制，研究推动国有文化企业公司制改革，加快建立现代企业制度，完善法人治理结构。

（据 2009 年 10 月 10 日《人民日报》）

# 三、2009 年各省（市、自治区）主要领导同志重要讲话摘编

## 北京市

### 突出中国元素　加快发展北京文化创意产业

（在调研北京重大文化产业项目规划发展情况时的讲话）

刘　淇

2009 年 5 月 20 日

要深入挖掘优秀的中国文化资源，不断创新中国元素表现形式，融合中西文化的优长，加快推进首都重大文化产业项目建设，加快文化创意产业发展。本市文化创意产业发展迅速，特色文化创意产业集聚区初步形成。截至 2007 年，文化创意产业增加值占全市地区生产总值的 10.6%，2008 年 1 月至 11 月文化创意产业收入比上年同期增长 17.4%，已经成为首都经济新的增长点和重要引擎。

京西石景山区首钢机电公司重型机器分公司厂区即将被改造成为国家级动漫游戏产业示范园——中国动漫游戏城。要抓住首钢旧厂区改造机遇，积极搭建平台，依托工业文化内涵，认真规划、加快建设中国动漫游戏城。政府部门要从规划等方面加大支持力度，努力吸引一批有影响力的动漫、网络游戏企业入驻，把中国动漫游戏城建设成为集创作、生产、交易于一体的重点文化产业园区。

国家级文化娱乐主题公园位于通州规划新城的主题休闲功能区核心地带，通州台湖镇是一个集娱乐、休闲、旅游于一体的大型文化主题公园。要认真做好国家级文化娱乐主题公园选址规划、拆迁等各项前期准备工作，加快主题公园建设。主题公园的建设要突出中国元素、中国原创、中国风格、中国气派。要吸引高级文化创意人才参与主题公园设计和管理，深入挖掘优秀的中国文化资源，不断创新中国元素表现形式；借鉴国外优秀的文化创意，融合中西文化的优长，运用高新技术，努力培育叫得响的北京主题公园品牌。要充分发挥北京辐射力强的优势，创造性地开展工作，加快北京文化创意产业的发展。

（据 2009 年 5 月 20 日《北京日报》）

### 抓住机遇　乘势而上　在新的起点上实现北京旅游业又好又快发展

（在北京旅游产业发展大会上的讲话）

郭金龙

2009 年 2 月 27 日

#### 一、抓住机遇、乘势而上，在新的起点上实现北京旅游业又好又快发展

旅游产业是现代产业体系的重要组成部分，是建设现代化国际大都市的基本要素。大力发展北京旅游产业，对于落实城市性质功能、全力做好“四个服务”；对于深入推进首都产业结构优化升级和发展方式转变、促进首都经济又好又快发展；对于不断改善民生、推动社会和谐安定；对于提高城市现代化水平、建设现代国际城市，具有十分重要的意义。长期以来，北京市委、市政府高度重视旅游产业的发展，制定实施了一系列政策措施，着力发挥首都资源优势，保持了旅游业持续较快发展的良好势头。2007 年，北京旅游产业直接从业人员达到 34 万，间接从业人员在 170 万左右；实现国内旅游收入 1753.6 亿元，外汇收入 45.8 亿美元，旅游产业增加值占地区生产总值比重达到 7%，成为首都经济不可或缺的重要支柱产业。

当前，北京旅游业发展面临千载难逢的机遇和有利条件。经过 30 年改革开放，我国经济社会持续较快发展，人民生活水平日益提高，国际交流合作日益广泛。特别是成功举办奥运会、残奥会，北京的国际影响力显著增强，城市国际化水平大幅提升，空气质量和市容环境持续改善，一批标志性的奥运场馆成为旅游的新亮点，交通、商业、住宿、餐饮等各项服务水平明显提高。尤其是奥运旅游接待热情规范，旅游市场秩序井然，入境旅游团队、星级饭店、重点旅游景区实现“零投诉”，大大提升了北京旅游的知名度和美誉度。这些都为北京旅游产业的发展奠定了良好基础，积累了宝贵财富。

面对复杂多变的国际经济形势和金融危机影响，我们要坚决贯彻中央宏观调控的各项政策措施，把保持首都经济平稳较快发展作为经济工作的首要任务。各区县、各部门要充分认识发展旅游产业的重大意义，紧密结合实际，把全面推进旅游业发展，与促进消费、扩大内需，拉动经济持续快速增长有机结合起来；与促进就业、增加收入，有效保障和改善民生有机结合起来，切实按照建设“人文北京、科技北京、绿色北京”的要求，坚定信心，紧抓机遇，加快发展，不断开创首都旅游业发展的新局面，为建设繁荣、文明、和谐、宜居的首善之区和现代化国际城市

做出应有的贡献。

## 二、着力提高旅游产业核心竞争力，加快建设国际一流旅游城市

奥运会成功举办　为北京旅游业发展带来了大好机遇，也提出了更高的标准和要求。市委、市政府确立了把北京建设成为国际一流旅游城市的目标，这是符合北京实际的，我们完全有条件、有能力实现。各区县、各部门要认真贯彻全面推进北京市旅游产业发展的意见，着力巩固发展奥运成果，充分发挥奥运效应，加快旅游发展方式转变，全面提高旅游产业核心竞争力，不断推动旅游业发展迈上新台阶，充分展示东方文化的无穷魅力和中国改革开放的辉煌成就。

一是加快旅游发展方式转变，实现内涵式发展。要适应旅游产业发展的新形势，全面树立城市国际化进程中的大旅游观，把旅游产业放到首都经济社会发展全局中统筹考虑，协调利用各方力量，促进旅游产业又好又快发展。要努力挖掘存量资源的旅游内涵，促进文物建筑、工业遗产的旅游开发利用，提升长城、故宫等传统观光旅游资源的品牌效应，同时注重开发高校、展览馆、特色商业街区等非传统旅游资源，实现传统观光旅游向现代都市旅游、休闲度假、商务会展等高端旅游转变。充分利用北京的文化资源优势，提高旅游产品的文化含量，着力运用最新科技成果，提高旅游附加值，实现从注重数量规模的外延式增长向注重质量效益的内涵式发展转变。正确处理旅游开发利用与资源环境保护之间的关系，切实做到合理开发、永续使用，促进旅游产业经济效益、社会效益和生态效益的良性循环。

二是扩大特色项目投资，丰富旅游产业结构。要实施奥运文化旅游战略，抢抓奥运机遇，发扬光大奥运品牌效应，以主要奥运场馆设施为载体，开发奥运旅游产品和旅游线路；落实奥运会展旅游促进计划，积极培育世界级会展旅游品牌；发挥好奥林匹克公园等奥运设施作用，建设旅游文化聚集区，尽快形成独具特色的奥运旅游产业体系。紧密结合郊区实际情况，扩大郊区旅游增量，积极推动大型旅游主题娱乐项目落户京郊农村，培育旅游新产品，打造旅游新业态。积极推行“一区一色、一沟一品”的特色发展道路，建设一批特色旅游小城镇、特色乡村酒店，促进郊区民俗旅游向更高层次、更具特色的乡村休闲度假旅游转变。充分发挥旅游产业带动效应，加大旅游特色商品、旅游文化演出等项目建设和开发力度，促进旅游产业与文化、科技、工业等关联产业的协作与互动，实现协调发展、融合发展，形成整体合力。要创新旅游投融资机制，以大项目为载体，以企业为平台，加大对重点旅游项目、重点旅游景区基础设施和生态环境建设的资金支持力度，吸引国内外资金积极参与旅游投资开发。

三是全面提高服务水平，营造一流的旅游环境。服务是旅游产业的应有之义，是提升旅游发展软实力和竞争力的关键所在。要深入推进旅游信息化、标准化建设，鼓励饭店、旅行社、景点景区在设施、服务、安全、咨询、节能减排等方面实现质量等级达标，着力提高旅游服务的规范化水平。按照国际化标准，建设旅游服务配套体系和旅游目的地信息服务体系，提高对旅游突发事件的快速反应和处置能力，完善旅游咨询、集散、标识、网络等公共服务设施，推行景区优惠套票、公交“一卡通”购票等旅游环境优化工程，为来京游客提供人性化的旅游服务。严格落实属地管理原则，大力整顿旅游市场秩序，加强旅游市场管理。

四是加强区域旅游合作，实现互利共赢。要顺应区域经济一体化的趋势，把旅游产业作为推动区域合作发展的重要切入点，以积极推进“9＋10”区域旅游协作为突破口，创新合作理念和方式，实现区域旅游的统一规划、统一开发、统一宣传、统一服务标准，加快区域内部交通、通讯等旅游基础设施的配套完善，设计旅游精品线路，联手对外推广，打造共同品牌，形成规模效应。注重发挥旅游企业的主体作用，以产品和市场为核心，以产权为纽带，以利益为导向，整合区域内部旅游资源，实现优势互补。

五是积极开展国际旅游合作，提升北京旅游产业国际化水平。要建设国际一流旅游城市，北京的旅游设施、服务标准、服务水平、企业素质等方面都必须实现与国际接轨。要鼓励有实力的国内旅游企业实行跨国经营，设立海外机构，积极参与国际市场竞争，有效利用“两个市场、两种资源”，在更大范围内实现资源共享、市场共享和利益共享，增强企业国际竞争力。要创新国际营销手段，加大国际市场推广力度，构筑国际化的旅游营销网络体系，精心办好各类大型旅游宣传促销活动，努力塑造“开放的北京、世界的北京”形象，吸引更多海外游客来京旅游。同时，开展多种形式的交流合作，积极引进国际先进管理经验、经营机制和服务模式。

## 三、深入推进体制机制创新，为建设国际一流旅游城市提供有力保障

要以落实市政府关于全面推进旅游产业发展的意见为契机，加快体制机制创新步伐，营造良好发展环境，不断提升北京旅游产业发展水平。

一是创新旅游管理体制。积极推动旅游业发展由政府主导逐步向政府引导调控、市场主导转变，着重发挥规划的龙头作用和政府资金的引导作用。加强旅游行业协会的发展，提高行业自律和促进产业发展能力。尤其是要尊重市场运作规律，发挥企业主体作用，提供优质公共服务，

鼓励支持社会资本积极参与，实现资源与资本的有效结合，共同促进旅游产业发展。

二是创新工作协调机制。首都旅游产业的涉及面很广，牵涉到上上下下许多部门、许多方面。既要加强北京市各相关部门的协作，营造一个共同推动旅游产业发展的良好氛围；更要重视争取中央有关部委的支持，把首都旅游资源优势很好地发挥出来；还要加强与兄弟省区市的沟通协调，努力推动区域旅游合作，实现共同繁荣和进步。

三是创新服务提供体制。实施旅游企业的诚信评价、信誉监督、失信惩戒和违规退出机制，完善旅游从业人员的评价考核体系和信誉公示系统，提供周到便利的旅游服务，使在京游客宾至如归、流连忘返。要简化行政审批手续，提高政府服务效率和服务水平，使国内外知名旅游企业和旅游投资商乐于在京投资发展。

四是创新人才发展机制。一个蓬勃发展的旅游产业，需要高素质的旅游人才队伍为支撑。要引进国际高端旅游人才参与北京旅游产业的规划、建设和管理，聘请国内外知名旅游专家为北京旅游产业发展献计献策。充分运用北京丰富的教育资源，大力培养适合北京旅游产业发展的优秀人才。要加大对旅游从业人员，尤其是身处第一线的导游人员的培训力度，不断提高业务素质和职业道德水平。

（据北京市旅游局网站）

## 天津市

### 在2009年全市文化工作会议上的讲话

肖怀远

2008年是极不平凡的一年，也是文化工作应对前所未有的重大挑战和严峻考验，完成非同寻常重大任务的一年。一年来，全市文化战线在市委、市政府的领导下，高举中国特色社会主义伟大旗帜，以邓小平理论和“三个代表”重要思想为指导，深入贯彻落实科学发展观，认真落实胡锦涛总书记对天津工作一系列重要要求，紧紧围绕市委确定的“一二三四五六”的奋斗目标和工作思路，高举旗帜、围绕大局、服务人民、改革创新，争当文化强市建设排头兵，积极推动文化大发展大繁荣，为推进天津科学发展、和谐发展、率先发展创造了良好的文化条件。去年全市文化工作整体迈上了新水平，在各方面都取得了令人欣喜的成绩，共获得了128项全国奖项和命名。艺术创作生产方面，京剧《郑和下西洋》、《护国将军》、评剧《寄印传奇》、儿童剧《第七片花瓣》和《坛技—三个和尚》等一大批优秀剧节目获得多项国家级大奖；公益演出方面，“爱心传递·携手抗灾”赈灾义演产生了良好的社会反响，特别是“海河情”艺术团赴汉中地震灾区慰问演出活动受到了津陕两地领导、群众的高度好评；大型活动方面，围绕北京奥运会、夏季达沃斯论坛和纪念改革开放30周年，一系列高水平的文化活动成功举办，赢得广泛赞誉；群众文化方面，“和平杯”中国京剧票友邀请赛、“天穆杯”全国新农村小品展演、“文化杯”全国梁斌小说评奖等一系列“国字号”活动在全国产生影响，形成品牌；公共文化服务体系建设方面，滨湖剧院、李叔同（故居）纪念馆落成，天津图书馆整修竣工，文化信息资源共享工程天津数字频道开通，一批乡镇街道基层服务点建设完成；文化产业方面，2家单位被评为全国第三批文化产业示范基地，1家获全国文化产业先进集体，在全市首次开展了市级文化产业示范基地评选命名工作；文化遗产保护方面，第三次文物普查收获了一批重要成果，天津博物馆、自然博物馆、周邓纪念馆被命名为首批国家一级博物馆，天津图书馆经国务院批准被列为全国古籍重点保护单位，各博物馆、纪念馆免费接待观众260余万人次；对外文化交流方面，出访批次再创新高，《妈祖》赴台等交流项目在海内外引起关注；文化体制改革方面，制订了《天津市杂技团转企改制方案》和《天津市文化局直属艺术院团改革基本思路》，明确了文艺院团改革的路线图和时间表；人才培养方面，一批青年文艺人才茁壮成长、脱颖而出，在第六届全国青年京剧演员电视大赛中，我市12名演员进入决赛，获得了5金2银的好成绩，金牌总数名列榜首。应该说，去年文化工作在各方面都有突出的亮点，这里不一一列举。这些成绩的取得，离不开各级领导对文化工作的重视关心，离不开社会各界的大力支持，同时更凝聚着文化系统干部职工和广大文化工作者的智慧和汗水。实践证明，文化战线是一支团结干事的队伍，是一支能打硬仗的队伍，市委对你们一年来的工作是满意的。在此，我代表市委、代表市委宣传部，向全市文化战线的同志们表示诚挚的问候！向所有关心、支持天津文化建设的社会各界表示衷心的感谢！

在看到成绩的同时，我们也要清醒地认识到，文化工作还有许多需要改进和提高的地方，一些长期困扰文化发展繁荣的难点问题还没有得到根本解决，比如：对科学发展观指导下的新的文化发展理念在理解和贯彻上还有差距，文化体制改革的步伐还不够快，公共文化服务体系还不够完善，文化产业发展还有待进一步加快，文艺拔尖人才、特别是领军人物还不够多，等等。这些都需要高度重视，深入调查研究，采取有力措施，切实加以解决。

2009年是新中国成立60周年，是深入学习实践科学发展观、应对国际国内重大挑战、实现“一二三四五六”

奋斗目标第一阶段任务的关键一年。综观全局，今年对天津来说，是一个必须闯过的关口。市委明确指出，今年很可能是进入新世纪以来经济发展面临困难最大、挑战最严峻的一年。做好今年的文化工作，意义重大。市委书记张高丽同志在听取全市宣传思想工作会议汇报时，就做好今年的宣传思想工作作出了重要批示。他强调，宣传思想工作任务很重，责任很大。希望同志们牢牢把握正确的政治导向和舆论导向，更好地为党的工作大局服务。要深入贯彻落实科学发展观，坚持用社会主义核心价值体系凝聚力量，进一步深化“同在一方热土、共建美好家园”活动，创作生产更多更好的精神文化产品，努力营造“保增长、渡难关、上水平”的浓厚氛围。要深化文化体制改革，繁荣文化事业，发展文化产业，为加快实施市委“一二三四五六”的奋斗目标和工作思路做出新的更大贡献。

高丽同志的重要批示，是对全市宣传思想文化工作提出的希望和要求，是我们全年文化工作必须遵循的，我们一定要认真学习，深入贯彻落实。下面，我就贯彻落实中央和市委有关精神，切实做好今年文化工作讲几点意见。

## 一、正确认识当前形势，牢牢把握文化工作的主动权

正确分析认识形势，历来是我们做好工作的重要前提。面对复杂多变的形势，更需要冷静分析、科学决策、积极应对，牢牢把握工作的主动权。认识当前文化工作面临的新形势，特别要注意把握以下三个方面：

1. 深刻认识严峻的经济形势给文化工作带来的重要影响。去年以来，国际经济形势复杂多变，经济环境中不确定不稳定因素明显增多，我国经济运行困难增加，这些都必然反映到社会生活的各个方面，对人们的思想、心理、情绪产生影响。继续推进滨海新区开发开放、破解深层次矛盾和问题、实现保增长渡难关上水平、推进文化体制改革，必然涉及各方利益关系的调整，一些深层次社会矛盾、一些与群众切身利益密切相关的问题凸显，促进和谐、维护稳定的难度加大。要充分发挥文化的特殊作用，努力多做舒缓情绪、抚慰心灵和加油鼓劲、振奋精神的工作，引导人们坚定信心、战胜困难。

2. 深刻认识当前意识形态领域斗争的尖锐性和复杂性。当前，国际上围绕发展模式和价值观的争论激烈，各种文化交流、交融、交锋日趋频繁，意识形态领域渗透与反渗透的斗争尖锐复杂。同时，国内社会思想多元、多样、多变的趋势更加明显。要深刻认识意识形态领域斗争的长期性、尖锐性和复杂性，在提供文化产品生产和服务的过程中，要坚持用社会主义核心价值体系引领社会思潮，增强社会主义意识形态吸引力和凝聚力。

3. 深刻认识文化建设面临的重大机遇。今年对经济工作来讲，是困难最大的一年。对我们文化工作来讲，挑战前所未有，机遇也前所未有，但是机遇大于挑战，文化工作大有可为。研究历史我们发现，经济危机往往孕育着文化发展的重大机遇。上世纪30年代和90年代两次世界性的经济危机，都对传统产业造成了严重的影响，同时也拉动了文化产业的发展。当前，国际国内经济形势的新变化，必然会对文化产品的生产、消费产生重大影响，国家出台的一系列扩大内需的政策措施，将为推动文化建设提供机遇和空间。要紧紧抢抓这一重大机遇，在满足群众缓解压力、愉悦身心的精神需求中努力开拓文化市场，在产业结构调整中力争多上一些文化大项目好项目，在用好国家拉动内需政策上多动脑筋，乘势多建一些公共文化设施，加快文化强市建设。

## 二、深入贯彻落实科学发展观，切实做好各项文化工作

做好今年工作，必须要把思想和行动统一到科学发展观的要求上来，统一到中央和市委的决策部署上来，超前谋划，统筹安排，站在高起点、抢占制高点、达到高水平，推进文化强市建设取得新成效，推动文化大发展大繁荣。今年文化工作最重要的一点，就是要紧紧围绕中心、服务大局，就是要为推动经济又好又快发展创造良好文化条件，为全市“保增长渡难关上水平”搞好服务。在这里，我重点强调以下几方面的文化工作：

1. 大力推进公共文化服务体系建设，切实保障群众文化权益。公共文化服务体系是社会事业的重要组成部分，关系到群众的切身利益，关系到社会的和谐稳定。全市文化战线要切实把加强公共文化服务体系建设作为保障人民基本文化权益的主要途径，作为“民心工程”来实施。要坚持以政府为主导，完善相关政策，加大财政投入，鼓励社会力量积极参与。天津博物馆、周邓馆等博物馆、纪念馆要在免费开放的基础上，进一步拓展服务，办出特色，提高水平。艺术职业学院、杨柳青年画艺术中心等规划在建项目，要在加快推进建设的基础上，加强施工管理和监督，确保成为优质工程、安全工程和廉洁工程。滨湖剧院、音乐厅等已经建成的文化设施，要提高使用效率，充分发挥作用。要加强区县公共文化设施建设，积极推进文化资源配置向农村和基层倾斜，加快实施乡镇综合文体中心、文化信息资源共享、农村电影院线等工程建设，使群众真正从文化惠民工程中得到实惠。要把文艺下乡、服务基层与文艺院团改革结合起来，逐步建立送文化到基层的长效机制，培养基层文艺骨干和专兼职文艺人才，提升基层文化活动水平。要积极支持各种群众性文化活动，高水平举办好国际少儿艺术节、“和平杯”京剧小票友邀请赛、“文化杯”散文评奖等“国字号”群文活动。

2. 精心组织好庆祝新中国成立60周年文化活动和文艺创作，唱响主旋律。新中国成立60周年，是党和国家的重大庆典，也是各族人民的盛大节日。要精心组织好国庆60周年大型文艺晚会、“祖国颂”优秀剧（节）目展演、“祝福祖国·歌唱天津”群众文化汇演等系列庆祝活动，大力营造举国欢腾、普天同庆的节日氛围，唱响共产党好、社会主义好、改革开放好、伟大祖国好的时代主旋律。要做到把社会主义核心价值体系建设融会于艺术创作生产过程之中，全力抓好话剧《共和国人生》等献礼作品的创作生产。要树立精品意识，认真搞好原有剧目包括获奖作品的加工修改和演出，确保在“五个一工程”和国家舞台艺术精品工程评选中取得好成绩。要充分发挥文艺鼓舞士气、振奋精神的社会功能，组织文艺小分队深入企业的车间、班组、食堂进行慰问演出，为全市“保增长、渡难关、上水平”活动营造良好氛围。这是今年上半年一项重要文化工作，现在方案已经制定，下一步要尽早组织落实。市文化局和各有关艺术院团要高度重视，精心组织，要围绕“保增长渡难关上水平”创作一批文艺节目，真正为广大企业搞好服务，要一切从企业的需要出发，轻车简从、节约简朴。

3. 努力破解发展难题，积极推进文化体制改革和文化产业发展。文化体制改革，目标是增强活力，关键是体制机制。要加大力度，加快进度，着力解决制约文化发展的突出问题，推进体制机制创新，解放和发展文化生产力。要抓紧制定文艺院团改革发展指导性意见，完成天津市杂技团改革试点，推动歌舞、杂技、曲艺等市场发育比较成熟的院团率先转企改制。要进一步转变政府职能，在总结试点经验的基础上，加快推进区县文化行政管理体制改革。要制定完善文化产业发展规划和扶持政策，建立健全文化产业资金投入机制，积极培育骨干文化企业，推动有条件的文化企业上市融资，鼓励社会力量兴办文化企业。要积极筹建滨海新区文化产业示范区，建设区县文化产业基地、园区和区域特色文化产业群，评选命名市级文化产业示范园区。要高水平办好天津国际演艺交易博览会，精心组织好“华夏神韵”、“相约环渤海”、“天津之春”等品牌文化活动，争创良好经济效益。

除了我上面点到的以外，还有许多工作都需要我们高度重视，精心组织实施，认真加以落实。

### 三、求真务实、开拓创新，以良好的精神状态狠抓工作落实

新的一年，文化工作面临的挑战前所未有，机遇前所未有。现在，奋斗目标和各项工作已经明确，全市广大文化工作者一定要发扬求真务实、开拓进取的精神，狠抓落实，力争出色地完成各项工作任务。

1. 要守土尽责，咬住目标不放松。今年，我们要办的大事、喜事多，要完成的任务、应对的挑战多，还有许多必须限时完成的硬指标、硬任务。各单位一定要增强政治意识、责任意识、大局意识、阵地意识，守土有责、恪尽职守，敢抓敢管、善抓善管，各单位领导同志要发挥模范带头作用，关口前移，靠前指挥，工作在一线、协调在一线、解决问题在一线。要牢牢把握文化工作的主动权，善谋良策、主动作为，不能看摊守业、无所作为，要积极应对、主动出击。无论是“五个一工程”评选、庆祝建国60年文化活动，还是推进公共文化服务体系、深化文化体制改革，都要明确目标、明确责任、明确进度，发扬“咬定青山不放松”的精神，攻坚克难，奋力拼搏，抓紧盯实，一抓到底，抓出成效，确保目标实现。要强化管理意识，科学规范管理，进一步完善落实决策目标、执行责任、考核监督三个体系。

2. 要保持昂扬向上、奋发进取的精神状态。精神状态是事业心、责任感的集中反映。去年，我们打了几场大仗、硬仗，取得了可喜的成绩，这与全市广大文化工作者顽强拼搏、开拓进取是分不开的。今年，文化工作要求更高、任务更加艰巨。要继续保持蓬勃向上的朝气、开拓进取的锐气、不畏艰险的勇气、争创一流的志气，发扬“五加二、白加黑”的精神，脚踏实地、埋头苦干，干出高水平，干出新业绩。要面对现实，正视困难，始终保持良好的精神状态，以无私无畏的精神和科学求实的态度，奉献拼搏，开拓前进，推动文化工作再上新水平。

3. 要坚持求真务实、真抓实干的工作作风。作风问题至关重要。良好的作风，是完成繁重任务的重要保证。今年文化工作的各项部署，最终要落实到具体行动中，体现在实际成效上。要把心思用在干事业上，把精力放在抓落实上，把功夫下在见成效上，聚精会神、心无旁骛地抓好各项工作落实。要把全年的工作目标层层分解、量化细化，落实到单位部门，落实到具体人头。对重点工作和重大任务，要做出周密安排，制定详细计划，拿出具体办法，明确时间要求，确保圆满完成。

同志们，做好今年的文化工作意义重大、使命光荣。让我们高举中国特色社会主义伟大旗帜，以邓小平理论和“三个代表”重要思想为指导，深入贯彻落实科学发展观，按照“两个走在全国前列”、“一个排头兵”的重要要求和市委“一二三四五六”的奋斗目标和工作思路，开拓创新、锐意进取，不断开创全市文化工作新局面，以优异的成绩迎接建国60周年！

## 内蒙古自治区

### 在内蒙古文化体制改革和文化产业发展工作会议闭幕式上的讲话

任亚平

2009年6月24日

推动全区文化体制改革在面上展开、向纵深发展，要突出抓好五方面工作。一是围绕培育市场主体，大力推进经营性文化事业单位转企改制。按照中央确定的时间表，自治区直属经营性文化单位改革要抓好三个方面的重点：抓紧推进出版单位的改革，于今年年底前组建成立内蒙古出版集团；抓好影视文化单位的改革，于今年年底前组建内蒙古影视集团；积极推进文艺院团的改革，于2010年组建内蒙古民族演艺集团，同时，于今年年底前至少完成一家直属文艺院团的整体转制。二是围绕增强整体实力，大力推进新闻媒体的改革。按照采编与经营“两分开”的要求，把新闻媒体中的广告、印刷、发行等经营性部分从事业体制中剥离出来，转制为企业，采编部分保持事业单位性质。三是围绕增强内在活力，大力推进文化事业单位机制改革。根据文化事业单位的不同功能和类型，通过内部劳动、人事、分配制度改革，全面推行聘用制和岗位目标责任制。逐步推动公共美术馆、科技馆、图书馆免费开放。四是围绕转变政府职能，大力推进文化行政管理体制改革。五是围绕优化文化发展的软环境，大力推进文化发展保障政策的建立和完善。

今后一个时期，要全面开展文化资源普查工作，夯实文化产业发展的基础。在盘点摸清底数的基础上，科学评估界定，建立全区重点文化资源库、文化产业项目库和文化人才库等等，以此为依据，打造我区的文化精品和文化品牌。要着力培育骨干文化企业，不断推进文化市场主体建设。要大力推进文化领域资源整合，提高我区文化产业的整体实力。突出抓好重点文化产业项目，鼓励和引导发展各具特色的文化产业集聚区，着力培育一批特色文化市场。要大力推进科技与文化产业相结合，提升文化产品的科技含量。根据我区人才的实际，探索发展动漫游戏、数字出版、数字传输等新兴产业，积极发展纸质有声读物、电子书、手机报等新兴出版发行业态。要积极推进文化企业走出去，努力开拓国际国内两个市场。

全区文化体制改革处于攻坚阶段，文化产业发展处于关键时期，文化建设任务繁重而紧迫。这次会议明确了我区文化改革和发展的新思路和新任务。全区各级党委、政府要认真传达学习会议精神，把文化建设放到经济社会发展的全局来认识、来把握，像抓经济建设一样抓好文化建设，切实增强推动文化大发展大繁荣的紧迫感和责任感。要结合各地区、各部门、各单位的实际，认真研究贯彻落实会议精神，把会议精神转化为改革发展的新思路、新措施，迅速掀起文化建设的热潮，使会议提出的各项任务付诸实践，取得成效，努力促进我区经济、政治、文化、社会的全面协调发展。

## 辽宁省

### 在全省出版改革工作会议上的讲话

张　江

2009年11月19日

要统一认识，坚定不移地推进出版改革。中央对深化出版改革的态度是坚决的，目标是明确的，要贯彻落实好中央的改革任务，攻坚克难，真抓实干，首先把出版领域改革的基本任务完成，然后向纵深推进。当前辽宁的重要任务就是新华书店的转企改制，要将思想统一到中央和省委的要求上来，抓紧行动，这是硬任务，没有商量和讨论的余地，就是要全力以赴抓紧改制，不能落后在全国其他地区之后。北方联合出版传媒（集团）股份有限公司是全国出版传媒第一股，是全国文化体制改革的一面旗帜，我省新华书店转企改制后，符合条件的要尽快加入到北方集团中来。这是新华书店改革的重要出路，是事关我省新华书店前途命运的大事。各市市长、党委宣传部长一定要重视这个问题，按照省委、省政府的要求，把各项任务分解好，一条一条落实好。要突出重点，确保按时完成出版改革各项任务。要全面落实全省新华书店转企改制任务。落实地方出版社和高校出版社的转企改制任务。落实整合全省出版发行资源任务。要逐步把全省新华书店纳入北方联合出版传媒（集团）股份有限公司。今年年底，大连、鞍山、丹东、营口、朝阳五市新华书店要力争进入北方传媒。2010年，全省新华书店全部进入。同时，积极推动北方传媒与高校出版社的合作。

要强势推进，狠抓出版改革任务落实。第一，要真转真改。按照中央要求实行规范转制。完成转企改制有四个标准：撤销事业编制；职工由事业人变成企业人；妥善处理好职工社会保障问题；建立现代企业制度。转企是手段，改制是核心。我省新华书店和出版社转企改制要按照上述四个标准真正改好。第二，要明确责任。按照文化体制改革领导体制和工作机制，出版改革工作由省市文化体制改革工作领导小组指导，省新闻出版局和各地文化广电新闻出版局操作。各市要成立出版改革工作领导小组，由各市分管副市长任组长，市委宣传部副部长任副组长，要用年底前这一个多月时间完成出版改革任务。第三，要攻坚克难。其他各省都能解决遇到的问题，辽宁也能解决。不能总讲困难、讲过程、讲想法，要看最后结果。这次会后，对整个文化体制改革，包括新华书店的改革，省里要一个市一个市督查，督查情况通报全省。第四，要确保稳定。各地区在推进新华书店转企改制时，一定要做好深入细致的思想政治工作。

## 山东省

### 以五千年齐鲁文化为根基加快文化产业发展

（在第十九届全国图书交易博览会出版发展论坛上的讲话）

姜大明

2009 年 4 月

山东是我国东部沿海的重要省份。拥有 15.7 万平方公里的土地，大陆海岸线长 3024 公里，常住人口 9417 万，辖 17 个地级市、140 个县（市、区)。改革开放以来，经济社会事业迅速发展，人民生活水平显著提高。2008 年，全省实现生产总值（GDP）31072.1 亿元，同比增长 12.1%；地方财政收入 1956.9 亿元，增长 16.8%；进出口总额 1581.4 亿美元，增长 29.0%；城镇居民人均可支配收入 16305 元，增长 14.3%；农民人均纯收入 5641 元，增长 13.2%。各项社会事业、精神文明建设、公民思想道德建设也取得长足进步，保持着政通人和、社会安定的良好局面。

山东是中华文明的重要发祥地之一，齐鲁文化源远流长，素有“孔孟之乡”、“礼仪之邦”的美誉。山东的文明史可以上溯到 5000 多年前，北辛文化、大汶口文化、龙山文化等在中华文明史上占有重要位置。齐鲁大地名人辈出，伟大的思想家、教育家孔子被列为世界十大思想家之首，其创立的儒家学说，成为中国传统文化的主干，在世界上有着广泛而深远的影响。被称为“兵圣”的古代著名军事家孙武所著的《孙子兵法》，至今仍是中外军界和商界推崇的经典。另外，亚圣孟子、科圣墨子、书圣王羲之、医圣扁鹊、工圣鲁班、农圣贾思勰、智圣诸葛亮等历史文化名人都享誉海内外。山东还有着波澜壮阔的革命文化、特色鲜明的民俗文化和丰富多彩的现代文化。近年来，山东省委、省政府高度重视文化建设，把建设文化强省与经济强省摆在同等重要的战略位置，做出了加快推进“由文化资源大省向文化强省跨越”的工作部署，文化体制改革和文化产业发展全面提速。经过努力，全省文化体制改革深入推进，文化产业发展迈出坚实步伐，齐鲁文化在国内外的影响不断扩大。2008 年全省文化产业实现增加值 800 亿元，同比增长 12%。对外文化交流日益频繁，鲁版图书形成品牌，每年创作电影、电视剧约 300 部（集)，电视剧《闯关东》、《大染坊》等一批精品力作在全国产生广泛影响。

文化产业是最具有生机和发展活力的朝阳产业。文化产业科技含量高、环境污染小、发展潜力大的优势，符合国家调整产业结构，扩大内需促消费的要求。经过多年的发展，山东的文化产业已经打下了良好的基础，创造了很好的发展条件。当前全球性金融危机的特殊背景，对于文化产业而言，既是严峻的考验，也是难得的机遇。历史经验表明，经济危机或萧条时期，往往是文化产业发展繁荣的机遇期。近年来，山东省委、省政府高度重视做强做大文化产业，先后出台了《关于推动文化大发展大繁荣的意见》、《关于加强公共文化服务体系建设的实施意见》、《关于深化文化体制改革加快文化产业发展的若干政策》等 10 个推进文化改革发展的文件，积极作为、科学务实，深化改革、扩大投入，统筹经济文化协调发展，打造山东文化发展新优势，朝着由文化资源大省向文化强省跨越的目标扎实迈进。

作为文化产业重要内容的山东出版业，在积累传承文化、推动社会发展进步，满足人们精神文化需求、扩大齐鲁文化影响、提高齐鲁文化软实力等方面发挥着重要作用，同时也跟其它产业一样面临着新的挑战和机遇。国有出版企业转企改制目前仅仅完成了企业公司挂牌，还没有实现真正的企业转型，创新内部运行机制、转换发展方式、重塑市场主体的任务十分艰巨。科技的发展催生了网络出版、数字出版等新的出版业态，对加速推进由传统出版向现代出版的转型提出了更为迫切的现实要求。因此，我们必须进一步解放思想，认真谋划，以科学发展观为统领，以提升齐鲁文化软实力为主线，深化体制改革，打造出版品牌，加强结构调整，促进产业升级，推动齐鲁文化走向世界，为经济文化强省建设作出更大的贡献。下面，我想借用三十年、五千年、十五年 3 个寓意深刻的时间段来具体地阐述自己的思考和看法。

#### 一、三十年发展平台是齐鲁文化软实力提升之基

改革开放 30 年来，我们在文革之后出版业百废待兴的基础上把发展作为第一要务，牢固树立科学的出版发展理念，破解发展难题，转变发展方式，推进行业创新，出版产业的资产和销售总量居全国前列，产业发展有了良好的基础，2008 年全省新闻出版业实现总资产 564.8 亿元，销售收入 501.4 亿元，产业增加值 149.5 亿元。同时，我们还积累了丰富的出版经验，形成了科学的出版发展理

念。这些成绩和经验，是科学发展观在出版领域的具体体现，为齐鲁文化软实力的提升构筑了宽广的发展平台，奠定了坚实的发展基础。

按照国家文化产业发展布局，将加快产业整合，形成长江三角洲、珠江三角洲和环渤海地区三大新闻出版产业带。以北京、天津为中心的环渤海地区，是我国传统的文化出版基地和城市聚集区，文化出版人才济济。环渤海的区位优势，便利的交通条件，较好的出版资源和人才资源，使我省得以在环渤海出版产业带中占据重要的发展高地。我们将搭梯登楼，自觉融入环渤海产业带，努力调整出版产业结构和产品结构，鼓励出版企业发挥资源优势和内容优势推进跨地区、跨行业、跨媒体经营，不断壮大产业规模。同时，实施“创意山东”计划，重视新技术、新渠道、新载体、新业态，充分利用高新技术和互联网技术加速传统出版业的改造，拓展产业链，在数字出版、动漫出版、手机出版、电子商务、按需印刷、物流配送、连锁经营等新业态上有所突破。省委、省政府将给予政策扶持，全力打造导向正确、主业突出、实力雄厚、影响力大、核心竞争力强的出版“双百亿”集团和环渤海出版产业带骨干企业。

2009年，是新闻出版业改革发展攻坚之年，我们将乘中央加快文化体制改革的东风，进一步解放思想、更新观念，增强深化文化体制改革的责任感、紧迫感，把深化改革与加快产业发展有机结合起来，以改革促进发展，围绕发展推进改革，用发展的成果检验改革的成效。去年，省委、省政府召开会议，专题研究省直文化单位改革方案，制定出改革工作路线图和时间表。2008年最后一天，山东出版集团有限公司、山东新华传媒股份有限公司正式揭牌，山东出版集团有限公司及所属山东人民出版社等14个经营性事业单位将整体转为企业。这一破冰之举，标志着我省出版发行体制改革和出版产业发展迈出实质性步伐。民营出版发行企业发展迅速，销售收入过亿元的民营发行企业有9家。我们将进一步理清改革思路，紧紧围绕转企改制这个关键环节，着力在解决重点难点问题上取得新突破，切实解决制约出版产业发展的深层次矛盾和问题，通过政府引导和市场手段，推进兼并重组，加快培育出版传媒骨干企业和战略投资者，鼓励社会资本特别是国有大型企业集团参与出版单位的股份制改造，支持条件成熟的出版传媒企业上市融资，形成一批有实力、有活力的国有和国有控股的出版企业，使之成为真正的市场主体。积极培育文化和出版市场体系，建立辐射全省城乡的图书报刊、影视产品、音像制品、电子出版物、艺术品的营销网络，形成出版产业发展的新优势。

## 二、五千年齐鲁文脉是齐鲁文化软实力提升之魂

源远流长、博大精深的五千年齐鲁文化，是我们建设文化强省的宝贵财富，延续传承孔子文化等千百年来形成的齐鲁文脉，弘扬优秀的齐鲁文化传统，是提升齐鲁文化软实力，推动齐鲁文化走向世界的核心所在、精魂所系。传统文化出版特色是山东出版核心竞争力的重要基础，山东的出版资源丰厚，但开发利用远远不够，主要表现在出版产品比较单一，影响面不够广泛，难以把文化出版资源优势转化为产业优势、竞争优势。近年来，山东出版业围绕“孔子文化”进行整理挖掘，出版了一批深受读者欢迎的优秀图书。但是，现在对山东丰富的出版文化资源的开发还远远不够，我们将围绕继承发扬齐鲁优秀文化传统，加强齐鲁文化和传统思想研究，宣传齐鲁文化和历史文化名人，广泛开展齐鲁优秀传统文化宣传普及活动，让更多的人了解齐鲁文化，喜爱齐鲁文化，增强文化认同的自信心和自豪感。

要充分挖掘鲁文化、齐文化、黄河文化、泰山文化、泉水文化、红色文化等丰厚的出版文化资源，培育齐鲁文化品牌，鼓励开发适应群众文化需求、拥有自主知识产权、市场占有率高的文化精品，并由此形成多渠道多元化投资、多媒体互动、多种所有制共同发展的出版产业格局。实施文化“走出去”战略，发挥孔子文化品牌的带动作用，让齐鲁文化和华夏书香享誉世界。

## 三、十五年发展规划是齐鲁文化软实力提升之翼

2006年8月，《国家“十一五”时期文化发展规划纲要》颁布后，我们及时制定了实施意见，对山东“十一五”期间的文化产业发展提出了规划和要求。2007年12月，我们又制定了《山东省文化产业发展专项规划（2007—2015）》，形成了全省文化产业发展的中长期总体性规划。2008年1月，全省文化建设工作会议又明确了文化建设的总体要求和目标，到2020年，形成与经济社会发展相适应的文化优势，形成与我省经济地位相适应的文化实力，与人民群众精神文化需求相适应的文化条件，把山东建设成为思想基础巩固、服务体系健全、产业优势突出、发展活力强劲的文化强省。这15年的发展规划，为促进我省出版产业又好又快发展提供了有力的产业规划指导和政策支持，对于推动文化产业快速发展，实现由文化资源大省向文化强省跨越，具有重要的意义。我们要以此为规明方向，以此为翼促飞跃，以新闻出版公共服务体系建设、人才队伍培育、营造优良的发展环境等3项保障措施为重点，改革创新，推动出版产业快速发展，迅速提升齐鲁文化软实力。

要加快新闻出版公共服务体系建设。积极开展实施“乡村阅读”工程，推进农家书屋建设活动，完善新闻出版公共服务体系建设，切实保障人民群众的基本文化权利。要加快人才队伍培育步伐。实施“齐鲁文化英才工

程”，着力培养造就一批名家大家，一批各专业领域的领军人物，一批掌握现代传媒技术的专门人才，一批懂经营善管理的复合型文化人才。要营造优良的发展环境。充分调动方方面面的积极性，动员上上下下的力量，努力培育文化发展的良好环境，形成文化发展的合力，在全社会大力营造重文化、抓文化、兴文化的浓厚氛围。

第十九届全国书博会在山东举办，为我们检验出版成果、展示出版水平、加强文化交流提供了重要平台，为我们开展全民阅读活动、推进学习型社会建设提供了宝贵契机。压力和动力同在，挑战与机遇并存，深化文化体制改革，发展文化产业，是山东建设经济文化强省的战略举措。我们将自觉树立和实践科学发展观，以新的发展思路和科学的发展理念，深化改革、开拓创新，实现出版产业的跨跃式发展，提升齐鲁文化的软实力，为经济文化强省建设付出更大努力、争取更大成绩！

## 湖北省

### 文化不仅是软实力，也是硬支撑硬资源

（在湖北省文化建设工作会议上的讲话）

罗清泉

2009 年 12 月 8 日

文化在人类发展进程中，起着重要的推动和支撑作用。我们正在深入贯彻落实科学发展观，在科学发展中文化形态与经济形态一样，是发展的两个重要极点，文化不仅是软实力，在科学发展中也是硬件。文化承载的软实力，正在成为支撑经济社会发展的硬资源。当前，知识经济初现雏形，知识经济时代正在飞速到来。在知识的范畴里，创意是核心，智慧是资源。工业经济，资源多是一次性使用的；知识经济，文化资源是可以反复使用的，湖北的文化资源丰富，可以取之不尽、用之不竭。因此，推动文化大发展大繁荣，有利于湖北加速经济发展、调整经济结构、促进社会繁荣，实现全面协调可持续发展。

要大力解放和发展文化生产力。实现文化发展繁荣，必须解放思想，更新观念，改革创新，解放和发展文化生产力。大胆树立文化发展新观念。要认清文化的“双重属性”，既抓意识形态领域建设，也抓产业形态领域发展；认清文化的“双重角色”，破除文化“配角”观念，鼓励文化成为经济领域生力军，成为朝阳产业的领头羊；认清文化的“两个效益”，坚持社会效益优先、两个效益兼顾的文化发展理念。大胆推进资源整合。资源配置合理，可以产生一加一大于二的效果。当前，我省文化领域的资源集中度明显偏低，产业集群效应远未形成。我们要大力引导优质文化资源向优势文化企业汇集，采取多种形式，推动广电网络、报纸期刊、出版发行、文艺院团等领域的资源整合。大胆创新体制机制。与经济体制改革相比，文化体制全面改革晚了 20 多年，改革的成本相对较高，改革操作难度相对较大。我们要树立敢于创新的理念，既看眼前更看长远，既算细账更算大账，加快文化体制改革步伐。

要放宽视野，把文化放在加快经济社会发展的大格局中来谋划，放在现代科技迅猛发展的大背景下去考虑，放在与其他产业的互动共生中来推进。要着力抓好“三个结合”：即文化与经济的结合、文化与科技的结合、文化与旅游的结合。省委、省政府实施的“两圈一带”战略，都有文化发展的任务，也为文化建设提供了新的机遇。文化融入到经济之中去，才能把雪球滚大，才能实现发展速度的飞跃。当今世界科技发展迅猛，文化产业插上科技的羽翼，与世界一流技术进行融合，就能走出一条发展新路。旅游与文化本就不分家，旅游中要有文化内涵，文化要依托旅游载体。实现文化与经济社会融合，要有具体项目，一个项目一个项目地抓紧抓好。

## 湖南省

### 以改革创新精神推进文化强省建设

（在文化强省建设工作会议上的讲话）

周　强

2009 年 11 月 20 日

各级各部门要把发展文化产业作为建设文化强省、繁荣发展社会主义文化的重要载体，作为推动经济结构调整、转变经济发展方式的重要着力点，作为建设“两型社会”的重要内容。

（一）深化文化领域的改革开放。建设文化强省，发展文化产业、繁荣文化事业，一靠改革，二靠人才。实践证明，哪里有改革开放，哪里的文化建设就有新局面；哪里有体制创新，哪里的文化发展就有新活力。一是加快推进文化领域各项改革。要继续坚持改革创新，以出版发行、影视制作和文艺演出等经营性文化单位转企改制为突破口，加快建立现代文化企业管理制度，完善法人治理结构，保持广电、出版、动漫等文化产业在全国的领先地位，进入国家正在培育的大型文化企业“航母群”。二是积极推进文化交流合作。要在巩固我省文化企业对外合作成果的基础上，进一步发挥自身优势，大力支持我省优势文化企业“走出去”，通过独资、合资、控股、参股等多种形式，开展跨国并购，在国外兴办文化实体，实现落地经营，直接参与国际文化竞争。要着力构建国际文化营销

网络，重点抓好影视剧、出版物、动漫三大国际营销网络建设，对文化企业开拓国际市场，要从政策等多方面给予大力支持。三是大力开展对外文化贸易。充分发挥国有文化企业在对外文化贸易方面的主导作用，依托文化中介机构，大力支持文化产品“走出去”，重点扶持文化产品和服务出口，支持新兴文化产品进入国际市场。

（二）推动文化资源的开发与整合。文化资源可供无限开发。湖南有丰富的文化资源。关键是如何挖掘、开发、整合、提升和利用。一是加大文化资源开发力度。要坚持深度挖掘，以社会主义先进文化改造提升湖湘文化，赋予其鲜活的时代内涵，加快湖湘文化的现代重构，实现湖湘文化形态上的现代转型和精神内涵上的飞跃，努力构建当代湖湘文化精神。二是提高文化资源配置的现代化、国际化、市场化程度。支持有实力、有技术、有网络的文化企业，积极开展跨行业、跨地区的战略重组和并购，培育一批跨行业、跨地区、跨媒体的文化产业集团，促进文化产业的纵向拓展、横向联合、内外融合。要着力培育骨干文化企业，形成放大、叠加和带动效应；要培育壮大一批中小文化企业；要大力发展文化产业集群，采取参股入股、联合兼并等方式，实现跨媒体资源共享、共同发展。三是着力促进文化资源与其他产业的融合。要在资源、资本、管理上，形成文化与其他产业的深度关联，引导文化向工业、旅游、体育以及日常生活方面的全方位渗透，形成多门类、多层次、多样化的文化生产体系。

（三）促进文化产业升级。促进文化产业向高端化、数字化、网络化和信息化方向发展。一是着力优化产业层级，构建多元化、多层次的产业结构体系；二是大力发展文化新业态，开发与新技术相适应的文化内容和文化服务；三是加快培育文化品牌，锻造文化品牌，要围绕“四个层次”展开，即建设一批有特色、有内涵的标志性文化工程，培育一批有规模、有实力的文化企业，创作一批有深度、有影响的精品力作，培养一批敢于创新、善于创造的文化领军人物，努力形成与我省经济社会发展需求相适应的文化优势，与实现富民强省新跨越相适应的文化实力，与促进人民群众全面发展相适应的文化环境。要在巩固“电视湘军”、“出版湘军”、“报业湘军”、“演艺湘军”、“动漫湘军”等优势产业品牌的基础上，不断推出新的文化品牌。

（四）优化文化产业布局。着眼构建全省“品”字型文化产业发展格局，构筑京广沿线人文文化、大湘西旅游文化、大湘南历史文化产业带，促进区域文化产业协调发展。以长株潭城市群“两型社会”试验区为核心，重点发展广播电视、新闻出版、动漫游戏、休闲娱乐、文化会展等业态，在“绿心”地带优先安排文化产业项目，促进文化强省战略与“两型社会”建设协调推进；要以“3＋5”城市群为重点，着力改善交通、文化、旅游等基础设施，增强综合承载能力，促进“3＋5”区域内的文化要素实现良性互动，打造一批文化产业强市强县，形成文化产业发展的中间层；要立足大湘西丰富的文化旅游资源，大力发展文化旅游、影视制作与服务、工艺美术等文化业态，建设自然文化产业带。

（五）优化文化产业配套环境。加快建设集影视、动漫、出版、会展、广告、旅游、娱乐、休闲、体育、购物于一体的文化产业示范园区和主题公园，大力推进湖南文化创意产业园、湖南文化艺术中心、金鹰卡通产业科技园、中南数字出版基地、酷贝拉青少年体验教育基地等工程建设。要把发展“内容产业作为切入点，着力打造一批文化创意、影视制作、出版发行、印刷复制、演艺娱乐和动漫生产等产业示范基地，推动产业、资金、技术向园区集聚。要构建与文化产业相配套的服务体系，将文化产业同电子商务、现代物流配送、金融保险、科技服务等结合起来，大力发展文化中介服务，完善文化产业链条，形成文化产业发展的良好环境。

（六）努力培育文化市场。在扩内需保增长的背景下，文化产业已具备加快发展、跨越发展的良好宏观经济环境。要不断适应当前城乡居民消费结构的新变化和审美的新需求，加快培育文化市场，创新文化产品和服务，引导文化消费向健康向上、高雅文明的方向发展。一要健全文化市场体系。大力发展文化产品市场，要大力发展文化产业生产要素市场，重点培育文化人才市场、金融市场、产权市场和版权交易市场，发展市场中介机构和行业组织，促进资本、人才、产权、信息、技术等各种要素有序流动，提高市场配置效率和社会化服务水平。要着力开拓农村文化市场，鼓励和扶持农村文化经营单位和个体经营者面向农民提供文化服务。二要努力创新文化产品和服务。适应社会文化消费全球化、商业化和信息化的新形势，坚持以市场为导向、以需求为目标，促进经济效益与社会效益、个人需求与社会需求相统一，不断创新文化产品和文化服务。形成具有湖南特色的文化产品生产、经营、服务和运作模式。三要不断营造良好的文化市场环境。进一步规范文化市场执法，健全文化市场行政执法队伍，形成统一、高效、便捷的文化市场监控管理体系。大力实施文化环保工程。加快整合有线电视、出版发行、演艺院线、网络文化、电影院线等资源，推动广播电视传播和电影放映数字化进程，推动下一代广播电视网建设。要进一步加大知识版权保护力度，充分运用法律手段保护创新、创意成果，促进创新、创意成果的商品化、要素化。

（七）大力发展文化金融。文化产业的繁荣发展离不开高效、便捷、发达的金融体系的支撑。一是促进文化产业与各类资本的对接融合。把构建投融资服务体系作为发展文化金融的突破口，推动湖南出版集团等企业尽快上市，面向资本市场直接融资。充分发挥私募股权投资基金的作用，鼓励各类风险投资基金、创业投资基金投资我省文化产业。二是引导金融机构服务文化发展。鼓励商业银行等各类金融机构面向文化企业开发不同规模和层次、符合行业特色和企业需求的金融产品，开辟文化发展贷款绿色通道，支持文化企业开展并购融资。三是积极搭建文化产业与金融资本合作平台。鼓励非公有资本进入文化创意、影视制作、演艺娱乐、数字内容、动漫游戏等领域。充分发挥财政资金的杠杆作用，创新财政资金运用方式，采取资本金投入、税收优惠、财政贴息、风险补偿和信贷奖励等方式，引导金融资本和社会资本投入文化产业。大力支持发展文化产业投融资担保、无形资产评估等中介机构，有效解决文化企业融资担保难、评估难、抵押难等问题，推动文化与金融资本的对接。

## 广西壮族自治区

### 在广西文化体制改革和文化产业发展工作座谈会上的讲话

马 飚

要充分认识我区推进文化建设、发展文化产业的重要意义，通过改革创新进一步焕发文化产业发展活力，兴起文化建设新高潮，努力推动我区文化大发展大繁荣，全面提升广西文化软实力。

广西文化是中华文化的重要组成部分，底蕴深厚、内容丰富、形式多样、特点鲜明，包括民族文化、红色文化、生态文化、开放文化、海洋文化、和谐文化等。在推进文化建设过程中，要切实把握好广西文化的内涵和特征，突出特点，发挥优势。通过一段时间的发展，把文化产业发展成为我区又一个千亿元产业，把广西建设成为中国—东盟文化产业发展与交流的枢纽和交流的聚集区，成为我国西部文化产业的高地和泛珠区域文化产业群的重要支撑点，形成与我区区位相匹配的文化环境，与经济社会发展相适应的文化优势，与人民群众需求相适应的文化条件，建成具有广西气派、壮乡风格和时代特征、开放包容的先进文化省区。

当前和今后一段时期，推动我区文化产业发展要突出做好以下工作：一、结合广西实际，制定我区文化产业发展规划；二、确定我区文化产业的战略重点；三、整合我区文化产业优势资源，把文化资源整合转变为文化产业的资本；四、建设我区文化产业重大工程；五、开拓我区文化产业的市场，打造广西文化的品牌；六、推进广西文化产业集团的组建和文化企业的发展；七、建设我区文化产业基地；八、打造平台和渠道，筹措广西文化产业资金；九、优化我区文化产业区域布局；十、进一步加强我区文化产业人才培养，形成多层次的文化人才培养体系；十一、进一步加大我区文化产业对外交流，特别是对东盟的文化开放合作交流，开发、开拓东盟文化市场；十二、制定我区文化产业发展的优惠政策；十三、进一步加快我区文化体制改革，解决文化建设、文化产业发展过程中的难题；十四、认真思考、长远筹划有关科技创新、发展目标、国内外市场、信息收集处理、宣传等文化产业发展的相关问题。

要加快我区动漫产业发展。要充分认识加快广西动漫产业发展的重要意义，抢抓机遇，乘势而上，促进我区动漫产业跨越式发展，使广西动漫产业产品的数量和质量大幅度提升，动漫产业总体水平达到西部领先，与全国先进省区差距缩小，与东盟国家动漫产业交流合作不断扩大。要认真研究制定广西动漫产业发展规划；大力发展南宁动漫城，把南宁动漫城建设为动漫创意基地、大型动漫产业综合园区、主题公园、区域性的国际动漫基地和动漫产业平台，成为国内领先、具有较强国际竞争力的文化集团；要加快建设桂林、柳州、北海的动漫基地；打造一批动漫龙头企业；增强自主创新的能力，提升动漫的科技含量，开发具有广西特色的原创动漫产品；加大扶持的力度，完善动漫产业发展的优惠政策、机制；加强动漫产业的人才队伍建设；加强广西动漫产业的组织领导。

## 重庆市

### 在全市宣传文化工作会议上的讲话

谭栖伟

2009 年 2 月 6 日

#### 一、关于改革问题

党的十六大以来，中央高度重视文化体制改革，作出了一系列重要部署。我市紧紧抓住文化体制改革综合试点的宝贵机遇，扎实推进、大胆探索，取得了阶段性工作成效。一是推进了经营性文化单位转企改制；二是深化了文化事业单位内部改革；三是实施了政企、政事分开和管办分离；四是探索了文化市场综合行政执法和新型国有文化资产监管模式；五是培育了新的文化业态。整个文化体制改革取得了令人鼓舞的成效，呈现了可圈可点的亮点，创造了弥足珍贵的经验，目前改革正向纵深推进。对照中央关于文化体制改革的目标任务，审视重庆文化体制改革的现状，我们深刻地感受到一些长期制约文化发展的深层次矛盾和问题还有待认真解决，一些重要领域和关键环节还有待大胆突破，文化发展的活力与动力还有待进一步激发。这就需要深化改革，以改革为突破口，推动重庆文化大发展大繁荣。当前重点要在三个方面取得新成效。

（一）抓住深化国有经营性文化单位转企改制这个环节，在培育文化市场主体上见到成效。推动经营性文化单位转制为企业，并对传统国有文化企业进行公司制、股份制改造，是文化体制改革的重要任务。一是加快文艺院团改革。既要充分考虑院团的个体差异，又要鼓励优势资源整合；既要坚决推进转企改制，也要采取措施创造条件。目前，未完成转企改制的院团要加快完成转企改制任务，比如杂技团、曲艺团、京剧团和话剧团等；已经完成转企改制的院团要深化内部改革，实行股份制改造，比如歌舞团等。同时要探索财政对文艺院团的投入方式，可以考虑从过去的拨付“人头费”方式转为购买演出服务、支持艺术创作推出优秀作品和提供优质服务的“以奖代补”。二是深化出版、发行单位改革。重庆出版集团、重庆新华书店集团要以上市为目标，加快推进股份制改造，完善现代企业制度。同时，大力推动市属非公益性、非时政类报刊转企改制，高校出版社的改革要有新的突破，鼓励通过重组形成新的有特色的专业出版公司。三是推进新闻单位改革。以企业为平台，以资本为纽带，加大市场化运作力度，有力推动报刊发行和电视剧制作机构进入市场，实行公司化运作。广电、报业产业公司要进一步理顺与所属全资、控股企业的资本关系，全面整合经营性资产，充分发挥产业经营平台的作用，迅速做大产业、做强企业、做靓品牌。国有经营性文化单位转企改制时间紧、任务重、困难多、要求高，在推进中，必须突出五个坚持。即坚持既定路线图，又列时间表；坚持因企制宜，不搞“一刀切”；坚持引进战略投资者，实行投资主体多元化；坚持市场在资源配置中的基础性作用；坚持用好、用活、用够政策。

（二）抓住创新公共文化服务运行机制这个关键，在深化文化事业单位内部改革上见到成效。当前，我市文化事业单位的改革要着重解决定位不明、活力不足、效率不高等问题，最大限度地发挥其公共文化服务职能。市文化行政主管部门要切实加强对本系统事业单位改革的指导，在全面梳理分类的基础上，提出改革的目标任务，力争2010年前完成改革任务。一是深化文化事业单位内部改革。红岩联线、三峡博物馆、重庆图书馆、群众艺术馆等公益性文化事业单位要全面推进人事制度、收入分配制度和养老、医疗等保险制度改革，引入竞争和激励机制，提高工作质量和效率，激发全体员工的主动性、积极性和创造性。二是提高文化事业单位资金使用效益。要将加大投入力度与改进投入方式结合起来，抓紧出台支持和保障公共文化服务体系建设的投入办法，采取建立基金、项目补贴、定向资助、贷款贴息等方式，提高资金使用效益。三是建立公共文化服务考评机制。要制定服务标准，创新服务方式，发挥市场在公共文化服务中的资源配置作用，通过政府采购、服务合同外包、志愿服务等多种形式，促进公共文化服务方式的多元化、社会化，进而推动文化事业单位运行方式的不断改进。

（三）抓住推进行政管理体制改革和政府职能转变这个重点，在加强和改善文化宏观管理上见到成效。随着文化微观改革的不断深化，改进文化宏观管理体制的问题显得越来越突出。今年鸿举市长在《市政府工作报告》中提出的九大工作任务之一，就是“加快政府职能转变和管理创新”。我们要按照市政府的统一部署，紧紧围绕建设服务政府、责任政府、法治政府、诚信政府和廉洁政府，合理划分文化行政管理部门的职能，明确各有关部门的责任，减少和下放具体审批事项，切实将工作重心转移到实施政策调节、市场监管、社会管理和公共服务上来。一是深化文化市场综合执法改革。建立文化市场执法总队是我市加强文化执法的探索、创新。要注意理顺执法总队与文化行政部门的职能边界，理顺总队与其他执法部门的关系，理顺总队与区县文化执法大队的关系。同时要加强对区县文化执法队伍的培训和业务指导，形成统一高效、市区联动的全市文化执法体系。二是加强国有文化资产监管。市文资公司要进一步完善和落实经营管理目标责任制，建立健全定期经济活动分析、财务报表合并报送、薪酬管理以及内审工作等制度，加强重大产业项目的日常监管，不断提高国有文化资产的监督约束水平，确保国有文化资产保值增值。三是提高文化产业市场化程度。要大力加强文化中介组织、行业协会和经纪、代理机构建设，为文化单位提供专业化、社会化服务，切实履行好市场协调、监督、服务和维权等职责，努力形成“党委领导、政府管理、行业自律、企事业单位依法运营”的文化管理新体制。

文化体制改革的根本目的，是解放和发展文化生产力。各区县、各有关部门要按照市委、市政府的统一部署，参照市级文化体制改革的思路和方法，切实加大改革力度，党委宣传部门总体把关，政府文化行政部门组织实施，各相关部门大力配合，努力在改革的关键环节和重点领域取得新突破，通过改革在全市形成一个有利于出精品、出人才、出效益的文化大发展的大环境。

## 二、关于发展问题

今年是重庆推进文化大发展、大繁荣建设的关键年，既拥有统筹城乡改革发展、加强部市合作的政策机遇，也面临金融危机、改革攻坚的巨大挑战。同时，今年宣传文化工作最重要的任务，就是要紧紧围绕建设“五大重庆”，在抓好改革攻坚的同时，突出加快发展的主题，扎实推进文化建设各项工作，确保市三届二次人代会确定的文化发展目标圆满实现。重点要在五个方面取得新的突破。

（一）建设文化设施。标志性文化设施是一个城市经济社会发展水平的重要体现和文明程度的显著标志。2003年市委、市政府决定新上10个市级重点文化设施建设项目，去年又决定新上国际马戏城、群众艺术馆、三峡移民纪念馆等项目。目前，我们仅完成三峡博物馆、图书馆、红岩革命纪念馆陈列馆、歌乐山烈士陵园陈列馆和广电大厦等建设项目，进度明显滞后。为此，我们要按照市委、市政府要求，加快建设进度，今年要全面建成大剧院、川剧艺术中心等项目，加快建设国泰艺术中心、自然博物馆等项目，开工建设国际马戏城、群众艺术馆、三峡移民纪念馆等项目，我们要求各项目的主管部门、业主单位要细化工作方案，“倒计时”全力推进。相对城市的文化设施而言，农村的文化设施更为滞后。阵地建设不足的问题，已成为制约我市农村文化繁荣发展的重要因素。今年市政府确定的民心工程，涉及农村文化设施建设的项目就有2项：一是进一步加大广播电视村村通工程推进力度，实现1.6万个20户以上的自然村直播卫星覆盖，启动地面数字广播电视覆盖工程；二是乡镇综合文化站确保建成200个力争建成325个、农家书屋2000个、农村书刊借阅点1万个，建设区县信息资源共享工程支中心26个。必须集中人力、物力、财力，抓紧完成各项农村文化设施建设任务。有条件的地区可以采取“垫资先建，验收合格补助”的办法，先行一步。在加强硬件建设的同时，还要想方设法添置适应群众需求的图书报刊、电脑音响、体育器材等，组织开展形式多样的文体活动，使农村文化设施真正服务于广大群众，让“民心工程”真正发挥惠民、利民的作用。

（二）培育文艺精品。艺术创作是文化建设的龙头和基础工作，龙头舞不起来，基础打得不牢，文化大发展大繁荣就是一句空话。今年是新中国成立60周年，抓好艺术创作，显得尤为重要。近年来，“国家舞台艺术精品工程”重庆已连续3届没有进入前10名的作品。能不能利用庆祝新中国成立60周年的契机，推动一批文艺精品力作，打一个翻身仗，这对我们是一个考验。一定要以“国家舞蹈”艺术精品工程、精神文明建设“五个一工程”奖和国家级大奖为龙头，按照“广泛征集一批、精心策划一批、创作生产一批、展播展演一批”的工作思路，加大对重点作品创作生产的投入，着力在文学、美术、书法、影视、戏剧、杂技、音乐、舞蹈等方面加强创作力量，创作一批既有地域特色又有全国水准的文化精品。

（三）保护文化遗产。重庆是历史文化名城，又处于三峡库区文化保护的核心区域，文物保护发掘、利用的任务更加繁重。一定要按照科学发展观的要求，处理好保护传承和开发利用的关系，加快发展文博事业，更好地服务于经济发展大局，更好地满足广大群众的精神文化需求。要切实做好文化遗产保护的基础工作，圆满完成第三次全国文物普查、非物质文化遗产普查、古籍普查、馆藏文物普查，抓紧制定抗战历史文化遗址保护利用规划和主城区危旧房改造文化遗产保护利用规划。要继续推进博物馆免费开放工作，将免费开放作为保障人民群众基本文化权益、满足人民群众精神文化需求的头等大事来抓，推动博物馆主动融入社会，提高博物馆服务社会的能力。要加强文化遗产保护法律法规的宣传工作，加大文物行政执法工作力度，确保国家文物保护安全。要科学规划、推进实施一批重点文物保护工程，保护传承好具有3000年历史的城市文脉，完成竣工白鹤梁水下石刻博物馆和重庆市考古所文物周转库房，启动实施4个区县博物馆、2个区域性文物中心库房、大足石刻千手观音抢救保护工程、中国南方石质文物保护中心和合川钓鱼城宋元古战场遗址保护工程。同时，要加大名镇、名馆培育力度，继续做好“非物质文化遗产名录申报”和“中华古籍保护计划”工作。

（四）发展文化产业。近年来，重庆文化产业发展很快，一直以25%以上的速度递增，但市场化程度不高、研发能力弱、资本运营水平低等问题仍然存在，加之基数小，发展总量仍然不大，仍处于全国中等水平。市政府明确提出，今年文化产业增加值要增长30%以上，即使实现了这个发展速度，与我们追赶、跨越的目标比，不是快了，而是慢了。要进一步理清全市文化产业发展的思路，完善扶持文化产业发展的政策，改善文化产业的领导管理和服务机制，推动文化产业重大项目，加快文化产业基地建设，打造一批有影响力的文化产业品牌，增强重庆市的文化竞争力。当前，国家实施积极的财政政策和适度宽松的货币政策，启动了“保增长、扩内需、调结构、重民生”的一系列政策措施，为我们抓紧共克时艰、大力推进文化产业“十大项目”建设提供了难得机遇。市四大国有文化集团要一马当先，继续走在前头、干到实处。报业集团要着力总部搬迁和创意产业园区的启动；广电集团要加大龙水湖主题公园项目征地、融资、招商工作力度，抓紧启动园区基础设施、五星级酒店、水上世界、影视景观街区、温泉城等五大项目，争取全年投资强度达8亿元以上；出版集团要抓紧大学城天健动漫基地、江津现代印刷包装基地、南滨创意产业基地及万盛黑山谷景区的前期工作，成熟一个、启动一个；新华集团要加快解放碑时尚文化城拆迁、招商和规划设计，确保明年开工建设。要鼓励和支持非公有资本进入政策许可的文化产业领域，催生非公有文化企业蓬勃发展。去年底策划申报的53个“扩内需、保增长”文化项目要扭住不放，以争取国家资金扶持。文化是旅游的灵魂，旅游是文化的载体。今年市政府将重点打造山水都市、长江三峡、大足石刻、乌江画廊和武陵风光“4＋1”旅游精品，加快5个百亿级和5个五十亿级的旅游主题公园建设，开展名镇旅游主题年活动，实施“三百工程”。要加快文化与旅游的融合，创意要新、挖掘要深、保护要实，使文化旅游成为大旅游的重头戏和必需品，从而提升文化旅游消费能力，完善文化旅游消费政策，提振文化旅游消费信心，引导文化旅游消费预期，改善文化旅游消费环境，培育文化旅游消费热点，让文化旅游消费刺激消费、领跑消费。创意产业是一种新型的经济形态，是典型的低消耗、高附加值、环保型、智慧型产业，与实践科学发展观的本质要求完全符合。要按照“一二三四”的理念，大力发展重庆创意产业。“一套体系”：即政府＋园区＋基地运行的架构体系；“二种载体”：即以基地和项目建设为载体；“三层平台”：即市民创业平台、项目孵化平台、产业聚集平台；“四个配套”：即基础设施、政策支持、科技提升、产权保护。目前，黄桷坪创意产业园区已具雏形，要倾力打造。

（五）打造文化品牌。我们要建设西部地区的文化高地、与长江上游经济中心相适应的文化中心、城乡统筹发展的文化强市，没有品牌，就没有说服力；没有品牌，就没有竞争力；没有品牌，就没有取得市场的“通行证”。一定要下决心、动脑筋、花功夫，大力实施文化精品工程，培育一批重庆籍的名人、名物、名品，把他们推向全国、推向世界，争取重庆文化的“发言权”。要组织开展好第二届重庆文化艺术节、第十一届中国老年合唱节和第七届中国音乐金钟奖合唱比赛，切实解决好文化节庆活动“谁来办，为谁办，怎么办”三大问题的困扰，努力使这些文化节庆活动都有群众喜欢的“亮点”、媒体关注的“热点”、市场运作的“卖点”，力求出新出彩，争取打造成为全国乃至全世界知名的文化活动品牌。要积极推出一批专业性的文艺活动，做好第四届中国川剧艺术节、西部交响乐周、全国“三农”题材小戏小品赛、五大传统节庆晚会、舞台艺术之星选拔赛。要丰富群众性文化活动，深入持久地传唱红歌、阅读经典，做亮重庆演出季活动，深化“渝州大舞台”城乡文化互动工程，开展好评选“十大文化社区”、“十大文化校园”、“十大文化广场”活动，培育好新时代城市精神。要统筹国际、国内两种资源，利用好国际、国内两个市场，全方位开展文化开放和交流，积极推动重庆文化“走出去”，培育一批在国外有竞争力、叫得响的文化品牌。

做好今年的宣传文化工作，任务繁重，责任重大，使命光荣。我们一定要按照“高举旗帜、围绕大局、服务人民、改革创新”的总要求，坚持以邓小平理论和“三个代表”重要思想为指导，以科学发展观统领宣传文化工作，紧紧围绕“五大重庆”建设，大力推动重庆文化大发展大繁荣，以优异的成绩迎接新中国成立60周年。

## 四川省

### 坚持改革创新，做强做大文化产业

（在文化产业专题研究会议上的讲话）

蒋巨峰

2009年4月8日

文化产业发展是建设文化强省的重要一环。要坚持改革创新的思路，加快四川文化资源优势向产业优势转变。近几年，在“大集团带大产业”战略引领下，四川文化产业规模和经济总量不断变大，位居西部榜首。文化改革创新取得突破，为全国文化产业发展创造了经验。产业结构不断优化，促进了我省经济发展方式转变。

要实现文化产业发展新突破，首先要研究市场需求，适应市场需求，找准自身比较优势、摸清产业基础、明确发展方向和重点。既要研究即期市场需求，也要研究前瞻性市场需求；既要研究先进地区的经验做法，也要研究同类地区的发展重点，更要研究国际产业发展走向。要研究产业发展的实现路径，坚持改革创新，确立“大资源、大产业、大集团、大项目”的发展思路，推动文化产业做强做大；实行分类指导，文化产业要主动与旅游、工业及其他产业实现融合发展。

针对文化产业实力不强，市场主体量小质弱的问题，推进文化产业发展，主体是企业。培育企业主体有6条路：深化改革，加速推进经营性事业单位改制步伐；加快联合重组，化零为整，变弱为强；促进已改制企业做强做大；依托优势资源，形成新的有竞争力的文化企业集团；不断延伸产业链；继续推进对外文化服务发展。

推动文化产业发展，政府要结合文化产业发展的实际情况和阶段性特征，研究制订中长期发展规划和阶段性实施方案。要完善促进文化产业发展的政策措施，包括认真贯彻落实国务院《关于印发文化体制改革中经营性文化事业单位转制为企业和支持文化企业发展两个规定的通知》的各项政策措施；研究制订符合我省实际的个性政策，支持文化资源优势转化为产业优势；搭建文化产业发展平台，着力培育市场主体；完善文化产业统计监测体系等。

## 宁夏回族自治区

# 在宁夏文化体制改革动员大会上的讲话

杨春光

2009年8月30日

### 一、党中央推进文化体制改革的态度坚定、方向明确

深化文化体制改革，是以胡锦涛同志为总书记的党中央在科学判断国际国内形势，全面把握当今世界文化发展趋势，深刻分析我国基本国情和战略任务的基础上，继经济、政治、教育、科技和卫生体制改革之后作出的又一项关系全局的重大决策。这次会议的主要精神集中体现在中央领导的重要批示和讲话之中，具体概括为以下几个方面。一是中央对深化文化体制改革提出了新的更高的要求；二是全国文化体制改革的规律性认识为继续深化改革提供了动力；中央明确的文化体制改革任务，为我们深化改革勾画了蓝图、确立了目标。包括推进出版发行体制改革、推进电影体制改革、推进文艺演出院团体制改革、新闻媒体改革、推进文化市场综合执法改革等方面。

### 二、先行省区推进文化体制改革成效凸显、形势逼人

近年来，一些省区市认真贯彻中央精神，解放思想、大胆探索，积极推进经营性文化单位转企改制，深化文化事业单位内部改革，实施政企、政事分开和管办分离，探索文化市场综合行政执法，制定和完善改革的配套政策，培育发展新的文化业态，创造了鲜活的经验，走在了全国文化体制改革的前列，改出了活力，改出了效益，改出了新局面新气象，成为改革的受益者。一是在经营性文化单位转企改制方面成效显著；二是在文化企业资源整合和跨区域发展方面成效显著；三是在文化事业单位内部改革方面成效显著；四是在促进文化产业发展方面成效显著。

李长春同志对全国文化体制改革经验交流会的重要批示中指出，“文化体制改革取得的丰硕成果充分证明，中央关于深化文化体制改革的决策部署是完全正确的，顺应了时代发展要求，顺应了各族人民过上更好生活的新期待，顺应了文化建设的内在规律和发展趋势。文化体制改革，是促进文化大发展大繁荣的强大动力，是推动经济社会发展的新引擎。”先行省区市在文化体制改革方面取得的丰硕成果，再次雄辩地证明，文化体制改革早改早主动，晚改就被动，不改没出路。哪个地区、哪个领域体制改革进展快，哪个地区、哪个领域就有蓬勃的生机与活力。面对新形势、新任务，必须坚定信心，把改革不断引向深入。

### 三、我区文化体制改革势头良好、尚需努力

文化体制改革是一场深刻的制度革命，是新体制对阻碍文化生产力发展旧体制的突围，需要付出艰辛的努力。回顾去年以来的文化体制改革工作，我们按照中央确定的“时间表”、“路线图”和“任务书”，紧密结合宁夏实际，攻坚克难，求真务实，进行了一系列有益的探索，改革步伐逐步加快，改革力度不断加大，做了大量行之有效的工作。一是健全领导体制，争取工作主动；二是加强沟通协调，形成改革共识；三是科学制定方案，改革措施得力。

我区文化体制改革在取得新的进展的同时，我们也应该清醒地看到，与中央提出的目标、任务和要求相比，与其他领域的改革进展相比，文化体制改革工作还相对滞后。一是思想认识不够到位；二是工作落实不够得力；三是配套政策不够完善；四是以体制改革推动文化产业发展壮大的实效不够明显。

陈建国书记在自治区党委常委会上指出，“当前，我国文化体制改革正处于由试点向面上全面推开的关键时期，进入破解深层次矛盾和问题的攻坚阶段。能否清醒认识和把握形势，既看到难得机遇，又看到严峻挑战，对于深化文化体制改革，确保顺利实现2010年改革阶段性目标，具有十分重要的意义。”我们必须看到，党中央关于深化文化体制改革和大力发展文化产业的决策部署，已经为我们指明了方向；自治区党委坚持积极稳妥、实事求是地推进改革，为我们探索出符合中央要求和宁夏实际的路子；各地在推进文化体制改革中涌现出来的典型，为我们深化文化体制改革提供了经验；人民群众对文化产品需求不断增长的热情，为文化体制改革和发展增添了动力；我区推进文化体制改革的前期实践，为我们进一步推进改革和发展奠定了基础。我们一定要认清形势，振奋精神，大胆探索，勇于开拓，积极投身改革，用改革的思路谋划文化发展的出路，用创新的思维应对挑战，用改革的举措化解矛盾，用开放的手段增加动力，想改革、议改革、抓改革，使文化体制改革成为推动我区文化大发展大繁荣的“加速器”，使文化产业发展成为我区经济领域的“新亮点”。

### 四、推进当前文化体制改革重点明确、任务艰巨

文化体制改革是文化领域一场广泛而深刻的变革，把这场关系全局和长远的改革推向深入、进行到底，必须进一步解放思想、转变观念，抢抓机遇、顺势而为，以新思维研究新情况，以新办法解决新问题，以新举措打开新局面。

1. 着力推进经营性文化单位转企改制，培育合格的市场主体。

2. 着力推进资源优化配置，增强新闻媒体综合实力。

3. 着力培育发展文化市场，促进群众文化消费。当前，扩大文化内需，促进群众文化消费，要重点抓好以下五个方面：一是进一步完善文化市场体系，发挥市场在资源配置中的基础性作用；二是实施重大项目带动战略；三是加大公共文化服务体系建设，降低群众文化消费成本；四是积极发展新兴文化业态，推动产业升级；五是加大文化市场综合执法力度，规范文化市场秩序。

4. 着力优化文化发展环境，推进文化发展保障政策的建立和完善。要突出抓好三个方面的重点工作：一是用好用足用活各种政策措施；二是尽快完善相应的配套政策；三是优化人才发展的政策环境。

## 五、落实文化体制改革责任义无反顾、时不我待

自治区党委、政府正式向新组建企业（单位）授牌，这标志着我区文化体制改革取得了突破性进展，进入实质性操作层面。各有关部门务必增强紧迫感和使命感，切实做到认识到位、领导到位、政策到位、责任到位、落实到位，加大力度，加快进度，强力推动我区文化体制改革在面上展开、向纵深发展。

1. 加强领导，形成推进改革的强大合力。一要完善机制；二要明确职责；三要加强协调。

2. 深入发动，激发广大干部职工参与支持改革的积极性主动性。推动文化体制改革，根本力量在于群众，最终办法来自基层。各有关部门一定要深入做好群众工作，紧紧依靠群众推动改革、深化改革。一要坚持以人为本，尊重基层和群众的首创精神；二要深入做好群众的思想政治工作；三要切实保障干部职工的合法权益。

3. 狠抓落实，全力推动我区文化体制改革向纵深发展。当前我区文化体制改革的任务已经明确，关键是抓落实、抓深入、抓成效的问题。要讲党性、要重品行、要作表率。

# 第二部分　文件与法规

WEN JIAN YU FA GUI

# 一、中央文件与法规

## 1. 文化产业

### 文化产业振兴规划

国发【2009】30号
（2009年9月26日发布）

党的十七大明确提出，要积极发展公益性文化事业，大力发展文化产业，激发全民族文化创造活力，更加自觉、更加主动地推动文化大发展大繁荣。为贯彻落实中央精神，在重视发展公益性文化事业的同时，加快振兴文化产业，充分发挥文化产业在调整结构、扩大内需、增加就业、推动发展中的重要作用，结合当前应对国际金融危机的新形势和文化领域改革发展的迫切需要，特制定本规划。

**一、加快文化产业振兴的重要性紧迫性**

文化产业是市场经济条件下繁荣发展社会主义文化的重要载体，是满足人民群众多样化、多层次、多方面精神文化需求的重要途径，也是推动经济结构调整、转变经济发展方式的重要着力点。党的十六大以来，党中央、国务院高度重视发展文化产业，采取了一系列政策措施，深入推进文化体制改革，加快推动文化产业发展。国有经营性文化单位转企改制取得重要进展，涌现出一批具有较强实力和竞争力的文化企业和企业集团，文化产业规模逐步壮大，以公有制为主体、多种所有制共同发展的文化产业格局初步形成。文化“走出去”步伐加快，文化进出口贸易逆差逐步缩小，我国文化产业的国际竞争力不断增强。总的看，我国文化产业呈现出健康向上、蓬勃发展的良好态势，正在成为推动社会主义文化大发展大繁荣的重要引擎和经济发展新的增长点。

同时要看到，我国文化产业的发展水平还不高、活力还不强，与人民群众日益增长的精神文化需求还不相适应，与日趋完善的社会主义市场经济体制还不相适应，与现代科学技术迅猛发展及广泛应用还不相适应，与我国对外开放不断扩大的新形势还不相适应。当前，国际金融危机仍未见底，并对文化产业发展产生诸多影响，但困难和挑战中蕴含着新的机遇和有利条件，文化具有反向调节功能，面对经济下滑，文化产业有逆势而上的特点，这为创新文化体制机制、做大做强文化产业带来了契机。要抓住机遇，大力振兴文化产业，为“保增长、扩内需、调结构、促改革、惠民生”作出贡献。

**二、指导思想、基本原则和规划目标**

（一）指导思想。全面贯彻党的十七大精神，坚持以邓小平理论和“三个代表”重要思想为指导，深入贯彻落实科学发展观，紧紧围绕《国家“十一五”时期文化发展规划纲要》确定的文化产业发展的各项目标任务和当前文化体制改革的重点，大力培育市场主体，加快转变文化产业发展方式，进一步解放和发展文化生产力，切实维护我国文化安全，推动文化产业又好又快发展，将文化产业培育成国民经济新的增长点。

（二）基本原则。坚持把社会效益放在首位，努力实现社会效益和经济效益的统一；坚持以体制改革和科技进步为动力，增强文化产业发展活力，提升文化创新能力；坚持走中国特色文化产业发展道路，学习借鉴世界优秀文化，积极推动中华民族文化繁荣发展；坚持以结构调整为主线，加快推进重大工程项目，扩大产业规模，增强文化产业整体实力和竞争力；坚持内外并举，积极开拓国内国际文化市场，增强中华文化在国际上的影响力。

（三）规划目标。完成经营性文化单位转企改制，文化市场主体进一步完善，活力进一步增强，文化产业规模不断扩大，推动经济社会发展的功能和作用得到较好发挥。

1. 文化市场主体进一步完善。按照创新体制、转换机制、面向市场、增强活力的原则，基本完成经营性文化单位转企改制，文化市场主体进一步完善，活力进一步增强。

2. 文化产业结构进一步优化。重点行业和项目对文化的拉动作用明显增强，文化创意、影视制作、出版发行、印刷复制、广告、演艺娱乐、文化会展、数字内容和动漫等产业得到较快发展，以资本为纽带推进文化企业兼并重组取得重要进展，力争形成一批跨地区跨行业经营、有较强市场竞争力、产值超百亿的骨干文化企业和企业集团。

3. 文化创新能力进一步提升。文化体制机制创新取得实质性进展，文化产业发展活力明显增强，以企业为主体、市场为导向、产学研相结合的文化创新体系初步形成，文化原创能力进一步提高，数字化、网络化技术广泛运用，文化企业装备水平和科技含量显著提高。

4. 现代文化市场体系进一步完善。市场在文化资源配置中的基础性作用得到更好的发挥，文化产品和生产要素合理流动，城乡文化市场进一步发展，现代流通组织和流通形式逐步成为文化流通领域的主要力量，文化消费领域不断拓展，在城乡居民消费结构中的比重明显增加。

5. 文化产品和服务出口进一步扩大。一批外向型骨干文化企业和国际知名品牌初步形成，对外文化贸易渠道和网络进一步拓展，文化产品和服务出口大幅增长，文化贸易逆差明显缩小，成为我国服务贸易出口的重要增长点。

## 三、重点任务

当前和今后一个时期，要着力做好以下八个方面工作：

（一）发展重点文化产业。以文化创意、影视制作、出版发行、印刷复制、广告、演艺娱乐、文化会展、数字内容和动漫等产业为重点，加大扶持力度，完善产业政策体系，实现跨越式发展。文化创意产业要着重发展文化科技、音乐制作、艺术创作、动漫游戏等企业，增强影响力和带动力，拉动相关服务业和制造业的发展。影视制作业要提升影片、电视剧和电视节目的生产能力，扩大影视制作、发行、播映和后产品开发，满足多种媒体、多种终端对影视数字内容的需求。出版业要推动产业结构调整和升级，加快从主要依赖传统纸介质出版物向多种介质形态出版物的数字出版产业转型。出版物发行业要积极开展跨地区、跨行业、跨所有制经营，形成若干大型发行集团，提高整体实力和竞争力。印刷复制业要发展高新技术印刷、特色印刷，建成若干各具特色、技术先进的印刷复制基地。演艺业要加快形成一批大型演艺集团，加强演出网络建设。动漫产业要着力打造深受观众喜爱的国际化动漫形象和品牌，成为文化产业的重要增长点。

（二）实施重大项目带动战略。以文化企业为主体，加大政策扶持力度，充分调动社会各方面的力量，加快建设一批具有重大示范效应和产业拉动作用的重大文化产业项目。继续推进国产动漫振兴工程、国家数字电影制作基地建设工程、多媒体数据库和经济信息平台、“中华字库”工程、国家“知识资源数据库”出版工程等重大文化建设项目。选择一批具备实施条件的重点项目给予支持。

（三）培育骨干文化企业。着力培育一批有实力、有竞争力的骨干文化企业，增强我国文化产业的整体实力和国际竞争力。坚持政府引导、市场运作，科学规划、合理布局，在重点文化产业中选择一批成长性好、竞争力强的文化企业或企业集团，加大政策扶持力度，推动跨地区、跨行业联合或重组，尽快壮大企业规模，提高集约化经营水平，促进文化领域资源整合和结构调整。鼓励和引导有条件的文化企业面向资本市场融资，培育一批文化领域战略投资者，实现低成本扩张，进一步做大做强。

（四）加快文化产业园区和基地建设。加强对文化产业园区和基地布局的统筹规划，坚持标准、突出特色、提高水平，促进各种资源合理配置和产业分工。对符合规划的产业园区和基地，在基础设施建设、土地使用、税收政策等方面给予支持。建设若干辐射全国的区域文化产品物流中心，建设一批文化创意、影视制作、出版发行、印刷复制、演艺娱乐和动漫等产业示范基地，支持和加快发展具有地域和民族特色的文化产业群。

（五）扩大文化消费。不断适应当前城乡居民消费结构的新变化和审美的新需求，创新文化产品和服务，提高文化消费意识，培育新的消费热点。加强原创性作品的创作，打造一批具有核心竞争力的知名文化品牌。努力降低成本，提供价格合理、丰富多样的精神文化产品和服务。加快建设具有自主知识产权、科技含量高、富有中国文化特色的主题公园。开发与文化结合的教育培训、健身、旅游、休闲等服务性消费，带动相关产业发展。

（六）建设现代文化市场体系。建立健全门类齐全的文化产品市场和文化要素市场，促进文化产品和生产要素的合理流动。重点建设传输快捷、覆盖广泛的文化传播渠道。发展文艺演出院线，推动主要城市演出场所连锁经营。支持全国文化票务网络建设。推进有线电视网络整合，鼓励通过并购、重组等方式，进行广电网络的区域整合和跨地区经营。推进电影院线、数字电影院线的跨地区整合以及数字影院的建设和改造。支持国有出版发行企业以资本为纽带实行跨地区兼并重组。鼓励非公有资本进入文化创意、影视制作、演艺娱乐、动漫等领域。支持优先选用拥有自主知识产权、产品质量水平高的文化设备及产品。

（七）发展新兴文化业态。采用数字、网络等高新技术，大力推动文化产业升级。支持发展移动多媒体广播电视、网络广播影视、数字多媒体广播、手机广播电视，开发移动文化信息服务、数字娱乐产品等增值业务，为各种便携显示终端提供内容服务。加快广播电视传播和电影放映数字化进程。积极推进下一代广播电视网建设，发挥第三代移动通信网络、宽带光纤接入网络等网络基础设施的作用，制定和完善网络标准，促进互联互通和资源共享，推进三网融合。积极发展纸质有声读物、电子书、手机报和网络出版物等新兴出版发行业态。发展高新技术印刷。运用高新技术改造传统娱乐设施和舞台技术，鼓励文化设备提供商研发新型电影院、数字电影娱乐设备、便携式音响系统、流动演出系统及多功能集成化音响产品。加强数字技术、数字内容、网络技术等核心技术的研发，加快关键技术设备改造更新。

（八）扩大对外文化贸易。落实国家鼓励和支持文化产品和服务出口的优惠政策，在市场开拓、技术创新、海关通关等方面给予支持。制定《2009－2010 年度国家文化出口重点企业和项目目录》，形成鼓励、支持文化产品和服务出口的长效机制。重点扶持具有民族特色的文化艺术、展览、电影、电视剧、动画片、网络游戏、出版物、民族音乐舞蹈和杂技等产品和服务的出口，抓好国际营销网络建设。支持动漫、网络游戏、电子出版物等文化产品进入国际市场。鼓励文化企业通过独资、合资、控股、参股等多种形式，在国外兴办文化实体，建立文化产品营销网点，实现落地经营。办好国家重点支持的文化会展，通过中国（深圳）国际文化产业博览会、中国国际广播影视博览会、北京国际图书博览会等推动文化产品和服务出口。支持文化企业参加境外图书展、影视展、艺术节等国际大型展会和文化活动。

## 四、政策措施

（一）降低准入门槛。落实国家关于非公有资本、外资进入文化产业的有关规定，根据文化产业不同类别，通过独资、合资、合作等多种途径，积极吸收社会资本和外资进入政策允许的文化产业领域，参与国有文化企业的股份制改造，形成以公有制为主体、多种所有制共同发展的文化产业格局。

（二）加大政府投入。中央和地方各级人民政府要加大对文化产业的投入，通过贷款贴息、项目补贴、补充资本金等方式，支持国家级文化产业基地建设，支持文化产业重点项目及跨区域整合，支持国有控股文化企业股份制改造，支持文化领域新产品、新技术的研发。支持大宗文化产品和服务的出口。大幅增加中央财政“扶持文化产业发展专项资金”和文化体制改革专项资金规模，不断加大对文化产业发展和文化体制改革的支持力度。

（三）落实税收政策。贯彻落实《国务院办公厅关于印发文化体制改革中经营性文化事业单位转制为企业和支持文化企业发展两个规定的通知》中的相关税收优惠政策，研究确定文化产业支撑技术的具体范围，加大税收扶持力度，支持文化产业发展。

（四）加大金融支持。鼓励银行业金融机构加大对文化企业的金融支持力度。积极倡导鼓励担保和再担保机构大力开发支持文化产业发展、文化企业“走出去”的贷款担保业务品种。支持有条件的文化企业进入主板、创业板上市融资，鼓励已上市文化企业通过公开增发、定向增发等再融资方式进行并购和重组，迅速做大做强。支持符合条件的文化企业发行企业债券。

（五）设立中国文化产业投资基金。按照有关管理办法，由中央财政注资引导，吸收国有骨干文化企业、大型国有企业和金融机构认购。基金由专门机构进行管理，实行市场化运作，通过股权投资等方式，推动资源重组和结构调整，促进国家文化发展战略目标的实现。

## 五、保障条件

（一）加强组织领导。地方各级人民政府要按照科学发展观的要求，切实将《规划》的实施列入重要议事日程，把《规划》提出的目标任务纳入经济社会发展总体规划，建立相关的考核、评价和责任制度，作为评价地区发展水平、衡量发展质量和领导干部工作实绩的重要内容。文化行政主管部门在党委宣传部门协调指导下，具体组织实施，相关部门密切配合，确保《规划》提出的各项任务落到实处。

（二）深化文化体制改革。通过深化文化体制改革，进一步解放和发展文化生产力，激发全社会的文化创造活力。要紧紧抓住转企改制、重塑市场主体这个中心环节，加快推进出版发行单位转企改制和兼并重组，加快电影制片、发行、放映单位和文艺院团转企改制，抓好党报党刊发行体制和广播电视节目制播分离改革。大力推动行政管理体制改革和政府职能转变，建立统一高效的文化市场综合执法机构。

（三）培养文化产业人才。继续抓好全国宣传文化系统“四个一批”人才培养工程，着力加强领军人物和各类专门人才的培养。继续办好经营管理人才培训班，培养一批熟悉市场经济规律，懂经营、善管理的人才。吸引财经、金融、科技等领域的优秀人才进入文化产业领域。注重海外文化创意、研发、管理等高端人才的引进，为我国文化产业发展提供强有力的人才保障。

（四）加强立法工作。进一步完善法律体系，依法加强对文化产业发展的规范管理。完善国家知识产权保护体系，严厉打击各类盗版侵权行为，促进国家文化创新能力建设。

# 文化部关于加快文化产业发展的指导意见

文产发【2009】36号

（2009年9月10日发布）

各省、自治区、直辖市文化厅（局）、新疆生产建设兵团文化局，国家文物局，文化部各直属单位，各驻外使领馆文化处（组）：

为深入贯彻落实科学发展观，根据《国家“十一五”时期文化发展规划纲要》和《文化产业振兴规划》，现就加快文化产业发展提出如下意见。

## 一、加快文化产业发展的重要性和紧迫性

党的十七大提出推动社会主义文化大发展大繁荣、兴起社会主义文化建设新高潮的重大战略任务，对加快文化产业发展提出了一系列新要求，极大提升了文化产业的作用和地位。文化产业是市场经济条件下繁荣发展社会主义

文化的重要载体，是满足人民群众多样化、多层次、多方面精神文化需求的重要途径，是推动经济结构调整、转变经济发展方式、保持经济平稳较快发展的重要着力点，是实现经济、政治、文化、社会全面协调可持续发展的重要内容，是推动中华文化走出去的主导力量。加快文化产业发展是文化行业学习实践科学发展观的必然要求和内在需要，是文化行政部门顺应时代发展、转变自身职能、服务发展大局的必然要求和迫切需要。党的十六大以来，我国文化产业呈现出健康向上、蓬勃发展的良好态势，增势强劲、规模扩大、质量提升，新兴业态迅速崛起，正在成为推动社会主义文化大发展大繁荣的重要引擎和经济发展新的增长点。

同时要看到，我国文化产业发展水平还不高，活力还不强。对文化产业发展的思想认识不足，工作力度不够，与文化建设“两大一新”的战略任务要求还不相适应；产业总量和水平偏低，对国民经济贡献和影响偏小，与人民群众日益增长的精神文化需求还不相适应；合格的市场主体和骨干文化企业偏少，产业集中度偏低，与社会主义市场经济体制还不相适应；文化产业领域科技应用和现代传播手段使用较少，与现代科学技术迅猛发展及广泛应用还不相适应；对外文化贸易中缺少具有国际影响力的文化产品，与对外开放不断扩大的新形势不相适应。切实加大力度，加快进度，促进文化产业的大发展，已经成为摆在文化行政部门和文化行业面前一项重要而紧迫的任务。

当前，文化产业正面临重要的发展机遇。综合国力不断提高，人民群众文化需求日益旺盛，文化消费快速增长，为文化产业发展提供了广阔前景；党和政府高度重视，文化产业政策不断完善，文化体制改革深入推进，为文化产业发展提供了有力保障；科技迅猛发展，为文化产业创新业态、扩大传播、转型升级提供了有利条件；文化传播渠道不断拓展，为以内容创作生产为核心的文化产业提供了新的发展机遇；全球性金融危机凸显了文化产业逆势而上的特点，为文化产业发展提供了良好契机；中华文化影响力不断扩大，为中国文化产业提供了全面提升国际竞争力的平台。文化行政部门必须抓住机遇，迎难而上，锐意进取，有所作为，推动文化产业又好又快发展。

## 二、加快文化产业发展的指导思想、基本原则和主要目标

1. 指导思想。以邓小平理论和“三个代表”重要思想为指导，深入贯彻落实科学发展观，按照《国家“十一五”时期文化发展规划纲要》和《文化产业振兴规划》的要求，进一步解放和发展文化生产力，深化文化体制改革，培育市场主体，转变发展方式，优化产业结构，推进产业创新，扩大文化消费，实现文化产业又好又快发展。

2. 基本原则。坚持以人为本，通过文化产业的发展满足人民群众日益增长的精神文化需求，实现好、维护好、发展好人民群众的文化权益；坚持以发展为主题，把发展文化产业作为市场经济条件下繁荣社会主义文化的重要途径，壮大产业规模，提高产业质量，提升产业效益；坚持以改革创新为动力，为文化产业发展创造良好体制机制和政策环境，创新文化生产、传播、流通、消费方式，提升产业核心竞争力；坚持社会效益优先，实现社会效益与经济效益的统一。

3. 主要目标。文化产业发展速度明显高于同期国内生产总值增长速度，在国民经济中所占比重逐步提高，力争到“十二五”期末实现主要文化产业增加值比2007年翻两番。文化产业结构更加合理，布局更加科学，文化产品和服务更加丰富多彩，文化产品市场和要素市场更加健全，文化市场秩序更加规范，文化产业发展保障体系更加完备，文化产业整体影响力和竞争力明显增强，涌现一批深受人民群众喜爱的文化精品，形成一批具有较强实力的文化企业和企业集团。演艺、动漫、游戏等行业的发展进入世界先进行列。基本扭转文化产品和服务的出口逆差状况，显著提高中国文化产品的国际影响力。完成经营性文化单位转企改制。培育一批文化上市企业。建设覆盖全国主要城市的文艺演出院线，培育一批跨地域的演艺集团公司，打造一批可供市场长年演出的剧目，建成2－3个国家级动漫游戏产业综合示范园区，推动建设具有国际影响力的中华文化主题公园，打造一批具有国际影响力的文化会展、节庆活动，培育一批具有国际竞争力的动漫和网络游戏企业。

## 三、文化产业的发展方向和发展重点

1. 演艺业。繁荣舞台艺术创作，鼓励和支持投资兴办演出团体、演出场所、演出经纪机构和举办演出活动。按照整合资源、调整布局、优化结构、提高效益的要求，大力推进资源重组，提高演艺产业整体发展质量和水平，提高演艺业的市场化程度。加强演出网络建设，促进演出院线与有关服务业的合作。推动演艺与旅游、会展、传媒、科技等结合，打造富有特色的演艺项目。大力推动演艺产品走向世界。

2. 动漫业。鼓励创造具有中国风格和国际影响的动漫形象和动漫品牌，占领国内主流市场，积极开拓国际市场，使我国动漫产业跻身世界动漫强国行列。实施国产动漫振兴工程，提高原创动漫产品质量，增强动漫艺术、技术创新能力和市场营销能力，形成创作、生产和销售环环相扣的产业链。积极发展网络动漫、手机动漫等新兴业态。鼓励发展面向国际市场的动漫服务外包。

3. 文化娱乐业。促进歌舞娱乐场所健康发展，扩大

群众娱乐消费。积极开发具有民族特色、健康向上和技术先进的新兴娱乐方式，创新娱乐业态。调整优化娱乐场所结构，鼓励娱乐企业连锁经营。在大中城市积极发展集演艺、休闲、旅游、餐饮、购物、健身等为一体的综合性文化娱乐设施。重点扶持具有自主知识产权、科技含量高、富有中国文化特色的主题公园，坚持科学规划、合理布局，有序发展，防止盲目建设。

4. 游戏业。增强游戏产业的核心竞争力，推动民族原创网络游戏的发展，提高游戏产品的文化内涵。鼓励研发具有自主知识产权的网络游戏技术、电子游戏软硬件设备，优化游戏产业结构，提升游戏产业素质，促进网络游戏、电子游戏、家用视频游戏的协调发展。鼓励游戏企业打造中国游戏品牌，积极开拓海外市场。

5. 文化会展业。发展各类综合和专业文化会展活动，重点支持覆盖全国并具有国际影响的文化会展活动，重点发展专业化、特色化文化会展活动。办好中国（深圳）国际文化产业博览交易会、中国北京文化创意产业博览会等重大文化会展，打造文化产品展示交易平台，推动文化消费和文化贸易。办好2010年上海世博会相关文化活动及会展。扩大会展、节庆的文化消费。促进文化会展、节庆与旅游、商贸合作。鼓励国内企业、个人参加国外文化会展活动，推动海外文化推广活动的产业化运作。加强对地方文化会展、节庆活动的引导和规范。

6. 文化旅游业。促进文化与旅游相结合，以文化提升旅游的内涵，以旅游扩大文化的传播和消费。打造文化旅游系列活动品牌，扶持具有地方、民族特色的文化旅游项目，建立《文化旅游节庆活动扶持名录》和《国家文化旅游重点项目名录》。鼓励对演艺与旅游资源整合，在知名旅游景区打造高品质、有特色的演艺精品。在有效保护的基础上，对历史文化名城、文物古迹进行科学开发利用，合理开发传统手工技艺类和表演类非物质文化遗产。深度开发文化旅游工艺品，提升品位，拓宽市场。

7. 艺术品和工艺美术。繁荣美术创作，促进当代艺术品产业健康发展，鼓励兴办艺术品经营机构，鼓励艺术品收藏，培育诚信画廊，推动中国当代艺术品的海外推广。支持传统工艺美术面向市场，鼓励工艺美术技艺创新。鼓励农民通过手工技艺增收致富。支持发展文物仿制产业，提高文物仿制技术和水准，开拓文物仿制品市场。

8. 艺术创意和设计。大力发展平面设计、外观设计、工艺美术设计、雕塑设计、服装设计及展览设计，提升设计创意能力和水平。支持具有民族传统文化特色的设计产品的国内外推广。推动艺术创意和设计业与其他产业合作，提高其他产业的文化内涵和审美效果。鼓励发展面向国际市场的艺术设计服务外包。

9. 网络文化。提高网络音乐、网络美术等网络文化产品的原创水平，提升文化品位，发挥网络文化产业在文化建设中的重要作用。促进网络文化产业链相关环节的融合与沟通，创新营销推广模式。鼓励和支持数字技术、网络技术，以及计算机硬件企业和通信企业参与网络文化内容产品的生产和经营。继续稳步推进网吧连锁化、规模化、专业化、品牌化经营。

10. 文化产品数字制作与相关服务。发展以数字化生产、网络化传播为主要特征的文化数字内容产业。鼓励扶持对舞台剧目、音乐、美术、文物、非物质文化遗产和文献资源进行数字化转化和开发。大力采用数字技术传播文化产品，为各种便携显示终端提供内容，丰富文化表现形式和传播渠道。

## 四、加快文化产业发展的主要任务

1. 深化文化体制改革。按照中央关于深化文化体制改革的要求，加快经营性文化事业单位转企改制步伐，建立现代企业制度，完善法人治理结构。鼓励成长性好、竞争力强的国有文化企业，开展跨行业、跨地区、跨所有制的兼并重组，迅速做强做大。

2. 鼓励非公有资本进入文化产业。认真落实《国务院关于非公有资本进入文化产业的若干决定》，制定《文化部文化产业投资指导目录》，引导、扶持、规范非公有资本进入文化产业。积极鼓励非公有资本参与文化事业单位转企改制。非公有制文化企业在资金扶持、项目审批、政府采购、职称评定、命名评比、表彰奖励等方面，与国有文化企业一视同仁。

3. 培育骨干文化企业。着力培育一批有实力和竞争力的骨干文化企业，在演艺、动漫、游戏、网络文化、数字节目制作等领域发挥龙头作用。以合资、合作等方式大力发展股份制企业，引进战略投资者，培育一批主业突出、核心竞争力强的上市公司。推动演艺业、动漫游戏业的资源整合，在全国形成一批有自主创新能力的演艺、动漫企业集团。在全国形成若干有聚集效应和强大辐射力的演艺院线。

4. 不断延伸文化产业链。利用资本力量，加强资源整合，打通创意设计、研发生产、营销推广、衍生产品等产业链。积极整合创作、院团、剧场、经纪等演艺资源，形成剧本创意、演出策划、剧场经营、市场营销、演艺产品开发等紧密衔接、相互协作的演艺产业链。以增强动漫游戏原创能力为核心，通过形象和作品授权等方式，大力开发图书、音像、服装、玩具、文具、主题公园等相关衍生产品，不断延伸产业链，提高产品附加值。

5. 建设现代文化产业基地和园区。建立一批高起点、规模化、代表国家水准和未来发展方向的文化产业示范基地和示范园区，积极争取在征地和税收等政策上给予支持。建立一批提供研发设计、信息咨询、生产制作、合作交流等便利的公共服务平台。加强对国家级和省级文化产业园区的规划、认定、调整和指导工作，明确认定标准，严格审批程序，开展定期考核，实施动态管理，坚决防止一哄而上、盲目建设和恶性竞争。通过科学规划、政策引导、合理规范，使基地和园区成为文化科技创新的孵化器、文化企业快速成长的助推器、文化产业集约发展的大平台。

6. 实施重大项目带动战略。以文化企业为主体，加大政策扶持力度，充分调动社会各方面的力量，加快建设一批具有重大示范作用和产业拉动作用的重大文化产业项目。切实抓好《文化产业振兴规划》中确定的重大文化产业项目的落实。同时，各地要根据实际情况，充分利用本地人才和技术优势，科学论证，认真策划一批先导性、基础性、战略性重大项目，并在项目立项、政策扶持、银行信贷、土地使用、配套服务等方面给予积极支持。

7. 建设现代文化市场体系。建立健全门类齐全的文化产品市场和文化要素市场。建立新型文化产品配送体系，大力发展连锁经营。积极推动全国文化票务网络建设，以大中城市为主，尽快建成遍布全国的演出票务销售终端。发展文化经纪代理、评估鉴定、版权交易、推介咨询等中介服务机构，引导其规范运作，向品牌化、专业化方向发展。

8. 建立健全文化产业投融资体系。协调金融监管机构，共同研究制定金融扶持文化产业发展的政策和办法。与银行等金融机构建立长期合作关系，不断扩大合作领域。支持组建文化信贷担保公司，争取建立文化企业贷款贴息机制。支持组建多种形式的文化产业创业、风险投资基金。通过改进无形资产评估和抵押办法，促进银行开展文化企业授信工作，为文化企业融资创造条件。鼓励具备条件的文化企业上市融资和发行企业债券、融资票据等。积极引进实力雄厚的战略投资者，开展多种形式的长期投资合作，增强文化企业资金实力。

9. 运用高新科技促进文化产业升级。加快文化与科技的结合，用现代科技创新传统文化行业，催生新的文化业态。积极推广舞台技术、网络技术、数字技术、虚拟技术、仿真技术、语言文字技术、声音技术、图形图像技术、动漫制作技术和新材料技术。推动有关部门对大量运用高新技术的文化企业实行税收优惠政策。制定“国家文化科技提升计划”，加快演艺、动漫游戏等领域先进适用技术的推广应用。

10. 大力推动对外文化贸易。建立以政府为主导，以企业为主体，以市场化运作为主要方式的工作机制。加强文化行政部门与文化企业和商会（协会）之间开拓海外市场的沟通及协作。开展对外文化贸易统计和信息研究。积极搭建对外文化贸易平台，为企业进入国际市场铺设道路。加强知识产权保护和品牌意识，加强地区间协调合作，防止中国文化产品在海外市场恶性竞争。积极扶持和指导文化精品创作和生产，为进入海外主流市场，扩大中华文化的国际影响力创造条件。

### 五、完善文化产业发展的保障措施

1. 加强组织领导。各级文化行政部门要统一思想，提高认识，高度重视文化产业，将其列入重要工作日程。进一步强化对文化产业工作的组织领导，加强文化产业专门工作机构的建设，在人员、经费等方面给予必要保障。

2. 充分发挥政策的引导促进作用。各地要深入研究，全面、准确、系统地把握中央和地方制定的一系列文化产业政策，把优惠政策用好用足。鼓励各地结合实际，制定出台更具有针对性和可操作性的优惠政策。通过政策的引导、调控作用，促进文化产业又好又快发展。

3. 完善文化产业法制体系。把行之有效的产业政策，上升为国家或地方法律法规，使文化产业纳入法制化的发展轨道。加强文化市场法规建设，进一步修订完善相关法律法规，为文化产业发展营造良好环境。

4. 加强文化产业规划。做好《国家“十一五”时期文化发展规划纲要》和文化部《文化建设“十一五”规划》的评估检查工作，对照评估检查结果，有针对性地改进工作，加强贯彻实施力度，确保“十一五”时期文化产业发展各项目标和重大项目的完成。同时，积极开展“十二五”时期文化产业发展规划的研究工作，并将文化产业发展规划纳入本地“十二五”时期经济社会发展总体规划。

5. 完善文化市场准入机制。建立和完善以许可制度、备案制度、进口文化产品内容审查制度相结合的文化市场准入机制。加快文化产业各领域技术标准、服务标准和管理办法的制订、宣传和实施。根据文化产业各门类的特点，开展文化企业等级评估和资质认定工作，提高文化企业的管理和服务水平。制定国家重点扶持文化企业的有关认定管理办法，为落实国家对文化企业的财税金融优惠政策提供依据。认真贯彻《动漫企业认定管理办法（试行)》，做好动漫企业认定工作。

6. 加强文化市场监管。坚持分工负责与齐抓共管、日常巡查与技术监管、行业自律与社会监督相结合，建立健全统一、高效、便捷的全国文化市场监控管理体系。扎实推进文化市场综合执法改革，建立健全文化市场行政执法队伍。以打击盗版为重点，严厉查处和制裁破坏文化市场秩序的非法经营行为，净化文化市场环境，维护诚信、公平、竞争有序的市场秩序。

7. 指导组建全国性、区域性行业协会。发挥好行业协会在行业规划、行业协调、行业管理、行业自律、行业培训、制定行业标准、维护行业利益等方面的作用，使之成为联系文化产业界的桥梁和纽带，努力形成文化企业、行业协会与政府部门之间的良性互动，推动文化行政部门由办文化为主向管文化为主的转变。

8. 建立健全文化产业的激励约束机制。开展《国家文化出口重点企业目录》和《国家文化出口重点项目目录》评选认定工作，对出口业绩突出的文化企业给予奖励。研究制定完善文化产业基地、园区管理办法。建立文化企业信用档案和信用评级制度，提高诚信企业的知名度和贷款授信额度。

9. 加强文化产业的人才培训及使用。建立健全文化产业在职人员业务培训和继续教育制度。重点培养文化产业领域的领军人物、创意创新人才、专业技术人才和经营管理人才。完善文化产业人才职称评定制度。鼓励文化单位与高等学校合作举办研修班、培训班。鼓励在有条件的大型文化企业设立博士后科研工作站。鼓励政府部门、科研机构、企业与高校联合建立文化产业人才培养基地。完善公平竞争和分配激励机制，鼓励和支持优秀拔尖人才脱颖而出。比照科技人才引进政策和科技留学归国人才政策，加大引进文化产业人才的力度，促进高端文化产业人才就业和创业。

10. 充分发挥我驻外文化机构作用，构建通往国际市场的平台和渠道。驻外使（领）馆文化处（组）、文化中心要提高对对外文化贸易工作重要性的认识，将促进对外文化贸易工作纳入日常工作，积极协助文化企业开拓海外市场，帮助企业开展海外市场调研和建立海外贸易基地，利用国外大型文化活动扩大中国文化产品的国际影响，协助和指导企业做好海外市场权益维护工作。

## 文化部文化产业投资指导目录

部便函【2009】42号

（2009年9月8日发布）

说 明

一、投资主体的界定

《文化部文化产业投资指导目录》（下称《指导目录》）只适用于国内投资主体。国外投资主体投资文化产业按照《外商投资产业指导目录》执行。

国内投资主体包括国有投资主体和非国有投资主体。

国有投资主体是指各级政府及其授权国有资产投资机构、国有或者国有控股企业、其他国有经济组织。

非国有投资主体是指集体企业、私营企业、其他非国有经济组织和个人。

二、分类原则

《指导目录》根据我国文化产业发展的现实情况和《文化产业振兴规划》提出的发展方向，划分为鼓励类、允许类、限制类和禁止类。

鼓励类和限制类产业列入《指导目录》。

禁止类产业为国家法律法规和有关政策明令禁止的产业。不属于鼓励类、限制类和禁止类的产业，除国家另有规定外均为允许类文化产业。

允许类、禁止类文化产业暂不列入《指导目录》。

1. 鼓励类的原则

鼓励类主要是针对具有良好的经济和社会效益，市场前景好，关联带动作用突出，技术含量和附加值高，有利于产业结构优化升级，能够有效地扩大内需，增加就业，扩大文化产品出口的产业。

2. 限制类的原则

限制类主要针对符合行业准入条件，但国家规定需有计划按比例逐步发展的产业以及有投资比例要求的产业。

三、文化产业投资的有关要求

投资《指导目录》的各类产业，凡要求进行前置审批的产业应按照国家有关政策法规到前置许可机关先行报批。

投资文化产业形成的文化产品和服务，不得含有下列内容：违反宪法基本原则；危害国家统一、主权和领土完整，危害国家安全，或者损害国家荣誉和利益；煽动民族仇恨、民族歧视，侵害民族风俗习惯，伤害民族感情，破坏民族团结，违反宗教政策；扰乱社会秩序，迫害社会稳定；危害社会公德或者民族优秀文化传统；宣扬淫秽、色情、邪教、迷信或者渲染暴力；侮辱或者诽谤他人，侵害他人合法权益。

四、《指导目录》公布后，对于鼓励类文化产业，享受相应的优惠政策。

五、本目录自公布之日起施行。今后将根据国家有关政策法规和文化产业发展情况进行调整或修订。

六、本目录由文化部负责解释。

第一部分 鼓励类

一、演艺服务业

文艺创作

艺术表演团体

营业性演出

舞台美术、服装、道具

文艺演出院线

艺术表演场所

二、网络文化和动漫服务业

1. 网络文化服务业
网络文化信息服务
数字内容产品开发
网络博物馆、图书馆、美术馆
网络游戏
网络音乐
手机游戏
手机音乐
网络、手机游戏衍生产品开发
移动多媒体文化产品开发
2. 动漫业
动漫创作
动漫工作室
动漫文化推广
动漫技术开发与应用
动漫服务平台
动漫衍生产品开发
三、文化休闲娱乐服务业
休闲娱乐服务
文化旅游资源开发与经营
民族特色文化产品开发与经营
农村文化服务产品开发与经营
民间民俗工艺品开发与经营
四、文化科技服务业
文化科技成果产业化服务
文化中小企业创新服务
文化艺术新技术研发、应用与推广
文化新产品研发、应用与推广
文化科技服务平台建设与开发
五、其它文化服务业
1. 文化商务服务
艺术设计
摄影服务
票务服务
文化艺术经纪代理服务
文化艺术品鉴定、咨询服务
文化艺术产品物流配送
文化产业认证服务
文化艺术培训服务
文化产业咨询服务
2. 文化会展服务
会展策划及组织服务
境外参展服务
3. 文化活动服务
节庆文化活动的策划、组织
艺术活动策划、组织
民族、民俗活动策划、组织
4. 文化信息服务
文化行业信息服务
文化市场信息服务
5. 文化投资服务
文化企业孵化中心
文化产业投资基金
文化产业风险投资基金
文化产业创业投资服务
文化投资担保服务
6. 文化贸易服务
文化产品出口服务
文化贸易经纪代理
六、文化用品、设备及相关文化产品的生产销售
乐器及相关产品生产销售
游艺器材及娱乐用品生产销售
照相器材生产销售
工艺美术品生产销售
第二部分　限制类
一、网络文化和动漫服务业
1. 网络文化服务业
互联网上网场所设立、经营
2. 动漫业
国内大型动漫游戏会展
二、文化休闲娱乐服务业
大型文化主题公园建设
大型文化活动

## 文化部办公厅关于申报中国进出口银行“扶持培育文化出口重点企业、重点项目贷款”有关事项的通知

办产函【2009】99号
（2009年3月26日发布）

各省、自治区、直辖市文化厅（局），新疆生产建设兵团文化局，各计划单列市文化局，本部各直属单位：

根据国家推动中国文化“走出去”战略的总体要求，立足于我国文化产业发展的实际，充分发挥文化部作为全国文化建设综合管理部门的组织优势、政策优势和中国进出口银行作为政策性金融机构的投融资优势，2009年3月9日，文化部与中国进出口银行签订了《关于扶持培育文化出口重点企业、重点项目的合作协议》。合作采取“文化部组织推荐、专家组认真评选、进出口银行独立审

贷”的方式，旨在解决文化企业融资难问题，共同扶持培育文化出口重点企业和重点项目。

在5年的合作期内，进出口银行计划向文化企业提供不低于200亿元人民币或等值外汇信贷资金。进出口银行将发挥其信贷资金规模大、融资期限长、资金来源稳定的优势，根据文化企业的融资需求和特点，在建立和完善风险控制机制和信用体系的条件下，利用对外优惠贷款、外国政府转贷款、出口买方信贷、出口卖方信贷、境外投资贷款、进口信贷、出口基地建设贷款、出口企业固定资产投资贷款、进出口租赁贷款、文化产品和服务出口信贷、文化旅游国际化贷款、国际会展服务设施建设贷款等多种贷款品种和国际国内结算、企业存款、对外担保等中间业务品种，扶持培育政府鼓励发展的文化出口重点企业和重点项目，为企业提供综合金融服务，并探索创新金融产品，满足企业融资需求。

根据合作协议，现开始贷款项目的申报工作，并将申报的有关事项通知如下：

**一、申报资格**

需要扶持培育的文化出口重点企业和重点项目主要包括以下几个方面：

1. 符合商务部、外交部、文化部、广电总局、新闻出版总署、国务院新闻办制定的《文化产品和服务出口指导目录》条件的文化出口企业和服务项目；

2. 被商务部、文化部、广电总局、新闻出版总署公告为国家文化出口重点企业和国家文化出口重点项目；

3. 其它有利于弘扬中华民族优秀传统文化、具有国际竞争力和鲜明民族特色的出口文化企业、文化产品和服务项目；

4. 符合进出口银行支持条件、涉及商业演出、艺术展览、动漫游戏、音像、娱乐、工艺品、乐器等出口文化企业、文化产品和服务项目；

5. 有关文化产品进出口交易、文化产权交易的文化企业和服务项目；

6. 推进高新技术成果与文化产业结合，提高文化产品生产和文化服务手段的进口项目，包括为提升文化产品出口规模、促进企业技术升级而进行的技术更新改造项目和关键技术与重大设备进口项目。以高新技术和适用技术改造传统文化产业、培植开发新兴文化业态的进口项目；

7. 开发具有国际先进艺术水平、自主知识产权、原创品牌和民族特色的高科技文化产品的投资项目；

8. 开拓国际市场，推动中华文化走向世界的境外投资项目；

9. 国际性文化会展项目和国家级文化会展项目，以及这些文化会展的海外拓展项目；

10. 文化部重点推荐的，符合进出口银行信贷政策的其它文化企业和项目。

**二、申报程序**

申报项目的拥有单位可分别向所在地文化厅局（含计划单列市）提出申报；文化部直属单位可直接向我部文化产业司申报。各地文化厅局对申报材料进行初核后，将符合条件的向文化部推荐（申报表格及中国进出口银行贷款业务介绍请登陆中国文化产业网 www.cnci.gov.cn 查询下载）。

请将申报表格和可行性报告刻录成光盘，与纸质文件同时报送文化部文化产业司。

2009年将进行两批申报工作，第一批截止日期为2009年6月1日，第二批截止日期为2009年11月1日。此后申报工作还将继续进行，具体时间另行通知。

**三、资格认定**

文化部成立进出口重点文化企业、重点项目评审委员会。评审委员会主任由文化产业司司长刘玉珠担任。邀请专家、学者和文化部相关司局、处室负责人为委员。

评审委员会下设办公室。办公室设在文化部文化产业司产业发展指导处。办公室对所有申报材料进行初审，在提出初步意见后，报评审委员会评审决定。

资格评审工作将依照公开、公平、公正的原则进行，评审结果将提供给进出口银行，进出口银行将按照其政策进行项目技术论证和风险评估，独立审贷。

**四、联系方式（略）**

特此通知

## 关于继续实行宣传文化增值税和营业税优惠政策的通知

财税【2009】147号

（2009年12月10日发布）

财政部驻各省、自治区、直辖市、计划单列市财政监察专员办事处，各省、自治区、直辖市、计划单列市财政厅（局）、国家税务局、地方税务局，新疆生产建设兵团财务局：

为支持我国宣传文化事业的发展，经国务院批准，在2010年底以前，对宣传文化事业继续实行增值税和营业税税收优惠政策。现将有关事项通知如下：

一、自2009年1月1日起至2010年12月31日，实行下列增值税先征后退政策：

（一）对下列出版物在出版环节实行增值税100%先征后退的政策：

1. 中国共产党和各民主党派的各级组织的机关报纸和机关期刊，各级人大、政协、政府、工会、共青团、妇联、科协、老龄委的机关报纸和机关期刊，新华社的机关报纸和机关期刊，军事部门的机关报纸和机关期刊。

上述各级组织的机关报纸和机关期刊，增值税先征后退范围掌握在一个单位一份报纸和一份期刊以内。

2. 专为少年儿童出版发行的报纸和期刊，中小学的学生课本。

3. 少数民族文字出版物。

4. 盲文图书和盲文期刊。

5. 经批准在内蒙古、广西、西藏、宁夏、新疆五个自治区内注册的出版单位出版的出版物。

6. 列入本通知附件1的图书、报纸和期刊。

（二）对下列出版物在出版环节实行增值税先征后退50%的政策：

1. 除本通知第一条第（一）项规定实行增值税100%先征后退的图书和期刊以外的其他图书和期刊、音像制品。

2. 列入本通知附件2的报纸。

（三）对下列印刷、制作业务实行增值税100%先征后退的政策：

1. 对少数民族文字出版物的印刷或制作业务。

2. 列入本通知附件3的新疆维吾尔自治区印刷企业的印刷业务。

二、自2009年1月1日起至2010年12月31日，对下列新华书店实行增值税免税或先征后退政策：

（一）对全国县（含县级市、区、旗，下同）及县以下新华书店和农村供销社在本地销售的出版物免征增值税。对新华书店组建的发行集团或原新华书店改制而成的连锁经营企业，其县及县以下网点在本地销售的出版物，免征增值税。

县（含县级市、区、旗）及县以下新华书店包括地、县（含县级市、区、旗）两级合二为一的新华书店，不包括位于市（含直辖市、地级市）所辖的区中的新华书店。

（二）对新疆维吾尔自治区新华书店和乌鲁木齐市新华书店销售的出版物实行增值税100%先征后退的政策。

三、自2009年1月1日起至2010年12月31日，对科普单位的门票收入，以及县（含县级市、区、旗）及县以上党政部门和科协开展的科普活动的门票收入免征营业税。对境外单位向境内科普单位转让科普影视作品播映权取得的收入免征营业税。

四、自2009年1月1日起至2010年12月31日，对依本通知第一条规定退还的增值税税款应专项用于技术研发、设备更新、新兴媒体的建设和重点出版物的引进开发。对依本通知第二条规定免征或退还的增值税税款应专项用于发行网点建设和信息系统建设。

五、享受本通知第一条第（一）项、第（二）项规定的增值税先征后退政策的纳税人必须是具有国家新闻出版总署颁发的具有相关出版物的出版许可证的出版单位（含以“租型”方式取得专有出版权进行出版物的印刷发行的出版单位）。承担省级以上新闻出版行政部门指定出版、发行任务的单位，因各种原因尚未办理出版、发行许可的出版单位，经省级财政监察专员办事处商同级新闻出版主管部门核准，可以享受相应的增值税先征后退政策。

纳税人应将享受上述税收优惠政策的出版物在财务上实行单独核算，不进行单独核算的不得享受本通知规定的优惠政策。违规出版物和多次出现违规的出版单位不得享受本通知规定的优惠政策，上述违规出版物和出版单位的具体名单由省级及以上新闻出版行政部门及时通知相应省级财政监察专员办事处。

六、本通知的有关定义

（一）本通知所述“科普单位”，是指科技馆，自然博物馆，对公众开放的天文馆（站、台）、气象台（站）、地震台（站），以及高等院校、科研机构对公众开放的科普基地。

（二）本通知所述“出版物”，是指根据国家新闻出版总署的有关规定出版的图书、报纸、期刊、音像制品和电子出版物。所述图书、报纸和期刊，包括随同图书、报纸、期刊销售并难以分离的光盘、软盘和磁带等信息载体。

（三）图书、报纸、期刊（即杂志）的范围，仍然按照《国家税务总局关于印发〈增值税部分货物征税范围注释〉的通知》（国税发［1993］151号）的规定执行。

（四）本通知所述“专为少年儿童出版发行的报纸和期刊”，是指以初中及初中以下少年儿童为主要对象的报纸和期刊。

（五）本通知所述“中小学的学生课本”，是指普通中小学学生课本和中等职业教育课本。普通中小学学生课本是指根据教育部中、小学教学大纲的要求，由经国家新闻出版行政管理部门审定而具有“中小学教材”出版资质的出版单位出版发行的中、小学学生上课使用的正式课本，具体操作时按国家和省级教育行政部门每年春、秋两季下达的“中小学教学用书目录”中所列的“课本”的范围掌握；中等职业教育课本是指经国家和省级教育、人力资源社会保障行政部门审定，供中等专业学校、职业高中和成人专业学校学生使用的课本，具体操作时按国家和省级教育、人力资源社会保障行政部门每年下达的教学用书目录认定。中小学的学生课本不包括各种形式的教学参考书、图册、自读课本、课外读物、练习册以及其他各类辅助性教材和辅导读物。

（六）本通知第一条第（一）项和第（二）项规定的图书包括租型出版的图书。

七、办理和认定

（一）本通知规定的各项增值税先征后退政策由财政部驻各地财政监察专员办事处根据财政部、国家税务总局、中国人民银行《关于税制改革后对某些企业实行“先征后退”有关预算管理问题的暂行规定的通知》（[94] 财预字第 55 号）的规定办理。各地财政监察专员办事处和负责增值税先征后退初审工作的财政机关要采取措施，按照本通知第四条规定的用途监督纳税人用好退税或免税资金。

（二）科普单位、科普活动和科普单位进口自用科普影视作品的认定仍按《科技部 财政部国家税务总局 海关总署新闻出版总署关于印发〈科普税收优惠政策实施办法〉的通知》（国科发政字 [2003] 416 号）的有关规定执行。

八、本通知自 2009 年 1 月 1 日起执行。《财政部 国家税务总局关于宣传文化增值税和营业税优惠政策的通知》（财税 [2006] 153 号）同时废止。

按照本通知第二条和第三条规定应予免征的增值税或营业税，凡在接到本通知以前已经征收入库的，可抵减纳税人以后月份应缴纳的增值税、营业税税款或者办理税款退库。纳税人如果已向购买方开具了增值税专用发票，应将专用发票追回后方可申请办理免税。凡专用发票无法追回的，一律照章征收增值税。

**附件 1：**

适用增值税 100％先征后退政策的特定图书、报纸和期刊名单

1.《半月谈》（CN11－1271/D）和《半月谈内部版》（CN11－1599/D）

2. 新华通讯社的刊号为 CN11－1363/D、CN11－4165/D、CN11－4166/D、CN11－4164/D、CN11－4139/D 和 CN11－4140/D 的期刊

3.《法制日报》(CN11－0080)

4.《检察日报》(CN11－0187)

5.《人民法院报》(CN11－0194)

6.《中国日报》(CNll－0091)

7.《中国纪检监察报》(CN11－0176)

8.《光明日报》(CN11－0026)

9.《经济日报》(CN11－0014)

10.《农民日报》(CN11－0055)

11.《人民公安报》(CNl1－0090)

12.《中国妇女》[CN11－1245/C（英文)，CN11－1704/C]

13.《长安》(CN11－3295/D)

14.《中国火炬》(CN11－3316/C)

15.《中国监察》(CN11－2474/D)

16.《环球时报》[CN11－0215，CN11－0272（英文版)]

17. 国务院侨办组织编写的背面印有“本书国务院侨办推展海外华文教育免费赠送”字样的华文教材（含多媒体教材）。

**附件 2：**

适用增值税 50％先征后退政策的报纸名单

| 类　别 | 享受政策的报纸 | 代　码 |
|---|---|---|
| 一、综合类报纸 | 1. 国际时政类报纸 | 133 |
| | 2. 外宣类报纸 | 134 |
| | 3. 其他类报纸 | 135 |
| 二、行业专业类报纸 | 1. 经济类报纸 | 201 |
| | 2. 工业产业类报纸 | 202 |
| | 3. 农业类报纸 | 203 |
| | 4. 文化艺术类报纸 | 206 |
| | 5. 法制公安类报纸 | 207 |
| | 6. 科技类报纸 | 208 |
| | 7. 教育类报纸 | 209 |
| | 8. 新闻出版类报纸 | 214 |
| | 9. 信息技术类报纸 | 215 |
| | 10. 综合信息类报纸 | 216 |

说明：

1. 根据《新闻出版署关于印发〈报纸期刊年度核验办法〉的通知》（新出报刊 [2006] 181 号），报纸类别由各省新闻出版局根据报纸审批、变更时所认定的类别或根据报纸办报宗旨确定。具体类别或代码以新闻出版行政部门出具的《报纸出版许可证》中“类别”栏标明的内容为准。

2. 对 2008 年底以前颁发的《报纸出版许可证》，如果没有标明相应报纸类别或代码的，应在报经新闻出版总署确认并出具证明后，再根据相应类别确定是否适用退税政策。

**附件 3：**

适用增值税 100％先征后退政策的新疆维吾尔自治区印刷企业名单

| 序　号 | 企业名称 |
|---|---|
| 1 | 新疆新华印刷厂 |
| 2 | 新疆新华印刷二厂 |
| 3 | 新疆八艺印刷厂 |
| 4 | 新疆日报社印务中心 |
| 5 | 新疆生产建设兵团印刷厂 |
| 6 | 新疆蓝天铁路印务有限公司 |
| 7 | 新疆地矿彩印厂 |
| 8 | 乌鲁木齐隆益达印务有限公司 |
| 9 | 乌鲁木齐新金盾彩印厂 |
| 10 | 乌鲁木齐市海洋彩印有限公司 |
| 11 | 乌鲁木齐市大陆桥教育印刷厂 |
| 12 | 乌鲁木齐八家户彩印有限公司 |
| 13 | 乌鲁木齐晚报社印务中心 |
| 14 | 新疆金版印务有限公司 |
| 15 | 伊犁人民出版社印刷厂 |
| 16 | 伊犁日报社印刷厂 |
| 17 | 新疆石油报社印刷厂 |
| 18 | 克拉玛依市独山子天利人印务限公司 |
| 19 | 巴音郭楞报社印刷厂 |
| 20 | 塔里木油田建设工程有限责任公司印刷厂 |
| 21 | 阿克苏飞达印务有限责任公司 |
| 22 | 喀什日报社印刷厂 |
| 23 | 呼图壁县阳光彩印有限公司 |
| 24 | 喀什维吾尔文出版社印刷厂 |
| 25 | 新疆晨新印务有限公司 |
| 26 | 石河子报社印刷厂 |
| 27 | 博尔塔拉报社印刷厂 |
| 28 | 阿勒泰报社印刷厂 |
| 29 | 吐鲁番报社印刷中心 |
| 30 | 新疆阿克苏新华印务有限责任公司 |
| 31 | 柯孜勒苏报社印刷厂 |
| 32 | 和田日报社印刷厂 |
| 33 | 塔城地区印刷厂 |
| 34 | 新疆漠尔通印刷有限责任公司 |
| 35 | 新疆新华华龙印务有限责任公司 |
| 36 | 新疆一龙印刷有限公司 |

## 关于文化体制改革中经营性文化事业单位转制为企业的若干税收优惠政策的通知

财税【2009】34 号

（2009 年 3 月 26 日发布）

各省、自治区、直辖市财政厅（局）、国家税务局、地方税务局，新疆生产建设兵团财务局：

为了贯彻落实《国务院办公厅关于印发文化体制改革中经营性文化事业单位转制为企业和支持文化企业发展两个规定的通知》（国办发［2008］114 号），进一步推动文化体制改革，促进文化企业发展，现就经营性文化事业单位转制为企业的税收政策问题通知如下：

一、经营性文化事业单位转制为企业，自转制注册之日起免征企业所得税。

二、由财政部门拨付事业经费的文化单位转制为企业，自转制注册之日起对其自用房产免征房产税。

三、党报、党刊将其发行、印刷业务及相应的经营性资产剥离组建的文化企业，自注册之日起所取得的党报、党刊发行收入和印刷收入免征增值税。

四、对经营性文化事业单位转制中资产评估增值涉及的企业所得税，以及资产划转或转让涉及的增值税、营业税、城建税等给予适当的优惠政策，具体优惠政策由财政部、国家税务总局根据转制方案确定。

五、本通知所称经营性文化事业单位是指从事新闻出版、广播影视和文化艺术的事业单位；转制包括文化事业单位整体转为企业和文化事业单位中经营部分剥离转为企业。

六、本通知适用于文化体制改革地区的所有转制文化单位和不在文化体制改革地区的转制企业。有关名单由中央文化体制改革工作领导小组办公室提供，财政部、国家税务总局发布。

本通知执行期限为 2009 年 1 月 1 日至 2013 年 12 月 31 日。

## 关于支持文化企业发展若干税收政策问题的通知

财税【2009】31 号

（2009 年 3 月 27 日发布）

各省、自治区、直辖市财政厅（局）、国家税务局、地方税务局，新疆生产建设兵团财务局，海关总署广东分署，天津、上海特派办，各直属海关：

根据《国务院办公厅关于印发文化体制改革中经营性文化事业单位转制为企业和支持文化企业发展两个规定的通知》（国办发［2008］114 号）有关精神，现就文化企业的税收政策问题通知如下：

一、广播电影电视行政主管部门（包括中央、省、地市及县级）按照各自职能权限批准从事电影制片、发行、放映的电影集团公司（含成员企业）、电影制片厂及其他电影企业取得的销售电影拷贝收入、转让电影版权收入、电影发行收入以及在农村取得的电影放映收入免征增值税和营业税。

二、2010年底前，广播电视运营服务企业按规定收取的有线数字电视基本收视维护费，经省级人民政府同意并报财政部、国家税务总局批准，免征营业税，期限不超过3年。

三、出口图书、报纸、期刊、音像制品、电子出版物、电影和电视完成片按规定享受增值税出口退税政策。

四、文化企业在境外演出从境外取得的收入免征营业税。

五、在文化产业支撑技术等领域内，依据《关于印发〈高新技术企业认定管理办法〉的通知》（国科发火［2008］172号）和《关于印发〈高新技术企业认定管理工作指引〉的通知》（国科发火［2008］362号）的规定认定的高新技术企业，减按15%的税率征收企业所得税；文化企业开发新技术、新产品、新工艺发生的研究开发费用，允许按国家税法规定在计算应纳税所得额时加计扣除。文化产业支撑技术等领域的具体范围由科技部、财政部、国家税务总局和中宣部另行发文明确。

六、出版、发行企业库存呆滞出版物，纸质图书超过五年（包括出版当年，下同）、音像制品、电子出版物和投影片（含缩微制品）超过两年、纸质期刊和挂历年画等超过一年的，可以作为财产损失在税前据实扣除。已作为财产损失税前扣除的呆滞出版物，以后年度处置的，其处置收入应纳入处置当年的应税收入。

七、为生产重点文化产品而进口国内不能生产的自用设备及配套件、备件等，按现行税收政策有关规定，免征进口关税。

八、对2008年12月31日前新办文化企业，其企业所得税优惠政策可以按照财税［2005］2号文件规定执行到期。

九、本通知适用于所有文化企业。文化企业是指从事新闻出版、广播影视和文化艺术的企业。文化企业具体范围见附件。

除上述条款中有明确期限规定者外，上述税收优惠政策执行期限为2009年1月1日至2013年12月31日。

**附件：**

文化企业的具体范围

1. 文艺表演团体；

2. 文化、艺术、演出经纪企业；

3. 从事新闻出版、广播影视和文化艺术展览的企业；

4. 从事演出活动的剧场（院）、音乐厅等专业演出场所；

5. 经国家文化行政主管部门许可设立的文物商店；

6. 从事动画、漫画创作、出版和生产以及动画片制作、发行的企业；

7. 从事广播电视（含付费和数字广播电视）节目制作、发行的企业，从事广播影视节目及电影出口贸易的企业；

8. 从事电影（含数字电影）制作、洗印、发行、放映的企业；

9. 从事付费广播电视频道经营、节目集成播出推广以及接入服务推广的企业；

10. 从事广播电影电视有线、无线、卫星传输的企业；

11. 从事移动电视、手机电视、网络电视、视频点播等视听节目业务的企业；

12. 从事与文化艺术、广播影视、出版物相关的知识产权自主开发和转让的企业；从事著作权代理、贸易的企业；

13. 经国家行政主管部门许可从事网络图书、网络报纸、网络期刊、网络音像制品、网络电子出版物、网络游戏软件、网络美术作品、网络视听产品开发和运营的企业；以互联网为手段的出版物销售企业；

14. 从事出版物、影视、剧目作品、音乐、美术作品及其他文化资源数字化加工的企业；

15. 图书、报纸、期刊、音像制品、电子出版物出版企业；

16. 出版物物流配送企业，经国家行政主管部门许可设立的全国或区域出版物发行连锁经营企业、出版物进出口贸易企业、建立在县及县以下以零售为主的出版物发行企业；

17. 经新闻出版行政主管部门许可设立的只读类光盘复制企业、可录类光盘生产企业；

18. 采用数字化印刷技术、电脑直接制版技术（CTP）、高速全自动多色印刷机、高速书刊装订联动线等高新技术和装备的图书、报纸、期刊、音像制品、电子出版物印刷企业。

## 关于印发《中央编办对文化部、广电总局、新闻出版总署〈“三定”规定〉中有关动漫、网络游戏和文化市场综合执法的部分条文的解释》的通知

中央编办发【2009】35号

（2009年9月7日发布）

文化部、广电总局、新闻出版总署：

2008年7月，国务院办公厅分别印发了文化部、国家广播电影电视总局、国家新闻出版总署的《“三定”规定》。《“三定”规定》印发后，三个部门在执行中对有关动漫、网络游戏和文化市场综合执法工作等条文出现了不

同的理解。

按照《“三定”规定》由中央编办负责解释的规定，现将经中央领导同志同意的《中央编办对文化部、广电总局、新闻出版总署〈“三定”规定〉中有关动漫、网络游戏和文化市场综合执法的部分条文的解释》送去，请按此解释切实履行各自职责。《“三定”规定》中明确三个部门之间“划出”、“划入”的职责，请务必在年底前完成“划出”、“划入”工作，并将“划出”、“划入”情况向中央编办备案。凡“划出”的，“划出”部门不再对“划出”职责负责；凡“划入”的，“划入”部门要切实负起责任，严格履行职责。三个部门要严格执行《“三定”规定》，各司其职，各负其责，积极配合，相互支持，共同做好工作。

**附件：**

**中央编办对文化部、广电总局、新闻出版总署《“三定”规定》中有关动漫、网络游戏和文化市场综合执法的部分条文的解释**

国务院各部门《“三定”规定》中规定：“本规定由中央机构编制委员会办公室负责解释，其调整由中央机构编制委员会办公室按规定程序办理。”按照这一规定，现对文化部、广电总局、新闻出版总署《“三定”规定》中有关动漫、网络游戏和文化市场综合执法的部分条文作出以下解释。

## 一、动漫管理的有关条文

文化部、广电总局和新闻出版总署《“三定”规定》中规定：“文化部负责动漫和网络游戏相关产业规划、产业基地、项目建设、会展交易和市场监管。国家广播电影电视总局负责对影视动漫和网络视听中的动漫节目进行管理。国家新闻出版总署负责在出版环节对动漫进行管理，对游戏出版物的网上出版发行进行前置审批。”按照上述规定，文化部是动漫的主管部门，对动漫进行统一的宏观管理和日常管理，包括相关产业规划、产业基地、项目建设、会展交易和市场监管。

《“三定”规定》中规定：“将国家广播电影电视总局动漫（不含影视动漫和网络视听中的动漫节目）管理的职责划入文化部”。按此规定，文化部的统一管理中“不含影视动漫和网络视听中的动漫节目”，“影视动漫和网络视听中的动漫节目”仍由广电总局负责。“影视动漫和网络视听中的动漫节目”是指动漫电影、电视剧，互联网上的动漫电影、电视剧，网络视听中的动漫节目。在文化部对动漫的行业管理下，这三类节目由广电总局负责。

《“三定”规定》还规定“将国家新闻出版总署动漫、网络游戏管理（不含网络游戏的网上出版前置审批），及相关产业规划、产业基地、项目建设、会展交易和市场监管的职责划入文化部”。划入文化部后，新闻出版总署“负责在出版环节对动漫进行管理”，“出版环节”是指动漫的书、报、刊、音像制品等动漫出版物的审批。

## 二、网络游戏管理的有关条文

文化部、新闻出版总署《“三定”规定》中规定：“文化部负责动漫和网络游戏相关产业规划、产业基地、项目建设、会展交易和市场监管。”“国家新闻出版总署负责在出版环节对动漫进行管理，对游戏出版物的网上出版发行进行前置审批。”《“三定”规定》中还明确“将国家新闻出版总署动漫、网络游戏管理（不含网络游戏的网上出版前置审批），及相关产业规划、产业基地、项目建设、会展交易和市场监管的职责划入文化部。”按照上述规定，文化部是网络游戏的主管部门。

在文化部的统一管理下，新闻出版总署负责“网络游戏的网上出版前置审批”。“网络游戏的网上出版”是指网络游戏的出版物，“前置审批”是指在经工业和信息化部门许可通过互联网向上网用户提供服务之前由新闻出版总署对网络游戏出版物进行审批。一旦上网，完全由文化部管理。对经新闻出版总署前置审批过的网络游戏，文化部应允许上网，不再重复审查，并在管理中严格按新闻出版总署前置审批的内容管理；网络游戏出版物未经新闻出版总署前置审批擅自上网的，由文化部负责指导文化市场执法队伍进行查处，新闻出版总署不直接对上网的网络游戏进行处理。

新闻出版总署《“三定”规定》中科技与数字出版司职责中“负责对出版境外著作权人授权的互联网游戏作品进行审批”中的“出版境外著作权人授权的互联网游戏作品”，是指境外著作权人授权的在互联网上网的游戏出版物。新闻出版总署负责对这类出版物进行审批，其他进口网络游戏的审批工作由文化部负责。

## 三、文化市场综合执法的有关条文

文化部《“三定”规定》中规定：文化部负责“指导文化市场综合执法工作”，文化部文化市场司负责“指导文化市场综合执法，推动副省级城市和地市级以下文化、广电、新闻出版等部门执法力量的整合”。具体是指：文化部负责指导文化市场的综合执法工作，负责指导副省级城市和地市级以下的文化、广电、新闻出版等部门执法力量的整合，建立统一的文化市场执法力量。文化市场执法工作由统一的文化市场执法力量承担。

## 2. 广播电视行业

# 广播电台电视台播放录音制品支付报酬暂行办法

中华人民共和国国务院令第566号
（2009年11月10日发布）

第一条 为了保障著作权人依法行使广播权，方便广播电台、电视台播放录音制品，根据《中华人民共和国著作权法》（以下称著作权法）第四十三条的规定，制定本办法。

第二条 广播电台、电视台可以就播放已经发表的音乐作品向著作权人支付报酬的方式、数额等有关事项与管理相关权利的著作权集体管理组织进行约定。

广播电台、电视台播放已经出版的录音制品，已经与著作权人订立许可使用合同的，按照合同约定的方式和标准支付报酬。

广播电台、电视台依照著作权法第四十三条的规定，未经著作权人的许可播放已经出版的录音制品（以下称播放录音制品）的，依照本办法向著作权人支付报酬。

第三条 本办法所称播放，是指广播电台、电视台以无线或者有线的方式进行的首播、重播和转播。

第四条 广播电台、电视台播放录音制品，可以与管理相关权利的著作权集体管理组织约定每年向著作权人支付固定数额的报酬；没有就固定数额进行约定或者约定不成的，广播电台、电视台与管理相关权利的著作权集体管理组织可以以下列方式之一为基础，协商向著作权人支付报酬：

（一）以本台或者本台各频道（频率）本年度广告收入扣除15%成本费用后的余额，乘以本办法第五条或者第六条规定的付酬标准，计算支付报酬的数额；

（二）以本台本年度播放录音制品的时间总量，乘以本办法第七条规定的单位时间付酬标准，计算支付报酬的数额。

第五条 以本办法第四条第（一）项规定方式确定向著作权人支付报酬的数额的，自本办法施行之日起5年内，按照下列付酬标准协商支付报酬的数额：

（一）播放录音制品的时间占本台或者本频道（频率）播放节目总时间的比例（以下称播放时间比例）不足1%的，付酬标准为0.01%；

（二）播放时间比例为1%以上不足3%的，付酬标准为0.02%；

（三）播放时间比例为3%以上不足6%的，相应的付酬标准为0.09%到0.15%，播放时间比例每增加1%，付酬标准相应增加0.03%；

（四）播放时间比例为6%以上10%以下的，相应的付酬标准为0.24%到0.4%，播放时间比例每增加1%，付酬标准相应增加0.04%；

（五）播放时间比例超过10%不足30%的，付酬标准为0.5%；

（六）播放时间比例为30%以上不足50%的，付酬标准为0.6%；

（七）播放时间比例为50%以上不足80%的，付酬标准为0.7%；

（八）播放时间比例为80%以上的，付酬标准为0.8%。

第六条 以本办法第四条第（一）项规定方式确定向著作权人支付报酬的数额的，自本办法施行届满5年之日起，按照下列付酬标准协商支付报酬的数额：

（一）播放时间比例不足1%的，付酬标准为0.02%；

（二）播放时间比例为1%以上不足3%的，付酬标准为0.03%；

（三）播放时间比例为3%以上不足6%的，相应的付酬标准为0.12%到0.2%，播放时间比例每增加1%，付酬标准相应增加0.04%；

（四）播放时间比例为6%以上10%以下的，相应的付酬标准为0.3%到0.5%，播放时间比例每增加1%，付酬标准相应增加0.05%；

（五）播放时间比例超过10%不足30%的，付酬标准为0.6%；

（六）播放时间比例为30%以上不足50%的，付酬标准为0.7%；

（七）播放时间比例为50%以上不足80%的，付酬标准为0.8%；

（八）播放时间比例为80%以上的，付酬标准为0.9%。

第七条 以本办法第四条第（二）项规定的方式确定向著作权人支付报酬的数额的，按照下列付酬标准协商支付报酬的数额：

（一）广播电台的单位时间付酬标准为每分钟0.30元；

（二）电视台的单位时间付酬标准自本办法施行之日起5年内为每分钟1.50元，自本办法施行届满5年之日起为每分钟2元。

第八条 广播电台、电视台播放录音制品，未能依照本办法第四条的规定与管理相关权利的著作权集体管理组织约定支付报酬的固定数额，也未能协商确定应支付报酬的，应当依照本办法第四条第（一）项规定的方式和第五条、第六条规定的标准，确定向管理相关权利的著作权集体管理组织支付报酬的数额。

第九条　广播电台、电视台转播其他广播电台、电视台播放的录音制品的，其播放录音制品的时间按照实际播放时间的10%计算。

第十条　中部地区的广播电台、电视台依照本办法规定方式向著作权人支付报酬的数额，自本办法施行之日起5年内，按照依据本办法规定计算出的数额的50%计算。

西部地区的广播电台、电视台以及全国专门对少年儿童、少数民族和农村地区等播出的专业频道（频率），依照本办法规定方式向著作权人支付报酬的数额，自本办法施行之日起5年内，按照依据本办法规定计算出的数额的10%计算；自本办法施行届满5年之日起，按照依据本办法规定计算出的数额的50%计算。

第十一条　县级以上人民政府财政部门将本级人民政府设立的广播电台、电视台播放录音制品向著作权人支付报酬的支出作为核定其收支的因素，根据本地区财政情况综合考虑，统筹安排。

第十二条　广播电台、电视台向著作权人支付报酬，以年度为结算期。

广播电台、电视台应当于每年度第一季度将其上年度应当支付的报酬交由著作权集体管理组织转付给著作权人。

广播电台、电视台通过著作权集体管理组织向著作权人支付报酬时，应当提供其播放作品的名称、著作权人姓名或者名称、播放时间等情况，双方已有约定的除外。

第十三条　广播电台、电视台播放录音制品，未向管理相关权利的著作权集体管理组织会员以外的著作权人支付报酬的，应当按照本办法第十二条的规定将应支付的报酬送交管理相关权利的著作权集体管理组织；管理相关权利的著作权集体管理组织应当向著作权人转付。

第十四条　著作权集体管理组织向著作权人转付报酬，除本办法已有规定外，适用《著作权集体管理条例》的有关规定。

第十五条　广播电台、电视台依照本办法规定将应当向著作权人支付的报酬交给著作权集体管理组织后，对著作权集体管理组织与著作权人之间的纠纷不承担责任。

第十六条　广播电台、电视台与著作权人或者著作权集体管理组织因依照本办法规定支付报酬产生纠纷的，可以依法向人民法院提起民事诉讼，或者根据双方达成的书面仲裁协议向仲裁机构申请仲裁。

第十七条　本办法自2010年1月1日起施行。

## 广电总局关于印发《关于加快广播电视有线网络发展的若干意见》的通知

广发【2009】57号

（2009年7月29日发布）

为适应广播影视改革发展的新形势，推动广播电视有线网络数字化、信息化、规模化、产业化发展，更好地发挥有线网络的功能和作用，现就进一步加快广播电视有线网络发展提出以下意见。

### 一、充分认识加快有线网络发展的重要性、必要性和紧迫性

1. 广播电视有线网络是传输广播电视节目、开展信息服务的重要基础设施，是国家信息化的重要支撑平台。经过多年的建设发展，我国广播电视有线网络已经形成一定规模，技术水平不断提高，覆盖人口和服务范围不断扩大，影响与作用日益增强，具备了进一步发展的良好基础。但是，在当前广播影视事业不断深化改革的形势下，广播电视有线网络的管理体制、运行机制、技术水平和服务方式还不适应数字化、信息化、规模化和产业化发展的要求，还不能满足人民群众多样化、多层次、多方面的精神文化需求，在国家信息化建设中还没有充分发挥作用。通过推动有线网络的体制创新、技术创新和服务创新，加大有线网络整合和数字化、双向化改造的力度，加快广播电视有线网络发展，对于巩固和拓展党的宣传文化阵地、满足人民群众日益增长的精神文化和信息需求、推动我国广播影视改革和发展、推进三网融合、促进国家信息化建设，具有十分重要的意义。

### 二、坚持行政推动、市场运作、存量保值、增量分成，加快有线网络整合步伐

2. 推进有线网络整合，必须强化行政推动、市场运作。按照中央深化文化体制改革的要求，省级广播电视部门要积极争取政府的支持，组织制定切实可行的整合方案，明确整合路线图和时间表，推动具体实施，确保2010年底前各省基本完成整合，为今后全国广播电视有线网络规模化、产业化发展奠定基础。参与整合的各方要以平等互利、合作共赢为出发点，按照现代产权制度、现代企业制度的基本要求和市场化的基本原则，理顺产权关系，形成规范有效的有线网络运营管理体制，建立有利于统一管理的组织结构和运行机制。国有广播影视单位应对有线电视网络公司保持控股权和主导权。公司的董事会和监事会中所辖市、县广电出资单位委派或联合委派的人员应占有合理的比例。

3. 推进有线网络整合，必须坚持存量保值、增量分成。存量、增量的界定应当综合考虑有线网络历史积累情

况和网络长远发展的要求，既要合理又要能具体操作。网络资产价值的评估和确定要充分考虑分配网络用户资源及网络业务能力的价值，要采取稳妥有效的方式处理好网络资产负债问题。网络整合后，要认真履行已经确定的收益分配方案或办法。网络整合要在有利于广播电视有线网络长远发展的基础上，特别保护好地市县广电部门的利益，要有利于调动地市县网络运营主体的积极性和主动性，有利于巩固基层广电发展基础，有利于促进基层广电事业发展。

4. 推进有线网络整合，要认真学习和借鉴好的经验和做法，积极主动争取省级政府及财政部门的政策扶持和资金支持。参与网络整合的省广播电视台（总台、集团）或电视台，应通过增资等方式进行实质性资金投入。

## 三、大力推进有线网络运营单位转企改制，培育合格市场主体

5. 认真按照中央关于深化文化体制改革的精神，积极推动有线网络从事业体制中剥离出来，转制为企业，进行市场运作，为主业服务。有线网络运营机构转制要与网络整合相结合，同步进行。转制工作方案和具体实施计划要在广泛深入开展调查研究的基础上制定，在实施过程中要统筹协调资产、负债、业务经营、利益分配和人员安置等重要问题。完成转制的有线网络运营企业要按照《公司法》的要求，进一步完善公司法人治理结构，尽快成为合格的市场主体。

6. 贯彻执行《国务院办公厅关于印发文化体制改革中经营性文化事业单位转制为企业和支持文化企业发展两个规定的通知》（国办发〔2008〕114 号）以及《财政部 海关总署 国家税务总局关于支持文化企业发展若干税收政策的通知》（财税〔2009〕31 号）、《财政部 国家税务总局关于文化体制改革中经营性文化事业单位转制为企业的若干税收政策的通知》（财税〔2009〕34 号）等文件，认真落实好有关优惠政策。各地要结合实际情况，积极争取省级政府出台支持有线网络转制的具体政策措施。

7. 在符合国家和广播影视行政部门有关投融资政策的前提下，支持国有资本参与有线网络建设和数字化改造，大力培育实力雄厚、影响力大、核心竞争力强的大型有线网络运营企业。鼓励和支持有实力的省级有线网络公司跨省联合重组。

## 四、加快有线电视数字化整体转换和网络双向化改造，积极开发多种业务

8. 认真贯彻《国务院办公厅转发发展改革委等部门关于鼓励数字电视产业发展若干政策的通知》（国办发〔2008〕1 号）要求，紧紧抓住国家支持数字电视产业发展的有利契机，加快推进有线电视数字化整体转换工作。各省级广播电视行政部门要加强领导，制定有线电视数字化整体转换的规划和时间表，到 2010 年，直辖市和东、中部地区地市以上城市要实现有线电视数字化，东、中部地区县级城市和西部地区大部分县级以上城市要基本完成有线电视数字化；到 2015 年，所有县级以上城市要基本完成有线电视数字化。

9. 加快有线网络向下一代广播电视网的演进，已经完成数字化整体转换的有线网络要加快网络双向化改造，尚未完成整体转换的有线网络，网络建设和改造要直接向双向化过渡。2010 年底，全国大中城市城区有线网络的平均双向用户覆盖率要达到 60％以上；2011 年底，大中城市城区平均双向用户覆盖率要达到 95％以上，其他城市平均双向用户覆盖率达到 50％以上；2012 年底，全国城市有线网络平均双向用户覆盖率要力争达到 80％以上。

10. 各有线网络运营机构要积极争取政府支持，把有线网络作为信息化服务的重要支撑平台，在确保传输好广播电视节目的同时，积极发展高清晰度电视和视频点播服务，大力开发政务信息、社会教育、生活信息、文化娱乐、电视商务、金融支付以及各种接入服务等多种业务，不断丰富节目内容，拓展服务范围，推进三网融合。对于运营能力强、业务突出、技术先进、市场运作规范、竞争优势明显、服务质量优良的有线网络运营企业，鼓励其通过技术输出、业务模式输出、开发新业务等方式，进行跨区域的业务合作，促进联合发展。

## 五、加强服务和管理体系建设，切实提高有线网络服务水平

11. 各有线网络运营机构要牢固树立以人为本、用户至上的理念，把服务作为立业之本。在推进数字化整体转换的过程中，要充分考虑数字化给用户收视习惯和方式带来的变化，强化服务和管理，规范内容和流程，完善设施和队伍，做好宣传和解释工作，切实维护广大人民群众的收视权益。要妥善处理好公共服务和市场服务的关系，在保证基本收视服务的基础上，开展多层次、个性化的增值服务。有线电视数字化整体转换必须至少保留 6 套模拟电视节目。要积极配合当地政府，做好低保等困难群体接收有线广播电视的工作。

12. 有线网络运营机构要切实改善服务方式，提高服务质量，降低投诉率。要设立客户服务中心和营业场所，设施规模、容量和地点应当与网络用户数量、业务量和用户分布状况相适应，客户服务中心应通过各种手段为用户提供 24 小时服务。要认真对待用户的投诉，及时解答，妥善解决问题。有线网络运营机构因各种原因影响用户收看节目和使用业务的，要向用户解释说明。今后将把总局接到的用户投诉作为对各有线网络运营机构服务质量综合

评价的一项指标。

13. 广播电视行政部门要加强对数字化、双向化条件下有线电视运行规律的研究，加强对有线网络运营机构的监督管理，完善相关立法，建立和完善有线网络服务质量管理和监督体系。已完成整体转换的有线网络必须按照广播电视行政部门的要求，与监管平台连接，完整实时提供监管数据。广电总局将定期对有线网络运营机构服务质量进行综合评价，并向社会公布，对服务质量不合格的要限期整改。

### 六、加强领导，积极稳妥地做好有线网络发展的各项工作

14. 加快新时期广播电视有线网络发展，事关广播影视全局和长远发展。要实现由小网向大网、由模拟向数字、由单向向双向、由用户看电视向用电视转变的总体要求和工作目标，任务艰巨、时间紧迫、政策性强、涉及面广，各级广电部门要充分认识这项工作的重要性，统一思想，提高认识，加强领导，精心组织，周密部署，做到组织落实、任务落实、责任落实，积极稳妥地做好各项工作，进一步推动广播电视有线网络又好又快发展。

## 关于组织实施2009年数字电视研究开发及产业化专项的通知

发改办高技【2009】1163号

（2009年5月31日发布）

各省、自治区、直辖市及计划单列市、新疆生产建设兵团发展改革委（局），国务院有关部门、直属机构办公厅，有关中央管理企业：

为进一步落实数字电视产业发展政策，推动我国数字电视产业发展和应用，提升创新能力，完善数字电视产业链，我委决定2009年继续组织实施数字电视研究开发及产业化专项。现将有关事项通知如下：

### 一、专项目标

根据我国数字电视产业发展需要，进一步加快数字电视关键产品研发和产业化，提高产业核心竞争力。推动地面数字电视大规模网络建设，带动我国电视产业的全面升级转型，促进产业健康、快速发展，并为2015年我国广播电视实现由模拟向数字的转变奠定坚实基础。

### 二、专项重点

（一）数字电视地面广播传输标准配套标准研究制定。重点考虑：单频网系统实施指南、广播信号覆盖评估与测量方法、单频网授时接收设备技术要求和测量方法、紧急广播技术规范、发射设备网管技术规范、增值业务平台技术规范、手持式接收设备通用规范、网络接口模块规范、室内接收效果评测方法、信号分析仪通用规范、测试用码流规范、码流发生器通用规范、数字音视频分析仪技术要求、场强测试仪通用规范等。

（二）地面数字电视单频网应用示范网络建设。选择有条件、有特点的地区建设地面数字电视单频网应用示范网络，探索合理的运营模式，为大规模推动地面数字电视播出夯实基础，带动我国数字电视国产设备及产品应用。

（三）关键产品研究开发与产业化

1. 数字电视专用集成电路。重点包括性能优化、低成本、低功耗的地面数字电视信道编解码芯片，支持AVS、DRA的高清信源编解码芯片，信源信道一体编解码芯片等。

2. 具备地面数字电视接收功能的一体机。

3. 地面数字电视单频网广播系统。重点包括同步源、适配器及相关优化软件等。

4. 测试仪器仪表及其它。重点包括支持AVS、DRA的数字电视高清编码器、数字电视转码器、测试发射机、地面数字电视测量系统和生产线测试系统等。

5. 高清数字电视节目制作系统。

### 三、具体要求

（一）项目主管部门应根据投资体制改革精神和《国家高技术产业发展项目管理暂行办法》的有关规定，按照专项实施重点（第一、三部分内容）的要求，结合本单位、本地区实际情况，认真做好项目组织和备案工作，组织编写项目资金申请报告并协调落实项目建设资金、环保、土地、规划等相关建设条件。专项重点中第二部分内容，我委将会同广电总局另行组织实施。

（二）项目主管部门应对资金申请报告及相关附件（如银行贷款承诺、自有资金证明等）进行认真核实，并负责对其真实性予以确认。

（三）项目承担单位应实事求是制定建设方案，严格控制征地、新增建筑面积和投资规模。项目资金申请报告的具体编写要求及所需附件内容参见附件一。

（四）本专项所涉及地面数字电视相关产品应符合2006年8月18日国家标准委颁布的数字电视地面广播传输国家强制性标准（GB20600－2006）。

（五）本次专项采取纸质材料申报和网上申报并行的组织实施方式。请各项目主管部门于2009年8月12日前，将项目的资金申请报告和有关附件、项目简介和基本情况表（见附件二）、项目的备案材料等一式二份（同时须附各项目简介及所有项目汇总表的电子文本）报送我委高技术产业司。

请项目主管部门登陆国家发展改革委高技术产业发展项目管理系统http：//ndrc.jhgl.org/xxcyh（新兴产业一

处入口），履行相关网上申报手续。纸质材料申报和网上申报的截止时间相同，项目信息应完全一致，未履行网上申报手续的项目将不予受理。

（六）在项目主管部门申报的基础上，我委将按照公正、公平的原则，组织专家评审，择优支持。

特此通知。

## 关于废止《中外合资、合作广播电视节目制作经营企业管理暂行规定》的决定

国家广播电影电视总局
中华人民共和国商务部令第59号
（2009年2月6日发布）

根据《规章制定程序条例》的相关规定，决定废止《中外合资、合作广播电视节目制作经营企业管理暂行规定》（广电总局 商务部令第44号）。

## 国家发展改革委、国家广电总局关于加强有线电视收费管理等有关问题的通知

发改价格【2009】2201号
（2009年8月25发布）

近日，国家发展改革委、国家广电总局向各省、自治区、直辖市发展改革委、物价局、广播影视局发出《关于加强有线电视收费管理等有关问题的通知》，通知说，近年来，按照党中央、国务院的统一部署，各地积极利用价格政策，有力地推动了有线电视数字化工作，有线电视服务内容和服务水平明显提高。为进一步规范有线电视服务收费行为，维护有线电视用户的合法权益，促进有线电视行业健康持续发展，现就加强有线电视收费管理等有关问题通知如下：

一、全面梳理涉及有线电视收费项目。各级价格主管部门要对涉及有线电视用户申请办理开通、移机、停机、复机、过户等手续的收费进行全面梳理，对不合理的收费项目要予以取消。数字化整体转换中向有线电视用户发放数字电视机顶盒IC卡不得收取费用，所需开支计入经营成本；对因损坏、丢失而申请补领IC卡的，可适当收取工本费，工本费标准由省级价格主管部门核定。

二、合理制定有线电视收费标准。有线电视基本收视维护费实行政府定价；有线电视增值业务服务和数字电视付费节目收费，由有线电视运营机构自行确定。各地制定和调整有线电视基本收视维护费收费标准，要严格执行《有线电视基本收视维护费管理暂行办法》有关规定，充分考虑有线电视用户的承受能力和当地经济发展水平，做好新制定收费标准和原标准的衔接工作。对有线电视数字化整体转换成本偏高的地方，要通过适当延长还贷期限、增加财政投入、节约开支等措施降低分摊成本，要通过增值业务服务、数字电视付费节目的收入弥补部分转换成本，以降低提价幅度。已制定的有线数字电视基本收视维护费标准不得提高。要做好成本监审工作，并通过召开听证会等形式，广泛听取有关方面意见。有线电视网络经营者统一为用户配置数字电视机顶盒的，机顶盒价格要按照不盈利的原则核定，并随着生产成本变化及时调整，减轻用户负担。各地要积极创造条件，允许用户自行从市场购买符合技术规范的数字电视机顶盒。

三、认真研究落实收费减免政策。各地在制定有线电视基本收视维护费标准时，对民政部门认定的农村五保户、农村家庭年人均收入低于国家确定的绝对贫困线以下的贫困户、领取政府定期救济补助的特困户，城市中领取最低生活保障金的居民，领取国家定期抚恤补助金的优抚对象等低收入用户，要研究制定收费减免政策及补偿办法，并监督落实到位，使低收入用户在有线电视数字化过程中能够享受到应有的广播电视服务。

四、切实做好有线电视数字化整体转换中相关工作。有线电视数字化是国家信息化建设的重要组成部分，也是一场深刻的技术变革，需要有一个逐步理解和适应的过程。有线电视网络经营者执行有线数字电视基本收视维护费标准，应以收视节目和服务功能有明显增加、收视效果和服务质量有明显改善为前提。有线电视数字化整体转换地区，在过渡期内要有供用户自愿选择的方案，保留至少六个模拟信号频道，转播中央、省和当地电视台的主要节目，供暂时不愿收看数字电视的原用户免费接收。各地要积极利用广播、电视、报刊、互联网络等多种方式宣传出台有线电视收费政策的目的和意义、制定收费标准的依据和相关减免措施，耐心细致地做好宣传解释工作，争取广大用户的理解和支持。

五、加大对有线电视收费的监管力度。各地要加强对有线电视收费的监督检查，督促有线电视网络经营者按照规定公示收费标准、减免政策、举报电话等与有线电视服务和收费相关的内容，广泛接受社会监督。要认真受理群众对有线电视服务和收费的投诉或举报，严肃查处有线电视网络经营者擅自设立收费项目、提高收费标准或扩大收费范围等乱收费行为，同时对非法经营有线电视网络的经营者加大查处和打击力度，切实维护广大有线电视用户的合法权益。

各地要根据本通知精神，进一步完善有线电视收费政策，加强有线电视收费管理，确保有线电视健康有序发展。贯彻落实的具体情况，请于12月底前报国家发展改革委、国家广电总局。

## 关于废止部分广播影视规章和规范性文件的决定

国家广播电影电视总局令第58号
（2009年1月20日发布）

为了深入贯彻落实学习实践科学发展观活动的要求，加快建设法治政府，全面推进依法行政，广电总局对现行广播影视规章和规范性文件进行了全面清理。根据《规章制定程序条例》的相关规定，决定废止不适应当前广播影视发展要求以及主要内容已被新规定取代的4个规章和60个规范性文件。

一、不适应当前广播影视发展要求予以废止的规章和规范性文件：

1.《〈有线电视管理暂行办法〉实施细则》（广电部令第5号）

2.《有线电视管理规定》（广电部令第12号）

3.《音像资料管理规定》（广电部令第21号）

4.《中外合资、合作广播电视节目制作经营企业管理暂行规定》（广电总局　商务部令第44号）

5. 关于广播电视事业单位职工因公负伤致残抚恤问题的通知（广发干字〔1983〕0784号）

6. 关于对国务院国发（1978）104号、国发（1983）141号文件中提高退休费标准规定的实施意见（广发干字〔1988〕0954号）

7. 关于加强对有线电视网络技术规划领导的通知（广地综字〔1992〕6号）

8. 关于做好有线电视系统总体规划、技术方案的论证工作的补充通知（广地发综字〔1992〕6号）

9. 关于做好直辖市、省会市、计划单列市有线电视传输网技术规划的通知（广发地字〔1992〕238号）

10. 关于播音系列高级职务任职资格评审工作的实施意见（广职改办字〔1994〕001号）

11. 关于办理部分职工提前退休有关问题的意见（广人干字〔1995〕364号）

12. 印发《关于加强我部中青年干部交流的意见》的通知（广党发人字〔1996〕15号）

13. 关于事业单位提前或越级晋升职务工资暂行规定（广人劳字〔1996〕305号）

14. 关于印发《关于进一步做好部机关公务员交流工作的意见》的通知（广发人字〔1997〕402号）

15. 关于继续抓好治散治滥工作的通知（广发社字〔1998〕500号）

16. 关于印发《国家广播电影电视总局工程项目建设廉政暂行规定》的通知（广发计字〔1998〕799号）

17. 关于确保广播电视节目安全传输的通知（广发社字〔1999〕711号）

18. 关于利用宾馆闭路电视系统开展视频点播业务进行整顿的通知（广发社字〔2000〕54号）

19. 关于2001年电视台可申请通过卫星传送方式引进的境外电视节目来源范围的通知（广发社字〔2000〕651号）

20. 关于印发《广电总局反腐败抓源头工作实施意见》的通知（广发纪字〔2000〕685号）

21. 关于印发《关于加强广播影视干部培训工作的实施细则（试行）》的通知（广发办字〔2001〕1479号）

22. 关于在推进市（地）、县（市）广播电视播出机构职能转变工作中切实做好维护稳定确保安全播出的通知（广发社字〔2002〕971号）

23. 关于开展第二期信息网络传播视听节目治理工作的通知（广发社字〔2003〕365号）

24. 关于做好中国教育电视台“空中课堂”频道转播工作的通知（广发社字〔2003〕425号）

25. 关于联合开展信息网络传播视听节目治理工作的通知（广发社字〔2003〕1097号）

26. 关于切实贯彻广电总局17号令有关问题的通知（广发社字〔2003〕1168号）

27. 关于检查总局17号令执行情况的通知（广发社字〔2004〕122号）

28. 关于贯彻落实全国打击淫秽色情网站专项行动电视电话会议精神加强互联网传播视听节目管理的通知（广发社字〔2004〕876号）

29. 关于实施《中外合资、合作广播电视节目制作经营企业管理暂行规定》有关事宜的通知（广发社字〔2005〕243号）

30. 广电总局关于加强广播电视节目制作管理的通知（广发〔2007〕1号）

二、主要内容已被新规定取代予以废止的规范性文件：

1. 关于印发《特大城市有线电视光缆传输系统安全技术要求》的通知（广发地字〔1991〕877号）

2. 关于印发《广播电影电视部机关工作人员亡故后工资、丧葬费、抚恤金、遗属生活困难补助费发放的暂行办法》的通知（广人机字〔1992〕311号）

3. 部机关工作人员因私出境管理暂行规定（广人办字〔1994〕108号）

4. 关于机关、事业单位工资套改后有关问题的处理意见（广人机字〔1994〕365号）

5. 关于在京机关、事业单位新参加工作的工人工资标准的通知（广人劳字〔1995〕082号）

6. 关于因私出境人员审批权限的通知（广人办字〔1995〕085号）

7. 关于印发两个规定的通知（广发纪字〔1995〕206号）

两个规定：《广播电影电视部关于不准接受可能对公正执行公务有影响的宴请的具体规定》和《广电部关于不准参加用公款支付的营业性娱乐场所活动的具体规定》

8. 关于印发《全国省级、省会城市、计划单列市有线电视系统工程技术验收规定（暂行）》的通知（广技维字〔1995〕245号）

9. 广播电影电视部公务员考核实施细则（广发人字〔1995〕663号）

10. 广电部关于召开全国性业务会议的若干规定（广发纪字〔1995〕763号）

11. 关于印发《广播电影电视部机关处级领导职务公务员选拔任用工作暂行办法》的通知（广人机字〔1996〕351号）

12. 关于发布《有线广播电视设备器材入网认定管理规定》的通知（广技科字〔1997〕49号）

13. 关于进一步加强广播电视广告宣传管理的通知（广发编字〔1997〕76号）

14. 关于职工年休假问题的补充通知（广人劳字〔1997〕125号）

15. 关于加强视频点播管理的通知（传真电报〔1998〕324号）

16. 关于核发《广播电视节目制作经营许可证》和《电视剧制作许可证》的通知（广发社字〔1998〕653号）

17. 关于加强通过信息网络向公众传播广播电影电视类节目管理的通告（总局通告〔1999〕1号）

18. 关于坚决制止随意插播、超量播放电视广告的紧急通知（内部传真电报〔1999〕117号）

19. 关于确定机关、事业单位新参加工作的工人学徒期、熟练期工资待遇的通知（广人劳字〔1999〕302号）

20. 关于进一步加强视频点播管理工作的通知（广发社字〔1999〕488号）

21. 关于印发《经营广播电视节目传送业务审批管理暂行办法》、《关于建立有线广播电视频道审批管理办法》、《网上播出前端的设立审批管理暂行办法》的通知（广发社字〔1999〕714号）

22. 关于核发《电视剧发行许可证》有关事宜的通知（广发社字〔1999〕766号）

23. 关于进一步加强电视剧引进、合拍和播放管理的通知（广发社字〔2000〕5号）

24. 关于加强动画片引进和播放管理的通知（广发社字〔2000〕137号）

25. 关于印发《信息网络传播广播电影电视类节目监督管理暂行办法》的通知（广发社字〔2000〕166号）

26. 关于印发《卫星广播电视地球站工程技术验收规定》的通知（广技无字〔2000〕246号）

27. 关于进一步落实和加强省级电视剧审查机构责任的通知（广发社字〔2000〕774号）

28. 关于印发《有线电视视频点播管理暂行办法》的通知（广发社字〔2000〕901号）

29. 国家广播电影电视总局基本建设工程财务管理暂行规定（广发计字〔2000〕981号）

30. 关于实行优秀电视剧推荐播出办法的通知（广发编字〔2002〕1273号）

31. 关于调整《电视剧制作许可证（乙种）》核发程序有关事宜的通知（广发社字〔2004〕382号）

32. 关于对国产电视动画片实行题材规划管理的通知（广发编字〔2004〕505号）

33. 广电总局关于进一步加强广播电视播出机构参与、主办或播出全国性或跨省（区、市）赛事等活动管理的通知（广发宣字〔2006〕8号）

34. 广电总局关于加强群众参与的选拔类广播电视活动管理的通知（广发〔2007〕7号）

## 3. 新闻出版行业

### 关于《外商投资图书、报纸、期刊分销企业管理办法》的补充规定（二）

国家新闻出版总署
中华人民共和国商务部令第45号
（2009年8月20日发布）

为促进香港、澳门与内地建立更紧密经贸关系，鼓励香港、澳门服务提供者在内地设立商业企业，根据国务院批准的《〈内地与香港关于建立更紧密经贸关系的安排〉补充协议六》及《〈内地与澳门关于建立更紧密经贸关系的安排〉补充协议六》，现就《外商投资图书、报纸、期刊分销企业管理办法》（新闻出版总署、对外贸易经济合作部令第18号）做出如下补充规定：

一、对香港、澳门服务提供者在内地设立从事出版物分销的企业的最低注册资本要求，比照内地企业实行。

二、本规定中的香港、澳门服务提供者应分别符合《内地与香港关于建立更紧密经贸关系的安排》及《内地与澳门关于建立更紧密经贸关系的安排》中关于“服务提供者”定义及相关规定的要求。

三、香港、澳门服务提供者在内地投资图书、报纸、期刊分销领域的其他事项，仍按照《外商投资图书、报纸、期刊分销企业管理办法》执行。

四、本规定自2009年10月1日起施行。

## 关于《中外合作音像制品分销企业管理办法》的补充规定

中华人民共和国新闻出版总署
商务部令第46号
（2009年8月20日发布）

为促进香港、澳门与内地建立更紧密经贸关系，鼓励香港、澳门服务提供者在内地设立商业企业，根据国务院批准的《〈内地与香港关于建立更紧密经贸关系的安排〉补充协议六》及《〈内地与澳门关于建立更紧密经贸关系的安排〉补充协议六》，现就《中外合作音像制品分销企业管理办法》（文化部、商务部令第28号）做出如下补充规定：

一、允许香港、澳门服务提供者在内地以独资形式提供音像制品（含后电影产品）的分销服务。

二、香港、澳门服务提供者在内地经营音像制品的分销服务内容，应符合内地有关法律法规和审查制度的规定。

三、本规定中的香港、澳门服务提供者应分别符合《内地与香港关于建立更紧密经贸关系的安排》及《内地与澳门建立更紧密经贸关系的安排》中关于“服务提供者”定义及相关规定的要求。

四、香港、澳门服务提供者在内地投资设立独资音像制品分销企业的其他规定参照《中外合作音像制品分销企业管理办法》执行。

五、本规定自2009年10月1日起施行。

## 关于印发《关于进一步推进新闻出版体制改革的指导意见》的通知

新出产业【2009】298号
（2009年3月25日发布）

各省、自治区、直辖市新闻出版局，新疆生产建设兵团新闻出版局，解放军总政治部宣传部新闻出版局，中央和国家机关各部委、各民主党派、各人民团体新闻出版主管部门，中国出版集团公司，总署机关各司（厅、办），署直各单位：

根据中央关于深化文化体制改革的要求，为进一步推进新闻出版体制改革，加快新闻出版事业和产业发展，新闻出版总署制定了《关于进一步推进新闻出版体制改革的指导意见》，现印发给你们。请你们结合实际，认真贯彻执行。

### 关于进一步推进新闻出版体制改革的指导意见

为深入贯彻党的十七大和十七届三中全会精神，全面贯彻落实科学发展观，落实党中央、国务院关于进一步扩大内需，妥善应对全球金融危机，全力保持经济平稳较快发展的决策部署，根据中央关于深化文化体制改革的要求，现就进一步推进新闻出版体制改革，推动新闻出版业大发展大繁荣，提出如下意见。

一、新闻出版体制改革的积极探索和成功经验

1. 党的十一届三中全会以来，特别是党的十三届四中全会以来，党中央、国务院高度重视新闻出版工作，作出了一系列重大决策，为做好新闻出版工作指明了方向。党的十六大提出了深化文化体制改革、发展文化产业的战略任务，党的十七大进一步对深化文化体制改革、推动社会主义文化大发展大繁荣作出了战略部署。新闻出版系统认真贯彻落实中央关于文化体制改革的重大决策和部署，积极实践，大胆探索，开创了新闻出版体制改革的新局面。

2. 2003年，党中央、国务院启动文化体制改革试点工作。新闻出版系统21家试点单位全面完成了改革试点任务，为新闻出版体制改革提供了有益经验。2006年以来，新闻出版系统切实贯彻全国文化体制改革工作会议精神，进一步明确了新闻出版体制改革总体思路，创造性地解决了改革的一系列难题，取得了突破性进展。目前，新闻出版体制改革正处于全面推开的关键时期，进入破解深层次矛盾和问题的关键阶段，改革的任务仍然艰巨繁重。

3. 新闻出版体制改革的实践证明，解放思想、转变观念是改革的前提，哪里的思想解放，那里就有改革的新思路、发展的新成效；体制创新是改革的重点，必须围绕重塑市场主体、完善市场体系、改善宏观管理、健全政策法规、转变政府职能等关键环节，革除体制性障碍，解决主要矛盾，破解难点问题；发展是第一要务，必须围绕发展制定改革的政策措施，以发展的成果检验改革的成效；政策是保障，必须充分考虑新闻出版行业的特殊性、复杂性，制定和落实相关配套政策，加强统筹协调，加强政策扶持，加强资金投入，加强督促检查，积极稳妥地推进改革。

二、进一步推进新闻出版体制改革的重要性和紧迫性

4. 推进新闻出版体制改革，加快新闻出版事业和产业发展，是建设中国特色社会主义的重要组成部分，是贯彻落实科学发展观的必然要求，是构建社会主义和谐社会的重要内容，是提升我国综合国力和文化软实力的迫切需要。推进新闻出版体制改革，关乎文化产业整体实力和水

平，关乎国家文化发展繁荣，关乎国家文化安全和意识形态安全，关乎中华文化的国际影响力和竞争力。

5. 当前，面对党和国家事业发展提出的新要求，人民群众对更加美好生活的新期待，新闻出版系统在思想观念、创新意识、体制机制、行政管理能力以及队伍素质等方面还存在着突出问题。特别是出版单位没有成为真正意义上的市场主体，计划经济体制下出版资源行政化配置造成的出版资源过于分散，结构趋同和地区封锁，出版产业集中度低、规模小、实力弱、竞争力不强等问题十分突出。上述问题导致新闻出版业发展与人民群众日益增长的精神文化需求不相适应，与日趋完善的社会主义市场经济体制不相适应，与对外开放不断扩大的新要求不相适应，与现代科学技术和传播手段迅猛发展及广泛应用的新形势不相适应。这就迫切要求我们进一步推动新闻出版体制改革，努力构建新闻出版业科学发展的体制机制，进一步解放和发展新闻出版生产力。

6. 站在新的历史起点上，新闻出版业面临着历史性的发展机遇与挑战。当前，我国社会主义现代化建设事业正处于重要战略机遇期，新闻出版业发展的经济基础、体制环境、社会条件、传播技术都在发生深刻变化，尤其是面对全球金融危机和世界经济衰退给新闻出版业带来的挑战和机遇，加快新闻出版体制改革显得更为重要和紧迫。

三、新闻出版体制改革的指导思想、原则要求和目标任务

7. 推进新闻出版体制改革的指导思想是：高举中国特色社会主义伟大旗帜，以邓小平理论和“三个代表”重要思想为指导，全面贯彻落实科学发展观，按照高举旗帜、围绕大局、服务人民、改革创新的总要求，围绕解放和发展新闻出版生产力，重塑市场主体，充分发挥市场在资源配置中的基础性作用，全面推进体制机制创新，调动广大新闻出版工作者的积极性和创造性，大力推动新闻出版业大发展大繁荣，不断满足人民群众日益增长的精神文化需求，提高全民族的文明素质，促进人的全面发展。

8. 推进新闻出版体制改革的原则要求是：全面推进新闻出版体制改革，必须坚持解放思想，实事求是，与时俱进，牢牢把握先进文化的前进方向；必须坚持一手抓公益性新闻出版事业，一手抓经营性新闻出版产业，促进新闻出版业全面协调可持续发展；必须把握新闻出版工作的正确导向，坚持把社会效益放在首位，努力实现社会效益和经济效益的统一；必须坚持以体制机制创新为重点，在重塑市场主体、完善市场体系、改善宏观管理等方面实现新突破；必须坚持突出重点、区别对待、分类指导、稳步推开；必须坚持党对新闻出版工作的领导，加强干部队伍建设，确保改革的顺利推进。

9. 推进新闻出版体制改革的目标任务是：全面完成经营性新闻出版单位转制任务，建立现代企业制度，在企业内形成有效率、有活力、有竞争力的微观运行机制；推动跨媒体、跨地区、跨行业、跨所有制的战略重组，开拓融资渠道，培育一批大型骨干出版传媒企业，打造新型市场主体和战略投资者；通过增加投入、转换机制、增强活力、改善服务，建立以政府为主导、以公益性单位为主体的新闻出版公共服务体系，使人民群众基本文化权益得到更好保障；加快新闻出版传播渠道建设，推进连锁经营、物流配送、电子商务，规范出版产品物流基地建设，形成统一开放、竞争有序、健康繁荣的现代出版物市场体系；实现政府职能的根本转变，形成调控有力、监管到位、依法行政、服务人民的宏观管理体制。

四、进一步推进新闻出版体制改革的主要任务

10. 推进公益性新闻出版单位体制改革，构建新闻出版公共服务体系。继续深化公益性新闻出版单位内部管理机制、人事制度、劳动制度、分配制度改革，健全激励和约束机制，增强活力，提高新闻出版公共服务能力和水平。研究制定公益性报刊基本标准，适时公布公益性报刊名单。推进民族语言文字出版单位的改革工作，实施民汉语言文字出版分开，确保少数民族语言文字出版优惠政策落到实处。

11. 推动经营性新闻出版单位转制，重塑市场主体。除明确为公益性的图书、音像制品和电子出版物出版单位外，所有地方和高等院校经营性图书、音像制品和电子出版物出版单位2009年底前完成转制，所有中央各部门各单位经营性图书、音像制品和电子出版物出版单位2010年底前完成转制。制定经营性报刊转制方案，推动经营性报刊出版单位逐步实行转制。按照中央有关要求，党政机关所属新闻出版单位转制为企业后原则上逐步与原主办主管的党政机关脱钩。已经完成转制的新闻出版单位要按照《公司法》的要求，加快产权制度改革，完善法人治理结构，建立现代企业制度，尽快成为真正的市场主体。

12. 推进联合重组，加快培育出版传媒骨干企业和战略投资者。鼓励和支持拥有多家新闻出版单位的地方、中央部门和单位整合出版资源，组建出版传媒集团公司。鼓励和支持业务相近、资源相通的新闻出版单位，按照优势互补、自愿结合的原则，跨地区、跨部门组建出版传媒集团公司。鼓励和支持中央部门和单位的新闻出版单位在财经、教育、科技、文化、卫生等领域牵头组建专业性出版传媒集团公司。鼓励和支持中央和地方国有出版企业对中央各部门各单位所属出版单位进行联合重组。鼓励和支持社会资本特别是国有大型企业参与出版传媒企业的股份制改造。同时大力培育一批走内涵式发展道路的“专、精、

特、新”的现代出版传媒企业。积极支持条件成熟的出版传媒企业，特别是跨地区的出版传媒企业上市融资。在三到五年内，培育出六七家资产超过百亿、销售超过百亿的国内一流、国际知名的大型出版传媒企业，培育一批导向正确、主业突出、实力雄厚、影响力大、核心竞争力强的专业出版传媒企业。继续深化发行体制改革，推动发行渠道资源整合，使国有出版物发行企业真正成为出版物发行主渠道。巩固印刷复制业改革成果，大力提升科技含量，促进珠三角、长三角和环渤海等特色印刷产业带建设，振兴东部印刷产业，扶持中西部印刷产业的开发与崛起。

13. 大力推进新闻出版产业升级和结构调整。高度重视用高新技术改造传统产业，制定和完善出版发行标准，推动新闻出版产业升级和结构调整。大力发展数字出版、网络出版、手机出版等新业态，努力占领新闻出版业发展的制高点。加快实现由传统媒体为主向传统媒体与新兴媒体融合发展的转变，打造主流媒体在新闻出版多元传播格局中的强势地位。积极鼓励和支持新闻出版单位运用高新技术和先进适用技术改造传统生产方式和基础设施，有计划有步骤地构建覆盖广泛、技术先进的新闻出版传播渠道。

14. 引导非公有出版工作室健康发展，发展新兴出版生产力。按照《国务院关于非公有资本进入文化产业的若干决定》（国发〔2005〕10号），鼓励和支持非公有资本以多种形式进入政策许可的领域。按照积极引导，择优整合，加强管理，规范运作的原则，将非公有出版工作室作为新闻出版产业的重要组成部分，纳入行业规划和管理，引导和规范非公有出版工作室的经营行为。积极探索非公有出版工作室参与出版的通道问题，开展国有民营联合运作的试点工作，逐步做到在特定的出版资源配置平台上，为非公有出版工作室在图书策划、组稿、编辑等方面提供服务。鼓励国有出版企业在确保导向正确和国有资本主导地位的前提下，与非公有出版工作室进行资本、项目等多种方式的合作，为非公有出版工作室搭建发展平台。

15. 加快推进现代出版物市场体系建设。打破按部门、按行政区划和行政级次分配新闻出版资源和产品的传统体制，打破条块分割、地区封锁、城乡分离的市场格局，加强资本、产权、信息、技术、人才等新闻出版生产要素市场建设，实现生产要素合理流动和资源优化配置。在充分利用系统内国有资本的同时，开辟安全有效的新闻出版业融资渠道，有效地吸纳系统外社会资本和境外资本，实现以资本扩张带动业务扩张、规模扩张和效益扩张。加快建立信用监管制度和失信惩戒制度，运用行政的、经济的等多种手段，形成以道德为支撑、以产权为基础、以法律为保障的诚信体系。

16. 扩大对外交流，积极实施“走出去”战略。充分利用国际国内两种资源、两个市场，努力推动新闻出版产品通过各种渠道进入国外主流市场、国际汉文化圈和港澳台地区。抓好“走出去”重大工程项目的组织实施工作，着力打造一批具有国际竞争力的外向型出版传媒企业，打造具有重要影响力的国际出版版权交易平台。加强出版物内容和形式的创新，采取多种措施鼓励版权输出和实物出口。鼓励以政府资助方式进行优秀作品和著作的相互翻译出版。鼓励有条件的出版传媒企业采取独资、合资、合作等形式，到境外兴办报纸、期刊、出版社、印刷厂等实体，拓展国外和港澳台地区市场，进一步扩大中华文化的国际影响力和传播力。

17. 加大行政体制改革力度，转变政府职能。加快建立党委领导、政府管理、行业自律、企事业单位依法运营的新闻出版管理体制和富有活力的新闻出版产品生产经营机制。按照建设服务政府、责任政府、法治政府和廉洁政府的要求，继续推进政企分开、政事分开、政府与市场中介组织分开，使政府真正履行好政策调节、市场监管、社会管理、公共服务的职能。改革行政审批制度，减少审批事项，下放审批权限，简化审批程序，提高行政效能。推行政府信息公开，规范程序，减少环节，增强透明度，提高公信力。按照中央部署，继续推进文化综合执法改革，确保“扫黄打非”和知识产权保护工作落到实处。发展和完善新闻出版和版权经纪、代理、评估、鉴定、会展等中介机构，提高新闻出版产品和服务的市场化程度。加强行业组织建设，使其依照有关法规和章程履行市场协调、监督、服务和维权等职责。

五、进一步推进新闻出版体制改革的政策保障

18. 落实新闻出版体制改革相关配套政策。落实《国务院办公厅关于印发文化体制改革中经营性文化事业单位转制为企业和支持文化企业发展两个规定的通知》（国办发〔2008〕114号）规定的优惠政策，会同有关部门制定支持新闻出版体制改革的相关配套政策。充分利用国家重点出版工程建设、设立专项出版资金等契机，采取政府采购、招投标、定向资助等手段，支持公益性出版单位出版优质公共文化产品，提高新闻出版公共服务能力和水平。

19. 制定和实施出版资源向出版传媒企业倾斜的政策。对大型跨地区骨干出版传媒企业，在报纸、期刊、图书、音像制品、电子出版、数字出版等出版资源配置上予以倾斜，鼓励其做大做强。支持大型出版传媒企业在异地建立有出版权的分支机构，鼓励其实现跨地区经营。对真正转制到位的出版单位放开出版范围、书号、版号等，支持其发展。

20. 保护合法的跨地区经营活动。各级新闻出版行政

部门要严格执行《中华人民共和国反不正当竞争法》和《关于禁止在市场经济活动中实行地区封锁的规定》（国务院令第303号）等法律法规，积极支持出版传媒企业跨地区合法开展经营活动，为公平竞争创造良好环境，提供优质服务。对于出版传媒企业合法的跨地区经营活动，不得以任何形式进行地区封锁，不得滥用行政权力，限制其进入本地市场经营。

21. 确保国有资产保值增值。经营性新闻出版单位数量多、分布广，资产情况复杂，在转制和改制过程中要注意学习和借鉴经济领域国有企业的成功经验，严格执行国家相关法律法规，防止国有资产流失，并在此基础上通过深化改革盘活存量，扩大增量，提升国有资产的质量。允许条件成熟的出版传媒企业经过批准，探索实行股权激励机制的试点。

22. 坚持把推进新闻出版体制改革与建立健全惩治和预防腐败体系结合起来。紧紧围绕新闻出版体制改革中容易滋生腐败问题的重点部位和关键环节，建立健全监督制约机制，把反腐倡廉建设寓于改革的重大措施中，贯穿于改革的全过程。坚持一手抓新闻出版体制改革，一手抓反腐倡廉建设，特别是要严格执行国有企业领导人员廉洁自律的有关规定，大力营造风清气正的思想环境和氛围，确保新闻出版体制改革健康有序进行。

六、加强对新闻出版体制改革工作的组织领导

23. 健全和完善新闻出版体制改革领导体制和工作机制。各级新闻出版行政部门要充分认识推进新闻出版体制改革的重要性和紧迫性，把推进新闻出版体制改革作为重要工作职责，纳入重要议事日程，按照中央要求，建立健全党委统一领导、政府大力支持、党委宣传部门协调指导、行政主管部门具体实施、有关部门密切配合的新闻出版体制改革领导体制和工作机制。要成立新闻出版体制改革领导机构和工作班子，负责指导、协调、实施新闻出版体制改革工作，确保改革的各项任务、措施和政策落到实处。

24. 充分调动广大新闻出版工作者的积极性、主动性和创造性。新闻出版体制改革政治性、政策性强，涉及面广，是一项社会系统工程，既要大胆探索、勇于创新，又要细致稳妥、有序推进。要把深化改革与加快发展、维护稳定统一起来，把加强思想政治工作与解决实际问题结合起来，坚持以人为本，充分尊重人民群众的主体地位和首创精神，切实维护广大职工的切身利益，动员和激励广大新闻出版工作者积极支持改革，主动参与改革。

25. 加强领导班子和人才队伍建设。要以领导班子建设、提高新闻出版队伍素质和整体能力为重点，在新闻出版领域培养一批既懂经营又懂业务的复合型人才，造就一批名编辑、名记者和出版家、企业家、技术专家，打造一支政治过硬、业务精通、作风优良、廉洁自律、文明和谐的新闻出版干部队伍，为进一步推进新闻出版体制改革提供组织和人才保障。

## 4. 广告行业

### 广播电视广告播出管理办法

国家广播电影电视总局令第61号
（2009年9月8日发布）

**第一章 总 则**

第一条 为了规范广播电视广告播出秩序，促进广播电视广告业健康发展，保障公民合法权益，依据《中华人民共和国广告法》、《广播电视管理条例》等法律、行政法规，制定本办法。

第二条广播电台、电视台（含广播电视台）等广播电视播出机构（以下简称“播出机构”）的广告播出活动，以及广播电视传输机构的相关活动，适用本办法。

第三条本办法所称广播电视广告包括公益广告和商业广告（含资讯服务、广播购物和电视购物短片广告等）。

第四条广播电视广告播出活动应当坚持以人为本，遵循合法、真实、公平、诚实信用的原则。

第五条广播影视行政部门对广播电视广告播出活动实行属地管理、分级负责。

国务院广播影视行政部门负责全国广播电视广告播出活动的监督管理工作。

县级以上地方人民政府广播影视行政部门负责本行政区域内广播电视广告播出活动的监督管理工作。

第六条 广播影视行政部门鼓励广播电视公益广告制作和播出，对成绩显著的组织、个人予以表彰。

**第二章 广告内容**

第七条广播电视广告是广播电视节目的重要组成部分，应当坚持正确导向，树立良好文化品位，与广播电视节目相和谐。

第八条 广播电视广告禁止含有下列内容：

（一）反对宪法确定的基本原则的；

（二）危害国家统一、主权和领土完整，危害国家安全，或者损害国家荣誉和利益的；

（三）煽动民族仇恨、民族歧视，侵害民族风俗习惯，伤害民族感情，破坏民族团结，违反宗教政策的；

（四）扰乱社会秩序，破坏社会稳定的；

（五）宣扬邪教、淫秽、赌博、暴力、迷信，危害社会公德或者民族优秀文化传统的；

（六）侮辱、歧视或者诽谤他人，侵害他人合法权益的；

（七）诱使未成年人产生不良行为或者不良价值观，危害其身心健康的；

（八）使用绝对化语言，欺骗、误导公众，故意使用错别字或者篡改成语的；

（九）商业广告中使用、变相使用中华人民共和国国旗、国徽、国歌，使用、变相使用国家领导人、领袖人物的名义、形象、声音、名言、字体或者国家机关和国家机关工作人员的名义、形象的；

（十）药品、医疗器械、医疗和健康资讯类广告中含有宣传治愈率、有效率，或者以医生、专家、患者、公众人物等形象做疗效证明的；

（十一）法律、行政法规和国家有关规定禁止的其他内容。

第九条　禁止播出下列广播电视广告：

（一）以新闻报道形式发布的广告；

（二）烟草制品广告；

（三）处方药品广告；

（四）治疗恶性肿瘤、肝病、性病或者提高性功能的药品、食品、医疗器械、医疗广告；

（五）姓名解析、运程分析、缘份测试、交友聊天等声讯服务广告；

（六）出现“母乳代用品”用语的乳制品广告；

（七）法律、行政法规和国家有关规定禁止播出的其他广告。

第十条　时政新闻类节（栏）目不得以企业或者产品名称等冠名。有关人物专访、企业专题报道等节目中不得含有地址和联系方式等内容。

第十一条　投资咨询、金融理财和连锁加盟等具有投资性质的广告，应当含有“投资有风险”等警示内容。

第十二条　除福利彩票、体育彩票等依法批准的广告外，不得播出其他具有博彩性质的广告。

**第三章　广告播出**

第十三条　广播电视广告播出应当合理编排。其中，商业广告应当控制总量、均衡配置。

第十四条　广播电视广告播出不得影响广播电视节目的完整性。除在节目自然段的间歇外，不得随意插播广告。

第十五条　播出机构每套节目每小时商业广告播出时长不得超过12分钟。其中，广播电台在11：00至13：00之间、电视台在19：00至21：00之间，商业广告播出总时长不得超过18分钟。

在执行转播、直播任务等特殊情况下，商业广告可以顺延播出。

第十六条　播出机构每套节目每日公益广告播出时长不得少于商业广告时长的3%。其中，广播电台在11：00至13：00之间、电视台在19：00至21：00之间，公益广告播出数量不得少于4条（次）。

第十七条　播出电视剧时，可以在每集（以45分钟计）中插播2次商业广告，每次时长不得超过1分30秒。其中，在19：00至21：00之间播出电视剧时，每集中可以插播1次商业广告，时长不得超过1分钟。

播出电影时，插播商业广告的时长和次数参照前款规定执行。

第十八条　在电影、电视剧中插播商业广告，应当对广告时长进行提示。

第十九条　除电影、电视剧剧场或者节（栏）目冠名标识外，禁止播出任何形式的挂角广告。

第二十条　电影、电视剧剧场或者节（栏）目冠名标识不得含有下列情形：

（一）单独出现企业、产品名称，或者剧场、节（栏）目名称难以辨认的；

（二）标识尺寸大于台标，或者企业、产品名称的字体尺寸大于剧场、节（栏）目名称的；

（三）翻滚变化，每次显示时长超过5分钟，或者每段冠名标识显示间隔少于10分钟的；

（四）出现经营服务范围、项目、功能、联系方式、形象代言人等文字、图像的。

第二十一条　电影、电视剧剧场或者节（栏）目不得以治疗皮肤病、癫痫、痔疮、脚气、妇科、生殖泌尿系统等疾病的药品或者医疗机构作冠名。

第二十二条　转播、传输广播电视节目时，必须保证被转播、传输节目的完整性。不得替换、遮盖所转播、传输节目中的广告；不得以游动字幕、叠加字幕、挂角广告等任何形式插播自行组织的广告。

第二十三条　经批准在境内落地的境外电视频道中播出的广告，其内容应当符合中国法律、法规和本办法的规定。

第二十四条　播出商业广告应当尊重公众生活习惯。在6：30至7：30、11：30至12：30以及18：30至20：00的公众用餐时间，不得播出治疗皮肤病、痔疮、脚气、妇科、生殖泌尿系统等疾病的药品、医疗器械、医疗和妇女卫生用品广告。

第二十五条　播出机构应当严格控制酒类商业广告，不得在以未成年人为主要传播对象的频率、频道、节（栏）目中播出。广播电台每套节目每小时播出的烈性酒类商业广告，不得超过2条；电视台每套节目每日播出的烈性酒类商业广告不得超过 12 条，其中 19：00 至 21：00 之间不得超过 2 条。

第二十六条　在中小学生假期和未成年人相对集中的收听、收视时段，或者以未成年人为主要传播对象的频率、频道、节（栏）目中，不得播出不适宜未成年人收听、收视的商业广告。

第二十七条　播出电视商业广告时不得隐匿台标和频道标识。

第二十八条　广告主、广告经营者不得通过广告投放等方式干预、影响广播电视节目的正常播出。

**第四章　监督管理**

第二十九条　县级以上人民政府广播影视行政部门应当加强对本行政区域内广播电视广告播出活动的监督管理，建立、完善监督管理制度和技术手段。

第三十条　县级以上人民政府广播影视行政部门应当建立公众举报机制，公布举报电话，及时调查、处理并公布结果。

第三十一条　县级以上地方人民政府广播影视行政部门在对广播电视广告违法行为作出处理决定后 5 个工作日内，应当将处理情况报上一级人民政府广播影视行政部门备案。

第三十二条　因公共利益需要等特殊情况，省、自治区、直辖市以上人民政府广播影视行政部门可以要求播出机构在指定时段播出特定的公益广告，或者作出暂停播出商业广告的决定。

第三十三条　播出机构从事广告经营活动应当取得合法资质，非广告经营部门不得从事广播电视广告经营活动，记者不得借采访名义承揽广告业务。

第三十四条　播出机构应当建立广告经营、审查、播出管理制度，负责对所播出的广告进行审查。

第三十五条　播出机构应当加强对广告业务承接登记、审核等档案资料的保存和管理。

第三十六条　药品、医疗器械、医疗、食品、化妆品、农药、兽药、金融理财等须经有关行政部门审批的商业广告，播出机构在播出前应当严格审验其依法批准的文件、材料。不得播出未经审批、材料不全或者与审批通过的内容不一致的商业广告。

第三十七条　制作和播出药品、医疗器械、医疗和健康资讯类广告需要聘请医学专家作为嘉宾的，播出机构应当核验嘉宾的医师执业证书、工作证、职称证明等相关证明文件，并在广告中据实提示，不得聘请无有关专业资质的人员担当嘉宾。

第三十八条　因广告主、广告经营者提供虚假证明文件导致播出的广告违反本办法规定的，广播影视行政部门可以对有关播出机构减轻或者免除处罚。

第三十九条　国务院广播影视行政部门推动建立播出机构行业自律组织。该组织可以按照章程的规定，采取向社会公告、推荐和撤销“广播电视广告播出行业自律示范单位”等措施，加强行业自律。

**第五章　法律责任**

第四十条　违反本办法第八条、第九条的规定，由县级以上人民政府广播影视行政部门责令停止违法行为或者责令改正，给予警告，可以并处三万元以下罚款；情节严重的，由原发证机关吊销《广播电视频道许可证》、《广播电视播出机构许可证》。

第四十一条　违反本办法第十五条、第十六条、第十七条的规定，以及违反本办法第二十二条规定插播广告的，由县级以上人民政府广播影视行政部门依据《广播电视管理条例》第五十条、第五十一条的有关规定给予处罚。

第四十二条　违反本办法第十条、第十二条、第十九条、第二十条、第二十一条、第二十四条至第二十八条、第三十四条、第三十六条、第三十七条的规定，或者违反本办法第二十二条规定替换、遮盖广告的，由县级以上人民政府广播影视行政部门责令停止违法行为或者责令改正，给予警告，可以并处二万元以下罚款。

第四十三条　违反本办法规定的播出机构，由县级以上人民政府广播影视行政部门依据国家有关规定予以处理。

第四十四条　广播影视行政部门工作人员滥用职权、玩忽职守、徇私舞弊或者未依照本办法规定履行职责的，对负有责任的主管人员和直接责任人员依法给予处分。

**第六章　附　则**

第四十五条　本办法自 2010 年 1 月 1 日起施行。2003 年 9 月 15 日国家广播电影电视总局发布的《广播电视广告播放管理暂行办法》同时废止。

## 关于部分行业广告费和业务宣传费税前扣除政策的通知

财税【2009】72 号

（2009 年 7 月 31 日发布）

各省、自治区、直辖市、计划单列市财政厅（局）、国家税务局、地方税务局，新疆生产建设兵团财务局：

根据《中华人民共和国企业所得税法实施条例》（国务院令第 512 号）第四十四条规定，现就部分行业广告费和业务宣传费支出税前扣除政策通知如下：

1. 对化妆品制造、医药制造和饮料制造（不含酒类制造，下同）企业发生的广告费和业务宣传费支出，不超过当年销售（营业）收入30%的部分，准予扣除；超过部分，准予在以后纳税年度结转扣除。

2. 对采取特许经营模式的饮料制造企业，饮料品牌使用方发生的不超过当年销售（营业）收入30%的广告费和业务宣传费支出可以在本企业扣除，也可以将其中的部分或全部归集至饮料品牌持有方或管理方，由饮料品牌持有方或管理方作为销售费用据实在企业所得税前扣除。饮料品牌持有方或管理方在计算本企业广告费和业务宣传费支出企业所得税税前扣除限额时，可将饮料品牌使用方归集至本企业的广告费和业务宣传费剔除。饮料品牌持有方或管理方应当将上述广告费和业务宣传费单独核算，并将品牌使用方当年销售（营业）收入数据资料以及广告费和业务宣传费支出的证明材料专案保存以备检查。

前款所称饮料企业特许经营模式指由饮料品牌持有方或管理方授权品牌使用方在指定地区生产及销售其产成品，并将可以由双方共同为该品牌产品承担的广告费及业务宣传费用统一归集至品牌持有方或管理方承担的营业模式。

3. 烟草企业的烟草广告费和业务宣传费支出，一律不得在计算应纳税所得额时扣除。

4. 本通知自2008年1月1日起至2010年12月31日止执行。

## 5. 演艺娱乐行业

### 文化部关于促进民营文艺表演团体发展的若干意见

文市函【2009】15号

（2009年6月2日发布）

各省、自治区、直辖市文化厅（局），新疆生产建设兵团文化局：

为贯彻党的十七大关于推动社会主义文化大发展大繁荣的精神，落实十七届三中全会推进农村改革发展若干重大问题的决定和文化部、财政部、人事部、国家税务总局《关于鼓励发展民营文艺表演团体的意见》，现就扶持民营文艺表演团体发展提出以下意见：

#### 一、统一思想，提高认识

（一）民营文艺表演团体是我国社会主义文化事业的重要组成部分，是繁荣城乡基层文化市场的生力军。民营文艺表演团体来自于民间、成长于民间、服务于民间，对发展社会主义先进文化、满足人民群众精神文化需求具有重要意义。

（二）民营文艺表演团体是传承和弘扬民族民间优秀传统文化的重要载体，是构建城乡协调发展的演出市场，促进城乡社会和谐的重要力量。民营文艺表演团体的发展，对推动我国非物质文化遗产传统戏剧、曲艺保护和发展起到了积极作用，走出了一条以非物质生产方式转移城乡富余劳动力的新途径。

（三）国务院“三定”方案要求文化部对从事演艺活动的民办机构实施监管。各级文化行政部门要以科学发展观为指导，解放思想，深化改革，着力破除演出市场经营主体的所有制壁垒，调整城乡演出市场不平衡的二元结构，建立民营文艺表演团体和国有文艺院团良性互动机制，进一步促进民营文艺表演团体繁荣发展。

#### 二、加大扶持力度，促进民营文艺表演团体发展

（四）各级文化行政部门要积极争取设立民营文艺表演团体专项扶持资金，努力协调金融机构为民营文艺表演团体提供贷款，运用扶持资金为民营文艺表演团体提供贷款贴息服务，对优秀民营文艺表演团体实行以奖代补，大力扶持其繁荣发展。

（五）政府采购的送戏下乡项目，各级文化行政部门要选择民营文艺表演团体承担一定的演出任务。政府主办的各类重大节庆文化活动，要鼓励民营文艺表演团体参加，并对优秀剧节目和演职员予以表彰和奖励。符合国家规定条件的民营文艺表演团体，纳入重点院团予以重点扶持。通过组织民营文艺表演团体汇演调演等活动为民营文艺表演团体沟通交流搭建平台。

（六）为民营文艺表演团体提供排练场地、演出场地和演出器材等方面的支持。建立县乡文化馆（站）、社区文化中心与民营文艺表演团体联系制度，鼓励文化馆（站、中心）免费或低价为民营文艺表演团体提供排练和演出场地。鼓励采用政府出资、社会赞助等方式以行政村为单位维修改建或新建固定舞台、戏台。

（七）积极推荐有特色高水准的民营文艺表演团体参加对外演出和国际文化交流活动，开拓国外演出市场。对参加政府组织和政府鼓励的对外文化交流项目的民营文艺表演团体，可给予一定的资金补助。鼓励民营文艺表演团体依法邀请国外文艺表演团体或个人开展合作演出和业务交流。

（八）支持民营文艺表演团体加强队伍建设和人才培养。各级文化行政部门要组织国有文艺院团和艺术院校为民营文艺表演团体开展业务辅导，并鼓励其参加民营文艺表演团体演出活动，组织民营文艺表演团体演职员到国有文艺院团和艺术院校进行学习培训。鼓励艺术院校毕业生到民营文艺表演团体就业。民营文艺表演团体演职员的专

业技术职称评定与国有文艺院团同等待遇。

（九）表彰奖励优秀民营文艺表演团体。中宣部、文化部等部门每2年表彰一批服务农民、服务基层的优秀民营文艺表演团体。各地文化行政部门可根据实际情况，定期或不定期对优秀民营文艺表演团体进行表彰。开展民营文艺表演团体“创星评优”活动，建立民营文艺表演团体差异化激励管理制度。

## 三、深化管理，加强服务，为民营文艺表演团体营造良好市场环境

（十）鼓励社会资本投资兴办民营文艺表演团体，扶持各类人才和民间艺人自筹资金组建民营文艺表演团体。从事京剧、昆曲、地方戏曲等民族民间艺术表演项目和歌剧、舞剧、话剧等艺术表演项目的民营文艺表演团体，可以作为民办非企业单位向文化行政部门申领营业性演出许可证。允许民营文艺表演团体以合资、合作、并购等形式，参与国有文艺院团转企改制。支持国有文艺院团演职人员离职自主创办民营文艺表演团体。

（十一）进一步深化行政审批制度改革，鼓励地方试点推进取消文艺表演团体国内营业性演出行政许可。从事列入非物质文化遗产目录艺术表演形式的文艺表演团体和中宣部、文化部等部门表彰的服务农民、服务基层优秀民营文艺表演团体，举办非涉外营业性演出活动时，不再报演出地县级文化行政部门审批，改为事前告知性备案。具体办法由试点地区省级文化行政管理部门制定。

（十二）加强对民间演出经纪人的培训和管理。各级文化行政部门可以根据本地实际，出台有关民间演出经纪人管理的制度规定，要定期组织民间演出经纪人开展法规培训和业务指导，提高经纪人业务素质和守法意识。对扰乱正常市场秩序的民间演出经纪人，要依法查处，切实维护民营文艺表演团体和消费者的合法权益。

（十三）组织新闻单位加强对民营文艺表演团体的宣传报道，总结推广先进典型和经验，宣传民营文艺表演团体的优秀剧（节）目、优秀演员，提升行业形象。组织文艺评论家关注民营文艺表演团体的作品，在媒体上进行宣传评介，选择优秀剧（节）目在电台、电视台播放。

（十四）演出行业协会要努力为民营文艺表演团体做好服务，搭建民营文艺表演团体与文化行政部门沟通的桥梁。建立全国民营文艺表演团体基本信息数据库和演出信息数据库，为民营文艺表演团体提供服务。建立民营文艺表演团体演职员合理流动的社会化管理机制，提高演职员诚信意识，加强城乡基层演出市场诚信体系建设。

# 营业性演出管理条例实施细则

中华人民共和国文化部令第47号
（2009年8月28日发布）

**第一章 总 则**

第一条 根据《营业性演出管理条例》（以下简称《条例》），制定本实施细则。

第二条 《条例》所称营业性演出是指以营利为目的、通过下列方式为公众举办的现场文艺表演活动：

（一）售票或者接受赞助的；

（二）支付演出单位或者个人报酬的；

（三）以演出为媒介进行广告宣传或者产品促销的；

（四）以其他营利方式组织演出的。

第三条 国家依法维护营业性演出经营主体、演职员和观众的合法权益，禁止营业性演出中的不正当竞争行为。

**第二章 营业性演出经营主体**

第四条 文艺表演团体是指具备《条例》第六条第一款规定条件，从事文艺表演活动的经营单位。

第五条 演出经纪机构是指具备《条例》第六条第二款规定条件，从事下列活动的经营单位：

（一）演出组织、制作、营销等经营活动；

（二）演出居间、代理、行纪等经纪活动；

（三）演员签约、推广、代理等经纪活动。

第六条 演出场所经营单位是指具备《条例》第八条规定条件，为演出活动提供专业演出场地及服务的经营单位。

第七条 申请设立文艺表演团体，应当向文化主管部门提交下列文件：

（一）申请书；

（二）名称预先核准通知书、住所和从事的艺术类型；

（三）法定代表人或者主要负责人的身份证明；

（四）演员的艺术表演能力证明；

（五）与业务相适应的演出器材设备书面声明。

前款第四项所称演员的艺术表演能力证明，可以是下列文件之一：

（一）中专以上学校文艺表演类专业毕业证书；

（二）职称证书；

（三）演出行业协会颁发的演员资格证明；

（四）其他有效证明。

第八条 申请设立演出经纪机构，应当向文化主管部门提交下列文件：

（一）申请书；

（二）名称预先核准通知书、住所；

（三）法定代表人或者主要负责人的身份证明；

（四）演出经纪人员的资格证明；

（五）资金证明。

法人或者其他组织申请增设演出经纪机构经营业务的，应当提交前款第（一）、（四）项规定的文件。

第九条　依法取得营业执照或者事业单位法人证书、民办非企业单位登记证书的演出场所经营单位，应当自领取证照之日起20日内，持上述证照和有关消防、卫生批准文件，向所在地县级文化主管部门备案，县级文化主管部门应当出具备案证明。备案证明式样由文化部设计，省级文化主管部门印制。

个体演员可以持个人身份证明和本实施细则第七条第二款规定的艺术表演能力证明，个体演出经纪人可以持个人身份证明和演出经纪人员资格证明，向户籍所在地或者常驻地县级文化主管部门申请备案，文化主管部门应当出具备案证明。备案证明式样由文化部设计，省级文化主管部门印制。

第十条　申请设立中外合资经营、中外合作经营的演出经纪机构，除了提交本实施细则第八条规定的文件外，还应当提交下列文件：

（一）可行性研究报告、合同、章程；

（二）合资、合作经营各方的资信证明及注册登记文件；

（三）中国合资、合作经营者的投资或者提供的合作条件，属于国有资产的，应当依照有关法律、行政法规的规定进行资产评估，提供有关文件；

（四）合资、合作经营各方协商确定的董事长、副董事长、董事或者联合管理委员会主任、副主任、委员的人选名单及身份证明；

（五）其他依法需要提交的文件。

中外合资、合作经营演出经纪机构的董事长或者联合委员会的主任应当由中方代表担任，并且中方代表应当在董事会或者联合委员会中居多数。

第十一条　申请设立中外合资经营、中外合作经营的演出场所经营单位，应当提交下列文件：

（一）申请书；

（二）名称预先核准通知书、住所；

（三）可行性研究报告、合同、章程；

（四）合资、合作经营各方的资信证明及注册登记文件；

（五）中国合资、合作经营者的投资或者提供的合作条件，属于国有资产的，应当依照有关法律、行政法规的规定进行资产评估，提供有关文件；

（六）合资、合作经营各方协商确定的董事长、副董事长、董事或者联合管理委员会主任、副主任、委员的人选名单及身份证明；

（七）土地使用权证明或者租赁证明；

（八）其他依法需要提交的文件。

中外合资、合作经营演出场所经营单位的董事长或者联合委员会的主任应当由中方代表担任，并且中方代表应当在董事会或者联合委员会中居多数。

第十二条　香港特别行政区、澳门特别行政区的演出经纪机构经批准可以在内地设立分支机构，分支机构不具有企业法人资格。

香港特别行政区、澳门特别行政区演出经纪机构在内地的分支机构可以依法从事营业性演出的居间、代理活动，但不得从事其他演出经营活动。香港特别行政区、澳门特别行政区的演出经纪机构对其分支机构的经营活动承担民事责任。

香港特别行政区、澳门特别行政区的演出经纪机构在内地设立分支机构，必须在内地指定负责该分支机构的负责人，并向该分支机构拨付与其所从事的经营活动相适应的资金。

第十三条　香港特别行政区、澳门特别行政区的演出经纪机构申请在内地设立分支机构，应当提交下列文件：

（一）申请书；

（二）分支机构的名称、住所；

（三）演出经纪机构在港、澳的合法开业证明；

（四）演出经纪机构章程、分支机构章程；

（五）分支机构负责人任职书及身份证明；

（六）演出经纪人员的资格证明；

（七）演出经纪机构的资金证明及向分支机构拨付经营资金的数额及期限证明；

（八）其他依法需要提交的文件。

第十四条　香港特别行政区、澳门特别行政区的投资者申请在内地设立独资经营的演出经纪机构，除提交本实施细则第八条规定文件外，还应当提交下列文件：

（一）可行性研究报告、章程；

（二）投资者的身份证明；

（三）其他依法需要提交的文件。

第十五条　香港特别行政区、澳门特别行政区的投资者申请在内地设立独资经营的演出场所经营单位，应当提交下列文件：

（一）申请书；

（二）名称预先核准通知书、住所；

（三）可行性研究报告、章程；

（四）投资者的资信证明和法定代表人的身份证明；

（五）资金来源、数额、期限及证明；

（六）土地使用权证明或者租赁证明；

（七）其他依法需要提交的文件。

第十六条 香港特别行政区、澳门特别行政区投资者申请在内地设立合资、合作经营的演出经纪机构或者演出场所经营单位，参照本实施细则第十条第一款、第十一条第一款的规定办理。

台湾地区的投资者申请在大陆设立合资、合作经营的演出经纪机构、演出场所经营单位，参照本实施细则第十条、第十一条的规定办理。

第十七条 依照《条例》第十一条、第十二条规定设立合资、合作、独资经营的演出经营主体或者分支机构的，在取得文化部颁发的批准文件后，应当在90日内持批准文件通过所在地省级商务主管部门向商务部提出申请，办理有关手续，并依法到工商行政管理部门办理注册登记，领取营业执照后，到文化部领取营业性演出许可证。

**第三章 演出管理**

第十八条 申请举办营业性演出，应当在演出日期3日前将申请材料提交负责审批的文化主管部门。

申请举办营业性涉外或者涉港澳台演出，应当在演出日期20日前将申请材料提交负责审批的文化主管部门。

第十九条 申请举办营业性演出，应当持营业性演出许可证或者备案证明，向文化主管部门提交符合《条例》第十七条规定的文件。

申请举办临时搭建舞台、看台的营业性演出，还应当提交符合《条例》第二十一条第（二）、（三）项规定的文件。

对经批准的临时搭建舞台、看台的演出活动，演出举办单位还应当在演出前向演出所在地县级文化主管部门提交符合《条例》第二十一条第（一）项规定的文件，不符合规定条件的，演出活动不得举行。

《条例》第二十一条所称临时搭建舞台、看台的营业性演出是指符合《大型群众性活动安全管理条例》规定的营业性演出活动。

《条例》第二十一条第（一）项所称演出场所合格证明，是指由演出举办单位组织有关承建单位进行竣工验收，并作出的验收合格证明材料。

申请举办需要未成年人参加的营业性演出，应当符合国家有关规定。

第二十条 申请举办营业性涉外或者涉港澳台演出，除提交本实施细则第十九条规定的文件外，还应当提交下列文件：

（一）资金安排计划书和资金证明。

（二）演员有效身份证明复印件；

（三）2年以上举办营业性演出经历的证明文件；

（四）近2年内无违反《条例》规定的书面声明。

前款第（一）项所称资金证明是指由申请单位开户银行出具的当月基本存款帐户存款证明，或者银行等金融机构同意贷款的证明，或者其他单位同意借款、投资、担保、赞助的证明及该单位开户银行出具的当月基本存款帐户存款证明。

文化主管部门审核涉外或者涉港澳台营业性演出项目，必要时可以依法组织专家进行论证。

第二十一条 举办营业性涉外演出，应当通过演出所在地省级文化主管部门向文化部提出申请，省级文化主管部门应当在7日内出具审核意见报文化部审批。

跨省区演出的，应当出具其他演出所在地省级文化主管部门的审核意见。

第二十二条 经文化部批准的营业性涉外演出，在批准的时间内增加演出地的，举办单位或者与其合作的具有涉外演出资格的演出经纪机构，应当在演出日期10日前，持文化部批准文件和本实施细则第十九条规定的文件，到增加地省级文化主管部门备案，省级文化主管部门应当出具备案证明，并抄报文化部。

第二十三条 经批准到艺术院校从事教学、研究工作的外国或者港澳台艺术人员从事营业性演出的，应当委托演出经纪机构承办。

第二十四条 歌舞娱乐场所、旅游景区、主题公园、游乐园、宾馆、饭店、酒吧、餐饮场所等非演出场所经营单位需要在本场所内举办营业性演出的，应当委托演出经纪机构承办。

在上述场所举办驻场涉外演出，应当报演出所在地省级文化主管部门审批。

第二十五条 申请举办含有内地演员和香港特别行政区、澳门特别行政区、台湾地区演员共同参加的营业性演出，可以报演出所在地省级文化主管部门审批，具体办法由省级文化主管部门制定。

国家另有规定的，从其规定。

第二十六条 在演播厅外从事电视文艺节目的现场录制，符合本实施细则第二条规定条件的，应当依照《条例》和本实施细则的规定办理审批手续。

第二十七条 举办募捐义演，应当依照《条例》和本实施细则的规定办理审批手续。

参加募捐义演的演职人员不得获取演出报酬；演出举办单位或者演员应当将扣除成本后的演出收入捐赠给社会公益事业，不得从中获取利润。

演出收入是指门票收入、捐赠款物、赞助收入等与演出活动相关的全部收入。演出成本是指演职员食、宿、交通费用和舞台灯光音响、服装道具、场地、宣传等费用。

募捐义演结束后10日内，演出举办单位或者演员应当将演出收支结算报审批机关备案。

举办其他符合本实施细则第二条所述方式的公益性演出，参照本条规定执行。

第二十八条　营业性演出经营主体举办营业性演出，应当履行下列义务：

（一）办理演出申报手续；

（二）安排演出节目内容；

（三）安排演出场地并负责演出现场管理；

（四）确定演出票价并负责演出活动的收支结算；

（五）依法缴纳或者代扣代缴有关税费；

（六）接受文化主管部门的监督管理；

（七）其他依法需要承担的义务。

第二十九条　举办营业性涉外或者涉港澳台演出，举办单位应当负责统一办理外国或者港澳台文艺表演团体、个人的入出境手续，巡回演出的还要负责其全程联络和节目安排。

第三十条　营业性演出活动经批准后方可出售门票。

第三十一条　营业性演出不得以假唱、假演奏等手段欺骗观众。

前款所称假唱、假演奏是指演员在演出过程中，使用事先录制好的歌曲、乐曲代替现场演唱、演奏的行为。

演出举办单位应当派专人对演唱、演奏行为进行监督，并作出记录备查。记录内容包括演员、乐队、曲目的名称和演唱、演奏过程的基本情况，并由演出举办单位负责人和监督人员签字确认。

第三十二条　举办营业性演出，应当根据舞台设计要求，优先选用境内演出器材。

第三十三条　举办营业性演出，举办单位或者个人可以为演出活动投保安全责任保险。

第三十四条　鼓励演出经营主体协作经营，建立演出院线，共享演出资源。

第三十五条　各级文化主管部门应当将营业性演出的审批事项向社会公布。

第三十六条　文化主管部门对体现民族特色和国家水准的演出，应当依照有关规定给予补助和支持。

县级以上人民政府有关部门可以依照《条例》的有关规定和财务管理制度，鼓励和支持体现民族特色和国家水准的演出。

第三十七条　文化主管部门或者文化行政执法机构检查营业性演出现场，应当出示文化市场行政执法证件，演出举办单位应当配合。

第三十八条　文化主管部门可以采用技术手段，加强对营业性演出活动的监管。

第三十九条　各级文化主管部门应当建立演出经营主体基本信息登记和公布制度、演出信息报送制度、演出市场巡查责任制度，加强对演出市场的管理和监督。

第四十条　演出行业协会是演出经营主体和演出从业人员的自律组织。

全国性演出行业协会负责组织实施演员、演出经纪人员等演出从业人员的资格认定工作。

各级文化主管部门可以委托演出行业协会开展有关工作，并加强指导和监督。

**第四章　演出证管理**

第四十一条　文艺表演团体和演出经纪机构的营业性演出许可证包括1份正本和2份副本，有效期为2年。

营业性演出许可证由文化部设计，省级文化主管部门印制，发证机关填写、盖章。

第四十二条　文艺表演团体和演出经纪机构应当自领取营业性演出许可证之日起90日内，到工商行政管理部门办理注册、登记后，持营业执照副本报发证机关备案。

第四十三条　文化主管部门吊销文艺表演团体或者演出经纪机构的营业性演出许可证，应当通知工商行政管理部门变更其经营范围或者吊销营业执照。

文艺表演团体和演出经纪机构的营业性演出许可证，除文化主管部门可以依法暂扣或者吊销外，其他任何单位和个人不得收缴、扣押。

第四十四条　吊销、注销文艺表演团体营业性演出许可证的，应当报省级文化主管部门备案。吊销、注销演出经纪机构营业性演出许可证的，应当报文化部备案。

第四十五条　文化主管部门对文艺表演团体和演出经纪机构实施行政处罚的，应当将处罚决定记录在营业性演出许可证副本上并加盖处罚机关公章，同时将处罚决定通知发证机关。

**第五章　罚　则**

第四十六条　违反本实施细则第十九条的规定，未在演出前向演出所在地县级文化主管部门提交《条例》第二十一条规定的演出场所合格证明而举办临时搭建舞台、看台营业性演出的，由县级文化主管部门依照《条例》第四十四条第一款的规定给予处罚。

第四十七条　举办营业性涉外或者涉港澳台演出，隐瞒近2年内违反《条例》规定的记录，提交虚假书面声明的，由负责审批的文化主管部门处以3万元以下罚款。

第四十八条　违反本实施细则第二十二条规定，经文化部批准的涉外演出在批准的时间内增加演出地，未到演出所在地省级文化主管部门备案的，由县级文化主管部门依照《条例》第四十四条第一款的规定给予处罚。

第四十九条　违反本实施细则第二十三条规定，经批准到艺术院校从事教学、研究工作的外国或者港澳台艺术人员擅自从事营业性演出的，由县级文化主管部门依照《条例》第四十三条规定给予处罚。

第五十条　违反本实施细则第二十四条规定，非演出场所经营单位擅自举办演出的，由县级文化主管部门依照《条例》第四十三条规定给予处罚。

第五十一条　非演出场所经营单位为未经批准的营业性演出提供场地的，由县级文化主管部门移送有关部门处理。

第五十二条　违反本实施细则第二十六条规定，在演播厅外从事符合本实施细则第二条规定条件的电视文艺节目的现场录制，未办理审批手续的，由县级文化主管部门依照《条例》第四十三条规定给予处罚。

第五十三条　违反本实施细则第二十七条规定，擅自举办募捐义演或者其他公益性演出的，由县级以上文化主管部门依照《条例》第四十三条规定给予处罚。

第五十四条　违反本实施细则第二十八条、第二十九条规定，在演出经营活动中，不履行应尽义务，倒卖、转让演出活动经营权的，由县级文化主管部门依照《条例》第四十五条规定给予处罚。

第五十五条　违反本实施细则第三十条规定，未经批准，擅自出售演出门票的，由县级文化主管部门责令停止违法活动，并处3万元以下罚款。

第五十六条　违反本实施细则第三十一条规定，演出举办单位没有现场演唱、演奏记录的，由县级文化主管部门处以3000元以下罚款。

以假演奏等手段欺骗观众的，由县级文化主管部门依照《条例》第四十七条的规定给予处罚。

第五十七条　违反本实施细则第四十二条规定，取得营业性演出许可证的文艺表演团体和演出经纪机构，未在90日内持营业执照副本报发证机关备案的，由发证机关责令改正。

第五十八条　县级以上文化主管部门或者文化行政执法机构检查营业性演出现场，演出举办单位拒不接受检查的，由县级以上文化主管部门或者文化行政执法机构处以3万元以下罚款。

第五十九条　上级文化主管部门在必要时，可以依照《条例》的规定，调查、处理由下级文化主管部门调查、处理的案件。

下级文化主管部门认为案件重大、复杂的，可以请求移送上级文化主管部门调查、处理。

**第六章　附　则**

第六十条　本实施细则由文化部负责解释。

第六十一条　本实施细则自2009年10月1日起施行，2005年8月30日发布的《营业性演出管理条例实施细则》同时废止。

## 6. 动漫游戏行业

### 关于扶持动漫产业发展有关税收政策问题的通知

财税【2009】65号
（2009年7月17日发布）

各省、自治区、直辖市、计划单列市财政厅（局）、国家税务局、地方税务局：

根据《国务院办公厅转发财政部等部门关于推动我国动漫产业发展若干意见的通知》（国办发［2006］32号）的精神，文化部会同有关部门于2008年12月下发了《动漫企业认定管理办法（试行）》（文市发［2008］51号）。为促进我国动漫产业健康快速发展，增强动漫产业的自主创新能力，现就扶持动漫产业发展的有关税收政策问题通知如下：

一、关于增值税

在2010年12月31日前，对属于增值税一般纳税人的动漫企业销售其自主开发生产的动漫软件，按17%的税率征收增值税后，对其增值税实际税负超过3%的部分，实行即征即退政策。退税数额的计算公式为：应退税额＝享受税收优惠的动漫软件当期已征税款－享受税收优惠的动漫软件当期不含税销售额×3%。动漫软件出口免征增值税。上述动漫软件的范围，按照《文化部　财政部　国家税务总局关于印发〈动漫企业认定管理办法（试行）〉的通知》（文市发［2008］51号）的规定执行。

二、关于企业所得税

经认定的动漫企业自主开发、生产动漫产品，可申请享受国家现行鼓励软件产业发展的所得税优惠政策。

三、关于营业税

对动漫企业为开发动漫产品提供的动漫脚本编撰、形象设计、背景设计、动画设计、分镜、动画制作、摄制、描线、上色、画面合成、配音、配乐、音效合成、剪辑、字幕制作、压缩转码（面向网络动漫、手机动漫格式适配）劳务，在2010年12月31日前暂减按3%税率征收营业税。

四、关于进口关税和进口环节增值税

经国务院有关部门认定的动漫企业自主开发、生产动漫直接产品，确需进口的商品可享受免征进口关税和进口环节增值税的优惠政策。具体免税商品范围及管理办法由财政部会同有关部门另行制定。

五、本通知所称动漫企业和自主开发、生产动漫产品的认定标准和认定程序，按照《文化部　财政部　国家税务总局关于印发〈动漫企业认定管理办法（试行）〉的通知》（文市发［2008］51号）的规定执行。

六、本通知从2009年1月1日起执行。

## 文化部、财政部、国家税务总局关于实施《动漫企业认定管理办法（试行）》有关问题的通知

文产发【2009】18号
（2009年6月4日发布）

各省、自治区、直辖市、计划单列市文化厅（局）、财政厅（局）、国家税务局、地方税务局：

为贯彻落实《动漫企业认定管理办法（试行）》（文市发〔2008〕51号，以下简称《办法》），做好动漫企业认定管理工作，确保动漫企业认定工作顺利推进，推动我国动漫产业的健康快速发展，现就有关事项通知如下：

一、尽快建立健全工作机制，加快认定进程

各省、自治区、直辖市文化行政部门与同级财政、税务部门要抓紧成立省级认定机构，健全工作机制，在严格执行认定工作原则和规范的情况下，对符合条件的企业尽快开展认定初审和材料上报工作。省级认定机构办公室设在各省、自治区、直辖市文化行政部门。认定工作中遇到问题请及时研究解决和上报全国动漫企业认定管理工作办公室。文化部、财政部和国家税务总局将对动漫产业税收政策执行情况进行监督检查。

二、严格把握认定标准

《办法》所称动漫企业，不包括漫画出版、发行，动画播出、放映，网络动漫传播以及动漫衍生产品生产、销售等为主营业务的企业。

企业拥有的自主知识产权是指企业近3年内（至申报日前）获得的自主知识产权。

企业营业场所产权证明或者租赁意向书（含出租方的产权证明），营业场所为企业自有产权的，提供房产证复印件加盖企业公章；营业场所为企业租赁的，提供产权方房产证复印件加盖公章或房主签字，并提供房屋租赁合同加盖企业公章。

企业申请动漫企业资格，应提供具有资质的中介机构鉴证的企业财务年度报表（含资产负债表、损益表、现金流量表）等企业经营情况，以及企业年度研究开发费用情况表，并附研究开发活动说明材料，并加盖具有资质的中介机构的公章。各地认定机构应认真核验申请材料。

三、动漫企业认定年审受理申请时间为每年的5月1日—7月31日

四、计划单列市所在省文化厅本着方便、快捷原则，可根据本地实际情况制定计划单列市动漫企业认定工作的具体办法。

五、《办法》第十四条规定的动漫企业认定申请材料格式见本通知附件1，申请认定的企业应填写动漫企业认定申请书，格式见本通知附件2。

特此通知。

# 7. 文化旅游行业

## 国务院《关于加快发展旅游业的意见》

国发【2009】41号
（2009年12月1日发布）

各省、自治区、直辖市人民政府，国务院各部委、各直属机构：

旅游业是战略性产业，资源消耗低，带动系数大，就业机会多，综合效益好。改革开放以来，我国旅游业快速发展，产业规模不断扩大，产业体系日趋完善。当前我国正处于工业化、城镇化快速发展时期，日益增长的大众化、多样化消费需求为旅游业发展提供了新的机遇。为充分发挥旅游业在保增长、扩内需、调结构等方面的积极作用，现就加快发展旅游业提出如下意见：

### 一、总体要求

（一）指导思想。以邓小平理论和“三个代表”重要思想为指导，深入贯彻落实科学发展观，进一步解放思想，深化改革开放，加强统筹协调，转变发展方式，提升发展质量，把旅游业培育成国民经济的战略性支柱产业和人民群众更加满意的现代服务业。

（二）基本原则。坚持改革开放，破除体制机制性障碍，充分发挥市场配置资源的基础性作用，走内涵式发展道路，实现速度、结构、质量、效益相统一；坚持以人为本，安全第一，寓管理于服务之中，不断满足人民群众日益增长的旅游消费需求；坚持以国内旅游为重点，积极发展入境旅游，有序发展出境旅游；坚持因地制宜，突出优势，推动各地旅游业特色化发展；坚持节能环保，合理利用资源，实现旅游业可持续发展。

（三）发展目标。到2015年，旅游市场规模进一步扩大，国内旅游人数达33亿人次，年均增长10%；入境过夜游客人数达9000万人次，年均增长8%；出境旅游人数达8300万人次，年均增长9%。旅游消费稳步增长，城乡居民年均出游超过2次，旅游消费相当于居民消费总量的10%。经济社会效益更加明显，旅游业总收入年均增长

12%以上，旅游业增加值占全国 GDP 的比重提高到 4.5%，占服务业增加值的比重达到 12%。每年新增旅游就业 50 万人。旅游服务质量明显提高，市场秩序明显好转，可持续发展能力明显增强，力争到 2020 年我国旅游产业规模、质量、效益基本达到世界旅游强国水平。

## 二、主要任务

（四）深化旅游业改革开放。放宽旅游市场准入，打破行业、地区壁垒，简化审批手续，鼓励社会资本公平参与旅游业发展，鼓励各种所有制企业依法投资旅游产业。推进国有旅游企业改组改制，支持民营和中小旅游企业发展，支持各类企业跨行业、跨地区、跨所有制兼并重组，培育一批具有竞争力的大型旅游企业集团。积极引进外资旅游企业。在试点的基础上，逐步对外商投资旅行社开放经营中国公民出境旅游业务。支持有条件的旅游企业“走出去”。要按照统筹协调、形成合力的要求，创新体制机制，推进旅游管理体制改革。支持各地开展旅游综合改革和专项改革试点，鼓励有条件的地方探索旅游资源一体化管理。旅游行政管理及相关部门要加快职能转变，把应当由企业、行业协会和中介组织承担的职能和机构转移出去。五年内，各级各类旅游行业协会的人员和财务关系要与旅游行政管理等部门脱钩。

（五）优化旅游消费环境。逐步建立以游客评价为主的旅游目的地评价机制。景区门票价格调整要提前半年向社会公布，所有旅游收费均应按规定向社会公示。全面落实旅游景区对老年人和学生等特殊人群门票优惠政策。增加旅游目的地与主要客源地间的航线航班、旅游列车，完善旅客列车车票的预售和异地购票办法。城市公交服务网络要逐步延伸到周边主要景区和乡村旅游点，公路服务区要拓展旅游服务功能。进一步完善自驾车旅游服务体系。规范引导自发性旅游活动。博物馆、金融服务网点、邮政服务网点等在旅游旺季应适当延长开放和服务时间。各类经营场所的公用厕所要对游客开放。建立健全旅游信息服务平台，促进旅游信息资源共享。广播、电视、报刊、网站等公共媒体要积极开设旅游栏目，加大旅游公益宣传力度。

（六）倡导文明健康的旅游方式。在全社会大力倡导健康旅游、文明旅游、绿色旅游，使城乡居民在旅游活动中增长知识、开阔视野、陶冶情操。景区景点、宾馆饭店和旅行社等旅游企业要通过多种形式，引导每一位旅游者自觉按照《中国公民国内旅游文明行为公约》和《中国公民出境旅游文明行为指南》文明出行、文明消费。旅游者要尊重自然，尊重当地文化，尊重服务者，抵制不良风气，摒弃不文明行为。出境旅游者要维护良好的对外形象，做传播中华文明的使者。

（七）加快旅游基础设施建设。重点建设旅游道路、景区停车场、游客服务中心、旅游安全以及资源环境保护等基础设施。实施旅游厕所改扩建工程。加强主要景区连接交通干线的旅游公路建设。规划建设水路客运码头要充分考虑旅游业发展需求。加快推进中西部支线机场建设，完善旅游航线网络。确保景区和交通沿线通信顺畅。加强重点城市游客集散中心建设。力争通过五年努力，全国所有 A 级景区旅游交通基本畅通，旅游标识系统基本完善，旅游厕所基本达标，景区停车场基本满足需要。

（八）推动旅游产品多样化发展。实施乡村旅游富民工程。开展各具特色的农业观光和体验性旅游活动。在妥善保护自然生态、原居环境和历史文化遗存的前提下，合理利用民族村寨、古村古镇，建设特色景观旅游村镇，规范发展“农家乐”、休闲农庄等旅游产品。依托国家级文化、自然遗产地，打造有代表性的精品景区。积极发展休闲度假旅游，引导城市周边休闲度假带建设。有序推进国家旅游度假区发展。规范发展高尔夫球场、大型主题公园等。继续发展红色旅游。

（九）培育新的旅游消费热点。大力推进旅游与文化、体育、农业、工业、林业、商业、水利、地质、海洋、环保、气象等相关产业和行业的融合发展。支持有条件的地区发展生态旅游、森林旅游、商务旅游、体育旅游、工业旅游、医疗健康旅游、邮轮游艇旅游。把旅游房车、邮轮游艇、景区索道、游乐设施和数字导览设施等旅游装备制造业纳入国家鼓励类产业目录，大力培育发展具有自主知识产权的休闲、登山、滑雪、潜水、露营、探险、高尔夫等各类户外活动用品及宾馆饭店专用产品。大力发展旅游购物，提高旅游商品、旅游纪念品在旅游消费中的比重。以大型国际展会、重要文化活动和体育赛事为平台，培育新的旅游消费热点，特别要抓住举办 2010 年上海世界博览会的机遇，扩大旅游消费。

（十）提高旅游服务水平。以游客满意度为基准，全面实施《旅游服务质量提升纲要》。以人性化服务为方向，提升从业人员服务意识和服务水平。以品牌化为导向，鼓励专业化旅游管理公司推进品牌连锁，促进旅游服务创新。以标准化为手段，健全旅游标准体系，抓紧制定并实施旅游环境卫生、旅游安全、节能环保等标准，重点保障餐饮、住宿、厕所的卫生质量。以信息化为主要途径，提高旅游服务效率。积极开展旅游在线服务、网络营销、网络预订和网上支付，充分利用社会资源构建旅游数据中心、呼叫中心，全面提升旅游企业、景区和重点旅游城市的旅游信息化服务水平。

（十一）丰富旅游文化内涵。把提升文化内涵贯穿到吃住行游购娱各环节和旅游业发展全过程。旅游开发建设要加强自然文化遗产保护，深挖文化内涵，普及科学知识。旅游商品要提高文化创意水平，旅游餐饮要突出文化特色，旅游经营服务要体现人文特质。要发挥文化资源优势，推出具有地方特色和民族特色的演艺、节庆等文化旅游产品。充分利用博物馆、纪念馆、体育场馆等设施，开展多种形式的文体旅游活动。集中力量塑造中国国家旅游整体形象，提升文化软实力。

（十二）推进节能环保。实施旅游节能节水减排工程。支持宾馆饭店、景区景点、乡村旅游经营户和其他旅游经营单位积极利用新能源新材料，广泛运用节能节水减排技术，实行合同能源管理，实施高效照明改造，减少温室气体排放，积极发展循环经济，创建绿色环保企业。五年内将星级饭店、A级景区用水用电量降低20%。合理确定景区游客容量，严格执行旅游项目环境影响评价制度，加强水资源保护和水土保持。倡导低碳旅游方式。

（十三）促进区域旅游协调发展。中西部和边疆民族地区要利用自然、人文旅游资源，培育特色优势产业。东部发达地区、东北等老工业基地要通过经济结构调整，提升旅游发展水平。有序推进香格里拉、丝绸之路、长江三峡、青藏铁路沿线和东北老工业基地、环渤海地区、长江中下游地区、黄河中下游地区、泛珠三角地区、海峡西岸、北部湾地区等区域旅游业发展，完善旅游交通、信息和服务网络。积极推动海南国际旅游岛建设。继续促进内地居民赴香港、澳门旅游。加强海峡两岸旅游交流与合作。

## 三、保障措施

（十四）加强规划和法制建设。制定全国旅游业发展规划。旅游基础设施和重点旅游项目建设要纳入国民经济和社会发展规划。编制和调整城市总体规划、土地利用规划、海洋功能区划、基础设施规划、村镇规划要充分考虑旅游业发展需要。制定国民旅游休闲纲要。设立“中国旅游日”。落实带薪休假制度。抓紧旅游综合立法，加快制定旅游市场监管、资源保护、从业规范等专项法规，不断完善相关法律法规。

（十五）加强旅游市场监管和诚信建设。落实地方政府、经营主体、相关部门的监管责任。健全旅游监管体系，完善旅游质量监管机构，加强旅游服务质量监督管理和旅游投诉处理。旅游、工商、公安、商务、卫生、质检、价格等部门要加强联合执法，开展打击非法从事旅游经营活动，整治“零负团费”、虚假广告、强迫或变相强迫消费等欺诈行为，维护游客合法权益。加强旅游诚信体系建设，开展诚信旅游创建活动，制订旅游从业人员诚信服务准则，建立旅行社、旅游购物店信用等级制度。发挥旅游行业协会的作用，提高行业自律水平。

（十六）加强旅游从业人员素质建设。整合旅游教育资源，加强学科建设，优化专业设置，深化专业教学改革，大力发展旅游职业教育，提高旅游教育水平。建立和完善旅游职业资格和职称制度，健全职业技能鉴定体系，培育职业经理人市场。抓紧改革完善导游等级制度，提高导游人员专业素质和能力，鼓励专业技术人员特别是离退休老专家、老教师从事导游工作。实施全国旅游培训计划，加强对红色旅游、乡村旅游和文化遗产旅游从业人员培训，五年内完成对旅游企业全部中高级管理人员和导游人员的分级分类培训。

（十七）加强旅游安全保障体系建设。以旅游交通、旅游设施、旅游餐饮安全为重点，严格安全标准，完善安全设施，加强安全检查，落实安全责任，消除安全隐患，建立健全旅游安全保障机制。严格执行安全事故报告制度和重大责任追究制度。完善旅游安全提示预警制度，重点旅游地区要建立旅游专业气象、地质灾害、生态环境等监测和预报预警系统。防止重大突发疫情通过旅行途径扩散。推动建立旅游紧急救援体系，完善应急处置机制，健全出境游客紧急救助机制，增强应急处置能力。搞好旅游保险服务，增加保险品种，扩大投保范围，提高理赔效率。

（十八）加大政府投入。地方各级政府要加大对旅游基础设施建设的投入。各级财政要加大对旅游宣传推广、人才培训、公共服务的支持力度。中央政府投资重点支持中西部地区重点景区、红色旅游、乡村旅游等的基础设施建设。国家旅游发展基金重点用于国家旅游形象宣传、规划编制、人才培训、旅游公共服务体系建设等。安排中央财政促进服务业发展专项资金、扶持中小企业发展专项资金、外贸发展基金以及节能减排专项资金时，要对符合条件的旅游企业给予支持。要把旅游促进就业纳入就业发展规划和职业培训计划，落实好相关扶持政策。完善“家电下乡”政策，支持从事“农家乐”等乡村旅游的农民批量购买家电产品和汽车摩托车。

（十九）加大金融支持。对符合旅游市场准入条件和信贷原则的旅游企业和旅游项目，要加大多种形式的融资授信支持，合理确定贷款期限和贷款利率。符合条件的旅游企业可享受中小企业贷款优惠政策。对有资源优势和市场潜力但暂时经营困难的旅游企业，金融机构要按规定积极给予信贷支持。进一步完善旅游企业融资担保等信用增强体系，加大各类信用担保机构对旅游企业和旅游项目的担保力度。拓宽旅游企业融资渠道，金融机构对商业性开发景区可以开办依托景区经营权和门票收入等质押贷款业务。鼓励中小旅游企业和乡村旅游经营户以互助联保方式实现小额融资。支持符合条件的旅游企业发行短期融资券、企业债券和中期票据，积极鼓励符合条件的旅游企业在中小企业板和创业板上市融资。鼓励消费金融公司在试点过程中积极提供旅游消费信贷服务。积极推进金融机构和旅游企业开展多种方式的业务合作，探索开发适合旅游消费需要的金融产品，增强银行卡的旅游服务功能。

（二十）完善配套政策和措施。落实宾馆饭店与一般工业企业同等的用水、用电、用气价格政策。允许旅行社参与政府采购和服务外包。旅行社按营业收入缴纳的各种收费，计征基数应扣除各类代收服务费。排放污染物达到国家标准或地方标准并已进入城市污水处理管网的旅游企业，缴纳污水处理费后，免征排污费。旅游企业用于宣传促销的费用依法纳入企业经营成本。鼓励银行卡收费对旅行社、景区售票商户参照超市和加油站档次进行计费，进一步研究适当降低对宾馆饭店的收费标准。年度土地供应要适当增加旅游业发展用地。积极支持利用荒地、荒坡、荒滩、垃圾场、废弃矿山、边远海岛和可以开发利用的石漠化土地等开发旅游项目。支持企事业单位利用存量房产、土地资源兴办旅游业。

各地区、各有关部门要提高对加快发展旅游业重要意义的认识，强化大旅游和综合性产业观念，把旅游业作为新兴产业和新的经济增长点加以培育、重点扶持，切实抓好本意见的贯彻落实。国家发展改革委负责综合协调，国家旅游局会同有关部门进行业务指导并对本意见的贯彻执行情况开展督促检查。各级旅游行政管理及相关部门要充分发挥职能优势，加强协调配合，推动旅游业又好又快发展。

## 文化部、国家旅游局关于促进文化与旅游结合发展的指导意见

文市发【2009】34号
（2009年8月31日发布）

各省、自治区、直辖市文化厅（局）、旅游局，新疆生产建设兵团文化局、旅游局：

为落实中央扩大内需的战略部署，推进文化与旅游协调发展，满足人民群众日益增长的文化消费需求，现提出以下意见：

### 一、高度重视文化与旅游的结合发展

近年来，在各级党委、政府的领导和支持下，文化、旅游相互融合、相互促进，取得了一定的经济效益和良好的社会效益。但总的来看，文化与旅游结合发展仍存在合作领域不宽广、合作机制不顺畅、政策扶持不到位等问题，文化旅游发展现状与当前日益增长的市场需求还不完全适应。在新形势下促进文化与旅游深度结合，是文化和旅游部门的共同责任。

文化是旅游的灵魂，旅游是文化的重要载体。加强文化和旅游的深度结合，有助于推进文化体制改革，加快文化产业发展，促进旅游产业转型升级，满足人民群众的消费需求；有助于推动中华文化遗产的传承保护，扩大中华文化的影响，提升国家软实力，促进社会和谐发展。各地要从构建社会主义和谐社会的高度，以“树形象、提品质、增效益”为目标，采取积极措施加强文化与旅游结合，切实推动社会主义文化大发展大繁荣。

### 二、推进文化与旅游结合发展的主要措施

（一）打造文化旅游系列活动品牌。举办全国性文化旅游节庆活动。从2010年开始，文化部、国家旅游局每4年推出一个中国文化旅游主题年，每2年举办一届中国国际文化旅游节。引导区域性文化旅游节庆活动。在兼顾时间和地域布局的前提下，文化部和国家旅游局每2年公布8至10个地方文化旅游节庆活动扶持名录，并通过联合举办、政策优惠、资金补贴等多种方式进行支持，期满后根据活动绩效对扶持名录进行调整并予以公布。

（二）打造高品质旅游演艺产品。从促进旅游发展的角度，鼓励对现有演艺资源进行整合利用，鼓励社会资本以投资、参股、控股、并购等方式进入旅游演出市场，允许适度引进境外资本投资国内旅游演出市场。鼓励运用现代高新科学技术，创新演出形式，提升节目创意，突出地域特点和文化特色，打造优秀旅游演出节目。旅游景区（点）要广泛吸纳文艺演出团体和艺术表演人才以多种方式灵活参与景区经营，不断提高景区（点）的文化内涵。有条件的红色旅游景区，要积极开发面向市场、面向群众的演出活动，丰富红色旅游的文化内涵，提高红色旅游的经济效益。

（三）利用非物质文化遗产资源优势，开发文化旅游产品。坚持保护为主、合理利用的原则，既要保留非物质文化遗产的原生态和本真性，又要通过旅游开发向外界宣传推广。对传统技艺类非物质文化遗产，通过生产性保护方式，加以合理利用，为旅游业和文化产业发展注入新鲜元素。对传统表演艺术类非物质文化遗产，一方面注重原真形态的展示，另一方面通过编排，成为具有地方民族特色和市场效益的文化旅游节目。依托文化生态保护实验区中独具特色的文化生态资源，积极发展文化观光游、文化体验游、文化休闲游等多种形式的旅游活动。

（四）实施品牌引领战略，引导文化旅游产品开展品牌化经营。以旅游热点地区为重点，采取地方申报，文化部和国家旅游局认定的方式，编制双年度《国家文化旅游重点项目名录》，对列入名录的文化旅游项目在行业政策、项目审批、信息服务和市场开拓等方面给予重点扶持。对文化旅游结合发展成效突出的典型项目，文化部和国家旅

游局共同进行表彰。给予一批以资本为纽带的文化旅游企业必要的政策扶持，支持其向集团化和品牌化方向发展。引导和支持优秀旅游城市规划建设旅游文化名街、名镇，推进文化旅游示范县建设，打造文化旅游特色产业聚集区。

（五）鼓励主题公园、旅游度假区设立连锁网吧、游戏游艺场所。结合不同主题公园、旅游度假区的特点，鼓励网吧连锁企业在符合一定标准和条件的主题公园和旅游度假区开设直营连锁门店，鼓励游艺娱乐企业在主题公园和旅游度假区开设游艺娱乐场所，丰富文化主题内容，创新文化传播体验方式，提升主题公园和旅游度假区的感染力和吸引力，打造一站式旅游消费和文化娱乐园区。

（六）举办文化旅游项目推介洽谈会，推动文化旅游企业开展合作。各级文化和旅游部门通过举办论坛、投资洽谈会、项目交易会等形式，推进文化企业与旅游企业的沟通与合作。鼓励以资本为纽带的文化、旅游企业间的合作，实现优势互补、市场共享。旅行社企业要积极组织和宣传具有地方特色的文化项目和文化活动，提升旅游产品的文化品位。

（七）深度开发文化旅游工艺品（纪念品）。文化行政部门鼓励创意制作符合地方文化特点的文化旅游工艺品（纪念品），挖掘旅游品牌的形象价值，拓展旅游品牌的产业链条；旅游部门积极创造条件，加强文化旅游工艺品（纪念品）的市场推广，逐步提高工艺品（纪念品）的信誉和影响力。举办全国文化旅游工艺品（纪念品）博览会和全国文化旅游工艺品（纪念品）创意设计大赛。鼓励有创新特色的文化旅游工艺品（纪念品）申请外观设计专利，加强对文化旅游工艺品（纪念品）的知识产权保护。

（八）加强文化旅游产品的市场推广。文化旅游推广与对外文化工作相结合，在中国与其他国家举办的文化年或其他主题文化活动中增设旅游产品和项目展示，整合各方资源，增强宣传效果，扩大国际影响。旅游部门发挥市场推广优势，将反映地方文化特色的文化产品纳入国内外旅游项目推广计划，充实旅游产品的文化内涵。

（九）积极培育文化旅游人才。文化部与国家旅游局联合编制文化旅游人才培训规划，确立一批文化旅游实践基地和文化旅游人才培养院系（专业），加强文化旅游人才培训。根据市场需求和文化旅游产业发展实际，定期组织文化旅游从业人员业务培训，联合开展导游和讲解员培训，努力培育一支高素质、专业化的文化旅游人才队伍。

（十）规范文化旅游市场经营秩序。文化市场执法机构与旅游质监机构要建立规范文化旅游市场经营秩序的联合监管机制，开展联合执法和日常监督检查。要依照法律法规规定，抓住重点问题、关键环节实施监管。坚决打击欺骗、胁迫旅游者参加计划外自付费项目或强制购物的行为；打击导游司机私自收受高额回扣行为；打击假冒伪劣文化旅游工艺品（纪念品）；打击宣扬低俗色情和封建迷信的文化旅游产品和非法经营行为。

### 三、加强组织领导，完善工作机制

建立文化部门与旅游部门协作配合长效工作机制，进一步加强对文化旅游结合工作的领导。文化部和国家旅游局成立两部门分管部局领导牵头，相关职能司局参加的文化旅游合作发展领导小组。各级文化部门和旅游部门要建立相应合作协调工作机制，制定本地区文化旅游发展规划，定期通报文化旅游结合发展的最新动态，加强本地区文化旅游的紧密合作。

各级文化和旅游部门要进一步增强对文化旅游结合发展重要性的认识，增强使命感和责任感。要按照本《意见》要求，在当地党委和政府的领导下，结合本地工作实际，抓紧制定贯彻本《意见》的具体办法，精心组织，周密部署，扎实推进，确保各项政策措施落到实处。要加强统筹、分工协作，进一步完善文化旅游合作机制，积极探索推进文化旅游协作的新方法、新思路、新途径，不断开创文化旅游工作的新局面。

## 8. 新媒体行业

# 文化部关于进一步净化网吧市场有关工作的通知

文市发【2009】9号
（2009年3月28日发布）

各省、自治区、直辖市文化厅（局）、工商行政管理局、公安厅（局）、通信管理局、关工委，新疆生产建设兵团文化局、公安局、关工委，北京市、天津市、上海市、重庆市、宁夏回族自治区文化市场行政执法总队：

为深入学习实践科学发展观，进一步落实《中华人民共和国未成年人保护法》、《中共中央、国务院关于进一步净化社会文化环境促进未成年人健康成长的若干意见》（中办发〔2009〕6号），大力净化网吧市场，开展网吧集中整治，保护未成年人合法权益，在2008年文化部、工商总局、公安部《关于网吧管理工作有关问题的通知》（文市发〔2008〕25号）基础上，现就2009年网吧管理重点工作部署如下：

### 一、严厉查处网吧违规接纳未成年人

各地文化行政部门要严格执法，强化日常监管，以查处网吧违规接纳未成年人为重点，会同公安、工商、通信

等部门有针对性地开展净化网吧专项行动，对市场混乱、监管不力、群众反映强烈的地区开展集中整治，务求整肃网吧市场秩序，形成净化网吧的社会声势，为未成年人创造良好的社会环境。

（一）严格禁止网吧接纳未成年人。

文化行政部门对网吧接纳未成年人行为要继续坚持严管重罚，严格禁止网吧接纳未成年人。当地网吧市场执法与未成年人保护水平是文化市场行政执法考评的重要指标，要作为评选文化市场行政执法先进单位和个人的重要依据。文化部和省级文化行政部门要加大督查力度，对保护未成年人措施有力、网吧市场经营规范的地区给予表扬奖励；对未成年人进入屡禁不止、网吧市场秩序混乱的给予通报批评。要根据执法检查情况、督查暗访结果以及媒体曝光和群众反映，对网吧违规接纳未成年人问题严重、出现问题长期得不到解决的地区和单位，依法追究有关负责人的责任。

（二）加大农村网吧监管力度

建立健全农村文化市场监管体系。要以严厉查处农村及城乡结合部非法网吧为重点，加强农村文化市场监管，保护留守儿童和外来务工人员子女等城乡未成年人的身心健康。明确县级行政管理部门作为农村网吧管理的责任单位，加大投入力度，充实执法力量，保障人员经费，改善执法装备，采取多种措施增强监管和执法的实效性。依托乡镇综合文化站，发挥乡镇文化专干在巡查、取证、举报等方面的作用，建立省市督查考核、县级主要负责、乡镇群体参与的农村网吧层级管理责任制。同时探索农村绿色网吧建设，促进公益性文化建设与市场运营机制相结合，实现农村网吧市场规范有序发展。

（三）切实加强社会监督。

各级文化行政部门要与关心下一代工作委员会加强沟通协作，完善网吧社会监督制度，按照中办发〔2009〕6号文件规定争取地方财政解决保障经费，为加强网吧社会监督创造必要条件。做好老干部、老战士、老专家、老教师、老模范等“五老”志愿者及其他网吧监督员的选拔聘任、颁发聘书、法规培训工作，明确监督员的工作职责，保障监督员的基本权益。扩大充实网吧义务监督员队伍，根据实际情况和需要为网吧配备1——2名义务监督员，运用教育引导、劝阻说服、检查监督等手段，随时发现、制止和举报未成年人进入网吧。

（四）充分发挥行业自律

要加快筹建全国及地方网吧行业协会，充分发挥网吧行业协会在网吧管理工作中的重要作用。各地网吧行业协会要积极行动，采取措施，制定当地净化网吧自律方案，建立和完善行业自律公约，引导网吧经营者自查自纠自律，自觉为净化社会环境作出贡献。

## 二、坚决取缔黑网吧

各地工商、公安、文化、通信部门要进一步增强取缔黑网吧的责任感和紧迫感，将取缔黑网吧作为网吧管理头等大事来抓。根据各自的职责分工，以大决心、下大力气，积极主动、及时果断查处取缔黑网吧，查处不力的要追究主管部门的责任。

（一）加大黑网吧查处取缔力度

各部门要保持打击黑网吧的高压态势，部署更有针对性的措施。加大巡查次数和巡查力度，以农村、城乡结合部、学校周边黑网吧为重点，继续开展查处和取缔黑网吧专项整治行动。对无证照及证照不全的网吧一律坚决取缔，依法没收其违法所得及其工具、设备，并经由通信管理部门通知相关互联网接入服务企业对其采取断网措施。严禁对无证照经营的营业场所收费，严禁随意降低处罚标准，杜绝以罚代管。加强对出租屋的管理，严禁出租屋业主为黑网吧经营提供场所。广泛开展打击黑网吧宣传工作，积极动员“五老”等社会力量参与。全面强化工商所等有关基层执法部门的监管职能，建立属地责任追究制度。

（二）规范网吧接入服务行为

发挥宽带接入服务企业在黑网吧发现工作中的重要作用。宽带接入服务企业要自觉规范互联网接入服务行为，一是在与宽带用户签订的服务合同的格式条款中，应当明确约定用户从事网吧经营活动必须取得相应法定许可，否则将停止为其提供接入服务；二是在宽带安装施工人员入户安装时，要对用户是否从事网吧经营进行核实。三是为发现甄别黑网吧积极提供协助，根据工商、公安、文化等部门书面提请协查的、疑似黑网吧的用户，按照相关部门与通信管理部门商定的程序和机制，实施有针对性地监测，并将监测情况反馈有关部门。经有关部门认定为黑网吧的，按照服务合同的约定停止提供接入服务。

（三）建立黑网吧整治协作机制

各级工商、文化、公安、通信部门要建立黑网吧整治协作机制。各地社区民警、基层文化执法人员要主动开展对黑网吧的摸排和线索搜集工作，对发现的黑网吧和被吊销许可证的网吧，应及时将名单书面通报工商部门，并积极配合工商部门予以取缔。工商部门也应将查处取缔结果及时书面反馈，形成各部门对黑网吧的线索移交、配合打击、通报反馈机制。

## 三、严格网吧市场准入审核关

坚持严控总量、调整存量、优化结构，着力推动网吧经营连锁化，提升网吧服务水平和行业形象，把网吧建设成为传播文明的窗口。

（一）严格执行网吧总量布局规划

各级文化行政部门不得突破文化部核准的2008年——2009年网吧发展总量布局规划，不得擅自增加网吧总量，本年度未完成的指标数量可顺延到下一年度。上级文化行政部门对下级文化行政部门的规划执行情况及时跟踪，严格督导，对违规审批的地区和相关责任人依法给予处分。各地文化行政部门的网吧布局规划方案及执行情况要及时通报工商、公安、通信部门。

（二）开展网吧管理分类试点工作。

在文化部指导下，广东、湖北、湖南、江苏、辽宁、山东省文化行政部门分别以“解决外来农民工上网难问题”、“综合治理黑网吧问题”、“推进网吧连锁化经营问题”、“农村网吧发展与管理问题”、“农村网吧信息服务建设问题”等网吧管理难点、重点为内容开展分类试点工作，针对地区差异，创新方式方法，确保试点工作试出经验、试出成效。

（三）强化网吧市场退出机制

要规范网吧法人变更手续，遏制网吧牌照倒卖行为。网吧经营单位办理变更法定代表人登记事项的，应先注销其《网络文化经营许可证》后，按新设立互联网上网服务营业场所的标准和条件重新受理申请。依法清理违规网吧，对多次违规接纳未成年人、经营秩序混乱的经营单位要坚决吊销《网络文化经营许可证》，将扰乱市场秩序的违规企业清理出网吧市场。

（四）加快连锁网吧建设

积极优化网吧市场结构，综合运用经济、行政等多种手段扶持连锁网吧的发展。各地经文化部已批复的总量布局规划指标，应全部用于网吧连锁企业的直营门店布点。要在制度安排、政策扶持上，鼓励和推进网吧连锁企业兼并、重组现有存量市场中的单体企业。要严格规范网吧连锁企业的经营行为，杜绝“假连锁”、“假加盟”等现象。各地要积极借鉴有关地方网吧连锁试点经验，创新体制机制，使连锁企业发挥更大的示范效应和带动作用。

## 四、抵制低俗暴力内容在网吧传播

（一）坚决治理违法有害信息

各地公安部门继续依法坚决打击利用网吧传播淫秽色情信息等违法犯罪活动，进一步推进在网吧实施互联网安全保护措施，以制作、复制、发布、传播淫秽色情有害信息为重点，严厉打击利用网吧进行的“黄赌毒”违法犯罪活动，删除、封堵有害信息和不良网站，对发现的违法犯罪行为坚决予以打击，确保信息安全。对在网吧内制作、复制、发布和传播淫秽色情信息不制止、不举报的网吧业主，依据《治安管理处罚法》等有关规定予以处罚。

（二）加强网吧内文化内容监管

1. 推进网吧文化内容知识产权保护。文化行政部门要加强网吧内文化内容的监管，在积极配合公安部门打击网吧违法有害信息传播的同时，依法打击通过网吧下载、使用淫秽色情、凶杀暴力、格调低俗、侵权盗版等文化内容的经营行为，消除文化安全隐患，为消费者提供合法、健康的精神文化产品。为网吧提供网络文化内容产品的经营单位应按《互联网文化暂行规定》具备互联网文化经营活动资质，为其所提供的文化内容合法性负责，要按照国家有关规定对其经营的网络文化产品内容进行严格审核，并将拥有合法知识产权的网络文化产品名录及其相关证明材料定期向国务院文化行政部门报备。

2. 强化网吧内文化内容日常监管。网吧经营者不得向消费者提供非法网络文化产品，应与合法网络文化内容产品经营企业签订购买协议或使用授权。文化执法部门将对网吧服务器内存储的网络文化产品、安装的内容提供软件进行定期检查以及日常抽查，经营非法网络文化产品的网吧将被勒令删除违规内容；情节严重的依法查处。

（三）加快网络文化市场监管平台建设，提高技术监管水平。全面提升文化市场技术监管水平，建成覆盖全国的网络文化市场计算机监管平台，是2009年监管平台建设的工作目标。各地要严格按照《文化部关于加快推进全国网络文化市场计算机监管平台建设的通知》（文市函〔2009〕186号）要求，在经费、人力等方面加大保障力度，确保建设任务按时保质完成。要充分利用技术监管平台，建立非法网络文化产品“黑名单”，下发非法游戏特征码和非法网站名单，在网吧内有效屏蔽有害信息、非法游戏和不良网站。加强执法检查力度，严厉查处擅自停止实施经营管理技术措施的行为，提高监管系统在全国网吧计算机终端的覆盖率和在线率。

（四）改善网吧安全秩序

加大整治网吧及其周边治安问题，打击网吧“黄赌毒”活动，控制、减少各类案件的发生，确保网吧治安秩序良好，努力维护网络信息安全和社会稳定。要加大网吧消防安全检查力度，对存在消防安全隐患的，要及时予以消除。大力推进第二代身份证实名识别登记系统，落实“四个及时报警”（发现可疑人员、发现上网人员携带管制刀具等违禁物品、发现上网人员之间发生打斗、发现刑事案件时及时报警）。

## 五、完善网吧及网络游戏管理工作协调机制建设

文化行政部门作为牵头单位，要积极推进全国及各地完善网吧及网络游戏管理工作协调机制建设，工作会议常态化，工作简报规范化，形成有关部门各司其职，各负其责，互通信息，协作配合的工作体系和工作机制。指导各

地网吧及网络游戏管理工作协调小组在当地政府领导下，全面推进网吧管理工作，深入开展网吧净化集中整治，抓紧抓细，抓出成效，切实发挥协调小组在净化网吧、网络工作中的组织协调作用，为未成年人创造良好的社会环境。

特此通知。

## 网吧连锁企业认定管理办法

文市发【2009】35号
（2009年9月7日发布）

**第一章　总　则**

第一条　为加强互联网上网服务营业场所（以下简称“网吧”）管理，推进网吧连锁企业健康发展，制定本办法。

第二条　本办法所指的网吧连锁企业是指在企业总部的统一管理下，按照连锁经营的组织规范，以统一服务规范、统一财务管理，统一形象标识和统一计算机远程管理的形式，由企业总部或其分公司、子公司全额投资或控股开设的直营门店开展互联网上网服务经营活动的投资管理企业。

特许或加盟等形式的连锁网吧经营单位不在本办法调整范围内。

第三条　国家扶持和鼓励网吧的连锁化、规模化、专业化、品牌化，支持和引导非连锁网吧向连锁业态发展。

第四条　网吧连锁企业应加强管理，严格自律，努力提高经营管理水平，完善服务管理体系，为促进网吧行业规范发展，提高我国社会信息化服务水平做出贡献。

**第二章　组织与实施**

第五条　国务院文化行政部门负责组织、指导、协调、管理和监督网吧连锁企业的认定工作，主要职责为：

（一）负责全国网吧连锁企业的认定、公布和年审工作；

（二）指导各地网吧连锁企业的认定工作，接受网吧连锁企业备案；

（三）受理有关举报，受理对认定结果或年审结果的复核申请；

（四）根据网吧连锁企业发展状况和国家产业政策调整，适时修订网吧连锁企业认定条件和相关政策。

第六条　各省、自治区、直辖市文化行政部门负责本行政区域内网吧连锁企业的认定管理工作，主要职责为：

（一）负责本行政区域内网吧连锁企业的认定和年审工作；

（二）将本行政区域已认定的网吧连锁企业名单报国务院文化行政部门备案；

（三）对本行政区域内申报认定全国网吧连锁企业的申请提出初审意见；

（四）对已认定企业进行监督检查，受理、核实并处理有关举报；

（五）协助其他认定机构调查本行政区域网吧连锁企业直营门店审批及管理情况。

第七条　国家采取以下措施促进网吧连锁经营业态的发展：

（一）各级文化主管部门在制定网吧总量布局规划时，优先考虑发展网吧连锁企业。网吧连锁企业可依据有关政策开展直营门店布点工作；

（二）鼓励网吧连锁企业兼并、收购、控股单体网吧经营场所，各级文化主管部门为其提供简化便捷的《网络文化经营许可证》变更手续；

（三）鼓励网吧连锁企业在政府部门指导下，承担相关公益性上网服务职能；

（四）研究出台网吧连锁企业的其他优惠和扶持政策。

**第三章　条件与程序**

第八条　申报网吧连锁企业认定的企业，必须具备以下条件：

（一）注册资金不少于1000万元；

（二）全资或控股的直营门店数在本行政区域内不少于5家或省级文化行政部门规定的最低数量；

（三）符合连锁经营组织规范；

（四）所有直营门店在申请之日起前一年内未受过有关部门依据《互联网上网服务营业场所管理条例》做出的罚款（含罚款）以上的行政处罚。

第九条　申报全国网吧连锁企业认定的企业，除满足第八条规定的条件外，还须具备以下条件：

（一）注册资金不少于5000万元；

（二）全资或控股的直营门店数不少于30家，且在3个以上（含3个）的省（自治区、直辖市）设有直营门店。

第十条　申报网吧连锁企业认定的企业，应当提交下列材料：

（一）网吧连锁企业认定申请书；

（二）企业营业执照副本、税务登记证（复印件）；

（三）法定代表人或主要负责人、主要经营管理人员的身份证明等有关证明材料；

（四）网吧连锁企业投资或控股直营门店证明材料：经具有资质的中介机构鉴证的企业财务报表（含资产负债表、损益表、现金流量表）等企业经营情况；

（五）直营门店相关材料：名单列表、各门店《网络文化经营许可证》、营业执照（复印件）和主要负责人身份证明；

（六）连锁经营规范制度：统一的财务制度，具备可联网的计费软件系统与技术管理软件的说明文档、服务器架设地址、托管或线路租用合同及客户端分布情况等资料；

（七）自申请之日起前一年内所属直营门店未受过罚款（含罚款）以上的行政处罚的声明；

（八）要求提交的其他文件。

第十一条　申请认定为网吧连锁企业的，应向总部所在地省级文化行政部门提出书面申请，并提供规定的相关材料。

依据文化部 2003 年《关于加强互联网上网服务营业场所连锁经营管理的通知》（文市发［2003］15 号）批复的全国连锁网吧经营单位，申请认定为全国网吧连锁企业的，向国务院文化行政部门直接提出认定申请。

第十二条　省级文化行政部门对申请单位提交的网吧连锁企业认定申请，应当根据下列情况分别做出处理：

（一）属于本行政区域网吧连锁企业认定范围、申请材料齐全的，应当予以受理，并按照第八条、第十条规定的认定条件和内容，在 20 日内完成认定审查，报国务院文化行政部门备案；

（二）不符合条件的，应当及时将不予受理的意见告知申请单位，并说明理由；

（三）申请材料不齐全或者不符合要求的，应当场或者在 5 日内一次告知申请单位需要补充的全部内容；

（四）对符合全国网吧连锁企业认定条件的，审查申请材料齐全后，于 20 日内提出初审意见报国务院文化主管部门。

第十三条　国务院文化行政部门对省级文化行政部门提交的全国网吧连锁企业认定申请，按照第九条规定的认定条件和内容，在 20 日内完成认定审查。

各级文化行政部门在认定审查中，可向网吧连锁企业直营门店所在地文化行政部门、其他权威中介机构进行核查。上述审查方式不计入认定审查时间。

第十四条　省级或国务院文化行政部门对本级通过认定的网吧连锁企业颁发认定证书；未通过认定的，书面通知并说明理由。认定结果须向社会公告。

第十五条　经认定的网吧连锁企业因调整、分立、合并、重组等原因发生变更的，应在每年年审前向其原认定机构办理变更手续或重新申请认定。

第十六条　网吧连锁企业认定实行年审制度。各级认定机构应按本办法规定的标准对已批准的网吧连锁企业进行年审，对年度认定合格的企业在认定证书和符合条件的直营门店名单列表上加盖年审专用章，对年度认定不合格的企业停止其网吧连锁企业资格。

第十七条　企业对认定结果或年审结果有异议的，可在公布后一个月内，向国务院文化行政部门提出复核申请。提请复核的企业应当提交复核申请书及有关证明材料，受理机构调查核实后作出复核决定。

第十八条　获得网吧连锁企业认定证书的企业，因经营能力等原因，不能达到认定所要求的网吧连锁企业条件的，应主动报告，由原认定机构终止其认定证书，并予以公告。

**第四章　罚　则**

第十九条　参与认定的工作人员要严守网吧连锁企业的商业秘密。任何单位和个人，有权举报通过弄虚作假等手段骗取网吧连锁企业认定资格等行为。

第二十条　已认定的网吧连锁企业有下列情形之一的，由原认定机构或国务院文化行政部门取消其资格：

（一）在申请认定过程中提供虚假信息的；

（二）倒卖网吧牌照，为非本企业投资或控股的单位或个人申办网络文化经营许可的；

（三）其所属直营门店一年内累计 5 家/次或直营门店总数的 10%以上的门店受到文化行政部门罚款（含罚款）以上的行政处罚的。

被取消网吧连锁企业资格的企业，文化主管部门在 2 年内不再受理该企业或者由该企业法定代表人及相关责任人担任主要职务的企业的认定申请。

第二十一条　行政机关工作人员在进行网吧连锁企业认定、实施监督检查过程中有滥用职权、玩忽职守、弄虚作假行为的，由其所在部门依法给予处分；构成犯罪的，依法追究刑事责任。

**第五章　附　则**

第二十二条　公益性上网场所管理办法、网吧连锁企业所享受的其他优惠政策由文化部会同有关部门另行制定。

第二十三条　网吧连锁企业认定证书由文化部制定。

第二十四条　各省可根据本办法，结合本地具体情况制定实施细则，并报文化部备案。

第二十五条　本办法由文化部负责解释。

第二十六条　本办法自 2009 年 10 月 15 日起施行。

## 文化部、商务部关于加强网络游戏虚拟货币管理工作的通知

文市发【2009】20 号
（2009 年 6 月 18 日）

各省、自治区、直辖市文化厅（局）、商务厅（局），新疆生产建设兵团文化局、商务局，北京市、天津市、上海市、重庆市、宁夏回族自治区文化市场行政执法总队：

近年来，随着网络游戏的迅速发展，网络游戏虚拟货

币广泛应用于网络游戏经营服务之中。网络游戏虚拟货币在促进网络游戏产业发展的同时，也带来了新的经济和社会问题。主要体现在：一是用户权益缺乏保障；二是市场行为缺乏监管；三是网络游戏虚拟货币在使用中引发的纠纷不断。

为规范网络游戏市场经营秩序，根据《互联网文化管理暂行规定》、《关于进一步加强网吧及网络游戏管理工作的通知》（文市发［2007］10号）和《关于规范网络游戏经营秩序查禁利用网络游戏赌博的通知》（公通字［2007］3号）等文件精神，经商中国人民银行等部门同意，现就加强网络游戏虚拟货币管理工作通知如下。

## 一、严格市场准入，加强主体管理

（一）本通知所称的网络游戏虚拟货币，是指由网络游戏运营企业发行，游戏用户使用法定货币按一定比例直接或间接购买，存在于游戏程序之外，以电磁记录方式存储于网络游戏运营企业提供的服务器内，并以特定数字单位表现的一种虚拟兑换工具。网络游戏虚拟货币用于兑换发行企业所提供的指定范围、指定时间内的网络游戏服务，表现为网络游戏的预付充值卡、预付金额或点数等形式，但不包括游戏活动中获得的游戏道具。

（二）文化行政部门要严格市场准入，加强对网络游戏虚拟货币发行主体和网络游戏虚拟货币交易服务提供主体的管理。从事“网络游戏虚拟货币发行服务”和“网络游戏虚拟货币交易服务”业务的，依据《国务院对确需保留的行政审批项目设定行政许可的决定》（国务院第412号令）和《互联网文化管理暂行规定》管理。凡提供上述两项服务的企业，须符合设立经营性互联网文化单位的有关条件，向企业所在地省级文化行政部门提出申请，省级文化行政部门初审后报文化部审批。“网络游戏虚拟货币发行企业”是指发行并提供虚拟货币使用服务的网络游戏运营企业。“网络游戏虚拟货币交易服务企业”是指为用户间交易网络游戏虚拟货币提供平台化服务的企业。同一企业不得同时经营以上两项业务。

（三）企业申请从事“网络游戏虚拟货币发行服务”业务的，除依法提交相关材料外，须在业务发展报告中提交虚拟货币表现形式、发行范围、单位购买价格、终止服务时的退还方式、用户购买方式（含现金、银行卡、网上支付等购买方式）、用户权益保障措施、技术安全保障措施等内容。

（四）从事“网络游戏虚拟货币交易服务”业务须符合商务主管部门关于电子商务（平台）服务的有关规定。此类企业在提出申请时，除依法提交的材料外，须在业务发展报告中提交服务（平台）模式、用户购买方式（含现金、银行卡、网上支付等购买方式）、用户权益保障措施、用户账号与实名银行账户绑定情况、技术安全保障措施等内容。

（五）已经从事网络游戏虚拟货币发行或交易服务的企业，应在本通知印发之日起3个月内，向文化行政部门申请相关经营业务。逾期未申请的，由文化行政部门按照《互联网文化管理暂行规定》予以查处。文化行政部门批准文件抄送商务部和中国人民银行。

## 二、规范发行和交易行为，防范市场风险

（六）网络游戏运营企业应当依据自身的经营状况和产品营运情况，适量发行网络游戏虚拟货币。严禁以预付资金占用为目的的恶意发行行为。网络游戏运营企业发行虚拟货币总量等情况，须按季度报送企业所在地省级文化行政部门。

（七）除利用法定货币购买之外，网络游戏运营企业不得采用其它任何方式向用户提供网络游戏虚拟货币。在发行网络游戏虚拟货币时，网络游戏运营企业必须保存用户的充值记录。该记录保存期自用户充值之日起不少于180天。

（八）网络游戏虚拟货币的使用范围仅限于兑换发行企业自身所提供的虚拟服务，不得用以支付、购买实物产品或兑换其它企业的任何产品和服务。

（九）网络游戏运营企业应采取必要的措施和申诉处理程序措施保障用户的合法权益，并在企业向用户提供服务的网站上显著位置进行说明。

（十）用户在网络游戏虚拟货币的使用过程中出现纠纷的，应出示与所注册的身份信息相一致的个人有效身份证件。网络游戏运营企业在核实用户身份后，应提供虚拟货币充值和转移记录，按照申诉处理程序处理。用户合法权益受到侵害时，网络游戏运营企业应积极协助进行取证和协调解决。

（十一）网络游戏运营企业计划终止其产品和服务提供的，须提前60天予以公告。终止服务时，对于用户已经购买但尚未使用的虚拟货币，网络游戏运营企业必须以法定货币方式或用户接受的其它方式退还用户。

网络游戏因停止服务接入、技术故障等网络游戏运营企业自身原因连续中断服务30天的，视为终止。

（十二）网络游戏运营企业不得变更网络游戏虚拟货币的单位购买价格，在新增虚拟货币发行种类时，需根据本通知第三条所列材料内容报文化行政部门备案。

（十三）网络游戏运营企业不支持网络游戏虚拟货币交易的，应采取技术措施禁止网络游戏虚拟货币在用户账户之间的转移功能。

（十四）网络游戏虚拟货币交易服务企业在提供网络游戏虚拟货币相关交易服务时，须规定出售方用户使用有

效身份证件进行实名注册，并要求其绑定与实名注册信息一致的境内银行帐户。网络游戏虚拟货币交易服务企业必须保留用户间的相关交易记录和账务记录，保留期自交易行为发生之日起不少于180天。

（十五）网络游戏虚拟货币交易服务企业要建立违法交易责任追究制度和技术措施，严格甄别交易信息的真伪，禁止违法交易。在明知网络游戏虚拟货币为非法获取或接到举报并核实的，应及时删除虚假交易信息和终止提供交易服务。

（十六）网络游戏虚拟货币交易服务企业不得为未成年人提供交易服务。

（十七）网络游戏虚拟货币发行企业和交易服务企业应积极采取措施保护个人信息安全，在相关部门依法调查时，必须积极配合，并提供相关记录。

（十八）网络游戏运营企业提供用户间虚拟货币转移服务的，应采取技术措施保留转移记录，相关记录保存时间不少于180天。

### 三、加强市场监管，严厉打击利用虚拟货币从事赌博等违法犯罪行为

（十九）各地要按照公安部、文化部等部门《关于规范网络游戏经营秩序查禁利用网络游戏赌博的通知》（公通字［2007］3号）的要求，配合公安机关从严整治带有赌博色彩的网络游戏，严厉打击利用网络游戏虚拟货币从事赌博的违法犯罪行为。

（二十）网络游戏运营企业不得在用户直接投入现金或虚拟货币的前提下，采取抽签、押宝、随机抽取等偶然方式分配游戏道具或虚拟货币。

（二十一）网络游戏虚拟货币发行和交易服务企业应积极配合管理部门，采取技术手段打击“盗号”、“私服”、“外挂”等。

（二十二）对经文化部认定的网络游戏“私服”、“外挂”网站上提供网上支付服务的，由文化部通报中国人民银行。

### 四、加大执法力度，净化市场环境

（二十三）对未经许可，擅自从事网络游戏虚拟货币发行和交易服务的企业，由省级以上文化行政部门依据《互联网文化管理暂行规定》予以查处。

（二十四）对违反本通知要求的网络游戏虚拟货币发行和交易服务企业，由文化行政部门、商务主管部门通知其限期整改。逾期未整改的，由有关部门依法予以查处。

（二十五）建立网络游戏虚拟货币管理工作协调机制，加大对“盗号”、“私服”、“外挂”、非法获利、洗钱等违法行为的打击力度。各部门应定期沟通，协调配合，及时通报有关情况，在各自职责范围内做好网络游戏虚拟货币的管理工作。

（二十六）网络游戏运营企业所发行的网络游戏虚拟货币不得与游戏内道具名称重合。网络游戏内道具的管理规定由国务院文化行政部门会同有关部门另行制订。

特此通知。

## 文化部关于改进和加强网游内容管理通知

各省、自治区、直辖市文化厅（局），新疆生产建设兵团文化局，北京市、天津市、上海市、重庆市文化市场行政执法总队：

近年来，我国网络游戏市场快速发展，在满足人民群众多样化精神文化需求、促进文化产业发展等方面起到了重要作用。但与此同时，网络游戏原创精品不足、产品结构单一、文化内涵较低问题严重制约了中国网络游戏的健康发展。特别是一些网络游戏企业受利益驱动，片面追求游戏粘着力，甚至以血腥、暴力、色情、赌博等低俗和违法违规内容吸引用户，给消费者尤其是未成年人身心健康带来不利影响。为切实改进和加强网络游戏内容管理，落实网络游戏管理责任，现就有关事项通知如下：

### 一、建立网络游戏经营单位自我约束机制

（一）树立正确的文化价值取向，提高网络游戏产品的文化内涵。网络游戏产品和服务承担着娱乐、审美、教育、交流等重要的文化使命和社会责任。网络游戏经营单位应当将社会效益放在首位，在游戏的研发运营中以社会主义核心价值体系为指导，增强产品的文化内涵，大力弘扬时代精神和民族优秀文化，为实现人的全面发展与社会和谐服务。

（二）改进游戏规则，调整产品结构。网络游戏企业要根据国家文化发展需要和市场走向，创新游戏规则，丰富游戏内容，调整产品结构，改变以“打怪升级”为主导的游戏模式，对游戏玩家之间的“PK系统”、“婚恋系统”等进行更加严格的限制，采取技术措施，加强对未成年玩家的注册指导和游戏时间限制。

（三）专设机构人员负责产品内容自审自查。网络游戏运营单位要设立专门的内容自审机构负责游戏产品内容的管理，组织产品策划、研发、运营人员进行政策法规培训，提高相关人员的法律意识和社会责任意识。在网络游戏产品研发、申报、上线运营前对产品内容进行自审自查，保障网络游戏产品内容的合法性。内容自审机构的负责人应由经过文化部门培训的人员担任。

（四）健全企业负责人培训考核制度。文化部将制定《经营性互联网文化单位负责人培训考核纲要》，在两年内

对包括网络游戏企业在内的网络文化企业负责人及研发、运营部门负责人进行培训考核，将国家的管理要求内化到企业管理之中。

## 二、完善网络游戏内容监管制度

（五）加强对进口和国产网络游戏内容的审查备案管理。文化部将进一步调整充实网络游戏内容审查机构和人员，完善网络游戏审查技术要求和工作流程，并根据网络游戏产品发展变化，修改完善内容审查细则。

（六）实施网络游戏研发技术引导工程。制定技术标准，建设游戏开发及工程管理规范，为国产原创网络游戏提供必要的技术支撑，带动国产精品网络游戏的研发生产。评选社会效益和经济效益良好的优秀网络游戏产品，鼓励思想性强、趣味丰富、具有教育意义的网络游戏开发运营。

（七）落实网络游戏经营主体属地管理。省级文化行政部门要对本行政区域内从事网络游戏经营活动的企业开展一次全面的梳理，一是要实地检查其是否取得文化部核发的《网络文化经营许可证》、是否严格按照许可证载明的经营范围进行经营；二是要实地检查网络游戏经营单位是否按照有关规定履行网络游戏产品审批或备案手续、落实内容自审制度、运营规范制度；三是要加强对网络游戏经营单位经营管理人员、内容审查人员的政策指导，分期分批开展法律法规和相关业务培训；四是要严格审查申请从事网络游戏经营活动单位的资质，在初审工作中加强注册资本及股东结构的审核，对申请网络游戏经营资质的企业要在营业执照、章程以及股东证明材料、注册资金等方面加强审验；凡不符合《互联网文化管理暂行规定》所要求条件的，一律不予受理。

（八）加强网络游戏产品内容的跟踪监管。省级文化行政部门要对本行政区域内网络游戏经营单位的网络游戏产品运营情况逐一进行网上巡查，巡查内容包括：网络游戏故事背景、情节语言、地名设置、任务设计、经济系统、交易系统、生产建设系统、社交系统、客服系统、对抗功能、角色形象、声音效果、地图道具、动作呈现、团队系统等方面，产品内容不得含有《互联网文化管理暂行规定》或其他法律法规所禁止的内容。检查中发现的有关问题及时上报。

（九）突出重点，坚决封堵违法网络游戏。各省级文化行政部门和文化市场综合执法机构要重点查处以下违法网络游戏及其经营行为：利用互联网对运营的网络游戏产品进行格调低俗的广告宣传和市场推广；运营宣扬低俗、色情、赌博、暴力等内容的网络游戏产品；未经批准，擅自从事网络游戏经营活动；提供未经文化部批准进口的网络游戏产品；运营国产网络游戏产品未按规定备案的；向未成年人提供虚拟货币交易、在用户直接或变相投入现金或网络游戏虚拟货币的前提下，采取随机抽取等偶然方式使用户获取游戏产品和服务的；非法提供网络游戏“私服”、“外挂”等。要积极会同通信管理、工商行政管理等部门，落实对违法经营单位的行政处罚。同时，将行政处罚和技术监管相结合，对提供违法网络游戏的网站通过技术措施予以封堵。

（十）加强管理与执法责任追究。各级文化行政部门和文化市场综合执法机构要落实管理责任制，根据本地区网络文化市场状况配置专门力量，加强互联网文化管理知识技能学习，提升管理人员素质能力，并将网络游戏管理作为工作重点纳入到对综合执法机构的考核之中。

## 三、强化网络游戏社会监督与行业自律

（十一）完善社会监督制度。各级文化行政部门要建立学校、家长、媒体、社会紧密配合的综合治理机制，充分发挥网吧及网络游戏管理工作协调小组的重要作用，密切配合，形成合力，提升网络游戏监管水平。根据舆情和举报情况，定期组织教育工作者、消费者、有关部门以及新闻媒体等各方面代表对特定网络游戏产品进行评议，并将评议结果向社会发布。

（十二）加强行业自律。加快筹建全国及地方网络游戏行业协会，建立和完善行业自律公约，引导网络游戏经营单位增强社会责任感，健全内部管理制度，自觉遵守法律法规和社会公德、职业道德，自觉为营造健康文明的网络文化环境作出贡献。

特此通知。

二〇〇九年十一月十三日

## 9. 其它

# 文化部　海关总署关于印发《美术品进出口管理暂行规定》的通知

文市发〔2009〕21号

各省、自治区、直辖市文化厅（局）、新疆建设兵团文化局，各直属海关：

根据《国务院对确需保留的行政审批项目设定行政许可的决定》（中华人民共和国国务院令第412号）和《美术品经营管理办法》（文化部第29号令）的有关规定，文化部负责对美术品进出口经营活动的审批管理，海关负责对美术品进出境环节进行监管。为切实贯彻落实上述规定，加强对美术品进出口经营活动、商业性美术品展览活动的管理，促进中外文化交流，丰富人民群众文化生活，

文化部、海关总署制定了《美术品进出口管理暂行规定》。现印发给你们，请遵照执行。

特此通知。

文化部　海关总署

二〇〇九年六月十七日

**美术品进出口管理暂行规定**

为加强对美术品进出口经营活动、商业性美术品展览活动的管理，促进中外文化交流，丰富人民群众文化生活，现将美术品进出口管理有关事项规定如下：

一、本规定所称美术品，是指艺术创作者以线条、色彩或者其他方式创作的具有审美意义的造型艺术作品，包括绘画、书法、雕塑、摄影、装置等作品，以及艺术创作者许可并签名的，数量在200件以内的复制品。

本规定所称美术品不包括工业化批量生产的工艺美术产品，不包括文物。

二、本规定所称美术品进出口经营活动，是指从境外进口或向境外出口美术品的经营活动。

本规定所称涉外商业性美术品展览活动，是指以销售、商业宣传为目的在境内公共展览场所举办的，有境外艺术创作者或者境外艺术作品参加的各类展示活动。

同一批已经批准进口或出口的美术品复出口或复进口，进口单位可持原批准文件正本到原进口或出口口岸海关办理相关手续，文化行政部门不再重复审批。上述复出口或复进口的美术品如与原批准文件内容不符，进出口单位应当到文化行政部门重新办理审批手续。

三、本规定所称美术品进出口单位，是指在商务部门备案登记，取得进出口资质的企业。

四、国家鼓励进口和出口有利于传播世界优秀文化艺术、有利于提升人民群众思想、道德、文化、欣赏水平的美术品。

美术品进出口活动应当遵守国家有关法律、法规。美术品进出口单位应当接受文化行政部门的指导、监督和检查，确保进出口的美术品具有合法的来源。

任何单位和个人不得销售、展览、展示或者利用其他商业形式传播未经文化行政部门批准进口的美术品。

五、禁止含有下列内容的美术品进出境：

（一）违反宪法确定的基本原则的；

（二）危害国家统一、主权和领土完整的；

（三）泄漏国家秘密、危害国家安全或者损害国家荣誉和利益的；

（四）煽动民族仇恨、民族歧视，破坏民族团结，或者侵害民族风俗习惯的；

（五）宣扬或者传播邪教、迷信的；

（六）扰乱社会秩序，破坏社会稳定的；

（七）宣扬或者传播淫秽、色情、赌博、暴力、恐怖或者教唆犯罪的；

（八）侮辱或者诽谤他人、侵害他人合法权益的；

（九）蓄意篡改历史、严重歪曲历史的；

（十）危害社会公德或者有损民族优秀文化传统的；

（十一）法律、行政法规和国家规定禁止的其他内容。

六、文化部委托美术品进出口口岸所在地省、自治区、直辖市文化行政部门负责本辖区美术品的进出口审批。文化部对各省、自治区、直辖市文化行政部门的审批行为进行监督、指导，并依法承担审批行为的法律责任。

美术品进出口口岸所在地省、自治区、直辖市文化行政部门的审批行为应对文化部负责，并按每季度一次报送文化部审查备案。

七、美术品进出口单位应当在美术品进出口前，向美术品进出口口岸所在地省、自治区、直辖市文化行政部门提出申请，并报送以下材料：

（一）美术品进出口单位的企业法人营业执照、对外贸易经营者备案登记表；

（二）进出口美术品的来源、目的地、用途；

（三）艺术创作者名单、美术品图录和介绍；

（四）审批部门要求提供的其他材料。

文化行政部门应当自受理申请之日起15日内作出决定。批准的，发给批准文件，批准文件中应附美术品详细清单。申请单位持批准文件到海关办理手续。不批准的，文化行政部门书面通知申请人并说明理由。

八、在境内举办涉外商业性美术品展览活动，应当由举办涉外商业性美术品展览活动的单位，于展览日45日前，向展览举办地省、自治区、直辖市文化行政部门提出申请（展品超过120件的，向文化部提出申请），并报送以下材料：

（一）主办或承办单位的企业法人营业执照、对外贸易经营者备案登记表；

（二）展览活动方案；

（三）举办单位与其他相关单位签订的合同或者协议；

（四）经费预算及资金来源证明；

（五）场地使用协议；

（六）境外来华参展艺术创作者或参展单位的情况介绍；

（七）境外来华参展美术品的名录、图片和介绍；

（八）审批部门要求的其他材料。

展览举办地省、自治区、直辖市文化行政部门应当在受理申请之日起20日内作出批准或者不批准的决定。申请人持批准文件到海关办理有关手续；不批准的，文化行政部门书面通知申请人并说明理由。

九、美术品进出口口岸所在地省、自治区、直辖市文化行政部门在美术品进出口和涉外商业性美术品展览活动审批过程中，对申报美术品内容有疑义的，可提交文化部进行复核，文化部接到申请之日起15日内提出复核意见。复核时间不计入省、自治区、直辖市文化行政部门的审批时限。

十、以研究、教学参考、馆藏、公益性展览等非经营性用途的美术品进出境，应当委托美术品进出口单位参照本规定第七条办理进出口手续。

个人携带、邮寄美术品进出境，应主动向海关申报。超过自用、合理数量的，参照本规定的七条办理。

对个人携带、邮寄美术品进出境，进出境海关认为内容性质难以确定时，可要求携带人、收件人将拟进出境美术品的相关材料送美术品进出口口岸所在地省、自治区、直辖市文化行政部门审查，文化行政部门在接受上述材料15日之内出具审查意见。海关根据审查意见决定是否验放。

十一、美术品进出口单位，不得擅自更改、增减批准进出口的美术品数量、作品名称和其他资料。如有更改，应当及时将变更事项向审批部门申报，经审批部门批准确认后，方可变更。文化行政部门的批准文件，不得伪造、涂改，不得出租、出借、出售或者以其他任何形式转让。

十二、进出口经营活动中含有国家禁止内容的美术品，或者擅自销售、展览、展示，以及利用其他商业形式传播未经文化行政部门批准进口的美术品的，由所在地县级以上文化行政部门责令改正，并视情节轻重予以警告，没收违法物品，或者并处5000元以上30000元以下罚款。

十三、擅自更改、增减批准进出口的美术品数量、作品名称和其他资料，伪造、涂改，出租、出借、出售或者以其他任何形式转让文化行政部门批准文件，由所在地县级以上文化行政部门视情节轻重予以警告、撤销原批准文件，并处2000元以上10000元以下罚款。

十四、违反本规定，构成走私行为，违反海关监管规定行为或者其他违反海关法行为的，由海关依照《中华人民共和国海关法》和《中华人民共和国海关行政处罚实施条例》的有关规定处理；构成犯罪的，依法追究刑事责任。

十五、文化和海关行政部门根据本规定作出行政处罚决定时，应当出具行政处罚决定书。当事人对文化和海关行政部门的行政处罚决定不服时，可以依法申请复议或者依法向人民法院提起诉讼。对文化行政部门作出的行政处罚决定，当事人逾期不申请复议，不向人民法院提起诉讼又不履行的，由作出行政处罚决定的行政部门申请人民法院强制执行。对海关作出的行政处罚决定，当事人逾期不履行的，由海关按照《中华人民共和国海关行政处罚实施条例》第六十条规定进行处理。

十六、从中国香港特别行政区、澳门特别行政区和台湾地区进口或者向上述地区出口美术品，参照本规定执行。

十七、本规定涉及美术品进出口管理业务部分由文化部解释，涉及海关业务部分，由海关总署解释。

十八、本规定自2009年8月1日起执行。

特此规定。

## 二、地方文件与法规

### 北京市

### 北京市关于支持网络游戏产业发展的实施办法（试行）

京文创办发【2009】5号

（2009年10月14日发布）

为推动北京网络游戏产业发展，加快北京国家网络游戏产业基地建设，增强北京地区网络游戏企业研发制作能力和市场竞争力，根据《国务院办公厅转发财政部等部门关于推动我国动漫产业发展若干意见的通知》（国办发〔2006〕32号）、《文化部关于扶持我国动漫产业发展的若干意见》（文市发〔2008〕33号）、《北京市促进文化创意产业发展的若干政策》（京办发〔2006〕30号）等有关文件精神，结合北京实际，特制订本办法。

第一条　本办法所指网络游戏企业是指在北京市注册登记、符合文化创意产业发展方向的网络游戏研发制作、出版和运营企业；本办法所指项目是指上述企业在北京地区投资或运营的网络游戏产品、服务及相关衍生产品。

第二条　本办法坚持政府引导、行业指导、市场主导、企业主体，坚持扶持原创、培育重点，鼓励多出网络游戏精品、多出网络游戏人才，促进网络游戏产业做强做大。

第三条　在市文化创意产业发展专项资金中安排专项，支持网络游戏产业发展。

第四条　对北京地区网络游戏企业自主研发的原创网络游戏产品，择优予以前期资助，资助额为100万至200万元。资助项目须具备以下条件：

（一）选题凸显中国风格、中国元素，内容健康，有益于社会和谐；

（二）自主知识产权研发开发引擎；

（三）有利于提高网络游戏产业自主创新能力和市场竞争力，社会效益、经济效益预期良好。

第五条　北京地区网络游戏企业自主研发游戏引擎并利用该引擎制作大型网络游戏5款以上的，一次性给予200万元资助。

第六条　北京地区网络游戏企业自主研发形成知识产权并投入运营的网络游戏产品和服务，符合以下条件之一的，一次性给予200万元奖励。

（一）网络游戏企业单款游戏年营业收入达到1亿元及以上、安排新增就业100人以上的；

（二）网络游戏企业年营业收入达到5亿元及以上、安排新增就业300人以上的；

（三）手机游戏企业单款游戏年营业收入达到5000万元及以上、安排新增就业100人以上的。

申请本条奖励的企业需提供专业审计机构数据报告，奖励从高不重复计算。

第七条　对网络游戏企业当年购置、租赁服务器和带宽租用等运营费用达到4000万元以上的，一次性给予资助100万元；对手机游戏企业当年购置服务器等运营费用达到2000万元以上的，一次性给予资助50万元。

第八条　网络游戏企业在北京国家网络游戏产业基地内购置或自建办公和研发用房2000平方米以上的，给予一定补贴。

第九条　北京地区网络游戏企业自主研发的网络游戏产品在申报年度内获得国际知名大奖的一次性给予100万元奖励，获得国家级和北京市奖项的一次性给予50万元奖励。同一游戏产品获得多个奖项的，按从高不重复原则给予奖励。

第十条　北京国家网络游戏产业基地年生产大型网络游戏产品10款以上且其中一款游戏年营业收入达到5亿元以上的奖励100万元，生产大型网络游戏产品15款且其中一款游戏年营业收入达到10亿元以上的奖励200万元。

第十一条　鼓励网络游戏企业开发海外市场，自主知识产权网络游戏服务出口境外销售额当年累计达到800万美元及以上，给予一次性奖励200万元。

第十二条　对北京地区网络游戏企业因知识产权保护而发生的费用给予50%的补贴，单个企业补贴额度不超过20万元。

第十三条　对网络游戏企业申请专利、注册商标、登记著作权的，优先列入文化创意产业知识产权重点支持目录，享受相应的政策资助。

第十四条　鼓励网络游戏企业积极开发衍生产品，企业衍生产品版权收益达到1000万元，给予一次性奖励100万元。

第十五条　网络游戏企业参加由市行业主管部门组织的国内外网络游戏会展活动，对其展位费、装展费给予资助。

第十六条　对北京地区网络游戏企业的高新技术企业认证、质量体系认证等资质认证给予补贴，单个企业补贴额度不超过20万元。

第十七条　网络游戏项目获得银行贷款，符合《北京市文化创意产业贷款贴息管理办法（试行）》（京文创办发〔2008〕5号）的，按规定执行；网络游戏项目贷款需要担保的，参照《北京市文化创意产业担保资金管理办法（试行）》（京文创办发〔2009〕3号）执行。

第十八条　北京国家网络游戏产业基地优先享受市文化创意产业集聚区基础设施建设配套资金支持政策。基地所在区县根据实际制订相应配套扶持政策，设立网络游戏产业配套资金。

第十九条　支持北京网络游戏教育基地建设，鼓励网络游戏企业与教育机构合作建立产学研一体的教学实践基地。

第二十条　充分发挥北京国家网络游戏产业基地、网络游戏教育和实践基地的作用，鼓励和资助基地建设公共技术平台，积极推动网络游戏技术设备和公共技术平台支撑服务体系及共享机制的建立。

第二十一条　发挥行业协会的作用，履行网络游戏产业协调、行业自律等职能。

第二十二条　北京地区网络游戏研发制作、出版和运营企业申请网络游戏产业项目资金支持的，纳入市文化创意产业发展专项资金年度项目申报工作。

第二十三条　对符合条件的网络游戏研发制作、出版和运营企业，享受国家规定的相关税收优惠政策。

第二十四条　本办法由市文化创意产业领导小组办公室负责解释，自发布之日起施行。

## 北京市关于支持影视动画产业发展的实施办法（试行）

京文创办发【2009】4号

（2009年10月14日发布）

为促进北京影视动画产业发展，加快北京国家动画产业基地建设，提高北京地区影视动画企业竞争力，根据国家广播电影电视总局《关于发展我国影视动画产业的若干意见》（广发编字〔2004〕356号）、《北京市促进文化创意产业发展的若干政策》(京办发〔2006〕30号)和有关文件精神，结合北京实际，特制订本办法。

第一条　本办法所指影视动画机构是指在北京市注册登记、符合文化创意产业发展方向的影视动画企事业单位；本办法所指项目是指上述单位投资的动画电影、在北京立项的电视动画片。

第二条　本办法坚持政府引导、行业指导、市场主导、企业主体，坚持扶优、扶大、扶原创，坚持面向社会广泛征集与重点引导培育相结合，鼓励多出影视动画精品、多出影视动画人才，促进影视动画产业发展。

第三条　在市文化创意产业发展专项资金中安排专项，支持影视动画产业发展。

第四条　对在本市立项、具有自主知识产权的优秀原创动画剧本和样片，择优予以前期资助，资助额为项目实际到位投资额的5%至15%。资助项目应具备以下条件：

(一)对宣传北京悠久历史和文化、展现首都发展成果有突出贡献或重大影响；

(二)有利于提升影视动画产业自主创新能力和市场竞争力，社会效益、经济效益预期较好；

(三)与国外制作机构合作生产的项目，能够较好地展示中国优秀文化，体现中国风格，出口前景良好。

第五条　对在本市立项、具有自主知识产权的影视动画片，在中央电视台、北京电视台卫视频道、北京电视台卡酷卫视17时至24时播出的，按照以下标准给予奖励：

(一)在中央电视台播出每分钟奖励500元，收视率在该频道年度排名前10位的追加奖励每分钟2000元，排名11位至20位的追加奖励每分钟1500元；

(二)在北京电视台卫视频道、北京电视台卡酷卫视播出每分钟奖励300元，收视率在该频道年度排名前10位的追加奖励每分钟1500元，排名11位至20位的追加奖励每分钟1000元。

同一动画作品在中央电视台和北京电视台均有播出的，按从高不重复原则给予奖励；申请本项奖励的影视动画片需提供专业机构数据报告。

(三)北京影视动画机构立项且参与制作并在国内院线上映的动画电影，按投资比例奖励票房收入的3%至5%，奖励额度最高不超过200万元。

第六条　鼓励创作生产优秀手机动画作品，每年奖励本市优秀手机动画作品10部，每部奖励5000元。

第七条　北京影视动画作品获得国际知名动画节展或国际A类电影节主要奖项的，根据获奖等级一次性奖励100万至200万元；获得国家级政府类重大奖项的，根据获奖等级一次性奖励50万至100万元；国家广播电影电视总局推荐为优秀国产动画片的一次性奖励10万元。同一影视动画作品获得多个奖项的，按从高不重复原则给予奖励。

第八条　本市每年评选奖励优秀影视动画作品。其中动画电影2部，每部奖励50万元；电视动画片8部，每部奖励30万元。北京电视台卡酷卫视优先播出获奖动画片。

第九条　北京影视动画机构当年生产的原创影视动画超过3000分钟以上的给予奖励30万元。中央在京影视动画机构当年生产原创影视动画超过6000分钟以上的一次性奖励60万元。

第十条　北京国家动画产业基地年生产影视动画片产量达到1万分钟的奖励200万元；达到2万分钟的奖励300万元。

第十一条　北京电视台卡酷卫视频道播放本市立项生产的原创影视动画片3000分钟，且年首播影视动画片达到3万分钟，给予播出奖励200万元。

第十二条　影视动画发行公司年代理发行原创影视动画产品10部以上、收入达到500万元以上，给予一次性奖励50万元。

第十三条　影视动画机构参与本市行业主管部门组织参加的国内外影视动画会展活动，对其注册费、展位费、装展费等给予资助。

第十四条　引导建设国家级影视动画交易平台，对市行业主管部门组织举办的重大影视动画交易活动成交额达到1000万元以上的，按成交额6%给予奖励，成交额达到2000万元以上的，给予一次性150万元的奖励。

第十五条　鼓励影视动画企业积极开发衍生产品，企业衍生产品版权收益达到1000万元的，按照版权收益的5%给予一次性奖励，最高不超过200万元。

第十六条　鼓励北京原创影视动画片出口海外市场，影视动画片海外播出版权收入超过300万美元的，给予一次性奖励人民币50万至100万元。

第十七条　支持和鼓励中外影视机构合作拍摄制作动画电影、电视动画片，对符合国家有关规定，在国内公映的动画电影按投资比例每部奖励票房收入的3%，最高不超过200万元。在省级以上动画卫视频道播出的电视动画片，每分钟给予奖励500元。同一动画片在多个台播出的，不重复给予奖励。

第十八条　影视动画机构创新或应用先进动画制作技术，符合条件的，经评审认定，给予应用类补贴10万至30万元或创新类补贴50万至100万元的一次性奖励。

第十九条　影视动画项目获得银行贷款，符合《北京市文化创意产业贷款贴息管理办法(试行)》(京文创办发〔2008〕5号)的，按规定执行；影视动画项目贷款需要担保的，参照《北京市文化创意产业担保资金管理办法

（试行）》（京文创办发〔2009〕3号）执行。

第二十条 支持中国传媒大学、北京电影学院等国家动画教学基地在教学、科研等方面发挥示范引领作用。鼓励各类人才培训机构开展影视动画产业人才培训和信息服务。

第二十一条 发挥行业协会作用，履行影视动画产业服务、行业自律等职能。

第二十二条 北京国家动画产业基地优先享受市文化创意产业集聚区基础设施建设配套资金支持政策。基地所在区县根据实际制订相应配套扶持政策，设立影视动画产业配套资金。

第二十三条 北京地区影视动画机构申请影视动画产业项目资金支持的，纳入市文化创意产业发展专项资金年度项目申报工作。

第二十四条 对符合条件的影视动画企事业单位，享受国家规定的相关税收优惠政策。

第二十五条 本办法由市文化创意产业领导小组办公室负责解释，自发布之日起施行。

## 北京市文化创意产业担保资金管理办法（试行）

京文创办发【2009】3号
（2009年3月23日发布）

**第一章 总 则**

第一条 根据《北京市促进文化创意产业发展的若干政策》（京办发［2006］30号）及《北京市文化创意产业发展专项资金管理办法（试行）》（京财文［2006］2731号）的有关规定，制定本办法。

第二条 北京市文化创意产业担保资金（以下简称“担保资金”）主要采取对合作担保机构的再担保费进行补贴、对担保业务进行补助等方式，引导担保机构为符合北京市文化创意产业发展总体规划和相关政策的项目提供担保服务。担保资金来源于北京市文化创意产业发展专项资金。

第三条 担保资金应按照公平公正、诚实信用的原则进行管理和使用。

**第二章 担保资金管理机构与职责**

第四条 北京市文化创意产业领导小组办公室（以下简称“领导小组办公室”）负责担保资金管理工作中重要事项的研究、审议和决策：

（一）审定担保资金的相关管理制度；

（二）审批担保资金年度使用计划；

（三）审定文化创意产业担保项目合规性审查报告；

（四）审定再担保费补贴方案、担保业务补助方案；

（五）对担保资金使用情况进行监督检查。

第五条 北京市财政局负责担保资金的预算审核、安排和监督管理：

（一）根据预算管理有关规定，审核批复担保资金预算，拨付资金；

（二）对担保资金使用情况进行检查和绩效考评。

第六条 北京市文化创意产业促进中心（以下简称“市文促中心”）受领导小组办公室委托负责担保资金日常管理工作：

（一）根据有关法律法规研究起草担保资金的各项管理制度；

（二）研究编写担保资金年度使用计划；

（三）负责文化创意产业担保项目的合规性审查；

（四）负责受理、审核再担保费补贴申请和担保业务补助申请；

（五）研究提出再担保费补贴方案、担保业务补助方案；

（六）负责对合作的担保公司和再担保公司有关业务进行监管，并向领导小组办公室报送相关情况。

第七条 合作的担保公司职责包括：

（一）负责受理文化创意产业担保项目；

（二）对领导小组办公室审定的文化创意产业项目提供担保服务；

（三）承担代偿责任并执行优惠的担保费率；

（四）负责文化创意产业担保项目保后管理及代偿清收工作。

第八条 合作的再担保公司职责包括：

（一）根据有关法律法规为文化创意产业担保项目提供再担保服务；

（二）按照约定条款对发生代偿损失的再担保项目进行赔付；

（三）会同担保公司对代偿项目进行追偿清收。

**第三章 担保资金支持对象、范围和方式**

第九条 担保资金支持的项目须具备以下条件：

（一）项目单位为北京市注册的文化创意企业；

（二）项目应符合市文化创意产业发展规划确定的支持方向，内容应属于文艺演出、出版发行和版权贸易、广播影视节目制作和交易、动漫游戏研发制作、广告和会展、古玩和艺术品交易、设计创意、文化旅游等行业的创作、生产和营销；

（三）申请贷款担保的单位，其贷款银行应是在京银行或银行在京分支机构。

第十条 担保资金支持的担保业务范围：

（一）短期贷款担保；

（二）中长期贷款担保。

第十一条　担保资金支持方式：

（一）合作的担保公司为文化创意产业担保项目设定再担保的，担保资金按照一定比例对其再担保费用给予补贴；

（二）根据文化创意产业项目担保规模对合作的担保公司给予担保业务补助，补助资金纳入担保公司风险准备金，用于弥补文化创意项目的代偿损失。补助标准为：年度担保规模在5亿元以下（含5亿元）的，补助担保额的0.5%；年度担保规模在5－10亿元之间（含10亿元）的，补助担保额的0.6%；年度担保规模在10亿元以上的，补助担保额的0.7%。项目担保期限少于8个月的担保额，减半计入年度担保总额。

再担保费补贴和担保业务补助的总额原则上不超过担保公司文化创意产业项目担保总额的1%。

**第四章　担保项目受理**

第十二条　领导小组办公室委托市文促中心与合作的担保公司和再担保公司签订合作协议，由合作的担保公司和再担保公司为文化创意产业项目提供担保、再担保服务。

第十三条　担保公司对申请担保的文化创意产业项目独立进行受理、评审，将符合条件的项目报市文促中心按规定程序进行文化创意产业项目合规性审查，报领导小组办公室审定。未经审定的项目不纳入担保资金支持范围。

第十四条　经领导小组办公室审定的文化创意产业项目，担保公司提供担保后可向合作的再担保公司申请再担保。

**第五章　再担保费补贴和担保业务补助**

第十五条　合作的担保公司于每年3月份，向市文促中心提交上年度再担保费补贴申请报告和担保业务补助申请报告，提交申请报告时需附上年度担保项目明细表、再担保合同及再担保收费凭据，相关材料加盖公章。

第十六条　市文促中心按规定程序，依据上年度文化创意产业项目实际担保情况，对担保公司的申请进行审核，提出再担保费补贴方案和担保业务补助方案，报领导小组办公室。

第十七条　领导小组办公室审定再担保费补贴方案和担保业务补助方案，报市财政局审核批复预算并划拨资金。

**第六章　监督管理**

第十八条　领导小组办公室和市财政局负责对担保资金的运作和使用进行监督检查。

第十九条　合作的担保公司和再担保公司须建立文化创意产业担保业务财务会计报告制度和担保业务统计报告制度，向市文促中心按季、年报送财务会计报表、担保业务统计报告和年度审计报告。

第二十条　合作的担保公司和再担保公司应严格按照保后管理制度对担保项目实施风险分级、分类管理，对单笔担保额度大或风险高的项目，应有切实可行的监督措施。

第二十一条　领导小组办公室委托市文促中心按年度组织专业机构对合作的担保公司和再担保公司的业绩进行考评，考评不合格的取消合作资格。

第二十二条　对虚报、诈骗等违规违法行为，由财政部门依据《财政违法行为处罚处分条例》进行处理，构成刑事犯罪的，依法移交司法机关追究其刑事责任。

**第七章　附　则**

第二十三条　本办法由领导小组办公室负责解释。

第二十四条　本办法自发布之日起施行。

## 北京市文化创意产业创业投资引导资金管理暂行办法

京文创办法【2009】7号

（2009年8月12日发布）

**第一章　总　则**

第一条　根据《创业投资企业管理暂行办法》（国家发展改革委等十部委令2005年第39号）、《国务院办公厅转发发展改革委等部门关于创业投资引导基金规范设立与运作指导意见的通知》（国办发【2008】116号）、《北京市促进文化创意产业发展的若干政策》（京办发【2006】30号）及《北京市文化创意产业发展专项资金管理办法（试行）》（京财文【2006】2731号）的有关规定，制定本办法。

第二条　北京市文化创意产业创业投资引导基金（以下简称“引导基金”）主要用于引导创业投资机构投资于符合文化创意产业重点支持方向的处于创业早期的文化创意企业，引导基金本身不直接从事创业投资业务。

第三条　引导基金遵循“政治引导、市场运作、科学决策、防范风险”的原则。

**第二章　引导基金来源、规模及支持方法**

第四条　引导基金资金来源于市文化创意产业发展专项资金、引导基金的投资收益及引导基金的闲置资金存放银行或购买国债所得的利息收益等。

第五条　引导基金初始规模为3亿元，连续安排3年，每年从市文化创意产业发展专项资金中安排1亿元。

第六条　北京市文化创意产业领导小组办公室（以下简称“领导小组办公室”）委托北京市文化创意产业促进中心（以下简称“市文促中心”）作为引导基金的出资

代表。

第七条　引导基金主要以参股方式运作，即以股权投资的方式同合作创业投资机构共同发起设立创业投资企业，投资文化创意产业项目，并在约定的期限内退出。

**第三章　引导基金的管理机构及其职责**

第八条　引导基金设立理事会，受领导小组办公室委托，行使引导基金使用的决策和管理职责，并对外行使引导基金的权益和承担相应义务与责任；引导基金设立评审委员会，作为引导基金的决策辅助机构，承担专业评审职能；引导基金委托市文促中心作为日常管理机构，负责引导基金的日常管理与运作事务。

第九条　引导基金理事会由领导小组办公室、市金融工作局派出人员组成。具体职责如下：

1. 审定评审委员会组建方案及评审规程；

2. 根据评审委员会的评审意见，确定引导资金合作机构，审定投资方案；

3. 确定引导基金的资金托管银行；

4. 指导和监督引导基金的日常管理机构对引导基金的管理工作；

5. 批准基金管理机构拟派驻的董事人选。

第十条　引导基金评审委员会由政府有关部门、创业投资行业自律组织的代表以及社会专家组成。具体职责如下：

1. 根据评审规程，对创业投资机构申报的投资方案进行独立评审；

2. 根据评审结果，向引导基金理事会提交评审意见。

第十一条　市文促中心作为引导基金的日常管理机构，具体职责如下：

1. 拟定评审委员会组建方案及评审规程；

2. 受理创业投资机构的申报并组织评审工作；

3. 组织实施引导基金理事会审定的合作方案，与合作创业投资机构发起设立创业投资企业；

4. 提出参股创业投资企业的董事人选；

5. 代表引导基金以出资额为限对参股创业投资企业行使股东权利，承担股东义务，对不符合文化创意产业支持方向的投资项目具有一票否决权；

6. 适时提出股权退出方案，报经引导基金理事会批准后，负责实施股权退出工作；

7. 组织社会中介机构对参股创业投资企业进行年度专项审计，编制引导基金年度执行情况报告，定期向引导基金理事会汇报引导基金的运作情况和效果。

**第四章　引导基金的运作**

第十二条　申请引导基金支持的创业投资机构应满足以下条件：

1. 在中国境内注册设立，按照《创业投资企业管理暂行办法》规定程序备案；

2. 实收资本在5000万元人民币以上，所有投资者以货币形式出资；

3. 有明确的投资领域；

4. 至少有3名具备5年以上创业投资或相关业务经验的专职高级管理人员；

5. 有对文化创意企业投资的成功案例；

6. 管理和运作规范，具有严格合理的投资决策程序和风险控制机制；

7. 按照国家企业财务、会计制度规定，有健全的内部财务管理制度和会计核算办法；

8. 没有受过行政主管机关或者司法机关重大处罚的不良记录。

第十三条　合作创业投资机构确定程序如下：

1. 公开征集。受引导基金理事会委托，基金管理机构面向社会公开征集合作创业投资机构；

2. 机构申报。拟合作创业投资机构向基金管理机构提交合作设立创业投资企业的投资方案；

3. 专家评审。有引导基金管理机构组织评审委员会对投资方案进行评审；

4. 社会公示。对引导基金评审委员会的评审机构，在有关媒体上公示，公示期为2周。对公示中发现问题的机构们引导基金不予合作；

5. 投资决策。引导基金理事会根据评审委员会的评审结果，审定投资方案，确定创业投资机构；

6. 实施方案。由基金管理机构具体负责组织实施审定通过的投资方案，与合作创业投资机构发起设立创业投资企业。

第十四条　参股创业投资企业根据合作协议及公司章程规范运作。参股创业投资企业进行投资时应遵循以下原则：

1. 重点投资于在京注册的符合文化创意产业重点支持方向的处于创业早期的文化创意企业，引导基金参股期内，投资总额不低于引导基金的出资额度的2倍；

2. 对单个文化创意企业的投资不得超过参股创业投资企业资本总额的20%；

3. 不得对已上市企业进行股权投资；

4. 不得投资于其他创业投资企业；

5. 参股创业投资企业不得从事吸收或变相吸收存款、贷款、拆借，期货及金融衍生品交易，抵押和担保业务，房地产投资，赞助和捐赠以及创业投资企业管理部门禁止从事的其他业务。

对未按以上规定开展投资业务的参股创业投资企业，

基金管理机构有权要求参股创业投资企业进行调整。协调无效的，报请领导小组办公室和市财政局同意后，将引导基金从参股创业投资企业中退出。

**第五章　引导基金的风险控制**

第十五条　引导基金的出资比列最高不超过参股创业投资企业实收资本的30%，且不能成为第一大股东。

第十六条　引导基金的闲置资金只能存放银行或购买国债。

第十七条　引导基金建立项目公示制度，接受社会对引导基金的监督，确保引导基金运作的公开性。

第十八条　在符合相关法律法规规定的前提下，引导基金应事先通过公司章程约定引导基金的优先分配权和优先清偿权，以最大限度控制引导基金的资产风险。

**第六章　引导基金的管理费用和激励机制**

第十九条　市文促中心作为引导基金的日常管理机构所发生的管理费用，以年度项目预算的方式申报，按照部门预算管理程序审核确定。

第二十条　根据参股创业投资企业运作情况，引导基金在参股创业投资收益，可安排一定比例作为参股创业投资企业投资管理团队的业绩报酬。

**第七章　引导基金的退出**

第二十一条　引导基金投资形成的股权可采取以下方式推出：

1. 将股权有限转让给其他股东

2. 公开转让股份。

3. 参股创业投资企业到期清算退出。

4. 参股创业投资企业破产清算退出。

第二十二条　参股创业投资企业应当在公司章程中明确下列事项：

1. 在有受让方的情况下，引导基金可以随时退出；

2. 参股创业投资企业的其他股东不先于引导基金退出；

3. 参股创业投资企业发生破产清算，按照法律程序清偿债权人的债权后，剩余财产首先清偿引导基金。

第二十三条　参股创业投资企业其他股东或投资者可以随时购买引导基金投资形成的股权，股权退出价格按照公共财政的原则确定。

**第八章　引导基金的监督管理**

第二十四条　引导基金纳入公共财政考核评价体系。领导小组办公室、市金融工作局对引导基金实施监管，建立有效的绩效考核制度，定期对引导基金政策目标、政策效果及其资产情况进行评估。

第二十五条　引导基金理事会应当定期向领导小组办公室、市金融工作局报告引导基金运作情况，对引导基金运作过程中的重大事件应及时报告。

第二十六条　引导基金日常管理机构监督参股创业投资企业的运作情况，按年度编制引导基金运行情况报告，向引导基金理事会报告引导基金的运作情况和效果。

第二十七条　参股创业投资企业根据投资业务开展情况及时向引导基金管理机构报送投资项目材料，按季度报送财务报表等相关资料。

**第九章　附　则**

第二十八条　本办法由领导小组办公室负责解释。

第二十九条　本办法自发布之日起实施。

**天津市**

## 文化体制改革中经营性文化事业单位转制为企业的实施意见

为贯彻落实党中央、国务院关于文化体制改革的一系列相关政策，积极稳妥地推进经营性文化事业单位转制为企业，根据中发〔2005〕14号、国办发〔2008〕114号和津党发〔2006〕21号文件精神，特制定以下实施意见。

### 一、关于国有文化资产管理

1. 财政部门履行国有文化资产的监管职责。

2. 经营性文化事业单位转制为企业，要认真做好资产清查、资产评估等基础性工作，资产变动事项经主管部门审核同意后，报同级财政部门审批，并按有关规定办理；其中，涉及重大国有文化资产变动事项的，文化行政部门应当报请党委宣传部门审查把关。国有资产监督管理机构监管企业所属的经营性文化事业单位转制为企业的资产变动事项，应当报国有资产监督管理机构审批。

3. 经营性文化事业单位转制为企业后与原主管主办单位脱钩的，其资产财务关系在财政部门单列，由财政部门履行文化企业的国有资产与财务管理职责；转制后与原主管主办单位国有资产隶属关系不变且符合国家规定的，国有资产监管体制维持不变。

4. 在经营性文化事业单位转制为企业的同时，应坚持国有资产管理体制改革的方向，尽快实现政企分开，建立现代企业制度，完善公司法人治理结构。

### 二、关于资产和土地处置

5. 经营性文化事业单位在转制过程中，对清查出的资产损失按规定报经批准后进行核销；转制后执行《企业财务通则》。

6. 转制为企业的出版、发行单位，转制时可通过资产清查，对其库存积压待报废的出版物做一次性处理，损失允许在净资产中扣除；对于出版、发行单位库存呆滞出版物，超过一定期限的，可以作为财产损失在税前据实扣除，不采取税前提取提成差价等准备金办法。转制企业已作为财产损失税前扣除的呆滞出版物，以后年度处置的，其处置收入应纳入处置当年的应税收入。

7. 经营性文化事业单位转制为企业，其使用的原划拨土地用途符合《划拨用地目录》的，经所在地区县级以上人民政府批准，可仍以划拨方式使用；不符合《划拨用地目录》的，应依法办理土地有偿使用手续，经评估确定后，以作价出资（入股）等方式处置，转增国家资本。

## 三、关于收入分配

8. 转制后在职职工执行企业的收入分配制度。职工工资分配应参照劳动力市场价位，合理拉开差距。

9. 国有控股企业和国有独资企业的经营者收入分配按国家有关规定执行。

10. 对在职职工现有工资外补贴、津贴、福利等项目进行清理，其中合理的部分纳入工资分配；对经营者在交通、通信等方面的职务消费，应结合相关制度改革，逐步纳入其个人收入。原事业编制内职工的住房公积金、住房补贴中由转制企业所属集团负担部分，转制后继续由集团拨付。

11. 有关部门根据文化企业劳动力市场价位，对转制后的企业的收入分配进行指导和调控。

## 四、关于社会保障

12. 转制前已经离退休的人员，原国家规定的离退休费待遇标准不变，转制后这类人员离退休待遇调整按事业单位标准和办法执行。所需费用，对没有财政事业费拨款的，由社保经办机构从基本养老保险基金中支付；对有财政事业费拨款的，由市财政将离退休费转拨社会保险经办机构，由经办机构统一发放。

13. 离休人员的医疗保障继续执行现行办法，所需资金按原渠道解决；转制前已退休人员按照事业单位医疗补助政策享受医疗保险待遇。

14. 经营性文化事业单位转制为企业，涉及职工参加社会保险的实施办法，贯彻落实《中共中央、国务院关于深化文化体制改革的若干意见》（中发［2005］14号）和《国务院办公厅关于印发文化体制改革中经营性文化事业单位转制为企业和支持文化企业发展两个规定的通知》（国办发［2008］114号）文件精神，参照《关于调整我市72家转制科研机构人员退休待遇的意见》（津政发［2008］32号）的相关规定执行。

15. 按照国办发［2008］114号文件精神，各转制单位应结合自身实际，采取切实可行的措施，解决好企业与事业单位退休待遇差问题。具备条件的单位，可按照有关规定为职工建立企业年金和补充医疗、养老保险，并通过企业年金等方式妥善解决转制后退休人员的养老待遇问题。

16. 转制过程中，各有关部门要在市文化体制改革工作领导小组的组织领导下，确保职工队伍稳定，确保政策前后一致，确保企业持续发展，按照国家和本市有关规定，逐一认真研究确定各单位的转制方案，经各方同意后，以会议纪要形式下发执行。

## 五、关于人员分流安置

17. 对于距国家法定退休年龄5年以内人员，以及工作年限满30年且年龄满45岁以上的人员，在与本人协商一致的基础上，可以实行内部退养和离岗待退，具体办法参照《天津市人事局关于做好事业单位人事制度改革中未聘人员安置工作的意见》（津人［2003］103号）文件执行。

18. 转制时，要按照《中华人民共和国劳动合同法》的规定，自工商注册登记之日起与在职职工全部签订劳动合同。职工在事业单位的工作年限合并计算为转制后企业的工作年限。转制后，根据经营方向确需分流人员的，应按照《中华人民共和国劳动合同法》的有关规定处理劳动关系，对符合支付经济补偿条件的，应依法支付经济补偿。

19. 转制企业应当切实保障职工的合法权益。转制时，对提前离岗人员所需的基本待遇及各项社会保险费、分流人员所需的经济补偿金，可从评估后的净资产中预留或从国有产权转让收入中优先支付。净资产不足的，财政部门也可给予一次性补助。

## 六、关于财政税收

20. 财税部门应认真落实现行税制中适用于转制企业的财税优惠政策。

21. 原事业编制内职工的住房公积金、住房补贴中由财政负担的部分，转制后继续由财政部门在预算中拨付。转制后原有的正常事业费继续拨付，主要用于解决转制前已经离退休人员的社会保障问题。

22. 为确保转制工作顺利进行，同级财政可一次性拨付一定数额的资金，主要用于资产评估、审计、政策法律咨询等。

23. 经营性文化事业单位转制为企业后，免征企业所得税。

24. 由财政部门拨付事业经费的经营性文化事业单位转制为企业，对其自用房产免征房产税。

25. 对经营性文化事业单位转制中资产评估增值涉及的企业所得税，以及资产划转或转让涉及的增值税、营业税、城建税等给予适当的优惠政策。具体政策根据财政部、国家税务总局实施细则执行。

26. 党报、党刊将其发行、印刷业务及相应的经营性资产剥离组建的文化企业，所取得的党报、党刊发行收入和印刷收入免征增值税。

### 七、关于法人登记

27. 转制后企业的名称，可用原单位名称（去掉主管部门），或用符合企业名称登记管理规定的其他名称。

### 八、关于党的建设

28. 按照中央要求，经营性文化事业单位在转制过程中，要按照党章规定，根据转制后企业的实际情况和工作需要，经上级党组织批准，同步组建、改建或更名党的基层组织，选配好党组织负责人。转制后企业内部的党组织设置，也要随着企业组织结构和党员分布状况的变化，及时进行充实调整，充分发挥转制后企业党组织和党员的作用。转制后企业党组织的领导关系要按照有利于加强党的领导和开展党的工作，有利于促进企业改革和发展的原则确定。

上述政策适用于经营性文化事业单位转制为企业的单位。执行期限为2009年1月1日至2013年12月31日。上述条款中未涉及的，按国办发［2008］114号文件执行。

## 关于在文化体制改革中进一步支持文化企业发展的实施意见

为贯彻落实党中央、国务院关于支持文化事业和文化产业发展的一系列相关政策，进一步深化我市文化体制改革，促进文化产业发展，推动文化强市建设，根据国办发［2008］114号文件，特制定以下支持文化企业发展的实施意见。

### 一、关于财政税收

1. 设立天津市文化产业发展专项资金，由市委宣传部会同市财政局制定相应的使用和管理办法，采取贴息、补助和奖励等方式，支持文化企业发展。

2. 对电影制片企业销售电影拷贝、转让版权取得的收入，电影发行企业取得的电影发行收入，电影放映企业在农村的电影放映收入免征增值税和营业税。

3. 2010年底前，广播电视运营服务企业收取的有线数字电视基本收视维护费，经市人民政府同意并报财政部、国家税务总局批准，免征营业税，期限不超过3年。

4. 对图书、报纸、期刊、音像制品、电子出版物、电影和电视完成片等按规定享受出口退税政策，境外演出取得的境外收入不征营业税；对生产重点文化产品而进口国内不能生产的自用设备及配套件、备件等，按现行税收政策有关规定，免征进口关税和进口环节增值税。

5. 在文化产业支撑技术等领域内，对国家需要重点扶持的高新技术企业，减按15%的税率征收企业所得税；文化企业开发新技术、新产品、新工艺发生的研究开发费用，允许按国家税法规定，在计算应纳税所得额时加计扣除。

6. 对我市承办的国际性、全国性文化会展、大型文艺演出等活动，组委会在承办过程中取得的广告收入，免征营业税。

### 二、关于投资和融资

7. 投资兴办文化企业的，有关行政主管部门应当提高行政审批效率，并不得收取政策规定之外的任何附加费用。

8. 投资文化企业，设立注册资本在50万元以下的有限公司，股东首次出资额达到注册资本的10%即可先行登记注册，其余部分2年内缴足，其首次出资额应不低于法定注册资本最低限额。允许投资人以知识产权等无形资产评估作价出资组建文化企业，非货币财产作价入股占注册资本的比例不超过70%。

9. 非公有资本进入文化产业，按照《国务院关于非公有资本进入文化产业的若干决定》（国发［2005］10号）执行。

10. 经批准设立国有或国有绝对控股的文化产业投资基金，作为文化领域的战略投资者，对重点领域的文化企业进行股权投资，推动文化企业跨地区、跨行业改制重组和并购。

11. 鼓励文化企业通过利用银行贷款、发行企业债券等方式，投资开发战略性、先导性文化项目，进行文化资源整合，推动大宗文化产品出口，市财政可给予一定的贴息。

12. 针对文化企业的特点，研究制定著作权、文化品牌等无形资产的评估和质押办法，引导商业银行对文化企业给予贷款支持。鼓励商业银行创新信贷产品，加大信贷支持。支持文化企业投融资服务机构建设，鼓励担保和再担保机构开发适应文化产业的贷款担保服务。

13. 通过公司制改建实现投资主体多元化的文化企业，符合条件的可申请上市。鼓励已上市文化企业通过公开增发、定向增发等再融资方式进行并购和重组。鼓励文化企业进入创业板融资。

### 三、关于资产和土地处置

14. 发生合并或分立、公司制改建以及整体出售情形的文化企业，可依据国家统一的财务制度清查全部资产，清查的资产损失可依次冲减未分配利润、盈余公积、资本公积、实收资本。

15. 出版、发行企业库存呆滞出版物，超过一定期限的，可以作为财产损失在税前据实扣除，不采取税前提取提成差价等准备金办法。已作为财产损失税前扣除的呆滞出版物，以后年度处置的，其处置收入应纳入处置当年的应税收入。

16. 国有文化企业使用的原划拨土地，改制前可继续以划拨方式使用；改制后，土地用途符合《划拨用地目录》的，经所在地县级以上人民政府批准，可仍以划拨方式使用；不符合《划拨用地目录》的，应依法办理土地有偿使用手续，经评估确定后，以作价出资（入股）等方式处置，转增国家资本。

**四、支持文化产业园区建设**

17. 对经认定的市级文化产业园区，在园区建成起 3 年内，给予行政规费减免及租金补贴等，对用于文化企业经营的房屋出租或转让产生的营业税、契税给予返还。对经审批认定的文化产业基地，给予一定额度的贷款贴息支持。

18. 对被认定为天津市青年就业见习基地的文化产业园区和文化产业基地，按照津劳社局发［2007］119 号《关于建立青年就业见习基地有关问题的通知》有关规定，给予一定的资金支持。

19. 在符合《天津市历史风貌建筑保护条例》和《天津市房屋安全使用管理条例》等相关规定同时，鼓励盘活存量房地资源，用于文化产业经营。具有一定历史文化遗存价值的老旧厂房、仓库、历史街区、旧有商业用房、老旧民宅村落等存量房地资源转型兴办文化产业和创办文化产业园区的，原产权单位以划拨方式获取的土地使用权保持不变。

20. 市级文化产业园区和文化产业基地由市委宣传部会同市发改委、市财政局、文广局等有关部门共同认定，并制定文化产业发展指导目录，分类指导文化产业发展。

**五、引进人才政策**

21. 对拟引进的文化产业高尖人才，按本市引进人才的政策程序审核后，由市公安局办理落户手续。

上述政策适用于所有文化企业，执行期限为 2009 年 1 月 1 日至 2013 年 12 月 31 日。

## 中共天津市委宣传部、天津市工商行政管理局关于支持文化体制改革与文化产业发展的实施意见

津工商企注字【2009】12 号
（2009 年 5 月 12 日发布）

为贯彻落实党中央、国务院关于文化体制改革和文化产业发展的相关政策和要求，进一步深化我市文化体制改革，促进文化产业发展，推动文化强市建设，积极帮助企业解决困难，切实减轻企业负担，全力服务本市文化企业，现提出如下意见：

一、充分发挥工商行政管理职能作用，全力支持我市文化体制改革和文化产业发展，主动跟进、主动献策、主动服务。市工商局与市委宣传部进一步加强工作联系，及时提供企业登记业务指导、相关政策咨询，积极提供高效、热情服务，特事特办、即来即办、快办快结。工商行政管理部门应提高行政审批效率，并不得收取政策规定之外的任何附加费用。

二、放宽名称使用标准。在名称预核中，允许文化企业使用表明其经营内容和方式的各类新兴行业用语作为行业表述。文化事业单位改制为企业的，允许其在保留原有名称（去掉原主管部门）基础上增加组织形式。

三、放宽登记注册条件。投资文化企业，设立注册资本在 50 万元以下的有限公司，股东首次出资额达到注册资本的 10%即可先行登记注册，其余部分 2 年内缴足，其首次出资额应不低于法定注册资本最低限额。

四、放宽经营范围限制。对新型的文化产业经营项目，可根据企业申请，灵活核定能体现其行业和经营特点的经营范围；涉及行政许可项目的，在许可证件有效期内，可以先行核准经营范围，领取营业执照后再到相关部门换发许可证件；新增的许可项目，可以在办理改制手续同时先给予核定经营范围，后申办许可证件。

五、放宽出资条件。支持投资者以知识产权等无形资产作为非货币财产投资入股文化产业，非货币财产出资比例最高可达企业注册资本 70%；允许以债权、股权作价出资设立文化企业，实行资产的优化整合。

六、放宽年检条件。转制的国有文化企业（含剥离企业），因公司制改造或组建企业集团原因造成逾期年检、逾期入资或者违反其他登记管理规定的，视情况从轻或减轻处罚；因上述原因主管部门不能及时核发许可证件的，经企业申请和主管部门出具证明，可以先办理年检，后补办许可证件。

七、支持文化事业单位转企改制。在全市文化体制改革过程中，从文化事业单位剥离或改制的企业，经原单位同意，可以在名称中使用原单位的字号或者简称，重新注册的企业经营范围与改制前相同的，不再另行核定。经市文改办批准的转制企业，可优先直接在市工商局办理注册登记。

八、支持文化企业以股权出质、出资，拓宽融资渠道。鼓励非公有资本的公司制文化企业，以其持有的有限责任公司或者股份有限公司的股权出质、出资，参与影视制作、发行、演艺等经营性国有文化事业单位的转企改

制，或进入鼓励类和允许类公益性文化事业与经营性文化产业领域。

九、支持文化企业经营广告业务。对文化企业利用书籍、自办刊物、电影等媒介经营广告的，简化审批手续；对内容一样的随刊广告、随（电影）片广告，经过原登记机关审批后，在市内不须另行报批。

十、支持文化企业实施商标战略。积极鼓励支持、促进文化企业申请商标注册，推进文化产业品牌建设。对条件成熟的企业，及时引导其申报、认定驰（著）名商标，并在市著名商标认定工作中对文化企业商标予以倾斜和支持。鼓励文化企业商标、商号一体化，实施商标、商号双重保护。

十一、支持文化企业实行资产重组，优化资源配置。支持国有文化企业通过合并、并购、重组、委托等方式处理各类不良资产。改制的文化企业经国有文化资产监督管理部门批准划转资产进行重组的，可以凭监管部门的批准文件直接办理变更登记手续，不须提交股权转让协议；经资产重组被撤销的国有或国有控股文化企业，暂时无法提供完税证明的，可以凭国有文化资产监督管理部门的批准文件和吸收单位同意接受债权债务的证明文件，申请办理注销登记手续。

十二、支持文化企业依法经营。积极开展文化市场专项整治，坚决取缔无照、无证经营行为，建立守法经营、违法必究、公平交易、诚实守信的市场秩序，营造公平、公开、公正的市场竞争环境，推动我市文化大发展大繁荣。

**福建省**

## 福建省关于加快文化产业发展的意见

闽委办发【2009】3号
（2009年4月13日）

各市、县（区）党委和人民政府，省直各单位：

为深入贯彻党的十七大、十七届三中全会精神，全面贯彻落实科学发展观，深化文化体制改革，提升文化产业对经济增长的拉动作用，加快文化强省步伐，促进海峡两岸两个先行区建设，经省委、省政府领导同意，现就加快我省文化产业发展提出以下意见：

### 一、充分认识加快文化产业发展的重要意义

（一）加快文化产业发展是满足人民群众精神文化需求的重要途径。文化产业是以产业形态、通过政府扶持和市场引导，为社会公众提供文化、娱乐产品和服务以及与之相关联活动的集合。文化产业市场需求强、发展潜力大、较易实现社会效益和经济效益统一，是市场经济条件下满足人民群众精神文化需求的重要途径。加快发展文化产业，增加文化产品和服务的品种、数量和质量，有利于文化事业繁荣发展，满足人民群众日益增长的精神文化需求。

（二）加快文化产业发展是推动经济增长的重要举措。为贯彻落实党中央、国务院加强和改善宏观调控，保持经济平稳较快发展的重大决策，省委、省政府采取了一系列措施，加快推进以改善民生为重点的社会事业发展，为文化产业加快发展创造了难得的契机。文化产业作为文化与经济相互交融的产业形态，其高科技、高收益、低耗能等特性，使之在扩内需、保增长、调结构等方面具有独特的优势，成为我省应对当前国际金融危机，形成新的经济增长点的重要产业。加快发展文化产业，有利于扩大就业，拉动内需，提高文化对经济增长贡献率，推动经济结构优化和发展方式转变，提升我省产业竞争力。

（三）加快文化产业发展是提高海峡西岸经济区综合竞争力的重要手段。《福建文化强省建设纲要》（闽委发〔2006〕17号）提出要推动我省“文化发展主要指标进入全国前十位，成为文化事业整体水平和文化产业总体实力居全国前列的文化强省”。随着海峡西岸经济区建设不断推进，人们对精神文化产品的需求越来越大，加快文化产业发展的外部条件和内在动力已经充分具备。要抓住中央支持海峡西岸经济发展的有利时机，精心谋划，全力推进，做大做强文化产业，促进我省经济社会又好又快发展，大力提升海峡西岸经济区的综合竞争力。

### 二、发展文化产业的指导思想、发展目标和基本原则

（一）指导思想。以邓小平理论、“三个代表”重要思想和党的十七大精神为指导，全面贯彻落实科学发展观，围绕建设文化强省的目标，以提高人民群众文化生活水平和增强我省文化产业整体实力为出发点和落脚点，以文化企业为主体，以深化改革为动力，以科技进步为手段，以政策法规为保障，优化结构和资源配置，实行政府引导、市场运作，加快推进文化产业集约化、规模化发展，形成以公有制为主体、多种所有制共同发展的文化产业格局。

（二）发展目标。到2012年，初步建立结构比较合理、特色鲜明、政策体系比较健全、效益逐步显现的文化产业运行框架，培育一批拥有自主知识产权、知名品牌、较强市场竞争力的优势文化企业，形成报刊服务、出版印刷发行、广播影视、演艺娱乐、文化旅游、文化创意、动漫游戏、文化会展、广告、工艺美术等主导文化产业群。全省文化产业增加值占地区生产总值的比重超过5%，文化产业增加值的增长速度高于同期地区生产总值的增长速

度。居民人均文化消费支出占全部消费支出的比重高于全国平均水平，使文化产业成为国民经济的重要产业和新增长点，文化产业总体实力居全国中上水平。

到2020年，文化产业各个门类结构优化、技术先进，形成一批实力雄厚、竞争力强的文化企业和有影响的国际品牌，建立一定规模的现代化文化产品生产、服务和销售网络，文化产业在国际市场上占有一定份额，增长速度明显高于国民经济增长速度，总体实力进入全国前列。

（三）基本原则

——坚持社会效益和经济效益相统一。遵循市场经济和文化发展的客观规律，在重视文化的意识形态属性的同时，充分考虑文化的产业属性，在保证社会效益的前提下，努力实现社会效益和经济效益相统一，不断丰富人民群众的精神文化需求。

——坚持政府引导与市场推动相协调。正确处理好加快发展和加强管理的关系，一手抓繁荣、一手抓管理，充分发挥政府宏观调控作用和市场对文化资源配置的基础性作用。

——坚持专业化发展与群众性普及相融合。正确处理群众参与和精品创作的关系，尊重群众首创精神，发挥人民群众的积极性、主动性和创造性，调动政府部门、文化企事业单位与社会各方面的力量，共同推进文化产业的发展。

——坚持对台交流与对外开放相结合。充分利用地域文化资源，发挥“五缘”优势，抓住当前海峡两岸关系发展良好时机，加强闽台文化产业交流合作；实施“走出去”战略，拓展国际文化市场，将海峡两岸特色文化优势转化为产业优势。

——坚持文化事业和文化产业相促进。根据文化事业和文化产业的不同特点，依托优势文化事业资源，加大产业开发力度，一手抓公益性文化事业，一手抓经营性文化产业，采取分类指导和不同的政策措施，促进文化事业繁荣和文化产业发展。

## 三、重点发展十大文化产业

（一）报刊服务业

目标任务：到2012年，基本建立起公益性报刊与经营性报刊共同繁荣发展的格局；到2020年，全省报刊业的市场竞争力和综合实力进入全国中上水平。

发展重点：报业以福、厦、泉三市为重点区域，期刊业以省会城市为重点区域，推动重点地区形成优势明显的产业集群；以主流媒体为龙头，拓展报纸、期刊产业发展领域，建设全省综合新闻门户网站，延伸产业链，打造大型现代传媒集团；加快报刊产业的数字化进程，推动传统报刊向数字化出版、销售、服务转型；培育品牌报刊，重点扶持一批能够突出我省区域特色、对台特色的报刊精品，打造2—3家在全国有一定影响力的区域品牌报刊和一批在细分市场中领先的重点报刊。

（二）出版印刷发行业

目标任务：到2012年，基本建立起与经济社会发展相适应的出版印刷发行体系、管理体制及运行机制；建立统一、开放、竞争、有序、健康、繁荣的出版物市场，保障人民群众的基本文化权益。到2020年，全行业的综合实力争取达到全国中上水平，成为我省经济社会发展的重要产业。

发展重点：培植具有较强竞争能力的出版企业集团，实施“闽版出版物精品工程”；推动印刷产业园建设，形成产业集聚，重点培育5—8家印刷龙头企业；进一步拓展版权保护领域，建设版权产业基地，力争将厦门、德化列入世界知识产权组织版权产业调研试点基地；组建海峡书局，办好海峡图书交易会，与台湾业界合作出版弘扬中华传统文化的期刊，以及设立图书销售连锁店等，打造两岸出版交流合作的品牌；构建福建数字出版平台，建立福建出版数据库，大力发展动漫、网游、网络出版和手机出版。

（三）广播影视业

目标任务：到2012年，全省广电业经营收入达到40亿元，有线电视用户达到550万户，移动多媒体广播用户500万个。到2020年，全省广电业经营收入达到60亿元以上，有线用户达到600万户以上，移动多媒体广播终端用户800万个。

发展重点：实施广播电视节目精品工程，把东南卫视、福建电视台综合频道和新闻频道、海峡电视台、厦门卫视频道、福建人民广播电台都市生活广播等打造成全国名牌频道（率），设区的市各有一个电视频道和广播频率打造成区域性名牌频道（率）；推进全省有线数字电视整体转换，发展付费电视、视频点播业务、电子政务、电子商务、信息服务等增值业务；拓展延伸广播影视产业链，创新盈利模式，推进跨媒体、跨地区、跨行业经营；构建移动多媒体广播网，发展移动多媒体广播业务；发展影视内容产业，提升电视剧、非新闻类电视节目和电影、动画片的生产能力，满足多种媒体、多种终端发展对影视数字内容的需求；加大以闽台、福州三坊七巷、闽南文化、客家文化、朱子文化、闽西红色文化等为基础资源或背景的影视剧创作；加强厦门国家动画产业基地建设，加快培育福州国家级动画产业基地建设；构建地面数字电视覆盖网，开展地面高清晰度电视广播，开发多种业务；利用中短波发射台站资源，开展数字调幅广播业务；加快影院数字化改造，推动数字电影传输发行；扶持广播电视采编播数字化、网络化建设，全面提升节目制作能力和质量；扶持省级文化影视城建设；建设海峡视频网站；积极创造条件，筹建省级广电传媒上市公司。

（四）演艺娱乐业

目标任务：到2012年，重点培育一批上规模、上水平的连锁娱乐企业，演艺娱乐业的收入以年均10%以上的速度持续增长。到2020年，演艺娱乐业对文化产业的贡献率有较大幅度提高。

发展重点：充分利用我省演出团体多、地方剧目丰富的优势，扶持一批代表国家水准，具有地区特色和民族特色，具有示范性和代表性的艺术表演团体，创新传统剧种剧目，增加演出场次和演出收入；以组建福建演艺集团为重点，发展一批直接面向市场的演艺文化企业，走产业化发展之路；加快文艺演出中介代理服务机构的建设，培育扶持一批演出经纪公司，促进区域性演出网络的形成；组建、做大连锁网吧企业，连锁网吧覆盖率达60%；发展一批大型娱乐项目，不断优化文化娱乐产业的类型结构和规模结构。积极促进演出娱乐业与旅游产业的结合，重点在福州、厦门、武夷山开发大型文化旅游演艺项目，打造若干在国内外有影响力的高收益的文化旅游演艺精品。

（五）文化旅游业

目标任务：到2012年，依托重点文化旅游资源，打造一批特色鲜明的精品文化旅游区，文化旅游业收入超600亿元，占全省旅游总收入的40%以上；到2020年，建成文化旅游大省，文化旅游成为海峡西岸旅游产业的重要支撑。

发展重点：适应旅游市场需求，在文化设施建设和文化遗产保护过程中，要综合考虑旅游需求特点，促进文化产业与旅游产业结合，丰富旅游产品的文化内涵。规划建设一批特色文化旅游区，重点发展武夷山世界文化与自然遗产、福建土楼世界文化遗产、厦门鼓浪屿、福州三坊七巷、福州船政文化、莆田妈祖文化、德化陶瓷文化等文化旅游区。深入挖掘闽茶文化内涵，建设武夷山、安溪等茶文化旅游区。办好文化旅游节庆活动，扩大文化旅游产品吸引力，提高旅游商品文化含量，推出一批能够满足旅客不同需求的品牌旅游商品。积极引导社会力量以各种方式参加文化旅游资源的开发和经营，促进文化旅游产业顺利发展。

（六）文化创意业

目标任务：到2012年，争取实现文化创意产业的增加值保持两位数增长，形成一批整体优势明显、区域特色鲜明、产业集聚突出、充满生机活力的海峡西岸经济区文化创意产业集群。到2020年，文化创意产业重点领域保持持续增长，形成重点突出、特色明显、带动力强的海峡西岸文化创意产业空间布局。

发展重点：以涵盖产业高端环节的“文化创意设计”为龙头，重点发展制造业设计创意、文化传媒创意、文化艺术创作、文化传统与文物保护、数字服务文化创意、建筑文化创意、咨询策划创意和休闲消费创意等八大领域。以福州、厦门、泉州等沿海中心城市为文化创意产业发展的重点区域，逐步完善文化创意研发设计、产品生产、推广销售等文化创意产业链。打造一批具有福建风格和国内外影响的文化创意品牌，形成一批具有较大影响力的文化创意产业集聚区和中介机构，培养一批国内外知名的设计师，培育一批具有较强竞争力和影响力的文化创意龙头企业。

（七）动漫游戏业

目标任务：到2012年，建立2个国家级动漫产业基地，3～5个动漫公共服务平台；培育5～10家有实力、上规模、核心竞争力强、在全国有一定影响力、年销售收入1亿元以上的动漫龙头企业；创建10～20个全国知名动漫品牌。到2020年，全省动漫的创作数量大幅增加、产品质量显著提高、企业创新能力明显增强、动漫产业的总体水平位居全国前列。

发展重点：建设国家动漫产业基地和教学研究基地，积极研发或引用台湾防震救灾的动漫游戏，培育一批动漫原创与核心技术研发能力强、充满活力、专业性强的动漫企业和具有中国风格、国际影响的动漫品牌。加强与影视、出版、旅游、演艺、娱乐、教育等的交流合作，发展服装、玩具、食品衍生产品的开发生产和销售，形成布局合理、层次分明、核心突出、分工明确、自主创新与竞争能力强的产业链和产业集群。

（八）文化会展业

目标任务：到2012年，培育3—5个国内有影响的文化会展。到2020年，有国际影响的文化会展达10个以上。

发展重点：促进文化会展业发展，建设一批文化会展场馆；支持利用既有文化设施举办展示交易活动，充分发挥会展中心、艺术中心、博物馆、美术馆、珍品馆等标志性文化设施的展示交易功能；发展一批在国内外有影响的专业文化会展，以办好海峡两岸文化产业博览交易会、海峡两岸图书交易会为重点，带动一批文化会展业发展，使文化会展业成为促进我省文化产业发展的一个重要平台；加强与国内外会展组织的合作交流，广泛吸引知名会展企业和机构来闽举办文化会展。开拓文化会展项目，增加文化会展的展示效应和经济效益。

（九）广告业

目标任务：到2012年，重点培育年收入亿元以上的广告企业50家，年收入10亿元以上的广告企业3—5家，广告经营额以年均15%以上的速度持续增长，广告经营额总量达到100亿元。到2020年，全省广告经营额、利税额达到全国先进水平。

发展重点：培育一批拥有自主品牌和技术先进、主业突出、特色明显、核心竞争力强的广告实力企业；整合广告资源，形成福州、厦门和泉州三大板块广告实力企业集群，辐射和带动全省广告业发展；兴办广告创意设计服务业，建立广告创意设计和制作园区，提升广告服务的附加值，发展具有特色的优质广告创意产业集群；拓展闽台广告交流渠道，加强与台湾广告业的对接与合作，提升我省广告业水平；建立和完善广告业公共服务管理体系。

（十）工艺美术业

目标任务：到2012年，全省工艺美术品制造业工业总产值达到700亿元。到2020年，全省工艺美术品制造业工业总产值达到1500亿元以上，成为全国工艺美术强省。

发展重点：进一步繁荣发展福建工艺美术品产业，壮大工艺美术品特色产业基地，建设一批特色产业园区，加强工艺美术品专业村规划建设；扶持一批能牵动行业发展的龙头企业、重点项目和品牌产品；振兴传统工艺美术品，运用新技术、新工艺、新材料、新设备创新工艺美术产品和开发工艺美术精品，采用高新技术、先进适用技术改造提升工艺美术品产业，促进产业梯级转移；推动工艺美术品产业与现代旅游业结合，加强和扩大工艺美术品专业市场建设，健全工艺美术品产业市场体系，抓紧出台我省传统工艺美术保护与发展的有关规定，定期举办各类工艺美术精品展、开展省工艺美术大师评选活动等。

在重点发展上述十大文化产业的同时，鼓励发展文化相关产业。推动文化用品、设备及相关文化产品的生产和销售，促进文化产业与教育、科技、信息、体育、旅游、休闲等产业的联动发展，与工业设计、城市建设等经济活动相结合，形成新的经济增长点，积极支持文化企业充分利用自有知识产权和品牌优势，向相关产业延伸发展，开发多种形式的衍生产品，提高我省文化产品和服务产品的知名度和竞争力，打造国际国内知名品牌。

## 四、发展文化产业的主要措施

（一）优化文化产业整体布局

1. 优化文化产业区域布局。加强区域间文化产业的整合和扩张，形成文化产业跨区域的分工协作，建立合理有序的文化产业地域分工和布局体系。福州、厦门、泉州市要统筹规划各门类文化产业发展，率先在全省建立文化产业综合基地；漳州、莆田、南平、三明、龙岩、宁德市要依托历史文化、民俗文化、茶文化、老区红色文化等文化资源优势，培育具有地方特色的优势文化品牌和产业基地。

2. 培育特色文化产业基地。挖掘各地特色文化资源，通过规划引导、政策扶持、利益驱动等办法，引导特色文化产业有序聚集，发展壮大特色文化产业集群，建设一批特色明显、在区域内外有一定实力和影响的特色文化产业基地。在全省重点建设影视制作、动漫、文化旅游、工艺美术等文化产业基地，增强特色文化产业基地发展的聚集力、辐射力和竞争力。

3. 建设特色文化产业园区。鼓励各地根据资源优势和文化特点，规划建设具有地方特色的文化产业园区，重点建设福州文化创意园、厦门乌石浦油画基地、莆田创意产业园、德化陶瓷产业园、惠安石雕产业园、仙游宝泉工艺产业园、泉州丰泽树脂工艺品产业园、安溪藤铁工艺品产业园、福州脱胎漆器基地、莆田上塘珠宝产业园、闽侯竹草编产业园、华安玉雕产业园等文化产业园区，形成集生产配送、创新培训、销售展示、旅游观光、文化传播于一体的新型产业园区。

（二）建设五大文化产业工程

1. 文化产业精品工程。整合省内外文化艺术创作力量，充分运用我省优势文化资源，以福建人文地理、船政、闽商、闽台、闯南洋、过台湾等为内容，重点推进福州三坊七巷、“印象大红袍”、“妈祖颂”、过台湾等题材的创作，推出一批具有福建特色、国家水准、有一定知名度和影响力的舞台剧、影视剧、文学作品等精品力作，为旅游文化、影视、出版、动漫等文化产业提供原创素材和源头产品，带动相关文化产业链的发展。由省文化厅、广电局、文联等部门组织实施。

2. 国产动漫产业工程。重点建设福州、厦门两个国家级动漫产业基地，建设海西（长乐）动漫产业园区，在规划和建设中要强化其旅游功能，推出有吸引力的文化旅游产品；重点扶持福建网龙等一批动漫游戏产业龙头企业；重点推进“数字娱乐产业研发与孵化公共服务平台”、“福建省动漫游戏研发公共服务平台”、“厦门软件园数字媒体公共技术平台”建设和系列大型益智健康网络游戏项目开发，积极培育和发展上规模、创新能力强的动漫骨干企业，发展动漫产业链和产业集群。由省信息产业厅会同文化厅组织实施。

3. 茶文化产业工程。大力发展茶文化产业，加大茶制作工艺保护创新、茶文化整理开发力度，推广茶艺茶道表演。建立以安溪为中心的闽南茶文化产业基地，重点建设安溪、南靖茶文化产业园区，完善漳浦茶博园；建立以武夷山为中心的闽北茶文化产业基地，重点建设武夷山茶文化产业园区、建瓯百年矮脚乌龙和建阳百年水仙茶文化园区；建立闽东茶文化产业基地，重点建设福安坦洋工夫、福鼎白茶为主的闽东茶文化产业园区；建立福州茶文化产业基地，重点建设福州茉莉花茶文化产业园区；建立闽西茶文化产业基地，重点建设漳平永福台湾高山茶和新罗茶文化产业园区；在德化建立茶壶茶具研发中心。由省农业厅会同海峡茶业交流协会、省旅游局、文化厅组织实施。

4. 影视基地建设工程。规划在福州建设集影视拍摄、旅游休闲、特色文化展示等为一体的省级影视基地；扶持闽台文化影视城（漳州）建设成为集影视摄制、闽南文化和台湾文化展示交流等为一体的影视文化城。由省广电局会同有关部门和相关设区的市组织实施。

5. 广告创意基地建设工程。规划在福州软件园区建设广告创意设计和制作基地，以广告创意设计为核心竞争力提升广告服务的附加值。重点培育和扶持一批广告创意设计、制作龙头头企业，发展优质广告创意产业集群，辐射和带动全省广告业的发展。由省工商局组织实施。

（三）培育文化市场主体

1. 推进经营性文化事业单位转企改制。以体制机制创新为重点，着力推进我省出版单位、影视制作发行放映单位和一般文艺院团转企改制。按照现代企业制度要求，加快国有文化企业的公司制改造，完善法人治理结构，推进产权制度改革，实现投资主体多元化。充分发挥我省地方特色和比较优势，在2012年前，全省国有独资文化企业基本完成规范的公司制改造，使具有较强自主创新能力和市场竞争力的国有或国有控股文化企业、企业集团，成为文化产业的龙头。

2. 推动文化企业规模化发展。鼓励文化企业以资产为纽带，以联合、兼并、重组等形式整合资源。引导大型国有企业进入文化产业，鼓励文化企业跨地区、跨行业经营，在市场竞争中不断做大做强。2012年前，重点培育和发展50家实力雄厚、具有较强竞争力和影响力的大型文化企业和企业集团。

3. 支持非公有文化企业发展。落实国家和我省有关规定，提供良好的政策环境和平等竞争机会，引导民营资本、台港澳及海外资本进入文化产业，支持我省非公有文化企业的发展。鼓励民营资本以股份制、合伙制及个体私营等多种形式兴办文化企业，引导非公有资本以投资、参股、兼并、收购等方式，参与国有文化企事业单位的改革和股份制改造。非公有资本投资兴办和参股的文化企业经批准可享受国有文化企业同样的财政税收和融资优惠政策。

4. 发展中小型文化企业。放宽市场准入，简化审批手续，建立和完善进入和退出机制，鼓励公民个人依法创办中小文化企业。鼓励中小文化企业向“专、精、特、新”方向发展，形成独具特色和具有活力的文化产业企业群体。鼓励社会力量和行业组织建立风险投资和担保公司。支持中小型文化企业创造条件在创业板上市融资。

（四）加强文化市场体系建设

1. 建设文化产业专业市场。依托特色文化产业基地、特色文化产业园区，建设一批有特色、多门类、功能齐全、辐射力强的大型文化产业专业市场。支持文化产业专业市场充分挖掘潜力，发挥优势，走品牌发展之路，发展现代电子商务和现代物流，健全市场功能，完善市场设施，做好信息、信用、信誉服务。促进文化产业专业市场成为贸易物流、品牌展示、信息交流、文化传播、文化会展、文化旅游、引导生产的文化产业综合平台。重点加强和扩大工艺美术品、茶文化、油画、图书等相关文化专业市场建设。

2. 健全文化产业行业协会。省广播影视协会、文化娱乐业协会、国际会展业协会、广告协会、动漫游戏行业协会、工艺美术协会、海峡茶业协会、报业协会、期刊协会、出版协会、图书发行协会等各类文化行业组织，要依照法律和章程，认真履行市场协调、行业自律、监督服务与维权等职能，发挥沟通政府与文化企业的桥梁和枢纽作用，在信息咨询、商贸合作、招商引资、拓展市场、人才培训、科技创新、法律援助等方面为中小文化企业提供服务。加快发展文化策划咨询、演出、展览、艺术品销售、影视剧制作等中介机构，加强文化产品的服务和推介，促进文化企业发展和文化市场繁荣。

3. 规范文化市场秩序。加强文化市场管理，推进文化体制改革试点地区文化市场综合行政执法改革，建立健全市场准入和退出机制，构建统一、高效、便捷的文化市场管理信息网络，建立依法经营、违法必究、公平交易、诚实守信的文化市场秩序，保护文化经营者和消费者的合法权益。加大文化产业知识产权保护力度，支持文化产品和服务的专利申请、商标注册，严厉查处盗版、非法出版、非法营销等侵犯知识产权行为。

（五）加强闽台文化产业交流与合作

1. 推动闽台文化产业对接。鼓励台商来闽投资文化产业，建立生产基地、地区总部、研发及营销中心等。以闽南文化、客家文化、妈祖文化等为主题，以重大台资文化项目为龙头，进一步延伸文化产业链，推动动漫、网络、会展业等新兴产业的对接。

2. 扩大对台文化贸易。加强海峡两岸相关文化产业协会交流合作，办好文博会、艺博会、茶博会、旅博会、图书交易会等活动，加快建设海峡书局等对台文化产业交流合作基地，拓展闽台文化产业合作交流渠道，搭建闽台广播影视交流合作平台。在新闻出版、文化艺术、广播影视、动漫、广告和网络游戏策划制作、民俗文化产品开发生产等方面，汇聚两岸资源，扩大闽台文化贸易，使福建成为海峡两岸文化产业交流中心。

（六）加强文化产业人才队伍建设

1. 拓展人才培养渠道。发挥高校学科齐全和人才集聚的优势，开设相关专业培养文化产业人才，参与文化产业发展政策研究。将文化产业人才纳入全省高层次人才培养计划，急需的特殊专业人才列入我省年度紧缺急需人才引进指导目录，造就一批熟悉国际化运作、懂专业、会经营的复合型人才。鼓励符合条件的文化企业设立博士后工作站，通过企业招聘，产业项目实施等，面向全国多渠道引进各类高层次、高素质人才。加快文化企事业单位内部人事制度改革，建立公开竞聘、考试选拔等制度，拓宽人才选拔途径，鼓励人才流动。完善激励机制，支持知识产权、无形资产、技术要素和管理要素参与收益分配，调动各类人才的积极性、主动性和创造性。

2. 发挥职业教育集团作用。扩大文化产业技能型紧缺人才培养规模，充分发挥已设立的工艺美术、旅游等职业教育集团作用，加强文化产业急需人才培养。加强产学研结合，由行业协会牵头，职业院校和企事业单位自愿参加，联合开展技术研发、共建实验室、实训基地和培养专业教师等，提高文化产业人才培养的适应性和针对性。

## 五、加大对文化产业发展的政策扶持

（一）贯彻落实相关产业政策。认真贯彻国务院颁布实施的支持文化产业发展的各项优惠政策，认真落实省政府办公厅《转发国务院办公厅关于文化体制改革中经营性文化事业单位转制为企业和支持文化企业发展的两个规定的通知》（闽政办〔2008〕188号）、《关于印发福建省非公有资本进入文化产业的若干意见的通知》（闽政办〔2008〕107号）、《关于在文化体制改革试点中支持文化产业发展和经营性文化事业转制为企业的两个规定》（闽政办〔2008〕105号）、《关于加快我省印刷业发展指导意见的通知》（闽政办［2008］7号）、《关于推动我省动漫产业发展若干意见的通知》（闽政办［2007］181号）等，最大限度地发挥政策的激励、引导和凝聚作用，加快文化产业发展。

（二）发挥财政资金引导作用。省财政设立文化产业发展专项资金，采取项目补助、贴息、奖励等方式重点扶持文化产业龙头企业、重点文化产业基地、重点文化产业园区、重大文化产业工程、具有示范性导向性的文化产品生产和文化服务项目及国有文化企业转企改制、传统工艺美术保护和发展等。实施对政府资金投入的社会效益和经济效益的评估、监测、考核和奖励。积极争取国家文化产业发展等专项资金的支持。各级政府要加大对文化产业投入的力度，有条件的市、县（区）要设立文化产业发展专项资金，充分发挥财政资金的引导和带动作用。

（三）发挥工商税收政策促进作用。支持经营性文化事业单位转制为企业。对于开展文化体制改革试点地区的所有转制文化企业和不在试点地区的转制试点单位，2009年—2013年期间，免征企业所得税；由财政部门拨付事业经费的文化单位转制为企业，对其自用房产免征房产税；对经营性文化事业单位转制中资产评估增值涉及的企业所得税，以及资产划转或转让涉及的增值税、营业税、城建税等给予适当的优惠政策；党报、党刊将其发行、印刷业务及相应的经营性资产剥离组建的文化企业，所取得的党报、党刊发行收入和印刷收入免征增值税。支持文化企业发展。2009年—2013年期间，对电影制片企业销售电影拷贝及转让版权取得的收入、电影发行企业的电影发行收入、电影放映企业在农村的电影放映收入免征增值税和营业税；2010年底前，广播电视运营服务企业收取的有线数字电视基本收视维护费，经批准可免征营业税，期限不超过3年；鼓励文化企业走出去，在境外举办文化交流活动，对图书、报纸、期刊、音像制品、电子出版物、电影和电视完成片等按规定享受出口退税政策，境外演出取得的境外收入不征营业税；为生产重点文化产品而进口国内不能生产的自用设备及配套件、备件等，按现行税收政策有关规定，免征进口关税和进口环节增值税；在文化产业支撑技术等领域内，对国家重点扶持的高新技术企业，减按15%的税率征收企业所得税；文化企业开发新技术、新产品、新工艺发生的研究开发费用，允许按国家税法规定，在计算应纳税所得额时加计扣除。支持文化企业以股权出质、出资，拓宽融资渠道。放宽企业集团注册登记条件，支持文化企业集团化运作。凡是文化企业组建集团的，其母公司注册资本放宽至2000万元，母公司和子公司的注册资本总和由1亿元放宽至4000万元，子公司可以放宽至3家。

（四）鼓励非公有资本进入文化产业。编制全省文化产业投资指导目录，对鼓励、允许进入的文化产业领域和产业种类以及审批机构、核准方式等行政许可项目向社会公布。允许非公有资本的公司制文化企业以其持有的有限责任公司和股份有限公司的股权出质、出资，参与影视制作、发行、演艺等经营性国有文化事业单位的转企改制，或进入鼓励类和允许类公益性文化事业和经营性文化产业领域。非公有制文化企业在项目审批、资质认定、融资等方面与国有文化企业享受同等待遇。参与国有文化企事业单位改组改制的非公有制企业，可享受有关改组改制企业的优惠政策。鼓励、引导个人注册组建文化企业，适当降低初创小企业注册资本门槛，允许注册资本金分期到位，多渠道为中小企业和个人提供文化产业发展资金支持。允许以商标、品牌、技术、科研成果等多类型知识产权以无形资产形式评估作价出资组建或入股文化企业，非货币财产出资比例最高可达企业注册资本70%；允许以持有的有限责任公司和股份有限公司股权作价出资设立文化企业，实行资产的优化整合。

（五）建立健全文化产业投融资体系。通过设立投资基金等方式，拉动社会资本投资文化产业，利用资本市场运作，拓宽文化产业融资渠道。积极支持符合国家产业政策、信誉良好、实力较强的文化企业按照国家有关规定，发行企业债券和短期融资券。支持培育3—5个以资本为纽带，跨地区、跨行业、跨所有制的大型文化企业集团创造条件上市融资。鼓励和引导金融机构加大对文化企业的信贷投入，并在国家允许的贷款利率浮动幅度内给予一定的利率优惠，对开展小企业贷款业务且设立了小企业贷款专营机构的全省各类银行业金融机构，按本年度小企业贷款季均余额增幅超过上半年小企业贷款季均余额5%部分的8‰予以风险补偿。国家开发银行福建省分行安排30亿元以上的贷款规模，专项用于支持符合条件的重点文化产业基地、重点文化产业园区、文化产业龙头企业及重大文化产业工程等建设。鼓励支持开展适合于文化产业的信贷产品创新，推动著作权、专利权、商标权、收益权等权益质押贷款业务。完善文化企业融资担保体系，鼓励担保和再担保机构开发适应文化产业的贷款担保服务。

（六）落实土地优惠政策。文化设施用地统一纳入当地的土地利用总体规划和年度计划，对文化产业重点建设项目在土地供应方面予以优先支持。鼓励国有文化企业在不改变土地用途情况下，提高土地利用率。国有文化事业单位改制后，土地用途符合《划拨用地目录》的，按有关规定经批准后，可继续以划拨方式使用；不符合《划拨用地目录》的，应依法办理土地有偿使用手续，经评估确定后，以作价出资（入股）等方式处置，转增国家资本金。因城乡建设需要，国有文化单位搬迁时，其原有划拨土地使用权应依法给予适当补偿。

## 六、为发展文化产业提供组织保障

（一）切实加强领导。省文化体制改革工作领导小组要加强对文化产业发展的统筹、协调、组织和指导，指导制定文化产业发展规划和相关政策措施，研究协调文化产业区域布局、项目建设和产业发展中的重大问题等。各级党委、政府要提高思想认识，加强领导，抓住机遇，趁势而为，切实把加快本地区文化产业发展纳入重要议事日程，努力形成党委、政府主导，部门分工负责，社会各界积极参与的工作格局。

（二）明确部门职责。省文化体制改革工作领导小组办公室牵头协调文化产业发展重大事项，拟订文化产业发展政策，扶持和促进文化产业建设与发展，协调有关新闻宣传工作，营造有利于文化产业发展的良好社会氛围。省发改委、省财政厅会同文化厅等文化产业牵头部门，制定全省文化产业发展总体规划，研究协调文化产业区域布局、重大项目建设，推进文化产业信息化建设，指导文化产业基地和区域性特色文化产业群建设，督促重大文化产业项目实施等。省财政厅负责研究制定支持文化产业发展的财政政策、文化产业发展专项资金管理办法和文化企业投融资政策。省统计局负责完善文化产业统计制度，改进统计方法，做好文化产业统计等相关工作，指导重点文化产业牵头部门完善本行业统计制度，做好相关产业统计工作。省国税局、地税局负责落实国家有关文化企业的税收优惠政策。由省人事厅会同发展改革委、教育厅、文化厅和团省委等部门，研究出台引导大学生积极参与文化创意活动有关政策，推动文化产业发展与促进大学生就业相结合。鼓励大学生自主创业，拓宽毕业生就业渠道，以创业带动就业。

（三）健全工作机制。由省发展改革委牵头负责文化创意产业，省经贸委牵头负责工艺美术业，省文化厅牵头负责演艺娱乐业，省贸促会牵头会同省文化厅负责文化会展业，省新闻出版局牵头会同福建日报报业集团负责报刊服务业，省信息产业厅牵头会同文化厅负责动漫游戏业，省广电局牵头负责广播影视业，省工商局牵头负责广告业，省新闻出版局牵头负责出版印刷发行业，省旅游局牵头会同文化厅负责文化旅游业的发展。以上文化产业牵头部门要抓紧出台各自牵头负责的文化产业行动计划（2009年—2012年），制订配套政策措施，落实阶段性工作目标，定期召开政银企合作座谈会，协调文化企业融资问题，促进文化产业发展。由省发展改革委牵头会同其他文化产业牵头部门以及省直相关部门，适时编制全省文化产业发展“十二五”专项规划。

各地要根据本意见精神，制定加快文化产业发展的具体措施，促进当地文化产业又好又快发展，为海西两个先行区建设提供强有力的文化产业支撑。

## 宁夏回族自治区

# 关于加快宁夏文化产业发展的若干政策意见

宁政发【2009】第8号

（2009年1月14日发布）

发展文化产业是市场经济条件下繁荣社会主义文化、

满足人民群众精神文化需求的重要途径，是加快服务业发展、促进经济增长的重要举措。为深入贯彻落实科学发展观和党的十七大关于加快社会主义文化发展的重大战略部署，促进文化产业大发展、大繁荣，根据《国务院办公厅关于印发文化体制改革中经营性文化事业单位转制为企业和支持文化企业发展两个规定的通知》（国办［2008］114号）和《自治区党委、人民政府关于进一步深化文化体制改革的意见》（宁党发［2008］41号）、《自治区党委、人民政府关于推动文化大发展大繁荣的意见》（宁党发［2008］42号）精神，制定本政策意见。

## 一、财政政策

（一）自治区及有条件的市、县（区）财政都要设立文化产业发展专项资金。从2009年到2012年，自治区财政每年安排1000万元专项资金支持文化产业发展，重点扶持有发展前景和竞争力的优势文化产业项目和产品。

（二）要有重点地规划建设动漫游戏、出版发行、印刷、影视和文化产品出口等文化产业基地及产业园区。按照“社会力量投资为主、政府专项资金补助为辅”的原则，对文化产业基地和园区的公共设施服务平台建设实行财政补助。

（三）进入文化产业基地和园区的企业以及确立为国家、自治区非物质文化遗产传承点的企业，从文化产业专项资金中给予一定的支持。

（四）获得国家专项资金支持的文化产业项目，自治区给予适当补助。国家和自治区投入资金按照有关规定进行管理。

（五）转制为企业的经营性文化单位，在转制后5年过渡期内，由财政按转制前核拨的补助标准继续拨付相关的经费。

（六）列入各级政府主办的大型庆典、文体活动、“农家书屋”工程和出资购买的大宗文化产品等，引入招标竞争机制，逐步实行政府采购制度，按照市场机制运作。

## 二、税收政策

（七）经营性文化事业单位转制为企业后，免征企业所得税。

（八）经营性文化事业单位转制中资产评估增值涉及的企业所得税，以及资产划转或转让涉及的增值税、营业税、城建税等给予优惠政策，并按照财政部、税务总局根据转制方案确定的具体优惠政策执行。

（九）列入国家《产业结构调整目录》（2005年本）中鼓励类项目享受国家西部大开发优惠政策规定。

（十）文化产品出口按照国家现行税法规定享受出口退（免）税政策。重点文化产品进口所需要的自用设备及配套件、备件等，按现行税收政策有关规定，免征进口关税和进口环节增值税。

（十一）鼓励和吸引国内大型文化企业以独资、合资、合作、联营、兼并、重组等多种形式，来我区从事文化产业开发。投资额在300万元以上的新办文化企业，自获利年度起，其实际缴纳的企业所得税地方留成部分，5年内继续用于该企业扩大再生产。

（十二）经营性文化事业单位转制为企业的，其自用房产免征房产税。新办的文化企业自工商登记之日起3年内，可免征房产税、城镇土地使用税、企业所得税地方留成部分。

## 三、投融资政策

（十三）组建自治区文化产业投融资公司，按照政府引导、社会参与、市场运作的要求，负责重点文化项目等文化设施建设和大型文化活动投入，承担贷款担保等责任。

（十四）鼓励文化产业单位充分运用市场运作方式筹措发展资金；允许文化产业单位以占有和使用的国有资产作为国有资本金参与文化产业领域投资经营。支持符合国家文化产业政策、信誉度好、有实力的文化企业，按照国家有关规定，发行中长期企业债券和短期融资债券，积极推介符合条件的文化企业上市。

（十五）商业银行对符合信贷条件的文化企业（含民族文化贸易和民族文化用品生产等），可在国家允许的贷款利率浮动幅度内给予一定利率优惠。引导和鼓励金融机构拓展适合文化产业发展特点的贷款融资方式和相关的保险服务。

（十六）自治区确定的重大文化产业建设项目，应纳入政府信用平台贷款项目计划之中，并按自治区重点建设项目管理办法进行管理。

（十七）自治区及各地级市要充分发挥各自的优势，制定《文化产业投融资项目指导目录》，并利用各种媒体加以推介。列入指导目录的项目，政府及各有关部门要在立项、报建、用地手续、配套建设和服务等方面给予大力支持，并依法保护项目业主的权益。

（十八）要把文化产业项目列入招商引资范围，在国家政策允许的范围内，积极引进国内外资本投入文化产业项目，兴办合资文化企业，并享受相应的招商引资优惠政策。

（十九）鼓励民营资本进入文化产业领域，具体政策按照《国务院办公厅关于印发文化体制改革中经营性文化事业单位转制为企业和支持文化企业发展两个规定的通知》（国办发［2008］114号）文件执行。

## 四、土地政策

（二十）公益性文化设施建设用地实行行政划拨，文化类高新技术项目用地优先予以安排，并减免相关的地方性收费和行政事业性收费。对不符合行政划拨用地的，要依法办理土地有偿使用手续，经评估作价后，以出资（入股）等方式转增国家资本。

（二十一）凡是文化产业项目，尤其是重大基础设施和标志性文化工程用地，纳入重点项目用地服务范围，优先予以保障。各市、县（区）依据规划调剂使用的存量建设用地和收购储备的土地，可优先安排文化产业建设项目使用，仍不能满足需求的在当年的用地指标中予以调剂。

（二十二）凡符合土地利用总体规划的用地，允许集体建设用地采取入股、联营等方式兴办乡镇文化企业。非公有制文化企业承包、租赁国有文化企业的，国有文化企业原使用的国有划拨土地，可以租赁方式使用。非公有制文化企业收购、兼并国有文化企业的，其原使用的国有划拨土地，经国有资产管理部门认定，可以继续使用，如需变更出让的，按照有关法律法规和政策规定办理有偿出让手续。

（二十三）文化事业单位享有使用权的土地、房产、建筑物，在满足主业需要后仍有闲置，且符合城市规划的，可依法进行开发经营、租赁或转让。文化事业单位转让土地使用权，其应缴纳的土地出让金入库后，全额用于本单位文化建设。

**五、人才政策**

（二十四）进一步建立健全各类人才培训网络体系，引导、支持高等院校设立文化产业研究中心或文化产业学院，鼓励其开设文化产业相关专业，面向文化单位、团体、个人，大力开展学历和非学历教育，培养复合型人才和急需专业人才。有针对性地组织赴外开展文化经纪、文化交流、文化产业等方面的培训。

（二十五）完善人才引进和鼓励政策。对从事文化工作的优秀和特殊文化人才，在户籍、住房、职称评定、家属随迁等方面给予政策倾斜，可以采用高薪聘用、重建人事档案、兼职等多种方式引进外地文化人才。对国有文化单位急需的特殊专业人才，经文化主管部门商请人事部门批准后，允许在原有编制外以聘用方式招录，财政部门给予工资性补助，所聘人员实行动态合同制管理。

（二十六）建立符合市场体制要求的收入分配机制。允许和鼓励拥有特殊才能和自主知识产权的人才以技能和知识产权入股，并参与收益分配。鼓励和支持文化企业实行协议工资、年薪制等多种分配形式，对有突出贡献的人才给予重奖。对荣获国家级名家、名师、名角、名主持、名记者、名编辑、工艺美术大师和非物质文化遗产传承人可优先评选，享受国家、自治区有关津补贴。

（二十七）建立民间文化队伍专业技术职务评聘制。在各类表彰评奖和文化交流方面，民间艺术团体、民间艺人享有与国有文化事业单位及其成员的相同待遇。

（二十八）建立文化人才供求信息网和高级文化人才数据库，逐步推进艺术人才成为自由职业的步伐，推动文化人才中介市场建设，为人才有序流动创造良好环境。

（二十九）大力培育文化经纪人队伍和演出经纪机构，造就一批有影响、有特长的文化经纪名人和演出经纪机构，使之成为加快文化产业发展的重要力量。

六、奖励政策

（三十）原创的影视作品，获得国际电影节金像奖、金棕榈奖、金狮奖、金熊奖，给予获奖单位一次性200万元的奖励。

（三十一）原创的影视、演艺等作品获得国内华表奖、百花奖、金鸡奖、飞天奖、金鹰奖、文华奖、骏马奖、群星奖、梅花奖、国家舞台艺术精品工程、“五个一工程”奖，给予获奖单位一次性50万元的奖励。工艺美术作品被国家征集收藏的，给予个人一定量的一次性奖励。

（三十二）新闻作品、文学作品、社科类作品和工艺美术作品，获国家级大奖的，给予个人一次性奖励。

（三十三）动画影视原创作品，在中央电视台相应定位的主频道首播的，按二维动画片1500元/分钟、三维动画片2000元/分钟的标准，给予一次性奖励，奖励上限不超过100万元；在省级电视台相应定位的主频道首播的，按二维动画片800元/分钟、三维动画片1200元/分钟的标准，给予一次性奖励。

（三十四）影视作品、文艺作品和专题节目，在中央电视台第一频道黄金时段首播，按10000元/20分钟的标准，给予一次性奖励；在中央电视台第一频道非黄金时段首播及其他相应定位的主频道首播的，按8000元/20分钟的标准，给予一次性奖励；广播剧在中央人民广播电台、中国国际广播电台相应定位的主频率播出的，按10000元/20分钟的标准，给予一次性奖励。

（三十五）获“国家图书奖”的出版单位给予一次性奖励10万元。

（三十六）获“国家级文化产业示范基地”的单位一次性给予奖励100万元。

（三十七）获世界“物质文化遗产”和“非物质文化遗产”的，一次性奖励单位200万元；凡进入国家级“物质文化遗产”、“非物质文化遗产”名录，从事传承、保护工作的给予一定奖励。奖励资金全部用于遗产保护，不得挪作他用。

各级政府要把加快发展文化产业作为一项重要的战略任务，切实加强领导，明确目标，突出重点，扎实推进。要强化全区文化产业统筹协调和宏观指导，完善文化产业发展规划，并纳入国民经济和社会发展总体规划。自治区成立文化产业专家咨询委员会，参与全区重大文化产业政策、重大文化产业项目决策咨询。建立健全文化产业统计指标体系，为自治区政府全面了解文化产业发展情况，及时掌握文化产业发展动态，更好地指导文化产业发展提供科学依据。

## 四川省

### 四川省文化厅关于加强对网吧内网络文化内容产品管理的通知

成文发【2009】152号
（2009年9月4日发布）

各市、州文化局：

根据文化部、国家工商行政管理总局、公安部、工业和信息化部、中国关心下一代工作委员会《关于进一步净化网吧市场有关工作的通知》（文市发〔2009〕9号）文件精神，为网吧提供网络文化内容产品的经营单位须按《互联网文化管理暂行规定》，具备互联网文化经营活动资质，为其所提供的文化内容合法性负责。为了完善网吧内网络文化内容产品经营资质申报及产品备案工作，文化部近日制定了《网吧内网络文化内容产品经营资质申报及产品备案指南》（见附件1），对网吧内网络文化内容产品经营资质申报及产品备案工作所需提交的材料和办理的流程做了详细的规定。现将我省加强对网吧内网络文化内容产品管理的有关工作通知如下：

一、各级文化行政部门要做好本行政区域为网吧提供网络文化内容产品的经营单位资质申报和产品备案工作，要对本辖区内为互联网上网服务营业场所提供影视、音乐、游戏等文化内容产品及其下载、更新、服务等经营活动的互联网文化经营单位进行摸查，并要求其于2009年9月20日前到总部所在地的省（自治区、直辖市）文化行政部门进行《网络文化经营许可证》资质申报，逾期未申报资质的经营单位及其未备案的网络文化产品不得在网吧内传播。

二、省外取得文化部《网络文化经营许可证》（许可证上所载经营项目包括网吧内网络文化内容产品经营）的企业，在我省开展经营活动前，必须到省厅备案。备案材料包括：《网吧内网络文化内容产品经营单位备案表》（见附件2）、《网络文化经营许可证》复印件。在我省取得文化部《网络文化经营许可证》（经营项目包括网吧内网络文化内容产品经营）的企业，在开展经营活动前，需到当地县级文化行政部门备案。备案材料包括：《网吧内网络文化内容产品经营单位备案表》、《网络文化经营许可证》复印件。

三、根据文市发［2009］9号文件要求，为网吧提供网络文化内容产品的经营单位要按照国家有关规定对其经营的网络文化产品内容进行严格审核。经营单位须自《网络文化经营许可证》发放之日起，每半年将企业经营的网络文化产品信息向文化部和省文化厅备案，备案的产品信息将成为文化部门行政执法的参照。

四、各级文化行政部门要切实履行好网吧内文化内容的监管责任，督促网吧内经营网络文化内容产品的公司进行经营资质申报和产品备案，同时加大监管力度，努力整治互联网低俗之风，加强网吧文化内容知识产权保护。要依法打击未经许可擅自通过网吧下载、使用淫秽色情、凶杀暴力、格调低俗、侵权盗版等文化内容的经营行为，消除文化安全隐患，为消费者提供合法、健康的精神文化产品。网吧经营者不得向消费者提供非法网络文化产品，应与合法网络文化内容产品经营企业签订购买协议或使用授权。各级文化部门要加大监管力度，对网吧服务器内存储的网络文化产品、安装的内容提供软件进行定期检查以及日常抽查，经营非法网络文化产品的网吧将被勒令删除违规内容；情节严重的依法查处。

五、各市、州文化局要做好对本行政辖区内为网吧提供影视、音乐、游戏等网络文化内容产品的经营单位的调查摸底工作，认真填写《网吧内网络文化内容产品经营单位调查表》（见附件3），于9月15日前，报省文化厅市场处。

特此通知。

附件：1.《网吧内网络文化内容产品经营资质申报及产品备案指南》

2.《网吧内网络文化内容产品经营单位备案表》

3.《网吧内网络文化内容产品经营单位调查表》

## 湖北省

### 中共湖北省委、湖北省人民政府关于推动文化大发展大繁荣的若干意见

鄂发【2009】31号
（2009年11月11日发布）

（摘录）实施文化产业发展工程。积极发展重点文化产业和新兴文化业态。以国家《文化产业振兴规划》为依据，研究制定“十二五”文化产业发展规划，抓紧建立文化产业项目库，加快建设一批重大文化产业项目。着力发展文化创意、影视制作、印刷复制、广告、演艺娱乐、文

化会展、动漫等重点产业，加快发展数字出版、数字传输、新型文化装备制造等新兴产业，支持发展数字多媒体广播、手机广播电视等，开发移动文化信息服务、数字娱乐产品等增值服务，为各种便携显示终端提供内容服务。加快推进下一代广播电视网建设，实施双向数字化改造，实现传输网络的升级换代。充分利用我省科教文化富集和通讯发达的优势，加快推动文化与经济、科技、旅游、教育等方面的融合与互动，不断催生新型文化业态，推动文化产业升级，拓展文化产业空间。

做强做大文化企业。大力推动湖北长江出版传媒集团有限公司、湖北日报传媒集团、湖北省广电总台、湖北知音传媒集团等整合重组省内相关资源，鼓励和支持到省外开展兼并、联合和重组，尽快壮大规模、提高集约化水平。大力推动全省广电网络整合，加快组建全省一网、模数转换、双向互动、统一运营的广播电视网络公司。支持湖北省电影发行放映总公司做大做强。推进投资主体多元化，引导、扶持民营文化企业加快发展。积极扶持和发展外向型文化企业，推动以文化产品和服务为主的文化“走出去”。加大文化企业上市力度，力争有4家左右文化企业上市融资。培育和引进一批文化领域的战略投资者，加快发展大型骨干文化企业。到“十二五”期末，力争形成2家总资产和销售收入双过百亿元的大型文化企业，3至5家销售收入30亿元以上的骨干文化企业。

加快文化产业园区和基地建设。加强对文化产业园区和基地布局的统筹规划，坚持标准，突出特色，建设好楚天传媒和181创意产业园、湖北长江出版生产流通基地、知音文化产业园、中国光谷创意产业园、江通动画产业园等一批各具特色的文化产业园区，发展具有地域和民族特色的文化产业集群。

完善落实配套政策。认真落实中央和省支持文化发展的已有政策，加大执行力度。同时，从2010年开始，到“十二五”期末，省和市（州）、县（市、区）政府要进一步修改完善、建立健全支持文化大发展大繁荣的配套政策。

财政政策。进一步加大对公益性文化事业发展的转移支付力度，研究制定基层公益性文化事业单位经费基本保障标准，确保基层公益性文化事业单位正常运转和开展基本文化活动所需经费。进一步增加省宣传文化发展专项资金、省扶持优势文化产业发展专项资金、省文艺精品创作生产专项资金和省哲学社会科学研究基金。进一步整合各类专项资金，优化资金使用结构，提高使用效益。建立财政对文化投入的绩效考评体系、国有文化资产保值增值考核体系。各市（州）、县（市、区）政府要加大对文化产业和公共文化事业的投入力度。切实落实“从城市住房开发投资中征收1%用于社区公共文化设施建设”的规定，将征收的专项资金用于支持文化产业和公共文化事业的发展。

税收政策。做好文化企业认定工作，支持符合条件的文化企业申报认定为高新技术企业，落实有关税收和扶持发展的优惠政策。对新创办的文化企业，在登记注册后3年内按规定缴纳的企业所得税地方留成部分，由财政部门返还给企业。落实鼓励和支持文化产品与服务出口的奖励政策，扩大对外文化贸易。

社保政策。认真落实文化事业转企改制单位的养老保险、失业保险、医疗保险、工伤事故保险和女职工生育保险等社会保障政策，依法保障职工合法权益。

融资政策。降低准入门槛，引导、鼓励各类社会资本和外资进入政策允许的文化产业领域，积极开展文化领域的招商引资。探索建立文化融资风险补偿机制。各地中小企业信贷担保资金要有一定比例用于文化企业。支持有条件的文化企业发行中长期企业债券和短期融资债券。鼓励和引导文化企业面向资本市场融资，通过银企合作、贷款贴息、融资担保，促进金融资本与文化资源对接。积极扶持文化企业上市融资，文化企业上市工作纳入全省企业上市工作的绿色通道，省相关部门要大力支持。

土地城建政策。制定公共文化基础设施建设和文化园区用地政策，公共文化基础设施建设用地按政府划拨方式提供，文化园区用地按优惠方式提供，政府在返还土地收益、减免建设规费、税收政策、项目建设等方面给予优惠。

捐助政策。建立社会捐助公益性文化事业的项目库和资金专户，在尊重捐助人意愿的基础上，统一规划、合理使用文化捐助资金。落实好各类企业按规定对宣传文化事业公益性捐赠税前扣除的优惠政策。

物价政策。博物馆、纪念馆、文化馆、图书馆、美术馆、乡镇综合文化站等免费开放的公益性文化单位消耗的水、电、气，执行当地居民生活用水、电、气费价格标准。

## 关于申报组建报刊传媒集团的意见

鄂宣发【2009】5号
（2009年11月24日发布）

为促进我省报刊体制改革和机制创新，加强对报刊传媒集团组建工作的宏观调控和领导，确保申报组建报刊传媒集团的审批工作科学化、规范化，经研究，现对全省组建传媒报刊集团基本条件及审批程序提出如下意见。

### 一、基本原则

（一）坚持正确方向，有利于加强党的宣传思想舆论阵地建设，有利于发挥报刊工作者的积极性创造性，促进我省报刊事业繁荣和报刊产业发展，更好地满足人民群众日益增长的精神文化需求。

（二）以有利于传播社会主义核心价值体系、提高传播能力、增强核心竞争力为目标，坚持突出主业，壮大主体。始终坚持把社会效益放在首位，努力实现经济效益和社会效益的统一。

（三）加强体制机制创新，按照党委领导、政府管理、行业自律、出版单位依法经营的原则，积极探索宣传与经营分开的新路子，建立符合政策要求的管理构架和运行机制，大力整合资源，促进产业结构优化，推动产业集聚，发挥规模效应。

（四）加强对集团化建设的组织领导，统筹规划，合理布局。审批工作要根据报刊业结构、布局的总体规划和报刊社所在地的经济文化人口条件以及报刊社自身实力，综合考察，集中研究。

## 二、基本条件

（一）有较好的出版事业和产业基础。省直和市州组建集团至少有 3 种报刊（含网站），专业报刊出版单位组建集团至少有 5 种报刊（含网站）。

（二）在全国或省内有一定的影响力。组建集团必须具有一定的品牌优势，出版导向正确，社会效益与经济效益较好、具有一定社会影响力和创新能力，近三年无严重违规违纪现象。所属报刊具有较大影响或权威性，有较广泛读者认可或一定市场覆盖率。

（三）有较强的经济实力。市州组建集团，其总资产应在 5000 万元以上，年销售收入一般在 5000 万元以上，利润在 800 万元以上；专业报刊出版单位总资产应在 5000 万元以上，年销售收入一般在 4000 万元以上，利润在 400 万元以上。

（四）有较为完善的管理制度和运行机制。组建集团要注意体现现代企业制度要求，优化资源配置，整合生产要素。集团应制定切实可行的中长期发展规划，保证国有资产的良性运作和保值增值。在财务集中管理的前提下可逐步实行二级单位独立核算。

（五）具有一定的多媒体经营能力。组建集团应具有一定规模的多媒体经营基础，在数字出版等方面具有一定的优势或发展潜力。能运用高新技术，提高创新能力，推动产业升级。

（六）有较强的人才队伍。组建集团应具备合理的人员配置结构。要有一支政治强、业务精、纪律严、作风正、懂经营、善管理、适应现代管理与经营需要的人才队伍。领导班子团结协作、锐意进取。

三、审批工作

（一）申报：省直报刊出版单位申请组建报刊集团，可直接向省新闻出版局申报；市州报刊出版单位申请组建报刊集团，由当地党委宣传部和新闻出版局根据有关规定对申报单位资格进行审核后，分别报省委宣传部和省新闻出版局。

（二）考核：省委宣传部和省新闻出版局共同负责对申请组建报刊集团的单位进行考察，听取主管部门意见和申报单位关于集团筹备情况和发展设想的汇报，并对申报集团单位进行实地考察，实事求是写出考察报告。

（三）审批：省新闻出版局对申报单位资格进行审核，报请省委宣传部审查同意后，由省新闻出版局批复。

# 关于推动全省动漫产业发展意见

鄂政办发【2009】86 号

（2009 年 9 月 11 日）

为贯彻落实《国务院办公厅转发财政部等部门关于推动我国动漫产业发展若干意见的通知》（国办发〔2006〕32 号）精神，壮大我省文化产业，培育新的经济增长点，推动全省动漫产业又好又快发展，现提出以下意见：

## 一、指导思想、基本思路和发展目标

（一）指导思想。按照繁荣和发展社会主义先进文化、构建社会主义和谐社会的要求，促进弘扬中华民族优秀文化、具有荆楚文化特色、内容积极健康、形式丰富多彩的动漫产品创作和生产，不断满足人民群众日益增长的精神文化需求，为未成年人健康成长营造良好的氛围。按照发展社会主义市场经济的要求，落实产业政策，增加产业投入，优化资源配置，促进产业升级，逐步形成产业特色鲜明、技术水平领先、市场竞争有序、经济效益显著的动漫产业发展格局。

（二）基本思路。大力培育动漫产业市场主体，重点支持动漫企业自主研发具有自主知识产权的动漫图书、报刊、电影、电视、音像制品、舞台剧和基于现代信息传播技术手段的动漫新品种，支持动漫直接产品的开发、生产、出版、播出、演出和销售，支持与动漫产品形象有关的服装、玩具、电子游戏等动漫衍生产品的生产和经营。

（三）发展目标。通过政策扶持，建设一批国内一流的动漫产业园区（基地），培育一批具有国际竞争力的龙头企业，培养一批国内一流、国际知名的动漫创作人才，推出一批体现荆楚文化特色、有国际影响的原创动漫作品，打造一批具有较高市场份额的动漫品牌。通过 5 至 10 年的努力，使湖北成为中部地区的动漫产业强省，力争跻身全国动漫产业第一方阵。

## 二、扶持动漫产业发展的政策措施

按照文化部、财政部、国家税务总局关于《动漫企业认定管理办法（试行）》的规定，经国家和省有关部门认定的动漫企业及其自主开发、生产的动漫产品享受以下政策：

（一）财政扶持政策。

自2010年起连续3年，省财政每年安排2000万元，作为扶持动漫产业发展的专项资金，滚动用于我省优秀原创动漫作品创作、研发、制作、播出、出版等方面的贴息、补助、奖励。

1. 对企业为发展动漫产业新建投资项目和技术改造项目的贷款，适当安排贷款贴息，贴息时间不超过3年。

2. 鼓励和支持动漫企业拥有自主知识产权，进行科技成果和专利技术就地转化，对动漫企业申请专利的有关费用按照《湖北省知识产权局办公室关于印发〈湖北省授权专利补贴专项资金管理办法（暂行）〉的通知》（鄂知办〔2007〕51号）给予补贴。

3. 鼓励动漫企业进行合并、重组和上市，对省内上市动漫企业，按照《省人民政府关于推进企业上市的若干意见》（鄂政发〔2008〕42号）给予奖励。

4. 对获省级、国家级原创大奖和国际性重大奖项的动漫原创作品，分别一次性奖励10万元、20万元和30万元，多次获奖的按照从高不重复的原则给予奖励；对经文化部批准、正式上线运营的原创网络游戏每款奖励10万元；获文化部认定并推广的益智类网络游戏每款奖励15万元。

5. 鼓励我省动漫企业参加国际动漫博览会、交易会、展览会。对参加由省级政府部门组织的国家级以上动漫游戏产业展会的单位，给予展位费50%的补助。

6. 对省内原创动画片播出给予奖励，在中央电视台播出的每分钟奖励1000元，在省级电视台播出的每分钟奖励500元，在多个电视台播出的按照从高不重复的原则给予奖励。每部动画片的奖励资金原则上不超过80万元。

7. 对从事动漫产品和服务出口，符合软件产品出口奖励条件的，可按现行政策出口1美元奖励人民币0.10元的标准给予奖励。

（二）税收扶持政策。

1. 在2010年12月31日前，对属于增值税一般纳税人的动漫企业销售其自主开发生产的动漫软件，按17%的税率征收增值税后，对其增值税实际税负超过3%的部分，实行即征即退政策。

2. 经认定的动漫企业自主开发、生产动漫产品，可申请享受国家现行鼓励软件产业发展的所得税优惠政策。

3. 对动漫企业为开发动漫产品提供的动漫脚本编撰、形象设计、背景设计、动画设计、分镜、动画制作、摄制、描线、上色、画面合成、配音、配乐、音效合成、剪辑、字幕制作、压缩转码（面向网络动漫、手机动漫格式适配）劳务，在2010年12月31日前暂减按3%税率征收营业税。

4. 动漫企业为开发新技术、新产品、新工艺所发生的研究开发费用，未形成无形资产计入当期损益的，在按规定据实扣除的基础上，按照研究开发费用的50%加计扣除；形成无形资产的，按照无形资产成本的150%摊销。

5. 动漫企业自主开发、生产动漫产品所需进口的商品、自用设备及配套件，可按现行税收政策规定享受免征进口关税及进口环节增值税的政策。企业出口动漫产品享受国家统一规定的出口退（免）税政策。对动漫企业在境外提供劳务获得的境外收入不征营业税，源于境外的应税所得已在境外缴纳的所得税税额，可以按规定予以抵免。

6. 对动漫企业缴纳房产税、城镇土地使用税确有困难的，经地方税务机关批准，可酌情减征或免征房产税和城镇土地使用税。

7. 动漫企业从事技术转让、技术开发业务和与之相关的技术咨询、技术服务业务收入，免征营业税。

8. 动漫企业技术转让所得不超过500万元的部分，免征企业所得税；超过500万元的部分，减半征收企业所得税。

9. 对符合国家规定条件的小型微利动漫企业，减按20%的税率征收企业所得税。

10. 对按规定认定为高新技术企业的动漫企业，减按15%的税率征收企业所得税。

（三）信贷扶持政策。

1. 鼓励支持动漫企业通过新设（独资、合资、合作等）、收购、兼并、参股、注资、股权置换等方式在境外设立企业，允许企业以自有外汇、人民币购汇或贷款向境外支付与境外投资项目相关的前期费用，允许企业向境内外融资解决后续资金不足问题。

2. 动漫企业生产经营流动资金不足或投资重大项目、新建动漫基地、购置重大生产设备等缺乏资金需要贷款时，银行业金融机构要给予积极支持，并提供利率优惠。

3. 动漫企业贷款需要提供担保时，政府有关部门按市场化原则协调有实力的担保公司担保，以争取银行贷款。经专家组认定的动漫企业无形资产，可作为动漫企业质押信用进行贷款。

4. 动漫企业出口动漫产品时，政府相关部门可协助向中国进出口银行申请为其提供出口信贷支持，积极利用国家出口信用保险，促进动漫企业开拓海外市场。

（四）动漫产业园区（基地）建设扶持政策。

1. 简化动漫产业园区（基地）、动漫企业和动漫主题公园用地审批程序，有服务外包业务的动漫产业园区（基地），可享受国家和地方对服务外包基地建设的各项优惠政策。

2. 按照政府投资、企业参股、市场化运作的原则，支持符合条件的市场主体建设和维护动漫产业公共技术和信息服务平台。从2010年起连续3年，省发展改革委每年安排1000万元，滚动用于支持动漫产业公共技术和信息服务平台的建设。

3. 推动武汉东湖新技术产业开发区创办动漫产业园区，由省广电、出版、报业等省级文化企业从2010年起连续3年每年从省财政安排的宣传文化发展专项资金中拿出30%，用于支持动漫产业的发展。

（五）人才培养措施。

有关高等院校要结合我省动漫产业发展的实际，调整和优化专业结构，加强动漫专业建设，深化教学改革，推进校企合作，开展联合培养，提高学生的实践能力，培养具有创新精神的动漫设计开发、经营管理专门人才及复合型高级人才，保证人才培养质量。积极开展动漫文学创作、形象设计、素材积累和科学研究。有关部门要把动漫人才培养纳入全省文化艺术类人才培养计划并给予适当支持，做好动漫游戏人才职称评定的申报、评审工作。

（六）市场监管措施。

加强动漫产业知识产权保护，依法保障动漫企业各项权益，鼓励引导动漫形象、动漫产品的商标注册申请、著作权登记和专利申请。建立动漫著作权等登记备案制度，依法对注册商标和已经登记备案的动漫产品予以重点保护，查处侵犯注册商标专用权和制作、生产、销售盗版动漫产品的违法行为。支持动漫企业建立自我管理的行业协会，积极探索政府引导、社会支持、企业参与的行业管理机制，实现行业自律。

根据《动漫企业认定管理办法（试行）》规定，成立省动漫企业认定管理工作办公室，由省文化厅、省财政厅、省国税局、省地税局等部门组成，负责我省动漫企业及其动漫产品的认定初审工作，对已认定的动漫企业进行年度审核。办公室设在省文化厅。

**三、加强组织领导，形成扶持动漫产业发展的合力**

各地要切实加强组织领导，把推动动漫产业发展工作列入议事日程，制定具体政策措施，及时研究解决动漫产业发展中存在的问题，推动动漫产业又好又快发展。

建立扶持动漫产业发展部门联席会议制度，联席会议由省文化厅牵头，省发展改革委、省经济信息化委、省教育厅、省科技厅、省财政厅、省商务厅、省国税局、省地税局、省广播电影电视局、省工商局、省新闻出版局等部门参加。各有关部门要加强沟通，密切配合，抓好各项措施的落实。

## 湖北省文化产业示范基地评选命名管理办法

鄂文化办【2009】30号

（2009年2月10日）

**第一章　总　则**

第一条　为积极培育文化产业市场主体，增强产业微观活力，通过先进文化企业的示范、辐射作用，引导促进我省文化产业持续、健康、快速发展，不断提高文化产业的总体实力和竞争力。根据《国家文化产业示范基地评选命名管理办法》等有关规定，结合我省实际，制定本办法。

第二条　凡湖北省境内在工商行政部门登记注册、营业两年以上的各种所有制的文化企业，都可以根据本办法申报湖北省文化产业示范基地（以下简称示范基地）。

申报示范基地的文化企业的范围为：文艺演出业、文化旅游业、休闲娱乐业、电影业、音像业、网络文化业、动漫业、文物和艺术品业、艺术培训业、文化经纪与代理业、文化用品设备及相关文化产品的生产与销售业等领域。

第三条　示范基地原则上每两年评选命名一次。

第四条　湖北省文化厅负责示范基地的评选、命名及相关管理工作。省文化厅将依据国家和省扶持文化产业发展的各项政策，对示范基地在政策落实、信息服务和市场开拓等方面给予重点支持，并从省级示范基地中推荐申报国家文化产业示范基地。

**第二章　基本条件**

第五条　申报示范基地的文化企业应符合以下基本条件：

1. 在发展文化产业方面做出显著成绩、在全省本行业中具有示范意义。

2. 企业发展符合社会主义精神文明建设与国家文化产业政策的要求，坚持发展先进文化，坚持社会效益和经济效益的协调和统一。

3. 生产的文化产品和提供的文化服务能够面向市场，面向群众，有一定生产规模，社会效益和经济效益显著。

4. 有一支坚强有力的管理团队和行之有效的内部管理制度，具有自主创新和市场开拓能力，企业保持较快的发展速度。

5. 在税收、就业等方面做出积极贡献，申报前连续两年保持赢利。

**第三章　申报程序**

第六条　省直文化企业直接向省文化厅文化产业处申报；各地文化企业向所在市、州、直管市及神农架林区文化局申报，由各地文化局初审后统一报送省文化厅；情况特殊的可直接向省文化厅申报。

第七条　申报单位需提交以下材料（一式十份）：

1. 企业的基本情况；

2. 企业的生产经营情况及所取得的社会效益和经济效益；

3. 企业的发展规划和发展战略；

4. 企业营业执照复印件、法人代表身份证复印件、国地税登记证的正本复印件；

5. 开户银行提供的资信证明。

第八条　申报材料必须实事求是，如发现有弄虚作假行为，将取消申报资格。

**第四章　评审程序**

第九条　示范基地评审依照公开、公平、公正的原则进行。

第十条　湖北省文化厅成立文化产业示范基地评审委员会，办公室设在省文化厅文化产业处，具体负责申报材料的收集、审核和评审的组织工作。

第十一条　评审委员会组织专家评审组对上报企业材料进行评议审查，提出评审意见。

第十二条　评审委员会根据专家评审组提出的评审意见提交示范基地初选名单，报经省文化厅厅长办公会议审批，经公示无异议后由省文化厅正式命名。

**第五章　管理机制**

第十三条　示范基地的管理工作由省文化厅文化产业处负责。示范基地应于每年3月底前以书面形式向省文化厅文化产业处报告上一年企业发展的情况。

第十四条　组织示范基地交流经验、相互观摩，对示范基地的管理人员进行培训。

第十五条　组织有关部门和专家指导示范基地建设。

第十六条　对示范基地的重大创新项目，争取省文化产业发展专项资金给予贴息、补助等支助。

第十七条　示范基地实行动态管理，不定期对示范基地进行巡检复查。

第十八条　对有以下行为之一者，省文化厅将对其示范基地称号予以撤消：

1. 申报时提供虚假材料或采取其它手段骗取示范基地资格的；

2. 宣传虚假文化产品、文化服务信息，损害消费者利益的；

3. 提供的文化产品或文化服务，或其它企业行为对社会造成不良影响的；

4. 不按规定时限上报企业发展情况的；

5. 其他违反法律、法规或不再具有示范性等经复查应予撤销称号的。

第十九条　涉及示范基地发展的重大事项应及时向省文化厅文化产业处报告。

**第六章　附　则**

第二十条　本办法由湖北省文化厅负责解释。

第二十一条　本办法自发布之日起施行。

## 山东省

# 山东省文化厅、中国农业银行股份有限公司山东省分行关于搭建融资平台支持文化产业发展的实施意见

鲁文产【2009】10号
（2009年7月20日发布）

各市文化局，农业银行各市分行、省行营业部：

为充分发挥金融对文化产业的支持作用，促进全省文化产业又好又快发展，推进山东文化强省的建设进程，经山东省文化厅与中国农业银行股份有限公司山东省分行协商，现就搭建融资平台、支持文化产业发展，制定如下实施意见：

**一、提高重视程度，充分认识推进文化产业发展的重要意义**

党的十七大和省第九次党代会以来，按照打造文化强省的战略部署，我省积极实施了重大文化产业项目带动战略，加快了文化产业基地和区域性特色文化产业群建设，文化产业规模迅速扩大，2008年，全省文化产业增加值达到857.9亿元，比上年增长20.2%，在GDP中占比达2.76%；社会投资快速增长，结构布局不断优化，基本形成了以国家级文化产业示范园区（基地）为龙头，以省级文化产业示范基地为主体，以“专、精、特、新”中小文化企业为补充的文化产业发展格局。但目前全省文化产业发展中，还存在市场主体实力不强、集约化程度不高、企业融资难等问题，制约了全省文化产业的快速、健康发展。为此，全省各级文化部门和农业银行各分支机构，要充分认识加快文化产业发展对全省经济社会发展的重要意义，从促进全省经济社会协调发展、加快构建和谐社会的大局出发，加强合作、共同推进，积极解决文化产业发展中面临的融资难题，共同挖掘文化产业发展商机，研究制订支持文化产业发展的多元化、综合化金融服务措施，加快推进我省文化产业发展步伐，努力开创多方共赢的良好

局面。

## 二、确定扶持重点，全力推动全省文化产业健康发展

按照山东省文化产业发展专项规划中，关于发展十大重点文化产业、优化文化产业结构的要求，拟重点扶持的行业、企业、项目如下：

（一）重点行业。文艺演出业、文化旅游业、休闲娱乐业、电影业、音像业、网络文化业、动漫游戏业、文物和艺术品业、广告会展业、艺术培训业、文化经纪与代理业、文化用品设备及相关文化产品的生产与销售业等行业。优先扶持新兴原创文化产业、特色优势文化产业、民族传统文化产业。

（二）重点企业。省内的国家级文化产业示范园区、国家级文化产业示范基地，省市级文化产业示范基地（园区）。

（三）重点文化产业项目。列入省文化厅文化产业重点招商项目目录的文化产业项目。

（四）公共服务类文化项目。重点支持纳入政府融资平台，由当地财政负责还款的图书馆、博物馆、文化馆、美术馆、社区文化中心等公益类文化产业项目，以及满足城乡居民文化需求、丰富居民文化生活的公共文化服务类基础设施项目。加大对农村传统文化产业和非物质文化遗产项目的信贷支持力度。

（五）山东省确定的文化体制改革重点项目。

（六）双方认为应重点扶持的、符合农业银行信贷政策和制度的其他文化项目。

各级文化产业主管部门应及时提供上述重点扶持行业、客户和项目的相关信息。农业银行各分支机构应根据文化部门提供的重点支持名录，按照“明确标准、突出重点、分类施策、区别对待”的原则，加大对重点文化企业客户和产业项目的信贷支持力度，并做好“一揽子”综合金融服务。信贷支持客户原则上应满足以下基本条件：

1. 符合国家产业政策规定，具备良好的发展前景；

2. 拥有核心发展技术，区域和行业综合竞争优势明显；

3. 公司治理结构完善、符合现代企业制度的要求；

4. 经营状况良好、盈利能力较强，还款来源较有保证；

5. 资信状况良好、无不良信用记录；

6. 项目开工建设要件齐全，符合国家相关规定；

7. 符合农业银行行业准入、综合授信等相关规定。

## 三、明确运作流程，确保合作项目规范、高效、有序开展

（一）运作原则。各级文化主管部门和农业银行要按照“平等自愿、诚实守信、互惠双赢、共同发展”的原则，加强沟通协作，共同支持文化产业发展。

（二）运作方式。文化主管部门组织推荐、专家组评选，农业银行独立评估、审查。

（三）运作流程。各级文化主管部门成立重点文化企业、文化产业项目评审工作机构，按照公开、公平、公正的原则开展评审工作，评审结果（见附件）原则上按属地原则，及时提供给当地农业银行分支机构，同时向农业银行提供文化企业或文化产业项目的相关资料。

农行各分支机构对拟介入的客户和项目进行受理，对当地农行经营管理权限内的业务，由农行各分支机构独立审贷。对超出经营管理权限的，由当地农行分支机构初步评审后，按照客户性质和部门职能划分，逐级分别报送有权审批行的三农对公、公司业务和机构业务等对口部门。农业银行按照制度规定进行项目技术论证和风险评估，并及时将审贷结果反馈文化主管部门。

## 四、加强机制建设，确保双方合作的持续、健康推进

（一）全面合作机制。各级文化主管部门与当地农业银行要优选对方为战略合作伙伴。各级文化部门要积极协调文化产业客户，在重点项目合作、账户开立、资金留存、代收代付、国际结算等方面，在同等条件下首选农行为合作行。农业银行要充分利用网络、网点、结算等服务优势，为文化产业客户提供包含资金结算、综合理财、财务顾问、个人金融等“一揽子”服务，并在资金融入、产品创新方面提供个性化和差异化的信贷产品，突出支持重点文化企业和文化产业项目，着力解决其在初创、改制或发展扩张阶段的融资瓶颈，扶持其做大做强。

（二）信息共享机制。各级文化主管部门应加强与当地农业银行，在文化产业政策、规划、文化企业和产业项目发展动态等方面的沟通与交流，及时通报有关情况，做到信息及时共享，并适时开展文化与金融相关领域的合作调研。

（三）评审推荐机制。各级文化主管部门根据文化产业发展实际，在认真组织专家组评审的基础上，积极向农业银行推荐有发展潜力的重点文化企业和文化产业项目；对所推荐的文化企业和项目，农业银行各分支机构应根据信贷政策和评估结果，给予重点扶持。

（四）诚信共建机制。各级文化主管部门应积极协助推动文化企业诚信体系建设，提高融资服务工作质量，配合农业银行做好有关企业和项目的贷前调查、可行性论证评价，并加强对文化企业贷款本息偿还的提示、敦促工作，积极构建文化企业良好的信用环境。农业银行应强化行业信息研究，积极跟进行业改革发展，建立行业风险评估体系，对企业业务承载能力、市场竞争状况、市场发展前景进行合理预测。通过健全高效的风险预警机制，加强

贷后管理工作，切实将风险防范落到实处，实现安全性、流动性和效益性的有机统一。

## 湖南省

# 关于进一步加大金融支持力度推动文化产业加快发展的指导意见

长银发【2009】66号
（2009年7月20日发布）

各市州委宣传部、人民银行中心支行、财政局、银监局、文化局、广播电视局、新闻出版局，各政策性银行、国有商业银行省分行，邮政储蓄银行省分行，各股份制商业银行长沙分行，省农村信用社联合社，长沙银行，省内各城市商业银行（城市信用社），汇丰银行长沙分行：

文化产业正逐渐成为我省经济发展第六大支柱产业。支持文化产业发展是贯彻落实党的十七大精神，推动社会主义文化大发展大繁荣的重要举措，是加快文化强省建设，促进我省经济社会又好又快发展的迫切需要。为突破文化产业融资瓶颈，结合我省实际，现就进一步加大金融支持力度，推动文化产业加快发展，

提出以下意见。

## 一、进一步突出金融支持重点

1. 突出支持重点文化产业。省内银行业金融机构要突出支持广播影视业、出版业、动漫业等优势文化产业，突出支持文娱演艺业、报刊业、文博业、文化旅游业等传统文化产业，突出支持数字内容、网络文化、移动媒介等新兴文化产业。

2. 突出支持省级重点项目。省内银行业金融机构要突出支持重点省级文化产业项目；突出支持主题公园、影视基地、实景演出等互动体验文化项目；突出支持企业集团和大型文化企业跨地区、跨行业、跨媒体经营，联合兼并重组，做优做大做强；突出支持发展外向型企业，支持文化企业“走出去”，开拓境外市场，扩大文化产品和服务出口。

3. 突出支持园区基地建设。省内银行业金融机构要根据我省文化产业布局，突出支持长株潭城市群建设一批文化产业园区基地，打造成为全省文化产业核心增长极和具有全国影响的文化高地；突出支持大湘西地区重点发展文化旅游园区基地，支持大湘南与湘东地区大力发展历史文化和红色文化相结合的文化产业基地。

4. 突出支持有活力、成长性好的中小文化企业。省内银行业金融机构对中小文化企业要坚持“区别对待、有保有压”原则，突出支持优势明显、特色突出，商业模式清晰、盈利能力较强的中小文化企业快速发展，有效激活市场竞争、繁荣文化市场。

## 二、切实加大银行机构金融服务力度

5. 加大有效信贷投入。省内银行业金融机构要在充分调研文化产业特点及其发展规律的基础上，结合我省文化产业发展规划，明确准入条件和支持重点，主动开展营销，积极提供服务，在风险可控的前提下，加大信贷投入，切实满足我省文化产业发展重点领域和关键环节的信贷资金需求。

6. 完善授信审批制度。省内银行业金融机构应对主营业务突出、商业模式清晰、盈利能力强、信用记录好的文化产业集团进行包括贷款、承兑、保函和贸易融资等业务在内的综合授信，同时在满足外部监管要求和内部控制规定的基础上建立快速审批机制，对其重点项目建设在贷款利率、用款计划等方面给予优惠条件；对符合条件的文化企业适当简化授信审批手续，缩短审批周期，提高审批效率。

7. 创新信贷产品和服务方式。省内银行业金融机构要根据不同类型、规模、资产结构以及地区文化产业融资主体的资金需求特点开展信贷产品和服务方式创新。要积极探索专利权、版权、著作权、收益权、销售合同等无形资产质押以及其他权利质押贷款；对需要并购、重组整合行业资源的文化产业集团，可提供并购贷款、过桥贷款等产品促进产业规模化、集约化；对农村文化市场，要积极拓展农户小额信用贷款、联保贷款覆盖范围，同时以开展农村金融产品和服务方式创新试点为契机，在信贷支持农村地区文化产业发展方面先行先试，探索金融支持农村文化市场发展的新路子。

8. 改进内部信用评级体系。省内银行业金融机构要积极争取总行支持，根据文化产业特点，合理确定内部信用评级要素，科学设计内部评级指标体系、评级模型和计分标准。对无形资产占比较大的文化企业和项目，要充分考虑专利、商标、版权、著作权、商誉等无形资产以及经评估的文化产业投资项目价值和企

业家个人信用、企业未来成长性等非财务因素，灵活、有效划分文化企业信用等级。

9. 拓宽服务范围。省内银行业金融机构要加强与产权交易机构、证券公司、私募基金等的业务合作，为我省重点文化产业集团开展并购重组，提供投资银行业务、财务顾问、咨询业务、国际业务、资信调查等一揽子综合性金融服务，推动省内文化资源整合和产业升级；为文化企业尤其是多元化经营的文化产业集

团提供电子银行、现金管理、机构理财、年金业务等资金管理服务，提高其内部资金配置、营运效率；依托现代化支付结算体系，为文化企业提供方便、快捷的支付结算服务。

## 三、大力推动文化产业直接融资

10. 推动文化企业加快上市。积极推动我省优势文化企业在境内外主板或创业板上市。对条件成熟的，抓紧上报材料，尽快有所突破；对有上市前景的，积极整合资源，采取专项扶持等方式，培育上市资源。

11. 鼓励文化企业拓宽债务融资渠道。积极推动文化企业发行企业债券、可转换公司债券、短期融资券、中期票据以及中小企业集合债等债务融资工具，通过债券市场筹措资金。

12. 探索其他新型融资方式。积极推动处于初创阶段、市场前景广阔的网络、动漫、新媒体等新兴文化产业尤其是资本密集型、技术密集型中小文化企业引进私募股权基金、风险投资基金；对纳入我省发展重点的文化项目，在政策允许的范围内，积极鼓励、支持和引导境内外资本以 BOT 等形式参与项目建设；积极

探索信托计划、融资租赁以及文化产业项目未来收益证券化等融资方式。

## 四、建立健全配套政策体系

13. 搭建文化产业投融资平台。省内文化产业主管部门和各级财政部门要探索搭建多渠道筹措资金的文化产业投融资平台，对辖内重点发展的文化企业集团、文化资源开发项目以及新兴文化产业项目进行引导性、示范性支持。

14. 设立文化产业投资基金。省内文化产业主管部门和财政部门可探索设立支持文化产业发展的投资基金和鼓励优势产业发展的专项基金，广泛吸纳境外资本、民间资本等资金，对文化企业集团、文化资源开发项目以及新兴文化产业项目予以重点支持，并尝试建立一整套涵盖资金来源管理、文化产业项目评估、筛选以及资金用途监管等内容在内的制度规范。

15. 建立文化产业融资担保和风险补偿机制。省内各级财政和文化产业主管部门要制定相关政策，鼓励现有担保机构或担保基金对符合当地文化产业支持方向的企业或项目申请银行贷款提供担保，并降低或取消反担保；要研究制定具体操作办法，明确从文化产业发展基金中安排专项资金对符合一定条件的文化产业贷款按照一定比例进行贴息支持，对银行和担保机构支持辖内文化产业发展的新增贷款或担保代偿形成的损失给予一定的补偿。

16. 进一步完善基础性服务体系。省内文化产业主管部门要积极推动有关部门抓紧制定和完善专利权、版权、著作权等无形资产评估、质押、登记、托管和流转的管理办法，培育流转市场，突破文化产业融资难的基础性制度障碍；通过组织研讨会、洽谈会、推介会等形式，构建文化产业项目推介平台，发布文化产业投资目录指引，交流文化产业信息，解决文化产业投融资领域信息不对称问题。

# 第三部分　全国概况

QUAN GUO GAI KUANG

# 全国文化产业发展总体情况

蔡 武

## 一、2009年文化产业发展的基本情况

随着文化体制改革的不断深入和人民群众精神文化需求的不断增强，我国文化产业已经从探索、起步、培育的初级阶段，进入快速发展的新时期，呈现出朝气蓬勃的新局面。

### （一）文化产业快速增长，新兴业态迅猛发展

据统计，2004年以来，全国文化产业年均增长速度在15%以上，比同期国内生产总值增速高6个百分点，保持了高速增长的势头。2008年－2009年，面对金融危机的冲击，文化产业逆势上扬，其消耗少、污染低、附加值高等优势进一步凸显，成为经济寒冬中的一股暖流。2008年，全国文化部门艺术表演团体总收入80.3亿元，比2007年增长16%。全国广播影视创收收入1350.6亿元，比2007年增长18%。2009年上半年，我国文化产业增速为17%，大大超过国内生产总值和第三产业的增速。2009年，国产故事片产量456部，城市影院票房收入62亿元，同比增长超过40%。新闻出版业总产值突破1万亿元，同比增长20%。其中，日报年出版总量440亿份，出版规模已连续9年位居世界首位；年出版图书27.57万种，总销售额1456亿元，出版品种与销售总额位居世界第二位；印刷复制业总产值5746亿元，位居世界第三位。总体看来，文化产业增长势头强劲，对国民经济的贡献率不断上升、促进作用日益凸显。

随着网络、数字、信息技术的发展，动漫游戏、数字音乐、数字电影、网络视频、移动多媒体广播电视、公共视听载体、数字出版、网络出版、手机出版等新兴文化产业迅速崛起，拓宽了文化产业的领域。2009年，全国动画片创作生产数量322部17万分钟，比2008年增长31%，原创动画片《喜羊羊与灰太狼》票房过亿元，刷新了国产动画电影票房纪录；网络游戏市场规模258亿元，比2008年增长39.5%；数字出版总产值750亿元，年增长50%以上；国产电纸书、电子阅读器销售量71.6万台，承载图书3000多万册，销售总额超过25亿元；网络视频市场规模5.83亿元，网络视频用户近2.4亿户；我国自主创新的移动多媒体广播电视取得了突破性进展，城市主流的商业数字电影银幕已达2000块，农村电影数字化放映全面推广。

### （二）文化产业成为地方经济发展新亮点，在加快经济发展方式转变中的作用日益突出

现在，不少地方文化产业的增长速度高于国民经济的整体增长速度，成为提供就业机会的重要行业、产业结构优化的朝阳行业和经济增长的支柱产业，为促进当地经济增长、加快经济发展方式转变做出了积极贡献。北京、上海、广东、湖南、云南等省市文化产业增加值占国内生产总值的比重超过5%。湖南省文化产业增加值占国内生产总值的比重，由1990年的1.4%上升到2008年的5.1%，文化产业对经济增长的贡献率由2003年的2.3%上升到2007年的6.5%。云南省2008年文化产业增加值300亿元，占国内生产总值比重为5.8%。近五年来，深圳市文化产业增加值以年均约20%的速度增长，占全市国内生产总值比重达7%。

### （三）文化产品和服务日益丰富，文化产业成为满足人民群众精神文化需求的重要途径

文化产业的快速发展，调动了全社会参与文化建设的积极性，打破了计划经济体制下国办文化的单一局面，形成了多门类、多层次、多样化的文化生产和服务体系。截至2008年，全国共有各类文艺表演团体近万家，演出经纪机构1305个，文化娱乐场所84356家，县级广播电视台1969座，地级以上电台257座、电视台277座，公共广播节目2436套，公共电视节目3199套，各类广播电视节目制作经营机构3343家，主流电影院线34条，院线内影院1545家，银幕4097块，报纸1943种，期刊9821种，图书出版社580家，音像出版社378家，电子出版单位240家，出版物发行单位12万家，印刷单位18万家。随着文化市场主体的日益增多，文化产品和服务的数量更加丰富，质量不断提升，人民群众多样化、多层次的文化需求进一步得到满足。

### （四）文化产品和服务“走出去”步伐不断加快，中华文化国际影响力日益提升

2009年，我国境外商业演出团组数约为426个，演出场次16373场，实现演出收益约7685万元。国产影片海外销售收入4亿美元左右，各类电视节目出口超过1万小时，外销金额共约5898万美元。2009年1—11月，我国核心文化产品出口94亿美元，图书版权进出口比例由2003年的9∶1下降为2009年的3.4∶1。成功举办的法兰克福国际书展中国主宾国活动，实现版权输出2417项。以天创国际演艺制作交流有限公司、中国国际电视总公司、安徽出版集团有限责任公司等为代表的文化企业加快“走出去”步伐，增强了国际竞争力。

### （五）文化产业投资和文化资源开发持续升温，文化产业集群不断形成

我国是具有5000年悠久历史的文明古国，发展文化产业的历史文化资源非常丰厚，资源优势转化为产业优势的潜力巨大。文化产业高附加值的特性吸引了投资者的目光，大量资本和人力资源涌进文化领域，文化产业成为社会资本追逐的新热点。如以电子制造业和电子专业市场为主导产业的深圳华强集团，大规模投资文化产业，成为国内文化主题公园的新锐。化工企业广西维尼纶集团有限公司参与投资制作的全球第一部山水实景演出《印象·刘三姐》，成为广西文化旅游的名片。以房地产开发为主导产业的大连万达集团，文化产业已上升为企业的四大支柱产业之一，旗下的电影院线公司拥有400块电影银幕，2009年电影院线票房收入居全国第一。

随着社会资本的大量进入和政府支持力度的加强，许多文化产业园区相继建设和投入使用，文化产业集群化发展趋势日益明显。北京市已有文化产业集聚区21个，文化企业8000多家。上海市有文化产业园区75家，集聚了2500多家文化企业和2万多名高层创意人才。江苏省建成和在建的文化产业园区有60多家。文化部和北京市、天津市分别共建的中国动漫游戏城和国家动漫产业综合示范园正式启动，国家中影数字制作基地建设工程顺利实施，新闻出版总署与上海市共同推进张江数字出版基地建设，与重庆市共同建设北部新区数字出版基地，有力地推动了我国文化产业的快速发展。

### （六）社会资本进入步伐加快，文化产业多元化投资格局开始形成

随着文化体制改革的不断深入，国有文化市场主体逐步壮大，成为发展文化产业的主导力量。中国对外文化集团公司、上海文广演艺（集团）有限公司、江苏演艺集团有限公司、中国电影集团公司、中国国际电视总公司、中国出版集团公司、江苏凤凰出版传媒集团公司、北方出版传媒（集团）股份有限公司等一大批国有或国有控股文化企业的整体实力不断增强。

目前，全国共有民营文艺表演团体近7000家，民营电视节目制作企业2800余家，民营电影制片发行公司近400家，全国性民营出版物连锁经营企业8家，民营出版物发行企业11万个，中外合资、合作或外商投资书报刊发行企业40多家，印刷企业2500多家，期刊版权合作50多家，中外图书合作年均600多种。上海盛大网络发展有限公司、深圳华强文化科技集团、华谊兄弟传媒公司等一批民营文化企业成为发展文化产业的生力军，以公有制为主体、多种所有制共同发展的文化产业格局正在形成。

## 二、近年来促进文化产业发展的有关工作

目前，国际上对文化产业的定义、行业界定以及分类标准还没有形成统一的意见。欧盟、日本称为“内容产业”，英国、新加坡等国称为“创意产业”，美国称为“娱乐业”或“版权产业”，韩国称为“文化产业”。我国将文化产业界定为从事文化产品生产和提供文化服务的经营性行业。《国家“十一五”时期文化发展规划纲要》将影视制作业、出版业、发行业、印刷复制业、广告业、演艺业、娱乐业、文化会展业、数字内容和动漫产业等列为九个重点发展的文化产业门类。

近年来，国务院及其所属部门在重视发展公益性文化事业的同时，采取多种措施，推动我国文化产业加快发展。主要做了以下工作：

### （一）推动文化建设理论创新，确立文化产业在文化建设和经济社会发展中的重要地位

党的十六大以来，党中央、国务院在文化建设方面提出了一系列具有指导性、针对性、实践性的判断和论述，在文化发展方向、目的、思路、战略等方面形成了新的理念，提升了文化建设以及文化产业的作用和地位。党的十六大指出：“当今世界，文化与经济和政治相互交融，在综合国力竞争中的地位和作用越来越突出。文化的力量，深深熔铸在民族的生命力、创造力和凝聚力之中”，要“积极发展文化事业和文化产业”。同时指出：“文化产业是市场经济条件下繁荣社会主义文化、满足人民群众精神文化需求的重要途径”、“发展各类文化事业和文化产业都要贯彻发展先进文化的要求，始终把社会效益放在首位”。党的十七大站在新的历史起点上，确立了经济建设、政治建设、文化建设、社会建设“四位一体”的中国特色社会主义事业总体布局，做出了全面建设小康社会的战略部署，发出了“推动社会主义文化大发展大繁荣”、“兴起社会主义文化建设新高潮”的号召，明确提出要积极发展公益性文化事业，大力发展文化产业，并将“文化产业占国民经济比重明显提高、国际竞争力显著增强，适应人民需要的文化产品更加丰富”列入全面建设小康社会的奋斗目标。2010年2月，胡锦涛总书记在省部级主要领导干部深入贯彻落实科学发展观加快经济发展方式转变专题研讨班开班式上发表重要讲话，把加快发展文化产业作为加快经济发展方式转变的八项重点工作之一，要求加快发展文化产业，在重视发展公益性文化事业的同时，坚持经济效益与社会效益相统一，深化文化体制改革，加快公共文化服务体系建设，加快发展经营性文化产业，加快开拓文化市场。2010年3月，温家宝总理在十一届全国人大三次会议上作政府工作报告时深刻指出：“国家发展、民族振兴，不仅需要强大的经济力量，更需要强大的文化力量。

文化是一个民族的精神和灵魂，是一个民族真正有力量的决定性因素，可以深刻影响一个国家发展的进程，改变一个民族的命运。没有先进文化的发展，没有全民族文明素质的提高，就不可能真正实现现代化。”

### （二）深化文化体制改革，培育文化市场主体

文化体制改革是文化产业发展的动力。2003 年 6 月，党中央召开了文化体制改革试点工作会议。2005 年 12 月，党中央、国务院做出部署，要求在试点的基础上，全面深化文化体制改革，推进文化事业单位改革、深化文化企业改革、培育现代文化市场体系以及健全宏观管理体制等。

目前，全国共有 123 家文化系统国有文艺院团完成转企改制，其中 2009 年转企改制的有 69 家，超过了过去六年的总和。2009 年，中国东方歌舞团、文化部文化市场发展中心等四家文化部直属事业单位转企，起到了示范作用，推动了文化系统体制改革向纵深推进，向面上拓展。电影制片、发行、放映单位转企改制步伐加快，24 家需转制的电影制片厂已完成 22 家，29 家需转制的省级电影公司已完成 26 家。中国电视剧制作中心等 45 家电视剧制作单位完成转企改制。全国 18 万家印刷单位和 30 家省级新华书店系统已全部转制为企业，580 家图书出版社除保留事业体制的少数出版社外，其他将于 2010 年底前全部改制为企业，1069 家非时政类报刊出版单位转制或登记为企业法人。

同时，国务院发布了《关于非公有资本进入文化产业的若干决定》，为非公有制文化企业发展创造了良好的政策环境和平等竞争机会。2005 年，文化部、财政部、原人事部、税务总局联合印发了《关于鼓励发展民营文艺表演团体的意见》。2009 年，文化部发布《关于促进民营文艺表演团体发展的若干意见》，进一步鼓励社会资本投资兴办民营文艺表演团体。目前，在演出、娱乐、艺术品、网络文化、动漫游戏、出版物发行、印刷复制等领域，基本实现了对国内非公有资本全方位、全过程开放。

### （三）实施《文化产业振兴规划》，推动文化产业成为国家战略性产业

在全球性金融危机中，我国文化产业逆势而上，受到了党和政府以及社会各界的高度关注。党中央、国务院领导同志指出，要使文化产业成为应对金融危机的一个新增长点，要让中国的文化走向世界，向世界展示中国的优秀文化。在这样的背景下，国务院于 2009 年 7 月通过了《文化产业振兴规划》，标志着文化产业上升为国家的战略性产业。

《文化产业振兴规划》要求，“在重视发展公益性文化事业的同时，加快振兴文化产业，充分发挥文化产业在调整结构、扩大内需、增加就业、推动发展中的重要作用”。按照中央“保增长、扩内需、调结构、促改革、惠民生”的精神，《文化产业振兴规划》明确了文化产业发展的指导思想、基本原则和目标，明确了发展重点文化产业、实施重大项目带动战略、培育骨干文化企业、加快文化产业园区和基地建设、扩大文化消费、建设现代文化市场体系、发展新兴文化业态、扩大对外文化贸易等八项重点任务，提出了降低准入门槛、加大政府投入、落实税收政策、加大金融支持、加强组织领导、深化文化体制改革、培养文化产业人才、加强立法工作等一系列政策措施和保障条件。《文化产业振兴规划》的发布实施，极大地提振了文化产业界应对金融危机、实现平稳发展的信心和决心，为文化产业在金融危机中逆势而上、做强做大带来了机遇。

### （四）加大政策支持力度，努力营造良好的发展环境

2006 年，中共中央办公厅、国务院办公厅印发了《国家“十一五”时期文化发展规划纲要》，这是新中国成立以来发布实施的第一个国家文化发展规划。2008 年，国务院办公厅印发了有关经营性文化事业单位转制为企业和支持文化企业发展的文件，有关政策涉及国有文化资产管理、资产和土地处置、收入分配、社会保障、人员分流安置、财政税收、法人登记、工商管理等方面。国务院所属相关部门也单独或联合出台了一系列支持文化产业发展的政策文件。

在财政支持方面，中央财政设立了“扶持文化产业发展专项资金”。全国有 26 个省（区、市）设立了文化产业发展专项资金，省级财政投入约 25 亿元。江苏、上海、天津、陕西等 10 多个省市已经或正在抓紧设立文化产业投资基金或投资公司。目前，有关部门正在积极筹备设立中国文化产业投资基金。

在税收优惠方面，为促进文化产业发展，国家对出版业给予了降低增值税税率、出版物增值税先征后退、县以下新华书店免征增值税等税收优惠政策。动漫、电影企业也享受到了国家减免增值税、营业税等税收优惠政策。

在金融支持方面，宣传、财政、人民银行、文化、广电、新闻出版等部门联合下发了《关于金融支持文化产业振兴和发展繁荣的指导意见》。文化部、广电总局、新闻出版总署等部门分别与中国银行、中国工商银行、中国农业银行、中国进出口银行等金融机构签订了合作协议，为文化企业向银行贷款创造便利条件。银行业针对文化产业的金融创新不断推出，招商银行以票房收益为质押为电影《集结号》发放项目贷款 5000 万元；中国建设银行深圳分行通过“联贷联保”，解决了深圳大芬油画村内文化企业

贷款抵押不足的问题；北京银行、交通银行北京分行对文化企业开辟贷款绿色通道，并推出无形资产质押贷款试点。证监会等金融监管机构鼓励支持文化企业在国家政策允许的条件下，充分利用上市融资、发行企业债券、引进境内外战略投资等多种渠道融资。目前，在A股主板、创业板和H股上市的文化企业有18家。

## 三、当前文化产业发展中存在的问题

当前文化产业发展中还存在一些问题和困难。具体表现在：

### （一）文化产业总量还不够大、水平还不够高

随着我国经济的快速发展，人民群众精神文化需求呈现快速增长态势，特别是随着文化程度的提高和闲暇时间的增多，人民群众对文化产品和服务的需求更加多样化。相比之下，文化产品和服务的供需矛盾和“结构性短缺”突出，“有效供给”相对不足，与人民群众快速增长的精神文化生活需求还有一定差距。

尽管国际社会尚未形成统一的文化产业划分标准，各国文化产业的统计口径还不一致，但也可以看出，我国文化产业总量还不够大、水平还不够高，文化产业在整个国民经济中所占的份额相对较小，对经济结构的调整作用发挥不够，对国民经济的贡献及影响远远低于美国、日本等发达国家。文化产业要真正成为国民经济的支柱产业，还有待采取有力措施加以推进。

### （二）文化产业集中度不高，缺乏骨干企业和知名品牌

由于起步较晚和文化领域条块分割、市场壁垒等原因，我国的文化企业“软小散滥”问题比较突出，规模普遍偏小，产业规模化和集约化程度不高，产业布局不均衡，大规模、高水平、产业链完整的龙头企业少，缺少文化领域的战略投资者和骨干企业。文化企业的自主创新能力不高、核心竞争力不足，知识产权的作用发挥不充分，企业的创意、研发、制作水平较低，内涵深刻、风格独特、形式新颖、技术先进的精品力作和知名的文化品牌较少，参与国际竞争的能力有待进一步提高。

### （三）政策、法规体系不健全，投入、人才保障不完善

近年来，国家出台了一系列扶持和促进文化产业发展的政策措施，但从总体上看还不够完善。文化立法比较薄弱，文化产业发展缺乏强有力的法制保障，产业政策还需进一步增强针对性和可操作性。对文化产业的行政管理仍然存在一些体制性、政策性障碍，产业规划不明晰，行业管理不规范，特别是对网络文化等新兴业态的管理仍然依赖传统的管理经验和模式。盗版侵权问题仍比较突出，知识产权保护有待加强。

虽然各级财政对文化建设的投入不断增加，但由于长期以来文化建设经费基数低、底子薄、基础条件差，财政投入的增长与文化发展的需求之间仍有不小的差距，对文化投入总量仍显不足，文化产业发展基础条件薄弱。

文化产业的创意人才、经营管理人才、技术开发人才、市场营销人才，尤其是既懂文化又懂经营的复合型高级人才短缺，人才培养和激励保障机制有待加强。文化产业统计工作刚刚起步，统计指标体系还在完善，统计工作尚未全面覆盖从事文化产业的所有单位和个人。现代科技与文化的融合愈加紧密，但传统文化产业利用新技术的动力不强、活力不足。文化产业标准化体系建设比较滞后，影响了产业发展水平提升和规模扩大。

### （四）文化贸易逆差仍然较大，文化产业“走出去”步伐有待进一步加快

近年来，虽然我国文化产品和服务出口数量有所增长，但文化贸易逆差的现象仍未得到根本改变，文化产品和服务出口渠道比较狭窄，出口价格远远低于进口的同类产品，我国文化产品的国际竞争力和传播力还有待于进一步提升。以演艺产品为例，我国引进和派出的文艺演出每场收入比约为10：1，我国全部海外商业演出的年收入不到1亿美元，不及国外一个著名马戏团一年的海外演出收入。

### （五）盲目发展的苗头一定程度存在，规划、引导和调控有待进一步加强

目前，各地发展文化产业热情高涨，竞相上马大型文化产业项目，文化产业园区基地遍布各地，各种资本也纷纷涌入文化产业。这一方面体现了各界对文化产业发展的良好预期，也是加快文化产业发展的重要前提，对产业发展起到了积极推动作用，但另一方面，盲目发展、资源浪费、同质化竞争的问题已经出现，需要引起重视。如全国有几十个城市已开工或准备建设大型动漫主题公园或文化主题公园；不少风景区都拟上马大型实景演出；有的文化产业项目以文化之名搞房地产开发。这些势头如不及时加以规划、引导和调控，很可能影响到文化产业的科学发展。

## 四、加快文化产业发展的工作计划

当前和今后一个时期，加快文化产业发展的总的指导思想是：全面贯彻党的十七大精神，坚持以邓小平理论和“三个代表”重要思想为指导，深入贯彻落实科学发展观，自觉将文化产业发展融入转变经济发展方式的全局，贯彻落实《文化产业振兴规划》，坚持社会效益优先、经济效益与社会效益相统一，深化文化体制改革，转变发展方式，优化产业结构，培育市场主体，推进产业创新，扩大文化消费，实现文化产业又好又快发展。

文化产业发展的主要目标是：文化产品和服务更加丰富多彩，社会主义核心价值观得到进一步弘扬，人民群众精神文化需求得到进一步满足；文化产业发展速度明显高于同期国内生产总值增长速度，在国民经济中所占比重逐步提高；文化市场主体活力显著增强，文化创新能力显著提升，形成一批具有较强实力的文化企业和企业集团，文化产业结构更加优化、布局更加合理；文化产品市场和要素市场更加健全，文化市场秩序更加规范，文化产业发展保障体系更加完备；文化产品和服务出口额明显提高，中国文化产品的国际影响力和竞争力明显增强。

**（一）全面落实《文化产业振兴规划》，研究制定“十二五”时期文化产业发展规划**

认真落实《文化产业振兴规划》，积极进行文化产业的资源整合和结构调整，巩固文化产业逆势上扬的良好态势，做到结构好、布局好、效益好、可持续，不断增强文化产业的整体实力和国际竞争力。按照科学发展观的要求，将文化产业发展纳入经济社会发展总体规划，建立相关的考核、评价和责任制度，作为评价地区发展水平、衡量发展质量和领导干部工作实绩的重要内容。进一步将文化产业发展融入转变经济发展方式的全局，以文化产业的发展促进经济发展方式转变。

对《国家“十一五”时期文化发展规划纲要》执行情况进行督促检查，推动重大计划、重点工程、重大项目如期完成。认真总结近年来文化产业发展的成功经验，结合国家“十二五”时期经济社会发展规划的编制工作，研究制定“十二五”时期文化产业发展规划，提高规划的指导性、操作性、约束性。指导、推动各地做好本地区文化发展规划的研究编制工作。

**（二）着力推进文化体制改革，增强文化产业微观活力**

以转企改制、重塑市场主体为中心环节，加快推进经营性新闻出版单位转企改制和兼并重组，加快电影制片、发行、放映单位和文艺院团转企改制，抓好广播电视节目制播分离改革。通过把经营性文化事业单位转制为规范的文化企业，为文化产业发展奠定坚实的微观基础。着力培育一批骨干文化企业，增强我国文化产业的整体实力和国际竞争力。坚持政府引导、市场运作，科学规划、合理布局，在重点文化产业中选择一批成长性好、竞争力强的文化企业或企业集团加大政策扶持力度，培育一批骨干文化企业和战略投资者。打破行业垄断和地区封锁，推动跨地区、跨行业、跨媒体、跨所有制联合或兼并重组，壮大企业规模，提高集约化经营水平，促进文化领域资源整合和结构调整。鼓励多种类型、多种所有制文化企业的协调发展，落实国家关于非公有资本、外资进入文化产业的有关规定，积极吸收社会资本进入文化创意、影视制作、演艺娱乐、动漫、印刷、出版物分销等领域，逐步实现以股份制企业为主体、国有企业为骨干、民营企业为依托，互为补充、充满生机的文化产业格局。

**（三）加强文化产业园区基地建设与管理，发挥重大项目带动作用**

加强对文化产业园区和基地建设的统筹规划，坚持标准、突出特色、提高水平，促进资源合理配置和产业分工，防止一哄而上、盲目建设。有选择地建立和完善若干个集创意研发、产业孵化、产品交易、人才培训为一体的示范园区，为文化企业提供技术、信息、交易、展示平台，为文化产业规模化、集约化、专业化发展创造条件、奠定基础，提升产业集中度和创新能力。对符合规划的园区和基地，在基础设施建设、土地使用、税收政策等方面给予支持。建设一批文化创意、影视制作、出版发行、印刷复制、演艺娱乐和动漫等产业示范基地，支持和加快发展具有地域和民族特色的文化产业群，建设一批提供研发设计、信息咨询、生产制作、合作交流等服务的公共服务平台。

发展重点文化产业，实施重大项目带动战略。以演艺娱乐、影视制作、出版发行、文化会展、网络文化、数字内容和动漫等产业为重点，加大扶持力度，实现跨越式发展。以文化企业为主体，充分调动社会各方面力量，加快组织实施一批成熟度高、成长性好、具有先导性、示范性和产业拉动作用的重大工程和重点项目，推进中国动漫游戏城、国家中影数字电影制作基地建设工程二期、国家“知识资源数据库”出版工程等重大文化产业项目。

**（四）加大政府投入和金融支持，增强产业发展后劲**

中央和地方各级人民政府将加大对文化产业的投入，通过贷款贴息、项目补贴、补充资本金等方式，支持国家级文化产业基地建设，支持文化产业重点项目及跨区域整合，支持国有控股文化企业股份制改造，支持文化产业基础设施建设，支持新产品、新技术研发。大幅增加中央财政“扶持文化产业发展专项资金”规模，不断加大支持力度。落实人民银行等九部门《关于金融支持文化产业振兴和发展繁荣的指导意见》，开发适合文化产业特点的信贷产品，加大有效信贷投放，完善授信模式，合理确定贷款期限和利率，鼓励和引导文化企业面向资本市场融资，扩大文化企业的直接融资规模，促进金融资本、社会资本与文化资源的对接，建立和完善文化资产评估体系，发挥好文化产权交易所作用。设立中国文化产业投资基金，由中央财政注资引导，吸收国有骨干文化企业、大型国有企业和金融机构认购，通过股权投资等方式，推动资源重组和结构调整。

**（五）加强各项基础性工作，为产业发展提供强有力支撑**

加快文化产业立法进程，着手起草《文化产业促进法》，推动尽快出台《电影产业促进法》，为文化产业发展提供法制保障。加快完善支持文化产业发展的财政、金融、税收、土地等方面的政策措施。加强文化产业统计工作，制定产业投资指导目录，加快推动文化产业标准化体系建设。

进一步转变政府职能，建立适应文化产业发展要求的宏观管理体制。进一步理顺对新兴文化业态的管理体制。整合行政和执法资源，建立统一高效的文化市场综合执法机构，提高管理能力，加大“扫黄打非”和版权执法工作力度，依法查处和制裁破坏文化市场秩序的非法经营行为，净化文化市场，维护诚信、公平、竞争有序的市场秩序。充分发挥驻外使领馆文化处（组）、海外中国文化中心等驻外文化机构作用，积极协助文化企业开拓海外市场，构建通往国际市场的平台和渠道。

培养文化产业人才，着力加强领军人物和各类专门人才的培养。建立健全业务培训和继续教育，培养懂文化、善创意、会经营的高端复合型人才和各类操作型、技能型、实用型人才。完善文化产业人才职称评定制度，完善公平竞争和分配激励机制，鼓励和支持优秀拔尖人才脱颖而出。吸引财经、金融、科技等领域的优秀人才进入文化产业领域，注重海外文化创意、研发、管理等高端人才的引进，为文化产业发展提供强有力的人才保障。指导组建全国性、区域性文化产业行业组织，发挥好行业组织作用。

**（六）建设现代文化市场体系，发挥市场机制的基础性作用**

建立健全门类齐全的文化产品市场和文化要素市场，促进文化产品和生产要素的合理流动，充分发挥市场在资源配置过程中的基础性作用。着力构建传输快捷、覆盖广泛的文化传播体系，在演艺、影视、图书等领域，大力发展统一配送和连锁经营，培育一批辐射力强的全国性和区域性文化产品流通企业，建设若干辐射全国的区域文化产品物流中心，减少流通环节、降低交易成本。发展文艺演出院线，覆盖主要城市演出场所，支持全国文化票务网络建设。推进有线电视网络整合，组建国家级有线电视网络公司。推进电影院线跨地区整合以及数字影院的建设和改造。支持国有出版发行企业跨地区兼并重组，扶持农村出版物市场和连锁网点建设，建立贯通城乡的新闻出版产业流通网络。发展文化中介机构。

**（七）扩大文化消费，拉动文化内需**

不断适应城乡居民消费结构的新变化和审美、娱乐、休闲的新需求，创新文化产品和服务，培育新的消费热点。加强原创，打造具有核心竞争力的知名文化品牌。努力降低成本，完善流通网络，扩大传播覆盖，提供价格合理、丰富多彩的文化产品和服务。支持建设和改造电影院、剧院等文化消费的基础设施，为文化消费创造必要的物质条件。引导个性化、时尚化、品牌化消费，促进节假日和会展的文化消费。推动文化产业与旅游融合发展，以文化提升旅游，以旅游传播文化。促进文化与商贸、通信、会展、教育培训、健身、休闲等行业相结合，促进服务性消费，带动相关产业发展。大力发展平面设计、外观设计等艺术创意和设计产业，推动在轻工、纺织等制造业中进一步融入文化元素，提高制造业的文化内涵和审美效果，促进文化创意衍生品生产，扩大和带动家具、家电、家纺、家饰等消费。

**（八）加强科技支撑，推动文化产业升级**

充分发挥科技对文化产业发展的支撑作用，运用数字、网络等高新技术促进文化创意、动漫、数字立体电影、数字出版等新兴文化业态发展。发展网络文化、移动多媒体广播电视，开发移动文化信息服务、数字娱乐产品等业务，为各种便携显示终端提供内容服务。加快广播电视数字化和电影放映数字化进程。提高信息化水平，制定和完善网络标准，推动信息技术创新和应用，促进互联互通和资源共享，推进宽带通信网、数字电视网、下一代互联网三网融合。发展纸质有声读物、电子书、手机报和网络出版物等新兴新闻出版业态，发展高新技术印刷。加强核心技术研发，运用高新技术改造提升传统演艺、娱乐、电影等设施和技术。

**（九）扩大对外文化贸易，推动中国文化走向世界**

落实鼓励和支持文化产品和服务出口的优惠政策，在市场开拓、技术创新、海关通关等方面给予支持。大力扶持具有民族特色的音乐舞蹈杂技、展览、广播影视、出版物、动漫游戏等产品和服务的出口，打造一批国际知名文化品牌。鼓励文化企业通过独资、合资、控股、参股等多种形式在境外兴办实体、设立分支机构，实现文化企业在境外的落地经营。办好中国（深圳）国际文化产业博览会、中国国际广播影视博览会、北京国际图书博览会等重点文化会展，支持文化企业参加境外艺术节、影视展、图书展等国际文化展会和活动。

在社会主义市场经济体制条件下，文化建设既是社会主义精神文明建设的重要组成部分，也是经济建设的重要组成部分。因此，必须遵循文化发展的客观规律，适应社会主义市场经济的客观要求，坚持文化事业和文化产业双轮驱动、两翼齐飞的思路。文化事业发展必须坚持“以政府为主导，以公共财政为支撑，以公益性文化事业单位为骨干，以基层为重点，鼓励全社会积极参与，创新公共文化服务体系”的方针，构建覆盖城乡的公共文化服务体系，体现公益性、均等性、基本性和便利性，以保障人民群众的基本文化权益，满足人民群众的基本文化需求。文化产业发展则必须坚持发挥市场在资源配置中的基础性作用，按照“创新体制、转换机制、面向市场、增强活力”的要求，坚持体制机制改革和创新，提高文化产业的整体实力和国际竞争力，努力满足人民群众日益多元化、多层次、多方面的文化消费需求。无论是文化事业还是文化产业，都必须坚持社会主义先进文化的方向，坚持社会效益优先，努力实现社会效益与经济效益相统一，推动我国文化产业又好又快发展。

（摘自文化部部长蔡武2010年4月28日在第十一届全国人民代表大会常务委员会第十四次会议上的讲话，有删节。）

## 广播电视产业发展概况[①]

胡正荣　李继东　黄炜

2009年，席卷全球的金融危机尚未平息，我国也步人了新世纪以来经济社会发展最为困难的一年，经济增长速度放缓，社会矛盾冲突更加凸显，体制机制阻滞问题更为突出，但保增长、保民生、保稳定的各项任务圆满完成，变革与突破成为这一年的主题。广播电视产业逆势上扬，产业发展迅速，在体制机制、内容制作和流通展示等方面有较大的变化。

### 一、2009年我国广播电视产业发展概略

#### （一）广播电视体制机制改革进一步深化

2009年是我国广播电视产业自21世纪以来在政策安排上变化最多的一年，不仅仅内容管理和监督上有许多变化，更为重要的是体制机制上改革有所突破，体现在一系列影响深远的政策先后出台：5月25日，国务院发布了《国务院批转发展改革委关于2009年深化经济体制改革工作意见的通知》（国发［2009］26号）；7月22日，国务院常务会议通过了《文化产业振兴规划》（国发［2009］30号）；国家广电总局8月4日印发了《关于加快广播电视有线网络发展的若干意见》（广发［2009］57号）；8月6日印发了《关于促进高清电视发展的通知》（广发［2009］58号）；8月27日，国家广电总局印发了《关于认真做好广播电视制播分离改革的意见》的通知（广发［2009］66号）；9月8日，国家广电总局颁布了《广播电视广告播出管理办法》（广电总局第61号令）；9月9日印发了《关于加强电视购物短片广告和居家购物节目管理的通知》（广发［2009］71号）；9月15日，广电总局下发了《关于互联网视听节目服务许可证管理有关问题的通知》（广发［2009］73号）；10月14日广电总局下发了《关于进一步加强电视动画片播出管理的通知》（广发［2009］78号）等文件。这些文件将广播电视产业上升到国家发展战略的高度，标志着整个文化产业体制改革与全面振兴文化产业大幕开启，内容涉及制播分离、跨行业和跨地区网络整合等体制机制变革等问题，推动了高清电视、数字技术的发展与应用，同时重点规范了网络视听节目、广播电视广告等的管理。

#### （二）广播电视节目生产继续增长，广播电视总收入持续上升

2008年全国有广播影视节目制作机构3343家，比2007年增加了469家；全年开办广播节目2436套、电视节目3199套、付费广播17套、付费电视138套，其中广播比2007年减少了41套，而电视增加了1916套、近1.5倍。全年制作广播、电视节目分别为649.4万小时和264.19万小时，比2007年增加了16.15万小时和8.86万小时。

2009年广播电视总收入预计可达1665亿元，比2008年增长5.18%（82亿元），其中，过百亿的省市有北京、上海、江苏、浙江、广东。广告收入预计752亿元，占总收入的45.22%，比2008年增长7.15%（50.17亿元），其中过40亿的省市有广东、上海、北京。

#### （三）三网融合有实质性推进，广电股领跑中国创业板

《国务院批转发展改革委关于2009年深化经济体制改革工作意见的通知》明确提出了“落实国家相关规定，实现广电和电信企业的双向进入，推动‘三网融合’取得实质性进展”，这不仅突破了82号文件所言的“电信部门不得从事广电业务，广电部门不得从事通信业务，双方必须坚决贯彻执行”的规定，而且将2008年《国务院办公厅转发发展改革委等部门关于鼓励数字电视产业发展若干政策的通知》（国办发［2008］1号）有关推进“三网融合”的规定进一步强化和具体化，开启了广电跨行业、跨区域整合之势。

---

① 本文没有标记出处的数据均来自于国家广播电影电视总局官方网站、办公厅、规划财务司、《广播电影电视决策参考》等的最新统计数据，恕不一一注明。

2009年10月30日，中国创业板首批28家企业集体挂牌上市，其中着力于华语影视内容制作的华谊兄弟和以数字电视系统前后端软件、硬件的研发、生产与销售为主业的金亚科技广电行业股备受关注，华谊兄弟开盘涨幅最大，达122.74%；金亚科技则成为收盘涨幅最大和停牌之最，截至收盘涨幅达到了209.73%，停牌高达3次，成为28只个股中唯一收盘涨幅超过200%的个股。① 这不仅进一步拓展了广电行业吸纳社会资本之路，而且彰显了广播电视的经济影响力。

**（四）NGB建设起航，新媒体发展加速**

2009年7月31日，科技部、广电总局和上海市政府共同签署了《中国下一代广播电视网（NGB）启动暨上海示范网合作协议》，标志着我国NGB建设正式启动，预计上海将在2010年前完成50万户NGB示范网络建设，目前正在积极筹备的有36个示范区建设；12月2日，国家广电总局广播电视规划院与思科公司签订了“下一代广播电视网（NGB）联合实验室”合作协议，将建立NGB新业务体验中心以及NGB研究与实验中心，搭建各种新业务及应用平台和研究NGB业务应用模型，对业务本地化应用进行相应的实验和测试评估，以促进NGB新业务的开发、实施以及产业化应用。这意味着我国广播电视将步入以高性能宽带信息网为基础，支持高速宽带、双向交互、全程全网、可管可控，实现三网融合、有线无线相结合的新时代。

NGB是依托现在的有线电视网络和无线传输网络来实现单向变双向、模拟向数字转化，其核心集中在有线电视网络和无线传输网的升级上，前者着力于双向网络改造和数字化整体转换，后者主要是发展移动多媒体广播电视（CMMB）。据统计，至2009年年底全国已有163个大中城市实现整体转换，其中广西、海南、宁夏等省区所有大中城市完成整体转换，全国有线数字电视用户超过6000万，其中双向用户超过3000万。无线数字化方面，组织实施地面数字电视覆盖工程，制定完善全国300个城市的频率规划。城市间的网络整合与双向网络改造也取得了较大进步，全国大部分省区市已经开展了网络整合工作。

2009年网络广播电视、CMMB等广播电视新媒体全面加速发展。全国大部分广播电视台都开办了自己的网络广播，据统计，全国有27家省级广播电台、广播电视机构开办了网络广播业务，共有167套广播频率实现网上直播，有25家广播电台电视台开办的网站提供网络电视直播业务。2009年12月28日，由中国央视网建设的中国网络电视台（CNTV）正式开播。国际在线多语种优势进一步强化，中国广播网实现了全台12套节目在线收听和点播。

CMMB覆盖网络进一步扩大，内容服务不断增加，全国统一的运营体系初步建立；2009年3月22日，中广移动与中国移动正式签订合作协议，共同推进具有CMMB功能的TD－SCDMA手机发展，由中国移动负责CMMB的收费运营等方面的管理，预示着三网融合的开启和CMMB发展步入了一个新的阶段。据统计，全国有31个省（区、市）、280个城市建设成CMMB电视专业网络。

**（五）电台、电视台微弱下降，广播电视台有所增加**

截止到2008年年底，我国共有广播电台257座（比2007年减少了6座）、电视台277座（比2007年减少了10座）、教育电视台45座（比2007年增加了1座）、广播电视台2069座（比2007年增加了76座），电视机、收音机的社会拥有量分别达到4亿、5亿台。广播电视综合覆盖人口率分别达到95.96%和96.95%，接近世界发达国家水平。从近几年的情况来看，电台、电视台和教育电视台总体趋势呈现微弱下降，而广播电视台则趋于上升，也就是说省市级以上的电台、电视台趋于稳定，而县级电视台每年都在增加。

**（六）广播电视60年成绩辉煌，60周年大庆彰显广电实力**

新中国成立60年以来，我国广播电视业经历了从无到有、从小到大、从中短波调频和调幅广播到数字和网络广播、从模拟电视到数字电视（网络电视、手机电视），构建了规模宏大、门类齐全的广播影视体系，建成了世界上覆盖人口最多，中央与地方相结合，有线、无线、卫星等多种手段并用的广播电视网。广播电视已成为党和政府联系群众的重要桥梁和纽带，成为人民群众获取资讯信息、享受文化娱乐的主要渠道，是我国最为普及、最为便捷的舆论宣传工具、信息工具和娱乐工具，是人民群众日常生活中不可缺少的组成部分。② 在60周年大庆期间，广播电视业发挥了很大的作用，运用高清电视、移动多媒体、网络广播、数字广播等手段圆满完成了各种重大庆典活动的播出工作，同时制作和播出了大量的献礼节目和展示共和国60年辉煌成就等方面的节目，产生了极为广泛的影响。

---

① 贺辉红：《创业板首批28家企业今日上市，平均涨幅达76.46%》，《中国证券报》，http://news.sohu.com/20091030/n267847552.shtml；《暴涨209%，金亚科技成最牛股》，中财网，http://www.cfi.net.cn/p20091031000240.html。

② 张海涛：《站在新的历史起点上推动我国广播影视科技和事业建设又好又快发展》，http://www.sarft.gov.cn/articles/2009/11/30/20091130152152100701.html。

## 二、2009年我国广播产业发展分析

### （一）广播制作、播出及创新分析

1. 广播节目构成稳定不变，综艺益智类、专题服务类和新闻资讯类制作和播出仍居前列

从近几年广播节目制作和播出的情况看，在制作中居于前三位的仍为综艺益智类、专题服务类和新闻资讯类，虽然在数量上有所增加，但总体结构基本没有多大变化。2008年广播节目制作与2007年相比，综艺益智类增加了近4万小时，占制作总数的比例基本维持在30%左右；专题服务类增加了近4万小时，所占比例下降了2%，占28%；新闻资讯类增加了5万多小时，所占比例保持不变。在播出的广播节目中，综艺益智类、专题服务类、新闻资讯类分别增加了12万小时、7万小时、7万小时，所占比例变化不大。值得注意的是2008年首播节目比例增加了3%（近36.6万小时）。

2. 节目编排方式不断创新，不同规模的改版不断呈现

随着媒介融合时代的到来，创新新闻资源的整合方式变得越来越重要，近年来，我国广播节目在编排方式上多有创新，取得良好的政治、经济和社会效果。由中央人民广播电台首创的“轮盘式”新闻节目编排方式，在近两年里颇受电台和听众的青睐。“轮盘式”广播新闻也称之为滚动广播新闻，即打破传统一纸节目单的局限，将一天的时段划分为20～30个新闻单元，以不超过30分钟为单位，将每时段滚动刷新即时资讯，不间断地轮盘式播报，从而实现迅速传递海量信息的一种节目结构方式。这不仅提高了时效性、扩大了信息量，而且有利于节目内容的细分化和对象化以及更有效的整合新闻资源。中央人民广播电台的《中国之声》从2008年8月25日开始实行从早六点半～晚八点半的“轮盘式”编排方式，同时将六点半的“新闻和报纸摘要”、晚上的“新闻联播”等品牌节目及板块嵌入其中，实现节目编排的无缝隙连接。正如中央人民广播电台台长王求所言，这样的改革取得了两个明显的效果：一是其内容受到了中央领导和听众的肯定，其形式也受到了听众的喜爱；二是收听率和市场份额大幅度地增长，仅北京市的市场份额，2009年上半年比2008年上半年同期就增加了14%。① 这种模式也在全国多个省市推行，像江苏新闻广播的FM93.7、辽宁《新广快讯快评》等都取得很好的市场效果和社会效应。

### （二）广播市场与经营分析

1. 广播联盟时代到来，合作打造“中国广播”品牌

近年来，中国广播界的联盟由向两会、奥运会等事件性、阶段性的协作与联动转向战略性、长期性合作与共赢，2009年6月18日中国广播联盟宣告成立，在此前后有10多家全国性、区域性、业务性的广播联盟先后建立，包括“全球华语广播网”、“全国高校广播节目联盟”、“民族网”、“地方网”、“辽宁广播联盟”、“红飘带行动陕西广播·省市电台爱心公益联盟”、“湖北省第一家广播联播网”、“东北广播广告合作联盟”、“武汉城市圈广播电视联盟”、“内蒙古广播联盟”等，标志着中国广播联盟时代的到来，这对于推动广播资源整合、提升“中国广播”整体实力和影响力必将具有深远的影响和意义。据统计，截止到2009年11月，已有145家电台加入中国广播联盟。② 目前，中国广播联盟分设节目交流平台、《中国广播》杂志、《中国广播报》、中国广播网“中国广播联盟官方网站”、中国之声《直播中国》栏目等5个平台。组建以来，圆满完成了新中国成立60周年报道、第十一届全运会等重大事件的联合报道，取得了良好的效果。

2. 制播分离实质性推进，广告收入先抑后扬

制播分离改革是2009年广播电视界的一件大事，也是深化体制改革实质性举措之一。2009年10月上海首开先河，原上海文广新闻传媒集团更名为上海广播电视台，并出资组建上海东方传媒集团有限公司。旗下的上海东方广播有限公司不仅承担着上海人民广播电台交通频率、戏剧曲艺广播、故事广播、上海东方广播电台都市生活频率、流行音乐频率、经典音乐频率的节目制作，还负责经营上海广播电视台旗下全部11套广播频率的广告业务，并拥有东方风云榜等一批品牌项目和9名全国主持人“金话筒”奖获得者。这11套广播频率在上海广播市场处于强势地位，据央视—索福瑞2009年1～10月的数据显示，收听市场占有率高达93.45%。③ 这标志着上海广电行业的制播分离改革在广播领域迈出了实质性的一步。

实际上，早在2008年12月2日，中央人民广播电台音乐之声开办6周年之际，由中央人民广播电台控股的“央广智库广告有限公司”挂牌成立，成为中央台制播分离的最早实践者，“都市之声”、“文艺之声”、“老年之声”，以及即将开播的娱乐广播制播分离改革也即将开始。此外，2008年10月天津电台交通频道、相声频道也开始了制播分离改革。

受全球金融危机的影响，从2008年7月起，广播广

---

① 《中央人民广播电台台长王求谈“广播新闻改革”》，人民网强国论坛，http：//www.people.com.cn/GB/32306/143124/147550/10060008.html。

② 《中国广播联盟目前已拥有成员台145家》，中国广播联盟网，http：//www.cbu.cbr.cn/sygg/200911/t20091112_505612528.html。

③ http：//www.sarft.gov.cn/articles/2009/12/14/20091214112648790247.html。

告收入就呈现下降趋势，到2009年1、2月份跌入冰点，3月份开始回暖。由此，广播广告总量逐年增长，但增幅有所下降。2008年全年广播广告收入比2007年增长15.5%，达72.56亿元；2009年全年广播广告收入比2008年增长3.27亿元，增长4.51%，达75.83亿元，占广播电视广告总收入的10.09%。

3. 台网融合突破行业界限，价值链完善提升广播竞争力

互联网、数字技术的发展应用不仅是改变了人们处理、接收信息的方式和生活方式，而且打破了广播、电视、网络行业壁垒，市场格局为之一变。各家电台开设网络广播已是司空见惯，而中央人民广播电台率先从战略层面上推进台网融合。2009年伊始中央电台全面推行“台网一体”战略，通过资源整合、全台办网、面向市场等一系列战略规划，全面促进台网融合，从而实现从单一广播内容生产者向全媒体内容提供商转型。此外，中央人民广播电台、中国国际广播电台开办的数字电视付费频道、手机电视等也取得了很大的进步，《家庭健康》频道以及随身性、隐私性、互动性、个性化的手机电视节目颇受广大用户的青睐。

广播上网、台网互动、台网一体等广播发展的模式是近几年我国广播业在媒介语境下谋求发展的一些举措，实际上，新媒介融合已是必然之势，这不仅仅意味着技术上的跟进与推广，更意味着业务上、产业上的整合，通过整合、拓展和延伸产业价值链，由过去单一的行业、属地观念向跨行业、跨地区、全媒介的节目内容的生产与供给模式转变，是广播提升其市场竞争力的必由之路。由此，基于全媒介理念的业务流程的再造和组织机构的重构将成为我国广播业未来发展的又一重头戏。

### （三）广播新媒介发展与技术创新

1. 广播数字化进一步发展，点播式广播开启收听新时代

2009年伊始，北京通过房山、平谷、怀柔、密云、延庆五座广播电视无线转播站，建成了远郊区（县）数字广播（DAB）系统，拓展了数字广播（DAB）的覆盖范围，从而使远郊区县群众能收听16套广播节目频道。10月23日，北京市远郊区县数字广播（DAB）开通仪式在密云县转播站举行，标志着北京市在全国率先实现了全境广播数字化。同时全国其他省市的广播数字化也在大幅推进。

数字化使得双向互动信息传播提高了技术支撑，使得传统广播“你播我听”的收听方式转变成“随意选择收听”，从而增强了听众的自主选择权，改变了单向、线性节目收听和接收模式。2009年，北京人民广播电台在北京地区率先试运行“点播式广播服务”，使听众能够随时随地自主收听、选择收听、反复收听电台播放的节目。这种“实时广播+点播”的收听模式，不仅满足了原有广播听众的收听需求，也对非传统广播听众具有很强的吸引力。

2. 网络广播、移动广播新媒介提升广播的传播力

2009年网络广播、移动广播更加蓬勃发展，许多电台将网络用户和移动用户作为新的听众市场，纷纷开办网络电台、移动广播。年初，中国广播网就围绕打造“全球最大的中文音频门户、建设全球华语音频网上乐园”的战略目标，推出全新的中国广播联盟网络平台、全球华语广播网官网、新增3G、手机WAP网、“倾听中南海”、“音频世界”频道，由此，初步建构了音频媒资数据库，传播力也得以大幅提升；5月18日，国际台巅峰体坛网络电台开播，将传统广播节目与在线互动点播、精美图片、视频节目、电台论坛、受众参与等多种媒介形式整合于一体，形成全方位、多种形式的在线资讯及互动内容体系；6月3日，西藏人民广播电台“中国西藏之声”网站在线广播开通；7月16日，移动国际在线在北京正式开播，为摩托罗拉A3100、苹果Iphone等智能手机或其他手持终端用户提供可以随时随地浏览新闻、财经、影视、娱乐、旅游、汉语学习、英语音视频节目等方面的信息与服务。

网络广播、移动广播以及融合了这两者的新型广播模式，将大有发展前景。首先是不断增长的网民规模，特别是手机网民规模，为广播提供了更为广阔的市场。据《第25次中国互联网络发展状况统计报告》有关数据表明，我国互联网普及率在稳步上升。截止2009年年底，我国网民规模达到3.84亿人，较2008年增长28.9%，在总人口中的比重从22.6%提升到28.9%，而且手机网民规模2.33亿人，占网民总体的60.8%，移动网络、手机终端在互联网发展中的作用变得越来越重要。其次，从目前网络使用的情况看，对于基于音频的内容制作和播出的广播是极为有利的。据统计，2009年网络应用使用率排名前三甲分别是网络音乐（83.5%）、网络新闻（80.1%）、搜索引擎（73.3%）。① 音乐是诉诸听觉的一种艺术，而这无疑是广播媒介的优势所在，而广播新闻的快捷、覆盖面广亦是其他媒介所无法比拟的。

## 三、2009年我国电视产业发展分析

### （一）电视节目制作、播出与创新分析

1. 新闻资讯类、专题服务类的制作和播出时间以及电视剧制作投资均在增加

与2007年相比较，2008年制作的新闻资讯类、专题

---

① 中国互联网信息中心（CNNIC），《第25次中国互联网络发展状况统计报告》，http://www.tech.qq.com/zt/2010/cnnic25/。

服务类和综艺益智类节目时间都有所增长，前两者达14%、后者达1%。而广播剧类、广告类和其他类有所下降，降幅分别达39%、5%和3%。2008年制作的电视剧和动画电视部数、集数分别增加了30%、32%和44%、3%，电视剧和动画电视制作投资额分别增加了29%和12%，电视剧国内销售额增加了8%，而动画电视则下降了15%。而从播出的情况来看，除综艺益智类节目下降了3.85%之外，新闻资讯类、专题服务类、电视剧、电视动画等均有所增长。

2. 电视剧增量发展阶段基本结束，电视动画取得很大成绩

最新统计表明，2009年电视剧产量达1.3万集，比2008年有所下降，这也是自2000以来的首次减产，整体质量进一步提高，现实题材电视剧仍居主导地位。全国制作完成的国产电视动画片共322部171816分钟，比2008年增长31%。

从近几年的电视剧播出的情况来看，每年播出的数量基本上没有多大变化，也就是说电视剧播出的容量已近饱和。2008年播出电视剧比2007年减少了1387部(0.59%)、增加了119943集(2.14%)、10.77万小时(1.65%)，这种增减比例与制作相比几乎是微不足道的。加之2009年电视剧制作的负增长，在一定程度上意味着电视剧市场开始步入理性、成熟的时代，从数量上的竞争过渡到质量上的竞争。从2008年开始，像《闯关东》等口碑和市场收益俱佳的电视剧不断涌现，2009年更呈现出蓬勃发展之势，如《蜗居》《潜伏》《我的兄弟叫顺溜》《我的青春谁做主》《北风那个吹》等。《蜗居》不仅取得了很高的收视率，而且引起广泛的社会反响，成为社会各界讨论的热点话题，以至于掀起了“蜗居”热。而《潜伏》更是获得收视率、口碑、利润三丰收，并引发了国内电视剧市场的谍战热。由此，国产家庭剧、谍战剧、献礼剧、现实剧等类型剧层出不穷并提升了国产电视剧的影响力。

2009年全国电视动画片创作生产不仅表现在数量上的增长，而且涌现出《美猴王》《三国演义》《西游记》《孔子》《小牛向前冲》《郑和下西洋》等一批具有中国特色、中国风格的动画作品以及《诺诺森林》《月亮大马戏团》等一批富有特色、制作精美和颇受观众的青睐的原创动画片。同时，国产动画开始与外资合拍，并走向海外市场，产生了一定的影响。比如北京辉煌动画公司与日本未来行星株式会社、日本玩具制造商TOMY COMPANY联合投资制作了52集大型高清动画电视连续剧。《三国演义》，该剧已经与20多个国家的40余个电视台签署了播出协议，并于8月1日、10月分别在中央电视台及日本等其他国家播映。

## （二）电视市场格局与经营管理

1. 网络整合拉开大幕，江苏模式、湖南模式各领风骚

2009年成为中国网络整合或三网融合的元年，不仅表现在政策上纳入到国家战略层面，并首次被列入国家级文件中，而且体现在广电行业整合决心和力度上。7月国务院发布的《文化产业振兴规划》明确将“推进有线电视网络、电影院线、数字电影院线和出版物发行的跨地区整合”列入八项重点工作之中，8月广电总局下发的《关于加快广播电视有线网络发展的若干意见》又确立了2010年底前基本完成有线网络省内整合的阶段性目标。由此，跨行业、跨地区的网络整合全面展开，地方割据已久的广电业积极领跑，据统计，截止到2009年年底江苏、广西等13个省区市已经完成省内有线网络整合工作。

在实现“一省一网”、“全程全网”、“互联互通”、“双向互动”有线网络整合的过程中，由于各地的实际情况千差万别，所采取的方式和整合路径不尽相同，不过归纳起来，不外乎政府推动、市场运作两种手段的选择与组合，或以政府推动为主导，或靠市场运作来推进，或双管齐下，其中，江苏省和湖南省的做法具有较强的代表性。江苏省推行“政府推动与市场运作双管齐下”的策略，在实际运作中又以强有力的行政推动为主力，采取“存量不变、增量分成”的分配方法，从而在2009年实现了13个省辖市全程全网，江苏省广电网络公司现有1000多万用户，数字电视用户700多万，互动电视用户40多万。目前全省有线电视用户仅次于美国康卡斯公司，用户规模成为全国第一、世界第二的广电网络运营商。① 而湖南则采用了“龙头牵引、公司管理、服务增值、上市发展”的市场运作的方式，2007年2月由电广传媒与已有合作的33家市州县广电网络公司共同组建了湖南省有线电视网络（集团）股份有限公司，主要负责省网的整合事宜，预计在2009年底电广传媒完成对全省有线网络的整合工作。② 这两种模式都是基于当地的现有优势和不足，找到适合自己的整合之路，这期间涉及体制、资源、资本、人事等多方面的因素及关系问题。

① 江苏省广播电视信息网络有限公司董事长陈梦娟在第二届“中国广电行业发展趋势年会暨投融资论坛”（CBIT2009）“有限运营·网络整合”的分论坛的演讲，2009年12月10日北京广电国际酒店；温婷：《广电网络掀整合浪潮，两大模式供参考》，《上海证券报》，http：//www.news.hexun.com/2009－09－09/121009964.html。

② 《电广传媒年底完成湖南有限网络整合》，财经网，http：//www.caijing.com.cn/2009－08－27/110229966.html。

2. 数字有线电视用户增幅最大，付费数字电视收入猛增

据统计，2009年电视广告收入654.03亿元，在广播电视广告总收入中居于绝对优势地位，所占比例达86.98%，比2008年增加7.36%（44.84亿元）。

2009年有线电视用户预计达到1.74亿户，比2008年增长了6.10%（1000万户）。其中，数字电视用户达6199万户，占全国有线广播电视用户的35.63%，比2008年增长36.94%（1672万户），这是自2006年发展数字电视用户以来，增幅最大的一年。付费数字电视用户705万户，占全国有线户数的4.06%，比2008年增长57.02%（256万户）。

2009年有线电视网络收入预计391.01亿元，占总收入的23.52%，比2008年增长5.82%（21.51亿元），过20亿元的省份有广东、江苏、浙江、山东。其中有线电视收视费预计269亿元，占总收入的16.18%，比2008年增长7.61%（19亿元）。超过10亿元的省份有广东、江苏、山东、浙江、重庆、辽宁。其中付费数字电视收入25.42亿元，比2008年增长78.89%（11.21亿元）。

3. 江苏省等五省领跑动画电视制作，国家动画产业基地成绩卓著

2009年电视动画市场格局初现，从区域和生产商构成来看，江苏省、浙江省、广东省、湖南省、辽宁省的生产数量名列前五位，而跃居前五位的原创动画片制作生产机构包括：杭州漫奇妙动漫制作有限公司、央视动画有限公司、无锡亿唐动画设计有限公司、浙江中南卡通影视有限公司、湖南宏梦卡通传播有限公司。经过几年的建设和发展，国家动画产业基地取得了不俗的成绩，2009年自主制作完成了221部（132325分钟），约占全国总产量的77%，比2008年增长30%。产量排在全国前五位的有：杭州高新技术开发区动画产业园、无锡国家动画产业基地、南方动画节目联合制作中心、沈阳高新技术产业区动漫产业园、苏州工业园区动漫产业园。

### （三）电视新媒介与技术应用

1. 高清电视发展步入新阶段

大力发展高清电视是2009年广播电视行业的重头戏之一，被列入总局年度重点工作。8月6日，广电总局下发了《广电总局关于促进高清电视发展的通知》，要求各地按照“鼓励发展、统筹兼顾”的原则和规模化、集约化的要求，推进从制作、播出到传输、接收等环节的一体化发展，采取现有频道高标清同播方式推进高清电视的发展。基于此，9月28日上午7时，中央电视台综合频道和北京卫视、上海东方卫视、江苏卫视、湖南卫视、黑龙江卫视、浙江卫视、广东卫视和深圳卫视等第一批被批准的高清同播频道开播；到18时，全国已有70多个有线数字网安排接入高清频道；北京歌华、江苏有线、杭州华数、深圳天威、上海东方有线等已接入全部10个高清频道，标志着中国广播电视业开启了高清时代。

2. 手机电视、网络电视进一步发展

随着3G技术的应用和CMMB的不断推进，2009年手机电视有了较大的发展。国有广播电视两大机构——中国国际广播电台和央视的手机业务进展顺利。2009年是中国国际广播电台手机电视业务大发展的一年，该台为手机电视用户提供了实时新闻信息、播客影片观赏、原创短剧剧场、数字音乐下载、地方卫视直播、特色节目以及点播下载等信息服务。而央视网手机电视海外传播项目“CCTV手机电视”从10月份上线到年底，用户已达到50万人，日均新增用户量达2000左右。在国庆阅兵、中秋晚会、全运会闭幕式等直播过程中，总浏览量突破400万页次。同时还获得苹果中国的官方网站大力推荐，拓展了国际市场。

首个国家级网络电视台中国网络电视台（CNTV）将建设成中国规模最大的网络视频节目数据库及全球化多语种多终端的内容分发体系，将打造以视听互动为核心、融网络特色与电视特色于一体的全球化、多语种、多终端的网络视频公共服务平台。开播首期上线的内容包括首页、客户端、新闻台、体育台、综艺台、爱西柚（播客台）及爱布谷（搜视台）。依托CCTV的45万小时的影像资料以及全国电视机构日播1000多小时的电视节目，中国网络电视台必将领跑国内网络视频领域。

## 电影产业发展概况

尹 鸿

金融危机、经济危机、失业危机、就业危机……，没有能挡住中国电影一路狂奔的脚步。借助七年来电影产业改革的加速度，2009年中国电影以超出人们想象的方式逆势“大牛”，具有市场竞争力的影片和类型越来越丰富，单片票房过亿的国产影片多达11部，内地多位导演相继跨入亿元票房“俱乐部”，院线电影票房收入增幅高达43%，国产电影在进口大片威胁下仍然守住了市场份额优势，依赖品牌优势和资本市场的核心电影企业开始浮出水面。中国已经开始从电影生产大国走向电影产业强国。

## 一、数字解读：电影产业方兴未艾

1. 电影产量稳定增长，中国已成世界电影生产大国

电影社会影响日益广泛。社会各种资金纷纷投资、赞助、资助拍摄各种不同成本、不同模式的电影，包括数字电影，使中国电影产量保持了10年增长。2009年故事片产量达456部，居印度、美国之后的世界第三位。此外，还生产动画片27部，纪录片19部，科教片52部，电影频道节目中心供电视播映的数字电影110部。由于市场容量有限，影院放映空间接近饱和，全年越来越多的时间排片拥挤，导致部分具备一定商业品质的影片难以获得充分的市场放映空间。近年来电影产量增速也因而开始正常放缓。

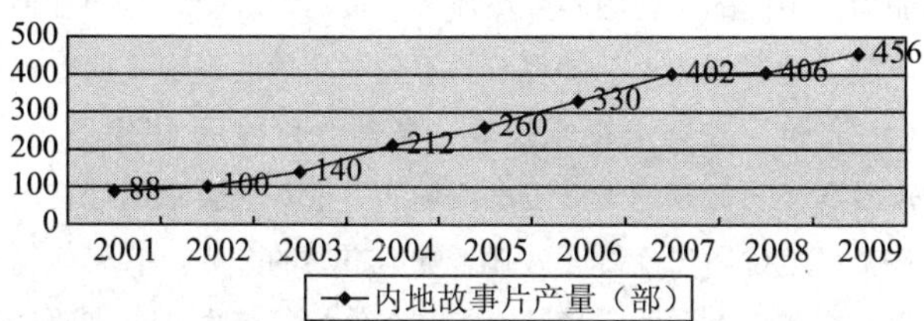


**图1 2001—2009年内地故事片产量（部）**

2. 电影票房增幅达42.96%，中国成为全球增幅最快的电影市场之一

尽管受到经济危机影响，2009年全国GDP一直努力增长“保八”，但电影市场的票房同比增幅却高达42.96%，全国城市院线票房收入达62.06亿元。近年来全球电影市场平均增长幅度在8%左右。中国是全球增长最快的票房市场之一。此外，国产电影全年海外销售和票房收入达27.7亿元。全国各电影频道广告收入16.89亿元。全年电影综合效益106.65亿元，同比增幅达26.47%。

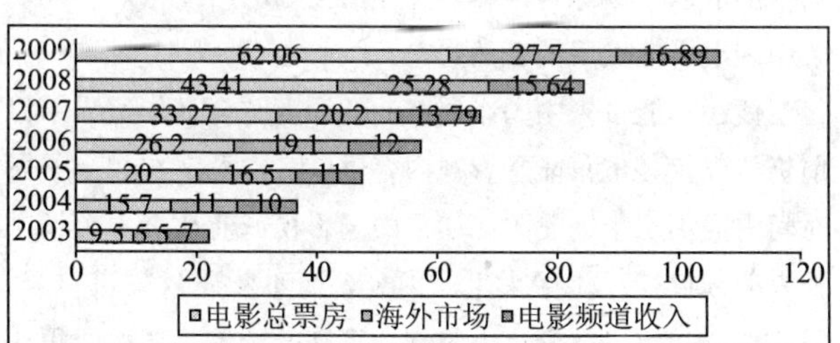


**图2 2003—2009年中国电影产业综合效益（亿元）**

3. 全年票房过亿的国产影片达11部，国产片连续7年票房份额超过进口影片

在进口分账发行影片数量增加、票房提升的情况下，全年票房过亿的国产影片达到12部（含跨年发行的《非诚勿扰》），创历史记录，甚至高于从2001到2007年的8年中票房过亿国产影片的总和。其中，出现了首次超过4亿票房的国产片，5部影片超过2亿。国产影片市场竞争力明显提升。

**表1 2009年票房过亿国产影片**

| 排名 | 2009年影片名 | 上映日期 | 总票房（万元） |
|---|---|---|---|
| 1 | 建国大业 | 9月16日 | 41500 |
| 2 | 十月围城 | 12月18日 | 27300 |
| 3 | 赤壁下 | 1月7日 | 26000 |
| 4 | 三枪拍案惊奇 | 12月10日 | 25600 |
| 5 | 风声 | 9月30日 | 22500 |
| 6 | 南京！南京 | 4月22日 | 16600 |
| 7 | 游龙戏凤 | 1月26日 | 11300 |
| 8 | 疯狂的赛车 | 1月20日 | 11000 |
| 9 | 大内密探灵灵狗 | 7月30日 | 10300 |
| 10 | 非常完美 | 8日14日 | 10000 |
| 11 | 喜羊羊与灰太狼 | 1月16日 | 10000 |

数据来源：《中国电影报》

4. 院线银幕数量增长15.3%，保障了票房市场规模持续扩展

2009年主流市场新增影院142家，银幕626块，平均每天增加1.7块银幕。全国主流院线银幕总计达4723块。在新建影院中，数字影厅500多个，约占新增影厅的80%，部分影院实现全数字化放映。中档数字院线逐渐普及，初步形成了覆盖全国主流市场、二级市场和农村市场的梯次发行放映网络，电影消费终端的发展为电影市场繁荣提供了保障。

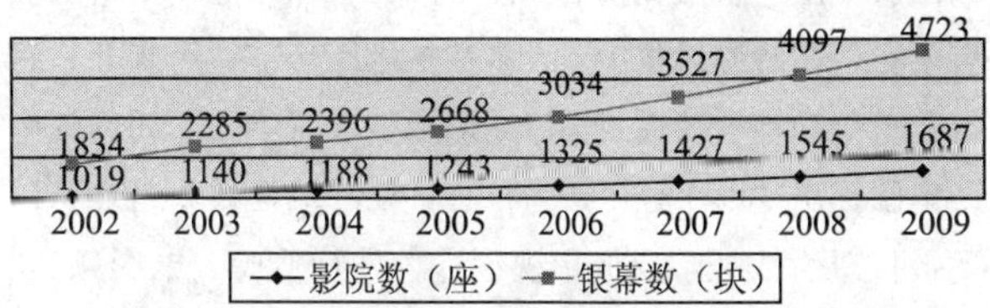


**图3 2002—2009年中国内地影院和银幕数量**

数字反映出中国电影产业活跃，市场繁荣，各产业要素逐渐壮大。中国电影正处在“黄金机遇期”，中国电影也因此进入了“高速发展期”，这已经成为2009年的国内外行业共识。

## 二、产业格局：市场主体的分化重组整合

从产量增加到质量提升，从自由竞争到有序竞争，从分散经营到集中经营，从急功近利到规模经济，从粗放营销到精耕细作，是电影产业在经过几年高速发展之后的必然结果。2009年，电影产业在政策和市场的双重推动下，以建立具有竞争力的市场主体，建构合理有序的市场秩序，提升企业的经营效率，推动产业升级为目标，通过转制、改制、合作、上市等等方式，进行了相对频繁的垂直

纵向和平面横向的产业重组，尽管还远远没有完成企业的最终整合和扩张，但行业分化开始越来越明显，核心企业的雏形已经浮出水面。

1. 国有电影制片厂转企改制，积极塑造市场主体

中国内地电影业曾经完全是国有电影厂的天下。随着电影业开放，国有电影厂的优等地位寿终正寝。除身份特殊、资源丰厚的中影集团和上影集团以外，大多国有电影制片厂在市场化大潮中都被边缘化。国有电影企业尽管拥有地产、房产、设备、专业人员以及有限的品牌价值等资源，但长期以来受事企难分的体制机制影响，生产能力和经营能力普遍较弱。2009 年，在相关政府部门统一部署下，国有电影制片厂限期进行了转企改制。天津、内蒙、宁夏等 16 家国有电影制片厂完成了转制改革，成立集团化、股份制有限公司。这些转制企业与已成立的中影、上影、长影、西影、峨影、珠影等集团公司形成了国有电影制片企业组群。

国有电影制片厂改制主要有四种类型：一是电影厂独立转企，完成基本的体制机制转变。二是电影厂与发行放映公司等本行业内的其他企业重组转企。如上海电影集团不仅是三个制片厂的集合，而且还包括电影发行放映公司、电影院线重组，部分完成垂直整合；三是电影企业与电视等其他关联行业的重组。如天津北方电影集团，涵盖了 10 多家关联企业，拥有近 10 亿元资产，产生了跨行业跨媒介的交叉协作；四是电影厂与广电行业外的企业合作。以业外资金、资源和经营能力来促进电影本业发展，如西影集团与陕西文投、曲江集团的合作。总体上讲，国有电影厂在改制过程中，大多在探索跨环节、跨媒介、跨行业重组和整合的模式，以期形成核心竞争力。如珠江电影集团提出“以内容生产为核心，以终端建设为重点，以平台打造为依托，形成影视创作、发行放映、电影频道、新媒体、园区基地五大板块齐头并进”的发展思路，体现的就是国有电影企业的普遍趋势。

国有电影制片厂的合作、重组、整合还刚刚开始。越来越高的市场门槛，越来越强的传统惰性，使姗姗来迟的国有电影制片厂转制不仅代价巨大而且前途难卜。国营体制机制和观念惯性严重影响着国有企业的市场适应能力。当年国有电影厂是“事业体制企业管理”，转制以后有可能陷入“企业体制事业管理”的怪圈。经济学理论早就指出，“当一个组织的所有权和管理权分离时，它的经理人可能会追求利润和股东回报最大化以外的目标”①，更何况在国有企业中，所有者本身也可能追求利润以外的目标。资产归属不清，市场主体不明，管理者与被管理者利益差异，既得利益与新增利益的冲突，存量资源与增量分配的冲突，计划体制与市场体制的混杂，国家救济与市场运作的矛盾，纠缠不清，内耗不断，为国有电影企业的未来蒙上阴影。转制往往只是形式。只有解决了体制问题，有了利益驱动，有了经济目标的单一性，有了经营管理的合法责任、权利和义务，有了资产的流通可能，国有电影企业才能真正解决跨区域、跨行业、跨国之间的融合机制，进入资本市场，进行产业整合，创造产生企业活力和企业生机。

2. 华谊兄弟整装上市，中国电影企业进入资本市场

借助资本市场做大做强，是中国电影产业的必然选择。在千呼万唤之后，华谊兄弟传媒股份有限公司在创业板成功上市意义重大。首先，它表明中国影视制作业开始大张旗鼓走上资本市场，提升市场的控制能力和资源配置能力。中国的影视内容生产环节，长期以来受政策的种种限制，遭遇产业上下游环节的不公平交易的现实（如电视台“低价”收购电视剧换取“高额”利益），积累不足，规模弱小，如果不借助资本市场的力量，就会永远处在弱势交易地位，遑论做大做强。资本市场的介入，有可能增强内容制作企业的市场话语权和定价权。其次，也表明资本市场开始关注影视内容产业，为影视产业发展注入了经济信心。钱在某种意义上嗅觉最灵敏。资本市场对于影视内容企业的接受，表明对这一领域未来前景的期待。最近几年，在国家大力发展文化产业的背景下，银行等金融机构对文化产业的利好预期在逐渐成长。华谊的上市，可能将推动资本市场与文化产业更紧密的结合。第三，表明中国影视产业开始利用资本市场的力量走向整合，向规模经济的目标发展。中国文化产业企业分散、条块分割、产量虚高、品质低下、市场狭小、资源稀缺、恶性竞争。利用资本市场完成优胜劣汰、资源整合、品牌打造、规范市场，形成以大型综合性媒介企业为主导的产业格局，体现了中国电影业发展的必然趋势。

钱还不能带来中国影视产业的深度整合，华谊兄弟目前仍然仅仅是也只能是影视内容供应商，注定在相当一段时间内成不了华纳兄弟。如果中国影视产业从资本市场上找来的钱仅仅只能用来生产内容，而不能通过渠道整合、媒介整合、市场整合让内容创造更高的价值，那么钱很快就会带来中国影视业制作成本的水涨船高，竞争的最后还是成本而不是效益，对于中国影视产业来说，资本与政策是两条腿，解开了一条绳子不过是一条腿在跳动，离一路狂奔还为时尚早。

3. 中影、上影、华谊继续领跑，核心电影企业初具规模

2009 年，国产电影票房收入 30 多亿人民币，相比其

① （英）吉莉安·道尔：《理解传媒经济学》，清华大学出版社 2004 年，第 4 页。

他行业经济总量很小，但电影的生产机构众多、城市电影院线达34条，数字院线更是数以百计。为提升效益，一些具有优势资源、经营能力的企业逐渐开始在渠道控制、品牌影响、融资能力、专业水平、制作平台等方面形成企业竞争力，成为中国电影产业的核心企业，带动整个电影产业的生产、市场和技术等各方面升级。2009年，国有的中影集团、上影集团，民营的华谊兄弟逐渐形成中国电影产业第一阵营，而大连万达、中影星美等院线则成为了中国电影院线市场的带头羊。电影生产制作与电影发行放映的资本联系、垂直整合也越来越明显。

中国电影集团公司，拥有中国唯一的全国性电影频道、进口电影专营业务、多条重要电影院线、国家财政投入的数字电影基地和各种得天独厚的政策资源和垄断资源。电影制片、发行、放映是中影集团三大支柱。中影2008年独立生产和合作生产的影片占全国全年票房总量的67%，而2009年以献礼大片《建国大业》为龙头，加上《赤壁下》《十月围城》《疯狂的赛车》《南京南京》等影片的生产、联合生产和发行，仍然占据年度国产影片票房份额的大半壁江山，《建国大业》以首次突破国产片单片票房4亿元的成绩夺得国产片年度票房冠军。中影公司近年来加快了产业链整合，控股和参股了中影星美、南方新干线、四川太平洋、辽宁北方、北京新影联、江苏东方等院线，计划未来5年建成50家票房过千万影院，投资100家控股影城，银幕总数达800－1000块。① 尽管在品牌塑造、国际化等方面没有取得突出效果，但凭借其不可复制的优势和地位，中影已逐渐成为上下游完整的电影业龙头企业。

上海电影集团在各个地方国有电影企业中，具备独特的地域优势、资源积累以及体制机制活力，近年来逐渐形成多片种的影视创作体系，跨区域发展的院线市场体系，完整的影视技术体系，以电影频道为主兼有杂志、音像出版的传媒体系等四大板块。上影集团在动画片、合拍片等方面的制作和发行正逐步形成特点和优势。2009年，上影集团的生产、发行和放映垂直整合效果明显。上海联和院线将海派国产电影发行放映效益做到了最大化。如上影出品的《高考1977》，全国票房1500万中，上海联和院线就占有700多万，占全国份额50%；《马兰花》全国票房约1000万，联和院线票房近500万，也占全国份额45%；《可爱的中国》则取得票房200多万，位居全国第一。上影集团的东方发行公司年发行票房达4.2亿，上海联合院线票房收入突破6亿元人民币。② 上海尽管在影片的自主生产、自主品牌建设方面没有惊人举动，但其注重效益、开放合作、整合营销的能力居全国前列。

华谊兄弟2009年则主要依赖《非诚勿扰》（跨年度）、《风声》以及部分合拍片，在民营公司中占有重要地位。虽然本年度由于冯小刚没有新片推出，导致其票房份额相比前几年有所下降，但其旗下的冯小刚、张涵予、周迅、李冰冰等导演和明星的品牌影响力却在不断提升。华谊的核心竞争力主要体现为企业品牌、导演品牌和明星品牌的影响力以及关联性娱乐企业的经营，但因为缺乏完整的产业链和缺乏跨媒介整合的政策支持，在未来发展中很可能在面对完成了垂直整合的企业竞争中处于被动。相信在这样的局面下，2010年的华谊兄弟在上市融资之后会形成新的战略规划。

相比而言，保利博纳、橙天娱乐、北大星光、光线影业、新画面等虽然也制作发行了一些具有一定影响的电影产品，但或者缺乏有影响力的产品，或者缺乏品牌资源，或者缺乏渠道优势，或者缺乏生产规模，目前都还处在发展探索阶段。

4. 院线市场更加集中，发行放映环节开始向制作生产的上游延伸

2009年，全国城市主流商业院线34条。经过跨区域重组竞争，排名前6位的院线优势明显。6条院线按资本结构与企业体制大致分为两类：新建院线和传统电影公司改造的院线。新建院线包括万达、中影星美、广州金逸珠江（资本介入后重新改造）；传统院线包括上海联和、南方新干线、北京新影联。6大主力院线，2009年度票房合计40亿，占全国市场份额66.6%。

年度冠军万达院线，票房8.33亿，观众人次2710万，业绩同比上升63.6%。万达院线从挂牌成立到全国第一，只用了四年时间。中国大多数院线均为影院加盟连锁模式，而万达院线旗下的影院则大多为自主投资建设，使院线成为真正意义上全国统一经营、统一管理、统一排片、统一品牌的电影终端连锁实体。“四统一”机制使万达院线的经营能力和水平很难被其他院线模仿。中影星美年度排名第二，总票房8亿左右，观众人次2450万，同比增幅50%。院线保持了规模扩张与业绩同步增长。上海联和院线排名第三，年度票房7亿左右，观众人次2600万人次，增长50.5%。依托上影集团支持，上海联和院线在电影产业的上下两端关联方面效果突出。中影南方新干线年度排名第四，票房6.1亿左右，观众人次1850万，年增长42%。北京新影联院线排名第五，年度票房6.1亿左右，观影人次1950万左右，增长56.4%。广州金逸珠江年度排名第六，年度票房4.6亿左右，观众人次1400

① 参见林莉丽《中影2009：以创作为龙头 实现全面发展》，《中国电影报》2009年3月26日。

② 参见林莉丽《传承历史荣光 开创未来辉煌》，《中国电影报》2009年11月19日。

万左右，增长66%。6大院线年度票房增长幅度均超过全国平均水平，市场份额也有所扩大。随着电影市场集中度的提升，中小院线的竞争压力更加突出，院线的重组整合驱动将更加明显。

扩张、兼并、控股、重组正在成为院线竞争的有力手段。保利集团参资入股重庆万和院线；中影集团增资扩股控股中影星美院线；辽宁北方院线脱离北京新影联，携手山东银星院线组建新的北方院线；广东大地不再挂靠中影南方电影新干线；万达院线经营者声称，2010年要达到600块屏幕的规模、70家影院，占全国票房市场份额20%，成为新的亚洲第一院线，到2015年，万达院线要做到1200块屏幕、150家影院，占全国票房市场份额的40%，跻身世界前四名……院线和影院市场的规模经济水平将越来越高，必然成为市场发展大趋势。不久的将来，中国电影院线将产生引领亚洲市场的强大院线，而资本市场则将加速电影院线的重组和整合。

值得重视的是，当传统的电影内容生产企业纷纷向院线影院下游延伸的同时，院线和影院也开始积极向产业上游延伸业务。一些院线本身就有制作企业的股份或者是本身是影视集团的组成部分，一些传统的院线公司还开始独立组建制片公司。如新影联2009年参与投资拍摄的电影，达到平均15%的盈利水平。院线从单一性的电影放映企业，向综合性的电影制片、发行、放映一体化企业发展，将与电影内容生产企业的整合需求相互吻合，具有完整产业链的大型电影企业的形成将成为现实。

## 三、产品供给：品种类型逐渐丰富

2009年，影院里放映的国产电影数量越来越多，观众观影时国产影片的选择空间越来越大，观众有愿望观看的影片也越来越难以取舍。中国电影产业的发展，与电影产品的有效市场供给息息相关。尽管456部国产影片中的大多难都以进入主流电影市场，但成规模放映的100部左右的国产影片，显示了国产影片商业品质的提高和市场吸引力的增加。

### 1. 超过千万票房的国产影片成倍增加，两个半内地青年导演挺进亿元票房俱乐部

2009年面对《变形金刚2》《哈利波特与混血王子》《2012》等众多强势进口片的冲击，国产电影不仅保持了56.6%的市场份额，而且全年累计有12部国产影片突破亿元票房，《建国大业》则成为首部票房超过4亿的国产影片，超过2亿的国产影片也首次达到了5部之多。在冯小刚、张艺谋、陈凯歌三大导演以外，新诞生了2个半票房突破亿元的内地青年导演——《疯狂的赛车》导演宁浩，《南京南京》导演陆川以及《风声》联合导演高群书。

此外，2009年还有多部国产影片达到5000万以上的票房。过去几年，具有1000万以上票房潜力的国产影片一般都不到20部，2009年却达到了近40部。这种局面的形成，一方面说明电影观众的观影频次正在增加，一方面也说明有更多的国产影片具备吸引观众进入影院的可能。中国电影产品过去那种依靠1－2部影片支撑的金字塔结构正在转变为一个更稳定的梯形结构。以主流大片为支柱、类型片为基础、中小成本影片为补充的影片生产格局正在逐渐成形。

### 2. 类型电影逐渐丰富，喜剧片生产粗制滥造现象突出

2009年，因为国庆60周年献礼，带有明显主旋律政治诉求的影片数量大量增加。在40多部献礼片中，《建国大业》《天安门》《惊天动地》《风声》《沂蒙六姐妹》《铁人》《高考1977》等都被作为推荐影片发行。其中部分献礼影片具备了大规模放映的商业基础。《建国大业》以豪华明星阵营、强势营销策略、精良的制作水平成为了年度国产影片的票房冠军；《风声》借助献礼的契机，利用悬疑片类型、明星组合、一流的创作和制作水准，也赢得了市场好评。

本年度的电影类型不断丰富。除古装动作大片《赤壁(下)》《花木兰》《麦田》等作品以外，《疯狂的赛车》、《夜店》等黑色犯罪喜剧片，《窃听风云》《金钱帝国》等警匪片，《十月围城》《风云2》等年代动作片，《白银帝国》等家族传奇片，《非常完美》《游龙戏凤》等爱情喜剧片，《刺陵》等混合类型片都成为电影市场上重要的类型产品，为观众细分、市场细分、档期细分提供了选择。

值得指出的是，由于上一年度以《非诚勿扰》《十全九美》等为代表的喜剧片的市场成功，导致本年度中小成本喜剧影片大量增加，《倔强的萝卜》《熊猫大侠》《窈窕绅士》《高兴》《火星没事》《完美新娘》《隋朝来客》等搞笑类喜剧产品更是爆发性出现，一方面形成了相当部分喜剧产品的粗制滥造，另一方面也导致了喜剧产品的过量供给。尽管《三枪拍案惊奇》由于张艺谋的品牌影响获得了叫座不叫好的结果，《倔强的萝卜》等小成本影片也获得了比较好的回报，但大多喜剧作品或者不叫好或者不叫座或者既不叫好也不叫座，受到了观众的普遍诟病，客观上也使喜剧类型片的观众信任度降低。

此外，受题材范围、制作能力、技术水平、投资规模、市场需求等条件的限制，在科幻片、幻想片、灾难片、恐怖片、战争片、青春片等重要的类型片种类方面，国产电影还比较匮乏，市场空间需要更多的类型补充。

### 3. 港片为市场做出重要贡献，商业品质有所提升

近年来，港片或者内地与香港合拍的以香港制作人为主导的影片一直是内地电影市场的重要力量。从2006年1

月1日至2009年6月的三年半时间里，据不完全统计，在内地上映的香港电影（包括合拍片）共计118部。其中，2006年29部，占当年所有上映影片的26.4%；2007年34部，占当年所有上映影片的24.5%；2008年32部，占当年所有上映影片的24.6%。而从票房来看，却分别占到了65%、58%和79%。香港电影对国产影片的市场份额起到了重要作用。2009年度，虽然内地影片的市场竞争力有所提高，但全国票房超过5000万的16部国产影片中，港台导演、香港制作为主的影片占有10部。而且，香港明星在国产电影中仍然是最有影响力的市场元素。特别是《十月围城》《窃听风云》等影片，在大量平庸的商业类型片之外，体现出香港制造的优良品质，成为本年度华语电影制作的标杆。中国内地电影在商业观念、专业水准、市场判断和敬业态度方面仍然需要学习香港电影经验。

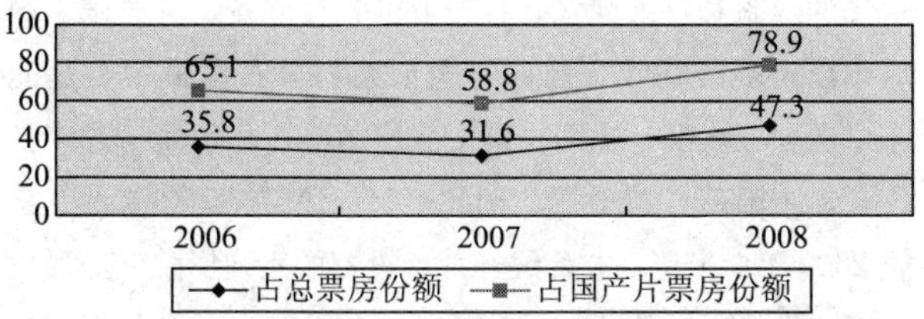


**图4　2006—2008年港片在内地市场票房份额走势**

4. 国产动画影片的市场吸引力增加，专业创作和制作水平有待提升

多年以来，中国动画电影市场一直没有完全培养起来，即便是好莱坞那些在全球创造了票房奇迹的大制作动画电影在中国市场上也很难取得过突破亿元的票房成绩。2009年，中国电影市场上首次出现2部好莱坞动画片进入全国总票房排行前10位，特别是2009年初，一部投资不过600万的FLASH级的国产动画电影《喜羊羊与灰太狼之牛气冲天》异军突起，竟然取得超过9000万元的票房，《麦兜响当当》等国产动画片也进入了国产影片票房排行前15位。全年共有4部国产动画片取得4000万以上票房成绩。这一方面说明青少年电影观众的不断增加，使中国动画片市场经过多年培育正在壮大；另一方面也说明国产动画片在商业元素配置、娱乐功能强化、观众趣味适应等方面得到了明显提升。国产动画除了比技术比制作比场面比豪华以外有属于自己的独特竞争优势。故事的亲近性，定位的娱乐性，档期的准确性这三大要素，共同创造了《喜羊羊》的票房记录。

2009年全年国产动画电影产量创纪录地达到27部。既有《喜羊羊与灰太狼》这类以电视动画为原型的影院动画片，也有《麦兜响当当》这种喜剧元素突出的续集作品；既有《马兰花》这类根据经典名著演绎的神话作品，也有《淘气包马小跳》《快乐奔跑》这类表达现实教育成长主题的作品。而《麋鹿王》则成为国产3D动画制作水准的一次检验。《齐天大圣外传》也在3D立体电影方面展开了有益尝试。

当然，与同年度上映的好莱坞动画片《冰河时代3》《飞屋环游记》等相比，中国动画片在投资规模、制作标准、专业能力、文化观念、创作水平和美学完整性等方面，都相差甚远。在世界动画电影技术3D化的大背景下，中国动画电影如果不在制作水平和美学观念上“与时俱进”，那么当新的一代青少年成为电影观众的核心人群以后，中国动画电影依靠电视培养起来的优势就会消失殆尽。《喜羊羊》为中国动画创造了一个品牌，也创造了一种市场模式，但品牌和模式都期待着更新和升级。

5. 电影正在进入3D时代，中国电影产业将应对新技术挑战

尽管3D电影早已经在迪斯尼、环球等各种电影主题公园和娱乐场所市场见到，但这都更像是3D电影的实验或者杂耍式的探索。2009年，却是3D电影的分界线。从暑期《冰河世纪3》《飞屋环游记》等一批3D动画片到年末技术大师卡梅隆的真人动画混合的《阿凡达》，3D电影以立体的动感突破了人类主流画面和影像的二维限制，带给了我们一个比正常人眼所看到的更有纵深感和运动感的三维世界。3D电影，特别是3D动画片很可能成为未来的电影主流。3D电影世界，为幻想和想象带来了更逼真的影像和更刺激的运动，如同声音、色彩的出现一样，每一次电影的技术变革都会带来电影的美学变革。电影的题材、故事、人物、场景、运动、场面调度等等，都因为3D的出现将发生明显变化。同时，3D也会带来整个电影产业的革命。从3D摄影机到放映机，从普通影院到3D影院，电影设备几乎都面临升级。中国目前的300多块3D银幕将发展到1000块以上，美国不到2000块的3D银幕要扩张到8000块。3D电影因为得到了青年一代观众的认可，不仅是技术好奇的认可而且是3D美学的认可，必然会驱动世界电影大规模进入3D时代。

在美国，不少人担心3D技术以及3D电影制作的高昂成本会对独立制片公司带来更高的进入门槛，使电影更加成为少数大电影公司主导的行业，而在中国，这种以高成本为基础的技术和艺术混合所创造的新电影形态，也可能使本来就“落后”的中国电影面临更高门槛，面临更大挑战。当中国电影的二维技术和美学都还远远没有成熟的时候就遭遇到了三维。因此，对3D电影发展的战略性前瞻，也许能够带来中国电影的跨越式发展。在3D到来的时候，中国电影需要在技术、产业、美学上，为3D时代做好准备。虽然在《冰河时代3》《阿凡达》这样的3D制作面前，我们很难想象中国电影需要多长时间才能与它们

同场竞技，但既然已经有了第一部真人实景拍摄的3D电影《乐火男孩》，也有了相继出现的《齐天大圣前传》和《麋鹿王》这些最新的国产3D电影实验，中国的3D电影就可能逐渐找到自己的创作特点和市场空间。当然，中国的3D不能急功近利、邯郸学步。3D电影挑战的既是电影技术也是电影观念，既是电影经营也是电影市场。3D电影时代不期而然地来到了，中国电影产业还没准备好但必须应对好。

### 四、电影市场：不断扩大的消费需求

2009年，尽管中国新建影院新增银幕，但各新型多厅影院的观众人次和票房效益却没有因为竞争者的加入而降低，相反，影院观众人次明显增长，影院一票难求的局面为近20年所罕见。电影市场突然释放的增量空间表明市场一旦苏醒，爆发出来的需求已经成为中国电影产业最重要的持续发展动力。

1. 影院市场持续火爆，观影热情不断上涨

2009年的中国电影市场持续火爆，不仅被国人所瞩目，也令世界刮目相看。全国电影市场的放映场次、观影人次和票房收入等各项指标同比均有较大增幅。全年的每一个月相比往年同期，都呈明显增长的态势，淡季不淡、旺季更旺、高潮迭起、一路顺利，市场繁荣反映了消费需求的扩展。

从1月开始，票房过亿影片层出不穷。进口大片《变形金刚2》率先在暑期档创造4.5亿元的内地单片票房新高；之后的建国60周年献礼片《建国大业》又以4.2亿元票房缔造华语电影内地市场的票房高点；这两项纪录仅仅保持了几个月，好莱坞灾难片《2012》使其内地总票房攀高在4.6亿元。单片在内地电影市场的最大票房规模从2002年《英雄》突破2亿，到2008年突破3亿，再到2009年突破4亿，这种加速度发展呈现了观众观影热情的爆发式增长。而紧接着的《阿凡达》将冲击10亿票房纪录，表明中国内地电影市场容量的扩大速度越来越快。

电影市场的全面活跃导致了电影档期越来越模糊。暑期档、贺岁档都各自延长到近3个月之久，两个档期几乎占用半年时间，加上各种节庆档期，中国电影市场除了第二季度和第三季度的短暂数周以外，大都处在亢奋状态。月票房纪录更是三度被刷新。第一次借《赤壁（下）》，1月票房达到6.7亿；8月暑期档，月票房升至6.8亿；12月更是再创新高，6周票房达到12亿，平均每周票房达到2亿。市场虽然有淡季旺季，但中国电影市场目前由于观影需求超前于影院的供给，几乎每一个放映时段实际都具开发潜力。

2. 影院建设持续扩张，消费需求水涨船高

电影消费需求的增加，促成了影院建设的加速度发展。2009年全年主流市场新增影院142家，新增银幕626块，平均每天增长1.7块银幕，全国主流院线银幕总计达到4723块。与之同步发展的是电影放映数字化程度全面提升。在2009年新建影院中，数字影厅约占新增影厅80%，为电影发行降低了成本，提高了效率。

票房高速增长的成绩，以及电影企业完善产业链的需要，都会带动影院建设的继续发展。2008年12月，中影集团取得北京商业银行6亿元的授信贷款额。中影每年可能将有不少于10亿元资金用于影院投资建设。在新影院建设过程中，民营企业以及香港企业成为了生力军。吴思远控股的UME国际影城集团，安乐公司所辖的百老汇影院，香港嘉禾娱乐集团建设的嘉禾影城，还有丽新控股、洲立投资的影院以及中国数码控股的大地影院均已成为国内影院建设市场的知名品牌。港资影城大多依靠香港电影市场的经验和管理模式，在行业做长线准备，分布于不同城市以及多条院线，例如百老汇系列分布区域主要是北京、深圳、武汉、沈阳、南宁、唐山等，分别属于北京新影联、中影南方新干线、湖北银兴、武汉天河各院线。截止2009年上半年，非院线经营者投资的系列影院已经形成规模，除港资影院外，保利系列影院、新南国影院管理品牌、横店系列影院、环艺系列影院等也都崭露头角。终端影院环节的繁荣，必然带动中国电影市场蛋糕的整体扩容。

3. 大都市占据全国电影市场主要份额，电影市场半径有待扩大

从全国各省市年人均GDP来看，上海、北京、天津位居三甲，其次为浙江、江苏、广东、山东、福建、辽宁、内蒙古、河北、吉林等地，以上各省市年人均GDP均高于全国平均水平。就区域市场来看，人均文化消费比较高的区域有三个：环渤海、长三角、珠三角。与之相联系，中国内地电影市场也形成了“8＋N”现象，即8个过亿的重点城市——北京、上海、深圳、广州、成都、武汉、杭州、重庆，目前票房收入前30名的影院主要集中在这几个城市。此外，票房收入在4千万至1亿的城市有南京、大连、天津、哈尔滨等20多个城市，构成了电影市场的重要部分。

中国电影市场目前发展还不均衡。北京2009年票房超过8亿，占全国票房份额13%，上海也占全国份额10%左右。8个大城市几乎占有全国票房份额70%。中国35中心城市中的其他城市以及数以千计的中小城市，电影票房贡献都比较小。即便是东南沿海经济较发达地区的中小城市影院数量也非常有限。随着电影消费需求的不断增长，这些区域未来将成为影院建设的投资重点。

为打破中小城市影院市场发展瓶颈，电影局下发了《关于进一步规范数字电影发行、放映和加强数字电影放

映设备质量认定管理工作的通知》，探索中小城市影院发展机制。随着电影消费方式从大城市、从发达地区、从东边、从南方的蔓延，全国的电影市场将大大扩展。电影的数字化、影院的数字化也将极大地降低电影的发行成本。一旦电影市场向大都市以外扩展，中国电影市场的半径将放大一圈，市场规模也将大大放大。未来几年，二线城市影院市场将是中国电影票房最大的增长空间。

4. 中国电影国际影响匮乏，海外市场空间有限

根据中国电影海外推广公司的信息，2009 年中国电影相继在境外 47 个国家和港澳台地区举办了 99 次中国电影展和专题电影活动，展映国产影片 647 部次。全年累计有 315 部次中国电影参加了境外 119 个国际电影节，其中 68 部次影片在 26 个电影节上获得 80 个奖项。在市场方面，中国内地共有 22 家制片单位的 45 部影片（其中包括合拍片 34 部）销往海外 68 个国家和地区，总成交量 185 部次，海外票房和销售收入达到 27.52 亿，同期增幅 9.22%。其中海外票房销售收入 24.04 亿元，影片后产品收入 3.55 亿元①。

2009 的中国电影的海外市场主要集中在北美、欧洲、亚太三个地区。全年共有 8 部影片（其中 6 部合拍）销往日本，票房收入 7.61 亿，占总收入份额 27.58%，是中国电影本土之外在全球最大的市场；两部合拍片销往美国，票房发行收入达 6.10 亿元，占全年海外收入份额的 22.11%。韩国也是中国电影的重要市场。

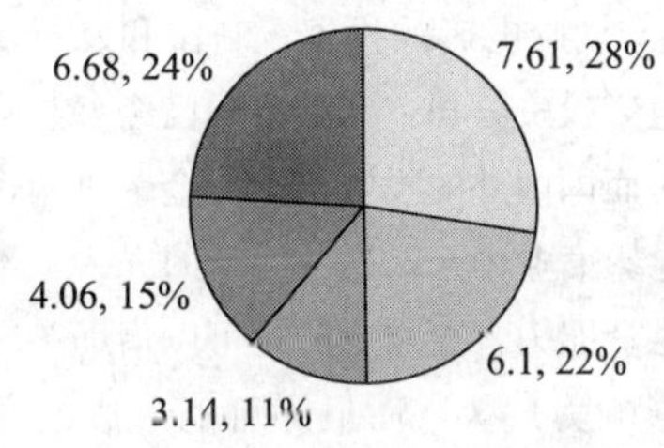


**图 5 国产影片海外销售收入份额（亿元人民币）**

海外票房的获得大多由合拍片创造。而合拍片则主要由外方主导的影片，如《拉贝日记》更容易进入国际商业市场。2009 年，国产影片中真正能够进入海外主流电影消费渠道的影片只有《赤壁》等极少量影片。而且，国产片的海外版权大多由海外合拍机构独享。国内企业的海外收入几乎可以忽略不计。但是，这些影片对于传播中华文化、打造华语电影品牌具有难以估算的作用。

中国电影的海外版权销售和版权收入虽然同比略有增长，但是本年度真正具有国际影响的影片几乎没有。7 年前由《英雄》所创造的中国电影的海外票房纪录还没有被超越。中国电影国际影响的提升没有与中国电影产业的高速发展同步。

5. 进口片市场态势咄咄逼人，国产片面临严峻的竞争压力

一方面，迫于 WTO 协议的压力，中国将不得不适当增加进口影片的数量和保持全球发行的尽可能同步；另一方面，好莱坞电影在制作规模、技术水准上越来越趋向于高概念、大制作、新技术，导致好莱坞电影的市场渗透力越来越强大。在 2008 年，中国电影市场放映的分账发行进口影片共计 38 部，总票房约为 1.4 亿；其中，美国电影产出总票房约 1.1 亿，约占进口片票房总数 79%。2009 年发行进口分账影片达 49 部，增加 11 部，增长 28.95%。其中，2 部影片突破 4 亿票房，夺取了年度票房冠亚军。进口影片前 15 位的票房均超过 4000 万，共创造 20 多亿票房，占有全国三分之一市场份额。

**表 2 2009 年票房前 15 位的进口影片**

| 名次 | 片名 | 票房（单位：万元） | 上映时间 |
|---|---|---|---|
| 1 | 《2012》 | 46060 | 11 月 13 日 |
| 2 | 《变形金刚 2》 | 45500 | 6 月 24 日 |
| 3 | 《冰川时代 3》 | 15690 | 7 月 8 日 |
| 4 | 《哈利·波特 6》 | 15635 | 7 月 15 日 |
| 5 | 《特种部队》 | 13050 | 8 月 7 日 |
| 6 | 《博物馆奇妙夜 2》 | 12132 | 5 月 26 日 |
| 7 | 《终结者 2018》 | 11232 | 6 月 9 日 |
| 8 | 《飞屋环游记》 | 9070 | 8 月 4 日 |
| 9 | 《金刚狼》 | 8710 | 5 月 3 日 |
| 10 | 《星际迷航》 | 5885 | 5 月 15 日 |
| 11 | 《玩命快递 3》 | 5850 | 2 月 12 日 |
| 12 | 《行动目标希特勒》 | 5730 | 2 月 26 日 |
| 13 | 《贫民富翁》 | 5300 | 3 月 26 日 |
| 14 | 《迈克尔·杰克逊：就是这样》 | 4830 | 10 月 28 日 |
| 15 | 《马达加斯加 2》 | 4000 | 1 月 1 日 |

2010 年，《阿凡达》上映以后所引起的巨大的市场反响，更是为好莱坞电影的市场扩张提供了有效推广。不仅其超过 8 亿的票房在很长时间都会成为国产电影难以逾越的记录，更重要的是预示了好莱坞电影依赖大投入、高科技以及成熟的商业运作、普世的文化价值观念以及精良的制作和创作水平，将会越来越强势地对国产电影形成市场压力。

6. 公益放映全面推进，电影市场逐步培育

2009 年是农村电影“十一五”规划、农村电影放映工程实施的第四年，在中宣部、国家发改委、财政部等部

① 朱玉卿《2009 国产影片海外销售同比增 9.22%》，《综艺》2009 年 12 月 25 日第 23 期。

委和广电总局推动下，农村电影放映工程跨越式发展。截止到2009年底，全国组建农村数字电影院线218条，数字电影放映队28730支，落实年度农村电影公益性放映场次补贴专项资金3.3亿元，共放映农村电影781.0334万场，观众人次达18.15亿。农村公益放映，激发了农民的电影观看热情，商业电影活动也借助数字院线和数字放映队得以逐渐开展。随着农村文化生活水平的提高，数字电影产品供给的充足，乡镇农村的商业电影放映市场将得到进一步扩大。

7. 香港电影市场惨淡经营，华语片遭遇票房瓶颈

作为华语电影的重要阵地，被称为东方好莱坞的香港早在六七十年代已经备受世界关注。从1990年代中期开始，随着新一代电影观众成为主体，也由于香港电影行业整体升级换代的相对滞后，香港的电影产量与票房持续下滑。2009年，港产电影49部，成为自1947年来首次跌破50部的年度；而本土电影的票房收入则不足2.4亿港元，甚至比前一年都有小幅下降。加上内地、台湾和马来西亚等出品的华语片，2009年香港市场上映78部华语作品，比前一年多出15部，但在香港年度总票房有所增加的情况下，华语片票房收入也仅仅与前一年的2.7亿相当。

本年度在香港的华语片票房冠军为《家有喜事2009》的2465万港元，这也是1984年以来票房最低的华语片年度冠军；票房收入超过1000万港元的共有9部作品，票房收入在500万到999万港元之间的华语片，也从前一年的10部减少为7部。而票房低于10万港元的影片，前一年是《天水围的日与夜》等10部，2009年则有《回家的路》《高兴》《白银帝国》《斗牛》等15部。相比之下，2009年香港上映的外语片大约180部，与2008年持平，但年度票房收入达8.8亿港元，比前一年高出约6000万。华语片市场份额整体下跌到24%左右。①

**表3　2009年香港市场十大华语片票房**

| 名　次 | 片　名 | 票房（单位：万港元） |
|---|---|---|
| 1 | 《家有喜事2009》 | 2465 |
| 2 | 《赤壁下》 | 2366 |
| 3 | 《Laughing Gor之变节》 | 1566 |
| 4 | 《窃听风云》 | 1535 |
| 5 | 《风云2》 | 约1500 |
| 6 | 《新宿事件》 | 1392 |
| 7 | 《游龙戏凤》 | 1261 |
| 8 | 《杀人犯》 | 1170 |
| 9 | 《十月围城》 | 约1000 |
| 10 | 《大内密探零零狗》 | 880 |

中国是大市场。中国电影也是大市场。随着人们文化消费需求的增加，随着人们电影消费行为逐渐常态化，随着电影文化的再一次普及，特别是随着具有市场号召力的影片的充分供给和更方便更舒适的影院的出现，从大都市到中小城市，从城市到乡村，从少数观众到大众观众，从偶发消费行为到常规消费行为的变化，将会使中国电影市场继续保持高速增长。好莱坞早就预言过的这座电影市场的“金矿”即将成为现实。真正的考验在于，观众是否会越来越多地选择观看国产电影，或者国产电影是否能够满足观众越来越高的观影要求。

## 五、前景：全面提升商业品质

中国电影产业从“黄金机遇期”进入了“快速发展期”。电影不是一般商品而是文化商品。电影商品的品质，通常体现为商业性与艺术性、技术性的融合和平衡，过度追求商业性而忽视艺术水准和技术水准的提升，往往会造成拔苗助长，甚至饮鸩止渴的后果。因此，对于中国电影来说，面对好莱坞电影的外部威胁，面临观众越来越高的电影要求，如何提升国产影片的商业品质，将决定中国电影是否能够持续健康良性发展。

1. 资本与外部力量的介入将推动电影行业进一步分化重组整合

2009年，不仅中国电影开始进入资本市场，而且众多的行业外投资者也越来越主动地进入电影行业。早期大多是房地产商等企业利用闲散资金试探性地进入电影行业，而现在越来越多的企业开始战略性地投入电影行业。上海SMG参与动画电影的投资、制作和发行，湖南电广传媒成立了电影投资公司，江苏卫视已经参与众多影片的投资和运作，而国内外的投资机构、金融机构也越来越主动地参与到电影商业中来。这些力量的介入，不仅将提高电影行业的融资能力，更重要的是可以借助关联资源，将电影的市场影响力放大，而最终可能形成电影企业的分化、优化、重组和整合。在不远的将来，非行政强制的在市场基础上形成的电影或传媒集团的出现，将引导中国电影向规模化、专业化、综合化方面发展。正如美国的电影产业专家所指出，“不同媒体产业的横向整合和在电影产业内部的垂直整合方式，已逐渐被证明是行之有效的策略”②。中国电影的整体投资规模、制作质量、创作水平、商业要素也将因为这些企业具备更稳定的市场控制力而得到加强，中国电影目前这种过度商业化的急功近利现象，必须依赖更综合的的企业平台、更完整的产业链条、更有信心的市场控制力、更坚实的商业和技术积累，才能真正

① 参见新浪娱乐《2009年香港电影总结》，http://ent.sina.com.cn/m/2009-12-28/ba2826926.shtml

② （美）巴里·利特曼《大电影产业》，清华大学出版社2005年，第123页。

得到改变。国务院办公厅《关于促进电影产业繁荣发展的指导意见》的颁发，也将促进电影产业与资本市场和行业外资本、企业的深度融合。

2. 电影生产的计划性、针对性将逐步增强，类型空白、淡季档期将得到重视

中国电影改革，从计划经济大踏步走向了市场经济。市场化初期，往往出现过度的市场竞争，导致电影产品数量多、同质化现象严重、市场档期撞车、资源争夺剧烈等现象。贺岁档期的拥挤性竞争，就是这种市场无序的反映。不仅《花木兰》、《刺陵》这样的商业类型电影票房受到严重挤压，即便是《十月围城》这样的口碑很好的高品质商业电影也没有达到最理想的票房成绩，严重影响到产品和企业效益的最大化。

初期市场促进产品生产，中级市场需要制定规则，高级市场创造品牌价值。市场化升级，必然是通过具备一定市场影响力或控制力的核心企业，规范市场秩序，减少恶性竞争，制造行业门槛，提升企业效益。尽管中国电影产业的整体有序还有待时机，但随着电影企业市场化水平的提高以及电影产业链条的关联度增强，电影生产发行的计划性、针对性将进一步增强。几个主要的电影企业，对资源的吸引能力、支配能力、使用能力都将更加强化，按照不同时间空间观众类型进行有序的规划、培植、配置、生产、发行将越来越成为一种规律。电影数量的增长将得到控制，能够进入主流发行渠道的电影产品品质，特别是商业品质也会逐渐提升。

同时，国产商业电影类型主要集中在喜剧片、动作片、古装历史片等类型上，动画片、战争片、爱情片、奇幻类影片以及灾难片等重要的商业电影类型相对薄弱。未来国产商业电影在类型方面会有所调整，避免喜剧扎堆、同质供给的现象，形成片种、类型、结构比较完整的电影供给体系。发行方面，在巩固成熟的电影市场旺季的同时，会自觉地寻找档期排片的调控机制，避免出现多部影片在旺季蜂拥而上，造成档期拥挤、影片扎堆的现象。同时淡季市场将受到更大关注。目前中国电影银幕总量有限，淡季会成为电影黑马、市场增长的重要空间。

3. 电影投资将更趋理性，合作成为必然趋势

由于中国的大电影产业链条还没有形成，内地影院目前仍然是国产影片的基本回收渠道，票房从根本上决定着电影成败。目前中国市场4700块的银幕数量，可以容纳的规模发行影片不超过150部，其中国产影片100来部。目前，在海外市场难以保障的情况下，内地市场全年能够容纳过亿投资的影片不过3－5部，5000万以上投资规模的影片也不到15部，1000万以上投资的影片大约在40部以内，半数以上的影片投资规模都应该在千万级以下。香港电影市场华语片票房近年来也不景气，单部影片票房都在3000万以下，对电影回报的贡献有限。如果按各制片商提供的成本数字，2009年国产片能直接从内地和香港影院市场得到利润的影片为数不多。高成本的《风声》、《南京南京》、《十月围城》有所盈利，《花木兰》、《风云2》、《刺陵》则明显亏损，中等成本的《三枪拍案惊奇》因为大马拉小车的商业策略获得了较大的商业回报，《午夜出租车》、《倔强萝卜》、《高兴》、《夜店》等有特色、并具备一定商业品质的小成本影片，获得了比较理想的投入产出效果。控制投资规模，成为降低风险的重要手段。但是投资规模的降低，很可能导致电影的商业素质技术素质和艺术素质的下降。

市场的有限，导致电影投资风险难以控制。由于目前中国电影企业的规模比较小，市场支配能力不足，不仅是国内产业链的垂直整合不充分，更是缺乏海外市场的经营能力，因此，一方面，当国际市场得不到保障，国内市场难以控制的时候，国产电影的总投资规模将趋向于保守，过亿投资的影片数量将会有所减少；另一方面，中大投资的影片将趋向于更多机构的合作，或者是制片、发行、院线等产业链不同环节的合作，或者是电影、电视、互联网等不同媒介形态之间的合作，或者是投资方、赞助方、广告方之间投融资的合作，或者是内地、港台和国外不同市场之间的合作。合作一方面优化资源，降低风险，一方面优势互补、扩大市场。建立良好的合作平台，是电影产业发展的重要策略。

4. 政府应促进国产电影走出去，加大技术创新平台、艺术创新机制、市场监管体系的建设

近年来中国电影的国际影响并没有与中国电影产业的发展同步，进入国际主流渠道流通的影片不仅少而且远远达不到当年《英雄》的市场影响力。这说明，在市场引导下，电影企业对于风险难以评估的国际市场的诉求已经降低，国内市场成为主要的商业评估参照。在市场相对失灵的情况下，政府应该有专门的基金，支持一些具备国际市场流通可能的题材、项目的前期运行，从不同方面支持中国电影企业与海外有影响的电影机构合作，搭建更多的国际交流和合作平台。合作合拍是借力发力、借船出海的重要手段，在中方拥有一定版权控制力和品牌植入的前提下，应更开放地减少合拍限制，扩大合作合拍，甚至允许在通过审查的前提下，出现不同市场的国际版本。中国电影走出去，既是中国电影产业做大做强的需要，也是中国文化软实力的体现。当市场本身的驱动不足的时候，政府应加大促进力量，降低国际化的风险，促进中国电影的国际影响力与竞争力的提升。

以3D技术为代表，好莱坞近年来开始了又一轮电影

技术的提升，实际上也是在抬高电影竞争的门槛。而中国电影目前由于企业规模小，技术积累、专业积累都严重不足，导致绝大多数国产影片包括一些大制作影片的技术含量低、特技水平差、影院效果不足，政府应该采取措施，搭建一流的专业技术支撑平台，并且让更多的电影制作者能够优惠地使用这些平台，使这一平台能够从整体上提升中国电影的专业技术水平。

此外，当越来越多的国产影片将商业性当作唯一诉求的时候，政府应该提供一些专业基金，支持那些将艺术创新与商业探索相结合的中小成本影片，提升国产电影的创作质量和艺术水平，培养青年编导人才，为他们创造更多的学习、培训、实践、创作和制作的机会，形成面向未来的教育与实践相结合的人才培养体系。

目前，加强电影监管，也成为摆在政府职能部门面前的重要挑战。由于中国缺乏具备市场控制力的行业协会，政府在市场监管中承担着重要使命。目前，透明行业信息，制定行业规范，惩罚违规行为，保护知识产权，都成为电影高速发展阶段必须解决的重要问题。

政府以及政府影响下的电影资金，在未来应减少对具体影片的资助，而更多的是建立电影监管平台、电影项目孵化平台、电影项目投融资平台、电影技术平台、电影贸易服务平台、电影人才培育平台、电影研究信息平台等，通过平台来解决市场本身目前难以自行解决而又关系电影发展大局的问题，全面促进中国电影产业的快速健康发展。

5. 继续促进影院建设和电影数字化，扩大电影市场规模

在影院、观众、影片供给的市场关系中，影院建设一度超前于观众需求，导致影院不得不用高票价来维持运营。经过几年的发展，目前影院建设落后于观众需求的矛盾日益突出。在北京市相关政策促进下，北京是全国院线最多、影院最多、银幕数量最多的城市，但新增影院并没有减少原主流影院的票房成绩，相反带来了北京明显超出全国平均水平的票房增长。而过去长期位居全国市场第一的上海，由于近年来影院建设的缓慢，已经被北京票房所超越。影院终端建设仍然没有能够充分满足观众需求。美国平均 7500 人拥有一块电影银幕，而中国目前 35 万人才拥有一块银幕。目前影院市场活跃的大都市需要增加影院密度和银幕数量，而中小城市则需要新建改造新型现代化多厅影院。许多中小城市目前仍是电影放映盲区。如果中国内地的银幕数量相当于美国银幕总数的四分之一，达到 1 万块左右，中国的电影市场规模超过 100 亿将不会成为难题。在国务院办公厅《关于促进电影产业的繁荣发展的指导意见》发布的背景下，北京市财政补贴促进电影院的经验值得向全国推广，而发行放映的数字化，则会使本轮影院建设更方便、更廉价、更有利于未来的发展。

6. 消除整合壁垒，促进跨环节、跨媒介、跨行业、跨区域、跨体制融合

电影是一个“雷声（影响力）大、雨点（票房）小”的行业，其商业价值不仅体现在“雨点”上，更要体现在“雷声”上。所以，电影是一个大产业，它的影响力能带动整个文化创意产业的发展。以美国为代表的世界影视产业大国，几乎都在市场基础上完成了文化产业的整合，电影作为文化创意核心内容，与综合性的媒介集团联系在一起。时代华纳、迪斯尼、新闻集团、维亚康姆等，都是产业上下游完整、跨媒介、跨国家、跨行业的综合性媒介集团，依靠电影等核心创意资源，以巨大的体量、丰厚的资源、整合的渠道，支配着全球文化市场。因而，早在 1999 年，本土票房收入就只美国大制片公司在美国和在国际所获得的电影总收入的 26%①。但在中国，媒介之间（如电影、电视、广播、期刊之间）存在巨大的行政分割；即便在同一行业中，也常常有一些关键环节不能进入市场（如电视台为不进入市场流通的事业主体）；事业、产业的双轨体制带来了巨大的运营冲突；国有民营享有不平等待遇；市场的准入退出门槛不合理；四级行政管理使统一的市场规则难以形成等等，都注定了对于中国影视产业来说，有钱也不万能，钱还不能带来中国影视产业的深度整合。因此，电影产业的高速发展，必然要求产业融合，改变小电影产业格局。政府应该深入研究在中国国情下，如何实现跨业、跨媒、跨区、跨国的文化产业整合，形成具有市场控制力和全球竞争力的中国文化企业，使电影真正能够成为带动文化产业发展的火车头。

2009 年已经过去，在充分肯定中国电影产业高速发展的大好形势下，我们也应该看到，由于底子薄，生存环境面临电视剧、盗版影像和好莱坞的竞争，中国电影在市场化过程中，往往不得不用尽浑身解数，在商业元素的配置、商业炒作上出重拳、下重药。任何破釜沉舟的行为，肯定都会有偏激性，或者我们常常说的矫枉过正，难免有时会出现叫座不叫好、养眼不养心、雅俗不共赏，甚至虚报票房、操纵舆论等负面现象，导致电影有商业无品质。这种浮躁，是难以避免的转型期阵痛，是一个“发展中的问题”。实际上，中国电影只有在观众的成长中才能成长。市场化以后，观众就是消费者，消费者就是上帝。观众决定着中国电影的商业品质。在观众的批评声中，《满城尽带黄金甲》《赤壁》这样的拼盘式商业大片已经很难再出现，而跟风一片的山寨喜剧也肯定会在观众的冷眼中自我救赎。无论是《集结号》《梅兰芳》或是《建国大业》《风

① 参见 Informa Media Group，Studio Combined International and North American Revenue From Thertrical Movies，Screen Finance，13 October.

声》《十月围城》，都表明中国电影在观众的批评中变得越来越成熟、越来越形神兼备。当然，与《2012》《变形金刚》《阿凡达》这样的好莱坞大制作相比，与《返老还童》《入殓师》这样精致深邃的艺术精品相比，中国电影仍然山高水长，路途遥远。也正因为如此，中国电影的成长空间和潜力充满想象。

（本文为教育部哲学社会科学重大攻关课题“全球化背景下的中国影视文化发展战略”研究成果）

## 新闻出版业发展概况

新闻出版总署出版发展管理司

在国际金融危机不断蔓延、实体经济受到严重冲击的背景下，2009年，我国新闻出版业逆势上扬，整体实力进一步加强，呈现出快速发展的特征，取得了令人骄傲的成就，成为世界出版业的一个亮点。

### 一、2009年中国新闻出版业总体情况

1. 总量规模逆势上扬，呈现快速发展态势

根据新闻出版总署出版产业发展司的分析报告，2009年，新闻出版业全行业总产出为10668.9亿元；实现增加值3099.7亿元，占同期国内生产总值的0.9%；营业收入10341.2亿元；利润（结余）总额893.3亿元。不包括数字出版的全行业资产总额为11848.5亿元，净资产（所有者权益）为6168.3亿元，纳税总额为620.3亿元。

2009年，全国共出版图书30.2万种，其中新版图书16.8万种，重版、重印图书13.3万种，总印数70.4亿册（张），总印张565.5亿印张，定价总金额848.0亿元。图书出版总产出477.7亿元，实现增加值188.5亿元，营业收入462.8亿元，利润（结余）总额74.8亿元。

2009年，全国共出版期刊9851种，平均期印数1.7亿册，总印数31.5亿册，总印张166.2亿印张，定价总金额202.4亿元。期刊出版（包括相关广告业务）总产出150.3亿元，实现增加值70.2亿元，营业收入146.0亿元，利润（结余）总额12.4亿元。

2009年，全国共出版报纸1937种，平均期印数2.1亿份，总印数439.1亿份，总印张1969.4亿印张，定价总金额351.7亿元。报纸出版（包括相关广告业务）总产出646.0亿元，实现增加值280.4亿元，营业收入627.6亿元，利润（结余）总额70.4亿元。

2009年，全国共出版录音制品12315种，出版数量2.4亿盒（张），发行数量2.6亿盒（张），发行总金额11.9亿元；出版录像制品13069种，出版数量1.6亿盒（张），发行数量1.2亿盒（张），发行总金额8.1亿元。音像制品出版总产出20.0亿元，实现增加值7.7亿元，营业收入19.4亿元，利润（结余）总额2.3亿元。

2009年，全国共出版电子出版物10708种、2.3亿张。电子出版物出版总产出6.5亿元，实现增加值2.0亿元，营业收入6.3亿元，利润（结余）总额0.6亿元。

2009年，数字出版总产出799.4亿元，实现增加值234.6亿元，营业收入799.4亿元，利润（结余）总额63.9亿元。

2009年，全国图书、报纸、其他出版物黑白印刷产量2.7亿令，彩色印刷产量13.0亿对开色令，书刊装订产量3.6亿令，印刷用纸3.0亿令。印刷复制（包括出版物印刷、包装装潢印刷、其他印刷品印刷、专项印刷、打字复印、复制和印刷物资供销）总产出6689.5亿元，实现增加值1864.9亿元，营业收入6457.9亿元，利润（结余）总额464.0亿元。

2009年，全国共有出版物发行网点16.0万处。其中国有书店和国有发行网点9953处，供销社发行网点1636处，出版社自办发行网点508处，文化、教育、广电、邮政系统发行网点38215处，新华书店系统外批发网点5800处，集个体零售网点104269处。出版物发行总产出1815.6亿元，实现增加值441.4亿元，营业收入1758.5亿元，利润（结余）总额201.3亿元。

2009年，全国出版物进出口经营单位累计出口图书、报纸、期刊、音像制品、电子出版物92.0万种次、896.2万册（份、盒、张）、3498.8万美元，累计进口图书、报纸、期刊、音像制品、电子出版物82.1万种，2811.3万册（份、盒、张），31032.3万美元，进出口总额34531.2万美元，逆差27533.5万美元。出版物进出口总产出53.6亿元，实现增加值6.6亿元，营业收入53.2亿元，利润（结余）总额2.8亿元。

2009年，全国共引进出版物版权13793种（其中，图书12914种，录音制品262种，录像制品124种，电子出版物86种，软件249种，电视节目155种，其他3种），共输出出版物版权4205种（其中，图书3103种，录音制品77种，电子出版物34种，电视节目988种，其他3种），版权贸易输出品种与引进品种比例是1：3.3。

2. 个体经营成为新闻出版的主体

2009年，全国有新闻出版单位35.7万家（不包括数字出版单位），其中法人单位12.0万家，约占单位总数的33.5%；非法人单位1.5万家，约占4.2%；个体经营户22.3万家，约占62.4%。

3. 从业人员快速增长，性别比例发展均衡

2009年，全国新闻出版业直接就业人数为449.7万人(不包含数字出版单位就业人员)，其中男性227.8万人，女性221.9万人，分别占全行业直接就业人数的50.7%、49.3%，男女比例基本平衡。

## 二、2009年中国新闻出版产业特点

近年来，新闻出版业紧紧围绕贯彻落实科学发展观，推动社会主义文化大发展大繁荣，不断深化体制改革，加快转变发展方式，积极实施结构调整和产业升级转型，大力促进产业发展，增强产业实力，努力提升国际竞争力，取得了显著的发展成绩，形成了若干产业特点。

1. 新闻出版产业已具相当规模，成为文化产业的生力军

2009年，新闻出版业全行业总产出突破1万亿元大关，实现增加值超过3000亿元，占同期GDP的比重接近1%，各类出版物的出版、发行、印刷复制及相关活动的行业增加值超过1660亿元，占同期文化产业核心层增加值的60%以上，已成为文化产业中的生力军、国民经济中不可忽视的产业部门和重要力量，在推动经济发展方式转变过程中发挥着日益重要的作用。

2. 新闻出版体制改革成效显著，市场主体基本形成

为进一步推进新闻出版体制改革，新闻出版总署2009年4月6日发布了《关于进一步推进新闻出版体制改革的指导意见》，再次明确了各类出版单位转制的时间表和具体的转制要求，进一步推动了转制工作全面开展。到2009年底，500多家经营性图书出版社中，超过半数已完成改制，组建的省级出版发行集团达20多家。按计划，268家地方出版社、100多家高校出版社、101家中央部委出版社要求在2009年年底完成转企改制，其余47家中央部委出版社将于2010年年底前完成。

2009年，企业法人的单位数量占法人单位总数的96.3%，总产出、增加值、资产总额、所有者权益、营业收入、利润总额、纳税总额和直接就业人数在全行业中所占比重最低为66.0%，多超过80.0%，具有独立法人资格的企业作为市场主体，已在我国新闻出版产业活动中占据主导地位。

3. 产业转型成效初显，数字出版发展迅速。

2009年，数字出版总产出已达到799.4亿元，总体经济规模超过图书出版，初步形成了北京、上海、广东等数字出版产业集聚区；在数字出版内部，手机出版的营业收入已超过传统的网络游戏，占数字出版全部营业收入的24.2%，位居首位。新闻出版产业的总体格局在技术进步的带动下已发生初步改变。

在2009年的数字出版产业中，电子阅读器是最为突出的产品。国际上，亚马逊在Kindle阅读器和电子书方面的年度收入达到2.66亿美元，占其北美总收入的10%；国内，汉王电纸书2009年全年销量估计突破30万台，方正的文房、金蟾的易博士、津科的翰林、福昕的eSlick等都纷纷推出各自的国产电子书阅读器，华硕、宏基等IT巨头也表现出对这一市场的兴趣。

4. 文化大省和东部沿海地区新闻出版业发展优势明显并已形成产业带，中西部地区骨干企业开始崛起

就总体经济规模而言，全国新闻出版业总产出的54.5%、增加值的55.2%、资产总额的55.3%和营业收入的54.5%集中于北京、江浙沪“长三角”地区和广东“珠三角”等文化、经济发达地区，呈现出集聚态势；就具体产业类别而言，图书出版总产出的56.1%、增加值的73.7%、资产总额的50.6%和营业收入的56.1%集中于北京和江浙沪“长三角”地区，期刊出版总产出的38.8%、增加值的39.1%、资产总额的45.9%和营业收入的39.1%集中于北京，印刷复制总产出的66.4%、增加值的62.3%、资产总额的64.1%和营业收入的66.7%集中于广东“珠三角”地区、江浙沪“长三角”地区、北京和山东等地，产业带初具规模。与此同时，江西出版集团、安徽出版集团、河北出版集团在全国出版集团总体经济规模综合评价中分列第三、第八和第十名，一些中西部地区的骨干企业在当地党委和政府的大力支持下开始崛起，引人瞩目。

5. 市场更加开放，非公经济成分获得长足发展

在全国35.7万家新闻出版单位中，包括个体经营户在内的非公有经济单位超过32.4万家，占到单位总数的90.8%；72.0%的企业法人单位为民营企业，另有3.7%的企业法人单位为港澳台商投资和外商投资企业。非公有企业(排除国有全资、国有控股和集体企业)占有的资产总额、实现的增加值、营业收入和利润总额在印刷复制企业中已分别占到82.3%、83.2%、84.1%和84.7%，在出版物发行企业中已分别占到69.0%、76.2%、69.3%和80.5%。

2009年4月，新闻出版总署颁布《关于进一步推进新闻出版体制改革的指导意见》为中国民营出版业的快速发展搭建了平台，打通了通道，提供了新的思路。不久，在山东举办的全国图书交易博览会上，诸多民营策划公司第一次大规模地出现在书博会上，多家民营策划公司与国有出版机构展开了多方面、多角度的合作。在第十九届全国图书交易博览会上，凤凰出版传媒集团宣布，江苏人民出版社和北京共和联动图书有限公司进行战略合作，注资1亿元组建的北京凤凰联动文化传媒有限公司成立。与此前民营与国有合作时以资源出资的形式不同，该新公司由双方共同出资成立，江苏人民出版社占有51%的股份。

6. 对外贸易状况有所改善，"走出去"取得积极成效

全国版权贸易逆差比例进一步缩小，2009年，版权贸易引进品种与输出品种比例降至3.3∶1（2002年为15∶1，2008年为6.5∶1）；实物出口总量不断扩大，出版物进出口经营单位2009年累计出口图书、报纸、期刊885万多册（份），较2008年增长10.4%，金额达到3400多万美元。

2009年10月，中国首次以主宾国身份在法兰克福国际书展亮相，在文化展示和版权交易上获得了双丰收。中国作协主席铁凝率121位知名作家密集举行了数十场关于中国文学、文化、历史和出版的专题论坛与对话。报名参展的中国出版单位达227家，展品总计7600余种，输出版权2417项，图书总码洋达87万余元。2500平方米主宾国主题馆、1000余平方米中国展区展台、612场活动。

## 三、2009年中国出版产业存在的问题

虽然我国的新闻出版产业取得了显著的发展成绩，形成了自己的特点，但是在其发展过程中同样也存在一些问题。

1. 产品结构、产业结构不尽合理

一是图书、报纸、期刊、音像制品、电子出版物和数字出版合计的总产出、增加值和营业收入在全行业中所占比重分别为19.7%、25.3%和19.9%，版权贸易与服务和内容策划、制作与提供等业务收入在营业收入中所占比重不到0.1%，尚不能充分、鲜明地体现新闻出版业作为现代内容产业的本质特征。

二是手机出版和网络游戏的营业收入在数字出版营业收入中所占比重为71.3%，数字期刊、电子书和数字报纸（网络版）三者营业收入所占比重不足3%，数字出版内部结构有欠平衡。

三是音像制品出版和电子出版物出版呈现萎缩态势，未来发展前景引人担忧，值得关注。

2. 骨干企业经济实力尚不够强

综合经济规模最大的出版集团——江苏凤凰出版传媒集团2009年营业收入68.1亿元、利润总额12.1亿元，仅及英国培生集团（Pearson）2008年销售收入的11.0%和营业利润的12.4%。五家期刊集团的主营业务收入合计7.1亿元，仅占全国期刊出版主营业务收入的5.3%；发行集团前四强的主营业务收入合计196.9亿元，在整个出版物发行的主营业务收入中也不过占11.8%，反映出新闻出版产业在企业层面上仍存在"大而弱"、"小而散"的情况，骨干企业或集团的经济实力不明显、不突出，与国际水平比较差距较大。

3. 中西部地区发展基础普遍薄弱

东部（13个省市）、中部（6个省份）和西部（12个省区）新闻出版业总产出在全国所占比重分别为76.1%、13.6%和10.3%，增加值在全国所占比重分别为75.4%、13.5%和11.2%，资产总额所占比重分别为75.3%、12.8%和11.9%，营业收入所占比重分别为76.2%、13.5%和10.3%，除安徽以外的5个中部省份和除四川以外的11个西部省区各项经济规模指标均低于全国平均水平，青海、西藏、新疆、内蒙古、宁夏等省区甚至连全国平均水平的四分之一都不到。说明就整体而言，中西部地区新闻出版的经济规模仍然偏低，实力较为薄弱，尚需政府加大扶持力度。

4. 对外贸易结构有待进一步改进

传统出版物（图书、报纸、期刊、音像制品、电子出版物）和版权的进出口贸易在总体数量和金额上仍存在着逆差，2009年传统出版物贸易逆差为1946.1万册（份、张、盒）、2.8亿美元，相当于同期进出口总量的52.9%和总金额的79.7%；引进版权品种数量是输出数量的3.3倍，对外贸易结构有待进一步改进。

（供稿：新闻出版总署出版发展管理司）

# 广告业发展概况

黄升民 邵华冬 陈怡

## 一、2009政策有形之手助推经济回暖，广告市场2009复苏，2010审慎乐观

2009年中国经济经历了严峻考验，为实现"8%左右"的经济增长目标，中国政府陆续出台"四万亿投资计划"、"十大产业振兴规划"等一揽子经济刺激政策，及时扭转了自2008年下半年以来经济过快下滑的态势。在强有力宏观调控下，中国经济率先复苏——国家统计局宏观经济数据显示，中国国内生产总值在一季度探底之后即开始呈现"V"型反弹，之后持续保持回升趋势。2010年1月21日，国家统计局发布最新数据显示，2009年全年国内生产总值（GDP）为335353亿元，按可比价格计算比上年增8.7%。中国经济增长"保八"成功。其中，与广告市场紧密相关的社会消费品零售总额从2009年3月开始，每月同比增长率稳定在15%左右。在2009年全球经济不景气的背景下，中国消费市场表现已然不凡。

广告历来是与经济联动最为密切的行业。2009年3月以后，中国广告市场伴随中国经济复苏几乎实现同步转暖。2009年全年中国广告市场总投放同比增长13.5%，突破5000亿元大关至5075.18亿元，广告市场增长明显

高于GDP增长，这反映了企业对未来市场经济发展的信心。中国广告生态调查课题组[①]的调研数据显示，有52.3%的广告主对于“2010年我国经济将走出全球金融危机影响，市场全面回暖”这一观点持同意的态度（参见图1）。国家统计发布的2009年前三季度企业经济指数也显示，企业家的信心指数同宏观经济变动趋势同向（参见图2）。

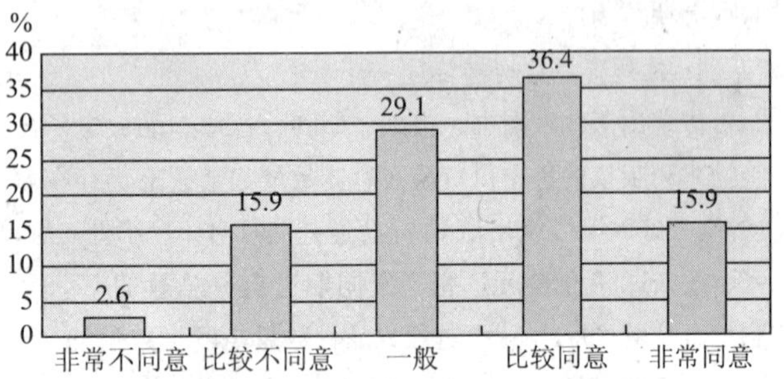


**图1　2009年广告主对“2010年我国经济将走出金融危机影响，市场全面回暖的看法”**

数据来源：《2009—2010中国广告生态调研》

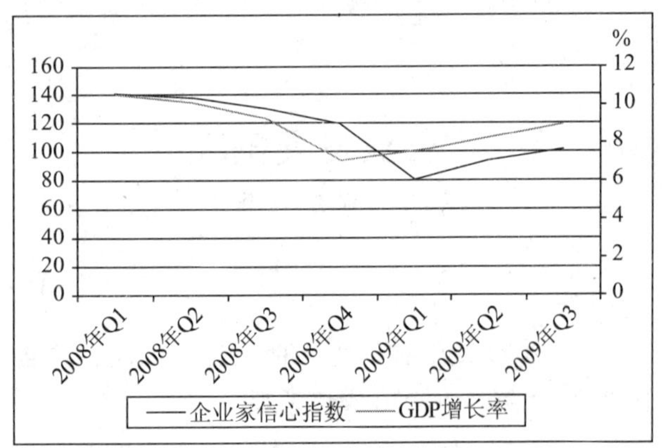


**图2　2008年1季度到2009年3季度我国GDP增长率和企业家信心指数变动趋势**

（数据来源：国家统计局）

2009年11月18日央视招标大会上，2010年央视黄金资源中标额达109.66亿。央视招标的成功一方面反映了企业对未来的信心，但同时也是广告主一种保守的做法。中国经济虽然稳步回升，但是主要依靠国家对“铁公基”等领域的投资拉动，而倚重投资拉动的经济增长方式长期来说无法持续；出口的恢复步履蹒跚；消费市场的许多领域表现并不稳定，而对广告主而言消费需求是否能够保持持续的旺盛才是关键所在。经济危机并未完全退去，不确定性仍在。广告主在营销推广上将采取保守又保险的做法。在这种思路的指导下，优质的电视媒体就成为了不二之选。因为在未来不确定的大环境下，广告主会选择已经被既有经验证明成功了的媒体来进行投放。而不会再冒险尝试投放不熟悉的媒体。

## 二、2009年广告市场三大主体现状及趋势

### （一）广告主：营销传播“求实效”成为主基调

1. 广告主营销推广中“效益”导向突显

在竞争日益激烈、利润不断摊薄的市场上，营销推广一直是企业应对市场环境的重要课题。尤其是在金融危机影响下，一方面消费需求释放削弱信号，另一方面企业的现金压力加大，企业需要流动资金用于经营周转、增强抗风险能力。销售效果成为广告主尤为看重的指标。渡过危机、先保生存后求发展成为2009年度众多广告主秉承的营销推广理念。2009年广告主营销推广策略以媒体广告和终端促销为主；预算分配上，缩减了如公关、体育赞助等投资大且见效慢的推广方式上的投入，集中加大媒体广告和终端促销的力度。

（1）促销成为广告主应对危机的首选营销推广手段

金融危机一方面引发国内消费力下降，另一方面广告主的营销推广费用大幅缩减，促销成为广告主激活消费市场的首选方式。中国广告业生态调查广告主专项调查数据显示，2009年被访广告主偏重使用的营销推广方法选择中，促销活动的选择率较2008年提高了19.4个百分点。家电、3C、零售业，汽车等行业促销表现活跃，甚至连一向曲高和寡的奢侈品也加入了促销的大军。《福布斯》杂志称为抵御金融危机，各大奢侈品品牌都紧缩银根，纷纷打折促销吸引消费者。鳄鱼、古奇这样的主流品牌，秋季服装更是将折扣降低至30%。在中国，宜家放下“小资”身段，五年来第一次大规模打折以吸引消费者。

（2）广告目标向“促进销售”集中

中国传媒大学广告主研究所相关调研表明：从2004至2009年，连续六年，被访广告主“希望通过广告活动达到主要目的”的选择中，“提高或保持品牌知名度”的选择率一直都是最高。但六年纵向比较，2009年该选项的选择率达六年最低。与此同时，选择“迅速促进企业产品/服务的短期销售”作为广告活动主要目的的被访广告主比例，2009年出现了跳跃性的增长（增幅为13.7%），达六年来的最高值。

（3）直接让利型促销手段全面回升

2009年，广告主遵循“务实主义”。中国传媒大学广告主研究所调研发现，2009年广告主对于各种促销手段的选择都普遍出现回升，尤其是赠品、打折、降价、服务促销几种形式出现了大幅提升，而体育、公益等需要巨额投入且回报周期较长的促销方式则迅速回落。金融危机

① 组长：陈永 丁俊杰 黄升民。执行总负责：杜国清。成员组长：邵华冬 陈怡 陈东 杨懿。成员：刘韫洁 石乔 刘萌萌 管倩 陈燕妮 杨俊 陈晓鸥 徐冉 曹笑 党欢荣 李子钧 未会芳 孟丽君。

下，“务实主义”是广告主普遍的心态，商品打折、降价虽然摊薄了利润，但是对于刺激消费者的购买欲望最为有效，能够直接引起销售，增加回款速度，同时抢夺市场占有率。

2. 电视、户外组合出击，实现“高空覆盖”与“地面突破”的整合效果

2009年广告主的媒体选择呈现多媒体组合运作谋求“高空覆盖”与“地面突破”整合效果的特点，这恰恰也呼应了务实高效的营销推广策略。中国传媒大学广告主研究所相关调研数据显示，2009年广告主对各种媒体的选择率比较2008年出现全面的回升，尤其以电视媒体和户外媒体选择率增长最为明显，其中传统户外媒体和数字户外媒体的选择率分别上升了22.5%和17.5%。

营销推广费用缩减的情况下，央视作为能够在最大市场范围内保持品牌知名度的唯一媒体平台，成为广告主“高空覆盖”的最大利器。中国传媒大学广告主研究所调研发现，一反前两年的下滑趋势，2009年被访广告主对央视的选择实现了13.1%的增长。而央视2010年黄金资源广告招标预售活动总额更是达到109.6645亿元，比2009年增长了17.1亿元，增长率高达18.47%。

2009年广告主在“下乡”政策推动下的区域市场开拓和地面销售促进战役中，大量选用了户外媒体。由传统户外和网络日益完善的数字户外媒体组成的户外媒体阵营，更具有地域的贴近性优势。一方面能够有针对性的配合区域市场的促销活动，同时还可以呼应全国性的媒体投放。另外，比起投放电视和报纸媒体，户外媒体的投资回报率更为广告主所认可。某著名韩系电子品牌媒体策略负责人在接受中国传媒大学广告主研究所访谈时表示，该企业2009年增加了户外媒体的投放，一个重要的出发点就在于户外媒体的投资回报率较高。

3. 广告主互联网平台化深耕运作，谋求全传播效果

随着互联网技术的不断升级，互联网传播形式和手段日益丰富，互联网对消费者信息接收形态的影响广泛且渗入，互联网在广告主营销推广中的渗入日渐丰富且深刻。尤其是互联网销售平台真正得以实现并以几何增长势头袭来，互联网对广告主来讲已经成为一个营销运作的重要平台，广告主的营销传播也出现了互联网平台化特征。而广告主对于互联网的平台化运作，从渠道所有权角度划分，可分为两类：其一，运作形成综合门户和垂直网站的组合平台。从banner、flash到搜索引擎、富媒体、论坛及sns社区娱乐植入等形式的组合运用，实现了单向传播与双向互动，品牌提示与品牌体验，线上虚拟活动与线下实际购买的整合效果。其二，企业建立自有官网体系开展平台化运作。目前，大部分的企业都拥有自己的官方网站作为官方信息的发布载体和企业对外的形象窗口。中国传媒大学广告主研究所开展的《2009－2010中国广告主数字媒体运作研究》调研数据显示，有63.0%的广告主利用企业自身的官方网站进行宣传推广。同时，课题组在走访广告主的过程中也发现，企业越来越重视自身官网的建设和完善，官网的作用已经超出了信息发布的范围，许多广告主已经开始把原来依靠外部网站完成的工作转移到企业的官方网站上来。一个完整的企业官网系统包括企业网站、产品网站、活动网站、企业社区媒体和网络销售网站等等。消费者可以通过企业官网完成信息搜集——互动参与活动——实现在线购买——发表评论信息反馈的一系列活动。这一系列的活动都搭建在企业自有的媒体平台上，可以为企业维护大批粘性用户，为日后的客户关系管理打下基础。同时企业也不断的将最新的网络技术应用到自己的官网建设中。例如出现较早并且具有代表性的可口可乐icoke网站，就引入了腾讯3DQQ秀虚拟形象技术，极大的丰富了网站的内容和娱乐性。企业官方网站向着企业自有媒体平台的方向发展。

4. 广告主重新掌控话语权，广告公司与媒体重新角色定位

2009年，金融危机直接带来广告业的震荡不安，企业营销预算的吃紧使广告主力量重新回升，在三方中广告主的主导力量增强。广告公司则弱势地位明显，处境较为艰难。2009年，中国传媒大学广告主研究调研发现，越来越多的被访广告主认为广告主是广告市场主导力量，在巨大市场压力下其对于广告活动主导权的操控前所未有的增强。具体表现在广告活动资金最为密集的媒体投放及购买环节。2009年，广告主对媒体的议价意愿与能力同时出现明显提升。一方面，广告主与媒体直接合作趋势增强，2009年宝洁解除与媒体购买公司的合约，自己与媒体谈判购买广告资源就是一个典型案例。另一方面，与全盘委托给代理公司相比，广告主更青睐于自己做“脑”，根据产品和企业特点制定营销推广方案，将广告公司做“手”，负责具体的执行。广告主主导化、广告公司公仆化、媒体全面服务化的新格局初露端倪。

### （二）媒体：金融危机下以价值回归 营销升级谋求发展

1. 金融危机影响下，媒体广告经营整体增长势头放缓

金融危机背景下，2009年媒体整体广告经营呈现增长放缓的态势。CTR监测数据显示，电视媒体以15%的增幅高于整体市场平均水平，并领先其他媒体。受累于金融危机，平面媒体涨速放缓。受国家政策和大事件营销影响，户外广告止跌回升，2009年增长9%。金融危机对2009年媒体广告市场的影响具有阶段性和地域性的特征。

阶段性是指2009年上半年媒体广告经营缩水严重，一是受到奥运的预热，二是受到金融危机后的制冷，所以造成了实际创收较好的媒体比重明显下滑。从第二季度开始，随着广告主追加媒体预算，2009年下半年各媒体的广告收入也出现回升反弹。

地域性则是指，华北和华南两个地区媒体的实际广告收入变化幅度较大。这主要是由于两个地区的市场化程度较高，对市场的反应更加灵敏，因此金融危机在这两个地区的影响也较为明显，出现了严重马太效应。强势媒体平均增幅较高，而弱势媒体的平均降幅也相对较高。相应的华中地区和西北地区受金融危机的波及不大，因此平均增幅和降幅都小于其他区域的媒体。相对于华南和华北地区来说，华东地区较为特殊，虽然该地区市场化程度也比较高，但由于其媒体集中度高，一家独大的情况明显，这些媒体在市场的重要地位使得广告主不得不持续投放，其媒体的垄断地位是导致华东地区媒体收入波动不大的主要原因。

2. 金融危机应对策略：广告经营的价值回归

任何事物都是有两面性的，金融危机在给中国广告业带来短暂疼痛的同时也带来了鞭笞和警醒。中国的媒体一直存有惰性，有一种地大不愁吃的想法。随着中国市场化进程的不断推进，媒体开始不断地遭受市场变革的冲击。而这次金融危机带来的冲击可谓是近几年比较大的一次冲击。重压之下媒体开始反思、调整，而较为明显的调整迹象即表现在媒体广告价格开始向价值回归。

价值回归主要表现在三个方面：

其一，媒体的定价策略越来越以市场为导向。由中国传媒大学广告主研究所执行的中国广告业生态调查媒体专项调查连续六年数据显示，参照收视/听率、发行量等指标作为被访媒体定价、价格调整的主要依据在2009年略有回落，而“参照竞争对手价格进行定价”的选择率近年来持续增长，“参照自身广告供需情况定价”的选择率在近四年也逐年上升。可以看出，媒体的定价策略愈发倾向以市场因素为导向，竞争和供需对媒体定价的影响作用越来越明显。

其二，马太效应下媒体广告价格向价值回归。金融危机重压下，广告主推广费用压缩，媒体投放逐步往强势媒体集中，对于强势媒体而言，由于广告资源紧张，其涨价变得顺理成章，涨价的幅度也普遍较高。而对于大量的弱势媒体而言，金融危机的到来加快了弱势媒体的衰落。因此，众多价格虚高的媒体在惨淡销售业绩面前不得不走动消除泡沫，开始广告价格对价值的重新回归。

其三，从走量到走质，价值传播成为广告传播的主流。2009年媒体目标出现了从增加广告数量向增加广告含金量转化的态势，力争从资源经营型媒体到价值经营型媒体。其直接表现就在于媒体从广告版面和时间的扩张到广告产品价值的提升，逐渐开始注重公信力、品牌力、权威性的打造，大量删减一些违法广告、庸俗广告，提升内容品质，并积极对自身价值进行重新定位。媒体自身的经营理念已经有所变化，从单纯对量的关注往对价值的关注上倾斜。

3. 媒体广告经营模式升级：从贩卖广告转向为务实全面的营销服务

近年来，媒体与广告主的直接合作趋势加强，自2004年蒙牛与湖南卫视合作“超级女声”伊始，媒体就开始了与广告主深度合作的征途。五年来，越来越多的媒体意识到，媒体的广告经营已经远不只是单向程序化的广告时间或版面的销售。在媒体经营中，企业与媒体共同经营栏目和节目，共同参与企业的营销活动。这中间强调共同和互通，把双方的可用资源都摆出来，共同推进合作。2009年媒体对广告主提供全面营销服务主要表现在两大方面：植入营销的广泛兴起和迎合广告主实效需求的终端营销活动热潮。

传统硬广的传播效果日渐衰弱，媒体每年递增的广告任务，这些都亟待新的广告资源进行突围，再加上61号令的出台造成传统广告时段的大量萎缩，植入式广告成为电波媒体经营发展的新契机。2009年，媒体植入营销遍地开花，不仅由幕后走向台前，而且还加大了吆喝，植入营销已经成为了媒体常态化的经营方式之一。不少媒体在2009年的广告推介会上就已经把内容植入式广告作为主推的产品。浙江卫视策划部主任郑丽萍曾明确表示“现在我们主要还是一些栏目的植入，2010年可能会加大影视剧的植入。”

终端营销活动，增强广告的落地性。一方面大型活动可以迅速提高产品的知名度，另一方面，大型活动结合线下促销，能够迅速拉动销售，实现快速回款。而邀请消费者参与活动，在活动中体验产品的特色，也能够提高产品在消费者心目中的地位。青岛晚报广告部主任杨家波表示“我们80%的收入是靠正常的广告刊登，这是主体，20%主要靠活动。2009年我们同城媒体中金融行业都下滑了，但是我们却利用主题策划和活动营销拉动了这部分广告投放的增长。”湖南经视广告部主任黄超也表示“2009年我们的提法是扎扎实实帮客户做营销，从2008年末开始我们就配合客户的营销做了很多的活动，下到各个地市，和客户一起做销售，客户很满意。”地方报纸和城市台近几年的TV团购、营销分成、会展等活动也在2009年开花结果，如东方购物2008年销售额15亿，2009年全年销售额实现26亿，盈利将近两个亿。可见，加大终端营销的力度，增强广告效果的落地性已经成为媒体经营中的共识。

## （三）广告公司：金融危机遭遇大考 各类公司积极应对

1. 2009 年广告公司经营业绩增速大幅下滑

全球经济危机，直接引发跨国企业的经营困境，大量跨国企业压缩了营销推广费用，作为企业营销推广费用分配链条中下游的一环，广告公司的经营业绩也受到了负面影响。早在 2008 年 12 月，国际知名媒体集团实力传播发表的年度预测报告显示，由于经济不景气，2009 年全球广告支出将比今年减少 0.2%。2009 年第一季度，众多广告公司就感受到了金融危机袭来的寒意。虽然从第二季度开始，房地产、汽车等广告投放大行业开始追加投放，但是媒体广告方面、很多企业直接与媒体合作，广告主追加的一些费用也较多反馈在产品销售环节，广告公司的经营空间反弹量很小。中国广告业生态调查项目数据显示，2009 年被访广告公司营业额较 2008 年同期呈现增长的比例大幅下降，与之呼应的是，2009 年被访广告公司营业额较 2008 年同期呈现下降趋势的比例大幅提升，而且营业额增长的平均增幅也滑落至连续六年调查结果的最低点（参见图 3、表 1 、图 4）。可见，2009 年广告公司的经营业绩整体出现下滑，态势萧条。

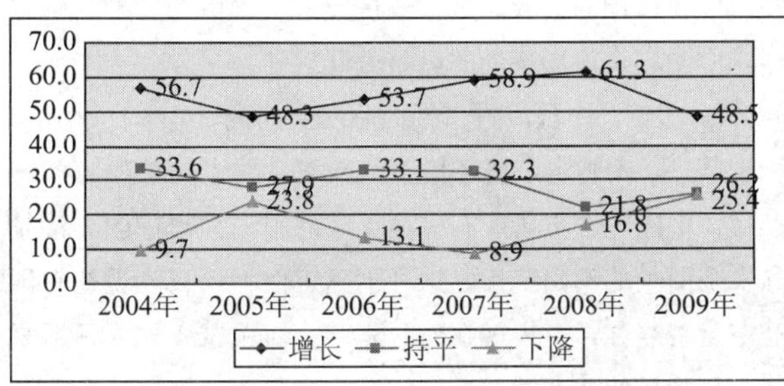


**图 3 连续六年，被访广告公司上半年营业额变化情况比较——2009 年下降比重历年最高**

（数据来源：《2009—2010 中国广告生态调研》）

**表 1 连续六年，被访广告公司上半年广告营业额平均增幅对比——2009 年达历年最低水平**

| 年份 | 2004 年上半年与 2003 年同期相比 (n=63) | 2005 年上半年与 2004 年同期相比 (n=64) | 2006 年上半年与 2005 年同期相比 (n=79) | 2007 年上半年与 2006 年同期相比 (n=63) | 2008 年上半年与 2007 年同期相比 (n=59) | 2009 年上半年与 2008 年同期相比 (n=67) |
|---|---|---|---|---|---|---|
| 百分比 | 35.0 | 22.8 | 26.5 | 23.0 | 14.2 | 13.1 |

（数据来源：《2009—2010 中国广告生态调研》）

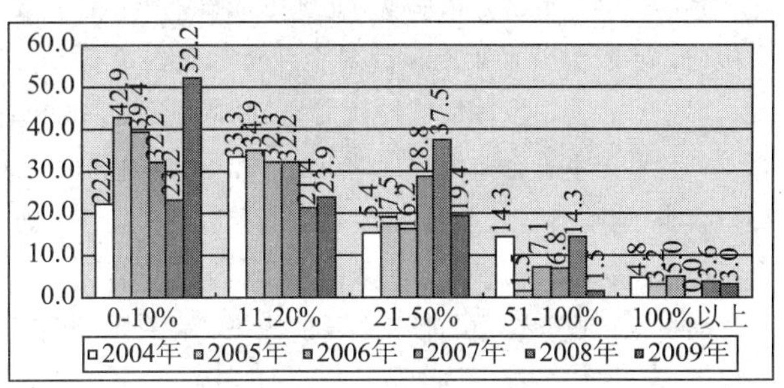


**图 4 2009 年被访广告公司上半年营业额增幅向 0—20%这一区间集中**

（数据来源：《2009—2010 中国广告生态调研》）

2. 广告公司迎战金融危机大考三大法宝：开源节流 步步为营 理性回归

（1）大型 4A 公司开源节流 迎战大考

在 2009 年开年之初，众多机构就预言国际 4A 将面临“寒冬”，这一预言在市场中慢慢显现，第一季度 4A 广告风向标 WPP 集团营业收入就下降了 6%。中国传媒大学广告主研究所走访的国际 4A 公司中有八成的公司坦言 2009 年营业收入和利润相对于 2008 年出现了明显的下滑，经营困境主要来自于其集中于国际品牌的客户结构。受金融危机的影响，一方面跨国企业纷纷压缩广告预算，另一方面 4A 合作多年的老客户阵营松动，客户流动频繁，大客户流失现象上升，导致国际 4A 公司的收入明显缩减。此外，与媒体合作中的付款成为难题。媒体出于自身经营的压力涨价的同时又要求回款及时，然而客户方面由于自身的经营难度增加，投放预算跟着下降，因此付款难度会增加，一些广告主甚至提出先零付费、广告推出后再根据效果付费的要求。夹在广告主与媒体中间的广告公司遭遇“两面碰壁”。

“解铃还须系铃人”，大型 4A 根据 2009 年暴露出来的问题，开源节流积极应对危机，开源方面主要是积极培育开发本土客户同时针对中国消费者市场的新变化进行业务的开拓和延展提升服务价值，比如针对广告主下乡进入三四线市场的态势，深入开展农村消费者市场调查，针对广告主数字媒体运作的快速发展需求，建构并完善数字营销服务机构和能力。开源的同时，大型 4A 公司亦是通过裁员、减薪人力资源、严格控制报销程度等方式来控制经营成本，少花即是多挣。

（2）本土公司步步为营 平稳过渡

金融危机对外向型企业的经营影响较大，对本土产销企业的影响较小，由于本土产销企业一直以来都是本土广告公司的主干客户，所以金融危机对于本土广告公司业绩的负面影响并不大。反而是，因为部分外向型企业转向做内销，增加了部分本土广告公司的收入。

具体来看，本土公司在应对危机的战役中牢牢抓住三大机遇，步步为营。第一，针对企业下乡、内需拉动政策，本土广告公司发挥区域性优势，抢占市场发展先机；第二，受益于本土企业为主的客户结构，在金融危机中，赢得自身优化、转型、调整的发展空间和时机；第三，迎合广告主营销推广需求回归实效的态势，本土广告公司发挥灵活机动、业务全面、服务贴身的优势，在有限的服务费用下，为广告主提供更细致和全面的支持。

(3) 2009年户外公司价值显现理性发展

城市治理和资本动态一直是近些年来影响户外广告公司发展的两大要素。2009年，城市治理与发展同样为户外广告公司的发展带来了挑战和机遇：2010年“世博会”、“亚运会”在即，上海、广州等城市对户外广告资源进行了清理、升级，虽然这对2009年的广告经营略有负面影响，但是2010年对这些城市的户外广告来讲注定是个“吸金年”；广告主下乡热潮中，三四线市场的传播需求凸显，而当地数字户外发展欠成熟，区域性优势和ROI优势为传统户外在三四线市场带来发展机遇。

金融危机带来的最直接的影响就是资本危机，户外数字媒体由于其对资本的高度依赖性，是资本寒流过境时最先遭遇霜降的行业之一。2008年下半年起，户外新媒体赢得的风险投资从数量和规模上“全线跳水”，2009年户外新媒体行业资本断炊的困境进一步加深，户外新媒体领域风险资本淡出，众多原有上市计划搁浅。2009年资本市场的“冷”与前几年风生水起“跑马圈地”的“热”对比鲜明。“资本冷却”也让户外数字媒体发展更加清醒和理性，媒体传播价值不鲜明、媒体经营商业模式不成熟的户外公司通过剥离一部分业务以求自保或遭市场淘汰，而对于媒体价值被市场认可、经营模式比较成熟的公司则借助资本冷却后的时机，通过并购，实现对优质户外数字媒体资源的高度整合，比如华视传媒在2009年一方面积极拓展自身地铁广告代理权，另一方面并购DMG补齐资源“短板”，实现拥有中国移动电视终端总量70%以上的规模；或者是作为国内最大的航空媒体运营商，航美传媒获得北京首都国际机场和深圳国际机场多种传统媒体的特许经营权，同时与中石化合作，共同建设加油站渠道，航美传媒的目标是通过整合媒体资源客户提供机场和航班“一站式”媒体服务平台。

## 三、结语：大国角色给广告市场发展带来新的挑战和目标

“毫无疑问，中国是2009年全球最有活力的经济体，也是全球经济一片灰暗之中的一个难得亮点。中国经济率先复苏，为全球带来了极大的信心提振。”对于2009年的中国经济，世界大型企业联合会经济学家威廉姆·亚当姆斯的观点反映出许多国际机构和海外经济学家对中国的普遍看法。据世界银行预测2009年中国的GDP总量将排在美国之后成为世界第二，同时维持全球最快的增长率。经过30年持续快速稳定的发展，中国在全球经济中已经成为大体量、大影响的大国家，中国也成为世界经济新的增值点。任何一个大国在崛起前都有长期蛰伏的准备期，但中国仓促间被推到了世界舞台的中央，大国经济风光背后实则凶险，中国社会经济、政治面临转型，正面临前所未有的改革节点，而中国广告市场同时也迎来了这样一个转型的节点。

反观2009年广告市场三方主体对于金融危机重压的种种应激举措——广告主祭起“实用主义”大旗，对于广告活动促销效果的重视程度前所未有的增强，对广告活动主导权的控制亦日渐增加；媒体开始自动消解价格泡沫，价格开始回归价值，深度挖掘媒体广告产品的新价值、新领域、新空间，为广告主提供更优质产品及服务；广告公司则开源节流，开拓本土客户，提供包括数字新媒体、挺进三四线市场等等的贴近广告主需求的服务。

概括而言，三方主体2009年重压下的种种应激行为、调整行为背后是各方对广告市场价值的积极探索，是生死存亡间对自身角色的重新调试和定位。而这本身即形成了中国广告市场的自救。金融危机成为广告市场转型的引爆器，中国广告市场格局的盘整就此启动。

2010年，中国广告市场面临三大拷问：

其一，不确定市场环境下的战略、战术。纵观2009—2010，中国广告市场所有应激反应的源头在于中国经济复苏未来前景的不确定性，这种不确定性不仅只表现在中国经济是否复苏，更表现在何时复苏、何领域率先或延迟复苏、复苏后的波动性及反复性等多个层面。不仅给企业广告主带来困扰，亦同样给媒体、广告公司带来不小困扰。这既是2009年广告主祭起“实用主义”大旗的背后苦衷，同样也是2010年广告主审慎乐观，加强营销传播活动机动性、灵活性的背后推手。那么，如何加强对不确定市场环境的把握，开展更为有效的传播活动，求生存同时确保发展，赢得竞争，将成为2010年广告市场将回答的第一个问题。

其二，非和谐生态环境下的理念及行为。中国大国崛起，然而崛起进行时背后，却面临改革开放三十年的攻坚节点。三十年快速发展积淀下的众多问题亟待解决。中国社会将面临更多的矛盾、冲突，而生存其间的企业，也将面临更多的拷问和攻讦。已然形成庞然大物的央企是否应当承担更多责任？外资企业是否应当脱下傲慢外衣，信息披露更加及时透明？“三聚氰胺”丑闻中，三鹿公关公司的扭曲公关行为是否可以不再发生？农夫山泉“砒霜门”

事件中，政府及媒体是否可以加强约束，形成健康监督体系？2010年，企业、媒体、广告公司等等，埋头谋生存外，更要关注自身所处的生态环境，应对非和谐生态环境，恐怕亦是三方同样需要面临的一大拷问。

其三，惨烈竞争环境下的生存与发展。金融危机阴影尚未完全褪去，激烈竞争中，广告市场中的马太效应将进一步得以增强，强者越强，弱者越弱。强者如何发现市场机会，调动更多社会资源，巩固并加强竞争优势；弱者在强压下，如何找寻自身生存空间，形成强弱转换，三方主体面临同样拷问。

## 演艺业发展概况

徐世丕

2009年，是新中国成立60周年的大庆之年，也是中国演艺业与民同乐、欢度国庆、培育市场、大展魅力的一年。尽管金融危机仍在世界经济领域肆虐，全球包括中国在内的实体经济受到强烈冲击，但在中央政府一系列有力的应对之策付诸实施、国内消费市场不断得到拓展的大背景下，特别是在国务院颁发《文化产业振兴规划》、各相关部门配套措施实施细则相继出台之后，国内文化消费未见消减，文化市场需求持续增长，中国文化产业包括演艺业在内，并未呈现出与实体经济类似的危机，而是呈现出逆势上扬、平稳发展的新特点。由于城乡居民收入不断增长，居民文化需求的不断扩大，演出市场的需求进一步表现出多元化、分众化、市场化的特点；与此同时，随着文化体制改革的进一步深化，大批国有剧院团深化改革、激发活力，加上民营演艺业的强劲崛起，各地新建的大型演出场馆纷纷投入运营，原有国有演出场馆通过资源整合效能大大提升，国内演出市场和演艺行业总体表现出市场扩张、潜力释放、业态活跃、稳步发展的态势。

### 一、2009年我国演艺业发展总体情况

1. 演艺机构总量与从业人员总数

进入新世纪以来，我国国有（含集体）、民营性质的专（职）业剧团的数量，总体表现为持续增长，分类则表现为有升有降的态势。国有剧团的数量因转企改制、资源整合继续呈下降趋势，民营和社会办的剧团数量则继续呈上升势头。

2009年，全国职业性演出机构数量规模继续呈现增长势头，各类职业剧团总数达到6139个，其中民间职业剧团为3128个。按其在文化主管部门登记注册类别区分，国有剧院团为2214个，集体剧团427个，其他性质剧团3498个；按管理部门分，属于文化部门管理的剧团为2644个，其中文化部门直属的2481个，属于其他部门管理的剧团为3495个，社会化趋势已经十分明显；按行政隶属关系分，中央、省区直辖市、地市、县市四级所属剧院团占全国职业剧团总数的0.276%、3.81%、12.67%和83.23%，基层剧团的总数比前些年有较大增长。

2009年，全国演艺从业人员总数为20万8174人，其中民间职业剧团从业人数为5万8077人。在2214个国有剧院团中，拥有高级职称的艺术家为17322人，占总数的13.8%；在以民营剧团为主体的3498个其他类剧团中，拥有高级职称的艺术家为1990人，占总数的2.99%，国有剧院团的人才资源优势明显。

2. 舞台艺术创作生产与演出场次与收入

2009年，我国专业文艺演出院团创作演出成果丰硕。当年新创作首演剧目达到1578个，其中民营剧团为240个，国有文艺院团仍然是舞台艺术生产和原创首演剧目的主力军。庆祝新中国成立60周年献礼演出，剧目多达113台，从6月8日持续到10月31日，让观众领略了近年来舞台创作的丰富多彩和展现的演艺市场活力。

全年国内外各类演出总场次达到创纪录的120.158万场，其中国内演出场次为112.635万场，观众总人数为8.17159亿。国内演出中，农村演出场次为74.059万场，观众人次为5.15891亿，与过去相比，有显著的增加。比较城乡演出，国内农村观众的人数仍然高于城市，占到国内观众总数的63.13%。

特别值得一提的是，在国内演出总场次中，民间职业剧团演出总场次达到69.455万场，占演出总场次的57.8%，民间职业剧团演出场次已经占演出场次总量的半壁江山以上，成为满足城乡基层演出市场需求不可缺少的力量。尤其是在农村演出总场次中，民间职业剧团演出总场次达到45.451万场，占全年国内农村演出总场次的61.37%，民间职业剧团已成为活跃在农村演出市场的主力军。

2009年，我国演出总收入为93.83587亿元，其中，民营剧团演出总收入为10.46913亿元。全国文化部门所属事业剧团2481个，年度总收入为88.90455亿元，总支出为86.06034亿元，收支相抵，总盈余2.84421亿元；全国企业演艺机构3645个，年度营业总收入为21.92928亿元，营业总成本为16.24585亿元，收支相抵，总盈余5.68343亿元。演出效益仍然比较低。

3. 公共演出场馆

2009年，全国艺术演出场馆总数为2137个，其中独

立剧场1583个，附属剧场538个，儿童剧场16个。从业人员46436人。按产权归属划分，其中国有剧场1512个，集体性质剧场158个，其他性质剧场467个。国有剧场一统天下的局面已经有所改变。值得一提的是，全国文化部门新投入地方使用的流动舞台车数量，已经达到1598辆，其全年演出场次已经达到12.071万场，有效地缓解了基层边远地方演出场地严重短缺的状况。在不少省城中，一批新的地标性大剧院投入使用，成为演出市场的高端演出新平台。

2009年，全国1285个艺术表演场馆（事业性质）年度总收入为14.77326亿元，增加值为8.64872亿元；全国852个艺术表演场馆（企业性质）年度营业总收入为22.58242亿元，增加值为16.97825亿元。

4. 演出经纪机构和大众演艺娱乐场所

2009年，国家对于社会办演艺机构的政策进一步落实，演出市场经营活动更加规范。统计资料显示，全国各省市自治区文化主管部门登记注册的国有、民营演艺经纪机构，已经达到1237家。这些演艺经纪机构组织的国内外演出项目的总场次，已达到5.27万场，观众数量达到1.19亿人次。不容忽视的大众化非专业的营业性演出，已成为演出市场多元化需求扩大的重要指标。全国依法经营的夜总会、演艺吧等大众化娱乐性场所，其数量达到8.22万家，其中歌舞娱乐场所50816家，从业人员530930人。这些场所演出的场次与观众总量，虽无统计数字，但绝不会低于公共剧场的数量。

5. 公益性演出

2009年，国家公共文化服务体系进一步健全，各级文化部门通过公共财政购买服务"送戏"下乡、下社区、下工矿，给缺少固定演出场所的边远地区配备流动演出车等方式，进一步保证人民基本文化权益，满足群众基本文化需求，中央和省区市属国有专业剧院团组织完成了年度下基层慰问演出活动。另一方面，广大城乡基层的公益性演出活动进一步活跃，全国文化馆、群众艺术馆自办的文艺团体，总量已达到5260余个，全年演出总场次为7.5万场；群众业余演出活动更加普及，乡镇社区文化站、宣传文化中心组建的业余文艺机构，数量达到26万个，它们成为我国演艺市场消费与演艺人才的重要社会基础。

## 二、2009年我国演艺业发展特点

1. 国有演艺机构在文化体制改革中努力实现向文化市场主体的转型，开始呈现出新的活力和竞争力

2009年7月中宣部、文化部联合下发《关于深化国有文艺演出院团体制改革的若干意见》，由此掀起中国演艺领域新一轮改革大潮，从中央到地方，各级党委政府主导剧院团改革的意识与实际工作力度加强，改革领域范围拓宽，配套措施进一步完善，国有艺术表演团体的深层次改革，正由点到面，宏观推进，微观活跃。国有剧院团转企改制路径日渐清晰，综合配套政策措施逐步健全，国有剧团多元发展模式开辟新路。到2009年年底，全国完成转企改制的国有剧院团已达122家，其中年内完成转企改制的共71家；2009年公布进入转企改制名单的69家剧院团，全部进入改革进程，其中已完成体制转换程序并挂牌运营的演艺企业院团接近50%。

到年底，文化部直属的国家东方歌舞团完成转企改制，在原来的东方歌舞团和中国歌舞团基础上组建了中国东方演艺集团有限公司。刚刚组建的北京演艺集团和6年前组建的江苏演艺集团成为省区市级国有演艺院团体制改革的代表。河北大厂评剧团的转企改制，为具备条件的县级国有剧团真正转变为演出市场主体，迈出了第一步。通过深化体制改革，演艺领域的各级国有经营性文化事业机构，正在以转换体制、完善机制等多重变革、多元发展为路径和动力，重塑中国演出市场主体和主力军地位，开拓新的发展天地。

2. 民营演艺行业实力逐步壮大，竞争力开始显现

2003年以来，国家关于发展民营文化产业、重视并扶持民营演艺业的政策陆续推出，我国民营演艺业迎来了大发展的春天。从政策完善到市场变化，从投资来源的多渠道到灵活方式，诸多宏观微观因素促成民营演艺业快速崛起并持续发展。比如各地中心城市演出市场逐步激活，居民文化消费需求增强，演艺市场公平竞争的环境获得持续改善，城乡演出市场的多渠道拓展，特别是加上国有剧院团处于改革过渡期留下的市场需求空间，给境内外民营演艺机构的发展创造了有利环境。民营演艺机构由于其在资本投入、人才选拔与代谢机制、剧目选择、市场信息、经营管理诸多方面的灵活性，其推出的演艺产品比较适应观众需要，往往可以获得较好的市场效益。他们与国有演艺机构，有利于形成国内演出市场良性竞争的格局。以生态实景、民族风情、文化遗产演绎和旅游节庆晚会为四大支柱，以社会多元投资资源整合为特点的中国旅游演艺行业，不仅改变了舞台演艺的传统格局，为传统演出行业展示新的发展天地，而且已经成为国内演艺市场获得可持续发展动力的新领域。突出的例证如，山水实景演出著名品牌广西《印象·刘三姐》，2009年观众的总人数达到125万，营业收入2.6亿元，占阳朔GDP总量的10%。

3. 基层演出市场开始激活，城市演出市场分众化趋势突出

2009年，虽然金融危机继续在国际蔓延，但国内需求在政府宏观调控下进一步激活，广大城乡基层社区、村镇的居民的实际收入并未收到大的影响，老百姓直接观赏

舞台艺术演出等文化需求开始复苏，基层演出市场开始展现活力。2009年，省市县级专业剧团下乡演出乡镇覆盖率接近100%。众多国有剧院团体获得各级政府购买公共文化服务的资助，使全国广大中小城市与农村演出市场进一步活跃，激活了舞台艺术的生产力。

与此同时，国内演出市场多元化、时尚化发展特点进一步显现，鸟巢、水立方等大型体育场馆举办的大型、超大型演唱会，港台明星的个人专场演唱会，此起彼伏，拥趸众多，票房飘红。国外著名演出项目的引进，成为国内知名演艺经纪机构赚钱的“杀手锏”。特别是大中城市演出市场分众化趋势，使京津沪渝穗杭蓉等大型城市小剧场群落变为新的演艺热点，一批近年来毕业于艺术院校的演艺人才，不满足于国有老体制的束缚，纷纷组建戏剧工作室等民间演艺机构，他们靠新人出演、靠原创新作竞争，为自己展露演艺才华开辟出一片新天地。

4. 政府公共文化服务资源配置机制，为市县级基层国有剧团生存与市场活力的重新激发，产生正面助推作用

随着国家公共文化服务体系体制机制进一步健全，各地政府为了保障城乡居民基本文化权益，积极完善和创新财政投入方式，以“政府买单，群众点单”的方式，按照“政府出资，市场运作，乡镇搭台，农民看戏”的思路，通过购买演出产品，组织和支持国有剧院团送戏下乡、下厂、下社区，发挥了一箭双雕的作用：一方面，在我国长期计划经济环境中形成的看戏不要钱的消费习惯影响下，国内演出市场特别是基层演出市场处于观众想看戏、剧团演不起戏的两难境地。政府以购买演出服务的方式，既可以保障民众的基本文化权益，实现宣传效果，又可以培育群众观剧兴趣，逐步激活城乡基层演出市场，同时也给普遍处于生存困境的县市级国有剧团提供了生存助力和发展机遇。

5. 国家投资建设的一批高水平、标志化、综合性大剧院成为演出品牌

北京作为中国演艺业中心，拥有国家大剧院、人民大会堂、保利剧院、梅兰芳大剧院、长安剧场、民族宫剧场、刘老根大舞台等28家大型现代化剧场，2009年各剧场演出季档期密集，演出活动日程紧俏，充分显示了演艺业“逆势上扬”的魅力。各省区市在省会城市新建的文化地标，几乎都是当地演艺中心，上海大剧院、杭州大剧院、广州大剧院甚至东莞白玉兰大剧院的影响，已经超越地方剧院品牌，成为国内外享有知名度的著名演出场地。

6. 演艺市场投资方式的市场化取向，极大地拓展了剧目生产的投资渠道，为一批新剧目、新品种创意空间的形成和发展环境的优化，产生积极推动作用

港中旅的下属子公司天创公司，是一家文化部批准成立、专门从事大型演艺项目策划和国际演艺项目经纪的国家A级演出机构。2009年8月，天创以自己在北京连续驻场演出5年的品牌剧目《功夫传奇》为抵押，向北京银行贷款100万美元，与加拿大某公司共同投资，将该剧带入英国伦敦西区，连续商演27场，场均收入4.5万美元，创造了中国出口商演场均演出收入的最高水平。

## 三、2009年我国演艺业存在的主要问题及对策建议

1. 必须正确处理国有文艺演出院团体制改革的多元化取向和行政意志主导下的简单化与“一刀切”做法的矛盾

省市级以上大中型国有文艺院团的改革已经经历30年，除了少数院团取得一些局部经验外，大多数剧团及其主管部门因观念和综合配套改革环境的限制，习惯于在旧体制下过无风险的“穷日子”，这其中观念和体制禁锢与发展方式的僵化是关键。2003年以来，特别是2009年，国有文艺院团转企改制获得新政策强力支持，一批试点院团走出第一步，取得了明显效益。但是，改革的单一模式与改革主体的多元化取向存在矛盾，改革路线图的行政指令要求成为一些地方官员敢于推行剧团体制改革“一刀切”“一锅烩”“合并风”等简单化做法的挡箭牌，这些年来，此类简单化的做法已经让我国传统表演艺术、非物质文化遗产的传承倍受打击，后果严重，必须加强政策调研，及时对策，实事求是地加强对改革进程的指导，以确保文化体制改革取得成功。

2. 必须正视基层国有剧团改革模式困境和前景困惑，按照科学发展观的要求，加强对基层剧团改革的指导

在我国，千百年看戏历来是基层百姓的基本文化消费方式。地县级以下的基层剧团中国有剧团一直在70%以上，近年来进一步上升到83%左右。然而在这个文化服务基层的重要层面，却鲜有解决他们改革和发展实际问题的对策和政策。基层剧团的改革和发展，是涉及我国优秀文化传承、表演艺术事业发展繁荣和文化软实力振兴战略课题，必须给予充分重视并加以解决。

3. 国有剧场的改革需要尽快纳入国家文化体制改革总体框架

剧场是公共文化设施，是演艺产品价值实现的物质平台，也是剧团生存的依托。新中国成立以来，剧场、影剧院一直是国家财政投入的重点文化领域。国家拥有的艺术表演场所，最多时期是1965年，达到2934个，最低是1978年，1095个，2009年是1499个，其中属文化部门管理的是1248个，而文化部门拥有的公共剧场最多的是1991年。近十年来，各地新建了一批现代化大剧院，而与此同时，许多位置优越的老剧场被拆除，大多让位于商业开发。国有剧团没有排演场和演出剧场，一度严重制约

了他们的生存和发展。与此同时，一大批剧场却因破败老化被闲置或转卖，能够正常经营获得收益的剧场不多，且基本无助于国有剧团的生产经营，这种状况不应该继续下去。尽快拿出对策，盘活存量资源，将使国有剧团改革获得有力支持。

4. 演出票价虚高和演出消费观念的转换成为突出问题，文化部门应该加大调控力度

演出市场需求与演出产品生产、消费的结构性矛盾已经成为制约我国演艺业发展的突出问题。转变长期形成的看戏不花钱的观念，对于演出市场的发展至关重要，而解决这个问题，首先应从官员们带头做起。解决演出一律高票价的定价机制，也是促进观众走进剧场看得起戏的重要方面，文化部门应该为解决这类社会文化消费落后观念制定有效对策，其中包括发挥政府文化部门对文化消费价格的调控职能，对各类演出价格制定合理的指导意见，这将有助于演出市场的健康发展。

# 文化会展业发展概况

会展业作为特殊的服务业，其自身发展与整个经济态势有着非常密切的关系。通常情况下，整体的经济环境会影响到展会的规模和参展商的参展意愿，从中国贸促会（CCPIT）和会议管理协会（PCMA）等机构发布的相关研究结果来看：在全球金融危机的阴影下，我国的会展业普遍受到了较大影响，参展企业大幅缩水，成交额下降，整体取消展会、规模缩小、展位价格降低等层出不穷。会展业同时肩负着扩大内需、促进出口和应对危机、持续发展的双重使命，在全球会展业受到金融危机重创的同时，中国的会展业却为本国经济的回暖搭建了展示交易的平台，这也说明了2009年的经济在年初的寒冬之后渐渐回暖，由此带动了文化会展经济的回升。

## 一、2009全国会展业概况

《2009年度中国规模以上展览机构调研分析报告》指出，2009年度规模以上（毛面积3万平方米以上）展览会254个，展出总面积19，283，391平方米；2009年度全国展览会（在会展中心举办）的总展出面积38，767，149平方米；2009年度全国展览业直接收入总额为140.16亿元，同比2008年的145.03亿元下降了3.36%。相关数据表明，2009年全国30个省市区（浙江、山东、安徽、福建、江西、江苏、上海、广西、广东、海南、北京、天津、河北、河南、山西、湖南、湖北、陕西、宁夏、新疆、甘肃、青海、内蒙古、辽宁、吉林、黑龙江、重庆、贵州、四川、云南）的展馆举办会数为4603个。

其中，全国的前五强分别为：上海，举办会展数557次，占全国的12.10%；广东，举办会展数507次，占全国的11.01%；北京，举办会展数440次，占全国的9.56%；浙江，举办会展数435次，占全国的8.78%；江苏，举办会展数404次，占全国的8.78%，这五个地区办展总和为2343次，占全国办展总和的50.9%。

2009年展馆举办会展持续时间最长的是31天，最短的为1天，持续时间为3天的会展占会展总数的73.25%，持续时间为4天的会展占会展总数的17.29%，平均持续时间为3.32天。

对2009年全国展馆里举办的会展情况，根据展会性质进行统计和分析，机械、加工、工业方面相关的会展最多，占所有行业会展总和的18.23%；其次是化工、能源、环保方面的会展，占所有行业会展总和的9.52%；再次是建筑、装潢、五金方面的会展，占所有行业会展总和的9.05%。

## 二、2009全国文化会展经济回暖

1. 会展业总体遭遇经济寒流，文化会展逆势增长

2009年7月22日，国务院总理温家宝主持召开国务院常务会议，讨论并原则通过了《文化产业振兴规划》，这是中国在金融危机中继钢铁、汽车等十大振兴规划后，出台的第十一个产业振兴规划。该规划明确提出把文化会展业作为文化产业的重要部分进行发展，这为文化会展业的发展提供了良好的平台和环境。

所谓文化会展，顾名思义即是关于文化产业的展会，目前全国有较大影响力的文化产业博览会主要有中国（深圳）国际文化产业博览交易会、中国西部文化产业博览会、北京文化创意产业博览会、中国东北文化产业博览交易会、中部六省文化产业交易博览会、南京文化产业交易会等。

2009年5月15—18日，第五届中国国际文化产业博览交易会在深圳会议展览中心举行。此次文博会共分为博览与交易、峰会、评奖、节庆、网上文博会和人才文博会六大内容板块。在展会场地方面，主会场设在深圳会展中心，总面积10万平方米，设置为8个专业展馆，另在全市各区共设立30家分会场。本届文博会总成交额达到了877.62亿元，比上届增加了175.3亿元，其中高科技型文化产业的成交额达到249.6亿元，占总成交额的28.44%。成交额超过一亿元的项目数达到84个，其中最高成交额达102.41亿元。参观本届文博会各项活动的观众达351.75万人次，比上届的全部观众数增加83万人次。共

有28个省区市、56个国家和地区的1708家政府组团、机构和企业参展，专业观众达36.83万人次，其中境外专业观众7.46万人次，比上届增长了20%。欧盟组织了30人左右的代表团参会，同时中欧文化产业高峰论坛亦在此期间举行，共有200多家境内外媒体近1000名记者参加本届文博会报道。分会场达到30家，比上届增加6家。展会期间，举办了内容丰富的各类展品拍卖等交易活动。据统计，本届文博会分会场在文博会期间举办的论坛、拍卖等各类活动达到250多项。展会期间，主分会场在活动数量、规模以及所涉及领域等方面明显超过历届，使中国文化产业发展成果得到一次年度的检验。深圳市委常委、宣传部长王京生表示，此届文博会人气兴旺，成交活跃，总成交额和对外出口尤其是文化出口持续攀升。高科技型文化产业，龙头企业以及产业带动型大项目成交情况喜人，文博会“文化＋科技”的特色日见鲜明。文化产业核心层、九大产业及创意产业的展陈内容更加突出，权威性提高，辐射面扩大，影响力也有了新的提升。①

以北京为例，文化会展业呈现非常明显的振兴趋势。2009年初，在当代全球艺术和经济低迷的情况下，亚洲艺术高端艺术博览会却高调在中国国际贸易中心举办。此次博览会共有80多个艺术团体和机构参加，展位300多个。2月又开展了中国非物质文化遗产传统技艺大展活动，这次活动是近代以来规模最大、种类最为齐全、内容最为丰富的一次传统技艺大展。4月同样在北京中国国际贸易中心开展了第6届中艺博国际画廊博览会(CIGE2009)。2009年年末，由文化部、国家广电总局、新闻出版总署和北京市人民政府共同主办的第4届中国北京国际创意产业博览会在北京国际展览中心举行。

2009年4月28日以“提升文化内涵，壮大文化产业”为办展主题的2009中国义乌文化产品交易博览会在义乌市梅湖会展中心举行。这次文博会商品交易类展位比上届提高了约10个百分点，并根据参展商和采购商的要求，进一步优化了参展区布局，使整个展会的交易和展示功能更加具有实效性。北京、福建、江苏、上海等20多个省(市、区）200多家企业参加本届文博会；境外交流展区吸引了韩国、泰国、美国、德国等10多个国家和地区的参展企业。本届文博会文化内涵丰富，亮点纷呈。既有展示优秀民族工艺的“云南民族文化展”，也有展示国外文化、旅游、教育、风土人情的国际交流展区，还有书画古玩精品展，以及潮汕办公用品、景德镇瓷器、德化陶瓷、宁波工艺、丽水三宝、衢州文体、舟山贝雕、嵊州艺术村等各地民间传统工艺品，文化内涵与往年相比显得更为丰富。

2009年10月28日至11月1日主题为“一脉传承·创意未来”的第二届海峡两岸（厦门）文化产业博览交易会共确认参展标准展位1146个，比首届的960个展位超出186个。其中，台湾地区展位达385个，占展位总数的33.6%；港澳地区展位20个，实现了辐射港澳的预期目标。现已确定签约项目73个，涉及金额人民币77.2258亿元，签约金额较首届增长了32.75%，展位规模和签约金额双双超越了首届，展会的平台作用日益凸显。

如此众多的文化会展相继举办，不仅仅是我国相关政策扶持的结果，也是“扩大内需”的真实体现和我国文化会展业经济回暖的重要表现。

2. 文化会展助推文化产业

文化会展是现代城市经济建设的重要组成部分，它在一定程度上代表和反映了城市文化产业的重要发展成就。2009年，文化会展带动文化产业经济发展、助推产业升级作用显著，各种文化会展为众多文化企业提供了大量文化信息、搭建了众多平台，带动产业链上下游融合，引领企业走国际化道路，提高了它们的综合竞争力。

2009年，文博会公司加强了与中国贸易促进委员会、中国服务贸易协会等专业组织的合作，调动其海外资源，吸引到来自欧美、亚洲、大洋洲，南美洲等56个国家和地区的约1.5万海外买家。包括意大利旅游局、魔道斯有限公司、意大利普意特商务有限公司等一批外国政府机构和知名企业都在文博会主展馆进行了展示。

2009年中国长春冰雪旅游节暨净月潭瓦萨国际滑雪节12月1日举行，共开展冰雪旅游、冰雪体育、冰雪文化、冰雪经贸等70多个项目活动，接待国内外游客905万次，有力地促进了长春市冰雪文化旅游业的发展，扩大了长春冰雪旅游品牌的国际影响力。

2009年第二届海峡两岸（厦门）文化产业博览交易会以项目为纽带搭建文化产业与资本对接平台，集中体现为四个结合：将文博会项目与落实《文化产业振兴规划》结合起来；与打造福建、厦门现代服务业中的文化产业集群结合起来；与实施文化产业项目带动，建设厦门“创意之城”结合起来，把挖掘传统文化内涵与突出产业新兴业态的招商结合起来。另外，文博会期间，两岸推出了一批重要文化产业项目，广泛开展招商对接活动，深化了两岸三地文化交流与产业对接。本届文博会以“突出两岸、突出产业、突出交易”为指导，特别注重对国内外采购商的邀请，参会的客商组团有达56个，总体上，本届文博会的交易性得到了进一步提升。

当代中国文化产业的重要问题就是产业链孤立。而文化会展业很好的解决了这个困扰中国的问题。以2009年

① 《第五届文博会圆满闭幕 总交易额877.62亿元》，http://www.gd.xinhuanet.com/newscenter/ztbd/2009－05/18/content_16558905.htm。

第五届中国国际动漫节为例。第五届动漫节包括：开幕式暨“美猴奖”颁奖晚会、中国COSPLAY超级盛典、第五届中国国际动漫人才招聘会、动漫巡游表演、动漫产业项目投资洽谈会、2009国际动画片交易会、杭产动漫电影日、法国日、动漫高峰论坛等活动。这些活动有效地解决了前期动漫策划、中期动画加工、后期动画上映及衍生品（包括衍生玩具、衍生话剧、衍生图书出版等）的开发，再加上学术上的探讨，真正意义上融合了动漫的产业链。

2.“展览”、“会议”、“节事”深度融合

2009年，“展览”、“会议”、“节事”三者不再孤立，而是进行了深度的融合。一方面，政府为文化产业发展提供了有效的政策指导，加强了与各企业之间的联系；另一方面，文化会展也在拉动内需服务，成为文化产业链条中的重要一环。

两大高峰论坛是2009年第五届中国（深圳）国际文化产业博览交易会的重头戏之一。中国文化发展战略论坛2009年的主题是“金融危机下中国文化产业面临的机遇和挑战”。中宣部改革办、商务部服务贸易司还分别在论坛上发布了《我国文化体制改革状况年度报告（2009）》和《我国文化产品和服务进出口状况年度报告（2009）》两个重量级报告。另外，首次引入文博会的中欧文化产业论坛，本届的主题是“加强对话，共谋发展”。200余位来自中欧双方的文化产业界人士和政府相关负责人就双方的合作进行了探讨，达成多项共识，有力推动了“制定有利于中欧文化产业发展的政策”的进程。

2009年，各地政府更加重视综合博览会与文化产业的结合，使得“大会展”精彩纷呈，亮点不断涌现。如，在北京举办的2009年11月25日至29日第四届文博会，主要包括综合活动、展览展示、论坛峰会、推介交易、文艺演出、创意活动六大系列，体现了“展览”、“会议”、“节事”的高度融合。此次文博会分为主会场和分会场。分会场包括第七届中国国际网络文化博览会、中国礼仪休闲用品采购商大会、艺术中国——全国画展、京华遗韵——西方人眼中的老北京、“触·觉——从罗浮宫到世纪坛”艺术巡回展、北京电影学院动画学院分会场、北京工业创意成就摄影及艺术品展、高仿印刷艺术品展和北京市区县文化创意活动创意分会场等。主展场设有广播影视、文物及博物馆衍生品、文化旅游商品、体育产业、新闻出版与版权贸易、游戏动漫、设计创意、画廊及艺术品、创意礼品等专业展馆（区）；全国各省市区文化创意产业、北京文化创意产业聚集区和来自我国台湾的50余家文化创意企业设立专馆整体展出。论坛峰会包括主论坛“中国文化创意产业发展国际论坛”和“广播电影电视发展论坛”、“中国（北京）国际版权论坛”、“博物馆特色旅游论坛”、“京港台文化旅游创意产品设计师论坛”、“动漫产业发展国际论坛”、“北京体育产业发展论坛”、“文化创意产业集聚区发展论坛”以及“北京文化创意产业发展论坛”等8个专题论坛。

2009年第二届海峡两岸（厦门）文化产业博览交易会举办了海西城市论坛，邀请两岸的市（县）长、知名学者及文化产业界的精英，围绕海西城市群的文化创意产业发展策略、两岸文化创意产业园区的跨区域合作、文化创意产业与城市品牌的建设与管理等议题进行集中研讨，谋划海西文化产业发展的新思路，为推进两岸文化产业深度对接和海西城市群文化产业发展提供智力支撑。与此同时，从2009年8月下旬开始，厦门相继举办了沙滩文化节、海峡摇滚音乐节、两岸城市文化创意地标评选、创意设计大赛、海峡两岸闽南语歌曲歌手大赛等活动，把筹备文博会的过程变成群众享受丰硕文化成果的过程，把文博会办成群众性的文化盛会、大众介入和旅游热点，最大限度扩大了本次文博会的社会影响。

这表明“大会展”的概念已被业界所普遍接受，“展览”、“会议”、“节事”的融合进一步深入人心。

## 三、2009全国文化会展问题分析

由于国家政策的支持和经济环境的改善，2009年的文化会展业比以往有了较大程度的提高。但是，由于我国文化产业发展较晚，且文化产品实用性相对较差及受我国基本国情的所限，中国的文化会展业呈现出占各行业展会总体比例偏小的特点。据不完全统计，2009年我国文化产业以及相关产业举行的文化会展次数占全年各行业会展次数总和的7.41%。其中，教育、培训、艺术方面的文化会展次数占全年各行业会展次数总和的2.72%；影视、娱乐、体育方面的文化会展次数占全年各行业会展次数总和的2.65%；媒体、广告、出版方面的文化会展次数占全年各行业会展次数总和的2.04%。

1.行业发展秩序较为混乱，管理有待进一步加强

文化会展业在发展过程中不可避免地会出现市场秩序混乱、重复办展、无序竞争等不足，如果不加以充分重视，就将成为束缚文化会展业发展的重要障碍，2009年这类问题依然比较突出。以动漫会展热为例，动漫会展热在2008年已经凸显，各地方的动漫节风起云涌，2009年前9个月，全国大大小小的动漫会展（节庆）将近50个，月平均5个还多。

针对各地乱象丛生的动漫热，国家及相关主管部门出台了系列文件，加强了对动漫节的管理和引导。2009年6月，文化部下发了《关于加强动漫游戏会展交易节庆等活动管理的通知》。该《通知》明确了各类动漫会展交易活动的审批程序，对不同规模的动漫会展，在审批环节上提

出了"经主办单位所在省级文化行政部门初审后报文化部审批"，"由主办单位报省级文化行政部门备案"，"由主办单位直接报文化部审批"和"由其主管部门报文化部审批"4种要求，对未经文化行政部门审批而擅自举办的动漫游戏会展交易活动，则要求"文化行政部门或文化市场综合执法机构应当及时制止，并依法予以查处"，并指出要严格控制和压缩政府参与主办的动漫游戏会展交易活动，同时规定"一般性、地方性的动漫游戏会展交易活动不得冠以'中国'、'国际'、'全国'等名称"。

对动漫热的紧箍咒在持续加强，2009年9月，文化部发布了《文化产业投资指导目录》。该《目录》根据我国文化产业发展的具体情况和《文化产业振兴规划》提出的发展方向，分为鼓励类、允许类、限制类和禁止类四部分内容。限制类包括4个限制对象，其中就有"国内大型动漫游戏会展"。在中央编办下发的《关于印发〈中央编办对文化部、广电总局、新闻出版总署"三定"规定中有关动漫、网络游戏和文化市场综合执法的部分条文的解释〉的通知》（中央编办发〔2009〕35号）则规定："文化部负责动漫和网络游戏相关产业规划、产业基地、项目建设、会展交易和市场监管。国家广播电影电视总局负责对影视动漫和网络视听中的动漫节目进行管理。国家新闻出版总署负责在出版环节对动漫进行管理，对游戏出版物的网上出版发行进行前置审批。"

与此同时，我们同样看到随着文化产业作为国家战略的提出，各地对举办各种文化会展的热情持续高涨，对这种情况，相关主管部门更应当及时出台文件或法规，对此进行疏导。相关主管部门首先需要在明确其主管权责的前提下，对全国的文化会展业进行系统的统计、规划、调研，并在此基础制定促进文化会展业发展的宏观政策，拟订文化会展业发展的规划，制定展会、办展企业和展览场馆的税收优惠政策，规范办展主体的行为和办展手续等。其次需要抓紧制定相关法律、法规，加强对非市场行为的控制与管理。

2. 文化会展业发展的区域差异进一步扩大

目前中国文化会展主要分布在北京和上海、广州、深圳等经济发达地区。相关调查数据显示：全国举办会展最多的省市首推北京，上海紧跟其后，广东最为活跃。从会展收入看，广东、北京和上海占据了垄断地位，占全国会展收入的近90%。2009年，全国会展业东西部差异明显。从统计中的4603个会展数据分析，前五个地区（上海、广东、北京、浙江、江苏）办展总和为2343次，占全国办展总和的50.9%。由此向我们预示着我国会展业发展区域差异将进一步扩大，区域间的文化会展不平衡格局将在各地文化产业的不均衡发展中很难被打破。在西部开发的大背景下，国家更应当通过政策、资金等手段对中西部的文化会展业进行扶持，以此缩小东西部之间的差距，而不是拉大这种差距。

3. 文化会展业相关专业人才供需矛盾突出，文化会展专业教育任重道远

现代会展业是一个涉及面广、政策性强、对专业人才和复合型人才需求极大的产业，它与展览信息、展览咨询、施工、评估、道具、设计装潢等专业密切相关，然而中国会展业的从业人员普遍缺乏系统的会展知识和相应的操作技能。文化会展作为会展业的一个重要门类，与文化产业关联度极高，目前在国内既懂会展又懂文化产业的综合型人才较为缺乏。相关数据表明，在广州，主营会展业务的企业近四百家，约需专业人才近8000多人，存在巨大的人才缺口，武汉会展业专业人员不足300人，缺口更高达70%，而国内不少高校的会展专业设置和培养模式雷同，从而带来会展专业人才供需的结构性矛盾，对此有关教育部门仍然没有给予充分重视，对综合型文化会展人才培养之路仍然任重而道远。

## 四、未来中国文化会展业的发展趋势

2010年由于"上海世博"的开幕而被公认为是走向未来的"世博年"，因此面对的经济危机余震2009年显然起到了承前启后的作用。中国文化会展业在经历了2009的复苏与2010年的振兴后将进一步获得广阔的发展空间。

1. 各地政府将会进一步加大对文化会展的政策扶持力度

2009年，政府出台了一系列振兴和规范文化会展业的相关政策，文化会展业得到了一定的提升。未来政府仍然是我国文化产业的重要领导力量，其支持力度主要表现在：一是资金支持，各地政府可对文化会展进行直接或间接的资金扶持；二是优化发展环境及规范市场秩序，这样有助于提高会展效率、降低会展成本、提高会展服务质量；三是提高展馆硬件建设，与《文化产业振兴规划》相呼应，2010年各地方政府加强了对会展中心、国际会议宾馆、酒店等基础设施的改造力度，力图提高当地文化会展接待能力，从而提升本地文化会展的竞争力。

2. 新媒体技术与会展业的结合将成为未来文化会展业的重要发展方向

2009年是新媒体蓬勃发展的一年，互联网网民人数已接近4亿，3G手机也得到了一定程度上的普及。伴随着新媒体的发展，各种虚拟方式相继诞生。2009年几乎所有的大型会展都有自己的网络展会，虚拟与现实的展会交相辉映。如，2009年二月底的"成都市首届网上房产交易会"及由中国电子商务协会主办的"首届中国电子商务文化节暨网络购物展销洽谈会"，就是融合了数字媒体艺术的的全新展销形式。新媒体技术的飞速发展带来了会

展形式的丰富多样，结合新媒体和网络技术的会展形式将是未来文化会展的发展方向。

# 互联网与新媒体产业发展概况

熊澄宇　陈兰芳　蒋亚隆

2009年的中国互联网传媒产业市场走势良好，网民规模持续增长，各个产业门类发展良好。基于新技术的网络形态如微博、移动互联网等开始兴起，网络持续成为传达民情民意的平台，吸引着受众和主流媒体的眼球，而政府也对互联网保持了高度重视，出台了一系列法律法规来规范互联网行为，促进互联网传媒产业发展。2009 年 9 月份，国务院出台《文化产业振兴规划》，其中也包括了重点扶持网络游戏、电子出版物出口等促进互联网产业发展的条款，同时，对三网融合的政策扶持也已初露端倪。

## 一、互联网传媒产业基本状况

截至 2009 年 12 月末，中国网民规模达到 3.60 亿人，普及率达到 26.9%。① 网民规模较 2008 年底增长了 6.3%②

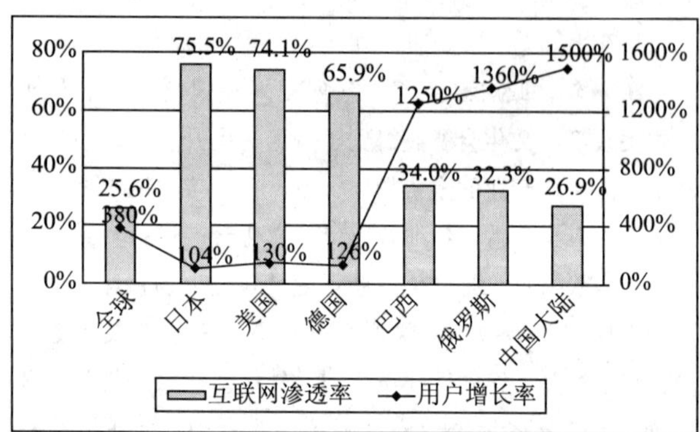


**图 1　各地区互联网渗透率及增长率对比③**

中国互联网渗透率远低于美国、德国、日本等发达国家，即使与俄罗斯这样的传统大国或巴西这样的发展中国家相比也都还有一定差距，这说明中国的互联网还在普及过程中。但是 2001 年到 2009 年，中国的互联网用户增长率高达 1500%，这种速度相对来说即使在发展中国家也是比较罕见的。这说明我国互联网用户还在扩张，潜在市场还在扩大。其中我国移动互联网人数达到 1.96 亿，同比增长了 66.7%，这一规模也在迅速扩张。

IP 地址分为 IPv4 和 IPv6 两种，目前主流应用是 IPv4。2009 年底 IPv4 地址已经达到 2.3 亿，数量仅次于美国，是全球第二大 IPv4 地址拥有国，年增长率为 28.2%。目前 IPv4 资源增长率持续下滑，随着 IPv4 资源的短缺，形势将更加严峻，这或许预示着 IPv6 时代的到来。至 2009 年 12 月，中国的域名总数为 1681 万，其中有 80%为 cn 域名，域名注册者在中国境内的网站数达到 323 万个，网站数量较上一年增长了 5.6%。④

## 二、互联网传媒产业细分情况

2009 年中国互联网经济市场整体规模预计将达 743 亿人民币，同比增长 30.7%。互联网传媒产业可以分为如下类别：新闻网站、视频分享网站、搜索引擎 、网络游戏 、即时通讯、网络社区（SNS)、博客和微博 、邮件列表 、数字音乐。在此我们将就不同类别分别进行论述：

### 1. 新闻网站

新闻网站主要分为两类：新闻门户网站和门户网站的新闻频道，前者主要是依托于新闻传媒集团，是传统媒体内容发布渠道的拓展，后者则依托于民营网络公司，将新闻作为其网络子产品进行运作。门户网站的新闻频道没有新闻采写权，它通过与传统媒体建立契约关系取得该媒体内容的转载权。

2009 年 11 月，新闻门户网站总体日均覆盖人数达到了 2714.3 万人，总体有效浏览时间 1.3 亿小时。主要新闻门户网站到达率如图 2 所示：

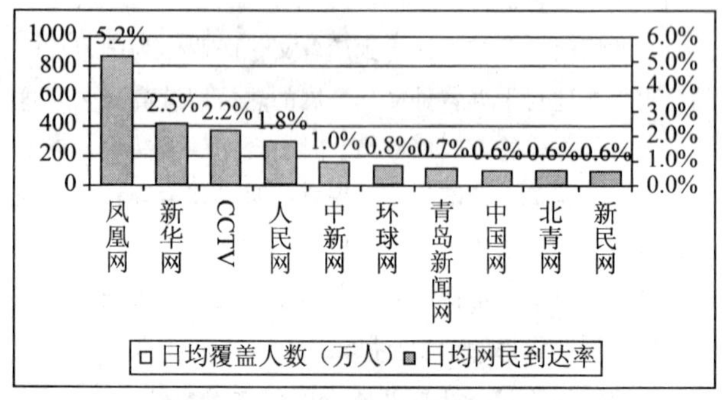


**图 2　新闻门户网站到达率排名⑤**

注：日均网民到达率＝该网站日均覆盖人数/所有网站总日均覆盖人数

---

① 世界互联网统计网站 Internet World States http：//www.internetworldstats.com/ 2009.12

② 中国互联网络信息中心（CNNIC）第二十五次中国互联网络调查统计报告 2010.1.18 获取自：http：//research.cnnic.cn

③ 世界互联网统计网站 Internet World States http：//www.internetworldstats.com/ 2009.12

④ CNNIC. 第二十五次中国互联网络调查统计报告 2010.1.18，http：//research.cnnic.cn

⑤ 艾瑞，09 年 11 月新闻门户网站行业数据，http：//www.iresearch.com.cn/View/107868.html

在新闻门户网站中，凤凰网的到达率处于领先地位，高出排名第二的新华网近三个百分点，凤凰网和CCTV以其在视频新闻方面的优势获得巨大的流量，新华网和中新网则以其通讯社的资源优势获得了较高的排名，环球网、北青网和新民网在传统媒体上的优势延伸到了其网络媒体中，青岛新闻网在地方新闻网站中显露头角，其经营模式值得关注。

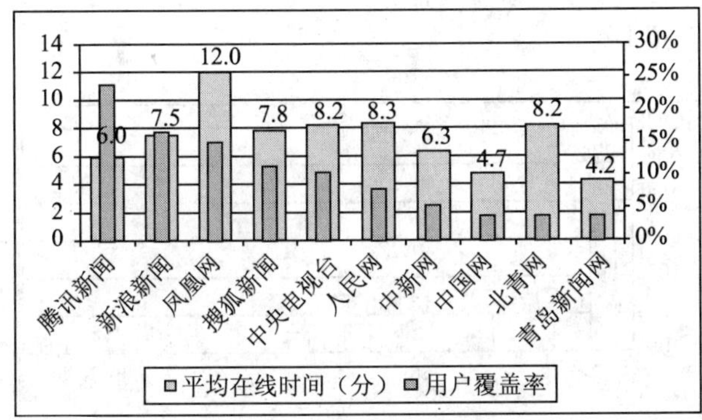


**图3 主要新闻网站覆盖率及粘连度排名①**

与新闻门户网站相比，门户网站的新闻频道在覆盖率上占据着明显的优势，腾讯新闻频道覆盖率为24%，在新闻网站中排名居首，新浪新闻频道和搜狐新闻频道的覆盖率也都超过10%，在覆盖率排名前五位的新闻网站中，只有凤凰网和中央电视台能和门户网站新闻频道相抗衡，很大部分原因在于电视媒体在视频新闻方面的独有优势。与门户网站的新闻频道相比，传统媒体的网络新闻平台在覆盖率上不具有优势，但是两者差距不太。

与此相反，新闻门户网站在粘连度方面占据优势地位，网友的浏览时间是衡量网站粘连度的重要指标，如图3所示，平均在线时间在8分钟以上的4个新闻网站都是新闻门户网站，其内容都依托于传统媒体，传统媒体新闻的独有性在网络媒体的竞争中是一个巨大的优势，具有很大的挖掘潜力。

2. 视频分享网站

2008年中国网络视频用户规模达到2.3亿人，用户覆盖率达到了78.5%，4/5的网民是网络视频用户，但是网络视频用户增速由去年的96.5%下滑至44.9%，降了近二分之一。2009年网络视频用户增加到了2.4亿，网络视频付费市场规模2008年达到了13.2亿元，其中企业付费市场相比个人付费市场贡献更加突出，且增长率也明显高于个人付费市场（见图4）。

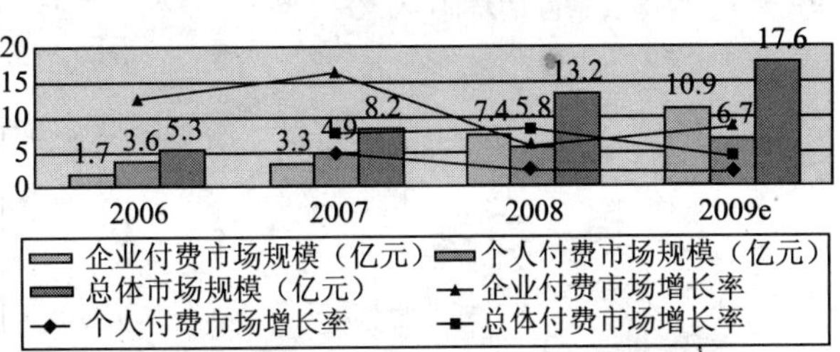


**图4 中国网络视频市场规模及增长率对比②**

3. 搜索引擎

2009年中国搜索引擎市场规模达69.5亿元（约合10.2亿美元），相比2008年的50.3亿元，同比增长了38.2%。如图5所示，搜索引擎在中国互联网经济市场中的比重在逐年上升，预计这一上升态势还将持续。

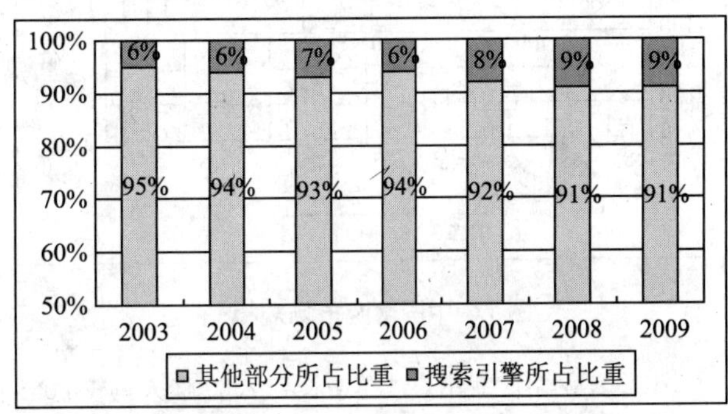


**图5 搜索引擎在中国互联网经济市场中所占的比重③**

2009年末搜索引擎用户规模达到2.8亿人，年增长率为38.6%，使用率为73.3%，较2008年增加了5.3%，超过了即时通信，成为网民使用互联网的第三大应用。④有关专家认为这是因为经济危机业已见底，随着中国网络经济大环境开始好转，网络广告市场开始恢复，而这次经济危机又使得大品牌广告主对搜索引擎的营销工具和政策持认可态度。网络搜索市场上两大搜索巨头百度和谷歌占据了市场的绝大部分市场份额，而一些新的网络引擎也在不断利用各种技术和营销手段抢滩市场。预计除非有引起网络搜索质变的因素进入，否则在看得见的将来这一市场

① 中文网站排行榜，http：//top.chinaz.com/list.aspx? id=29&page=1&order=1

② 艾瑞咨询，《2008－2009年中国网络视频行业发展报告简版》2010.1来源自http：//www.iresearch.cn/

③ 艾瑞咨询，中国互联网市场年度总结报告（2009）2009.12来源自：http：//www.iresearch.cn/

④ CNNIC，第二十五次中国互联网络调查统计报告 2010.1.18获取自：http：//research.cnnic.cn

仍然会呈现寡头垄断的特征。

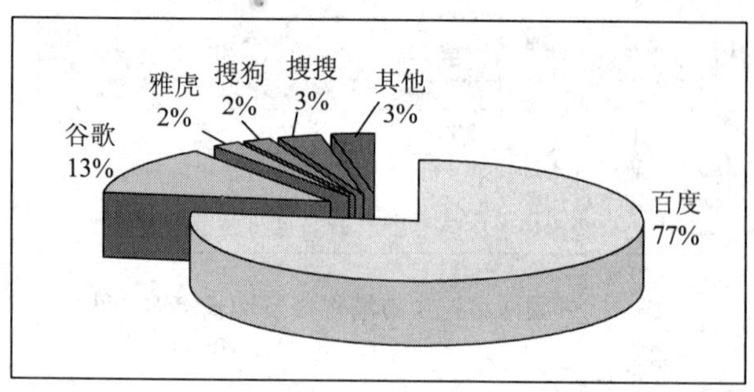


**图 6　搜索用户首选搜索品牌**①

4. 网络游戏

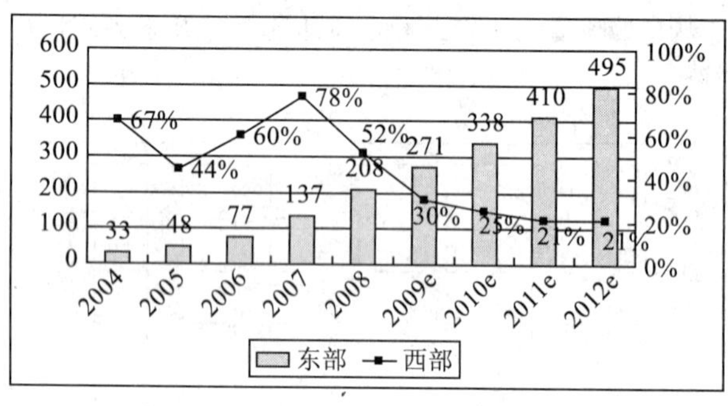


**图 7　中国网游市场规模**②

2009 年网络游戏用户规模增长到 2.65 亿人，较 2008 年增长 41.5%，是所有互联网娱乐领域中唯一使用率上升的服务，网民使用率从 2008 年的 62.8% 提升至 68.9%。③ 中国网络游戏市场规模为 271 亿元，同比增长 30.2%，虽然增长趋势有所放缓，但网游行业依然是中国互联网经济不可或缺的支柱产业。

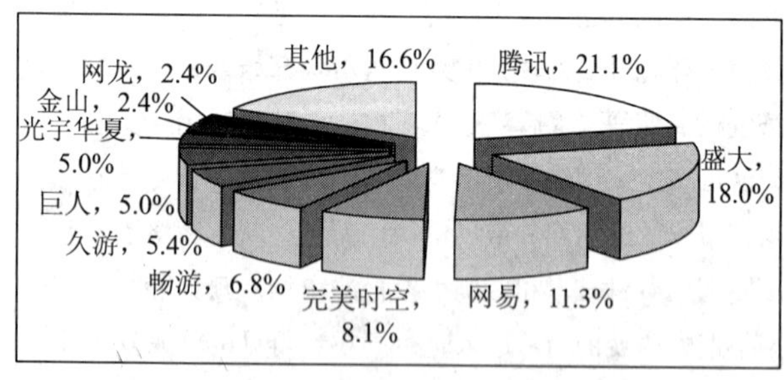


**图 8　网游营运商市场份额对比**④

2009 年腾讯以 21.1% 的市场占有率超过盛大排名第一，市场份额排名前十位的网游运营商中除久游和光宇华夏以外，均为上市公司。随着投资者对网络游戏的投入越来越谨慎，网游市场将进入资本的较量阶段，大型企业逐步在市场上扩大优势，中小型企业的空间会越来越小。

5. 即时通讯

2009 年即时通信用户规模达到 2.7 亿人，较 2008 年增长 4822 万，增长率为 21.6%。与此同时，2009 年即时通信网民使用率为 70.9%，较往年继续下降。⑤ 随着网络技术的不断发展，即时通讯软件的功能也逐渐丰富，在基本的通讯功能之外，即时通讯软件集成了电子邮件、博客、网络新闻、网络音乐、网络游戏和搜索引擎等多种功能，已经成为一个个人化的综合信息平台。

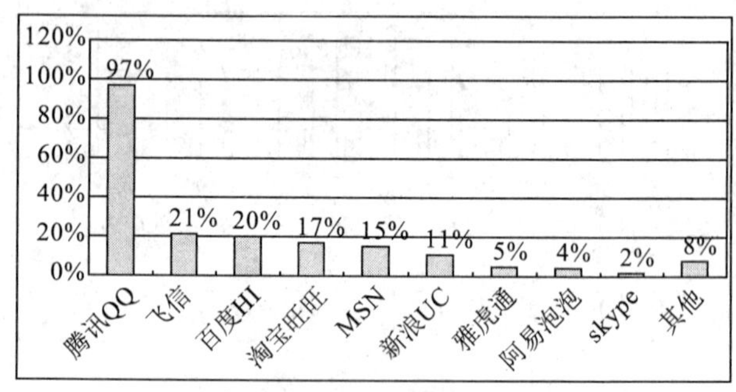


**图 9　主要即时通讯软件渗透率对比**⑥

如图表 9 所示，2009 年腾讯 QQ 仍然是中国即时通讯市场绝对的主角，市场的第二梯队则出现了激烈的竞争，各款软件侧重点不同，其用户群体特色鲜明。作为一款跨平台的即时通信软件，飞信在短时间内聚集了大量的用户；淘宝旺旺与电子商务的巨大市场需求相联系，维持着其强大的市场规模；MSN 则凭借其简洁时尚的界面和功能，在城市白领群体中拥有稳固的地位。总的来说，即时通讯服务的市场格局还是比较稳固的。

目前，即时通信服务采用免费模式，但是营运商也在网络广告之外进行着盈利模式的探索，如腾讯 QQ 通过销售虚拟物品从用户处获得收益等等，随着即时通信软件作为个人化信息平台的功能逐渐强化，其盈利点将越来越多样化。即时通讯服务只是网络运营上聚集用户的手段，基

---

① CNNIC 2009 年中国搜索引擎用户行为研究报告（2009 年 9 月）2009.12 http：//www.cnnic.net.cn/index.htm

② 数据来源：艾瑞－2009 年中国网游年度数据 http：//news.iresearch.cn/Zt/107504.shtml

③ CNNIC，第二十五次中国互联网络调查统计报告 2010.1.18，http：//research.cnnic.cn

④ 数据来源：艾瑞－2009 年中国网游年度数据 http：//news.iresearch.cn/Zt/107504.shtml

⑤ CNNIC，第二十五次中国互联网络调查统计报告 2010.1.18，http：//research.cnnic.cn

⑥ CNNIC，2009 年度中国即时通信用户调研报告 http：//research.cnnic.cn/html/1261360847d1684.html

础巨大的用户群体，蕴含着无限商机。

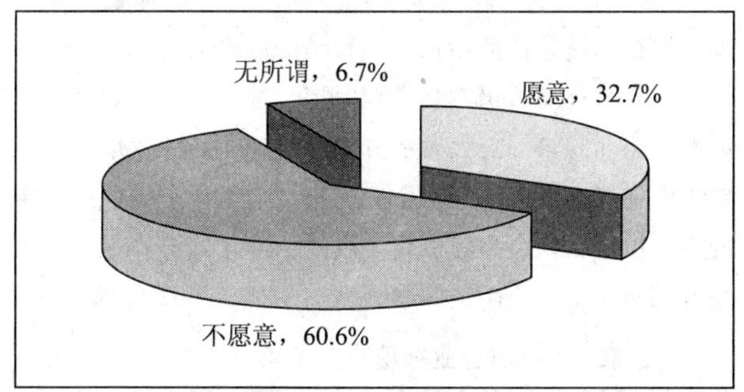


图 10　IM 用户的付费意愿①

根据 CNNIC 的用户行为调研数据，超过三成的即时通信用户愿意为服务付费，由于用户数量巨大，其商业价值仍然是非常可观的。

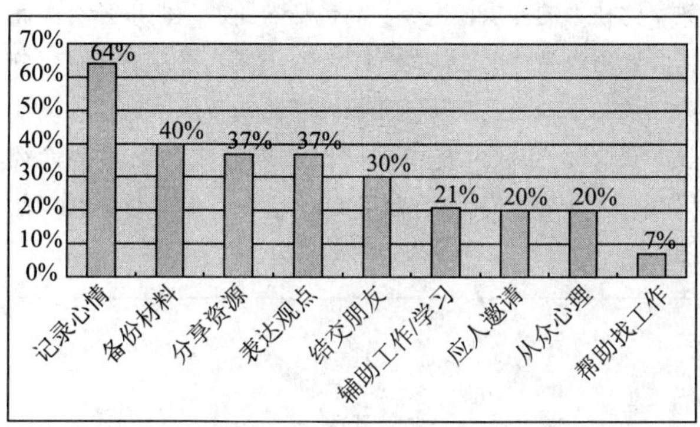


图 11　IM 用户对各项服务的付费意愿②

图 11 显示了即时通信用户对各项服务的付费意愿，用户付费意愿最高的是提高软件安全性的服务，这显示了用户对即使通讯软件的依赖度和对网络隐私的重视度。基于对用户深度需求的挖掘，即时通讯软件运营商可以尝试提供多样化的分级付费服务，借此开拓即时通讯市场新的赢利点。

6. 网络社区（SNS）

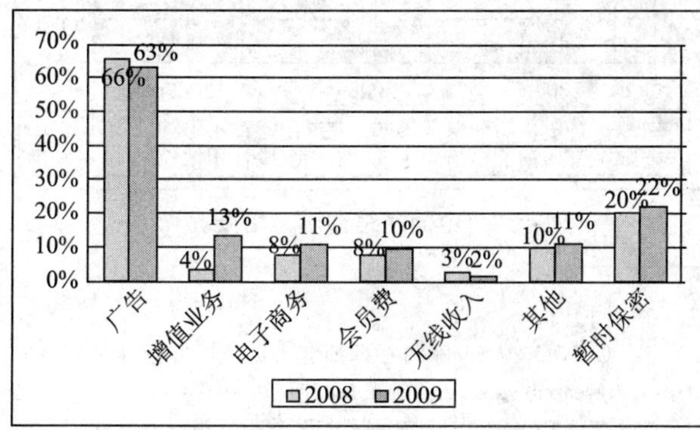


图 12　中国网络社区盈利模式占比③

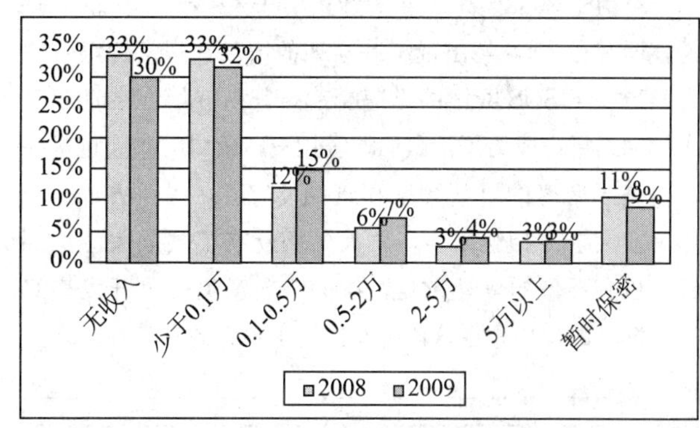


图 13　中国网络社区营收区间分布④

2009 年末，中国使用社交网站的网民数达到 1.76 亿，在网民中的渗透率达到 45.8%。⑤ 很多网络社区找到了适合自身的盈利方式，比如基于社区的网络公关、事件营销、植入营销等等。中国互联网网络社区的营收状况有所好转，年营收规模在 1000 元以下（包括无收入）的网站占比相比 2008 年，下降 4.6 个百分点。同时，年营收规模在 1000－2000 元、2000－2 万元、5 万－10 万元的区间内均有不同程度的增加。

7. 博客

2008 年至 2009 年 6 月，中国博客用户规模迅速壮大，2009 年 12 月，博客应用在网民中的用户规模达到 2.21 亿，使用率为 57.7%，提升了 3.4 个百分点。⑥

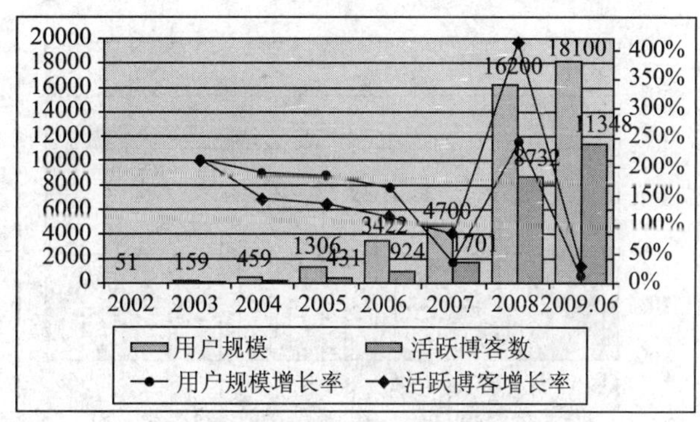


图 14　博客市场用户规模趋势变化⑦

① CNNIC，2009 年度中国即时通信用户调研报告，http：//research. cnnic. cn/html/1261360847d1684. html

② 同上

③ 艾瑞咨询，2009 年中国网络社区研究报告 . 2009. 12 来源自 http：//www. iresearch. cn/

④ 艾瑞咨询，2009 年中国网络社区研究报告 . 2009. 12 来源自 http：//www. iresearch. cn/

⑤ CNNIC，第二十五次中国互联网络调查统计报告 2010. 1. 18，http：//research. cnnic. cn

⑥ CNNIC，第二十五次中国互联网络调查统计报告 2010. 1. 18，http：//research. cnnic. cn

⑦ CNNIC，2008－2009 中国博客市场及博客行为研究报告 http：//research. cnnic. cn/html/1247815387d1066. html

经历了2002—2004年的开拓期和2005—2007的发展期，博客在2008年出现了井喷式的增长，规模的增长一方面得益于SNS网站的迅速崛起，其内嵌博客带动了一大批网站用户成为了活跃的博客用户，微博的兴起也进一步提高了博客的更新频率和接触便宜性。另一方面，08年诸多大事件相继发生，广大的网友有了共同关注的话题，也有强烈的表达欲望，作为个人意见的公开发表场所，博客的使用率在这段时间内有了很大的提升。

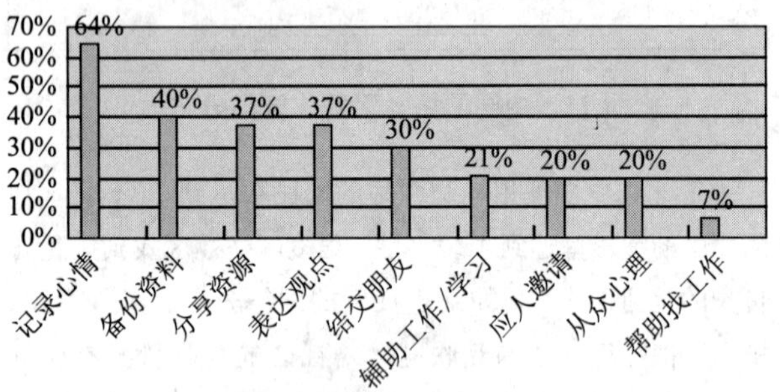


**图15 博客用户的注册动机①**

如图15所示，博客用户的注册动机主要有个人表达，如记录心情和表达观点；功利性应用也是注册动机之一，如备份照片等资料、辅助工作和学习、帮助找工作等等；社交的需求也是重要的使用动机，如结交朋友和分享资源；还有一些博主是因为环境的影响而使用博客，如应朋友邀请使用或出于从众心理等等。

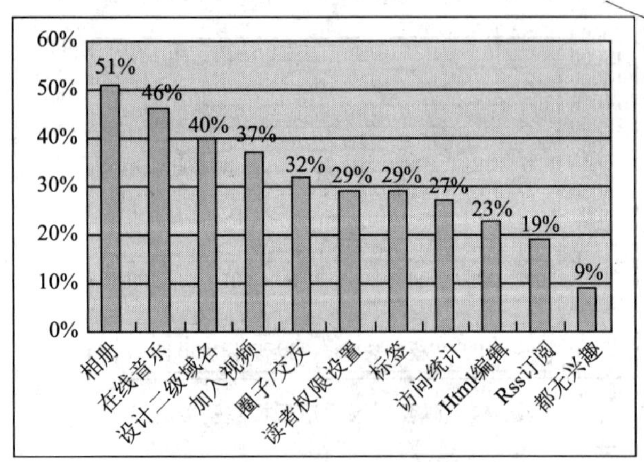


**图16 博客单项应用偏好度②**

相册、在线音乐和设计二级域名是偏好度最高的博客应用，紧随其后的是博主对加入视频的偏好，这为博客运营商和在线音视频搜索之间的合作提供了巨大的市场空间。博主对读者权限设置的关注体现了他们对网络隐私的重视；设计二级域名、标签和HTML编辑体现了博主对博客空间个性化装饰的需求。

根据网民注册博客的动机和对博客应用的偏好，运营商可以尝试开拓新的博客应用以满足用户的需要，进一步提高网站的粘连度。

8. 邮件列表

2009年的电子邮箱市场，可统计的企业邮箱产业规模仍然在保持两位数增长。随着经济危机的见底回升，估计下一年这种增长仍然会得到保持。综合性、专属性、移动性是企业邮箱的三大发展方向。企邮厂商的发展方向主要集中在三方面，一是将企业邮箱打造成各类企业级应用的综合性平台；二是提供企业级的个性化服务；三是加大企业邮箱手机端应用的开发力度。

**表1 中国企业邮箱产业规模及增长率③**

| 年 份 | 2007年 | 2008年 |
|---|---|---|
| 产业规模（亿元） | 5.12 | 6.1 |
| 增长率（%） | 19.10% | 22.80% |

9. 数字音乐

数字音乐是指在音乐的制作与传播及储存过程中使用数字化技术的音乐，这类产品包括歌曲、乐曲以及有画面作为音乐产品辅助手段的MV、flash等。数字音乐可以分为在线音乐（通过互联网获取）和无线音乐（通过移动互联网获取）。互联网是中国网民获取音乐的最主要途径（如图17），这个市场潜力巨大，近年来在不断增长（如图18）。

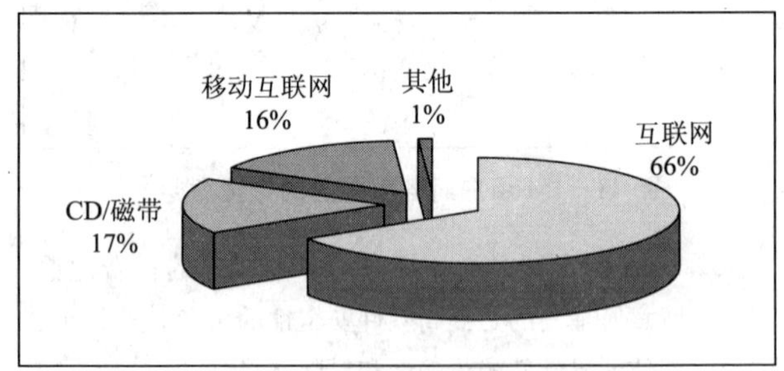


**图17 中国网民获取音乐的途径④**

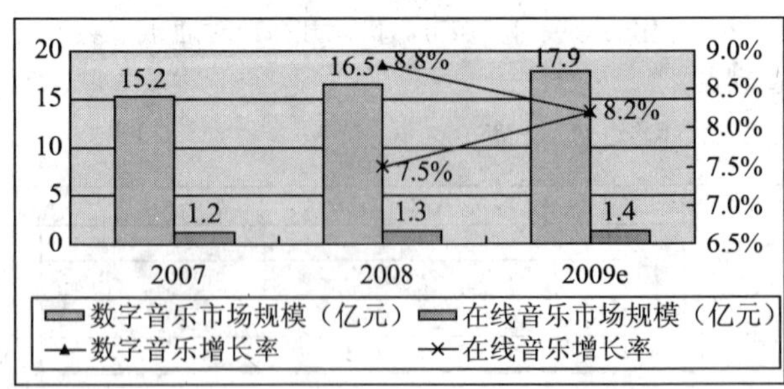


**图18 中国网络音乐市场概况⑤**

① 同上

② CNNIC. 2008—2009中国博客市场及博客行为研究报告 http://research.cnnic.cn/html/1247815387d1066.html

③ 艾瑞. 2008—2009年中国中国企业邮箱行业发展报告简版2009.12 http://www.iresearch.cn/

④ 艾瑞咨询. 2009—2010年中国数字音乐行业发展报告2010.1来源自 http://www.iresearch.cn/

⑤ 同上

## 三、互联网传媒产业的主要变化和未来趋势

金融危机的持续作用在2009年一定程度上影响了传媒市场的活跃度，而互联网传媒产业则在这一年进行深入整顿，加快了产业结构的调整并在政府监管上加大了力度。整顿的成效在未来将会逐渐显现，产业链各个环节的联动作用也使整个产业呈现出新的发展趋势。

1.2009年互联网传媒产业之变

2009年，政府对于网络传媒产业连续打出了一套“组合拳”：今年以来，公安机关牵头组织开展了“09亮剑”打击整治网络淫秽色情专项行动、9部委打击整治网络淫秽色情专项行动，截止到2009年底，公安机关立案侦查网络淫秽色情违法犯罪案件4186起，破获违法犯罪案件3259起，查破刑事案件为2008年全年的4倍①。从2009年12月到2010年5月底，中央外宣办、全国“扫黄打非”办、工业和信息化部、公安部、新闻出版总署等九部门还将在全国范围内联合开展专项行动，深入整治互联网和手机媒体淫秽色情及低俗信息。2009年11月2日，新闻出版总署发出通知终止涉嫌低俗暴力的网络游戏《魔兽世界》的审批，并要求经营《魔兽世界》的网之易公司停止收费和新账号注册。2009年12月4日开始，BT China、悠悠鸟论坛等一大批BT搜索和下载网站因为没有许可证而被关停。在2009年度全国政法工作电视电话会议召开时，公安部还提出将网上巡控触角向QQ群、微博客等管理薄弱空间延伸。

技术和基础设施方面，国内仍然主要是利用和转化成熟的技术成果，互联网本身从国外引进了很多新的技术成果，比如微博等。2008年12月31日，国务院将3G牌照颁发给了移动、联通和电信。在这一年，移动互联网技术逐渐成熟，无论是通讯技术还是手机终端，或从国外引进，或进行自主创新，相继有不少新技术出现在国内市场上。

在资本运作方面，盛大通过收购上市公司华友世纪，分拆盛大游戏上市，收购视频网站酷6，合资成立盛视影业等一系列资本运作，开始打造娱乐帝国。新浪管理层则开始了自己的MBO大行动，以约1.8亿美元的价格，购入新浪约560万普通股，成为新浪第一大股东②。在风险投资方面，2008年VC、PE投资到中国的互联网企业里面金额超过1000亿美元，2009年上半年因为受到金融危机的影响，很多PE、VC对投资比较谨慎，投资数额消减过半。

2. 互联网传媒产业未来发展趋势

（1）三网融合进一步推动网络传媒产业的延伸。2010年1月13日，国务院召开常务会议，决定加快推进电信网、广播电视网和互联网三网融合，重庆将成为三网融合试点城市③。根据会议提出的阶段性目标，2010年至2012年，将重点开展广电和电信业务双向进入试点；2013年至2015年，将全面实现三网融合发展，普及应用融合业务，基本形成适度竞争的网络产业格局。三网融合是业务的整合，将使互联网媒体进一步突破地点的限制，将媒体终端延伸向手机屏幕和电视屏幕，也将大大丰富互联网媒体的内容。另外，三网融合还将衍生出更加丰富的业务类型，图文电视、视频邮件都可能在不远的将来成为现实。这种融合还打破了行业垄断性经营，进一步降低了业务使用成本，费用的降低将促使市场的进一步扩大，业务的打包消费也将为互联网媒体提供新的盈利契机。

（2）传统媒体进一步进军网络媒体市场。继纸质媒体纷纷推出自己的网络版之后，电视媒体也开始瞄准了网络媒体市场，2009年12月28日，依托于中央电视台的中国网络电视（cntv.cn）正式上线，除此之外，有消息称上海文广集团、湖南卫视、浙江广电集团近期也相继宣布推出自己的网络电视，被业界称作网络电视“国家队”④。

（3）网页小游戏走红。网络小游戏主要是指网页游戏（Webgame）简单讲是基于网站开发技术，以标准http协议为基础表现形式的无客户端或基于浏览器内核的微客户端游戏。这种游戏由于简单、互动性强、能与网络社区融合等特征而被普遍看好。

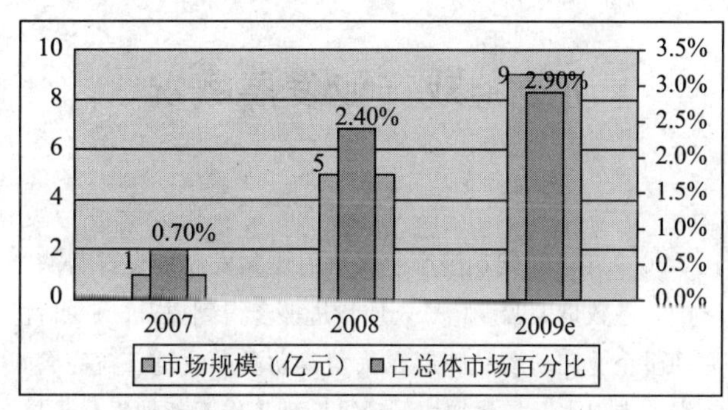


**图19 中国网页游戏市场规模⑤**

网页游戏能够发展，在很大程度上是因为能与网络社

① 公安机关全年抓获网络淫秽色情违法犯罪嫌疑人5394人，新华网，http://news.xinhuanet.com/politics/2009－12/31/content_12736881.htm

② 盘点2009年中国互联网十大事件新闻，《证券日报》，http://www.ce.cn/macro/more/200912/30/t20091230_20715725.shtml

③ 三网融合方案通过，《重庆晚报》，http://www.cqwb.com.cn/webnews/htm/2010/1/14/357172.shtml

④ CNTV被列入国家文化体制改革试点，财经网，http://www.caijing.com.cn/2010－01－11/110356115.html

⑤ 艾瑞咨询，2009年中国网页游戏行业发展报告2010.1来源自http://www.iresearch.cn/

区相结合。网络社区化是当今互联网的一个大趋势，网络社区的蓬勃发展会促使网页游戏随之发展下去，而植入式营销这种营销模式也将随之兴起。

（4）微博客兴起。微博客在中国正在日渐流行，尽管早期的饭否网、嘀咕网、叽歪网、腾讯滔滔等因各种因素而未能达到如期效果，但是现在门户网站如新浪网还是开辟了自己的微博客，另外中国移动推出了“139说客服务”、百度突出了i贴吧、人民网也在开始试水微博客，但就目前来看，微博客的盈利模式仍然在探索之中。

（5）垂直社区继续发展。现在在线的大型社区大都是一些老品牌，比如天涯，而很多模仿者都纷纷落马，倒是一些垂直社区还显得比较活跃，生存状况比较良好，在未来垂直社区仍会发展得很好。

（6）移动互联网迅速发展。2009年中国移动互联网用户将达到1.96亿，比去年增长近六成，而市场规模更是达到了147.8亿元人民币，同比增长了25.8%。以年轻人为主的手机用户对移动互联网表示了极大的兴趣，而国家也做了大量投入来进行3G等基础性建设，相信在接下去几年，只要内容和营销跟得上，移动互联网会有更快的发展。

## 动漫游戏产业发展概况

2009年，我国动漫产业保持着迅猛发展的良好势头，国产动漫数量大幅度增长，质量进一步得到提升，一批优秀动漫企业和动漫品牌崭露头角，动漫产业链日益完善，动漫“走出去”步伐加快，动漫管理工作不断加强。具体表现在：原创漫画精品力作不断涌现，传播平台推陈出新，影响日益扩大，优秀漫画刊物月发行量上百万册；电视动画播映体系日益完善，动画片年产量达到17万分钟，动画片投资主体日益多元化、社会化、市场化，民营动画企业成为生产的主力军；动画电影创作生产发展迅速，全年完成27部，票房收入取得重大突破；网络动漫、手机动漫、动漫演出发展迅速，充满活力；动漫衍生产业发展迅猛，创意频现，与动画、漫画互动发展，相得益彰，使动漫产业链日趋完善。

### 一、动漫产业受高度重视，漫画期刊形势喜人

1. 动漫产业受高度重视，各级政府加大对原创动漫扶持力度

2009年，动漫产业受到了中央领导和政府部门的高度重视。当前动漫产业发展面临着十分有利的条件，国务院出台《文化产业振兴规划》，将动漫产业列入国家重点发展的文化产业门类之一，为动漫产业发展提供了难得的机遇，使我国动漫产业有可能成为经济增长和产业发展的新亮点。在第十一届全国人大二次会议上，国务院总理温家宝首次在政府工作报告中提出积极发展网络、动漫等新型消费的工作任务，并在年内考察了等一批动漫机构，谆谆鼓励极大地鼓舞了各地、各方发展动漫产业的信心。中共中央政治局常委李长春在参观了首届中国动漫艺术大展后，专门对动漫产业发展做出了重要指示。中央领导的指示充分体现了党和国家对动漫产业的重视与关心，可以说动漫产业正在受到前所未有的关注。

2009年文化部继续实施“原创动漫扶持计划”，对漫画进行扶持，更是基于漫画在动漫产业链中的基础性作用和对动画、游戏等环节的辐射带动作用，大幅度增加了对原创漫画的扶持，先后扶持了10部漫画作品和10个漫画创作团队（或作者），单项扶持金额从2008年的10万元提高到30万元。2009年新闻出版总署相继启动了中国原创动漫扶持计划、青年原创动漫作品大赛、中国原创动漫版权保护工作项目，对优秀的动漫出版、原创作品及相关人员、单位进行资金扶持，推动出版单位出版更多贴近实际、贴近生活、贴近群众，富有中国文化底蕴与时代精神、承载中华优秀传统文化和社会主义核心价值观的动漫作品。2009“原创动力”中国原创动漫扶持计划有54种作品、10个作者（或团队）及10位动漫出版编辑最终通过终评，获得15万到3万元不等的资金扶持。

2. 漫画期刊发展形势喜人，动漫出版成为我国文化产业的重要增长点

2009年，我国漫画期刊日益壮大，品种数量日益增多。仅11—12月份全国发行漫画期刊共50多种，《花园宝宝》、《奇想EX》、《虹猫蓝兔》、《漫仔漫妞》、《喜羊羊与灰太郎》、《漫画SHOW》纷纷创刊，《北京卡通·大漫画》复刊，《读者爱动漫》等也在筹备新刊。2009年，《漫画世界》和《知音漫客》的十月份发行量分别达到116万册和134万册，发行量相当可观。

原创国产漫画“走出去”步伐加快。中国原创漫画不但在国内火热，而且出口亚洲，远销欧美，版权出口越来越成熟。根据《文化产品和服务出口指导目录》，商务部、文化部、广电总局、新闻出版总署和中宣部、财政部评选出《2009—2010年度文化出口重点企业和重点项目》，北京天视全景文化传播有限公司、天津神界漫画有限公司和常州卡米文化有限公司三家漫画企业被评为文化出口重点企业，《炮炮兵》《绘本中国故事》（12册）、《海宝传奇》（4册）、《中韩合作“学习型漫画”系列图书》、《中国原

创新漫画“西大名著”系列简体中文版图书》、《“中国通”世界汉语教材系列》等6个漫画作品被评为漫画出口的重点项目。以上这些只是中国原创漫画加速地走出国门的一个缩影。中国的漫画出口还有很大的发展的空间。

我国动漫出版业坚持自主创新，动漫出版产品日益丰富，产业自主良性发展的能力显著提高，逐步形成了具有民族特色、时代特色的发展观念，步入了健康有序、可持续发展的产业化发展道路。在经过多年的积累发展后，动漫出版已经成为我国文化产业的重要增长点。

## 二、国产动画生产和交易数量大幅提高，动画产业飞速发展

1. 国产动画片生产数量、产品质量、制作技术、播映产量、市场环境、产业结构等方面取得显著成绩

2009年，全国广播影视系统积极贯彻落实党中央关于促进我国文化产业繁荣发展的精神以及国务院《关于推动我国动漫产业发展的若干意见》的要求，坚持科学发展观，坚持正确的创作导向，坚持产业化发展方向，国产动画片生产数量、产品质量、制作技术、播映产量、市场环境、产业结构等方面都取得了显著成绩。

根据广电总局电视动画片审查委员会的调查，各电视动画片审查机构认真审查了各地动画片制作机构报送的国产电视动画片，我国动画制作机构自主生产的动画片数量大幅提高。据统计，2009年全国制作完成的国产电视动画片共322部171816分钟，比2008年增长31%。全国共有21个省份以及中央电视台生产制作了国产电视动画完成片。2009年，国产影院动画取得了骄人成绩，共产出了27部，比2008年增长了69%。经广电总局批准立项制作的国产动画电影61部，而2008年度仅有31部，足见国内投资动画电影的热情之高。2009年涌现出不少创作新颖、技术精湛、形象生动的动画电影，《快乐奔跑》《淘气包马小跳》《喜羊羊与灰太郎之牛气冲天》和《麋鹿王》四部动画电影获得第十三届中国电影华表奖，《马兰花》获得了第十八届金鸡百花电影节最佳美术片奖。最令人瞩目的是《喜羊羊与灰太郎之牛气冲天》总票房超过1亿元，再次刷新了国产动画片的票房记录，《麦兜响当当》《马兰花》等影片也取得了较好的票房成绩。其中，全国动画片创作生产数量排在前五位的省份是江苏省、浙江省、广东省、湖南省、辽宁省。

2. 动漫扶持政策效果显著，动漫园区成为国产动漫的主力军

2009年，国务院以及各地政府出台的国产动漫产业优惠扶持政策收效显著，一些主要城市动画片生产积极性持续增长。国产动画片创作生产数量位居前列的十大城市分别是：杭州、无锡、广州、长沙、沈阳、苏州、北京、南京、深圳、重庆。

2009年，国家影视动画产业基地的建设得到了各地党委和政府的高度重视，给予了大力支持。目前，长三角地区、华南地区、华北地区、东北地区、西南地区以及中部地区都形成了若干个动画产业集群带。绝大多数动画产业基地积极落实总局、地方关于推动我国动画产业发展的举措，制定战略规划、完善服务设施、凝聚动画企业、培养动画人才、推进动画生产，取得了较好成绩。2009年度，国家动画产业基地自主制作完成国产动画片221部，132325分钟，约占全国总产量的77%，比2008年增长30%。生产数量排在全国前列的国家动画产业基地是：杭州高新技术开发区动画产业园、无锡国家动画产业基地、南方动画节目联合制作中心、沈阳高新技术产业区动漫产业园、苏州工业园区动漫产业园。

3. 动漫交易活跃，动漫播出机构运营管理日趋完善

随着我国动画交易市场日益完善，动画片交易量明显增大，动漫品牌影响不断扩大。中国动画交易市场正在成为推动中国动漫产业发展的国家级、国际性、专业化的交流、合作、贸易平台。据统计：2009年4月28日至5月3日的第五届中国国际动漫节中累计成交额达到65亿多元人民币，其中签约项目35个，成交额达到55.3亿元人民币；现场交易额近10亿元人民币。首次举办的国际动画片交易会达成签约意向的动画片超过12万分钟。7月在上海中国动漫游戏博览会上，接待观众120797人次，吸引了246家海内外媒体，各类成交总额达到6.887亿人民币及2000万美金。

2009年，国产动画播出机构运营管理日趋完善，动画频道、少儿频道不断加深自身建设，效益得到显著提高，积累了大量的频道运营经验，获得了良好的市场回报。我国动画播映平台体系不断完善发展，播出动画片时间不断增加。据统计，2009年在央视索福瑞公司监控范围之内的播映动画片的频道达到337家，其中境内频道共计290个，包括4个动漫专业频道（卫星）、7个中央级频道（卫星）、25个省市级频道（地面）、14个省市级卫星频道（卫星）和240个其他地方频道，占境内所有播出平台总数的41%，2009年索福瑞监控所有频道共播出动画片总计1867706.4分钟，平均每天播出5117分钟。

4. 中国动漫海外营销取得了巨大的突破

2009年，中国动漫海外营销取得了巨大的突破。商务部、文化部、国家广电总局、新闻出版总署与中宣部、财政部持续推进国家文化出口重点企业和重点项目评选工作。在《2009—2010年度文化出口重点企业和重点项目目录》中共评选出211个文化出口重点企业和225个文化出口重点项目，其中包括动漫类企业36家，动漫项目40

个。在党和中央政府的领导下，2009 年，文化部国家广电总局先后组织中国动漫企业参加了各种国际动漫节。其中，在 2009 年第八届日本东京国际动漫节中，中日两国 10 家动漫企业就 8 个项目签订了合作协议，签约金额与合作意向近 1 亿元人民币。此外，国内动画企业越来越重视海外市场的开发。2009 年，有一大批优秀的动画片走出国门，成为中国文化“走出去”的重要载体。浙江中南卡通公司凭借强劲的原创实力，动画产品远销 63 个国家和地区，累计销售额达到 500 多万美元。一些民营动漫企业如湖南山猫卡通、宁波水木动画设计、江通动画等逐渐成为我国影视文化产品出口的重要力量。湖南山猫动画有限公司的山猫吉咪品牌系列衍生产品出口到美国、日本、韩国、俄罗斯等 50 多个国家和地区，累计出口创汇超过 2000 多万美元。浙江中南集团卡通公司作品进入 63 个国家和地区，海外销售额达到 500 多万美元。三辰卡通公司的蓝猫系列已出口美国、韩国、中东等 20 多个国家及地区五万分钟，版权收入超过 300 万美元。此外，国内动画机构在中外共同投资设立企业和合拍项目等方面也取得了一定进展。由北京辉煌动画公司与日本未来行星株式会社合作拍摄的 52 集大型高清动画电视连续剧《三国演义》在中央电视台电视剧频道首轮播映后，在全国多家电视台同步播放；上海电影集团与汤姆逊集团联手，共同出资成立面向影视、广告、动画等行业提供后期制作的上影 THOMSON 合资公司。

国产动画生产和交易数量大幅增长，进一步丰富了我国各级电视频道的节目源，一定程度上满足了广大观众尤其是青少年的收视需求，也为动画企业树立动画品牌，完成资金、人才、知识、技术的积累提供了坚实的基础。

## 三、动漫节展与动漫产业园

1. 动漫园区有选择地布局发展，园区建设取得良好成效

与产业发展阶段相匹配的、适度的动漫产业基地园区的设立，对于推动动漫产业的发展具有积极作用。2009 年，我国各地动漫园区基地建设依旧如火如荼，中央部委和地方各地政府均在有选择地布局发展。文化部和北京市人民政府正式签署首都文化建设战略合作框架协议，共同建设中国动漫游戏城项目；文化部还和天津市签署文化发展战略合作框架协议，在滨海新区合作建设国家动漫产业综合示范园区，规划总建筑面积约 62 万平方米，预计 3 至 5 年建成。2009 年，三个国家动画产业基地分别在厦门软件园、沈阳动漫产业基地、北京海淀、石景山和通州文化创意产业集聚区先后揭牌。绝大多数动画产业基地积极落实关于推动我国动画产业发展的举措，制定战略规划、完善服务设施、凝聚动画企业、培养动画人才、推进动画生产，取得了较好成绩。2009 年度，国家动画产业基地自主制作完成国产动画片 221 部，132325 分钟，约占全国总产量的 77%，比 2008 年增长 30%。

2. 动漫节展持续升温，打造版权交易平台受到广泛关注

2009 年，动漫节展持续升温，尤其是假日期间更是此起彼伏，热闹非凡。据统计，2009 年我国共举办各种动漫节展、大赛、博览会 73 次。举办动漫节展最多的三个省份分别为：北京 14 次、广东 11 次和江苏 6 次。举办动漫节展最多的三个月份依次为：12 月 12 次、10 月 11 次和 7 月 11 次。从举办届数来看，首届举办的动漫节展大赛依然占据主体地位，为 42 次；举办 4 届及以上的动漫节展大赛为 14 次。五花八门的动漫节展一方面丰富了当地动漫爱好者的娱乐生活，一定程度上推动了当地动漫产业的发展；另一方面也令国内知名动漫企业应接不暇，疲劳奔波全国各地。目前来看，已经形成一定品牌影响的全国性动漫节展主要有：中国国际动漫游戏博览会、中国国际动漫节、中国国际漫画节和中国（北京）国际大学生动画节等。

2009 年，多个动漫版权交易平台纷纷开通。首个国家级版权交易系统在国际版权交易中心正式开通，版权人可通过该交易系统转让版权，通过融资平台寻找资金。交易系统开通首日，总额超过 1 亿元的 30 个项目挂牌交易，覆盖影视、音乐、动漫等版权项目。

在首届中国国际影视动漫版权保护和贸易博览会举办期间，国际版权交易中心组织到近百个动漫原创版权合作项目进行发布，并提供从版权确认、价值评估到项目撮合、合同备案、法律维权的一条龙服务。

行业协会和其它中介服务机构在产业中的作用得到进一步凸现，中国动画学会、广州动漫行业协会、北京动漫游戏产业联盟、北京影视动画协会、武汉市动漫产业联盟等行业组织，在搭建政府和企业之间的沟通桥梁、协调企业关系、开展行业基本情况调查研究、加强信息交流传播等方面发挥了积极作用。此外，科研院校和专业研究咨询机构在推动中国动漫产业发展方面，起到了咨询参谋、学术研讨、信息传播等理论指导作用，力求为政府决策层提供深度思考产业问题的决策参照，为企业提供最新的商业资讯及产业运营资讯，为中外动漫产业从业人员提供版权、出版、渠道、宣传、引荐等全方位支持。

## 四、游戏产业有长足的发展

2009 年，在文化产业突飞猛进、国家努力拉动内需的背景下，游戏产业取得了巨大的发展。我国的游戏产业几乎可以和欧美日韩的游戏产业抗衡。根据《2009 年中国游戏产业报告》显示，2009 年中国国产网游的出口规模继续保持稳中有升的态势，进军到了海外市场，共同创造了相当可观额海外收入，同比 2008 年有相当大的提升。

2009年中国网络游戏实际销售收入为256.2亿元，比2008年增长了39.4%，为相关产业带来的直接收入达555亿元。中国自主研发的民族网络游戏实际销售收入为165.25亿元，比2008年增长了50.1%，占我国网络游戏实际销售收入的64.5%。2009年，共有29家中国企业自主研发的64款网络游戏进入海外40多个国家和地区，实现销售收入1.09亿美元，比2008年增长了53.9%。此外，2009年手机网络游戏实际销售收入为6.4亿元，比2008年增长了25%。在金融危机背景下能够继续保持逆势增长的态势，得益于2009年网络游戏用户尤其是付费网络游戏用户规模的快速增长和国产网络游戏的稳定增长。2009年，中国网络游戏用户数达到6587万，比2008年增加了33.46%。2009年，付费网络游戏用户数达到3715万，比2008年增加了22.1%。

经营模式在探索中不断成功。2009年，联合运营成为网游行业优势资源整合及企业合作的主流模式。众多运营商在免费游戏的基础上，推出按时计费的版本迎合不同用户的需求。社区游戏在2009年飞速发展，已拥有大量的用户。

与此相对应，利好政策也不断公布，新闻出版总署表示，2010年将启动实施“中国民族原创网络游戏海外推广计划”，而文化部也表示将出台支持网游发展的奖励性政策。艾瑞咨询的报告乐观地估计，到2012年，网游出口额至少可达20亿元。游戏运营环境越来越健康，产业环境明显改善。近四年来，新闻出版总署先后查处了低俗等内容的网游487款、手机游戏215款。2009年下半年，总署对违法违规网游进行清理整治，已对首批71款内容低俗的网游进行查处，第二批违规网游的查处工作正在抓紧落实中。

## 五、动漫产业中存在的问题

2009年，我国动漫产业飞速发展，产业实力与市场规模迅速壮大，产品数量大幅增长，质量有所提高，企业实力不断增强，产业链日益完善，我国正从动漫大国向动漫强国目标迈进。同时，也要清醒地看到，我国动漫产业仍处在初级发展阶段，整体发展水平还不高，与人民群众日益增长的精神文化需求还不相适应，与日趋完善的社会主义市场经济体制还不相适应，与现代科学技术迅猛发展及广泛应用还不相适应，与我国对外开放不断扩大的新形势还不相适应，同时与动漫产业发达国家相比还有较大差距，离跻身世界动漫强国行列仍然任重道远。因而，我们要冷静对待产业发展中凸现的问题，切实采取有效对策加以解决。

1.“动漫热”需要降温

2009年，“动漫热”问题仍然是影响动漫发展的大问题。动漫会展热在2008年已经凸显，各种国家或地方的动漫节风起云涌，仅1个月内接连在全国不同的地方举行了大小动漫节10个以上。2009年前9个月，全国大大小小的动漫会展（节庆）将近50个，月平均5个还多。由此，2009年9月，文化部发布了《文化产业投资指导目录》。该《目录》根据我国文化产业发展的现实情况和《文化产业振兴规划》提出的发展方向，分为鼓励类、允许类、限制类和禁止类四部分内容。限制类包括4个限制对象，其中就有“国内大型动漫游戏会展”。2009年6月，文化部下发了《关于加强动漫游戏会展交易节庆等活动管理的通知》。该《通知》明确了各类动漫会展交易活动的审批程序，对不同规模的动漫会展，在审批环节上提出了“经主办单位所在省级文化行政部门初审后报文化部审批”“由主办单位报省级文化行政部门备案”“由主办单位直接报文化部审批”和“由其主管部门报文化部审批”4种要求，对未经文化行政部门审批而擅自举办的动漫游戏会展交易活动，则要求“文化行政部门或文化市场综合执法机构应当及时制止，并依法予以查处”。并指出要严格控制和压缩政府参与主办的动漫游戏会展交易活动，同时规定“一般性、地方性的动漫游戏会展交易活动不得冠以‘中国’‘国际’‘全国’等名称”。在中央编办下发的《关于印发〈中央编办对文化部、广电总局、新闻出版总署“三定”规定中有关动漫、网络游戏和文化市场综合执法的部分条文的解释〉的通知》（中央编办发〔2009〕35号）的规定：“文化部负责动漫和网络游戏相关产业规划、产业基地、项目建设、会展交易和市场监管。国家广播电影电视总局负责对影视动漫和网络视听中的动漫节目进行管理。国家新闻出版总署负责在出版环节对动漫进行管理，对游戏出版物的网上出版发行进行前置审批。”

2.动漫产业链仍然有较大发展空间

中国动漫的未来发展并不是简单的对动画和漫画的开发，而应该是多产业链纵向发展。2009年我国动漫产业利用版权对周边衍生产品产业链的开发有长足的进步。喜羊羊的衍生品授权合作商目前已达到500多家，衍生产品范围从主题音像图书、毛绒公仔、食品、日用品到MSN表情、手机桌面、屏保等。在《喜羊羊》的收入中，播出版权收益占30%，其余70%来自衍生产品的形象授权等方面。与此同时需要注意，有相当一部分动漫作品并没有考虑衍生品的盈利。2007年日本动画年产量16万分钟，版权产品销售额为15936亿日元，合1280亿人民币。而2009年中国的动画年产量为171816分钟，与日本相比差距比较明显，我国的动漫产业链仍然有较大发展空间。

# 文化旅游业发展概况

文化旅游，泛指以鉴赏异国异地传统文化、追寻文化名人遗踪或参加当地举办的各种文化活动为目的的旅游。文化旅游产业是一种特殊的综合性产业，因其关联度高、涉及面广、辐射力强、带动性大而成为新世纪经济社会发展中最具活力的新兴产业。我国文化旅游可分为以下四个层面，即以文物、史记、遗址、古建筑等为代表的历史文化层；以现代文化、艺术、技术成果为代表的现代文化层；以居民日常生活习俗、节日庆典、祭祀、婚丧、体育活动和衣着服饰等为代表的民俗文化层；以人际交流为表象的道德伦理文化层。文化旅游产品以其丰富的文化内涵、相当的发展规模和精深的人文底蕴成为我国旅游业的重要发展方向。

2008年，金融危机与H1N1冲击了我国经济，但2009年我国旅游文化产业未受严重影响，总体上保持平稳增长。2009年，文化旅游业作为文化产业的重要组成部分，在政府创造的良好环境下得到了蓬勃发展。2010年1月7日，国家旅游局发布的《2009年旅游经济运行报告》指出，2009年，我国旅游业总体保持较快增长，旅游总收入实现较大幅度增长。预计全年旅游总收入约为1.26万亿元，比上年增长9%。其中，国内旅游市场持续快速增长，入境旅游市场逐步恢复，出境旅游市场平稳发展。同时，旅游投资规模大幅增长，企业经营业绩开始回升，旅游产业对经济社会带动作用进一步加强。国内市场、出境市场和入境市场“两升一降”。2009年1月至11月，住宿和餐饮业销售收入同比增长16.9%，批发和零售业零售额增长15.3%，民用航空旅客运输量增长19.6%。

值得一提的是，由于国务院《关于加快发展旅游业的意见》和《文化部、国家旅游局关于促进文化与旅游结合发展的指导意见》两个重量级文件的颁布，2009年我国文化旅游业无论在政策环境、产业资源还是发展模式上都迎来了重要的历史机遇期。

## 一、文化旅游备受关注，取得长足发展

### 1. 各地节庆旅游持续火爆，规模和种类差异化明显

2009年，不断推出的节庆与旅游相结合的文化旅游产业模式，迅速扩大了中国文化旅游业规模。据不完全统计，目前我国每三天就有一个“节”，而且名目繁多，类型各异，规模不一。

相关数据显示，2009年全国各地共举办节庆活动956个①，其中，北京（46个）、上海（39个）、天津（27个）、重庆（20个）、河北（29个）、河南（9个）、陕西（13个）、山西（12个）、内蒙古（32个）、黑龙江（22个）、吉林（13个）、辽宁（31个）、甘肃（45个）、青海（15个）、西藏（23个）、新疆（9个）、山东（35个）、安徽（45个）、江苏（51个）、浙江（43个）、湖南（16个）、湖北（24个）、江西（15个）、福建（17个）、广东（24个）、广西（17个）、云南（19个）、四川（81个）、贵州（44个）、海南（11个）、香港（38个）、澳门（10个）、台湾（76个），平均每天2.62个节庆活动。

由于我国幅员辽阔，各地区经济状况、地理位置、资源禀赋、产业结构等诸多方面存在巨大差异，因此各种节庆的规模和种类很不相同。经济发达地区主要以展现时尚文化、历史底蕴、城市品牌为主，如北京国际文化旅游节、青岛啤酒节、天津妈祖文化旅游节、上海电影节、上海旅游节、西湖荷花节、中国动漫节等。经济欠发达地区主要以展现自然地貌、民俗文化、各族历史文化为主，如湖北炎帝神农生辰庆典活动、四川方山佛教文化节、中国四川广元“女儿节”、内蒙古昭君文化节等。

### 2. 文化旅游与其他文化产业进一步“联姻”，产业链融合驶入快车道

随着各级政府对文化产业的重视和支持，文化旅游已经成为旅游产业的重要组成部分，而且原本单一的旅游业融入到影视、广告、娱乐、设计、动漫等不同的文化产业中，实现了深度融合、共同发展。

以陕西省西安市唐乐宫为例，西安唐乐宫以“文化旅游+餐饮娱乐”的创新模式，开创了中国第一家剧院式餐厅，丰富和提升了游客在西安这座世界历史文化名城的旅游体验。在借鉴国外文化旅游经营模式的基础上，西安唐乐宫的产品和服务突出了地方性和民族性。它采用中国传统的雕花、仕女图等装潢艺术，并结合金色流线型灯带和飘逸的仙袂，营造出了一个诗情画意、富丽吉祥的中国皇家宫苑式剧院餐厅。西安唐乐宫20年来经久不衰，特别在海外享有较高的知名度，被称为“第一座中国式的夜总会”、“东方的丽都”和“中国的拉斯维加斯剧院餐厅”。唐乐宫的经营者将着眼点落在“唐乐舞”和“宫廷宴”上，这是带有西安历史烙印的中国宫廷文化。唐乐舞通过歌舞表演和餐饮休闲的方式，把旅游者白天看到的唐代历史景观活化和再现为动态的历史场景，为旅游者创造了一个亦真亦幻的审美想象空间。唐乐宫创造了一种从现代时尚娱乐角度演绎和解读厚重历史文化的新模式，实现了历史与现代

① 数据来源：王春雷、赵中华：《2009节庆业发展年度报告》，天津大学出版社2010年。

的对话、艺术与市场的对接、社会效益和经济效益的双赢。

又如2009年第五届中国国际动漫节。该动漫节主要包括开幕式暨“美猴奖”颁奖晚会、中国COSPLAY超级盛典、第五届中国国际动漫人才招聘会、动漫巡游表演、动漫产业项目投资洽谈会、2009国际动画片交易会、杭产动漫电影日、法国日、动漫高峰论坛等类型多样的活动。这些活动有效地解决了前期动漫策划、中期动画加工、后期动画上映及衍生品（包括衍生玩具、衍生话剧，衍生图书出版等）的开发，再加上学术探讨，在真正意义上融合了动漫产业链，从而衍化为集合了动漫产业、节庆产业和旅游产业的文化旅游项目。在达到了动漫产业上游产业链融合的同时，利用文化旅游再次打通了动漫产业下游产业链（包括动漫衍生品和衍生表演等），体现了很好的产业链整体融合的思路。

再如大型实景演出“印象·海南岛”。该演出是世界著名导演张艺谋以及他的“印象·铁三角”团队的最新力作。它的出现使得海口西海岸成为海南岛新的重要旅游目的地，为海南岛旅游业开辟了新的道路。2009年10月3日，在河南开封召开的首届中国旅游演艺文化高峰论坛就专门讨论了旅游业与演艺娱乐业的结合，以打造文化旅游目的地的新概念。这也表明，文化旅游与演艺娱乐越来越紧密。

3. 各级地方政府开发特色文化资源热度不减

2009年，由于各景区对旅游资源的控制，新地方特色成了文化旅游的亮点。各级地方政府也在加紧开发新的文化旅游亮点。比如，印象系列就为文化与旅游的结合闯出了一条新路，为文化旅游产品的创新做出了有益的探索。“印象·刘三姐”、“印象·丽江”、“印象·西湖”等分别以家喻户晓、享誉极高、市场占有率很高的刘三姐文化、东巴文化和茶马古道文化、西湖爱情文化作为其创意创作的源泉，从而极大带动了当地的旅游市场，有力地推动了当地的文化旅游。

2009年，云南省开发特色旅游城镇，以历史文化、风景名胜资源为主要依托，通过对现有历史文化名镇的改造，高水平建设一批特色旅游名镇，促进群众脱贫致富，带动当地经济发展。山东省则利用旅游文化资源，打造修学旅游品牌。2009年7月，五条涵盖山东的特色旅游精品线路被包装为修学五日游产品，主要包括：“家事一日”，赴邹城，在孟母前举行“心存感恩，成就未来”的感恩活动；“国事一日”，到曲阜孔庙，颂《论语》经典，拜孔子“论”国事，体验传统文化；“天下事一日”，登泰山立志为峰，胸怀天下事；“奉献一日”，在临沂，感受历史和自然风光，领略沂蒙精神；“友谊一日”，在黄河边植成长树，留下“感恩自强、快乐成长”的见证。这些旅游活动都表明文化旅游正在向深度和广度发展，中国文化旅游的前景值得期待。

## 二、2009年文化旅游仍然存在改进的空间

2009年我国文化旅游业虽然有一定的发展，但作为新兴产业仍有很多需要改进的地方。

1. 各地节庆文化旅游时间安排错乱，无法合理利用资源

从时间上看，我国大部分节庆活动主要集中于春秋两季。而有些地方出现“节庆热”，直接表现为“月月有节”、“天天有节”的火爆景象。从整体和宏观的角度来看，很多节庆活动主办者，在确定节庆和周期之前，往往没有开展市场调查，决策带有一定的盲目性，导致地区内节庆项目重复，时间分布不合理，有的时间持续太长，有的与本地区或其他城市的节庆发生冲突，从而使一些节庆失去应有效应。如上海国际电影节在6月上旬举行，上海旅游节和上海黄浦旅游节都在9月份举办，从而未能相互呼应，形成有效的联动。又如虎丘花会举办时间长达两个月，拙政园牡丹花会更是长达3个月，其中只有一段时间旅游者会比较集中，而其他时间段旅游者则很少。

2. 文化旅游企业有待进一步整合

目前我国文化旅游相关企业集团化水平较低，企业对资源掌控能力较弱，由于产权关系不明确，经营权和所有权不能实现真正的分离。同时，文化旅游人才缺乏、管理模式不成熟等各种原因使得旅游集团化速度较慢。国务院《关于加快发展旅游业的意见》明确提出支持各类旅游企业跨行业、跨地区兼并、重组，发展大型旅游集团，支持旅游企业“走出去”。国务院国家资产委员会负责人于2009年12月在中央企业负责人会议上表示，国家资产委员会将对中央企业非主业资产加大专业化整合力度，力争3到5年时间中央企业的非主业宾馆饭店分立重组。从2009年来看，大型旅游集团合并、上市、资产整合等情况频频出现，中国旅游企业整合的步伐在不断的加快，旅游企业集中度将进一步提升，产业集中和企业整合将成为文化旅游企业未来重要的发展战略。

3. 文化旅游应加强与其他文化产业的联合运营

文化旅游与其他文化产业融合发展将会成为文化旅游业新的增长点。文化旅游作为文化产业的重要组成部分，受到国家和地方政府的高度重视，由此需要大力培育发展由自主知识产权的新兴文化旅游模式，大力提倡发展旅游购物，提高旅游产品和旅游衍生品在旅游消费中的比例，同时以大型国际会展、重要活动和体育赛事为平台，培育新兴文化旅游消费热点，特别要抓住上海世博和广州亚运的机遇，扩大文化旅游消费。在这样的背景下，旅游企业只有做好自身定位，找准与其他业态的结合点，优势互补、加强技术创新、增加知识含量、增强新型文化旅游产品的开发，才有可能找到新的利润增长点。

# 第四部分 地方概况

DI FANG GAI KUANG

# 北京市

## 一、北京市2009年文化产业发展综述

2009年北京市文化创意产业收入走势先抑后扬。2009年前三季度全市规模以上文化创意产业收入增速同比均为负增长，前三季度各季累计收入增速同比分别下降0.3%、2.1%、0.4%，四季度收入增速明显好转，增速由负转正，同比增长3.4%。经初步核算，2009年全市文化创意产业实现增加值1497.7亿元，按现价计算，比上年同期增长11.2%，高于全市GDP现价增速4.4个百分点，占全市GDP比重为12.6%，比上年提高0.5个百分点。全年文化创意产业增速逐步加快，四个季度增加值累计现价增速分别为7.8%、9.0%、9.7%和11.2%，文化创意产业规模不断扩大。

1. 政策推动效果明显

北京市优化政策供给，对不同领域、不同产业采取不同的政策支持，形成整体政策的支撑体系，为企业发展提供充足的养分和良好的土壤；调整产业布局，实行区域策略发展和行业批次发展，优先支持国家级基地建设，优先发展互联网和移动网络游戏，重点发展影视动画产业；强化人才支撑，建立人才培训和技能评估认定机制，支持高校和企业建立培养实训基地，引进高端创意和经营管理人才；进一步完善动漫产业的投融资服务平台，积极鼓励金融机构创新产品，引导其他资本进入，为中小游戏企业提供科学化服务，促进企业做大做强；加强整体营销，促进国际合作，搭建交易服务和外贸平台，推动出口和传播，推动中小企业在大平台上实现集合发展；加快培育版权市场，进一步提高原创能力和技术研发能力，扩大基于民族文化传播和传承原创产品的生产，提高行业领先的关键技术研发的市场份额；加快实施品牌战略，加大版权保护力度，支持跨界经营和跨区域发展，培育一批品牌和区域企业。1—11月，全市规模以上文化创意产业单位（指年主营业务收入500万元及以上的文化创意产业法人单位）实现收入4448.9亿元，比上年同期增长3.4%；实现利润284.4亿元，比上年同期增长17.7%；从业人员79.9万人，比上年同期增长2.1%。

2. 体制改革日益深化，非公经济发展活跃

2009年以来，北京市继续稳步推进文化体制改革，加大资源整合力度，积极培育骨干企业。非公经济发展活跃。1—11月，全市规模以上文化创意非公有制及混合所有制单位数占单位总数的81%，实现收入3489.6亿元，占规模以上文化创意产业总收入的78.4%；实现利润230.3亿元，同比增长20.4%；从业人员58.9万人，同比增长2.8%。

3. 九大领域收入同比“六升三降”

六大领域收入同比增长，分别为文化艺术、新闻出版、广播电视电影、软件网络及计算机服务、设计服务和旅游休闲娱乐，收入同比分别增长11.7%、5.5%、2.6%、8.6%、6.2%和0.2%。文化创意产业九大领域中，收入增速最快的三个领域分别为文化艺术、软件网络及计算机服务和设计服务领域，同比分别增长11.7%、8.6%和6.2%。收入同比下降的三个领域分别为广告会展、艺术品交易和其他辅助服务，收入同比分别下降5.2%、3.5%和1.4%。

4. 电影图书市场持续升温

2009年北京市文化市场十分繁荣活跃，电影放映、图书销售等文化消费快速增长。全年电影票房收入达到8.1亿元，同比增长52.8%，电影放映观众人次达到2139.6万人次，同比增长46.6%；1—11月，图书零售行业实现收入39.4亿元，同比增长34.7%；实现利润7672.7万元，同比增长80.5%。

5. 骨干企业主要集中在信息传输、计算机服务和软件业

1—11月，北京市规模以上文化创意产业收入前100名的单位收入合计为1921.8亿元，同比增长7.8%，占全市规模以上文化创意产业收入合计的43.2%。在收入前100名企业中，信息传输、计算机服务和软件业行业的单位达到54家，实现收入902亿元，同比增长15.5%，占全市规模以上文化创意产业单位总收入的20.3%；利润总额为108.8亿元，同比增长26.5%；从业人员为7.2万人，同比增长8.9%。

6. 城市功能拓展区创意资源集聚

城市功能拓展区是影响北京市文化创意产业发展的重点区域，区域内聚集了全市近七成的规模以上文化创意产业单位。1—11月，城市功能拓展区实现收入3217.8亿元，比上年同期增长4.1%，占全市规模以上文化创意单位总收入72.3%；实现利润215亿元，同比增长17.6%；从业人员为54.5万人，同比增长3.0%。城市功能拓展区中收入排在前三位的领域依次是软件网络及计算机服务、其他辅助服务和广播电视电影。

## 二、北京市2009年文化产业各行业发展综述

1. 广播电影电视业

2009年统计结果显示，北京市广播影视业发展各项指标继续平稳增长。到2009年底，北京市广播影视单位资产总额达到347.8亿元，比2008年增加19.4亿元，增

长5.9%。2009年北京市广播影视增加值47亿元，比2008年增加11.8亿元，增长33.5%。2009年财政补助收入11.83亿元，比上年增加5.5亿元，增长77.2%。广播影视创收总收入（含电影票房收入）109.55亿元，比上年增加19.42亿元，增长21.5%。其中社会影视节目制作单位创收收入38.6亿元，占总创收收入的35.2%，比2008年增加10.07亿元，增长35.2%。

（1）各项收入情况

广告收入：2009年广告收入45.39亿元，比2008年增长17.8%，但因受金融危机的影响，增长幅度放缓，比2008年下降9.4百分点，所占创收总收入的比重由上年的42.7%下降到41.4%。

广播电视节目销售收入：2009年广播电视节目销售收入已成为广播影视创收总收入的新增长点，节目销售收入为15.16亿元，比2008年增加5.12亿元，增长51%，占创收总收入的13.8%，比2008年增加了2.7个百分点。社会影视节目制作单位节目销售收入13.5亿元，占节目销售总量的89%，比2008年增加4.35亿元，增长47.5%。

有线电视收视费收入：2009年有线电视收视费收入8.58亿元，比2008年（7.78亿元）增加0.8亿元，增长10.2%，占创收总收入的7.8%，。

网络传输收入：2009年网络传输收入7亿元，比上年增加0.54亿元，增长8.3%，占创收总收入的6.3%。

付费数字电视收入：2009年付费数字电视收入0.52亿元，比2008年增加0.02亿元，增长4%，占创收总收入的0.4%。

电影票房收入：2009年电影票房收入8.1亿元，比2008年增加2.8亿元，增长52.8%，占创收总收入的7.3%。

电视剧销售状况：2009年北京市广播影视单位电视剧国内销售总额10.95亿元，比2008年增加2.86亿元，增长35.3%。其中社会影视制作单位销售额7.46亿元，比2008年增加2.84亿元，增长38%

（2）节目制作情况

广播节目制作：2009年北京市全年制作广播节目时间10.31万小时，比2008年减少0.1万小时，下降0.9%。其中社会影视制作单位全年制作广播节目时间1.76万小时，比2008年减少0.44万小时，下降20%。

电视节目制作：2009年北京市全年制作电视节目时间为6.8万小时，比2008年减少1.6万小时，下降19%。其中社会影视制作单位全年制作电视节目时间3.09万小时，比2008年减少1.59万小时，下降33.9%，主要是国际金融危机的影响。

电视剧制作投资总额：2009年北京市广播影视单位电视剧制作投资额12.41亿元，比2008年增加0.94亿元，增长8.1%。其中社会影视制作单位电视剧投资11.7亿元，比2008年增加1.51亿元，增长14.8%，北京市电视剧制作投资额增长主要是社会影视制作单位投资额的增加。2009年北京市广播影视单位制作电视剧90部3019集，其中社会影视制作单位制作86部2892集。

全年制作动画电视：2009年北京市制作动画片27部1151集。其中北京电视台制作10部337集，比2008年增加5部124集；社会制作单位制作17部814集。2009年北京市动画电视投资额0.73亿元，比2008年减少0.2亿元，下降21.5%。其中社会影视制作单位动画电视投资额0.64亿元。

（3）节目播出情况

广播电视播出机构：2009年北京市拥有广播、电视台各1座，区县级广播电视台10座、广播电视站4个；开办公共广播节目18套，市级9套、区县级9套；开办电视节目25套，市级11套、县级14套；对外电视节目1套，已批准的付费广播节目2套，付费电视频道11套。

广播播出情况：2009年北京市播出机构全年播出公共广播节目时间为11.56万小时，比2008年增加0.68万小时，增长6.2%。

电视播出情况：2009年北京市播出机构全年播出公共电视节目时间为10.77万小时，比2008年增加0.34万小时，增长3.2%。

对外广播电视节目播出：2008年北京市播出机构全年播出对外电视节目时间0.88万小时，与2007年相同，主要是北京电视台在北美卫星平台播出的节目。

（4）其他

有线电视用户：2009年有线电视用户（注册）为413.5万户，比2008年增加30.37万户，增长7.9%，入户率达到85.9%。

付费数字电视用户：2009年付费数字电视用户238.5万户，比2008年增加48.5万户，增长25.2%，付费数字电视用户已占有线电视用户的57.6%。

有线电视网络建设：截止到2009年底北京市累计铺设光电缆14.12万公里，比2008年增长4.3%。其中光缆2.61万公里，比2008年增长12%；电缆11.51万公里，比2008年增长2.8%。

电影方面情况：截止到2009年底北京共有电影院线9条；电影院84家，2009新增6家；银幕373块，2009年新增44块；影院座位7.44万个，2009年新增6566个；电影放映场次60万场，比上年增长36.3%；票房收入8.1亿元，比上年增长52.8%；观众人数2139.6万人次，比上年增长 46.6%。

机构及人员：2009 年底，北京市广播影视统计法人单位 1023 家，比 2008 年增加 202 家，增长了 24.6%。其中行政机关 19 家；事业单位 59 家；企业单位 945 家（社会广播影视制作单位 848 家）；从业人员 1.85 万人，其中社会影视节目制作单位 0.93 万人，占北京市广播影视从业人员的 47.6%。

2. 新闻出版业

（1）图书期刊版权引进量居全国首位

2009 年，尽管面对金融危机，北京地区新闻出版行业收入依然呈增长态势，而且引进图书、期刊版权等多项指标，位居全国首位。北京市新闻出版业通过优化政策环境、加强战略协作、实施重大项目带动等一系列措施，实现了产业的健康快速发展。据初步统计，2009 年 1 月至 11 月，北京地区新闻出版行业收入总额 441.46 亿元，同比增长 5.5%；税金总额 25.75 亿元，同比增长 20.4%；利润总额 24.03 亿元，同比增长 2.5%。

随着数字出版等新兴业态迅猛发展，截至 2009 年底，北京地区共有经批准的互联网出版机构 55 家，占全国的 25%，涉足互联网出版的经营机构 4630 家左右，占全国的 21%。网络游戏出版和手机出版成为北京数字出版产业的支柱。此外，版权登记和版权贸易不断增长。2009 年完成作品自愿登记 30.3526 万件；引进版权合同登记 8298 项，同比增长 26.2%。其中，引进图书、期刊版权 8018 项，电子出版物、计算机软件版权 280 项；计算机软件著作权登记 2.2055 万件，同比增长 21.47%，占全国的 32.48%，居全国首位。

（2）北京游戏出版态势良好

北京市新闻出版局公布的 2009 年北京地区游戏出版的情况：2009 年，北京地区共计出版网络游戏等游戏出版物 102 款，态势良好。北京完美时空网络技术有限公司、科海电子出版社等共计 17 家网络出版、电子出版单位出版了 102 款游戏。其中，国产游戏 78 款，引进游戏 24 款。在引进出版的 24 款游戏中，网络游戏游和单机游戏各占一半；这些引进出版的游戏出版物主要来自日本、韩国和美国等游戏产业发达的地区。

（3）其他情况

2009 年，北京出版社出版集团和其他 15 家市属出版社已基本完成转企任务。

2009 年，北京市收缴非法（盗版）出版物 1919179 张（册）。删除涉及暴力、低俗和色情网络出版内容 10000 余篇（张）。

2009 年，北京首次在全国提出“益民书屋怎么建，农民自己说了算”的建设新思路，并“鼓励有条件的农民作者写书、出书”，全年新建 1020 个益民书屋，全市益民书屋已有 1947 个。

3. 演艺娱乐业

2009 年，北京演出市场保持持续增长，演出总场次和总台数分别比 2008 年增长了 21.6%和 41%。常规演出中，话剧类演出场次最多，音乐类演出台数最多。旅游演出在经历 2008 年的滑坡之后开始复苏，总场次增长进 20%。2009 年北京演出市场最大的亮点是联合与扩张，文艺表演团体开始尝试走联合之路，院线联盟向纵身发展，同时，以天创国际为代表的大型演艺机构进军国际市场，“走出去”战略迈上新台阶。

（1）演出市场数据分析

演出总场次和台数出现恢复性增长。2009 年，北京演出市场增长重新开始加速。演出总场次为 16836 场，总台数为 2256 台，分别较上一年增长了 21.6%和 41%，增长速度均有所加快。这表明，在经历 2008 年的短暂调整之后，北京演出市场出现了恢复性增长。

音乐类演出台数最多。从演出台数来看，2009 年北京市不同类型的常规演出中，音乐类演出台数最多，共 740 台，占常规演出总台数的 33.9%，其次为话剧类：共 477 台，占常规演出总台数的 21.8%。

话剧类演出场次最多。从演出场次来看，话剧类演出场次最多，共 3536 场，占演出总场次的 48.6%。其次是儿童类和音乐类，演出场次分别占常规演出总场次的 16.3%和 12.8%。从演出场所来看，2009 年北京市音乐类演出主要集中在国家大剧院、中山音乐堂、北京音乐厅等专业场所。其中在国家大剧院上演的音乐类演出占据了演出总台数的 29.9%，中山音乐堂占 19.5%，北京音乐厅占 17.6%。

话剧类演出同比增长 32.7%，增长速度有所减缓。2006～2009 年的四年间，话剧类演出市场整体呈上升趋势。统计数据显，2006～2009 年的四年间，北京市话剧类演出市场均保持了较高的增长速度。其中 2008 年增长速度最快，达到了 43.1%。2009 年增长有所下降，但也保持了两位数以上的水平。

小剧场话剧仍然是话剧市场的生力军。近几年，小剧场话剧异军突起，为北京市话剧市场注入了新的活力。据道略监测，2008 年北京市共上演小剧场话剧 2000 场，占话剧演出总场次的 75.08%；2009 年上演小剧场话剧 2564 场，占话剧演出总场次的 72.9%。

2009 年演出活动主要集中在朝阳区、东城区、宣武区，三城区演出总场次为 11567 场，占北京市演出总场次的 68.7%。朝阳区以旅游类演出为主。2009 年朝阳区共演出 4438 场，占演出总场次的 26.4%。其中旅游演出

2526场，占该地区演出总场次的56.9%。而在旅游演出中，杂技类演出占据了主体。东城区以话剧类演出为主。2009年东城区共演出3788场，其中话剧类演出1696场，占东城区演出总场次的44.8%。东城区集聚了大量的话剧剧场特别是小剧场，如人艺试验剧场、东方先锋剧场、蜂巢剧场等，使话剧演出成为东城区的演出特色。宣武区主要以地方戏曲及曲艺为主。2009年宣武区共演出3341场，演出最多的类型为地方戏曲及曲艺，演出场次为1201场，占35.9%。地方戏曲及曲艺演出以驻场演出的形式为主，演出场所主要集中在德云社、张一元茶馆、德云书馆等。

2009年的演出高峰期在4月、10～12月。而往年的演出高峰期一般集中在1月、4月、9月等。出现这种变化的原因，主要是2009年的“十一”为60周年大庆，各种类型的汇报演出、文艺演出较多，致使10～12月的演出场次明显增加。

2008年受金融危机的影响，北京市旅游演出市场有所下滑。随着经济形势的好转，2009年旅游人次增加，旅游市场开始回暖，与此紧密相连的旅游演出市场也呈现复苏的迹象。2009年北京市旅游演出共7253场，比2008年增长了19.6%。旅游演出是指以旅游人群为主要观众群体的演出类型，演出内容涵盖了杂技、综艺、歌舞、京剧、地方戏曲及曲艺等。2009年北京市各种类型的旅游演出中，杂技类和京剧类所占比重最高。这两类演出分别占据了旅游演出总场次的75.3%和总台数的68.4%。

（2）北京演出市场特点

一是业外资本加速进入演出行业，小剧场等成为投资热点。民营资本关注演艺市场，小剧场投资受宠。2009年6月文化部出台的《关于促进民营文艺表演团体发展的若干意见》，使民营文艺表演团体得到社会各界的关注，在资金、发展环境等方面民营文艺表演团体都得到了来自社会的更多支持。众多投资商纷纷进驻话剧市场。民营团体北京戏逍堂话剧制作坊与枫蓝国际购物联合打造了“枫蓝国际小剧场”。西城区着力打造了“繁星戏剧村”，成为我国首家民营小剧场集聚群。金融资本进入演出行业，助推龙头演艺企业。文化部制定的《文化产业投资指导名录》中明确把演艺服务业放在鼓励类发展方向第一位，为即将涉人演艺服务业的单位和个人提供了指导方向，为金融资本的进入提供了政策保障。2009年北京银行与北京演艺集团提供意向性授信10亿元；工商银行北京市分行与中演票务通正式签署战略合作协议，为其在北京地区提供办理售票业务；天创国际的《功夫传奇》剧目向北京银行贷款100万美元到伦敦进行商演，取得巨大成功，加速了天创国际走出去的步伐。这些事件表明，金融资本开始更多地关注演出市场，成为大型演艺机构拓展国内外市场的助推器。

二是资源整合加剧，院团联合和院线联盟进一步深化。艺馨社加入德云社相声联盟，文艺表演团体尝试走联合之路。文艺表演团体仿效演出场所联盟的形式，尝试走联合之路。2009年北京艺馨相声社加入德云相声联盟，并在广德楼剧场进行驻场演出。艺馨相声社专门致力于传统曲艺发展，拥有众多专业相声演员，加盟后使德云旗下相声演员突破200人，大大增强了团体的市场竞争力。北京保利院线旗下由9家增加至15家，演出院线联盟向纵深发展。演出院线联盟逐渐向全国范围拓展。北京的演出场所在发展剧院院线、联盟以及连锁经营方面走在全国前列，且发展迅速。保利院线是全国最早的剧院管理加盟，由保利剧院管理有限公司打造的保利演出院线旗下的剧院已由原来9家增至15家。北京已建成5个院线联盟（联合）。通过多年的发展，北京已拥有5个院线联盟，包括：保利院线联盟、中国北方剧院联盟、国家大剧院联盟、中国儿童剧院联盟、中国木偶剧院联盟等。其中，保利剧院联盟和中国北方剧院联盟覆盖范围较广，国家大剧院、中国儿童剧院、中国木偶剧院等三个联盟主要是通过战略合作、连锁经营等方式形成联盟关系。通过院线联盟合作，改变了过去单打独斗的演出模式，达到了资源共享和降低演出成本的目的。

三是外地演艺机构抢滩北京市场，竞争格局发生分化。2009年4月，刘老根大舞台落户北京崇文区阳平会馆，开创了“二人转”文艺团体进军北京市场的先河。继刘老根大舞台之后，吉林省又一“二人转”演出团体——快乐人生大舞台于10月落户北京，并在颐和园北宫门、芍药居中青旅山水宾馆及北沙滩双泉堡三处开设剧场，常年进行二人转演出。以“二人转”为代表的演艺机构进驻北京市场，标志着北京市演出市场存在着巨大的民间消费潜力，也必然会加剧北京市演出市场竞争格局的分化。

四是大型演艺机构进军国际市场，“走出去”迈上新台阶。大型演艺机构收购国外剧院，开创国内演艺机构国际并购的先河。2009年12月，天创国际演艺制作交流有限公司以354万美元的价格成功收购位于美国中部密苏里州的布兰森市的白宫剧院，开创了国内演艺机构收购国外剧场的先河。此后，东上海国际文化影视集团也在美国田纳西州大雾山旅游区收购了两家剧院，分别命名为“东上海剧院”和“宫殿剧院”，进一步加速了中国演艺行业走出去的步伐。中国演艺机构“走出去”迈上新台阶。长期以来，中国演艺机构进军海外市场主要是走单个剧目海外巡演的模式，而且大多通过经纪机构进入国外市场。这两个并购案例，表明国内的大型演艺机构已具备一定的海外市场扩张的能力，标志着国内演艺机构“走出去”战略从此迈出了实质性的一步，登上了一个新的台阶。

五是竞争优势凸显，全国演艺中心的地位正在形成。北京市对演艺机构的吸引力不断加大，众多演艺机构选择北京作为总部所在地，并以北京为主阵地，逐渐拓展全国市场，从而使得北京对全国的辐射作用不断加强。北京有望成为全国的创作中心。北京汇集了全国演艺行业一流的创作人才和演艺人才，每年都创作演出众多优秀剧目。如2009年由著名影视编导刘恒创作的话剧《窝头会馆》、国家大剧院制作的《简·爱》、林奕华的新作《男人与女人之战争与和平》等优秀剧目。同时，民营话剧团体也创作了大量的广受市场欢迎的剧目。北京成为众多优秀剧目的诞生地。各中心城区逐步形成了各具特色的演出领域，有望领航本领域的全国市场。北京不同区域的演出市场各具特色，如宣武区拥有众多地方戏曲演出场所，朝阳区的杂技类旅游演出颇具特色，东城区则以话剧类演出著称。针对北京缺乏音乐剧专业剧场，怀柔区打造中国的百老汇，构建中国舞台原创产业基地，填补了中国音乐剧史上的空白。海淀区依托杏石口地区现有的产业集聚优势，引入美国百老汇等国际一流剧院演出机构，将西山文化创意大道打造成“十里文化长街”。各个城区的核心优势正在逐步扩大，逐步形成品牌效应，有望领航全国市场。

4. 文化会展业

北京市会展业已经形成了较为完整的产业活动体系，显示出良好的发展势头，但是发展中仍存在一些突出问题，制约了行业的进一步发展，并影响到会展业对城市经济拉动效应的充分发挥，会展业的繁荣需要政府及相关部门加强引导和扶持。北京会展业经过二十多年的发展，整体水平处于全国前列。北京作为国家的首都，基础设施、场馆建设、外部环境等具有比较优势，拥有众多全国性科研机构和行业协会，高级人才集中，为会展业的发展创造了良好的环境。北京会展业的发展在全国具有很强的代表性。近几年，北京会展业发展迅速，成为极具活力的行业之一。

（1）国际化和品牌化趋势日渐凸显

随着北京市对外开放的深入及国际化地位的增强，会展活动进一步呈现国际化趋势。北京会展业国际化程度不断提高，组织国际性、高规格会展的能力逐步增强。

（2）培育了一批特色主题品牌会展

北京拥有众多全国性行业协会，在举办特色主题的品牌会展方面具有不可替代的优势，形成了“科博会”、“文博会”、“国际汽车展”等一批会展品牌，特色品牌会展全国领先。我国内地共有22个经全球展览业协会（UFI）认证的展览，其中北京就占了10个席位，包括中国国际机床展、纺织机械展、通信展、服装服饰展、制冷展、工程机械展、冶金展、医疗仪器展和印刷展等。尽管北京市会展业在规模、国际化水平方面都有较大提升，但由于场馆基础设施不够完善、交通堵塞以及奥运期间各种限制等原因，致使一些品牌会展流失到其他城市。来自行业协会的数据显示，近年来北京培育的40余个轻工业展览会，已有2/3以上转移到上海、宁波、大连、深圳等地举办。

（3）初步形成四大会展经济区

北京的朝阳、昌平、海淀、西城四个城区地理位置优越、交通便利、各具特色，展览场馆及各类培训中心相对集中，且布局合理，会展业发展较为突出。会展业的发展也带动了这些区域餐饮、旅游、商务休闲等行业同步发展，形成了北京的四大会展经济区。

（4）向内涵式发展转变

北京市会展业经过二十多年的发展，正从外延式扩张逐步向内涵式增长演变。北京会展业中，各种会展服务在产业链中的作用不断增强，高层次国际性会展收入比重的提高、会展专业服务水平的上升，表明会展业发展正从单纯的数量增长转变为数量和质量同步提高，会展业内涵式增长的局面初步形成。同时，北京市会展业在推动全市吸引外资、扩大贸易、促进合作等方面发挥了巨大的作用。例如，北京每年举办一届的“高新技术产业国际周”、“京港经济合作研讨洽谈会”和“京台科技交流合作洽谈会”，促成了大批合作项目协议，涉及信息技术、计算机网络、电子、生物、医药、农业、资源与环境保护等三十多个领域，对全市高新技术产业发展和城市建设起到了积极的推动作用。

北京会展业在发展过程中也出现了一些突出问题，在很大程度上制约了行业的发展，如会展期间安保、检疫工作，展览消防设施的重复购买、重复放置，在一定程度上加大了会展单位的运营成本，展馆周围的交通堵塞问题也在一定程度上加剧了北京会展业外移。

5. 新媒体业

（1）网游产业规模

2009年上半年北京网络游戏收入约为31亿元，企业数量共计百余家。从正在运营的产品来看，北京地区游戏公司正式运营的大型网络游戏已经超过了50款。以完美时空、金山、搜狐畅游等为代表的游戏公司积极拓展海外市场，成效显著。完美时空的海外收入为2.64亿元，金山约为6000万元，搜狐畅游约为5200万元，三家网络游戏企业海外总收入占总出口量的52.3%左右。北京自主研发网络游戏产品出口总量居全国首位。

由于网络游戏行业采用代理经营的模式并通过互联网向用户提供业务，这使得无论是研发公司还是运营公司的竞争都是全国性的。本地游戏公司之间的竞争更多的是在人才等资源上的竞争。由于游戏市场总体还处在快速发展过程中，且北京几家大型游戏运营公司之间的市场定位存在较大区别，各自之间的竞争还不是特别激烈。

从2009年的发展情况来看，不同细分领域的竞争情况存在差别：在3D网络游戏领域，2009年光宇华夏和金山分别推出了自主研发的3D游戏《创世OL》和《剑侠情缘3》，搜狐畅游也将推出自主研发及代理运营的3D网络游戏，这对以3D网络游戏为主营业务的完美时空而言是直接的竞争，但完美时空目前在3D网络游戏领域仍处在领先地位。在网页游戏领域，千橡互动、北京游戏谷、昆仑万维等企业处在领先地位。

（2）网游产业结构

从产业结构来看，北京市游戏产业结构层次丰富，由MMORPG、休闲游戏、网页游戏和社交游戏等多种形式组成。

大型角色扮演游戏（MMORPG）产值高，且增长稳健。从2009年游戏产业的产值来看，北京地区游戏总产值落后于上海，但MMORPG产值却和上海差距不大。这主要是因为完美时空、搜狐畅游、金山、光宇华夏等公司都专注于MMORPG游戏。从2009年的增长速度来看，完美时空和搜狐畅游的增长稳定，超过了上海地区游戏公司的增速。

休闲游戏发展比较稳定，但规模较小。这个领域，上海的久游、盛大，以及深圳的腾讯是全国的领先者。北京地区的完美时空、光宇华夏和金山也各自运营一款休闲网游，分别是《热舞派对》《炫舞吧》《反恐行动》，但总体规模较小，2009年在线人数不超过10万。北京地区的联众公司旗下的"联众世界"是全国仅次于腾讯"QQ游戏大厅"的棋牌休闲游戏平台，但在线人数仅为腾讯的1/10。

网页游戏发展迅猛，出现龙头企业。千橡互动、昆仑万维、游戏谷是北京地区网页游戏的佼佼者，也是全国网页游戏产业的龙头企业。2009年，千橡互动、昆仑万维网页游戏业务收入分别为2亿元和1亿元左右，居于行业前五位。北京游戏谷则获得了500万美元的风险投资，业务发展稳健。

社交游戏总体规模小，但出于国内领先状态。热酷、智明星通是国内最大的社交游戏开发商之一，尽管月收入还在百万元的级别，但发展速度快，已经处在领先地位。值得关注的是，热酷等公司一直把海外市场作为自己的重点。

（3）北京网游产业主要企业

完美时空成立于2004年，并于2007年7月登陆美国纳斯达克证券交易所，是中国最大的3D网络游戏开发和运营商，也是中国最大的网络游戏出口企业。完美时空主要基于自主研发的Angelica 3D和（ube Engine 3D两款3D网络游戏引擎来研发网络游戏，陆续推出《完美世界》《武林外传》《完美世界国际版》《诛仙2》《赤壁》《热舞派对Ⅱ》《口袋西游》《神鬼传奇》8款3D网络游戏和1款2D回合制游戏《梦幻诛仙》。在海外市场方面，截至2009年，产品已出口到70多个国家和地区，大部分采用代理合作模式，北美则采用的是建立全资子公司的模式，《完美世界国际版》《口袋西游》和《诛仙》3款游戏已在北美市场成功推出。完美时空在2009年第三季度的网络游戏收入达到5.45亿元，比第二季度增长4.5%。2008年完美时空的海外收入约为1.86亿元，截至2009年前三季度，其海外收入约为1.52亿元，2009年第三季度环比增长27.2%。

畅游有限公司是一家在线游戏开发和运营商，前身是搜狐的游戏事业部，2003年起开始运营大型多人在线角色扮演游戏（MMORPG）业务，2007年12月拆分成为一家独立运营公司，并于2009年4月在纳斯达克上市。目前，搜狐畅游公司主要运营《天龙八部》《刀剑英雄》等网游产品，并于2009年推出了MMORPG《刀剑英雄2》，开启了《鹿鼎记》《剑仙》《古域》等多款游戏的测试。2009年第三季度搜狐畅游的网络游戏收入为4.69亿元，比第二季度增长3.0%。预计2009年收入达18.3亿元，同比增长32.2%。另外，2008年搜狐畅游网络游戏业务的海外收入达4900万元，2009年前三季度达到3900万元。

金山软件是一家香港证券交易所的上市公司，成立于1988年，是应用软件产品和互联网服务供应商，在珠海、北京、成都、大连、深圳5地分设研发中软件和网络游戏为两大核心业务。目前金山运营10款自主研发的网络游戏，游戏类型以MMORPG为主，且多以中国古代历史和神话传说为主线，同时兼顾国际化视点。2009年下半年，金山的首款3D MMMORPG大作《剑侠世界3》开始公测，目前在线人数超过10万人，成为中国3D网络游戏市场上具备较强竞争力的运营商。在运营策略上，2009年以来，金山积极与多家游戏运营公司探索联合运营，效果如何尚待评估。2009年第三季度金山网络游戏业务收入达到1.63亿元，比第二季度增长2.9%。预计金山网络游戏业务在2009年收入达6.5亿元，同比增长18%。

北京光宇华夏科技有限责任公司创建于1999年，是中国领先的游戏运营及游戏产品开发商，目前运营《问道》《西游Q记》《秦始皇》等近十款MMORPG，产品涵盖回合制、MMO以及休闲游戏等多种类型。2009年，

《问道》在线人数保持了比较稳定的增长，5月突破百万在线，成为中国自主研发的第三款百万在线的网络游戏。12月光宇华夏宣布签约目标软件3D MMORPG《天骄3》，全面进入3D游戏领域。光宇华夏积极布局自主研发，在沈阳、成都、北京、深圳四地拥有研发团队，研发人员超过450人，同时研发8款网络游戏。

总部位于北京的联众是中国最早从事网络游戏运营的公司之一，也是中国最大的网络游戏联合运营商之一，研发合作伙伴包括成都梦工厂、西安纷腾、北京游戏谷等，在联合运营的三年多时间内共运营过20多款游戏。“联众世界”棋牌游戏平台于1998年开始运营，一直是中国最大的棋牌游戏平台，从2004年被腾讯推出“QQ游戏”平台取代，市场份额被挤压到不到10%，在线人数只有“QQ游戏”的1/10。联众以联合运营或者代理休闲游戏为主，如《灵游记》《天黑请闭眼》等。2008年开始自主研发《精武世界》。

6. 动漫业

动画创意产业蕴含着文化创意、数字技术、绿色消费、文明时尚的丰富内涵。建设“人文北京、科技北京、绿色北京”，大力发展首都动画创意产业意义重大。近三年来，首都动画创意产业发展取得了可喜成绩，为发展首都文化创意产业作出了积极贡献，但与动画产业发达国家，甚至与国内一些兄弟省市相比，还存在一定差距，一些制约产业发展的问题需要引起我们的重视。

（1）首都动画播映机制得到优化

动画片播映机制得到优化，产业发展进入良性循环：北京动画播映体系初步完善，播映平台建设加强，有力地拉动了市场需求，刺激了创作生产，为首都影视动画产业的快速发展起到了重要的推动作用。如北京电视台卡酷动画频道，既完善了购买动画片—播出动画—获取广告收益运营模式，又积极探索了产供销一体化的经营方式。为提高播出动画片的质量，北京卡酷还相应调整了购片价格，将原来的较低价格调整为每分钟200元～300元，并对收视份额超过基本份额的动画片进行了额外奖励。这在一定程度上调动了动画制作公司进一步提高动画片质量的积极性，也较好地维护了电视台的市场形象。同时，北京卡酷还自主进行了动画生产、播出、开发衍生产品等产业链业务，以质量求生存，全力提高受众认可度，稳定收视人群。促进了首都动画创意产业发展进入良性循环的轨道。

（2）动画业面临的问题

一是缺乏龙头品牌企业的引领，动画产业发展难以做大做强。

产业的发展需要龙头企业的引领，品牌效应、技术标准、运营模式以及社会的关注、消费者的信赖等，都是这个产业得以发展的重要因素。同时，龙头品牌的示范作用和吸引力，也是聚集优秀人才和各类资金的产业核心竞争力。首都动画市场缺乏规模大、水平高、能力强、纵向一体化发展的品牌企业。领袖企业的缺位使产业组织度低、高水平人才和规模资金难以聚集，导致产品质量低，结构不完善，区域核心竞争力无法形成。虽然在有关政策的支持与鼓励下，国产动画片产品的市场需求在短期内迅速上升，但产业内现有的动画公司的生产能力和水平难以在短期内应对这一巨大需求，低质产品难免流入市场，又制约了产业的发展壮大。

二是动画创意人才的培养模式不完善，产业发展难以突破。

从一定意义上讲，创意人才的培养是“人文北京、科技北京、绿色北京”建设最重要、最经济、最具战略意义的工程，发展动画创意产业更是如此。目前，北京地区大量动画二维、三维技术公司聘用的主要是各高校动画专业学生，这些学生也只是在就业后，通过接受公司安排的简单的技能培训就投入创作，职业培训时间较短、内容单一。这种短期简单的培训能够提高专业学生和从业人员的某项技能，但很难提高他们的整体创作水平。我国创意产业才刚刚起步，创意人才的培养、开发途径也主要是学历教育和短期培训、在职培训。从学历教育来看，北京地区拥有较多在全国较早开设动画专业的高校，但其人才培养方式仍比较传统，缺少对创新能力的塑造，因此培养出来的学生难以满足企业需求。动画创意人才需要长时间、全方位的培养，仅依靠学历教育或短期的培训不能解决行业优秀人才匮乏的问题。具备动画技能与创意综合能力的动画专业人才培养，需要开发特有的教育模式和培养通道。

三是动画片产品差别化程度不高，消费市场难以拓展。

在产品差别化的市场中，不同年龄、身份与受教育程度、经济收入的动画片产品受众，偏好不同的产品，他们在选择产品的消费渠道、消费方式上也存在差异。产品差别化是动画企业巩固和扩大企业市场占有率的重要因素。目前，北京地区的动画作品在题材上与动画人设、场设，制作手法上无差别，或是差别很小，产品之间可以互相替代，这就造成了产业内企业的低价竞争，使得企业生存更为艰难。产业发展需要创意和创新。事实上，从动画片的题材、内容，到具体角色的个性、造型与服装乃至动作姿态和对白语言、制作技术的方法等都可以体现产品的个性特点。例如，企业在题材选择上可以选择时尚题材的动画片，也可以选择普及中医保健知识的内容，在角色的个性和定位上，可以是任性的米老鼠、倔强的唐老鸭，也可以是勇敢的孙悟空、聪明的喜羊羊，等等。总之，与众不同的创意才能吸引不同类型的观众。

四是产业链发展缓慢，创意产业盈利模式无法构建。

产业链中存在着大量上下游关系和相互价值的交换，上游环节向下游环节输送产品或服务，下游环节向上游环节反馈信息，资源共享，相互依存，协调发展。如果产业链缺失或延伸乏力，就会影响产品的输送和市场信息反馈，导致那些本来在市场上反映良好、收视率较高的动画片产业附加值无法形成，产业内资源配置不能有效进行，资源再生和利用效率都会受到很大制约，具有创意产业特点的盈利模式也难以建立。具体来讲，动画片直接面对产品受众的服务结构，如果不完善，受众的反馈信息就不能及时、有效地回传给动画片衍生品制造商，动画片制作公司就只能通过产品播出带来的单一购片款获得经济回报，而这些收入远远不足以支付精良动画片的制作成本。因此，为了生存，动画片制作公司只能降低成本，制作那些不需要过多前期投入的作品投放市场。长此以往，恶性循环，优秀的创意和播出效果发挥不出应有的产业效应，严重制约新的创意和优秀动画片的再生，产业发展前景难以乐观。

7. 文化旅游业

2009 年北京接待游客总量超过 1.6 亿，与 2008 年相比，增长 10%以上。与此相适应，12301 北京旅游服务热线累计受话 61352 个，与 2008 年同比增长 20%，其中，旅游咨询 60143 个，同比增长 23%，质量投诉 1194 个，同比下降 26%，旅游建议 15 个。2009 年投诉公示总量与 2008 年相比，投诉件数下降了 59%、被投诉旅行社下降了 34%。特别是国庆、中秋长假期间，12301 共收到各类旅游投诉 70 件，同比下降 47%，且未发生涉及旅游安全、突发群体和“甩团”等侵害游客权益的重大旅游投诉。据北京统计信息咨询中心的抽样调查显示，游客假期在京旅游满意度大 99.3%。上述数字表明，2009 年北京地区旅游行业服务质量水平显著提高，北京市旅游局联合相关委办局所采取的一系列治理改善旅游市场秩序的措施收到了显著的效果。

(1) 扩大区域旅游合作，游客更加方便

为了方便各省市居民之间的旅游互动，2009 年北京与兄弟省市之间的旅游合作得到了进一步的加强。如津京合作的“百对新人婚庆蜜月之旅”、“千名时尚女士精致休闲游”、“万名青少年修学游”、“10 万名长者康乐游”等旅游产品的推出，以及“乘高铁，游京津”活动的启动和两市旅行社京津塘高速公路费补贴等措施，都为方便游客、拉动内需发挥了良好的作用。又如天津、河北、山西、山东、河南、辽宁、陕西等省市与北京共同召开八省市区域假日旅游协作会，也同样产生了互送客源的合作效应。仅 2009 年国庆黄金周期间，华北地区旅京游客的份额就提高了 7 个百分点；随着京承高速公路的全线贯通，仅北京到承德游客就比去年同期增长了 30%以上。其实，这也正是 2009 年北京国内旅游者多达 1.5 亿人次，同比增长 10%以上的一个重要原因。

随着京津两地的第二条高速公路和首条城际高铁的竣工，北京至天津的时长被大大的缩短了，最快只需半个小时就可以到达，两地的游客可以在一天之内往返于两地。乘坐高铁到北京来的客人春节期间是 52 万人次，北京到天津的客人是 54 万人次，春节期间的游客达到了 100 万人次。高铁的建立不仅拉近了两地的距离，同时还促进了两地旅游业的合作，实现共同发展。

(2) 加强旅游促销

旅游业的发展需要不断市场开拓。北京除了如继续举办一年一度的“北京国际旅游博览会”和“北京国际旅游节”等，2009 年还先后借助国际著名体育赛事和文化活动（如西班牙足球甲级联赛、美国 NBA 比赛、F1 赛事、中国网球公开赛、“同一首歌”旧金山大型演出活动、“北京，我心飞翔”大型演唱会等）的机遇，通过广告投放、发放宣传品、举办现场互动活动等方式进行了一系列北京旅游推广营销活动。这种全新的旅游促销方式在活动现场得到了举办国官员及媒体的好评，获得了国内外旅游业界的称赞，也在游客中也取得了良好的反响。在 2009 年全球国际旅游者同比下降 4%的情况下，2009 年北京全年接待入境过夜旅游者升至 412.5 万人次（比 2008 年增长 8.8%），这与北京旅游大力开展促销推广密不可分。为了消费者能够舒心地到北京旅游，继年初成功举办“北京请您来过年”的活动之后，2009 年 4 月北京又推出了“北京欢迎您——二百万张旅游景区门票免费奉送”的活动。活动遵循“企业让利，政府补贴”的原则，让 47 家旅游景区以低于市场门票 70%的价格与北京市旅游局签约。于是 200 万张门票通过网上申领为主，旅行社及媒体发放为辅的方式进行了免费发放。这一活动得到了全国民众的广泛支持，网上申领期间，活动专题网页累积点击率超过 1165 万次，日在线申领人数最高达 127 万人次。截至 2009 年 10 月 22 日，至少已有 25%的持票游客已前往票面景区游览；而通过携程旅行网预定北京旅游产品的游客较去年同期增长了 300%。

(3) 承接服务国庆 60 周年任务

每年全国“两会”期间，北京不少饭店都承担对全国人大代表和政协委员的接待任务。2009 年，北京驻地饭店除接待了“两会”的代表、委员及工作人员之外，还在精心预防甲型流感的同时，合格而圆满地完成了国庆 60 周年大庆更为繁重的服务任务，其中包括国庆前期观礼台先后多达数万人次的观礼人员和4次演练观看人员的服务工作、国庆期间近万观礼嘉宾的住宿服务接待工作，得到了北京市领导、中央领导和各个中央相关部门的高度好评。据不完全统计，仅在2009年全国“两会”期间，驻地饭店便收到了人大代表、政协委员的表扬信1961件。

(4) 关爱游客生命，打造旅游安全屏障

基于居民户外运动开展中安全问题的日益凸显，为了保障广大游客及探险旅游者的人身安全，北京市政府把打造旅游安全屏障的工作提上日程。包括重点景区周边非开放山区制高点的太阳能灯杆的设置，安全防护栏网的设置，警戒忠告牌、安全提示牌、导向指引牌等标识的设置，在年内完成了分布在海淀、丰台、房山、门头沟、昌平、怀柔、平谷、密云、延庆等区县的26个山野景区的131处定位灯杆、65处安全防护网、1354处安全提示牌的安置工作。除了居民外出时应有的自我旅游安全意识和安全准备外，这一公共设施系统的设置又为旅游者增添了一层安全保护的屏障。

根据市政府关于为老年人办实事的指示，北京市旅游局明确了故宫博物院等115个A级旅游景区，自2009年1月1日起开始实施优待老年人政策，对65周岁及以上老年人免收门票费，或提供一定的优惠。政策执行以来，这115个A级旅游景区已平均月免费接待老年人713861人次、优惠接待老年人184060次，为老年人提供各类咨询服务12640人次，受到北京市民的普遍欢迎。

为提高景区公益事业建设水平，扩大残疾人在景区游览的受益面，北京市积极贯彻国家发改委相关文件，倡导全市A级旅游景区，一律对残疾人免门票开放。倡议很快得到北京所有A级旅游景区的积极响应与支持，包括北京欢乐谷23个非政府定价景区在内的176个A级旅游景区，全部承诺对残疾人免收门票费。

(5) 加强旅游文化新内容建设

奥运场馆成为2009年北京旅游促销的主要内容，吸引更多的游客前来观光。北京的各大景点对于很多人来说已经不再陌生，挖掘传统景点的新亮点、新看点，充实文化内涵显得尤为重要，用“新”来更好的吸引游客，带动旅游业的发展。近几年北京的京郊游、乡村游十分火热，吃吃农家饭，干干农家活，住住农家炕，吸引了不少的游客。2009年，北京旅游更加突出乡村特色，各区县都非常积极的推进这项工作。一区一色、一沟一品也是各个区县的追求。自动导游机的使用方便了游客的参观，游客不必再紧跟导游，侧耳细听导游的讲解，只要一个四四方方的小盒就可以为游客讲解景区内的各个景点。但是自动导游机还存在一些问题，需要不断的改善。

为了便于旅游者更加了解北京旅游目的地的最新信息，“我心目中的新北京十六景”的评选活动于2009年4月进入投票程序，通过电视、互联网等媒体的介绍，通过互联网为主的投票平台，最后以活动累计“曝光”7.2亿次，有效投票4500万张宣告结束，众望所归的八达岭长城、国家体育场（鸟巢）等16个新老景区最后胜出。此次活动拉近了中外游客与北京的距离，是北京旅游信息互动的一次难得的高峰。

2009年北京市旅游局联合市发改委、市科委、市经信委和市商务委主办了“北京礼物”创意产品征集大赛暨港台“北京礼物”创意产品邀请展。本次大赛提出了“北京礼物”的主题品牌概念，把旅游纪念品、工艺品、特色食品、地方品牌工业品等能够吸引旅游者购买的旅游商品浓缩为“北京礼物”这个概念，并围绕此概念提出了旅游商品发展方针，即通过举办大赛征集产品，推出精品，建设“北京礼物”店，促成旅游商品研发设计、生产制造、市场流通的产业链的形成。经过大赛的引导和推动，特色景点的旅游商品开发已经形成系列化开发模式，获奖产品还将获得“北京礼物”标志使用权，入驻“北京礼物”专销店。

为了提升北京乡村旅游品质，并结合旅游者近地休闲的需要，经过市场调研，根据区县乡村旅游产业发展实践，北京旅游主管方面在业界学界合作下总结并推出了八种乡村旅游的新业态：乡村酒店、国际驿站、采摘篱园、生态渔家、休闲农庄、山水人家、养生山吧、民族风苑，并由此制定出了北京市地方标准《乡村旅游特色业务标准及评定》。这不仅为乡村旅游的发展打造了第二代产品的新概念，更为丰富京郊乡村旅游产品内涵，进一步扩大产业规模和提升质量带来新的动力。

另外，如“2009年北京商务会议奖励展”的举办，会中与国际会议专业者联盟等战略合作关系的建立，以及成功申办2010年“世界旅游业理事会（WTTC）峰会”等，都将引领北京旅游面对“世界城市”目标的业态的再提升。

(6) 加强决策研究，推动旅游产业新发展

2009年，在北京市政府《关于全面推进北京市旅游产业发展的意见》的指导下，经过北京旅游局的部署和安排，北京旅游业加强了旅游产业热点、难点问题的研究，经过与业界学界的共同努力，完成旅游调研课题达数十种之多。这些课题从不同层面、不同深度、以及不同关联的视角研究了北京旅游发展的现实性课题，同时也从更广、更深的视野研究了北京旅游发展的前瞻性课题。其中如《北京旅游产业区域特色研究》《北京旅游产业发展研究》等，不仅已经对北京旅游业产业发展决策具有可取的价值，而且对下一步把旅游产业培育成首都经济的战略性支

柱产业和人民群众更加满意的现代服务业，也将继续发挥其积极有效的推动作用。

## 天津市

### 一、天津市2009年文化产业发展综述

面对国际金融危机的冲击，天津市文化领域相关部门始终按照天津市委构筑“三个高地”，打好“五个攻坚战”的要求，着力打好文化大发展大繁荣的攻坚战，使得天津文化产业走上了发展快车道。2009年，天津文化工作再度突飞猛进，创下一系列新高，百姓文化生活也大大丰富，一个个独具特色的文化建筑、标志性文化园区和大批精品文艺创作，都将天津的文化事业推向了高潮。

1. 制定并实施《天津市文化产业振兴规划》

按照国家《文化产业振兴规划》部署，制定了《天津市文化产业振兴规划》，并经市政府常务会通过。为了确保规划任务的落实，制定了《天津市第一批文化产业振兴重点工作计划》，确定2010年20项重点工作、50项具体任务。明年年底将推出第二批重点工作计划，以完成两批重点工作来确保振兴规划各项任务的落实。规划提出，天津文化产业年均增加值达到30%以上，到2011年底占全市生产总值比重超过4%。要构建三个体系，即面向市场、具有活力的文化产业体系，结构优化、运作规范的文化市场体系，体现时代精神、天津特色的文化产品生产体系。建成五个中心，即北方文化资源聚集中心、文化创意中心、文化产品生产交易流通中心、新型文化业态培育中心、文化旅游休闲度假中心；打造五个基地，即国家级动漫产业基地、数字出版和印刷复制基地、京剧和曲艺艺术展演基地、近现代都市风情影视基地、民间工艺品制作和集散基地。

2. 文化产业发展平台建设取得重大进展

积极推动文化艺术交流，举办了天津国际少年儿童文化艺术节、全国（天津）相声新作品大赛、中国原创歌曲颁奖典礼等，加强对演出节目的策划、宣传、包装和营销。组团参展第五届中国（深圳）文化产业博览交易会和第四届中国（北京）文化创意产业博览交易会，集中推出近百个文化产业招商项目，发放招商项目册、对外宣传品超过万份，签署数亿元的合作协议。

设立了天津市文化产业发展专项资金，支持文化企业发展。剥离优质资产，进行资产评估，筹建天津市文化产业投资（集团）公司。与国家开发银行签署协议，共同推动文化产业项目。积极筹建文化产业项目推介交易平台、天津北方影视剧版权交易信息平台、文化旅游项目推介平台、天津国家动漫产业示范园公共技术服务平台。以国家级展会为平台，展示天津企业项目。成功举办2009中国（天津）演艺交易博览会，来自中直和国内24个省、自治区、直辖市、台湾地区以及美国、德国、韩国、日本、澳大利亚等国家的近160家演艺机构，3000余人参展参演，展会期间演艺项目交易总额超过2.1亿元。

3. 走出去请进来文化会展丰富

2009年，天津市“走出去”和“请进来”的文化会展颇有成效，充分展示了天津文化产业的成就。今年，天津市不仅组团参展了第五届中国（深圳）文化产业博览交易会和第四届中国（北京）文化创意产业博览交易会，还以文化产业和文化产业招商项目为重点，借助这些平台，向国内外推介天津丰富的文化资源，赢得了国内外客商的青睐。第五届中国（深圳）文化产业博览交易会，推出了近百个文化产业招商项目，共签得近4亿元的合作协议。第四届中国（北京）文化创意产业博览会主推具有天津地域特色的演艺项目和创意产品，共签订合作协议30项，总额达到1.5亿元。

为促进演艺业市场化，推动我国演艺产业发展，在天津市举办的2009中国（天津）演艺交易博览会是我国演艺业首个交易博览盛会，也是我国文化产业领域的一次极具专业特色的交易博览会。来自国内24个省、自治区、直辖市以及美国、德国、韩国、日本、澳大利亚等国家的近160家演艺机构，3000余人参展参演。将演艺项目进行拍卖在国内是第一次，被誉为“中国演艺第一拍”。演博会现场拍卖会，成功拍出12个项目，拍卖金额达2100万元。演艺交易项目签约31项，金额达1.6077亿元。据统计，3天展会期间演艺项目交易总额超过2.1亿元。演博会还拉动了消费，带火了市场，近10万人次直接参与了演博会各项活动，带动旅游、餐饮、住宿、零售等同比分别增长25%以上。

此外，7月举办的2009天津国际少儿艺术节也丰富了广大群众的精神文化生活。澳大利亚、加拿大、朝鲜、法国、希腊等36个国家和地区的39个少儿艺术团体以及国内23个省、市、区的24个少儿艺术团体2000余人参加了艺术节。

4. 特色文化园区亮点纷呈

天津文化园区建设2009年创下众多业绩，中新天津生态城动漫产业示范园区、天津滨海文化产业示范区、盘龙谷文化城、东丽湖文化产业区、杨柳青民俗文化旅游区、“6号院”文化创意产业园、凌奥创意产业园、意库创意产业园、北新文化创意基地等园区很大程度上丰富了市民文化生活。而且，各文化（创意）产业园区，定位不

同，错位发展。“6号院”文化创意产业园侧重艺术创作；意库创意产业园侧重城市设计；河北区依托老工业基地优势，重点发展工业设计；艺华轮创意工场、中汇创意公社、“3526”创意工场等创意产业基地侧重发展工业设计等领域；北新文化创意基地依托电视和网络等媒体优势，从动漫产业链条的高度发展动漫产业。中新天津生态城动漫产业示范园区选址滨海新区，发展重点是动漫等新兴文化产业。天津滨海文化产业示范区（津南）、盘龙谷文化城（蓟县）、东丽湖文化产业区（东丽）、杨柳青民俗文化旅游区（西青），定位“产业区”的概念。

5. 动漫彰显天津文化产业动力

动漫产业是文化产业的重点行业。2009年，天津市动漫产业的骄人成绩再度受到全国动漫界和文化界的关注。目前，天津市已依托海河和南北运河两岸自然和历史文化资源，初步建立起“一线三点五团”的文化创意产业体系，和平区6号院、河北区3526创意工场、红桥区“意库”创意产业园、西青区“凌奥”创意产业园等20余个创意产业基地迅猛发展，津产漫画版《四大名著》、国内首款心理调节类游戏“快乐芯”、全国首部京剧三维动画《定军山》等一批代表着国际一流水平、极具核心竞争力的创意产品相继问世。据不完全统计，目前数百家津门文化创意企业接到的订单，年内至少可以带来超过60亿元的收益。

1995年成立的天津神界漫画公司是国内经营规模、创作规模和品牌影响力最大的原创性职业漫画公司，神界漫画公司历时7年创作的《四大名著》系列，获得国家原创动漫扶持计划优秀原创漫画作品扶持奖和创作者扶持奖，其代表作《三国演义》在海内外都得到认可。

作为专业的动漫生产和品牌运营公司，北新动画同样实力雄厚。公司现已在媒体播出、图书出版、音像发行、儿童快速消费品、玩具、文具、童装等多个领域拥有了一支具有丰富市场经验的队伍。即将在央视播出的《傻瓜猫》便是北新从加拿大引进的80集动画片，随着动画片的播出，其衍生产品也将由北新负责推向中国市场。除此之外，制作原创京剧动画的英方数码、中腾影视、天津天影动画有限公司、豪峰动画科技有限公司等都具备雄厚实力。

6. 传媒影视业不断发展壮大

近年来不断做大做强传媒影视产业，各集团拓展主业以及相关经营领域，天津日报报业集团、今晚传媒集团、天津广播电视电影集团等，在做大做强传统产业的基础上，拓展了发行速递、网络购物、电子出版物等经营业务。在天津市委宣传部的统一部署下，天津电视台等单位推出的大型史诗电视连续剧《解放》、天津电影制片厂推出的《我的左手》等一批文化精品项目，获得广大电视、电影观众的广泛好评，成为天津市文化产业的一个个亮点。

7. 实施文化产业大项目带动战略

深入挖掘文化资源，打造都市文化新亮点，今年集中推出了天堂电影沙龙及意式风情区情景表演、津味相声风景线、杨柳青年画大院、“打开音乐之门”音乐节等11个文化产业精品项目，目前这11个项目大部分已经顺利完成，进一步活跃了文化旅游娱乐市场。天津北方手机报整合开发项目等3个文化产业项目获中央资助。投资20亿元，率先在全国完成“一省一网”和数模转换，数字电视用户达240万户终端。投资5亿元，建设印务中心，完成股份制改造，成立了北方印务股份有限公司。投资1000万元，建设北方移动电视公司、手机电视公司。发挥天津日报、今晚报、广电集团优势，组建北方手机报，年内达50万户。

8. 文化企业发展迅猛

与文化部共建国家动漫产业基地，规划建设滨海新区文化产业园区和滨海高新区动漫产业聚集区。培育了6号院、桥园创意产业园、天津创意街、3526创意产业园、凌奥创意产业园等文化产业园区，形成多个集产、学、研于一体，融商务、休闲、餐饮、旅游等多功能于一身的文化创意产业集聚区。重点扶持了神界漫画公司、天津猛犸公司等一批文化企业，神界漫画公司生产的漫画版《四大名著》被译成德、法、英、日、韩等多国文字，在8个国家出版，海外销量已超过54万册。在全国文化体制改革经验交流会上，天津北方网股份有限公司、天津电视艺术发展有限公司、今晚发行快递股份有限公司被评为全国文化体制改革先进企业。

## 二、天津市2009年文化产业各行业发展综述

1. 广播电影电视业

2009年3月6日农村数字电影院线成立，天津市津影农村数字电影院线有限公司有效地承担了农村数字电影的推广任务，“一村一月放映一场公益电影”，让天津市的农民朋友在家门口就能看到最新的电影。

2009年4月27日天津滨海国际影业有限公司成立。滨海国际影业公司的成立，标志着电影制片厂转企改制全面展开。改制后，公司加快内部资源整合和体制改革，以全新的企业化运营机制，面向市场、面向国际。

2009年8月29日，天影厂的《我的左手》获得第13届中国广播电影大奖电影华表奖优秀故事片奖，这使得天津电影制片厂成为全国唯一一个连续15次捧得华表奖（连同华表奖前身中国电影政府奖）的电影拍摄机构。

2009年9月18日天堂电影院对外营业。作为天津市

11个文化产业项目之一，坐落于意式风情街的天堂电影院放映了第一场露天电影。“天堂电影院”是天津滨海国际影业有限公司创意推出的新型娱乐业态，把电影视听、博物与餐饮娱乐相结合，把大众电影植入大众生活，是实现商、旅、文相融合，文化与产业相统一的初步尝试。12月，电影《天堂电影院》的导演托纳多雷慕名亲赴天津，为天堂电影院剪彩。

2009年11月19日天津首块IMAX巨幕亮相。天津中影国际影城IMAX影院巨幕高13米，宽22米，IMAX银幕相当于5层楼的高度。天津市的IMAX巨幕影厅还采用了迄今最先进的IMAX数字放映系统，避免了因胶片磨损造成的画质变差问题。津门首间IMAX巨幕影厅的投入使用，标志着天津市电影放映体系开始跨入IMAX时代。

2009年12月9日，天津建起全国最高摄影棚。天津电影艺术中心一期工程完成工程项目主体结构施工，其中艺术中心的摄影棚高20.3米，创下全国纪录。新建的天津电影艺术中心主要包括多功能放映中心、多媒体电影中心、动漫创意生产制作、影视专业培训、电影展示大厅、影视化妆、服装、道具生产制作、节目内外交流中心、剧组演员招待所等，将成为天津电影事业发展的新平台。

2009年12月25日，天津诞生首家“五千万”影城。天津万达影城2009年票房截止到12月25日突破了5000万元，成为天津市首家突破5000万元大关的影城。创造了天津市各影城单店票房新纪录的同时，还创造连续四个月观影人次位居全国万达影城第一的佳绩。这表明天津电影文化市场逐步走向成熟，已在全国占有重要的一席之地。

2009年12月30日，天津北方电影集团有限公司正式挂牌。北方电影集团的成立是天津市深化文化体制改革，加快文化产业发展的重大举措，标志着天津市电影体制改革任务的全面完成。北方电影集团整合了天津滨海国际影业有限公司、市电影公司、市美术广告公司、天津津源影视有限责任公司等影视制作、发行、放映资源。

2. 新闻出版业

改革开放30年来，天津新闻出版业不断发展壮大，基本形成了包括图书、报纸、期刊、音像、电子出版、网络等多种媒体为载体，以出版、印刷、复制、发行为主，包括新闻出版教育、版权代理、出版物资供应、出版物进出口等附属门类比较完整的出版产业链。目前，全市共有各类出版单位310家，其中图书出版单位13家，音像出版单位7家，电子出版单位3家，报纸出版单位44家，期刊出版单位243家；印刷企业3467家，其中出版物印刷企业166家，包装装潢印刷企业596家，其它印刷企业166家，复印打字类企业1878家；发行单位共有2166家，其中批发单位158家，零售书店1187家，各类报亭821家。另有光盘复制单位2家，内部出版物350种，驻津记者站90家。

多年来，天津市新闻出版局逐步建立了一整套对全市新闻出版业科学、有效的宏观调控、社会监管和公共服务的长效机制促进了全市新闻出版业健康有序发展。在牢牢把握正确导向的前提下，天津新闻出版业始终坚持精品战略。按照打造核心品牌，优化产品结构，提高产品竞争力的工作思路，在社科、文化、教育、生活、美术、科技、少儿等方面的出版物不断培育和催生了一大批精品力作。先后有近百种图书荣获中宣部“五个一工程”一本好书奖、国家图书奖、中国图书奖，以及国家级电子音响制品奖；还有多种报刊荣获中国新闻奖和中国期刊奖。经过全市新闻出版行业干部职工的不懈努力，图书报刊内容生产、印刷、发行产业规模不断扩大，行业素质全面提高，市场占有份额逐步增加，社会效益和经济效益都取得了显著成绩。继2005年天津市举办第十五届全国书市之后，2008年天津市又成功地举办了第十五届北京国际图书博览会。

“十一五”期间，天津新闻出版也将继续贯彻落实党的十七大精神和中央关于深化文化体制改革的总体要求，在市委、市政府的正确领导下，坚持科学发展，大力推动体制机制创新战略、产业拉动战略、品牌战略、科技创新战略、走出去战略和人才等六大战略。进一步发展天津新闻出版业，为弘扬先进文化，提高城市品位，促进天津经济社会和谐发展做出积极贡献。

3. 广告业

2009年，天津市新增广告经营单位1269户，广告经营单位总数已达8870户，同比增长16.7%，其中专营广告公司新增301户，总数达3072户，同比增长10.9%；兼营广告公司新增947户，总数达5225户，同比增长22.1%；其他广告经营企业新增15户，总数达351户，同比增长4.5%；媒体广告经营单位新增6户，总数达222户，同比增长2.8%。全市广告从业人员49118名，同比增长9.8%；全年共实现广告经营额92.9亿元，同比增长10.7%。2009年，天津广告工作认真贯彻落实市委、市政府提出的“保增长、渡难关、上水平”的要求，坚持“服务发展是第一要务，监管维权是第一责任”的理念，克服国际金融危机的影响，积极发展广告市场主体、努力活跃广告市场氛围、全面规范广告市场秩序，天津的广告业得到了进一步的发展壮大。

(1) 广告投放分类情况

2009年，天津市实现广告经营额92.9亿元，其中医疗服务类12.5亿元，房地产类8.8亿元，药品类8.7亿元，化妆品类 8.1 亿元，保健食品类 7.8 亿元，食品类 6.4 亿元，汽车类 4.8 亿元，信息产业类 4.7 亿元，家用电器类 4.5 亿元，酒类 3.3 亿元，服务业 2.7 亿元，服装服饰类 2.1 亿元，金融保险类 2.1 亿元，医疗器械类 1.9 亿元，美容服务类 1.7 亿元，其他行业 12.8 亿元。

（2）广告公司注册资本（金）分类情况

2009 年，天津市 3072 户广告公司注册资本（金）共计 30 亿元。其中，注册资金在 1000 万元以上的公司有 46 户，占比 1.5%；注册资金在 500 万元至 1000 万元的公司的有 39 户，占比 1.3%；注册资金在 100 万元至 500 万元的公司有 528 户，占比 17.2%；注册资金在 50 万元至 100 万元的公司有 1269 户，占比 41.2%；注册资金在 10 万元至 50 万元的公司有 844 户，占比 27.5%；注册资金在 10 万元以下的公司有 346 户，占比 11.3%。

（3）广告公司分布情况

2009 年，在天津市 3072 家广告公司中，坐落河西区 569 户、南开区 515 户、和平区 337 户、河东区 245 户、武清区 227 户、开发区 166 户、河北区 163 户、塘沽区 114 户、保税区 96 户、红桥区 96 户、其他区县 504 户。

（4）媒体发布广告情况

2009 年，天津市 222 家媒体共实现广告经营额 35.7 亿元，同比增长 11.6%，其中天津电视台 11 亿元，同比增长 22.2%；天津人民广播电台 3.4 亿元，同比增长 9.8%；天津日报报业集团 7.2 亿元，同比减少 20%；今晚传媒集团 8.9 亿元，同比增长 27.1%；其他媒体（期刊、杂志）5.2 亿元，同比增长 36.5%。

（5）户外广告发布情况

2009 年，天津市共登记户外广告 18106 个，其中展示牌广告 6138 个，电子显示装置广告 390 个，灯箱广告 4030 个，霓虹灯广告 2015 个，交通工具广告 4174 个，其他户外广告 1359 个。

（6）虚假违法广告整治情况

广告监管工作打破固有的“事后监管、事前不介入”的监管理念，掌握广告监管的主动权，做到以变应变，使广告事前、事中、事后都处于严格的监管之中，做到事前防范、事中监控、事后查处，使广告监管工作进一步前移和后延。通过下发预警通知、告诫通知、停止发布通知、典型案件曝光等手段，实现广告监管的以动制动，迅速反应，及时把危害和不良影响有效的控制和消除在萌芽状态。全年下发违法广告停止发布通知 77 件，告诫通知 6 件，违法广告预警通知 10 件。全市共查处违法广告 201 件，罚没金额 66.7 万元。同时，为了加大对虚假违法广告的整治力度，针对普通商品、保健食品广告夸大、虚假宣传其功效，使用与药品相混淆的用语，直接或间接地宣传治疗作用等违法行为，工商部门两次在全市范围内开展执法检查专项行动。共检查药店等经营场所 180 家，封存、扣留凤保宁等九种商品 400 件，对违法广告行为起到了震慑作用，收到明显成效。通过预警制度的建立和专项整治工作的开展，遏制了违法广告的蔓延。全市五类广告严重违法率从去年同期的 20.5%下降到 19.7%，开始呈下降态势。

4. 演艺娱乐业

（1）文艺演出组织情况

春节前后，各艺术院团加大演出力度，增加演出场次，为观众奉献精彩纷呈的剧节目。在天津大剧院、中华剧院、中国大戏院、滨湖剧院等剧院，陆续上演京剧《雁荡山》《秋江》《盗库银》《拾玉镯》《闹天宫》《八蜡庙》《赤桑镇》《春闺梦》《大・探・二》《四郎探母》，评剧《乾坤带》《杜十娘》《花为媒》《家有九凤》《狸猫换太子》《秦香莲》《卖油郎独占花魁》，古装诗体话剧《茂陵封侯》，木偶剧《天狗吃月亮》，童话剧《三只小猪》《绿野仙踪》以及评剧名家名段演唱会、河北梆子优秀传统折子戏及清唱专场、鼓曲专场、雪绒花——世界合唱经典音乐会、祝福祖国红色经典音乐会、新春音乐会等节目和晚会。“海河情”艺术团开展慰问城市建设者、慰问孤残儿童等系列演出。

（2）群众文化活动开展情况

各区县文化部门面向基层、面向群众，广泛开展形式多样、特色鲜明、群众乐于参与、便于参与的文化活动，营造浓郁的节日文化氛围。和平区的“钢琴演唱贺新春，清新高雅唱和平”新年钢琴音乐会，河东区的纪念改革开放 30 周年摄影巡回展，河西区的纪念改革开放 30 周年文艺演出，河北区的迎新春专场音乐会，塘沽区的迎新春诗联、书法、美术作品展，大港区的纪念改革开放 30 周年文化成果展，开发区的 2009 泰达新年音乐会等，营造出欢乐和谐的节日气氛。与此同时，各区县还将充分发掘和利用传统节日的文化内涵，组织具有传统民间特色的活动。天津市被国家文化部命名的 14 个中国民间文化艺术之乡，以多种形式展示民间民俗文化艺术。大港区、北辰区、武清区、静海县将举办书画展览活动，评剧艺术之乡的宝坻区和宁河县举办“迎新春戏曲联唱专场”和“新春戏曲专场演出”，享有民间花会之乡美誉的河西区挂甲寺街、东丽区无暇街和津南区葛沽镇举办民间花会活动，津南区举办“津南第二届民俗文化艺术节系列活动”；塘沽区、汉沽区、大港区、西青区举办版画刻字、剪纸、绘画、书法、木版年画展览、展示、交流和表演活动。此外，河西区举办的“第十五届天津乐园彩灯庙会”、东丽区举办的“欢乐东丽 2009 年元宵节花会表演”、南开区和红桥区举办的“万民赛灯会”、“新秧歌大拜年”、民间花会踩街”等大型民间民俗文化活动，不断掀起春节群众文化活动的高潮。

春节期间，各博物馆、纪念馆继续向社会免费开放，着眼于满足群众多样化文化需求，从丰富展览内容、完善服务设施、加强安全保障等方面做了大量准备工作，为观众提供优质服务，确保人员安全、场馆安全、设施安全。在办好基本陈列的基础上，各博物馆、纪念馆还推出《周恩来与新闻工作图片展》《党风楷模周恩来》《李岚清篆刻艺术展》《运河的记忆——邓家驹画展》《潘玉良美术作品展》《澳大利亚油画展——傅红个人专辑》《中坚力量——实力派油画家文献展》《迎新春葫芦工艺作品展》《“岁月留声”收音机收藏展》等多个临时特色展览，为人民群众提供多样化的文化展览展示服务。

（3）贸易管理双管齐下

文化部、天津市人民政府共同主办的2009中国（天津）演艺交易博览会于10月30日至11月1日在天津成功举行。

4月28日上午，由天津市杂技团整体转企改制而成的天津市杂技艺术有限公司正式成立，这是天津市文艺院团改革的又一重要成果。

3月23日，中国发展高层论坛2009“天津之夜”活动在人民大会堂举行，市文化局承担了本次活动的民乐伴宴和文艺演出等任务。天津歌舞剧院演奏的《步步高》《茉莉花》《春江花月夜》等民乐合奏，营造出温馨融洽的浓厚氛围，为宴会增色许多。

9月28日上午，天津音乐街开街仪式在天津音乐学院南院广场隆重举行。天津音乐街是市委、市政府确定的发展文化产业“短平快”项目和特色街项目之一，以提升改造天津音乐学院南院八纬路院墙、建设沿街门店作为一期工程。一期工程占地1500平方米，共建设108间门店，入驻企业商户40余家。以经营中西乐器、演出服装道具、音像图书、形象设计、音乐艺术培训、中西音乐餐吧、礼仪文化用品等为主要业态，是全国首条依托音乐学院，政府主导，市场运作，发展音乐文化产业的时尚街区。

5. 文化会展业

全球经济危机对实体经济的影响是深远的，作为经济发展的晴雨表，会展行业受到的冲击日益显现，由于各地正在提高加快服务业发展的扶持政策，以此促进当地消费和相关产业的发展，会展行业如果找准定位借机拓宽功能，仍然会获得较大的发展空间。天津滨海国际会展中心借助开发区对会展行业的鼓励政策以及滨海新区主导产业的发展需要，2009年的展会数量不降反升。同时，国际航空航天展、亚洲第一大国际五金博览会、新特药展等知名品牌大展也将落户滨海新区。

（1）企业举办展会，提高补贴金额

文化会展业作为现代服务业的重要组成部分，2009年开发区加大扶持力度，从补贴金额到退税政策方面与2008年相比都有大幅度提高。

根据相关规定，对在开发区设立的年纳税额10万元以上的专业会展公司以及专业会展服务公司对其缴纳的营业税和企业所得税给予100%的扶持；对在开发区内举办品牌展会和专业展会的主力单位给予最高两届的场地租金扶持。规模为200（含）个以上标准展位的展会，每个标准展位给予800元/展期的租金扶持；对每个展会最高给予两届扶持，每届扶持金额最高为80万元。除了政策扶持以外，2009年会展中心的外部环境也得到了完善和提升，会展中心周边的商业及居民住宅相继入住，泰达市民广场的休闲娱乐功能日趋完善，这些也是促成今年的展会数量、质量大幅提高的关键因素。

（2）做精专业展会，做火消费展会

尽管从大环境来看，今年的会展行业也在遭遇寒冬，但是滨海会展中心由于改变了以往专攻专业展会的思路，延长会展产业链，把专业展会做精、把消费类展会做火、把会展服务功能做全，因此基本可以实现东方不亮西方亮，确保稳步增长的趋势。展会大概分为三个类别，以国际航空航天展、天津手机展为主的专业类展会；以车展、房展为代表的消费类展会；以企业年会、论坛为主的非展活动。

6. 新媒体业

（1）电子书走出去初见成效

津科是全国最早开发电子书产品的公司，在电子书市场上已经打拼了10个年头，开发出电子纸屏幕阅读器，既可以离线阅读电子书籍，也可在线阅读电子期刊，十分方便。现在主要进军国外市场，2009年公司的产品出口比例为70%至80%。今年呈现出的势头良好，与去年同期相比，产值已经翻了一番。

（2）手机报消费群体增多

作为滨海高新区文化产业聚集地的企业、全国手机报的排头兵，迅龙公司自成立以来在政府的大力扶植下，在电信增值领域保持着较好的发展。近年来，公司除运营通讯业务外，还开始尝试将传统的电信业务逐步与媒体相结合。2006年，迅龙在天津首批推出手机报业务，以《三味书屋》手机报作为新媒体领域的探索。2008年4月，正式在中国移动上线《中广财经》手机报，以日刊形式，面向全国发行，从最初的全国通用的一个版本，已逐步推出北京、天津、上海、山东、广东等20多个具有区域特点的地方性个性专版，是全国手机报中，版本最多的一份。

(3) 新媒体产品产值不断扩大

滨海高新区已聚集了迅龙手机报、津科电子书、神界手机动漫等数十个新媒体文化项目。2009年滨海高新区在以手机报、电子书为代表的新媒体领域，产值将突破亿元大关，产品远销五大洲40多个国家和地区，将成为天津市文化产业繁荣的新亮点。

7. 动漫业

2009年，天津市把动漫产业作为加快文化产业发展的重要突破口，精心谋划、全力推动，天津市动漫产业继续保持了快速发展的良好势头。

(1) 原创产品吸引力影响力进一步增强

2009年，天津动漫产业继续保持良好发展势头。投资、产量等方面都有了显著增长，一批优秀作品和企业脱颖而出，拉动全市动漫产业取得了质的突破。

天津市优秀的手机动漫作品《三国演义》、漫画《济公》、网络动漫作品《龟兔对决》等原创动漫作品和神界漫画公司的创作团队，都被列入国家“原创动漫扶持计划”。猛犸科技被评为“中国创意产业高成长企业100强”，由其自主研发的手机网络游戏《封神OL》获2009年度中国游戏产业年会“金凤凰”奖“十大最受欢迎原创手机游戏”奖。中腾影视文化公司的原创动画片《小男生阳帆》、仁永动画制作的《草莓乐园》被国家广电总局评为2009年第四季度全国优秀动画片推荐，前者在央视少儿频道黄金时段播出，后者的英语、法语版权销往海外。还有，天影动画公司完成的高清电视动画片《小小武工队》，将高清技术与提线木偶这一世界非物质文化遗产的艺术形式紧密融合，开创了我国动画在制作手段和表现形式上的先河。

(2) 重点项目和基地建设顺利

国家动漫产业综合示范园于2009年7月1日正式落户滨海新区中新生态城。国家动漫产业综合示范园是我国最大的动漫产业基地，也是全国动漫版图上的“新地标”，争取该园区落户天津市，对于天津市动漫产业乃至文化产业整体的发展，具有重要示范意义和引领带动作用，是贯彻落实文化产业重大项目带动战略的一项重要举措。建成后，园区将具备研发、原创、孵化、培训、认证和交易等六大功能，并在5到10年间发展成为国家动漫产业的示范区，成为全市乃至全国文化产业的一个新亮点，促进天津市动漫产业和文化产业整体发展。

与此同时，天津市全力支持滨海高新区发展动漫产业，发挥产业聚集优势，打造动漫特色园区，推动天津市动漫产业形成“双核互补”发展战略布局。

(3) 天津动漫“走出去”步伐加大

2009年，天津市成功举办并参与了多场全国性大型动漫展会活动，不但取得了显著的经济效益和社会效益，更有力推动了天津市动漫走出天津、走向全国。

7月下旬至8月上旬，天津博物馆成功举办了“中国原创动漫推广计划（天津展）暨2009天津原创动漫展”，这是天津市举办的首个国家级原创动漫展，天津市16家颇具实力的动漫企业及相关单位参加了展会，共展出获国家扶持的原创作品200多件，同时还展出了天津市160余件作品。

在10月下旬的“中国（天津）演艺交易博览会”上，动漫产业是六大特色展区之一，国内其他地区和天津市多家实力动漫企业展出了动漫园整体展示、“裸视4D立体影像”、我国首部京剧题材的三维动画片、“四大名著”漫画系列作品等诸多融文化与科技为一体的产品、项目，并推出了包括获文化部“原创动漫扶持计划”扶持的动漫剧《东郭先生和狼》在内的近10场动漫演出，以及多场真人模仿秀演出，深深吸引了广大参会者，一些商家纷纷与参展动漫企业签约合作，达成了进一步商洽意向。

此外，天津市还组团参加了在北京举办的“首届中国动漫艺术大展”。天津市10余位优秀漫画家及其作品亮相动漫大展，其中，张旺、王鹏等漫画家被产业司动漫处负责同志特别点名参展。

(4) 出台优惠扶持政策

2009年，动漫产业相关扶持优惠政策相继出台，财政部和国家税务总局联合下发了《关于扶持动漫产业发展有关税收政策问题的通知》，天津市出台了《关于在文化体制改革中进一步支持文化企业发展的实施意见》，产业发展的外部环境越来越好。

经文化部、财政部、国家税务总局复核批准，2009年天津市神界、天影、福丰达、画国人、灵感创然、仁永、豪峰等7家企业顺利通过国家首批认定，通过企业数量居于全国第5位。这些企业在增值税、企业所得税、营业税、进口关税、进口环节增值税等税种上切实受惠，享受到国家对动漫企业的财税扶持政策。同时，中新生态城国家动漫产业综合示范园的“动漫公共技术服务平台”2009年获得了3000万元国家资金支持，这是继全国已经建设的7个“动漫平台”后，国内第8个由中央财政支持建设的国家级动漫公共技术服务平台。

(5) 汇集优秀动漫人才

为了培养原创动漫高端人才，为优秀人才创造更多学习机会，天津市积极向文化部产业司争取名额，推荐天津市9名学员参加了2期国家原创动漫高级研修班，参训人数居各省市前列。与此同时，一批动漫方面的优秀人才和作品也纷纷聚集天津，像缘成伟业的梁汉森先生、安博华英的闫玉莲女士、爱迪通智的伍莜姗女士等，都选择到天津创业发展；

国内首部3D立体动画电影《齐天大圣前传》和由好莱坞一线团队进行故事和原画创作的3D动漫电影《摇滚藏獒》在天津市出品或加工制作，这都为天津市动漫产业加快发展增添了动力与后劲。目前，国内超过四分之一的知名漫画作者扎根天津，近三分之一的漫画作品在津出品，国内许多省市以及知名动漫企业，都有津籍动漫人才的身影。

8. 文化旅游业

2009年以来，全市旅游行业深入开展保增长、渡难关、上水平活动，加快旅游载体设施建设，开展丰富多彩的特色旅游活动，使天津市旅游经济逆势飘红，保持平稳较快发展的良好态势。上半年旅游业各项经济指标创历史最好水平，全市共接待海外旅游者70.50万人次，同比增长13.9%，旅游外汇收入5.93亿美元，同比增长15.4%；接待国内旅游人数4000万人次，同比增长14.2%，国内旅游收入475亿元，同比增长17.2%。

“近代中国看天津”文化旅游品牌建设取得新进展，“老城新韵”、“意奥风情”、“小站练兵”、“溥仪旧居”、“杨柳古镇”等旅游板块已建成纳客。新开放的“天津之眼”摩天轮、意式风情街、塘沽诺恩渔业生态园、地中海风情街等新景点成为津门旅游的新亮点。新开辟的海河旅游精品线成为天津市旅游的一大亮点，5条海河旅游观光线使广大市民和外地游客纷至沓来，2009年上半年，仅乘船游海河的中外游客就达8.8万人次。

# 河北省

## 一、河北省2009年文化产业发展综述

近年来，河北省委、省政府高度重视文化产业发展，发展环境不断优化，发展基础不断夯实，发展规模日益增大。在建设以实力、活力、竞争力为主要标志的沿海强省中，文化产业作为新兴的主导产业，正在发挥出越来越明显的作用，各方面的发展合力正在形成。

1. 文化产业已初具规模，正逐渐步入发展的快车道

2009年，河北省文化产业增加值预计达到470亿元，比上年增长25%，占全省GDP的2.76%。2004年至2009年河北文化产业年均增速达34.2%，在河北已经超过钢铁等其他主导产业的年增长率，发展速度在河北新的主导产业体系中跃居首位，成为新的领跑产业。

2. 扶持政策不断完善，政策环境进一步优化

河北省先后出台了《河北省文化大省规划纲要（2005年—2010年）》《河北省关于加快文化事业和文化产业发展的若干政策》和《关于非公有资本进入文化产业的实施意见》《关于促进文化产业发展的实施意见》等，并且在“十一五”经济和社会发展“10+1”主导产业体系中，文化产业首次被确定为影响河北省未来发展的战略产业。

3. 文化体制改革成效初显，文化产业集中度逐步提高

河北省先后组建了报业、出版等一大批大型产业集团，成为河北省文化产业发展的主力军，一批国有文化事业单位明确了市场主体地位，发展产业、参与市场竞争的意识明显增强。据统计，2006年全省文化产业法人单位有9807家，比上年增加1107家，文化个体户65802户。

4. 加强宣传推介，产业平台进一步拓展

河北省积极参加深圳、北京文博会，并于2009年首次举办河北省首届文博会，均获圆满成功，实现了宣传推介双丰收。据统计，自2005年以来，河北省参加国内文博会共计76个项目实现签约，签约额超过433.23亿元。河北省有391个文化产业项目进入中国文化产业网，有102个项目被编入《中国文化产业2007投融资项目手册》。

5. 发挥典型示范作用，积极培育市场主体

河北省先后成功申报了三批国家文化产业示范基地，吴桥杂技文化经营集团、河北易水砚有限公司、衡水习三内画有限公司、曲阳宏州大理石厂工艺品有限公司分别被文化部评为国家文化产业示范基地。河北省命名了衡水习三内画艺术有限公司（衡水）等16个文化企业为河北省第一批文化产业示范基地。这些优秀的文化企业将充分发挥典型示范作用，引领更多的文化企业快速发展，进而形成蓬勃发展的良好局面。

6. 培育新经济增长点，塑造城市发展新地标

推进城镇面貌“三年大变样”，不仅要进行大量的违法违章建筑拆迁和污染企业的改造迁移，同时还要进行大量城市工程的规划建设和文化产业项目建设，对城市文化经济增长点的培育起到了重要作用。河北省通过三年大变样，将会谋划推出一批建设项目和文化产业项目，以项目招商而不是单纯的以土地来招商，大规模建设城市文化产业项目和城市一些地标性建筑景观，将会给河北省城市文化产业发展增添新的动力。

7. 奥运后效应开始显现，环京津休闲旅游带建设加快

河北省地貌多样，休闲旅游资源类型在全国最齐全，但又都不突出。省委省政府制定了《河北省环京津休闲旅游产业带发展规划》，不仅在环京津周边地区谋划了一批文化休闲旅游项目，而且在市场准入、投资安排、规费减免、土地使用、水电价优惠等方面，加大扶持力度，高标准建设并完善了与京津对接的旅游快速通道和其他必需的基础设施，有力地推动了河北省文化休闲旅游业上档次、

上台阶。2009年，河北省环京津地区的文化休闲旅游业有较大的发展。

8. 文化消费能力较弱，影响文化产业加速发展

对河北省而言，制造业的萎缩、重化工业的下滑对河北省就业增长有一定负面影响。与此同时，通货膨胀率高居不下，导致民众的经济危机预期加强，民众文化消费能力受到制约，对本已比较低下的河北文化消费来说，无疑是“雪上加霜”。

## 二、河北省2009年文化产业各行业发展综述

1. 广播电影电视业

2009年12月27日，中国广播电视协会第六届“兰花奖”优秀电视戏曲节目颁奖晚会隆重举行，由央视戏曲频道、中央新闻纪录电影制片厂和石家庄市青年评剧团共同创作拍摄的3集戏曲艺术片《新凤霞》荣获一等奖，充分体现了石市戏曲艺术的水准和实力，为河北省争得了荣誉。

由国家广电总局与河南省人民政府共同主办、中国电视艺术委员会、中央电视台、河南省广电局、河南电视台、河南省文化产业投资有限责任公司联合承办的中国广播影视大奖·广播电视节目奖（第21届“星光奖”）颁奖活动于2009年1月19日在河南省郑州市隆重举行。河北电视台卫视频道与十八个省市地区联合录制的2009年元宵戏曲晚会《梨园春潮》荣获电视戏曲节目大奖；少儿·科教频道与十二省市电视台联合录制的《童心中国》荣获少儿电视节目大奖；卫视频道与十六省市地区联合录制的元旦戏曲晚会《千秋华宴》荣获星光奖提名奖。

中国电视文艺“星光奖”是与中国电视剧“飞天奖”、中国电影“华表奖”并列的国家广电总局3个政府大奖之一，是中国电视艺术的最高奖项。本届大奖的评选过程坚持思想精深、艺术精湛、制作精良的基本标准，严格按照评选章程，经过初评、复评和终评后，共有55部作品获奖。

2009年第14届河北省影视艺术“奔马奖”评选在沧州市揭晓。本届“奔马奖”的参评类别包括：戏曲电影、纪录片、专题片、文艺专题、改革开放30年专题节目、抗灾专题节目、综艺晚会、专题晚会、文艺栏目、美术动画片、广告片、影视评（理）论文章及专著、电视节目播音主持等类别。经过初审与终评，最终13类18项共有93件作品及15位个人获得“奔马奖”。其中，河北电视台的专题晚会《回眸30年放歌唱发展——河北省纪念改革开放三十周年群众歌咏大会》和《光影恋歌——2009影视作品新春音乐会》，石家庄电视台的综艺晚会《唱响奥运——迎接奥运倒计时100天暨石家庄市首届社区运动会开幕式大型晚会》等10件作品获得特等奖。此外，河北电视台的庞红叶和石家庄电视台的周洁、葛军梅、康骊分获电视节目播音主持人类省直组和地市组的“最佳电视节目播音主持”称号。

2. 新闻出版业

在2009年金融危机大背景下，河北新闻出版业逆势增长，完成销售收入500亿元，比上年增长23%。2009年河北省新闻出版产业涌现出了一批投资过亿、技术先进的大中型印刷企业，形成了多个印刷产业集群。石家庄、保定、廊坊、唐山四市印刷业呈现了“四片一线”集中发展格局，产值占到全省的75%。

（1）典型示范情况

廊坊市大力扶持印刷业发展，印刷业产值已达40亿元。沧州肃宁县已经成为河北省民营书业的一大基地，辐射国内30个省市区，年销售收入近3亿元。实施“走出去”战略取得初步成效，参加了德国法兰克福书展、第19届全国图书交易博览会、第16届北京国际图书博览会和越南、柬埔寨中国书展，举办了第二届河北省图书交易博览会，与海内外同行的交流与合作日渐深入，签订了一批版权贸易合同或意向书。

三河市五项服务措施鼓励出版业发展。一是支持企业上印刷项目，缩短行政审批流程；二是强化服务职能，免收企业办证费用；三是组织学习活动，提高企业经营者素质；四是开展技术培训，提升行业整体水平；五是举办机械展销活动，加强信息传导。2009年，三河市局先后为7家企业解决了《出版物印刷经营许可证》问题，取消了企业办理审批、备案手续费1.5万元。

（2）版权保护情况

2009年，河北省版权保护中心深入贯彻落实省委“两为”要求，在省版权局的指导下，努力拓展服务范围，提高服务质量，积极办理作品著作权登记，为全省版权保护工作深入开展做出了新贡献。截止2009年11月，共受理各类作品著作权登记300余件，涵盖了小说、剧本、音乐、卡通动画形象、产品标识、舞蹈、杂技艺术作品、摄影作品、电视作品和产品设计图等多种类型。如河北省民间工艺美术大师李闽的《蔚县风光系列（多层套色剪纸）》、《怀旧经典系列（多层套色剪纸）》、《东方红（多层彩色剪纸）》；河北省杂技家协会的杂技作品《北派舞狮》；杂技艺术家郭燕清的杂技作品《天桥绝活》等都进行了作品版权登记，有效维护了著作权人的合法权益。

（3）图书博览会情况

2009年4月24日至28日，第二十届全国图书交易博览会在成都市隆重举行。本届书博会，河北省共设有图书展位22个，期刊展位4个，共展出图书1540个品种，其中新品种960种，电子音像制品600多种。河北省代表团

书博会期间共交易图书17040种，订出图书830多万码洋，订人图书3700多万码洋。

3. 演艺娱乐业

（1）戏曲发展情况

在由中国文联、中国剧协等单位主办的第二届中国戏剧奖·梅花表演奖（第24届中国戏剧梅花奖）大赛中，河北省参赛的三位演员榜上有名。著名戏剧表演艺术家、省京剧院院长裴艳玲获得本届大赛唯一的一个梅花大奖；省河北梆子剧院演员刘凤岭、邯郸市东风剧团演员郭英丽获得梅花奖。这是自梅花奖设置以来，河北省获奖规格最高的一次，也是同届获奖人数最多的一次。

中国戏剧奖·梅花表演奖是中国戏剧界的最高奖项，每两年举办一届。本次大赛分南片、北片同时举行，决赛分别在浙江省杭州市和河南省平顶山市举行。来自全国28个省（市、自治区）和香港特别行政区的35位演员分别获奖。经过激烈角逐，裴艳玲凭借其在新编京剧《响九霄》中的出色表演，折服了观众和评委，获得三度梅（梅花大奖），刘凤岭凭借河北梆子《绝唱》、郭英丽凭借豫剧《蓝花碗·金豆子》获得一度梅。

河北省河北梆子剧院创作演出的优秀剧目《钟馗》自1985年首演以来，经久不衰，在国内外演出，深受欢迎。在文化部举办的优秀保留剧目大奖评选活动中，《钟馗》以其深刻的思想性、精美的艺术性、强烈的观赏性，体现了中国戏曲艺术的美学价值和社会价值，荣获首届“优秀保留剧目大奖”。

（2）杂技发展情况

第十二届中国吴桥国际杂技艺术节获奖节目中华行全国巡演正式启幕。本次巡演活动，精选了12个曾获国际杂技大奖并在本届吴桥杂技节上获得殊荣的国内外节目进行剧场版演出，40多名演员来自中国、美国、加拿大、法国等9个国家。2009年11月15日，巡演活动在沈阳市辽宁大剧院进行首演，并获得圆满成功。之后，将相继在哈尔滨、长春、大连、天津、徐州、常州、苏州、湖州、绍兴、宁波、杭州等近20个城市进行演出，于12月15日结束。此次巡演是杂技节创办以来规模最大、场次最多、巡演城市最多的一次，是杂技节市场化运作方式的又一次有益尝试。将进一步提升吴桥杂技节这一河北文化“名片”的影响力和知名度。

（3）舞蹈发展情况

2009年，由文化部主办的第八届全国舞蹈比赛决赛中，由河北省文化厅选送的河北大学参赛舞蹈《咏蝶》荣获“第八届全国舞蹈比赛文华节目创作优秀奖”。作为中国文化艺术政府奖——“文华奖”的组成部分，全国舞蹈比赛是我国舞蹈专业领域的最高赛事，创办于1980年，自2007年起改为两年一届。本届比赛共有全国29个省、自治区、直辖市、台湾地区以及解放军和各部委所属院校、院团参赛节目559个。最终在入围决赛的147个节目中，有75个舞蹈作品分获文华舞蹈创作奖、表演奖，5个作品获得评委会特别奖。

（4）评奖评优情况

2009年，在由中国传媒大学联合澳大利亚昆士兰科技大学共同发起和主办的第四届“创意中国·和谐世界”文化产业国际论坛上，河北三鑫集团因成功承办大型文艺演出盛世王朝娱乐嘉年华而荣获“中国文化产业优秀企业活力奖”。评委专家高度评价河北三鑫集团打造的盛世王朝娱乐嘉年华按照政府引导、企业经营、市场运作的形式运作，已成为唐山知名的（娱乐）演艺文化品牌。

4. 文化会展业

（1）举办第二届河北省民俗文化节

此次活动包括非物质文化遗产六场系列专场演出、“燕赵手艺”河北省传统手工技艺大展（6月12日一20日，9天）、河北烹饪技艺及地方名吃联展（6月12日一20日，9天）、河北省传统手工技艺生产性保护论坛等系列内容，受到省领导、各界媒体和广大群众的一致好评。

第二届河北省民俗文化节作为全省的文化品牌活动，持续时间长，内容丰富，规模宏大，社会反响良好，极大地展示了全省非遗保护的成果，营造了浓郁的文化遗产保护氛围，提高了社会关注、支持、参与非遗保护的意识，“民俗文化节”成为省会市民和广大媒体的热词。

此次大规模、集中展示河北省优秀传统手工技艺的风采，为现场艺人带来意想不到的丰厚回报，销售情况自第一天开幕起便持续火爆，许多产品迅速脱销，不得不多次提货。有的路途遥远不便提货的，也接受了不少订单，据不完全统计，9日来共计销售产品50余万元。武强木版年画、威县土织布、魏县手工印花布、磁州窑瓷器、蔚县剪纸、廊坊焦氏脸谱及风筝、面塑、吹糖人等，都是备受群众喜爱的工艺品。

（2）举办“中国·承德非物质文化遗产保护与开发国际论坛”

2009年9月7日，由中国艺术研究院、中国传媒大学、河北省文化厅、中共承德市委、承德市人民政府主办的“中国·承德非物质文化遗产保护与开发国际论坛”在承德市开幕。开幕式上，进行了国家级非物质文化遗产项目“唐山花吹”、“井陉拉花”、“隆化二贵摔跤”等艺术表演，受到了现场观众的热烈欢迎，展现了燕赵大地非物质文化遗产的独特魅力。本届论坛将集中展出河北省117项国家级非物质文化遗产项目及承德市34项非物质文化遗产项目。论坛期间，将由国家、省非物质文化遗产研究专家就“非物质文化遗产保护与文化产业的发展”“非物质文化遗产保护与旅游业的发展”“非物质文化遗产保护与旅游资源开发”等课题作主题报告及学术研讨。

（3）举办“天威杯”首届河北梆子艺术节

“天威杯”首届河北梆子艺术节从2009年8月16日开幕，至8月31日结束，历时15天。有来自冀、京、津的9个河北梆子表演艺术团体的12台剧目参加了演出。部分演出团体还进社区、进广场、下工厂为群众演出。借助河北电台新闻频率在“戏迷乐园”栏目同时举办了戏迷演唱活动。来自京津冀的河北梆子名家、艺术研究工作者汇聚一堂，举办了“河北梆子研讨会”，就有关河北梆子艺术的传承、发展与创新等问题进行了深入的研究和探讨。本届河北梆子艺术节，受到了广大观众的热烈欢迎，取得了良好的社会效益和经济效益。

（4）举办中国·邢台首届太行山文化节

2009年7月6日晚，中国·邢台首届太行山文化节开幕式在邢台市体育馆隆重举行。举办首届太行山文化节、打造太行山文化品牌，对弘扬太行精神、传承太行文化、发展太行经济搭建了一个广阔的平台。太行山文化节的举办，必将有力地推动邢台市各项事业的繁荣发展，太行山文化节必将成为河北一个靓丽的文化品牌，放射出更加灿烂的光芒。

（5）举办“走进太行”——庆祝新中国成立60周年河北省美术家优秀作品展

巍巍太行山是河北省极具代表性的地理坐标，围绕太行山形成了河北省独特的一脉自然风光和人文精神。为弘扬打造“太行”品牌，河北省委宣传部、省文化厅以庆祝新中国成立60周年为契机，组织举办了全省优秀美术家“走进太行”大型写生创作活动，创作出一批以太行山区的人文历史、重大事件、巨大变化为主题，思想性、艺术性、欣赏性相统一的精品力作，展示出河北省美术创作队伍的实力。此活动历时一个多月，由河北画院（河北美术馆）承办，邀请了60位省内外知名画家参加，取得丰硕的创作成果，最后筛选180余幅精品在河北美术馆举办了“走进太行”——庆祝新中国成立60周年河北省美术家优秀作品展，并出版发行了画册，引起很大反响。

5. 新媒体业

2009年河北省互联网发展报告显示，河北省网民数已经达到1842万，其中手机网民为1109万。伴随着电信产业的蓬勃发展，我国3G产业应用应运而生，并在中国稳定的和谐的政治经济社会和文化环境中寻求发展和壮大。2009年全省电信行业完成固定资产投资近160亿，其中用于3G网络建设总投资达到50亿。新建基站13607个，基本覆盖全省、社区市和部分县城、高速公路、旅游景点等重点区院的3G网络，并在3G应用推广方面做了大量推广工作。

近年来全省电信行业继续加大投资力度，进行3G网络建设和优化，加快业务推广和行业应用。并且在以下几个方面凸显表彰，一是继续加快3G网络建设，全省计划投资近35亿，新建基站6650个，提高覆盖和网络运行质量。二是用户发展显著增加，在今年全省新增255.5万手机用户中，3G用户达到了近80万。2G、3G都实现了频繁的过渡，手机终端产品种类极大丰富。根据统计3G手机种类已经达到2000种三是3G应用推广建成气候，服务形成产业生机，省内和各地市全面合作，开展无线城市、智能城市、智能交通等方面的应用工程，打造数字城市。从强政、兴业、惠民三方面整合政府工作、全面运行、群众生活多方面的应用。四是产业链日渐成熟，电信运营商和终端、芯片制造商、内容提供商等上下游产业链之间分工合作、密切合作，已经初步形成了完整的产业链条。事实证明一年多来，3G网络建设和业务发展实实在在的加快了数字河北的建设步伐，推动了河北省信息技术的发展，提升了信息化的应用水平。同时也为河北省应对金融危机影响，实现扩内需保增长、促就业发挥了重要作用。

6. 动漫业

（1）保定动漫产业园发展情况

保定动漫产业园位于保定国家级高新区河北软件职业技术学院新校区南侧，由保定高新技术产业开发区、河北软件职业技术学院、保定市信息产业局、河北建新建筑集团股份有限公司共同投资建设。经过两年多的努力，保定动漫产业园先后被中华人民共和国新闻出版总署确定为国家动漫产业发展基地，被河北省教育厅、财政厅批准为“省级财政支持的动漫实训基地”。

目前，保定动漫产业园的动画原创、动画加工业务逐步走上良性发展轨道，在较短时间内确定了保定动漫产业园在河北乃至华北地区的地位，得到了各级领导、媒体和社会各界的广泛关注。保定动漫产业园各入驻企业在原创动画方面取得了突破性进展。河北玛雅公司与河北软件职业技术学院共同开发的原创动画片《豆丁的快乐日记》（第一部）在创作出河北省首个动漫长片的同时，也探索出了一条河北动漫产业如何生存和发展的道路，在河北动漫产业具有划时代的意义。《豆丁的快乐日记》第二部（共52集）已完成30多集。

保定中科帷幄公司制作的大型动画电影《麋鹿传奇》已完成中期制作，正在进行后期的修改及合成工作。该片作为2009年两部国庆献礼动画片之一，于2009年3月底参加了在法国嘎纳举办的电视节，现场反映热烈。该片作为2009年“五个一”评选节目，2009年“六一儿童节”

前在各河北省各大影院进而在全国院线播出，成为全国屈指可数的动画电影之一。

保定欣欣然文化传播公司策划的早教动画片《熊猫BAOBO》已完成策划、样片制作，并完成26集的发包工作，于2009年“六一”儿童节前在央视首播。保定北祥电子公司开发的原创大型FLASH游戏《磨刀石》已完成策划和DEMO制作。

同时，一批动画项目正在策划当中，包括：河北软件职业技术学院与保定新看点文化传播公司、人民日报社影视制作中心等单位共同策划的动画片《新编二十四孝》已完成了剧本的创作，正在进行前期融资工作，《大英雄伍子胥》《安娜的夏天》等一批动画项目也正在策划当中。

在实践工作中园区采用“政府推动、企业主体、市场运作、行业联动”的运行机制。首先由保定动漫基地新一代动漫产业园建设筹备办公室牵头，组建一个有限责任公司，具体负责园区的规划、建设、经营和管理，待条件成熟时，有限责任公司改为股份公司，并争取股票上市。同时成立园区技术委员会，作为园区的技术咨询机构，负责园区引进和开发项目技术水平的审查认定工作，保证园区生产技术的先进性和可靠性。重点研究开发项目实行首席专家负责制，首席专家面向国内外招聘，实行动态管理。

保定动漫产业园逐步进入良性发展轨道。在全国动漫基地热闹登场、悄然退场的状况下，保定动漫产业园正走着一条悄然登场、稳步前进的发展之路。保定动漫产业园除了场地、设备、政策等方面可以享受与其它基地相同的条件外，在项目运作方面取得了突破性进展，这是保定动漫产业园可以发展壮大的决定性因素。目前保定动漫产业园有四个项目列为河北省重点台帐项目，入驻企业优胜劣汰的机制已经形成。与河北省乃至华北各地动漫产业园相比，保定动漫产业园是为数不多的按照产业规律进行资金运作和项目开发的产业园之一。

保定动漫产业园的发展得到了各级领导、媒体和社会的广泛关注。河北省委宣传部、省信息产业厅、省新闻出版局以及保定市委常、委宣传部长王洪斌、副市长孟祥伟等多位领导到园区调研并对园区的工作给予高度肯定。香港动漫协会会长郭峰、北京中传映画董事长胡永、河北极限科技有限公司总经理刘奕琛以及意大利、韩国等动漫界客人到园区参观学习，了解园区情况。黑龙江鸡西大学校长、北京信息职业学院副院长及河北省各校校长组成的专家组在对河北软件职业技术学院进行人才培养工作水平评估过程中，参观了保定动漫产业园。中国电子报、河北电视台、河北电台等媒体对产业园的工作进行了专门报道。同时中央电视台与信息产业部的有关人员也到园区内企业进行了参观和交流活动。

（2）评奖评优情况

保定中科帷幄数码科技有限公司原创3D动画电影《麋鹿王》，2009年12月3日在比利时“首届欧洲国际立体电影节”上夺得“最佳长篇立体电影奖——金水晶奖”。《麋鹿王》三维电影版在国内上映以来，先后赢得第13届中国广播影视大奖——“华表奖”、优秀动画片奖和第27届中国电影“金鸡奖”最佳美术片评委会提名奖。“首届欧洲国际立体电影节”由E－mage公司、比利时列日大学和TWIST公司联合举办，是国际3D立体电影技术的盛会。该节共有20多个国家的优秀影片参赛，我国只有《麋鹿王》一部影片参赛。

（3）第四届国际动漫博览交易会情况

2009年8月20日，中国·石家庄第四届国际动漫博览交易会在石家庄市人民会堂开幕。本届动博会以“发扬民族文化，发展动漫产业，创造精彩生活”为主题，以“提升影响力，打造特征化，注重实效性”为定位，组织了动漫产品展示、招商项目发布和动漫专家高端论坛等一系列特色活动。本届动博会历时5天，共设展位近200个，吸引了包括上海美术电影制片厂、央视辉煌动画、三浦灵狐动漫产业集团在内的国内重量级动漫制作公司和日本游戏动画公司、韩国南首尔大学、韩国艺苑艺术大学等国外知名动漫制作公司和高校参加，共吸引观众120万人次。在开幕当天举行的项目发布暨签约仪式上共发布动漫项目34个，招商总额28.8亿元，现场签约项目23个，签约金额26.4亿元，签约金额创历史新高。国内首个“动漫衍生产品集散交易中心”和“动漫衍生产品产销战略联盟”的揭牌成立成为本届动博会最大的亮点。

7. 文化旅游业

2009年，在金融危机和甲型H1N1流感严重影响下，河北旅游业逆势上扬，旅游接待人数及旅游收入大幅提升，旅游产业素质全面提高。省局致力扩内需、保增长，旅游业实现逆势上扬。2009年，河北省旅游业逐月向好，实现了较快发展。全年全省接待游客达到1.22亿人次，旅游总收入达到709.7亿元，比2008年分别增长24.0%和27.1%。其中，接待国内游客1.21亿人次、国内旅游收入680亿元，同比分别增长24.1%和27.2%。针对金融危机给河北省旅游业造成的负面影响，河北省及时制定出台了《关于保持旅游业平稳较快发展的若干意见》和《关于促进全省旅行社业发展的若干意见》，着力增强投资拉动、扩大旅游消费、扶持企业发展。会同省委农工部制定印发了《关于进一步加快发展乡村旅游、推进新农村建设的若干意见》，把乡村旅游培育成为新的旅游消费热点和推进新农村建设的重要载体。乡村游成为居民假日出游的重要选择，全年接待人数和收入均增长35%以上，拉动了旅游业快速发展。为了进一步拉动消费，撬动旅游市场，省旅游局还举办了“魅力河北游”“太行山旅游文化节”“崇礼国际滑雪节”“选美河北”等一系列大型旅游宣传活动。还积极组织引导各市和旅游企业通过赠送旅游消费券、推行旅游一卡通、实施异地同城旅游待遇以及降低门票价格等措施刺激旅游消费。

（1）“旅游立市”“旅游立县”战略推出

2009年，河北省将旅游业纳入全省调整振兴规划，上升为全省发展战略，产业地位更加重要。各市县依据资源优势，以休闲规划为依据，打旅游牌、唱旅游戏。秦皇岛市委、市政府确立了“旅游立市”发展战略，全年共接待国内外游客1650万人次，旅游总收入120亿元，均分别增长30%以上。其中旅游总收入在全省处于领先地位。按照建设“中国北方最大滨海休闲度假基地，国内最佳、国际上有较大影响的旅游目的地”的要求，全市加快旅游项目和基础设施建设，加大招商引资力度，全年项目建设总投资69.81亿元，比上年增长22%；基础设施建设总投资9.57亿元，比上年增长67%；签约旅游项目11个，协议引进资金73.5亿元。崇礼县将旅游业作为新的经济增长点加以培育，确立了“旅游立县”的发展战略，明确了“建设环京津生态涵养区、休闲旅游度假区、有机农业示范区”的发展目标。全县在项目建设和招商引资上有重大突破，同时也注重提升休闲旅游接待档次，引进了鸿龙度假村、鑫豪度假村、凯隆明珠、格林德瓦欧式小镇等重大旅游服务设施项目8项，计划总投资32亿元。

（2）环京津休闲旅游产业带建设驶上快车道

2009年，河北省环京津休闲旅游产业带建设步伐不断加快，产品更加丰富，成为旅游业优化升级的重要推动力。唐山曹妃甸金熊国际生态运动休闲中心一期工程、保定白洋淀怡欣园生态旅游度假村等一批项目竣工并投入使用，填补了河北省时尚高端旅游项目空白。推进野三坡、南戴河娱乐中心等老景区提档升级，不断挖掘内涵，成为休闲旅游带的增长极。加快建设生态休闲和冬季旅游等结构调整型项目，张家口崇礼密苑生态旅游度假产业示范区、承德围场皇家休闲旅游基地、秦皇岛黄金海岸体育休闲滑沙公园等重大休闲旅游项目取得重要进展。全年全省完成项目总投资120亿元，比上年增长20%。其中环京津休闲旅游产业带完成投资100多亿元，占到83%。拟于2010年开工建设项目103个，总投资1300亿元。围绕环京津休闲旅游产业带建设，加大招商引资力度，先后赴北京、天津、深圳和香港等地举办系列旅游专题招商，并面对外省在河北的商会及本地企业，组织开展“旅游招商项目进百家企业”活动，先后引进了马来西亚卓越集团、澳美基业公司、中国休闲产业投资集团、北京华彬集团、北京桥山集团、中国旅游资源控股有限公司等一批国内外大型企业投资河北旅游项目。全年全省共签约旅游项目30多个，合同引资额近400亿元，其中外资18亿美元。

（3）立体宣传尽展河北画卷

为塑造河北省“环京津休闲旅游”品牌，河北省一如既往地采取“走出去”战略，有针对性地加大宣传促销力度，努力树立河北良好形象，在中央电视台国际频道《中国新闻》栏目投放夏季旅游形象广告和秋季旅游形象广告，累计播出250余次。配合央视广告投放，在吉林、广州、江西、陕西等20个省市电视台进行同期联动播出，累计播出1300余次。在河北卫视投放为期6个月700余次河北旅游形象宣传广告。在人民日报、中国旅游报、新京报、河北日报等主流报刊媒体发布宣传稿件近千篇。同时，在北京机场、车站、公交车体、公交候车亭、王府井大街、天津步行街等人流密集场所投放各类宣传广告。公交车体和候车亭广告近2500个单元的河北旅游风光广告，有效弥补了电视宣传片时间限制的不足。充分利用新浪、搜狐、乐途等重点旅游门户网站以及长城网、河北旅游网等省内重要网站开设河北旅游专题页面，精品线路、动态新闻、嘉宾访谈、旅游视频、企业资讯、网上论坛等多点互动，极大增强了河北旅游知名度和游客向往度，网友点击量达2000多万次。依托河北旅游文化广播与中国国际广播电台、北京、云南、辽宁等20家电台合作宣传，互换节目、连线直播累计达160余次。积极组织开展“河北旅游京津行”主题营销活动，广泛开展河北旅游进媒体、进社区、进旅行社、进自驾车组织、进境外驻京机构、进高校等“六进”活动，实现对核心客源市场的全方位覆盖。此外，河北省还参加北方旅游交易会和国际、国内旅游交易会，赴长三角、珠三角等热点地区和山东、河南等周边地区及韩国、东南亚、日本、俄罗斯等重点海外市场宣传促销。围绕全省重大体育赛事、文化活动、各类会展和节庆，加强旅游宣传，提升河北省旅游知名度和美誉度。同时，河北省还通过石太高铁和机场航线等交通载体，积极发展旅游包机入冀直通业务等高端旅游，大力开拓台湾旅游市场等，加大推广河北省旅游产品。

（4）河北省首次出台省级旅游地方标准

2009年4月23日，由省旅游局和省质监局共同制定的《河北省工农业旅游示范点评定标准》和《河北省乡村旅游服务质量标准》正式实施。这是河北省首次出台省级旅游地方标准，标志着河北省旅游业标准化建设迈出实质性步伐。按照《标准》指标，评定命名了首批28家工农业旅游示范点。河北省还积极推动实施景区创A、饭店评星和旅游目的地体系创建工程，全省新评定A级景区22家，现总量221家，其中4A级以上景区73家；星级饭店

50家，现总数达到500家，其中4星级以上酒店近百家。全省餐饮、娱乐、购物、住宿、交通、游览等旅游要素更加完善，产业素质不断提高。

（5）交通基础设施建设带旺旅游市场

河北省加快旅游交通基础设施建设步伐，加大投入力度，努力改善重点旅游城市间和通往重点旅游景区的交通基础设施条件，交通通达和通畅能力得到明显改善，旅游交通的可进入性明显提升。石家庄、山海关、邯郸机场为旅游业发展提升了空间。2009年12月29日，石家庄—东京旅游包机顺利起航，这是石家庄机场继香港、韩国首尔、韩国青州、新加坡后开通的第五条国际旅游包机线路，也是开辟定期国际航线的有益尝试；山海关机场季节性开通至俄罗斯远东城市布拉格维申斯克国际旅游包机航班，全年共运行50余班次；邯郸机场开通上海、重庆、广州、大连、杭州、西安、厦门7条旅游航线。唐山机场已经建成，即将实现开航。石太高铁正式开通运行，石家庄、太原两地市民互访实行半价优惠。西柏坡专用公路、京承高速公路等重点旅游公路开通，有力引导了客流。承秦、承唐、张石、张承等高速公路以及京张城际铁路等客运专线的规划和开建，将使全省地面交通更加便捷。

（6）旅游区域合作实现互助双赢

河北省为适应广大旅游者的需求，大力推进旅游区域合作，取得初步成效。2009年，河北省联合京津两市旅游部门共同签署《京津冀旅游合作协议》和《旅游合作近期行动方案》，推动三地旅游市场一体化；与京津两市旅游部门合作，在京津媒体推出“寻找我最喜爱的短途旅游线路”评选活动；与有关省市旅游部门共同编制《环渤海区域旅游发展规划》《京杭大运河旅游线路规划》和《华北东北红色旅游规划》；与全国各省市旅游网站建立友情链接，实现信息资源共享。保定与国旅总社共同开发“两白（白沟、白洋淀）一城（温泉城）”旅游线路，开通北京至白沟旅游直通车。石家庄抓住石太高速铁路开通机遇，与太原合作形成同城旅游待遇。邯郸与邢台两市携手海淀区、安阳市、濮阳市、长治市、聊城市共同签署《五省市6+1旅游合作行动纲领》。唐山、秦皇岛、承德三市合作共同打造京东旅游环线。秦皇岛以沿海高速贯通和津秦客运专线建设为契机，主动加强与天津的对接和融合，签署了旅游战略合作框架协议，依靠两地旅游资源优势，打造津秦大旅游圈。

（7）文旅联合，点燃文化旅游新亮点

随着旅游带动战略的不断推进，河北省加快文化与旅游的对接与融合，以文促旅，以旅弘文，好戏连台，相得益彰。北戴河、南戴河、野三坡和邯郸市相继推出了《海上生明月》《海誓·南戴河》《印象野三坡》和《黄粱梦》四台大戏，演出多以当地传说或历史故事为原型，将现代舞美手段和特色民间艺术文化巧妙地融入剧情和人物当中，向世人展现人间的真挚情感，给广大观众带来全新艺术享受。大戏的推出极大地增加了城市和景区的知名度，其中北戴河、南戴河和野三坡接待人数和收入均增长30%以上。这四台大戏是今年河北省重点推出的文化旅游项目，是全力打造环京津休闲旅游产业带的又一重要举措，填补了河北省大型实景演出的空白，极大的丰富了城市和景区文化内涵，成为河北省文化旅游的新亮点。

（8）融资平台助推河北省旅游经济发展

2009年10月29日，河北省最大的国有旅游业的投融资平台——河北建投旅游投资有限责任公司挂牌成立。该公司是根据省委、省政府发展旅游产业的战略部署组建的旅游专业投融资公司，由河北建设投资集团有限责任公司全额出资，资产规模20亿元。未来几年，该公司将紧紧围绕环京津休闲旅游产业带战略规划，突出休闲度假的特点，积极投资建设重大旅游项目。另一民营投融资企业河北振海旅游投资股份有限公司在省工商局已经注册，近期挂牌。中国旅游控股有限公司成功在美国纳斯达克上市，是河北省首家在海外上市的旅游公司，已在围场投资4.3亿美元建设休闲体育综合项目。投融资公司的成立，为实现资产经营和资本运作的同步发展，形成以旅游资源的实体经济为主体、资本经营为核心的新型经营格局，奠定了基础。

（9）消费刺激培育文化旅游市场

文化遗产旅游消费券是省文化厅、文物局为应对国际金融危机、拉动内需、扩大消费而开展的一项文化惠民活动。该活动将省内的世界文化遗产地和重点文物保护单位组合起来，推出门票优惠措施，优惠幅度为景点当日门票价格的30%，首批发放优惠额为1000万元，文化遗产旅游消费券的有效期限为2009年5月1日至2009年12月31日。承德避暑山庄及皇家寺庙景区，清东陵，清西陵，山海关天下第一关、老龙头和孟姜女庙景区，保定直隶总督署、古莲花池，曲阳北岳庙，正定隆兴寺等文化遗产地均参加了此次活动。河北省文化、文物部门开展“走近河北瑰宝、感受中华文明”文化惠民活动，发放文化遗产旅游消费券，是将文化遗产事业融入经济社会发展大局、拉动内需、营造新的消费热点的一项重要举措。

# 山西省

## 一、山西省2009年文化产业发展综述

山西省2009年年初确定的文化体制改革任务全面完

成，文化产业快速发展，逆势上扬，2009年，全省文化产业增加值实现250亿元，占全省GDP的比重达到3.5%，年增长超过20%。

1. 出台“4+2”政策促进文化产业发展

山西省省委、省政府专门印发了《关于深化文化体制改革的实施意见》《关于在各市县建立文化市场综合执法机构的实施意见》《山西省文化产业发展规划纲要（2009—2015年）》和《贯彻落实国办发（2008）114号文件的补充规定》等4个指导性文件。省文化体制改革和文化产业发展领导组还制定印发了《关于改革和产业发展的两个重点任务分解通知》，形成了4+2的政策框架，为文化产业的快速发展奠定了政策基础。

2. 市场主体初具规模

截至2009年年底，山西省歌舞剧院、山西出版传媒集团有限责任公司、山西电影制片厂等6家单位完成转企改制任务，挂牌宣告成立。到2009年底，全省120家出版发行单位全部转企改制成功，39家电影发行放映单位全部转为企业，14家非时政类报刊转为企业，9家试点艺术院团转为企业。党报发行体制改革和广电传输网络改革向纵深推进。出版发行、电影放映、文艺演出等182家文化事业单位转为企业，成为新型的市场主体。全省100多个县级文艺院团积极参与改革，全面走向市场。山西不仅全面完成了太原市等4个试点市的改革任务，而且提前一年完成其余7个市的改革任务，一举扭转了改革滞后的局面，走在全国的前列。涌现出山西出版集团、山西日报报业集团、英语周报社、太原文广集团和山西宇达集团有限公司等一批成长性好、竞争力强的文化企业或企业集团。

3. 加大投入并引导社会资金流向文化产业

山西省级财政从2009年起，每年在预算内安排不低于5000万元的资金，作为省级文化产业发展专项资金。省发改委从2009年起，每年安排一定数量的资金，主要用于未纳入服务业“1+10”项目扶持的重大文化产业项目建设和文化产业园区的基础设施建设，2009年也加大了对“1+10”重点文化产业项目的支持。结合山西煤炭资源整合，省委宣传部已联合多部门组织煤焦企业与文化旅游项目投资洽谈会，引导煤炭资源整合的资金投向文化产业。

4. “以一带三”完成广电媒体“三局合一”并文化市场综合执法机构建设

在全省11个市、119个县（市、区）进行三局合一，成立新的文化广电新闻出版局和文化市场行政综合执法机构。采取“以一带三”做法，即：市县以组建文广新局为龙头，同时带动文化市场综合执法机构建设，将电台电视台合并成一个独立的事业单位，与电影管理职能划转一并完成，实现一举多赢。截至2009年年末，全省共有广播电台8座，电视台10座，广播电视台106座。有线电视用户385.76万户。广播人口覆盖率92.46%，电视人口覆盖率96.77%。山西电影制片厂全年完成电影故事片11部，电视电影12部，电影纪录片1部，电视剧5部150集。

5. 出版发行单位改革全面完成

2009年年底，山西出版传媒集团将所属19家单位全部改企转制，与520名在职职工全部签订了劳动合同，成为全省第一家全面完成改革的单位。改革使集团的发展驶入快车道：集团年出版图书品种从不足2000种增至2009年的3358种；输出版权从不足10种增至近60种；先后有160余种图书获得省部级以上及各类专项图书奖，5种报刊获得国家级奖励。

6. 主动出击引爆文化旅游发展

2009年全年，山西游客首次超过1亿人次，旅游总收入达892.53亿元，同比增长了20.72%。到2009年底，全省旅游景区（点）660余处，正式对外开放的365处，A级以上旅游景区76家（5A级景区2家，4A级景区41家，3A级景区2家，2A级景区24家，A级景区7家）。于2009年4月1日—5月31日，8月15日—10月31日及时组织实施了扩大旅游消费春季、金秋行动。行动期间，山西省对外地游客发放消费券、对省内游客发放农业旅游卡，实施部分旅游景区点门票半价和大宗旅游奖励政策，在国内旅游市场上产生了强烈影响。2009年山西省全省旅游从业人员比2002年增长4倍多，已达148.8万人。

## 二、山西省2009年文化产业各行业发展综述

1. 广播电影电视业

实施“以一带三”战略，即以市县组建文广新局为龙头，同时带动文化市场综合执法机构建设，电台电视台合并成一个独立的事业单位，电影管理职能划转等一并完成，实现一举多赢。

2009年，山西省共生产电影24部、电视剧11部311集。其中电影《黄河喜事》、电视剧《西口长歌》被确定为建国60周年献礼剧；电视剧《在那遥远的地方》在央视一套黄金时段播出，创平均收视率和单集收视新高。共有13部影视剧获国家级奖项20项，其中：全国五个一工程奖2个，华表奖2个，数字电影百合奖5个，金鸡奖1个，飞天奖2个，中国文联电视艺术家协会奖1个，大学生电影节奖1个，中国首届新农村电视艺术节奖5个。电影《鹰笛天缘》作为唯一华语影片入围摩纳哥国际电影节。

截至2009年年末，全省共有广播电台8座，电视台10座，广播电视台106座。有线电视用户385.76万户。

广播人口覆盖率 92.46%，电视人口覆盖率 96.77%。山西电影制片厂全年完成电影故事片 11 部，电视电影 12 部，电影纪录片 1 部，电视剧 5 部 150 集；数字电影《十八个手印》《男孩都想有辆单车》分获第十三届电影华表奖“优秀数字电影奖”“优秀少儿影片奖提名”等一系列奖项；电视剧《喜耕田的故事》获得第二十七届电视剧“飞天奖”长篇电视剧一等奖、中日韩三国电视剧奖；话剧《立秋》获国家舞台十大保留剧目；京剧《走西口》获 2009 年国家十大精品剧目奖；电影纪录片《决战太原》获得第二十七届中国电影金鸡奖“最佳纪录片奖”。山西广播电视台全年拍摄电视剧 6 部 162 集，数字电影 1 部；电视剧《文化站长》获中宣部第十一届精神文明建设“五个一”工程奖、第二十七届电视剧“飞天奖”提名荣誉奖；《别拿豆包不当干粮》《阿霞》《沟里人》《共产党员张小民》分获中国首届新农村电视艺术节电视剧最佳作品奖、优秀作品奖。

2. 新闻出版业

2009 年，山西省共有公共图书馆 124 个。年末全省共有档案馆 131 个。全省报纸出版 18.3 亿份，各类杂志出版 200 种、3402.02 万册，各类图书出版 2629 种、11187 万册。2009 年年底，山西出版传媒集团将所属 19 家单位全部改企转制，与 520 名在职职工全部签订了劳动合同，成为全省第一家全面完成改革的单位。改革使集团的发展驶入快车道：集团年出版图书品种从不足 2000 种增至 2009 年的 3358 种；输出版权从不足 10 种增至近 60 种；先后有 160 余种图书获得省部级以上及各类专项图书奖 5 种报刊获得国家级奖励。

（1）实施“五大工程”

一是以实施观念创新工程为突破，带领全局工作。继续深入学习科学发展观，广泛学习不断更新换代的经济、法律、业务等知识，用新观念、新思维研究新情况，用新举措、新办法解决新问题。

二是以实施产业提升工程为抓手，推动产业大发展。进一步深化改革，今年内完成出版单位转企改制，推进公益性新闻出版单位改革；加强重点项目和园区建设，带动整体新闻出版产业发展和提升；推动出版单位实行“三分开一合作”，激活经营性出版社的活力和竞争力。

三是以实施农家书屋工程为重点，建立公共服务体系。确保到 2015 年全省所有的行政村实现农家书屋全覆盖；全面建立农家书屋建、管、护管理体制和工作机制，改善农村书屋图书结构；科学使用省财政农家书屋资助资金，整合资源共建农家书屋；推广和倡导建设农民工书屋、社区书屋等。

四是以实施文化环保工程为关键，强化市场监管。不断提升出版活动和出版物市场监管水平；加强著作权保护，加大打击盗版力度；加强新闻出版监管和“扫黄打非”工作的对外宣传，不断提高宣传艺术和水平。

五是以实施固本强基工程为根本，提供政治保障。积极推进体制改革，确保“三分开”工作的继续完成；大力加强基层新闻出版机构建设，重点推动县级新闻出版机构挂牌；合理划分省市县不同层级新闻出版部门事权。

（2）以“六项重点措施”为载体推进新闻出版工作

2009 年，山西省以观念创新、产业提升、媒体规范、监管提质、农家书屋、强基固本“六项重点措施”为载体全力推进新闻出版各项工作。

一是以科学发展观为统领，大力实施“观念创新”工程。突出新闻出版工作的政治性、产业性和文化性，组织纪念新中国成立 60 周年、澳门回归 10 周年等重大活动的宣传和出版发行工作，策划出版具有三晋文化特色、与煤矿安全生产相关、应对金融危机等方面的出版物。

二是以深化改革为动力，大力实施“产业提升”工程。重点是深化改革。山西日报和各市级党报、山西人民出版社等公益性事业单位要继续深化内部管理机制、人事制度、收入分配和社会保障制度改革，健全考核、激励和约束机制；山西出版集团及所属其余各出版社、各音像出版社要在 2009 年全部完成转企改制工作，选取市场化程度较高、经济基础较雄厚的教辅类报刊作为报刊单位转企试点。力争三年左右的时间，在山西省形成三至五个规模较大、管理规范、效益明显的新闻出版龙头企业。继续推进重点项目和园区建设，扶持民营文化工作室发展，推动设立省政府公益性出版基金，举办第二届包装印刷论坛。

三是以职能拓展为契机，大力实施“媒体规范”工程。进一步加大打击“假报刊、假新闻、假记者、假记者站”工作力度，规范新闻采编活动。加强新闻报刊的审读、年检等日常工作，完善新闻采编人员的准入退出机制，加大对报刊刊载虚假违法广告整治力度。

四是以依法行政为核心，大力实施“监管提质”工程。加强基层新闻出版机构建设，把新闻出版管理职能向县区延伸；积极推进经营性出版单位等级评估工作；全面启动书号实名制发放；持续深入开展“扫黄打非”斗争；完善版权保护。

五是以改善服务为目标，大力实施“农家书屋”工程。力争到 2015 年，“农家书屋”覆盖全省所有行政村，在全省农村逐步建立起“政府主导扶持、社会募集捐助、农民自我管理、网点遍布全省”的农家书屋体系，真正解决农民群众“买书难、看书难、借书难”的问题。

六是以提高执行力为重点，大力实施“强基固本”工程。进一步巩固和扩大深入学习实践科学发展观活动成果，完善新闻出版党风廉政建设责任制、党建工作机制、学习制度、岗位培训和组织调训制度。推广临汾霍州培训农民发行员的经验，加强对返乡农民工的新闻出版职业技能培训。

3. 演艺娱乐业

全省共有艺术表演团体158个，群众艺术馆12个，文化馆119个，博物馆86个。

2009年，“向祖国汇报——庆祝新中国成立60周年山西文化艺术精品献礼”活动在京举行。14台舞台艺术精品在首都8个剧场演出30场。

新创大型山西说唱剧《解放》在国家大剧院演出一周，李长春等中央领导观看了演出。话剧《立秋》、舞剧《一把酸枣》在国内外巡演800余场，场场爆满，双双获评国家舞台艺术精品剧目；民营晋剧团清徐县嫦娥文化艺术公司走村串乡，把露天戏台搭进晋、陕、冀等省近千个村落，每年下乡演出1500余场，倾力打造的大型历史剧《龙兴晋阳》在第十一届中国戏剧节上斩获两项大奖。四大梆子唱响香港，绛州鼓乐打出国门。

4. 文化会展业

2009年，山西会展业迎来重要发展机遇，山西各级政府从政策和制度上都对发展会展业提供了有效的支撑，大力助推会展业的快速发展。山西省政府《关于促进物流业发展的实施意见》明确要求：推进现代商务服务业的发展，要大力发展会展业；加强与全国行业协会、国际会展机构的交流合作，积极承办全国煤炭订货会等国内会议；发展国际化、专业化、贸易型为主的会展，培育面向世界的会展业知名品牌，举办具有产业和地方特色的常设性会展；建设具有国际水准的大型会展中心，改造提升会展业设施水平；扩大会展经济规模，加强会展业与交通、餐饮、旅游等相关行业的融合，延伸产业链。2009年1月，太原市人民政府也下发了《关于加快会展业发展的实施意见》，提出了关于努力拓展和繁荣会展市场、增强会展主体的核心竞争力、营造会展业发展的良好环境、建立健全会展业管理和协调机制等方面的多项具体措施，并出台具体办法对太原会展行业提供政策、人力、物力上的支持，为规范会展市场、推动会展业发展提供了制度上的保证。

此外，山西正在着力以全国煤炭定货会和世界煤炭博览会为契机，大力发展煤炭、焦炭及其延伸产品的会展；以重型机械设备、不锈钢及新材料等产业为突破点，建设全国性的新型工业产品会展中心。

5. 动漫业

政策方面，太原市出台了关于支持动漫产业发展的政策，太原高新区出台了一些相关措施支持动漫业的发展。人才培养方面，充分发挥山西省高等院校特别是山西广播电影电视管理干部学院在动漫教研方面的优势，着力重点培养动漫创意设计人才、营销策划等高端人才。作品及效益方面，山西舶奥动画制作有限公司创作的环保动画片《衡》获得美国弗吉尼亚视觉电影节“最佳动画放映奖”“最佳二维动画片奖”；山西问天发展有限公司作为网络游戏行业龙头企业，先后开发了《苍穹》《天道》两款网络游戏；山西创影影视动画有限公司作为3D设计行业龙头企业，先后为国家重点建设项目张峰水库、太原市阳光地带、晋阳古城等制作三维动画。而最成功的当属入驻太原高新区的文化创意企业——山西舶奥动画制作有限公司开发的原创动漫作品《泥巴小精灵——考考曼》，该片不仅荣获国际大奖，且与中央电视台签订了总金额为9000万元的播出合同，在央视的黄金时段播出。

6. 文化旅游业

2009年，在山西省传统产业经济下滑的趋势下，旅游业一直保持高速发展势头，从1月起，每月累计旅游总收入同比增长幅度始终在两位数以上。2009年全年，山西游客首次超过1亿人次，旅游总收入达892.53亿元，同比增长了20.72%。

(1) 旅游产业规模情况

旅游产业体系规模不断壮大。到2009年底，全省各类旅游经营单位达到6840个，其中，旅游中等职业院校14家，23家高等院校开设了旅游专业。旅游景区（点）660余处，正式对外开放的365处，A级以上旅游景区76家（5A级景区2家，4A级景区41家，3A级景区2家，2A级景区24家，A级景区7家）。各类旅游接待设施3998个（含宾馆、饭店、招待所、疗养院、度假村等）。其中星级饭店343家，总房间数为31938间，总床位数为61045个（五星级7家、四星级55家，三星级124家，二星级156家，一星级1家）。旅游餐饮单位368个。旅行社723家（国际社37家、国内社686家）。

国内旅游市场发展态势良好。随着全省国民经济的稳定增长，人民群众生活水平的日益提高，国内旅游接待已步入大众化阶段，已经成为居民日常生活方式的重要组成部分之一，全年接待量突破1亿人次大关。2009年全省国内旅游接待量达到了10610.72万人次，同比增长13.07%。全省11个市国内旅游累计接待最多的是太原市，接待量为1865.2万人次，同比增长10.2%；增长幅度最大的是长治市，接待量人数为889.14万人次，同比增长28.8%。

海外旅游客源市场不断扩大。2009年全省入境旅游累计接待人数达到1067835人次，同比增长13.69%。旅游累计接待量最大的是太原市，达到225446人次，同比增长18.82%；增长幅度最大的是阳泉市，接待人数

13838人次，同比增长38.8%。

出境旅游平稳增长。2009年山西省入境旅游和出境旅游保持了良性互动。出境人数达到78502人次，同比增长12.00%，实现了出境、入境市场的良性互动。

（2）旅游产业效益情况

旅游经济效益明显提高。2009年全省国内旅游收入累计达到865.85亿元，同比增长20.05%，全省旅游总收入达到892.53亿元，同比增长20.72%。国内旅游收入增长幅度最大的是晋中市，国内旅游收入达到87.12亿元，同比增长37%；增长幅度最大的是朔州市，旅游总收入达到26.99亿元，同比增长38.7%。

入境旅游创汇保持较快增。2009年全省入境旅游创汇达到了37794.05万美元，同比增长25.71%。全省入境旅游累计创汇最多的是太原市，累计创汇13384.24万美元；增长幅度最大的是晋城市，创汇1604.46万美元，同比增长78.35%。

假日旅游经济进一步繁荣。2009年山西省假日旅游经济得到了进一步的发展。据统计，2009年“春节”、“十一”两个黄金周和“五一”小长假全省共接待国内外游客1892.48万人次，占到全年接待总量的17.84%。实现旅游收入80.66亿元，占到全年旅游收入的9.04%。假日旅游对拉动旅游刺激消费起到了积极的促进作用。

在产业结构调整中，文化旅游业还发挥了解决就业，促进社会稳定的作用。2009年山西省全省旅游从业人员比2002年增长4倍多，已达148.8万人。旅游就业与再就业促进了贫困地区人民脱贫致富和社会稳定。在调研中，我们了解到很多现实而生动的例子：五台山台怀镇、王家大院所在地静升村、乔家大院所在地乔家堡景区等地均有三分之二以上农民从事旅游业，仅旅游一项人均每年增收500元以上。平遥县在第一、二针织厂、柴油机厂、火柴厂破产关闭的情况下，2万多下岗职工迅速转移到旅游业，实现了产业结构的顺利转型。现在的平遥县已经形成围绕旅游业，旅游商品生产、旅游餐饮和旅游住宿等要素产业协调发展的格局。山西省还计划在太行山、吕梁山贫困县等有发展旅游产业条件的地区，规划旅游扶贫试验区。

（3）重大旅游决策情况

“十一五”以来，山西省对旅游产业的发展始终给予了高度重视和大力扶持，在全省国民经济“十一五”发展规划纲要中，首次将旅游产业作为“十一五”时期四大新兴支柱产业之一。“十一五”以来，又在财政政策和产业政策上对旅游产业的发展给予了大力扶持，专门设立了省级旅游产业发展专项资金，每年拿出1.5亿元，扶持旅游产业。市、县也积极贯彻落实，在人员编制、产业发展资金、产业发展政策等方面对旅游产业给予了大力扶持，全省上下形成了抓旅游的良好氛围。目前山西全省11个地级市有10个市把旅游作为支柱产业或重要产业，把旅游业当作各地调整产业结构的重头戏，现在已有136个工农业旅游示范点，23个国家级农业旅游示范点。山西省拟以宁武县为煤炭旅游协调发展试点，在煤炭资源和旅游资源富集地区积极探索煤旅二元结构可持续发展的路子。

（3）重大旅游会议及活动情况

针对国内市场，根据自身旅游资源特色和客源市场特征，有重点分层次的把国内市场分为四个层次：着眼于突出产品差异化，将沪宁杭长三角地区作为第一层次客源市场，广深珠珠三角地区作为第二层次客源市场；利用东北多山西人，将东北三省地区作为第三层次市场；借藏传佛教的影响，将青海西藏作为第四个层次市场。

2009年4月1日—5月31日、8月15日—10月31日，及时组织实施了扩大旅游消费春季、金秋行动。行动期间，山西省对外地游客发放消费券、对省内游客发放农业旅游卡，实施部分旅游景区点门票半价和大宗旅游奖励政策，在国内旅游市场上产生了强烈影响。同时，旅游促销团分赴河北、内蒙古、陕西、北京、天津、河南举行山西旅游推介会，派发山西旅游消费券和主要旅游景区门票，与浙、沪、辽、冀、新等地进行客源互换。利用京晋快速列车开通的效应，扩大并拉动北京游客入晋旅游。春季行动，山西省共接待旅游者2554.29万人次，旅游总收入为195.32亿元人民币，回收旅游消费券23.80万张，回收金额476.016万元，回收旅游率近50%，发放大宗旅游奖励452万元。金秋行动，全省共接待国内外游客2328.97万人次，实现旅游总收入212.41亿元。

入境旅游市场方面，在确保对港、澳、台和美、日、韩、德、法等传统客源地市场宣传促销的基础上，加大了对加、意、俄等新兴客源地市场的促销力度；国内旅游市场方面，在确保京、津、冀、鲁、豫、陕等周边一级客源市场份额增长的基础上，实施东进战略，加大了对东北三省和广东、上海、云南等远程客源地市场的促销力度，目前山西省国内客源地已通过周边向远程辐射；“十一五”以来，山西省旅游还注重从客源互换、旅游产品线路开发、旅游资产整合、旅游目的地建设等方面加强区域合作，先后同京、津、豫、鲁、陕等周边省市签订了旅游合作协议，同中部六省也加强了合作互动，区域合作提升了山西省旅游产业的竞争力。

山西省旅游正在从以历史人文类为主的旅游产品向历史人文、自然风光、红色旅游和民俗节庆等的综合型旅游产品体系转变。针对国内外市场，推出了“华夏古文明，山西好风光”的旅游形象和口号，整合推出了佛教古建、晋商文化、黄河文化、寻根祭祖、红色经典六条精品线路。2009年以来，在全省范围内开展了一系列丰富多彩的旅游节庆活动，五台山国际旅游月、平遥国际摄影展、太行大峡谷国际攀岩节、晋商文化艺术周等活动在国内外都产生了较大影响。丰富多彩的节庆活动，在全省上下营造出了浓郁的旅游氛围，提升了山西省旅游的知名度，增强了对游客的吸引力。

（4）建设与管理情况

旅游产业基础配套设施建设得到了改善。“十一五”时期，山西省旅游局实施“五大工程”，即围绕旅游目的地（五台山、平遥等）和旅游精品线路（古建宗教、晋商文化、寻根觅祖、太行山水）建设，推进旅游厕所、停车场、旅游标识牌、游客服务中心、旅游步道等服务设施建设，促进旅游景区环境和服务质量整体提升，提高旅游核心竞争力。旅游公路交通初步形成了以大运高速为主干线的旅游公路交通网络；空中交通随着大同、运城、长治三个地级市机场的建成运行和太原机场改扩建项目的完成，山西省旅游空中交通也得到了明显改善；铁路交通随着北京至太原动车组的开通，铁路旅游交通也日益好转。随着进入性明显增强，自驾车旅游市场蓬勃发展。贯穿山西境内南北的大运（大同至运城）高速公路开通后，旺季旅游自驾车达到日均8000辆，淡季达到日均5000辆。随着旅游自驾车增多，山西省旅游局又启动了旅游停车场工程，在游客集中的旅游城市、集散地、景区修建旅游停车场。

旅游道路标识牌、景区停车场、景区厕所、游客服务中心、旅游信息网络等基础配套设施都得到了大幅改善。到2009年年底，全省建成旅游交通干线设立旅游交通标识牌429块，建成旅游星级厕所70个，建成游客服务中心42个。

创新宣传手段，制作系列宣传品。依托山西厚重的历史文化，充分利用影视剧和旅游书刊的影响，为山西旅游市场造势。有意识地借助《大红灯笼高高挂》《乔家大院》《亮剑》等影视作品的影响，加大宣传，吸引游客，掀起了山西旅游的热潮。出版了《山西旅游景区点大全》《山西旅游地图集》《山西精品旅游地图册》《山西旅游邮票剪纸集锦》《山西旅游文化丛书》《山西旅游工作用图》《我们的节日》等一批旅游工具书，深度介绍山西旅游，在全国旅游界引起较大的反响。

随着旅游基础设施和服务设施的建设提升，旅游服务功能的完善，旅游目的地建设和旅游精品线路打造初见成效，带动了游客和旅游收入的成倍数增加，优化了客源市场结构。自驾车市场蓬勃发展，海外市场增长迅速，外国人达到60%以上。旅游目的地也从传统的重点旅游城市为主向全省各市全面发展的方向发展。

# 内蒙古自治区

## 一、内蒙古2009年文化产业发展综述

内蒙古自治区的经济增速连续7年居全国之首，但内蒙古自治区文化产业只占GDP的1.05%，远远低于全国2.8%的平均水平，形成了文化发展与经济发展间的“跷跷板”现象。这几年，内蒙古自治区文化产业从提高认识、转变观念的起步阶段，开始步入以培育主体、加快发展的新阶段。文化产业迅速崛起和快速发展，已经成为内蒙古自治区民族文化大区建设中的亮点。目前，全区文化市场经营单位已达近20000个，文化娱乐场所1万余个，从业人员已超10万人。文化产业主体框架已经形成、文化产业骨干企业不断涌现，产业关联作用和社会效益逐步发挥，产业链逐步延伸，带动了其他现代服务业的发展。其中民族文化产业比重占据着举足轻重的地位。自治区文化旅游、广播电影电视业、出版业、演艺娱乐业、餐饮与服饰文化产业、工艺礼品和创意设计与软件开发业等方面都取得了一定的发展。

1. 政策体系日渐完善

近年来自治区党委、政府先后下发《关于印发〈民族文化大区建设纲要〉的通知》《关于进一步加快文化产业发展的决定》《关于扶持动漫产业发展的若干意见》等重要文件。并正在与有关部门研究制定《内蒙古文化产业发展若干优惠政策》《内蒙古文化产业2009—2013发展规划》和出台《内蒙古自治区贯彻落实国务院〈文化产业振兴规划〉的实施意见》等政策和重要文件。形成包括加强政策的宏观指导、发挥文博会展览展示平台的作用、培育重点文化企业、扶持骨干企业发展、吸引非公资本参与文化产业建设等方面的文化产业工作机制。

2. 初步建立起推动文化产业发展的工作机制

在推动文化产业发展过程中，全区各地把工作重心放在转变政府职能、加强宏观指导和强化服务等方面，在实践中逐步摸索总结出一套行之有效的文化产业工作机制，主要体现在加强政策的宏观指导、发挥文博会展览展示平台的作用、培育重点文化企业、扶持骨干企业发展、吸引非公资本参与文化产业等方面。文化产业受到广泛关注，大批非公有制企业非常看好新兴的文化产业，在文化旅游、文化娱乐、工艺美术、图书批零、广告、文艺演出等行业表现出色。

3. 涌现出一批文化产业骨干企业

2006年，东联集团成吉思汗陵旅游区被文化部命名

为第二批国家级文化产业示范基地。2007 年，北方新报社、昭君博物院、内蒙古新华发行集团、赤峰力王工艺品有限公司、内蒙古响沙湾有限公司、包头绿色动力网吧连锁等 10 家文化企业被自治区人民政府命名为内蒙古自治区首批文化产业示范基地。2008 年，包头乐园文化传播有限责任公司被文化部命名为第三批国家级文化产业示范基地。目前，这些示范基地发展状况良好，在促进内蒙古自治区文化产业发展方面起到了很好的典型示范和带动作用，提高了内蒙古自治区文化产业的整体实力和竞争力。

4. 民族特色助推文化产业

以文艺演出、文化会展、文化娱乐、工艺美术品、民族音像为主体，各业并举，协调发展的文化产业格局初步确立，文艺演出业迈出产业化新步伐。《鄂尔多斯婚礼》《蒙古婚礼》《草原传奇》《安达情》《白云飘落的故乡》《天边》等优秀剧目近年来在国内外赢得了荣誉，民族舞蹈、蒙古族长调、呼麦、马头琴艺术、二人台、那达慕等文化艺术品牌在全国的影响力和知名度不断提升。草原文化节、昭君文化节、成吉思汗国际文化节、冰雪节、胡杨生态旅游文化节等文化会展活动在国内外影响较大。在旅游业方面，各地纷纷以具有地方文化特色的节庆活动为载体，着力挖掘和整合本地的文化旅游资源，初步形成了以领略草原风光和民族风情为特征的特色旅游。以内蒙古博物院和内蒙古乌兰恰特为代表的一批规模大、功能全的标志性文化设施已经建成。文物复仿制和工艺品业成为亮点之一。内蒙古自治区工艺品种类繁多，饰品、石料制品、刀具、皮画、马具、酒具、餐具、乐器、金银器、毛绒皮制品、骨角制品、桦树皮制品、琴棋用品、宗教用品、木雕、骨雕、剪纸、文物复仿品等均有着较强的地域特色优势。内蒙古民族音像业以制作反映草原自然风光、民族歌曲作品为主，多年来一直坚持“民族化、精品化、系列化”和“多题材、多载体、多档位”的经营理念，先后出版的《内蒙古民歌精品典藏》《草原世纪精曲》《内蒙古歌曲精品选集——草原歌声》等音像产品深受全国广大群众欢迎，已形成一定规模的市场。

5. 加强文化基础设施建设

随着自治区经济的迅猛发展和财政实力的迅速增强，以内蒙古博物院和内蒙古乌兰恰特为代表的一批规模大、功能全的标志性文化设施已经建成。内蒙古国际会展中心、内蒙古展览馆已成为自治区最具活力的文化会展场所。各盟市、旗县区也相继建成了一批重点文化基础设施和文化活动场所。红山先民聚落园、锡林浩特蒙元文化城、大盛魁文化产业园区、鄂尔多斯文化产业园区、元上都文化产业园区等一批重点文化产业工程也正在筹划建设中。

6. 鄂尔多斯文化产业发展迅猛

近年来，鄂尔多斯市文化产业发展已经初见端倪，成为第三产业中发展最快的产业之一。2007 年全市文化产业固定资产增加值达到 1.58 亿元，进入文化市场经营项目达 60 多个，文化产业经营户 1623 户，从业人员 9687 人，固定资产净值 9.94 亿元，总营业额 3.92 亿元，缴纳税金及文化事业建设费 2931 万元。文化娱乐及服务支出占家庭消费支出比重的 18%，2007 年，全市文化产业增加值占 GDP 的比重达 2.5%。目前，鄂尔多斯市文化产业的发展主要在文化旅游业方面。经过大规模的开发建设，鄂尔多斯已建成全国优秀旅游城市，以《鄂尔多斯婚礼》为代表的旅游文化品牌成效显著，20 多年来，《鄂尔多斯婚礼》演遍内蒙古自治区和祖国大江南北，已成为鄂尔多斯市最成熟的演出产品品牌，并获得知识产权保护。此外，各级文艺团体先后出访了 20 多个国家和地区以及国内各大中城市，引进了 20 多个国家的文艺团体以及国家舞台艺术精品工程重点剧目，成为自治区演出市场最为活跃的地区之一。成吉思汗陵旅游区成为自治区首个文化产业示范基地。秦直道文化产业园区、鄂尔多斯文化创意产业园区、鄂尔多斯蒙元文化产业园区等正在规划和建设之中。特别是康巴什新区在建和即将竣工的鄂尔多斯大剧院、博物馆、图书馆、文化中心、新闻中心、会展中心和体育中心，为鄂尔多斯市文化产业的发展奠定了坚实的基础。

## 二、内蒙古 2009 年文化产业各行业发展综述

1. 广播电影电视业

内蒙古电视台卫视推广落地办经过近八年的不懈努力，已使内蒙古汉语卫视节目信号覆盖落地北京、上海、天津、重庆四大直辖市，在太原、石家庄、沈阳、哈尔滨、长春、西安、兰州、西宁、银川、乌鲁木齐、杭州、南昌、合肥、济南、南京、福州、郑州、武汉、长沙、广州、南宁、海口、贵阳、成都、拉萨、昆明等 27 个省会，在香港特别行政区宽频有线和澳门特别行政区快捷电业有线均可收看到内蒙古卫视节目信号，同时入户全国近 290 个地市有线电视网，初步完成 35 个中心城市区域有效覆盖，截至 11 月 25 日，内蒙古卫视节目信号在全国的总覆盖人口规模已达到 4.38 亿。

2009 年，内蒙古人民广播电台按照年初确定的外宣工作整体规划，继续加大外宣工作力度，拓宽外宣渠道，提高外宣质量，使外宣工作继续保持了稳步发展的态势。积极和中央人民广播电台、中国国际广播电台联手宣传内蒙古。以重大节日、活动为契机加大宣传内蒙古的力度。积极参与重大对外交流活动，进一步做好蒙古语广播在蒙古国首都乌兰巴托落地工作。

内蒙古电影集团有限责任公司揭牌仪式在呼和浩特举行，这是内蒙古深化文化体制改革取得的又一重要成果。内蒙古电影集团的组建，得到了自治区党委、政府的高度重视，得到了国家广播电影电视总局的大力支持。由内蒙古电影制片厂、内蒙古电影发行放映有限责任公司、广播电视器材供应站、内蒙古电影制片厂标准放映厅和内蒙古电视台电视剧制作中心5个单位组成的内蒙古电影集团有限责任公司是自治区直属的大型国有文化企业。

2009年，全区全年生产故事片10部，制作蒙语译制片50部。年末全区拥有广播电台13座，中短波广播发射台和转播台57座，广播人口覆盖率94.75%，比上年提高0.7个百分点；拥有电视台14座，一千瓦以上电视发射台和转播台92座，电视人口覆盖率93.53%，比上年提高0.8个百分点；年末全区有线电视用户291.71万户，比上年增长3.1%。

2. 新闻出版业

2009年，内蒙古新闻出版事业在自治区党委、政府的正确领导下，在国家新闻出版总署的行业指导下，坚持以科学发展观为指导，紧紧围绕中心工作，突出由重审批向重服务、抓选题向抓规划、管单位向管社会、管经营向管市场、办出版向管出版的“五个转变”，深化改革，加快发展，各项工作都取得了很大成绩，受到了社会各界的一致好评。

(1) 开展全民阅读活动，建设书香内蒙古

为倡导全民阅读，在全社会形成良好的阅读风尚。内蒙古自治区起草并下发了《关于印发〈关于在全区开展全民阅读活动的实施方案〉的通知》和《关于印发〈关于在全区领导干部中开展阅读活动的实施意见〉的通知》。2009年9月，自治区新闻出版局组织了全民阅读活动启动仪式，自治区党政领导，50多个厅局领导、3000多名社会各界群众参加了启动仪式；仪式上进行了精品出版物展销活动，现场免费赠送出版物价值100多万元。同时还在全国范围内开展“全民阅读公益广告用语征集活动”，共征集广告用语8000多条。在全国范围内开展“阅读分享”征文活动，共征文5000多篇。全区各部门各单位和广大群众积极响应，在全区掀起了全民阅读高潮，内蒙古司法厅、文化厅、国税局在本系统开展了阅读活动，内蒙古人民出版社继续开展“蒙古文图书大接力活动”，通辽市、北方新报继续开展了读书月活动。

(2) 实施“草原书屋”工程，逐步建立和完善新闻出版公共服务体系

自治区党委、政府高度重视草原书屋建设，将其列入自治区10项重点民生工程，加大领导和推进力度。自治区新闻出版（版权）局进一步完善了组织领导机构，成立了草原书屋建设领导小组和草原书屋建设办公室，明确了以书屋建设带动图书出版、营造阅读氛围“三位一体”的建设思路，要求全力把这一利国利民的德政工程、惠民工程和民生工程建设好、建出成效。立足民族特色和区域特点，围绕“建、管、用”三个关键环节，全区各级组织、各级政府和主管部门精心组织、形成合力，扎实推进了草原书屋工程建设。2009年6月，在通辽市开鲁县举行了“内蒙古草原书屋工程建设揭牌仪式”，标志着内蒙古2008年度1000家草原书屋建设任务圆满完成。8月份，1000家草原书屋通过了国家新闻出版总署的验收。下半年，又启动和推进了2009年度2000家草原书屋的建设工程，超额完成了自治区党委政府在十项重点民生工程中确定的不少于1500家的建设任务。

(3) 开展“道德建设年”、“素质提升年”活动，进一步提升行业发展能力和水平

自治区新闻出版（版权）局以转变职能、强化服务为目标，把思想建设作为新闻出版业发展的基础和前提。在持续不断深入开展学习实践科学发展观活动的同时，于2009年组织开展队伍“道德建设年”、行业“素质提升年”活动。制定下发了《在全区新闻出版战线开展“道德建设年”、“素质提升年”活动的通知》和《在全区新闻出版战线开展“道德建设年”、“素质提升年”活动实施方案》。根据通知要求，全区开展了报纸期刊社社长、总编辑（主编）岗位任职资格培训和实施持证上岗制度、编校业务知识竞赛等11项具体活动，各盟市新闻出版局、各出版社和报刊社立足实际开展了形式多样的活动。

(4) 组建内蒙古出版集团，出版业改革取得重大突破

2009年9月，自治区人民政府召开常务会议，审议通过了《内蒙古出版集团有限责任公司组建方案》，确定了内蒙古出版集团有限责任公司的组建范围，明确了“一个集团、两种体制”的原则。12月10日，内蒙古出版集团有限责任公司挂牌成立。根据内蒙古出版业的实际，对集团中的民族语言文字部分，实行事业体制，由国家和自治区重点扶持，并着力进行内部机制改革。同时整合经营性汉文出版资源，实行企业体制，以市场为导向，发展经营性出版产业。内蒙古出版集团有限责任公司由内蒙古新闻出版（版权）局直属的内蒙古人民出版社、内蒙古科技出版社、内蒙古少儿出版社、内蒙古文化出版社、远方出版社、内蒙古画报社、内蒙古新华报业中心，内蒙古教育厅直属的内蒙古教育出版社，内蒙古文化厅直属的内蒙古文化音像出版社共9个单位组成。

(5) 启动内蒙古版权业第一部法规立法工作，依法行政迈出新步伐

内蒙古新闻出版（版权）局高度重视版权立法工作，

局党组多次就这一问题提出要求，进行部署。2009年，自治区新闻出版（版权）局、自治区政府法制办公室联合成立调研组，并前往南方版权管理先进省市进行专题调研，学习版权立法作法和经验，为研究制定内蒙古版权立法奠定基础。

经过版权领域专业人员多次调研、讨论和修改，初步完成了《内蒙古自治区著作权管理办法》的起草工作，经自治区政府法制办审定后交由各有关厅局征询意见，预计明年年初经自治区人民政府审议后颁布实施。

（6）制定《蒙古文图书出版五年规划》，明确蒙古文出版发展目标

自治区新闻出版（版权）局坚持发展为第一要务，努力转变发展方式，不断优化产业结构，继续加大对蒙古文图书出版的扶持和政策支持力度，确保蒙古文图书出版数量稳定增长。在充分调研的基础上，经过反复论证，集思广益，形成了符合内蒙古实际，独具内蒙古特色的出版改革思路，确立了将内蒙古打造成世界蒙古文出版、发行中心的战略目标。内蒙古新闻出版（版权）局关于创建蒙古文出版基地的报告已获国家新闻出版总署批准。

为确保这一目标的实现，内蒙古新闻出版（版权）局通过专家论证、面向社会公开征集《蒙古文图书出版五年规划》出版作者和作品等形式和方法，于2009年8月研究制定了《蒙古文图书出版五年规划》。规划的总体思路是围绕抢救、挖掘、保护、传承，弘扬的基本原则，确定5个重点专题，300个种类，集中人力、物力合力推进。具体包括：蒙古族风俗、蒙古族民间艺术、蒙古族思想史、蒙古族军事、蒙古族医学等内容。《蒙古文图书出版五年规划》编制的完成对于弘扬、传播蒙古民族传统文化，推动少数民族优秀文化产品走向世界具有重要的作用。

（7）严格职业资格登记注册，报刊退出机制成效显著

自治区新闻出版（版权）局努力提高新形势下管理和服务的创新性和有效性，加强书报刊从业人员管理，开展出版专业职业资格登记注册工作，积极构建有利于内蒙古新闻出版业科学发展的队伍管理能力和水平，2009年有666名出版专业技术人员申报登记注册，其中611人自治区审核合格，有55人不符合条件，未被批准。

同时，结合内蒙古报刊工作实际，起草制定了《关于进一步加强和改进全区报刊出版管理工作的实施意见》。严厉查处违纪违规报刊，净化内蒙古报刊市场环境。认真开展2008年度报刊、记者站、内部资料出版物核验工作，开展了新版新闻记者证的统一换发工作。建立了全区报刊出版单位新闻记者证人员档案，加强对领取新闻记者证人员的规范管理。将报刊年度核验工作与建立报刊退出机制结合起来，综合运用法律、行政、市场等手段，对已不具备出版条件的报刊实行退出机制。内蒙古公开发行的79种报纸，有77种通过年检；公开发行的151种期刊，有148种通过年检，有1种报纸被列为缓验，1种报纸、3种期刊被列入实施报刊退出机制名单。通过这些工作，规范了行业管理，推动了行业健康发展。

（8）全面实施网络实名申领书号工作，出版管理逐步走向科学化轨道

为实现行政管理科学化，目前，全区7家图书出版社已全部实行图书书号使用网络实名申领。新施行的书号实名申领系统设置严格细致的流程，不同于传统的书号发放方式，申报者需通过网络详细填报书名、内容、作者、字数、价格等基础性数据，数据要求真实、可靠，并符合行业标准。出版社拿到批复后的书号以后，书名、作者等信息都不能改变，否则就要重新申领。这不仅有助于书号使用的规范性和科学性，同时，也要求出版社编辑人员，必须提高图书出版的针对性和有效性。

（9）加强“扫黄打非”工作，整顿和规范出版市场秩序

2009年3月，自治区“扫黄打非”工作职能及其领导小组办公室划转至新闻出版局，局党组高度重视此项工作，抽调人员成立了自治区“扫黄打非”工作领导小组办公室，负责“扫黄打非”的日常工作。在自治区党委、政府的高度重视和大力支持下，自治区“扫黄打非”工作领导小组成员单位由以前17个增加到29个，并明确了各成员单位的分工，进一步加强了组织领导，扩大了统筹协调范围，加大了“扫黄打非”工作力度。在自治区“扫黄打非”工作领导小组的领导下，在加强各项内部制度建设的同时，努力开展国家、自治区的各类专项活动，圆满地完成了工作任务，取得了阶段性的成果。截至2009年11月，全区共查办“扫黄打非”案件281起，收缴非法出版物5817061件，有效阻遏了非法出版物的流通蔓延，为自治区文化市场环境的改善提供了有力的保障，为自治区经济社会发展创造良好的文化环境做出了应有的贡献。

（10）公开招聘职业经理人，内蒙古新华发行集团改革向纵深发展

近年来，内蒙古新华发行集团开拓创新，加快发展步伐，在许多方面走在了全国同行业的前列，第一个完成企业化转制，第一个搭建起了集团化经营的框架，第一个在全国同行业实现了跨省区合作，第一个在股份制改革过程中实现了国有划拨土地使用权的作价入股，第一个在股份制改革中引进民营企业股。

内蒙古新华发行集团制定的一系列选人用人举措，进一步完善了内蒙古发行业干部竞争机制，促进了干部合理

流动，为建立一支高素质的企业管理团队，为推动和促进全区发行业发展壮大提供了有力的组织保证。

此外，自治区和盟市两级全年出版报纸 25794 万份，其中蒙文版 1429 万份；出版各类期刊 1237 万册，其中蒙文版 127 万册；出版图书 6862 万册，其中蒙文版 816 万册。

3. 演艺娱乐业

到 2009 年年末全区有艺术事业机构 150 个，从业人员 5820 人，分别比上年增长 1.4%和 0.9%；艺术表演团体 112 个，其中乌兰牧旗 69 个。

以政府为主导、以公共财政为支撑、以公益性文化事业单位为骨干、以基层特别是农村牧区为重点，推进自治区、盟市、旗县、苏木乡镇和嘎查行政村五级公共文化服务建设；有序推进组建中的内蒙古演艺集团，深化文化体制改革、制定公共文化机构绩考核体系；围绕庆祝新中国成立 60 周年这一重大主题，组织全区优秀剧目展演、第十一届亚洲艺术节、第六届中国·内蒙古草原文化节等系列活动；加大文化产业项目招商引资力度，形成政府与社会、内资与外资相结合的多渠道、多元化融资机制；积极扩大对外文化交流，增加草原文化影响力，并且在管理方式、项目运作、交流格局上进一步创新；以文化体制改革为契机，制定特殊文艺人才引进政策，淡化身份限制，强化岗位管理，简化审批手续，畅通进出渠道。

4. 文化会展业

内蒙古极具特色的区位条件及优势为会展业发展注入了活力，经过若干年的发展，会展业必将成为内蒙古新的经济增长点和第三产业中的增长型主导产业。

呼和浩特市主打的会展品牌有“中国民族商品交易会”和“呼和浩特市医药保健品交易会”等，拥有内蒙古国际会展中心、内蒙古展览馆、内蒙古商品交易中心等一批综合性的会展场馆，具有成功举办“中国北方旅游交易会”和“第三届中国西部（呼和浩特）文化产业博览会”等国家级展览会的宝贵经验。首府呼和浩特市以其自身的实力和优势成为了内蒙古自治区对外的形象大使，内蒙古会展业的领跑者。

包头市、鄂尔多斯市与呼和浩特市有望形成内蒙古最大的“会展经济圈”。包头市是世界“稀土之都”，国家重要的工业基地，是亚欧大陆桥重要的桥头堡，拥有“包头稀土高新博览会”等国际性的专业化展会和包头国际会展中心、包头神华国际会展中心等一批综合性会展场馆。鄂尔多斯的羊绒世界文明，拥有“鄂尔多斯国际羊绒商品交易会”等专业化展会和鄂尔多斯市康巴什新区会展中心和东胜科技会展中心等会展场馆。

满洲里市是内蒙古最重要的，同时也是最具特色的边境口岸城市。满洲里市借助中、俄、蒙交界的地缘优势，大力开展了与边境贸易相关的特色展会，相继举办了数届“中俄经贸展”“中俄蒙科技展”和“中俄绿色食品展”等会展活动。

内蒙古会展业发展的巨大优势还在于深厚浓郁的历史文化底蕴、丰富多彩的少数民族风情、特色鲜明的草原游牧文化和世界顶级的草原自然景观。此外，内蒙古还积极吸引和协调一些全国性会议展览活动在区内召开。例如，承办了“第五届全国医疗器械西部博览会”以及“国际风能及太阳能光伏展览会”等等。

5. 新媒体业

6 月 29 日下午，中国移动内蒙古公司与新华社内蒙古分社签署战略合作框架协议及其手机新媒体业务合作协议，双方提出“强强联合”重点打造手机新媒体业务。近年来，新华社内蒙古分社适应手机媒体和其他新媒体的产品结构、业务布局的需求，大力发展手机短信（彩信）、手机报、WAP、户外大屏幕等多媒体供稿业务，并积极创新合作方式，采取提供产品服务、以内容参股、分工联办等方式，先后与内蒙古移动、内蒙古电信、内蒙古联通等运营商，以及一些社会传媒企业进行了广泛合作，取得了显著的成果。目前，内蒙古分社开发的“新华社快讯”“新华手机报”等系列新媒体信息产品，已经拥有中国移动内蒙古公司的 50 万户手机用户，用户量呈不断增长势头。

9 月 23 日，内蒙古中广传播有限公司在内蒙古电视台举行盛大的“移动多媒体广播电视信号开通、内蒙古中广传播公司与中国移动通信集团内蒙古有限公司结成战略合作伙伴暨内蒙古中广传播有限公司揭牌仪式”。从此内蒙古自治区广大用户可以通过中国移动 TD 和 CMMB 新技术的手机随时随地了解资讯，收听收看到中央、内蒙古自治区和所在盟市的广播电视节目。内蒙古中广传播有限公司在加快手持电视网络建设的同时，正着力建立健全符合市场经济要求的运营机制，在保证“全国一盘棋”的前提下，充分发挥内蒙古广电系统的资源优势，积极、主动和创造性地探索和实践手持电视发展的有效途径，是我国自主创新的 CMMB 和 TD 技术形成优势互补，合作共赢。

6. 动漫业

由内蒙古自治区党委宣传部、科学技术协会、文化厅、科学技术厅、教育厅共同主办的“2009 年内蒙古自治区第二届动漫展”于 10 月 30 日至 11 月 2 日在内蒙古科技馆圆满落幕。本届展会以“科技与动漫”为主题，以科学发展观为指导，以“整合动漫资源，鼓励动漫原创，引导动漫方向”为主线，致力于发掘内蒙古动漫资源优势，为自治区动漫创意产业和相关行业的发展搭建合作与交流的平台。该展是迄今为止内蒙古唯一的省级大型动漫展。

7. 文化旅游业

内蒙古2009年全年实现旅游总收入611.35亿元，比上年增长30.4%。接待入境旅游人数128.96万人次，下降16.8%；旅游外汇收入5.58亿美元，下降3.3%。国内旅游人数3880.18万人次，比上年增长21.3%；国内旅游收入573.22亿元，增长33.5%。

内蒙古旅游业起步较晚，但发展速度较快。内蒙古旅游业起步于20世纪80年代初期，先后经历了自发发展阶段（1990年前）、旅游业产业规模扩张阶段（1991－1999年）、旅游业加速发展阶段（2000－2007年）。特别是2004年，受国内经济的持续增长及内蒙古经济快速发增长的推动，以及旅游市场需求取向发生变化的影响，内蒙古旅游业又有新的突破，接待入境旅游者人次数和国内旅游人次比上年分别增长93.4%和52%；旅游外汇收入和国内旅游收入分别增长82.9%和49%，实现了又一个历史性的跨越，旅游业发展步入加速发展阶段。

内蒙古旅游业对国民经济的贡献增加，旅游产业地位逐步提高。随着内蒙古旅游业的蓬勃发展，旅游业对国民经济的贡献日益增加，1998年旅游业总收入相当于第三产业增加值的5.5%，相当于全区GDP的1.71%，2004年这两个指标分别达到16.5%和5.37%，较1998年分别增长了两倍。2004年，内蒙古旅游业直接从业人数已达到7.9万人，间接从业人员达到39.6万人。旅游业已经成为国民经济新的增长点，旅游业在内蒙古国民经济发展中的重要产业地位得到进一步明确。

内蒙古旅游基础设施得到加强，旅游产业规模不断扩大。为了促进旅游业的快速发展，自治区政府加大了引导性投资力度，从2002年起，自治区政府每年拨专款2000万元建立了旅游发展基金，重点支持旅游宣传促销、旅游规划和旅游基础设施建设，同时，自治区预算内基本建设投资也逐年加大了对旅游业的投入。特别是2000年以来，国家累计安排旅游国债2.97亿元，用于内蒙古重点旅游区的基础设施建设，促进了全区旅游基础设施建设，特别是旅游道路建设加快，使内蒙古旅游可进入性显著增强，旅游发展的交通“瓶颈”制约得以缓解。截止2004年底，全区共有A级旅游景区（点）80家，其中有格根塔拉草原旅游中心、成吉思汗陵旅游区等7家4A旅游景区（点），乌素图国家森林公园、希拉穆仁草原旅游中心、呼和诺尔草原旅游度假区等30多家3A级旅游景区（点）；星级饭店165家，其中有内蒙古饭店、新城宾馆2家五星级酒店；拥有旅行社292家，创建了呼和浩特、锡林浩特、满洲里等8个中国旅游优秀城市。

内蒙古旅游精品项目（草原、民俗民族、生态等）正在形成。经过二十多年的旅游发展，内蒙古依托自己拥有的资源优势，加大了旅游产品开发的力度，在特色主题旅游产品、重点旅游景区、区域旅游线路等三个旅游产品层面上取得了不同程度的进展，已经初步形成了以精品旅游景区为龙头的独具特色的旅游产品群，如以成吉思汗陵旅游精品区为龙头的蒙古族历史文化旅游产品群；以格根塔拉草原旅游中心、呼和诺尔草原旅游中心为龙头的草原生态旅游产品群；以阿尔山温泉度假旅游区为龙头的温泉、冰雪旅游产品群等。初步构建了呼伦贝尔——兴安盟草原、森林、冰雪生态旅游线路，锡林郭勒——克什克腾——喀喇沁草原风情、地质奇观旅游线路，呼和浩特——包头——乌兰察布——鄂尔多斯民族历史文化旅游线路，阿拉善大漠风情旅游线路四条旅游精品线路。这些旅游精品的逐步形成，为推动自治区旅游资源优势转化为产品优势，进而形成经济优势起到了推动作用。

旅游季节正在向两端延长。随着旅游业的快速发展，内蒙古旅游产品种类正趋于多样化，产品内涵不断丰富，不仅有观光、度假、休闲、娱乐等传统旅游产品，一些新的旅游产品如城市休闲观光、沙漠探险、工农业观光等正在形成规模，并不断发展壮大，产品内容不断增多，产品文化含量显著提高。另外，由于冰雪景观、口岸观光、森林探险等产品的开发，加之“五一”、“十一”等旅游长假的影响，内蒙古旅游季节正在向两端延长，由原来的四个月左右已逐步扩展到现在的六个月，甚至七个月左右的时间。

# 辽宁省

## 一、辽宁省2009年文化产业发展综述

2009年，辽宁结合实际，解放思想，更新观念，加快推进经营性文化事业单位转企改制步伐，大力整合文化资源，打造骨干文化企业和战略投资者，积极发展新兴文化产业，取得丰硕成果。

1. 加快培育合格的文化市场主体

至2009年底，全省278家经营性文化事业单位，199家完成转企改制。其中，全省65家新华书店63家完成转企工作。全省21家图书及音像电子出版单位全部完成转企改制。全省需转企改制的电影制作发行放映单位共66家，有35家完成。省电影公司、省电影制片厂转企改制

和资产重组基本完成，沈阳、抚顺、本溪、营口、阜新、朝阳等6市的电影发行放映单位全部完成转企。2009年，按年收入200万元以上的标准统计，全省共有文化企业1065家，总收入1748.24亿元，同比增长23.8%。全省实现文化产业增加值约500亿元，占地区GDP的3.2%。

2. 大力推进文化领域资源整合

经省委常委会讨论通过，中央文化体制改革工作领导小组批准，设立了辽宁中部城市群文化体制综合改革试验区，统筹规划、整体实施，综合运用经济、行政、法律等多种手段，打破地区、行业、单位界限，推进辽宁中部城市群沈阳、鞍山、抚顺、本溪、营口、阜新、辽阳、铁岭等8市文化体制改革由各地区分散改革向跨区域整体改革深入，由各部门自身改革向跨领域协同改革深入，由各单位独立改革向跨行业综合改革深入，打造具有较强示范意义、国内一流的文化体制综合改革示范区。至2009年底，中部城市群中沈阳、营口已全部完成国有经营性文化事业单位转企改制。加快推进北方联合出版传媒集团股份有限公司、辽宁报业传媒集团、辽宁北方广电传媒（集团）有限公司、辽宁演艺集团、沈阳杂技演艺集团有限公司等省本级和沈阳市主要文化单位，通过联合、并购、重组等市场化运作方式，扩大市场覆盖，做大市场份额，做强综合实力。

3. 辽宁报业传媒集团跨区域深度整合资源

自2008年以来，辽宁报业传媒集团先后与铁岭等中部城市群7市党报签署了战略合作协议，地市各报社所属的晚报、都市报，统一更名为《辽沈晚报·地方版》。2009年，为加快推进辽报集团中部城市群资源整合的广度和深度，搭建了中部城市群报业新闻资源共享平台，全面实施采编业务合作和人员交流，合作开展广告经营业务，真正实现了中部城市群报业新闻资源共享、采编业务合作和市场联合经营。辽报集团实施的一系列从采编、广告、人员、业务等到资本层面的中部城市群报业资源深度整合，显著增强了党报在办报水平、舆论引导和经营管理等方面的整体实力，有效解决了全省各地市报业资源分散，定位趋同，产业集中度低、规模小、实力弱、竞争力不强等发展瓶颈。2009年，《辽宁日报》仅报刊亭日均零售量已近2万份。《辽沈晚报铁岭版》的发行量也比《辽沈晚报》与《铁岭晚报》两份报纸整合前的总量提高了20%以上。

4. 完成广电媒体“三台合一”

2009年12月18日，由原辽宁人民广播电台、辽宁电视台、辽宁教育电视台3家媒体有机整合而成的全新媒体辽宁广播电视台成立。新的辽宁广播电视台率先吸纳了广电系统外的媒体资源，成功实现“全国第一”。这一全新的综合性广播电视媒体，通过撤销原有三台机构，组建一套领导班子，统一了机构建制；通过合并教育和未成年人专业频道，整合新闻、文艺、娱乐、体育等节目资源，统一了频率频道资源；通过合并党群、行政、技术等部门，建立高效精干的服务保障管理体系，统一了服务管理；通过广告经营、节目交流和相关产业开发部门实行公司化运作，统一了产业经营；通过统筹规划事业发展，合理配置技术设备，统一了规划投入，创造性地打造了一个既不同于附带产业属性的“集团”，也不同于广播、电视功能并列的“总台”，彻底打破了原有的管理体制，变物理组合为化学聚变，打造互为联动、优势互补的国内首家新型全媒体业态。

5. 实施网吧连锁经营和建立报刊退出机制

辽宁在国内率先下决心实施了“实施网吧连锁经营、根治社会顽疾”的创新方案，下发了《关于加强辽宁省网吧场所连锁整合的实施意见》，对所有网吧实施定时断网、建立统一的二代居民身份证识别系统和统一安装“扫黄”软件及统一监控等。2009年底，全省8094家网吧中被整治关闭的近700家，其余7413家网吧99%由8家企业实行连锁经营，在全国率先实现了全省所有社会营业网吧全部连锁经营，成为“全国品牌工程”。中央文明办、文化部在辽宁召开现场会。

作为第一批被新闻出版总署确定为开展报刊退出机制的试点省份，辽宁省经过一年多的努力，探索建立了评估退出机制，首批退出了12种报刊，圆满完成了试点工作。试点阶段，12种报刊退出市场，涉及安置人员242人，解决债务5000余万元。

6. 着力打造骨干文化企业和战略投资者

2009年1月，辽宁出版传媒股份有限公司更名为北方联合出版传媒股份有限公司，为实现跨地区、跨媒体联合迈出了重要一步。公司积极推进与国内外优质出版发行实体的联合。与湖南蓝猫卡通公司签署控股权收购协议；与天津出版集团、内蒙古新华发行集团、全国文联下属期刊社签订战略合作协议；与上海盛大公司、台湾五南文化出版公司达成合作意向。这些跨地区合作的实现，标志着北方联合出版传媒股份有限公司成为实质意义上的联合出版传媒集团。

7. 成功举办东北文化产业博览交易会

2009年8月28日至9月1日，第三届中国东北文化产业博览交易会在沈阳举行。本届文博会分设“品牌展示”、“产品交易”、“项目推介”、“文化活动”四大板块，除了辽宁工业展览馆主会场外，还在沈阳世博园等处设有10个分会场。共有6500个展位。展出了涵盖出版发行、广播影视、文艺创作与表演、文物及文化保护、群众文化、网络文化、旅游文化、娱乐文化、文化用品等文化及相关产业门类，共5万余种文化服务和文化产品。专门举办了文化产业项目推介会，共推出451个东北三省文化产业投资项目，项目签约金额达到330亿元。其中，10亿元以上项目16个，亿元以上项目71个，推介会现场签约项目10个，签约金额高达75亿元。

8. 积极发展新兴文化产业

2009年，辽宁省以沈阳、大连动漫产业基地为依托，大力发展动漫游产业。2009年沈阳动漫产业基地制作完成并通过国家广电部门审查获得发行许可证的原创动画片13部，总片长10366分钟，是2008年的3倍，占全省总数的92.5%，在全国动漫基地排名位居第4位，增幅位居全国第1位。继2008年365集原创动画片《兜兜的世界》被评为东北地区唯一一部国产优秀动画片，2009年又有《望儿山》《发现王国》《绿娃娃之生态小宝贝》三部动画片被评为国产优秀动画片。截至目前，沈阳动漫产业基地已有10部原创动画作品在央视播出。大连动漫游产业基地建于2004年，目前基地一期已汇集了包括金山、水晶石、乾豪等100多家动漫企业入驻，年产值已由2005年的1.2亿元人民币，增长到2009年的48亿元人民币。被国家文化部、广电总局批准为“国家动漫游戏产业振兴基地”和“国家动画产业基地”。此外，辽宁广播电视台积极拓展新媒体业务，与中国联合网络通信有限公司合作成立广联视通新媒体有限公司，共同打造手机新媒体品牌，为广大手机用户提供内容的视讯服务；与沈阳音乐学院和鲁迅美术学院合作成立了沈阳鲁艺文化传播有限公司，进一步提升创意能力、生产能力和社会影响力。

9. 民营文化产业加快发展步伐

2009年，辽宁省民营文化企业已达到3万多家。出现了一批龙头企业，如：辽宁民间艺术团集演出业、影视制作业、电视栏目业和艺术教育业为一体，在沈阳、长春、北京等地开办了8家刘老根大舞台连锁剧场，形成了天天有演出，场场都爆满的演出态势，2009年票房收入1.48亿元，上缴国家税款2470万元。大连大青集团，专门做青铜雕塑、铸造，现在年产值达到3亿多元。葫芦岛市东方女子古筝新筝乐团积极开拓国际演出市场，已在30多个国家和地区进行演出。

10. 努力推动辽宁文化“走出去”

2009年，全省文化产品出口或对外演出总收入为2117.48万美元，出口遍及欧美、东南亚等18个国家和地区。北方出版传媒集团出版图书版权58项，图书133655种，实现贸易额345.37万美元，公司所属的辽宁科技出版社获得2009年国家文化出口重点企业称号。博士兔动漫有限公司出版200集动画片《憨兔列传》成功出口马来西亚，迈出了辽宁省数字出版出口第一步。辽宁演艺集团转企改制后，针对日本演出市场需要，将《女儿风流》进行重新包装，赴日本巡演近百场。沈阳杂技演艺集团重点开拓国际演出市场，先后打造《天幻》《梦幻》《龙幻》系列杂技精品节目，在巴西、墨西哥、德国等十几个国家进行商业演出近四千场。2009年打造的杂技晚会《孔子》和《海盗》，分别在德国和南美三国进行为期6个月和8个月的商业演出。葫芦岛东方女子古筝新筝乐团先后出访韩国、德国、法国等30多个国家和地区，在国外13个国家建立古筝新筝培训基地，培养外籍学员200多人，产生积极的国际影响。

## 二、辽宁省2009年文化产业各行业发展综述

1. 广播电影电视业

2009年，辽宁广播电视加大改革力度，率先在全国进行广播电视资源整合，积极筹备组建北方影视集团，加大有线电视网络整合力度，大力推进事业单位转企改制，取得明显成效。

(1) 省三台整合情况

2009年12月18日，由原辽宁人民广播电台、辽宁电视台、辽宁教育电视台3家媒体有机整合而成的全新媒体“辽宁广播电视台”举行成立大会，“辽宁广播电视台”及“辽宁北方广电传媒集团”、“广联视通新媒体有限公司”、“沈阳鲁艺文化传播有限公司”挂牌成立。这是在全国率先将系统外的广电资源吸纳进来，并实行实质性合并过程中所表现出来的“辽宁特色”，成为业界瞩目的“辽宁模式”。取消原辽宁人民广播电台、辽宁电视台、辽宁教育电视台呼号，把三个单位合成一个有机体，统一使用“辽宁广播电视台”呼号，统一冠以“辽宁广播电视台”新台标，并在此过程中完成事业与产业分开、制作与播出分离。

辽宁广播电视台开办8套模拟电视节目、8套模拟广播节目、6套向全国传送的付费电视节目、18套省内数字视频点播节目、10套数字音乐节目和北斗星空网站。电视8个模拟频道分别为卫星频道（综合频道）、都市频道、影视娱乐频道、宜佳购物频道、教育青少频道、生活频道、公共频道、北方频道，全天播出189小时。广播8个模拟频率分别为综合广播、新闻广播、经济广播、文艺广播、交通广播、乡村广播、故事广播、资讯广播（大连分台），全天播出192小时。

(2) 辽宁广播电视台产业发展情况

在辽宁广电“三台合并”的基础上，辽宁广播电视台出资组建的辽宁北方广电传媒（集团）有限公司于2009年12月18日正式挂牌成立。按照事业与产业分开的原则，将政策允许可分离的内容制作从事业体制里剥离出

来，与其他可经营性资产进行整合，是推进直播分离改革的重要内容。辽宁北方广电传媒集团按照新体制，通过一系列的整合、重组和规范，将原来属于事业体制的娱乐、体育、青少等节目制作部门适时转型，成立娱乐、体育、青少等节目制作中心，使其能够以明确的市场主体地位参与到市场竞争中去，积极开展对外合作，在资本市场上寻求外部资金的导入，利用自身优势资源，通过项目合作、资本运作等形式，开发新业务、拓展新市场，改变广播电视台以往自制自播、自产自消的模式，发展壮大节目内容生产能力，在条件成熟时，再向制作公司过渡转轨。

对于此前成立的北斗数字电视传媒集团有限公司、七星传媒集团有限公司和辽宁北方电视广告有限公司等子公司，集团承认其成熟的运行模式，加大扶持力度，鼓励并引导其进一步按照现代企业管理制度，以更加坚实的步伐迈进市场竞争的快车道，实现跨跃式发展。其中，北斗数字电视2009年传媒付费电视业务收入达到1300万元，移动电视业务实现收入1500万元，准视频点播业务收入120万元。对于由沈阳音乐学院、鲁迅美术学院合资组建的沈阳鲁艺文化传播有限公司这样一个全新的子公司，公司积极筹备，发挥合作三方各自的优势，对外提供丰富多彩的文化视听节目、文艺演出、音像产品、教学培训等文化服务，共同打造新的文化产业链，创造新的利润增长点。对于转制后合并进入集团的原半岛音像出版社，集团正式接手后，集中相关力量展开调研，找到与广电拥有的核心资源的契合点，使其在体制转变中平稳过渡，焕发生机。

（3）电影生产创作情况

2009年，在辽宁省委、省政府的大力扶持下，辽宁电影制片厂和其它影视制作机构不断深化改革，开拓创新，电影创作生产成绩喜人，全年辽宁省共制作完成电影9部。

辽宁电影制片厂创作生产4部影片：故事片电影《潘作良》，2009年6月份在全国发行，分别获得第十三届中国电影华表奖提名奖、全国“五个一工程”奖和辽宁省“五个一工程”奖，并于10月份在香港公映；二人转故事影片《贵妃还乡》，于2009年12月通过国家广电总局审查，国家广电总局电影局将其列为2010年第一批重点推荐影片片目；数字电影《灿烂的星空》被央视电影频道收购；辽影厂投资16万元拍摄的科教电影《蟾蜍养殖技术》目前正在全国发行中。大连恒光文化传媒有限公司摄制完成了《前妻》《疯狂的玫瑰》《秋风行动》《诱杀》等4部电影。沈阳大千影视文化有限公司摄制完成了影片《渔村里的孩子们》。

（4）电影产业市场发展状况

2009年电影管理职能由省文化厅调整划转省广电局后，省广电局不断推进电影制片、发行、院线体制机制改革，使辽宁省电影市场发展呈现出勃勃生机。

2009年，省广电局不断加大政策扶持，放宽市场准入，强化服务管理，积极推进院线制改革，大力培育和开拓全省电影市场，全省城市影院呈现良好发展态势。辽宁北方电影院线有限责任公司2009年票房收入突破2亿元，比2008年增长35.3%，其业务范围已延伸到黑龙江、山东、内蒙等地；隶属于大连万达集团的北京万达电影院线有限公司2009年票房突破7亿元、比2008年增长40%、跃居全国院线首位，该公司目前在京、津、沪、沈、连等20余个大型城市拥有自主投资影城40家。2009年，辽宁省城市电影院线已发展到7条；院线所属影院37家、银幕185块、观众座席36186个（2009年新建城市影院8家、新增银幕32块），影院覆盖除抚顺外的其它各市。2009年全省城市影院票房收入达到2.33亿元。

（5）电视剧创作生产情况

2009年，辽宁省电视剧创作成绩斐然。在全国“五个一工程”奖、全国电视“飞天奖”的评比中，辽宁省获奖剧目有：《漂亮的事》获长篇电视剧二等奖；《快乐的同桌》获得少儿电视剧三等奖；值得一提的是，《漂亮的事》为工业题材电视剧；《快乐的同桌》为少儿题材电视剧。这两部作品获奖初步实现了省委宣传部和省广电局提出的“力争每年至少创作生产出1—2部能充分反映辽宁工业制造业厚重文化内涵和独有精神风貌，具有影响和积极教育意义的，思想性和艺术性、观赏性相统一的工业和青少题材影视作品”的工作目标。

2009年度，辽宁省影视制作机构已经制作完成电视剧24部683集，经审查修改后发放电视剧发行许可证的15部422集，正在修改及进行后期制作的共9集261集；其中，《情系北大荒》《金色农家》《关东大先生》分别在中央电视台一套和八套黄金档播出。创作生产的电视剧《北大荒》《关东大先生》《乡村名流》《沧海一粟》《爱有多远》《满堂爹娘》《有泪悄悄流》《闯关东》（中篇）等作品涵盖了都市情感、农村、古代、家庭伦理、军旅、公安题材等。

（6）辽宁省有线电视网络产业发展和网络整合情况

截止到2009年底，全省有线电视网络总用户数超过650万户，双向用户为40万户，总资产值估计50亿元左右。这些资产和用户分属省、市、县、乡和国有大企业等诸多层级和众多机构，长期条块分割、分散经营、各自为政，形成了有线电视网络经营机构过多、单体规模不大、互相限制发展、网络技术标准参差不齐等问题，呈现出多主体投资、监管困难的现实状况。鉴于全省有线电视网络不利于国家文化安全、不利于规范管理、不利于增值业务开展、不利于产业发展的基本态势，为贯彻中央关于深化广播电视体制改革的部署、落实《文化产业振兴规划》，辽宁省委、省政府高度重视，下发文件对全省有线电视网络资源进行战略整合，省广电局经过调查研究，制定了《辽宁省广播电视有线网络整合方案》。

（7）移动多媒体业务发展情况

辽宁中广传播有限公司主要负责辽宁省移动多媒体广播电视（CMMB）接入业务。该公司于4月30日完成注册手续，注册资本金5千万元，其中中广卫星移动广播有限公司出资3千万元控股60%，辽宁省广电系统出资2千万元占股40%。公司自创立后即着手筹备推进全省网络建设，扩大网络覆盖。截止2009年底，完成了全省14个市发射主频点建设，实现了信号覆盖。在此基础上，积极推进市区单频网布点。现已完成全省14个市规划建设发射站点52个，已建成站点38个，实现播出站点26个，使辽宁全省网络覆盖走在了全国的前列。在建设单频网的同时，省城及各市重点场所的网络优化工作也在有序推进，目前省城及各市市区手持电视信号覆盖已达到80%以上，个别市区达到90%以上。

2. 新闻出版业

2009年，辽宁省积极探索用抓经济工作的方法抓新闻出版产业发展，推进项目建设，加快结构调整，推动新闻出版体制改革工作在面上展开并向纵深发展，取得了新的工作成果。

（1）体制机制改革得到深化

2009年是辽宁省新闻出版改革的攻坚之年，全省新闻出版体制机制改革全面提速。北方联合出版传媒（集团）股份有限公司分别与内蒙古、天津有关单位签署了战略合作协议，宣告三家在国内出版业率先达成合作共识，首次跨地区联合打造大型出版传媒产业集团和战略投资者。辽宁报业传媒集团与辽宁中部城市群报业战略合作循序推进，已与铁岭、辽阳、营口、本溪、阜新、抚顺、鞍山等七家日报社签署了战略合作协议。《辽宁日报》成功完成改版创新，进报亭进家庭取得突出成绩，为党报改革创新提供了重要经验。全省市县（区）新华书店转企改革任务基本完成。按照中央的统一部署，全省地方和大学经营性图书出版社转企改制工作全部完成，各经营性音像电子出版单位的转企改制方案均如期上报新闻出版总署。《中国组织工程研究与临床康复》等期刊积极推进体制机制改革，实现企业化运作，效果良好，为非时政类报刊转企改制工作提供了经验。报刊退出机制试点工作圆满完成，第一批退出报刊12家，安置242人，解决债务5000余万元。

（2）行业发展步伐加快

2009年，在国际金融危机的大背景下，辽宁省新闻出版产业保持了繁荣发展的良好态势。全省共出版新书4652种，音像制品2520种，电子出版物297种；报刊总印数20亿份；版权贸易输出86种，引进340种。在2009年北京图书订货会和第十九届全国书市上，辽宁省展团分别实现订货额15367万元和9399万元，均居全国前列。出版产品结构进一步优化，精品战略实施取得成效，一批优秀出版物荣获省级以上奖项：春风文艺出版社《云裳》荣获中宣部第11届“五个一”工程图书奖，《共产党员》《铸造》等27种期刊在中国北方优秀期刊评选中获奖，辽宁人民出版社《送84位烈士回家》等6种图书荣获省第11届“五个一”工程奖。出版单位综合实力不断增强，东北财经大学出版社被新闻出版总署授予“全国百佳图书出版单位”荣誉称号。“走出去”战略获得重要突破，北方联合出版传媒公司在法国巴黎设立了欧洲运营中心。在第61届法兰克福国际书展期间，辽宁省完成输出合同52项，贸易额1700万元。辽宁科学技术出版社在法兰克福书展期间承办的主宾国活动“当代中国建筑图片展”，被评为优秀活动一等奖。印刷业增速加快，技术升级，集聚效应显现。已有60余户省外印包企业落户沈阳胡台新城东北包装印刷产业园，营口印刷高新技术产业基地等重点印刷产业建设项目进展顺利。印刷装备制造业发展迅速，以辽宁营口大族冠华印刷科技股份有限公司为代表的一批骨干企业快速成长。

（3）行业监管力度进一步加大

在完成第一批12家报刊退出任务基础上，制定完善了一整套报刊退出常态化管理机制，为深化报刊管理奠定了基础。着手建立和完善新闻记者退出机制，起草了《辽宁省新闻记者退出机制实施细则》。以全省新闻记者证换发为契机，严格实施新闻记者准入制度。完善了图书出版管理激励机制，制定了《辽宁省图书出版奖励办法（暂行）》。书号实名申领工作全面落实，版号实现了定额管理。审读工作进一步加强。继续加强出版物编校和印制质量管理，分别对102种图书编校质量和982种出版物印制质量进行了检查。深入治理非法报刊和“四假”问题，查处了《财讯买楼通》、《凝聚》等期刊型非法出版物。在印刷企业专项检查行动中，处理违法违规经营企业8家，取缔无证无照印刷企业9家。继续加强版权执法，严厉打击侵权盗版行为。鞍山市版权局被国家版权局授予“全国版权工作先进集体”荣誉称号，省版权局和沈阳、丹东、辽阳、葫芦岛等地版权执法单位荣获“全国查处侵权盗版案件有功单位”荣誉称号。“扫黄打非”取得显著成果，抓重点、抓大案、抓典型、抓长效效果突出。全省共收缴侵权盗版及非法出版物176.7万件，查处案值和社会影响较大的案件97起，12名犯罪嫌疑人被依法追究刑事责任。

沈阳、鞍山、大连、营口等地“扫黄打非”工作部门分别被全国“扫黄打非”工作小组授予全国“扫黄打非”有功集体和先进集体荣誉称号。

3. 广告业

2009年，辽宁省广告业呈现出持续快速发展的态势，已成为具有一定规模、广告媒介齐全的重要产业，为繁荣经济、指导消费做出了重要贡献。

(1) 广告市场发展加快，市场经营额剧增。上世纪80年代辽宁省广告业刚刚起步，以单一国有形式广告经营主体和单纯代理业务为主；90年代稳步发展，其中1992年辽宁省共有广告经营单位890户，从业人员7890人，广告经营额2.6亿元人民币；进入21世纪持续快速发展，2009年辽宁省广告经营单位已达4808户，从业人员32031人，广告经营额46.7亿元，占全国广告经营额的2.9%，居全国第十位。广告行业以30%的年增长率已经成为辽宁省国民经济中一支不可忽视的重要力量。

(2) 广告业经营者类型多样，个体、私营企业的户数和经营额增幅较快。国有企事业广告经营额已由1992年占总量的86%下降到2009年的78%；个体私营企业广告经营额由占总量的0.6%猛增为15.6%。2009年国有企业仅为101户，广告经营额为4292万元；个体、私营企业达到3536户，广告经营额为73280万元。

(3) 新媒体不断增加，专业化服务水准提高。报纸、杂志、广播、电视大众传统媒介增加种类，扩充版面、时段，继续保持其强势地位。同时，新科技、新材料的应用，广告媒体不断增加，形式多样的印刷品、电子显示屏、网络等媒体广告日新月异。广告经营者已由初期的为客户提供“商品实行三包，代办拖运”低层次服务转向了打造品牌的全方位综合服务，广告已成为商品畅销、行业景气的重要辅助工具。

(4) 广告主的行业领域不断拓宽，广告业经济结构得到调整。90年代初辽宁省广告费主要集中在生产、生活资料大类，企业广告投放有限，某一行业集中度不够；2009年广告费支出前几位的行业分别为房地产广告、药品广告、家用电器广告、食品广告、汽车广告、化妆品广告投入分别占广告投放总量的22%、12.91%、10.3%、8.1%、6.5%、5.6%。此外，公益广告事业蓬勃发展，在弘扬良好道德风尚，促进精神文明建设中起到积极作用。

(5) 广告市场秩序进一步规范，监管体系不断完善。近年来，辽宁各级工商行政管理机关严格按照《广告法》等法律法规，依法履行广告监督管理职能，以广告监测为手段，加强行政指导，强化监管力度，建立了以工商行政管理机关为主导的政府监管、行业规范、广告主体自律、社会监督为内容的四位一体的广告监管模式，有效地规范了全省广告市场秩序。

一是加大广告监测力度。为进一步提高执法效能和现代化管理水平，省工商局配备了先进的广告监测设备，成立了省广告监测中心，实现了对省内电视、广播、平面媒体等的广告监测，完善了监测体系。通过实时监测、省内流到监测和发布监测通报等方式，实现了省局指挥调动和各地工商机关查处打击相结合，提高了工作效率。2009年全省共监测广告86万条（次），发现的1万多条涉嫌违法广告得到及时处理，实现了监测与案件查处的有效衔接。

二是加大广告案件查办力度。省工商局不断加强对广告的监管力度和对虚假违法广告的处罚力度，综合运用多种手段，对医疗、药品、保健食品关系人民群众身心健康的重点商品及社会反响强烈的印刷品等广告件的查处力度不断加大，有损社会主义精神文明建设的虚假违法广告猖獗的势头得到了遏制。2009年全省共处理各类违法广告案件1470件，其中药品、医疗、保健食品、美容服务四类商品和服务的违法广告案件966件。

三是完善公告监督制度。省工商局认真落实广告违法警示公告制度，利用大众媒体公开曝光典型违法广告案例，提醒消费者注意识别，谨慎选择。2009年全省共发布违法警示公告30期，曝光典型违法广告135个，停止发布636个广告商品及服务，责令整改385条。建立社会监督网络，聘请人大、政协委员监督员，发挥12315投诉举报网络，媒体舆论等多方监督，建立覆盖全社会的监督网络，对省内所有报刊、广播、电视、新闻网站实行全方位的监督，及时反馈违法信息，强化广告的社会监管。

四是实现广告市场综合监管。2005年以来，辽宁省建立了以党委宣传、工商、卫生、食品药品监督、新闻出版、广播电视厅等十一部门参加的省整治虚假违法广告联席会议。省工商局积极与相关部门建立违法药品、医疗广告等案件的协调、移送、查办、联合公告机制，针对广告违法新趋势，与有关部门及时进行沟通，出台解决方案，在部门间形成了合力。2007年出台的《辽宁省新闻媒体发布医疗、药品、保健食品广告监督管理工作意见》，进一步明确了各部门对广告发布单位的监管职能和媒体的责任义务，较好的发挥了综合监管作用。

五是引导行业自律。积极发挥各级广告协会提供服务、反映诉求、规范行为等作用，开展了行业内的“重信誉、创优质”、“广告信誉年”、“优秀广告作品评选”、“公益广告作品评选”、法规培训等系列活动，提高了广告服务的标准和水平，提高了辽宁省媒体的广告从业人员整体业务素质和法律意识；同时，督促媒体建立了内部审查员、部门领导、媒介负责人层层把关的广告审查制度，使媒体在整体上做到了严把广告发布关，有效减少了违法广告的产生。

4. 演艺娱乐业

2009年，全省有演出场所45家，演出团体528家，其中国有院团55家（2009年已完成转企7家），民营演出团体473家。2009年全省实现演出收入2.02亿元。在大力推进文化体制改革的同时，辽宁省演艺产业得到迅速发展，形成了以国有为主导、民营为主体的演艺产业格局。国有文艺院团坚持以改革为动力，重塑市场主体，创新管理体制和机制，盘活资源，激发活力，同时以市场为导向，实施精品战略，积极创作排演新剧目，继续保持龙头地位并大力扩展国内外两个市场，取得了可喜的社会效益和经济效益。辽宁省文化体制改革试点单位辽宁大剧院、辽宁歌舞团经转企改制组建成立了辽宁演艺集团有限公司，建立企业法人制度，按照现代企业管理模式运作，极大地激发了广大职工创作演出的积极性和创造性，增强了企业的自身活力。2009年国内外演出近600场（其中剧场经营演出300场），实现演出收入1670万元；其中，辽宁演艺集团排演的融民乐、舞蹈、服饰、现代舞台音效等于一体的大型歌舞剧《女儿风流》被商务部、文化部等国家四部署评为2000—2010年度国家文化出口重点项目。沈阳杂技团、沈阳南湖剧场等转企成立了沈阳杂技演艺集团有限公司，经过资源的合理整合和人员的妥善安置，企业发展如虎添翼，特别是对国外演出市场的拓展卓有成效，已成为辽宁省对外文化交流的品牌。2009年国内外演出573场，实现演出收入1285万元，被商务部、文化部等评为2009—2010年度国家文化出口重点企业，其演出的大型杂技《龙幻》被为2009—2010年度国家文化出口重点项目；辽宁芭蕾舞团创作演出的芭蕾舞剧《末代皇帝》《二泉映月》在国内演出成绩不俗的情况下，又走出国门，先后赴美国、法国、德国、俄罗斯、日本，澳大利亚等11个国家演出105场，演出收入达500多万元，被商务部、文化部等评为2009—2010年度国家文化出口重点企业和文化出口重点项目。民营文艺院团因其演出内容多变、演出形式灵活、反映地域文化特色、适应市场需求等原因而得到迅猛发展。由辽宁省文化厅批准成立的全省唯一省级民营演出团体辽宁民间艺术团于2004年被文化部评为国家文化产业示范基地，所建立的“刘老根大舞台”连锁剧场已成为享誉全国的文化品牌。艺术团按照“经营面向市场、企业自负盈亏、剧场连锁管理、影视打造明星、产业良性互动”的管理模式和运行机制，已形成了演出业、影视制作业、电视栏目业和艺术教育业四大支柱产业，在沈阳、长春、天津、哈尔滨、北京等城市开办了8家“刘老根大舞台”连锁剧场。“绿色二人转”以其特有的艺术魅力和精湛的表演吸引了全国各地观众慕名而来，2009年演出收入1.48亿元，上缴税金2400万元。

大众娱乐业。按照一手抓繁荣、一手抓管理的原则，经过多年的市场培育和发展，辽宁省已形成了覆盖全省城乡的大众娱乐产业，全省娱乐业日益规范，稳步发展。全省现有各类娱乐场所17833家。其中，卡啦OK（歌舞）厅4023家、电子游戏厅847家、音像店4869家、网吧8094家。目前，辽宁省大众娱乐场所已基本摆脱了松散、零乱、规模小的经营状态，普遍朝着规模化、系列化、优质化、品牌化的方向发展，形成了辽宁省娱乐产业多元化、多层次的文化消费格局。2009年，娱乐业年产值达19.8亿元。

5. 文化会展业

2009年，省委、省政府高度重视发展文化会展业，省直及各市成功举办了一系列文化产品博览交易会、古玩艺术品展、文化节、艺术节、图书展、优秀作品展、美术书法展，活跃了地方经济，丰富了人民群众精神生活，有效地提高了辽宁文化产品知名度和企业的影响力。

目前，辽宁省已创建了以中国东北（沈阳）文化产业博览交易会为龙头，以中国沈阳动漫电玩博览会、沈阳（棋盘山）国际文化产业峰会、大连服装节、千山庙会、抚顺满族风情节、中国本溪国际枫叶节、锦州古玩艺术节、营口望儿山母亲节游园活动、辽阳曹雪芹文化艺术节、阜新玛瑙节、盘锦辽河文化产业园区书法绘画展出、葫芦岛国际葫芦文化节等地方展会为补充的大、中、小型不同展示内容的系列展会，并逐步形成了由政府主导、社会参与、企业赞助的市场化运作模式。

辽宁省文化展会活动主要为四大类：一是国家级大型会展活动。如中国东北（沈阳）文化产业博览交易会；二是各具特色的区域性品牌展会。如抚顺满族风情节、中国本溪国际枫叶节等；三是文化节庆活动。如辽宁省文化艺术节、沈阳棋盘山元宵灯会、辽阳曹雪芹文化艺术节；四是各类中小型文化展会和文化产业类会议（论坛）等。2009年由国家文化部、广电总局、新闻出版总署和辽宁、吉林、黑龙江三省政府共同主办，三省文化厅协办，沈阳市政府承办的的第三届“东北文化产业博览会”在沈阳举办，在本届博览会上，推介文化产业合资合作项目451项，签约合同额330多亿，现场交易额达75亿，成功地为辽宁省文化企业提供了展示、交易的平台，有力地促进了辽宁省文化企业、文化产品的对外交流与合作，拉动了地区经济的增长。

近年来，由于辽宁省古玩艺术品、民间工艺品产业发展较快，涌现出了一批具有一定规模的大型古玩艺术品商城（市场），如锦州辽西古玩商城、沈阳鲁园古玩商城和盛京古玩城、鞍山岫岩玉工艺品市场、阜新玛瑙工艺品市场等，同时，依托这些古玩艺术品市场而举办的展会也不断涌现，如锦州古玩艺术节，这是由锦州市政府、中华全国工商联古玩业商会共同主办，锦州凌河区委、区政府和锦州古玩城等共同承办的，至 2009 年已举办了第五届。2009 年第五届艺术节参观人数近 30 万人次，现场交易额达 2 亿元，已成为东北地区最大的辐射京、津、唐、内蒙等地的古玩艺术品类展会。中国阜新玛瑙博览会是由中国珠宝玉石首饰行业协会、辽宁省国土资源厅等主办的艺术品类展会，在东北最大的玛瑙工艺品集散地——阜新玛瑙工艺品市场举办的，2009 年举办的第四届博览会参观人数近 20 万人次，共实现交易额近 1500 万元。

6. 新媒体业

辽宁广播电视台积极拓展新媒体业务，与中国联合网络通信有限公司合作成立广联视通新媒体有限公司，共同打造手机新媒体品牌，为广大手机用户提供内容的视讯服务；与沈阳音乐学院和鲁迅美术学院合作成立了沈阳鲁艺文化传播有限公司，进一步提升创意能力、生产能力和社会影响力。

其中，大连将 2009 年确定为大连广电“新媒体发展年”，大连广电积极适应数字化发展潮流，形成了以网络媒体、车载移动电视、手持电视、网络广播、网络电视等为主体，齐头并进的发展格局。大连天健网在全国城市新闻网站稳居前十，移动电视平均每天有近百万人次收看，天途公司 DAB 手持电视和 CMMB 数字多媒体广播业务日益成熟，网络广播和网络电视起步发展。

7. 动漫业

辽宁省有沈阳和大连两家国家级动漫产业基地，持有《广播电视节目制作经营许可证》的机构 33 家。2009 年辽宁省原创动画生产时长达到 14 部 11211 分钟，排在全国第 5 位，也是全国国产动画片生产数量增幅最大的省份；辽宁的《发现王国》《望儿山》《侠义小青天》《绿娃娃之生态小宝贝》4 部动画片获全国 2009 年度优秀国产电视动画片，获优秀动画片数量排在全国第 6 位。

2009 年沈阳动漫产业基地制作完成并通过国家广电部门审查获得发行许可证的原创动画片 13 部，总片长 10366 分钟，是 2008 年的 3 倍，占全省总数的 92.5%，在全国动漫基地排名位居第 4 位，增幅位居全国第 1 位。继 2008 年 365 集原创动画片《兜兜的世界》被评为东北地区唯一一部国产优秀动画片，2009 年又有《望儿山》《发现王国》《绿娃娃之生态小宝贝》三部动画片被评为国产优秀动画片。沈阳非凡创意动画制作有限公司生产动画片 2 部 5000 分钟，排在全国原创动画片生产十大机构的第 7 位。截至目前，沈阳动漫产业基地已有 10 部原创动画作品在央视播出。大连动漫游产业基地建于 2004 年，目前基地一期已汇集了包括金山、水晶石、乾豪等 100 多家动漫企业入驻，年产值已由 2005 年的 1.2 亿元人民币，增长到 2009 年的 48 亿元人民币。被国家文化部、广电总局批准为“国家动漫游戏产业振兴基地”和“国家动画产业基地”。

8. 文化旅游业

2009 年，全省旅游工作始终坚持以科学发展观为指导，紧紧围绕建设旅游强省目标，以“拉动内需，促进旅游消费”为中心，积极应对金融危机，扎实推进旅游各项重点工作，全省旅游业保持了两位数增长。全省完成旅游总收入 2225 亿元，比上年增长 27.8%；旅游外汇收入 18.56 亿美元，比上年增长 21.6%；国内旅游收入 2098 亿元，比上年增长 18%；接待入境旅游者 293.2 万人次，比上年增长 21.2%；接待国内旅游者 2.42 亿人次，比上年增长 22%。

（1）旅游产业规模

截至 2009 年底，全省已有各类旅游企业 1.2 万家，其中，旅游星级饭店 540 家，旅行社 1160 家，包括出境旅行社 53 家；国家 A 级旅游景区 175 个，包括 4A 级以上旅游景区 59 个；旅游从业人员达到 110 万人。全省招商项目 207 个。总投资 1353 多亿元。

（2）重大旅游会议及活动

4 月 16 日，由国家旅游局、辽宁省人民政府联合主办的 2009 中国国内旅游交易会暨第六届辽宁东亚国际旅游博览会（简称旅交会及东博会）在大连开幕。来自各省、自治区、直辖市及香港、澳门特区的 3000 多家单位参展。辽宁省共认购各类展位 700 个，全省 14 个市近千家旅游经营单位参展，展团人数 2000 余人。日本、韩国、俄罗斯、美国、克罗地亚、比利时及港澳台等 21 个国家和地区 380 多个参展单位的参展商参展。展会期间，先后举办了东北旅游区域联合签约仪式、东博会“心手相连”、“辽台互动”、海峡两岸旅游联谊会及 2009 中国生态旅游年辽宁启动仪式暨中国边境旅游高峰论坛等配套活动。2009 年，春节和“十一”黄金周，全省接待旅游者 2614.5 万人次，旅游收入 129.2 亿元。期中，春节黄金周接待旅游者 699.6 万人次，同比增长 25.8%；旅游收入 40 亿元，同比增长 26.2%。“十一”黄金周接待旅游者 1914.9 万人次，同比增长 46.5%；旅游收入 89.2 亿元，同比增长 37.7%。

（3）建设与管理

围绕建设精品旅游景区的总体要求，加大贯彻《旅游景区质量等级的划分与评定》标准，全力推进精品旅游景区建设，树立并推出了以大连老虎滩海洋公园、沈阳市植物园、本溪水洞、大连金石滩国家旅游度假区、鞍山千山风景名胜区等一大批旅游景区，促进了全省精品旅游景区建设，在全省掀起了创建国家A级旅游景区的热情。截至目前，全省共创建国家A级旅游景区190家，其中国家5A级旅游景区2家、国家4A级旅游景区61家、国家3A级旅游景区65家、国家2A级旅游景区53家、国家1A级旅游景区9家，居全国前例。

推出的“红、绿、蓝、金、银”五色旅游。“红色”旅游是以辽沈战役纪念馆、雷锋纪念馆为代表囊括了战争时期和新时代的革命精神等深刻内涵；“绿色”旅游是以丹东凤凰山、鞍山千山为代表的优越山水生态环境为依托；“蓝色”旅游是以大连、营口沿海、海洋为背景资源；“金色”旅游以沈阳故宫、桓仁五女山为代表的历史文化、世界遗产文化为核心标志；“银色”旅游是以沈阳冰雪、营口天沐温泉为代表的资源依托。在全省基本形成了“五色旅游”产品体系，旅游产品结构初步实现了由观光旅游到度假、休闲旅游的多样化和梯次发展，为旅游者提供了更加丰富多彩的旅游产品。“五色旅游”产品的经济效益和社会效益快速增长。

2009年，全省招商项目281个，总投资额1761.45亿元。其中，牛庄古城改造、西柳中国商贸城建设、皇家极地海洋世界5期项目、阜新海洲露天矿国家矿山公园等超10亿的4个项目已经落地。编制了辽宁省旅游招商项目汇编和辽宁旅游招商政策汇编。确定了50个重点建设项目。积极开展了旅游招商活动，参加了国家旅游局、福建省人民政府在厦门主办的“第五届海峡旅游博览会”，本溪水洞、丹东鸭绿江、盘锦红海滩等40多家企业参展，发放旅游招商资料2万余份，签定意向投资13亿元，同时，各市组织参加外省展会十几个，有计划有步骤的到重点省市进行了招商引资活动。

（4）旅行社管理

按照《旅行社条例》和《旅行社条例实施细则》要求，前后两次对全省重点旅行社进行了执法检查，通过培训、讲座等形式。贯彻落实《条例》，进一步规范了旅行社经营活动，为保障旅游者和旅行社的合法权益，维护旅游市场秩序，创造了良好的法制环境。2009年，新增旅行社65家。截至2009年底，全省共有旅行社1110家。其中，具有出境旅游资质的旅行社53家。

2009年，旅行社资产总额11.7亿元，比上年增长18.9%；营业收入总额51.0亿元，比上年增长2%；旅游业务营业收入50.0亿元，比上年增长2%。其中，国内旅游业务收入27.1亿元，出境旅游业务收入14.8亿元，入境旅游业务收入8.1亿元。

（曹继东协助提供相关资料）

# 吉林省

## 一、吉林省2009年文化产业发展综述

2009年文化产业增加值比2008年增幅在20%以上，超过全省GDP增速。2009年，吉林省从全省文化产业基础条件和特色文化资源实际状况出发，主动把握东北老工业基地振兴和长吉图开发开放提供的独特区域发展机遇，坚持做到“三个并重”和“四个结合”：即坚持加快国有文化企业体制创新和扶持民营文化企业发展并重，优化传统文化产业业态和培育新兴文化业态并重，文化产品“走出去”和积极“引进来”并重；促进文化产业与旅游产业的结合，促进文化产业与科技的结合，促进文化产业与会展业的结合，促进文化产业与媒体的结合。逐渐形成了以文艺演出、文化娱乐、音像制品、网络文化、艺术培训、民间工艺、文化传媒、动漫游戏等为主要内容的产业体系，文化产业已经成为最活跃、最具竞争力的产业之一。

1. 文化产业发展的政策环境基本形成

随着文化产业在国民经济中重要性的日益凸现，近年来，吉林省委、省政府高度重视加快文化产业发展，先后制定出台了《吉林省文化发展纲要》《吉林省文化体制改革实施方案》等一系列扶持文化产业发展的指导性文件。2009年9月召开的全省文化产业发展大会，又制定出台了《中共吉林省委、吉林省人民政府关于大力发展文化产业的意见》和《支持文化体制改革和文化产业发展的若干政策》，在法人登记和工商管理、资产和土地处置、财政税收、文化产业园等10个方面，推出62条扶持政策。同时，还研究制定动漫、“二人转”、影视等文化产业发展和人才队伍建设等专项扶持政策，为文化产业发展和文化体制改革提供良好的政策环境。几年来，吉林省不断加大对文化产业的资金扶持，确保文化产业保持强劲的发展势头。

2. 文化产业集团初具规模

吉林省通过深化改革，整合资源，做大做强了一批文化企业，培育形成了以长影集团、吉林出版集团、吉林省广电网络集团、吉林日报报业集团、吉林歌舞剧院集团、吉林省影视剧制作集团、吉林动漫集团为代表的7个省属文化企业集团的发展布局，电影、电视、出版、演艺、动漫等行业竞争力进一步增强，骨干企业上市工作加快推进。

长影集团在我国电影企业中第一个完成彻底改制，企

业发展充满生机和活力。去年电影创作和产业发展实现双突破，全年生产60部影片。其中，《腊月雪》荣获“五个一工程”奖，《云上学堂》被确定为迎接新中国成立60周年重点献礼影片，《火车一响》被列为国家重点题材影片，《重归杜鹃》被确定为国家重点推荐影片，《斗牛》入围威尼斯电影节地平线单元后，又获台湾金马奖7项提名。2009年实现净利润5300万元，与上年同期相比增长了73%，上市工作正在积极推进。

吉林出版集团在全国出版行业率先建立母子公司体制，并且第一批探索跨地区整合。出版集团一般图书的全国市场份额居全国第二位。与中华工商联合出版社合作成立了中华工商联合出版社有限责任公司。目前，正在进行股份制改造，积极争取上市。

吉林省广电网络集团全面完成全省整合，总资产达到22亿元，股份制改造已完成，正准备提交上市申请。吉林日报报业集团正在筹划党报和子报子刊分离，将部分子报子刊组成集团推向市场。

吉林歌舞剧院集团在完成初步整合的基础上，正在积极整合全省优势歌舞资源，集中力量巩固和发展吉林歌舞品牌，全年共演出529场。参加了大型音乐舞蹈史诗《复兴之路》、鸟巢版《图兰朵》、第九届全军文艺汇演等大型演出，并连续13年走进央视春晚。省影视剧制作集团致力于巩固和发展“吉林电视剧现象”，拍摄了《永远的田野》、《俄罗斯姑娘在小城》等新的农村现实题材作品。

组建了国有资本相对控股、11家民营动漫企业参与的吉林动漫集团，带动全省动漫游戏产业发展。其成员企业凯帝公司创作出版的漫画丛书《白山神》入选文化部原创动漫扶持计划，成为文化部今年重点扶持的10部动画作品之一。铭诺公司创作生产的动画片《动漫说法之和家有乐》已在中央电视台播出，正在创作的动画片《少林海宝》《霹霹乐翻天2》也将于今年在中央电视台播出。该公司通过国家3部委首批动漫企业认定，成为中国动漫100强企业。

3. 形成了特色优势文化品牌

歌舞产业催生出“吉林歌舞现象”吉林歌舞剧院集团有限公司于2006年成立以来，积极面向市场，取得了良好的经济效益和社会效益。其主体吉林市歌舞团是一支被誉为“春晚常青树”的全国知名舞蹈团，连续13年参加中央电视台春节联欢晚会，还参加了奥运会开幕式和闭幕式重大演出。多次赴法国、美国等10多个国家和地区进行访问演出。还有延边歌舞团，在创作和演出上具有鲜明的地方特色，拥有《长白山阿里郎》等一批代表性作品，在全国具有很高的知名度。

艺术培训业呈现异军突起之势：吉林省现有两家比较大的艺术培训企业。一是中筝文化集团长春光明艺术学校。该校作为民营文化企业，创立7年，迅速成为吉林省艺术培训业和国内古筝产业的龙头。二是辽源市的显顺琵琶学校。20年来，为各省音乐学院培养输送了540名琵琶专业人才，中央音乐学院就有100余名。辽源市因此被中国民族管弦乐学会授予“中国琵琶之乡”，并在该市建立了“全国琵琶培训基地”。

“二人转”成为城市娱乐“名片”：以东北风二人转剧场、和平大戏院、刘老根大剧场和关东剧院为龙头的演出市场体系已经形成。2009年，这几家大的二人转剧场平均票房收入达到1500万元。他们在占据了吉林省二人转主流市场的同时，还积极开拓北京、上海等外埠演出市场，一股强劲的东北风正在刮向全国。

4. 文化产业园区和基地建设欣欣向荣

目前，吉林省有国家农村题材电影创作基地、国家文化产业示范基地、国家动画产业基地、国家动漫教学研究基地等7个国家级文化产业基地和17个省级文化产业基地。而且投资额在亿元以上的园区建设项目不断增加。如依托吉林动画学院，总投资3亿元的吉林原创动漫游戏产业园已经启用；依托知合动画集团，计划投资7亿元的知合国际动漫产业园项目建设已经启动，长春市净月旅游开发区管委会、知合动画集团与韩国KDC集团三方共建3D立体动漫产品生产基地项目也正式签约，项目总投资金额10亿元人民币；依托长春高新区的东北亚文化科技产业园（占地面积15万平方米，建筑面积20万平方米）也完成了建设规划，目前已有11家动漫企业签约入驻；依托四平红嘴开发区的亿豪动漫基地也在紧锣密鼓建设中，还有电影文化园、汽车文化园和宇平工艺品产业园、长春东北亚艺术中心、关东文化园等文化产业园项目都在开工建设，有的已经启用，这些文化产业园区的建设，对促进吉林省文化产业集中度和集聚度发挥着积极的孵化作用。

5. 为文化企业发展和项目成交搭建平台

2009年，吉林省文化产业协会正式成立，首批会员159个。组织参加第五届东北亚博览会，重点文化产业项目签订合同金额达16.2亿元，文化产品现场交易额300余万元；组织参加第四届中国（深圳）国际文化产业博览交易会，精选80个项目参展，现场签约金额达5.1亿元；组织参加第三届中国北京国际文化创意产业博览会会，精选16个项目参展，展位总面积324平方米，签约额2217.35万元。吉林市文化局、长春市朝阳区文体局被评为全国文化产业先进集体。

6. 文化产品“走出去”取得突破

目前全省出口创汇在30万－50万美元的工艺美术品企业有20多家，其中宇平公司、紫玉木兰公司2009年出口创汇均在400万美元以上，并与长影集团、出版集团一起荣登国家2009－2010年度文化出口重点企业榜；知合动画在动漫产品外包加工方面走得顺风顺水，与美、日、韩、加、印等国都有外包加工业务往来；文化厅对外文化交流中心创编的《长城魂》《花木兰》等大型综艺节目在英国、德国中小城市常年巡回演出，很受欢迎，既宣传了中国，又赢得了一定的经济效益。

## 二、吉林省2009年文化产业各行业发展综述

1. 广播电影电视业

2008年，全省现有电台9座，节目65套，比2007年减少1套；地市级广播电视台1座，县级广播电视台41座，中波广播发射台和转播台32座，72部，发射功率771KW，比2007年增加5部55KW。全省广播人口覆盖率为98.19%。全省有电视台9座，节目76套，地市级广播电视台1座，县级广播电视台视1座。电视发射台和转播台155座，比2007年减少6座。全省电视人口覆盖率为98.35%。全省有线广播电视用户数为274.03万户。全省有线电视网络干线总长为6.88万公里。其中，省级光缆干线网5.04万公里；地市级干线网970公里；县级及以下干线网8878公里；租用网络8592公里。有广播电视卫星收转站2.79万座。有微波站86座，线路总长3263公里。全省广播电视系统职工1.91万人。广播电视行政事业单位总收入22.15亿元。其中，行政事业收入14.56万元；企业收入8.09亿元。2008年，广电网络整合全面完成，实现全省9个市（州）和42个县（市、区）的统一规划、建设、运营、管理。按照中央和省领导意见，确定上市筹备工作方案。启动全省电影行政管理职能调整划转工作，进入清产核资阶段。

2008年，广告、影视剧制作和网络产业为主体的产业结构日趋稳固，各种增值和新兴媒体业务实现快速发展。全省广播电视创收约达15.6亿元，省级媒体实现广告创收5.76亿元。全省有230个小区37万户实现数字电视双向化改造。视频点播增值业务“互动吉林”拥有线上5000小时的节目量，14个栏目和12个时移回看频道。在1000辆公交车上安装移动电视终端，日覆盖人数超过100万人次；与总局移动多媒体中广卫星移动公司签署合作协议，共同投资5000万元发展手机电视业务。西藏卫视在吉林省有线电视网无偿落地圆满完成。

在此基础上，2009年，全省广播人口覆盖率达到98.26%；全省电视人口覆盖率达到98.48%，全省有线广播电视用户数为294万户，其中数字电视用户数达到165万户。同时，吉林省进一步整合全省影视剧创作生产资源，在投资规模、制作数量、题材延伸等方面都取得突破，“吉林电视剧现象”影响进一步加深。吉林省影视剧制作集团公司将吉林电视台所属的影视剧制作、创作机构纳入集团公司管理，全省相关影视剧制作机构成为其联合单位。政府授权集团公司经营国有资产，按照市场规律自主经营。集团公司实行制片人制度，以项目运作效益决定酬劳，完成了在电视剧生产上的制播分离。集团公司成立以来，相继拍摄制作了电视剧10部262集。其中，《插树岭》《交通警察》《静静地白桦林》已经在央视一套播出，连续多年在生产数量、播出率及在央视播出数量、获奖、现实题材创作等方面实现突破。集团的竞争力和品牌影响力也不断增强。

2009年吉林省电影总票房收入达到8600万元，较2008年同比增加49%，高于中国内地电影票房42.96%的增幅。2009年吉林省在全国票房收入排名中位列第17名，目前，吉林省共有13家影院纳入到电影专资管理，过半数影院加入大型民营院线。其中，加入万达院线的影院有5家，票房收入为6490万元，占吉林省总票房的75.4%；加入新影联院线的影院有1家，票房收入为1712万元，占吉林省总票房的19.9%。此外，还有6家影院加入吉林吉影院线的影院，取得票房378万元，1家影院加入时代金典院线，取得票房25万元，占全省总票房的0.2%。

2. 新闻出版业

2009年，吉林省新闻出版事业全面繁荣、新闻出版产业快速发展，初步形成了图书、报纸、期刊、音像、电子和网络六大门类出版共存，纸、声、光、电、磁等多种媒体方式共有，高、精、尖技术设备齐全，大、中、小型出版物贸易市场完备的产业格局。据统计，2009年全年吉林省共出版各种图书1.04万种；期刊238种，总印量4.23亿印张；出版发行报纸80种，印刷总量26.48亿印张。

与此同时，吉林省通过深化改革，整合资源，做大做强了一批文化企业，培育形成了集团化发展布局，骨干企业上市工作加快推进。吉林出版集团在全国出版行业率先建立母子公司体制，并且第一批探索跨地区整合。出版集团一般图书的全国市场份额居全国第二位。与中华工商联合出版社合作成立了中华工商联合出版社有限责任公司。目前，正在进行股份制改造，积极争取上市。省广电网络集团全面完成全省整合，总资产达到22亿元，股份制改造已完成，正准备提交上市申请。吉林日报报业集团正在筹划党报和子报子刊分离，将部分子报子刊组成集团推向市场。

3. 广告业

2009年底，吉林省广告经营额为22亿，仅占全省GDP的0.3%，2009年，借助国务院进一步实施东北老工

业基地振兴战略和批准长吉图开发开放先导区建设，以及省委九届八次会议部署实施文化体制改革，推进全省文化产业发展等有利契机，进一步创新广告业发展理念，扶持广告业发展。组建了吉林省广告产业发展专业课题组，对吉林省广告业发展进行全景式调查研究；召开了促进广告业发展座谈会、监管与发展联席会议、工商企业与广告企业对接会议，并在局领导的高度重视和具体指导下，组建了广告专家团队，召集省内知名广告企业及省内高校、科研院所的专家学者，深入分析在金融危机背景下，影响吉林省广告业发展的主要障碍和制约因素，适时向省政府呈送了《关于吉林省广告业发展状况的调查报告》，提出了5个方面16条扶持吉林省广告业发展的政策性建议，再一次提出并正式建议省政府将广告业作为文化创意产业给予政策扶持。针对广告监管工作任务重、人手少的境况，增配了人员，强化了力量。

4. 演艺娱乐业

据2008年底统计，全省国有艺术表演团体64个，就业人数约4145人。省级8个（含吉歌集团）；市州级16个；县级40个。其中戏曲剧团40个（有京剧、吉剧、满族新城戏、黄龙戏、吕剧等），话剧院团3个，音乐歌舞院团11个，曲艺、杂技团、艺术团等8个。

全年上演剧目2118个，国内演出5148场（其中农村演出2480场），观众超过1000万人次，收入4200余万元。

省直艺术表演团体三院八团（含吉歌集团），从业人员706人。演出剧（节）目175个，演出899（农村演出163场），观众达1500余万人次，演出收入3340万元。截至6月10日，2009年演出428场，收入余906.116万元，

民营艺术表演团体也十分活跃，吉林省东北风艺术团五个剧场，2008年全年演出1800场（此外还有在北京等地串场演出14400场），还进行了公益演出和送戏下乡95场，观众超过百万人次。长春市和平大戏院全年演出超过1000场，公益演出10余场，农村演出近30场。

依托“长白山文化”、“黑土地文化”等地域文化土壤，吉林省全力打造特色演艺品牌。一是“吉林歌舞”品牌。吉林歌舞剧院集团有限公司于2006年成立以来，积极面向市场，取得了良好的经济效益和社会效益。其主体吉林市歌舞团是一支被誉为“春晚常青树”的全国知名舞蹈团，连续13年参加中央电视台春节联欢晚会，还参加了奥运会开幕式和闭幕式重大演出。多次赴法国、美国等10多个国家和地区进行访问演出，艺惊海内外。还有延边歌舞团，在创作和演出上具有鲜明的地方特色，拥有《长白山阿里郎》等一批代表性作品，在全国具有很高的知名度。二是“二人转”演出品牌。以东北风二人转剧场、和平大戏院、刘老根大剧场和关东剧院为龙头的演出市场体系已经形成。2009年，这几家大的二人转剧场平均票房收入达到1500万元。他们在占据了吉林省二人转主流市场的同时，还积极开拓北京、上海等外埠演出市场，一股强劲的东北风正在刮向全国。

5. 新媒体业

2008年，吉林电视台充分发挥电视与网络互动优势，通过吉林电视网每天实时发布各方面的独家新闻资讯，增设8个视频点播栏目，共计21个精品栏目实现网上视频点播；吉林人民广播电台广播网站“吉广在线”建设正式启动。2009年初，在原有模式的基础上，吉林电视网进行全面的改版升级工作。改版后的吉林电视网将重点建设电视指南、新闻、经济、体育、娱乐、电视剧、电影、音乐、生活、科学、教育、社区、网络电视、汽车、商务等内容版块；推出视频搜索引擎，加大视频直播与点播等特色服务；引入主持人博客、播客和社区等互动新概念。吉林电视网正不断借助互联网新技术研发网络媒体的新内容、新功能、新服务，逐步建立包括网站、手机等在内的、覆盖面更广的新媒体服务平台。全新的吉林电视网计划用3至5年时间，努力打造成为省内及国内广电行业门户网站中最具影响力的网站之一。

另外，吉林省英图通信网络信息有限公司，在省文化厅扶持下，发展连锁店近百家，机器数万台，员工1600余人，年纳税300余万。成为东北三省乃至全国的形象样板。通过与省图书馆联合，创造性地将文化信息资源共享工程引入其中，实现了公益文化和产业文化的有机结合。

6. 动漫业

2009年，全省动漫产业呈现出良好的发展态势，现已成为国内重要的动漫教育培训基地和极具发展潜力的研发生产基地，集群效应不断显现，吉林动漫品牌在国内的影响力日渐扩大。

吉林动画学院是国内最大的专门动画学院，现有在校生7600人，是“国家动画教学研究基地”和“国家动画产业基地”。2009年5月成立的吉林动漫集团是国内首家国有资本相对控股，民营资本广泛参与的省属动漫集团，16家成员企业通过资源深度整合，实现了新兴文化业态的集群发展。在运营过程中，吉林动漫集团抓住移动通讯技术升级带动传播媒体格局发生重大转变的机遇，在巩固原创影视动漫生产和服务外包等业务的基础上，大力发展手机动漫和新媒体动漫，从而创造全新的动漫生产模式和产业发展模式。

在艺术创作和产业经营方面，吉林动漫集团成员企业表现优异。铭诺公司今年先后有《和家有乐》和《少林海宝》两部动画片在中央电视台播出，并成为首批通过国家

认证的100家动漫企业之一；风雷公司2009年实现销售收入近4000万元，成为当地的纳税大户；凯帝公司的作品《白山神》被列入文化部原创动漫扶持计划；知合公司2009年实现服务外包收入8700多万元；睿网公司在国内的7个省设立了分公司，拓展了从网吧进入家庭的新业务。

此外，总投资近12亿元的东北亚动漫游戏产业基地、吉林原创动漫游戏产业园、知合国际动漫产业园等3个产业园正在建设当中，今年内都能交付使用。总投资6000万元的国家动漫游戏公共技术服务平台建设工作进展顺利，一、二期工程建设也于年内全面完成。

7. 文化旅游业

2009年吉林省共接待旅游者5501.08万人次，同比增长20.67%。旅游总收入达到580多亿元，提前一年超额完成“十一五”规划确定的500亿元目标，实现“三年翻一番”，相当于全省GDP的8.06%，同比增长28.81%，比上年提高1.04个百分点。

(1) 产业发展环境进一步优化

面对全球金融危机的挑战，省委、省政府加快培育旅游支柱产业的决心和信心，想方设法推进旅游产业发展。省委、省政府主要领导和分管领导多次专题调研全省旅游工作、听取产业发展汇报，作出重要指示近20次。省人大、省政协领导多次组织考察和综合调研旅游产业，给予极大关注和有力支持，营造了加快发展的良好环境。在资金投入上，吉林省进一步加大力度。省级旅游发展专项资金由以前的4000万元增加到6000万元，为吉林省旅游产业发展提供了强力资金支撑。在此基础上，通过进一步整合资源，实现合力发展的目标。省政府连续三年与各市(州)及长白山管委会签订旅游业发展目标责任状，加强目标管理和考核。各地全面完成了省政府确定的年度发展目标。其中长春市通过招商引进多个旅游大项目，集聚后发优势；松原市连续三年旅游业高速增长达40%以上；长白山景区接待游客今年已突破115万人次，创历史新高。假日旅游协调机制运行良好，经济社会效益显著。

(2) 基础设施和项目建设突飞猛进

2009年，吉林省大项目建设是旅游业的一大亮点。抚松长白山国际旅游度假区正式开工，项目总投资200亿元，是中国迄今最大的旅游投资项目，也是吉林省旅游产业实现由观光到休闲度假全新升级的代表项目。

年初以来，省旅游局就聘请国内一流高资质规划单位，科学编制专项规划，全面启动《吉林省冰雪产业发展规划》、《吉林省数字旅游体系建设指南》、《向海景区旅游总体规划》等规划的编制工作。目前冰雪产业发展规划初稿已完成，三项规划提交最终成果，组织专家评审；牵头组织和启动《东北和华北片区红色旅游专项规划》编制工作。

2009年，全省开工建设旅游项目达300余个，完成投资116.7亿元，同比增长25%。长春市投资10亿元的旅游房车制造项目进展顺利。双阳御龙温泉、吉林乌喇风情园等建成并投入使用；安图长白山生态旅游度假区、集安滨江风貌带等项目进展顺利。这些大项目的建设，成为全省旅游产业的重要支撑。

同时，全省旅游基础设施建设进入快行道。长白山机场及吉林至延吉高速公路的开通，长白山(西坡至北坡)环山公路竣工通车，极大地提高了吉林省旅游交通的便捷性。一批高星级饭店、重点景区的建设和配套，从根本上提升了吉林省接待设施水平。全省A级以上景区和公路沿线旅游标识、厕所、停车场建设也逐步得以改善。

另外，吉林省公共服务体系建设也渐入佳境。12301旅游服务热线工程进展顺利，已进入开通前试运行阶段。积极推动省暨长春旅游服务中心项目建设，完成了项目规划、可研论证等前期准备工作，将建成吉林省旅游标志性建筑。

(3) 知名度和影响力明显提升

2009年年初，吉林省政府全面启动“吉林八景”评选活动。这是吉林省全面宣传推介旅游资源和产品，全力打造旅游品牌，实施旅游精品战略的重大举措。在公众评选基础上，经专家组终审评定产生了“吉林八景”。东北亚博览会期间，“吉林八景”配以声光电等手段进行实景展示，并派送八景套票5万余张，成为展会的一大亮点。通过评选，全社会聚焦旅游，极大地提升了吉林省旅游业的社会影响，使吉林省旅游宣传推广进入了一个崭新阶段。经省政府批准，发行“吉林八景彩色金银纪念章”，使“吉林八景”作为吉林省的“黄金名片”，对宣传吉林、推介旅游具有极其特殊的作用。

“爱吉林，游吉林”系列主题活动的全面启动，极大地激发了百姓旅游的热情。通过采取公益性景区免费接待游客，景区实行灵活的门票价格，鼓励景区对省内居民旅游实行优惠，赠送、派发和酬宾等措施，有效地增强了对游客的吸引力。随着城市周边和中短程旅游产品的大力开发，形成了与黄金周、小长假、长周末等热点时段相适应的旅游消费热点。

2009年，按照“四季有节庆、月月有亮点”的思路，全省各地策划了特色鲜明、国际化程度高、市场吸引力强的节庆活动达36个。使旅游节庆活动异彩纷呈，全面活跃了旅游市场。长春冰雪旅游节暨净月潭瓦萨国际滑雪节已经成为国际品牌。因为瓦萨，长春被纳入世界冰雪运动的版图。这项以“激情瓦萨，魅力长春”为主题的节庆活动，是一场国际性的盛会。每年都引来世界各地数万名的选手和游客享受冰雪盛宴。利用第四届台湾海峡两岸旅游展与台湾业界广泛交流和接触的机会，吉林省有针对性地制定深度开发台湾旅游市场营销战略，开发适合市场需求的线路和产品，并积极努力使长春直飞台湾于2010年春节实现通航。另外，长白山国际旅游节、长春消夏节、吉林国际雾凇冰雪节、查干湖冰雪捕鱼旅游节等也已经形成了品牌效应。

(4) 国际大旅游的格局形成

为加强国际间的交流与合作，吉林省积极参与东亚区域旅游论坛（EATOF）国际事务。并成功地举办了大图们江动议旅游委员会（GTI）第二次会议，就开发环图们江旅游精品线路，开展中俄朝韩四国跨国游达成了共识。其间，吉林省举办了专场旅游推介会，针对日韩等主要客源国，重点推介吉林旅游；还面向非洲16国推介吉林，使这些国家对吉林旅游有了初步了解，开启了远程国际市场。

利用第三届中美旅游局长合作发展对话会议平台，加强和深化吉林省与美国新墨西哥州的旅游交流与互动，切实开展旅游合作，进一步拓展了北美客源市场。在我国已开放的104个出境旅游目的地国家和地区中，对吉林省开放的已达103个。同时，吉林省大力发展边境旅游，对俄、对朝边境旅游人数不断增加，成为吉林省旅游经济新的增长点。在“2009中国国际旅游商品博览会”上，吉林省精心组织参赛、参展，参展商品达近200个品种，参赛作品分别获得银奖、铜奖和优秀奖等多个奖项。吉林省旅游局也荣获博览会优秀组织奖。

## 黑龙江省

### 一、黑龙江省2009年文化产业发展综述

2009年，在黑龙江省委、省政府高度重视下，黑龙江省推出了一系列促进文化产业发展的政策和措施，使文化产业规模不断扩大，发展步伐加快，取得了显著成果。但文化产业发展中也存在着资金投入不足、发展规模偏小、结构不平衡等矛盾和问题，应引起各级领导和相关部门的高度重视。

1. 资金投入增加，产业规模扩大

近年来，黑龙江省出台了《“十一五”期间建设边疆文化大省规划纲要》、《关于支持和促进文化产业发展的若干意见》等政策规定，加大政府资金投入，同时鼓励社会和民间资本发展文化产业。2009年全省城镇用于文化、体育和娱乐业的固定资产投资21.2亿元，比2004年增长2倍；全省地方财政用于文化体育与传媒的支出33.5亿元，比2004年增长1.1倍。

2009年全省城镇居民人均文化娱乐用品及娱乐支出432.9元，比2004年增长50.7%。农村居民人均文化教育娱乐用品及服务支出496.4元，比2004年增长1.6倍；占农村居民人均消费支出的比重为11.7%，提高1.5个百分点。随着投入增加，黑龙江省文化产业规模不断扩大。2009年全省文化产业机构达到6.4万个，比2004年增长36.2%。文化产业从业人员达到35万人，比2004年增长44%；占全社会就业人员的比重为1.9%，比2004年提高0.5个百分点。文化产业实现增加值159亿元，按可比价格计算比2004年增长84%，年平均增长13%，分别快于同期GDP、二、三产业增加值年平均增幅1.3个、0.5个和0.9个百分点；占全省GDP1.9%，比2004年提高0.3个百分点；对全省经济增长贡献率达到2.4%，拉动GDP增长0.3个百分点，分别比2005年提高1.6个和0.2个百分点。

2. 经济效益不断提升，社会效益逐年增强

2009年全省文化产业从业人员人均创造增加值4.5万元，比2004年增长45.2%；人均实现经营收入16.9万元，增长67.3%。在经济效益提高的同时，文化宣传的社会效益也得到增强，全省涌现出一批寓教于乐、经济收益和社会影响俱佳的舞台剧目、出版和广播电视艺术精品。如大型都市风情剧《秋天的二人转》，电视剧《文化站长》《乡村爱情Ⅱ》，杂技《冰魂》等享誉省外；《格言》先后获“月发行量突破100万册特别表彰奖”、“中国邮政发行畅销报刊奖”、“北方十佳期刊奖”，并入选《2009年农家书屋重点报刊推荐目录》，获“新中国60年有影响力的期刊”称号；黑龙江文化艺术之冬、哈尔滨之夏音乐会等已成为省内外较有影响的文艺品牌。

3. 传统文化产业稳步发展，新兴产业迅速崛起

文化文物、广播电视、新闻出版等传统文化行业得到巩固和加强，继续扮演文化基础和主体角色。2009年全省文化文物系统所属文化产业单位达到1801个，比2004年增长27.3%；从业人员1.4万人，增长18.9%；实现增加值7.1亿元，增长10.8倍，年平均增长63.8%。广播电视系统内单位（含行政单位）达到127个，比2004年增长21%；从业人员2.4万人，增长16.5%；实现增加值18.8亿元，增长2倍，年平均增长24.3%。新闻出版系统企事业单位达到7617个，比2004年增长28.6%；从业人员5.7万人；实现增加值21.2亿元，比2004年增长1.1倍，年平均增长20.3%。

4. 旅游、动漫、会展、网络等文化新兴行业迅速崛起

在住宿、餐饮、交通、通讯等基础设施建设不断加强的情况下，2009年全省旅游业共接待国内游客

1.1亿人次，比2004年增长1.7倍；国内旅游收入606.2亿元，增长1.7倍，年平均增长21.9%；旅游业总收入实现649.9亿元，增长1.6倍，年平均增长21.5%。黑龙江动漫产业（平房）发展基地2006年成立以来已入驻企业138家，注册资金近2亿元，年生产动画能力超过2万分钟，有多部精品力作在央视播出，获得国家文化产业示范基地、“中国文化产业特色园区‘魅力奖’”等多项命名和奖项。2008年全省成立民间民俗工艺、动漫及网络游戏、旅游等8个创意中心，2009年建立大庆文化创意产业园，其中包括动漫、数码传媒、国际文化会展交易、数码设计、文化艺术创造及交易等重点建设项目。

5. 体制改革顺利推进，不断取得积极成果

近年来黑龙江省出台《黑龙江省加快推进文化体制改革工作实施方案》《关于推进文化行政管理体制改革的实施意见》《关于理顺全省电影管理体制的通知》等多项政策和措施，文化体制改革由试点向全面、纵深领域推进。包括大力推进省出版总社、哈尔滨出版社等转企改制，推动省出版集团、省图书音像发行集团等完善法人治理结构，建立现代企业制度，推进艺术表演院团结构调整和资源整合，优化报业资源配置，成立省、市两级报业战略联盟，组建生活报传媒集团，壮大省市两级报业规模与实力，探索推进以省电视台《都市频道》为试点的广播电视制播分离改革，为广电系统制播分离改革奠定基础，各级广电部门对电影制作、发行、放映工作进行归口管理。文化体制改革取得突破，文化企事业单位发展增添生机和活力。截至2009年底，全省共有168家单位实现转企改制，专业艺术表演团体撤并整合到84个。黑龙江出版集团15家事业单位全部转企，撤销事业编制591个，2009年实现销售收入18.7亿多元，利润0.6亿元，分别比上年增长15%和11%。2009年底省市两级报业战略联盟正式成立，发行量将达55万份。

## 二、黑龙江省2009年文化产业各行业发展综述

1. 广播电影电视业

2009年，黑龙江省大力支持广播电视发展，一方面提高广播电视覆盖率，截止2009年10月31日，全省城区有线电视用户为416.2万户，入户率为74.6%。农村有线电视用户达到248.9万户，入户率56.8%，另一方面通过坚持正确舆论导向、实施“三名”战略、积极对外宣传交流等措施，努力提高黑龙江电视台的品牌影响力和传播力，整体工作取得了明显成效。

省电台举全台之力打造“有影响力的主持人、有影响力的节目、有影响力的频率”的“三有工程”。《行风热线》节目创办六年来，解决群众反映问题15000多件。省电台与三亚广播电视台合作，“龙广”独立运营的全新广播“天涯之声”在海南三亚正式开播，被衣俊卿部长称赞为“龙江媒体跨地域、跨媒体、跨行业经营的突破壮举”。《叶文有话要说》栏目落地5个省市播出，节目收听率连续4年位列全国之首，主持人叶文成为60年以来广播业第一个出书的主持人。据相关调查，省电台节目市场份额占据哈尔滨地区市场份额的78%；省电视台今年9月28日成为全国首批实现高清、标清同播的9家电视台之一。从标清电视到高清电视的过渡，具有跨时代的意义，标志黑龙江省高清电视的发展进入一个全新的时期。今年，龙视七大频道全线改版，推出22个全新栏目，体现亲民特色。依托“新闻”、“娱乐”和“大型活动”3项优势，提升节目生产力，打造节目品牌，以品牌节目树立黑龙江卫视形象，叫响“龙的传人看龙视”的口号，实现由区域性媒体向全国性媒体、向优势卫视的跨越。与新华通讯社签订全面合作协议，重点打造了全新的新闻节目《新华视点》，成为“华语直播间，新闻制高点”。在“7.5”新疆乌鲁木齐事件、上海倒楼事件、等热点新闻发生时，《新华视点》的全方位高效率报道使收视率屡创新高。今年5月，汶川地震一周年大型直播报道《重生》是新华社和省电视台首次合作，双方共同组建了超过300人的直播队伍，连续12小时不间断直播。7月22日，省电视台与新华社再次“强强联手”，推出大型直播节目《千年奇观日全食》，通过新华社分布在全球的记者，首次对日全食进行全球直播，进一步增大了对重大新闻事件的直播力度，打造了全新的电视品牌。新改版的卫视频道以打造自主品牌节目《本山快乐营》为支点，全面提升娱乐节目在全国的影响力。据央视索福瑞统计，《本山快乐营》周五完整版13次进入全国省级卫视周节目排名前60。在此基础上又和本山传媒携手，共同拍摄《乡村爱情3》。省广电还受邀作为东北唯一的广电媒体代表，出席了世界媒体峰会，与美联社、法新社、俄塔社等世界顶级媒体大亨在一个平台上接触和沟通。

2. 新闻出版业

2009年，黑龙江各出版社出书3338种，选题兑现率为54.3%，其中新版图书2058种，再版图书1278种，再版率38.3%。出动执法人员2.1万次，检查出版物市场及经营业户1.1万余家（次），收缴盗版和非法出版物38万余册（盘、份）。2009年，黑龙江省新闻出版局全面履行宏观调控、依法行政、公共服务、市场监管职能，一手抓公益性出版事业，一手抓经营性出版产业，各项事业均取得了长足进步。

（1）推动公共文化服务体系建设

在对已建成1000个农家书屋进行评定、检查验收和总

结建设管理经验的基础上，又提出了建设2000个农家书屋的目标，并列为省委、省政府年度考核内容。同时，进一步完善了农家书屋资金管理和出版物选用招标制度，农家书屋计划已编制完毕，农家书屋用房也已基本准备就绪。2009年，黑龙江省局主动加强与有关部门的通力协作，争取政策和资金等各方面的支持，把整合文化设施资源、综合利用作为重要依托，积极推进农家书屋工程建设。

2009年，黑龙江省局以纪念改革开放30周年、迎接新中国成立60周年等为主题，广泛开展了送书下乡、优秀出版物进校园、进社区、进军营、进企业、进农村等“五进”活动和向西藏及贫困地区捐赠图书活动，累计捐赠出版物10万多册。此外，在全国首创的黑龙江省版本图书馆书报刊馆藏项目顺利推进，并正式挂牌。此外，黑龙江省局还积极开展公益性项目出版，投入45万元补贴10家出版社的40种学术著作图书。

(2) 政策支持力度加大

2009年12月17日，在黑龙江省局的大力支持下，黑龙江日报报业集团所属《生活报》在哈尔滨分别与《齐齐哈尔日报》《佳木斯日报》等地市报负责人签署合作协议。从今年起，《鹤城晚报》等5家地市晚报将成为《生活报》地方版，《黑河日报》《七台河日报》将与《生活报》共同创办新的《生活报》地方版。

黑龙江省局还支持黑龙江省出版集团走集团化、产业化、品牌化的发展路子，并无偿将局所属的报刊中心三报两刊整体划转给出版集团；继续鼓励哈尔滨出版社实行内部“三项制度改革”，使其进入健康快速发展的轨道；支持黑龙江日报报业集团引入战略投资者，组建黑龙江龙江传媒有限责任公司，增强广告、印务和发行等经营业务的竞争实力；支持牡丹江新闻传媒集团进一步发挥区域优势，扩张实力。

(3) 深化行政审批制度改革

在全国最早实现行政审批集中办理、实现一站式审批的基础上，黑龙江省局进一步减少审批事项，从101项缩减到60项；实行新闻出版行政处罚先例制度、基准制度，规范自由裁量权；改进行政处罚案件审核制度，强化具体行政行为监督；认真编制了权力运行图和政务公开目录。2009年，黑龙江省局在深入推行以行政审批集中办理为核心的政务公开工作方面进行了积极的探索和实践，以打造阳光政务为目标的行政审批改革有了新进展。

据介绍，黑龙江省局将全部审批事项的办理程序简化为受理、初审、论证、审批、送达告知、公开6个环节，减少了某些事项不必要的中间环节和繁琐的审查程序。同时，该局在对行政审批制度改革所取得成效进行总结和评估的基础上，研究出台了《进一步简化行政审批程序缩短办理时限的意见》，调整了审批项目和非行政许可事项的审批程序、办理时限，减少论证环节两项，取消审批项目1项。最近，该局又研究了实现网上审批的意见并着手实施，拟将即办的10个审批项目通过网上直接办理，其他项目则采取网上预约方式限时办理。

3. 演艺娱乐业

黑龙江省通过加大对精品生产的扶持力度，以打造“龙江牌”和“中华牌”为目标，推出了一批具有黑土神韵和中华气派的原创作品。同时，激活和创新演出机制，以高品位的艺术佳作和多元化的演出形式，拓展了多年沉寂的演出市场。

哈尔滨市话剧院依据小剧场话剧制作周期短、投排快、演出灵活的特点，于2006年推出了“话剧超市”，多个剧目轮流上演，以周期循环的演出方式激活话剧市场，吸引了越来越多的市民走近话剧。经过3年的艺术实践，哈尔滨市话剧院推出引进剧目、合作剧目和原创剧目20余部，演出300场，收入300余万元，观众达20万人次，创下了话剧小剧场牵动演出大市场的文化奇迹。

大型原创歌舞《中华吟》是黑龙江省文化厅实施品牌战略的重大项目之一。经过长期的酝酿创作、反复的舞台实践和多次的市场检验，“中华牌”独有的风姿得到了社会各界的赞誉。齐齐哈尔市话剧团创作演出的大型话剧《风刮卜奎》以全新的艺术气象、浓郁的宗教情怀和别致的戏剧格调，走进了国家舞台艺术精品工程的预选行列，剧本荣获曹禺剧本奖，主演艾平荣获梅花奖和白玉兰奖，剧目入选“五个一工程”。

值得一提的是，黑龙江省海伦市人民艺术剧院以“海伦二人转”为依托，先后赴哈尔滨、大庆等地演出120余场，创收10余万元。10年间，该剧院从农村转到城市，从东北转到台湾，从舞台转到荧屏，“海伦二人转”转活了演出市场。

黑龙江省冰上杂技舞蹈团为加速品牌建设和市场运营，引入社会资本300余万元，投拍了大型原创杂技主题晚会《冰上北极光》，首赴上海虹口体育馆演出便轰动申城。随后赴我国台湾地区以及意大利、俄罗斯等国进行商演，反响热烈。

哈尔滨松雷集团是文化部命名的第三批国家文化产业示范基地。该基地投资6000万元、用4年时间打造的大型音乐剧《蝶》，赴“韩国第二届大邱国际音乐剧节”演出并获得评委会最高奖——特别奖，开创了中国原创音乐剧首次在国外获奖的先河。

被誉为“中国卡通第一团”的哈尔滨多维卡通剧团，是国内首家民营专业卡通剧团。该团由哈尔滨多维舞台文化发展有限责任公司投资，始创于2002年。通过几年的奋斗，该团创下了国内民营剧团儿童剧演出的多项第一，2009年被文化部评为“原创动漫演出扶持创作团队”。

黑龙江省北方国际文化交流有限公司是活跃在省内外演出市场、拓展国际文化交流的民营企业代表。近10年来，该公司独立策划、制作、承办各种大型演出几十场，开展国际文化交流、组织引进国外各种专业演出300余场，取得了良好的社会效益和经济效益。

4. 文化会展业

黑龙江省加大对文化会展业的投入和建设，通过熟悉会展、参与会展、打造会展等步骤，使全省会展业在近年来有了长足发展，不仅成为文化产品的交易平台，也成为该省打造文化企业发展格局的有效途径。

哈尔滨冰雪大世界是黑龙江省精心打造的冰雪文化品牌，迄今为止已成功举办了11届，每年接待中外游客100多万人次，被文化部命名为首批国家文化产业示范基地。

黑龙江国际冰雕展览项目开发运营的10多年间，致力于以高品质的展览理念培育市场，仅2004年至2009年，该公司就组织庞大的冰雕制作团队五度赴美办展。冰雕展在美国的纳什维尔、奥兰多、达拉斯、华盛顿4个城市同时举办，并推出了独具个性魅力的主题冰展。

哈尔滨国际经贸洽谈会自2009年起已由专项的经贸活动，上升到经济文化高度，实现了品牌的战略升级。

在历届深圳文博会上，黑龙江省特色产业项目、文化品牌建设、原创动漫以及产业基地、民营企业等纷纷亮相，创下了可观的社会效益和经济效益。在第三届东北文化产业博览交易会上，黑龙江组织全省36家企业参展，现场交易火爆。

呼玛县白银纳乡鄂伦春民间艺术团借助各种国家级展会平台，从2006年至2009年，先后到北京、深圳、哈尔滨等地驻场演出20余场，成为大兴安岭“鄂伦春族原生态文化”的一张名片。

5. 新媒体业

短短不到三年时间，入驻企业从8家骤增到102家，并且由企业集聚发展到产业集群，正在向创新集群快速转化，哈尔滨市平房区新媒体产业基地的迅速崛起引起了科技部的关注。2009年7月，该基地顺利通过国家科技部专家组评审，认定为“国家火炬计划哈尔滨新媒体特色产业基地”，这标志黑龙江省向建设国家级新媒体特色产业基地迈出了坚实的一步。

哈尔滨新媒体产业基地始建于2006年10月，在省、市、区三级政府的扶持下，不到三年时间取得了飞速发展，目前已引进、培育了一大批骨干、龙头企业集团，形成了较为齐全的产业类型，主要涵盖了信息网络运营、广告创意、影视动画、网络游戏、数字出版发行等多个领域，2008年实现生产销售收入29.7亿元，利税2.1亿元。

企业研发实力强，技术日新月异是基地全速争先的前提。在基地102家企业中有高新技术企业10家，火炬计划重点高新技术企业1家，已完成国家级科技项目12项，省级科技项目6项，火炬计划项目12项。黑龙江海镕科技发展股份有限公司自主研发了动作捕捉技术，目前公司以动漫产业为主营项目在美国纳斯达克OTCBB板块挂牌上市，成为我国第一家以动漫文化产业概念在境外上市的公司。黑龙江省四维影像数码科技有限公司拥有自主知识产权的4D光维技术生产的立体观光影盒已获得故宫等国内知名景区认可，目前正与景区洽谈将立体观光影盒作为旅游产品进行联合开发、经营。

目前，基地内形成了产业链条完整、关联紧密、主业突出、配套齐全、技术先进、数字内容和传播高速发展的良好态势，并提出建设“三园、四区、五个中心”和完善创新体系的新媒体产业基地发展目标，黑龙江动漫基地、哈尔滨软件外包园、四维影像研发生产基地、立体裸视影院、国家语音后期制作基地、黑龙江新闻出版产业园区、新媒体技术研发示范中心等一批在建和拟建的重点项目更为基地未来的全速发展奠定了坚实的基础。哈尔滨平房区委书记刘忻表示，基地将更加强化特色，真正发展并掌握核心技术，建设产学研综合合作的系统和配套的服务体系，逐步发展并树立新媒体基地的自主品牌。

6. 动漫业

哈尔滨新媒体集团（平房动漫产业基地）2008年被国家文化部命名为“国家文化产业示范基地”，该集团于2006年10月经黑龙江省委宣传部、黑龙江省文化厅等联合授牌成立，平房动漫产业基地也是黑龙江省内唯一的动漫基地。目前，该基地已入驻企业70余家，总注册资金1.61亿元，生产办公用房4万平方米，从业人员1500余人，年生产动画能力超过15000分钟。2007—2008年实现销售收入1亿元，利税1千万元。该基地的企业推出了一批在国内拥有较高知名度的原创动漫精品：《帽儿山的鬼子兵》、《探索地球村》、《环保剑》、《大志有话说》、《雪娃》、《龙娃》等，并先后在中央电视台播出，其中4部作品获国家优秀动画片奖。该基地还与国内外20多所著名高校建立了产、学、研合作关系；并拓宽融资渠道，洽谈海外合作协议，积极搭建国际化动漫产业平台。经过几年的努力，黑龙江动漫基地在产业规模、产业环境、企业数量和规模和原创能力等各个方面具备了做龙头企业的坚实基础，脱颖而出一批优秀的动漫企业和动漫品牌。

(1)《雪娃》荣获中国十大卡通形象

2010年5月，基地企业黑龙江新洋科技公司创作的“雪娃”形象与经典卡通形象猪猪侠、喜洋洋、憨八龟、蓝猫、美猴王等共同入选“首届金鹏奖中国十大卡通形象”，是继动画片《雪娃》荣获文化部“第十一届全国美术作品展览”首届中国美术奖创作奖银奖后，“雪娃”夺得的又一至高荣誉，成为龙江动漫、冰雪文化代言形象。现正积极进行衍生新产品开发、商业化推广工作。

(2) 打造高质量的三维动画精品

黑龙江新洋科技有限公司继《帽儿山的鬼子兵》《探索地球村》1、2、3部在中央电视台播出之后，又完成了《探索地球村4》、《探索地球村5》前20集、《雪娃》(央视投资合作)《星宝贝》52集的制作。哈尔滨七剑数字动漫科技发展有限公司的《酷酷小吉正传之钩钩岛》52集在年底全部制作完成。基地内50%以上企业从事三维制作，逐步形成央视播放群体。

(3) 打造手机动漫生产基地

哈尔滨市盛源文化传播有限公司制作的长篇系列手机动漫《大志有话说》已入选国家文化部中国手机动漫原创推广计划。已与中国移动、中国电信、新联通签订播出协议，每年将提供时长将达5000分钟，今年将打造1000人的公司，并已计划购地25万米地，建设手机数字新媒体产业园区，计划2年内上市。

(4) 三维网络游戏成功上线

大型三维网络游戏《魔灵 online》成功上网封测运营，并出口台湾，多人在线对战网页游戏《万国争霸》已与联众、酷狗、久游等游戏运营商达成合作运营协议。另外《商周争霸》和《神武》两款大型网络游戏也正在制作当中。基地自主研发的网络游戏《万国争霸》已经在港澳台地区成功上市、平均在线人数达到3000；基地自主研发的2款网络游戏《世模棋牌》和《英雄荣耀》也成功上市、平均在线人数5000人。

(5) 打造4D立体动画制作基地

基地企业黑龙江四维数码科技有限公司以自有核心技术——立体光维影像技术，与上海美术电影制片厂开展合作，将传统经典二维动画《渔童》《熊猫开商店》《三毛流浪记》动画实现立体再现。同时开展立体纪实片、旅游观赏、电视电影拍摄、立体转化制作等。

(6) 打造动漫教育品牌

目前，基地为推动校企合作，推进产学研一体化进程，已与国内外众多著名高校和科研院所建立了建立教学、科研、人才培养等合作关系。在学校办企业，在企业办学校，形成良性循环，促进地方动漫教育和产业协调发展。哈尔滨子午视觉文化传播公司编制的动漫教材已被北京电影学院选用。

(7) 打造中国原创儿童动漫歌曲创作基地

基地企业哈尔滨原始空间动漫文化传媒有限公司开创动漫新领域，制作完成拥有自主知识产权的中国首张少儿动漫歌曲唱片，现已完成国内首盘少年儿童原创动漫歌曲20首，并已出版发行。儿童动漫歌曲创作基地正式建成后预计实现每年产出原创少儿动漫歌曲500首，发行少儿动漫歌曲唱片800万张，动漫作品20部。

(8) 开展动漫创新、探索新动漫形式

立足哈尔滨，鑫时空科技发展有限公司在原创动画片方面，运用传统的油画、水彩画、水粉画艺术形式演绎新动画创造世界级动画产品《世界名著》、《熊猫和朋友们》。

此外，依托素有“中国卡通第一团”之誉的哈尔滨多维卡通剧团，打造动漫卡通演出创作基地。以基地企业哈尔滨品格文化传播有限公司为核心打造高水准动漫服务外包加工基地。

目前，黑龙江动漫产业基地入驻企业超百家，总注册资金达2亿元，拥有生产办公用房4万多平方米、从业人员2000多人，年生产动画能力超过2万分钟，初步形成了具有黑龙江区域特色的新媒体产业集群。在黑龙江动漫基地的带动下，牡丹江市大鹏盛艺影视动画公司、大庆市纳奇网络开发公司、齐齐哈尔市光谱资讯有限责任公司等都在各地市相关部门的大力扶持和指导下，取得了突破性进展并积累了宝贵经验。

7. 文化旅游业

2009年黑龙江旅游产业呈现出良好发展态势，连续多年成为全国旅游业发展最快的省份之一。全省旅游业发展速度不断加快，旅游规模不断扩大，旅游产业素质不断提升，旅游发展环境不断改善。初步建立了“政府主导，部门联动”的发展格局。2005年以来，全省入境旅游接待人数累计实现530.55万人次，年均增长28.63%；旅游外汇收入23.45亿美元，年均增长30.26%；国内旅游接待人数累计实现2.45亿人次，年均增长20.19%；国内旅游收入1446.3亿元人民币，年均增长22.19%；全省旅游业总收入累计实现1623.1亿元，年均增长22.44%。2009年前三季度，受世界范围经济危机等不利因素影响，入境旅游同比下降，但国内旅游依然保持了良好的增长势头，全省接待国内游客7696.56万人次，比上年同期增长20.32%；国内旅游收入为422.12亿元，比上年同期增长17.75%。前三季度，全省旅游接待总人数为7801.6万人次，同比增长19.46%；旅游业实现总收入453.25亿元，同比增长14.22%。

(1) 创意营销方式，大力提升旅游知名度

一是加大宏观宣传力度，广泛树立特色旅游形象。通过广告宣传、新闻宣传、社会宣传三位一体的宣传方式，大力宣传黑龙江优势旅游资源、特色旅游产品、精品旅游线路，在国内外广泛树立“北国风光，美在黑龙江”特色

旅游形象和“世界冰雪旅游名都”、“国际滑雪旅游胜地”、“养生度假天堂”旅游目的地形象。连续几年在中央电视台1套、4套、新闻频道及香港有线23台等受众多的媒体播出黑龙江旅游形象广告；在北京、上海繁华路段和哈尔滨机场路设置黑龙江旅游路牌广告；在北京、上海、大连等火车站电子屏播出黑龙江旅游形象广告；借助新华社、中央电视台、人民日报、中国旅游报、香港经济日报、香港有线电视台、新华网、新浪网、黑龙江电视台、黑龙江日报、东北网等中央及省内外具有广泛影响力的新闻媒体对黑龙江特色旅游进行广泛深入报道；在香港繁华商业区举办黑龙江旅游风光图片展；邀请中央及首都新闻媒体，辽宁、河北、山东、广东等主要旅游客源地新闻媒体，以及俄罗斯、韩国、日本、香港、台湾等国家和地区主流媒体到黑龙江实地考察旅游；在香港 U Magazine 杂志、中国旅游报、黑龙江生活报等大众媒体开展黑龙江旅游有奖宣传活动。

二是积极开展行业促销，不断扩大市场占有率。通过形式多样的行业促销活动，不断提高黑龙江冰雪旅游、生态旅游、边境旅游等特色旅游产品的市场占有率。积极开发近距离海外客源市场，大力开发国内旅游市场，重点开发省内旅游市场。入境旅游市场方面，巩固扩大俄罗斯、日本、韩国、香港、台外等原有客源市场，开发拓展美国、法国、德国、加拿大、新加坡等新兴客源市场。国内旅游市场方面，构建了以珠三角、长三角、京津冀为主，东北、华中为辅，省内为基础的黄金市场格局。先后组织全省旅游部门和旅游企业参加北方旅游交易会、中国国内旅游交易会、中国国际旅游交易会、莫斯科国际旅游交易会、“远东之旅”旅交会、首尔国际旅游展、东京旅游展、香港旅游展、台湾旅游展等国内外大型旅游展会；组织重点地区的旅游部门和重点旅游景区及旅行社赴俄罗斯、韩国、日本、泰国、新加坡、马来西亚、澳大利亚、新西兰等国家，以及香港、澳门、台湾等地区进行旅游促销活动，举办专题旅游推介会、旅游产业合作恳谈会。先后赴辽宁、吉林、北京、天津、河北、河南、山东、上海、江苏、浙江、广东等省（市）开展旅游专题促销推介；邀请辽宁、北京、上海、广东等重点客源地省市的旅行商考察特色旅游产品线路。积极组织旅游产品进社区、万人登山、黑龙江人游黑龙江、体验大冬会等优惠旅游活动，发放旅游消费券、启动“市民旅游休闲计划”进一步活跃省内旅游市场。同时积极开展行业间区域旅游合作，组建“东北‘4+1’城市旅游联合体”召开东北四城市“4+3”市长峰会，签订2009中国北方十省市区旅游合作行动计划、东北区域旅游合作框架协议。此外，还积极开展跨界营销，广泛参与东盟博览会、兰洽会、哈洽会、冬投会、中日经济合作会议等大型经贸活动，大力推介黑龙江特色旅游。

三是创意举办旅游节庆活动，提升特色品牌影响力。节庆活动是，宣传旅游产品，的有力手段。创意举办丰富多彩的旅游节庆活动，提高旅游目的地知名度，营造旅游环境氛围声势，突出宣传黑龙江省冰雪、森林、湖泊、湿地、极地等特色旅游资源，不断扩大滑雪度假、冰雪艺术、森林度假、五花山观赏、火山观光、湿地观光、湖泊度假、极地旅游等特色旅游产品的影响力。每年都黑龙江国际滑雪节、哈尔滨国际冰雪节、黑龙江国际养生度假旅游节、黑龙江森林生态旅游节、哈尔滨旅游文化节、哈尔滨啤酒节、黑龙江森林五花山观赏节、黑龙江火山旅游节暨五大连池圣水节、中国雪乡旅游节、中国（大庆）湿地文化节、齐齐哈尔关东文化节、漠河北极光节等20多个特色旅游节庆活动，此起彼伏，好戏连台。

（2）充分发挥资源优势，打造特色旅游品牌

一是依托资源优势，构建特色旅游产品体系。黑龙江省地域辽阔，四季分明，文化厚重，物产丰富，旅游资源特色鲜明，优势突出。一是得天独厚的区位优势，黑龙江省位于中国东北地区的北部，是名副其实的“北国”，中国的“北极”和“东极”都在黑龙江省境内。二是国际一流的冰雪资源优势，黑龙江省是我国冬季最长的省份，冰雪资源分布广泛，冰雪品牌独树一帜，冰雪文化优势独具魅力。三是高品质的生态、避暑资源优势。生态资源丰富多样，加上凉爽的气候，使黑龙江省成为中国生态避暑养生资源优势最为突出的省份。四是异域特色的边境旅游优势，黑龙江省边境线漫长、口岸众多，边境市县异国风情浓郁，界湖界江风光秀丽。五是丰富多彩的文化资源优势。丰富的少数民族文化、北国特色的红色文化、独特的北大荒文化、世界知名的石油文化都凸显了黑龙江省旅游的文化资源优势。

根据资源禀赋条件以及旅游产品开发现状，梯次发展观光类旅游产品、休闲度假类旅游产品和专项旅游产品。重点塑造冰雪旅游产品、生态旅游产品、边境旅游产品三大特色旅游产品；精心培育城市风情旅游产品、民族民俗风情旅游产品、工农业旅游产品、红色文化旅游产品、历史文化旅游产品、商务会展旅游产品六大专向旅游产品；推出文化生态游、华夏东极游、神州北极游、林海泛舟游、火山边陲游北国风光五大精品旅游线路。以突出北国风光特色为主线，打造最具北国风光特色的自然、神奇的生态旅游产品体系。

同时，充分发挥资源优势，深入挖掘市场潜力，按照精品化、可游性、可进入性的原则，选取最具有“北国风光”特色和品牌影响力的产品，围绕5条精品旅游线路，

推出四季旅游精品线路。春季旅游方面，以“北国之春”为主题，精选了6大主题旅游产品、12大春季看点、6条精品旅游线路；夏季旅游方面，编制了“北国风光，美在黑龙江”夏季养生度假旅游精品线路，集中推出“北国风光”10大养生度假旅游区、20大养生度假名胜、14大养生度假主题游产品；秋季旅游产品方面，推出了“北国风光，绚丽金秋”秋季旅游精品产品线路，内容包括3大主题游，50个历史和文化看点，6大秋季旅游精品线路，以及10大“五花山”经典旅游线路，15大“五花山”最佳观赏点；冬季旅游产品方面，“看大冬·游龙江”为主题，推出2个大冬会场馆、3大儿童滑雪场、10大特色滑雪场、10大冰雪盛景、10大冰雪新亮点、8大冬季主题游10大精品旅游线路。

二是做强冰雪旅游产品，促进冬季旅游全面升级。黑龙江省属中温带大陆性季风气候，山区冬季雪量大，雪期长（120天左右），雪质好，山体高度、坡度适于建设大型滑雪场地的有100多处，冰雪旅游资源十分富集。黑龙江省是中国冰雪艺术的发源地，也是全国最早开展滑雪旅游的省份，冰雪旅游产业发展迅猛，冰雪旅游产品日益丰富。黑龙江作为中国冰雪旅游大省的地位更加巩固，冰雪旅游品牌在东北亚乃至全世界上都一定的影响力。1998年黑龙江创办了中国第一个国际滑雪节——中国黑龙江国际滑雪节，至今已成功举办了十一届。黑龙江省以“滑雪节”旅游品牌为引领，用十年时间走完了发达国家几十年的发展路程，实现了滑雪旅游发展的规模化和产业化，形成了黑龙江在全国领先的滑雪旅游产业优势。滑雪旅游的开发，极大地促进了黑龙江冰雪旅游产业的发展，构建了“冰雪联动”的冬季黄金产品格局。依托得天独厚的自然资源，目前黑龙江省已开发冰雪艺术游、滑雪度假游、冰雪风光游、冰雪娱乐游、冰雪文化游等丰富多彩的冰雪旅游产品。每年冬季亚布力、吉华、二龙山、帽儿山等省内各大滑雪场以及冰雪大世界、雪雕博览会、冰灯游园会、牡丹江雪堡等冰雪主题公园都成为深受中外游客喜爱的旅游热点。大海林雪乡、扎龙雪地观鹤、大庆雪地温泉、镜泊湖雾凇冰瀑、五大连池火山冰雪风光、五营雪松奇观、漠河冰雪汽车拉力赛等冬季新兴特色旅游产品也得到越来越多游客的欢迎。

三是打造避暑养生品牌，扩大夏季旅游市场份额。黑龙江省拥有丰富的生态避暑养生资源。这里有广袤的森林、神秘的大界江、众多的大湖泊、辽阔的大湿地、神奇的大熔岩、独特的大油田和壮观的大农场，生态环境自然纯净，气候条件清爽宜人。近年来我们充分发挥自然资源优势，全力打造夏季避暑养生旅游品牌。根据全省旅游资源分布情况和自身特色，推出以哈尔滨冰城夏都旅游区、五大连池旅游度假区等十大板块为内容的十大特色养生度假旅游区；以镜泊湖、兴凯湖、五大连池世界地质公园、漠河北极村、华夏东极等主打产品为代表的二十大养生度假名胜；以天然氧吧——森林之旅、自然涵养——湿地之旅等为代表的十四大养生度假主题游产品。创意编制了“塞北江南”文化生态、“神州北极”探秘、神奇火山边境、“华夏东极”第一缕阳光、“三江名珠”生态养生、“大界江”休闲度假、“林海泛舟”清爽养生、“大界湖”养生度假、“中国最东最北两极”飞跃等十大养生度假旅游精品线路。重点突出，组合新颖，进一步丰富黑龙江避暑养生旅游内涵，增强产品吸引力，在国内外树立“养生度假天堂”旅游形象。

近两年，黑龙江省夏季旅游持续升温，2009年夏季旅游市场更是异常火爆。7—8月份，全省接待国内游客1607.65万人次，比上年同期增长42.3%。太阳岛、北极村、镜泊湖、五大连池、兴凯湖、五营、扎龙等重点旅游城市和景区旅游接待量创历史新高。6—8月份，全省机场进出港2044869人次，同比平均增长42.05%；哈尔滨铁路局运送旅客3124万人次，暑期运送游客量更是创下历史新高，日均运送游客20.5万人次。北京、上海、南京、杭州、广州、大连、天津等地来哈尔滨的火车票、机票都非常紧张。在正常航线、车次之外，民航、铁路、公路等部门一再增加往来哈尔滨、漠河、鸡西、牡丹江、齐齐哈尔、佳木斯等热点旅游地区的航班、火车和客运运力，仍然是“一票难求”。哈尔滨、牡丹江、齐齐哈尔、伊春、黑河等地的宾馆、饭店的客房爆满，出现一房难求、一床难求的现象。旅行社组织包机、专列、各种会议接待数量再创历史新高。

## 上海市

### 一、上海市2009年文化产业发展综述

2009年，在国际金融危机给经济发展带来诸多不利影响，上海市经济增长速度有所放缓的背景下，上海加快推进文化体制改革，大力改造传统文化产业，积极培育开发新兴文化产业，进一步促进文化产业的发展。全年文化产业发展总体平稳，文化产业的经济总量规模继续扩大，在上海国民经济中的比重有所提高，对经济增长的贡献作用进一步凸显。按照国家统计局“文化及相关产业”统计口径，2009年全市文化产业总产出达到3555.68亿元，比上年增长7.2%；实现增加值847.29亿元，按可比价格计算，比上年增长9.5%；文化产业增加值占地区生产总值

的比重为5.63%；文化产业对全市经济增长的贡献率为6.8%，比上年提高0.3个百分点。

1. 文化产业全方面综合发展

文化产业由文化服务业和文化相关产业组成。文化服务业占文化产业的比重，是衡量文化产业内部结构是否合理的重要指标。2009年，上海文化服务业实现增加值549.18亿元，比上年增长13.4%，占全市文化产业的64.8%，体现出上海文化产业以文化服务业为主导的特点。上海文化服务业各行业发展速度方面，新闻服务、出版发行和版权服务、广播电视电影服务、文化艺术服务等核心层文化产业稳中有升。网络文化服务发展迅速。文化休闲娱乐服务，增速较2008年有所回升。广告、会展为主的其他文化服务，总量规模仅次于文化休闲娱乐服务。2009年，上海文化产业发展的总体情况表明，尽管上海受到国际金融风暴深刻影响，但受益于国家和地方一系列政策措施积极推动，核心领域文化产品和服务，保持了稳定运行，显示出较强的抗风险能力，特别是上海文化服务业开始逐步展现出宽广的创新发展空间和较强的“走出去”能力。

2. 文化与科技融合引领新兴产业迅速崛起

2009年，上海更加注重文化与高新技术融合，在网络视听服务、网络阅读服务、网络财经服务、网络电子商务、网络游戏服务、网络休闲娱乐服务、网络远程教育服务、有线电视“三网合一”等领域保持着全国领先地位。网络文化企业形成较为成熟的商业运营模式，为进一步优化和提升行业发展水准、拓展新媒体产业领域和空间，奠定了坚实的基础。全国第一家“国家数字出版基地”发展形势喜人，集聚了上海方正、世纪创荣、中文在线等330多家数字出版及相关企业，基本形成网络文学、互动教育、网络游戏、艺术典藏、手机出版等特色产业聚集的数字出版产业链。一些大型出版、报业传媒集团与电信运营商的合作取得突破性进展，在电子书、电子报、手机报等新媒体领域加快了跨行业、跨媒体、跨区域发展步伐。中国移动、中国电信、中国联通等运营商的大型内容产业基地建设进展顺利，在应用3G技术发展移动视听产业方面，初步取得高端突破。此外，国内目前规模最大的上海有线电视城域网建设，及其数字化整体转换和下一代广播电视网（NGB）试点项目顺利启动，数字付费电视、宽频网络电视、IPTV等领域，正在不断产生新的服务业态和龙头企业。

3. 文化与创意融合推动文化创意产业蓬勃发展

2009年，上海加大对文化创意的扶持力度，逐步推动文化创意形成新的高端产业形态。政府重视对进入文化原创领域的工作室、中小企业的扶持，支持专业从事文艺原创、文化创意的业态、产品、服务、运营模式创新，逐步培育出一批有核心竞争力的文化市场主体。与此同时，加强了对吸纳原创人才、应用创意成果的文化创新企业、文化创新项目的奖励和支持。近年来，全市文化产品和服务更加注重前期创意、策划方面的投入，文艺创作、艺术设计、动漫游戏研发、广告会展项目策划等逐步突现为可以独立实现价值的“端产业”。文化产业园区建设步伐加快，全市建成首批15家市级文化产业园区。

4. 文化与金融融合形成新的文化金融服务产业

2009年，上海文化企业进一步谋求与金融的对接，针对普遍存在的文化企业“融资难”、文化项目“担保难”、文化资产“估值难”、文化产品“质押难”的症结，上海依托上海国际金融中心建设，大胆启动一系列开拓性尝试。一是创新银行信贷投向引导机制，充分发挥“上海东方惠金文化产业担保有限公司”作用，鼓励社会资本进入文化产业和中小文化企业发展。二是创新文化产业项目跨地区、跨行业、跨所有制融资机制，创设了全国第一家文化产业投资基金“华人文化产业投资基金”。三是建立文化产权交易机制，建立全国第一家文化产权交易所，为文化产业创设了投融资新渠道和产业资本退出通道。四是宣传文化部门与金融办贯彻九部委研究并制订了《关于金融支持文化产业振兴和发展繁荣的指导意见》的实施意见，更好地满足文化企业资金需求，完善文化资金供给链的各个环节。

5. 文化与贸易融合加快文化产品“走出去”步伐

2009年，上海全力推动优秀文化产品和服务“走出去”，坚持不懈地推进国际文化服务贸易，加快提升面向国际市场的文化产品和服务生产、营销能力。2009年，上海文化贸易逆势而上实现顺差45.5亿美元（进出口总额达132.77亿美元，进口43.63亿美元，出口89.13亿美元），其中文化产业的核心领域——文化服务业也是顺差。2009—2010年度，有20家企业获商务部、文化部等四部委命名“国家文化出口重点企业”。文化信息服务业已形成拥有自主知识产权的网络文化版权出口、文化娱乐软件服务外包、网上游戏娱乐服务出口等多种国际贸易新形态。上海国际文化服务贸易促进委员会及上海国际文化服务贸易平台的建立和运行，成为上海支撑文化服务贸易持续快速增长的重要平台和推动优秀文化产品和服务“走出去”的战略基地。

6. 文化体制改革培育出一大批合格的市场主体

这几年，上海致力于破除阻碍文化产业开放发展、混合发展、多元发展、转型发展的体制机制瓶颈，加快培育合格的市场主体。到2009年底，全市已完成市属电影制作发行放映单位和电视剧制作（甲种证）单位转企改制，党报党刊发行体制改革，60家经营性出版单位转企改制，90家非时政类报刊出版单位转企改制和6家市属文艺院团的转企改制。文化体制改革带动了文化市场开放，非公资本进入经营性文化产业领域的空间广为扩展；同时，在众多政策鼓励和允许进入的文化产业领域，初步形成非公资本大规模进入文化产业领域发展的好势头。2009年上海共有影视剧制作、影视节目制作机构321家，其中非公有的266家，占总数的82.9%；持《电影放映许可证》的经营性电影、影剧院143家，其中非公有的95家，占总数的66.4%；文化娱乐机构、场所1755家，其中非公有的1527家，占总数的93%；文化艺术中介机构和演出经纪机构249家，其中非公有的227家，占总数的91%；除一般的互联网站，从事互联网视听服务、网络游戏、网络音乐等业务的网络文化经营机构110家，其中非公有的105家，占总数的95%；互联网上网服务场所1463家，其中非公有的1443家，占总数的99%；表演演艺团体99家，其中非公有的59家，占总数的60%；画廊、拍卖行等艺术品经营机构155家，其中非公有的144家，占总数的93%；从事出版物印刷、包装装潢印刷和其它印刷品印刷的经营机构4614家，其中非公有的4230家，占总数的92%。在影视多媒体制作、放映、娱乐、文化经纪、动漫、互联网文化、互联网上网服务场所、演艺、印刷等行业中，非公文化企业数量迅速超越国有企业数量。

7. 中小文化企业的地位作用日益凸现

中小文化企业发展迅速，经济发展方式的转型升级、文化产业园区、创意产业集聚区规模的不断扩展以及2010年中国上海世博会的举办都为中小文化企业发展提供了极大机遇和发展空间。针对中小文化企业发展的一系列扶持政策的出台和实施，逐步化解融资难题，加大财税政策扶持，为中小文化企业营造良好发展环境，进一步激发了中小文化企业的市场活力。一大批“专、精、特、新”和有核心技术、自主知识产权的中小文化企业日益成为上海文化产业发展基础和重要依靠力量。随着“转方式、调结构”的不断深入，中小文化企业的快速发展也将为上海文化产业不断注入动力、增添活力。

## 二、上海市2009年文化产业各行业发展综述

1. 广播电影电视业

（1）广播电视改制情况

2009年，上海广播电视实施制播分离改革。上海文化广播影视管理局下属上海文广新闻传媒集团（下称文广集团）更名为上海广播电视台，同时，出资设立上海东方传媒（集团）有限责任公司（下称东方传媒集团）。完成转企改制之后的结构是：上海广播电视台由上海市广播影视管理局依法设立，由上海市委宣传部领导，实行事业体制，行政管理；上海广播电视台出资成立控股的东方传媒集团，东方传媒集团为控股集团公司，并对业务板块进行资源整合，打造一批具有发展潜力、面向市场的节目制作子公司。上海广播电视台保留频道频率管理、宣传内容编辑、播出管控、新闻节目制作等部分业务。

东方传媒集团业务则包括政策允许制播分离的节目制作和广告经营业务，也即原上海文广的主要业务。具体来说，是将从事业体制中剥离出来的影视剧、动画、少儿、综艺、体育、生活、科技、商业资讯数据服务等节目制作部门，转制成企业。东方传媒集团将建立党委会、董事会、监事会以及经理层在内的法人治理结构，

东方传媒集团属“台属、台控、台管”的控股企业集团，其重大事项的决策权、资产配置的控制权、主要领导干部的任免权、宣传内容的编辑权、各类节目的审查权和播出权都由上海广播电视台把握。不过，东方传媒集团将自主经营，自负盈亏。方案通过一系列制度安排来保证舆论导向正确。其中，东方传媒集团及下属子公司主要负责人和党组织领导，均由上海广播电视台及其上级领导部门考察任命。此举意在通过对主要经营管理人员的任免权，落实“党管干部”原则。

方案还规定，东方传媒集团及下属子公司章程中明确规定公司董事会成员及经营管理人员的任职条件，确保经上海市委宣传部审批核准的人员在公司董事会和经营管理人员中的比例超过三分之二。

从内容控制上，上海广播电视台设立专门的“节目编审委员会”，行使对东方传媒集团和各子公司提供的所有节目的最终审核权。此外，东方传媒集团及下属子公司关系宣传导向和文化安全的重大决策，“上海广播电视台作为出资和控股股东拥有一票否决权”。

上海广播电视台将改变单纯的自制自播模式，确保除影视剧外，从市场购买节目的比例原则上每年不低于播出总量的30%。

（2）电影行业发展情况

2009年，上海市电影市场在全球金融危机背景下延续了逆势上扬态势。据不完全统计，2009年全年本市电影票房已达6.7亿元人民币，远超去年的4.4亿元，增幅达52%以上；共有1926.1万人次观影，观影人次比2008年增加近470万，增幅超32%；年放映场次达44.5万场，比2008年增加9万余场，增幅逾25%以上——这是上海电影市场三项指标近18年来增幅最大的一年。据不完全统计，《2012》《变形金刚2》《建国大业》等17部影片票房收入超过千万元人民币，永华影城、新世纪影城、万达影城等23影院年票房收入超过千万元。

2009年上海市共新建或改建14座影院、74个影厅、

14360个座位，其中绝大部分是各类社会资金投资建设的。这些新建、改建的多厅影城都以设施新、设备优、环境佳吸引了大批观众，为2009年电影市场的大幅增长奠定了硬件基础。以大光明电影院为例，这家电影院上世纪曾连续11年保持全国票房第一，通过历时一年的改、扩建，除保留1369个座位原有风貌的大电影厅外，还扩建了5个小电影厅，成为拥有1大5小影厅、共1790个座位的现代化多厅影城。自2009年1月20日起恢复营业，该影院的年票房达到2216万元，位居全市影院票房排行第9名。2009年，全市票房超千万元以上的影院达到23家，比去年增加了8家；其中，年票房超4千万元以上的占了4家，年票房超2千万元以上的占了8家。这23家影院的票房总额达到了5.4亿元，占全市总票房的80.6%。

2009年上海市17部超千万元票房的影片中，有9部为国产影片。2009年恰逢祖国60周年大庆，涌现了一批既叫好又叫座的主旋律商业影片，特别是票房超4千万元以上的《建国大业》，票房超2千万元以上的《风声》，以及《十月围城》《南京！南京》《高考1977》等一批主旋律内容、商业化运作的电影，开创了主旋律与商业元素互相渗透的制作新模式，为中国特式主旋律影片添加商业化包装作了有益的尝试，得到了广大观众的肯定和丰硕的市场回报。

各电影院线、电影院抓住节假日、“五一”“十一”黄金周、寒暑假档期，全力以赴排映观众喜爱的影片场次，引发观影热潮。2009年中有6个月的月票房超过5千万元，其中7月份暑期档的月票房达到9605万，创了本市月电影票房历史新记录。这6个月产生的电影票房接近5个亿，约占全年总票房的四分之三。

2. 新闻出版业

2009年，上海新闻出版产业实现总产值844.8亿元，比上年增长11.58%，实现增加值225亿元，占全市国民生产总值1.51%。上海市新闻出版产业呈现出了“总量平稳增长、结构不断优化”的良好发展态势。

(1) 数字出版产业异军突起

据上海市新闻出版局公布的数据显示，2009年，上海数字出版产业总产值已达185亿元，比上一年增长50.41%，约占全国的1/4。仅张江国家数字出版基地2009年的总产值已达90亿元。截至目前，张江国家数字出版基地已认定的数字出版企业181家，基本形成了网络文学、互动教育、网络游戏、艺术典藏、手机出版等特色产业聚集的数字出版产业链。

数字出版的迅猛发展，不仅对上海新闻出版产业保增长发挥了重要作用，而且对上海新闻出版产业结构的转型升级发挥了较强的示范作用。目前，上海在互联网文学出版、互联网游戏出版、手机出版等方面形成优势。仅盛大文学旗下就拥有7家文学网站，占有网络原创文学90%以上的市场份额。同时，上海已具备良好的电子书终端制造产业基础。在互联网游戏出版方面，上海占据了全国的半壁江山，2009年产值约110亿元，占全国比重的43%；上海手机出版的年产值达到了6亿元。

(2) 传统出版加快结构转型

去年，上海传统出版单位发展数字出版积极性高涨，一批重要单位在流程改造、纸质图书数字化、在线出版和数字终端出版等方面积极探索，正逐步推进传统出版向数字出版产业的战略转移。世纪出版集团的易文网、文艺出版集团的故事中国网和多家大学出版社开发的网络教学平台等已具备一定的影响力。数据显示，2009年，上海图书出版产业总产值达45.21亿元，同比增长4.76%；实现增加值9.35亿元，同比增长18.36%。

同时，上海印刷企业也积极从传统型印刷向高新技术产业转变，从被动型加工制造业向主动型生产服务业转变，集约化程度进一步提高。2009年，在国际金融危机背景下，上海印刷企业主动更新设备、调整产品结构，集约化程度进一步提高。2009年，上海印刷业实现工业总产值483亿元，同比增长3.2%；利润总额39亿元，同比增长34.95%；印刷业工业增加值137.74亿元，增长15.1%。上海印刷企业集约化程度进一步提高，192家销售总产值超过5000万元的印刷企业，仅占全市4756家印刷企业的4%，却创造产值305.94亿元，占2009年全部企业总产值的63.34%。

(3) 民营出版作用日益凸显

2009年，上海新闻出版产业中民营经济总产值超过了600亿元，涌现了一批充满活力的民营骨干企业。其中，盛大网络发展有限公司总产值约52.41亿元，继续保持全国行业龙头地位。上海九久读书人文化实业有限公司稳居全国第三大网上书店的位置，营业额超过了3亿元。上海钟书实业有限公司2009年图书销售码洋达1.53亿元，“钟书”已成为图书消费市场上的优质服务品牌。蜘蛛网是上海目前最大的报刊网络发行代理机构，2009年实现销售额5000余万元，占据同行业领先地位。

此外，在第十六届北京国际图书博览会上，上海展团首次实现版权输出顺差。在2009年法兰克福国际书展上，上海作为中国主宾国唯一的地方展区，共引进签约147种，输出签约169种，实现版权贸易的历史性突破。2009年对外版权贸易稳步发展，共达成涉外版权贸易2839项，其中版权引进1634项，版权输出1205项，版权贸易成果位居全国前列。同时，上海版权公共服务平台建设初具规模。上海版权交易中心 2009 年 6 月正式运营以来，共有 2000 个项目挂牌，涉及全国 25 个省（区、市），挂牌金额 500 亿元，融资、股权转让、咨询服务等各类文化产权交易金额达 11.5 亿元，实现利润 84.05 万元，在全国同类机构中第一个实现当年运营当年赢利。

3. 演艺娱乐业

2009 年上海文化娱乐场所经营单位以“迎世博”为契机，克服金融危机带来的不利影响，积极提升管理水平和服务质量，全年实现营业收入 355259 万元人民币，与 2008 年同比增加 71265 万元，增幅为 25.1%；上缴各项税金 46258 万元，同比增加 13437 万元；实现增加值 227294 万元；行业从业人员 35333 人。根据企业登记注册类型统计，上海市文化娱乐场所经营单位内资企业 2703 家，港澳台投资企业 23 家，中外合资（作）经营企业 36 家，内资企业占经营单位总数 98%。

（1）适合大众休闲娱乐消费的文化娱乐业态基本形成

近年来，上海市文化娱乐场所的经营项目、规模档次根据消费需求不断调整，卡拉 OK 包房、音乐茶座、音乐餐厅、游戏机房、游艺机房等文化娱乐样式成为市民的主要选择，适合大众休闲娱乐消费的文化娱乐业态基本形成。据 2009 统计数据，年营业收入排名前 10 位的企业是量贩式 KTV、音乐餐厅（酒吧）、游戏（艺）机经营单位，例如“钱柜”KTV 全市 7 家门店年营业收入平均达 2500 余万元，汤姆熊游艺机 4 家门店年营业收入平均为 1510 万元。量贩式 KTV、音乐餐厅（酒吧）、游戏（艺）机房已成为人气旺盛的文化娱乐消费场所。

（2）探索文艺演出团体新体制

2009 年，上海文艺演出团体不断深化体制机制改革，解放艺术生产力，多出优秀作品，提高演出质量，其中文广演艺集团成为其中的代表和亮点。

2009 年，文广演艺集团所属院团演出场次首次突破万场，全年共演出 10242 场，比 2008 年同期同比增长 9.34%。主营业务收入 2.38 亿元，同比增长 3.5%；其中演出收入完成 1.84 亿元，同比增长 7.15%。全年新创剧（节）目 56 台，复排剧（节）目 45 台。

2009 年是文广演艺的改革之年。上海话剧艺术中心、上海杂技团、上海歌舞团、上海滑稽剧团、上海木偶剧团、上海轻音乐团等六家文艺院团完成转企改制，上海文广演艺（集团）有限公司组建成立。实践证明，文化体制改革有利于院团增强活力，更好地直接面向市场，增加演出的社会效益和经济效益；有利于院团进一步调动各方面的积极性和创造性，解放艺术生产力，多出优秀作品，提高演出质量；有利于院团内部分配机制改革，更好地体现“按劳分配、多劳多得、优质多得”的原则；有利于集团演艺资源整合，发挥集成优势；有利于吸引社会资本的投入，运用社会资源，做大做强演艺事业；有利于争取各级政府和有关部门对演艺事业发展的支持。

推进“走出去”工程，扩大国际商演市场。通过文化交流、商业演出、国际比赛、艺术节推介等形式，把一批精品剧目推向世界，扩大中国文化的国际影响力，拓展中国原创艺术品牌的演出效益。2009 年演艺集团所属单位赴国外及港澳台地区演出 24 批 607 场，其中商业演出 532 场次，占总演出场次的 88%。全年共获国内外各类奖项 65 项（国内 51 项，国际 14 项），其中原创舞蹈诗剧《天边的红云》荣获第七届中国舞蹈“荷花奖·舞剧舞蹈诗大赛”舞蹈诗组金奖；木偶剧团获托伦国际木偶艺术节组委会主席奖。

推进“走下去”工程，参与社区文化建设。为了更好地向上海基层社区提供文化服务，2009 年，文广演艺集团进一步推进“走下去”工程，继续扩大下社区辐射面，把文广演艺的优质演艺资源配送到上海各区县，参与社区公共文化服务体系建设，打造社区文化活动中心，为百姓服务。2009 年，各文艺院团全年“走下去”演出 2000 多场，为完善上海城乡的基层文化建设和社区公共文化服务体系作出了积极的贡献。

推出海派清口，火爆演出市场。文广演艺集团整合多方力量，以改革开放 30 周年、建国 60 周年来人民生活日新月异的变化和世界金融危机为主题，为周立波度身打造《笑侃三十年》《笑侃大上海》和《我为财狂》三部海派清口演出，在“不打折、不包场、票房全靠零售”的情况下，从 2008 年底起至今已在美琪大戏院和兰心大戏院共演出 107 余场，观众人数突破 10 万人次，总票房 3000 多万元，不断受到市场热烈追捧，场场加座，一票难求，成为 2009 年上海演出市场的一次重大文化事件。

4. 新媒体业

随着世博的临近，一大批以新媒体为业务核心的企业瞄准了上海世博会将带来的巨大商机，一张新媒体的超大网络以极快的速度覆盖上海。在政府的积极推动下，公交移动电视、地铁移动电视、出租车车载媒体、手持电视、楼宇电视、水上巴士电视终端等悄然布满了上海的每一个角落。有预测称，在北京奥运会和十一全运会后，上海世博会将是新媒体再一次大放异彩的最高平台，其规模、水平和运营模式也将实现历史性突破。

2009 年 10 月 15 日，中国最大的户外数字移动电视广告运营商华视传媒以 1.6 亿美元价格并购数码媒体集团（DMG）。在此之前，华视传媒在公交电视网络上具有不可匹敌的优势，而 DMG 则是地铁电视市场的领先者，拥有共计 27 条地铁线路的独家广告运营权，包括上海地铁全部13条线及北京地铁1、2、4号线。

而瞄准上海的新媒体不止华视传媒。2009年上半年，在上海拥有公交、出租车、楼宇、水上巴士等形态电视终端的东方明珠与中广卫星的CMMB（中国移动多媒体广播）商业运营合作进入实质性启动阶段。CMMB主要为7寸以下小屏幕便携设备提供广播电视节目的服务，包括手机、PDA、MP4、GPS、数码相机、笔记本电脑等，东方明珠是CMMB商用阶段上海地区的唯一运营商。

出租车车载媒体也在借世博开拓市场。据拥有超过10万辆签约出租车的触动传媒方面透露，公司正在引入一些政府所要求的新功能，包括在沪出租车上加入地图和一些地标功能服务。2009年7月，触动传媒对其互动荧屏上的世博主题内容进行了全方位改版，涵盖了世博历史回顾、企业联合馆、环保理念以及世博志愿者招募的内容，完全服务于世博会。此外，公司还将在未来推出一项可运用于世博期间的城市交通互动地图服务。这将使车载媒体成为世博生活中不可或缺的部分，由此更深植入受众的媒体习惯中。

一条完整的新媒体产业链正在围绕世博契机形成，包括电信业运营商、网络服务商、广告代理商、内容提供商、终端设备商等。为将世博商机最大化，上海及周边地区，以及中国重要城市都已进入新媒体战略布局。

5. 动漫业

上海文化创意产业目前主要是以网络游戏、动漫、设计、影视后期制作为主，2008年网络游戏出版收入86亿元，增长35%；2006年上海动漫企业有105家，年销售额达到5亿元。

（1）动漫产业发展基础与弱势并存

上海文化创意产业一直走在全国前列，网络游戏的产值规模位居全国首位，但是动漫产业稍微逊色，上海现正在着力打造动漫产业发展的软环境，帮助上海动漫企业能够在竞争中领先。

上海张江高科技园区2004年正式成立文化创意产业基地，张江集团旗下的公司张江文化控股公司是张江园区文化创意产业的环境营运商、服务集成商和产业发展商。张江文化控股公司下辖多家公司，其中张江动漫科技公司（张江动漫）则为张江的动漫企业搭建平台，提供设备租赁、技术支持乃至后期推广等一系列服务。上海东方惠金文化产业投资公司（东方惠金）则为企业提供融资、担保等服务，鼓励文化创业投资。

上海动漫市场的市场化特征的一大好处是更容易获得资本进入，海外资金投资动漫产业可能会首先考虑上海市场。但是民营资本进入上海动漫产业比例仍然很低，这也是上海一大弱势。上海市政府虽然在对动漫行业非常重视，但是由于企业众多，政府的资金有限，在投放力度和选择对象上显得分散，政策针对性不够强。

（2）软环境建设理念与实践同步

张江高科技园区作为上海最早的动漫产业园区，其特色就是高科技与动漫产业创意相融合，从而体现出自己的竞争力。除此之外，为了争取园区的竞争优势，张江集团积极为企业打造发展所需要的政策、产业配套、融资等一系列软环境。

张江文化控股公司是张江集团旗下负责文化创意产业的一个平台，张江初步形成了一个几乎完整的产业链，这在上海市绝无仅有的，动漫产业与园区相关产业的互动联系紧密。张江的优势在于整体产业链较完整，目前公共要素功能平台较全面，利于动漫企业的发展和壮大，直接面对上海和长三角的城市消费群体。而且动漫产业与相关产业的互动联系很紧密，如软件、芯片设计、网络游戏、网络视频等。截至2008年底，张江累计进驻的文化创意企业达到274家，累计吸引内资10亿元人民币，外资1.67亿美元。2008年张江文化产业产值超70亿元，带动相关产值320亿元。张江集团从搭建产业链软环境做起，为落户企业提供注册、融资、担保、营销、推广等一系列服务，帮助企业提高综合竞争力。

6. 文化旅游业

2009年是世博游的预演之年，围绕“中国上海，发现更多，体验更多”，各项丰富而有意义的活动给上海旅游乃至长三角旅游的发展带来了活力。

（1）预热世博

会议旅游一直被看作是高端的旅游市场。上海是国内率先推动“会议大使”项目的城市，2009年，聘请了16位“会议大使”，至此上海已经拥有52位来自生物、医药、国际关系、电子技术、船舶工程、会展、酒店、旅游媒体等各个领域的“会议大使”，他们将为上海招徕国际会议，从而推动旅游业和相关专业和行业的共同发展献计献策。

10月9日～15日，来自美国、俄罗斯、加拿大、比利时、墨西哥等28个国家的147家媒体的254位旅游记者汇聚沪上，参加了由国家旅游局、世界旅游记者联合会主办，上海市旅游局承办的“第51届世界旅游记者联合会（FIJET）年会”。这是该会议首次在亚洲举办。会议安排记者们游览了上海、苏州、杭州、北京、桂林等地。根据联合会的规定，所有与会记者必须于会后在各自国家的旅游媒体上发表至少一篇以上有关东道国旅游方面的文章。这对宣传中国2010年上海世博会、推广中国和平发展、友好开放的旅游目的地形象有着积极而有效的推动作用和宣传作用。

借迎世博倒计时400天的契机，上海联合苏浙沪皖赣地（市）级以上城市及重要景区举行“发现更多，体验更多”长三角世博旅游大型咨询推介活动。2010年上海世博会不仅带动上海旅游业，还将给上海周边地区带来大量的国际游客，促进上海周边省份国内旅游的蓬勃发展。这项旅游宣传展示活动是近年来五省市加强旅游交流合作，大力打造泛长三角区域旅游圈的效应显现。

迎世博上海各旅游景点也纷纷运筹帷幄。迎世博倒计时300天之际，“魅力夜上海”上海十大灯光夜游景区评选出的各种著名景点崭新推出，这些景点都在世博会期间，将营业时间延长至夜间23～24点，加深海内外宾客观光休闲消费的商业景观和城市记忆，尽力打造世博文化旅游品牌。

迎世博倒计时200天“我为世博添光彩”旅游行业万名世博旅游志愿者队伍成立大会将迎接世博的活动又推向了一个高潮。同时，将世博和普通民众紧密相连的各种活动也纷纷开展，如“同一个家园，同一个世博”长三角百万家庭迎世博、游世博、看世博活动、“活力·奉献”长三角百万青年迎世博、游世博、看世博活动。这些活动都将世博的血脉融入老百姓的生活中，让每个生活在上海的人的脉搏和这个城市一起跳动，体会“前世博时代”的精彩。

（2）规范设置

2009年上海市青年导游员大赛动员会、上海旅游饭店行业服务演练系列大赛——客房铺床技能等比赛纷纷开展。针对目前部分旅游景区道路交通指引标志还存在着“不系统”、“不统一”、“不规范”等诸多问题，本市对已设置近10年的旅游景区道路交通指引标志在系统规划、统一设计的基础上进行新设、增设、改设、拆违等规范设置。这些都为即将来到的世博会提供良好的硬件设施。

（3）旅游咨询

上海率先推出了机场旅游咨询柜台、首创了《四季上海》旅游消费信息导刊。2009年12月30日起，到达浦东机场的客人，第一眼就能看到到达大厅内悬挂的大大的“i”字母（英文information的缩写），这是上海旅游咨询中心的柜台首次在机场设立。浦东机场中心共设两个咨询点，分别在1号和2号航站楼的到达出口附近，两个咨询点共设置6个“e”点通旅游多媒体触摸屏系统，配备2台电脑可供游客自助查询，放置了14个资料架，几百种旅游信息资料，供中外游客免费查阅、索取。全市有近40家旅游咨询中心，350多块“旅游e点通”分布在星级酒店、机场等地。触摸屏提供所在区域周边的购物、餐饮、娱乐等相关旅游信息；发布上海最新旅游资讯；提供上海周边主要景点的相关情况介绍以及餐饮、交通、购物指南等信息。

（4）增加科技含量

2009年，上海城市旅游购票新增加许多科技含量，呈现更便捷、人性化的趋势。自2009年4月15日起，上海旅游集散中心进一步完善信息平台服务功能，游客可在集散中心的网站上自助购买百元系列游线路中的14条线路。电子购票流程方便快捷，整个申购电子客票的过程一如订购电子机票。

由上海市旅游局、中国银联等部门联合发行的银联标准上海旅游卡2009年8月10日起在境内外首发。她是继2009年6月上海都市旅游卡基础上发行的一套针对境内外游客及上海本地居民的旅游卡。同时，上海旅游卡在日本、新加坡等地也正式发行，境内外旅游者只要手持一张上海旅游卡，就可以在餐饮、出行、购物等方面享受无障碍刷卡消费，在充分感受涵盖“食、住、行、游、购、娱”的海派特色特惠专享服务的同时，也能体验全新的安全支付承诺及放心的旅游保障。上海旅游卡作为上海城市旅游的名片，也向全世界诉说着“上海故事”。

2009年9月27日，上海市旅游局还推出了“纪念版游览护照”。该“护照”精选了中国武术博物馆、新江湾城、浦江饭店、上海1933老场坊、卢浦大桥等25处经典“上海之最”景点，展示建国六十周年以来上海旅游业的建设成果和崭新面貌。护照持有者可以免费或优惠参观护照内全部景点。

电子购票、旅游卡、游览护照等一系列便民措施，极大地改善了上海城市旅游的支付环境，确保了旅游支付的安全，为游客省去诸多不必要的中间环节。同时，也向更多的参与者展示上海日新月异的城市变化，在某种程度上也是疏解了旅游给城市带来的交通压力。

（5）周边游

2009年上海旅游的另一大看点是崇明游。10月31日长江隧道正式通车后，去崇明旅游有了首条陆路通道。首届上海崇明柑橘节也于9月24日在风景如画的崇明岛国家地质公园西沙湿地广场隆重拉开帷幕。

2009年11月25日，上海首批世博农家在金山廊下镇中华村和枫泾镇中洪村拉开她的神秘面纱，“民俗文化互动人家”以乡村民俗互动体验为主，这是继上海世博人家之后，利用郊区乡村旅游特色开展的世博接待工作的先行尝试。

2009年上海还着力打造与周边地区合作的三大水上观光圈——与宁波、南京等城市合作，打造长三角一星期水上旅游观光圈；与重庆、武汉等沿江著名城市合作，打造长江水上旅游黄金水道；与天津、大连、青岛、厦门、三亚、香港、澳门等著名海滨城市合作，打造沿海水上旅游黄金岸线。这些水上观光圈，拓宽了水上旅游的路线，能让游客充分感受上海的水乡风情。

(6) 主题公园

2009 年 7 月 28 日，松江欢乐谷正式迎客，杂技、魔术、情景剧等八大特色演艺活动轮番上演。上海欢乐谷不仅是深圳、北京、成都等四家欢乐谷中面积最大、项目最多的旗舰公园，而且是融生态、旅游、娱乐、文化、商业、居住于一体的超大规模综合旅游城。继欢乐谷之后，世界第六个迪士尼主题公园——上海迪士尼项目申请报告已获国家有关部门核准。她将是中国第二个、亚洲第三个，迪士尼乐园向来是全球建造成本最高的主题乐园之一。

两大主题公园的落成，将带动总计上万亿的 GDP 总值，同时也拉动整个旅游产业链，为当地创造上万个新职位。中国内地的客流将汇聚上海，甚至包括大量亚洲旅游资源。

(7) 主题活动

2009 年的第二十届上海旅游节具有特别的意义，它是 2010 年世博旅游的一次预热。9 月 12 日至 10 月 6 日，以“走进美好与欢乐”为主题的 2009 年上海旅游节举行，它突出两大内涵：“为世博会的到来营造良好环境”和“为国庆 60 周年营造欢乐气氛”，旅游节还吸引了大量海内外的表演团，数量为历届之最。此次旅游节在跨越“史上最长黄金周”中，淮海路开幕式、花车大巡游、国际音乐烟花节、旅游风筝会、上海旅游美食节等等纷纷闪亮登场。同时，作为上海旅游节的一项新活动，2009 年上海街舞大赛也受到了青少年群体的广泛关注。旅游节庆在传承文化中不断创新，吸引了众多市民共同参与。

(8) 携手长三角

2009 年 52 个长三角世博主题体验之旅示范点”也是一个新的亮点。同时，首批三条世博主题体验之旅线路也在 2009 年 4 月正式启程，这项活动是上海携手长三角共同抓住世博机遇、放大世博效应、分享世博成果的一项重要活动。同时也向全球展示长三角城市群丰富的世博主题元素、优美的自然环境和深厚的文化底蕴。和世博主题体验之旅十分相似的 55 条世博游线路同期推出，把各项旅游活动与世博园区内的活动形成互动效应，吸引世博观众看世博、游上海。

(9) 实惠上海游

在金融危机、拉动内需的背景下，市旅游局于 2009 年元旦推出了“百万市民游上海”系列活动，其中“市民百元游上海”受到市民的热切关注。在让上海市民游览自己工作、生活的城市的同时，更深入地了解城市风貌的变迁，感受城市的时尚与动感的魅力。

从 2009 年 2 月 25 日起至 4 月 28 日，市区 18 个景点每逢周二实行门票半价优惠。“半价日”期间吸引了不少市民，景点客流同比均有明显增长，覆盖了本市的 50 余个景点，总计输送游客 20741 人次。其中，排名在出游前五位的线路分别是：东方绿舟、朱家角、影视乐园、野生动物园、水陆空看上海。

(10) 老上海风情

生活在上海的人们会发现很多身边最熟悉不过的景点正发生悄悄的变化。作为上海最具标志性的城市景观区域，外滩滨水区有望“扩容”。2009 年，外滩地区交通综合改造工程目前进入冲刺阶段，届时整个滨水区将通过打造 4 个大型广场、岸线、绿化景观等，使公众可活动的空间比原先的外滩地区至少增加 40%。从此外滩“情人墙”将浪漫更浓。

“经典上海 1930—2010”于 2009 年 7 月 6 日赴京城揽客，对上海从 1930 年到 2010 年的地理、历史、人文、城市文化、城市精神等全方位的梳理和演绎。它打破国内旅游“看景点”的常规，以“发现上海文化，体验上海风情”为卖点，将老上海摩登和新上海的时尚相结合，并以动感潮流和隽永经典为基调，充分挖掘上海本土文化，进一步吸引海内外游客纷至沓来。如低调地藏于鳞次栉比高楼中的石库门、有着国际上最为时尚扮相的 1933 老场坊、镶嵌在上海古旧的里弄里却保留了旧式海派作风的田子坊、被称为“上海的塞纳河左岸”的莫干山路 50 号等景点等，都是上海的珍贵风情。

上海本土品牌不断推出，强化了独具文化品位上海滩的品牌印象，对即将到来的世博会也是一种旅游标志性的建立。2009 年 10 月 30 日，经过市民和专家的投票推选，新沪上八景出炉：外滩晨钟（外滩区域）、豫园雅韵（豫园旅游区）、摩天览胜（陆家嘴区域）、旧里新辉（石库门）、十里霓虹（南京路）、佘山拾翠（佘山旅游度假区）、枫泾寻画（枫泾古镇）、淀湖环秀（环淀山湖旅游区）。

# 江苏省

## 一、江苏省 2009 年文化产业发展综述

近年来，江苏省围绕建设文化强省，坚持以发展为主题、以改革为动力、以人才为根本，在繁荣文化事业的同时，大力推动文化产业发展，提升文化产业的引领能力、创新能力、竞争能力，取得了良好成效。先后组建了广电、出版、报业、演艺、文化产业、广电网络等省级文化集团，建设了一批国家级和省级文化产业示范基地，形成

了出版发行、广播电视、文化旅游、休闲娱乐、文艺演出等优势文化产业门类，文化产业呈现总量快速增长、结构不断优化、主体日趋壮大、市场逐步繁荣的态势。

1. 产业总量快速增长

江苏省文化产业增长速度继2007年、2008年连续两年超30%，2008年文化产业增加值达800亿之后，2009年文化产业增加值预计达1000亿左右，增长速度实现了“两个高于”，高于全省GDP增长速度，高于第三产业增长速度。以2008年为例，江苏文化产业的增长速度（36.2%）比全省GDP增长速度（12.5%）高出23.7个百分点，比第三产业增长速度（12.6%）高出23.6个百分点。

2. 产业主体日趋壮大

近年来，省委、省政府不断推进文化体制改革，加快培育文化市场主体，先后组建了广电、出版、报业、演艺、文化产业、广电网络6大省级文化企业集团，迈出了改革的重要一步。2009年8月份，全国文化体制改革经验交流会在南京召开，标志文化体制改革进入了新的推进阶段。改革激发活力，改革促进发展。凤凰出版传媒集团转企改制后，实现销售、资产双超百亿元，名列全国同类企业之首。省广电网络公司以资本为纽带，成功整合全省有线电视网络资源，成为用户规模全国第一、世界第三的广电网络运营商。2009年，省广电集团经营收入超过40亿元，新华日报报业集团收入超过10亿元，省演艺集团实现经营收入过亿元。省文化产业集团公司已形成跨所有制、跨经营领域的综合性企业集团，涉及数码文化、影视等领域。

3. 文化产业多元投入格局逐步形成

这些年，江苏文化产业不断发展，社会资本起到了重要作用。社会资本正广泛渗透到文化市场、文化企业等各个领域。以南京为例，南京文化创意产业协会中民营企业占会员总数比例高达76.8%，南京动漫行业协会中72.7%的会员为民营企业，南京的文化产业园区中，民营企业投资兴建的占一半以上。全省其他各地社会资本进军文化产业领域的热情同样高涨。综观全省，文化产业多元投入的局面已初步形成，非公有制经济创造的文化产业增加值已占全省的一半以上，从业人员占2/3以上，成为发展文化产业的一支生力军。

4. 文化产业加速集聚

目前，全省建成或在建的文化（创意）产业园区和示范基地超过100家，拥有南京、苏州、无锡、常州4个国家级动画产业基地，7个国家级文化产业示范基地和27个省级文化产业示范基地。文化创意产业园区和基地已经成为中小文化企业的孵化器，引领、积聚效应正在得到显现。特别是动漫企业的集聚效益最为明显，至2009年底，全省拥有动漫企业300多家，超过80%企业入驻省内4个国家级动画产业基地，较好地促进了动漫企业的快速成长。2009年，江苏原创动漫片已突破4万分钟，居全国首位。

5. 优势产业门类开始显现

据初步统计，2009年底，全省共有文化产业机构4万家左右，其中企业规模1亿元以上的300多家。目前，江苏已基本形成出版发行、广播电视、文化旅游、工艺美术、演艺娱乐等优势文化产业门类。2009年，预计江苏省新闻出版业实现销售收入突破910亿元，已成为我国重要的新闻出版基地、印刷基地、光存储生产基地和出版物流通基地。2009年江苏广播影视业总收入超过110亿元，一直稳居全国前三位。江苏工艺美术行业产值占全国总量的十分之一。江苏演艺娱乐行业发展态势良好。苏州昆剧院通过社会化运作形式共吸引海外资金4000多万元推动昆曲艺术生产，青春版《牡丹亭》圆满完成美国巡演，开创了中国戏曲进入美国主流社会的成功范例。

6. 政府引导扶持作用日益彰显

为支持文化产业发展，省政府设立了文化产业引导资金，从每年安排1亿元提高到2亿元。目前，已有201个项目获得3个多亿的资金扶持。根据我们的跟踪考核，大部分项目进展顺利，社会和经济效益正在显现。2008年，省委、省政府提出设立初始规模约20亿元的省级文化产业发展基金，通过贷款贴息、补助、投资参股、有偿使用等形式支持文化产业发展。

7. 文化娱乐消费稳步提高

随着江苏经济的不断发展和居民收入的不断提高，文教娱乐消费已成为江苏城乡居民消费的新热点，在消费总支出中所占的比重渐趋扩大，成为推动文化产业发展的重要因素。2008年江苏省居民文教娱乐服务支出占家庭消费支出比重达到14.3%，其中城镇居民人均文教娱乐消费支出1799.75元，农村居民人均文教娱乐消费支出713.2元，分别比2007年增长5.9%和11%。

## 二、江苏省2009年文化产业各行业发展综述

1. 广播电影电视业

2009年1－10月份，江苏全省广电系统累计实现创收收入89.58亿元，比去年同期增长19.48%。其中，广告累计收入45.74亿元，占创收的51.06%，比去年同期增长13.55%；网络收入28.14亿元，占创收的31.41%，比去年同期增长14.34%。2009年，江苏省电影呈现逆势上扬、加速发展的喜人态势。全年共实现电影票房收入4.46亿元，较2008年同比大幅增长70.95%，超过浙江，跃居全国第四位。电影放映40.73万场，观众1613.38万

人次，较2008年分别增长26.36%、62.61%，均创历史新高。

(1) 平台建设情况

2009年12月18日，省第十三届市级广播电台台长会在南京召开。在这次会上应运而生的江苏广播联盟的宗旨就是提升江苏广播整体品牌价值，扩大广播的社会影响力；在文化体制改革中，探索江苏广播的发展路径；在媒体融合的大趋势下，发掘江苏广播合作的潜力；在日益激烈的媒体竞争中，把江苏广播做大做强。各成员台在自愿、平等、合作、共赢的基础上，通过联合全省广播的力量，共建平台、共享资源、共谋发展。联盟设三大合作平台：新闻报道合作平台、大型活动联动平台、联盟互动网络平台。

(2) 电视剧发展情况

中国广播电视协会电视制片委员会2009年度大会暨新剧推介会在京召开。为了鼓励创作精品电视剧，电视制片委员会首次设立了年度“最具影响力”奖，用以表彰叫好也叫座，口碑和收视实现了双赢的作品。由我省广播电视总台摄制出品的《人间正道是沧桑》和其他5部电视剧《潜伏》《我的兄弟叫顺溜》《北风那个吹》《走西口》《我的青春谁做主》共同获此殊荣。会上，电视制片委员会首次授予无锡影视基地、浙江横店影视城等9家会员影视基地为“全国影视指定拍摄景地”。

(3) 项目带动情况

12月8日，省总台“江苏未来影视文化创意产业园”一期工程举行开工典礼。该创意园被列为江苏省“十一五”规划重点建设的“十大文化设施”之一和“十大文化产业项目”之一。园区一期开发面积2113亩，投资规模约为50亿元，建成后将形成“一园、两区、三中心”六大功能区域格局，旨在全力打造国内首家以“近现代景观”为特色的影视拍摄制作国家级基地、影视文化创意产业集群和长三角地区5A级文化旅游休闲中心。此次开工建设的一期工程包括两个摄影棚，一个演员公寓，接待剧组能力300人以上，预计2010年春节后建成并投入使用。

(4) 电影制片单位改制情况

在国家广电总局的关心下，经过省文化体制改革领导小组、省广电局、省广电总台和南京电影制片厂的努力，南影厂于2009年12月31日下午完成注销事业法人，进行了企业工商注册登记。由此南影厂已按中宣部、广电总局要求转制为企业，在规定时间内完成了中央下达的改制任务。

2. 新闻出版业

进入微利时代的江苏省出版行业，现已逐渐走出市场“低靡”。据统计，2009年前三季度，江苏教育出版社、江苏科学技术出版社等省内几大出版企业共入库税收7203万元，比去年同期4665万元净增2538万元，增幅达54.4%。

新闻出版体制改革深入推进，图书、音像、电子出版单位全部转企；产业发展政策扶持力度不断加大，省文化产业引导资金资助新闻出版项目达5860万元，全省22家图书、音像、电子出版社完成转企任务。开展省内民营发行企业和“非公有出版工作室”调研，举办第二届江苏期刊发展论坛和第六届长三角科技期刊发展论坛。召开全省新闻出版系统行政体制改革专题调研座谈会，指导推进市县行政体制改革。组织175个新闻出版项目申请省文化产业引导资金，有40个项目获得5860万元资助。积极推动江浙沪两省一市新闻出版（版权）局签署长三角区域新闻出版（版权）合作发展协议。

提高服务大局水平。精心组织庆祝新中国成立60周年出版物的出版发行，16家出版社推出选题47种，其中24种列为省重点出版项目，2种入选全国重点出版项目。组织引导出版单位策划出版了一批应对金融危机、推动就业和经济增长等出版物，一批弘扬社会主义核心价值体系的出版物。切实加强舆论引导，组织对报刊宣传报道进行审读，为保增长保民生保稳定营造良好的舆论氛围。以“与时代同行·与祖国共进”为主题，举办江苏新闻出版辉煌60年图片展，现场参观、网上浏览3000多人次。

全年共审核18家图书出版社的出版选题9527个，撤销问题选题20个；办理重大敏感选题备案119种，撤销3种。切实加强和改进报刊管理，制定实施《关于进一步加强和改进报刊出版管理工作的意见》、《关于采取切实措施制止虚假报道的通知》等文件，加强对报刊舆论导向的监管。依托江苏省互联网出版实时监管系统，查处违法违规出版网站242家（次），关闭严重违规网站25家，查处各类违法违规和低俗网络出版物602种，删除各类网页、链接6万余条。

打造出版品牌，加大对重点出版项目的资助力度，组织申请国家出版基金获得1185万元资助，省出版专项资金资助22家出版社439万元；有9个项目被增补为“十一五”国家重点图书出版规划。在中宣部第十一届“五个一工程”奖评选出的20种优秀图书中，我省有2种图书入选。《中华大典·文学典》出版发行。举办江苏名优报刊广场推介、评选江苏期刊“明珠奖”特色栏目和特色活动，组织参加华东地区优秀期刊评选，推动名牌报刊建设。

切实抓好项目建设。通过省文化产业引导资金、省出版专项资金、出版资源倾斜等途径，全力扶持新闻出版产业项目建设，以项目引领产业发展。精心组织2009年度省文化产业引导资金资助项目的申报、筛选工作，共有40个项目获得5860万元资助。

加快发展新兴业态。支持传统出版单位积极介入数字出版，不断拓展产业链。新增5家互联网出版服务单位，全省累计达7家。《江苏手机报》用户突破200万户，荣获2008—2009年度中国手机媒体经营管理十强。江苏凤凰出版传媒集团按需印刷生产线投入运行，凤凰教育网已经上线。全省所有的地市级报纸都相继开办了手机报。

引导企业开拓市场。组织出版发行单位参加全国图书交易博览会、北京图书订货会等展会，并提供参展补贴。作为主宾省参加上海书展，取得经济效益和社会效益双丰收，参展单位销售码洋大大超过上届主宾省，中央、上海和我省各大新闻媒体给予广泛报道。省委常委、宣传部长杨新力批示："以后参加重要的展销活动，都要学习这种做法，注意策划，注重实际效果。"资助《服饰导报》《东方娃娃》《东方宝宝》"走出去"，分别打进韩国、新加坡市场。2009年共输出版权168种，同比增长38.84%。

加强版权保护和服务。扎实开展"知识产权宣传周"活动，围绕"文化·战略·发展"主题，举行"打击侵权盗版，保护知识产权"签名暨"绿书签"发放活动；在全省中小学生中开展"青少年版权保护读书活动暨版权保护知识竞赛"。加大版权执法力度，查处网络侵权案件38起，关闭了一批侵权网站，成功调解3起未经授权播放背景音乐案件。开展出版合同检查，促进合同规范。完善版权服务体系建设，启动江苏省版权综合技术服务中心信息平台建设。扎实推进软件正版化工作，召开25家被投诉企业座谈会并主动上门走访，宣传相关法律知识和政策；开展"企业使用正版化软件示范单位"评选工作。组织参加北京国际图书博览会、中国国际版权博览会、世界版权论坛，取得了良好效果。

全面推进依法行政。会同省人大科教文卫委员会，开展省内版权执法检查和省外版权立法调研。制定实施《关于进一步推进依法行政工作的若干意见》等文件，清理废止一批行政规范性文件。会商签订长三角区域新闻出版（版权）合作协议，提高区域联合执法、共同发展协作水平。组织开展新闻出版（版权）依法行政示范点创建活动，命名南京市局等8个依法行政示范点，表彰徐州市局等5个创建活动先进单位。举办行政法制报告会、农家书屋法制文化月、"诚信江苏与新闻出版"演讲大赛、新闻出版（版权）行政执法培训班等活动，加强普法宣传教育。组织参加省级机关"万人学法竞赛"，荣获组织奖；参加全省"依法行政在江苏"图片展，荣获"最佳展板奖"和"组织奖"。

加强人才队伍建设。扎实开展教育培训，举办期刊主编岗位、新闻采编人员资格、行政执法培训等各类培训班50期，培训近7000人次。选送21名新闻出版单位领导参加新闻出版总署调训，组织局机关、直属单位92人次参加县处级以上干部菜单式选学和"5＋X"等培训。对印刷发行单位1821人进行专业技能鉴定，圆满完成新闻出版总署在我省举办的发行师培训和鉴定试点工作。做好职称评审工作，评出编审20名、副编审43名。加强行业领军人才队伍建设，开展专题调研，注重发挥领军人才的作用。全省有14人次入选新中国60年全国新闻出版系统"三个一百"优秀人物，其中4人入选百名优秀出版人物、5人入选百名优秀出版企业家、5人入选百名有突出贡献的新闻出版专业技术人员，居全国前列。省新闻出版学校建设得到新加强，为培养行业技能人才做出了新的贡献。

3. 动漫业

2009年度江苏省影视动漫业又迈上了原创生产的新台阶，全省原创电视动画产量为69部40314分钟，产量超过浙江省、广东省和湖南省，位居全国第一，与2006年度相比，增长了3倍多，与上年度相比，增长了82%。

从广电总局公布的2009年度全国电视动画片制作发行情况来看，江苏省无论是原创电视动画产量、优秀国产动画片数量、十大城市和五大国家影视动画产业基地入围数等重要指标均位列全国第一，有力地推动了其文化产业发展。

（1）原创电视动画产量最大

2009年，全国动画制作机构制作完成的国产电视动画片共322部171816分钟，比2008年增长31%。全国共有21个省份以及中央电视台生产制作了国产电视动画完成片。其中，全国动画片创作生产数量排在前五位的省份是江苏省、浙江省、广东省、湖南省、辽宁省。江苏省以69部40314分钟的产量位居全国第一。

2005年之前，江苏原创动画数量少，没有知名原创动漫品牌；电视台动画播出以境外动画为主，动漫相关企业以外包加工为主。2005年省政府结合产业结构调整，着手抓国产原创影视动漫生产，当时江苏原创电视动画产量为600分钟，名列全国第九。2008年产量跃升到22192分钟，位列全国第二。连续三年产量增幅位居全国第一。今年以来产量继续攀升，目前已远超去年全年水平，预计今年全年产量仍将继续保持全国前列。近两年江苏共投入制作了16部动画电影，还通过市场运作，跨区域参与制作发行了3部动画电影。

2005年以前，江苏全国优秀动画片数量为零。而到2008年，江苏优秀动画片数量跃居全国第一。今年上半年又有8部优秀动画片榜上有名，数量仍位居全国第一。

近三年年均6部原创动画作品获年度全国少儿节目和动画精品发展扶持资金奖励。原创电视动画《小卓玛》获“美猴奖”动画系列连续片银奖和动画最佳故事片奖，并入选全国国产电视动画系列片十大扶持项目。原创动画《十万个为什么》获2009年度上海电视节白玉兰奖优秀动画片创意奖。《吉娃娃》和《哈皮父子》分获第二十三、二十四届中国电视金鹰奖最佳中短片美术片奖和最佳动画片奖。原创动画《饮茶之功夫学园》获得上海炫动卡通卫视年度收视率排行全年龄段第二名。江苏参与制作的2部动画电影还获第13届电影华表奖优秀动画片奖。

（2）十大城市入围数最多

2009年，国务院以及各地政府出台的国产动漫产业优惠扶持政策收效显著，一些主要城市动画片生产积极性持续增长。国产动画片创作生产数量位居前列的十大城市分别是：杭州、无锡、广州、长沙、沈阳、苏州、北京、南京、深圳、重庆。其中，江苏省拥有3席，是入围城市最多的省份。

（3）五大国家动画产业基地入围数最多

2009年，国家影视动画产业基地的建设得到了各地党3委和政府的高度重视，并给予了大力支持。目前，长三角地区、华南地区、华北地区、东北地区、西南地区以及中部地区都形成了若干个动画产业集群带。绝大多数动画产业基地积极落实总局、地方关于推动我国动画产业发展的举措，制定战略规划、完善服务设施、凝聚动画企业、培养动画人才、推进动画生产，取得了较好成绩。2009年度，生产数量排在全国前列的国家动画产业基地是：杭州高新技术开发区动画产业园、无锡国家动画产业基地、南方动画节目联合制作中心、沈阳高新技术产业区动漫产业园、苏州工业园区动漫产业园。江苏省有两家国家影视动画产业基地入围五强。各基地以园区建设为依托，充分发挥创作研发、制作生产、企业孵化、产业集聚、交易流通等多项功能，培育并集聚大量影视动漫相关企业。截至今年11月底，四大国家动画产业基地集聚387家动漫游戏相关企业，形成华东地区具有重要影响的影视动漫产业集聚区之一。

（4）优秀国产动画片项目最多

江苏国产动画片创作水平、艺术质量也随着动画产量的增长不断提高，一些优秀国产动画片受到好评。2008年度，江苏省被总局评为优秀国产动画片并向全国电视播出机构推荐的原创动画项目数量最多，名列全国第一。2009年江苏省又有9部获评优秀，并被向全国推荐播出，继续保持全国第一。

（5）国际合作和海外拓展快速增长

2009年11月，商务部、文化部、广电总局、新闻出版总署与中宣部、财政部在京共同举行“2009—2010年度文化出口重点企业和重点项目授牌仪式”。江苏入选的21家文化出口重点企业中有7家影视动漫企业，入选的13项国家文化出口重点项目有7项影视动漫项目。截至目前，江苏已有30部原创影视动画向欧美、中东、东南亚、日韩等国家和地区的客户售出了播映版权和品牌授权。中国元素和中华传统文化以影视动画的形式，在政府推动和市场主导下，成功登陆海外电视荧屏，成为江苏影视动漫产业发展的又一大亮点。

（6）学院合作情况

由中国传媒大学南广学院主办的“第三届江宁大学城动漫节”成功举行。省局副局长陈明出席了闭幕式并致辞。他指出，江宁大学城和南广学院正在成为江苏乃至全国动画的重要人才培养基地，并祝愿动画专业的同学们早日成才，为江苏动画发展发挥积极作用。来自省内外动漫业的30余名专家与百余名师生一道出席了会议。会后，与会嘉宾参观了学生项目工作室，与师生就动漫教学与产业人才需求进行了面对面交流。

（7）影视动漫协会发展情况

江苏省影视动漫协会成立大会预备会在南京召开之际，来自省内有关广播电视媒体、院校、国家动画产业基地、协会、重点企业等影视动漫机构的31名代表参加了会议。会议向与会人员通报了协会筹备进展情况，并就协会章程、组织架构、会员组织、会费标准等重点筹备工作征询了大家的意见。与会代表普遍认为协会组建与成立，对培育影视动漫原创品牌和骨干企业，实现影视动漫各产业环节联合，推动我省影视动漫产业发展，将起到积极的作用。大家感到在省局的大力支持和推动下，协会各项筹备工作准备充分，进展顺利，基本同意所提交讨论的各项事项，对将来协会组建和运行充满期待，表示将积极支持并参与协会建设。筹备组表示将认真梳理研究有关建议，进一步做好协会组织工作，在帮助省内影视动漫机构做大做强，推动省内影视动漫作品走向市场上多做工作，更好地发挥协会应有的作用。

（8）国际动漫节情况

2009年4月28日至5月3日，第五届中国国际动漫节暨中国国际动漫博览会在浙江杭州召开。江苏省广电局连续第四年以“江苏动画”整体形象，携南京、无锡、常州、苏州四家国家动画产业基地以及江苏少儿频道整体参展。

在本次中国国际动漫博览会上，“江苏动画”展区位居国内展馆第一方阵，紧挨中央电视台和东道主浙江动画展位，展区面积608平方米，76家省内动画机构直接参展，特装效果鲜明亮丽，主题展示精彩纷呈，内容全面覆盖原创、播出、制作、技术、衍生产品开发等产业链各环节，集中展示了江苏影视动画产业近年来的发展成果，凸现了江苏影视动画产业蓬勃发展的良好态势。四大国家动画产业基地、各动画园区、重点动画机构和重点项目推介，吸引着国内外众多专业观众的洽谈咨询，许多业界人士纷纷前来投石问路。借力动漫节和博览会，各基地和动画园区有针对性地推介招商引资项目，常州、无锡、苏州、南京分别举行了4场新闻发布会和现场项目发布会，各类产业信息推介得到了广泛传播。

此次动漫节，江苏动画展团带动了140家省内动画机构40多部影视动画项目参与了产权版权交易、投融资机构见面会、项目洽谈会、作品交流等活动，接触到了国内90%的少儿频道以及相关影视栏目、院线发行商、影视采购中介公司等采购商，并与他们建立了联系，构建了动画片销售和推广的优质平台，为我省动画机构提供了与业界、市场对接的良好机遇。参展机构将动画作品拿到各类动漫节活动现场，与国内外业界嘉宾面对面洽谈，进行市场试水，捕捉业界专家和消费者的口味，有效定位或修正下一步创作和产业发展方向。经有效推介，无锡动画《秦汉英杰》及《福五鼠之三十六计》已签订项目合同，将远销中东地区。《哈皮父子》系列动画片在本次动漫节现场有四家境内外电视购片商表示了购买意向，并与来自日本、拉丁美洲、中东地区的海外购片商进行了商业对接。各参展单位充分利用国际动漫节舞台，积极展示、推介自己，并在交易、合作领域取得了显著成绩。“江苏动画”再一次得到业界同行的高度关注。

(9) 评奖评优情况

国家广电总局公布的2009年度第一批优秀国产动画片，10部优秀国产动画片中江苏有4部，分别是苏州士奥动画制作有限公司制作的《诺诺森林》、苏州天堂卡通数码制作有限公司制作的《芦荡金箭》、无锡亿唐动画设计有限公司制作的《水木宝宝看世界》和常州浩昊文化传播有限公司制作的《浩昊文字国历险记一智斗谜语城》，占总数的40%，名列全国第一。

其中，电视动画片《诺诺森林》在春节期间就以电视动画贺岁片的形式在央视少儿频道播出，并将在包括上海炫动卡通、北京卡酷频道在内的国内840家电视台播出，预计仅40家省市电视台播映收入将达100万元人民币。加拿大发行商以230万美元购买该片全球播出版权，该片将在海外160家电视台播出，目前已播出或正在播出有20家。该片品牌授权被上海天络行文化传播有限公司以200万元的价格购买，将在手机动漫等衍生领域开发产业链。

4. 文化旅游业

2009年，江苏省努力加快旅游强省建设，旅游产业发展要素得到全面的提升，入境旅游与国内旅游齐头并进，主要旅游经济指标实现全面增长，全省旅游业呈现稳定发展态势。全年接待入境旅游者556.83万人次，旅游外汇收入40.16亿美元，分别比上年增长2.3%和3.5%；接待国内游客2.97亿人次，收入3449.50亿元人民币，分别增长13.8%和17.6%；旅行社组织公民自费出境旅游34.43万人次，同比下降2.7%。旅游总收入3795.69亿元人民币，同比增长16.1%。

在全省3449.50亿元国内旅游收入中，长途交通费收入500.52亿元，占14.51%；住宿费收入600.56亿元，占17.41%；餐饮费收入614.70亿元，占17.82%；景点游览费收入377.72亿元，占10.95%；娱乐费收入248.02亿元，占7.19%；购物费收入929.99亿元，占26.96%；市内交通费收入69.68亿元，占2.02%；邮电通信费收入32.77亿元，占0.95%；其它花费收入75.54亿元，占2.19%。

截止2009年底，全省拥有全国优秀旅游城市28座；旅游星级饭店945座，其中五星50座，四星175座，三星427座，二星291座，一星2座；旅行社1704家，其中：具有出境游组团资格的49家；国家等级旅游景区366家，其中AAAAA级5家，AAAA级96家，AAA级84家，AA级181家；全国工农业旅游示范点156家，其中工业旅游示范点32家。

## 浙江省

### 一、浙江省2009年文化产业发展综述

2009年，浙江省文化产业实现增加值807.96亿元，比上年增长9.9%，占同期国内生产总值的3.5%，比上年提高0.1个百分点。其中文化产品制造业实现增加值406.23亿元，比上年增长5.4%，占文化产业增加值的50.3%，文化产品批发零售业实现增加值100.42亿元，比上年增长17.9%，占12.4%；文化服务业实现增加值301.31亿元，比上年增长13.9%，占37.3%。其中，文化产业的“核心层”实现增加值170.86亿元，比上年增长14.91%，占21.1%； “外围层”包括实现增加值182.28亿元，比上年增长16.6%，占22.6%；“相关层”实现增加值454.84亿元，比上年增长5.7%，占56.3%。

1. 全省各地区发展特色明显

2009年，杭州文化创意产业实现增加值642.4亿元，文创产业增加值占全市GDP比重达12.6%；杭州共生产原创动画片35部、1477集、27409分钟，产量首次跃居

全国榜首。宏梦集团、蔡志忠等动漫名企、名家落户杭州；西溪创意园去年开园，潘公凯、刘恒、余华等18位文化名师大家，浙江华策影视有限公司等5家文创机构入驻；西泠印社2009年秋拍总成交额6.12亿元，“中国篆刻”入选为2009年联合国教科文组织《人类非物质文化遗产代表作名录》；第五届中国国际动漫节，吸引了38个国家和地区参与，签约项目35个，总金额超过65.3亿元人民币。宁波市文化产业初步形成了现代传媒、演艺、会展、文化旅游、动漫游戏、包装装潢印刷业、文化用品制造业等一批重点文化产业群，在“经济周期”中逆市飘红，成为产业大军中的生力军；温州打造“戏曲故里”、“歌舞之都”、“书画名城”“百工之乡”四大品牌，重点发展“文化创意业、印刷业、文化用品制造业、传媒业、影视业、体育业和文化旅游业”七大文化产业，迎来了经济发展新机遇；义乌“从卖产品到卖设计创意”，大力发展创意产业促经济转型升级；湖州积极培育动漫游戏产业，推进《湖笔小子》《百叶龙》等7部动漫原创作品的创作生产，扶持推动游戏动漫平台的建设，2009年实现重点文化创意企业77家，文化创意产业园区15个、集聚区1个，产值较上年度增长15个亿；丽水发挥“中国民间艺术之乡”等资源优势，推进特色文化产业发展，培育核心竞争力。

2. 深化文化体制改革，培育合格市场主体

2009年5月，浙江省委、省政府召开了全省文化体制改革工作会议，印发了《浙江省经营性文化单位转企改制任务分解表》，进一步明确了文化体制改革的“时间表”和“路线图”。首先，加快出版发行、电影、文艺院团等经营性单位转企改制步伐，使其迸发出强大的市场竞争力。浙江出版联合集团全年实现销售总额97.2亿元，同比增长7%。其次，不断创新国有文化集团运行机制，深化劳动人事、收入分配和社会保障等改革。浙江日报报业集团大力推进跨领域、跨行业、跨地区发展。浙江广电集团提出了“新一轮发展战略”，全力打造“中国蓝”品牌。以新闻出版、广播电视、文化演艺为主体的10家国有文化集团，已经成为浙江文化领域的主导力量和文化市场的战略投资者。

3. 新兴文化产业崛起

高新文化产业在浙江崭露头角。一是正在形成图书发行连锁、报刊发行连锁、音像连锁、网吧连锁和电影院线等五大现代文化流通业。二是从事电子商务、网络娱乐等网络文化产业在形成。三是正在初步形成动画教学、研发、制作、运营和衍生产品开发的动画产业链。四是初步建立了由数字节目、传输、服务等内容构成的有线数字电视新体系。

4. 加大政策扶持力度

按照“做大做强做优”的目标要求，浙江省委常委会对文化产业的发展进行了专题研究，制定下发了《关于支持文化体制改革和文化企业发展的意见》，在财政、税收、劳动保障、企业用地、投融资等方面出台了一揽子扶持政策；制定了《浙江省文化创意产业发展规划》和《浙江省文化产业项目投资指南（2009）》，提出了优先发展的32个门类138项重点领域。为深入贯彻落实国务院《文化产业振兴规划》，浙江省委宣传部又牵头对全省文化产业的各个门类进行深入调查，研究制定了《浙江省文化产业振兴规划》。同时，省委、省政府把拉动文化消费作为扩大内需的重要内容，以举办首届浙江文化艺术节、义乌文博会、推动电影院线建设、数字电视联合发展、图书发行连锁经营、实施文化惠民工程等举措，不断完善文化产业的发展环境，为文化产业的快速发展提供了强有力的政策支持和良好氛围。

5. 调整文化产业结构，推动业态转型升级

重点发展动漫产业，大力创新动漫业营运模式和营销模式，逐步形成了动漫产品研发、制作、销售和衍生产品开发的产业链，全年共生产动画片43部32758分钟、8部原创动漫作品，5个创作团队（个人）入选文化部“原创动漫扶持计划”，居全国第二位，在杭州举办的第五届中国国际动漫节成交额高达65.3亿元；突出抓好广播影视业发展，以精品创作生产为龙头，全年完成电影21部、电视剧37部1273集，实现了“浙产”电影、电视剧在全国获政府奖项数量和奖级的重大突破，全省广播影视经营达到121.92亿元，提前一年超额实现全省“十一五”广播影视发展规划提出的目标，城市影院实现票房收入4.2亿元，比上年增长55.4%；创新发展数字内容产业，大力发展有线数字电视增值业务，以华数数字电视公司为互动节目平台，全省统筹发展的数字电视运行格局基本形成，浙江日报《淘宝天下》杂志、浙江移动多媒体广播电视有限公司、浙江出版集团数字传媒有限公司等一批新兴传媒企业相继建立。

6. 整合文化产业资源，壮大文化竞争实力

一是大力推进民营文化产业发展。浙江已有民营文化企业4万余家，投资总规模达到1300亿元以上。目前，全省影视节目制作机构共540家，民营企业占90%以上；印刷企业15000多家，民营企业占99%以上。2009年，以横店、宋城为代表的骨干民营文化企业获得更大发展。宋城的歌舞《宋城千古情》全年演出1331场，创收1.87亿元。二是大力扶持重点文化产业基地建设。借鉴浙江区域经济发展模式，以文化产业示范基地建设为抓手，扶持横店影视产业实验区、杭州高新区国家动画产业基地、杭

州数字娱乐产业园等70多家重点产业基地的聚集发展。横店影视城2009年接待中外剧组106个，吸引旅游人次674万，实现旅游收入35亿元，实现影视业和旅游业双丰收。杭州市经过几年的发展，形成了十大文化创意产业园，聚集了100多家文化企业共同发展，2009年文化产业增加值在GDP中的份额达12.8%。三是大力创新投融资平台建设。充分发挥浙江社会资本雄厚的优势，2009年5月正式启动由浙江日报报业集团牵头组建的文化产业投资基金——东方星空文化基金，首期注册资本2.5亿元，为文化产业开辟了新的投融资渠道，这也是我国首个由传媒集团牵头组建的文化产业投资基金。

## 二、浙江省2009年文化产业各行业发展综述

1. 广播电影电视业

2009年浙江省广播影视业产业经营快速增长。全省广播影视业经营收入（含社会影视业）达到121.92亿元，比上年同期增长21.74%，实现了经营收入突破120亿元的跨越，提前一年实现全省“十一五”广播影视发展规划提出的目标。在2009年全省121.92亿元广播影视业经营收入中，省本级28.77亿元，同比增长42.28%；11个市本级31.49亿元，同比增长8.7%；县级为31.88亿元，同比增长8.29%；电影放映票房收入4.21亿元，同比增长55.39%；社会影视业25.56亿元，同比增长35.89%。

2009年市级广播影视经营收入突破10亿元的是杭州市，达到10.12亿元，同比增长10.96%；宁波市为4.78亿元，基本与上年持平；温州市为4.4亿元，同比增长10.55%；嘉兴市为3.08亿元，同比增长23.2%。此外有7个县（市、区）广播影视经营收入超过1个亿，比上年增加4个，除原有的诸暨、萧山、余杭外，新达到亿元收入是义乌、海宁、慈溪和鄞州，最高为诸暨市，接近1.6亿元。

（1）新闻宣传方面

一是全省各级广电播出机构积极开展应对国际金融危机，推动经济转型升级的主题新闻报道，在鼓舞士气、振奋精神、坚定信心、克难攻坚、化危为机中起到了很好的鼓动、激励、引导作用，特别是新闻综合频道做了大量富有成效的工作，为浙江省保增长、保民生、保稳定，保持经济社会平衡较快发展提供了强大舆论支持。二是今年全省各级广电播出机构深入开展了纪念新中国成立60周年主题宣传报道，在全社会唱响了共产党好、社会主义好、改革开放好、伟大祖国好、各族人民好的主旋律，烘托了群众性的爱国主义宣传教育，营造了浓厚的爱国主义氛围。三是各地认真开展了深入学习实践科学发展观的主题宣传报道，特别是在第二批学践到第三批活动的过程中，全省广电媒体按照省委和当地党委的部署安排，宣传报道了各地开展学践活动的一些实际成效，推广了一些典型经验做法，特别是反映了各地“服务基层，服务企业”双服务活动的生动实践，为全省顺利推进学践活动发挥了重要作用。四是在应对新疆“七五”暴乱、省内“五七”交通肇事案，以及预防甲流等突发性事件中，全省各级广电媒体加强新闻舆论正面引导，有效地发挥了疏通民众情绪，维护社会稳定的积极作用。广播电视主流媒体，特别是新闻综合频道，在主题宣传报道方面显示了特殊的功能和作用，赢得了党委政府的充分肯定，得到了社会各界的普遍好评。

（2）广播电视新闻栏目建设方面

广播电视新闻栏目既要注重数量的增加增多，不断扩大影响，又要注重报道质量的提高提升，进一步提高服务水平。近年来，全省广电媒体加大了积极创新和推动工作的力度，共同瞄准了省外的、区域外的一些竞争对手，省、市形成了很好的互补机制。如浙江之声每天播出新闻节目时长有16个小时，新闻栏目达到了17档，新闻栏目时间占频道播出时间总量的70%，以新闻为龙头，文化娱乐为两翼来推进工作，不仅社会效益大幅度上升，经济效益也有所提高。今年年初，省局《视听评议》专门对浙江之声作了系列性评议，充分地肯定浙江之声作为主频道主打新闻的基本经验。杭州电视台新闻综合频道开设的新闻栏目也达25档之多，每天的播出时间在8个小时以上。宁波、温州电视台新闻栏目也都占相当的比例，特别是温州电视台正在调整时段，把电视剧移到黄金时段后，在黄金时段加强新闻宣传报道，这也是一项新的改革。在推进新闻栏目数量增长的过程中，全省广电媒体更加注重对品牌栏目、品牌活动的培育，加大抓质量提升的力度，包括省台《小强热线》《1818黄金眼》《范大姐帮忙》、杭州台《阿六头说新闻》、宁波台《看看看》、温州台《闲事婆和事佬》等，都已经成长为浙江省广播电视新闻品牌栏目，深受广大观众的欢迎。同时，一些精心打造的品牌活动，如新农村建设带头人、浙江骄傲、风云浙商等在全省乃至在全国也产生了较大的影响。正是由于既抓数量，又重质量，更凸显品牌建设，全省广播电视新闻宣传报道成效非常明显。今年在国家级的政府评奖中，浙江省有5件作品获得第十九届中国新闻奖，6件作品获中国广播影视大奖，浙江电视台王水明同志获得了第十届“长江韬奋奖”，还有1人、2件作品获“新中国60年有影响的广播电视大事、人物、节目、栏目奖”，获奖数量和等次均名列全国前列。今年通过浙江卫视上送并在央视《新闻联播》播出的新闻达到了365条，超过了去年的水平，其中头条达到了26条，超过去年14条的总量。

（3）广电媒体自律方面

在宣传部的指导和支持下，全省已经开始组织实施对

播出机构进行综合评估，通过这样的管理方式来促发展、保安全、强自律，重点规范不自律、不自觉、不规范的地方。近年来，全省广电行政管理部门以节目视听评议为抓手，加强对重点节目的监管，省局今年对省市广播电视第一套节目、少儿频道、广告及电视购物节目作了系列评议，有重点地开展了对低俗之风、违规广告的专项治理工作。加强主流媒体建设是全省广电工作“三大主体”任务、“六大主攻”方向的重点目标和内容。新闻综合频道的公益属性相对更强，对舆论引导和文化引领能力要求更高，加强主流媒体建设就是要重点加强新闻综合频道的建设。总体上来看，全省广播电视管理部门和播出机构都很好地履行了党和人民赋予的光荣职责，开创了全系统新的工作局面，也积累了一些成功的经验。

2. 新闻出版业

2009 年，浙江新闻出版业在“各地区总体经济规模综合评价”中居全国第 3 位。其中，总产出达 1019.03 亿元，居全国第 2 位；资产总额达 1235.74 亿元，居全国第 3 位；营业收入 990.52 亿元，居全国第 2 位。在“集团与图书出版单位总体经济规模综合评价”中，浙江出版联合集团居全国出版集团第 4 位，浙江日报报业集团、杭州日报报业集团进入全国报业集团前十，浙江新华书店发行集团列全国发行集团第 3 位，浙江教育出版社列全国地方图书出版社第 3 位，浙江印刷集团公司列全国印刷集团第 4 位。

目前，浙江省初步形成以浙江出版联合集团、浙江日报报业集团等六大集团为龙头，以浙江大学出版社、浙江科技出版社等资产和年销售码洋超亿元的出版社，钱江晚报等“全国晚报都市类报纸竞争力 20 强”报纸，79 家（次）“全国印刷企业 100 强”上榜企业等为骨干的产业布局。

（1）抓重点项目促繁荣

一是组织实施重点出版工程、重点选题计划，大力促进精品力作生产。深化期刊方阵工程建设，认真总结期刊方阵工程实施两年来的经验和不足，对入选方阵的期刊进行期末检查和动态调整，对优势期刊群加强重点扶持和培育发展，组织部分入选方阵期刊社主编出国培训和考察，进一步完善措施，培育品牌，开拓市场，提升浙版期刊在全国的知名度和影响力。利用国家出版基金、省文化建设八项工程等平台支持重点出版工程、重点选题计划的实施。

二是组织重大出版活动工作，促进浙江省新闻出版业借势发展、扩大影响。组团参加了全国图书交易博览会、北京图书订货会、北京国际图书博览会、义乌文博会等重要会展活动。

三是加强表彰激励和质量管理，进一步打造浙版品牌。进一步完善表彰激励机制，充分发挥推荐参评国家级出版奖、浙江树人出版奖及各类评优活动的导向、激励和示范作用，努力扩大浙版优秀出版物阵容。加强出版物质量监督检查，进一步提高浙版出版物质量水平。做好秋季教材、重点图书的出版质量检查工作，加强对有关重点图书、全国书市参展图书、春季和秋季中小学教材教辅读物印装质量的监督检查，加强省印刷产品质量检验站的建设和管理，坚持监管在先、跟踪监督，及时对批质量不合格印制企业实施追踪、复抽、复检。

（2）抓深化改革促发展

2009 年是改革攻坚年，在省文改办的统一领导和部署下，浙江省进一步加大力度、加快进度，积极推进省新闻出版体制改革：鼓励、支持和引导经营性出版单位和经营性报刊单位加快转企改制，把产业发展主体真正推向市场，激发微观主体发展活力；积极推动、支持和促进有条件、有实力的单位开展兼并、重组，培育大型骨干出版传媒企业；以经营性图书出版单位实行等级评估和正式实行“书号网上实名申领”制度为契机和抓手，加强调研、创新机制，改进传统的管理手段和方法，促进大社、名社、强社建设；积极贯彻落实国办发〔2008〕114 号及省里将出台的配套文件等改革政策，认真学习掌握，用足用好，支持和促进新闻出版业发展。

（3）抓优化结构促升级

贯彻促进浙江省经济社会转型升级发展的要求，努力推动新闻出版业加快产业结构优化升级，提高质量，增进效益，实现又好又快发展。

一是着力推动数字出版、网络出版业发展，促进传统新闻出版业逐步向现代数字内容产业转型。进一步加强对数字出版、网络出版业发展的调查研究，把工作重点向促进新业态发展转移。努力提高浙江省音像电子网络出版业发展规模和水平，继续加强网络出版单位的申报，鼓励和促进传统出版单位发展网络出版、数字出版，开展跨媒体经营，重视发挥民营企业在发展网络出版、数字出版中的积极作用；研究实施数字报刊业促进工程，开展专题调研，摸清现状，明确思路，启动数字报刊业促进工程建设，积极支持和促进有条件的报刊出版单位发展数字出版；研究和推动浙江省网络出版产业基地建设，大力支持杭州市申报国家数字出版基地，加强网络出版主阵地建设；继续鼓励支持民族原创的健康网络游戏的研发和出版，做好国家民族网游工程的推荐工作；支持和鼓励图书、音响、电子、网络出版单位开展跨媒体出版活动。

二是以促进集团化、园区化发展为着力点，推动印刷业转型升级。研究采取积极措施，加强服务，改进管理，促进印刷复制业积极应对复杂的经济形势，实现稳定发展。鼓励和支持印刷企业兼并重组，优化整合，壮大实力，促进企业集约化、规模化、集团化发展；以苍南、海宁等有条件的地方为重点，促进印刷业集聚，鼓励和支持印刷园区建设；推动印刷复制企业提高技术能力，加快技术改造和设备更新，尽快淘汰高消耗、高排放、低效益的落后产能，发展数码印刷、创意印刷、绿色印刷、高精印刷等高端印刷；进一步加大质量检查力度，鼓励和支持印刷复制企业建立质量认证体系，不断提高产品质量。

三是大力促进出版物市场健康繁荣发展。推进国有民营双轮驱动的发行业格局，支持国有新华书店实施六大“过冬工程”，做大做强，扶持和促进民营书业保生存、求发展，走专精新特发展和股份制改造之路；以整顿规范台挂历市场、拓展农村出版物市场为重点，积极探求浙江省出版物市场健康繁荣之道。

四是进一步实施新闻出版“走出去”战略，认真开展对外交流与合作。研究制定和实施“走出去”战略的年度项目，搭建对外交流与合作服务平台。进一步加强浙江省出版翻译人才库建设，为实施“走出去”战略提供人才支撑；认真做好组团参加第十六届北京国际图书博览会工作，组织好“2009美国浙江版权贸易图书展”活动，继续认真做好浙版图书对外推广计划宣传活动，推动版权贸易尤其是版权输出取得新发展；对义乌出版物出口情况加强调研、促进规范发展。

五是加强浙版出版物的宣传推广工作。建立浙江出版信息发布会制度，会同省委宣传部每季度召开一次新闻发布会，利用媒体宣传、介绍优秀浙版出版物、关注出版动态等，提升浙版出版物的知名度、美誉度，打造浙版品牌。

六是进一步提高新闻出版行业统计工作水平，加强统计资料的报送、分析和发布，为新闻出版产业科学发展提供服务。

3. 广告行业

据浙江省工商局广告监管处的数据显示，浙江省广告业已成为经济领域发展最快的行业之一。截止2009年底，该省广告经营单位达到13362户，从业人员94958人，广告经营额154.18亿元，同比增长分别为12.78%、18.41%、11.51%，位居全国前列。

由浙江省工商局和浙江省发改委联合制定的《关于促进浙江省广告产业提升发展的指导意见》于日前出台。据悉，该《意见》首次明确提出浙江省广告产业提升发展的总体目标、发展导向和重点，从市场准入、企业改组、融资、人才引进和税收等方面确定了11项扶持政策，并首次将广告业从传统服务业提升为文化创意产业，广告业将告别传统服务业的低端形象。

《意见》首次明确广告产业提升发展的总体目标是：通过产业结构调整，推动广告产业向专业化、规模化、品牌化、国际化方向发展，促使广告产业由传统产业向现代产业转变；通过提高广告创意、制作及服务水平，提升广告企业核心竞争力，促使广告产业由粗放型向知识密集型转变；通过引进国际高端人才，以及国内外广告公司的同台竞争，促使广告产业由国内市场定位向国际化视野转变；通过广告创意产业园区建设，完善广告产业价值链，促使广告产业由布局分散向产业集聚转变。

4. 演艺娱乐业

改革开放以来，浙江艺术事业获得了长足的发展。截止2008年，浙江省省演出场次计13.6万场，较1978年增长5600%；演出观众近1.1亿人次，增长2300%；演出收入近3亿元，增长近120倍。

随着民间职业剧团呈现出遍地开花之态，城乡演出市场得到了极大的繁荣。目前，浙江有民间职业剧团近500个，每年演出达6万余场，他们开拓并激活了以农村、山区为主的区域性演出市场。

省文化厅将进一步实施精品战略，努力推出一批紧扣时代脉搏、体现浙江精神、艺术质量上乘、群众喜闻乐见的现实题材精品佳作，冲击国家及国际重要奖项。力争“十一五”期间每年有1台（部）剧节目在“国家舞台艺术精品工程”、“五个一工程奖”、“文华奖”、“群星奖”等国内外重要奖项中取得好成绩。至“十一五”末，力争打造5—8台（部）在全国有影响的艺术精品。每年举办一项全省性文化艺术活动，包括省戏剧节、省音乐舞蹈节、省曲艺杂技节和省乡镇文艺系列活动等。筹备2010年第二届中国越剧艺术节，推动浙江戏剧事业大发展，提升浙江文化大省的地位。

5. 文化会展业

面对全球金融危机引起的大宗商品价格剧烈波动、外贸出口大幅滞销等诸多不利因素影响，浙江市场会展业表现抢眼，2009年交易额同比增加47.56%，成为提升市场品牌形象、拓展商品销售渠道、吸引国内外投资、增强市场信心的新引擎。

据浙江省工商局发布的《2009年度商品交易市场运行分析》显示，2009年浙江省商品交易市场共举办各类相关展会142期，吸引参展商4.4万家，达成交易468.4亿元，交易额同比增加47.56%。

2009年浙江境外参展项目340多个，参展面积达到20.5万平方米，合计标准展位2.3万个，同比增长65%，占全国出境参展摊位数的三分之一。据统计，浙江企业在2009年通过境外参展实现成交意向达到180.8亿元，而

2009年浙江全年出口额为1330亿美元。浙江省商务部门最近对全省1500家企业进行了抽样调查，有92.9%的企业从展览会上得到了订单。而此前，浙江省商务部门对企业获得单个客户的成本也作过抽样统计，通过展会渠道的成本是500元，而其他渠道的成本则是2000元。

2009年，浙江会展业在国际化、品牌化进程方面，进一步拓宽。以“面向世界、服务全国”为宗旨的2009年中国义乌国际小商品博览会，展览面积12万平方米，展位5000个，来自158个国家和地区专业观众约12万人，同比增长17.2%，境外贸易商1.7万人，同比增长8.5%，5天展览成交额达115.43亿元，成交额比上届增长11.4%，实现到会专业观众和展览成交额的双增长。第十一届杭州西湖国际博览会举办124个会议展览和节庆活动项目，为历届西博会之最；其中国际性项目共60个，占项目总数比例的51.3%，共接待国内外观众1290万人次，接受网民访问574万人次，最终实现贸易成交额138亿元，协议引进外资10.62亿美元，协议引进内资132亿元。温州、宁波、嘉兴等各市也积极参与组织相关大型展会，会议洽谈和展览成交额均交出满意成绩。

2009年由商务部主办的6大展会中，杭州的中国国际丝绸博览会、宁波的中国食品博览会作为浙江展会的举办城市占到总体展会的33.3%，尽三分之一的展会项目落户浙江，预示着浙江作为全国会展业的后起之秀发挥着举足轻重的地位，相关链的会展产业链将以1：9的效应快速发展起来，因此浙江会展对整个经济发展所具有的前连效应和后续效应将是一股不可忽视的巨大经济潜力。

2009年在浙江省会展场馆中，杭州国际博览中心将作为未来杭州最大会展中心，带动萧山乃至杭州会展圈，以及文体事业的发展。建成后将是浙江省大型综合会展中心之一。第十五届义博会移师新展馆——义乌国际博览中心，并顺势扩大规模，展位增加到5000个，展览面积12万平方米以上。宁波、温州、嘉兴地区在场馆的配套设施等软硬件上也在不断完善建设当中。

2009年境外自办展取得进一步突破。“2009浙江出口商品（大阪）交易会”，到会日方专业客商达5004人，共成交657笔订单，实际成交1893万美元，意向成交7268万美元，均为上届的3倍左右。“2009浙江出口商品（迪拜）交易会”，来自中国浙江、江苏、山东、广东等地的47家中国企业中，中国参展商以“浙商”为主，占中国展团的80%左右。2009年境外自办展进一步扩大规模，浙江省出展项目占到国家重点支持境外项目的三分之一。为了进一步引导省内企业到境外参展的积极性，在巩固传统市场的基础上开拓欧洲、美洲、非洲等新兴市场。

从以上浙江省会展经济发展的基本概况中，浙江省会展业的发展显示出以下几个明显特征：

城市现代化的推进迅速提升会展业的发展空间。从我国改革开放三十年来的经济发展与人民生活质量的极大改善的现状来看，加快了推进城市现代化的步伐。品牌城市的一大指标是现代服务业的水平产值指标。会展业是一个综合性服务产业，会展平台的国际化、专业化迅速提升了城市的影响力，从而大力促进地方政府对于会展业的支持力度，加快地方政府决策的步伐。会展业的发展水平及品牌建立是经济的直接窗口。杭州、宁波、义乌等城市对会展业的重视程度充分得到论证。

产业优势的背景使会展业发展得到了强有力支撑。浙江有50余种特色产品产量居全国第一，居前十位的产品有百余种。全省产值超过亿元的各类特色产业区块有六百余种。涉及一百多个大小行业的20多万家企业，产值居全省工业总产值的65%左右。各具特色的产业集群是浙江会展业可持续发展的基础。依托当地特色产业与市场作为展会定位是会展专业化、国际化的原动力。培育多个具有影响力的展会，如中国义乌国际小商品博览会、宁波国际服装节、嵊州的中国越剧领带节、绍兴的中国（柯桥）国际纺织品博览会等。特别是义乌市作为县级市，其会展规模与影响力在国内名列前茅。义乌市政府对会展业的重视程度，专门成立会展管理办公室，制定出台政策，建立专项基金，强化公共服务保障，形成会展业发展合力。

从会展人才培养入手，加大会展专门人才教育培训力度。除了浙江省近十所高校陆续开出会展专业外，其它形式的会展业相关培训，各主管部门和会展单位都非常关注。杭州、宁波、温州、义乌、嘉兴等会展企业都积极参加会展岗位职能技术的考核，会展高级管理人才培训等，为浙江会展业持续发展提供人才保障。

特殊时期、特殊政策，保障稳定会展环境。面对全球金融危机的大背景下。会展业也受到了很大冲击，企业资金周转不灵，商品订单急剧减少，供需方严重失去平衡，展会出现大幅度萎缩。当地政府会展主管部门主动下基层，走访调研了解企业困难与发展的瓶颈，审时度势出台一系列会展扶持补贴政策，帮助企业走出困境。

6. 新媒体业

（1）增强抢占网络舆论阵地的责任意识

各级广播电视管理部门和播出机构要从战略发展的高度，充分认识新媒体在舆论引导格局中日益重要的地位，把新媒体建设摆到更加突出的位置，纳入事业产业发展的总体规划，集中必要的人力、物力和财力，加快发展新媒体、新业务、新市场，走多媒体综合集成的发展道路，不断扩大广播电视媒体的传播力和竞争力。

(2) 发展网络广播电视新业态

要按照全国统一规划、统一标准、统一平台、统一发展的要求，在坚持行政推动、形成合力，充分维护地方利益的前提下，联合全省广电系统组建省移动多媒体广播电视发展有限公司，积极稳妥地发展以 CMMB 为重点的手机电视业务，探索建立符合浙江实际的产业化运营模式。要以壮大浙江网络电视联盟为抓手，推动更多的广播电视播出机构加入这一平台，开展网上视听节目传播服务和网络文化建设。继续推动购物电视、楼宇电视、车载电视、广场电视、IP 电视、手机广播等新媒体传播业态的规范发展，努力开辟广播电视发展新空间，创造新的经济增长点。

(3) 加强新媒体视听节目内容建设

要推动各级广播电视台通过数字化改造，盘活传统节目资源，努力满足多种数字播出平台、多种接收终端的内容需求。深入研究新媒体受众分布和收听收视习惯，创作、开发和生产出更多适合新媒体传播的视听产品，使广播电视台成为网络新媒体视听节目的内容生产基地及信源集成输出的主渠道，牢牢把握网络广播电视产品的主导权。

7. 动漫业

浙江围绕建设经济强省和文化强省的战略目标，大力推进浙江动漫产业的发展。以杭州为龙头，集聚全省各种要素，探索动漫产业集约化、现代化的发展模式，把浙江建成集教学、研发、制作、生产、销售于一体的动漫产业强省。

(1) 打造“动漫之都”

2009 年，杭州原创动画产量共计 27409 分钟，占全国总产量的 16%，位列全国各大城市第　位；杭州获国家推荐的优秀动画片共计 8 部，占全国总数的 16%，同样位列全国各大城市第一位。杭州凭借自身条件，抓住机遇，大量引进海内外专业领军人士，吸引了一批全国龙头企业加盟。2009 年，全国最大的动漫企业——宏梦集团落户杭州；台湾著名漫画家朱德庸和蔡志忠也在杭州成立工作室，创建动漫幽默馆。随着《人民日报》大业传媒旗下的漫齐妙公司、宏梦卡通以及蔡志忠、朱德庸、姚非拉等名企名家的相继落户，杭州将进一步加大人才引进和培养力度，汇聚全国动漫创作和生产的强大团队，形成海内外动漫企业竞相入驻的景象。

同时杭州还十分注重动漫人才队伍培养。建立动漫游戏人才库，纳入“杭州市青年文艺家发现计划”，享受杭州市文艺人才住房奖励政策，作为骨干力量推荐赴海外学习培训。通过“培养一批、引进一批、使用一批”的方法和途径，经过几年努力，建成一支以本地动漫、游戏人才为骨干，门类齐全、结构合理、素质优良的杭州动漫、游戏人才队伍。

2009 年，杭州在白马湖生态城创建国内首家“中国动漫博物馆”，这是国内规模最大、展品最丰富、内容最权威、国际一流的动漫专业博物馆。全面展示中国动漫历史，重点介绍世界动漫强国，突出反映杭州动漫成果，运用现代动漫科技，切身体验动漫游乐氛围。

自全球金融危机爆发以来，浙江省一些以出口为主的文化和工艺品企业受到较大冲击，动漫企业也压力重重。面对这种情况，一些动漫企业借助原创动漫作品的品牌形象拓展市场，提升产品附加值，实现双赢。

1 月 7 日，杭州文广投资控股有限公司和浙江中南集团卡通影视有限公司就动漫合作事宜正式签约，双方以资本合作的模式推动资源整合，以业务联动的优势打造价值链，进一步做大做强动漫产业，增强抗击金融危机能力。此前，浙江中南卡通影视有限公司与台州文具、玩具企业签订品牌授权协议，杭州九越、杭州玄机等动漫企业也与台州工艺品企业就进一步深入合作达成了初步意向。

与此同时，浙江省还主抓了杭州高新区国家动画产业基地和浙江大学、中国美术学院、浙江传媒学院等动漫教学研究基地建设。加大动漫衍生产品和网络游戏开发力度，为了配合整个动漫行业的发展，进行有组织有计划的动漫产业的理论研究不仅十分必要而且十分重要，2009 年 6 月，我国第一家以动漫产业为研究对象的省级学术性社团——浙江省动漫产业学会成立。浙江省动漫产业学会的成立是浙江建设文化大省的重要事件，对浙江省的动漫产业发展具有重要意义。作为省级学术性社团组织，浙江省动漫产业学会将把动漫产业研究，打造具有民族特色浙江特色的动漫品牌为宗旨，深入开展动漫产业的理论研究、理论创新发展，做好版权保护、引导良性发展；作为专家学者和企业间协作互助的平台，做专家、企业和风险资金的桥梁和纽带，为动漫产业的产业链发展提供探索和经验，学会还将通过人才培养、人才交流、技术交流、学术论坛、业务合作等途径，增进资源共享、解决瓶颈难题；作为政府与企业沟通的桥梁和纽带，学会会将通过经验探索、信息反馈、提案建议等形式，为政府决策提供参考；作为浙江省动漫宣传的重要窗口，学会将通过境外参展、论坛赛事和公益活动等方式，营造浙江省动漫发展的良好氛围，提高浙江动漫产业在国内外业界中的知名度。

浙江动漫产业学会与浙江传媒学院联合主办了首届浙江大学生原创手机动漫大赛的启动仪式和浙江动漫文化与动漫产业发展论坛活动。本次论坛是“当代浙学论坛 2009 浙江学术月”的重要组成部分。学会积极配合杭州市政府办好中国国际动漫节，为打造杭州“动漫之都”品牌提供支持和服务。中国国际动漫节自开办以来，迄今为止已经举办到第五届，这场政府主导、搭建平台、促使各方动漫企业交流合作的盛会，对于我国动漫企业来说搭建了一个企业和政府、本土和国际、产业和政府及媒体间合作的平台。目前已经成为全球规模最大的动漫节。学会协助杭州市政府举办好每一届国际动漫节，不仅要参与主办中国国际动漫节的项目，同时拓展开发新项目，通过理论探讨、经验交流，注重创新性、兼顾实用性深入探讨中国动漫产业发展模式，加快中国动漫与国际接轨的步伐，推动中国动漫产业健康发展，也为浙江动漫产业带来良好的发展态势。

（2）支持国有，扶优民营

2009年，浙江省在动漫发展上作出的重要举措可以归结为一句话：支持国有，扶优民营，大力促进影视动画产业发展繁荣。

加强影视动画产业政策扶持。认真贯彻《国务院办公厅转发财政部等部门关于推动我国动漫产业发展若干意见的通知》（国办发［2006］32号）文件精神，充分运用好国办发［2008］114号文件关于推进文化体制改革《两个规定》的相关优惠政策，积极促进制定出台浙江省实施细则，协调落实财政税收、投资融资、土地使用、工商管理等各项政策措施，指导和支持国有与民营影视动画产业享受同等政策，形成多元资本共同参与和推进浙江省影视动画产业发展壮大的格局。

大力培育影视动画产业主体。重视对重点区域、重点基地、重点产业的扶持，实施一企一策的工作措施，支持和培育一批重点影视动画骨干企业优化结构、转型升级、开拓市场、扩大规模、做大做强，发挥产业示范带动作用。要建立全省影视动画产业数据库，制定产业发展目录，加强分类指导，有计划地实施重点扶持。要以市场为导向，加强核心技术研发，搭建公共服务平台，培育专业人才队伍，拓展衍生产品、延伸产业发展，构建创意、编剧、制作、播出、营销等分工协作的产业链，形成一个完整的影视动画产业体系。

推动影视动画精品生产与播出。深入实施影视动画精品工程建设，坚持抓创意、促原创、抓质量、抓效益，不断繁荣影视创作生产。省级电视台上星频道黄金时段播出的电视剧要以现实题材为主，继续执行黄金时段国产动画播出规定和影院放映国产影片的时间规定。进一步完善落实影视动画规划、公示和奖励政策，抓好题材论证和优秀作品宣传工作，大力提升自主创新能力，努力创作生产具有浙江特色和风格的影视动画精品。继续组织开展全省广播影视“文艺奖”、“影视动画奖”、“牡丹奖”、“凤凰奖”的评比，举办浙江省大学生原创动漫作品和全省栏目剧大赛活动，开辟扩大优秀影视动画作品在省内播出的渠道，推动全省影视动画企业提高创作生产水平的积极性。适时的召开全省影视动画创作生产研讨会，进一步谋划影视动画的新一轮发展。

支持影视动画基地建设。支持和加强横店影视产业实验区、杭州高新区动画基地建设，不断扩大园区影视动画产业的集聚规模和效应，促进要素市场的规范发展，提升产业高水平的发展档次。支持杭州建设卡通城，打造动漫之都。推进中国美院、浙江大学、浙江传媒学院动画教学研究基地建设，促进产学研结合，推动校企合作、师资互动，抓好高端创意人才引进和动画基础队伍的培训工作。继续办好第五届杭州中国国际动漫节，在搭建国际化和产品交易两个平台上提高层次。

8. 文化旅游业

2009年，浙江省旅游业总体保持较快增长，旅游总收入实现较大幅度增长。据统计，1—12月，全省接待入境旅游者570.6万人次，同比增长5.7%，实现旅游外汇收入32.2亿美元，同比增长6.6%；根据抽样调查测算，1—12月，全省接待国内旅游者24410万人次，同比增长16.8%，实现国内旅游收入2423.5亿元，同比增长18.8%；实现旅游总收入2643.7亿元，同比增长17.5%。全省组织出境旅游者62万人次，同比增长15.3%。

（1）入境旅游市场情况

1—12月累计，全省接待入境旅游者570.6万人次，同比增长5.7%，实现旅游外汇收入32.2亿美元，同比增长6.6%。其中接待外国人377.6万人次，增长3.1%；香港同胞74.2万人次，增长5.9%；澳门同胞16.5万人次，增长37.8%；台湾同胞102.4万人次，增长11.9%。

2009年，浙江省入境外国旅游者按各大洲的分布情况是：亚洲游客215.4万人次，同比增长1.7%；欧洲游客82万人次，同比增长7.1%；美洲游客44.3万人次，同比持平；大洋洲游客14.2万人次，同比增长1.6%；非洲游客8.3万人次，同比增长23.8%。

2009年，浙江省旅行社有组织接待入境旅游者73.8万人次，同比下降6.1%，占全省接待入境旅游者总量的12.9%。全省旅行社外联入境旅游者77万人次，同比增长4.7%，占全省接待入境旅游者总量的13.5%。

2009年，浙江省饭店平均客房出租率59.7%，比去年同期下降2.1个百分点；全省平均房价为283.5元/间，比去年同期下降了5.2元/间。

（2）出境旅游市场情况

2009年，浙江省有组织出境旅游者62万人次，同比增长15.3%。其中出国游增长13.4%，港澳台游增长11.4%。1—12月份台湾游累计组团人数16.1万人次。

（3）国内旅游

根据抽样调查测算，2009年浙江省接待国内旅游者24410万人次，同比增长16.8%，国内旅游收入2423.5亿元人民币，同比增长18.8%。

从2009年开始，浙江将积极打造生态旅游精品项目，形成推动生态旅游的良好市场氛围。目前，浙江已有1个国家级生态县，43个国家级生态示范区，138个全国环境优美乡镇，2个国家级生态村，总数位居中国前列。浙江已累计创建11个省级生态县（市、区），省级生态乡镇450个，县级以上生态村3999个。目前绍兴会稽山风景区、宁波大桥生态旅游区被浙江省旅游局和环保局联合命名为浙江省首批生态旅游示范区。此外，杭州天目山风景区等7个景区被命名为浙江省首批生态旅游点。

# 安徽省

## 一、安徽省2009年文化产业发展综述

作为传统农业大省，安徽虽然并未列入首批全国文化体制改革试点省份，却以敢为天下先的探索精神和改革勇气，创造了文化体制改革的众多成功经验，并在一些重点领域和关键环节取得了重大突破，被中央文化体制改革工作督查组评价为“走在全国的前列”，是“早改、快改、真改，改得好，改出了生机，改出了活力，改出了成效”的省份。

1. 着力构建现代文化市场体系

安徽省文化体制改革和文化产业发展的“自主试点”以建立新的文化管理体制和运行机制为目标，从转变政府职能、培育合格市场主体为抓手，着力构建现代文化市场体系。首先，根据经营性文化产业和公益性文化事业的不同属性和功能实行分类指导。对经营性文化单位，有计划、分步骤地推动转企改制，建立和完善资产经营责任制。截至2009年9月，安徽全省165家经营性文化单位完成转企改制。对公益性文化事业单位，通过劳动人事、收入分配和社会保障“三项制度”改革，转变经营模式，提高服务水平。其次，探索管办分离。安徽省出版部门改革“局社合一”体制，实现政事政企分开，剥离出版发行业务，组建了出版和发行两个集团。芜湖、合肥等部分试点地区建立了文化、新闻出版、版权及广电综合行政执法大队，对文化领域实施综合执法；亳州等非试点地区也实行了文化市场综合执法。

在宣传口单位则实行宣传与经营“两分开”和广播电视节目制播分离，把经营业务从事业体制中剥离出来转制为企业。安徽电视台人均效益全国领先，卫视单频道广告收入全国第二。在体制机制的改革中，安徽着力将一批龙头企业打造成合格市场主体。安徽演艺集团和广电传媒产业集团两大省属大型国有独资企业组建方案也已获得批准，年内将完成组建。安徽把发展文化产业列为全省重点发展的八大支柱产业之一，出台了一系列政策措施，明确了改革的“路线图”和“时间表”，制定了目标任务和实施步骤。针对影响和制约文化体制改革的瓶颈问题，安徽省委、省政府借鉴经济领域和社会发展领域的改革经验，研究制定了转制单位社保、土地、职工安置分流、税收减免等具体政策，并加大财政投入力度。在改革过程中，安徽省委、省政府还注重以人为本，在充分调动广大干部职工的积极性创造性基础上，制定出台《省属文化企业集团负责人“双效”业绩考核及薪酬管理暂行办法》，明确省属文化企业集团“高管”的责权利。与此同时，安徽还通过各领域人才的培养和引进，充实文化产业“生力军”力量。近年来，安徽引进体制外优秀人才达1700多名，其中不乏集团总裁、副总裁在内的高端经营管理人才。

2. 事企结合，共同发展

安徽在文化体制改革中大胆创新，很多做法开了先河，起到了示范和带头作用。安徽新华发行集团通过建设和发展“乡村便民店”，将产业和事业一起办，把经营和公益一起推进，既销售了图书，又服务了群众，这种形式在全国属首创。安徽日报报业集团与大型跨国传媒集团米拉德集团合作，引进资金2.1亿元，成立新安传媒有限公司，是目前全国唯一经国家批准的党报集团中外合作项目，也被中央文化体制改革工作领导小组办公室副主任、国家新闻出版总署党组副书记、副署长蒋建国评价为“用境外资本、社会资本发展文化产业的一个重大创新”。此外，芜湖方特欢乐世界将文化、科技、旅游相结合，开辟文化产业领域新业态，开园两年游客超过360万人次，门票收入达到4.5亿元，仅次于黄山，超过九华山；安徽省出版集团开拓语音图书、移动书店、手机文献资料查询、空中教学教辅等新兴文化项目，第一份手机动漫杂志《移动漫》推出后3个月，用户就突破10万，目前用户已突破50万；新华发行集团创办网上书店，日均销售额达到8000元。

3. 多元化投融资体系初步建立

出版集团战略重组“科大创新”正式上市，为全国出版业第一个主业整体上市的企业；安徽新华发行集团成功完成股份制改造，即将成为全国图书发行业第一家整体上市企业；把招商引资作为推动文化产业跨越发展的突破口，连续三年组织全省文化产业参加徽商大会，签订投资项目194个，协议引进资金近60亿美元。此外，发行企

业债券、参股商业银行、集团相互持股等新的文化产业投融资方式也正在积极探索之中。

4. 项目带动，成效突出

基于文化产业主导产业的选择和各地的基础条件，安徽省将重点建设三个文化产业中心城市，建设一批文化产业重点基地，形成在国内有竞争力的区域增长极。三个文化产业中心城市是：将合肥建设成以现代传媒产业、影视演艺产业、创意动漫产业等为主要特色的现代传媒产业中心城市；将芜湖建设成以创意动漫产业、生产性服务文化产业为主要特色的创意动漫产业中心城市；将黄山建设成以徽州历史文化开发利用、融合黄山旅游产业及其关联产业为主要特色的国际化文化旅游产业中心城市。通过近年来的探索努力，安徽文化体制改革取得了显著成效，初步形成了一批主导产业，培育了一批市场主体，崛起了一批龙头企业，打造了一批知名品牌，实现了跨越式发展。重大文化项目不断增加。已有268个项目进入安徽省政府产业项目库，投资总额超千亿；2009年还将新增100多个入库项目，投资总额将近3000亿元。

5. 积极推动文化产业输出

在商务部、文化部、广电总局、新闻出版总署联合公布的2009至2010年度国家文化出口重点企业和项目中，安徽省安徽出版集团等7家文化企业、《国剧英译》等8个文化项目名列其中，入选的企业和项目总数位居全国第六、中部地区第一。芜湖方特成为我国第四代主题公园新标志，项目整体输出到伊朗、乌克兰等国，使我国成为继美国之后第二个大型文化主题公园出口国。

## 二、安徽省2009年文化产业各行业发展综述

1. 广播电视业

截至2009年底，安徽省共有广播电台16座、电视台16座（不含教育电视台），广播电视台2座，县级广播电视台62座，共开办公共广播节目104套，全年制作各类广播节目228870小时，总播出时间481670小时；开办公共电视节目120套，全年制作各类电视节目75181小时，总播出时间648882小时。全省广播人口综合覆盖率97.01%，较上年增加0.19个百分点；电视人口综合覆盖率为97.20%，较上年增加0.28个百分点。全省共有中波广播发射台和转播台23座，电视发射台和转播台161座，调频广播发射台和转播台498座，微波实有站92座，卫星收转站230340座，上行站1座。全省微波线路总长4116公里，省级干线网总长6134公里，市级干线网3190公里，县级及县级以下干线网27404公里。全省有线电视用户390.32万户，入户率19.52%。广播电视从业人员19475人，其中省级广播影视机构从业人员7069人。2009年，全省广电系统实际创收共计36.17亿元，同比增长19.49%。其中，省级创收25.51亿元，同比增长20.12%。在省级创收中，省电视台创收20.1亿元，同比增长23.63%；省电台创收1.41亿元，同比增长27.70%。安徽卫视单频道广告收入11.2亿元，继续位居省级卫视前列。

（1）新闻宣传工作开展情况

2009年，安徽人民广播电台、安徽电视台围绕省委、省政府中心工作，全年共推出150多个新闻专题专栏节目，着力加强对重大主题、重大活动、重大典型的宣传，唱响了科学发展、加速安徽崛起的主旋律。安徽人民广播电台、安徽电视台在中央台发稿总数分别达774条、1030条，同比增长25.9%和27.3%，均位居全国省级台前列。“走出去”步伐进一步加快，省两台共在海外开设13个外宣窗口阵地。安徽人民广播电台《中国安徽之声》专题节目在欧洲成功落地。安徽电视台国际频道顺利开播，通过长城平台和麒麟电视，覆盖美国、加拿大10万多用户。安徽卫视覆盖继续扩大，覆盖人口已达8.59亿，在省会城市和地级城市覆盖率位居省级卫视第一，也是中国大陆最早在台港澳三地落地的省级卫视。

（2）品牌创新情况

安徽人民广播电台的《政风行风热线》、《金色田园》栏目，安徽电视台的《安徽新闻联播》、《第一时间》、《帮女郎，帮你忙》等栏目，已成为广大群众喜闻乐见的品牌栏目。安徽电视台频道群在省内收视份额持续上升，全天达40%，晚间达44%。安徽卫视在推及人口近12亿的全国省网收视排名已连续三年居省级卫视第二位。全省广电系统共有33件作品获得全国“五个一工程”奖、中国电影华表奖、中国新闻奖、中国广播影视大奖等，创下历史最好成绩。其中，电影《人民至上》和《十八个手印》同时荣获第十三届中国电影华表奖；电视剧《祈望》、歌曲《站起来》、广播剧《“傻子”传奇》荣获全国第十一届“五个一工程”优秀作品奖，占全省获奖总数的一半。省本级共投资拍摄广播影视剧和动漫作品1200多集。举办的“江淮情·中国心——安徽省庆祝新中国成立60周年大型文艺晚会”等大型活动，紧密联系安徽实际，特色鲜明，受到广泛好评。

（3）设施建设情况

圆满完成2007—2009年三年24776个“盲村”广播电视村村通建设任务，完成情况居全国前列。人民日报、新华社、中央电台、中央电视台、经济日报等中央主要媒体均对安徽广播电视村村通建设成果进行了报道。在安徽省民生办组织的2009年民生工程满意度测评中，广播电视村村通工程群众满意度达88.66%，在全省28项民生工程中名列第二。组织放映农村公益电影298770场，超额

完成全年放映任务。全省数字电视用户已达103万，有线电视双向交互技术平台正式开通。继2008年安徽电视台实现全面数字化之后，安徽人民广播电台也实现了全面数字化。省局系统共投资5500多万元，购置了10台全国一流水平的广播电视卫星传输和监测车辆，使广播电视直播监测技术装备处于全国领先位置。投资8500万元，对安徽省传输发射总台9个骨干发射台实施了搬迁重建或设备改造，建成了一批花园式台站。占地273亩的安徽省广电新中心，2009年8月1日正式动工，目前全国最大的3600平米演播厅2010年10月将正式投入使用。占地618亩的安徽省广播影视职业技术学院新校区，于2008年12月10日开工兴建，截至2009年底，15万平方米主体建筑已基本完成。

（4）产业收益情况

近几年，安徽广电经营收入持续高速增长，2006到2008年，全省广电系统经营收入三年增长89.3%，省本级三年翻了一番，省电视台三年增长了117.8%。2009年广播影视经营收入继续保持较快增长，全省累计达36.17亿元，比去年同期增长19.49%。安徽电视网成为全国广电系统增长速度最快的网站之一，日访问量突破350万人次；创办的《剧星》网络电子杂志，截至2009年底，在线阅读及下载人次超过1000万，排名全国娱乐明星类电子杂志浏览量第一。移动多媒体广播在全省17个省辖市开通信号，开始试运营。

（5）体制机制改革情况

安徽人民广播电台、安徽电视台积极加强制播分离改革，目前在播节目中分别有29档和28档实行了制播分离。全面完成全省市一级广播电视有线网络整合，初步形成全程全网，省、市、县三级贯通，统一规划、统一建设、统一经营、统一管理的有线电视网络新体制。全省电影行政职能调整划转工作已经完成，全面理顺了电影管理体制。安徽广电传媒产业集团正式挂牌成立。省电影制片厂、省音像出版社、省音像制品发行社的转企改制全面完成。此外，建成了安徽省广电局收听收看中心，着力加强广播电视节目管理，提高宣传管理水平，受到国家广电总局表扬；深入开展互联网低俗之风专项整治行动，有力净化了网络视听环境；境外卫星电视传播秩序整治工作卓有成效，安徽省广电局被评为“全国境外卫星电视传播秩序整治工作先进单位”。投入250万元，对省干线网线路进行迁移和改造，安全播出保障能力进一步增强。

2. 广告业

安徽省出台多项政策措施指导意见促进广告业发展，省工商局、省发改委联合出台了《关于促进安徽省广告业发展的指导意见》，提出了当前和今后一个时期全省广告业发展的主要目标和任务，出台了进一步完善促进广告业发展的多项政策措施。安徽省是全国较早制定广告业发展规划的省份，《指导意见》根据“十一五”规划纲要和未来经济发展目标，制定了全省广告业发展的主要目标和任务，把促进消费需求的增长作为经济增长的一项重大举措，鼓励消费、引导消费、为消费创造良好的外部环境。同时，把广告业发展作为安徽省发展现代服务业和创意产业的重点领域，加大对动漫、创意设计等智力型广告服务业为重点的广告企业扶持力度。《指导意见》指出，支持安徽省形成大型综合性广告媒体、培育具有国际竞争力的广告企业，形成以合肥、芜湖、蚌埠等城市为核心的广告产业集群，从而辐射和带动全省广告业发展。依法放宽广告市场准入，取消各种不利于广告业健康发展的准入限制。实施评优扶优工程，实施品牌战略，建立健全广告经营资质评价体系。此外，对按税法有关规定被认定为高新技术企业的广告服务企业，实行企业所得税优惠政策；广告业用电与工业用电同价，执行一般工商业电价，依法保护广告企业的合法利益。

3. 文化会展业

2009年，安徽为了发展会展经济成立展览协会。该协会是由中国贸促会安徽省分会及与会展业密切相关的单位及个人、具备会展资格的各类会展中心、馆、场自愿组成，依法成立的地方性、行业性和非营利性的具有法人资格的社会团体组织。其宗旨主要是为规范会展秩序，改善、优化会展环境，提高会展质量和效益；加强与各级政府的联系，广泛团结会展企业和业内人士，积极与国内外会展业相关机构联络与合作，努力把安徽建设成为举办国际会展的重要地区之一，不断促进安徽会展业的健康发展。该协会的成立标志着安徽省会展业进入了全新的发展阶段，对规范安徽会展市场，加强行业的自律团结，提高市场竞争力，加快安徽省经济的全面发展具有重要的现实意义。

安徽要突破会展经济“围城”，把握手中最大的一张王牌，要认识到最有潜质的会展资源就是旅游资源，安徽省拥有黄山、九华山、巢湖等世界级和国家级旅游景点，声名远扬。要充分发展安徽会展经济，必须从会展旅游角度切入会展市场，举办一些休闲类展会，倡导展会的娱乐性、休闲性，适时引进国际性、国家级的会议在安徽召开，充分利用安徽离上海只有几个小时的车程，背倚江苏、浙江和上海的优势，大力发展会展、旅游经济，从而促进经济的更快发展。

4. 动漫业

在文化强省战略的指引下，安徽省动漫产业快速起跳，异军突起，大踏步的迈入跨越式发展新阶段，已成为安徽省文化强省建设的生力军和江淮大地加速崛起的强大引擎。淮河文化、皖江文化和新安文化源远流长，这些文化资源优势为安徽省动漫作品的创意与开发提供了肥沃的文化土壤。在坚持原创的基础上，“动漫皖军”亮点频现，一部部贴有“安徽制造”标签的动漫作品不断飞上荧屏、网络和孩子的书桌，并走出国门、走向世界。

（1）项目发展情况

依托动漫基地、实施项目带动，是动漫产业发展的必由之路。2007年，新闻出版总署先后为合肥、芜湖国家级动漫产业基地揭牌。安徽省动漫产业发展形成了两大基地“两翼”齐飞、齐头并进的良好局面。项目是发展文化产业最基本的载体，实施重大文化产业项目带动战略，是做大做强安徽省文化产业的重要路径。两年来，在合肥、芜湖两大动漫基地的支撑下，安徽省动漫产业发展迅猛，一批批投资规模大、科技含量高、文化内涵丰富的重大动漫产业项目不断展翅高飞。

以新兴动漫、网络游戏、虚拟现实、影视制作和动漫服务外包为发展方向的合肥动漫基地，一期建设已累计完成投资3亿元，拥有各类动漫企业30多家，2008年产值达6000万元。为加速孵化动漫企业，合肥市高新区2009年5月创立的“合肥市原创动漫园”，截至10月份已有20余家动漫企业入驻。预计到2010年，合肥动漫基地入驻企业将达100家以上，年实现总产值不少于3亿元。深圳华强集团投资25亿元在芜湖建设的又一大型动漫主题公园“方特梦幻王国”也在推进中，建成后将成为东部地区规模最大的国际性文化科技产业基地。以华强科技产业园、和瑞文化科技产业园和动漫产业孵化中心三大板块为核心的芜湖动漫基地，正奋力迈进，潜心打造“动漫之都”。以动漫游戏为最大特色的马鞍山迎头跟上，目前该市已拥有视聆通游戏动漫产业基地和上海徐汇（国家级）软件基地马鞍山花山软件园两大动漫游戏产业基地。正是动漫基地对动漫企业的孵化和重大项目对动漫经济的推动，成就了安徽省动漫产业逐步腾飞的梦想。

（2）内容打造方面情况

鲜明的民族特色和强烈的时代气息，令读者耳目一新；版权输入日、韩、法、英等国，成功打入国际动漫市场；采用建立图书官方网站等全新营销模式，结合3G等新媒体开发延伸产品……皖版原创漫画精品《三国演义》以其精彩的故事情节和原汁原味的中国画风，获得“国家新闻出版总署原创动漫重点扶持项目图书类第一名”。以其为代表的“四大名著”系列作品在绘画、营销和商业模式上大胆创新，也为“动漫皖军”的崛起探索出一条全新发展道路。

2009年4月15日，由安徽出版集团出版的中国原创新漫画“四大名著”系列首部作品《三国演义》在北京盛装亮相，这是在成功举办首届中国国际动漫创意产业交易会之后，安徽在打造精品动漫品牌上的又一重要举措。皖版原创动画片《李白漫游》《黑脸大包公》《淮南子》等，也深受观众欢迎。《黑脸大包公》还成功实现国产动画打开海外市场的“零”突破。98集动画片《美德花园》被国家广电总局作为国产优秀动画片向全国推荐。2009年上半年，安徽省共备案发行原创动画片15部740集约9680分钟，是2005年至2008年总量的3倍。

网络游戏是“动漫皖军”跨越发展的另一亮点。目前，安徽文达集团自主研发的3D人物扮演类网络游戏《起源》已正式运营；马鞍山视聆通游戏动漫产业基地开发的大型原创网络游戏《无双勇气》等作品，也广受好评。

（3）政策推动情况

2009年8月28日，省委、省政府出台的《关于加快建设文化强省的若干意见》，为安徽省动漫产业发展进一步指明了前进的方向。政府发展动漫产业的信心和决心，以及为企业提供的各类政策支持和良好发展环境，不经意间使安徽动漫已经成为中国动漫产业的重要方面军之一。以《虹猫蓝兔七侠传》为代表的动漫图书出版和以芜湖方特为代表的动漫主题公园，别具特色，值得许多省市学习借鉴。文化产业被列为全省重点扶持发展的八大支柱产业之一，动漫产业作为21世纪的朝阳产业和新兴的文化创意产业，引起了各级政府的高度重视。合肥市设立专项引导资金，每年安排1亿元资金重点支持动漫产业公共服务平台建设、动漫原创作品补助、动漫获奖作品的奖励。为给动漫产业发展培育更多高素质动漫人才，省内多所高校开设动漫专业，仅芜湖9所高等院校就有动漫系及相关专业大学生近万人。

5. 文化旅游业

2009年以来，安徽省旅游经济运行状况良好。据统计，2009年11月份安徽省接待入境旅游者8.9万人次，同比增长33.2%；旅游外汇收入1971.6万美元，同比增长51.01%。1—11月份安徽省累计共接待入境旅游者151.5万人次，同比增长20.5%；旅游外汇收入4.8亿美元（不含旅游商品创汇数），同比增长48.8%。

2009年1—11月份，安徽省53家重点监测旅游景区（点）累计接待游客4193.4万人次，同比增长18.1%，累计门票收入13.9亿元，同比增长10.9%。接待人数超过百万的有黄山、九华山、天柱山、方特欢乐世界等11个景区。门票收入超过千万元的有黄山、九华山、天柱山、方特欢乐世界等20个景区。其中黄山接待游客228.8万人次，同比增长4.4%，累计门票39428.1万元，同比增长1.6%；九华山接待游客300.9万人次，同比增长14.3%，累计门票收入23097.9万元，同比增长21.4%；天柱山接待游客163.4万人次，同比增长20.1%，门票收入5473.9万元，同比增长11.0%；方特欢乐世界接待游客196.5万人次，同比增长10.8%，门票收入26350.8万元，同比增长13.0%。

# 福建省

## 一、福建省2009年文化产业发展综述

2009年福建省出台了《关于加快文化产业发展的意见》，提出了发展文化产业的指导思想、发展目标、基本原则、主要措施等内容，并确立了重点发展报刊服务业、出版印刷发行业、广播影视业、演艺娱乐业、文化旅游业、文化创意业、动漫游戏业、文化会展业、广告业、工艺美术业等十大文化产业。5月，国务院出台的《关于支持福建省加快建设海峡西岸经济区的若干意见》提出，加强文化产业发展，努力使海峡西岸经济区成为全国重要的文化产业基地。福建省政府及有关部门认真贯彻落实党中央、国务院有关发展文化产业的部署和要求，在重视发展公益性文化事业的同时，高度重视文化产业发展，充分发挥文化产业在转变经济发展方式、保障和改善民生、建设文化强省等方面的重要作用，做强做大文化产业。

1. 发挥“五缘”优势，彰显特色民族文化

福建省充分发挥“五缘”优势，加强闽台文化产业对接，闽台两地文化产业合作与交流渠道不断拓展，打造了一批文化产业交流与合作品牌；通过设立闽南文化生态保护区，促进歌仔戏、高甲戏、南音等闽台特色文化项目频繁交流，推进闽南文化、客家文化、船政文化、妈祖文化等特色文化产业的发展。2009年相继举办了海峡论坛、福建艺术节、海峡两岸闽南文化节、海峡两岸文化产业博览交易会、图书交易会、工艺品博览会、两马同春闹元宵、广播影视文化节、“妈祖之光”大型电视综艺晚会、海峡两岸民间艺术节等重大文化产业展会。2009年占地面积约为十一点二亩，总投资近二亿元人民币，由张艺谋、王潮歌和樊跃高水平创意策划的《印象大红袍》中国茶文化大型山水实景演出在武夷山试演成功。《印象大红袍》是继《印象刘三姐》、《印象丽江》、《印象西湖》、《印象海南岛》后，“印象铁三角”创作的第五个印象作品，她把悠远厚重的茶文化内涵用艺术形式予以再现，美丽的自然山水浓缩成以一场高水准的艺术盛宴，将成为福建省乃至全国重点文化旅游项目，促进文化与旅游的融合。

2. 壮大文化产业集群，推动产业园区建设

按照政府引导、市场运作的原则，发展壮大特色文化产业集群，积极推动文化企业规模化发展，逐步形成影视制作、动漫、文化旅游、工艺美术等一批文化产业示范基地和陶瓷艺术、木雕工艺等若干较有优势的文化产业集群。2009年开展评选第四批福建省文化产业示范基地工作，又有十三家文化企业获得省级文化产业示范基地称号。依托文化产业示范基地（园区），文化产业的集中度和辐射力，产业聚集效应明显扩大。

3. 工艺美术产业发展迅速

2009年，全省现有工艺美术企业1万余家，从业人员40多万人，比“十一五”初期增长50.5%；全省工艺美术业总产值562亿元，比“十一五”初期增长60.6%；利税总额24.3亿元，比“十一五”初期增长50.5%。形成了德化陶瓷工艺、惠安崇武石雕、仙游宝泉古典工艺家具、莆田上塘珠宝、安溪竹藤铁工艺、闽侯竹草编工艺、华安玉石雕、建瓯根雕等八个初具规模的工艺美术产业园区。工艺美术品牌形象整体提升，专业市场建设加快，市场发展空间逐步拓展，产业竞争力逐步增强。

## 二、福建省2009年文化产业各行业发展综述

1. 广播电影电视业

全省现有广播电台7座、电视台7座、广播电视台66座；开办公共广播节目87套（省级6套、地市级22套、县级59套），公共电视节目39套（省级10套、地市级27套、县级2套），海峡电视台、东南卫视、厦门卫视等电视台节目上星。全省影视制作经营企业81家，其中37家为近三年新增企业，占总数的46%。2009年全省有线电视干线网络总长度13.8万公里，有线电视总用户数达527.8万户，有线电视入户率达53.84%。全省广播电视实际创收收入34.64亿元，同比上年增长9.34%；全省现有影院77家，电影票房1.6亿元，同比上年增长53.5%。2009年上半年，全省广播电视实际创收收入14.77亿元，受经济形势影响增速有所放缓，比上年同期增长6.3%。其中广告收入7.15亿元，有线网络收入6.3亿元，其他创收收入1.32亿元，分别比上年同期增长5.5%、4%、24.5%。省级广电媒体创收收入4.04亿元，比增9.5%。设区市级和县级广电媒体中增长势头较快的有：厦门市创收收入2.55亿元，比增19.2%；永春县创收收入1286万元，比增110%。

2009年，全省广播电视实际创收收入34.64亿元，其中广告收入17亿元、网络收入13.39亿元，分别比上年增长9.34%、15.8%和6.52%。2009年全省实际创收收入前三位地区为厦门（6.3亿元）、福州（5.7亿元）、泉州（4.8亿元），前十位县（市、区）为晋江（7662万

元）、福清（4703万元）、南安（3980万元）、石狮（3898万元）、安溪（3230万元）、漳浦（2711万元）、惠安（2705万元）、长乐（2217万元）、福鼎（2062万元）、连江（1783万元）。同比上年增长最快的前三位地区为宁德、福州、莆田，前十位县（市、区）为寿宁、古田、周宁、松溪、平和、福清、顺昌、永定、永泰、宁德蕉城区，增长率均在15%以上。

（1）学院合作情况

“大学与传媒的合作与共赢”论坛暨中国传媒大学第二届董事会第三次全体会议于2009年11月5日在福州召开。胡占凡同志在讲话中充分肯定了第二届董事会两年来的工作。他强调指出，当前我国传媒和文化事业面临着难得的发展机遇，传媒教育要主动调整适应，乘势而上，加快发展；要充分认识教育在传媒发展中的重要地位，教育为本，推动发展；要充分认识董事会在振兴传媒教育、促进传媒发展中的地位和作用，把教育体制和传媒机制联系起来。中国传媒大学董事会要进一步健全完善运行机制，继续发挥在支持办学方面的纽带、桥梁和支撑作用，努力探索将媒体需求与学校需求有效结合的新路子。希望各董事单位继续通过各种方式，参与学校的建设和发展，不断提高学校办学水平。胡占凡同志表示，中国传媒大学董事会将一如既往支持海西建设，以项目为载体，为福建广播影视事业发展提供智力支持，促进学校与媒体共同繁荣和发展。

中国传媒大学与福建省广播影视集团战略合作，标志着传媒名校与福建媒体的合作进入了一个联系更紧、范围更广、层次更高的新阶段。他要求省广播影视集团要以此为契机，在人力资源、影视产业、节目研发、产学研结合等方面加强与中国传媒大学合作，推动广播影视事业发展和繁荣。

会议还举办“大学与传媒的合作与共赢”论坛，新增省广播影视集团等6家单位为校董事会副董事长单位。

（2）电视精品不断涌现

按照国家广电总局部署，省局组团赴台参加2009年9月22至24日举办的“台北电视节”，组织展出省广电集团和福州、厦门、漳州、泉州、龙岩等广电媒体制作的福州话、闽南语、客家语等方言电视节目36部133集和福建省电视剧《神医大道公》《憨女婿与敖媳妇》《施琅大将军》《海峡往事》《金门新娘》以及一系列闽南语译制片（连续剧、卡通片、专题片）等，积极发挥闽台两地相同方言的优势，输出福建省节目入台。

由漳州电视台发起并主办，福建省电视艺术家协会、温州广播电视总台、潮州广播电视台、赣州电视台协办的海西经济区城市电视台发展合作论坛于2009年8月18日至8月20日在漳州市长泰县举办。

2009年，福建省影视文艺作品创作呈现喜人态势，数量稳步增加，质量不断提高。据统计，2009年共获得国家级奖项40件（含重复奖项）。其中，电影《突发事件》获得第十三届“电影华表奖”优秀故事片奖；单本剧《天若有情》获得由国家广电总局颁发的“2007—2008年度中国广播影视大奖”广播剧大奖；音乐节目《溜溜的岁月·不老的情歌》、综艺节目《辉煌三十年之1998》、广播剧《海峡情思》等5件作品获提名奖；《老扁担》《侠者》等5件作品获得由中国广播剧研究会颁发的广播剧专家奖；《梨园寻访》《四将开台》等8件作品获得第六届“兰花杯”电视戏曲奖；《“2008妈祖之光”大型综艺晚会》《走南闯北》等4件作品获得第九届“电视文艺节目奖”。此外，福建省还获得由中国广播电视协会颁发的各类专业奖8件，影视动漫作品也有8件作品获奖。

（3）以学术研讨带动产业进步

电视是当今社会“第一传媒”，在海西战略实施五年来，电视媒体为营造良好舆论环境，全面展示海西建设良好形势、趋势、态势和气势，为推动海西文化大发展大繁荣做出了重要贡献。他同时就城市电视台发展合作提出“两点希望”：希望海西城市电视台继续坚持牢牢把握正确导向，努力营造昂扬向上、团结奋进、开拓创新的良好氛围，进一步增强大局意识、合作意识，加强区域联盟、建立交流机制，共同提高电视的舆论引导能力和竞争实力，共同发出海西的声音；希望海峡两岸电视媒体，进一步加强交流、增进合作、拓宽领域、提升层次，建立新闻交流机构和平台，推动两岸新闻交流常态化，共同把海西打造成为两岸新闻交流合作先试先行的区域。

海峡西岸经济区的20家城市电视台和台湾中华广播电视节目制作同业公会，台湾东森电视台、年代电视台、中天电视台、台湾中视以及凤凰卫视、澳亚卫视等台港澳电视媒体的100多名负责人、专家参加了论坛研讨。论坛邀请了国家广电总局港澳台办有关负责人到会指导，海协会副会长张铭清和台湾中华广播电视节目制作同业公会理事长汪威江就国务院“海西意见”对两岸媒体合作发展的影响进行解读分析。论坛还组织两岸电视传媒专家学者就城市电视台的合作发展和两岸电视传媒的深化交流等进行研讨，就加强海西城市电视台发展的区域联盟机制和两岸电视媒体的“对接与合作”框架进行商议。

论坛期间，与会代表共同签订了《漳州共识》。共识提出，一是面对加快建设海峡西岸经济区的重大历史机遇，海西城市电视台应发挥优势，主动作为，着力先行，加强区域媒体合作，全面构筑两岸电视交流合作的平台。二是海西经济区城市电视台要建立更加紧密的海西区域合作机制。各台共同设置“海西大看台”栏目。三是倡议海西城市电视群率先作为，共同制定两岸媒体“对接与合作”框架内容，加强区域统筹，提升海峡西岸经济区城市电视媒体与台湾媒体的对接能力和交流合作水平。

2. 新闻出版业

据统计，2009年福建省现有图书出版社11家，报纸59种，期刊175种，音像电子出版单位7家，互联网出版单位5家，印刷复制企业3069家（不含打字复印店），出版物发行网点3844处，形成了以图书、报纸、期刊、音像和电子出版物的出版、印刷、发行为主，包括物资供应、进出口等附属门类的较完整的产业链。全行业实现销售收入360.5亿元，增加值89.5亿元，总资产416.25亿元，从业人员16.41万人。

（1）舆论宣传工作情况

各媒体紧紧围绕主题抓好舆论引导工作，把好导向关，打好主动仗，唱响主旋律。广泛开展庆祝新中国成立60周年活动。各出版单位精心组织出版了近40种相关图书、音像和电子出版物，其中2种入选总署“庆祝新中国成立60周年百种重点图书”选题。举行了《革命生涯六十年》出版首发式，全国政协主席贾庆林、国家副主席习近平为本书出版发来贺信。举办了“福建六十年——从前线到先行区”暨“海西新农村”大型图片展，展出了500余幅历史和新闻照片。

深入宣传海峡西岸经济区建设。组织印制了国务院《意见》单行本47000册，向社会各界赠阅。赴港澳举办“魅力福建海西风采”图片展，通过近300幅图片展示了海西建设巨大成就和闽港、闽澳之间的密切交往。指导报刊多方位、多层面、多形式宣传海西，《福建日报》、《海峡通讯》等党报党刊组织特刊专稿，刊发报道8.7万多篇。组织出版社精心策划选题，出版发行了《海峡西岸经济区读本》、《海峡西岸经济区在崛起》等相关出版物。

根据各阶段形势和任务抓好宣传引导。积极应对国际金融危机，指导报刊推出“政策解读”、“权威发布”等专题专栏，组织出版发行《金融危机后的国际货币体系》、《全球不平衡中的中国崛起》等图书。新疆“7·5”打砸抢烧事件发生后，加强对相关出版物的审读把关，指导各媒体以客观真实的报道为读者了解事件真相提供窗口，维护社会和谐稳定。组织出版发行宣传普及甲型H1N1流感防治知识的出版物，《科学预防甲型H1N1流感》挂图是国内首张宣传甲型H1N1流感防治知识的专题挂图。

（2）体制机制创新情况

福建省委办公厅和省政府办公厅印发了《福建省出版发行系统体制改革方案》（闽委办［2009］55号），福建省政府办公厅印发了《福建省新闻出版局（福建省版权局）主要职责内设机构和人员编制规定》（闽政办［2009］139号）。福建省出版总社及其下属的17家企事业单位与福建省新闻出版局（版权局）脱钩，福建教育出版社及其下属的各单位与福建省教育厅脱钩，实现了出版系统政事分开、政企分开、管办分离。海峡出版发行集团正式挂牌运行，成为国有大型文化企业。福建省委办公厅和省政府办公厅印发了《关于深化全省出版社体制改革的意见》。

抓好干部和人才队伍建设，为新闻出版业发展提供人才支撑。制定下发《福建省新闻出版（版权）局关于做好新一轮大规模培训干部工作的实施意见》，约870多人次参加了各级各类培训和福建省第十一届出版理论研讨会等活动，加强新闻出版（版权）行业新世纪高层次人才工程人选培养。一年来，新闻出版系统获得省级以上表彰的先进集体32个、先进个人67位。积极推进职业准入和岗位准入制度建设，组织参加2009年度出版专业职业资格考试，完成680余名出版专业技术人员的职业资格登记注册工作。

2009年有10家图书出版社、5家音像和电子出版单位由事业单位转制为国有文化企业。另外，有3家杂志社进入海峡出版发行集团并随其整体转制，厦门对外图书交流中心转制并组建为厦门外图集团有限公司。福建新华发行集团、厦门音像出版社被评为全国文化体制改革优秀企业。

（3）产业提升情况

抓好产业发展规划。《关于加快发展文化产业的意见》明确表示福建省重点发展十大文化产业，将报刊服务业和出版印刷发行业作为其中两大产业。省政府办公厅转发了《福建省新闻出版业2009－2012年发展规划》（闽政办［2009］144号），确定了新形势下福建省新闻出版业发展的7大领域、7项工程、7条保障举措。为贯彻落实总署与省政府《协议》，福建省新闻出版局制定了《措施分解表》，提出了13个方面55条贯彻措施。

深入实施精品工程。抓好参加第十一届全国精神文明建设“五个一工程”（文艺类图书）作品评选活动，《蓝天下的课桌》获得优秀作品奖。在全国图书出版社等级评估中，厦门大学出版社被评为一级出版社，并获得“全国百佳图书出版单位”称号。《海峡通讯》、《中篇小说选刊》荣获“新中国60年有影响力的期刊”称号。据不完全统计，在省级以上各类评奖中，全省有146种图书获得156个奖项，59种期刊、11种音像、电子和游戏出版物获奖。

加快印刷产业基地建设。开展了省政府办公厅《关于加快福建省印刷业发展的指导意见》贯彻落实情况专题检查调研活动。厦门着力打造印刷产业“百亿工程”，完成了《培育百亿印刷包装产业集群发展方案（2009－2015

年)》和相关发展规划。泉州抓好晋江磁灶印刷工业园建设，规划面积达1万多亩，已被中国包装联合会命名为中国包装印刷（晋江）基地。漳州在南靖县设立海峡印刷工业园区，规划投资5.5亿元，已有3家印刷企业落户。

持续拓展出版物市场。制定《关于推进福建省民营出版物发行业发展的若干意见》，扶持民营出版物发行业发展。组织出版发行单位参加第十九届全国图书交易博览会，展订图书2700多种。组织图书出版社参加第十六届北京国际图书博览会，展出图书600余种，有34种图书达成版贸意向，其中输出版权意向18项。除组织参加法兰克福书展中国主宾国活动外，福建还组团赴美国、澳大利亚等国家举办福建图书展，推动了出版物贸易和对外合作。新闻出版系统4家企业被评为2009－2010年度国家文化出口重点企业。

大力发展版权产业。举办了首届福建版权创意精品展，展示了莆田、德化的333件木雕、陶瓷工艺精品，举行了向第三批25家省版权保护重点企业授牌、版权保护与产业发展高峰论坛、专家评选和群众推荐版权精品等活动，促进了版权产业单位交流合作。完成了《福建版权战略研究报告》编撰工作，提出了版权业发展的目标和举措。举办了版权保护重点企业和版权中介机构业务人员培训班。全省新增作品版权登记6829件，版权登记数量再创历史新高，连续9年居全国前两位。继续推进企业软件正版化工作，150家企业基本完成正版软件采购、安装等工作。

推进数字出版工程。成立了数字出版工作小组，在广泛调研基础上制定了数字出版建设方案。福建人民出版社依托福州大学设立数字出版项目研发实验基地。在第六届国际儿童电影节评选中，福建省文艺音像出版社制作出版的数字电影《鹤乡谣》获得优秀影片奖、最佳电影摄影奖。网龙网络有限公司投资建设海西动漫创意之都，将进一步提升动漫出版运营的水平。

（4）加强两岸合作

积极推进闽台出版交流合作。新闻出版总署把福建省确定为两岸新闻出版交流试验区并给予相应支持的政策。认真组织参与首届海峡论坛活动。台湾台北市出版商业同业公会等5个行业协会首次一起聚集福建，两岸业界代表共同参加了海峡论坛的有关活动，举办了闽台出版印刷发行业座谈会、闽台出版合作项目推介会暨签约仪式等活动。

第五届海峡两岸图书交易会进一步扩大影响。交易会设展位1320个，两岸参展图书达20万种、146万册、总码洋约3800万元人民币。交易会期间，销售和采购图书4100万元人民币码洋；项目签约200项。本届交易会台湾参展规模为历届之最，首次设立了两岸期刊展示区，首次举行海峡两岸期刊交流与合作座谈会，省刊协与台湾杂志事业协会签署了《海峡两岸期刊加强交流与合作备忘录》。组织了华文出版产业发展高层论坛、两岸业界合作项目签约仪式等13项配套活动。上海市作为主宾城市举办了“海派出版，世博书香”主题活动。

成功举办首届海峡印刷技术展览会。台湾印刷暨机器材料同业公会参与主办，在展馆的印刷设备材料展区专门设立了台湾馆，共有17家台商企业参展，展位76个，开启了两岸印刷业交流合作的新平台。香港印刷业商会组织了许多大企业代表参加。德国海德堡、曼罗兰等众多国际品牌和全国15个省（市）的企业也纷纷亮相。举办了印刷产业发展主题论坛、“金鹰”杯首届海峡印刷技术创意设计大赛等配套活动。签约项目200个，总价值7.83亿元。

广泛发动新闻出版单位开展对台交流活动。福建新华发行集团成功举办了第四届金门书展，首次从金门延伸至澎湖、马祖地区。福建电子音像出版社在台北成立了《天下妈祖》网新闻采编点，并与台湾图书出版事业协会达成长期合作协议。福建日报报业集团成功举办海峡媒体峰会，两岸50多家主流媒体聚集福州开展交流。福建省版权局在全国率先直接受理登记除计算机软件之外的台、港、澳作品的版权，受理登记了台、港、澳个人作品20件、企业法人作品150件。

（5）公共服务推进情况

农家书屋工程建设顺利推进。福建省政府把农家书屋工程列为2009年为民办实事项目之一。福建省财政投入1350万元，扶持设立1500家农家书屋，并对困难地区村图书室改造给予补贴。出台了《福建省农家书屋管理使用办法》。福建省新闻出版局与福建省邮政局联合在龙岩地区农家书屋推进新型村邮站建设试点工作，新闻出版总署和国家邮政局派出调研组到福建省考察并拟向全国推广。

第三届“全民读书月”活动广泛开展。从9月到11月，开展了第三届“全民读书月”活动，促进学习型社会建设。各市、县广泛开展了阅读活动。其中厦门开展大型综合性读书文化活动——“书香鹭岛活动月”活动，在中宣部、总署的表彰活动中获得了“全民阅读活动优秀项目”奖，厦门市新闻出版局被评为“全民阅读活动先进单位”。省刊协组织55种期刊在龙岩、三明、宁德3市组建了10家红土地期刊阅览室。

3. 广告业

全省现有广告经营单位7382家、从业人员5.47万人、广告经营额达81.52亿元，位居全国前列；广告业发展与GDP增长呈现明显的正相关性，广告经营额占国民生产总值的比重逐步增加，广告载体日益丰富，整体水平迅速提升，广告业保持持续稳定增长的势头，全省 13 家企业进入全国百强广告企业行列。

（1）广告总量持续稳定增长

截至 2009 年底，全省广告经营单位 7382 家，广告从业人员 54752 人，广告经营额达 81.52 亿元，位居全国前列。福建省广告业的发展与 GDP 的增长呈现明显的正相关性，广告经营额占国民生产总值的比重逐步增加，在福建省 GDP 逐年稳步增长的趋势下，广告业保持着持续稳定增长的势头。

（2）广告载体日益丰富多样

目前，福建省电视、报纸、广播等媒介得到普及，网络、信息、手机、展销、演示、DM、IPTV 等新广告载体不断涌现，大型广告立柱、霓虹灯、电子屏、灯箱、站台、车体、店牌等广告星罗棋布。全省广告业已初步发展为具有一定数量和规模，服务门类、媒体种类较为齐全的现代服务业和文化产业。

（3）广告业整体水平迅速提升

全省涌现出一批年广告营业额突破亿元的广告企业，10 多家广告公司先后进入了全国百强广告企业行列。目前全省拥有中国一级广告资质企业 16 家，中国二级广告资质企业 5 家；拥有福建一级广告资质企业 67 家，福建二级资质广告企业 60 家，全省广告业品牌集群已初步形成。一批有实力的广告公司的专业水平得到明显提升，进入了更高的发展层面，具备了为经济建设和社会发展提供全方位、高水准服务的能力。

（4）广告人才素质不断提高

全省已经形成了完整的广告教育层次，厦门大学、福建师范大学、福建农林大学、闽江学院、闽南科技学院等 16 所高校先后创办广告学专业，广告专业在校生达 4000 多人，每年可向行业输送广告毕业生 1000 人左右。一批高素质的广告人才正向高端广告公司集聚，成为福建广告业进步的核心力量。广告从业人员专业、学历、职称以及年龄结构有了明显改善，素质有了明显提高，为广告行业的整体水平提升和可持续发展奠定了坚实的基础。

（5）现有不足

一是产业结构不尽合理。福建省广告企业虽然数量多、门类全，但是具有国际竞争力的广告企业集团和媒介集团还比较缺乏，中小广告公司占总体的绝大多数，资源分散，实力不强，核心竞争力较弱，广告业区域发展不平衡，行业内相互压价的低层次竞争屡见不鲜。二是“高、精、尖”专业人才缺乏。广告企业“人才难得，人才难留”的问题比较突出，“高、精、尖”专业人才的匮缺成为制约福建省广告业进一步发展的瓶颈。随着经济的发展，市场对广告公司服务能力提出了更高的要求，人才供需矛盾将进一步突出。三是虚假违法广告影响发展。多年来有关部门对虚假违法广告问题进行了大力整治，取得了一定成效，但是，个别媒体、广告公司与广告主由于经济利益驱动，虚假违法广告问题仍时有发生，导致社会各界对广告的价值认知、认可程度偏低。

4. 演艺娱乐业

2009 年，全省国有艺术表演团体 90 个，演出 7.05 万场次，比上年增长 14%；观众 4033.9 万人次，比上年增长 11.7%；营业收入 15825.5 万元，比上年增长 32.7%。全省民营剧团登记在册 600 多家，从业人员 3 万人左右，年演出 30 万场左右，年产值达 7 亿元左右，在城乡文化市场中占较大比重。全省共有歌舞厅、电子游戏、网吧等娱乐场所 5783 家，比去年增长 1.9%；营业总收入 39.4 亿元，比去年增长 27%。

2009 年，福建省艺术表演院团共有 373 家，其中：属文化部门的国有院团 90 家，文化部门以外的国有院团 10 家，其他部门的在册民间职业院团有 273 家（实际有 600 多家），从业人员 12955 人。全省当年原创首演剧目 124 个，全年共演出了 86650 场（含农村演出了 76520 场），国内演出观众达 5502 万人次（含农村观众 4459 万人次），实现演出收入 2.08 亿元，受金融危机的影响，同比减少了 0.44 亿元。全年政府采购的公益演出 1300 场，观众 91 万人，政府演出补贴 1023 万元。文化艺术院团表演业全年实现增加值 3.27 亿元。

（1）国有院团发展情况

2009 年福建省共有属于文化部门的艺术表演院团 90 家，从业人员 4109 人。当年原创首演剧目 108 个，较上年增长了 83.05%；全年共演出了 16130 场，与去年同期相比增加了 1334 场，增长了 9.01%。其中：国外演出 830 场，农村演出了 10540 场；国内演出观众 1484 万人次（农村观众 1237 万人次），同比增长了 382 万人次，增长了 34.66%；全年实现演出收入 5911 万元（含政府采购收入），同比增加了 1056 万元，增长了 21.75%。全省共有流动舞台车 24 台，利用流动舞台车演出了 5070 场，观众 61 万人次。政府采购的公益演出有 1270 场，观众 87 万人次，政府演出补贴 1018 万元，全年实现增加值 2.05 亿元。

省级院团演出情况：全省共有省级院团 6 家，从业人数 825 人，当年原创首演剧目 31 个，较上年增加了 28 个。全年共演出了 1770 场，其中农村演出 1108 场，同比增长了 26.29%；国内演出观众 180 万人次，其中农村观众占 99 万人，同比增长了 84 万人次，增长了 87.5%；全年实现演出收入 2105 万元，较上年增加了 787 万元，同比增长了59.71%。实现了演出场次、观众人数和演出收入的大幅度增长。省直院团共有流动舞台车5台，利用流动舞台车演出了300场，流动舞台演出的观众有1.3万人次。全年文化表演业实现增加值6248万元。在演出收入中，包括全年政府采购的公益演出有420场次，政府采购的公益演出观众50万人，政府采购的公益演出补贴有616万元。省属六院团全年实现了演出收入超2000万元的可喜成绩。

设区市院团演出情况：全省九个设区市共有地市级国有艺术表演院团19家，从业人员1386人，当年原创首演剧目42个，较上年增加了16个，增长了61.54%，全年共演出了5039场，其中：国外演出140场，农村演出了2749场；国内演出观众390.4万人次，其中农村观众占200万人。全年实现演出收入1718万元，较上年增加了376万元，增长了28.01%。全年实现文化表演业增加值8845万元。各设区市院团共有流动舞台车13台，利用流动舞台车演出了360场，观众45万人次。全年政府采购的公益演出有630场，观众26万人，政府演出补贴381万元。

县市区院团演出情况：全省共有县市区级国有艺术表演院团65家，从业人员1898人，当年原创首演剧目35个，较上年增长7个。全年共演出了9321场（其中国外演出200场，农村演出了7160场），国内演出观众914万人次（农村观众占825万人），实现演出收入2088万元，全年实现文化表演业增加值6000万元。各院团共有流动舞台车6台，利用流动舞台车演出了110场，流动舞台演出的观众有15万人次。全年政府采购的公益演出有220场，观众11万人，政府演出补贴有21万元。

（2）其他部门的院团与民间职业剧团发展情况

2009年福建省共有文化部门以外的国有艺术表演院团10家。从业人员349人，当年原创首演剧目1个，全年共演出了2260场，国内演出观众291万人次（农村观众占251万人），实现演出收入932万元。

2009年福建省共有其他部门的在册民间职业剧团273家。从业人员8497人，当年原创首演剧目15个。全年共演出了68260场，其中：农村演出64020场；国内演出观众3725万人次，比上年增长了254万人次，增长了7.32%；实现演出收入1.22亿元，民间剧团有着很大的演出市场。

2009年福建省演出单位走进厂矿、农村、社区、军营，走进市场，丰富了城乡的文化生活，取得了经济效益，呈现一派艺术繁荣的景象。

（3）娱乐业发展情况

2009年福建省娱乐业发展稳中有升，经营效益增长较快，全省共有歌舞厅、卡拉OK厅、电子游戏机及游艺机娱乐场所2391家，较上年增加52家，娱乐场所资产总值420116.9万元，营业总收入294367万元，利润总额83797.7万元、增加值171589.2万元，比上年分别增长27.5%、31.5%、91%、23.8%。2009年，全省共有网吧3392家，较上年增加55家，网吧连锁门店1241家，较上年增加289家；从业人员15663人，较上年增加599人；资产总值148816万元、营业收入94943.9万元、利润总额33466.9万元，较上年的增幅分别为26.4%、11.3%、122%；营业总面积由2008年的73.8万平方米增加到82.3万平方米，计算机终端数由272261台增加到303327台，上网人次达44994万人次，平均每家网吧年上网13.3万人次。

5. 文化会展业

全省文化会展业基础设施建设加快，绝大多数设区市都拥有设施完善的专业会展场馆，总建筑面积达136万平方米，可供展示面积达45万平方米；培育了一批如海峡两岸文化产业博览交易会、海峡两岸图书交易会、中国（莆田）海峡工艺品博览会、海峡两岸茶叶博览会、海峡旅游博览会、厦门国际马拉松赛、朱子文化节、湄洲妈祖文化旅游节、闽南文化节、闽都民俗文化节、东山关帝文化旅游节等有影响力的文化会展品牌。

（1）各类大型会展竞相呈现

首届福建版权创意精品展在福州举办。省版权局联合省保护知识产权工作领导小组办公室、省工艺美术研究院共同举办的“首届福建版权创意精品展”于4月17日上午在福州省博物院隆重开幕。据悉，此次以版权产业为主题举办展会在全国亦属首次。作为版权创意成果的一次集中展示，也是一次重要的版权法律知识的宣传教育活动，这次精品展为期3天，免费向公众开放。集中展示德化、莆田工艺美术大师近年来自主创作、享有版权的333件陶瓷、木雕精品。这些精品在设计上饱含创新理念，在主题上内涵丰富，在形式上匠心独运，在制作上工艺精湛，具有很高的艺术价值和经济价值。期间，还将开展专家评选和群众推荐精品等活动。

第五届海峡两岸图书交易会在厦门成功举办。交易会展场总面积4.6万余平方米，超过第一届和第三届交易会展场面积总和；设置1320个展位，比第三届增加20%；台湾参展规模庞大为历届海峡两岸图书交易会之最，参展出版社210余家，并首次设立两岸期刊展示区，开创台湾期刊在大陆展会展示交流的先河；两岸参展单位583家，参展图书20余万种、146万册，总码洋约2500万元人民币，其中台版图书3万种9万余册，参展种册数均为历届最多；交易会期间前来参观、购书和交流的业内人士和读者达22余万人次；销售图书突破4000万码洋，比第三届超过1倍，创下海峡两岸图书交易会的历史新高，其中台湾图书共达成订单及销售约人民币码洋602万元，比第三届的500余万元的交易量增长了20%；达成122项版权贸易合作项目，比第三届增长135%，交易会成效喜人。交易会期间，还举办了“主宾城市——上海馆”展示、华文出版产业发展高层论坛、出版相关产业展示与洽谈、两岸业界合作项目签约、第三届两岸大学生“阅读与人生”演讲邀请赛、作家签售、新书推介、版权贸易、赴金门文化考察、“2009年书香鹭岛活动月”等13种、130余项配套活动，反响热烈。

首届海峡印刷技术展览会。本次展会得到新闻出版总署和省委、省政府的高度重视，得到两岸印刷业的广泛支持和参与。十多个省市及海西协作城市新闻出版部门和印刷协会领导、全国16家美术院校领导和师生莅会观展。展会展馆面积达15000平方米，共有国际标准展位650个，设置为5个展区，分别为印刷设备及材料展区、台湾精品展区、印刷精品展区、印刷创意设计展区和印刷包装获奖产品展区。其中，印刷设备材料展区占用470多个展位，共有190多家国内外印刷设备材料企业参展，共吸引2.5多万海内外人士前来观展洽购。本届展会共签约项目200个，总价值7.83亿元，体现了福建省印刷业的强劲发展势头和巨大市场潜力，有力推动海峡两岸产业对接，印刷产业基地建设借力推进。

(2) 强化会展培育

2009年福建工艺美术产业重大活动。2009年4月30日月至5月3日，由国务院台湾事务办公室、中国轻工业联合会、福建省人民政府主办，福建省经济贸易委员会、莆田市人民政府承办的第四届“中国（莆田）海峡工艺品博览会”在莆田“中国工艺美术城”举办，第四届艺博会以“弘扬中华优秀文化，促进产业合作发展”为主题，邀请海峡两岸、港、澳地区和国外工艺品生产企业参展，继续提升专、特、优、新、名、高展品比重，更加注重加强展会的产业化趋势。本届艺博会展览4天共吸引参观游客20.1万人次，实现产品成交金额5200万元，签订合同金额4.06亿元，意向合同金额2.68亿元，大师作品拍卖40多件，成交金额661.65万元，实现了为参展商创造价值的办展目的，已逐步成为全国工艺美术产业的名牌展会。

2009年10月29日至11月1日，为庆祝建国六十周年，福建省经济贸易委员会、福建省城镇集体工业联合社主办的“第四届福建省工艺美术精品争艳杯大赛”在福州经贸会展中心举行。大赛集中展示了福建省工艺美术工作者2006年以来创作的优秀新作品和历届中国工艺美术大师、福建省工艺美术大师的精品，推出了大量的精品、新品、佳品，从300多位作者的975件作品中，评选出金奖48项、银奖74项、铜奖115项、优秀奖242项，突出“档次高、规模大、精品多、范围广”的特点，受到各级领导的高度赞扬和社会各界的广泛好评。

以国家文化部、台办、广电总局、新闻出版总署为指导单位，由福建省政府、中华广播影视交流协会、中华广播电视节目制作商业同业公会等七个部门共同主办的第二届海峡两岸文化产业博览交易会，于10月29日至11月1日在厦门成功举办。国家广电总局港澳台办副主任曹寅出席开幕式，并代表总局在“文化创意产业与城市发展”论坛上致辞。中国电影集团、中广传播有限公司的负责人出席了有关投资合作协议的签约仪式。本届文博会组织了创意产业、广播影视、数字娱乐等多个门类展会、交易会和“文化创意产业与城市发展”论坛等文化活动，吸引了30多万人次的市民参与。广播影视产业内容丰富、覆盖面广，成效显著，截止到11月2日，已确定与福建省有关方面签约项目金额达5.65亿元。

6. 动漫业

全省初步形成了以制造业设计创意、数字服务创意为重点，文化传媒、文艺创作、咨询策划、休闲消费创意等协调推进的发展格局。2009年，全省动漫游戏业从业企业约130家，从业人员1万余人，实现收入27.5亿元，年均增长27.2%。2009年全省新增立项动画片18部981集，时长共约1.03万分钟；开发游戏产品近30款，新增上线运行10余款。

(1) 动漫业逆势上扬，成绩突出

2009年上半年，福建省影视动画制作业继续保持逆势快速发展态势。一是非公有资本进入持续增长。鼓励和支持非公有资本进入影视制作发行领域取得新的进展，今年以来新批成立制作机构5家，全省达到65家，其中民营企业42家，占65%。二是动画生产再创佳绩。福建省在去年影视动画产量跃升进入全国第8位的基础上，今年上半年继续快速发展，完成动画片备案15部958集9281分钟，完成制作并审查7部204集2888分钟。广电总局今年评出并奖励的2008年度全国少儿节目精品及动画精品，福建省项目数和奖励金额分别位列全国第5位和第6位。在国家广电总局今年向全国推荐的第二批12部优秀国产动画片中，福建省入围3部，占25%，包括福州五彩动漫数字科技有限公司的《护生》，厦门嘉影动漫有限公司的《神奇的游戏》，厦门大拇哥动漫股份有限公司的《加油宝贝》。其中，《神奇的游戏》已于7月27日起在央视少儿频道热播。三是影视动画产品市场潜力提升。福建省14家民营动漫企业在第五届中国国际动漫节展出的《加油宝贝》《快乐精灵》《精灵龙故事屋》《西游新记孙大圣环保行》《宠物宝贝环游记 3》《三七小福星》《神奇的游戏》等 20 余部动画作品，占本届国际动画片交易活动总片源的 23%，成为了本届动漫节最大片源之一。厦门大拇哥动漫股份有限公司制作的国内首部 4D 立体动画电影《十二勇士之虎啸龙吟》和厦门青鸟动画有限公司、福州南国影视制作中心等动画片得到的极大关注，并展现了较大的市场商机。

国家广电总局公布的 2009 年度全国电视动画片制作发行情况中福建省全年创作生产的电视动画片产量继续高速增长，达 6299 分钟，较 2008 年增长 68.4%，总量位列全国第 8 名，增幅位列全国第 5 名；其中 5 部由国家广电总局推荐为优秀国产动画片，占 2009 年度全国优秀国产动画片量的 10%，位列全国第 3 名。

（2）以大型活动带动产业发展

第二届厦门国际动漫节于 2009 年 10 月 30 日至 2009 年 11 月 3 日在厦门顺利举行，为期五天，较 2008 年参展参赛范围更广、层次更高。一是活动内容更丰富，包括了动漫作品“金海豚”奖评选、动画论坛、动漫作品与技术展示会、动感地带电子竞技大赛、COSPLAY（动漫角色扮演）盛典、动漫作品放映周等，并举办了专业人才招聘活动。同时，在动漫节期间开设了动漫放映周，设置国内优秀作品、国外优秀作品等六个专场，现场放映了总片长达 18 小时的优秀参赛作品。二是参展参赛作品更多，本次展示会共设 108 个展位，较去年增加 50%。共收到来自 14 个国家和地区的 1089 部作品，较去年增加了 88 部。经过评选，有 36 部作品获得“金海豚”大奖的 10 个奖项，分获奖金 278 万元。三是论坛规模层次更高，来自英国、美国、德国、芬兰、韩国、克罗地亚、捷克、荷兰以及中国台湾、香港地区等地的 200 位世界动漫名家和嘉宾出席了厦门动画论坛。四是厦门原创作品宣传展播更充分，提前从 10 月 15 日开始在厦视一套等播出平台启动了本地原创动漫作品展播月活动，历时一个月，充分宣传了厦门原创作品《加油！宝贝》《神奇的游戏》《魔法妈妈故事妙妙屋》等多部优秀动画片。

（3）影视动漫成为产业突破口

截止 2009 年 4 月 30 日，厦门市批准注册并核发制作资质证书的影视与动漫企业有 4 家，注册资本 6300 万元人民币。到目前为止，厦门市累计批准注册并核发制作资质的影视、动漫企业 13 家，注册资本 10618 万元人民币。其中，今年新批开办的厦门大拇哥动漫股份有限公司注册资金 5200 万元人民币，经营场所 9300 平方米，是迄今为止厦门乃至全省投资额最大的动漫企业。该公司计划成为福建省动漫生产制作的主力：一是投资 2000 万元制作动漫连续剧《大拇哥》，已完成人物造型设计和片花制作，将于年底前完成前 26 集制作，2008 年 8 月完成第一部（共 52 集），2008 年 5 月开始《大拇哥》系列动画片第二部的策划制作；二是三维动漫电视连续剧《小虫三宝》已完成 10 集样片，计划在明年 1 月底完成全部 52 集制作；三是与北京电影学院动画学院联手制作的立体动画产品《欢乐满屋》，融入水墨、皮影、蜡笔等多元制作手法，片长 90 分钟，目前已完成中期制作，并转入后期配音配乐工序。

2009 年 5 月 22 日，由厦门市青鸟动画有限公司制作的电视动画片获省局颁发的国产电视动画片发行许可证。该部动画片为厦门市自主原创的首部电视动画片，计划制作 104 集，共分四部，每部 26 集，每集 11 分钟，目前制作完成的是第一部，片长 286 分钟。《嘿！星星狐》是根据童话《比糖果甜蜜》改编而成的，卡通形象丰富，动画制作精美，适合 10 岁以前的儿童观看。该片在第三届中国（深圳）文化博览会的宣传推介中，受到国内某知名音像出版商的关注。

7. 文化旅游业

福建省依托重点文化旅游资源，打造特色鲜明的精品文化旅游区，促进文化产业与旅游产业结合，丰富旅游产品的文化内涵。2009 年全省实现旅游总收入 1133 亿元，比增 11.3%。文化旅游作为旅游产业的重要组成部分，在全省旅游业发展中占有重要作用。2009 年 1—10 月份，接待国内游客 7942.28 万人次，比增 9.7%，实现国内旅游收入 797.95 亿元，比增 8.1%；接待入境旅游者 225.79 万人次，比上年下降 4%，实现外汇收入约 18.77 亿美元，比上年下降 3.5%，旅游总收入约 925.59 亿元，比增 6.3%。

（1）国内旅游市场稳步提升

国内旅游市场在历年来最长黄金周的拉动下，呈现快速增长态势。10 月份当月，福建省接待国内游客约 1008 万人次，比增 21.3%，国内旅游收入约 85.4 亿元，比增 20.9%。

2009 年国庆、中秋假日是自实行黄金周制度以来的第一个八天长假，又恰逢新中国建国 60 周年大庆，各地节庆活动精彩纷呈，出行游客较往年有明显增加。全省黄金周共接待国内外旅游者 672.25 万人次，比去年同期增长 25%，其中过夜游客 186.89 万人次，一日游游客 485.36 万人次，一日游游客占游客总数的 72.2%；旅游总收入 36.94 亿元，比去年同期增长 18.2%。

国内市场增长原因主要有三点。一是动车组旅游效应明显。温福铁路动车组开通以来，明显拉动福州、宁德两市国内旅游市场走强。“十一”期间，福州全市大多数星级宾馆饭店入住率达到 90%以上，是近年来少有的。十月份，福州鼓山、三坊七巷等景区接待浙江旅游团明显增加，日接待团组增加30多个。宁德白云山等景区也借动车组开通之际开放接待游客；二是宣传促销成果显现。年初福建省启动“欢乐海峡·爱在福建”海西旅游年活动并贯穿全年，内容包括“百万游客海峡行”、“百辆自驾车游海西”、“旅游包机、专列入闽”、“跨海峡巡回促销”等系列活动。各市、县旅游部门也配合海西旅游年主题，开展相关的宣传促销活动。省、市、县三级旅游部门今年投入宣传促销的费用为历年最多。联合宣传活动有效拓展了福建省旅游客源市场，促进国内旅游市场持续繁荣。三是景区建设取得成效。全省加大旅游项目建设力度，今年列入省建设重点的旅游项目有41个（含预备项目），也是历年之最。福建土楼、福州三坊七巷、福安白云山等一批新景点陆续建成，武夷山、泰宁、漳州火山岛等一批老景区提升改造，都对促进福建省旅游产业转型升级，增加游客接待量起到很大的推动作用。

10月份，全省主要旅游景区接待游客总体良好。福建土楼、屏南白水洋—鸳鸯溪等景区游客接待量增长较快，武夷山、鼓浪屿有所下降。

(2) 入境旅游市场有所回落

自8月以来，台胞入闽市场一直呈下降态势。主要原因一是台湾8月受“莫拉克”袭击损失惨重；二是甲型流感进入秋季高峰期，影响旅游活动开展；三是上年度8月起，台胞入闽市场出现一个爆发式增长的高峰期，造成上年度对比基数较大。1～10月份福建省接待台胞71.39万人次，同比下降1.2%。此外，经福建口岸赴金马澎和台湾本岛旅游人数明显增长，累计达到3307个团组8.7万人次。截至今年10月，福建省居民赴金马澎累计8.31万人次，赴台湾本岛旅游累计4.85万人次，外省居民经福建口岸赴台旅游3.15万人次。随着国际经济环境趋好，外国人市场降幅持续收窄，本月降幅1.1%。传统客源市场中，部分东南亚国家呈现复苏态势，菲律宾、新加坡、泰国三国入闽游客较上年同期有所增长。美国市场降幅也逐步缩小，欧洲、大洋洲的澳大利亚等新兴市场游客亦开始增长。日韩市场仍处在下滑阶段，说明东亚休闲旅游市场受甲流影响尚无好转迹象。1～10月，福建省接待外国人78.71万人次，同比下降6.4%。港澳市场本月略有增长，1～10月福建省接待香港同胞70.03万人次，同比下降4.1%；接待澳门同胞5.65万人次，同比下降4.3%。

福州、厦门、南平三市入境旅游市场继续下跌，尤其以台胞市场下降明显，并带动全省台胞入境市场走弱，七个市接待台胞降幅超过10%，仅三明、宁德两市接待台胞有所增长，但接待量很小。从1～10月份累计数来看，九个设区市中有5个设区市接待入境旅游者保持增长，4个下降。

(3) 积极寻求发展路径

发挥动车作用。温福铁路通车打开了福建省北大门，并激活闽东旅游市场。11月底，福厦铁路通车试运行，为更多江浙游客进入福建省提供更加便捷的通道，扩大福建省旅游的对外影响。年底前，加大对长三角地区的宣传促销，挖掘长三角主要客源市场，借动车组贯通沿海之际，全线带动沿海旅游市场发展，为福建省国内旅游市场注入新的活力。

办好节庆活动。福建省将继续加强宣传促销力度。出省参加昆明国际旅交会、广州国际旅游博览会、江西省旅游文化节等活动，巩固发展周边省市客源市场。支持各市举办一系列节庆活动，主要有武夷山国际“山水茶”旅游节、漳州海峡两岸现代农业博览会、宁德第三届海峡两岸茶博会、沙县小吃文化旅游节等。通过办好这些节庆活动，全面展示“海峡旅游”旅游资源和旅游产品特色，吸引更多境内外游客来闽旅游。

# 江西省

## 一、江西省2009年文化产业发展综述

2009年，江西省文化产业总值达150多亿元，销售总收入42.9亿元，占全省GDP的比重约为0.7%；文化市场经营单位吸纳社会就业人数4.5万人。2009年全省文化产业主营业务收入为741.10亿元，可比增长16.9%；增加值218.41亿元，同比增长21.99%，比地区生产总值增速高8.9个百分点，呈现出较好的发展势头，成为江西经济发展中最具活力、最具发展潜力的重要产业之一，全省投资规模上千万元以上、已开工建设的文化产业项目超过50个，其中超亿元的8个。

1. 文化产业结构呈“亚葫芦形”

2009年全省以新闻出版、广播影视、文化艺术为主体的传统意义上的文化产业“核心层”创造的增加值达55.9亿元，占全省文化产业增加值的比重为25.6%；以网络、旅游、休闲娱乐、经纪代理、广告会展等新兴文化服务业为主体的文化产业“外围层”创造的增加值43.8亿元，占全省文化产业增加值的20.1%；以文化用品、设备及相关文化产品生产和销售为主体的文化产业“相关层”创造的增加值118.7亿元，占54.3%。文化产业的核心层、外围层和相关层增加值的比例由2007年的30.1：22.5：47.4调整为25.6：20.1：54.3，核心层、外围层和相关层呈两头“粗”、中间“细”的亚葫芦形状发展态

势，产业结构特征明显。

2. 红色文化和陶瓷文化特色鲜明

风景秀丽的山山水水、历史悠久的陶瓷艺术、独一无二的红色文化，形成了江西文化产业发展的别样特色。数据资料显示，2009年地方特色文化产业增长明显快于全省文化产业增长。旅游业主营业务收入达到82亿元，同比增长28.9%，增加值20.16亿元，同比增长20.33%，明显高于全省文化产业增长速度。享誉海内外的陶瓷文化产业增加值为13.7亿元，同比增长53.6%，主营业务收入25.99亿元，同比增长31.2%，均高于全省文化产业增长速度。

3. 经济文化一体化凸显

随着经济的发展、科技的进步，尤其是网络的兴起，经济文化的一体化趋势日益明显。从2008、2009年各设区市文化产业增加值与生产总值对比情况看，江西省经济与文化产业相互映照，呈现经济文化一体化趋势。南昌市作为全省的文化中心，2009年文化产业主营业务收入、增加值在全省遥遥领先，文化产业增加值达到80亿元，占GDP的比重达到4.35%，比全省平均水平高1.47个百分点。各设区市文化产业与经济总量也基本呈正相关关系。

4. 品牌制约文化产业发展

在市场经济发展日趋深化的今天，品牌战略已成为众多知名企业在市场竞争中立于不败之地的法宝。在欧美国家，文化产业被称为创意产业，品牌是其灵魂，无论是美国的迪斯尼、德国的贝塔斯曼、还是法国的嘎纳电影节，无一不是以品牌求得生存和发展的；纵观国内文化产业发达的省、市，亦无一例外不是以品牌取胜的，如湖南电视台有快乐大本营、有超女，云南有《云南印象》、有阿诗玛，上海有百老汇等。江西虽然也有自己的文化品牌，如红歌会，但知名度高的品牌不多，内涵挖掘得还不够深，这势必会制约江西省文化产业的进一步发展。

5. 文化产业人才缺乏

文化产业的核心是创意，这是相对于传统文化产业而言的。近年来，随着高新技术特别是数码技术向文化领域的广泛渗透，文化产业已发展成为以知识、智慧、创造力为主要生产要素的新兴产业群。在这些生产要素里面，人才是第一位的，也就是说，相对于其他传统产业，文化产业对人才的依赖尤为突出。江西省由于文化产业发展历程较短，文化产业的生产和经营人才显得匮乏。据统计，文化产业从业人员中，具有高、中级职称的人员只占4.32%，其中艺术类高、中级人才只有2%。

## 二、江西省2009年文化产业各行业发展综述

1. 广播电影电视业

积极应对三网融合，加快网络整合和新业务开发；加快移动多媒体广播电视发展；加快城市数字影院的建设和改造。把握两台合并的原则和要求，推进制播分离改革；加快影视剧中心等经营性事业单位的转企改制，按照公司法的要求建立法人治理结构等

(1) 频道建设情况

江西省首家专业家庭购物电视频道——江西电视台风尚购物频道12月18日正式开播。2009年4月，江西电视台风尚购物频道获得总局批准，历经半年的紧张筹备，10月18日开始试播。作为可覆盖全国电视观众的卫星频道，风尚购物频道每天24小时全天侯播出近百个家庭购物节目，面向全国亿万家庭，传达全新、时尚的家庭购物理念，力争提供轻松愉悦的消费体验和高品质的生活方式。

(2) 江西交通广播直播室开播

2009年12月29日，全国首家设置在省交通应急救援指挥中心内的“江西交通广播直播室”正式开播，成为江西省综合应急救援平台的重要组成部分。“江西交通广播直播室”由省交通运输厅和省电台共同建设，将充分发挥广播电台在突发事件中的应急信息传播优势，并将省交通应急救援指挥中心整合的全省交通运输行业各类应急信息及时传播出去，为自然灾害、交通运输生产事故、社会安全事件等各种突发事件的应急处置提供媒体平台。

(3) 推进内容创新

江西人民广播电台民生频率创新创优团队、江西人民广播电台信息交通频率《交通在线》栏目、江西电视台电视理论文献片《情系民生》、江西卫视大型新闻航拍采访活动《飞越江西》、江西电视台广告中心2009年度媒体宣传推广活动策划、江西电视台公共频道“爱行2009”大型策划、今视网《江西网络电视》栏目等7项目获2009年度江西省广电局“宣传工作创新奖”。江西省广电局“宣传工作创新奖”是为弘扬创新精神，强化创新意识，促进广播电视精品生产和品牌建设而设立的一个专项奖。自去年开始每年评选一次。局属各媒体开展的具有原创性、创新性的宣传工作项目，包括栏目节目、媒体活动、创意策划及创新团队等均可申报参评。

(4) 电影产业市场发展状况

江西省广电部门在抓好电影职能划转工作的同时，积极推进国有电影单位的体制机制改革，大力支持社会力量、民营资本加大新型影院的建设和改造，目前全省城市主流影院17家、银幕46块。据国家电影票房信息系统统计，2009年江西省城市主流影院票房收入达到7375.81万元，比上一年净增2798.2万元，同比增长61%。在全国31个省（区、市）票房收入排名第二十位，在中部六省排名第四位（安徽、山西之前）。

2009年12月18日，于都“唐人轩国际电影城”在于

都县城正式开业，影院与北京经典院线合作，全球同步放映国内外大片，是江西省首家全球同步放映的县级影院。开业第一天，放映的最新大片《十月围城》吸引了大批市民前来观看。于都“唐人轩国际电影城”总投资1000万元，先期投资500万元用于完善大厅设施，明年还将再建设6个现代化的小放映厅。

（5）数字电影展映情况

2009年10月18日，“向祖国汇报”全国农村数字电影展映活动在婺源县隆重举行。此次活动由广电总局电影局主办，中国电影资料馆、电影数字节目管理中心等单位承办，将资助在全国农村地区公益放映包括《建国大业》在内的90余部优秀国产影片两万多场。婺源县是此项活动中的第二站，江西省得到此次资助的公益放映场次为1800场，全省广大农民群众将比平时提前半年免费观看到影片《建国大业》。另据统计，《建国大业》自9月16日在江西省城市影院放映以来，群众观影踊跃，截至10月18日，全省影院已放映2844场，票房收入610多万元。

2. 新闻出版业

2009年江西全省新闻出版业总资产196.1亿元，同比增长16.8%；实现营业收入178.6亿元，同比增长21.8%；利税19.6亿元，同比增长39.9%；从业人员79411人，同比增长1.1%。2009年全省共出版图书3981种，15949万册；期刊163种，6381万册；报纸74种，68850万份；录音制品113种，79万盒（张）；录像制品405种，178万盒（张）；电子出版物33种，32万盒（张）。共有出版物发行企业1564家，印刷企业1877家（不含打印复印影印经营者），复制企业3家。

进一步来看，江西省新闻出版业发展呈现以下四个特点：一是已初具规模，成为江西省文化产业的主力军。2009年全行业总产出183.6亿元，增加值41.1亿元，占全省GDP的0.5%，更是占全省文化产业核心层增加值的80%左右，营业收入178.1亿元，纳税总额7.5亿元，很显然成为文化产业的主力军，国民经济中不可忽视的产业部门和重要力量，在推动经济发展方式转变过程中发挥着日益重要的作用。二是市场格局基本形成。2009年全行业企业法人的单位数量占法人单位总数的93.6%，具有独立法人资格的企业作为市场主体，已在江西省新闻出版产业活动中占据主导地位。另外，包括个体经营户在内的非公有制经济单位超过5000家，占单位总数的81.4%。三是培育了一些重点企业，以形成合力，带动整个产业的发展，如省出版集团在全国出版集团总体经济规模综合评价中排名第三。四是对外贸易状况有所改善，“走出去”取得积极成效。2009年版权贸易引进品种100种，输出品种131种，两者比例为1：1.3（2008年为2.3：1），向境外输出版权首次超过了从境外引进版权。

（1）图书出版情况

2009年全省共有图书出版社7家，出版图书3981种（其中新版2360种，重印1312种，租型309种），同比增长6.5%；总印数15949万册，同比增长5.6%；总印张982060千印张，同比增长3.4%；定价总金额137282万元，同比增长11.2%。由此，2009年图书出版平均印数为4万册/种，同比减少1%；平均印张为6.2印张/册，同比减少1.5%；平均定价为8.6元/册，同比增长4.9%。

课本品种数虽仅占1/4，但其平均印数较一般图书大得多，所以印数、印张、定价总金额所占的比重均超过了1/4。总社专营租型教材，尽管总印数只有巅峰时期的一半左右，但其各项指标所占比重仍超过各专业社。定价总金额过亿的专业社有3家：江西教育出版社，江西高校出版社和二十一世纪出版社，集中在教育类和少儿读物类。教育出版社虽然总印数所占比重最高（30%），但教辅图书的平均印张较少、平均定价较低导致其总印张、定价总金额等指标所占比重均不超过20%；其余4家专业社总印数、总印张、定价总金额等指标所占比重均不超过6%。受省出版集团公司进行股份制改造借壳上市影响，总社2009年度主要财务指标增长很快。2009年各图书出版社总资产41.1亿元，同比增长92.1%；营业收入12.3亿元，同比增长92.2%，利税1.5亿元，同比增长47.5%；从业人员638人，同比减少16.6%。

（2）期刊出版情况

2009年全省共有期刊出版单位163家，出版期刊163种，平均期印数273万册，同比增长11.9%，总印数6381万册，同比增长11.7%，总印张227511千印张，同比增长17.2%，定价总金额28067万元，同比增长7%。由此，2009年期刊出版平均印数为39万册/种，同比增长11.4%；平均印张为3.6印张/册，同比增长5.9%；平均定价为4.4元/册，同比减少4.4%。

2009年所有163种期刊中，平均期印数最多的是《小学生之友》48.7万册/期，总印数最多的是《小学生之友》1754万册；册印张最大的是《农业考古》20印张/册，印张最多的是《小学生之友》33944千印张；册定价最高的是《科普天地》42元/册，定价总金额最多的是《小学生之友》4385万元。

2009年各期刊出版单位总资产1.5亿元，同比增长66.7%；营业收入1.9亿元，同比增长26.7%；利税0.3亿元，同比增长10.1%；从业人员1448人，同比下降6.3%。

（3）报纸出版情况

2009年全省共有报纸出版单位74家，出版报纸74种，平均期印数317万份，同比增长7.5%，总印数68850万份，同比增长2.6%，总印张2463930千印张，同比增长19.9%，定价总金额44950万元，同比增长8.3%。由此，2009年报纸出版平均印数为930万份/种，同比增长2.5%；平均印张为3.6印张/份，同比增长16.1%；平均定价为0.65元/份，同比增长8.3%。

2009年所有74种报纸中，平均期印数最多的是《家庭医生报》50万份/期，总印数最多的是《江南都市报》13811万份，版面最多的是《南昌广播电视报》84版，合21个印张，印张最多的是《江南都市报》828636千印张，定价总金额最多的是《江西日报》7816万元。

2009年各报纸出版单位总资产11.1亿元，同比增长7.8%；营业收入7.8亿元，同比增长20.1%；利税1.5亿元，同比增长7.1%；从业人员6673人，同比增长30%。

（4）音像制品及电子出版物出版情况

2009年全省共有音像出版单位5家，电子出版物出版单位4家，共出版551种，同比增长10.9%，289万盒（张），同比下降2%。平均每个品种出版0.5万盒（张），同比下降13.3%。

（括号内为所占总计数的比重）

| 类　别 | 品种数 | 数量（万盒、张） |
|---|---|---|
| 总计 | 551 | 289 |
| 录音制品 | 113（20%） | 79（27%） |
| 录像制品 | 405（74%） | 178（62%） |
| 电子出版物 | 33（6%） | 32（11%） |

2009年各电子音像出版社总资产0.55亿元，同比增长10.1%；营业收入0.47亿元，同比增长17.5%；利税0.05亿元，同比增长12.5%；从业人员78人，同比下降9.3%。

（5）出版物发行情况

2009年全省共有出版物发行企业1564家，其中批发172家，零售1392家。虽然销售码洋高达41.3亿元，但这包含了省市县新华书店系统内的重复购销，扣除这个因素（减去“批给市县新华书店”的部分），最终实现向社会销售19.4亿元，仅占前者的46%。19.4亿码洋实际上反映了到达最终消费者（读者）手上的出版物产品的价值。

2009年各出版物发行单位总资产33.7亿元，同比减少14.9%；营业收入48.3亿元，同比增长24.8%；利税3.1亿元，同比增长14.8%；从业人员13182人，同比减少5.6%。

（6）印刷复制情况

2009年江西省印刷工业总产值达到88.33亿元，比去年增加20.12亿元，同比增长29.5%。

2009年全省共有印刷企业1877家（不含打印复印影印经营者），其中出版物印刷企业113家，包装装潢印刷企业507家，其他印刷品印刷企业1232家，专项排版、制版、装订企业25家。另有复制企业3家。

2009年各印刷复制企业总资产94亿元，同比增长24%；工业总产值88.3亿元，同比增长28.1%；营业收入93.2亿元，同比增长27.4%；利税11.7亿元，同比增长42.7%；从业人员57099人，同比增长0.5%。

从地域性看，“资产”前3位是南昌、宜春、赣州；“工业总产值”前3位是南昌、赣州、宜春、“利税”的前3位是南昌、赣州、抚州。

从产业结构看，非公有制企业主导着印刷复制业的发展，其总资产、营业收入、利税所占比重分别达76%、80%、60%，均低于全国百分之八十多的水平，说明江西省印刷复制业的非公有制经济成份还有相当大的发展空间。

2009年共有省印刷物资公司、新闻出版进出口公司等10家单位，从事投资、物业、网络等业务，总资产14.2亿元，同比减少17%；营业收入14.6亿元，同比增长15%；实现利税1.1亿元，同比增长175%；从业人员292人，同比增长28.6%。

（7）版权管理及贸易情况

版权管理方面。2009年共受理案件104件，其中移送司法机关2件。共收缴各类盗版物470301件，其中盗版图书266122册，盗版音像著作权作品自愿登记300份，其中文字作品76份，音乐作品20份，美术作品200份，曲艺作品4份。

版权贸易方面。2009年共引进出版物版权100种，引进地区如下：美国19种，英国4种，德国2种，法国7种，加拿大1种，日本19种，韩国19种，香港5种，台湾8种，其他地区16种。2009年共输出出版物版权131种，输出地区如下：法国2种，加拿大5种，日本1种，韩国24种，香港1种，台湾64种，其他地区34种。

版权保护方面。围绕着“尊重知识、积极创新”、“文化、战略、发展”等主题，在全省范围内开展了内容丰富、形式多样的版权知识宣传活动，提高了公众对版权保护的认识，宣传了版权对提高自主创新能力、版权促进经济社会发展这一主题。此外，我局还积极推进企业软件正版化工作，全省第一批58家大型骨干企业软件正版化工作基本完成，企业采购正版软件资金投入总计达1000余万元，涌现了江西铜业集团公司等一批软件正版化示范单位。各设区市企业软件正版化工作正在稳步推进，完成了第一批 292 家企业软件正版化工作阶段性任务。

（8）数字化建设情况

江西省新闻出版局积极探索数字化时代管理创新，营造良好环境，推进数字出版，为科技创新提供技术支撑。采取了四项措施：一是成立数字出版推进领导小组，加强对数字出版工作的领导；二是开展数字出版调研，草拟关于加快数字出版产业发展的指导意见；三是推动传统出版企业实现技术升级和战略转型，发挥其在繁荣和发展新闻出版业中的主力军作用；四是发展和壮大新媒体、创造新业态，更好地满足人民群众对精神文化的个性化和多样化需求。

（9）“农家书屋”建设情况

截至 4 月中旬，通过全省各级新闻出版部门的精心组织，省新华发行集团和省报刊发行局的具体实施，江西省 2009 年度 4505 家农家书屋出版物已全部配送到位。这标志江西省 2009 年度农家书屋建设任务圆满完成，提前一年实现农家书屋工程“十一五”规划，截至目前，共建成农家书屋 6835 家，覆盖了全省 41%的行政村。

（10）举办发行论坛情况

为探讨社店合作中的经营诚信问题，树立诚信经营理念，促进建立诚信体系的建立，12 月 15 日，江西省新闻出版局在江西新华发行集团有限公司物流中心举办了江西省第三届发行论坛，论坛围绕“加强社店合作中的诚信体系建设”的中心议题，展开了讨论。认为诚实守信是企业生存的根本，诚信体系建设必须从我做起，从企业自身做起，社店之间要齐心协力，探讨合作方案，遵守契约规则，这样才能创造诚信的经营环境，实现社店关系的和谐，达到双赢的目的。

（11）图书博览会参加情况

江西省共 7 家图书出版社携 1000 余种图书参加了 9 月举办的第十六届北京国际图书博览会。博览会期间，江西省出版代表团积极与境外出版机构开展版权贸易洽谈活动，已正式签约版权贸易协议 89 项，达成版权贸易合作意向 240 项，并举办了赣版图书对外推广宣传专题活动。

3. 演艺娱乐业

（1）转企改制情况

2009 年 12 月 31 日，江西省木偶艺术剧院有限责任公司挂牌成立，标志着江西省国有艺术表演院团转企改制工作迈出了坚实的一步。江西省木偶艺术剧院有限责任公司的成立，是按照中央关于深化国有艺术表演院团改制工作要求进行的一次具体实践，也是江西省文化体制改革的又一成果。目前，省文化厅已协调有关单位完成了对该公司的工商注册、清产核资和资产评估。

（2）公益演出活动情况

2009 年，全省开工建设的乡镇文化站 368 个。新创舞台剧本 20 余个，新创音乐、歌舞、杂技等作品 120 余个，送戏下乡逾万场，开展文体活动 5000 余次。

从 2009 年春节开始，江西省文化厅以文艺繁荣工程扶持的新剧目为基础，以江西艺术剧院等省直剧场为平台，在南昌市开展为期 23 天的“相约春天——江西省舞台艺术繁荣工程优秀剧目公益大展演”；在国庆期间，又举行了“相约金秋——庆祝新中国成立 60 周年公益大展演”。两度公益大展演，在南昌城乡引爆了看戏潮，许多市民，包括周边市县的城乡群众纷纷走进剧场，共享文化成果。

2009 年 7 月起，江西省委宣传部和省文化厅在全省各社区举行庆祝新中国成立 60 周年“祖国在我心中”群众文化活动。活动采取歌舞晚会以及书法、摄影展览等多种形式开展。全省共开展各类展演活动 2600 多场，参与观众达 60 余万人次。这也是江西省历史上规模最大的一次社区公益性群众文化活动，让大批城市社区居民特别是低收入人群和进城务工人员在家门口免费欣赏到了很多精彩的文艺演出。

另据不完全统计，2009 年，江西省各级文化部门开展公益性演出 9000 余场，放映公益性电影 27 万余场，开展公益性文体活动 5000 余次，举办公益性展览 350 余个，惠及群众达 4500 余万人次。

4. 新媒体业

（1）第九全国互联网与音视频广播发展研讨会（NWC 2009）在江西召开

“第九全国互联网与音视频广播发展研讨会”（National Webcast Conference 2009，简称 NWC 2009）在南昌举办。作为行业内最重要和权威的大型研讨会之一，为推动我国网络音视频新业务的发展发挥了积极作用。

（2）江西数字资源共建共享联盟成立

江西省各地的 12 家省市公共图书馆、18 家高校图书馆及省科技情报研究所、省社会科学院图书馆发起了“构建江西数字资源共建共享联盟”活动，根据联盟行动计划安排，按照统一规划，分工协作的原则，江西省将先期创建公共图书馆、高校图书馆馆藏联合数目数据库系统，为全省读者提供书目信息查询服务；逐步实行师资资源的区域性联合采购，降低数字资源网络服务平台编制中心，逐步实行数字资源信息的集中编制，多馆共享使用；充分利用数字资源共建优势，逐步建立全省网上联合参考咨询系统，为读者提供便捷参考咨询服务；以文化信息资源共享工程为依托，整合江西特色资源，开发建设江西特色资源数据库和学科文献检索中心的网络服务平台；逐步构建全省公共文化服务网络平台，通过互联网服务全省各阶层民众，真正做到文化惠民。为避免江西省图书馆在自动化、数字化、网络化等项目上的重复投入，今后江西省图书馆各界将联合在馆藏发展、合作采购、合作编目、馆际互借、合作参考和数字化资源建设等方面加强沟通与协作，实现互助共赢。

5. 动漫业

近年来，江西省高度重视动漫等新兴文化创意产业的发展，出台了一系列扶持措施，如每年安排2000万元设立文化产业发展专项资金，重点扶持动漫等5类文化产业的发展。下一步，江西省将按照集中优势资源重点支持核心项目，以大项目大企业带动江西动漫产业发展的基本思路，重点抓好创意平台、公共技术平台、动漫人才培养培训平台、国际经济技术合作及动漫产品展示交易平台、中小型企业孵化平台等5个平台的建设，全力打造集“产、学、研”为一体的“江西动漫产业基地”。

江西省动漫企业在主管部门精心组织和严格要求下，参加动漫企业认定的5家动漫企业中有4家获得通过。江西慧谷投资建设发展有限公司、泰豪集团江西动漫产业有限公司、萍乡市凯天网络有限责任公司、江西泛美动画影视传媒有限公司名列首批全国动漫企业认定名单。这4家通过认定的动漫企业将可享受增值税、企业所得税、营业税、进口关税和进口环节增值税5大税种的减免优惠。同时，还可以享受动漫产业各项扶持政策和贷款优惠政策。根据《动漫企业认定管理办法》的评定有两条硬性标准，一是企业经营动漫产品的主营收入要占企业当年总收入的60%以上，二是企业自主开发生产的动漫产品收入占主营收入的50%以上，目的是为了保证更多以动漫的研发、创作为主营业务的动漫企业获得国家政策优惠。据悉，此次全国有23个省（市、区）提交了动漫企业申请认定材料，303家动漫企业进入认定程序，最终100家企业被认定为动漫企业，认定通过率不到1/3。

6. 文化旅游业

2009年，江西旅游克服了世界金融危机的影响，逆势而上，实现了跨越式的发展，各项指标的增长都超过了往年，旅游总收入实现了20%以上的增长速度，旅游人次增长在15%以上，旅游效益明显提升。2009年，全省接待入境过夜旅游者96.43万人次，比去年同期增长20.23%。其中接待外国人38.76万人次，比去年同期增长25.71%；香港同胞30.81万人次，比去年同期增长19.48%；澳门同胞12.50万人次，比去年同期增长12.87%；台湾同胞14.36万人次。比去年同期增长14.79%。全省旅游外汇收入累计达28974.89万美元。比去年同期增长15.12%。接待国内游客9303.3万人次，同比增长15.96%；实现国内旅游收入655.46亿元人民币，同比增长20.96%。旅游总人数9399.7万人次，同比增长16.00%；旅游总收入675.61亿元人民币。截止到12月底，亚洲游客比去年同期增加30.00%；美洲游客比去年同期增加9.56%；欧洲游客比去年同期增长31.12%；大洋洲游客比去年同期增长39.72%。

（1）政府规划情况

2009年1月22日，《中共江西省委常委会2009年度工作要点》要求：加强爱国主义和革命传统教育，办好中国江西红色旅游博览会、中国红歌会。组织实施“江西重大文化产业项目工程”，成功举办第四届中国（江西）红色旅游博览会和第三届“中国红歌会”，搞好优秀精神文化产品的创作生产，壮大文化产业，促进了全省文化事业繁荣和旅游产业发展。

（2）开展旅游促销活动

2009年春节正值国家采取有力措施积极应对国际金融危机的重要时期，围绕“提振市场信心、促进旅游消费、营造节日氛围、促进社会和谐稳定”的目标，江西省各地组织了丰富多彩的旅游主题活动，部分景区（点）有针对性地开展促销活动，极大地拉动了全省旅游消费。1月10日，总投资26亿元的国际艺术园项目正式落户庐山西海，为2009年江西省旅游业项目建设开了个好头。南昌绳金塔景区举办了“欢乐中国年”金塔游园会、八大山人梅湖景区举办第二届新春庙会吸引了大量的游客。八大山人梅湖景区的重要标志性景观“华夏艺术第一廊”向游人免费开放，景区内还开展了瓷器展览、舞龙舞狮、本土戏曲、美食荟萃、巾帼手工艺群英汇、名家现场书写春联大赠送和迎春趣味灯彩展等活动，丰富多彩的活动让人们流连忘返。赣州市宝葫芦山庄向社会发放500万元门票及游园项目抵扣券，吸引游客纷至沓来。龙虎山景区举行了“欢乐龙虎山——2009第二届中外游客趣味挑战赛”和“符满乾坤——龙虎山，送平安符!”等活动，向游客送“平安符”，极具特色的旅游项目吸引了众多海内外游客。宜春三爪仑景区今年春节期间景区免费对外开放，来赏冬雪雾淞、听宝峰寺禅音、登山露营、乡村拾趣的游客络绎不绝。仙女湖景区推出了突出牛年文化特色“金牛送福呈祥瑞”、“新春合家欢”等主题游活动吸引大批游客。此外，九江、吉安、上饶、抚州等地也结合自身的旅游资源特色，开展了形式多样、丰富多彩的旅游节庆文化活动。各地精心准备的旅游节庆大餐，满足了游客的消费需求，营造了喜庆祥和、健康向上的节日氛围。

（3）加大旅游宣传

全省各地、各景区纷纷加强旅游产品宣传推介攻势，早准备、早预热、早造势，积极开展各类主题旅游文化节庆活动。各大媒体发挥宣传强势，造势升温，对江西省春节旅游进行了充分报道。《江西日报》在节日期间，突出旅游拉动内需作用，每天围绕一个主题进行全方位报道，1月31日（初六），又浓墨重彩用A1、A2两个整版对黄金周期间全省旅游市场进行了综合报道。《江西卫视》围绕和谐、喜庆主题，连续七天播放江西省旅游系列节目，为节日的江西营造了喜庆祥和氛围。新华网、江西新闻网、大江网、江西旅游网等媒体，围绕江西丰富的旅游市场分别发布了近百条服务于游客的资讯信息。全省各地假日办统计预报工作人员黄金周期间通过互联网每日准点发布假日旅游接待总体情况，省假日办及时向全国假日办、省委省政府有关领导及新闻媒体送报，同时上传江西旅游网站，进一步提高假日旅游公共服务水平。

（4）江西部分地区入选第四批中国历史文化名镇

第四批中国历史文化名镇名村正式授牌。江西省横峰县葛源镇被授予中国历史文化名镇；安义县石鼻镇罗田村、浮梁县江村乡严台村、赣县白鹭乡白鹭村、青原区富田镇陂下村、婺源县思口镇延村、宜丰县天宝乡天宝村等六村被授予中国历史文化名村。江西省的中国历史文化名镇名村数量已达15个，在全国处于领先地位。

（5）举办2009·中国（江西）红色旅游博览会

“2009·中国（江西）红色旅游博览会”于11月13日至15日在南昌举行。红博会共有六项主体活动，分别是：2009·中国（江西）红色旅游博览会开幕式、2009·中国（江西）黄金旅游线路推介会暨2009年中国旅行社营销合作峰会、第二届中国（江西）旅游产品交易会、首届中国（江西）红色旅游纪念品设计（创作）大赛、第二届中国（江西）旅游工艺品交易会暨旅游工艺美术作品设计（创作）大赛、2009·中国（江西）红色旅游博览会闭幕式暨颁奖大会。本届红博会在省展览中心共设展位350个（其中旅游产品交易会展位210个、旅游工艺美术作品展位140个），有来自广东、浙江、福建、安徽、北京、上海、山东、山西、河北、湖北、河南、天津、广西、江苏、贵州、云南、辽宁等17个省（市、区）和省内参展商共710多家（其中旅游产品参展商600多家、旅游工艺美术作品参展商110多家），分别展出了旅游产品、旅游商品、旅游纪念品2000多种，旅游工艺美术作品40个品类4000多件（其中参赛作品400件）。应邀参加本届红博会的旅行商500余名，其中境外旅行商54名，主要是美国、德国的买家团；旅游商品采购商、旅游投资商100余名，其中省外55名；兄弟省区市旅游局嘉宾15人。

（张长山协助提供相关资料）

# 山东省

## 一、山东省2009年文化产业发展综述

2009年山东省文化产业发展形势“逆风飞扬”，全年文化产业投资突破1000亿元，文化产业增加值突破1000亿元（2006年604亿，2007年714亿，2008年901.8亿，年均增长15%以上），占地区生产总值（GDP）的3%。全省从事文化及相关产业的法人单位4.2万余家，从业人员100多万人；人均创造增加值6.5万元，高于全国人均4.5万元的水平。文化产业已经成为全省经济社会发展的新亮点，并向全省新兴支柱产业迈进。同时，山东省文化部门主管的文化及相关产业机构达到2万多个，涵盖演艺业、文化旅游业、文化休闲娱乐业、网络文化业、动漫业、艺术品业、艺术培训业、文化经纪与代理业等领域。拥有从业人员12万余人，创造增加值预计92.29亿元，增长速度远高于山东省GDP的增长速度。

1. 完善政策体系

编制了《山东省文化产业发展专项规划（2007－2015）》，确立了山东省文化产业发展的战略目标和具体目标，明确了山东省文化产业发展的重点领域和发展方向，引导全省文化产业按照“三区、三园、三带”的框架科学布局、健康发展。青岛、济宁、泰安、德州、东营等市也都依此制定了各市的文化产业发展规划。截止09年，山东省制定出台了《加快文化体制改革促进文化产业发展的若干政策》，《关于推动山东省动漫产业发展的若干意见》、《山东省文化产业示范基地评选命名管理办法》、《关于搭建融资平台促进文化产业发展的实施意见》等一系列政策文件。省财政设立每年5000万元的文化产业发展专项资金。各市也大都出台扶持政策，设立文化产业发展专项资金。山东省促进文化产业发展的政策规划框架体系主要体现为三个1：1个专项规划、1个若干政策、1个引导资金，及其他的配套政策文件。

2. 建立文化产业协调推进制度

根据省政府办公厅《关于建立山东省服务业重点产业和重点工作协调推进制度的意见》的要求，2009年3月省文化厅牵头召开了文化产业协调推进工作第一次联席会议，成立了文化产业协调推进工作组。会议交流了各部门文化产业工作情况，讨论并原则通过了《山东省文化产业协调推进工作机制》，研究确定了协调推进工作组的主要任务。

3. 实施文化产业集团化、集聚化发展战略

截止2009年，山东省国家级文化产业示范园区和基

地创建工作取得重要突破，曲阜新区文化产业园被文化部正式命名为国家级文化产业示范园区，成为全国四家国家级文化产业示范园区之一。蓬莱八仙过海旅游有限公司、淄博东夷齐文化发展有限公司、嘉祥石雕文化产业园等6家文化企业被命名为国家级文化产业示范基地。目前，山东省已拥有国家级文化产业示范园区1家，国家级文化产业示范基地6家，在全国名列前茅。国家级文化产业示范基地（园区）企业大多年产值过亿，利税过3000万元，初步形成了规模优势和集聚效应。2007、2008年组织评选命名了山东省两批71家省级文化产业示范基地，据初步统计，2008年71家省级文化产业示范基地创造增加值57亿，2009年达到70多亿，年增长20%以上。通过加大引导扶持力度，支持企业做大做强，基本形成了以国家级文化产业示范园区、基地为龙头，以省级文化产业示范基地为骨干，以“专、精、特、新”的中小文化企业为基础的文化产业发展格局。

4. 培育良性互动的市场环境

在音像连锁经营方面，先后扶持发展了山东爱书人、山东新华书店、山东邮政和青岛音像总汇等4条音像制品连锁经营网络，在全省建立连锁门店2000余家，全省大中城市正版音像制品占有率达到75%以上。在网络服务业方面，扶持建立了北京博文实达、山东网通等六大连锁企业，截止2009年底已经建立起直营店100多家，加盟店800多家，全省网吧保有量达9600多家。为保护原创文化、创意产品的市场拓展，不断加大知识产权保护和市场监管力度。坚持“一手抓管理，一手抓繁荣”，积极推进“网吧”监控平台建设，在全国率先实现了省、市、县三级监管中心的联网运行。开展执法专项整治活动，组织了全省文化市场行政执法集中行动，进一步规范了市场经营行为，改善了产业发展的市场条件。

5. 加大项目培育推广力度

通过组织发动，山东省省直及各市文化行业共征集申报文化产业各类项目230余个，在此基础上进行整理分类，建立了文化产业招商项目库，印制了《山东省文化产业招商项目手册》和《山东省重点文化产业项目赴港推介手册》。7月15至18日，2009（香港）山东省区域发展战略说明会暨经贸洽谈会在香港成功举办。集中推介的300个项目中服务业项目占33%，文化产业项目占7%，涉及创意、动漫、传媒、旅游、书画、教育培训、文化基础设施建设等领域。据统计，文化产业领域达成青岛华强文化科技产业基地、山海经文化产业基地等4个合同签约项目，投资总额15.9亿美元，合同外资10.56亿美元，占全部合同外资的7.6%；达成济南中华非物质文化遗产博览园等5个协议签约项目，投资总额20.7亿美元，协议外资15.4亿美元，占全部协议外资的17.8%。

6. 积极推进融资平台建设，切实解决文化企业的融资瓶颈

积极与中国农业银行山东省分行沟通协调，逐步探索搭建金融机构和文化企业之间的合作平台，着力解决文化企业和产业项目融资瓶颈。7月20日，与省农行联合下发《关于搭建融资平台、支持文化产业发展的实施意见》。在向各市征集的基础上，初步筛选确定了曲阜国家级文化产业示范园区的明故城恢复改造二期工程项目、蓬莱阁旅游有限公司、汶上宝相寺佛牙阁建设项目等文化产业申贷项目14个，贷款额达20亿元，目前已进入项目评估阶段，初步落实贷款4亿元。青岛、菏泽等市也积极推进与当地银行的合作，青岛市文化局与招商银行青岛分行签订了战略合作协议，首批申报招商银行贷款的企业共39家，贷款总额达到4.78亿元，并已初步落实贷款3.69亿元。

7. 发挥政府的服务引导作用，搭建文化产业交易平台

到目前已成功举办了两届山东文化产业博览会。2008年文博会期间，参观各项展览和参加各项活动的总人数达158万人次，参加签约仪式的36个文化项目投资总额276.33亿元，组织开展了文化创意产业高层论坛等6项重要论坛活动、文博会系列文化艺术节及全省青少年创意大赛等一系列文化赛事活动，使文博会真正成为了文化的盛会、人民的节日。

8. 实施文化产业人才培养工程，使人力资本真正成为文化产业可持续发展的核心资本

针对各类文化产业人才供不应求的局面，有计划、有步骤地实施文化产业人才培养工程。一是与山东大学联合举办了全省文化产业管理专业网络教育本科班，首届录取了500名。二是与北京大学联合举办了两期山东省文化产业发展高级研修班，各市文化局分管局长、文化产业科（处）长、部分省文化产业示范基地负责人参加了培训，提高了基层文化产业管理者和经营者的理论水平和业务能力。另外，山东大学、中国海洋大学、山东师范大学、山东艺术学院等省内高等院校都开设了文化产业专业，为培养文化产业专业人才打下了坚实的基础。

9. 积极推动文化产业统计制度改革，为文化产业发展和经济文化强省建设服务

全省文化产业统计研究和方法制度改革取得了实质性进展，率先在全国建立了省级文化产业统计年报和定报制度。在充分调研的基础上提出了全省文化产业统计改革的目标任务和基本思路，即以科学发展观为指导，以服务经济文化强省建设为目标，以推进部门统计向全社会、全行业过渡为突破口，遵循“资源整合、部门协作、循序渐

进、科学可行、务实高效”的改革思路，按照“统一领导、分级负责、条块结合、内外并举、上下联动”的工作原则，建立健全文化产业统计监测制度，深入开展文化产业统计分析研究，充分发挥了文化产业统计的信息、咨询、监督职能。

## 二、山东省2009年文化产业各行业发展综述

1. 广播电影电视业

2009年山东全省电影票房迅猛增长，山东省城市主流院线影院的放映票房收入突破1.5亿元，比前年增长48.57%，也创造了30多年来山东省电影票房增长的新纪录。此外，山东省参与投资、制作的多部影视剧作品获奖，展现了以齐鲁文化为品牌的影视文化产业良好的发展势头。

(1)“鲁剧”在全国各地开花

2009年“鲁剧”保持着旺盛的发展势头，在创作、发行方面有着突破性进展，进一步提升了在业内的核心竞争力。

2009年山东省有13家影视文化公司投资参与影视剧创作。电视剧方面，有《沂蒙》《南下》《北方有佳人》《生死线》《情系北大荒》等5部近200集，在地面、卫星电视台及央视播出，“鲁剧”在全国各地开花。自《闯关东》以来，“鲁剧”在创作方面充分挖掘齐鲁文化资源优势，并与全国知名的编导、主创人员合作，有效地化解了市场风险。此外，依靠自己的发行队伍，在全国建立了良好的长效产业链，取得了收视率与口碑的双丰收。

电影方面，山东省参与创作的多部作品获奖。其中，故事片《沂蒙六姐妹》不仅荣获“华表奖”优秀故事片奖和优秀编剧奖、全国“五个一工程”奖；青岛有关单位拍摄的《寻找微尘》获得“五个一工程”奖，故事片《明星梦》在美国圣地亚哥国际儿童电影节上获得“优秀影片奖”，在电影市场上均取得了良好的社会效益与经济效益。

(2) 全省电影票房增幅近50%

2009年，山东省城市主流院线影院呈现出了发行国产片多、新片多、大片多的特点。而这一年，也成为山东省电影市场最活跃的一年，影片发行数量进一步增加，单片效率进一步提高。

据统计，2009年全省院线影院发行320部影片，城市主流院线票房收入取得较大幅度的增长，观众近600万人次，票房收入1.58亿元，分别比前年增长40.55%和48.57%。山东省新世纪电影院线经营效益稳步增长，票房收入7274万元，比前年增长61.1%。

与全国其他省市相比，山东省电影票房的增长幅度也是较大的，创造了山东省30年来票房增长的新纪录。同时，围绕庆祝新中国成立60周年，组织“向祖国汇报”重点国产影片宣传放映活动，仅《沂蒙六姐妹》在山东省就实现票房613万元。

此外，山东省全面抓好农村电影放映工程，省财政投入补贴资金5266万元，各地给予配套资金8000万元左右，使得全省受惠观众达到了3.18亿人次。

(3) 2009年新增13家城市影院

2009年是山东省电影行业发展的丰收年。除了电影票房有较大增幅外，山东省还有鲁信电影城家乐福店等13家城市影院相继开张，使得全省影院的布局更趋合理。根据有关政策，山东省鼓励国有、集体、民营、个体等各类投资主体投资影院建设，在济南、青岛、淄博、烟台等市率先推行了该项工作。2009年，全省新建改造13家城市影院，其中数字影院有8家。到目前，加入城市电影院线的影院已达65家。

2. 新闻出版业

新中国成立60年尤其是改革开放30年来，山东新闻出版业呈现出健康快速发展的良好态势，为山东全省经济、政治、文化和社会建设营造了良好的思想舆论氛围和社会文化环境。

(1) 新闻出版业健康快速发展

新闻出版已成为山东省文化产业的支柱产业。据初步统计，2008年全省新闻出版业总资产达到564.8亿元，比上年增长10.01%；总收入501.4亿元，比上年增长12.18%；实现增加值149.5亿元，比上年增长10.03%。

形成初具规模的产业体系。全省新闻出版业现有各类企事业单位和经济组织20713个。其中：各类出版单位425家，包括图书出版社16家、音像电子出版社7家、网络出版机构3家，报社134家，期刊社262家；印刷复制单位13575家，出版物发行单位6709家。全省新闻出版从业人员35万多人，其中出版业1万多人，印刷业19万多人，发行业15万多人。

组建了一批产业集团和规模企业。2000年以来，先后成立了山东出版集团、青岛出版集团和大众报业集团、济南日报报业集团、青岛日报报业集团、烟台日报传媒集团、临沂日报报业集团、潍坊日报报业集团。全省印刷业发展迅猛，年销售总额过亿元的印刷企业已有20余家。全省民营发行业异军突起，有10余家企业年发行码洋过亿，有3家民营书业获新闻出版总署批准的出版物总批发权。

产生了一批在全国有影响的品牌出版物。2008年出版图书8540种，其中新版图书3100种，总印数3.26亿册；出版音像电子出版物2800种，其中新版音像电子出版物2425种，总印制数8000万盘；报纸总发行25亿份，期刊总印数1.3亿册；出版物印刷总量450万令纸。

(2) 特色原创打造亮点品牌

山东省新闻出版业已形成包括图书、报刊、音像电子出版物和网络出版在内的门类齐全、结构合理的出版体系，“鲁版出版物”已经成为山东新闻出版界值得骄傲的亮点品牌。

全省新闻出版单位注重突出原创作品，在发挥地方特色、引进外版、“走出去”等方面进行积极探索，形成了一批既有社会影响、又有经济效益的品牌出版物。山东人民出版社的社科类图书品牌《茶座》系列、山东美术出版社出版的俄罗斯绘画艺术图书、山东文艺出版社的与影视互动图书、山东教育出版社的教与学图书、山东画报出版社的《老照片》系列图书、山东省地图出版社的地图类图书、济南出版社的“文化中国”系列图书等，都不同程度地得到市场认可，成为品牌出版物。青岛出版社几年来坚持抓图书结构调整，开发生活类图书品牌，生活类图书在全国排行榜中曾连续6个月排名第一。山东科技出版社加强网络出版，已跨入数字内容提供商行列。明天出版社优化选题结构，一般图书市场规模扩大，在全国少儿出版社中名列前茅。

《齐鲁晚报》坚持从生活类报纸向主流类报纸转型，从传统经营向品牌经营转变，已成为全省发行量最大、社会影响面最广、在全国同类报纸中位居前列的报纸。

近年来，山东省有200余种出版物分别获“五个一工程”奖、国家图书奖和中国图书奖、全国优秀音像制品奖。有5家报社荣获全国报纸经营先进单位称号，9种期刊获国家期刊奖和百种重点期刊奖。

(3) 新闻出版改革奋力推进

2008年的最后一天，山东大众传媒股份有限公司、山东出版集团有限公司、山东新华传媒股份有限公司等在济南集中揭牌，标志着山东新闻出版体制改革取得重大进展。

山东出版集团实行整体改制，转企改制工作已进入实施阶段。山东新华书店集团有限公司在2008年6月27日挂牌之后，于年底正式成立了山东新华传媒股份有限公司，实行了股份制改造。青岛出版集团已于2009年3月18日正式挂牌成立，成为全国城市出版社改革的先行者。山东大学出版社、中国石油大学出版社、中国海洋大学出版社已列入第二批高校出版社改制试点单位。济南出版社、泰山出版社转企改制工作正在进行之中。

目前，山东省已有两家新闻出版企业成功上市。东港安全印务有限公司2007年3月在深圳交易所成功挂牌上市，公开发行股票2800万股，共融资2.8亿多元。青岛人民印刷有限公司2007年8月在美国纳斯达克创业板成功上市。

(4) 农家书屋建设过万家

山东省从2007年开始启动乡村阅读工程暨农家书屋建设工作，先后成立了由省委、省政府领导担任组长、16个部门参加的协调小组，制定了农家书屋建设规划，省、市各级相关部门，按照分工，各司其职，通力合作，积极参与农家书屋建设。

农家书屋建设得到了各级财政大力扶持，省财政已经把农家书屋建设资金列入预算，每年专门安排1000万元给予重点扶持。截至2008年年底，全省共投入资金2亿多元，建成农家书屋1万多家。

各图书、音像、电子出版物出版单位紧紧围绕服务社会主义新农村，加强服务“三农”出版物的选题策划，加大人力、物力、财力的投入，精心策划出版了一批图书和音像电子出版物，为社会主义新农村建设，提供了重要的精神保障.

(5) 民营书业发展创新格局

据统计，在山东省5400多家出版物发行单位中，有4200多家民营发行企业，占全省总数的77%以上。全省民营发行业从业人员约3.5万人，年销售出版物8亿多册，年销售码洋100多亿元，占全省发行业销售总码洋的一半以上。

山东世纪天鸿书业有限公司、山东世纪金榜书业有限公司、山东星火国际传媒集团有限公司3家最早获得出版物总发行权的民营书业公司，2009年发行码洋达33.87亿元，销售收入10.5亿元，利税1.87亿元。

山东民营书业不断发展壮大，已经形成一批颇具规模的民营书业公司和一批品牌出版物，不仅在全国具有影响力，而且走向了境外市场。许多民营书业公司注重品牌的研发和培育，逐步形成了全国知名的图书品牌，取得了很好的社会效益和经济效益。其中，星火集团以星火式词汇为核心，打造英语教辅第一品牌，读者累计超过8000万，特别是该集团的《大学英语词汇星火式巧记·速记·精练(1—6级)》版权2005年被英国培生(朗文)公司收购，做到了“让英国人看中国人写的辅导书学习英语”。

在第十九届全国书博会上，山东省局第一次设立了民营书业展厅，成交额达27亿元，创历届书博会之最。特别是2005年8月召开全省民营书业发展座谈会、2008年9月召开国有出版发行单位与民营书业共谋改革发展恳谈会，在业内引起了强烈反响。由此山东形成了民营书业与国有出版单位合作发展的新模式。

3. 广告业

根据省工商局的统计数据，2009年山东省广告经营额达76.3亿元，广告经营单位11803户，广告从业人员81513人，均居全国前列。

山东广告主花费的总体费用，与本土广告公司代理的业务之间存在着相当大的落差。在广告产业的转型期，山东大企业多、经济发展速度快、人文环境好是山东广告业发展得天独厚的优势，而来自政府的诸多扶持政策更使得业内人士异口同声地表示“山东广告业的春天要来了”。针对缺乏具有综合实力和国内外竞争力的广告企业，缺乏高端人才，产业发展区域性不平衡等等问题，一系列的针对性措施将逐渐落到实处，到2015年，将力争全省广告经营额达到142亿元，确保广告经营额高于同期地区GDP的增长水平。

4. 演艺娱乐业

(1) 艺术创作演出取得丰硕成果

近年来，山东省文化系统在省委、省政府的领导下，深入学习贯彻落实“三个代表”重要思想，全面落实十七大精神，开拓进取，与时俱进，推动了全省文化事业的繁荣发展。全省有县级以上专业艺术表演团体119个，其中省级表演艺术团体6个，市级艺术表演团体42个，县级艺术表演团体71个。按艺术门类分，歌舞院团（艺术团）28个，京剧院团20个。吕剧院团19个，豫剧院团13个，柳子、山东梆子、五音戏、莱芜梆子、柳琴戏等地方戏剧院团27个，杂技、话剧、曲艺等艺术院团12个。全省艺术表演团体从业人员6250人，近年来共创作新剧（节）目460多部，上演90多部。其中共有11部作品获中宣部“五个一工程奖”；13部剧（节）目获文化部“文华新剧（节）目奖”，其中近两年吕剧《苦菜花》、儿童剧《宝贝儿》先后获“文华大奖”；近百件群众文艺作品获文化部“群星奖”；杂技节目先后两次获蒙特卡洛国际马戏节最高奖——“金小丑奖”，在国内外比赛中多次荣获金奖，并在开拓国际演出市场方面取得较好收益。全省先后有14人次获中国戏剧“梅花奖”，还举办了两年一次的山东文化艺术节，引起社会的广泛关注。

(2) 文艺院团改革逐步推进

省直和9个试点市共有66家文艺院团，已转制12家。2009年12月23日，山东演艺集团有限公司、山东省杂技演艺有限公司正式挂牌成立。山东演艺集团有限公司以资本为纽带，以山东文艺演出公司和山东剧院为核心，吸收山东歌舞剧院、山东省杂技团、山东省京剧院、山东省话剧院、山东省吕剧院、山东省柳子剧团等六家省直文艺院团入股组建而成，注册资金1000万元。除承办各种演出外，最重要的是发挥集团整体优势，组建演出联盟、剧场联盟，开发衍生产品，拉长产业链；同时探索新的演出传播形式和渠道，加大精品剧目的后期开发力度和市场营销，探索新的演艺组织结构和机制，建设新的演出经营模式。山东省杂技团专业优势突出，有着较高的演出能力和较好的演出市场，近几年在开拓国内外演艺市场方面走在了省直院团前列，改革的条件相对成熟，独立转制为山东省杂技演艺有限公司。

青岛市推动青岛歌舞剧院、市民族艺术剧院、市曲艺团等艺术院团转企改制，于2009年12月30日成立了青岛市歌舞演艺剧院有限公司，并将进一步整合院团资源，成立青岛文化演艺集团。烟台市确定将歌舞剧院实行“事生企”改革，成立烟台市歌舞剧院有限公司。潍坊市拟将潍坊市歌舞剧院、吕剧院、京剧院三院合并，整体改制为企业，组建潍坊演艺公司，五年内政府通过定向采购、演出补贴等形式继续给予扶持。泰安市拟以泰山影剧院为载体，整合市歌舞团等资源，组建泰山歌舞剧院演艺有限公司。基层剧团转企改制探索也取得了显著进展，如山东高密市艺术剧院、诸城市茂腔剧团、昌乐县文工团均已完成转企改制并挂牌。

(3) “泉城大舞台”扩版升级

由山东省文化厅主办的“泉城大舞台”，从2006年以来，为市民献上了60多场精彩演出。2009年伊始，“泉城大舞台”与山东广播乡村频道再度合作，扩版升级，在济南市原有的曲艺和杂技演出不变的情况下增加省直艺术院团的演出场次。

山东省直院团是省专业艺术表演团体的龙头，也是山东艺术事业发展水平的代表，为了让省直院团为百姓提供更多更好的服务，山东省政府投资数千万元，对每一个省直剧团的演出场所都进行了改造，已完成的有京剧院的梨园大戏院、吕剧院的百花剧院、歌舞剧院的音乐厅、话剧院的亲子剧场、柳子剧团的东柳戏院，从硬件上保证了每个剧团都有自己的场所，让广大群众有了一个定时、定点、定内容观看演出的选择可能。省直各大艺术院团以各自新维修改造的演出场所为舞台，每周推出16场演出，天天精彩不断，演出剧目更加丰富多彩，艺术质量不断提高，受到广大市民的热烈欢迎。改版升级后的“泉城大舞台”将继续实行年低票价，最低票价为10元。另外，济南市曲艺团在茗曲阁的“天天曲艺”照常进行；济南市杂技团在珍珠泉人民会堂的演出也加盟“泉城大舞台”，使之更加丰富多彩，每周演出达到16场，每年演出700余场。

(4) 基层文化建设得到加强

山东省在全国率先开展了创建社会文化先进县活动，受到文化部的肯定，并在全国推广。到2009年，全省受省委、省政府表彰的社会文化先进县共有60个，受文化部表彰的先进县达32个，被文化部命名的“中国民间艺术之乡”共49个。山东省坚持以创建社会文化先进县活动为龙头，全面推动基层文化工作的“四基”建设，基层文化工作基本形成了网络，文化活动的开展已经制度化、经常化。在全省举办的“广场艺术展演”、“全省曲艺会演”、“民间艺术展览”、“文化下乡”等多种活动，推进了全省社区文化、农村文化、企业文化、校园文化、村镇文化建设，极大地丰富了全省人民的文化生活。据统计，2008年上半年山东省各类规模较大的广场文化活动达3000余场，参与演职人员和群众1200多万人次，形成有一定知名度的广场文化活动品牌50多个，新创作广场文艺节目700多个，广场文化硕果累累，使基层文化建设得到加强。

5. 文化会展业

(1) 我国五大会展业带中的重要部分

日前，在我国已基本形成了环渤海会展经济带、长三角会展经济带、珠三角会展经济带、东北会展经济带及中西部会展城市经济带五大会展经济产业带框架。这些会展经济产业带和会展中心城市通过准确的功能定位，逐步形成了相互协调、各具特色、梯次发展的互动会展经济发展格局。而山东的青岛、济南等城市已成为环渤海会展经济带的重要城市，对于推动环渤海经济发展、构成环渤海会展经济带具有重要的战略地位和意义。

(2) 会展市场发展潜力巨大

据ICCA统计，全世界国际会议的年消费总额高达70多亿美元，而全世界每年举办的各种展览会多达4000多个，全球展览业的经济收入高达2800亿美元。据国际会展业权威人员估算，国际会展业产值约占生产总值的1%，如加上相关产业从会展中获得的效益，则约占8%。近年来，山东会展业发展很快，每年举办各类节庆活动200多个，展览会约280个，国际会议约150个；参观人数达700多万人，其中海外客商约17.5万人，省外客商约245万人；展览业产值年均增长15%，约150亿元，会展市场发展潜力巨大。

(3) 基础设施条件进一步提高

会展场馆是举办大型会展活动的基础硬件。山东已有会展场馆35个，主要分布于济南、青岛、烟台、潍坊等地，占全国总量的5.6%。除济宁、泰安和聊城外，各市都建设了会展中心，如青岛国际会展中心、济南舜耕国际会展中心、济南国际会展中心、威海国际展览中心、潍坊富华国际展览中心、烟台国际博览中心、淄博国际会展中心及临沂鲁信国际会展中心。其中济南舜耕国际会展中心建筑面积4.1万平方米，展览面积2.45万平方米。新建的济南国际会展中心总建筑面积31万平方米，一期工程14万平方米，展出面积11万平方米，其中室内展示面积8.5万平方米。烟台国际会展馆建筑面积3.96万平方米，17个展厅，可搭建1000多个国际标准展位。潍坊富华国际展览中心总建筑面积3.65万平方米，其中室内展览面积2.7万平方米，室外展览面积近1.2万平方米。扩建后的青岛国际会展中心占地25万平方米，5万平方米的室内展览面积共可设置近3000个国际标准展位；拥有5万平方米的室外展览面积；一个406人的豪华智能型会议室，配有多媒体大屏幕、红外同声传译等现代媒介系统；6个200人的会议室及多个中小型会议室、洽谈室和贵宾室。

(4) 会展业发展的软环境逐步改善

发展会展业需要有雄厚的产业基础和良好的投资环境，坚实的经济基础为山东创造了稳定的市场基础，山东人均GDP达到33083元，人均可支配收人16305元，人口9000多万。作为农业大省，工业基础雄厚，市场空间无限，为会展业的发展提供了稳固的市场基础。山东省17个地市都拥有自身相对比较成熟的展会题材，展会的市场化、法制化、专业化和国际化水平在提高，会展人员的专业素质和专业技能也在进步。

《山东省“十一五”服务业发展规划》中明确把节庆和会展业列为优先发展的重点生产性服务业，指出要把节庆和会展业培育成山东省服务行业的新亮点，并提出了长远目标，力争到2010年，在全国培育出5个具有国际影响力、10个具有全国影响力的品牌展会和节庆。省委、省政府2007年4月印发的《山东省实施<国家‘十一五’时期文化发展规划纲要>的意见》，明确将文化会展业列为重点发展的文化产业门类之一。除此之外，各市地也围绕发展会展业纷纷制定了一系列意见、决议和部署。

(5) 旅游业的成熟和城市功能的进一步完善为会展业发展提供了条件

会展经济的发展是建立在成熟的旅游业和完善的城市功能基础之上的。目前，山东的旅游业逐步走向经营规范化、管理科学化、运作市场化，与社会其他部门的协调能力大大加强。此外，青岛2008年奥帆赛的举办和济南2009年第十一届全运会的举办，使山东在城市建设方面有了显著的进步，城市职能也由单一的生产型城市转变为具有各种不同职能的专业化城市，并涌现出了新兴的知名城市。

(6) 大型节庆活动呈现良好发展势头

节庆会展活动越来越成为山东各地竞相促进经济快速发展的重大举措，呈现了良好的发展势头。孔子国际文化节、泰山国际登山节、青岛国际啤酒节、潍坊国际风筝节等已经成为国际知名度较高的节庆活动。菏泽国际牡丹节、中国·威海国际人居节、中国临沂书圣文化节、中国青岛海洋节、中国江北水城（聊城）文化旅游节、烟台国际葡萄酒节等节庆活动也已经成为国内较有影响的节庆活动。在第17届青岛国际啤酒节上，啤酒城接待的海内外游客数量达 360 万人次，本地市民 223 万人；海外游客 10.8 万人，占入城游客总数的 3%。首届烟台国际葡萄酒节展位 307 个，海外代表团 129 个；展会的海内外客商达 3 万人以上，其中海外客商 3000 人以上；参展及观展人数近 30 万人次；签约成交利用外资项目 50 个，项目总投资 13.5 亿美元，合同、协议外资额 8.2 亿美元；利用内资项目签约成交 30 个，总投资 54 亿元人民币，利用市外资金 51.2 亿元。

（7）新拐点前自我提升

山东省政府下发了《省政府办公厅关于加快会展业发展促进会展消费的通知》，要求各级政府要把会展业作为扩大内需、开拓市场的重要手段，抓紧研究制定政策措施，扶持其加快发展，并作出详细工作部署。

对山东来讲，2009 年一批涉及绿色能源、节能环保、基础建设、装备机械、交通物流和高新技术等领域的展会得到重视。会展企业在精耕细作优势展会项目的同时，通过多元化经营来提高自身的竞争力，并由竞争走向竞合，整合同类展会项目、用大展带小展、用成熟展带新展等运作模式应运而生，“同质展会”等不良现象得到有效遏制。

会展项目的国际化和专业化仍是制约山东省会展业发展的瓶颈，但一些企业已经开始有计划地引进来、走出去。2008 年 4 月 10 日至 12 日，青岛海名国际会展有限公司与香港雅式展览服务有限公司在青岛国际会展中心共同主办的第九届中国（青岛）国际纺织工业展览会，是山东省民营会展企业第二个在会展项目上进行国际化合作的有益尝试。而一些比较大的组展企业，诸如丞华集团、济南中贸展览有限公司、青岛海名国际会展有限公司等已经走出本省办展。

6. 新媒体业

（1）大众网城市大屏联播网

大众网城市大屏联播网项目在 2008 年 12 月被确定为山东省重点文化产业项目，并获文化产业专项扶持资金。经过充分考察，大众网选择济南机场接机大厅投资建设了第一个 LED 大屏。大屏 9 月 24 日正式投入使用，主要发布政务资讯、新闻资讯、应急资讯等主要内容，辅以公益广告和企业广告作为支撑，旨在通过成熟化的市场运作，实现大众报业新闻资源的更大范围应用，这标志着大众网城市大屏联播网项目成功进入布网阶段。根据规划，大众网将在山东重点城市人口密集区设屏幕终端，未来几年将其打造成覆盖千万人群的新兴媒体平台。

（2）山东中广传播有限公司正式成立

山东省广电局 2009 年已明确制定并完成 CMMB 的发展目标——到 2010 年用户数将突破 100 万之后，2 月 24 日，中国移动多媒体广播电视（CMMB）在山东省的产业运营主体——山东中广传播有限公司正式成立，并举行揭牌仪式。山东中广传播有限公司是广播电影电视总局下属的中广卫星移动传播有限公司和山东省广播电视总台及十七市广电部门注册成立的合资公司，是全国第一家取得营业执照的 CMMB（中国移动多媒体广播电视）省级运营主体，它的主要运营模式是为广大带有 CMMB 芯片的手机、移动电视、导航仪等提供电视、广播、股市、天气、城市生活、电子杂志、报纸等服务。

为推动 CMMB 在全国的产业化运作，广电总局及中广传播公司要把山东省公司的业务发展作为全国的试点来抓，确立省级公司的运营模式，最终向全国推广。

7. 动漫业

《2009 年山东省政府工作报告》中提出“好客山东”和“创意山东”的概念，旨在培育壮大山东地域文化影响力，大力实施齐鲁文化品牌战略。动漫游戏产业作为文化创意产业之一，迅速成为全省各地重点扶持的产业之一，被誉为“最其潜力型朝阳产业”。

（1）动漫产业在金融危机中逆势而上

《2009～2012 年中国动漫产业投资分析及前景预测报告》调查显示，金融危机使我国原创动漫产业受到资本的制约，外包加工业务订单下降，整个产业已出现明显动荡。但济南的动漫产业在 2008 年却逆势而上。2008 年济南动漫游戏产业实现产值 5.2 亿元人民币，比 2007 年增长 73.3%，动漫游戏企业数量由 2007 年的 70 家增至 116 家。而在 2006 年，济南的动漫企业尚不足 30 家。2009 年 1～6 月份，济南的动漫游戏产业继续呈现逆市增长的势头，动漫游戏行业协会会员单位增至 143 家，从业人员 6200 余人，完成产值 6.3 亿元（含网络游戏），按可比口径计算，同比增长 30.5%，成为全市经济新的增长点。

目前，济南市有网络游戏企业 22 家，其中有 4 个运营公司、18 个办事处。近两年，济南本土企业山东金奥电子科技有限公司与济南明基科技有限公司开始涉足网络游戏，自主开发的《圣传》与《梦境》等在线游戏目前已进入内测和公测阶段。据业内人士估计，两款游戏如果正常运营，可将拥有 20 万用户，直接收入将高达 2 亿元人民币，而它所带动的相关电信业以及 IT 等产业收入可达 20 亿元人民币。

按照《济南动漫游戏产业发展规划（2008～2012）》，到 2012 年，济南动漫游戏企业达到 200 家，其中 500 人以上企业 10 家，实现动漫游戏产业产值 20 亿元，带动相关产业收入 200 亿元。

（2）基地建设更加完善

继济南东部高新区、中部槐荫区之后，2009 年 6 月，济南市长清区也建立了国家动漫产业发展基地。该基地位于长清区数娱大厦，已入驻18家企业，主要致力于动漫游戏、影视媒体、数字技术、文化创意、软件技术等高科技领域的产业链打造，重点孵化扶持具有市场潜力的优势项目，力争培育一批具有竞争力、高起点、有亮点的企业及项目。同时，长清区还成立了山东省软件产业园区、山东徐汇软件基地济南分基地、济南西区数字创意产业园和上海数娱中心山东分中心。

另外，济南市国家动漫游戏基地二期工程被列为市领导重点联系项目，已累计完成投资1.65亿元，累计到位资金1.8亿元。在济南市信息产业局等有关部门的共同运作下，美国power公司将于近期落户济南，总投资2亿元人民币，计划经营范围涵盖游戏开发、动漫设计、影视广告制作等软件产品的研发生产、人才培训等，一期项目9月份正式运营。深圳华强文化科技产业集团也将落户济南，项目规划占地11.91万平方米，总建筑面积约44.8万平方米，总投资25.3亿元。

近年来，济南积极打造“动漫泉城”品牌。随着国家动漫产业发展基地落户长清数娱大厦，济南市已形成以国家动漫产业发展基地为载体的东、中、西带状发展的动漫游戏产业发展集群。东部济南动漫游戏产业基地，中部齐鲁动漫游戏产业基地，西部长清大学科技园数字创意产业园，三个基地东、中、西点式集聚，带状拉开，各展所长，优势互补，错位发展。现在基地企业数量达140多家，产生了东方天健、游戏工厂、沃土天人、浪潮欢乐城、百灵信息、中迪多媒体、呀咔咔动画、蓝点传媒、海水科技、高科佳视、世博文化、新视觉数码等一批优秀动漫游戏开发和生产企业，从业人员6200余人，动画片年制作能力超过1万分钟。

在2008年度（第六届）中国游戏行业年会上，济南市获多个国家级动漫游戏大奖。济南市信息产业局荣获“2008年度支持中国动漫游戏产业发展的模范政府机构”（全国8个），济南动漫游戏行业协会荣获“2008年度全国优秀动漫游戏协会”，（全国4个），山东东方天健广告公司荣获“2008年度新秀企业”（全国3个）。

继青岛慧谷（市南）软件园后，青岛又建立了国际动漫游戏产业园，该产业园位于青岛市南区银川西路东南侧浮山脚下，占地10万平方米，投资4.2亿元，2006年9月开工。一期入驻的动漫游戏企业16家，这是国内第一家全新的、独立的、规模化的、以国际招商为主的专业化动漫游戏产业园区。来自北京中关村创意产业孵化器的动漫游戏经营管理团队已经签约市南，与市南区政府共同管理和运营青岛国际动漫游戏产业园，打破了以往政府单一管理的模式和行政指导市场的做法，引领了一种新的园区管理模式。该管理团队有着丰富的管理经验及行业背景，同时与中国动画学会、北京电影学院动画学院、中关村软件园、中关村数字娱乐产业联盟等机构，组织建立了密切合作关系，为青岛动漫游戏产业高速发展提供了良好的条件。园区内已经引进多家培训机构，如汇众益智青岛分校区、韩国SBS电视台、美国七月电影等。据有关部门统计，目前，青岛市共有动漫游戏企业50余家，其中网络游戏、影视动画、多媒体设计30余家，游戏研发、运营企业20余家，动漫游戏产业人员近千人。仅去年以来，青岛市共创作动画片22部、999集，全年动画片的生产量达到7000分钟以上，2008年营业收入超过10亿元，培养各层次动漫专业人员1800余人。据初步计算，青岛国际动漫游戏产业园在五年内将吸引100家以上企业入驻，可以吸纳1万—1.5万相关人才就业，每年有望实现50亿元收入和近4亿元税收。

目前，烟台国家动漫产业基地已入驻企业36家，完成动漫作品投资总额2000万元，制作动漫作品片时长1500分钟，出版发行漫画作品4套，出口力雄厚，创汇20万美元。烟台动漫基地计划到2010年，打造1—2家实力雄厚、知名度较高的大型动漫企业，培育一批充满活力、专业性强的中小型动漫企业，形成创意、加工、发行及衍生产品开发等完整的产业链条。

（3）动漫公共技术平台初步建成

济南市按照国内一流水平的建设标准，规划建设了动漫游戏公共技术支撑平台。目前，依托齐鲁软件园公共技术支撑平台建设的集群渲染系统和图形工作站已经投入使用，下一步将分期建设动作捕捉系统、音视频编辑合成系统、公共版权软件系统、技术体验中心等。齐鲁动漫游戏产业基地已经投入3000万建成了集录像集群、高清非线编、三维图形工作站、录音棚、集群渲染、存储等六大系统在内的“齐鲁动漫游戏产业公共技术服务平台”。此平台的建成，极大地推动了动漫产业的快速发展，基地逐步显现出“山东齐鲁动漫科技企业孵化器”的职能。

2007年，青岛市科技局、市南区政府共同在市南软件园建设了青岛市数字动漫技术支撑平台。这个平台主要为青岛市的数字动漫企业提供从造型设计、动画制作、特效合成、渲染、配音到输出等一整套的专业设备、技术咨询、专业人才培训，平台将由动漫企业免费申请使用。下一步，青岛市将对现有公共服务平台将一步完善、升级，为动漫企业提供更方便的服务。

截至2008年，烟台国家动漫产业发展基地已建立集成渲染系统，动作捕捉系统、三维扫描系统、高清视音频编辑系统等，完成了整个动漫公共技术平台建设，形成完整的动漫技术支撑体系。

（4）原创动漫取得重要成果

济南市以打造具有地域文化特征的动漫游戏品牌为重点，通过项目合作、项目转包、品牌授权等多种形式，形成以品牌为核心的动漫游戏企业联盟。

目前，济南市已完成或正在研发制作的原创动漫项目达70多个。其中，原创水墨动画《将进酒》和《童趣》成功在央视播出并创“两个第一”：山东原创动画第一次迈上央视平台，中国第一次将全三维水墨动画片作为影视专题在央视播放。二维原创动画《恋恋四季》《农民工城市生活指南》等也分别在中央电视台等媒体播出。另外，济南的科明、呀咔咔和奇麟笔等3家动漫游戏公司成功中标2010年上海世博会网上世博山东网上展馆工程建设，提升了济南动漫游戏产业的世界知名度。今年上半年．济南市动漫企业还与日本知名动画公司——云雀动画签署了合作协议，共同研发制作二维动画电影《功夫足球》及其周边衍生品生产，并开发国际版权市场。《功夫足球》的成功合作，为中国动漫产业抢占国际规模份额积累了经验，开辟了途径。许多原创动画作品《精忠岳飞传》《东方恐龙》《长安街》《龟兔赛跑》《鲁班的故事》《月球》《我要长大》《双泰山》等也已完成或即将完成。

青岛市原创动漫也获得了较快的发展。四维空间动画系列剧《小老虎》《外星动物园》下半年将在全球同步发行；《酷酷和图图登月历险记》《呆家家》两部长篇正在制作当中；高路动画制作了《星星历险记》和《童话森林》；普达海动画制作的《小牛向前冲》近期将登陆央视少儿频道；星动数码投资200多万元自行研发制作的3D动画片《动漫岛》已完成了十多集；青岛星动数码科技有限公司制作了一部大型社会公益动漫剧《面对》，这部动漫剧以仪川大地震为背景，是一部励志类的电影，从创意到设计制作全部是原创。

（5）动漫组织相继成立并发挥资源整合作用

济南动漫游戏行业协会成立于2007年1月8日。2008年，协会有会员单位116家。2009年1～6月份，会员单位增至143家，从业人员6200余人。济南动漫游戏行业协会的成立，打破了各自为战的局面，从此走上合作共赢，结束了济南市动漫企业分散自律发展的道路。应韩国光州政府的邀请，协会于2009年9月组织山东东方天健等9家企业赴韩国参加“2009第四届韩国国际文化创意展”，达成10余项合作意向，标的额达1.2亿美元，可带动和扩大济南动漫游戏产业国内、国际市场份额4亿元人民币。

齐鲁国际动漫艺术博览会已连续成功运作了九届，已成为山东及中国北方运作最专业、最成熟的动漫展会，并在山东、山西、内蒙古等其他省市进行了巡展，先后获得省市多个奖项，被媒体誉为山东动漫产业的孵化器、山东动漫第一品牌。2009年1月，中国游戏产业年会在青岛举办。年会主要讨论民族游戏原创、游戏新业态、创建和谐绿色游戏环境、增强企业社会责任意识和产业内外合作共赢等热门话题，颁发了中国游戏产业最具影响力的产业奖项——“金凤凰奖”。2008年和2009年，烟台举办了第二、第三届国际动漫艺术节。动漫艺术节涵盖动漫文化活动、商品展示交易、动漫高层论坛、洽谈交流合作等多项重要活动，得到了上百家国内外动漫企业的支持，展示了大量的动漫相关产品，推动了烟台动漫产业的发展。

2008年以来，山东其他地市的动漫产业也有不同程度的发展。泰安、聊城、菏泽等地都举办了动漫艺术节或动漫大赛活动，东营市成立了动漫艺术协会，潍坊高新区与日本热海市牵手共建动漫合作基地。特别是淄博市，不仅成立了动漫艺术家协会，还拟建立动漫产业发展联席会议制度，相关部门拟投资1000万元在淄博高新区建设“数字动漫技术支撑平台”。

7. 文化旅游业

从2008年开始，山东省就将旅游项目建设作为旅游产业发展的重点。2008年，山东旅游投资完成600亿元，2009年完成800亿元。旺盛的投资支持下，旅游业在山东省整体产业结构中作用越来越突出，2009年山东全省实现旅游总收入2452亿元，占生产总值的7.25%、服务业增加值的21.7%。

作为山东“转方式调结构”先锋，山东省旅游部门正全面提升旅游线路骨干项目质量，创新旅游品牌体系建设，推出一批具有浓郁山东文化底蕴的具有国际竞争力的文化旅游精品项目，形成了山东旅游的新优势。

拥有世界文化遗产“三孔”的曲阜市旅游资源丰富，但为了进一步丰富旅游产品，延长游客滞留时间，打破单纯依靠“三孔”旅游的局面，曲阜市近年来充分发挥自身文化资源优势，以“三孔”为龙头，实施孔子文化品牌和重大文化项目带动战略，促进资源优势向产业优势、产业优势向经济优势、经济优势向品牌优势转变，不断加快区域特色文化产业发展步伐。通过加强“三孔”外围景区保护利用，曲阜市正着力实施明故城保护复兴、尼山朝圣之旅、石门山农业观光“三大文化旅游工程”。同时他们还通过举办孔子文化节、孔子学堂等活动加强高端市场参与度，并启动孔子修学旅游节，成功推出“盛世祭孔之旅”“中华成人之旅”等专项旅游产品，吸引了众多游客。据统计，1～6月，“三孔”景区接待中外游客165.7万人次，同比增长13.48%，实现门票收入7043.8万元，同比增长11.66%。

著名旅游景点泰山景区所在的泰安市近两年来也将旅

游业上升为全市发展战略，以泰山为龙头，以“封禅大典”大型演艺等为骨干，全面提升旅游项目质量。泰安市按山城旅游一体化发展的思路，通过科学谋划，在配套提升、产业拓展上狠下工夫，通过《封禅大典》、泰山古镇、方特欢乐世界、花样年华等项目的开发建设，泰安旅游已实现了由“泰山游”向“泰安城市游”的转变。泰安市已开工142个旅游项目，竣工38个，完成投资235亿元。旅游业的发展加快了泰安市经济发展方式转变。泰安市在经济增长模式上原本以工业为主导，2007年前，全市重工业增加值占规模工业的79.9%，比全省平均水平高近15个百分点。而2009年，泰安市实现旅游收入188亿元，占生产总值的比重达到11%，带动第三产业增加值的比重比上年提高1.6个百分点，高出全省1.3个百分点。

此外，山东省旅游文化演出重点项目《中华泰山·封禅大典》大型实景演艺项目，总投资3亿元，占地面积8600平方米，舞台由567平方米的LED屏幕拼接而成，背依泰山天烛峰雄奇险秀的山水实景，气势宏伟。整个演出精选了泰山五朝帝王封禅场景，预计每年演出280场，吸引观众80余万人，年营业额1亿元左右。此外，临沂市大型水上实景风情歌舞《蒙山沂水》、曲阜市大型广场歌舞《杏坛圣梦》，威海市大型山水演艺《梦海》、史诗性大型舞剧《甲午忠魂》、烟台蓬莱大型诗乐舞《蓬莱仙境》等高端旅游演艺类项目也开启了山东省旅游文化产业的新篇章。

（王帅协助提供相关资料）

# 河南省

## 一、河南省2009年文化产业发展综述

近年来，河南省把大力发展文化产业作为深入实践科学发展观、加快经济发展方式转变的战略性举措来抓，探索用政府资金融通社会资本加快推进文化产业发展，取得令人瞩目的成效。河南省文化产业增加值已连续4年增长超过17%，文化产业增加值增速明显高于生产总值增速，特别是在应对国际金融危机中，文化产业逆势上扬，2008年文化产业增加值达570亿元，比上年净增90多亿元。2009年文化产业增加值又高于2008年2—3个百分点。其中，2009年，报业集团实现收入15.5亿元，同比增长17%；出版集团实现销售收入70.5亿元，同比增长5.1%；省广播影视实现整体收入21.1亿元，同比增长10%。目前全省各类民营文化单位达2.5万多家，年经营收入突破60亿元。

1. 打造一批具有世界影响力的强势文化品牌

2005年以来，河南在黄帝故里新郑市连年举办拜祖大典，每年投入1000多万元深度开发黄帝文化，带动了当地文化旅游、文化教育、文化产业的联动发展。2005年到2008年，新郑市年接待游客由30万人次攀升到260万人次，年带动相关产业收入由6000万元攀升到5.2亿元。借此平台引进的大批外向型项目，目前已到位资金266亿元，80多个亿元以上项目相继开工建设或建成投产，香港华润集团、锦艺集团、台湾统一等大企业集团陆续在新郑投资。

2. 设立文化试验区探索发展路径

河南在全省选择文化资源各具特色、发展基础较好的地区，在全国率先设立开封、登封等8个文化改革发展试验区，不仅在文化体制改革上闯新路，还搭建起多种形式的文化产业投融资平台，扶持壮大一批民营文化企业。

根据试验区发展规划，有着悠久历史却一直贫困的淮阳县着力“打造全国最知名的人祖文化试验区”。在此过程中，淮阳不断进行体制创新，如建立投融资平台，成立了文化旅游产业发展投资公司和文化旅游产业发展担保中心，解决了长期困扰文化产业发展的资金难题。如今，东湖生态观光园建设、太昊陵景区保护和综合开发等10大重点文化项目已吸引社会资本投资3.4亿多元。

3. 文投公司提供融资平台

2008年底，河南省政府注册资金20亿元，成立了文化产业投资有限责任公司，其职责是运用政府资金融通社会资本，为文化产业的发展提供投融资平台，引领和促进河南全省文化产业加快发展。

国家开发银行与河南省政府签署了支持河南省文化产业发展合作备忘录，国开行将河南省作为支持文化产业的首个试点省份，探索开发性金融支持文化产业发展的新模式和新机制。文投公司与国开行就文化项目开发、产业引导基金等进行磋商，开拓银企合作新模式。平煤神马集团、河南煤业集团、河南神火集团等传统资源型企业纷纷注资文投公司，实现了传统工业与文化产业的密切合作。

文投公司还进行创意产业策划与经营，创新商业模式撬动社会资金。如通过金城时代广场、马渡文化艺术村项目，改变了商业地产的传统模式与理念，撬动社会资金6亿元共同进行项目开发，开创了利用社会资金打造展示大众文化、特色文化的文化新天地。

4. 广电网络有效整合

2009年9月底，河南全部完成了全省各地广电传输网络的整合，彻底打破了以往广电传输网络资源分散、条块分割的局面，“小网变大网”的规模效益逐步显现。2010年初，河南省将正式启动广电数字化整体转换工作，把电视机变成多媒体终端。

“小网变大网”的规模效益正逐步显现。从2005年到

2009年，河南有线电视网络集团公司总资产由12.71亿元增长到36.56亿元，增加了188%；经营收入由1.72亿元提高到7.6亿元，增长了342%；实现利润2200万元。

5. 省歌舞剧院成功改制

经过几年来的锐意改革创新，原河南省歌舞剧院终于实现"华丽转身"，转企改制成立河南歌舞演艺集团有限责任公司后，进一步确立了以改革为动力、以市场为导向、以创作为中心的发展理念，走出了一条国有艺术院团改革发展的新路子。

该集团旗下木偶剧团、交响乐团、歌剧团、舞蹈团、曲艺团、民乐团等紧紧围绕市场谋发展，大力进行演出市场的开发，演出收入逐年提高。2009年以来，先后承接了世界华人作曲家经典音乐会、梁祝故乡行、纪念莫扎特诞辰250周年音乐会等活动、首届中国曲剧节开幕式文艺演出、南水北调建设工程慰问库区移民文艺演出、澳门妈祖2009年文化旅游节、庆祝新中国成立60周年大型交响音乐会《黄河交响诗》等专场演出。截至目前，集团演出收入已超过900万元，全年演出营业额将突破千万元，较2008年增加60%以上。

## 二、河南省2009年文化产业各行业发展综述

1. 广播电影电视业

(1) 广电数字化取得新进展

近年来，河南人民广播电台在媒介融合的大背景下，借助数字化、网络化的发展浪潮，开始迈入全媒体发展领域。2008年底成立的河南广播传媒有限公司，目前已经形成了跨媒体运营、广播增值业务、文化拓展业务三大核心业务链，旗下拥有旅游广播、新浪河南网站、"说文解字"数字电视频道、《魅力中国》杂志和互动营销中心、培训中心、庆典中心等多个业务中心，同时进军新媒体市场，建立多媒体发展产业链，以此改变电台单纯依靠广告的产业格局，逐步形成以广告创收为主，跨媒体经营、产业化运作的全新媒体开发格局。

2009年河南电台在新闻宣传上重点做好了庆祝新中国成立六十周年、积极应对金融危机、抗旱浇麦保丰收以及救助病重患儿宣传报道，对社会焦点、热点问题反应快速，时效性强，信息量大，使新闻宣传有规模、有声势；通过集体把脉会诊各频率节目，进一步完善节目听评制度，强力推进品牌建设，促进各频率节目质量有提升、有影响。同时，积极开展多元化经营和对外合作，使经营创收实现了历史性突破。

(2) 广电改革探索新路径

2009年12月22日，河南电视传媒发展有限公司正式揭牌。河南电视传媒发展有限公司的成立是河南电视台实现做大做强的一个重大举措，也为河南电视台制播分离、改企转制探索出一条新路子。河南电视传媒发展有限公司的前身是河南电视台电视剧部，从1979年涉足电视剧制作，到2009年实现改企转制的华丽转身，这个电视剧制作团队用一个接一个的精品铺就了一级又一级向上的台阶。在改革后的新体制下，这个团队的创作活力必将得到进一步的释放，河南影视创作，也必将由此进入一个高速发展的快车道。与香港英皇公司、中影集团、华谊兄弟等知名影视公司合作的电影巨制《新少林寺》将成为河南电视传媒发展有限公司的开山之作。此外，河南电视传媒发展有限公司目前还正在运作一部由李佩甫、乔叶执笔编剧的10集电视剧，未来河南电视传媒发展有限公司将以影视作品的创作发售及投资作为发展主方向。

(3) 电影市场拓展新渠道

2009年，河南通过多种渠道，积极促进河南电影市场繁荣发展。一是积极推进城市电影市场快速发展。采取降低门槛、搞活电影主体、鼓励市场竞争的办法，带动社会资本投资电影产业的积极性。2009年，全省新增影院6座，银幕29块，座位数4907个，主流电影市场票房达1.196亿元，同比增长66.49%，放映场次20.42万场，同比增长33%，观众人次464.62万人，同比增长52%。河南奥斯卡电影院线新增影院3座，银幕15块，座位数2100个，实现票房收入1.36亿元，同比增长61.43%，放映场次18.79万场，同比增长24.84%，观众人次505.79万人，同比增长61.54%。二是努力开发电影二级市场和农村电影市场。充分利用数字电影院线公司，积极探索"影企联姻"、"影教结合"等放映模式，盘活电影二级市场和农村电影市场。

(4) 转企改制实践新方向

自2006年河南省影视制作集团成立一来，作为国内第一批改制的国有电影企业，改制4年来，拍摄的电影数量是以前25年的总和，经济效益是以前20年的总和。即将于2010年初上映的《叶问2》更是一部里程碑式的影片，开创了河南拍摄商业大片的先河

河南电影产业在全国电影产业中占有了一席之地，已经超过了不少省份。

近年来，河南省海按照"企业经营、市场运作、政府购买、农民受惠"的农村电影发展思路，培育发展农村电影市场主体，推广电影数字化，目前郑州、洛阳等7个省辖市农村数字电影放映覆盖率已达100%，其他11个省辖市农村数字电影放映覆盖率达到60%以上。2009年上半年，全省农村电影公益放映场次23.6万场，观看电影人次4000万人，丰富了广大农民群众精神文化生活。

2. 新闻出版业

2009年，河南省新闻出版业呈现出了良好的发展态

势。河南日报报业集团、中原出版传媒集团等骨干传媒企业效益继续攀升，体制改革和自身建设取得了明显成效，策划推出了一批重点出版物……但同时，也存在着产品结构不尽合理、核心竞争力不强、市场配置资源的基础性作用未充分发挥等亟待解决的问题。河南省新闻出版局局长詹玉荣表示，将坚持省委提出的“四个重在”，即重在持续、重在提升、重在协调、重在为民，全力推进全省新闻出版业的发展繁荣，为实现中原崛起作出新的贡献。

（1）重点出版物面世，产业发展呈现新亮点

策划出版了《图解经济学》《现代经济伦理研究》等20余种优秀出版物，《中国共产党执政史》等3种图书入选“庆祝新中国成立60周年百种重点图书”。豫版出版物精品迭现。总规模1128册的鸿篇巨制“民国史料丛刊”被誉为“图书的长城”。三维动画《独脚乐园》和图书《大瓷商》荣获中宣部“五个一工程奖”。《漫画月刊》荣获中国原创动漫出版扶持计划二等奖。《中原文化大典》荣获全国古籍图书一等奖。《河南手机报》订阅用户突破120万。河南日报报业集团、中原出版传媒集团等骨干传媒企业效益继续攀升，《小兔汤姆》网上销量达100万册，《大秦帝国》发行4万余套，《小学生学习报》发行量突破300万份，《中原文化大典》荣获全国古籍图书一等奖。此外，河南凯瑞数码光盘生产基地也成功实现“走出去”。

（2）行业监管不断加强，产业效益不断攀升

2009年，全省共出动执法人员14万多人（次），查办案件700多起，立案389起。严厉查处报刊“四假”，取缔非法编辑部5家，清缴低俗音像制品1000多种，关闭登载不良信息网站50余家。公共服务大力推进。农家书屋建设工作已全部完成并通过新闻出版总署验收，今年5200个农家书屋建设已全面展开。此外，2009年河南省新闻出版系统骨干传媒企业发展效益继续攀升：2009年，河南日报报业集团实现利税2.38亿元，同比增长27.34%；中原出版传媒集团实现利税4.26亿元，同比增长7.6%。

（3）印刷复制历史悠久，产业增量不断提升

河南出版有着悠久的历史传统，洛阳、开封早在唐宋时代就是全国出版中心。新中国成立以来，尤其是改革开放30年来，河南的印刷业得到了迅速发展并焕发出了勃勃生机，在促进社会进步和繁荣发展新闻出版事业中发挥了重要作用。

河南省现有各类印刷企业6611家，从业人员16万多人，印刷工业总产值107.48亿元。其中出版物印刷企业337家，占总数的5.1%；包装印刷企业973家，占总数的14.72%；其他印刷品印刷企业1661家，占总数的25.12%；专项排版、制版、装订企业53家，占总数的0.8%。郑州、开封、洛阳和安阳等文化发达地区的印刷业发展已初具规模，形成了辐射全省的印刷产业基地。全省印刷业的生产能力不断扩大，综合实力迅速增长，质量效益和规模处在中西部地区的前列，跨入了全国印刷大省的行列。

（4）坚持科学发展观，展开出版质量检查活动

始终把发展作为第一要务，运用政府的资源支持印刷复制业加快发展。郑州、洛阳、安阳、周口等地促进印刷产业集约化发展，提升综合竞争力，坚持政府引导和市场机制相结合，对当地筹建印刷工业园进行积极的探索。郑州市政府把印刷包装工业园列为市“十一五”文化产业重点项目之一。安阳印刷工业园规划用地100亩，首期开发50亩，建筑面积2万平方米，已有36家中小印刷企业入驻工业园。周口印刷工业园的选址已初步完成，一期工程规划用地50亩。

深入开展出版物印装质量检查活动。2007年1月至3月，按照新闻出版总署“出版物质量管理年”活动的工作部署，组织开展了“3·15国际消费者权益日”期间中小学教材印装质量检查活动。组织27人次对14个新华书店发货仓库、8所中小学校的119种，共计1190册课本、书刊进行了现场抽查检测，其中批合格率99.6%，不合格率为0.4%。从这次抽查来看，绝大多数印刷企业的产品质量是经得起检验的。印装质量检查活动和出版物印刷质量的检查检测，推进印刷企业走质量效益型发展道路，维护了广大读者的合法权益，使得河南的印刷质量连续12年获得有关部门颁发的金奖和银奖。

3. 演艺娱乐业

（1）娱乐业蓬勃发展，行业结构不断优化

据河南省文化厅最新统计资料显示，截止2008年底，全省共有娱乐场所8213家，从业人员4.3万余人，利润总额10.6亿元人民币。其中歌舞厅5034家，电子游戏厅461家，戏曲茶座500余家，其他娱乐场所2200余家。娱乐业的蓬勃发展，在涵养税源、增加就业、扩大内需、丰富和满足群众多层次精神文化需求、推动城乡经济社会文化和谐发展等方面发挥了重要作用，为河南实现由文化资源大省向文化强省跨越提供了有力支撑。

从城乡分布情况看，城市有4625家，占56%；县城有2591家，占32%；乡镇有997家，占12%。自然村基本没有娱乐场所设立。全省各市（县）场所分布基本与人口规模成正比，没有明显的县域区别。

从娱乐人员情况看，据抽样调查，消费群体中40岁以上的占10%，30～40岁之间的占36%，20～30岁之间的占42%，20岁以下的占12%；性别分析中，男性占76%，女性占24%；职业构成分析中，个体从业人员占

31%，公务人员占21%，其它人员占48%。

从内容选择看，选择量贩式KTV占41%，卡拉OK占29%，夜总会占21%，大众化歌舞厅占5%，迪厅占3%，其它占1%。

从业人员构成看，①年龄分布。经理40岁以上占16%，30～40岁之间的占46%，20～30岁之间占38%；店员中40岁以上的占0.2%，30～40岁之间的占3%，20～30岁之间的占82%，20岁以下的占14.8%。②学历分布。经理中大学以上学历占26%，高中占58%，高中以下占16%；店员中大学以上学历占13%，高中占72%，高中以下占15%。③性别情况。经理中男性占84%，女性占16%；店员中男性占51%，女性占49%。

从上客率分布看，①时间分布。8：00～13：00为3%，13：0～20：00为32%，20：00以后为85%以上。②地域分布。市区平均上座率为82%，县乡（镇）平均上座率为76%。

从消费情况看（不含酒水费），①计时收费。每小时收费100元以上的占8%，100～50元之间的占81%，50元以下的占11%。②包间收费。每次收费500元以上的占6%，500～300元之间的占32%，300～100元的占45%，100元以下的占17%。

从投资规模看，投资5000万以上的占1%，投资3000万至5000万的以上的占12%，投资1000万至3000万的占63%，投资1000万以下的占24%。

（2）演艺业精品迭现，市场主体不断成长

河南演艺历史悠久，演艺资源丰富，发展演艺业条件优越、市场广阔。注重发挥比较优势，不断明确演艺业发展的出发点，寻找演艺与市场的结合点，激发演艺团体闯市场的兴奋点，扩大演艺业与旅游业的共生点，把握演艺业改革发展的着力点，找准党委、政府工作的立足点，抓住演艺业发展的关键点，并把这七“点”连成一“线”作为河南推进演艺业改革发展的工作主线，初步探索出一条政府主导、文旅联姻、企业经营、市场运作、依法管理、竞争发展的路子，有力推动了全省演艺业更好更快发展。

河南旅游演艺业发展不仅走在了全国前列，也丰富了游客的旅游体验、延长了游客的停留时间、提高了旅游发展的层次和水平。《禅宗少林·音乐大典》《大宋·东京梦华》《君山追梦》《大河秀典》等演艺节目相继推出，创造了良好的经济效益，进一步印证了旅游业转型升级的重要性和可行性，成功的将文化演艺业与旅游业巧妙糅合在一起，开创了河南文化旅游与演艺产业的新篇章。白云山旅游景区通过开展民俗风情演出，开封清明上河园通过演绎宋文化历史故事，不断丰富旅游内涵，既增加了经济收益，又展示了中原文化。2007年，全省文化市场经营单位就已达到2.5万余家、其中演出经纪机构103家，从业人员近30万人，年营业额突破50亿元。

由郑州歌舞剧院耗资近2000万元打造的大型原创民族舞剧《风中少林》2006年一经亮相深圳文博会就赢得了满堂喝彩，演出邀约不断，到目前已巡演500多场，成为国内效益最好的舞台艺术作品之一。在《风中少林》的带动下，河南省的更多文化项目将要通过文博会走向全国和全世界，洛阳市《相约牡丹故乡》《梦幻之都》《相约田汉梦幻之夜》《又唱浏阳河》等大型演出，还有孟津县平乐牡丹画村、商丘市刘腾龙笔庄、王公庄画虎村、濮阳杂技艺术图的“杂技演出”、滑县秦氏绢艺等诸多的项目要通过文博会上走出去。

在全国十万民间艺人中占据半壁江山的宝丰县，以魔术演艺产业为支柱，构建魔术演艺文化试验区。民间演艺业的发展，为解决“三农”问题开辟了新的途径。宝丰县现在已有5万余人从事演艺业，占全县总人口的10%以上。纯收入已经超过亿元，部分乡镇农民人均纯收入的70%以上来自于演艺业。

河南是中国重要的戏曲之乡，有豫剧、曲剧、越调三大剧种以及蒲剧、坠剧、宛梆等20多个小剧种活跃在城乡舞台上。其中，豫剧是中国四大剧种之一，具有深厚的群众基础。豫剧《程婴救孤》荣获全国专业舞台艺术政府最高奖“文华奖”第一名，荣登2004～2005年度国家舞台艺术精品工程十大精品剧目榜首，豫剧《村官李天成》被评为2003～2004年度国家舞台艺术精品工程提名奖。豫剧《铡刀下的红梅》、舞剧《风中少林》成功入选2005～2006年度国家舞台艺术精品工程初选剧目。这些经过市场化运作的文化精品剧目，将河南省的文化产业推上了一个新的高度。它极大地带动了整个河南文化产业的发展，提高了河南文化在全国的影响力，增强了河南文化建设的后劲和实力。

4. 文化会展业

由于河南省地理、交通、人文历史、城市规模等特点，会展业的发展呈现出自己的特色，这就是以郑州市为龙头、众多城市普遍发展的格局逐步形成。

（1）政府高度重视产业发展

河南省市政府和有关部门的高度重视，为会展业的发展提供了保证。特别是在2008年6月26日省委、省政府召开的全省服务业发展大会上，徐光春书记讲话指出：加快打造文化、物流、旅游等特色优质集群和工业设计、信息服务、会展博览等产业基地。郭庚茂代省长讲话指出：今后一个时期，河南省服务业发展要突出面向国内外需求，着力发展具有优势的现代物流、旅游、文化、会展、商贸服务等服务业。郑州市委、市政府把发展会展业作为拉动城市经济发展的重要内容，2005 年投入 22 亿元建成已投入使用的郑州国际会展中心，建筑面积 15.36 万平方米、展览面积 7.2 万平方米，可设 3560 个展位，会议中心建筑面积 6.08 万平方米，可容纳 5000 人多功能厅，1200 人报告厅、400 人会议厅、10 余个中小型会议室组成，在全国名列前茅，具备承办国内外各类大型活动的能力。

（2）展会项目稳步发展

1995 年郑交会 2000 多个企业参加，成交额达 52.5 亿元，发展到现在第十三届 3000 多个展位，参观人数达 20 多万人次。截至 2008 年底，河南中型以上展馆 6 个，展馆建筑面积 357313 平方米，其中展览面积　万米，展览公司 79 个，其中专业从事展览企业 32 个，就业人员达 32 万人；2008 年河南中型以上展会 125 个，其中仅郑州国际会展中心就承办了 20 余个，郑州中原国际博览中心承办了近 40 个，加上洛阳国际物流会展中心、郑州商品交易中心、省科技馆、驻马店会展中心、漯河国际会展中心等举办的各类中型以上活动带来直接经济效益 100 亿以上。

（3）品牌展会初步形成

河南省委、省政府提出中原崛起号召后，作为郑州中部区域中心城市，省市政府和部门高度重视培育本土展会；作为行业管理机构，河南省会展业商会近年来围绕大力培育、支持本土品牌展会的发展思路，引导和扶持了郑州塔苏斯好博展览有限公司、郑州天天广告公司等一大批地方品牌。

（4）现代会展经济带动辐射作用大

会展业之所以受到越来越多的关注，关键在于其极强的带动、辐射作用。一个展会或会议的举办通常将能有效地带动城市建设、旅游、金融，如广告、交通、印刷、保险、住宿、餐饮、物流以及通讯等产业的发展，吸引数以百万计的客商，创造数以百万计的就业岗位，增强城市的生机和活力。因此业内有 1：9 带动效应的提法，也就是说，会展场租本身收入增加的话，将带来会展业以及相关行业收入增加 9 元或 10 元。中部投洽会、医疗器械、制药机械、全国书市、旅交会、粮交会、农机展、郑交会等，郑州市各星级酒店入住率几乎都达 100%，交通、物流、旅游、购物等行业营业收入也大幅度提高。一次成功的展会不仅可以为举办地带来好的经济效益，同时也会为其带来不可估量的社会效益。

（5）“文化搭台，经贸唱戏”

安阳的殷商文化旅游节、新乡卫辉的中药材订货会、焦作温县太极文化经贸洽谈会、登封少林武术节、南阳玉雕节、信阳茶叶节、许昌的花博会、洛阳的牡丹花会、开封的菊花节、新郑的炎黄文化节等，都对当地的经济发展起到了积极的推动作用。

（6）郑州龙头地位显著特色鲜明

2009 年，郑州市共举办展会 84 场，累计办展面积 124 万平方米。其中 3 万平方米以上展会 9 个，展览面积 61 万平方米；1 万至 3 万平方米展会 15 个，展览面积 23.4 万平方米。全年会展业拉动经济增长实现 100 亿元。

2009 年，郑州市设立会展业发展专项资金 1500 万元，加大对大型流动性展会的引进力度，积极培育本地品牌展会。邀来全国药品交易会、全国制药机械博览会、全国汽车配件交易会、全国糖酒商品交易会等 4 个展览面积在 6 万平方米以上的大型流动展。其中，全国制药机械博览会连续 4 年将春季展会放在郑州，打破了该展会在同一个城市连续办展最多不超过 3 届的惯例。全国药交会和全国汽配会也都是第二次来郑州举办。据国家统计局郑州调查队统计，第 61 届药交会展出面积共 6 万平方米，参会人数 12 万人次，拉动全市经济增长 4.4 亿元；2009 秋季全国糖酒会展览面积 12 万平方米，参展客商 1800 多家，专业观众 20 万人次，成交额 199 亿元，为全市带来收入 9.25 亿元。

郑州市还与国药励展集团签订合作协议，后者自 2011 年起，每年至少将其主办的 1 个展会放在郑州举办；与全国汽配会组委会签订战略合作意向书，5 年内确保全国汽配会至少 3 次在郑举办；与英国塔苏斯集团、好博塔苏斯展览有限公司签订合作意向书，他们将在物流、食品加工和包装、环保和水处理等领域开发国际性展会，打造郑州国际性品牌展会。

可以说，河南会展业经过 10 余年的培育、发展，已基本形成以省政府主办宏观导向性大型招商引资、外引内联和以促进区域性合作为目的的地区形象宣传为内容的展示性展会，以省市行业协会为办会主体举办的各类专业性展览及各类会议，以私营展览公司为主体举办的各类展会和以城市群众自发形成为基础政府及时加以引导的粗放型经贸活动等多种展会类型，办会主体层次分明，社会自然分工明确。

5. 新媒体业

（1）行政强力推动，坚持市场运作

河南省委、省政府高度重视有线电视网络整合工作。2005 年 5 月，省委办公厅、省政府办公厅联合印发了《河南省有线广播电视网络整合方案》（豫办〔2005〕17 号）。省委、省政府还将有线电视网络整合及其数字化列入《河南省建设文化强省规划纲要（2005～2020 年）》，纳入省文化体制改革、文化产业发展重点项目，2007 年和 2008 年省《政府工作报告》都明确要求，要加快有线电视网络整合和数字化改造。这为河南省有线电视网络整合提供了有力支持，创造了良好条件。

参照通行的企业兼并重组的办法，按照国有资产的交易规则和法定程序确定资产范围，充分考虑网络用户资源和业务拓展能力进行资产评估，遵循平等公正、自愿协商、互利共赢的市场原则，以优惠的价格收购省辖市有线电视网络资产，从而打破了长期以来的条块分制的局面，实现了真整实合，小网变大网，构建了一张一个法人代表的全省性有线电视网。

（2）利益倾斜地方，整合贯穿改革

一是坚持以优惠的价格收购，收购资金用于当地广播电视发展；二是省辖市网络分公司实行本地化管理，干部不派，人员不调，并且在当地完税，不减少地方财政收入；三是免费安全传输省辖市电视台开办的经国家广电总局批准的电视节目；四是网络整合方案中明确，省有线电视网络集团公司的整合成本和数字化投入回收后，省广电部门所得利润的70%返还省辖市及县广电部门，用于支持当地广播电视发展，其余30%用于开发有线电视网络新业务。这些倾斜政策充分调动了各省辖市的积极性，使网络整合得到了各省辖市的支持和配合。

始终坚持网络整合与省辖市网络分公司的转企改制相结合，边整合边改制。省有线电视网络集团公司按照现代企业制度和现代产权制度的要求，理顺产权关系，建立法人治理结构。集团公司设立一级法人，各省辖市设立分公司，形成了统一、规范、有效的经营管理体制。省有线电视网络集团公司目前发展迅速，正朝着有线电视网络大型运营企业迈进，年收益从2006年的3.17亿元提高到2008年的6.1亿元，2009年预计收入7.6亿元。

（3）实施有线电视数字化整体转化，积极推进“三网融合”

省有线电视网络集团公司充分发挥“全省一网”的规模优势，积极推进三网融合；依靠广播电视播出机构雄厚的内容资源，通过集成分发平台和海量的媒资系统，充分发挥广电内容服务的优势，为广大用户提供高清、标清数字电视、视频点播、综合信息服务、数据专网、阳光政务、个人互联网接入等业务，自觉引导用户从看电视向用电视的习惯转变，将电视机变为家庭多媒体信息终端。

（4）移动电视展开实验建设

经国家广电总局批准，河南省开展无线数字广播电视试验网建设。先后在郑州、洛阳、开封、平顶山、新乡、许昌、焦作、漯河、鹤壁、济源等10个省辖市设置了1KW数字电视发射机，开通了无线数字电视信号，在郑州地区1095辆公交车上安装了1421个显示终端屏，每天播出16个小时的移动电视节目。目前移动电视的综合开机率稳定在95%以上，一举进入全国移动电视的先进行列。

（5）手机视频推进全面运营

河南手机视频由河南省广播电影电视局、河南电视台、河南移动通信有限公司联手打造，以移动GSM通信网络为承载，河南省广播电视信息网络传播中心具体负责运营。2009年已正式接入中国移动总公司“手机电视”全国播出平台，实现与中国联通河南分公司、中国电信河南分公司的正式合作。目前已经形成了五大业务阵营，两大播出平台，支持手机视频在线直播、点播与下载，以及与用户的实时互动。在内容制作、市场规模、技术支撑各方面，河南手机视频业务已经走在了全国手机电视行业发展的前列。

（6）移动多媒体广播实现全面覆盖

移动多媒体广播（CMMB）是广播电视业务的新形态，颠覆了传统的广播电视固定接收方式，让用户随时随地享受丰富多彩的节目内容和信息资讯服务，是广播电视推进“三网融合”的重要渠道。CMMB技术体系由我国自主研发，具有完全自主知识产权，集中体现了我国广播电视民族工业技术水平。CMMB采用天地一体、星网结合、统一标准、全国漫游的技术体系。利用卫星覆盖全国，利用地面发射覆盖城市楼房密集区，利用无线移动通信网络构建回传通道实现交互，形成单向广播和双向互动相结合、中央和地方相结合、全程全网、无缝覆盖的网络体系。目前，工信部已对CMMB与TD融合的手机颁发了入网许可证，国家广电总局中广传播有限公司与中移动签署了合作协议，双方共同组建网络系统组、业务产品组、市场推广组、客户服务组进行对接，将采用共同开发的双密钥管理模式，实现跨行业共同管理用户。河南省除济源市外十七个省辖市全部列入国家广电总局第一批发展城市，并全部开通了CMMB信号，在各省辖市市区只要持有CMMB终端，即可收听收看广播电视节目，节目清晰流畅，覆盖效果良好，取得了令人满意的效果。

6. 动漫业

（1）动漫产业涌现经典形象

近年来，随着河南省经济、文化事业的快速发展，动漫产业也出现了较好的发展势头。尤其是2005年河南省“建设文化强省规划纲要”出台以后，从省委、省政府到各市地，相继出台了一系列扶持政策，使动漫产业的发展走上了快车道。不仅涌现出了一批具有一定实力的动漫企业，成立了河南省动漫产业协会，而且培育出了一些有影响的形象品牌。《小樱桃》作为河南省第一部在央视播出的动画片，一经播出就备受好评，相关的饮料、图书、人偶等也取得了较好的销售业绩。而《小破孩》、河南天乐的《独角乐园》、河南超凡的《快乐星球》等卡通动画，也深受儿童和年轻人的喜爱。

（2）动漫平台建设初具规模

2009年，河南动漫行业发展的主要工作是建立组织机构，搭建宣传平台，开展评比活动，认定动漫企业。建立了省扶持动漫产业发展厅际联席会议制度，成立了省动漫企业认定管理工作领导小组，并召开了省扶持动漫产业发展厅际联席会议第一次全体会议。举办了中国（郑州）国际动漫论坛暨2009中国（郑州）国际动画节目交流会，支持原创动漫的研发和生产，扩大了河南省原创动漫产品的影响力。组织河南省动漫企业参加第五届中国国际动漫节和亚洲动画节，对河南省优秀动漫产品进行宣传推介。组织河南省动漫企业申报国家“原创动漫扶持计划（2009）”，争取资金支持。编发《动漫产业发展简报》，及时传达上级精神，交流工作情况，宣传成功做法。举办了省创意设计作品大赛，全省5000多件作品参赛，104件优秀作品脱颖而出。筹办首届“中原杯”河南省原创动漫画大赛，下发了文件，正在征集作品。通过组织文化、财政、国税、地税等部门的相关负责人赴申报企业进行实地考察、召开评审会议、组织财务专家对申报材料进行第三方鉴证等评审活动，对河南省申报国家认定的动漫企业进行初审，河南省2家企业顺利通过国家动漫企业认定。

（3）动漫园区建设形势喜人

国家动漫产业发展基地（河南基地）在小樱桃卡通公司的带动下，原创动画产量急剧攀升，原创漫画出版物发行量稳居全国第一；郑州动漫产业基地在惠济经济开发区和华豫兄弟动画公司的推动下，建设取得良好进展，入驻企业达20多家；省文投公司加快文化创意产业基地规划建设，动漫公共技术服务平台已完成技术设施配备方案；河南日报报业集团在汴西新区规划建设大河动漫城；洛阳规划建设小破孩创意产业园，等等。

（4）动漫内容日趋丰富

天乐公司创作的《独脚乐园（第1部）》荣获第八届精神文明建设“五个一工程”特等奖；以法律常识为内容的52集原创三维动画片《代号12348》已制作完成30集，剩余22集将于今年5月前制作完成；河南省第一部以本土历史人物为蓝本的原创三维动画片《少年司马光》已经开拍，预计今年5月底前完成；另外，《小樱桃》（第二、三部）《中国经典戏曲动画》《雪孩子系列之拯救家园》《玩偶总动员》《貔貅的故事》《虫虫计划》《大国医》等一批动画片也都在不同程度的制作中。

创作出一批造型可爱的衍生产品，延长了产业链条。索易动画公司以动画片《虫虫计划》的主人公为基础，设计出了虫虫数码、家电、玩具、文具、服饰、食品等衍生产品，部分产品已进入市场；小樱桃卡通公司投放市场的衍生产品包括玩具、文具、游戏、音像制品、服装、饮料6大门类，销往全国，并出口到东南亚；小破孩与唐三彩充分融合，创作出了国庆陆海空三军仪仗队唐三彩等衍生产品。

（5）动漫媒介平台日益多元

创办了2个杂志。我国第一本以民族动漫明星命名的期刊《小樱桃》动漫杂志于去年6月1日成功创刊，发行量即将突破10万份；省文投公司与中国电视艺术委员会共同创办了《中国电视·动画》杂志，创刊号已于去年年底在北京和郑州市场发行。

组建2个动漫频道。省文投公司作为股东方出资组建的CCTV—新科动漫频道，经过一年运营，已在全国86个城市落地；小樱桃动漫频道呼号申请已报国家广电总局，有望今年开播。

7. 文化旅游业

（1）消费群体不断扩张

2009年，河南省累计接待海内外游客2.3亿人次，实现旅游总收入1985亿元，同比分别增长17%、25%，其中接待入境旅游者126万人次，旅游创汇4.3亿元，同比分别增长21%和16%。

（2）旅游精品不断呈现

2009年河南省旅游系统加快项目建设，培育旅游精品，策划了一系列重大营销活动，推动了旅游业的快速发展。在金融危机的大背景下，大力发展国内游，强力拉动旅游消费，推出了“游河南，爱我家——畅游河南”、“全国百城旅游宣传周”、“生态旅游年”活动，发放旅游消费券、优惠券70多亿元。积极开拓入境游，协调促成了河南至台湾空中直航首航起飞，8月底实现了郑州与台湾一周四次航班的正常化，豫台两地互动游客达到2万多人。去年，河南省全年完成旅游投资120亿元，签约28个超亿元项目，合同金额145亿元，超额完成省政府下达的“双百亿”任务。目前全省共有郑州、洛阳、开封等21个中国优秀旅游城市，少林寺、龙门石窟、云台山等3个国家5A级景区和58个国家4A级景区，1000余家国际、国内旅行社，近500家旅游星级饭店，旅游从业人员达百万人，基本形成了优势突出、结构合理、协调配套的产业体系。

（3）基础建设不断加速

全省新建或扩建旅游项目118个，总投资额为352.28亿元，已完成投资110亿元。全省共推出旅游招商项目80个，总投资额为480.72亿元，已签约亿元以上的项目28个，金额达145亿元。仅温泉投资就达百亿元，台商投资38.6亿元的温泉观光医疗主题园，成为去年投资最多的旅游项目。河南温泉开工和开业的项目最多，直接推动河南旅游从观光游向休闲游的转变。

(4) 政策推动切实有力

围绕“战危机、扩内需、保增长”这一决策，省政府设立1亿元的旅游专项基金，用于旅游推介、促销和旅游项目补贴、奖励。2009年4月11日，国家旅游局“百城旅游宣传周”活动在郑州等五大城市同时启动。全省向海内外发放旅游消费券70亿元，并开展了河南人游河南活动。以上举措有力地促进了景区的开发和入境游的发展。2009年5月27日，河南旅游产业大会召开，旅游立省的战略使河南旅游进入开发建设的新征程。制定了《河南省旅游奖励资金管理暂行办法》，对旅游包机最高奖励6万元、专列最高奖励3万元，对入境游贡献大的旅游社最高奖励150万元。云台山景区2008年接待游客在全国山水景区中名列第二，其中接待外省游客达90%以上。

(5) 集团建设拉动作用明显

2009年12月27日，港中旅和登封市政府共同组建的港中旅（登封）嵩山少林文化旅游有限公司在郑州揭牌成立。2009年港中旅还与信阳鸡公山和平顶山签署框架合作协议。12月29日，深圳华强集团有限公司投资75亿元的文化科技产业基地项目落户郑州。该项目一期建设内容包含产业区、体验区以及旅游度假区等内容，总投资50亿元。此外，深圳华侨城集团也对河南省的文化旅游项目表示极大关注，并到河南进行了考察。

(7) 河南旅游改制步伐加快

2009年12月10日，洛阳龙门旅游集团、洛阳交通旅游集团和洛阳航空旅游集团三家旅游集团同时挂牌成立。2009年12月26日，焦作云台山旅游（集团）股份有限公司成立。此前洛阳旅游集团成立。这些集团的组建，增强了河南旅游的竞争力。

(8) 旅游形象口号凸显城市特色

经过公众投票和专家评议，经省委、省政府一致认可，河南省旅游形象口号确定为“文化河南　壮美中原”。目前，省委、省政府已将这一旅游形象品牌的打造纳入了《关于实施旅游立省战略　加快旅游产业发展的意见》。省发改委和省旅游局共同筹资4000万元，拍摄并在中央电视台投放的《文化河南　壮美中原》形象宣传片，引起了强烈反响。

(9) 加强金融与旅游对接工作

2009年8月12日，省政府与国家开发银行在北京举行支持河南省文化产业发展合作备忘录签字仪式，此次合作在项目贷款融资的基础上，将在整体规划、整合并购文化旅游资源、打造龙头企业、支持新兴文化业态等更高层面进行深度合作，9月22日，省旅游局与中国银行河南省分行签订授信额度达200亿元的战略合作协议。这些资金为旅游业的发展注入了新的活力。为加快旅游业发展，2009年起河南省设立旅游业发展专项资金，今年省财政安排资金1亿元，2010年至2012年每年安排5000万元，采取项目补助、贷款贴息、以奖代补等形式，发挥政府资金的引导作用，吸引社会投资，发展壮大旅游产业。

(10) 提升产品档次促进产业升级

近年来，河南省坚持项目带动，以提高景区品位、挖掘景点内涵、拉长产业链条为主要举措，着力打造郑、汴、洛、炎黄“三点一线”黄金线路，实施伏牛山生态旅游整体开发，提升南太行景区整体品位，完善河南省旅游产业链。其中龙门石窟、少林寺年门票收入已分别突破1亿元、1.5亿元，伏牛山生态旅游景区吸引地方财政和社会投资23亿元。

为加大特色旅游纪念品研发和销售力度，河南省还投资10亿元建设了南阳国际玉城，投资2亿元建设了洛阳神州唐三彩工艺城等大型旅游购物场所。

(11) 扩大对外开放开拓境外、省外旅游市场

近年以来，河南省成功举办了中国（郑州）世界旅游城市市长论坛，召开了东北亚地区地方政府联合会旅游专门委员会成立大会，组织了国际旅游小姐冠军总决赛及巡游等大型活动；组织承办了中部崛起旅游论坛、北方旅游交易会、豫台旅游高峰论坛等活动，办好皇帝故里拜祖大典、河洛文化旅游节等文化旅游节庆活动。

加大旅游宣传推介力度，组织了“中原文化澳洲行”、“中原文化港澳行”、“中原文化天津行”、“中原文化宝岛行”等活动，进一步提高了河南的知名度、美誉度和影响力。

2009年2月8日，豫台首航开通。2009年8月31日，台北中华航空公司开通台北至郑州直航。其间，南航、深航也先后开通两地直航。至此，河南省实现了郑州至台北每周四次航班常态化飞行。

针对旅游业体制机制相对滞后、入境游比例偏低、旅游市场主体弱小、旅游业链条延伸度较低等问题，在当前和今后一个时期，河南省将实施一系列提升旅游发展的有效措施，加快旅游业转型升级，进一步开拓新的旅游市场。

# 湖北省

## 一、湖北省2009年文化产业发展综述

文化产业是朝阳产业，是文化资源高度利用的结果，文化产业发展必须形成集聚模式。在文化产业集群的形成

过程中，湖北在尊重市场机制的基础上，充分发挥政府引导和支撑作用，为文化产业的发展提供政策和财力支持。2008年上半年湖北省实现文化产业增加值223.03亿元，占全省GDP的4.49%，同比增长21.13%，比同期GDP增长7.23%。2009年湖北省文化产业继续快速发展，增长势头强劲，经济总量持续扩大。

1. 文化产业格局基本形成

湖北省基本形成了包括演出、音像、文化娱乐、文化旅游、网络文化、文物和艺术品、艺术培训等门类齐全的文化产业体系，形成了以公有制为主体、多种所有制共同发展的文化产业格局。湖北省通过实施文化产业发展工程，形成湖北新的经济增长极。优化产业布局，着力发展文化创意、影视制作、印刷复制、广告、演艺娱乐、文化会展、动漫等重点产业，推动文化与经济、科技、旅游、教育等方面的融合与互动，不断催生新型文化业态；大力培育骨干文化企业，到“十二五”期末，力争形成2家总资产和年销售收入双过百亿元的大型文化企业，3至5家销售收入达到50亿元以上的骨干文化企业；加快文化产业园区和基地建设，建成一批具有特色和竞争力的文化产业基地（集群），形成结构合理、机制健全、具有较强实力和竞争力的文化产业体系，文化产业正在成为湖北的重要支柱产业和新的经济增长极。

湖北重点培育了江通动画、三峡非博园、楚天激光等一批民营龙头文化企业，光谷国际创意园、武汉光谷软件园、武汉新加坡创意产业园、木兰湖明清古民风俗园等产业园区；成功举办了武汉国际文化产业博洽会和首届中国中部文化产业博览交易会，签约金额175亿元，在文化信息交流、产品交易、项目合作上取得了可喜成绩；演出业、文物与艺术品业、文化旅游业等传统文化产业持续稳步增长，动画、网络卡通、流媒体等新兴文化产业迅速崛起。

湖北先后成功组织举办了2004年武汉国际文化产业博览会和2006年首届中国中部文化产业博览交易会。其中2006年首届中国中部文化产业博览交易会，为湖北省文化产业的发展搭建了新的平台。

湖北省各个文化产业层呈现出竞相发展的局面，发展速度均高于上年。“核心层”发展速度达到16.2%，比上年的12.82%高3.38个百分点；“外围层”增长速度达到24.54%，比上年的9.52%高15.02个百分点；在标志着文化产业生产与流通领域的“相关层”发展速度更是达到24.97%，比上年的16.1%高8.87个百分点。湖北省文化产业的良好发展势头表明，一个健全的发展体系已具雏形。

2009年湖北省各类文化市场主体进一步发展壮大，形成了报纸期刊、出版发行、印刷复制、文娱演艺、数字网络、电影放映、影视动漫、新兴媒体等一批优势文化产业集群。全年新增6种月发行量过百万的报刊（《新周报》《大家文摘报》《知音漫客》《新传奇》《情感读本》《初中生天地》），全省“百万报刊”已达10种，在全国独一无二，被中央领导同志誉为“湖北现象”。长江传媒、武汉盛科网络等公司荣膺2009－2010年度国家文化出口重点企业，武汉红金龙印务股份有限公司等5家企业入选2009年全国百强印刷企业，长江文艺出版社入选全国“百佳出版社”。《家住长江边》、《王昭君》等一批舞台艺术精品屡获全国大奖。《旗舰》、《在那遥远的地方》、《天上掉下个猪八戒》等一批影视动漫精品在央视一套黄金时段热播。

2. 文化产业重大项目带动作用突出

在培育主体方面，实施了文化产业重大项目带动战略，江通动画被评为“2007～2008年度国家文化出口重点企业”。武汉光谷国际文化创意园成为文化部跟踪培育的重点产业园区。

湖北日报传媒集团、长江出版集团、广电总台、知音传媒集团、今古传奇报刊集团、长江日报报业集团等一批骨干文化企业，深化改革，创新市场经济条件下的文化生产机制，遵循产业发展规律，解放和发展了新的文化生产力。

在国庆60周年的活动中，湖北推出了60张“名片”，其中10种“百万”报刊格外引人注目：《楚天都市报》、《特别关注》、《知音》等10种报刊，期发量超过100万份，为全国独有，湖北的传媒强省地位日益显现。全省已组建7个传媒集团，其中，湖北长江出版集团正筹备2010年整体上市；期刊405种，居全国第三，中部第一；报纸130种，收入居中部第一。2009年初，资产总额达50.52亿元，在全国出版集团中居第八。

2009年，湖北日报传媒集团、湖北长江出版传媒集团有限公司、长江日报报业集团和知音传媒集团四家出版系统企业集团，实现增加值16.58亿元（分别为：4.33亿元、7.73亿元、2.58亿元、1.94亿元），占出版系统实现增加值（58.1亿元）的28.5%，比上年占比（24.8%）提高3.7个百分点；省广电总台创造增加值8.73亿元，占广播电视系统增加值（23.4亿元）的37.3%。可见，规模企业的龙头地位和拉动效应对湖北省文化产业发展的作用十分显著，文化产业企业集团的发展，对引领湖北省文化产业整体发展有着十分重要的意义。

湖北省文化艺术服务领域传承了厚重的历史文化特色，一批优秀作品在国内外具有相当影响，发展态势较好。如2009年，湖北省电影《黎明行动》、电视剧《旗舰》、儿童剧《古丢丢》、歌曲《好日子慢慢过》、长篇小说《大江东去》成功入选中宣部第十一届“五个一工程”奖，湖北省创作的地域风情舞蹈诗《家住长江边》、舞剧《王昭君》、京剧《生活秀》、花鼓戏《生命童话》等一批舞台艺术精品近两年来屡获全国大奖，《旗舰》《在那遥远的地方》《天上掉下个猪八戒》等一批鄂产影视精品在央视热播。这些文化精品艺术的创作生产，对文化产业发展起着积极推动作用。

2009年，湖北省加快推进湖北广播影视基地、湖北新闻交流中心、楚天181文化创意产业园、长江出版印刷物流产业园、知音文化产业园等一批重点文化产业项目、园区和基地的建设步伐。其中楚天181文化创意产业园已正式开工建设，湖北省新华印务在兼并长江印务后新启动的长江出版印刷物流产业园项目一期工程已竣工投产。省直主要文化经营单位实施多元发展战略，通过投资房地产、物业、物流、新兴产业等项目，成为战略投资者。湖北天一国际文化有限公司“创新中国系列丛书”、杂技《海盗》等获得国家文化出口重点项目资助。湖北知音传媒集团积极实施“走出去”战略，已达成收购香港TOM集团持有台湾依依国际媒体集团股权项目的意向。

3. 文化体制改革稳步推进

公益性文化事业单位，坚持公益属性，引入竞争机制，激发内在活力，提高服务水平；经营性文化单位，加快转企改制步伐。出版发行业完善法人治理结构，形成大型出版发行企业；电影业加快院线建设，大力发展农村数字院线；文艺演出院团吸引民营企业参与国有文艺院团转企改制和股份制改造，组建综合性演艺集团公司，探索组建湖北省演出院线；文化市场组建综合执法机构，促进政府职能转变。

文艺院团的改制工作也正稳步推进。到目前，武汉市已完成豫剧、越剧、评剧三团的转企改制。

在体制转轨中，文艺演出市场更加繁荣。湖北今年新审批演出经营机构5家，引进境外演出团体和个人100余批次，演出2500多场。全省剧院演出共达150余场，收入500万元，比去年同期增长16.6%。

“免费”是湖北文化事业发展中的关键词。2007年，湖北省博物馆在中部省级博物馆中首先免费开放，到2009年，湖北省免费开放的博物馆已达71家。

按照行政推动、市场运作、利益共享的原则，湖北省广电网络、文艺院团、出版发行和电影院线等领域的资源整合和重组力度不断加大，带来了明显的规模效应和经济效益。全省已有84家新华书店纳入省新华书店集团公司，实行统一管理、运作和经营，提升了新华崇文品牌，增强了产业发展后劲，2009年实现销售收入20.65亿元，同比增长8.1%，税收总额1.33亿元，同比增长30.4%，资产总额12.79亿元，同比增长41%，跨进全国发行集团第一梯队。全省市、州、县50多家广电网络公司以收购、兼并、入股、重组等多种方式进入省广电网络公司，省广电网络公司经营收入三年三大步，实现了用户和收入每年翻一番，到2009年底用户总量突破400万户，收入总量接近10亿元。省广电网络公司和武汉市广电网络公司积极推进有关整合重组和借壳上市工作，取得重要阶段性进展。省电影发行放映总公司实行全方位开放战略，率先实现了跨区域、跨所有制发展，在省内外的市场份额不断扩大，旗下银兴院线已有60家电影院、175块银幕，2009年票房收入首次突破1亿元大关，达到1.1亿元，成功跻身全国电影院线票房“亿元俱乐部”。

2009年，湖北省文化厅起草送审了《乡镇综合文化站管理办法》等文件，明确了乡镇文化站的“公益性文化服务组织”性质和管理、财政投入保障机制。一年来，全省下达乡镇综合文化站建设项目311个，建设资金5150万元，均创历年之最。全省还投入公共文化信息资源共享工程建设资金4014万元，建成县、乡、村级服务点21个、135个、10091个；新配送流动舞台演出车21台，基本解决了基层单位送文化下乡“转场难、搭台难、交通难”的问题。

文化产品的生产和流通为湖北省文化产业的发展起到了支撑和促进作用。2009年，湖北省“文化用品、设备及相关文化产品的生产”和“文化用品、设备及相关文化产品的销售”类实现增加值246.61亿元，扣除价格因素比上年增长21.29%，比上年16.10%的增长速度提高5.19个百分点。

## 二、湖北省2009年文化产业各行业发展综述

1. 广播电影电视业

（1）广播电视平台不断拓展

2009年，全省拥有广播电台11座（省级1座，市州级10座）、电视台12座（省级1座，市州级11座）、市级广播电视台2座、县级广播电视台69座。全省共开办公共广播节目85套，全年共播出广播节目444489小时36分，平均每日播出时间1217小时47分。其中，省级电台现有新闻综合、卫星、新闻、经济、文艺、交通、音乐、生活、交通体育和妇女儿童广播等10套节目，全天播音218小时34分，武汉人民广播电台现有综合、音乐、经济、交通、少儿故事共5套节目，每天播音100小时。全省共开办电视节目114套，全年共播出644316小时39分，平均每日播出时间1765小时15分。全省开办付费电视节目3套。省级电视现有卫星、综合、经济、都市、影视、体育、教育、公共频道共8套节目，每天共播出185小时45分。武汉电视台现有新闻综合、文艺、科技生活、

影视、体育休闲、外语、少儿频道等7套节目，每天共播出144小时20分。全省广播、电视综合人口覆盖率分别达到97.41%和97.49%，分别比上年增长0.6和0.18个百分点。全省分别拥有中波、调频、电视发射（转播）台24座、428座、1000座，卫星收转站1508713座。全省有线广播电视传输光缆上连国家广播电视光纤干线网，下连全省所有的市（州）、县（市）和乡镇，全省有线电视用户803.43万户，比上年增长9.99%。

有线广播电视用户数继续平稳增加，全省广播、电视综合人口覆盖率继续增长。2009年，全省广播、电视综合人口覆盖率分别达到97.41%、97.49%，分别比上年增长0.6和0.18个百分点。

全省有线广播电视用户数增长较快，到2009年6月底，达到778.78万户，比上年同期增长13.85%。比2008年底新增48.33万户，增幅为6.62%。全省县（市）（不含市辖区）的有线电视入户数居全省前10位的是：仙桃市、监利县、蕲春县、洪湖市、松滋市、潜江市、麻城市、武穴市、钟祥市、天门市。

（2）注重影视精品生产

在抓好广播影视精品生产这一指导原则下，2009年，湖北省影视剧项目投资约1.5亿元。报批生产电视剧13部287集、电视动画片36集396分钟；审查通过电视剧6部151集、动画片4部140集1373分钟。湖北省申报立项并重点扶持的《南下　南下》已经取得发行许可，评审反映很好。电视剧《洪湖赤卫队》已经完成制作进入市场发行阶段。湖北省广播电视总台电视卫星频道与东方卫视等联合制作了电视剧《秘密列车》《刁蛮娇妻苏小妹》；电视综合频道参与制作的《在那遥远的地方》《永远的田野》播映后反响好；湖北电影制片厂与上海天圣影视传播有限公司联合制作了30集电视剧《天职》，与北京北青文化艺术人公司联合拍摄了39集电视连续剧《猎鹰1949》。2009年，湖北省广播电视总台共审核了节目购买（引进）合同152份5757集，其中电视剧141份4440集，电影3份165部，栏目（引进）4份480集，动画片4份672集，签约总金额79，535，170元。同时，湖北省广播电视总台还鼓励和促进各频道对自身节目版权价值的重视和开发，2009年，湖北省广播电视总台电视经济频道向全国十多个省市发行了情景剧《小康家园》120期、《经视故事会》253期、《情感大搜索》栏目547期，共取得发行收入54.4万元。2009年湖北广播电视总台引进了台湾电视剧《这里发现爱Ⅱ》（1～13集）和《笑花Ⅱ》（1～7集），武汉市广播电视总台引进了印度电视剧《黑肤色的姑娘》（1～20集）。

（3）优化电视精品节目

今年以来，黄冈市广电局、台全力打造《垄上行》品牌。他们以大型活动作为突破口，精心策划，认真组织，整合广电资源，举办特色活动，提升品牌形象，扩大栏目影响。他们提出了“牵手鄂东南”、“城乡大对接”、“打造黄冈农业名片”等全新理念。“牵手鄂东南”主要是联合黄冈所辖县（市）及周边市州局（台），跨区域合作，通过共同举办《垄上行》活动，推广黄冈特色农业资源；“城乡大对接”主要是通过媒体的桥梁作用，促进城乡互动，使栏目成为农产品进城的直通车，成为市民参与农家乐的重要平台；“打造黄冈农业名片”主要是推介黄冈特色农业、民俗文化，传播名优农产品，擦亮黄冈名片。

在半年的实践中，黄冈《垄上行》逐步形成了独特的栏目风格，积累了一定的经验。下一步，他们继续以传播现代农业信息、指导农民增收致富为宗旨，始终坚持“三贴近”原则，进一步加强《垄上行》品牌建设。一是继续策划“牵手鄂东南，快乐垄上行”大型电视体验活动，使之成为黄冈《垄上行》品牌特色。与黄石、鄂州、咸宁等兄弟电视台联手合作，每季度组织一次周边地区热心观众到黄冈开展《垄上体验》特别活动，推介黄冈特色农产品和特色乡镇，如在麻城、红安组织开展“寻访革命遗迹，喜看老区变化”的红色之旅，在罗田组织打板栗、摘甜柿、享农家乐等活动。二是开展“黄冈新农村全方位电视助推行动”。与各县市联手，运用新闻宣传、主持人代言、旅游推介、特色农产品营销等手段，塑造乡镇整体品牌。采用广泛海选征集和层层选拔的方式选出10个特色乡镇，黄冈电视台挑选10位品牌主持人分别为这10个特色乡镇免费代言，做形象代表，推介乡镇特色品牌。《垄上行》将与全市特色乡镇形成战略合作联盟，为农民致富搭建信息平台，帮助农民创业致富。三是积极争取政府支持和企业参与，在适当时机推出“新农村建设”主题电视论坛。在符合栏目自身定位和节目形态的前提下，黄冈《垄上行》以“整合社会资源，搭建媒介平台”为原则，通过策划举办“主题电视论坛”来创新栏目经营管理模式，将《垄上行》的社会效益、经济效益、品牌效益有机地统一起来。

（4）媒介融合成绩显著

媒体合作迈上新台阶。湖北省广播电视总台电视卫星频道、电视综合频道和电视经济频道同北京中外名人和中新文广强强联手，外包广告时段，年合作金额过8亿元。体育频道投资1000万元参股北京神州天地传媒，成为全国最大的体育节目联播平台五股东之一。楚天网络公司与济南有线通力合作，组建楚天视讯公司，引资7.68亿元；2009年招商引资合同金额20亿元，引进北京视通融合技术公司资金3亿元开展网络改造。湖北省广播电视总台还牵头成立了武汉城市圈广播电视联盟，进行新闻宣传、内容业务、节目购销等合作。

（5）广电经营创收实现新突破

2009年上半年，全省广播电视系统创收形势总体上继续呈现稳步增长的局面，创收收入达到18.44亿元，比上年同期增长17.85%。其中，广告收入8.16亿元，比上年同期增长7.52%，有线电视网络收入8.66亿元（其中，收视费收入6.65亿元，比上年同期增长30.56%）。因此，有线电视网络收入增长速度大于广告收入增长速度。

在全省总收入中：省级创收收入8.38亿元、比上年同期增长33.84%，其中，广告收入4.48亿元，比上年同期增长7.06%。有线电视网络收入达到3.23亿元（其中，收视费收入2.47亿元，比上年同期增长87.38%）。市级创收收入7.01亿元、比上年同期增长11.85%，其中，广告收入2.86亿元，比上年同期增长6.45%；有线电视网络收入3.38亿元（其中，收视费收入2.45亿元，比上年同期增长21.74%。在市级广播电视部门中，创收收入由高至低的排序依次为：武汉市、荆州市、黄石市、十堰市、襄樊市、宜昌市、荆门市、黄冈市、孝感市、咸宁市、恩施州、随州市、鄂州市。县级创收收入3.04亿元、比上年同期减少0.98%，其中，广告收入8212.34万元，比上年同期增长14.22%；有线电视网络收入2.04亿元，比上年同期减少6.19%（减少的主要原因是县市部分网络被省网收购）。在全省县（市、区）中，广播电视创收收入居前10位的是：武汉市江夏区、蕲春县、武汉市黄陂区、武汉市新洲区、汉川市、云梦县、武穴市、大冶市、浠水县、老河口市。

2009年，湖北省广播电视总台广告收入达到10.37亿元，成为全省第一家年广告收入超过10亿元的媒体集团。总台控股的楚天网络公司实现经营收入8亿元。武汉市广播影视局2009年实现广播电视事业总收入11.15亿，同比增幅达14.1%；实现利润9580.8万元，上交税金3337.2万元。总收入中，广告收入4.06亿元，网络收入6.08亿元，二级单位收入8201.96万元。武汉广电综合实力稳居全国城市台第一方阵。

（6）政策推动作用明显

财政对全省广播电视拨款大幅提高，但分布不平衡。2009年上半年，各级财政对全省广播电视系统拨款总额2.1亿元，比上年同期增长51.13%。其中，省级为7756.06万元，比上年同期增长52.25%；市州级6658.42万元，比上年同期增长106.45%；县级6605.03万元，比上年同期增长18.19%。

村村通工程。2010年是“十一五”计划的最后一年，也是广播电视村村通工程建设的攻坚时期，各级广播电视部门要进一步提高思想认识，切实加大对本地广播电视村村通工作的力度，一是积极争取当地党委、政府的支持，分解任务，落实责任，制定切实可行的实施方案，严格把握好工程建设各工作环节，确保在2010年6月底以前完成直播卫星安装任务，在2010年8月底以前全面完成20户以上广播电视村村通工程建设任务；二是落实好地方工程建设配套资金。要按照国务院办公厅《关于进一步做好新时期广播电视村村通工作的通知》（国办发［2006］79号文）要求，对20户以上自然村“村村通”工程建设资金投入采取以政府为主导、辅以农户适当出资的办法进行筹措。三是严格管理，规范收费行为。直播卫星设备采取农户自愿购买，政府适当补助方式发放，各地广电部门可按每套设备不高于100元的标准向农户收取设备补差费，对农村五保户、特困户应实行免费发放政策。将“以人为本”的理念，贯彻落实到具体的工作当中，为老百姓办实事儿。

（7）电影经营成果显著

电影城市影院建设扎实推进。到2009年，湖北省有城市电影院线9条，校园电影院线2条，影院38家，银幕187块。其中本土城市院线2条：湖北银兴院线影业有限责任公司（旗下影院60家，全资影院2家、投资影院12家、加盟影院46家）、武汉天河影业有限公司（旗下影院23家，7家全资电影院、10家合资影城、6家加盟影城）。

外来城市院线7条：万达电影院线股份有限公司（武汉）、广州金逸珠江电影院线有限公司（武汉）、浙江横店电影院线有限公司（武汉）、中影集团数字电影院线有限公司（潜江）、广东大地电影院线有限公司（武汉、仙桃）、北京时代华夏今典电影院线发展有限责任公司、北京九州中原数字电影院线有限公司（罗田）。2009年为促进湖北市电影院线发展，湖北省广播电影电视局接连做出一系列批示，同意武汉希杰星星天地影城、宜昌天河国际影城加入天河院线、湖北水牛实业发展有限公司娱乐餐饮分公司加盟北京中影数字电影院线、广东大地影院建设有限公司武汉第一分公司加入广东大地院线、十堰市时代亚新影城加入北京时代华夏今典电影院线，促进了电影市场的繁荣和发展。

2条校园院线分别是湖北银兴校园院线有限责任公司和武汉春晓儿童电影院线有限公司。全省正常营业的38家影院中，武汉20家、十堰3家、宜昌、襄樊、荆州、黄冈、孝感各2家、黄石、荆门、随州、咸宁、潜江各1家。2009年全省电影放映成绩斐然，票房达到2.74亿元，较2008年1.84亿净增9000万，增幅为48.91%；观影人次971.71万，较2008年688.83万人次增加41.08%；新增多厅影院7家、银幕46块。

2009年省电影公司银兴院线票房首度突破亿元大关，全年实现电影票房1.16亿元；武汉市电影公司天河院线实现全年电影票房8277.58万元。武汉万达影城电影票房达到5700万，创单体影城全省票房之最。票房收入前10位的影院是：武汉万达国际影城、武汉金逸影城、武汉环银电影城、武汉环艺电影城、湖北亚贸兴汇影城、武汉中影天河国际影城、江汉环球电影城、环艺天河21世纪影城、襄樊中影天河影城、解放电影院。

2. 新闻出版业

2009年，湖北新闻出版产业发展化危为机，亮点纷呈，实力进一步增强，产业总产值达到281.91亿元，比2008年增长15%。湖北知音传媒集团、长江日报报业集团利润突破亿元大关；湖北长江出版传媒集团、湖北日报传媒集团经营收入分别达到39.45亿和10.9亿；三峡日报传媒集团、襄樊日报社和湖北教育出版社、长江文艺出版社北京中心、海豚传媒股份有限公司经营收入超过和接近亿元。

(1) 印刷发行规模进一步扩大

印刷业和发行业成效明显。不断加大招商引资力度，一年来，武汉、孝感、宜昌、荆门、荆州、随州、潜江、仙桃、天门等9个地区共招商22个项目，总投资15.3亿元，有力促进了全省印刷业的发展。湖北新华印刷科技产业园一期工程竣工投产。全年印刷业总产值达到150亿元，比2008年增长15.3%。发行业加快连锁经营步伐，共新建连锁门店237家。民营发行企业进一步发展，新审批了民营批发企业31家，全省民营批发企业达到371家，数量居中部第一。物流基地建设加快推进，省新华书店出版物物流中心一期工程基本完工，武汉出版文化产业园一期工程竣工。第八届华中图书交易会盛况空前，成交额达5.5亿元，创历史新高，正成长为在全国有较大影响力的图书交易会品牌。第二届中国（武汉）期刊交易博览会，内容丰富，规模大，影响广。2009年，全省出版物销售收入达78亿元，同比增长12%。

(2) 出版精品成绩斐然

2009年湖北省新闻出版行业精品生产成就斐然。一批精品图书、音像电子出版物和品牌报刊获得全国性奖励和表彰。《大江东去》荣获中宣部第11届“五个一”工程奖，《创伤学》等5种图书、《土家风情系列》等2种音像电子制品荣获第二届中华优秀出版物奖；海豚传媒公司荣获“中国创意产业高成长企业100强”奖；《楚天都市报》荣获“2009中国十大都市报”称号，《长江日报》荣获“2009全国日报广告投放价值十强”，《武汉晚报》荣获“中国晚报十强”；《知音》《特别关注》《今古传奇》《中国机械工程》《地球科学—中国地质大学学报》《材料保护》《特种铸造及有色合金》等7种期刊荣获“新中国60年有影响力的期刊”。报刊新品牌百万工程建设成效显著，在原有5种月发行量过百万报刊的基础上，新增了《新周报》《情感读本》《初中生天地》《新传奇》等5种月发行量过百万的报刊，使全省月发行量过百万的报刊达到10种，为全国唯一，被中央领导同志称之为“湖北现象”。湖北长江出版传媒集团和知音传媒集团被评为“全国文化体制改革先进企业”，湖北日报传媒集团荣获“中国十大传媒集团”称号，长江日报报业集团荣获“2009中国十大城市传媒集团”称号，长江文艺出版社荣获首届“全国百佳出版社”称号，武汉红金龙印务股份有限公司等5家企业入选“2009中国印刷企业100强”，入选数居中部六省第一。

(3) 新兴业态影响扩大

2009年湖北省新型业态发展加速。省委省政府高度重视数字出版业的发展，省领导专门听取了汇报，省政府已向新闻出版总署呈送了建立华中国家级数字出版基地的报告，提出努力把湖北省建设成全国区域性数字出版中心之一。新闻出版单位加快推进新媒体建设，我局组织协调湖北长江出版传媒集团与省广电总台合作开发了“数字电视阅读”项目，湖北长江出版传媒集团创建了“现代网”，湖北日报创办了“记者手机快报”专栏，荆州日报社创办了“楚网”、“芝麻开门网”，三峡日报传媒集团创办了《三峡手机报》，十堰日报社、襄樊日报社等开通了多媒体数字报纸。荆楚网荣膺2009中国最具品牌价值网络媒体，大楚网、秦楚网、中国三楚传媒网、汉江传媒网等影响力不断扩大，有的已经开始盈利，实现了社会效益和经济效益双丰收。海豚传媒公司的原创三维动画片《小鼠乒乓》获新闻出版总署“原动力”动漫扶持计划资助一等奖，2月1日开始在中央电视台寒假黄金时段播放。

(4) 对外交流呈现新突破

“走出去”战略业绩喜人。组团参加第18届北京国际图书博览会和第61届法兰克福国际书展，取得较好成绩，共达成版权贸易259项，并取得三项新的突破：一是版权输出从以华语地区为主转向以欧美国家为主；二是除版权输出外，增加了图书成品的输出；三是与西方国家的出版公司、出版协会就印务方面的合作达成了意向。开拓境外发展空间取得新进展。知音传媒集团获批准收购台湾一家出版公司，为在台湾出版《知音》台湾版提供了条件。有2家出版单位分别在英国和法国注册成立出版机构。在全球经济不景气的背景下，大枫纸业公司的簿本仍然实现外销2200万美元的可喜成绩。湖北长江出版传媒集团的《创新中国》系列图书成功走向海外市场，被商务部、新闻出版总署等部委评为国家文化出口重点项目。

（5）不断加强省部交流

共建合作迈开步伐。为贯彻落实党中央、国务院关于实施中部地区崛起的重大战略决策，加快推进武汉城市圈“两型”社会综合配套改革试验区建设，促进湖北新闻出版业加快发展，2009年12月17日，新闻出版总署与省人民政府在武汉签署了《关于共同促进湖北省建设中部地区新闻出版强省的协议》，新闻出版总署署长柳斌杰、省长李鸿忠代表双方在协议上签字并发表重要讲话。这标志着部省合作正式启动，新闻出版强省建设开始进入实质性推进阶段。同时，省新闻出版局先后与襄樊市、鄂州市、十堰市政府签订共建合作协议，共同促进当地新闻出版业又好又快发展。

（6）稳步推进体制改革

新闻出版改革加快推进。根据中央和省委省政府关于深化文化体制改革的要求，省新闻出版局制定下发了《关于进一步深化新闻出版改革的实施意见》，对图书出版、报刊、印刷、发行、公共服务等五个方面的改革作了具体安排和部署。经营性新闻出版单位转企改制加快推进，全省14家图书出版社和20家国有企业所办经营性报刊完成了转企改制任务。出版单位改制上市步伐加快，湖北长江出版传媒集团上市工作进入攻坚阶段并取得重大突破，知音传媒集团的上市方向明确、准备工作力争2010年上半年基本完成，长江日报报业集团正式启动改制上市并稳步推进。积极推动资源整合，启动了筹建“双百亿”集团的研究论证和方案制订工作，黄石日报传媒集团、三峡日报传媒集团先后挂牌，新批准成立了荆门日报传媒集团，楚天都市报襄樊版正式创刊，知音传媒集团与长江出版社合作成立了知音书局。极大促进了湖北省新闻出版业的发展。

3. 广告业

2009年上半年，在广播电视创收收入继续稳步增长的态势下，广告收入达到8.16亿元，比2008年同期增长7.52%，为扶持广告产业发展，省政府办公厅下发了《关于进一步促进广告业发展的意见》。截至2008年底，全省共有广告经营单位4762家，广告从业人员31087人，2008年实现经营额32.3亿元。

扶持广告业发展的政策集中体现在税收、收费、用地、投融资和工商登记5个方面。如，对被认定为高新技术企业的广告企业，减按15%的税率征收企业所得税；对符合条件的小型微利广告企业，减按20%的税率征收企业所得税；对依法取得国有土地使用权的广告企业开展业务的，国土资源部门不再收取其他费用；开展广告企业驰名、著名商标专用权质押贷款试点；落实广告业的用电、用水价格与一般工业用电、用水基本相同。

湖北省还将积极推进广告企业改组改制，加快培育大型广告媒体集团。鼓励具有竞争优势的广告企业通过上市、参股、控股、承包、兼并、收购、联盟等方式，在国内外广告市场占有更多市场份额。

4. 演艺娱乐业

随着经济的飞速发展和文化领域开放程度的不断加深，文化消费需求也日益丰富和多元，湖北省演出娱乐业逐渐呈现出良好的发展态势，无论是在资金总量、机构数量、从业人员，还是在演出方式、场次各方面都有了较快的发展。原创剧目精彩纷呈，在国家艺术精品工程推动下湖北省涌现出一大批优秀剧目；民族民间演出继续走俏，成为地方建设的名片；旅游、商贸演出市场的发展迅速，展示出演出业旺盛的人气；演出娱乐场所成为城市夜生活的亮点，丰富了大众休闲娱乐生活；外来演出高潮迭起，为国内观众带业了多彩文化的盛宴；对外演出的规模和品质不断上升，扩大了湖北文化的影响力。

（1）演出单位持续增加

企业、社会和民间资本兴办演出经营单位热潮不减。据不完全统计，2009年全省有不同规模、层次和门类的演出经营单位1350余个，其中演出团体1000多个（含：在各级文化部门注册的农村乡镇演出团体800多个）；各类演出场所300多个；演出经纪机构50多个；这些演出经营单位中企业、社会和民间资本兴办的占69%。随着新的《营业性演出管理条例》的实施，演出市场准入门槛的降低，湖北省演出经营单位将持续增加和多元化发展。

（2）演出活动日趋活跃

近年来，全省经营性演出年均1万余场，其中，有影响的商业性演出活动100余场，大型演出（演唱会）10余场。农村演出方兴未艾，年均演出近10万场，全省专业院团和民间团体长期活跃在农村，受到农民朋友热烈欢迎。武汉市演出市场一派繁荣、群芳争秀，基本上每天都有演出。2009年，湖北剧院年演出150场左右，举办了《韩再芬黄梅戏艺术展演》，连演6场，场场上座率超过90%，创造了湖北武汉近20年来，戏剧演出的票房最高记录；琴台大剧院，年演出160场左右，举办了“打开音乐之门——暑期音乐会系列”、金秋演出季、新春演出季等系列演出活动；武汉剧院，年演出近百场；湖北省艺术馆音乐厅推出了周末音乐会；武汉杂技厅月月有杂技演出。

（3）表演形式呈现多样化

多种多样的表演形式，为演出市场提供了有效供给和发展后劲。近几年，演出市场持续升温，红红火火，表演形式多样：严肃音乐、娱乐小品、广场演出、民俗表演、农村小戏歌舞娱乐场所十分活跃，为不同的观众群提供了观赏的多样性选择，满足了人民群众丰富多彩的文化生活需求，大大丰富了湖北省演出舞台，并形成品牌化趋势。

（4）演艺市场出现“供”“销”两旺的良好势头

2009年，湖北省大型歌厅和量贩式KTV等演艺娱乐业迅猛发展，总数达1800余家，从业人员1.7万人，年营业收入达8.38亿元，其中以武昌滚石、武汉新中原等为代表大型演艺厅已达30多家，平均每个场所年均演出场次300多场，接纳观众近千万人次。这些演艺场所的节目和经营方式富有地方特色，贴近生活，消费适当，特别是演出过程互动性强，观众参与度高，深受广大群众的喜爱。

“文化惠民、免费看戏”活动盛况空前。为使人民群众共享文化事业发展成果，同时为高雅戏剧培育观众，推动戏剧可持续发展，省财政拨款300万元，于2009年12月18日至12月28日在武汉市区各大剧场、部分市州剧场举办“文化惠民、免费看戏”活动，全省17个专业文艺院团精心挑选出红色经典歌剧的《洪湖赤卫队》、大型地域风情舞蹈诗《家住长江边》、京剧《岳母刺字》、《火烧赤壁》、楚剧《大别山人》、杂技剧《梦幻九歌》、花鼓戏《原野情仇》、儿童剧《柠檬黄的味道》、汉派喜剧《一碗都是我的》等26台剧目及24台优秀传统戏、折子戏共50台精品剧目，在全省5座城市19个演出场馆演出104场，向社会免费发票78800张，惠及群众近8万人次，免费看戏活动受到群众热烈欢迎。

（5）对外交流演出呈现地方特色

2009年，有近23个国家和地区1450人次来湖北省开展对外文化交流活动75批次，在全省主要大中城市演出2500多场；同时，湖北省演出团体也加快了迈向国际舞台的步伐，全省有47批次，637人次赴15个国家和地区开展文化交流活动，以歌舞、曲艺、杂技、戏曲向世界人民展示湖北省舞台艺术精粹。如省歌舞剧院、省京剧院、武汉杂技团等专业剧团演出足迹遍及五洲，武汉邮政、武汉电信艺术团，武钢文工团等企业艺术团体和湖北民间艺术团等也多次带着他们舞台精品出访国外，为国家争得了荣誉。

5. 文化会展业

（1）文化会展呈现良好势头

2009年迎春文化艺术节开幕式于1月15日在万泉河北路音乐喷泉广场隆重举行。为弘扬琼海当地特色资源与文化、提升高端旅游城市品牌形象、增强城市传统节日氛围、促进人文居住环境的可持续性和谐发展以及丰富市民、游客节假日娱乐生活，市委市政府于2009年1月15日至2月10日期间在万泉河北路（伊比亚河畔）路段举行琼海市2009年迎春文化艺术节。整个“文化艺术节”由展示琼海及万泉河文化历史的书法展、摄影展、新年花市、年货产品、美食小吃展、海南土特产展、汽车展、烟花燃放、文艺汇演、元宵灯会等诸多精彩内容组成。其中，1月21日至23日，2月10日，每晚8：00各举办一场规模宏大的文艺晚会，丰富广大琼海市民、游客的假日生活。

本届琼海迎春文化艺术节中的一个重要环节是摄影展，在展会现场100多幅照片反映了改革开放三十年侨乡琼海借助改革开放春风以崭新姿态阔步向前的发展成果。另外，迎春书法展共展出了琼海多位知名书法家的近百幅书法作品。

截止下午3点，博鳌景区接待游客7000多人；博鳌、官塘等地区高星级休闲度假型酒店黄金周客房预订情况较好，平均预订率约60%，但市区尚有较大的接待空间。

（2）行业会展体现地方精神

为弘扬荆楚文化，由省委宣传部、省文化厅、省文联、市委宣传部、市文联联办的“2009首届湖北美术节”在武汉美术馆隆重揭幕，开启了历时三个月的艺术盛宴。200多位来自省内外的美术界专家和学者出席了开幕式。省委书记罗清泉专为本次美术节题词：“弘扬荆楚文化，繁荣美术事业”。

首届湖北美术节将以“打造精品工程”的精神为指导，以“彰显荆楚画风、打造长江画派”为主旨，充分展示湖北武汉美术创作的整体实力和最新创作成果，通过开展一系列美术创作、展览和学术交流互动活动，表彰一批老中青优秀美术家，促进美术创作、美术教育、美术评论、美术队伍和美术活动的全方位发展，推动美术进入校园、进入社区、进入家庭等文化惠民工程的深入展开，将举办61个形式多样、内容丰富的精品美术作品展览。

组委会编印《60+1：“首届湖北美术节”艺术地图》昨起同期发布，国内外朋友以及普通观众均可按图索骥。美术节结束后，将由专家委员会遴选出优秀作品，编辑大型画册《首届湖北美术节优秀作品集》，并举办“首届湖北美术节优秀作品进京展”。

6. 新媒体业

新媒体加速发展。湖北省广播电视总台移动电视占有公交线路总数达100条、2000台车、2500块屏。城市电视公司引资900万元，建设开亮了三块大屏，建设完成1500块小屏，实现了小屏节目信号入网进户。火凤网依托母体优势，强化音视频报道力度，组织网络视频直播70多场。

截止2009年上半年，湖北省的有线电视网络收入8.66亿元（其中，收视费收入6.65亿元，比2008年同期增长30.56%）。因此，有线电视网络收入增长速度大于广告收入增长速度，迈上了发展的新台阶。

(1) 数字化转换成为工作重心

2009年，全省各级广播电视部门以有线数字电视整体转换工作为重心，全省有线电视数字化转换进展迅速，有线数字电视用户达到230.29万户，比上年同期增长199.17%。比2008年底新增63.37万户，增幅达到37.97%。不断加大整转工作力度，加快整转步伐，全省有线数字电视用户新增143万多户，有线数字电视用户达到310万户，有线数字电视整体转换率超过38%。在市级（市辖区）广播电视部门中，有线数字电视入户数由高至低的排序依次为：武汉市、黄石市、鄂州市、荆门市、黄冈市、荆州市、咸宁市、宜昌市、随州市、孝感市、十堰市、襄樊市、恩施州。全省县（市）（不含市辖区）的有线数字电视入户数居全省前10位的是：仙桃市、潜江市、洪湖市、监利县、沙洋县、麻城市、天门市、松滋市、石首市、老河口市。

全省整转步伐加快，部分市州城区基本完成整转工作。目前，全省所有的市州城区都启动了有线数字电视整体转换工作。2009年省网络公司在加快有线网络升级改造的同时，采取多项措施，不断加大整体转换力度，全年转换有线数字电视用户超过70多万户；武汉、黄石、荆门、咸宁、黄冈、鄂州、仙桃等地城区有线数字电视整体转换工作已经基本完成，荆州、十堰城区用户整转过半，宜昌、襄樊、恩施州在2009年底也启动了城区数字电视整体转换工作。在省网络公司以及各市州的带动下，湖北省县市级城区有线数字电视整体转换工作也取得了较大进展，全省69个县（市）有31个县（市）的城区有线数字电视用户超过1万户。

有线数字电视节目内容不断丰富，综合业务水平不断提升。各地的有线数字电视网基本上都开通了本地政务信息、股票信息、天气预报等数据广播业务；武汉、黄石、荆门、荆州、十堰等地还开通了VOD点播、时移电视等双向互动电视业务；黄石、襄樊等地的有线数字电视网络已经开始向市民免费传送了9套高清电视节目；武汉、黄石市还开通了高清数字电视节目点播业务，目前已有6000小时的高清节目供用户点播；各级广播电视部门正在大力进行有线电视节目平台升级和网络双向化改造，积极发展高清晰度电视和视频点播服务，开发政务信息、文化娱乐、电视商务以及其它接入服务等多种业务，不断丰富有线数字节目内容，拓展服务范围。

整体转换发展不均衡，综合服务水平有待提高。从目前情况看，湖北省有线数字电视整转还存在两个方面的问题，一是发展不均衡，二是服务不到位。全省还有18个县（市）没有启动有线数字电视整体转换，部分地区在整转过程中由于宣传工作不到位、服务质量较差导致用户投诉较多，影响整体转换工作的顺利推进。

各级广播电影电视部门要切实增强工作紧迫感和责任感，提高认识，加快整体转换步伐，把工作重点放到提高服务质量和拓展业务上，力争到2010年底，实现全省市州以上城区和县市以上城区全面完成整体转换的工作目标，全省有线数字电视用户达到400万户。加快数字转换、双向化改造、业务开发和网络整合，推动三网融合。

(2) 积极搭建多媒体网络平台

湖北省加快推进移动多媒体广播电视工作，与中广传播有限公司正式签订了框架协议。目前，全省8个市州已经建设了CMMB覆盖网络，有3个市州的网络正在建设，与中国移动的技术对接已经完成，业务合作平台也已投入试运行，全省CMMB用户已超过2万户。

为推动全省CMMB的发展，采取多项措施加快推进。一是多方协调组建省公司，分别向国家广电总局和省委宣传部上报请示，请求批准移动多媒体广播电视有限公司的组建方案，并于2009年11月初组织召开了全省移动多媒体广播电视工作会议，对组建方案及相关事项进行讨论表决。会后迅速组织成立了省公司筹建工作专班，密切与中广传播有限公司沟通联系，就相关问题充分协商。二是同步建设全省CMMB覆盖网络。协调全省11个市州建设CMMB覆盖网络，同时向国家广电总局和总公司多次请示、协调，申请将仙桃、天门、潜江、神农架列入CMMB全国地级城市覆盖计划。三是积极配合建设CMMB业务平台。配合中广传播有限公司建设完成了与中国移动在湖北的业务合作平台，并协调相关市州开通省级BOSS到各地市的传输电路。

*7. 动漫游戏业*

2009年湖北地区动漫游戏市场消费能力强，但研发企业却寥寥无几。据了解，湖北市场对动漫游戏产品需求量较大。此次前来参加研讨会的广州康维娱乐设备有限公司新研制的一种“捕鱼机”，一到武汉就接到了4000台的订单，价值将近2000万元。但湖北省很多商家却认为与其在研发上冒风险，不如直接代理市场现有品牌。此类产品研发周期一般在半年以上，有些高端产品从研发到投产甚至要两年时间。自己研发周期漫长且有很大风险，不如直接代理现成的外地品牌。2009年湖北省动漫年会于8月30日在街道口珞珈山国际酒店隆重举行。参加这次盛会的有来自各个高校的专家教授，还有来自武汉各大动漫游戏企业，齐圣互动就是其中之一。受邀参加的嘉宾有：中国动漫协会秘书长李中秋、湖北省动漫协会会长朱明健、原上海电影制片厂动画导演马克宣教授等。

*8. 文化旅游业*

2009年是湖北省旅游业进入新世纪以来形势最为严

峻、发展最为困难的一年，也是全省旅游业加快发展、取得重大突破的一年。全省旅游行业在省委、省政府的坚强领导下，在省人大、省政协的大力支持下，适应形势，化危为机，迎难而上，锐意进取，创造性地开展工作，推动旅游业实现了超常规发展。全省接待海内外旅游者1.52亿人次，增长28.83%，旅游总收入突破1000亿元大关，达到1004.48亿元，增长34.98%，为旅游经济强省建设奠定了坚实基础。

（1）目标定位明确地方特色

湖北省旅游局强调，在鄂西生态文化旅游圈建设时，要认真贯彻执行省委、省政府的重大战略部署，紧紧抓住“鄂西生态文化旅游圈”建设为旅游业发展迎来的黄金机遇期，乘势而上，把文化旅游业做成大产业；做好管长远的基础工作，培育生态文化的旅游品牌，加强品牌塑造与品牌包装、品牌传播、品牌管理，整合资源，实施“联合推介、捆绑营销”，创造具有鄂西特色的、市场号召力强的生态文化旅游品牌。

（2）示范项目效应明显

近年来黄冈市致力于加大景区建设力度，提高景区建设档次，严格按照国家A级景区标准打造精品景区，全市掀起一股创建A级景区的热潮，A级景区总数由5家（2006年底数）增长到2009年的21家，三年时间翻了两番。

近年来，黄冈抢抓国家实施红色旅游工程、武汉城市圈“两型社会”建设综合配套改革试验区的重大机遇，着力推进旅游基础设施建设、培育黄冈大别山红色生态文化旅游品牌，加快建设黄冈大别山红色生态文化旅游经济带，促进了全市旅游业的健康快速发展。特别是在景区创A上获得重大突破：我市AAA级景区已由原来的3家发展到9家；AAAA级景区突破零的记录，已达到5家，分别是红安烈士陵园、浠水三角山、麻城龟峰山、麻城烈士陵园、红安李先念故居纪念园；AA级以上景区总数达到21家。A级景区数量跃居全省前列之中。

（3）积极推动评奖评优活动

“2009荆楚责任企业荣耀榜”由楚天金报发起，省文明办、省人力资源和社会保障厅、省总工会、楚天鑫报、省慈善总会、省工商联、省企业文化促进会等单位共同主办。活动重在突出企业的社会责任，通过推选出过去一年来在湖北经济、社会以及慈善事业、民生服务、环境保护等方面作出突出贡献的企业，彰显企业的责任意识和道德追求，推动企业勇担社会责任，进一步唱响和谐发展、科学发展的时代主旋律。活动启动以来，企业报名踊跃，社会好评如潮。经公众、专家、政府主管部门的慎重评选，25家企业最终从700多家企业中脱颖而出，分获“杰出贡献奖”和“特别贡献奖”。

近年来，武当山按照“保护为主，合理利用，科学规划，严格管理”的十六字方针，切实加强景区生态保护工作，不断完善旅游基础设施建设，着力营造最适合人生活、最适合人居住、最适合人旅游的生态环境，积极推进低碳旅游，已成为全国自驾车旅游品牌目的地焦点，旅游经济实现新跨越。

（4）重视旅游人才培养

基于湖北省围绕把湖北建成促进中部地区崛起的重要战略支点，充分发挥湖北科教优势，加强基础理论研究，推动旅游科技创新，为旅游业转型升级提供智力支持和人才支撑的目标。湖北是科教大省，旅游教育特别是旅游高等教育位居全国前列，要围绕经济社会发展大局，充分发挥各类院校的办学优势，为旅游人才培养和旅游产业发展服务。本科院校特别是综合性大学要发挥文理兼容的优势和相关重点实验室的作用，加强旅游基础理论研究，加强旅游与文科、工科的结合，推动旅游科技创新，在“两型社会”建设、低碳旅游、节能减排等工作中发挥作用；旅游职业院校要充分利用好职业教育集团这个平台，引导旅游企业、中介机构参与到旅游人才培养中来，在纵向实现本科、高职、中职的贯通，在横向实现产学研一体化。他表示，国家旅游局对中部地区旅游人才工作高度重视，对湖北旅游人才工作高度关注，将按照部省旅游产业合作协议的有关内容，积极支持在湖北设立旅游人才培训基地，帮助湖北抓好旅游人才队伍建设。

（5）推动海峡两岸文化交流

2009年湖北组织百人规模促销团，赴台湾开展大型旅游促销活动，推动了鄂台之间的交流与合作。副省长田承忠率领17个市、州、林区分管旅游的副市长、旅游局长和组团旅行社、旅游企业、航空公司负责人组成的百人旅游促销团在台湾进行旅游促销活动。这是自开放大陆居民赴台旅游后，大陆省份在台湾举行的首场大型旅游推广活动。中国国民党副主席蒋孝严、台湾海峡两岸旅游协会会长赖瑟珍、台湾观光协会会长张学劳出席促销活动，为两地旅游鼓与呼。促销团还拜会了台湾重点工商企业，推介了湖北重点旅游项目，达成了多项合作意向，并与中国国民党主席吴伯雄、副主席林丰正进行了会晤。8月22日，台湾复兴航空公司首家正式开通了台北松山机场直飞武汉天河机场的航班，掀开了鄂台旅游与交流新的一页。10月30日至11月2日，省旅游局又组团参加第四届海峡两岸台北旅展，进一步加深了解，增进友谊，巩固成果。

（6）旅游业经济效益持续增长

2009年旅游经济运行报告显示，2009年我国旅游业总体保持较快增长，旅游总收入实现较大幅度增长。报告预计全年旅游总收入约为1.26万亿元，同比增长9%。其中，国内旅游市场持续快速增长，入境旅游市场逐步恢复，出境旅游市场平稳发展。同时，旅游投资规模大幅增长，企业经营业绩开始回升，旅游产业对经济社会带动作用进一步加强。在旅游产业供给方面，投资规模大幅增长，产业发展更具活力。旅游相关产业投资规模的大幅度增长，直接带动了旅游投资的快速增长，各地旅游投资出现了生机勃勃的繁荣景象，为旅游业发展注入了新的活力。在企业经营业绩方面，企业经营业绩开始回升，景区类企业经营状况好于旅行社和饭店行业。其中，西部地区企业经营状况要好于受金融危机冲击较大的中部地区和东部地区；城市和城市周边景区比长线旅游景区经营形势要好；成熟的顶级景区的经营状况比无资源优势的一般景区要好。

(7) 积极开展学术研讨

由省政协文史和学习委员会、省旅游局、省荆楚文化研究会联合举办的“荆楚文化与湖北旅游”学术研讨会在武汉隆重召开。旅游可以通过文化提高品味，文化可以通过旅游提高效益，研究和促进荆楚文化与湖北旅游的融合，使旅游以文化为主题，文化以旅游为载体，对于推动湖北省旅游产业和文化事业又好又快发展，具有十分重要的意义。要深入研究，推出一批荆楚文化与湖北旅游相结合的优秀成果，统筹规划，推出一批荆楚文化与湖北旅游相结合的重大项目，精心设计，推出一批荆楚文化与湖北旅游相结合的活动平台，做好文化旅游结合这篇大文章，推动文化旅游互动发展再上新水平。研讨会共收到论文120余篇，与会专家学者围绕荆楚文化与湖北旅游的主题，为湖北旅游又好又快发展踊跃建言献策，并重点就荆楚文化资源特色与湖北旅游产品开发、文化旅游形象定位与湖北旅游发展战略、湖北特色文化利用与地方旅游文化建设等进行了广泛探讨，形成了一系列学术理论成果，为全省文化旅游发展提出了很多具有操作性的意见和建议。

（祁国钧、郭明玉）

## 湖南省

### 一、湖南省2009年文化产业发展综述

湖南文化产业创造了一种文化建设超越经济发展、文化影响力大于经济影响力的“湖南文化现象”。“广电湘军”、“出版湘军”、“动漫湘军”在全国都有知名度。湖南文化产业独具湖湘底蕴。2009年湖南文化产业总产出1594.26亿元，增加值682.16亿元，增长速度18.5%。文化产业增加值中，新闻服务、出版发行和版权服务、广播影视服务和文化艺术服务“核心层”产业的增加值为183.96亿元，占文化产业增加值的27.0%，网络文化服务、文化休闲娱乐服务和其他文化服务“外围层”产业的增加值274.3亿元，占文化产业增加值的40.2%；文化用品、设备及相关文化产品的生产、销售“相关层”产业的增加值为223.90亿元，占全部文化产业增加值的32.8%。

1. 金融危机背景下主要经济指标稳中有进

2009年1至9月，湖南广电集团总收入34.9亿元，其中广告收入累计21.2亿元，同比增长29.8%，整体提前3个月完成全年任务；媒体产业收入累计达13.7亿元，同比增长19.85%（快乐购11.58亿元，同比增长17.1%；快乐阳光5993万元，同比增长135.7%；上海天娱6597万元，同比增长1.7%）。1—9月全省电影票房收入9000多万元，达到去年全年的水平。湖南出版集团1—9月份完成营业收入约54亿元，实现利润约2.79亿元，均比去年同期增长6%。1—9月全省演出收入1.72亿元，演出场次19105次，比去年同期增长10%。湖南日报报业集团广告收入完成7756万元，同比增长18.40%。

2. 新兴业态创造新增长点

湖南卫视新媒体——金鹰网自2009年4月以来，由于娱乐特色定位的强化和《快乐女声》人气的拉动，流量巨幅跃进。2009年上半年，金鹰网总收入为1375万元，最高流量达2342万日PV（日页面点击量）、187万日UV（日独立用户数），短短2个多月流量翻了近3倍，创造了金鹰网开办以来的峰值。同期推出的金鹰网首批手机游戏——快乐家族等，仅仅上线两个月，下载总量也达200万人次。红网连续三年获得中国新闻奖一等奖，日均访问人数达272万人次，日均点击率（访问流量）801万次，比上年同期增长50%，日均独立访问IP数76万个，比上年同期增长103%。红网现已在中国新闻网站市场份额前10强中排名第八，居地方新闻网站首位。体坛传媒于2008年开始“转身”，正式涉足新媒体，筹建了垂直体育门户网站——体坛网，推出了手机体坛。一年多来，体坛网已跻身世界前1000名、中国网站前100强的行列。日均PV值（点击量）从20万发展到500万，最高单日流量超过700万。在国内体育网站/频道排名中仅次于新浪体育、搜狐体育、HooPcHINA而位居第四。拓维信息股份公司1—9月累计收入2.23亿元，同比增长18.21%，利润总额超过8000万元，同比增长12.67%。预计今年的动漫产业收入6200万元。

3. 文化主体项目扩展产业空间

金鹰卡通频道和拓维信息共同打造的手机动漫电影《美丽人生》，国庆期间在央视少儿、北京卡酷等多家卫星

频道同步播出。宏梦卡通公司投资上亿，占地1万平方米的“梦工厂”已经建成使用。湖南出版集团投资30亿元开发的228米的泊富国际广场9月29日开工。张家界巨资打造的《天门山·新刘海砍樵》大型实景节目，为人们奉献出一场视觉盛宴，九月份上演以来，市场反应热烈。改造后的琴岛歌厅用高科技创新表演形式，令人耳目一新。湖南卫视以承包形式整合青海卫视的频道、栏目资源。其国际频道5月20日在香港顺利开播。快乐购物有限公司跨区域发展，节目覆盖4个省级市场、52个市级市场、总户数达3250万户。湖南出版集团与湖南地图出版社、贵州省出版集团、国台办下属的九洲出版社初步达成了战略合作并购重组的框架协议。9月17日，湖南出版集团控股的中南出版传媒集团与汪俊股权合作项目举行签约仪式，成立中南传媒北京涌思图书发行有限公司，标志着中南出版传媒与民营书业合作的大幕拉开。此外，中南出版传媒还在积极与中国移动公司商谈成立天闻数字传媒科技发展（北京）有限责任公司（暂命名），拟在移动增值业务与数字出版领域谋求新的发展空间。9月28日，《潇湘晨报》独资创办的《快乐老人报》正式创刊，将进一步扩大《潇湘晨报》的品牌影响力。今年7月创刊的动漫杂志《虹猫蓝兔》月发行量平均在15万份左右，既填补了湖南动漫杂志的空白，又成为湖南出版经济增长的一个亮点。今年3月，拓维信息与安徽时代出版传媒成功牵手，围绕“手机新媒体电子阅读运营服务项目”实行战略合作，共同拓展3G时代中国内地无线增值新业务。山猫公司《山猫吉咪历险记》入选美国纽约国际独立电影电视节，并获得最佳动画影片奖。

4. 文化产业跨界融合加快

2009年，面对国际金融危机带来的挑战和机遇，湖南省文化产业以敢为人先的湖湘精神，积极创新，呈现出市场主体不断壮大，资源整合升级，新业态迅速发展，文化与科技、经济融合步履加快，品牌效应持续扩大，文化影响不断增强的喜人景象。三湘都市报开全国报网融合之先河，与华声在线及每天传播网三线合流，打造三湘华声全媒体平台，开创了“以报纸为基础，网站为骨架，手机和LED显示屏为终端，其他媒介为互补”的全媒体新格局。湖南广电牵手上海盛大，合作成立盛视影业有限公司，此后又与淘宝网合作，合办快乐淘宝，开拓文化产业发展的新机遇、新空间。快乐购与移动联姻打造手机购物平台；第五届长沙国际车展和湖南日报报业集团三湘华声承办的湖南首届金融博览会，嘉宾如云。

在金融危机下，企业只有发展核心竞争力才能生存发展壮大。企业通过对最新技术的掌握运用，才能提高应对金融危机的能力。湖南一些大企业如中联、湘钢、湘电，都花巨资用于技术开发创新。文化企业也要坚持技术和内容创新，同时要通过发展移动电视、手机报、电视购物、电子商务等新兴文化产业业态来进行经营创新，开辟新的增长点。要加大对文化产业的扶持和引导，文化产业引导资金要更多加大对优势产业、企业和产品的扶持，同时要吸引更多的资金流向文化领域，支持文化企业改制上市，并购重组，做大做强。要不断推进制度创新，培育灵活高效的文化产业运行机制，尽快建立和完善现代企业制度，完善企业内部的监督制衡机制，提高企业运行效率和应变能力，使企业能根据市场需要对自身的战略定位，不断对经营理念和营销手段加以调整。

5. 品牌效应持续扩大

2009年5月，湖南卫视国际频道开播；出版湘军在法兰克福书展上达成版权引进和输出项目144项；动漫湘军山猫卡通制作的《山猫吉咪历险记》入选美国纽约国际独立电影节，生产的动画节目已出口到美国、中东等10多个国家；12月，演艺湘军在海湾地区，掀起了湖南文化的旋风；7月，第五届两岸经贸文化论坛在长沙举行，湖南文化产业引起海内外知名人士的强烈关注。

2009年10月，湖南广电与青海卫视正式签署框架合作协议，自2010年起，由湖南卫视合作运营该频道15年；2009年，湖南省岳麓出版社等6家出版社荣获“全国百佳图书出版单位”的荣誉称号，入选数量在全国地方出版集团中位居第二；11月，湖南省宏梦卡通等7家文化企业被认定为“国家文化出口重点企业”，获得认定的数量位居中部第一。在“中国文化产业品牌研究中心”迄今发布的158个国内著名文化产业品牌中，“湘字号”占到五分之一。

6. 文化体制改革成为产业发展引擎

2009年，随着文化体制改革破题试水，尤其是文化强省会议的召开，作为湖南科学跨越，弯道超车的重要引擎，文化产业发展能量大，发展动力更足。在金融危机下，推动文化产业发展，必须遵循社会主义市场机制在资源配置中的基础性作用，改变长期在计划经济条件下形成的“官僚式”的经营机制，以及在小农经济条件下形成的“家族式”、“小农式”的经营机制，打破行业垄断地区封锁，改变“大而全”、“小而全”、产业组织化程度低、资源浪费的情况。强化资源整合功能，要加强政府协调和整合资源的力度。湖南应进一步理顺文化产业管理机制，完善机构，明晰职能，以充分发挥政府的管理协调整合功能。

2009年，省杂技团“靓女先嫁”，成为湖南省国有文艺演出院团首家整体转企改制的试点单位；“广电湘军”确立了管办分开、制播分离与电台电视台合并的总体改革思路，谋求再一次飞跃；潇湘电影厂完成转企改制，成立潇湘电影集团有限公司，走向市场；“出版湘军”向资本市场积极挺进，中南出版集团整体上市进入申报程序；湖南日报报业集团启动了组建市场主体的体制改革工作，集团有限公司已完成工商登记。华声在线进入国家重点扶持的10家转制新闻网站之一。

2009年，湖南省出台了《关于加快推进综合试点地区文化体制改革的若干意见》，长沙、张家界（6.47，－0.04，－0.61％）、岳阳、常德4个试点地区的文化体制改革加速推进，文化产业发展气象万千。据长沙市市委宣传部副部长朱锦辉，市文化局副局长张明清介绍，2008年，长沙文化产业总产出达617.9亿元，实现增加值达到293.1亿元，文化增加值占全市GDP比重达9.8％。2009年，长沙文化产业发展再次提速，据预测有望实现增加值达到350亿元。

2009年7月，总投资约150亿元的湖南华强文化科技产业基地项目落户株洲，“中国迪斯尼”在湖南省呼之欲出。9月，投资1.2亿元的国内首台大型山水实景音乐剧《天门狐仙·新刘海砍樵》在张家界上演。宏梦卡通占地1万平方米的“梦工厂”建成使用，大型职业体验文化活动项目酷贝拉欢乐城开业。

7. 着力凸显湖湘文化特色

湖南文化产业发展要以科学发展观为指导，充分调动各方面积极性和创造性，围绕建设经济强省和文化强省的战略目标，坚持品牌塑造凸显湖湘文化特色，企业发展提高核心竞争能力，机制创新强化资源整合功能，结构调整突出新兴优势产业，在这种新思路的指引下，实现金融危机下文化产业的逆势上扬，并成为湖南经济发展“弯道超车”的生力军。

在“中国文化产业品牌研究中心”迄今发布的133个国内著名文化产业品牌中，湖南省创造的文化产业品牌达29个，占总数的21％。2005年，仅湖南卫视《超级女声》一个节目就直接为湖南广播影视集团增加收入上亿元。包括广告、电信、移动、音像、出版、彩铃、演出、艺员经纪在内的直接经济效益达6亿元。“三辰影库”制作的《蓝猫淘气3000问》，2000年起在全国1020家电视台播出，该公司以此为基础组建了卡通衍生产品产业集群以及全国连锁专卖体系，年销售收入20亿元。品牌塑造凸显湖湘文化特色，这是湖南文化产业寻求突破与跨越的基点和依托，也是湖南文化产业避免同质化竞争、增强抗风险能力和竞争能力有效途径。

当前金融危机条件下，湖南文化品牌的塑造应从以下几个方面入手：一是进一步做大做强优势文化品牌。将“广电湘军”、“出版湘军”、“动漫湘军”、“娱乐湘军”进一步打造成全国乃至世界知名品牌。二是积极发展传统湖湘文化品牌。三是大力发展具有湖湘特色的旅游休闲会展文化产业。四是大力塑造具有湖湘特色的影视拳头产品。总之，湖南文化军团要想在全国乃至世界范围内抢占制高点，品牌塑造必须凸显湖湘文化特色，这样才能保持自我、绽放异彩、赢得未来。

## 二、湖南省2009年文化产业各行业发展综述

1. 广播电影电视业

2009年1～9月，湖南广电集团总收入34.9亿元，其中广告收入累计21.2亿元，同比增长29.8％，整体提前3个月完成全年任务；媒体产业收入累计达13.7亿元，同比增长19.85％（快乐购11.58亿元，同比增长17.1％；快乐阳光5993万元，同比增长135.7％；上海天娱6597万元，同比增长1.7％）。1～9月全省电影票房收入9000多万元，达到去年全年的水平。

2009年湖南卫视以承包形式整合青海卫视的频道、栏目资源，其国际频道5月20日在香港顺利开播。快乐购物有限公司跨区域发展，节目覆盖4个省级市场、52个市级市场、总户数达3250万户。此外，山猫公司《山猫吉咪历险记》入选美国纽约国际独立电影电视节，并获得最佳动画影片奖。

2. 新闻出版业

2009年，全省新闻出版产业发展实现逆势上扬，图书出版同比增长27％，印刷业总产值突破120亿元，同比增长20％以上，输出版权131项，6家出版社被评为一级出版单位并获“全国百佳图书出版单位”称号，2种图书获中宣部“五个一工程”奖，《湖南日报》广告增幅在全国省级党报中排名第一，《潇湘晨报》逆市飞扬。体制改革稳步推进，8家出版社转企改制方案审批工作基本完成，中南出版传媒和天舟科教上市工作顺利。行政监管扎实有效，共收缴各类非法出版物140多万件，立案查处案件1812起。

湖南出版集团与湖南地图出版社、贵州省出版集团、国台办下属的九洲出版社初步达成了战略合作并购重组的框架协议。9月17日，湖南出版集团控股的中南出版传媒集团与汪俊股权合作项目举行签约仪式，成立中南传媒北京涌思图书发行有限公司，标志着中南出版传媒与民营书业合作的大幕拉开。此外，中南出版传媒还在积极与中国移动公司商谈成立天闻数字传媒科技发展（北京）有限责任公司（暂命名），拟在移动增值业务与数字出版领域谋求新的发展空间。9月28日，《潇湘晨报》独资创办的《快乐老人报》正式创刊，将进一步扩大《潇湘晨报》的品牌影响力。今年7月创刊的动漫杂志《虹猫蓝兔》月发行量平均在15万份左右，既填补了湖南动漫杂志的空白，

又成为湖南出版经济增长的一个亮点。今年3月，拓维信息与安徽时代出版传媒成功牵手，围绕“手机新媒体电子阅读运营服务项目”实行战略合作，共同拓展3G时代中国内地无线增值新业务。

位于长沙市河西高新开发区（望城县黄金乡金南村）的湖南报业文化城，有湖南日报报业集团出资打造，占地面积750亩，总建筑面积7万平方米，计划总投资7.5亿元。资金来源包括集团自筹、省财政拨款、贴息贷款及招商引资，自开工建设至今已完成投资4亿元，一期工程彩印中心正式投产。

2009年湖南省农家书屋工程建设也取得重大进展。全省共建成农家书屋3900个，每个农家书屋配置图书1182种1669册、报纸5种、期刊20种、电子音像制品141张、书架3个、报架1个、阅览桌1张、标牌1个及少量椅子，并节约资金100多万元。2009年8月，新闻出版总署督察组对湖南省农家书屋进行了抽查验收，被抽查的41个农家书屋全部达标。此外，湖南省还启动了“十一五”规划剩余的8100个农家书屋的计划申报和编制工作，落实了中央和省级财政配套的12150万元建设资金，目前正在组织出版物采购配送招标工作，预计2010年3月底前将全部建成。各地农家书屋建成后，得到了农民群众的热忱欢迎和社会各界的广泛赞誉。

3. 广告业

（1）广告业整体呈良性增长状态

近年来，湖南广告业伴随全省经济社会发展取得长足进步，呈现出健康向上的蓬勃生机，为湖南省实现富民强省又好又快战略发挥着积极推动作用，是湖南省文化产业的重要组成部分。据统计，湖南现有中国一级广告企业9家，中国二级、湖南一级广告企业43家，广告从业人员近3万人。2009年，由于受冰灾、地震、奥运会、金融危机的影响，总体走势呈M状，但仍保持较高速度增长。全省广告年经营额近46亿元，同比增长12.29%。其中，湖南卫视23个亿同比增长30%、湖南日报社利润翻了一翻，三湘都市报增长30%、湖南人民广播电台1.3个亿增长增长30%、潇湘晨报3.2个亿较增长12%、湖南今日女报系增长了25%；也有部分媒体广告额下滑20%—30%。2010年第一季度，湖南广告业正在迅速发展。

（2）广告投放主要集中在长沙，湖南卫视为龙头

2009年度全省广告经营额近46亿元，其中，湖南卫视23亿、金鹰卡通0.5亿，其它地面频道5.3个亿、湖南人民广播电台1.3亿、湖南日报集团2.4亿、潇湘晨报3.2亿、体坛周报1个亿、长沙晚报集团1个亿、长沙广电集团1.9亿、户外广告3亿。除长沙外，其它市州报纸、电视、电台媒体广告3.6亿。从湖南范围来看，长沙地区广告一枝独放，占全省广告经营额的80%；广播电视占据省内市场份额的66%，处于绝对优势地位，而湖南卫视则是毫无争议的龙头，2009年广告创收达23亿，占据全省广告市场份额的近50%。

广告业的发展，推进了湖南省品牌战略的实施。近几年来，湖南许多著名品牌企业充分利用广告这一商战利器，精心打造品牌形象，涌现了一批诸如“白沙”、“芙蓉王”、“三一”、“九芝堂”、“浏阳河”、“唐人神”、“隆平高科”、“千金药业”、“正虹”、“金健米业”、“远大”、“日出太子奶”等82件享誉世界的驰名品牌。这些驰名品牌不仅展示了湖南形象，而且作为湖南经济发展的支柱，为加快湖南现代化进程做出了重要贡献。同时，广告业的繁荣，推动了湖南省广播电视、新闻出版等事业的发展，促进了社会进步。目前，“电视湘军”瞩目全国，“出版湘军”享有盛誉，已成为国家广播电视、出版业的两大知名品牌。最后，广告业的发展，还在解决人员就业、维护社会稳定等方面发挥了重要作用。应该说，广告作为第三产业的重要组成部分，作为知识密集、人才密集、技术密集的高智能性服务行业，不仅是传播经济信息的工具，开拓市场的手段，并且是社会宣传的一种形式，是促进物质文明、精神文明建设的不可忽视的力量。广告已成为湖南省市场经济发展的晴雨表、精神文明建设的风向标、市场经济体制完善的度量计。

从全国范围看，广告市场主体之一的媒体强势、公司弱势，强势媒体依旧强势，这也是湖南广告业最大特点。湖南卫视遥遥领先，令人啧啧称赞；在中华大地上，还有为世界球迷忠诚服务而崛起的“体坛周报现象”，有率先整合营销传播广播的“湖南交通品牌现象”，有号称中国文摘三甲的“湖南文萃”，有以天下之忧而忧、乐天下之乐而乐为使命的“潇湘晨报现象”。与全国一样，户外广告公司成为弱势广告公司主力军，广告专业化氛围初步形成而有待强化。

（3）市场规模有限，产业结构制约广告业发展

湖南GDP占全国GDP的3.85%，而湖南广告市场总额占全国广告市场总额的2.25%，远低于前者。这是三个方面的原因合成的结果，一是湖南省产业结构中强大装备制造业、雄厚钢铁业和有色金属业本身广告投放量不大；二是缺乏实力雄厚的广告集团公司运筹整合本地广告资源；三是强势传媒广告主资源相当部分为外省品牌主。当然，湖南消费市场、广告市场也有待于进一步挖掘。

（4）产业聚合度不高，经营效益低下

一是广告业还属于粗放型的增长，尚未达到追求质量和效益的集约型发展水平；二是产业结构不合理，广告经营单位数量多、平均规模小，地区差异大，广告经营单位

核心竞争力不强，自身品牌建设意识和能力不高；三是广告从业人员数量较多，但中高端专业人才比较缺乏，针对广告从业人员的继续教育和职业教育普遍不足；四是虚假违法广告在部分媒体还不同程度存在，广告业竞争秩序有待规范，行业形象和社会公信力有待提高。

同时，湖南广告业争取到的政策支持不足，还没有将广告行业发展纳入全省国民经济发展规划，财政、建设、城管等政策支持还需下大功夫争取和协调，还没有建立起广告行业与政府相关部门的长效政企沟通机制，广告业发展空间受到限制；还没有足够的人才、技术、资本等实力使广告业成为全省的支柱产业。“三个还没有”使全省广告业在产业中有被边缘化的危机，这是我们应尽力避免的结局。

4. 演艺娱乐业

张家界天门山大型山水实景演出项目，于 2008 年 6 月动工建设天门山峡谷剧场，占地面积 19880 平方米，包括表演布景区、观众区、停车区、观众候场集散区，已完成总投资 1.2 亿元。该台节目《天门狐仙——新·刘海砍樵》由国家一流人才团队主创，设计与创作水平居全国前端，舞台、舞美设施、音响配置，堪称国际一流。节目正式上演后，引起了强烈的社会反响。改造后的琴岛歌厅用高科技创新表演形式，令人耳目一新。

选址于新世纪体育中心（原贺龙体育馆）东南向的酷贝拉欢乐城，营业面积约 11000 平方米。由湖南出版控股集团与湖南智煜投资有限公司主要出资而成。酷贝拉欢乐城是一座仿真的微型城市，拥有 70 多个职业体验馆，供 3 至 15 岁的孩子体验成人世界的社会生活，能容纳 4000 人同时游玩，预计 2009 年 10 月落成开园。“酷贝拉”选择湖南作为全国首家旗舰点，还将迅速建立北京、上海两大旗舰基地，并在其他省会城市建立全国连锁机构。

5. 新媒体业

湖南卫视新媒体——金鹰网自 2009 年 4 月以来，由于娱乐特色定位的强化和《快乐女声》人气的拉动，流量巨幅跃进。2009 年上半年，金鹰网总收入为 1375 万元，最高流量达 2342 万日 PV（日页面点击量）、187 万日 UV（日独立用户数），短短 2 个多月流量翻了近 3 倍，创造了金鹰网开办以来的峰值。同期推出的金鹰网首批手机游戏——快乐家族等，仅仅上线两个月，下载总量也达 200 万人次。红网连续三年获得中国新闻奖一等奖，日均访问人数达 272 万人次，日均点击率（访问流量）801 万次，比上年同期增长 50%，日均独立访问 IP 数 76 万个，比上年同期增长 103%。红网现已在中国新闻网站市场份额前 10 强中排名第八，居地方新闻网站首位。体坛传媒于 2008 年开始“转身”，正式涉足新媒体，筹建了垂直体育门户网站——体坛网，推出了手机体坛。一年多来，体坛网已跻身世界前 1000 名、中国网站前 100 强的行列。日均 PV 值（点击量）从 20 万发展到 500 万，最高单日流量超过 700 万。在国内体育网站/频道排名中仅次于新浪体育、搜狐体育、HooPcHINA 而位居第四。今年 3 月，拓维信息与安徽时代出版传媒成功牵手，围绕“手机新媒体电子阅读运营服务项目”实行战略合作，共同拓展 3G 时代中国内地无线增值新业务。

（1）湖南发展新媒体机遇与挑战并在

机遇方面，一是内容生产具有较为明显的优势。湖南省出版、广电、动漫等在全国业已形成相对优势的内容输出能力，这意味着湖南省拥有健全的生产体系、强大的创新能力和深远的品牌影响力，即使在网络时代，“内容为王”永远成立。二是新媒体产业初具规模。与有线电视、互联网和手机紧密结合的新闻网站，商业网站、手机报等，已形成一个新媒体的产业集群，华声在线、红网、金鹰网等网站颇具影响力，在中部地区，产业集群效应已开始形成。

在挑战方面，主要是面临着符合新媒体时代要求的高端技术不足、专业人才缺乏。从原创的技术管理到尖端的运营人才，主要集中在广东、上海等沿海一带。引进技术、人才，不断拓宽业务和市场，是湖南省新媒体产业发展策略的重点。

（2）湖南广电的新媒体战略

湖南广电集团作为国内颇有影响力的传媒集团，不断勇于推动跨平台、跨媒介、跨区域的媒体产业版图拓展，其新媒体发展战略值得其他国内广电集团学习和借鉴。

湖南广电新媒体产业布局从 2004 年的金鹰网开始起步，并在 2009 年先后进入网络视频、网络游戏、SNS 和网上零售等领域，易观国际（Analysys International）研究认为，湖南广电新媒体业务布局已进入井喷阶段，利用内容资源优势多方拓展变现渠道是目前湖南广电最主要的新媒体战略。

利用内容资源优势多方拓展变现渠道。互联网和移动互联网多种业务模式的出现给湖南广电的多业务运营变现提供了可能，使得湖南广电不再受困于广告＋收视费的单一来源，通过有力的利用湖南广电旗下的优势内容、艺人资源，进行内容的再次售卖（网络视频、手机电视、无线铃音），版权衍生品运营（网络游戏、手机游戏、网上零售），从而实现优势资源的多次变现。

灵活采用联合运营方式规避短板。在新媒体业务的运营中，湖南广电只掌控业务中力所能及的核心环节，将部分技术和服务等需要长期资源构建的环节外包（如手机游戏外包产品研发、网上零售外包支付服务等），都是在规避自有短板的情况下，以擅长的内容运营和设计凸显业务的差异化，一方面节省了成本，把有限资源集中在可掌控的突破点上，另一方面提升了用户体验，最快速度提升专业度。

以电视内容为起点积极调动用户参与互联网和移动互联网业务互动。湖南广电对新媒体业务的推广不局限于硬广的直接推送，而是通过节目环节的巧妙设置，激发用户对新媒体业务的参与度，例如快男的网络海选与芒果圈的紧密结合，芒果移动台与快女节目的结合，有助于业务发展初期流量的提升，但长远发展需要系列的激励机制保持用户粘性。

6. 动漫业

拓维信息股份公司1—9月累计收入2.23亿元，同比增长18.21%，利润总额超过8000万元，同比增长12.67%。预计今年的动漫产业收入6200万元。金鹰卡通频道和拓维信息共同打造的手机动漫电影《美丽人生》，国庆期间在央视少儿、北京卡酷等多家卫星频道同步播出。宏梦卡通公司投资上亿，占地1万平方米的“梦工厂”已经建成使用。

（1）动画电影长片《虹猫蓝兔火凤凰》

《虹猫蓝兔火凤凰》是由中影集团、湖南宏梦集团、嘉信时代联袂打造的励志武侠动漫，是国内第一部以武侠、动作为核心的动画长片。该片沿袭虹猫蓝兔系列一贯以来的儿童励志精神主题，传达“快乐成长”，宣扬“做最好的自己，每一个人都是奇迹”的理念。影片将于2010年贺岁档在全国隆重公映。

（2）60集动画短片《兔宝宝和三件神奇宝贝》

《兔宝宝和三件神奇宝贝》300集，每集10分钟，2009年已制作60集。该片围绕三件宝贝讲述一系列斗智斗勇的故事，寓教于乐，向小朋友传达了勇气、毅力和智慧的可贵。该片主题积极健康，语言风趣幽默，风格诙谐搞笑，形象生动活泼，情节引人入胜，具有鲜明的时代特色，是一部导向正确、对当代少年儿童具有积极启发意义的作品。

（3）60集科幻动画片《蓝猫龙骑团》

《蓝猫龙骑团》全剧60集，是一部全三维科幻题材电视大片，目标观众群较为广泛，适合5至17岁年龄段青少年观看。本片以全三维制作，通过宏大的场面，磅礴的气势，给你带来震撼的视觉冲击的同时，又巧妙地融入动画搞笑、夸张的艺术特点，人物刻画鲜活灵动，故事情节跌宕起伏。团结友爱、互助协作、顽强拼搏等人文精神在故事中得到了充分的体现，使观众徜徉在故事中的时候，更能领会到正义、情感和友谊的力量。

（4）大型动画教育片《“心能美育”动漫幼教资源库》

《“心能美育”动漫幼教资源库》根据儿童身心发展规律，针对幼儿园教学活动，结合《幼儿园教育指导纲要》，与华东师大、北师大、浙江大学、中国传媒大学、湖南师大等高校联合开发的幼儿园动漫电教资源库。资源库囊括“语言、社会、科学、艺术、健康”五大幼儿教育基础领域，包含传统国学精粹水墨诗词、原创幼教动画故事、交互式游戏活动、美术音乐鉴赏等丰富的资源表现形式。

（5）60集手机动画电影短片《美丽人生》

60集《美丽人生》集中了著名作家梁晓声的《我和橘皮的往事》，著名作家、漫画家钱海燕的《冬天的树》为代表的诸多优秀作品，围绕“中国，我爱你”的主题，分别用60个平凡生活中的感人故事，生动阐述中国人性格中最具代表、最值得宣扬的耐心、宽容、谦虚、信义、仁慈、善良、孝顺、勇敢、感恩等12种个性特质和优良品质。

《美丽人生》在传统电视动画的盈利模式上勇于创新，以传统电视动画创作为核心，同步开发了同版针对3G和新媒介的手机动画电影版本和彩信版本，在传播和营销上创造了多个第一：第一部在全国大学校园展播的动画大片；第一个同时以TV版、手机动画电影版和彩信版等各种方式与观众进行最大限度交流互动，且凭借手机新媒体收回投入的动画项目。国庆期间，借鉴《巴黎，我爱你》的电影模式打造的美丽人生之《中国我爱你》第一部手机动画电影，播出后，极大地刺激了广大动漫爱好者的下载热情。据拓维集团的介绍，《美丽人生》手机动漫电影下载试运营以来，每天的下载量近千，乐观预计每一部作品在手机动漫大赛官网上的下载量将超过10万。

（6）108集娱乐动画片《山猫和吉咪》

108集大型娱乐动画片《山猫和吉咪》之快乐篇，以诙谐幽默的方式向观众们展示了一个个人生道理，可谓是真正的“小故事，大智慧”。该片情节轻松幽默、寓教于乐，让小朋友们在欢声笑语中收获知识和智慧。该片已被国家广电总局评为“优秀国产动画片”，并且出口到美国、中东等十几个国家。

（7）150集娱乐动画短片《越策越开心》

《越策越开心》是湖南经济电视台原创的著名电视栏目品牌，为全国观众所熟知和喜爱，至今已播出三年300多集。经协商，湖南经济电视台授权湖南电视台金鹰卡通频道将《越策越开心》改编成一部150集，每集15分钟的动画片，这是湖南广电电视名牌栏目与动漫的首次结合，将衍生新的品牌与收入途径。

（8）《海螺岛》系列漫画、动画短片

《海螺岛》是湖南天闻动漫传媒有限公司、《虹猫蓝兔》杂志社在《虹猫蓝兔》杂志上推出的全新原创力作。

随着《虹猫蓝兔》杂志首发35万册的成绩以及此后数月持续稳定的发行传播，《海螺岛》系列故事也得到了大家的肯定。

由《海螺岛》人物形象和故事改编的电子书、彩信和动画短片，在第四届全国手机动漫游戏大赛平台和天闻网中也受到了大家的欢迎。特别是为庆祝中华人民共和国成立六十周年而创作的以《海螺岛》主人公喜宝为主角的《喜宝穿越六十年》动画短片在大赛同类型作品中一直名列前茅。

(9) 200集手机动画短片《小宝系列》

《小宝系列》手机漫画以原创形象“小宝”为主，以风趣、幽默的内容让手机用户能在短短的四格漫画里会心一笑，设计创作了几百件小宝漫画，分为“幽默搞笑”、“传情达意”、“节日祝福”三个类型，在移动运营商平台上的传播也收到了良好的效果，如在广东移动的“一起玩吧”手机内容服务网站上，小宝漫画系列的手机下载量一直居高不下，今年1个月收入有100多万元。在中国原创手机动漫游戏大赛中，获得了最佳人气优胜奖。

(10) 365集旅游动画片《金鹿游中华》

《金鹿游中华》共365集，每集13分钟，时长5110分钟。该剧在故事模式上定位为单剧系列片形式，以轻松，幽默，暴笑，搞怪为主基要特色，突出市场化。在年龄层定位于12岁以下青少年儿童，受众层次为老少皆益。在形象上以可爱金鹿为代表品牌，并展示其他角色的新颖，个性，并穿插其他中国古老的民族形象，显示与众不同的魅力。在故事内容上定位是金鹿在追捕邪恶魔王的斗争中，见识到中华风景的美丽和传说文化的魅力，传程中华人文，景观，民族特色，风俗差异……并在故事发展中，展现美与丑，善与恶，知识和智慧的力量。在市场的定位为旅游和政府宣传黄页，进行显性和隐性广告的宣传，及市场开发和周边产品的运作。《金鹿游中华》系列动画片开创了新型的动漫旅游结合形式。

7. 文化旅游业

2009年全省接待入境游客130.87万人次，实现入境旅游收入6.73亿美元；同比分别增长17.87%和8.59%；接待国内旅游者15934.16万人次，同比增长25.28%，实现旅游收入1053.52亿元，同比增长30.25%。2009年湖南省实现旅游总收入1099.47亿元，同比增长29.08%，旅游产业成为湖南省继机械、石化、食品、有色、文化、轻工产业之后又一个千亿元产业。

2009年，湖南旅游精彩纷呈，风生水起。从年初的“湘景·湘游——湖南人游湖南”、“湘景·相约——中国人游湖南”、“春游潇湘”、“五月自驾游”、“秋韵潇湘”、“国庆促销”到年底的“武广高铁旅游促销”，促销好戏连台，并先后5次在境内外发放旅游消费券。还成功举办中国湖南国际旅游节和中国（湖南）红色旅游节等大型活动，树立湖南旅游品牌，及时引导旅游消费，促进境内外客人快乐游潇湘。

2009年旅游总收入迈上千亿元新台阶，主要得益六个方面创新。一是政府主导有新力度，省政府及各市州政府分别召开了旅游产业发展领导小组会和省、市旅游产业发展工作会议，研究解决全省旅游产业发展中的重大问题。编制了发展规划，出台了扶持政策。二是工作思路有新转变。不仅由行业管理型向产业培育型转变，而且提出了“一体两翼”的思路，明确突出项目建设为“一体”，强化行业管理和市场开发“两翼”。三是项目建设有新突破，首次实施全省“旅游项目建设年”，全省在建的500万元以上的旅游项目有548个，投资总额达2115亿元，累计完成投资503亿元。四是旅游形象有新提升。加快了大长沙、大湘西、大湘南、大梅山旅游经济圈的区域合作，通过在湖南日报和央视等媒体的宣传，全省旅游整体形象大为提升。五是行业管理有新举措。完善了湖南旅游诚信管理系统，制定了旅行社星级评定、乡村旅游和家庭旅游的行业标准等。六是队伍建设有新面貌．举办了湖南首届大型旅游企业人才招聘会，去年全省导游资格考试报名人数达1.4万人，为历年之最。

# 广东省

## 一、广东省2009年文化产业发展综述

2008年广东文化产业逆势腾飞，文化产业增加值达2270亿元，占全省GDP的6.4%，总量连续5年名列各省、自治区、直辖市之首，占全国比重达1/5。从全国范围来看，广东省的广电产业连续5年排名全国第一；广东报纸的种类、印数、总收入、报刊进口销售总额等主要指标均名列全国第一；广东音像业的规模与效益更在全国遥遥领先；广东是全国规模最大、实力最强的印刷基地。此外，广东还是全国起步最早、实力最雄厚的影视动漫生产基地之一。不仅如此，广东已成为国内电子游艺设备最大的生产基地，由广东省内企业自主研发制造的电子游艺设备占全国总量的60%。此外，网络游戏、手机动漫等销售收入超过100亿元。

1. 新型文化产业形态发展迅速

在广东省文化产业总体快速发展的趋势中，以创意内容生产和文化服务为主的核心产业所占的比重逐步增长，“中国创造”的成分越来越大。2008年全省文化服务业实

现增加值1116亿元人民币，占文化产业的比重为49.2%，接近一半。

在文化产业中，动漫、网络游戏、游戏娱乐、数字传媒等文化新业态成为一支生力军，文化产业市场呈现蓬勃的生命力。据不完全统计，目前广东全省有动漫企业950家，占全国20%，产值约为115亿元，占全国23%，从事动漫研发、设计、周边衍生产品生产的厂商已经达到了6000多家。在网络游戏方面，目前广东的网络游戏年收入约占全国的三分之一，其中拥有自主知识产权游戏的收入占全国二分之一。同时，广东民营文化企业成长迅速，特别是在各类印刷企业中，民营企业比重高达80%，民营文化企业的规模和效益正在实现逐步提高。

2. 文艺作品“全面开花”

《潜伏》从年初播到年末，依然让观众意犹未尽；《喜羊羊与灰太郎》不仅获得小朋友们的青睐，也征服了童心未泯的大人们，这部投资600万元的电影在上映半个月内获得了近9000万元票房；

广东省“五个一”工程奖和鲁迅文艺奖，新生代锋芒毕露，在获奖的4篇中短篇小说中，有3篇都为“70后”作家所写。在获奖的诗歌中，“80后打工诗人”郑小琼和“70后”湛江诗人黄礼孩的作品格外受人关注。

在12月举行的第十一届全国美展上，广东总奖牌数加获奖提名共51件，入选总数332件，均排名全国第二，仅次于北京（含中直机构），再次奠定了美术大省的地位，其中，《小夫妻》更成为建国以来广东首件夺得全国美展油画类金奖的作品，创作者李节平被《美术报》评为2009年度人物。

3. 新文化地标深入人心

2009年，文化地标的概念因广州珠江新城日渐成形的几栋建筑而越发清晰。被称为“圆润双砾”的广州歌剧院、“月光宝盒”的广东省博物馆，“美丽书籍”的广州市新图书馆……在珠江新城即将崛起的七大旗舰建筑里，文化建筑占了一半以上。

落成后的广州歌剧院将可容纳1800人同时观看，成为继北京国家大剧院、上海大剧院之后全国三大顶尖歌剧院之一；广州市新图书馆平均每日可接待读者1万人，规划藏书400万册；省博新馆除了原有的藏品外，又向社会征集了5万余件新藏品，其中一件广州制造的象牙雕提盒，耗资200多万元收集，有望成为“镇馆之宝”。

4. “引进来”和“走出去”

2009年11月28日，有文化产业界的“达沃斯论坛”之称的国际文化产业论坛在广州举行。作为联合国认可的唯一的国际文化产业论坛，此次论坛吸引了来自12个国家和地区的文化创意产业精英参加，论剑“全球金融危机背景下文化产业的机遇”。论坛组委会主任、广东省委宣传部副部长赖斌称，本届论坛是和广东“文化强省”战略相呼应的文化产业盛典，这一国际级别的高端盛会必将成为全国瞩目的文化产业风向标。12月7日开幕的“2009中国（广州）国际纪录片大会”则用另一种方式诠释了广东与中国、与世界的联系。

2009年商务部公布的2009年度国家文化出口重点企业和重点项目入选情况，广东省共有211家企业和225个项目列入《2009—2010年度国家文化出口重点企业和重点项目目录》，其中广州珠江钢琴集团股份有限公司和深圳雅昌彩色印刷有限公司等共计21家广东企业入选，动画片《喜羊羊与灰太狼》、华强文化科技主题公园等12项目入选。

5. 文化遗产保护大胆实践

在实践方面，2009年国庆期间，粤港澳三地联合申报的粤剧，被宣告正式列入《世界人类非物质文化遗产代表作名录》，成为广东首个列入世界“非物质文化遗产”的项目，也是继昆剧后，我国第二个成功“申遗”的传统剧种。年末，“广东海上丝绸之路博物馆”开馆，“南海一号”首次与市民“亲密接触”。

在学术与国际合作方面，11月5日，广东省与东盟非物质文化遗产保护传承交流会在佛山正式开幕，广东与东盟七国的文化官员与专家就非遗面临的全球化冲击等双方面临的共性问题进行深入交流，共同探讨当代保护和传承非物质文化遗产的有效办法。

## 二、广东省2009年文化产业各行业发展综述

1. 广播电影电视业

广东省的广播电视业总资产、净资产、经营收入和有线电视用户数等主要指标连续5年排名全国第一。截至2008年，广东共有广播电视制作经营机构500多家，约占全国总量的1/5；2008年创作生产电视剧53部1722集，动画片24部1698集。无论节目制作数量和质量在全国均有较大影响，动画片的数量在全国排名第二。广播电视总收入109.4亿元，首次突破100亿元大关。2009年广东广播电视总收入为136.84亿元，居全国第二位；城市院线票房收入9.3165亿元，占全国城市院线票房总收入的1/6。

在电视剧制作方面，2009年南方广电传媒集团下属的南方电视台投拍的《潜伏》获第27届电视飞天奖、长篇电视剧一等奖。南方影视节目联合制作中心、深圳市鑫吉泰影视公司和广东电视台合拍的《深圳湾》荣获广东省五个一工程奖。珠江电影制片公司的《七十二家房客》，南方影视节目联合制作中心与中共广东省委宣传部和西安合信时代影视公司合作的《下南洋》，广东电视台的《虾

球传》，南方电视台的《惊天阴谋》，广东强视影业公司的《虎胆雄心》，广州达力传媒公司的《莲花雨》，深圳广播电影电视集团深广传媒公司的《天地民心》，深圳广播电影电视集团的《天地有爱》，深圳音像公司的《带上婆婆嫁》，广州奥飞文化传播公司的《铠甲勇士》，深圳万科影视有限公司的《初恋》《苏菲的供词》，广东风铃影视公司的《海峡恋人》等，有的已经领取了发行许可证，有的已经在传媒机构播出，受到了观众的好评。广东岭南影业公司的《边防风暴》《想好再结婚》，天鼎国际影视传媒公司的《漂亮女兵》，广州天胜十三行文化传播公司的《大清国商》等正在制作和筹拍中。专题片生产也有大的进步，宏博伟信影业公司正在赶拍百集纪录片《锦绣岭南》，广州车之道影视文化公司除保障广东电视台《车之道》栏目播出外，还为广州市工商、环保等局拍了专题片，受到政府部门的赞扬。

2009年上半年，广东省城市电影票房增长态势强劲，总票房收入达到8.1689亿元，与去年同比增长113.3%。全年省财政投入1000万元，全省共完成放映118157场次，惠及4800多万农民群众。上半年全省市县两级财政就落实放映经费2250万元，数字流动放映队伍迅速壮大，吸引了越来越多的民间资本进入到农村数字电影院线的“广阔天地”，基本形成了对全省21个市、121个县（区）的全覆盖。

除了票房佳绩，2009年广东的电影事业，无论是国有制片单位和发行公司，还是民营影视公司，也都取得了可喜的成绩。先后摄制了被列为新中国成立60周年献礼片重点推介影片的《秋喜》，获得第13届中国电影华表奖优秀故事片、优秀女演员两项提名的《所有梦想都开花》和取得过亿票房卖座影片的《喜羊羊与灰太狼之牛气冲天》《喜羊羊与灰太狼之虎虎生威》，以及《铠甲勇士》《情缘》《响九霄》等近10部电影。2009年，在广东注册的中影南方和广州金逸珠江两大院线，票房合计超过10亿元，继续保持在全国的领先地位；中影星美、广东大地两院线在广东境内的影院票房也各取得超亿票房。

2. 新闻出版业

2009年广东有三大报业集团的品牌价值位居全国前列。广东出版社数量、出版图书种类及图书销售量均居全国前列，音像业的规模与效益更在全国遥遥领先，录音制品发行总量占全国1/10，录像制品品种数量和发行量在全国名列第一，光盘生产能力和市场占有率占全国的1/2；广东已经成为全国规模最大、实力最强的印刷基地，全国起步最早、实力雄厚的影视动漫生产基地之一，其漫画期刊和图书出版发行占全国30%以上的市场份额；广东数字出版业全国领先，2009年数字出版总产值超过150亿元，同比增长50%，业务涵盖网站、电子书、电子杂志、网络游戏、手机报、移动书城、移动阅读、微波发送、数字印刷等各个方面，形成了门类较齐全的数字出版体系。

3. 文化会展业

广东作为南中国地区的经济、政治、文化中心，会展业在全国起步较早，依托优越的区位优势和雄厚的产业基础，具有发展会展经济得天独厚的条件和优势，从20世纪80年代末开始迅速发展，已经成为中国三个重要区域展览中心之一，是我国会展业最发达的省份之一，不但拥有国内一流的会展基础设施，而且每年举办的展会数量也居全国之首，成为中国最大的会展基地。

（1）项目多规模大

近年来广东会展业发展速度快，会展总量大，涉及行业增多。广东会展业呈现跳跃式上升趋势，每年都以超过20%的速度增长，每年举办各种展览达1000多场。其中仅广州、深圳和东莞在专业展览馆举办的展会个数、展览面积就排名全国第一。此外，广东的会展业在发展中不断扩大规模、提升档次，创造出一批名牌展览。如广交会、中博会、高交会、珠海航空展、广东美容美发博览会等。

（2）产业带动效应明显

广东目前已初步形成了以广州－东莞－深圳为中轴，包括佛山、珠海在内的珠三角展览带。以每年两届广交会为切入点的两个展会高峰期，以民营展览企业为主力，包括设计搭建、展馆服务、展品运输、展会咨询，以及广告印刷、酒店餐饮、零售、娱乐旅游等其他延伸服务的“第三产业消费链”，会展经济已成为广东经济发展的一个新亮点。

会展业的发展，首先促进了广东商品市场的开拓，拉动了工业的持续增长，形成了工贸相互融合、互为促进的良好发展格局。在带动了工业发展的同时，也带动了交通、通讯、旅游、酒店、餐饮、零售、广告、印刷、装饰等行业数万家各类企业的发展，培育了新的经济增长点。同时促进了经济协作的开展，加快了区域经济的协调发展。

（3）珠三角打造会展经济走廊发展情况

广东是中国会展场馆面积最大的省份。主要会展场馆分布在经济较为发达的珠三角城市，如广州、佛山、深圳、中山、东莞等，单个展馆面积在3万平方米以上的大型场馆有广州国际会议展览中心、中国进出口商品交易会流花路展馆、广州市中洲国际展览中心、广州白云国际会议中心、深圳会展中心、汕头林百欣国际展览中心、中国陶瓷城、乐从家具博览中心、广东现代国际展览中心、东莞国际会展中心、中山博览中心、中山市黄圃镇国际会展中心等。

惠州：惠州城建史上最大的公共建筑之一——惠州会展中心2009年末顺利落成。同时为期5天的惠州外经贸产品展销会顺利举行。据统计，此次展销会共为惠州市外经贸企业带来了493亿元的贸易大单。据统计，这次展销会最畅销的电子类产品，共收获订单达247亿元。此次展销会展位多、品种丰富，展销区面积达2.5万多平方米，按8个行业设展区，共设展位1029个。参展外经贸企业469家，产品包括电子、化工、机电、日用品、纺织服装、灯饰、家具、药品等15大类近万个品种。有来自美国、法国、英国、日本等20多个国家和地区及北京、上海、深圳等30多个国内城市的大型采购企业100家，中小型企业7000多家，采购商近2万人参加。

东莞：11月25日，首届中国（塘厦）国际高尔夫运动用品博览会甫一亮相，就吸引了200多家高尔夫相关企业从广州、深圳、厦门等地赶来。作为举办地的塘厦不再是一个行政级别上的小镇，而是一个高尔夫行业充满商机的大舞台，企业借助这个平台，既可以展示自己的新款产品，也可以找到来自全国各地的合作伙伴。与广州、深圳两市会展业集中在城区举行不同，东莞选择了镇区作为会展业长袖善舞的主要平台。在该市2009年的数十个大型展会中，位于市区的东莞国际会展中心只承办了其中的18个，大部分专业展会是在镇里举行。一个个依托镇区产业集群培育出来的专业展会，成为当地会展经济舞台上的“当家花旦”。

中山：中山近年来成功举办了一系列国内、国际性的展览会，被称为广东会展业的“后起之秀”。据统计，每年在中山举办的大小展会多达数十场，包括“游博会”、“服博会”、“灯博会”、“食洽会”、“电展会”等国际性展会。会展业对中山产业经济的发展起到了很大的带动作用。

佛山：2009首届中国（佛山）陶瓷节期间共吸引55万人次入场观众，国内外1400多家企业参展，来自50多个国家的外商达3万多人，合同意向成交额近25亿元。与陶瓷节同时举行的第十四届中国（佛山）国际陶瓷及卫浴博览交易会暨第六届中国（佛山）国际陶瓷工业展览会，于10月底在佛山南庄镇华夏陶瓷博览城与佛山国际会议展览中心圆满闭幕。佛山国际会议展览中心展览面积达2万多平方米，展会期间共吸引人流量约5万人次，外商6000多人，参展商数量近200家，展会现场成交额约1.5亿元。外商以东南亚、南美国家居多，还有意大利、法国、西班牙、韩国、日本等国家。国内采购商人数也呈上升趋势。展商对展会的配套能力及服务较满意，未到展会结束时已有78%的展商踊跃预定下一届参展摊位。

（4）国际化专业化发展情况

广东省在每年举办的181个大中型展会中，国际展达100个，占总量的55%，成为广东省展会的主要组成部分；而广州、深圳等经济发达城市的国际展所占比例更大，分别达到76.9%和88%．同时，在这批大中型展会中，专业性展会有158个，占87.29%，广东省展会的国际化、专业化发展趋势十分明显。

4. 动漫业

广东省是全国影视动漫产业和玩具生产的重要基地。近年来，广东省委、省政府高度重视影视动漫产业的发展，在文化领域重点建设了七大传媒集团和创业产业集群，广东影视动漫产业发展正面临前所未有的发展机遇。

就动漫企业而言，广东注册的动漫公司就有740家，专业性的动漫公司有140余家。原创动漫作品发展也呈上升趋势，09年出产的原创动漫作品为40部，比08年的24部多出16部；08年播出的原创动漫时长为11930，而09年为23400，仅次于江苏的31000和浙江24600的时长，位居全国第三。据不完全统计，2009年广东省实现动漫产业产值约为115亿元，占全国23%。此外，广东的网络游戏年收入约占全国的三分之一，其中拥有自主知识产权游戏的收入占全国二分之一。

广东动漫影视产业在全国占有却来越重要的份额和地位，出产的优秀动漫影视作品在全国屡屡获奖。广东原创动力文化传播公司制作的《喜洋洋与灰太狼》获得了全国优秀动画片一等奖，同名动画片电影取得票房近亿元的业绩。广州奥飞文化传播公司的《战友四驱》，广州艺洲人文化传播公司的《魔法猪丽叶》、《吉豆世运会》，广州达力传媒公司的《神兽金刚》，广州蓝弧文化传播公司的《果宝特攻》等取得较好的社会效益和经济效益。广州欧划动画技术公司的《36计茶馆》正加紧筹拍中。

（1）动漫产业上下游面临“价值互换”

2009年年初，广东原创动力公司的动画片《喜羊羊与灰太狼之牛气冲天》登陆全国院线，短短半个月时间，这部投资600万元的电影获得了近9000万元票房，一时间，“喜羊羊”形象红透全国。但是让该公司负责人卢永强郁闷的是，在目前市面上所见的喜羊羊形象中，90%都是盗版形象。今年年中，广东出台了《关于加快提升文化软实力的实施意见》，相关的版权保护内容也提到了更为突出的位置。年底举行的首届“中国（东莞）国际影视动漫版权保护和交易博览会”，亦因以版权保护和交易为主题，成为最受瞩目的亮点。

自从金融风暴以来，广东的加工制造业受到了一定的冲击。但在省委的领导下，以东莞为核心的一部分加工制造业企业积极进行着产业升级，从原来的代工式的“广东制造”，向现在拥有自主知识产权的“广东创造”转变。而像东莞的一些优势产业，如玩具、鞋帽、箱包等，对于原创动漫企业的形象需求已经到了一个极为饥渴的地步，而与之相对应的，则是目前广东文化创意产业，尤其是动漫上游产业的飞速发展。

(2) 衍生品和动漫形象融合

2009年9月在深交所中小板块上市的奥飞动漫，动漫玩具销售收入由2005年的1708万元增至2009年上半年的2.83亿元，动漫玩具销售收入占公司营业收入的比重由2005年的8.4%提升到2009年上半年的81.93%。在即将到来的2010年1月寒假，由他们投资、广东省电影公司发行的动画电影《铠甲勇士之帝皇侠》即将在全国公映，与《喜羊羊》系列的第二部一起，霸占1月份下半月的中国电影市场。而从现在到2011年，这家公司将有8部作品同时面世，不论哪一部能够走红，对于广东动漫界而言，都是一个极大的利好消息。

广东动漫企业当然不止一个奥飞。据不完全统计，去年广东省实现动漫产业产值约为115亿元，占全国23%。此外，广东的网络游戏年收入约占全国的三分之一，其中拥有自主知识产权游戏的收入占全国二分之一。

5. 文化旅游业

2009年是广东省委、省政府《关于加快广东省旅游业改革与发展建设旅游强省的决定》正式实施的第一年，也是广东省全面推进“中国旅游综合改革示范区”建设、大力试行“国民旅游休闲计划”的开局之年，在国家旅游局和省委、省政府的正确领导和高度重视下，广东旅游系统精诚团结、迎难而上、抓住机遇、开拓创新，继续发扬广东敢为人先的气魄，加快旅游业改革与发展步伐，有效克服了国际金融危机和甲流疫情的不利影响，全省旅游业发展取得了比预期要好的成绩，旅游经济实现了平稳较快增长。2009，广东接待入境过夜旅游者2743.8万人次，比上年增长5.85%；旅游外汇收入100.3亿美元，比上年增长9.27%；国内旅游收入2383.5亿元，比上年增长17.42%；全省旅游业总收入3068.4亿元，比上年增长了15.01%。

(1) 广东旅游业率先复苏

2009年以来，中国旅游业虽然经受了国际金融危机等不利因素的影响，但依然保持平稳较快发展。作为全国国民休闲旅游计划的试行大省，广东旅游业更是率先复苏。出境游、国内游全面增长，数据表明，出游人数和接待人数都有所回升并稳步增长。其中，2009年上半年广东省国内游出游人数增长18%，出境游增长超过10%，接待方面，6月全省接待过夜游客同比增长10.47%。省长黄华华在2009年广东国际旅游合作高峰论坛上指出，2008年广东旅游总收入达2641亿元，占全国份额的1/5，外汇旅游收入达92亿美元，占全国份额的1/4。1978年至2008年，广东旅游入境总人数累计达13.2亿人次，年均增长14.7%，旅游创汇累计759亿美元，年均增长19%，全省旅游总收入从1978年的10亿元增长至2008年的2668亿元，年均增长20.5%；2009年1—6月，全省实现旅游外汇收入50.5亿美元，比上年同期增长1%，完成全年预期目标的53%；国内旅游收入1056亿元，同比增长10%，完成全年预期目标的48%；旅游总收入1406亿元，同比增长4.9%，排除汇率因素，实际增长7.5%，完成全年预期目标的48.8%；预计全省全年实现旅游总收入2963亿元，同比增长11.04%，其中国内旅游收入2300亿元，同比增长13.3%，旅游外汇收入97亿元，同比增长5.69%，接待国内旅游人数1.5亿人次，同比增长10.41%，入境过夜旅游人数2700万人次，同比增长4.02%。

(2) 旅游消费券引领的低价时代

通过免费、派券等方式降低费用来拉动内需、刺激消费。广东省旅游局联合重庆派放首批10万套世遗景区免费通行卡，武隆世遗景区大派“免费通行卡”，面向55岁以上的长者派发长者旅游消费券，致使长者游客猛增一倍；2月中旬开展的“旅游下乡”活动，面向花都、中山、肇庆三地的农民派发旅游下乡消费补贴券，使中山、肇庆等乡镇农村出游人数增长了两倍多。各种旅游消费券，成为上半年假期旅游的“助推器”。2009年，广东旅游业在政策利好的前提下，在创新中耐心等待复苏时光的来临。在金融海啸持续影响，股市、楼市、车市持续低迷，就业压力增大，居民消费意愿下降的大背景下，“低价旅游”刺激旅游需求，迎来“低价时代”，许多酒店客房、景区门票和航空公司机票的价格出现不同程度的下降，国内游、出境游的总体价格与以往相比都下降，旅游市场出现出游动机下降、出游频次下降、出游费用下降、出游行程缩短的“三降一短”的特点。

(3) 广东国际旅游文化节年年有创新

2009年广东国际旅游文化节的核心活动之一——广东国际旅游展览会办出多个创新：首次实现了“政府主导、企业主体、市场化运作、市民参与”的操作模式；首创了“全球性、全行业、全方位、全年度”旅游产品集体提前预售的促销模式；旅游文化节期间的旅游招商会备受关注，推出了旅游行业及相关产业招商项目110个，这些“待嫁”的新项目的投资总额从2000万元人民币到5亿人民币不等，现场还签约了20个项目，涉及金额达6.9亿美元；开设“长者特惠专场”“嘉年华式展会”“五天鉴赏期，无条件退改”等多种创新尝试，是一个大型“旅游嘉年华”。这些创新让广东旅游业又一次走在全国前列。自2008年金融危机爆发以来，中国成为首个出现复苏迹象的国家，广东经济也率先回暖，所以此次旅游展览会成为全球旅游机构抢夺中国客源、广东客源的“必争之地”。广东率先实施“国民旅游计划”的效果得到了充分的体现。

（4）旅游短线游和周边游成主打

2009年适逢我国成立60周年大庆，欢乐气氛冲淡金融危机的戾气，增强国民旅游消费信心，提升国民旅游需求与出游热情，吸引入境游客，带动一轮旅游热，而出现井喷期。同时又充分利用澳门回归十周年等契机开发具有吸引力的产品，吸引港澳居民到内地旅游；充分利用“三通”的契机，吸引台湾旅游者；国内游成了游客出行的首选，国内游持续火爆。在“2009年中国广东生态旅游年”的带动下，生态游、滨海游走俏。国庆黄金周以德庆盘龙峡、从化响水峡、怀集世外桃源、封开、增城白水寨、河源、韶关等为首的生态线及以台山上、下川岛、茂名放鸡岛为代表的滨海线路全部爆满，周边酒店一房难求，迎来省内游“井喷”高峰。元旦假期单位包团也出现了明显的增幅，同比增长30%，不少公司把年终总结会与福利旅游、奖励旅游结合，拉动短线游。

# 广西壮族自治区

## 一、广西壮族自治区2009年文化产业发展综述

2009年广西省初步形成了包括演艺娱乐业、文物博物业、文化会展业、文化旅游业、网络文化业、工艺美术业、文艺培训业、动漫游戏业等在内的文化产业体系。2009年，全区艺术业、图书馆业、群众文化业、艺术教育、文化市场经营单位、文艺科研、文物业和其他文化产业总产出约373，969.6万元，增加值272，107万元，与上年总产出265，186万元及增加值216，439万元相比，分别增加108，783.6万元、55，668万元，增长41%、25.7%。

1. 积极推进文化产业管理制度的改革

以人事制度为重点推进了文化企事业单位的改革；落实文化经济政策，制定一系列优惠措施，尽力营造良好的投资环境，吸引包括外资在内的各种资本参与发展文化产业，壮大文化产业的发展实力和社会影响力；采取“一体多制”的办法进行产权制度改革，推动文化企业建立现代企业制度，特别是以项目带动改革、以项目推动机制创新的做法，带来产业化生产方式和经营方式的创新，从而推动了广西文化产业的发展。

2. 加快区域性特色文化产业群建设

依托区域性特色文化资源优势，广西着力加快文化产业园区、基地和区域性特色文化产业群建设，构建以广西北部湾文化产业圈为主导，南宁、桂林、柳州、北海四个重点城市为中心的全区文化产业发展格局。桂林游戏软件动漫产业园区、桂林动漫戏曲文化产业园、桂林云尚动画制作有限公司等一批重大项目建设正式启动，积极扶持引导文化产业示范基地发展。

3. 实施重大项目带动战略成效显著

为发展文化产业，广西提出“以项目为载体，优先发展本体产业，积极扩张延伸产业，努力寻找合作产业”的文化产业发展思路，努力打造独具特色的文化精品和品牌。通过以项目为中心，解决了经济欠发达地区最大的瓶颈问题——文化产业资金投入的问题；打破了体制障碍和行业壁垒，实现了以市场为取向的资源优势整合，促进文化、旅游、财贸、商贸、交通等部门建立了良好的互动关系，促进文化产业的可持续发展。目前，自治区统筹推进文化产业重点项目已有90个，完成投资7亿多元，培育了一批民族文化产业品牌，其中《印象·刘三姐》、桂林愚自乐园、百色靖西绣球村列入全国文化产业示范基地，南宁国际民歌艺术节受到业界专家的好评和海内外观众的青睐。由此形成了以项目构建的文化产业发展规模，走出了一条经济欠发达地区发展民族文化产业之路。

4. 多种投资与经营模式共同发展

根据广西经济发展水平和文化产业的发展要求，广西一直比较重视民营文化企业这支发展文化产业的重要力量，积极引导和支持其健康发展。近年来，广西突破了国家包办文化的单一模式，出台了《关于加快非公有制文化产业发展的意见》，鼓励非公有制经济力量投资文化产业，为各种社会资本进入文化产业创造良好的政策环境；同时强化服务意识，努力为民营文化企业排忧解难，逐步形成以公有制为主体，政府、社会、个人共同参与的多种经济成分、多种经营方式、多层次、多渠道、多体制办文化的新格局。近几年，广西民营和外资文化企业数量迅速增加，特别是娱乐、演出、休闲、影视等行业发展迅速。目前，仅广西文化厅与民营文化企业联系的项目有50多家（个），特别是在自治区22个文化产业品牌项目中，民营项目占了2/3，形成了国有、民营和境外资本等投资主体多元化、多种所有制共同发展的文化产业新格局。愚自乐园、万达电影城、桂林文化产业示范园等一批民营文化产业项目取得了很好的社会效益和经济效益，成为广西文化产业的品牌。

5. 举办2009中国—东盟文化产业论坛

10月28日，以“文化产业与社会发展”为主题的

2009中国—东盟文化产业论坛在广西壮族自治区南宁市隆重举行。在为期4天的论坛大会上，与会代表围绕金融危机给中国与东盟各国文化产业带来的机遇和挑战、民族文化的传承保护与产业开发、大型实景演艺的特点及效果评价、创意与城市发展、奥林匹克与体育产业、中国—东盟自由贸易区框架下文化产业的合作等6个议题展开了深入研讨。中国与东盟国家文化领域的专家学者、企业家代表等还进行了战略互动对话。

## 二、广西壮族自治区2009年文化产业各行业发展综述

1. 广播电影电视业

2009年，广西有广播电台16座，公共广播节目套数60套，其中对国内广播59套，对国外广播1套；对国内公共广播节目播出时间269942小时35分钟，对国外公共广播节目播出时间1757小时。全自治区广播综合人口覆盖率92.8%，与上年同比增1.3个百分点。广西有电视台15座，公共电视节目套数39套；对国内公共电视节目播出时间452345小时2分钟，对国外公共电视节目播出时间8604小时。全自治区电视综合人口覆盖率95.3%，与上年同比增0.8个百分点。全区有县级广播电视台75座。全自治区有线广播电视传输干线网络总长30365.58公里；中、短波转播发射台20座，调频转播发射台148座，电视转播发射台130座。有线电视用户5403874户，与上年同比增0.2%；有线电视入户率达37.2%，数字电视用户2563448户，与上年同比增2.3%；农村有线广播电视用户2852614户，与上年同比增3.5%。农村有线电视入户率28.5%。全自治区广播电视总收入为318129.6万元，比上年增长11.44%，其中：财政补贴收入62751.71万元，比上年增6.4%；全区实际创收收入229806.08万元，比上年增长7.84%；广告收入93744.22万元，比上年增长13.8%；广播电视网络收入100016万元。全自治区广播电视从业人员13326人，其中管理人员2728人，各类专业技术人员8039人。随着广西电视台主体大楼扩建维修工程、广西人民广播电台技术大楼、来宾广电大楼、贵港广电大楼以及桂西五县广播电视技术播出机房等项目的建设并交付使用，广播电视事业的硬件设施建设进一步增强。

(1) 体制改革情况

全区电影行政管理职能调整划转工作如期顺利完成，国家广电总局给予了充分肯定。广西人民广播电台类型化广播改造已取得初步成效。广西音像出版社转企改制如期完成。全区广播电视系统事业单位岗位管理工作不断深入，内部三项制度改革不断深化，转换机制，增强活力。广播电视乡镇网络整合取得新的突破。至2009年底全区共有41个县完成乡镇网络整合，占全区县（市）的55%。广西广播电视信息网络股份有限公司继2008年被评为“全国文化体制改革优秀企业”后，2009年又被评为“全国文化体制改革先进企业”。

(2) 科技创新情况

积极推进下一代广播电视网建设，至2009年底，全区已有160多万户有线电视用户实现了双向覆盖。构建了覆盖全区14个市、75个县的全区广播电视数据网络，并在南宁、柳州、桂林、梧州和北海5个城市实现互联网业务及VOD点播业务。大力推广高清交互数字电视，初步完成广西高清交互数字电视技术平台的建设，形成桂创CA、桂创浏览器和机顶盒终端软件等一批具有自主知识产权的高清交互数字电视关键技术应用成果；基本建立起了广西高清交互数字电视从前端到终端的系统架构和技术体系，高清互动数字电视用户近4万户。积极推进中国数字电视一体机的标准化进程，先后与有关厂家完成数字电视一体机的原型机设计并形成样机。广西人民广播电台数字化改造基本完成，实现全程网络化高效率运作。全区无线台站远程监控智能管理系统基本完成建设任务。

(3) 广播影视剧创作情况

2009年广西把推进广播影视剧创作生产繁荣作为重点工程实施，制定了广播影视剧创作生产年度计划，确定了一批重点项目，给予了必要资金扶持，广播影视创作生产取得新的突破。电影《月球探秘》获第13届中国电影“华表奖”优秀科教奖、第27届中国电影“金鸡奖”最佳科教片奖，《冰雪同行》获第13届中国电影“华表奖”优秀故事片提名奖，电视剧《没有语言的生活》荣获中宣部精神文明建设“五个一工程奖”，电影《清水的故事》获第27届中国电影“金鸡奖”评委会最佳编剧特别奖。电视栏目《金色舞台》获第21届全国电视文艺“星光奖”电视优秀文艺栏目奖。2009年全区申报电视剧拍摄制作备案10部370集、动画片2部19集。制作完成《红七军》《爱在月亮酒吧》等电视剧5部186集，动画片《心灵之窗》《神笔小画家》2部26集，摄制完成电影《寻找刘三姐》《碧罗雪山》《壮乡木棉红》《春江水暖》4部。

(4)“走出去”工程进展情况

2009年10月22—24日，中国—东盟电视论坛在南宁成功举办，这是国家广电总局首次与地方政府联合举办的国际性广播电视论坛。2009年10月23日，广西“北部湾之声”广播正式开播，这是我国首个国家主流广播媒体与地方广播媒体联合开办的区域国际性外宣广播频率。2009年12月，广西电视台国际频道获国家广电总局批准开办。2010年1月1日，广西电视台国际频道正式开播。中国—东盟电视论坛的举办提升了广西广播影视在全国和东盟国

家的影响力，两频率、频道的开播，标志着以面向东盟为重点的广西广播影视“走出去”工作实现了重大的新突破，正式纳入国家外宣大格局。广西卫视节目继在东盟5个国家落地入网后，又完成了与香港、澳门特区节目入网签约工作。广西人民广播电台和南宁、北海等市电台充分发挥“中国广播联盟”作用，密切与全国120多家广播媒体联系，借力宣传广西，收到了较好成效。

（5）依法行政情况

全区健全了广播影视系统三项目标管理和评价体系。宣传管理取得了阶段性明显成效。2009年4月国家广电总局召开全国广播电视净化社会文化环境与抵制低俗之风工作会议，自治区广电局作了典型经验发言，广西广播电视监听监看中心被评为十佳收听收看机构。安全播出管理切实加强，自治区广电局直属单位及各市广电部门播出频率、频道总停播率同比下降1倍；西新、村村通发射台广播电视频率、频道总停播率同比下降4倍。全区广播电视社会管理得到新的加强。顺利完成了全区“村村通”直播卫星工程售后服务网点的建点工作，建立了“村村通”售后服务长效管理体系。全区统一部署，各市县相继开展大规模卫地专项整治行动，严厉打击了非法销售、安装使用卫地设施行为，全区卫地设施专项整治工作取得新的成效。2009年9月，自治区广电局荣获“全国境外卫星电视传播秩序整治工作先进单位”，全区广电系统五位同志荣获“全国境外卫星电视传播秩序整治工作先进个人”。加强了境外卫星电视节目管理，基本遏制了乡镇、村屯有线电视小片网非法传播接收境外电视节目的现象。建立了节目日常监管机制，强化了播出机构和播出秩序管理，播出机构台名、呼号、台标、节目设置和广告播出更加规范。利用新技术提升监管能力，加强了互联网视听节目监管，查处了一批违规网站，营造了广西文明健康的网络视听文化环境。民营影视制作机构健康发展，2009年新增10家。总数达77家。全区广播影视管理工作没有出现重大事故、问题，也没有成为全国热点。

（6）电影产业发展情况

广西电影公司中影院线投入使用、广西电影制片厂影视制作大楼的顺利开工，广播影视产业的发展后劲进一步增强。全区电影市场逐步发展，2009年电影院线票房收入7700万元，比上年增长46%。

2. 新闻出版业

目前，广西已基本形成了门类比较齐全，布局比较合理的新闻出版产业体系。2009年，全区有图书出版社8家，出版新书3500多种；报纸72家，年总发行量6亿份；期刊184种，年总印数4100万册；音像电子出版社9家，年出版音像制品300多种，电子出版物近50种；有各类印刷企业4334家，其中出版物印刷企业187家，包装装潢印刷企业521家，其他印刷品印刷企业869家，“三印”企业2757家；全区有复制企业4家，其中，光盘复制企业3家，磁介质复制企业1家；有出版物交易市场3个，自治区、市、县三级新华书店108家，出版物发行网点4196个。新媒体出版方面，有涉及互联网出版业务的网站约2000家，在互联网上传播的出版物有3万多种；手机出版也有突破，广西日报与中国移动广西公司共同打造的第五媒体手机报纸影响日益突显。

2009年，全区新闻出版行业总资产达到144.9亿元，净资产约80.3亿元；全区新闻出版业总产值142.8亿元，约占全区GDP总额7700.3亿元的1.8%，全行业销售收入94.8亿元，实现利润总额6.5亿元。其中全区报刊业总收入12.6亿元；全区图书出版实现生产码洋21.8亿元，销售收入10.11亿元；全区印刷复制产业总产值达69.03亿元，产值上亿元的企业有7家，上千万元的有110家；全区出版物发行销售码洋约41.88亿元，销售收入21.81亿元；全区新华书店系统实现销售码洋24.88亿元，利润总额4143万元；其中广西新华书店集团有限公司实现销售总额12.37亿元，利润总额3900万元，同比增长7.64%；全区共出版音像制品263种，复制129.26万张（盒），出版电子出版物35种，复制1195.5万张，实现销售收入0.13亿元。

据统计，2009年，广西报业实力在西部地区位居前列，广西图书出版能力在西部地区为第1位、在全国居第9位。接力出版社被评为国家一级出版社，并被授予“全国百佳图书出版单位”称号。广西新华书店集团有限公司被评为2008年度“广西优秀企业”，并入选2008年度“广西企业100强”。

（1）转企改制硕果累累

2009年，广西已按照中央确定的时间表和路线图，如期完成出版体制改革的阶段性任务，出版体制改革取得了突破性的进展。

一是广西师范大学出版社完成转企改制并成功组建集团。广西师范大学出版社集团有限责任公司、广西师范大学出版社集团于2009年6月28日正式挂牌成立，该集团成为全国第一家地方高校出版社集团。

二是广西出版总社系统全面完成转企改制并组建广西出版传媒集团有限公司。原总社改制方案于2009年12月15日获自治区人民政府批准，2009年12月21日获新闻出版总署批复同意。2009年12月22日，自治区党委书记、自治区人大常委会主任郭声琨，自治区主席马飚为广西出版传媒集团有限公司成立揭牌。

三是广西日报社初步完成“两分开”的改革，组建广西日报传媒集团、广西日报传媒集团有限公司。广西日报社组建报业集团的改革方案于2009年12月15日获自治区党委、自治区人民政府批准。2009年12月22日，自治区党委书记、自治区人大常委会主任郭声琨，自治区主席马飚为广西日报传媒集团、广西日报传媒集团有限公司成立揭牌。新组建的广西日报传媒集团在广西日报社的基础上，严格按照新闻宣传与经营业务两分开改革的总体思路，对其新闻采编及相关部门按事业单位模式进行运作和管理；对广告、印刷、发行等经营部门和非时政类报刊剥离转企，实行公司化运作。

四是基本完成了全区音像电子出版单位转企改制任务。全区原有9家音像电子出版单位，改革中，停办退出4家，转企改制5家。截至2009年底，广西各音像电子出版单位转企改制工作基本完成。

五是全部完成区内19家事业单位性质的新华书店转企改制工作。按照中央和自治区的统一部署，自治区新闻出版局制订了《广西新华书店系统事业单位转企改制指导实施方案》（草案）报自治区人民政府。自治区人民政府于2009年11月9日正式批准并印发了这个方案。截至2009年底，全区19家原属事业单位性质的新华书店已全部转企改制。

（2）多种方式“走出去”

全面贯彻落实自治区党委、政府有关与东盟全面开放合作的工作部署，呼应广西北部湾发展战略实施计划和中国—东盟自由贸易区建设的大局，积极实施出版“走出去”战略，大力推进中国出版走向东盟。

一是承办第二届越南、柬埔寨中国图书展销暨版权贸易洽谈会。2009年11月26日至12月5日，第二届越南、柬埔寨中国图书展销暨版权贸易洽谈会在越南首都河内、柬埔寨首都金边举办。全国14个省、市、自治区的60家新闻出版单位参展。本届展销会展出了中国优秀图书近万册，总码洋近20万元。与越、柬出版界达成版权输出贸易合同和意向的图书共计66种，其中当场签约输出21种。

近两年，通过在东盟国家承办图书展销活动这个平台，国内出版单位已向东盟国家输出版权近409种，其中湖南出版集团输出版权73种，四川出版集团输出版权71种，广西出版传媒集团有限公司输出版权99种，居全国各出版集团之首。

二是积极开展图书版权贸易，推动中华文化“走出去”。2009年，广西出版系统与国（境）外达成版权贸易的图书数量达357种，其中输出140种，引进217种，与2008年相比，版权输出数量增长300%，版权引进和输出比缩小至1.55：1，版权输出数量创历史新高。在第六届中国—东盟博览会期间，成功举办了2009年第二届中国—东盟书展暨图书馆业合作论坛。展会共展出我国及东盟各国图书1912种、5000多册，实现订货码洋30万元。

三是承办第五届泛珠三角出版论坛，积极倡导和推动出版“走出去”战略实施。2009年，由广西新闻出版局承办的“第五届泛珠三角出版论坛”在南宁召开，论坛以“面向东盟，扩大开放，合作发展，共创未来”为主题，商讨了开展泛珠三角出版合作、携手走向东盟等议题，共同签订了《实施出版“走出去”战略，推动泛珠三角地区与东盟出版交流》协议。

（3）强化管理，推进重大项目建设

2009年，广西新闻出版局通过开展新闻出版单位年度核验和各项审读以及行业准入资格培训考核等工作，切实加强行业监管，促进广西新闻出版工作健康发展。坚持两手抓，即一手抓公益性出版事业，加大公益性新闻出版事业发展力度，加强市场监管力度和知识产权保护力度，重点搞好“农家书屋”建设，大力推进全民阅读活动持续深入开展；一手抓经营性出版产业，在继续做强传统出版产业，扩大其影响力的同时，大力推进传统出版向数字出版转型，尽快调整出版结构；坚定实施主要面向东盟的出版“走出去”战略，扩大中国出版、中国文化在东盟的影响力，全面落实新闻出版总署和自治区党委、政府给予广西出版在中国出版走向东盟战略中的定位。

2009年，广西新闻出版局组织研究推出新闻出版重大建设项目8个，即中国—东盟文化产品（出版物）物流园、新闻出版总署西南地区人才培养基地（中国—东盟文化产业传媒人才培养基地）、北部湾（广西）出版传媒基地等，总投资达14.08亿元。同时，积极推动民族出版工程建设，内容涵盖广西民族文化出版、民族语言文字出版物出口和版权输出、印刷技术改造和数字出版等项目。

积极争取把广西新闻出版业发展纳入国家支持广西发展战略规划。经精心准备和积极争取，自治区新闻出版局向国家发改委和新闻出版总署提出的六条建议已纳入《国务院关于进一步促进广西经济社会发展的若干意见》，即：①建设中国—东盟文化产品（出版物）物流园区；②建设中国—东盟文化产业（传媒）人才培养基地；③支持建设广西出版物市场和互联网监管平台；④支持广西“扫黄打非”设施建设；⑤支持广西出版物发行网络体系建设；⑥支持广西少数民族文字挖掘、整理、出版，加快少数民族语言文字出版数字资源整合和排版制版技术开发。这无疑为全区新闻出版业今后的长远发展争取到了重大的项目和政策支持。

（4）存在问题

广西新闻出版业的规模和总量较小，竞争力较弱。据新闻出版总署《2009年新闻出版产业分析报告》，全国各地区（新闻出版产业）总体经济规模综合评价，广西总体排名靠后，与全国其他省市相比差距明显。

与先进省区相比，广西的报业还比较落后，竞争力不强。2009年，广西报刊业总收入12.6亿元，仅占广西GDP总额的0.15%，远低于0.79%的全国平均水平。

广西期刊产业化程度较低，规模小、效益差，没有在全国有一定影响力的大刊名刊，市场竞争力非常弱。

图书出版集中度不高，结构不合理，缺乏知名出版品牌，市场竞争力不强。虽然于去年组建了广西出版传媒集团有限公司，但出版产业产品结构不合理，具有核心竞争力的产品较少，低水平重复的产品较多，教材教辅与一般图书的利润比例还比较悬殊，大多数出版单位还未能从根本上摆脱对教材教辅的依赖。

印刷业占国民生产总值低于全国平均水平。2009年，广西印刷复制工业总产值为69.03亿元，占广西GDP的0.91%，而全国的平均水平为2%；印刷产业规模小，销售额过亿元的印刷企业2009年仅有7家，缺少名牌企业和具有国际影响力的大型骨干企业。

发行业总体规模和实力较弱。2009年，广西新华书店集团有限公司的总资产为9.7亿元，企业净资产为3.43亿元，实现利润3900万元。据新闻出版总署《2009年新闻出版产业分析报告》，广西新华书店集团的总体经济规模综合评价排名在10名以外，在全国27个发行集团中处于中等水平。

与出版相关的文化创意产业，广西已经明显落后。目前广西与出版相关的文化创意产业，如电子出版、动漫出版、网络出版等刚刚起步，资源尚未整合，规模小，科技含量低，对经济发展的贡献值很小。

广西未完成区域性发行集团的组建。目前，我国已成立出版物发行集团20多家。浙江、广东、福建等地一批国有多元股份公司已经形成，上海新华传媒股份有限公司、辽宁出版传媒股份有限公司等已上市融资。虽然2004年，广西就成立了广西新华书店集团有限公司，但迄今，全区新华书店国有资产尚未整合，法人治理结构不健全，产权多元化格局尚未真正形成，集团组建工作并未完成，广西新华书店集团有限公司与上述发行集团相比，无论规模实力，存在很大差距。

3. 演艺娱乐业

2009年全区共有演艺娱乐经营单位2944家，其中歌舞娱乐机构1622家，从业人员23593人；游戏经营机构1221家，从业人员4616人；国有演出经纪机构12家，从业人员154人；民营演出经纪机构9家，从业人员116人；民营艺术表演团体19家，从业人员514人。

全区各演出经纪机构引进国外、境外演出团体、艺人共40多批，艺人共113人次，组织各类商演118场（次），经营收入988万元。

全区歌舞娱乐场所经营收入12.4亿元；游艺娱乐场所经营收入1.9亿元；其它游艺娱乐场所经营收入2千多万元。

南宁大地飞歌文化传播有限公司每年组织承办的“南宁国际民歌艺术节”享誉海内外。桂林广维文华旅游文化有限公司的《印象·刘三姐》、桂林梦幻漓江演艺传播有限公司的《梦幻漓江》、桂林乐满地娱乐有限公司的《好莱坞影视特技秀》、《奇幻之旅》、南宁皇嘉凯歌文化传播有限公司的《综艺晚会》作为旅游实景演艺项目、驻场演出节目，每天为游客和市民演出，据不完全统计，2009年，以上5个演艺有限公司全年共组织项目演出2259场次，观众达400多万人次，营业收入约2亿多元。

4. 文化会展业

2009年，广西文化系统加大各项文化会展的参与和举办力度，为文化项目和产品提供宣传和推广平台。各地成功举办了一系列文化节、艺术节、文物展等重要文化会展活动，促进了文化产品交易，活跃了地方经济，丰富了人民群众精神生活。如2009中国一东盟文化产业论坛、南宁国际民歌艺术节、桂林山水文化旅游节、柳州国际奇石文化节、河池铜鼓山歌艺术节、北海国际珍珠文化艺术节、钦州国际海豚文化节、防城港京族哈节等地域特色文化节庆和壮族歌圩节、瑶族盘王节、苗族跳坡节、侗族花炮节、仫佬族依饭节、毛南族分龙节、回族古尔邦节、京族哈节、彝族跳弓节、水族端节、仡佬族吃新节等民族特色文化节庆。积极组团参加省外和国外的一些重要文化会展和交流活动，有效地扩大了广西文化产品知名度，促进了项目合作。如积极参与第五届中国（深圳）国际文化产业博览交易会、首届中国宁夏国际文化艺术旅游博览会、第四届中国（北京）国际文化创意产业博览会等国家、国际展会，组织各级部门、文化企业前往参会参展，通过图片、文字、电视专题宣传片、产品展示等形式，重点宣传了21个国家、自治区级文化产业示范基地和国家舞台精品工程剧目等品牌，推出了11个2009年招商引资项目，发放了3000份《2009广西文化产业重点投融资项目册》，展示了广西文化建设成就，搭建了项目投融资平台，推动了项目招商引资，吸引了中央和地方媒体的广泛关注，获得组委会颁发的多个奖项。

（1）第六届中国—东盟博览会举办情况

10月20—24日，第六届中国—东盟博览会在中国广西南宁举行。本届中国—东盟博览会参展企业2450家，比上届增长16.7%，共设展位4000个，比上届增长

17.6%。其中东盟10国及其他国家、地区使用展位1267个，占总展位的31.7%。东盟10国使用展位1168个，比上届增长1.2%，占总展位数的29.2%，东盟国家展位数创历史新高。参展参会客商48619人，其中专业观众38365人，比上届增长5%，境外专业观众比上届增长8%，东盟以外客商比上届增长12.6%。商务与投资峰会参会代表1500人，参展参会规模进一步扩大。本届博览会上举行了44场投资推介活动，共签订国际经济合作项目136个，总投资64.4亿美元，比上届增长1.19%；国内经济合作项目204个，总投资618.45亿元，比上届增长1.05%。中国—东盟合作继续保持加快发展的良好态势，在国际合作项目中，东盟有59个项目，总金额31.78亿美元，分别占国际合作项目总项目数及签约金额的43.4%和49.4%。共签订"走出去"项目48个，总投资额18.92亿美元，分别占国际合作项目数和总投资额的35.3%和29.4%。在本届博览会上，广西签署国际合作项目84个，总投资额达43.1亿美元，比上届增长11.2%。

(2) 2009中国—东盟文化产业论坛举办情况

10月28日，以"文化产业与社会发展"为主题的2009中国—东盟文化产业论坛，在南宁隆重举行。在为期4天的论坛大会上，与会代表围绕金融危机给中国与东盟各国文化产业带来的机遇和挑战、民族文化的传承保护与产业开发、大型实景演艺的特点及效果评价、创意与城市发展、奥林匹克与体育产业、中国—东盟自由贸易区框架下文化产业的合作等6个议题展开深入研讨。中国与东盟国家文化领域的专家学者、企业家代表等进行了战略互动对话。

(3) 第16届中国国际广告节举办情况

第16届中国国际广告节于2009年10月30日至11月1日在广西南宁国际会展中心举办。中国国际广告节是中国最具权威、最专业、规模最大、影响最广的广告界盛会，本届广告节仍以"推进产业升级、推广创意成果、推动商务合作"为主题，并将突破传统广告节的节日属性，赋予其更加深刻的内涵和使命，以全新的高度和内容面世，对话经济危机背景下的中国广告业。本届广告节集长城奖、黄河奖专业比赛评比颁奖、世界优秀广告作品展示、媒介·广告企业交易会、广告设备器材及新媒体技术展览会，LED、霓虹灯及景观照明展览会、国际公关用品（礼品）博览会、2009汽车品牌文化展、中国广告业书画展、新中国广告60周年展、媒体推介会、国际广告创意高峰论坛、中国汽车品牌建设与传播论坛、中国互动广告高峰论坛、中国传媒论坛、品牌代言人行为规范与社会责任论坛、中国房地产发展趋势论坛、中国一级广告企业、著名国际广告公司日本电通成功案例分享会、中外优秀广告创意人交流会等多元化、极具特色的内容为一体，将推广优秀广告创意人的出色成果，推动中国广告业快速、高效、健康发展，促进国内国际广告业加强交流与合作。

(4) 参加第五届中国（深圳）国际文化产业博览交易会并获奖

5月15日至18日，自治区副主席李康率自治区文化厅、广电局、新闻出版局等相关厅局及各市组成的广西代表团约150人参加了第五届中国（深圳）国际文化产业博览交易会。广西在本届文博会1号馆和4号馆分别设置了210平米和36平米的特装展位，以"构建广西北部湾文化产业圈"为主题，通过电视专题宣传片《壮乡放歌一碧海丝路的文化交响》以及展位的图片、文字、宣传资料等，宣传了广西文化产业发展成就。实物展台推出北部湾地区南珠、坭兴陶精品展示，并设置广西精美的绣球、壮锦、民族服饰展示区和原生态织布演示区。广西桂剧团演员给观众带来具有广西民族特色、展现北部湾风情的节目以及抛绣球观众互动活动。共推出了11个招商引资项目，发放项目册2000册，3家参展商参展，共达成交易额约6.5万元，通过文博会组委会统一向300多家媒体公开发布宣传材料。广西北海歌舞剧院的舞剧《碧海丝路》应邀作为文博会主推项目在文博会期间连续演出二场。广西获得了该届文博会的"优秀组织奖"和"优秀展示奖"。

(5) 参加首届中国宁夏国际文化艺术旅游博览会并获奖

9月8日至16日，自治区副主席陈章良率自治区文化厅、民委、广播电影电视局、旅游局及各市共同组成的广西代表团约50人参加了首届中国宁夏国际文化艺术旅游博览会。广西博览会省区综合展馆设300平方米特装展位，以"发挥文化资源优势，构建以北部湾引领广西文化旅游圈"为主题，通过电视专题宣传片《壮乡放歌一碧海丝路的文化交响》以及展位的图片、文字、宣传资料等，宣传了广西文化产业精品。广西桂剧团演员给观众带来具有广西民族特色、展现北部湾风情的节目以及抛绣球观众互动活动。共推出了11个招商引资项目，发放《2009广西文化产业重点投融资项目册》600本。广西获得了该届文艺旅博会的"优秀组织奖"和"创意设计奖"。

(6) 参加第四届中国（北京）国际文化创意产业博览会并获奖

11月25日至29日，由自治区文化厅副厅长唐正柱为团长的代表团参加博览会。广西在省市综合馆设置36平米特装展位，以"创意广西，魅力壮乡"为主题，通过文字、图片、宣传片等宣传和推介了广西文化产业发展取得的成就和重点项目。共推出了11个招商引资项目，发放招商引资项目册200份，1家参展商参展，达成交易额约

6万元，获得了组委会颁发的“最佳组织奖”。

5. 动漫业

(1) 促进动漫产业发展政策制定情况

2009年广西新闻出版局不断加大对广西动漫游戏出版业的扶持，一是实行出版资源倾斜政策，在书号、刊号、版号等各个方面予以支持，鼓励出版单位多出精品。二是实行资金扶持政策。三是完善各项奖优政策，激励出版社勇于创新。广西动漫游戏出版产业虽然起步较晚，但也取得明显进展。

(2) 动漫图书出版情况

广西接力出版社是广西动漫出版的主力军，迄今为止出版社共出版了368种动漫图书，总印数410.71万册，总发行码洋3870.97元。其中原创258种，印数78.55万册，发行码洋为472.18万元，主要代表作品有《神脑聪仔》55种，总印数34.1万册；《一个中国孩子的英雄喜剧》12种，总印数29.926万册；《梦里人》6种，总印数7.2万册。引进版110种，印数332.16万册，发行码洋为3398.79万元，代表作品有《“百变小樱魔法卡”系列》(12本)，总印数85.2万册；《机动战士高达系列》，总印数68万册；《麦兜麦唛系列》(8本)总印数40万册；《头文字D系列》，总印数73.5万册；《侦探学员Q系列》(10本)，总印数36万册。

(3) 动漫期刊出版情况

广西涉及动漫内容的期刊共有5种，月平均期发总数约为16万册。其中以介绍电脑游戏和电脑动漫作品为主要内容的期刊发行量相对较大。例如，由广西金海湾电子音像出版社出版的《电脑乐园》平均期发数达到了8.4万册。以漫画原创作品为主要内容的期刊还处于发展阶段，品种少，在市场上的表现也不尽如人意。例如广西科学技术出版社出版的《少年科技博览》(也称为“漫迷”)月平均期发数仅为3万册，在社会上影响不大，较难形成品牌效应。

(4) 动画片制作情况

广西接力出版社在《神脑聪仔》动画书（1～10集）尚未杀青之时，又大胆投资130万元拍摄同名系列动画片，此片前13集制作完成并在中央电视台播出，并获得了中宣部“五个一工程”第六届“一部好电视片”奖。这是目前在国内第一家由出版社独家投资拍摄的动画片。如今，广西接力出版社已就“聪仔”品牌15个类别近150种儿童文化娱乐消费品进行了形象、商标注册。在社会效益上，“聪仔”这个动画形象在产业化、工业化的观念下正呈现广阔的市场发展前景和独特持久的文化影响力。

(5) 动漫出版产业基地建设

为了进一步繁荣广西的动漫出版事业，集中优势资源打造动漫出版平台，提高产业的集中度和企业的竞争力，在政府的大力支持下，广西接力出版社计划在广西桂林市投资兴建动漫出版基地。桂林动漫出版基地设计占地450亩，开发周期为8～10年，预计滚动投入达5亿元人民币。

2009年，国内首家动漫与中国代表性戏曲相结合，充分展现动漫、戏曲、建筑、饮食等文化的产业园区——科赛·桂林雁山动漫戏曲文化产业园在桂林开工建设。这个动漫戏曲文化产业园位于桂林市区至阳朔县之间的国际黄金旅游线路雁山段，计划总投资14.13亿元，建设周期4年，首期工程占地1049亩。项目拟以动漫戏曲文化展示为龙头，以国内优秀剧目为载体，拉动动漫衍生品的开发和制作，实现相关产业聚集，最终建成集文化旅游、演艺、教学研究、艺术培训、艺术品生产加工、休闲、娱乐等功能于一体的文化休闲娱乐产业园。

(6) 动漫产业衍生品的产业基地

广西较大的动漫产业衍生品——大型游戏研发生产企业有柳州海威（国际）科技有限公司，着重开发有益于青少年儿童健康成长的动漫游戏产品，发展大型娱乐游戏机及多媒体应用系统。在调研基础上，自治区文化厅确定建立广西（柳州）民族动漫游戏产业园，力争经过三到五年的努力，以海威（国际）科技有限公司为龙头企业，在广西柳州市建设一个占地面积300亩，预计投资1亿元人民币的民族动漫产业基地。

(7) 广西高等院校动漫教育专业的基本现状

目前，广西有桂林电子科技大学等16所高校设置有动画、动漫设计与制作设计、影视动画等动漫相关专业3个，专业点16个，有在校生1918人（其中本科生433人，高职高专学生1485人）；还没有研究生层次的学生。动漫类专业在校生最多的是北海艺术设计职业学院509人，占全区总数的26.5%。

(8) 2009广西动漫节情况

2009广西动漫节是历届规模最大的一届。著名香港漫画家黄玉郎、国内知名插画家梁毅、阿梗和国内知名COSER河童、小小白等这些在中国动漫界有着响当当的名字的重量级人物都将亮相本次广西动漫节。特别是来自桂林的梁毅以及来自北海的阿梗这两位从广西走出去，在国内插画界闯出自己一片天空的青年艺术家的到来，更加体现了广西对于动漫产业人才培养的重视，更展示出广西本土动漫产业蓬勃发展的生命力。广西最优秀COS团体，为观众带来一场精彩绝伦的COSPLAY秀；另外还有魔法学院学员、动漫大赛、动漫形象DIY、手办同人展、PSP及街机联机体验、广西本土游戏及动画赏玩、SHOW GIRL和真人动漫人物满场SHOW、感动2009COSER平面SHOW千人墙等等现场互动把本次动漫节打造成了一次丰富多彩、乐趣无穷的盛会。

6. 文化旅游业

2009 年是广西旅游业全面实施“广西旅游科学发展三年计划”和建设千亿元产业的第一年，旅游经济发展超预期，呈现逆势上扬、稳中见快的喜人局面，全年接待游客 12009.85 万人次，旅游总收入 701 亿元，同比增长 31.3%，高于全国平均增幅 20 个百分点，相当于全区 GDP 的 9.1%，比上年提高 1.66 个百分点，提前一年超额完成“十一五”目标任务。旅游产业规模进一步提升。截止 12 月，全区共有各类旅游企业 1000 多家，拥有星级饭店 415 家（其中五星级 13 家，四星级 47 家，三星级 209 家），旅行社 434 家（出境组团社 33 家，入境游、国内游旅行社 401 家），A 级景区 110 个（其中 5A 级 2 个，4A 级 59 个）；全区共有工农业旅游示范点 223 个（其中国家级农业旅游示范点 34 个，数量居全国第 9 位；国家级工业旅游示范点 8 个；广西省级农业旅游示范点 153 个；广西省级工业旅游示范点 28 个）；旅游客车 4187 辆，旅游游船 605 艘，游船总座位约 3.57 万个；国家旅游规划设计资质单位 19 家（其中甲级资质 1 家，乙级资质 8 家，丙级资质 10 家），旅游规划质量和水平位居全国前列；41 所院校开设了旅游专业；旅游政务网与旅游信息网成功分离，日、越、韩等外语版《广西旅游在线》日益完善。旅游业在积极应对世界金融危机的冲击和保增长、扩内需、调结构、促就业等方面发挥了积极作用。

（1）旅游项目建设情况

2009 年，全区创建 4A 级景区 13 家，创建数量居全国前列；9 家景区获 3A 级景区称号。目前，全区 A 级景区总数已达 110 家，其中 4A 级以上景区 61 家，总量居全国第 9 位，实现了每个市都拥有 4A 级以上景区的目标。同时，星级饭店创建也取得新突破，新增旅游星级饭店 34 家，其中新增五星级饭店 1 家、四星级饭店 10 家，实现了每个市都拥有四星级以上酒店的目标。全年创建 14 个自治区级农业旅游示范点，全区农业旅游示范点总数达 187 个，其中国家级 34 个，数量居全国第 9 位、西部第 2 位。据不完全统计，全年全社会旅游项目投资 220 亿元，同比增长 37.5%。加大旅游重点项目建设和招商引资力度，开工在建 5000 万元以上的旅游项目有 103 个，总投资 400 多亿元；招商引资项目 148 个，引资总额 432 亿元。在第六届中国—东盟博览会上，广西旅游业签订投资项目超过 200 亿元，项目投资总额占集中签约总额的 35%，首次超过制造业，成为博览会的一大亮点。

【红色旅游】2009 年是邓小平等先辈领导和发动百色起义、龙州起义 80 周年纪念年。在国家旅游局的全力支持下，自治区旅游局与全国红色旅游发展协调领导小组办公室（简称全国红办）在百色市联合举办全国红色旅游人才培训班。按照自治区党委、自治区人民政府的要求部署，加大对全区各主要红色旅游项目的建设力度，进一步整合全区红色资源，推进以百色为中心的红色旅游基础建设；指导百色市制定 80 周年纪念方案；协助百色、崇左、河池、南宁 4 个城市联合开展“纪念百色起义、龙州起义 80 周年红色旅游”系列主题活动；配合国家旅游局、广西壮族自治区人民政府联合启动“纪念百色起义、龙州起义 80 周年红色旅游主题活动”，突出“邓小平足迹之旅”主题，打造“百色风雷、两江红旗”红色旅游品牌；协助自治区党委、政府和广西军区联合在百色市举办纪念百色起义、龙州起义 80 周年活动，启动“小平号”红船首航。活动期间，红七军军部旧址、百色起义纪念馆等红色旅游景区每天接待游客超过 1 万人次，红色旅游呈现出前所未有的新高潮。乘座“小平号”重走“小平路”已成为 2009 年百色旅游的一个新亮点，并带动广西全区红色旅游快速发展。自 2004 至 2009 年 12 月的 5 年间，全区累计接待红色旅游人数达 4000 多万人次，红色旅游综合收入达 55 亿元，红色旅游直接就业人数近 6500 多人次，间接就业人数达到 45000 多人。红色旅游已发展成为 2009 年旅游扶贫、旅游消费的一个强有力支撑点。

【乡村旅游】2009 年，广西按照“大力发展国内旅游”发展思路，围绕“2009 中国生态旅游年”旅游主题，积极实施《广西乡村旅游区（点）质量等级划分与评定》地方标准，建设了一批能为游客提供吃农家饭、购农家物、享农家乐等旅游活动的乡村旅游村屯，打造出一批交通便利、文化内涵丰富、民族特色突出、配套设施齐备、旅游服务功能健全、旅游服务质量上档次、游客参与性强的乡村旅游产品，进一步发挥旅游在“扩内需、保增长、促就业”和解决“三农”问题等方面的积极作用。其中，结合自治区城乡风貌改造一期工程，着力加强对南宁—百色高速公路沿线的城乡风貌改造，培育了南宁市西乡塘区坛洛镇中北村公交坡、田阳县百育镇九合村那戈屯、田东县平马镇百谷红军村等一批乡村旅游示范点，形成沿线 5 条城乡风貌改造的乡村旅游线路，吸引广大游客深入农村、感受农家乐趣。截止 2009 年底，全区创建农业旅游示范点 187 个，建成常态性经营的乡村旅游点达 300 多个，“农家乐”500 多家，培育了 15 条农业生态旅游精品线路。乡村旅游已成为 2009 年特色旅游中的一道亮丽风景线，成为广大农民就业、农业增收、农村发展的一个重要途径，并开始向规范化、组织化和规模化方向转型升级。

（2）提升旅游整体形象系列活动

2009 年，全区全面实施旅游整体形象宣传“十个一”工程（即一个标识、一句口号、一部视听组合、一套形象广告、一本画册、一卷书籍、一份套票、一条服务热线、一批推广网站、一座品牌展示中心），明确了旅游产品及旅游目的地的主体概念和整体形象定位，采取“走出去”和“引进来”相结合的方式，积极开展多种形式的旅游整体形象推广活动；在央视“朝闻天下”等栏目开展整体旅游形象宣传；在香港地铁站选取100幅灯箱广告宣传全区旅游整体形象；区内各主要媒体的宣传力度进一步加大，各地组织举办了100多个旅游节庆活动，成功举办“走进广东—广西旅游大篷车十周年巡游宣传活动”和“广西旅游大篷车台湾行”旅游交流活动。通过以上措施，全区旅游知名度和美誉度进一步提高。

【与国家旅游局建立“局区紧密合作机制”】3月2日，自治区党委书记郭声琨、自治区主席马飚率自治区党政代表团与国家旅游局建立局省（区）紧密合作机制，并将择时签署《建立局区紧密合作机制备忘录》。国家旅游局表示将给予广西大力支持：支持北部湾旅游业开发建设，支持把广西建设成为中国面向东盟的区域性国际旅游集散地和目的地，支持纪念百色起义、龙州起义80周年红色旅游主题活动并同意作为活动主办单位，同意在国家旅游局职责范围内给予广西更多的资金支持等等。

【召开全区旅游工作会议】2009年2月，自治区人民政府在柳州市召开全区旅游工作会议，全区14个地级市人民政府分管领导及旅游局长、重点旅游县分管领导及旅游局长、部分旅游学校和企业代表参加会议。会上，自治区人民政府副主席高雄作了重要讲话，自治区旅游局局长陈建军作《提振信心科学发展 加快推进旅游强省（区）建设》工作报告，总结2008年全区旅游发展情况，部署2009年工作，明确“大力发展国内旅游，积极发展入境旅游，有序发展出境旅游”发展思路，确立了6项重点工作任务：一是积极应对金融危机的不利影响，努力保持旅游业平稳较快增长；二是全面加快旅游强省（区）建设，努力实现跨越式发展；三是强化整体形象宣传和市场营销，树立广西整体旅游新形象；四是维护良好市场秩序，提升旅游服务水平；五是深化区域旅游合作，实现国际和区域旅游互利共赢；六是加强旅游队伍建设，为应对困难促进发展提供重要保障。大会为2009年广西旅游明确了发展方向，确定了工作目标。

【组建广西旅游投资集团公司】1月8日，为加快推进广西旅游投资融资平台，自治区人民政府成立广西旅游投资有限公司组建工作领导小组，自治区党委常委、自治区常务副主席李金早任组长，自治区副主席林念修、自治区人民政府秘书长王跃飞任副组长，自治区旅游局局长陈建军等9个部门的领导担任成员，并在自治区国资委设立办公室，负责落实领导小组的日常工作。10月30日，广西旅游投资集团有限公司（简称旅投集团）经自治区第九届党委常委会第101次会议同意、自治区人民政府批复组建，成为自治区人民政府直属大型国有独资公司。11月20日，旅投集团注册成立，主要从事自治区人民政府授权范围内的旅游项目投资融资建设，产（股）权投资、管理和产权、股权交易及其他经营业务，开发建设广西国际旅游休闲度假北海冠岭项目以及南宁市、桂林市、钦州市、防城港市等旅游发展基地。充分发挥筹资、融资、投资、资产运作等作用，整合和优化配置全区旅游产业资源，加快广西旅游基础设施建设，做强做大广西旅游产业，努力把旅投集团打造成国内旅游投资行业有竞争力、影响力的知名企业。

【举办2009泛北部湾经济区合作论坛】8月6日，由国家发改会、商务部、交通运输部、海关总署、国家旅游局、中国人民银行、国务院发展研究中心、人民日报社、国家开发银行、泰国商务部、广西壮族自治区人民政府、广东省人民政府、海南省人民政府联合主办的2009泛北部湾经济合作论坛在广西南宁召开，论坛以“共建中国—东盟新增长极，拓展合作、化危为机”为主题，围绕全球金融危机与泛北部湾经济合作、泛北部湾经济合作的项目选择与资金支持、北部湾地区与东盟各次区域的合作发展三个议题展开讨论，达成了“加强合作，携手努力，同舟共济，共克时艰，共赢发展”，以积极应对金融危机、尽快复苏经济的共识。全国人大常委会副委员长陈昌智，全国政协副主席郑万通，国家旅游局党组成员、国家监察部驻国家旅游局纪检组长刘金平，自治区党委书记、自治区人大常委会主任郭声琨，自治区主席马飚，以及泰国商务部、菲律宾财务部和越南交通部副部长，中国驻东盟各国大使，国内外著名研究机构的专家学者，国内外知名企业代表、金融机构代表、国际组织代表等近400名中外嘉宾出席了论坛，共商泛北部湾经济合作大计。刘金平在论坛开幕式致辞中肯定了2006年首届“泛北部湾经济合作论坛”以来广西北部湾旅游业的发展及其在泛北部湾经济合作中发挥的作用，强调加强旅游合作的工作重点：一是加强旅游基础设施和公共服务设施建设，特别是要加快陆路旅游、海上旅游和空中旅游交通体系建设；二是运用现代旅游营销体系，共同打造泛北部湾经济合作区域国际旅游目的地品牌形象；三是发挥旅游产业优势，积极培育旅游消费热点，加快转变旅游发展方式；四是继续深化和完善泛北部湾经济合作区域旅游合作机制，实现资源、产品、客源和市场共享，促进旅游共同发展。同时，刘金平表示国家旅游局将一如既往地重视和支持泛北部湾经济合作旅游业发展。

【召开泛珠三角区域合作与发展论坛暨经贸洽谈会旅游合作磋商会】6月9日至13日，由福建、江西、湖南、广东、广西、海南、四川、贵州、云南等九省区人民政府和香港、澳门特别行政区政府主办，广西壮族自治区人民政府承办的第五届泛珠三角区域合作与发展论坛暨经贸洽谈会在广西南宁市举行。大会围绕“合作发展，共创未来”的主题，通过举办联席会议、论坛和专题磋商会，突出“携手共进，合作共赢”特色。全国政协副主席李兆焯，第九、十届全国人大常委会副委员长何鲁丽、国家监察部驻国家旅游局纪检组长刘金平等出席了本次大会。在泛珠三角区域合作行政首长联席会议上，审议通过了《关于进一步完善泛珠三角区域合作机制的意见》和《泛珠三角区域合作行政首长联席会议议事规则》，联合签署了《2009年泛珠三角区域合作行政首长联席会议纪要》，明确了加强交通、旅游、应急管理合作，研究制定泛珠论坛和洽谈会品牌建设计划、建立泛珠经贸洽谈会联席会议制度等年度工作重点，确定了第六届泛珠三角区域合作与发展论坛暨经贸洽谈会于2010年由福建省人民政府承办。在第五届泛珠三角区域合作与发展论坛暨经贸洽谈会旅游合作磋商会上，各方旅游行政管理部门负责人本着资源共用、市场共拓、信息共享、实现多赢的原则，经过共同协商，达成了“建立更紧密的区域旅游合作机制，推进泛珠旅游合作具体化，强化区域内多层次旅游合作，共用、共享相关优惠政策资源，建立统一的特色鲜明的区域旅游品牌”等更加有利于进一步深化合作、扩大共赢的“五点共识”。

(3) 省内各地旅游线路建设情况

全区合作打造的“广西少数民族风情游”“中越边关探秘游”“桂东北山水精华游”“北部湾滨海休闲度假跨国游”“广西长寿养生游”“广西祈福感恩游”等旅游线路不断成熟。柳州市着力打造“百里柳江、百里画廊”和“中国水上娱乐运动之都”，积极推进精品线路建设；桂林市提出旅游兴市和旅游业“二次创业”目标，旅游转型升级取得新突破，龙头辐射作用进一步增强；梧州市致力打造广西旅游“东大门”，借助旅游节庆活动提升旅游目的地吸引力；北海市积极推动涠洲岛旅游区建设，迎来旅游发展新机遇；防城港市、来宾市将旅游项目建设作为重要推手，促进旅游业大发展；贵港市提出旅游“中部崛起”目标，加大旅游业发展力度；百色市挖掘红色旅游资源，传统红色旅游区得到较大提升；贺州市以桂台客家旅游文化试验区为抓手，统筹推进旅游项目建设；河池市出台文件，把旅游业发展纳入县（区）目标管理绩效考核体系，着力打造“长寿养生”旅游品牌；崇左市主攻边境旅游和边关山水画廊产品取得成效；钦州市、玉林市旅游业也取得了新的进展。

（谢向东、邱玉红协助提供相关资料）

# 海南省

## 一、海南省2009年文化产业发展综述

2009年，海南省文化产业增加值为33.01亿元，占GDP比重为2.0%。海南体现出文化产业与旅游业、生态建设、传统文化紧密结合、共同发展的鲜明特色，但存在总量尚少、省内各区发展不均衡的问题。

1. 文化产业与旅游业紧密对接

把文化产业与旅游结合起来，是促进文化产业与旅游产业获得双赢的最好途径。文化产业可以提高旅游产业的档次，旅游产业可以为文化产品提供广阔的市场。海南有丰富的旅游资源，近年来旅游业也发展迅猛，如果再增加一些文化内涵，将使海南的旅游景观更受青睐。要增强旅游业的竞争力，必须同时在文化产业上下功夫，凭借文化产业之力为旅游产业培育出新的增长点，也为文化产业自身增强实力。

2. 文化产业与生态建设结合

把文化产业与生态省建设结合起来，为海南的发展提供持续动力。海南的最大优势是自然生态，如何在保护生态的前提下，使经济得到长足的发展，这是一直困扰海南的一个难题。而发展文化产业，则可以为生态省建设中的海南经济发展找到一个新的切入点。发展文化产业，有利于推动文化的良性发展，形成良好的社会生态。而社会生态与自然生态的结合，既是最理想的生态文明，也是促进海南经济发展的持续动力。

3. 植根传统文化发展文化产业

把文化产业与优秀文化传统的挖掘结合起来，将海南文化资源有效商品化。近年来，海南文艺工作者对黎族文化进行了成功的挖掘，创作的人偶剧《鹿回头》、大型歌舞诗《达达瑟》在国内外引起轰动，足以证明黎族文化可以走出海南，走向世界。而《达达瑟》在全国一些城市巡回演出，以及在新加坡演出大受欢迎的事实证明，要让海南的本土文化资源商品化，应该采取市场化运作的方式进行。

4. 存在发展不均衡及投资渠道单一等问题

从文化产业增加值比重来看，海南文化产业规模小，增加值占GDP的比重低于全国平均水平，明显低于国内部分发达地区和东部地区。2009年海南文化产业增加值占GDP的2.0%，低于全国平均水平，与北京、广东等发达地区比差距更大，但文化产业增加值增长速度明显快于GDP增速，成为经济增长的新亮点。从地区分布来看，文

化产业分布过于集中，发展不平衡，呈现出“南北集中、东西薄弱、中部落后”的格局。海南文化产业主要集中在海口、三亚和文昌、琼海等东部沿海市，中部、西部所占比例较小。从文化产业投入来看，投资主体渠道基本上还是以政府投入为主，社会参与投资才刚刚起步，一些有实力的民营企业和合资企业还未涉足文化产业投资，还没有充分调动起民营、个体及其他经济成分投资文化产业的积极性，与发展文化产业所需要的资本扩张能力不相适应。

## 二、海南省2009年文化产业各行业发展综述

1. 广播电影电视业

2009年，海南省广播电视村村通完成5万户边远山区工程，送电影下乡31000场，有线电视数字化整转实现整体优化升级，农村数字多路微波（MMDS）项目建设在9市县试点运营，广播电视“两个效益”创历史最高水平，信息资源共享和农民体育健身工程稳步推进，基本完成11个市县（区）支中心和220个建制村基层服务点建设。

截至2009年8月29日，海南省所有机关事业单位、学校、企业等和农村广电卫星电视安装地面接收设施已全部调整为接收国家新发射的广播电视专用卫星电视安装信号。海南省成为全国首批提前完成卫星电视安装广播电视转星调整工作任务的6个省份之一。

2009年，海南省文化广电出版体育厅积极探索农村电影放映新路子，农村电影放映工作出现良好发展势头。先后组织开展“向祖国汇报”重点国产影片展映、“文明生态村”千场公益电影放映、“金光耀琼州”农村公益放映等系列活动，特别是发动大型企业积极捐款资助农村公益电影放映，有力地提升了海南省农村公益电影放映的普及水平，加快了放映任务的完成。2009年，海南省送电影下乡31000多场次，覆盖全省18个市县2543个行政村，涉及26000多个自然村，观众近936万人次，超额完成电影放映任务，提前两年实现“一村一月放映一场电影”的目标。

2. 新闻出版业

海南现有报纸18家，期刊43家，图书出版社3家，音像电子出版社2家，教材印刷单位1家，印刷厂299家，光盘复制厂2家。

在报刊方面，海南牢牢把握了正确的舆论导向，同时支持海南报业集团发展，2004年成立的海南日报报业集团，目前已拥有六报一网站规模，总资产6亿元，2009年经营收入2.4亿元，利润3000多万元，在省级党报中，海南日报全省人均占有率居全国第一，广告投放价值跻身全国省级日报5强。同时，海南整合报刊资源，优化结构，培育了一批有较强影响力的报刊，利用报刊存量资源，创办了《投资与收藏》、《热带生物学报》、《南岛晚报》等，扶持以《灌篮》为基础的“环球系列”向集约化方向发展，形成自己的品牌优势和市场优势，支持《英语学习辅导报》、《考试报》跨区域、跨行业做大做强，《天涯》、《新世纪》、《东方女性》等一批期刊已形成品牌和市场优势。

在出版方面，实施的精品战略在全国引起较大反响，且海南出版的多种精品书籍获得国家级奖项，如海南出版的20卷本《世界百科全书》、13卷本的《德川家康》、《光荣与梦想》等9种图书入选“60年中国最具影响力的600本书”等等。此外，海南推进出版业的改革发展，增强其市场竞争力。其中，海南出版社、南方音像出版社、海南省教材出版中心等相继完成改制。

在印刷发行方面，海南是印刷业小省，2009年全省印刷工业总产值12亿元。

3. 广告业

（1）广告行业结构和区域布局不合理

行业结构。海南广告业以活动策划为主，平面广告居多。目前，海南的经济处于较落后状态，主要依靠旅游。因此，以大型活动策划（吸引游客）为主要内容的广告活动占广告业的统治地位，比如“欢乐节”、“亚洲小姐”等。平面广告是海南广告活动的另一种重要形式，其中房地产广告为主要内容，形式以户外广告和宣传册为主，同时海南逐渐重视电视广告。随着国际旅游岛建设的展开，2009年海南首次在央视做宣传广告。

区域布局。海南广告业发展不平衡，主要集中在海口和三亚。广告作为服务行业，对经济的依赖巨大，他们的维持需要广告主的供养。经济发达地区是经济单位（企业和商家）的集中区，具有一定的广告市场，因此广告业也比较发达。海南整体经济落后，海口、三亚是省内最大的两座城市，经济相对比较好，但与内地存在一定差距，海南省的广告业在这两地比较集中。

（2）广告业总体规模较小，广告意识薄弱

海南具有竞争实力的广告主、媒介集团特别是龙头广告公司不多。在海南，大企业、强媒体、知名广告公司匮乏，仅存在一些小企业、小公司，人们的广告意识薄弱。小广告公司重视眼前利益，广告创意、市场调研概念淡薄，与广告主合作关系较浅，代理观念不足。而广告主由于从业素质的限制，对品牌塑造、广告宣传不够重视，直接导致海南广告业整体规模较小。

（3）创意水平与技术支持发展不平衡，广告运作水平不高

技术水平低。与发达地区相比，海南的广告制作设备和材料显得滞后甚至老化；许多大型灯箱的制作，还停留在手工贴制阶段；激光绘图等高技术仪器，在国内使用率

极低；电视拍摄技术不成熟，灯光和特技处理粗糙；制作三维动画所使用软件普遍比较落后。因此，海南许多代理公司不得不去外地寻找广告制作商。

广告运作水平低。广告从业人员和技术条件的落后，导致海南广告运作水平的落后，以致于其跟不上我国广告运作模式复杂化的步伐。海南广告业除了具有自己的特点之外，还有一些全国广告业的通病：广告主广告费的投放未完全走向理性；社会对广告业认识还需提高，对广告公司的角色作用和劳动成果缺乏理解和尊重；部分广告主、广告公司违法问题比较突出；相关政策法规不健全，虚假广告泛滥。

4. 演艺娱乐业

海南出台相关政策促进演艺业发展，如海口市出台了相关政策扶持常驻民营剧团的发展。凡是在大致坡国家文化产业示范基地常驻的民营剧团免交各种管理费，剧团演出收入免缴税收；在演出淡季，鼓励政府部门及企事业单位到大致坡镇“绑戏”；市政府鼓励民营资本在大致坡镇投资；同时建立补贴机制，常驻民营剧团一年内演出够250场后，每演出一场将补贴300元。海南致力于继承和弘扬海南省优秀地方剧种——琼剧和民间艺术，扶持一批代表国家水准，具有地区特色和民族特色，具有示范性和代表性的艺术表演团体，创新传统剧种剧目，开拓演艺市场，增加演出收入。2009年，海南省一批文化精品生产再结硕果，现代琼剧《下南洋》荣获多项殊荣。首次组团赴台湾访问演出取得圆满成功，对外文化交流跃上新台阶。

海南省已经开始加快文艺演出中介代理服务机构的建设，制定保障措施培育扶持一批演出经纪公司，促进区域性演出网络的形成。海南省已经将海口、三亚、兴隆列为娱乐演艺业重点开发区域，培育一批直接面向市场的演艺文化企业，开发大型文化旅游演艺项目，打造若干在国内外有影响力的高收益的文化旅游演艺精品，走产业化发展之路。丰富大众娱乐产品，结合旧城改造和城市建设，鼓励发展不夜城、娱乐城、酒吧街等设施，丰富夜间娱乐产品。

此外，海南省正在继续优化文化娱乐产业的类型结构和规模结构，积极促进演出娱乐业与旅游产业的结合，鼓励旅游演艺、文化娱乐、电子游戏和网吧等文化企业连锁经营。在大中城市积极发展集演艺、休闲、旅游、餐饮、购物、健身为一体的综合性娱乐设施，极大丰富来琼游客的夜间文化生活，让“夜经济”成为海南旅游经济的新兴增长点。

5. 文化会展业

海南会展业近年来不断发展壮大。在海南省举办的博鳌亚洲论坛、国际热带农产品冬季交易会、国际汽车工业展览会、旅游房地产博览会、海洋渔业博览会、高尔夫博览会、旅游商品交易会、国际兰花博览会等，已成为国内外具有重要地位和广泛影响力的品牌展会。

海南在交通、旅游、酒店、网络信息、通讯、金融服务等方面，具备了构建以会展产业为重点的一体化现代服务业链条的诸多优势。海南会展业围绕自己的支柱产业和特色，以环境资源优势和产业特色为基础，发展旅游、热带农业、海洋、航天、药业、游艇和高尔夫等为主题的会展，同时充分发挥博鳌亚洲论坛和博鳌国际旅游论坛的品牌效应，让世界各地的知名展览落地海南，把海南建成有较大影响力的亚太地区会展中心。随着展会日益增多，海南省形成了一定规模的会展经济，会展业已成为海南省经济增长的新亮点和拉动消费升级的新引擎。2009年下半年，随着海南国际会展中心的建设，海南会展业已走进一个新的发展时期。

尽管海南会展业取得了一定的进步，但是起步晚，基础薄弱，发展缓慢。目前海南会展企业规模小，缺乏与展览相适应的策划营销、会议接待、公关礼仪、展览装修、广告宣传、交通物流等相关产业配套设施，而且品牌展览缺少，还未形成专业化分工协作的格局，在很大程度上制约了会展业的发展。

6. 动漫业

海南省动漫产业发展与其他省市相比较起步较晚，但起点高、发展势头较快。自2008年“海南省动漫产业基地”挂牌以来，不断有多家内外知名企业进入，发展成为海南省文化创意产业具有科技和生产制作实力的企业。基地项目占地面积460亩，规划建筑面积20万平方米，现已有三亚动漫基地公共技术服务平台，建筑面积3500平方米。部分项目设施已到位安装，如二维设计系统设备、渲染系统设备、非编系统设备、网络系统设备、摄影系统设备、维护系统设备以及教育培训系统设备等。已有海南天涯在线网络科技有限公司、北京电影学院动画学院三亚教学实习基地、东莞市帕马智能停车服务有限公司、海南城市一卡通有限公司、海南崖州石庄文化开发有限公司等5家企业入驻运作。

（1）基地为更好满足入驻企业的需求，用政府专项资金采购了约1000万的动漫设备用于公共技术服务平台的建设，搭建了专业的录音室、非编室及高清特效室等。

（2）动漫制作、动漫企业引进、基地建设等多方面工作取得了良好的成绩，受到了国家、省市各级部门的好评，并获得了多项国家级、省市级科研、电子专项资金。

（3）逐渐组建起一支专业的原创动画队伍，并制作出一批具备海南特色的原创动画片。其中，《鹿回头传说》

获得新闻出版总署2009“原动力”中国原创动漫出版扶持计划作品组的三等扶持项目。

7. 文化旅游业

2009年，海南省政府调优扶强特色产业，加快发展方式转变，积极推动旅游业转型升级，加快海棠湾、清水湾、香水湾、神州半岛、铜鼓岭等一批高端旅游度假区建设，大力开发适应市场需求的度假旅游新产品，自驾游、会展游、高尔夫游、探险游、温泉游竞相发展，个性化、时尚化的旅游新业态受到游客欢迎。全年接待游客过夜人数2250.3万人次，增长9.2%；旅游收入211.7亿元，增长10.1%。

为了把海南建设成“国际旅游岛”，海南对外实行以“免签证零关税”为主要特征的一系列投资贸易自由化政策，加快推进旅游服务自由化进程。目前海南省与东盟的旅游产业合作主要集中在新加坡、马来西亚、泰国等国家。海南的休闲度假、佛教、高尔夫主题旅游备受东南亚游客的亲睐。为了在中国—东盟自贸区建设进程中进一步提升与东盟各国的旅游合作水平，海南省除了2009年10月开通空中直航航线外，海南同越南的海上邮轮旅游线路开发在环北部湾旅游发展规划下也日渐活跃。海南通过建设“国际旅游岛”，全面提升包括沿海观光道路、现有高速公路、港口、机场等基础设施的水平，改善入关、验关的设施，增加免税商店的设立等，并改善医疗、供水、垃圾处理等方面的设施。

旅游房地产业对旅游业发展的推动作用，还表现在吸引了大批国内外人士来琼投资置业。2009年上半年，岛外人士购买海口市、三亚市商品住房保持较高比重，总套数分别为76.9%、78%，总面积分别为80.9%、74.9%，这首先意味着每年有相当人数的游客来琼度假，其次，房地产业还直接催生了“地产旅游”，丰富了国际旅游岛的旅游层次。

（1）产业规模迅速扩张，旅游收入快速增长，拉动海南经济发展

经过多年的发展建设，海南旅游业规模不断扩大，体系日臻完善。国际上主要酒店管理集团、境外旅游社集团、投资集团、航空公司和专业旅游机构纷纷进入海南，海南的旅游基础设施大为改善，已经具备了加快发展实施产业升级改造的基础条件。旅游产品开发能力增强，以吃、住、行、游、购、娱为主要内容的旅游产品不断丰富，构建了高尔夫休闲、海底潜水、热带雨林探险、万泉河漂流、冬季训练基地等特色旅游产品，催生了博鳌会展旅游区、南山文化旅游区、亚龙湾度假休闲旅游区、南湾猴岛旅游区等一大批档次较高、规模较大、文化内涵丰富、国内外享有盛名的旅游品牌，健康岛生态休闲度假胜地的形象初步形成。

（2）特色会展旅游助推旅游业发展，重大赛事的举行大大提高海南知名度

自从2000年博鳌亚洲论坛落户海南后，海南的会展经济日益发展成熟，数千个大小会议落户海南，各种年会、交流会、研讨会也纷纷选择海南召开，海南已成为具有一定影响的会议中心，会议旅游成为带动海南旅游业蓬勃发展的重要推动力之一。重大赛事的举行在旅游宣传促销方面效果显著，大大提高海南知名度。世界小姐（先生）大赛、国际铁人三项、国际高尔夫球赛、环岛自行车赛等大型国际赛事频频在海南举办，致使世界各界名流纷纷跨入海南，境外媒体开始把目光投向海南，营造出一个又一个吸引各界眼球的“焦点”，在国际上产生一定的影响。

（3）初步明确建立国际旅游岛，大力发展现代服务业支撑海南发展

2009年4月，国务院总理温家宝在海南考察时强调，要把建设国际旅游岛作为海南深化改革开放、促进经济增长的制高点和突破口。海南省委省政府领导多次在会议上强调国际旅游岛建设是海南深化改革、扩大开放、科学发展的切入点和制高点，是海南大特区独具特色的发展道路，要举全省之力积极推进国际旅游岛建设。明确建设国际旅游岛，意味着海南的产业政策转变为突出发展旅游业并以旅游业为龙头，通过大力发展现代服务业支撑海南长远发展。当前，海南正在致力于国际旅游岛各项建设工作，旅游、交通、文体、农业、建设等部门围绕国际旅游岛建设积极部署，迈出实质性的步伐。根据国际旅游岛建设的总体规划，采取有效措施推动旅游和文化的联姻，形成具有鲜明海南特色的文化旅游，突出抓好“一体两翼”、“一群五地”建设，促使海南旅游业迈入一个崭新阶段。

# 重庆市

## 一、重庆市2009年文化产业发展综述

1. 文化体制改革稳妥推进

积极稳妥推动文艺院团转企改制。借鉴国内各省区（市）院团改革发展模式，共同制定了符合重庆实际的院团改革总体方案，谋划建立重庆演艺集团，2009年底前率先完成2个院团的转企改制。

加大出版发行单位改革力度。重庆3家国有图书出版社中，重庆出版社已经转企改制，重庆大学出版社、西南师范大学出版社完成了清产核资工作，进入更名阶段，等待新闻出版总署批复。非公益性、非时政类报刊中，启动

了医药导报社、课堂内外杂志社、中国药房杂志社的转企改制试点。全市其他6家经营性音像电子出版单位、3家经营性互联网出版机构也相继启动。

推进新闻媒体改革。推动宣传经营业务两分开，重庆日报报业集团已经启动全部经营性资产的剥离工作。重庆广电集团已经完成了大多数频道的制播分离，被国家广电总局确定为全国试点单位，正在进行已剥离公司的规范管理、深度整合和股份改造工作。此外，重庆新闻网站华龙网和视界网已经完成转企改制，并进行深度整合，合并成立了股份制公司。全市广播电视网络资源整合工作已全面启动，已完成近一半区县的整合工作。

完善转制企业认定制度。贯彻国办发［2008］114号，财税［2009］31号、34号、105号文件精神，重庆制定了经营性文化事业单位转制企业认定制度，建立了工作机制，已认定新华书店集团公司、电脑报社、新女报社、美术公司、华龙网等两批共60家转制文化企业，并享受优惠政策，比2008年新增22家。

2. 打好“止滑促增”攻坚战，国有板块整体逆势上扬

2009年，面对金融危机的冲击，重庆市国有文化资产经营管理有限责任公司，进一步加强国有文化资产监管，动员督促四大国有文化集团，切实打好“止滑促增”攻坚战，各项工作取得了较大进展。报业集团着力打造品牌报刊，提高内容竞争力；盘活重庆野生动物世界、较场口35号地块和广告抵款房等存量资产；发展华龙网、大渝网、手机报等新媒体产业；加强管理，增收节支。广电集团努力提高广播电视收听收视率，扩大市场份额；理顺产权关系，发展四大产业；推进“制播分离”，整合媒体资源；着力培育视美动漫、移动电视、手机电视等新的增长点；实施网络数字化改造和区县网络资源整合。新华书店集团积极应对中小学教材发行体制改革，捍卫企业“生命线”；拓展教辅和一般图书市场，发展连锁经营；谋划构建时尚文化城和“十大书城”；同时积极发展文化用品销售，调整经营结构。出版集团下大决心提高图书出版质量，《女心理师》《藏地密码》《摩尔庄园》《格萨尔王》等一大批图书畅销全国，市场占有率、竞争力大幅跃升；积极探索股份制改革，纸业贸易和房地产等多元化发展成绩突出；一批新的产业项目迅速启动实施，文化产品“走出去”工程初见成效。初步统计，四大国有文化集团全年实现营业总收入56.19亿元，同比增加4.29亿元，增长8.26%；实现利润2.23亿元，同比增加5740万元，增长34.62%；年底资产总额为130.21亿元，比年初增加36.62亿元，增长39.12%；资产负债率63.26%，国有资本保值增值率121.54%，整体创造了“逆势上扬”的良好局面。

3. 重大产业项目建设持续推进，促进产业放量增长

2009年，重庆市文化产业“六大基地十大项目”总体进展良好。解放碑时尚文化城项目完成了土地储备，取得了土地使用权，与北大青鸟签订了20亿元的战略投资协议，拆迁工作已完成142户，占89%。重庆报业大厦及创意产业园项目，在争取到相当优惠的条件基础上，已经取得拟建大厦土地权证，完成各项前期工作，具备开工条件。创意产业园已通过招拍挂取得第一期237.5亩土地的使用权。大足石刻影视基地项目，已经完成投资2.57亿元，包含基地在内的龙水湖片区控制性详规获批，目前累计完成征地1029亩。一期工程龙水欢乐世界地质初勘结束，其子项目滑雪场完成概念性设计。重庆现代印刷包装产业基地项目，建设主体合资公司已经组建，完成480.8亩项目用地的征地工作。出版传媒创意中心项目成功引进重庆能投集团，已经开工建设。天健基地项目全面完成项目用地征地工作，正在深化项目论证和招商引资工作。畅快物流项目已完成主体工程，正进行安装调试以使用。黄桷坪艺术园区项目完成整体策划，川美创谷、102基地、501基地、坦克库等基本骨架形成。

市委三届五次全委会后，重庆策划推出了一批新的重大项目：重庆文化产业总部基地和文化创意产权交易中心项目完成策划，初步谈定了土地；三线建设遗址博物馆完成项目前期各项工作，即将开工建设，文物征集等工作有序推进；重庆文化主题公园项目已完成策划，正在落实项目用地。奥体综合馆项目已完成可行性研究，积极参与投标；文化与旅游、体育相结合的“重庆摩谷”项目也开始规划。2009年，重庆文化产业通过深博会、渝洽会等平台，项目招商引资工作取得初步效果，10个项目共引进资金49.73亿元。

4. 初步搭建文化产业投融资平台

重庆市建立了“重庆宣传文化发展基金会”，市政府出资400万元，作为基金会初始资金，于2009年8月完成登记，12月21日成功举办首次大型公益性演出活动，正式亮相。建立了“重庆文化产业金融担保有限责任公司”，落实了1亿元注册资金，组建了专业工作团队，完成工商登记，初步取得了8家银行20亿元授信，推动金融资本与文化产业的对接。经过努力，市文资公司争取到了工行市分行对重庆文化产业的100亿元授信，分三年落实计划，2009年已经落实了10多亿元的贷款项目。对一个地区的文化产业整体授信在工商银行系统是全国第一例。此模式引起工商银行总行的高度重视和支持，专门派员到重庆实地调研了解情况，以进一步发挥好文化产业专项资金的杠杆作用。2009年突出重大项目、新技术应用、

动漫游戏等方向，共资助项目 19 个，资助总额 1111.76 万元。其中优秀原创动漫产品资助 5 项，资助金额 321.76 万元。

5. 坚定推进股改上市，文化企业取得实质性进展

2009 年四大集团、电脑报社、商界杂志社等文化企业均提出了股改上市目标，在设计股改上市方案，构建法人治理结构，实行《企业会计准则》，规范内控制度、财务制度、决策制度，确定券商和律师事务所，开展尽职调查等方面，进行了大量的准备，奠定了一定的基础。例如，广电集团持续推进“制播分离”和资源整合，组建电视节目制作中心、广播电视广告经营中心；剥离重组了产业公司，将经营性业务全部纳入，并引进渝富资产管理公司，完成了广电传媒有限责任公司的组建，并启动了股份制公司的整体改革。出版集团以部分主业核心资产为出资，与本市最大民营书商组建了合资公司，准备五洲文化传媒有限公司、天健动漫基地项目在创业板上市。新华书店集团进行了资产整合，设立股改上市主体公司，提出“三步走”的上市方案。电脑报着力清理了股权遗留问题。这些都是重庆文化企业股改、上市工作在 2009 年的新进展。

6. 与其他经济门类的融合，扩大文化消费

当前，文化产业发展与旅游、科技、体育等产业融合发展正呈蓬勃之势，其中以文化旅游为文化产业突破口，已成为了西部众多省市的共识。

重庆已经做了一些有益的尝试，策划了大足龙水湖影视基地、三线建设遗址博物馆和文化主题公园等一批项目，大力推动大足石刻和宗教文化结合，大力推进古镇文化和民俗文化的结合，大力推进温泉资源和山水都市文化的结合，以不同的形式载体承载各异的文化，以期形成新的文化旅游热点，促进文化产业发展。

与科技融合方面，重庆市建设了一批网站，实现了报网互动、网络营销，推出了手机电视、在线阅读、电子书等产品；在与体育的融合方面，策划举办了武术争霸赛、武隆越野赛，正在争取建设奥体综合馆项目。虽然这种融合还处于初步阶段，在融合的方式、广度和深度上都还很不够，但是重庆四大文化集团以及相关文化企业都有各自的独特优势资源，具有较好的融合基础。围绕扩大内需，进一步培育文化消费热点，在融合的方式上，尝试从体制融合、项目融合、股权融合、渠道融合等多个层面进行，全方位切入重庆实体经济，谋划跨越式发展。

7. 以重庆大剧院为重点，探索重大文化基础设施市场化管理的新路子

重庆大剧院等重大文化基础设施，是重庆文化和城市形象的标志性建筑，不仅要建好，更要管好、用好，充分发挥其为广大市民提供高雅文化服务的功能。同时，要积极探索推进市场化管理运营的模式。按照市委、市政府的统一部署，市文资公司在内部设立了剧院管理部，对外组建重庆大剧院管理公司。通过公开招标，成功引进目前国内一流水准的北京保利剧院管理公司，经营管理重庆大剧院 5 年。从 2009 年 11 月试运行以来，世界名剧《猫》《大河之舞》等成功上演，市场反响良好。按照合同约定，每年大剧院的演出场次不低于 130 场次，其中，国际经典剧目不低于 30%，国内一流水平不低于 40%，平均上座率将不低于 65%，平均票价控制在 230～250 元，同时保证一定数量的低价票。按照大剧院原设计功能布局，着力开发附属设施，成功引进国内规模最大、档次最高的自助餐品牌——“四海一家”美食城，为大剧院提供配套服务。这些模式的创新必将更好地发挥基础文化设施的作用，发展文化产业。

8. 区县发展文化产业由“自发”转为“自觉”，覆盖全面的城乡统筹成为新亮点

重庆市各区县纷纷召开专题会议制定区县文化产业发展规划。沙坪坝区“提出了加快建设具有特色的文化强区、全国统筹城乡公共文化服务先进城区”等口号，着力打造历史之城、红色之城、书香之城、创业之城和宜居之城；渝北区着力建设重庆城市精神的展示区、文化地标的富集区、文化产业的领先区、文化人才的集聚区；江北区提出将江北区建设成为重庆文化创意产业高地、时尚文化都会、生态文明城区；“中国民间龙灯艺术（龙灯）之乡”铜梁县打造以文化旅游业和龙灯文化特色产业为支柱的文化产业；酉阳县重点打造龚滩、龙潭影视基地，板溪民族服饰。各区县高度重视文化资金的投入，已有 29 个区县设立了总额超过 1 亿元的文化资金用于发展文化产业和文化事业。2009 年，市文资公司开始探索建立“文资公司＋区县政府”的文化产业发展新模式，与九龙坡区签定《战略合作协议》，建设黄桷坪艺术园区，与渝中区达成“抗战文化遗址长廊”合作意向，与江北区达成合作开发“徐悲鸿旧居”意向，以统筹城乡改革和发展为目标，带动区县做大做强文化产业，加快建设西部地区文化高地和城乡统筹发展的文化强市。

## 二、重庆市 2009 年文化产业各行业发展情况

1. 广播电影电视业

（1）广播电视业发展概况

2009 年，重庆广电业基本走出了阴霾，全年共实现总收入 20.45 亿，比上年增长 10%以上，是 5 年前的 2.5 倍；企业利润达 1 亿元，比上年增长 19%；资产总额达到 56.66 亿元，比上年增长约 20%，是 5 年前的 3 倍多。广电业连续 5 年实现快速发展，成为全国唯一实现产业收入超事业收入的广播电视实体。

2009年，重庆基本完成移动多媒体广播电视无线覆盖骨干网络建设，启动了三网融合试点工作；基本完成了移动多媒体广播电视大重庆无线覆盖骨干网络建设；推进与电视运营商加强3G业务合作。重庆电视台国际频道在美国、加拿大、澳大利亚、日本等国家和地区落地，截止2009年11月海外用户数量为26.8万户。全市影视节目制作机构122家。成功举办了2009年西部国际动漫文化节。全市新增电影院6家，新增银幕31家，城市电影院线票房收入达1.72亿元，同比增长59.42%。全市农村供方应电影17.82万场，观众4872万人次。

在内涵节目上，以重庆广电媒体的"龙头"——重庆卫视为例，2009年对卫星频道作了多次全新改版，并持之以恒地"坚持主流，提高品位"，实现"别开生面，异军突起"的目标。频道在"故事中国，人文天下"的总体定位下，坚持重庆人民和重庆城市历史积淀的文化精神特质，在全国扛起红色文化这面大旗，独树一帜地主打承载主流价值观的"英雄品牌"，使频道影响力和竞争力得到进一步提高。

在外延覆盖上，卫星频道继续"突出重围"，覆盖人口从5.9亿扩大到6.7亿，全国市级网络的入网率达到95.7%，覆盖排名位列全国第三。在重庆市内，建立了多媒体联动、多主体协作的交叉覆盖体系。广播通过近三年的重点覆盖工程建设，基本完成了对区县主城人口密集区的全覆盖。电视通过深化与区县的业务合作，以协议约束的方式实现了广电集团（总台）各套电视节目在大重庆辖区的全覆盖。移动电视公交车终端规模累计推广达到165条公交线路4000余辆车以及21辆机场巴士。普及安装户外收视终端累计210个。手持电视（CMMB）完成主城和25个区县县城的信号覆盖（重庆市仅6个区县县城未覆盖），并完成了11处终端卖场室内试点覆盖。

重庆广电"开放整合"的发展战略从提出起，就成为产业发展中操作执行的指向标。面对2008年以来的国际金融危机，重庆广电更是坚定不移地按照开放整合的战略加速推进产业发展，构建和完善了以有线网络为主体，微波数字化为补充的主导产业；以传统内容生产、新媒体内容生产为主的主体产业；以休闲旅游度、影视基地、物业管理经营、房地产开发为主的关联产业；以歌舞演艺和艺术教育培训为主的衍生产业的四大产业体系，产业经营效益进一步得到提高。2009年集团（总台）资产总额达到56.66亿元，比上年增长约20%。

（2）内容生产呈现多头并进局面

重视传媒公司生产栏目剧1256期、综艺节目311期、商务专题节目974期，生产电视剧91集、系列剧70集，电视剧方面《碧血双枪》《母爱无悔》《蝶变》《回家》《知安》《云顶寨》已完成立项，正在进行剧本论证和创作。视美动画公司完成生产并获得国家广电总局颁发的发行许可证的原创动画片3700分钟，制作质量进一步提升，其中，《缇可》春季篇评选为国家广播电视总局"2009年度第三批优秀国产推荐动画片"；《缇可》荣获第五届中国国际动漫节"美猴奖"中国动画系列连续片提名，Flash动画《莫莫》获得第五届中国国际动漫节2009"美猴奖"中国动画系列连续片提名，《月尘》入围OACC第六届金龙奖原创漫画动画艺术大赛。

纪实传媒公司精心打造《真实》《品位》两大精品栏目，《品味》栏目喜获"2009中国最具有广告投放价值创新栏目"的殊荣，《真实》栏目编导王冀攀制作的《余门学艺》获得第三届纪录中国的铜奖和首届家庭纪录片的铜奖。《红色追缉令》《解放中国》之《冲破黑夜》《记忆》三大红色精品项目获得中央领导及观众的一致好评。《长江寻古话三国》《千秋红岩》也在精心筹备过程中，计划2010年顺利开播。2009年移动电视节目累计播出时间为5903.667小时。

银龙公司参与投资拍摄的电视剧《非亲姐妹》已在各电视台播出，DVD音像制品也已推向市场；40集电视剧《大侦探》已进入后期编辑阶段，市场销售进展顺利；国家重大革命历史题材电视剧《风雨同舟》（原《重庆谈判》）已进入剧本创作阶段。

广电影视传媒公司继续推进《雾都魅影》首轮发行结算工作，争取将除重庆台之外的其他台发行收入全部收回，并按合同约定分配；参与投资运作《许茂和他的女儿们》《江姐》《黄炎培》《敢死队》《雾都猎狐》《卢作孚》《民主之澜》等7个电视连续剧。2009年已有我们独家制作或联合制作的6部电视剧荣获国家"飞天奖"。

（3）媒体价值显著提升

各相关公司精心编排节目，加大自制节目播出力度，较好地实现了集团（总台）下达的收视目标。时尚频道综合指数在重庆地区排名第二，收视率始终保持在第一阵营；《生活频道》推出了《健康第一》和《第一房产》栏目后，收视率明显提高，深受观众倚重；广东体育频道、时尚频道广东版观众忠实度和广告创收度也较2008年有所回升；《时尚购物频道》正式开播，少儿频道平均收视率为0.44、平均收视份额为3.09，受众关注度持续上升；科教频道的纪实专业化定位进一步加强，取得了初步成功。

大型活动精彩纷呈。视美动画公司成功策划举办"2009西部国际动漫文化节""2009六一儿童嘉年华"活动；交广传媒组织"车友喜看石宝寨开寨""车友自驾武隆国际音乐节""峨眉山车友家庭自驾游"等主题自驾活动；重视传媒公司相继承办第四届“泸州老坊杯”国际武术王争霸赛、第七届“仙女山杯”重庆武隆国际山地户外运动公开赛国际赛事的基础上，先后举办了“健康重庆、舞动人生”全国电视舞蹈大赛、第三军医大学“天使颂”晚会、“先声夺金”亚运歌手选拔赛（重庆赛区）等大型活动18场次。上述活动在获得社会效益的同时，取得了良好的经济效益。

（4）院线发展情况

2009年，重庆电影市场院线建设取得不俗业绩，这既得益于国内电影市场的持续复苏，也与重庆出台一系列鼓励电影市场发展的政策有关。

市外电影院线继续加快进入重庆电影市场。2009年，共有3条外地院线新入驻重庆，全市电影院线达到9条。其中城市电影院线公司7家：北京万达电影院线、北京中影星美电影院线、深圳中影南方新干线电影院线、北京新影联电影院线、广州金逸珠江电影院线、广东大地电影院线、浙江横店电影院线、重庆保利万和电影院线；农村数字电影院线一家：重庆市惠民农村数字电影院线。至此，国内排名前十位的城市电影院线中，已有6条院线进入了重庆。

硬件设施方面，重庆新建或新加盟城市院线的影院7家，分别是重庆万达影城、南岸横店影城、重庆嘉裕影城、万州保利万和影城、永川影城、开县电影院、城口电影院。

截至2009年，全市加盟城市电影院线的影院共有26家：重庆保利万和电影院线，影院17家；北京万达电影院线，影院1家；北京中影星美电影院线，影院2家；深圳中影南方新干线电影院线，影院2家；北京新影联电影院线，影院1家；广州金逸珠江电影院线，影院1家；广东大地电影院线，影院1家；浙江横店电影院线，影院1家。

在外地电影院线纷纷抢摊重庆电影市场的同时，重庆本土电影院线——重庆保利万和电影院线采取内外线同时出击的战略，一方面在部分县级城市拓展市场，巩固本土阵地；另一方面积极走出去，在市外发展院线成员单位。2009年，新增市内影院4家：万州保利万和影城、永川影城、开县电影院、城口电影院。新增市外影院2家：北京保利万源影城、南充保利万和国际影城。院线旗下加盟影院达到22家，其中本市17家，外地5家。

2009年，城市院线共放映电影新旧节目356部（有数字节目的146部），其中国产影片261部，进口片95部。二级市场发行影片92部，其中国产影片87部，进口片5部。

2009年农村数字电影院线放映数字电影节目267部，胶片电影节目116个。

（5）票房连续8年增长

2009年重庆电影票房收入继2008年首次突破亿元大关后，继续高歌猛进，全年城市影院共放映154586场，观众572.6万人次，实现票房收入1.7亿元，分别较2008年增加14.9%、61%、68%，已经连续8年大幅增长。2009年，虽受世界金融危机的冲击，但社会资金投资电影业的热度依然不减，呈现加速流入的态势。重庆票房龙头影院继续发力，引领全市电影票房收入直线攀升。UME重庆国际影城以其优美的环境、优良的服务和卓越的市场推广能力，成为全市影城的第一品牌。其江北影城年电影票房达到5400万元，排名国内年度影院排行榜第5位，单座年产出值达3.4万元，居全国电影院之首。

难能可贵的是，属于传统国有影院的沙坪坝电影院年票房收入达到1140万元，跃居全市电影放映前5名，跻身全国电影放映100强，成为重庆历史上首家票房收入超千万的国有电影院。据不完全统计，重庆本土电影院线全年电影票房收入8300万元，较2008年增长65%；其中本地票房收入5700万元，外地电影票房收入2600万元，分别较2008年增长61%和73%。

2. 新闻出版行业

初步统计，2009年重庆出版业实现销售157.89亿元、利润9.15亿元、资产189.4亿元、增加值50.37亿元，分别比2008年增长26.3%、28.87%、18.37%、15.7%；销售收入增长高于全国行业平均6%，增加值占重庆文化产业核心层的67%，贡献率高于西部各省区。由于部门统计不能全面覆盖民营出版、数字出版、非公发行、包装印刷，这组数据远较产业真实体量小。2009年重庆有图书出版社3家、音像电子出版单位6家、互联网出版单位9家，报纸45种、期刊135种、连续性内部资料近500种，印刷企业1400多家、复制制作企业40多家、发行企业2000多家，从业人员7.47万人，比2008年增加2家互联网出版单位和2种期刊，其他基本持平。

统计分析呈现四个特点：第一，国有龙头地位巩固。报业、出版、新华三大集团2009年底总资产约82.5亿元，比2008年增长37.5%。第二，数字出版增长迅猛。伴随国家数字出版基地建立，重庆数字出版持续发力，加快市场扩张。2009年实现销售18.88亿元，比2008年增长47.3%。第三，包装印刷整体回暖。包装印刷在出版产业中与国民经济关联度最高，实现同步V型反转，2009年实现销售40.87亿元，比2008年增长12.17%。第四，非公经济凸显活力。出版非公经济经受了金融危机考验，2009年实现销售64.91亿元，利润4.97亿元，资产74.28亿元，增加值30.22亿元，仍是行业增长的生力军和吸纳就业的主渠道。

（1）体制机制改革

新闻出版总署与重庆市政府共同批准《推进重庆新闻出版业统筹城乡改革和发展署市合作协议》，是重庆出版业2009年第一件大事。《协议》对部门职能进行调整。重庆市新闻出版局加强了对数字出版、民营出版的监管职责，从市文化广电局划入了对音像发行的监管职责，实行出版业“多种介质、各种所有制、全产业链”的归口管理。出版监管依法加强。按中办发［2008］27号文件，开展了全市报刊整治工作，强化了报刊主管主办单位的责任。职业管理大力实施。出版专业技术人员登记注册制施行，重庆出版业设立人员准入关。争取资源成效突出。在全国整顿压缩书报刊总量的背景下，总署破例批准重庆新办2家互联网出版单位（少年先锋报、酉阳报）、2种期刊（《新闻研究导刊》《精密仪器工程》），并追加1530个书号，更名5种期刊，给予《中国抗战大后方历史文化丛书》等国家出版资金426万元资助。重庆互联网出版单位总量增至9家，居西部第1位。出版改革重点推进。重庆市经营性出版单位改革方案出台。西南师范大学出版社、重庆大学出版社及全市6家音像电子出版单位、3家互联网出版单位转企改制进入清产核资、工商登记阶段。重庆有望在全国率先完成地方出版单位改革。报刊改革试点启动。重庆市公益性、经营性报刊分类改革方案出台。《电脑报》《电脑迷》《大众网络报》整体转制成立电脑报出版公司。《中国药房》《课堂内外》《商界》《医药导报》启动经营性报刊转企改制试点。重庆日报报业集团各报剥离经营性资产划转集团产业公司。

（2）跨领域合作

“四跨（跨媒体、跨行业、跨地区、跨所有制）重组”迈出大步。重庆出版集团与民营书业组建五洲书韵文化传媒股份公司。重庆日报报业集团与重庆大学出版社、重庆出版集团与汉王科技、西南师范大学出版社与中文在线、《商界》与中信集团等密切合作。

传统出版快速升位。在总署系统评估中，重庆三家图书出版社整体进入“中国出版百强”，是重庆出版业2009年第一件喜事。此次评估，全国15个省区市“打了白板”，6个省区市“抱回独子”，重庆全部入围，全国仅见。今后，重庆三家图书出版社作为“一级出版社”，将获全面放开书号的特殊扶持。重庆华林、重报、黔龙三家入围“中国印刷百强”，提升了业界士气。

数字出版异军突起。在广州、杭州等发达城市强力争夺中，总署批准在重庆建立全国第二个（仅晚于上海）国家数字出版基地，是重庆出版业2009年的另一大事。北大方正、中文在线、汉王科技、雅昌集团等全国出版龙头达成投资意向，腾讯大渝网、《商界》等市内出版企业向基地聚集。

（3）重大及精品项目建设

重大项目纷纷动工。2009年是重庆出版业新增投资最多的一年。出版传媒创意中心（国家级出版传媒创意区）、解放碑时尚文化城、现代印刷包装基地等项目签约动工，新华物流中心等项目加紧实施，新增投资超过50亿元。规划建设的“十大书城”中，永川、合川3000平方米书城竣工，解放碑时尚文化城和涪陵、黔江、长寿3000平方米书城正在建设，江北核心商圈内全国超前的4万平方米书城、渝北1.5万平方米书城、万州5000平方米书城落实用地。精品出版成绩可喜。出版《读点经典》12辑，发行580万册，开发《读点经典》电纸书。推出国家及市级重点出版物174种。策划适应重庆农村经济、人口、文化结构的10大系列350种《农家丛书》，103种已付印。全市出版物获省部级以上奖项154个，《熊猫史诗》获中宣部“五个一工程奖”，《探路城乡统筹》获中宣部通俗理论读物奖，《民主社会主义评析》获中华优秀出版物奖，《理论新视野丛书》获纪念改革开放30年优秀图书特别奖。出版导引机制形成。市政府第43次常务会议审议决定，设立重庆出版政府奖。市财政设立公益出版专项资金。首届重庆出版政府奖评选表彰出版物33个、出版人10个、特别奖1个，年度500万元公益出版专项资金资助项目17个。

（4）对外交流方面

重庆出版界组团参加法兰克福国际书展“中国主宾国”活动，第一次将重庆图书推介纳入国家活动。全年成交版权贸易168项，推出《中国和平发展道路》《格萨尔王》等“中国图书对外推广计划”重点图书。

3. 广告行业

2009年重庆市广告市场总体呈现市场经营主体总量大幅上升，但经营额总体下滑的态势。根据重庆市工商局的统计结果，2009年重庆广告经营单位的数量出现了较大幅度的增长，达到8022户，同比增加24.6%。广告经营总额达到33.2亿，相比2008年33.3亿的广告经营总额下降0.3%。其中：专业广告公司4611家，广告经营额11.3亿元，同比分别增加11.4%和减少11.7%；兼营广告企业2066家，广告经营额1.7亿元，同比分别增加84.8%和13.3%；电视、广播、报纸、期刊媒体134家，广告经营额19.5亿元，同比分别增加0.8%和6.6%。数据显示，经营额减少主要集中在专业广告公司，同比减量高达1.5亿多元。与此同时，在兼营广告企业总量急速增长的拉动下，部分企业经营额亦有同步较大增长，四大媒体（电视、报纸、广播、期刊）广告经营额稳中有升，对阻止广告产业整体滑坡起到积极作用。

2009年重庆GDP总量达到6523亿，广告总量占比0.5%，与2008年持平，呈连续多年停滞的状态，而与世界广告产值占GDP总量1.5%的平均水平相比，重庆广告业仍有巨大的发展空间。近年来随着重庆经济的快速发展，重庆媒体广告投放额持续攀升，从2005年的13.1亿增长至2009年的19.5亿，五年增长近50%。然而在全球金融危机的影响下，重庆四大媒体广告投放额增速严重放缓，特别是在2009年，广告主投放在重庆四大媒体上的广告额同比增长仅为6.6%，这一增幅是2005年以来的最低值，并且与中国广告市场投放额的总体增幅（13.5%）差距甚远。广告主对于重庆广告市场的投放积极性严重偏低，重庆广告价值被市场低估。

在金融危机下，尽管重庆媒体广告营业额增速放缓，但值得赞赏的是，重庆媒体呈现出集约型增长态势。2009年重庆市共有电视、广播、报纸、期刊媒体134家，广告经营额达到19.5亿元，2008年分别增加0.8%和6.6%，广告经营额增长幅度远远超过媒体数量的增长，形成集约化的良性增长模式。

广告公司数量的增加和经营额的减少进一步削弱了广告公司的实力，使得重庆广告市场一直以来的“强媒体、弱公司”格局进一步加剧。在这种背景下，广告公司需要进行资源的整合和重组，积极实现业务转型，提升服务质量，以有效应对广告公司地位边缘化的状况。而重庆市广告公司的走低一方面和金融危机的冲击有关，另一方面也和重庆市2009年户外广告的整治活动有很大关系。自2008年底开始长达一年多的主城区户外广告专项整治，对绝大部分户外广告停止审批发布，使大批从事户外广告经营的专业广告公司业务受到严重影响，户外广告经营额也随之大幅下降，2009年重庆市户外广告经营额同比锐减15.3%，减收约1.6亿元。但是户外广告整治活动不仅对于城市市容市貌的改善有正面作用，对于户外广告的规范运作和长远发展也意义重大。

4. 新媒体业

（1）数字电视整体转换

大力推进网络整合。在区县网络整合上，合川、武隆控股子公司、忠县分公司相继成立；开县完成整合组建分公司；奉节、巫山、巫溪、彭水、南川、巴南、北碚、垫江等8个区（县）的台网分营工作全面完成。在主城区企事业单位网络整合上，累计整合109个，共计23万余户。目前主城区尚未整合企事业单位40个，共计6.89万户，其中包括长安集团、重钢集团等大型企业网。

力推网络多元业务。一是“TV+”品牌首战告捷，截止11月底，共完成互动机顶盒销售7.5万台，为年初下达目标任务的125%。其中新增高清“TV+”用户1000户；二是拓展全市网络建设重点项目，“平安重庆”、“卡拉OK联网”、“市委组织部远程教育数字平台”、“新华集团全市联网”五大重点项目均已完成合同签订，顺利承接了市地税局二级联网工程及沙区组织部的建设工程，高质量地完成了市运管局的全市联网、市交运集团联网、金卡路桥全市联网项目的安装调试和首批网点的建设。三是宽带业务品牌延伸，新发展宽带用户2.5万户，累计在网用户数为6.2万户；四是进一步挖掘数字电视机顶盒潜增值业务，DTV频道广告经营完成收入100万，机顶盒开机画面及EPG广告经营实现创收，新版机顶盒开机画面及EPG广告经营已完成招标工作。五是数字电视整体转换阵地扩大，已与万州、涪陵、合川、黔江等16个区县签订了基于整体转换的数字电视合作协议，另有部分区县正在洽谈中。

增强数字电视节目的娱乐性、互动性。一是高清测试频道试播，全年播出高清节目（内容）400小时；二是推出VOD互动点播DTV精选版块，全年集成影视剧、纪录片共300多部，在播节目时长2500小时，其中DTV精选平均点播率接近4000人/次，单个节目最高点播量达到15573人/次。三是转换节目合作方式，由单纯买断向买断、分成等多种模式并存的方向发展，先后引进了CHC《动作电影》频道、《DOXTV》频道、《老故事》频道和《气象》频道，降低了公司外购节目成本，控制了节目成本因用户数量激增而产生的增幅。

（2）无线领域新媒体运营

利用3G业务拓展契机，打造重庆联通3G WAP本地门户，重数传媒公司重点开展以CTV手机电视为核心的视频业务，推出专为iPhone手机视频服务提供“CTV手机电视”客户端软件，并针对3G WAP门户网站打造出专门的内容分类、页面设计以及业务流程，着力进行页面的开发。

（3）移动电视

成立五年的重庆广电移动电视公司已全面覆盖重庆市八大主城商圈，拥有公交车、出租车、公务、私家车、索道、楼宇、爱心亭、移动LED大屏车等形态的接收终端近6000个，日均受众达600多万人次，成为全国前列、西部第一、重庆户外最大的区域性电视传播主流新媒体。在“2009中国新媒体盛典暨第二届新媒体节”上，重庆广电移动电视荣获“2009中国户外新媒体十大领军品牌”称号，这是继2008年移动电视荣获“中国（户外）新媒体年度十大品牌”后再获殊荣。

5. 演艺娱乐业

2009年，由党委政府牵头，重庆积极搭建交流交易平台，大力推动演艺娱乐产业的发展。成功举办了第二届中国重庆文化艺术节，有效地开展了演艺、比赛、展览、论坛等活动；通过政府采购1000场演出活动，积极开展城乡文化互动；通过舞台艺术之星选拔比赛，选出了10名舞台艺术新星、10名舞台艺术新秀，从3000名选手中筛选，产生了35名获奖歌手，为参加下一届央视青歌赛储备了人才；大量资本进入演艺娱乐行业，演出娱乐相关产业进一步发展，优秀演出娱乐单位成功走向市场，成功组织了“刘德华中国巡回演唱会—重庆站”、武隆“仙女山露营音乐节”、“绚丽梁平”等综艺演出活动；组织各类文化演出交流赴美国、法国、德国、加拿大、日本等16个国家和地区演出展示，对外文化交流项目达18起；引进了英国音乐剧《猫》、澳大利亚《燃烧的地板》、美国“哈莱姆天使合唱团”、西班牙“大都会舞蹈团”等著名演出团队和经典剧目88个，来自26个国家和地区的著名演出团队和经典剧目来重庆参加了演出活动。

(1) 演艺娱乐业社会效益增长，经济效益不足

2009年全市演出娱乐活动十分活跃，文化交流活动日益频繁，共举办各类演出活动19000场/次，上演剧目746个，观众人数17789.7万人/次，演出收入12111.6万元，实现增加值10405万元。同2008年相比，重庆演出娱乐经营主体总体增长9%，演出活动增长40%，观众人次增长40%，演出收入增长18%，增加值增长0.8%。

(2) 市场主体发展有序

2009年，国家文化部新修订出台了《营业性演出管理条例实施细则》，进一步降低了演出经营主体的准入门槛，加强了演出活动的监管，积极引导社会资本进入市场，活跃演出市场。重庆政府管理部门在贯彻落实《营业性演出管理条例实施细则》的基础上，加大了市场主体的培育，不断提高演出经纪机构的经营管理水平，进一步简化了审批手续和办理程序，为经营主体营造了更加宽松、公平、合理的市场环境，演出娱乐市场呈现出经营主体日趋多元化，演出内容健康向上。截止2009年底，全市共有演出娱乐经营单位4457个。其中，事业性质院团29个，群众职业和业余演出团队1078个，演出经纪机构86个，演出娱乐场所3264个。重庆现有各类从事票务经营公司12家，主要有重演票务、大众票务、渝商文化、正点文化、品度网、华龙网、中演票务通、中国票务在线、永乐春秋票务等，演出娱乐经营单位增长明显。

(3) 艺术创作收获颇丰

2009年全市文艺创作不断繁荣，创作首演剧目92个。完成了话剧《寒夜》《巴蔓子将军》《要离》《蜻蜓镯》《白粉墙》《乡村公园》《晏子春秋》，川剧《风雨女人路》《鸣凤》《小倩》《百花村》，京剧《江竹筠》《巴蔓子》，杂技剧《花木兰》《鼓动青春》，音乐剧《危城惊梦》，晚会情景歌舞《巴歌渝舞》，曲艺大典《紫气东来》，情景舞蹈诗《飘香·涪陵记忆》，主题曲艺《水仙赋》，剧稿川剧《三峡妹儿》，话剧《移民村官》《将军壮歌》《心路》《赵世炎的童年》，歌剧《希望》等。

参加各级表演大赛喜获丰收，获专业艺术国家级奖项9项。其中大型情感川剧《李亚仙》获第三届全国地方戏优秀剧目展演二等奖；大型儿童话剧《小萝卜头》获第六届全国儿童剧优秀剧目展演优秀奖第一名；大型话剧《三峡人家》成功入选国家舞台艺术精品工程优秀剧本，成为十大现实题材优秀话剧剧本之一，获得国家舞台艺术精品创作专项资金扶持；川剧《金子》、大型历史杂技剧《花木兰》入选由文化部组织进行的庆祝建国60周年全国优秀剧目，并组织演出；《巫山神女》获得2009中国第二届戏曲奖·梅花表演奖；重庆市歌剧院合唱团获得第七届中国音乐金钟奖合唱比赛银奖；歌曲《火辣辣的城》、《挨到起》分别获得中宣部第十一届“五个一工程奖”和“爱我中华—共和国六十华诞礼赞”征歌活动创作铜奖；沈福存、沈铁梅双双获得第七届“中国金唱片奖”艺术家“个人金奖”；同时，川剧《金子》在文化部在全国上千个作品中评出的18个“优秀保留剧目”中名列第一。

(4) 文化交流不断扩大

2009年，重庆积极实施“走出去、请进来”战略，进一步拓展市场。在金融危机的影响下，强化了因公出国(境)量化管理，全年艺术交流因公出访团组数量同比近3年下降20%。在此形势下，积极拓展思路，广开渠道，吸收各国优秀文化成果，对外文化交流活动依然取得新的成果。一是“走出去”步伐加大，内容丰富。组织了杂技、民乐、川剧等艺术表演类别赴美国、法国、德国、加拿大、日本等16个国家和地区演出展示，对外文化交流项目达18起，出访人数达275人。“请进来”渠道广泛，成效显著。引进了来自美国、法国、德国、加拿大、奥地利、意大利、马来西亚、克罗地亚等26个国家和地区的文化团体的交流访问和商业演出活动，引进项目达70个，访问人数达618人，分别较上年增长33%和30%。项目的实施，不仅为人民群众提供了直接欣赏世界优秀艺术，也向外界很好地展现了重庆对外开放的新形象。

6. 文化会展业

据重庆会展协会的统计，目前重庆市在工商部门注册的专业展会公司有180余家，从业人员近1500人。各种专业展会公司不仅将新的理念注入到文化展会市场，也将重庆产业界与全球经济发展更加紧密地联系起来。经过近

20年的发展，重庆会展业日趋成熟。以糖酒会、立嘉国际机械展览会、高新技术交易会、全国药品交易会为代表的一批具有国际影响的展会强化了重庆在走向世界过程中的话语权。

（1）民营展览主体发展势头强劲

由于历史原因，展览资源在计划经济时代大量集中在国有部门，而通过十余年的发展，民营经济已渗透到展览业的各个层面，表现出较强的生命力。不可否认，在展览市场中，国有部门目前仍占据主导地位。但未来的趋势可能是，展览场馆仍以国有为主，而展览的组织、展览的服务行业则向以民营经济为主的状态过渡。

（2）行业组织作用显现

行业协会的原始作用是建立多边信用约束机制，一个行业协会的产生以及有力且有效地规范该行业，说明了该行业的成熟程度和市场资源配置的优化程度。重庆市会展行业协会成立于1998年，并于2003年开始系统地对重庆会展行业进行协调与整合。目前，该协会已有正式会员50余家，涵盖了重庆文化展会行业主要的展馆与展会承办单位。重庆展会市场已逐步脱离了起步之初的混沌阶段，整个产业循着有序、规范的轨迹良性发展。

（3）国际化和专业化步伐加快

近年来，以杜塞尔多夫会展公司为代表的一大批国际大的展览企业纷纷进入重庆展会市场，中外企业合作办展的模式已屡见不鲜，中外合资展览企业也司空见惯。出国展览方面，企业从参加国外的展览会开始转向尝试到国外自主办展。从重庆文化展会市场目前的发展现状来看，这样的情况仍然存在，但主流位置却由政府部门转给了专业展会服务公司。2006年重庆所举办大型会展中有90%为专业会展公司主办，而展会的各个环节例如广告设计、建筑安装、网络媒体等更是随处可见专业公司的身影。可以说，重庆文化展会市场正向规范化经营的目标稳步前进。

（4）引进电子商务

传统的展会受制于空间与时间的约束，不可避免会面临费用高、展示时间短与展示场地受限制等问题，而电子商务的迅速发展，为展会行业提供了新的增值空间。与传统展会相比，虚拟空间的费用肯定远远低于展会现场的场地费。由于电子商务基本不受空间限制，企业可少受来回奔波之苦，也少了很多通讯差旅费用。

7. 文化旅游业

2009年重庆市旅游经济发展速度继续位居全国前列，全市旅游总收入增幅高于全国平均增速8.8个百分点；入境旅游人数突破100万人次，增幅20%，居全国第一。

（1）旅游产业地位迅速提升

主要体现在三个方面：一是领导高度重视。二是产业定位取得突破，市委、市政府首次把旅游业定位为战略性支柱产业。三是经费投入增加，市财政增加了对旅游结构调整资金投入。

（2）旅游产业布局更加协调

主要表现为三大区域协调发展。随着交通条件的改善和旅游“三大”战略的强力推进，重庆旅游的区域不协调发展问题逐步得到改善，“一心两带”三大区域呈现出同步发展局势。“一心”区域在“五方十泉”、“一圈多泉”、“太阳工程”的强力助推下持续走高。全年共接待游客9687万人次，占据重庆旅游的主体地位，同比增长20.2%。其中潼南县增势强劲，油菜花节接待游客46万人次，同比增长150%；全年增长137%。南岸、九龙坡两区接待游客首破1000万人次。九龙坡区承办的第十三届山水都市旅游节，主城共接待游客超过500万人次，招商签约总金额超过200亿元。渝东北“长江三峡国际黄金旅游带”区域增势喜人。全年共接待游客1793万人次，同比增长30.7%。其中，奉节增速为217%。丰都县承办的第十四届三峡国际旅游节共接待游客10余万人次，特别是央视《欢乐中国行·魅力丰都》大型文艺晚会，效果好，影响大。渝东南“民俗生态旅游带”区域，经过近三年的强力推进，在渝怀铁路、渝湘高速公路的带动下，成了全市旅游的后起新秀，全年共接待游客820万人次，同比增长75.9%。其中，武隆接待游客人次数和收入同比均翻了一番；黔江接待游客首破百万，达到112万人次，旅游收入同比增长51%。

（3）旅游产业体系更加合理

主要表现在三个方面：一是三大要素建设。游船、高星级宾馆、旅游商品方面均加快建设，且档次高、效果好。二是三大平台建设。交旅集团坚持抓改革、调结构、强管理、重融资，完成了各项工作目标任务。集团公司资产总额已达354亿元，实现主营业务收入5.7亿元，利润总额677万元。完成旅游项目投资7.1亿元，经营收入1.1亿元，增长24%，接待游客185万人次，增长33%。旅控集团全年营业收入1.5亿元，完成年度目标任务的112%，融资4.2亿元，完成计划的104%，完成投资3亿元，重宾·保利国际广场建设达到45楼，旅游商品产业园区与江北签订241亩用地合同。重庆旅游信息服务平台加快构建，12301旅游服务热线已开通，重庆旅游网政务版、商业版形成了整体框架。三是三种宣传方式齐推进。资料方面，全面推出旅游宣传“十个一”工程。广告方面，以“4+1”旅游精品为重点，在央视1套、4套、重庆卫视、凤凰卫视黄金时段进行宣传推介。活动方面，开展旅游主题年活动100项。

(4) 旅游产业政策更加配套

主要体现在四个方面：建设政策。在市财政、税务、国土、建设等相关部门支持下，出台并落实“五方十泉”、“太阳工程”等优惠政策，引导各种资本进入旅游产业。“五方十泉”旅游公建部分已缴纳的市级土地出让金和配套费当年返还金额为9104万元；游轮建设贷款贴息540万元。营销政策。延续实施“激活旅游市场优惠奖励政策”。2008年下半年488家企业享受营业税先征后返优惠政策，总金额2065.7万元；2009年达584家、2500万元。全年“组织入境旅游”奖励500万元。经营政策。“太阳工程”有关经营的优惠政策兑现总金额达2010万元。其中，五星级饭店刷卡费率下调1个百分点，11家五星级饭店节支480万元；15%所得税优惠，仅金科、金源、君豪三家五星级酒店就可减税510万元；正在协调的水、电优惠，可为11家五星级饭店节约210万元；稳定政策，退还250家旅行社质量保证金2121亿元。

(5) 旅游产业效益日益凸显

主要表现在国内、入境、出境三大市场增长迅速。尤其假日旅游成为旅游经济的重要增长点。春节和“十一”两个黄金周，元旦、清明、“五一”、端午4个白银小长假，接待人数和收入均同比增长30%以上。六个节假日共接待旅游者3331万人次，占全年接待人数的27.1%，收入114.2亿元，同比增长15.1%，占全年总收入的17%。共接待国内旅游者1.2亿人次，同比增长21.9%；旅游总收入703亿元，同比增长25.2%。在全国入境旅游人数同比下降2.7%以情况下，全市接待入境游客104.8万人，旅游外汇收入5.4亿美元，均同比增长20%。全市20家出境旅行社组织出境游14.3万人次，同比增长39.0%；赴台游客是2008年的13倍。

(6) 质量不断提升

开放度不断提高。全年对外签订区域间合作协议9个，包括《西部旅游合作框架协议》《京津沪渝旅游合作协议》《对口支援三峡重庆库区旅游合作协议》等。与越南国家旅游局、约旦旅游局等签订了旅游合作协议。争取到重庆中旅、新亚国旅、新世纪国旅、长江国旅等四家旅行社经营赴台旅游资格。产业要素不断增多。全市新增旅行社30家，达到353家，其中出境社20家；新增旅游星级饭店27家，达到266家；新增绿色旅游饭店7家，共36家，其中金叶级21家。产业秩序井然有序。全年受理投诉130件，接待旅游投诉者986人次，为游客挽回直接经济损失5.1余万元，法定时效结案率100%。全年组织旅游专项执法6次，立案查处违规旅游企业11家。全市旅游安全实现了“零事故”。

# 四川省

## 一、四川省2009年文化产业发展综述

2009年，全省文化产业总资产突破1000亿元，总收入超过800亿元，实现增加值302.83亿元，同比增长12.5%，占GDP的比重2.1%，对GDP的贡献率增长到2.8%。图书发行、都市类报业居全国同行业综合竞争力前5强，新华文轩股份有限公司实现同行业销售收入第四、利润第一，省电影公司综合实力跃居全国省级电影公司第一，全省电影票房总收入居全国第5位，成都数字娱乐产业进入全国综合排名前3位。文化产业成为四川省经济社会发展的新亮点。2009年，文化系统文化产业年末拥有资产399.43亿元，从业人员33.38万人（占全部文化产业的65.1%）。全年实现营业收入380.82亿元；实现增加值102.63亿元（占文化产业的39.7%），占全省GDP的比重为0.82%。全省审核审批对外文化交流项目254项，同比增长76%，出访130项，同比增长71%，达到历史最好水平，实现历史性突破。实现文化贸易额1.5亿元。

1. 科学规划产业发展

《国家文化产业振兴规划》下发后，四川在全国率先出台了《四川省文化产业发展规划》，提出了未来5年发展目标，即到2015年，文化产业增加值达到1000亿元以上，年均增幅高于同期国民经济增长。全省形成经营收入达50亿元文化企业5户、10亿元文化企业20户、1亿元文化企业80户，文化产业从业人员达到100万人以上。基本形成与西部经济发展高地和文化强省相适应的文化产业格局，文化产业综合实力领先西部、居全国先进行列。规划对全省文化产业进行了创新性布局。在空间布局上提出了“集中发展区”和“特色发展区”，即依托特大城市和大城市都市圈建设“集中发展区”，形成文化创意、物流、印务、动漫创意、网游研发、影视制作等产业集群和产业聚集区；建设川西民族文化、川南民俗文化、川中历史文化、川东北红色文化等特色文化产业发展区。在结构布局上，提出了大力发展新闻出版、广播影视、演艺娱乐、动漫及网络文化、文化旅游、广告会展、文化用品及设备制造、其他文化服务产业等八大产业。

2. 整合资源促进产业发展

持续推进大集团带动战略，通过对出版发行、有线广电网络、电影、期刊资源的整合，培育一批产业链条完整、竞争优势突出、抗风险能力增强的大型文化集团。一

是推动出版发行资源整合。出版集团和发行集团重组新华文轩连锁股份有限公司取得了实质性进展，为出版集团整体转制奠定了重组的体制基础，重组后新公司的机构框架和发展战略已经形成，启动了新公司章程制定、新公司预核名、股权转让（受让）预沟通等工作。重组后将大力推动新公司A股上市，力争经过3年努力实现销售收入突破100亿元。二是完成有线广电网络整合。省委、省政府印发了《整合全省有线广播电视网络资源组建四川省有线广播电视网络股份有限公司的方案》，2010年1月，四川省有线广播电视网络股份有限公司挂牌成立，全省200多个独立的有线广播电视网络经营主体有效整合，形成了一个经营主体。三是推进电影资源整合。将省电影公司和峨眉电影制片厂、峨眉电影频道资源进行整合，组建新的峨眉电影集团，实现电影制片、发行、放映一体化，做强做大产业主体。四是推动期刊资源整合。四川党建期刊集团以非时政类9刊4报资产入股，文轩股份公司投入现金5000万元，发起组建了四川期刊传媒（集团）股份有限公司，实现了报刊内容资源、发行资源、公共服务平台等资源的整合，创造了推动非时政类报刊社转企改制的新模式。五是支持博瑞传播实现跨界整合。博瑞传播斥资4亿元收购梦工厂，从报业传媒发行广告业进入网络动漫游戏研发和运营领域，实现跨行业、跨领域、跨所有制资源整合和发展转型。

3. 重大项目带动产业发展

按照中央关于实施重大文化产业项目带动战略的要求，立足“抓大项目、大抓项目”，积极规划、论证、启动了一批重大文化产业发展项目，其中投资上亿元的文化产业项目18个、一期总投资超过200亿元，将对文化产业发展发挥聚集作用，有效促进文化产业加速发展。成都市规划了面积43平方公里的东部新城文化创意产业综合功能区，重点发展以文化创意产业为主的现代服务业；积极争取金融政策支持，国家开发银行为成都市文化产业发展提供300亿授信额度。四川新华发行集团启动了集特效电影、数字出版、青少年素质教育体验等内容为一体、占地约1300亩、总投资约40亿元的文化创意产业园项目，建成后将聚集文化企业50家以上，实现年产值25亿元以上、年税收1亿元以上、年游客量300万人次、直接就业机会2000个以上的目标。省新闻出版局牵头启动了总投资100亿元的成都现代印务基地项目，完成一期2.4平方公里园区的基础设施建设，建成后将引进120家规模以上印刷及配套企业，年实现工业总产值200亿元以上，提供上万个就业岗位。四川日报报业集团西部文化产业园建设步伐加快，四川广播电视台总投资近5亿元的四川广播电视塔影视文化广场建设进展顺利，四川新华发行集团总投资5亿元的总部基地“新华之星”项目加快推进，成都绿舟创意产业基地初具规模，内江大千文化旅游产业园区、大邑安仁影视文化基地、自贡市文化艺术中心、宜宾大剧院、泸州大剧院、广元文化艺术中心等项目先后启动。

## 二、四川省2009年文化产业各行业发展综述

1. 广播电影电视业

2009年，全省共有广播电视台15座，电视台15座，广播电视台152座。广播综合覆盖率96.19%，电视综合覆盖率97.27%。全省广播电视从业人员35189人，比上年增加994人；全省广播电视总收入598296万元，比上年增加了135517万元，其中，广告收入195439万元，比上年增加33333万元；网络收入197565万元，比上年增加26576万元；全省广播电视总资产1294649万元，比去年增加了142326万元；全省广播电视实现增加值115800万元。

2009年度全省各广播电视制作播出单位获得国家级（政府奖）广播电视节目奖31个，其中：电视大奖4个、提名7个，广播大奖2个、提名7个。21届“星光奖”特别奖1个、大奖3个、提名3个。“飞天奖”提名1个，第十九届中国新闻奖二等奖1个、三等奖2个。此外，组织参加了第十九届中国新闻奖评比活动，选送参加的节目共有3件作品获奖，其中成都电视台的系列报道《应对水危机》获二等奖；四川卫视的电视消息《直击都江堰至映秀段公路特大滑坡现场》获三等奖；达县广播电视台的广播专题《70小时大救援》获三等奖。四川省实施了藏语方言节目译制工程，2009年已分别译制完成《崛起》、《西藏民族改革50年》等十多部上百集藏语康巴语版及安多语版专题片。

2009年是中国电影全面产业化改革的第七年，是农村电影放映工程扎实推进的第四年，也是电影行政管理职能从文化部门调整划转到广电部门的开局之年，四川电影工作在各级党委政府的高度重视下，取得了可喜的成绩。

2009年，四川省电影市场进入了快速发展的轨道。2009年，四川共有太平洋、峨眉、中影星美、万达、上海联合、重庆保利、时代金典、正天影业、中影数字等9条城市电影院线，77家电影院，416块银幕。其中，新增电影院线4条，新建电影院8座，新增银幕数56张，新增观影座位4920个。全年票房（不含农村市场）达到3.2亿元，比2008年增加1亿元，增长率45%，票房收入居全国第五位。

2009年，四川省电影公共服务建设进一步加强。职能转化后，各级广电部门充分发挥传媒优势，大力宣传农村公益电影放映的重要性、必要性，按照“企业经营、市场运作、政府购买、群众受惠”的思路，基本解决农民看

电影难的问题。为更好地监管农村公益电影的放映情况，科学合理调配放映场次，四川省新天地和成都市金沙农村数字电影院线公司还在全省率先实施了GPS/GPRS系统监控农村公益放映。据统计，2009年，四川省19家农村数字电影院线公司和3家数字电影中心共放映农村公益电影60万场，灾区慰问电影11万场，观众达9800万人次，保质保量完成了全年的目标任务。从8月至12月，组织协调了庆祝新中国成立60周年系列文化活动之一的“向祖国汇报”优秀国产影片的展映活动。在为期5个月的展映活动中，各放映单位先后开展了“祖国华诞60年，惠民电影天天看”、“四川农村电影战线‘向祖国汇报’优秀国产影片献映”等活动，展映影片60部，放映12万余场，使国庆献礼影片和其他优秀爱国主义影片在活动期间取得了社会效益和良好收益。

3. 新闻出版业

2009年，全省共有新闻出版产业单位18790余个，从业人员约13.42万余人，总资产达360.72亿元，比上年增长6.56%；全行业实现销售收入267.56亿元，比上年增长10.23%；实现利润总额25.76亿元，比上年增长24.44%；实现增加值75.68亿元，比上年增长11.94%。总资产360.73亿元，其中：出版业总资产为121.52亿元，占行业总资产的33.69%；印刷复制业总资产为138.21亿元，占行业总资产的38.31%；发行业总资产为101亿元，占行业总资产的28%。销售收入267.56亿元，其中：出版业实现销售收入为70.83亿元，占行业总收入的26.47%；印刷复制业实现销售收入为139.57亿元，占行业总收入的52.16%；出版发行业实现销售收入为57.16亿元，占行业总收入的21.37%。利润总额25.76亿元，其中：出版业实现利润总额为10.11亿元，占行业总利润的39.25%；印刷复制业实现利润总额为9.41亿元，占行业总利润的36.53%；出版发行业实现利润总额为6.24亿元，占行业总利润的24.22%。增加值75.68亿元，其中：出版业实现增长值25.89亿元，占行业总增长值的34.21%；印刷复制业实现增长值33.18亿元，占行业总增长值的43.84%；出版发行业实现增长值16.16亿元，占行业总增长值的21.95%；

围绕“大集团带大产业”战略，推动集团联合重组、做强做大，在提高规模化、集约化水平中加快四川省出版传媒领域战略投资者的培育。四川出版集团与新华文轩的主营业务整合扎实推进，延伸了产业链；四川党建期刊集团与新华文轩共同发起设立的期刊传媒集团正式成立，开启了转企、改制、股份制改造“三步并成一步走”的全国先例；四川新华文轩公司不仅打破出版物的传统经营模式，建成了全省首个集购书、电影、娱乐、餐饮、休闲于一体的大型文化商城，还充分发挥现代企业的优势，与北京、海南、贵州多家出机构及四川外语学院成都学院进行联合重组，进一步拓展了全国市场和营销网络，增强了跨媒体、跨行业、跨地区发展能力。

产业基地、园区等重大项目建设加快推进。由省、市以及蒲江县共同打造的成都现代印务基地发展顺利，已有11家包装装潢印刷企业入驻，总投资8.63亿元，其中有5家投产，实现产值3.15亿元；射洪县“西部包装印刷城”运行4年来，产值增长了近10倍，占到了全县生产总值的2%。

版权产业迈出新步伐。编写了《四川省版权产业发展战略及对策研究》，参与了《四川省知识产权战略纲要》制订，世界知识产权组织（WIPO）官员对成都天府软件园纳入WIPO“版权产业优秀示范园区”进行了实地考察。省内出版发行单位积极参加国际国内举办的各种出版业展会活动，本版出版物销售订货、图书版权贸易特别是版权对外输出均创近年最好水平。其中：在北京图书订货会、全国图书交易博览会上实现出版物订货总码洋1.09亿元，比去年增长35%；在北京国际图书博览会上签订版权输出合同8项、合作出版合同2项，达成版权输出意向协议64项；在第61届法兰克福书展上，成功签订了69项图书版权对外输出合同。年内，全省共签订图书版权贸易合同177项（其中对外输出100项、从外引进75项、合作出版2项），实现了图书版权输出大于引进，有3种图书获全国第八届输出引进版优秀图书奖。

2009年，四川省出版物发行业总的发展呈现三大特点。一是国有发行企业发展势头强劲。以新华文轩为代表的一批国有发行企业通过不断深化改革，在推进联合重组、开拓发展领域、延伸产业链等方面取得较好成效，加速了产业升级、建设大型综合传媒集团的步伐。其中，新华文轩资产达57.98亿元，实现销售32.09亿元，同比增长17.25%；利润3.66亿元，同比增长8.25%，居全国同行业前列。二是民营发行企业实现较快发展。面对新形势，四川省民营书刊经营企业主动作为，积极苦练内功，开拓市场，在激烈竞争中站稳脚跟并实现较快发展。2009年，全省销售额超过千万元的民营企业达31家，比上年增加6家，而且各项经营指标较上年均有大幅提升。三是积极投身社会公益活动回报社会。在有关部门引导下，四川省发行企业在加速发展、做强做大的同时，踊跃参加全省科技大场、送书下乡、图书捐赠等公益活动，并主动开展助残济困、资助孤儿和贫困大学生等爱心活动。与此同时，积极参加书展，在去年北京图书订货会和第十九届全国书博会实现订货码洋首次突破亿元大关，较上年增长40%。

4. 广告业

四川省广告协会2009年上半年重新修订了《四川省广告企业资质认定与管理办法》，并开展了第四批广告企业资质认定工作。13家广告企业分别获得了省一、二级资质认定。广告企业的资质认定工作是行业界内的一件大事，对于行业自律，规范企业标准，维护市场秩序，推动企业提高核心竞争力，向专业化、集约化、规模化方向发展具有重要的意义。

2009年，省广协在全省广告行业征集广告作品参加第16届中国国际广告节的各项作品大赛。四川省广告媒体和经营单位不负众望，在强手如林，竞争激烈的条件下，获取长城奖2金、3铜、9入围的好成绩，为近年四川省广告行业获奖最多的一年。四川诚成广告有限公司和成都伍拾广告公司一压群芳获取的金奖，为四川省内的广告媒体和广告公司参加中国广告节长城奖参赛，增了光彩，鼓舞了斗志，增强了信心。公益黄河奖上也有不菲的成绩。

四川广告网运行两年后，运行良好，充分利用网站平台，发布广告法律法规宣传、行业自律、行业动态、协会工作、广告知识和广告创意等信息，同时还与四川省工商局相关处室和机构建立信息交流平台，增强信息的互通。并适时发布各市州协会的活动简报，工作动态信息。及时将协会的工作及活动要求在网上告知全体会员，保证平均每天能有五条以上的信息对网站进行更新，使《四川广告网》的点击率不断增长，在业界内影响颇佳，成为了全省广告行业的权威网站，广告人的精神家园。

5. 演艺娱乐业

截至2009年底，四川省文化艺术领域共有文化市场经营单位2.5万余家，经营收入167.5亿元。其中：网络文化市场经营单位9000余家，经营收入103.2亿元；文化娱乐市场经营单位8348家，经营收入61.2亿元（2009年全省小改大、兼并、整合加快，歌舞、游艺娱乐场所实际总家数下降13%左右，但投资总面积比08年200万平方米增加约17万平米，增加约为11.7%）；演出市场经营单位421家，新增投资5400万元，各种演出6000余场，收入1.6亿元，涉外涉港澳台演出800场；艺术品市场经营单位420余家，收入1.5亿元。音像经营单位7101家，收入约4.5亿元。

地震周年纪念活动和感恩演出弘扬伟大抗震救灾精神。省直文艺院团创排了以“弘扬抗震救灾精神”为主题的歌舞剧《不能忘却的记忆》、音乐剧《未来组合2008》、乐舞史诗《羌风》等重点剧目，在成都集中展演共计60余场，在社会上引起了积极的反响。以省曲艺团为主要班底，多支文艺小分队在国庆前后开展“千里驰援·爱洒四川”——慰问灾后恢复重建援建工作者文艺演出，行程2000多公里，演出20余场，观众达数万人次。全省各市州也纷纷开展多种形式的纪念活动。成都、绵阳、德阳、广元等地震灾区分别以小分队、宣传队、演出团等形式开展慰问演出活动、举办抗震救灾周年纪念群众广场文艺演出或纪念晚会。

省直文艺单位充分发挥作龙头作用。大型话剧《红叶旅途》晋京献演，得到中央领导高度评价，并在十多个省市巡演近40场，观众达3万多人次。歌剧《花蕊夫人》、川剧《帅大一片红高粱》等剧本和文艺评论在全国戏剧文学评奖中荣获佳绩。情景音乐剧《草房子》获第六届全国儿童剧优秀剧目展演优秀剧目奖，川剧《尘埃落定》、《死水微澜》、《巴山红叶》、曲剧《羌山雄鹰》、音乐剧《未来组合2008》、舞剧《红军花》等一批主题鲜明、题材广泛、风格多样、艺术感染力强的优秀作品极大地丰富了全省文艺舞台。省川剧院《火焰山》、《镜花缘》尝试海外融资、中外合作、演出收益分成的国际化合作模式，拓展了川剧海外市场。

各市州加大艺术创作生产力度。推出一批弘扬主旋律、体现社会主义核心价值观优秀艺术作品。成都市推出的话剧《坚守》荣获中宣部“五个一工程”奖，话剧《警官谭东》获公安部金盾艺术奖，《欲海狂潮》荣获“中国戏曲学会奖”，人偶剧《巨人的城堡》已演出170余场，并获得了第十三届中国人口文化奖（舞台艺术类）戏剧类作品二等奖等多个奖项。自贡市推出的川剧《刘光弟》荣获全国南方片区戏剧调演优秀剧目展演奖，川剧《活捉三郎》荣获中国少儿戏曲小梅花金奖，相声《岁月如歌》入选全国相声作品大赛入围作品。阿坝州深入挖掘整理，推出原生态歌舞《羌魂》，在北京首演引起极大反响。

民营文艺表演团体发展势头良好。民营文艺表演团体评估定级工作启动，社会资本投资兴办民营文艺表演团体发展势头良好，目前全省已有民营演艺团体3000多家。德阳杂技团已成为拥有5个子公司和杂技表演团等不同类型表演团体的全国著名民营文艺演出团体，年演出达3000场以上，创下了全国民营表演团体演出总收入、总场次、观众总人数“三个最高”。全国首个农村演艺中心四川龙城农民演艺中心在泸州成立，每年演出超过15000场，观众超过150万人次，演出收入近3000万元。绵阳市禹羌文化发展公司推出情景歌舞剧《大北川》、四川博远羌风文化传播有限公司出资打造的羌族乐舞史诗《羌风》、四川民族歌舞团推出的《天地吉祥》均是四川省文艺创作投资主体多元化机制的有益尝试。

6. 文化会展业

2009年1～4月，全省各地积极做好商贸会展促进消费工作，会展业呈现活跃兴旺的态势，办展地区覆盖全省21个市州，参展企业持续增加，展位数量不断上升，成交金额明显扩大，会展经济效益突出，对促进消费需求增长发挥了积极作用。

展销会促销明显。省商务厅组织全省商务系统开展旺季促销系列活动，通过举办名优特新商品展销会、车展、房展、家居用品、农商对接会等主题促销活动，激活了城乡市场，扩大了假日消费，有力地促进了全省消费需求的稳定增长。省经委、省商务厅、省工商联联合主办的第十三届四川新春（年货）购物节，为广大企业搭建了宣传促销平台，受到消费者的青睐，16天展销会期间参会人数达180万人次，总成交8.5亿元。绵阳市举办的迎春商品展销会，吸引消费者超过100万人次，成交金额超过2000万元。乐山市在迎春购物月活动期间组织展会30多场，促进限额以上批发企业销售增长25.9%，限额以上零售企业收入增长27.5%。

消费型节会活动繁荣活跃．各地充分发挥特色，因地制宜巧借美食、花时、鲜果上市等主题，举办各类消费型节庆活动，刺激居民即期消费。成都市按照“全域成都”的理念，积极整合资源，联动各区（市、县）办节办会，以地方特色经济和文化旅游资源为核心，推动各地打造消费型的品牌节庆活动，如成都元宵节、成都大庙会、龙泉驿的成都国际桃花节、新津的梨花节、蒲江的樱桃节等。成都市成华区创新营销模式，成功举办“生态城区·现代成华—2009·住在成华”春季购房节，在大型综合购物商业体SM城市广场中，通过整合商品房销售、商品零售、餐饮等消费，有力地促进了消费，在购房节的4天里，50多个参展楼盘累计销售商品房近2000套，销售收入近9亿元，并带动参加此次营销活动的商场、餐饮销售分别增长160%、200%。眉山市印发了《关于开展“月月有会展”活动的通知》，在全市开展“月月有会展”活动，收到良好效益，如丹棱县举办的2009齐乐桃花源·丹棱乡村游活动，吸引游客人数达22万人次，实现餐饮住宿收入1205万元。乐山市在3月份举办的桃花节等春季特色节庆活动吸引游客超过30万人次。

专业型展览会成效显著。成都等地发挥优势，组织特色突出、影响广泛的大型专业型展览，彰显了巨大活力。在成都市举办的春季（80届）糖酒会展览面积达12万平方米，参展参会客商16万人，参展企业4000多家，成交额达173.09亿元。省商务厅先后与省林业厅、资中县政府共同主办了四川特色林产品推介会和资中县特色水果推介会，近20家大型商贸企业、农产品批发市场与70余个品牌、300余个系列林产品、6家资中县的水果专业合作组织进行了对接洽谈，达成协议40余个，合作金额超过2亿元。泸州市举办的酒博会主会场展区面积2万多平米，共有参展企业133家，参会人次达10.7万，意向成交金额达8.5亿元。

7. 新媒体业

四川省广电社会管理工作成效显著，并探索了一些有益的经验，即是大力加强新媒体新业务的发展和管理。四川省各级广电行政部门认真贯彻落实《互联网视听节目服务管理规定》，积极支持主流媒体发展新媒体，以神韵在线、四川新闻网为代表的一批主流媒体视听节目网站影响日前扩大。切实加强对社会各类视听节目网站的行业管理，强化行业准入，推进行业自律，严查网上有害视听节目，网络视听节目服务秩序日趋规范。广泛开展移动多媒体广播影视、有线数字付费电视、高清电视、公共载体视听节目等新业务调研，为促进发展和规范管理奠定了基础。

四川电视节办公室与四川省广电协会、四川省视协高校委员会、成都理工大学广播影视学院联合举办的“传媒发展与影视教育”高峰论坛正在紧锣密鼓地筹备中。该活动是为了扩大影视传媒交流，促进影视传媒发展与合作，适应媒体市场竞争，培养影视传媒人才。本次论坛的议题主要有：传统媒体如何应对数字化与网络技术的挑战；传统媒体与新型媒体的竞争、依赖、共存、发展的现状；新技术对媒体发展的作用；新媒体发展事态与影视编导的人才培养等。希望本论坛的开展能够唤起同行对新媒体发展的广泛关注，充分带动新型影视教育人才的培养。

8. 动漫游戏业

2009年，四川省动漫游戏产业在党委政府的高度重视下，经各相关部门的共同努力，得到了较快发展。特别是在省会城市成都市积聚了一批创意人才，形成了以国家动漫游戏产业振兴基地、国家数字媒体技术产业化基地、国家网络游戏动漫产业发展基地等为载体的产业园区，发挥了集聚效益，在全国具有一定的影响力。依托市场力量发展的网络游戏，通过多年的政府引导、市场培育、品牌扶持、人才培养，成效显著。

2009年，四川动漫游戏及相关企业超过160家，动漫游戏相关从业人员约1.8万人，实现销售收入约25.5亿元，其中网络游戏销售收入超过25亿元，占四川动漫产业总收入的98%，占国内游戏产业总量超过10%，处于全国先进行列。

在基地落户的四川省最早确定的动漫游戏产业发展中心区域成都市高新区，聚集了包括四川精锐动漫、恒风动漫、中轩数码、视魔映画、风之翼等为代表的动漫骨干企业和包括世界第二大游戏开发商育碧软件、台湾最大的游戏开发商昱泉、国内网络游戏巨头盛大网络、金山软件等重量级公司在内的网络游戏企业59家，比2008年增加了5家，从业人员达到6000余人，实现销售收入约16亿元。

在2009第十届四川电视节上，成都恒风动漫制作有限公司制作的52集3d高清原创动画片《星系宝贝》荣获“金熊猫”“评委会特别奖”，成都巴斯图恩文化传媒有限公司的作品《巴巴象》荣获“视听类大奖”和“最佳网络动画”大奖。四川精锐动画有限公司融合四川自然风光和羌族文化制作动画连续剧《熊猫往事》。成都风之翼动画制作公司推出原创漫画项目《妞妞淘》等。四川动漫产业链不断完善，动漫剧、动漫综合开发和动漫衍生产品生产渐入佳境，成都艺术剧院打造本土原创卡通偶形动漫儿童剧《巨人的城堡》，演出170多场，获得了第十三届中国人口文化奖（舞台艺术类）戏剧类作品二等奖、四川省第十届精神文明建设“五个一工程”优秀作品奖；成都牧鹰数码艺术设计有限公司打造的原创形象“酷巴熊”在2009年9月举行的“金海豚”动画作品评奖中，获选“最佳网络动画”，并在动漫电影制作、漫画图书创作、手机游戏开发、衍生产品开发和品牌宣传等各个方面全面开花。

四川特别是成都良好的人文城市环境汇聚了众多研发人才为动漫游戏产业发展提供了强大的智力支撑。四川大学、成都大学、四川理工大学、四川音乐学院、西华大学、四川艺术职业学院等各大专院校纷纷设置动漫游戏专业，目前动漫游戏专业的在校生达到近万人。同时，采取专业教育和职业培训相结合的方式，从高校到企业，充分利用创意资源优势，学、产、研一体，培养汇聚了大批熟悉动漫游戏产业各方面运作的复合型人才，为四川动漫游戏产业发展提供了丰富的素材、强大的智力支持和原创动力。

四川大力推进国家动漫游戏产业（四川）振兴基地、国家数字媒体技术产业化基地、国家网络游戏动漫产业发展基地建设，四川动漫游戏产业特色化发展明显，在网络游戏方面具有独特优势，培育和发展了以逸海情天、梦工厂、锦天科技、盛大（成都）、金山（成都）等为代表的网络游戏企业，研发了《侠义道》《海天英雄传》《风云》《传说 on－line》等为代表的多款“四川造”网络游戏产品，取得良好的运营业绩，总产值达10亿元以上，在全国有一定的影响力。在遭遇“5.12”汶川特大地震和2008年下半年经济危机以来，网络游戏产业逆势上扬，2009年产值比2007年年均增加45%，成为经济增长和产业发展的新亮点。创业团队不断涌现，部分团队发展前景看好，受到国内风险投资或网络巨头的关注和青睐。通过系列的资本运作，成都本土造游戏获得强大的市场推广空间，给游戏研发注入了活力。

9. 文化旅游业

2009年，四川省旅游业强劲恢复并超过震前水平。全年实现旅游总收入1472.5亿元，增长34.8%。接待入境旅游者85.0万人次，增长21.5%，实现旅游外汇收入2.9亿美元，增长25.4%；接待国内游客2.19亿人次，增长25.6%，实现国内旅游收入1452.8亿元，增长34.8%。旅游总收入、国内旅游收入、国内旅游人次数与震前2007年相比，分别增长21.0%、23.1%、18.1%。

（高鹏协助提供相关资料）

# 贵州省

## 贵州省2009年文化产业发展综述

2009年，贵州省文化产业总收入突破160亿元，比2004年增长了68.45亿元，增幅达74.77%。近几年贵州文化体制改革取得突破进展，经营性文化单位转企改制扎实推进，公益性文化单位改革向纵深发展，文艺演出院团改革闯出新路子。2009年贵州省进一步加大力度、加快进度，深入推进文化体制改革全面提速，实现了由试点向全省推开、由局部向整体迈进的转变，较好地促进了文化产业的发展，为在2010年底前基本完成改革任务奠定了坚实基础。

1. 良好氛围已经形成

2009年5月省委书记石宗源同志陪同中央文化体制改革督查组检查工作时，提出要加大力度、切实解决改革中的突出问题，并在8月主持召开省委常委会，听取文化体制改革工作汇报，强调要抢抓机遇全面完成改革任务，要立“军令状”，对改革滞后、不思进取的单位要采取组织措施。省长林树森同志两次主持召开省长办公会，研究文化体制改革的政策问题，通过了贯彻落实国办发【2008】114号文件的相关配套措施，已正式印发执行。各级党委、政府对文化体制改革的重要性、紧迫性认识更深刻、重视更到位。已建立健全省及市（州、地）、县（市、区）三级文化体制改革领导机构和工作机构，编制、人员落实到位。文化单位干部职工支持改革、配合参与改革的积极性、主动性明显提高，在调查研究、编制方案等环节，充分发挥主人翁精神，纷纷建言献策。全省上下形成了重改革、谋发展的良好氛围。

2. 转企改制不断取得突破

全省已明确整体转企改制或剥离转企改制的66家经营性文化事业单位，已有39家完成转企改制挂牌组建企业，其余27家已编制方案，正按照程序报批。截止目前，全省广电网络、所有出版社和新华书店，以及贵州省杂技团、贵州省文化演出中心、金黔在线网、新报社等全面完成整体转企改制；省及市（州、地）党报党刊、电台电视台基本完成经营环节和经营业务剥离转制为企业；贵州日报报业集团、安顺日报社等积极推进发行体制改革，自办发行成效明显。贵阳市、遵义市、安顺市、铜仁地区国有文艺演出院团转企改制取得实质性进展，其他市（州、地）一级国有文艺演出院团全部制定转企改制方案。通过改革，在文化演艺、广播电影电视、新闻出版领域培育壮大了一批国有合格文化市场主体和国有骨干龙头文化企业。

3. 跨区域资源整合深入推进

省及市（州、地）、县（市、区）有线广电网络通过全面整合，形成全省"一张网"的网络传输格局，目前数字电视用户突破200万户。贵州省京剧团与贵阳市京剧院完成同城整合组建贵州京剧院，并逐渐深化完善。贵州出版集团公司与四川新华文轩连锁股份有限公司联合成立贵州新华文轩图书发行有限公司。贵州电视台与甘肃广电总台不断拓展合作业务，并相继与上海、北京、湖南等地相关企业以及中广传播总公司等深入开展跨区域项目合作。贵州人民广播电台与陕西人民广播电台积极推进战略整合，探索借壳上市。其中，全省有线广电网络三级整合和整体转改制、贵州电视台宣传经营两分开改革和跨区域业务合作，得到中央有关领导和国家有关部委的充分肯定。

4. 文化产业实力不断增强

大力推动传统文化产业发展壮大，据不完全测算，2009年全省广播电影电视主营业务收入预计突破25亿元，同比增长30%左右，全省新闻出版主营业务收入预计超过48亿元，比去年增加近3亿元，文化在经济社会发展中的贡献越来越大。组织开展"多彩贵州"系列活动，着力培育打造"多彩贵州"文化品牌，使贵州文化的对内凝聚力和对外影响力进一步增强。拍摄推出了《绝地逢生》《杀出绝境》《永不言弃》《云天下的日子》等一系列特色题材电视剧。大力推动文化与旅游、体育融合发展，实施了一批民族民间文化、红色文化、避暑休闲文化产业项目。启动开展了省及市（州、地）文化产业发展规划编制工作，初步形成全省完善的规划体系。

5. 积极制定相关政策措施

省文化体制改革工作领导小组多次召开会议，研究解决改革发展的重大事项，具体推动改革顺利进行。年初制定下发了《2009年文化体制改革工作要点》，通过责任分解，将任务落实到具体单位和具体人，提出年底召开全省文化体制改革经验交流会的工作目标，在高起点上推开全年工作。坚持以省直改革为重点带动地区、以试点改革为重点带动非试点的思路，精心组织实施，加快改革步伐。加强对改革涉及部门统筹协调，特别是对文化单位的改革方案，一个一个地主动跟踪对接，反复指导、修改和论证，一年内具体指导、修改方案20余个。具体来讲，包括：一是针对转改制单位财政拨款和社会保险接续的问题，制定出台了具有较强针对性和操作性的配套措施，较好地解决了财政拨款事业单位转改制后财政继续支持的问题，切实解决了退休老人和提前退休、离岗老人的社会保险问题，妥善解决了中人退休后事企待遇差的资金支持和政策保障问题。仅以省直文化单位转企改制计算，每年财政支付社保成本为2400多万元，财政支付成本为5000多万元。二是制定出台了有关工商登记、税务、金融、国土等四个方面的配套措施。三是坚持"谁改革就支持谁"的原则，2009年安排省级文化产业发展专项资金1090万元，倾斜对28家改革单位进行项目扶持，充分调动了文化单位的改革积极性和主动性。四是加强督促检查。一是创建"两周一报制度"。各地各单位每隔两周报送一次改革进展情况，切实加强跟踪督办和具体指导。二是创建"一月一调度制度"。每隔一月召开一次文化体制改革督促分析会议，了解进展，分析问题、总结成效，推动行业主管部门具体落实。三是创建"一季一通报制度"。每隔一季度对全省改革进展情况进行通报，推动各地各单位加强横纵比较，不断改进工作。四是创建"一年一督查制度"。组建省委文化体制改革督查组，年底集中对各地各单位落实改革任务的情况进行督查。

（全颖若协助提供相关资料）

# 云南省

## 一、云南省2009年文化产业发展综述

2009年，云南省文化产业行业门类日趋齐备，核心产业支撑力强健，产业联动发展彰显优势，市场体系逐步完善，市场主体活跃，空间布局及特色清晰，文化市场繁荣。

1. 产业发展核心稳健、支撑有力、特色突出

新闻出版、广电影视等核心产业通过体制改革、联动发展、提高创意和文化附加值等推动产业向国际化交流合作发展。依托旅游业的相关产业成为云南文化产业发展的主要动力，在宏观产业结构中发挥着支撑性的作用。2009年云南实现国内旅游收入730.66亿元，旅游外汇收入11.72亿美元，旅游业总收入810.73亿元。一批文化旅游景区（点）相关设施、配套服务体系得到完善，文化附加

值得到提升。民族文化旅游节庆活动丰富，形成了多类型、层次的文化旅游产品。民族村镇依托当地的民族文化和民情风俗开发出具有本土特色的文化体验型旅游产品。演出演艺产业在全国范围内形成了品牌影响力，丽江的《印象·雪山》《丽水金沙》，大理的《蝴蝶之梦》，西双版纳的《勐巴拉娜西》《泼水节印象》，昆明的《云南映象》《云南的响声》等成为享誉国内外的演艺精品。民族民间工艺业经过产业结构的调整，形成鹤庆银器、个旧锡器、建水紫陶、剑川木雕、石林县阿着底彝族刺绣等民族民间工艺品的生产加工中心以及以昆明、石林、大理、丽江等为代表的销售市场。文化旅游纪念品、民族民间手工艺品和具有民族文化特色的艺术品得到开发生产，形成了多种类型层次的工艺产品，部分地区与旅游业相结合开发了工艺、技艺的文化体验项目，引入高校、研究机构艺术设计人才参与工艺品的设计制作提升创意。会展业成为云南省新的经济亮点，“以节带展，创节办展”的模式获得极大成功。

在核心产业和支撑性产业充分发展的基础上，云南挖掘特色文化资源，创新寻求差异性竞争优势，形成了珠宝玉石、茶文化业等特色产业门类，其迅速发展极大地促进了传统产业和文化产业的融合，实现了传统产业的升级换代，在地区文化产业、社会经济的发展中体现出较强的活力和创新性。

珠宝玉石产业已成为云南经济发展的一个新增长点，继2008年全省珠宝玉石销售总额超过150亿后，2009年又取得年销售总额超过184亿元的成绩，增长率超过22.7%，从业者已近50万人，以翡翠为特色的珠宝玉石产业已形成相当规模。茶文化产业是在传统农业经济的基础上通过提升产品和服务的文化附加值形成的新兴产业，文化创意元素的融合促使云南茶文化产业得以迅速发展。以普洱茶为标志的“云茶”成为农业农村经济发展中一大亮点。2008年，云南茶叶总产量达16.98万吨，茶叶综合产值105.2亿元，茶叶累计出口5736吨，出口额2334万美元。体育产业在2008年总产值达42亿元，实现增加值超过13亿元，体育产业从业人员65000人。高原体育训练基地的影响力进一步扩大，高原训练品牌初步建立。体育健身休闲产业、体育旅游项目兴旺，体育优势资源得到开发，民族民间体育活动蓬勃开展。

2. 产业联动彰显效益、空间布局逐步廓清

文化与旅游产业的深度结合，充分开发利用了非物质文化遗产资源，发挥了民族文化代表和传承人的作用，丰富了旅游产品的民族文化内涵，一批具有浓厚民族文化特色的旅游小镇（村寨）形成，文化资源的跨行业整合共享促进文化与旅游双赢发展。影视业与旅游产业结合，创作出一批反映云南自然风光、民族风情、历史及宗教文化的影视作品，《天龙八部》《一米阳光》《千里走单骑》《滇西1944》《我的团长我的团》等一批在全国乃至国际上有影响力的优秀影视作品，提升了云南的文化旅游形象。演艺产业与旅游产业结合，创作出一批优秀演艺节目，如《云南映象》《丽水金沙》《蝴蝶之梦》等已形成了旅游重点地区的特色品牌，以定点和巡回演出的方式在国内外积极开展文化交流。民族民间手工艺品与旅游产业的结合，促进了建水紫陶、剑川木器、巍山扎染、昭通石艺等一批有重大发展潜力的民族民间工艺品迅速拓展市场。

产业的联动发展和规模化集聚促使产业的空间布局得以逐步廓清，各区域既打破了简单的行政区划限制也形成了资源和市场共享，也充分体现了区域特色和差异化竞争优势。以昆明为中心，旁及玉溪、楚雄、曲靖所形成的滇中核心区集中了云南省主要的文化产业人才、企业及重大项目，是全省最大的文化消费市场，也是全省行业门类最齐全、结构最完整、最能体现云南发展水平的区域。金融、科技、人才、物流资源丰富，重点企业、产业集团龙头带动作用明显，产业园区、文化艺术社区发挥了集聚影响。新闻出版、广播影视、会展、演艺等产业发展良好，一批实力雄厚、具有较强竞争力和影响力的大型传媒企业持续发展，新闻出版产业带、产业园区和基地建设得到加强，网络报纸、数字出版、动漫游戏等创意产业示范园区和基地得到重点建设。依托文化旅游和地方特色经济，滇中区形成了艺术创作和拍卖、演出演艺、民族工艺、茶文化消费、民族文化等创意园区。依托滇池、澄江、石林等形成了休闲康体创意集聚区。大理、丽江、迪庆、怒江、保山、德宏等州形成的滇西特色区充满优美的自然生态、深厚的历史文化和多姿的民族风情，是云南文化资源最为丰富的一块区域。在与旅游业的互动中，文化产业迅速发展，文化产业的增加值占地区GDP份额最高。

2009年滇西旅游收入为315.57亿元，旅游收入约占国民生产总值的三分之一。文化旅游、演出演艺、珠宝玉石和民族民间工艺品等产业在此区域发展良好。大理、丽江古城、香格里拉等形成为滇西区域著名的云南品牌。在旅游产品的开发上，实现了金银铜器加工、扎染刺绣、草编、竹编、皮革、木器、玉石、乐器加工制造等民族工艺品的规模化、批量化、企业化的生产，出现了诸如新华银器、周城扎染、剑川木雕、户撒刀、腾冲翡翠、龙陵黄龙玉等民族工艺品的知名品牌。临沧、红河、思茅、西双版纳、文山等州市作为滇南开放区，对外合作交流与贸易有良好的区位基础，并且其民族文化旅游资源具有不可替代性的优势，近几年民族民间手工艺品业、影视业、文化旅游和乡村文化业等侧重于此区发展。形成西双版纳、普

洱、红河等文化旅游中心，重点发展民族文化体验、茶文化体验、农耕文化体验、康体休闲等文化旅游。

3. 产业体制改革取得突破、文化市场日益繁荣

云南省贯彻实施《文化产业振兴规划》，于 2009 年全面启动全省各州市文化体制改革，各级广电系统大力推进“事转企”改制的相关工作，昆明广播电视网络有限责任公司、昆明广播电视台（集团）、云南广电网络集团有限公司相继正式挂牌成立。云南省出版集团公司、云南报业传媒（集团）有限责任公司、云南出版集团有限责任公司、云南大学出版社、云南音像出版社和云南民族文化音像出版社等先后完成了转企改制任务并实现挂牌经营。近年来云南加快构建新型投融资体系，推动企业与资本市场的良性互动，提高资本运营能力，强化直接融资，构建政府融资平台，充分发挥财政资金扶持导向和带动作用。吸引社会资本、国内外投资机构、私募投资基金到云南开拓业务。云南文化产业投资控股集团有限责任公司成立，标志着云南文化体制改革和文化产业发展在以市场为导向，搭建融资平台和构筑新型市场主体上取得突破性进展。

通过改制改革，云南省各级系统破除了体制上的障碍，增强了市场竞争力，发展蓬勃，市场繁荣。目前，云南省娱乐、音像、演出、网络、电影、艺术品、文物、书刊、艺术培训、动漫等文化市场快速发展，已形成经营门类多样化、经营成分多元化、消费层次立体化的市场格局，文化市场体系的总体框架基本确立。全省共有文化市场经营实体 18220 家，从业人员 62000 余人，遍布全省各州市县。逐渐形成了以昆明为中心的居民文化休闲娱乐中心，在昆明中心的辐射下，全省掀起城乡文化消费高潮。

文化消费市场的活跃，促使民族文化资源实现创新性开发，民族文化产品日益丰富。在文学艺术方面，形成了具有地方性民族文化特色的昭通作家群，《好大一群羊》、《水乳大地》等创作不仅体现了地方性特色，而且在全国形成了一定影响力。演艺方面，在充分挖掘民族文化的基础上，注入了新的创意，《云南映像》《云南的响声》《丽江映像》《纳西古乐》《蝴蝶之梦》《吉鑫宴舞》《勐吧拉纳西》《福宝天地》等一大批演艺作品连续获奖成为云南省具有品牌影响力的演艺精品。在影视产品方面，《有一个美丽的地方》《小河淌水》等影视剧充分挖掘地方民族历史文化并融入时代的审美观念，通过创意提升了影视作品的文化附加值。在民族民间工艺品方面，依托旅游业开发民族民间工艺品，通过创意包装、创新设计制作适合旅游商品市场又具有地方特色的工艺品。

2009 年，云南文化产业增加值达到 360 亿元，占 GDP 的比重为 5.9%，发展路径更加清晰、特色更加突出、创新性更为显著，为云南文化产业十年发展从积累到突破的不断努力和探索作了总结和成果展示，同时为未来五到十年的发展提供了思路、拓展了空间、构建了平台。文化资源开发与市场需要之间的结合度得到提升，消费需求和市场规律在资源优化配置中的作用得到充分体现，资源密集型的文化产业通过合理的政策规划、与科技创意的结合逐步向创新型、高附加值的支柱性产业转变。国有大型文化企业在深化体制改革后发挥强势的带动作用，中小型文化企业成为市场主体，活力得到提升、竞争力得到体现；创意和科技与传统文化资源的结合，成为云南文化产业发展的亮点，大大地提升了产业的文化内涵和附加值，为资源的可持续开发、产业的可持续发展提供了不竭的动力源泉。文化产业在空间布局和区域特色日趋明显、集聚效应逐步清晰，核心产业类型持续稳健发展、联动产业类型发挥带动和支柱作用、特色产业类型突破创新发展的云南文化产业结构也已清晰化，并将在未来很长一段时期内决定着云南文化产业发展的基本态势，推动和影响着云南整个社会经济、文化的总体发展。

## 二、云南省 2009 年文化产业各行业发展综述

1. 广播电影电视业

（1）电视业全方位推进

2009 年，云南省电视人口覆盖率稳步提升，达 95.06%，其中昆明市广播电视人口综合覆盖率达 98.2%。目前，云南卫视已覆盖全国 35 个中心城市、218 个地级市和 1000 个县，有效覆盖人口突破 6 亿。

基础设施建设方面，截止 2009 年底，云南省共有电视播出机构 137 个，电视频道 49 个，年制作电视节目超过 5 万小时。作为省内龙头老大的云南电视台，现已发展成为拥有 1 个境内卫星频道、8 个地面频道，拥有自办网站和无线数字电视等项目的复合型、现代化、多资源的综合性电视传媒机构。

有线电视、数字电视服务方面，截止 2009 年底，云南广播电视信息传输网络股份有限公司已建成省级干线光缆 4000 公里，州市干线网络拥有光缆 9945 公里，在网有线电视用户 314.2 万户，较 2008 年的 303.4 万户增长 3.6%；有线数字电视用户 161.8 万户，较 2008 年的 101.2 万户增长 59.9%。

“村村通”工程建设方面，2009 年全省提前完成国家第一批集中招标采购的 684227 套直播卫星接收设备的安装调试任务，并顺利通过了省级验收，有效解决了我省广大边远农村群众 684227 户 239 万多人听广播难、看电视难的问题。

云南边疆解“五难”和藏区县广播电视节目无线覆盖工程方面，截止 2009 年底，涉及 9 个高山骨干台站和 18 个边境口岸台站的 65 部广播电视发射机全部开通试播；

20个边境中波台天线地网更新改造项目工程于2009年9月21日全面恢复广播节目的播出。中央及省级农村广播电视节目无线覆盖工程进展顺利，主要设备的安装调试已完成，2009年底全部进入试播。

2009年恰逢云南电视台建台40周年，《云南新闻联播》全新改版，400平米高清数字演播室和网络化播出系统全面投入使用，技术支持平台全面升级，新闻实现直播，新闻时效大大提升，新闻报道水平明显改进。2009年全台广告收入完成5.8亿元，较2008年增长14.4%。

（2）广播业龙头效应显著

2009年，云南省共有广播电台16座。其中云南人民广播电台现有9个频率、13种类型、7种语言播出的广播节目，包括普通话、德宏傣语、西双版纳傣语、傈僳语、景颇语、拉祜语和越南语广播，少数民族语言和外语的传播种类位居全国省级电台第一。

根据AC·尼尔森市场调查数据显示，2009年，云南电台7套节目的平均市场占有率接近70%。其中，云南交通之声频率长期稳居云南广播昆明地区市场第一位，听众忠诚度达58.7%，广告经营创收从1999年频率开播之初的300万发展到2009年的3000万，10年增长了10倍。

（3）电影业充分反应民族特色

目前，云南省共有影视机构46家，平均每年制作电视剧约13至15部，共计400至500集，产量在全国排名第9位。截止2009年底，《长河东流》《翡翠凤凰》《我的团长我的团》《金凤花开》《腾越殇魂》《国歌》《孔雀眼》等云南题材的影视剧在中央电视台播出后，在海内外产生了广泛的影响。云南本土电影拍摄力量也在不断地发展壮大，每年生产制作电影4至6部，昆明、大理、红河、玉溪、曲靖、文山、丽江、西双版纳、临沧等大多数州市均不同程度地参与了影视产业发展。

2009年2月25日，首个国家级影视产业实验区“中国云南影视产业实验区”正式落户云南。连同此前建立的昆明安宁玉龙湾东南亚影视城、大理天龙八部影视城、丽江束河茶马古道影视城等六大影视拍摄基地，截至2009年底，云南省一共在昆明、大理、丽江、香格里拉、楚雄、保山、临沧、元谋等地共建立影视拍摄基地16个，“天然摄影棚”的影响力逐步扩大。

2009年，云南省圆满完成了农村电影放映任务，全省共计放映电影190722场，观众达5051.6万人次，每个行政村年均放映电影14场。目前，国家拨付的农村电影放映补贴1178万元及省财政拨付312万元，共计1490万元足额到位。

（4）广播影视体制改革全面推进

2009年是云南省广播影视业全面推进媒介体制改革的关键时期，省、市级宣传文化单位体制改革取得实质性进展。2009年8月31日，昆明广播电视网络有限责任公司正式挂牌成立。2009年9月27日，由昆明人民广播电台、昆明电视台共同组建的昆明广播电视台（集团）正式挂牌成立。2009年12月27日，由云南广播电视信息传输网络股份有限公司、昆明广播电视网络有限责任公司与云南电视台共同组建的云南广电网络集团有限公司正式在昆明挂牌成立。这为加快云南省有线电视规模化、数字化、双向化进程，实现综合业务运营打开了宽阔的通道，标志着云南广电网络整合进入了实质性运作阶段。

（5）广播电视品牌栏目影响力逐步扩大

2009年，云南卫视晚间黄金时间（18：00～24：00）收视率同比增长21%，增长率在西部卫视中名列第一，进一步巩固和强化了西部前三的位置。《新视野》开播一年来，以超过40%的节目收视率列入全国省级卫视同时段前10位，成为全国报道南亚、东南亚新闻的权威品牌节目；《旅游新时空》栏目一推出就以直播、互动、视网结合等新颖形态展示云南旅游大省的魅力，是2009年同时段西部频道中收视率增长最快的栏目；2009年8月推出的《谁最闪亮　音乐现场》栏目在全国率先举起“坚持原创，绝对真唱”的大旗；原有栏目《经典人文地理》和《自然密码》不断改进编排手法，一直保持全国前10的位置，凸显出云南卫视“以纪实为特色的综合频道”的风格。

2009年，云南电视台《经典人文地理》栏目荣获全国十佳节目形态奖；《都市条形码》栏目荣获《综艺》杂志评选的“地面频道20强”殊荣；《封面》栏目与央视《新闻调查》、东方卫视《深度105》等栏目一道被中广协、中记协授予“纪录中国金牌栏目”称号。云南电台首次实现了“金话筒奖”零的突破，中国新闻奖一等奖零的突破，“长江韬奋奖”零的突破。其中，少儿广播《叮当双响炮》栏目获已空缺多年的全国优秀少儿广播频率特等奖，广播特写《你好！我是伊穆》获第十届伊朗国际广播节专题节目类一等奖。

（6）少数民族题材影视剧精品不断涌现

2009年，由昆明市广播影视产业中心、云南省京剧院、云南光洋民族文化传播公司联合摄制的戏曲电视剧《凤氏彝兰》，荣获第二十七届国家电视剧“飞天奖”、戏曲电视剧三等奖。由红河州人民政府、昆明俄玛文化传播有限公司联合摄制的电影《俄玛之子》荣获第五届“云南文化精品工程”入选作品奖。电影《红河》荣获“第十六届北京大学生电影节最佳导演奖”和“最受欢迎女演员奖”两项大奖。在2009年12月13日举行的全国少数民族电影电视剧创作研讨会上，云南省的一批优秀少数民族影视作品得到表彰，《五朵金花的儿女》名列16部二等奖获奖影视剧中，《葫芦信》《民族村里的年轻人》《雨林中的孩子》，以及《梅兰传情》则在29部三等奖影视剧里榜上有名。

2. 新闻出版业

2008年下半年以来，在全球金融危机冲击和网络媒介迅猛发展的双重格局下，出版行业外部形势不容乐观，云南出版集团积极调整产业结构，推动集团发展，化危为机，在国内图书市场抢占了一席之地，在逆势中保持盈利势头。

2009年，云南省新闻出版业稳中有升，与2008年相比，2009年全省新闻出版业销售收入增长22%左右、图书品种增长24.19%、报纸总印数增长5.2%、期刊总印数增长9.6%、印刷业总产值增长10.02%。

（1）图书出版快速增长

2009年，云南省8家图书出版单位共出版图书4019种，比上年增长8.27%，其中新版书2240种，比上年减少1.58%；重印书1416种，比上年增长0.93%；总重印率35.23%，比上年增长10.24%；全省图书总印数1.71亿册，总印张976794.51千印张，总码洋11.46亿元，销售码洋7.34亿元，比上年增长36.69%。

（2）报业生产良性发展

2009年，云南报纸年总收入164708万元，比上年增长44%，总印数58393万份，同比减少了10%，平均期印数、平均期发量及年总发行量同比均减少了4%，但发行收入比上年增长74%，广告收入比上年增长5%。经过2007年报纸滥价恶性竞争，2008年在纸张涨价等压力下，报纸逐渐恢复理性定价，2009年发行提价，全省主要报纸进入良性循环发展。因此，2009年度云南报纸年总印数与全国报纸总印量一样呈负增长态势，但发行收入与年总收入均有较大增长。

（3）期刊增长期待改革

2009年，云南省期刊发展比较稳定，总发行量4169.2万册，平均期发量246万册，年总印数同比增长27%，主要是期刊社为适应市场，增加了刊期所致。2009年，期刊的发行收入增长为47%，平均期发量、年总发行量均同比增长14%，然而，年总收入增长只达到1%，从另一侧面反映了云南期刊的产业化进程是缓慢的，结构需要进一步调整，体制机制改革力度也要加大。

（4）出版产业整体推进

截至2009年底，云南省有音像出版单位7个、电子出版单位5个、网络出版单位3个、光盘复制生产企业1个、磁介质生产企业3个。2009年，云南省各音像出版单位出版音像制品的种类是933种，比2008年的394种增长236.9%，比2007的346种增长13.87%。2009年音像制品的出版数量是293万册（张、份、盒），销售收入400万元，利润负100万元，资产总额10700万元。

（5）印刷复制增量提高

2009年，云南印刷产业各类经济指标呈现稳步发展态势，其中，企业数位5785家，比上年增长0.70%；从业人员为4.4万人，比上年增长7.32%；工业总资产828500万元，比上年增长8.30%；工业总产值716200万元，比上年增长10.02%；销售收入679700万元，比上年增长6.99%；缴纳利税102300万元，比上年增长6.90%。

（6）版权产业稳定发展

2009年，云南省出版物版权输出14种，引进54种，输出引进比例为1：3.8，保持了相对稳定的发展态势。同时，全省共有近70家企业完成了软件正版化工作，推进企业使用正版软件工作取得实效。其中，云天化、云南铜业、星耀集团三家企业由于在软件正版化过程中成绩突出，经云南省版权局推荐，被国家版权局评为“全国软件正版化工作示范单位”。

（7）体制改革推动产业化进程

2009年，云南报业传媒（集团）有限责任公司、云南出版集团有限责任公司、云南大学出版社、云南音像出版社和云南民族文化音像出版社等先后完成了转企改制任务并实现挂牌经营，这标志着云南新闻出版业深化体制改革迈出了新的步伐，同时也是云南省文化体制改革取得的重要成果。

新挂牌的云南报业传媒公司是由国有文化资产管理部门授权的云南日报报业集团全额出资，剥离报业集团经营性部分组建的企业法人，将按照适应社会主义市场经济体制、建立现代企业制度的客观要求，强化国有资产管理，努力实现国有资产保值增值，为新闻宣传主业服务。报业集团将发挥整体规模优势，进一步优化资本结构，形成专业化、高效益的生产经营格局，同时提升企业的核心竞争力，着力将传媒公司发展成为集广告、印刷、发行、房地产、物流、投资、会展、物业等一体化的竞争实力强劲、产业集群壮大、专业队伍精良、发展环境和谐的现代化企业。

云南出版集团公司此次实施的整体转企改制，是一次真正意义上的公司化体制改革。纳入转制的单位包括原公司所属全部经营性文化事业单位，即总部和所属5家图书出版社、1家报社、1家期刊社，共8个经济实体。原有经营性文化事业单位，全部取消事业法人资格，注册登记为企业法人，所有员工一次性签订企业劳动合同，转换身份，转制后将完全按照公司法的要求进行运作。

(8) 民族新闻出版业发展进入新纪元

云南省围绕建设民族文化强省主题，利用少数民族文化资源丰富的特点，重视民族文化积累，弘扬优秀传统文化，加大了民族文化题材和少数民族文字图书出版力度。2009年，全省共出版少数民族文化类图书150种，比上年增长27%。云南人民出版社有限责任公司的《远去的背影——云南民族记忆》，云南民族出版社的《马克思主义民族理论在云南的实践——云南民族区域自治60周年》、《云南民族团结进步事业光辉历程》等3种图书进入全国促进民族团结重点出版物目录。

在云南的新闻出版单位中，云南民族出版社和德宏民族出版社是在用政策推动民族新闻出版业发展中得到实惠较多的单位。仅“十五”期间，云南财政就发放了185万元的补贴扶持这两家民族出版社的民文出版工作。近几年，新闻出版总署和财政部及云南省新闻出版局还先后发放400余万元支持这两家民族出版社的民族文字出版工作。云南民族出版社成为在全国30多家民族出版社中出版少数民族文字出版物最多的民族出版社之一。

(9) 聚焦东盟加快“走出去”与“请进来”

2009年，结合建设民族文化强省、绿色经济强省，建立连接东南亚、南亚国际大通道的战略目标，参与区域性经济协作，服务于政治、经济、文化和社会各个方面的建设。云南科技出版社新增《2009云南普洱茶·春》，并于2009年3月出版，有5000册输出到韩国，6月份又有5000册出版输出到韩国，共创汇一万美元。云南大学出版社与越南合作的《越南小学汉语课本》2009年下半年全套教材正式出版发行。还有晨光出版社与香港一出版社达成合作意向，将向其输出6种图书的中文繁体字版权，另外，与越南的一家出版社正在积极洽谈两种图书的越南文版权输出项目。

一年来，中国政府对东南亚、南亚各国政府的三种综合性外宣月刊《占芭》、《吉祥》、《湄公河》在对象国中影响力日益增强，目前，《吉祥》杂志在缅甸部委领导人手一册，共发行7680份。缅甸中宣部部长极力赞扬《吉祥》，甚至将其中文章《中国改革开放》编写进缅甸中小学生教科书。《湄公河》杂志由于有泰王国诗琳通公主负责发行，因此能够顺畅地发行到泰国113个部委，并通过办事处和正大集团帮助发行到泰国3300多个发行点。《占芭》是继前两个杂志之后的老挝文的杂志，其发展势头后来居上，老挝国家仅有500多万人口，但《占芭》发行量就达到11300份，发行比例很高。

云南一方面在“走出去”上下功夫，进一步增强了全省新闻出版产品的传播力和影响力。另外一方面是“请进来”，《云南日报》、《云南信息报》、“云南省电视台”等媒体纷纷成为“先遣兵”与“探路者”，开辟东盟、南亚专栏，传达云南与东盟、南亚合作的信息及交流的观点，以及就民众共同关心的问题做解答。2009年，全省新闻出版系统汇集力量，充分落实“走出去”与“请进来”，服务大局，良好的发挥了新闻产品的传播作用与影响功能。

3. 广告业

截至2009年底，云南省核准登记的广告经营单位达4159户，比2008年核准登记的3887户增加了272户，增长率为7%；广告从业人员19563人，比上年的18856人增加了707人，增长率为3.75%；广告经营收入202360万元，比上年增长了24734万元，增长率为13.92%。

4. 演艺娱乐业

2009年，云南省演出演艺产业总体发展态势良好，并表现出行业竞争日益充分，产业空间布局更趋合理，产业产值增加迅猛等特点。我省演出演艺产业不仅经受住了席卷全球的金融危机的不利影响，而且获得了较快发展。一些旅游演艺精品在不断接受市场的考验中逐渐成为全国知名的文化精品品牌。旅游演艺新产品不断涌现。云南省文化体制改革在这两年中取得实质性进展，文艺事业成绩斐然，对外文化交流十分活跃。以提供高雅艺术演出为主的剧场艺术行业演出类型更加丰富，剧场收入稳步提升。以明星演唱会为主的大型商业演出场次增加，植根于广大乡村的农村演艺业也取得了较快发展。

(1) 旅游演艺业特色化发展

旅游演艺产业是云南演艺产业的主力军，也是最能体现云南地方优势和民族文化特色的演艺业类型。云南旅游演艺业目前集中在昆明、大理丽江、西双版纳等主要旅游目的地，演艺产品主要包括《云南映象》《丽水金沙》和《印象·丽江》等。2003至2009《云南映象》在昆明会堂公演6年来，上演场次接近2000场。而《丽水金沙》从2002年5月开演到2009年，已累计演出5000多场，接待观众300万人次，总收入近2.5亿元，实现税利5000多万元。2009年，《丽水金沙》演出492场，接待游客18.4万人次，收入2831万元，该演出收入比2008年同期增长30%。《印象·丽江》(雪山篇)是2009年云南省演艺产品演出票房收入冠军，目前已成为云南省演艺产业的响亮品牌，2009年全年演出923场，接待游客138万人次，上座率超过95%，收入1.3亿元。

西双版纳的主要旅游演艺产品，由吉鑫集团打造的《勐巴拉娜西》在2009年观众如潮，票房成绩斐然，全年接待人数达到25万余人次，日均接待729人，整个剧场698个座位，日均上座率104%，同比增长超过53%；票房收入约1700万元，同比增长72%。《澜沧江·湄公河之夜》接待游客40多万人次，同比增长超过25.7%，票房收入约 6500 余万元，同比增长超过 30%。

（2）剧场艺术、综合性商演持续繁荣

2009 年，在云南省剧场艺术演艺业市场中，音乐类演出场次居高不下，而新兴演出类型也受到人们的青睐。全年剧场演出按照类型分类（参见图表 2），音乐类演出和舞蹈类两种演出类型占总场次比重分别为 48%和 21%，地方戏曲类演出占 11%，话剧类演出场次占总场次比重为 6%，儿童剧演出场次占总场次的 5%；国外文化交流演出占 5%，杂技魔术类演出占 4%。

2009 年度仅昆明剧院就开展演出项目 80 场、接待演出和会议共计 120 场，接待观众 20 万人次，取得剧场收入 170 万元。

同年云南省其他类型商业性演艺业实现了较大幅度的增长，无论是演出规格，还是演出的密度与频率，都超过了 2008 年的数据，各类演出在星耀体育中心、昆明市体育馆、云南大剧院、拓东体育场等多个场地热闹开演，总计超过 100 场次。

（3）农村演艺业日趋活跃

2009 年省文化厅组织实施“云南省文化大篷车千乡万里送戏行”活动，赴 23 个县 158 个乡镇演出 169 场，深受农民群众的欢迎。云南省通过配备流动舞台车和流动演员服务车，提高了农村基层文艺演出的服务水平和保障能力。截至 2009 年，乡村演艺业发展较好的曲靖市农村文化户已从 2003 年的 350 户发展到 1700 多户，文化户共计演出 16000 余场次，从业人员 2 万多人，年经营总收入近 1 亿元。其中师宗县农村文化户演艺队伍已发展到 177 支，从业人员达 3000 余人，2009 年累计演出 16000 余场次，年总创收 3000 余万元，年人均增加收入 5000 至 10000 元。陆良县以文艺表演为主的农村文化户有 124 户，年文艺演出 6000 场次以上，年经营总收入达 760 余万元。2008 年，年收入超过 20 万元的农村文化户达 20 户，年收入最高的达 34 万元；2009 年，年收入超过 30 万元的已近 10 户。这些文化户除在曲靖的多个县演出外，还把市场拓展到了昆明、红河、文山等州市及贵州兴义等地。

5. 文化会展业

经过十几年的发展，会展经济已经当之无愧地成为云南省新的经济增长点。据不完全统计，昆明市定期举办的重大会展活动有中国昆明进出口商品交易会、中国国际旅游交易会（分别在上海、昆明轮流举办，双年在上海，单年在昆明）、中国昆明国际文化旅游节昆明狂欢节、东川泥石流汽车拉力赛、昆明国际农业博览会、中国云南普洱茶国际博览会、云南汽车文化节、中国东盟石文化博览会、昆明国际花卉展、昆明房地产交易会、昆明服装服饰博览会等，以及不定期举办的数十项重大节庆、展演、赛事活动。2009 年云南省致力于建设成为中国西南面向南亚、东南亚开放的桥头堡。南亚是当今世界上著名的新兴市场之一，也是亚洲地区紧邻中国的高速增长的市场，近年来，中国与南亚双边经贸发展日趋活跃。2009 年昆明成功举办了南亚商品展以及一系列面向南亚、东南亚的展会，如第三届中国（昆明）东盟石文化博览会等。

（1）会议设施数量逐渐扩大

截至 2009 年，昆明市可供千人以上集会的场所有 30 多处。可供接待会议的各类会议厅、室共有 800 余个，总座位数达 8 万个。其中，可举行 600 人以上会议的大型会议厅（堂）10 个，座位数 1.5 万个；可举行 300－600 人会议的会议厅（室）50 个，座位数 1.7 万个；可举行 80－300 人会议的会议室 180 个，座位数 2.5 万个；可举行 80 人以下会议的会议室 500 个，座位数 2 万个。在会议设施中，可提供同声翻译设备及多媒体演示等设备的专用会议厅（室）有 15 个，座位数 3000 个；可提供电视电话会议服务的专用会议厅（室）有 15 个，座位数 1000 个。

（2）展览设施规模不断扩大

截至 2009 年，昆明市可供举办综合性和专业性各类展览的专用设施主要有昆明国际会展中心和云南省科技馆。其中：昆明国际会展中心占地 22.5 万平方米，建筑面积 24 万平米，展厅面积 12 万平方米，拥有单层无柱大跨度展厅 6 个和一个中心广场，可搭建 3000 多个展位。可满足 50—3000 人不等的各类国际国内会议厅 30 余个，能满足 3000 人会议或 2000 人宴会的大多功能厅，以及举办大型活动开闭幕式、重要会议、大型文艺演出、影视放映等功能为一体的云南大剧院。昆明国际会展中心现已成为国际展览管理协会（IAEM）会员和中国展览馆协会理事单位。

除昆明外，随着云南会展经济的不断发展，云南省地州如大理、红河、丽江等会展业也有了一定程度的发展。大理国际会展中心是云南省的第二大会展中心，大理国际会展中心位于大理旅游度假区感通片区，占地面积 200 亩，建设规模为 10 万平方米，是集国际会议、展览、五星级酒店等多功能于一体，配备智能化网络、通讯、声像摄录传播系统等现代化设备，具有国际水平、与世界接轨的高级会展中心、酒店。大理是仅次于昆明的旅游热区，集国家历史文化名城、国家级风景名胜区、国家级自然保护区、全国优秀旅游城市四顶桂冠于一体。随着大理知名度的不断提高，大理国际会展中心可以满足国内外高层会议、展览、商务、旅游等多种需要，具有良好的发展前景。2008－2009 年在大理国际会展中心分别举办了泛亚第三届车博会名吃文化节暨大理石根雕博览会、第四届中国・大理泛亚汽车博览会、第六届茶花及国际兰花博览会、中国东盟国际兰花博览会暨第二届（鹤庆）中国兰文化旅游节等初具规模的展会。

（3）以节带展，创节办展

云南省世居着25个少数民族，其中有15个少数民族是云南省独有的少数民族，民族民俗节庆资源丰富，同云南省独有的少数民族一样，许多节庆也是云南省独有并且在其它地方不可复制的，随着云南省经济的快速发展，民族民俗节庆活动的对外影响力也逐渐扩大。云南省会展业经过十几年的发展和探索，形成了以展览、会议为主向节庆、表演、赛事延伸的发展思路。在具体工作中坚持节、会、展、演、赛并举，相互促进，互为补充，拓展了会展发展的文化内涵。根据对云南近100个县市区文产业办的官方调查统计，云南每年文化节庆活动的政府花费超过2亿元，这些节庆活动直接带动的社会消费超过100亿元，这还不计算潜在的投资等拉动大部分云南的文化节庆活动在一定程度上是成功的。未来，云南省的节庆将成为云南会展业新的亮点。独具民族特色的云南节庆展会将在未来的发展中充分体现以节庆带动会展、以会展推动经济发展的特色。云南省重视各种大会展活动，如中国昆明进出口商品交易会、中国东盟石文化博览会等，同时也大力支持举办各种大型节庆活动，如大理白族三月街、石林国际火把节、傣族泼水节等。这些重大节庆的举办，不但弘扬了民族文化，还能带动当地的旅游业的发展，为举办节庆的县市招商引资。2009年度云南省举办的节庆会展有：大理三月街、西双版纳傣族泼水节、石林国际火把节、普洱茶文化节、中国昆明国际文化旅游节等。

（4）面向东南亚、南亚，主打东盟牌

云南省会昆明是中国距离东南亚、南亚最近的大城市之一，特殊的地理位置及高速发展的社会经济使其在云南国际大通道建设及中国西南面向南亚、东南亚开放桥头堡的战略部署中占有重要地位，2009年胡锦涛总书记在云南考察工作时提出：云南要充分发挥作为我国通往东南亚、南亚重要陆路通道的优势，深化同东南亚、南亚和大湄公河次区域的交流合作，不断提升沿边开放质量和水平，使云南成为我国面向西南开放的桥头堡。云南省面向东南亚、南亚建设的会展之都。树立“大会展”理念，实施“会展、旅游、贸易、物流”互动战略，培育精品会展。2009年云南省面向东南亚、南亚举办的主要展会有：中国昆明进出口商品交易会、中国（昆明）东盟石文化博览会、中国——缅甸边境经济贸易交易会等。

此外，结合云南省的地缘和区位优势，面向东南亚、南亚精心策划的高端品牌展会还有中印缅孟经济合作论坛、中国昆明聂耳国际音乐节、中国昆明郑和滇池国际龙舟节、云南—东南亚—南亚新春年货展销会等。

（5）会展业发展的政策环境不断优化

为认真贯彻落实昆明市市委九届四次全体（扩大）会议关于“大力发展商务会展业”和《昆明市人民政府关于加快发展现代服务业的若干意见》的精神，进一步推动昆明会展业的发展，昆明市政府于2009年2月份拟定印发了《昆明市人民政府关于加快昆明市会展业发展若干意见》。《意见》指出，昆明会展业的发展“以党的十七大精神为指导，用科学发展观统领会展工作，坚持‘政府引导，企业主体，市场运作’，促进会展业与城市文化、城市经济的有机结合，创新机制，整合资源，培育主体，拓展市场，打造品牌，进一步提升昆明会展业的综合竞争力和国内外影响力，把昆明建成中国最适宜办会展的城市之一和面向东南亚、南亚的会展之都”。《意见》的出台进一步明确了昆明会展业发展的方向并提供了有利的政策保障，对于深入推动昆明会展业发展注入了新的活力。

6. 新媒体业

2009年5月25日，云南中广传播有限公司成立，成为全国第七家挂牌运营的省级公司。从2009年10月份起，云南各州市CMMB手持电视信号陆续开通。目前在昆明开通的节目有：CCTV综合频道、综艺频道、体育频道、新闻频道、少儿频道及云南台都市频道、昆明电视台共7套电视节目和3套广播节目，最终将达到25套电视节目和30套广播节目。

2009年，云南电视台也在新媒体业务方面进行积极拓展。全国第一家与央视国际合作的首家省级IPTV项目——爱上网络启动运营，云南电视网短信互动全面升级，手机报彩信业务拓展迅速，手机wap视频网站开通，与腾讯网合作推出一个让歌迷可通过网络、手机短信、3G等方式进行投票的国内流行音乐新歌排行榜——“音乐现场QQ新歌榜”等项目，标志着云南电视台多媒体立体态势正在形成。

7. 动漫业

（1）试水3D动画取得突破

截至2009年7月，昆明地区有影视制作机构39家，其中涉足动漫业务的有30家，由此所创造的影视产业效应达数亿元。其中，作为本土民营企业的云南缘成影视制作公司曾制作《猴王出世》、《悟空大战二郎神》两部三维动画作品。由该公司与星美影业、天娱传媒联合出品的我国首部3D立体动画电影《齐天大圣前传》是中国首部“3D立体动画电影”，成功地填补了我国至今尚无“3D立体动画电影”故事片的历史空白。

（2）举办动漫节展搭建平台

近几年来，云南不断深化文化体制改革和文化产业发展，一批反映云南民族传统特色文化的艺术精品走向了全国、全世界，取得了较好的社会效益和经济效益，创造了中国文化产业发展领域中独特的“云南模式”。云南文化产业不仅需要挖掘丰富多彩、具有民族特色的原生态传统文化，也需要拓展科技含量较高的动漫产业。云南有优美的自然风土人情，有丰富独特的民族文化资源，有取之不尽的动漫原创素材和动漫产业发展的广袤沃土。目前，全省各高校也在不断努力培养动漫人才，但与动漫产业起步较早、相对发达的先进城市相比，云南省的动漫产业在产业规模、周边产品开发以及动漫影视作品制作等方面仍处于起步阶段，迫切需要搭建一个交流、合作的平台，也非常需要引进国内外先进的动漫文化理念和制作技术，提高动漫产品的水平，拉动衍生周边产业的发展。

首届云南动漫节将借中国原创动漫作品巡展之东风，扬起云南动漫产业之大旗，为云南动漫企业搭建一个展示、交流、合作、发展的良好平台，为云南动漫人才的集聚和培养提供一次良好的机会，为振兴云南民族原创动漫产业、发展云南民族文化生产力作出新贡献。首届云南动漫节坚持“走出去、请进来”的原则，以振兴原创动漫产业为宗旨，以“创造、创新、创意”为主题，突出重点、创新品牌、务求实效，力争把这次活动办成高起点、高标准，面向全国、面向世界、面向市场、面向群众的动漫盛会。

8. 文化旅游业

（1）文化旅游业发展基础较好

根据国家旅游局发布的统计数据，2009 年全国入境旅游人数比 2008 年下降了 2.73%，过夜旅游人数下降了 4.1%，旅游外汇收入下降 2.86%，而云南省以上三项指标均保持两位数增长，高于全国平均水平。

云南省旅游业在“观光云南”的基础上，积极开发高端游客市场，将休闲度假型生态旅游培育成云南今后旅游发展的重要方向。依托重大项目建设提升旅游产业核心竞争力，重点推进温泉 SPA、品牌酒店、度假型旅游置业地产、特色旅游小镇、滇菜美食、购物、户外休闲旅游和修学旅游等类别的休闲度假旅游产品。

云南推进与周边国家的区域旅游合作，建设以昆明为中心，以西双版纳、大理、丽江、腾冲为次中心的入境游客集散地体系，加快丽江、大理、腾冲国际口岸机场建设和落地签证等政策的争取工作，不断提升云南作为区域性国际旅游集散地的功能。

云南省旅游业下一步发展的总体思路是：由旅游大省向旅游强省的方向提升。计划至 2015 年，接待国外游客 800 万人次，国内游客 2 亿人次，总收入达 1300 亿元，占 GDP 的 10%以上，把云南建设成为中国、世界的旅游胜地、故地，建设成为面向东南亚、南亚的国际旅游集散地，实现旅游资源大省到旅游强省的迈进。

（2）文化旅游业综合带动作用明显增强

自云南省提出旅游业“二次创业”以来，全省旅游业快速发展，形成空间布局合理、旅游产品丰富，旅游消费从“观光型”为主向“观光和度假结合型”转变的关键时期。推进了文化与旅游的结合，促进了旅游娱乐产品、旅游文化演出的发展，打造出一批文化旅游精品。云南旅游的整体吸引力和综合竞争力得到增强。随着旅游产业的快速发展，旅游业对文化、娱乐、餐饮、住宿、购物、交通等相关上下游行业也产生了很大的综合带动作用。

根据云南省旅游局发布的信息，2008 年全省旅游接待海外入境游客（包括口岸入境一日游）510.70 万人次，比去年同期增长 11.42%；旅游外汇收入合计 10.08 亿美元，比去年同期增长 15.60%；国内旅游者 10250.08 万人次，比去年同期增长 14.07%；国内旅游收入 594.76 亿元，比去年同期增长 20.22%；全省旅游业总收入 663.28 亿元，比去年同期增长 18.61%。

2009 年，全省旅游业在经济社会发展中面临较多困难，在全国旅游普遍下滑的情况下攻坚克难，逆势上扬，接待海外入境游客（包括口岸入境一日游）577.8 万人次，比 2008 年同期增长 13.1%；实现旅游外汇收入 11.72 亿美元，比 2008 年同期增长 16.9%；全年接待国内游客 1.2 亿人次，比 2008 年同期增长 17.3%；实现国内旅游收入 730.66 亿元，比 2008 年同期增长 22.9%；全省实现旅游业总收入 810.73 亿元，比 2008 年同期增长 22.2%。超额完成省政府年初预定的指标，是旅游“二次创业”以来增速最快的一年。

据旅游卫星账户统计，2009 年云南旅游业拉动全社会总收入 1026.71 亿元，旅游增加值达 379.96 亿元，占全省 GDP 比重为 6.16%；2009 年全省旅游重大项目完成投资达 112 亿元，比 2008 年增长 33.9%，占全社会固定资产投资的 2.5%；旅游业增加值占全省第三产业增加值的 16.7%，进一步带动了以旅游业为龙头的第三产业增加值占全省 GDP 的比重上升到 41.0%。

（3）文化旅游市场日益繁荣

实施旅游市场多元化促销战略，大力拓展以境外为重点的客源市场，通过强化重点市场营销，深化国内外区域旅游合作，以及实行旅游促销奖励等办法，云南省游客结构发生明显改善，旅游消费水平日益提高，抽样调查结果显示，海外旅游者占全省游客接待总量的比重从 2005 年的 2.1%上升到 2009 年的 2.3%，海外游客和长线游客呈增长状态。同时，海外游客人均每天花费从 2005 年的 170.6 美元增加到 2009 年的 180.85 美元，增长 6%，国内游客人均每天花费从 360.1 元增加到 460.4 元，增长27.9%。

2009年旅游产业中住宿的产出为82.2亿元，餐饮的产出为132亿元，交通的产出为193亿元，娱乐的产出为28.5亿元，游览区的产出为115亿元，旅游购物的产出为66.4亿元。旅游企业发展好于预期。全省星级宾馆饭店业床位出租率为50.7%，平均房价为162元/间，同比增长15.6%；重点监测的22家旅行社累计接待海内外游客377.3万人，同比增长13%，实现主营业务收入21亿元；重点监测的19个景区共接待游客2642.9万人次，同比增长21%，实现营业收入21.5亿元，同比增长21.6%，实现门票收入10.8亿元，同比增长18.7%。

(4) 文化旅游产业基础设施更加完善

通过旅游业提质增效工作，云南省的旅游产业规模不断扩大，相关基础设施更加完善。在加快旅游开发建设，提高旅游服务质量，增强旅游企业竞争力，全面提升旅游产业素质和经济社会综合效益，实现旅游产业转型升级等方面均有进展。到达景区景点的便捷性和舒适性有了极大改善，景区景点的餐饮、娱乐、住宿的硬件设施均在原有基础上有了不同程度的提高，高端旅游产品不断涌现，基础旅游设施维护良好，云南已经成为综合性立体型的旅游目的地，旅游产业发展步入良性循环轨道。

2009年列入全省重点推动的旅游重大项目（投资3亿以上）达160个，预计总投资3852.9亿元，累计完成投资261.46亿元，当年完成投资112亿元，同比增长33.3%。列入省政府2009年考核的88个项目中，完成目标任务的有84个，实际完成投资78亿元，与2008年相比，项目增加28个，实际完成投资增加30亿元。旅游重大项目建设促进了旅游产业结构的优化，以观光型为主导的旅游产品格局已发生了改变。2009年全省160个旅游重大项目中，生态观光旅游产品类项目有37个，休闲度假旅游类产品有53个，旅游文化产品类项目有48个，酒店住宿单体类项目有10个，商务会展、旅游购物和公益性设施等其他类项目有12个，休闲度假产品已占总量的三分之一。

（云南省文产办、云南大学文化产业研究院协助提供相关资料）

# 西藏自治区

## 一、西藏2009年文化产业发展综述

截至2009年，全区从事文化产业的经营单位近3000家，门类20余种，每年实现税收3000万元以上。已建成自治区级文化产业示范基地8个，其中岗地经贸发展有限公司被命名为国家级文化产业示范基地，拉萨娘热民俗风情园、唐古拉风情演艺中心等一批龙头文化企业迅速崛起，形成了具有西藏特点的文化产业发展新格局。

1. 出版发行体系基本形成

西藏现代出版发行业经过几十年的发展，目前已基本形成了以图书、报纸、期刊、音像制品、电子出版物、网络和数字出版等为代表的六大新闻出版媒体，包括出版、印刷、复制、发行、版权贸易和代理、出版物出口等多个较为完整的新闻出版事业和出版产业体系，从业人员已达8800多人。2009年，全区公开发行的报纸有23种，出版121097.4千印张；期刊34种，出版132.3万册；各类藏汉文图书788种1350多万册（汉文890万册，藏文460万册），总印张87513千印张，实现销售收入5588.49万元；全区272家发行单位每年发行图书22万多种，发行量5000多万册，制作出版、再版各类音像制品20种。2009年，西藏出版发行业总产值达5.3亿元，占西藏GDP的1.2%，连续多年保持了12%以上的发展速度。

2. 影视制作及广告发展迅猛

2009年是西藏影视制作产业发展速度迅猛加快的一年，影视制作的基础环境得到进一步改善，藏语影视译制和制作能力有了很大提高，影视的播出、制作质量得到很大改善。全年西藏共拍摄制作了电视纪录片《帕拉庄园》《见证西藏》《糌粑兄弟闯市场》《古城拉萨展新颜》，专题片《翻身农奴的后代们》，电影故事片《回到拉萨》，数字电影《雪山不会忘记》，电视连续剧《达玛拉誓言》（6集）、《雪狼》（30集）、《叛女》（30集）等影视作品；组织策划了10集动画片《阿古顿巴》和百集藏语情景剧《拉萨甜茶馆》的剧本创作，通过研究开发衍生产品、广告营销、DVD影碟发行等方式，尝试从拍摄、放映、发行实行商业运作；西藏自治区电影公司全年放映电影7711场，观众达225955人次，月票房收入首次突破70万元，单片票房71万元，全年票房收入达500多万元；2009年，西藏汉语卫视在全国有线网免费落地入户，西藏电视广告事业迎来重大发展契机，全年电视广告收入达到7000多万元，比上年增长了5000多万元。

3. 利用西藏特色文化资源发展演艺产业

2009年，藏戏《格萨尔王传》被列入联合国人类非物质文化遗产代表作名录，培育发展了2家演出经纪公司，审核批准来自尼泊尔、香港、台湾等地赴藏演出6场。大型原生态歌舞《幸福在路上》和民族歌舞《喜玛拉雅》《五彩西藏》《雅鲁藏布情》《天上西藏》《珠峰彩虹》《西藏风》以及话剧《扎西岗》《宗山魂》等特色演艺剧目纷纷登台亮相，取得了良好的社会效益和经济效益。日喀

则农民以传统的“拉孜堆谐”登上央视春晚并成功走向市场，文化演艺市场呈现出一派欣欣向荣的景象。

4. 积极挖掘文化旅游资源

2009年，西藏全年累计接待国内外游客561万人次，比2008年增长1.5倍，实现旅游总收入56亿元，其中外汇收达到7873万美元。仅雪顿节期间，拉萨市就接待游客50.78万人次，同比增长191%，旅游总收入达17418万元，同比增长190%，其中文化旅游业占有相当大的份额。布达拉宫及其扩展项目大昭寺、罗布林卡被联合国教科文组织列为世界文化遗产，拉萨市被评为国家优秀旅游城市，拉萨、日喀则、江孜3座城市被列入国家级历史文化名城，拉萨八廓街被列入国家级历史文化街区，743处各级文物保护单位（其中全国重点文物保护单位35处）。此外，西藏有18个国家A级旅游景区（其中，8个4A级、4个3A级、4个2A级、2个1A级）；拥有珠穆朗玛峰、羌塘、察隅慈巴沟、色林错、雅江中游河谷、雅鲁藏布大峡谷等6个国家级自然保护区；易贡、札达土林两处国家级地质公园；昌都地区的然乌、拉萨市林周县的热振等国家森林公园；雅砻国家级风景名胜区等，此外，拉萨雪顿节、日喀则珠峰文化节、山南雅砻艺术节、林芝大峡谷旅游文化节、昌都康巴艺术节、那曲恰青赛马艺术节、阿里象雄文化艺术节等地方特色传统节庆得到恢复和创新，西藏的节庆文化在新时代焕发出新的生机与活力。

5. 扩充民族手工业

目前，西藏民族手工艺品的生产主要有唐卡、地毯（卡垫）、藏香、藏纸、藏刀、氆氇、民族服装、铁木家具、金银首饰、金银铜器、皮革用品、土陶制品、工艺美术以及旅游纪念品等，产品已达到2000多种。在手工艺品市场，呈现出产品品种日益丰富，产量、产值不断提高，民族手工艺生产企业和手工艺者急剧增多，生产加工设备和技术不断得到改善。

6. 开展文化产业项目申报及推介系列工作

2009年，西藏自治区文化体制改革和文化产业发展工作领导小组办公室在全区范围内开展文化产业项目申报工作，受到全区宣传文化系统和社会各界的广泛关注。截至年底，共收到社会各界上报的近300份文化产业项目申报书，经初步筛选，124个项目具有较大开发潜力。其中，特色文化开发项目24个，民族手工艺品开发项目17个，文化艺术服务项目21个，出版发行和版权服务项目21个，广播影视制作项目15个，动漫和网络服务项目7个，乡镇特色文化资源和文化扶贫项目19个。2009年第四届中国北京国际文化创意产业博览会期间，西藏首次成功举办文化产业项目推介会，现场签约5个项目，签约金额达7.45亿元。同时，在本届中国文化创意产业年度高峰会上，拉萨圣慧文化发展有限公司的“圣美煌宫—西藏美术城”文化产业项目荣获2009第四届中国文化创意产业年度大奖“中国创意产业最具投资价值项目奖”。2009年年底，在拉萨召开了西藏文化产业与媒体发展论坛暨《西藏商报》创刊10周年学术研讨会，来自区内外20多名专家、学者以及西藏文化产业与媒体发展为主题进行了交流演讲，共同为西藏文化产业与媒体发展寻诊把脉、出谋划策。

## 二、西藏2009年文化产业各行业发展综述

1. 广播电影电视业

2009年是西藏全区广播影视系统一方面抓住西藏电视台汉语卫视在全国有线网落地入户的大好时机，另一方面依靠内容和技术创新、体制机制改革以及政策扶持等内外动力，成功克服金融危机等外部不利条件的影响，大力发展广播影视产业。广播影视产业发展的基础环境得到了进一步改善，促进产业发展的各项政策进一步明确，各项鼓励措施也逐步到位。

（1）电视广告业发展情况

2009年，全区广播电视广告收入达到7000多万元，比上年增长50%。广播收入103万元。汉语卫视在全国有线网落地入户，使电视广告收入占据广播影视增幅之首。电视广告收入达到7000多万元，比上年增长5000多万元。2009年，西藏汉语卫视在全国有线网落地入户，西藏电视广告事业迎来重大发展契机。西藏电视台采取了一系列新的工作措施，及时调整了工作思路，改变经营方式。一是强化合作意识，在与北京广告有限公司继续保持密切合作的基础上，又与李奥贝纳公司、北京金典海纳公司等多家广告公司建立了密切的合作关系。二是做好区内名牌产品的推广和宣传，打造区内企业名牌形象，西藏电视台广告部先后为藏医学院藏药厂、兰泽电器、富泰华公司等区内知名企业进行了广告宣传。

（2）广播节目生产情况

西藏人民广播电台新闻、音乐、交通等节目类型是西藏广播节目最主要的内容。但包含产业元素较多的主要有音乐节目、文艺节目及广播剧等。2009年，制作《歌声传情》（藏）、《音乐香巴拉》《阳光点唱机》《音乐天堂》（藏语康巴话）、《音乐随身听》《都市剧场》《话说格萨尔》（藏语康巴话）、《说唱格萨尔》（藏语康巴话）、《文学新苑》（藏语康巴话）等音乐、文艺节目5100小时，占全年节目制作量的32.5%；其他节目388小时，占全年节目制作量的2.5%。制作《爱在巅峰》《热普村的春天》（上下集）（藏）等广播剧，时长3个多小时。

（3）电视节目生产情况

2009年，西藏电视台拍摄了电视记录片《帕拉庄

园》。该片顺应了国际、国内电视观众观赏需求，具有极强的可视性，也有较高艺术水准。挖掘、整理阿古登巴最具代表性的优秀故事，制作10集动画片《阿古顿巴》剧本创作，并开发该片的衍生产品（阿古登巴系列玩具、人偶、音像制品、文化用品、漫画册等形式多样的衍生品，百集藏语情景剧《拉萨甜茶馆》市场营销以电视播出广告营销，DVD影碟发行等方式为主，将从开始拍摄到发行尝试商业运作。2009年已完成20集剧本创作。共计90分钟的电视专题片《翻身农奴的后代们》拍摄了三集。2009年，西藏影视制作发行中心通过各方合作，摄制完成了一部电影故事片《回到拉萨》、一部数字电影《雪山不会忘记》，摄制多部电视连续剧：6集电视连续剧《达玛拉誓言》、联合摄制30集电视连续剧《雪狼》、30集电视连续剧《叛女》；摄制《见证西藏》、《糌粑兄弟闯市场》、《古城拉萨展新颜》等多部电视纪录片。西新工程、广播电视户户通工程、农村电影放映工程、有线数字电视工程大力实施，广播电视综合人口覆盖率分别达到89.2%和90.4%。

（4）音像制品生产情况

2009年，西藏共制作出版、再版各类影像制品20种，其中民族语言文字的音像类出版物超过40%以上，树立了音像制品的西藏品牌。在已出版的各类音像制品中，近60%的CD类音像制品为西藏广电局西藏音像出版社拥有自主版权。80%的VCD、DVD类音像节目是西藏音像出版社拍摄、制作。为纪念西藏民主改革50周年，拍摄了《记忆—1959年前的西藏》；为纪念西藏自治区人大常委会成立30周年，拍摄电视专题片《人民的新西藏》。同时，大型电视记录片《雪域军魂》于2009年12月投入拍摄。2009年，西藏音像出版社实现了制作销售收入105万元。

（5）广播影视译制工作情况

2009年，通过整合社会资源，挖掘内部潜力，藏语译制工作实现了质的飞跃。目前，全年广播电视译制节目量达10850小时。西藏人民广播电台年译制量达到9700小时，比2008年增加200小时。西藏电视台电视节目年译制量达到1150小时，比2008年增加100小时，动画节目的译制能力也有了大幅提高。电影译制虽受广播影视译制大楼搬迁影响，也达到了20部。

（6）电影产业发展情况

2009年西藏城市影院拥有2K数字银幕5块，3D数字放映设备2套，35毫米胶片机69套。共引进74部节目，其中全国同步61部，进口片27部，国产片47部。2009年，电影公司放映电影7711场，观众达225955人次，月票房收入首次突破70万元，单片票房71万元，全年票房收入达500多万元，排名全国第17位，创造了西藏电影史上前所未有的好成绩。

2. 新闻出版业

2009年全区新闻出版业总产值5.3亿元，占全区GDP的1.2%，继续保持了12%以上的发展速度，继续呈现健康平稳较快发展的良好态势，各类从业人员已达8800多人。全区国有、集体、民营发行单位272家，发行图书23.3万种、同比增长12.8%，发行量5100多万册、同比增长26%，实现图书发行销售码洋达到2.21亿元。

（1）新闻出版体制机制改革情况

一是根据新闻出版总署《关于进一步推进新闻出版体制改革的指导意见》和自治区《关于推进西藏文化体制改革和文化产业发展的意见》，深入调查研究，形成了《关于西藏新闻出版体制改革调研情况的报告》，按照“试点先行，先易后难，逐步推开”的要求，积极稳妥地推动新闻出版体制机制改革。二是坚持以发展为主题，以改革为动力，以创新体制机制为重点，以调整产业结构为主线，进一步壮大实力、增强活力、提高竞争力，基本形成了以公有制为主体、多种所有制共同发展的新闻出版产业格局。三是确立了公益性出版事业着重转换机制，经营性出版产业主要从体制上去突破，配置资源、盘活存量、优化增量，重点培育和发展了一批具有竞争力和影响力的国有印刷发行企业。四是进一步加大西藏人民出版社、西藏藏文古籍出版社的公益性出版单位内部“三项制度”改革力度。通过深化事业性出版单位内部改革和党报党刊宣传、经营“两分开”改革工作，增强了活力，提高了公共服务能力和水平。五是大力推进发行体制改革，进一步加强物流配送和连锁经营建设，不断完善现代流通体制，逐步形成了统一开放、竞争有序、健康繁荣的现代市场体系。六是推进国有印刷企业股份制改制，取得了显著成效，如：西藏新华印刷厂通过体制机制改革，打破吃大锅饭、平均主义等，实现了计件工资制、多劳多得，调动了职工的积极性，整体实力进一步增强。同时推进国有企业职工住房改革，通过多方努力总投资5000多万元，解决了264套792人职工住房问题，也改善办公条件、技术改造等项目。

（2）新闻出版机构改革情况

2009年，根据中共中央办公厅、国务院办公厅《关于印发西藏自治区人民政府机构改革方案》的通知精神，设立西藏自治区新闻出版局（版权局）（正厅级），为自治区人民政府直属机构，升格后的自治区新闻出版局职能、职责、内设机构和人员编制得到了进一步加强。

按照自治区党委办公厅、政府办公厅《关于印发西藏自治区人民政府机构改革方案的实施意见》的通知精神，全区七地（市）文化局与新闻出版局实行一个机构两块牌子，各县（市、区）成立文化广电新闻出版局。根据国家的统一要求，进一步加强了新闻出版局职责，原文化厅管理音像制品批发、零售、出租、放映和音像制品进口的职责划入自治区新闻出版局；将自治区广播电影电视局的广播电视机构记者证监督管理职责划入自治区新闻出版局。

（3）行政管理情况

推进了出版单位书号实名申领数据、条码、CIP 数据和出版物元数据等图书出版信息资源的快捷服务；深入开展中小学教材等各类出版物质检活动，提升了新闻出版产品的质量；出版、印刷、发行单位审核登记工作圆满完成。贯彻落实中办、国办 2008 年 27 号文件精神，进一步加强和改进报刊管理工作，完成了 23 种报纸、35 种期刊和 25 家中央部门驻藏记者站审核登记和年检工作，开展了新版记者证统一换发，已核发 300 个新闻记者证，实现了全区报刊、通讯社、广电新闻记者证统一换发、统一上网查询的工作目标。严厉打击各种侵权盗版行为，确实维护著作权人的合法权益。加大企业软件正版化工作力度，认真开展著作权自愿登记，积极提供版权咨询，接受著作权登记咨询 323 条，完成作品正式登记 16 件。加强出版物审读审片工作，建立健全图书、报刊、音像的审读审片机制，先后审读审片各类出版物 510 种，同时加强网络出版物内容的审读监管，先后检查网站 1000 多家，协同有关部门关闭违规网站 5 家，为创造良好网络出版环境发挥了重要作用。

（4）图书出版情况

图书出版以特色旅游、藏医藏药、民族手工、高原生物、生态环保等支柱产业为重点的出版选题，全年出版各类藏汉文图书 788 种 1350 多万册（汉文 890 万册，藏文 460 万册）、同比增长 12.6%，总印张 87513 千印张、同比增长 11.7%，销售收入达 5588.49 万元、同比增长 11%。其中完成中小学教材 500 多种 1200 多万册，确保了课前到书、人手一册。《四部医典系列挂图全集》、《西藏文化概论》等 6 种荣获第十八届全国藏文图书一、二、三等奖；《藏药材炮制规范》、《西藏高原干部健康保健知识》等荣获第十七届中国西部地区科技图书一、二、三等奖。出版发行了《西藏辉煌 50 年》《50 年的历史巨变》《西藏民主改革 50 年》《歌声飘过 50 年》《透过历史看西藏》《西藏今昔》《献给母亲的赞歌》《跨越》《西藏百科全书》《快速发展的西藏科技》《西藏改革开放 30 年》《西藏记忆》等较有影响的图书。

（5）报纸出版情况

2009 年，全区 23 种报纸出版 5778 万份，完成产量 121097.4 千印张、同比增长 36%，其中：汉文 13 种总印张数 97407.6 千印张，藏文 10 种总印张数 23689.8 千印张，继续保持两位数以上的增长速度；全区 35 种期刊出版 132.3 万册，同比减少 53%，总印张 7302 千印张同比减少 53%，其中：汉文 21 种总印数 102.2 万册，藏文 14 种总印数 30.1 万册，报刊业继续保持健康平稳发展态势。在全国报刊总量严格控制和压缩的情况下，自治区新闻出版局积极争取呈报新闻出版总署审批同意，由自治区党委主管、主办《新西藏》（藏汉文）正式公开出版发行，填补了西藏没有省级党刊的空白。《西藏商报》被评为“金长城传媒奖——2009 年中国十大商报”，《西藏研究》荣获“新中国 60 年有影响力的期刊”称号。

（6）音像制品和电子出版情况

认真贯彻落实新闻出版总署《关于促进我国音像业健康有序发展的若干意见》，全年各地出版音像制品和电子出版物 40 多种，实现销售数量 10 万盘、同比增长 12.2%。

（7）印刷类产业发展情况

全区印刷、包装、复制企业 378 家，重点印刷企业基本实现了印前数字化、印中高效化、印后自动化的目标，全年完成印刷产量 36 万令纸、同比增长 13.1%，工业总产值达到 2.05 亿元、同比增长 11.5%。

3. 广告业

改革开放以来特别是近年来，西藏广告业得到较快发展，显示出较强的发展活力。广告业已成为西藏具有一定规模和影响、推动经济发展的新兴产业。截止 2009 年底，西藏工商机关共登记注册广告经营单位 362 户，同比增长 2.84%；从业人员 2214 人，增长 5.18%；广告经营额 15003.6 万元，同比增长 22.6%。

（1）加强行政指导

全区工商部门针对重点地区、重点媒体存在的突出问题，主动改进监管方式，变堵为疏、预防为先、引导为要、规范为重，通过加强行政指导，帮助广告经营者、发布者通过依法诚信经营，获得可持续的经济效益。全区企业商家从长远发展出发，开始追求品牌效益和广告效益，广告投入逐年增加，所应用的技术越来越先进，产生的效益也越来越明显，广告行业已成为西藏具有一定规模和影响的新兴产业，一批实力强、规模大、专业技术程度高的综合性广告公司相继出现。

（2）强化广告监测工作

全年开展广告监测 9 期，监测相关广告 2396 条，发现各类涉嫌虚假违法广告 277 条（次），发布广告监测通报 4 期，上报查办违法广告案件落实情况督查专报 1 期。全年累计检查媒体、药店、医疗机构、网站等各类市场经营主体 6200 余户（个），检查监测各类媒体、户外相关食品、保健食品、药品、医疗等各类广告5300条（个），其中广告监测2396条、其他检查2904条（个）；发现各类虚假违法广告390条（个），其中行政告诫（限期整改）196条、责令停止发布134条、查处60条；查处各类广告违法案件91件，其中虚假违法广告案件55件、非法经营广告案件11件、其他广告违法案件25件，罚没金额18.69万元。进一步加强了广播电视医疗和药品广告监管。

（3）广告形式发展情况

在广告形式上，除大众传媒外，立柱灯箱、霓虹灯、大型气模、彩色喷绘、车身、大型电子屏幕、电子出版物、互联网等新兴媒体不断涌现，从而使得广告宣传形式日趋多样化。同时，由于新材料、新工艺的广泛应用，不仅提高了西藏的广告制作水平，也满足了市场不同群体的广告需求。不少强势媒体积极适应市场需求，调整经营策略，从而使得广告的发行量和信息量也日益扩大、增强。

（4）广告评选情况

会同自治区文明办推荐西藏电视台等五家单位的“保护环境　保护美好家园”等七件公益广告参加全国优秀公益广告评选。

4. 演艺娱乐业

2009年全区文化市场管理部门共出动执法人员13446人/次，检查12984家/次，警告156家/次，罚款38200元，收缴各类非法音像制品74836张（盘），其中政治性非法音像制品2535张（盘），责令停业整顿63家，吊销许可证13家。

（1）组织全国巡回演出情况

2009年，为充分表达区党委、政府和全区各族人民发自内心的感激之情，根据自治区党委、政府统一安排，由区党委宣传部具体负责的赴内地援藏省市答谢演出团历经两个多月，行程数万公里，在北京、上海、广东、湖南等12个对口援藏省市和宝钢集团等援藏企业成功演出25场，观众达4万多人。

（2）演艺作品创作情况

2009年，西藏文艺创作再结硕果，西藏选送的歌曲《故乡情怀》荣获中宣部第十一届精神文明建设“五个一工程”奖。电视专题片《雪山下的酥油灯》荣获“金熊猫”奖国际纪录片人文类长片入围奖。电视文艺晚会《雪域欢歌》《祖国·扎西德勒》、电视宣传片《祝福西藏》、藏戏《朵雄的春天》、卓舞《雅砻春潮》、舞蹈《香甜的糌粑》《在阳光下的舞步》、摄影作品《天路》等都分别荣获全国重要文艺奖项。话剧《扎西岗》成功入选国家舞台艺术精品工程。“和谐西藏”彩车荣获国庆总指挥部“设计制作优秀奖”、“团队奋进杯”等多个奖项。歌曲《多彩的哈达》《再唱山歌给党听》等10个门类的76部优秀作品，分别获得西藏第五届“珠穆朗玛文学艺术奖”和第三届“才旦卓玛艺术基金奖”。此外，西藏文艺工作者还积极参与中央电视台《为祖国喝彩——全国大型电视行动》、国庆特别节目《辉煌60年》的摄制工作，与区外影视机构联合拍摄电视连续剧《雪域天路》、《一路格桑花》，创作出版长篇报告文学《进藏英雄先遣连》，制作广播剧《吉祥红云》等一大批思想性艺术性观赏性相统一的具有强烈吸引力和感染力，深受广大群众喜爱的优秀作品，为进一步促进西藏社会主义文化大发展大繁荣发挥了不可替代的作用。

（3）群众文化活动情况

据不完全统计，2009年，西藏各城镇、乡村、社区、企业、校园仅“爱国歌曲大家唱”一项活动就开展了2500场次，参与群众近120万人次。区直三团下乡演出近300场次，18支县级民间艺术团演出800多场次。全区组织举办的大型电视文艺晚会《祖国！扎西德勒》，群众广泛参与的“爱国歌曲大家唱”、“激情广场”、“珠穆朗玛摄影大赛”、“西藏民主改革50周年拉萨展”、“西藏民主改革50周年美术、书法、摄影展”、“送戏下乡”、“送文化下乡”以及面向农牧区免费发放《歌声飘过50年》光盘等众多活动，有效地丰富和满足了全区各族群众的文化生活，广大群众从中尽享文化盛宴。

（4）加强非遗保护情况

非物质文化遗产的保护工作是去年西藏重点抓的工作之一。藏戏、《格萨尔》成功入选联合国人类非物质文化遗产名录，填补了西藏世界级非物质文化遗产代表作的空白。八大藏戏数字资源和藏戏经典唱腔录制工作即将完成。自治区公布了101项第三批自治区级非物质文化遗产代表作，22名传承人入选第三批国家级非物质文化遗产代表作传承人名录。截至目前，西藏已有60项国家级非物质文化遗产名录，222项自治区级非物质文化遗产代表作，53名国家级非物质文化遗产代表作传承人，16部古籍入选第二批全国珍贵古籍名录。据了解，2009年，西藏一批以非物质文化遗产演出、展示为主的民间艺术团、民族风情园得到了发展壮大。山南地区琼结县农民卓舞队应邀赴台湾参加非物质文化遗产展演，受到了台湾观众的热烈欢迎。在北京举办的首届西藏文化产业项目推介会上，现场签约总额达7.45亿元，取得了历史性突破。

（5）卡拉ok管理服务进展情况

为了全面开展西藏卡拉ok内容管理服务系统建设工作，根据《文化部关于开展全国卡拉ok内容管理服务系统建设工作的通知》精神，结合西藏实际，下发了自治区文化厅关于贯彻落实《文化部关于开展全国卡拉ok内容管理服务系统建设工作的通知》的意见，要求各地（市）做好前期调研工作，为系统安装建设工作创造有利条件。今年，对拉萨、林芝、山南有条件的卡拉ok场所完成了监管设备的安装工作，日喀则地区完成了网络布线工作，昌都地区、那曲地区的卡拉ok场所进行了信息调查整理工作。

（6）演出经纪实体发展情况

2009年，西藏培育发展了2家演出经纪公司、共审核批准各种大中型演出6场，赴藏演出团体来自尼泊尔、香港、台湾等地。演出经纪单位承办的外籍演员演出活动日益活跃，大大丰富了西藏各族人民群众精神文化生活，演出市场呈现出一派欣欣向荣的局面。

（7）网吧监管建设情况

西藏积极创新管理方法，完善管理措施，在探索建立文化市场管理长效管理机制方面积累了一些有益经验。一是授予全区3家网吧“西藏文明网吧”荣誉称号。区文化厅、区公安厅、区工商局在全区范围内经过层层遴选，从296家网吧评选出3家网吧，授予“西藏文明网吧”称号，旨在通过树立典型，积极营造健康、向上的网络文化氛围。二是网吧监控平台建设工作取得实质性进展。自治区网吧监控平台建设项目招标工作已全面完成，已经布置好网吧监控平台设备机房，与网通相关部门衔接并做好了各项前期筹备工作。待设备安装完毕，网吧监管系统将全面投入使用，将充分利用高新技术手段，对全区“网吧”等互联网上网服务营业场所进行实时监控。三是对全区娱乐市场管理进行调研。根据文化部文化市场司关于开展娱乐市场管理调研工作的通知要求，西藏对娱乐市场进行深入调研，形成了调研报告，分析了西藏娱乐市场管理中存在的难点和问题，明确了2010年娱乐市场管理的工作思路，并根据西藏实际向文化部提出了加强和改进娱乐场所管理的意见和建议。

（8）文化市场立法进展情况

2009年2月2日自治区人民政府第3次常务会议对《西藏自治区文化市场暂行条例（修订送审稿）》进行了研究，原则上通过，并同意提请自治区人大常务委员会审议，5月26日自治区人大九届十次常务会对（暂行条例（修订送审稿））进行了一审，6月4日，自治区人大法制委员会、自治区政府法制办、自治区文化厅就《西藏自治区文化市场管理条例》修订进行了座谈，提出了修改意见，6月30日，由自治区人大法制委员会和自治区文化厅组成立法调研组赴那曲、昌都、林芝等地和个别县进行立法调研，根据调研和各方的意见对《条例》每个章节和条款做了多次修改论证。于2009年9月22日自治区九届人大常委会第十二次会议正式通过《西藏自治区文化市场管理条例》，并于2009年12月30日实施，《条例》的出台既弥补了西藏缺地方性文化市场管理法规的历史空白，又使西藏文化市场管理有法可依、有章可循打下了坚实基础。

5. 文化会展业

2009年，为充分发挥西藏文化资源优势，打造内容丰富、形式新颖、特色鲜明的专业化、规范化、市场化和精品化的展览文化产业发展，西藏展览中心参与了多项政府组团的展览，有力推动了展览文化产业的发展。

《西藏民主改革50年大型展览》以宣传西藏民主改革50年的变化为目标，取得了良好的效果。展期近70天里，接纳观众33万人次，外宾1539人次，收到观众留言5300条。此外，还举办了《今昔西藏》图片展巡展、《内蒙古广西宁夏新疆西藏自治区成就展》等重大展览。

2009年10月的《尼洋阁非物质文化遗产项目》展览得以保留，成为西藏第一个非物质文化遗产博物馆。此外，西藏还完成了2010年上海世博会《西藏活动周》非遗展示陈列相关工作。

6. 新媒体业

2009年有线电视网络总收入达到13320517元。有线数字电视收入8111055元。其中机顶盒收入4828870元，数字电视收视费收入达到1735987元，付费数字电视收入22070元，数字安装费1524128元。模拟收视费和安装费共计5209462元，比2008年增长11.45%。

（1）有线电视内容平台建设情况

目前，西藏有线数字电视内容平台的播出节目数量、提供业务种类已基本与内地省级广电网络的水平相当。一是积极开展数字电视节目建设，实现了基本电视节目61套、专业付费频道等节目68套、数字音频广播节目11套的播出。同时对核心平台进行了扩容，并购买了上海文广平台、中数传媒平台、花城影视平台和NVOD韩剧等数字付费节目，每年用于购置节目源的资金近100万元。二是顺利开通数据广播（电视网站、股票数据广播）、电子节目指南EPG、准视频电播NVOD节目等增值业务。三是“西藏导视”、“西藏资讯”频道节目播出进一步专业化。四是网络建设有序开展，网络总前端、一级光网、二级光网和四个分前端已建设完成。截至2009年12月25日，完成一级光网总长25.8缆公里；二级光网302.215缆公里。设计光节点410个，目前开通320个。

（2）有线电视用户整体转换试点购置进展情况

2009年底，西藏广播电视网络传输中心有线电视网络分光纤同轴混合网（HFC）和数字电视宽带网络，模拟网传输中央及省（市）级电视台的50套节目，覆盖了拉萨市和城郊区近35平方公里，拥有拉萨城区85%的电视用户，模拟有线电视用户达6万余户。数字电视宽带网络传输中央级省（市）级电视台和数字电视收费平台的127套广播电视节目，完成了有线数字电视建设用户8万多户，发展数字电视实际用户约2.4万户，完成了数字电视整转、关断模拟信号的单位已有160多个。2009年，有线数字电视建设总户数达到了79037户，基本完成了拉萨城区的有线数字电视宽带网络的建设，累计销售、发放机顶盒17473台。

（3）对外网络建设情况

2005年12月20日，西藏人民广播电台借助中国国际广播电台国际在线网站平台搭建了中国西藏之声网站，该网站通过藏、汉两种语言向受众宣传西藏。2009年4月20日，完成了中国西藏之声网独立平台搭建和在线广播调试工作，并于6月3日正式开通藏、汉、英3个子网站，同时完成了4个广播频率的在线广播，实现了藏语（包括拉萨话、康巴话）、英语和汉语所有广播节目全天80小时25分钟通过互联网同步播出，有效弥补了卫星、中短波和调频覆盖的缺陷，实现了广播节目的“全球覆盖”和“全时空传播”。2009年，共有美国、德国、法国、英国、挪威、瑞士、日本、印度、新加坡等20多个国家和地区近100万人次访问中国西藏之声网。

7. 动漫业

2009年，已有六项动漫项目申报自治区文化产业项目库：西藏东珠电子科技发展有限公司申报的动画片《猴鸟的故事》产业链研创、西藏影视制作发行中心申报的动画片《阿古顿巴》及衍生品研发、西藏奇正藏药股份有限公司申报的《藏医传奇》动漫影片创作、西藏大学工学院申报的八大藏戏制作、自治区文联申报的动漫《黑猫王妃》创作、拉萨蕃艺礼品有限公司申报的藏文动漫原创作品及衍生产品开发。

构想中的动画剧作《猴鸟的故事》《阿古顿巴》以西藏传统民间文学、民间传说创作而成，具有浓郁民族特色，通过加大对民族动漫衍生产品的研发，生产出动画片中人物形象的系列玩具、人偶、漫画册、音像制品、文化用品，实现动画剧作及衍生品优势互补、相互促进、协调发展。西藏奇正藏药股份有限公司将以动漫形式，以藏医药、藏文化为主题，以冬虫夏草等藏药和著名历史人物为线索，创作动漫《藏医传奇》。

8. 文化旅游业

2009年，全区全年累计接待国内外游客561万人次，比2008年增长149.7%；其中：接待入境游客17.5万人次，比2008年增长157.2%；接待国内游客543.5万人次，比2008年增长149.5%。实现旅游总收入56亿元，比2008年增长147.9%。2009年，旅游产业快速恢复发展，也带动和促进了乡村旅游快速发展。据统计，参加旅游接待服务的农牧民已经达到10460户，41844人，同比增长15%和18%，总收入已达到2.56亿元。

（1）旅游产业规模情况

截至2009年底，全区已有各类旅游企业1351家，比上年增加134家。其中，旅行社80家；星级饭店146家，拥有客房10880间，床位21374张；非星级饭店（含社会旅馆、家庭旅馆）837家，拥有客房13378间，床位30310张；旅游商贸服务公司4家；旅游汽车公司11家，拥有各类旅游车辆2800台；旅游度假村30家；导游公司1家。全行业拥有固定资产50.12亿元，比上年增加3.31亿元。全区拥有各类语种导游员共计1646人，其中有1538人持全国导游资格证，108人持地方导游证。截至2009年底，全区旅游从业人员达到了17.21万人，比上年增加0.21万人，其中藏族占62%，初步建立起了一支以藏族为主体，具备一定专业素质的旅游从业队伍。

（2）文化旅游宣传活动情况

以推介“冬游西藏”为支撑，确保旅游恢复发展。2009年我们以“中国生态旅游年—大美西藏净土游”为主题，以宣传促销为突破口，不断强化“冬游西藏”宣传攻势，彻底改变了西藏旅游淡季过淡的现状。在冬游西藏活动实施过程中，通过举办“冬游西藏”新闻发布会、西藏冬季旅游座谈会，积极开展冬季旅游专项促销等多种形式，有效强化了“冬游西藏”的促销力度。在加强旅游促销的同时，西藏旅游部门还制定了详细的冬季旅游奖励政策。通过努力，去冬今春西藏冬季旅游实现了“淡季不淡”，冬游西藏推广效应骤显，成功实现了西藏旅游市场的止跌回升，重塑了西藏安全、文明、和谐旅游目的地的良好形象。据统计，2009年10月至2010年3月“冬游西藏”活动期间，全区共接待国内外游客103.4万人次，同比增长51.6%。

以节庆游激活旅游市场，确保旅游业尽快走出低谷。为使旅游市场尽快回升，2009年西藏旅游部门紧紧抓住各地区开展节庆游活动的有利商机，努力打造“高山、雪域、阳光、藏文化”品牌，充分挖掘藏民族悠久的历史文化，将自然景观与人文景观有机地结合起来，让每一次节庆旅游都成为一次内容充实、特色鲜明的文化大餐。在做好现有节庆旅游促销的基础上，西藏旅游部门还要求各地挖掘本地节庆文化，整合资源，将本地区的重要节庆活动与旅游发展有机结合起来，为本地旅游的可持续发展夯实了坚实的基础。

以“请进来、走出去”的方式加大宣传促销力度，确保旅游业快速发展。“3·14”事件后一年多，西藏旅游部门有计划、有重点、有针对性地组织实施了“请进来、走出去”系列宣传促销活动，邀请国内外重要旅行商进藏踩线考察；积极组织各地（市）和区内旅游企业参加国际国内旅游展览促销活动；各地（市）以对口支援省市为促销目的地，有针对性地开展了宣传促销，为西藏旅游业实现平稳快速发展奠定了基础。同时，举办了第二届西藏旅游形象大使大赛，引起了社会普遍关注，影响广泛。此外，为加强中国同尼泊尔旅游合作，去年6月份旅游部门积极配合尼泊尔旅游赴藏推介团在藏开展尼泊尔旅游推介活动，进一步加强了中国西藏同尼泊尔的旅游合作，为丰富西藏旅游产品，延伸西藏旅游产业链打下了良好的基础。

以优惠政策，鼓励旅游企业招徕游客。自治区旅游局拿出专项资金奖励各优秀招徕单位；山南地区推出了一系列优惠促游措施，在文化底蕴深厚的藏王墓、敏竹林寺、桑耶寺等景区（点）推出“五一”三天免费旅游活动；雍布拉康、昌珠寺实行两人一票优惠活动；错那县勒布沟、扎囊县郎赛林庄园等则推出了全年游客免费游活动。同时，山南地区行署还设立了100万元专项资金，奖励为山南地区旅游发展作出贡献的单位和个人。林芝地区则向杭州发放总价值1080万元的旅游消费券；林芝地区旅游局、林芝地区旅游协会联合推出了“西藏人游林芝”的优惠措施。

（3）旅游市场制度建设情况

以规范制度、强化管理为抓手，确保西藏旅游市场有序健康发展。一是按照国务院颁布实施的《旅行社条例》以及国家旅游局《旅行社条例实施细则》，结合西藏旅游发展实际，自治区旅游局联合自治区法制办成立了《西藏旅游管理条例》修订领导小组，对《条例》进行了修订。目前条例修订草案经过反复修改论证，已按程序上报。二是在挖掘乡村旅游潜力、规范标准方面，制定了统一的家庭旅馆星级评定标准。截至目前，全区共有255家家庭旅馆通过评审，提高了家庭旅馆的接待能力和服务水平，实现了服务标准化、等级透明化。三是全区各级旅游质量监督管理所进一步加大了旅游市场监管查处力度，按照《旅行社条例》依法查封2家黑社，清理整顿3家旅游黑店，查处8家违规运营旅行社，查处违规导游43名，受理游客投诉183起，并在西藏旅行社中实行《国内旅游组团合同》，规范了西藏旅游市场。四是充分发挥行业协会的作用，倡导诚信合约经营，收到了良好的市场自律效果。去年全区旅游投诉较往年明显下降，市场秩序整体良好，有效促进了西藏旅游业健康发展。

（4）文化旅游服务提升情况

以提升旅游行业公共服务水平为基础，营造良好旅游发展环境。一是针对当前西藏从事旅游经营活动的主体不断增多，旅游市场管理难度进一步加大的现状，西藏专门编辑印制《进藏游客须知》向入藏游客发放，让游客明晰自身权益，提高游客维权、甄别良莠的能力。二是进一步加快了东西两大旅游环线上基础设施配套建设步伐，新建了一批标识标牌、旅游厕所、观景台和停车场，进一步提升了西藏旅游公共服务水平。三是为提升西藏旅游接待能力，拓宽营销渠道，对申请设立旅行社的个人、单位和企业进行了审核，新批成立26家旅行社，目前全区旅行社总数达到80家；对各A级景区、星级饭店（宾馆）进行复核，新评定了27家星级饭店（宾馆），目前全区星级宾馆已达146家；新评定了6个A级景区（点），目前全区A级景区点达到18处。同时，为全面提升西藏旅游纪念品的产业化和市场化水平，努力培育西藏旅游纪念品品牌，提升西藏旅游纪念品品质。西藏精心策划，举办了西藏首届旅游纪念品大赛，挖掘出了一批高品位、地方特色浓郁的旅游纪念品。

（5）旅游线路建设情况

以提升西藏旅游产品品质为重点，推进旅游产业快速发展。为丰富西藏旅游产品和线路，策划了一大批适合中外游客需求的旅游产品线路，推出了“神秘西藏游”、“极地探险游”、“情系西藏游”、“圆梦西藏游”、“茶马古道游”、“梦之游”等品牌产品。

（白玛协助提供相关资料）

# 陕西省

## 一、陕西省2009年文化产业发展综述

2009年，陕西省文化产业增加值首次突破200亿元大关，实现增加值226.64亿元，按可比价格计算较2008年增长22.0%，比2009年GDP增速高出8.4个百分点，比第三产业增加值增速高出7.9个百分点。文化产业增加值占GDP的比重为2.77%，比2008年增加0.22个百分点。截至到2009年底，陕西省文化产业共拥有企业和单位11687个，个体经营户71822户，分别较2008年增长16.8%和3.1%；拥有总资产433.33亿元，较2008年增长9.0%；年末从业人员数达到34.96万人，较2008年增长6.3%，高于全社会从业人员增速5.3个百分点。2009年，陕西省文化产业企业和单位实现利润和税金达到91.26亿元，较2008年增加21.31亿元，按当年价格计算增长30.5%；人均实现利税达到4.62万元，较2008年增加0.81万元，增长21.4%。按年末从业人员计算的劳动

生产率（人均增加值）为6.48万元，较2008年增加0.81万元，增长14.3%，分别比按年末从业人员计算的人均生产总值高3.42万元和第三产业人均增加值高2.14万元；文化产业企业和单位每万元资产增加值达到5230元，较2008年增加536元，增长11.4%。文化产业对陕西省经济发展的拉动作用不断增强，对陕西省经济结构的调整，经济增长方式的转变也发挥着重要的作用。

1. 加快建立和完善文化市场主体

2009年是陕西省文化体制改革和文化产业发展强力推进的一年。陕西省省直文化单位转企改制全面完成，新组建了陕西演出、陕西广播产业和陕西电视三个集团公司，新成立了陕西文化投资控股有限公司；原组建的陕西出版集团、陕西新华发行集团、西部电影集团和陕西广电网络公司经营情况逐步向好；西安曲江国家级文化产业示范区和西安高新区动慢产业基地发展速度加快。2009年也是陕西省文艺精品生产成果丰硕的一年。以《舞动陕西》、《望长安》、《保卫延安》、《大秦帝国》、《大秦岭》等为代表的影视剧作在银屏热播，受到社会各界广泛好评，以《秦腔》、《柳河湾的新娘》、《大树西迁》等为代表的文学、戏剧等各艺术门类异彩纷呈，引起热烈反响。

2. 文化产业投入继续保持较大幅度的增长

2009年，陕西省财政用于文化体育与传媒业的支出为40.89亿元，较2008年增长28.6%，高于2004年至2008年年平均增长速度5.3个百分点；城镇固定资产投资中用于文化、体育和娱乐业的投资为55.53亿元，较2008年增长27.1%，比2008年增速提高了10.9个百分点。

3. 城乡居民文化消费意识进一步增强

随着陕西省经济的快速发展，城乡居民的生活水平的不断提高，城乡居民家庭在文化娱乐方面的支出也有了不同程度的增长。2009年，陕西省城镇居民家庭人均文化娱乐用品及服务支出为750.30元，按当年价计算较2008年增长28.4%，占城镇居民家庭人均消费支出的比重提高了1.03个百分点；陕西省农村居民家庭人均文教娱乐用品及服务支出达到380.40元，按当年价计算较2008年增长8.1%，占农村居民家庭人均消费支出的比重下降了0.4个百分点，增长速度分别比2004年至2008年年平均增长速度高出17.9个百分点和0.1个百分点。陕西省城乡居民家庭生活水平的提高以及在文化娱乐方面支出的增加，为拓展陕西省文化市场提供了比较有利的条件。

4. 文化产业结构进一步优化

2009年，从文化产业内部结构看，陕西省企业和单位文化产业增加值为186.72亿元，其中："核心层"实现增加值92.10亿元，较2008年增长27.4%；"外围层"实现增加值51.98亿元，较2008年增长22.3%；"相关层"实现增加值42.64亿元，较2008年增长14.7%。

陕西省文化产业"核心层"、"外围层"和"相关层"的企业和单位增加值所占比重由2008年的47.9%、28.1%和24.0%变化为2009年的49.3%、27.8%和22.9%，分别提高了1.4个百分点和下降了0.3个百分点、1.1个百分点。"核心层"主要依靠文化艺术服务业及广播、电视、电影服务业的拉动扭转了所占比重连年下降的局面；"相关层"由于受文化用品、设备及相关文化产品生产行业增速下降的影响，其所占比重下降。从文化产业九大行业看，增长速度超过30.0%的行业有4个，分别是文化用品、设备及相关文化产品销售（36.7%）、新闻服务（34.1%）、文化艺术服务（33.5%）和网络文化服务（32.0%）。文化产业"核心层"反映文化产业发展的核心竞争力，通过对文化产业"核心层"的扩展、延伸，可以带动"外围层"和"相关层"的快速发展，实现乘数效应和倍增效应。因此，随着陕西省文化产业"核心层"所占比重的回升，有利于促进陕西省文化产业快速、可持续发展。

## 二、陕西省2009年文化产业各行业发展综述

1. 广播电影电视业

（1）西安电影产业发展情况

作为低碳经济和无烟工业的电影产业，10年间在西安造就了令人瞩目的繁荣景象：众多现代化多功能厅数字影城取代了原来大厅式单厅影院，票房收入从2000年的1500万左右激增到2009年的1.2亿元，令群众文化需求得到极大地满足和丰富。张艺谋、王全安等西安导演，闫妮、苗圃等西安演员及其创作的鲜活电影人物，作为一张张活名片塑造、展现着西安人的新形象；西影、曲江影视及众多的民营影视机构正在打造着西安电影产业辉煌的未来。

西安电影产业真正的变化始于2002年，这一年本土的长安院线组建，传统的三级供片制逐渐改变，片源选择相对自由。2006年，河南奥斯卡院线率先进驻西安，随后是万达、保利、中影、太平洋等相继进入。发展至今，全西安市已拥有10条院线、29家正常运转的大型影城、银幕数达到139块、座位达到了26781个，个别影城的银幕数达到10块。2000年，西安的票房还只有1500万，到了2008年就达到了6200万，2009年是1.2个亿。西安的电影市场以惊人的速度蓬勃发展，票房增长率进入全国排名的前6位。

（2）曲江影视投资（集团）有限公司发展情况

西安的影视剧制作企业，除了西影这个老牌、著名国企，还有一个实力派新秀——西安曲江影视投资（集团）

有限公司，该企业注册资本达1亿元，成立于2006年。因推出了电影《纺织姑娘》《老港正传》《生日》及纪录片《大明宫》等优秀影片，曲江影视成功跻身国内知名影视企业之列。《窃听风云》票房达1.1亿，为华语警匪片中的翘楚，并获第29届香港电影金像奖6项提名。《大明宫》分别在北京人民大会堂和纽约联合国总部举办了盛大全球首映礼、国际首映式，并入围台湾第46届金马奖。《生日》入围第12届上海国际电影节并获"最佳导演"等3项提名。曲江影视除了从事电影的投资、制作、发行和电影院线投资经营，还致力于实现影视产业的规模化、国际化、专业化、市场化。曲江影视举办的"2007西安曲江国产电影新人新作展"，成功推介了《爱情的牙齿》等3部优秀影片及黄渤、姚晨等14位电影新人，并为获推介的青年导演提供了后续创作扶助资金；2008年，"西安曲江电影编剧高级研习班等影视公益活动"得到业界关注；2009年，"五方电影投资联盟"在西安签约，上影集团、曲江影视、香港毅诺进投资公司、宁夏电影制片厂、左岸唐人影视公司共同倡导、搭建电影投资平台，将中国中、东、西部的优势资源形成合力，以民族电影的整体形象拓宽国际市场渠道，以促进中国电影市场的繁荣发展，推动中国电影走向世界。此外，还有一大批民营影视企业拍出众多优秀影片，是西安影视制作大家族中不可或缺的一员。

2. 新闻出版业

随着西部大开发，特别是实施"文化强省"战略以来，陕西新闻出版规模不断壮大，产业结构日趋合理，竞争力不断增强，新闻出版行业已成陕西省国民经济的重要组成部分。至2009年底、陕西年图书出版品种已有5780种，图书总印数到1.98亿册。报刊经过几次治理整顿，结构更加合理，市场更加规范。全省新闻出版业的销售收入已到149亿，利润总额增长到12亿。

陕西省目前新闻出版的从业人员10.2万人。其中，民营单位从业人员7.5万人，国有单位从业人员2.7万人。该行业从业人员中，拥有各类专业技术人员约2.2万人，其中具有中高职称的约1.13万人，人力资源优势明显。

（1）实施重大项目带动战略，开展跨区域资源整合

在近年来的新闻出版业发展中，陕西出版集团、陕西新华发行集团及成员单位顺利完成了转企改制工作，企业活力逐步显现。同时，大力实施项目带动战略，促进产业发展。2009年，西安印刷包装产业基地招商引资取得实质性进展。在基地重点建设陕西印刷包装行业公共服务平台，平台设计建设9个行业公共服务子项目，总投资5200万元，资金基本落实。

陕西金版图书工程，大报名刊培育工程等重点项目工程成效显著，做好与国家重大出版工程和重点出版项目、国家重大文化工程项目的衔接，争取并管好用好中、省出版基金，继续做好《话说陕西》等文化传承的重点工程，以原创性为"龙头"，树立品牌意识，强化陕版图书的策划和出版，打造一批具有核心竞争力的陕西金版图书。

出版发行单位积极探索突出主业、发展相关产业的新路子，努力培育新的经济增长点。一些出版单位跨地域发展，规模化发展，积累了宝贵经验。比如，华商报社以主业为主，积极拓展数字印刷、电子商务业务，不断发展壮大，先后投资运营了吉林《新文化报》、辽宁《华商晨报》、重庆《重庆时报》、天津《大众生活报》；创办了《钱经》《名仕》《淑媛》《大众文摘》《自驾游》等期刊，于2000年9月组建成立华商传媒集团，进行集约化经营。

（2）数字出版进程加快

陕西省出版单位着力实现传统出版向数字化出版转型，在产业持续发展方面迈出了坚实步伐。200多家报刊社建立了网站，华商网、女友网入选中国商业网站500强。

推进陕西国家级数字出版基地的筹划、筹建工作。陕西出版集团公司已形成《陕西国家级数字出版基地建设方案》，并取得了省委、省政府主管领导的同意，拟在西安高新区筹建占地100亩，拥有网络学习、电子图书、数字会展、移动阅读器、数字期刊、数字动漫等十大板块，以及综合信息服务、策划创意、研发与人才培训等五大平台的数字出版综合业务平台。

建设中国版本图书馆文化教育音像数字化综合平台项目。该项目是新闻出版总署2009年安排实施的四大工程之一，拟由国家新闻出版总署、西安天盛软件有限公司联合开发建设。该项目数据拥有完整的知识产权授权，是保护、完善和发展国家教育文化音像电子出版物的综合性国家级的综合文化产业项目。这个项目总投资5000万元，已正式启动，先期已投入2000万元。

建立陕西图片中心。中心用现代技术及先进设备，收集、整合、储存和编目全省各行业多年来积累和留存的大量多层面的珍贵图片及文字资料，形成全省规模最大的综合性图片史料库，为省委、省政府和社会各行业提供服务。

（3）积极实施"走出去"战略

陕西省制定并实施《陕西省新闻出版业"走出去"战略实施方案》，计划用三到五年时间，逐步建立和完善政府推进、企业主导、市场化运作的出版业"走出去"运行机制，加速提高全省出版产业的国际市场竞争力。比如，女友杂志社1999年在悉尼创办了《朋友》期刊（2001年

更名为《女友澳洲版》)，这是我国期刊“走出去”的第一个标志性期刊，发行范围覆盖全澳洲各城市和新西兰，成为目前中国唯一一本在海外坚持连续出版的中文期刊。而华商传媒集团2008年3月在南非接办了《南非华人报》，已投入1000万元人民币，目前发行5万份左右，是非洲最大的华文报纸。

(4) 建立和完善出版要素市场

筹建陕西版权贸易中心。把音像与电子出版业和版权贸易业作为产业发展的一个新的突破口，拟精心组织陕西省出版界在国外开展版权贸易交流活动，大力提升陕西版权贸易水平。

筹建陕西大型图书集散中心。充分发挥区位优势，加快我省图书产业和图书市场的发展，面向陕西，辐射西部地区，必须建成一个吞吐量大、辐射能力强、功能齐全的现代化大型图书集散中心，使其成为国内一流的区域性出版物的生产中心、物流中心和配送中心。

3. 广告业

陕西省广告业发展势头良好，新兴广告媒体在规范中健康发展，广告策划、创意、制作整体达到国内领先水平，推进了广告业专业化、规模化发展。全省以优秀企业品牌战略为基础，以广告企业为主体，以优势媒体为先导，形成了布局合理、结构优化的广告业发展体系；广告经营额持续较快增长，保持西部领先地位，在全国的位次不断提高。

(1) 陕西广告市场地域发展存在差异性

陕西省广告市场在三十多年的发展中形成的地域差异化具体表现在陕北、关中、陕南三个地域在发展上差别悬殊，呈现中部的关中地区广告市场相对繁荣，而陕北地区和陕南地区的广告市场发展则相对滞后。广告经营总额居于前四位的地市区（西安市、咸阳市、宝鸡市、渭南市）均是来自关中地区，它们甚至占到全省广告总额的95.55%。而陕北地区和陕南地区的广告经营总额相对较少，在对广告经营总额的贡献率上也明显少于关中地区的城市。

(2) 陕西省广告市场发展不平衡

陕西省的广告产业大多集中在诸如西安市、咸阳市等大城市。同时，从属于生产性服务业的广告产业所服务的对象来看，除了极少数的个人广告业务以外，绝大多数的广告营业收入来自于企业，尤其是为制造业企业提供专业化的服务。陕西省的广告产业向经济发达城市集中的格局，正是由于西安市集中了陕西广告产业发展所需要的绝大多数大客户、省级媒介资源和高素质的专业人才。同时也造就了陕西全省广告市场的极大地不平衡性。

4. 演艺娱乐业

2009年8月，首批42家拟在年内完成转制工作的国有文艺演出院团名单公布，其中陕西就有8家。陕西省委、省政府下发的《关于加快推进省直文化单位体制改革的实施意见》（陕发【2009】10号）明确提出，按照“整合资源、调整布局、优化结构、提高效益”的要求，大力推进演艺资源重组，鼓励转企改制院团与演出中介机构、演出场所等组建综合性演艺公司，延伸和完善产业链，提高演艺事业整体发展质量和水平。

在陕西省委、省政府审时度势、科学决策下，经过陕西省文化厅及各相关部门的工作，8家省属院团和单位由国家统包统管的事业单位实现了转企改制，成立了陕西演艺集团，演职人员转换身份，全面转向现代演艺企业的大变革。

新成立的陕西演艺集团将按照建立现代企业机制的要求，构建母子公司框架。以现有陕西省歌舞剧院、省乐团、省杂技艺术团、省民间艺术剧院、省京剧团、省人民艺术剧院、西安人民剧院、省演出公司8家单位的资产为基础，组建具有独立法人资格的陕西演艺集团有限公司。

5. 文化会展业

陕西省的会展活动主要集中在西安市，西安市的会展活动占全省85%左右。截止2009年11月，全省注册企业中经营范围包含会展业务的公司1241家，开展会展业务较活跃的公司为50家左右，与展会相关的广告、搭建公司众多。市场竞争机制逐步形成，市场化运作水平不断提高，已步入立足规范发展，着力自主品牌，扩张规模，提升层次，完善服务，拓展发展空间的提升时期。

据统计，1～11月全省共举办展会132个，参展商31.8万人次，专业观众42.1万人次，普通观众114.7万人次，其中“中国东西部合作与投资贸易洽谈会”、“中国杨凌农业高新科技成果博览会”、“中国国际通用航空大会”、“榆林国际煤炭暨能源产业博览会”、“2009欧亚经济论坛”、“全球秦商大会”的规模及影响力较大。全省现有展览场馆5个，总建筑面积25.2万平方米，近年新建了宝鸡展览馆，并对曲江国际会展中心、绿地笔克国际会展中心和杨凌农业科技展览中心进行了扩建改造，这些现代化场馆的配套设施和服务功能均较为完备。西安市区建有3个展览场馆：曲江国际会展中心9.6万平方米，陕西国际展览中心4.7万平方米，绿地笔克国际会展中心3万平方米；杨凌示范区所辖的杨凌农业科技展览中心6.7万平方米；宝鸡市2009年新建成展览馆1个，面积1.2万平方米。

6. 动漫业

陕西省动漫企业主要聚集在西安市，西安的动漫企业85%聚集在西安高新区。经过3年多的发展，目前西安有动漫游戏企业150余家，2009年动漫产值达6亿元。2009年8月西安高新区管委会出台了连续3年共9000万元的动漫游戏产业扶持政策；2009年9月，依托西安高新区的陕西省动漫游戏行业协会宣告成立，目前有会员单位160余家；2009年12月，在文化部首批认定的100家动漫企业中，陕西有玛雅动画、新昆信息等5家入选。

西安高新区内有全国最大最知名的休闲娱乐平台“联众世界”，有融慧科技、掌信科技、袖意无限等手机游戏开发商和提供商，有玛雅动画、和盛动画、嘉荷设计、第五空间等一批动画制作企业，有纷腾互动、泰斗时空、乐游科技、八爪鱼等互联网游戏研发企业等。开发出了角色扮演科幻大型网络游戏《星际家园》等知名作品，有一大批企业围绕国际知名企业从事动画外包和游戏产品外包业务，产品出口到日本、韩国、美国和法国等。

西安玛雅动画制作的三维动画《丝路少年》在日本的NHK电视台播出；和盛动画为法国公司进行了52集三维动漫样片的制作；第五空间为韩国知名游戏企业泰斗时空制作人物角色。目前西安动漫类企业大多以动漫产品的外包加工来实现盈利。

7. 文化旅游业

2009年是陕西省旅游业面对新世纪以来经受最严峻考验的一年，在省委、省政府的正确领导和国家旅游局的指导下，全省旅游行业以科学发展观为统领，以“保增长、扩内需、调结构”为主题，坚定信心，积极应对，加大国内旅游工作力度，着力推进旅游产业转型升级，着力强化宣传促销，着力深化市场监管，着力提升旅游品质，全省旅游业在克服困难中振兴，在应对挑战中奋进，在逆势中继续保持强劲增长。全年接待境外游客145.08万人次，比上年增长15.4%，旅游外汇收入7.71亿美元，比上年增长16.7%；接待国内游客11410万人次，比上年增长25.9%，国内旅游收入715.28亿元人民币，比上年增长27.5%；旅游总收入767.94亿元，比上年增长26.5%。陕西省接待境外游客增速比全国平均水平高出18.13个百分点，旅游外汇收入增速比全国平均水平高出13.8个百分点；接待国内游客增速比全国平均水平高出14.8个百分点，国内旅游收入比全国平均水平高出11.1个百分点；旅游总收入增速比全国平均水平高出15.2个百分点。

(1) 坚持政府主导旅游业发展战略，大旅游发展格局正在形成

全省各级党委、政府认真贯彻国务院、省政府“扩内需、调结构、保增长”的战略部署，始终坚持“政府主导、部门联动、社会参与”的大旅游发展战略，初步形成了全省上下协力发展旅游业的良好局面。

各级政府积极制定促进旅游业发展的政策措施。面对金融危机的严重影响，各市积极贯彻全省旅游产业发展大会精神，许多市都出台了支持旅游业发展的措施。西安市出台了《关于支持旅游业发展的意见》，以打造一流的国际旅游目的地城市为目标，实施了“皇城复兴计划”和景区周边环境整治工程；宝鸡市成立了主要领导挂帅的文化旅游产业发展领导小组，制定了《关于加快全市文化旅游产业发展的意见》，2009年财政用于支持旅游业发展的资金达到6500万元；咸阳市年初率先推出了“旅游消费券”，面向全省通过发放2.9亿元旅游代金券、优惠券、打折卡等活动，有效刺激了消费，直接拉动旅游收入14.5亿元；渭南市出台了《关于加快旅游产业发展的意见》，启动创建了中国优秀旅游目的地活动；铜川市从经济增长，城市转型出发，支持旅游业发展；延安市市委、市政府围绕实施“红色旅游兴业”战略，全力主导旅游工作；汉中市召开了全市旅游产业发展大会，出台了《关于贯彻全省旅游产业发展大会的实施意见》；安康市以创建中国优秀旅游城市为契机，加大旅游基础设施建设和景区投入力度；商洛市召开了全市旅游产业发展大会，出台了《关于加快商洛市旅游产业发展的实施意见》，在地方财力十分困难的情况下，决定市级财政连续五年每年安排500万元专项资金用于旅游宣传促销，且每年递增10%。

(2) 国内旅游增势明显，区域旅游取得突破发展

区域旅游发展取得新突破。为应对国际金融危机，各地通过加大产品开发和宣传促销，大力开展“陕西人游陕西”活动，取得了非常好的经济效益。2009年全省接待国内游客1.14亿人次，比上年增长25.9%，国内旅游收入715.3亿元人民币，比上年增长27.5%。结合国家节假日制度的调整，积极发展城市周边游、自驾游、体育健身游、温泉旅游、体验农民生活的“农家乐”旅游等产品，极大地满足了国内游客的消费需求，使各市旅游业都得到了飞速发展。全省继西安、宝鸡、咸阳之后，2009年渭南、汉中、延安三市接待国内游客都突破了1000万人次，西安、宝鸡、咸阳、渭南、延安国内旅游收入也都超过了50亿元人民币。商洛市充分利用高速公路开通机遇，全面加大宣传推介和产品开发力度，旅游业实现了跨越式发展，四年时间旅游接待人数增长了10倍，旅游收入增长了20倍，去年旅游综合收入占全市GDP的比例已达11.5%。

(3) 进一步加强旅游规划，旅游产品体系建设步伐加快

2009年，全省以加快旅游业转型升级为主线，坚持走规划指导下的产品化路线，旅游规划编制和旅游项目建

设均得到有力推进。

加强项目建设工作，全面实施项目促进战略。不断加强对文化旅游、生态旅游、红色旅游和温泉旅游等项目建设的指导和监督工作。全年共安排省级旅游项目建设专项资金2290万元，补助建设项目53个。其中，文化、自然生态休闲度假类项目25个，省级补助1740万元；乡村旅游项目29个，省级补助550万元，极大地推动了重点景区建设。法门寺文化景区、大唐西市、大唐不夜城、延安革命纪念馆新馆、黎坪国家森林公园、镇安木王国家森林公园、少华山国家森林公园已陆续对外开放。华山、长青一华阳、南宫山和金丝峡共完成投资3.5亿元，加快旅游区基础设施和服务设施改造提升。长青一华阳旅游区、牛背梁国家森林公园将于今年对外开放。省级重点旅游项目建设的实施，进一步加快了陕西省旅游产品结构调整步伐，推动旅游产品体系的完善。

加大旅游项目招商引资力度，提高旅游项目市场化运作水平。2009年组织参加了第十三届中国东西部投资与合作贸易洽谈会、西部文化产业博览会、首届中国西部旅游产业博览会、天津中国旅游产业节、第二届陕西旅游商品博览会、2009中国国际旅游商品博览会等旅游投资活动。通过“事前项目配对、事中优质服务、事后紧密跟踪”的方式，取得了良好的招商效果和宣传效果，全年旅游项目招商引资38个，合同、协议引资额84.2亿元。由省政府参与组建的陕西天地旅游创业投资企业，目前已注册登记完毕。建立了银企、银证旅游项目开发合作机制，扩大了旅游投融资渠道。

加大红色旅游景区建设。进一步加强对延安革命纪念馆新馆、照金革命旧址、马栏革命旧址、川陕革命纪念馆、杨家沟革命纪念馆等红色旅游景区的建设力度。2009年红色旅游继续保持强劲增长，接待人数3600万人次，收入240亿元，比上年分别增长24%和26%。

(4)“以人文陕西·山水秦岭”为宣传主题，旅游宣传促销成效显著

2009年，全省以“人文陕西·山水秦岭”旅游品牌为核心，以强化市场促销，扩大市场占有率为目标，实行部门联动、政企结合、省市县联合，文化、文物、商务同旅游结合，航空、铁路、电信、联通等部门与旅游结合等多种方式，加大客源地的宣传促销力度。通过大策划、大推介、大营销、着力塑造陕西旅游新形象，不断掀起陕西省宣传促销的高潮，使“人文陕西·山水秦岭”的旅游形象更加深入人心。

在国内市场开展一系列富有影响力的宣传推广活动。在袁纯清省长、景俊海副省长的带领下，先后赴北京、广东、福建、天津、甘肃、重庆、青海、云南、四川、台湾等地举办旅游推介会和交流活动。参加了中国国内旅游交易会、中国国际旅游交易会、厦门海峡旅游论坛、北京国际旅游博览会、重庆首届中国西部旅游产业博览会、首届中国宁夏国际文化艺术旅游博览会。在省内承办了第十三届西洽会旅游宣传推广活动、第二届中国西北旅游网上博览会、“全国百城旅游宣传周”陕西活动、第二届陕西旅游商品博览会、2009年世界旅游日中国主会场华山庆典活动、川陕甘渝三国文化旅游精品线路协作启动仪式、陕西第二届金秋旅游节等，省旅游局还以主办、联办、参与等方式支持各市举办了几十场颇具影响力的各类旅游节庆活动。其中，旅游局举办的第二届陕西金秋旅游节、宝鸡市举办的已丑年全球华人省亲祭祖大会、安康市举办的汉江龙舟节都荣获了“2009中国节庆产业金手指奖”。这些活动对进一步开拓国际国内市场，增加游客规模发挥了积极作用。2009年全省共开展宣传推广活动1148场，发送旅游宣传材料869万份。

各市宣传推广力度加大。宝鸡市在北京分别举办了宝鸡旅游推介会和“文化国门、魅力宝鸡”展示展演活动；渭南市与山西运城市、临汾市和河南三门峡市联合推出黄河金三角“一证游”，结成营销联盟，并投入400万元两次在中央电视台播出旅游专题片；延安市投入2000多万元在中央台和15个省市电视台连续播放“革命圣地·魅力延安”旅游形象广告宣传片，并出台了旅游营销奖励办法；咸阳市、商洛金丝峡景区也在中央电视台作旅游宣传广告。在景俊海副省长的重视和支持下，省政府安排专项资金，对在中央媒体做旅游宣传广告的有关市进行补助，还安排省级旅游宣传补助资金800万元，用于重点景区在全国进行的宣传促销。

# 甘肃省

## 一、甘肃省2009年文化产业发展综述

甘肃是文化资源大省，近年来文化大省建设已开展了许多卓有成效的工作，但进一步推动甘肃省文化生产力发展，提升文化软实力任重而道远。2009年度甘肃省文化发展以社会主义核心价值体系建设、公共文化服务体系建设、文化产业发展体系建设、文艺精品创作体系建设、文化遗产保护体系建设、文化人才队伍建设体系等“六大工程”建设体系为中心，大力推进甘肃文化大发展大繁荣。在此历史机遇下，甘肃文化产业的发展取得了长足的发展。

1. 全省文化发展体现出“四个持续增加”

各级政府对文化的投入不断加大，人均文化事业消费

持续增加；文化市场不断发展，人均文化消费支出持续增加；创作演出不断加强，演出场次持续增加；群众文化活动不断繁荣，人均享受文化服务的次数持续增加。

2. 非物质文化遗产保护步入轨道

甘肃省非物质文化遗产保护工作已建成省、市、县三级非遗保护名录体系。环县道情皮影、兰州鼓子、临夏花儿、保安腰刀、藏族民歌等52项已进入国家级第一、二批非物质文化遗产名录，皮影戏民间艺人、花儿歌手等12人被确认为国家级非物质文化遗产代表性传承人。省政府先后公布了两批173项省级非物质文化遗产保护名录。2009年9月30日，"甘肃花儿"被批准列入《人类非物质文化遗产代表作名录》，使甘肃省拥有了第一个世界级"非遗"项目。依托先进数字技术打造的敦煌保护利用设施项目最为引人注目。2009年初，包括"数字敦煌"在内的，总投资2.61亿元的敦煌莫高窟保护利用工程开工，预计将于2011年完工。

3. 全省文化产业走向基地和园区带动式发展

2009年4月20日省委宣传部对全省文化产业示范基地和文化示范园区命名授牌，庆阳市等13个示范基地和敦煌市等两个示范园区成为甘肃省首批文化产业示范基地和园区。把全省各地的特色文化产业按13个类型建立基地，如：文化保护技术服务、文化娱乐、文化旅游、影视拍摄、民俗文化等，从而结束了甘肃省文化产业零散型发展，各自为阵的低层次发展阶段。其中，庆阳香包民俗文化产业基地已成为甘肃文化产业的地标之一，生产的产品达20多个大类5000多个品种，年生产500多万件，远销全国56个大中城市及美国、日本、欧盟、东南亚、港澳台等20多个国家和地区。全市民间工艺美术能手数以千计，从业人员15万人。创新设计出了细绌、线盘、挂件、绣片等7大系列100多种新产品，年销售收入1.5亿元。2008年9月被文化部命名为"国家文化产业示范基地"，庆阳市被国际亚细亚民俗学会命名为"亚洲传统手工技艺文化名城"。

4. 各地发展旅游产业的势头越来越热

2009年，甘肃省旅游业面对一系列自然灾害和突发事件的冲击，受到巨大影响。为此，甘肃省大力实施了"三年翻番与质量提升计划"，全面加强旅游促销，使甘肃旅游业的产业基础、市场监管、信息化建设等明显改善。2009年甘肃接待总人数高于全国平均增长速度25.2个百分点，旅游总收入高于全国平均增长速度29个百分点，呈现出了健康稳步发展的良好态势。为了提高旅游部门在新的历史条件下驾驭全局的能力，在全省机构改革中，省旅游局已由省属事业单位调整为省政府直属行政机构，行政管理职能得到进一步加强。目前，在省委、省政府主要领导的重视关心下，2009年甘肃省14个市州旅游局中有13个进入了政府工作部门，同时有13个市州把旅游业定位为支柱产业或优先发展的重要产业来大力发展。

5. 贫困地区发展文化产业的积极性高涨

甘肃有些地区还是国扶、省扶的贫困地区，但文化资源优势已被群众所认识，民间文化产品制作已产生了很大的经济效益，安置了大量的就业人员，成为民营文化产业的重要发展领域。庆阳的香包产业、通渭的书画产业产值、营销范围在不断扩大。专家就如何利用扶贫机制、资金进一步发展文化产业，提供了应用对策。

6. 戏剧大省建设成效显著

2009年，甘肃戏剧全面丰收，舞剧《丝路花雨》《大梦敦煌》获文化部首届"优秀保留剧目大奖"、陇剧《官鹅情歌》荣膺国家舞台艺术精品工程精品剧目、京剧《丝路花雨》获中宣部"五个一工程"优秀作品奖。11月举办的"甘肃省加快戏剧大省建设论坛"，提出把加快戏剧大省建设作为全省文化建设的着力点和促进文化大发展大繁荣的突破口，认真研究制定巩固提高甘肃戏剧优势地位的政策措施，总体上要达到西部领先、全国一流。

7. 通过文产博览交易会获资金支持

2009年兰州举行的第四届甘肃文化产业博览交易会以"魅力甘肃、文化甘肃、创意甘肃"为主题，全面展示了甘肃省优秀文化资源和特色文化产品，在项目签约仪式上，共有包括"古一徽双语双脑441文化创业工程"等七十三个文化项目与甘肃方面顺利签约，总金额22.75亿元。

8. 文化消费和文化投资的积极性提升

2009年1月至11月居民在文化方面的消费指数比2008年同期上升了0.4%。2009年1月至9月城市居民用于教育文化娱乐服务的支出比去年同期增长了2.18%；农村居民的这项支出为158元，比去年同期增长了4.7%。这充分说明了居民已在文化消费中树立了较为牢固的精神消费理念。这是甘肃文化建设不可忽视的积极因素，也可预测城市、农村文化市场的巨大潜力。

9. 县域文化建设在不断觉醒中走向多样化

县域文化建设是全省文化发展的基础环节和重要组成部分，近30年来在中西文化的碰撞中，在多元文化的流变中，地域文化的自信心在不知不觉中消减，致使一些很有价值的民俗、说唱、工艺制作方式等文化形式濒临消失、灭绝。可喜的是目前甘肃绝大多数地方政府看到了面临的困境与挑战。例如安宁区、临洮等县就明确提出"文化兴（区）县"战略。以县域文化为整合基础，进行文化新产品的创新提升，使主流文化增强得益于基层民众的亲和力和认同感，消解昔日主流文化"面孔过于正统"、"文化感染力不强”的困惑。

## 二、甘肃省 2009 年文化产业各行业发展综述

1. 广播电影电视业

截止到 2009 年，甘肃省完成了首批 30 万套直播卫星接受设备的安装调试并验收；弯沉过了西新工程新家太的选址、环评等工作；中央农村广播电视节目无线覆盖相关台站发射设备全部开通。全省一半以上的市（州）、县（区）完成了有点试点数字化整体转化。定西人民广播电台正式开播，结束了定西没有市级广播的历史。全年完成藏语译制科教片 10 部，胶片故事片 10 部、数字电影故事片 20 部，民营影视节目制作机构有 23 家。全年城市电影票房收入 2560 万元，同比增长 70.7%。完成公益电影放映 20 万余场次，观众 1872 万多人次。

2. 新闻出版业

截止到 2009 年，甘肃省现有 9 家图书出版社，即读者出版集团所属甘肃人民出版社、甘肃民族出版社、甘肃少儿出版社、甘肃教育出版社、甘肃科技出版社、甘肃人民美术出版社、敦煌文艺出版社等 7 家专业出版社，以及兰州大学出版社和甘肃文化出版社。现有甘肃声像教材出版社、甘肃音像出版社、飞天电子音像出版社等 3 家音像出版单位。全省图书和音像出版业年产值大约 4.5 亿元。现有报纸 68 种，期刊 129 种，期刊年发行量达 1.23 亿册，经营收入约 4 亿元。特别是《读者》杂志近年来保持了健康稳步发展态势，月发行量居亚洲第一。现有印刷企业 2681 家，其中，甘肃新华印刷厂、兰州新华印刷厂、天水新华印刷厂为省新闻出版局直属企业。全省印刷业从业人员 3.3 万人，年产值大约 9 亿元。省新华书店集团作为我省发行业龙头企业，现有总部直属和各市县新华书店 97 家、图书发行网点 295 个、员工 2600 余人、总资产 7 亿元、年销售码洋 16.6 亿元。全省现有民营书业 2100 家，其中图书二级批发发行公司 180 家（含文化公司），个体零售书店（含报亭、书摊）和电子音像出版物批发零售网点 1920 家，从业人员 30000 多人，年总销售码洋 8 亿元，年实现毛利润为 5200 万元，年上缴税金 2080 万元，其从业人员是国有书业从业人员的 10 倍。

3. 广告业

2009 年，全省不仅有电视、广播、报纸、杂志等广告形式，而且 DM 广告、店铺广告、交通广告等也十分活跃，乃至文艺广告、邮寄广告、馈赠广告和商业展览会、博览会也大规模登上广告舞台。全省广告经营单位由 1979 年的 3 家发展到现在的 1700 余家，从业人员 1.5 万余人，广告经营额达到 12.8 亿元。各种广告媒体发展迅速，全省有电视广告媒体 34 家、广播广告媒体 17 家、报纸广告媒体 68 家、杂志广告媒体 129 家；高新技术的应用让户外广告更加靓丽多彩。

但是，在发展中也存在不少问题，譬如传播范围与对象不明确，经营理念不正确等等。甘肃省的广告媒体中，除《读者》杂志外，其他大多数媒体，无论是电波媒体还是印刷媒体，都欠缺自己鲜明的特色栏目和受众群定位。节目内容趋同化，竞争手段单一化，技术设备落后，经营理念不明确，使得甘肃省内的大众广告媒体对广告主的吸引力越来越弱。在“内容为王”的环境下，由于甘肃省的大众传媒不能在内容上培养忠实的受众群来吸引广告主，因此最终的竞争就局限在价格战上，造成广告市场价格混乱，广告媒体利润降低，违法虚假广告泛滥，消费者信任度下降，广告主逐渐流失。同时，甘肃省广告公司的广告策划能力和管理能力较弱。

4. 演艺娱乐业

甘肃省充分利用“敦煌、丝路、伏羲、多民族”特色文化资源，主动“走出去”，先后组织 10 多个省直和有关市州、高校的文艺演出团体及文化单位，分赴近 20 个国家和港澳台地区，广泛开展文艺演出、摄影、文物展览、学术交流研讨等活动，扩大了甘肃省文化对外影响力。

舞剧《丝路花雨》和《大梦敦煌》、话剧《老柿子树》、秦剧《大河情》赴京参加“向祖国汇报”——庆祝中华人民共和国成立 60 周年献礼演出活动。1700 多人参演的“祝福我的祖国”——全省庆祝新中国成立 60 周年大型文艺晚会举行，代表了我省主题歌舞晚会的新水平。“向祖国致敬”——全省庆祝新中国成立 60 周年职工、农民、大学生和少数民族 4 场文艺会演，600 多个节目、3000 多人创作演出，充分展示了全省各条战线的新人、新事、新面貌和新气象。

2009 年，是甘肃文化的欢乐年，京剧《丝路花雨》、秦剧《百合花开》、电视连续剧《老柿子树》荣获第十一届精神文明建设“五个一工程”优秀作品奖，获奖作品数是历届最多的一次；舞剧《丝路花雨》《大梦敦煌》入选文化部首届“全国优秀保留剧目大奖”，获奖数位居全国第二，西部 12 省区第一；陇剧《官鹅情歌》入选二期国家舞台艺术精品工程重点资助剧目，是西部 12 省区唯一入选剧目。此外，马少敏、刘少雄、晏建中、高金荣、马自祥、高凯等省内著名文艺和文学工作者，分获“梅花奖”、“中国卓越贡献舞蹈家”、“民间文艺成就奖”、“闻一多诗歌奖”等全国性奖项或称号。

5. 文化会展业

甘肃会展业开始起步，发展的条件受很多不利因素的制约。结合甘肃会展业实际，在起步阶段现实的选择应该是“政府主导＋市场运作”的运营管理模式。即由政府制定会展产业发展总体规划、政策、法规，开展目的地整体

营销，并办好政府主导型的会议和展览会，企业按市场化方式运作。

2009年，省内重要会展活动包括甘肃文化旅游博览会和兰洽会。以前者为例，省旅游局与省委宣传部联合举办了甘肃文化旅游博览会，成功策划了丝绸之路旅游与区域合作和甘南香巴拉文化与生态旅游两个高端论坛，邀请300多家国内旅行商和新闻媒体对甘肃省进行了考察踩线。签订招商引资项目8项，总投资额4.36亿元。与国内外10家旅行社签订了深度开发旅游市场的合作协议，意向投资旅游开发资金21.3亿元。

总体而言，甘肃文化会展业尚处于起步阶段，规模小，产业运营力度弱，市场主体不完善。同时，在政策引导上也缺少力度。目前，甘肃尚未出台促进会展业发展的产业规划和配套政策，也没有制定行业性管理规范，更没有建立扶持会展业发展的财政专项资金，扶持和调控手段明显跟不上，在一定程度上影响了会展业的发展。

6. 动漫业

甘肃将动漫产业列入《甘肃省“十一五”文化产业发展规划》中，经过近几年的发展，取得了一定的成绩，但面临着一些现实的困难。

动画学科建设较为滞后。甘肃省的一些大专院校如西北师大、兰州理工大学、兰州交通大学、兰州工专等美术系（学院）目前开设了动漫方向的专业，开始招收部分本科或专科生。但从学科设置上来说目前仅处于动漫理论教学阶段，真正的以现代信息传播技术手段为主要表现形式的动漫研发、原创、生产制作和工艺流程、出版营销等教学尚未涉足。兰州国际经济专修学院、兰州工业职业技术学院、兰州博雅艺术学校联合创办的卡卡动漫创作培训中心，目前创作室和机房虽然已经建立起来，但培训和创作水平仍处在简单的基础设计和动漫广告制作的初级阶段。因此，在未来发展中，甘肃省动漫专业的建设必须向高端化、专业化发展，值得注意的是，由兰州高新区创业服务中心、兰州大学艺术学院、甘肃敦煌梦工场现代传媒有限公司共同打造的“国际动漫研发基地”在兰州高新区落户，将加快甘肃动漫教育和动漫行业的发展。

资金缺乏，研发力度不够。没有强大的资金支持，也使得甘肃省的动漫企业在自己的研发上，一直以来没有出现过像“喜羊羊”、“蓝猫”等类似的品牌动漫形象，从而致使作为动漫产业发展壮大的产业链条得不到提升，使得动漫产业链条中重要的专业销售代理、版权转让、影视系统有偿播放、开发衍生产品以及商业销售产品等链条得不到完善。

动漫产业整合力度较弱。目前，甘肃动漫产业尚处于起步阶段，整合能力不强。未来的发展将加强与本省文化、戏剧、民族民间艺术等资源的整合，加强与服装、玩具、食品、旅游产品、广告等传统行业的合作。支持动漫企业、网络文化单位建立动漫网站，积极开辟互联网市场进行网络经营。支持网络游戏、软件开发商、通信运营服务商同动漫企业进行合作，依托动漫产品、形象开发游戏产品和增值服务项目，形成资源整合，延伸产业链。这样一来，就能够形成一个属于自己的叫得响的品牌，也能让整个动漫产业链条活起来。

7. 文化旅游业

2009年，甘肃省实现的旅游总收入占全省GDP的比重首次超过5%，达到了5.7%，成为甘肃旅游业收入最好的一年。2009年，甘肃省接待旅游总人数为3393.74万人次，增长36.3%，实现旅游总收入192.77亿元，增长40.2%，接待人数和旅游总收入两个指标均高于全国平均增长速度。甘肃省旅游局局长黄周会说，全省旅游接待人数已完成三年翻番目标的84.8%，旅游收入已完成三年翻番目标的83.8%。

（1）产业发展基础进一步改善

按照省委“四抓三支撑”的发展战略，在省内各相关部门的积极支持下，全省各级旅游部门坚持以加快旅游业转型升级为目标，持之以恒地狠抓产品体系建设，千方百计加大旅游投入，旅游规划编制、旅游项目建设和旅游产品开发均得到有力推进。一是项目建设步伐加快。2009年全省在建旅游项目共计368个，项目投资总额84.2亿元，其中政府投资44.55亿元，招商引资39.65亿元。截止到年底，全省已完成投资28.4亿元，完成投资额的33.7%。全省有12个市州投资进度达到20%以上，酒泉、金昌、平凉、白银四个市投资进度达到50%以上。完成投资过亿元的有平凉、酒泉、天水、陇南、兰州、庆阳、嘉峪关、定西、临夏、武威、甘南11个市州。二是基础设施建设力度加大。全省共争取国家旅游发展基金补助地方项目经费1090万元，组织实施了世行贷款自然文化遗产保护、敦煌莫高窟保护工程、红色旅游建设、灾后旅游恢复重建、申遗项目的保护和环境整治、旅游示范县开发等重点项目。由省旅游局牵头负责的204座旅游景区厕所建设任务全面完成，共验收达标旅游厕所209座，拨付到位奖励资金1739万元。加上中石油系统承建146座加油站厕所，全省累计建成星级旅游厕所500座。在省交通厅的重视支持下，新组建了“甘肃交运旅游汽车有限公司”，购置整合豪华旅游大巴80辆，全省专业化旅游汽车达到600多辆，基本解决了旅游交通问题。三是旅游产品开发成效显著。从2009年开始，旅游产品开发战略由原来的同时培育六大产品调整为重点实施“221”品牌带动战略。经过一年来的开发建设，形成了甘肃丝绸之路全景游与南部藏回风情草原风光游两大特色旅游干线，陇东黄土风情红色之旅线和陇南生态旅游线日渐繁荣，以兰州为中心的一小时系列休闲观光旅游圈逐步成为旅游消费的热点，涌现了一批具有较好市场效益的生态旅游、文化旅游、休闲度假旅游、乡村旅游等高中端旅游产品。旅游商品开发也有新的收获，在2009中国国际旅游商品博览会上，我省一举夺得1项金奖和4项铜奖，并荣获“最佳组织奖”、“最佳展台奖”，是全国获得奖项最多的省之一，也是西北省区唯一获得金奖的省。四是旅游规划编制取得进展。《甘肃省旅游业发展规划》正式出版发行，《甘肃省藏区旅游基础设施建设及发展规划》基本编制完成，根据省政府《关于加强旅游创业与扶贫等工作的会议纪要》精神，编制完成了《陇东休闲消夏旅游扶贫发展规划纲要（草案)》，报省政府审定。

（2）旅游市场监管进一步加强

甘肃省旅游管理部门以推进旅游服务质量提升为重点，以服务全行业为宗旨，积极帮助企业应对危机，保障旅游市场健康发展，旅游市场秩序逐步规范，发展环境进一步优化，初步实现了行政部门、旅游景区景点、旅游企业三个层面的良性互动。一是不断完善法规制度，依法行政能力不断提高。继续推行《甘肃省国内旅游合同》和《中国公民出境旅游合同》示范文本，修订了《旅行社设立技术报告书》，制定了《甘肃省旅游星级饭店管理办法》及操作规程，实行网上行业监管重要事项通报制度。二是组织开展全省旅游质量监督和市场大检查，旅游市场秩序明显好转。重点对各种无证照经营行为、虚假旅游广告、旅行社超范围经营、旅行社门市部挂靠承包行为、“零负团费”及其他非法违规经营行为进行了治理整顿。进一步加大旅游市场退出力度，对部分旅行社、旅游饭店和导游人员分别做出严肃处理。三是强化旅游监管协调，积极创造安全和谐的旅游环境。始终把旅游安全作为各项工作的重中之重，以旅游交通、旅游消防、旅游节庆活动、游乐设施设备及特殊旅游项目、旅游食品卫生、旅游安全为抓手，以防止发生重特大旅游安全事故为目标，加大对旅行社、旅游景区（点)、旅游星级饭店、旅游车船、旅游购物场所、旅游餐饮场所、旅游娱乐场的安全检查，落实24小时应急值班制度，确保旅游安全。四是坚持为企业服务，帮助企业应对危机。为了帮助旅行社克服金融危机带来的不利影响，引导企业调整发展思路，开展生产自救，用好国家鼓励节能减排、技改和扶持中小企业发展的各项优惠政策，全省核退旅行社质量保证金2995万元，对提振旅游企业信心、增强抵御风险能力起到了积极的作用。

（3）旅游促销推广影响进一步扩大

2009年，全省各级旅游行政管理部门通过“走出去、请进来”的宣传促销形式，进一步加强了与国内、周边的联合协作，加深了与境内外重点旅行商的交流合作。据不完全统计，全省共组织76次参展宣传促销活动，由省旅游局牵头组织大型参展促销、宣传推介活动17次，重点组团到日本、德国、香港、意大利和台湾等5个国家和地区、13个省市城市进行参展促销。一是立足激活省内旅游市场，组织开展了“快乐老家—甘肃人游甘肃”主题促销活动，着力培育假日旅游、乡村旅游、生态旅游、休闲度假等消费热点。积极推行奖励旅游、旅游消费券、旅游企业促销让利，切实增加有效供给。据不完全统计，全省各市州及旅游企业以赠送免费门票、消费券、一卡通、代金券等多种方式，共累计发放价值7100多万元旅游消费券，对旅游消费产生了明显拉动效果。二是着眼培育国内市场，不断扩大旅游促销辐射范围。继去年策划组织“多彩甘肃—走进秦晋豫”系列活动之后，“多彩甘肃”又进一步挺进沿海，远涉港台，在北京、天津、广州等地举行大型宣传推广活动。积极组织参加了第十二届海峡两岸旅行业联谊会、西洽会、国内旅交会、重庆西博会、昆明国际旅交会等重要旅游展会，展示了全省旅游资源和产品，深化了旅游交流与合作。三是瞄准境外重点客源市场，着力延伸旅游推广触角。在甘肃省党政代表团到香港考察访问期间，精心策划举办“甘肃旅游·香江行”旅游宣传活动，适时打出甘肃旅游牌，百幅代表性旅游美景图片进驻香港8个地铁站，向香港市民以及全球游客展示甘肃独特的旅游资源、地域文化以及民俗风情。并有针对性地参加了香港国际旅游展销会、香港服务贸易洽谈会、台北旅游展览会、日本大阪旅游展览会和国家旅游局组织的欧洲大型中国旅游宣传推广活动，参加了国际旅游界公认的规模最大、层次最高、成果最为显著的德国柏林国际旅游交易会。通过这些节会，对宣传甘肃旅游资源、发展外向型旅游业起到了积极的促进作用。四是举办了首届甘肃文化旅游博览会。第十五届兰洽会上，省旅游局与省委宣传部联合举办了甘肃文化旅游博览会，成功策划了丝绸之路旅游与区域合作和甘南香巴拉文化与生态旅游两个高端论坛，邀请300多家国内旅行商和新闻媒体对我省进行了考察踩线。签订招商引资项目8项，总投资额4.36亿元；与国内外10家旅行社签订了深度开发旅游市场的合作协议，意向投资旅游开发资金21.3亿元；与西北五省区签署了《旅游市场开发战略合作协议》，建立了旅游市场开发的深度合作机制。各市州旅游部门主动出击，全年组织了59次、20多个省会城市和省内重点客源市场宣传促销活动，共邀请国内外主流新闻媒体和旅行商2543人次来我省采风踩线。平凉市委、市政府在西安策划举办了“神奇崆峒·魅力平凉”大型旅游宣传推广活动，党政主要领导亲自制订促销方案，四大班子在家领导集体参与推广活动，形成了抓市场、抓促销的强大合力。

(4) 产业队伍素质进一步提升

积极争取国家旅游局培训经费和师资力量支持，加大旅游教育培训力度，全省市州和县区两级旅游局长进行了一遍轮训。争取国家红色景区导游培训专项经费，开展了全省8个红色旅游景区所在地旅游局长、景区负责人培训班和红色旅游景区讲解员培训班，举办了藏区旅游从业人员培训班和灾区灾后重建旅游管理人员培训班。组织安排全省5个市州旅游局长参加第十五期西部地区旅游局长培训班，4个市州旅游局长参加国家发改委西部开发办举办的"新世纪西部旅游人才开发创新"专题研讨班。选拔推荐2名优秀导游员参加了国家旅游局组织的"名导进课堂"工程师资培训班学习。举办了全省旅游饭店总经理学习班，邀请全国旅游饭店业专家来兰讲座，培训旅游饭店总经理150人。以贯彻实施《旅行社条例》为契机，组织承办了"全国《旅行社条例》培训班"，省市共举办《旅行社条例》学习培训班115次、培训5628人次。从强化旅游行政管理职能的要求出发，举办了全省旅游行政执法培训班，邀请省人大法工委、省政府法制办、国家旅游局法规司的法律专家进行了依法行政培训，共培训旅游行政执法人员80人。在酒泉、天水、平凉、甘南、临夏、金昌等地组织了旅游行业培训班，培训导游员、景区（点）讲解员、饭店宾馆管理及服务人员共780人次；举办了11个导游人员资格考试培训班，集中培训607人，积极组织中级导游培训考试，全省共有73名导游报考。去年，全省共培训基层旅游管理干部、旅游职业经营人才380多人次，培训导游员、景区讲解员、饭店宾馆管理及服务人员1460多人次。

(5) 信息化建设进程进一步加快

高度重视旅游信息化传统建设工作，紧紧围绕甘肃旅游信息交互平台和12301旅游热线咨询服务平台两个重点项目，不断探索符合全省实际的旅游信息化和电子政务发展模式，积极采取政府主导、政企联建、合作运营的方式，确保甘肃旅游电子政务建设推广及应用工作稳步向前推进。甘肃旅游信息交互平台去年初上线试运行，制做了全省旅游工作会议、"甘肃人游甘肃"、中国生态旅游年甘肃宣传月活动等专题网页，初步建立旅游行业监督管理平台和旅游项目建设平台，建立了延伸各市州的信息员网络体系，为旅游系统政务工作提供了包括政务公开、工作动态、政策法规、政务公告、行业管理、旅游统计、旅游资讯、执法投诉等服务。旅游资讯网门户、地理信息系统、办公自动化、旅行社交互平台、酒店预定、三维全景等系统平台建设全部完成并投入运行。初步统计，网站运行至今已发布各类旅游信息2500余篇，上报国家旅游局中国旅游网信息900余篇，网站点击量突破百万次，位居国内网上搜索甘肃旅游信息排名第一。12301旅游服务热线工程按照国家旅游局技术要求，先后完成了数据采集、号码报备、场地准备、中继线路接入、座席代表招聘等工作，经国家旅游局批复同意，并通过相关数据测试，符合国家旅游局信息采集标准要求，于2009年11月6日正式开通。

# 青海省

## 一、青海省2009年文化产业发展综述

青海发展文化产业，具有丰富的人文资源，也已具备良好的社会氛围。近年来随着全省经济的发展，文化建设步伐加快，发展质量不断提升，综合效益开始显现，也为文化产业的发展打下了坚实的基础。

1. 工艺美术产业异军突起

经过几年的引导，全省各地挖掘、开发和利用特色文化资源的意识有所增强。新产品、精品不断涌现，工艺美术行业的市场竞争力进一步增强。文化产业的经营模式日趋丰富。以民营企业为龙头，初步形成了"公司＋农户"等多元化的生产经营模式，工艺美术产业的市场化程度不断提高。

2. 艺术演出业发展迅速

青海是一个多民族聚居的省份，民族歌舞资源得天独厚。近年来，青海通过采取政策扶持、人才培训等措施，加大民族歌舞资源的开发利用，并初步形成了以民族歌舞为主体，省内外演出相结合，专业与民营演出团体并举发展的局面。目前，全省活跃在全国各地的文化打工演出队有40多个，演员近千名，年创收达300多万元。同时，歌舞团还举办了民族歌舞技能培训班，向省内外旅游服务点和餐饮娱乐场所输送歌舞演员300多名。

3. 文化旅游业蓬勃兴起

青海省丰富独特的民族民间文化资源吸引了国内外的大量游客，文化旅游成为青海旅游的重要组成部分。青海省博物馆、民俗博物馆、藏医药博物馆等已成为海内外游客了解青海民族民间文化、高原风土民情的重要窗口。塔尔寺、瞿昙寺等文物名胜古迹的游客人数呈逐年增幅趋势。每年民和土族"纳顿节"、玉树"赛马会"、同仁"六月会"等民俗节庆活动吸引了大量的游客。另外，青海以民居、民族歌舞、生态展示为内容的民俗风情苑在全省各地应运而生。

4. 产业基地规模化品牌化

青海省现有文化产业基地、园区总占地面积34.2万

平方米，共投资6.3亿元。其中，2009年，各文化产业基地收入29859.14万元，占全省文化产业总收入的3.32%。各文化产业基地、园区中，共有13家注册了国家级、省级商标，7家对产品申请了专利保护，4家被确定为国家文化出口重点企业。

## 二、青海省2009年文化产业各行业发展综述

1. 广播电视业

截至2009年，青海完成930个20户以上已通电自然村直播卫星设备安装任务，首批34个重点寺院广播电视进僧舍项目完成。完成了西新工程中3个中波台土建工程、4个中波台的扩建等建设任务。完成西宁地区有点电视数字化整体转化工作，全省有线数字电视用户占有线电视用户总数的81%。完成了移动多媒体广播电视（CMMB）发射台、高清数字电视地面发射8套中央电视台节目设备安装调试并试播。省电视台"昆仑在线"门户网站开通。

2. 新闻出版业

青海省新闻出版业已初步形成包括出版、印刷、发行等环节，结构完整的产业链。特别是"十一五"以来，青海省新闻出版业积极适应产业化发展的要求，取得了长足进步，迎来了难得机遇，为未来的发展奠定了坚实的基础。

一是市场化运作程度进一步提高，以资本为纽带，出版、印刷和发行服务体系已基本形成规模，新闻出版业的年产值已达8亿多元。二是社会分工细化，专业化特征明显，产业分工日趋合理，良性竞争和诚信经营成为常态，市场竞争主体不断壮大。三是党和政府对新闻出版业的重视与扶持，特别是《国务院关于支持青海等省藏区经济社会发展的若干意见》为实现青海新闻出版事业和新闻出版产业的发展注入了不竭动力。增值税优惠政策、文化产品和服务出口退税、发行网点改造及文化体制改革单位应享受的优惠政策等措施，为新闻出版业的持续发展提供了有力支持。四是文化体制改革与文化创新工作不断推进，文化市场综合执法机构不断健全，依法行政水平明显提高，为新闻出版业的发展繁荣提供了良好的环境。五是地方历史文化和民族文化资源博大精深，风格独特，在国内外具有唯一性和不可替代性，新闻出版业发展具有较大潜力。六是青海省已拥有一批熟悉新闻出版业务的各类人才。这些优势和机遇，将有力推动青海省新闻出版业做活做优做强做久，进而取得新的更大发展。

3. 文化会展业

会展经济成为拉动青海省经济发展的一大支撑点。2009年以来，青海省依靠打造多年的以"青洽会"为龙头的会展经济这棵"大树"，全省招商引资工作取得新成绩。截至10月底，全省招商引资到位资金达到136.7亿元，同比增长近三个百分点，提前两个月完成全年招商引资目标任务。青海省连续举办十届的"中国青海结构调整及投资贸易洽谈会"，已经成为中部企业与西部企业合作交流的重要平台和西部地区会展经济的有机组成，成为青藏高原的盛会。十年来，通过"青洽会"这个平台，已经有上百个项目在青海省建成投产，"青洽会"取得的丰硕的成果，为青海省经济社会的发展提供了强有力的支持。

除了"青洽会"以外，青海省创办的"藏毯博览会"和"清真食品用品展览会"作为国际性的专业展会，关注程度逐年提高，前景看好。连续举办七届的"青海藏毯国际展览会"不仅推动了青海省藏毯产业的发展，扩大了藏毯出口，而且也成为青海省青藏高原特色产业和优势产品走出国门、走向世界的"金名片"。"中国一青海国际清真食品及用品展览会"是青海省全力打造的又一专业展会，只经过了三年时间，它就已经发展壮大成为中国规模最大、最专业的清真食品用品展会。经过三年的精心打造，作为我国中外清真产品经贸交流领域的顶级平台的"清真食品用品展"，为加快青海省清真产业的发展起到了积极的推动作用。目前，青海省穆斯林食品及用品企业达到近400家，年产值达到170亿元，而且每年以22%的速度增长，清真食品及用品已成为青海省独特的优势产业。十年来，青海省以"青洽会"为龙头，"藏毯博览会"和"清真食品用品展"为辅的会展经济体系已初见端倪，会展经济所展现出的强大的经济能量已在青海省经济社会各个方面充分体现。然而，青海省地处偏远，各方面基础都比较薄弱，随着市场经济的发展，办好会展经济的难度越来越大。

从第一届"青洽会"的成功举办，到目前每年举办的各种展销会、博览会、节庆、比赛等活动超过五十种。它们都不同程度起到了文化搭台、经济唱戏的效果。但是，从总体看，青海省的会展经济在全国仍处于有待于提高的水平，人们对会展经济的平台作用仍缺乏足够的认识，这一方面需要宣传会展经济的实际效果，来逐步改变人民的传统观念；另一方面也需要各级政府对此项工作认真地研究，整合资源、明确重点，将青海的会展经济推向一个新的层次。

4. 新媒体业

9月29日，青海省第一套地面数字高清电视（CCTV一高清）在省广电局841发射台成功发射，这标志着青海已进入高清数字电视时代。

正在试播的数字电视地面广播采用我国数字电视地面传输标准和AVS（我国具备自主知识产权的第二代信源编码标准）数字视音频编码标准，具有完全自主知识产权，在技术上优于国外现行标准，可以在一个电视频道上传输8套标清节目或1套高清节目，大大节约了频道资

源，不仅解决了有线电视未覆盖的广大郊区农村和城市办公楼收看电视难的问题，而且使市民在车上、在野外都可以随时随地收看到清晰的电视节目。

5. 文化旅游业

青海省旅游局确定2009年为“青海旅游建设年”，全省旅游业将按照省委、省政府“高起点规划、高品位建设”的要求，组织实施青海湖、坎布拉等重点景区旅游规划建设，着力打造高原特色旅游目的地。在这一年里，青海省旅游局坚持高起点规划，与中科院地理研究所等单位联合编制完成了《青海湖景区旅游整体策划》、《青海省三江源地区生态旅游发展规划》等重点旅游景区旅游规划16项，标志着全省旅游发展总体规划、重点地区、重点线路规划全面完成，初步构建起了全省旅游规划体系，为科学指导旅游业发展奠定了坚实基础。为了切实发挥旅游业在拉动内需中的积极作用，把规划落在实处。

青海有着堪称世界一流的旅游资源，是名山大川的集聚之地，目前，已经有世界级旅游景点11处，国家级旅游景点52处，省级旅游景点数百处，全省建成A级景区20个，其中4A级景区13个，高原生态旅游的理念，更是吸引了越来越多的省内外旅游爱好者。10月底，青海省旅游接待人数突破千万人次，超过历史上最好的2007年全年接待量，青海旅游再创新高。截至2009年十一长假末，青海省共接待游客1063.73万人次，实现旅游收入55.04亿元，分别较去年同期增长23.2%及25.4%。

青海省一系列的旅游规划都保证了旅游产业链条的不断拉升。近几年，青海省围绕打造集自然、人文、生态为一体的三江源国际旅游目的地的日标，编制《三江源生态旅游发展规划》；围绕建设世界遗产型高原湖泊生态旅游胜地的目标，编制《青海湖景区旅游整体策划》，围绕打造高原养生休闲度假胜地的目标，编制《贵德城乡旅游发展建设规划》，围绕建设“祁连林海”生态旅游品牌的目标，编制《祁连风光旅游带规划》；围绕高原自驾车旅游目的地的目标，编制《青海省自驾车旅游产品规划》。这些规划，体现了青海省发展高原生态旅游的思路。不破坏青海自然山水风光，开发体验式、探险式的旅游，吸引了中高端游客。

为推介青海省旅游资源，旅游部门专门组织了香港行、北京行、珠三角行大美青海系列，还重资在央视及北京地铁站做广告，这些不遗余力的宣传与旅游火爆有着很大的关系，也给青海旅游业带来了信心。

# 宁夏回族自治区

## 一、宁夏2009年文化产业发展综述

截止2009年底，宁夏共有从事文化产业的法人单位2332（个、户），从业人员52052人，实现增加值28.06亿元，占地区生产总值的比重达到2.1%。2009年文化产业对国民经济的贡献率为2.26%，拉动GDP增长0.25个百分点。近五年来，宁夏文化产业增加值年均增长速度达到23.5%，超过同期地区生产总值的速度，已经成为经济发展的新的增长点。

1. 成立文化产业专门机构

2009年7月自治区机构编制部门在文化厅组建文化产业处，专门从事文化产业的发展工作。市县都成立了发展文化产业的专门班子，全区上下基本形成了发展文化产业的领导体制。

2. 加强政策制定

自治区党委、人民政府先后出台了《关于推动文化大发展大繁荣的意见》（宁党发［2008］42号）、《关于加快文化产业发展的若干政策意见》（宁政发【2009】8号），自治区文化厅、财政厅、人力资源和社会保障厅、国土资源厅、国税局、地税局等六部门联合制定了《关于加快文化产业发展若干政策意见的实施细则》、自治区党委宣传部、人民银行宁夏分行、文化厅、财政厅等九部门联合制定了《关于进一步加强宁夏文化产韭金融服务工作的意见》，这些政策体系的建立，为宁夏发展文化产业营造了良好环境。

3. 整合资源形成品牌

按照自治区党委提出的“小省区要办大文化”的总体要求，对宁夏文化准确定位中求突破，形成具有宁夏风格、宁夏气派、宁夏品牌的精品文化。一是回族优秀文化，二是红色经典文化，三是丝绸之路文化，四是“两山一河”文化，五是古人类遗址和古生物化石遗址文化，六是民风民俗文化，七是边塞军旅文化，八是西夏遗存文化，九是以改革开放为主线的成果文化。成功地推出一批艺术精品，大型回族歌舞剧《月上贺兰》、《花儿》，花儿歌舞剧《大山的女儿》、《回乡婚礼》；电视纪录片《中国回族》、京剧《海上生明月》、秦腔《清风明月》、话剧《村医））展示了宁夏区域特色文化的魅力；电影《画皮》、《同心》成为宁夏电影精品。

4. 加速市场主体建设

通过全面推进文化体制改革，出台促进文化产业发展

的优惠政策，组建了黄河出版传媒集团有限公司、宁夏电影集团有限公司、宁夏话剧有限公司、宁夏报业传媒有限公司、宁夏广电传媒有限公司等5家文化产业集团。引进培育银川合景动漫公司等动漫规模企业13家，发展宁夏花儿对外文化传播有限公司等演艺经纪机构多家，银川国际会展中心启动运营，“汉诺威”等国际知名会展企业入驻宁夏，泾水文化传播公司等一批新兴文化企业投入生产，歌舞娱乐、网络服务等企业规模发展、连锁经营步伐加快。为了进一步规范文化企业的管理，建立文化企业繁荣发展的长效机制，结合宁夏实际制定了《宁夏文化企业认定管理办法》、《动漫企业认定管理办法》和《星级文化企业评选标准》。推荐上报了宁夏荧屏天天传媒有限公司、新科动漫等两家企业为文化部、财政部、国家税务总局认定的动漫企业。另外，一大批有较强实力和自主创新能力的文化企业正在迅速成长起来。

5. 创造了文化信息资源共享工程建设的“宁夏模式”

宁夏创造了文化信息资源共享工程建设的“宁夏模式”，成为国家确定的首个“全覆盖”试点省区。在今后的工作中，争取把全自治区187个乡镇中的100个乡镇文化站列入到国家建设规划，通过文化信息资源共享工程网络的建设，让城乡群众可以在同一个网络平台上共享文化信息、文化成果。

6. 举办宁夏国际文化艺术旅游博览会

中国宁夏国际文化艺术旅游博览会主要活动历时9天。2009年9月8日—9月16日集中开展各项活动，其中，部分活动从8月中旬开始进行。文艺旅博会的成功举办，充分体现了品牌社会效益和对经济的效益，为加快宁夏经济事业和文化产业的发展，促进文化和旅游的融合和旅游产业升级，满足人民群众消费需求，扩大宁夏的国际影响力，有效应对国际金融危机，发挥了积极作用。为此，自治区党委政府将文艺旅博会确定自治区“六大品牌”之一。

7. 产业布局不均衡

从五个地级市看，文化产业法人单位从业人员规模最大的是银川市，为2.05万人，其他依次为中卫市0.89万人、吴忠市0.75万人、石嘴山市0.39万人、固原市0.29万人，分别占全区文化产业法人单位从业人员的46.86%、20.33%、17.15%、8.95%、6.71%。从对国民经济的贡献来看，银川市、中卫市、吴忠市、石嘴山市、固原市实现文化产业增加值分别占全区总量的43.27%、27.35%、18.15%、7.95%、3.28%。从宁夏文化产业的结构从分层看，以提供新闻、出版发行、广播影视、文化艺术等服务产品的核心层，共有从业人员1.72万人，拥有资产22亿元；以提供网络文化、文化休闲和会展、广告、文化商务代理等服务的外围层已具规模，共有从业人员0.82万人，拥有资产20.06亿元；以提供文化用品、设备及相关文化产品的生产销售的相关层，共有从业人员1.83万人，拥有资产106.76亿元。核心层、外围层和相关层的从业人员之比为39：19：42，资产结构为15：14：71，营业收入之比为19：12：69，增加值之比为23：17：60。

## 二、宁夏2009年文化产业各行业发展综述

1. 广播电影电视业

（1）宁夏广播电视总台进行了转企改制

2009年，宁夏广电总台实行制播分离改革，剥离除新闻宣传以外的娱乐、科技、教育、体育、电视剧等广播电视节目制作、物流配送、电视报发行、物业管理、房地产开发和数据业务等，组建宁夏广电传媒集团有限公司，转制为企业。宁夏广电总台组建成立了宁夏广电传媒集团有限公司和宁夏电影集团有限公司，两个集团公司的成立，是宁夏广播电视总台体制机制改革创新的又一成果，对于大力培育新型广电经营市场主体，优化组织结构，整合内部资源，转变经营方式，增强发展活力，做大做强宁夏广电产业意义重大。全年总台所属媒体及产业公司共实现收入4.47亿元，其中产业经营2.087亿元，同比增长12%；广告收入1.584亿元，同比增长31%。在西北地区仅次于陕西台，位列第二。

（2）宁夏电影集团进行了转企改制

改制后的宁夏电影集团有限公司整合、引进、吸纳区外社会影视资源、资产，目前已经成为与中影集团、新画面公司、华谊兄弟公司等全国屈指可数的重量级影视机构相提并论的“大厂”。

（3）启动农村数字化免费放映工程

2009年，宁夏财政厅配合广电部门启动了全区农村数字化免费放映工程。目前，已完成农村公益放映电影计划3.5万场，确保全区每个行政村每月放映一场数字电影，并增加农林牧场和广场社区放映场次。同时也对2009年农村数字电影放映场次进行了测算，并向财政部申请农村数字电影场次补贴经费和中央无线覆盖改造经费。

2. 新闻出版业

（1）新闻出版业体制改革情况

作为自治区报业传媒核心力量的宁夏日报报业集团，根据自治区深化文化体制改革的要求，将经营性资产和业务部分进行转企改制，组建了宁夏报业传媒公司。2009年集团实现收入2.32亿元，同比增长10.5%，实现利润900万元，净资产收益率达到11%。

2009年在宁夏人民出版社转换经营机制，组建黄河

出版传媒集团公司。一年中，出版社本部营业收入首次突破亿元大关，实现可支配收入3270万元，与2008年底相比增幅达59%，超额实现了年初确定的在2007年底基础上销售收入、总利润、本版图书生产品种三项指标翻一番的经营目标。

(2) 加强与国家新闻出版总署合作

2009年底《新闻出版总署与自治区人民政府共同促进宁夏新闻出版业发展的合作协议书》正式签署。《合作协议书》明确了双方定期会商的重大事项及需要新闻出版总署支持帮助的有关问题。建立署区合作工作会议制度，原则上每年召开一次署区合作工作会议，署区工作会商制度实施期限暂定为5年，期满后根据合作情况，由署区合作委员会商定后续合作内容。这是总署与西部省区签署的第一份合作协议书，总署将在资源上、产业布局上向宁夏倾斜，全力支持宁夏文化惠民工程涉及的难题和帮助解决宁夏新闻出版发展中的问题；总署将认真抓好落实，重在实效，凡是总署能做到的尽力去做，在全国能做的宁夏优先做，促进宁夏文化建设整体水平再上一个新台阶。合作协议书的签署也标志着总署与宁夏发展长期合作机制的正式确立，也预示着双方合作共赢迈上了一个全新的起点。

(3) 重视本土版权产业发展

宁夏新闻出版局十分重视本土版权产业发展，鼓励软件企业开发有自主知识产权的产品。向全区机关、企业大力宣传国家的软件正版化政策，指导其使用正版软件。为了提高全社会保护版权意识，调动广大人民群众积极参与的积极性，宁夏新闻出版（版权局）编辑出版了《著作权实用知识手册》一书、印制了《著作权法律法规选编》等宣传资料、制作了多期版权保护公益广告在宁夏电视台滚动播出，利用多种宣传手段来普及版权知识，使社会公众的版权保护意识有了明显增强。

3. 演艺娱乐业

(1) 文化旅游剧目演出情况

银川市的大型回族原创舞剧《月上贺兰》成功走出全国商业巡演第一步；总投资4.5亿元的宁夏大剧院动工兴建；《长河大漠塞上风》等8部文化旅游剧（节）目正式进入旅游市场，开辟宁夏文化与旅游两大朝阳产业结合发展的新途径；

(2) 举办2009世界旅游小姐大赛

2009世界旅游小姐大赛（Miss Tourism World）中国区总决赛在银川市举行。这是中国西部城市自该项赛事自创办以来，首次获得中国赛区的主办权。2009年6月中旬，中国赛区各分赛区（含港澳台）将展开初赛阶段的选手选拔活动。本届大赛以“魅力宁夏，美丽世界”为主题，通过世界级的选美赛事、城市巡游、国际文化交流等活动，以海内外重要媒体为桥梁，向世界展现一个美丽、和谐、正在崛起的宁夏。

(3) 重视城乡文化发展

近年来，宁夏投入3000多万元，新建、翻建、维修了100多个农村乡镇文化中心，35个文化馆、图书馆，重点扶持农村文化活动示范点、文化中心户，培育农民艺术团队，为自治区的文艺团体配备13台流动舞台车。全自治区15个专业艺术表演团体及群众业余演出团队常年到基层演出，每年举办各类广场文化活动800场，巩固了农村文化阵地，丰富了城乡人民群众的文化生活，宁夏的文化产业得到了长足的发展。

4. 文化会展业

2009年，宁夏会展经济实现历史性突破，仅首届房·车文化节7天接待参观者42.4万人次，创造直接经济效益12.9亿元；文化交流活动丰富多彩，成功举办首届中国宁夏国际文化艺术旅游博览会，期间集中举办10项大型活动，文化招商引资落实合同资金30多亿元。

2009年在银川国际会展中心将举办的活动有欢乐购物节、第五届宁夏煤炭能源工业博览会、第二届房车展、宁洽会、秋季品牌服装博览会、运动休闲文化节啤酒节、服装博览会、美食节等。这些展会规模都较大，有的占地面积达1万至2万平方米，设500个展位，参展商家来自全国各地。银川国际会展中心炙手可热，开馆以来，成交额已达8亿多元，间接拉动展会外的餐饮、住宿、旅游、购物等各类延伸消费超过30亿元。

5. 新媒体业

(1) 推进“三网融合”的方式

宁夏自治区采取企业化运作的办法，推进“三网融合”，由宁夏电信投资，集中资金和技术优势统一建设自治区信息中心平台，将农村党员干部现代远程教育和文化信息资源共享工程等在一个平台上运行，在一个界面上提供服务查询，互联网经营、互联网培训和互联网文化传播等多项服务在一个信息服务站和终端上实现，并不断拓展服务功能。中国电信宁夏公司与广电部门合作成立了专门的运营IPTV内容的宁夏广电互联网电视有限公司，以市场为纽带，采用了分成的模式进行紧密合作。电信负责网络传输，广电部门负责传送电视节目，收视费由电信代收，两家分成。按照股权比例，70%的收益归电信公司，30%归广电部门，在优势互补的基础上实现了“合作共赢”。

(2)“三网融合”的内容建设情况

从平台、网络、数据库到终端全部实现共建共享、互联互通，实现了信息内容和网络资源共享，提高了信息化效益。全区统一建设涉农信息共享资源库，提高信息资源的使用效率。制作具有实用价值和区域特色的本地化的农业数据库和农业专家系统，重点是涉农信息的收集、专家服务呼叫中心的数据支持。目前已整合了8个涉农部门的信息资源，融合了农村党员干部远程教育、文化信息共享、数字图书馆等资源，信息总量达到7GB，内容涉及农林技术、农业科技文献、农产品供求、农产品价格、农资产品、农业视频、气象与防灾减灾等农民生产生活的方方面面。并依托自治区中心平台，建设了互联网电视IPTV分平台，对接了宁夏广电总台提供的60套有线电视节目转播，提供3500多部视频资料，总时长4500小时，支持72小时时移功能，可向全区2.9万个农村用户提供包括直播电视、时移电视、视频点播等在内的互联网视频服务。

6. 动漫业

2009年，银川市动漫创意产业收入达2600万元，增速超过30%。宁夏软件园和银川动漫基地新增软件、动漫企业13家，累计达到29家。《雄浑贺兰》、《美丽家园》、《不周山传奇》、《诸世纪》等一批本土动漫和影视作品正在加紧制作，部分作品将在央视和各地媒体上映。银川盛天彩文化传媒公司任立伟作品集首获全国性大奖，使宁夏的动漫产业引起业界的普遍关注。此外，宁夏动漫产业发展还建立了自己的公共服务平台——宁夏软件园银川动漫产业基地。

7. 文化旅游业

2009年，宁夏入境旅游、国内旅游实现主要旅游经济指标全面增长。全年接待入境旅游者14523人次，旅游外汇收入442.6万美元，分别比上年增长25.3%和47.2%；接待国内游客908.9万人次，实现旅游总收入53.1亿元，分别比上年增长17.1%和31.7%；旅行社组织公民自费出境旅游11833人次，比上年下降1.6%；全区旅游饭店平均床位出租率61.7%。

(1) 出入境旅游情况

2009年全区星级旅游住宿设施接待过夜入境旅游者达14523人次，同比增长25.3%。其中：接待外国人11631人次，增长25.0%。全区星级旅游住宿设施接待过夜入境旅游者人天数为28453人天，增长35.1%。其中，外国人为22902人天，增长28.5%，占总人天数的24.2%；港澳台同胞为5551人天，增长71.5%。日本、美国、德国、韩国、法国、英国、马来西亚、香港、台湾等成为宁夏入境游主要客源地。2009年全区实现旅游外汇收入442.6万美元（折合3023万元人民币），同比增长47.2%。2009年，宁夏接待过夜入境旅游者平均停留天数为1.95天，人均每天消费155.56美元。2009年，优秀旅游城市银川市接待入境旅游者10534人次，占全区接待入境旅游者总人数的72.53%。

2009年，全区旅行社组织公民自费出境旅游11833人次，比上年下降1.6%，其中：出国游5420人次，占41.2%；港澳游6413人次，占48.4%。出境人次列在前十位的地区和国家分别是中国香港、澳门、台湾、韩国、日本、新加坡、马来西亚、泰国、美国、澳大利亚等。

(2) 国内旅游情况

据自治区统计局和自治区旅游局联合开展的国内游客抽样调查显示：2009年全区接待国内游客人数908.9万人次，比上年增长17.1%。其中：接待过夜国内游客481.1万人次，占全区接待国内游客人数的52.9%；“一日游”游客427.8万人次，占全区接待国内游客的47.1%。2009年全区实现国内旅游收入53.1亿元，比2008年增长31.8%。其中：过夜国内游客在宁花费41.4亿元，占接待国内游客旅游总收入的77.9%，比上年增长41.4%；“一日游”游客花费11.7亿元，占22.0%，比上年增长3.2%。

(3) 各市旅游接待人数与收入情况

2009年，五大市按接待国内外游客量排序依次为：银川市330.9万人次、中卫市157.7万人次、吴忠市144.6万人次、石嘴山市143.6万人次、固原市133.1万人次。其中，银川市共接待国内游客329.9万人次，占全区接待总人数的36.3%，实现旅游收入28.3亿元，占全区国内旅游收入的53.3%，接待海外旅游者10534人次，占全区接待海外旅游者总人数的72.53%，位居五大市之首。

(4) 旅游景区接待情况

2009年，全区现有景区近百家，接待游客770万人次。年接待量20万人次以上的景区有沙湖旅游区、沙坡头旅游区、镇北堡西部影城、西夏陵、黄沙古渡等。截止到2009年底，全区共有A级以上景区31家，其中：AAAAA级景区2家，AAAA景区级9家，AAA级景区12家、AA级景区7家、A级景区1家。

(5) 旅行社和旅游住宿设施情况

2009年底，全区共有旅行社97家，比上年增加6家。其中：国际社11家，国内社86家。2009年底，全区共有旅游星级饭店54家，星级酒店结构正在发生变化，中高档星级酒店数量增多。其中：四星级7家，三星级36家，二星级11家。

(6) 旅游设施建设情况

交通瓶颈一直是制约宁夏旅游发展的一个重要原因。对此，自治区旅游局制订了“航班飞到哪里，列车开到哪里，宁夏旅游促销就要做到哪里”的新思路。华夏航空有限公司2008年开通银川直飞重庆的航线，2009年1月又开通了沙坡头至重庆的航线。自治区旅游局3月2日赴重庆展开促销活动，两地一致同意：利用各种平台互推旅游产品；互相积极支持宁夏银川至重庆、沙坡头至重庆新航线的开通，客源互送，市场共赢；双方积极在本地媒体和旅游网上宣传对方旅游形象和旅游产品，提升两地旅游业的影响力；两地对互为组团社的旅行社按照送客人数实行奖励。

（7）旅游营销宣传情况

组建旅游营销联盟。2008年9月，在自治区旅游局的大力支持下，宁夏旅游营销联盟创立，景区、酒店、旅行社包团开拓市场。09年3月，首届西部（宁夏）旅游采购大会暨“家乡美”5市旅游巡展活动，是旅游营销联盟的一场主动营销战役。在参加旅游采购大会代表的努力下，太原到银川市的旅游大巴很快开通。随后，4月11日，宁夏旅游系统让利于民优惠活动启动。4月11日至5月31日期间，各旅游景点，包括各宾馆和餐饮行业都有优惠和折扣。各景点联合让利促销的做法吸引了不少游客。

主动营销成效明显。整合了宁夏旅游企业营销的竞争优势，形成了“强强联合，以强带弱”的营销格局。同时也使当地的旅行社增添了危机感和市场竞争意识。据了解，2009年五一假期，宁夏主要景区接待游客56.63万人次，门票收入1515.43万元，同比分别增长14.28%和30.80%。端午小长假，宁夏各大景区接待游客同比都有较大增幅，沙坡头、水洞沟景区游客接待量同比增长一倍。

# 新疆维吾尔自治区

## 一、新疆2009年文化产业发展综述

新疆文化资源非常丰富，而且文化资源特色鲜明，既体现了中华文化的共性，又有自己的独特性，但是新疆文化产业还处于起步、探索、培育的初级阶段。据《新疆维吾尔自治区文化文物产业统计资料》统计，2009年新疆文化产业总产值19.01亿元，增加值为13.69亿元，经营性文化产业机构数7806个，从业人员数为25074人。

1. 新疆文化产业发展取得了一定的成绩，但总体还处于初级阶段

近年来，新疆进行了积极的探索和大胆的实践，自治区各级国有文化单位，积极面向市场、锐意进取、经营创收，取得了较好的社会效益和经济效益。同时也出现了一些面向市场、创新发展的民办文化企业和民营文化事业单位，并呈现出良好的发展势头。但作为西部经济、产业不发达省区，与其他发展水平较好的省区相比，新疆文化产业发展差距较大。在全国31个省、自治区、直辖市（不含台湾省）的文化产业排名中，新疆文化产业机构数排在全国第20位，总产出排在全国第21位，文化产业增加值排在全国第21位（2004年第一次全国经济普查数据），与全国文化产业发展的总体水平相比，新疆的文化产业发展也处在全国文化产业发展的初级阶段，还很稚嫩，还很不充分。新疆省委撰写《关于加快和促进新疆文化产业发展的若干意见》（代拟稿），并走访28家相关单位（含厅局委办、高等院校、科研院所、文化企业与协会等）征求修改意见与建议，就征集到的意见对代拟稿进行修改与完善。

2. 艺术创作精品迭出，但文化精品尚未真正走向市场创造良好的经济效益

近年来，新疆文艺舞台涌现出一批反映新疆民族文化的舞台艺术精品，例如，《洒满阳光的新疆》在2006年全国第三届少数民族文艺调演中荣获大奖，名列全国第二；音乐剧《冰山上的来客》进入全国舞台艺术精品工程30强。《木卡姆的春天》、音乐杂技剧《你好阿凡提》和话剧《大巴扎》等精品剧目广受各方好评。然而，由于对文化产品及服务的市场推广缺乏经验，没有充分掌握市场规律及特点，目前，上述文艺精品乃至新疆的诸多文化产品并未在全国范围内产生强烈的市场效应，未能创造可观的经济效益。

3. 培育扶持新疆文化企业，筹备评选首批自治区级文化产业示范基地

为加强对新疆文化企业的指导与扶持力度，省委省政符在借鉴、调研的基础上，结合新疆实际，拟定《新疆维吾尔自治区文化产业示范基地评选管理办法》，并开展评选首批自治区级文化产业示范基地工作。

4. 成立机构，进行动漫企业认定管理工作

按照《文化部、财政部、国家税务总局关于实施＜动漫企业认定管理办法＞（试行）有关问题的通知》（文产发〔2009〕18号）文件精神，新疆维吾尔自治区文化厅、财政厅、国税局及自治区地税局共同成立了新疆动漫企业认定管理工作领导小组，对全区动漫企业进行动漫企业认定评选工作。

5. 积极推广文化产业项目

2009年5月15日至18日，新疆组团参加了第五届中国（深圳）国际文化产业博览交易会（以下简称“文博会”），荣获第五届文博会“优秀组织奖”、“优秀展示奖”，共有11个项目合同现场签约，签约金额高达2.81亿元，比新疆参加上届“文博会”签约金额翻了一番多；和田玉现场销售额达200余万元，实现了经济效益与社会效益双丰收。

## 二、新疆2009年文化产业各行业发展综述

1. 广播电影电视业

2009年，新疆基本完成西新工程第四期第一阶段建设任务；推进中央和自治区两级广播电视无线覆盖工程建设；广播电视人口综合覆盖率达94.4%和94.78%，同比增长0.91%和1.39%。完成全疆48个县（市）的网络整合和41个县（市）的干线联网；有线数字电视用户102.88万户，同比增长217.32%。广播电视创收收入8.19亿元，同比增长25.5%。全区城市电影院线票房收入5373万元，同比整张37%。全年农村电影放映12万多场。

2. 新闻出版业

(1) 出版物的数量和品种不断增加。1955年，新疆维吾尔自治区成立时仅有新疆人民出版社一家出版社，如今已发展为12家出版社，用维吾尔、汉、哈萨克、蒙古、柯尔克孜、锡伯6种文字出版各种图书、音像制品和电子出版物。新疆人民出版社成立之初，年出书仅160多种。到2009年年底，新疆各出版社共出版图书9196种，出版音像制品和电子出版物450种。

(2) 报纸和期刊的数量逐年增加。从1949年新疆和平解放到1955年新疆维吾尔自治区成立，新疆共有13种报纸和17种期刊。至2009年年底，新疆公开出版的报纸有127种，期刊有209种，分别用维吾尔、汉、哈萨克、蒙古、柯尔克孜、锡伯文字出版。

(3) 印刷业大规模发展。1955年自治区成立之后，印刷业作为与社会政治和经济密切关联的产业得到重视并迅速发展。在此期间，一批国有印刷企业建成。与此同时，各行业厅局、各地州市报社为印刷本部门的期刊、报纸，也都设立了印刷厂。特别是改革开放30多年来，新疆印刷业发展迅猛。截至2009年年底，新疆共有印刷企业175家，实现工业总产值14亿元。

(4) 出版物发行业迅猛发展。1950年1月10日，新疆第一家新华书店在乌鲁木齐市成立，由此奏响了新疆书业的华彩乐章。60年来，自治区新华书店已成为拥有160处自有发行网点、年销售出版物21亿元的大型国有文化企业。如今，自治区出版物发行市场形成了大型国有企业与民营企业并存的新格局。

(5) 版权保护和“扫黄打非”工作成绩显著。1991年，新疆的版权行政管理机构初步建立。2010年2月，《新疆版权战略》全票通过自治区知识产权战略领导小组办公室组织的专家组的结题验收。自2005年开始，新疆已获得国家版权局批准软件著作权的登记170多件。截至2009年，新疆软件业务收入达到16.7亿元，同比增长20.97%。近年来，新疆有近3万人受到各种类型的版权培训，接受咨询万余人次。年作品登记量从只有几件逐渐增长到了300多件。今年新疆又成立了首个版权工作站。

3. 演艺娱乐业

新疆是世人皆知的歌舞之乡，也是丝绸之路的重要路段，历史文化悠久，民族风情浓郁。然而，新疆演艺业规模较小，演出平台较少。目前能进行专业演出的只有人民剧场和艺术剧院少数几个剧场。同时，全疆大大小小有200多个专业团体，但是，绝大多数是事业单位全额拨款。到目前为止，成功迈出专业演出团体走向市场第一步的是新疆杂技团。其创作的音乐杂技剧《你好，阿凡提》，长达90分钟，以新疆家喻户晓的机智人物阿凡提和他的小毛驴作为主线，在杂技中融入魔术、歌舞等表现形式，通过欢乐、梦想、生命、永恒等11个场景，牵出一串时而幽默滑稽、时而惊险刺激、时而美轮美奂的场景。整个剧目带有浓浓的新疆味道，将新疆地域文化淋漓尽致地展现在观众面前。

7月22日，新疆杂技团与新疆百佳旅游股份有限公司签署战略合作协议，将近年新创作公演的大型音乐杂技剧《你好，阿凡提》作为首府定点常态旅游演出项目。这是新疆专业文艺院团精品剧目走向市场的第一步，也是精品剧目产业化的第一步。2009年元月至今，该剧共演出140余场，其中95%以上是商业演出，观众超过10万余人次，演出收入突破300万元，创下新疆专业艺术表演团体一个剧目在同一个剧场连续演出的场次记录，尤其是商业演出的新记录。

为了让新疆更多的专业演出团体能够“走出去”，2009年6月，中国对外文化集团与新疆艺术剧院就落实文化援疆签署合作项目，在文化演出展览等方面进行对接，在演出、票务、展览、旅游等方面达成了5年扶持意向，力争今后组织新疆优秀的舞台艺术作品全国大巡演，每年在北京演出50场至100场，选派部分团体出国演出。

4. 文化会展业

2009年，新疆的会展业迈上了一个新台阶，会展业与旅游业的结合更加紧密，“乌洽会”、“喀交会”等老牌展会圆满举行，一系列新展会扬帆起航。

9月5日，第十八届“乌洽会”圆满落幕，创下了来参会的国内外代表团最多、层次最高的新纪录，签约总额达2643.5亿元，较上届增加580.5亿元，标志着新疆商贸会展业实现了新的突破。此届“乌洽会”所有宣传、广告、经营等项目委托新疆经济报系市场化运作，这一决定开启了新疆地方媒体参与承办区域最重要会展之先河，首次实现了现代会展业与传媒经济的合作，大大提高了“乌洽会”的市场化水平和创意策划水平，为新疆现代服务业的发展注入了新活力。

11月29日，第四届中国新疆冰雪旅游节暨冬季旅游产业博览会闭幕。展会成交总额达5.9亿元，较上届增长7.2%。本届冬博会期间，共有北京、广东等19个省区市组织了60个内地旅行社考察团来疆考察。来自美国、加拿大、法国等十几个国家和地区的500名海外客商前来洽谈合作，掀起了各地启动冬季展会和节庆的热潮。

5. 新媒体

2009年6月，新疆移动分别与自治区广播电影电视局、广电传输网络有限责任公司签署业务合作协议。本次业务合作主要涉及宽带业务、业务受理渠道、电路资源、增值业务、集团客户信息化等，并在自治区广电局内部办公系统开展传媒信息化、资源互换等合作。根据协议，新疆移动和自治区广电局、广电传输网络公司将各自的优势资源有机组合，利用有线电视网络，结合新疆移动家庭产品，共同拓展家庭宽带市场，为客户提供“一站式”、方便快捷的业务办理服务。通过合作，将广电丰富的影视内容资源与新疆移动丰富的增值业务运营经验相结合，通过移动完善的无线网络，为客户提供更多精品服务。双方将整合传输资源和客户资源，为集团客户和行业客户提供整体化的解决方案，拓展行业信息化市场。

2009年11月12日，新华社新疆分社与中国电信新疆公司共同签署了《信息业务全面合作框架协议》，双方将充分利用彼此优势资源，通过强强联手，在手机增值业务、IPTV、网站建设、天翼手机业务等方面展开全面战略合作，共同构筑新疆新媒体传播新格局，让新疆各行各业、各族群众共享信息时代的快捷和便利。

6. 文化旅游业

2009年开年至“7·5”事件发生之前，是新疆旅游业发展历史上最快的一段时期，1月至6月，自治区全区共接待国内外游客968.43万人，旅游收入达到89.06亿元，同比分别增长12.65%和20.94%。往年新疆旅游旺季从6月中旬才开始出现，2009年旅游旺季更是提前一个月，从5月中旬就已呈现。

尽管受到国际金融危机和乌鲁木齐“7·5”事件的影响，旅游资源丰富的新疆仍受到游客青睐。据新疆旅游局透露，2009年新疆旅游总收入达186亿元，接待海内外游客2133万人次。统计数据显示，2009年共有35.49万人次的海外游客到新疆旅游；与此同时，有2098万人次的国内旅游者在天山南北观光览胜，给新疆带来了176.75亿元人民币的收入。

为扭转旅游黄金季节受“7·5”事件冲击的不利局面，2009年下半年以来，新疆采取了一系列应对措施，利用各种形式，加大宣传促销，举办“新疆人游新疆”、新疆国际旅游摄影节、冬博会、冰雪风情游等重大节庆活动，加强重点旅游景区规划和基础设施建设，打造旅游精品，旅游业渐渐趋于复苏。2009年入冬后，随着推介和促销力度加大，新疆冬季旅游成为新疆旅游的新亮点。通过举办各类冰雪体育竞技、冰雪艺术、民族风情等活动，将冰雪资源与民俗风情、体育竞技、饮食文化有机结合，并推出多条精品旅游线路，使得冬季冰雪旅游的品牌日益响亮，拉动新疆旅游迅速增长。

# 第五部分　统计与数字

TONG JI YU SHU ZI

# 一、全国

## （一）广播电影电视业

### 1. 电视节目进口情况（2009 年）

电视节目进口情况（2009 年）

| 指　标 | 合　计 | 欧　洲 | 美　国 | 拉　美 | 日　本 | 韩　国 | 非　洲 | 其　他 |
|---|---|---|---|---|---|---|---|---|
| 全年电视节目进口总额（万元） | 49146 | 7193 | 12147 | 630 | 1567 | 7088 | | 20521 |
| 电视剧（万元） | 26887 | 2266 | | 560 | 1177 | 6713 | | 16172 |
| 动画电视（万元） | 128 | 34 | 74 | | 20 | | | |
| 全年电视节目进口量（小时） | 21426 | 8661 | 8697 | 144 | 233 | 1328 | | 2363 |
| 电视剧（部/集） | 115/4035 | 8/371 | | 1/120 | 11/187 | 32/1614 | | 63/1743 |
| 动画电视（部/集） | 5/421 | 1/209 | 3/160 | | 1/52 | | | |
| 全年电视节目出口总额（万元） | 9173 | 729 | 1130 | 25 | 443 | 351 | 511 | 5984 |
| 电视剧（万元） | 3584 | 77 | 246 | 25 | 372 | 298 | 161 | 2404 |
| 动画电视（万元） | 4456 | 520 | 801 | | | 7 | 350 | 2778 |
| 全年电视节目出口量（小时） | 10238 | 278 | 1372 | 30 | 367 | 525 | 48 | 7618 |
| 电视剧（部/集） | 128/5825 | 7/168 | 18/805 | 1/30 | 12/384 | 10/475 | 4/37 | 76/3926 |
| 动画电视（部/集） | 55/3191 | 6/156 | 3/3 | | | 1/50 | 2/44 | 43/2938 |

### 2. 电影综合情况

电影综合情况

| 年　份 | 电影故事片厂（个） | 生产故事影片（部） | 生产动画片（部） | 生产科教影片（部） | 生产纪录影片（部） | 生产特种影片（部） |
|---|---|---|---|---|---|---|
| 1978 | 12 | 46 | 26 | 289 | 202 | |
| 1979 | 17 | 65 | 25 | 349 | 317 | |
| 1980 | 17 | 82 | 32 | 337 | 242 | |
| 1981 | 19 | 105 | 33 | 277 | 276 | |
| 1982 | 19 | 112 | 33 | 284 | 259 | |
| 1983 | 19 | 127 | 37 | 343 | 299 | |
| 1984 | 20 | 144 | 37 | 387 | 337 | |
| 1985 | 20 | 127 | 45 | 357 | 419 | |
| 1986 | 20 | 134 | 46 | 383 | 417 | |
| 1987 | 22 | 146 | 45 | 353 | 347 | |
| 1988 | 22 | 158 | 38 | 344 | 350 | |

续表

| 年　份 | 电影故事片厂（个） | 生产故事影片（部） | 生产动画片（部） | 生产科教影片（部） | 生产纪录影片（部） | 生产特种影片（部） |
|---|---|---|---|---|---|---|
| 1989 | 22 | 136 | 53 | 334 | 259 | |
| 1990 | 22 | 134 | 51 | 326 | 296 | |
| 1991 | 22 | 130 | 46 | 351 | 283 | |
| 1992 | 22 | 170 | 56 | 354 | 307 | |
| 1993 | 22 | 154 | 47 | 252 | 300 | |
| 1994 | 22 | 148 | 32 | 182 | 22 | |
| 1995 | 30 | 146 | 37 | 40 | 111 | |
| 1996 | 30 | 110 | 58 | 33 | 39 | |
| 1997 | 31 | 88 | 28 | 34 | 95 | |
| 1998 | 31 | 82 | 9 | 30 | 54 | |
| 2000 | 31 | 91 | 1 | 49 | 10 | |
| 2001 | 27 | 88 | 1 | 56 | 9 | |
| 2002 | 31 | 100 | 2 | 60 | 7 | |
| 2003 | 31 | 140 | 2 | 53 | 6 | |
| 2004 | 31 | 212 | 4 | 30 | 10 | |
| 2005 | 32 | 260 | 7 | 33 | 2 | |
| 2006 | 32 | 330 | 13 | 36 | 13 | |
| 2007 | 32 | 402 | 6 | 34 | 9 | |
| 2008 | 33 | 406 | 16 | 39 | 16 | 2 |
| 2009 | 31 | 456 | 27 | 52 | 19 | 4 |

注：1. 本表电影故事片厂指国有电影故事片厂。

## 3. 各地区电视节目制作播出情况（2009 年）

各地区电视节目制作播出情况（2009 年）

| 地　区 | 电视节目套数（套） | | 全年制作电视节目时间（小时） | 全年公共电视节目播出时间（小时） | 全年电视剧播出数 | | | | 全年动画电视播出数 | | | |
|---|---|---|---|---|---|---|---|---|---|---|---|---|
| | 公共电视 | 付费电视 | | | | | 全年进口电视剧播出数 | | | | 全年进口动画电视播出数 | |
| | | | | | （部） | （集） | （部） | （集） | （部） | （集） | （部） | （集） |
| **总　计** | **3250** | **87** | **2653552** | **15776767** | **238250** | **6050882** | **9099** | **224139** | **17544** | **601776** | **1086** | **41139** |
| 总局直属 | 23 | 20 | 66198 | 174314 | 1189 | 33439 | 32 | 1682 | 225 | 7160 | 25 | 1334 |
| 北　京 | 25 | 11 | 68039 | 107732 | 613 | 21409 | 1 | 20 | 67 | 5865 | 9 | 733 |
| 天　津 | 27 | 4 | 20270 | 149510 | 1426 | 39403 | 10 | 510 | 93 | 11881 | 10 | 1378 |
| 河　北 | 177 | | 131961 | 739945 | 14184 | 395218 | 273 | 11395 | 354 | 13574 | 24 | 1307 |
| 山　西 | 112 | 6 | 100988 | 459671 | 5528 | 145099 | 43 | 1351 | 531 | 11262 | 7 | 270 |
| 内蒙古 | 125 | | 65686 | 615727 | 12539 | 293052 | 294 | 4812 | 917 | 21746 | 9 | 435 |
| 辽　宁 | 117 | | 202182 | 670111 | 11028 | 250579 | 475 | 11820 | 512 | 15846 | 52 | 1145 |
| 吉　林 | 76 | | 84234 | 447691 | 7367 | 195988 | 230 | 6853 | 101 | 4642 | | |
| 黑龙江 | 124 | | 72778 | 643399 | 4094 | 109239 | 213 | 4970 | 118 | 4823 | 31 | 705 |
| 上　海 | 25 | 16 | 63401 | 173742 | 2101 | 42879 | 100 | 2760 | 311 | 28130 | 56 | 5191 |
| 江　苏 | 132 | 4 | 162649 | 785118 | 10543 | 278643 | 152 | 4694 | 728 | 32909 | 18 | 946 |

续表

| 地　区 | 电视节目套数（套） | | 全年制作电视节目时间（小时） | 全年公共电视节目播出时间（小时） | 全年电视剧播出数 | | 全年进口电视剧播出数 | | 全年动画电视播出数 | | 全年进口动画电视播出数 | |
|---|---|---|---|---|---|---|---|---|---|---|---|---|
| | 公共电视 | 付费电视 | | | （部） | （集） | （部） | （集） | （部） | （集） | （部） | （集） |
| 浙　江 | 112 | 2 | 148963 | 700189 | 8938 | 251505 | 205 | 8075 | 921 | 35231 | 51 | 1220 |
| 安　徽 | 120 | 2 | 75181 | 648882 | 11514 | 289201 | 274 | 7624 | 360 | 14848 | 31 | 781 |
| 福　建 | 102 | | 55325 | 326197 | 2905 | 89417 | 53 | 2304 | 278 | 10112 | 13 | 561 |
| 江　西 | 113 | | 76680 | 610086 | 8759 | 227340 | 502 | 14117 | 698 | 28004 | 41 | 1249 |
| 山　东 | 166 | | 144975 | 924745 | 12994 | 361598 | 79 | 2665 | 620 | 23114 | 4 | 300 |
| 河　南 | 166 | 4 | 131614 | 858190 | 14003 | 338095 | 264 | 7490 | 670 | 16829 | 34 | 961 |
| 湖　北 | 114 | 3 | 89664 | 644317 | 13442 | 334602 | 494 | 13477 | 927 | 32086 | 65 | 1875 |
| 湖　南 | 138 | | 129620 | 693892 | 10372 | 256800 | 447 | 12324 | 1282 | 46259 | 81 | 2724 |
| 广　东 | 153 | 6 | 114538 | 678279 | 6638 | 201307 | 282 | 11139 | 688 | 41411 | 56 | 4021 |
| 广　西 | 114 | | 77924 | 452354 | 6002 | 161757 | 255 | 5990 | 461 | 22405 | 4 | 81 |
| 海　南 | 14 | | 9794 | 78847 | 728 | 20620 | | | 117 | 5209 | 10 | 970 |
| 重　庆 | 45 | 9 | 60077 | 244384 | 3720 | 97105 | 246 | 5959 | 249 | 9627 | 43 | 1504 |
| 四　川 | 203 | | 109624 | 928740 | 17380 | 439413 | 693 | 12538 | 1677 | 41516 | 43 | 2092 |
| 贵　州 | 100 | | 37405 | 234895 | 2675 | 62878 | 84 | 3217 | 134 | 5919 | 22 | 520 |
| 云　南 | 162 | | 89150 | 720880 | 9625 | 228398 | 73 | 2928 | 735 | 23557 | 9 | 213 |
| 西　藏 | 10 | | 5504 | 45846 | 474 | 10991 | 33 | 800 | 36 | 949 | 5 | 60 |
| 陕　西 | 123 | | 79415 | 557044 | 7032 | 177507 | 29 | 1138 | 617 | 17627 | | |
| 甘　肃 | 103 | | 59015 | 392991 | 7287 | 172457 | 33 | 1052 | 802 | 16269 | | |
| 青　海 | 13 | | 26932 | 66812 | 1050 | 33201 | 14 | 340 | 82 | 3718 | | |
| 宁　夏 | 28 | | 27445 | 148463 | 1885 | 43642 | 2 | 885 | 177 | 7323 | | |
| 新　疆 | 188 | | 66321 | 853775 | 20215 | 448100 | 3214 | 59210 | 2056 | 41925 | 333 | 8563 |

## 4. 各地区广播节目制作播出情况（2009 年）

各地区广播节目制作播出情况（2009 年）

| 地　区 | 公共广播节目套数（套） | 全年制作广播节目时间（小时） | 全年公共广播节目播出时间（小时） | 全年广播剧播出数 | |
|---|---|---|---|---|---|
| | | | | （部） | （集） |
| **总　计** | **2520** | **6716500** | **12265513** | **29891** | **670402** |
| 总局直属 | 21 | 215550 | 173115 | | 1617 |
| 北　京 | 18 | 103132 | 115551 | 57 | 4828 |
| 天　津 | 21 | 76127 | 127264 | 7 | 750 |
| 河　北 | 121 | 291075 | 552471 | 934 | 8629 |
| 山　西 | 101 | 153619 | 356657 | 1169 | 27748 |
| 内蒙古 | 126 | 237383 | 617770 | 2025 | 39553 |
| 辽　宁 | 118 | 548455 | 698470 | 1375 | 38035 |
| 吉　林 | 65 | 233005 | 386419 | 640 | 24301 |
| 黑龙江 | 93 | 161925 | 407750 | 389 | 10828 |

续表

| 地区 | 公共广播节目套数（套） | 全年制作广播节目时间（小时） | 全年公共广播节目播出时间（小时） | 全年广播剧播出数 | |
|---|---|---|---|---|---|
| | | | | （部） | （集） |
| 上海 | 21 | 91660 | 131467 | 245 | 7537 |
| 江苏 | 131 | 571053 | 768270 | 1630 | 36814 |
| 浙江 | 106 | 439824 | 694857 | 1170 | 27054 |
| 安徽 | 104 | 228870 | 481671 | 1003 | 35357 |
| 福建 | 86 | 234284 | 497291 | 160 | 8205 |
| 江西 | 103 | 172646 | 341045 | 1559 | 30483 |
| 山东 | 153 | 450530 | 812968 | 4482 | 62650 |
| 河南 | 150 | 291549 | 628506 | 1184 | 28628 |
| 湖北 | 85 | 234613 | 444490 | 1177 | 40549 |
| 湖南 | 97 | 158249 | 333383 | 972 | 21966 |
| 广东 | 125 | 471586 | 778520 | 2610 | 21499 |
| 广西 | 59 | 174493 | 269943 | 235 | 5240 |
| 海南 | 24 | 45358 | 106500 | 139 | 5241 |
| 重庆 | 26 | 55986 | 105742 | 237 | 12492 |
| 四川 | 117 | 180242 | 494826 | 1540 | 46623 |
| 贵州 | 24 | 73700 | 143427 | 512 | 13949 |
| 云南 | 44 | 154059 | 259112 | 327 | 14016 |
| 西藏 | 7 | 23903 | 36574 | 7 | 369 |
| 陕西 | 102 | 200144 | 393831 | 380 | 7281 |
| 甘肃 | 85 | 105554 | 259060 | 282 | 15854 |
| 青海 | 9 | 50080 | 56284 | 26 | 4290 |
| 宁夏 | 24 | 38397 | 101668 | 39 | 2850 |
| 新疆 | 154 | 249449 | 690612 | 3379 | 65166 |

## 5. 广播、电视节目播出时间（2009年）

广播、电视节目播出时间（2009年）

单位：小时

| 指标 | 总计 | 新闻资讯类节目 | 专题服务类节目 | 综艺益智类节目 | 广播（影视）剧类节目 | 广告类节目 | 其他类节目 |
|---|---|---|---|---|---|---|---|
| **广播** | **12265513** | **2416269** | **2738048** | **3495247** | **538451** | **1135408** | **1942091** |
| 中央级 | 173115 | 49502 | 60644 | 43521 | 2265 | 8412 | 8770 |
| 省级 | 12092398 | 2366767 | 2677403 | 3451726 | 536186 | 1126996 | 1933320 |
| **电视** | **15776767** | **1959743** | **1703189** | **1314713** | **6982130** | **2047041** | **1769951** |
| 中央级 | 174314 | 49852 | 54964 | 22827 | 37588 | 9083 | |
| 省级 | 15602453 | 1909891 | 1648225 | 1291886 | 6944542 | 2037959 | 1769951 |

## 6. 广播电视节目制作时间

广播电视节目制作时间

单位：小时

| 项　目 | 1995 年 | 2005 年 | 2006 年 | 2007 年 | 2008 年 | 2009 年 |
|---|---|---|---|---|---|---|
| **广播节目制作** | **2332164** | **6139227** | **6192339** | **6332506** | **6494035** | **67165000** |
| 新　闻 | 353368 | 1066880 | 1055077 | 1062423 | 1116588 | 1166848 |
| 专　题 | 1054140 | 1822621 | 1728485 | 1798165 | 1837471 | 1900995 |
| 综　艺 | 924656 | 1937290 | 1986800 | 1894881 | 1934751 | 1957358 |
| 广播剧 |  | 75456 | 59225 | 76889 | 72629 | 90735 |
| 广　告 |  | 671071 | 691610 | 722411 | 737223 | 782757 |
| 其　他 |  | 565909 | 671142 | 777737 | 795373 | 817807 |
| **电视节目制作** | **383513** | **2553861** | **2618034** | **2553283** | **2641949** | **2653552** |
| 新　闻 | 80800 | 637956 | 646337 | 595190 | 678820 | 675885 |
| 专　题 | 193391 | 525528 | 540369 | 545922 | 622182 | 611352 |
| 综　艺 | 109322 | 382350 | 407442 | 388349 | 392507 | 402677 |
| 影视剧 |  | 193771 | 71377 | 96397 | 58616 | 66899 |
| 广　告 |  | 524892 | 589067 | 585277 | 558914 | 544038 |
| 其　他 |  | 289364 | 363442 | 342148 | 330910 | 352701 |

## 7. 广播电视事业发展情况

广播电视事业发展情况

| 指　　标 | 2007 年 | 2008 年 | 2009 年 |
|---|---|---|---|
| **广　播** |  |  |  |
| 广播节目综合人口覆盖率（%） | 95.43 | 95.96 | 96.31 |
| 农村（%） | 94.12 | 94.74 | 95.10 |
| 广播节目套数（套） | 2433 | 2437 | 2521 |
| 公共广播（套） | 2432 | 2436 | 2520 |
| 付费广播（套） | 1 | 1 | 1 |
| 广播节目制作时间（万小时） | 633.3 | 649.4 | 671.7 |
| 公共广播节目播出时间（万小时） | 1127.2 | 1163.0 | 1226.6 |
| 对外广播节目播出套数（套） | 77 | 145 | 165 |
| 对外广播节目播出时间（万小时） | 46.15 | 50.84 | 100.31 |
| **电　视** |  |  |  |
| 电视节目综合人口覆盖率（%） | 96.58 | 96.95 | 97.23 |
| 农村（%） | 95.60 | 91.6 | 91.9 |
| 有线广播电视用户数（万户） | 15325 | 16398 | 17523 |
| 农村（万户） | 6180 | 6558 | 6863 |
| 数字电视用户数（万户） | 2686 | 4528 | 6322 |
| 有线广播电视入户率（%） | 39.90 | 41.63 | 43.99 |
| 农村（%） | 25.57 | 26.77 | 27.77 |
| 电视节目套数（套） | 3214 | 3288 | 3337 |
| 公共电视（套） | 3127 | 3199 | 3250 |
| 付费电视（套） | 87 | 89 | 87 |

续表

广播电视事业发展情况

| 指　标 | 2007年 | 2008年 | 2009年 |
| --- | --- | --- | --- |
| 电视节目制作时间（万小时） | 255.33 | 264.19 | 265.36 |
| 公共电视节目播出时间（万小时） | 1454.70 | 1495.34 | 1577.68 |
| 电视剧播出数（万部） | 22.57 | 22.57 | 23.83 |
| 电视剧播出数（万集） | 534.97 | 550.43 | 605.09 |
| 进口电视剧播出数（部） | 10652 | 9251 | 9099 |
| 进口电视剧播出数（万集） | 26.42 | 22.96 | 22.41 |
| 动画电视播出数（部） | 14015 | 15447 | 17544 |
| 动画电视播出数（万集） | 51.34 | 51.85 | 60.18 |
| 进口动画电视播出数（部） | 1551 | 1419 | 1086 |
| 进口动画电视播出数（万集） | 5.97 | 4.56 | 4.11 |
| 对外电视节目播出套数（套） | 34 | 33 | 40 |
| 对外电视节目播出时间（万小时） | 22.55 | 22.46 | 28.82 |
| 电　影 | | | |
| 国有电影制片及加工单位（个） | 38 | 38 | 38 |
| 电影院线（条） | 34 | 34 | 37 |
| 院线内影院（家） | 1427 | 1545 | 1687 |
| 银幕（块） | 3527 | 4097 | 4723 |
| 电影综合收入（亿元） | 67.26 | 84.33 | 106.65 |
| 国内电影票房收入（亿元） | 33.27 | 43.41 | 62.06 |
| 电视播映收入（亿元） | 13.79 | 25.28 | 16.89 |
| 国产影片海外销售收入（亿元） | 20.2 | 15.6 | 27.7 |
| 广播电视技术及其他 | | | |
| 广播电视总收入（亿元） | 1316.40 | 1583.91 | 1852.85 |
| 广播电视从业人员数（万人） | 64.53 | 67.17 | 70.58 |
| 中、短波转播发射台（座） | 802 | 808 | 809 |
| 调频转播发射台（万座） | 1.06 | 1.21 | 1.21 |
| 电视转播发射台（万座） | 1.82 | 1.85 | 1.77 |
| 微波实有站（座） | 2745 | 2674 | 2591 |

## （二）新闻出版业

### 1. 2009年全国新闻出版业基本情况

2009年全国新闻出版业基本情况

| 图书、期刊、报纸总印张数（亿张） | 用纸量（万吨） | 比上年增长 |
| --- | --- | --- |
| 2701.14 | 624.95 | 1.94% |

2009年我国出版社构成

| 类别 | 数量（个） | 包括有副牌社 |
| --- | --- | --- |
| 中央级 | 221 | 15 |
| 地方级 | 359 | 20 |
| 总计 | 580 | 35 |

2009 年我国出版社构成

| 类　别 | 数量（个） | 包括的副牌社 |
|---|---|---|
| 中央级 | 221 | 15 |
| 地方级 | 359 | 20 |
| 总计 | 580 | 35 |

2009 年图书出版

| | 新版图书（种） | 重版、重印版图书（种） | 总计（种） | 总印数（亿册、张） | 总印张（亿张） | 折合用纸量（万吨） | 定价总金额（亿元） |
|---|---|---|---|---|---|---|---|
| — | 168296 | 133423 | 301719 | 70.37 | 565.5 | 132.93 | 848.04 |
| 与 2008 年相比增长 | 12.97% | 6.61% | 10.07% | −0.36% | 0. 36% | — | 5. 68% |

2009 年书籍出版

| | 出版书籍（种） | 初版（种） | 重版、重印（种） | 总印数（亿册、张） | 总印张（亿张） | 折合用纸量（万吨） | 定价总金额（亿元） |
|---|---|---|---|---|---|---|---|
| — | 238868 | 145475 | 93393 | 37.88 | 312.46 | 73.4 | 567.27 |
| 与 2008 年相比增长 | 8.86% | 11.24% | 5.36% | 4.53% | 4.61 | — | 8.94% |
| 备　注 | 1. 折合用纸量中包括附录用纸 1.41 亿印张，折合用纸量 0.33 万吨。<br>2. 定价总金额中包括附录定价总金额 4.73 亿元。 | | | | | | |

2009 年课本出版

| | 出版课本（种） | 初版（种） | 重版、重印（种） | 总印数（亿册、张） | 总印张（亿张） | 折合用纸量（万吨） | 定价总金额（亿元） |
|---|---|---|---|---|---|---|---|
| — | 62024 | 22265 | 39759 | 32.35 | 252.77 | 59.4 | 279.4 |
| 与 2008 年相比增长 | 14.83% | 25.35% | 9.68% | −5.43% | −3.56% | — | −0.34% |
| 备　注 | | | | | | | |

2009 年图片出版

| | 出版图片（种） | 初版（种） | 重版、重印（种） | 总印数（亿册、张） | 总印张（亿张） | 折合用纸量（万吨） | 定价总金额（亿元） |
|---|---|---|---|---|---|---|---|
| — | 827 | 556 | 271 | 0.13 | 0.28 | 0.1 | 1.37 |
| 与 2008 年相比增长 | 19.86% | 26.36% | 8.40% | −18.97% | −16.84% | — | −0.13% |
| 备　注 | | | | | | | |

**2009 年各类图书出版情况**

马克思主义、列宁主义、毛泽东思想类图书出版情况

| | 总种类（种） | 初版（种） | 总印数（万册、张） | 总印张（千张） | 定价总金额（万元） |
|---|---|---|---|---|---|
| — | 495 | 318 | 808 | 137213 | 18160 |
| 占全部图书出版物的比重 | 0.16% | 0.19% | 0.12% | 0.24% | 0.24% |
| 与 2008 年相比增长 | 24.06% | 26.69% | −55.14% | −52.96% | −41.99% |

哲学类图书出版情况

| | 总种类（种） | 初版（种） | 总印数（万册、张） | 总印张（千张） | 定价总金额（万元） |
|---|---|---|---|---|---|
| — | 6429 | 4868 | 4962 | 776395 | 155626 |
| 占全部图书出版物的比重 | 2.14% | 2.90% | 0.71% | 1.38% | 1.85% |
| 与2008年相比增长 | 15.86% | 18.44% | 21.59% | 26.85% | 28.21% |

社会科学总论类图书出版情况

| | 总种类（种） | 初版（种） | 总印数（万册、张） | 总印张（千张） | 定价总金额（万元） |
|---|---|---|---|---|---|
| — | 4112 | 2703 | 2703 | 427242 | 83056 |
| 占全部图书出版物的比重 | 1.37% | 1.61% | 0.37% | 0.37% | 0.99% |
| 与2008年相比增长 | 12.75% | 18.97% | 21.12% | 17.33% | 31.34% |

政治、法律类图书出版情况

| | 总种类（种） | 初版（种） | 总印数（万册、张） | 总印张（千张） | 定价总金额（万元） |
|---|---|---|---|---|---|
| — | 10967 | 10967 | 19423 | 2042712 | 325514 |
| 占全部图书出版物的比重 | 4.56% | 6.54% | 2.77% | 3.62% | 3.87% |
| 与2008年相比增长 | 4.24% | 8.63% | 30.26% | 14.06% | 2.96% |

军事类图书出版情况

| | 总种类（种） | 初版（种） | 总印数（万册、张） | 总印张（千张） | 定价总金额（万元） |
|---|---|---|---|---|---|
| — | 917 | 709 | 681 | 90575 | 23257 |
| 占全部图书出版物的比重 | 0.30% | 0.42% | 0.10% | 0.16% | 0.28% |
| 与2008年相比增长 | 36.87% | 40.12% | 47.08% | 19.46% | 64.22% |

文化、科学、教育、体育类图书出版情况

| | 总种类（种） | 初版（种） | 总印数（万册、张） | 总印张（千张） | 定价总金额（万元） |
|---|---|---|---|---|---|
| — | 102597 | 41227 | 530481 | 34585687 | 4102191 |
| 占全部图书出版物的比重 | 34.10% | 24.58% | 75.53% | 61.34% | 48.72% |
| 与2008年相比增长 | 7.89% | 13.03% | −1.74% | −0.30% | 4.61% |

语言、文字类图书出版情况

| | 总种类（种） | 初版（种） | 总印数（万册、张） | 总印张（千张） | 定价总金额（万元） |
|---|---|---|---|---|---|
| — | 16721 | 8848 | 20220 | 2829850 | 513727 |
| 占全部图书出版物的比重 | 5.56% | 5.27% | 2.88% | 5.02% | 6.10% |
| 与2008年相比增长 | 7.66% | 11.75% | −0.07% | −8.18% | 0.37% |

文学类图书出版情况

| | 总种类（种） | 初版（种） | 总印数（万册、张） | 总印张（千张） | 定价总金额（万元） |
|---|---|---|---|---|---|
| — | 24993 | 18132 | 26989 | 3285112 | 582703 |
| 占全部图书出版物的比重 | 8.31% | 10.81% | 3.84% | 5.83% | 6.92% |
| 与2008年相比增长 | 28.41% | 24.40% | 14.60% | 20.18% | 18.32% |

艺术类图书出版情况

| | 总种类（种） | 初版（种） | 总印数（万册、张） | 总印张（千张） | 定价总金额（万元） |
|---|---|---|---|---|---|
| — | 15067 | 9652 | 14020 | 960446 | 345673 |
| 占全部图书出版物的比重 | 5.01% | 5.75% | 2.00% | 1.70% | 4.11% |
| 与2008年相比增长 | 13.76% | 9.50% | −16.92% | −3.02% | 6.10% |

历史、地理类图书出版情况

| | 总种类（种） | 初版（种） | 总印数（万册、张） | 总印张（千张） | 定价总金额（万元） |
|---|---|---|---|---|---|
| — | 11401 | 8528 | 15406 | 1619602 | 338570 |
| 占全部图书出版物的比重 | 3.79% | 5.08% | 2.19% | 2.87% | 4.02% |
| 与2008年相比增长 | 12.52% | 8.54% | −1.45% | 0.22% | 5.12% |

自然科学总论类图书出版情况

| | 总种类（种） | 初版（种） | 总印数（万册、张） | 总印张（千张） | 定价总金额（万元） |
|---|---|---|---|---|---|
| — | 901 | 591 | 1216 | 89790 | 16888 |
| 占全部图书出版物的比重 | 0.30% | 0.35% | 0.17% | 0.16% | 0.20% |
| 与2008年相比增长 | 10.69% | 37.44% | −32.14% | −17.86% | 0.53% |

数理科学、化学类图书出版情况

| | 总种类（种） | 初版（种） | 总印数（万册、张） | 总印张（千张） | 定价总金额（万元） |
|---|---|---|---|---|---|
| — | 5505 | 2440 | 3672 | 590508 | 88894 |
| 占全部图书出版物的比重 | 1.83% | 1.45% | 0.52% | 1.05% | 1.06% |
| 与2008年相比增长 | −0.72% | 8.88% | −11.94% | −10.98% | −5.86% |

天文学、地球科学类图书出版情况

| | 总种类（种） | 初版（种） | 总印数（万册、张） | 总印张（千张） | 定价总金额（万元） |
|---|---|---|---|---|---|
| — | 1659 | 1171 | 1290 | 100964 | 25604 |
| 占全部图书出版物的比重 | 0.55% | 0.70% | 0.18% | 0.18% | 0.30% |
| 与2008年相比增长 | 16.01% | 22.36% | 58.48% | 14.32% | 25.56% |

生物科学类图书出版情况

| | 总种类（种） | 初版（种） | 总印数（万册、张） | 总印张（千张） | 定价总金额（万元） |
|---|---|---|---|---|---|
| — | 1618 | 1038 | 1028 | 128422 | 27425 |
| 占全部图书出版物的比重 | 0.54% | 0.62% | 0.15% | 0.23% | 0.33% |
| 与2008年相比增长 | 7.58% | 17.42% | 13.59% | −15.39% | −2.51% |

医药卫生类图书出版情况

| | 总种类（种） | 初版（种） | 总印数（万册、张） | 总印张（千张） | 定价总金额（万元） |
|---|---|---|---|---|---|
| — | 14584 | 9507 | 10730 | 1632983 | 343043 |
| 占全部图书出版物的比重 | 4.85% | 5.67% | 1.53% | 2.90% | 4.07% |
| 与2008年相比增长 | 12.54% | 12.82% | 8.59% | 0.95% | 11.62% |

农业科学类图书出版情况

| | 总种类（种） | 初版（种） | 总印数（万册、张） | 总印张（千张） | 定价总金额（万元） |
|---|---|---|---|---|---|
| — | 6978 | 3094 | 5357 | 398899 | 75103 |
| 占全部图书出版物的比重 | 2.32% | 1.84% | 0.76% | 0.71% | 0.89% |
| 与2008年相比增长 | 30.70% | 12.22% | 42.32% | 34.31% | 30.38% |

工业技术类图书出版情况

| | 总种类（种） | 初版（种） | 总印数（万册、张） | 总印张（千张） | 定价总金额（万元） |
|---|---|---|---|---|---|
| — | 40938 | 22827 | 21501 | 3441338 | 666664 |
| 占全部图书出版物的比重 | 13.61% | 13.61% | 3.06% | 6.10% | 7.92% |
| 与2008年相比增长 | 4.25% | 8.86% | −0.56% | −3.52% | 0.12% |

交通运输类图书出版情况

| | 总种类（种） | 初版（种） | 总印数（万册、张） | 总印张（千张） | 定价总金额（万元） |
|---|---|---|---|---|---|
| — | 3313 | 1689 | 2336 | 299844 | 63337 |
| 占全部图书出版物的比重 | 1.10% | 1.01% | 0.33% | 0.53% | 0.75% |
| 与2008年相比增长 | 13.73% | 13.66% | 21.35% | 15.69% | 13.03% |

航空、航天类图书出版情况

| | 总种类（种） | 初版（种） | 总印数（万册、张） | 总印张（千张） | 定价总金额（万元） |
|---|---|---|---|---|---|
| — | 312 | 192 | 122 | 15615 | 4523 |
| 占全部图书出版物的比重 | 0.10% | 0.11% | 0.02% | 0.03% | 0.05% |
| 与2008年相比增长 | 26.32% | 2.67% | −6.87% | −5.47% | 6.70% |

环境科学类图书出版情况

| | 总种类（种） | 初版（种） | 总印数（万册、张） | 总印张（千张） | 定价总金额（万元） |
|---|---|---|---|---|---|
| — | 1447 | 1044 | 2065 | 137979 | 33570 |
| 占全部图书出版物的比重 | 0.48% | 0.62% | 0.29% | 0.24% | 0.40% |
| 与2008年相比增长 | 9.54% | 11.78% | −19.30% | 0.50% | 16.26% |

综合学类图书出版情况

| | 总种类（种） | 初版（种） | 总印数（万册、张） | 总印张（千张） | 定价总金额（万元） |
|---|---|---|---|---|---|
| — | 1902 | 1323 | 1954 | 231357 | 231357 |
| 占全部图书出版物的比重 | 0.63% | 0.79% | 0.28% | 0.41% | 0.87% |
| 与2008年相比增长 | 13.76% | 5.08% | −22.40% | −19.33% | −18.75% |

**2009年各类课本出版情况**

大专及大专以上课本出版情况

| | 总种类（种） | 初版（种） | 总印数（万册、张） | 总印张（千张） | 定价总金额（万元） |
|---|---|---|---|---|---|
| — | 37151 | 15196 | 27082 | 4817044 | 735239 |
| 与2008年相比增长 | 6.46% | 13.34% | −11.76% | −11.36% | −7.64% |

中专课本出版情况

| | 总种类（种） | 初版（种） | 总印数（万册、张） | 总印张（千张） | 定价总金额（万元） |
|---|---|---|---|---|---|
| — | 4173 | 1497 | 6130 | 790060 | 113558 |
| 与2008年相比增长 | −0.07% | 19.00% | 4.02% | −0.26% | 8.72% |

### 中学课本出版情况

| | 总种类（种） | 初版（种） | 总印数（万册、张） | 总印张（千张） | 定价总金额（万元） |
|---|---|---|---|---|---|
| — | 5623 | 1023 | 149710 | 11894992 | 1073427 |
| 与2008年相比增长 | 21.39% | 18.54% | -4.97% | -3.26% | -2.54% |

### 业余教育课本出版情况

| | 总种类（种） | 初版（种） | 总印数（万册、张） | 总印张（千张） | 定价总金额（万元） |
|---|---|---|---|---|---|
| — | 5195 | 2415 | 4192 | 571866 | 106783 |
| 与2008年相比增长 | 91.34% | 155.29% | 54.17% | 58.16% | 79.10% |

### 扫盲课本出版情况

| | 总种类（种） | 初版（种） | 总印数（万册、张） | 总印张（千张） | 定价总金额（万元） |
|---|---|---|---|---|---|
| — | 2 | 0 | 1 | 91 | 9 |
| 与2008年相比增长 | — | — | — | — | — |

### 教学用书出版情况

| | 总种类（种） | 初版（种） | 总印数（万册、张） | 总印张（千张） | 定价总金额（万元） |
|---|---|---|---|---|---|
| — | 4696 | 1253 | 5220 | 561286 | 93426 |
| 与2008年相比增长 | 68.07% | 131.61% | 99.24% | 88.94% | 85.96% |

## 2009年少年儿童读物出版情况

### 全国共出版少年儿童读物出版情况

| | 总种类（种） | 初版（种） | 总印数（万册、张） | 总印张（千张） | 定价总金额（万元） |
|---|---|---|---|---|---|
| — | 15591 | 8949 | 28445 | 1483746 | 344238 |
| 与2008年相比增长 | 37.85% | 34.81% | 11.90% | 20.44% | 20.39% |

## 2009年期刊出版情况

### 全国期刊出版情况

| | 种类（种） | 平均期印数（万册） | 总印数（亿册、张） | 总印张（亿张） | 定价总额（亿元） | 折合用纸量（万吨） |
|---|---|---|---|---|---|---|
| — | 9851 | 16457 | 31.53 | 166.24 | 202.35 | 39.06 |
| 与2008年相比增长 | 3.16% | -1.85% | 1.53% | 5.23% | 7.96% | — |
| 备注 | 折合用纸量中含高校学报、公报、政报、年鉴1742种，平均期印数348.34万册，总印数3781.28万册，总印张263262千印张。 | | | | | |

**2009 年各类期刊的出版数量、所占比重及与上年相比增减百分比**

### 马克思主义、列宁主义、毛泽东思想类图书出版情况

| | 总种类（种） | 平均期印数（万册） | 总印数（万册、张） | 总印张（千张） |
|---|---|---|---|---|
| — | 485 | 1967 | 45240 | 1942992 |
| 占全部期刊出版物的比重 | 4.92% | — | 14.35% | 11.69% |
| 与 2008 年相比增长 | 1.25% | −2.19% | 1.17% | −5.67% |
| 备注 | 平均期印数中平均一种期印数 4.06 万册 | | | |

### 哲学、社会科学类期刊出版情况

| | 总种类（种） | 平均期印数（万册） | 总印数（万册、张） | 总印张（千张） |
|---|---|---|---|---|
| — | 2456 | 6019 | 109569 | 5821954 |
| 占全部期刊出版物的比重 | 24.93% | — | 34.76% | 35.02% |
| 与 2008 年相比增长 | 5% | 2.19% | 5.90% | 13.16% |
| 备注 | 平均期印数中平均一种期印数 2.45 万册 | | | |

### 自然科学、技术类期刊出版情况

| | 总种类（种） | 平均期印数（万册） | 总印数（万册、张） | 总印张（千张） |
|---|---|---|---|---|
| — | 4926 | 3131 | 46228 | 3139032 |
| 占全部期刊出版物的比重 | 50.01% | — | 14.66% | 18.88% |
| 与 2008 年相比增长 | 2.75% | −5.66% | −4.03% | −0.39% |
| 备注 | 平均期印数中平均一种期印数 0.64 万册 | | | |

### 文化、教育类期刊出版情况

| | 总种类（种） | 平均期印数（万册） | 总印数（万册、张） | 总印张（千张） |
|---|---|---|---|---|
| — | 1204 | 2774 | 57738 | 3186813 |
| 占全部期刊出版物的比重 | 12.22% | — | 18.31% | 19.17% |
| 与 2008 年相比增长 | 2.47% | −1.77% | 4.19% | 14.72% |
| 备注 | 平均期印数中平均一种期印数 2.3 万册 | | | |

### 文学、艺术类期刊出版情况

| | 总种类（种） | 平均期印数（万册） | 总印数（万册、张） | 总印张（千张） |
|---|---|---|---|---|
| — | 631 | 1400 | 29864 | 1570497 |
| 占全部期刊出版物的比重 | 6.41% | — | 9.47% | 9.45% |
| 与 2008 年相比增长 | 2.94% | −9.03% | −10.06% | −11.36% |
| 备注 | 平均期印数中平均一种期印数 2.22 万册 | | | |

少儿读物类期刊出版情况

| | 总种类（种） | 平均期印数（万册） | 总印数（万册、张） | 总印张（千张） |
|---|---|---|---|---|
| — | 98 | 1034 | 24127 | 697293 |
| 占全部期刊出版物的比重 | 0.99% | — | 7.65% | 4.19% |
| 与2008年相比增长 | 持平 | −1.71% | 4.52% | 4.48% |
| 备注 | 平均期印数中平均一种期印数10.55万册 | | | |

画刊类期刊出版情况况

| | 总种类（种） | 平均期印数（万册） | 总印数（万册、张） | 总印张（千张） |
|---|---|---|---|---|
| — | 51 | 132 | 2484 | 265508 |
| 占全部期刊出版物的比重 | 0.52% | — | 0.79% | 1.60% |
| 与2008年相比增长 | 持平 | 持平 | 2.14% | 17.86% |
| 备注 | 平均期印数中平均一种期印数2.59万册 | | | |

2009年全国报纸出版情况

| | 种类（种） | 平均期印数（万份） | 总印数（亿册、张） | 总印张（亿张） | 定价总额（亿元） | 折合用纸量（万吨） |
|---|---|---|---|---|---|---|
| — | 1937 | 20837.15 | 439.11 | 1969.4 | 351.72 | 452.96 |
| 与2008年相比增长 | −0.31% | −1.50% | −0.86% | 2.01% | 10.62% | — |

**2009年各级报纸的出版数量、所占比重及与上年相比增减百分比**

全国性和省级报纸出版情况

| | 总种类（种） | 平均期印数（万份） | 总印数（亿份） | 总印张（亿张） |
|---|---|---|---|---|
| — | 1050 | 15672.59 | 301.38 | 1324.94 |
| 占全部报纸出版物的比重 | 54.21% | — | 68.63% | 67.28% |
| 与2008年相比增长 | 持平 | −2.55% | −1.73% | 1.57% |

全国性报纸出版情况

| | 总种类（种） | 平均期印数（万份） | 总印数（亿份） | 总印张（亿张） |
|---|---|---|---|---|
| — | 225 | 2880.53 | 63.86 | 189.61 |
| 占全部报纸出版物的比重 | 11.62% | — | 14.54% | 9.63% |
| 与2008年相比增长 | 0.45% | 2.18% | −0.66% | −0.90% |

省级报纸出版情况

| | 总种类（种） | 平均期印数（万份） | 总印数（亿份） | 总印张（亿张） |
| --- | --- | --- | --- | --- |
| — | 825 | 12792.06 | 237.52 | 1135.33 |
| 占全部报纸出版物的比重 | 42.59% | — | 54.09% | 57.65% |
| 与2008年相比增长 | −0.12% | −2.63% | −0.66% | 2% |

地、市级报纸出版情况

| | 总种类（种） | 平均期印数（万份） | 总印数（亿份） | 总印张（亿张） |
| --- | --- | --- | --- | --- |
| — | 871 | 5131.16 | 136.83 | 642.78 |
| 占全部报纸出版物的比重 | 44.97% | — | 31.16% | 32.64 |
| 与2008年相比增长 | −0.68% | −1.78% | 1.04% | 2.84% |

县级报纸出版情况

| | 总种类（种） | 平均期印数（万份） | 总印数（亿份） | 总印张（亿张） |
| --- | --- | --- | --- | --- |
| — | 16 | 33.4 | 0.9 | 1.67 |
| 占全部报纸出版物的比重 | 0.83% | — | 0.21% | 0.08% |
| 与2008年相比增长 | 持平 | 7.26% | 10.41% | 50.89% |

综合报纸出版情况

| | 总种类（种） | 平均期印数（万份） | 总印数（亿份） | 总印张（亿张） |
| --- | --- | --- | --- | --- |
| — | 806 | 9064.17 | 301.43 | 1636.26 |
| 占全部报纸出版物的比重 | 41.61% | — | 68.65% | 83.08% |
| 与2008年相比增长 | 持平 | 0.97% | 0.42% | 5.10% |

专业报纸出版情况

| | 总种类（种） | 平均期印数（万份） | 总印数（亿份） | 总印张（亿张） |
| --- | --- | --- | --- | --- |
| — | 1131 | 11772.98 | 137.68 | 333.14 |
| 占全部报纸出版物的比重 | 58.39% | — | 31.35% | 16.92% |
| 与2008年相比增长 | −0.53% | −3.32% | −3.54% | −10.85% |

**2009年音像制品及电子出版物情况**

全国音像及电子出版物单位数量

| 音像制品出版单位（家） | 电子出版单位（家） |
| --- | --- |
| 380 | 250 |

## 音像制品

**2009 年全国录音制品出版情况**

| | 总种类（种） | 出版数量（亿盒/张） | 发行数量（亿盒/张） | 发行总金额（亿元） |
|---|---|---|---|---|
| — | 12315 | 2.37 | 2.62 | 11.9 |
| 与 2008 年相比增长 | 5.07% | −6.79% | 5.28% | 6.16% |

## 2. 各地区录像制品出版情况（2009 年）

**各地区录像制品出版情况（2009 年）**

单位：种、万盒、万张

| 地区 | 所有录像制品 | | | | | 激光数码视盘 | | | | 高密度激光视盘 | | | | 录像带及其他 | | | |
|---|---|---|---|---|---|---|---|---|---|---|---|---|---|---|---|---|---|
| | 合计 | | 其中：新版 | | 发行数量 | 合计 | | 其中：新版 | | 合计 | | 其中：新版 | | 合计 | | 其中：新版 | |
| | 种数 | 数量 | 种数 | 数量 | | 种数 | 数量 | 种数 | 数量 | 种数 | 数量 | 种数 | 数量 | 种数 | 数量 | 种数 | 数量 |
| **全国** | **13069** | **15470.98** | **9886** | **12086.89** | **12216.64** | **6184** | **8054.20** | **3640** | **5329.25** | **6879** | **7413.61** | **6240** | **6754.47** | **6** | **3.17** | **6** | **3.17** |
| 中央 | 6116 | 7916.50 | 4035 | 5100.65 | 6881.94 | 2920 | 4761.61 | 1227 | 2462.55 | 3193 | 3154.64 | 2805 | 2637.85 | 3 | 0.25 | 3 | 0.25 |
| 地方 | 6953 | 7554.48 | 5851 | 6986.24 | 5334.70 | 3264 | 3292.59 | 2413 | 2866.70 | 3686 | 4258.97 | 3435 | 4116.62 | 3 | 2.92 | 3 | 2.92 |
| 北京 | 308 | 453.60 | 308 | 453.60 | 90.07 | 116 | 233.60 | 116 | 233.60 | 192 | 220.00 | 192 | 220.00 | | | | |
| 天津 | 186 | 41.64 | 184 | 39.64 | 24.53 | 23 | 11.50 | 21 | 9.50 | 163 | 30.14 | 163 | 30.14 | | | | |
| 河北 | 46 | 15.93 | 46 | 15.93 | 18.13 | 45 | 15.53 | 45 | 15.53 | 1 | 0.40 | 1 | 0.40 | | | | |
| 山西 | 78 | 109.34 | 50 | 106.95 | 83.62 | 35 | 5.68 | 10 | 3.38 | 43 | 103.66 | 40 | 103.57 | | | | |
| 内蒙古 | 25 | 8.21 | 25 | 8.21 | 1.70 | 2 | 0.60 | 2 | 0.60 | 23 | 7.61 | 23 | 7.61 | | | | |
| 辽宁 | 731 | 1195.50 | 728 | 1194.25 | 618.65 | 215 | 269.99 | 215 | 269.99 | 516 | 925.51 | 513 | 924.26 | | | | |
| 吉林 | 130 | 24.82 | 120 | 23.12 | 93.29 | 122 | 24.22 | 112 | 22.52 | 8 | 0.60 | 8 | 0.60 | | | | |
| 黑龙江 | 3 | 2.40 | 3 | 2.40 | 2.40 | 1 | 0.40 | 1 | 0.40 | 2 | 2.00 | 2 | 2.00 | | | | |
| 上海 | 523 | 231.85 | 283 | 181.92 | 363.21 | 188 | 49.90 | 31 | 14.03 | 335 | 181.95 | 252 | 167.89 | | | | |
| 江苏 | 365 | 363.19 | 268 | 300.69 | 225.20 | 160 | 102.29 | 66 | 42.59 | 204 | 258.38 | 201 | 255.58 | 1 | 2.52 | 1 | 2.52 |
| 浙江 | 171 | 79.21 | 151 | 69.09 | 281.69 | 74 | 35.55 | 54 | 25.43 | 97 | 43.66 | 97 | 43.66 | | | | |
| 安徽 | 221 | 105.69 | 221 | 105.69 | 80.90 | 77 | 33.78 | 77 | 33.78 | 144 | 71.91 | 144 | 71.91 | | | | |
| 福建 | 330 | 398.55 | 184 | 242.59 | 354.30 | 157 | 239.49 | 84 | 148.15 | 173 | 159.06 | 100 | 94.44 | | | | |
| 江西 | 405 | 177.97 | 132 | 67.72 | 161.41 | 362 | 161.97 | 101 | 55.09 | 43 | 16.00 | 31 | 12.63 | | | | |
| 山东 | 255 | 271.49 | 237 | 227.84 | 157.45 | 128 | 115.76 | 127 | 101.06 | 127 | 155.73 | 110 | 126.78 | | | | |
| 河南 | 174 | 84.07 | 135 | 75.90 | 174.00 | 80 | 22.61 | 57 | 15.04 | 94 | 61.46 | 78 | 60.86 | | | | |
| 湖北 | 189 | 380.87 | 173 | 356.97 | 818.10 | 157 | 366.07 | 141 | 342.17 | 32 | 14.80 | 32 | 14.80 | | | | |
| 湖南 | 312 | 429.18 | 204 | 389.84 | 414.26 | 148 | 92.13 | 65 | 70.51 | 164 | 337.05 | 139 | 319.33 | | | | |
| 广东 | 1121 | 1900.37 | 1093 | 1889.00 | 624.51 | 487 | 776.82 | 471 | 770.44 | 632 | 1123.15 | 620 | 1118.16 | 2 | 0.40 | 2 | 0.40 |
| 广西 | 250 | 460.81 | 239 | 452.97 | 179.66 | 135 | 314.23 | 128 | 310.30 | 115 | 146.58 | 111 | 142.67 | | | | |
| 海南 | 6 | 5.30 | 6 | 5.30 | 6.50 | 4 | 4.90 | 4 | 4.90 | 2 | 0.40 | 2 | 0.40 | | | | |
| 重庆 | 170 | 106.87 | 124 | 78.27 | 125.31 | 91 | 56.12 | 45 | 27.51 | 79 | 50.75 | 79 | 50.76 | | | | |
| 四川 | 250 | 124.30 | 240 | 121.68 | 85.54 | 105 | 53.26 | 95 | 50.64 | 145 | 71.04 | 145 | 71.04 | | | | |
| 贵州 | 7 | 33.85 | 7 | 33.85 | 7.18 | 7 | 33.85 | 7 | 33.85 | | | | | | | | |

续表

| 地　区 | 所有录像制品 | | | | | 激光数码视盘 | | | | 高密度激光视盘 | | | | 录像带及其他 | | | |
|---|---|---|---|---|---|---|---|---|---|---|---|---|---|---|---|---|---|
| | 合计 | | 其中：新版 | | 发行数量 | 合计 | | 其中：新版 | | 合计 | | 其中：新版 | | 合计 | | 其中：新版 | |
| | 种数 | 数量 | 种数 | 数量 | | 种数 | 数量 | 种数 | 数量 | 种数 | 数量 | 种数 | 数量 | 种数 | 数量 | 种数 | 数量 |
| 云　南 | 413 | 180.06 | 413 | 180.06 | 164.51 | 199 | 115.73 | 199 | 115.73 | 214 | 64.33 | 214 | 64.33 | | | | |
| 西　藏 | 1 | 0.10 | 1 | 0.10 | | 1 | 0.10 | 1 | 0.10 | | | | | | | | |
| 陕　西 | 135 | 153.41 | 128 | 146.76 | 41.63 | 66 | 47.92 | 59 | 41.27 | 69 | 105.49 | 69 | 105.49 | | | | |
| 甘　肃 | 46 | 56.76 | 46 | 56.76 | 25.36 | 23 | 35.76 | 23 | 35.76 | 23 | 21.00 | 23 | 21.00 | | | | |
| 青　海 | 10 | 3.10 | 10 | 3.10 | 9.00 | 10 | 3.10 | 10 | 3.10 | | | | | | | | |
| 宁　夏 | 2 | 1.15 | 2 | 1.15 | 1.50 | 2 | 1.15 | 2 | 1.15 | | | | | | | | |
| 新　疆 | 90 | 154.89 | 90 | 154.89 | 101.09 | 54 | 103.68 | 54 | 103.68 | 36 | 51.21 | 36 | 51.21 | | | | |

## 3. 各地区少年儿童读物和课本出版情况（2009 年）

**各地区少年儿童读物和课本出版情况（2009 年）**

| 地　区 | 种数（种） | | 总印数（万册） | | 总印张（千印张） | |
|---|---|---|---|---|---|---|
| | 儿童读物 | 课　本 | 儿童读物 | 课　本 | 儿童读物 | 课　本 |
| **全　国** | **15591** | **62024** | **28445** | **323531** | **1483746** | **25276621** |
| 中　央 | 2595 | 37315 | 3751 | 84972 | 217791 | 8591308 |
| 地　方 | 12996 | 24709 | 24694 | 238559 | 1265955 | 16685313 |
| 北　京 | 575 | 845 | 1053 | 1337 | 94129 | 127374 |
| 天　津 | 291 | 701 | 462 | 1567 | 29627 | 130287 |
| 河　北 | 69 | 238 | 146 | 9494 | 10089 | 663392 |
| 山　西 | 66 | 22 | 130 | 5667 | 6656 | 399396 |
| 内蒙古 | 153 | 745 | 180 | 5111 | 5029 | 367689 |
| 辽　宁 | 600 | 1861 | 1436 | 7292 | 84691 | 498106 |
| 吉　林 | 1410 | 658 | 2274 | 5510 | 112205 | 371412 |
| 黑龙江 | 213 | 389 | 303 | 3272 | 19995 | 217495 |
| 上　海 | 1157 | 2674 | 2567 | 11825 | 89726 | 922934 |
| 江　苏 | 706 | 2179 | 1193 | 18218 | 54265 | 1262975 |
| 浙　江 | 1645 | 528 | 3339 | 13523 | 210712 | 879518 |
| 安　徽 | 796 | 750 | 1204 | 15019 | 48429 | 1066395 |

续表

| 地区 | 种数（种） | | 总印数（万册） | | 总印张（千印张） | |
|---|---|---|---|---|---|---|
| | 儿童读物 | 课本 | 儿童读物 | 课本 | 儿童读物 | 课本 |
| 福建 | 260 | 365 | 462 | 3514 | 25710 | 222147 |
| 江西 | 893 | 160 | 2187 | 6751 | 142890 | 446312 |
| 山东 | 90 | 969 | 190 | 12674 | 12041 | 927531 |
| 河南 | 212 | 588 | 237 | 13221 | 8417 | 894425 |
| 湖北 | 540 | 1500 | 1448 | 8788 | 69343 | 647281 |
| 湖南 | 730 | 646 | 1117 | 13075 | 60269 | 894551 |
| 广东 | 335 | 1135 | 943 | 15230 | 31354 | 1108516 |
| 广西 | 423 | 459 | 1481 | 11623 | 53039 | 732489 |
| 海南 | 23 | 6 | 66 | 1181 | 2947 | 76498 |
| 重庆 | 42 | 856 | 180 | 3959 | 2916 | 248747 |
| 四川 | 603 | 785 | 998 | 10406 | 32356 | 849356 |
| 贵州 | 17 | 165 | 6 | 7132 | 618 | 465230 |
| 云南 | 50 | 283 | 34 | 8575 | 1985 | 560326 |
| 西藏 | 9 | 93 | 4 | 562 | 185 | 33150 |
| 陕西 | 175 | 1435 | 384 | 11150 | 16850 | 770730 |
| 甘肃 | 105 | 105 | 79 | 3961 | 2613 | 306087 |
| 青海 | 5 | 174 | 2 | 816 | 105 | 64374 |
| 宁夏 | 76 | 109 | 94 | 1154 | 13787 | 79179 |
| 新疆 | 727 | 3286 | 495 | 6952 | 22977 | 451411 |

## 4. 课本出版情况（2009 年）

课本出版情况（2009 年）

| 项目 | 种数（种） | | 总印数 | 总印张 | 定价总金额 |
|---|---|---|---|---|---|
| | | 新出版 | （万册） | （千印张） | （万元） |
| **总计** | **62024** | **22265** | **323531** | **25276621** | **2793952** |
| 大专及以上课本 | 37151 | 15196 | 27082 | 4817044 | 735239 |
| 中专、技校课本 | 4173 | 1497 | 6130 | 790060 | 113558 |
| 中学课本 | 5623 | 1023 | 149710 | 11894992 | 1073427 |
| 小学课本 | 5184 | 881 | 131196 | 6641282 | 671510 |
| 业余教育课本 | 5195 | 2415 | 4192 | 571866 | 106783 |
| 扫盲课本 | 2 | | 1 | 91 | 9 |
| 教学用书 | 4696 | 1253 | 5220 | 561286 | 93426 |

## 5. 全国图书、期刊、报纸进出口情况（2009年）

全国图书、期刊、报纸进出口情况（2009年）

| 指标 | 出口 | | | 进口 | | |
|---|---|---|---|---|---|---|
| | 种数（种次） | 数量（万册、份） | 金额（万美元） | 种数（种次） | 数量（万册、份） | 金额（万美元） |
| **总计** | **900344** | **885.16** | **3437.72** | **811265** | **2794.53** | **24505.27** |
| 图书 | 855934 | 624.84 | 2962.03 | 755849 | 533.53 | 8316.65 |
| 哲学、社会科学 | 196721 | 84.04 | 686.62 | 193885 | 87.32 | 1856.34 |
| 文化、教育 | 167418 | 123.97 | 549.30 | 99250 | 144.08 | 1060.60 |
| 文学、艺术 | 192528 | 105.12 | 471.85 | 95886 | 89.09 | 1033.85 |
| 自然、科学技术 | 84125 | 90.11 | 303.37 | 246680 | 106.03 | 3232.88 |
| 少儿读物 | 29216 | 70.64 | 127.73 | 41617 | 38.45 | 428.92 |
| 综合性图书 | 185926 | 150.96 | 823.16 | 78531 | 68.56 | 704.05 |
| 期刊 | 43741 | 211.65 | 351.13 | 54163 | 448.09 | 13661.47 |
| 报纸 | 669 | 48.67 | 124.56 | 1253 | 1812.91 | 2527.15 |

## 6. 全国音像、电子出版物进出口情况（2009年）

全国音像、电子出版物进出口情况（2009年）

| 指标 | 出口 | | | 进口 | | |
|---|---|---|---|---|---|---|
| | 种数（种次） | 数量（盒、张） | 金额（万美元） | 种数（种次） | 数量（盒、张） | 金额（万美元） |
| **总计** | **19771** | **100053** | **61.11** | **9479** | **167428** | **6527.06** |
| 录音合计 | 1878 | 39250 | 7.36 | 5258 | 93655 | 91.65 |
| 录音带 | 1764 | 37879 | 7.10 | 5258 | 93655 | 91.65 |
| 激光唱盘 | 114 | 1371 | 0.26 | | | |
| 录像合计 | 17864 | 60673 | 53.19 | 2274 | 8507 | 33.89 |
| DVD—V | 10859 | 29499 | 8.39 | 2254 | 8481 | 33.59 |
| VCD | 7005 | 31174 | 44.80 | | | |
| 电子出版物 | 29 | 130 | 0.56 | 1947 | 65266 | 6401.52 |

## 7. 图书、期刊和报纸出版情况

图书、期刊和报纸出版情况

| 年份地区 | 图书 | | | | 期刊 | | | | 报纸 | | | |
|---|---|---|---|---|---|---|---|---|---|---|---|---|
| | 种数（种） | 新出版 | 印数（亿册、亿张） | 总印张数（亿印张） | 种数（种） | 平均期印数（万册） | 总印数（亿册） | 总印张数（亿印张） | 种数（种） | 平均期印数（万份） | 总印数（亿份） | 总印张数（亿印张） |
| 1978 | 14987 | 11888 | 37.7 | 135.4 | 930 | 6200 | 7.6 | 22.7 | 186 | 4280 | 127.8 | 113.5 |
| 1980 | 21621 | 17660 | 45.9 | 195.7 | 2191 | 10298 | 11.3 | 36.7 | 188 | 6236 | 140.4 | 141.7 |
| 1985 | 45603 | 33743 | 66.7 | 282.8 | 4705 | 23952 | 25.6 | 77.3 | 1445 | 19107 | 246.8 | 202.8 |
| 1990 | 80224 | 55245 | 56.4 | 232.1 | 5751 | 16156 | 17.9 | 48.1 | 1444 | 14670 | 211.3 | 182.8 |
| 1995 | 101381 | 59159 | 63.2 | 316.8 | 7583 | 19794 | 23.4 | 67.0 | 2089 | 17644 | 263.3 | 359.6 |

续表

| 年份<br>地区 | 图书 | | | | 期刊 | | | | 报纸 | | | |
|---|---|---|---|---|---|---|---|---|---|---|---|---|
| | 种数（种） | 新出版 | 印数（亿册、亿张） | 总印张数（亿印张） | 种数（种） | 平均期印数（万册） | 总印数（亿册） | 总印张数（亿印张） | 种数（种） | 平均期印数（万份） | 总印数（亿份） | 总印张数（亿印张） |
| 1996 | 112813 | 63647 | 71.6 | 360.5 | 7916 | 19300 | 23.1 | 68.1 | 2163 | 17877 | 274.3 | 392.4 |
| 1997 | 120106 | 66585 | 73.1 | 364.0 | 7918 | 20046 | 24.4 | 73.3 | 2149 | 18259 | 287.6 | 459.8 |
| 1998 | 130613 | 74719 | 72.4 | 373.6 | 7999 | 20928 | 25.4 | 79.9 | 2053 | 18211 | 300.4 | 540.0 |
| 1999 | 141831 | 83095 | 73.2 | 391.4 | 8187 | 21845 | 28.5 | 96.8 | 2038 | 18632 | 318.4 | 636.7 |
| 2000 | 143376 | 84235 | 62.7 | 376.2 | 8725 | 21544 | 29.4 | 100.0 | 2007 | 17914 | 329.3 | 799.8 |
| 2001 | 154526 | 91416 | 63.1 | 406.1 | 8889 | 20697 | 28.9 | 100.9 | 2111 | 18130 | 351.1 | 938.9 |
| 2002 | 170962 | 100693 | 68.7 | 456.4 | 9029 | 20406 | 29.5 | 106.4 | 2137 | 18721 | 367.8 | 1067.4 |
| 2003 | 190391 | 110812 | 66.7 | 462.2 | 9074 | 19909 | 29.5 | 109.1 | 2119 | 19072 | 383.1 | 1235.6 |
| 2004 | 208294 | 121597 | 64.1 | 465.6 | 9490 | 17208 | 28.3 | 110.5 | 1922 | 19522 | 402.4 | 1524.8 |
| 2005 | 222473 | 128578 | 64.7 | 493.3 | 9468 | 16286 | 27.6 | 125.3 | 1931 | 19549 | 412.6 | 1613.1 |
| 2006 | 233971 | 160757 | 64.1 | 512.0 | 9468 | 16435 | 28.5 | 136.9 | 1938 | 19703 | 424.5 | 1658.9 |
| 2007 | 248283 | 136226 | 62.9 | 486.5 | 9468 | 16697 | 30.4 | 157.9 | 1938 | 20545 | 438.0 | 1700.8 |
| 2008 | 274123 | 148978 | 70.6 | 561.1 | 9549 | 16767 | 31.0 | 158.0 | 1943 | 21155 | 442.9 | 1930.6 |
| 2009 | 301719 | 168296 | 70.4 | 565.5 | 9851 | 16457 | 31.5 | 166.2 | 1937 | 20837 | 439.1 | 1969.4 |
| 北京 | 144211 | 84382 | 21.0 | 220.2 | 3030 | 5374 | 9.7 | 59.3 | 260 | 3232 | 71.6 | 232.5 |
| 天津 | 4105 | 2922 | 0.4 | 4.1 | 257 | 271 | 0.3 | 1.8 | 28 | 360 | 9.6 | 57.1 |
| 河北 | 2095 | 1106 | 1.7 | 11.0 | 230 | 252 | 0.5 | 2.3 | 66 | 666 | 18.8 | 42.2 |
| 山西 | 2232 | 1430 | 1.1 | 8.3 | 201 | 185 | 0.4 | 2.0 | 60 | 2192 | 20.3 | 26.7 |
| 内蒙古 | 2400 | 1194 | 0.7 | 5.4 | 149 | 68 | 0.1 | 0.5 | 61 | 135 | 2.9 | 8.3 |
| 辽宁 | 8682 | 4322 | 1.7 | 12.6 | 326 | 530 | 0.9 | 3.7 | 75 | 899 | 17.6 | 83.8 |
| 吉林 | 9719 | 5016 | 1.8 | 15.8 | 236 | 427 | 0.9 | 4.5 | 52 | 626 | 8.0 | 39.5 |
| 黑龙江 | 3408 | 2529 | 0.6 | 4.4 | 314 | 288 | 0.5 | 2.6 | 70 | 362 | 7.6 | 22.9 |
| 上海 | 18598 | 10386 | 2.7 | 24.3 | 633 | 1031 | 1.8 | 9.0 | 72 | 716 | 16.3 | 77.9 |
| 江苏 | 12768 | 7206 | 5.0 | 33.3 | 464 | 429 | 1.0 | 3.9 | 80 | 1118 | 26.1 | 113.1 |
| 浙江 | 7835 | 2974 | 3.1 | 20.5 | 221 | 479 | 0.7 | 2.7 | 70 | 1106 | 31.4 | 135.9 |
| 安徽 | 5560 | 1331 | 2.7 | 17.3 | 184 | 432 | 0.6 | 2.4 | 51 | 473 | 10.6 | 35.8 |
| 福建 | 3261 | 2036 | 0.8 | 5.2 | 179 | 191 | 0.3 | 1.3 | 43 | 362 | 8.9 | 37.8 |
| 江西 | 3667 | 1825 | 1.6 | 10.0 | 160 | 273 | 0.6 | 2.3 | 40 | 317 | 6.9 | 24.6 |
| 山东 | 6904 | 3363 | 3.0 | 20.7 | 271 | 462 | 1.1 | 4.9 | 88 | 1063 | 29.6 | 158.4 |
| 河南 | 4727 | 2513 | 2.0 | 13.4 | 250 | 422 | 0.9 | 4.0 | 79 | 1753 | 21.2 | 66.8 |
| 湖北 | 8627 | 4477 | 2.3 | 16.6 | 423 | 1387 | 3.3 | 14.1 | 74 | 684 | 17.1 | 79.1 |
| 湖南 | 5938 | 3255 | 2.6 | 17.2 | 252 | 516 | 1.1 | 5.2 | 50 | 531 | 12.6 | 45.0 |
| 广东 | 5881 | 4137 | 2.3 | 17.5 | 387 | 984 | 2.3 | 13.3 | 100 | 1909 | 45.6 | 424.6 |
| 广西 | 7245 | 3673 | 2.6 | 16.7 | 185 | 197 | 0.4 | 1.8 | 55 | 288 | 6.7 | 24.1 |
| 海南 | 1930 | 764 | 0.7 | 4.1 | 42 | 68 | 0.1 | 0.7 | 14 | 90 | 2.3 | 7.4 |

续表

| 年份<br>地区 | 图书 | | | | 期刊 | | | | 报纸 | | | |
|---|---|---|---|---|---|---|---|---|---|---|---|---|
| | 种数（种） | 新出版 | 印数（亿册、亿张） | 总印张数（亿印张） | 种数（种） | 平均期印数（万册） | 总印数（亿册） | 总印张数（亿印张） | 种数（种） | 平均期印数（万份） | 总印数（亿份） | 总印张数（亿印张） |
| 重　庆 | 3987 | 1940 | 1.3 | 9.1 | 139 | 269 | 0.5 | 3.6 | 26 | 268 | 5.7 | 34.8 |
| 四　川 | 6717 | 3863 | 1.8 | 13.6 | 349 | 493 | 1.0 | 6.6 | 87 | 575 | 15.3 | 78.9 |
| 贵　州 | 943 | 500 | 0.9 | 5.7 | 89 | 93 | 0.1 | 0.9 | 31 | 144 | 3.6 | 13.1 |
| 云　南 | 3541 | 2197 | 1.7 | 9.6 | 127 | 215 | 0.3 | 1.5 | 43 | 236 | 6.4 | 29.8 |
| 西　藏 | 329 | 131 | 0.1 | 0.5 | 36 | 14 | | 0.1 | 23 | 30 | 0.6 | 0.9 |
| 陕　西 | 5779 | 2971 | 2.0 | 15.1 | 286 | 427 | 0.7 | 5.0 | 44 | 245 | 6.0 | 38.4 |
| 甘　肃 | 1704 | 1053 | 0.7 | 4.5 | 138 | 513 | 1.1 | 4.6 | 56 | 187 | 4.0 | 12.9 |
| 青　海 | 453 | 262 | 0.1 | 0.8 | 48 | 19 | | 0.1 | 25 | 41 | 0.9 | 2.6 |
| 宁　夏 | 738 | 598 | 0.2 | 1.4 | 36 | 38 | 0.1 | 0.7 | 15 | 37 | 0.9 | 2.5 |
| 新　疆 | 7735 | 3940 | 1.1 | 6.8 | 209 | 110 | 0.1 | 0.8 | 99 | 194 | 4.2 | 11.8 |

注：本表北京数据中包含中央单位数

## 8. 图书出版分类构成情况（2009 年）

图书出版分类构成情况（2009 年）

| 类　别 | 种数（种） | 印数（万册） | 印张（千印张） |
|---|---|---|---|
| **图书总计** | **301719** | **703675** | **56550271** |
| **使用“中国标准书号”部分合计** | **300892** | **702338** | **56381725** |
| 马列主义、毛泽东思想 | 495 | 808 | 137213 |
| 哲学 | 6429 | 4962 | 776395 |
| 社会科学总论 | 4112 | 2609 | 427242 |
| 政治、法律 | 13730 | 19423 | 2042712 |
| 军事 | 917 | 681 | 90575 |
| 经济 | 25273 | 15468 | 2559192 |
| 文化、科学、教育、体育 | 102597 | 530481 | 34585687 |
| 语言、文字 | 16721 | 20220 | 2829850 |
| 文学 | 24993 | 26989 | 3285112 |
| 艺术 | 15067 | 14020 | 960446 |
| 历史、地理 | 11401 | 15406 | 1619602 |
| 自然科学总论 | 901 | 1216 | 89790 |
| 数理科学、化学 | 5505 | 3672 | 590508 |
| 天文学、地球科学 | 1659 | 1290 | 100964 |
| 生物科学 | 1618 | 1028 | 128422 |
| 医学、卫生 | 14584 | 10730 | 1632983 |
| 农业科学 | 6978 | 5357 | 398899 |
| 工业技术 | 40938 | 21501 | 3441338 |
| 交通运输 | 3313 | 2336 | 299844 |

续表

| 类　别 | 种数（种） | 印数（万册） | 印张（千印张） |
|---|---|---|---|
| 航空、航天 | 312 | 122 | 15615 |
| 环境科学 | 1447 | 2065 | 137979 |
| 综合性图书 | 1902 | 1954 | 231357 |
| **不使用“中国标准书号”部分合计** | **827** | **1337** | **168546** |
| 图片 | 827 | 1337 | 27747 |
| 国标（GB）、部标（BB）等标准类文件印品 | | | 81433 |
| 活页文选、活页歌篇、小件印品等 | | | 59366 |

## （三）演艺娱乐业

### 1. 各地区艺术表演团体、艺术表演场馆演出情况（2009 年）

各地区艺术表演团体、艺术表演场馆演出情况（2009 年）

| 地　区 | 艺术表演团体 | | 艺术表演场馆 | | | |
|---|---|---|---|---|---|---|
| | 国内演出场次（千场次） | 国内演出观众人次（千人次） | 演出场次（千场次） | 艺术演出场次（千场次） | 观众人次（千人次） | 艺术演出观众人次（千人次） |
| **全　国** | **1126.35** | **817159** | **606.26** | **149.49** | **123193** | **53692** |
| 中　央 | 3.05 | 4130 | 0.46 | 0.28 | 303 | 303 |
| 北　京 | 6.64 | 4497 | 41.47 | 13.95 | 7846 | 6375 |
| 天　津 | 3.49 | 3651 | 19.79 | 1.66 | 2218 | 647 |
| 河　北 | 43.64 | 42590 | 12.30 | 5.57 | 3581 | 2224 |
| 山　西 | 43.71 | 64283 | 22.83 | 2.59 | 3308 | 1301 |
| 内蒙古 | 17.48 | 16302 | 5.49 | 1.26 | 1828 | 414 |
| 辽　宁 | 14.71 | 9498 | 11.75 | 5.75 | 3584 | 1591 |
| 吉　林 | 7.23 | 7296 | 14.43 | 2.22 | 1423 | 421 |
| 黑龙江 | 10.18 | 9401 | 2.26 | 0.74 | 1080 | 443 |
| 上　海 | 15.76 | 10120 | 19.90 | 8.86 | 7561 | 5260 |
| 江　苏 | 84.66 | 51114 | 86.59 | 7.30 | 24143 | 4073 |
| 浙　江 | 97.01 | 75836 | 60.79 | 31.14 | 13561 | 5859 |
| 安　徽 | 299.35 | 68675 | 17.74 | 3.74 | 2545 | 1342 |
| 福　建 | 81.79 | 39346 | 35.90 | 13.70 | 3193 | 1537 |
| 江　西 | 16.94 | 19961 | 5.31 | 1.68 | 1400 | 669 |
| 山　东 | 18.55 | 22959 | 15.34 | 1.75 | 2706 | 1177 |
| 河　南 | 103.01 | 81061 | 26.45 | 3.72 | 4835 | 2467 |
| 湖　北 | 34.22 | 34710 | 25.10 | 4.22 | 4698 | 2357 |

续表

| 地　区 | 艺术表演团体 | | 艺术表演场馆 | | | |
|---|---|---|---|---|---|---|
| | 国内演出场次（千场次） | 国内演出观众人次（千人次） | 演出场次（千场次） | 艺术演出场次（千场次） | 观众人次（千人次） | 艺术演出观众人次（千人次） |
| 湖　南 | 21.38 | 19130 | 27.50 | 4.18 | 2818 | 1802 |
| 广　东 | 42.25 | 68676 | 51.85 | 14.95 | 11738 | 5733 |
| 广　西 | 12.34 | 12653 | 16.22 | 1.60 | 1527 | 844 |
| 海　南 | 7.94 | 8992 | 1.55 | 0.39 | 737 | 711 |
| 重　庆 | 12.36 | 17937 | 26.64 | 1.92 | 4319 | 527 |
| 四　川 | 47.42 | 37769 | 13.01 | 7.96 | 4368 | 2351 |
| 贵　州 | 6.40 | 5438 | 0.76 | 0.45 | 346 | 133 |
| 云　南 | 17.41 | 20696 | 9.02 | 2.48 | 1613 | 843 |
| 西　藏 | 1.41 | 1918 | 0.68 | 0.40 | 313 | 134 |
| 陕　西 | 20.41 | 24193 | 5.66 | 2.62 | 2266 | 1199 |
| 甘　肃 | 15.55 | 20432 | 4.08 | 0.74 | 941 | 430 |
| 青　海 | 2.76 | 1982 | 6.13 | 0.45 | 452 | 132 |
| 宁　夏 | 4.70 | 4710 | 1.41 | 0.80 | 663 | 134 |
| 新　疆 | 12.66 | 7203 | 17.90 | 0.40 | 1279 | 259 |

## 2. 全国群众艺术馆、文化馆（站）综合情况（2009 年）

全国群众艺术馆、文化馆（站）综合情况（2009 年）

| 指　标 | 总　计 | 省　级 | 地市级 | 县市级 | 县文化馆 | 乡镇（街道）文化站 | 乡镇文化站 |
|---|---|---|---|---|---|---|---|
| 机构数（个） | 41959 | 31 | 330 | 2862 | 1643 | 38736 | 33378 |
| 举办展览（个） | 110251 | 330 | 2169 | 15593 | 8495 | 92159 | 71395 |
| 组织文艺活动（次） | 555052 | 976 | 16678 | 109580 | 49983 | 427818 | 300228 |
| 藏书（千册） | 139228 | 108 | 297 | 3568 | 1539 | 135255 | 100678 |
| 举办训练班班次（次） | 304955 | 1672 | 13558 | 53997 | 20082 | 235728 | 154960 |
| 培训人次（千人次） | 15933 | 63 | 638 | 2787 | 1094 | 12445 | 8651 |
| 组织各类理论研讨和讲座次数（次） | 11259 | 635 | 1082 | 9542 | 3995 | | |
| 拥有计算机台数（台） | 84347 | 885 | 3377 | 11618 | 4503 | 68467 | 48542 |
| 本年收入合计（亿元） | 81 | 3 | 9 | 27 | 10 | 41 | 32 |
| 本年支出合计（亿元） | 79 | 3 | 9 | 27 | 10 | 41 | 31 |
| 流动舞台车数量（台） | 209 | 6 | 25 | 178 | 102 | | |
| 利用流动舞台车演出场次（场次） | 9695 | 213 | 1315 | 8167 | 4960 | | |
| 利用流动舞台车演出观众人次（千人次） | 11379 | 97 | 1842 | 9440 | 5029 | | |
| 馆办文艺团体（个） | 5260 | 100 | 807 | 4353 | 1917 | | |
| 馆办文艺团体演出场次（场次） | 74877 | 2015 | 8471 | 64391 | 31289 | | |
| 馆办老年大学（个） | 776 | 9 | 70 | 697 | 369 | | |
| 群众业余文艺团体（个） | 259608 | 82 | 5420 | 64675 | 27794 | 189431 | 135189 |

### 3. 全国文化部门艺术表演团体收支情况（2009 年）

全国文化部门艺术表演团体收支情况（2009 年）　　单位：万元

| 种　类 | 收入情况 | | 支出情况 |
|---|---|---|---|
| | 财政拨款 | 演出收入 | 人员支出 |
| **总　计** | **650144.4** | **288214.3** | **630357.8** |
| 按登记注册类型分 | | | |
| 国　有 | 607647.5 | 142612.8 | 513147.9 |
| 集　体 | 31663.8 | 17579.2 | 32733.4 |
| 其　他 | 10833.1 | 128022.3 | 84476.5 |
| 按隶属关系分 | | | |
| 中　央 | 34933.7 | 21333.9 | 32629.2 |
| 省、区、市 | 243896.5 | 61448.4 | 196938.1 |
| 地、市 | 238793.3 | 58174.7 | 205982 |
| 县、市 | 132520.9 | 147257.3 | 194808.5 |
| 按管理部门分 | | | |
| 文化部门 | 636247 | 154347.5 | 537264.1 |
| 其他部门 | 13897.4 | 133866.8 | 93093.7 |
| 按剧种分 | | | |
| 话剧、儿童剧、滑稽剧团 | 62871.5 | 12681.3 | 41265 |
| 歌剧、舞剧、歌舞剧团 | 69104.6 | 20262.4 | 59124.9 |
| 歌舞团、轻音乐团 | 123495.3 | 79365.7 | 112099.9 |
| 乐团、合唱团 | 23716.3 | 13707.3 | 27911.9 |
| 文工团、文宣队、乌兰牧骑 | 31281 | 5113.8 | 25962.4 |
| 戏曲剧团 | 251781.9 | 98087.9 | 252022.5 |
| 京剧 | 56455.1 | 8335.4 | 46556.7 |
| 曲、杂、木、皮影团 | 46417 | 24841.2 | 61712.7 |
| 综合性艺术表演团体 | 41476.8 | 34154.7 | 50258.5 |

### 4. 全国艺术表演场馆演出情况（2009 年）

全国艺术表演场馆演出情况（2009 年）

| 种　类 | 演（映）出场次合计（千场次） | 艺术演出场次（千场次） | 观众人次（千人次） | 艺术演出观众人次（千人次） |
|---|---|---|---|---|
| **总　计** | **606.26** | **149.49** | **123193** | **53692** |
| 按登记注册类型分 | | | | |
| 国　有 | 432.57 | 79.16 | 81670 | 35917 |
| 集　体 | 22.46 | 7.06 | 6153 | 2121 |
| 其　他 | 151.22 | 63.27 | 35370 | 15654 |
| 按隶属关系分 | | | | |
| 中　央 | 0.46 | 0.46 | 303 | 303 |
| 省、区、市 | 138.07 | 33.92 | 20060 | 14557 |
| 地、市 | 186.45 | 26.01 | 30374 | 12635 |
| 县、市 | 281.29 | 89.28 | 72456 | 26197 |
| 按管理部门分 | | | | |
| 文化部门 | 418.99 | 74.15 | 74926 | 32067 |

续表

| 种类 | 演（映）出场次合计（千场次） | 艺术演出场次 | 观众人次（千人次） | 艺术演出观众人次 |
|---|---|---|---|---|
| 其他部门 | 187.27 | 75.35 | 48267 | 21625 |
| 按剧种分 | | | | |
| 剧场 | 150.13 | 50.14 | 38840 | 24376 |
| 影剧院 | 351.66 | 47.20 | 56560 | 14949 |
| 书场、曲艺场 | 6.32 | 4.69 | 1145 | 783 |
| 杂技、马戏场 | 1.53 | 1.43 | 1829 | 1827 |
| 音乐厅 | 6.73 | 2.88 | 2558 | 1978 |
| 综合性艺术表演场馆 | 57.28 | 20.86 | 14448 | 6542 |
| 其他艺术表演场馆 | 32.60 | 22.29 | 7813 | 3237 |

## 5. 全国艺术表演团体演出情况（2009 年）

全国艺术表演团体演出情况（2009 年）

| 种类 | 本团原创首演剧目（个） | 演出场数（千场次） | 国内演出 | 到农村演出 | 国内演出观众人数（千人次） | 农村观众（千人次） |
|---|---|---|---|---|---|---|
| **总计** | **1578** | **1201** | **1126** | **741** | **817159** | **515891** |
| 按登记注册类型分 | | | | | | |
| 国有 | 1149 | 353 | 333 | 198 | 374870 | 247114 |
| 集体 | 120 | 93 | 91 | 65 | 84739 | 57395 |
| 其他 | 309 | 755 | 703 | 477 | 357550 | 211382 |
| 按隶属关系分 | | | | | | |
| 中央 | 103 | 3 | 3 | 1 | 4130 | 637 |
| 省、区、市 | 207 | 54 | 49 | 15 | 46278 | 20417 |
| 地、市 | 368 | 149 | 138 | 54 | 125447 | 67503 |
| 县、市 | 900 | 996 | 936 | 671 | 641304 | 427334 |
| 按管理部门分 | | | | | | |
| 文化部门 | 1209 | 449 | 422 | 262 | 448592 | 301907 |
| 其他部门 | 369 | 752 | 704 | 478 | 368567 | 213984 |
| 按剧种分 | | | | | | |
| 话剧、儿童剧、滑稽剧团 | 87 | 13 | 12 | 3 | 11898 | 2863 |
| 歌剧、舞剧、歌舞剧团 | 64 | 28 | 23 | 8 | 21374 | 7326 |
| 歌舞团、轻音乐团 | 246 | 198 | 172 | 76 | 119791 | 45391 |
| 乐团、合唱团 | 100 | 6 | 6 | 1 | 3308 | 285 |
| 文工团、文宣队 | 58 | 39 | 37 | 23 | 39590 | 22335 |
| 乌兰牧骑 | | | | | | |
| 戏曲剧团 | 728 | 454 | 435 | 359 | 456600 | 355604 |
| 京剧 | 48 | 21 | 20 | 11 | 17788 | 10911 |
| 曲艺、杂技、木偶 | 71 | 355 | 342 | 220 | 82506 | 44871 |
| 皮影团 | | | | | | |
| 综合性艺术表演团体 | 224 | 109 | 100 | 51 | 82092 | 37216 |

## （四）动漫业

### 1. 2009 年度核发《国产电视动画片发行许可证》目录

2009 年度核发《国产电视动画片发行许可证》目录

| 片名 | 集数 | 分钟 | 长度 | 制作机构 | 审查单位 | 许可证号 | 发证时间 |
|---|---|---|---|---|---|---|---|
| 美猴王（1） | 3 | 22 | 66 | 央视动画有限公司 | 中央电视台 | 央动审字 2009001 | 2009.3 |
| 美猴王（2） | 10 | 22 | 220 | 央视动画有限公司 | 中央电视台 | 央动审字 2009002 | 2009.5 |
| 中华面对面（2） | 26 | 11 | 286 | 央视动画有限公司 | 中央电视台 | 央动审字 2009003 | 2009.7 |
| 我爸爸是机器人（2） | 26 | 11 | 286 | 央视动画有限公司 | 中央电视台 | 央动审字 2009004 | 2009.7 |
| 美猴王（3） | 39 | 22 | 858 | 央视动画有限公司 | 中央电视台 | 央动审字 2009005 | 2009.7 |
| 百吉学堂 | 52 | 15 | 780 | 央视动画有限公司 | 中央电视台 | 央动审字 2009006 | 2009.8 |
| 小牛向前冲 | 52 | 22 | 1144 | 央视动画有限公司 | 中央电视台 | 央动审字 2009007 | 2009.8 |
| 少年狄仁杰（3） | 26 | 22 | 572 | 央视动画有限公司 | 中央电视台 | 央动审字 2009008 | 2009.8 |
| 巨虫公园大冒险 | 26 | 22 | 572 | 央视动画有限公司 | 中央电视台 | 央动审字 2009009 | 2009.8 |
| 小虫探 | 52 | 12 | 624 | 央视动画有限公司 | 中央电视台 | 央动审字 2009010 | 2009.8 |
| 雪娃（2） | 39 | 15 | 585 | 央视动画有限公司 | 中央电视台 | 央动审字 2009011 | 2009.8 |
| 月亮大马戏团（2） | 26 | 13 | 338 | 央视动画有限公司 | 中央电视台 | 央动审字 2009012 | 2009.8 |
| 神奇土豆园 | 52 | 12 | 624 | 央视动画有限公司 | 中央电视台 | 央动审字 2009013 | 2009.9 |
| 开心小镇（2） | 26 | 13 | 223 | 央视动画有限公司 | 中央电视台 | 央动审字 2009014 | 2009.11 |
| 豆芽先生帮帮忙 | 100 | 13 | 1300 | 央视动画有限公司 | 中央电视台 | 央动审字 2009015 | 2009.12 |
| 德行天下之中华教育故事（1—14） | 14 | 11 | 154 | 北京妙音动漫艺术设计有限公司 | 北京广电局 | 京动审字 2009001 | 2009.4 |
| 至善之道 | 11 | 10 | 110 | 北京妙音动漫艺术设计有限公司 | 北京广电局 | 京动审字 2009002 | 2009.4 |
| 健康博士 100 答 | 10 | 1 | 10 | 北京百穗文化传媒有限公司 | 北京广电局 | 京动审字 2009003 | 2009.4 |
| 开心部落 | 5 | 15 | 75 | 北京卡酷动画卫星频道有限公司 | 北京广电局 | 京动审字 2009004 | 2009.5 |
| 斗逗乐 | 26 | 10 | 260 | 北京卡酷动画卫星频道有限公司 | 北京广电局 | 京动审字 2009005 | 2009.5 |
| 木瓜木瓜（1—13） | 13 | 11 | 143 | 北京汇佳卡通影视制作有限公司 | 北京广电局 | 京动审字 2009006 | 2009.5 |
| 你好，科学 | 25 | 3.5 | 88 | 北京密帖厦国际影视传媒有限公司 | 北京广电局 | 京动审字 2009007 | 2009.5 |
| 西游新传—青少年自我防护 | 100 | 13 | 1300 | 北京科影国际影视策划有限公司 | 北京广电局 | 京动审字 2009008 | 2009.5 |
| 守护生命十法则 | 10 | 4 | 40 | 北京水晶石影视动画科技有限公司 | 北京广电局 | 京动审字 2009009 | 2009.6 |
| 鸭兵哥传奇 | 30 | 10 | 300 | 北京密帖厦国际影视传媒有限公司 | 北京广电局 | 京动审字 2009010 | 2009.6 |
| 武林外传（1—52） | 52 | 22 | 1144 | 北京联盟影业投资有限公司 | 北京广电局 | 京动审字 2009011 | 2009.7 |
| 德行天下之中华教育故事（15—25） | 11 | 8 | 88 | 北京妙音动漫艺术设计有限公司 | 北京广电局 | 京动审字 2009012 | 2009.7 |
| 小鼠和大象的创意 | 35 | 14 | 490 | 北京张琦动画制作工作室有限公司 | 北京广电局 | 京动审字 2009013 | 2009.8 |
| 健康博士 100 答（11—34） | 24 | 1 | 24 | 北京百穗文化传媒有限公司 | 北京广电局 | 京动审字 2009014 | 2009.9 |
| 木瓜木瓜（14—52） | 39 | 11 | 429 | 北京汇佳卡通影视制作有限公司 | 北京广电局 | 京动审字 2009015 | 2009.9 |
| 魔角侦探 | 52 | 11 | 572 | 北京禹田文化艺术有限责任公司 | 北京广电局 | 京动审字 2009016 | 2009.11 |
| 海青天 | 47 | 10 | 470 | 北京卡酷动画卫星频道有限公司 | 北京广电局 | 京动审字 2009017 | 2009.12 |
| 我们小孩有力量 | 52 | 11 | 572 | 北京卡酷动画卫星频道有限公司 | 北京广电局 | 京动审字 2009018 | 2009.12 |
| 卡酷漫游记 | 52 | 11 | 572 | 北京卡酷动画卫星频道有限公司 | 北京广电局 | 京动审字 2009019 | 2009.12 |
| 热血三国—火烧赤壁 | 49 | 12 | 588 | 北京卡酷动画卫星频道有限公司 | 北京广电局 | 京动审字 2009020 | 2009.12 |
| 热血三国—卧龙出山 | 45 | 12 | 540 | 北京卡酷动画卫星频道有限公司 | 北京广电局 | 京动审字 2009021 | 2009.12 |
| 昆“论”派 | 39 | 12 | 468 | 北京卡酷动画卫星频道有限公司 | 北京广电局 | 京动审字 2009022 | 2009.12 |
| 欢乐多宝箱 | 8 | 12 | 96 | 北京卡酷动画卫星频道有限公司 | 北京广电局 | 京动审字 2009023 | 2009.12 |
| 开心百乐岛 | 7 | 20 | 140 | 北京卡酷动画卫星频道有限公司 | 北京广电局 | 京动审字 2009024 | 2009.12 |

续表

| 片名 | 集数 | 分钟 | 长度 | 制作机构 | 审查单位 | 许可证号 | 发证时间 |
|---|---|---|---|---|---|---|---|
| 快乐“宝”典 | 38 | 18 | 684 | 北京卡酷动画卫星频道有限公司 | 北京广电局 | 京动审字2009025 | 2009.12 |
| 逗你玩—快乐大院（1） | 50 | 10 | 500 | 天津福丰达影视科技投资发展有限公司 | 天津广电局 | 津动审字2009001 | 2009.5 |
| 小男生阳帆（2） | 30 | 10 | 300 | 天津市文化艺术音像出版社 | 天津广电局 | 津动审字2009002 | 2009.9 |
| 草莓乐园之幸福时光 | 52 | 6.5 | 338 | 天津市仁永影视动画制作传播有限公司 | 天津广电局 | 津动审字2009003 | 2009.9 |
| 龙生九子（2） | 20 | 6 | 120 | 天津市豪峰动画科技有限公司 | 天津广电局 | 津动审字2009004 | 2009.1 |
| 五行传奇 | 26 | 13 | 338 | 天津百竹映画科技有限公司 | 天津广电局 | 津动审字2009005 | 2009.1 |
| 国粹京剧三维动画精选 | 30 | 5 | 150 | 天津市英方数码影视传媒技术有限公司 | 天津广电局 | 津动审字2009006 | 2009.1 |
| 乐卡天天问 | 200 | 2 | 400 | 天津天影动画有限公司 | 天津广电局 | 津动审字2009007 | 2009.11 |
| 蝴蝶与百蔬仙子 | 39 | 14 | 546 | 天津天影动画有限公司 | 天津广电局 | 津动审字2009008 | 2009.11 |
| 小虎逗你玩（1） | 130 | 10 | 1300 | 天津福丰达影视科技投资发展有限公司 | 天津广电局 | 津动审字2009009 | 2009.11 |
| 草莓乐园之快乐生活 | 52 | 6.5 | 338 | 天津市仁永影视动画制作传播有限公司 | 天津广电局 | 津动审字2009010 | 2009.12 |
| 中华小岳云 | 52 | 11 | 572 | 秦皇岛电视台 | 河北广电局 | 冀动审字2009001 | 2009.2 |
| 麋王宝图 | 5 | 22 | 110 | 河北亚神影视艺术中心 | 河北广电局 | 冀动审字2009002 | 2009.6 |
| 包子剪子锤（1—30） | 30 | 3 | 90 | 山西森艺文化传媒有限公司 | 山西广电局 | 晋动审字2009001 | 2009.1 |
| 包子剪子锤（31—60） | 30 | 3 | 90 | 山西森艺文化传媒有限公司 | 山西广电局 | 晋动审字2009002 | 2009.6 |
| 太空娃 | 65 | 10 | 650 | 山西森艺文化传媒有限公司 | 山西广电局 | 晋动审字2009003 | 2009.6 |
| 包子剪子锤（61—100） | 40 | 3 | 120 | 山西森艺文化传媒有限公司 | 山西广电局 | 晋动审字2009004 | 2009.10 |
| 国家的孩子 | 1 | 30 | 30 | 内蒙古蒙信科技有限公司 | 内蒙古广电局 | 蒙动审字2009001 | 2009.5 |
| 奇趣妙星 | 26 | 12 | 312 | 沈阳深海动画数字媒体有限公司 | 辽宁广电局 | 辽动审字2009001 | 2009.2 |
| 发现王国 | 24 | 13 | 312 | 沈阳深海动画数字媒体有限公司 | 辽宁广电局 | 辽动审字2009002 | 2009.5 |
| 轩辕黄帝 | 50 | 16.4 | 820 | 沈阳鹏宵动画艺术有限公司 | 辽宁广电局 | 辽动审字2009003 | 2009.9 |
| 草原英雄小姐妹 | 3 | 10 | 30 | 沈阳庠序翰林动漫文化有限公司 | 辽宁广电局 | 辽动审字2009004 | 2009.10 |
| 戏曲动漫第二部 | 56 | 11.5 | 644 | 沈阳福娃娃影视动画有限公司 | 辽宁广电局 | 辽动审字2009005 | 2009.11 |
| 兜兜的世界第二部 | 250 | 8 | 2000 | 沈阳非凡创意动画制作有限公司 | 辽宁广电局 | 辽动审字2009006 | 2009.11 |
| 快乐小精灵 | 60 | 10 | 600 | 沈阳其卡通数码科技有限公司 | 辽宁广电局 | 辽动审字2009007 | 2009.12 |
| 顽皮部落之无敌悠悠 | 200 | 15 | 3000 | 沈阳非凡创意动画制作有限公司 | 辽宁广电局 | 辽动审字2009008 | 2009.12 |
| 望儿山 | 26 | 15 | 390 | 沈阳红帆影视制作有限公司 | 辽宁广电局 | 辽动审字2009009 | 2009.12 |
| 绿娃娃之生态小宝贝 | 50 | 20 | 1000 | 沈阳大圜动画艺术有限公司 | 辽宁广电局 | 辽动审字2009010 | 2009.12 |
| 侠义小青天 | 65 | 13 | 845 | 大连乾豪数字科技有限公司 | 辽宁广电局 | 辽动审字2009011 | 2009.12 |
| 笨笨狼与皮皮兔 | 30 | 15 | 450 | 沈阳兄弟影视传媒有限公司 | 辽宁广电局 | 辽动审字2009012 | 2009.12 |
| 憨兔列传 | 26 | 8 | 208 | 沈阳博士兔动漫制作有限公司 | 辽宁广电局 | 辽动审字2009013 | 2009.12 |
| 吉石宝贝 | 60 | 10 | 600 | 沈阳市基石数码动画设计有限公司 | 辽宁广电局 | 辽动审字2009014 | 2009.12 |
| 大志有话说第一部 | 60 | 10 | 600 | 哈尔滨市盛源文化传播有限公司 | 黑龙江广电局 | 黑动审字2009001 | 2009.1 |
| 龙娃 | 26 | 18 | 468 | 哈尔滨智慧动画艺术有限公司 | 黑龙江广电局 | 黑动审字2009002 | 2009.1 |
| 神奇小波比 | 26 | 13.5 | 351 | 牡丹江大鹏盛艺影视动画有限公司 | 黑龙江广电局 | 黑动审字2009003 | 2009.2 |
| 大志有话说第二部 | 20 | 10 | 200 | 哈尔滨市盛源文化传播有限公司 | 黑龙江广电局 | 黑动审字2009004 | 2009.3 |
| 大志有话说第三部 | 20 | 10 | 200 | 哈尔滨市盛源文化传播有限公司 | 黑龙江广电局 | 黑动审字2009005 | 2009.5 |
| 探索地球村第四部 | 20 | 15 | 300 | 黑龙江新洋科技有限公司 | 黑龙江广电局 | 黑动审字2009006 | 2009.7 |
| 大志有话说第四部 | 20 | 10 | 200 | 哈尔滨市盛源文化传播有限公司 | 黑龙江广电局 | 黑动审字2009007 | 2009.7 |
| 大志有话说第五部 | 20 | 10 | 200 | 哈尔滨市盛源文化传播有限公司 | 黑龙江广电局 | 黑动审字2009008 | 2009.9 |

续表

| 片名 | 集数 | 分钟 | 长度 | 制作机构 | 审查单位 | 许可证号 | 发证时间 |
|---|---|---|---|---|---|---|---|
| 大志有话说第六部 | 60 | 10 | 600 | 哈尔滨市盛源文化传播有限公司 | 黑龙江广电局 | 黑动审字 2009009 | 2009.10 |
| 大志有话说第七部 | 40 | 10 | 400 | 哈尔滨市盛源文化传播有限公司 | 黑龙江广电局 | 黑动审字 2009010 | 2009.11 |
| 人参果 | 1 | 43 | 43 | 上海美术电影制片厂 | 上海广电局 | 沪动审字 2009001 | 2009.1 |
| 鹿铃 | 1 | 19 | 19 | 上海美术电影制片厂 | 上海广电局 | 沪动审字 2009002 | 2009.1 |
| 黑公鸡 | 1 | 10 | 10 | 上海美术电影制片厂 | 上海广电局 | 沪动审字 2009003 | 2009.1 |
| 火焰山 | 1 | 33 | 33 | 上海美术电影制片厂 | 上海广电局 | 沪动审字 2009004 | 2009.1 |
| 鹬蚌相争 | 1 | 10 | 10 | 上海美术电影制片厂 | 上海广电局 | 沪动审字 2009005 | 2009.1 |
| 牧笛 | 1 | 20 | 20 | 上海美术电影制片厂 | 上海广电局 | 沪动审字 2009006 | 2009.1 |
| 三个和尚 | 1 | 19 | 19 | 上海美术电影制片厂 | 上海广电局 | 沪动审字 2009007 | 2009.1 |
| 山水情 | 1 | 18 | 18 | 上海美术电影制片厂 | 上海广电局 | 沪动审字 2009008 | 2009.1 |
| 小蝌蚪找妈妈 | 1 | 15 | 15 | 上海美术电影制片厂 | 上海广电局 | 沪动审字 2009009 | 2009.1 |
| 骄傲的将军 | 1 | 23 | 23 | 上海美术电影制片厂 | 上海广电局 | 沪动审字 2009010 | 2009.1 |
| 课间好时光 | 20 | 10 | 200 | 上海城市动画有限公司 | 上海广电局 | 沪动审字 2009011 | 2009.6 |
| 霹霹乐翻天之开心乐园 | 88 | 15 | 1320 | 上海电视传媒公司 | 上海广电局 | 沪动审字 2009012 | 2009.6 |
| 大耳朵图图（53—84） | 32 | 12 | 384 | 上海上影大耳朵图图影视传媒有限公司 | 上海广电局 | 沪动审字 2009013 | 2009.7 |
| 小龙大功夫之三 | 13 | 11 | 143 | 上海动酷数码科技有限公司 | 上海广电局 | 沪动审字 2009014 | 2009.7 |
| 夺宝幸运星二 | 52 | 12 | 624 | 上海电视传媒公司 | 上海广电局 | 沪动审字 2009015 | 2009.8 |
| 小龙大功夫之四 | 13 | 11 | 143 | 上海动酷数码科技有限公司 | 上海广电局 | 沪动审字 2009016 | 2009.8 |
| 课间好时光（21—50） | 30 | 10 | 300 | 上海城市动画有限公司 | 上海广电局 | 沪动审字 2009017 | 2009.8 |
| 科普点点通 | 33 | 11 | 363 | 上海炫动卡通卫视传媒娱乐有限公司 | 上海广电局 | 沪动审字 2009018 | 2009.11 |
| 黑猫警长 | 5 | 20 | 100 | 上海美术电影制片厂 | 上海广电局 | 沪动审字 2009019 | 2009.12 |
| 欧力牛和迪瑞羊 | 115 | 10 | 1150 | 苏州欧瑞动漫有限公司 | 江苏广电局 | 苏动审字 2009001 | 2009.1 |
| 魔法小学生（31—100） | 70 | 10 | 700 | 南京阿法贝多媒体有限公司 | 江苏广电局 | 苏动审字 2009002 | 2009.1 |
| 阿拉法的奇妙世界第一部 | 30 | 15 | 450 | 无锡兄弟凯悦动画制作有限公司 | 江苏广电局 | 苏动审字 2009003 | 2009.1 |
| 无人岛大冒险 | 26 | 12 | 312 | 南京合谷科技信息技术有限公司 | 江苏广电局 | 苏动审字 2009004 | 2009.1 |
| 金苹果 | 60 | 10 | 600 | 常州其欣然数码科技有限公司 | 江苏广电局 | 苏动审字 2009005 | 2009.2 |
| 快乐哈比 | 20 | 6 | 120 | 南京金钥匙文化教育有限公司 | 江苏广电局 | 苏动审字 2009006 | 2009.2 |
| 阿拉法的奇妙世界第二部 | 30 | 15 | 450 | 无锡兄弟凯悦动画制作有限公司 | 江苏广电局 | 苏动审字 2009007 | 2009.3 |
| 星猫历险记—地球大冒险 | 83 | 12 | 996 | 南京合谷科技信息技术有限公司 | 江苏广电局 | 苏动审字 2009008 | 2009.3 |
| 星猫历险记—星空大冒险 | 36 | 12 | 432 | 南京合谷科技信息技术有限公司 | 江苏广电局 | 苏动审字 2009009 | 2009.3 |
| 星猫寻宝记 | 13 | 22 | 286 | 南京合谷科技信息技术有限公司 | 江苏广电局 | 苏动审字 2009010 | 2009.3 |
| 淘气星猫 2 | 13 | 12 | 156 | 南京合谷科技信息技术有限公司 | 江苏广电局 | 苏动审字 2009011 | 2009.4 |
| 快乐农庄 | 26 | 13 | 338 | 南京合谷科技信息技术有限公司 | 江苏广电局 | 苏动审字 2009012 | 2009.4 |
| 欢乐友爱村 | 27 | 10 | 270 | 江苏希际数码艺术网络股份有限公司 | 江苏广电局 | 苏动审字 2009013 | 2009.4 |
| 羊羊总动员（上） | 28 | 10 | 280 | 无锡广播电视台 | 江苏广电局 | 苏动审字 2009014 | 2009.4 |
| 消失的文明 | 13 | 22 | 286 | 南京合谷科技信息技术有限公司 | 江苏广电局 | 苏动审字 2009015 | 2009.4 |
| 功夫星猫 | 26 | 13 | 338 | 南京合谷科技信息技术有限公司 | 江苏广电局 | 苏动审字 2009016 | 2009.4 |
| 孔小如 | 52 | 11 | 572 | 通州妙吧影视动漫有限公司 | 江苏广电局 | 苏动审字 2009017 | 2009.4 |
| 虫虫侦探组 | 26 | 12 | 312 | 常州金色十方数字科技有限公司 | 江苏广电局 | 苏动审字 2009018 | 2009.4 |
| 我的动物朋友 | 26 | 11 | 286 | 苏州沙漫动画制作有限公司 | 江苏广电局 | 苏动审字 2009019 | 2009.4 |
| 搜救犬阿虎 | 20 | 22 | 440 | 苏州天堂卡通数码制作有限公司 | 江苏广电局 | 苏动审字 2009020 | 2009.4 |

续表

| 片名 | 集数 | 分钟 | 长度 | 制作机构 | 审查单位 | 许可证号 | 发证时间 |
|---|---|---|---|---|---|---|---|
| 雪翎飘飘（一） | 60 | 15 | 900 | 江苏国鸟文化发展有限公司 | 江苏广电局 | 苏动审字 2009021 | 2009.5 |
| 大头闯天关 | 26 | 13 | 338 | 江苏东泽云祥文化艺术发展有限公司 | 江苏广电局 | 苏动审字 2009022 | 2009.6 |
| 福五鼠之孙子兵法 | 26 | 20 | 520 | 无锡世纪宏柏数码动画有限公司 | 江苏广电局 | 苏动审字 2009023 | 2009.6 |
| 努努多的暑假 | 15 | 22 | 330 | 苏州市舞之数码动画制作有限公司 | 江苏广电局 | 苏动审字 2009024 | 2009.6 |
| 青蛙王子一蛙蛙探险队 | 52 | 11 | 572 | 通州妙吧影视动漫有限公司 | 江苏广电局 | 苏动审字 2009025 | 2009.6 |
| 恐龙宝贝之龙神勇士 | 52 | 12 | 624 | 常州恐龙园文化创意有限公司 | 江苏广电局 | 苏动审字 2009026 | 2009.6 |
| 智慧龙之精彩生活（第一部） | 26 | 12.5 | 325 | 江苏昊龙动画发展有限公司 | 江苏广电局 | 苏动审字 2009027 | 2009.7 |
| 哆来咪俱乐部 | 17 | 7 | 119 | 南京苗行天下传媒科技有限公司 | 江苏广电局 | 苏动审字 2009028 | 2009.7 |
| 星猫侦探 | 22 | 13 | 286 | 南京合谷科技信息技术有限公司 | 江苏广电局 | 苏动审字 2009029 | 2009.9 |
| 圆梦人间 | 60 | 13 | 780 | 无锡妙思动画设计有限公司 | 江苏广电局 | 苏动审字 2009030 | 2009.9 |
| 逍遥笑八仙 | 60 | 13 | 780 | 无锡妙思动画设计有限公司 | 江苏广电局 | 苏动审字 2009031 | 2009.9 |
| 南南猫和京京鼠之金陵七色岛 | 20 | 13 | 260 | 南京苗行天下传媒科技有限公司 | 江苏广电局 | 苏动审字 2009032 | 2009.9 |
| 南南猫和京京鼠之麒麟传说 | 20 | 13 | 260 | 南京苗行天下传媒科技有限公司 | 江苏广电局 | 苏动审字 2009033 | 2009.9 |
| 梦幻岛美语 | 39 | 26 | 1014 | 无锡世纪宏柏数码动画有限公司 | 江苏广电局 | 苏动审字 2009034 | 2009.9 |
| 家有儿女动画版第三部 | 50 | 25 | 1250 | 江苏动力谷动漫制作有限公司 | 江苏广电局 | 苏动审字 2009035 | 2009.9 |
| 西游记 | 26 | 22 | 572 | 慈文紫光数字影视有限公司 | 江苏广电局 | 苏动审字 2009036 | 2009.9 |
| 卡拉乐队（27—52） | 26 | 15 | 390 | 苏州汉文动画有限公司 | 江苏广电局 | 苏动审字 2009037 | 2009.10 |
| 熊猫鲍勃 | 26 | 5 | 130 | 常州龙城之巅文化传媒有限公司 | 江苏广电局 | 苏动审字 2009038 | 2009.10 |
| 家有儿女动画版第四部 | 50 | 25 | 1250 | 江苏动力谷动漫制作有限公司 | 江苏广电局 | 苏动审字 2009039 | 2009.11 |
| 象侠一消防志愿者在行动 | 1 | 20 | 20 | 苏州泰山动画有限公司 | 江苏广电局 | 苏动审字 2009040 | 2009.11 |
| 尖儿魔术师 | 48 | 7.5 | 360 | 江苏尖儿动漫艺术传媒有限公司 | 江苏广电局 | 苏动审字 2009041 | 2009.11 |
| 南南猫和京京鼠之小金陵的故事 | 20 | 14 | 280 | 南京苗行天下传媒科技有限公司 | 江苏广电局 | 苏动审字 2009042 | 2009.11 |
| 环保小卫士 | 100 | 10 | 1000 | 苏州欧瑞动漫有限公司 | 江苏广电局 | 苏动审字 2009043 | 2009.11 |
| 企鹅部落（第三部） | 26 | 15 | 390 | 无锡第五映象空间动画制作有限公司 | 江苏广电局 | 苏动审字 2009044 | 2009.11 |
| 起跑线 | 30 | 10 | 300 | 南京联青网数码科技有限公司 | 江苏广电局 | 苏动审字 2009045 | 2009.11 |
| 人南南和小麒麟 1 | 20 | 13 | 260 | 南京苗行天下传媒科技有限公司 | 江苏广电局 | 苏动审字 2009046 | 2009.11 |
| 水木娃娃童画乐园（一） | 6 | 22 | 132 | 常州水木数字信息技术有限公司 | 江苏广电局 | 苏动审字 2009047 | 2009.11 |
| 南南猫和京京鼠之守护金陵七色岛 | 20 | 14 | 280 | 南京苗行天下传媒科技有限公司 | 江苏广电局 | 苏动审字 2009048 | 2009.11 |
| 快乐星猫—名胜篇 2 | 26 | 12 | 312 | 南京合谷科技信息技术有限公司 | 江苏广电局 | 苏动审字 2009049 | 2009.12 |
| 诺诺森林之二 | 66 | 5 | 330 | 苏州士奥动画制作有限公司 | 江苏广电局 | 苏动审字 2009050 | 2009.12 |
| 蛋糕与小猫 | 30 | 6 | 180 | 无锡毕方动画有限公司 | 江苏广电局 | 苏动审字 2009051 | 2009.12 |
| 智慧龙之精彩生活第一部（27 至 52 集） | 26 | 12.5 | 325 | 江苏昊龙动画发展有限公司 | 江苏广电局 | 苏动审字 2009052 | 2009.12 |
| 亿唐皮影戏孙子兵法 | 100 | 5 | 500 | 无锡亿唐动画设计有限公司 | 江苏广电局 | 苏动审字 2009053 | 2009.12 |
| 亿唐皮影戏寓言故事 | 100 | 5 | 500 | 无锡亿唐动画设计有限公司 | 江苏广电局 | 苏动审字 2009054 | 2009.12 |
| 水木宝宝看世界二 | 400 | 5 | 2000 | 无锡亿唐动画设计有限公司 | 江苏广电局 | 苏动审字 2009055 | 2009.12 |
| 亿唐皮影戏成语故事 | 100 | 5 | 500 | 无锡亿唐动画设计有限公司 | 江苏广电局 | 苏动审字 2009056 | 2009.12 |
| 水木学堂（一） | 50 | 10 | 500 | 无锡亿唐动画设计有限公司 | 江苏广电局 | 苏动审字 2009057 | 2009.12 |
| 超能跑蛋（上） | 26 | 13 | 338 | 无锡哈皮动画有限公司 | 江苏广电局 | 苏动审字 2009058 | 2009.12 |
| 小虫三宝（27—52） | 26 | 13 | 338 | 常州安利动画有限公司 | 江苏广电局 | 苏动审字 2009059 | 2009.12 |
| 两只老鼠的生活意见（1—20） | 20 | 11 | 220 | 无锡亿唐动画设计有限公司 | 江苏广电局 | 苏动审字 2009060 | 2009.12 |
| 橡皮泥小镇（1—250） | 250 | 10 | 2500 | 无锡亿唐动画设计有限公司 | 江苏广电局 | 苏动审字 2009061 | 2009.12 |
| 大明王朝（61—120） | 60 | 12 | 720 | 无锡广播电视台 | 江苏广电局 | 苏动审字 2009062 | 2009.12 |

续表

| 片名 | 集数 | 分钟 | 长度 | 制作机构 | 审查单位 | 许可证号 | 发证时间 |
|---|---|---|---|---|---|---|---|
| 娱乐双响炮 | 114 | 12.5 | 1425 | 无锡智慧堡动漫文化发展有限公司 | 江苏广电局 | 苏动审字 2009063 | 2009.12 |
| 娱乐总动员 | 102 | 12.5 | 1275 | 无锡智慧堡动漫文化发展有限公司 | 江苏广电局 | 苏动审字 2009064 | 2009.12 |
| 娱乐百分百 | 112 | 12.5 | 1400 | 无锡智慧堡动漫文化发展有限公司 | 江苏广电局 | 苏动审字 2009065 | 2009.12 |
| 朗哥兔与土哥狼 | 52 | 15 | 780 | 苏州欧瑞动漫有限公司 | 江苏广电局 | 苏动审字 2009066 | 2009.12 |
| 水木宝宝看世界三 | 200 | 5 | 1000 | 无锡亿唐动画设计有限公司 | 江苏广电局 | 苏动审字 2009067 | 2009.12 |
| 开心艺苑（三） | 161 | | 1000 | 南京卡秀影视动画有限公司 | 江苏广电局 | 苏动审字 2009068 | 2009.12 |
| 家有儿女动画版第五部 | 67 | 25 | 1675 | 江苏动力谷动漫制作有限公司 | 江苏广电局 | 苏动审字 2009069 | 2009.12 |
| 天眼有奇招 | 52 | 22 | 1144 | 浙江中南集团卡通影视有限公司 | 浙江广电局 | 浙动审字 2009001 | 2009.2 |
| 不一样的兔子（27—66） | 40 | 27 | 1080 | 杭州九越数字动画有限公司 | 浙江广电局 | 浙动审字 2009002 | 2009.2 |
| 龙脉传奇—中国古代科学家（53—104） | 52 | 15.5 | 806 | 浙江太子龙文化传播有限公司 | 浙江广电局 | 浙动审字 2009003 | 2009.2 |
| 奇趣宝典俱乐部（271—300） | 30 | 20 | 600 | 杭州漫齐妙动漫制作有限公司 | 浙江广电局 | 浙动审字 2009004 | 2009.3 |
| 关东当铺（1—30） | 30 | 15 | 450 | 杭州神笔动画制作有限公司 | 浙江广电局 | 浙动审字 2009005 | 2009.3 |
| 龙太子第三部（1—20） | 20 | 10 | 200 | 浙江太子龙文化传播有限公司 | 浙江广电局 | 浙动审字 2009006 | 2009.4 |
| 奇趣宝典俱乐部（301—330） | 30 | 20 | 600 | 杭州神笔动画制作有限公司 | 浙江广电局 | 浙动审字 2009007 | 2009.4 |
| 宝贝疙瘩丁呱呱 | 52 | 7 | 364 | 杭州时空影视文化传播有限公司 | 浙江广电局 | 浙动审字 2009008 | 2009.5 |
| 奇趣宝典俱乐部（331—365） | 35 | 20 | 700 | 杭州漫齐妙动漫制作有限公司 | 浙江广电局 | 浙动审字 2009009 | 2009.5 |
| 丁丁的故事（1—3） | 3 | 13 | 39 | 绍兴市信邦动画设计有限公司 | 浙江广电局 | 浙动审字 2009010 | 2009.5 |
| 鞠萍姐姐讲故事（1—16） | 16 | 7 | 112 | 杭州时空影视文化传播有限公司 | 浙江广电局 | 浙动审字 2009011 | 2009.6 |
| 奇趣宝典俱乐部（366—395） | 30 | 20 | 600 | 杭州漫齐妙动漫制作有限公司 | 浙江广电局 | 浙动审字 2009012 | 2009.6 |
| 虹猫蓝兔光明剑（1—40） | 40 | 17 | 680 | 杭州宏梦卡通发展有限公司 | 浙江广电局 | 浙动审字 2009013 | 2009.7 |
| 天眼有奇招（53—104） | 52 | 22 | 1144 | 浙江中南集团卡通影视有限公司 | 浙江广电局 | 浙动审字 2009014 | 2009.7 |
| 乐比悠悠（1—52） | 52 | 7 | 364 | 浙江中南集团卡通影视有限公司 | 浙江广电局 | 浙动审字 2009015 | 2009.8 |
| 梦幻镇（53—78） | 26 | 12 | 312 | 浙江中南集团卡通影视有限公司 | 浙江广电局 | 浙动审字 2009016 | 2009.8 |
| 关东当铺（31—60） | 30 | 15 | 450 | 杭州神笔动画制作有限公司 | 浙江广电局 | 浙动审字 2009017 | 2009.8 |
| 不一样的兔子（67—92） | 26 | 27 | 702 | 杭州九越数字动画有限公司 | 浙江广电局 | 浙动审字 2009018 | 2009.8 |
| 红豆伢（1—10） | 10 | 8 | 80 | 杭州东方国龙影视动画有限公司 | 浙江广电局 | 浙动审字 2009019 | 2009.9 |
| 奇趣宝典俱乐部（396—430） | 35 | 20 | 700 | 杭州漫齐妙动漫制作有限公司 | 浙江广电局 | 浙动审字 2009020 | 2009.9 |
| 梦幻镇（79—104） | 26 | 12 | 312 | 浙江中南集团卡通影视有限公司 | 浙江广电局 | 浙动审字 2009021 | 2009.9 |
| 十万个为什么剧场（201—320） | 120 | 5 | 600 | 宁波水木动画设计有限公司 | 浙江广电局 | 浙动审字 2009022 | 2009.9 |
| 洛宝贝听故事 | 104 | 25 | 2600 | 杭州漫齐妙动漫制作有限公司 | 浙江广电局 | 浙动审字 2009023 | 2009.11 |
| 奇趣宝典俱乐部（431—465） | 35 | 20 | 700 | 杭州漫齐妙动漫制作有限公司 | 浙江广电局 | 浙动审字 2009024 | 2009.11 |
| 虹猫蓝兔光明剑（41—79） | 39 | 17 | 663 | 杭州宏梦卡通发展有限公司 | 浙江广电局 | 浙动审字 2009025 | 2009.11 |
| 十万个为什么剧场（321—365） | 45 | 5 | 225 | 宁波水木动画设计有限公司 | 浙江广电局 | 浙动审字 2009026 | 2009.11 |
| 眼镜猪罗罗 | 9 | 15 | 135 | 杭州乐浪动画制作有限公司 | 浙江广电局 | 浙动审字 2009027 | 2009.11 |
| 洛宝贝听故事（104—208） | 104 | 25 | 2600 | 杭州漫齐妙动漫制作有限公司 | 浙江广电局 | 浙动审字 2009028 | 2009.11 |
| 麦圈可可漫游记（1—36） | 36 | 15 | 540 | 宁波卡酷动画制作有限公司 | 浙江广电局 | 浙动审字 2009029 | 2009.11 |
| 蛋蛋总动员 | 40 | 12 | 480 | 宁波水木动画设计有限公司 | 浙江广电局 | 浙动审字 2009030 | 2009.12 |
| 奇趣宝典俱乐部（466—491） | 26 | 20 | 520 | 杭州漫齐妙动漫制作有限公司 | 浙江广电局 | 浙动审字 2009031 | 2009.12 |
| 洛宝贝听故事（208—312） | 104 | 25 | 2600 | 杭州漫齐妙动漫制作有限公司 | 浙江广电局 | 浙动审字 2009032 | 2009.12 |
| 天眼有奇招（105—156） | 52 | 22 | 1144 | 浙江中南集团卡通影视有限公司 | 浙江广电局 | 浙动审字 2009033 | 2009.12 |
| 乐比悠悠（53—104） | 52 | 8 | 416 | 浙江中南集团卡通影视有限公司 | 浙江广电局 | 浙动审字 2009034 | 2009.12 |
| 洛宝贝听故事（313—356） | 53 | 25 | 1325 | 杭州漫齐妙动漫制作有限公司 | 浙江广电局 | 浙动审字 2009035 | 2009.12 |
| 漂移少年（1—40） | 40 | 23 | 920 | 杭州易乐益动画有限公司 | 浙江广电局 | 浙动审字 2009036 | 2009.12 |

续表

| 片名 | 集数 | 分钟 | 长度 | 制作机构 | 审查单位 | 许可证号 | 发证时间 |
|---|---|---|---|---|---|---|---|
| 蛋蛋总动员（41—160） | 120 | 12 | 1440 | 宁波水木动画设计有限公司 | 浙江广电局 | 浙动审字 2009037 | 2009.12 |
| 快快乐乐城（1—125） | 125 | 12 | 1500 | 宁波水木动画设计有限公司 | 浙江广电局 | 浙动审字 2009038 | 2009.12 |
| 十万个为什么之海洋版（1—105） | 105 | 5 | 525 | 宁波水木动画设计有限公司 | 浙江广电局 | 浙动审字 2009039 | 2009.12 |
| 秦时明月之诸子百家（1—34） | 34 | 22 | 748 | 杭州玄机科技信息技术有限公司 | 浙江广电局 | 浙动审字 2009040 | 2009.12 |
| 乐比悠悠 | 52 | 8 | 416 | 浙江中南集团卡通影视有限公司 | 浙江广电局 | 浙动审字 2009041 | 2009.12 |
| 乐比悠悠教育系列 | 52 | 7 | 364 | 浙江中南集团卡通影视有限公司 | 浙江广电局 | 浙动审字 2009042 | 2009.12 |
| 劲爆战士第 2 部 | 39 | 22 | 858 | 浙江中南集团卡通影视有限公司 | 浙江广电局 | 浙动审字 2009043 | 2009.12 |
| 十二生肖 | 40 | 13 | 520 | 安徽电影制片厂 | 安徽广电局 | 皖动审字 2009001 | 2009.3 |
| 小兵向前冲 | 30 | 10 | 300 | 安徽飞天文化传媒有限公司 | 安徽广电局 | 皖动审字 2009002 | 2009.4 |
| 古诗学堂 | 42 | 12 | 504 | 安徽樱艺缘文化传播有限公司 | 安徽广电局 | 皖动审字 2009003 | 2009.5 |
| 书架上的奇妙世界 | 46 | 11 | 506 | 安徽省九歌影视节目制作公司 | 安徽广电局 | 皖动审字 2009004 | 2009.5 |
| 小哆吡—绿色家园 | 26 | 15 | 390 | 芜湖盈晖卡通有限公司 | 安徽广电局 | 皖动审字 2009005 | 2009.6 |
| 古诗学堂（二） | 42 | 12 | 504 | 安徽樱艺缘文化传播有限公司 | 安徽广电局 | 皖动审字 2009006 | 2009.9 |
| 皮皮猪之丛林生活 | 20 | 15 | 300 | 安徽飞天文化传媒有限公司 | 安徽广电局 | 皖动审字 2009007 | 2009.9 |
| 开心私塾 | 64 | 8 | 512 | 安徽同人文化传播有限公司 | 安徽广电局 | 皖动审字 2009008 | 2009.9 |
| 蘑菇村的故事 | 10 | 20 | 200 | 安徽利斯特三维动画制作有限公司 | 安徽广电局 | 皖动审字 2009009 | 2009.12 |
| 西游新记·孙大圣环保行 | 60 | 23 | 1380 | 偶圣（厦门）文化传播有限公司 | 福建广电局 | 闽动审字 2009001 | 2009.1 |
| 加油宝贝二 | 30 | 6 | 180 | 厦门大拇哥动漫股份有限公司 | 福建广电局 | 闽动审字 2009002 | 2009.2 |
| 三七小福星（上） | 26 | 11 | 286 | 福州南国影视制作中心 | 福建广电局 | 闽动审字 2009003 | 2009.2 |
| 护生 | 10 | 8 | 80 | 福州五彩动漫数字科技有限公司 | 福建广电局 | 闽动审字 2009004 | 2009.5 |
| 神奇的游戏 | 26 | 14 | 364 | 厦门嘉影动漫有限公司 | 福建广电局 | 闽动审字 2009005 | 2009.5 |
| 星星狐的体验（第二部）) | 26 | 11 | 286 | 厦门青鸟动画有限公司 | 福建广电局 | 闽动审字 2009006 | 2009.6 |
| 堂秀才 | 26 | 12 | 312 | 福建星辰数码动画有限公司 | 福建广电局 | 闽动审字 2009007 | 2009.7 |
| 妙计双向炮 | 52 | 8 | 416 | 福建天狼星动漫有限公司 | 福建广电局 | 闽动审字 2009008 | 2009.8 |
| 三七小福星（下） | 26 | 13 | 338 | 福州南国影视制作中心 | 福建广电局 | 闽动审字 2009009 | 2009.9 |
| 诚信评书 | 10 | 11 | 110 | 厦门市杨鹏动画制作有限公司 | 福建广电局 | 闽动审字 2009010 | 2009.9 |
| 凹凹巫之智慧宝典第一部 | 100 | 8 | 800 | 福州华宏数码动画有限公司 | 福建广电局 | 闽动审字 2009011 | 2009.9 |
| 小小国学故事会（上） | 50 | 10 | 500 | 福州泛安影视传媒有限公司 | 福建广电局 | 闽动审字 2009012 | 2009.9 |
| 封神榜 | 26 | 22 | 572 | 福建省音像出版社 | 福建广电局 | 闽动审字 2009013 | 2009.9 |
| 白马少年 | 3 | 15 | 45 | 福州五彩动漫数字科技有限公司 | 福建广电局 | 闽动审字 2009014 | 2009.10 |
| 闽南活文化系列之童谣动画片 | 26 | 5 | 130 | 厦门音像出版社 | 福建广电局 | 闽动审字 2009015 | 2009.12 |
| 小小国学故事会（下） | 50 | 10 | 500 | 福州泛安影视传媒有限公司 | 福建广电局 | 闽动审字 2009016 | 2009.12 |
| 冰火之晶 | 26 | 15 | 390 | 烟台阳光文华数字传媒科技发展有限公司 | 山东广电局 | 鲁动审字 2009001 | 2009.4 |
| 北极保卫战 | 5 | 60 | 300 | 烟台阳光文华数字传媒科技发展有限公司 | 山东广电局 | 鲁动审字 2009002 | 2009.4 |
| 冰峰卫士 | 26 | 15 | 390 | 烟台阳光文华数字传媒科技发展有限公司 | 山东广电局 | 鲁动审字 2009003 | 2009.5 |
| 雪地大决战 | 5 | 60 | 300 | 烟台阳光文华数字传媒科技发展有限公司 | 山东广电局 | 鲁动审字 2009004 | 2009.5 |
| 中国戏曲经典原创动画 | 28 | 12 | 336 | 郑州小樱桃卡通艺术有限公司 | 河南广电局 | 豫动审字 2009001 | 2009.5 |
| 独脚乐园（三） | 52 | 13 | 676 | 河南天乐动画影视发展有限公司 | 河南广电局 | 豫动审字 2009002 | 2009.6 |

续表

| 片名 | 集数 | 分钟 | 长度 | 制作机构 | 审查单位 | 许可证号 | 发证时间 |
|---|---|---|---|---|---|---|---|
| 雪孩子系列之拯救家园 | 26 | 15 | 390 | 郑州雪孩子动画制作有限公司 | 河南广电局 | 豫动审字 2009003 | 2009.11 |
| 小鼠兵兵 | 26 | 11 | 286 | 海豚传媒股份有限公司 | 湖北广电局 | 鄂动审字 2009001 | 2009.7 |
| 小戒别淘气 | 36 | 6 | 216 | 江通动画股份有限公司 | 湖北广电局 | 鄂动审字 2009002 | 2009.11 |
| 棒棒堂 | 26 | 7.5 | 195 | 江通动画股份有限公司 | 湖北广电局 | 鄂动审字 2009003 | 2009.11 |
| 天上掉下个猪八戒之福星八戒 | 52 | 13 | 676 | 江通动画股份有限公司 | 湖北广电局 | 鄂动审字 2009004 | 2009.12 |
| 奇奇颗颗说恐龙（1—30） | 30 | 10 | 300 | 湖南宏梦卡通传播有限公司 | 湖南广电局 | 湘动审字 2009001 | 2009.6 |
| 山猫和吉咪之快乐篇（1—30） | 30 | 15 | 450 | 湖南山猫卡通有限公司 | 湖南广电局 | 湘动审字 2009002 | 2009.8 |
| 山猫和吉咪之快乐篇（31—108） | 78 | 15 | 1170 | 湖南山猫卡通有限公司 | 湖南广电局 | 湘动审字 2009003 | 2009.9 |
| 美丽人生 | 12 | 7 | 84 | 湖南金鹰卡通有限公司 | 湖南广电局 | 湘动审字 2009004 | 2009.9 |
| 越策越开心 | 104 | 15 | 1560 | 湖南金鹰卡通有限公司 | 湖南广电局 | 湘动审字 2009005 | 2009.9 |
| 兔宝宝和三件神奇宝贝 | 30 | 13 | 390 | 湖南宏梦卡通传播有限公司 | 湖南广电局 | 湘动审字 2009006 | 2009.10 |
| 奇奇颗颗说恐龙（31—60） | 30 | 10 | 300 | 湖南宏梦卡通传播有限公司 | 湖南广电局 | 湘动审字 2009007 | 2009.10 |
| 明星梦工厂（1—160） | 160 | 15 | 2400 | 湖南蓝猫卡通传媒有限公司 | 湖南广电局 | 湘动审字 2009008 | 2009.11 |
| 蓝猫龙骑团（1—30） | 30 | 17 | 510 | 湖南蓝猫卡通传媒有限公司 | 湖南广电局 | 湘动审字 2009009 | 2009.11 |
| 蓝猫西行记 | 52 | 15 | 780 | 湖南蓝猫卡通传媒有限公司 | 湖南广电局 | 湘动审字 2009010 | 2009.11 |
| 蓝猫快乐进行时（121—165） | 45 | 15 | 675 | 湖南蓝猫卡通传媒有限公司 | 湖南广电局 | 湘动审字 2009011 | 2009.11 |
| 美丽人生（13—60） | 48 | 8 | 384 | 湖南金鹰卡通有限公司 | 湖南广电局 | 湘动审字 2009012 | 2009.11 |
| 虹猫蓝兔总动员（624—673） | 50 | 13 | 650 | 湖南宏梦卡通传播有限公司 | 湖南广电局 | 湘动审字 2009013 | 2009.11 |
| 奇奇颗颗说恐龙（61—100） | 40 | 10 | 400 | 湖南宏梦卡通传播有限公司 | 湖南广电局 | 湘动审字 2009014 | 2009.11 |
| 奇奇颗颗说恐龙（101—150） | 50 | 10 | 500 | 湖南宏梦卡通传播有限公司 | 湖南广电局 | 湘动审字 2009015 | 2009.12 |
| 虹猫蓝兔总动员（674—743） | 70 | 13 | 910 | 湖南宏梦卡通传播有限公司 | 湖南广电局 | 湘动审字 2009016 | 2009.12 |
| 虹猫蓝兔幼教动画系列（1001—1080） | 80 | 11 | 880 | 湖南宏梦卡通传播有限公司 | 湖南广电局 | 湘动审字 2009017 | 2009.12 |
| 数学王国历险记 | 80 | 9 | 720 | 湖南宏梦卡通传播有限公司 | 湖南广电局 | 湘动审字 2009018 | 2009.12 |
| 鬼马棒棒堂之智慧篇 | 52 | 25 | 1300 | 广东咏声文化传播有限公司 | 广东广电局 | 粤动审字 2009001 | 2009.1 |
| 喜羊羊与灰太郎（511—530） | 20 | 15 | 300 | 广东原创动力文化传播有限公司 | 广东广电局 | 粤动审字 2009002 | 2009.1 |
| 战龙四驱 | 27 | 24 | 648 | 广州奥飞文化传播有限公司 | 广东广电局 | 粤动审字 2009003 | 2009.1 |
| 恐龙归来 | 26 | 22 | 572 | 深圳华强数字动漫有限公司 | 广东广电局 | 粤动审字 2009004 | 2009.1 |
| 魔法猪丽叶（二） | 26 | 12 | 312 | 广州艺州人文化传播有限公司 | 广东广电局 | 粤动审字 2009005 | 2009.2 |
| 小马哥讲故事 | 123 | 6 | 738 | 广东艺术设计中心 | 广东广电局 | 粤动审字 2009006 | 2009.2 |
| 宝宝妈妈网之儿童诗系列 | 26 | 15 | 390 | 深圳市亚通桥文化传播有限公司 | 广东广电局 | 粤动审字 2009007 | 2009.2 |
| 战龙四驱（二） | 11 | 24 | 264 | 广州奥飞文化传播有限公司 | 广东广电局 | 粤动审字 2009008 | 2009.2 |
| 与阳光一起回家 | 25 | 30 | 750 | 深圳市西贝文化传播有限公司 | 广东广电局 | 粤动审字 2009009 | 2009.3 |
| 大吉利车队 | 100 |  | 1427 | 广州聚峰文化传播有限公司 | 广东广电局 | 粤动审字 2009010 | 2009.3 |
| 驯兽王者（二） | 25 | 26 | 650 | 广州千骐动漫有限公司 | 广东广电局 | 粤动审字 2009011 | 2009.3 |
| 恐龙危机 | 32 | 22 | 704 | 深圳华强数字动漫有限公司 | 广东广电局 | 粤动审字 2009012 | 2009.3 |
| 吉豆世运会 | 52 | 12.5 | 650 | 广州艺州人文化传播有限公司 | 广东广电局 | 粤动审字 2009013 | 2009.4 |
| 人间历险 | 78 | 12 | 936 | 深圳华强数字动漫有限公司 | 广东广电局 | 粤动审字 2009014 | 2009.4 |
| 恐龙危机之新世纪 | 10 | 22 | 220 | 深圳华强数字动漫有限公司 | 广东广电局 | 粤动审字 2009015 | 2009.5 |
| 小马哥名人故事 | 20 | 16 | 320 | 广东艺术设计中心 | 广东广电局 | 粤动审字 2009016 | 2009.5 |
| 百变猪猪侠 | 80 | 7.5 | 600 | 广东咏声文化传播有限公司 | 广东广电局 | 粤动审字 2009017 | 2009.6 |
| 海洋之子 | 26 | 12 | 312 | 深圳华强数字动漫有限公司 | 广东广电局 | 粤动审字 2009018 | 2009.6 |
| 战龙四驱（三） | 15 | 24 | 360 | 广州奥飞文化传播有限公司 | 广东广电局 | 粤动审字 2009019 | 2009.6 |

续表

| 片名 | 集数 | 分钟 | 长度 | 制作机构 | 审查单位 | 许可证号 | 发证时间 |
|---|---|---|---|---|---|---|---|
| 神奇小卡布 | 60 | 14 | 840 | 广东粤动传媒有限公司 | 广东广电局 | 粤动审字 2009020 | 2009.6 |
| 水果部落 | 26 | 13 | 338 | 广州市盛美数字图像制作有限公司 | 广东广电局 | 粤动审字 2009021 | 2009.6 |
| 智慧360之好好学习 | 182 | 6 | 1092 | 广州从化动漫产业园发展有限公司 | 广东广电局 | 粤动审字 2009022 | 2009.6 |
| 梁家妇女 | 26 | 24 | 624 | 广州奥飞文化传播有限公司 | 广东广电局 | 粤动审字 2009023 | 2009.7 |
| 爆笑十分（1—50） | 50 | 11 | 550 | 广东南方电视文化发展有限公司 | 广东广电局 | 粤动审字 2009024 | 2009.7 |
| 快活岛 | 26 | 13 | 338 | 广州市明德文化传播有限公司 | 广东广电局 | 粤动审字 2009025 | 2009.7 |
| 孔子（1—26） | 26 | 13 | 338 | 深圳市崇德影视传媒有限公司 | 广东广电局 | 粤动审字 2009026 | 2009.8 |
| 神兽金刚（1—46） | 46 | 15 | 690 | 广州市达力传媒有限公司 | 广东广电局 | 粤动审字 2009027 | 2009.9 |
| 猴王归来 | 26 | 22 | 572 | 深圳华强数字动漫有限公司 | 广东广电局 | 粤动审字 2009028 | 2009.9 |
| 嘻嘻芒克（1—22） | 22 | 10 | 220 | 深圳市书城电子出版物有限责任公司 | 广东广电局 | 粤动审字 2009029 | 2009.9 |
| 战龙四驱（四） | 11 | 24 | 264 | 广州奥飞文化传播有限公司 | 广东广电局 | 粤动审字 2009030 | 2009.9 |
| 阿西的童年 | 26 | 22 | 572 | 深圳华强数字动漫有限公司 | 广东广电局 | 粤动审字 2009031 | 2009.9 |
| 小马哥民间故事 | 20 | 16 | 320 | 广东艺术设计中心 | 广东广电局 | 粤动审字 2009032 | 2009.9 |
| 聪明伦文叙 | 52 | 15 | 780 | 广州市嘉鸿动画影视有限公司 | 广东广电局 | 粤动审字 2009033 | 2009.10 |
| 藏羚王 | 13 | 15 | 195 | 深圳市天宇星影视文化有限公司 | 广东广电局 | 粤动审字 2009034 | 2009.10 |
| 圣石奇兵 | 52 | 13 | 676 | 广州市可帮影视文化传播有限公司 | 广东广电局 | 粤动审字 2009035 | 2009.10 |
| 果宝特攻 | 52 | 25 | 1300 | 广州蓝弧文化传播有限公司 | 广东广电局 | 粤动审字 2009036 | 2009.11 |
| 生肖传奇之十二生肖总动员 | 52 | 22 | 1144 | 深圳华强数字动漫有限公司 | 广东广电局 | 粤动审字 2009037 | 2009.11 |
| 新三字经 | 18 | 6.5 | 117 | 深圳市欢乐动漫有限公司 | 广东广电局 | 粤动审字 2009038 | 2009.11 |
| 爆笑十分 | 40 | 11 | 440 | 广东南方电视文化发展有限公司 | 广东广电局 | 粤动审字 2009039 | 2009.12 |
| 电击小子（二） | 26 | 24 | 624 | 广州奥飞文化传播有限公司 | 广东广电局 | 粤动审字 2009040 | 2009.12 |
| 心灵之窗（9—26） | 18 | 8 | 144 | 柳州市蓝海科技有限公司 | 广西广电局 | 桂动审字 2009001 | 2009.3 |
| 神笔小画家 | 9 | 19 | 171 | 广西南宁金号角文化传播有限公司 | 广西广电局 | 桂动审字 2009002 | 2009.10 |
| 月尘第一部（1—13） | 13 | 22 | 286 | 重庆视美动画艺术有限责任公司 | 重庆广电局 | 渝动审字 2009001 | 2009.3 |
| 莫莫第二部（27—52） | 26 | 10 | 260 | 重庆视美动画艺术有限责任公司 | 重庆广电局 | 渝动审字 2009002 | 2009.4 |
| 乐乐熊奇游记2（101—185） | 85 | 11 | 935 | 重庆享弘数字影视有限公司 | 重庆广电局 | 渝动审字 2009003 | 2009.4 |
| 缇可之春季篇 | 52 | 12 | 624 | 重庆视美动画艺术有限责任公司 | 重庆广电局 | 渝动审字 2009004 | 2009.7 |
| 叽哩咕噜和巴巴猫 | 58 | 11 | 638 | 重庆视美动画艺术有限责任公司 | 重庆广电局 | 渝动审字 2009005 | 2009.7 |
| 夏桥街第一部（1—50） | 50 | 12 | 600 | 重庆视美动画艺术有限公司 | 重庆广电局 | 渝动审字 2009006 | 2009.8 |
| 神奇的饼干 | 12 | 5 | 60 | 重庆视美动画艺术有限公司 | 重庆广电局 | 渝动审字 2009007 | 2009.9 |
| 乐乐熊的七彩音符 | 15 | 4 | 60 | 重庆享弘数字影视有限公司 | 重庆广电局 | 渝动审字 2009008 | 2009.11 |
| 缇可讲故事第一部（1—36） | 36 | 12 | 432 | 重庆视美动画艺术有限公司 | 重庆广电局 | 渝动审字 2009009 | 2009.11 |
| 米多的涂鸦日记 | 30 | 10 | 300 | 重庆视美动画艺术有限公司 | 重庆广电局 | 渝动审字 2009010 | 2009.11 |
| 酷宝方块第二部（101—200） | 100 | 5 | 500 | 重庆视美动画艺术有限公司 | 重庆广电局 | 渝动审字 2009011 | 2009.12 |
| 疯狂玩具国 | 26 | 22 | 572 | 重庆享弘数字影视有限公司 | 重庆广电局 | 渝动审字 2009012 | 2009.12 |
| 希望家园 | 4 | 15 | 60 | 成都电视台电视剧制作中心 | 四川广电局 | 川动审字 2009001 | 2009.6 |
| 十二生肖一鼠 | 6 | 3 | 18 | 陕西茂志娱乐有限公司 | 陕西广电局 | 陕动审字 2009001 | 2009.2 |

## 2. 2009 年度全国推荐播出优秀动画片目录

**2009 年度全国推荐播出优秀动画片目录**

| 省　份 | 部数 | 片目 |
|---|---|---|
| 江　苏 | 9 | 《诺诺森林》《芦荡金箭》《水木宝宝看世界》《浩昊文字国历险记一智斗谜语城》《搜救大阿虎》《孔小如》《雪翎飘飘》《阿拉法的奇妙世界》《淘气星猫第二部》 |
| 浙　江 | 9 | 《天眼神牛》《绿树林的故事》《郑和下西洋》《宝贝疙瘩丁呱呱》《十万个为什么剧场》《不一样的兔子》《梦幻镇》《虹猫蓝兔光明剑》《乐比悠悠》 |
| 中央电视台 | 6 | 《开心小镇》《月亮大马戏团》《美猴王》《三国演义》《小牛向前冲》《中国民族音乐动画艺术片》 |
| 湖　南 | 5 | 《山猫吉咪字母世界历险记》《山猫和吉咪之快乐篇》《蓝猫西行记》《蓝猫龙骑团》《兔宝宝和三件神奇宝贝》 |
| 福　建 | 5 | 《护生》《神奇的游戏》《加油宝贝》《诚信评书》《三七小福星》 |
| 辽　宁 | 4 | 《发现王国》《望儿山》《侠义小青天》《绿娃娃之生态小宝贝》 |
| 北　京 | 3 | 《武林外传》《小鼠和大象的创意》《魔角侦探》 |
| 广　东 | 3 | 《与阳光一起回家》《藏羚王》《聪明伦文叙》 |
| 天　津 | 2 | 《小男生阳帆第二部》《草莓乐园》 |
| 河　南 | 2 | 《中国戏曲经典原创动画》《雪孩子之拯救家园》 |
| 重　庆 | 1 | 《缇可之春季篇》 |
| 山　西 | 1 | 《天天健康》 |
| 安　徽 | 1 | 《十二生肖》 |
| 上　海 | 1 | 《霹霹乐翻天之开心乐园》 |

## 3. 2009 年国家动画产业基地国产电视动画片生产情况

**2009 年国家动画产业基地国产电视动画片生产情况**

| 排　序 | 基　地 | 部　数 | 分钟数 |
|---|---|---|---|
| 1 | 杭州高新技术开发区动画产业园 | 35 | 27409 |
| 2 | 无锡国家动画产业基地 | 26 | 19214 |
| 3 | 南方动画节目联合制作中心 | 26 | 16445 |
| 4 | 沈阳高新技术产业区动漫产业园 | 13 | 10366 |
| 5 | 苏州工业园区动漫产业园 | 13 | 9801 |
| 6 | 中央电视台中国国际电视总公司 | 15 | 8478 |
| 7 | 湖南金鹰卡通基地 | 12 | 7078 |
| 8 | 北京市文化创意产业集聚区 | 18 | 7077 |
| 9 | 深圳市动画制作中心 | 14 | 7042 |
| 10 | 三辰卡通集团 | 4 | 4365 |
| 11 | 重庆市南岸区茶园新区动画产业基地 | 9 | 3700 |
| 12 | 南京软件园 | 8 | 3159 |
| 13 | 厦门软件园影视动画产业区 | 6 | 2450 |
| 14 | 常州国家动画产业基地 | 6 | 2136 |
| 15 | 江通动画股份有限公司 | 3 | 1087 |
| 16 | 大连高新技术产业园区动画产业园 | 1 | 845 |
| 17 | 上海炫动卡通卫视传媒娱乐有限公司 | 1 | 363 |
| 18 | 上海美术电影制片厂 | 11 | 310 |
| 19 | 中国电影集团公司 | 0 | 0 |
| 20 | 长影集团有限责任公司 | 0 | 0 |

## 4. 2009年全国各省国产电视动画片生产情况

**2009年全国各省国产电视动画片生产情况**

| 排 序 | 省 别 | 部 数 | 分钟数 |
|---|---|---|---|
| 1 | 江苏 | 69 | 40314 |
| 2 | 浙江 | 43 | 32758 |
| 3 | 广东 | 40 | 23487 |
| 4 | 湖南 | 18 | 13063 |
| 5 | 辽宁 | 14 | 11211 |
| 6 | 北京 | 25 | 9357 |
| 7 | 中央电视台及所属机构 | 15 | 8478 |
| 8 | 福建 | 16 | 6299 |
| 9 | 重庆 | 12 | 5267 |
| 10 | 天津 | 10 | 4330 |
| 11 | 上海 | 19 | 3787 |
| 12 | 安徽 | 9 | 3736 |
| 13 | 黑龙江 | 10 | 3519 |
| 14 | 河南 | 3 | 1402 |
| 15 | 山东 | 4 | 1380 |
| 16 | 湖北 | 4 | 1373 |
| 17 | 山西 | 4 | 950 |
| 18 | 河北 | 2 | 682 |
| 19 | 广西 | 2 | 315 |
| 20 | 四川 | 1 | 60 |
| 21 | 内蒙古 | 1 | 30 |
| 22 | 陕西 | 1 | 18 |

## 5. 2009年全国原创电视动画片生产企业前十位

**2009年全国原创电视动画片生产企业前十位**

| 排 序 | 生产单位 | 部 数 | 分钟数 |
|---|---|---|---|
| 1 | 杭州漫奇妙动漫制作有限公司 | 10 | 12945 |
| 2 | 央视动画有限公司 | 15 | 8478 |
| 3 | 无锡亿唐动画设计有限公司 | 8 | 7720 |
| 4 | 浙江中南集团卡通影视有限公司 | 10 | 6474 |
| 5 | 湖南宏梦卡通传播有限公司 | 9 | 5050 |
| 6 | 深圳华强数字动漫有限公司 | 8 | 5032 |
| 7 | 沈阳非凡创意动画制作有限公司 | 2 | 5000 |
| 8 | 宁波水木动画设计有限公司 | 6 | 4770 |
| 9 | 北京卡酷动画卫星频道有限公司 | 11 | 4465 |
| 10 | 湖南蓝猫卡通传媒有限公司 | 4 | 4365 |

### 6. 2009 年全国原创电视动画片生产十大城市

2009 年全国原创电视动画片生产十大城市

| 排　序 | 城　市 | 部　数 | 分钟数 |
|---|---|---|---|
| 1 | 杭州 | 35 | 27409 |
| 2 | 无锡 | 26 | 19214 |
| 3 | 广州 | 26 | 16445 |
| 4 | 长沙 | 18 | 13063 |
| 5 | 沈阳 | 13 | 10366 |
| 6 | 苏州 | 13 | 9801 |
| 7 | 北京 | 25 | 9357 |
| 8 | 南京 | 22 | 8019 |
| 9 | 深圳 | 14 | 7042 |
| 10 | 重庆 | 12 | 5267 |

## （五）文化旅游业

### 1. 按国别分外国人入境旅游人数

按国别分外国入境旅游人数　　单位：万人次

| 地　区 | 1995 年 | 2000 年 | 2005 年 | 2006 年 | 2007 年 | 2008 年 | 2009 年 |
|---|---|---|---|---|---|---|---|
| **总计** | **588.67** | **1016.04** | **2025.51** | **2221.03** | **2610.97** | **2432.53** | **2193.75** |
| **亚洲** | **338.26** | **610.15** | **1249.99** | **1358.82** | **1606.12** | **1455.10** | **1377.93** |
| 朝鲜 | 6.64 | 7.64 | 12.58 | 11.01 | 11.37 | 10.18 | 10.56 |
| 印度 | 4.50 | 12.09 | 35.65 | 40.51 | 46.25 | 43.66 | 44.89 |
| 印度尼西亚 | 13.28 | 22.06 | 37.76 | 43.30 | 47.71 | 42.63 | 46.90 |
| 日本 | 130.52 | 220.15 | 339.00 | 374.59 | 397.75 | 344.61 | 331.75 |
| 马来西亚 | 25.18 | 44.10 | 89.96 | 91.06 | 106.20 | 104.05 | 105.90 |
| 蒙古 | 26.19 | 39.91 | 64.20 | 63.12 | 68.20 | 70.53 | 57.67 |
| 菲律宾 | 21.97 | 36.39 | 65.40 | 70.42 | 83.30 | 79.53 | 74.89 |
| 新加坡 | 26.15 | 39.94 | 75.59 | 82.79 | 92.20 | 87.58 | 88.95 |
| 韩国 | 52.95 | 134.47 | 354.53 | 392.40 | 477.71 | 396.04 | 319.75 |
| 泰国 | 17.33 | 24.11 | 58.63 | 59.20 | 61.16 | 55.43 | 54.18 |
| **非洲** | **4.08** | **6.56** | **23.80** | **29.38** | **37.91** | **37.84** | **40.12** |
| **欧洲** | **159.06** | **248.90** | **479.14** | **527.96** | **621.68** | **612.33** | **459.11** |
| 英国 | 18.49 | 28.39 | 49.96 | 55.26 | 60.51 | 55.15 | 52.88 |
| 德国 | 16.65 | 23.91 | 45.49 | 50.06 | 55.67 | 52.89 | 51.85 |
| 法国 | 11.85 | 18.50 | 37.20 | 40.22 | 46.34 | 43.00 | 42.48 |
| 意大利 | 6.37 | 7.78 | 19.70 | 19.53 | 21.52 | 19.44 | 19.14 |
| 荷兰 | 3.49 | 7.60 | 14.58 | 16.78 | 19.41 | 18.09 | 16.69 |
| 葡萄牙 | 2.56 | 2.28 | 4.38 | 4.45 | 4.83 | 4.39 | 4.36 |
| 瑞典 | 3.52 | 5.36 | 11.03 | 12.96 | 14.51 | 13.77 | 12.58 |
| 瑞士 | 3.43 | 3.07 | 5.14 | 5.79 | 6.46 | 6.34 | 6.26 |
| 俄罗斯 | 48.93 | 108.02 | 222.39 | 240.51 | 300.39 | 312.34 | 174.3 |
| **拉丁美洲** | **5.37** | **8.29** | **16.05** | **19.58** | **24.26** | **26.03** | **23.10** |
| **北美洲** | **64.36** | **113.28** | **198.53** | **221.00** | **256.15** | **232.12** | **226.01** |
| 加拿大 | 12.88 | 23.66 | 42.98 | 49.91 | 57.72 | 53.47 | 55.03 |

续表

| 地　区 | 1995 年 | 2000 年 | 2005 年 | 2006 年 | 2007 年 | 2008 年 | 2009 年 |
|---|---|---|---|---|---|---|---|
| 美国 | 51.49 | 89.62 | 155.55 | 171.03 | 190.12 | 178.64 | 170.98 |
| **大洋洲及太平洋** | **15.85** | **28.18** | **57.36** | **63.86** | **72.85** | **68.88** | **67.24** |
| **岛屿** | | | | | | | |
| 澳大利亚 | 12.94 | 23.41 | 48.3 | 53.81 | 60.74 | 57.15 | 56.15 |
| 新西兰 | 2.29 | 3.76 | 7.84 | 8.86 | 10.87 | 10.52 | 10.04 |
| **其他** | **1.69** | **0.68** | **0.65** | **0.43** | **0.31** | **0.23** | **0.22** |

## 2. 按性别、年龄和事由分外国人入境旅游人数

按性别、年龄和事由分外国入境旅游人数

| 指　标 | 2008 年 | | 2009 年 | |
|---|---|---|---|---|
| | 人　数（万人次） | 比　重（%） | 人　数（万人次） | 比　重（%） |
| **总　计** | **2432.53** | **100.00** | **2193.75** | **100.00** |
| 按性别分 | | | | |
| 男 | 1560.90 | 64.2 | 1430.15 | 65.2 |
| 女 | 871.64 | 35.8 | 763.60 | 34.8 |
| 按年龄分 | | | | |
| 14 岁及以下 | 98.52 | 4.1 | 92.05 | 4.2 |
| 15 至 24 岁 | 206.13 | 8.5 | 171.90 | 7.8 |
| 25 至 44 岁 | 1129.10 | 46.4 | 1004.28 | 45.8 |
| 45 至 64 岁 | 871.70 | 35.8 | 796.56 | 36.3 |
| 65 岁以上 | 127.09 | 5.2 | 128.95 | 5.9 |
| 按事由分类 | | | | |
| 会议/商务 | 567.77 | 23.3 | 523.72 | 23.9 |
| 观光休闲 | 1203.96 | 49.5 | 1013.27 | 46.2 |
| 探亲访友 | 6.79 | 0.3 | 8.01 | 0.4 |
| 服务员工 | 243.19 | 10.0 | 227.37 | 10.4 |
| 其他 | 410.82 | 16.9 | 421.38 | 19.2 |

## 3. 各地区国际旅游(外汇)收入

各地区国际旅游(外汇)收入　　单位：百万美元

| 地　区 | 1995 年 | 2000 年 | 2005 年 | 2006 年 | 2007 年 | 2008 年 | 2009 年 |
|---|---|---|---|---|---|---|---|
| 北　京 | 2182 | 2768 | 3619 | 4026 | 4580 | 4459 | 4357 |
| 天　津 | 133 | 232 | 509 | 626 | 779 | 1001 | 1183 |
| 河　北 | 42 | 142 | 209 | 243 | 309 | 274 | 308 |
| 山　西 | 21 | 50 | 116 | 164 | 222 | 301 | 378 |
| 内蒙古 | 91 | 126 | 352 | 404 | 545 | 577 | 558 |
| 辽　宁 | 189 | 383 | 738 | 934 | 1228 | 1526 | 1856 |
| 吉　林 | 41 | 58 | 120 | 137 | 179 | 211 | 243 |
| 黑龙江 | 61 | 189 | 340 | 492 | 643 | 870 | 639 |

续表

| 地区 | 1995年 | 2000年 | 2005年 | 2006年 | 2007年 | 2008年 | 2009年 |
|---|---|---|---|---|---|---|---|
| 上海 | 939 | 1613 | 3556 | 3904 | 4673 | 4972 | 4744 |
| 江苏 | 260 | 724 | 2260 | 2787 | 3469 | 3880 | 4016 |
| 浙江 | 236 | 514 | 1716 | 2133 | 2708 | 3024 | 3224 |
| 安徽 | 31 | 86 | 186 | 227 | 344 | 454 | 566 |
| 福建 | 484 | 894 | 1305 | 1471 | 2169 | 2394 | 2599 |
| 江西 | 25 | 62 | 104 | 140 | 196 | 252 | 290 |
| 山东 | 154 | 315 | 780 | 1014 | 1352 | 1391 | 1765 |
| 河南 | 60 | 124 | 216 | 274 | 318 | 374 | 433 |
| 湖北 | 73 | 146 | 276 | 320 | 413 | 443 | 510 |
| 湖南 | 65 | 221 | 390 | 503 | 642 | 617 | 673 |
| 广东 | 2393 | 4112 | 6457 | 7533 | 8706 | 9175 | 10028 |
| 广西 | 121 | 307 | 359 | 423 | 577 | 602 | 643 |
| 海南 | 81 | 109 | 128 | 229 | 302 | 314 | 277 |
| 重庆 |  | 138 | 264 | 309 | 382 | 450 | 537 |
| 四川 | 125 | 122 | 316 | 395 | 512 | 154 | 289 |
| 贵州 | 29 | 61 | 101 | 115 | 129 | 117 | 110 |
| 云南 | 165 | 339 | 528 | 658 | 860 | 1008 | 1172 |
| 西藏 | 11 | 52 | 44 | 61 | 135 | 31 | 79 |
| 陕西 | 139 | 280 | 446 | 511 | 612 | 660 | 771 |
| 甘肃 | 21 | 55 | 59 | 63 | 70 | 16 | 13 |
| 青海 | 2 | 7 | 11 | 13 | 16 | 10 | 15 |
| 宁夏 | 1 | 3 | 2 | 2 | 3 | 3 | 4 |
| 新疆 | 74 | 95 | 100 | 128 | 162 | 136 | 137 |

## 4. 各地区接待入境旅游人数

各地区接待入境旅游人数

单位：万人次

| 地区 | 1995 | | 2000 | | 2005 | | 2008 | | 2009 | |
|---|---|---|---|---|---|---|---|---|---|---|
| | 总计 | 外国人 | 总计 | 外国人 | 总计 | 外国人 | 总计 | 外国人 | 总计 | 外国人 |
| 北京 | 206.87 | 166.52 | 282.09 | 237.96 | 362.92 | 311.62 | 379.04 | 335.72 | 412.51 | 342.92 |
| 天津 | 20.06 | 16.27 | 35.62 | 32.14 | 74.01 | 67.46 | 122.04 | 113.00 | 141.02 | 130.58 |
| 河北 | 16.50 | 13.59 | 41.43 | 35.90 | 62.65 | 57.39 | 75.02 | 67.02 | 84.22 | 74.69 |
| 山西 | 7.12 | 5.15 | 16.53 | 11.66 | 42.15 | 25.40 | 93.93 | 57.94 | 106.78 | 66.63 |
| 内蒙古 | 30.09 | 29.46 | 39.19 | 38.74 | 100.16 | 99.56 | 154.93 | 153.23 | 128.96 | 126.61 |
| 辽宁 | 26.38 | 21.46 | 61.22 | 50.05 | 130.20 | 111.11 | 241.87 | 207.27 | 293.20 | 250.74 |
| 吉林 | 15.61 | 14.49 | 22.27 | 19.19 | 37.32 | 30.68 | 61.73 | 52.46 | 68.05 | 58.29 |
| 黑龙江 | 16.23 | 13.94 | 55.17 | 50.47 | 82.15 | 76.42 | 200.61 | 193.34 | 142.51 | 135.03 |
| 上海 | 136.79 | 107.54 | 181.40 | 143.90 | 444.54 | 379.93 | 526.47 | 441.62 | 533.39 | 439.05 |
| 江苏 | 76.77 | 48.68 | 160.95 | 98.15 | 378.30 | 262.15 | 544.30 | 396.11 | 556.83 | 396.07 |
| 浙江 | 67.27 | 36.65 | 112.59 | 64.75 | 348.05 | 232.92 | 539.67 | 366.13 | 570.64 | 377.60 |
| 安徽 | 14.29 | 7.28 | 31.84 | 16.79 | 63.29 | 41.06 | 132.09 | 90.82 | 156.16 | 97.75 |
| 福建 | 90.64 | 22.41 | 161.33 | 49.75 | 197.39 | 72.36 | 293.19 | 98.64 | 312.03 | 97.84 |
| 江西 | 7.36 | 2.34 | 16.31 | 5.54 | 37.25 | 13.63 | 80.21 | 30.83 | 96.43 | 38.76 |
| 山东 | 45.09 | 30.43 | 72.31 | 48.01 | 155.11 | 124.78 | 253.67 | 206.43 | 310.04 | 241.19 |
| 河南 | 21.84 | 9.12 | 32.50 | 18.21 | 60.05 | 34.73 | 104.36 | 67.91 | 125.85 | 82.76 |
| 湖北 | 27.09 | 16.83 | 45.08 | 35.74 | 82.57 | 62.68 | 118.75 | 92.66 | 133.46 | 101.76 |

续表

| 地区 | 1995 | | 2000 | | 2005 | | 2008 | | 2009 | |
|---|---|---|---|---|---|---|---|---|---|---|
| | 总计 | 外国人 | 总计 | 外国人 | 总计 | 外国人 | 总计 | 外国人 | 总计 | 外国人 |
| 湖南 | 17.73 | 7.18 | 45.40 | 15.79 | 71.98 | 60.88 | 111.02 | 71.10 | 130.87 | 64.08 |
| 广东 | 620.68 | 122.07 | 1198.94 | 212.85 | 1896.99 | 476.53 | 2567.97 | 608.82 | 2747.80 | 617.94 |
| 广西 | 41.85 | 30.74 | 122.91 | 50.80 | 147.71 | 88.66 | 201.02 | 120.01 | 209.85 | 117.38 |
| 海南 | 28.71 | 5.75 | 48.68 | 9.37 | 43.19 | 26.94 | 70.65 | 53.08 | 55.15 | 37.21 |
| 重庆 | | | 26.61 | 19.29 | 52.39 | 41.81 | 87.19 | 74.28 | 104.81 | 84.80 |
| 四川 | 37.67 | 24.51 | 46.20 | 19.97 | 106.28 | 68.27 | 69.95 | 47.77 | 84.99 | 61.49 |
| 贵州 | 13.66 | 7.79 | 18.39 | 7.12 | 27.62 | 9.26 | 39.54 | 18.22 | 39.95 | 16.28 |
| 云南 | 59.69 | 47.38 | 100.11 | 66.59 | 150.28 | 99.65 | 250.22 | 169.18 | 284.49 | 191.79 |
| 西藏 | 6.78 | 6.54 | 15.00 | 13.58 | 12.13 | 11.10 | 6.80 | 6.29 | 17.49 | 16.25 |
| 陕西 | 44.23 | 39.73 | 71.28 | 58.48 | 92.84 | 74.57 | 125.73 | 93.67 | 145.08 | 114.42 |
| 甘肃 | 9.09 | 7.07 | 21.31 | 14.34 | 28.85 | 17.20 | 8.32 | 5.98 | 6.07 | 4.51 |
| 青海 | 1.33 | 0.87 | 3.26 | 1.46 | 3.52 | 1.46 | 2.99 | 2.06 | 3.61 | 2.47 |
| 宁夏 | 0.37 | 0.28 | 0.78 | 0.58 | 0.82 | 0.66 | 1.16 | 0.93 | 1.45 | 1.16 |
| 新疆 | 20.36 | 18.55 | 25.61 | 20.84 | 33.11 | 29.01 | 36.32 | 32.77 | 35.49 | 31.84 |

## 5. 国际旅游（外汇）收入及构成

国际旅游（外汇）收入及构成

| 指标 | 2008年 | | 2009年 | |
|---|---|---|---|---|
| | 数额（百万美元） | 比重（%） | 数额（百万美元） | 比重（%） |
| **总计** | **40843** | **100.0** | **39675** | **100.0** |
| 长途交通 | 12487 | 30.6 | 11741 | 29.6 |
| 民航 | 9047 | 22.2 | 8584 | 21.6 |
| 铁路 | 1346 | 3.3 | 1277 | 3.2 |
| 汽车 | 1047 | 2.6 | 958 | 2.4 |
| 轮船 | 1047 | 2.6 | 922 | 2.3 |
| 游览 | 2202 | 5.4 | 2080 | 5.2 |
| 住宿 | 4860 | 11.9 | 4434 | 11.2 |
| 餐饮 | 3873 | 9.5 | 3614 | 9.1 |
| 商品销售 | 8534 | 20.9 | 9149 | 23.1 |
| 娱乐 | 2970 | 7.3 | 2882 | 7.3 |
| 邮电通讯 | 1002 | 2.5 | 955 | 2.4 |
| 市内交通 | 1355 | 3.3 | 1329 | 3.4 |
| 其他服务 | 3560 | 8.7 | 3491 | 8.8 |

## 6. 全国旅游业发展情况

全国旅游业发展情况

| 指标 | 2005年 | 2006年 | 2007年 | 2008年 | 2009年 |
|---|---|---|---|---|---|
| **旅行社数（个）** | **16245** | **17957** | **18943** | **20110** | |
| 国际旅行社 | 1556 | 1654 | 1797 | 1970 | |
| 国内旅行社 | 14689 | 16303 | 17146 | 18140 | |
| **星级饭店数（个）** | **11828** | **12751** | **13583** | **14099** | |
| **入境旅游人数（万人次）** | **12029.23** | **12494.21** | **13187.33** | **13002.74** | **12647.59** |
| 外国人 | 2025.51 | 2221.03 | 2610.97 | 2432.53 | 2193.75 |
| 港澳同胞 | 9592.79 | 9831.84 | 10113.57 | 10131.65 | 10005.44 |

续表

| 指　标 | 2005年 | 2006年 | 2007年 | 2008年 | 2009年 |
|---|---|---|---|---|---|
| 台湾同胞 | 410.92 | 441.35 | 462.79 | 438.56 | 448.40 |
| 过夜旅游者人数 | 4680.90 | 4991.34 | 5471.98 | 5304.92 | 5087.52 |
| **国内居民出境人数（万人次）** | **3102.63** | **3452.36** | **4095.40** | **4584.44** | **4765.62** |
| 因私出境人数 | 2514.00 | 2879.91 | 3492.40 | 4013.12 | 4220.97 |
| **国内旅游人数　（亿人次）** | **12.12** | **13.94** | **16.10** | **17.12** | **19.02** |
| **旅游收入** | | | | | |
| 国际旅游（外汇）收入（亿美元） | 292.96 | 339.49 | 419.19 | 408.43 | 396.75 |
| 国内旅游收入　（亿元） | 5285.86 | 6229.74 | 7770.62 | 8749.30 | 10183.69 |

# 二、地方

## 北京市

### 1. 广播电影电视业

（1）电影电视、广播电台情况（1978—2009年）

**电影电视、广播电台情况（1978—2009年）**

| 年份 | 电影 | | | | | 电视 | | | | | | | 广播电台 | | | 广告收入（万元） |
|---|---|---|---|---|---|---|---|---|---|---|---|---|---|---|---|---|
| | 电影单位数（个） | 放映场次（万场次） | 观众人次（万人次） | 票款收入（亿元） | 发行收入（万元） | 电视节目套数（套） | 平均每日电视节目播出时间（小时） | 电视综合覆盖率（%） | 农村电视综合覆盖率（%） | 无线电视综合覆盖率（%） | 有线电视用户数（万户） | 有线电视入户率（%） | 广播节目套数（套） | 平均每日广播节目播出时间（小时） | 广播综合覆盖率（%） | |
| 1978 | 2904 | 31.9 | 29924.1 | | 1137.4 | | | | | | | | | | | |
| 1979 | 3077 | 35.5 | 34626.0 | | 1450.6 | | | | | | | | | | | |
| 1980 | 3192 | 33.1 | 31189.5 | | 1294.0 | 1 | 4.25 | | | | | | | | 4 | 56.08 |
| 1981 | 2951 | 31.9 | 30067.0 | | 1340.5 | 1 | 5.46 | 100.00 | | | | | 4 | 57.22 | 100.00 | 139.0 |
| 1982 | 2701 | 32.8 | 28743.5 | | 1374.9 | 1 | 6.85 | 91.00 | | | | | 4 | 59.37 | 98.00 | 165.6 |
| 1983 | 2714 | 30.1 | 27345.5 | | 1403.2 | 1 | 7.07 | 90.00 | | | | | 5 | 61.97 | 98.00 | 116.8 |
| 1984 | 2524 | 27.8 | 23966.7 | | 1537.0 | 1 | 7.15 | 98.00 | | | | | 5 | 73.67 | 98.00 | 668.4 |
| 1985 | 2166 | 23.0 | 18875.0 | | 1688.6 | 1 | 7.54 | 98.00 | | | | | 5 | 65.87 | 98.00 | 645.1 |
| 1986 | 1905 | 20.6 | 15904.4 | | 1697.9 | 2 | 19.07 | 98.00 | | | | | 5 | 66.17 | 98.00 | 554.9 |
| 1987 | 1522 | 19.0 | 13517.7 | | 1743.6 | 2 | 13.64 | 98.00 | | | | | 6 | 68.75 | 98.00 | 771.0 |
| 1988 | 1479 | 19.2 | 13269.4 | | 1925.7 | 2 | 19.39 | 98.00 | | | | | 6 | 76.33 | 98.00 | 964.0 |
| 1989 | 1216 | 21.5 | 14492.6 | | 2126.6 | 4 | 25.43 | 98.00 | | | | | 7 | 78.67 | 98.00 | 1668.0 |
| 1990 | 1216 | 20.7 | 12771.2 | | 2202.4 | 4 | 29.43 | 98.00 | | | | | 7 | 77.87 | 98.00 | 2885.0 |
| 1991 | 1004 | 21.3 | 12558.3 | | 2492.1 | 4 | 27.79 | 98.00 | | | | | 7 | 77.87 | 98.00 | 5115.0 |
| 1992 | 955 | 22.1 | 11587.4 | | 2439.3 | 6 | 45.02 | 98.00 | | | | | 10 | 94.75 | 98.00 | 9680.0 |
| 1993 | 955 | 11.9 | 5369.8 | | 1948.5 | 7 | 58.18 | 98.00 | | | | | 12 | 134.75 | 98.00 | 15225.0 |
| 1994 | 961 | 10.6 | 2166.5 | 0.51 | | 9 | 77.79 | 98.30 | | | 52.71 | | 12 | 134.85 | 98.00 | 26480.0 |
| 1995 | 339 | 9.2 | 1598.6 | 0.93 | | 12 | 98.36 | 98.30 | | | 82.21 | | 13 | 148.25 | 91.00 | 45398.0 |

续表

| 年　份 | 电　影 | | | | | 电　视 | | | | | | | 广播电台 | | | 广告收入（万元） |
|---|---|---|---|---|---|---|---|---|---|---|---|---|---|---|---|---|
| | 电影单位数（个） | 放映场次（万场次） | 观众人次（万人次） | 票款收入（亿元） | 发行收入（万元） | 电视节目套数（套） | 平均每日电视节目播出时间（小时） | 电视综合覆盖率（%） | 农村电视综合覆盖率（%） | 无线电视综合覆盖率（%） | 有线电视用户数（万户） | 有线电视入户率（%） | 广播节目套数（套） | 平均每日广播节目播出时间（小时） | 广播综合覆盖率（%） | |
| 1996 | 323 | 11.5 | 1644.1 | 1.07 | | 12 | 101.01 | 98.81 | | | 182.97 | | 13 | 150.25 | 96.97 | 93428.0 |
| 1997 | 333 | 12.6 | 1742.3 | 1.17 | | 12 | 111.00 | 99.12 | | | 202.75 | | 15 | 156.05 | 98.44 | 100546.0 |
| 1998 | 189 | 12.3 | 1443.5 | 1.28 | | 12 | 110.68 | 99.60 | | | 230.97 | | 16 | 174.67 | 99.98 | 106773.0 |
| 1999 | 226 | 11.7 | 964.7 | | 2923.4 | 12 | 118.36 | 99.80 | | | 165.78 | 43.24 | 16 | 178.20 | 99.96 | 115072.0 |
| 2000 | 236 | 12.2 | 873.2 | | 3359.8 | 12 | 122.45 | 99.80 | | | 175.71 | 45.80 | 16 | 188.90 | 97.7 | 149661.0 |
| 2001 | 213 | 12.6 | 804.7 | 0.92 | | 16 | 200.15 | 99.91 | | | 205.95 | 51.76 | 16 | 192.43 | 99.91 | 136451.0 |
| 2002 | 192 | 12.3 | 827.4 | 1.09 | | 18 | 329.4 | 99.82 | | | 231.24 | 57.05 | 16 | 197.43 | 99.88 | 154317.0 |
| 2003 | 214 | 11.8 | 683.0 | 1.35 | | 19 | 259.32 | 99.90 | | | 243.00 | 58.39 | 16 | 197.86 | 99.91 | 157210.0 |
| 2004 | 172 | 18.1 | 814.4 | 1.86 | | 24 | 244.17 | 99.50 | | 97.57 | 265.50 | 62.09 | 16 | 229.55 | 100.00 | 212091.0 |
| 2005 | 160 | 22.6 | 873.8 | 2.29 | | 25 | 329.81 | 99.99 | | 99.99 | 282.00 | 64.12 | 17 | 281.88 | 100.00 | 236334.0 |
| 2006 | | 28.0 | 1221.0 | 3.02 | | 25 | 294.23 | 99.99 | 99.97 | 94.90 | 319.58 | 70.75 | 17 | 282.88 | 100.00 | 240146.0 |
| 2007 | | 38.0 | 1711.0 | 3.70 | | 25 | 309.12 | 99.99 | 99.97 | 93.13 | 345.06 | 74.43 | 17 | 288.92 | 99.98 | 317437.0 |
| 2008 | | 46.8 | 1767.3 | 5.37 | | 24 | 309.06 | 99.99 | 99.97 | 93.19 | 383.13 | 81.00 | 17 | 297.40 | 99.98 | 385231.0 |
| 2009 | | 62.4 | 2451.5 | 8.19 | | 26 | 319.13 | 99.99 | 99.97 | 94.38 | 413.50 | 85.90 | 18 | 316.58 | 99.99 | 453932.0 |

（2）电影放映单位情况（2009年）

**电影放映单位情况（2009年）**

| 项　目 | 放映单位数（个） | 放映场次（万场次） | 观众人次（万人次） | 票款收入（亿元） |
|---|---|---|---|---|
| **合　计** | **108** | **62.39** | **2451.54** | **8.19** |
| 院线影院 | 84 | 59.9 | 2139.6 | 8.08 |
| 二级市场 | 24 | 2.49 | 311.95 | 0.11 |

（3）电视台情况

**电视台情况**

| 项　目 | | 2009年 | | 2008年 | |
|---|---|---|---|---|---|
| | | 中　央 | 地　方 | 中　央 | 地　方 |
| **基本情况** | | | | | |
| 电视台 | （座） | 1 | 1 | 1 | 1 |
| 公共节目套数 | （套） | 23 | 25 | 16 | 24 |
| 全年公共节目播出时间 | （时：分） | 174313：38 | 107731：42 | 138738：11 | 104354：42 |
| **播放节目情况** | | | | | |
| 新闻咨询类节目 | （时：分） | 49851：48 | 11288：21 | 40601：24 | 12397：00 |
| 专题服务类节目 | （时：分） | 54963：59 | 37686：52 | 36934：31 | 34962：42 |
| 综艺益智类节目 | （时：分） | 22827：20 | 9301：20 | 17840：33 | 5568：42 |
| 影视剧类节目 | （时：分） | 37587：49 | 24004：10 | 33871：57 | 21816：55 |
| 广告类节目 | （时：分） | 9082：42 | 11642：20 | 8587：46 | 12330：18 |
| 其他类节目 | （时：分） | | 13808：39 | 902：00 | 17279：05 |

注：电视台数不包括区县电视台。

(4) 广播电台

广播电台情况

| 项　目 | | 2009年 | | 2008年 | |
|---|---|---|---|---|---|
| | | 中　央 | 地　方 | 中　央 | 地　方 |
| 基本情况 | | | | | |
| 电台数 | (座) | 2 | 1 | 2 | 1 |
| 公共节目套数 | (套) | 21 | 18 | 15 | 17 |
| 全年公共节目播出时间 | (时：分) | 173114：55 | 115551：27 | 148808：06 | 108858：04 |
| 播放节目情况 | | | | | |
| 新闻咨询类节目 | (时：分) | 49502：20 | 15129：42 | 47791：24 | 17198：55 |
| 专题服务类节目 | (时：分) | 60644：18 | 34945：43 | 52535：10 | 34326：01 |
| 综艺类节目 | (时：分) | 43520：50 | 30766：09 | 29102：50 | 21884：45 |
| 广播剧类节目 | (时：分) | 2265：00 | 4832：53 | 1277：30 | 4014：03 |
| 广告类节目 | (时：分) | 8412：09 | 15533：45 | 6668：27 | 12346：30 |
| 其他类节目 | (时：分) | 8770：18 | 14343：15 | 11432：45 | 19087：50 |

注：1. 广播电台数不包括区县电台。
2. 公共节目套数中含县级广播电视台的广播节目套数。

(5) 广播电视综合覆盖率

广播电视综合覆盖率(2009年)

| 项　目 | | 2009 |
|---|---|---|
| 广播综合覆盖率 | (%) | 99.99 |
| 农村广播综合覆盖率 | (%) | 99.94 |
| 无线广播综合覆盖率 | (%) | 99.99 |
| 电视综合覆盖率 | (%) | 99.99 |
| 农村电视综合覆盖率 | (%) | 99.97 |
| 无线电视综合覆盖率 | (%) | 94.38 |
| 有线电视入户率 | (%) | 85.9 |
| 数字电视用户数 | (万户) | 238.52 |
| 付费电视用户数 | (万户) | 0.16 |
| 农村有线广播电视用户数 | (万户) | 56.94 |

## 2. 新闻出版业

(1) 报纸、期刊、图书出版

报纸、期刊、图书出版情况

| 年　份 | 报纸出版 | | | | 期刊出版 | | | | 图书出版 | | |
|---|---|---|---|---|---|---|---|---|---|---|---|
| | 种数(种) | 平均期印数(万份) | 总印数(亿份) | 总印张(亿印张) | 种数(种) | 平均期印数(万册) | 总印数(亿册) | 总印张(亿印张) | 种数(种) | 总印数(亿册、亿张) | 总印张(亿印张) |
| 1978 | 11 | | 68.50 | | 468 | | 4.50 | | 5253 | 5.12 | |
| 1979 | 16 | | 81.60 | | 697 | | 5.92 | | 6723 | 5.91 | |
| 1980 | 41 | | 84.50 | | 839 | | 5.80 | | 9534 | 6.28 | |
| 1981 | 55 | | 83.10 | | 886 | | 6.69 | | 11139 | 7.84 | |
| 1982 | 57 | | 78.30 | | 882 | | 6.67 | | 13862 | 8.71 | |
| 1983 | 61 | | 79.90 | | 940 | | 6.84 | | 14384 | 8.49 | |
| 1984 | 73 | | 83.00 | | 987 | | 7.89 | | 15636 | 8.43 | |
| 1985 | 99 | | 86.00 | | 1098 | | 8.21 | | 17178 | 9.01 | |

续表

| 年份 | 报纸出版 | | | | 期刊出版 | | | | 图书出版 | | |
|---|---|---|---|---|---|---|---|---|---|---|---|
| | 种数（种） | 平均期印数（万份） | 总印数（亿份） | 总印张（亿印张） | 种数（种） | 平均期印数（万册） | 总印数（亿册） | 总印张（亿印张） | 种数（种） | 总印数（亿册、亿张） | 总印张（亿印张） |
| 1986 | 126 | | 82.00 | | 1206 | | 7.95 | | 19362 | 5.82 | |
| 1987 | 129 | | 86.00 | | 1409 | | 8.24 | | 21843 | 6.94 | |
| 1988 | 151 | | 87.00 | | 1514 | | 8.23 | | 23689 | 7.28 | |
| 1989 | 161 | | 66.00 | | 1580 | | 6.24 | | 25980 | 6.31 | |
| 1990 | 148 | | 68.00 | | 1415 | | 5.90 | | 27345 | 6.17 | |
| 1991 | 157 | | 76.70 | | 1499 | | 6.83 | | 29609 | 7.05 | |
| 1992 | 164 | 3886 | 81.38 | 88.39 | 1594 | 6043 | 7.79 | 22.30 | 31320 | 7.83 | 58.67 |
| 1993 | 170 | 3965 | 81.70 | 87.71 | 1597 | 6037 | 7.80 | 22.36 | 34393 | 8.60 | 70.96 |
| 1994 | 233 | 3759 | 69.98 | 92.59 | 1854 | 5328 | 6.29 | 19.11 | 38498 | 8.28 | 71.71 |
| 1995 | 240 | 3823 | 72.92 | 108.32 | 1884 | 5018 | 6.38 | 19.62 | 38819 | 8.33 | 70.15 |
| 1996 | 242 | | 70.52 | | 2129 | | 6.13 | | 41572 | 9.45 | |
| 1997 | 242 | 3624 | 71.80 | 122.17 | 2162 | 5396 | 6.61 | 22.87 | 45775 | 9.93 | 78.62 |
| 1998 | 247 | 3561 | 71.70 | 130.01 | 2274 | 5797 | 7.28 | 26.54 | 50155 | 10.95 | 86.05 |
| 1999 | 247 | 3520 | 71.65 | 144.65 | 2273 | 6116 | 8.04 | 35.18 | 54783 | 11.34 | 93.38 |
| 2000 | 240 | 3343 | 68.67 | 149.58 | 2352 | 5909 | 7.91 | 32.96 | 57821 | 9.63 | 92.98 |
| 2001 | 243 | 3339 | 69.35 | 153.22 | 2374 | 5761 | 8.09 | 32.61 | 63928 | 10.27 | 105.06 |
| 2002 | 247 | 3364 | 71.02 | 169.87 | 2377 | 5708 | 8.23 | 34.34 | 73836 | 12.16 | 127.48 |
| 2003 | 250 | 3393 | 72.45 | 190.35 | 2382 | 5702 | 8.18 | 34.25 | 85244 | 13.82 | 140.77 |
| 2004 | 253 | 3405 | 70.40 | 206.53 | 2791 | 5233 | 7.97 | 35.53 | 98312 | 15.22 | 157.17 |
| 2005 | 255 | 3169 | 66.16 | 227.22 | 2809 | 4957 | 7.72 | 40.80 | 108152 | 17.07 | 180.51 |
| 2006 | 256 | 3651 | 74.01 | 240.39 | 2809 | 5077 | 8.29 | 47.39 | 113232 | 17.19 | 186.10 |
| 2007 | 256 | 3454 | 73.09 | 218.55 | 2809 | 5340 | 9.17 | 54.21 | 125412 | 18.68 | 195.30 |
| 2008 | 259 | 3328 | 73.21 | 241.27 | 2898 | 5392 | 9.36 | 55.39 | 136284 | 20.78 | 220.00 |
| 2009 | 260 | 3232 | 71.63 | 232.50 | 3030 | 5373 | 9.70 | 59.35 | 144211 | 21.04 | 220.21 |

注：1991 年及以前，报纸、期刊、图书为出版数；1992 年及以后均为总印数。

（2）报纸出版

报纸出版情况

| 项　目 | 种数（种） | | 平均期印数（万份） | | 总印数（亿份） | | 总印张（亿印张） | |
|---|---|---|---|---|---|---|---|---|
| | 2009 | 2008 | 2009 | 2008 | 2009 | 2008 | 2009 | 2008 |
| **总　计** | **260** | **259** | **3232** | **3328** | **71. 6** | **73. 2** | **232. 5** | **241. 3** |
| 综合报 | 33 | 33 | 1152 | 1153 | 37. 3 | 37. 5 | 127. 9 | 130. 3 |
| 专业报 | 227 | 226 | 2080 | 2175 | 34. 3 | 35. 7 | 104. 6 | 111. 0 |

（3）期刊出版

期刊出版情况

| 项　目 | 种数（种） | | 平均期印数（万份） | | 总印数（亿份） | | 总印张（亿印张） | |
|---|---|---|---|---|---|---|---|---|
| | 2009 | 2008 | 2009 | 2008 | 2009 | 2008 | 2009 | 2008 |
| **总　计** | **3030** | **2898** | **5373** | **5392** | **9.70** | **9.36** | **59.35** | **55.39** |
| 综　合 | 74 | 81 | 235 | 226 | 0.38 | 0.36 | 2.63 | 2.32 |
| 哲学、社会科学 | 937 | 887 | 2969 | 2982 | 5.43 | 5.20 | 28.42 | 26.29 |
| 自然科学技术 | 1569 | 1548 | 1222 | 1257 | 1.73 | 1.76 | 14.36 | 14.02 |

续表

| 项　　目 | 种数（种） | | 平均期印数（万份） | | 总印数（亿份） | | 总印张（亿印张） | |
|---|---|---|---|---|---|---|---|---|
| | 2009 | 2008 | 2009 | 2008 | 2009 | 2008 | 2009 | 2008 |
| 文化、教育 | 275 | 213 | 391 | 395 | 0.73 | 0.70 | 5.89 | 5.33 |
| 文学、艺术 | 137 | 131 | 259 | 234 | 0.66 | 0.63 | 4.40 | 4.28 |
| 少年儿童读物 | 16 | 16 | 231 | 233 | 0.64 | 0.60 | 2.00 | 1.90 |
| 画　刊 | 22 | 22 | 66 | 65 | 0.12 | 0.11 | 1.65 | 1.24 |

（4）图书出版

**图书出版情况**

| 项　目 | 出版图书种数合计（种） | | 新　书 | | 总印数（万册、万张） | | 总印张（万印张） | |
|---|---|---|---|---|---|---|---|---|
| | 2009 | 2008 | 2009 | 2008 | 2009 | 2008 | 2009 | 2008 |
| **总　计** | **144211** | **136284** | **84382** | **74677** | **210412** | **207836** | **2202075** | **2200022** |
| **书籍合计** | **144096** | **136133** | **84313** | **74633** | **210123** | **207085** | **2192229** | **2190337** |
| 马列主义、毛泽东思想 | 270 | 217 | 186 | 127 | 593 | 1535 | 11279 | 27336 |
| 哲　学 | 3965 | 3305 | 3006 | 2390 | 3193 | 2598 | 52398 | 40053 |
| 社会科学总论 | 2601 | 2226 | 1701 | 1281 | 1862 | 1521 | 31635 | 26432 |
| 政治、法律 | 9624 | 9783 | 7715 | 7337 | 16062 | 12659 | 166552 | 149379 |
| 军　事 | 548 | 444 | 457 | 353 | 359 | 252 | 4967 | 4480 |
| 经　济 | 17346 | 16226 | 11516 | 10278 | 11622 | 12153 | 196662 | 191594 |
| 文化、科学、教育、体育 | 26356 | 26148 | 10534 | 9233 | 113683 | 113263 | 802881 | 792856 |
| 语言、文字 | 9878 | 9471 | 5094 | 4530 | 13446 | 13719 | 190125 | 218912 |
| 文　学 | 8592 | 7037 | 6273 | 5035 | 8510 | 8051 | 123829 | 105516 |
| 艺　术 | 4484 | 3770 | 3175 | 2519 | 2920 | 3143 | 28991 | 27046 |
| 历史、地理 | 5570 | 5112 | 4245 | 3868 | 4705 | 4380 | 57965 | 58075 |
| 自然科学总论 | 301 | 237 | 226 | 153 | 199 | 161 | 2729 | 2070 |
| 数学科学、化学 | 3538 | 3610 | 1566 | 1423 | 2576 | 2908 | 45633 | 51158 |
| 天文学、物理科学 | 1143 | 998 | 843 | 696 | 494 | 522 | 6404 | 5931 |
| 生物科学 | 1080 | 1069 | 675 | 561 | 615 | 626 | 9621 | 12380 |
| 医药、卫生 | 9307 | 8751 | 5914 | 5446 | 7009 | 7522 | 116928 | 129767 |
| 农业科学 | 3634 | 3211 | 1538 | 1443 | 2965 | 2142 | 25339 | 19710 |
| 工业技术 | 31431 | 30526 | 17122 | 15671 | 16123 | 16505 | 274723 | 288316 |
| 交通运输 | 2606 | 2219 | 1317 | 1076 | 1720 | 1356 | 24623 | 19852 |
| 航空、航天 | 242 | 174 | 152 | 141 | 80 | 67 | 1123 | 1085 |
| 环境科学 | 929 | 883 | 665 | 588 | 505 | 555 | 6453 | 6622 |
| 综合性图书 | 651 | 716 | 393 | 484 | 882 | 1447 | 11369 | 11767 |
| **图片及小件印品合计** | **104** | **151** | **58** | **44** | **289** | **751** | **453** | **9685** |

（5）录音制品出版

**录音制品出版情况**

| 项　目 | 录像带 | | | | 激光视盘 | | | | 高密度激光视盘 | | | |
|---|---|---|---|---|---|---|---|---|---|---|---|---|
| | 种数（种） | | 数量（万盒） | | 种数（种） | | 数量（万张） | | 种数（种） | | 数量（万张） | |
| | 2009 | 2008 | 2009 | 2008 | 2009 | 2008 | 2009 | 2008 | 2009 | 2008 | 2009 | 2008 |
| **总　计** | **1693** | **2114** | **12945.2** | **15768.4** | **2194** | **2060** | **1784.6** | **2076.2** | **1270** | **897** | **1690.1** | **908.4** |
| 市属 | 188 | 187 | 80.3 | 89.7 | 141 | 90 | 168.8 | 62.8 | 11 | 2 | 2.3 | 0.2 |

（6）录像制品出版

录像制品出版情况

| 项　　目 | 录音带 | | | | 激光唱盘 | | | | 高密度激光唱盘 | | | |
|---|---|---|---|---|---|---|---|---|---|---|---|---|
| | 种数（种） | | 数量（万盒） | | 种数（种） | | 数量（万张） | | 种数（种） | | 数量（万张） | |
| | 2009 | 2008 | 2009 | 2008 | 2009 | 2008 | 2009 | 2008 | 2009 | 2008 | 2009 | 2008 |
| **总　计** | **3** | **22** | **0.3** | **4.4** | **3036** | **3358** | **4995.2** | **5208.9** | **3385** | **2467** | **3374.6** | **3443.8** |
| 市属 | | 2 | | 1.2 | 116 | 91 | 233.6 | 136.9 | 192 | 136 | 220.0 | 346.5 |

## 3. 演艺娱乐业

（1）专业艺术剧团

专业艺术剧团（2009年）

| 项　　目 | 个数（个） | 从业人员（人） | 演出场次（场次） | 国内演出场次 | 农村演出场次 | 国内观众人数（万人次） | 演出收入（万元） |
|---|---|---|---|---|---|---|---|
| **合　计** | **35** | **7504** | **10131** | **9684** | **2485** | **863** | **34741** |
| **按隶属关系分组** | | | | | | | |
| 中央属 | 17 | 5185 | 3339 | 3045 | 784 | 413 | 21334 |
| 市　属 | 11 | 2132 | 6092 | 5949 | 1701 | 430 | 12407 |
| 区县属 | 7 | 187 | 700 | 690 | | 20 | 1000 |
| **按剧种分** | | | | | | | |
| 话剧、儿童剧团、滑稽剧团 | 4 | 1069 | 1594 | 1580 | 96 | 119 | 3960 |
| 歌剧、舞剧、歌舞剧团 | 2 | 824 | 355 | 332 | 33 | 65 | 3312 |
| 歌舞团、轻音乐团 | 4 | 1406 | 1987 | 1934 | 720 | 233 | 8451 |
| 乐团、合唱团 | 4 | 603 | 223 | 195 | 28 | 29 | 3158 |
| 戏曲剧团 | 10 | 1500 | 2908 | 2892 | 936 | 149 | 4595 |
| 曲、杂、木、皮影剧团 | 5 | 450 | 1813 | 1706 | | 90 | 4447 |
| 综合艺术表演团体 | 6 | 1662 | 1251 | 1045 | 672 | 178 | 6818 |

（2）艺术表演场所

艺术表演场所情况

| 项　　目 | | 2009 | 2008 |
|---|---|---|---|
| 艺术表演场所个数 | （个） | 73 | 54 |
| 剧场、影剧院 | | 56 | 45 |
| 儿童剧场 | | 7 | 2 |
| 音乐厅 | | 5 | 3 |
| 从业人员 | （人） | 1798 | 2245 |
| 观众座席数 | （个） | 51740 | 44143 |
| 演出场次 | （场） | 59464 | 45014 |
| 艺术演出场次 | | 14061 | 11293 |
| 电影放映场次 | | | 33721 |
| 观众人次数 | （万人次） | 791 | 750 |

续表

| 项　目 | | 2009 | 2008 |
|---|---|---|---|
| 艺术演出观众人次 | | 644 | 557 |
| 电影放映观众人次 | | | 193 |
| 总收入 | （万元） | | |
| 艺术演出分成收入 | （万元） | 55926 | 43188 |
| 电影放映分成收入 | （万元） | | 2687 |

## 4. 文化会展业

(1) 会议及展览活动情况

会议及展览活动情况

| 项　目 | | 2008 年 | 2009 年 | 年增长率（%） |
|---|---|---|---|---|
| **人员情况** | | | | |
| 期末从业人员 | （万人） | 20.66 | 20.73 | 0.3 |
| **设施情况** | | | | |
| 接待场所会议室个数 | （个） | 5403 | 5718 | 5.8 |
| 座位数超过 500 座的会议室 | （个） | 156 | 179 | 14.7 |
| 接待场所会议室使用面积 | （平方米） | 750008 | 830850 | 10.8 |
| 接待场所会议室可容纳人数 | （人） | 453059 | 500236 | 10.4 |
| 展览场馆展厅使用面积 | （平方米） | 253515 | 354158 | 39.7 |
| 展览场馆室外可使用展览面积 | （平方米） | 110400 | 214500 | 94.3 |
| **会议情况** | | | | |
| 接待会议个数 | （个） | 209903 | 224160 | 6.8 |
| 国际会议 | （个） | 5767 | 5174 | −10.3 |
| 接待会议人数 | （万人次） | 1499.1 | 1615.3 | 7.7 |
| 国际会议人数 | （万人次） | 57.2 | 55.7 | −2.6 |
| **展览情况** | | | | |
| 接待展览个数 | （个） | 1310 | 1216 | −7.2 |
| 国际展览 | （个） | 439 | 248 | −43.5 |
| 展览面积 1 万—5 万平方米的展览个数 | （个） | 169 | 180 | 6.5 |
| 展览面积 5 万平方米及以上的展览个数 | （个） | 13 | 13 | 0 |
| 接待展览累计面积（含室外展览面积） | （万平方米） | 640.8 | 649.7 | 1.4 |
| 国际展览累计面积 | （万平方米） | 377.2 | 325.0 | −13.8 |
| 接待展览观众人数 | （万人次） | 588.7 | 583.9 | −0.8 |
| 国际展览观众人数 | （万人次） | 126.4 | 123.9 | −1.9 |
| **收入情况** | | | | |
| 会展收入 | （万元） | 1288629.0 | 1244412.9 | −3.4 |
| 会议收入 | （万元） | 721546.2 | 725430.3 | 0.5 |
| 国际会议收入 | （万元） | 56468.3 | 37875.6 | −32.9 |
| 展览收入 | （万元） | 567082.8 | 518982.6 | −8.5 |
| 国际展览收入 | （万元） | 293223.1 | 253690.3 | −13.5 |

## 5. 文化旅游业

(1) 民俗旅游

民俗旅游情况

| 项　目 | 2008 年 | 2009 年 | 年增长率（%） |
|---|---|---|---|
| 从事民俗旅游接待的户数（户） | 9151 | 8705 | －4.9 |
| 从事民俗旅游接待的人数（人） | 19421 | 19790 | 1.9 |
| 本年民俗旅游接待人次（人次） | 12056136 | 13931183 | 15.6 |
| 本年民俗旅游总收入（万元） | 52914.4 | 60895.4 | 15.1 |

注：民俗旅游接待户数为实际经营的户数。

(2) 国际、国内旅游

国际、国内旅游情况（1978—2009 年）

| 年　份 | 入境旅游者人数（万人次） | 旅游外汇收入总额（万美元） | 国内旅游者人数（万人次） | 国内旅游收入（亿元） |
|---|---|---|---|---|
| 1978 | 18.7 | 10000 | | |
| 1979 | 25.2 | 9000 | | |
| 1980 | 28.6 | 12000 | | |
| 1981—1985 | **295.4** | **94000** | | |
| 1981 | 39.4 | 12000 | | |
| 1982 | 45.7 | 13000 | | |
| 1983 | 50.9 | 14000 | | |
| 1984 | 65.7 | 23000 | | |
| 1985 | 93.7 | 32000 | | |
| 1986—1990 | **492.0** | **280901** | | |
| 1986 | 99.0 | 46000 | | |
| 1987 | 108.1 | 55000 | | |
| 1988 | 120.4 | 67000 | | |
| 1989 | 64.5 | 47195 | | |
| 1990 | 100.0 | 65706 | | |
| 1991—1995 | **919.6** | **735519** | | |
| 1991 | 132.0 | 85001 | | |
| 1992 | 174.8 | 107286 | | |
| 1993 | 202.8 | 124128 | | |
| 1994 | 203.0 | 200904 | 6710 | 298.0 |
| 1995 | 207.0 | 218200 | 6320 | 352.6 |
| 1996—2000 | **1203.3** | **1214800** | **44081** | **2388.4** |
| 1996 | 218.9 | 225200 | 7683 | 359.6 |
| 1997 | 229.8 | 224800 | 8221 | 391.3 |
| 1998 | 220.1 | 238400 | 8731 | 424.5 |
| 1999 | 252.4 | 249600 | 9260 | 530.0 |
| 2000 | 282.1 | 276800 | 10186 | 683.0 |
| 2001—2005 | **1459.7** | **1475000** | **55657** | **4968.7** |
| 2001 | 285.8 | 295000 | 11007 | 887.7 |
| 2002 | 310.4 | 311000 | 11500 | 930.0 |
| 2003 | 185.1 | 190000 | 8700 | 706.0 |
| 2004 | 315.5 | 317000 | 11950 | 1145.0 |

续表

| 年　份 | 入境旅游者人数（万人次） | 旅游外汇收入总额（万美元） | 国内旅游者人数（万人次） | 国内旅游收入（亿元） |
|---|---|---|---|---|
| 2005 | 362.9 | 362000 | 12500 | 1300.0 |
| 2006 | 390.3 | 402600 | 13200 | 1482.7 |
| 2007 | 435.5 | 458000 | 14280 | 1753.6 |
| 2008 | 379.0 | 446000 | 14181 | 1907.0 |
| 2009 | 412.5 | 436000 | 16257 | 2144.5 |

（3）按客源地分入境旅游者人数

按客源地分入境旅游者人数（1978—2009年）

单位：万人次

| 年　份 | 入境旅游者人数 | | | 香　港 | 日　本 | 韩　国 | 美　国 | 英　国 | 法　国 | 德　国 | 俄罗斯 |
|---|---|---|---|---|---|---|---|---|---|---|---|
| | | 港澳台同胞 | 外国人 | | | | | | | | |
| 1978 | 18.7 | 3.3 | 15.4 | | | | | | | | |
| 1979 | 25.2 | 4.1 | 21.1 | | | | | | | | |
| 1980 | 28.6 | 5.8 | 21.7 | | 6.0 | | 3.7 | 1.3 | 0.9 | 0.9 | |
| 1981—1985 | **295.4** | **47.5** | **233.0** | | **68.3** | | **47.1** | **10.1** | **9.2** | **10.6** | |
| 1981 | 39.4 | 6.8 | 31.3 | | 5.3 | | 3.8 | 1.1 | 1.1 | 1.0 | |
| 1982 | 45.7 | 8.2 | 35.9 | | 8.2 | | 6.6 | 1.3 | 1.3 | 1.4 | |
| 1983 | 50.9 | 8.9 | 39.7 | | 10.0 | | 9.4 | 1.5 | 1.5 | 1.7 | 0.1 |
| 1984 | 65.7 | 10.0 | 52.1 | | 17.2 | | 12.5 | 2.3 | 2.1 | 2.5 | 0.1 |
| 1985 | 93.7 | 13.6 | 74.0 | | 27.6 | | 14.8 | 3.9 | 3.2 | 4.0 | 0.2 |
| 1986—1990 | **492.0** | **117.7** | **357.0** | | **110.0** | | **63.8** | **18.1** | **15.7** | **22.4** | **3.8** |
| 1986 | 99.0 | 15.8 | 79.0 | | 25.5 | | 14.7 | 4.1 | 3.1 | 4.6 | 0.3 |
| 1987 | 108.1 | 21.8 | 81.7 | | 26.3 | | 16.5 | 4.5 | 4.3 | 5.1 | 0.3 |
| 1988 | 120.4 | 28.8 | 86.5 | | 27.8 | | 16.7 | 4.2 | 4.2 | 5.4 | 0.7 |
| 1989 | 64.5 | 16.6 | 46.0 | | 12.2 | | 7.3 | 2.4 | 2.1 | 3.3 | 1.0 |
| 1990 | 100.0 | 34.7 | 63.8 | 11.4 | 18.2 | | 8.6 | 2.9 | 2.0 | 4.0 | 1.5 |
| 1991—1995 | **919.6** | **217.9** | **683.4** | **122.7** | **188.0** | **47.2** | **68.9** | **25.2** | **30.1** | **45.9** | **27.4** |
| 1991 | 132.0 | 38.2 | 91.4 | 17.6 | 27.6 | 4.3 | 9.5 | 4.3 | 3.7 | 6.0 | 3.5 |
| 1992 | 174.8 | 51.2 | 120.5 | 24.6 | 37.6 | 5.6 | 12.3 | 4.4 | 6.6 | 9.4 | 5.1 |
| 1993 | 202.8 | 52.8 | 145.0 | 29.4 | 39.3 | 7.3 | 14.3 | 5.3 | 6.9 | 12.0 | 7.7 |
| 1994 | 203.0 | 39.4 | 160.0 | 25.7 | 41.1 | 12.7 | 15.4 | 5.4 | 6.7 | 9.7 | 4.9 |
| 1995 | 207.0 | 36.3 | 166.5 | 25.4 | 42.4 | 17.3 | 17.4 | 5.8 | 6.2 | 8.8 | 6.2 |
| 1996—2000 | **1203.3** | **206.2** | **984.3** | **128.3** | **229.4** | **92.6** | **118.6** | **43.8** | **37.5** | **53.0** | **28.1** |
| 1996 | 218.9 | 38.6 | 176.2 | 25.5 | 43.0 | 18.0 | 18.5 | 7.5 | 6.6 | 10.0 | 6.9 |
| 1997 | 229.8 | 40.3 | 186.9 | 26.3 | 43.0 | 19.4 | 21.7 | 9.0 | 6.5 | 9.1 | 6.5 |
| 1998 | 220.1 | 39.1 | 178.2 | 25.0 | 43.5 | 8.2 | 23.2 | 8.8 | 6.9 | 11.3 | 6.2 |
| 1999 | 252.4 | 44.1 | 205.0 | 26.5 | 45.6 | 19.2 | 24.1 | 8.8 | 7.9 | 10.5 | 4.6 |
| 2000 | 282.1 | 44.1 | 238.0 | 25.0 | 54.3 | 27.8 | 31.1 | 9.7 | 9.6 | 12.1 | 3.9 |
| 2001—2005 | **1459.7** | **220.9** | **1238.8** | **133.2** | **233.7** | **182.9** | **173.8** | **57.8** | **51.7** | **56.9** | **33.2** |
| 2001 | 285.8 | 45.9 | 239.9 | 26.9 | 50.7 | 32.7 | 33.1 | 11.1 | 10.2 | 12.3 | 4.9 |
| 2002 | 310.4 | 43.9 | 266.5 | 25.5 | 56.5 | 38.0 | 37.4 | 12.9 | 11.3 | 12.2 | 5.2 |
| 2003 | 185.1 | 32.4 | 152.7 | 21.7 | 29.2 | 24.5 | 19.4 | 8.1 | 5.5 | 6.3 | 5.2 |
| 2004 | 315.5 | 47.4 | 268.1 | 27.7 | 52.3 | 42.4 | 37.4 | 11.8 | 11.1 | 11.5 | 8.2 |
| 2005 | 362.9 | 51.3 | 311.6 | 31.4 | 45.0 | 45.3 | 46.5 | 13.9 | 13.6 | 14.6 | 9.7 |

续表

| 年 份 | 入境旅游者人数 | | 香 港 | 日 本 | 韩 国 | 美 国 | 英 国 | 法 国 | 德 国 | 俄罗斯 |
|---|---|---|---|---|---|---|---|---|---|---|
| | | 港澳台同胞 | 外国人 | | | | | | | | |
|---|---|---|---|---|---|---|---|---|---|---|---|
| 2006 | 390.3 | 52.0 | 338.3 | 30.3 | 50.6 | 42.4 | 49.8 | 14.8 | 14.2 | 15.3 | 15.0 |
| 2007 | 435.5 | 52.9 | 382.6 | 31.3 | 58.8 | 44.4 | 60.3 | 17.0 | 16.4 | 17.5 | 18.3 |
| 2008 | 379.0 | 43.3 | 335.7 | 28.1 | 40.0 | 35.3 | 53.8 | 17.5 | 14.5 | 16.0 | 17.9 |
| 2009 | 412.5 | 69.6 | 342.9 | 44.4 | 46.2 | 35.2 | 57.9 | 16.3 | 12.9 | 16.8 | 15.0 |

注：1.1980—1999 年的入境旅游者人数由外国游客、港澳台游客、华侨三部分组成。

2.1990—1999 年香港游客人数为香港、澳门合计。

（4）来京旅游者人数

**来京旅游者人数**

单位：万人次

| 项 目 | 2009 | 2008 | 2009 年为 2008 年% |
|---|---|---|---|
| 合 计 | **16669.5** | **14560.0** | **114.5** |
| 国内旅游人数 | **16257.0** | **14181.0** | **114.6** |
| 外地来京旅游者人数 | 10441.0 | 8960.0 | 116.5 |
| 市民在京游人数 | 5816.0 | 5220.0 | 111.4 |
| 入境旅游者人数 | **412.5** | **379.0** | **108.8** |
| 港澳台同胞 | 69.6 | 43.3 | 160.7 |
| 中国香港 | 44.4 | 28.1 | 157.9 |
| 中国澳门 | 1.5 | 1.3 | 118.6 |
| 中国台湾 | 23.7 | 13.9 | 170.0 |
| 外国人 | 342.9 | 335.7 | 102.1 |
| 亚 洲 | 142.5 | 126.4 | 112.8 |
| 日 本 | 46.2 | 40.0 | 115.5 |
| 韩 国 | 35.2 | 35.3 | 99.5 |
| 菲律宾 | 2.7 | 1.8 | 144.3 |
| 印度尼西亚 | 4.1 | 3.1 | 131.3 |
| 马来西亚 | 9.4 | 6.2 | 150.8 |
| 新加坡 | 11.0 | 9.3 | 118.2 |
| 泰 国 | 5.9 | 5.0 | 119.5 |
| 印 度 | 5.1 | 4.3 | 119.4 |
| 蒙 古 | 4.0 | 4.3 | 92.8 |
| 美 洲 | 75.1 | 72.3 | 103.8 |
| 美 国 | 57.9 | 53.8 | 107.6 |
| 加拿大 | 12.0 | 11.2 | 107.2 |
| 欧 洲 | 104.3 | 114.3 | 91.2 |
| 英 国 | 16.3 | 17.5 | 92.8 |
| 法 国 | 12.9 | 14.5 | 89.0 |
| 德 国 | 16.8 | 16.0 | 104.8 |
| 意大利 | 5.8 | 5.9 | 99.3 |
| 西班牙 | 5.3 | 5.1 | 103.8 |

续表

| 项　目 | 2009 | 2008 | 2009年为2008年% |
|---|---|---|---|
| 瑞　典 | 5.3 | 6.5 | 82.2 |
| 瑞　士 | 2.0 | 2.4 | 83.1 |
| 俄罗斯 | 15.0 | 17.9 | 83.4 |
| 大洋洲 | 13.2 | 14.7 | 89.9 |
| 澳大利亚 | 11.0 | 11.7 | 94.1 |
| 新西兰 | 1.8 | 1.9 | 91.8 |
| 非　洲 | 5.4 | 5.3 | 102.9 |
| 其　他 | 2.4 | 2.7 | 89.1 |

资料来源：表中“国内旅游人数”的相关资料来自北京市旅游局。

(5) 在京旅游花费构成

在京旅游花费构成情况（2009年）

单位：%

| 项　目 | 入境旅游者 | 外省市来京游客 |
|---|---|---|
| 合　　计 | **100** | **100** |
| 长途交通费 | 37.4 | 12.9 |
| 民　航 | 27.1 | 6.6 |
| 铁　路 | 5.5 | 1.3 |
| 公　路 | 4.8 | 5.0 |
| 市内交通费 | 2.7 | 4.9 |
| 住　宿 | 14.5 | 17.7 |
| 餐　饮 | 7.5 | 21.8 |
| 购　物 | 20.4 | 34.5 |
| 邮电通讯 | 2.7 | 0.6 |
| 景区游览 | 3.9 | 6.1 |
| 文化娱乐 | 4.6 | 1.2 |
| 其　他 | 6.3 | 0.3 |

## 6. 文化创意产业活动单位基本情况

文化创意产业活动单位基本情况

单位：亿元

| 项　目 | 增加值 | | 从业人员（万人） | | 资产总计 | | 收入合计 | |
|---|---|---|---|---|---|---|---|---|
| | 2009 | 2008 | 2009 | 2008 | 2009 | 2008 | 2009 | 2008 |
| 合　　计 | 1489.9 | 1346.4 | 114.9 | 107.0 | 9535.3 | 8275.1 | 5985.7 | 5439.6 |
| 文化艺术 | 48.8 | 42.7 | 5.2 | 4.8 | 348.1 | 299.2 | 144.5 | 124.7 |
| 新闻出版 | 159.8 | 153.7 | 15.6 | 16.0 | 970.7 | 928.0 | 565.8 | 543.7 |
| 广播、电视、电影 | 124.5 | 120.1 | 4.8 | 4.6 | 1085.2 | 935.8 | 437.3 | 404.3 |
| 软件、网络及计算机服务 | 710.5 | 703.1 | 45.1 | 39.8 | 3631.0 | 3216.1 | 2297.0 | 2059.0 |
| 广告会展 | 98.5 | 112.2 | 9.5 | 9.3 | 705.3 | 663.2 | 777.0 | 738.8 |
| 艺术品交易 | 30.9 | 20.5 | 1.9 | 1.7 | 208.0 | 158.4 | 131.2 | 126.5 |
| 设计服务 | 76.4 | 52.8 | 10.0 | 7.8 | 1042.6 | 738.5 | 245.3 | 244.8 |
| 旅游、休闲娱乐 | 60.7 | 58.4 | 10.3 | 10.0 | 553.0 | 623.0 | 440.7 | 417.5 |
| 其他辅助服务 | 179.8 | 82.9 | 12.6 | 13.0 | 991.4 | 712.9 | 946.9 | 780.3 |

# 天津市

## 1. 广播电影电视业

（1）电影放映单位基本情况

电影放映单位基本情况（2006—2009 年） 单位：个（unit）

| 指　标 | 2006 | 2007 | 2008 | 2009 |
|---|---|---|---|---|
| 电影放映单位 | 190 | 187 | 181 | 172 |
| 电影院 | 11 | 9 | 9 | 12 |
| 影剧院 | 12 | 12 | 12 | 10 |
| 开放礼堂俱乐部 | 7 | 6 | 6 | 10 |
| 电影放映队 | 139 | 139 | 139 | 139 |
| 对内俱乐部 | 15 | 15 | 15 | 1 |
| 拥有坐席数 | 30576 | 28035 | 28035 | 32513 |
| 放映场次（场次） | 26305 | 22067 | 17500 | 12548 |
| 观众人次（万人次） | 37 | 35 | 25 | 27 |

（2）广播电视节目播出情况

广播和电视节目播出情况（2009 年） 单位：小时

| 项　目 | 全年播出节目时间 | 新　闻资讯类 | 专题服务类 | 综艺益智类 | 广播/影视剧类 | 广告类 | 其他类 |
|---|---|---|---|---|---|---|---|
| 广播电台 | 127264 | 18768 | 26249 | 47882 | 1061 | 22823 | 10479 |
| 电视台 |  | 11487 | 32742 | 9387 | 60365 | 25648 | 9881 |
| 天津电视台 | 74200 | 4852 | 25588 | 3990 | 18680 | 21090 |  |
| 塘沽区 | 25653 | 2557 | 3470 | 873 | 14658 | 1844 | 2251 |
| 汉沽区 | 7300 | 405 | 18 |  | 3277 | 360 | 3240 |
| 大港区 | 5475 | 291 | 249 | 495 | 3557 | 547 | 336 |
| 武清区 | 6902 | 289 | 1347 | 1050 | 2661 | 815 | 740 |
| 宝坻区 | 3830 | 274 | 415 | 270 | 2300 | 190 | 381 |
| 宁河县 | 1257 | 314 | 197 |  | 624 | 122 |  |
| 静海县 | 6222 | 623 | 154 | 1582 | 3815 | 48 |  |
| 蓟　县 | 5355 | 365 | 748 | 559 | 3300 | 142 | 241 |

（3）广播电视节目制作情况

广播和电视节目制作情况（2009 年） 单位：小时

| 项　目 | 全年制作节目时间 | 新　闻资讯类 | 专题服务类 | 综艺益智类 | 广播/影视剧类 | 广告类 | 其他类 |
|---|---|---|---|---|---|---|---|
| 广播电台 | 76127 | 11978 | 14335 | 27937 | 203 | 17872 | 3802 |
| 电视台 | 20270 | 4031 | 8460 | 5270 | 182 | 1828 | 499 |
| 天津电视台 | 10202 | 2009 | 6416 | 1510 | 207 | 60 |  |
| 塘沽区 | 2107 | 757 | 216 | 361 |  | 768 | 5 |
| 汉沽区 | 378 | 73 | 17 | 288 |  |  |  |
| 大港区 | 878 | 97 | 83 | 404 |  | 182 | 112 |

续表

| 项　目 | 全年制作节目时间 | 新闻资讯类 | 专题服务类 | 综艺益智类 | 广播/影视剧类 | 广告类 | 其他类 |
|---|---|---|---|---|---|---|---|
| 武清区 | 823 | 164 | 315 | 228 | | 96 | 20 |
| 宝坻区 | 513 | 95 | 190 | 38 | | 190 | |
| 宁河县 | 585 | 215 | 195 | | | 175 | |
| 静海县 | 1574 | 135 | 78 | 1337 | | 24 | |
| 蓟　县 | 2055 | 365 | 748 | 559 | | 142 | 241 |

(4) 广播电台和电视台情况

广播电台和电视台情况（2006—2009 年）

单位：套、时：分、%

| 项　目 | 2006 | 2007 | 2008 | 2009 |
|---|---|---|---|---|
| 广播电台 | | | | |
| 节目套数 | 10 | 12 | 22 | 21 |
| 平均每日播音时间 | 213：35：00 | 235：53：00 | 385：35：00 | 349：06：00 |
| 广播覆盖率 | 100 | 100 | 100 | 100 |
| 电视台 | | | | |
| 节目套数 | 26 | 28 | 34 | 31 |
| 平均每周播出时间 | 2445：40：00 | 2852：59：00 | 3062：50：00 | 2875：19：00 |
| 电视覆盖率 | 99.83 | 99.83 | 99.83 | 100.00 |

注：从 2008 年起，广播电台各项数据为全市口径，电视台节目包含付费频道。

(5) 有线电视基本情况

有线电视基本情况（2006—2009 年）

| 指　标 | 2006 | 2007 | 2008 | 2009 |
|---|---|---|---|---|
| 有线电视总用户数（万户） | 200 | 213 | 222 | 246 |
| 有线电视入户率（%） | 61.98 | 64.90 | 66.71 | 75.07 |
| 有线广播电视传输网络干线总长（公里） | | 3632 | 3962 | 6148 |

## 2. 新闻出版业

(1) 录像和录音制品出版情况

录像和录音制品出版情况（2007—2009 年）

| 项　目 | 种　数（种） | | | 数　量（万盒、万张） | | |
|---|---|---|---|---|---|---|
| | 2007 年 | 2008 年 | 2009 年 | 2007 年 | 2008 年 | 2009 年 |
| 数码激光视盘 | 22 | 13 | 23 | 22 | 4 | 11 |
| 高密度激光视盘 | 101 | 41 | 163 | 24 | 10 | 30 |
| 录音带 | 10 | 36 | 19 | 9 | 126 | 117 |
| 激光唱盘 | 133 | 69 | 120 | 88 | 39 | 59 |

（2）图书报纸杂志出版情况

图书报纸杂志出版情况（2007—2009年）

| 项　目 | 种　数（种） | | | 总印数（万册） | | |
|---|---|---|---|---|---|---|
| | 2007年 | 2008年 | 2009年 | 2007年 | 2008年 | 2009年 |
| 图书出版总计 | 3345 | 3625 | 4310 | 4469 | 3921 | 4253 |
| 本　版 | 3119 | 3441 | 4125 | 3114 | 2798 | 3239 |
| 租　型 | 226 | 184 | 185 | 1355 | 1123 | 1014 |
| 报纸出版总计 | 43 | 43 | 43 | 92309 | 94536 | 95821 |
| 综合报 | 27 | 27 | 27 | 83926 | 83819 | 85637 |
| 专业报 | 16 | 16 | 16 | 8383 | 10717 | 10184 |
| 省、直辖市级报纸合计 | 27 | 27 | 27 | 92169 | 94385 | 95671 |
| 区（市）级报纸合计 | 16 | 16 | 16 | 140 | 151 | 150 |
| 杂志出版总计 | 245 | 245 | 247 | 3678 | 3603 | 3342 |
| 综　合 | 18 | 1 | 3 | 344 | 1 | 4 |
| 哲学、社会科学 | 41 | 44 | 44 | 805 | 853 | 818 |
| 自然科学、技术 | 136 | 142 | 143 | 751 | 975 | 856 |
| 文化、教育 | 28 | 36 | 37 | 682 | 694 | 730 |
| 文学、艺术 | 13 | 13 | 14 | 719 | 788 | 696 |
| 少年儿童读物 | 8 | 8 | 6 | 376 | 291 | 238 |
| 画　刊 | 1 | 1 | | 1 | 1 | |

（3）图书出版分类情况

图书出版分类情况（2007—2009年）

| 类　别 | 种　类（种） | | | 总印数（万册） | | |
|---|---|---|---|---|---|---|
| | 2007年 | 2008年 | 2009年 | 2007年 | 2008年 | 2009年 |
| 总　计 | **3345** | **3625** | **4310** | **4469** | **3921** | **4253** |
| 马列主义、毛泽东思想 | 2 | | 5 | 1 | | 3 |
| 哲　学 | 65 | 73 | 145 | 35 | 39 | 69 |
| 社会科学总论 | 43 | 67 | 97 | 16 | 26 | 54 |
| 政治、法律 | 82 | 83 | 121 | 111 | 26 | 40 |
| 军　事 | 4 | 8 | 7 | 2 | 4 | 4 |
| 经　济 | 211 | 243 | 330 | 83 | 90 | 116 |
| 文化、科学、教育、体育 | 1197 | 1056 | 1154 | 2987 | 2541 | 2644 |
| 语言、文字 | 217 | 334 | 300 | 106 | 152 | 123 |
| 文　学 | 361 | 386 | 631 | 329 | 358 | 462 |
| 艺　术 | 469 | 486 | 494 | 432 | 256 | 334 |
| 历史、地理 | 110 | 132 | 163 | 47 | 60 | 69 |
| 自然科学总论 | 4 | 8 | 11 | 3 | 4 | 3 |
| 数理科学、化学 | 67 | 69 | 66 | 24 | 24 | 27 |
| 天文学、地球科学 | 8 | 13 | 13 | 5 | 6 | 5 |

续表

| 类　别 | 种　类（种） | | | 总印数（万册） | | |
|---|---|---|---|---|---|---|
| | 2007年 | 2008年 | 2009年 | 2007年 | 2008年 | 2009年 |
| 生物科学 | 6 | 12 | 9 | 4 | 3 | 3 |
| 医药、卫生 | 143 | 275 | 297 | 40 | 67 | 63 |
| 农业科学 | 10 | 11 | 33 | 5 | 3 | 11 |
| 工业技术 | 307 | 321 | 370 | 167 | 140 | 182 |
| 交通运输 | 6 | 6 | 6 | 2 | 1 | 1 |
| 环境科学 | 6 | 7 | 6 | 2 | 2 | 1 |
| 综合性图书 | 15 | 21 | 42 | 9 | 18 | 12 |
| 其　他 | 12 | 14 | 10 | 59 | 101 | 27 |

### 3. 演艺娱乐业

（1）艺术事业基本情况

艺术事业基本情况（2006—2009年）

| 指　标 | 2006 | 2007 | 2008 | 2009 |
|---|---|---|---|---|
| 艺术表演团体 | | | | |
| 机构数（个） | 16 | 15 | 15 | 15 |
| 话剧团、儿童剧团 | 3 | 2 | 2 | 2 |
| 歌舞剧团 | 1 | 1 | 1 | 1 |
| 文工团、文宣队 | 1 | 1 | 1 | 1 |
| 戏曲剧团 | 7 | 7 | 7 | 7 |
| 京　剧 | 2 | 2 | 2 | 2 |
| 曲剧团、杂技团、木偶团 | 3 | 3 | 3 | 3 |
| 乐团、合唱团 | 1 | 1 | 1 | 1 |
| 工作人员数（人） | 1821 | 1875 | 1860 | 1901 |
| 演出场次（场） | 2343 | 2480 | 2383 | 2774 |
| 到农村演出 | 490 | 528 | 499 | 602 |
| 观众人次（万人次） | 186 | 179 | 156 | 213 |
| 艺术表演场所 | | | | |
| 机构数（个） | 28 | 28 | 29 | 39 |
| 剧场、音乐厅 | 27 | 27 | 28 | 28 |
| 书场、曲艺厅 | 1 | 1 | 1 | 3 |
| 综合性、其他场所 | | | | 8 |
| 坐席数（个） | 14609 | 15190 | 16130 | 15547 |
| 工作人员数（人） | 420 | 395 | 409 | 380 |
| 演出场次（场） | 25908 | 27793 | 22853 | 17131 |
| 观众人次（万人次） | 102 | 122 | 168 | 163 |

# 山西省

## 1. 广播电影电视业

(1) 主要年份广播、电视台（站）数

主要年份广播、电视台（站）数

| 年份 | 无线 | | 电视广播 | | 人口覆盖率（%） | |
|---|---|---|---|---|---|---|
| | 广播电台 | 中短波发射台和转播台 | 电视台 | 一百瓦以上发射台及转播台 | 广播 | 电视 |
| 1952 | 1 | 1 | | | | |
| 1957 | 1 | 1 | | | | |
| 1962 | 1 | 5 | 1 | 1 | | |
| 1965 | 1 | 7 | 1 | 1 | 60.0 | |
| 1970 | 1 | 7 | 1 | 1 | | |
| 1975 | 1 | 8 | 1 | 10 | | |
| 1978 | 1 | 11 | 1 | 10 | 70.0 | 54.0 |
| 1980 | 1 | 10 | 1 | 11 | 44.5 | 46.6 |
| 1985 | 3 | 12 | 6 | 16 | 43.0 | 60.0 |
| 1990 | 14 | 20 | 25 | 36 | 51.0 | 78.0 |
| 1995 | 53 | 21 | 31 | 46 | 68.0 | 84.1 |
| 2000 | 8 | 17 | 12 | 53 | 90.0 | 95.2 |
| 2005 | 10 | 15 | 12 | 309 | 91.8 | 95.8 |
| 2006 | 8 | 15 | 10 | 137 | 92.1 | 96.3 |
| 2007 | 8 | 15 | 10 | 134 | 92.2 | 96.5 |
| 2008 | 8 | 15 | 10 | 152 | 92.4 | 96.6 |
| 2009 | 8 | 15 | 10 | 151 | 92.5 | 96.8 |

注：由于广电系统制度变动，2006 以前年份电视台和转播台为 1000 瓦以上口径。

(2) 主要年份广播剧、电视剧、电影故事片制作情况

主要年份广播剧、电视剧、电影故事片制作情况

| 年份 | 广播剧 | | 电视剧 | | 电影故事片（部） |
|---|---|---|---|---|---|
| | 部 | 集数 | 部 | 集数 | |
| 1985 | 13 | 50 | 18 | 39 | 2 |
| 1987 | 12 | 16 | 13 | 46 | 1 |
| 1988 | 9 | 37 | 14 | 111 | 2 |
| 1989 | 6 | 9 | 24 | 102 | 1 |
| 1990 | 5 | 14 | 28 | 122 | |
| 1995 | | | 12 | 80 | 1 |
| 2000 | 5 | 8 | 3 | 42 | |
| 2001 | 3 | 6 | 7 | 65 | 2 |

续表

| 年份 | 广播剧 | | 电视剧 | | 电影故事片（部） |
|---|---|---|---|---|---|
| | 部 | 集数 | 部 | 集数 | |
| 2002 | 11 | 16 | 5 | 45 | 2 |
| 2003 | 2 | 5 | 12 | 204 | 8 |
| 2004 | | | 10 | 238 | 10 |
| 2005 | 7 | 353 | 19 | 371 | 18 |
| 2006 | 129 | 1174 | 14 | 296 | 14 |
| 2007 | 105 | 2507 | 9 | 206 | 10 |
| 2008 | 17 | 450 | 2 | 72 | 20 |
| 2009 | 6 | 162 | 5 | 150 | 11 |

## 2. 新闻出版业

（1）出版发行、文物、图书馆、群众文化事业机构和人员数

**出版发行、文物、图书馆、群众文化事业机构和人员数（2009 年）**

| 项目 | 机构数（个） | 人数（人） |
|---|---|---|
| 出版发行事业 | | |
| 出版社 | 7 | 601 |
| 国有书店 | 110 | 4047 |
| 文物事业 | 205 | 5293 |
| 博物馆 | 86 | 2138 |
| 文物机构 | 119 | 3145 |
| 图书馆事业 | 126 | 1579 |
| 群众文化服务业 | 1521 | 4174 |
| 群众艺术馆 | 12 | 435 |
| 文化馆 | 131 | 2087 |
| 文化站 | 1390 | 2087 |
| 乡镇文化站 | 1189 | 1767 |

（2）主要年份图书、报纸、杂志出版数

**主要年份广播、电视台（站）数**

| 年份 | 报纸 | | 杂志 | | 图书 | |
|---|---|---|---|---|---|---|
| | 种数（种） | 总印数（万份） | 种数（种） | 总印数（万份） | 种数（种） | 总印数（万份） |
| 1952 | 7 | 3308 | 3 | 194 | 62 | 642 |
| 1957 | 7 | 5555 | 4 | 72 | 184 | 1521 |
| 1962 | 7 | 4822 | 11 | 301 | 118 | 2206 |
| 1965 | 13 | 10603 | 16 | 281 | 129 | 3427 |
| 1975 | 11 | 15487 | 3 | 406 | 286 | 5841 |
| 1978 | 14 | 17869 | 16 | 598 | 290 | 6422 |
| 1980 | 10 | 17590 | 33 | 1905 | 361 | 9055 |

续表

| 年　份 | 报纸 | | 杂志 | | 图书 | |
|---|---|---|---|---|---|---|
| | 种数（种） | 总印数（万份） | 种数（种） | 总印数（万份） | 种数（种） | 总印数（万份） |
| 1985 | 72 | 55174 | 110 | 7981 | 550 | 9991 |
| 1990 | 39 | 54361 | 129 | 2815 | 989 | 12166 |
| 1995 | 59 | 59254 | 164 | 3586 | 1728 | 13919 |
| 2000 | 62 | 58825 | 165 | 2657 | 1532 | 10105 |
| 2005 | 60 | 329713 | 200 | 5914 | 1683 | 10081 |
| 2006 | 60 | 206067 | 199 | 4441 | 1813 | 9337 |
| 2007 | 60 | 210541 | 199 | 5434 | 1979 | 11764 |
| 2008 | 77 | 163296 | 199 | 3950 | 2586 | 10535 |
| 2009 | 77 | 183273 | 200 | 3402 | 2629 | 11187 |

注：2008年报纸统计口径新增了高校校报。

### 3. 演艺娱乐业

（1）艺术表演团体收入和支出

艺术表演团体收入和支出（2009年）

单位：千元

| 类　别 | 剧团（个） | 国家经费补贴剧团 | 总收入 | 演出收入 | 总支出 |
|---|---|---|---|---|---|
| **总计** | **267** | **147** | **356935** | **109571** | **307616** |
| 国有经营剧团 | 25 | 19 | 156556 | 64572 | 143414 |
| 集体经营剧团 | 153 | 118 | 179252 | 56938 | 164202 |
| 按剧种分 | | | | | |
| 话剧、儿童剧、 | 4 | 3 | 20176 | 4531 | 18706 |
| 滑稽剧团 | | | | | |
| 歌剧、舞剧、歌舞剧团 | 6 | 4 | 54470 | 13611 | 49653 |
| 歌舞团、轻音乐团 | 19 | 8 | 29202 | 7336 | 21201 |
| 乐团、合唱团 | 3 | 1 | 1701 | 440 | |
| 文工团、宣传队 | 10 | 9 | 15323 | 3419 | 15413 |
| 乌兰牧骑 | | | | | |
| 戏曲剧团 | 162 | 112 | 208003 | 69606 | 186831 |
| 京剧 | 1 | 1 | 16800 | 2186 | 14741 |
| 曲、杂、木、皮团 | 193 | 8466 | 3605 | 5327 | |
| 综合性艺术表演团体 | 44 | 7 | 19624 | 7023 | 10485 |

(2) 艺术表演团体演出情况

艺术表演团体演出情况(2009年)

| 类别 | 国内演出场次千场 | | 国内演出观众人次(千人次) |
|---|---|---|---|
| | | 到农村演出场次千场 | |
| **总计** | **43.7** | **37.1** | **64283** |
| 国有经营剧团 | 3.9 | 2.3 | 6428 |
| 集体经营剧团 | 30.3 | 27.7 | 37386 |
| 按剧种分 | | | |
| 话剧儿童剧滑稽剧团 | 0.2 | 292 | |
| 歌剧、舞剧、歌舞剧团 | 0.6 | 0.1 | 1045 |
| 歌舞团、轻音乐团 | 1.2 | 0.6 | 1581 |
| 乐团、合唱团 | 0.2 | 325 | |
| 文工团、宣传队、乌兰牧骑 | 0.9 | 0.7 | 1621 |
| 戏曲剧团 | 34.0 | 30.5 | 50155 |
| 京剧 | 0.1 | 0.1 | 63 |
| 曲、杂、木、皮、团 | 3.6 | 3.4 | 1813 |
| 综艺性艺术表演团体 | 3.1 | 1.9 | 7451 |

## 4. 文化旅游业

(1) 接待外国旅游人数

接待外国旅游人数

单位:人次

| 国别(地区) | 2000年 | 2005年 | 2009年 |
|---|---|---|---|
| **总　计** | **116578** | **253986** | **666269** |
| 一、亚洲 | 70437 | 109722 | 255501 |
| 日本 | 48337 | 50416 | 135338 |
| 菲律宾 | 2431 | 1778 | 5962 |
| 新加坡 | 3224 | 6533 | 9245 |
| 泰国 | 2398 | 3378 | 6950 |
| 印尼 | 383 | 988 | 8421 |
| 马来西亚 | 1628 | 20217 | 20587 |
| 韩国 | 4274 | 12419 | 24130 |
| 蒙古 | 913 | 2184 | 4412 |
| 印度 | 529 | 1492 | 8970 |
| 越南 | 2142 | | |
| 缅甸 | 1892 | | |
| 朝鲜 | 2650 | | |
| 巴基斯坦 | 2998 | | |
| 其他 | 6320 | 10317 | 21804 |

续表

| 国别（地区） | 2000 年 | 2005 年 | 2009 年 |
| --- | --- | --- | --- |
| **总　计** | **116578** | **253986** | **666269** |
| 二、美洲 | 11800 | 36066 | 132723 |
| 美国 | 7148 | 22935 | 71708 |
| 加拿大 | 1660 | 6020 | 22590 |
| 其他 | 2992 | 7111 | 38425 |
| 三、欧洲 | 31636 | 92274 | 215233 |
| 英国 | 3721 | 10413 | 24415 |
| 法国 | 8333 | 30453 | 62726 |
| 德国 | 7276 | 20725 | 63788 |
| 意大利 | 3105 | 7696 | 20738 |
| 瑞士 | 605 | 4927 | 5984 |
| 瑞典 | 466 | 1006 | 5426 |
| 荷兰 | 1094 | 1532 | |
| 俄罗斯 | 2773 | 3734 | 1029 |
| 西班牙 | 257 | 2252 | 5641 |
| 其他 | 4006 | 9536 | 25486 |
| 四、大洋洲 | 2108 | 9042 | 29185 |
| 澳大利亚 | 1284 | 7442 | 21404 |
| 新西兰 | 310 | 1422 | 4652 |
| 其他 | 514 | 178 | 3129 |
| 五、非洲 | 326 | 1868 | 23642 |
| 六、其他 | 271 | 5014 | 9985 |

（2）旅游事业发展情况（2009 年）

**旅游事业发展情况（2009 年）**

单位：万人次

| 市　名 | 海外旅游人数（人次） | 旅游创汇（万美元） | 国内旅游接待人次 | 国内旅游接待收入（亿元） |
| --- | --- | --- | --- | --- |
| **全省** | **1067835** | **37794.1** | **10610.7** | **865.9** |
| 太原市 | 225446 | 13384.2 | 1865.2 | 186.1 |
| 大同市 | 175907 | 6191.6 | 1189.7 | 95.6 |
| 阳泉市 | 13838 | 523.7 | 673.8 | 46.8 |
| 长治市 | 72038 | 1368.7 | 889.1 | 74.6 |
| 晋城市 | 42448 | 1604.5 | 875.9 | 63.0 |
| 朔州市 | 33824 | 1014.2 | 354.6 | 26.4 |
| 晋中市 | 170000 | 4600.0 | 1118.2 | 87.1 |
| 运城市 | 103236 | 2326.3 | 1265.8 | 85.4 |
| 忻州市 | 122400 | 4192.0 | 883.2 | 83.4 |
| 临汾市 | 83155 | 1703.1 | 988.5 | 78.4 |
| 吕梁市 | 25543 | 885.7 | 506.7 | 39.2 |

（3）旅游四星级以上饭店基本情况（2009 年）

**旅游四星级以上饭店基本情况（2009 年）**

| 名　称 | 星　级 | 地　址 |
|---|---|---|
| 山西国贸大饭店 | 五星级 | 太原市府西街 69 号 |
| 万狮京华大酒店 | 五星级 | 太原平阳路 126 号 |
| 晋祠宾馆 | 五星级 | 太原晋祠路中段 669 号 |
| 云冈国际酒店 | 五星级 | 大同大西街 38 号 |
| 天贵国际酒店 | 五星级 | 大同市新开南路 133 号 |
| 金辇大酒店 | 五星级 | 晋城泽州南路 |
| 金鑫大酒店 | 五星级 | 运城槐东南路 88 号 |
| 山西大酒店 | 四星级 | 太原新建南路 5 号 |
| 山西迎泽宾馆西楼 | 四星级 | 太原迎泽大街 189 号 |
| 山西愉园大酒店 | 四星级 | 太原开化寺街 148 号 |
| 三晋国际饭店 | 四星级 | 太原迎泽大街 30 号 |
| 黄河京都大酒店 | 四星级 | 太原平阳路 17 号 |
| 山西阳光大酒店 | 四星级 | 太原北大街 47 号 |
| 山西晋协宾馆 | 四星级 | 太原东缉虎营 35 号 |
| 世纪王朝·商务会馆 | 四星级 | 太原长治路 88 号 |
| 山西滨河饭店 | 四星级 | 太原府西街 103 号 |
| 月亮湾国际商务酒店 | 四星级 | 太原市北大街 107 号 |
| 宏安国际酒店 | 四星级 | 大同迎宾西路 28 号 |
| 京原迎宾馆 | 四星级 | 大同拥军南路甲 3 号 |
| 大同宾馆 | 四星级 | 大同迎宾西路 37 号 |
| 五洲大酒店 | 四星级 | 大同迎宾西路宾西街 88 号 |
| 花园大饭店 | 四星级 | 大同市大南街 59 号 |
| 浩海国际酒店 | 四星级 | 大同市新建南路 46 号 |
| 雁北宾馆 | 四星级 | 大同市御河北路甲 1 号 |
| 悦龙休闲商务酒店 | 四星级 | 大同市操场城街 5 号 |
| 阳光海悦大酒店 | 四星级 | 大同市大庆路 3 号 |
| 晨光国际酒店 | 四星级 | 大同市迎宾东路 68 号 |
| 北冰洋大酒店 | 四星级 | 阳泉市北大街 80 号 |
| 泉美国际酒店 | 四星级 | 阳泉市南大西街 |
| 鹏宇国际大酒店 | 四星级 | 长治市长兴中路 509 号 |
| 财苑大厦 | 四星级 | 长治市长兴中路 305 号 |
| 富景国际饭店 | 四星级 | 晋城新市东街 81 号 |
| 晋城大酒店 | 四星级 | 晋城凤台西街 2 号 |
| 太平洋大厦 | 四星级 | 晋城凤台西街 59 号 |
| 颐宾大酒店 | 四星级 | 晋城前西街 58 号 |
| 晋城高都大酒店 | 四星级 | 晋城新市东街 8 号 |
| 晋城阳光大酒店 | 四星级 | 晋城市泽州路 76 号 |
| 棋源山庄 | 四星级 | 陵川县棋子山风景区 |
| 万通源大酒店 | 四星级 | 朔州市开发北路 68 号 |

续表

| 名　称 | 星　级 | 地　址 |
|---|---|---|
| 平朔宾馆 | 四星级 | 平朔生活区 |
| 百乐泰度假城 | 四星级 | 介休市义安镇安泰工业区 |
| 颐景国际大酒店 | 四星级 | 榆次区西顺城街71号 |
| 通宝国际酒店 | 四星级 | 运城禹都经济技术开发区大运路北 |
| 运城宾馆 | 四星级 | 运城市红旗东街84号 |
| 运城大酒店 | 四星级 | 运城红旗东街376号 |
| 新耿大酒店 | 四星级 | 河津市新耿北街 |
| 天都大酒店 | 四星级 | 河津市振兴东路 |
| 桃源国际酒店 | 四星级 | 运城市圣慧北路2号 |
| 山西邮电忻州 | 四星级 | 顿村度假路4号培训中心 |
| 五台山银海山庄 | 四星级 | 五台山台怀镇 |
| 五台山五峰宾馆 | 四星级 | 台怀镇龙泉寺 |
| 原平市宾馆 | 四星级 | 原平前进西街57号 |
| 花卉山庄 | 四星级 | 五台山大车沟 |
| 瑞龙大酒店 | 四星级 | 忻府区公园路 |
| 侯马华翔大酒店 | 四星级 | 侯马市火车站南侧 |
| 唐尧大酒店 | 四星级 | 临汾经济开发区中大街 |
| 金海湾大酒店 | 四星级 | 临汾市向阳西路西段 |
| 吕梁国际宾馆 | 四星级 | 离石区滨河南东路2号 |
| 吕梁国贸大酒店 | 四星级 | 离石区新建沟口43号 |

（4）旅游外汇收入（2009年）

**旅游外汇收入（2009年）**

单位：万美元

| 项　目 | 合　计 | 外国人 | 香港同胞 | 澳门同胞 | 台湾同胞 |
|---|---|---|---|---|---|
| **总　计** | **37794.1** | **23722.6** | **6992.2** | **3077.1** | **4002.2** |
| 1. 长途交通 | 11149.3 | 6998.2 | 2062.7 | 907.7 | 1180.6 |
| 飞机 | 8163.5 | 5124.1 | 1510.3 | 664.7 | 864.5 |
| 火车 | 1209.4 | 759.1 | 223.8 | 98.5 | 128.1 |
| 汽车 | 907.1 | 569.3 | 167.8 | 73.9 | 96.1 |
| 轮船 | 869.3 | 545.6 | 160.8 | 70.8 | 92.1 |
| 2. 住宿 | 4232.9 | 2656.9 | 783.1 | 344.6 | 448.2 |
| 3. 餐饮 | 3439.3 | 2158.8 | 636.3 | 280.0 | 364.2 |
| 4. 景区游览 | 1965.3 | 1233.6 | 363.6 | 160.0 | 208.1 |
| 5. 娱乐 | 2759.0 | 1731.7 | 510.4 | 224.6 | 292.2 |
| 6. 购物 | 8730.4 | 5479.9 | 1615.2 | 710.8 | 924.5 |

续表

| 项　目 | 合　计 | 外国人 | 香港同胞 | 澳门同胞 | 台湾同胞 |
| --- | --- | --- | --- | --- | --- |
| 7. 市内交通 | 1285.0 | 806.6 | 237.7 | 104.6 | 136.1 |
| 8. 邮电通讯 | 907.1 | 569.3 | 167.8 | 73.9 | 96.1 |
| 9. 其他 | 3325.9 | 2087.6 | 615.3 | 270.8 | 352.2 |

（5）限额以上连锁住宿餐饮业经营情况（2009年）

限额以上连锁住宿餐饮业经营情况（2009年）

| 指　标 | 合　计 | 直营店 | 加盟店 |
| --- | --- | --- | --- |
| 一、门店总数（个） | 79 | 69 | 10 |
| 二、年末餐饮业营业面积（平方米） | 65372 | 49462 | 15910 |
| 三、年末从业人员（人） | 6616 | 5573 | 1043 |
| 四、年末经营餐饮业务餐位数（位） | 22236 | 17208 | 5028 |
| 五、商品购进总额（千元） | 236161 | 207020 | 29141 |
| 统一配送商品购进额 | 170979 | 170979 | |
| 自有配送中心配送商品购进额 | 168889 | 168889 | |
| 六、营业收入（千元） | 755006 | 698573 | 56433 |
| 餐费收入 | 755006 | 698573 | 56433 |

（6）限额以上住宿和餐饮业法人企业经营情况

限额以上住宿和餐饮业法人企业经营情况（2009年）

单位：万元

| 法人企业数（个） | 年末从业人员数（人） | 营业额 | 年末餐饮营业面积（平方米） | 客房收入 | 餐费收入 | 商品销售收入 | 其他收入 |
| --- | --- | --- | --- | --- | --- | --- | --- |
| 638 | 99849 | 864693 | 228931 | 571999 | 29677 | 34086 | 1342489 |
| 327 | 53930 | 415199 | 172511 | 199723 | 15702 | 27263 | 627499 |
| 108 | 16479 | 138315 | 69264 | 59823 | 1347 | 7881 | 211908 |
| 320 | 52418 | 398892 | 165534 | 192119 | 15596 | 25643 | 616647 |
| 105 | 14884 | 114755 | 56262 | 50352 | 1656 | 6485 | 175436 |
| 18 | 2355 | 14233 | 6063 | 7476 | 206 | 488 | 14854 |
| 3 | 631 | 7719 | 4370 | 3214 | 9 | 126 | 30080 |
| 48 | 8802 | 79598 | 31326 | 40704 | 3652 | 3916 | 88533 |
| 1 | 80 | 206 | 97 | 109 | 864 | | |
| 47 | 8722 | 79392 | 31228 | 40595 | 3652 | 3916 | 87669 |
| 8 | 1452 | 11032 | 4444 | 4928 | 604 | 1056 | 12346 |
| 134 | 23546 | 167159 | 62089 | 83535 | 8856 | 12679 | 287458 |
| 47 | 6004 | 35019 | 13586 | 18760 | 1121 | 1553 | 100455 |

续表

| 法人企业数（个） | 年末从业人员数（人） | 营业额 | 年末餐饮营业面积（平方米） | 客房收入 | 餐费收入 | 商品销售收入 | 其他收入 |
|---|---|---|---|---|---|---|---|
| 4 | 184 | 1627 | 793 | 662 | 94 | 78 | 3260 |
| 79 | 16769 | 125530 | 46038 | 61232 | 7595 | 10665 | 169733 |
| 4 | 589 | 4983 | 1672 | 2882 | 45 | 384 | 14010 |
| 4 | 748 | 4397 | 980 | 1911 | 613 | 893 | 7940 |
| 5 | 999 | 11407 | 4400 | 5369 | 106 | 1532 | 7956 |
| 4 | 811 | 8807 | 3800 | 3369 | 106 | 1532 | 4956 |
| 1 | 188 | 2600 | 600 | 2000 | 3000 | | |
| 2 | 513 | 4900 | 2577 | 2235 | 88 | 2896 | |
| 2 | 513 | 4900 | 2577 | 2235 | 88 | 2896 | |
| 205 | 39690 | 323487 | 131710 | 157443 | 12921 | 21413 | 477424 |
| 110 | 12361 | 78547 | 33649 | 38308 | 2346 | 4244 | 139015 |
| 12 | 1879 | 13165 | 7153 | 3972 | 434 | 1606 | 11060 |
| 311 | 45919 | 449494 | 56420 | 372275 | 13975 | 6824 | 714990 |
| 26 | 3745 | 35786 | 13086 | 20479 | 1115 | 1105 | 58870 |
| 302 | 42535 | 386334 | 55927 | 309617 | 13975 | 6815 | 683598 |
| 30 | 3671 | 27461 | 8675 | 16634 | 1144 | 1008 | 57604 |
| 10 | 1129 | 7129 | 1456 | 4535 | 550 | 589 | 17702 |
| 1 | 132 | 927 | 927 | 1800 | | | |
| 44 | 8259 | 68246 | 12463 | 54019 | 615 | 1149 | 151646 |
| 1 | 198 | 746 | 746 | 2600 | | | |
| 43 | 8061 | 67500 | 12463 | 53273 | 615 | 1149 | 149046 |
| 13 | 2822 | 18029 | 2048 | 15195 | 428 | 359 | 31492 |
| 199 | 24868 | 252995 | 29940 | 208132 | 11238 | 3685 | 398334 |
| 63 | 6344 | 53767 | 8102 | 42856 | 2222 | 587 | 96038 |
| 6 | 487 | 4154 | 363 | 3807 | 228 | 56 | 8856 |
| 118 | 16320 | 168941 | 17202 | 143520 | 6175 | 2044 | 242440 |
| 12 | 1717 | 25833 | 4273 | 17949 | 2612 | 998 | 51000 |
| 5 | 1654 | 11547 | 1346 | 10176 | 26 | 25020 | |
| 3 | 462 | 1844 | 493 | 1343 | 8 | 5010 | |
| 2 | 227 | 894 | 205 | 680 | 8 | 2510 | |
| 1 | 235 | 950 | 288 | 663 | 2500 | | |
| 6 | 2922 | 61316 | 61316 | 26382 | | | |
| 3 | 476 | 8225 | 8225 | 4350 | | | |
| 3 | 2446 | 53091 | 53091 | 22032 | | | |
| 300 | 42468 | 392755 | 55377 | 316838 | 13843 | 6697 | 679280 |
| 6 | 2683 | 52733 | 450 | 52252 | 6 | 26 | 24440 |
| 5 | 768 | 4007 | 594 | 3186 | 126 | 101 | 11270 |

（7）限额以上住宿和餐饮业企业主要财务状况

限额以上住宿和餐饮业法人企业主要财务状况（2009 年）

单位：万元

| 指　标 | 流动资产合计 | 固定资产合计 | 累计折旧 | 资产总计 | 存　货 | 本年折旧 |
|---|---|---|---|---|---|---|
| **总　计** | **524495** | **58666** | **809015** | **304262** | **54934** | **1647657** |
| 一、住宿业 | 293064 | 35753 | 582834 | 226739 | 37724 | 1100470 |
| 国有控股 | 75456 | 11050 | 249270 | 111369 | 12985 | 363112 |
| 1. 按登记注册类型分组 | | | | | | |
| 内资企业 | 280070 | 35155 | 545697 | 212346 | 35939 | 1048389 |
| 国有企业 | 71969 | 10646 | 177569 | 95050 | 8953 | 288854 |
| 集体企业 | 11574 | 1369 | 25766 | 5734 | 1017 | 41692 |
| 股份合作企业 | 973 | 69 | 5367 | 1110 | 1107 | 9547 |
| 有限责任公司 | 40254 | 4547 | 120356 | 35103 | 9452 | 188260 |
| 国有独资公司 | 60 | 35 | 2220 | 30 | | 2279 |
| 其他有限责任公司 | 40195 | 4512 | 118136 | 35073 | 9452 | 185981 |
| 股份有限公司 | 929 | 18812 | 11806 | 1408 | 39055 | |
| 私营企业 | 149608 | 17236 | 195745 | 62864 | 13858 | 476538 |
| 私营独资企业 | 32862 | 7582 | 59217 | 10041 | 2456 | 104705 |
| 私营合伙企业 | 432 | 33 | 110 | 26 | 2 | 544 |
| 私营有限责任公司 | 115148 | 9240 | 130205 | 50682 | 11208 | 362868 |
| 私营股份有限公司 | 1165 | 382 | 6213 | 2116 | 192 | 8421 |
| 其他企业 | 1355 | 359 | 2082 | 680 | 145 | 4443 |
| 港、澳、台商投资企业 | 8379 | 310 | 27640 | 10362 | 1486 | 37636 |
| 合资经营企业（港或澳、台资） | 7907 | 255 | 27640 | 10362 | 1486 | 36820 |
| 合作经营企业（港或澳、台资） | 472 | 56 | | | | 816 |
| 外商投资企业 | 4615 | 288 | 9497 | 4031 | 299 | 14446 |
| 中外合资经营企业 | 4615 | 288 | 9497 | 4031 | 299 | 14446 |
| 2. 按住宿行业小类分组 | | | | | | |
| 旅游饭店 | 219340 | 27826 | 490318 | 197014 | 31984 | 896983 |
| 一般旅馆 | 67459 | 7036 | 83977 | 26059 | 4912 | 176589 |
| 其他住宿服务 | 6264 | 892 | 8539 | 3666 | 829 | 26899 |
| 二、餐饮业 | 231431 | 22913 | 226181 | 77523 | 17210 | 547187 |
| 国有控股 | 16656 | 1515 | 35220 | 11722 | 4623 | 58182 |

续表

| 指　标 | 流动资产合计 | 固定资产合计 | 累计折旧 | 资产总计 | 存　货 | 本年折旧 |
|---|---|---|---|---|---|---|
| 1. 按登记注册类型分组 | | | | | | |
| 内资企业 | 222204 | 20712 | 217724 | 71542 | 16813 | 514073 |
| 国有企业 | 9746 | 1376 | 13247 | 5151 | 482 | 29374 |
| 集体企业 | 3262 | 756 | 7493 | 1991 | 571 | 11735 |
| 股份合作企业 | 63 | 52 | 74 | 46 | 26 | 243 |
| 有限责任公司 | 37428 | 3157 | 66939 | 22908 | 6910 | 116507 |
| 国有独资公司 | 290 | 185 | 404 | 2 | | 709 |
| 其他有限责任公司 | 37137 | 2972 | 66535 | 22906 | 6910 | 115798 |
| 股份有限公司 | 23493 | 997 | 6193 | 5021 | 796 | 36729 |
| 私营企业 | 143620 | 13988 | 119098 | 35966 | 7911 | 309838 |
| 私营独资企业 | 16862 | 2946 | 41100 | 5594 | 1615 | 65727 |
| 私营合伙企业 | 1537 | 246 | 1234 | 562 | 14 | 3363 |
| 私营有限责任公司 | 111108 | 9472 | 67079 | 27235 | 5475 | 206708 |
| 私营股份有限公司 | 14113 | 1325 | 9685 | 2575 | 807 | 34040 |
| 其他企业 | 4593 | 386 | 4681 | 461 | 118 | 9648 |
| 港、澳、台商投资企业 | 3410 | 209 | 2580 | 453 | 202 | 10056 |
| 合资经营企业（港或澳、台资） | 3268 | 177 | 2073 | 355 | 133 | 8906 |
| 港、澳、台商独资经营企业 | 143 | 33 | 507 | 98 | 70 | 1151 |
| 外商投资企业 | 5817 | 1992 | 5877 | 5528 | 195 | 23058 |
| 中外合资经营企业 | 2276 | 301 | 1322 | 2580 | 89 | 3598 |
| 外资企业 | 3542 | 1691 | 4555 | 2948 | 106 | 19460 |
| 2. 按餐饮行业小类分组 | | | | | | |
| 正餐服务 | 222768 | 21171 | 215865 | 73265 | 16713 | 513258 |
| 快餐服务 | 4935 | 1540 | 5703 | 3476 | 364 | 22023 |
| 其他餐饮服务 | 3728 | 202 | 4613 | 783 | 133 | 11906 |

续表

| 指　标 | 负债合计 | 所有者权益合计 | 实收资本 | 国家资本 | 集体资本 | 法人资本 | 个人资 |
|---|---|---|---|---|---|---|---|
| **总　计** | **1183127** | **464531** | **518744** | **170809** | **21265** | **168548** | **143236** |
| 一、住宿业 | 780223 | 320247 | 384309 | 155676 | 16721 | 121718 | 79981 |
| 国有控股 | 220398 | 142714 | 157867 | 151826 | 128 | 4795 | 89 |
| 1. 按登记注册类型分组 | | | | | | | |
| 内资企业 | 749246 | 299143 | 364559 | 152664 | 16721 | 115193 | 79981 |
| 国有企业 | 166388 | 122466 | 153974 | 147758 | 507 | 700 | 5009 |
| 集体企业 | 35591 | 6101 | 5533 | | 4819 | 610 | 104 |
| 股份合作企业 | 4081 | 5466 | 3305 | 3105 | | 60 | 140 |
| 有限责任公司 | 148694 | 39566 | 48406 | 1634 | 6697 | 34339 | 5736 |
| 国有独资公司 | 2068 | 212 | 582 | 582 | | | |
| 其他有限责任公司 | 146626 | 39355 | 47824 | 1052 | 6697 | 34339 | 5736 |
| 股份有限公司 | 47400 | −8345 | 4152 | | 1999 | 1347 | 806 |
| 私营企业 | 344902 | 131635 | 147221 | 167 | 1051 | 78077 | 67926 |
| 私营独资企业 | 64222 | 40483 | 31782 | | | 10596 | 21187 |
| 私营合伙企业 | 540 | 3 | 192 | | | | 192 |
| 私营有限责任公司 | 272435 | 90433 | 114539 | 167 | 1051 | 67331 | 45990 |
| 私营股份有限公司 | 7706 | 716 | 708 | | | 150 | 558 |
| 其他企业 | 2190 | 2253 | 1968 | | 1648 | 60 | 260 |
| 港、澳、台商投资企业 | 22776 | 14860 | 9650 | 1941 | | 6525 | |
| 合资经营企业（港或澳、台资） | 22412 | 14408 | 8750 | 1500 | | 6525 | |
| 合作经营企业（港或澳、台资） | 363 | 452 | 900 | 441 | | | |
| 外商投资企业 | 8201 | 6245 | 10100 | 1071 | | | |
| 中外合资经营企业 | 8201 | 6245 | 10100 | 1071 | | | |
| 2. 按住宿行业小类分组 | | | | | | | |
| 旅游饭店 | 644255 | 252728 | 315724 | 140873 | 14441 | 90166 | 60032 |
| 一般旅馆 | 121858 | 54731 | 50185 | 14712 | 2125 | 14025 | 19324 |
| 其他住宿服务 | 14110 | 12789 | 18400 | 92 | 156 | 17527 | 626 |
| 二、餐饮业 | 402903 | 144284 | 134435 | 15134 | 4544 | 46831 | 63255 |
| #国有控股 | 49199 | 8983 | 14185 | 13987 | | | 198 |
| 1. 按登记注册类型分组 | | | | | | | |
| 内资企业 | 381962 | 132111 | 125137 | 14760 | 4544 | 44169 | 61665 |

续表

| 指　标 | 负债合计 | 所有者权益合计 | 实收资本 | 国家资本 | 集体资本 | 法人资本 | 个人资本 |
|---|---|---|---|---|---|---|---|
| 国有企业 | 19274 | 10101 | 12887 | 11474 | 59 | | 1354 |
| 集体企业 | 5455 | 6280 | 2777 | | 2777 | | |
| 股份合作企业 | 346 | －103 | 50 | | | 50 | |
| 有限责任公司 | 102231 | 14276 | 27427 | 3286 | 1668 | 16830 | 5644 |
| 国有独资公司 | 681 | 28 | 233 | | | 233 | |
| 其他有限责任公司 | 101550 | 14248 | 27195 | 3286 | 1668 | 16597 | 5644 |
| 股份有限公司 | 35762 | 967 | 5898 | | 40 | 1655 | 4203 |
| 私营企业 | 216667 | 93170 | 74983 | | | 24888 | 50096 |
| 私营独资企业 | 41238 | 24489 | 21631 | | | 8171 | 13460 |
| 私营合伙企业 | 2668 | 696 | 834 | | | 100 | 734 |
| 私营有限责任公司 | 148872 | 57836 | 48038 | | | 16512 | 31525 |
| 私营股份有限公司 | 23890 | 10150 | 4481 | | | 105 | 4376 |
| 其他企业 | 2228 | 7420 | 1115 | | | 746 | 369 |
| 港、澳、台商投资企业 | 8366 | 1691 | 3970 | | | 130 | 1590 |
| 合资经营企业（港或澳、台资） | 7562 | 1344 | 3200 | | | 130 | 1590 |
| 港、澳、台商独资经营企业 | 804 | 347 | 770 | | | | |
| 外商投资企业 | 12576 | 10482 | 5328 | 374 | | 2532 | |
| 中外合资经营企业 | 6193 | —2596 | 3279 | 374 | 2532 | | |
| 外资企业 | 6383 | 13077 | 2049 | | | | |
| 2. 按餐饮行业小类分组 | | | | | | | |
| 正餐服务 | 386801 | 126456 | 122458 | 15134 | 4544 | 37381 | 62466 |
| 快餐服务 | 8357 | 13667 | 9180 | | | 7000 | 442 |
| 其他餐饮服务 | 7746 | 4160 | 2797 | | | 2450 | 347 |

续表

| 指　标 | 主营业务收入 | 主营业务成本 | 主营业务税金及附加 | 主营业务利润 | 其他业务利润 | 营业费用 |
|---|---|---|---|---|---|---|
| **总　计** | **862200** | **408474** | **44936** | **372603** | **4715** | **253110** |
| 一、住宿业 | 413830 | 180785 | 22638 | 198207 | 3829 | 135256 |
| 国有控股 | 138292 | 55609 | 7154 | 71246 | 423 | 47852 |
| 1. 按登记注册类型分组 | | | | | | |
| 内资企业 | 397527 | 175609 | 21821 | 187896 | 3761 | 128973 |
| 国有企业 | 114673 | 47597 | 5816 | 57020 | 389 | 44974 |
| 集体企业 | 13443 | 7782 | 509 | 5144 | 232 | 5174 |
| 股份合作企业 | 7719 | 6536 | 404 | 692 | | 50 |
| 有限责任公司 | 79725 | 31834 | 4710 | 42340 | 1816 | 25000 |
| 国有独资公司 | 206 | 241 | 11 | —46 | | 13 |
| 其他有限责任公司 | 79519 | 31592 | 4699 | 42386 | 1816 | 24988 |
| 股份有限公司 | 10770 | 6093 | 519 | 4235 | 681 | 1918 |
| 私营企业 | 166801 | 73754 | 9603 | 77441 | 643 | 50585 |
| 私营独资企业 | 34903 | 17939 | 2247 | 11229 | 199 | 9643 |
| 私营合伙企业 | 1577 | 642 | 117 | 796 | 36 | 401 |
| 私营有限责任公司 | 125339 | 53104 | 6952 | 63089 | 406 | 38423 |
| 私营股份有限公司 | 4983 | 2069 | 286 | 2328 | 2 | 2118 |
| 其他企业 | 4397 | 2015 | 259 | 1024 | 0 | 1271 |
| 港、澳、台商投资企业 | 11439 | 3800 | 574 | 7064 | 0 | 4111 |
| 合资经营企业（港或澳、台资） | 8830 | 2592 | 444 | 5794 | 0 | 2876 |
| 合作经营企业（港或澳、台资） | 2609 | 1208 | 130 | 1270 | | 1236 |
| 外商投资企业 | 4864 | 1376 | 243 | 3246 | 68 | 2173 |
| 中外合资经营企业 | 4864 | 1376 | 243 | 3246 | 68 | 2173 |
| 2. 按住宿行业小类分组 | | | | | | |
| 旅游饭店 | 322031 | 136676 | 17453 | 161271 | 3057 | 108818 |
| 一般旅馆 | 78633 | 41232 | 4483 | 30509 | 731 | 19371 |
| 其他住宿服务 | 13165 | 2877 | 701 | 6426 | 41 | 7067 |
| 二、餐饮业 | 448370 | 227689 | 22298 | 174396 | 886 | 117854 |
| 国有控股 | 35739 | 17938 | 1741 | 12262 | 62 | 6143 |
| 1. 按登记注册类型分组 | | | | | | |
| 内资企业 | 385210 | 202303 | 19486 | 139434 | 1264 | 97812 |
| 国有企业 | 27207 | 15935 | 1096 | 6105 | 23 | 5183 |

续表

| 指　标 | 主营业务收入 | 主营业务成本 | 主营业务税金及附加 | 主营业务利润 | 其他业务利润 | 营业费用 |
|---|---|---|---|---|---|---|
| 集体企业 | 7050 | 3297 | 429 | 2690 | | 2673 |
| 股份合作企业 | 927 | 894 | 38 | －5 | | 183 |
| 有限责任公司 | 68728 | 33103 | 3990 | 30986 | 539 | 18732 |
| 国有独资公司 | 746 | 404 | 42 | 300 | | 217 |
| 其他有限责任公司 | 67982 | 32699 | 3948 | 30686 | 539 | 18515 |
| 股份有限公司 | 18520 | 9374 | 1077 | 5761 | 128 | 5514 |
| 私营企业 | 251512 | 133911 | 12303 | 90690 | 575 | 62680 |
| 私营独资企业 | 53220 | 30672 | 2386 | 18940 | 20 | 10977 |
| 私营合伙企业 | 4295 | 2094 | 270 | 733 | 66 | 1312 |
| 私营有限责任公司 | 168420 | 88909 | 8622 | 62295 | 224 | 44296 |
| 私营股份有限公司 | 25578 | 12237 | 1025 | 8723 | 266 | 6095 |
| 其他企业 | 11265 | 5789 | 553 | 3207 | | 2847 |
| 港、澳、台商投资企业 | 1844 | 584 | 92 | 1168 | | 728 |
| 合资经营企业（港或澳、台资） | 894 | 323 | 45 | 527 | | 451 |
| 港、澳、台商独资经营企业 | 950 | 262 | 48 | 641 | | 277 |
| 外商投资企业 | 61316 | 24802 | 2721 | 33794 | －378 | 19314 |
| 中外合资经营企业 | 8225 | 5380 | 248 | 2597 | | 2067 |
| 外资企业 | 53091 | 19422 | 2473 | 31197 | －378 | 17248 |
| 2. 按餐饮行业小类分组 | | | | | | |
| 正餐服务 | 391593 | 207229 | 19556 | 140787 | 1245 | 98636 |
| 快餐服务 | 52733 | 18665 | 2482 | 31586 | －360 | 17786 |
| 其他餐饮服务 | 4044 | 1794 | 260 | 2023 | 1 | 1432 |

续表

| 指　标 | 管理费用 | 财务费用 | 营业利润 | 利润总额 | 应交所得税 | 利息支出 |
|---|---|---|---|---|---|---|
| **总　计** | **144776** | **23269** | **12807** | **—2748** | **14507** | **6914** |
| 一、住宿业 | 94864 | 14478 | 8954 | —20286 | —5171 | 1683 |
| 国有控股 | 32990 | 1738 | 1079 | —4542 | 2124 | 705 |
| 1. 按登记注册类型分组 | | | | | | |
| 内资企业 | 87860 | 13684 | 8185 | —19947 | —5598 | 1672 |
| 国有企业 | 25299 | 1364 | 895 | —9983 | —2947 | 661 |
| 集体企业 | 2215 | 447 | 422 | 198 | 148 | 29 |
| 股份合作企业 | 352 | 29 | 4 | 376 | 343 | 111 |
| 有限责任公司 | 18899 | 1238 | 472 | 2740 | 4723 | 174 |
| 国有独资公司 | 131 | | | —190 | | |
| 其他有限责任公司 | 18768 | 1238 | 472 | 2930 | 4723 | 174 |
| 股份有限公司 | 2576 | 1034 | 902 | —598 | —650 | 194 |
| 私营企业 | 37798 | 9574 | 5490 | —12624 | —7366 | 503 |
| 私营独资企业 | 5019 | 694 | 588 | —258 | —1650 | 62 |
| 私营合伙企业 | 382 | 90 | | —41 | —37 | 8 |
| 私营有限责任公司 | 31750 | 8770 | 4886 | —12391 | —5706 | 433 |
| 私营股份有限公司 | 646 | 21 | 16 | 66 | 27 | 0 |
| 其他企业 | 722 | | | —56 | 151 | |
| 港、澳、台商投资企业 | 4737 | 557 | 534 | 1023 | 1170 | 10 |
| 合资经营企业（港或澳、台资） | 3501 | 557 | 534 | 998 | 1146 | 3 |
| 合作经营企业（港或澳、台资） | 1236 | | | 25 | 24 | 7 |
| 外商投资企业 | 2267 | 237 | 235 | —1362 | —743 | |
| 中外合资经营企业 | 2267 | 237 | 235 | —1362 | —743 | |
| 2. 按住宿行业小类分组 | | | | | | |
| 旅游饭店 | 74651 | 12979 | 7715 | —14204 | —2660 | 1467 |
| 一般旅馆 | 17828 | 1248 | 1134 | —5166 | —2727 | 212 |
| 其他住宿服务 | 2385 | 251 | 105 | —916 | 216 | 4 |
| 二、餐饮业 | 49913 | 8791 | 3853 | 17539 | 19678 | 5231 |
| 国有控股 | 7986 | 118 | —92 | 166 | 334 | 26 |
| 1. 按登记注册类型分组 | | | | | | |
| 内资企业 | 44059 | 8406 | 3606 | 9204 | 11134 | 2950 |

续表

| 指　标 | 管理费用 | 财务费用 | 营业利润 | 利润总额 | 应交所得税 | 利息支出 |
|---|---|---|---|---|---|---|
| 国有企业 | 3455 | 193 | 82 | −9 | 323 | 21 |
| 集体企业 | 984 | 72 | 49 | −184 | −140 | 1 |
| 股份合作企业 | 16 | | | −205 | | |
| 有限责任公司 | 11619 | 2537 | 413 | −813 | 494 | 518 |
| 国有独资公司 | 77 | 1 | | 6 | 6 | |
| 其他有限责任公司 | 11543 | 2536 | 413 | −819 | 488 | 518 |
| 股份有限公司 | 1894 | 189 | 149 | 734 | 12 | 95 |
| 私营企业 | 24692 | 5401 | 2913 | 9369 | 9685 | 2122 |
| 私营独资企业 | 5139 | 1277 | 935 | 2496 | 1823 | 304 |
| 私营合伙企业 | 521 | 51 | | 149 | 147 | 2 |
| 私营有限责任公司 | 17203 | 3885 | 1921 | 5756 | 6414 | 1488 |
| 私营股份有限公司 | 1829 | 187 | 58 | 968 | 1302 | 329 |
| 其他企业 | 1398 | 15 | | 310 | 759 | 194 |
| 港、澳、台商投资企业 | 931 | 257 | 248 | −748 | −703 | |
| 合资经营企业（港或澳、台资） | 672 | 251 | 248 | −848 | −812 | |
| 港、澳、台商独资经营企业 | 259 | 6 | | 100 | 109 | |
| 外商投资企业 | 4923 | 128 | −1 | 9083 | 9248 | 2281 |
| 中外合资经营企业 | 378 | 76 | | 77 | 5 | |
| 外资企业 | 4545 | 53 | −1 | 9005 | 9242 | 2281 |
| 2. 按餐饮行业小类分组 | | | | | | |
| 正餐服务 | 45149 | 8643 | 3751 | 8164 | 10607 | 2912 |
| 快餐服务 | 4147 | 55 | 16 | 9244 | 9305 | 2270 |
| 其他餐饮服务 | 617 | 93 | 87 | 131 | −234 | 49 |

续表

| 指　标 | 劳动、失业保险费 | 养老保险和医疗保险费 | 住房公积金和住房补贴 | 本年应付工资总额 | 本年应付福利费总额 | 全部从业人员年平均人数(人) |
|---|---|---|---|---|---|---|
| **总　计** | **643** | **6035** | **1487** | **139916** | **7392** | **99823** |
| 一、住宿业 | 483 | 4507 | 1226 | 78331 | 4579 | 53624 |
| 国有控股 | 175 | 3284 | 1093 | 25307 | 1618 | 16535 |
| 1. 按登记注册类型分组 | | | | | | |
| 内资企业 | 452 | 4088 | 1222 | 75240 | 4308 | 52131 |
| 国有企业 | 299 | 2837 | 1076 | 22738 | 1326 | 14880 |
| 集体企业 | 1 | 135 | 15 | 2810 | 145 | 2329 |
| 股份合作企业 | 1 | 18 | 6 | 755 | 22 | 624 |
| 有限责任公司 | 21 | 562 | 98 | 13525 | 817 | 8738 |
| 国有独资公司 | 1 | 16 | 18 | 130 | | 101 |
| 其他有限责任公司 | 20 | 546 | 81 | 13395 | 817 | 8637 |
| 股份有限公司 | 92 | 145 | 25 | 1943 | 361 | 1426 |
| 私营企业 | 39 | 392 | 2 | 32807 | 1584 | 23384 |
| 私营独资企业 | | 1 | | 7811 | 426 | 5973 |
| 私营合伙企业 | | | | 186 | | 184 |
| 私营有限责任公司 | 20 | 370 | 2 | 23656 | 1114 | 16630 |
| 私营股份有限公司 | 19 | 21 | | 1154 | 43 | 597 |
| 其他企业 | | | | 663 | 53 | 750 |
| 港、澳、台商投资企业 | 16 | 215 | 4 | 1823 | 271 | 980 |
| 合资经营企业（港或澳、台资） | 16 | 215 | 4 | 1462 | 229 | 800 |
| 合作经营企业（港或澳、台资） | | | | 361 | 42 | 180 |
| 外商投资企业 | 16 | 205 | | 1268 | | 513 |
| 中外合资经营企业 | 16 | 205 | | 1268 | | 513 |
| 2. 按住宿行业小类分组 | | | | | | |
| 旅游饭店 | 429 | 3618 | 1137 | 60039 | 3762 | 39402 |
| 一般旅馆 | 52 | 866 | 89 | 15500 | 727 | 12392 |
| 其他住宿服务 | 2 | 23 | | 2791 | 90 | 1830 |
| 二、餐饮业 | 160 | 1528 | 262 | 61585 | 2813 | 46199 |
| 国有控股 | 58 | 701 | 45 | 5282 | 153 | 3754 |

续表

| 指　标 | 劳动、失业保险费 | 养老保险和医疗保险费 | 住房公积金和住房补贴 | 本年应付工资总额 | 本年应付福利费总额 | 全部从业人员年平均人数（人） |
|---|---|---|---|---|---|---|
| 1. 按登记注册类型分组 | | | | | | |
| 内资企业 | 122 | 1037 | 63 | 55905 | 2746 | 41875 |
| 国有企业 | 54 | 639 | 33 | 4402 | 146 | 3577 |
| 集体企业 | 17 | 6 | | 1241 | 58 | 1153 |
| 股份合作企业 | | | | 119 | | 95 |
| 有限责任公司 | 8 | 130 | 14 | 10747 | 231 | 8068 |
| 国有独资公司 | | | | 190 | | 198 |
| 其他有限责任公司 | 8 | 130 | 14 | 10557 | 231 | 7870 |
| 股份有限公司 | | 2 | | 3007 | 67 | 2762 |
| 私营企业 | 42 | 260 | 16 | 34383 | 1800 | 24665 |
| 私营独资企业 | 3 | 18 | | 7771 | 788 | 6282 |
| 私营合伙企业 | | 7 | | 713 | 56 | 487 |
| 私营有限责任公司 | 15 | 210 | 16 | 23563 | 702 | 16117 |
| 私营股份有限公司 | 24 | 25 | | 2336 | 254 | 1779 |
| 其他企业 | | | | 2006 | 444 | 1555 |
| 港、澳、台商投资企业 | | 1 | | 628 | | 461 |
| 合资经营企业（港或澳、台资） | | 1 | | 357 | | 226 |
| 港、澳、台商独资经营企业 | | | | 271 | | 235 |
| 外商投资企业 | 38 | 491 | 199 | 5053 | 67 | 3863 |
| 中外合资经营企业 | 5 | 36 | 9 | 971 | 67 | 476 |
| 外资企业 | 33 | 455 | 190 | 4082 | | 3387 |
| 2. 按餐饮行业小类分组 | | | | | | |
| 正餐服务 | 126 | 1068 | 72 | 56766 | 2790 | 41792 |
| 快餐服务 | 34 | 459 | 190 | 4060 | 9 | 3634 |
| 其他餐饮服务 | | 2 | | 759 | 14 | 773 |

（8）主要年份旅游接待人数

主要年份旅游接待人数

| 年　份 | 国内旅游接待人数（万人次） | 海外旅游者 | 外国人 | 华侨 | 港澳和台湾同胞 | 台湾同胞 |
|---|---|---|---|---|---|---|
| 1980 | 16855 | 12745 | 238 | 3872 | | |
| 1985 | 360 | 34327 | 26066 | 1523 | 6738 | 2628 |
| 1990 | 465 | 46777 | 26983 | 908 | 18886 | 10786 |
| 1995 | 977 | 71199 | 51513 | 1106 | 18580 | 10035 |
| 1996 | 1318 | 96995 | 69533 | 2496 | 24966 | 15042 |
| 1997 | 1800 | 125320 | 87561 | 1983 | 35776 | 19658 |
| 1998 | 2000 | 125051 | 86966 | 1738 | 36347 | 21124 |
| 1999 | 2383 | 137785 | 101081 | 1942 | 34762 | 19923 |
| 2000 | 2905 | 165282 | 116578 | 48704 | 21460 | |
| 2001 | 3510 | 197782 | 128802 | 68980 | 31588 | |
| 2002 | 4360 | 248033 | 161490 | 86543 | 38138 | |
| 2003 | 3490 | 116045 | 79053 | 36992 | 13863 | |
| 2004 | 5579 | 295767 | 182197 | 113570 | 44914 | |
| 2005 | 6545 | 421458 | 253986 | 167472 | 64970 | |
| 2006 | 7517 | 573711 | 330291 | 243420 | 91181 | |
| 2007 | 8529 | 737888 | 449249 | 288639 | 108915 | |
| 2008 | 9384 | 939260 | 579354 | 359906 | 130992 | |
| 2009 | 10611 | 1067835 | 666269 | 401566 | 140457 | |

（9）主要年份旅游收入

主要年份旅游收入

| 年　份 | 旅游总收入（亿元） | 国内旅游接待收入（亿元） | 旅游外汇收入（万美元） | 国内旅游人均花费（元/人次） |
|---|---|---|---|---|
| 1985 | 0.48 | 0.36 | 146 | 10.00 |
| 1990 | 2.80 | 2.22 | 458 | 47.74 |
| 1995 | 16.71 | 15.00 | 2062 | 153.53 |
| 1996 | 27.55 | 25.34 | 2667 | 192.26 |
| 1997 | 46.79 | 43.68 | 3748 | 242.67 |
| 1998 | 56.60 | 53.42 | 3826 | 267.00 |
| 1999 | 66.40 | 62.87 | 4257 | 263.86 |
| 2000 | 81.35 | 77.21 | 4991 | 265.78 |
| 2001 | 100.44 | 95.50 | 5946 | 272.08 |
| 2002 | 126.51 | 120.30 | 7484 | 275.99 |
| 2003 | 101.47 | 98.46 | 3627 | 282.10 |
| 2004 | 199.77 | 193.03 | 8123 | 346.01 |
| 2005 | 291.99 | 281.91 | 11622 | 447.41 |
| 2006 | 428.39 | 414.75 | 16421 | 692.77 |
| 2007 | 581.57 | 563.67 | 22171 | 739.50 |
| 2008 | 739.32 | 721.30 | 30065 | 836.40 |
| 2009 | 892.53 | 865.85 | 37794 | 842.50 |

# 辽宁省

## 1. 广播电影电视业

**2009年辽宁省广播电视发展情况**

| 种类＼指标 | 部数 | 集数 |
|---|---|---|
| 广播剧制作 | 49 | 1823 |
| 电视剧制作 | 9 | 302 |
| | 总用户（户） | 传输网络干线总长度（公里） |
| 有线电视 | 8155032 | 10972304 |
| 数字电视 | 2606087 | |

## 2. 新闻出版业

**辽宁新闻出版业发展情况（2009年）**

| 种类＼指标 | 种类（种） | 新出版（种） | 租型（种） | 总印数（万册） | 平均期印数（万册） | 总印张（千印张） | 总金额（万元） |
|---|---|---|---|---|---|---|---|
| 图书 | 8682 | 4322 | 375 | 16802 | | 1260320 | 209837 |
| 期刊 | 317 | | | 9016 | 530 | 374755 | 45623 |
| 报纸 | 73 | | | 175784 | 899.48 | 8382055 | 118100 |
| | 种类（种） | 生产总量（万盒、张） | 发行总量（万盒、张） | | | | |
| 录音制品 | 511 | 340.6 | 970.08 | | | | |
| 录像制品 | 731 | 1195.5 | 618.65 | | | | |
| 电子出版物 | 234 | 295.18 | 302.66 | | | | |
| | 购进（万册、张、份、盒） | 购进金额（万元） | 销售（万册） | 销售金额（万元） | 库存（万册） | 库存金额（万元） | |
| 出版物发行 | 38912 | 428460 | 38282 | 406097 | 9035 | 177702 | |

## 3. 演艺娱乐业

**2009年演艺娱乐业数字统计**

| 种类＼指标 | 企业数 | 从业人数 | 年产值 |
|---|---|---|---|
| 演艺业 | 528个 | 13589人 | 2.48亿 |
| 娱乐业 | 17833个 | 90374人 | 19.8亿 |
| 文化会展业 | | | 77.2亿 |

## 4. 文化会展业

**2009年会议及展览服务机构基本情况**

| 代码 | 类别 | 机构数（个） | 从业人员（万人） | 广告收入（亿元） |
|---|---|---|---|---|
| 1 | 总计 | 68 | 0.3599 | |
| 2 | 国有企业 | 9 | 0.0466 | |
| 3 | 集体企业 | | | |
| 4 | 股份制及其他有限公司 | 56 | 0.3076 | |
| 5 | 联营企业 | | | |
| 6 | “三资”企业 | | | |
| 7 | 其他 | 3 | 0.0057 | |

**2005—2009 年国际会展基本情况**

| 代　码 | 指　标 | 计量单位 | 2005 年 | 2006 年 | 2007 年 | 2008 年 | 2009 年 |
|---|---|---|---|---|---|---|---|
| 1 | 举办国际会展项目 | 个 | 80 | 73 | 63 | 81 | 111 |
| 2 | 1—5 万平方米 | 个 | 18 | 29 | 26 | 11 | 31 |
| 3 | 5 万平方米以上 | 个 | 1 | 2 | 3 | 5 | 6 |
| 4 | 国际会展展出总面积 | 万平方米 | 57.99 | 68.26 | 89.3 | 112.08 | 122.75 |
| 5 | 平均每次国际会展面积 | 万平方米 | 0.725 | 0.935 | 1.417 | 1.383 | 1.106 |
| 6 | 参展商总数 | 万个 | 5.93 | 4.67 | 4.53 | 6.61 | 6.68 |
| 7 | 境外参展商 | 万个 | 1.012 | 0.52 | 0.79 | 0.7 | 0.64 |
| 8 | 参观总人次数 | 万人次 | 288.9 | 294.5 | 307 | 391.5 | 568.5 |
| 9 | 境外参观总人次数 | 万人次 | 6.7 | 6.8 | 7.78 | 7.9 | 7.5 |

**辽宁主要展馆和会议中心情况**

| 名　称 | 展厅（会议厅）面积（万平方米） | 地　址 |
|---|---|---|
| 沈阳国际展览中心 | 10.52 | 苏家屯区沈苏大街 9 号 |
| 辽宁工业展览馆 | 1.2 | 和平区彩塔街 3 号 |
| 沈阳科学宫展览中心 | 1.1 | 沈河区青年大街 211 号 |
| 沈阳棋盘山国际会展中心 | 0.3 | 棋盘山国际风景旅游开发区 |
| 大连星海会展中心 | 1.4 | 大连市沙河口区会展路 18 号 |
| 大连世界博览中心 | 8 | 大连市沙河口区星海广场 F 区 10 号 |
| 大连金石国际会议中心 | 14 | 大连金石滩国家旅游度假区 |
| 鞍山市体育中心 | 3.04 | 鞍山市铁东区 |
| 鞍山市职教城会展中心 | 3.1 | 鞍山市鞍千路达道湾 |
| 阜新市会展中心 | 8 | 阜新市北新路以北 |
| 万博国际文化体育会展中心 | 6.2 | 锦州市府广场 |

## 5. 文化旅游业

**2001—2009 年旅行社活动情况**

| 指　标 | 代　码 | 计量单位 | 2001 年 | 2002 年 | 2003 年 | 2004 年 | 2005 年 | 2006 年 | 2007 年 | 2008 年 | 2009 年 |
|---|---|---|---|---|---|---|---|---|---|---|---|
| **旅行社** | 01 | 个 | | | | | 1003 | 1073 | 1108 | 1119 | 1110 |
| 国际 | 02 | 个 | | | | | 71 | 78 | 82 | 84 | — |
| 国内 | 03 | 个 | | | | | 932 | 955 | 1026 | 1035 | — |
| 从业人员 | 04 | 人 | | | | | 10767 | 11371 | 10925 | 11157 | |
| 国际 | 05 | 人 | | | | | | | | | — |
| 国内 | 06 | 人 | | | | | | | | | — |
| **旅行社接待境内外来辽旅游者** | 07 | 万人次 | | | | | 219.5 | 289.8 | 340.6 | 815.4 | 706.5 |
| 境外旅游者 | 08 | 万人次 | | | | | 23.7 | 37.3 | 70.6 | 297.8 | 174.5 |
| 外国人 | 09 | 万人次 | | | | | 18.6 | 26.6 | | | 61.9 |
| 中国香港、澳门 | 10 | 万人次 | | | | | | | | | |
| 中国台湾 | 11 | 万人次 | | | | | | | | | |
| 境内旅游者 | 12 | 万人次 | | | | | 195.8 | 252.5 | 270 | 517.6 | 532 |
| **旅行社组织出境旅游者** | 13 | 万人次 | | | | | 24.4 | 45 | 57.6 | 113 | 163 |
| 旅行社营业收入 | 14 | 亿元 | | | | | 20.7 | 26.9 | 37.7 | 50.1 | 51 |
| 旅行社利润总额 | 15 | 亿元 | | | | | | | | 0.2 | 0.6 |

## 2001—2009年国内外旅游者来辽旅游情况

| 指　标 | 代　码 | 计量单位 | 2001年 | 2002年 | 2003年 | 2004年 | 2005年 | 2006年 | 2007年 | 2008年 | 2009年 |
|---|---|---|---|---|---|---|---|---|---|---|---|
| **国内旅游者来辽人数** | 01 | 万人次 | 4984 | 6305 | 6303 | 8090 | 9860 | 13166 | 16504 | 19836 | 24195 |
| 外省市来辽旅游者人数 | 02 | 万人次 | | | | | | | | | |
| 本省居民在本地旅游人数 | 03 | 万人次 | | | | | | | | | |
| 国内来辽旅游者人均消费支出 | 04 | 元 | | | | | | | | | |
| 门票费 | 05 | 元 | | | | | | | | | |
| 娱乐费 | 06 | 元 | | | | | | | | | |
| 邮电通信费 | 07 | 元 | | | | | | | | | |
| **来辽国际旅游者人数** | 08 | 万人次 | 74.00 | 92.94 | 77.89 | 108.08 | 130.20 | 161.30 | 200.09 | 241.87 | 293.20 |
| 外国人 | 09 | 万人次 | 61.93 | 79.42 | 66.81 | 93.77 | 111.11 | 137.26 | 170.66 | 207.27 | 250.74 |
| 港澳同胞 | 10 | 万人次 | 4.75 | 5.30 | 4.94 | 6.89 | 9.29 | 12.19 | 15.24 | 18.36 | 23.52 |
| 台湾同胞 | 11 | 万人次 | 7.33 | 8.23 | 6.15 | 7.42 | 9.80 | 11.86 | 14.18 | 16.23 | 18.93 |
| 平均每天来辽国际旅游者 | 12 | 人次/天 | | | | | | | | | |
| 来辽国际旅游者平均逗留天数 | 13 | 天/人 | | | | | | | | | |
| **旅游外汇收入** | 14 | 亿美元 | 4.63 | 5.50 | 4.54 | 6.13 | 7.38 | 9.34 | 12.28 | 15.26 | 18.56 |

## 2005—2009年国内旅游者来辽人均消费支出构成

| 指　标 | 代　码 | 计量单位 | 2005年 | 2006年 | 2007年 | 2008年 | 2009年 |
|---|---|---|---|---|---|---|---|
| 长途交通费 | 01 | 元 | 121.67 | 128.49 | 101.68 | 185.13 | 127.18 |
| 住宿费 | 02 | 元 | 135.20 | 125.99 | 202.76 | 183.98 | 147.77 |
| 饮食费 | 03 | 元 | 112.25 | 114.76 | 88.61 | 255.64 | 145.81 |
| 购物费 | 04 | 元 | 136.20 | 127.91 | 101.18 | 254.73 | 228.33 |
| 门票费 | 05 | 元 | 38.13 | 43.98 | 37.03 | 77.83 | 49.95 |
| 娱乐费 | 06 | 元 | 35.56 | 37.96 | 24.54 | 60.85 | 43.73 |
| 市内交通费 | 07 | 元 | 17.61 | 18.88 | 109.82 | 24.65 | 13.48 |
| 邮电通信费 | 08 | 元 | 6.72 | 7.30 | 5.19 | 8.53 | 5.84 |
| 其他 | 09 | 元 | 35.08 | 42.98 | 38.55 | 77.01 | 65.44 |

# 吉林省

## 1. 广播电影电视业

(1) 电视台情况

电视台情况

| 指　标 | 单　位 | 2008 年 | 2009 年 |
|---|---|---|---|
| 基本情况 | | | |
| 电视台 | 座 | 9 | 10 |
| 发射台 | 座 | 155 | 157 |
| 发射机功率 | 千瓦 | 417.32 | 440.96 |
| 节目套数 | 套 | 76 | 76 |
| 平均每日播出时间 | 时：分 | 1188：11 | 1226：55 |
| 电视覆盖率 | % | 98.35 | 98.48 |
| 有线电视入户率 | % | 30.97 | 33.70 |
| 电视节目制作情况 | | | |
| 合 计 | 小时/年 | 79558 | 84234 |
| 新 闻 | 小时/年 | 11307 | 11725 |
| 专 题 | 小时/年 | 15202 | 17815 |
| 教育（影视类电视节目） | 小时/年 | 399 | 324 |
| 文 艺 | 小时/年 | 14981 | 16958 |
| 服务性及其他 | 小时/年 | 37669 | 37412 |

(2) 电影事业基本情况

电影业基本情况

| 指　标 | 2008 年 | 2009 年 |
|---|---|---|
| 电影制片厂（个） | 1 | 1 |
| 电影发行放映管理机构（个） | 44 | 54 |
| 专业电影放映单位（个） | 541 | 805 |
| 电影院 | 24 | 63 |
| 农村电影放映队 | 517 | 742 |
| 电影放映从业人员（人） | 1616 | 1683 |
| 放映场次合计（千场） | 116 | 192 |
| 观众人次（千人次） | 11768 | 42392 |

(3) 广播电台情况

广播电台和广播情况

| 指　标 | 单　位 | 2008 年 | 2009 年 |
|---|---|---|---|
| 广播电台 | 座 | 9 | 10 |
| 节目套数 | 套 | 65 | 65 |
| 平均每日播音时间 | 时：分 | 971：35 | 1058：48 |
| 广播覆盖率 | % | 96.1 | 98.3 |
| 广播节目制作情况 | | | |
| 合计 | 小时 | 220435 | 233005 |
| 新闻 | 小时 | 24666 | 28351 |
| 综艺 | 小时 | 75225 | 76370 |
| 专题 | 小时 | 54065 | 59776 |
| 教育（广播剧类） | 小时 | 898 | 1227 |
| 服务性及其他 | 小时 | 65581 | 67281 |

## 2. 新闻出版业

(1) 报纸出版

**报纸出版**

| 指　标 | 种类（种） | | 总印数（万份） | | 总印张（万印张） | |
|---|---|---|---|---|---|---|
| | 2008 年 | 2009 年 | 2008 年 | 2009 年 | 2008 年 | 2009 年 |
| **总　计** | **78** | **80** | **95002** | **95909** | **204702** | **264837** |
| 综合报 | 47 | 49 | 54730 | 57058 | 118276 | 175725 |
| 专业报 | 31 | 31 | 40272 | 38851 | 86426 | 89112 |
| 省级报纸合计 | 35 | 37 | 49601 | 50756 | 105058 | 137464 |
| 综合报 | 14 | 16 | 13363 | 13972 | 26959 | 58188 |
| 专业报 | 21 | 21 | 36238 | 36784 | 78099 | 79276 |
| 市级报纸合计 | 43 | 45 | 45401 | 45153 | 99644 | 127373 |
| 综合报 | 33 | 35 | 41367 | 43086 | 91317 | 117537 |
| 专业报 | 10 | 10 | 4034 | 2067 | 8327 | 9836 |

(2) 期刊出版

**期刊出版**

| 指　标 | 种类（种） | | 总印数（万册） | | 总印张（万印张） | |
|---|---|---|---|---|---|---|
| | 2008 年 | 2009 年 | 2008 年 | 2009 年 | 2008 年 | 2009 年 |
| **总　计** | **237** | **238** | **10014** | **10098** | **41245** | **42349** |
| 综合 | 29 | 30 | 2488 | 2510 | 10224 | 10498 |
| 哲学、社会科学 | 58 | 58 | 2144 | 2163 | 9219 | 9466 |
| 自然科学、技术 | 97 | 97 | 919 | 926 | 5198 | 5337 |
| 文化、教育 | 30 | 30 | 3115 | 3140 | 10800 | 11089 |
| 文学、艺术 | 18 | 18 | 1079 | 1088 | 4607 | 4730 |
| 少年儿童读物 | 4 | 4 | 262 | 264 | 1185 | 1217 |
| 画刊 | 1 | 1 | 7 | 7 | 12 | 12 |

(3) 图书出版

**图书出版**

| 指　标 | 种类（种） | | 总印数（万册） | |
|---|---|---|---|---|
| | 2008 年 | 2009 年 | 2008 年 | 2009 年 |
| **总　计** | **7881** | **10354** | **18234** | **26402** |
| 书籍 | 7881 | 10354 | 18234 | 26402 |
| 课本 | 856 | | 6091 | |

## 3. 文化旅游业

(1) 旅游部门接待能力

**旅游部门接待能力**

| 指　标 | 单　位 | 2008 年 | 2009 年 |
|---|---|---|---|
| 优秀旅游城市 | 个 | 7 | 7 |
| 星级饭店 | 个 | 236 | 231 |
| 旅行社 | 个 | 488 | 530 |
| 客房数 | 间 | 22280 | 23590 |
| 客房床位数 | 张 | 41871 | 44796 |

（2）旅游事业发展情况（一）

**旅游事业发展情况（一）**

| 年 份 | 星级饭店总数（个） | 入境旅游人数（万人次） | 外国人 | 国际旅游外汇收入（万美元） | 国内旅游人次（万人次） | 国内旅游收入（万元） | 国内旅游人均花费（元） |
|---|---|---|---|---|---|---|---|
| 1981 | | | | | | | |
| 1982 | | | | | | | |
| 1983 | | | | | | | |
| 1984 | | | | | | | |
| 1985 | | 2.4 | 1 | 165 | | 1261 | |
| 1986 | | 3.1 | 1.6 | 235 | | 1203 | |
| 1987 | | 3.6 | 1.5 | 255 | | 1995 | |
| 1988 | | 4.2 | 1.8 | 380 | | 3174 | |
| 1989 | 23 | 2.5 | 1.2 | 335 | | 3293 | |
| 1990 | 27 | 4.6 | 3.0 | 610 | | 4353 | |
| 1991 | 33 | 6.2 | 3.6 | 859 | | 7848 | |
| 1992 | 35 | 8.4 | 5.3 | 1106 | | 25492 | |
| 1993 | 38 | 7.9 | 5.6 | 1110 | | 27606 | |
| 1994 | 48 | 10.7 | 9.3 | 2488 | | | |
| 1995 | 52 | 15.6 | 14.5 | 4148 | | | |
| 1996 | 72 | 18.8 | 17.6 | 5310 | | | |
| 1997 | 73 | 20.0 | 18.1 | 5935 | 1240 | 167100 | 134.8 |
| 1998 | 86 | 13.1 | 11.6 | 3783 | 1317 | 266100 | 202.1 |
| 1999 | 95 | 15.9 | 14.1 | 4483 | 1463 | 349000 | 238.6 |
| 2000 | 151 | 22.3 | 19.2 | 5804 | 1809 | 519400 | 287.1 |
| 2001 | 151 | 27.2 | 23.7 | 7579 | 2225 | 773900 | 347.8 |
| 2002 | 172 | 29.4 | 25.9 | 8700 | 2455 | 1081700 | 440.6 |
| 2003 | 182 | 21.2 | 18.5 | 6638 | 2331 | 1362200 | 584.3 |
| 2004 | 176 | 32.4 | 27.7 | 9600 | 2588 | 1759200 | 679.8 |
| 2005 | 198 | 37.3 | 30.7 | 11953 | 2851 | 2193400 | 769.4 |
| 2006 | 210 | 44.9 | 36.8 | 14244 | 3193 | 2640000 | 826.9 |
| 2007 | 216 | 54.4 | 44.2 | 17931 | 3704 | 3365100 | 908.6 |
| 2008 | 236 | 61.7 | 52.5 | 21144 | 4497 | 4361000 | 969.8 |
| 2009 | 231 | 68.1 | 58.3 | 24294 | 5433 | 5641000 | 1038.3 |

（3）旅游事业发展情况（二）

**旅游事业发展情况（二）**

| 指 标 | 单 位 | 2008 年 | 2009 年 |
|---|---|---|---|
| 入境旅游者人数 | 人次 | 617303 | 680528 |
| 外国人 | 人次 | 524625 | 582861 |
| 港澳同胞 | 人次 | 56879 | 65201 |
| 台湾同胞 | 人次 | 35799 | 32466 |
| 海外旅游者人天数 | 人天 | 1163503 | 1375127 |
| 外国人 | 人天 | 1010770 | 1203868 |
| 港澳同胞 | 人天 | 97001 | 114993 |
| 台湾同胞 | 人天 | 55732 | 56266 |
| 国际旅游外汇收入 | 万美元 | 21144 | 24294 |
| 国内旅游人数 | 万人次 | 4497.00 | 5433.03 |
| 国内旅游收入 | 亿元 | 436.10 | 564.10 |
| 旅游接待总人数 | 万人次 | 4558.65 | 5501.08 |
| 旅游业总收入 | 亿元 | 450.80 | 580.69 |

注：海外旅游者人数及人天数中的外国人包括华侨数。

# 上海市

## 1. 广播电影电视业

（1）电视和广播公共节目播出时间

电视和广播公共节目播出时间（2009 年）

单位：小时

| 类　别 | 合　计 | 电视台 | | 合　计 | 广播电台 | |
|---|---|---|---|---|---|---|
| | | 市　级 | 区县级 | | 市　级 | 区县级 |
| **总　计** | **173742** | **123846** | **49896** | **131467** | **76077** | **55390** |
| 新闻资讯类节目 | 26788 | 21010 | 5778 | 35535 | 20843 | 14692 |
| 专题服务类节目 | 39469 | 32988 | 6481 | 19326 | 12666 | 6660 |
| 综艺类节目 | 9450 | 8522 | 928 | 48911 | 29649 | 19262 |
| 影视剧类节目 | 63826 | 38918 | 24908 | | | |
| 广播剧类节目 | | | | 8231 | 2473 | 5758 |
| 广告类节目 | 18946 | 11375 | 7571 | 15482 | 10314 | 5168 |
| 其他类节目 | 15263 | 11033 | 4230 | 3982 | 132 | 3850 |

（2）电影公益场放映情况

电影公益场放映情况（2008～2009）

| 指　标 | 2008 年 | 2009 年 |
|---|---|---|
| 放映影片（部） | 6447 | 2748 |
| 放映场次（万场次） | 5.58 | 8.72 |
| 观众人次（万人次） | 1017 | 898 |
| 放映费用（万元） | 1072.20 | 1212.68 |
| 政府补贴（万元） | 1125.80 | 814.99 |

（3）电影摄制、译制和放映情况

电影摄制、译制和放映情况（1978～2009）

| 年　份 | 摄制和译制电影片 | | | | 电影放映 | | | |
|---|---|---|---|---|---|---|---|---|
| | 故事片（部） | 美术片（本） | 科学教育片（本） | 译制片（本） | 放映场次（万场） | 其中影、剧院 | 观众人次（万人次） | 其中影、剧院观众人次（万人次） |
| 1978 | 10 | 24 | 84 | 275 | 35 | 17 | 27405 | 15291 |
| 1979 | 14 | 25 | 95 | 315 | 40 | 20 | 32763 | 29743 |
| 1980 | 17 | 30 | 105 | 382 | 39 | 20 | 29304 | 18039 |
| 1981 | 17 | 32 | 109 | 289 | 38 | 19 | 26823 | 16203 |
| 1982 | 19 | 35 | 112 | 604 | 38 | 20 | 25828 | 15586 |
| 1983 | 19 | 34 | 116 | 666 | 37 | 20 | 25204 | 15124 |
| 1984 | 19 | 40 | 117 | 633 | 36 | 21 | 24149 | 15539 |
| 1985 | 15 | 43 | 140 | 426 | 34 | 21 | 21885 | 14748 |
| 1986 | 19 | 38 | 150 | 450 | 36 | 24 | 23220 | 16720 |
| 1987 | 17 | 38 | 151 | 378 | 37 | 28 | 21985 | 17067 |

续表

| 年份 | 摄制和译制电影片 | | | | 电影放映 | | | |
|---|---|---|---|---|---|---|---|---|
| | 故事片（部） | 美术片（本） | 科学教育片（本） | 译制片（本） | 放映场次（万场） | 其中影、剧院 | 观众人次（万人次） | 观众人次（万人次） |
| 1988 | 13 | 29 | 156 | 501 | 38 | 30 | 20461 | 16742 |
| 1989 | 17 | 29 | 140 | 398 | 37 | 32 | 20776 | 18216 |
| 1990 | 16 | 47 | 142 | 340 | 38 | 33 | 19351 | 17021 |
| 1991 | 17 | 37 | 146 | 272 | 36 | 31 | 15766 | 13615 |
| 1992 | 17 | 42 | 146 | 325 | 29 | 25 | 9145 | 8089 |
| 1993 | 16 | 35 | 91 | 251 | 16 | 14 | 3862 | 3332 |
| 1994 | 14 | 13 | 69 | 162 | 22 | 20 | 4001 | 3617 |
| 1995 | 17 | 37 | 22 | 266 | 23 | 20 | 4419 | 3913 |
| 1996 | 10 | 58 | 6 | 283 | 27 | 25 | 4420 | 3783 |
| 1997 | 11 | 17 | 8 | 312 | 25 | 23 | 3670 | 3023 |
| 1998 | 4 | 16 | 6 | 271 | 23 | 21 | 2924 | 2451 |
| 1999 | 17 | 10 | 14 | 372 | 20 | 19 | 2055 | 1678 |
| 2000 | 10 | 20 | 12 | 438 | 18 | 17 | 1794 | 1452 |
| 2001 | 12 | 2 | 8 | 237 | 18 | 17 | 1553 | 1315 |
| 2002 | 10 | 2 | 11 | 204 | 20 | 17 | 1198 | 921 |
| 2003 | 9 | 10 | 2 | 216 | 20 | 19 | 971 | 870 |
| 2004 | 12 | 1 | | 248 | 24 | 23 | 1364 | 1183 |
| 2005 | 13 | | | 183 | 28 | 26 | 1509 | 1323 |
| 2006 | 9 | | | 312 | 27 | 26 | 1254 | 1173 |
| 2007 | 9 | | | 211 | 33 | 32 | 1385 | 1277 |
| 2008 | 17 | 8 | | 248 | 35 | 34 | 1456 | 1381 |
| 2009 | 11 | | | 284 | 44 | 43 | 1938 | 1844 |

（4）音像电子出版数量

音像电子出版数量（2009 年）

| 类别 | 种数（种） | 出版数量（万张、万盒） | 发行数量（万张、万盒） | 发行总金额（万元） |
|---|---|---|---|---|
| **总　计** | **3126** | **4628.79** | **2787.65** | **26288.64** |
| 电子出版物 | 505 | 2547.20 | 554.50 | 12278.82 |
| 数码激光视盘 | 188 | 49.90 | 122.04 | 871.38 |
| 高密度激光视盘 | 340 | 212.55 | 252.47 | 2159.21 |
| 激光唱盘 | 888 | 367.01 | 309.30 | 4412.76 |
| 录音带 | 971 | 1168.33 | 1278.93 | 5313.57 |
| 其　他 | 234 | 283.80 | 270.41 | 1252.90 |

(5) 主要年份电影发行放映情况

**主要年份电影发行放映情况**

| 指标 | 2005年 | 2008年 | 2009年 |
|---|---|---|---|
| **放映场次(万场)** | **27.60** | **35.46** | **44.46** |
| 电影院 | 22.20 | 32.75 | 41.21 |
| 影剧院 | 3.90 | 2.05 | 2.44 |
| 开放礼堂、俱乐部 | 1.16 | 1.10 | 0.76 |
| **观众人次数(万人次)** | **1509.31** | **1456.40** | **1938.20** |
| 电影院 | 893.92 | 1233.91 | 1693.19 |
| 影剧院 | 428.63 | 146.68 | 150.47 |
| 开放礼堂、俱乐部 | 36.24 | 44.04 | 43.98 |
| **放映收入(万元)** | **27192.03** | **43960.18** | **66737.07** |
| 电影院 | 23591.47 | 40582.15 | 62665.32 |
| 影剧院 | 2389.52 | 1964.42 | 2584.98 |
| 开放礼堂、俱乐部 | 1009.58 | 1365.96 | 1406.04 |
| **平均每一放映场次** | | | |
| 观众人数(人) | 54.69 | 41.07 | 43.59 |
| 放映收入(元) | 985.22 | 1239.71 | 1501.06 |
| **日均放映场次(场)** | **756.16** | **971.51** | **1218.08** |
| **日均观众人次(万人次)** | **4.14** | **3.99** | **5.31** |

(6) 主要年份广播电台、电视台情况

**主要年份广播电台、电视台情况**

| 类别 | 2005年 | 2008年 | 2009年 |
|---|---|---|---|
| **广播电台** | | | |
| 中、短波发射台(座) | 4 | 4 | 4 |
| 发射功率(千瓦) | 390 | 440 | 440 |
| 公共广播节目套数(套) | 21 | 21 | 21 |
| 付费广播节目套数(套) | 1 | 1 | 1 |
| 日均播音时间(小时) | 347 | 361 | 360 |
| 全年制作节目时间(小时) | 83665 | 86466 | 91660 |
| **电视台** | | | |
| 发射台(座) | 11 | 11 | 11 |
| 发射功率(千瓦) | 170 | 170 | 172 |
| 公共电视节目套数(套) | 25 | 25 | 25 |
| 付费电视节目套数(套) | 15 | 16 | 16 |
| 周均播放时间(小时) | 2879 | 3302 | 3341 |
| 全年制作节目时间(小时) | 62819 | 53358 | 63401 |
| **广播电视卫星收转站(座)** | **822** | **868** | **826** |
| 卫星地球站 | 1 | 1 | 1 |

（7）主要年份有线电视基本情况

主要年份有线电视基本情况

| 指 标 | 2000 年 | 2008 年 | 2009 年 |
|---|---|---|---|
| 有线电视总用户数（万户） | 303.0 | 527.2 | 553.3 |
| 数字电视用户 | | | 77.6 |
| 有线电视入户率（%） | 64.50 | 104.76 | 109.21 |
| 有线广播电视传输网络干线总长（公里） | 604 | 33696 | 35387 |

## 2. 新闻出版业

（1）报纸出版数量

报纸出版数量（2009 年）

| 类 别 | 种数（种） | 期数（期） | 每期平均印数（万份） | 总印数（万份） | 总印张数（万印张） |
|---|---|---|---|---|---|
| **总 计** | **100** | **11178** | **741.33** | **163266.25** | **779395.59** |
| 综合报 | 12 | 3467 | 274.16 | 97391.30 | 563753.02 |
| 专业报 | 88 | 7711 | 467.17 | 65874.95 | 215642.57 |

（2）报纸出版数量（2）

报纸出版数量（1978～2009 年）

| 年 份 | 种数（种） | 每期平均印数（万份） | 总印数（亿册） | 总印张数（亿印张） |
|---|---|---|---|---|
| 1978 | 5 | 257 | 6.41 | 6.20 |
| 1979 | 8 | 349 | 7.32 | 7.08 |
| 1980 | 12 | 464 | 8.55 | 8.20 |
| 1981 | 15 | 640 | 10.28 | 9.77 |
| 1982 | 31 | 936 | 14.93 | 13.13 |
| 1983 | 34 | 1185 | 18.13 | 15.49 |
| 1984 | 41 | 1429 | 19.63 | 16.57 |
| 1985 | 89 | 1656 | 19.54 | 17.07 |
| 1986 | 93 | 1750 | 19.94 | 18.37 |
| 1987 | 90 | 2003 | 22.45 | 20.49 |
| 1988 | 83 | 1958 | 21.38 | 22.07 |
| 1989 | 81 | 1477 | 15.85 | 16.25 |
| 1990 | 81 | 1510 | 16.16 | 16.76 |
| 1991 | 75 | 1506 | 18.48 | 19.16 |
| 1992 | 77 | 1506 | 24.76 | 24.76 |
| 1993 | 81 | 1506 | 32.27 | 32.27 |
| 1994 | 87 | 1369 | 30.43 | 30.43 |
| 1995 | 86 | 1358 | 19.04 | 34.00 |
| 1996 | 87 | 1357 | 18.93 | 36.96 |
| 1997 | 87 | 1397 | 19.34 | 43.19 |

续表

| 年 份 | 种数（种） | 每期平均印数（万份） | 总印数（亿册） | 总印张数（亿印张） |
|---|---|---|---|---|
| 1998 | 80 | 1441 | 19.73 | 49.84 |
| 1999 | 75 | 1311 | 18.42 | 46.26 |
| 2000 | 103 | 1135 | 16.77 | 44.57 |
| 2001 | 101 | 1060 | 16.98 | 47.67 |
| 2002 | 101 | 983 | 16.46 | 51.42 |
| 2003 | 101 | 886 | 17.05 | 66.13 |
| 2004 | 103 | 939 | 19.71 | 83.66 |
| 2005 | 102 | 903 | 19.06 | 89.94 |
| 2006 | 101 | 850 | 17.89 | 87.33 |
| 2007 | 101 | 815 | 17.04 | 86.75 |
| 2008 | 100 | 787 | 17.24 | 88.29 |
| 2009 | 100 | 741 | 16.33 | 77.94 |

（3）科协系统出版物和科技服务情况

**科协系统出版物和科技服务情况（2009 年）**

| 指 标 | 合 计 | 其 中 | | |
|---|---|---|---|---|
| | | 市科协 | 区县科协 | 学 会 |
| **出版物** | | | | |
| 主办科技期刊种数（种） | 96 | 1 | 21 | 74 |
| 年发行总数（万册） | 290 | 17 | 4 | 269 |
| 年发表论文（篇） | 14627 | | | 14627 |
| 编辑论文集种数（种） | 99 | | | 99 |
| 年发行总数（册） | 42228 | | | 42228 |
| 主办科技报纸种数（种） | 5 | 2 | | 3 |
| 年发行份数（万份） | 704 | 700 | | 4 |
| 编著科技图书种数（种） | 215 | 77 | 21 | 117 |
| 年发行册数（万册） | 193 | 45 | 62 | 86 |
| **咨 询** | | | | |
| 完成技术咨询合同数（项） | 1471 | 275 | 403 | 793 |
| 咨询合同实现金额（万元） | 91370 | 3562 | 85705 | 2103 |

（4）历年图书出版数量

**图书出版数量（1978～2009 年）**

| 年 份 | 种 数（种） | | 总印数（亿册） | 总印张数（亿印张） |
|---|---|---|---|---|
| | | 新出版 | | |
| 1978 | 1666 | 1332 | 3.92 | 12.19 |
| 1979 | 2040 | 1563 | 4.58 | 15.54 |

续表

| 年份 | 种数（种） | | 总印数（亿册） | 总印张数（亿印张） |
|---|---|---|---|---|
| | | 新出版 | | |
| 1980 | 2338 | 1804 | 5.62 | 17.73 |
| 1981 | 2801 | 1949 | 6.01 | 22.89 |
| 1982 | 3395 | 2057 | 6.07 | 21.76 |
| 1983 | 3653 | 2254 | 4.65 | 21.31 |
| 1984 | 3848 | 2328 | 5.37 | 25.58 |
| 1985 | 4176 | 2634 | 4.96 | 23.95 |
| 1986 | 4531 | 3045 | 3.66 | 17.81 |
| 1987 | 5103 | 3151 | 4.26 | 19.84 |
| 1988 | 5538 | 3658 | 4.33 | 19.04 |
| 1989 | 6765 | 4960 | 3.28 | 14.52 |
| 1990 | 7767 | 4887 | 2.98 | 14.66 |
| 1991 | 8141 | 4756 | 3.11 | 17.30 |
| 1992 | 8095 | 4179 | 2.75 | 17.19 |
| 1993 | 7721 | 4272 | 2.26 | 15.34 |
| 1994 | 7812 | 4382 | 2.35 | 17.01 |
| 1995 | 8338 | 4185 | 2.44 | 17.92 |
| 1996 | 9234 | 4445 | 2.79 | 20.10 |
| 1997 | 9928 | 4844 | 2.70 | 18.00 |
| 1998 | 10718 | 5083 | 2.83 | 18.69 |
| 1999 | 11381 | 5880 | 2.68 | 18.69 |
| 2000 | 12682 | 6936 | 2.54 | 19.05 |
| 2001 | 14000 | 7947 | 2.68 | 21.24 |
| 2002 | 14537 | 8156 | 2.59 | 21.38 |
| 2003 | 15636 | 8726 | 2.74 | 23.27 |
| 2004 | 16449 | 9391 | 2.67 | 23.54 |
| 2005 | 16504 | 9286 | 2.59 | 23.65 |
| 2006 | 17283 | 9338 | 2.54 | 24.86 |
| 2007 | 16958 | 9085 | 2.40 | 24.05 |
| 2008 | 17780 | 9945 | 2.64 | 24.97 |
| 2009 | 18873 | 10615 | 2.74 | 25.46 |

（5）期刊出版数量

期刊出版数量（2009年）

| 类别 | 种数（种） | 出版期数（期） | 总印数（万册、份） | 总印张数（万印张） |
|---|---|---|---|---|
| **总计** | **621** | **5907** | **17887.62** | **90183.27** |
| 综合 | 14 | 131 | 663.82 | 3620.33 |
| 哲学、社会科学 | 121 | 1429 | 4315.82 | 25874.75 |
| 自然科学技术 | 356 | 2861 | 2762.41 | 20159.30 |

续表

| 类 别 | 种数（种） | 出版期数（期） | 总印数（万册、份） | 总印张数（万印张） |
|---|---|---|---|---|
| 文化教育 | 77 | 808 | 1743.52 | 10746.47 |
| 文学艺术 | 32 | 361 | 7035.30 | 25281.79 |
| 少年儿童读物 | 20 | 305 | 1357.15 | 4453.51 |
| 画 刊 | 1 | 12 | 9.60 | 47.12 |

（6）期刊出版数量（2）

**期刊出版数量（1978～2009 年）**

| 年 份 | 种 数（种） | 每期平均印数（万册、份） | 总印数（亿册） | 总印张数（亿印张） |
|---|---|---|---|---|
| 1978 | 42 | 459 | 0.47 | 1.12 |
| 1979 | 90 | 721 | 0.73 | 2.08 |
| 1980 | 126 | 1061 | 1.22 | 3.37 |
| 1981 | 266 | 1873 | 2.03 | 5.95 |
| 1982 | 308 | 2203 | 2.31 | 6.37 |
| 1983 | 349 | 2572 | 2.51 | 7.07 |
| 1984 | 402 | 3502 | 3.10 | 8.56 |
| 1985 | 491 | 3424 | 3.45 | 9.21 |
| 1986 | 541 | 3073 | 3.03 | 8.17 |
| 1987 | 546 | 3058 | 3.13 | 8.05 |
| 1988 | 535 | 2624 | 2.66 | 6.63 |
| 1989 | 527 | 1793 | 1.86 | 4.58 |
| 1990 | 522 | 1735 | 1.73 | 4.24 |
| 1991 | 504 | 1749 | 1.79 | 4.44 |
| 1992 | 527 | 1794 | 1.84 | 4.59 |
| 1993 | 535 | 1668 | 1.82 | 4.95 |
| 1994 | 556 | 1569 | 1.72 | 4.87 |
| 1995 | 565 | 1583 | 1.78 | 5.30 |
| 1996 | 582 | 1530 | 1.66 | 5.14 |
| 1997 | 587 | 1513 | 1.66 | 5.35 |
| 1998 | 591 | 1503 | 1.65 | 5.81 |
| 1999 | 606 | 1493 | 1.78 | 6.87 |
| 2000 | 613 | 1489 | 1.85 | 7.38 |
| 2001 | 616 | 1413 | 1.85 | 7.58 |
| 2002 | 621 | 1332 | 1.80 | 7.77 |
| 2003 | 626 | 1335 | 1.83 | 8.51 |
| 2004 | 612 | 1184 | 1.93 | 8.94 |
| 2005 | 612 | 1130 | 1.90 | 8.96 |
| 2006 | 616 | 1125 | 1.83 | 8.76 |
| 2007 | 624 | 1117 | 1.83 | 8.75 |
| 2008 | 623 | 1105 | 1.90 | 9.27 |
| 2009 | 621 | 1039 | 1.79 | 9.02 |

（7）图书出版数量

图书出版数量（2009 年）

| 类　别 | 种　数（种） | 新出版 | 总印数（万册） | 总印数（万印张） |
|---|---|---|---|---|
| **总　计** | **18873** | **10615** | **27433.63** | **254550.68** |
| **书　籍** | **16015** | **9752** | **15261.68** | **159295.48** |
| 哲学、社会科学 | 3585 | 2543 | 1999.92 | 32825.23 |
| 文化教育 | 5692 | 2849 | 6969.47 | 71712.08 |
| 文学艺术 | 3044 | 1982 | 2188.36 | 27041.67 |
| 自然科学技术 | 2365 | 1563 | 1307.10 | 16040.56 |
| 少年儿童读物 | 1127 | 670 | 2537.19 | 9598.65 |
| **课　本** | **2688** | **756** | **11870.48** | **94398.57** |
| 大专课本 | 1196 | 466 | 2747.85 | 42910.58 |
| 中专技校教材 | 86 | 11 | 89.95 | 983.33 |
| 中学课本 | 523 | 82 | 5156.72 | 35038.54 |
| 小学课本 | 340 | 38 | 3694.68 | 13497.23 |
| 业余教育课本 | 91 | 32 | 54.86 | 520.92 |
| 教学用书 | 452 | 127 | 126.42 | 1447.97 |
| **图　片** | **170** | **107** | **301.47** | **856.63** |

（8）主要年份新闻机构和人员数

主要年份新闻出版机构和人员数

| 指　标 | 2000 年 | 2008 年 | 2009 年 |
|---|---|---|---|
| **图书出版机构** | | | |
| 机构数（个） | 37 | 39 | 40 |
| 从业人员（人） | 3666 | 3883 | 4006 |
| **书刊印刷机构** | | | |
| 机构数（个） | 4543 | 5123 | 4614 |
| 从业人员（万人） | 11.54 | 13.87 | 15.62 |
| **发行机构** | | | |
| 机构数（个） | 6743 | 8945 | 8862 |
| 从业人员（万人） | 1.94 | 2.50 | 2.68 |

①发行机构数中包括发行网点数。

### 3. 广告业

### 4. 演艺娱乐业

（1）文化娱乐机构基本情况

**文化娱乐机构基本情况（2009年）**

| 类 别 | 从业人员（人） | 主营营业收入（万元） | 主营业务利润（万元） | 房屋建筑面积（万平方米） |
|---|---|---|---|---|
| **总 计** | **51091** | **1393574** | **521325** | **322.90** |
| 歌舞娱乐场所 | 21092 | 196645 | 45126 | 95.80 |
| 游戏电子游艺经营场所 | 5915 | 44277 | 10319 | 110.10 |
| 其他娱乐场所 | 8096 | 76482 | 9633 | 23.80 |
| 网 吧 | 7877 | 49840 | 17931 | 51.70 |
| 经营性互联网文化单位 | 8111 | 1026330 | 438316 | 41.50 |

（2）艺术表演场所基本情况

**艺术表演场所基本情况（2009年）**

| 类 别 | 机构数（个） | 从业人员（人） | 座席数（个） | 演（映）出场次（场） | | 观众人次（万人次） | |
|---|---|---|---|---|---|---|---|
| | | | | | 艺术演出场次 | | 艺术演出场次 |
| **总 计** | **104** | **1891** | **84305** | **19893** | **8854** | **756.1** | **526.0** |
| 市 级 | 18 | 1091 | 28949 | 5108 | 4841 | 406.0 | 373.5 |
| 上海大剧院 | 1 | 33 | 2533 | 670 | 670 | 46.0 | 33.5 |
| 上海音乐厅 | 1 | 24 | 1243 | 207 | 207 | 20.7 | 20.7 |
| 贺绿汀音乐厅 | 1 | 14 | 744 | 143 | 143 | 10.6 | 10.6 |
| 上海商城剧院 | 1 | 18 | 991 | 253 | 212 | 3.0 | 1.8 |
| 上海话剧艺术中心 | 1 | 319 | 700 | 561 | 561 | 30.0 | 30.0 |
| 上海美琪大戏院 | 1 | 20 | 1328 | 210 | 210 | 23.0 | 23.0 |
| 逸夫舞台 | 1 | 35 | 928 | 382 | 382 | 29.3 | 29.3 |
| 兰心大戏院 | 1 | 21 | 681 | 266 | 266 | 17.2 | 17.2 |
| 上海艺海剧院 | 1 | 20 | 1377 | 304 | 304 | 28.4 | 28.4 |
| 上海马戏城 | 1 | 66 | 2143 | 549 | 549 | 43.3 | 43.3 |
| 上海体育馆 | 1 | 108 | 9327 | 61 | 54 | 40.9 | 40.1 |
| 区 级 | 85 | 787 | 54312 | 13877 | 4002 | 342.8 | 151.7 |
| 县 级 | 1 | 13 | 1044 | 908 | 11 | 7.3 | 0.8 |

（3）艺术表演团体情况

**艺术表演团体情况（2009年）**

| 类 别 | 剧团数（个） | 从业人员（人） | 国内演出场次（场） | 观众人次（万人次） |
|---|---|---|---|---|
| **总 计** | **77** | **6258** | **15763** | **1012** |
| **按隶属关系分** | | | | |
| 市 级 | 19 | 5333 | 8140 | 378.9 |
| 区 级 | 55 | 570 | 7268 | 630.3 |

续表

| 类　别 | 剧团数（个） | 从业人员（人） | 国内演出场次（场） | 观众人次（万人次） |
|---|---|---|---|---|
| 县　级 | 3 | 355 | 355 | 2.8 |
| 按剧种分 | | | | |
| 话剧、儿童剧、滑稽剧团 | 9 | 517 | 1091 | 93.3 |
| 歌剧、舞剧、歌舞剧团 | 5 | 543 | 890 | 35.6 |
| 乐团、歌舞团、轻音乐团 | 22 | 3376 | 2201 | 238.5 |
| 戏曲剧团 | 22 | 1257 | 6721 | 247.4 |
| 曲艺，杂技，木偶，皮影团 | 9 | 428 | 2910 | 224.9 |
| 综合性艺术表演团体 | 10 | 137 | 1950 | 172.3 |

（4）影剧院、艺术表演场所、艺术表演团体数

**影剧院、艺术表演场所、艺术表演团体数（1978～2009年）**

单位：个

| 年　份 | 电影放映单位 | | 艺术表演场所 | | | 艺术表演团体 |
|---|---|---|---|---|---|---|
| | | 影、剧院 | | 剧　院 | 书　场 | |
| 1978 | 803 | 109 | 31 | 26 | 4 | 17 |
| 1979 | 799 | 115 | 46 | 32 | 5 | 45 |
| 1980 | 770 | 119 | 47 | 43 | 6 | 48 |
| 1981 | 804 | 127 | 60 | 56 | 6 | 49 |
| 1982 | 815 | 134 | 31 | 48 | 6 | 46 |
| 1983 | 822 | 140 | 54 | 49 | 8 | 46 |
| 1984 | 815 | 146 | 54 | 48 | 8 | 44 |
| 1985 | 847 | 156 | 52 | 47 | 8 | 44 |
| 1986 | 859 | 169 | 53 | 49 | 9 | 42 |
| 1987 | 890 | 199 | 51 | 48 | 8 | 42 |
| 1988 | 734 | 215 | 53 | 50 | 8 | 40 |
| 1989 | 579 | 213 | 52 | 49 | 8 | 37 |
| 1990 | 577 | 211 | 49 | 46 | 8 | 38 |
| 1991 | 548 | 229 | 51 | 47 | 9 | 38 |
| 1992 | 530 | 249 | 51 | 47 | 9 | 37 |
| 1993 | 462 | 254 | 49 | 40 | 9 | 34 |
| 1994 | 462 | 254 | 47 | 39 | 8 | 35 |
| 1995 | 452 | 249 | 43 | 35 | 7 | 31 |
| 1996 | 488 | 280 | 45 | 38 | 7 | 31 |
| 1997 | 466 | 263 | 45 | 38 | 7 | 31 |
| 1998 | 445 | 242 | 44 | 39 | 5 | 29 |
| 1999 | 445 | 242 | 44 | 41 | 4 | 29 |
| 2000 | 445 | 242 | 44 | 39 | 5 | 29 |
| 2001 | 370 | 273 | 41 | 35 | 3 | 28 |

续表

| 年 份 | 电影放映单位 | | 艺术表演场所 | | | 艺术表演团体 |
|---|---|---|---|---|---|---|
| | | 影、剧院 | | 剧 院 | 书 场 | |
| 2002 | 370 | 273 | 37 | 31 | | 28 |
| 2003 | 328 | 238 | 180 | 174 | 4 | 72 |
| 2004 | 311 | 225 | 177 | 163 | 7 | 75 |
| 2005 | 236 | 193 | 160 | 150 | 5 | 85 |
| 2006 | 245 | 186 | 148 | 137 | 2 | 97 |
| 2007 | 233 | 175 | 150 | 140 | 6 | 103 |
| 2008 | 235 | 172 | 139 | 134 | 5 | 107 |
| 2009 | 226 | 169 | 104 | 100 | | 77 |

①2003 年文化统计范围扩大到全行业。

（5）主要年份主要文化机构从业人员数

**主要年份主要文化机构从业人员数**

单位：人

| 机构类别 | 2000 年 | 2008 年 | 2009 年 |
|---|---|---|---|
| **总 计** | **217572** | **250995** | **264874** |
| 艺术机构 | 4759 | 6605 | 8432 |
| 图书馆 | 2513 | 2169 | 2376 |
| 档案机构 | 2330 | 2483 | 2501 |
| 群众文化活动机构 | 3874 | 4272 | 4632 |
| 文物保护机构 | 1136 | 2380 | 2379 |
| 文化娱乐机构 | 63297 | 58169 | 54158 |
| 新闻出版机构 | 138492 | 167568 | 186996 |
| 其他文化机构 | 1171 | 7349 | 3400 |

（6）主要文化机构和人员数

**主要文化机构和人员数（2009）**

| 机构类别 | 机构数（个） | 从业人数（人） |
|---|---|---|
| **艺术机构** | **188** | **8432** |
| 艺术表演团体 | 77 | 6258 |
| 艺术表演场所 | 104 | 1891 |
| 艺术创作机构 | 2 | 16 |
| 艺术展览机构 | 2 | 179 |
| 艺术教育机构 | 1 | 40 |
| 文艺科研机构 | 2 | 48 |
| **图书馆** | **29** | **2376** |
| 少儿图书馆 | 5 | 108 |
| **档案机构** | **533** | **2501** |

续表

| 机构类别 | 机构数（个） | 从业人数（人） |
|---|---|---|
| **群众文化活动机构** | **242** | **4632** |
| 群众艺术馆 | 1 | 72 |
| 文化馆 | 28 | 1043 |
| 文化站 | 213 | 3517 |
| **文物保护机构** | **112** | **2379** |
| 博物馆 | 111 | 2280 |
| 文物商店 | 1 | 99 |
| **文化市场经营机构** | **4134** | **54158** |
| **新闻出版机构** | **13516** | **186996** |

## 5. 文化会展业

（1）国际会展

**国际会展（2008～2009年）**

| 指　　标 | 2008年 | 2009年 |
|---|---|---|
| 举办国际会展次数（次） | 294 | 243 |
| 国际会展展出总面积（万平方米） | 597 | 566 |

## 6. 文化旅游业

（1）主要年份国际旅游入境人数

**主要年份国际旅游入境人数**

| 指　标 | 2000年 | 2008年 | 2009年 |
|---|---|---|---|
| **国际旅游入境人数（万人次）** | **181.40** | **640.37** | **628.92** |
| 外国人 | 139.14 | 507.40 | 489.74 |
| 日　本 | 53.76 | 121.55 | 124.38 |
| 新加坡 | 5.29 | 18.43 | 18.43 |
| 德　国 | 7.11 | 24.73 | 23.11 |
| 法　国 | 5.39 | 17.98 | 16.41 |
| 英　国 | 1.69 | 19.09 | 17.54 |
| 意大利 | 1.88 | 8.84 | 8.23 |
| 加拿大 | 2.25 | 11.59 | 12.37 |
| 美　国 | 13.78 | 62.98 | 59.17 |
| 澳大利亚 | 3.23 | 14.57 | 14.08 |
| 港澳同胞 | 17.62 | 52.38 | 54.05 |
| 台湾同胞 | 19.88 | 80.59 | 85.13 |
| **平均每天来沪旅游人数（人次/天）** | **4970** | **17544** | **17231** |
| **来沪旅游者平均逗留天数（天/人）** | **3.92** | **3.72** | **3.60** |
| **国际旅游（外汇）收入（亿美元）** | **16.13** | **50.27** | **47.96** |

（2）主要年份国内旅游者来沪人数和人均消费支出

**主要年份国内旅游者来沪人数和人均消费支出**

| 指　标 | 2005 年 | 2008 年 | 2009 年 |
|---|---|---|---|
| **国内旅游者来沪人数（万人次）** | **9012** | **11006** | **12361** |
| 外省市来沪旅游人数 | 6805 | 7842 | 8484 |
| 本市市民在本地旅游人数 | 2207 | 3164 | 3877 |
| **国内旅游者人均消费支出（元）** | **1452** | **1465** | **1548** |
| 长途交通费 | 176 | 156 | 168 |
| 住宿费 | 219 | 206 | 224 |
| 餐饮费 | 220 | 212 | 235 |
| 购物费 | 553 | 609 | 596 |
| 门票费 | 96 | 99 | 112 |
| 娱乐费 | 30 | 42 | 57 |
| 市内交通费 | 88 | 81 | 81 |
| 邮电通信费 | 37 | 31 | 27 |

注：本表为抽样调查资料。

（3）主要年份旅行社接待经营情况

**主要年份旅行社接待经营情况**

| 指　标 | 2005 年 | 2008 年 | 2009 年 |
|---|---|---|---|
| **接待境内外来沪旅游者（万人次）** | **750.89** | **853.95** | **885.92** |
| 境外旅游者 | 95.11 | 90.21 | 88.44 |
| 外国人 | 90.01 | 88.26 | 86.52 |
| 中国香港 | 1.48 | 1.10 | 0.66 |
| 中国澳门 | 0.01 | 0.01 | 0.01 |
| 中国台湾 | 3.51 | 0.84 | 1.25 |
| 境内旅游者 | 655.88 | 763.75 | 797.48 |
| **出境旅游者（万人次）** | **51.71** | **73.83** | **86.04** |
| **经营和财务状况** | | | |
| 营业收入（亿元） | 132.43 | 234.52 | 247.57 |
| 利润总额（亿元） | 1.61 | 1.70 | 1.95 |

（4）主要年份旅游产业增加值

**建设改造投资主要指标（2009 年）**

单位：亿元

| 指　标 | 全　市 | 地　方 |
|---|---|---|
| **投资总额** | **3384.31** | **2613.12** |
| **按建设性质分** | | |
| 新　建 | 2325.75 | 1947.22 |
| 改　建 | 513.50 | 313.82 |
| 扩　建 | 354.49 | 194.26 |

续表

| 指　标 | 全　市 | 地　方 |
|---|---|---|
| 单纯购置 | 173.29 | 142.31 |
| **按产业分** | | |
| 第一产业 | 3.33 | 2.45 |
| 第二产业 | 1132.94 | 722.72 |
| 第三产业 | 2248.04 | 1887.95 |
| 住　宅 | 1.53 | 1.53 |
| **按行业分** | | |
| 工　业 | 1126.14 | 716.02 |
| 交通运输、仓储和邮政业 | 1009.48 | 796.86 |
| 信息传输、计算机服务和软件业 | 125.77 | 5.49 |
| 批发和零售业 | 16.70 | 16.70 |
| 住宿和餐饮业 | 37.62 | 37.58 |
| 金融业 | 15.63 | 11.33 |
| 房地产业 | 157.87 | 157.64 |
| 租赁和商务服务业 | 110.27 | 110.27 |
| 科学研究、技术服务和地质勘查业 | 18.79 | 13.43 |
| 水利、环境和公共设施管理业 | 630.29 | 625.30 |
| 居民服务和其他服务业 | 1.76 | 1.76 |
| 教　育 | 37.39 | 32.71 |
| 卫生、社会保障和社会福利业 | 16.17 | 16.17 |
| 文化、体育和娱乐业 | 54.69 | 48.06 |
| 公共管理和社会组织 | 15.61 | 14.65 |
| **新增固定资产** | **1471.82** | **984.98** |
| 固定资产交付使用率（%） | 43.5 | 37.7 |
| **房屋建筑面积（万平方米）** | | |
| 施工面积 | 2140.98 | 1849.75 |
| 住　宅 | 11.35 | 11.35 |
| 竣工面积 | 353.96 | 326.96 |

注：本表不包括农村投资。

（5）主要年份旅游景点基本情况

**主要年份旅游景点基本情况**

| 指　标 | 2005年 | 2008年 | 2009年 |
|---|---|---|---|
| A级旅游景点数（家） | 18 | 24 | 50 |
| 5A级景点 | | 2 | 2 |
| 4A级景点 | 17 | 21 | 25 |
| 红色旅游基地数（个） | | 26 | 27 |
| 全国红色旅游基地 | | 4 | 4 |

# 江苏省

## 1. 广播电影电视业

（1）广播、电视节目制作时间

广播、电视节目制作时间

单位：小时

| 项　目 | 1995 年 | 2000 年 | 2005 年 | 2008 年 | 2009 年 |
|---|---|---|---|---|---|
| **广播节目制作** | **197793** | **335483** | **491458** | **578674** | **571053** |
| 新闻 | 24574 | 42722 | 69994 | 91981 | 93125 |
| 专题 | 40465 | 61658 | 148229 | 165535 | 166598 |
| 文艺（综艺） | 90838 | 129893 | 148248 | 158208 | 140488 |
| 广告 |  | 31440 | 57666 | 73512 | 76385 |
| **电视节目制作** | **28738** | **42404** | **212222** | **156853** | **162649** |
| 新闻 | 4659 | 9460 | 49939 | 40471 | 39749 |
| 专题 | 3854 | 8111 | 36679 | 43805 | 38007 |
| 文艺（综艺） | 544 | 10311 | 14131 | 15354 | 20588 |
| 广告 |  | 7739 | 33596 | 36522 | 35455 |

（2）广播、电视事业发展情况

广播、电视事业发展情况

| 项　目 | 1995 年 | 2000 年 | 2005 年 | 2008 年 | 2009 年 |
|---|---|---|---|---|---|
| 职工人数（人） | 21505 | 28208 | 33551 | 39510 | 42575 |
| 广播电台（座） | 61 | 14 | 14 | 14 | 14 |
| 中短波发射台及转播台（座） | 21 | 21 | 21 | 21 | 21 |
| 中短波发射机功率（千瓦） | 458 | 505 | 542 | 755 | 795 |
| 广播人口覆盖率（%） | 86.9 | 99.6 | 99.7 | 99.9 | 100.0 |
| 电视台（座） | 52 | 14 | 14 | 14 | 14 |
| 电视发射及转播台（座） | 153 | 147 | 111 | 116 | 116 |
| 发射机功率（千瓦） | 419 | 429 | 463 | 492 | 505 |
| 电视人口覆盖率（%） | 93.5 | 99.5 | 99.5 | 99.9 | 99.9 |
| 有线电视用户数（万户） |  | 526 | 1076 | 1569 | 1724 |
| 数字电视用户数（万户） |  |  | 14 | 556 | 730 |
| 有线电视入户率（%） |  | 23.8 | 46.1 | 65.8 | 72.2 |

## 2. 新闻出版业

（1）报纸、期刊出版情况（2009）

报纸、期刊出版情况（2009 年）

| 指　　标 | 种数（种） | 总印数（万册、万份） | 总印张（万印张） |
|---|---|---|---|
| **报纸** | **142** | **264971** | **1134141** |
| **期刊** | **439** | **9578** | **38683** |
| 综合 | 31 | 921 | 3862 |

续表

| 指　　标 | 种数（种） | 总印数（万册、万份） | 总印张（万印张） |
|---|---|---|---|
| 哲学、社会科学 | 82 | 2221 | 9378 |
| 自然科学、技术 | 253 | 1665 | 7100 |
| 文化、教育 | 42 | 3215 | 13115 |
| 文学、艺术 | 25 | 612 | 3589 |
| 画刊 | 1 | 2 | 8 |
| **少年儿童读物** | **5** | **942** | **1632** |

（2）图书出版情况（2009年）

**图书出版情况（2009年）**

| 指　　标 | 出版图书种数（种） | 总印数（万册） | 总印张（万印张） |
|---|---|---|---|
| **总　计** | **12587** | **49486** | **303010** |
| 马列主义、毛泽东思想 | 14 | 9 | 132 |
| 哲　学 | 192 | 93 | 1341 |
| 社会科学总论 | 82 | 47 | 700 |
| 政治、法律 | 237 | 267 | 3366 |
| 军　事 | 20 | 48 | 658 |
| 经　济 | 426 | 189 | 3107 |
| 文化、科学、教育、体育 | 6736 | 44746 | 244152 |
| 语言、文字 | 441 | 394 | 5601 |
| 文　学 | 1081 | 1229 | 16614 |
| 艺　术 | 965 | 939 | 4703 |
| 历史、地理 | 344 | 205 | 3156 |
| 自然科学总论 | 12 | 4 | 59 |
| 数理科学、化学 | 206 | 110 | 1789 |
| 天文学、地理科学 | 35 | 14 | 223 |
| 生物科学 | 39 | 15 | 263 |
| 医药、卫生 | 456 | 593 | 9042 |
| 农业科学 | 161 | 95 | 339 |
| 工业技术 | 1014 | 449 | 7080 |
| 交通运输 | 39 | 17 | 220 |
| 航空、航天 | | | |
| 环境科技 | 49 | 12 | 176 |
| 综合性图书 | 38 | 12 | 289 |

注：该表为使用中国标准书刊号部分。

## 3. 演艺娱乐业

(1) 文化艺术和文化事业机构、人员情况

**文化艺术和文物事业机构、人员情况**

| 项　目 | 机构数（个） | | 从业人数（人） | |
|---|---|---|---|---|
| | 2008 年 | 2009 年 | 2008 年 | 2009 年 |
| **总　计** | **22930** | **17444** | **100064** | **110177** |
| 艺术业 | 274 | 279 | 8572 | 8606 |
| 艺术创作机构 | 65 | 63 | 393 | 388 |
| 艺术表演团体 | 119 | 119 | 5579 | 5655 |
| 话剧、儿童剧、滑稽剧团 | 5 | 5 | 176 | 173 |
| 歌剧、舞剧、歌舞剧团 | 0 | 0 | 0 | 0 |
| 歌舞团、轻音乐团 | 14 | 14 | 915 | 929 |
| 乐团 | 2 | 2 | 29 | 28 |
| 戏曲剧团 | 75 | 75 | 2544 | 2545 |
| 曲、杂、木、皮团 | 17 | 17 | 513 | 523 |
| 综合性剧团 | 6 | 6 | 1402 | 1457 |
| 艺术表演场馆 | 90 | 97 | 2600 | 2563 |
| 剧场、影剧院 | 75 | 78 | 1671 | 1425 |
| 图书馆业 | 106 | 109 | 2717 | 2787 |
| 少儿图书馆 | 6 | 6 | 57 | 58 |
| 群众文化服务业 | 1411 | 1447 | 5732 | 6228 |
| 群众艺术馆、文化馆 | 117 | 117 | 1986 | 1970 |
| 文化站 | 1294 | 1330 | 3746 | 4258 |
| 乡镇文化站 | 1049 | 1037 | 3072 | 3271 |
| 艺术教育业 | 17 | 17 | 871 | 901 |
| 中等专业学校 | 8 | 8 | 746 | 768 |
| 其他教育机构 | 9 | 9 | 125 | 133 |
| 文化市场经营单位 | 20648 | 14839 | 75960 | 70902 |
| 文艺科研 | 8 | 10 | 91 | 112 |
| 其他文化产业 | 200 | 465 | 1781 | 15963 |
| 艺术展览机构 | 11 | 15 | 194 | 307 |
| 其他 | 189 | 303 | 1587 | 9553 |
| 非文化产业 | 16 | 10 | 152 | 57 |
| 文物业 | 250 | 267 | 4188 | 4621 |
| 文物保护管理机构 | 64 | 62 | 348 | 331 |
| 文物科研及其他文物机构 | 12 | 14 | 100 | 81 |
| 博物馆 | 165 | 182 | 3470 | 3938 |
| 综合性 | 54 | 56 | 1638 | 1661 |
| 历史类 | 67 | 74 | 1280 | 1692 |
| 艺术类 | 32 | 39 | 436 | 434 |
| 自然科技类 | 5 | 6 | 54 | 66 |
| 其他 | 7 | 7 | 62 | 85 |
| 文物商店 | 9 | 9 | 270 | 271 |

## 4. 文化旅游业

(1) 分市接待海外旅游者人数和收入

分市接待海外旅游者人数和收入

| 项　目 | 1995 年 | 2000 年 | 2005 年 | 2008 年 | 2009 年 |
|---|---|---|---|---|---|
| **接待人数（人次）** | **767692** | **1609439** | **3783023** | **5443022** | **5568257** |
| 南京市 | 231704 | 419006 | 876279 | 1191813 | 1134515 |
| 无锡市 | 150553 | 283739 | 616786 | 611325 | 629500 |
| 徐州市 | 4988 | 17825 | 73010 | 132128 | 139147 |
| 常州市 | 19474 | 33067 | 181966 | 294181 | 305581 |
| 苏州市 | 245700 | 566672 | 1185892 | 1682267 | 1695126 |
| 南通市 | 29556 | 58257 | 151305 | 280037 | 299866 |
| 连云港市 | 4488 | 11518 | 53758 | 90922 | 100076 |
| 淮安市 | 2513 | 6307 | 21634 | 26422 | 26264 |
| 盐城市 | 3017 | 10903 | 40710 | 50704 | 54938 |
| 扬州市 | 38177 | 85477 | 238649 | 463557 | 500251 |
| 镇江市 | 37522 | 104906 | 306482 | 535508 | 588935 |
| 泰州市 | | 9082 | 29249 | 60087 | 68151 |
| 宿迁市 | | 2680 | 7303 | 24071 | 25907 |
| **旅游外汇收入（万美元）** | **25988** | **72384** | **225974** | **388020** | **401601** |
| 南京市 | 9129 | 22107 | 57557 | 87174 | 83728 |
| 无锡市 | 5211 | 9787 | 26323 | 33518 | 34889 |
| 徐州市 | 229 | 1307 | 5658 | 12296 | 13194 |
| 常州市 | 1042 | 2412 | 14364 | 27599 | 29398 |
| 苏州市 | 7060 | 20136 | 63905 | 99547 | 99725 |
| 南通市 | 1114 | 4803 | 13531 | 28368 | 30933 |
| 连云港市 | 238 | 791 | 4601 | 7959 | 9173 |
| 淮安市 | 60 | 418 | 1322 | 2076 | 2090 |
| 盐城市 | 123 | 809 | 2125 | 3490 | 3903 |
| 扬州市 | 1024 | 3935 | 15177 | 35942 | 40131 |
| 镇江市 | 761 | 4988 | 17988 | 42070 | 45435 |
| 泰州市 | | 676 | 2899 | 6102 | 6872 |
| 宿迁市 | | 217 | 524 | 1879 | 2130 |

注：1995 年扬州包括泰州，淮安包括宿迁。

(2) 各省国内外贸易及旅游

国内外贸易及旅游（2009 年）

| 地　区 | 社会消费品零售总额（亿元） | 进出口总额（亿美元） | | | 国际旅游人数（万人次） | | 旅游外汇收入（亿美元） |
|---|---|---|---|---|---|---|---|
| | | | 出　口 | 进　口 | | 外国人 | |
| **全　国** | **132678.4** | **22072.2** | **12016.6** | **10055.6** | **12647.6** | **2193.8** | **396.8** |
| 北　京 | 5309.9 | 2148.7 | 483.8 | 1664.8 | 412.5 | 342.9 | 43.6 |
| 天　津 | 2430.8 | 638.4 | 298.9 | 339.4 | 141.0 | 130.6 | 11.8 |
| 河　北 | 5764.9 | 296.1 | 156.9 | 139.2 | 84.2 | 74.7 | 3.1 |

续表

| 地　区 | 社会消费品零售总额（亿元） | 进出口总额（亿美元） | | | 国际旅游人数（万人次） | | 旅游外汇收入 |
|---|---|---|---|---|---|---|---|
| | | | 出　口 | 进　口 | | 外国人 | |
| 山　西 | 2809.0 | 85.5 | 28.4 | 57.2 | 106.8 | 66.6 | 3.8 |
| 内蒙古 | 2855.3 | 67.7 | 23.2 | 44.6 | 129.0 | 126.6 | 5.6 |
| 辽　宁 | 5812.6 | 629.3 | 334.4 | 294.8 | 293.2 | 250.7 | 18.6 |
| 吉　林 | 2957.3 | 117.5 | 31.3 | 86.2 | 68.1 | 58.3 | 2.4 |
| 黑龙江 | 3401.8 | 162.2 | 100.8 | 61.5 | 142.5 | 135.0 | 6.4 |
| 上　海 | 5173.2 | 2777.5 | 1418.8 | 1358.7 | 533.4 | 439.1 | 47.4 |
| 江　苏 | **11484.1** | **3388.3** | **1992.4** | **1395.9** | **556.8** | **396.1** | **40.2** |
| 浙　江 | 8622.3 | 1877.3 | 1330.2 | 547.1 | 570.6 | 377.6 | 32.2 |
| 安　徽 | 3527.8 | 156.4 | 88.9 | 67.5 | 156.2 | 97.8 | 5.7 |
| 福　建 | 4481.0 | 796.6 | 533.3 | 263.3 | 312.0 | 97.8 | 26.0 |
| 江　西 | 2484.4 | 126.6 | 73.6 | 53.0 | 96.4 | 38.8 | 2.9 |
| 山　东 | 12363.0 | 1389.7 | 795.0 | 594.7 | 310.0 | 241.2 | 17.7 |
| 河　南 | 6746.4 | 134.4 | 73.5 | 60.9 | 125.9 | 82.8 | 4.3 |
| 湖　北 | 5928.4 | 172.3 | 99.8 | 72.5 | 133.5 | 101.8 | 5.1 |
| 湖　南 | 4913.7 | 101.5 | 54.9 | 46.6 | 130.9 | 64.1 | 6.7 |
| 广　东 | 14891.8 | 6110.7 | 3589.6 | 2521.2 | 2747.8 | 617.9 | 100.3 |
| 广　西 | 2790.7 | 142.3 | 83.8 | 58.6 | 209.9 | 117.4 | 6.4 |
| 海　南 | 537.5 | 48.1 | 13.1 | 35.1 | 55.2 | 37.2 | 2.8 |
| 重　庆 | 2479.0 | 77.1 | 42.8 | 34.3 | 104.8 | 84.8 | 5.4 |
| 四　川 | 5758.7 | 242.3 | 141.5 | 100.8 | 85.0 | 61.5 | 2.9 |
| 贵　州 | 1247.3 | 23.0 | 13.6 | 9.5 | 40.0 | 16.3 | 1.1 |
| 云　南 | 2051.1 | 80.2 | 45.1 | 35.1 | 284.5 | 191.8 | 11.7 |
| 西　藏 | 156.6 | 4.0 | 3.8 | 0.3 | 17.5 | 16.3 | 0.8 |
| 陕　西 | 2699.7 | 84.0 | 39.9 | 44.2 | 145.1 | 114.4 | 7.7 |
| 甘　肃 | 1183.0 | 38.2 | 7.4 | 30.9 | 6.1 | 4.5 | 0.1 |
| 青　海 | 300.5 | 5.9 | 2.5 | 3.3 | 3.6 | 2.5 | 0.2 |
| 宁　夏 | 339.3 | 12.0 | 7.4 | 4.6 | 1.5 | 1.2 | 0.0 |
| 新　疆 | 1177.5 | 138.3 | 108.2 | 30.0 | 35.5 | 31.8 | 1.4 |

（3）国内旅游人数和收入

**国内旅游人数和收入**

| 项　目 | 1995 年 | 2000 年 | 2005 年 | 2008 年 | 2009 年 |
|---|---|---|---|---|---|
| **接待人数（万人次）** | **4403.40** | **7191.53** | **17234.26** | **26121.62** | **29726.60** |
| 南京市 | 764.66 | 1272.70 | 3189.66 | 4970.16 | 5519.91 |
| 无锡市 | 841.08 | 1127.77 | 2637.50 | 3682.44 | 4310.48 |
| 徐州市 | 177.84 | 360.09 | 993.59 | 1538.29 | 1790.91 |
| 常州市 | 331.30 | 428.33 | 1282.78 | 2037.05 | 2342.81 |

续表

| 项　目 | 1995 年 | 2000 年 | 2005 年 | 2008 年 | 2009 年 |
|---|---|---|---|---|---|
| 苏州市 | 821.06 | 1496.05 | 3656.87 | 5286.88 | 5869.67 |
| 南通市 | 228.44 | 319.88 | 743.08 | 1275.31 | 1483.26 |
| 连云港市 | 120.12 | 308.49 | 700.28 | 1065.07 | 1210.28 |
| 淮安市 | 299.85 | 280.89 | 549.85 | 854.74 | 1010.03 |
| 盐城市 | 258.18 | 328.80 | 529.91 | 805.77 | 961.75 |
| 扬州市 | 301.20 | 436.66 | 1113.05 | 1844.24 | 2265.50 |
| 镇江市 | 259.67 | 442.75 | 1166.97 | 1904.23 | 2242.37 |
| 泰州市 |  | 286.02 | 488.28 | 786.06 | 933.24 |
| 宿迁市 |  | 103.10 | 182.44 | 370.88 | 427.74 |
| **国内旅游收入（亿元）** | **261.07** | **587.52** | **1625.62** | **2933.21** | **3449.50** |
| 南京市 | 51.55 | 101.08 | 328.20 | 620.58 | 720.24 |
| 无锡市 | 48.85 | 101.75 | 280.07 | 496.84 | 595.12 |
| 徐州市 | 8.18 | 23.87 | 76.81 | 151.99 | 183.97 |
| 常州市 | 22.12 | 36.10 | 114.42 | 214.91 | 262.29 |
| 苏州市 | 44.42 | 125.22 | 380.28 | 665.38 | 772.79 |
| 南通市 | 16.29 | 28.24 | 65.13 | 130.62 | 162.17 |
| 连云港市 | 7.97 | 24.21 | 61.06 | 111.07 | 128.31 |
| 淮安市 | 12.81 | 12.48 | 34.55 | 77.52 | 99.52 |
| 盐城市 | 18.70 | 29.46 | 38.04 | 67.49 | 83.05 |
| 扬州市 | 19.14 | 37.26 | 92.36 | 176.26 | 225.93 |
| 镇江市 | 11.04 | 41.93 | 103.48 | 185.07 | 234.30 |
| 泰州市 |  | 20.46 | 41.01 | 75.55 | 94.90 |
| 宿迁市 |  | 5.46 | 10.21 | 23.50 | 27.71 |

注：1995 年扬州包括泰州；淮安包括宿迁。

（4）接待海外旅游者人数和收入

**接待海外旅游者人数和收入**

| 项　目 | 1995 年 | 2000 年 | 2005 年 | 2008 年 | 2009 年 |
|---|---|---|---|---|---|
| **接待人数（人次）** | **767692** | **1609439** | **3783023** | **5443022** | **5568257** |
| 外国人 | 503278 | 981486 | 2621472 | 3961095 | 3960676 |
| 亚　洲 |  | 630705 | 1597371 | 2123574 | 2124613 |
| 日　本 | 175849 | 299176 | 635260 | 989335 | 952862 |
| 菲律宾 | 2591 | 4436 | 21791 | 24064 | 31910 |
| 新加坡 | 37170 | 58513 | 133521 | 201321 | 181930 |
| 泰　国 | 6494 | 19623 | 63427 | 46216 | 58558 |
| 印度尼西亚 | 8308 | 14548 | 36298 | 37925 | 44152 |
| 马来西亚 | 21893 | 115748 | 232236 | 197997 | 168749 |
| 韩　国 | 23560 | 96849 | 353345 | 484170 | 448502 |

续表

| 项　目 | 1995 年 | 2000 年 | 2005 年 | 2008 年 | 2009 年 |
|---|---|---|---|---|---|
| 其　他 | | 21812 | 121493 | 142546 | 237950 |
| 美　洲 | | 131620 | 388015 | 673974 | 645669 |
| 美　国 | 40815 | 108455 | 303362 | 511889 | 439504 |
| 加拿大 | 7402 | 17388 | 65294 | 111716 | 112212 |
| 其　他 | | 5777 | 19359 | 50369 | 93953 |
| 欧　洲 | | 168221 | 496143 | 890486 | 867613 |
| 英　国 | 19590 | 28567 | 77726 | 172862 | 159865 |
| 法　国 | 22091 | 32960 | 77917 | 139084 | 111939 |
| 德　国 | 27052 | 30394 | 119195 | 218528 | 211819 |
| 意大利 | 16103 | 19239 | 51965 | 75716 | 63242 |
| 瑞　士 | | 4842 | 14938 | 21201 | 19026 |
| 瑞　典 | | 5652 | 21332 | 27687 | 24176 |
| 俄罗斯 | 1668 | 7024 | 21867 | 74025 | 51224 |
| 西班牙 | 8112 | 7162 | 29474 | 28992 | 29808 |
| 其　他 | | 32381 | 81729 | 132391 | 196514 |
| 大洋洲 | | 24537 | 100238 | 174775 | 198173 |
| 澳大利亚 | 6533 | 20522 | 73928 | 131449 | 134114 |
| 其　他 | | 4015 | 26310 | 43326 | 64059 |
| 非洲及其他 | | 26403 | 39705 | 98286 | 124608 |
| 香港同胞 | 146636 | 248958 | 413467 | 497464 | 540442 |
| 澳门同胞 | 21653 | 36501 | 54728 | 70379 | |
| 台湾同胞 | 117778 | 357342 | 711583 | 929735 | 996760 |
| **接待人天数（人天）** | **1734032** | **6103764** | **14369090** | **22476178** | **23411512** |
| 外国人 | 1193235 | 3669436 | 10071313 | 16222695 | 16774997 |
| 香港同胞 | 281358 | 557459 | 1387882 | 1980908 | 2195906 |
| 澳门同胞 | 65491 | 121217 | 168938 | 199928 | |
| 台湾同胞 | 259439 | 1811378 | 2788678 | 4103637 | 4240681 |
| **旅游外汇收入（万美元）** | **25988** | **72384** | **225974** | **388020** | **401601** |

# 安徽省

## 1. 广播电影电视业

（1）广播、电视事业发展情况

**广播、电视事业发展情况**

| 指　标 | 2000 年 | 2005 年 | 2008 年 | 2009 年 |
|---|---|---|---|---|
| 职工人数（人） | 15655 | 16026 | 18040 | 19475 |
| 广播电台（座） | 15 | 17 | 17 | 17 |
| 中波发射台及转播台（座） | 23 | 22 | 23 | 23 |
| 中波发射机功率（千瓦） | 472 | 633 | 881 | 894 |

续表

| 指　标 | 2000 年 | 2005 年 | 2008 年 | 2009 年 |
|---|---|---|---|---|
| 县广播电视台（座） | 50 | 62 | 63 | 62 |
| 广播人口覆盖率（%） | 94.8 | 95.6 | 96.8 | 97.0 |
| 电视台（座） | 17 | 17 | 17 | 17 |
| 电视发射台及转播台（座） | 350 | 218 | 170 | 161 |
| 电视发射机功率（千瓦） | 320.14 | 429.30 | 656.26 | 772.45 |
| 电视人口覆盖率（%） | 93.82 | 95.00 | 96.92 | 97.20 |

（2）广播、电视覆盖率

**广播、电视覆盖率**

| 指　标 | 覆盖人口（万人） | | 覆盖率（%） | |
|---|---|---|---|---|
| | 2008 年 | 2009 年 | 2008 年 | 2009 年 |
| **广　播** | **6463.60** | **6539.63** | **96.82** | **97.01** |
| 中央台第一套节目 | 6306.75 | 6397.23 | 94.47 | 94.90 |
| 省台第一套节目 | 6284.47 | 6357.45 | 94.14 | 94.31 |
| 地市台第一套节目 | 5525.34 | 5672.70 | 82.77 | 84.15 |
| 县级台节目 | 4275.10 | 4323.20 | 64.04 | 64.13 |
| **电　视** | **6470.43** | **6552.04** | **96.92** | **97.20** |
| 中央电视台第一套节目 | 6331.93 | 6443.25 | 94.85 | 95.58 |
| 省电视台第一套节目 | 6263.89 | 6387.50 | 93.83 | 94.75 |
| 地市级电视台节目 | 5262.68 | 5491.35 | 78.83 | 81.46 |
| 县级电视台节目 | 4383.99 | 4514.94 | 65.67 | 66.98 |

（3）广播、电视节目制作情况

**广播、电视节目制作情况**

| 指　标 | 2008 年 | 2009 年 |
|---|---|---|
| **广播节目制作** | **238774** | **228870** |
| 新　闻 | 36718 | 36894 |
| 专　题 | 81044 | 84939 |
| 综　艺 | 80833 | 67157 |
| 广播剧 | 506 | 527 |
| 广　告 | 23073 | 21449 |
| 其　他 | 16600 | 17904 |
| **电视节目制作** | **71253** | **75181** |
| 新　闻 | 21407 | 22627 |
| 专　题 | 16947 | 17983 |
| 综　艺 | 8934 | 7417 |
| 影视剧 | 474 | 3041 |
| 广　告 | 16709 | 15406 |
| 其　他 | 6782 | 8707 |

## 2. 新闻出版业

图书、杂志和报纸出版数量情况

**图书、杂志和报纸出版情况**

| 年份 | 图书 | | | | 杂志 | | | | 报纸 | | | |
|---|---|---|---|---|---|---|---|---|---|---|---|---|
| | 种类（种） | 新出版 | 总印数（万册） | 总印张数（万印张） | 种类（种） | 每期平均印数（万册） | 总印数（万册） | 总印张数（万印张） | 种类（种） | 每期平均印数（万册） | 总印数（万份） | 总印张数（万印张） |
| 1985 | 788 | 702 | 20708 | 67570 | 88 | 284 | 2375 | 9342 | 52 | 422 | 43826 | 31309 |
| 1990 | 1514 | 1107 | 22117 | 75645 | 79 | 215 | 1825 | 4735 | 38 | 239 | 32258 | 22527 |
| 1995 | 1926 | 1069 | 27555 | 109340 | 123 | 347 | 3197 | 8076 | 52 | 361 | 47569 | 49024 |
| 1998 | 2106 | 1031 | 36936 | 144643 | 138 | 421 | 4411 | 11112 | 56 | 390 | 53906 | 68712 |
| 1999 | 2321 | 1121 | 34952 | 141926 | 147 | 421 | 4685 | 13075 | 62 | 406 | 62682 | 90871 |
| 2000 | 2125 | 1002 | 30992 | 156767 | 150 | 621 | 7736 | 19538 | 84 | 416 | 76083 | 114736 |
| 2001 | 2984 | 1029 | 28540 | 125807 | 160 | 596 | 7276 | 18042 | 90 | 404 | 74768 | 123464 |
| 2002 | 2976 | 1396 | 27822 | 140010 | 183 | 500 | 6161 | 16696 | 101 | 389 | 70819 | 144237 |
| 2003 | 3489 | 1698 | 27423 | 153904 | 186 | 478 | 6013 | 16953 | 101 | 400 | 80566 | 221686 |
| 2004 | 4389 | 2344 | 28461 | 204565 | 171 | 388 | 5000 | 14057 | 95 | 427 | 87206 | 237351 |
| 2005 | 3970 | 1847 | 25220 | 118056 | 177 | 433 | 5804 | 17418 | 97 | 393 | 98134 | 302498 |
| 2006 | 3751 | 1689 | 21528 | 121327 | 174 | 451 | 5634 | 17020 | 97 | 401 | 99753 | 295248 |
| 2007 | 3378 | 1492 | 23800 | 133893 | 176 | 457 | 6342 | 24403 | 99 | 495 | 106760 | 327679 |
| 2008 | 5139 | 1964 | 27900 | 194730 | 176 | 444 | 5908 | 19513 | 98 | 465 | 101600 | 383952 |
| 2009 | 5560 | 1331 | 27204 | 172802 | 176 | 432 | 5977 | 23776 | 97 | 472 | 105905 | 357801 |

## 3. 演艺娱乐业

艺术表演团体演出情况

**艺术表演团体演出情况**

| 种类 | 演出场数（场） | 到农村演出 | 国内演出观众人数（千人次） |
|---|---|---|---|
| **总计** | **18407** | **5722** | **14675** |
| 国有剧团 | 16252 | 5071 | 12496 |
| 集体经营剧团 | 464 | 360 | 625 |
| **按剧种分** | | | |
| 话剧、儿童剧、滑稽剧团 | 1342 | 719 | 1738 |
| 歌剧、舞剧、歌舞剧团 | 622 | 240 | 784 |
| 歌舞团、轻音乐团 | 1412 | 420 | 2041 |
| 文工团、文宣队、乌兰牧骑 | 320 | 210 | 212 |
| 戏曲剧团 | 7225 | 3947 | 8561 |
| 曲艺、杂技、木偶、皮影团 | 5839 | 28 | 1073 |

## 4. 文化旅游业

（1）旅游事业发展情况

旅游事业发展情况

| 指　标 | 1995 年 | 2000 年 | 2005 年 | 2008 年 | 2009 年 |
|---|---|---|---|---|---|
| 旅行社总数（个） | 142 | 332 | 599 | 791 | 890 |
| 组团社 | 29 | 35 | 37 | 38 | 20 |
| 国内旅行社 | 113 | 297 | 562 | 753 | 870 |
| 旅行社职工人数（人） | 2389 | 3848 | 6900 | 9794 | 9000 |
| 国际旅行社 | 677 | 873 | 1392 | 1867 | 0 |
| 国内旅行社 | 1712 | 2975 | 5508 | 7927 | 0 |
| 入境旅游人数（人） | 142855 | 318430 | 632895 | 1320947 | 1561600 |
| 外国人 | 74626 | 167850 | 410580 | 908195 | 977457 |
| 港澳和台湾同胞 | 68229 | 150580 | 222315 | 412752 | 584143 |
| 国内居民出境总人数（人） | 0 | 5140 | 64806 | 125714 | 93523 |
| 国内旅游人数（万人次） | 1782 | 2974 | 4684 | 9938 | 12268 |
| 旅游收入 | | | | | |
| 国际旅游外汇收入（万美元） | 4435.90 | 8621.45 | 18558.90 | 45445.40 | 56583.90 |
| 国内旅游收入（亿元） | 8.38 | 150.48 | 288.96 | 700.24 | 863.78 |
| **旅游部门基本情况** | | | | | |
| 旅游管理机构（个） | 42 | 91 | 100 | 115 | 0 |
| 职工人数（人） | 28547 | 50881 | 58000 | 64173 | 0 |
| 旅游星级宾馆（个） | 60 | 163 | 373 | 433 | 456 |
| 五星级 | 0 | 0 | 5 | 5 | 10 |
| 四星级 | 0 | 6 | 38 | 69 | 82 |
| 三星级 | 10 | 52 | 111 | 165 | 170 |
| 二星级 | 42 | 90 | 202 | 184 | 186 |
| 一星级 | 8 | 15 | 17 | 10 | 8 |
| 旅游涉外或星级宾馆 | | | | | |
| 客房（间） | 11818 | 22824 | 34759 | 44316 | 44749 |
| 床位（张） | 27415 | 48318 | 67782 | 80194 | 81594 |
| 客房出租率（%） | 52.27 | 50.98 | 63.19 | 62.02 | 61.36 |
| 经营情况 | | | | | |
| 营业收入（亿元） | 11.39 | 38.83 | 51.75 | 41.65 | 45.69 |
| 利润总额（万元） | 6281.60 | －2125.56 | 16960.99 | 2292.50 | 28875.00 |

（2）接待外国人旅游人数（按国别分）

接待外国人旅游人数（按国别分）

单位：人

| 指　标 | 1995 年 | 2000 年 | 2005 年 | 2008 年 | 2009 年 |
|---|---|---|---|---|---|
| **总　计** | **74626** | **167850** | **410580** | **908195** | **977457** |
| 日　本 | 18725 | 47272 | 47040 | 108842 | 112856 |
| 韩　国 | 5578 | 21659 | 188096 | 415603 | 359631 |
| 新加坡 | 12589 | 16568 | 13392 | 22118 | 40336 |
| 美　国 | 7060 | 18456 | 37124 | 75688 | 84334 |
| 英　国 | 964 | 3111 | 7639 | 29769 | 36908 |
| 法　国 | 1692 | 5836 | 13839 | 28018 | 44256 |
| 德　国 | 2115 | 4699 | 16012 | 31422 | 41073 |
| 俄罗斯 | 195 | 832 | 1636 | 11310 | 16912 |

（3）国家级黄山风景区旅游事业发展情况

**国家级黄山风景区旅游事业发展情况**

| 指　标 | 1995年 | 2000年 | 2005年 | 2008年 | 2009年 |
|---|---|---|---|---|---|
| 接待人数（人次） | 831058 | 1172871 | 1709658 | 2243943 | 2356221 |
| 接待海外游客 | 41562 | 73485 | 159980 | 230486 | 244796 |
| 国内游客 | 789496 | 1099386 | 1549678 | 2013457 | 2111425 |
| 营业收入（万元） | 18382 | 47881 | 75017 | 115701 | 144024 |
| 游览设施 | 10140 | 18040 | 41505 | 64683 | 66899 |
| 住宿设施 | 5248 | 9655 | 14517 | 17925 | 16909 |
| 娱乐设施 | 93 | 0 | 334 | 657 | 609 |
| 餐饮设施 | 2524 | 4004 | 7427 | 10430 | 10468 |
| 商业设施 | 377 | 182 | 500 | 1160 | 914 |
| 外汇收入（万美元） | 291 | 588 | 2080 | 4067 | 5129 |
| 涉外宾馆（酒店）住宿设施 | | | | | |
| 宾馆（酒店）（个） | 11 | 15 | 14 | 14 | 14 |
| 四星级 | 0 | 0 | 6 | 9 | 8 |
| 三星级 | 4 | 5 | 4 | 3 | 1 |
| 二星级 | 2 | 1 | 2 | 0 | 0 |
| 客房（间） | 1420 | 1781 | 1496 | 1277 | 2056 |
| 床位（张） | 4050 | 5775 | 4562 | 3918 | 4440 |
| 客房出租率（%） | 49 | 42 | 62 | 58 | 52 |
| 旅游车辆（辆） | 64 | 191 | 95 | 115 | 129 |
| 大型车辆 | 19 | 25 | 65 | 65 | 94 |
| 中型车辆 | 30 | 50 | 5 | 21 | 6 |
| 小型车辆 | 15 | 62 | 25 | 29 | 29 |

（4）国家级九华山风景区旅游事业发展情况

**国家级九华山风景区旅游事业发展情况**

| 指　标 | 1995年 | 2000年 | 2005年 | 2008年 | 2009年 |
|---|---|---|---|---|---|
| 接待人数（人次） | 438000 | 443900 | 648308 | 2723500 | 3100000 |
| 接待海外游客 | 10019 | 13569 | 24695 | 80012 | 120000 |
| 国内游客 | 427981 | 430331 | 623613 | 2643488 | 2980000 |
| 营业收入（万元） | 10940 | 12000 | 28962 | 265566 | 310000 |
| 游览设施 | 1130 | 3579 | 11006 | 106226 | 124000 |
| 住宿设施 | 2990 | 2493 | 7240 | 66392 | 77500 |
| 娱乐设施 | 350 | 293 | 579 | 5311 | 6200 |
| 餐饮设施 | 4010 | 2860 | 4345 | 39835 | 46500 |
| 商业设施 | 2460 | 2775 | 5792 | 47802 | 55800 |
| 外汇收入（万美元） | 1047 | 334 | 307 | 1611 | 0 |
| 涉外宾馆（酒店）住宿设施 | | | | | |
| 宾馆（酒店）（个） | 3 | 3 | 8 | 8 | 9 |
| 四星级 | 0 | 0 | 1 | 1 | 1 |
| 三星级 | 0 | 1 | 4 | 5 | 6 |
| 二星级 | 2 | 2 | 3 | 2 | 2 |
| 客房（间） | 216 | 299 | 646 | 735 | 711 |
| 床位（张） | 545 | 625 | 1266 | 1344 | 1388 |
| 客房出租率（%） | 59 | 45 | 58 | 68 | 0 |
| 旅游车辆（辆） | 78 | 59 | 64 | 101 | 106 |
| 大型车辆 | 19 | 19 | 32 | 32 | 37 |
| 中型车辆 | 37 | 30 | 22 | 38 | 38 |
| 小型车辆 | 22 | 10 | 10 | 31 | 31 |

# 福建省

## 1. 广播电影电视业

(1) 各设区市电视人口综合覆盖率

各设区市电视人口综合覆盖率

单位:%

| 地 区 | 2000年 | 2003年 | 2005年 | 2007年 | 2008年 | 2009年 |
|---|---|---|---|---|---|---|
| **全 省** | **97.14** | **97.82** | **98.10** | **98.25** | **98.34** | **98.41** |
| 福州市 | 97.65 | 98.15 | 98.28 | 98.58 | 98.59 | 98.59 |
| 厦门市 | 97.05 | 97.11 | 99.59 | 100.00 | 100.00 | 98.68 |
| 莆田市 | 97.35 | 97.90 | 98.09 | 98.10 | 98.22 | 98.30 |
| 三明市 | 98.28 | 98.60 | 98.59 | 98.65 | 99.06 | 99.08 |
| 泉州市 | 97.60 | 97.97 | 98.15 | 98.16 | 98.17 | 98.18 |
| 漳州市 | 97.30 | 98.07 | 98.11 | 98.18 | 98.23 | 98.88 |
| 南平市 | 96.07 | 97.09 | 97.44 | 97.77 | 97.91 | 97.94 |
| 龙岩市 | 96.00 | 97.50 | 98.48 | 98.88 | 98.89 | 98.90 |
| 宁德市 | 95.95 | 97.13 | 96.93 | 96.81 | 96.95 | 97.32 |

(2) 各设区市广播电视卫星收转系统数

各设区市广播电视卫星收转系统数

单位:座

| 地 区 | 2000年 | 2003年 | 2005年 | 2007年 | 2008年 | 2009年 |
|---|---|---|---|---|---|---|
| **全 省** | **6103** | **8439** | **5881** | **222590** | **221818** | **219195** |
| 省直 | 105 | 8 | 7 | 28 | 28 | 28 |
| 福州市 | 616 | 711 | 565 | 8120 | 10584 | 11068 |
| 厦门市 | 31 | 14 | 4 | 3003 | 3003 | 148 |
| 莆田市 | 90 | 172 | 152 | 10948 | 10948 | 10948 |
| 三明市 | 915 | 1655 | 1466 | 44643 | 39314 | 38969 |
| 泉州市 | 597 | 1772 | 225 | 112 | 70 | 70 |
| 漳州市 | 363 | 345 | 296 | 52968 | 52968 | 49342 |
| 南平市 | 843 | 1030 | 728 | 13779 | 12008 | 11328 |
| 龙岩市 | 1374 | 1092 | 722 | 58563 | 59550 | 61373 |
| 宁德市 | 1169 | 1640 | 1716 | 30426 | 33345 | 35921 |

(3) 各设区市有线广播电视接收户数

各设区市有线广播电视接收户数

单位:万户

| 地 区 | 2000年 | 2003年 | 2005年 | 2007年 | 2008年 | 2009年 |
|---|---|---|---|---|---|---|
| **全 省** | **280.00** | **370.13** | **422.98** | **490.59** | **515.72** | **527.85** |
| 福州市 | 67.82 | 99.50 | 111.75 | 120.88 | 127.79 | 133.79 |
| 厦门市 | 25.19 | 28.10 | 37.28 | 56.89 | 62.60 | 71.88 |
| 莆田市 | 19.85 | 25.40 | 25.34 | 29.10 | 34.27 | 29.88 |
| 三明市 | 19.98 | 25.78 | 31.20 | 34.34 | 35.18 | 37.36 |
| 泉州市 | 41.64 | 55.45 | 68.07 | 85.78 | 89.13 | 81.75 |
| 漳州市 | 19.57 | 33.40 | 37.86 | 42.88 | 46.69 | 53.37 |
| 南平市 | 35.31 | 39.29 | 44.69 | 49.98 | 48.64 | 50.23 |
| 龙岩市 | 24.35 | 28.19 | 29.04 | 31.90 | 32.29 | 31.25 |
| 宁德市 | 26.29 | 35.02 | 37.75 | 38.84 | 39.13 | 38.33 |

（4）广播电视基本情况

**广播电视基本情况**

| 项　目 | 2007 年 | 2008 年 | 2009 年 |
|---|---|---|---|
| 广　播 | | | |
| 本年广播节目制作（小时） | 226057 | 230113 | 234284 |
| 新　闻 | 41186 | 40607 | 47098 |
| 专　题 | 52212 | 52123 | 53089 |
| 文　艺 | 78820 | 84634 | 84373 |
| 广　告 | 15984 | 16504 | 16094 |
| 本年自制广播剧（集） | 1664 | 1915 | 388 |
| 平均每日播音时间（时：分） | 1369：24 | 1398：39 | 1362：26 |
| 中短波发射转播台座数（座） | 36 | 36 | 37 |
| 调频发射转播台座数（座） | 97 | 95 | 95 |
| 调频发射机数量（部） | 207 | 237 | 250 |
| 调频发射机功率（千瓦） | 163 | 184 | 191 |
| 广播覆盖人口数（万人） | 3309 | 3350 | 3395 |
| 电　视 | | | |
| 本年电视节目制作（小时） | 50250 | 52814 | 55325 |
| 新　闻 | 19248 | 19142 | 19555 |
| 专　题 | 15001 | 13427 | 13351 |
| 文　艺 | 5345 | 7236 | 5476 |
| 广　告 | 7228 | 8320 | 10759 |
| 本年制作电视剧（集） | 162 | 219 | 120 |
| 平均每日播出时间（时：分） | 6132：21 | 6091：07 | 6273：01 |
| 电视发射转播台座数（座） | 138 | 78 | 77 |
| 电视发射机数量（部） | 259 | 217 | 229 |
| 电视发射机功率（千瓦） | 238 | 276 | 312 |
| 电视覆盖人口数（万人） | 3350 | 3384 | 3422 |

（5）主要年份广播电视基本情况

**主要年份广播电视基本情况**

| 年　份 | 广播事业 | | | | | 电视事业 | | | | |
|---|---|---|---|---|---|---|---|---|---|---|
| | 电台（座） | 节目（套） | 每日播音时间（时：分） | 每日制作节目（时：分） | 覆盖率（%） | 电视台（座） | 节目（套） | 每周播出时间（时：分） | 每日制作节目（时：分） | 覆盖率（%） |
| 1978 | 3 | 4 | 60：25 | | 1 | 1 | 1 | 15：41 | | |
| 1980 | 3 | 4 | 63：50 | | 40 | 1 | 1 | 27：00 | | 60 |
| 1985 | 3 | 4 | 61：20 | 17：36 | 55 | 3 | 4 | 230：00 | | 65 |
| 1990 | 9 | 12 | 110：42 | 29：52 | 67 | 9 | 10 | 367：53 | 3：34 | 82 |
| 1995 | 47 | 50 | 701：57 | 194：09 | 86 | 13 | 15 | 909：09 | 17：07 | 90 |
| 1996 | 48 | 54 | 765：08 | 211：45 | 90 | 14 | 15 | 920：39 | 18：26 | 91 |
| 1997 | 48 | 54 | 764：27 | 243：34 | 91 | 14 | 15 | 1208：05 | 25：46 | 94 |
| 1998 | 9 | 58 | 752：54 | 297：09 | 93 | 10 | 15 | 1384：09 | 24：57 | 95 |
| 1999 | 9 | 58 | 869：59 | 319：43 | 95 | 10 | 16 | 1596：39 | 39：54 | 97 |
| 2000 | 9 | 72 | 1035：07 | 355：05 | 96 | 10 | 16 | 1612：15 | 45：15 | 97 |
| 2001 | 9 | 74 | 1044：53 | 386：57 | 96 | 10 | 22 | 8002：15 | 105：17 | 97 |
| 2002 | 10 | 76 | 1092：56 | 425：54 | 96 | 10 | 31 | 4101：23 | 114：59 | 98 |

续表

| 年份 | 广播事业 | | | | | 电视事业 | | | | |
|---|---|---|---|---|---|---|---|---|---|---|
| | 电台（座） | 节目（套） | 每日播音时间（时：分） | 每日制作节目（时：分） | 覆盖率（%） | 电视台（座） | 节目（套） | 每周播出时间（时：分） | 每日制作节目（时：分） | 覆盖率（%） |
| 2003 | 10 | 79 | 1146：32 | 491：38 | 96 | 10 | 30 | 4549：43 | 111：14 | 98 |
| 2004 | 10 | 81 | 1249：02 | 498：27 | 96 | 10 | 32 | 4519：40 | 117：21 | 98 |
| 2005 | 10 | 85 | 1308：52 | 620：24 | 97 | 10 | 36 | 5437：50 | 109：44 | 98 |
| 2006 | 10 | 86 | 1365：23 | 636：10 | 97 | 10 | 36 | 6065：16 | 134：34 | 98 |
| 2007 | 10 | 86 | 1369：24 | 619：20 | 97 | 10 | 37 | 6132：21 | 137：40 | 98 |
| 2008 | 10 | 86 | 1398：39 | 628：43 | 97 | 10 | 37 | 6091：07 | 144：18 | 98 |
| 2009 | 10 | 86 | 1362：26 | 641：52 | 98 | 10 | 37 | 6273：01 | 151：35 | 98 |

## 2. 新闻出版业

（1）报纸出版情况（2009 年）

报纸出版情况（2009 年）

| 项目 | 出版种数（种） | 出版总印数（万份） | 出版总印张（千印张） |
|---|---|---|---|
| **合计** | **59** | **82900** | **3871426** |
| 综合 | 21 | 71672 | 3421915 |
| 专业 | 38 | 11228 | 449510 |
| 按地市分类 | | | |
| 省级 | 29 | 32712 | 1527857 |
| 市级 | 30 | 50188 | 2343568 |

（2）期刊出版情况（2009 年）

期刊出版情况（2009 年）

| 项目 | 出版种数（种） | 出版总印数（万册） | 出版总印张（千印张） |
|---|---|---|---|
| **合计** | **175** | **2828.19** | **1382895.86** |
| 画刊 | 3 | 255.18 | 6577.87 |
| 少年儿童读物 | 2 | 30.63 | 629.86 |
| 综合 | 8 | 39.51 | 4282.47 |
| 哲学社会科学 | 53 | 1448.14 | 65550.89 |
| 自然科学技术 | 69 | 141.05 | 8007.58 |
| 文化教育 | 33 | 686.02 | 27873.53 |
| 文学艺术 | 12 | 513.47 | 27181.39 |

（3）图书出版分类构成情况（2009 年）

图书出版分类构成情况（2009 年）

| 项目 | 本版图书种数（种） | 新出 | 租型图书种数（种） | 总印数（万册、万张） | 租型 | 总印张（千印张） | 租型 |
|---|---|---|---|---|---|---|---|
| **合计** | **3246** | **2052** | **176** | **7689.44** | **2197.20** | **561484.40** | **147630.72** |
| 使用“中国标准书号”合计 | **3222** | **2030** | **176** | **7672.54** | **2197.20** | **560521.00** | **147630.72** |
| 马列主义、毛泽东思想 | 2 | | | 1.61 | | 234.80 | |
| 哲学 | 26 | 18 | | 14.04 | | 2086.87 | |

续表

| 项　目 | 本版图书种数（种） | 新出 | 租型图书种数（种） | 总印数（万册、万张） | 租型 | 总印张（千印张） | 租型 |
|---|---|---|---|---|---|---|---|
| 社会科学总论 | 24 | 14 | | 11.62 | | 2016.03 | |
| 政治、法律 | 114 | 82 | | 47.02 | | 9724.82 | |
| 军事 | 3 | 2 | | 12.85 | | 2123.50 | |
| 经济 | 149 | 84 | | 74.69 | | 14992.76 | |
| 文化、科学、教育、体育 | 1779 | 952 | 154 | 6645.41 | 2088.03 | 441254.80 | 144886.02 |
| 语言、文字 | 38 | 14 | | 25.96 | | 3590.89 | |
| 文学 | 276 | 236 | | 174.98 | | 19348.99 | |
| 艺术 | 253 | 211 | 22 | 242.80 | 109.17 | 13096.60 | 2744.70 |
| 历史、地理 | 147 | 136 | | 121.18 | | 7025.97 | |
| 自然科学总论 | 3 | 3 | | 1.75 | | 123.25 | |
| 数理科学、化学 | 14 | 6 | | 8.35 | | 1212.30 | |
| 天文学、地理科学 | 3 | 3 | | 3.40 | | 89.08 | |
| 生物科学 | 2 | 1 | | 2.10 | | 100.40 | |
| 医药、卫生 | 88 | 49 | | 108.04 | | 7285.70 | |
| 农业科学 | 66 | 39 | | 41.73 | | 2685.92 | |
| 工业技术 | 198 | 146 | | 120.72 | | 32105.88 | |
| 交通运输 | 14 | 11 | | 5.00 | | 367.46 | |
| 航空、航天 | | | | | | | |
| 环境科学 | 2 | 2 | | 0.24 | | 78.90 | |
| 综合性图书 | 21 | 21 | | 9.05 | | 976.08 | |
| 不使用“中国标准书号”合计 | 24 | 22 | | 16.90 | | 963.40 | |

（4）图书出版情况（1978—2009年）

**图书出版情况（1978—2009年）**

| 年　份 | 图书种数（种） | 本版图书种数（种） | 新出 | 租型图书种数（种） | 总印数（万册、万张） | 租型 | 总印张（千印张） | 租型 | 定价总金额（万元） |
|---|---|---|---|---|---|---|---|---|---|
| 1978 | 347 | 180 | 150 | 167 | 6818 | 3709 | 258719 | 160714 | |
| 1979 | 335 | 157 | 152 | 178 | 7316 | 4557 | 293006 | 174064 | |
| 1980 | 448 | 224 | 197 | 224 | 8246 | 5459 | 318718 | 230922 | |
| 1981 | 606 | 405 | 358 | 201 | 12113 | 5716 | 448673 | 220433 | 3377 |
| 1982 | 620 | 430 | 376 | 190 | 9988 | 5324 | 335147 | 196042 | 2747 |
| 1983 | 903 | 694 | 520 | 209 | 11757 | 5084 | 374473 | 182416 | 3293 |
| 1984 | 979 | 782 | 588 | 197 | 11870 | 4523 | 424764 | 168286 | 4107 |
| 1985 | 1219 | 976 | 783 | 243 | 15603 | 5339 | 609847 | 183552 | 8495 |
| 1986 | 1341 | 1119 | 874 | 222 | 12465 | 5132 | 443306 | 192474 | 6572 |
| 1987 | 1454 | 1207 | 823 | 247 | 17101 | 5431 | 609655 | 203602 | 9702 |
| 1988 | 1434 | 1183 | 716 | 251 | 17047 | 5233 | 614164 | 202373 | 13970 |
| 1989 | 1734 | 1449 | 1035 | 285 | 15859 | 5164 | 579815 | 195930 | 16998 |
| 1990 | 1799 | 1518 | 1034 | 281 | 16311 | 5370 | 588903 | 198660 | 18774 |

续表

| 年份 | 图书种数（种） | 本版图书种数（种） | | 租型图书种数（种） | 总印数（万册、万张） | | 总印张（千印张） | | 定价总金额（万元） |
|---|---|---|---|---|---|---|---|---|---|
| | | | 新出 | | | 租型 | | 租型 | |
| 1991 | 1956 | 1709 | 1096 | 247 | 17667 | 5367 | 687789 | 212078 | 26176 |
| 1992 | 2200 | 1939 | 1089 | 261 | 19399 | 6229 | 747055 | 255252 | 28563 |
| 1993 | 2237 | 1988 | 1404 | 249 | 17044 | 5820 | 692582 | 269185 | 33137 |
| 1994 | 2658 | 2379 | 1548 | 279 | 19745 | 6316 | 786552 | 306980 | 52794 |
| 1995 | 2346 | 2041 | 1285 | 305 | 18448 | 6554 | 799268 | 350580 | 60411 |
| 1996 | 2765 | 2456 | 1457 | 309 | 21348 | 7316 | 923246 | 392633 | 87917 |
| 1997 | 2713 | 2403 | 1400 | 310 | 23282 | 7740 | 1012534 | 444673 | 94820 |
| 1998 | 2864 | 2545 | 1551 | 319 | 21596 | 8188 | 1004826 | 475610 | 105493 |
| 1999 | 3250 | 2956 | 1688 | 294 | 21875 | 7942 | 1021736 | 458774 | 107293 |
| 2000 | 2879 | 2637 | 1518 | 242 | 20298 | 7062 | 969527 | 444525 | 99604 |
| 2001 | 2395 | 2140 | 1464 | 255 | 17891 | 7470 | 933277 | 475153 | 83157 |
| 2002 | 3011 | 2692 | 2127 | 319 | 19953 | 7752 | 1079027 | 511177 | 106245 |
| 2003 | 2950 | 2591 | 1881 | 359 | 15595 | 7236 | 935650 | 496601 | 96910 |
| 2004 | 3049 | 2641 | 1771 | 408 | 13907 | 6306 | 1123920 | 726166 | 91232 |
| 2005 | 2943 | 2623 | 1693 | 320 | 10643 | 5066 | 691813 | 394674 | 74571 |
| 2006 | 3002 | 2692 | 1793 | 310 | 9840 | 4458 | 687082 | 346972 | 71235 |
| 2007 | 2966 | 2678 | 2009 | 288 | 8463 | 3902 | 622153 | 285318 | 68507 |
| 2008 | 3471 | 3259 | 2265 | 212 | 7793 | 2501 | 491166 | 152947 | 76128 |
| 2009 | 3422 | 3246 | 2052 | 176 | 7689 | 2197 | 561484 | 147631 | 83165 |

（5）音像电子出版物出版情况（2006—2009 年）

**音像电子出版物出版情况（2006—2009 年）**

| 项目 | 2006 年 | | 2007 年 | | 2008 年 | | 2009 年 | |
|---|---|---|---|---|---|---|---|---|
| | 种数（种） | 数量（万张） | 种数（种） | 数量（万张） | 种数（种） | 数量（万张） | 种数（种） | 数量（万张） |
| 出　版 | | | | | | | | |
| 录音制品 | 117 | 93.60 | 105 | 96.39 | 78 | 77.22 | 98 | 87.83 |
| 录像制品 | 863 | 3170.21 | 692 | 2022.57 | 546 | 2092.91 | 330 | 398.00 |
| 电子出版物 | 43 | 18.08 | 68 | 11.31 | 47 | 19.39 | 85 | 14.69 |
| 复　制 | | | | | | | | |
| 磁带制品 | | 166.76 | | 155.86 | | 189.37 | | 90.64 |
| 光盘制品 | | 13231.68 | | 8934.16 | | 7851.38 | | 5002.48 |

（6）主要年份书刊报纸出版情况

**主要年份书刊报纸出版情况**

| 年份 | 出版社（个） | 出版种数（种） | | | 总印数（万份） | | |
|---|---|---|---|---|---|---|---|
| | | 图书 | 期刊 | 报纸 | 图书 | 期刊 | 报纸 |
| 1978 | 1 | 347 | 8 | 4 | 6818 | 388 | 14784 |
| 1980 | 4 | 448 | 28 | 6 | 8246 | 960 | 14913 |
| 1985 | 9 | 1219 | 114 | 32 | 15603 | 3375 | 35847 |
| 1986 | 9 | 1341 | 119 | 31 | 12465 | 3450 | 39596 |
| 1987 | 9 | 1454 | 124 | 38 | 17101 | 4177 | 44858 |

续表

| 年 份 | 出版社（个） | 出版种数（种） | | | 总印数（万份） | | |
|---|---|---|---|---|---|---|---|
| | | 图书 | 期刊 | 报纸 | 图书 | 期刊 | 报纸 |
| 1988 | 10 | 1434 | 126 | 31 | 17047 | 3429 | 44135 |
| 1989 | 10 | 1734 | 128 | 31 | 15859 | 2765 | 36961 |
| 1990 | 10 | 1799 | 123 | 31 | 16311 | 3157 | 41455 |
| 1991 | 10 | 1956 | 126 | 32 | 17667 | 3688 | 44176 |
| 1992 | 10 | 2200 | 134 | 35 | 19399 | 4258 | 45021 |
| 1993 | 10 | 2237 | 139 | 41 | 17044 | 4350 | 45845 |
| 1994 | 11 | 2658 | 150 | 43 | 19745 | 4004 | 49208 |
| 1995 | 11 | 2346 | 159 | 47 | 18448 | 4239 | 51526 |
| 1996 | 11 | 2765 | 159 | 47 | 21348 | 3891 | 53608 |
| 1997 | 11 | 2713 | 157 | 48 | 23282 | 3974 | 55027 |
| 1998 | 11 | 2864 | 159 | 48 | 21596 | 3899 | 59543 |
| 1999 | 11 | 3250 | 134 | 49 | 21875 | 3990 | 64195 |
| 2000 | 11 | 2879 | 187 | 61 | 20298 | 4463 | 68897 |
| 2001 | 11 | 2395 | 189 | 64 | 17891 | 4470 | 73185 |
| 2002 | 11 | 3011 | 186 | 66 | 19953 | 4089 | 79061 |
| 2003 | 11 | 2950 | 186 | 66 | 15595 | 3937 | 79809 |
| 2004 | 11 | 3049 | 176 | 58 | 13907 | 3450 | 89681 |
| 2005 | 11 | 2943 | 174 | 58 | 10643 | 2841 | 87962 |
| 2006 | 11 | 3002 | 174 | 59 | 9840 | 2902 | 97246 |
| 2007 | 11 | 2966 | 176 | 59 | 8463 | 2870 | 99836 |
| 2008 | 12 | 3471 | 174 | 59 | 7793 | 2935 | 103791 |
| 2009 | 12 | 3246 | 175 | 59 | 7689 | 2828 | 82900 |

注：1995 年及以后年份图书出版种数包括租型。

## 3. 演艺娱乐业

（1）文化部门按剧种分艺术表演团体演出情况（2009 年）

**文化部门按剧种分艺术表演团体演出情况（2009 年）**

| 项 目 | 剧团数（个） | 从业人员（人） | 本年新排上演剧目（个） | 演出场次（场） | 演出观众人数（千人次） | 本年收入（千元） |
|---|---|---|---|---|---|---|
| **艺术表演团体** | **90** | **4109** | **108** | **14860** | **13992** | **340035** |
| 话剧、儿童剧、滑稽剧团 | 1 | 110 | 1 | 190 | 200 | 11502 |
| 歌剧、舞蹈、歌舞剧团 | 4 | 357 | 2 | 330 | 625 | 31056 |
| 歌舞团、轻音乐团 | 9 | 564 | 50 | 1090 | 1347 | 83352 |
| 戏曲剧团 | 60 | 2525 | 40 | 9730 | 10187 | 162802 |
| 京剧 | 1 | 115 | 1 | 110 | 65 | 20760 |
| 曲、杂、木、皮剧 | 10 | 394 | 14 | 2940 | 1307 | 44193 |

### 4. 文化旅游业

(1) 设区市国际旅游外汇收入

设区市国际旅游外汇收入

单位：万美元

| 地　区 | 2000 年 | 2003 年 | 2005 年 | 2007 年 | 2008 年 | 2009 年 |
|---|---|---|---|---|---|---|
| 福州市 | 22173 | 23890 | 27266 | 59868 | 65750 | 77400 |
| 厦门市 | 29920 | 30153 | 55233 | 71880 | 81865 | 90194 |
| 莆田市 | 3476 | 1547 | 2585 | 4138 | 5153 | 7290 |
| 三明市 | 79 | 31 | 541 | 691 | 2267 | 2249 |
| 泉州市 | 25428 | 30116 | 37728 | 49398 | 65980 | 64771 |
| 漳州市 | 2902 | 1033 | 1400 | 22469 | 11653 | 12685 |
| 南平市 | 4792 | 4626 | 5434 | 8129 | 6268 | 4775 |
| 龙岩市 | 427 | 52 | 277 | 253 | 289 | 429 |
| 宁德市 | 186 | 39 | 65 | 110 | 128 | 106 |

(2) 国内游客构成

国内游客构成

单位:%

| 项　目 | 2000 年 | 2003 年 | 2005 年 | 2007 年 | 2008 年 | 2009 年 |
|---|---|---|---|---|---|---|
| 按性别分 | | | | | | |
| 男 | 65.1 | 61.3 | 59.3 | 56.0 | 55.9 | 55.7 |
| 女 | 34.9 | 38.7 | 40.7 | 44.0 | 44.1 | 44.3 |
| 按年龄分 | | | | | | |
| 14 岁以下 | 1.3 | 1.4 | 1.5 | 2.3 | 1.3 | 1.4 |
| 15—24 岁 | 26.9 | 23.6 | 25.6 | 21.8 | 22.2 | 19.4 |
| 25—44 岁 | 48.8 | 50.7 | 50.9 | 46.7 | 48.3 | 52.4 |
| 45—59 岁 | 18.1 | 18.4 | 17.7 | 22.6 | 22.0 | 21.2 |
| 60 岁以上 | 4.9 | 5.9 | 4.3 | 6.6 | 6.1 | 5.5 |
| 按旅游目的分 | | | | | | |
| 休闲观光度假 | 44.0 | 36.3 | 52.0 | 50.3 | 52.5 | 50.2 |
| 探亲访友 | 12.3 | 11.0 | 13.1 | 16.5 | 15.6 | 16.5 |
| 公　务 | 15.4 | 13.9 | 11.8 | 10.7 | 11.4 | 11.3 |
| 经　商 | 11.1 | 9.9 | 8.1 | 7.1 | 5.9 | 6.3 |
| 会　议 | 4.7 | 3.9 | 4.4 | 3.5 | 3.3 | 4.0 |
| 医　疗 | 0.9 | 1.4 | 0.9 | 1.1 | 0.8 | 1.1 |
| 宗教朝拜 | 2.8 | 2.5 | 1.9 | 2.3 | 1.5 | 1.7 |
| 文化科技交流 | 2.5 | 2.5 | 1.6 | 2.0 | 1.6 | 1.8 |
| 其　他 | 6.3 | 19.0 | 6.2 | 6.6 | 7.5 | 7.2 |
| 按出游方式分 | | | | | | |
| 单位组织 | 20.9 | 23.5 | 20.8 | 19.2 | 16.6 | 18.4 |
| 旅行社 | 10.3 | 9.5 | 13.2 | 12.8 | 9.9 | 12.5 |
| 个人亲友结伴 | 60.0 | 58.1 | 58.6 | 59.1 | 66.2 | 61.3 |
| 其　他 | 8.8 | 8.9 | 7.4 | 8.9 | 7.3 | 7.9 |

（3）国内游客人数及旅游收入

**国内旅游人数及旅游收入**

| 项　目 | 2000年 | 2003年 | 2005年 | 2007年 | 2008年 | 2009年 |
|---|---|---|---|---|---|---|
| **国内旅游者人数（万人次）** | **2942.00** | **3711.00** | **5683.92** | **8041.12** | **8562.19** | **9706.41** |
| 住宿设施接待人数 | 2010.00 | 1700.00 | 3556.00 | 4746.83 | 4678.00 | 5045.56 |
| 居民家庭接待人数 | 262.00 | 297.00 | 373.36 | 430.44 | 447.57 | 519.79 |
| 一日游游客人数 | 670.00 | 1714.00 | 1754.56 | 2863.85 | 3436.62 | 4141.06 |
| **国内旅游收入（亿元）** | **230.80** | **311.47** | **578.03** | **838.17** | **851.62** | **955.18** |
| 外省游客消费 | 143.70 | 151.95 | 320.91 | 444.66 | 415.12 | 532.65 |
| 本省多日游游客消费 | 77.20 | 115.98 | 208.87 | 311.32 | 335.12 | 290.02 |
| 一日游游客消费 | 9.90 | 43.54 | 48.25 | 82.19 | 101.38 | 132.51 |

（4）入境外国游客人数

**入境外国游客人数**

单位：人次

| 国别（地区） | 2000年 | 2003年 | 2005年 | 2007年 | 2008年 | 2009年 |
|---|---|---|---|---|---|---|
| **合　计** | **497466** | **459448** | **723621** | **1007969** | **986440** | **978351** |
| **亚洲小计** | **324260** | **305427** | **478130** | **574289** | **542845** | **529576** |
| 日　本 | 97816 | 114150 | 163198 | 197874 | 177721 | 168590 |
| 菲律宾 | 31974 | 18180 | 30668 | 32575 | 36423 | 33945 |
| 新加坡 | 83667 | 63463 | 79658 | 102495 | 107705 | 107241 |
| 泰　国 | 4960 | 6797 | 23093 | 24953 | 15689 | 15954 |
| 印度尼西亚 | 15748 | 9125 | 16840 | 22186 | 24293 | 25058 |
| 马来西亚 | 69303 | 47426 | 78826 | 87114 | 87610 | 80810 |
| **美洲小计** | **66832** | **103579** | **151136** | **300153** | **299379** | **298552** |
| 美　国 | 59256 | 94995 | 136804 | 259249 | 256119 | 255031 |
| 加拿大 | 5727 | 6501 | 11275 | 30006 | 32526 | 33189 |
| **欧洲小计** | **29824** | **38951** | **75692** | **101928** | **108267** | **112566** |
| 英　国 | 5174 | 7283 | 11832 | 19576 | 17122 | 19401 |
| 法　国 | 3494 | 4363 | 9233 | 12817 | 12387 | 12881 |
| 德　国 | 6887 | 10235 | 17644 | 18209 | 19718 | 24535 |
| 意大利 | 3080 | 3549 | 8414 | 11536 | 12721 | 13121 |
| 俄罗斯 | 1626 | 1608 | 3063 | 4140 | 4990 | 5108 |
| **大洋洲小计** | **5845** | **8174** | **12485** | **20614** | **22482** | **23666** |
| 澳大利亚 | 4587 | 6683 | 10195 | 16652 | 16076 | 16937 |
| 新西兰 | 663 | 1215 | 1606 | 2743 | 3594 | 3775 |
| **非洲小计** | **2185** | **3317** | **6178** | **10985** | **13467** | **13991** |

（5）入境游客人数（1979—2009 年）

入境游客人数（1979—2009 年）

单位：人次

| 年　份 | 合计 | 外国人 | 台湾同胞 | 港澳同胞 | 香港同胞 |
|---|---|---|---|---|---|
| 1979 | 115214 | 37522 | 59 | 77633 | |
| 1980 | 135059 | 43724 | 119 | 91216 | |
| 1981 | 173351 | 50498 | 874 | 121979 | |
| 1982 | 177835 | 52130 | 1670 | 124035 | |
| 1983 | 211529 | 69628 | 6832 | 135069 | |
| 1984 | 270443 | 82996 | 6654 | 180793 | |
| 1985 | 355748 | 102190 | 8593 | 244965 | |
| 1986 | 362320 | 126183 | 8709 | 227428 | |
| 1987 | 410821 | 135488 | 15693 | 259640 | |
| 1988 | 522082 | 110338 | 145838 | 265906 | |
| 1989 | 504594 | 81734 | 209491 | 213369 | |
| 1990 | 707903 | 105374 | 362815 | 239714 | |
| 1991 | 686023 | 141137 | 282003 | 262883 | |
| 1992 | 816076 | 182252 | 333290 | 300534 | |
| 1993 | 880344 | 211919 | 348037 | 320388 | |
| 1994 | 844503 | 228404 | 272194 | 343905 | |
| 1995 | 906406 | 256940 | 251509 | 397957 | |
| 1996 | 1045658 | 311861 | 271798 | 461999 | |
| 1997 | 1173932 | 360091 | 312767 | 501074 | |
| 1998 | 1217795 | 373884 | 355626 | 488285 | |
| 1999 | 1356042 | 409035 | 414622 | 532385 | |
| 2000 | 1613349 | 497466 | 477894 | 637989 | |
| 2001 | 1634841 | 465152 | 494211 | 675478 | 598004 |
| 2002 | 1848214 | 528015 | 571668 | 748531 | 685742 |
| 2003 | 1497164 | 459448 | 475220 | 562496 | 517123 |
| 2004 | 1728997 | 629173 | 491526 | 608298 | 565927 |
| 2005 | 1973894 | 723621 | 589373 | 660900 | 608059 |
| 2006 | 2298960 | 791160 | 740232 | 767568 | 706215 |
| 2007 | 2687453 | 1007969 | 801587 | 877897 | 799571 |
| 2008 | 2931908 | 986440 | 984761 | 960707 | 894813 |
| 2009 | 3120348 | 978350 | 1234255 | 907743 | 841895 |

注：2000 年起合计项含接待海外一日游游客人数。

（6）接待游客人数及旅游收入（1979—2009 年）

**接待游客人数及旅游收入（1979—2009 年）**

| 年　份 | 入境旅游人数（人次） | 外国人 | 国际旅游外汇收入（万美元） | 国内旅游人数（万人次） | 国内旅游收入（亿元） | 国内游客人均花费（元） |
|---|---|---|---|---|---|---|
| 1979 | 115214 | 37522 | | | | |
| 1980 | 135059 | 43724 | | | | |
| 1981 | 173351 | 50498 | | | | |
| 1982 | 177835 | 52130 | | | | |
| 1983 | 211529 | 69628 | | | | |
| 1984 | 270443 | 82996 | | | | |
| 1985 | 355748 | 102190 | | | | |
| 1986 | 362320 | 126183 | | | | |
| 1987 | 410821 | 135488 | | | | |
| 1988 | 522082 | 110338 | | | | |
| 1989 | 504594 | 81734 | | | | |
| 1990 | 707903 | 105374 | | | | |
| 1991 | 686023 | 141137 | | | | |
| 1992 | 816076 | 182252 | | | | |
| 1993 | 880344 | 211919 | | | | |
| 1994 | 844503 | 228404 | | | | |
| 1995 | 906406 | 256940 | | | | |
| 1996 | 1045658 | 311861 | 55486 | | | |
| 1997 | 1173932 | 360091 | 61373 | 1900 | 110 | 579 |
| 1998 | 1217795 | 373884 | 65109 | 2100 | 146 | 695 |
| 1999 | 1356042 | 409035 | 72536 | 2513 | 190 | 756 |
| 2000 | 1613349 | 497466 | 89382 | 2942 | 231 | 785 |
| 2001 | 1634841 | 465152 | 94202 | 3322 | 268 | 806 |
| 2002 | 1848214 | 528015 | 110022 | 3931 | 333 | 848 |
| 2003 | 1497164 | 459448 | 91487 | 3711 | 311 | 839 |
| 2004 | 1728997 | 629173 | 106507 | 4643 | 463 | 996 |
| 2005 | 1973894 | 723621 | 130529 | 5684 | 578 | 1017 |
| 2006 | 2298960 | 791160 | 147100 | 6779 | 694 | 1023 |
| 2007 | 2687453 | 1007969 | 216918 | 8041 | 838 | 1042 |
| 2008 | 2931908 | 986440 | 239353 | 8562 | 852 | 995 |
| 2009 | 3120348 | 978350 | 259900 | 9706 | 955 | 984 |

## 5. 主要年份文化事业基本情况

主要年份文化事业基本情况

| 项　目 | 艺术表演团体（个） | 公共图书馆（座） | 博物馆（座） | 图书出版总印数（万份） | 杂志出版总印数（万份） | 报纸出版总印数（万份） | 广播人口覆盖率（%） | 电视人口覆盖率（%） |
|---|---|---|---|---|---|---|---|---|
| 1952 | 62 | 2 | | 127 | 109 | 1916 | | |
| 1957 | 113 | 10 | 1 | 1041 | 63 | 3559 | | |
| 1962 | 119 | 10 | 9 | 1846 | 96 | 4221 | | |
| 1965 | 115 | 12 | 13 | 3956 | | | | |
| 1970 | 66 | 10 | 6 | | | | | |
| 1975 | 77 | 14 | 10 | | | | | |
| 1978 | 101 | 23 | 13 | 6818 | 388 | 14784 | 1.00 | |
| 1979 | | | | 7316 | 345 | 13005 | | |
| 1980 | 107 | 26 | 15 | 8246 | 960 | 14913 | 40.00 | 60.00 |
| 1981 | | | | 12113 | 1380 | 14207 | | |
| 1982 | | | | 9988 | 1433 | 16003 | | |
| 1983 | | | | 11757 | 1957 | 19244 | | |
| 1984 | | | | 11870 | 2441 | 28134 | | |
| 1985 | 104 | 65 | 24 | 15603 | 3375 | 35847 | 55.00 | 65.00 |
| 1986 | 101 | 68 | 25 | 12465 | 3450 | 39596 | 63.00 | 76.00 |
| 1987 | 98 | 70 | 34 | 17101 | 4177 | 44858 | 63.00 | 80.00 |
| 1988 | 97 | 71 | 42 | 17047 | 3429 | 44135 | 63.00 | 80.00 |
| 1989 | 92 | 73 | 51 | 15859 | 2765 | 36961 | 63.00 | 80.00 |
| 1990 | 91 | 74 | 58 | 16311 | 3157 | 41455 | 67.00 | 82.00 |
| 1991 | 89 | 74 | 61 | 17667 | 3688 | 44176 | 71.00 | 84.00 |
| 1992 | 89 | 75 | 64 | 19399 | 4258 | 45021 | 73.00 | 87.00 |
| 1993 | 90 | 75 | 63 | 17044 | 4350 | 45845 | 76.00 | 88.00 |
| 1994 | 91 | 75 | 62 | 19745 | 4004 | 49208 | 84.00 | 89.00 |
| 1995 | 91 | 78 | 64 | 18448 | 4239 | 51526 | 86.00 | 90.00 |
| 1996 | 91 | 79 | 70 | 21348 | 3891 | 53608 | 90.00 | 91.00 |
| 1997 | 92 | 78 | 76 | 23282 | 3974 | 55027 | 91.00 | 94.00 |
| 1998 | 94 | 80 | 76 | 21596 | 3899 | 59543 | 93.00 | 95.00 |
| 1999 | 93 | 82 | 77 | 21875 | 3990 | 64195 | 95.00 | 97.00 |
| 2000 | 96 | 81 | 81 | 20298 | 4463 | 68897 | 95.81 | 97.14 |
| 2001 | 93 | 82 | 80 | 17891 | 4470 | 73185 | 95.97 | 97.47 |
| 2002 | 94 | 82 | 80 | 19953 | 4089 | 79061 | 96.12 | 97.62 |
| 2003 | 94 | 82 | 79 | 15595 | 3937 | 79809 | 96.44 | 97.82 |
| 2004 | 94 | 83 | 79 | 13907 | 3450 | 89681 | 96.45 | 97.83 |
| 2005 | 91 | 84 | 82 | 10643 | 2841 | 87962 | 96.96 | 98.10 |
| 2006 | 92 | 85 | 84 | 9840 | 2902 | 97246 | 96.99 | 98.13 |
| 2007 | 92 | 85 | 85 | 8463 | 2870 | 99836 | 97.05 | 98.25 |
| 2008 | 90 | 85 | 89 | 7793 | 2935 | 103791 | 97.37 | 98.34 |
| 2009 | 90 | 85 | 93 | 7689 | 2828 | 82900 | 97.64 | 98.41 |

# 江西省

## 1. 广播电影电视业

(1) 广播、电视行业

广播、电视事业

| 指　标 | 1980年 | 2000年 | 2005年 | 2008年 | 2009年 |
|---|---|---|---|---|---|
| 广播台（站） | | | | | |
| 广播电台（座） | 3 | 10 | 12 | 12 | 12 |
| 节目套数（套） | 3 | 72 | 109 | 103 | 103 |
| 全年广播剧播出部数（部） | | | 230 | 1454 | 1519 |
| 全年广播剧播出集数（集） | | | 10168 | 27274 | 28885 |
| 中短波转播发射台（座） | 17 | 15 | 15 | 16 | 16 |
| 广播人口覆盖率（%） | 38.5 | 89.49 | 93.22 | 95.77 | 96.12 |
| 农村广播人口覆盖率（%） | | | | 94.97 | 95.42 |
| 电视台（座） | 1 | 12 | 12 | 12 | 12 |
| 节目套数（套） | | 42 | 122 | 112 | 113 |
| 全年电视剧播出部数（部） | | | 10495 | 9172 | 8759 |
| 全年电视剧播出集数（集） | | | 217656 | 222444 | 227340 |
| 全年动画电视播出部数（部） | | | 949 | 641 | 698 |
| 全年动画电视播出集数（集） | | | 8858 | 20494 | 28004 |
| 电视转播发射机台数（座） | 58 | 493 | 349 | 353 | 354 |
| 电视人口覆盖率（%） | 50.5 | 92.67 | 95.44 | 97.23 | 97.47 |
| 农村电视人口覆盖率（%） | | | | 96.65 | 96.94 |
| 广播电视卫星收转站（座） | | 8315 | 9668 | 328976 | 345839 |
| 有线电视入户率（%） | | | 26.90 | 30.20 | 31.81 |
| 农村 | | | | 20.04 | 20.71 |

注：1.1995年以前中短波广播发射台数是指广播发射台及转播台数。

2.2000年以前电视台是指无线电视台，2001年无线电视台与有线电视台合并。

## 2. 新闻出版业

(1) 报纸、杂志、图书出版数量

报纸、杂志、图书出版数量

单位：万份

| 指　标 | 1980年 | 1990年 | 2000年 | 2005年 | 2008年 | 2009年 |
|---|---|---|---|---|---|---|
| 报　纸 | 17048 | 58930 | 39929 | 62263 | 67134 | 68850 |
| 综合报 | 16506 | 38936 | 33273 | 56059 | 59359 | 55737 |
| 专业报 | 542 | 19994 | 6657 | 6204 | 7775 | 13113 |
| 期　刊 | 584 | 2714 | 9060 | 5623 | 5714 | 6381 |
| 综　合 | 23 | 54 | 2 | 48 | 88 | 195 |
| 哲学社会科学 | 18 | 933 | 3239 | 755 | 570 | 598 |
| 自然科学技术 | 119 | 241 | 830 | 506 | 406 | 396 |

续表

| 指　标 | 1980年 | 1990年 | 2000年 | 2005年 | 2008年 | 2009年 |
|---|---|---|---|---|---|---|
| 文化、教育 | 210 | 679 | 2401 | 1143 | 1657 | 1659 |
| 少年儿童读物 | 30 | 417 | 1850 | 2416 | 2484 | 3179 |
| 文学艺术 | 184 | 384 | 738 | 667 | 370 | 303 |
| 画　刊 | | 6 | | 89 | 139 | 51 |
| 图　书 | 8474 | 19216 | 20300 | 16907 | 15105 | 15949 |
| 课　本 | 4861 | 10935 | 10490 | 9953 | 8170 | 7731 |

（2）报纸、杂志、图书出版种数

**报纸、杂志、图书出版种数**

单位：种

| 指　标 | 1980年 | 1990年 | 2000年 | 2005年 | 2008年 | 2009年 |
|---|---|---|---|---|---|---|
| 报　纸 | 6 | 28 | 65 | 65 | 63 | 63 |
| 综合报 | 2 | 18 | 28 | 31 | 29 | 29 |
| 专业报 | 4 | 10 | 37 | 34 | 34 | 34 |
| 期　刊 | 84 | 141 | 167 | 163 | 163 | 163 |
| 综　合 | 6 | 1 | 1 | 1 | 5 | 5 |
| 哲学、社会科学 | 10 | 33 | 52 | 42 | 39 | 39 |
| 自然科学、技术 | 47 | 63 | 78 | 73 | 71 | 71 |
| 文化、教育 | 9 | 27 | 21 | 28 | 29 | 29 |
| 少年儿童读物 | 2 | 3 | 7 | 8 | 7 | 7 |
| 文学、艺术 | 10 | 13 | 8 | 9 | 10 | 10 |
| 画　刊 | | 1 | | 2 | 2 | 2 |
| 图　书 | 362 | 1264 | 2158 | 3011 | 3012 | 3672 |
| 课　本 | 134 | 329 | 583 | 839 | 842 | 703 |

## 3. 文化旅游业

（1）各地区“春节、五一、十一”旅游情况（2009年）

**各地区“春节、五一、十一”旅游情况（2009年）**

| 地　区 | 旅游人数（万人次） | | | 旅游收入（万元） | | |
|---|---|---|---|---|---|---|
| | 春　节 | 五　一 | 十　一 | 春　节 | 五　一 | 十　一 |
| **全　省** | **321.9** | **447.0** | **1226.6** | **104459** | **171901** | **419537** |
| 南昌市 | 74.9 | 82.7 | 297.9 | 31648 | 32038 | 88082 |
| 景德镇市 | 22.4 | 43.4 | 104.4 | 2720 | 10921 | 24700 |
| 萍乡市 | 8.9 | 26.7 | 79.4 | 3025 | 6350 | 24217 |
| 九江市 | 34.3 | 50.6 | 136.8 | 9300 | 28000 | 72800 |
| 新余市 | 19.7 | 28.1 | 50.5 | 4065 | 4820 | 12892 |
| 鹰潭市 | 24.1 | 22.8 | 69.4 | 16500 | 6272 | 13100 |
| 赣州市 | 36.2 | 35.2 | 108.5 | 9853 | 8897 | 31063 |
| 吉安市 | 18.6 | 54.0 | 120.0 | 7083 | 38373 | 52425 |
| 宜春市 | 34.0 | 26.2 | 105.3 | 6423 | 6527 | 38958 |
| 抚州市 | 18.6 | 17.1 | 45.2 | 5164 | 4103 | 16700 |
| 上饶市 | 30.2 | 60.2 | 109.2 | 8678 | 25600 | 44600 |

(2) 各地区入境旅游情况(2009 年)

**各地区入境旅游情况(2009 年)**

| 地 区 | 旅游人数(人次) | 外国人 | 香港同胞 | 澳门同胞 | 台湾同胞 | 旅游收汇(万美元) |
|---|---|---|---|---|---|---|
| **全 省** | **964299** | **387577** | **308106** | **125009** | **143607** | **28975** |
| 南昌市 | 104047 | 82644 | 10097 | 932 | 10374 | 3167 |
| 景德镇市 | 155864 | 60472 | 43914 | 20956 | 30522 | 5272 |
| 萍乡市 | 38159 | 14070 | 9956 | 6116 | 8017 | 1044 |
| 九江市 | 220010 | 129921 | 38647 | 12718 | 38724 | 7761 |
| 新余市 | 11172 | 4991 | 1515 | 1349 | 3317 | 232 |
| 鹰潭市 | 58855 | 2738 | 38683 | 9157 | 8277 | 976 |
| 赣州市 | 105523 | 4064 | 72301 | 15546 | 13612 | 3032 |
| 吉安市 | 101648 | 16128 | 47779 | 28105 | 9636 | 1993 |
| 宜春市 | 47240 | 30374 | 6491 | 3342 | 7033 | 1422 |
| 抚州市 | 44995 | 31889 | 4755 | 3749 | 4602 | 1436 |
| 上饶市 | 76786 | 10286 | 33968 | 23039 | 9493 | 2640 |

(3) 国际旅游收入情况(2009 年)

**国际旅游收入情况**

单位:万美元

| 指 标 | 2008 年 | 2009 年 |
|---|---|---|
| 合 计 | 25170 | 28975 |
| 长途交通 | 9212 | 7476 |
| 民 航 | 5210 | 5766 |
| 铁 路 | 1686 | 956 |
| 汽 车 | 1359 | 493 |
| 轮 船 | 957 | 261 |
| 游 览 | 1082 | 1420 |
| 住 宿 | 2668 | 3361 |
| 餐 饮 | 2165 | 2579 |
| 娱 乐 | 1133 | 1999 |
| 购 物 | 6318 | 7591 |
| 邮电通讯 | 579 | 666 |
| 市内交通 | 201 | 638 |
| 其 他 | 1812 | 3245 |

(4) 旅游业发展情况

旅游业发展情况

| 年 份 | 旅游总收入（亿元） | 占全国旅游总收入比重（%） | 为全省地区生产总值（%） | 为全省地区生产总值中第三产业（%） |
|---|---|---|---|---|
| 1991 | 4.30 | 1.23 | 0.90 | 3.04 |
| 1992 | 4.81 | 1.03 | 0.84 | 2.79 |
| 1993 | 5.31 | 0.47 | 0.73 | 2.47 |
| 1994 | 6.33 | 0.38 | 0.67 | 2.14 |
| 1995 | 8.39 | 0.40 | 0.67 | 2.14 |
| 1996 | 50.15 | 2.02 | 3.31 | 10.27 |
| 1997 | 79.35 | 2.55 | 4.63 | 13.64 |
| 1998 | 81.64 | 2.37 | 4.41 | 12.35 |
| 1999 | 111.29 | 2.78 | 5.67 | 15.03 |
| 2000 | 134.6 | 2.98 | 6.72 | 16.47 |
| 2001 | 161.4 | 3.23 | 7.42 | 18.31 |
| 2002 | 191.1 | 3.43 | 7.80 | 19.85 |
| 2003 | 197.47 | 4.04 | 6.98 | 18.93 |
| 2004 | 240.81 | 3.52 | 6.97 | 19.65 |
| 2005 | 320.02 | 4.16 | 7.89 | 22.67 |
| 2006 | 390.89 | 4.37 | 8.37 | 25.00 |
| 2007 | 463.67 | 4.23 | 8.43 | 26.44 |
| 2008 | 559.38 | 4.83 | 8.63 | 27.90 |
| 2009 | 675.61 | 5.20 | 8.83 | 25.62 |

(5) 入境旅游情况

入境旅游情况

| 指 标 | 2000年 | 2005年 | 2007年 | 2008年 | 2009年 |
|---|---|---|---|---|---|
| **旅游人数（人次）** | **163057** | **372513** | **664686** | **802052** | **964299** |
| 外国人 | 55411 | 136270 | 239443 | 308321 | 387577 |
| 印度尼西亚 | 239 | 1982 | 5196 | 8041 | 11933 |
| 日 本 | 12282 | 23945 | 34128 | 30029 | 34096 |
| 马来西亚 | 1256 | 3639 | 7286 | 9135 | 13865 |
| 菲律宾 | 270 | 1794 | 4471 | 8359 | 10206 |
| 新加坡 | 2018 | 8271 | 14838 | 16568 | 18748 |
| 韩 国 | 1183 | 10809 | 24794 | 30056 | 37849 |
| 泰 国 | 2559 | 1716 | 4448 | 8317 | 10509 |
| 英 国 | 2966 | 11543 | 12257 | 17193 | 21159 |
| 德 国 | 3080 | 5943 | 11833 | 17219 | 20729 |
| 法 国 | 1212 | 6488 | 7729 | 14027 | 16825 |
| 意大利 | 464 | 3320 | 3633 | 5207 | 9989 |
| 荷 兰 | 417 | | | | |
| 西班牙 | 195 | 3757 | 3987 | 6310 | 7790 |
| 瑞 典 | 195 | 1131 | 2069 | 3998 | 6147 |
| 瑞 士 | 236 | 364 | 1898 | 3556 | 6249 |
| 俄罗斯 | 419 | 2329 | 4572 | 7562 | 13443 |
| 加拿大 | 1069 | 4380 | 5031 | 8206 | 11631 |
| 美 国 | 11997 | 27235 | 43117 | 42393 | 43696 |
| 澳大利亚 | 640 | 4622 | 7044 | 7661 | 11810 |

续表

| 指 标 | 2000 年 | 2005 年 | 2007 年 | 2008 年 | 2009 年 |
|---|---|---|---|---|---|
| 新西兰 | 164 | 1486 | 2676 | 3449 | 4129 |
| 港澳同胞 | 69375 | 154885 | 301993 | 368627 | 433115 |
| 台湾同胞 | 38271 | 81358 | 123250 | 125104 | 143607 |
| **旅游外汇收入（万美元）** | **6234** | **10395** | **19554** | **25170** | **28975** |

注：外国人包括华侨人数。

## 4. 各地区文化产业主营业务收入、增加值（2009 年）

各地区文化产业主营业务收入、增加值（2009 年）

单位：万元

| 地 区 | 文化产业主营业务收入 | 文化产业增加值 | 文化产业增加值占地区生产总值比重 |
|---|---|---|---|
| **全 省** | **7411036** | **2184070** | **2.9** |
| 南昌市 | 3203862 | 800046 | 4.4 |
| 景德镇市 | 259912 | 137313 | 3.8 |
| 萍乡市 | 340207 | 122343 | 2.9 |
| 九江市 | 431475 | 178777 | 2.2 |
| 新余市 | 405092 | 112926 | 2.3 |
| 鹰潭市 | 146848 | 64389 | 2.5 |
| 赣州市 | 776045 | 242060 | 2.6 |
| 吉安市 | 469868 | 133768 | 2.3 |
| 宜春市 | 445482 | 123096 | 1.8 |
| 抚州市 | 334512 | 100836 | 2.0 |
| 上饶市 | 597734 | 168514 | 2.3 |

## 5. 文化产业从业人员基本情况（2009 年）

文化产业从业人员基本情况（2009 年）

单位：人

| 指 标 | 合 计 | 文化产业 | 艺术业 | 图书馆业 | 群众文化业 | 艺术教育业 | 文化市场经营业 | 文艺科研 | 文物业 | 其他文化产业 | 非文化产业 |
|---|---|---|---|---|---|---|---|---|---|---|---|
| **总 计** | **62023** | **61948** | **4753** | **1426** | **3960** | **200** | **39209** | **121** | **9361** | **2918** | **75** |
| 高级职称 | 769 | 768 | 318 | 70 | 139 | 57 | | 26 | 136 | 22 | 1 |
| 中级职称 | 2441 | 2433 | 1149 | 283 | 546 | 63 | | 38 | 325 | 29 | 8 |
| **文化部门** | **22750** | **22675** | **4473** | **1426** | **3960** | **200** | **264** | **121** | **9313** | **2918** | **75** |
| 高级职称 | 767 | 766 | 316 | 70 | 139 | 57 | | 26 | 136 | 22 | 1 |
| 中级职称 | 2400 | 2392 | 1112 | 283 | 546 | 63 | | 38 | 321 | 29 | 8 |
| 国有经济 | 22473 | 22415 | 4263 | 1426 | 3960 | 200 | 243 | 121 | 9313 | 2889 | 58 |
| 高级职称 | 763 | 762 | 312 | 70 | 139 | 57 | | 26 | 136 | 22 | 1 |
| 中级职称 | 2381 | 2373 | 1096 | 283 | 546 | 63 | | 38 | 319 | 26 | 8 |
| 集体经济 | 49 | 32 | | | | | 3 | | | 29 | 17 |
| 高级职称 | 0 | | | | | | | | | | |
| 中级职称 | 3 | 3 | | | | | | | | | |
| 其他经济 | 228 | 228 | 210 | | | | 18 | | | | |
| 高级职称 | 4 | 4 | 4 | | | | | | | | |
| 中级职称 | 16 | 16 | 16 | | | | | | | | |
| **其他部门** | **39273** | **39273** | **280** | | | | **38945** | | **48** | | |

## 6. 文化产业机构人员情况（2009 年）

文化产业机构人员情况（2009 年）

单位：人

| 指　标 | 合　计 | 文化部门 | 国有经济 | 集体经济 | 其他经济 | 其他部门 |
|---|---|---|---|---|---|---|
| **总　计** | **62023** | **22750** | **22473** | **49** | **228** | **39273** |
| 文化产业 | 61948 | 22675 | 22415 | 32 | 228 | 39273 |
| 艺术业 | 4753 | 4473 | 4263 | | 210 | 280 |
| 图书馆业 | 1426 | 1426 | 1426 | | | |
| 群众文化业 | 3960 | 3960 | 3960 | | | |
| 艺术教育业 | 200 | 200 | 200 | | | |
| 文化市场经营业 | 39209 | 264 | 243 | 3 | 18 | 38945 |
| 文艺科研 | 121 | 121 | 121 | | | |
| 文物业 | 9361 | 9313 | 9313 | | | 48 |
| 其他文化产业 | 2918 | 2918 | 2889 | 29 | | |
| 非文化产业 | 75 | 75 | 58 | 17 | | |

## 7. 文化产业增加值

文化产业增加值

单位：万元

| 分　类 | 2008 年 | 2009 年 | 年增长率（%） |
|---|---|---|---|
| **文化产业增加值（万元）** | **1862769** | **2184070** | **17.3** |
| **按部门分** | | | |
| 文化部门 | 161014 | 174064 | 8.1 |
| 广电部门 | 123986 | 140550 | 13.4 |
| 新闻出版部门 | 448142 | 541178 | 20.8 |
| 旅游部门 | 167547 | 201610 | 20.3 |
| 其他 | 962080 | 1126668 | 17.1 |
| **按层次分** | | | |
| 核心层 | 495733 | 559122 | 12.8 |
| 新闻服务 | 1519 | 1529 | 0.7 |
| 出版发行和版权服务 | 401769 | 441619 | 9.9 |
| 广播、电视、电影服务 | 60003 | 82558 | 37.6 |
| 文化艺术服务 | 32442 | 33416 | 3.0 |
| 外围层 | 419344 | 438124 | 4.5 |
| 网络文化服务 | 44854 | 55257 | 23.2 |
| 文化休闲娱乐服务 | 242771 | 246800 | 1.7 |
| 其他文化服务 | 131718 | 136068 | 3.3 |
| 相关层 | 947693 | 1186823 | 25.2 |
| 文化用品、设备及相关文化产品的生产 | 779023 | 951381 | 22.1 |
| 文化用品、设备及相关文化产品的销售 | 168670 | 235443 | 39.6 |
| **文化产业增加值构成（%）** | **100.00** | **100.00** | |
| **按部门分** | | | |
| 文化部门 | 8.64 | 7.97 | |

续表

| 分　类 | 2008 年 | 2009 年 | 年增长率（%） |
| --- | --- | --- | --- |
| **广电部门** | **6.66** | **6.44** | |
| **新闻出版部门** | **24.06** | **24.78** | |
| **旅游部门** | **8.99** | **9.23** | |
| **其他** | **51.65** | **51.59** | |
| **按层次分** | | | |
| 核心层 | 26.61 | 25.60 | |
| 新闻服务 | 0.08 | 0.07 | |
| 出版发行和版权服务 | 21.57 | 20.22 | |
| 广播、电视、电影服务 | 3.22 | 3.78 | |
| 文化艺术服务 | 1.74 | 1.53 | |
| 外围层 | 22.51 | 20.06 | |
| 网络文化服务 | 2.41 | 2.53 | |
| 文化休闲娱乐服务 | 13.03 | 11.30 | |
| 其他文化服务 | 7.07 | 6.23 | |
| 相关层 | 50.88 | 54.34 | |
| 文化用品、设备及相关文化产品的生产 | 41.82 | 43.56 | |
| 文化用品、设备及相关文化产品的销售 | 9.05 | 10.78 | |

## 8. 文化产业主营业务收入

### 文化产业主营业务收入

单位：万元

| 分　类 | 2008 年 | 2009 年 | 年增长率（%） |
| --- | --- | --- | --- |
| **文化产业主营业务收入（万元）** | **6575953** | **7411036** | **12.7** |
| **按部门分** | | | |
| 文化部门 | 518551 | 545584 | 5.2 |
| 广电部门 | 217579 | 260883 | 19.9 |
| 新闻出版部门 | 1466367 | 1751696 | 19.5 |
| 旅游部门 | 636462 | 820112 | 28.9 |
| 其他 | 3736993 | 4032760 | 7.9 |
| **按层次分** | | | |
| 核心层 | 1490751 | 1874081 | 25.7 |
| 新闻服务 | 2606 | 3634 | 39.5 |
| 出版发行和版权服务 | 1339767 | 1660143 | 23.9 |
| 广播、电视、电影服务 | 93624 | 137636 | 47.0 |
| 文化艺术服务 | 54755 | 72667 | 32.7 |
| 外围层 | 1565816 | 1739370 | 11.1 |
| 网络文化服务 | 123995 | 227519 | 83.5 |
| 文化休闲娱乐服务 | 880721 | 955282 | 8.5 |
| 其他文化服务 | 561100 | 556569 | —0.8 |

续表

| 分　类 | 2008 年 | 2009 年 | 年增长率（%） |
|---|---|---|---|
| **相关层** | **3519386** | **3797584** | **7.9** |
| **文化用品、设备及相关文化产品的生产** | **2454761** | **2628338** | **7.1** |
| **文化用品、设备及相关文化产品的销售** | **1064625** | **1169246** | **9.8** |
| **文化产业主营业务收入构成（%）** | **100.00** | **100.00** | |
| **按部门分** | | | |
| 文化部门 | 7.89 | 7.36 | |
| 广电部门 | 3.31 | 3.52 | |
| 新闻出版部门 | 22.30 | 23.64 | |
| 旅游部门 | 9.68 | 11.07 | |
| 其他 | 56.83 | 54.42 | |
| **按层次分** | | | |
| 核心层 | 22.67 | 25.29 | |
| 新闻服务 | 0.04 | 0.05 | |
| 出版发行和版权服务 | 20.37 | 22.40 | |
| 广播、电视、电影服务 | 1.42 | 1.86 | |
| 文化艺术服务 | 0.83 | 0.98 | |
| 外围层 | 23.81 | 23.47 | |
| 网络文化服务 | 1.89 | 3.07 | |
| 文化休闲娱乐服务 | 13.39 | 12.89 | |
| 其他文化服务 | 8.53 | 7.51 | |
| 相关层 | 53.52 | 51.24 | |
| 文化用品、设备及相关文化产品的生产 | 37.33 | 35.47 | |
| 文化用品、设备及相关文化产品的销售 | 16.19 | 15.78 | |

# 山东省

## 1. 广播电影电视业

（1）广播电视基本情况

**广播电视基本情况**

| 项　目 | 2005 年 | 2006 年 | 2007 年 | 2008 年 | 2009 年 |
|---|---|---|---|---|---|
| 职工人数（人） | 31591 | 33043 | 34179 | 36962 | 41539 |
| 广播电台（座） | 18 | 18 | 18 | 17 | 16 |
| 电视台（座） | 18 | 18 | 18 | 21 | 20 |
| 广播人口覆盖率（%） | 96.47 | 96.19 | 97.35 | 97.6 | 98.02 |
| 电视人口覆盖率（%） | 95.07 | 96.32 | 97.22 | 97.55 | 97.89 |

注：自 1998 年起数据采用国家广电总局年报制度新口径。

## 2. 新闻出版业

(1) 报纸、杂志出版情况（2009年）

**报纸、杂志出版情况（2009年）**

| 类　别 | 种　数（种） | 平均期印数（万份） | 总印数（万份） |
|---|---|---|---|
| **报纸类总计** | **132** | **1119.1** | **298055.8** |
| 1. 综合报 | 68 | 741.6 | 239501.4 |
| 2. 专业报 | 64 | 377.5 | 58554.4 |
| 省级报纸合计 | 47 | 644.5 | 190714.1 |
| 1. 综合报 | 19 | 442.1 | 149477.4 |
| 2. 专业报 | 28 | 202.4 | 41236.7 |
| 市地级报纸合计 | 82 | 462.0 | 105214.5 |
| 1. 综合报 | 48 | 293.0 | 88209.9 |
| 2. 专业报 | 34 | 169.0 | 17004.6 |
| 县（市）级报纸合计 | 3 | 12.6 | 2127.2 |
| 1. 综合报 | 2 | 6.5 | 1814.1 |
| 2. 专业报 | 1 | 6.0 | 313.0 |
| **期刊类总计** | **259** | **462.0** | **11080.0** |
| 1. 综　合 | 27 | 83.0 | 1975.0 |
| 2. 哲学社会科学 | 58 | 141.0 | 2023.0 |
| 3. 自然科学技术 | 127 | 70.0 | 1666.0 |
| 4. 文化教育 | 29 | 51.0 | 1683.0 |
| 5. 文学艺术 | 12 | 24.0 | 761.0 |
| 6. 画　刊 | 1 | 1.0 | 14.0 |
| 7. 少　儿 | 5 | 92.0 | 2958.0 |

## 3. 演艺娱乐业

**艺术表演团体演出及收支情况综合年报**

艺术表演团体统计指标数据2009年
表　号：文　综　6　表
制表机关：文　化　部
批准机关：国　家　统　计　局
批准文号：国统制［2009］72号

填报单位：山东省　　2009年度　　有 效 期：2011年12月

| | | 剧团数（个） | | 从业人员（人） | | | 本团原创首演剧目（个） | 演出场次（千场次） | | |
|---|---|---|---|---|---|---|---|---|---|---|
| | | | 补贴团数 | | 高级职称 | 中级职称 | | | 国内演出场次 | |
| | | | | | | | | | | 农村演出场次 |
| （甲） | | 1 | 2 | 3 | 4 | 5 | 6 | 7 | 8 | 9 |
| 总计 | A | 118 | 110 | 6279 | 1372 | 1811 | 46 | 19.53 | 18.55 | 11.94 |
| 其中：民间职业剧团 | B | 1 | 1 | 40 | 1 | 5 | | 0.20 | 0.20 | 0.14 |
| 按照登记注册类型分类 | — | — | — | — | — | — | — | — | — | — |
| 国有 | C | 117 | 109 | 6239 | 1371 | 1806 | 46 | 19.33 | 18.35 | 11.80 |
| 集体 | D | | | | | | | | | |
| 其他 | E | 1 | 1 | 40 | 1 | 5 | | 0.20 | 0.20 | 0.14 |
| 按隶属关系分 | — | — | — | — | — | — | — | — | — | — |
| 中央 | F | | | | | | | | | |
| 省、区、市 | G | 6 | 6 | 913 | 275 | 244 | 5 | 0.98 | 0.60 | 0.16 |
| 地、市 | H | 43 | 42 | 3138 | 797 | 884 | 23 | 7.59 | 6.99 | 2.79 |
| 县、市、区 | I | 69 | 62 | 2228 | 300 | 683 | 18 | 10.96 | 10.96 | 9.00 |

续表

| | | 剧团数（个） | | 从业人员（人） | | | 本团原创首演剧目（个） | 演出场次（千场次） | | |
|---|---|---|---|---|---|---|---|---|---|---|
| | | | 补贴团数 | | 高级职称 | 中级职称 | | | 国内演出场次 | 农村演出场次 |
| （甲） | | 1 | 2 | 3 | 4 | 5 | 6 | 7 | 8 | 9 |
| 按管理部门分 | — | — | — | — | — | — | — | — | — | — |
| 文化部门 | J | 118 | 110 | 6279 | 1372 | 1811 | 46 | 19.53 | 18.55 | 11.94 |
| 其他部门 | K | | | | | | | | | |
| 按剧种分 | — | — | — | — | — | — | — | — | — | — |
| 话剧、儿童剧、滑稽剧团 | L | 3 | 3 | 276 | 79 | 79 | 6 | 0.69 | 0.69 | 0.17 |
| 歌剧、舞剧、歌舞剧团 | M | 5 | 5 | 671 | 228 | 191 | 2 | 0.74 | 0.74 | 0.08 |
| 歌舞团、轻音乐团 | N | 10 | 10 | 491 | 87 | 135 | 1 | 1.24 | 1.18 | 0.52 |
| 乐团、合唱团 | O | 1 | 1 | 113 | 14 | 21 | | 0.05 | 0.04 | |
| 文工团、文宣队、乌兰牧骑 | P | 3 | 2 | 47 | | 8 | | 0.17 | 0.17 | 0.12 |
| 戏曲剧团 | Q | 78 | 74 | 3649 | 774 | 1114 | 32 | 13.05 | 12.73 | 10.18 |
| 其中：京剧 | R | 20 | 20 | 1131 | 283 | 323 | 7 | 3.08 | 3.04 | 2.11 |
| 曲、杂、木、皮团 | S | 10 | 8 | 635 | 130 | 130 | 3 | 2.61 | 2.02 | 0.19 |
| 综合性艺术表演团体 | T | 8 | 7 | 397 | 60 | 133 | 2 | 0.99 | 0.99 | 0.69 |

续表

| | | 国内演出观众人次（千人次） | | 收入情况（千元） | | 支出情况（千元） | 资产总计（千元） | | 增加值（千元） |
|---|---|---|---|---|---|---|---|---|---|
| | | | 农村观众人次 | 财政拨款 | 演出收入 | 人员支出 | | 固定资产原值 | |
| （甲） | | 10 | 11 | 12 | 13 | 14 | 15 | 16 | 17 |
| 总计 | A | 22959 | 16312 | 330873 | 58297 | 278654 | 395558 | 302509 | 308172 |
| 其中：民间职业剧团 | B | 196 | 137 | 2 714 | 40 | 1 429 | 2 370 | 1 656 | 2 360 |
| 按照登记注册类型分类 | — | — | — | — | — | — | — | — | — |
| 国有 | C | 22763 | 16175 | 328159 | 58257 | 277225 | 393188 | 300853 | 305812 |
| 集体 | D | | | | | | | | |
| 其他 | E | 196 | 137 | 2714 | 40 | 1429 | 2370 | 1656 | 2360 |
| 按隶属关系分 | — | — | — | — | — | — | — | — | — |
| 中央 | F | | | | | | | | |
| 省、区、市 | G | 492 | 146 | 107165 | 7405 | 78622 | 129021 | 102086 | 84726 |
| 地、市 | H | 8691 | 4593 | 164150 | 34469 | 140251 | 201701 | 142980 | 159170 |
| 县、市、区 | I | 13776 | 11573 | 59558 | 16423 | 59781 | 64836 | 57443 | 64276 |
| 按管理部门分 | — | — | — | — | — | — | — | — | — |
| 文化部门 | J | 22959 | 16312 | 330873 | 58297 | 278654 | 395558 | 302509 | 308172 |
| 其他部门 | K | | | | | | | | |
| 按剧种分 | — | — | — | — | — | — | — | — | — |
| 话剧、儿童剧、滑稽剧团 | L | 509 | 220 | 29478 | 3174 | 19895 | 28309 | 22168 | 22068 |
| 歌剧、舞剧、歌舞剧团 | M | 900 | 83 | 47804 | 9640 | 42517 | 59928 | 49821 | 46379 |
| 歌舞团、轻音乐团 | N | 1042 | 485 | 17710 | 4401 | 15726 | 22418 | 17005 | 18409 |
| 乐团、合唱团 | O | 37 | | 11330 | 1498 | 9786 | 19091 | 19091 | 12449 |
| 文工团、文宣队、乌兰牧骑 | P | 190 | 160 | 1130 | 42 | 1187 | 2442 | 2442 | 1306 |
| 戏曲剧团 | Q | 17611 | 13956 | 170313 | 25183 | 144502 | 182037 | 141452 | 155226 |
| 其中：京剧 | R | 4477 | 3160 | 59313 | 7663 | 51829 | 59371 | 45403 | 54461 |
| 曲、杂、木、皮团 | S | 1125 | 127 | 39005 | 9332 | 31113 | 65496 | 37620 | 35626 |
| 综合性艺术表演团体 | T | 1545 | 1281 | 14103 | 5027 | 13928 | 15837 | 12910 | 16709 |

续表

| （甲） | | 公用房屋建筑面积（千平方米） | | 流动舞台车数量（辆） | | | 政府采购的公益演出活动情况 | | |
|---|---|---|---|---|---|---|---|---|---|
| | | | 排练练功用房 | | 利用流动舞台车演出场次（千场次） | 利用流动舞台车演出观众人次（千人次） | 政府采购的公益演出场次（千场次） | 政府采购的公益演出观众人次（千人次） | 政府采购的公益演出补贴收入（千元） |
| （甲） | | 18 | 19 | 20 | 21 | 22 | 23 | 24 | 25 |
| 总计 | A | 218.16 | 69.56 | 41 | 5.26 | 7，228 | 1.91 | 2，502 | 9，168 |
| 其中：民间职业剧团 | B | 1.20 | 0.80 | | | | 0.19 | 189 | 2，714 |
| 按照登记注册类型分类 | — | — | — | — | — | — | — | — | — |
| 国有 | C | 216.96 | 68.76 | 41 | 5.26 | 7，228 | 1.72 | 2313 | 6454 |
| 集体 | D | | | | | | | | |
| 其他 | E | 1.20 | 0.80 | | | | 0.19 | 189 | 2714 |
| 按隶属关系分 | — | — | — | — | — | — | — | — | |
| 中央 | F | | | | | | | | |
| 省、区、市 | G | 46.13 | 15.82 | | | | 0.12 | 116 | 2550 |
| 地、市 | H | 119.57 | 38.64 | 6 | 0.29 | 720 | 0.97 | 1213 | 3080 |
| 县、市、区 | I | 52.47 | 15.10 | 35 | 4.97 | 6508 | 0.82 | 1173 | 3538 |
| 按管理部门分 | — | — | — | — | — | — | — | — | — |
| 文化部门 | J | 218.16 | 69.56 | 41 | 5.26 | 7228 | 1.91 | 2502 | 9168 |
| 其他部门 | K | | | | | | | | |
| 按剧种分 | — | — | — | — | — | — | — | — | — |
| 话剧、儿童剧、滑稽剧团 | L | 11.82 | 5.35 | | | | 0.08 | 80 | 486 |
| 歌剧、舞剧、歌舞剧团 | M | 27.84 | 12.60 | | | | 0.08 | 113 | 616 |
| 歌舞团、轻音乐团 | N | 17.25 | 3.68 | 1 | 0.07 | 70 | 0.30 | 330 | 4194 |
| 乐团、合唱团 | O | 12.00 | 2.70 | | | | | | |
| 文工团、文宣队、乌兰牧骑 | P | 4.07 | 0.44 | 1 | 0.09 | 150 | | | |
| 戏曲剧团 | Q | 108.81 | 33.73 | 36 | 4.71 | 6048 | 1.24 | 1693 | 3255 |
| 其中：京剧 | R | 39.06 | 8.08 | 10 | 1.26 | 1857 | 0.12 | 96 | 601 |
| 曲、杂、木、皮团 | S | 26.49 | 9.87 | | | | 0.14 | 200 | 477 |
| 综合性艺术表演团体 | T | 9.90 | 1.20 | 3 | 0.39 | 960 | 0.06 | 86 | 140 |

## 文化市场经营机构基本情况综合年报

表　　号：文　综　1　2　表
制表机关：文　　化　　部
批准机关：国　家　统　计　局
批准文号：国统制［2009］72号
有 效 期：2011年12月

填报单位：山东省　　　　2009年度

| （甲） | | 机构数（个） | 从业人员（人） | 资产、负债、所有者权益（千元） | | | | | | |
|---|---|---|---|---|---|---|---|---|---|---|
| | | | | 资产总计 | | | 负债合计 | 所有者权益合计 | | |
| | | | | | 固定资产原价 | 当年提取的折旧总额 | | | 实收资本(股本) | |
| | | | | | | | | | | 国家资本金 |
| （甲） | | 1 | 2 | 3 | 4 | 5 | 6 | 7 | 8 | 9 |
| 总　计 | A | 17000 | 77113 | 7129627 | 5990736 | 888407 | 1080814 | 6048813 | 3315637 | 256055 |
| 按城乡分 | — | — | — | — | — | — | — | — | — | — |
| 1. 城市 | B | 7898 | 38876 | 4143706 | 3184514 | 512069 | 874461 | 3269245 | 2032790 | 232186 |

续表

| | | 机构数(个) | 从业人员(人) | 资产、负债、所有者权益(千元) | | | | | | |
|---|---|---|---|---|---|---|---|---|---|---|
| | | | | 资产总计 | | | 负债合计 | 所有者权益合计 | | |
| | | | | | 固定资产原价 | 当年提取的折旧总额 | | | 实收资本(股本) | |
| | | | | | | | | | | 国家资本金 |
| (甲) | | 1 | 2 | 3 | 4 | 5 | 6 | 7 | 8 | 9 |
| 2. 县城 | C | 6732 | 30191 | 2381542 | 2261122 | 299459 | 147364 | 2234178 | 1038942 | 23788 |
| 3. 县以下 | D | 2370 | 8046 | 604379 | 545100 | 76879 | 58989 | 545390 | 243905 | 81 |
| 按经营范围分 | — | — | — | — | — | — | — | — | — | — |
| 1. 演出经纪机构 | E | 7 | 185 | 7914 | 6018 | 508 | 900 | 7014 | 6200 | |
| 2. 娱乐场所 | F | 2771 | 25734 | 2684401 | 1985441 | 252945 | 579116 | 2105285 | 1492852 | 251576 |
| 3. 经营性互联网文化单位 | G | 2 | 51 | 16070 | 1518 | 46 | 5478 | 10592 | 13000 | |
| 4. 互联网上网服务营业场所(网吧) | H | 12407 | 45180 | 3786397 | 3509887 | 609150 | 398538 | 3387859 | 1542337 | 1231 |
| 5. 艺术品经营机构 | I | 1650 | 5042 | 571149 | 444786 | 20457 | 90887 | 480262 | 227618 | 3248 |
| 6. 其他经营机构 | J | 159 | 763 | 32393 | 29182 | 4352 | 799 | 31594 | 3130 | |
| 7. 文化市场连锁经营机构 | K | 4 | 158 | 31303 | 13904 | 949 | 5096 | 26207 | 30500 | |
| 按登记注册类型分 | — | — | — | — | — | — | — | — | — | — |
| 1. 内资企业 | L | 16987 | 76952 | 7078777 | 5981606 | 886068 | 1079286 | 5999491 | 3314417 | 256055 |
| 2. 港澳台商投资企业 | M | 5 | 67 | 2470 | 2520 | 380 | 1160 | 1310 | 320 | |
| 3. 外商投资企业 | N | 8 | 94 | 48380 | 6610 | 1959 | 368 | 48012 | 900 | |
| 按部门分 | — | — | — | — | — | — | — | — | — | — |
| 1. 文化部门 | O | | | | | | | | | |
| 2. 非文化部门 | P | 17000 | 77113 | 7129627 | 5990736 | 888407 | 1080814 | 6048813 | 3315637 | 256055 |

续表

| | | 损益及分配(千元) | | | | | | | |
|---|---|---|---|---|---|---|---|---|---|
| | | 营业总收入 | | 营业总成本 | | | | | 营业利润 |
| | | | 主营业务收入 | | 养老、医疗、失业等保险费 | 住房公积金和住房补贴 | 差旅费 | 工会经费 | |
| (甲) | | 10 | 11 | 12 | 13 | 14 | 15 | 16 | 17 |
| 总　计 | A | 4677193 | 3797858 | 2193294 | 29382 | 7567 | 10576 | 3458 | 1948543 |
| 按城乡分 | — | — | — | — | — | — | — | — | — |
| 1. 城市 | B | 2708090 | 2180677 | 1356783 | 15259 | 6013 | 7112 | 2419 | 1036868 |
| 2. 县城 | C | 1577642 | 1286831 | 657116 | 11107 | 1309 | 2796 | 772 | 733523 |
| 3. 县以下 | D | 391461 | 330350 | 179395 | 3016 | 245 | 668 | 267 | 178152 |
| 按经营范围分 | — | — | — | — | — | — | — | — | — |
| 1. 演出经纪机构 | E | 3706 | 3200 | 2868 | 4 | | 360 | | 367 |
| 2. 娱乐场所 | F | 1561012 | 1237056 | 783544 | 16575 | 3893 | 3260 | 1337 | 600983 |
| 3. 经营性互联网文化单位 | G | 4317 | 4180 | 5002 | 278 | | 102 | 2 | −822 |
| 4. 互联网上网服务营业场所(网吧) | H | 2768858 | 2244926 | 1226875 | 10922 | 3553 | 4727 | 2117 | 1196147 |
| 5. 艺术品经营机构 | I | 301328 | 278603 | 153500 | 1194 | 118 | 402 | 2 | 137884 |
| 6. 其他经营机构 | J | 28328 | 20249 | 12587 | 15 | 3 | 7 | | 13258 |
| 7. 文化市场连锁经营机构 | K | 9644 | 9644 | 8918 | 394 | | 1718 | | 726 |
| 按登记注册类型分 | — | — | — | — | — | — | — | — | — |
| 1. 内资企业 | L | 4666829 | 3789172 | 2188590 | 29381 | 7567 | 10425 | 3458 | 1944421 |
| 2. 港澳台商投资企业 | M | 2230 | 2010 | 1200 | | | 100 | | 940 |
| 3. 外商投资企业 | N | 8134 | 6676 | 3504 | 1 | | 51 | | 3182 |
| 按部门分 | — | — | — | — | — | — | — | — | — |
| 1. 文化部门 | O | | | | | | | | |
| 2. 非文化部门 | P | 4677193 | 3797858 | 2193294 | 29382 | 7567 | 10576 | 3458 | 1948543 |

续表

| | | 损益及分配(千元) | | | | 工资、福利费、增值税(千元) | | | 增加值(千元) | 经营面积(千平方米) |
|---|---|---|---|---|---|---|---|---|---|---|
| | | 营业外收入 | | 营业外支出 | 利润总额 | 本年发放工资总额 | 本年支付的职工福利费 | 本年应交税金总额 | | |
| | | | 政府补助(补贴收入) | | | | | | | |
| (甲) | | 18 | 19 | 20 | 21 | 22 | 23 | 24 | 25 | 26 |
| 总　计 | A | 332779 | 176 | 258744 | 2022578 | 783666 | 49629 | 231437 | 3992777 | 7136.58 |
| 按城乡分 | — | — | — | — | — | — | — | — | — | — |
| 1. 城市 | B | 272046 | 17 | 189042 | 1119872 | 435490 | 38882 | 154120 | 2251645 | 2230.90 |
| 2. 县城 | C | 44830 | 149 | 44062 | 734291 | 277153 | 8416 | 63355 | 1395235 | 1960.48 |
| 3. 县以下 | D | 15903 | 10 | 25640 | 168415 | 71023 | 2331 | 13962 | 345897 | 2945.19 |
| 按经营范围分 | — | — | — | — | — | — | — | — | — | — |
| 1. 演出经纪机构 | E | 10 | | 60 | 317 | 2145 | 62 | 102 | 3211 | 2.08 |
| 2. 娱乐场所 | F | 62837 | | 126928 | 536892 | 284625 | 13561 | 107843 | 1295173 | 2128.81 |
| 3. 经营性互联网文化单位 | G | | | | −822 | 2494 | | 441 | 3268 | 0.59 |
| 4. 互联网上网服务营业场所(网吧) | H | 258574 | | 122522 | 1332199 | 433055 | 34055 | 109585 | 2434876 | 2078.35 |
| 5. 艺术品经营机构 | I | 4411 | 166 | 7235 | 135060 | 51524 | 1522 | 11589 | 224313 | 222.55 |
| 6. 其他经营机构 | J | 6828 | 10 | 1893 | 18193 | 7404 | 247 | 1322 | 26601 | 2698.23 |
| 7. 文化市场连锁经营机构 | K | 119 | | 106 | 739 | 2419 | 182 | 555 | 5335 | 5.97 |
| 按登记注册类型分 | — | — | — | — | — | — | — | — | — | — |
| 1. 内资企业 | L | 332667 | 176 | 258551 | 2018537 | 781893 | 49626 | 230747 | 3983840 | 7124.49 |
| 2. 港澳台商投资企业 | M | 110 | | 190 | 860 | 352 | | 62 | 1740 | 7.76 |
| 3. 外商投资企业 | N | 2 | | 3 | 3181 | 1421 | 3 | 628 | 7197 | 4.33 |
| 按部门分 | — | — | — | — | — | — | — | — | — | — |
| 1. 文化部门 | O | | | | | | | | | |
| 2. 非文化部门 | P | 332779 | 10 | 258744 | 2022578 | 783666 | 49629 | 231437 | 3992777 | 7136.58 |

## 娱乐场所基本情况综合年报

表　　号:文综12附2表
制表机关:文　化　部
批准机关:国家统计局
批准文号:国统制[2009]72号
有 效 期:2011年12月

填报单位:山东省　　　　2009年度

| | | 机构数(个) | 从业人员(人) | 资产、负债、所有者权益(千元) | | | | | | |
|---|---|---|---|---|---|---|---|---|---|---|
| | | | | 资产总计 | | | 负债合计 | 所有者权益合计 | | |
| | | | | | 固定资产原价 | 当年提取的折旧总额 | | | 实收资本(股本) | |
| | | | | | | | | | | 国家资本金 |
| (甲) | | 1 | 2 | 3 | 4 | 5 | 6 | 7 | 8 | 9 |
| 总　计 | A | 2771 | 25734 | 2684401 | 1985441 | 252945 | 579116 | 2105285 | 1492852 | 251576 |
| 按城乡分 | — | — | — | — | — | — | — | — | — | — |
| 1. 城市 | B | 1449 | 14257 | 1892621 | 1262928 | 187797 | 513277 | 1379344 | 1170560 | 231186 |
| 2. 县城 | C | 1224 | 10831 | 695280 | 664893 | 60410 | 45476 | 649804 | 281351 | 20390 |
| 3. 县以下 | D | 98 | 646 | 96500 | 57620 | 4738 | 20363 | 76137 | 40941 | |
| 按登记注册类型分 | — | — | — | — | — | — | — | — | — | — |
| 1. 内资企业 | E | 2759 | 25575 | 2633701 | 1976511 | 250756 | 577588 | 2056113 | 1491632 | 251576 |
| 2. 港澳台商投资企业 | F | 4 | 65 | 2320 | 2320 | 230 | 1160 | 1160 | 320 | |
| 3. 外商投资企业 | G | 8 | 94 | 48380 | 6610 | 1959 | 368 | 48012 | 900 | |

续表

| | | 机构数（个） | 从业人员（人） | 资产、负债、所有者权益（千元） | | | | | | |
|---|---|---|---|---|---|---|---|---|---|---|
| | | | | 资产总计 | | | 负债合计 | 所有者权益合计 | | |
| | | | | | 固定资产原价 | 当年提取的折旧总额 | | | 实收资本（股本） | |
| | | | | | | | | | | 国家资本金 |
| （甲） | | 1 | 2 | 3 | 4 | 5 | 6 | 7 | 8 | 9 |
| 按经营类别分 | — | — | — | — | — | — | — | — | — | — |
| 1. 歌舞娱乐场所 | H | 2188 | 21959 | 2141098 | 1494326 | 172124 | 490055 | 1651043 | 1212426 | 231178 |
| 2. 游艺娱乐场所 | I | 542 | 3289 | 361614 | 274606 | 26960 | 64129 | 297485 | 128426 | 398 |
| 3. 其他 | J | 41 | 486 | 181689 | 216509 | 53861 | 24932 | 156757 | 152000 | 20000 |
| 按是否连锁分 | — | — | — | — | — | — | — | — | — | — |
| 1. 连锁门店 | K | 35 | 930 | 44684 | 40181 | 4856 | 2222 | 42462 | 30802 | |
| 2. 非连锁门店 | L | 2736 | 24804 | 2639717 | 1945260 | 248089 | 576894 | 2062823 | 1462050 | 251576 |
| 按部门分 | — | — | — | — | — | — | — | — | — | — |
| 1. 文化部门 | M | | | | | | | | | |
| 2. 非文化部门 | N | 2771 | 25734 | 2684401 | 1985441 | 252945 | 579116 | 2105285 | 1492852 | 251576 |

续表

| | | 损益（千元） | | | | | | | | | | |
|---|---|---|---|---|---|---|---|---|---|---|---|---|
| | | 营业总收入 | | 营业总成本 | | | | | 营业利润 | 营业外收入 | 营业外支出 | 利润总额 |
| | | | 主营业务收入 | | 养老、医疗、失业等保险费 | 住房公积金和住房补贴 | 差旅费 | 工会经费 | | | | |
| （甲） | | 10 | 11 | 12 | 13 | 14 | 15 | 16 | 17 | 18 | 19 | 20 |
| 总　计 | A | 1561012 | 1237056 | 783544 | 16575 | 3893 | 3260 | 1337 | 600983 | 62837 | 126928 | 536892 |
| 按城乡分 | — | — | — | — | — | — | — | — | — | — | — | — |
| 1. 城市 | B | 1044095 | 804271 | 549768 | 9423 | 3484 | 2479 | 1128 | 358482 | 43655 | 112838 | 289299 |
| 2. 县城 | C | 478835 | 402320 | 217084 | 6567 | 407 | 740 | 127 | 224158 | 17526 | 13137 | 228547 |
| 3. 县以下 | D | 38082 | 30465 | 16692 | 585 | 2 | 41 | 82 | 18343 | 1656 | 953 | 19046 |
| 按登记注册类型分 | — | — | — | — | — | — | — | — | — | — | — | — |
| 1. 内资企业 | E | 1550864 | 1228470 | 778940 | 16574 | 3893 | 3109 | 1337 | 596911 | 62775 | 126735 | 532951 |
| 2. 港澳台商投资企业 | F | 2014 | 1910 | 1100 | | | 100 | | 890 | 60 | 190 | 760 |
| 3. 外商投资企业 | G | 8134 | 6676 | 3504 | 1 | | 51 | | 3182 | 2 | 3 | 3181 |
| 按经营类别分 | — | — | — | — | — | — | — | — | — | — | — | — |
| 1. 歌舞娱乐场所 | H | 1268687 | 1030775 | 661734 | 14516 | 3263 | 2561 | 833 | 483366 | 50334 | 121956 | 411744 |
| 2. 游艺娱乐场所 | I | 201572 | 149512 | 74139 | 931 | 372 | 660 | 409 | 108274 | 12143 | 4640 | 115777 |
| 3. 其他 | J | 90753 | 56769 | 47671 | 1128 | 258 | 39 | 95 | 9343 | 360 | 332 | 9371 |
| 按是否连锁分 | — | — | — | — | — | — | — | — | — | — | — | — |
| 1. 连锁门店 | K | 29541 | 26000 | 12490 | 26 | 25 | 95 | 15 | 15466 | 1875 | 1363 | 15978 |
| 2. 非连锁门店 | L | 1531471 | 1211056 | 771054 | 16549 | 3868 | 3165 | 1322 | 585517 | 60962 | 125565 | 520914 |
| 按部门分 | — | — | — | — | — | — | — | — | — | — | — | — |
| 1. 文化部门 | M | | | | | | | | | | | |
| 2. 非文化部门 | N | 1561012 | 1237056 | 783544 | 16575 | 3893 | 3260 | 1337 | 600983 | 62837 | 126928 | 536892 |

续表

| | | 工资、福利费、税金(千元) | | | 增加值(千元) | 经营面积(千平方米) | 核定人数(人) | 包房包间数量(个) | 电子游戏及游艺机台数(台) |
|---|---|---|---|---|---|---|---|---|---|
| | | 本年发放工资总额 | 本年支付的职工福利费 | 本年应交税金总额 | | | | | |
| (甲) | | 21 | 22 | 23 | 24 | 25 | 26 | 27 | 28 |
| 总 计 | A | 284625 | 13561 | 107843 | 1295173 | 2128.81 | 301184 | 32503 | 28674 |
| 按城乡分 | — | — | — | — | — | — | — | — | — |
| 1. 城市 | B | 176701 | 10263 | 82591 | 843231 | 891.09 | 167102 | 17526 | 19870 |
| 2. 县城 | C | 100036 | 3087 | 23694 | 418533 | 1084.93 | 128157 | 13938 | 8220 |
| 3. 县以下 | D | 7888 | 211 | 1558 | 33409 | 152.78 | 5925 | 1039 | 584 |
| 按登记注册类型分 | — | — | — | — | — | — | — | — | — |
| 1. 内资企业 | E | 282866 | 13558 | 107155 | 1286452 | 2116.87 | 299946 | 32398 | 28074 |
| 2. 港澳台商投资企业 | F | 338 | | 60 | 1524 | 7.61 | 10 | | 473 |
| 3. 外商投资企业 | G | 1421 | 3 | 628 | 7197 | 4.33 | 1228 | 105 | 127 |
| 按经营类别分 | — | — | — | — | — | — | — | — | — |
| 1. 歌舞娱乐场所 | H | 239097 | 11646 | 91520 | 1028329 | 1171.49 | 295736 | 32132 | |
| 2. 游艺娱乐场所 | I | 34513 | 1049 | 9216 | 183168 | 212.72 | 4003 | | 28054 |
| 3. 其他 | J | 11015 | 866 | 7107 | 83676 | 744.60 | 1445 | 371 | 620 |
| 按是否连锁分 | — | — | — | — | — | — | — | — | — |
| 1. 连锁门店 | K | 4828 | 194 | 967 | 26383 | 50.37 | 10301 | 983 | 268 |
| 2. 非连锁门店 | L | 279797 | 13367 | 106876 | 1268790 | 2078.44 | 290883 | 31520 | 28406 |
| 按部门分 | — | — | — | — | — | — | — | — | — |
| 1. 文化部门 | M | | | | | | | | |
| 2. 非文化部门 | N | 284625 | 13561 | 107843 | 1295173 | 2128.81 | 301184 | 32503 | 28674 |

## 4. 文化旅游业

(1) 国内旅游情况(1995—2009年)

**国内旅游情况(1995—2009年)**

| 年 份 | 总人次(万人次) | 总花费(亿元) | 人均花费(元) |
|---|---|---|---|
| 1995 | 4655 | 157.68 | 338.7 |
| 1996 | 5151 | 187.43 | 363.9 |
| 1997 | 5488 | 213.02 | 388.2 |
| 1998 | 5844 | 245.83 | 420.7 |
| 1999 | 6429 | 285.17 | 443.6 |
| 2000 | 7007 | 386.49 | 551.6 |
| 2001 | 8086 | 462.64 | 572.2 |
| 2002 | 9573 | 571.53 | 595.8 |
| 2003 | 8918 | 542.78 | 608.6 |
| 2004 | 11479 | 767.65 | 653.4 |
| 2005 | 14097 | 974.59 | 691.3 |
| 2006 | 16775 | 1214.82 | 724.2 |
| 2007 | 20343 | 1550.76 | 762.3 |
| 2008 | 24046 | 1908.53 | 793.7 |
| 2009 | 28882 | 2331.70 | 807.3 |

（2）各市接待入境游客人数

## 各市接待入境游客人数

单位：人次

| 地　区 | 2005 年 | | 2006 年 | | 2007 年 | | 2008 年 | | 2009 年 | |
|---|---|---|---|---|---|---|---|---|---|---|
| | | 外国人 | | 外国人 | | 外国人 | | 外国人 | | 外国人 |
| **全省总计** | **1551056** | **1247842** | **1931342** | **1560436** | **2496437** | **2020311** | **2537575** | **2065007** | **3100381** | **2411857** |
| 济南市 | 120164 | 69762 | 135940 | 82134 | 160609 | 97048 | 170263 | 107487 | 186968 | 116144 |
| 青岛市 | 684407 | 596177 | 854462 | 751403 | 1080341 | 924213 | 801265 | 698123 | 1000670 | 801424 |
| 淄博市 | 45129 | 35210 | 52385 | 36469 | 68934 | 49789 | 93883 | 72035 | 125336 | 82158 |
| 枣庄市 | 3706 | 1841 | 5839 | 3081 | 8315 | 4798 | 10177 | 5740 | 13168 | 7720 |
| 东营市 | 1251 | 1182 | 4692 | 2630 | 11396 | 8248 | 18760 | 14526 | 25403 | 18156 |
| 烟台市 | 185124 | 154819 | 239690 | 196756 | 307364 | 255014 | 352090 | 295110 | 400901 | 333474 |
| 潍坊市 | 35840 | 24587 | 43052 | 33178 | 74159 | 58844 | 131771 | 105923 | 172530 | 139230 |
| 济宁市 | 104031 | 63681 | 127326 | 75794 | 155601 | 93133 | 190797 | 109208 | 244812 | 145855 |
| 泰安市 | 97905 | 48662 | 125971 | 65789 | 142683 | 79300 | 190242 | 125840 | 240602 | 152148 |
| 威海市 | 168350 | 159171 | 204866 | 194172 | 267317 | 255015 | 288277 | 275464 | 322676 | 308641 |
| 日照市 | 59536 | 59357 | 75665 | 75498 | 112192 | 111579 | 151618 | 150909 | 180145 | 179161 |
| 莱芜市 | 939 | 890 | 1101 | 959 | 1410 | 1321 | 1762 | 1672 | 2196 | 2077 |
| 临沂市 | 15100 | 9958 | 20466 | 14140 | 52131 | 42675 | 65374 | 50845 | 85009 | 53022 |
| 德州市 | 15989 | 12036 | 18108 | 9850 | 22625 | 11470 | 28764 | 13940 | 42209 | 20365 |
| 聊城市 | 7860 | 5378 | 12904 | 10329 | 18746 | 16420 | 19401 | 16824 | 25756 | 22347 |
| 滨州市 | 3800 | 3510 | 5886 | 5693 | 8566 | 8237 | 17313 | 16637 | 24456 | 23933 |
| 菏泽市 | 1925 | 1621 | 2989 | 2561 | 4048 | 3207 | 5818 | 4724 | 7544 | 6002 |

（3）各市接待外国旅游人数（按国别分，2009 年）

## 各市接待外国旅游人数（按国别分，2009 年）

单位：人次

| 地　区 | 合　计 | 韩　国 | 日　本 | 马来西亚 | 新加坡 | 菲律宾 | 印　尼 | 泰　国 | 印　度 | 美　国 |
|---|---|---|---|---|---|---|---|---|---|---|
| **全省总计** | **2244020** | **1151567** | **541095** | **31949** | **66516** | **28344** | **17258** | **13449** | **18537** | **104385** |
| 济南市 | 109620 | 26505 | 24776 | 5064 | 7519 | 1172 | 1812 | 2166 | 2176 | 11967 |
| 青岛市 | 764899 | 361823 | 261402 | 7907 | 17423 | 7801 | 4209 | 3684 | 6956 | 28832 |
| 淄博市 | 76926 | 32786 | 25691 | 1903 | 1780 | 780 | 1515 | 454 | 639 | 2611 |
| 枣庄市 | 7054 | 1842 | 2005 | 81 | 275 | 96 | 38 | 30 | 115 | 833 |
| 东营市 | 16737 | 3309 | 3460 | 187 | 314 | 62 | 213 | 93 | 251 | 2001 |
| 烟台市 | 311370 | 186677 | 54343 | 3096 | 6532 | 5036 | 1862 | 1353 | 3029 | 9998 |
| 潍坊市 | 125842 | 69004 | 30795 | 2092 | 2604 | 1991 | 715 | 479 | 518 | 6849 |
| 济宁市 | 132779 | 37148 | 41951 | 2938 | 17756 | 2318 | 2340 | 2121 | 1318 | 6131 |
| 泰安市 | 136805 | 33774 | 31766 | 5312 | 5598 | 1056 | 1512 | 1310 | 1382 | 23728 |
| 威海市 | 306109 | 255042 | 28775 | 309 | 851 | 618 | 194 | 140 | 116 | 3026 |
| 日照市 | 156252 | 119599 | 11784 | 666 | 1307 | 5601 | 826 | 199 | 454 | 1419 |
| 莱芜市 | 1698 | 248 | 473 | 30 | 49 | 32 | 30 | 14 | 190 | 62 |
| 临沂市 | 31931 | 7350 | 6328 | 1163 | 1129 | 1113 | 1272 | 982 | 839 | 1661 |
| 德州市 | 17206 | 4239 | 4298 | 745 | 776 | 334 | 406 | 299 | 318 | 1371 |
| 聊城市 | 21114 | 6538 | 6151 | 288 | 490 | 184 | 262 | 84 | 150 | 1524 |
| 滨州市 | 22137 | 4724 | 5878 | 110 | 1101 | 142 | 24 | 19 | 56 | 1877 |
| 菏泽市 | 5541 | 959 | 1219 | 58 | 1012 | 8 | 28 | 22 | 30 | 495 |

续表

| 地　区 | 加拿大 | 德　国 | 俄罗斯 | 英　国 | 法　国 | 意大利 | 瑞　典 | 荷　兰 | 澳大利亚 | 新西兰 |
|---|---|---|---|---|---|---|---|---|---|---|
| **全省总计** | **33044** | **44299** | **44262** | **40337** | **29038** | **20394** | **8066** | **6289** | **33625** | **11566** |
| 济南市 | 4074 | 4101 | 3828 | 3106 | 3016 | 1541 | 541 | 560 | 4549 | 1147 |
| 青岛市 | 7797 | 14773 | 9307 | 9122 | 7033 | 3773 | 2896 | 1469 | 6661 | 2031 |
| 淄博市 | 802 | 2122 | 586 | 1442 | 1132 | 785 | 467 | 225 | 989 | 217 |
| 枣庄市 | 159 | 462 | 157 | 243 | 183 | 118 | 60 | 31 | 278 | 48 |
| 东营市 | 690 | 1725 | 485 | 1180 | 1163 | 368 | 193 | 133 | 697 | 213 |
| 烟台市 | 4263 | 7012 | 3737 | 6794 | 4669 | 5963 | 484 | 1544 | 3963 | 1015 |
| 潍坊市 | 1236 | 1337 | 1968 | 1710 | 1294 | 858 | 234 | 241 | 1462 | 455 |
| 济宁市 | 3495 | 1609 | 632 | 3150 | 2399 | 1343 | 866 | 544 | 2769 | 1951 |
| 泰安市 | 5295 | 4295 | 2547 | 4621 | 3584 | 2011 | 982 | 685 | 5746 | 1601 |
| 威海市 | 356 | 802 | 13099 | 1350 | 329 | 324 | 109 | 186 | 430 | 53 |
| 日照市 | 751 | 2451 | 5418 | 2552 | 1072 | 1258 | 68 | 44 | 725 | 58 |
| 莱芜市 | 46 | 105 | 44 | 98 | 102 | 48 | 51 | 45 | 28 | 3 |
| 临沂市 | 1361 | 856 | 887 | 998 | 982 | 884 | 741 | 370 | 1712 | 1303 |
| 德州市 | 461 | 574 | 384 | 1009 | 425 | 304 | 161 | 67 | 746 | 289 |
| 聊城市 | 816 | 473 | 660 | 1197 | 835 | 361 | 167 | 103 | 473 | 358 |
| 滨州市 | 1196 | 1310 | 376 | 1412 | 555 | 302 | 27 | 18 | 2236 | 774 |
| 菏泽市 | 246 | 292 | 147 | 353 | 265 | 153 | 19 | 24 | 161 | 50 |

（4）各市旅游饭店个数（按规模分，2009 年底）

**各市旅游饭店个数（按规模分，2009 年底）**

单位：个

| 地　区 | 旅游饭店个数 | 客房总数 200 间以上 | 客房总数 100—199 间 | 客房总数 50—99 间 | 客房总数 49 间以下 |
|---|---|---|---|---|---|
| **全省总计** | **1030** | **150** | **352** | **409** | **119** |
| 济南市 | 112 | 23 | 39 | 35 | 15 |
| 青岛市 | 181 | 38 | 60 | 62 | 21 |
| 淄博市 | 39 | 7 | 12 | 15 | 5 |
| 枣庄市 | 23 | 3 | 6 | 12 | 2 |
| 东营市 | 28 | 7 | 6 | 10 | 5 |
| 烟台市 | 132 | 26 | 39 | 50 | 17 |
| 潍坊市 | 81 | 8 | 29 | 37 | 7 |
| 济宁市 | 62 | 5 | 30 | 25 | 2 |
| 泰安市 | 71 | 6 | 27 | 28 | 10 |
| 威海市 | 105 | 9 | 33 | 51 | 12 |
| 日照市 | 41 | 3 | 19 | 16 | 3 |
| 莱芜市 | 12 | 2 | 2 | 5 | 3 |
| 临沂市 | 65 | 4 | 21 | 33 | 7 |
| 德州市 | 22 | 5 | 6 | 6 | 5 |
| 聊城市 | 22 | 2 | 7 | 10 | 3 |
| 滨州市 | 19 | 1 | 11 | 6 | 1 |
| 菏泽市 | 15 | 1 | 5 | 8 | 1 |

（5）各市旅游饭店个数（按经济类型分，2009年底）

**各市旅游饭店个数（按经济类型分，2009年底）**

单位：个

| 地　区 | 合　计 | 国　有 | 集　体 | 私　营 | 联　营 | 股份制 | 外商投资 | 港澳台投资 |
|---|---|---|---|---|---|---|---|---|
| **全省总计** | **1030** | **383** | **77** | **141** | **8** | **278** | **28** | **25** |
| 济南市 | 112 | 46 | 8 | 7 | | 30 | 3 | 1 |
| 青岛市 | 181 | 65 | 9 | 34 | 2 | 49 | 9 | 8 |
| 淄博市 | 39 | 16 | 3 | 8 | | 10 | 1 | |
| 枣庄市 | 23 | 13 | 2 | 3 | 1 | 1 | | 1 |
| 东营市 | 28 | 6 | 2 | 2 | | 15 | | 2 |
| 烟台市 | 132 | 65 | 17 | 16 | | 25 | 7 | 1 |
| 潍坊市 | 81 | 35 | 5 | 3 | | 26 | 2 | 3 |
| 济宁市 | 62 | 22 | 3 | 12 | 1 | 10 | | 2 |
| 泰安市 | 71 | 31 | 4 | 9 | | 19 | 1 | 2 |
| 威海市 | 105 | 38 | 3 | 12 | 1 | 39 | 3 | 1 |
| 日照市 | 41 | 10 | 1 | 5 | 3 | 15 | | 1 |
| 莱芜市 | 12 | 3 | 1 | 2 | | 3 | 1 | |
| 临沂市 | 65 | 7 | 13 | 19 | | 22 | | 1 |
| 德州市 | 22 | 6 | 2 | 2 | | 2 | | |
| 聊城市 | 22 | 8 | | 3 | | 5 | 1 | 1 |
| 滨州市 | 19 | 7 | 2 | 2 | | 6 | | |
| 菏泽市 | 15 | 5 | 2 | 2 | | 1 | | 1 |

（6）各市入境旅游（外汇）收入

**各市入境旅游（外汇）收入**

单位：万美元

| 地　区 | 2000年 | 2001年 | 2002年 | 2003年 | 2004年 | 2005年 | 2006年 | 2007年 | 2008年 | 2009年 |
|---|---|---|---|---|---|---|---|---|---|---|
| 全省总计 | 31512.8 | 38240.7 | 47248.5 | 37013.4 | 56655.0 | 78023.1 | 101405.2 | 135184.9 | 139148.0 | 176529.7 |
| 济南市 | 3151.9 | 3374.3 | 3606.3 | 2395.9 | 3697.6 | 4175.3 | 5317.9 | 7075.3 | 8339.6 | 9317.6 |
| 青岛市 | 14213.0 | 17751.0 | 23974.9 | 18060.6 | 29181.8 | 41493.1 | 54262.0 | 67507.0 | 50045.4 | 55178.1 |
| 淄博市 | 407.3 | 388.9 | 500.9 | 469.8 | 678.2 | 981.7 | 1169.7 | 1680.9 | 4471.6 | 5832.3 |
| 枣庄市 | 39.3 | 74.4 | 66.5 | 58.4 | 85.4 | 113.2 | 166.4 | 246.8 | 321.2 | 418.9 |
| 东营市 | 39.2 | 95.7 | 164.9 | 226.4 | 124.5 | 76.9 | 240.2 | 668.3 | 1508.4 | 2214.2 |
| 烟台市 | 6096.5 | 7876.1 | 8978.7 | 7559.5 | 10478.5 | 13206.5 | 16590.0 | 22949.7 | 26707.7 | 31080.5 |
| 潍坊市 | 657.4 | 831.3 | 916.1 | 638.8 | 903.1 | 1055.4 | 1292.6 | 3606.9 | 7081.2 | 12253.9 |
| 济宁市 | 947.4 | 1217.9 | 1244.3 | 729.4 | 1492.0 | 2602.9 | 3403.4 | 4938.0 | 6105.4 | 12102.9 |
| 泰安市 | 1118.0 | 2020.4 | 2199.3 | 1455.3 | 2909.8 | 3739.9 | 5200.1 | 6348.9 | 9518.1 | 15050.2 |
| 威海市 | 4202.5 | 3734.1 | 4537.5 | 4204.1 | 5096.9 | 7086.2 | 8929.2 | 12447.3 | 13733.7 | 16082.7 |
| 日照市 | 202.2 | 309.8 | 344.2 | 500.8 | 1008.0 | 1907.9 | 2653.6 | 3041.8 | 4432.3 | 8168.2 |
| 莱芜市 | 14.7 | 16.9 | 29.9 | 46.0 | 61.0 | 25.0 | 90.0 | 130.4 | 170.8 | 208.9 |
| 临沂市 | 213.3 | 272.6 | 300.8 | 414.4 | 527.6 | 648.0 | 1046.3 | 2892.0 | 4270.6 | 5164.7 |
| 德州市 | 15.1 | 21.2 | 28.5 | 8.2 | 43.3 | 445.5 | 474.9 | 596.7 | 897.8 | 763.2 |
| 聊城市 | 152.8 | 204.1 | 296.0 | 189.4 | 281.2 | 342.1 | 329.1 | 695.3 | 859.8 | 1127.6 |
| 滨州市 | 13.6 | 12.9 | 10.2 | 19.3 | 45.3 | 85.2 | 166.6 | 258.0 | 527.4 | 763.2 |
| 菏泽市 | 28.8 | 39.2 | 49.6 | 37.2 | 40.8 | 38.2 | 73.1 | 101.6 | 157.0 | 199.1 |

（7）国民经济和社会发展主要指标

各市旅游饭店个数（按规模分，2009 年底）

单位：个

| 类 别 | 1996 年 | 1997 年 | 1998 年 | 1999 年 | 2000 年 | 2001 年 | 2002 年 | 2003 年 | 2004 年 | 2005 年 | 2006 年 | 2007 年 | 2008 年 | 2009 年 |
|---|---|---|---|---|---|---|---|---|---|---|---|---|---|---|
| 海关进口总值（万美元） | 698096 | 667743 | 627035 | 669185 | 946093 | 1083414 | 1282664 | 1808467 | 2490850 | 3063763 | 3664100 | 4737424 | 6496994 | 5903848 |
| 利用外资 | | | | | | | | | | | | | | |
| 合同项目个数（个） | 2223 | 1681 | 1434 | 1745 | 2733 | 3058 | 4072 | 5305 | 5890 | 6415 | 4030 | | | |
| 外商直接投资（个） | 2175 | 1597 | 1366 | 1717 | 2728 | 3047 | 4065 | 5305 | 5890 | 6415 | 4030 | 2717 | 1527 | 1468 |
| 合同外资金额（万美元） | 633894 | 454145 | 367072 | 421333 | 561066 | 715880 | 1186072 | 1989296 | 2144647 | 2884398 | 1645089 | | | |
| 外商直接投资（万美元） | 539797 | 328037 | 221866 | 311087 | 507435 | 672040 | 1130680 | 1341413 | 2028958 | 2749510 | 1624175 | 1173880 | 1014959 | 871045 |
| 实际利用外资金额（万美元） | 339426 | 358447 | 361036 | 374464 | 381243 | 424886 | 652124 | 1125985 | 982105 | 1101441 | 1020966 | | | |
| 外商直接投资（万美元） | 259041 | 250044 | 222262 | 246878 | 297119 | 362093 | 558603 | 709371 | 870064 | 897072 | 1000069 | 1101159 | 820246 | 801007 |
| 对外承包工程和劳务合作 | | | | | | | | | | | | | | |
| 合同个数（个） | 880 | 966 | 1296 | 1116 | 1250 | 1580 | 1380 | 1322 | 1879 | 2171 | 2513 | 2642 | 2880 | 2397 |
| 合同金额（万美元） | 52005 | 57654 | 73703 | 67729 | 61601 | 104622 | 134098 | 124243 | 146590 | 164091 | 392134 | 540344 | 754137 | 932312 |
| 营业额（万美元） | 28933 | 36315 | 46508 | 63615 | 45229 | 55913 | 83133 | 99213 | 151568 | 174518 | 232293 | 301928 | 358867 | 509083 |
| 年末在外人数（人） | 23355 | 26626 | 29121 | 30979 | 35028 | 36489 | 43554 | 52077 | 62705 | 71610 | 83974 | 93797 | 90623 | 96421 |
| 旅 游 | | | | | | | | | | | | | | |
| 接待海外旅游人数（人次） | 531616 | 585017 | 608054 | 622033 | 723145 | 828664 | 976841 | 776725 | 1193101 | 1551056 | 1931342 | 2496437 | 2537575 | 3100379 |
| 外国人（人次） | 363661 | 344374 | 371671 | 417911 | 480090 | 592413 | 741366 | 615457 | 961697 | 1247842 | 1560436 | 2020311 | 2065007 | 2411857 |
| 港澳台胞（人次） | 157758 | 227836 | 222547 | 196880 | 243055 | 236251 | 235475 | 161268 | 231404 | 303214 | 370906 | 476126 | 472568 | 688522 |
| 旅游外汇收入（万元） | 163677 | 168921 | 181726 | 219592 | 260839 | 316518 | 391076 | 306360 | 468922 | 639142 | 808382 | 1027946 | 966397 | 1205874 |
| 旅游外汇收入（万美元） | 19649 | 20377 | 21950 | 26522 | 31513 | 38241 | 47249 | 37013 | 56655 | 78023 | 101405 | 135185 | 139148 | 176530 |
| 人民币兑主要外币 | | | | | | | | | | | | | | |
| 年平均汇价（中间价） | | | | | | | | | | | | | | |
| 100 美元（人民币元） | 831.42 | 828.98 | 827.91 | 827.96 | 827.72 | 827.70 | 827.70 | 827.70 | 827.68 | 819.17 | 797.18 | 760.40 | 694.51 | 683.10 |
| 100 日元（人民币元） | 7.64 | 6.86 | 6.35 | 8.07 | 7.39 | 6.81 | 6.62 | 7.15 | 7.66 | 7.45 | 6.86 | 6.46 | 6.74 | 7.30 |
| 100 港元（人民币元） | 107.51 | 107.09 | 106.88 | 106.53 | 106.08 | 106.08 | 106.07 | 106.24 | 106.23 | 105.30 | 102.62 | 97.46 | 89.19 | 88.12 |
| 教 育 | | | | | | | | | | | | | | |
| 普通高等学校 | | | | | | | | | | | | | | |
| 学校数（所） | 49 | 48 | 49 | 52 | 58 | 65 | 75 | 85 | 97 | 104 | 109 | 111 | 114 | 128 |
| 招生数（人） | 56544 | 56950 | 62994 | 82410 | 124817 | 183553 | 218719 | 273894 | 327452 | 400573 | 445034 | 453479 | 514176 | 501082 |
| 毕业生数（人） | 47835 | 50141 | 51477 | 49612 | 49687 | 69583 | 94697 | 117253 | 166959 | 224611 | 268384 | 355735 | 411143 | 431598 |
| 在校学生数（人） | 169184 | 175920 | 187473 | 213679 | 303826 | 449360 | 583601 | 761417 | 946124 | 1171284 | 1338122 | 1440378 | 1534009 | 1592974 |
| 教职工数（人） | 51490 | 50374 | 50261 | 49624 | 54910 | 64362 | 72408 | 84391 | 93653 | 109920 | 121167 | 128761 | 134072 | 136753 |
| 专任教师（人） | 20079 | 20414 | 20581 | 21252 | 24764 | 30902 | 37412 | 45457 | 53847 | 64636 | 74676 | 81889 | 87432 | 89734 |
| 中等专业学校基本情况 | | | | | | | | | | | | | | |
| 学校数（所） | 255 | 252 | 254 | 251 | 243 | 200 | 165 | 154 | 145 | 134 | 130 | 135 | 130 | 124 |
| 招生数（人） | 105468 | 112348 | 114956 | 122331 | 93493 | 92215 | 115941 | 94625 | 87889 | 86044 | 90432 | 98634 | 93217 | 99212 |
| 毕业生数（人） | 78496 | 90545 | 99483 | 106740 | 103629 | 110827 | 111333 | 64046 | 65953 | 75076 | 79902 | 92275 | 83077 | 88355 |
| 在校学生数（人） | 289827 | 311161 | 327031 | 344062 | 333184 | 310508 | 314135 | 256655 | 260276 | 257161 | 264456 | 283231 | 271905 | 271993 |
| 教职工数（人） | 38030 | 38458 | 39160 | 39274 | 37241 | 28002 | 27005 | 23630 | 21621 | 20406 | 20563 | 20985 | 20308 | 19981 |
| 专任教师（人） | 19898 | 20291 | 20949 | 21311 | 20409 | 15607 | 15369 | 13761 | 12771 | 12193 | 12634 | 13223 | 13224 | 13093 |
| 普通中学基本情况 | | | | | | | | | | | | | | |
| 学校数（所） | 4820 | 4693 | 4635 | 4586 | 4575 | 4684 | 4648 | 4606 | 4569 | 4404 | 4175 | 4039 | 3893 | 3750 |
| 招生数（万人） | 169.69 | 178.19 | 201.28 | 222.20 | 234.18 | 220.94 | 201.65 | 192.94 | 192.32 | 179.71 | 164.60 | 162.49 | 160.54 | 160.24 |
| 毕业生数（万人） | 122.97 | 141.95 | 159.91 | 164.88 | 167.96 | 188.59 | 205.62 | 222.82 | 213.80 | 207.29 | 196.70 | 191.02 | 172.88 | 158.65 |
| 在校学生数（万人） | 512.22 | 541.38 | 571.54 | 620.43 | 678.60 | 702.18 | 689.17 | 654.34 | 628.34 | 592.49 | 554.04 | 520.31 | 502.14 | 499.34 |

续表

| 类　别 | 1996 年 | 1997 年 | 1998 年 | 1999 年 | 2000 年 | 2001 年 | 2002 年 | 2003 年 | 2004 年 | 2005 年 | 2006 年 | 2007 年 | 2008 年 | 2009 年 |
|---|---|---|---|---|---|---|---|---|---|---|---|---|---|---|
| 教职工数（人） | 375463 | 392365 | 404824 | 414538 | 430754 | 451014 | 461898 | 468627 | 473687 | 470584 | 462298 | 454920 | 445545 | 442447 |
| 专任教师（人） | 294849 | 310926 | 322785 | 333884 | 350353 | 359665 | 369664 | 374811 | 379100 | 377133 | 372370 | 370255 | 367658 | 372550 |
| 技工学校基本情况 | | | | | | | | | | | | | | |
| 学校数（所） | 312 | 305 | 305 | 302 | 279 | 278 | 249 | 244 | 249 | 229 | 197 | 200 | 197 | 196 |
| 招生数（人） | 77595 | 74054 | 55668 | 50896 | 48008 | 53283 | 83186 | 105896 | 121444 | 138505 | 148625 | 159954 | 161000 | 147000 |
| 毕业生数（人） | 62981 | 65310 | 59292 | 71460 | 66546 | 55769 | 49634 | 46247 | 58834 | 78091 | 98239 | 110278 | 121000 | 140300 |
| 在校学生数（人） | 185253 | 192675 | 188493 | 161531 | 137718 | 132122 | 165386 | 212811 | 274432 | 325924 | 357648 | 385325 | 415000 | 396200 |

（8）接待入境游客人数（按性别、年龄和来鲁目的分）

**接待入境游客人数（按性别、年龄和来鲁目的分）**

单位：%

| 指　标 | 2005 年 | 2006 年 | 2007 年 | 2008 年 | 2009 年 |
|---|---|---|---|---|---|
| **总　计** | **100.0** | **100.0** | **100.0** | **100** | **100** |
| **按性别分** | **100.0** | **100.0** | **100.0** | **100** | **100** |
| 男 | 77.9 | 73.5 | 71.3 | 70.3 | 69.8 |
| 女 | 22.1 | 26.5 | 28.7 | 29.7 | 30.2 |
| **按年龄分** | **100.0** | **100.0** | **100.0** | **100** | **100** |
| 14 岁以下 | 1.4 | 1.5 | 1.6 | 1.22 | 1.56 |
| 15～24 岁 | 6.1 | 8.1 | 9.3 | 9.64 | 9.71 |
| 25～44 岁 | 54.4 | 51.4 | 50.9 | 49.5 | 49.6 |
| 45～64 岁 | 32.7 | 32.9 | 31.7 | 33.28 | 32.86 |
| 65 岁以上 | 5.4 | 6.0 | 6.5 | 6.36 | 6.27 |
| **按来鲁目的分** | **100.0** | **100.0** | **100.0** | **100** | **100** |
| 从事经济商务活动 | 56.9 | 50.3 | 43.4 | 48.25 | 48.17 |
| 从事文化学术交流 | 5.7 | 5.6 | 6.2 | 5.72 | 5.65 |
| 探亲访友 | 3.0 | 2.7 | 4.2 | 4.32 | 4.19 |
| 旅游观光 | 32.0 | 39.3 | 44.4 | 39.76 | 40.39 |
| 其　它 | 2.3 | 2.2 | 1.9 | 1.95 | 1.6 |

（9）接待入境游客人数（按国别分）

**接待入境游客人数（按国别分）**

单位：人

| 国　别 | 1990 年 | 1995 年 | 2000 年 | 2001 年 | 2005 年 | 2006 年 | 2007 年 | 2008 年 | 2009 年 |
|---|---|---|---|---|---|---|---|---|---|
| **总　计** | **68855** | **304280** | **480090** | **592413** | **1247842** | **1560436** | **2020311** | **2065007** | **2411857** |
| **亚　洲** | **38268** | **220757** | **377862** | **480304** | **1030169** | **1281818** | **1652988** | **1672854** | **1937940** |
| 印　度 | 777 | | 2762 | 3592 | 6759 | 8679 | 13387 | 16369 | 18537 |
| 印度尼西亚 | | 3378 | 6319 | 7393 | 6881 | 7768 | 10741 | 11004 | 17258 |
| 日　本 | 26535 | 81071 | 132619 | 166995 | 278170 | 343681 | 401345 | 435123 | 541095 |
| 马来西亚 | | 5581 | 10700 | 14332 | 22534 | 28200 | 30207 | 37109 | 31949 |
| 蒙　古 | | | 851 | 460 | 1155 | 1869 | 2697 | 3671 | 6603 |
| 菲律宾 | 414 | 14015 | 14906 | 15354 | 16327 | 14561 | 20844 | 21953 | 28344 |
| 新加坡 | 1544 | 9275 | 16182 | 15440 | 25509 | 35372 | 42799 | 46777 | 66516 |
| 韩　国 | 7657 | 98568 | 183567 | 243889 | 640056 | 809953 | 1087905 | 1050839 | 1151567 |
| 泰　国 | 1123 | 1781 | 2545 | 3486 | 7281 | 6979 | 10473 | 10837 | 13449 |
| **非　洲** | | | **1501** | **1333** | **3819** | **4232** | **5910** | **7666** | **10384** |
| **欧　洲** | **11641** | **36510** | **47999** | **55447** | **109671** | **143061** | **184869** | **194240** | **240604** |
| 英　国 | 1660 | 4515 | 6812 | 7868 | 17295 | 26096 | 34928 | 38314 | 40337 |
| 德　国 | 4256 | 8207 | 9065 | 10004 | 22459 | 29337 | 33609 | 36519 | 44299 |
| 法　国 | 1786 | 3669 | 6137 | 6310 | 13794 | 18331 | 23369 | 24471 | 29038 |

续表

| 国　别 | 1990年 | 1995年 | 2000年 | 2001年 | 2005年 | 2006年 | 2007年 | 2008年 | 2009年 |
|---|---|---|---|---|---|---|---|---|---|
| 意大利 | 1647 | 2333 | 3805 | 3453 | 9004 | 10351 | 17487 | 17489 | 20394 |
| 荷　兰 | 292 | 1436 | 1750 | 2152 | 3008 | 4017 | 5365 | 6036 | 6289 |
| 瑞　典 | 219 | 877 | 1573 | 1754 | 3162 | 3526 | 5972 | 5888 | 8066 |
| 瑞　士 | 309 | 843 | 1053 | 1431 | 2435 | 3039 | 4624 | 7320 | 7860 |
| 俄罗斯 | 896 | 10566 | 8926 | 11542 | 19484 | 27661 | 33614 | 28583 | 44262 |
| **美　洲** | **12757** | **29012** | **40786** | **44635** | **73303** | **95883** | **132046** | **133109** | **151538** |
| 加拿大 | 3269 | 4900 | 7008 | 8438 | 13513 | 16186 | 23059 | 25125 | 33044 |
| 美　国 | 9433 | 23273 | 31994 | 33636 | 54510 | 74738 | 102051 | 98870 | 104385 |
| **大洋洲** | **951** | **3853** | **8009** | **7821** | **15393** | **21088** | **29228** | **37107** | **48476** |
| 澳大利亚 | 800 | 3046 | 5956 | 5598 | 10643 | 15633 | 21493 | 26887 | 33625 |
| 新西兰 | 151 | 519 | 1183 | 1406 | 2369 | 3589 | 5193 | 7568 | 11566 |
| **其　他** | **5238** | **14148** | **3933** | **2873** | **15487** | **14354** | **15610** | **20031** | **22799** |

（10）接待入境游客人数（按国别分）续

续表

单位：人次

| 地　区 | 加拿大 | 德　国 | 俄罗斯 | 英　国 | 法　国 | 意大利 | 瑞　典 | 荷　兰 | 澳大利亚 | 新西兰 |
|---|---|---|---|---|---|---|---|---|---|---|
| **全省总计** | **33044** | **44299** | **44262** | **40337** | **29038** | **20394** | **8066** | **6289** | **33625** | **11566** |
| 济南市 | 4074 | 4101 | 3828 | 3106 | 3016 | 1541 | 541 | 560 | 4549 | 1147 |
| 青岛市 | 7797 | 14773 | 9307 | 9122 | 7033 | 3773 | 2896 | 1469 | 6661 | 2031 |
| 淄博市 | 802 | 2122 | 586 | 1442 | 1132 | 785 | 467 | 225 | 989 | 217 |
| 枣庄市 | 159 | 462 | 157 | 243 | 183 | 118 | 60 | 31 | 278 | 48 |
| 东营市 | 690 | 1725 | 485 | 1180 | 1163 | 368 | 193 | 133 | 697 | 213 |
| 烟台市 | 4263 | 7012 | 3737 | 6794 | 4669 | 5963 | 484 | 1544 | 3963 | 1015 |
| 潍坊市 | 1236 | 1337 | 1968 | 1710 | 1294 | 858 | 234 | 241 | 1462 | 455 |
| 济宁市 | 3495 | 1609 | 632 | 3150 | 2399 | 1343 | 866 | 544 | 2769 | 1951 |
| 泰安市 | 5295 | 4295 | 2547 | 4621 | 3584 | 2011 | 982 | 685 | 5746 | 1601 |
| 威海市 | 356 | 802 | 13099 | 1350 | 329 | 324 | 109 | 186 | 430 | 53 |
| 日照市 | 751 | 2451 | 5418 | 2552 | 1072 | 1258 | 68 | 44 | 725 | 58 |
| 莱芜市 | 46 | 105 | 44 | 98 | 102 | 48 | 51 | 45 | 28 | 3 |
| 临沂市 | 1361 | 856 | 887 | 998 | 982 | 884 | 741 | 370 | 1712 | 1303 |
| 德州市 | 461 | 574 | 384 | 1009 | 425 | 304 | 161 | 67 | 746 | 289 |
| 聊城市 | 816 | 473 | 660 | 1197 | 835 | 361 | 167 | 103 | 473 | 358 |
| 滨州市 | 1196 | 1310 | 376 | 1412 | 555 | 302 | 27 | 18 | 2236 | 774 |
| 菏泽市 | 246 | 292 | 147 | 353 | 265 | 153 | 19 | 24 | 161 | 50 |

（11）旅游业情况

旅游业情况

| 类　别 | 2005年 | 2006年 | 2007年 | 2008年 | 2009年 |
|---|---|---|---|---|---|
| 旅行社总数（个） | 1487 | 1657 | 1799 | 1797 | 1802 |
| 国际旅行社（个） | 76 | 90 | 102 | 104 | |
| 国内旅行社（个） | 1411 | 1567 | 1697 | 1693 | |
| 旅行社职工人数（人） | 15705 | 18438 | 20492 | 22242 | 23016 |
| 国际旅行社（人） | 2546 | 3363 | 3817 | 3890 | |
| 国内旅行社（人） | 13159 | 15075 | 16675 | 18352 | |
| 旅游饭店总数（个） | 685 | 712 | 795 | 865 | 912 |
| 接待入境游客（人次） | 1551056 | 1931342 | 2496437 | 2537575 | 3100379 |
| 外国人（人次） | 1247842 | 1560436 | 2020311 | 2065007 | 2411857 |
| 港澳台胞（人次） | 303214 | 370906 | 476126 | 472568 | 688522 |

续表

| 类　别 | 2005 年 | 2006 年 | 2007 年 | 2008 年 | 2009 年 |
|---|---|---|---|---|---|
| 港澳同胞（人次） | 160654 | 202978 | 270519 | 261216 | 400170 |
| 台湾同胞（人次） | 142560 | 167928 | 205607 | 211352 | 288352 |
| 旅行社外联入境游客（人） | 261515 | 322569 | 457338 | 597767 | 952108 |
| 旅行社接待入境游客（人） | 398521 | 429245 | 629914 | 958437 | 1281974 |
| 国内旅游人数（万人次） | 14097 | 16775 | 20343 | 24046 | 28882 |
| 旅游总收入（亿元） | 1038.70 | 1295.66 | 1653.60 | 2005.24 | 2452.20 |
| 入境旅游收入（万美元） | 78023.10 | 101405.20 | 135184.93 | 139147.98 | 176529.70 |
| 国内旅游收入（亿元） | 974.59 | 1214.82 | 1550.76 | 1908.53 | 2331.70 |

（12）入境旅游外汇收入及构成

**入境旅游外汇收入及构成**

单位：万美元

| 类　别 | 2006 年 | | 2007 年 | | 2008 年 | | 2009 年 | |
|---|---|---|---|---|---|---|---|---|
| | 数　额 | 比重（%） | 数　额 | 比重（%） | 数　额 | 比重（%） | 数　额 | 比重（%） |
| **总　计** | **101405.2** | **100.0** | **135184.9** | **100.0** | **139148.0** | **100.0** | **176529.7** | **100.0** |
| 长途交通 | 31952.8 | 31.5 | 42096.6 | 31.1 | 41438.3 | 29.8 | 50717.0 | 28.7 |
| 民　航 | 26061.1 | 25.7 | 34323.5 | 25.4 | 33979.9 | 24.4 | 40937.2 | 23.2 |
| 铁　路 | 882.2 | 0.9 | 1162.6 | 0.9 | 1099.3 | 0.8 | 1694.7 | 1.0 |
| 汽　车 | 2058.5 | 2.0 | 2892.9 | 2.1 | 3325.6 | 2.4 | 4766.3 | 2.7 |
| 轮　船 | 2961.0 | 2.9 | 3717.6 | 2.8 | 3033.4 | 2.2 | 3301.1 | 1.9 |
| 游　览 | 10029.0 | 9.9 | 13727.3 | 10.2 | 15487.2 | 11.1 | 20212.7 | 11.5 |
| 住　宿 | 11763.0 | 11.6 | 15830.2 | 11.7 | 16878.7 | 12.1 | 21748.5 | 12.3 |
| 餐　饮 | 8132.7 | 8.0 | 10779.3 | 8.0 | 10867.5 | 7.8 | 14175.3 | 8.0 |
| 购　物 | 17979.1 | 17.7 | 24144.5 | 17.9 | 11368.4 | 8.2 | 32693.3 | 18.5 |
| 娱　乐 | 7828.5 | 7.7 | 10560.7 | 7.8 | 25046.6 | 18.0 | 14263.6 | 8.1 |
| 邮电通讯 | 4167.8 | 4.1 | 5488.3 | 4.1 | 5468.5 | 3.9 | 6814.0 | 3.9 |
| 市内交通 | 2525.0 | 2.5 | 3406.9 | 2.5 | 3798.7 | 2.7 | 5278.2 | 3.0 |
| 其他服务 | 7027.4 | 6.9 | 9151.1 | 6.8 | 8794.2 | 6.3 | 10627.1 | 6.0 |

## 5. 文化、文物机构人员情况（2009 年）

**文化、文物机构人员情况（2009 年）**

| 项　目 | 机构数（个） | 人员数（人） |
|---|---|---|
| 总　计 | **2992** | **29333** |
| **一、艺术业** | **248** | **8244** |
| 1. 艺术表演团体 | 118 | 6279 |
| 2. 艺术表演场所 | 82 | 1640 |
| 3. 艺术创作机构 | 48 | 325 |
| 4. 其他艺术 | | |
| **二、图书馆业** | **150** | **2669** |
| **三、群众文化服务业** | **2025** | **7708** |
| 1. 艺术馆、文化馆 | 158 | 3115 |
| 2. 文化站 | 1867 | 4593 |
| **四、艺术教育业** | **5** | **408** |
| **五、文艺科研** | **7** | **101** |
| **六、文物业** | **228** | **4911** |
| 1. 文物保护管理机构 | 101 | 2062 |
| 2. 文物科研机构 | 5 | 77 |
| 3. 博物馆 | 111 | 2307 |
| 4. 文物商店 | 8 | 161 |

# 湖北省

## 1. 广播电影电视业

（1）电影、艺术活动、群众文化活动、图书馆及博物馆活动情况

**电影、艺术活动、群众文化活动、图书馆及博物馆活动情况**

| 项　目 | 1990 年 | 2000 年 | 2004 年 | 2005 年 | 2006 年 | 2007 年 | 2008 年 | 2009 年 |
|---|---|---|---|---|---|---|---|---|
| 电影活动 | | | | | | | | |
| 放映场次数（万场） | 130.0 | 7.6 | 24.2 | 29.3 | 32 | 39 | 56 | |
| 群众人数（千人次） | 559940 | 2940 | 45296 | 88120 | 83920 | 94966 | 138980 | |
| 年人均观看次数（次） | 10.42 | 0.05 | 0.75 | 1.45 | 1.35 | 1.58 | 2.43 | |
| 艺术活动 | | | | | | | | |
| 年表演场次（场） | 13100 | 15000 | 16467 | 16000 | 20667 | 22000 | 22000 | 22679 |
| 观众人数（千人次） | 10620 | 21211 | 17580 | 16939 | 22418 | 24599 | 26699 | 26390 |
| 年人均观看次数（次） | 0.20 | 0.36 | 0.29 | 0.28 | 0.36 | 0.41 | 0.47 | 0.46 |
| 群众文化活动 | | | | | | | | |
| 举办展览个数（个） | 1166 | 2785 | 2648 | 2653 | 3795 | 3262 | 3771 | 3908 |
| 举办训练班结业人数（万人次） | 4.90 | 9.90 | 12.69 | 13.00 | 13.00 | 13.0 | 46.0 | 45.8 |
| 图书馆活动 | | | | | | | | |
| 图书流通人次（千人次） | 5480 | 7138 | 10245 | 11453 | 12004 | 11762 | 12153 | 12711 |
| 图书流通册次（千册） | 9600 | 9485 | 8236 | 9267 | 10126 | 9429 | 10387 | 10468 |
| 人均年借阅册数（册） | 0.18 | 0.16 | 0.14 | 0.15 | 0.16 | 0.16 | 0.18 | 0.18 |
| 人均年借阅人数（次） | 0.10 | 0.12 | 0.17 | 0.19 | 0.19 | 0.19 | 0.20 | 0.22 |
| 博物馆活动 | | | | | | | | |
| 现有陈列展览个数（个） | 145 | 210 | 175 | 218 | 160 | 200 | 388 | 510 |
| 参观人数（千人次） | 2089 | 1819 | 2050 | 2194 | 2947 | 3313 | 11084 | 13183 |
| 人均年参观次数（次） | 0.04 | 0.03 | 0.03 | 0.04 | 0.05 | 0.05 | 0.19 | 0.23 |

（2）广播电视传输覆盖与经济效益

**广播电视传输覆盖与经济效益**

| 项　目 | 2004 年 | 2005 年 | 2006 年 | 2007 年 | 2008 年 | 2009 年 |
|---|---|---|---|---|---|---|
| 广播覆盖率（%） | 95.69 | 95.99 | 96.29 | 96.31 | 96.81 | 97.41 |
| 电视覆盖率（%） | 96.61 | 96.71 | 96.76 | 96.96 | 97.31 | 97.49 |
| 有线电视用户（万） | 466.21 | 508.13 | 576.26 | 649.7 | 730.45 | 803.43 |
| 中短波发射转播台/机（座/部） | 31/44 | 27/43 | 28/67 | 26/72 | 25/69 | 24/70 |
| 中短波发射转播台功率（千瓦） | 620 | 646 | 1109 | 1199 | 1212 | 1256 |
| 调频发射转播台（座/部） | 189/ 261 | 189/ 266 | 420/ 519 | 431/ 537 | 436/569 | 428/575 |
| 调频发射机功率（千瓦） | 257.096 | 272.998 | 418.732 | 449.838 | 460.638 | 496.888 |

续表

| 项　目 | 2004 年 | 2005 年 | 2006 年 | 2007 年 | 2008 年 | 2009 年 |
|---|---|---|---|---|---|---|
| 电视发射转播台（座/部） | 1078/ 1365 | 1068/ 1399 | 1053/ 1267 | 1010/ 1215 | 1009/1280 | 1000/1272 |
| 电视发射转播台功率（千瓦） | 319.018 | 335.621 | 399.836 | 462.796 | 556.616 | 569.866 |
| 卫星地面站（万座） | 18.36 | 17.98 | 17.96 | 142 | 137.59 | 150.87 |
| 微波线路站数/长度（座/公里） | 199/ 5400 | 186/ 4894 | 187/ 4086 | 173/ 3995 | 142/3263 | 120/2911 |
| 广播喇叭（万只） | 26.75 | 19.93 | | | | |
| 创收收入（亿元） | 19.1 | 21.86 | 24.63 | 29.94 | 34.83 | 42.45 |
| 固定资产原值（亿元） | 43.52 | 46.91 | 52.08 | 61.13 | 62.43 | 75.66 |

（3）广播电视从业人员基本情况（2009 年）

广播电视从业人员基本情况（2009 年）

单位：人

| | 全省合计 | 省级 | 市州级 | 县级 |
|---|---|---|---|---|
| 从业人员 | 32947 | 11720 | 8063 | 13164 |
| 长期职工 | 31907 | 11090 | 7912 | 12905 |
| 按学历划分 | | | | |
| 研究生及以上 | 438 | 250 | 149 | 39 |
| 本科及大专 | 19255 | 6443 | 6034 | 6778 |
| 高中及以下 | 13254 | 5027 | 1880 | 6347 |
| 按职业划分 | | | | |
| 管理人员 | 5282 | 1693 | 1137 | 2452 |
| 专业技术人员 | 19093 | 6996 | 4984 | 7113 |
| 高级 | 1294 | 654 | 533 | 107 |
| 中级 | 5909 | 1767 | 1988 | 2154 |
| 初级及以下 | 11890 | 4575 | 2463 | 4852 |
| 其他人员 | 8572 | 3031 | 1942 | 3599 |
| 编辑、记者 | 5533 | 997 | 2241 | 2295 |
| 高级 | 559 | 230 | 288 | 41 |
| 中级 | 2056 | 272 | 928 | 856 |
| 初级及以下 | 2918 | 495 | 1025 | 1398 |
| 播音员、主持人 | 1010 | 243 | 380 | 387 |
| 高级 | 47 | 23 | 24 | |
| 中级 | 288 | 43 | 131 | 114 |
| 初级及以下 | 675 | 177 | 225 | 273 |
| 工程技术人员 | 9452 | 3950 | 1872 | 3630 |
| 高级 | 336 | 168 | 129 | 39 |
| 中级 | 2471 | 836 | 735 | 900 |
| 初级及以下 | 6645 | 2946 | 1008 | 2691 |

## 2. 新闻出版业

（1）图书、报纸、期刊出版情况

**图书、报纸、期刊出版情况**

| 项　目 | 1990年 | 2000年 | 2004年 | 2005年 | 2006年 | 2007年 | 2008年 | 2009年 |
|---|---|---|---|---|---|---|---|---|
| 一、图书出版种数（种） | 2546 | 4529 | 5633 | 6535 | 6335 | 7137 | 8137 | 9024 |
| 新出版（种） | 1827 | 2443 | 3143 | 3739 | 3802 | 3523 | 4215 | 5241 |
| 总印数（千册） | 402517 | 288416 | 225140 | 345510 | 210559 | 202813 | 138957 | 224409 |
| 总印张（千印张） | 1418989 | 1552128 | 1615662 | 2495183 | 1545915 | 1317945 | 868799 | 1639309 |
| 1. 书籍出版种数（种） | 2104 | 3620 | 3220 | 3988 | | | | |
| 新出版（种） | 1484 | 2177 | 2600 | 3289 | | | | |
| 总印数（千册） | 274427 | 118319 | 35750 | 131980 | | | | |
| 总印张（千印张） | 977116 | | 441560 | 893203 | | | | |
| 2. 课本出版种数（种） | 313 | 896 | 2163 | 2523 | | | | |
| 新出版（种） | 220 | 266 | 468 | 443 | | | | |
| 总印数（千册） | 121703 | 169953 | 189390 | 213525 | | | | |
| 总印张（千印张） | 421465 | 926553 | 1174099 | 1601975 | | | | |
| 3. 图片（种） | 129 | 13 | 250 | 24 | 26 | 26 | | |
| 新出版（种） | 123 | | | 7 | | | | |
| 总印数（千册） | 639 | 64 | | 5 | | | | |
| 总印张（千印张） | 1357 | 236 | | 6 | | | | |
| 4. 活页小件印品（千印张） | 684 | 9 | 44 | | | | | |
| 二、杂志出版种数（种） | 254 | 391 | 397 | 407 | 402 | 402 | 404 | 404 |
| 平均期印数（千册） | 6078 | 12273 | 8935 | 11576 | | | | |
| 总印数（千册） | 73456 | 220280 | 142945 | 196800 | 208110 | 204230 | 229260 | 298504 |
| 总印张（千印张） | 119523 | 746145 | 484503 | 745526 | 1072152 | 796297 | 1026240 | 1252739 |
| 三、报刊出版种数（种） | 84 | 164 | 131 | 193 | 131 | 131 | 130 | 130 |
| 平均期印数（千份） | 4454 | 5693 | 6289 | 6736 | 6300 | 5860 | | |
| 总印数（千份） | 623820 | 1342282 | 1552438 | 1956980 | 1844240 | 1637220 | 188011 | 1736026 |
| 总印张（万印张） | 44247 | 339434 | 445537 | 520833 | 6143233 | 4759324 | 8796774 | 7959427 |

## 3. 演艺娱乐业

（1）艺术表演团体、群众艺术馆、文化馆经费情况

**艺术表演团体、群众艺术馆、文化馆经费情况**

单位：万元

| 项　目 | 1990年 | 2000年 | 2003年 | 2004年 | 2005年 | 2006年 | 2007年 | 2008年 | 2009年 |
|---|---|---|---|---|---|---|---|---|---|
| 艺术表演团体 | | | | | | | | | |
| 补贴团体（个） | 107 | 99 | 97 | 4 | 4 | 4 | 4 | 4 | 4 |
| 国家经费补贴 | 1962 | 6609 | 3210 | 2938 | 3568 | 5496 | 5598 | 7015 | 8374 |
| 业务及其他收入 | 941 | 2989 | 2622 | 875 | 1474 | 1047 | 1587 | 1467 | 1709 |
| 演出收入 | 427 | 1610 | 2010 | 464 | 534 | 331 | 654 | 694 | 474 |

续表

| 项　目 | 1990 年 | 2000 年 | 2003 年 | 2004 年 | 2005 年 | 2006 年 | 2007 年 | 2008 年 | 2009 年 |
|---|---|---|---|---|---|---|---|---|---|
| 总支出 | 2774 | 9808 | 14206 | 3785 | 4945 | 6481 | 7127 | 8402 | 9953 |
| 第三产业增加值 | 1549 | 4827 | 6526 | 2866 | 3170 | 3436 | 4752 | 6131 | 7013 |
| 经费自给率（%） | 33.9 | 32.6 | 27.9 | 23.0 | 29.0 | 16.0 | 22 | 17 | 16 |
| 群众艺术馆、文化馆（站） | | | | | | | | | |
| 总支出 | 1487 | 7841 | 7889 | 385 | 463 | 523 | 714 | 822 | 994 |
| 预算内 | 895 | 7104 | 7335 | 265 | 337 | 454 | 571 | 661 | 850 |
| 业务费 | 286 | 1382 | 1735 | 153 | 155 | 138 | 154 | 103 | 104 |
| 修缮费 | 219 | 713 | 326 | 15 | 4 | 19 | 9 | 2 | |
| 第三产业增加值 | 684 | 4357 | 5062 | 284 | 320 | 344 | 307 | 441 | 372 |

注：本表各项指标仅指文化厅系统内的。

## 4. 文化旅游业

（1）鄂西生态文化旅游圈主要经济指标完成情况及占全省比重（2009 年）

**鄂西生态文化旅游圈主要经济指标完成情况及占全省比重（2009 年）**

单位：万元

| 指　标 | 单　位 | 绝对值 | 比上年增长% | 占全省比重% |
|---|---|---|---|---|
| 土地面积 | （平方公里） | 127847 | | 68.8 |
| 宜昌市 | （平方公里） | 21084 | | 11.3 |
| 襄樊市 | （平方公里） | 19724 | | 10.6 |
| 常住人口 | （万人） | 2721.07 | 0.2 | 47.6 |
| 宜昌市 | （万人） | 404.55 | 0.2 | 7.1 |
| 襄樊市 | （万人） | 544.61 | 0.2 | 9.5 |
| 生产总值 | （亿元） | 4980.44 | 14.4 | 38.4 |
| 宜昌市 | （亿元） | 1272.33 | 15.1 | 9.8 |
| 襄樊市 | （亿元） | 1201.01 | 15.0 | 9.2 |
| 第一产业增加值 | （亿元） | 931.39 | 5.0 | 51.9 |
| 宜昌市 | （亿元） | 150.70 | 5.3 | 8.4 |
| 襄樊市 | （亿元） | 200.21 | 3.0 | 11.1 |
| 第二产业增加值 | （亿元） | 2287.84 | 18.9 | 37.9 |
| 宜昌市 | （亿元） | 705.00 | 17.6 | 11.7 |
| 襄樊市 | （亿元） | 575.32 | 19.9 | 9.5 |
| 工业增加值 | （亿元） | 2088.56 | 18.8 | 40.3 |
| 宜昌市 | （亿元） | 650.10 | 18.0 | 12.5 |
| 襄樊市 | （亿元） | 530.10 | 20.0 | 10.2 |
| 第三产业增加值 | （亿元） | 1761.26 | 19.6 | 34.4 |
| 宜昌市 | （亿元） | 416.63 | 14.4 | 8.1 |
| 襄樊市 | （亿元） | 425.48 | 14.4 | 8.3 |
| 全社会固定资产投资 | （亿元） | 2757.30 | 46.8 | 33.6 |
| 宜昌市 | （亿元） | 750.27 | 43.3 | 9.1 |

续表

| 指标 | 单　位 | 绝对值 | 比上年增长 | 占全省比重 |
|---|---|---|---|---|
| 襄樊市 | (亿元) | 574.79 | 53.8 | 7.0 |
| 地方一般预算收入 | (亿元) | 368.95 | 13.2 | 45.3 |
| 宜昌市 | (亿元) | 54.94 | 24.1 | 6.7 |
| 襄樊市 | (亿元) | 37.02 | 23.2 | 4.5 |
| 城乡居民储蓄存款余额 | (亿元) | 3207 | 20.2 | 39.0 |
| 宜昌市 | (亿元) | 608.85 | 20.6 | 7.4 |
| 襄樊市 | (亿元) | 687.58 | 19.6 | 8.4 |
| 社会消费品零售总额 | (亿元) | 2299.27 | 26.7 | 38.8 |
| 宜昌市 | (亿元) | 470.41 | 21.1 | 7.9 |
| 襄樊市 | (亿元) | 500.56 | 22.0 | 8.7 |
| 海关进出口总额 | (亿美元) | 31.39 | —14.3 | 18.2 |
| 宜昌市 | (亿美元) | 10.35 | —24.5 | 6.0 |
| 襄樊市 | (亿美元) | 4.34 | —17.3 | 2.5 |
| 出口 | (亿美元) | 24.77 | —5.5 | 24.8 |
| 宜昌市 | (亿美元) | 7.76 | —14.3 | 7.8 |
| 襄樊市 | (亿美元) | 3.29 | —12.3 | 3.3 |
| 实际外商直接投资 | (亿美元) | 68195 | 21.8 | 18.6 |
| 宜昌市 | (亿美元) | 18136 | 13.3 | 5.0 |
| 襄樊市 | (亿美元) | 25073 | 48.1 | 6.9 |

(2) 分地区接待国内旅游收入

**分地区接待国内旅游收入**

单位：亿元

| | 2003年 | 2004年 | 2005年 | 2006年 | 2007年 | 2008年 | 2009年 |
|---|---|---|---|---|---|---|---|
| 全　省 | 331.60 | 394.22 | 450.76 | 514.24 | 609.40 | 744.19 | 969.63 |
| 武汉市 | 151.96 | 192.24 | 221.22 | 250.70 | 296.98 | 373.68 | 486.18 |
| 黄石市 | 3.41 | 3.98 | 5.98 | 8.45 | 12.50 | 18.55 | 26.68 |
| 十堰市 | 16.86 | 19.91 | 24.40 | 28.02 | 29.12 | 43.10 | 62.32 |
| 宜昌市 | 34.83 | 45.02 | 53.80 | 65.09 | 67.52 | 65.09 | 75.95 |
| 襄樊市 | 20.26 | 24.46 | 28.70 | 34.54 | 39.51 | 47.82 | 60.94 |
| 鄂州市 | 6.49 | 6.72 | 7.10 | 7.86 | 8.85 | 10.56 | 12.98 |
| 荆门市 | 8.68 | 8.98 | 13.40 | 15.89 | 18.34 | 21.88 | 29.86 |
| 孝感市 | 14.64 | 14.79 | 11.72 | 12.59 | 23.15 | 29.10 | 37.39 |
| 荆州市 | 18.26 | 19.25 | 19.60 | 22.05 | 27.20 | 31.75 | 34.77 |
| 黄冈市 | 13.95 | 14.61 | 14.80 | 16.75 | 27.70 | 28.20 | 34.35 |
| 咸宁市 | 10.94 | 11.58 | 8.40 | 9.55 | 15.06 | 20.46 | 33.9 |
| 随州市 | 8.33 | 8.38 | 12.80 | 13.22 | 14.30 | 18.62 | 26.54 |
| 恩施州 | 14.44 | 15.28 | 16.70 | 20.61 | 21.23 | 26.17 | 29.21 |
| 仙桃市 | 2.18 | 2.26 | 2.30 | 2.91 | 3.37 | 3.01 | 5.57 |
| 潜江市 | 2.43 | 2.43 | 2.44 | 2.51 | 1.40 | 1.52 | 2.31 |
| 天门市 | 1.31 | 1.33 | 1.40 | 1.60 | 1.12 | 1.25 | 2.42 |
| 神农架林区 | 2.63 | 3.00 | 6.00 | 1.94 | 2.05 | 3.43 | 8.25 |

（3）分地区接待国内旅游者人数

分地区接待国内旅游者人数

单位：万人次

| | 2003年 | 2004年 | 2005年 | 2006年 | 2007年 | 2008年 | 2009年 |
|---|---|---|---|---|---|---|---|
| 全　省 | 5684.17 | 6849.22 | 7630 | 8459.78 | 10134.53 | 11678.28 | 15065.18 |
| 武汉市 | 2098.17 | 2607.05 | 2901 | 3283.05 | 3889.07 | 4612.79 | 6359.99 |
| 黄石市 | 69.78 | 100.90 | 140 | 198.22 | 312.47 | 426.84 | 517.6 |
| 十堰市 | 421.03 | 540.30 | 595 | 666.70 | 737.53 | 921.45 | 1123.71 |
| 宜昌市 | 602.99 | 790.70 | 862 | 901.81 | 1000.05 | 970.00 | 1197.22 |
| 襄樊市 | 496.11 | 569.89 | 626 | 690.22 | 750.10 | 820.05 | 993.51 |
| 鄂州市 | 96.90 | 112.07 | 115 | 125.99 | 140.26 | 161.98 | 212.43 |
| 荆门市 | 305.14 | 340.58 | 380 | 437.76 | 507.71 | 543.30 | 662.14 |
| 孝感市 | 183.04 | 192.61 | 310 | 312.14 | 429.13 | 508.07 | 643.46 |
| 荆州市 | 305.61 | 365.55 | 387 | 434.05 | 512.56 | 564.02 | 649.78 |
| 黄冈市 | 254.34 | 288.44 | 300 | 323.91 | 465.42 | 515.05 | 667.81 |
| 咸宁市 | 267.52 | 301.36 | 332 | 334.04 | 430.25 | 560.09 | 715.74 |
| 随州市 | 291.12 | 307.19 | 322 | 323.94 | 334.15 | 398.57 | 481.69 |
| 恩施州 | 150.79 | 176.48 | 200 | 225.73 | 429.55 | 450.10 | 505.53 |
| 仙桃市 | 38.56 | 40.52 | 41 | 47.62 | 49.13 | 49.24 | 88.19 |
| 潜江市 | 34.45 | 36.75 | 36 | 36.57 | 29.21 | 29.31 | 38.09 |
| 天门市 | 27.48 | 29.77 | 30 | 30.95 | 28.27 | 29.31 | 41.87 |
| 神农架林区 | 40.81 | 49.05 | 51 | 87.07 | 89.67 | 118.09 | 166.42 |

（4）湖北国内旅游接待人数及收入

湖北国内旅游接待人数及收入

| 年　份 | 接待人数（万人次） | 同比（±%） | 旅游收入（亿元） | 同比（±%） | 人均天花费（元） | |
|---|---|---|---|---|---|---|
| | | | | | 全国 | 湖北 |
| 1986 | 1262 | | 2.52 | | | |
| 1987 | 1184 | −6.18 | 2.37 | −5.95 | | |
| 1988 | 1208 | 2.03 | 2.42 | 2.11 | | |
| 1989 | 1034 | −14.40 | 3.10 | 28.10 | | |
| 1990 | 890 | −13.92 | 2.67 | −13.87 | | |
| 1991 | 984 | 10.56 | 3.93 | 47.19 | | |
| 1992 | 1071 | 8.84 | 5.36 | 36.39 | | |
| 1993 | 1350 | 26.05 | 9.50 | 77.24 | | |
| 1994 | 1500 | 11.11 | 13.00 | 36.84 | | |
| 1995 | 1700 | 13.33 | 18.00 | 38.46 | | |
| 1996 | 3152 | 85.41 | 152.95 | — | 256 | 485 |
| 1997 | 3600 | 14.21 | 180.00 | 17.69 | 328 | 500 |
| 1998 | 4044 | 12.33 | 210.03 | 16.68 | 344 | 519 |
| 1999 | 4659 | 15.21 | 238.50 | 13.56 | 394 | 511 |

续表

| 年　份 | 接待人数（万人次） | 同比（±%） | 旅游收入（亿元） | 同比（±%） | 人均天花费（元） | |
|---|---|---|---|---|---|---|
| | | | | | 全国 | 湖北 |
| 2000 | 5478 | 17.58 | 270.31 | 13.34 | 427 | 493 |
| 2001 | 6064 | 10.70 | 337.18 | 24.74 | 450 | 556 |
| 2002 | 6670 | 9.99 | 384.24 | 13.96 | 441 | 576 |
| 2003 | 5684 | －14.78 | 331.60 | －13.70 | 395 | 583 |
| 2004 | 6849 | 20.50 | 394.22 | 18.88 | 550 | 576 |
| 2005 | 7630 | 11.40 | 450.76 | 14.34 | 436 | 591 |
| 2006 | 8460 | 10.88 | 514.24 | 14.08 | 447 | 607 |
| 2007 | 10135 | 19.80 | 609.40 | 18.50 | 482 | 601 |
| 2008 | 11678 | 15.23 | 713.43 | 17.07 | 511 | 610 |
| 2009 | 15065 | 29.00 | 969.63 | 35.91 | 535 | 644 |

（5）湖北旅游主要指标

**湖北旅游主要指标**

| 年　份 | 旅游总收入（亿元） | 国内旅游收入（亿元） | 国内旅游人数（万人次） | 外汇收入（万美元） | 入境旅游人数（万人次） |
|---|---|---|---|---|---|
| 1980 | | | | 221.00 | 1.40 |
| 1981 | | | | 297.20 | 1.60 |
| 1982 | | | | 299.60 | 2.00 |
| 1983 | | | | 355.30 | 2.40 |
| 1984 | | | | 731.30 | 5.40 |
| 1985 | | | | 1008.60 | 8.50 |
| 1986 | 3.47 | 2.50 | 1262 | 1166.00 | 10.50 |
| 1987 | 3.67 | 2.40 | 1184 | 1545.00 | 12.20 |
| 1988 | 3.56 | 2.40 | 1208 | 1411.80 | 11.30 |
| 1989 | 3.99 | 3.10 | 1034 | 1085.50 | 8.20 |
| 1990 | 4.56 | 2.70 | 890 | 2263.20 | 15.60 |
| 1991 | 5.83 | 3.90 | 984 | 2350.00 | 17.00 |
| 1992 | 9.03 | 5.40 | 1071 | 4432.20 | 26.30 |
| 1993 | 13.26 | 9.50 | 1350 | 4588.90 | 23.10 |
| 1994 | 18.09 | 13.00 | 1500 | 6211.40 | 24.70 |
| 1995 | 24.00 | 18.00 | 1700 | 7316.90 | 27.10 |
| 1996 | 163.28 | 153.00 | 3152 | 12545.60 | 36.90 |
| 1997 | 193.92 | 180.00 | 3600 | 16977.50 | 58.00 |
| 1998 | 217.24 | 210.00 | 4044 | 8831.40 | 29.60 |
| 1999 | 247.11 | 238.50 | 4659 | 10498.50 | 30.50 |
| 2000 | 282.26 | 270.30 | 5478 | 14572.10 | 45.10 |
| 2001 | 353.66 | 337.20 | 6064 | 20075.20 | 66.80 |

续表

| 年 份 | 旅游总收入（亿元） | 国内旅游收入（亿元） | 国内旅游人数（万人次） | 外汇收入（万美元） | 入境旅游人数（万人次） |
|---|---|---|---|---|---|
| 2002 | 407.48 | 384.20 | 6670 | 28390.90 | 102.40 |
| 2003 | 342.77 | 331.60 | 5684 | 13626.90 | 40.50 |
| 2004 | 410.00 | 394.20 | 6849 | 19240.40 | 61.20 |
| 2005 | 473.15 | 450.80 | 7630 | 27636.30 | 82.60 |
| 2006 | 539.74 | 514.24 | 8460 | 32000.38 | 105.57 |
| 2007 | 640.87 | 609.40 | 10135 | 41264.00 | 131.81 |
| 2008 | 744.19 | 713.43 | 11678 | 44255.31 | 118.75 |
| 2009 | 1004.48 | 969.63 | 15065 | 51020.22 | 133.46 |

（6）湖北旅游总收入及所占 GDP

湖北旅游总收入及占全省 GDP 比重

| 年 份 | 旅游总收入 | | 占 GDP 及三产比重 | |
|---|---|---|---|---|
| | 绝对额（亿元） | 同比（±%） | GDP（%） | 三产增加值（%） |
| 1996 | 163.24 | | 5.50 | 17.95 |
| 1997 | 193.92 | 18.79 | 5.62 | 18.03 |
| 1998 | 217.27 | 12.04 | 5.87 | 18.06 |
| 1999 | 247.11 | 13.73 | 6.41 | 18.78 |
| 2000 | 282.26 | 14.22 | 6.60 | 18.94 |
| 2001 | 353.64 | 24.93 | 7.59 | 21.35 |
| 2002 | 407.52 | 15.24 | 8.19 | 22.36 |
| 2003 | 342.77 | —15.89 | 6.35 | 16.95 |
| 2004 | 410.00 | 19.61 | 6.49 | 17.78 |
| 2005 | 473.15 | 15.54 | 7.30 | 20.64 |
| 2006 | 539.74 | 14.07 | 7.20 | 18.03 |
| 2007 | 640.87 | 18.74 | 7.00 | 17.64 |
| 2008 | 744.19 | 16.12 | 6.57 | 16.22 |
| 2009 | 1004.48 | 34.98 | 7.83 | 20.06 |

（7）接待入境旅游人数

接待入境旅游人数

单位：人次

| 年 份 | 总 计 | 外国人 | 港澳台同胞 | 港澳同胞 | 台湾同胞 |
|---|---|---|---|---|---|
| 1980 | 13800 | 8086 | 5714 | | |
| 1981 | 16390 | 10916 | 5474 | | |
| 1982 | 19775 | 15126 | 4649 | | |
| 1983 | 24200 | 18903 | 5297 | | |
| 1984 | 53800 | 40496 | 13304 | | |
| 1985 | 84598 | 68103 | 16495 | | |
| 1986 | 105300 | 83570 | 21730 | | |

续表

| 年　份 | 总　计 | 外国人 | 港澳台同胞 | 港澳同胞 | 台湾同胞 |
|---|---|---|---|---|---|
| 1987 | 122390 | 82029 | 40361 | | |
| 1988 | 113051 | 78206 | 34845 | 19725 | 15120 |
| 1989 | 81781 | 49511 | 32270 | 13908 | 18362 |
| 1990 | 155734 | 36374 | 119360 | 11560 | 107800 |
| 1991 | 170121 | 53055 | 117066 | 12645 | 104421 |
| 1992 | 263401 | 72691 | 190323 | 14054 | 176269 |
| 1993 | 230883 | 84552 | 146331 | 28460 | 117871 |
| 1994 | 247212 | 133343 | 113869 | 56417 | 57452 |
| 1995 | 270890 | 172869 | 98021 | 42785 | 55236 |
| 1996 | 368877 | 243595 | 125282 | 58949 | 66333 |
| 1997 | 580223 | 359700 | 220523 | 64466 | 156057 |
| 1998 | 295643 | 209402 | 86241 | 30337 | 55904 |
| 1999 | 305408 | 224748 | 80660 | 30935 | 49725 |
| 2000 | 450805 | 357352 | 93453 | 42928 | 53162 |
| 2001 | 667818 | 542737 | 125081 | 48417 | 76664 |
| 2002 | 1024312 | 755718 | 268594 | 49113 | 219481 |
| 2003 | 405214 | 323151 | 82063 | 40294 | 41769 |
| 2004 | 611859 | 501873 | 109986 | 57086 | 52900 |
| 2005 | 825700 | 626805 | 198895 | 107141 | 91754 |
| 2006 | 1055752 | 857028 | 198724 | 110246 | 88478 |
| 2007 | 1318179 | 1077189 | 240990 | 140384 | 100606 |
| 2008 | 1187549 | 926625 | 260924 | 152631 | 108293 |
| 2009 | 1334634 | 1017620 | 317014 | 182616 | 134698 |

（8）接待入境旅游人天数

**接待入境旅游人天数**

单位：人/天

| 年　份 | 总　计 | 外国人 | 港澳台同胞 | 港澳同胞 | 台湾同胞 |
|---|---|---|---|---|---|
| 1978 | 15690 | 7202 | 8488 | | |
| 1979 | 17313 | 10461 | 6852 | | |
| 1980 | 20700 | 12130 | 8570 | | |
| 1981 | 22946 | 15282 | 7664 | | |
| 1982 | 29016 | 24188 | 4828 | | |
| 1983 | 29830 | 25298 | 4532 | | |
| 1984 | 107600 | 37806 | 69794 | | |
| 1985 | 143815 | 115774 | 28041 | | |
| 1986 | 186379 | 139677 | 46702 | | |
| 1987 | 167035 | 115219 | 51816 | | |
| 1988 | 190486 | 132301 | 58185 | 35505 | 22680 |

续表

| 年 份 | 总 计 | 外国人 | 港澳台同胞 | 港澳同胞 | 台湾同胞 |
|---|---|---|---|---|---|
| 1989 | 127891 | 79217 | 48674 | 20862 | 27812 |
| 1990 | 178737 | 49487 | 129250 | 11960 | 117290 |
| 1991 | 235595 | 74913 | 160682 | 17450 | 143232 |
| 1992 | 351591 | 101878 | 249713 | 18973 | 230740 |
| 1993 | 324350 | 142240 | 182110 | 49959 | 132151 |
| 1994 | 472467 | 231716 | 240751 | 117889 | 122862 |
| 1995 | 501038 | 317246 | 183792 | 86910 | 96882 |
| 1996 | 729968 | 477152 | 252816 | 131993 | 120823 |
| 1997 | 949661 | 591127 | 358534 | 111291 | 247243 |
| 1998 | 513569 | 366348 | 147221 | 61491 | 85730 |
| 1999 | 622037 | 478486 | 143551 | 57765 | 85786 |
| 2000 | 852455 | 676130 | 176325 | 81432 | 94893 |
| 2001 | 1208938 | 891787 | 317151 | 93376 | 223775 |
| 2002 | 1712230 | 1232818 | 479412 | 86427 | 392985 |
| 2003 | 799824 | 603001 | 196823 | 98230 | 98593 |
| 2004 | 1069442 | 849071 | 220371 | 118234 | 102137 |
| 2005 | 1513678 | 1135995 | 377683 | 194122 | 183561 |
| 2006 | 1824387 | 1502277 | 322110 | 176901 | 145209 |
| 2007 | 2342786 | 1926484 | 416302 | 233946 | 182356 |
| 2008 | 1187549 | 926625 | 260924 | 152631 | 108293 |
| 2009 | 1334634 | 1017620 | 317014 | 182616 | 134398 |

注：2000年国家不再设“华侨”指标，“华侨”人数含在“外国人”中。

（9）入境旅游外汇收入

入境旅游外汇收入

| 年份 | 外汇收入（万美元） | 发展指数（1978年为100） | 同比 | 人均花费（美元） | |
|---|---|---|---|---|---|
| | | | | 全国 | 湖北 |
| 1979 | 230.75 | 100.00 | | | |
| 1980 | 221.00 | 95.77 | −4.23 | | |
| 1981 | 297.20 | 128.80 | 34.48 | | |
| 1982 | 299.64 | 129.85 | 82.00 | | |
| 1983 | 355.30 | 153.98 | 18.58 | | |
| 1984 | 731.30 | 316.92 | 105.83 | | |
| 1985 | 1008.58 | 327.69 | 37.92 | | |
| 1986 | 1166.00 | 505.31 | 15.61 | | |
| 1987 | 1545.00 | 669.56 | 32.50 | | |
| 1988 | 1411.75 | 611.81 | −8.62 | | |
| 1989 | 1085.45 | 470.40 | −23.11 | | |

续表

| 年份 | 外汇收入（万美元） | 发展指数（1978年为100） | 同比 | 人均花费（美元） | |
|---|---|---|---|---|---|
| | | | | 全国 | 湖北 |
| 1990 | 2263.18 | 980.79 | 108.50 | | |
| 1991 | 2350.00 | 1018.42 | 3.84 | | |
| 1992 | 4432.16 | 1920.76 | 88.60 | | |
| 1993 | 4588.88 | 1988.68 | 3.54 | | |
| 1994 | 6211.42 | 2691.84 | 35.36 | 125.10 | 125.10 |
| 1995 | 7316.86 | 3170.90 | 17.80 | 141.10 | 155.70 |
| 1996 | 12545.60 | 5436.88 | 71.46 | 131.16 | 167.04 |
| 1997 | 16977.51 | 7357.53 | 35.33 | 135.11 | 168.52 |
| 1998 | 8831.43 | 3827.27 | −47.98 | 133.87 | 162.87 |
| 1999 | 10498.49 | 4549.72 | 18.88 | 135.00 | 166.31 |
| 2000 | 14572.13 | 6315.12 | 38.80 | 136.85 | 166.58 |
| 2001 | 20075.16 | 8699.96 | 37.76 | 138.76 | 164.25 |
| 2002 | 28390.95 | 12303.77 | 41.42 | 140.09 | 160.57 |
| 2003 | 13626.93 | 5905.50 | −52.00 | 140.09 | 160.57 |
| 2004 | 19240.41 | 8338.21 | 51.00 | 156.84 | 169.92 |
| 2005 | 27636.30 | 11976.73 | 43.64 | 154.16 | 170.14 |
| 2006 | 32000.38 | 13867.99 | 15.79 | 164.29 | 177.16 |
| 2007 | 41264.00 | 17882.56 | 28.95 | 179.79 | 181.68 |
| 2008 | 44255.31 | 19178.90 | 7.25 | 186.18 | 197.56 |
| 2009 | 51020.22 | 22110.60 | 15.29 | 180.77 | 193.43 |

## 湖南省

### 附件1

2009年湖南文化产业九大行业总产出、增加值

单位：万元

| 类别名称 | 总产出 | 增加值 | 劳动者报酬 | 生产税净额 | 折旧 | 营业盈余 |
|---|---|---|---|---|---|---|
| 第一部分文化服务 | 8531664.53 | 4582633.55 | 1293674.87 | 574374.00 | 453776.24 | 2260808.44 |
| 一、新闻服务 | 70901.86 | 47684.55 | 12198.24 | 1723.40 | 11355.23 | 22407.67 |
| 二、出版发行和版权服务 | 2304978.12 | 856233.67 | 254999.43 | 148958.47 | 77635.34 | 374640.42 |
| 三、广播、电视、电影服务 | 1425936.13 | 694768.02 | 182511.29 | 71785.09 | 115881.58 | 324590.06 |
| 四、文化艺术服务 | 379887.51 | 240891.11 | 170660.57 | 5767.67 | 24756.84 | 39706.02 |
| 五、网络文化服务 | 274622.56 | 150326.76 | 42474.76 | 11910.24 | 13753.72 | 82188.03 |
| 六、文化休闲娱乐服务 | 2705975.06 | 1718306.88 | 444745.63 | 115020.29 | 156089.50 | 1002451.45 |
| 七、其他文化服务 | 1369363.30 | 874422.58 | 186084.95 | 219208.83 | 54304.02 | 414824.78 |
| 第二部分相关文化服务 | 7410910.10 | 2238984.97 | 725228.89 | 523161.48 | 89994.00 | 900600.60 |
| 八、文化用品、设备及相关文化产品的生产 | 6463289.15 | 1562073.87 | 590045.79 | 341705.10 | 51057.36 | 579265.62 |
| 九、文化用品、设备及相关文化产品的销售 | 947620.95 | 676911.11 | 135183.10 | 181456.38 | 38936.64 | 321334.98 |
| 合计 | 15942574.63 | 6821618.53 | 2018903.76 | 1097535.48 | 543770.24 | 3161409.05 |

# 附件 2

2009 年湖南文化产业 23 个行业总产出、增加值

单位：万元

| 类别名称 | 总产出 | 增加值 | 劳动者报酬 | 生产税净额 | 折旧 | 营业盈余 |
|---|---|---|---|---|---|---|
| 合计 | 15942574.63 | 6821618.53 | 2018903.76 | 1097535.48 | 543770.24 | 3161409.05 |
| 第一部分文化服务 | 8531664.53 | 4582633．55 | 1293674.87 | 574374.00 | 453776.24 | 2260808.44 |
| 一、新闻服务 | 70901．86 | 47684.55 | 12198.24 | 1723.40 | 11355.23 | 22407.67 |
| 1. 新闻服务 | 70901.86 | 47684.55 | 12198.24 | 1723.40 | 11355.23 | 22407.67 |
| 二、出版发行和版权服务 | 2304978.12 | 856233.67 | 254999.43 | 148958.47 | 77635.34 | 374640．42 |
| 1. 图书、报纸、期刊出版发行 | 2203662.15 | 801206.77 | 246539.34 | 141176.86 | 74989.84 | 338500.73 |
| 2. 音像及电子出版物出版发行 | 62976.46 | 35720.41 | 5493.81 | 6121.02 | 1648.75 | 22456.82 |
| 3. 版权服务 | 38339.51 | 19306.49 | 2966.28 | 1660.59 | 996.75 | 13682.87 |
| 三、广播、电视、电影服务 | 1425936.13 | 694768.02 | 182511.29 | 71785.09 | 115881.58 | 324590.06 |
| 1. 广播、电视服务 | 1011424.93 | 414004.55 | 120841.70 | 52115.45 | 82289.88 | 158757.52 |
| 2. 广播、电视传输 | 323122.69 | 222417.52 | 39712.29 | 15578.99 | 24992.66 | 142133.57 |
| 3. 电影服务 | 91388.51 | 58345.95 | 21957.30 | 4090.65 | 8599.04 | 23698.97 |
| 四、文化艺术服务 | 379887.51 | 240891.11 | 170660.57 | 5767.67 | 24756.84 | 39706.02 |
| 1. 文艺创作、表演及演出场所 | 97411.93 | 75258.32 | 37944.45 | 2504.13 | 6487.83 | 28321.90 |
| 2. 文化保护和文化设施服务 | 81039.76 | 55044.57 | 38634.05 | 630.22 | 9772.56 | 6007.74 |
| 3. 群众文化服务 | 34061.43 | 25038.68 | 17404.50 | 520.41 | 3171.48 | 3942.29 |
| 4. 文化研究与文化社团服务 | 37580.54 | 22857.62 | 20406.77 | 123.74 | 1532.99 | 794.11 |
| 5. 其他文化艺术服务 | 129793.86 | 62691.92 | 56270.79 | 1989.17 | 3791.98 | 639.98 |
| 五、网络文化服务 | 274622.56 | 150326.76 | 42474.76 | 11910.24 | 13753.72 | 82188.03 |
| 1. 互联网信息服务 | 274622.56 | 150326.76 | 42474.76 | 11910.24 | 13753.72 | 82188.03 |
| 六、文化休闲娱乐服务 | 2705975.06 | 1718306.88 | 444745.63 | 115020.29 | 156089.50 | 1002451.45 |
| 1. 旅游文化服务 | 819387.03 | 465940.50 | 120110.13 | 31161.97 | 56515.75 | 258152.64 |
| 2. 娱乐文化服务 | 1886588.03 | 1252366.38 | 324635.50 | 83858.32 | 99573.76 | 744298.81 |
| 七、其他文化服务 | 1369363.30 | 874422.58 | 186084.95 | 219208.83 | 54304.02 | 414824.78 |
| 1. 文化艺术商务代理服务 | 318707.38 | 176429.40 | 37340.07 | 13109.80 | 11695.27 | 114284.26 |
| 2. 文化产品出租与拍卖服务 | 419895.33 | 352794.07 | 36398.01 | 176901.77 | 12675.90 | 126818.39 |
| 3. 广告和会展文化服务 | 630760.59 | 345199.11 | 112346.87 | 29197.26 | 29932.85 | 173722.13 |
| 第二部分相关文化服务 | 7410910.10 | 2238984.97 | 725228.89 | 523161.48 | 89994.00 | 900600.60 |
| 八、文化用品、设备及相关文化产品的生产 | 6463289.15 | 1562073.87 | 590045.79 | 341705.10 | 51057.36 | 579265.62 |
| 1. 文化用品生产 | 2792096.23 | 662910.08 | 257744.89 | 147656.07 | 23950.86 | 233558.26 |
| 2. 文化设备生产 | 221799.27 | 67604.61 | 17249.98 | 8079.16 | 1746.30 | 40529.17 |
| 3. 相关文化产品生产 | 3449393.64 | 831559.18 | 315050.92 | 185969.86 | 25360.20 | 305178.20 |
| 九、文化用品、设备及相关文化产品的销售 | 947620.95 | 676911.11 | 135183.10 | 181456．38 | 38936．64 | 321334.98 |
| 1. 文化用品销售 | 221282.95 | 167733.51 | 26794.59 | 57302.99 | 7485.00 | 76150.94 |
| 2. 文化设备销售 | 675027.11 | 469106.70 | 99075.71 | 113625.82 | 27874.07 | 228531.10 |
| 3. 相关文化产品销售 | 51310.89 | 40070.89 | 9312.81 | 10527.57 | 3577.58 | 16652.94 |

# 广东省

## 1. 广播电影电视业

（1）广播、电视事业发展情况

**广播、电视事业发展情况**

| 项　目 | 1990 年 | 1995 年 | 2000 年 | 2005 年 | 2008 年 | 2009 年 |
|---|---|---|---|---|---|---|
| 广播电台（座） | 87 | 96 | 106 | 22 | 22 | 22 |
| 中波广播发射台和转播台（座） | 12 | 13 | 10 | 16 | 21 | 21 |
| 电视台（座） | 38 | 56 | 67 | 24 | 24 | 24 |
| 1000 瓦及以上电视发射台和转播台（座） | 23 | 41 | 49 | 40 | 83 | 83 |
| 县、市广播电视台（座） | 93 | 67 | 83 | 78 | 79 | 79 |
| 有线广播电视用户（万户） | | | | 1121.9 | 1493.82 | 1570.17 |
| 数字电视用户（万户） | | | | 100.6 | 517.16 | 701.97 |

注：1000 瓦及以上电视发射台和转播台，从 2006 年起改为 100 瓦以上（含 100 瓦）电视发射台和转播台。

（2）广播电台宣传基本情况（2009 年）

**广播电台宣传基本情况（2009 年）**

| 项　目 | 广播电台（座） | 节目套数（套） | 平均每日播音时间（小时） | 自办节目时间 | 新闻节目 | 专题节目 | 文艺节目 |
|---|---|---|---|---|---|---|---|
| 合　计 | 125 | 2133 | 1723 | 368 | 408 | 584 | |
| 省　级 | 9 | 206 | 204 | 42 | 40 | 85 | |
| 市　级 | 51 | 976 | 856 | 149 | 214 | 233 | |
| 县　级 | 951 | 663 | 177 | 154 | 266 | | |

（3）电视台宣传基本情况（2009 年）

**电视台宣传基本情况（2009 年）**

| 项　目 | 电视台（座） | 节目套数（套） | 平均每日播出时间（小时） | 自办节目时间 | 新闻节目 | 专题节目 | 文艺节目 |
|---|---|---|---|---|---|---|---|
| 合　计 | 24 | 153 | 1858 | 613 | 286 | 194 | 129 |
| 省　级 | 2 | 15 | 316 | 113 | 37 | 47 | 45 |
| 市　级 | 22 | 69 | 1059 | 340 | 130 | 102 | 63 |
| 县　级 | | 69 | 483 | 160 | 119 | 45 | 21 |

## 2. 新闻出版业

(1) 图书、杂志、报纸出版数量

**图书、杂志、报纸出版数量**

| 项　目 | 1995 年 | 2000 年 | 2005 年 | 2008 年 | 2009 年 |
|---|---|---|---|---|---|
| 图书出版 | | | | | |
| 种数（种） | 2510 | 4374 | 5908 | 6316 | 5881 |
| 总印数（万册） | 36911 | 26978 | 22600 | 28066 | 23101 |
| 总印张数（千印张） | 1800632 | 1482942 | 1514191 | 2036547 | 1746376 |
| 杂志出版 | | | | | |
| 种数（种） | 329 | 337 | 366 | 380 | 387 |
| 总印数（万册） | 22740 | 26299 | 20371 | 24608 | 22594 |
| 总印张数（千印张） | 674634 | 919514 | 1116814 | 1393465 | 1332364 |
| 报纸出版 | | | | | |
| 种数（种） | 130 | 101 | 102 | 100 | 100 |
| 总印数（万份） | 226441 | 346268 | 398152 | 439352 | 455781 |
| 总印张数（千印张） | 4747000 | 17669099 | 28996964 | 39628060 | 42461585 |

注：2000 年开始报纸出版统计不含校报、院报。

(2) 图书出版情况（2009 年）

**图书出版情况（2009 年）**

| 门　类 | 本版图书种数（种） | 新出 | 总印数（万册） | 总印张数（千印张） |
|---|---|---|---|---|
| 合　计 | 5881 | 4137 | 23101 | 1746376 |
| 马克思主义、列宁主义、毛泽东思想 | 3 | 3 | 2 | 320 |
| 哲学 | 133 | 102 | 69 | 10610 |
| 社会科学总论 | 95 | 54 | 40 | 6763 |
| 政治、法律 | 208 | 164 | 88 | 15822 |
| 经济 | 736 | 513 | 379 | 63677 |
| 军事 | 7 | 6 | 2 | 434 |
| 文化、科学、教育、体育 | 2153 | 1403 | 20243 | 1399552 |
| 语言、文字 | 271 | 162 | 325 | 44725 |
| 文学 | 667 | 597 | 508 | 83158 |
| 艺术 | 368 | 342 | 431 | 23945 |
| 历史、地理 | 294 | 198 | 329 | 20368 |
| 自然科学总论 | 10 | 9 | 6 | 826 |
| 数理科学、化学 | 54 | 18 | 21 | 2659 |
| 天文学、地理科学 | 8 | 6 | 2 | 254 |
| 生物科学 | 30 | 22 | 13 | 1623 |
| 医药、卫生 | 244 | 181 | 256 | 26266 |
| 农业科学 | 95 | 48 | 28 | 2242 |
| 工业技术 | 444 | 257 | 308 | 34360 |
| 交通运输 | 20 | 14 | 9 | 1189 |
| 环境科学 | 26 | 24 | 25 | 1628 |
| 航空、航天 | 1 | 1 | 1 | 9 |
| 综合性图书 | 14 | 13 | 16 | 5946 |

(3) 杂志出版情况（2009 年）

杂志出版情况（2009 年）

| 项　目 | 种数（种） | 平均期印数（万册） | 总印数（万册） | 总印张数（千印张） |
|---|---|---|---|---|
| 合　计 | 387 | 984 | 22594 | 1332364 |
| 综　合 | 37 | 146 | 4722 | 197615 |
| 哲学、社会科学 | 94 | 194 | 4279 | 309000 |
| 自然科学、技术 | 178 | 364 | 7951 | 374965 |
| 文化、教育 | 40 | 157 | 2821 | 264721 |
| 文学、艺术 | 32 | 76 | 1741 | 100254 |
| 画　刊 | 4 | 34 | 762 | 74969 |
| 少年儿童读物 | 2 | 13 | 318 | 10840 |

(4) 报纸出版情况（2009 年）

报纸出版情况（2009 年）

| 项　目 | 种数（种） | 平均期印数（万册） | 总印数（万册） | 总印张数（千印张） |
|---|---|---|---|---|
| 合　计 | 100 | 1909 | 455781 | 42461585 |
| 综合报 | 46 | 1220 | 383101 | 39085340 |
| 专业报 | 54 | 689 | 72680 | 3376245 |
| 省　级 | 33 | 987 | 244754 | 22390730 |
| 市　级 | 67 | 922 | 211027 | 20070855 |

注：报纸出版情况统计表中，不含校报、院报数据。

## 3. 文化旅游业

(1) 旅游主要指标

旅游主要指标

| 指　标 | 2000 年 | 2005 年 | 2008 年 | 2009 年 |
|---|---|---|---|---|
| 旅行社数（个） | 504 | 884 | 1045 | 1109 |
| 旅行社从业人员（人） |  | 24162 | 29331 | 34658 |
| 星级宾馆（酒店）数（个） | 750 | 1128 | 1165 | 1181 |
| 入境旅游人数（万人次） | 6729.18 | 9579.12 | 10323.47 | 10232.09 |
| 外国人 | 283.59 | 537.27 | 615.95 | 608.18 |
| 香港同胞 | 5202.98 | 6358.78 | 7221.16 | 7169.72 |
| 澳门同胞 | 1051.40 | 2467.90 | 2270.28 | 2251.51 |
| 台湾同胞 | 191.21 | 215.17 | 216.08 | 202.68 |
| 城市接待旅游人数（万人次） | 7662.95 | 11566.61 | 16181.39 | 18193.55 |
| 入境游客 | 1198.94 | 1792.97 | 2595.63 | 2738.01 |
| 外国人 | 212.85 | 463.91 | 609.00 | 617.56 |
| 港澳同胞 | 813.84 | 1106.20 | 1718.68 | 1841.27 |
| 台湾同胞 | 172.25 | 222.86 | 267.95 | 279.18 |
| 国内游客 | 6464.01 | 9773.64 | 13585.76 | 15455.54 |
| 旅行社组织接待人数（万人） | 653.41 | 1538.49 | 1857.20 | 2081.77 |
| 入境游客 | 264.22 | 368.79 | 377.73 | 370.12 |
| 国内游客 | 389.19 | 1169.70 | 1479.47 | 1711.65 |
| 团体出境旅游人数（万人） | 116.20 | 196.28 | 357.54 | 356.78 |
| 港澳游 | 86.07 | 137.16 | 253.35 | 237.49 |
| 其他 | 30.13 | 59.12 | 104.19 | 119.29 |
| 旅游收入（亿元） | 1149.95 | 1882.60 | 2668.00 | 3068.39 |
| 旅游外汇收入 | 340.08 | 529.06 | 638.07 | 684.92 |
| 国内旅游收入 | 809.87 | 1353.54 | 2029.93 | 2383.47 |

注：2000 年香港同胞包括澳门同胞。

（2）城市接待外国游客人数

城市接待外国游客人数

单位：人次

| 国 别 | 1995 年 | 2000 年 | 2005 年 | 2006 年 | 2007 年 | 2008 年 | 2009 年 |
|---|---|---|---|---|---|---|---|
| 总 计 | 1173919 | 2128501 | 4639133 | 5246564 | 5977103 | 6089965 | 6175557 |
| 日 本 | 288978 | 413833 | 962727 | 1077452 | 1280254 | 857245 | 993607 |
| 韩 国 | 25172 | 71841 | 239213 | 265076 | 400764 | 324946 | 328041 |
| 菲律宾 | 10312 | 20793 | 30847 | 35923 | 38668 | 33250 | 42871 |
| 新加坡 | 60760 | 93762 | 179559 | 203588 | 245643 | 198030 | 250542 |
| 泰 国 | 51185 | 48341 | 150502 | 172310 | 174074 | 130201 | 125825 |
| 印度尼西亚 | 40583 | 63159 | 128428 | 142359 | 161669 | 128426 | 124208 |
| 马来西亚 | 70639 | 110384 | 220598 | 256084 | 353167 | 292148 | 340476 |
| 美 国 | 129238 | 196362 | 361224 | 477750 | 583172 | 451920 | 543728 |
| 加拿大 | 24908 | 35968 | 67844 | 91404 | 124764 | 94133 | 107612 |
| 英 国 | 41020 | 59123 | 105238 | 129976 | 146172 | 112122 | 125780 |
| 法 国 | 29728 | 43578 | 99158 | 99438 | 122765 | 96766 | 107037 |
| 德 国 | 32864 | 44707 | 87158 | 139206 | 129050 | 93714 | 100628 |
| 意大利 | 19187 | 19792 | 56071 | 203406 | 91767 | 66470 | 81291 |
| 俄罗斯 | 1937 | 10407 | 26692 | 36000 | 41660 | 38321 | 39995 |
| 澳大利亚 | 28789 | 34595 | 73346 | 112352 | 138879 | 110028 | 137743 |
| 新西兰 | 4133 | 5835 | 15702 | 18601 | 24789 | 16242 | 22875 |
| 其 他 | 314486 | 856021 | 1834826 | 1785639 | 1919846 | 3046003 | 2703298 |

## 重庆市

### 1. 广播电影电视业

广播电台、电视台情况（2008—2009 年）

| 项 目 | 2008 年 | 2009 年 |
|---|---|---|
| **广播电台情况** | | |
| 广播节目套数（套） | 27 | 26 |
| 广播人口覆盖率（%） | 92.88 | 92.89 |
| 中短波转播发射台（座） | 5 | 5 |
| 中短波广播发射功率（千瓦） | 120 | 120 |
| 调频转播发射台（座） | 53 | 57 |
| 调频发射功率（千瓦） | 164 | 152 |
| 全年公共广播节目播出时间（小时） | 105631 | 105741 |
| 新闻资讯 | 24211 | 26905 |
| 专题服务 | 28021 | 26992 |
| 综 艺 | 25712 | 25699 |
| 广播剧 | 8350 | 7354 |
| 广 告 | 6435 | 7095 |

续表

| 项　目 | 2008 年 | 2009 年 |
| --- | --- | --- |
| **电视台情况** | | |
| 电视节目套数（套） | 45 | 45 |
| 电视人口覆盖率（%） | 96.42 | 96.46 |
| 电视转播发射台（座） | 43 | 45 |
| 电视发射功率（千瓦） | 103 | 98 |
| 全年公共电视节目播出时间（小时） | 216573 | 244384 |
| 新闻资讯 | 22872 | 30167 |
| 专题服务 | 28854 | 38751 |
| 综艺益智 | 36557 | 36204 |
| 影视剧 | 84672 | 92550 |
| 广　告 | 31850 | 34626 |

## 2. 新闻出版业

(1) 图书、杂志和报纸出版情况（2008—2009 年）

**图书、杂志和报纸出版情况（2008—2009 年）**

| 项　目 | 2008 年 | 2009 年 |
| --- | --- | --- |
| **图　书** | | |
| 种数（种） | 3387 | 3476 |
| 总印数（万册、万张） | 13677 | 13185 |
| 总印张数（万印张） | 93554 | 92169 |
| **杂　志** | | |
| 种数（种） | 135 | 135 |
| 每期平均印数（万册） | 346 | 338 |
| 总印数（万册） | 6108 | 6356 |
| 总印张数（万印张） | 39330 | 41563 |
| **报　纸** | | |
| 种数（种） | 45 | 45 |
| 每期平均印数（万份） | 283 | 280 |
| 总印数（万份） | 60321 | 59862 |
| 总印张数（万印张） | 320454 | 315698 |

注：2008 年报纸总印张数进行了调整。

（2）图书发行流转及销售情况（2008—2009 年）

图书发行流转及销售情况（2008—2009 年）

单位：万册、万元

| 项　目 | 册数 | | 金额 | |
|---|---|---|---|---|
| | 2008 年 | 2009 年 | 2008 年 | 2009 年 |
| **购进** | **65733** | **61982** | **452747** | **40268** |
| **销售** | **62480** | **60120** | **438502** | **432163** |
| 零售 | 28700 | 24561 | 200351 | 185621 |
| 区县 | 21587 | 18690 | 154679 | 149854 |
| 县以下 | 7113 | 5871 | 45672 | 35767 |
| 批发 | 33780 | 34559 | 238151 | 282309 |
| 区县 | 32764 | 33692 | 231430 | 271236 |
| 县以下 | 1016 | 867 | 6721 | 11073 |
| **库存** | **9058** | **10920** | **109670** | **129865** |

（3）新闻出版机构和人员数（2008—2009 年）

新闻出版机构和人员数（2008—2009 年）

单位：个、人

| 项　目 | 2008 年 | 2009 年 |
|---|---|---|
| **书刊出版社** | | |
| 机构数 | 3 | 3 |
| 从业人员 | 1212 | 1123 |
| **书刊印刷厂** | | |
| 机构数 | 51 | 45 |
| 从业人员 | 5062 | 5126 |
| **国有书店** | | |
| 机构数 | 288 | 265 |
| 从业人员 | 3223 | 3075 |

## 3. 广告业

重庆广告业相关数据与表格

| 重庆广告业总体情况 | | | | | | | | |
|---|---|---|---|---|---|---|---|---|
| | 广告经营单位数（户） | 专业广告公司数 | 兼营广告企业 | 电视、广播、报纸、期刊媒体数 | 广告经营总额（亿元） | 专业广告公司 | 兼营广告企业 | 电视、广播、报纸、期刊媒体 |
| 2008 年 | 6441 | | | 33.3 | | | | |
| 2009 年 | 8022 | 4611 | 2066 | 134 | 33.2 | 11.3 | 1.7 | 19.5 |
| 与去年相比增长 | 24.60% | 11.40% | 84.80% | 0.80% | −0.30% | −11.70% | 13.30% | 6.60% |

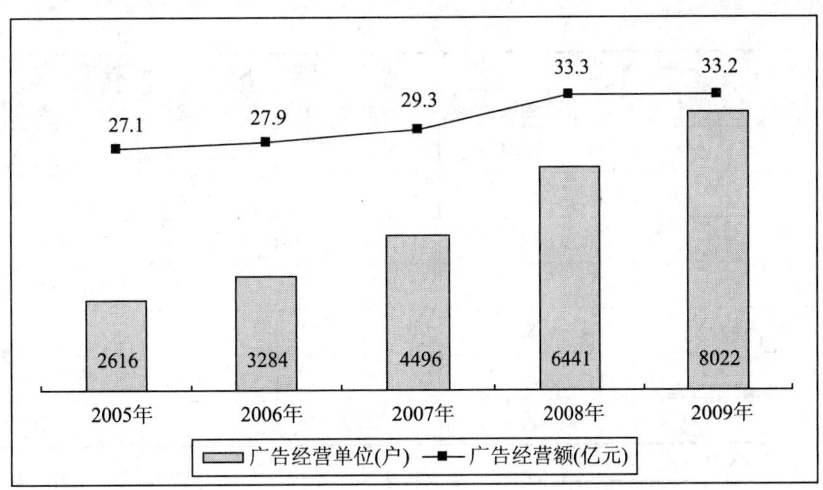


**2005－2009 年重庆市广告经营单位与经营额**

数据来源：重庆市工商局

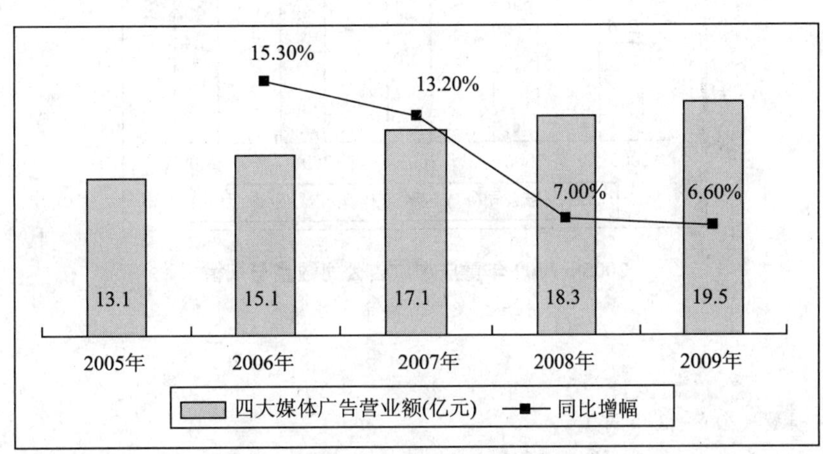


**2005－2009 年重庆市四大媒体广告经营情况**

数据来源：重庆市工商局

**各城市居民过去一周看过的户外广告类型**

| | 过去一周看过的户外广告（%） | | | | |
|---|---|---|---|---|---|
| | 全国 | 北京 | 上海 | 天津 | 重庆 |
| 公交候车亭/公交车站牌广告 | 74.1 | 67.9 | 76.3 | 55.2 | 88.9 |
| 楼体外墙广告（包括商场外墙灯箱） | 46.0 | 40.6 | 43.5 | 41.8 | 76.6 |
| 人行道/车行道广告 | 40.4 | 25.6 | 36.4 | 32.6 | 76.1 |
| 公共汽车车厢外广告 | 78.0 | 77.8 | 88.6 | 60.9 | 76.0 |
| 楼顶广告（包括射灯，霓虹灯灯箱） | 45.4 | 40.9 | 37.8 | 44.5 | 74.7 |
| 户外液晶电视广告（小型） | 56.6 | 76.0 | 50.5 | 44.5 | 60.4 |
| 公共汽车车厢内广告 | 54.4 | 66.2 | 44.4 | 50.5 | 54.5 |
| 大型单立柱广告牌（高架路或高速路旁） | 31.7 | 33.0 | 22.9 | 21.4 | 45.3 |
| 橱窗广告（临街的用于店内陈列品宣传） | 40.5 | 40.2 | 47.0 | 29.8 | 35.3 |
| 跨街天桥广告 | 28.0 | 21.3 | 34.7 | 15.8 | 34.5 |
| 布幅及 POP（挂棋）广告 | 36.6 | 34.7 | 45.1 | 34.8 | 17.6 |
| 户外大型（液晶）电视屏幕广告 | 28.8 | 39.2 | 31.5 | 25.2 | 15.9 |

续表

| | 过去一周看过的户外广告（%） | | | | |
|---|---|---|---|---|---|
| | 全国 | 北京 | 上海 | 天津 | 重庆 |
| 户外电子屏广告 | 28.4 | 29.1 | 34.2 | 32.5 | 15.9 |
| 电梯海报 | 13.9 | 14.9 | 9.9 | 10.3 | 8.3 |
| 出租车厢内/外广告 | 12.3 | 4.0 | 19.2 | 9.6 | 4.4 |
| 地铁/轻轨站台广告 | 7.9 | 17.2 | 15.3 | 6.0 | 3.7 |
| 地铁/轻轨通程广告（入口到检票处） | 5.7 | 15.4 | 9.2 | 5.8 | 3.0 |
| 地铁/轻轨车厢内广告 | 6.6 | 17.0 | 13.9 | 5.0 | 2.7 |
| 自行车停车棚广告 | 8.6 | 5.0 | 17.7 | 10.4 | 0.4 |

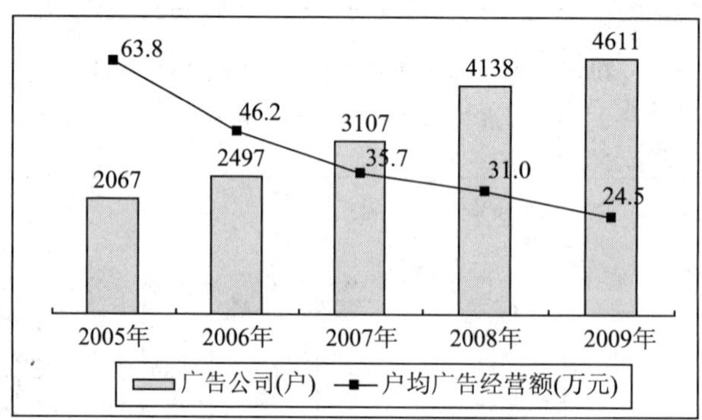


**2005—2009 年重庆市广告公司数量与规模**

数据来源：重庆市工商局

## 4. 演艺娱乐业

（1）文化机构和人员数（2008—2009 年）

**文化机构和人员数（2008—2009 年）**

| 项　目 | 2008 年 | 2009 年 |
|---|---|---|
| **机构数（个）** | **1422** | **1428** |
| 艺术业 | 203 | 231 |
| 艺术表演团体 | 177 | 160 |
| 艺术表演场所 | 54 | 42 |
| 文物业 | 74 | 89 |
| 图书馆业 | 43 | 43 |
| 群众文化服务业 | 1035 | 1035 |
| 艺术教育业 | 12 | 13 |
| 文艺科研 | 1 | 1 |
| 其他 | 36 | 56 |
| **从业人员数（人）** | **10144** | **11114** |

续表

| 项 目 | 2008 | 2009 |
|---|---|---|
| 艺术业 | 3194 | 3485 |
| 艺术表演团体 | 2857 | 2813 |
| 艺术表演场所 | 328 | 662 |
| 文物业 | 1455 | 1785 |
| 图书馆业 | 802 | 805 |
| 群众文化服务业 | 3194 | 3574 |
| 艺术教育业 | 1449 | 1959 |
| 文艺科研 | 28 | 30 |
| 其 他 | 1242 | 1257 |

注：艺术教育机构统计口径为含教育部门和文化部门的艺术教育机构。

(2) 艺术表演团体演出情况（2009 年）

**艺术表演团体演出情况（2009 年）**

| 种 类 | 国内演出场数（场） | 国内演出观众人数（千人次） |
|---|---|---|
| **总 计** | **12360** | **17937** |
| **按登记注册类型分** | | |
| 国 有 | 2600 | 3237 |
| 集 体 | 180 | 144 |
| 其 他 | 9580 | 14556 |
| **按剧种分** | | |
| 话剧、儿童剧、滑稽剧团 | 480 | 983 |
| 歌剧、舞剧、歌舞剧团 | 920 | 1573 |
| 歌舞团、轻音乐团 | 3260 | 5744 |
| 文工团、文宣队、乌兰牧骑 | 20 | 32 |
| 乐团、合唱团 | 240 | 178 |
| 戏曲剧团 | 510 | 876 |
| 京 剧 | 100 | 91 |
| 曲艺、杂技、木偶、皮影团 | 1050 | 1302 |
| 综合性艺术表演团体 | 5890 | 7249 |

注：艺术表演团体统计口径调整为含系统内、系统外两部分。

## 5. 文化旅游业

(1) 风景名胜区 (2009 年)

风景名胜区 (2009 年)

| 名　称 | 级　别 | 主要特点 | 面　积(平方公里) | 林　地 | 中心游览区 | 水　面 | 地　址 |
|---|---|---|---|---|---|---|---|
| 大足石刻 | 世界文化遗产 | 石刻艺术文化 | 115.50 | | | | 大足县 |
| 芙蓉江 | 世界自然遗产 | 溶洞溪河 | 100.75 | 61.00 | 28.30 | 11.10 | 武隆县 |
| 天生三桥 | 世界自然遗产 | 喀斯特漏斗、溶洞 | 49.90 | | | | 武隆县 |
| 武隆后坪天坑 | 世界自然遗产 | | 39.00 | | | | 武隆县 |
| 长江三峡 (重庆段) | 国家级 | 江峡景观、文化遗址 | 1095.00 | | | | 奉节县、巫山县、巫溪县、云阳县、忠县、丰都 |
| 缙云山、北温泉、钓鱼城 | 国家级 | 森林自然景观、山水泉洞、宋古战场遗址 | 170.00 | 13.84 | 1.54 | 0.02 | 北碚区、合川区 |
| 四面山 | 国家级 | 林湖石瀑 | 213.40 | 110.00 | 62.40 | 41.00 | 江津区 |
| 金佛山 | 国家级 | 原始珍稀森林 | 441.00 | | | | 南川区 |
| 天坑地缝 | 国家级 | 地缝式峡谷漏斗奇观 | 397.00 | | | | 奉节县 |
| 张关溶洞 | 省　级 | 水溶洞、地下河 | 49.14 | | | | 渝北区 |
| 巫山小三峡 | 省　级 | 山水峡谷 | 370.00 | | | | 巫山县 |
| 南山、南泉 | 省　级 | 林泉、抗战遗址 | 74.98 | | | | 南岸区、巴南区 |
| 红池坝 | 省　级 | 高山草场 | 357.80 | | | | 巫溪县 |
| 百里竹海 | 省　级 | 竹海景观 | 92.40 | 66.64 | 23.76 | 2.00 | 梁平县 |
| 青龙瀑布 | 省　级 | 高位瀑布 | 60.13 | 25.20 | 8.31 | | 万州区 |
| 小南海 | 省　级 | 地震遗址湖泊 | 27.10 | 15.20 | 12.00 | 2.80 | 黔江区 |
| 小溪 | 省　级 | 巴文化、天生桥 | 24.70 | 2.00 | 19.00 | 3.00 | 涪陵区 |
| 渝北统景 | 省　级 | 温泉峡谷 | 8.82 | 9.50 | 4.00 | 1.00 | 渝北区 |
| 黑山一石林 | 省　级 | 石林溪河 | 105.00 | 79.66 | 21.40 | 0.04 | 万盛区 |
| 黑石山一滚子坪 | 省　级 | 石瀑山水林 | 179.50 | | | | 江津区 |
| 巴岳山一西温泉 | 省　级 | 森林温泉 | 45.20 | 26.00 | 15.00 | 10.00 | 铜梁县 |
| 长寿湖 | 省　级 | 湖泊 | 245.20 | 3.00 | 2.25 | 53.45 | 长寿区 |
| 定明山一运河 | 省　级 | 民居寺庙、人造运河 | 32.10 | | | | 潼南县 |
| 歌乐山 | 省　级 | 森林、历史纪念地 | 51.00 | 12.20 | 2.00 | | 沙坪坝区 |
| 东温泉 | 省　级 | 温泉溪河 | 57.20 | | | | 巴南区 |
| 龙泉 | 省　级 | 峡谷温泉 | 59.86 | | | | 万州区 |
| 甘沟 | 省　级 | 文化遗址 | 65.20 | | | | 忠　县 |
| 青龙湖 | 省　级 | 山林湖泊 | 26.90 | | | | 璧山县 |
| 黄水 | 省　级 | 山林湖泊 | 101.60 | | | | 石柱县 |
| 古剑山一清溪河 | 省　级 | 山林溪河 | 73.58 | | | | 綦江县 |
| 潭獐峡 | 省　级 | 峡谷溪河 | 74.20 | | | | 万州区 |
| 乌江百里画廊 | 省　级 | 江峡古镇 | 217.96 | | | | 酉阳县 |
| 明月山 | 省　级 | 山林、牡丹花 | 118.10 | | | | 垫江县 |
| 歇凤山 | 省　级 | 山林、文化 | 100.50 | | | | 万州区 |
| 九重山 | 省　级 | 草场峡谷 | 47.05 | | | | 城口 |
| 西水河石堤 | 省　级 | 人文河流 | 28.70 | | | | 秀山 |

（2）旅游基本情况（2008—2009 年）

**旅游基本情况（2008－2009 年）**

| 指　标 | 2008 年 | 2009 年 |
|---|---|---|
| **国际旅游者人数（人次）** | **871907** | **1048125** |
| 外国人 | 742792 | 847967 |
| 日　本 | 71498 | 97866 |
| 新加坡 | 24035 | 34406 |
| 泰　国 | 6392 | 5757 |
| 美　国 | 317354 | 250671 |
| 加拿大 | 24297 | 24887 |
| 法　国 | 25052 | 23973 |
| 英　国 | 49974 | 52445 |
| 德　国 | 60734 | 78418 |
| 意大利 | 7671 | 14041 |
| 澳大利亚 | 25603 | 29008 |
| 香港同胞 | 73139 | 118512 |
| 澳门同胞 | 1649 | 2431 |
| 台湾同胞 | 54327 | 79215 |
| **来渝旅游者平均逗留天数（天）** | **3.0** | **3.0** |
| 外国人 | 3.0 | 3.2 |
| 香港同胞 | 3.5 | 2.7 |
| 澳门同胞 | 3.6 | 3.3 |
| 台湾同胞 | 2.9 | 2.6 |
| **旅行社组织国内居民出境旅游人数（万人天）** | **88.20** | **123.37** |
| **国内旅游者人数（万人次）** | **10001.19** | **12191.03** |
| **旅游收入** | | |
| 国际旅游外汇收入（万美元） | 44977 | 53721 |
| 国内旅游收入（亿元） | 530.03 | 666.34 |
| **星级饭店数（个）** | **239** | **266** |
| **年末旅行社数（个）** | **323** | **353** |
| 出境旅行社 | | 20 |
| 一般旅行社 | | 333 |
| **年末旅行社从业人员（人）** | **5220** | **6813** |
| 出境旅行社 | | 2445 |
| 一般旅行社 | | 4368 |

（3）星级饭店基本情况（2008—2009年）

**星级饭店基本情况（2008－2009年）**

| 指　标 | 2008年 | 2009年 |
|---|---|---|
| **星级饭店数（个）** | **239** | **266** |
| 按星级分 | | |
| 五星级 | 9 | 11 |
| 四星级 | 43 | 53 |
| 三星级 | 107 | 123 |
| 按注册类型分 | | |
| 内　资 | 229 | 255 |
| 国　有 | 77 | 80 |
| 集　体 | 19 | 18 |
| 私　营 | 78 | 95 |
| 股份制 | 24 | 25 |
| 外商及港澳台投资 | 10 | 11 |
| 按饭店客房规模分 | | |
| 300间以上 | 9 | 11 |
| 200—299间 | 19 | 19 |
| 100—199间 | 75 | 87 |
| 99间以下 | 136 | 149 |
| **星级饭店客房数（间）** | **26366** | **29873** |
| 五星级 | 3238 | 4125 |
| 四星级 | 7490 | 8812 |
| 三星级 | 10768 | 12241 |
| **星级饭店床位数（张）** | **46220** | **51738** |
| 五星级 | 4892 | 5573 |
| 四星级 | 12327 | 14464 |
| 三星级 | 19689 | 22300 |

（4）重点文物保护单位（2009年）

**重点文物保护单位（2009年）**

| 名　称 | 时　代 | 地　址 |
|---|---|---|
| **古遗址** | | |
| 龙骨坡遗址 | 更新世 | 巫山县庙宇镇 |
| 盐井沟古生物化石遗址 | 中更新世晚期 | 万州区新田镇盐井、平坝村 |
| 高家镇遗址 | 旧石器 | 丰都县高家镇 |
| 烟墩堡遗址 | 旧石器 | 丰都县汇集乡 |
| 马王场遗址 | 旧石器 | 大渡口区、九龙坡区，马王场及桃花溪流域 |
| 玉溪遗址 | 新石器 | 丰都县高镇乡 |
| 大溪遗址 | 新石器 | 巫山县大溪镇 |
| 笔山坝遗址 | 新石器至商周 | 酉阳县大溪镇笔山坝村五组 |
| 杜（音）洽井口遗址群 | 新石器至汉 | 忠县忠州镇 |
| 中坝遗址 | 新石器至汉 | 忠县杜（音）井镇 |
| 猴清庙遗址 | 新石器至宋 | 合川区铜溪镇纱帽村二组 |

续表

| 名称 | 时代 | 地址 |
|---|---|---|
| 武陵遗址群 | 新石器至宋 | 万州区武陵镇下中村 |
| 熨斗坝遗址 | 商周 | 彭水县保家镇三江村五组 |
| 徐家坝遗址 | 商周 | 彭水县汉葭镇江南村三组 |
| 蔺市遗址 | 商周 | 涪陵区蔺市镇凤阳村四组 |
| 李家坝遗址 | 商周至汉 | 云阳县高阳镇 |
| 双堰塘遗址 | 商周至汉 | 巫山县大昌镇 |
| 土坎遗址 | 商周至汉 | 武隆县土坎镇关滩村田坝 |
| 石沱遗址 | 商周至明 | 涪陵区石沱镇团结村二组 |
| 夔州古城遗址 | 战国至清 | 奉节县永安镇 |
| 余家坝遗址 | 战国、汉 | 开县渠口镇钦云村 |
| 旧县坪遗址 | 汉至唐 | 云阳县青龙街道建民村 |
| 巫山古城遗址 | 汉至清 | 巫山县巫峡镇龙门大桥至红石梁 |
| 江北嘴遗址 | 蜀汉 | 江北区江北城 |
| 瓷窑里遗址 | 宋 | 荣昌县安富镇大院村六组 |
| 涂山窑遗址 | 宋 | 南岸区黄桷垭镇新力村 |
| 炉堆子窑址 | 宋至明 | 合川区盐井镇塘坝村五组 |
| 庙岗窑址 | 宋至明 | 南岸区黄桷垭街道 |
| 天赐城 | 南宋 | 巫山县龙溪镇天成村 |
| 重庆冶锌遗址群 | 明、清 | 丰都县镇江镇朗溪村七组、石柱县七曜山、忠县洋渡镇、酉阳县钟多镇 |
| 后溪土司遗址 | 明、清 | 酉阳县后溪镇后溪村二组 |
| **古墓葬** | | |
| 小田溪墓群 | 战国 | 涪陵区白涛镇 |
| 故陵墓群 | 战国 | 云阳县故陵镇故陵村 |
| 巴蔓子墓 | 战国至清 | 渝中区莲花池 |
| 荆竹坝岩棺群 | 汉 | 巫溪县荆竹坝 |
| 江口汉墓群 | 汉 | 武隆县江口镇柿坪村二组 |
| 狮子包墓群 | 汉 | 丰都县兴义镇水天坪村二组 |
| 北岩墓群 | 汉 | 涪陵区黄旗镇点易村 |
| 翠屏山崖墓群 | 汉至六朝 | 忠县天堑乡翠屏村 |
| 大堡梁子墓群 | 汉至六朝 | 涪陵区南沱镇石佛村三组 |
| 汇南墓群 | 汉、南北朝 | 丰都县汇南乡 |
| 石坎崖墓群 | 东汉 | 江津区凤场乡 |
| 雷劈石崖墓群 | 东汉 | 南川区太平场乡 |
| 双墙崖墓群 | 东汉 | 大足县邮亭镇 |
| 柏树林崖墓群 | 东汉 | 綦江县中峰镇 |
| 七拱嘴崖墓群 | 东汉 | 綦江县文龙乡 |
| 长沟崖墓群 | 东汉 | 江津区柏林镇 |
| 南屏墓群 | 东汉 | 合川区城南南津街 |
| 长孙无忌墓 | 唐 | 武隆县江口镇 |
| 龙河崖墓群 | 唐至清 | 丰都县江池镇、龙河镇以及石柱县的悦来镇龙河西岸 |
| 沙坝子墓 | 宋 | 荣昌县许溪乡 |

续表

| 名　称 | 时　代 | 地　址 |
|---|---|---|
| 高洞子墓群 | 南　宋 | 永川区板桥镇 |
| 明玉珍睿陵 | 元、明 | 江北区洗布堂街 |
| 清溪苗王墓 | 明 | 秀山县清溪场镇 |
| 蹇氏家族墓地 | 明 | 北部新区大竹林镇五云村 |
| 秦良玉陵园 | 清 | 石柱县大河乡 |
| 周煌墓 | 清 | 涪陵区明家乡双兴村三组 |
| 官陵墓群 | 清 | 黔江区濯水镇官陵居委 |
| **古建筑** | | |
| 盘溪无铭阙 | 汉 | 江北区石马河镇 |
| 丁房阙 | 汉 | 忠县忠州镇 |
| 佑溪无铭阙 | 汉 | 忠县杠（音）井镇 |
| 白帝城 | 汉至清 | 奉节县草塘区 |
| 碑记桥 | 宋 | 涪陵区马武镇 |
| 岩溪桥 | 宋 | 合川区城北高石坎办事处 |
| 河包报恩寺塔 | 宋 | 荣昌县河包镇 |
| 凉坪白塔 | 宋 | 荣昌县观胜镇白塔村 |
| 塔坪寺塔 | 宋、清 | 北碚区静观镇 |
| 钓鱼城 | 南宋、元 | 合川区城东钓鱼山上 |
| 龙崖城 | 南宋、元 | 南川区马嘴乡 |
| 磐石城 | 南宋、元 | 云阳县双江镇 |
| 多功城 | 南宋、元 | 渝北县鸳鸯镇 |
| 天生城 | 南宋、元 | 万州区周家坝 |
| 独柏寺正殿 | 元 | 潼南县上和镇 |
| 净果寺 | 明 | 合川区古楼镇 |
| 龙兴寺正殿 | 明 | 潼南县小渡镇 |
| 宝轮寺正殿 | 明 | 沙坪坝区磁器口 |
| 铜梁武庙 | 明 | 铜梁县巴川镇 |
| 朝元寺牌坊 | 明 | 璧山县梅江乡 |
| 东华观藏经楼 | 明 | 渝中区凯旋路 |
| 梁平文峰塔 | 明 | 梁平县梁山镇 |
| 复兴寺 | 明 | 沙坪坝区虎溪镇复兴寺村 |
| 飞来峰熏阁 | 明 | 酉阳县钟多镇和平路 |
| 普泽寺大雄宝殿 | 明 | 南川区东城南川中学内 |
| 罗汉寺牌坊 | 明 | 荣昌县清升镇罗汉村 |
| 秦家上祠堂 | 明、清 | 忠县洋渡镇上祠村一组 |
| 庆福寺大殿 | 明、清 | 合川区南津街办事处鹤林巷8号 |
| 名山古建筑群 | 明、清 | 丰都县名山镇东北2公里 |
| 小官山古建筑群 | 明、清 | 丰都县名山镇小官山彭家垭口 |
| 悟感寺 | 明、清 | 丰都县兴义镇泥巴溪村 |
| 依斗门及城墙 | 明、清 | 奉节县白帝城镇鱼复组区 |
| 长寿桓候宫 | 明、清 | 长寿县凤城街道白塔村 |
| 江公享堂 | 明、清 | 江津区几江镇 |
| 缙云寺 | 明、清 | 北碚区缙云山 |
| 宝城寺 | 明、清 | 荣昌县昌元镇 |
| 铁佛寺 | 明、清 | 铜梁县巴川镇 |

续表

| 名称 | 时代 | 地址 |
|---|---|---|
| 板桥寺 | 明、清 | 合川区九岭乡 |
| 温泉寺 | 明、清 | 北碚区澄江镇 |
| 东水门及城墙 | 明、清 | 渝中区东水门段 |
| 通道门及城墙 | 明、清 | 渝中区七星岗 |
| 湖广会馆 | 清 | 渝中区芭蕉园 |
| 张桓侯庙 | 清 | 云阳县水磨乡 |
| 石宝寨 | 清 | 忠县石宝镇 |
| 双桂堂 | 清 | 梁平县金带镇 |
| 大成殿 | 清 | 璧山县璧城镇 |
| 彭氏宗祠 | 清 | 云阳县里市乡 |
| 利济桥 | 清 | 江津区朱杨镇 |
| 涂山寺 | 清 | 南岸区黄桷垭镇 |
| 合川文峰塔 | 清 | 合川区合阳镇 |
| 黄桷垭文峰塔 | 清 | 南岸区黄桷垭镇 |
| 塔子山文峰塔 | 清 | 江北区寸滩 |
| 觉林寺报恩塔 | 清 | 南岸区下浩觉林寺街 |
| 华岩寺 | 清 | 九龙坡区华岩镇 |
| 何氏百岁坊 | 清 | 璧山县青杠乡 |
| 滩口牌坊 | 清 | 北碚区水土镇大地村小学内 |
| 走马古建筑群 | 清 | 九龙坡区走马镇 |
| 阳和山庄 | 清 | 奉节县吐祥镇阳和村一组 |
| 文峰塔 | 清 | 奉节县永乐镇丰收村七组 |
| 太极亭 | 清 | 奉节县白帝城镇兴家村一组 |
| 邱家榨菜作坊 | 清 | 涪陵区荔枝办事处红光居民委员会 |
| 陈万宝庄园 | 清 | 涪陵区青羊镇安镇村 |
| 龙门桥 | 清 | 涪陵区蔺市镇梨香溪与长江的交汇处 |
| 养心亭 | 清 | 合川区钓鱼城街道办事处佛耳村十三组 |
| 奎星阁 | 清 | 江津区几江街道办事处石狮子街魁星广场内 |
| 真武客家会馆群 | 清 | 江津区支坪街道办事处真武场社区内 |
| 石蟆清源宫 | 清 | 江津区石蟆镇二石公路石蟆场镇入口往北 60 米 |
| 会龙庄 | 清 | 江津区柏林镇双凤场 |
| 廷重祠 | 清 | 江津区塘河镇五燕村 |
| 石龙门庄园 | 清 | 江津区塘河镇石龙门村 2 组 |
| 太平廊桥 | 清 | 南川区天平镇桥头村二组 |
| 银杏堂 | 清 | 石柱县河嘴乡银杏堂村银杏堂组 |
| 西河川主庙 | 清 | 铜梁县民兴街道 |
| 安居古建筑群 | 清 | 铜梁县安居镇街道 |
| 双江禹王宫 | 清 | 潼南县双江镇正街 43 号 |
| 陆安桥 | 清 | 万州区甘宁镇青龙瀑布风景区 |
| 普济桥 | 清 | 万州区罗田镇旧场镇旁 |
| 谭家寨楼 | 清 | 万州区分水镇培文八角村二组 |
| 回澜塔 | 清 | 万州区江南新区管委会南山公园 |
| 司南祠 | 清 | 万州区太安镇凤凰社区五组 |
| 良公祠 | 清 | 万州区长岭镇凉水村二组 |
| 龚滩古建筑群 | 清 | 酉阳县龚滩镇 |

续表

| 名称 | 时代 | 地址 |
| --- | --- | --- |
| 龙潭万寿宫 | 清 | 酉阳县龙潭镇水胜下街98号 |
| 后溪古建筑群 | 清 | 酉阳县后溪镇 |
| 石堤卷洞门 | 清 | 秀山县石堤镇石堤场下码头 |
| 龙兴古建筑群 | 清 | 渝北区龙兴镇老街 |
| 东溪古建筑群 | 清 | 綦江县东溪镇朝阳街 |
| 谢家大院 | 清 | 渝中区太华楼二巷2号 |
| 状元府 | 清 | 渝中区桂花园12号 |
| 青龙古建筑群 | 清 | 云阳县双江镇青龙街道（原寨坝村1、2组） |
| 草圭堂 | 清 | 黔江区濯水镇大坪村 |
| 五星桥 | 清 | 合川区双槐镇石泉村 |
| 永和寺 | 清 | 酉阳县万木乡永和村 |
| 大坝祠堂 | 清 | 酉阳县南腰界乡大坝村南300米 |
| 尹子祠 | 清 | 南川区西城东方红村三组 |
| 大荣桥 | 清 | 荣昌县路孔镇上码头 |
| 四望山寺古建筑 | 清 | 永川区朱沱镇四望山村 |
| 福禄天香塔 | 清 | 梁平县福禄镇天塔村东北500米 |
| 何氏宗祠 | 清 | 北碚区水土镇屋基村十五组7号 |
| 林家祠堂 | 清 | 璧山县丁家镇杨寺村一组 |
| 溪口天生桥 | 清 | 秀山县溪口乡五龙村 |
| 龙溪古建筑群 | 清至民国 | 巫山县龙溪镇天成村 |
| 西沱云梯街民居建筑群 | 清至民国 | 石柱县西沱镇云梯街 |
| **石窟寺及石刻** | | |
| 灰千岩崖画 | 汉以前 | 江津区四面山镇 |
| 太白岩石刻群 | 东晋至民国 | 万州区太白街道办事处太白社区 |
| 潼南大佛寺摩崖造像 | 隋至宋 | 潼南县梓潼镇 |
| 临江岩摩崖造像 | 唐 | 忠县忠州镇 |
| 尖子山摩崖造像 | 唐至宋 | 大足县宝山乡 |
| 北山摩崖造像 | 唐至宋 | 大足县龙岗镇、城东乡、石桌乡 |
| 白鹤梁题刻 | 唐至清 | 涪陵区崇义办事处 |
| 五硐岩摩崖造像 | 唐至清 | 潼南县塘坝镇 |
| 宝顶山摩崖造像 | 宋 | 大足县宝顶镇、石马镇 |
| 涞滩二佛寺摩崖造像 | 宋 | 合川区涞滩镇 |
| 舒成岩摩崖造像 | 宋 | 大足县中敖镇 |
| 妙高山摩崖造像 | 宋 | 大足县季家镇 |
| 西山碑 | 宋 | 万州区太白岩下高笋塘 |
| 罗汉寺古佛崖摩崖造像 | 宋 | 渝中区小什字 |
| 李绍隆题记 | 宋 | 綦江县赶水镇玉丰村赶水河边 |
| 陈食佛摩崖造像 | 宋 | 永川区陈食镇南场口 |
| 莲花石题刻 | 宋至清 | 江津区几江镇 |
| 佛图关石刻 | 宋、清、现代 | 渝中区鹅岭公园佛图关园区 |
| 瞿塘峡壁题刻 | 南宋至民国 | 奉节县瞿塘峡南岸白盐山岩壁 |
| 弹子石摩崖造像 | 元 | 南岸区弹子石 |
| 石门大佛寺摩崖造像 | 明 | 江津区石门镇 |
| 朝源观道教造像 | 明 | 江津区四面山镇 |
| 大足千佛岩摩崖造像 | 明 | 大足县三驱镇千佛村 |

续表

| 名　称 | 时　代 | 地　址 |
| --- | --- | --- |
| 金紫山大佛寺摩崖造像 | 明 | 南岸区广阳镇大佛村 |
| 播州界石刻 | 明 | 万盛区万东镇榜上村 |
| 老君洞石刻题记 | 清 | 南岸区黄桷垭老君山 |
| 灵应岩石梔子 | 清至民国 | 綦江县中锋镇灵应岩 |
| 七牌坊碑林 | 清至民国 | 渝中区大坪七牌坊1号至73号 |
| 马龙山摩崖造像 | 民国 | 潼南县卧佛镇 |
| **近现代重要史迹及代表性建筑** | | |
| 杨沧白故居及墓 | 清（故居）、1984（墓） | 巴南区木洞镇（故居）、东泉镇（墓） |
| 杨闇公故居及墓 | 清（故居）、1987（墓） | 潼南县双江镇（故居）、梓潼镇（墓） |
| 余栋臣故居及墓 | 清 | 双桥区通桥镇 |
| 刘伯承故居 | 清 | 开县赵家镇 |
| 聂荣臻故居 | 清 | 江津区吴滩镇 |
| 赵世炎故居 | 清 | 酉阳县龙潭镇 |
| 大昌民居 | 清 | 巫山县大昌镇 |
| 杨氏民居 | 清 | 潼南县双江镇 |
| 聚奎书院 | 清 | 江津区白沙镇 |
| 客寨桥 | 清 | 秀山县龙凤乡 |
| 李耀庭公馆 | 清末 | 渝中区邮局巷40号 |
| 陈氏洋房 | 清末 | 沙坪坝区凤凰城威灵寺村 |
| 向氏民居 | 清末 | 万州区走马镇槽溪村 |
| 重庆海关监督公署旧址 | 清末至民国 | 渝中区解放东路263号 |
| 重庆映像老建筑群 | 清末至民国 | 南岸区南坪西路68号 |
| 胡子昂旧居 | 民国 | 渝中区太华楼一巷6号 |
| 药材工会 | 民国 | 渝中区储奇门羊子坝16号 |
| 大公报报社重庆旧址 | 民国 | 渝中区李子坝正街102号 |
| 汪全泰号 | 1850年 | 渝中区白象街142号 |
| 朱家大院 | 1866年 | 巴南区南彭镇石岗片区原石岗农场内 |
| 露德堂 | 1890年 | 璧山县正兴镇金堂湖畔 |
| 立德乐洋行 | 1891年 | 南岸区南滨路（原上新街新码头34号） |
| 法国水师兵营 | 1902年 | 南岸区弹子石 |
| 万涛故居 | 1904—1932年 | 黔江区冯家镇桂花居委 |
| 王良故居及墓 | 1905年 | 綦江县永城镇中华村三槐坝 |
| 江津中学 | 1906年 | 江津区几江镇 |
| 马跑教堂 | 1909年 | 大足县石马镇 |
| 张氏民居 | 1911年 | 黔江区黄溪镇黄桥居委 |
| 刘仁故居 | 1912年 | 酉阳县江丰乡五育村 |
| 鸡冠石法国教堂 | 1913年 | 南岸区鸡冠石下窟43号 |
| 南川天主堂 | 1914年 | 南川区后街新建路15号 |
| 卜内门洋行 | 1915年 | 南岸区周家湾61号 |
| 荣昌天主堂 | 1915年 | 荣昌县昌元镇西大街84号 |
| 马家洋房 | 1920年 | 江津区支坪街道真武场 |
| 张之选碉楼 | 1921年 | 南川区大观镇观桥街 |
| 刘伯承六店旧居 | 1924—1927年 | 北部新区烟灯山公园内 |
| 和平中学旧址 | 1924—1927年 | 武隆县平桥镇乌杨村小河口小组 |
| 中法学校旧址 | 1925年 | 渝中区人民路121号 |

续表

| 名　称 | 时　代 | 地　址 |
|---|---|---|
| 中共重庆地方执行委员会旧址 | 1925年 | 渝中区二府衙19号 |
| 李蔚如旧居 | 1926年 | 涪陵区大顺乡大顺村五组 |
| 峡防局旧址 | 1927年 | 北碚区文星湾1巷33号 |
| 重庆“三·三一”惨案烈士墓 | 1927年 | 江北区五里店（群葬墓地） |
| 慈云寺 | 1927年 | 南岸区玄坛庙 |
| 国民党左派四川省党部暨重庆高中旧址 | 1927—1929年 | 渝中区解放东巷6号 |
| 中共四川省临委会扩大会议旧址暨周贡植故居 | 1928年 | 九龙坡区铜罐驿镇徒石塔村东南300米 |
| 饶国良纪念堂 | 1929年 | 大足县国梁镇街村社区 |
| 陈燮烈士纪念碑 | 1930年 | 长寿区葛兰镇 |
| 菩提金刚塔 | 1930年 | 渝中区观音岩金刚塔 |
| 打枪坝水厂纪念塔 | 1931年 | 渝中区七星岗打枪坝水厂 |
| 桂　园 | 1931年 | 渝中区上清寺 |
| 万县钟楼 | 1931年 | 万州区西山公园 |
| 红楼 | 1932年 | 北碚区北碚公园内 |
| 述先桥 | 1933年 | 云阳县南溪镇长洪社区一组 |
| 红三十三军指挥部遗址 | 1933—1935年 | 城口县坪坝镇五星村龚家院子 |
| 重庆大学近代建筑群 | 1933年、1935年、1941年 | 沙坪坝区重庆大学内 |
| 南腰界红三军司令部旧址 | 1934年 | 酉阳县李溪区南腰界乡 |
| 张培爵烈士纪念碑及墓 | 1934年（墓）、1946年（碑） | 渝中区沧白路（碑）荣昌县昌元镇公园（墓） |
| 石壕红军烈士墓 | 1935年 | 綦江县石壕镇 |
| 中国西部科学院旧址 | 1935—1949年 | 北碚区朝阳街道 |
| 陈家大院 | 1936年 | 北碚区蔡家岗镇莲花村醉房沟组 |
| 南开中学近代建筑群 | 1936年 | 沙坪坝区沙正街南开中学内 |
| 交通银行旧址 | 1936年 | 渝中区打铜街 |
| 国立二中旧址 | 1937年 | 合川区合阳镇街道办事处定林寺内 |
| 金黄甲大院 | 1937年 | 万州区罗田镇金黄村四组 |
| 中央研究所生物研究所 | 1937年 | 北碚区朝阳街道文星湾新桥社区 |
| 北温泉抗战遗址群 | 1937—1946年 | 北碚区北温泉公园 |
| 国民政府外交部旧址 | 1937—1946年 | 渝中区解放东路112号 |
| 国民政府立法院、司法院、蒙藏委员会旧址 | 1937—1946年 | 渝中区中山一路312号 |
| 国民政府军事委员会旧址 | 1937—1946年 | 渝中区解放西路14号、66号 |
| 瀼渡电厂 | 1938年 | 万州区瀼渡镇西面5公里 |
| 抗战兵器工业遗址群 | 1938—1945年 | 江北区望江机械厂抗战生产洞、九龙坡区原建设厂抗战生产洞、万盛飞机洞 |
| 国名政府军事委员会政治部旧址暨张治中旧居 | 1938—1945年 | 沙坪坝区土主镇三圣宫村 |
| 陈诚官邸 | 1938—1945年 | 渝中区胜利路187号 |
| 白沙抗战遗址群 | 1938—1945年 | 江津区白沙镇 |
| 中央银行、农民银行暨美丰银行旧址 | 1938—1945年 | 渝中区道门口 |
| 国民政府经济部旧址 | 1938—1946年 | 渝中区新华路47号 |
| 中国国民党中央执行委员会旧址 | 1938—1946年 | 渝中区上清寺电信局五分局 |
| 国立复旦大学重庆旧址 | 1938—1946年 | 北碚区东阳镇夏坝先锋村 |
| 南京内学院旧址 | 1938—1946年 | 江津区几江镇街道办事处东门公园内 |
| 广阳岛机场抗战遗址群 | 1938—1946年 | 南岸区峡口镇 |
| 南泉抗战遗址群 | 1938—1946年 | 巴南区南泉镇 |

续表

| 名　称 | 时　代 | 地　址 |
|---|---|---|
| 国民政府蒙藏委员会旧址 | 1938—1946 年 | 沙坪坝区西永镇西永村 |
| 山洞抗战遗址群 | 1938—1946 年 | 沙坪坝区山洞平正村、西山新村 |
| 鹅岭抗战遗址群 | 1938—1946 年 | 渝中区鹅岭公园 |
| 八路军重庆办事处旧址 | 1938—1946 年 | 渝中区红岩村 |
| 黄山、南山陪都遗迹 | 1938—1946 年 | 南岸区黄山干部疗养院内 |
| 林　园 | 1938—1946 年 | 沙坪坝区山洞街道 |
| 重庆郭沫若旧居暨国民政府军事委员会政治部第三厅旧址 | 1938—1946 年 | 渝中区天官府、沙坪坝区赖家桥 |
| 国民参政会旧址 | 1938—1946 年 | 渝中区中华路 |
| 重庆大韩民国临时政府旧址 | 1938—1946 年 | 渝中区莲花池 |
| 重庆美国大使馆旧址 | 1938—1946 年 | 渝中区王家坡 |
| 重庆苏联大使馆旧址 | 1938—1946 年 | 渝中区枇杷山 |
| 中苏文协旧址 | 1938—1947 年 | 渝中区中山一路 |
| 中英联络处旧址 | 1939 年 | 渝中区五四路与临江支路交接处 |
| 西山抗战遗址群 | 1939—1941 年 | 万州区西山公园内 |
| 重庆陈独秀旧居 | 1939—1942 年 | 江津区几江镇 |
| 李宗仁官邸 | 1939—1945 年 | 渝中区枇杷山正街 93 号 |
| 于右任官邸 | 1939—1945 年 | 南岸区黄桷垭铁路疗养院内 |
| 重庆冯玉祥旧居 | 1939—1945 年 | 九龙坡区后工、沙坪坝区陈家桥镇 |
| 育才学校旧址 | 1939—1945 年 | 合川区草街镇 |
| 梁实秋旧居（雅舍） | 1939—1946 年 | 北碚区梨园村 47——51 号 |
| 《新华日报》馆及营业部旧址 | 1939—1947 年 | 渝中区化龙桥（报馆）、民生路（营业部） |
| 重庆沈钧儒旧居 | 1939—1949 年 | 渝中区枣子岚垭 |
| 中华职业学校暨于学忠将军旧居 | 1939—1950 年 | 渝北区回兴街道宝圣东路 501 号 |
| 张自忠墓 | 1940 年 | 北碚区北温泉镇 |
| 经济部中央工业实验所旧址 | 1940—1946 年 | 南岸区黄桷垭南山路 34 号 |
| 中国乡村建设学院旧址暨晏阳初旧居 | 1940—1950 年 | 北碚区歇马镇中国柑橘研究所内 |
| 重庆大轰炸遗址群 | 1941 年 | 渝中区瓷器街、人民公园内、北碚区文星湾 |
| 南泉日本战俘营 | 1942 年 | 巴南区南泉镇红旗村刘家湾、和平村梁家边组 |
| 跳伞塔 | 1942 年 | 渝中区大田湾体育场 |
| 重庆宋庆龄旧居 | 1942—1945 年 | 渝中区两路口 |
| 重庆史迪威旧居 | 1942—1945 年 | 渝中区嘉陵新村 |
| 重庆徐悲鸿旧居 | 1942—1946 年 | 江北区大石坝 |
| 重庆老舍旧居 | 1943—1946 年 | 北碚区天生街道 |
| “中美合作所”集中营旧址 | 1943—1949 年 | 沙坪坝区童家桥街道 |
| 蜀都中学旧址 | 1944 年 | 江北区石门新村 133 号 |
| 望龙门缆车 | 1945 年 | 渝中区望龙门码头 |
| 重庆谈判旧址 | 1945 年 | 渝中区中四路 |
| 中共代表团驻地旧址 | 1946 年 | 渝中区中三路 305 号 |
| 四川革命先烈纪念碑 | 1946 年 | 渝中区人民公园 |
| 邹容烈士纪念碑 | 1946 年 | 渝中区南区公园 |

续表

| 名　称 | 时　代 | 地　址 |
|---|---|---|
| 杜宜清庄园 | 1946年 | 丰都县董家镇彭家坝村 |
| 若瑟堂 | 1946年 | 渝中区民生路 |
| 罗斯福图书馆暨中央图书馆旧址 | 1946年 | 渝中区长江一路1号 |
| 中国人民解放军第二野战军司令部旧址 | 1949年 | 秀山县中和镇 |
| 人民解放纪念碑 | 1950年 | 渝区中解放碑地区 |
| 吴宓旧居 | 1950年 | 北碚区西南大学内 |
| 川东行署旧址 | 1951年 | 北碚区西南大学内 |
| 中共中央西南局缙云山办公地旧址 | 1952年 | 北碚区缙云山杉木园 |
| 大溪沟发电厂专家招待所旧址 | 1952年 | 渝中区大溪沟13号 |
| 重庆市劳动人民文化宫大门 | 1952年 | 渝中区中山二路174号 |
| 南泉革命烈士陵园 | 1953年 | 巴南区南泉镇西 |
| 重庆人民大礼堂 | 1953年 | 渝中区人民路 |
| 中共重庆市委枇杷山办公楼旧址 | 1953—1954年 | 渝中区枇杷山正街72号 |
| 大田湾体育设施群 | 1956年 | 渝中区两路口大田湾体育路 |
| 周恩来题词碑亭 | 1958年 | 长寿区长寿湖镇长寿湖拦河大坝上 |
| 白沙沱长江铁路大桥 | 1959年 | 江津区白沙沱和珞璜镇之间 |
| 刘文学烈士墓及塑像 | 1960年 | 合川区云门镇双江村英雄堡 |
| 邱少云烈士纪念碑 | 1962年 | 铜梁县巴川镇 |
| 嘉陵江大桥 | 1966年 | 嘉陵江渝中区上清寺与江北区华新街连接处 |
| 816工程遗址 | 1966—1984年 | 涪陵区白涛镇 |
| 红卫兵墓园 | 1968年 | 沙坪坝区沙坪公园内 |
| 嘉陵江索道 | 1982年 | 渝中区沧白路63号江北区江北城 |
| 长江索道 | 1986年 | 渝中区新华路151号南岸区上新街4号 |
| **其他** | | |
| 宁厂盐井遗址 | 先秦以来 | 巫溪县宁厂古镇北宝源山麓 |
| 郁山飞来盐井 | 汉 | 彭水县郁山镇中井村、连丰村 |
| 铁桅杆 | 明 | 南岸区南山街道真武峰 |

# 四川省

## 1. 广播电影电视业

(1) 各市（州）农村广播有线电视传输情况（2009年）

**各市（州）农村广播有线电视传输情况（2009年）**

| 市（州） | 农村有线广播电视用户数（户） | 农村有线广播电视入户率（%） | 农村广播覆盖率（%） | 农村电视覆盖率（%） |
|---|---|---|---|---|
| **全　省** | **5831747** | **29.02** | **95.38** | **96.70** |
| 成都市 | 632944 | 33.86 | 99.99 | 99.78 |
| 自贡市 | 125148 | 17.91 | 98.69 | 96.43 |
| 攀枝花市 | 46842 | 33.24 | 90.80 | 92.62 |
| 泸州市 | 169023 | 14.53 | 95.99 | 98.87 |
| 德阳市 | 297769 | 32.97 | 100.00 | 98.84 |
| 绵阳市 | 562226 | 39.29 | 94.47 | 96.42 |

续表

| 市（州） | 农村有线广播电视用户数（户） | 农村有线广播电视入户率（%） | 农村广播覆盖率（%） | 农村电视覆盖率（%） |
|---|---|---|---|---|
| 广元市 | 312041 | 45.42 | 95.52 | 96.51 |
| 遂宁市 | 495677 | 55.00 | 98.88 | 98.88 |
| 内江市 | 317789 | 30.52 | 95.38 | 96.87 |
| 乐山市 | 191889 | 21.04 | 97.89 | 97.93 |
| 南充市 | 592599 | 33.05 | 98.41 | 98.24 |
| 眉山市 | 224842 | 26.46 | 100.00 | 100.00 |
| 宜宾市 | 115643 | 9.56 | 94.85 | 95.55 |
| 广安市 | 179148 | 16.41 | 97.42 | 95.56 |
| 达州市 | 566893 | 36.54 | 94.14 | 94.05 |
| 雅安市 | 125205 | 34.16 | 98.38 | 98.08 |
| 巴中市 | 270199 | 29.49 | 94.53 | 99.01 |
| 资阳市 | 479454 | 38.96 | 97.16 | 98.75 |
| 阿坝藏族羌族自治州 | 17974 | 10.33 | 66.40 | 88.52 |
| 甘孜藏族自治州 | 11416 | 6.28 | 83.53 | 83.47 |
| 凉山彝族自治州 | 97026 | 9.85 | 79.38 | 89.15 |

（2）各市（州）有线广播电视基本情况（2009年）

**各市（州）有线广播电视基本情况（2009年）**

单位：户、公里

| 市（州） | 有线广播电视用户 | | | 有线广播电视传输网络干线总长 |
|---|---|---|---|---|
| | | 数字电视用户 | 付费数字电视用户 | |
| **全　省** | **12198886** | **1492987** | **347874** | **312502** |
| 成都市 | 3069133 | 877074 | 156982 | 35633 |
| 自贡市 | 317511 | 8182 | 5150 | 7279 |
| 攀枝花市 | 237500 | 2800 | | 2947 |
| 泸州市 | 367095 | 42303 | | 6384 |
| 德阳市 | 525179 | 11600 | 2260 | 14512 |
| 绵阳市 | 956482 | 159974 | | 35698 |
| 广元市 | 442613 | 80594 | 2430 | 11465 |
| 遂宁市 | 639109 | 18255 | 18255 | 38224 |
| 内江市 | 539975 | 3048 | 3048 | 18920 |
| 乐山市 | 517803 | 47464 | 24782 | 14791 |
| 南充市 | 867668 | 110065 | 110000 | 20423 |
| 眉山市 | 405894 | 16949 | 16949 | 12846 |
| 宜宾市 | 422682 | 3846 | 2750 | 8090 |
| 广安市 | 296158 | 2000 | 1500 | 9290 |
| 达州市 | 908641 | 207 | | 26666 |
| 雅安市 | 275688 | 8752 | 2742 | 10285 |
| 巴中市 | 392412 | 7460 | 460 | 8197 |
| 资阳市 | 656841 | 65070 | | 23370 |
| 阿坝藏族羌族自治州 | 63001 | | | 1869 |
| 甘孜藏族自治州 | 49950 | 1534 | 566 | 898 |
| 凉山彝族自治州 | 247551 | 25810 | | 4716 |

（3）广播电视播放情况（2009年）

**广播电视播放情况（2009年）**

| 项　目 | 节目套数（套） | 公共广播（电视）节目播出时间（小时） | 新闻资讯类节目 | 专题服务类节目 | 综艺类节目 | 广播（影视）剧类节目 | 广告类节目 | 其他类节目 |
|---|---|---|---|---|---|---|---|---|
| **广播播出合计** | **117** | **494825：53** | **111355：19** | **105916：18** | **120758：35** | **19570：35** | **33585：20** | **103640：05** |
| 省级广播电台 | 8 | 59435：39 | 12302：28 | 10910：35 | 20778：51 | 107：30 | 6345：30 | 8990：45 |
| 市（州）级广播电台 | 35 | 201920：30 | 40231：35 | 47972：40 | 49938：55 | 10894：00 | 18121：35 | 34765：45 |
| 县级广播电视台 | 74 | 233469：44 | 58821：16 | 47033：03 | 50040：30 | 8569：05 | 9118：15 | 59887：35 |
| **电视播出合计** | **203** | **9287740：15** | **131818：37** | **94652：03** | **60412：38** | **400026：14** | **110412：13** | **131688：30** |
| 省级电视台 | 10 | 71552：43 | 10095：07 | 7374：46 | 3542：44 | 32122：11 | 8261：45 | 10156：10 |
| 市（州）级电视台 | 48 | 322466：44 | 38683：47 | 36074：45 | 15429：24 | 136485：43 | 50579：45 | 45213：20 |
| 县级广播电视台 | 145 | 534720：48 | 83039：43 | 51202：32 | 41170：30 | 231418：20 | 51570：43 | 76319：00 |

（4）广播电视事业发展情况

**广播电视事业发展情况**

| 年份 | 广播电台（座） | 中短波发射台及转播台（座） | 中短波发射机功率（部/千瓦） | 电视台（座） | 电视发射台及转播台（座） | 电视发射机功率（部/千瓦） | 广播覆盖率（%） | 电视覆盖率（%） | 广播电视台（站、个） |
|---|---|---|---|---|---|---|---|---|---|
| 1952 | 3 | 2 | 2/2 | | | | 20.06 | | |
| 1957 | 1 | 1 | 2/2 | | | | 20.06 | | 80 |
| 1962 | 3 | 4 | 3/23.8 | 1 | 1 | 1/1 | 30.18 | 3.87 | 129 |
| 1965 | 3 | 4 | 3/123.8 | 1 | 1 | 1/1 | 30.09 | 3.87 | 141 |
| 1970 | 3 | 4 | 5/260.6 | 1 | 1 | 1/1 | 35.28 | 5.29 | 150 |
| 1975 | 3 | 9 | 10/327.6 | 1 | 14 | 15/5.50 | 43.13 | 18.73 | 157 |
| 1978 | 3 | 9 | 11/413.3 | 1 | 82 | 76/6.74 | 46.91 | 38.60 | 165 |
| 1979 | 3 | 9 | 21/469.0 | 1 | 146 | 154/10.75 | 47.81 | 43.58 | 167 |
| 1980 | 3 | 11 | 15/488.0 | 1 | 208 | 235/21.39 | 49.91 | 45.69 | 168 |
| 1981 | 3 | 12 | 16/499.0 | 1 | 299 | 320/42.73 | 51.10 | 50.47 | 168 |
| 1982 | 3 | 12 | 16/449.5 | 1 | 451 | 404/44.47 | 52.60 | 52.10 | 168 |
| 1983 | 3 | 13 | 18/440.5 | 1 | 558 | 585/49.55 | 52.60 | 52.10 | 168 |
| 1984 | 5 | 13 | 19/441.5 | 3 | 729 | 921/72.52 | 52.57 | 52.30 | 167 |
| 1985 | 5 | 13 | 20/442.5 | 3 | 865 | 921/73.05 | 52.37 | 58.70 | 169 |
| 1986 | 6 | 13 | 22/453.5 | 5 | 1089 | 1202/114.00 | 60.00 | 62.70 | 168 |
| 1987 | 6 | 16 | 25/446.5 | 7 | 1271 | 1439/189.70 | 60.00 | 62.70 | 170 |
| 1988 | 10 | 16 | 26/456.5 | 10 | 1500 | 1738/161.71 | 62.40 | 69.30 | 170 |

续表

| 年份 | 广播电台（座） | 中短波发射台及转播台（座） | 中短波发射机功率（部/千瓦） | 电视台（座） | 电视发射台及转播台（座） | 电视发射机功率（部/千瓦） | 广播覆盖率（%） | 电视覆盖率（%） | 广播电视台（站）（个） |
|---|---|---|---|---|---|---|---|---|---|
| 1989 | 11 | 17 | 28/451.0 | 15 | 1787 | 2187/169.07 | 64.47 | 70.47 | 169 |
| 1990 | 14 | 18 | 29/453.0 | 15 | 2100 | 2577/183.38 | 64.46 | 71.46 | 166 |
| 1991 | 13 | 19 | 30/462.0 | 16 | 2244 | 2775/186.89 | 64.75 | 71.78 | 171 |
| 1992 | 15 | 19 | 32/514.0 | 21 | 2438 | 3106/199.05 | 64.84 | 71.88 | 169 |
| 1993 | 19 | 20 | 35/533.1 | 23 | 2518 | 3289/194.78 | 70.21 | 76.12 | 165 |
| 1994 | 25 | 20 | 34/632.0 | 27 | 2950 | 3757/202.80 | 75.40 | 80.50 | 150 |
| 1995 | 52 | 27 | 43/515.1 | 31 | 3114 | 4036/218.38 | 80.40 | 85.50 | 134 |
| 1996 | 58 | 27 | 40/521.1 | 32 | 3303 | 3952/207.09 | 84.47 | 83.57 | 161 |
| 1997 | 67 | 27 | 48/556.1 | 34 | 3227 | 3959/230.62 | 86.34 | 87.37 | 162 |
| 1998 | 17 | 29 | 48/556.1 | 23 | 3264 | 4009/235.94 | 88.90 | 88.97 | 44 |
| 1999 | 18 | 30 | 47/654.2 | 23 | 2626 | 3244/185.04 | 91.05 | 91.98 | 46 |
| 2000 | 19 | 28 | 52/673.1 | 23 | 4779 | 5636/266.82 | 92.85 | 93.61 | 42 |
| 2001 | 20 | 35 | 68/482.5 | 20 | 4839 | 5598/267.37 | 93.66 | 94.46 | 42 |
| 2002 | 20 | 34 | 69/558.0 | 22 | 4428 | 5353/260.53 | 94.07 | 95.08 | 110 |
| 2003 | 20 | 34 | 69/558.0 | 22 | 4385 | 5696/263.36 | 94.83 | 95.54 | 111 |
| 2004 | 20 | 34 | 69/558.0 | 22 | 4308 | 4546/250.77 | 95.34 | 96.39 | 111 |
| 2005 | 20 | 35 | 96/658.0 | 21 | 3849 | 5044/262.29 | 95.41 | 96.74 | 113 |
| 2006 | 20 | 35 | 96/658.0 | 21 | 2471 | 5524/280.14 | 95.70 | 96.77 | 113 |
| 2007 | 20 | 37 | 112/711.0 | 21 | 2469 | 5757/376.57 | 95.92 | 97.05 | 114 |
| 2008 | 16 | 37 | 114/710.0 | 16 | 4434 | 5644/505.59 | 95.97 | 97.10 | 119 |
| 2009 | 15 | 37 | 96/680.0 | 15 | 3944 | 5323/600.38 | 96.19 | 97.27 | 152 |

## 2. 新闻出版业

（1）录像制品出版情况

录像制品出版情况

| 年份 | 录像制品合计 | | 录像带 | | 数码激光视盘 | | 高密度激光视盘 | |
|---|---|---|---|---|---|---|---|---|
| | 种数（种） | 数量（万盒、万张） | 种数（种） | 数量（万盒） | 种数（种） | 数量（万张） | 种数（种） | 数量（万张） |
| 2000 | 172 | 97.72 | | | 172 | 97.72 | | |
| 2001 | 260 | 391.98 | 48 | 24.60 | 210 | 365.38 | 2 | 2.00 |
| 2002 | 446 | 501.51 | 18 | 64.25 | 401 | 424.61 | 27 | 12.65 |
| 2003 | 490 | 310.23 | 57 | 34.00 | 380 | 205.63 | 53 | 25.60 |
| 2004 | 241 | 198.36 | | | 216 | 184.54 | 25 | 13.82 |
| 2005 | 294 | 171.80 | | | 240 | 147.94 | 54 | 23.87 |
| 2006 | 542 | 240.82 | 3 | 1.10 | 243 | 122.99 | 296 | 116.73 |
| 2007 | 491 | 164.01 | 1 | 0.30 | 288 | 99.38 | 202 | 64.33 |
| 2008 | 343 | 153.23 | 1 | 0.80 | 163 | 83.37 | 179 | 69.06 |
| 2009 | 250 | 124.30 | | | 106 | 53.26 | 144 | 72.04 |

（2）录音制品出版情况

录音制品出版情况

| 年份 | 录音制品合计 | | 盒式音带 | | 激光唱片 | |
|---|---|---|---|---|---|---|
| | 种数（种） | 数量（万盒、万张） | 种数（种） | 数量（万盒） | 种数（种） | 数量（万张） |
| 1998 | 85 | 123.53 | 56 | 96.83 | 29 | 26.70 |
| 1999 | 178 | 89.31 | 80 | 56.74 | 98 | 32.57 |
| 2000 | 92 | 64.03 | 40 | 37.73 | 52 | 26.30 |
| 2001 | 114 | 93.53 | 61 | 42.27 | 53 | 51.26 |
| 2002 | 210 | 95.39 | 117 | 53.44 | 93 | 41.95 |
| 2003 | 158 | 127.27 | 56 | 38.52 | 102 | 88.75 |
| 2004 | 42 | 61.96 | 1 | 0.40 | 41 | 36.52 |
| 2005 | 177 | 88.20 | 69 | 33.70 | 108 | 54.50 |
| 2006 | 139 | 70.45 | 44 | 15.60 | 95 | 54.85 |
| 2007 | 164 | 71.73 | 48 | 13.74 | 114 | 55.99 |
| 2008 | 72 | 25.40 | 13 | 8.05 | 59 | 16.99 |
| 2009 | 75 | 40.58 | 12 | 15.30 | 63 | 25.28 |

（3）图书、杂志和报纸出版情况

图书、杂志和报纸出版情况

| 年份 | 图书 | | | | 杂志 | | | | 报纸 | | | |
|---|---|---|---|---|---|---|---|---|---|---|---|---|
| | 种数（种） | 新出版 | 总印数（万册） | 总印张数（万印张） | 种数（种） | 每期平均印数（万册） | 总印数（万册） | 总印张数（万印张） | 种数（种） | 每期平均印数（万份） | 总印数（万份） | 总印张数（万印张） |
| 1952 | 53 | 20 | 1481 | 3195 | 25 | 45 | 565 | 540 | 14 | 34 | 6799 | 5150 |
| 1957 | 52 | | 909 | 1783 | | | | | 15 | 35 | 8109 | 6005 |
| 1962 | 86 | | 2484 | 5256 | | | | | | | | |
| 1965 | 65 | | 6280 | 15006 | | | | | | | | |
| 1970 | 24 | | 4225 | 10677 | | | | | | | | |
| 1975 | 292 | 233 | 17184 | 48499 | | | | | | | | |
| 1978 | 277 | 241 | 24993 | 83916 | 13 | 57 | 562 | 1173 | 15 | 170 | 51889 | 43758 |
| 1979 | 322 | 306 | 23131 | 95566 | 21 | 72 | 797 | 1621 | 16 | 176 | 51397 | 43568 |
| 1980 | 549 | 502 | 31370 | 119063 | 71 | 341 | 3036 | 8699 | 22 | 214 | 50627 | 42305 |
| 1981 | 649 | 567 | 35111 | 99823 | 89 | 491 | 4807 | 13134 | 28 | 257 | 51376 | 40468 |
| 1982 | 794 | 673 | 27593 | 86734 | 115 | 303 | 2944 | 8864 | 31 | 337 | 52626 | 39446 |
| 1983 | 903 | 707 | 34281 | 99840 | 142 | 358 | 3082 | 9887 | 39 | 470 | 64811 | 49255 |
| 1984 | 1121 | 923 | 35084 | 126804 | 181 | 452 | 4034 | 12406 | 57 | 722 | 82139 | 59530 |
| 1985 | 1273 | 1151 | 28023 | 99516 | 224 | 690 | 5532 | 17810 | 69 | 859 | 92878 | 64138 |
| 1986 | 1790 | 1502 | 23298 | 82362 | 249 | 542 | 4554 | 14502 | 78 | 960 | 102303 | 69421 |
| 1987 | 2119 | 1583 | 29233 | 112075 | 244 | 582 | 4843 | 14633 | 78 | 1120 | 116930 | 78589 |

续表

| 年份 | 图书 | | | | 杂志 | | | | 报纸 | | | |
|---|---|---|---|---|---|---|---|---|---|---|---|---|
| | 种数（种） | 新出版 | 总印数（万册） | 总印张数（万印张） | 种数（种） | 每期平均印数（万册） | 总印数（万册） | 总印张数（万印张） | 种数（种） | 每期平均印数（万份） | 总印数（万份） | 总印张数（万印张） |
| 1988 | 2808 | 2123 | 26386 | 114107 | 241 | 440 | 4287 | 12982 | 74 | 1072 | 116714 | 80105 |
| 1989 | 2977 | 2211 | 24062 | 99227 | 246 | 371 | 3417 | 10714 | 75 | 890 | 90978 | 61427 |
| 1990 | 2676 | 1896 | 21152 | 82360 | 226 | 324 | 3257 | 9149 | 66 | 818 | 94657 | 64642 |
| 1991 | 2769 | 1730 | 16634 | 71891 | 234 | 362 | 3192 | 9443 | 70 | 869 | 101753 | 68660 |
| 1992 | 3022 | 2063 | 22903 | 99185 | 249 | 404 | 4030 | 11697 | 75 | 818 | 97368 | 72598 |
| 1993 | 2459 | 1795 | 17666 | 72266 | 256 | 456 | 4674 | 12491 | 80 | 823 | 104000 | 73974 |
| 1994 | 3840 | 2818 | 21650 | 105849 | 275 | 412 | 4067 | 11865 | 91 | 885 | 102319 | 72532 |
| 1995 | 3017 | 1876 | 15438 | 83894 | 287 | 487 | 4993 | 14898 | 93 | 710 | 100500 | 122632 |
| 1996 | 3833 | 2256 | 27975 | 138772 | 289 | 409 | 4339 | 12025 | 95 | 680 | 109084 | 138292 |
| 1997 | 4510 | 2005 | 33272 | 153193 | 289 | 405 | 4336 | 12484 | 95 | 763 | 126818 | 227065 |
| 1998 | 4436 | 2369 | 31491 | 151112 | 284 | 403 | 4508 | 13211 | 100 | 757 | 124922 | 235944 |
| 1999 | 4306 | 2254 | 29852 | 147862 | 287 | 419 | 4754 | 14944 | 100 | 782 | 127708 | 240359 |
| 2000 | 3855 | 2134 | 27315 | 157672 | 275 | 451 | 4950 | 16238 | 91 | 711 | 133590 | 366840 |
| 2001 | 3820 | 2104 | 26032 | 158031 | 334 | 362 | 4172 | 16233 | 84 | 671 | 136737 | 394553 |
| 2002 | 3895 | 2244 | 25932 | 165312 | 256 | 440 | 5572 | 20688 | 92 | 654 | 135163 | 319004 |
| 2003 | 4131 | 2315 | 25889 | 170470 | 267 | 352 | 4767 | 21421 | 93 | 634 | 139266 | 357423 |
| 2004 | 4059 | 1911 | 21690 | 154980 | 225 | 293 | 5269 | 32515 | 107 | 651 | 155972 | 498494 |
| 2005 | 4836 | 2975 | 23643 | 193903 | 330 | 459 | 7502 | 60933 | 130 | 659 | 155865 | 671830 |
| 2006 | 4873 | 3070 | 19643 | 149609 | 335 | 509 | 8215 | 59996 | 136 | 618 | 155800 | 685570 |
| 2007 | 5150 | 3287 | 19591 | 146591 | 335 | 496 | 9514 | 74788 | 136 | 660 | 168638 | 656104 |
| 2008 | 5021 | 2885 | 19400 | 142562 | 336 | 475 | 8237 | 53222 | 136 | 670 | 164273 | 737694 |
| 2009 | 6719 | 3878 | 17492 | 127321 | 336 | 494 | 8303 | 52759 | 136 | 613 | 155286 | 797707 |

# 云南省

## 1. 新闻出版业

云南新闻出版业总体情况（2009年）

| | 指　标 | 单位 | 2009年 |
|---|---|---|---|
| 总体情况 | 新闻出版业资产总额 | 亿元 | 147.63 |
| | 利润 | 亿元 | 21.63 |
| | 销售收入 | 亿元 | 112.44 |
| | 从业人员 | 万人 | 9.5 |
| | 出版社 | 家 | 10 |
| | 印刷复制单位 | 家 | 4413 |
| | 出版物发行（含音像）单位 | 家 | 9696 |

## 2. 演艺娱乐业

(1)《印象·丽江 雪山篇》主要经济指标

《印象·丽江 雪山篇》主要经济指标

| | 2008年 | 2009年 | 比上年同期增减 |
|---|---|---|---|
| 演出场次（场） | 539 | 923 | 71% |
| 接待观众（万人次） | 63 | 138 | 132% |
| 演出收入（万元） | 6660 | 13000 | 116% |

（2）2009 年昆明剧院演出类型比例

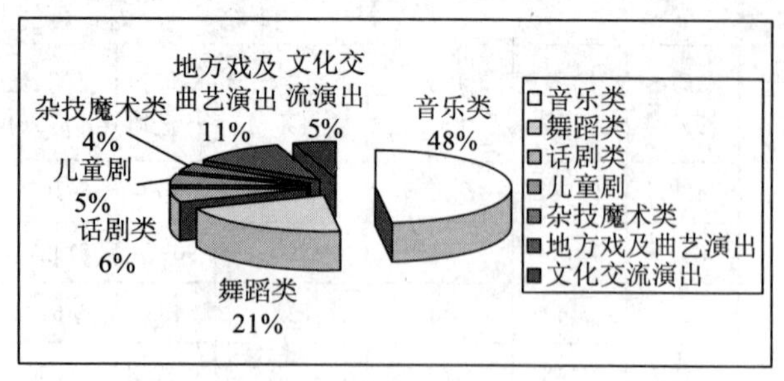


**2009 年昆明剧院演出类型比例**

### 3. 文化旅游业

（1）入境旅游和国内旅游人数

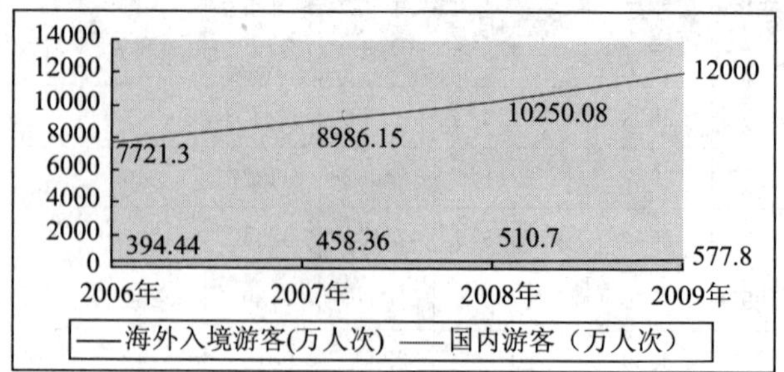


### 4. 其他文化产业

（1）云南民族民间工艺品几大类别实际增加值（2008—2009 年）

**云南民族民间工艺品几大类别实际增加值 2008—2009 年①**

单位：万元

| 年　份 | 银铜器、斑铜、锡制品 | 扎染、布艺、刺绣、织锦 | 木雕类 | 大理石、陶制品 | 其他工艺制品 |
|---|---|---|---|---|---|
| 2008—2009 | 50000 | 20000 | 35800 | 12000 | 12793 |

（2）云南省珠宝玉石销售额（2004—2009 年）

**云南省珠宝玉石销售额（2004—2009 年）**

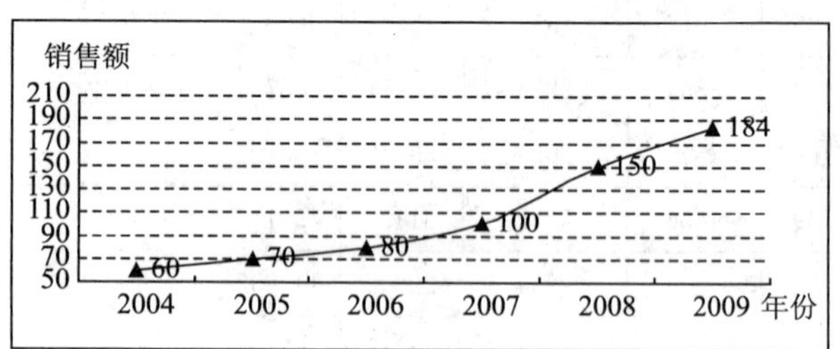


## 西藏自治区

### 1. 广播电影电视业

（1）广播、电视基本情况（2009 年）

**广播、电视基本情况**

| 项　目 | 1990 年 | 1995 年 | 2000 年 | 2008 年 | 2009 年 |
|---|---|---|---|---|---|
| 广播电台（座） | 2 | 2 | 2 | 1 | 1 |
| 节目套数（套） | 3 | 4 | 3 | 4 | 4 |
| 中、短波转播发射台（座） | 20 | 35 | 36 | 38 | 42 |
| 中、短波转播发射功率（千瓦） | 435．7 | 1041．1 | 1401．9 | 153．0 | 161．0 |
| 广播综合人口覆盖率（%） | 26．00 | 55．00 | 77．73 | 88．81 | 89．20 |
| 电视台（座） | 2 | 2 | 2 | 5 | 5 |
| 节目套数（套） | 3 | 3 | 3 | 7 | 10 |
| 电视转播发射台（座） | 164 | 333 | 647 | 2060 | 2060 |
|  | 80 | 80 | 80 | 80 | 80 |
| 50W 以上电视转播发射台（座） |  |  |  |  |  |
| 电视转播发射功率（千瓦） | 18．6 | 19．8 | 21．6 | 104．0 | 104．0 |
| 电视综合人口覆盖率（%） | 35．00 | 55．00 | 76．13 | 89．94 | 90．36 |
| 广播电视台（座） |  |  |  | 3 | 3 |
| 节目套数（套） |  |  |  | 6 | 7 |

① 根据 2008—2009 年相关企业上报数据综合测算。

续表

| 项 目 | 1990年 | 1995年 | 2000年 | 2008年 | 2009年 |
|---|---|---|---|---|---|
| 卫星收转站（座） | 164 | 1156 | 2759 | 14220 | 15142 |
| 县级以上有线电视转播发射台（座） | 74 | 76 | 72 | 76 | 76 |
| 100W以上调频转播发射台（座） | | 1 | 1 | 76 | 78 |
| 卫星地球站（座） | | | 1 | 1 | 1 |

（2）广播电视节目播出时间

**广播电视节目播出时间**

单位：小时：分

| 项 目 | 2009年 | 项 目 | 2009年 |
|---|---|---|---|
| 广播节目 | | 电视节目 | |
| 播出公共节目时间 | 36573：35 | 播出公共节目时间 | 45845：35 |
| 转播中央台节目时间 | 1457：00 | 转播中央台节目时间 | 2774：00 |
| 转播省级台节目时间 | 420：00 | 转播省级台节目时间 | 2044：40 |
| 播出制作节目时间 | 30105：10 | 播出制作节目时间 | 17246：00 |
| 购买交换节目时间 | 4591：25 | 购买交换节目时间 | 23780：55 |

## 2. 新闻出版业

（1）报纸出版情况

**报纸出版情况**

| 年 份 | 合 计 | | | 汉文报 | | | 藏文报 | | |
|---|---|---|---|---|---|---|---|---|---|
| | 种数（种） | 总印张（千印张） | 总印数（万份） | 种数（种） | 总印张（千印张） | 总印数（万份） | 种数（种） | 总印张（千印张） | 总印数（万份） |
| 1959 | | 1560 | | | 800 | | | 760 | |
| 1965 | | 3258 | | | 2008 | | | 1250 | |
| 1978 | | 26669 | | | 10112 | | | 16557 | |
| 1979 | | 23153 | | | 9102 | | | 14051 | |
| 1980 | | 20739 | | | 8342 | | | 12397 | |
| 1981 | | 15129 | | | 5788 | | | 9341 | |
| 1982 | | 15167 | | | 6593 | | | 8574 | |
| 1983 | 6 | 17251 | | 3 | 6854 | | 3 | 10397 | |
| 1984 | 6 | 17253 | | 3 | 7329 | | 3 | 9924 | |
| 1985 | 13 | 16529 | | 6 | 9035 | | 7 | 7494 | |
| 1986 | | | | | | | | | |
| 1987 | 10 | 15121 | | 5 | 8103 | | 5 | 7018 | |
| 1988 | 11 | 15046 | | 5 | 8177 | | 6 | 6869 | |
| 1989 | 12 | 14782 | | 6 | 8973 | | 6 | 5809 | |
| 1990 | 11 | 13441 | | 5 | 7493 | | 6 | 5948 | |
| 1991 | 13 | 15535 | | 6 | 8851 | | 7 | 6684 | |
| 1992 | 14 | 16454 | | 7 | 9325 | | 7 | 7129 | |

续表

| 年份 | 合计 | | | 汉文报 | | | 藏文报 | | |
|---|---|---|---|---|---|---|---|---|---|
| | 种数（种） | 总印张（千印张） | 总印数（万份） | 种数（种） | 总印张（千印张） | 总印数（万份） | 种数（种） | 总印张（千印张） | 总印数（万份） |
| 1993 | 15 | 15377 | | 8 | 9072 | | 7 | 6305 | |
| 1994 | 15 | 27004 | | 8 | 15451 | | 7 | 11553 | |
| 1995 | 15 | 27207 | | 8 | 15593 | | 7 | 11614 | |
| 1996 | 10 | 28690 | | | | | | | |
| 1997 | 12 | 26739 | | 7 | 20261 | | 5 | 7578 | |
| 1998 | 14 | 27360 | | 8 | 20134 | | 6 | 7226 | |
| 1999 | 16 | 35573 | | 9 | 26482 | | 7 | 9091 | |
| 2000 | 16 | 28712 | | 9 | 21987 | | 7 | 6725 | |
| 2001 | 16 | 34370 | 2248 | 10 | 24470 | 1629 | 6 | 9900 | 619 |
| 2002 | 19 | 51330 | 2937 | 11 | 43953 | 2048 | 8 | 7377 | 889 |
| 2003 | 19 | 45130 | 2806 | 11 | 37722 | 1912 | 8 | 7408 | 894 |
| 2004 | 19 | 53520 | 3298 | 11 | 44737 | 2474 | 8 | 8783 | 824 |
| 2005 | 23 | 53511 | 2631 | 13 | 45632 | 1810 | 10 | 7879 | 821 |
| 2006 | 23 | 56000 | 3440 | 13 | 47754 | 2207 | 10 | 8246 | 1233 |
| 2007 | 23 | 76642 | 3788 | 13 | 65507 | 2488 | 10 | 11135 | 1300 |
| 2008 | 23 | 88662 | 5694 | 13 | 67372 | 4399 | 10 | 21290 | 1295 |
| 2009 | 23 | 122774 | 5927 | 13 | 98978 | 4346 | 10 | 23796 | 1581 |

（2）图书、杂志出版情况

图书、杂志出版情况

| 年份 | 图书 | | | 杂志 | | | | | |
|---|---|---|---|---|---|---|---|---|---|
| | 合计（万册） | 汉文 | 藏文 | 合计 | | 藏文 | | 汉文 | |
| | | | | 种数（种） | 印数（千册） | 种数（种） | 印数（千册） | 种数（种） | 印数（千册） |
| 1965 | 50 | 10 | 40 | | | | | | |
| 1978 | 306 | 61 | 245 | 4 | 74 | 4 | 74 | | |
| 1979 | 365 | 140 | 225 | 1 | 40 | 1 | 40 | | |
| 1980 | 359 | 159 | 200 | 4 | 519 | 7 | 835 | 3 | 316 |
| 1985 | 310 | 96 | 214 | 8 | 298 | 14 | 417 | 6 | 119 |
| 1986 | 293 | 124 | 169 | | | | | | |
| 1987 | 378 | 153 | 225 | 6 | 107 | 12 | 218 | 6 | 111 |
| 1988 | 301 | 118 | 184 | 9 | 181 | 17 | 277 | 7 | 96 |
| 1989 | 372 | 125 | 247 | 7 | 137 | 15 | 217 | 8 | 80 |
| 1990 | 435 | 225 | 210 | 7 | 96 | 16 | 205 | 8 | 106 |
| 1991 | 363 | 114 | 249 | 8 | 109 | 18 | 299 | 9 | 187 |
| 1992 | 368 | 119 | 249 | 14 | 220 | 26 | 355 | 11 | 133 |
| 1993 | 416 | 108 | 308 | 15 | 171 | 26 | 297 | 11 | 126 |

续表

| 年份 | 图书 | | | 杂志 | | | | | |
|---|---|---|---|---|---|---|---|---|---|
| | 合计（万册） | 汉文 | 藏文 | 合计 | | 藏文 | | 汉文 | |
| | | | | 种数（种） | 印数（千册） | 种数（种） | 印数（千册） | 种数（种） | 印数（千册） |
| 1994 | 308 | 122 | 186 | 12 | 181 | 23 | 293 | 11 | 112 |
| 1995 | 402 | 94 | 308 | 12 | 182 | 23 | 286 | 11 | 104 |
| 1996 | 450 | | | | | 21 | 252 | | |
| 1997 | 349 | 87 | 262 | 10 | 177 | 20 | 290 | 10 | 113 |
| 1998 | 456 | 88 | 369 | 10 | 172 | 20 | 329 | 10 | 157 |
| 1999 | 436 | 103 | 333 | 12 | 302 | 23 | 462 | 11 | 160 |
| 2000 | 524 | 151 | 373 | 17 | 347 | 32 | 580 | 15 | 233 |
| 2001 | 461 | 219 | 235 | 19 | 518 | 33 | 874 | 14 | 356 |
| 2002 | 874 | 400 | 474 | 14 | 263 | 34 | 720 | 20 | 457 |
| 2003 | 781 | 367 | 414 | 20 | 517 | 34 | 716 | 14 | 199 |
| 2004 | 795 | 374 | 421 | 20 | 531 | 34 | 750 | 14 | 219 |
| 2005 | 854 | 369 | 485 | 20 | 587 | 34 | 767 | 14 | 180 |
| 2006 | 927 | 381 | 546 | 20 | 635 | 34 | 830 | 14 | 195 |
| 2007 | 1206 | 725 | 481 | 20 | 3614 | 34 | 3903 | 14 | 289 |
| 2008 | 1286 | 788 | 498 | 20 | 2478 | 34 | 2808 | 14 | 330 |
| 2009 | 1339 | 899 | 441 | 20 | 1009 | 34 | 1327 | 14 | 318 |

## 3. 演艺娱乐业

**文化艺术、文物和出版行业事业机构和人员情况**

| 机构类别 | 机构数（个） | | | 从业人员（人） | | |
|---|---|---|---|---|---|---|
| | 2000年 | 2008年 | 2009年 | 2000年 | 2008年 | 2009年 |
| **文化事业合计** | **143** | **314** | **360** | **1683** | **1813** | **1820** |
| 艺术事业 | 46 | 51 | 51 | 1255 | 1367 | 1367 |
| 剧团、文工团 | 10 | 10 | 10 | 816 | 841 | 841 |
| 乌兰牧骑、文宣队 | 16 | 19 | 19 | 234 | 438 | 438 |
| 艺术表演场所 | 20 | 22 | 22 | 205 | 88 | 88 |
| 图书馆事业 | 1 | 4 | 4 | 43 | 63 | 66 |
| 群众文化事业 | 94 | 257 | 297 | 333 | 331 | 331 |
| 群众艺术馆 | 7 | 7 | 7 | 183 | 157 | 157 |
| 文化馆 | 52 | 45 | 49 | 118 | 71 | 71 |
| 文化站 | 35 | 205 | 239 | 32 | 103 | 103 |
| 其他文化事业 | 2 | 2 | 2 | 52 | 52 | 56 |
| 文物事业 | **18** | **17** | **17** | **286** | **286** | **286** |
| 出版发行事业 | **71** | **86** | **90** | **376** | **292** | **435** |

## 4. 文化旅游业

旅游人数及旅游收入

| 年 份 | 接待旅游者人数（人次） | 入境旅游者人数 | 外国人 | 国内旅游者人数 | 旅游总收入（万元） | 国内旅游收入（万元） | 外汇收入（万美元） |
|---|---|---|---|---|---|---|---|
| 1981 | 8624 | 2056 | 2005 | 6568 | 258 |  | 171 |
| 1982 | 18201 | 1580 | 1578 | 16621 | 186 |  | 130 |
| 1983 | 37564 | 1723 | 1596 | 35841 | 263 |  | 150 |
| 1984 | 60183 | 1579 | 1508 | 58604 | 257 |  | 100 |
| 1985 | 71980 | 15402 | 15041 | 56578 | 399 |  | 120 |
| 1986 | 87968 | 31000 | 29553 | 56968 | 2970 |  | 620 |
| 1987 | 127554 | 108750 | 42889 | 18804 | 5600 |  | 800 |
| 1988 | 103255 | 56293 | 21835 | 46962 | 6229 |  | 700 |
| 1989 | 29833 | 8287 | 3341 | 21546 | 3726 |  | 222 |
| 1990 | 23954 | 6654 | 9842 | 17300 | 684 |  | 145 |
| 1991 | 117169 | 38286 | 14768 | 78883 | 5069 |  | 770 |
| 1992 | 161164 | 50963 | 49823 | 110201 | 7257 |  | 997 |
| 1993 | 184262 | 54409 | 53192 | 129853 | 9348 |  | 675 |
| 1994 | 198928 | 65980 | 62233 | 132948 | 15321 |  | 1045 |
| 1995 | 206598 | 67814 | 65428 | 138784 | 21375 | 6340 | 1130 |
| 1996 | 325468 | 75003 | 72580 | 250465 | 23258 | 7835 | 2955 |
| 1997 | 366610 | 81800 | 73412 | 284810 | 25974 | 10338 | 3172 |
| 1998 | 386643 | 96444 | 87039 | 290199 | 26491 | 10998 | 3302 |
| 1999 | 448547 | 108224 | 98966 | 340323 | 57000 | 22234 | 3630 |
| 2000 | 608335 | 149441 | 134539 | 458894 | 67462 | 25834 | 5226 |
| 2001 | 686116 | 127148 | 116440 | 558968 | 75053 | 37053 | 4638 |
| 2002 | 867320 | 142279 | 129617 | 725041 | 98777 | 55899 | 5166 |
| 2003 | 928639 | 51120 | 45685 | 877519 | 103723 | 88028 | 1891 |
| 2004 | 1223098 | 95816 | 88797 | 1127282 | 153195 | 122817 | 3660 |
| 2005 | 1800623 | 121308 | 111018 | 1679315 | 193524 | 157536 | 4443 |
| 2006 | 2512103 | 154818 | 136159 | 2357285 | 277072 | 228929 | 6094 |
| 2007 | 4029438 | 365370 | 338744 | 3664068 | 485160 | 383152 | 13529 |
| 2008 | 2246447 | 67997 | 62934 | 2178450 | 225865 | 204237 | 3112 |
| 2009 | 5610630 | 174910 | 162458 | 5435720 | 559870 | 506088 | 7873 |

## 5. 各部门机构数

各部门机构数

| 部 门 | 2006 年 | 2007 年 | 2008 年 | 2009 年 |
|---|---|---|---|---|
| 农村基层组织（个） |  |  |  |  |
| 乡政府 | 549 | 542 | 542 | 542 |
| 镇政府 | 139 | 142 | 140 | 140 |
| 村民委员会 | 5737 | 5889 | 5261 | 5261 |

续表

| 部　门 | 2006年 | 2007年 | 2008年 | 2009年 |
|---|---|---|---|---|
| 乡村户数（万户） | 40.75 | 42.78 | 44.09 | 46.03 |
| 工业企业（个） | 451 | 443 | 465 | 519 |
| 国有企业 | 218 | 214 | 128 | 180 |
| 集体企业 | 85 | 81 | 71 | 84 |
| 建筑业企业（个） | 163 | 168 | 175 | 178 |
| 国有企业 | 25 | 24 | 23 | 24 |
| 邮电局所（个） | 126 | 193 | 193 | 194 |
| 卫生事业（个） | 1349 | 1339 | 1326 | 1329 |
| 医院及卫生院 | 763 | 765 | 764 | 763 |
| 门诊部、所 | 446 | 419 | 412 | 417 |
| 卫生防疫站 | 81 | 79 | 81 | 81 |
| 教育事业（所） | 1011 | 1014 | 1017 | 1014 |
| 普通高等学校 | 6 | 6 | 6 | 6 |
| 中等学校 | 125 | 124 | 126 | 124 |
| 普通中学 | 118 | 117 | 119 | 118 |
| 小　学 | 880 | 884 | 885 | 884 |
| 幼儿园 | 46 | 61 | 83 | 88 |
| 文化事业（个） | 264 | 258 | 314 | 360 |
| 艺术事业 | 49 | 44 | 51 | 51 |
| 群众文化事业 | 210 | 208 | 257 | 297 |
| 图书馆事业 | 3 | 4 | 4 | 4 |
| 文物事业（个） | 17 | 17 | 17 | 17 |
| 出版发行事业（个） | 72 | 86 | 86 | 90 |
| 广播电视（座） | 85 | 85 | 85 | 85 |
| 广播电台 | 1 | 1 | 1 | 1 |
| 电视台 | 5 | 5 | 5 | 5 |
| 广播电视台 | 3 | 3 | 3 | 3 |
| 县级以上有线电视转播发射台 | 76 | 76 | 76 | 76 |

# 陕西省

## 1. 广播电影电视业

### 广播电视基本情况

| 项　目 | 单　位 | 2005年 | 2006年 | 2007年 | 2008年 | 2009年 |
|---|---|---|---|---|---|---|
| 一、无线广播宣传基本情况 | | | | | | |
| 广播电台 | 座 | 11 | 11 | 11 | 11 | 11 |
| 发射台及转播台 | 座 | 14 | 14 | 14 | 14 | 14 |
| 发射机功率 | 部/千瓦 | 38/418 | 38/418 | 38/418 | 254/659 | 34/414 |
| 节目套数 | 套 | 92 | 95 | 100 | 100 | 102 |

续表

| 项　目 | 单　位 | 2005年 | 2006年 | 2007年 | 2008年 | 2009年 |
|---|---|---|---|---|---|---|
| 全年播出时间 | 时：分 | 303869：10 | 316548：38 | 362986：51 | 371661：52 | 393830：44 |
| 广播人口覆盖率 | % | 93.21 | 93.77 | 94.42 | 94.89 | 96.32 |
| 全年制作广播节目 | 时 | 161128 | 169128 | 181158 | 197525 | 200144 |
| 新闻节目 | 时 | 28381 | 26969 | 28562 | 30546 | 34215 |
| 专题节目 | 时 | 49380 | 55550 | 64010 | 52073 | 61314 |
| 文艺节目 | 时 | 52935 | 63172 | 53296 | 65600 | 62503 |
| 其他节目 | 时 | 9898 | 23437 | 35290 | 49306 | 42112 |
| 二、电视宣传基本情况 | | | | | | |
| 电视台 | 座 | 11 | 11 | 11 | 11 | 11 |
| 发射台及转播台 | 座 | 8497 | 8303 | 100 | 125 | 129 |
| 发射机功率 | 部/千瓦 | 15706/232.12 | 15718/227.69 | 147/287.34 | 206/414.17 | 223/431.47 |
| 节目套数 | 套 | 123 | 122 | 122 | 123 | 123 |
| 全年播出时间 | 时：分 | 482183：42 | 505405：03 | 532833：05 | 546678：00 | 557044：26 |
| 电视人口覆盖率 | % | 94.36 | 95.18 | 95.92 | 96.24 | 97.51 |
| 卫星收转系统 | 座 | 109256 | 314145 | 849556 | 1001807 | 856702 |
| 制作电视节目 | 时 | 71983 | 72290 | 64465 | 73746 | 79415 |
| 新闻节目 | 时 | 24700 | 21056 | 18915 | 19260 | 21712 |
| 专题节目 | 时 | 18484 | 16872 | 18550 | 22046 | 21279 |
| 文艺节目 | 时 | 10797 | 10885 | 9005 | 12007 | 12256 |
| 其他节目 | 时 | 5652 | 23477 | 17995 | 20433 | 24168 |
| 三、县广播电视台 | 个 | 88 | 88 | 88 | 88 | 88 |

## 2. 新闻出版业

(1) 图书出版

图书出版

| 类　别 | 图书种数（种） | | 总印数（万册） | |
|---|---|---|---|---|
| | 2008年 | 2009年 | 2008年 | 2009年 |
| **图书总计** | **5035** | **5870** | **16116** | **19801** |
| 一、使用“中国标准书号”部分合计 | 4966 | 5733 | 15919 | 19602 |
| A. 马列主义、毛泽东思想 | 12 | 16 | 76 | 162 |
| B. 哲学 | 86 | 101 | 35 | 149 |
| C. 社会科学总论 | 48 | 50 | 19 | 40 |
| D. 政治、法律 | 60 | 118 | 86 | 140 |
| E. 军事 | 10 | 32 | 7 | 15 |
| F. 经济 | 196 | 200 | 99 | 85 |
| G. 文化、科学、教育、体育 | 2697 | 2630 | 14300 | 17089 |
| H. 语言、文字 | 295 | 318 | 279 | 391 |
| I. 文学 | 191 | 380 | 106 | 404 |
| J. 艺术 | 144 | 177 | 254 | 70 |
| K. 历史、地理 | 179 | 287 | 161 | 356 |

续表

| 类 别 | 图书种数（种） | | 总印数（万册） | |
|---|---|---|---|---|
| | 2008年 | 2009年 | 2008年 | 2009年 |
| N. 自然科学总论 | 13 | 9 | 30 | 3 |
| O. 数理科学、化学 | 176 | 129 | 66 | 59 |
| P. 天文学、地理科学 | 8 | 26 | 2 | 39 |
| Q. 生物科学 | 16 | 29 | 3 | 12 |
| R. 医药、卫生 | 193 | 291 | 50 | 155 |
| S. 农业科学 | 40 | 108 | 14 | 87 |
| T. 工业技术 | 565 | 738 | 315 | 305 |
| U. 交通运输 | 22 | 13 | 9 | 6 |
| Y. 航空、航天 | 9 | 14 | 2 | 2 |
| X. 环境科学 | 6 | 11 | 6 | 6 |
| Z. 综合性图书 | | 56 | | 27 |
| 二、不使用“中国标准书号”部分合计 | 69 | 40 | 197 | 199 |

（2）杂志、报纸出版

杂志、报纸出版

| 类 别 | 种数（种） | | 总印数（万份） | | 总印张（千印张） | |
|---|---|---|---|---|---|---|
| | 2008年 | 2009年 | 2008年 | 2009年 | 2008年 | 2009年 |
| **一、杂 志** | **265** | **265** | **5198** | **6192** | **307129** | **316876** |
| 1. 综 合 | 6 | 6 | 40 | 53 | 2015 | 2530 |
| 2. 哲学社会科学 | 50 | 50 | 2319 | 2665 | 164810 | 165965 |
| 3. 自然科学技术 | 161 | 160 | 712 | 745 | 21304 | 23172 |
| 4. 文化教育 | 33 | 33 | 1061 | 1551 | 56001 | 58537.04 |
| 5. 文学艺术 | 12 | 12 | 334 | 417.42 | 19397 | 20947 |
| 6. 少年儿童读物 | 3 | 3 | 726 | 754.6 | 43002 | 45023 |
| 7. 画 刊 | 1 | 1 | 6 | 6.12 | 600 | 701.96 |
| **二、报 纸** | **44** | **44** | **62130** | **65556** | **3126415** | **3243325** |
| 1. 省级 | 29 | 29 | 37632 | 39642 | 2206498 | 2283410 |
| 2. 市级 | 15 | 15 | 24798 | 25914 | 919917 | 959915 |

## 3. 文化旅游业

（1）国家级风景名胜区（2009年）

国家级风景名胜区（2009年）

| 风景区名称 | 风景区面积（平方公里） | 供游览面积 | 游人量（万人次） | 境外游人 |
|---|---|---|---|---|
| **总 计** | **727** | **320** | **629** | **81** |
| 华 山 | 148 | 49 | 126 | 1 |
| 骊山风景区 | 87 | 53 | 374 | 78 |
| 黄河壶口瀑布 | 178 | 12 | 34 | 2 |
| 宝鸡天台山 | 134 | 40 | 1 | |
| 黄 帝 陵 | 3 | 1 | 72 | |
| 合阳洽川风景区 | 177 | 165 | 22 | |

(2) 旅游业发展情况

旅游业发展情况

| 指　标 | 2005 年 | 2006 年 | 2007 年 | 2008 年 | 2009 年 |
|---|---|---|---|---|---|
| 入境旅游人数（万人） | 92.84 | 106.11 | 123.13 | 125.73 | 145.08 |
| 1. 港澳同胞 | 10.57 | 13.12 | 14.14 | 18.91 | 18.49 |
| 2. 台湾同胞 | 7.69 | 9.82 | 10.84 | 13.15 | 12.16 |
| 3. 外 国 人 | 74.57 | 83.17 | 98.15 | 93.67 | 114.43 |
| 国际旅游外汇收入（万美元） | 44625 | 51000 | 61200 | 66011 | 77107 |
| 1. 长途交通 | | | | | 24983 |
| 飞　机 | | | | | 18583 |
| 火　车 | | | | | 4626 |
| 汽　车 | | | | | 1773 |
| 2. 景区游览 | | | | | 4395 |
| 3. 住 宿 | | | | | 10487 |
| 4. 餐 饮 | | | | | 6785 |
| 5. 购 物 | | | | | 15884 |
| 6. 娱 乐 | | | | | 3547 |
| 7. 邮电通讯 | | | | | 2236 |
| 8. 市内交通 | | | | | 1928 |
| 9. 其他服务 | | | | | 6863 |
| 入境游客在陕人均天花费（美元/人天） | | | | | 186 |
| 国内旅游人数（万人） | 5988 | 6950 | 8015 | 9056 | 11410 |
| 国内旅游收入（亿元） | 316 | 378 | 458 | 561 | 715 |
| 国际旅行社数（个） | 33 | 33 | 51 | 51 | |
| 旅行社数（个） | | | | | 568 |

# 青海省

## 1. 广播电影电视业

(1) 有线电视基本情况（2008—2009 年）

有线电视基本情况（2008—2009 年）

| 地　区 | 总户数（万户） | | 总用户数（万户） | | 有线电视入户率（%） | |
|---|---|---|---|---|---|---|
| | 2008 年 | 2009 年 | 2008 年 | 2009 年 | 2008 年 | 2009 年 |
| **合　计** | **144.93** | **143.43** | **35.89** | **37.30** | **24.76** | **26.00** |
| 西宁市 | 58.45 | 56.80 | 32.28 | 33.02 | 55.23 | 58.13 |
| 海东地区 | 38.29 | 38.55 | | | | |
| 海北州 | 7.34 | 7.45 | 0.53 | 0.57 | 7.22 | 7.65 |
| 黄南州 | 5.80 | 5.83 | 0.38 | 0.32 | 6.55 | 5.49 |
| 海南州 | 11.20 | 11.30 | 0.20 | 0.18 | 1.61 | 1.59 |
| 果洛州 | 4.24 | 4.40 | 0.31 | 0.36 | 7.31 | 8.18 |
| 玉树州 | 7.65 | 7.70 | 0.21 | 0.69 | 2.75 | 8.96 |
| 海西州 | 11.96 | 11.40 | 1.98 | 2.16 | 16.56 | 18.95 |

（2）电视播出公共节目时间（2009年）

## 电视播出公共节目时间（2009年）

单位：时：分

| 地　区 | 合　计 | 新闻资讯类 | 专题服务类 | 综艺益智类 | 影视剧类 | 广告类 | 其他类 |
|---|---|---|---|---|---|---|---|
| **合　计** | **66811：30** | **5729：10** | **7773：30** | **5548：30** | **31652：00** | **7846：00** | **3762：20** |
| 省　级 | 27193：00 | 1832：00 | 4374：00 | 841：00 | 13774：00 | 4636：00 | 1736：00 |
| 青海电视台 | 27193：00 | 1832：00 | 4374：00 | 841：00 | 13774：00 | 4636：00 | 1736：00 |
| 地市级 | 32998：30 | 3737：00 | 133：29 | 4447：30 | 17078：00 | 2710：00 | 1826：20 |
| 西宁电视台 | 12790：00 | 1155：00 | 2040：00 | 365：00 | 6560：00 | 2252：00 | 418：00 |
| 海北电视台 | 2920：00 | 616：00 | 122：00 | 609：00 | 1095：00 | 122：00 | 356：00 |
| 黄南电视台 | 3797：30 | 480：00 | 192：00 | 120：00 | 2680：00 | 140：00 | 185：30 |
| 海南电视台 | 2643：00 | 380：00 | 130：00 | 110：00 | 1683：00 | 140：00 | 200：00 |
| 果洛电视台 | 2563：00 | 536：30 | 185：00 | 282：30 | 1445：00 |  | 114：00 |
| 玉树电视台 | 3245：00 | 426：00 | 306：30 | 973：00 | 1095：00 | 2：00 | 442：50 |
| 海西电视台 | 5040：00 | 143：00 | 224：20 | 1988：00 | 2520：00 | 54：00 | 110：00 |
| 县　级 | 6620：00 | 160：00 | 200：00 | 260：00 | 5300：00 | 500：00 | 200：00 |
| 格尔木电视台 | 6620：00 | 160：00 | 200：00 | 260：00 | 5300：00 | 500：00 | 200：00 |

（3）广播播出公共节目时间（2009年）

## 广播播出公共节目时间（2009年）

单位：时：分

| 地　区 | 合　计 | 新闻资讯类 | 专题服务类 | 综艺类 | 广播剧类 | 广告类 | 其他类 |
|---|---|---|---|---|---|---|---|
| **合　计** | **56284：20** | **9053：15** | **9874：15** | **15281：30** | **3528：30** | **8177：15** | **10369：35** |
| 省　级 | 28113：00 | 3709：00 | 5370：00 | 3850：00 | 906：00 | 7107：00 | 7441：00 |
| 青海广播电台 | 28113：00 | 3709：00 | 5370：00 | 3850：00 | 906：00 | 7107：00 | 7441：00 |
| 地市级 | 28171：20 | 5344：15 | 4504：15 | 11701：30 | 2622：30 | 1070：15 | 2928：35 |
| 西宁市 | 21968：30 | 3616：30 | 3723：30 | 8281：00 | 2622：30 | 1070：15 | 2654：45 |
| 玉树州 | 2098：50 | 456：15 | 456：15 | 912：30 |  |  | 273：50 |
| 海西州 | 4104：00 | 1271：30 | 324：30 | 2508：00 |  |  |  |

## 广播播出公共节目时间（2008年）

单位：时：分

| 地　区 | 合　计 | 新闻资讯类节　目 | 专题服务类节　目 | 综艺类节　目 | 广播剧类节　目 | 广告类节　目 | 其他类节　目 |
|---|---|---|---|---|---|---|---|
| **合　计** | **47296：50** | **6149：45** | **8820：15** | **16131：00** | **1618：00** | **5717：00** | **8860：50** |
| 省　级 | 27852：00 | 3423：00 | 5892：00 | 7100：00 | 946：00 | 3576：00 | 6735：00 |
| 青海广播电台 | 27850：00 | 3423：00 | 5892：00 | 7100：00 | 946：00 | 3576：00 | 6735：00 |
| 地市级 | 19444：50 | 2726：45 | 2928：15 | 9031：00 | 672：00 | 1961：00 | 2125：50 |
| 西宁市 | 12966：00 | 920：00 | 210：00 | 5454：00 | 672：00 | 1961：00 | 1852：00 |
| 玉树州 | 2098：50 | 456：15 | 456：15 | 912：30 |  |  | 273：50 |
| 海西州 | 4380：00 | 1350：30 | 365：00 | 2664：30 |  |  |  |

(4) 广播节目制作情况(2009年)

广播节目制作情况(2009年)

单位:小时

| 项 目 | 总 计 | 青海人民广播电台 | 地市级广播电台 | 西宁市 | 玉树州 | 海西州 |
|---|---|---|---|---|---|---|
| **本年制作广播节目** | **5080** | **20936** | **29144** | **25886** | **1217** | **2001** |
| 新闻资讯 | 8327 | 3349 | 4978 | 4480 | 274 | 192 |
| 专题服务 | 8625 | 2815 | 5810 | 5171 | 274 | 365 |
| 综艺类 | 15874 | 3585 | 12289 | 10297 | 548 | 1444 |
| 广播剧类 | 176 | 1480 | 1480 | | | |
| 广告 | 7796 | 6726 | 1070 | 1070 | | |
| 其他类 | 7802 | 4285 | 3517 | 3396 | 121 | |

(5) 主要年份广播、电视事业发展和普及情况

主要年份广播、电视事业发展和普及情况

| 年 份 | 广播电台数(座) | 中播发射台和转播台(座) | 广播节目套数(套) | 广播人口覆盖率(%) | 电视台数(座) | 电视转播发射台(座) | 电视节目套数(套) | 电视人口覆盖率(%) |
|---|---|---|---|---|---|---|---|---|
| 1952 | 1 | 1 | 1 | | | | | |
| 1965 | 1 | 1 | 2 | | | | | |
| 1978 | 1 | 5 | 2 | 25.0 | 1 | 10 | 1 | 20.0 |
| 1980 | 1 | 5 | 3 | 25.0 | 1 | 17 | 1 | 22.0 |
| 1985 | 3 | 7 | 6 | 48.0 | 1 | 120 | 1 | 46.0 |
| 1990 | 4 | 7 | 7 | 50.0 | 4 | 186 | 5 | 72.0 |
| 1992 | 4 | 8 | 7 | 50.0 | 4 | 235 | 5 | 73.0 |
| 1993 | 4 | 8 | 7 | 58.0 | 5 | 260 | 6 | 75.0 |
| 1994 | 4 | 8 | 7 | 58.0 | 5 | 273 | 6 | 75.0 |
| 1995 | 4 | 8 | 7 | 59.0 | 5 | 323 | 6 | 76.0 |
| 1996 | 4 | 8 | 7 | 59.0 | 5 | 335 | 6 | 76.0 |
| 1997 | 4 | 8 | 7 | 58.5 | 5 | 392 | 6 | 78.4 |
| 1998 | 4 | 8 | 7 | 59.3 | 5 | 410 | 6 | 78.8 |
| 1999 | 4 | 8 | 8 | 60.1 | 5 | 832 | 6 | 82.3 |
| 2000 | 4 | 7 | 8 | 63.0 | 5 | 1274 | 6 | 86.0 |
| 2001 | 4 | 8 | 8 | 80.5 | 6 | 1206 | 11 | 87.8 |
| 2002 | 4 | 8 | 8 | 84.4 | 8 | 1208 | 12 | 88.9 |
| 2003 | 4 | 8 | 8 | 84.5 | 9 | 1415 | 13 | 90.4 |
| 2004 | 4 | 8 | 8 | 86.4 | 9 | 1393 | 13 | 92.0 |
| 2005 | 4 | 8 | 8 | 86.5 | 8 | 1495 | 13 | 92.5 |
| 2006 | 4 | 8 | 8 | 87.5 | 8 | 1480 | 13 | 93.0 |
| 2007 | 4 | 8 | 8 | 88.0 | 8 | 1440 | 13 | 93.5 |
| 2008 | 4 | 8 | 9 | 88.5 | 8 | 1584 | 13 | 94.0 |
| 2009 | 4 | 8 | 9 | 88.9 | 8 | 1449 | 13 | 94.3 |

## 2. 新闻出版业

### 主要年份报纸、杂志、图书出版情况

| 年份 | 报纸 | | 杂志 | | 图书 | |
|---|---|---|---|---|---|---|
| | 种数（种） | 总印数（万份） | 种数（种） | 总印数（万册） | 种数（种） | 总印数（万册） |
| 1957 | | 565.4 | | | 23 | 15.1 |
| 1970 | | | | | 80 | 312.0 |
| 1975 | 2 | 2991.1 | | | 196 | 1167.9 |
| 1978 | 2 | 2966.0 | 1 | 6.0 | 204 | 1051.5 |
| 1980 | 3 | 3160.0 | 1 | 64.7 | 586 | 2231.4 |
| 1985 | 10 | 4312.8 | 17 | 111.1 | 339 | 960.7 |
| 1990 | 12 | 3894.4 | 17 | 51.9 | 527 | 1081.9 |
| 1992 | 15 | 4773.5 | 25 | 63.1 | 624 | 1128.3 |
| 1993 | 15 | 4335.0 | 27 | 67.5 | 628 | 864.7 |
| 1994 | 15 | 4316.9 | 37 | 78.9 | 764 | 1024.8 |
| 1995 | 16 | 5677.0 | 39 | 78.5 | 735 | 1226.7 |
| 1996 | 16 | 4254.0 | 39 | 70.3 | 667 | 1025.3 |
| 1997 | 16 | 4054.0 | 40 | 81.1 | 479 | 1081.9 |
| 1998 | 14 | 3792.0 | 39 | 85.3 | 501 | 1295.2 |
| 1999 | 17 | 4002.0 | 45 | 88.0 | 450 | 1126.9 |
| 2000 | 21 | 4800.2 | 50 | 91.2 | 195 | 586.2 |
| 2001 | 19 | 4235.8 | 31 | 280.8 | 148 | 507.0 |
| 2002 | 20 | 4494.2 | 43 | 59.2 | 142 | 397.5 |
| 2003 | 20 | 4752.0 | 41 | 73.8 | 156 | 827.7 |
| 2004 | 21 | 4384.0 | 49 | 220.0 | 377 | 504.0 |
| 2005 | 19 | 4486.0 | 40 | 204.0 | 390 | 840.4 |
| 2006 | 27 | 4400.0 | 52 | 108.0 | 392 | 1077.0 |
| 2007 | 25 | 9757.0 | 52 | 196.0 | 576 | 1143.0 |
| 2008 | 26 | 8859.0 | 52 | 281.0 | 656 | 987.0 |
| 2009 | 26 | 9172.0 | 53 | 353.0 | 680 | 843.0 |

## 3. 文化旅游业

(1) 旅游事业发展情况（2005—2009 年）

**旅游事业发展情况（2005—2009 年）**

| 指　标 | 2005 年 | 2006 年 | 2007 年 | 2008 年 | 2009 年 |
|---|---|---|---|---|---|
| **年末旅行社数（个）** | **132** | **155** | **183** | **198** | **198** |
| 国际旅行社 | 16 | 17 | 18 | 20 | 20 |
| 国内旅行社 | 116 | 138 | 165 | 178 | 178 |
| **年末旅行社从业人员（人）** | **1490** | **1730** | **1880** | **1900** | **1940** |
| 国际旅行社 | 320 | 440 | 465 | 469 | 484 |
| 国内旅行社 | 1170 | 1290 | 1415 | 1431 | 1456 |
| **星级饭店总数（个）** | **84** | **96** | **106** | **117** | **119** |
| **旅游人次合计（万人次）** | **637** | **815** | **1002** | **905** | **1109** |
| 国际旅游者 | 4 | 4 | 5 | 3 | 4 |
| 外国人 | 2 | 3 | 4 | 2 | 3 |
| 港、澳、台同胞 | 2 | 1 | 1 | 1 | 1 |
| 国内旅游者 | 633 | 810 | 997 | 902 | 1105 |
| **旅游总收入（亿元）** | **26** | **36** | **47** | **48** | **60** |
| 国内旅游收入（亿元） | 25 | 35 | 46 | 47 | 59 |
| 国内旅游者人均花费（元） | 392 | 427 | 461 | 517 | 535 |
| 国际旅游外汇收入（万美元） | 1102 | 1325 | 1591 | 1015 | 1542 |
| 国际旅游人均花费（美元） | 313 | 314 | 318 | 338 | 427 |

(2) 接待外国旅游人数（2006—2009 年）（按国别分）

**接待外国旅游人数（2006—2009 年）（按国别分）**

单位：人次

| 国家（地区） | 2006 年 | 2007 年 | 2008 年 | 2009 年 | 国家（地区） | 2006 年 | 2007 年 | 2008 年 | 2009 年 |
|---|---|---|---|---|---|---|---|---|---|
| **总　计** | **27708** | **36226** | **20591** | **24699** | 德　国 | 1872 | 961 | 1810 | 2621 |
| **亚洲小计** | **10164** | **23638** | **8728** | **10828** | 意大利 | 521 | 489 | 322 | 460 |
| 日　本 | 6461 | 16338 | 3889 | 3611 | 瑞　典 | 132 | 139 | 148 | 59 |
| 韩　国 | 795 | 3969 | 2201 | 1802 | 瑞　士 | 466 | 294 | 543 | 348 |
| 蒙　古 | 196 | 20 | 189 | 52 | 荷　兰 | | | | |
| 印度尼西亚 | 278 | 25 | 42 | 384 | 俄罗斯 | 433 | 237 | 316 | 333 |
| 马来西亚 | 460 | 498 | 479 | 1281 | 西班牙 | 234 | 55 | 205 | 123 |
| 菲律宾 | 119 | 76 | 99 | 278 | 其　他 | 1701 | 453 | 372 | 529 |
| 新加坡 | 870 | 2177 | 577 | 1340 | **美洲小计** | **5895** | **5611** | **3905** | **3867** |
| 泰　国 | 95 | 322 | 406 | 441 | 美　国 | 3591 | 4840 | 3161 | 3001 |
| 印　度 | 131 | 35 | 43 | 237 | 加拿大 | 1319 | 683 | 702 | 731 |
| 缅　甸 | 28 | 25 | 131 | 25 | 其　他 | 985 | 88 | 42 | 135 |
| 越　南 | 6 | 12 | 62 | 129 | **大洋洲小计** | **1429** | **737** | **1238** | **1739** |
| 朝　鲜 | 34 | 63 | 120 | 31 | 澳大利亚 | 969 | 484 | 1174 | 1247 |
| 巴基斯坦 | 37 | 31 | 43 | 443 | 新西兰 | 172 | 145 | 55 | 420 |
| 其　他 | 654 | 72 | 447 | 774 | 其　他 | 288 | 108 | 9 | 72 |
| **欧洲小计** | **8481** | **5755** | **6256** | **7318** | **非洲小计** | **471** | **29** | **230** | **179** |
| 英　国 | 1183 | 1729 | 1324 | 1465 | **其　他** | **1268** | **456** | **234** | **768** |
| 法　国 | 1939 | 1389 | 1216 | 1380 | | | | | |

# 新疆维吾尔自治区

## 1. 广播电影电视业

**电影、电视、广播事业基本情况**

| 项　目 | 2008 年 | 2009 年 |
|---|---|---|
| 电影制片厂（个） | **1** | **1** |
| 广播电台（座） | **6** | **6** |
| 中短波发射台及转播台（座） | 50 | 47 |
| 中短波广播发射功率（千瓦） | 2711 | 2711 |
| 调频发射台及转播台（座） | 995 | 1001 |
| 调频发射功率（千瓦） | 281.625 | 330.95 |
| 节目（套） | 121 | 154 |
| 制作广播节目（小时） | 231108 | 249449 |
| 新闻资讯类节目 | 37885 | 51046 |
| 专题服务类节目 | 64492 | 64695 |
| 综艺类节目 | 69876 | 89197 |
| 广播剧类节目 | 9670 | 9356 |
| 广告类节目 | 24955 | 14414 |
| 其他类节目 | 24230 | 20741 |
| 广播人口覆盖率（%） | 93.54 | 94.4 |
| 电视台（座） | **8** | **8** |
| 广播电视台（座） | **31** | **83** |
| 县级广播电视台（座） | 23 | 75 |
| 电视发射台及转播台（座） | 938 | 937 |
| 电视发射机功率（千瓦） | 548.141 | 782.301 |
| 节目（套） | 193 | 188 |
| 制作电视节目（小时） | 55789 | 66321 |
| 新闻资讯类节目 | 16213 | 24387 |
| 专题服务类节目 | 12946 | 13536 |
| 综艺类节目 | 5395 | 7561 |
| 影视剧类节目 | 2874 | 724 |
| 广告类节目 | 14117 | 13452 |
| 其他类节目 | 4244 | 6661 |
| 电视人口覆盖率（%） | 93.48 | 94.78 |
| 有线电视用户（万户） | 163.89 | 180.99 |
| 数字电视用户（万户） | 32.42 | 102.88 |
| 卫星地球站（座） | 1 | 1 |
| 卫星收转站（座） | 28716 | 66982 |

注：影视剧类节目不包括译制节目。

## 2. 主要年份文化产业基本情况

主要年份文化产业基本情况

| 项　目 | 2000 年 | 2005 年 | 2009 年 |
|---|---|---|---|
| 文化产业机构数（个） | **7848** | **11777** | **9590** |
| 文化部门 | 1055 | 2404 | 1788 |
| 其他部门 | 6793 | 9373 | 7802 |
| **文化产业人员数（人）** | **26621** | **34001** | **38029** |
| 文化部门 | 9801 | 11515 | 13017 |
| 其他部门 | 16820 | 22486 | 25012 |
| 各类文化艺术事业单位数（个） | | | |
| 文化馆、艺术馆 | 108 | 110 | 122 |
| 公共图书馆 | 80 | 94 | 94 |
| 博物馆 | 23 | 28 | 63 |
| 艺术表演场所 | 23 | 47 | 21 |
| 艺术表演团体 | 88 | 89 | 136 |
| 戏剧、电影观众（万人次） | | | |
| 戏　剧 | 14 | 52 | 22 |
| 电　影 | 35 | 268 | 117 |
| 按总人口平均每人观看（次） | | | |
| 戏　剧 | 0.01 | 0.03 | 0.01 |
| 电　影 | 0.02 | 0.14 | 0.05 |

# 中国传媒大学文化产业孵化器

中国传媒大学文化产业孵化器（以下称孵化器）位于中国传媒大学西校区（东亿国际传媒产业园区）内，孵化器为有志于投身文化产业的企业和个人提供良好的创业环境，同时也提供包括政策、资金、空间、咨询、人才、营销等配套服务。孵化器由中国传媒大学文化产业研究院具体承办。

在孵化器的建设过程当中，得到了来自国家文化部、北京市委宣传部、北京市团市委、北京市朝阳区委宣传部、中国传媒大学以及中国传媒大学社会服务发展办公室、中国传媒大学校团委各部门和领导的大力支持和帮助。孵化器也吸引了来自境内外学术机构、企业、个人、投资基金的高度关注。孵化器未来将成为中国传媒大学实现产、学、研一体化发展的重要引擎和渠道。目前孵化器的建设已经初具规模，孵化器现分为设计工坊、创意温室、视觉艺术工作室、媒体服务外包工作室等四个主题单元。在孵企业经营业务涉及创意策划、动漫、电影电视节目制作、设计、媒体运营、新媒体、艺术培训、艺术品交易、产权交易、文化咨询等专业领域。

# 中国专业音响旗舰企业
# 中国文化产业院战略合作伙伴

## 音王简介

音王集团成立于1988年，一直致力于研发、生产和销售高品质的专业音响和周边设备、乐器音响、舞台灯光以及音响接插件等器材。历经22年，从一家租厂房起步的音响手工小作坊，发展成为今天占地18.5万平米、拥有员工2000多人的中国现代化专业音响旗舰企业。企业秉承自主创新精神，引进国际先进技术，产品涵盖8大种类共4000余种，不仅在国内声名远播，而且远销90多个国家和地区，在北京人民大会堂、国家大剧院都可以见到音王产品的身影。

音王凭着“振兴民族音响产业，打造民族音响品牌”的经营理念和社会责任感，几十年来在社会各界和市场中已树立了良好的形象，早在2002年就荣获了“国家级高新技术企业”，又先后获得“浙江省文化出口重点企业”、“中国驰名商标”、“浙江省著名商标”、“浙江省名牌产品”、“浙江省出口名牌”、“浙江省专利示范企业”、“浙江省电子电声工程技术研发中心”，“ISO14001环境管理体系认证”等荣誉称号。2010年又被文化部评为“国家文化产业示范基地”，成为音响行业中唯一入选的企业。

2008年，在北京奥运会上，音王为奥运会38个奥运场馆提供了监听音箱和音视频线缆，为奥运会做出了杰出贡献，被第29届奥组委授予“2008年北京奥运会荣誉产品制造商”，被中央电视台、《人民日报》、新华社等五十几家国内主流媒体誉为“奥运生命线”，受到政府和社会高度赞赏。

2010年3月16日，音王集团与上海世博会事务协调局正式签约，成为中国国家馆、世博主题馆音响设备指定品牌。

最新出版的美国《音乐贸易》杂志公布的全球乐器与音响供应商225强名单中，音王集团有限公司名列全球第51名。

18.5万$m^2$的音王工业城

# 满载荣誉 实力领航

国家高新技术企业

国家文化产业示范基地

中国驰名商标

浙江省著名商标

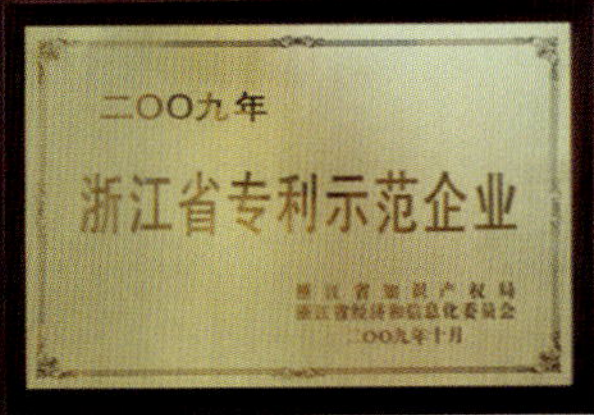

浙江省专利示范企业

音箱获国家行业评比优质产品

功放获国家行业评比优质产品

ISO14001环境管理体系认证

中国银行白金客户

浙江名牌产品

中国诚信信用管理AAA资信等级

浙江省出口名牌

"奥运会、残奥会开闭幕式"纪念证书

2008北京奥运会荣誉证书

第 29 届奥运会组委会技术部

感谢信

宁波音王集团有限公司：

举世瞩目的第二十九届奥运会和残奥会已经圆满结束。贵公司在本届奥运会音视频远传系统工程中提供的监听音箱和音视频线缆，经得住三十几个场馆使用中经受考验，使用良好，产品设计优良、品质卓越、服务周到，为本届奥运会和残奥会音视频信号传送及节目顺利转播做出了重大贡献。这是中国民族品牌在国际最大体育盛会—奥运会中的关键环节得到成功应用。事实证明，"中国制造"是完全可以信赖的，一定可以在高端市场领域得到推广引用。音王的成功，实现了科技奥运的理念。

为褒扬你们的卓越精神，北京奥组委技术部对你们取得的巨大成就表示赞赏，深致衷心感谢！

第29届奥林匹克运动会组织委员会
技术部
二〇〇八年九月

第29届奥运会组委会技术部感谢信

上海世博会事务协调局颁发的荣誉证书

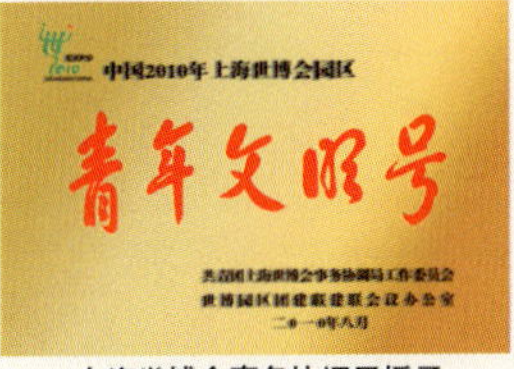

上海世博会事务协调局授予
"青年文明号"铜牌

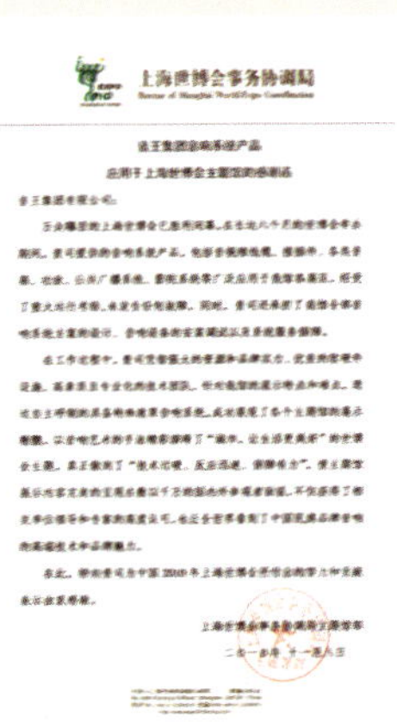

上海世博会事务协调局感谢信

# 科技引领　自主创新

3000多平米的研发场所，聚集了音王150多名来自电声、电子等各大领域的核心技术专家和工程师。音王重视国际间技术交流与合作，在国外投资建立独立的研发团队，引进多名英国、美国、德国等权威技术专家。

**音王美国研发部** 承担高端音箱研发
世界著名音响博士加盟音王

**音王德国DSP引擎研发部**
承担数字DSP研发

**音王中国研发中心**

**音王英国数字调音台研发部**

**音王英国专业音响研发部**

**音王英国数字乐器研发部**

## 研发设施

- ○ 可靠性试验中心，拥有1200多平米试验空间，并建有大型专业的全消声室；
- ○ 投资3000万元、面积达3000平米的专业音响视听馆，拥有2500个座位，集现场效果视听、灯光演示、专业音响视听功能为一体；
- ○ 专业视听室，视听性能指标达到国际先进水平；
- ○ 国际领先的LMS/DAAS音箱测试系统；
- ○ 大信号非线性分析系统KLIPPEL；
- ○ 音频信号综合测试仪等。

大型专业全消声室

专业音响视听室

国际一流的大型音响视听馆

专业音响录音棚

# 浙江省浙商文化促进会 Zhejiang Zheshang Cultur

浙江省浙商文化促进会是由浙江省文化厅牵头，经浙江省民政厅批复同意，由浙江省政府官员、学者、专家与企业界人士以及社会各界自愿结成的公益性、联合性社会团体。主要以促进浙商企业提升文化品质与内涵，推动草根浙商走向文化浙商为宗旨，积极扶持和引导民营资本进入文化产业，努力搭建文化产业发展平台，以实施文化产业“走出去”战略为己任，通过学术交流、课题研究、培训咨询、投资洽谈、组织海内外交流等方式，促进会员单位共同发展。

浙江省浙商文化促进会会长由浙江省文化厅厅长杨建新担任。原浙江省政协副主席徐鸿道任名誉会长，浙江省政协副主席黄旭明、时任省委宣传部副部长吴天行、省人大教科文卫委员会主任童勺素、省政协文卫体委员会主任李林访、省政府参事室副主任潘海生、省文化厅副厅长田宇原、浙江大学校长助理、浙江大学社会科学院院长罗卫东、瑞安市副市长陈林等被聘为促进会顾问。浙江省文化厅文化产业处处长何蔚萍担任秘书长。

浙江省浙商文化促进会自2009年4月30日正式成立至今，已拥有团体会员289家。目前下设浙商艺术银行专业委员会、浙商投资专业委员会、浙商动漫专业委员会、浙商健康工程专业委员会、浙商促进大学生就业工作委员会等11个专业委员会。

浙江省浙商文化促进会自成立以来成功引导浙江惠民集团、浙江普达海文化产业集团等企业投资文化产业189亿元人民币。

一、2009年4月30日浙江省浙商文化促进会成立大会

二、浙商文化之旅——九华山

三、2009年10月19日浙江文化产业论坛

四、“军民共建”主题活动——红二团

五、浙江省动漫沙龙活动

六、“整合大产业 成就新浙商”——没动漫产业与义乌对接活动

七、浙江省政府参事室莅临我会指导工作

八、2010年浙江省浙商文化促进会第一次会长会议

九、在2010中国义乌文化产品交易博览会新闻发布会上发表《浙商文化宣言》

十、2010年4月19日成立浙江省浙商文化促进会义乌分会

十一、2010年4月20日-23日组织浙江中南集团卡通影视有限公司、杭州玄机科技信息技术有限公司、杭州九越数字动画有限公司、浙江缔顺科技有限公司、杭州趣玩数码科技有限公司、浙江沸蓝信息技术有限公司、杭州时空影视文化传播有限公司共七家动漫企业组团参加文博会义乌文化产品博览会

十二、2010年9月15日召开文化新浙商评选新闻发布会

十三、2010.9.25-26陪同中国传媒大学文化产业研究院院长范周教授考察义乌市场、讲课

十四、2010.10.26-28组织三爱使（三星）集团、浙江新亚实业有限公司、杭州博众人力资源有限公司、浙江风创投资有限公司、上海启达电器设备有限公司五家企业董事长赴重庆万州区参加“天下浙商三峡行”活动

十五、在浙江省浙商文化促进会的主导推动下，龙泉精龙宝剑、剑瓷视界与杭州玄机技信息技术有限公司达成三方合作，将传统产业与新兴产业的结合共同发展

# 浙商文化促进会成立以来的主要大型活动

# 泉韵济南 动漫泉城

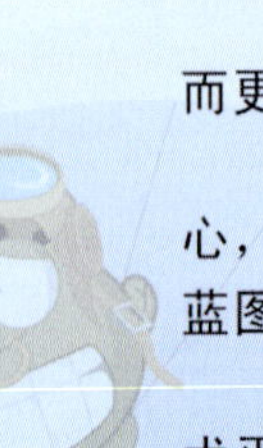

泉水，济南的灵魂；动漫，时尚文化的精粹；济南因为泉水而更有韵味，因动漫而更加时尚。

泉韵济南，动漫泉城。作为全国重要的信息产业基地和全省政治、经济、文化中心，济南凭借源远流长的齐鲁文化底蕴和儒家文化基础，绘就了动漫游戏产业发展的蓝图。

济南通过成立动漫游戏行业协会、建设动漫游戏产业基地、构建动漫游戏公共技术平台、开展动漫人才培养工程、举办动漫制作大赛等活动，引导和促进动漫游戏产业发展，积极打造“动漫泉城”品牌。

目前，全市已初步形成了原创、播出、出版、周边产品开发等于一体化的动漫游戏产业链，拥有动漫游戏企业180多家，2009年销售收入超过15亿元，动画创作年生产能力超过15000分钟，相关从业人员8700余人。主要业务涉及2D/3D动画电影制作、动漫图书、手机动漫、音像制品、人才培训、网络游戏研发与运营以及动漫游戏形象衍生产品的生产和经营。涌现出盛世弘扬、中旗动漫、东方天健、科明数码、世博文化、馨漫园动漫等一批优秀动漫游戏开发和生产企业。

济南市按照“政府主导、企业参与、市场运作”的发展模式，采取有效措施，积极推进动漫产业基地建设。目前全市已经初步形成以东部高新区国家动漫游戏产业基地、中部槐荫区齐鲁动漫游戏产业基地和西部长清区山东数娱大厦为主体的动漫游戏产业发展集群。2007年9月，国家动漫游戏产业基地落户泉城，济南动漫游戏产业发展呈现出全新格局。

2011年济南动漫游戏产业发展重点：动画片鼓励民族原创出精品；网络游戏主推绿色健康互动；重点发展动漫游戏特别是虚拟现实技术在各领域的应用；大力推广动漫游戏在机电一体化方面的融合。

围绕打造“动漫泉城”这个核心目标，力争到“十二五”末，济南动漫游戏企业达到300家，其中500人以上企业30家，实现动漫游戏产业产值200亿元，带动软件开发、影视制作、教育出版、休闲娱乐等相关产业发展，使动漫游戏产业成为济南市现代服务业的生力军和国民经济新的增长点。

泉韵济南，动漫泉城。济南作为动漫游戏产业的风尚之地，文化创意产业的聚集之地，动漫游戏产业正以强劲姿态跃入一个新的发展高度！

TEL:0531-66602608
HTTP://WWW.JNCGA.CN

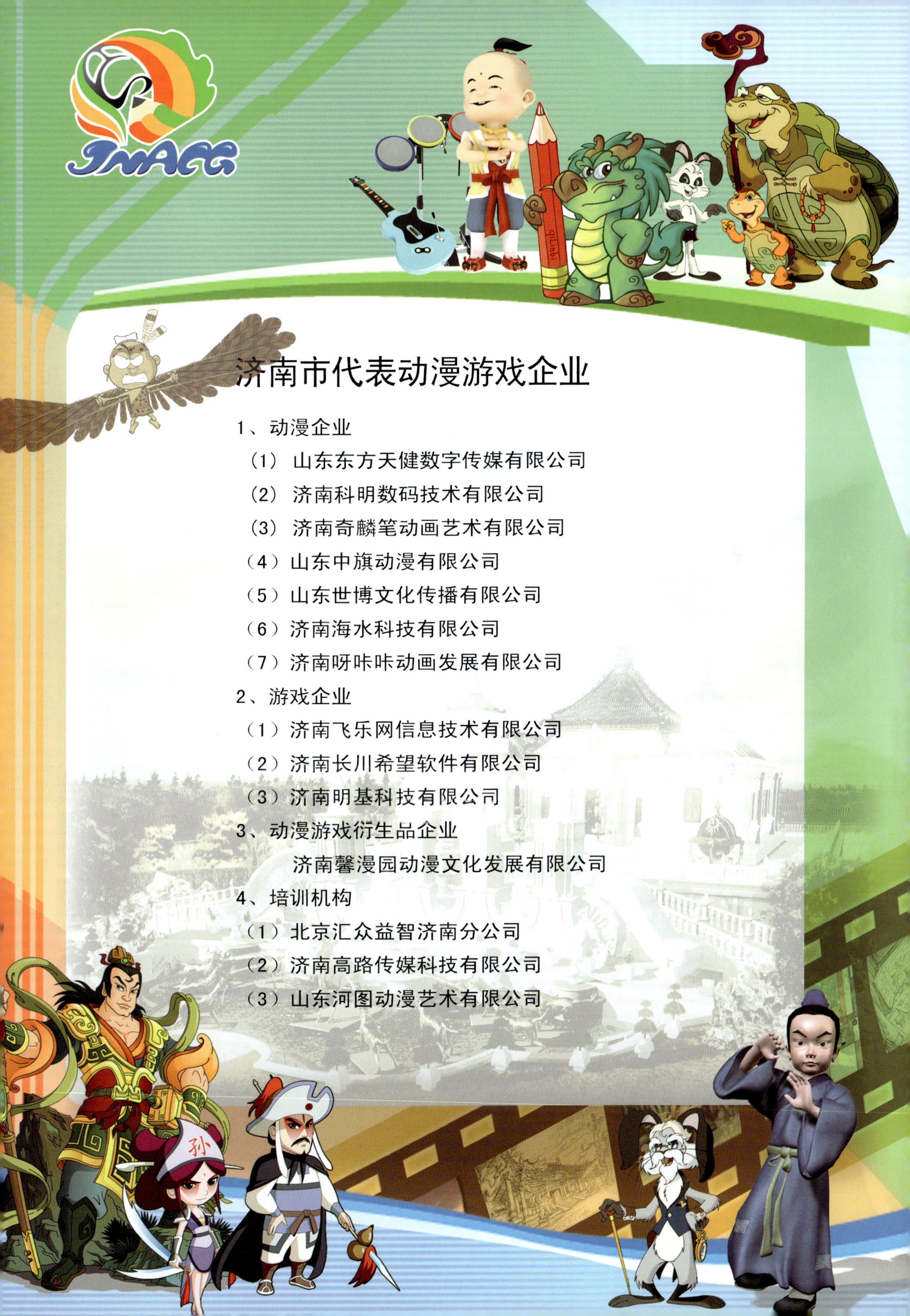


# 济南市代表动漫游戏企业

1、动漫企业

（1） 山东东方天健数字传媒有限公司

（2） 济南科明数码技术有限公司

（3） 济南奇麟笔动画艺术有限公司

（4）山东中旗动漫有限公司

（5）山东世博文化传播有限公司

（6）济南海水科技有限公司

（7）济南呀咔咔动画发展有限公司

2、游戏企业

（1）济南飞乐网信息技术有限公司

（2）济南长川希望软件有限公司

（3）济南明基科技有限公司

3、动漫游戏衍生品企业

济南馨漫园动漫文化发展有限公司

4、培训机构

（1）北京汇众益智济南分公司

（2）济南高路传媒科技有限公司

（3）山东河图动漫艺术有限公司

# TAIZHOU RADIO AND TELEVISION RECEPTION
# 台州广电总台

2010年，台州广播电视总台不断深化体制改革，在做强宣传主业的同时，遵循文化产业发展规律，着力壮大广电传媒在内容产业、传统产业、新媒体产业等方面的实力和竞争力，创收和资产较快增长，产业体系和结构渐趋合理，产业运作机制不断完善，媒体竞争力明显增强，集团化发展成效显著。

1、由台州市委宣传部、台州广播电视总台、台州市文广新局、中国传媒大学文化产业研究院、中国网友报、中国电信股份有限公司台州分公司共同承办的第五届中国网络音乐节新闻发布会暨中国网络音乐联盟成立大会9月27日在北京民族饭店举行。台州广电总台成立中音天歌有限公司，负责组织中国网络音乐节的相关活动及文化产业开发。

2、同中国传媒大学达成协议，双方共同建设台州广电总台传媒培训学院，率先在全国广电系统开展全员培训，打造台州广电核心竞争力。

3、积极应对“三网融合”，数字化整体转换快速推进，数字电视用户突破120万户。

4、广告市场继续从“红海”向“蓝海”拓展。年度广告招标会极大地扩大了台州广电总台知名度和影响力。

5、"睛彩台州"成为全国首批获国家广电总局批准CMMB十二个试验频道之一。投资250万元，参与浙江移动电视公司组建。

6、台州网络电视台开通试运营，台州广电总台官方网"台州在线"不断拓展和壮大，已成为台州最具权威的音频门户网站。

7、《大民讨说法》——民生维权栏目创新节目形态，获评"2010年城市台标杆品牌电视栏目"，主持人大民形象深入人心。

8、投资拍摄《蜜橘又红了》、《花园农家》两部数字影片，入围第19届金鸡百花电影节，并在电影节上展映。

# 北京泥人張

NIRENZHANG

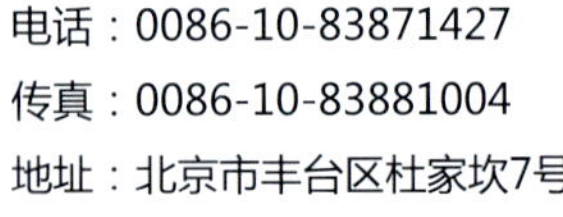

电话：0086-10-83871427

传真：0086-10-83881004

地址：北京市丰台区杜家坎7号

邮政编码：100072

电子邮箱：nrz@nirenzhang.com

# 四代北京“泥人张”打造中华民间艺术的传奇

北京泥人张的祖先原为满族，姓氏为“福”，属于“八旗”中镶黄旗的一支。约1644年随“努尔哈赤”进入北京，在朝中办事听差。

据历史有关资料记载，北京制作和仿制陶器、陶人始于清乾隆年间，1765年左右，至今已有240年的历史。北京泥人张的祖辈当时为皇宫、旗里听差、采买的过程中经常接触到此门做泥瓦人陶艺技艺。1845年左右（道光年间），张氏家族开始与当时北京作泥陶人物器皿的手艺人合作，自家开始烧制泥陶人物手工艺品、日用陶器等，逐步确定以此为生计。第一代北京泥人张张延庆在父辈的影响下，除制作一些泥陶玩具，日用陶器养家糊口外，也开始研究用一些特殊的泥土，被人们誉称为“泥人张”。第二代传人张寿亭开始研究制作仿泥瓦古玩。当时，北京和奉天（沈阳）都有生产作坊，除了北京的琉璃厂古玩店和北方的几个大城市外，还直接送往清宫造办处。在北京、奉天一带两代北京泥人张名噪一时。

到了第三代传人张桂山时期，在艺术风格上继承前辈所长，博采同行诸家之可取，为泥陶仿古玩做出了积极的贡献。不但继承秦、汉、唐的瓦模技术，并有所发展和提高，对复杂造型进行分段包泥制模，并且可以小批量生产。这样不但提高了制作功效，而且使这门濒临消亡的制模手艺得以流传。

北京民间工艺大师第四代传人张铁成，经过不断努力，把泥人张品牌推向国际市场，扩大了中国传统手工艺品的国际知名度，成为中国工艺美术优秀企业。同时在非物质遗产保护和开发方面有着卓越的贡献。

张铁成先生在申请北京市非物质文化遗产项目中有两个项目：1.中国传统的手工泥瓦模制作工艺。此工艺自中国秦代至清代始终是中国陶瓷制作人物雕塑工艺品的主要生产手段。自民国时期西洋石膏技术传入我国后，泥瓦模手工艺逐渐失传，北京泥人张第三代传人张桂山先生在30—40年代与当时燕京大学陶瓷系许福海教授合作为挽救和传承中国的传统泥瓦模工艺做了大量工作。不但保留了传统工艺，还在泥瓦模制造上创新，研制出分段组合泥瓦模制作工艺，大大提高了生产效率 ，还能做出比较复杂的泥陶人物作品。目前国内只有北京泥人张第四代传人张铁成先生还掌握着这套传统工艺，并留有大量的父辈制作的实物及模具。

2.北京泥人张的传统泥陶仿古工艺，张先生又有继承发展和创新，其他地方的陶艺仿古作旧。张铁成经10年的研发探索，利用自己其他的专业知识，创新开发出“快速仿古作旧工艺”（已申请专利），此工艺效率高，效果逼真、成本低，环保、便宜，对把中国传统文物仿制工艺品走向大众化、走向世界做出了巨大贡献！

# 洪江古商城

洪江古商城地处湖南省沅水上游，以其地域优势，崛起于元明，繁盛于清代与民国，为中国大西南功能完整的商业都会，现存明清至民国时期的会馆、钱庄、商号、洋行、作坊、店铺、报社、庙宇、寺院、厘金局、烟管、青楼等古建筑380余栋，内有国家重点文物保护单位18处，建筑总面积30万平方米。其现存建筑所包含的历史文化、经济、民俗、建筑等价值，具有突出性、不可替代性、不可克隆性，不仅是中国的遗产，也是世界的遗产。它不仅是一幅现实的“清明上河图”，更是一方“中国资本主义萌芽时期的活化石”，被誉为“中国第一古商城”，先后荣获“新潇湘八景”、“中国十佳古城”以及“影响中国文化旅游的一座古城银奖”，并与丽江、平遥、凤凰结为姊妹古城。

洪江古商城旅游保护和开发得到各级党委政府的高度重视，在大湘西文化旅游圈中有着独特的位置，洪江区将古商城旅游文化产业作为洪江实现第三次辉煌的战略性新型产业来打造。近年，对全区交通、古商城核心景区和旅游配套设施建设投入6亿元，使洪江的交通、景区进入、游客接待得到了较大的改善。

此外，洪江古商城还具有丰富的影视拍摄资源，被多家制片厂所青睐，已拍摄《敌营十八年》、《拯救女兵司徒慧》、《战士》、《恰同学少年》、《我爱北京天安门》、故事湖南《古城洪江》、《湖南故事——1949》、《台湾脚逛大陆》、《商德奇葩》等二十余部电视电影及专题片。现古商城基地项目被列入省文产重点项目，得到省政府的重视。

# 北京中非兄弟文化传播有限公司

公司领导与新华社副社长周锡生（左三）在一起

公司领导与人民教育出版社总编辑徐岩（左）、副社长罗先友（中）在一起

公司承办的第三届中国道教文化节赴澳门展演活动

## 公司简介

北京中非兄弟文化传播有限公司位于北京长安街的东延长线上，是朝阳区“定福庄传媒走廊”核心区域内的新兴传媒公司。公司所在位置，东临传媒行业最高学府中国传媒大学，西接电视领域最高机构中央电视台新大楼，地理位置可谓得天独厚。

公司目前的主要经营范围包括影视媒体、平面媒体、会展演艺、出版发行、广告代理等领域。公司的经营目标是立足国内、借助港澳、倾力打造一个面向非洲、面向葡语系国家的综合外宣平台。为中非之间、中葡之间的文化交流、媒体合作起到桥梁与纽带的作用，为中非之间、中葡之间的友好往来、友谊常青扮演信鸽与使者的角色。

公司现拥有一大批专业精干的制作团队和激情高效的运营团队。依托多年累积的媒体管理和市场开发经验，融合丰富的社会资源，人脉优势，积极探索以文化传播为主旨、以合作多赢为原则、以优质服务为品牌的全面、系统的运营模式和解决方案。

2010年，我们与福建育港动漫公司，共同主创了国内首部动画外宣节目《龙凤五洲》；

2010年，我们与澳门有关机构和单位，共同开办了中国葡语网络电视台；

2010年，我们与人民教育出版社，共同出版发行了国内首套面向中小学家长的教辅图书……

2010年，我们因为责任所以有动力；因为专业所以有品质；因为诚信所以有口碑。

北京中非兄弟文化传播有限公司真诚期待您的光临与合作！

董事长：曲小兵
电话：010-85795666
传真：010-85795111
网站：www.bm-ca.com

公司领导与中央电视台常务副台长张长明(左)在一起

公司主创的首部动画外宣片《龙凤五洲》签约仪式

公司领导与阿拉伯亚洲商务卫视董事长王伟胜(中)在一起

公司领导与香港凤凰卫视董事局主席刘长乐(右)在一 起

# 蔚县剪纸

河北省委常委、宣传部长聂辰席，河北省文化厅厅长冯韶慧参观蔚县剪纸展

河北省委副书记、省长陈全国视察河北省文化产业基地焦氏剪纸

卖剪纸的亮子

河北蔚县剪纸，是以阴刻为主、阳刻为辅的点色剪纸，源于明代，已有200多年的历史。蔚县剪纸是蔚县的名片，是一种从窗户上发展起来的艺术。所谓“阳刻见刀，阴刻见色，应物造型，随类施彩”而成。以其构图饱满、造型生动、色彩绚丽、工艺奇特为艺术风格，独树一帜，被誉为华夏剪纸之最。蔚县因此被授予“中国剪纸艺术研究基地”、“中国剪纸艺术之乡”的称号。蔚县剪纸被列入首批国家级非物质文化遗产名录。蔚县剪纸与苏绣、钧瓷同时荣获了“中国创意城市文化名片”的“民俗名片奖”。蔚县剪纸又以中国剪纸之首入选世界《人类非物质文化遗产代表名录》。

蔚县剪纸题材广泛，意寓深长，生活气息浓郁。无论是反映人们对吉祥幸福的祁纳，还是来源于劳动人民喜闻乐见的历史故事、民间传说及人物；无论是北方特有的文化背景和民俗风情的再现，还是用于四时节令、婚寿礼仪等庆典，都体现了民间艺人高超的智慧和丰富的想象力。

随着社会的发展和时代的变迁，蔚县剪纸已走出了庄户人的小院，步入了现代设计的广阔天地，在产品包装设计、商标广告、室内装潢、服装设计、书籍装帧、邮票设计、报刊题花、舞台艺术、影视、动画等各个方面都有她的身影，已走向世界，名扬四海，成为全人类的文化财富与艺术瑰宝。

如今，这一民间艺术瑰宝，不仅以其无穷魅力吸引着世界各国人民的眼球，其快速形成的产业实力更令人称奇。近年来，蔚县县委、县政府立足骨干企业培育和成长型企业孵化，加大对剪纸专业村、专业户在土地使用、贷款发放、税收优惠、财政支持、基础设施建设等方面的倾斜力度。目前，蔚县剪纸生产厂家达到56家，大多走上集设计、生产、研发、销售于一体的集约化经营轨道。“企业+基地+农户”的产

业化模式，除吸纳3.2万余人稳定就业外，还吸收学徒辐射创业。全县22个乡镇中有16个乡镇的96个行政村分布着剪纸艺人，形成28个剪纸专业村、1100余个专业户。蔚县剪纸已从传统的戏剧人物、戏剧脸谱、鸟兽虫鱼、花卉吉祥图等表现内容，迅速扩展到神话传奇、风景名胜、民俗风情等20大类5800余个品种，市场份额有效扩张。2009年，产业生产规模达到500余万套，产品畅销欧、美及东南亚等70多个国家和地区，实现产值2.06亿元，对GDP的贡献率已达近4个百分点，成为县域特色经济的拳头产品和重要富民产业。

文化创意，艺术创新，实现产业优化升级。2003年全国民间文化遗产抢救工程剪纸专项工作会议在蔚县召开。2010年2月在北京国家大剧院成功举办蔚县剪纸展出，受到热捧；2010年8月在蔚县成功举办首届中国剪纸艺术节，以节为媒，会友招商，在海内外叫响"蔚县剪纸"品牌，引起广泛赞誉；开辟了"中国剪纸第一街"，汇聚全国41种剪纸艺术，原生态地进行展示、互动和营销，创建了中国乃至世界最大的剪纸交易集散地和旅游精品购物区。真可谓以纸为媒传真情，万种风韵汇盛节。11月在河北省省会石家庄举办"世界剪纸看中国，中国剪纸看蔚县—世界非物质文化遗产蔚县剪纸展"。旨在通过举办展览，展示蔚县文化、蔚县文化旅游产业和蔚县经济社会成就，以此展示蔚县新形象和新魅力，为蔚县经济社会发展打造良好空间和环境。目前，投资5000万元的国际剪纸会展中心暨蔚州州衙复建项目将于2010年竣工开放。

全国文联副主席、中国民协主席冯骥才这样评价蔚县剪纸："广泛流传在蔚县民间的剪纸艺术非常独特，尤其戏剧脸谱是中国民间文化的一个符号，是生活中灿烂的内容。蔚县剪纸是活体的，是惊人的，是令人感动的"。

# 昆明雄達茶城

*kunming xiong da cha cheng*

昆明雄达商贸有限责任公司于1993年成立，2003年创建昆明雄达茶城，茶城位于昆明市北市区金实小区南门，占地面积6万多平方米，设有三个大型停车场和多个绿化停车带，拥有完善的配套服务体系和安保设施。是一个集茶文化夜市、喝茶品茶、休闲娱乐、旅游观光、饮食文化、酒文化、民族文化传播为主体，是目前全国唯一一家古典园林式的品牌茶文化城。

雄达茶城获全球文化产业特色园区创新引领奖.

雄达茶城荣获云南省文化产业示范基地

昆明雄达茶文化城自创建以来，在省、市、区各级政府领导的关心支持下得以发展。茶文化城一直以发展文化产业为主导，主要以茶文化夜市、休闲娱乐、喝茶品茶、茶文化交流、餐饮娱乐、民族工艺品鉴赏、云南民族文化传播、旅游观光为主体的茶文化城。

昆明雄达茶文化城是目前全省乃至全国唯一一家古典园林式的茶文化城，茶城的建设以云南民族特色的明清古建筑风格和园林绿化为主，园林绿化面积占茶城总面积的46%。民族文化氛围浓郁，茶文化底蕴深厚。让前来喝茶品茶、观光的消费者、旅游者留连忘返。成为品牌化、知名度高，以茶文化交流、民族文化传播、休闲娱乐、旅游观光为一体的文化窗口和交流平台。

2008年10月云南省文化体制改革与文化产业发展领导小组办公室授予雄达茶文化城为“云南省文化产业示范基地”。2008年11月，昆明雄达茶文化城在全国几千家茶城参与的评比中，是唯一一家被中国国际品牌协会、中国新闻传播中心、中国轻工企业投资发展协会评比授予“中国茶文化城第一品牌”、“中国第一茶城”（雄达茶城）荣誉的品牌茶文化城。2010年10月，在第五届“创意中国•和谐世界”文化产业国际论坛全球文化产业“学院奖”评选中，从近百个国内外知名文化产业园区中脱颖而出，与澳大利亚昆士兰创意产业园区以及英国伦敦西区等园区共同获得全球文化产业特色园区“创新引领奖”。

昆明雄达茶城今后将进一步加大文化产业的投资力度，把雄达茶文化城打造成为引领文化旅游发展的建设生态、园林、绿化旅游型景点，打造成全国知名的旅游茶文化城，为（文化昆明）建设作出更大的贡献。

# 美济（天津）影视传媒有限公司

☐ 三维立体数字动画电影《封神传奇》

☐ 三维立体数字动画电影《封神传奇》新闻发布会现场

美济（天津）影视传媒有限公司是有独立影视产品立项资质的国有影视文化公司，是天津市影视动漫游戏行业协会和文化产业协会的会员单位。

公司落户于河西区陈塘科技文化园区，以自主原创影视作品为主，以生产动画片、电视剧和电视专栏节目为主要产品，集中了一批影视艺术家、专业工作者和动画技术人才。该公司法人、董事长赵军，系中国电视艺术家协会会员，全国著名钢笔画家，资深动画片制片人。

目前，该公司依托河西区文化大区的优势和陈塘科技文化园特惠政策支持，于2010年在国家电影局立项了“三维立体数字动画电影《封神传奇》第一部（原名殷商之乱）”的项目，该项目系自主原创动画作品，以日美动画大片的质量为标准，主打国际市场。

# 第六部分　园区与基地

YUAN QU YU JI DI

# 一、国家级文化产业示范基地、示范园区

## 1. 文化部命名第一批国家级文化产业示范园区

(1) 西安曲江新区

曲江新区位于陕西省西安市，前身是1993年依据国务院文件精神设立的以发展文化旅游为核心产业的省级开发区，2003年更名为西安曲江新区。一期规划15.88平方公里，二期规划47平方公里。曲江新区内有大雁塔、青龙寺、汉宣帝杜陵、唐长安城遗址（部分）等4个国家级文物保护单位和秦二世陵1个省级文物保护单位。

2003年以来，曲江新区坚持以“文化产业立区，文化旅游兴区”为宗旨，以盛唐文化为品牌，以资源整合为手段，实施重大文化项目带动战略，先后建成了大唐芙蓉园、大雁塔北广场、曲江海洋馆、曲江国际会展中心等多项文化工程，策划开展了“曲江国际唐人文化艺术周”、“盛典西安文化活动”、“曲江国际文化论坛”、“曲江国产电影新人新作展”等一系列重大文化活动，建立了自己的非物质文化遗产保护基地，逐步形成了独特的曲江文化品牌。

曲江文化产业投资集团公司成立后快速发展，共拥有14家子公司，业务涵盖旅游、会展、影视、演艺、商贸、餐饮、物流、物业、娱乐、房地产等多个产业门类。2006年5月，被文化部命名为“国家文化产业示范基地”。

2006年以来，曲江新区进一步加强公共文化服务设施体系建设，先后投资10亿元，开工建设曲江池遗址公园、寒窑遗址公园、唐城墙遗址公园、秦二世陵遗址公园；投资10亿元，开工建设陕西现代艺术馆、西安歌剧院、西安音乐厅、曲江电影城等公共文化场馆。

2006年12月，陕西省人民政府决定，委托曲江新区管委会承担法门寺佛文化展示区9平方公里的开发任务。西安市人民政府委托曲江管委会承担楼观台道文化展示区22平方公里的开发工作任务。2007年5月，西安市政府又决定，由曲江新区管委会承担大明宫国家遗址公园及周边地区24平方公里的改造建设任务，以曲江新区为核心的由曲江新区管委会负责的文化产业园区总面积已达到73.38平方公里。

(2) 华侨城集团公司

华侨城集团公司成立于1985年11月11日，是隶属于国务院国有资产监督管理委员会管理的大型中央企业。经过二十多年的发展，华侨城总部基地已经形成为一个集旅游、文化、购物、娱乐、体育、休闲于一体，面积近6平方公里的文化旅游度假区，获得了较好的经济效益和社会效益。2004年11月被文化部命名为“全国文化产业示范基地”。

近几年来，华侨城集团公司先后投资建设了北京华侨城、上海华侨城和成都华侨城，合资开发了长江三峡旅游公司、长沙世界之窗等重大文化旅游项目。截至2006年底，华侨城所属各景区累计入园人数超过1亿人次，累计收入超过84亿元。2007年6月，华侨城旅游度假区被国家旅游局评为首批5A景区；2007年7月，深圳东部华侨城项目被国家旅游局和国家环保总局联合授予“国家生态旅游示范区”荣誉称号。

旅游文化演出是华侨城集团主业经营的一项重要内容和核心竞争力之一，从1991年起，华侨城城区和各景区累计上演各类大型演出共计21台，演出近二万场，接待观众4000万人次。

此外，华侨城集团公司不断扩大文化产业领域的投资。1991年9月30日，投资建设了大型演出场所华夏艺术中心；1997年4月18日，建成了何香凝美术馆；2001年，创建了华侨城国际传媒演艺公司；2003年，成立了华夏演出公司和华夏文化艺术学校；2004年接收了原隶属于深圳市文化局的深圳歌舞团；2006年5月，华侨城集团公司又开始投资建设OCT－LOFT华侨城创意文化园，形成了良性互动的文化产业群。

## 2. 文化部命名第二批国家级文化产业示范园区

(1) 曲阜新区文化产业园

曲阜市位于山东省中南部，是伟大的思想家、教育家、儒家学派创始人孔子的家乡，儒家学派的代表人物孟子、颜子、子思也诞生于此，少昊帝死后葬在曲阜，工匠祖师鲁班是春秋鲁国（曲阜）人。全市共有包括6处国家级、21处省级在内的111处重点文物保护单位，其中著名的孔庙、孔府、孔林为世界文化遗产。

近年来，曲阜市委、市政府在抓好文化遗产保护的同时，高度重视文化产业发展，提出“文化强市、旅游兴市”的发展战略。连续24年举办了中国曲阜国际孔子文化节，推出一系列以孔子文化为特色的文化产品和服务。建设了孔子六艺城、孔子研究院、论语碑苑、杏坛剧场、明故城墙等文化设施，重点扶持发展了孔子文化旅游、孔子文化演艺、孔府餐饮文化、文化书画业、文物复制品、文化会展博览和旅游商品销售等文化产业门类。2008年1

月，曲阜明故城区域被评为山东省首批省级文化产业示范基地。

根据党的十七大关于“弘扬中华文化、建设中华民族共有精神家园”的精神和山东省关于“大力实施孔子文化品牌带动战略、打造以曲阜为中心的鲁文化集聚区”的要求，曲阜市依托利用孔子及儒家文化的资源优势，规划了以世界文化遗产“三孔”大中轴线向新区延伸的文化产业园。园区内已经建成并开放了40万平方米的孔子文化商品市场，正在动工建设12万平方米的孔子文化会展中心。规划建设孔子博物馆、孔子文化广场、大型游客中心、文化体育公园、大成桥及沂河景区等重大文化项目，同时规划建设孔子出生地尼山等。通过文化产业园区建设，进一步提高本地文化产业规模、质量和水平，以产业发展促进世界文化遗产孔庙、孔府、孔林的有力保护，为增强中华民族向心力和凝聚力、提升中国文化软实力做出应有贡献。

(2) 沈阳棋盘山开发区

沈阳棋盘山开发区位于辽宁省沈阳市东部，规划面积203平方公里，行政管辖面积190平方公里，下辖3个街道，总人口4.9万人。按照沈阳市委、市政府确定的城市发展总体规划要求，开发区发展战略目标定位于打造国家级文化产业示范区和国家级生态示范区，创建世界知名旅游品牌。2007年生产总值18亿元，同比增长25%，完成固定资产投资60亿元，同比增长38%。

沈阳棋盘山开发区生态条件优越，区位优势明显，基础设施完备，拥有清福陵等36个人文景观和秀湖景区等57个自然景观。近年来，开发区管委会利用本地丰富的资源优势，建设了沈阳世界园艺博览园、关东影视城等一系列文化设施和产业园区，先后成功举办了“2006中国沈阳世界园艺博览会”、“2007中国沈阳世界文化与自然遗产博览会”和“沈阳国际冰雪节”等大型文化旅游活动。

按照国家大力发展文化产业的战略要求，2007年，沈阳棋盘山开发区出资组建了文化产业发展公司，采取加速器孵化、培育、发展、上市的模式，加速培育文化产业项目和骨干企业；通过资本运作，吸引社会资本和国外资本，参与开发区文化产业发展。目前，已与香港长江实业集团、香港恒基兆业集团、香港谢瑞麟集团和上海实业集团、同济大学人文学院等知名企业和高校签订合作意向，计划建设电影风情小镇、“东方威斯勒”度假区、圣诞村、生态风情小镇、路虎文化产业园等重大文化产业项目。沈阳棋盘山开发区文化产业发展将会有力地促进沈阳市产业结构调整和辽宁省老工业基地振兴，为促进全省文化产业和国民经济快速发展做出积极贡献。

### 3. 文化部命名第一批国家级文化产业示范基地

(1) 中国对外文化集团公司

中国对外文化集团公司成立于2004年4月，是在原文化部直属事业单位中国对外演出公司（CPAA）和中国对外艺术展览中心（CIEA）的基础上，经中华人民共和国国务院批准设立的第一家大型国有对外文化企业集团，也是全国文化体制改革的试点单位。集团公司由国务院作为出资人，并由文化部与财政部分别作为行政主管部门和经营性国有资产监管部门。该公司有演出、艺术展览、文化旅游、图书音像期刊出版等较为完整的文化产业链，有策划、营销、宣传、外语、管理、外贸、舞台等多种专业人员，是中国最大的国际演出和艺术展览进口商，也是世界最大的中国演出和艺术展览提供商。公司拥有北京最具影响的文体票务销售网络系统——中演票务通，北京地区80%以上的文体活动票务均在此系统销售，年销售额超过1亿元。该公司还拥有《少林雄风》、《太极时空》、《龙狮》、《英雄天地间》、《四海一家》、《世纪风骨》等品牌演出剧目和展览项目，在海内外演出和艺术展览市场上深受欢迎，每年海外观众达1000万人次。

(2) 中录同方文化传播有限公司

北京中录同方文化传播有限公司是国内最大的音像产品的生产单位之一，基本形成制作出版、复制、发行一条龙的产业链条。该公司领导班子健全，有创新能力，企业发展速度较快，已具有跨行业、多元化的产业集团模式，下属有三个音像出版社，一个光盘加工厂，一个电视制作公司，一个全国音像综合发行企业，两个中外合资发行企业，一个网吧连锁经营企业，以及一个文化传媒企业。该公司坚持先进文化的前进方向，始终把社会效益放在首位，严把音像产品的出版关。近年来，企业连年上台阶，年营业额超过2亿元。

(3) 北京市长安文化娱乐中心

北京市长安文化娱乐中心成立于2000年11月，是北京市政府投资在“老字号”长安大戏院基础上易地重建的综合性文化设施，建筑面积21225平方米，建设投资1.8亿元。经营项目主要有：“长安大戏院”的戏曲演出经营、长安控股的“长安舞台艺术有限公司”和京港合资的“天星文化娱乐有限公司”的文化演出经营、同中体产业股份有限公司和美国倍力健身公司的合作项目“中体倍力健身俱乐部有限公司”的体育健身经营，以及4000多平方米商业面积的租赁经营。该中心以长安大戏院为龙头，确立了“以京剧为重点，以民族戏曲为主体，兼顾多种舞台艺术形式，开展多元化演出经营”的思路，把剧场经营同剧目经营有机结合起来，积极参与剧目投资、制作、策划、演出，按市场需求进行商业运作，拓展了广阔的市场空间。截至2003年底，长安大戏院经营总收入1.23亿元，上缴国家流转税金1394万元，上缴国家投资回报金360万元。其中经营演出3294场，接待观众184万余人次，票房收入5434万元，平均上座率达70%，剧场利用率高达136%。

(4) 北京保利文化艺术有限公司

北京保利文化艺术有限公司成立于2000年2月，由中国保利集团公司和保利科技有限公司组建，注册资本为1亿元。目前，拥有控股、参股、受托管理企业23家，业务范围涵盖演出、影视传媒、文化收藏与展出、影剧院经营、广告、演艺经纪、光盘生产与音像发行等领域。保利文化艺术有限公司的经营思路是：以经济效益和社会效益为核心，以优质品牌为基础，以资本运作为手段，完善配套管理机制，做强做大影视传媒、文艺演出两项主业，加大对股权投资项目的管理力度，实现跨越式发展。几年来，保利文化艺术有限公司组织策划了一系列有影响的演出活动，其中大卫·科波菲尔2002年北京演出创下国内演出市场诸多记录。保利文化艺术有限公司经营管理的保利剧院已成功接待了近300个演出团体的3000余场演出。2003年底，保利文化艺术有限公司顺利完成被誉为“中国文化产业第一并购案”——收购北大华亿影视传媒公司。新组建的保利华亿拥有国内影视传媒业最优秀的团队资源，形成了“影视内容提供+传媒平台+广告业务”的优良架构。其中，保利华亿拥有投资拍摄、收购的影片达160余部，代表作有《卧虎藏龙》《有话好好说》《荆轲刺秦王》等；投资制作的电视剧有《我爱我家》《永不瞑目》《大宅门》等；旅游卫视成为国内惟一的以旅游为主导的专业化卫星频道。

(5) 北京儿童艺术剧院股份有限公司

2004年1月16日，北京儿童艺术剧院股份有限公司正式挂牌成立。该公司由北京青年报社控股，北京市文化局下属北京市文化设施运营管理中心、北京市教委下属北京高校房地产开发公司、北京电视台下属北京电视事业开发集团、北京市文化发展中心四家单位共同参股组成。注册资金4000万元，其中增量部分2300万元。作为文化体制改革的试点单位，北京儿艺在整合文化资源、艺术生产策划、产品宣传包装、市场营销运作、后产品开发经营等方面进行了大胆探索，并取得可喜成绩。面向全国开展“20万重金征集儿童剧剧本”活动，取得良好效果；市场化运作大型魔幻童话剧《迷宫》取得圆满成功；设立“北京盈之宝儿童艺术基金”，坚持送戏下乡；全面开拓儿童市场，策划承办“北京市首届儿童戏剧周”活动等。该公司的经营发展目标是：打造完善以品牌经营为核心的儿童文化产业链，积极参与数字频道、影视剧制作、动漫游戏开发和儿童剧衍生产品生产，代理销售国内外知名儿童品牌，开展青少年艺术培训，开发演出市场和票务市场，迅速成长为一流的文化企业，确保在同行业中的领先地位。

(6) 北京麦乐迪餐饮娱乐管理有限公司

2000年5月，由北京麦乐迪餐饮娱乐有限公司经营的麦乐迪KTV在北京朝外大街开业，它以“安全、健康、欢乐、时尚”的经营理念和富有创新意识的经营管理方式，迅速赢得消费者的青睐，口碑极佳。目前已在全国范围内开设了9家直营店，总营业面积已达到5万平米，现有员工总数已达到2500余人，总接待消费者已达千万余人次，大小包房1000余间。成立至今，麦乐迪KTV不断对音响及功放设备进行升级改造，目前设备投入资金已超过5000万元，形成以KTV、餐饮和干果饮品超市三大事业部为主体，下设七个配套职能部门，具有一定品牌影响、连锁化、规模化的现代娱乐企业。面对激烈的竞争，麦乐迪确立了差异化的经营策略：通过低价位的价格策略吸引消费者参与，开发工薪阶层的消费力，满足更多民众的文化需求，扩大文化娱乐消费市场的份额。麦乐迪确立了“一切为了顾客”的服务理念，将这一服务理念体现在服务的全部过程。为保证曲目齐备并及时更新，不仅购买了万余张正版歌碟，还与众多的唱片公司合作举行新歌推广试唱活动。麦乐迪改变了北京地区高档娱乐消费经营场所占据市场主流的格局，并为扭转和改变娱乐场所的行业形象发挥了重要作用，引领了北京歌舞娱乐场所经营的潮流，也带动了全国歌舞娱乐产业结构的调整。

(7) 天津市西青区文化旅游发展有限公司

天津市西青区文化旅游发展有限公司作为国家首批文化产业示范基地，依托当地丰厚的文化旅游资源、民俗风情资源和地方特色文化品牌，在挖掘遗产、用活资源上下功夫，使得“杨柳青年画”、“石家大院”、“霍元甲”等著名文化遗产得到了保护性的开发；在建设载体、以文兴商上见到成效，开发了明清街、御河人家、天津热带植物观光园（冰雕园）、杨柳青庄园、水高庄园等文化旅游景点，成为了文化产业新的经济增长点；在深度开发、拓展服务上发挥品牌效应，在延伸服务范围、拓展经营方式等方面进行了有益的尝试，构建起了文化结合、文旅结合、相互依托、优势互补的文化产业链。2009年，该公司共接待游客119.31万人，文化旅游总收入17866.60万元，实现了良好的经济效益和社会效益。

(8) 河北吴桥杂技文化经营集团公司

吴桥杂技文化经营集团公司始建于2003年8月，是河北省吴桥县为把杂技文化产业做大做强而专门成立的市场化运作实体。集团公司下辖吴桥杂技大世界、吴桥县杂技团、吴桥杂技艺术学校、吴桥杂技道具生产四个经营单位，包括杂技旅游、杂技对外演出、杂技教育、杂技道具生产四大吴桥杂技文化产品，创建于1992年的“吴桥杂技大世界”成为发展的龙头，年接待观众达40万人次，门票收入5000万元，观众和门票收入保持年均20%的增长势头，资产也由开业初的2200万元上升到1.2亿元。新开发的杂技名人孙福有故居、杂技专业村等6个产业项目，大大延长了杂技产业链条。吴桥杂技艺术学校带动了民间杂技教育的发展，全县各类杂技学校已发展到22家，在校学员达800多人；各类杂技团体已发展到100余家，从业人员近万人，每年的演出收入在5000万元以上；从事与杂技相关产品开发、生产的企业20多家，开发产品达到60个大类、800多种规格；28万人中，有3万人直接和间接从事杂技产业的发展。

(9) 山西灵石县王家大院民居艺术馆

王家大院民居艺术馆位于山西省灵石县静升古镇，自1997年开放以来，共接待中外游客300余万人（次），是该县经济发展的重要支撑之一。王家大院民居艺术馆坚持弘扬晋商优秀文化传统，大力发掘整理晋商几百年创业史以及民居文化的内涵，建立完善行之有效的内部管理机制，使艺术馆整体机制达到高起点、高标准、高效率，2001年通过ISO9001国际质量管理体系认证。同时，该馆重视培养科研人才、市场营销人才和管理人才，编制了《王家大院总体保护与旅游开发规划》，在保护挖掘文物资源，投入大量资金，不断完善基础设施的同时，加大文化产品的开发力度。该馆在自身产业不断发展壮大的同时，还为该县解决了部分社会就业，带动了其他相关产业的发展，扩大了灵石县的对外影响，成为山西文化产业的一个品牌。

(10) 辽宁锦州辽西文化古玩商城

锦州市辽西文化古玩商城于2001年建成并投入使用。该商城建筑面积2.7万平方米，内设210个精品屋和500个经营摊位，同时设有文化商品展览大厅，厅内拥有248个国际标准展位。目前该商城内从业人员达5000多人，年营业额近3亿元。辽西文化古玩商城是锦州市文化局利用社会资金扶持起来的大型民营文化企业，其主要经营古玩、工艺美术品和图书等文化商品，经营品种达3200多种，交易活动辐射整个东北和内蒙古西部以及京、津、唐地区。为扩大影响，促进交易，该商城先后举办了“全国第四届收藏精品大型展销会”、“锦州市大型优秀图书展销会”等32次文化商品展销会。为提高吸引力和凝聚人气，该商城将全市的古玩商会、收藏协会、诗词协会、楹联协会等12个民间文化组织请进商城，无偿提供办公和活动场所，几年来免费为广大市民举办各种讲座数十次。为确保公平交易，依法经营，锦州市文化局在商城专门设立了文化市场管理办公室。

(11) 辽宁民间艺术团

辽宁民间艺术团于2003年4月成立，由赵本山任团长，从建团时的28人目前发展到116人。该团是具有辽宁地方特色的全新体制和机制的省直专业艺术表演团体，不断更新经营理念，始终把“观众需要”和“市场需求”放在首位。他们采取场团结合的方式，积极实施院线制。在沈阳市承包两个剧场，建立了刘老根大舞台和铁西和平影剧院“二人转”舞台。2003年，与上海金茂大厦合作创办了“刘老根大舞台金茂之夜”演出活动，仅半年时间，即演出500场，演出收入1000万元，实现利税170万元。该团以演出业为主，以电视剧制作为依托，以电视栏目广告业为窗口，以艺术教育为基础，形成比较完整的文化产业链条。演出业计划每年演出1000场，演出收入1500万元；影视制作业计划每年生产一部电视剧，每两年拍成一部百集室内情景喜剧；电视栏目方面每年完成52集的电视栏目制作与播出；艺术教育方面已成立的本山艺术学院和艺术学校每年各招生200至250人，办学规模将达到800至1000人。

(12) 大连普利文化产业基地

大连普利文化产业基地是由普利文化传播（控股）有限公司投资兴建的。总占地面积5.5公顷，总建筑面积16.5万平方米，由文化产业聚居区、文化物流基地、文化产业生产基地三部分组成。主营出版物的出版策划及批发零售，综合信息平台的建设与经营，文化教育及培训的聚合及组织，中小企业文化创意产业孵化器的组织及建设，中国民间工艺品、艺术品的深加工及出口等多种文化产业项目。经营模式主要以自主投资为主，辅以低廉的租金和参股、融资等方式，广泛吸引国内外的文化企业进驻，形成较为完整的文化产业链，促进公司的跨越式发展。未来发展目标是在经过重新整合后继续在出版物的出版发行方面加大投入，发挥固有优势以及积累的民营书业经营经验，扩大经营范围，提高经营效益，深化民营书业在东北乃至全国的影响力，力争拓展集书、茶、国学、会所等于一身的特色书店“尚书苑”连锁经营模式，争取创建书业中的一个优秀品牌。

(13) 哈尔滨马迭尔集团股份有限公司

1999年，哈尔滨市政府决定在传统的哈尔滨冰雪文化的基础上，在松花江上建一座集参观、游览、娱乐、比赛于一体，熔冰灯、冰雕、雪雕于一园的大型综合性冰雪乐园，并命名为“哈尔滨冰雪大世界”。从第二届哈尔滨冰雪大世界活动开始，根据“政府扶持、市场化运作、企业化经营”的运行模式，哈尔滨马迭尔集团股份有限公司从投资、策划、管理、经营等方面全面投入了这个项目。“哈尔滨冰雪大世界”平均每届接待国内外游客100万人左右，成为国内外知名度很高的冰雪文化旅游品牌，创下占地面积、冰雪展品件数、文化活动数量、单体冰建筑等多方面的世界之最，同时创世界冰雪吉尼斯纪录20余项。特别是第5届，占地面积40万平方米，总用冰量为10万立方米，总用雪量15万立方米，冰雪展品2200多件，经营文化活动60多项，总投资为3500万元。“哈尔滨冰雪大世界”给社会和城市经济发展带来了可观的社会效益和经济效益，带动了哈尔滨交通、商业、旅游、餐饮等相关产业的发展。

（14）上海张江创意产业基地

张江创意产业基地位于上海浦东腹地，2003年该基地共引进各类高科技研发机构18家，到年底有各类在孵企业382家，申请专利445项，其中发明专利349项。张江创意产业基地以文化创意产业为发展重点，以与基地内信息产业相关的多媒体软硬件开发和制作、动漫画制作、游戏软件（包括网络游戏）的开发和制作以及高科技影视后期制作、产品工业造型设计等为主要发展内容，著名的网络游戏公司上海盛大网络、第九城市、网星游戏及一些韩国网络游戏公司都落户张江。基地内还有3所艺术类大学——中国美术学院上海设计分院、上海电影艺术学院、以及与上海戏剧学院合办的上海创意学院。经过5至10年的发展，张江创意产业基地内聚集的文化企业将达到200家左右，从业人员达2万人以上，努力培育出世界级的现代创意产业实体；基地内文化产业总产值将达到300亿至500亿元，其中出口产值占40%以上。

（15）上海盛大网络发展有限公司

上海盛大网络发展有限公司成立于1999年11月，现已发展成为集网络文化产品开发、运营、销售为一体，涉足周边产品、出版物等立体化品牌经营的集团化企业。该公司成立以来连续创出100%的增长速度，2003年的营业收入近7亿元，并带动了电信业、IT设备业、渠道业和出版业等相关产业几倍乃至十几倍于自身的经济效益。2004年5月，盛大网络在美国纳斯达克上市，目前集团公司市值超过10亿美元。盛大网络建立了我国最大的网络文化研发团队和我国最大的网络文化产品运营体系，建立了我国最大的网络文化产品技术保障平台、销售体系和客户服务体系。该公司投资4000万元建立的网络游戏研发中心，开发具有中国特色的网络游戏，杜绝暴力、色情和反动内容，传承中华文明和民族文化。目前已自主开发网络游戏产品近10款，推向市场的有《传奇世界》《神迹》《英雄年代》《梦幻国度》等。

（16）上海大剧院总公司

投资12.5亿元建设的上海大剧院以其高标准的设施、高品位的节目和高水准的服务吸引着海内外的观众，并成为展示上海对外文化形象的重要窗口。上海大剧院创立于2003年6月，总建筑面积6.3万平方米，内设大、中、小3个剧院，观众席分别为1800座、750座、300座。每年上演230至250场节目；节目形式以歌剧、芭蕾舞、交响乐为主；演出主体国外、国内、本市各占三分之一。上海大剧院总公司制定了“节目是龙头、市场是导向、经营是核心、管理是基础”的经营方针，实行总经理负责制，下设3个中心：艺术中心、管理中心、经营中心。至今，上海大剧院已演出2000多场，用于文化发展的积余资金达1亿元。

（17）上海瑞安集团

上海瑞安集团所属上海新天地，是瑞安集团投资14亿元，1999年1月开工，2001年6月建成的一个将上海独特的石库门建筑旧区改造成国际水平的餐饮、商业、文化、娱乐的休闲文化景区。上海瑞安集团所属上海新天地的创新理念在于用现代手法保护历史文化建筑，对百年历史的石库门建筑外表整旧如旧，内部彻底现代化，既适应了21世纪都市人的生活需求，又保留了城市的历史风貌，不仅使石库门原先的居住功能改变为商业功能，而且开发了这些历史建筑的观赏价值，给当地群众提供了一个时尚休闲的文化生活区。现在来自十多个国家和地区的餐馆、商店、娱乐业投资经营者带来了世界各国不同的餐饮文化、娱乐文化和休闲文化。新天地许多餐厅、酒吧、茶座含有文化消费性质，引领了文化消费的时尚，倡导了一种新的生活理念：生活艺术化、艺术生活化。其创新理念和文化价值，带动了一个区域的经济发展和土地价值提升，创造了良好的经济效益，成为采用现代手法保护历史文化建筑的典范和以文化产业带动经济发展的典型案例。

（18）常州中华恐龙园有限公司

中华恐龙园坐落于常州现代休闲旅游区，2000年9月正式开园，园区占地560亩，总投资2.18亿元，是国内第一个恐龙主题公园，是一座现代游乐设施与主题文化相结合，集文化、博物、科普、参与、观赏于一体的新型主题乐园。恐龙园的运作坚持用产业化的思路对文化资源进行有效的开发，使潜在的文化资源转化为可供大众消费的文化产品。先后成功地举办了“同一首歌——走进常州”、“世纪震撼——恐龙园之春”、“第二届国际模特大赛暨怀旧金曲演唱会”等大型综合文艺活动，并在节假日举办了“百姓欢乐之夜”、“青春激扬之夜”等主题公园活动，使恐龙园成为展示文化精品的大舞台。同时，充分利用馆藏恐龙及其他化石资源，开展与国内各大博物馆的学术交流、展品互换和租赁活动，加强对外拓展，促进中外文化交流，取得了一定的社会效益和经济效益，吸引力和市场竞争力不断提升。

(19) 江苏省文化产业集团有限公司

江苏省文化产业集团有限公司是全国首家由省政府直接出资组建的国有大型文化企业，2003 年 2 月 18 日正式挂牌。公司根据“集聚社会资本的平台，配置文化资源的载体，打造文化精品的工厂，文化体制改革的探索者，数码文化领域的拓荒者”的战略定位，以及“立足文化产业传统领域，开拓并发展数码文化产业”的发展战略和“三步走”的实施步骤，先后出资、引资成立了江苏省浪淘沙网吧连锁有限公司、江苏省汉风文化体育有限公司、江苏省传世媒体有限公司、江苏省汉风文化体育有限公司、江苏省世尊投资管理有限公司 5 个子公司，集团总资产达 1.8 亿元。公司坚持“股权结构决定公司管理体制，管理体制决定公司运行机制”的改革理念，把“所有制结构多元化，股权结构分散化，不搞一股独大、一股独尊”作为制度创新的切入点和突破口，在投资组建子公司过程中，大胆吸收社会资本尤其是民营资本投资参股，大胆引进民营机制。与此同时，按照建立现代企业制度的要求，把构建母子公司体制、完善法人治理结构、健全企业内部各项规章制度放在一切工作的首位。

(20) 浙江宋城集团控股有限公司

浙江宋城集团是一家民营旅游休闲投资开发企业。经过多年的探索，该集团逐渐形成“以旅游休闲和景观房产为主体、以大型基础设施投资为增长点、以文化产业为新优势”的产业结构和发展战略。“宋城模式”的最大特点就是坚持“以先进文化促进经济发展，以经济发展反哺先进文化”，走出一条文化与经济相生相荣的良性循环路子。宋城集团所涉及的文化产业业态丰富，包括全国景区表演的顶尖作品《宋城千古情》、各种民俗民间艺术表演、表现欧美文化的歌舞演出和各景区中国传统文化建筑以及浙江档次最高的民办华美学校等。总投入超过 4000 万元，演职员总数超过 300 人的原创全景式大型歌舞《宋城千古情》，是杭州演出史上规模空前的大制作，以恢宏的叙事和抒情风格，再现了“人间天堂”7000 年的美丽、繁华、悲壮与梦想。该歌舞连演多年经久不衰，已成为杭州夜游市场和演出市场的最大亮点和著名的文化旅游品牌。此外，从 2003 年开始，该集团涉足出版发行和新闻媒体，参股新华书店和报纸杂志经营，发展势头良好。

(21) 华宝斋富翰文化有限公司

华宝斋富翰文化有限公司是由 1983 年创办的“富阳古籍宣纸厂”、1988 年创办的“富阳古籍印刷厂”及 1997 年创办的中国古代造纸印刷文化村逐步发展而来，目前已成为国内唯一一家从造纸、制版、印刷、装订至出版、发行一条龙生产影印线装古籍和旅游为一体的一家纯文化产业集团公司。以传承弘扬民族文化为宗旨依托自身研制的、被国务院古籍整理出版规划小组确定的专用宣纸，加之先进制版技术与传统石印工艺紧密结合，累计影印出版了 4000 多种、2000 多万册线装古籍，为使我国不同历史时期的文献经典、名人书画流传于世，弘扬国粹和中华民族优秀文化做出重要贡献。该公司的“华宝斋”商标相继获得“杭州市著名商标”和“浙江省著名商标”称号，企业被列为浙江省“五个一批”企业和杭州文化产业发展“5+8”框架的 8 家重点单位之一。该公司影印的古籍书画纸、古籍石印线装书先后获得国家轻工部金奖、科技成果奖等各类奖项。影印的磁青封面《弘一大师手写金刚经》在印度召开的第五届世界印刷代表大会上获印刷金奖，长卷《富春山居图》获“吉尼斯”之最。

(22) 宁波市新彩虹娱乐有限公司

宁波市新彩虹娱乐有限公司是一家由民营资本组建的有限责任公司。自 1996 年 8 月成立以来，尊重市场规律，注重不断创新，确立了“以人为本，面向大众，打造一流文化娱乐公司”的经营目标，坚持走“内容健康向上，形式灵活新颖，特色品牌经营”的雅俗共赏之路，追求“热情、周到、诚挚、灵活”的服务风格。该公司下辖 5 个分公司，总营业面积达 8000 平方米，有一个演艺大剧院，一个迪厅和 150 余个 KTV 包厢，职工近 1000 人，设有 6 个职能部门。目前日均接待顾客 3000 余人次，日均营业收入 20 余万元，成为宁波文化娱乐业的纳税大户。公司还有一支 50 多人的演出艺术团队，不断推出“生日祝福”、“新婚祝福”、“乔迁之喜”等深受群众欢迎的演出节目。几年来，该公司立足宁波，辐射周边，逐渐走向全国，与北京、湖北、广东等地的 10 多个城市的娱乐演出单位建立了联系。

(23) 安徽安美置业投资发展集团

安徽合肥大型民营企业安美置业投资集团于 2003 年投资上千万元，建起总建筑面积 6600 平方米的安美艺术会展中心。该中心是目前安徽省室内硬件设备最好、功能最多的艺术展馆，也是国内综合条件较好的美术展览场馆之一。自开馆以来，面向市场，面向社会，零距离贴近百姓生活，多次承办全国和省、市的美术书法等展览活动，大大活跃了合肥市民的业余文化生活，收到很好的社会效益和经济效益。为弘扬我国优秀传统文化徽文化和“文房四宝”文化，安美置业投资集团又投资建设了总建筑面积近 5000 平方米的安美艺术城。该城建成后将成为安徽最大的文化艺术市场，既可以满足不同的美术会展需求，又可以作为古玩、字画、文房四宝的交流交易场所。

(24) 山东爱书人音像（集团）有限公司

山东爱书人音像（集团）有限公司始建于 1993 年。

该公司以“传播精神文明、提高民族素质”为已任，在全省树立起“弘扬正版、抵制盗版”的良好企业形象。集团自成立以来，先后成立了6家子公司，发展了2000多家连锁店，旗下业务涉及音像、互联网服务、文化教育服务、葡萄酒等各个文化领域。现有内部正式员工238人，各地员工3000多人，是山东省内最大的音像制品连锁企业。该公司采用先进的连锁分销经营模式，成为中国音像产业连锁经营的典范，整体经营规模居中国音像流通领域第一名，连年取得良好的经济效益。该公司树立“一切为了客户”的理念，坚持“正版经典、货全价廉”的立业之本，将“维护广大消费者权益”放在经营原则的首位。爱书人文化集团在扎根文化产业，整合、开发集团内外部战略性资源的同时，形成相关多元的业务发展格局，借助政府及政策扶持，以稳健的操作模式在取得相关业务快速成长过程中，培植具有持续发展能力及发展空间的主营核心业务与核心竞争力，快速实现集团在文化产业领域的相关多元扩张，已经成为立足山东的全国性大型文化企业集团。

(25) 湖北省民间艺术团

湖北省民间艺术团是湖北省群众艺术馆所属的一个国办民营的艺术表演团体。自1994年成立以来，面向市场，锐意改革，整合资源，开放办团，滚动营销，先后与洪湖、韶山、延安、西藏艺术工作者“联姻”，相继推出《洪湖情》《红太阳颂》《延安颂》《走进西藏》等独具特色的经典性主题文艺晚会，走遍华北、华东、中南、东北的24个省、市、自治区，巡回演出2500多场，年均演出500多场，观众累计280万人次，走出一条艺术团国办民营、独闯市场、服务群众的新路，受到各级领导的肯定和广大观众的欢迎。

(26) 湖南红太阳娱乐有限公司

湖南红太阳娱乐有限公司是香港中华集团在内地创办的以剧院演出为主要内容的演艺实体。经过十几年的艰辛探索和不断努力，已发展成为湖南乃至全国有名的娱乐连锁企业。该公司1994年投资近4000万元，建成红太阳演艺中心，内设观众席位近千个，对传统歌厅的表演和经营进行了改革与创新，以健康向上、雅俗共赏、人无我有、人有我优、人优我变的特色经营，受到广大群众喜爱。该公司确立以大众娱乐性为演出宗旨的经营方针，提供新奇、独特、刺激、鲜活、时尚、短小的各类歌曲、杂技、马戏、魔术、曲艺、小品等节目，最大限度地满足了观众的文化消费需求。近几年来，该公司先后投资8000万元与湖南湘潭、衡阳、常德及深圳福田等国有剧院合作改造，走上连锁经营、规模发展的集团化发展之路。该公司累计盘活国有资产已近2亿元，解决了600多名下岗职工的就业问题。6家连锁公司每晚接待观众人数达6000多人次，全年有216万观众光顾，经济效益明显。

(27) 岳阳汇泽文化发展有限公司

岳阳汇泽文化发展有限公司是岳阳市文化局按现代企业制度组建的独立法人公司，注册资本3688万元。现已有优良资产6亿多元，项目全部完工后预计可形成优良资产20亿元以上。汇泽商业文化广场：总建筑面积5万平方米，总投资2.3亿元，项目资金实行全额自筹。全面竣工开业后，新增就业岗位2100个，每年上缴税费1000万元以上，实现利润1500万元以上。岳阳文庙特色文化景区：将融民俗风情、风味小吃、文化旅游购物、文博会展于一体，工程总投资5亿元，总建筑面积15万平方米。将于2005年10月全面竣工对外开放，可新增就业岗位3600个，每年景区门票收入估计在千万元以上。岳阳文化艺术培训中心：占地30亩，总建筑面积3万平方米，总投资4000万元，将成为一流的艺术培训基地，每年培训收入在1000万元以上。即将开发建设项目两个：一是将市电影公司老院整体拆除，建两栋高层住宅楼和一栋综合楼，总开发面积5万平方米，总投资6000万元，可实现利润1000万元以上；二是乡镇文化活动中心试点建设。

(28) 佛山市民间艺术研究社

佛山市民间艺术研究社成立于1956年5月4日，是集民间艺术研究、创作、生产经营、旅游接待、展览宣传于一体的专业机构。多年来，佛山民间艺术研究社设计制作的彩灯扎作、剪纸等工艺品远销国内和世界各地。该社扎作的彩灯艺术品60%以上出口东南亚、欧洲、美洲等地，先后赴几十个国家和地区展出，其中15次应邀赴新加坡展出，参观人数累计300多万人次，最多一次达30万人次。该社设计制作的工艺品在十多个国家和地区常年展出和陈列。1991年以来，制作的《大彩龙》《彩龙》《腾龙》《大彩灯》四件灯色作品被载入《吉尼斯纪录大全》。1997年，在香港回归庆典活动中，该社所设计制作的灯色工艺品几乎占领了整个香港市场。剪纸作品多次入选全国美术展览和全国工艺美术展览。秋色艺术种类繁多，千姿百态。为保存和弘扬传统的民间艺术，使民间艺术的瑰宝适应市场经济的发展，近年来佛山民间艺术研究社投入资金，改造环境，大力发展旅游商贸，收集了全国相当部分的民间艺术作品。

(29) 广州长隆集团有限公司

广州长隆集团有限公司位于番禺区大石镇，创建于1997年，是一家大型民营文化企业，现有资产达12亿元。其下属公司主要有香江野生动物世界、长隆夜间动物世界和广州鳄鱼公园。长隆野生动物园投资2亿元，占地面积200公顷，于2000年12月试业，是目前国内首家、世界最大的夜间动物世界。该集团平均每年接待游客约200万人次，累计接待国内外游客近2000万人次，收入约15亿元。特别是长隆野生动物园的文化旅游表演广场已成为发展文化产业的一个亮点。该广场由“月亮演艺广场”、“魔幻广场”、水上特技表演场地和散布于园区的表演活动场地组成，填补了广州夜间文化旅游的空白，打造了永不落幕的“广州之夜”。该广场的演出与动物园游览紧密结合、相得益彰，成为该集团吸引游客的最大亮点。长隆野生动物园的文化旅游表演场已成为广州一个重要的文化旅游场所。

(30) 佛山市孔雀廊影音电器有限公司

佛山市顺德区孔雀廊影音电器有限公司成立于1997年，是我国从事音像行业最早的民营企业之一。该公司以弘扬民族文化为已任，多年以来始终坚持把保护、发掘、整理、利用民族地方戏剧资源为经营、发展目标，先后拍摄、录制、发行优秀粤剧、戏曲节目3000多个，累计发行粤剧、戏曲节目达723万张（盒），成为广东地区首屈一指的经营地方戏曲的音像大户。2004年，为响应广东省委建设文化大省的号召，配合文化体制改革，该公司接管了顺德粤剧团，并投入200多万元，组建了“顺德孔雀廊粤剧团”，以市场带剧团，保证每年演出不少于200场。该公司实施“走出去”发展战略，积极向境外发行音像制品，继在我国香港、澳门地区及泰国、马来西亚、新加坡等东南亚国家打开市场后，又先后在美国、加拿大“登陆”，出口额连年递增，发展势头很好。该公司坚持走“正版”经营的道路，共引进节目2000多个，是目前全国音像行业引进节目最多的企业之一，具有一定的创新能力。

(31) 深圳华侨城集团公司

自1989年以来，华侨城集团公司相继建成锦绣中华、中国民俗文化村、世界之窗、长沙世界之窗、欢乐谷等文化旅游项目，建成何香凝美术馆、华夏艺术中心、欢乐干线和OCT生态广场，组建了华侨城控股股份有限公司，上市了旅游文化概念股——华侨城A股，还创建了华侨城国际传媒有限公司，并受深圳市委托管理深圳歌舞团。多年来，华侨城集团公司发展迅速，资产规模逐渐扩大，华侨城集团公司坚持品牌铸造，引领国内人造主题公园潮流；坚持节目创新，保持景区旺盛的生命力；坚持理念创新，不断提高经济实力和竞争力；坚持资本经营，将激活资本要素即激活物质资本、无形资本和人力资本，作为经营管理的核心命题，提高了资本的市场价值，保证了景区的持续发展。

(32) 深圳大芬油画村

大芬油画村隶属深圳市龙岗区布吉镇，面积4平方公里，户籍居民300多人，外来人口近万人。2002年，大芬油画村首次亮相“广交会”，与美国、西欧、南非等国家和地区的客商签订了数百万美元的合同，生产的上百万幅油画远销东南亚、欧美、非洲、澳洲等几十个国家，每年出口创汇3000多万港币。大芬油画村从生产“行画”到创作油画，逐渐形成“金字塔”型的结构，行画生产为油画创作奠定了基础，油画创作带动了行画水平的提高。

(33) 桂林广维文华旅游产业有限公司

桂林广维文华旅游产业有限公司总投资3.2亿元，分期建设了包括漓江刘三姐歌墟、山水剧场、阳朔东街、书童山休闲度假区在内的“锦绣漓江风景区”。其中在漓江刘三姐歌墟投资9600万元创作的大型山水实景演出《印象·刘三姐》项目，已于2003年完成，并在2004年3月正式公演，成为当时国内乃至世界唯一的一场大型山水实景演出。该公司以弘扬民族民间优秀文化和打造广西民族文化品牌为发展方向，追求“绿色艺术、环保先行”的新理念。在项目运作方面，探索文化产业与旅游产业相结合的新方式和多元投入联合发展的新办法，在区内外和国内外产生了较大影响。该项目利用旅游的营销机制和网络，保证了固定客源和收入。同时，带动了剧场广告、CD、光盘等副产品的开发，为推动民族文化的发展、促进地方经济和旅游文化产业的发展，起到了积极的作用。

(34) 桂林愚自乐园

桂林愚自乐园占地面积为1968亩，总投资2980万美元。首期工程占地约900亩，于2003年4月1日建成开放。该项目的建设采取政府政策支持、外资民营企业运作的机制，坚持地域特色与旅游资源的有机整合，民族文化资源与国际艺术精品创作相结合。愚自乐园把“保护自然，创造人文”的发展思路，贯穿于建园的规划与建设全过程。园内设置了陶艺、铸铜、石雕、木雕、版画、琉璃、花艺等不同类型的创作工作室和各种一流的技术设备，为来自世界各国的艺术家及艺术爱好者提供良好的创作、学习、休闲、生活环境，吸引他们以桂林山水为灵感源，进行雕塑精品的创作，并置放在愚自乐园内。愚自乐园将艺术与观光旅游相结合，陆续推出各种寓教于乐的艺术主题活动，以“愚人杯”艺术奖项目带动了大型地景工程、园林造境、设施建设。作为一个国际性的民族文化主题公园，对推动桂林文化艺术旅游市场发展发挥了重要作用。

(35) 四川自贡中国彩灯文化发展园区

自贡灯会被国家旅游局确定为2004中国向世界推介的“中国百姓生活游”主要项目之一，自贡市被文化部命名为“民间艺术之乡”。自贡灯会凝聚了中国彩灯文化的精华，是中国彩灯文化的突出代表，现已发展成为国内外知名彩灯品牌。中国彩灯文化发展园区作为历届自贡灯会在当地的举办地，成为中国彩灯的研究、收藏、保护、开发、交易、教学和展示的基地，以及自贡市的园林绿化中心和市民的休闲娱乐中心、夜文化中心。中国彩灯文化发展园区位于自贡市中心，占地93381.82平方米，其中水面约7500平方米。园区内有经国家文物局批准建立的"中国彩灯收藏、保护、研究、展示"的中国彩灯博物馆。该馆建筑面积6375平方米，是目前我国乃至世界独一无二的彩灯文化专业博物馆。园区内有50余米高的彩灯标志性建筑"灯塔"，还有高中档游乐设施项目30余个。自2000年6月自贡市人民政府颁布实施《自贡市彩灯行业管理规定》以来，彩灯产业在自贡得到迅速发展，仅每年春节期间在园区举办的国际恐龙灯会，就能吸引观众50万人次以上，实现收入1000万元左右。

（36）成都武侯祠锦里旅游文化经营管理公司

成都武侯祠是1961年国务院公布的全国第一批重点文物保护单位，1984年成立成都武侯祠博物馆。近些年来，该馆制定了《武侯祠文物保护和发展近中期规划》，建成开放了"结义楼"、"听鹂馆"、"听鹂苑"和"桃园"。其中古色古香的戏台"结义楼"，经常演出具有四川特色的文艺节目，吸引各大旅行社纷纷组织游客前来观赏。2001年开工建设、2004年对外开放的"锦里一条街"，为三国、蜀汉文化韵味浓郁的民间传统工艺制作和成都名小吃提供了展示场所，并成为旅游产品销售和影视拍摄基地。为尽快将资源转化为资本，武侯祠锦里旅游文化经营管理公司先后开发三国文化旅游产品6大类、百余种，每年收入增加20%，并向国家商标局申请了8个类别、17件注册商标。另外，公司还在西南地区率先建立了三国文化旅游纪念品超市——香叶轩，让旅游产品与游客零距离接触，进而提高销售收入。

（37）四川建川实业集团

四川建川实业集团由民营企业家樊建川创办。该集团于2003年建立了建川博物馆和安仁建川文化产业开发有限公司两个文化实体。建川博物馆现有藏品200余万件，主要有抗战文物、文革艺术品、老公馆家具、精美笔筒、老照片、绣花鞋等类别。四川安仁建川文化产业开发有限公司发挥建川博物馆的藏品优势，同时结合大邑县安仁古镇、刘文彩庄园、刘湘公馆群等川西民居民俗文化资源，在安仁镇规划建设了文化旅游产业为主的建川博物馆聚落、公馆文化景区、古镇文化区三大板块。其中耗资2.3亿元的一期工程建川博物馆聚落占地500亩，有20多个专业展馆，将成为融教育研究、艺术博览、藏品展示、收藏拍卖、影视拍摄、民俗文化展示、旅游休闲为一体的文化产业龙头项目和西部乃至中国的文化旅游景点。

（38）四川广元市女皇文化园

女皇文化园是以中国历史上唯一的女皇帝、杰出的女政治家武则天的祀庙皇泽寺为中心，由四川广元市投资建设的一个文化旅游园区。皇泽寺坐落在广元市区城西乌龙山脚下，初建于北魏晚期。寺内的摩崖石刻造像精美绝伦，现有52窟龛1200余尊。女皇文化园的核心区占地500亩，主要建筑有寺庙区三重大殿、武则天陈列馆、则天广场、仿唐街（村）、水上游乐园等，投资1亿元。为把女皇文化园打造成知名的文化品牌，广元市委、市政府计划分三期建设。一期投资500多万元，进行寺内文物保护、整治环境，已于2002年完成；二期投资6700万元，进行皇泽寺改扩建工程，恢复皇泽寺寺庙区，新建全国第一个武则天专业陈列馆等；三期主要深入挖掘以武则天为代表的中国乃至世界杰出女性文化内涵，进行产业开发。女皇文化园依山就势，规划总投资3.5亿元。

（39）云南映象文化产业发展有限公司

云南山林文化发展有限公司组织创作的大型原生态歌舞集《云南映象》，是一部既有传统之美又有现代之力的舞蹈新作。该剧由著名舞蹈家杨丽萍担任艺术总监和总编导并领衔主演。2003年8月在昆明公演后，先后到杭州、宁波、上海、温州、绍兴、北京、重庆、广州等城市巡演，至2004年已演出148场，观众达15万人次。2004年3月，《云南映象》赴上海参加第四届中国舞蹈"荷花奖"舞剧、舞蹈诗比赛，荣获舞蹈诗金奖等五项大奖。2004年4月10日至16日，在北京保利剧院以市场运作方式进行公演，连演8场仍无法满足观众的需求，出现多年未见的"一票难求"现象。《云南映象》作为民营文化团体创作的文化产品，从组织生产到巡回演出，完全按照产业化的发展思路、企业化的经营管理和市场化的营销方式来运作，148场演出，收入680多万元，已基本收回前期投入，为探索艺术精品与市场结合的新路，积累了宝贵的经验。

（40）丽江丽水金沙演艺有限公司

云南丽江丽水金沙演艺有限公司从2002年5月1日起，采取市场化运作方式，向社会推出大型少数民族舞蹈《丽水金沙》文化旅游晚会，取得很好的社会效益和经济效益。该公司盘活国有资产，减轻财政负担，使原有人力物力的作用得到充分发挥；积极推动国有文艺团体的人员走向市场，参与商业演出；深入挖掘云南少数民族文化资源，不断推出群众喜爱、雅俗共赏的文艺节目。如今《丽水金沙》已成为丽江旅游的一个知名品牌。

（41）兰州市文化实业发展总公司

兰州市文化实业发展总公司是兰州市文化出版局主管的综合性、集团化大型文化企业。该公司创办于1993年，拥有电影放映（发行）、演出经纪、文化旅游、音乐、美术培训和考级、健身娱乐、广告代理、音像制品、房地产经营等十多个经营项目。2000 年 3 月，该公司以托管方式整体兼并了濒临破产的兰州文化娱乐中心，2002 年 8 月，又全面托管了兰州市解放电影院。对兰州文化娱乐中心予以整合重组，成立了投资主体多元化、产权明晰的新公司——兰州东方红影城，2003 年 4 月开工建设，2004 年 6 月投入使用，使之成为西北地区首家按国家五星级标准定位的现代化多厅影城。对兰州市解放电影院实施了全国电影放映企业的第一例改制，通过改制整合重组了甘肃中放文化投资有限责任公司，现相关设施正在改造中。通过整合、重组和改造，短短 4 年内，该公司资产规模急速膨胀，产业结构日趋合理，经济效益快速增长，存量优良资产近 2 亿元，为今后更大规模发展奠定了良好基础。

(42) 西宁新奇工艺装饰有限公司

该公司成立于 1998 年 4 月，主要经营具有高原民族特色的文化工艺品，产品分为六大类、近千种。公司注重民族文化产品研发，积极打造文化品牌，提高企业知名度，不断扩大市场份额。2002 年，利用青海的人文、自然、历史资源研发的半浮雕古银盘，具有很高的观赏和收藏价值，成为青海省政府给外国政府赠送的重要礼品。研发的藏羚羊工艺品，得到国家林业局的高度评价，被青海省博物馆收藏，成为高原特色突出、深受各界欢迎的工艺品精品。该公司建立了一整套规章制度，管理严谨，营运规范，取得了良好的社会效益和经济效益。

## 4. 文化部命名第二批国家级文化产业示范基地

(1) 雅昌企业（集团）公司

雅昌企业（集团）公司成立自 1993 年成立以来，积极开拓，大胆创新，致力于为艺术界提供包括摄影、数字资产管理、艺术印刷、互联网服务、艺术活动承办在内的全方位服务，并首创“文化艺术＋IT＋印刷”的雅昌模式，为中国艺术市场发展做出突出贡献。

在信息化建设方面，雅昌创建了在国际上具有一定影响的中国艺术品门户网站——雅昌艺术网。通过互联网为全球数千万中国艺术品收藏投资爱好者和艺术品经营机构、文博机构、拍卖公司及艺术家提供服务，成为集交流、交易、资讯为一体的艺术信息资源平台。在艺术印刷方面，2001 年和 2002 年成功地印制了被誉为开启“奥运会”、“世界博览会”金钥匙的《申奥报告》和《申博报告》，为北京成功“申奥”和上海成功“申博”做出积极贡献。2003 年 9 月，该公司摘取了被誉为全球印刷界“奥斯卡”最高奖的“美国印制大奖”。2005 年，再获桂冠。多年来，雅昌为中国美术家协会、国家博物馆、故宫博物院、首都博物馆、辽宁省博物馆、上海博物馆、中央美术学院等国内著名文化艺术机构承担了诸多重要图书的印制工作，其技术、产品和服务成为印刷行业的典范。在行业服务方面，雅昌为艺术界提供了拍卖业数字资产管理系统、艺术图书出版行业数字资产管理解决方案、艺术家综合服务体系等多种产品和解决方案，有力地影响了中国艺术市场的发展。

(2) 北京 520 互联网上网服务有限公司

北京 520 互联网上网服务有限公司（简称 520 数码）是由中青互联科技发展（北京）有限公司、百荣控股集团有限公司共同出资打造的国内网吧专业品牌联盟。总部设在北京。520 数码“虚拟联盟，实体运作”的理念，得到投资商的青睐、政府的赞许、市场的认可和加盟者的追捧。其独有的网络资源、敏锐的市场洞察力、高素质的员工队伍和“诚信首位，以人为本，服务网吧”的核心价值观，引起业内的关注。截至 2006 年，520 数码网盟体系以北京为主遍布全国，共有直营店 4 家、加盟店 22 家、管理店 12 家、联盟店数百家。仅 4 家直营店年产值便达 3660 万元，年利润 730 万元。每年接待国内外网吧投资者 1 万余人次、各省市行业主管部门 700 余人次、网络消费者逾 82 万人次。另外，520 数码严格遵守行业管理法律法规，拒绝未成年人进入，响应政府号召，积极安置再就业，主动参与社会公益活动，在业内享有很好的声誉。

(3) 河北易水砚有限公司

河北易水砚有限公司始建于 1988 年，截至 2006 年，拥有固定资产 2500 万元，有国家级工艺美术师 2 名、省级工艺美术师 10 名、雕刻工艺师 30 名，下设 1 个加工厂和 8 个销售门店，在北京、天津、广州、成都、西安等地设有销售总代理。2005 年砚台总产量达 23800 方，占全县制砚行业总产量的 53%，年总产值 2000 万元，销售收入 1600 万元，创利税 220 万元，是集开发、培训、生产、销售为一体的易砚龙头企业。

公司确定“名牌兴企”的发展思路，广纳技术精湛的制砚人才。同时，适应市场需求，建立销售网络，采取“公司＋专业户”的生产销售模式，解决了制砚专业户产品销售难的问题。为以精品树形象，以精品创品牌，公司多次组织技术骨干到广东、安徽等地制砚企业参观考察，并邀请全国著名雕塑家、书画家来厂授课传艺。公司大胆创新，融合南北方制砚工艺，形成传统与现代相结合的雕刻工艺风格，使易水砚由过去传统单调的龙凤砚发展到目前几十个系列、数百个品种，同时开中国巨砚制作之先河。公司还采用国家行业标准，使产品质量性能达到国内先进水平。

(4) 山西宇达集团公司

山西宇达集团公司成立于 1992 年，属民营企业，总资产1亿元。公司涉足7个领域，拥有3个专业工厂，是国内规模最大的制造青铜雕塑、青铜艺术礼品的品牌企业。公司潜心打造青铜文化产业链和青铜艺术铸造核心竞争力，以专业化、差异化为发展战略，2005年实现产值5000万元，销售收入5000万元，上交税金500万元。宇达青铜艺术礼品生产颇具规模，十多年来累计设计、制造、销售产品30万件，产品遍及全国及12个国家和地区，仅自行开发生产的“宇达牌”关公故里关公铜像的销售就累计超过3亿元。另外，集团公司2002年投资兴建、2004年正式运营的宇达青铜文化产业园，设有公司为全国各地制造过的大型雕塑模型，拥有全球规模最大的青铜礼品生产线和五个文化展览馆，已成为山西省“体验青铜之旅，领略文化魅力”的特色旅游项目。

(5) 东联集团成吉思汗陵旅游区

内蒙古自治区东联集团创立于1998年，是房地产、建筑、旅游、教育多元化发展的股份制公司。2001年该集团投资4.3亿元建设成吉思汗陵旅游区，2004年正式投入运营。2005年5月建成蒙古历史博物馆。旅游区接待游客数量由2003年的1万人次，发展到2004年的6万人次，2005年激增到15万人次。创作的大型民族歌舞《圣地古韵》至今已演出1000余场，观众总计8万多人次。2005年6月，成功举办了“成吉思汗旅游文化周”，9月又举办了“腾格尔演唱会”，观众累计8万多人次。旅游区内有世界最大的蒙古民族文化主题人文景区，有直径50米、堪称“天下第一包”的蒙古包，还有目前世界上最长的油画：长206米的《蒙古历史长卷》。2005年被评为中国最佳旅游景区、国家AAAA级旅游区。对成吉思汗陵旅游区的开发给东联集团带来16.23亿元的直接收入，48.69亿元的间接收入，为社会提供了400个直接就业机会。

(6) 辽宁大剧院

辽宁大剧院是经省文化体制改革领导小组批准的转企改制单位。2002年以来，该剧院坚持“以演出为主，多业辅助，主辅业全面发展，两个效益并重统一”的指导思想和“把主业做大、辅业做宽、管理做细、企业做强”的发展思路。为繁荣活跃群众文化生活，剧院利用其现代的硬件设施、丰富的演出资源和广泛的经营网络，积极培育演出市场，使演出场次逐年增加；采取“联合接团”、“分账制、分票制”等多种经营手段，引进了大批国内外优秀剧目；建立会员俱乐部，发展会员2000多人；与北京新纪元公司联合成立“中国新北方票务”，搭建了网络信息化售票平台；打破区域性分割，发起并组织了“中国北方剧院（场）联盟”，为促进东北地区演出协作做出积极贡献。另外，剧院辅业也稳步发展，宾馆、餐饮、广告公司、咖啡厅、租赁产业等取得良好的经济效益，为主业拓展提供了有力支持，整个剧院的经济实力和市场竞争力不断提升。

(7) 大连大青集团

大连大青集团是一家集艺术创意、设计制造、安装施工为一体，以青铜雕塑、铸造为表现形式的弘扬中华民族传统文化的大型民营文化产业集团公司。现有紧密层企业5家，艺术创作人员、技术人员及员工260人，集团公司累计资产6.5亿元。其中大青金属制造有限公司是中国佛教青铜艺术的摇篮，于2004年获得ISO质量体系认证。集团在国内外先后设计制作安装了大连百年纪念城雕、星海广场女骑警雕塑、开发区沿海雕塑群、沈阳万豪十二星座系列浮雕、天津世纪钟、法国八卦图、亚特兰大龙塔、汤加国王像、英国广场门狮、美国佛罗里达州千手观音等百余座大型艺术雕塑。2009年生产能力1.5亿元，近三年平均年利润率增长30%左右。未来三年计划建一所雕塑艺术学校；在大连的黄金海岸金石滩打造一座占地近20万平方米的集旅游、购物、游乐、住宿的多功能主题雕塑公园；与北非合作兴建北非－中国城——人类50万年主题园项目，展现人类50万年发展史。集团的未来发展方向将以艺术创新为基础，以资本为纽带，对旗下企业资源进行合理整合和配置，充分发挥集约优势，全面拓展业务范围，促进集团快速发展。

(8) 吉林省东北风二人转艺术团

东北风二人转艺术团隶属吉林省东北风文化传播有限公司。自2002年建团以来，一直坚持传承创新、面向基层、情系百姓的演出定位和为人众服务、弘扬民族文化，创编演出健康绿色二人转的指导思想，收到很好的经济效益和社会效益。2005年12月被中宣部和文化部授予“全国服务基层服务农民文化工作先进集体”称号。目前，公司在长春市拥有3家、吉林市1家、天津市1家，可分别容纳千人的大型现代化演出剧场；在北京、南京、哈尔滨等城市拥有固定或流动演出场所31家；公司演职人员近400人；公司下辖4个子公司、一个二人转网站和一所艺术学校：即吉林省东北风二人转艺术团、东北风歌舞团、东北风演出有限公司、东北风影视剧制作有限责任公司、中华二人转网站和吉林省东北风艺术学校。

(9) 上海时空之旅文化发展有限公司

上海时空之旅文化发展有限公司由上海文广新闻传媒集团、中国对外文化集团公司、上海马戏城和上海杂技团共同投资组建，主要创排制作和营销多媒体梦幻剧《时空之旅》。公司为独立核算、自负盈亏的项目公司，发展目标是将新闻传媒资源、海外演出运作资源、演员及演出场所资源有机融合，充分发挥资源共享优势，倾力打造著名文化品牌。

公司建立新型的项目经营管理模式，积极探索新的运行机制：一是用人签约制，实行全员劳动合同聘用制，严格考核，能进能出，能上能下；二是目标责任制，董事会与经营团队签订目标责任书，个人及团队收入与绩效挂钩；三是成本核算制，控制成本，增加收入，提高效益。20多位中外编创人员组成的创作团队，深入挖掘中国特有的民族艺术元素，汇集上海杂技团众多国内外获奖节目，融合杂技、音乐、舞蹈、武术等各类艺术形式，以时空交错的表现手法，展现过去、现在和未来，创排了多媒体梦幻剧《时空之旅》。截止到2006年3月25日，《时空之旅》演出了200场，观众累计达到18万人次，票房收入2200万元，其中单日最高收入54万元，单周最高收入280万元。观众涉及美国、澳大利亚、欧洲、日本、韩国、东南亚等20多个国家和地区。另外，还开发、销售衍生产品获利近百万元。

(10) 上海多媒体产业园发展有限公司

上海多媒体产业园于2002年3月正式成立，园区以数字媒体技术为载体，以多媒体文化产业为核心，重点发展网络文化应用、影视动画、新型传媒文化与多媒体展示等以数字文化内容为核心的新兴文化产业。先后建立了多媒体公共服务平台、会展平台、教育培训平台和投资创业平台，聚集了一批重点企业，其中有环球数码、盛易达动画、上海卡通等影视动画制作企业；有网龙、阿里巴巴等网络娱乐和商务服务企业；有分众媒体、好耶广告和新纳传媒等文化与传媒企业；还有水晶石、复旦上科、伟景行等多媒体展览展示企业。上海市多媒体行业协会、亚洲艺术科学学会、复旦多媒体研究中心和中韩产学研合作基地等机构也入驻园区。

(11) 江苏泰兴凤灵乐器有限公司

泰兴凤灵乐器有限公司为民营企业，截至2006年有职工1400多人，资产近亿元，年生产各类提琴产品30万套、吉它系列产品35万套、电吉它系列产品15万套。企业享有自营出口权，在美国、英国、日本、澳大利亚等国拥有自己的营销公司。该公司生产的“凤灵提琴”连续十年销量世界第一。公司95%以上的产品销往60多个国家和地区，年出口提琴总量占世界23%左右，占全国45%以上，占美国市场销售总量的60%。该公司在提琴生产规划、技术力量、出口创汇、材料储备等方面均居世界第一。2005年，实现企业产值1.48亿元，销售1.46亿元。公司所在的溪桥镇有乐器厂56家，从业人员占全镇劳动力总量的72%，70%以上的工业收入来自于提琴生产，形成一个提琴产业集群。公司与其它单位合作开发的《声音品质检测系统》、《低音火不思及其创新技术在提琴上的应用》已通过文化部成果鉴定。“用光电和生物技术对木材改性技术”已形成中试基地，并申报了国家发明专利。2005年12月，中国轻工业联合会与中国乐器协会共同认定泰兴市溪桥镇为“中国提琴之乡”。

(12) 苏州苏绣文化产业群

江苏省苏州刺绣年销售产值5.12亿元，从业人员2万多人，各类工艺美术师、专业技术人员近300余人。生产企业近100家，产品销售到数十个国家，逐步形成“一所一坊一街（镇）”的苏绣文化产业链，即以中国苏州刺绣研究所有限公司为研发龙头，以姚建萍刺绣艺术馆等为展示机构，以镇湖街道等为生产基地的苏州刺绣文化产业群。

中国苏州刺绣研究所生产的苏绣艺术精品，作为国家元首级礼品近百次赠送至国外，先后到120多个国家和地区展出。同时每年接待国内外宾客10万多人次，年销售达1400多万元。姚建萍刺绣艺术馆的绣作《蒙娜丽莎》曾获民间艺术最高荣誉山花奖。1997年联合国教科文组织和中国民间艺术家协会共同授予姚建萍“民间工艺美术家”称号。镇湖街道的刺绣已形成设计、生产、销售一条龙。全镇共有30多家工厂，有全长1700米的镇湖绣品街和入驻的320多家刺绣经营户，以及与之配套的40余家专业商店。有8000名妇女从事刺绣生产、3000多人从事绣品生产销售等相关工作。2005年全镇总产值达4.98亿元，占GDP的65%；农民人均可支配收入为7900元，其中刺绣收入为4700元，占60%。

(13) 杭州金海岸娱乐有限公司

杭州金海岸娱乐有限公司创建于1996年，公司注册资金2035万元，员工1160人，是具有一定规模的民营股份制文化企业。公司在杭州拥有金海岸娱乐城、东坡大剧院“西湖之夜”大型旅游演艺场和“金海岸东坡大舞台”等；在浙江其他地区拥有金华青少年影剧院、义乌信联剧院等；共有9家连锁企业、11家演艺大舞台，还有金海岸艺术团及引进的8个艺术演出团体。驻场演员600余人，每年365天，天天演出，观众年总量保持在250万以上，年营业收入7000万元，年上交税收200万元以上。

2003年，在浙江省文化厅的支持下，公司积极参与文化体制改革，与杭州剧院合作，创建了“金海岸红磨房大舞台”；与杭州市文化中心合作，投资近1000万元，推出“西湖之夜”大型旅游演艺专场；参与东坡大剧院的经营，安置了18名文化中心的员工。“金海岸演艺大舞台”作为介于传统剧场与歌舞娱乐场所之间的独特演艺运营模式，在浙江省乃至全国演艺界都产生了一定影响，被誉为杭州文化旅游的“金名片”。

(14) 安庆市五千年工艺美术有限公司

安徽省安庆市五千年工艺美术有限公司成立于1996

年，截至2006年拥有各类技术人员300多人。主要从事民间手工艺术品的开发、生产、销售，近几年来，致力于中国乡土艺术的收集整理和弘扬光大。产品有烙铁画、云草画、彩帛画、根雕、奇石、盆景等六大类。公司在国内建立了200多个代理，产品出口20多个国家和地区，2005年总产值达到3000多万元。公司法人朱林寿独创的云草画、彩帛画已获得7项国家专利。烙铁画取得许多技术上的突破，已成为国内生产烙铁画规模最大、质量最好的企业。

2005年初，公司投资5000万元建设的以展示、弘扬、发展五千年民族民间工艺美术事业为宗旨的皖江文化园，占地10亩多，建筑面积13000平方米，陈列面积3万多平方米。园内有中国最大的根雕艺术馆、我国唯一的烙画艺术馆，还有一条118间商铺的皖风街。既是安庆地区最大的古玩市场，又是旅游购物市场。中国乡土艺术协会决定把该会的艺术委员会设在皖江文化园。

(15) 福建省网龙计算机网络信息技术有限公司

福建省网龙计算机网络信息技术有限公司于1999年成立，公司宗旨是深度开发网络游戏文化，重视自主知识产权建设。近年来共获得11项软件著作权、11项软件产品证书，并成为数字福建“跨世纪信息化工程”的主运营商之一，并获得省市级政务信息网和“企业上网”工程承建商资质。网络游戏“幻灵游侠”被文化部评为适合未成年人网游产品。

公司2001年创建了中国网络游戏第一门户——17173.COM，随后又缔造了第一款国产网络游戏《幻灵游侠》。2003年，第二款网络游戏《征服》成功运营。2004年，第三款网络游戏《信仰》面世，同时还获得法国育碧(UBI)授权进行《英雄无敌》的开发和亚洲运营权。同年，网龙台湾研发中心的产品面世，《机战》《牧场Online》等5款大型网络游戏同步开发。为振兴民族网络游戏，公司注意打造核心竞争力，强化完善产业链。在题材选定方面，网龙天鱼图书在出版动漫游戏报刊，引进国外、港台动漫出版物的同时，积极培育本土漫画人才，筛选有知名度和公众基础的作品为网络游戏题材。在产品研发方面，建立了一支较强的研究、开发专业技术队伍，仅游戏开发小组成员就有300多人。在开拓渠道方面，以国内20个驻点城市为基础，自建扁平化的流通渠道，形成庞大的网络。在项目推广方面，注意发挥媒体的作用，通过网吧技术服务以及面向网吧定制的各项优惠措施，直接影响用户。

(16) 景德镇陶瓷文化博览区

江西省景德镇陶瓷文化博览区于上世纪80年代初建成，占地面积83万平方米，建筑面积3万平方米，现为国家“AAAA”级景区，隶属景德镇市文化局。博览区以展示具有千年辉煌历史的景德镇古代制瓷工艺和历代古窑、陶瓷民风民俗为主，同时建有极具特色的明清古建筑群、瓷碑长廊，还有景德镇瓷乐器表演。

近年来，博览区紧紧围绕拓展文化旅游、做大做强文化产业这一主题，健全和完善景区的功能和配套工程，强化员工服务意识，取得社会效益和经济效益双丰收。2005年，接待游客达52万人次，经济收入比上年增长10.1%，游客投诉接待率和解答率达到100%，游客满意率达95%以上。

(17) 青岛市文化街

山东省青岛文化街始建于1994年，位于青岛市城区核心地带台东商贸区，全长1500余米，营业面积6万余平方米，共有320多个商家。

2005年，青岛市市北区对文化街进行了整体改造，建设了六大板块：藏品市场板块——集仓储、展示、销售、拍卖等于一体的民间收藏品交易市场；文化店铺板块——提升现有的经营业态，广泛吸纳在全国有一定影响力的民俗特色文化产品；展示创作板块——建有企业文化中心、建筑文化中心、书画展示中心、民俗文化中心、海洋文化中心、体育文化中心等；创意产业板块——开发建设文化创意产业园，引进图书、音乐、文学作品、艺术品等方面的创意人才，鼓励创意工作者设立工作室或开设文化艺术公司；综合服务板块——增加餐饮、娱乐、休闲等服务功能，培育文化策划、影视制作、文化经纪等中介机构，拓宽文化营销服务领域；环境建设板块——改造文化街的现有建筑，完善文化街的配套设施。2006年年交易额已达到3亿多元，是青岛市目前唯一的一条文化产业形态高度集聚的特色街，也是全国较大的综合性文化街之一。

(18) 河南省文化集团

河南省文化集团是经河南省人民政府批准，以省演出公司、电影公司、中州影剧院为基础，于2005年组建的大型文化产业集团。主要业务是文艺演出和演出经纪、电影放映、放映发行、影院改造、电影设备器材销售、电影广告制作等。2005年，集团累计收入2400万元，利润143万元，资产总额达8283万元。

集团股份制子公司有奥斯卡院线有限责任公司和郑州影联视听技术有限公司。2005年，奥斯卡院线公司实现票房收入2099万元，成员单位由组建时的6家发展到26家。集团国有独资子公司为奥斯卡影都，共有8个影视厅，2005年实现票房收入550万元。集团分公司奥斯卡电影大世界、省人民会堂联营部、郑州市青少年宫联营部、影视传播广告公司等，普遍发展势头很好，其中奥斯卡电影大世界2005年实现票房收入1200万元。

(19) 江通动画股份有限公司

湖北省武汉市江通动画股份有限公司成立于2000年，注册资本5630万元，是一家以动画片策划、制作为主，海外加工为辅，兼顾动画衍生产品开发的高科技综合性企业。公司下设武汉江通数码有限公司、四川精锐动画有限公司、上海鼎钧文化有限公司、北京易鸿门有限公司、江通欧洲有限公司、江通动画学校等六个功能不一的控股子公司，具有世界一流的动画制作计算机软硬件和年产动画片3000～5000分钟的生产能力。在国内排名前五位，在国际动画行业内有一定的知名度。

截至2006年，公司拥有5个系列的动画片版权资源，其中原创动画片《天上掉下个猪八戒》的前26集，于2005年春节期间在中央电视台黄金时段首播，创造了4.17%的收视率。与海外公司联合制作的《八哥联队》和《丽莎和小熊科尼》等动画产品即将在国内各大电视台播出。52集动画片《小子贱三》前期策划已完成，大型动画片《中华鲟》《中山舰》《花木兰》《哈哈未来365》等多部动画系列片也在策划当中。2002至2005年，累计营业收入12500万元，利税4000万元，出口创汇8500万元。

(20) 三辰卡通集团

三辰卡通集团成立于2000年，是一家专门从事动画制作发行、电子音像出版、计算机软件开发、品牌构建延伸、儿童互动娱乐、特许专卖连锁、广告代理发布等业务的高科技文化集团。

三辰卡通集团先后投资4.5亿元创建了“三辰影库”，依托原创动画打造了中国卡通业唯一的“中国驰名商标”——“蓝猫”，推动了国产动漫的繁荣与发展。为维护“蓝猫”形象，提高品牌价值，确保集团的长期稳定发展，公司实施“调整，改革，提高”的战略方针，不断提升核心竞争力。截至到2006年，已在北京、长沙、杭州建设了三个国家级动画产业基地，其中长沙三辰数字卡通城占地14万多平方米，二维、三维动画年产量达2万分钟。2003年三辰卡通动画节目制作占全国动画制作播出总量的53%，2004、2005两年约占45%。大型科普动画系列《蓝猫淘气3000问》被吉尼斯大世界上海总部确认为世界上最长的电视动画片。“蓝猫”动画片在鼎盛时于全国两岸三地1020家电视台同步播出。新创意的全三维环保卡通系列《青青号》，被列入“十一五”国家重点音像电子出版工程。集团采取严密的知识产权保护措施，“蓝猫”品牌授权衍生产品业务和增值业务发展迅速，衍生产品涉及16个行业、6600种。蓝猫专卖渠道网络发展最高峰时达到2400多家。

(21) TCL文化发展有限公司

TCL文化发展有限公司是TCL集团的全资子公司，目前公司已成为集唱片发行、艺人经纪、光盘制造等于一体的大型文化企业。公司投资5亿元在广州科学城内建有“TCL文化产业基地”。基地占地面积10万平方米，基础设施齐全，下一步计划再投资10亿元。

该公司控股的TCL美卡文化音像有限公司成立于1994年，是国内最具知名度的专业音像发行公司之一。数年来以诚信积累和系统整合打造了强大的销售网络，是中国正版音像发行的知名品牌，以“美卡”为品牌的音乐、音像产品业务遍布全国。公司只读光盘日生产能力24万片，可录光盘日生产能力20万片。2005年成功运作发行了《超级女声终极PK》等优秀唱片。公司计划从以音像制品发行销售和光盘复制生产为主，向数字内容、演艺经纪、动漫、传媒等领域拓展，打造包括文化产业教育培训、文化创意内容制作、演艺经纪、报刊、电视、杂志传媒，以及文化商务活动策划、信息咨询、投资顾问、3C增值服务等内容的文化产业发展集群。2006年2月，该公司被评为广东省文化产业园区。

(22) 广东潮州关键宇航鼠动漫影视有限公司

关键宇航鼠动漫影视有限公司是广东省文化产业园区之一，在潮州拥有原创动漫生产基地、动画和漫画制作中心、动漫人才培训中心、行政管理中心和衍生产品研发中心等。目前在广州、北京和香港设有分支机构，是一家集动画、电视、传媒、网络、广告、地产为一体的综合型民营股份文化企业。

2006年，公司投资制作的中国原创《宇航鼠》，被列为广东“十一五”规划重点工程，是自主创新类项目中为数不多的民营企业之一。该项目经过一年多的发展，构建了动画电视、电影、图书、舞台剧四大体系，产业链日益完善。在卡通形象、漫画图书、“科幻舞台剧”、动画电影、动画电视、动漫软件、网络游戏等原创开发方面，取得一定的经济效益与社会效益。公司以“宇航鼠”品牌为核心，与粤东玩具、文具等密切合作，建设“中国原创宇航鼠动漫文化产业园区”，推进动漫原创、研发、教育培训园区，动漫主题旅游、休闲度假园区和动漫同生、衍生产品研发孵化园区建设。

(23) 重庆市綦江农民版画产业发展有限公司

綦江农民版画源于明清年间的木版年画，作品取材于广大农民群众的生产生活实践，表现手法在简单绘画的基础上，吸收了当地民族民间美术技法，具有广泛的群众基础。綦江农民版画产业发展有限公司，是集农民版画及其衍生产品的创作研发、生产销售为一体的企业。现有作者160余人，并在19个乡镇建有农民版画创作室，成为创作、制作和交流的平台。綦江农民版画艺术特点鲜明，深得专家学者及外国朋友的赞赏，不仅在国内在国外市场也很受欢迎。

(24) 成都市三圣花乡景区

成都市锦江区三圣花乡景区从本地实际出发，以花为媒，以文化为魂，精心打造花乡农居、幸福梅林、江家菜地、东篱菊园、荷塘月色“五朵金花”。该乡先后修建了梅花知识长廊、咏梅诗廊、梅花博物馆、农业文明记忆馆、荷塘月色画廊等人文景观。举办了“四川省首届花卉博览会”等大型文化活动120余场次。同时还开发了花卉明信片、梅花酒、江家蔬菜、花卉展销等多种以“花文化”为主题的文化旅游商品。为培育三圣花乡，区政府先后投入8300万元，撬动和吸引民间资金1.6亿元，提升了景区的文化内涵，营造了优美的生态环境，扩大了“五朵金花”的对外影响。

三圣花乡景区的成功打造收到很好的经济效益和社会效益：一是形成成都市新兴休闲文化产业，吸引了众多龙头企业和商家，为农民致富拓宽了渠道；二是为农民城市化奠定了基础，走出一条城乡一体化的新路子；三是为城市居民提供了娱乐休闲场所，拉动了乡村文化旅游；四是解决了“三农”问题，促进了农民增收，保证了经济的稳步增长。

(25) 成都市兴文投资发展有限公司

四川省成都市兴文投资发展有限公司于2004年1月由成都市文化局组建，总资产4.4亿元。主要负责成都市政府决定的重点文化事业项目和文化产业项目的投资，负责拟投资项目融资和管理。

公司在组织机构、资本结构和运作模式上进行全面创新，建立了全新的体制机制：依据《公司法》，由各股东代表组成公司董事会和监事；将资产运营机构、城市VI结构、融资部作为重要的组成部分；通过资产适当剥离、资源有效整合、灵活的经营策略，完善了资本结构，破除了体制性束缚；建立市场化人才机制，推动市场化运作和行政宏观指导相协调的运行机制；创新投融资模式，使公司获得增量收益。公司成立至今已成功运作了四个大项目：撬动4亿元资金建设了金沙遗址博物馆；零投入启动杜甫草堂诗圣文化园建设，将为公司带来1500万元新增资产和收益；市场化运作成都群众艺术馆迁置，解决了新馆7000万元的建设投入，实现利润2000万元；利用社会力量开发“城市礼品”，目前已有数百种产品问世，预计将带来二三千万元的产业效益。

(26) 九寨沟演艺产业群

九寨沟演艺产业群是随着四川省阿坝州九寨沟的旅游而发展起来的。截至2005年底，共聚有10家艺术表演团体，从业人员727人。2005年，演出收入达到10476万元，营业利润1321万元，实现税收104.4万元。

九寨沟演艺产业群始终坚持把社会效益放在第一位，做到社会效益和经济效益两手抓。在不断加大基础设施投入和演艺人才培养力度的同时，积极推进演艺生产观念、经营观念、品质观念、消费观念和管理观念等方面的创新，通过创新来促进艺术生产、繁荣演艺市场。近年来，创作演出了《神奇的九寨沟》等一系列优秀作品，同时探索实行了剧目认定创作人、工作室和定价折股等市场运作方式，促进了市场营销机制建设和衍生产品的开发与经营。他们注意以人为本，努力培养本土优秀人才，先后推出在全国有一定影响的容中尔甲、“高原红”女子组合等。同时，积极参与各级政府组织的各项社会公益性文化活动，强化社会责任，塑造了良好的企业形象。

(27) 三星堆文化产业园

三星堆文化产业园位于四川省广汉市市区与三星堆遗址保护区之间，规划面积10平方公里，已建园区基础设施配套齐全。2003年被四川省人民政府批准为首家省级文化产业园。园区按照政府主导、企业主体、市场化运作、多元化投入的原则，以“三星堆文化”为核心，以“三星堆形象”为品牌，将文化产业和旅游产业有机结合起来，实现单一型文物观光向复合型文化旅游的转变。目前，四川新概念青铜时代艺术品公司已入驻园区，并取得很好的经济效益。2005年与四川新华集团、四川大成顺和集团签订了三星堆游客接待中心、三星堆国际演出中心、三星堆国际面具博览园等项目的投资协议。三星堆文化产业园区的整体开发，有力拉动了三星堆的文化旅游。近几年，三星堆旅游人数和门票收入快速增长。

(28) 多彩贵州文化艺术有限公司

多彩贵州文化艺术有限公司由贵州省歌舞团与江苏金杨集团等单位合作成立。主要以《多彩贵州风》为经营主体，负责向全国以及海外市场进行推广。《多彩贵州风》是贵州省组织生产的集优秀民族剧目、专门演出剧场、艺术创作基地和文化产业园区建设为一体的综合性大型民族歌舞诗项目。仅2005年10月至2006年1月，就演出70多场，观众达5万多人次，票房收入250多万元，创造了贵州省演艺市场的最高记录。2006年初又推出新版。目前，两个版本共演出108场，观众达到8万多人次。

为打造《多彩贵州风》这一文化品牌，多彩贵州文化艺术有限公司争取省政府投资3000万元对北京路影剧院进行改造，作为《多彩贵州风》的常年演出基地。此外，利用《多彩贵州风》的品牌效应，准备建设“多彩贵州文化艺术创作基地”和“多彩贵州文化产业园区”。这两个项目被列入省文化产业发展规划，已在“十一五”期间完成。

(29) 云南中天文化产业发展股份有限公司

云南中天文化产业发展股份有限公司，是云南省文化产业发展的龙头企业之一。下属企业有1996年成立的图书批发市场和2003年成立的云南省音像制品批销中心以及大型文体用品批发市场等企业和机构。到2005年末，公司的资产总额8107万元，年销售收入超过1亿元，净利润1242万元，资产状况优良，拥有较强的风险预测和转化能力。2006年，该公司投资800万元在昆明北市区建设一个大型电影城，该项目是昆明市重点建设项目之一。

(30) 西安曲江文化产业投资（集团）有限公司

陕西省西安曲江文化产业投资（集团）有限公司控参股西安大唐芙蓉园旅游发展有限公司、西安曲江欢乐世界有限公司、西安曲江大唐不夜城文化商业有限公司等。

近年来，西安曲江文化产业投资（集团）有限公司挖掘历史文化资源，突出盛唐文化主题，积极吸引国内外文化机构参与曲江新区建设，逐步形成承古辟新的文化产业发展大格局。2003年以来，公司先后建成“大唐芙蓉园”、“大雁塔北广场”等重大文化旅游项目，组织举办了“曲江文化旅游艺术周”、“曲江论坛”等大型文化旅游活动。目前，正准备启动建设大唐不夜城、大唐文化艺术长廊、丝路风情园等文化旅游项目，打造中国最大的唐文化展示区，使之成为一个包括旅游、娱乐、影视、动漫、出版、会展、广告等的文化产业集群。

(31) 安塞县黄土文化产业开发有限公司

陕西省安塞县黄土文化产业开发有限公司以“创立黄土文化品牌，打造特色文化产业”为目标，依托陕北黄土文化资源，对安塞民间艺术文化进行保护、挖掘、利用，先后投资400多万元，精心打造了安塞腰鼓、剪纸、农民画和陕北民歌等文化品牌。近几年开发出30多种文化产品，累计创收500多万元，同时成功举办了千人腰鼓表演、陕北民歌大赛、安塞剪纸大赛、“陕北过大年”摄影大赛等30多个活动。每年还组织1000多名腰鼓手到外地进行腰鼓表演和示范培训、8名剪纸艺人赴10多个国家表演献艺、10多位民歌手参加各地电视台的文艺演出。在全县建立起一支包括34000多名民间艺术人才、6686人骨干艺术人才和老、中、青三结合的文化艺术人才队伍。2005年被陕西省文化厅授予“全省文化产业示范基地”。

(32) 天水汉唐麦积山艺术陶瓷有限公司

甘肃省天水汉唐麦积山艺术陶瓷有限公司主要开发生产以天水文化旅游为主的旅游文化艺术品。1998年投资建设，2000年正式投产，先后生产出麦积山石窟雕塑50余种、壁画26种、大地湾彩陶160余种、伏羲文化艺术品4种，共计四大系列240种具有天水文化特色的文化产品。投放市场后，受到消费者的青睐，经济效益逐年上升。截至2005年底，共实现产值3500万元，利税893万元。公司现有固定资产650万元，流动资金300万元，员工56人。同时安置社会残疾人员2名、下岗人员16名、农村剩余劳动力30名。六年共为社会贫困人员及光彩事业捐款50多万元。

近年来，公司积极向海内外推销文化产品，多次参加日本大阪旅游推介会、厦门国际商贸洽谈会、天津展销会、西安艺术博览会、兰州洽会等。2004年在台湾高雄博物馆举行了“麦积山石窟雕塑、壁画、摄影展”、“麦积山学术研讨会”及《佛国麦积山》图书首发式。通过一系列展销宣传活动，树立了较高的品牌知名度，产品远销美国、日本、法国等国家和地区。公司准备在两年内投资3500万元完成扩建项目，再建设100亩新厂区。扩建后将成为西部极具影响的集旅游工艺品生产、游客购物、学术交流、休闲娱乐为一体的现代文化企业。

(33) 吾屯热贡文化艺术村

吾屯热贡文化艺术村位于青海省同仁县，是热贡艺术的发祥地、闻名遐迩的“藏画之乡”，又因擅长绘制唐卡而被称为“唐卡村”。截至2006年，村内共有农民446户，其中从事热贡艺术品业的有437户，占全村总户数的98%。热贡艺术品销售收入已成为村民的主要经济来源。2005年末，该村热贡艺术品业收入达1000余万元，占全县农牧民总收入的8%。在推动农村发展文化产业、促进农业结构调整、增加农牧民收入方面起到了带头作用。青海省人民政府拟于今年命名该村为全省社会主义文化新农村建设示范点。

## 5. 文化部命名第三批国家级文化产业示范基地

(1) 北京老舍茶馆有限公司

北京老舍茶馆有限公司始建于1988年，营业面积3300多平方米，设有戏曲演出大厅、前门四合茶院、新京调茶餐坊和品珍楼等四个经营场所，是一家集书茶馆、清茶馆、大茶馆、餐茶馆、野茶馆和清音桌六大老北京传统茶馆形式于一体，汇聚京味文化、戏曲文化、茶文化、食文化等民族优秀文化的文化休闲特色茶馆。多年来，北京老舍茶馆有限公司一直坚持“振兴古国茶文化，扶持民族艺术花”的经营宗旨，将文化资源的保护开发与舞台演出节目的推陈出新相结合，通过茶馆这个舞台空间，宣传和展示中国灿烂悠久的民族艺术和深厚的文化底蕴。经过20年的实践与创新，老舍茶馆的“品茶赏戏”已成为北京文化舞台的一个特色品牌。仅2007年，演出销售收入就达2335万元。

(2) 俏佳人传媒股份有限公司

俏佳人传媒股份有限公司是集策划、拍摄、制作、发行、推广于一体的集团化文化企业。公司以动漫产业、新媒体开发、大型演艺活动、汉语推广和音像制品发行为主营项目，旨在向海内外传播推广优秀的中国文化。经过10余年的经营发展，该公司在资源开发与利用、新兴业态研发、经营管理和经济实力等方面均处于国内领先地位。特别是积累了种类繁多、数量庞大的自有音像版权，成为我国音像出版发行行业重要的版权经营商。公司还拥有2000多部国内外新老电影的音像版权，光碟年销售量达1000多万张，产品出口遍布欧美、东南亚及港澳台地区，在国际市场上具有了品牌知名度。2004年，俏佳人传媒涉足原创动漫产品项目后，成立了专业制作团队，建立了原创动漫笑话平台“笑笑吧”，目前已完成2000多集作品。2007年，公司主营业务收入过亿，净利润为1626万元。多年来，俏佳人传媒不仅获得国内广大消费者的欢迎，更得到海外主流媒体和主流营销渠道的认可，成为中国文化产品对外营销的一个知名品牌。

(3) 天津华夏未来文化发展中心

天津华夏未来文化发展中心成立于2002年，是一家以少儿艺术培训为主、涵盖教育、演出、娱乐、图书发行等多个领域的特色文化教育机构，发展中心坚持“一切为了孩子”的宗旨，以精准的市场定位，良好的品牌效益，逐步建立起了完整的少儿艺术教育、辅导培训的体系。建立了8个经营实体，完成了从有偿服务到产业经营的全面转换升级，围绕少儿艺术培训、计算机网络、图书发行及吃、穿、用等，注册了“华夏未来”系列商标四大类二十余项。建立了35000平方米的艺术培训大厦两座，开发了占地56000平方米的蟋蟀谷儿童动漫拓展主题乐园，开通了全国地域性专业儿童门户网站——天津儿童网，实现会员智能化管理系统，并且成功举办了以六届天津国际少儿艺术节为代表的大批文化活动，在艺术培训实现产业化运营上取得了新的突破。

(4) 天津市爱心手工编织制品有限公司

天津市爱心手工编织中心由最初的一家街道编织站，逐步发展成为拥有八个公司、八个分站和两个工作室的有限公司，由最初的安置下岗失业到实现创业、直至形成文化产业发展运营方式，实现了公司的全面升级。公司逐渐形成了中国结、津童、天津蓝、服装配饰、工艺餐巾、金彩人偶等九大系列近千种产品，拥有66项获国家专利，产品远销20多个国家和地区。2009年，公司累计安置职工6129人，实现产值3100万元，出口额达到93.6万美元。公司产品的文化内涵不断丰富，工艺水平不断创新，经济附加值和市场占有率持续提高，已经迈入良性发展的道路。

(5) 衡水习三内画艺术有限公司

衡水习三内画艺术有限公司是由中国工艺美术大师、“冀派内画”创始人王习三与其长子王又三于1996年创建的，是集内画艺术理论研究、专业内画艺术人才培养、内画艺术产品生产开发、“冀派内画”精品展销于一体的综合性文化企业。公司有中高级工艺师35名，主要产品有鼻烟壶、水晶球、摆件、花瓶、茶叶罐等内画工艺品。在生产、开发、销售过程中，公司十分注重知识产权保护，生产的内画工艺品均以“习三”为品牌。2007年，公司主营业务收入达1274万元。目前，“习三”内画工艺品在国内同行业中具有较强的竞争力，投资建设的中国内画艺术之乡展览馆已竣工并投入使用。该展览馆是宣传、展示内画艺术的专业性展览馆，拥有明末以来各个时期、各种材质、各种造型的近千件鼻烟壶珍品，为宣传和传承内画工艺，提升企业知名度发挥了积极作用。

(6) 曲阳宏州大理石工艺品有限公司

曲阳宏州大理石工艺品有限公司坐落在有两千多年历史的“中国雕刻之乡”——河北省曲阳县，系中英合资企业。公司占地面积3万多平方米，建筑面积1万多平方米，主要生产传统雕塑、西方雕塑、城市雕塑及园林雕塑等艺术雕塑，产品销往全国及世界各地。该公司始终坚持质量第一、打造精品的理念，实行现代企业化管理制度，依法开展生产经营活动，经济效益不断提高，2007年销售收入逾1400万元。该公司高度重视人才培养工作，专门设立艺术创作室，定期聘请国家级雕刻大师、大专院校专家教授前来给工人讲授雕刻艺术与技法，并与曲阳县雕刻学校合作，为学员提供实习机会。公司还十分关注社会公益事业，多次捐款资助农村贫困学生。

(7) 大同市广灵剪字一纸文化产业园区

山西省大同市的广灵剪纸以其艳丽的色彩、生动的造型、纤细的线条、传神的表现力和细腻的刀法，在全国剪纸中独树一帜，被列入国家级非物质文化遗产名录。《山西省“十一五”文化发展规划》将大同市广灵剪纸文化产业园区列为重点建设项目之一。该园区自2005年以来，已基本形成政府规划、园区推广、公司经营、农户生产的区域性特色文化产业群。园区以生产广灵剪纸的4个乡镇、9个村、1200余农户为主体，年产值达5000万元。目前，园区已建成广灵剪纸文化艺术研究中心、剪纸艺术博物馆、九连环四合院剪纸民俗宾馆等文化设施，兴办了大同市广灵剪纸职业培训学校和大同市广灵剪纸技工学校，并在国内多个地区设立了展示厅和专营店，打造出一条融研发、生产、展示、销售、人才培养功能于一体的具有浓郁地方特色的文化产业链条。

(8) 包头市乐园文化传播有限责任公司

包头市乐园文化传播有限责任公司是一家集室内外游乐、文化娱乐、文化休闲、园林经管和综合服务于一体的大型文化产业集团。该公司投资8.5亿元打造的包头乐园，占地面积41.41万平方米，是包头市重点文化产业建设项目之一。包头乐园吸纳了众多世界知名主题公园的设计理念，结合当地文化娱乐市场的实际，将高科技和全新休闲方式相融合，参与性、观赏性、娱乐性、趣味性和知识性相结合，营造出一个自然、清新、快乐、刺激的休闲娱乐文化氛围。自2007年9月28日开园至2008年，已接待游客100多万人次。同时，还举办建立2008年“新春游园会”、“包头乐园时尚狂欢节”、“六一儿童节卡通嘉年华活动”等大型系列文化活动。包头乐园已成为周边地区的一大文化娱乐亮点。

(9) 沈阳杂技集团有限公司

辽宁省沈阳杂技团创建于1951年，是中国最具实力的杂技艺术表演团体之一，先后有20多个节目在国际、国内重大杂技比赛中荣获大奖，并赴60多个国家和地区的300多个城市进行访问、比赛和演出。2004年，作为全国文化体制改革试点单位，沈阳杂技团与沈阳南湖剧场、南湖剧场招待所合并组建了沈阳杂技演艺集团有限公司。改制以来，该公司积极打造有活力、有实力、有竞争力的外向型文化企业，先后派出27个团组、515名演员赴十几个国家和地区进行演出，商业演出3469场，创汇242万美元。公司打造的《天幻秀》、《未来》等剧目演出803场，营业收入700多万元。截至2008年，公司实现产业收入2400万元，净资产总额达到3031万元，职工年人均收入超过40000元，比改制前增长了一倍。2008年4月，被中宣部、文化部、广电总局和新闻出版总署命名为全国文化体制改革优秀企业。

(10) 盘锦辽河文化产业园区

盘锦辽河文化产业园创建于2003年初，是辽宁省盘锦市兴隆台区政府为实施“文化立区”发展战略而倾力推动的重点文化建设项目。几年来，先后投资上亿元建设了辽河美术馆、辽河画院、辽河文化商业街、辽河石油文化公园、辽河文化产业园网站等文化设施和项目，正在建设的有辽河民俗文化市场、辽河画家村、博物馆群落等项目。其中辽河美术馆不仅是盘锦市的标志性文化建筑，而且是东北地区最大的美术馆。开馆一年多，举办国家和地方各类艺术展览70余次。该园区在全国范围内招商引资，吸引了省内外众多艺术家和文化经营者向产业园集聚，带动了周边的配套设施建设，促进了兴隆台区文化产业圈的形成，改善了城市环境，提升了文化品位，对区域经济及社会发展产生了积极作用。

(11) 大连海昌企业发展有限公司

大连海昌企业发展有限公司一直致力于打造大连文化旅游项目——发现王国主题文化。公司在大连金石滩建设的发现王国主题公园自2006年正式开业以来，入园游客数量和经济效益不断增长，2009年全年实现总收入近2亿元，目前公司的资产规模达12亿元。三年多时间里，在该公园内举办了一系列活动，包括中央电视台举办的“2006动感夏日校园红歌会”、发现王国2007年四季庆典活动、“教师节感恩大献礼”活动、2008年的“牵手奥运、触摸雅典”主题系列活动等，取得了良好的社会反响。公司未来发展方向是力争将“发现王国”打造成东北亚地区最好的主题公园，将“发现王国”的品牌推广到中国之外的东北亚地区。

(12) 吉林歌舞剧院集团有限公司

吉林歌舞剧院集团有限公司是在整合吉林省歌舞团、吉林市歌舞团和吉林省文化活动中心东方大剧院的基础上组建的国有文化企业。近年来，公司大胆改革创新，狠抓市场营销，努力扩大演出市场，逐步发展成为一个在国内外具有重要影响的演艺集团，打造出“吉歌特色”的文化品牌。2006年全年演出247场，其中公益演出60场，经济收入1974万元；2007年全年演出256场，其中公益演出65场，经济收入2677万元；2008年，截至5月底，演出订单达5000万元。公司多次承担国家各类大型文艺演出任务，连续11年参加中央电视台春节联欢晚会、戏曲晚会、元宵晚会演出，取得良好的社会效益和经济效益。几年来，公司还多次赴法国、日本、韩国、朝鲜、美国、俄罗斯等国家访问演出，有力地促进了中外文化交流。2008年4月，被中宣部、文化部、广电总局和新闻出版总署命名为全国文化体制改革优秀企业。2008年9月17日吉歌集团被文化部授予国家第三批文化产业示范基地。2009年再次参加了央视《春节联欢晚会》、《元宵晚会》和《哈尔滨世界大学生第24届冬季运动会开、闭幕式晚会》。应总政歌舞团邀请参加了《第九届全军文艺汇演》，应中宣部、文化部邀请，参加了国庆60周年大型舞蹈史诗《复兴之路》的排练、演出工作。全年共参加210多场大型演出，实现收入2130万元。集团基地全年共接待各类演出及会议近百场，实现营业收入270万元。

(13) 中筝文化集团长春光明艺术学校

中筝文化集团长春光明艺术学校成立于2000年，是中筝文化国际集团有限公司开办的集艺术教育、职业培训、演出演艺、乐器生产、网络传播于一体的综合性民办艺术培训学校。学校以古筝为产业载体，将传统民族文化、现代思维模式和商业运营手段有机融合，设立了全国连锁的“袁莎古筝艺术连锁中心”，创办了大型民乐网站“华音网”和“中国古筝在线”，在扬州天艺民族乐器厂创建了年产近万台古筝的“秦牌古筝生产基地”，组建了大型民乐表演团体“中筝古筝艺术团”，形成一条以古筝艺术为核心的文化产业链。截至到2006年，学校累计培训古筝学员近50000人次，年收入2300万元，创利润270万元，为弘扬民族文化、发展古筝产业、推动艺术产业化做出了突出贡献。学校在北京成立中筝文化发展有限公司，下设中国古筝学院、袁莎古筝艺术连锁中心，开办中国古筝在线网站、创办《筝讯》杂志、出版袁莎古筝演奏的音像制品，并在扬州、上海设立了袁莎古筝生产基地，成立中筝古筝艺术团。发展成为大中华文化圈内唯一一家致力于民族音乐产业化发展的集团。光明艺术学校现有学员8000余名，已经发展成为拥有体育馆校区、万达商业广场校区、东站十委校区、欧亚卖场校区、文化广场校区、吉林市校区六大校区及长春市近20个辅助教学点的大型培训学校，直辖东北三省松原、四平、柳河等30家古筝加盟基地。

（14）显顺琵琶学校

显顺琵琶学校位于吉林省辽源市，成立于1994年，是一个民办学校。建校十多年来，该校以琵琶专业为龙头，以市场需求为导向，不断提高教学水平，逐步发展成一个艺术培训业中的品牌学校。2006年，学校占地面积3万平方米，其中建筑面积9000平方米，拥有教职员工60余人。琵琶专业开办有学前部、小学部、初高中部、业余培训部、考前培训部以及寒暑期专项技艺提高班等，培训各个不同层次的学员。为满足艺术培训市场的需求，学校还开办了音乐表演、音乐师范、美术、戏剧等专业门类，为中央音乐学院、上海音乐学院等十几所音乐学院培养输送了540多名专门艺术人才。为此，辽源市被中国民族管弦乐协会授予了“中国琵琶之乡”的美誉。2007年8月，吉林大学艺术学院将该校确定为教学实习基地，学校每年的艺术培训收入已达800万元。2007年，又注册成立了辽源市中显文化产业有限公司，主要开展艺术创作与表演、演艺剧场经营、文化产业开发和文化中介服务等，并注册了“金琵琶”系列商标，艺术培训的规模越来越大。2008年9月显顺琵琶学校被国家文化部命名为“国家文化产业示范基地”，2009年6月“显顺琵琶演奏”又被吉林省政府认定为吉林省非物质文化遗产。

（15）哈尔滨松雷股份有限公司

哈尔滨松雷股份有限公司是黑龙江省的一家民营公司。从2002年起，该公司开始投资文化产业，并在北京注资成立了北京松雷文化传媒发展有限公司，致力于推动中国原创音乐剧的发展。该公司组建了音乐剧专业剧团“中国松雷·北京蝶之舞音乐剧剧团”，并投资6000多万元排演了原创大型音乐剧《蝶》。《蝶》剧在国内巡演60余场，获得巨大反响。2008年7月，在韩国第二届大邱国际音乐剧节上，《蝶》剧获得评委特别奖。目前，该公司还控股北京松雷雷奥维尔影视文化传播有限公司、北京松雷影视文化传播有限公司、北京松雷菲姆勒网络文化传播有限公司等多家文化企业，打造了一个以原创音乐剧制作为主，集影视制作、影片发行、网络娱乐、院线投资、媒体广告等全方位融合的文化产业平台。借此完善公司多元化的产业结构，提升企业品牌价值。

（16）哈尔滨新媒体集团

哈尔滨新媒体集团是以哈尔滨新媒体文化产业集团有限公司为龙头，联合黑龙江新洋科技有限公司、哈尔滨市盛源文化传播有限公司、哈尔滨软件外包园有限公司等4家产业相关度大、互补性强的企业共同组建的一家综合性文化企业集团，主要从事新媒体产业基地基础设施建设和管理、公共技术服务平台建设、配套服务设施建设、技术开发与制作等业务。2006年，新媒体产业基地累计投资过亿元，拥有办公场地4万平方米，已吸引入驻企业63家。2007年，这些企业实现销售收入20亿元，利税1.5亿元，初步形成了具有黑龙江区域特色的新媒体产业集群，为促进本地区文化产业发展发挥了聚集效应和示范作用。

（17）上海东方明珠（集团）股份有限公司

上海东方明珠（集团）股份有限公司成立于1992年，1994年在上海证券交易所挂牌上市，主营旅游娱乐、媒体广告、信息传输、产业投资等业务。公司注册资本19.26亿元，总资产86.45亿元，净资产58.51亿元，拥有文化类子公司近30家。2001年以来，平均每年营业收入和利润总额分别增18.57%和20.27%。2007年营业收入和利润总额分别为17.1亿元和7.9亿元，是1992年成立之初的37倍和35倍。公司下属东方明珠电视塔是亚洲第一、世界第三高塔，目前是全国年均观光人数最多、盈利水平最高的广播电视塔。近年来，公司不断加大对传媒产业的投资力度，已建立起跨报刊杂志、有线电视网络、移动电视、楼宇电视、手机电视等多媒体的传媒产业平台。此外，公司还在澳大利亚设有全资子公司，持有澳大利亚主流媒体——世界电影频道的部分股权，成为中国文化产业进军国际市场的先行军。

（18）上海长远集团

上海长远集团成立于1999年，主要业务包括主承办大型文体和会展活动、经营和管理大型文体场馆、提供文化旅游、健身休闲、影视娱乐等服务。2007年，集团主营业务收入达12024万元，净资产值达到9945万元。集团所属虹口足球场已成为上海最有影响力的大型室外演唱会场馆。近年来，集团举办了《红楼梦》大型多媒体话剧、国庆焰火晚会等文体活动，以及众多明星的大型演唱会。在多伦现代美术馆和朱屺瞻艺术馆举办了一系列有影响力的展览。在鲁迅公园成功举办了“千筝和鸣”中秋文艺晚会、“均谣”杯戏曲比赛、“难忘的旋律”百日演出、以及青年风尚节等活动，丰富了市民的文化生活，成为上海市的文化亮点。

(19) 江苏省演艺集团有限公司

江苏省演艺集团有限公司自2005年1月改制以来，坚持以建立新型文化企业为发展方向，以创作群众喜闻乐见的优秀舞台艺术产品为主要任务，通过建立和完善现代企业管理制度，集团的经济实力和市场竞争力不断增强。2006年，集团各院团累计演出3478场，经营收入3978万元；2007年累计演出3761场，经营收入4939万元。集团先后创排了大型歌剧《悲怆的黎明》、大型民间歌舞《好一朵美丽的茉莉花》、昆剧《牡丹亭》和《1699·桃花扇》等一批优秀剧目，并在国内获多项大奖。此外，集团还主办和承办了一系列大型公益文艺活动。2008年2月，江苏省演艺集团有限公司获“首届全国文化企业30强”称号。2008年4月，被中宣部、文化部、广电总局和新闻出版总署认定为全国文化体制改革优秀企业。

(20) 江苏爱涛艺术精品有限公司

江苏爱涛艺术精品有限公司是由江苏省弘业国际集团有限公司和江苏弘业股份有限公司共同出资组建，注册资本12993万元，主营艺术品设计、工艺品制作、展览及销售等。2005年，“爱涛”(ARTALL)品牌被商务部评为2005—2006年度“重点培育和发展的出口名牌”。2007年，公司实现销售收入6265万元。经营管理的爱涛艺术中心，面积3000多平方米，分红木雕刻家具馆、刺绣丝织民俗馆、名人名家字画馆、玉石陶瓷漆器馆等，馆内珍藏和精心设计制作的工艺精品数十类2000余套(件)，是江苏省艺术品收藏、销售、交流的现代化展馆，也是国内外艺术交流和美术教育的重要场所。

(21) 扬州工艺美术集团有限公司

扬州工艺美术集团有限公司，是2006年底由扬州市人民政府和扬州市工艺美术工业联社共同投资成立的国有控股有限责任公司，净资产5549万元。公司所属的全资企业有扬州玉器厂、扬州漆器厂和扬州绣品时装总厂，代管企业有扬州亲亲首饰有限公司和工艺厂有限公司，主营产品有漆器、玉器、绣品、剪纸、灯彩、绒制品、金银首饰等。公司所属扬州漆器厂目前是全国规模最大、工艺最全、技艺力量最强的专业生产厂家之一，生产和销售占全国同行业的四分之一。该公司还十分重视销售平台建设，近两年投资4000多万元，建成了工艺品、美术、剪纸、玉石等五个销售窗口，打造了工艺美术一条街，扶持了周边500多户个体经营户的生产。2007年，公司销售收入2亿元，预计到2010年，将形成5个亿的销售规模。

(22) 西泠印社集团有限公司

西泠印社成立于清光绪三十年(1904年)。作为文人结社的典范，西泠印社在艺术创作、学术研究、对外交流、文物收藏、人才培养等领域取得了辉煌成就，声名远扬。2003年以来，根据杭州市委、市政府“光大品牌、做大产业”的要求，西泠印社深化改革，转换机制，组建了以西泠印社社务委员会为出资人的国有独资公司—西泠印社集团有限公司。公司以“西泠印社”品牌为核心，吸引社会力量共同投资艺术品原创、展览、出版、广告、鉴赏、画廊、拍卖等领域，形成比较完整的艺术品业产业链。2007年，西泠印社集团有限公司销售收入6597.8万元，利润2882.1万元，分别是2004年的5.5倍和近20倍。转企改制使拥有百年历史的西泠印社重新焕发出勃勃生机。

(23) 浙江中南集团卡通影视有限公司

浙江中南集团卡通影视有限公司成立于2003年，是浙江中南集团投资的新型文化企业，致力于打造原创动画制作、影视节目发行、音像图书行销、衍生产品开发营销、品牌授权等业务。2008年，该公司已发展成为国内最大的原创动漫公司之一，原创的《天眼》系列、《魔幻仙踪》、《星际飚车王》、《劲爆战士》等七部动画片，总时长达11500分钟。正在创作的《天眼神牛》、《风速战警》、《乐比》、《科乐》等动画片，完成后总时长将超过10000分钟。公司创作的动画片先后获得国际、国内大奖20多项，在中央电视台等200多家国内电视台播出，并远销美国、韩国、新加坡、俄罗斯等40多个国家和地区。公司探索自行开发、品牌授权、贴牌生产、加盟经销等产业合作和运营模式，先后开发了玩具、文具、儿童用品、服装、鞋帽、食品、饮料等相关领域的产品，并积极构建自己的销售渠道。2007年实现收入4275.43万元，利润1241.92万元，上缴利税240.39万元。

(24) 宁波海伦乐器制品有限公司

宁波海伦乐器制品有限公司成立于2001年，是国内专门从事钢琴研制、生产的中美合资高新技术企业。2008年，年生产145000架立式钢琴，1800架三角钢琴，产品供不应求。公司高度重视技术创新和知识产权保护，组建了省级钢琴制造工程技术中心，每年从销售收入中提取5%以上资金作为科研经费。在国内外注册了“HAILUN”(海伦)商标，并为“HAILUN”钢琴申报了3项发明专利、15项实用新型专利及1项外观专利。2006年，“HAILUN”钢琴被国家质监总局列为“中国名牌产品”。“HAILUN”钢琴的代理销售遍及国内各大中城市，并在日本和美国各有50多家琴行，在欧洲20多个国家有260多家琴行，取得良好的社会效益和经济效益。2006年，公司实现销售收入11782万元，纳税720万元，净利润1207万元；2007年实现销售收入16430万元，纳税1298万元，净利润1733万元。同时，公司先后成功举办了海伦杯关爱琴童、“海伦杯”浙江省首届少儿钢琴大赛、上海中老年钢琴大赛等公益活动，与当地北仑小学合作开办海伦业余艺术学校，与宁波职业技术学院联合开办了乐器修造专业。

(25) 黄山市屯溪老街

黄山市屯溪老街是一条集宋、明、清时代建筑风格为一体的步行文化街，现有店铺300多间，企业40余家，主要经营文房四宝、书画古董、漆器瓷器、根雕竹艺等各类工艺品和旅游纪念品，聚集了许多民间博物馆、纪念馆、书画院、研究所、陈列馆和工作室，吸引了大量来自境内外的游客。老街每年接待游客600万人次，年销售额达10亿元。近年来，屯溪老街文化产业规模不断扩大，发展势头良好，逐渐形成一个以黄山旅游资源为依托、具有区域特色的文化产业群。2007年，实现文化产业增加值3000万元，同比增长14%，创造了若干就业岗位，带动了当地经济发展。

(26) 厦门市优必德工贸有限公司

厦门市优必德工贸有限公司成立于1997年，主要从事闽南地区至今已有三百年历史的漆线雕的设计、开发和生产。公司以“传统为宗、漆艺为根、品牌为本、创新为魂”为宗旨，大胆开拓创新，成为同行业中的佼佼者。目前，公司在北京设有北京漆宝斋文化艺术有限公司，并分别成立了优必德福州分公司和优必德（香港）国际集团有限公司。在东南亚及欧美地区发展了经销代理商和大型终端客户，在全国各地设有几十个专卖展示场所和70多家经销商，建立起了完善的营销网络。2007年，公司销售收入4870万元，净利润479万元。2008年，优必德中标的北京2008年奥运会主体育场“鸟巢”的贵宾厅室内装饰工程顺利完成，大大提高了企业和漆线雕的知名度。

(27) 景德镇法蓝瓷实业有限公司

景德镇法蓝瓷实业有限公司成立于2003年。该公司在继承东方传统瓷艺文化的基础上，融合东西方艺术装饰风格，结合时代特点，不断创新工艺，开发出造型精致、色泽丰富的法蓝瓷。自2005年正式投产以来，产品销往亚洲、欧洲、美洲、大洋洲众多国家和地区。目前已在全球拥有5500多个销售网点，并在中国、美国、欧盟注册了“法蓝瓷”和“FRANZ”商标。2007年公司销售收入达6925万元，创汇788万美元。近年来，该公司的产品先后获得2005年和2006年的景德镇国际陶瓷博览会金奖、2006年“百花杯”中国工艺美术精品奖金奖、联合国教科文组织颁发的“世界杰出手工艺品徽章”等多个奖项。

(28) 蓬莱八仙过海旅游有限公司

蓬莱八仙过海旅游有限公司始建于1984年，经过20余年的发展，公司从经营特色餐饮逐渐发展成为集旅游开发、旅游观光、旅游服务为一体的大型综合性文化企业，也是目前山东省投资文化产业的最大民营企业之一。公司现经营蓬莱海洋科技馆、蓬莱八仙过海景区、三仙山风景区等三大景区。2007年，蓬莱八仙过海旅游有限公司共接待中外游客300多万人次，企业直接收入3亿元，占蓬莱市GDP的1.9%，同时拉动了相关产业的发展。公司十分注重对文化资源的保护，协助政府对“八仙”、“七仙女”等105个与八仙过海有关的文化品牌进行了商标注册保护。此外，公司积极投身于公益事业，先后安置下岗失业人员、剩余劳动力1100多名，主动接收转业军人和退伍士兵150多名，并承担了蓬莱市3所养老院的帮扶工作。从1996年起，公司还先后投资近百万元帮助当地开展新农村建设，取得了良好的社会效益。

(29) 淄博东夷齐文化发展有限公司

淄博东夷齐文化发展有限公司成立于2002年，以艺术品经营为主。公司十分注重专业化、规模化发展，所经营的淄博荣宝斋书画古玩城，经营面积两万多平方米，是山东省规模最大、档次最高的专业艺术品市场之一，来自全国各地的160余家商铺入驻，直接从业人员2000余人，年交易额两亿多元，实现利润6000万元。近几年，该公司举办了上百次书画、珍玩鉴定、拍卖及其他文化艺术活动，还举办了“澳洲三人行画展暨慈善捐赠仪式”、“淄博市书画艺术品赈灾义卖义演活动”等一系列公益文化活动，取得良好的社会效应。淄博荣宝斋书画古玩城已成为全省最具影响力和吸引力的艺术品交易中心，为文化艺术爱好者提供了良好的交流平台。

(30) 嘉祥石雕文化产业园

山东省嘉祥石雕艺术诞生于1800多年前，具有典型的中国北派石雕艺术风格，是我国石雕艺术的重要流派，被国务院列入国家级非物质文化遗产名录。为推动石雕产业向规模化、集约化发展，2000年政府投资建设了嘉祥石雕文化产业园，园区占地350余亩，入园石雕企业88家，从业人员1.6万人，年产值1.6亿元，利税3000万元，园区石雕产品有10多个系列1000多个品种，远销海外20多个国家和地区，成为当地石雕文化产业的聚集区。园区每年举办一次的“中国（嘉祥）石雕艺术节”，已成为当地重要的文化品牌。

(31) 焦作云台山旅游发展有限公司

焦作云台山旅游发展有限公司主要负责河南省云台山风景名胜区的管理经营。公司采用先进的企业化管理模式，不断完善内部管理机制，提高职工整体素质，强化市场营销力度，实施山水品牌战略，注册了包括旅游工艺品、旅游服务商标在内的“云台山”商标43类512项，已成为拥有世界地质公园、国家级风景名胜区、国家首批5A级旅游景区、国家森林公园、国家地质公园、国家级猕猴自然保护区、国家水利景区、国家自然遗产等众多称号的文化旅游胜地。2007年，接待游客达254万人次，门票收入突破2亿元。景区的发展拉动了当地经济的发展，景区所在地焦作市修武县的宾馆饭店达到375家，旅游购物商店33家，旅游综合收入7亿元，占全县GDP比重达12.9%。近年来，云台山的成功发展被誉为“焦作现象”、“云台山速度”，引起社会各界人士的广泛关注。

(32) 郑州市天人文化旅游有限责任公司

郑州市天人文化旅游有限责任公司成立于2005年，由河南省兆腾投资有限公司、北京天人文化传播有限公司、广西维尼纶集团、中国嵩山少林寺联合投资组建，具体负责《禅宗少林·音乐大典》项目开发经营。该演出项目是以演绎和谐中原文化为主题，以挖掘禅宗和少林武功资源为切入点而创作的大型山地实景演出剧目。演出场地在河南省登封市待仙沟，项目总投资1.15亿元，是河南省民营资本投资开发的最大的文化旅游演出项目。《禅宗少林·音乐大典》于2007年4月26日正式运营，当年演出210场，接待海内外观众20万人次，门票收入1500万元。同时，该项目吸收了当地150余位农民演员，增加了农民收入，促进了当地经济发展，推动了社会主义新农村建设。

(33) 郑州中远演艺娱乐有限公司

郑州中远演艺娱乐有限公司是由郑州歌舞剧院、建业住宅集团（中国）有限公司、郑州宇通集团有限公司合资组建的股份制公司，主要从事文艺表演、艺术展览、舞台美术制作工程及灯光音响设备租赁等业务。公司自2005年成立以来，郑州中远演艺娱乐有限公司成功策划推广的大型原创舞剧《风中少林》，已在国内外商业演出近200多场，先后荣获2005－2006年国家舞台艺术精品工程十大精品剧目奖、第五届中国舞蹈“荷花奖”金奖、2007年中宣部“五个一”工程奖，并囊括文华奖的四个单项奖，得到社会各界的一致好评，取得良好的社会效益和经济效益。截至2008年，该舞剧实现演出收入和衍生产品收入1200多万元。此外，由公司策划推出的青春版舞剧《清明上河图》和原创舞剧《云水洛神》也分别于2007年和2008年与广大观众见面。

(34) 湖北三峡非博园发展有限公司

湖北三峡非博园发展有限公司是由武汉国风文化产业园开发有限公司和武汉九真山旅游产业开发有限公司共同投资创办的文化企业。公司规划用地11220亩、总投资126亿元，在武汉市和当阳市、宜都市、巫山县、秭归县等地着力打造一个以传承保护非物质文化遗产为核心内容的文化旅游产业集群。目前，已建成知音文化景区、中华非遗技艺传承学校、巴楚博览园、沙滩浴场等文化产业项目，在建的项目有天下传人第一街、凤凰山屈原祠旅游区等。另外，大型山水实景歌舞剧《千古离骚》等项目也已启动。自2007年9月至2008年，运营项目已创造经济效益4800万元。整个产业集群全部建成后，极大带动社会生产、物资供应、仓储物流、交通运输、旅游中介、宾馆酒店、餐饮副食等相关行业的快速发展。

(35) 湖南宏梦卡通传播有限公司

湖南宏梦卡通传播有限公司是目前最大的国产原创动画生产制作企业之一。自2004年成立以来，公司始终坚持生产国产原创动画的道路，把产品的教育性、艺术性、娱乐性有机结合在一起，打造推出了《虹猫蓝兔七侠传》《虹猫仗剑走天涯》《奇奇颗颗历险记》等一系列原创动画作品。公司拥有创意制作、资本运营、延伸开发等方面的专家团队，在授权产品开发、延伸产品零售渠道建设等方面同样取得显著成效。2005年，与美国英特尔公司合作建立了电脑动画技术发展中心，通过节目交换广告时段的形式，在全国617家电视台播放《宏梦卡通天地》。目前，“虹猫蓝兔”已成为中国民族原创动画的优秀品牌，“虹猫蓝兔”系列图书创下了少儿图书发行的记录。2007年，公司总收入1.02亿元，其中仅“虹猫蓝兔”动画形象授权一项收入就达2950万元。公司规划建设的“宏梦卡通艺术村”已在长沙经济技术开发区奠基。

(36) 张家界魅力湘西旅游开发有限责任公司

张家界魅力湘西旅游开发有限责任公司成立于2001年，拥有专业演职人员105名，下设一座能容纳1100人的大型剧院，拥有较强的创作和管理团队。公司成立以来致力于挖掘和演绎湘西地区少数民族文化，坚持传承创新，将少数民族音乐舞蹈与现代舞台技术相结合，使一些濒临失传的湘西民俗文化和民间绝活重新展现在世人面前。先后打造出《桑植民歌》《苗家呷酒》《土家女儿会》《湘西赶尸》等一系列少数民族优秀剧目，演出2400多场，观众145万人次，占张家界文化旅游市场75%的份额。2006年接待观众25万人次，门票收入近3000万元。2007年，观众超过40万人次，门票收入5227万元。同时，为湘西提供了200多个就业岗位，为合作的剧团每年创造数百万元的演出收入。截至2008年，公司已在武陵源景区购置了32亩土地，计划投资1亿元建造“魅力湘西国际旅游文化广场”。

(37) 广东省广告股份有限公司

广东省广告股份有限公司的前身是广东省广告公司，

成立于1981年，2002年改制为广东省广告有限公司，2008年变更为广东省广告股份有限公司。目前，该公司是我国最大的综合性广告公司之一，主营业务包括品牌管理、媒介代理和自有媒体等。公司汇集了一大批优秀的广告策划人才，总结了许多品牌管理的经验和方法，创造出众多具有强烈社会影响力与行业影响力的成功品牌案例。多年来，该公司创作的作品在国内外广告评比活动中，共获得各类奖项451个，包括美国莫比广告奖金奖、美国印刷协会最佳全场大奖、国际优秀印刷展银奖以及数届中国广告节的金奖和银奖等，被中国广告协会授予中国一级广告企业称号。2005－2007年，公司营业收入年均增长35%，2007年营业收入高达15.2亿元。

（38）深圳市腾讯计算机系统有限公司

深圳市腾讯计算机系统有限公司成立于1998年，是中国最早的互联网即时通信软件开发企业。公司依托在中国占据领导地位的“腾讯QQ”即时通信平台，以及QQ.com门户网络平台，为用户提供一站式在线生活服务。目前公司已建立了即时通信、门户资讯、互动娱乐、电子商务等四大网络平台，形成巨大的网络社区。2004年，在香港联交所主板上市，市值超过1000亿港币，是目前中国市值和营业收入最大的互联网公司之一。2007年总收入为38.2亿元，比2006年同期增长36.4%，经营盈利15.68亿元，同比增长47.4%。长期以来，腾讯在产品设计和业务运营上，坚持文明、绿色、健康的经营理念，努力净化网络环境，倡导用户文明上网、奉献爱心，抵制网上不文明行为，并对青少年用户提供快乐、健康的互联网服务。开发经营的网络游戏《QQ堂》《围棋》《中国象棋》《五子棋》等被列入第一批适合未成年人娱乐活动的网络游戏产品名单，得到网民的广泛认可。

（39）中山市小榄镇文化产业发展有限公司

广东省中山市小榄镇是位于珠江三角洲中部的经济重镇和区域商贸中心。2005年，镇政府积极调整经济结构，投资2亿元，建设了占地2.5万平方米的文化艺术品产业基地，并成立中山市小榄镇文化产业发展有限公司。公司下设文化产业服务公司、演出公司和网络公司等分公司，同时还负责管理小榄镇的艺术团、艺术培训中心、菊城影剧院及电影放映队。镇文化艺术品产业基地目前年成交额约1.8亿元，主要经营古玩、艺术品及旅游纪念品等产品，并提供网络信息、贸易支持、中介经纪、艺术培训、宣传推广、电影放映等配套服务。小榄镇文化产业发展有限公司已成为农村发展文化产业的先进典型。

（40）肇庆市端砚文化旅游村开发有限公司

广东省肇庆市端州区黄岗镇白石村是一个有着1300多年端砚制作历史的地方，现存文化古迹众多，砚文化氛围浓厚。2002年，肇庆市将建设“端砚文化村”列入文化产业发展重点项目，并组建肇庆市端砚文化旅游村开发有限公司对周边村落进行整体开发和经营管理。目前，白石村周边已有农家制砚厂和作坊200多家，并建有端砚展览馆，举办了端砚文化节等多项文化活动。端砚文化旅游村旅游路线也初步形成，每月接待游客近万人次。为打造端砚文化品牌，形成集聚效应，近年来，该公司不断扩大景区范围，增加配套设施，端砚文化景区二期工程正在面向社会招商。整个景区建成后，可增加就业岗位3000个，每年预计能为当地带来上百万人的客流量，综合收入在1亿元以上，形成具有地方特色的端砚文化旅游产业群。

（41）深圳古玩城

深圳古玩城是唯一一个经市政府批准的由深圳市古玩城文物监管物品有限公司经营管理的专业文化市场。该市场占地面积15万平方米，建筑面积8万平方米，地理环境优越，配套设施齐全。文物监管物品有限公司拥有完备的人才队伍和一整套科学规范的管理体系，并聘请众多文物专家、学者、艺术家作为顾问团队。目前，深圳古玩城已形成古玩玉器、字画、普洱茶三大支柱产业，古玩艺术品种类上千种，储量总值达200多亿。文物回流精品区高端商户700家，原创画廊70家，普洱茶经营者800家，是全国重要的海外文物回流基地和白玉集散地。古玩城举办的华夏遗珍特展、全国古玩艺术品交流会、茶文化节、周末淘宝市场等活动已成为业内著名的文化品牌。连续四届成为中国（深圳）国际文化产业博览交易会的分会场，为促进文化产业发展做出了积极贡献。

（42）百色靖西旧州绣球村

手工制作的绣球是广西壮族传统民间工艺品。从1997年起，为挖掘开发绣球的文化内涵和经济价值，传承和发扬古老的绣球文化，旧州村开始组织家家户户生产绣球，成立了刺绣协会，产生了颇具特色的百色靖西旧州绣球村。目前，旧州村300多户人家，有600多人从事绣球生产，年产量达到15万只。全村仅绣球一项的年收入就达200万元，绣球生产户年均收入近万元。村里采取专业化分工、社会化协作的方式，形成“公司＋协会＋农户”的发展模式，给周边农民提供了2万多个就业岗位，使绣球生产成为乡村经济的支柱产业。此外，旧州绣球村还建成了风情浓郁、建筑独特、产品丰富的工艺品旅游一条街，建成全国第一座壮族生态博物馆。目前，绣球产品知名度日益提高，市场需求量不断增大，产品远销欧美、东南亚等国家和地区。

（43）海口市大致坡镇琼剧文化产业群

海口市大致坡镇位于海口、文昌交界处，是海南省琼剧剧团的聚集地。自1997年以来，镇常驻琼剧团发展到

10家，另有24家琼剧联络站，从事琼剧表演的专兼职演员近千人，累计每年商业演出近万场次，演出范围辐射到省内外。琼剧演出市场的繁荣，带动了大致坡镇的房租租赁、餐饮、商业、教育等相关行业的发展，推动了镇经济的繁荣。2003年以来，镇上投资建设了一批与琼剧有关的文化设施，2008年4月，中国戏剧家协会将大致坡镇命名为中国戏剧家活动基地。琼剧文化产业群的建设，有力弘扬了地方民间艺术，丰富了群众文化生活，提升了大致坡镇的文化影响力。

(44) 重庆巴国城文化投资有限公司

重庆巴国城文化投资有限公司以传承历史、传播文化、推动民间工艺品生产为己任，大力发展文化娱乐业、文化旅游业。其中，自2003年起先后投资6亿元，与九龙园区联合开发的重庆巴国城项目，现已成为一个集文化、观光旅游、休闲娱乐、商务会议等众多功能于一体的生态文化观光旅游胜地。巴国城内建设有巴人博物馆、巴人雕塑、巴人文化广场、生态公园、风情步行街等项目，并已入驻60余家企业。2007年，巴国城接待游客60万人次，文化产业产值达8000万元。同时，解决就业岗位1000多个，带动周边餐饮、旅游、娱乐、休闲、房地产等相关产业产值近10亿元，成为重庆市文化产业的一个特色品牌。

(45) 重庆洪崖洞城市综合发展有限公司

重庆洪崖洞城市综合发展有限公司是一家致力于民俗文化传承和文化产业发展的民营企业。公司先后投资3.6亿元，在市中心开发建设了洪崖洞民俗文化风貌区项目。该项目北临重庆市解放碑沧白路，南接江滨路，全长600米，商业总建筑面积逾60000平方米。整个景区以重庆传统文化资源为核心，同时挖掘巴渝文化的民俗元素，对该区域的民俗建筑、文化街区及文化历史景观进行整体开发与建设，再现巴渝文化建筑形式和当地居民的生活形态，成为重庆市中心集旅游休闲、文艺演出、购物娱乐为一体的一个新的文化旅游景观。公司投资6000万打造的巴渝大剧院，成为景区内的文化中心。投资1200万排演了原创情景式歌舞剧《巴渝情缘》，自2006年6月公演以来，已演出320余场。2007年景区综合收入达6.2亿元，利税1.2亿元。目前近500户商家入驻洪崖洞民俗风貌区，商铺入住率高达90%，极大带动了景区及周边相关产业的发展。

(46) 四川乐山乌木珍品文化博物苑有限公司

四川乐山乌木珍品文化博物苑有限公司主要经营管理一座由民间资本投入，规划占地50余亩，集乌木收藏、雕刻艺术研究、产品开发生产和精品展示为一体的乐山乌木珍品文化博物苑。该博物苑现藏有乌木原材料5000多立方米，还有大量大型木雕艺术作品及37万枚毛主席像章。博物苑一期工程占地30余亩，投资1.2亿元，已于2006年正式对外开放，内有乌木博物馆展厅和毛主席像章陈列馆；二期工程包括用乌木精雕的五百罗汉堂、乌木艺术品雕刻制作中心及相关的旅游、休闲、餐饮、娱乐等配套设施。一期工程对外开放仅一年多就接待游客60万人次，综合旅游收入达1000多万元，产品销往内地及香港、新加坡、马来西亚等地，促进了当地和周边乡镇旅游服务业的发展，为社会提供了300多个就业岗位。

(47) 成都洛带客家文化产业开发有限责任公司

洛带古镇位于四川省成都市东郊，全镇86%以上居民是客家后裔，历史上留下众多民间传说、文物遗存、古老建筑和客家会馆。成都洛带客家文化产业开发有限责任公司是镇政府为利用当地文化资源、发展农村文化产业而成立的国有开发公司，也是洛带客家古镇旅游区的开发建设主体和经营管理者。公司成立以来，以古镇景区开发建设为依托，致力于客家文化的传承、发扬和挖掘。一是通过“修旧如旧”，恢复了具有明清建筑风格的客家民居；二是积极选择大公司、大集团合作，推动古镇景区建设和文化旅游产业发展；三是推动文化旅游产品的研发、加工、展示、销售、交流与体验；四是抓大项目建设，先后引进新西南艺术陶瓷厂、中国·洛带——女红坊、中国文博公园、“创库”等一批文化旅游项目。2007年，洛带古镇共接待海内外游客约260万人次，直接经济收入达8000万元。2008年1至6月份，接待海内外游客160万人次，直接经济收入已超过8000万元。同时，古镇老街的商铺租金和房价分别增长了10倍和4倍以上。

(48) 成都演艺集团有限公司

成都演艺集团有限公司前身为成都演艺（集团）公司，2007年由市委、市政府批准改制为股份制有限公司。该公司成立前后，举办了近5000场文艺演出活动，引进许多国内外著名文艺团体和著名歌星赴成都演出，取得良好的社会反响。2004年，该公司联合成都文化、报业、广电三大集团共同投资，以成都金沙遗址为元素所创作的音乐剧《金沙》，已成为当地经典的文化旅游剧目。截至2008年4月，公演近千场，观众超过25万人次。2005年，联合成都道教协会、青城山和成都青羊宫，成立了成都碧洞道教文化发展公司，开发了中国道教文化节目《太极神韵》，在2006年中国道教文化节开幕式上首演，获得圆满成功。2008年，通过增资扩股，先后引入四川报业集团、成都传媒集团入股，共同成立了四川立即送票务营销有限责任公司。此外，该公司所创办的艺博文化艺术培训学校，还为社会培养了近20万各类文化艺术人才。2007年，公司收入1199.7万元，其中《金沙》演出收入

606.6万元。

(49) 安顺开发区兴伟文化发展有限责任公司

安顺开发区兴伟文化发展有限责任公司位于贵州省安顺市经济技术开发区内，是一个集收藏、保存、展览、研究、交易和传播石文化艺术为一体的民营企业。公司主要由兴伟古生物化石博物馆、兴伟奇石城、兴伟黄果树书画院、兴伟奇石博览中心和兴伟旅游商品市场等部分组成。兴伟古生物化石博物馆年接待游客达10万人次，成为黄果树、天星桥、安顺龙宫旅游链上的一个新景点，填补了贵州省古生物化石展览馆的空白，保护了贵州境内的珍贵、稀有古生物化石，增强了当地群众的自然环境保护意识。2007年，公司年销售收入3000万元。同时安置下岗失业人员200余人，缓解了当地的就业压力，受到当地政府和群众的好评。

(50) 云南柏联和顺旅游文化发展有限公司

和顺古镇地处我国云南省腾冲县，是著名哲学家艾思奇的故乡，六百多年来形成独特的建筑、宗祠、民俗文化风貌。2003年，为了保护开发和顺古镇，腾冲县和和顺镇政府吸引社会资本，在兼并原有亏损国有企业、承担全部债务、安排全部员工的基础上，组建了云南柏联和顺旅游文化发展有限公司。五年来，该公司本着“保护风貌、浮现文化、适度配套、和谐发展”原则，投资9000多万元改造了镇上的道路、照明等基础设施和文化旅游配套设施，建设了滇缅抗战博物馆，修复了大批古建筑，组织挖掘整理了和顺洞经古音，扶持了腾冲女子洞经乐团、腾冲皮影与神马艺术展览，恢复了腾冲古法造纸等，形成“和顺模式”。2003年收入仅103万元、亏损40多万元，而2007年销售收入已达1028万元，实现扭亏为盈。公司的发展还改善了当地群众的生活条件，安置了150名村民的工作，为当地村民带来增收的机会。

(51) 昆明市福保文化城有限公司

昆明市福保文化城有限公司是云南省昆明市著名的旅游文化企业，其打造的福保文化城是一个集山水湿地景观、旅游休闲度假、温泉康体养生、歌舞演艺娱乐、宾馆会议接待为一体的文化旅游景区。特别是投资上亿元兴建的室内温泉水上世界和室内水上剧场“福天宝地”等独具特色的文化旅游项目，深受游客的欢迎。2007年，被国家旅游局评为全国农业旅游示范点。2007年，公司年销售收入3828.9万元，上缴利税217.5万元。同时，公司热心社会公益事业。多年来，积极帮贫扶困和捐资助学，先后举办了“春城的士节”、“农民工中秋国庆团圆节”、“十大孝顺儿女评比”、“中国·福保乡村文化艺术节”等活动，为保护和弘扬民族民间文化、繁荣和发展农村经济，推动社会主义新农村建设发挥了积极作用。

(52) 拉萨岗地经贸有限公司

拉萨岗地经贸有限公司位于拉萨市堆龙德庆县乃琼镇，占地20余亩，是一家以开发唐卡、藏香、刺绣、服装等西藏传统手工艺和文化旅游工艺品为主的综合性企业。公司生产的唐卡、藏香等特色文化产品远销国内外。近年来，公司以“抢救民间文化遗产，保护民族传统工艺，培养民族传统工艺人才，发展民族文化产业”为宗旨，开发启动了参观生产车间和唐卡、藏香制作流程的特色文化旅游服务。2007年，共接待旅游团体8700多个，国内外游客26万人次，公司经营的传统民族手工艺品和旅游纪念品市场销售收入达1495万元。在注重经济效益的同时，公司先后解决了近200名当地农牧民青年的就业，还举办了“西藏拉萨首期唐卡绘画和裁剪缝纫技能培训班”，对当地贫困农牧民子女进行就业培训。

(53) 西安关中民俗艺术博物院

西安关中民俗艺术博物院由民营企业陕西省天都集团创办、西安灏文堂文化艺术有限公司承办，位于西安南五台风景区内。从上世纪80年代开始，博物院的创办者就组织人力对陕西关中地区的民风民俗、历史遗存进行大规模的调查搜集和登记造册。20多年来，累计出动人工3000多人次，投入资金2.7亿多元，共收集了各个历史时期，特别是宋、元、明、清时期的各类民俗物品以及名人字画33600余件（套），还保护了40个院落、近千间明、清时期的古民居，整理了大量非物质文化遗产。目前，博物院整体设计为明清园林风格，建有民俗文物展览区、古镇游览区、文化名人活动区、关中民俗文化研究中心和会议中心。藏品分民间艺术、关中民居、民俗风情、名人字画四大系列、九个类别，从不同侧面集中反映了关中人民不同历史时期的生活风貌，其中最具特色的是大量的栓马桩和整体迁建修复的古民居。

(54) 陕西华清池旅游有限责任公司

陕西华清池旅游有限责任公司成立于1994年，主要从事华清池景区的园林管理、旅游观光、温泉沐浴、餐饮购物、休闲娱乐等服务。近年来，公司坚持“以文化铸造景区灵魂”的发展思路，深入挖掘景区文化内涵，加大资金投入力度，创新经营发展模式，相继推出贵妃伴驾游、仿唐乐舞表演、唐宫廷御宴等特色项目。2006年，陕西华清池旅游有限责任公司投资近亿元在华清池九龙湖景区，以山体为背景，以湖水为舞台，打造了一台大型实景历史舞剧《长恨歌》。随着舞剧的成功推出，公司又先后开发出大唐婚典等文化旅游活动及相关文化旅游纪念品。文化产业链的延伸带动了企业核心竞争力的不断提升。2007年，景区共接待中外游客178万人次，收入1.12亿元，上缴利税1900余万元，创下近10年来的新高。

(55) 华县皮影文化产业群

陕西省华县皮影是中国古老的艺术品种之一，艺术特色鲜明，雕刻造型和表演技艺颇具特色，被列入第一批国家级非物质文化遗产名录。近年来，华县政府在保护传承皮影文化的基础上，积极发展皮影文化产业。截至2008年，全县组织成立了皮影协会，从事皮影文化传播的单位有5家，皮影培训机构有1个，还有皮影雕刻专业村1个，具有一定规模的皮影雕刻工作室和企业11家。全县皮影艺人遍布12个乡镇，皮影演出班社13家，演出艺人63人，从事皮影雕刻、演出、装帧、刀具加工、营销、经纪、中介、培训等从业人员近2000人，形成“公司+农户+基地”的产业发展模式。2006年、2007连续两年皮影文化产品和相关产业产值突破2000万元，年生产雕刻皮影10余万件，向十几个国家和地区销售。皮影文化产业成为当地新的经济增长点，为农民增收开辟了新路。

(56) 庆阳香包民俗文化产业群

庆阳市位于甘肃省东部，拥有深厚的历史底蕴和丰富的民俗文化，其中香包刺绣、唢呐艺术、道情皮影被列入第一批国家级非物质文化遗产名录。近年来，庆阳市立足于对传统民俗文化的抢救、保护和开发，以举办“中国·庆阳端午香包民俗文化节”为契机，大力开发以庆阳香包为代表的民俗文化产业，形成了具有区域特色的庆阳香包民俗文化产业群。目前，庆阳市各级政府都把香包民俗文化产业发展纳入经济社会发展的总体规划，成立了香包民俗文化产业开发领导小组，设立了香包民俗文化产业办公室，组建了香包产业协会、民俗文化研究所等机构。在政府的大力推动下，已形成上面以公司为龙头进行规范定型、订单收购和集中销售，下面由农户按照统一标准生产加工的模式，实现了专业化、产业化、产销一体化。2007年，当地民俗文化艺术产品销售收入达1.54亿元。截至2008年，庆阳市香包民俗文化产业群集聚了3万多农户、15万多农民，拥有30多个基地和110多家企业，年生产香包500万件以上。

(57) 贵南县石乃亥民间艺术团

贵南县石乃亥民间艺术团位于青海省海南州，最初是由当地优秀基层文化干部索南卓玛1995年策划组织、23人组成的一个藏族歌舞表演队。经过多年的努力，现在已发展成为一个深受农牧民喜爱的民间艺术团，先后在全国20多个省、自治区和直辖市演出6万余场，观众达500多万人。2005年，被中宣部、文化部评为“服务农民、服务基层”的全国先进民营文艺表演团体。在传承弘扬了优秀民族传统文化、丰富人们精神文化生活的同时，该团还先后吸纳大批下岗失业人员、困难家庭成员、大中专技校毕业生及农牧区青年，对外培养输送演员、导游和服务人员1000多人，每年为农牧民创收280多万元。

(58) 宁夏回乡文化实业有限公司

宁夏回乡文化实业有限公司成立于2002年，主要从事文化旅游景点开发。该公司开发的中华回乡文化园位于银川市，规划占地1000亩，投资约4亿元，目前已完成的一期工程占地300亩，投资1.35亿元，已建成主体大门、大团结广场、圣洁广场、中国回族博物馆、穆斯林金色礼仪大殿等多个颇具伊斯兰文化特色的主体建筑，并先后举办了“宁夏首届文化艺术节”开幕式、“颂歌唱宁夏”、“万人唱花儿”等大型文化演出活动，成为银川展示回乡文化、举办大型文艺表演活动的良好场所，为游客全面认识和了解伊斯兰历史和文化提供了方便。园区自2005年9月开园至2008年，已接待游客30万人次，2007年，园区的门票收入800万元。目前，宁夏回乡文化实业有限公司正在建设阿依莎宫、回族风情一条街、回族民俗村等后续文化产业项目。

(59) 新疆和合玉器有限公司

新疆和合玉器有限公司是集和田玉原料开发、玉器雕刻及金镶玉产品设计生产、精品收藏、全国连锁销售于一体的综合性企业，在全国和田玉行业内具有一定的经济实力和知名度。公司拥有新疆最大的现代化玉雕厂，与香港合资建设的金镶玉厂，以及遍布全国各地的三十余家和田玉加盟店，年生产能力3万件以上，2007年的销售总额5000多万元。多年来，公司借用人文色彩浓厚、流传久远的“和合二仙”历史典故，创出了“和合玉器”的企业品牌，并通过行之有效的管理机制和优质服务，将“和合玉器”品牌打造成和田玉行业内价值最高的优秀品牌之一，先后开发出和田宝玉系列、金镶玉系列、时尚系列、日用精品及礼品系列、中大型工艺品系列和自定系列等六大系列，产品迅速推向市场并得到消费者的好评，其中金镶玉系列和时尚系列将现代珠宝设计艺术与传统玉雕相结合，填补了和田玉行业的市场空白。

## 6. 国家广电总局命名<br>第一批国家动画产业基地

(1) 上海美术电影制片厂

上海美术电影制片厂是中国规模最大的美术电影制片基地，成立于1957年，座落于长宁区万航渡路毗邻苏州河，是90年代以前中国主要的动画制作机构，是中国专门生产美术影片（动画片、木偶片、剪纸片、折纸片）的制片厂，2004年被广电总局命名为“国家动画产业基地”。上海美术电影制片厂涉及美术片和儿童影视制片、制作、发行、放映；图书、杂志音像制品、多媒体产品的出版、发行、销售；版权授权经营（特许经营）与开发；

儿童卡通服装、玩具、文具礼品的开发与销售，以及儿童旅游、餐饮、艺术服务为一体的综合性影视文化机构。

上海美术电影制片厂现有上海亿利美动画有限公司、上海卡通文化发展有限公司、《卡通王》杂志社和上海美术电影专修学校、上海美术电影绘制厂等实体，为社会各界提供影视片、广告片的制作、形象设计、卡通产品的研制开发、制作和动画片创作人才培养等服务。注册资金1246万元人民币。在中国电影业全面进入市场以来的10多年中，上海美术电影制片厂按照“精简、高效”的原则，以动画产业化发展为目标，通过一系列改革，创作生产能力得到了较为充分的发挥，动画片年产量逐年提高，年创作影视动画片达3000分钟左右。《大闹天宫》《牧笛》《三个和尚》《宝莲灯》等优秀作品享誉国内外。

(2) 中央电视台中国国际电视总公司

中国国际电视总公司是中央电视台全额投资的大型国有独资公司，成立于1984年，1997年资产重组和机构调整后，一直保持持续稳定的高速增长，是目前中国内地规模最大、盈利能力最强的传媒集团公司。

中国国际电视总公司是中央电视台节目版权的全球营销代理，是中国电视节目外销联合体唯一的对外版权代理商，拥有电视节目引进权并享有中国内地唯一经政府主管部门批准的境外卫星节目代理权，目前共代理美国、英国、日本、新加坡、香港等全球10个国家和地区的33个频道，在全国31个省市落地。

中国国际电视总公司形成了以传媒产业为核心的多元化产业经营体系，拥有国内最具实力的电视剧制作、节目销售、广告经营、收视调查等龙头企业，业务涵盖节目制作、节目发行、音像出版、广告经营、市场调查、技术开发、实业投资、旅游服务、网络电视、移动电视、电视购物、国际传播、动画产业、体育产业、演艺传播、平面媒体等方面，形成了较为完整的产业链。

中国国际电视总公司以事业部制为基本管理模式，对各事业部实施战略协调和战略管控，构建了以总公司办公室、人力资源管理部、计划财务部、战略与投资管理部、资产经营部、法律事务部、审计部为职能管理部门，下辖六大事业部和若干直属单位的框架结构。所辖六大事业部分别为：中视影视事业部——以生产制作电视节目为主营业务的企业集群；中视广告事业部——以广告经营为主营业务的企业集群；中视发行事业部——以节目营销、音像出版为主营业务的企业集群；中视技术事业部——以电视技术服务及电视技术开发为主营业务的企业集群；中视旅游实业事业部——围绕媒体产业进行商贸和旅游开发的企业集群；中视动画事业部——以动画原创生产、动画版权管理与开发为主营业务的企业集群。

(3) 三辰卡通集团

三辰卡通的前身是三辰影库音像电子连锁租赁有限责任公司（简称三辰公司）。1996年“三辰影库”项目经文化部批准，由共青团中央、北京兴商投资顾问有限责任公司和中央电教馆共同投资设立；1998年10月三辰影库音像电子连锁租赁有限责任公司在国家工商行政管理局注册正式成立。后经文化部和新闻出版署批准，三辰公司获得了音像制品和电子出版物的总批发和租赁经营权，对“三辰影库”品牌的音像电子产品独家拥有总批发权，其主管的三辰影库连锁租赁专卖店同时拥有租赁、零售“三辰影库”音像制品的权力。三辰卡通集团于2004年底被国家广电总局挂牌为首批“国家动画产业基地”。

三辰卡通湖南动画制作基地具有强大的节目研发制作能力。目前制作精英团队1000余人，平均年龄26岁，96%以上具有大专以上学历。二维、三维动画年产量10000分钟，约占国产动画年总产量的70%以上。2003年春季集团拆资1.5亿元，在长沙麓谷软件园动工建设“三辰数字卡通城”，打造一个具有国际水准的动画制作管理平台，一个数字艺术的“梦工场”。基地目标节目制作年产量60000分钟，推出崭新卡通节目和形象，同时从电视卡通跨入电影卡通、卡通游戏等领域，接受外来动画委托加工和合作版权制片。优秀作品有大型原创科普动画《蓝猫淘气3000问》系列片和连环漫画《雪椰》等。

(4) 中国电影集团公司

中国电影集团公司是经国务院批准，于1999年由原中国电影公司、北京电影制片厂、中国儿童电影制片厂、中国电影合作制片公司、中国电影器材公司、电影卫星频道节目中心、北京电影洗印录像技术厂、华韵影视光盘有限责任公司等8家单位组成，是以影视产业为依托，多种产业综合发展的国内一流的大型电影集团。

拥有50多年历史、拍摄了近千部影片的北京电影制片厂和中国儿童电影制片厂，为中影集团奠定了影片制作品牌的基础。1999年组建以来，集团创作生产了《横空出世》《张思德》《花妖新娘》《无极》《云水谣》《我们俩》《六月男孩》《看车人的七月》《宝葫芦的秘密》等200多部影片，赢得了广泛的社会影响和良好的经济效益，吸引了一批国内外优秀制片人才和多家国内外著名公司加盟合作。

中影集团电影数字制作基地（国家电影数字工程）是国家“十一五”文化发展规划纲要中的重大文化产业项目，也是北京市首批文化创意产业项目之一，被列为2008年北京人文奥运工程项目，可满足各种影视制作需求，为全世界的影视制作人提供一站式、高品质的服务。

中影集团拥有完善的市场发行体系和丰富的影片营销

经验。《张思德》、《云水谣》等多部重点影片的成功发行，《无极》、《功夫》、《满城尽带黄金甲》、《霍元甲》、《夜宴》、《十面埋伏》等商业巨片超亿元的票房佳绩，进一步确立了中影集团在影片发行市场中举足轻重的地位。

近年来，中影集团通过参股的方式，组建了七条电影院线，签约加盟影院达400多家，票房占全国市场份额一半左右。目前，中影集团正在组建一条控股院线，目标是集百家影院、规范化管理、规模化运作、优质化服务于一体，提高控制力和影响力。

中影集团是全国唯一拥有影片进口权的公司，与100多个国家和地区的400多家电影机构有着密切的业务往来。中影集团还致力于国产影片的对外输出，其每年举办的“北京放映”是目前全国唯一一个国产影片的国际展销市场，成为海外了解中国电影文化的重要窗口。

中影集团的成员单位电影卫星频道节目制作中心（CCTV－6），是唯一的国家级专业电影频道，每天播出10部中外故事影片和各类动画片、纪录片、专题片。近年来，该频道承办了中国电影华表奖、金鸡百花电影节等大型电影庆典活动，并在奥斯卡金像奖等国际重大电影颁奖典礼当天做全程转播。1999年，电影频道开始组织拍摄数字电影，用于电视播映，产量达每年110部左右。

中影集团的发展目标是：突出主业、做大做强、以影视制片、电影数字制作基地、发行放映、院线投资、电影进出口、电影频道等为支柱，全面带动洗印加工、电影器材营销、后电影开发、光盘生产、媒体运营、广告、物业管理和房地产开发等多种产业综合发展。

（5）湖南金鹰卡通有限公司

2004年4月29日，经过国家广电总局正式批准，作为中国第一家动画专业卫星频道，金鹰卡通卫视诞生。湖南电视台金鹰卡通卫星频道是一个以动漫、娱乐为主的个性化专业卡通频道。湖南金鹰卡通有限公司目前的股东为湖南广电集团和湖南电视台，增资扩股后的股份制公司注册资金将达1亿元人民币。湖南金鹰卡通有限公司隶属湖南电广集团，中国大陆第一家获准开播的卫视卡通台，致力于推动中国原创动画产业的发展。该公司用灵活的企业机制，在联合推广打造卡通形象、品牌授权、栏目产业化、原创动画片的联合制作、全国连锁少儿才艺培训、网络游戏、电讯增值服务、图书音像出版发行、节目发行、少儿音乐制作发行、国家动画制作基地、动漫科技园、主题公园、大型活动等方面进入产业化发展道路。

湖南金鹰卡通有限公司除了经营金鹰卡通卫视传统媒体业务外，更积极拓展市场经营活动：寻求优秀企业共同打造卡通形象，进行品牌授权和角色行销，充分发掘利用卡通形象深度价值；实现栏目产业化；联合专业制作方，利用各自优势，资源互补，推进国产动画片联合生产；进入教育行业，关注下一代素质教育，建立全国连锁少儿才艺培训机构；开发健康、向上、符合当前教育需求的网络游戏和电讯增值服务；利用自有品牌优势和内容资源全面进入图书音像出版发行、节目发行、少儿音乐制作发行等各个行业，在中、远景规划中，动漫科技园、主题公园等项目也将适时启动。

（6）杭州高新技术开发区动画产业园

2004年12月，杭州高新区动画产业园被国家广电总局命名为全国首批国家级动画产业基地之一，成为9个产业基地中唯一一个以科技园区命名的动画基地。在动画基地的建设和发展中，高新区（滨江）党委、管委会、政府始终把“营造政策洼地，形成产业高地，加快集聚动漫产业”放在突出位置。基地一期现有建筑面积5万余平方米，其中企业的研发制作空间近3万平方米，其余为教学培训、产品展示、交流合作等公共服务平台。目前，已有中南卡通、盛大边锋等40余家动漫游戏及相关企业加盟基地，吸引了动漫游戏及各类相关人才2000多人，其中动画导演编剧、游戏主程序等中高端文化创意和技术研发人才180余人。2005年，基地企业共完成原创影视动画作品6部828集，计8000多分钟，居于全国第二位。其中，《天眼》、《童话动物园》、《金丝猴神游属相王国》、《济公》和《环保剑》等5部原创作品被列为国家广电总局推荐的优秀动画片；网络游戏“数码精灵”和“边锋棋牌”已投放市场，其中“数码精灵”获得文化部推荐的首批适合未成年人优秀网游，边锋棋牌则稳居国内休闲棋牌类游戏市场份额的第三位。

目前，基地正凭借科技创新、人才支撑以及动漫游戏产业的先发优势，努力造就一批具有国际竞争力的规模企业，荟萃一批专业优势人才，形成产学研相结合的动漫游戏产业链，努力建设成为杭州“动漫之都”的产业核心区和示范区。

（7）常州影视动画产业有限公司

常州国家动画产业基地位于常州国家高新技术产业开发区软件园，已经先期启动18万平方米建筑用房用于招商引资，同时，根据动画产业发展的需要，在常州西太湖生态城规划建设2平方公里的动画影视产业发展园区。截至2004年底，基地拥有20家动画企业，专业人员近千名，具备了每年一万分钟的原创动画生产能力。基本形成了从动画原创、动画产品生产加工、动画衍生产品开发、动画人才培训的产业链。基地不仅具备优良的环境、优质的服务、优惠的政策，而且正在着力搭建技术服务、人才培训、投资融资、产权交易四大平台，努力为入驻企业打造良好的创业环境。

常州国家动画产业基地的远景规划蓝图已经展现在人们的面前：市政府已在西太湖规划了两平方公里的基地建设用地，根据动画产业发展的需要，逐步启动，建成后的影视动画产业基地，由动画研发制作加工区、动画产品展示交易区、动画产品衍生产品开发区、动画人才培训区、公共服务区和动画主题公园等五区一园组成，到那时，常州将拥有南北两个动画产业园区，形成一条完整的动画产业链，不久的将来，常州将成为长江三角洲一座耀眼的动画名城。

（8）上海炫动卡通卫视传媒娱乐有限公司

上海炫动卡通卫视是经过国家广播电视总局和上海市委宣传部批准，通过卫星传送覆盖全国的专业电视卡通频道。该频道由上海六家主流传媒机构联合投资组建，属于国有大型电视传媒机构，于2004年12月26日开播。

炫动卡通卫视以电视播出为平台，与多种传媒合作，致力于国产动漫形象的原创、卡通影视的投资制作、周边产品的开发以及动漫品牌的市场化运作。其目标是成为中文卡通的领导品牌和首选频道。

炫动卡通精确锁定经济发达地区有效受众，并逐步向全国覆盖。开播以来已覆盖包括上海、江苏、浙江、广东、山东、湖南、湖北、辽宁、吉林等地包括杭州、广州、武汉、长沙、沈阳等省会城市在内的20多个大中城市，收视人口近1亿人。

炫动卡通卫视以贴近受众收视习惯、符合广告投放规律的节目编排方法，全天播出18小时各类动画剧场、资讯节目、教育节目；几大主题动画剧场各具特色，定位鲜明，锁定不同目标受众，推出各种类型的优秀动画片。自开播以来，已形成了稳定的收视群体，不仅得到了4－14岁的青少年朋友的铁杆支持，也深受15－35岁的年轻群体的青睐，切实打破了“卡通只属于孩子”的固有观念，显示了一个富有特色的“全年龄、全卡通”专业频道的魅力。

（9）南方动画节目联合制作中心

南方动画节目联合制作中心由广东爱威文化发展有限公司负责运营管理。作为南方动画节目联合制作中心、中国动画学会理事单位、中国电影电视艺术家学会会员、中国音像协会会员的广东爱威文化发展有限公司成立于1998年，是一家集动画、音像节目制作发行于一体的专业影音公司。公司以品牌为路线，以文化产业为核心，开发制作了国内首部原创大型三维动画片“神探威威猫”及一系列的儿童百科产品、音乐产品。“神探威威猫”已制作200集，在全国一百多家电视台轮流播放。

公司大胆借鉴国际成功影视动画片的商业运作模式，汲取海内外影视动画产业先进的经营管理理念，引进一流的动画及影音制作设备。公司秉承“团结、拼搏、创新、高效”的企业精神，坚定不移地发展民族动画产业，以自主开发原创动画片为核心，在每个制作环节融入“极尽心智，打造精品”的经营理念，打造中国最优秀的动画产业集团化企业。

广东爱威文化发展有限公司于2002年从音像行业扩展到动漫行业，“以原创动画品牌，扬中华民族文化”为己任，以“一切为了孩子，为了孩子一切，为了一切孩子”为使命，相继投入1亿多人民币成功制作了国内首部以侦探为题材的大型三维动画系列片《神探威威猫》（全剧共600集）。该片一经推出，就得到了文化部、中宣部、国家广播电视总局、新闻出版署等各级领导和专家的高度评价，被列为重点推广项目，入选国家“十五”规划重点选题，获得2005年度中国行业十大影响力品牌。到2005年，该片已经在全国500多家电视台滚动播出，收视率打破了国产动画片冲不过1点大关的陈规，攀上了进口动画片才能企及的4点高峰。威威猫品牌的衍生产品随之在音像、玩具、文具、服装、童鞋等方面不断扩大经营。广东爱威发展有限公司的发展目标是打造具有市场化、品牌化、产业化、规模化、国际化的国内外知名企业。

## 7. 国家广电总局命名<br>第二批国家动画产业基地

（1）深圳市动画制作中心

深圳怡景国家动漫画产业基地位于深圳市罗湖区，总建筑面积为42500平方米，有完善的办公区、制作间、设备系统、网络系统、播出系统、演播、演示厅（室）、高科技先进数字系统等。截至2005年已有40家国内外动漫企业入驻基地，总注册资金约为2亿，入驻人数超过1000人。已入驻的企业中，境内企业33家，境外企业7家。

基地的建设完全按照动漫游戏行业的特性，并遵循国际动漫画网络游戏发展规律进行运作。致力于建立五大平台和八大中心，分别是：创意策划平台、公共技术平台、制作平台、产品交易播出平台、人才培训交流平台；动漫游戏节目制作中心、技术服务中心、版权保护及音像发行中心、国际合作制片及项目管理中心、剧作拍卖交易中心、动漫师资鉴定、测评及培训中心、衍生产品开发中心、动漫游戏数据集散中心。

现阶段基地运作模式的核心是：通过引进国际的培训机构、公共技术平台，引进国内有原创产品的动漫企业，使中国的企业生产出更有竞争力的原创品牌；通过基地发起的全国卡通少儿频道播出网，实现规模化的国内销售，占领国内市场；通过引进境外代理机构，实现原创中国动画“走出去”。

(2) 大连高新技术产业园区动画产业园

大连高新技术产业园区于1991年3月建立，是国务院批准建立的首批国家级高新技术产业开发区，也是大连市对外开放先导区、科教兴市的示范区。总占地35.6平方公里，由七贤岭产业化基地、双D港、软件园、留学人员创业园、黄河路科技城和星海高技术中心等发展区域组成。自创建以来，园区紧紧围绕"发展高科技，实现产业化"的宗旨，充分发挥吸纳、孵化、辐射、示范和牵动功能，实现了跨跃式发展，形成了"一区多园"的管理模式与高科技产业研发、生产和交易相配套的发展格局。

动画产业园主要位于旅顺南路的软件产业带内。到2007年，包括北京金山软件、韩国最大动漫企业东无公司在内的8家中外动漫企业在此落户，还有来自国内和韩国、日本、美国和印度等国的20家企业入驻。从业人员1600多人，销售收入近7000万元。园区依托距离动漫大国韩国和日本较近、加工和开发动漫产业的商务成本较低的优势，正向着产业链完整的现代化动画产业基地发展。

园区建区以来，已累计完成基本建设投资44亿元，其中用于基础设施建设投资近10亿元，主要完成了新建区2.01平方公里的土地开发和配套，完成"七通一平"。在邮电部门的支持帮助下，建成交换机容量近期2万门、远期5万门电话局一个和6.6万伏变电所一座。到目前为止，产业化基地已初具规模，现已成为环境优美、交通便利、通讯发达、设施完善的高新技术产业区，正在逐步建成中国最大的动漫产业集群。

(3) 苏州工业园区动漫产业园

苏州工业园区动漫产业园明确定位于大力发展软件产业，拥有六大服务体系，建成了集成电路设计、软件开发测试和知识产权保护三大公共服务平台。2005年已建成的16万平方米的研发区域内，入驻了包括10多家动漫企业在内的近300家软件高科技企业和5500多名高科技人才。2004年园内企业销售总额达18亿，而其中动漫企业的销售总额超过了1亿元。

苏州是著名的国际风景旅游城市和历史文化名城，风景优美，生态环境良好，文化底蕴深厚，文化资源丰富，文化基础坚实，对创业者具有很大的吸引力。苏州也是中国经济发展最快的城市之一，是深受国内外投资者青睐的热土，为基地发展奠定了良好的投资环境。苏州拥有高校6所，独立科研机构70所，职业技术培训网点130个，周边地区有超过100所高校，为动漫产业发展提供较充足的创新源泉与人才保证。苏州工业园区已有从事动漫软件开发、二三维动漫制作、动漫产品设计、互动游戏产品开发、动漫游戏运营等骨干高技术企业十余家，专业从事动漫、游戏产业的研发、平台运行等专业技术人员近千人，初步形成了比较完整的动漫产品设计、制作、运营产业链。以中新苏州工业园区创业有限公司为首的多家投融资公司在园内设立了机构，为园内企业的投融资提供了良好的服务。

(4) 无锡太湖数码动画影视创业园

无锡地区自然风光优美隽秀，人文底蕴悠远深厚，工业经济发达，有以吴地民间传说为代表的题材、以中央电视台无锡影视基地为代表的影视产品制作、以国家IC产业制造基地为代表的产业和以两万名IC从业人员为代表的人才资源，这都为原创动画作品开发等产业运作提供了良好的外部条件。

无锡全市现有大小20家左右影视动画企业和具有动画制作水准的行业单位，年产能力在省内乃至华东地区均处于领先地位。其中多家企业具有原创实力，还有江南大学、工艺美术技工学校等多家院校开设有动画班。无锡广电与无锡新区、滨湖两区政府共同投资组建了太湖数码动画影视创业园，已经形成集"产学研"于一体的动画产业链。当地政府投资组建太湖数码动画影视创业园，以整合和运用国内外较强的动画生产能力，使之成为中国动画产业的集散地，形成技术领先、规模宏大、市场规范的动画产业链。太湖数码动画影视创业园建于太湖高新技术园区内，占地约300亩，投资规模3亿元。

动漫产业具有投资回报高、成长速度快、产业关联度大、国际化程度高的特点，无锡市将把动漫作为创意产业的重要部分加以扶持，把动漫产业发展为无锡市的新兴产业。

(5) 长影集团有限责任公司

长影集团有限责任公司由长春电影制片厂于2000年改制成立，旗下拥有四个子公司，分别为长影世纪城、长影频道、洗印厂和农村题材电影创作基地。1945年10月1日诞生的长春电影制片厂在中国电影史上被誉为"新中国电影事业的摇篮"，是中国三大电影基地之一，到目前为止共生产了700多部故事片、50多部戏曲片；译制了几十个国家的影片近900部，还生产了大量的科教片、美术片和电视剧。

长影集团拥有一大批经验丰富的艺术创作人才和管理人才；拥有当今国内外先进的数字化影视制作、洗印设备，年生产能力为1500万米，在全国洗印行业中名列前茅；拥有演员剧团、电影乐团、《电影文学》《电影世界》杂志及音像出版公司；拥有大量的具有文物藏品价值的道具及服装；拥有中国第一家世界级电影主题娱乐园——长影世纪城，开创了中国大电影时代的新模式。拥有东北地区唯一的专业电影频道——长影频道，该频道覆盖吉林省有线电视网络，有效收视人群超过 2500 万，全天 24 小时无间断播出，收视率、市场占有率稳居省内各频道前五位。此外，还拥有中国第一个农村题材电影发展孵化器——长影农村题材电影创作基地。该基地是经中宣部、国家广电总局批准设立的国家级基地，用以支持农村电影创作。长影农村题材电影发展基金则是由财政部拨款 6000 万元、广电总局拨款 1000 万元、吉林省政府拨款 3000 万元共同支持长影设立的，总额度为 1 亿元人民币。长影集团在创造丰富多彩的电影作品的同时，与美国、法国、波兰、日本、俄罗斯、韩国等国合作拍摄了许多优秀影片，为世界电影事业做出了贡献。许多美洲、欧洲和亚洲的电影，都是由长影译制成汉语，介绍给中国的广大观众，是世界电影交流的重要桥梁。2009 年，长影集团实现净利润 5300 万元，总资产达 20 亿元，比改制前增加了 7 倍。

(6) 江通动画股份有限公司

江通动画是一个集动画策划、制作、发行和衍生产品开发于一体的高科技综合性动画企业，以"弘扬中华民族文化、引导青少年特别是中国青少年健康文化消费"为宗旨，依靠其精良的动画作品，在国内外动画行业中赢得了较高的知名度和美誉度。公司的经营范围包括：原创动画电视片（影院片）策划、制作及推广发行；北美、欧洲及亚洲地区动画电视片（影院片）的加工及推广发行；动画广告片策划、制作；动画相关衍生产品的开发和销售（包括音像制品、图书、玩具、服装等）；网络动画、网络游戏的制作与开发；广电传媒相关业务电视音像技术及产品的开发和技术服务。

江通动画，是中国为数不多的股份公司制动画企业，是中国为数不多的进行国产动画策划制作的动画公司，是中国为数不多的进入国际市场的本土企业。公司拥有世界一流的动画制作设备和完备的人才体系，2005 年已形成年生产动画片 3000—5000 分钟的生产能力。在今后的发展中，作为中国目前最大的动画制作机构之一，江通动画致力于将国际动画业的循环全面引进国内市场，使江通动画在较短时间里成为中国与国际动画市场沟通之桥梁，并伴随中国动画市场的成熟，最终使江通成为中国市场最大的动画节目制作商之一；中国市场最主要的动画内容（动画节目版权及形象权）提供商之一；中国市场内，儿童动画栏目整合制作商（为中国地区电视发行服务）之一。

### 8. 国家广电总局命名<br>第三批国家动画产业基地

(1) 重庆市南岸区茶园新区动画产业基地

(2) 南京软件园

### 9. 国家广电总局命名<br>第四批国家动画产业基地

(1) 北京市文化创意产业集聚区

(2) 厦门软件园影视动画产业区

(3) 沈阳高新技术产业区动漫产业园

### 10. 新闻出版总署命名<br>国家级数字出版基地

(1) 上海张江国家级数字出版基地

(2) 重庆北部新区国家数字出版基地

### 11. 新闻出版总署命名<br>国家动漫创意产业基地

(1) 北京

(2) 上海

(3) 广州

(4) 成都

(5) 石家庄

(6) 青岛

## 二、地方文化产业示范基地

**北京市**

### 第一批文化创意产业集聚区

#### 1. 中关村创意产业先导基地

中关村创意产业先导基地位于北京市海淀区。中关村地区是中国知识经济的策源地，这里高新技术产业发达、文化底蕴深厚，具有发展创意经济，打造创意产业的良好基础。这里有包括亚洲最大的国家图书馆在内的各类图书馆 305 个；艺术团体、创意研究机构众多，北大、清华、人大及国家许多部委的文化、创意产业研究机构大多集聚在海淀区。海淀区拥有国内人数最多的创意文化消费群体，区内各种文化交汇融合，形成文化和创意互动。

海淀第十一个"五年规划"中指出，到 2008 年初步建成富裕型、知识型、生态型和服务型海淀，所以海淀区人民政府和中关村科技园区管委会，充分整合中关村丰富的科技、文化资源，大力发展创意经济，为企业提供优越的产业发展环境，在企业培育、企业融资、公共平台建设、人才培训等方向出台相应政策，促进创意产业发展。区政府还计划将于近期举办创意产业发展论坛，以发展中关村创意产业为中心进行深入探讨。中关村创意产业基地已经成为海淀新经济的代表，是区政府统筹区域资源建设下的产物，是中央、市、区联动，产生共赢的结果。

在中关村地区建设创意产业基地，是贯彻坚持科学发展观，充分发挥中关村地区科技和文化优势，带动区域经济增长和引领新型城市功能区建设的重要举措，同时，也将对北京市发展创意产业起到一定的示范和指导作用。

基地目前已建成了第三极大厦、理想国际大厦、辉煌时代大厦、银科大厦、创富大厦、大河庄苑大厦、华海大厦、华奥大厦、育新大厦、天创科技大厦、中国电子大厦、首创拓展大厦和瀚海国际大厦等高档写字楼。

基地北临北四环，南至海淀大街东段，东为彩和坊路与中关村西区相接，西至海淀大街西端。占地 9.89 公顷，建设用地 7 公顷，总建筑面积约 30 万平方米。中关村创意产业先导基地将以图书城地区为中心，向北京大学科技园、清华大学科技园、人民大学文化产业园、北太平庄动漫画设计中心和甘家口地区建筑创意设计带辐射。

基地目前拥有的技术服务平台包括：

技术中介服务平台：基地技术中介服务机构发达，能为企业提供从融资、技术研发、技术交易、专利申请、成果转化到管理咨询一系列的中介服务。主要机构有北京科技交易促进中心、鸿商富（北京）技术开发中心、北京中科普惠科技发展有限公司等。

公共技术的研究开发平台：1. 中关村游戏动漫孵化器在先导基地内初具规模。孵化器总投资为 3782 万元，孵化器投资、建设期两年，从 2006 年 3 月至 2008 年 3 月。孵化器建成后，在五年内吸引入孵企业（团队）50 家，毕业企业 30 家，在园区范围内形成 200 家以上的企业（团队）聚集，并通过提供虚拟远程孵化服务形成全国范围 500 家以上的企业（团队）聚集（虚拟园区），在五年后实现产值 20 亿元，上缴利税 2 亿元。2. 为推动游戏、动漫、音乐等文化创意产业的发展，基地建立了一些公共技术研究平台，如“北京数字娱乐软件公共技术支撑平台”由北京数字娱乐软件产业创新基地负责建设。

基地目前享受中关村科技园区优惠政策；北京市文化创意产业政策；海淀区鼓励发展文化创意产业政策；海淀区文化创意产业专项资金支持。

基地聚集了如中国人民大学、长城计算机学校、亚特华正电脑学校、北京培黎大学、北京前程学校、北京新标准学校、北京科技经营管理学院、中科院物理所、海淀创业科技园、第三极创意产业孵化器等众多高校、科研院所和创业孵化器以及家乐福、当代商城、海淀医院等休闲娱乐、医疗场所，科研实力雄厚，创业创新氛围浓厚，产业配套环境良好。

中关村创意产业先导基地内拥有微软、IBM、HP、BELL、NEC 等世界著名企业；联想、方正、同方、大唐、有研硅股和网通为代表的国内著名 IT 企业；新浪、搜狐、网易、亚信、UTstarcom 为代表的纳斯达克上市的网络企业。

### 2. 北京数字娱乐产业示范基地

北京数字娱乐产业示范基地位于北京市石景山区，毗邻中关村和西山风景带，区内交通四通八达，风景秀丽宜人，光纤遍布全区、基础设施十分完善。

石景山区位于北京西部，西倚永定河，长安街延长线穿区而过。拥有丰富的休闲、历史、文化资源，具有较好的产业基础。石景山区率北京之先进行数字娱乐产业试点建设，经过几年的努力，已形成以小山子研发基地、万商大厦、雕塑公园、石景山游乐园、室内主题公园、八大处公园和科技馆等为主体、以数字娱乐产品研发生产为核心的数字娱乐产业集群。

“北京数字娱乐产业示范基地”是北京市文化创意产业聚集区，同时又是科技与文化相结合的产业示范区，目前，基地二期建设已进入高速发展阶段，基地将按照“政府引导，市场主导”的原则，加强基地的品牌化建设，构建基地市场化企业服务平台—Dotman 创意产业支撑平台；整合资源，抢占先机，推动“一网”（www.dotman.com，是网上的产业基地，为 CRD 聚集资源、业务，以及人气，为数字娱乐创意园及 CRD 赋予内涵）、“一园”（数字娱乐创意园即中关村科技园区石景山园为数字娱乐企业的汇聚提供载体）、“一区”（体验消费区，为数字娱乐人群的体验消费提供环境）三大工程，建设全国动漫游戏产业中心，引导资源向数字娱乐、文化创意产业流动，迅速形成产业聚集效应，打造首都 CRD。

为推进北京数字娱乐产业示范基地的建设、保证数字娱乐产业的可持续发展，基地二期按照“政府引导，企业为主体，市场化运作”的创新机制，成立了基地运营公司—北京数字娱乐发展有限公司（简称基地公司），基地公司肩负着基地的规划、建设、招商、运营和管理等职能，正按照“打造 CRD，建设首都休闲娱乐中心区”的总体规划，以“Dotman 品牌战略”核心，全力推进北京数字娱乐产业示范基地的建设。建设产业支撑和服务支撑两大体系。目前，基地运营公司正全力整合电信运营商、银行、数字内容开发商、数字内容运营商、技术设备提供商等相关资源，打造具有独特竞争力的 Dotman 产业支撑平台，加快数字娱乐产业集聚，吸引大量消费体验人群，构建完整的数字娱乐产业价值链。

基地以政府引导，企业为主体，市场化运作为建设原则，现建有：1. 以泽洋大厦为核心的数字交易区；2. 以八大处科技园为核心的研发孵育区；3. 以游乐园、中国电子竞技中心为核心的体验娱乐区；4. 以北方工业大学为核心的人才培育区。

基地现有技术平台：网络游戏中心、测试推广中心、数字交易中心、体验竞技中心、动画漫画中心、移动游戏中心、数字信息中心、人才培养中心。

基地现享受北京市文化创意产业政策；中关村科技园区优惠政策；石景山区鼓励发展文化创意产业政策；石景山区文化创意产业专项资金支持。

基地现已经入驻数位红、光宇思维、三辰动漫等具有规模的企业 150 余家。

### 3. 国家新媒体产业基地

国家新媒体产业基地位于北京市大兴区中部魏善庄镇，规划总面积 344 公顷。基地于 2005 年 12 月 31 日经国家科技部正式批复成立，是国家火炬计划批复的全国唯一的以新媒体产业为主的专业集聚区，是北京市首批认定的文化创意产业集聚区之一，并在 2006 年的首届中国北京国际文化创意产业博览会上被评定为“2006 最具投资价值创意基地”。大兴是北京郊区中离市中心最近的区县之一，距天安门约有 30 公里，离首都机场仅 40 分钟车程。在北京市“两轴、两带、多中心”的发展格局中，大兴处于“连接一轴，横跨两带，关联多中心”的重要战略要冲，与首都城市中心区和多个新城及功能中心保持紧密的空间协调关系。独有的地缘优势，使大兴区成为京津冀城市群、滨海新区国家重大开发战略以及环渤海经济圈中承接人流、物流、资金流、信息流等发展要素的重要节点。

基地的发展定位是巩固基础，聚合资源，以影视制作及动漫原创为重点，延伸并完善相关产业链条，聚集多家世界知名旗舰级企业，促进中国文化走向世界，打造中国新媒体之都。

基地将按步骤、分阶段实施战略发展目标，最终将基地打造成重要的新媒体产业集聚中心之一。

基地的主要功能是建设集数字影音、数字动漫、数字出版、数字游戏、数字体验等新媒体产业于一体的文化创意产业集聚区。

大兴区十分重视文化创意产业发展，成立了以区委书记为组长的区新媒体领导小组，领导小组办公室设在国家新媒体产业基地管委会。管委会以整体规划、分步实施、整合资源、协调发展的发展思路为指导，在高起点规划、高质量建设、高水平运作、高标准服务的建设原则下对基地进行规划和建设。

基地规划建设“一区（核心区）、三园（星光影视园、北普陀影视园和大森林影视园）、三中心（动漫创作及人才培训中心、艺术人才培训中心及软件制作中心）”。基地核心区占地 5160 亩，拥有充足的产业发展空间。基地起步区设在原北京市礼花厂，占地 470 亩，已达“八通一平”。其生态环境非常适合文化创意产业发展，并有很高的复制门槛。核心区中轴路西侧（1200 亩）基础设施建设已基本完成。

基地有能支撑产业发展的公共基础设施，并有加速产业发展需要的明确的修建与新建公共基础设施的投资方案与时序表。

基地目前拥有以下技术服务平台：1. 用于动漫设计、渲染、编辑、合成的平台；2. 用于影视演播、编辑、制作的平台；3. 正在建设集创意、设计、制作、发行为一体的“动漫产业孵化平台”；4. 与国内外产业中介机构建立了联系，并开展了业务，比如：英国国家动画中心、清华大学网络行为研究所和 MIT 数字媒体实验室。

基地目前享受的政策有：1. 基地企业可享受《北京市促进文化创意产业发展的若干政策》的扶持，同时可享受国家相关部委及北京市相关部门的扶持。2. 为了促进全区经济的发展，大兴区政府于 2006 年 11 月出台了《大兴区促进经济发展的若干意见》。此文件规定扶持区内重点产业的注册、税收、自主创新、企业孵化平台、高新企业认证、高端人才等一系列相关政策以及政策兑现办法，其中特别提到：积极培育文化创意产业，鼓励新媒体产业发展。设立大兴区新媒体产业发展专项资金，鼓励和支持登记注册地址在国家新媒体产业基地的新媒体企业发展。登记注册地址在国家新媒体产业基地的新媒体企业，按其对地方财政贡献给予奖励。

基地“三园、三中心”的产业配套环境已经比较完善。各园各中心都建有与产业配套的生活设施，如商务中心、写字楼、餐饮设施、休闲娱乐场所、酒店等。

基地 2007 年将启动起步区生活配套区的建设。现阶段核心区可以与十公里范围内的黄村、星明湖度假村、绿茵别墅、龙熙顺景等商务、生活、休闲、娱乐场所合作，满足产业发展的要求。

大兴区在新媒体产业方面有一批骨干企业。这些企业在其从事的行业中，无论在市场能力和创新能力上都具有国内乃至国际先进水平。比如，北京星光影视集团公司、金日新事业科技有限公司、北京大学微电子与软件学院、北京印刷学院、北京实用技术高级技校、北京卡酷动画卫星频道有限公司等。2005 年基地产值达到 20 亿元人民币。

### 4. 中关村科技园区雍和园

中关村科技园区雍和园位于北京市东城区东二环路和北二环路的交汇处，是唯一位于二环路以内的科技园区，面积约 290.30 公顷。其四至范围是：东至东直门北小街、东二环路（东直门北大街、东直门南大街），南至鼓楼西大街、鼓楼东大街、交道口东大街、东直门内大街、海运仓胡同，西至旧鼓楼大街、东直门南小街、东扬威街，北至北二环路（安定门西大街、安定门东大街）、东直门内大街、民安街。

雍和园北临二环路，南接东直门内大街，东望建设中的东直门交通枢纽，区域内有地铁环线和 5 号线交汇的雍和宫站，交通便捷。2008 年奥运会建成了机场轨道交通，从东直门 15 分钟即可到达首都机场侯机楼。

东城区最显著的区域特征是具有深厚的文化底蕴和鲜明的古城风貌。全区汇集了以故宫、太庙、社稷坛和地坛为代表的皇室文化，以雍和宫为代表的佛教密宗文化。中华民族传统文化在此得以充分体现。

天安门广场、王府井大街和北京站坐落于东城区，区内还汇集了一大批博物馆、文化艺术单位和院校，如国家博物馆、故宫博物院等，以及北京人艺、中国儿艺、国家话剧院、中央戏剧学院等。

雍和园内有国家级文物 4 处（钟楼鼓楼、国子监、孔庙和雍和宫），市级文物 7 处，保护院落 4 处。

古老文明与现代文化、科技的交相辉映，北京市中心城区良好的商务氛围和便捷的交通等服务环境，将为发展文化创意产业提供不竭的灵感源泉和动力。

雍和园重点发展文化创意产业，特别是数字内容产业：数字娱乐内容提供商和服务，数字（网络）媒体出版发行和内容企业，文化运营和移动增值服务商，网络游戏研发商、运营商和渠道销售商，动漫节目创作、研发、制作企业。

雍和园的发展目标是：以文化为内涵、科技为手段，将雍和园建设成为一流的全国数字内容产业科技园。重点建设好“北京歌华文化创意产业中心”和“国家网络游戏动漫产业（北京）发展基地”以及“国际版权交易中心”，使雍和园成为北京市乃至全国的数字内容产业重要集聚地之一，带动区域产业结构调整，成为首都新的经济增长点。

雍和园的主要功能是：吸引总部，打造精品；特色突出，产业集聚；注重创新，掌握高端；环境一流，专业服务。

雍和园基地建设包括：国家网络游戏动漫产业（北京）发展基地、北京歌华文化创意产业中心、北京奥运会票务服务中心。

雍和园的技术服务平台包括：多媒体数据中心平台、共享软件开发平台、网络服务平台。

雍和园目前享受政策有：中关村科技园区优惠政策、国家网络游戏动漫产业发展基地优惠政策、北京市文化创意产业政策、东城区鼓励发展文化创意产业政策、东城区文化创意产业专项资金支持。

园区内现有大型现代化商业设施 9 处，办公面积超过 100 万平方米，其中雍和园主要建筑——北京歌华创意产业中心（歌华大厦）已经竣工，雍和大厦、中青旅大厦、海运仓国际大厦、北京移动大厦、国华大厦已经完工并全面入驻，此外还有中石油大厦、居然大厦、来福士广场等工程。

雍和园现有歌华集团、央视动画有限公司、中交水运集团、诺基亚—西门子通信技术（北京）有限公司、悠视网等知名企业入驻。

### 5. 中国（怀柔）影视基地

中国（怀柔）影视基地以中影电影生产基地为核心，将其周边 1 公里左右范围作为集聚产业发展的核心区，范围包括杨宋镇建设区及其周边地区，总面积 5.6 平方公里；核心区外围依次为影视基地拓展区和外延区，范围包括庙城镇、雁栖镇的部分区域和怀柔新城一部分区域。

怀柔区将依托中影集团，将影视基地逐步建设成为集影视创意、拍摄制作、技术研发、交发行、影视教育、动漫、影视体验、旅游观光、休闲娱乐等功能为一体的国家级影视产业集聚区。

影视基地规划建设准备分三步走：第一步是快速培育期，从 2007 至 2010 年，计划引进知名的、较大规模的影视企业和其他文化创意企业 5 家以上，国内外中小型企业 50 家以上，实现年销售收入 20 亿元以上，基本建设成为具备国家级专业功能的聚合型影视基地。第二步是发展成熟期，从 2010 至 2015 年，计划新引进各类文化创意企业 50 家，实现年销售收入 60 亿元以上，建设成为功能齐全，产业链条完善的影视文化产业聚集区。第三步是完善提升期，从 2015 至 2020 年，计划引进各类文化创意企业 50 家，实现年销售收入 60 亿元以上，使怀柔成为名副其实的“中国影都”。

中国（怀柔）影视基地将全力打造以影视后期制作为核心的九大功能中心，即影视后期制作中心、影视专业技术服务中心、影视拍摄中心、影视展示与传播中心、影视版权交易中心、影视动漫制作中心、影视教育培训中心、影视制片公司集聚中心和影视旅游中心。

基地凭借一流的设备、专业的技术、完善的设施、全程的服务，为入驻企业提供专业化的办公环境、创作环境、生产环境、制作环境、交易环境和综合服务环境，吸引国内外影视公司，努力建设成为国内一流的影视企业集聚中心。

基地目前享受的政策有北京市促进文化创意产业发展的若干政策、怀柔区政府财政奖励政策、怀柔区关于促进拥有高新技术的文化创意企业发展的若干财政政策、怀柔区正在研究制定怀柔区发展文化创意产业扶持政策。

目前，影视基地已经聚集了中国电影集团公司、中影集团电影数字制作基地有限公司、飞腾制作有限公司、百汇演艺学校、北京中视腾飞文化交流有限公司、北京全视听文化科技有限公司、银都南华国际广告有限公司、北京星光天地国际影视传媒有限公司、北京英奇特广告有限公司等知名企业。

### 6. 北京 798 艺术区

北京 798 艺术区位于北京市朝阳区东北部酒仙桥 718 大院内，是 21 世纪初在原有工业建筑闲置空间的基础上逐渐发展起来，以当代艺术为特色的艺术区。目前，北京 798 艺术区已被北京市政府列为首批 10 个文化创意产业集聚区之一，并被朝阳区政府列入朝阳区首批文化创意产业聚集区。

北京 798 艺术区涵盖了包括原 798 厂、706 厂、797 厂、707 厂、718 厂（现已合并成北京七星华电科技集团有限责任公司）在内的区域，总建筑面积 23 万平方米。其主要建筑由上世纪 50 年代前东德专家设计并建造，采用了当时世界最先进的工艺和包豪斯设计理念，强调在实用性中体现艺术性，建筑的时代特征明显，造型简洁，内部空间完整、高大。建筑北侧的高天窗形成较为均质的室内光环境，对当代艺术活动的建筑和空间需求有着很好的适应性。

由于受包豪斯建筑及周围厂区环境幽静，交通便利等特点的吸引，从 2002 年开始，不同风格的艺术家纷至沓来，北京 798 艺术区逐步成为雕塑、绘画、摄影等独立艺术工作室、画廊、艺术书店、时装店、广告设计、环境设计、精品家居设计、餐饮、酒吧等各种文化艺术空间汇集的聚集区。目前入驻北京 798 的文化艺术类机构近 300 家，这里已成为中国当代艺术的重要集散地，成为国内外具有影响力的文化产业区。

为了加快推动艺术区健康有序发展，朝阳区政府和七星集团共同成立了北京 798 艺术区建设管理办公室，以加强对艺术区的科学引导、规范管理和有效服务。在双方的共同努力下，798 艺术区作为“创意地区、文化名园”的氛围正在形成。今后，艺术区将通过吸引国内外知名艺术家及艺术机构的入驻，进一步加强对艺术区的宣传与推广，为艺术品的制作、展示、交易与拍卖搭建良好平台，推进园区产业升级，从而展示艺术区的魅力，打造 798 艺术区品牌，把 798 艺术区建设成为北京最具特色和影响力的文化创意产业基地和世界著名的文化创意产业园区。

基地目前享受的政策有：北京市文化创意产业政策；朝阳区鼓励发展文化创意产业政策；朝阳区文化创意产业专项资金支持。

目前，聚集在北京 798 艺术区的画廊就有 70 多家，艺术工作室有 40 多家。其中，有来自意大利的常青画廊、玛蕊乐画廊，德国的空白空间，韩国的联画廊，东京的北京东京艺术工程，美国的红门画廊，新加坡的季节画廊。著名的工作室也不在少数，有熊猫人赵半狄工作室、张小涛工作室、刘野工作室等。

### 7. 北京 DRC 工业设计创意产业基地

北京 DRC 工业设计创意产业基地位于西城区德胜科技园，毗邻北二环，位于中央政务区腹地。

DRC 基地周边分布有中国有色金属研究院、中国航空规划设计院、北京煤炭设计院等国家级科研设计单位以及北京师范大学、北京邮电大学、北方交通大学等著名高校，具有雄厚的产、学、研结合潜力和得天独厚的资源优势。

基地的发展定位是：以政府宏观政策为指导，以北京科技研发与设计创新综合实力为依托，以院校、企业和设计机构为服务对象，通过优化配置首都丰富的科技与设计资源，构筑市场化的资源共享模式，为企业成为自主创新主体和设计机构的可持续发展提供资源保障，促进设计创意产业的发展和企业竞争力的提升。

基地的主要功能是：1. 科技条件平台帮助设计师将创意转化为产品；2. 设计师培训平台解决设计产业发展中对应用型、实战型人才的迫切需求；3. 设计产业化国际交流平台引进国外智力资源，推动中国设计国际化，促进国内外设计界进行合作交往；4. 设计企业孵化器创造有利于设计企业快速发展的成长环境。

基地由北京市科学技术委员会与北京市西城区人民政府共同建设，北京工业设计促进中心指导。利用原邮电部电话设备厂旧厂房进行改造，建设面积（一期）为 8800 平方米，可持续发展面积（二期）达 50000 平方米。

基地的技术服务平台包括：材料展示中心、CNC 手板模型中心、逆向工程中心（实验室）、设计培训中心、快速印刷中心、会议展览中心、中国创新设计红星奖博物馆、设计师之家、创意空间、培训中心。

基地目前享受的政策有：入驻企业可申报北京市高新技术企业、中小企业创新基金，享受《北京市促进文化创意产业发展的若干政策》、北京市科学技术委员会相关科技扶植政策及西城区德胜科技园产业发展扶植政策等支持。

基地内设有就餐场所3处，外围近邻新街口外商业街，拥有大型购物、餐饮、娱乐场所多处，商业设施较为完善。

### 8. 北京潘家园古玩艺术品交易园区

位于朝阳区东三环南路潘家园地区，建筑面积11.96万平方米。包括潘家园旧货市场、北京古玩城、北京古玩城书画艺术世界、兆佳古典家具市场、北京正庄国际古玩城、华声天桥民俗文化市场、君馨阁古典家具市场等七家古玩艺术品交易市场。其中潘家园旧货市场和北京古玩城、华声天桥民俗文化市场是古玩艺术品交易园区极具影响力的龙头企业。经营面积7.4万平方米、经商人员1.5万人、摊位数量5400多个、年交易额19.23亿元年交税费1034万元、日客流量9.9万人、境外客流2.4万人。04、05年销售总收入38.46亿元。

潘家园古玩艺术品交易园区的“终极目标”是要在西起东二环、东到东三环、北至劲松、南接十八里店的范围内，规划建设15万平方米的北京潘家园古玩艺术品交易中心，为经营者、消费者提供文物鉴定、海关、保险、评估、展示、金融、咨询等商务服务等配套服务，囊括古玩艺术品交易的开发、展示、交易，成为全球性文化艺术品交易的中心。

园区目前享受的政策有：北京市文化创意产业政策；朝阳区鼓励发展文化创意产业政策；朝阳区文化创意产业专项资金支持。

目前，陶然居的古典家具、杜顺堂的老榆木家具、万事如意的交趾陶等等，都成了潘家园的“淘宝”项。

### 9. 宋庄原创艺术与卡通产业集聚区

按照规划，宋庄原创艺术与卡通产业集聚区紧邻通州新城，集聚区以小堡村村域用地范围为中心，北部至规划一路，南部京哈高速路为界线，向东扩展至东部发展带联络线，向西至六环路，总占地11.2平方公里。

国内外对原创艺术产品的需求，构成宋庄的核心竞争力。北京地区丰富的人力资源和充沛的资本供给，形成了基础竞争力。北京市、通州区及宋庄镇三级政府的支持，形成了环境竞争力。以三辰卡通集团为龙头的卡通产业集聚区的确立，将给宋庄文化创意产业发展带来新的动力。

通过对竞争与合作伙伴，以及集聚区自身优劣势的深入分析，宋庄原创艺术与卡通产业集聚区进行以下定位：(1)国际当代艺术创意中心及卡通产业集聚区；(2)北京当代文化艺术创意中心与文化制造业基地；(3)通州文化产业第二极，以此为支点，全力打造“中国·宋庄”品牌。

集聚区的发展思路与发展模式——“双核化”发展。按照艺术集聚区的一般发展规律，将形成“核心——周边——相关”的产业布局。以艺术家集聚区为核心，以艺术品交易服务机构为周边，以艺术品制造，即画材、画框生产等为相关产业区。按照动漫游戏产业集聚区的规律，将形成以三辰动漫和网络游戏制作和研发中心，以与三辰协作开发动漫游戏内容产品为主要业务的中小企业为周边层，以艺术家个人工作室为相关层的分布结构。进而形成一个“双核化”的产业布局。

2006年，在文化创意思想的指导下，宋庄镇大力发展文化创意产业。入驻集聚区的文化创意企业中，包括日月星画材制作公司在内的中小制造企业近30家，服务企业有20多家，已建成前哨画廊、韩燕画廊等20余家画廊、包括宋庄门户网站在内的4家艺术网站，建成了全国唯一的村级美术馆——宋庄美术馆；盘活旧工业厂房，完成了东区艺术中心，上上美术馆及嫘苑女艺术家工作室改造；探索新农村文化产业发展，创建创意农业观光园，目前已完成主体工程建设，在2007年第三届中国·宋庄文化艺术节投入使用。这些项目的建成，初步形成了集聚区的文化产业集群，带动了相关产业的发展。

### 10. 中关村软件园

中关村软件园位于海淀区东北旺乡。园区占地119公顷，距中关村约7公里。距西直门约14公里，距天安门约21公里，园区东临上地信息产业基地，南靠规划绿化带及北大生物城，西接东北旺苗圃，北至东北旺北路。软件园临近北京西山风景区、北京大学、清华大学、科学院科学城，具有独特的人文、历史、科教环境和优越的地理位置。总建筑面积约40万平方米，软件研发用房30万平方米，服务用房10万平方米。

中关村软件园是集软件研发、企业孵化和综合管理服务于一体的国家级软件研发、生产基地。日后将建设成为集企业孵化、软件研发、软件测评、技术支持、信息公用平台及软件培训和管理的综合功能为一体的促进软件产业发展的，国际一流的园林式软件园。

根据中关村软件园的功能定位，中关村软件园功能可分为两大区域：一为软件研发区，二为企业孵化和综合管理服务区。在总体布局方面，将企业孵化和综合管理服务部分设置于园区边缘东南两侧呈带状分布；而将软件研发区形成组团化的自摊形态，围绕中心绿地和水面呈自由状分布。

园区将以生态、浮岛为主题，注重生态环境，绿地总面积超过60%多种绿化有机组合，形成系统化森林式绿色生态园区。超过2.5公顷的自然水面布置让园区的环境景观更加流光溢彩。

软件园建设将贯彻高标准、有特色、具有超前性和可持续发展的思想，充分重视高速宽带多媒体通讯网络和其他市政设施的配套设计，着重解决好功能分区、道路交通、停车和园区内的各种服务设施的配备，做好园区广场、绿地等公共空间的规划设计，突出园区生产、生活和管理的智能化设计，并作好环保、节能和采用最新技术等的规划设计。

为建设成为国际一流水平的软件园，中关村软件园采用二级土地开发模式，分两阶段完成：第一阶段为北京中关村软件园发展有限责任公司承担园区的一级土地开发、市政基础设施，公益性配套服务及孵化等项目的建设。该公司为北京科技园建设股份有限公司、首钢总公司、北京海淀科技园建设股份有限公司三方共同投资组建，注册资金5亿元人民币，2000年8月7日正式成立。经过国际公开招标，确定由机械工业部设计研究院进行园区规划设计，由其完成的软件园修建性详细规划已经过北京市规划委员会批准。此外，还通过招标，确定由建设部中外园林建设总公司北京分公司承担软件园的园林景观设计任务。第二阶段将采用市场运营机制，由多元化投资主体来进行二级开发。中关村软件园于2000年12月20日正式开工。

## 第二批文化创意产业集聚区

### 1. 北京CBD国际传媒产业集聚区

北京CBD国际传媒文化创意产业集聚区地处北京CBD范围之内，总占地面积3.99平方公里，西起东大桥路，东至西大望路，南起通惠河，北至朝阳路、朝阳北路。集聚区以国际传媒产业为主导，依托于中央电视台、北京电视台、人民日报和众多国际知名传媒机构这些强势媒体，重点发展以版权交易、书报刊发行、影视内容制作与传播、网络服务、广告业等五个行业。目前，集聚区已经聚集了60%以上的境外驻京代表机构，80%以上的驻京海外新闻机构。目前进入中国的167家国际新闻机构聚集于此，中国最具权威性的国家级报纸、中国最有影响力的国家级电视台、中国国内的因特网门户网站，均坐落在国际传媒文化创意产业集聚区及周边地区，从而形成了以国际传媒为特色的文化创意产业集聚区。

为了搭建传媒产业的平台、发展文化创意产业，北京CBD管委会成立了北京CBD传媒商会，设立了北京朝阳（CBD）保护知识产权举报投诉服务中心和建设北京国际版权交易中心。随着硬软件的不断完善，北京CBD国际传媒的龙头地位日渐显现。

### 2. 顺义国展产业园

顺义国展产业园位于顺义空港城内，东邻首都国际机场，北邻空港工业区，西侧、南侧与温榆河绿色生态走廊接壤，地理位置得天独厚，发展潜力巨大。交通便捷，机场高速路、京承高速、京顺路、天北路、机场北线、机场南线、构成了产业园便捷的交通网络，到达市区只需15分钟车程。新国展项目落户顺义空港城，为顺义区发展以会展业为特色的文化倡议产业奠定了坚实的基础。2007年，顺义国展产业园荣获中国创意产业潜力品牌奖，同年10月份，产业园被认定为北京市第二批文化创意产业集聚区，并于2008年4月15日被正式授牌。目前国展产业园已入驻了如北京中展投资发展有限公司、北京国展国际展览中心有限公司、北京临空酒店管理有限公司等70余家国外著名企业。

为促进会展产业发展，有利于会展产业及相关配套服务产业集聚，产业园被划分为会展核心区和配套服务区两部分，其中核心区为新国展项目用地及其发展预留地，面积约270公顷，配套服务区面积为剩余的451公顷。中国国际展览中心（新馆）项目（简称新国展）规划用地面积155.5公顷，地上总建筑面积66万平方米。其中展馆及附属设施地上建筑面积40万平方米，综合配套设施地上建筑面积26万平方米，共分三期建设。新国展一期工程已于2008年3月建设完成，总投资约26亿元人民币，展厅地上使用面积达到10万平方米。新国展项目一期工程2008年3月28日开馆，已经成功举办了第十六届中国国际服装服饰博览会、第十届国际汽车展、第九届中国国际机床工具展览会、第二十二届中国国际体育博览会等超大型展会，接待参展观众超过100万人次。

园区优势：1. 商业配套环境：产业园内商业配套项目已初具规模，荣祥广场、欧陆广场、北京临空皇冠假日酒店、澳景园、荣和商业中心等特色街区车水马龙，总建筑面积达28万平方米。2. 居住环境：产业园西侧的温榆河沿岸花红草绿，树木成荫，已经被打造成水清、岸绿、宜居的别墅集聚区。丽京花园、丽斯花园、裕京花园、欧陆苑、美林香槟小镇、名都园、优山美的等高尚住宅区吸引了大批外籍人士入住，依河而建的别墅洋房洋溢着瑰丽与浪漫的河岸文化情怀，温榆河绿色生态走廊、中央别墅区已成为这个地区的代名词。3. 人文环境：北京顺义国际学校、北京市新英才学校、国际会计学院等多家国内外知名院校林立于产业园周边，8000多位外籍人士及诸多国内精英居住在中央别墅区，首都机场来来往往的国际友人、世界著名的品牌展会使国展产业园成为中西方文化碰撞的焦点，徜徉于产业园中，处处散发着浓郁的国际人文气息。4. 基础设施：为改善新国展周边基础设施条件，产业园先后投入资金6亿多元用于改扩建道路，修建绿化停车场，美化环境，使新国展周边面貌焕然一新。

### 3. 琉璃厂历史文化创意产业园区

琉璃厂大街位于北京和平门外，是北京市重要的历史文化保护街区，有着780多年历史。从明朝初期开始就享有“九市精华萃一衢”的美誉。清朝时期，各地来京参加科举考试的举人大多集中住在这一带，各地的书商也纷纷在这里设摊、建室、出售大量藏书。繁华的市井，便利的条件，形成了“京都雅游之所”，使琉璃厂逐渐发展成为京城最大的书市，形成了人文荟萃的文化街市，与文化相关的笔墨纸砚，古玩书画等等，也随之发展起来。形成了较浓的文化氛围。同时，由于这块风水宝地是仕人、举子、文人墨客、文化商人、梨园艺人聚居的地方，使得这里有着层次最为丰富的人文资源：典故、故事、人际等人文景观。所有这些，构成了中国人精神世界里“民族灵魂”的一部分。

琉璃厂发展至今成为聚集着包括艺术品鉴赏业及相关艺术品创作、艺术技术研发、艺术品博览业、古玩艺术品交易业、传统手工艺制造业、城市文化旅游业、文化娱乐业等7类主导产业，并衍生出16个紧密层的支持型产业的大型文化创意产业园区，更成为国内外游客来京游览的必到所在。琉璃厂丰富的人文资源与文化产品使琉璃厂成为北京的一张名片，成为世界了解中国传统文化的窗口，在中国传统文化发展中占据着地标性的作用。

### 4. 清华科技园

为了加快科研成果向生产力的转化、更好地实现大学服务社会的功能，清华大学创建了清华科技园，作为清华大学社会服务功能的有机外延，为创业企业孵化、高新企业研发、创新人才培育、科技成果转化提供发展空间和卓越服务。

1993年，清华大学提出创建清华科技园的构想，并得到教育部和北京市的确认和批准。1994年，组建清华科技园发展中心，正式开始建设科技园。1998年，12万平方米的起步区工程完工，园区初具规模。1999年，被纳入中关村科技园区的总体规划，予以重点发展支持。2000年，57万平方米的主体园区建设启动，入园企业达到200家。2001年，被科技部、教育部确认为首批国家大学科技园之一。2003年，被科技部、教育部评定为全国唯一的A类大学科技园。2005年，园区69万平方米的建筑全部建成完毕。

清华科技园地处北京中关村科技园区的核心地带，这里聚集了数量众多的著名高等院校和研究院所，是中国最大、世界少有的智力密集区，同时享有中关村科技园区大规模基础设施建设和一系列配套优惠政策。园区周边交通便利，主干道纵贯四环、三环直通西直门地铁站，城市轻轨纵贯园区侧沿通行。

同方、紫光、诚志等科技企业在园区聚集，光盘、CAD、液晶等国家和部委的工程研究中心在园区落户，SUN、Schlumberger（斯伦贝谢）、P&G（宝洁）、NEC等跨国公司的研发机构在园区发展，清华大学科技开发部、国家技术转移中心、北京一清华工业开发研究院等机构在园区设立。

清华科技园充分发挥集群式创新的优势，形成产学研创新集群，包括：企业孵化器群、技术研发机构群、高校科技产业群、教育培训机构群、中介服务机构群和配套服务机构群，最终成为创新、创业资源的富集区域，通过“聚集效应”让优秀的创新、创业人才云集于此，形成持续不断的创新创业能力、辐射发展能力和国际化竞争力。

清华科技园以国际化战略为龙头，以支撑平台战略为基础，以辐射园区战略为外延，三大战略的实施将为清华科技园迈向世界一流大学科技园打下坚实基础。在国家政府的扶植关怀下、在清华大学的领导下，到2011年，在清华大学建设成为一流大学之际，清华科技园一定能建设成一流的大学科技园，成为世界上著名的创新、创业资源的富集区域，创新、创业服务的专业区域，创新、创业文化的原生区域，成为在有限空间实现无限梦想的地方。

### 5. 惠通时代广场

惠通时代广场位于四惠桥交通枢纽西北角，紧邻CBD，位于北京市通惠河文化产业带的核心区域。广场占地面积35000平方米，建筑面积42000平方米，由14座2—6层的独立楼宇组成，园区内设计绿化率达70%，并有叠瀑、喷泉等多处水景，辟有网球场、羽毛球场、健身房等健身设施。地表停车位达400多个。项目拥有甲级写字楼的配套设备及辅助设施，形成真正的生态型、运动型办公社区，除区位优势、低容积率及硬件设施外，项目于2002年底筹划之初，即顺应北京传媒产业中心东移的大趋势，确立了吸引聚集高端文化传媒类企业的战略性定位。围绕着Working In Nature的基本理念，悉力打造差异化与特殊性的写字楼产品。广场竣工后，造型简洁、色彩新颖的楼宇外观，瀑布、叠水、水线及喷泉交错的各式水景以及亭、台、桥、榭汇聚的园林环境吸引了多家知名的传媒企业总部入驻，2006年成为朝阳区首批文化创意产业聚集区之一。

### 6. 北京时尚设计广场

北京时尚设计广场（D·PARK751）是利用北京正东集团的旧煤气厂保留下来的工业设备设施和独有的工业环境改造而成，作为曾经北京市城市煤气三大气源厂之一的正东集团煤气厂，始建于上世纪50年代中期，经过70年代后的陆续改造，部分建筑保留了浓重的欧洲工业建筑特色。2006年在北京市委市政府的引领下，在北京工业促进局的引荐下，中国服装设计师协会在751成立北京会所。在中国服装设计师协会的带动下，许多中国十佳服装设计师纷纷入驻到751。一个集时装设计、商品开发、展览展示于一体的时尚创意园区迅速形成。

北京时尚设计广场占地面积约为3万平方米，分三期建设：一期为园区创意产业培育期，预计年创产值约10亿元，可为500余人提供就业机会；二期为园区创意产业成长期，形成创意产业聚集效应及一定的规模；三期为园区创意产业成熟期，形成产业规模效应，使园区成为国内外关注的时尚创意示范区。到2008年共有30余家企业入驻，其中包括设计师工作室9家，服装、服饰、形象设计、家居配饰类公司16家，餐饮、酒店3家，行业协会1家和出版发行1家。在内容上主要涵盖时装服饰设计、配饰设计、动漫设计、游戏设计、建筑设计、广告艺术、网络传播、创意设计、策划咨询、配套服务等。据统计，751入驻企业已给园区带来5000万元的产值，并拉动了相关产业的产值5亿元，到目前为止已直接吸纳就业150多人。

2007年，北京时尚设计广场一期改造工程目前已经完工，共分A、B两座楼。A座共4层，包括时装发布大厅和办公区，由老厂的金属储藏库改造而成。时装发布大厅位于一层，面积近2000平方米，内部有可随意装卸的T台、全新的一流音响和灯光设备，可容纳300名至500名观众，这里成为北京第一个时装发布专用场所。B座为设计师工作室所在地，前身是老厂的加压房。目前已进驻的5个设计师工作室装修得各有特色：阿尤工作室以民族风格见长；刘薇工作室突出绿色的生态环境，曾凤飞上下两层的工作室溢满浓郁的中国气息等等。北京时尚设计广场整体建成后，将容纳100家左右的国内外著名设计师工作室，年产值可达80亿元，拉动相关产业产值达180亿元，直接吸纳就业约500人，拉动就业约2500人。

### 7. 前门传统文化产业集聚区

前门传统文化产业集聚区位于北京市崇文区，是北京市历史最“古老”的文化产业集聚区。前门大街全长840米，与永定门、南中轴路和前门箭楼共同被称为“天街”，是北京历史上最具民族文化特色和最为繁华的商业区，也是老北京市井风貌、史迹文物保存最完整的地区之一，仅崇文区域内就拥有历史遗迹306处。此外，月盛斋、大北照相馆、全聚德、中国书店、祥聚公糕点店、盛锡福等老字号亦云集于此。前门改造是北京市规模最大的旧城改造项目，主体工程包括前门大街及东侧路以西地区，规划占地面积22.4万平方米，规划建筑面积40.2万平方米。其中，修缮整治后重新开张的前门大街将改造为步行商业街。从2009年起，计划用3年时间最终建成占地200公顷、“一街五区”的前门传统文化产业集聚区。“一街”是已经开市的前门大街，将要建设的“五区”包括从打磨厂胡同向南的中华传统商业区、鲜鱼口历史文化保护区内的民俗餐饮区、鲜鱼口往南的高档商品区、四合院体验和精品酒店区、邻近大都市街北侧的文化娱乐休闲区。前门周边的台湾会馆、21个四合院建筑群落也都将融入其中，从而整体重现集古都建筑文化、梨园文化、商贾文化于一体的前门地区老北京风貌。

### 8. 北京出版发行物流中心

北京出版发行物流中心成立于2007年11月8日，占地460亩、总建筑面积近30万平方米，是全国最大的出版物集散中心。北京出版发行物流中心由北京发行集团投资建设，位于通州区台湖。中心园区内的北京国际图书城，集中了全国560家出版社、近百家图书发行公司和48家国际出版集团约300家海外出版社，以展会形式常年进行展示展销活动，聚集各类图书音像品种50余万种。中心通过强大的现代化物流配送设施，将各类中外出版物迅速分销扩散至北京周边地区，辐射到全国各地，年发货能力将达80亿元（码洋）。图书的进货、存储、配送、退货全部实现自动化作业和信息化管理，在满足北京及周边地区零售书店图书供货需求的同时，还为出版社和图书发行公司的出版物提供仓储配送服务。该中心还设置了外宾接待场所、大型免费停车场，将银行、邮局引入园区，并在城区繁华地段开设多条购书免费专线班车。北京出版发行物流中心打破了传统出版发行业的经营模式，突破了传统物流中心只设配送服务功能的局限，创新性地设置了出版物展示、信息服务等新型经营业态，把全国出版发行业上中下游企业汇聚到一起，搭建了一个共同发展的平台，对促进传统产业升级换代，实现出版发行业的跨越式发展，将发挥重要的引导作用。

### 9. 北京欢乐谷生态文化园

北京欢乐谷是华侨城集团以20年的专业积累，用四年时间倾心打造的新一代文化娱乐公园，位于北京市朝阳区东四环四方桥东南角，占地面积56万平方米，于2006年7月落成开放，是目前国内投资最高、面积最大、最为国际化现代化的主题公园，是一处为了满足大众多样化休闲娱乐需求而建造的一种具有独特创意的文化体验和时尚旅游项目，它以“动感、时尚、欢乐、梦幻”的娱乐个性，集海、陆、空三栖游乐于一身，融日、夜两重娱乐于一体，是北京体验旅游的重要标志。

北京欢乐谷精选世界经典文明和创意智慧，精心设置了50余项主题景观、10余项主题表演、30多项主题游乐设施、20余项主题游戏及商业辅助设施，营造了一个神秘、梦幻的世界。全园共分六大主题区：峡湾森林、亚特兰蒂斯、爱琴港、失落玛雅、香格里拉、蚂蚁王国。其中，爱琴港主题区及奥林匹亚体验展馆，是呼应2008年北京奥运专门规划建设的，这使北京欢乐谷成为北京人文奥运的重要组成部分，成为展示新北京、新奥运的重要窗口和名片。

拥有30多万平方米的绿化、8万平方米的湖面赋予欢乐谷良好的生态环境；六大主题区域赋予欢乐谷独特的人文气质；国际国内双重标准的安全检测、人性化的服务配套和智能化的全园信息系统赋予欢乐谷世界一流的品质；国际顶尖的游乐设施、国际金奖的演艺实力赋予欢乐谷领先世界的高度。

### 10. 北京大红门服装服饰创意产业集聚区

北京大红门服装商业形成于上世纪80年代。经过20余年的发展，大红门服装商贸区实现了从大棚经济到现代化市场的跨越，发展成为北京服装流通领域的重要交易市场，成为依托华北，面向全国，辐射亚欧的服装轻纺产品集散地。商贸区现有服装、纺织交易市场39家，营业面积100余万平方米，固定商户超过1万户，商户从业人员超过10万人，5000多个国内外品牌、年交易额占全北京市纺织品、服装、鞋帽市场年交易额的一半以上。2009年商贸区交易额超过100亿。商贸区内集中了众多销售企业，聚集了大批以提供服装面辅料为主的服装生产、加工企业，从面料供应、成衣加工至批发零售各个环节一应俱全，形成了产、供、销相对完整的服装产业链条。

按照规划，大红门服装服饰创意产业集聚区北起北京南三环木樨园桥，南至南四环大红门桥，全长2.2公里，区域总面积6平方公里，商业设施总建筑面积200多万平方米，是一个以服装商贸为核心，由服装原辅料交易、成衣生产、服装贸易、服装设计、服装会展、服装物流等相关产业形成的产业集群。从2008年开始，集聚区按照景观环境示范区、时尚设计展示区、服饰文化演艺区、流行趋势演绎区、职能品牌孵化区定位，以市场为导向、以设计为龙头，以时尚为核心，以品牌为支撑，以产业链为纽带，以交易为基础，以现代服务业为保障，通过优化资源配置、产业升级配套、推动功能拓展，全面提升区域辐射力和带动力。充分发挥服装产业集群的效益，建设集国际服装纺织贸易中心、展示中心、设计研发中心和纺织检测中心的集散地，力争成为首都南城最有活力的经济区之一。

### 11. 北京（房山）历史文化旅游集聚区

中国北京房山，承载着77万年的人类历史、5000年的文明史，拥有上自西周绵延至今的古城遗迹，形成了独特的历史和灿烂的文化，有着丰厚的文化底蕴。既有被列入世界文化遗产名录的周口店北京人遗址，被誉为“石经长城”的佛教圣地云居寺，集自然、历史、佛教、道教文化于一身的上方山，也有众多鲜为人知的文物古迹：位于大房山系九龙山下的金陵遗址，始建于公元1155年，是北京地区修建最早、占地面积最大的帝王陵墓群，共葬有金代17位帝王及其后妃，为“燕京八景”之一；坐落于周口店镇三盆山的十字寺，是全国唯一的有碑刻、有遗址的景教寺院，见证着中西文化的交融与发展。灿若星辰的历史文化资源使房山成为北京不断代历史的画卷。

2008年4月15日，“北京（房山）历史文化旅游集聚区”获正式授牌，成为北京市前两批共21个文化创意产业集聚区之一。该集聚区根据国家和北京市“十一五”时期文化创意产业发展规划的要求和房山区新功能定位，依托本地区丰富而独有的历史文化资源，按照现代理念高品位规划建设，是北京市批准的唯一以历史文化旅游为特色的文化创意产业集聚区。

集聚区范围主要包括周口店遗址旅游区、云居寺佛教文化旅游区、大石窝石文化旅游区、上方山生态及宗教文化旅游区和长沟“水北方水乡”乡村休闲度假区，涉及周口店、城关、韩村河、长沟、大石窝5个镇，总规划面积70.1平方公里，核心区面积13.23平方公里。

集聚区以周口店“古”文化为龙头、云居寺“经”文化为核心、大石窝“石”文化为支撑，上方山“山”文化、长沟“水”文化为补充，集参观、研修、度假、会展、交易功能为一体。规划后的集聚区，将利用周口店古文化资源和云居寺佛教文化资源，打造具有国际一流水平的原始和古人类与佛教文化主题旅游区；利用大石窝石文化资源打造国际一流的汉白玉文化雕塑主题旅游区；利用上方山山地森林生态资源和佛教文化遗存打造佛教文化与自然高度融合的生态旅游胜地；利用长沟古泉水体资源打造“水”文化休闲旅游区，形成北京市具有高吸引度、高品质的历史文化旅游区。

## 天津市

### 市级文化产业基地名单

(1) 天津市猛犸科技有限公司
(2) 天津神界漫画有限公司
(3) 天津孟庄园葡萄酿酒有限公司
(4) 天津市津宝乐器有限公司
(5) 天津北新文化传媒集团有限公司
(6) 天津金文图书城股份有限公司
(7) 天津每日新传媒发展有限公司
(8) 今晚传媒集团
(9) 天津北方网股份有限公司
(10) 天津圣迪乐器有限公司
(11) 天津市慧禾文化传播有限公司
(12) 天津市文物公司
(13) 天津市文华旅游发展有限公司

## 主要文化产业园区（街）名单

(1) 天津高新区动漫产业基地
(2) 和平区六号院文化创意产业园
(3) 画国人动漫创意产业园
(4)“五大道”民园西里创意产业锚地
(5) 河东区桥园文化创意产业园
(6) 天津音乐街
(7) 太阳树创意产业园
(8) 河西区人民公园文化产业园
(9) 南开区 C92 创意产业集聚区
(10) 红桥区意库创意产业园
(11) 河北区辰赫创意产业园
(12) 3526 创意工厂
(13) 西青区凌奥创意产业园
(14) 津南区小站练兵园
(15) 武清区中国艺术家聚集区
(16) 软件创意园
(17) 静海县蔡公庄乐器园区
(18) 蓟县盘龙谷文化城
(19) 宁河县东丰台木雕
(20) 木板年画产业基地

## 主题公园

(1) 滨海航母主题公园

滨海航母主题公园位于天津滨海新区汉沽八卦滩，公园总投资达 2.6 亿多元，包括真人 CS、4D 影院、反击风暴、军体中心、导弹射击、水陆两用车等体验式游乐项目等。公园的整体定位与“以航母为核心主线、军事为文化内涵”，集“三地一中心”于一体的国际创新、国内一流的 RPG，即角色体验型精品主题公园。近三年来，园区经营收入平均以每年 33.6%的速度增长，客流量平均以每年 32%的速度上升；2009 年游客量突破 75 万人次，较 2008 年同期提高 29.31%。目前正委托世界著名英国阿特金斯公司进行园区 20 万平米的整体规划，与此同时，航母广场改造项目、军乐队项目、主题酒店项目等也在进一步的规划实施中。

(2) 官港生态游乐园

位于大港区的官港生态游乐园是天津市最大平原人工林区，地处天津市东南部滨海新区的中心区，总面积 22.85 平方公里，陆地面积 15.84 平方公里，水面 5.56 平方公里，该项目将打造主题公园、博物馆、展览馆、影视、文体、休闲服务等骨干项目，现已经入住的企业有阿罗马高尔夫，天津大港奥林匹克博物馆，新加坡长成集团有限公司投资 15 亿元兴建的五星级度假酒店项目和生态住宅区项目，以及射击、赛马等项目。预计官港生态游乐园项目全部建成后，年接待量约在 300 万人次，约占天津境内游客数量的 5%左右，每年可创旅游收入 6 亿元。

## 河北省

### 第一批文化产业示范基地名单

(1) 衡水习三内画有限公司（衡水）
(2) 河北金音乐器制造有限公司（衡水）
(3) 曲阳宏州大理石厂工艺品有限公司（保定）
(4) 蔚县焦氏剪纸厂（张家口）
(5) 涿鹿县中华三祖圣地文化产业发展有限责任公司（张家口）
(6) 馆陶县陶漆工艺厂（邯郸）
(7) 中国爱情山—天河旅游区（邢台）
(8) 承德市龙腾艺术馆（承德）
(9) 承德紫塞明珠演艺有限责任公司（承德）
(10) 吴桥杂技大世界旅游有限公司（沧州）
(11) 大厂县评剧团（廊坊）
(12) 石家庄影乐宫（石家庄）
(13) 石家庄东方浮雕工艺品有限公司（石家庄）
(14) 藁城宫灯研制开发有限公司（石家庄）
(15) 石家庄东方美术职业学院（石家庄）
(16) 唐山国家矿山公园（唐山）

### 第二批文化产业示范基地名单

(1) 河北曲阳定瓷有限责任公司
(2) 保定中科帷幄数码科技有限公司
(3) 河北古韵文化艺术品有限公司
(4) 石家庄燕赵艺术团
(5) 藁城中华鼓乐厂
(6) 石家庄深度动画科技有限公司
(7) 秦皇岛浪淘沙海上娱乐有限公司
(8) 秦皇岛山海关古城景区
(9) 秦皇岛山海关欢乐海洋公园股份有限公司
(10) 张家口十八怪文化旅游产品开发有限公司
(11) 张家口上谷书院
(12) 平泉辽河源契丹文化产业群
(13) 承德金枋传统艺术开发有限公司
(14) 兴隆千华旅游开发有限公司
(15) 峰峰矿区大家陶艺有限责任公司
(16) 邱县黑马编织培训基地
(17) 魏县龙根农庄发展有限公司
(18) 馆陶思月陶艺有限公司
(19) 宁晋古槐画廊
(20) 巨鹿七夕乞巧土布工艺品专业合作社
(21) 柏乡汉牡丹花卉开发有限责任公司
(22) 大厂回族自治县良盛达花丝镶嵌特艺有限公司

(23) 河北华都影视剧制作有限公司
(24) 河北中轻北方乐器有限公司
(25) 衡水一壶斋工艺品有限公司
(26) 衡水侯店毛笔厂
(27) 迁西喜峰口旅游开发有限公司
(28) 唐山华岳传媒有限公司

## 山西省

### 第一批文化产业示范基地名单

(1) 运城市关圣绒绣产业园
(2) 运城市鑫瑞华雕塑产业园
(3) 闻喜本命年文化创意产业园
(4) 万荣笑话文化产业园
(5) 河津吕氏祖传琉璃文化产业园
(6) 稷山方古螺钿漆器文化产业园

## 内蒙古自治区

### 第一批文化产业示范基地名单

(1) 成吉思汗陵旅游区
(2) 内蒙古新华发行集团
(3) 内蒙古力王工艺美术有限公司
(4) 内蒙古响沙湾旅游有限公司
(5) 内蒙古教育出版社
(6) 昭君博物院
(7) 内蒙古文化音像出版社
(8) 包头中国电信绿色动力网吧连锁
(9) 赤峰红山文化传媒公司
(10) 北方新报社

### 第二批文化产业示范基地名单

(1) 呼和浩特市玉泉区大召文化产业群落
(2) 内蒙古晨报
(3) 呼和浩特市蒙亮民贸有限公司
(4) 包头市多维旅游有限责任公司
(5) 包头市土默特右旗敕勒川文化产业园
(6) 赤峰市巴林右旗巴林石集团有限责任公司
(7) 鄂尔多斯市恩格贝生态示范区
(8) 鄂尔多斯市冠丰胜州奇石古玩有限责任公司
(9) 阿拉善奇石一条街
(10) 通辽孝庄园文化旅游区
(11) 内蒙古欣泰文化旅游发展有限责任公司

## 辽宁省

### 省级文化产业示范园区名单

(1) 新民文化博览园

### 省级文化产业示范基地名单

(1) 通渭县书画艺术产业示范基地
(2) 甘肃省洮砚开发总公司洮砚艺术产业示范基地
(3) 临宝斋文化商务总社彩陶艺术产业示范基地

## 吉林省

### 第一批文化产业示范基地名单

(1) 吉林动漫游戏原创产业园
(2) 长春万达国际电影城有限公司
(3) 吉林市吉林剧场新基业数码科技有限公司
(4) 伊通满族自治县辰龙生态开发有限公司
(5) 长春和平大戏院有限公司
(6) 吉林知合动漫集团
(7) 长春市宝凤剪纸艺术公司
(8) 长春紫玉木兰工艺有限公司
(9) 吉林省古尘木艺有限公司
(10) 辽源东丰县刘丹农民画培训学校
(11) 长春雅贤楼茶文化有限责任公司

## 上海市

### 第一批创意产业园区名单

(1) 周家桥
(2) 天山软件园
(3) 旅游纪念品设计园
(4) 传媒园
(5) 现代产业大厦
(6) 同乐坊
(7) 田子坊
(8) 八号桥
(9) 卓维 700
(10) 张江文化科技创意产业基地
(11) M50
(12) 设计工厂
(13) “同乐坊”
(14) 乐山软件园
(15) 虹桥软件园
(16) 昂立设计创意园
(17) 创意仓库
(18) 工业设计园

### 第二批创意产业园区名单

(1) 海上海
(2) 创意联盟
(3) 2577 创意大院
(4) X2 数码徐汇
(5) 建筑设计工场

(6) 天地软件园
(7) 车博汇
(8) 德邻公寓
(9) 合金工厂
(10) 逸飞创意街
(11) 东纺谷
(12) 空间 188
(13) 尚建园
(14) 尚街
(15) 旅游纪念品设计大厦
(16) 智慧桥
(17) 通利园
(18) 1933 老工场
(19) 华联创意园
(20) 新十钢
(21) 湖丝栈
(22) 创邑源
(23) 创邑河

### 第三批创意产业园区名单

(1) 71 号仓库
(2) 数娱大厦
(3) 西岸园
(4) 绿地阳光园
(5) 优族 173
(6) 98 创意园
(7) 宜仓

### 第四批创意产业园区名单

(1) 外马路仓库
(2) 汇丰
(3) 智造局
(4) 老四行仓库
(5) 新慧谷
(6) 中环滨江 128
(7) 孔雀园
(8) 静安创艺空间
(9) 时尚品牌会所
(10) 原弓艺术仓库
(11) 物华园
(12) 建桥 69
(13) 聚为园
(14) 金沙谷
(15) 新兴港
(16) 彩虹雨
(17) 文定生活
(18) 长寿苏河
(19) SVA 越界
(20) 名仕街
(21) 梅迪亚 1895
(22) 3 乐空间
(23) 南苏河
(24) SOHO 丽园
(25) 古北鑫桥
(26) 第一视觉创意广场
(27) 临港国际传媒产业园

### 第一批文化产业园区名单

(1)“动漫谷”文化创意产业基地
(2) 国家数字出版基地
(3) 徐汇电子艺术创意产业基地
(4) 徐汇数字娱乐产业基地
(5) 2577 创意大院
(6) 长宁多媒体产业基地
(7)“新十钢”视觉文化艺术产业基地
(8) 田子坊
(9) 现代戏剧谷
(10) 中国农民画村
(11) 新场民间技艺文化创意基地
(12) 松江仓城影视产业基地
(13) 天地网络数字内容产业基地
(14) M50 艺术品创意基地
(15) 杨浦五角场 800 艺术基地

## 江苏省

### 第一批文化产业示范基地名单

(1) 江苏省演艺集团有限公司
(2) 爱涛艺术中心
(3) 南京 1912 文化休闲街区
(4) 江苏东方影业有限责任公司
(5) 江苏希际数码艺术网络股份有限公司
(6) 沙家浜江南水乡影视产业园
(7) 龙城旅游控股集团有限公司
(8) 扬州工艺美术集团有限公司
(9) 江苏大风乐器有限公司
(10) 沭阳凤凰画材有限公司

### 第二批文化产业示范基地名单

(1) 垠坤·西祠数字网络文化产业园
(2) 苏州科技文化艺术中心有限公司
(3) 无锡文博投资集团有限公司
(4) 常州亚细亚影视城股份有限公司（黄金海岸演艺

大舞台）

(5) 镇江市西津渡建设发展有限公司

(6) 江苏百成数码影业有限公司

(7) 南通市慧源文化传播有限公司

(8) 徐州文化产业园

### 第三批文化产业示范基地名单

(1) 南京云锦研究基地

(2) 苏州沧浪文化产业街区

(3) 吴文化博览园

(4) 常州创意产业基地

(5) 江苏文化科技产业园

(6) 扬州智谷

(7) 海安523文化产业主题公园

(8) 姜堰市溱湖湿地公园

(9) 邳州宝石玉器城

## 浙江省

### 第一批文化产业示范基地名单

(1) 杭州高新区国家动画产业基地

(2) 杭州数字娱乐产业园

(3) 华数数字电视有限公司

(4) 杭州西泠印社集团有限公司

(5) 杭州宋城旅游发展股份有限公司

(6) 宁波海伦乐器制品有限公司

(7) 浙江横店影视城有限公司

(8) 浙江东阳木雕集团有限公司

(9) 云和木制玩具产业基地

(10) 浙江省新华书店集团有限公司

(11) 浙江日报集团印务基地

(12) 浙江省电影有限公司

(13) 浙江舞台设计研究院有限公司

### 第二批文化产业示范基地

(1) 运河天地文化创意园

拱墅区文化创意产业经过近年来的不断培育整合发展，呈现出点多面广、产业链完善、支柱企业实力强等特点，以运河天地文化创意园为龙头的“一园七区”已具规模，目前该区已拥有7个文化创意产业园（LOFT49、A8艺术公社、乐富·智汇园、唐尚433、丝联166、西岸国际艺术区、浙窑陶艺公园），已投入使用面积7万平方米。通过加大国内外知名文创企业引进力度，重点支持设计、传媒、动漫、网络等文创产业发展，成功引进中国最具影响力艺术类垂直门户网站——博艺网、绿城设计院等企业。乐富·智汇园被评为省级文化创意产业孵化器，博艺网喜获2009年浙江文化传播创新十佳网站，缔顺科技与中央电视台合作26集大型三维励志动画片《莫麟传奇》，将于2011年播出。积极发挥西岸国际艺术区、浙窑陶艺公园等新建文创园区的文化影响力和商业影响力，打造运河西岸文化艺术中心，举办国画、油画、书法、雕塑、装置艺术、大学生文创作品展10余场，浙窑陶艺公园被列为杭州最具生活品质体验点。全年全区实现文创产业主营业务收入58亿元，同比增长20%。

(2) 舟山国际沙雕有限公司

舟山国际沙雕有限公司作为国内首家从事沙雕策划、设计、创作的专业公司，除承担策划和运作每年的舟山国际沙雕节外，还加强与国内外沙雕界的交流合作，积极向国内“有沙”城市或景区推广沙雕旅游活动；创建了国内首家沙雕文化会所，开设玩沙吧、历届沙雕精品展等，使沙雕艺术常态化；加大沙雕衍生产品和本土特色文化旅游品的开发力度，首推“沙雕工艺品DIY项目”；此外，该公司还开发了立体沙雕、沙雕丝绸画、沙雕邮册、沙雕文化衫等各种沙雕旅游工艺品。

(3) 浙江中南集团卡通影视有限公司

浙江中南集团卡通影视有限公司由浙江中南建设集团有限公司于2003年投资成立。是浙江省唯一一家高起点、高品质、大规模从事三维动画原创及制作、电视电影数码特技、电脑教育软件、电脑游戏软件制作及其他三维技术应用的专业公司。公司以动漫制作为核心，以“整合动漫产业链、打造中南卡通王国”为战略，致力于成为国内最大的原创动画制作发行、音像图书发行经销、衍生产品开发营销以及网络游戏开发运营的专业动漫公司之一。公司从欧美、日本等地引进世界先进技术，投入巨资，原创制作了《天眼》和《魔幻仙踪》两部大型电视动画片。目前，中南卡通的动画片年生产能力已达到6000分钟，并在国内建立了自己的节目发行网络。2005年被评为杭州市文化产业发展先进单位。中南卡通极其重视卡通数码科技的研发，分别与北京电影学院、中国美术学院、浙江传媒学院合作成立了动画研发中心，并投资在北京建立了研发实验基地。同时，公司与浙江大学计算机学院进行动画人才培养和技术开发等多方位的合作。

(4) 浙江华策影视股份有限责任公司

华策影视股份有限责任公司是一家致力于生产、发行影视产品的文化创意企业，投资控股浙江金球影业有限公司、浙江金溪影视有限公司、杭州大策广告有限公司，是目前国内规模最大、实力最强的民营影视文化企业之一，也是经国家商务部、文化部、国家广电总局、新闻出版总署四部委批准的首批国家文化出口重点企业。公司以“打造华人文化传媒旗舰，传播优秀中华文化”为宗旨，以市场为导向，以品质为根本，制作了上千集思想性、艺术性、观赏性俱佳的精品电视剧，涵盖古装、现代、偶像、情景剧等多种题材。目前，公司已形成年产300集的生产规模，公司主要作品有《新京城四少》、《流星蝴蝶剑》、《娱乐没有圈》、《佳期如梦》、《天师钟馗》、《就想赖着你》、《你永远不会独行》、《万卷楼》、《倾城之恋》、《中国往事》、《我的爱情面包》、《夫妻一场》、《叫一声妈妈》等，多部作品荣获中国电视剧最高奖项“金鹰奖”、“飞天奖”、“五个一工程奖”，其中《中国往事》在有电视剧“奥斯卡”奖之称的韩国首尔国际电视节上荣获最高奖项——最高电视剧大奖，这是中国电视剧首次获得此项殊荣。

（5）丽水市龙泉青瓷宝剑苑

龙泉青瓷宝剑苑坐落在市区西部，是集中展示龙泉青瓷文化、龙泉宝剑文化的旅游景区，始建于2000年，占地200多亩，总投资约1.5亿元。景区共分三大区块，即龙泉宝剑遗址区块，龙泉青瓷、龙泉宝剑文化展示体验区块，龙泉青瓷、龙泉宝剑精品一条街购物区块，是一个集文化、观光、体验、商贸为一体的旅游景区。现为工业旅游示范点，国家3A级旅游景区，被誉为龙泉青瓷、龙泉宝剑产业的“中兴之地”和文化创意型经济的“发动机”。

宝剑遗址区块由欧冶子将军庙、欧冶子文化公园、七星井、剑池亭等景点组成。在剑瓷文化展示体验区，可与大师品瓷、论剑；也可参观青瓷制作工艺，了解现代青瓷制作工艺；还可以在大师的指导下亲手制作青瓷作品。精品剑瓷一条街购物区块，有100多家展示剑瓷精品店铺，在此既可欣赏精美的剑瓷艺术品，也可挑选到称心的龙泉青瓷、龙泉宝剑精品。

（6）丽水古堰画乡

古堰画乡位于浙江省丽水市莲都区碧湖镇和大港头镇境内，距丽水市区二十公里，其核心区块包括大港头镇区、坪地、堰头、保定范围，历史文化积淀深厚。丽水市委、市政府于2005年4月提出了建设古堰画乡特色文化产业园区，以“艺术之乡、浪漫之都、休闲胜地”理念打造古堰画乡，把一个生态和人文的丽水完整地传达给世人，着力培育发展古堰画乡特色文化产业园区其自身独特的优势。一是区位优势，古堰画乡区块地处瓯江中游，典型的河川生态公园风光秀美，已建和即要建设的高速公路、铁路贯穿全境，水陆交通便捷。二是文化支撑，距今1500多年的通济堰、巴比松画派、中国摄影之乡等赋予古堰画乡深厚的历史文化底蕴。三是产业基础，古堰画乡区块绘画写生已有一定的产业规模，木制品加工产业由来已久，与国内最大的书画市场义乌近在咫尺。四是人才支持，有丽水学院、丽水职业技术学院等培养的大批优秀专业人才，特别是缙云工艺美术学校毕业的大批行画专业学生已在大芬、广州、珠海从事行画生产和经营，给古堰画乡项目提供了强有力的人才支持。

通过几年的建设，古堰画乡完成了总体规划修编；成立古堰画乡开发建设管理委员会，并组建古堰画乡文化发展有限公司；策划了写生基地、工艺美术实训中心、画廊一条街、画家村、行画生产基地、艺术会展中心、生态休闲度假中心、景观住宅、通济堰旅游开发、大港头古街区开发等十大建设项目；基础设施等项目建设稳步推进，画廊步行一条街项目委托中国美院编制修建性详规，江滨景观改造委托浙江古建筑设计院着手优化整改；写生基地网络逐步完善，古堰画乡现有的4处写生接待点，日接待量达1000人，2006年接待5万人次，基本形成了比较合理的古堰画乡写生接待布局；创作基地建设有序开展，成立了丽水油画院，修建了古堰画乡展览馆，举办了全国知名画家等一系列油画展，形成了较为浓厚的丽水油画创作氛围；引进了弘业国际礼品有限公司等30余家商品画生产企业，写生基地建设初具规模；开办了古堰画乡工艺美术分校和画工培训中心，为行画生产培养大批后备人才；旅游逐步启动，编制了古堰画乡旅游区规划，着手进行瓯江画舫、景区入口标志、古樟广场、游客接待中心、大自然营地等项目建设；确定了古堰画乡标志和主题宣传画，建成古堰画乡网站，制作了宣传册、宣传片和户外广告牌等；多次参加了义乌文博会、浙洽会、旅交会和框业展等。现古堰画乡特色文化产业园区已在省内外有了一定知名度，逐步被业内人士所认可。

（7）绍兴市演出有限公司

绍兴市演出有限公司是绍兴市文广系统文化产业单位改革起步较早、运行较好、影响力较大、工作业绩出色的文化企业之一，拥有绍兴大剧院、绍兴剧院等演出场馆的统一经营、管理、承办权。近年来，公司凭丰富的专业经验、雄厚的经济实力、整体的运作能力，以绍兴大剧院为演出平台，承办、承接各类大型演出活动。特别是作为“第七届中国艺术节”、“中国越剧艺术节”、“国家级祭禹”等重大节会活动的演出主场馆，更是以大直径的旋转舞台、配置先进的灯光、音响，可移动升降的主舞台，凸显出绍兴大剧院的魅力。同时，公司精心组织、策划、承办的“百年越剧万里行”、“江浙沪经典越剧大展演”“同唱一台戏”、“北京越剧大舞台”等几大演出品牌，影响力波及到全国大中城市，树立了良好的品牌形象和商业信誉，走出了一条稳步成熟发展的文化产业经营之路，一跃成为浙江演出市场的一颗璀灿明珠。此外，公司还致力于中国内地与港台、海外地区的文化传播与交流，重视发展与海内外各类演出机构的合作，承接海内外各类演出、艺术交流、签约艺人的包装与推介、主题节目的策划与实施以及江浙沪部分演出团体的经纪代理，倾力打造浙江文化演出市场新秀品牌。

## 安徽省

### 第一批文化产业示范基地名单

(1) 江淮大戏院

(2) 黄山市屯溪老街

(3) 马鞍山市洪滨丝画手工艺术品有限公司

(4) 合肥市元一时代广场

(5) 蚌埠市南山文化市场

(6) 芜湖市长江市场园书刊市场

(7) 安庆市五千年工艺美术有限公司

(8) 灵璧县中国灵璧石（渔沟）国际交易中心

(9) 桐城市佛光铜质工艺品有限公司

(10) 合肥市安美艺术中心

### 第二批文化产业示范基地

(1) 安徽华教文化教育用品有限公司

安徽华教文化教育用品有限公司是一家涉及出版、发行、印刷产业、工艺美术产业、传媒产业、动漫产业、文化旅游产业、文化地产等方面的综合性文化企业。现有经营场所面积一万多平方米，规划建设中的华教产业园总面积七万六千多平方米，固定资产1.2亿元。集团坚持“一主两翼”的发展方针，即出版、印刷、发行产业作为集团主导产业，文化纪念品及工艺美术产业和文化旅游及文化地产产业作为两翼，实行多元化发展的产业战略，走出了安徽特色的文化产业之路。

(2) 安徽阿里巴巴文化娱乐有限公司

该公司以酒店餐饮及文化产业发展为龙头，同时致力发展传媒推广及房地产开发（置业及管理）等第三产业。在文化娱乐业态，阿里巴巴自助KTV项目是安徽阿里巴巴文化投资集团重要经营项目，目前网点遍及全省主要城市，在全省娱乐业具有较高的知名度及美誉度；在网络服务业态，联线网吧连锁机构项目是安徽阿里巴巴文化投资集团又一重要经营项目，也是经安徽省文管局批准可以进行全省连锁的三家网吧之一。

(3) 安徽未来文化传播有限公司

安徽未来文化传播有限公司，成立于2000年3月。经安徽省工商局登记注册，是江淮地区第一家文化传播企业。随着公司实力日益增强，规模迅速扩大以及影响力不断提升，现已成为安徽省中东部地区文化产业的龙头企业。公司先后获得了安徽省广告行业文明单位，安徽省广告行业诚信单位，安徽省先进文艺表演团体、安徽省文化产业示范基地、唯一受省委省政府表彰的传播公司等。合肥公司位于合肥市繁华地段凤阳路新亚驾校对面澳澜宝坻A座，舒城公司位于舒城城关镇文化广场。公司现有固定资定近千万元，各类高中级专业技术人才40多人，在职兼职员工146人；公司下设广告策划部、演出部、礼仪部、市场调查部、业务部、影视制作部、舞台工程部、财务部和文印中心；并拥有军乐队、民乐队、锣鼓队、舞狮队、模特队、歌舞演出队、杂技队、相声曲艺队等多支艺术团队。

(4) 宁国市恩龙世界木屋村有限公司

宁国恩龙世界木屋村有限公司是恩龙集团旗下子公司，成立于1997年，在公司产业中最具特色。宁国恩龙世界木屋村位于安徽省东南部的宁国市，距市区8公里，毗邻长三角旅游圈和安徽“两山一湖”旅游区，占地150公顷，始建于1997年，是在生态科技示范园的基础上发展起来的，2001年11月正式对外营业，是一处集观光旅游、休闲度假、商务洽淡为一体的生态旅游度假区。度假区内建有大门景观、千亩银杏园、特色林果园、水上乐园、木屋别墅群、恩龙民俗风情园等主要景点和一座四星级旅游饭店，总投入资金为1.2亿元，日接待能力达5000人。“中华民俗风情园”是世界木屋村中的一大亮点，2005年10月被正式评为国家“AAAA级旅游景区”。园内分布苗寨、傣寨、佤寨、蒙古包、摩梭人家等多个少数民族特色村寨，各民族演员为游客表演佤族土著狩猎、苗族抢婚、傣族泼水、蒙古摔跤、摩梭对歌等特色民族风情歌舞及篝火晚会演出。同时，园内还有溜索、迷宫、水上步行球、游艇、高山滑草、骑马等参与性极强的节目及动物技巧表演、飞车走壁、异国风情等极富观赏性的娱乐节目。

## 福建省

### 第一批文化产业示范基地

(1) 厦门乌石浦油画村

厦门乌石浦油画村位于厦门市湖里区江头街道江村社区。乌石浦及周边约0.25平方公里范围内共有专职画师4000余人，画商约200家，从事油画后勤工作的人员近9000人，从事油画产业配套工作（如经营画布、画笔、制作画框等）的人员约3000人。到乌石浦采购的海内外画商每月达500余人次，年实现产值4亿多元。2003年以来，厦门每年油画出口创汇都在2亿元以上，约占世界油画市场份额的18%。

(2) 福建省实验闽剧院

该剧院所编排演出的闽剧《金圣叹快事》、《孙尚香》、《拜蛋记》等都获得行家与观众的好评。该院精心打造的新版闽剧《贬官记》进入“国家舞台艺术精品”十大剧目行列，还培养了陈洪翔等优秀的中青年演员。省实验闽剧院演出的不同风格与样式的剧目深受各地闽剧观众的喜爱，年演出场次与收入呈较大幅度上升的趋势。

(3) 福州榕城歌剧院

该剧院属香港永鸿国际集团下属企业，成立于2003年11月，是一个崭新、富有特色的文艺窗口。福州榕城歌剧院年上座率超过30万人次，营业收入达2000多万元，国内外知名的演艺人员和团队都曾在此演出。歌剧院还多次与省政府、电台、电视台、企事业单位联合组织和策划一系列有意义的活动，营造了浩大的声势和广泛的影响力。

### 第二批文化产业示范基地名单

(1) 福建省海峡影城

(2) 福州寿山石交易中心

(3) 福州动漫产业基地

(4) 厦门优必德工贸有限公司

(5) 厦门惟艺漆线雕艺术有限公司

(6) 泉州丰泽树脂工艺区

(7) 漳州龙佳生态温泉山庄

(8) 漳州天福茶业有限公司

(9) 莆田集友艺术框业有限公司

(10) 泰宁世界地质公园

(11) 建宁县金饶山旅游开发有限公司

(12) 龙岩客家土楼旅游景区

(13) 宁德柘荣剪纸之窗

(14) 武夷山文化产业群

### 第三批文化产业示范基地名单

(1) 福州和声钢琴有限公司

(2) 厦门惠和腾飞石业有限公司

(3) 厦门市海沧油画街

(4) 漳州市华玉石业有限公司

(5) 南靖万利达科技有限公司

(6) 泉州市木偶剧团

(7) 艾派集团（中国）有限公司

(8) 德化儒苑礼品有限公司

(9) 福建省南安市三竹茶业有限公司

(10) 福建省永安市西峰古琴产业园区

(11) 宁化县客家祖地文化传播有限公司

(12) 莆田妈祖工艺城开发有限公司

(13) 莆田市大家之家古典家具有限公司

(14) 松溪县松溪版画产业化发展中心

(15) 福安市珍华工艺品有限公司

### 第四批文化产业示范基地名单

(1) 厦门青鸟动画有限公司

(2) 厦门吉比特网络技术有限公司

(3) 龙岩客家土楼旅游有限公司

(4) 钰丰乐器（福建）有限公司

(5) 泉州锦绣庄民间工艺园

(6) 豪翔石业有限公司

(7) 福州市三坊七巷保护开发有限公司

(8) 福建省时代华奥动漫有限公司

(9) 福建百利亨投资管理有限公司连锁企业

(10) 福建省民间艺术馆有限公司

(11) 寿宁县梦龙陶艺有限公司

(12) 印象大红袍项目

## 江西省

### 第一批文化产业示范基地

(1) 景德镇哈哈尼陶瓷文化发展有限公司

景德镇哈哈尼陶瓷文化发展有限公司开发的哈哈尼是一项高科技文化创新项目，与战略合作伙伴国家日用及建筑陶瓷工程技术研究联合开发，采用尖端技术研发的彩色瓷泥，不受任何制瓷技术的高难度限制，即可享受DIY随心所欲的乐趣。同时产品适用不同的消费层面，适应儿童智力开发，学生技能培养、成人休闲娱乐、老人陶冶性情等各种需要。哈哈尼通过创建陶瓷创意产业园和构筑庞大的商业零售网络，打造出商业流通领域中的民族文化品牌和成熟覆盖全球的哈哈尼文化传播网络，最终形成包括动漫、比赛、图书出版、音像出版、电子读物、网络游戏、教育软件等为一体的文化产业链。党和国家领导人曾多次视察该公司，对哈哈尼的创新和开拓精神给予了高度褒奖。

(2) 南昌市进贤县文港镇文化产业基地

“华夏笔都”——南昌市进贤县文港镇，是一个文化底蕴深厚，产业特色鲜明，发展态势强劲的文化名镇、经济重镇。该镇以引导全民创业为主抓手，着力打造笔文化品牌、华夏笔都地域品牌、文化用品系列品牌。已经成为文港镇的一大支柱产业，镇域经济发展的主要增长点。目前，文港镇的文化用品产业已发展到3000多家，其中毛笔生产企业和作坊2100多家，钢笔、圆珠笔、水笔、1000多家。吸纳从业人员1.5万人，这些企业主要分布在镇工业基地。

### 第二批文化产业示范基地名单

(1) 新中原大剧院

(2) 吉安井冈山华严文化发展有限公司

(3) 萍乡市安源影视城

(4) 宜春市天工开物园

(5) 江西婺源天翔木雕工艺有限公司

(6) 宜春市奉新县干洲奇石街

## 山东省

### 第一批文化产业示范基地名单

(1) 曲阜明故城文化产业园

(2) 泰山景区
(3) 青岛文化街
(4) 青岛市达尼画家村
(5) 山东爱书人音像（集团）有限公司
(6) 山东东阿阿胶股份有限公司（非物质文化遗产保护项目）
(7) 潍坊杨家埠民间艺术大观园
(8) 蓬莱市蓬莱阁旅游有限责任公司
(9) 山东世纪天鸿书业有限公司
(10) 荣宝斋淄博有限公司
(11) 山东东方天健广告公司
(12) 山东新世纪电影城管理有限公司
(13) 山东百旺文化市场
(14) 齐鲁动漫基地
(15) 济南顺风世纪文化发展有限公司
(16) 青岛世正乐器有限公司
(17) 青岛时空演出有限公司
(18) 青岛麒龙文化有限公司（创意100产业园）
(19) 淄博开元文化大世界
(20) 淄博美图广告传播有限公司
(21) 枣庄大观园文化市场
(22) 蓬莱八仙过海旅游有限公司
(23) 烟台动漫基地
(24) 烟台市烟台山景区
(25) 山东金宝集团有限公司
(26) 寿光市大众文化产业发展有限公司
(27) 中仁文化产业集团
(28) 嘉祥石雕文化产业园
(29) 济宁电影有限公司
(30) 山东汶上宝相寺旅游发展有限公司
(31) 泰山文化广场
(32) 威海市梦海演艺有限责任公司
(33) 山东九羊文化产业园
(34) 山东省天宇自然博物馆
(35) 临沭金柳工艺品公司
(36) 临沂市新华印刷工业园
(37) 德州市新华书店
(38) 德州梁子黑陶文化园
(39) 滨州北方文化有限公司
(40) 山东惠民孙子兵法城旅游开发有限责任公司
(41) 郓城宋江武术学校水浒文化旅游城
(42) 山东菏泽音乐艺术专修学院
(43) 巨野书画街
(44) 高唐县书画街
(45) 东昌府工艺葫芦产业基地

### 第二批文化产业示范基地名单

(1) 济南东方新文化西部酒城
(2) 济南巨业源实业有限公司
(3) 青岛啤酒博物馆
(4) 青岛国际工艺品城
(5) 青岛动漫游戏产业园
(6) 山东周村古商城旅游发展有限公司
(7) 淄博市电影发行放映公司
(8) 枣庄冠世榴园风景区
(9) 东营中齐文化用品有限责任公司
(10) 张裕旅游有限公司
(11) 烟台中海联置业有限公司（烟台中国文化艺术城）
(12) 山东临朐华艺雕塑艺术有限公司
(13) 潍坊金丝达实业有限公司
(14) 嘉祥京鲁益久织造有限公司（鲁锦）
(15) 肥城新华印刷有限公司
(16) 新泰和圣旅游文化开发有限公司
(17) 威海刘公岛实业发展有限公司
(18) 日照兆启黑陶文化研究所
(19) 日照农民画院
(20) 莱芜市清美文化艺术有限公司（锡雕）
(21) 临沂国际影视城
(22) 临沂凯歌国际文化城
(23) 古贝春有限公司工业旅游园区
(24) 邹平范公文化创意产业基地
(25) 鄄城鲁锦工艺品有限责任公司
(26) 茌平陶元黑陶艺术有限公司

## 河南省

### 第一批文化产业示范基地名单

(1) 河南省电影公司
(2) 河南英协文化有限公司
(3) 郑州小樱桃卡通艺术有限公司
(4) 郑州中远文化传播有限公司
(5) 开封市清明上河园
(6) 洛阳美陶三彩工业有限公司
(7) 新乡市金环文化发展有限公司
(8) 鹤壁市浚县石雕城
(9) 濮阳市杂技艺术中心
(10) 三门峡市电影公司
(11) 许昌市荣昌钧瓷坊
(12) 南阳市镇平县珠宝玉雕有限公司

## 第二批文化产业示范基地

(1) 商丘王公庄村

商丘王公庄村隶属河南省商丘市民权县北关镇，东到庄子出生地青莲寺村13公里，西距江淹故里20公里，耕地面积1377亩，总人口1366人，其中400多人从事绘画产业，主要以工笔虎为主，品种繁多，小到三尺“虎首”，大到丈二“五福图”，甚至近百米的“百虎图”长卷，兼山水仕女、花鸟虫草，作画理念以商业性为主。90%以上以销定产，在广州、北京、西安、郑州等大中城市的书画专业市场上，都有专门出售“民权虎”的摊位，其绘画产品不仅在国内市场看好，还有约20%的作品远销韩国、日本、美国等海外市场。目前，北关镇有绘画学校3所，培训班28个，年培训绘画人员1000余人次，拥有省级书画家协会、美术家协会、国画家协会会员21人。

(2) 信阳文新茶叶（文化）有限责任公司

该公司创建于1992年，是一家集“文新”牌信阳毛尖种植、加工、科研、营销于一体的农业产业化重点龙头企业。公司注册资本为800万元，现有员工66人，下辖四个分公司、三家茶艺馆、三个20吨位茶叶保鲜库、二个茶叶加工厂，在茶王之乡三狮河港建有万亩生态有机茶园基地；为了发展茶产业，弘扬茶文化，投资1000多万元建成集销售、品茗、茶文化、办公、科研于一体的信阳茶界“第一综合楼”；继市区6家茶叶连锁专卖店和茶艺馆之后，迅速在郑州创建分公司、专卖店和茶艺馆，还将文新名茶打进了京、津、沪的名茶市场，代理经销商遍及全国大中型城市，采取统一先进管理模式、成熟完善的销售服务体系，形成稳固的销售网络，产品远销海内外，深受广大茶客好评。

(3) 河南伏羲文化发展有限公司

该公司成立于2004年，注册地为周口市，注册资本200万元，是北京中洲国际投资有限公司、河南省华阳置业投资的股份制公司。专门研究伏羲文化，姓氏文化，以及开发伏羲文化、姓氏文化的旅游系列产品。开发代表具有伏羲文化的“泥泥狗”系列产品，并注册了商标，同时申报了河南省名优工艺产品。产品远销日本、韩国、美国、法国及东南亚几个国家和港澳台地区，年销售收入500多万元。公司组织机构健全、管理科学，是目前国内唯一以“伏羲文化”注册的公司。

(4) 南阳市拓宝玉器有限公司

该公司前身为南阳市玉器厂，始建于1953年，2003年改制为有限责任公司，占地面积66000平方米，厂房18000平方米，玉雕机、抛光机和玉器检测等设备800多套，现在在册职工867人，拥有联合国教科文组织命名的“民间美术家”、国务院特殊津贴专家、玉雕工艺美术大师、高级工艺师等各类专业技术人才200余人，可设计加工国内外各种玉料。科研开发能力、产品加工能力位居全国同行业前列。产业技术含量、艺术含量在全国同类产品中享有盛誉，目前已成为国内销售规模最大的玉器工艺品生产企业之一。

(5) 禹州市孔家钧瓷有限公司

孔家钧窑是中国钧瓷的重点生产企业，以“传承文化，缔造经典”为创作理念，率先奠基了近代钧瓷的发展体系。公司于2002年兼并了禹州市国营瓷厂，使钧瓷产业的发展上升到一个新的高度，现有三大生产科研基地和两大销售公司，拥有员工800余人，占地面积八万九千平方米，销售网点遍布全国26个省、自治区、直辖市和国外十多个国家和地区，年销售额3800万元，并推广行业的技术科研成果向业内企业转换，普及了钧瓷液化气窑炉，带动了钧瓷的产业化发展，使神后的钧陶瓷年产值达到1.8亿元，为钧瓷在禹州的经济的经济支柱地位作出了重要贡献。

(6) 郑州中远演艺娱乐有限公司

该公司成立于2005年11月，由郑州歌舞剧院（占75%股份），建业住宅集团（中国）有限公司、郑州宇通集团有限公司合资组建，注册资金为1600万元，主要从事文艺表演、承办艺术展览、舞台美术制作工程及灯光音响设备租赁；商务信息咨询，代理、发布、制作、涉及国内广告。目前，已成功策划与推广大型原创舞剧《风中少林》赴美国、韩国、日本等国进行商业演出，并积极策划生产舞剧《洛神》，不断打造新的品牌。该公司实施多元化战略，全面发展公司的业务，实现稳步的发展。

(7) 郑州市奥斯卡西部酒城

该酒城隶属于河南文化影视集团和河南省演出总公司，是一家以娱乐、演艺及餐饮为一体的实业公司。酒城全场营业面积为2200平方米，能容纳1200人，环境宽松，气氛怡人。该公司成立于2003年2月，在同年的5月份，奥斯卡西部艺术团也随之成立，在短短的三年里，奥斯卡西部酒城以其独特的演出风格，以及独树一帜的经营方针，很快成为中原娱乐演艺行业的第一品牌，实现了可观的经济效益，2006年，年营业收入达到2000万元。

(8) 洛阳九朝文物复制品有限公司

该公司位于洛阳以北7公里，邙山岭上的南石山村唐三彩的发源地，占地2660平方米，建筑面积1200平方米，专用电力设施一套，素烧窑5座，功率50KW电力釉烧窑6座，球磨机2套，员工60人，其中技术人员35人，外销人员3人，年产各种规格2万件（套），年产值500万元。该公司是中国文物学会认可的首家具有权威性的特种文物复仿制品公司，被省文物管理局任命为“河南省文物复仿制品研究开发基地”；被省旅游局审定为“全省旅游商品定点生产企业”，被省文化部门批准为“知名文化品牌”企业，该公司主要生产唐三彩复仿制品，其技术力量雄厚，产品造型别致，花色数百种。公司有自营进出口经营权，产品远销美国、加拿大、欧洲及东南亚地区，深受国内外收藏者好评。

(9) 河南创益文化传播有限公司

该公司成立于1999年，是一家集文化产品研发、规模生产、网络销售于一体的多元化发展的民营企业，经营领域涉及到大型商务活动策划、企业形象策划、文化产品开发、设计以及市场的推广、策划等方面。公司充分发掘文化产业内涵，始终努力在文化产业领域，拓展商业空间，使文化与商机实现完美结合。近年来，在高端文化精品的运作当中，河南创益与国内一流文化公司合作推出的故宫博物院的“传国金玺”、一级文物“昭陵六骏”、一级文物“四羊方尊”和北京恭王府的“天下第一福”及“中华盛鼎”等系列文化产品都取得了良好的社会效益和经济效益。

(10) 郑州古玩城（北区）

该古玩城是中原第一，中国第二的古玩工艺品市场，已发展为中原文化的对外窗口、交流中心，成为民族文化产业的代表。主要经营：字画瓷器、工艺美术、珠宝玉器、仿古家具、旅游纪念品、民族文化品、古典婚俗用品、民族婚俗用品、仿古休闲等。注册资金为300万元，总资产为（南北）2.8亿元，占地200余亩，总面积20万平方米。古玩城特新老市场800余家，古玩、工艺品店铺及夕阳楼空中花园、北区文化广场等可供顾客游览、购物、观赏、休闲，成为游、玩、赏、购一体的综合旅游观光景点和古玩艺术品市场。

(11) 洛阳市自由之光酒店（文化）管理有限公司

该公司是福州华阜贸易有限公司来洛投资的企业，先后投资近千万元，于洛阳大酒店地下一层、涧西工人文化宫和牡丹城家具广场开办了自由曙光歌舞厅、豪华量贩KTV和蓝魅酒吧，以适应洛阳人民不断增长的消费水平和文化需求。近年来，公司不断拓展市场、努力经营，目前已发展成为资产上千万、员工200余人，拥有全套先进、豪华音响和灯光设备，一流消防、安检等硬件设施的“自由之光连锁企业”。累计接待中外顾客100多万人次，上缴税金一百余万元，场所内从无发生过一起治安案件，并多次被市县两级行政管理部门评为先进单位。

(12) 平顶山市文博文化产业有限公司

该公司位于平顶山市卫东区大营镇，占地面积5亩。目前已实现投资50万元，职工人数12人，该公司汝瓷研究中心是集研究、开发、配釉、烧制、化验、测试为一体的专业开发生产汝官瓷的专业机构，具有开发烧制北宋汝官瓷系列产品的雄厚技术力量。公司依托平顶山市特色文物资源优势，以北宋汝官瓷研发和西周古应国青铜器复仿制为龙头，大力发展文化产业，目前已发展为平顶山市文化产业发展的核心企业，也是平顶山市众多汝官瓷生产企业中具有较强雄厚实力和技术力量的正规企业。

(13) 新乡二十一世纪演艺剧场

该演艺剧场创办于1999年10月，是在原杨岗影剧院的基础上，由民营承租，先后投资800万元改造完成，经营总面积3600平方米，拥有一流的灯光和音响设备，是豫北地区规模最大的演艺剧场之一。先后被河南省文化厅命名为“百佳文明文化经营场所”，被新乡市旅游局指定为定点旅游接待单位，并连年荣获消防先进单位。

(14) 浚县古风陶艺厂

该厂始建于1990年，是河南省旅游商品定点生产企业，河南省知名文化企业。现有职工100余人，占地面积3800平方米，固定资产220万元。主要产品有：瓶、尊、罐、鼎、梅瓶、花觚、三羊尊、四羊尊、香熏、复仿制品等。其多项产品已复盖全国20多个省市和地区，部分销往日本、新加坡、德国、泰国、台湾、香港等地，深受国内外用户的青睐。

(15) 濮阳市华晨杂技集团有限公司

该公司是全省首家私营杂技集团企业，由国内外著名杂技艺术家、杂技教育家、国家一级编导、原河南省杂技团团长、濮阳市杂技学校校长赵华先生创办并担任董事长和总经理。经营范围涵盖了杂技演艺、杂技人才教育、演艺策划、演出中介、服装道具制作和对外经贸等多个领域，是目前全省乃至全国规模最大，发展前景和经济效益最为看好的私营杂技企业之一。自集团成立以来，各项工作运转正常，已派出八个杂技分团在杭州、珠海、深圳、郑州、韩国、美国、泰国、马来西亚等国内外演出，取得了良好的社会效益和经济效益。

(16) 三门峡市虢国文化艺术研究所

该研究所位于晋、陕、豫三省交界的黄河之滨三门峡，成立于1995年8月，现有资产760万元，年产值620万元，占地6000平方米，在职员工76名，其中大、中专学历16名，高级雕刻师5名，中级雕刻师8名，专业中级雕刻师8名，专业技术人员40余名，具有集开发、生产、销售于一体的专业队伍和管理水平。主要研制开发和生产我国古代历史上四大名砚之一的虢国澄泥砚和复仿制古代虢国青铜器等旅游产品、仿古艺术品。目前，该所开发研制生产的澄泥砚品种已达129种，复仿各类青铜器210余种，并可承做大型的青铜城市雕塑、休闲青铜雕塑，是晋、陕、豫金三角初具规模的旅游产品生产、加工、销售基地。

(17) 漯河中汇文化娱乐有限公司

该公司是由漯河市华东房地产开发有限公司控股成立的一家大型文化娱乐管理公司，注册资金为1000万元，现有员工950人。公司主要负责漯河市政府重点建设项目中汇广场的经营与管理，位于漯河市中心，总占地面积2万多平方米。公司注重内部错位经营，业态互补，还积极与漯河市及周边众多的项目加强联系，增进合作。确立了以两条文化步行街为轴线，大体上分为文化休闲、娱乐、购物三个区域。初步实现文化、休闲、娱乐、动漫、购物、旅游、餐饮、洗浴等多元化发展的目标。

(18) 社旗县旅游开发有限公司

该公司成立于2003年7月7日，是社旗县旅游综合开发的主体，公司成立以来，采取招商引资的办法，引进县外资金6500万元，陆续建成了饮食、会馆、新世纪等广场，争取县财政和其他资金1500万元，用于会馆内部基础设施建设。承接了投资600万元的特色旅游项目工程任务，目前已完成安庆街、电影院文化广场青石铺设和厘金局景点的修复，其他景点如福建会馆、镖局、票号、火神庙等正在加紧施工建设，资金投入520万元，使文物在保护前提下的开发做到了永续利用。

(19) 信阳大河文化有限公司

该公司成立于2001年9月，注册资金200万元，总资产达1500多万元，是信阳市目前唯一一家获准出版物发行许可证的民营股份制企业。以图书发行、演出为主业，有近千个图书品种资源。公司积极探索图书发行渠道扁平化流通模式，先后在北京、广州、南京、西安、成都等地建立图书物流中心，在全国搭建起属于自己的图书物流平台，一举实现了为终端经营商提供零距离服务的物流支持。公司自成立以来，先后为社会提供就业岗位100多个，投入社会文化和公益事业15余万元，向“希望工程”和教育事业捐赠钱物累计达20余万元，在全市享有一定的社会声誉，树立了良好的文化企业示范形象。

(20) 河南怡和置业（文化）有限公司

该公司成立于2002年，现注册资金1000万元人民币。主要经营业务为：对教育投资及文化旅游项目开发，能源开发，房地产开发。河南怡和置业（文化）有限公司投资开发的九华山文化旅游项目建设投资1.5亿元以上，是以妙高寺为中心，以旅游寻根文化和宗教文化及茶文化开发为主题，完善基础设施，修建主要景点，初步达到国家规定的3A景点建设标准。投资5000多万元的核心景点妙高禅寺复建工程已基本竣工，整体项目于2008年全部建成。

### 第三批文化产业示范基地名单

(1) 郑州杂技馆

(2) 开封中原民族乐器有限公司

(3) 洛阳新世纪文化发展有限公司

(4) 汝州市大唐汝陶研究所

(5) 河南凯瑞数码有限公司

(6) 河南司母戊文化传播有限公司

(7) 鹤壁市黄河古陶研制厂

(8) 新乡梦工场（新乡市红旗区锡恩企业管理顾问有限公司）

(9) 新乡市成林纸品包装有限公司

(10) 焦作市金谷轩绞胎瓷艺术有限公司

(11) 濮阳龙陶工艺有限公司

(12) 禹州市神垕镇杨志钧窑厂

(13) 临颍县南街村集团

(14) 灵宝市函谷关古文化旅游区

(15) 南阳金光数字显示有限公司

(16) 商丘古城旅游发展有限公司

(17) 商丘开元演艺（集团）有限公司

(18) 淮阳太昊陵

(19) 永城市芒砀山文物旅游区

(20) 项城市汝阳刘笔业有限公司

## 湖北省

(1) 湖北知音期刊出版实业集团有限责任公司

湖北知音期刊出版实业集团有限责任公司（以下简称知音集团）前身是知音杂志社，1985年1月创办，2000年1月经湖北省政府批准成立知音集团。集团现有8种期刊、2份子报、7个子公司、1个网站和1所学院，产业由期刊出版延伸至广告经营、书刊发行、动漫制作、网络媒体、印刷制版、物业开发、高等教育等领域。品牌杂志《知音》现月发行量达600余万份，居世界综合性期刊排名第五位，全国各类杂志排名第二位，三次荣获中国期刊最高奖——全国优秀社科期刊奖和国家期刊奖。集团总资产7.68亿元，净资产5.22亿元，年利税1.4亿元，经济规模和综合实力在全国期刊界居首位。2008年，集团净利润比上年增长27%，2009年集团净利润突破1亿元，比2008年增长35%。2008年，集团荣获首届中国出版政府奖。2009年，集团被评为全国文化体制改革先进企业。集团总的发展目标是：到2015年，实现总资产规模达100亿元，年收入100亿元，利税15亿元，资产规模在现有基础上翻四番，将知音集团打造成“双百亿”国家级航母型出版企业。

(2) 宜昌金宝乐器制造有限公司

宜昌金宝乐器制造有限公司是香港柏斯琴行有限公司于2000年投资1.2亿元在宜昌开发区独资兴建的大型乐器生产基地。该公司在生产经营中，始终坚持“以科技求胜、以质量求生”的经营理念，与专业技术大专院校和国际知名企业合作，不断采用新材料、新技术、新工艺提高产品档次。经过几年的努力，宜昌乐器制造基地现已形成以金宝乐器、环高乐器、托雅玛乐器为主的乐器整体制造产业；以宜昌三盈、浜二涂料等配件合作生产公司为辅，以柏斯琴行（中国）乐器销售有限公司为主的全国乐器产业布局。通过公司引进乐器制造相关企业，在宜昌已设立9家从事乐器生产的外资企业，形成了较完整的乐器制造产业链。公司目前主要以生产中高档钢琴为主，现有资产总额3.5亿元，员工1300余名，拥有14项自主知识产权，一批优秀的国内技术人才和来自韩国、日本、德国、奥地利的乐器制造专家，配备有一流的现代化技术设备。已具备年产20000套外壳、30000台码克，30000台成品钢琴、配件50000台的能力，2008年销售收入1.8亿元，利税2888万元。

（3）武汉杂技团

武汉杂技团是一个有着五十多年历史，拥有以夏菊花为代表的一大批著名表演艺术家，具有显著艺术特色和雄厚技术实力并享誉国内外的著名杂技表演团体。它较好地继承了中国传统杂技艺术，先后发展和创新了《顶碗》、《跳板》、《车技》、《椅子造型》、《空中飞人》等一大批优秀杂技节目，为中国杂技艺术的繁荣作出了突出贡献。

武汉杂技团对艺术精益求精，力求技巧与艺术的和谐统一，形成了“技艺交融，艳丽恢宏”的艺术风格。近年来，创作的《天地英雄间》、《海盗》、《梦幻九歌》等杂技主题晚会，既注重单项节目的精雕细琢，又突出集体节目的磅礴气势；既保持浓郁醇厚的民族特色，又追求绚丽多姿的时代风貌，给观众以赏心悦目、心旷神怡的艺术享受，先后80余次赴亚、非、欧、澳、南美、北美洲等国访（商）演2000余场，演出收入达4000余万元，深受国内外广大观众的欢迎和赞誉。

（4）楚天激光集团股份有限公司

楚天激光集团股份有限公司成立于1985年，注册资本6000万元，资产4亿元，员工800余人，拥有工业激光、医疗激光、激光创意文化三大产业。其楚天绿科技文化创意产业是以文化产品的开发与制造及激光技术的应用服务为核心业务，它集创意、研发、制造、销售于一体，拥有132项国家知识产权，其科技文化品牌产品，已畅销全国和世界许多国家和地区。主要包括娱乐激光、科技互动景观、科技新媒体、激光科教科普、文化礼品等项目。激光创意产业主要是运用世界最先进的激光技术，完美结合光、机、电、影、音乐、美学、艺术等，开创科技与文化产业融合的新模式，目前已为亚州第一大溶洞利川腾龙洞、武汉琴台广场打造激光秀表演，为武汉市革命博物馆、光谷步行街提供科技互动景观；激光礼品则是以激光为手段，将传统古典文化与现代科技完善结合，赋予独特的科技文化品牌，产品包括激光竹简、激光皮画、激光水晶、激光文具及生活用品等400多种产品，实现年销售额1200万元。目前楚天激光集团已成为亚洲同行规模最大、综合实力最强的创意机构、激光工艺品制造商。

（5）海豚传媒股份有限公司

海豚传媒股份有限公司由长江出版集团控股，从事图书及动画的策划、制作、发行于一体的现代化企业。公司历经十余年发展，目前在北京、广州等地设立了4家分公司，拥有完善的市场营销体系和遍布全国的图书发行网络。

公司业务包括图书出版和动画制作两大块。在图书领域，拥有少儿文学类、少儿科普类、少儿艺术类、低幼启蒙类等十大类图书产品，单品超过2000余种。与美国迪斯尼、美国美泰芭比、德国TESSLOFF、比利时的玛蒂娜等国际公司建立了长期合作伙伴关系。在动画领域，海豚动画部已经从最初以制作图书配套光盘为主的附属部门转变为一个具备独立商业化运作能力的动画制作团队，并形成了以编剧、分镜、设定、预演、模型、动画、渲染、合成、剪辑、音效为主体的三维动画制作人员构架，和以DELL工作站为主体的三维动画制作设备平台。

（6）随州市曾侯乙编钟编磬工艺厂

随州曾侯乙编钟编磬工艺厂是一家专业复仿战国曾侯乙编钟、编磬及各类青铜乐器、青铜礼器、玉石器、漆木器及艺术饰品的民营企业。现有员工31人，其中资深文物专家2名，高级工艺师4名，技术人员10人。年生产青铜铸件20余万件，年销售收入300万元。

该厂生产的青铜工艺产品曾作为“1999巴黎文化周”指定纪念品，2000年国家文物局、对外文物交流中心专用外宣品，2003年省文化厅、省文物局“青铜专供礼品”。2004年至今同中国国家博物馆共同开发仿古青铜编钟工艺品。企业产品以其外观精致，纹饰清晰，形象逼真等特点，受到消费者青睐。

（7）湖北省电影发行放映总公司

湖北省电影发行放映总公司是一个有着50多年历史的电影发行放映专业化公司，其前身是直属中央电影局的中南影片代理公司，系全国最早的省级电影发行机构之一。公司业务范围涵盖电影发行放映，电影器材销售、广告、演出经纪、物业管理、室内设计及装修、网吧、音像发行、房地产等领域。其发展思路为“突出电影主业、壮大配套产业、形成产业链、扩大经营规模”，即立足电影主业，形成城市现代多厅影城、中等城市多厅影院、农村数字电影放映“三位一体”的市场格局，打造“银兴”院线电影品牌；向电影相关产业渗透发展，合理布局，整合资源，精心培育有几个市场竞争力和良好发展前景的文化实业公司，从而形成电影主业和相关产业相互依存、相互渗透、相互促进的良性发展态势，为组建湖北银兴电影集团奠定坚实基础。

(8) 湖北广彩印刷股份有限公司

湖北广彩印刷股份有限公司是一家专业从事商品商标设计、印制、高档礼盒制作、防伪包装技术的研究和应用以及提供印刷技术咨询、服务的省级高新技术企业。2009年，受金融危机影响，公司1—8月份累计完成产值1.1亿元，实现销售收入8662万元，上缴税金978万元，实现利润230万元。近年来，公司十分注重技术创新，开发了10余项高科技含量的行业领先技术，并获得了26项专利证书，技术在省同行业中具有领先水平。1999年至今公司已累计上缴税金9700万元，新增劳动就业超过250人，成为了随州市支柱企业，获得湖北省“星火明星企业”、“湖北省优秀民营企业”、“湖北省民营印刷业十强企业”“随州市纳税大户”等荣誉称号。

(9) 江通动画股份有限公司

江通动画股份有限公司2006年被文化部命名为国家文化产业示范基地。该公司成立于2000年1月，现注册资金10420万元，是湖北省唯一同时被文化部授牌“国家文化产业示范基地”及国家广电总局授牌“国家动画产业基地”的动画企业。公司主营原创动漫版权内容的投资出品、品牌推广、品牌授权、动漫及少儿图书的策划发行及动漫外包制作服务等业务。

2008年公司总资产达到2.79亿元，收入1.3亿元。年生产国际标准动画片能力5000分钟，年创汇5000万元人民币。被财政部、文化部等四部委评为2007年—2008年度国家文化出口重点企业；被文化部授予“优秀网络文化企业”的称号；入选中国创意产业高成长企业100强和湖北省“30户自主创新中小企业”。2009年3月30日，中共中央政治局常委、国务院总理温家宝视察了江通公司，并发表了重要讲话。总理的关怀既是对江通公司业绩的充分肯定，也是对公司未来发展的重要鼓舞和指导。

(10) 湖北民族艺术团

## 湖南省

### 第一批文化产业示范基地名单

(1) 湖南出版科技园
(2) 金鹰影视文化城
(3) 体坛传媒集团
(4) 湖南红网新闻网络传播有限责任公司
(5) 湖南大剧院
(6) 三辰卡通集团有限公司
(7) 湖南宏梦卡通传播有限公司
(8) 湖南拓维信息系统股份有限公司
(9) 长沙广播电视集团
(10) 雨花创意产业园
(11) 岳麓文化艺术产业园
(12) 长沙田汉大剧院
(13) 长沙星沙湘绣城
(14) 岳阳汇泽文化产业园
(15) 衡阳市杂技团
(16) 张家界军声砂石画院

## 广东省

### 第一批文化产业示范基地名单

(1) 南方报业传媒集团公司
(2) 羊城晚报报业集团
(3) 广州日报社
(4) 广东南方国际传媒控股有限公司
(5) 深圳天威视讯股份有限公司
(6) 广东省出版集团有限公司
(7) 广东高等教育出版社
(8) 家庭杂志社
(9) 环球数码媒体科技研究（深圳）有限公司
(10) 广东奥飞动漫文化股份有限公司
(11) 广东原创动力文化传播有限公司
(12) 广州网易互动娱乐有限公司
(13) 深圳腾讯计算机系统有限公司
(14) 珠海金山软件股份有限公司
(15) 广东省电影公司
(16) 广东省广告有限公司
(17) 中华商务联合印刷（广东）有限公司
(18) 鹤山雅图仕印刷有限公司
(19) 深圳雅昌彩色印刷有限公司
(20) 广东新华发行集团股份有限公司

## 广西壮族自治区

### 第一批文化产业示范基地名单

(1) 南宁大地飞歌文化传播有限责任公司
(2) 广西红五星影业有限责任公司
(3) 南宁市风景线网吧
(4) 柳州八桂大歌
(5) 桂林广维文华旅游文化产业有限公司
(6) 桂林愚自乐园
(7) 桂林乐满地旅游开发有限公司
(8) 桂林桂海碑林
(9) 百色靖西旧州绣球街

### 第二批文化产业示范基地名单

(1) 南宁万达国际电影城有限公司

(2) 广西哈虎网络科技有限公司

(3) 南宁市佰迪乐餐饮娱乐有限公司

(4) 柳州市蓝海科技有限公司

(5) 柳州市电影发行放映公司人民电影院

(6) 桂林市港岛网络科技有限公司

(7) 桂林梦幻漓江演艺传播有限公司

(8) 河池市亚沛网盟

(9) 广西梧州桂海旅游投资发展有限公司

(10) 北海钰龙珠宝有限公司

(11) 广西钦州坭兴陶艺有限公司

(12) 防城港市蓝雅网

### 第三批文化产业示范基地名单

(1) 广西金壮锦文化艺术有限公司

(2) 广西接力世纪传媒有限公司

(3) 广西南宁唐人文化有限公司

(4) 桂林佳辉王城旅游发展有限责任公司

(5) 龙胜各族自治县和平乡金江村黄洛长发瑶寨

(6) 梧州市石表山休闲旅游风景区发展有限公司

(7) 桂平西山风景名胜区管理处

## 海南省

### 第一批重点文化产业园区（项目）

(1) 海口长流创意产业园

长流创意产业园规划选址在海口市西海岸新区（海口市长流组团内），总投资规模初步匡算约80亿元人民币。创意产业园规划面积约3000亩，分三期建设，将规划建设“创新研发基地、现代传媒与互联网产业园、健康养生旅游产业园和设计创意产业园”四个产业子园。结合海口的城市发展定位及资源禀赋条件，根据创意产业发展趋势和特点，确定创新研发、信息服务、现代传媒、软件动漫、设计服务、艺术品等为海口长流创意产业园重点发展领域。

(2)“印象·海南岛”大型实景演出

“印象·海南岛”是以海岛文化为依托，艺术表演海南印象的当代海南代表性大型实景演出。项目场地位于海南省海口市西海岸原水世界及其周边沙滩海域。面朝大海半开放式的演出剧场外形采取了海胆仿生型建筑设计，可同时容纳1700余人观看演出。

项目总体投资额为1.5亿人民币，由海口旅游投资控股集团与北京印象创意文化艺术中心合作建设，双方共同出资组建了项目运营公司——“海南印象文化旅游发展有限公司”。海口旅游投资控股集团作为海南印象文化旅游发展有限公司的控股方。演出项目由山水实景演出铁三角团队：张艺谋、王潮歌、樊跃担纲执导。

(3) 三亚创意新城（含海南省动漫产业基地）

三亚创意新城位于三亚市西南部崖城镇崖洲湾。海南省电子信息产业基地落户在创意新城内，将以微电子产业为核心，打造集成电路设计、制造、封装和测试的产业链，大力发展汽车电子、移动通讯研发及生产基地、下一代互联网试验及应用示范、太阳能光伏产业等电子信息产业项目。

海南省动漫产业基地是由海南省委宣传部、海南省文化广电出版体育厅、海南省工业经济与信息产业局联合授牌于2008年5月正式落户三亚。动漫基地总占地面积460亩，基地的主要项目有：海南省信息产业重点建设项目——海南省动漫产业基地公共技术服务平台；三亚动漫城——充满幻想色彩的高科技生态园区。

(4) 南中国海影视文化生态园

“三亚南中国海影视文化生态园”——集影视拍摄制作、影视休闲娱乐、影视活动接待、影视人才培养、主题公园于一体的多功能大型影视文化生态项目。

项目建设于海棠湾镇林旺区石姆龙水库周边，定位于集影视拍摄制作为基础，以体现异域热带滨海风情及影视文化为内涵，以体验式影视旅游观光及休闲度假房产开发作为业态，最终使本项目建设成为一个具备国际水准集影视文化与异国风情于一体的国际影视文化中心。项目总用地面积约为3450亩，总投资金额约为12亿人民币。

(5) 三亚南山文化旅游区

三亚南山文化旅游区位于三亚市西南20公里处，规划面积50平方公里，其中海域面积10平方公里，已建成面积3平方公里。计划投资60亿元。南山文化旅游区是融热带海洋风光、中国佛教文化、福寿文化、历史古迹于一体，集生态旅游、休闲度假于一身的大型主题园区。南山文化旅游区是国家首批5A级景区，是“三亚热带海滨国家重点风景名胜区”的组成部分。

(6) 三亚南山大小洞天旅游区

三亚南山大小洞天旅游区位于海南省三亚市以西40公里处的南山山麓，是国家首批5A级旅游景区。

大小洞天旅游区于公元1187年开发，摩崖石刻众多，文化内涵丰富，历史悠久，至今已有800余年。景区体现天人合一的发展理念，融合热带滨海自然景观和道教人文景观。2007年9月新建开张的三亚自然博物馆更是填补了三亚文化旅游的空白。

(7) 三亚天涯海角游览区

椰风海韵的热带风光、银沙巨磊的自然奇观、悠久独特的历史文化和多彩浓郁的民族风情造就了这一国家重点风景名胜区、首批国家4A级景区和海南旅游标志性景区。

美丽的天涯海角游览区位于海南省三亚市西南23公里处，是国家重点风景名胜区和首批国家4A级景区。

“天涯”与“海角”四个大字，使人们的“天涯情结”最终得以物化并找到寄托，也使天涯海角游览区成为“天涯文化情结”的地理落脚点和特定载体。

(8) 海南航天主题公园

航天主题公园是文昌航天发射场配套区项目的主要部分，主要有：

第一，科普展示类项目。包括航天文化及成就展示、宇宙自然博物馆展示、航天发射指挥控制展示和航天育种中心。

第二，主题娱乐类项目。太空营：以面向青少年为主的科普教育、娱乐体验夏令营，包括航天专家讲座、航天知识培训、模拟训练和大量寓教于乐的互动娱乐设施；太空影视娱乐，放映系统采用世界最先进、画面最大的TMAX放映机，通过弧型鱼眼镜头将影片投影到球型荧幕上，犹如置身其中；航天模拟体验，太空实景模拟体验馆包括五等级无重力训练、多轴线训练、GMMMU、月球漫步、月球车、太空梭之旅及飞船动态模拟机等项目；航天互动娱乐：包括星球大战、星际飞船历险、太空战场以及其大型游乐设施等。

第三，发射观礼类项目。实景观礼：开辟具有观光火箭发射最佳视角的室外观光场地；航天科技广场：是世界航天的展示平台，广场四周竖立着世界著名运载火箭、航天器及国际空间站模型；观测场：设有高科技望远设备，可直接观看升入高空的火箭和太空景观，同时辅以各大行星的微缩模型及外太空展示介绍。

第四，主题商业类项目。设有航天纪念品中心、航天书屋和太空饮食城等。

(9) 海南文笔峰道家文化苑

海南文笔峰道家文化苑坐落于海南省定安县龙湖镇丁湖路。由海南中野旅游产业发展有限公司斥资3亿元兴建，占地面积近千亩。以南宋建筑风格为基调，环文笔峰而建。众多仿古建筑阁殿错落有致地分布于山峦周围，殿堂瑰丽，山水优美，达到了自然景观、人文建筑与文化内涵的圆融结合。苑内玉蟾宫是目前全国最大最完整的仿宋古建筑群。文笔峰是集旅游、观光、休闲、道家道教文化为一体的大型文化主题景区，建筑结构完整、风格鲜明，系统地展现了道家主题文化特色。道教是中华民族优秀的文化遗产，道教对于促进海南的文明开化、民族融合和社会进步具有不可替代的作用。项目的建成，对弘扬中国的传统文化，挖掘海南本土文化、促进琼北旅游圈及定安的经济发展，都将起到一定的积极作用。

(10) 海南呀诺达热带雨林景区

海南呀诺达热带雨林景区地处海南保亭黎族苗族自治县三道地区，距三亚市区仅35公里，是名符其实的三亚后花园。景区北与五指山、七仙岭比肩相连；东眺南海万倾波涛，美丽的海棠湾近在咫尺；与南中国第一泉南田温泉仅一水之隔。在三亚市最新修编的旅游总体规划中，本景区位于大三亚旅游规划中的生态景观轴上，是“三亚旅游圈”的一颗“绿色明珠”。

景区由海南之道圆融旅业有限公司投资兴建，总投资额39亿元人民币，项目总体规划面积45平方公里。一期工程自2006年下半年动工兴建，除建成雨林谷景区、踏瀑戏水景区外，还配套药缮自助餐，于2008年春节开园试业。并获得“中国最具影响力旅游景区”、“游客喜爱的海南岛特色品牌景区”的称号，独特的“呀诺达”贵宾式服务受到广大游客及同行业的一致好评，创造了海南新景区运营的奇迹，年轻的、充满朝气的呀诺达的品牌已在国内外旅游界引起轰动。

## 重庆市

### 文化产业示范园区

(1) 南滨路文化产业长廊（现代文化创意产业园区）

南岸区滨江路背依南山，北临长江，自1998年实施开发，南滨路建设由初期的6.8公里到现在二期、三期的25公里，共完成总投资30亿元。汇集了江南长江风景区、法国水师兵营、慈云寺、市会展中心、江南体育场、以及高档歌舞娱乐等多个文化单元，有26家文化企业入驻，相关文化产业30家，年营业额6亿元以上，占园区总收入50%，解决就业人员5000余人，是最具活力的文化产业长廊。

园区发展目标是重点培育休闲文化、康体文化、创意文化三大文化产业集群，建成最显活力的经济增长极，最具人气的文化产业带，最具品位的人居环境。国际马戏城、市传媒大厦等市重大文化设施项目已布局在南滨路上，未来3年内，计划投资150亿元（其中今年投资55亿元），实现招商引资80亿元，商贸、餐饮实现年收入10亿元，创造就业岗位1.5万个，经营面积逾50万平方米。

(2) 黄桷坪艺术园区（原创美术作品及交易艺术园）

黄桷坪位于重庆九龙坡区，东至长江沿岸，南至长江李家沱大桥，西至青龙嘴立交，北至滩子口立交，总面积约3平方公里。目前该园区已形成四川美院、重庆工艺美术学校、视美动漫学校等百余家培训机构组成的艺术培训产业，视美动漫和多个原创艺术基地为中心的文化创意产业，杂志和网络为主的文化传媒产业，以及画廊和艺术品交易市场等。2008年，以该园区文化产业为主，带动九龙坡区文化产业产值达到39.7亿元。

园区总体发展目标是建成中国西部当代艺术学术高地和原创基地、西部时尚创意生活集聚地、西部艺术商品交易基地、国家级艺术特色旅游区、中国西部文化总部基地。主要布局六大功能产业区：1. 原创艺术基地及重庆工业遗址公园；2. 艺术品生产加工及交易市场产业区；3. 动漫产业集聚区；4. 艺术特色旅游（展览、节会）区；5. 文化艺术教育培训产业区；6. 商务居住区。

园区规划投入约 20 亿元，预计到 2012 年，实现年产值 30 亿元，吸纳相关从业人员 2.4 万人，对本地区经济贡献达 20%左右。

（3）磁器口古镇园区（古民居产业园区）

磁器口古镇位于重庆市沙坪坝区的嘉陵江畔，1998 年被国务院确定为重庆市重点保护的历史传统街区。2006 年被评为国家“AAAA”级旅游景区。2007 年被命名为中华美食街、新巴渝十二景、重庆市首批创意产业基地。为加强对古镇的保护、开发、建设和管理，2009 年，专门成立了磁器口古镇保护与旅游开发管委会，受区委区政府委托，依法履行部分区级部门职能。管委会下设综合处、规划建设保护处、产业和市场营销处、市政管理处。

园区目前已开发古镇核心区 5.5 万平方米，包括佛、道教文化、码头文化、茶馆书艺文化、饮食文化、抗战文化、民间手工艺文化、文博等，每年接待中外游客 300 余万人次。2008 年文化产值及拉动的餐饮业产值共达 1.8 亿元。

园区发展目标是通过加大古镇打造力度，加强与红岩联线、歌乐山生态保护带的协作，将园区建成集红岩文化、巴渝文化、抗战文化、沙磁文化于一体的文化旅游经济圈。规划建设面积包括古镇核心区、控制区和协调区，歌乐山烈士陵园共近 300 万平方米。

## 文化产业示范基地

（1）大足石刻影视创意产业基地

大足石刻影视创意产业基地规划占地 4500 亩，现已征地面积达 923 亩，注册资金人民币 5000 万元。截止 2008 年 12 月 31 日，完成了大足温泉的收购、按四星级标准新建大龙湾度假酒店、引入国际品牌，将设施陈旧的龙水湖宾馆改造为国际青年旅舍，使景区年收入从 600 多万元迅速提升到 1800 万元。该项目曾被列为重庆市重点建设项目、重庆市创意产业“十一五”发展规划首批重点打造的十一项载体之一、重庆市文化发展“十一五”规划文化产业重点项目、重庆市重点旅游项目、重庆广播电视集团（总台）“十一五”重点文化产业项目、大足县人民政府旅游整体开发重点项目、重庆首批挂牌创意产业基地之一，且 2008 年被《重庆市政府工作报告》正式确认为未来重庆市“促进文化创意产业跨越式发展”的四大文化基地。

（2）重庆视美动画艺术有限责任公司

重庆视美动画艺术有限责任公司位于九龙坡区黄桷坪正街，成立于 2005 年，致力于开发民族自主知识产权的动漫产品，打造民族文化创意产业链。2006 年公司以 5000 分钟的动画年生产能力跻身全国原创动漫 8 强企业，2007 年正式获得国家广电总局授予的“国家动漫产业基地”称号，2008 年获得重庆电视台少儿频道代理运营权，完成制播一体化的完善产业链搭建。迄今视美动画生产各类型各形式动画片 19 部，共计万余种。2009 年 2 月，重庆视美动画艺术有限责任公司制作的动画片《缇可》被评选为“2008 年度全国推荐播出优秀动画片”。2009 年 3 月，《缇可》、《莫莫》均在第五届中国国际动漫节 2009“美猴奖”的评选中，获得“美猴奖”中国动画系列连续片提名。

（3）重庆书城

重庆书城，是新华书店集团旗下最大的旗舰店，占地面积约 3.7 万平方米，经营面积达六层楼，位于重庆解放碑中心地段，地理位置优越，业务范围包括图书、期刊、音像制品、电子出版物、电教产品的销售。重庆书城秉承“城信经营，追求卓越”的企业宗旨，围绕“规模经营、多元开发”两大发展战略，主动参与市场竞争，不断做强做大国有发行业，迄今日均销售 35 万元，最高日销售达 152 万元，2008 年实现销售 1.5 亿，被《中国图书商报》评为“影响中国图书零售业的十大书城”。

（4）重庆出版集团

重庆出版集团共由 20 多个成员单位组成，是以图书、报刊、电子音像、网络出版、印刷、发行、版权贸易为主业的重要思想文化阵地和经营实体。集团下辖社科、文艺、少儿、科技、美术、教育等六大出版中心，涉及纸业、印务、广告、旅游和房地产等相关产业，有多家全资公司和控股公司。重庆出版集团几年来坚持实施主业的“走出去”战略和产业的“多元化”的战略，转变体制，创新机制，出版产业结构得到合理调整，主业逐步做强，产业迅猛发展。2007 年利润总额 5620 万元，较 2002 年的 2912 万元增长了 93%；国有资产保值增值率保持在 110.86%～116.96%的较高水平，资产负债率控制在合理的范围之内，获得重庆市首批信贷诚信单位，连续多年被多家银行评定为 3A 信用单位。2008 年集团实现销售收入 10.52 亿元，较 2007 年增长 2%；利润 6328 万元，较 2007 年增长 12.6%；总资产 17.44 亿元，较 2007 年增长 11.9%；净资产 5.3 亿元，较 2007 年增长 11%；资产负债率为 69.53%、净资产收益率为 11.17%、国有资产保值增值率为 111.14%。重庆出版集团公司的发展规划总体目标是：到2010年末，集团公司销售收入达到12亿元人民币，2006－2010年销售收入年均增长15%，利润达1.2亿元人民币，是一个主业突出、多种经营、多元结构、协调发展的大型出版文化企业集团和有较强竞争实力的市场主体。

（5）重庆腾汇科技有限公司（腾讯·大渝网）

重庆腾汇科技有限公司是由腾讯控股深圳市世纪凯旋科技有限公司和重庆日报报业集团产业有限公司于2007年7月共同投资组建的一家互联网媒体企业，专门负责腾讯·大渝网的运营。大渝网立足于为重庆网友提供本地的资讯、产品和服务，在内容选择、市场运营上完全实现本地化。运营两年以来，目前大渝网日均流量在1100万以上，日访问独立IP突破90万，其立体的传播方式，广泛的传播影响面，已逐渐成为重庆市民获取本地资讯最有效的网络平台。公司销售收入主要来源于广告经营。2008年公司实现营业收入1271万元，上缴各项税金225万元，净利润210万元。在08年底的中国传媒创新年会暨中国传媒改革三十年论坛中，腾讯·大渝网与人民网、新华网、大洋网、央视等一起被评为“10大媒体网站品牌”。并获得“报网互动十大经典案例”、“最具创新力报纸网站”等荣誉。

（6）重庆歌舞团有限责任公司

重庆歌舞团有限责任公司是在原重庆市歌舞团进行文化体制改革的基础上，于2005整体划转到重庆广电集团（总台）成立的法人独资性质企业，注册资金600万元，净资产1100余万元。经营范围包括：综合文艺表演、培训、演艺人力资源开发，舞美设计，服装、乐器销售、出租，承办展览会（不含对外经济技术交流会），企业形象策划。公司依托自身资源优势，按照广电集团（总台）的“一体多元”的方针，充分发挥舞蹈、声乐、舞台工程设计、少儿艺术培训、演出策划营销等方面的优势，紧紧依托集团（总台）媒体的大力支持和扶持，创新管理体制和营销体系，正在逐步占领和扩大市内外演艺市场，致力于打造集歌舞制作演出和演艺经纪为一体的大型文化综合实体。公司2006—2008年的经营状况如下：2006年演出116场次，经营收入387.84万元；2007年演出150场次，经营收入697.51万元；2008年演出119场次，经营收入849.21万元。曾获得过重庆市宣传思想工作先进单位、重庆市宣传系统文明单位、先进单位、先进集体、优秀单位、优秀信息工作集体、先进基层工会、先进基层党组织等多项荣誉。

（7）湖广会馆

湖广会馆，位于重庆市渝中区长滨路，占地面积约18000平方米，建筑面积7653平方米，总投资11800万元。原为明、清时期湖广籍官绅士商集资兴建的驻渝（重庆）工商行帮机构，是我国现存于城市中规模最大，保存最完整的古会馆建筑群。前身为禹王宫、广东公所、齐安公所等，总称湖广会馆。湖广会馆自1759年至1846年，各会馆先后归同乡会、同业商会管理，1951年由重庆市地政局接收，1992年3月19日列为重庆市文物保护单位。2003年开始修复建设，2005年工程竣工，同年9月30日正式对外开放。为全国重点文物保护单位，全国AAAA级风景区，全国青少年教育基地，在文物保护与旅游发展、商务活动、影视拍摄等方面推进文化产业发展走出了一条探索之路。至开馆以来，累计实现门票收入900多万元，接待国内外游客超过100万人次；用于影视拍摄等其他收入10多万元；戏曲演出等年接待观众3万多人次。

（8）重庆享弘数字影视有限公司

重庆享弘数字影视有限公司，现位于北部新区高新园内，租有2000平米的办公生产场地，目前注册资金910万，有员工230人，其中大专以上学历的占员工总数的70%以上。享弘公司起步于电视剧的制作，自成立以来，先后完成了几百部集的电视剧、专题片和动画片的制作。2004年，开始转型进入动漫行业，公司经过几年来的发展，已成为西部领先的动漫企业，是国家文化出口重点企业，是与央视动画战略合作的原创企业。目前，享弘公司已制作了《乐乐熊》、《森林故事》、《魔盒与歌声》、《乐乐熊奇游记》等原创动画片，共计830集10000多分钟。以上动画片先后在中央台1套、6套、少儿频道、北京卡酷、上海炫动等全国41个省市电视台播出，并出口中东等国家。曾获得央视动画“动漫产业突出贡献奖”；江苏省少儿频道“产业合作突出贡献奖”；被国家4部委确定为文化出口重点企业，并连续2年被重庆市发改委认定为“国家信息产业基地龙头企业”。

（9）重庆龙门阵旅游度假有限公司

重庆龙门阵旅游度假有限公司是市内第一家大型文化旅游主题公园，2008年2月成立，注册资本2000万元人民币。重庆龙门阵国际旅游度假区项目是通过深入挖掘中国传统文化的精髓、以重庆特有的巴渝文化为创意表现手段、结合当今世界最顶尖的高新游乐设备、计划总投资16亿元人民币打造的一个国家5A级文化体验旅游景区。项目位于九龙坡区华岩旅游风景区西大门处，规划占地面积约800亩。公司首期投资5.6亿元的龙门阵魔幻山主题乐园于2009年1月顺利开始试营业，仅春节黄金周期间就接待游客6万多人次，实现销售收入600余万元。水魔方乐园已于2009年7月底开业，在社会上反响强烈，成为重庆市最大的休闲娱乐阵地。

（10）UME江北影城

UME江北影城，位于重庆市江北区北城天街高档商圈，建成于2004年，占地面积4000多平米，共有十个放映厅，拥有两套放映系统（数码和胶片），每日可同时放映十余部新片，适合不同观众层的需要。其开发的智能会员卡系统以及涵盖所有银行系统的POS机、ATM提款机等高技术服务都开创了电影放映界的先河。不仅如此，开创先河的VIP厅更让影迷充分感受到了最高级的贵宾式电影头等舱体验。UME江北影城以其特色经营理念和高品质观影环境，成为“给你最多选择的影城”。据统计，UME江北影城至开业以来连年居全市电影票房首位，2008年电影观众人次102万，电影票房收入3587万元，占全市三分之一以上。

(11) 重庆金阳房地产开发有限公司《重庆映象》

金阳·重庆映像位于南岸区南坪西路68号骑龙山庄旁，成立于1998年，总投资额达6.3亿元，是由重庆金阳房地产开发有限公司倾力打造的一条“巴渝传统文化休闲时尚街”，A区面积约35000平米，B区面积约22000平米，总面积57000平米。重庆映像是重庆首个巴渝老建筑群异地搬迁复原的商业街区。项目以拆迁的重庆江北老城古典建筑为基础，结合现代建筑理念并创新地赋予其商业经营功能，将原有的古建筑部分元素完整巧妙的移植到现代建筑中，创造出独特的古典与现代风格共存的建筑风格。重庆映像融合了“上海新天地”的建筑设计理念，集传统巴渝民居与现化时尚商业为一体，旨在打造集旅游、文化、娱乐、餐饮、演艺、购物等功能为一体的高档时尚休闲娱乐中心，其年接待150万人次，年产值900万元，拉动基地的总产值为6980万元。

(12)《商界》杂志社

商界传媒作为中国发行量最大的商业财经期刊传媒集团，拥有员工近200名，其中具有研究生学历20余人、大学（大专）学历180余人，是一支具有科学性、高效的管理团队。《商界》杂志社旗下拥有《商界》、《商界评论》、《商界时尚》、《城乡致富》、《家人》、《中华手工》6本期刊及专业财经视频网站——商界财视网，同时拥有新媒体、影视制作与传播、定众出版等业务。在近3年中共计实现销售额17200万元，共计纳税1630万元左右，曾被渝中地税局评为“纳税50强企业”。2008年底在北京举行的中国传媒大会上，《商界》荣获“金长城传媒奖·2008中国财经媒体十强”称号，在《中国图书商报》评选的“30年中国期刊12大品牌”活动中，《商界》荣登上榜品牌。

(13) 大足石刻摩崖景区（博物馆）

大足石刻艺术博物馆实施完成了“大足宝顶山石刻景区环境整治工程”使宝顶山石刻核心景区从1.4万平方米扩大至15万平方米。景区近年来投入1047万元，多形式、多渠道加大了对景区的宣传促销。其一是在中央电视台《国宝档案》、《发现之旅》、《世界遗产在中国》等品牌栏目集中播出了大足石刻宣传专题片，由国家旅游局与中央电视台合作的《中国5A精品旅游景区》“大足密码”专题片。同时，还协助国务院新闻办五州传媒中心、新疆电视台以及韩国、日本、美国等数十余家国内外新闻机构对景区的采访拍摄工作。其二是参加了在大连、上海、苏州等地举办的“天上街市，梦幻重庆”、“世界遗产发现之旅”等10余次国际国内旅交会，展示和宣传5A景区形象。其三是加大网络营销力度，建立“大足石刻艺术博物馆”专业网站，与新浪网等国内著名网站合作对景区进行了宣传。其四是加大与旅行社的合作力度与深度，使景区旅游参观团队大幅增加，多次接待上海春秋集团组织的“二方四城”城际旅游团等大型旅游活动。

通过以上扎实有效的工作，大足石刻宝顶山景区的经济效益和社会效益实现了同步增长，10年来，先后接待国内外游客313万人次，文物事业收入1.7亿元。同时，还先后获得“全国创建文明风景旅游区工作先进单位”、“全国文化工作先进集体”、“旅游安全先进单位”等10余项殊荣。

(14) 重庆风雅颂商贸有限公司（新博雅礼品公司）

重庆风雅颂商贸有限公司（品牌：新博雅）成立于1995年，是一家集工艺文化礼品、旅游商品研发、设计、加工、生产、销售于一体的专业公司。公司设有专门的策划部与设计部，与四川美院工业设计系合作组建了“新博雅”设计工作室，并与重庆大学艺术学院合作成立了创意设计室。公司深挖重庆历史遗迹和民风民俗，先后开发生产了反应重庆地形地貌的“巴渝人家”笔筒和反应重庆民风民俗的“重庆火锅茶叶罐”等近三百个优秀作品和产品。公司旗下子品牌“巴人艺坊”重庆文化旅游商品连锁专卖店目前在磁器口，大礼堂，重庆机场等地都设有直营店。店内产品也深受本地各企事业单位和国内外游客的青睐和赞同。“巴人艺坊”被重庆市旅游局和共青团重庆市委评为“重庆市旅游行业青年文明号”称号。“新博雅”致力于开发重庆特色礼品和重庆旅游纪念品，为推动西部文化产业和旅游产业的发展做出了一定贡献。被授予中华全国工商联合会礼品业商会“百佳礼品企业”、42届国际工艺美术旅游品交易展“金凤凰”创新设计大赛金奖、银奖、首届重庆工艺美术行业评比“金奖”、“创新奖”、第二届重庆工艺美术展“金奖”、“银奖”、第四届旅游商品开发大赛新产品奖“三等奖”等荣誉。

(15) 重庆市远大印务有限公司

重庆市远大印务有限公司，位于北部新区人和街道，创建于1992年，发展至今注册资本已达5000万元，年产值 1.82 亿元，年上缴税金 1610 万元，职工总人数 420 人，其中残疾职工 226 人。公司经过多年的发展，在专业印刷方面取得不俗的成绩，对各种税收票证、特件、密件、商标、画册书刊、试卷、内部资料出版物、社会印件等的印制均处于行业领先地位，因此被确定为重庆市国家税务局、地方税务局普通发票等税收票据印制定点单位，同时也是国家保密局批准的重庆市唯一一家国家统一考试试卷印制定点单位，占据全市票据印刷 90%的市场份额。近年来，远大印务先后被评为获重庆市印刷协会诚信企业、全国诚信印刷企业等称号。

## 四川省

### 第一批省级文化产业示范基地

（1）成都桃花故里农家乐经营管理有限公司

成都桃花故里农家乐经营管理有限公司由成都市龙泉驿区山泉镇美满、联合、桃源等三个村委会联合兴办，该公司将三个村委会闲置的空地、果木、水塘等集体资产进行了整合，以公司的形式与外来资金形成市场对接。投资者可以采取合伙、入股、租赁等方式与公司共同开办农家乐，公司对农家乐经营实行统筹管理，着力打造旅游品牌，提升档次形象。

桃花故里风景名胜区位于老成渝路 20—34 公里段，因龙泉山种桃第一人晋希天在山泉试种出了第一株水蜜桃树，人们便把山泉镇誉为“桃花故里”。景区规划以龙泉种桃第一人晋希天的故居——桃源村为核心景区，向四周辐射、延伸，形成了面积达 37 平方公里的旅游景区。该景区以桃花品种多、花期长、密度高而闻名全国。景区内有北周文王碑、大佛古寺、刘伯承柳沟战址、打儿洞、张飞营顶、东驿古道等历史人文景观和犀牛深潭、睡卧观音等自然景色，在 2008 年通过了国家级 AAA 旅游景区验收。每逢阳春三月，这里是“成都市国际桃花节”期间的核心旅游景区，期间漫山遍野桃花竞放、灿若云霞、十分壮观。

（2）成都文旅资产运营管理有限责任公司

成都文旅资产运营管理有限责任公司是成都文化旅游集团旗下的全资子公司，主要从事企业管理咨询、房地产经纪、营销策划、品牌设计及推广、市场调研、物业管理等业务，目前主要负责“宽窄巷子历史文化保护区”项目的招商和运营管理。宽窄巷子历史文化保护区位于四川省成都市城市中心区域以西，距城市最中心的“天府广场”仅约 1000 米，该区域是成都市政治、经济和文化的核心地带。该项目核心保护区占地 108 亩，是由宽巷子、窄巷子和井巷子三条平行排列的城市老式街道及其之间的 45 个四合院落组成。它是老成都“千年少城”城市格局和百年原真建筑格局的最后遗存，也是北方胡同文化和建筑风格在南方的“孤本”。是汇聚了街面民俗生活体验及景观墙雕塑、成都原真生活体验馆、特色策展、高档预定式中餐、精致西餐咖啡、特色零售、宅院主题酒店、夜店酒吧等业态的“老成都原真生活情景体验街区”，是城市怀旧和深度旅游的人文游憩中心。

（3）四川天晟商业管理有限公司

该公司成立于 2006 年 3 月，主要负责文殊坊历史文化保护区的商业运营和物业管理工作。作为一家专业性商业地产经营管理公司，天晟公司还通过策划活动、自主研发、销售旅游品进行多项目投资，同时还对外承接各类商业地产项目的运营策划与管理。

文殊坊历史文化保护区，作为一个集都市旅游、休憩、商业、文化为一体的“RBD”，把历史文化保护传承与城市现代化建筑相结合，是以民俗文化、佛禅文化为主题特色，以川西街院建筑为载体，充分体现成都人文历史文化精髓的都市文化休闲旅游胜地。景区占地面积 33.25 公顷，总建筑面积 25 万平方米，由中国西部著名的佛教禅院文殊院、成都庙街、成都会馆，成都麻将与茶文化博物馆等景点构成。文殊坊景区是展示成都特质、代表成都文化的名片，是成都市民怀旧寻古、休闲娱乐的上佳之地，是海内外游人宾客认识成都、体验成都的重要窗口。文殊坊自 2006 年国庆开街以来，累计接待近 2000 万的省内外游客，举办了“巴蜀名人堂”、“四川与法国百年回眸展”等 100 余次节会活动，成为成都市旅游的一张名片。

（4）成都许燎源现代设计艺术博物馆

成都许燎源现代设计艺术博物馆坐落在锦江区三圣乡红砂村，占地 13 亩，展场面积达 2000 多平方米，是国内首家现代设计艺术博物馆。设置了五个主题馆：原度酒馆、当代艺术研究机构、国际艺术家互访工作室、国际艺术展览中心、产品概念创意工厂。该馆的目标是打造以艺术与原创、产品研发、工业品设计（其中包括概念家具、玻璃制品、陶瓷制品、木质制品等）为核心的创意产业园区，建立国际合作交流平台。博物馆自 2007 年开馆以来，引进了一系列国际国内大型展览，如：日本设计艺术大师杉浦康平的展览、70、80 香港设计师展、从 OEM 迈向 OSM 中国包装设计界巅峰盛会、荷兰当代社会能量展。这些展览加强了成都与国际艺术界的高端交流，并在大众审美教育上起到了积极作用。许燎源现代设计艺术博物馆已被评为亚洲九大创意村之一，四川省文化创意产业示范基地。

（5）四川省锦城艺术宫

四川省锦城艺术宫坐落于成都市中心，西向天府广场，北临蜀都大道，占地 18850 平方米，是一座能满足国内外各类文艺团体演出、放映电影、举办展览及会议、开展文化娱乐活动的现代化多功能的大型文化场所。1980年由四川省文化厅主持修建，1987年4月正式投入使用，现为四川省文化厅直属事业单位。为保证良好的演出效果，艺术宫剧场配置有世界顶级音响装置及灯光调配系统、国际先进的数控定位吊杆。设在后台的化妆室可供200人同时化妆，服装间、卫生间、候场休息处配套完整，能尽善尽美地满足各类艺术团体的需求。法国芭蕾舞剧团、美国、英国、荷兰、澳大利亚、日本等国的歌星，以及中国京剧团、东方歌舞团、上海芭蕾舞团、中国芭蕾舞团、上海交响乐团、北京人民艺术剧院等著名艺术团体都先后到此演出。除接待各种国内外大型演出外，锦城艺术宫还承担着省内各种集会和重大庆典活动。与其“三位一体”的四川省演出展览公司、四川省演出服务中心是四川省最大的现代演出基地，具有A级营业性演出许可证（可开展涉外演出经纪业务）的演出经纪机构。

（6）四川华创天府数字技术有限公司

四川华创天府数字技术有限公司位于成都市天府大道天府软件园内，是一家致力于网络游戏和视频游戏开发与服务的公司。2006年与微软以及四川当地政府合作共同创办“国家动漫游戏产业振兴基地微软游戏技术平台”，简称“微软游戏技术孵化中心平台”。该中心是微软在中国设立的唯一的游戏研发机构，也是国内第一个视频游戏研发机构。通过此平台，吸引国内优秀的开发企业和团队入驻，利用微软公司在视频游戏领域的领先技术，邀请国际上具有丰富视频游戏开发经验的专家进行技术培训支持，利用平台内开放式的软硬件设备将具有中国传承文化特色的民族游戏创意产品化、国际化、市场化，制作有中国特色的视频游戏和XBOX360游戏。作为中国游戏界在视频游戏开发领域的领路人，四川华创天府数字技术有限公司为中国本土视频游戏的开发创造了一个良好的环境，为游戏产业链的建立以及为中国视频游戏开发企业顺利打入世界视频游戏市场做出了贡献。

（7）自贡灯贸有限公司

自贡灯贸有限公司是一家集灯会展出、彩灯设计、制作、销售、租赁及广告、商贸为一体的拥有自营进出口经营权的综合性公司，注册资金300万元，是自贡市政府发展彩灯文化的龙头企业、四川省重合同守信用单位、四川省对外及港澳台文化交流先进单位、国家文化部彩灯外展重点企业。所创“东方彩灯”品牌是集传统自贡灯会之精髓，经创新、提升、改造、整合而形成的彩灯精华，是国家文化部自建国以来首次公布的十大“国家商业演出展览文化产品出口指导目录”中展览行业唯一入选品牌，公司也是全国彩灯展览行业唯一入选企业。近年来，公司先后数十次在国内各大城市和韩国、澳大利亚、马来西亚、菲律宾等国展出。“东方彩灯”已成为中国彩灯行业国际交流规模最大、次数最多、质量最好、影响最广泛的知名品牌，为宏扬中华民族优秀民俗文化做出了积极的贡献。

（8）格萨尔王文化发展有限公司

该公司位于甘孜藏族自治州康定县沿河西路，主要开发、经营民族文化系列产品，如格萨尔王千福唐卡，宏扬藏族文化，推动经济、政治、宗教、民族和文化的发展。《格萨尔王千幅王唐卡画》是从目前已掌握的《格萨尔史诗》中的122部故事中，精选了60多部作为主要内容。在唐卡画的绘制风格上采用藏族传统三大流派中最高雅、最贴近生活的嘎玛嘎则绘画风格绘制。绘画沿用上等的天然矿物质为颜料和金汁勾描，具有不褪色、不变质，几百年、上千年后色彩仍鲜艳如初的特点。绘制人员是以甘孜州德格县和西藏昌都为主，来自全藏区的80余名经严格考试精选后录用的农牧区艺人。

（9）遂宁市天上宫观音民俗文化博览苑

天上宫观音民俗文化博览苑位于遂宁市城区西山明月花园小区，场地建筑面积约2000平方米。天上宫始建于清咸丰元年，是闽商在遂宁天上街筹资修建的福建同乡会馆，现属文物保护单位。天上宫观音民俗文化博览苑充分展示了遂宁民俗民间特色文化，开设有展览展销、演艺演出、文化旅游产品销售、茶艺等项目。主要经营川剧脸谱艺术品、宋瓷复制品、观音绣艺术品、福瑞阁织锦艺术品等，在遂宁市旅游业中占有较大的市场份额。

（10）南充鹏来兴达旅游开发有限责任公司

该公司成立于2007年1月，注册资金200万元，为国有独资企业。负责旅游资源的开发，对外招商，开发推销旅游产品、旅游纪念品和宣传促销工作。其负责开发推广的凌云山景区2008年1月被林业部门批准为国家森林公园，是四川省人民政府确定的5大精品旅游区——嘉陵江流域生态文化旅游区的重要景区之一，2009年1月被正式批准为国家AAAA级旅游景区。风景区位于南充市高坪区境内。景区面积约20平方公里。风景区以凌云山、白山、图山为主体，包括了老君镇、青莲镇、小佛乡、万家乡、四乡镇边沿的十一个村。凌云山自然风景秀美，神奇的四相五行，壮观的石窟艺术，悠久的宗教传统文化融汇结合的风水宝地，素有“天下灵山”、“极乐世界小西天”之美称。景区内万亩松柏苍翠葱笼，凌云群峰云涌雾绕，山中时传古刹钟声，山下湖水碧波荡漾，山水秀美，气候宜人，四季如春。近年来，凌云山景区品牌效应日渐凸显，日最高峰接待游客超过10万人次。

（11）中国死海旅游度假有限责任公司

该公司由成都天友发展有限公司和自然人刘天艳出资组建，注册资本28000万元。公司位于四川省大英县蓬莱镇火井胡家坝，经营范围包括运动场所服务、旅游服务、餐饮、住宿、旅游项目投资及开发。“中国死海”位于四川中部的遂宁市大英县，是利用当地丰富、独特的盐卤资源，以“死海漂浮”为主，按当地政府的发展旅游规划，抓住旅游产业迅速发展和假日旅游急剧升温的有利契机，利用十分便利的交通条件和悠久的历史文化，建设一座以旅游、度假、疗养、保健、运动为一体的水文化旅游度假胜地。是经国家工商行政总局［2003］第274号文批准的全国唯一以“死海”命名的旅游度假区。

（12）四川宜宾九彩虹生态农业观光科技园区

四川宜宾九彩虹生态农业观光科技园区组建于1999年，座落在宜宾县喜捷镇新联村玉龙山下，占地面积150余亩，有可供1000人同时就餐的宴会厅及风格迥异的雅间20余间。通过近十年的发展，公司现已形成集餐饮、娱乐、休闲、独有的“李氏”养生颜菜品系列、商务接待、会议、住宿、生态农业观光旅游、无公害水产养殖、优质水果、蔬菜种植、农副产品加工开发等综合功能于一体的综合经营模式。公司先后被县、市挂牌为“优秀民营企业”、“优秀非公有制企业”和市县农业产业化龙头企业，2006年被省环保局、省林业厅授予“九彩虹生态农业园区”，2009年被市旅游局评为“五星级农家乐”。

（13）阿坝州岷江源实业开发有限责任公司

岷江源歌舞大剧院位于松潘县川主寺镇，2007年开业，总投资额为1000万元人民币。舞台台口宽为20米，舞台面积为400平方米，可容纳851人观看演出。剧院推出的集歌舞、民俗、民风、娱乐、体育、游戏于 体的极具参与性、娱乐性和观赏性的藏羌风情歌舞晚会，在当地传统民族民间歌舞的基础上有机地把广场艺术和舞台艺术结合在一起，使观众在晚会上不仅能欣赏到艺术精品，还能在参与、娱乐中领略藏羌民族博大精深的宗教文化、豪华绚丽的服饰文化、豪爽的民族个性和热情奔放的土风舞蹈，充分展现出松潘县藏羌民族风情和黄龙旅游文化。

## 第二批省级文化产业示范基地

（1）“红星路35号”

“红星路35号”是西南地区首座文化创意产业特色园，前身为成都军区印刷厂。后印刷厂搬迁，“红星路35号”的旧厂房予以闲置。2007年，成都文创投资发展有限公司具有德国设计师提出的“空间折点”的理念，对原厂房的外观进行了全面改造，将其成功打造为成都市中心具有地标性创意建筑特色的文化创意产业园，总建筑面积约1.7万平方米，于2008年12月28日正式开园运营。

“红星路35号”文化创意产业园以打造中国西部文化创意产业集群中心为目标，以现代服务业中的文化创意产业为主导方向，重点发展工业设计、动漫娱乐、广告设计等行业，已吸引了深圳嘉兰图工业设计有限公司、成都叶网科技、中动联国际动画制作有限公司等20余家国内外一流设计创意类企业入驻。园区采取企业化管理、市场化运作的方式，设立了“工业设计快速成型平台实验室”、“文化产权交易所”、“文化产品展示空间”等服务平台，为园区内的企业提供公共技术支持、人员培训、市场咨询、产品展示、商品交易等特色服务，聚集了大批文化创意企业来此发展。园区建有“红星路35号青年（大学生）创意园·创业园”，目前已有23个大学生团队创办项目成功入驻，入园企业达48家。园区已解决就业600余人。园区资产总量2494万元，2009年产值达3000余万元，实现利税11.87万元。

（2）黄龙溪古镇

黄龙溪古镇位于成都平原南部，是以旅游业为主，商贸服务业为辅的旅游型山水小城镇。近年来，黄龙溪成为成都市郊区新的旅游热点，被誉为中国民间艺术火龙之乡、国家级小城镇建设试点镇、国家级小城镇经济综合开发示范镇、四川省首批历史文化名镇、四川省省级风景名胜区、成都市旅游重点镇。

黄龙溪古镇由黄龙溪文化古镇景区管委会经营管理，其经营范围有龙狮文化、旅游景点产品、餐饮娱乐、住宿等业务。管委会前期对黄龙溪的旅游开发与古镇保护做了充足的工作，利用黄龙溪古镇自身的人文环境条件，结合现代先进的旅游营销理念，不断引进新的发展思路，发掘自身文化资源优势。在对文化资源进行开发的同时，又加强了对古镇本身的维护与文化保护，使古镇成为了一个本土文化宣传地，举办了诸如龙狮文化节这样的文化节日，同时也带动了周边乡镇的旅游发展，成为了周边各市市民周末度假首选的目的地。现在，黄龙溪古镇在黄龙溪文化古镇景区管委会的经营管理下，资产总量已达12亿元，每年产值利税1.9亿元。

（3）成都浓园文化艺术传播有限公司（成都浓园国际艺术村）

该公司坐落于成都市武侯区，是集原创艺术品、艺术类衍生品研发生产销售、装饰、园林工程、物业管理的一个文化产业实体。浓园现入住以程丛林、梁时民为代表的各类艺术家两百余位。举办和参加各类国际、国内展览三十余场，吸引来自国际国内的艺术观赏和旅游休闲十万余人次以上，发行各类刊物四十余本，众多文化艺术机构也相继入驻浓园，解决各类大中专艺术院校毕业生和社会富余劳动力500余人就业。资产总量2.6亿元人民币，上缴利税200余万元。

现在成都浓园文化艺术传播有限公司正全力构建“艺术中国”项目，预计在“艺术中国”项目建成后将实现利税达亿元的产值，将四川的文化艺术产业推向国际市场，将“‘艺术中国’项目建设成为中国的一张艺术名片。

（4）昭化古城

昭化古城至今已有4000多年的历史和2244年的连续建县史，是国家重点风景名胜区——剑门蜀道风景名胜区、全国重点文物保护单位——剑门蜀道遗址群的重要组成部分，国家4A级旅游景区，也是迄今为止国内保存最为完好的唯一一座三国古城。目前昭化古城由四川中大投资管理有限公司开发管理，公司以抓住国家支持低碳旅游业发展、全省三国文化旅游产品大开发的机遇，力争将昭化古城打造成国内古城标本，树立廉政文化示范基地的典范，并使之成为行业领先、文化优秀、品牌驰名、国内一流、国际上有影响的旅游胜地。

2009年，景区接待游客100余万人次，营业收入2000余万元，创利税200多万元，解决了部分社会就业问题，其中直接从业人员100多人，间接从业人员500多人，个体工商户10多户，带动了昭化古城住宿、餐饮、交通运输、商贸、娱乐等相关行业的发展，减轻了昭化就业压力，活跃了城乡经济，带动了昭化旅游经济发展。

（5）剑门关景区

剑门关景区位于四川省广元市剑阁县，属国家重点风景名胜区、国家森林公园、全国100个红色旅游经典景区之一。在“5.12”大地震中，剑门关景区遭到严重破坏，为保护这一历史人文、风景两者兼备的景点，剑阁县迅速启动灾后重建工程，并进行合理规划重建项目79项，新建项目20项，计划投资2亿多元建设以“三国蜀道雄关”为主题，围绕“一关一道一人”进行项目布局，确保建成剑门蜀道三国文化旅游精品线路上的龙头景区、国内一流景区、世界知名品牌。

截止到2009年11月底已开工项目72个，已完工近40个，总投资1.8亿元，共接待游客45.9万人次，实现旅游收入2.12亿元，创税收1125.5万元。

（6）“川北民俗文化园”

“川北民俗文化园”距广元市主城区2.5公里的黑石坡山角下，由广元市科兴集团全力投资打造，总占地12平方公里，总投资1.6亿元。“川北民俗文化园”依山而建，傍水而立，依托省级森林公园黑石坡和独具特色的民俗文化博览馆，已通过省级AAA景区验收。在园内有800平方米的民俗文化长廊、独具地方特色的民俗浮雕墙、情歌艺术墙、占据3000余平方米的婚庆广场、游客购物中心、影剧院、水上游乐项目、“山韵”主体大酒店等旅游配套设施。

“川北民俗文化园”现年接待游客40万人次，是广元城郊唯一提供民俗文化体验和现代生活的享受集中地，“文化园”的建立将拉动广元地方的经济发展，对广元的旅游文化产业的发展起了相当大的推动作用。

（7）凉山文化广播电影电视传媒有限公司

凉山文化广播电影电视传媒有限公司是一家集广告、品牌公关策划、演展活动、影视制作发行、文化娱乐等服务于一体的，以文化产业为主导的公司。公司以凉山独具魅力的民族文化资源、多彩的人文风情资源和美丽的山水风光资源为基础，本着“传媒、文化、商业三位整合”的经营思路，锐意改革，开拓创新，有效激活文广体制中产业资源，创建中国·凉山民族文化产业园区，形成文化产业经济效益和社会效益的双赢格局。公司以创建国家级文化产业示范基地，打造具有影响力的中国民族文化产业品牌为发展目标，争取在3至5年内，实现全国少数民族地区第一支民族文化产业股上市。

凉山文化广播电影电视传媒有限公司投资3个多亿的凉山民族文化艺术中心，在经过近三年的努力后，在三级城市的市场生存环境中保持了良性的基础运营状态，实现了国有资产的保值增值；投资开发了中影星美国际影城、天籁音乐休闲厅、索玛阳光商务会所、火把山生态俱乐部、九虎青少年活动中心等18个文化商业项目。在文化产品生产，商演企划、国内外文化交流协作上都取得了突出的成绩。在2009年1至10月，经营收入达3079.49万元，实现利税414.90万元。

（8）大千文化旅游产业园项目

该项目是以书画文化为代表，内江地域文化精髓为核心，将历史文化资源市场化运作，集中深度开发为主线的文化产业园区，通过国家4A级景区打造和书画文化创意园区建设运营，实现文化与旅游等相关产业融合和延伸发展，形成内江城市文化标志性品牌和促进带动内江文化产业持续发展的强力平台，是内江文化产业和事业发展的龙头基地。

园区位于内江城区繁华地段，规划占地18.3公顷（274.5亩），总投资16741.614万元。项目分两期实施，总投资约1亿6千余万元，现一期现主体工程已基本建成。在2008年的经营中，园区已年接待省内外游客近20万人次，文化旅游产业销售收入近5000万元，创利税1000万以上，解决就业人员500人次。内江大千文化旅游产业园不仅是内江市文化产业集聚孵化的标志性基地，也将成为川南城市群中一张独特而靓丽的城市文化名片。

（9）“中国酒谷”—泸州酒业集中发展区

该发展区于2004年启动，2005年10月成立，是泸州老窖集团在四川省委省政府、泸州市委市政府的大力支持下，在社会各界的高度关注下而打造在长江上游白酒经济带的千亿产业园。中国酒谷总规划占地7500亩，投资70

亿元，建设有机原粮种植园区、基础酒酿造园区、基础酒储存园区、灌装生产园区、包装材料供应园区和仓储物流园区六大主题园区，构建一个国家级酒检中心和一个国家级酒类展示交易市场。其发展目标是：建设成为中国最大的白酒综合加工基地、最具竞争力的“国家级”酒类产品交易中心，现代化、国际化、信息化的创新型、生态型园区。

自2006年创立以来，中国酒谷先后获得了四川省“工业强省”重点项目、四川省“高新技术产业园区”、四川省循环经济示范园区等荣誉称号。自2008年初步运营以来，中国酒谷便以骄人的成绩展现了其不可估量的潜在实力：2007年实现产值和服务性收入18.8亿元；2008年实现产值和服务性收入40.34亿元；2009年，实现产值和服务性收入45.06亿元。截止目前，签约入驻企业56家，协议投资逾14亿元。

(10)“攀枝花市仁和区苴却砚产业园区”

苴却砚历史悠久，源远流长。“中国名砚六十七，泸石砚是其一”。明清时期，“泸石”产地—即现在的仁和区大龙潭彝族乡及其周围广大地区史称苴却，因此，人们又把“泸石砚”叫做“苴却砚”。“攀枝花市仁和区苴却砚产业园区”是以罗氏兄弟石艺研究所为龙头企业，整合攀枝花市苴却砚人力、资产资源，形成具有攀西文化特色的，富有市场竞争力的文化产业。

作为中国传统文化产品，在攀枝花市、仁和区两级政府的安排及要求下，苴却石产业的生产经营正在逐步向规范、有序、标准化方向发展。全市现有50余家大小生产厂家及作坊，从业人员1000余人，先后涌现出了罗氏兄弟石艺研究所、国丰公司、龙潭苴却石雕刻艺术品研制所等一批知名企业，产品销往国内和国际市场，在创造了可观的经济效益的同时，解决了部分人口就业问题，知名度和影响力与日俱升，苴却砚已成为极具发展潜力的朝阳产业、优势产业。

## 贵州省

### 第一批省级文化产业示范基地名单

(1) 铜仁玉屏县箫笛厂

(2) 贵州省平坝县天龙旅游投资开发有限责任公司

(3) 安顺兴伟文化发展有限公司

## 陕西省

### 第一批文化产业示范基地名单

(1) 陕西省歌舞剧院

(2) 西安大唐芙蓉园

(3) 西安市碑林区书院门古文化街

(4) 户县农民画

(5) 延安文化艺术中心

(6) 安塞民间艺术

(7) 凤翔泥塑

(8) 华县皮影

(9) 陕西富平陶艺村

(10) 汉中秦巴民俗村

(11) 安康龙舟文化园

(12) 紫阳县中国富硒茶观光园

### 第一批文化产业示范单位名单

(1) 陕西省文化演出服务公司

(2) 陕西省摄影艺术研究工作室

(3) 陕西民间艺术品展销厅

(4) 西安儿童艺术剧院

(5) 西安永宁迎宾礼仪文化传播有限责任公司

(6) 陕西阳光丽都集团

(7) 陕西神采演出艺术有限责任公司

(8) 西安超人雕塑研究院

(9) 延安培植文化有限责任公司

(10) 绥德县黄土地艺术团

(11) 铜川市瓷艺术研究所

(12) 咸阳大剧院

(13) 咸阳沙河古桥风情园

(14) 安康汉水文化旅游演艺中心

(15) 汉阴县电影公司

(16) 平利县西河漂流旅游文化公司

(17) 蒲城县兴文麦草艺术厂

(18) 宏权皮影工作室

(19) 渭南秦源陶艺有限公司

(20) 宝鸡博雅艺术公司

(21) 宝鸡先歌力都视听技术有限公司

(22) 千阳县美苑民间艺术有限公司

(23) 陕西丹江世纪漂流有限责任公司

### 第二批文化产业示范基地名单

(1) 西安大唐西市

(2) 西安雁塔文化新天地

(3) 宝鸡周秦文化产业示范区

(4) 中国唐苑

(5) 德福巷咖啡茶艺休闲一条街

(6) 西安高新区创意产业发展中心

### 第二批文化产业示范单位名单

(1) 西安纺织城文化创意区

(2) 富平县汉唐石刻艺术产业园

(3) 杨凌新声铜鼓乐器有限公司

(4) 西安经文牛文化陶瓷博物馆

## 青海省

### 第一批文化产业示范基地名单

(1) 西宁新奇工艺装饰有限公司
(2) 青海源上女民间堆绣文化艺术研究中心
(3) 青海明轮文化艺术有限公司
(4) 青海昆仑山珠宝玉石有限责任公司
(5) 青海博景艺术品有限公司
(6) 青海国贸会展有限公司
(7) 青海工艺美术厂
(8) 黄南藏族自治州同仁县金轮热贡艺术有限公司
(9) 青海大舞台演艺服饰有限公司
(10) 海南藏族自治州贵南县石乃亥艺术团
(11) 青海纵横文化发展有限公司

### 第二批文化产业示范基地名单

(1) 青海伊佳民族服饰有限责任公司
(2) 青海黄南藏族自治州热贡画院
(3) 青海昆玉实业投资集团有限责任公司
(4) 称多县通天河民间文化艺术团
(5) 循化撒拉族自治县博艺旅游文化有限责任公司
(6) 青海夏都民族服饰工艺品有限公司
(7) 青海海景新唐卡艺术有限公司
(8) 青海仁俊热贡艺术有限责任公司
(9) 青海藏文化博物院有限公司
(10) 青海廷辉雕刻工艺有限责任公司

### 文化产业示范园名单

(1) 贵南藏绣产业园
(2) 湟源排灯产业园
(3) 大通皮影产业园
(4) 贵德黄河奇石产业园

### 文化产业示范户名单

(1) 同仁县绘制唐卡艺人斗尕
(2) 湟中县现代堆绣艺人乔应菊
(3) 循化县撒拉族刺绣艺人韩他海日
(4) 湟源县剪纸制作艺人李桂兰
(5) 海晏县动物标本制作艺人夸毛措
(6) 同德县玉石雕刻艺人叶群塔贤
(7) 贵德县布贴画制作艺人解玉福
(8) 互助土族自治县土族盘绣艺人哈承清

## 宁夏回族自治区

### 第一批文化产业示范基地

(1) 宁夏回族自治区华夏西部影视城有限公司

该公司成立于1993年9月，2005年公司董事长张贤亮提出把影视城从拍摄基地向中国西部古代小城镇主题公园转型，每年接待海内外游客30多万人次，拉动银川市内需消费7000多万元，通过多年自我滚动发展，有形资产超过1000万元，无形资产评估可达数十亿，迄今为止，已拍摄了80多部影视剧，在此摄制的影片之多，升起的明星之多，获得的国际、国内影视大奖之多，皆为中国各地影视城之冠，所以有“中国电影从这里走向世界”的美誉。它是宁夏集观光、娱乐、休闲、餐饮、购物为一体的重要旅游景区。

(2) 银川文化城

银川文化城是银川市政府投资，市场化运作管理模式建设的目前宁夏最大的文化产业基地，硬件设施投入已近3亿元，成立于2008年9月，银川文化城以宁夏文化和文化产业展览展示、文化产业项目、文化产品销售为主。其中银川文化展览、中国首座文化墙、专家堂文化内容为长期展览。文化产业主要有大型露天剧场、室内演出厅等场所，演出宁夏民族歌舞、大夏乐舞、宁夏座唱、口弦、花儿、秦腔以及其它演唱会等文艺曲目。开业一年多来，取得了较好的社会效益和经济效益。

### 第二批文化产业示范基地

(1) 宁夏软件园

宁夏软件园的发展规划目标：2010年动漫产业初具规模，动漫产品年业务收入超过3000万元，到2012年，业务收入达到6000万元，实现两年翻一番的目标；动漫文化创意企业数达到15家以上，制作出国内知名的1—2个原创动画产品，培育出在国内中西部地区动漫文化创意领域中有影响的1—2家企业家（或一个企业集团），1—2个企业收入上1000万元。建成国内西部地区知名的动漫文化产业基地。

### 第三批文化产业示范基地

(1) 宁夏西夏城旅游开发有限公司

宁夏西夏城旅游开发有限公司项目从2007年开始建设，计划2010年完工，总投资8352万元，西夏城旅游开发有限公司投资3852万元，占总投资46.1%；申请银行贷款1500万元，占总投资17.9%；需要国家项目支持资金3000万元，占总投资的36%。预计2010年接待游客人数将突破30万人次。经济效益指标预测：平均年总产值5644.2万元，年利润（正常年份）2547.2万元；税后利润1917.9万元；年缴纳税金（正常年份）769.2万元。西夏城文化产业基地主要内容包括：1000米的西夏文化长廊，西夏历史博物馆，西夏艺术展厅、西夏城网站的建设，设立西夏研究基金。

(2) 宁夏民间文化博物馆暨六盘山（隆德）文化城

宁夏民间文化博物馆暨六盘山（隆德）文化城2009年底正式揭牌营业。文化城经营面积1.3万平米，有营业房 138 套，涵盖了书法、绘画、剪纸、泥塑、刺绣、砖雕、篆刻等创作，展览、销售、装潢装裱、古玩鉴赏、平面设计、文化用品批发零售，是集文化产业培育、培训、推介、营销为一体的综合性文化旅游产业专业市场，目前发展到经营户 500 余家，可提供 2000 个就业岗位，年产值超过 1200 万元。

(3) 大武口区星海文化产业示范基地

该基地 2009 年 6 月正式营业，总建筑面积 4 万平米，营业房 201 套，为仿古建筑风格。主要经营古玩艺术品，名人字画，古旧书籍、中外油画、钟表乐器、竹木牙雕、骨雕、文房墨宝、奇石、根雕、古旧家具、刺绣、地毯、钱币和旅游纪念品等业务，定位为西部地区以收藏品、黄金首饰、珠宝玉器、工艺礼品为主的专业市场，目前入驻经营商家 100 余家，解决就业岗位 2000 余人。有效带动周边第三产业的发展。

(4) 银川古玩城

银川古玩城是由宁夏联创集团于 1998 年开办的宁夏室内收藏品交易市场，共有 156 户店铺，主要经营古玩、字画、奇石、邮币卡及各类收藏品，举办过多届大型室外交易会，成功举办了八届“中国银川古玩城旅游商品、收藏品展示交易会”，为国内外收藏爱好者及游客搭建了一个展示宁夏古玩、字画、收藏品的交流平台，市场经营规范有序，诚信为本，商业信誉和知名度在经营中不断提升，社会效益和经济效益良好。

# 第七部分　理论研究与出版

LI LUN YAN JIU YU CHU BAN

# 一、文化产业学术研究论文摘编

## 1. 政府在推动文化创意产业中的角色定位和工作方式

陈少峰在《中国流通经济》2009 年第 3 期撰稿认为：

改革开放以来，我国在文化和文化产业方面取得了巨大的成就，这些成就的取得与各级政府的大力支持是分不开的，政府在推动文化产业发展的过程中起着非常重要的作用。为进一步促进文化产业发展，今后政府在推动文化创意产业发展的过程中，一要转变观念，重视经济效益这个衡量标准；二要向服务型政府转变，实行反向问责制；三要角色专一化，把决策执行与监督分开；四要继续深化文化体制改革，推动文化产业发展；五要保护知识产权，既保护生产者，又保护消费者，尤其要加大对消费者的保护力度；六要提高对人力资源的支持力度，以人力资源为扶持重点；七要扶持中小企业的发展，促进就业；八要注重发展模式的选择，各地政府应形成自己的发展优势；九要使部委成为决策主体，使行业协会与企业成为市场执行主体，形成一个有效的合作机制；最后要分阶段逐步降低政府在推动文化创意产业中的作用。

## 2. 国际视野中的中国经济转型与文化产业

陈少峰在《思想战线》2009 年第 2 期撰稿认为：

中国经济发展所面临的最大挑战就是必须提升和转型，相应地，以文化促进实体经济的质量和提高文化企业的竞争力就成为主要课题之一。谈论经济发展模式中的文化因素，需要考虑两个方面的问题，一个是文化产业当中的娱乐及信息等领域的产业化，一个是产业文化化。中国文化产业中的企业缺乏文化表现和产品研发所需要的整合性的技术。能够带来文化产业规模化收益的文化元素，不是一般化理解的传统文化，而是创意和创新。要改变关于文化对经济之促进作用形态的认识，文化不仅仅是一种辅助角色，更可以唱主角。各级政府和企业如何借助提升文化和发展文化产业来帮助实现经济转型，应各有其姿态与策略。

## 3. 经济演进趋势下的文化产业发展研究——以台湾台南为基础的分析与比较

马群杰、汪明生在《公共管理学报》2009 年第 3 期撰稿认为：

地区文化建设与文化产业发展实力的累积，除了能促成人文与经济产业成长、培养地区的相对竞争优势外，还有利地方发展资源配置，是兼具文化、经济以及地方总体发展意涵的前瞻性产业发展政策规划。台南市是台湾历史最悠久的都市，拥有丰富的历史文化资产。然而，随着时空背景的转变，逐渐走向以科技产业为主的工业社会，曾经繁盛一时的府城地区，已丧失其原有的首府之地位，取而代之的是一个缺乏动力、丧失竞争力的城市。经由系列性活动的举办，台南市虽塑造出有别于以往的古老城市风貌，然在地方文化产业发展与地区文化营销过程中，却少见经由政策面的产业发展课题着手，进行文化产业基础的比较与分析，这对确实厘清地方文化产业发展盲点、促进地区资源适切配置，形成相当程度局限。本研究通过台湾地区区位商数分析（LOCATIONAL QUOTIENT，L. Q.），将台南市与台北市、台中市以及高雄市地方文化产业发展条件进行现况比较，为避免文化产业发展政策推展进程中，产生解决错误政策问题的第三类型错误困境提供了借鉴，并有益于地方发展资源的较适切配置。

## 4. 中国文化产业十年进程：一个实践分析框架研究

向勇、刘静在《福建论坛》2009 年第 8 期撰稿认为：

1998 年至 2008 年，构成新时期中国文化产业实践最初的十年。在简单呈现十年文化产业中国建设概貌之后，本文重点分析了中国文化产业重要政策、法规文献，并对照文化产业研究权威文献量化整理，概括出中国文化产业本土实践十年的要点与难点纠结。在文章的最后，总结中国文化产业本土实践特征的基础上，构架出中国文化产业的本土分析框架。

## 5. 世界金融危机与中国文化产业机遇

向勇、刘静在《福建论坛》2009 年第 6 期撰稿认为：

世界金融危机给处于发轫时期的中国文化产业发展频添变数，全面系统分析危机对我国文化产业的影响是应对危机的前提。本文在总结中国文化产业发展特征的基础上提出“中国文化产业实践分析框架”，力图对危机影响进行全方位梳理，并在此基础上提出危机为我国文化产业深层根本性问题的转变所带来契机的可能。

## 6. 文化创意产业与活动经济链条——关于影院产业经营策略的思考

陈旭光、肖怀德在《当代电影》2009 年第 2 期撰稿认为：

影院经营作为电影产业链条的终端，对于中国电影产业的发展和文化大发展、大繁荣具有重要意义。本文从分析影院功能的流变过程和目前中国影院面临的生存与竞争压力等现实境况入手，把影院经营定位于文化创意产业和活动经济的观照视角，从这两个角度出发，对影院产业经营进行策略性的思考。

## 7. 文化经济的融合兴起与北京想象——北京文化创意产业集聚区发展再研究

孔建华在《中国特色社会主义研究》2009 年第 2 期撰稿认为：

规划建设“文化创意产业集聚区”符合首都城市性质与功能，是北京文化经济深度融合、组团发展和集成创新的重要标志。北京文化创意产业集聚区是创造、生产或提供文化产品和服务的规模级、开放式的文化经济功能区。就其整体面貌看，主要有科技园区、工业厂区、文化街区、规划新建四类；就其形成来源看，主要有自然形成、主导建设、改造租用、资源依托四种。北京集聚区具有政府引导、企业主体的管理运行特征。本文提出，加强组织管理和服务引导，提供专业支持，将北京集聚区建成新型“文化中关村”。

## 8. 经济危机背景下中国文化产业的发展前景

张晓明在《深圳大学学报》2009 年第 4 期撰稿认为：

长久以来，我们一直在强调中国文化产业的发展是与中国国家经济增长方式的转型和结构提升这样一个大的环境有关。在 2008 年底到 2009 年初，我们都知道有这样一个说法，即：“经济危机的形势下，中国文化产业显示出一个逆势增长的态势”。这个说法虽然不错，但是如果用到一个不恰当的程度可能会有问题。文化产业是一个大的经济环境背景下的产业，它是一个特定经济发展阶段上的一个产业。

## 9. 金融危机背景下的文化体制改革

范周、杨剑飞在《现代传播－中国传媒大学学报》2009 年第 5 期撰稿认为：

金融危机的爆发与蔓延，给世界经济造成了巨大的影响。作为世界经济圈的重要一员，中国不可避免地受到其影响。而此次金融危机，在一定程度上为中国文化产业的升级换代提供了重要机遇。为了应对危机赢得发展，就必须从实际出发，从科学发展的角度出发，将文化体制改革进行到底。今天，文化体制改革已经纳入到整个国家整体的深度改革之中。文化体制改革能够接近经济体制改革带来的放大作用，消除两种体制改革间的政策鸿沟，是先进生产力的发展要求，生动体现在先进文化前进中，也为中国先进文化前进提供了方向。

## 10. 金融危机背景下的文化产业结构调整

齐骥、赵莹在在《现代传播－中国传媒大学学报》2009 年第 5 期撰稿认为：

金融危机本身为文化产业带来的冲击或许只是导火索，而更深层次的原因还在于产业结构内部。金融危机影响下文化产业的许多行业增幅放缓，暴露出产业本身深层次的结构性问题，这在许多文化行业中都体现出来。在全球经济面临诸多挑战，区域经济一体化深入发展，产业转移和资本技术流动加快，经济形势更加不确定的国际环境下，国家宏观调控力度不断加大，深层次改革加速推进，社会转型出现新特征，文化消费需求不断增长，低能耗、低污染、高附加值的新型绿色产业，成为许多地区的战略选择。虽然文化产业成为这一轮发展中许多政府和企业追捧的对象，但是其本身也暴露出许多问题，例如产业链短，缺失知识产权保护；结构粗放，缺少敏捷反应机制等。因此，应对金融危机进行产业结构调整，是文化产业本身进行重新洗牌的契机。

## 11. 大力发展文化产业　培育新的经济增长点

丹增在《中国流通经济》2009 年第 3 期撰稿认为：

文化产业的发展主要受历史传承、社会需求、经济状况、科技水平和政策导向等多方面的影响。在我国，文化产业作为朝阳产业和绿色产业，具有广阔的发展前景。第一，从十六大到十七大，经过五年的思想大解放，各级干部树立了正确的文化观，为今后文化产业发展提供了良好的思想基础；第二，文化体制改革全面展开并将逐步深化，将极大地释放文化产业的活力，为文化产业快速发展提供体制和机制上的保证；第三，城乡居民的文化需求大幅度增长，市场需求和发展空间很大；第四，公共基础设施的不断改善，将为文化产业发展提供必要的条件；第五，国家把发展文化产业作为调整经济结构的重要举措，给予许多政策支持；第六，文化经济成为影响世界经济格局的重要力量。

## 12. 从香港旅游业的成功看文化创意产业的发展

林小森在《企业导报》2009 年第 12 期撰稿认为：

香港在旅游资源并不具备比较竞争优势的情况下，凭借文化创意产业打造了现代旅游业的神话。其注重旅游文化内涵品牌的深度挖掘、建构高效的组织体系、适时调整发展策略等经验，对中国内地旅游业的发展具有一定的借鉴意义。

## 13. 政治意图、文化软实力与文化产业

刘铁在《江淮论坛》2009 年第 5 期撰稿认为：

经济全球一体化并非导致了“意识形态”的终结，而是导致了国际秩序的重新设定和安排，不再简单地以国家武力作为唯一的选择，而是更多地依靠资本和跨国公司的力量。这背后都与国家之间的文化软实力竞争紧密相关，近年来各国依托文化产业的发展来提升和扩张自己文化软实力。在当代国际政治关系中，政治意图、文化软实力和文化产业发展的逻辑呈现为：国家政治意图在国际间的推行，往往借助文化软实力；而国家文化软实力在全球化背景下的推行，往往借助国家文化产业的发展。“政治意图”、“文化软实力”、“文化产业”在这一意义上已密不可分。

## 14. 文化创意产业及其评估实践研究

祁旭辉、郭长安在《商业时代》2009 年第 18 期撰稿认为：

本文分析了文化创意产业的理论界定和统计实践界定，指出文化创意产业评估实践中的问题，进而从可操作性角度出发，提出利用现有的统计指标，从经济环境、对要素的吸引力指标、创意源泉指标三方面对区域文化创意产业的发展进行综合评估，并构建了评估指标体系。

## 15. 提升我国文化产业出口水平的建议

李志鹏、吴沛桦在《当代经济》2009 年第 3 期撰稿认为：

尽管近年来我国文化娱乐服务行业发展迅速，但其产品在国际市场中的竞争力仍然较弱。本文在分析我国文化产业出口发展现状的基础上，探讨了我国文化产业的国际竞争力问题，并提出了进一步增强我国文化产业出口竞争力的对策。

## 16. 文化产业，抑或创意产业？——概念与政策趋向的差异

章建刚在《学术探索》2009 年第 5 期撰稿认为：

进入新世纪，我国文化政策面最大的变化就是“文化产业”概念进入了党和政府的重要文献。2000 年 10 月，中共中央十五届五中全会通过的《中共中央关于“十五”规划的建议》中首次出现“推动有关文化产业发展”的政策取向；2001 年 3 月，这一建议为九届人大四次会议所采纳，文化产业发展被正式列入国家“十五”规划纲要。迄今，国内的文化产业发展已经走过近 10 年的历程；国务院也审议通过了国家文化产业发展战略规划。然而，在各地推动、实施文化产业发展的进程中，不少地方在制定发展规划时，纷纷将文化产业的名称改为创意产业或文化创意产业，也有一些专家认为创意产业反映了国际文化产业发展新的趋势。这两个概念有怎样的差异呢？我以为可以简单梳理一下文化产业和创意产业这两个概念在语用过程中的异同，并厘清有关政府部门概念选择背后的意图，以对国家文化产业政策未来的趋向进行研判。

## 17. 文化产业，还是文化创意产业？

祁述裕在《学术探索》2009 年第 5 期撰稿认为：

中国人常说：“名不正则言不顺”，统一概念的使用确有必要。首先，在我看来，使用“文化产业”的称谓，还是使用“文化创意产业”的称谓，没有好或不好的区别，只是使用哪一个称谓更好。我的看法是“文化产业”这个概念在当代中国有很强的针对性，继续沿用也可，但使用文化创意产业的概念更有时代感，也更有前瞻性。所以我倾向于使用后者。我想从文化产业和创意产业这两个概念的产生与时代变迁，来说明这一点。

## 18. 从文化产业到创意产业

施惟达在《学术探索》2009 年第 5 期撰稿认为：

文化产业是生产和提供文化产品和服务的活动，以及与这些活动相关联的活动的集合。从经济学的角度，这些活动与相关联的活动的集合就构成产业。文化产品和服务不同于一般产品和服务的最大特点就在于它的双重性：既有物质性，又有精神意义性，而物质性不过是作为精神意义性的表现形式或说符号而存在的。因此，文化产业的本质是生产精神意义。人类的任何生产都是为消费而生产，不是为生产而生产，精神意义的生产也如此。只不过在前现代社会中，社会性的精神意义的生产和消费只囿于上层精英一个很小的范围，广大下层社会的精神意义的生产和消费则处在一种自在的或说非社会性的状态，不能构成一个产业的形态。现代社会由于物质与技术的高度发展，社会结构发生很大的变化，精神意义的生产和消费成为一项社会性的重要内容，围绕精神意义的生产和消费就集聚成一类重要的产业活动。大致说来，可以把现代社会的文化产业分为三类：首先是精神意义直接的生产活动，如文学艺术创作、表演，学术研究等；其次是精神意义的传播（销售）活动，如新闻出版、广播影视、互联网、手机通讯等；再次是为生产活动和传播活动提供条件和手段的活动，如相关的物质材料、设备制造等。

## 19. 关于我国文化产业发展战略研究的思考

胡惠林在《东岳论丛》2009 年第 2 期撰稿认为：

文化产业发展是全球化进程中最重大的事件之一。知识经济在全球的兴起和物质经济向非物质经济的全球性战略转变，以及人类社会正在遭遇到的资源和环境发展危机，都使得大力发展文化产业，把文化产业发展作为今后长期的国家发展战略，成为国际社会广泛的战略选择和国际战略竞争新形态。10年来的中国文化产业发展战略研究以及文化体制改革给中国文化产业发展带来的深刻变化，思想史和实践发展史两个方面的积累都使得关于“我国文化产业发展战略研究”获得整体上的突破和理论上的建树与创新，成为一个重大学术使命和责任。全球化进程的不断深入，国际文化战略竞争的进一步加剧和国家发展战略的一系列调整，以及国家关于转变经济发展方式的战略要求的提出，都使得中国文化产业发展面临着前所未有的战略压力和战略机遇。如何科学地回答由此而带来的一系列重大的战略理论和战略实践问题，成为当前和今后影响我国文化产业发展的关键。紧紧抓住这未来10年的“战略机遇期”，根据我国文化产业发展的实际和建设创新型国家的国家总体战略要求，重新确立我国文化产业发展战略，对于将深度参与世界文化产业竞争的中国文化产业发展具有特别重要的意义。

## 20. 文化产业正义：文化产业发展的历史地理学问题——关于文化产业发展新战略理论思考

胡惠林在《上海交通大学学报》2009年第5期撰稿认为：

文化产业对于历史和地理具有解构与建构的功能。时间上的历史主义态度和空间上的文化认同价值，构成了文化产业发展与历史地理学最主要的正义关系。重建文化产业发展的新历史地理学关系，应当在建立和实现文化产业正义的同时，也能够实现其他各个领域和各个方面的正义这样一种新的文化产业战略理论和战略观，从而使得“文化产业正义”转变成“文化产业发展的历史地理学正义”，用文化产业的历史地理学正义观，建构中国新文化产业正义观和新的文化产业发展战略观。

基　金：教育部哲学社会科学重大项目（08JZD0034）

## 21. 我国文化产业市场化发展的路径选择

李康化在《福建论坛》2009年第10期撰稿认为：

中国文化产业的兴起，是经济体制改革强力推进的结果，是文化的市场化和经济化。文化产业的市场化发展道路是壮大中国文化产业的战略选择，因为市场化是文化产品价值的实现方式，是文化市场体系的培育路径，是文化管理体制的改革方向。文化产业市场化发展可以在主体、技术、渠道方面给出安排，同时要防止其与正确价值取向的偏离。

基　金：教育部哲学社会科学研究重大课题攻关项目“我国文化产业发展战略研究”（项目编号：08JZD0034）子课题“我国文化产业市场化发展战略”的阶段性研究成果

## 22. 金融危机的挑战与文化产业的应对

刘士林在《人文杂志》2009年第4期撰稿认为：

借助于增强自主创新能力、优化调整产业结构、加快转变经济发展方式的大趋势，特别是中央及时出台的一系列刺激经济扩大内需的措施，文化产业在短期内也获得更多的发展机遇，并使一些地区的文化产业出现逆势上扬的态势。发展文化产业的主流意见在于：一是金融危机给文化产业带来的机遇大于挑战，二是经济萧条会直接刺激人们的精神消费需要，三是文化产业发展前景远远好于其他产业。在关于文化产业的一片叫好声中，实际上既有理论与逻辑上的漏洞，也忽略了很多重要的现实经验。文化产业与金融经济都是当代都市化进程的新宠，以消费社会和消费意识形态为中介，两者的相互联系程度很高。在金融业积重难返的当下，文化产业将和其他产业一样进入最困难的时期。文化产业发展的基本原则有四方面：一是以理论研究为基础的科学决策原则；二是以理性态度为前提的适度发展原则；三是在具体实践中的精准化战术；四是以不变应万变的文化产业创新战略。

基　金：教育部新世纪优秀人才支持计划（编号：NCET－08－0899）的阶段性成果

## 23. 上海世博会：文化创意产业发展的重要契机

金元浦在《探索与争鸣》2009年第4期撰稿认为：

2010年上海世博会是以文化为基础的一次战略实践，是上海文化创意产业发展的极好机遇。上海的文化创意产业将在世博会这一重大国际性主题文化活动的带动下，根据市场需求推出系列化的文化产品和服务，塑造出知名品牌型的强势文化创意产业群体，吸引外部投资和外来消费作为城市和国家的发展资源，同时通过完善发展上海的创意产业，借助世博会的展示平台，向世界呈现上海作为世界创意中心之一的城市形象。

## 24. 国内外发展文化创意产业的政策研究

蔡荣生、王勇在《中国软科学》2009年第8期撰稿认为：

随着全球经济的发展，居民生活水平的提高，消费者对于文化产品的需求开始迅速增加，进而带来国内外文化创意产业的快速发展。然而文化创意产业作为一种新兴产业，其发展离不开政府政策的扶植和引导。因此，本文在前人研究的基础上，首先对文化创意产业的概念和特性进行了总结和归纳，分析了文化创意产业在当代国民经济中的重要地位；随后通过对国内外发展文化创意产业的先进经验进行总结，提出了政府促进文化创意产业发展的总体政策框架；最后为我国政府更好地规划和发展当地文化创意产业提出了相应的政策建议。

## 25. 文化全球化语境下的文化产业发展与非物质文化遗产保护

李昕在《西南民族大学学报》2009 年第 7 期撰稿认为：

在文化全球化语境下，是文化产业发展的极不平衡，而非文化产业发展本身，导致文化产品、文化价值观念流通的单向性，在很大程度上破坏了非物质文化遗产所赖以生存的以个体创造、个性化为特征的文化多样性的基础。面对全球性的现代化进程与文化产业发展不平衡所带来的西方强势文化的大举入侵，传统的非物质文化遗产保护应当与发展文化产业相结合，利用非物质文化遗产中丰富的文化资源发展独具特色的民族文化产业。

## 26. 文化创意产业发展模式研究——兼论文化创意产业促进其他产业的升级与发展

周秀玲、王信东在《当代经济》2009 年第 21 期撰稿认为：

文化创意产业已经被许多城市列入优先发展的产业，被视为最有前途的阳光产业。文化创意产业不仅本身能够生产出文化产品，形成经济发展重要源泉，同时还能够与其他产业相结合，促进其他产业的升级与发展，使文化创意产业在城市经济发展格局中形成效益倍增效应。因此极有必要对文化创意产业的发展路径与模式进行分析，了解其在社会经济发展中的功能，以便更好地促进推动文化创意产业的良性发展。

基　金：北京市教育委员会社科计划面上项目《基于知识管理的北京文化创意产业发展策略研究》（SM20091077－2004）；北京知识管理研究基地项目部分研究成果

## 27. 日韩文化产业发展的成功经验对中国文化产业发展的启示

杨利英在《毛泽东邓小平理论研究》2009 年第 10 期撰稿认为：

中国作为文化资源大国，正处于对外开放新阶段的关键时期，应该加大文化开放力度，大力发展中国的文化产业，进而提高中国文化力和综合国力。日本和韩国的文化产业迅速发展并取得巨大成功，两国文化产业发展的成功经验值得我们借鉴。

基　金：教育部人文社会科学重点研究基地重大项目“‘三个代表’重要思想与中国改革开放的历史经验研究”[08JJD710023] 阶段性成果之一

## 28. 金融危机背景下的文化产业与科技创新

陈小申、陈曼冬在《现代传播－中国传媒大学学报》2009 年第 5 期撰稿认为：

在全球金融危机的背景下，倡导科技创新，运用高科技手段去改造与提升传统文化产业，开发新兴文化产业，不断提高文化产品的科技含量，是文化产业领域应对当前金融危机的必然选择。文化产业的历史变迁与科技创新之间有着内在逻辑关系。从某种意义上说，没有先进的科学技术就没有当代的文化产业。正如达芬奇所说：“艺术借助科技的翅膀才能高飞。”一个好的文化资源，一个优秀的文化创意要变成文化产品必须借助于相应的技术手段，文化产品的存储、传播、管理等环节都需要先进科学技术的支撑。金融危机催生科技创新为文化产业提供强劲动力。历史经验表明，全球性经济危机往往催生重大科技创新突破和科技革命，重大科技成果往往成为推动世界经济走向复苏与繁荣的重要武器。

## 29. 金融危机背景下的文化产业政策解读

刘江红、朱敏在《现代传播－中国传媒大学学报》2009 年第 5 期撰稿认为：

金融危机爆发后，中央政府出台了十大产业振兴规划，在产业振兴的宏图中，文化产业也传来利好消息，2 月 25 日温家宝总理主持召开国务院常务会议，明确提出“积极发展创意、动漫、游戏、应用软件等新兴产业，培育新的经济增长点。”在文化产业着力发展的当口，政策仍是一股关键力量，为了促进文化产业发展，从中央到地方各级主管部门都加大了政策力度。这些政策的出台和推行都沿着中央提出的主体工作路线在进行，而这其中“抓改革、调结构、增活力、上水平”成为文化产业政策建设的风向标。金融危机后文化产业政策制定的内容范围更广泛、政策体系更健全。“产业政策在实质上是一种‘供给管理’政策，通过制定对某一产业发展的一系列‘倾斜性’政策，吸引其他产业的过剩资本从这些产业流向需要发展的产业，伴随着资金进入的是各种生产要素的流入，从而有力地刺激该产业的发展，提高产业的供给能力，加快产业的增长速度。”就目前我国文化产业的发展而言，“供给管理”政策的制定仍是主要方向。

## 30. 抓住时机，顺势推进文化体制改革

齐勇锋在《社会科学报》2009年9月10日撰稿认为：

要把发展文化生产力作为文化建设的根本目的，依据文化生产力发展的要求，进一步解放思想，积极推进文化体制改革，破解制约文化生产力发展的体制性难点。一是，要顺应文化产业化发展的要求，推动国有经营性文化事业单位转企改制，塑造以公有制为主导、具有混合经济特点的文化市场微观主体。二是，要顺应文化市场化发展的要求，打破行业和区域壁垒，营造统一开放、公平有序竞争的文化市场环境。三是，要顺应文化社会化发展的要求，进一步降低市场准入门槛，更大规模地引进社会资本进入文化产业领域。四是，要顺应文化融合化发展的要求，推动文化产业跨地区、跨行业的资产重组。五是，要顺应文化资本化发展的要求，改革国有文化资产运营、监管体制，构造文化产业发展的金融和资本市场服务平台。六是，顺应文化多元化发展的要求，探索具有中国特色、区域特点的文化发展道路和发展模式。七是，顺应文化国际化发展的要求，探索更大规模地利用国际国内两种资源，加快发展我国文化产业的制度安排。

## 31. 文化内容创新论纲

齐勇锋在《山东社会科学》2009年第2期撰稿认为：

文化是民族的灵魂，创新是文化发展的动力。按照胡锦涛总书记在党的十七大报告中提出的要求，" 要更加自觉、更加主动地推动文化的大发展、大繁荣"，从根本上说，就是要推进文化内容建设和内容创新，形成有利于内容创新的体制机制和具有创新精神和创新能力的人才队伍，激发全社会的文化创新活力，源源不断地产生出一大批在国内外有影响力的原创文化作品和有竞争力的文化艺术产品，才能真正促进文化市场的大发展和大繁荣。当前，内容创新是文化创新的核心，内容不足已成为当前制约我国文化大发展、大繁荣的主要问题。因此，必须站在时代发展的前沿，从建设创新型国家、增强国家软实力的战略高度来认识内容创新的重要意义。国际经验表明，政府在内容创新中应当发挥积极的政策支持和引导作用。实施" 国家文化内容创新工程"，同时以综合配套的制度安排、政策支持和良好的文化生态环境作为支撑条件。

## 32. 创意的聚合与辐射<br>——高校文化创意产业孵化器研究

卜希霆、李伟在《现代传播－中国传媒大学学报》2009年第4期撰稿认为：

文化创意产业孵化器是通过提供研发、生产、经营的场地，通讯、网络与办公等方面的共享设施，系统的培训和咨询，政策、融资、法律和市场推广等方面的支持，降低文化创意企业的创业风险和创业成本，提高文化企业的成活率和成功率，打造产业集群，推动文化产业发展。它具有创业、孵化、实验、研发、培训、展示、交易、示范、辐射等多种功能。作为成功培养创意型企业、创意产业业态和创意产业者的文化经济组织，文化创意产业孵化器是加快文化创意产业基地和区域性特色文化创意产业集群建设的重要载体。高校文化创意产业孵化器充分利用大学开展文化创意产业孵化的有利条件和潜力优势，是实现文化创意产业人才培养、创意成果转化和服务创意经济的重要平台，具有强大的创意资源聚合与创意辐射能力。

基　金：北京市文化创意产业研发与人才培训基地项目“高校文化创意产业孵化器研究”　（项目编号：HW0838－27）的研究成果

## 33. 从“文化工业”到“文化产业”<br>——关于传播政治经济学的一种概念转型

陈卫星在《国际新闻界》2009年第8期撰稿认为：

法兰克福学派的“文化工业”概念在20世纪70年代被法国学者重新阐释为复数意义的“文化产业”。这一概念转型从产业经济学的角度丰富了传播政治经济学的内容，有助于我们从技术和社会之间的互动关系来认识和把握信息资本主义的发展趋势。

## 34. 论金融危机背景下的中国文化产业发展

蔡尚伟、王倩茹在《思想战线》2009年第2期撰稿认为：

金融危机带来了全球经济动荡，文化产业面临严峻考验。从历史和逻辑的研究路径出发来看，本次金融危机将是一次世界文化产业格局重新洗牌的契机。金融危机对中国文化产业各方面产生了利弊掺半、不同程度的影响，“机遇论”更可能成为当下我国文化产业发展的一个主要指导思想。为使我国文化产业顺利度过危机，找到发展的良机，相关企业要以诚信为本，加强创新，加强彼此间的对话与合作；政府需要宏观权衡第一、二、三产业之间的关系，谨慎把握、调控文化产业的发展速度及走向。

## 35. 文化创意产业商业模式创新研究

郭毅夫、李玉荩在《商场现代化》2009年第20期撰稿认为：

商业模式的构建和路径选择直接影响着文化产业企业

的竞争力。文化创意产业商业模式创新可从价值链角度，即运用价值链分析法，对企业的价值链进行延长、分拆、职能外包等来进行创新。也可从资源角度，对不同资源如产品、渠道资源乃至整合不同行业企业来进行创新。或从技术角度进行原始型创新、改造型创新或结合型创新。

## 36. 符号经济时代文化产业品牌构建战略

陈亚民在《经济社会体制比较》2009 年第 4 期撰稿认为：

当前，随着经济与文化的日趋融合，以“符号”的生产、交换和消费为基础的符号经济时代已经到来，文化的符号价值得到了前所未有的凸显。文化产业这一新的经济形态在品牌构建中，应按照符号生产与消费的规律将文化资源转变为特定的符号，从而增大品牌的文化附加值。文章论述了符号经济时代的特征，阐明了文化在符号价值生成和消费过程的介入及传递方式以及符号消费与品牌形象、文化体验与品牌联想的相互联系，提出了基于符号价值体系的品牌构建的文化战略及具体路径。

基　金：山东省高等学校优秀青年教师国内访问学者项目经费资助

## 37. 区域创意产业发展的集聚性及其产业发展途径

徐艳芳在《理论前沿》2009 年第 5 期撰稿认为：

创意产业在地域分布上，呈现出明显的集聚特征。创意产业集聚发展的原因主要是规模经济、比较优势和智力的扩散。地方在把集聚作为发展模式规划发展文化创意产业时，应注意发挥区域的比较优势；发挥政府的支持作用；利用集群效应打造创意产业品牌；加强对知识产权的保护。

## 38. 文化产业产生的深层原因与现实思考

朱以青在《东岳论丛》2009 年第 12 期撰稿认为：

现代科技革命的发展、大众文化需求的增长及产业结构升级的基本规律是文化产业兴起的内在原因，而理论研究的突破及政府的大力推动给文化产业的兴起以外部推动力。而今，文化产业已成为发达国家新的经济增长点，中国等发展中国家应大力推进文化产业的发展，以提高本国的文化软实力，维护国家的文化安全。

## 39. 我国文化产业发展战略的公共经济政策分析

付景涛、张斌在《企业经济》2009 年第 5 期撰稿认为：

政府需要根据本国资源禀赋和产业竞争力的实际制定和执行灵活的公共经济政策，以使本国在国际经济竞争中处于有利地位。这方面，美国公共经济政策的变迁为我们提供了榜样。文化产业具有特殊战略地位，它有助于民族文化和价值观的传播与继承，符合国家长远利益的比较优势产业和科学发展观的内涵。政府应通过发挥主导作用提高我国文化产业的竞争力；中央和地方政府应根据文化产业发展规律，制定文化产业发展战略。

基　金：湖南省教育厅资助科研项目“湖南文化企业竞争力研究”（批准号：07C112）；深圳市哲学社科规划课题“深圳市文化产业品牌发展战略研究”（批准号：115A078）

## 40. 区域文化产业发展战略理性的一致性检验

付景涛、李明在《开发研究》2009 年第 2 期撰稿认为：

文化资源在得到产业化开发后能够带来巨大的经济收益，依据古典经济学的理性假设和产业组织理论，我们可以预期地方政府会根据辖区内文化资源的具体禀赋制定区域文化产业发展战略。通过运用双案例比较分析方法，以湖南和深圳的文化资源禀赋及地方政府制定的区域文化产业发展战略为研究对象，对研究假设进行了检验，得出的结论是文化资源禀赋与区域文化产业发展战略具有一致性。

基　金：湖南省教育厅资助科研项目（07C112）；深圳市哲学社科规划课题（115A078）

## 41. 文化产业：制度创新、审美衍生与文化战略

顾江、阮南燕、周锦在《马克思主义美学研究》2009 年第 2 期撰稿认为：

文化产业作为一种国家文化的基本形态，不仅是提升国家参与世界竞争的“软实力”之一，而且越来越成为一种强大的产业实体。本文立足于文化产业的文化研究，从经济学、管理学、社会学、艺术学、美学的视角对文化产业进行深层解析，探究文化产业发达国家的文化产业政策、政府在文化产业发展中的核心功能以及政府的产业政策对文化产业的健康发展所具有的重要作用，并以好莱坞电影、日本动漫、韩国影视剧等为参照，探讨政府管制下的文化产业制度创新与审美之间的张力，分析各国文化产品的审美衍生与各国文化战略的共谋所形成的文化软实力的增强，由此提出中国文化产业的未来发展路径。

## 42. 我国区域文化产业竞争力评价与差异分析

叶丽君、李琳在《科技管理研究》2009 年第 3 期撰稿

认为：

文化产业竞争力已逐渐成为知识经济背景下区域竞争力和国家竞争力的重要组成。构建文化产业竞争力评价指标体系，运用因子分析和聚类分析法对我国 31 个省市文化产业竞争力进行评价和分析，结果表明，各地区文化产业发展存在差异，大部分地区处于竞争力强弱层次的中间层面，整体而言，文化产业竞争力与地区经济发展水平基本一致，但少部分地区存在较明显分异；并提出了提升我国区域文化产业竞争力的针对性建议。

## 43. 创意产业对城市竞争力的作用机理研究

郝渊晓、张洁、周美莉在《中国高等院校市场学研究会 2009 年年会论文集》中撰稿认为：

创意产业创造价值的巨大能力已经引起了全球经济的无限关注。创意产业对城市竞争力的提升具有重要作用，但目前的文献研究还没有完善的理论支撑体系。本文以此为出发点分析创意产业对城市竞争力的作用机理，研究得出创意产业通过四个方面作用于城市竞争力——优化城市结构模式、创新城市经济发展模式、促进城市经济价值提升以及增强城市吸引力，同时将这几个方面进行逻辑梳理，使其与现有理论融汇贯通，一脉相承。

## 44. 关于提升文化产业集聚园效益的思考

陈少峰在《北京联合大学学报》2009 年第 3 期撰稿认为：

文化产业基地和特色文化产业群在多数情况下是以文化产业集聚园的形态出现的。建立文化产业集聚园，就是以产业集聚的方式来推动文化产业发展。这是各个地区建立特色产业群的必由之路，也得到了中央的认可和支持。不过，各地在建设产业集聚园时也存在一些误区。有些产业园忽视了文化产业产业链经营的基本方法，因而成效不够明显。因此，在加快建设文化产业集聚园的过程中，需要深入了解产业集聚园的发展规律，也要注意避免各种错误的做法。只有在合理的定位与规划基础上，同时按照产业链经营的方式，才能打造出真正的文化产业基地和区域性特色文化产业群。

## 45. 艺术经济律：在创意中熠熠生辉<br>——以旧厂房的艺术改造为例

范周在《深圳大学学报》2009 年第 4 期撰稿认为：

远在古希腊文明时代，人们就提出过“市场和美学之间是盟友还是敌对关系”的命题，这是目前很多艺术家包括美术馆、博物馆等艺术场所管理者们重点讨论的问题。那么，如何能找到一条既能保证艺术创作，又能按照市场规律运作的道路，寻求一个良好的与市场结盟的方式来体现艺术的经济价值？我们从泰特现代美术馆的创意之路或许能得到有益的启示。

## 46. 关于文化产业在应对金融危机中地位和作用的探讨

齐勇锋在《东岳论丛》2009 年第 9 期撰稿认为：

金融危机导致我国实体经济严重下滑，却凸现文化产业的比较优势和发展机遇。当前，面对金融危机和经济衰退的挑战，有必要也有可能把加快文化产业发展作为应对危机，以扩大内需，拉动就业，调整经济结构，实现国民经济可持续发展的重要举措。要将文化产业提升到现代服务业的核心产业和国家战略性产业的高度予以重点扶持，实行灵活多样的扩大文化消费需求的政策，大力加强文化基础设施建设，完善产业发展的公共平台，利用资本市场的资源配置功能，推动文化产业快速健康发展。

## 47. 变样，从叙事开始

尹鸿在《大众电影》2009 年第 5 期撰稿认为：

在市场化条件下，只有影院的“必看性”才能吸引观众主动消费。而“必看性”的前提就是充分的故事强度。在全球化、市场化和多媒介化的环境中，电影的创作观念面临着“时代变迁”的挑战。强度性、年轻化、娱乐性（其中同样包含意识形态表达、社会化教育、社会心理净化）已不可避免地成为当代电影美学的主流趋势。

## 48. 我国文化体制改革的过程、路径与理论模型

傅才武、陈庚在《江汉论坛》2009 年第 6 期撰稿认为：

在世界范围内，中国的文化体制改革是一种独特的经验。中国文化体制改革经历了从体制内向体制外拓展的过程，改革也由此存在着两个阶段和两种类型，而政府与文化主体之间的关系、文化主体与市场之间的关系、内部人员与文化主体之间的关系也表现出了新的发展趋势。在改革的深化与拓展阶段，实现组织创新、政策创新、主体创新、法律创新是深化我国文化体制改革的基本路径。

## 49. 创意产业的“层级性”思考

黄昌勇在《同济大学学报》2009 年第 1 期撰稿认为：

如果说创新是一种国家战略，那么创意只能是一种发展策略；创新是一个大概念，创意是一个小概念，或者说

创新是包含着创意的。在操作层面上，或许可以这样认为，创新更多地是指涉科技方面，创意更多地是指涉文化方面；创新更多地是涉及制造业，而创意更多地是涉及服务业。创新往往是国家概念，而创意更多是对应区域和城市。创新是扩大自主知识产权，获得附加值；创意不仅如此，还通过创造性的服务业，赢得更为巨大的价值和利润。因此对于中国这样一个劳动力大国和资源短缺型国家，我们在一二产业的创新还远远不够，还有巨大的提升空间，重视程度还不够，所以创新当以国内市场为主体；而创意更应该面向全球市场，参与国际性的高端竞争，特别是文化创意产业的竞争。

## 50. 公共财政扶持文化产业的合理性及政策选择

魏鹏举在《中国行政管理》2009年第5期撰稿认为：

在全球化语境中，文化产业的发展关系到综合实力的竞争。本文系统梳理了我国具有典型的向心文化价值传统，并基于文化的公共性特征，认为：在文化体制改革的过程中，公共财政对于文化发展的扶持，不应简单区分事业或产业，应当在文化生产力理论的指导下，施行事业—产业联动的文化财政政策思路，通过合理适度的公共政策推动文化产业的健康快速发展。

## 51. 全球价值链视角下文化产业升级的路径选择

顾江在《艺术评论》2009年第9期撰稿认为：

大力发展文化产业不但可以缓解日益紧张的资源约束、降低能耗、增加就业，促进社会资本合理流动，而且能够推动产业结构升级，使经济增长方式从粗放型向集约型转化，从而实现社会经济文化的可持续与和谐发展。

## 52. 媒介融合与广播发展的机会

胡正荣在《中国广播》2009年第12期撰稿认为：

媒介融合和广播发展之间的关系，我想这个大的题目可以分为三个小的题目。第一是媒介融合的大潮流；第二是广播发展的空间和机会；第三就是广播在媒介融合的大潮流当中要想真正抓住机会，就要再造业务流程和重构组织结构，这两个问题不解决的话，广播搭上媒介融合这班车的可持续性就令人怀疑。所以我想分三个小的问题来讨论。

# 二、文化产业研究报刊辑览

## 1. 科学技术影响下的文化产业走向

完世伟在《光明日报》2009－12－30撰稿认为：

现代社会中，文化产业与科学技术高度联姻，融合为密切关联的发展体系。科技进步不断推动文化产业的更新和调整，使文化产业获得迅捷、高效的发展手段；同时，在日新月异的科技平台上，文化产业也表现出新的走向。

（1）资源配置“全球化”

随着信息技术的推广和应用，文化产业的发展表现出“横向规模化”和“纵向一体化”趋向，单纯的数量膨胀已经难以表达文化繁荣的真正意义。一方面，同质文化产业在资本、技术等资源优势推动下得到整合，规模日益增大；另一方面，同一产业链上的异质文化产业通过不同企业的兼并改组得以重整。看一下遍布世界各个角落的好莱坞大片、迪斯尼动画片，就可以大致了解技术因素对文化传播的推动功效。

在现代信息技术的影响下，不管是文化产业还是文化化的产业，都有一种趋势，即试图超越地理界限，形成“全球化”态势，并且有意或无意地与意识形态联系起来，在一定程度上侵蚀他国文化。肯德基、阿迪达斯、芭比娃娃算不上真正的文化产业，更不是最好吃、最好穿、最好玩的，但却由于在一定程度上烙上美国文化的印记，并在当代科技推动下被附加上文化意蕴而成为世界知名品牌，成为传播西方文化的优势产业。正因为此，当多夫曼与马特拉的著作《如何解读唐老鸭——迪斯尼卡通的帝国意识形态》问世时，美国人的反应是声色俱厉的。

（2）服务方式“大众化”

在现代科学技术的影响下，文化产业的服务方式和消费方式表现出前所未有的丰富多彩，创造财富和吸纳就业的潜能有效发挥出来。网络文化产业的崛起颠倒了传统的产业链，内容增值服务带动硬件投资，使文化产业真正成为信息产业的高端，也给互联网企业聚集了大量的财富。以淘宝网、当当网为代表的网售模式不仅延伸了文化产业链，其本身也成为一种产业。商家无需把售卖物品摆到市面或货架上，只要在网上介绍一下产品的性能、规格、价格等方面的参数，就可足不出户，增加销售业绩。

将科学技术、商业模式和文化内涵结合起来的文化产业，正从一个大众化的批量市场转向一个多元化的服务市场，文化消费和服务的范围不断扩大——文化产品的价格降低了，适用性增加了，更多的价值元素被注入。人们在享受科学技术发展带来的种种便利的同时，也不断调试着文化产品的“口味”。

文化产业服务方式“平民化”、“大众化”的另一表现是以科学技术为载体的创意产品大量涌现，像各种时尚靓丽的手机、笔记本电脑、MP4 等，都突破了传统观念，注入了科学技术与文化的内涵，体现出商家的匠心与消费者的追求。

(3) 生产方式“数字化”

现代科学技术影响下的文化生产与传统的生产方式有很大区别。由于应用型软件可使人们便捷地将信息转移到生产资料和生活资料中，因此，以前是人机分离的生产方式，现在则成为人机融合；以前是机械的，现在则是智能的；以前复杂的工序，现在则变成了简单流程。

过去，文化生产中有许多工匠式的劳动，比如打字、排版、扫描、送稿、置景、造型等，既费时又费钱；现如今，依托日新月异的电脑、通讯和网络集成技术，艺术家、科学家、程序操作人员协作，可以在电脑里各司其职地制作图形、图像和音乐，生产出电子出版物、数据库，经过后期制作、包装然后发行，应用于有线互联网络。通过这样一个过程，文化资源积累的厚度、文化资源开发的广度、文化内容整合的力度显示出来，文化的辐射力和吸引力也得到了增强。

信息技术拉近了文化创造者、研究机构、人才培训、研发生产、市场流通诸因素之间的距离，不仅增强了文化的互动性，也从创新的角度给文化产业的各个层面以巨大的压力和推动力。在信息与网络构建的社会中，文化被作为商品大量复制：一方面，它打破了文化贵族阶层的存在，使人人都能接近、使用文化；另一方面，相当一部分文化失去了原有的魅力和艺术性，变成了消费者的“快餐”。

(4) 资本主体“多元化”

从本质上说，富于创新精神和知识含量的文化产业，与不断进步的科学技术有着天然的亲和力，而资本总是倾向于流向有创新和文化含量、有核心竞争能力的新型产业。在现代信息技术的影响下，文化市场优化了资本的流动规则，资本对技术的依赖逐渐增强，资本决策者希望能在最广阔、最深入的领域里作最充分的选择，以找到最理想的投资方向。

值得注意的是，在科学技术的推动下，知识资本成为创造文化产品价值的实际推动力，领先于时代的精神内涵往往会带来意想不到的经济效益。以迪斯尼为首的文化产业公司利用现代技术进行资本和商业运作，由最初的卡通、动画到特许专卖店、唱片制作，再到主题公园，逐渐形成规模效应，再延伸到旅馆业、零售业和出版业，一跃成为位居世界 500 强的全球化娱乐企业集团，显示了科学技术、文化产业与资本协同运作的强大能量。

不过，如果高技术与低文化结缘、新技术与旧观念携手，则往往表现为文化发展的阻滞力。现实生活中，腐朽文化也常常企图利用新技术来扩大自己的影响——这是文化产业发展中需要解决的问题。

## 2. 把握文化产业发展趋势

高书生在《人民日报》2009－11－24 撰稿认为：

党的十六大以来，随着文化体制改革不断深入，我国已经初步形成了公有制为主体、多种所有制经济共同发展的文化产业格局。近几年，我国文化产业呈现快速发展态势，增幅不仅高于同期 GDP 增长速度，而且高于第三产业增长速度。文化产业已成为新的经济增长点，并对调整经济结构、促进经济社会又好又快发展起着越来越明显的作用。进一步加快文化产业发展，需要把握好文化产业的发展趋势。

(1) 文化资源调整和整合趋势越来越明显

长期以来，我国文化资源是按行政区划、行政级次及部门来分配或配置的。这不仅同发展社会主义市场经济不相适应，而且制约了文化产业发展，突出表现在两个方面：一是造成地区封锁。文化资源行政化配置，导致各地业务范围、经营模式雷同。为保护本地利益，一些地区往往用行政手段限制其他地区的文化产品进入本地市场。二是导致产业集中度低。文化资源行政化配置，造成资源分散，文化企业数量多但规模小，市场占有率很低。

随着文化体制改革步伐的加快，打破文化资源的行政化配置体制、调整和整合文化资源已是大势所趋。一是先行改革的经营性文化单位具有强烈的扩张欲望，并开始突破按行政区划及行政级次配置文化资源的传统体制。二是文化系统以外的国有资本投资于文化产业的愿望十分强烈，并开始进入部分文化产业领域。三是非公有资本投资于文化产业的积极性很高，已进入政策许可的领域，并推动文化资源的调整和整合。不久前国务院通过的《文化产业振兴规划》，把推动文化企业跨地区、跨行业联合或重组，培育骨干文化企业，以及推进有线电视网络、电影院线、数字电影院线和出版物发行的跨地区整合，作为当前振兴文化产业的重点工作。面对这一趋势，经营性文化单位应加快改革步伐，以开放的心态积极参与文化资源的调整和整合，在同骨干文化企业实行联合或重组的基础上谋求发展。如果无所作为，坐失文化资源重组机遇，就难以在激烈的文化市场竞争中取得优势。

(2) **跨越行业界限的条件越来越成熟**

突破传统的行业界限，是文化企业做优做强的内在要求。在文化传播技术日新月异的形势下，文化企业要么走向综合化，要么转向专门化。经营实力较强的文化企业应通过跨行业重组及并购，逐渐发展为跨行业或跨媒体的综合性文化集团公司，成为文化产业的旗舰，引领文化产业发展；规模较小的文化企业则需在专和精上做文章，细分文化市场，不搞“小而全”。无论是综合类的还是专门化的文化企业，都应在文化内容生产上追求“一次开发、多次使用”，形成完整的价值链，以规模化实现利润最大化，增强竞争力。在这个过程中，越来越多的文化企业将突破目前的行业界限，面向多种媒介、多种文化传播渠道开发和生产文化产品，逐渐成为文化内容的集成商。与此相对应，有线电视网络等文化传播渠道将通过跨地区整合成为互联互通的“高速公路”，从而在同一文化传播平台上容纳不同行业的文化企业。特别是随着电视节目传输从模拟转向数字，电视机将成为集成文化资源的终端机，它不仅能够满足人们观看高清晰电视节目和电影的需要，而且可以成为数字图书馆的终端，使人们足不出户就能够浏览或借阅公共图书馆的藏书，还可以在电视上阅读报刊甚至收看高水平的舞台表演，同时还可能出现互联网的新形态——电视互联网。

(3) **文化与科技融合步伐越来越快**

文化的传承和传播离不开科技进步。在科技发展日新月异、传播技术迅猛发展的当今时代，文化与科技的融合已成为不可阻挡的潮流。文化产业是科技应用最广泛、科技创新最活跃的产业之一。科技对文化产业的支撑作用体现在文化产业各个环节。第一，文化产业发展离不开共性技术，包括语言文字、声音、图形图像处理技术，以及版权保护、检索等专项技术。第二，文化产品生产的各个环节都依赖技术支撑，包括书、报、刊、音像及电子等各类出版物的生产，广播电视节目的生产，美术及动漫和网络游戏的生产，等等。第三，文化传播的渠道、方式和手段等对科技的依赖更直接。构建覆盖广泛、传输快捷、互联互通的文化传播体系，需要广泛应用高新科技。第四，文化资源的开发、储存以及文化遗产的保护，越来越广泛地采用现代技术手段。此外，文化服务、传统文化产业改造等都需要科技支撑。

文化与科技的融合具有重要意义。一是催生新的文化业态。比如，随着数字技术和网络技术的广泛应用，动漫和网络游戏迅速兴起并成为新兴文化产业。二是创造文化传播新渠道。比如，互联网、手机等成为文化传播的新载体。三是改造传统文化产业。比如，随着数码技术的广泛应用，出现了按需印刷的新工艺，赋予图书出版“编印发”以新的内涵。四是促进文化产业升级。比如，随着二维码技术的广泛应用，产生了新的出版物种——“会说话”的图书，扩大了纸质媒介的生存空间。

(4) **文化产业与其他产业关联度越来越高**

文化产业与信息产业具有较强的关联度。无论是互联网、手机还是多媒体电子产品，都需要海量的文化内容予以支撑。特别是随着音频、视频技术的快速发展，信息产业对文化产品的需求呈几何级数增长。文化产业与旅游业的关联度近年来被广泛关注。除了在旅游地举办大型演艺活动以拓展旅游内涵，“深度旅游”将成为国内旅游业发展的趋势，文化寻根、文化展示等活动将进一步增强旅游的吸引力和感染力。旅游纪念品的开发与升级也主要依赖于挖掘及赋予其文化内涵。文化产业与制造业的关联度已在建筑装饰业显露端倪。将文化创意与建筑装饰材料生产有机结合，大大提高了建筑装饰材料的附加值，也为居室装修的个性化创造了条件。制造业的升级换代为文化创意提供了前景广阔的展示空间；离开制造业，文化创意产业将失去可持续发展的条件。文化载体的广泛性和开放性，决定了文化产业与制造业的关联度越来越高。提高制造业产品科技含量的理念早已深入人心，提高制造业产品文化含量及附加值的理念也正在逐渐为人们所接受。

## 3. 知识产权参股撬动文化产业

张贤亮在《人民日报》2009－11－19 撰稿认为：

我们有五千年悠久的历史，各种传统文化艺术都有其余韵；我们还拥有众多善于创新的各类文化艺术人才。可当前我们面临这样一个局面：有创造能力的文化人无资金，有资金的生意人没文化。先行的经济体制改革为文化体制改革提供了借鉴，发达国家的普遍经验也揭示了这点：在市场经济条件下，一个国家发展自己文化的最佳途径就是通过产业化。

我国的文化产业不但起步较晚，基础也很薄弱。怎样最广泛地调动民间发展文化产业的积极性，使社会整体文化能很快地提升和发展，是政府当前必须办的大事。

现在，从全国各地各族群众中不断挖掘出“旧文化”，成了今天的新事物。可是进一步考察就发现，种种精美的、具有世界市场竞争力的传统文化产品不仅绝大多数是小打小闹，产品得不到提高升华，有的甚至有失传的危险。

文化产业是知识、设计、策划、个人心智的创意创新的产业，要让设计策划者、创造创新者充分发挥主动性，最佳手段就是要他们风险共担、利益均沾，让他们成为投资主体的一部分。

文化必须依靠个人头脑，而文化产业又必须是集体性的社会化大生产，这是一个矛盾。要解决这个矛盾，只有资金与智慧相结合。要承认知识智慧、设计策划包括品牌信誉是文化产业中的重要要素，要把无形资产量化为资本作为股本组建规模化经营。阿基米德说：给我一个支点我能撬动地球。今天我们可以说：尊重、保护知识产权、并提倡知识产权参股是撬动文化产业的支点！

## 4. 发挥政府对文化产业的推动作用

丁俊杰在《人民日报》2009－11－17撰稿认为：

国务院通过了我国第一部文化产业专项规划《文化产业振兴规划》（以下简称《规划》）。这是加快我国文化产业发展的重大举措。贯彻落实好《规划》，加快我国文化产业发展，政府具有不可替代的重要作用。

从发达国家文化产业发展的实践看，政府对文化产业的发展方向具有决定性作用。政府主管部门通过宏观规划，对文化产业的重点领域进行战略倾斜，可以加速产业布局进程，形成区域产业优势，抢占国际竞争先机。《规划》的出台，为我国进一步形成文化产业发展的政府推动模式提供了新的机遇。

首先，文化产业是特殊经济环境下的战略性产业。《规划》明确指出，在当前应对国际金融危机的新形势下，文化产业肩负着扩大内需、推动经济结构调整的重任。这一战略性地位的确立，赋予了我国文化产业新的责任。国际上，日本、韩国等国家依靠发展文化产业，比较成功地完成了经济结构的调整和升级。我国文化产业肩负此重任，是产业不断发展成熟、趋近国际水平的重要表现。

其次，文化产业发展格局的国家建构日益清晰。《规划》强调，推进具有重大示范效应和产业拉动作用的重大项目、培育骨干文化企业以及建设产业示范基地，是文化产业的工作重点。这表明，我国文化产业的发展节奏、产业层次和发展重点逐渐清晰，以重大项目、骨干企业、产业基地为代表的产业形态成为文化产业的亮点和组织形态。在文化产业发展中，具有示范价值的产业形态将发挥愈来愈重要的引领作用。

第三，进一步明确了文化产业的重点发展领域。《规划》将"文化创意、影视制作、出版发行、印刷复制、广告、演艺娱乐、文化会展、数字内容和动漫等"作为文化产业发展重点。这一方面明确界定了文化产业发展的重点领域，有助于文化产业分清主次、有序发展；另一方面确立了上述领域的战略地位，将对这些领域的正确定位和发展方向产生深远影响。

《规划》的发布，标志着我国以政府主导为特征的产业推动模式基本确立。结合国外的经验和我国文化产业的特点，现阶段我国政府在推动文化产业发展中应注意协调好以下几个关系。

一是自发聚集与政府引导的关系。文化产业群的成型始于社会文化资源的自发聚集和区域创意氛围的逐步形成，其核心是文化活动的产业化趋势。我国文化资源存量丰富，拥有大量民族文化资源。从上世纪90年代起，我国出现了一批极具特色的文化创意产业基地，吸引了众多企业入驻，成为文化创意产业发展的重要平台。各地方政府应根据本地特点，适时介入，提供政策扶持，推动区域文化产业实现从自发到自觉、从零散到规模、从无序到规范的发展。

二是产业集中与基地开发的关系。《规划》提出，要统筹规划，建设一批产业示范基地。文化产业基地是我国文化产业的主要表现形态，基地建设有利于促进文化产业中相互关联、地理位置相对集中的市场主体不断聚合，形成群体竞争优势，产生规模效益。在文化产业基地的开发建设中，政府起着至关重要的作用。首先，文化产业基地代表着区域文化特色，政府应对其进行合理定位，制定符合本地文化特色的基地建设规划，避免盲目追逐产业热点；其次，政府应充分发挥监管作用，杜绝以建设文化产业基地为由进行其他活动，让基地的"文化"之名真正落到实处。

三是产业发展与政策延续的关系。文化产业政策的延续分为横向和纵向两种类型。横向政策延续，主要是指政府对与文化产业相关的周边产业的扶持政策。文化产业是一个交叉型产业，与诸多产业密切相关。产业政策的制定应兼顾文化制造、艺术品投资、建筑等周边产业，为文化产业的发展提供支撑作用。纵向政策延续，主要是指产业政策的持续性和周期性。文化产业的发展是一个长期过程。能否提供持续、稳定的产业政策和相关扶持措施，是决定我国文化产业能走多远、走多快的重要因素。就我国而言，应结合《规划》，尽快出台相关细则，为文化产业发展创造一个全面、稳定的政策环境。

四是国际趋势与本土特色的关系。政府应充分权衡国际产业热点和本土文化资源优势，对本国文化产业进行宏观规划，合理确定产业发展方向，有力推动产业发展。政府不仅要有前瞻眼光，充分考虑国际文化产业的热点和发展趋势，恰当确定本国文化产业的国际定位和发展方向，同时还应当明确，本土特色是一国文化产业在国际市场中的核心竞争力。我国文化产业必须体现差异性，充分挖掘本土优秀文化资源，激活传统文化存量，打造具有中国特色的文化产品，形成市场竞争优势。

## 5. 如何推动文化产业发展振兴

方伟在《人民日报》2009－10－30撰稿认为：

(1) **走出发展误区**

《文化产业振兴规划》是一个全面的指导性意见。对于各个地区而言，如何据此确定文化产业发展的短、中、长期规划以及具体方向、内容、路径等，还须认真研究和科学决策。目前，不少地方的文化产业发展或多或少存在着一些误区：一种是盲目型。在传统、现代与新兴文化产业发展上任意穿梭、随意而为，今天某个项目“火”了便赶快上，明天某种园区流行便批地设置。一种是自然型。在传统思维观念的影响下，对文化产业发展疏于支持，任其自然生长、自然淘汰。一种是求全型。传统、现代、新兴什么都要、什么都上，形成了“小而全”与自我封闭的文化产业发展格局。一种是“跑马圈地”型。什么流行、什么时髦做什么，只要能够抢占到资金、土地和项目，就是发展成果。一种是偏好主导型。根据主管部门或某些人的喜好和认识来确定文化产业发展规划和生产服务设置。《文化产业振兴规划》的发布实施，是各地正本清源、走出发展误区的契机。其中，应明确几个原则性和战略性问题：全面梳理和确定本区域的文化（产业）资源及其转化为文化（产业）资本的可能性，并在全国范围内进行优劣势比较；着重发展具有自身特色的文化产业，全面实施开放战略，建立市场运行机制；摒弃短期行为，以中长期发展为根本、为中心。也就是，各地应着力发展在全国范围内能够形成优势的特色文化产业，并使之融入全国文化产业的价值循环和发展链条，在谋求差异性的同时做大做强，形成产业自身的延伸与辐射；而在各省市区所属区域内，则要整合资源、转换机制、强健主体、优势互补、有序发展。

(2) **全面推进改革**

目前，文化产业发展的体制还没有理顺。在省市区级体制层面上，文化、出版、广电、新闻、文联、作协、社会生产组织等行政、社会团体、企业、演艺单位等分属不明、各自为政和多头发展的情况不同程度地存在。有关体制改革在很大程度上成为这些部门、团体和单位内部的具体改革，而较少涉及全面的、整体性的文化建设与发展体制的改革。这样一种方式和路径，或许能够带来文化产业主体一时的活跃，但难以解决阻碍文化产业持续发展的深层次问题。因此，必须贯彻落实《文化产业振兴规划》，对文化产业发展体制进行全面改革。一种可行的思路是：在政府部门的整体框架中，设立相对独立的文化产业发展与管理部门，对所有文化产业的内容、形态及相关资源、资本行使管理与服务职能，在此基础上，与党委宣传部门建立指导性联系。如是，则一直困扰文化产业发展的对接问题——资源与资本的对接、产品（项目）与企业的对接、企业与市场的对接、政府支持与发展需求的对接等，就具备了较好的解决条件。统一规划、全面整合、单一管辖、分属明确、强大主体、拓展市场，应成为目前文化体制改革的重要目标和原则。

## 6. 改革：加快文化产业发展的重要动力
## ——关于文化产业的研究综述

吴珺 、苏超《人民日报》2009—10—19 撰稿认为：

最近，国务院常务会议审议通过了《文化产业振兴规划》。这是我国第一部文化产业专项规划，对于应对国际金融危机、加快文化产业发展、推动经济结构调整具有重要意义。文化产业也是近年来学术理论界的热点课题，相关研究广泛展开，取得了不少成果。

(1) **文化产业日益成为重要的支柱产业**

学者们普遍认为，文化产业是伴随市场经济的发展而发展起来的。它以市场为配置资源的基本手段，通过供求机制、价格机制和竞争机制来调节文化产品的生产、流通和消费。发展文化产业，是市场经济条件下繁荣社会主义文化、满足人民群众精神文化需求的重要途径，对于促进经济社会协调发展、增强我国的国际竞争力具有重要意义。

对于什么是文化产业，有学者认为，它是指生产文化产品或提供文化服务以满足人们精神生活需要的各种行业门类的总称。从国际上看，20 世纪 90 年代以来，电子出版、数字化技术、网络传输等应用于文化领域，推动了文化产业的迅速发展，使之成为发达国家国民经济的支柱产业。近年来，我国文化产业也逐步发展起来，成为中国特色社会主义文化建设的重要组成部分。

也有学者指出，在新的时代条件下，我们需要确立新的文化产业观。文化是一个民族的根和魂，也是一个国家或地区综合实力的重要组成部分。随着文化产业的兴起，文化生产已经走到社会经济生活的前台，在思想文化和经济生活两方面都成为国家和社会核心竞争力的组成部分。文化产品既具有意识形态属性，又具有商品属性。从国外情况看，无论是发达国家还是发展中国家，都把大力发展文化产业作为新的经济增长点，一些国家的文化产业产值已经占到国民生产总值的 50%以上。实践证明，文化是资源也是资本，是生产力也是竞争力，文化产业日益成为重要的支柱产业。

针对近年来蓬勃兴起的文化创意产业，有学者认为，文化产业就是一种以创意为核心的新兴产业，或者说文化产业在很大程度上就是创意产业。也有学者认为，创意产业不同于过去的传统文化产业，它是适应新的产业形态而出现的概念，是对文化产业新形态的概括。文化创意产业重点在原创环节，而不是制作环节。随着文化创意产业与传统产业的大规模融合，出现了大量文化产业和传统产业交叉重合的领域，为文化产业的发展带来了新的机遇。文化创意产业既包括供给，也包括需求，它创新了人们的消费形式和经济活动形式，形成了一种文化经济。发展文化创意产业，是我国文化产业发展的必然要求。

(2) **技术与人才不足是制约我国文化产业发展的主要瓶颈**

学者们普遍认为，我国有着丰富的文化遗产，但文化资源大国并不等于文化产业强国，目前我国的文化产业在产业规模、产品质量、市场竞争力等方面与发达国家相比仍有不小差距。如何充分挖掘丰富的文化资源，如何提炼文化资源的市场价值，如何对文化资源进行产业整合，是我国文化产业发展必须考虑的问题。

对于文化产品的属性问题，有学者指出，我国是社会主义国家，实行的是社会主义市场经济，因而我国文化产业的发展具有自身的特点。一方面，文化产品具有不同于一般物质产品的特殊属性，能对人们的思想道德和科学文化素质产生重要影响。我国的文化产业发展必须遵循社会主义精神文明建设的特点和规律，坚持把社会效益放在首位，避免市场机制的自发性、盲目性造成文化产业庸俗化的现象。另一方面，市场机制能够使文化资源得到合理配置，有效地调动社会各方面发展文化产业的积极性。在社会主义市场经济条件下发展文化产业，必须根据我国文化产业的特点来进行，这样才能实现社会效益和经济效益的最佳结合，促进社会主义文化的繁荣。

对于制约我国文化产业发展的瓶颈问题，有学者认为，科技基础薄弱和人才储备不足最为突出。文化之所以成为产业，关键就在于一些科技手段被应用到文化领域。比如，现代科学技术的批量复制和无障碍传播手段为文化产业的快速发展奠定了基础；科技在文化产品生产领域的广泛应用，极大地促进了文化产品生产的发展和创新。在这方面，我们的差距是明显的。有学者指出，文化产业是高科技与高文化相结合的产业，特别需要高素质人才来支撑。从总体上看，我国从事文化产业经营和管理的人才数量不足、层次偏低、结构不合理。

对于我国文化产业在国际竞争中的情况，有学者认为，我国文化产业的竞争优势是人口规模大、文明历史悠久、文化资源丰富、对外资具有较强的吸引力等；劣势是基础设施薄弱、文化资源开发利用程度低、专业人才稀缺等。也有学者认为，从经济角度看，我国的优势是经济社会长期稳定快速发展、经济实力不断增强、人民生活不断改善，从而为扩大文化的有效需求提供了坚实基础；劣势是人均经济总量依然不高、经济结构尚未得到根本改善、第三产业比重过低、国民消费观念尚待提升、文化消费者成熟度偏低等。还有学者指出，加入世贸组织以后，我国文化产业领域发生的竞争在某种意义上是一种“不对称竞争”，表现在：国内外文化产业发展程度的不对称，国外以成熟产业对我国的新兴产业；已承诺开放领域竞争的不对称，国外以高端位置对我国的低端位置，等等。在经济全球化背景下，如果没有强有力的法制和政策手段，就很难保证文化产业发展的良性循环。因此，我们应加紧制定和完善与国际规则接轨的法律法规，切实保护我国文化产业的健康发展。

(3) **努力破除制约文化产业发展的体制性障碍**

如何深化文化体制改革，是推动文化产业发展的关键问题。经过30多年的改革开放，我国文化赖以生存和发展的经济基础、体制环境、社会条件发生了深刻变化，同时我国文化体制改革也取得了显著成绩。但从解放和发展文化生产力的现实需要看，还必须进一步深化文化体制改革，努力破除制约文化产业发展的体制性障碍。

有学者认为，进行文化体制改革，首先应当确立科学而明晰的目标。我国文化体制改革的目标体系应包括：建立中国特色社会主义文化体制、实现文化的产业化经营、形成良好的文化创新氛围、培养高素质的文化生产队伍和文化消费群体等。2006年，中共中央、国务院发出《关于深化文化体制改革的若干意见》，明确提出了文化体制改革的目标任务：以发展为主题，以改革为动力，以体制机制创新为重点，形成科学有效的宏观文化管理体制、富有效率的文化生产和服务的微观运行机制、以公有制为主体、多种所有制共同发展的文化产业格局和统一、开放、竞争、有序的现代文化市场体系；形成完善的文化创新体系，形成以民族文化为主体、吸收外来有益文化，推动中华文化走向世界的文化开放格局。

有学者指出，深化文化体制改革，需要区分文化产业和文化事业，并在此基础上进行分类管理，制定不同的政策，一手抓文化事业的繁荣，一手抓文化产业的发展，把发展文化产业和繁荣文化事业统一起来。文化产业是从事文化产品生产和提供文化服务的经营性行业。在社会主义市场经济条件下，文化产业必须进入市场，在市场中通过竞争优化资源配置、提高集约化经营水平、促进产业升级、实现跨越式发展。文化事业是公益性文化生产和文化服务事业，它为公众提供公共文化服务，在保障人们的文化权益、促进人的素质全面提高方面具有重要作用。即使在发达国家，文化生产也不是完全市场化的。在我国，党和国家重要的新闻媒体和社会科学研究机构、体现民族特色和国家水准的重大文化项目和艺术院团、重要文化遗产和优秀民间艺术的保护工作、老少边穷地区和中西部地区的文化发展等等，都需要国家的大力扶持。

有学者提出，深化文化体制改革，根本途径是作出能够调动人的积极性、主动性、创造性的制度安排，充分发挥市场机制对文化生产、管理、经营、传播活动的积极作用，从而为文化的发展和繁荣提供制度保障，为社会经济政治发展提供精神动力和智力支持。也有学者强调，深化文化体制改革应把握好两方面的内容：一是适应社会主义精神文明建设的特点和规律；二是适应社会主义市场经济的要求。前者要求我们在不断解放和发展文化生产力的同时，必须把社会效益放在首位，实现社会效益和经济效益的统一；必须把文化发展的着力点放在满足人民群众精神文化需求和促进人的全面发展上。后者要求我们必须以体制机制创新为重点，增强微观活力，健全文化市场体系，依法加强管理，促进文化事业全面繁荣和文化产业快速发展，增强我国文化的总体实力。

有学者指出，深化文化体制改革，破除制约文化生产力发展的体制性障碍，应着力抓好以下几个方面的工作：一是加快重塑和培育文化市场主体。除公益性文化事业单位需要在政府扶持下规范运作外，其他文化单位都应以建立现代企业制度为目标，创新体制、转换机制，真正成为自主经营、自负盈亏、自我发展、自我约束的文化市场主体。二是加快文化领域的结构调整。着眼于满足人民群众多层次、多方面的文化需求，建立优质、高效的文化产品生产和服务体系。建立健全统一、开放、竞争、有序的现代文化市场体系，促进文化产品和生产要素的合理流动。积极运用高科技改造、提升传统文化产业，开发新兴文化产业，推进文化产品的多层次开发和网络化服务。三是加快文化中介机构的改革和发展。完善文化经纪人制度，强化行业自律机制，规范文化经营行为，使文化中介机构成为独立的市场活动主体和联结文化生产、文化服务、文化消费的中间环节，促进文化市场的繁荣。四是加快文化事业单位内部机制创新。在文化企业规范法人治理结构、转变经营机制的同时，文化事业单位应积极深化内部管理体制改革，创新运行机制，彻底打破分配上的“大锅饭”。

## 7. 文化体制改革与文化产业发展

高书生在《时事报告》2009年第9期撰稿认为：

我国文化体制改革从2003年6月起开始试点，2006年起由试点转向全面推开，目前正处于攻坚阶段。加快推动国有经营性文化事业单位转制为企业，并对国有文化企业进行股份制改造，使之成为合格的市场主体，这是文化体制改革的中心环节，也是文化体制改革极为重要的一项重点任务，又是衡量文化体制改革是否取得实质性进展的重要标志。

（1）**国有经营性文化事业单位的整体转制**

国有经营性文化事业单位转制为企业，包括整体转制和剥离转制两种类型。整体转制主要包括图书出版和发行、电影、文艺演出、非时政类报刊等领域，剥离转制主要是指新闻媒体的经营性部分。

图书出版。全国共有图书出版社579家（含39家副牌社），按照隶属关系或主管部门划分，主要包括四个方面：一是中央各部门各单位所属出版社，除人民出版社、民族出版社、中国盲文出版社和中国藏学出版社保留事业体制外，其他出版社在2010年底前全部转制为企业。二是地方所属出版社的整体转制走在了文化体制改革前列，预计2009年底前全国完成转制任务。三是高等院校所属出版社，预计2009年底前全部完成。四是军队所属出版社改革方案将由总政治部另行制定。

此外，由图书出版社主办的非时政类报刊，一般随出版社转制而转制。音像、电子等出版社也被列入整体转制范围。

图书发行。我国图书发行的主渠道是具有70多年历史的新华书店系统，特别是教材发行主要由新华书店承担。新华书店在所有制性质上属于国有，在组织形态上则事业和企业两种形式都有。文化体制改革以来，新华书店整体转制进展顺利，全国绝大多数都已经完成转制，20多个省（区、市）组建了省级新华发行集团公司。

电影。电影包括制片、发行和放映三个环节。过去，电影生产一般由电影制片厂完成，电影的发行和放映由各级电影公司完成。目前，在电影生产环节推动转制的力度较大。在2003年文化体制改革以前，部分电影制片厂和电影公司已经转制。在文化体制改革过程中，一些电影制片厂和电影公司完成转制。目前，尚有10多家地方所属电影制片厂尚未转制，要求在2009年底前全部完成。此外，地方所属（省、市、县三级）电影公司中，在文化体制改革试点地区的，2010年底前也要完成整体转制。

文艺演出与中介。主要包括文艺院团和演出公司两种类型。作为文艺演出的中介机构，各级演出公司都要整体转制为企业。而文艺院团则要分类改革。全国共有国有文艺院团2000余家，目前已确定歌舞、杂技、曲艺等市场发育比较成熟的院团，要率先进行整体转制，条件尚不成熟的要采取措施积极为转制创造条件。

非时政类报刊。我国报纸和期刊（简称报刊）类别众多、数量很大。截至2008年底，全国报纸有1943种、期刊9821种。报刊改革的任务十分艰巨且较为复杂。总的思路是分类改革、先易后难、分步实施。随着文化体制改革的不断深入，非时政类报刊整体转制的步伐会加快。

（2）**新闻媒体改革**

主要是将指新闻媒体中的广告、印刷、发行、传输网络部分，以及影视剧等节目制作与销售机构，从事业体制中剥离出来转制为企业。主要包括以下方面：

党报党刊的剥离转制。

电台电视台非时政类节目的制播分离。

广播电视传输网络的剥离与整合。

(3) 文化市场综合执法改革

文化市场综合执法改革，是推动依法行政和政企分开、政事分开、转变政府职能、完善宏观管理体制的重要举措。主要任务是对现有的文化、广播影视、新闻出版等有关行政执法队伍进行调整归并，组建文化市场综合行政执法机构，实行统一执法。与此相衔接，要按照有利于促进文化繁荣发展、有利于加强文化市场管理、有利于提高公共文化服务能力的要求，整合有关文化行政管理部门，组建新的文化广电新闻出版机构。

根据中央的统一部署，文化体制改革正在有条不紊地在全国范围内展开。自2008年下半年以来，文化体制改革呈现全面提速的特点。

(4) 文化体制改革的时间表已明确

根据文化体制改革的任务要求和进程，中央适时提出了文化体制改革的时间表：2010年底以前，2003年确定的9个试点地区（9个试点地区包括：广东省和浙江省2个省北京市、上海市和重庆市3个直辖市、深圳市、沈阳市和西安市3个副省级城市和云南省丽江市1个省辖市），要全面完成改革试点任务，2006年新开展文化体制改革的地区要完成试点任务并在面上推开；2011年底以前，所有国有经营性文化事业单位基本完成转制任务。

(5) 文化体制改革的配套政策更加完善

完善的配套政策，是推动文化体制改革的重要杠杆和有力保障。2003年底，国务院办公厅转发了由中宣部牵头、中央和国务院相关职能部门参与制定的《关于文化体制改革试点中支持文化产业发展的规定》和《关于文化体制改革试点中支持经营性文化事业单位转制为企业的规定》。这两个规定从资产处置和管理、财政税收、投资融资、收入分配、社会保障、人员分流安置、工商管理、价格等多个方面对文化体制改革中涉及的重点问题做出了具体政策规定，对于推动经营性文化事业单位转制、促进文化产业发展发挥了不可替代的重要作用，成为具有里程碑意义的配套政策。

为推动文化体制改革在面上推开、向纵深发展，2008年上半年，中宣部牵头会同有关部门对上述两个规定的执行状况进行了认真评估，并结合文化体制改革的实际和国家法律法规的修订，对上述两个规定进行了修订和延续，形成了《关于文化体制改革中支持经营性文化事业单位转制为企业的规定》和《关于文化体制改革中支持文化企业发展的规定》。2008年10月，国务院办公厅转发了这两个规定，使之成为文化体制改革新的配套政策，执行期限为2009年1月1日至2013年12月31日。

(6) 文化体制改革的激励与约束机制更加具体

自文化体制改革试点起，中央就鲜明地提出“早改早受益”的政策导向，并通过落实各项财税优惠政策予以体现。2004年至2008年的5年间，全国共有2000多家转制文化企业享受减免税优惠政策，仅企业所得税免税额就达87.78亿元。由于文化体制改革的配套政策只规定了执行期限，转制越早，享受减免税的期限越长，因而引导国有经营性文化事业单位尽早转制为企业。

谁改革支持谁，也是在文化体制改革中逐步形成的激励政策。2008年，中央财政从文化产业发展专项资金中拨付了2亿元专项资金，资助中央和地方7家转制文化企业的文化产业发展项目。随着文化产业发展专项资金规模的扩大，中央财政用于奖励优秀转制文化企业的力度也会加大。除物质奖励，文化体制改革还十分重视精神激励。

凡是在文化体制改革中做出突出成绩的，中央主要新闻媒体都给予重点宣传，在全社会逐步形成有利于推动文化体制改革的良好舆论氛围。

在加大激励的同时，文化体制改革逐步完善了约束机制。最大的约束莫过于建立退出机制。中央关于深化中央各部门各单位出版社体制改革意见明确规定，对不具备市场准入条件的出版社，允许其在做好资产财务清算和人员安置的前提下停办退出。国家广电总局已经明确提出，地方所属电影制片厂在2009年底前尚未完成转制任务的，将视为自动退出，年审时不再核发电影拍摄许可证。即将出台的报刊改革意见中，也专门就不符合改革要求、不具备市场生存条件的报刊退出问题作出政策规定。

对国有经营性文化事业单位转制“不可逆”、不能走“回头路”提出具体标准，也是建立文化体制改革约束机制的重要内容。凡列为转制范围的，转制是否完成，一要看是否完成企业法人工商登记，二要看是否核销事业编制和注销事业法人，三要看是否同职工签订劳动合同，并按企业办法参加社会保险。国有经营性文化事业单位依据上述标准规范转制。

## 8. 四大措施唱响文化产业“大十年”战略

范周在《光明日报》2009—8—5撰稿认为：

文化产业不仅要规划“十二五”的发展，同时必须着眼于2020年国家一系列战略目标的要求，积极谋划，内外统筹，扩大我国文化产业的覆盖面和国际影响力，实现“十二五”与“十三五”的大十年发展战略。

(1) 政府作用强力凸现，调控能力需进一步加强

作为文化产业发展的重要推手，政府在文化产业发展

中的作用越发明显。因此，“十二五”中国文化产业的发展不但不能削弱政府的调控力，而且应该加强对产业对市场的监管和导向作用。

“十二五”将是文化体制改革的攻坚阶段。深入的体制改革将进一步解放文化生产力。从政府层面而言，有效地完善市场法制机制，有力统筹文化产业的发展成为推动产业发展的重要手段。因此，如何统筹管理成为文化管理部门增强监管力度的首要问题。

在我国，文化产业是分属几个部门管理的由若干个行业组成的产业群，它的发展需要较高的协调性和统一性，当前的政府管理体制显然已经不太适应产业的发展。因此，应探索如何打破行政和行业壁垒，从文化产业自身发展的需要出发，成立若干部门组成的联合指导小组或者通过“大部制”等综合行政管理机构来统筹发展，实现全国高度的规划指导和宏观调控。

根据国家发展战略，文化产业“十二五”发展的一个重要目标就是要努力培育和发展一批实力够强、规模够大、竞争力够强、能直接参与全球竞争的文化产业航母。那么，如何对这些大型文化企业进行监管和市场导向都将成为考验政府文化管理部门的试金石。

因此，文化产业的发展固然要遵循市场化道路，但是基于中国国情和国家文化安全需要，文化产业的发展需要进行国家层面的统一规划和协调，政府的作用需要通过法律、法规等多种综合手段得以体现。

**（2）战略谋篇应“虚实结合”，远近目标应相得益彰**

“十一五”期间，我国出台了《国家“十一五”时期文化发展规划纲要》等规划。各省市也根据自身发展情况出台了总规或产业内部规划。从产业效果来说，这些规划有力地推动了中国文化产业的发展，但是在谋划和布局上依然存在不少不足，譬如发展目标比较模糊、考量措施不当、定位不够准确等等。

因此，下一阶段的发展，特别是产业规划和布局中，必须“虚实结合”，统筹安排远近目标，必须站在全球文化产业发展进程中去思考中国文化产业将为世界作出怎样的贡献，必须置身于全球文化产业分布格局中去思考中国文化产业发展的动向，必须将全球化与本土化相融合，以抢占全球市场，赢得国际竞争为目标。特别是作为发展中国家的实力大国和联合国常任理事国，中国文化产业必须要散发出强大的中心辐射力，散发出一种为世界文化产业发展树立典型引领潮流的气魄。

对于新的布局谋篇，必须目标精确，任务细分，具有可操性和实践性；宏观上必须定位准确，既不好高骛远也不妄自菲薄，依托国家“十二五”的大发展，奏响文化产业新乐章，率先实现文化产业“翻一番”。

**（3）注重版权，内外统筹，确保中国文化产品顺利输出**

版权问题如何解决，不仅是现下文化产业发展的重点问题，也将是“十二五”文化产业能否好平快发展的焦点所在，正如法国文化经济学家泽维尔·格莱菲所言“将会产生一场版权革命”。

在欧洲，以版权改革为宗旨的“网络盗版党”俨然成为一股重要的社会力量。它起源于瑞典一名为“盗版港”的网站，在短短三天之内赢得了众多支持者，进而争取到瑞典在欧洲议会的两个席位。其党主席理查德·弗克文格表示：版权法原意就是制造垄断，而不是为了保护作者……专利制度亦和鼓励创意无关。在瑞典盗版党的影响下，包括德国、法国、美国等国在内，目前已经有24个国家和地区相继成立了“网络盗版党”。

可见，版权问题已经演变为一场广泛的社会运动。传统上人们从企业和政府的角度去关注版权打击盗版，相对地则造成了对版权消费者权益的熟视无睹。从消费者角度而言，质美价廉的盗版品无疑会受到追捧。这也是盗版屡禁不止的根源所在。

这为中国文化产业的发展鸣响了警笛。随着中国文化产业的发展，版权问题必将产生更大的辐射效应。如何平衡创造者与消费者之间的利益？如何通过法律措施去协调这对矛盾？特别是“十二五”期间，我国将有大量的文化产品走上国际舞台，那么，如何巧妙地利用国际规则保护我方版权利益不受侵害，同时又能顺利抢占国际文化市场？这是中国文化产业人必须研究的。

**（4）立足集团建设，推动产业由“链条”向“网状”发展**

文化产业本身就是一个产业群的集合，需要通过上下游去扩展产业链条，实现产业和企业的集聚。我们需要站在大文化产业的高度，通过融合、嫁接、衍生、升级等多种方式，推动产业发展由“链条”向“网状”发展，实现文化产业的大生态圈，促进文化经济的平衡流动和能量转换。

下一阶段，文化产业大型航母集团的建设成为营造产业生态圈的重要载体，表现为立足现有的核心企业，将文化产业的多个相关领域整合在一起，努力形成多元化发展格局。以传媒集团为例，在集团内部整合组建不同的专业公司，形成一个产业实体，在文化产业生态圈中承担不同角色。特别是在营销理念上，将信息传播、文化输出、国家形象构建等多个方面整合为一体，形成以自有品牌、自主知识产权为核心，以多元化信息、娱乐节目、衍生品行销为内容，以电视网络、互联网络、音像出版、休闲娱乐为市场的具有国际竞争力的多元化商业运营模式。

文化产业大十年，中国文化产业必将迎来一个崭新的发展阶段。随之，文化产业的形态将更加多元，以文化为灵魂、以数字技术为依托、以版权为盈利模式，将有力地改变人们接触文化的方式和传统文化产业的盈利模式，有力地改变中国国民经济机构，促使中国文化产业摆脱计划经济思维的束缚，正常乃至超常规发展。

## 9. 演艺产业后劲十足

周文彰在《光明日报》2009—8—5撰稿认为：

演艺产业是文化体制改革的重要成果，它未来十年的主要发展趋势，可以初步概括为十个方面：

1. 旅游演艺是旅游和演艺的结合，其出现产生了可观的社会效益和经济效益，成为最具投资吸引力也是开放程度最高的产业。未来十年，要防止的是旅游演艺的思路雷同、重复建设。

2. 庆典演艺开始探索市场化运作。未来十年，庆典演艺可能的方式有政府招标，企业以票房回报，或者把演艺作为广告载体，企业冠名赞助，或者干脆引进演艺企业，产业运作。

3. 地方精品演艺商品化思路日益突出，既为了评奖，也为了商演；既为了进京演出，也为了巡回演出。政府支持资金也会把拨款改为投资，无偿改为入股，或者干脆鼓励企业去完成打造精品的目的。

4. 戏剧演艺必须创新，未来十年有一些剧目会受到欢迎，但是多数剧目会面对考验，国家将有一系列的政策予以扶持。

5. 演艺连锁初见端倪。连锁经营专业化强，有规模化效应，能够获得质量好、成本低的效果，成功的概率比较大。

6. 高雅艺术有所回归，观众重新认识高雅艺术的价值和魅力，从浮躁转向理智，未来十年，高雅艺术将有更大的发展空间。

7. 传统演艺产业发展过程中，逐渐分支出社会化的演艺服务，未来十年专业化分工得到发展。

8. 大批国有院团加紧改制、人才流动，成为演艺发展的孵化力量、带动力量、融合力量。

9. 演艺聚集继续加剧，演艺流动也会突出，各大城市、街道、农村都是演艺流动的方向。

10. 政府以补贴、购买服务等方式对演艺产业的支持将持续整个未来十年。成功的演艺，从剧本创作、演出、设备到交通成本都是比较高的，未来十年政府将通过财政补贴、购买服务，为演艺产业陪嫁，继续给演艺产业以极大支持。

## 10. 扶植文化产业政府大有可为

刘玉珠在《光明日报》2009—8—5撰稿认为：

对文化产业来讲，政府的作用是什么？我认为是有虚有实，虚是指政府把握国家社会发展的潮流，积极出台适应这种潮流的文化产业政策，对文化产业进行宏观调控；实是真实全面地了解文化产业单位在经营过程当中所遇到的问题，制定相关产业政策。

具体说来，未来十年文化产业发展需要注意以下几个方面：

一是以产业带动来促进文化产业政策的发展。这并不是说政府要拿出主要的精力来搞项目，而是要把着力点放在市场环境和产业政策上，加大投入实施一批重大的文化产业项目，为事业单位改制提供更好的服务。

二是加快资源整合，培育一批骨干龙头文化企业，在这个行业当中起到引领、示范作用。

三是推动集聚发展，建设一批现代文化产业，包括基地和园区，充分发挥其示范、引领、聚集效应。

四是促进文化、科技创新，建设现代产业体系，制定相关政策。

五是建立和完善文化产业投融资体系。

六是加强人才培养，促进人才合理流动。一方面，国家要加大对文化产业经营人才的培养，另一方面，要为他们进入市场以后更快地成长提供市场环境。

七是让中国文化走出去。我们在文化产品和文化服务走出去方面有了很好的基础，但还是存在着很大的缺失。所谓“政府搭台”，目的不是政府在台上自己演，而是为企业提供舞台，为企业走出去提供服务。

## 11. 中国动画走向美好明天

金德龙在《光明日报》2009—8—5撰稿认为：

2004年4月，广电总局推出了关于促进我国影视动画发展的若干意见，至今正好走过5个年头，每一个关心中国动画产业、支持中国动漫产业发展的人都欣喜地看到，我国动画产业取得了重大突破，焕发出勃勃生机。中国动画产业走过了令中国动画界自豪的五年，但是还远远落后于发达国家。经过认真的调查研究，中国动画产业的下一步发展确定了一个中心、两个着力点的思路，即以发展我国动画产业为中心，坚定不移地走中国动画产业化的发展道路，一方面通过扩大动画播映平台有效拉动国内市场需求，扩大国产动画市场规模，有效地刺激国产动画生产、交换、流通、消费产业链，带动整个动画产业的良性发展，一方面，当我们的播映体系构建以后，当我们的市场规模扩大以后，当我们的播出需求构成以后，我们要严防国外动画市场的倾销行为，为国产动画产业的健康发展营造良好环境。

中国动画产业下一步的工作重点是：第一，提高国产动画片的质量和数量。动画片的创作和生产是动画产业发展的前提和基础，动画产业的打造和利润体系的建立，都有赖于深入人心的动画影像的建立，发展我国动画产业首先要解决动画片的创意和创作问题。第二，进一步完善国产动画的播映体系，不断加强动画播出机构的自身建设。总局鼓励各级电视播出机构、电影院线开办国产动画专栏和播映专场，扩大动画片播出数量，形成以上星频道为核心的国产动画播映市场，进一步扩大国产动画的竞争力和影响力。第三，提高动画产业经营开发能力，成功打造若干动画品牌。第四，有效使用国家相关的扶持政策。第五，促进国产动画产品进入海外市场。第六，加强科学管理，切实执行各项管理制度。

## 12. 文化产业呼唤“赶超战略”

齐勇锋在《光明日报》2009－8－5撰稿认为：

中国文化产业的发展已经进入了高速成长阶段，但是还存在很多问题，具体体现为三个落差：第一，文化产业的发展水平、资源转换能力和我国丰富的文化资源之间存在很大落差；第二，以国有经济为主导的广播电视、新闻出版等行业的平稳发展与民营经济的快速发展存在明显落差；第三，我国文化体制与经济体制之间还存在明显落差，特别是文化市场有限度的开放与经济领域已经全方位开放的格局落差明显。

今后十年，要把文化产业提升到国家战略的高度。与此相应，发展战略应该是一个赶超战略。在“十一五”期间，我们实施的文化产业发展战略实际上是一个振兴战略，到明年大概可以完成，那么到下一个五年计划应该实施成长战略，通过“十二五”的成长战略促使中国文化产业实现一个新的飞跃，到第二个阶段也即2020年以前，应该实施国际化战略，使中国文化产业全面走向世界。

我们现在文化产业市场的准入还比较严格，是有限度的准入、有限度的开放。究竟怎样的开放度是与我国产业发展水平相适应的，怎么最大限度地利用国际国内两种资源来发展文化产业，这是我们需要思考的问题。

中国文化产业的发展需要区域文化产业发展来支撑。文化产业的区域发展模式，不应该与从前30年经济发展的区域模式等同，因为前30年我们采取的是梯度发展的模式，而现在在新的经济发展水平和开放条件下，我们完全有条件实现多点并举的特色发展道路，带动本区域经济社会全面发展。

产业融合发展的问题和结构调整的问题必须尽快解决。要实现文化产业的跨越式发展，就需要在更高的起点、更高的平台上利用资本市场整合资源，加快我国文化产业的国际化进程。

## 13. 文化体制改革带来重大机遇

张晓明在《光明日报》2009－8－5撰稿认为：

当前，我们正面临文化产业发展方式的转折点。近十年以来，我国文化产业粗放式增长的特点明显，经济发展中存在很多不平衡的因素。从2008年下半年到今年上半年，国家在经济转型方面的重大政策真正开始落实，所以我们文化产业的发展正在经历国家经济从粗放转向集约的过程。

现在也是制度建设的关键阶段，我国市场经济体制改革已经30年，社会主义市场经济制度基本建立起来，但文化制度的建设相对滞后，经过十年的努力，我们文化体制改革的速度越来越快，已经进入建立适应市场经济发展的基本文化制度的阶段。因此，我国文化产业面临着重大发展机遇，我们正处在一个高速、健康的中长期发展的起点阶段，随着现存一些矛盾的解决，文化产业将面临更好的发展环境。

目前，我国的文化体制改革总体上落后于经济体制改革，经济体制改革已经提出了具体的经济制度，而文化体制改革还没有建立基本的文化制度。我们应该形成共识——30年改革开放已经凝聚起我们对于走社会主义市场经济道路的共识，在这个基础上，大多数文化类型已经能够实现产业化发展。因此，以改革的视角进行审视，我们应该建立起一个适应于社会主义市场经济体制，也适应于新技术环境、适应文化体制发展的文化机制。

## 14. 文化产业的形态、业态与生态

熊澄宇在《光明日报》2009－8－5撰稿认为：

首先谈形态。文化产业生产、销售、服务这样一个产业链已经形成，目前产业发展的态势正从产品向产权过渡，从生产向服务发展，这种趋势对我们原来设定的产业链提出了新的挑战。

文化产业的业态无非是事业和产业。关于事业和产业的关系，现在有一个新的说法：公共文化服务体系取代了以前我们常说的事业这个词，所谓服务，可以是事业的，也可以是产业的，事业的层面是保障公民的基本文化权益，产业的层面是服务里的分层次消费，所以产业和事业有时是可以相互转换的，这个概念在政策上需要解读。

对于文化产业来说，内容、科技、资本、服务这几个要素是很关键的，内容引导需求，科技改变文化形态，资本决定市场规模，服务决定事业成败。我想特别说的是科技和新兴业态。一种业态如果是这个时代代表性的生产力，能够找到和内容的结合点，那么它就成为我们新的文

化业态。文化产业的作用不仅仅是创造 GDP，更重要的是带动产业所在地的物质、精神文明同步提高，推动生产关系和社会结构的变化，这点是我们今天对业态的一个重新认识。

生活态度、行为方式、经济结构、社会形态，这是我们认识文化产业生态环境的切入点。比如说生活态度，今天对不同的文化形态大家有不同的需求，文化产业要包容不同的生活态度，有容乃大；在行为方式上，要更多地考虑老百姓的分类消费。最后，我们的社会形态正在发生变化。政策调控力度大于市场运作机制，这是今天的现状，但它不是未来的目标，未来一定是市场运作机制大于政策调控力度。

## 15. 文化产业的两极化发展态势

范建华《光明日报》在 2009－8－5 撰稿认为：

未来十年，中国文化产业的发展将呈现两极化发展态势，即文化产业生产内容两极化、产品和生产方式两极化、文化消费市场两极化。

就生产内容而言，文化产品能不能卖出去，最终取决于其内容是否受人欢迎。要赢得最广大的消费者，必须在内容生产上下工夫，在文化艺术品或者文艺作品里必须阐释大家关注的问题，这样的文化产品才能引起受众共鸣。所以，内容生产决定了我们文化产业的一个极。第二极就是，在内容上我们不应只追求西方的平等、自由、博爱，文化产业在内容生产上必须走民族化路子。所以我们要强调文化的多元性、本土化。

产品与生产方式的两极化是指，一方面，随着文化与科技的进一步融合，生产方式必须走向高科技化；另一方面，传统手工艺的文化产品决定了其特色化。

文化消费市场的两极化就是国际化和国内化。首先，我们的文化产业必须立足于中国国内巨大的消费市场。随着未来十年人民生活水平的提高、GDP 的增长，对文化消费产品的需求越来越大，这个市场必须盯住。其次，我们的文化产品必须在国际市场找到自己的定位，才能保卫国家的文化安全。一部电影《变形金刚》，赚了我们 46 亿美元，但是我们失去的不仅仅是 46 亿美元，失去的可能是我们下一代人的审美追求。

## 16. 网络文化生产大潮涌动

赵红川在《光明日报》2009－8－5 撰稿认为：

前瞻文化产业未来十年的发展，其生产方式将发生巨大变革，互联网的大规模普及使网络文化实现了历史性登场和爆发性增长，网络文化生产将成为新世纪的标志。

十年来我们在预见了网络文化发展方向的同时，也低估了网络文化发展的速度和创造力量。特别是对新型文化电子商务消费模式的研究，还处于起步阶段，缺乏战略性的规划。下一个十年，网络生产和服务作为重要的生产方式将使网络文化生产成为文化生产的中心。因此，对网络文化生产在“十二五”规划里要给予高度重视，要避免在行业和部门分类、指导、制定规划时的缺失现象。理由主要有以下几个方面：

第一，网络化生产与工业化、信息化、城镇化、市场化步伐相互融合，将成为推动产业升级和经济转型的重要力量。

第二，网络文化生产与经济全球化相互交织，将形成新的网络生态环境，对国家形态带来前所未有的重大挑战。

第三，网络文化权利与公民权利相互促进，将对当代民主政治建设带来重大影响。

第四，网络文化方式的革命将与现代消费模式相互推动，对文化生态环境与文化体制机制带来重大变革。

要推动文化产业下一个十年的发展，首先要保障人民群众的基本权益，其次要规范行业次序，优化资源配置，同时对生产管理模式逐步创新，特别是要从法律法规的层面形成一套网络文化产业统计指标、法规体系，扩大中华文化的国际影响力和国际软实力。

## 17. 文化产业的规范与价值取向

艾斐在《人民日报》2009－11－3 撰稿认为：

文化产业既然是一种产业，其在生产流程、市场定位和价值目标上，就必然要遵循产业规律，这无疑是保障其实现正常运作的必要条件之一。但文化产业又绝然不同于一般的物质性产业，其在加工对象、效能目标和价值追求诸方面，都与物质性产业有着本质的区别，这就要求文化产业必须顾及文化的特点、符合文化的要求、具有文化的品质，在其产品和服务中鲜明而突出地传达出丰富的思想内蕴、正确的价值导向和积极的精神追求。

文化产业作为产业，主要是指文化的物性内容；而不能产业的，则是文化的思想、精神、智能与道德内容。文化的这两部分内容既有严格的区别，同时又须臾不可分离，物性是精神的载体，精神是物性的灵魂。物性因赋有精神内容而产生价值，精神因有物性的装载和托举而得以有形和有行。尽管文化产品的市场价值往往主要是由其物性内容产生的，但这物性一旦失去其所赋有的精神内容，则会毫无意义；或者虽然赋有一定的内容，但却不真、不善、不美，那则会产生相反的意义。由此可见，只有当栖息在文化产品之物性价值中的精神价值处于饱满和积极状态时，其物性价值才会真正具有实际价值和实际意义。否则，一本虽然装潢精美但却没有内容或者内容很差、很坏的书，其作为一本书的物性价值也定会随之而消失殆尽。

这，既是文化本性的体现，又是文化的属性使然。就像所有的物质生产都要求在其规范而合理的程序与规格中生产出优质的产品一样，文化则要求在生产它的产业链的终端所出现的，必须是能够起到心灵抚慰、思想认知、道德提升和精神导航作用的富于高尚情愫与隽永魅力的产品。否则，无论拥有多么豪华的物质外壳和精美包装，其效能和价值也仍旧会是销铄殆尽，甚至还会产生负面效应，造成对社会精神领域的污染和对人们心灵的戕害。

其实，产业化并不与低俗化如影随形；追求利润也并不与崇尚良知相互抵牾。在本质意义上和正常情况下，只有内涵丰富、导向正确、形式新颖、品质纯正、时代精神强烈、民族特点鲜明、艺术风格质朴、生活气息浓郁的文化产品和文化服务，才会是最有思想意义和社会效益，同时也才会是最具商业价值与市场潜力的。这从以往的《英雄儿女》、《红岩》、《周恩来》、《生死抉择》，到后来的《西圣地》、《戈壁母亲》、《英雄时代》、《潜伏》、《大江东去》，再到如今的《解放》、《复兴之路》等所有获得“双效益”的文化产品中，便都可以得到有力的资证。

振兴和发展文化产业不仅是历史的大律动和时代的大趋势，而且尤其是推动我国社会主义文化大发展大繁荣的重要引擎和经济发展新的增长点，我们一定要积极参与和大力支持。正是在这个过程中，必须务求开拓、创新、循规律、走正路，始终坚持精神效益与市场利益的统一、道德建设与商业运作的统一、政治方向与价值取向的统一。只有这样，我们的文化产业才能实现快速而健康的发展，也才能如愿以偿地达到预期的效果和目标。

## 18. 关于我国文化创意产业发展的思考

厉无畏在《光明日报》2009－11－23撰稿认为：

当前，中国经济结构矛盾的根本性问题亟待解决，新的消费市场亟待拓展，新的需求热点亟待创造；在国际金融危机的冲击下，中国经济发展既要解决内外部的结构失衡问题，又要形成新的增长引擎，而创新发展思路，大力发展文化创意产业则可为中国经济转型升级提供一条有效路径。

从产业发展的角度来看，目前实现中国经济增长转型的重要渠道有两方面：一是通过传统产业的升级、创新和结构调整提高中国制造业的附加值；二是通过推进新兴产业的崛起和发展形成中国经济的新亮点。文化创意产业在这两方面都能发挥积极的作用。大力发展创意产业，不仅能够引领我国经济走出金融危机的影响，创新传统产业，而且能够转变经济发展模式，助力创新型国家建设。关于加快发展我国文化创意产业的具体措施，建议如下：

1. 将发展创意产业列入国家创新计划

科技创新和文化创意是推动经济持续发展的两大引擎，它理应成为国家创新战略中的一个重要内容。为此建议尽快出台与“科技创新”并驾齐驱的“中国创意产业发展的中长期发展规划纲要”和近期行动计划。还要进一步解放思想、更新观念。发展创意产业是解放文化生产力的重要举措，不仅要推进文化产业，还要推进产业的文化化，使各行各业的产品与服务都成为一定文化的载体；同时要整合各种文化资源，通过应用技术的嫁接为各产业的创新服务。

2. 营造宽松宽容的文化氛围，鼓励各类创意产业非营利组织的发展

文化创意的繁荣需要宽松宽容的文化氛围，对各种文化创意，只要无害就应允许其存在。同时创意产业的发展还需要多元文化的交流，交流可以促进创新。另一方面要积极发挥社会组织的力量推动创意产业的发展，重点推进包括协会、研究机构、大学等非营利组织的建设，这既有利于突破条块分割的弊端，也有利于更广泛地开展国际交流。为此建议：尽快成立全国性创意产业协会，整合社会各界力量，协助政府推进创意产业的发展；建立国家创意产业品牌促进中心，定期举办节事活动，设立国家级的创意产业大奖，为创意企业和产品提供信息、展示、推介等公共服务。

3. 制定促进创意产业发展的政策

建立跨部门的创意产业推动机构，建立协调机制，制定相关产业政策。包括：建立创意产业的投资基金、担保基金，鼓励创新的奖励计划和文化创意产品走出去的财政支持政策等；制定支持中小创意企业的发展政策，包括促进投融资与风险分担的机制、知识产权的保护与运作、加强与创意产业相关的人才培养等；出台“中国创意产业统计指标体系”的指导性意见，以便各级政府部门在实际操作中能够规范并有效地落实国家发展创意产业的各项鼓励政策。

4. 以2010年举办上海世博会为契机，推进中国创意城市的建设

世界创意产业的发展已经从产业层面的第一阶段发展到创意经济的第二阶段，一些发达的国际大都市已进一步向“创意社会”第三阶段发展。我国可以以2010年上海世博会为契机，推进中国创意城市的建设，在北京、

上海、深圳等条件成熟的地区开展“创意示范城区”的试点建设，跳出单纯的“创意产业园区”建设的局限，结合城市规划、旅游休闲等，采取特殊政策，实现创意硬软件的互动，在街区、社区的地理范围内真实地展示中国文化创意的成果，逐步推进我国创意城市的建设工作。

## 19. 构建文化产业区域合作机制

乐山市科学发展观研究中心在《中国文化报》2009－12－18撰稿认为：

我国文化产业的转型升级与持续发展，需要在市场经济的背景下，着眼于资源要素互补或者产业强强联合，扩大和深化区域合作。为此，需要从思想观念、人才、政策环境、文化资源、资本经营等方面构建长效性的区域合作机制。

（1）**建立开放合作机制**

从思想观念和人才战略的角度看，区域合作首先是一个相互学习的过程。四川省内的调研显示，自我封闭的思想观念在文化产业中普遍存在。从区域合作的角度看，主要表现有：抱着狭隘的文化产业资源观念，把文化产业的主要资源只限定于先天的历史或自然文化遗产，对资本、人才、品牌等无形的资源认识不足；满足于守株待兔式的营销模式，对开拓一体化市场积极性不高；坐拥优势资源充当区域“老大”的盲目优越感，不屑于与相邻区域合作；还有一种表现是内部人控制了资源，出于小圈子的利益而不愿放权，有意抵制与外界的区域合作。

在欠发达的中西部，现有的文化产业中，继承性的人才较多，原创性的人才少；就业型的多，经营管理型的少。因而，对具有一些特色文化资源、优势文化资源，但文化产业发展步伐迟缓的地区，要在融智方面多下功夫，一是由政府出面与文化产业发达的区域达成人才交流协作。二是委托专业机构培训管理及经营人才。除了进行高等院校侧重理论的培训外，还应注重聘请文化产业圈里具有成功经验的业内人士作导师进行实战训练。

（2）**建立政府引导机制**

文化产业是新兴的产业，在我国还是幼稚产业，亟需政府引导以及相关的政策支持扶持。在全国层次，主要的公共政策支持有税收优惠、对重点文化产业项目的扶持、对知识产权的保护，等等。开展合作的区域的共同上级政府，承担牵头与协调的责任。区域合作的各方政府要建立双方或多方区域合作联系会议机制，并通过合作框架文件的形式统一各自文化产业行政管理的政策口径，包括统一政府文化产业的行政管理机构设置、统一文化产业准入条件以及文化资源开发程度许可，在文化产业产品与服务项目上，按其资源的级别制定统一口径的指导价格，制定统一的服务标准，统一产业政策透明度，并相互推荐客源。

政策支持的一个重要方面是基础设施的完善。文化产业是体验产业、休闲产业、对基础设施的要求越来越高。便利的交通通讯会扩大区域间的人流、物流、资本流、信息流，尤其是同一文化经济区内，交通尤为重要。较高交通成本和时间耗费会严重挤压顾客在其他方面的消费需求。交通的改善，文化产业将是受惠最直接的领域。在各级政府的交通规划与建设上，应当充分考虑文化产业发展对便利、低费用交通的需求，高速路的接口预留，运输业的路线的调整，各类交通方式的无缝对接，都需要从方便快捷的角度进行规划。

数字化、信息化是文化产业强劲的推动力。合作区域内各文化产业网络联通的条件已经具备，用信息化提升文化产业的管理经营水平却还存在巨大的空间。在网页上为区域合作的文化产业提供链接已经是网络条件下最初级的区域合作。下一步，要采用计算机为顾客或游客提供精细的、优化的旅程安排，在突发事件发生时或消费高峰期疏导游客，提供即时的个性化信息服务。比如，为同一方向的自驾游者提供上述的信息引导服务，不但可以减少游客拥堵，又可以适时推荐区域内的非核心文化旅游项目，提高区域整体的接待能力。所以，在文化产业的区域合作中，有必要让现在已经高度一体化、集成化的通讯营运商参加。

（3）**建立资源整合机制**

整合区域内资源的重要方式是打造文化产业品牌。比如四川的“三国文化”品牌是一个大范围的品牌，具有整体性的历史文化传统和市场认可，如果单独去打造另一个更小范畴的文化品牌，其成功的难度很大，很难获得市场的认同。现实的路径是在整体的品牌构建下分工合作。首先是同一文化经济区内文化资源整合与品牌构建。各行政区根据自身拥有的文化产业资源禀赋来研判本区域从属于哪一个文化经济区，因为同一文化经济区的各方最容易达成资源整合型的区域合作。当然，按不同的划分依据，某一个行政区域可以同时从属于几个不同类型的文化经济区。以四川乐山市为例，按民族文化资源类型，可以进入小凉山文化经济区；按宗教文化类型，可以进入四川佛道文化经济区；按文学文化类型，可以进入四川诗书文宗文化经济区；按茶文化与竹文化类型，可以进入四川茶竹文化经济区，等等。区域合作的共同目标是打造区域性特色文化品牌，各区域的同类文化产业资源按产业链的形式共享这一文化品牌，避免各地之间为“正宗”、“起源地”等文化招牌而无序纷争与相互拆台。

其次是区域内文化资源的整合与互补。要以本地核心文化资源或主导性文化产业为纽带，在时间维度上延伸产业链条，在空间维度上拓展产业内容，提升品级。以乐山市为例，其核心旅游景区还停留在观光型上，游客参与度很低、停留时间很短，所以要引进演艺团队，丰富文化旅游内容；乐山特有的民俗文化还没有进入外来消费者的视野之中，所以要集中本文化经济区内的民俗与民间工艺展示，提高旅客或顾客的体验与参与度。从非物质文化遗产的产业开发角度看，一般说来，国家级的非物质文化遗产现场展示均可形成精品文化产品或文化服务项目，但分散于各地，单独存在的一个项目很难支撑一个市场，尤其在交通不十分便利的条件下。文化产业注重体验，一个浓郁的文化场景会刺激文化消费。所以，在文化旅游的场景下，增添非物质遗产的现场展示和参与体验，把静态的文化与动态的文化结合起来。

（4）**建立资本经营机制**

资本运作型的合作是较高层面的区域合作。但不明晰的产权会增加外来投资者的风险，致使其不敢进入或合作的破裂。文化产业里的产权明晰的难点在于对其中的无形文化资产的市场价值评估，还有对以人为传承载体的非物质文化的产权界定。现在自然与文化遗产、非物质文化遗产具有了一个权威的等级参照，即世界级、国家级、省级。这为文化遗产的产业开发提供了一个参照系，但这是从文化价值角度的评价，从产业或经济的角度评价，还需要具体情况具体分析，尤其要把各级政府、集体、企业、个人在文化资源上的权利与责任划分界定清楚。现在学术界已经推出了多种评价文化产业资源市场价值的标准与方法，参照使用这些成果能够大幅促进实际工作的科学化程度。在评估的基础上，再按“股权配置、参股经营、风险共担、利益共享”的原则选择具体的合作方案。

跨地区的联合或重组是一种重要的资本运作型的区域合作。出版发行、广电网络、电影院线，跨区域整合后其经营效益和市场占有率实现了1＋1＞2的整合效益，展现出强劲的发展势头，迅速成长为文化产业的骨干企业。以上几类文化产业的业态中，经营内容同质性高，经营网络系统是其极其重要的基础。现代信息技术的发展为这类文化产业推进更大范围与更加紧密的区域整合提供了网络技术基础。

## 20. 我国文化软实力的发展战略

教育部中国特色社会主义理论体系研究中心在《光明日报》2009－12－25撰稿认为：

提升我国的文化软实力，要科学确立以下发展战略：

1. 科学发展战略

坚持文化软实力建设的科学发展战略，就是要从全面建设小康社会的战略高度和社会主义现代化建设的全局出发，科学定位文化软实力的战略地位，把文化软实力建设放在与经济硬实力建设同等重要的战略位置，统筹兼顾经济硬实力和文化软实力，促进经济硬实力和文化软实力协调发展，促进社会主义文化全面、协调、可持续发展。

发展既包括经济硬实力的发展，又包括文化软实力的发展。新中国60年特别是改革开放30年来，我国经济持续发展，取得了举世瞩目的巨大成就，大大增强了我国的综合国力，为我国文化软实力的发展奠定了重要的物质基础。随着我国经济实力的不断增强，中国文化在世界上的吸引力和影响力也越来越大。与此同时，经济硬实力的发展需要文化软实力的协助和推进。在新的历史条件下，全面推进小康社会建设，促进社会全面、协调、可持续发展，要更加重视文化软实力建设，把文化软实力建设提到与经济硬实力建设同等重要的战略位置。

在文化软实力建设中坚持科学发展战略，既要处理好经济硬实力与文化软实力的关系，还要科学处理好文化事业与文化产业、传统文化和创新文化、内需型文化与外向型文化等各种关系，促进社会主义文化全面、协调、可持续发展，不断增强我国的文化软实力。

2. 价值主导战略

价值观念是文化的内核，它时时处处主导和制约着文化的发展。坚持价值主导战略，是我党在长期的革命和建设过程中领导文化建设实践经验的科学总结，也是我国在文化多样化条件下的必然选择。进行文化软实力建设，就必须坚持以社会主义核心价值体系为主导，以先进文化引领多样文化发展。坚持价值主导战略，也是世界各国文化建设的重要经验。世界各国的文化，尽管历史传统、民族特点和文化特色千差万别，异彩纷呈，但有一点是相同的，就是在文化建设中始终贯穿和体现了本民族和阶级的价值追求。

在文化软实力建设中，实施价值主导战略，就是要处理好价值性与文化性的关系，不仅要注重文化的表现形式，更要注重文化的实质内容，注重文化所体现的价值取向，注重以文化的内容决定和选择文化的表现形式，把文化产品的社会效益放在第一位。处理好思想性与艺术性的关系，在文学艺术作品的创作过程中，坚持思想性和艺术性的统一，把思想性作为文学艺术创作的灵魂，注重创作反映时代发展主流和社会生活本质的优秀文学艺术作品，塑造具有鲜明个性特征和深刻思想内涵的艺术典型，通过生动的艺术性来感染人，通过深刻的思想性来教育人，激励人们奋发向上。处理好主导性与多样性的关系，在文化软实力建设的过程中，坚持用主导性文化来引领和发展多样性文化。

3. 文化融合战略

坚持文化融合战略，就是要以世界文化的多样性为前提，吸收世界优秀文化成果丰富和发展中国文化，促进中国文化同世界各国文化的交流与融合，以文化交流消解文化隔阂，以文化融合化解文化冲突，推动中国文化走向世界。

坚持和实施文化融合战略，要提高我国文化传播能力。文化传播能力决定着文化交流融合的程度，决定着国家文化软实力的大小。要大力发展语言文化，使中国文化通过汉语的国际普及和发展走向世界。要大力弘扬和传播中国优秀传统文化，使中国的优秀传统文化伴随着诗歌、戏剧、曲艺、武术、书籍、书法、绘画、工艺、服饰、礼仪、中医、饮食、民俗文化等等的发展而走向世界。要大力发展国际大众传媒，加大国际文化传播的投入力度，打造一流的国际大众传媒。要大力发展我国的文化产业，优化我国文化产业的规模、结构、质量、效益，提高我国文化产业的国际竞争力。

坚持和实施文化融合战略，要提高文化融合能力，注重研究和发现不同国家和民族的文化传统、社会习俗和心理特点，找到中华文化和世界各国尤其是有代表性国家的文化契合点，使中华文化能以世界各国人民所能理解和接受的方式更好地融入世界各国的本土文化，努力把中国文化融入世界各国的当地文化，丰富和发展中国文化。

4. 自主创新战略

创新是一个国家、民族文化发展的源泉。要提高国家文化软实力，既要继承和弘扬优秀传统文化，借鉴和吸收世界其他国家的有益文化成果，又要立足本国文化发展的实践，从本国文化发展的实际和人民群众日益增长的精神文化需要出发，自主进行文化创新，这是提高我国文化软实力的重要战略。

实施文化自主创新战略，必须深入推进我国的文化创新。要推动文化的内容形式创新，引导和鼓励广大文化工作者坚持为人民服务、为社会主义服务的正确方向，深入实际，深入生活，深入群众，把握时代的脉搏和社会生活的本质。要深化文化体制改革，推进文化体制机制创新。公益性文化事业发展要以政府为主导，以社会效益为导向，以维护人民群众基本权益为准则。效益性文化产业发展要坚持以市场为主导，通过国家产业政策的宏观调控和有序的市场化运作，形成以市场为基础的文化资源配置机制。通过文化自主创新的力度，创造出大批形式新颖、内容丰富、吸引力强的具有自主知识产权的文化创新成果。

实施文化自主创新战略，必须大力发展我国文化产业。增强文化产业国际竞争力，提升我国文化综合实力。文化产业不仅是国家的重要产业，而且是国家文化软实力的重要组成部分，要大力发展文化产业，拓展国际国内两个文化市场，提高文化产业的市场拓展能力和国际竞争力。要大力推进文化载体与手段的创新，特别是要运用互联网等高新技术创新文化生产方式，培育新的文化业态。注重运用新的文化载体和手段来改造和更新旧的文化生产方式，创新文化生产方式。

## 三、文化产业类图书

### 1.《北大文化产业评论（2009卷）》

叶朗主编，金城出版社，2009年12月1日，第一版

书目简介：《北大文化产业评论（2009年卷）》是北京大学文化产业研究院主办的文化产业研究性学术期刊，以理论分析、政策解读和前沿观察的形式对文化产业相关领域展开理论性、批判性、历史性和国际性的研究论述，倡导跨学科的视角研究文化产业现象和趋势，希望成为海内外学者研究成果发表的论坛，成为凝聚华人学者文化产业研究通向国际学术前沿的桥梁。

## 2.《文化创意产业发展比较研究——理论与产品的国际贸易》

白远，池娟著，中国金融出版社，2009 年 12 月 1 日，第一版

书目简介：《文化创意产业发展比较研究：理论与产品的国际贸易》阐述了文化创意产业的概念和经济学意义，以及文化创意产业的竞争力与国际贸易状况，并从计算机和信息、建筑、广告、电影、动漫等几大文化创意产业出发，将我国与世界其他主要国家或地区的文化创意产业和产品的国际贸易进行对比研究，对我国文化创意产业以及创意产品国际贸易的发展提出了建设性意见。

## 3.《浙江文化大省建设与文化产业发展研究》

奚建华著，中国广播电视出版社，2009 年 12 月 1 日，第一版

书目简介：浙江是我国的文化大省。物华天宝，人杰地灵。改革开放以来，浙江人不仅以其独树一帜的智慧和创造，为我们提供了经济方面的“温州经验”，而且在文化产业发展领域里，也同样以其创造性建树而独领风骚，从“横店”、“宋城”到“阿里巴巴”，形成了独特的以民间的力量推动文化产业发展的“浙江现象”。这在全国恐怕也是不多见的。人民群众中蕴藏的文化创造活力，是浙江文化大省建设不竭的动力。当前，浙江省的文化产业呈现出飞速发展的良好态势。社会主义核心价值体系、公共文化服务体系、文化产业发展体系进一步理顺，文化产业成为优化经济结构的重要引擎，在国民经济中的比重更加合理，文化产业综合实力、文化竞争力以及对国民经济发展的贡献率显著提升。浙江文化产业正处在一个新的、重要的历史的发展时期。

## 4.《中国文化产业政策法规与典型案例分析》

林日葵编著，浙江工商大学出版社，2009 年 12 月 1 日，第一版

书目简介：《中国文化产业政策法规与典型案例分析》一书内容主要分为两个部分：一是中国文化产业政策法规；二是典型案例分析。通过本书，读者既可以了解中国文化产业政策法规的基本情况，也可以学会对一些典型案例的分析方法。从这个意义上来说，本书从政策法规的层面，理论联系实际，既帮助了解文化产业政策法规，又启发对文化产业一些案例的理解。这有利于我们学习和研究文化产业的政策法规，进一步建立健全我国文化产业政策法规体系，以适应中国文化产业在新

形势下的发展。

## 5.《文化产业视野下的旅游业发展：资源开发与品牌塑造研究》

张雪晶，徐璐，李华敏编著，浙江大学出版社，2009年12月1日，第一版

书目简介：本书在文化产业视野下探讨旅游业的发展，主要侧重在资源开发和品牌塑造两个方面。在纷繁复杂的资源划分中，本书对资源的划分遵照的是中华人民共和国国家标准《旅游资源分类、调查与评价》（GB/T 18972－2003），根据地文、水域、生物、天气与气候、遗迹遗址、建筑与设施、旅游商品、人文活动八个资源类型，广泛阅读相关研究资料，吸收、借鉴和引用了众多学者的研究成果，对每类资源概念、文化特性等进行总结，对八大类资源的开发特点和品牌塑造进行了较好的分析，力求较全面地呈现旅游资源研究的相关成果。

## 6.《文化产业比较案例》

蔡尚伟，刘锐等著，中国传媒大学出版社，2009年12月1日，第一版

书目简介：本书是中国第一部文化产业比较案例图书，为“比较文化产业学”的举旗之作。在文化产业纵深发展的中国，对文化产业进行具体问题具体分析的案例比较，无论对文化产业实践还是文化产业学科建设都具有极其重要的意义。本书精心搜罗国内外多方面文化产业比较案例，并加以深入解析，既可作为文化产业学科教材或教

辅资料，又是文化产业管理者、从业者、研究者和对文化产业感兴趣的普通读者不可多得的参考书。本书分国际视域、区域比较、文化传媒、文化体验四大部分，宏观与微观相结合，理论与实际相交融，对策思路与问题剖析相贯通，反面教训与正面启示相互验证，深入浅出，图文并茂，兼具较强的学理性与可读性。

## 7.《中国文化产业振兴之路——走进金手指》

陈伯君著，中央编译出版社，2009年12月1日，第一版

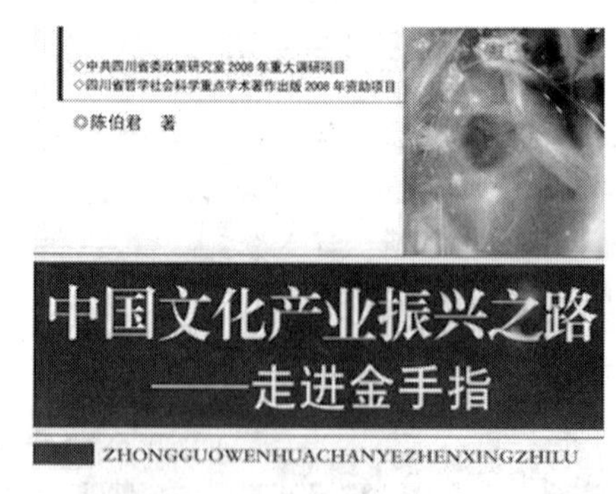

书目简介：本书力求理清文化强国、体制改革、民营文化企业三者的内在关系，采用解剖标本案例的方式，潜入底层，深度调查，观察生逢其时的民营文化企业，在国家建设文化强国的强烈意愿下，在文化体制改革跌宕起伏的大潮中，如何通过自己的实践证实民营文产企业是中国文化强国路上不可或缺的生力军，如何通过对实践的总结和理论创新为中图文化价值影响世界贡献新经验。本书所做的调查分析、经验提升、理论总结，可供文化体制改革决策参考，可供各地政府促进文化产业参考，可供文化产业的研究和教学使用，可供从业人士学习借鉴。

## 8.《文化创意与传媒产业研究》

詹成大主编，中国广播电视出版社，2009 年 12 月 1 日，第一版

书目简介：中国文化创意与传媒产业迎来了战略机遇期，需要从宏观发展、创新经营和战略管理中赢得机遇，发现蓝海。《文化创意与传媒产业研究》作者主要是高校文化创意与传媒产业的学者、传媒业高层管理者和业内知名策划人，以“文化创意与传媒产业”为主题，从文化创意产业改革、数字媒体运营、广电传媒突围、新媒体发展等多角度研究了文化创意与传媒行业的热点问题。《文化创意与传媒产业研究》内容丰富、观点新颖，具有前沿性、创新性和可读性，适合于文化创意与传媒产业从业人员及相关专业师生和有志于该产业的人士阅读。

## 9.《国家文化产业课题研究报告（2008 年度）》

文化部文化产业司编，云南大学出版社，2009 年 11 月 1 日，第一版

书目简介：《国家文化产业课题研究报告（2008 年度）》是“关于制定国家《文化产业促进条例》研究项目”的阶段性研究成果，主要内容包括两大部分：第一部分构成本研究报告的主体，主要研究了两个问题，一是围绕文化产业概念界定，探讨文化产业促进条例的调整对象；二是通过对我国现行促进法文本结构的比较研究，探讨文化产业促进条例的法律定位和文本结构问题，在此基础上，提出进一步研究的建议，第二部分构成本报告的附录，主要内容是关于日本和韩国文化产业促进法的研究。

## 10.《北京市文化创意产业集聚区发展研究报告》

牛维麟，彭翊主编，中国人民大学出版社，2009 年 10 月 1 日，第一版

书目简介：本书从理论思考和实践探索两个方面认真开展研究工作，并创新性地建立了文化创意产业集聚区评价指标体系，深入剖析北京市文化创意产业集聚区的核心竞争力和社会影响力，客观探讨了北京市文化创意产业集聚区的发展模式和规划思路，并在此基础上，为北京市文化创意产业集聚区的建设和发展提出了独到的政策意见和建议。

## 11.《以市场为导向的日本文化创意产业》

姜毅然，张婉茹，王海澜编著，人民出版社，2009年10月1日，第一版

书目简介：本书通过二十余份日本近年来关于文化创意产业的研究成果，以及近年来《日本数字产业白皮书》，从文化创意产业的市场角度探讨日本文化创意产业最新的发展动态，以及政府的相关政策。对发展中的中国文化创意产业可提供参考经验。

## 12.《中国文化产业学术年鉴 2003－2007年卷（上、中、下）》

王育济，齐勇锋，侯样祥，韩英主编，文化艺术出版社，2009年10月1日，第一版

书目简介：《中国文化产业学术年鉴》是国内首次编纂，按年度持续反映中国文化产业理论走向和研究水准的大型学术文摘类权威著作，也是目前文化产业研究领域信息容量最大、资料索引最全的大型权威工具书。它的基本定位和预期目标是：

①满足有关研究者、决策者和产业界人士的理论需求；

②为不同行业、不同区域的文化产业发展，提供思路启迪和尽量丰富的信息参照；

③在全面反映学术理论界的相关研究成果的同时，对文化产业领域具有“引领意义”的区域企业项目进行综合考量，以强化学术理论、政策、实践之间的综合互动。

《中国文化产业学术年鉴》的编纂上限为1979年，目前编纂和出版的是2008年前各卷，其中《1979—2002年卷》约160万字，《2003—2007年卷》约550万字；以上两卷反映的均为2007年之前各年度中国文化产业的学术理论状况。2007年度的相关内容单独编纂为《2008年卷》，约400万字。今后将以《2009年卷》、《2010年卷》……的方式每年出版一卷，以期对中国文化产业的学术研究、政策制定、行业模式、产业实践等产生持续而深刻的影响。

## 13.《中国文化创意产业发展问题研究》

冯梅著，经济科学出版社，2009年10月1日，第一版

书目简介：本书以当前社会主义建设新形势为宏观背景，准确把握经济发展与产业升级、消费需求转变、创新能力等之间的关系，从文化创意产业发展与经济社会进步

的互动出发，研究如何加快我国文化创意产业的发展。在全面分析我国文化创意产业发展现状及问题的基础上，借鉴国外文化创意产业发展的经验，依据我国文化创意产业发展特征和模式，从政策环境、企业战略、技术以及人才等方面，提出针对性的建议，以推动文化创意产业的快速发展。

## 14. 《中国区域文化产业指数的建构影响与传播——以浙江义乌为例》

王文科，史征著，浙江大学出版社，2009 年 9 月 1 日，第一版

书日简介：文化产业是指从事文化产品生产和提供文化服务的经营性行业，属第三产业。在面临金融危机之际，发展文化产业显示出其重要的战略意义。发展文化产业在应对当前金融危机方面有三个作用：有利于保增长和培育新增长点；有利于扩大内需和推动消费升级；有利于结构调整和实现产业升级。

文化产业的知识密集型、高附加值、高整合性，对于提升我国产业发展水平、优化产业结构具有不可低估的作用。文化产业提升了传统产业的附加值，延长了传统产业的寿命周期，解决了传统产业从业者的就业问题，甚至会对传统产业带来一场前所未有的革命。将文化产业与传统产业融合，通过设计、品牌、咨询、会展等环节的创意化处理，在产品开发、工艺流程、市场推广、媒体沟通、延伸开发等诸多方面，全方位地渗透创意，提高了产品与服务中的附加值。如文化产业中的设计业，就是文化产业和传统产业关联作用充分体现的一个最前沿的产业，如果工业设计不能得到快速发展，我国制造业就很难摆脱贴牌生产的局面，同样，设计研发水平的提高将有助于我国传统行业转型升级，尽早走出困境。

## 15. 《文化产业振兴规划》

人民日报社编，人民日报社，2009 年 9 月 1 日，第一版

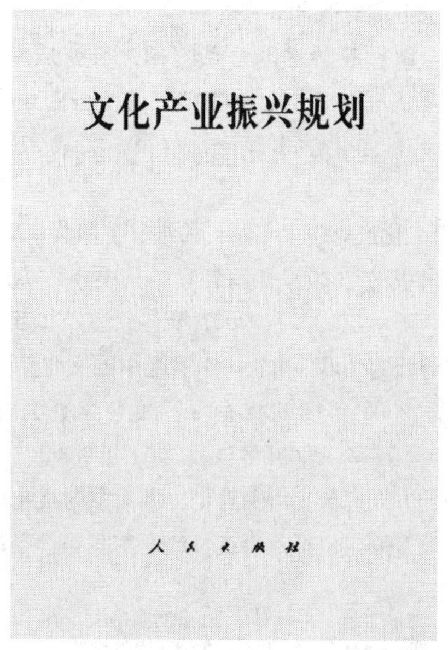


## 16. 《中国文化产业学术年鉴 2008 年卷（上、下）》

王育济，齐勇锋，侯样祥，韩英主编，文化艺术出版社，2009 年 9 月 1 日，第一版

书目简介：《中国文化产业学术年鉴》是国内首次编纂，按年度持续反映中国文化产业理论走向和研究水准的大型学术文摘类权威著作，也是目前文化产业研究领域信息容量最大、资料索引最全的大型权威工具书。

它的基本定位和预期目标是：

①满足有关研究者、决策者和产业界人士的理论需求；

②为不同行业、不同区域的文化产业发展，提供思路启迪和尽量丰富的信息参照；

③在全面反映学术理论界的相关研究成果的同时，对文化产业领域具有“引领意义”的区域企业项目进行综合考量，以强化学术理论、政策、实践之间的综合互动。

《中国文化产业学术年鉴》的编纂上限为1979年，目前编纂和出版的是2008年前各卷，其中《1979－2002年卷》约160万字，《2003－2007年卷》约550万字；以上两卷反映的均为2007年之前各年度中国文化产业的学术理论状况。2007年度的相关内容单独编纂为《2008年卷》，约400万字。今后将以《2009年卷》、《2010年卷》……的方式每年出版一卷，以期对中国文化产业的学术研究、政策制定、行业模式、产业实践等产生持续而深刻的影响。

## 17.《文化产业概论》

韩骏伟，胡晓明编著，中山大学出版社，2009年9月1日，第一版

书目简介：全球化的本质在于人类社会生活跨越国家和地区的界限，并在全球范围内展现全方位的沟通和交流。这种沟通和交流势必从经济领域不可遏止地延伸至文化领域。作为20世纪中后期崛起的文化产业，已经成为西方发达国家的支柱产业，并被誉为21世纪的朝阳产业和支柱产业。我国文化产业发展虽然起步较晚，但得到全国上下的高度重视。特别是党的“十六大”以来，党中央出台了一系列的政策和措施促进文化产业发展，全国掀起了大力发展文化产业的热潮。

本书对文化产业相关概念与学科建设、世界及中国文化产业概况、区域文化产业规划、文化产业集群、国际文化市场与文化贸易、广播电视电影产业、报刊出版产业、演出产业、会展产业、艺术品产业、动漫产业等一系列文化产业领域的重要问题进行梳理；同时，为了帮助学生和读者加深对文化产业基本概念和理论的理解，收录了好莱坞、百老汇、伦敦西区、国家文化产业示范基地、会展策划方案参考目录等一些案例及相关资料链接，供读者学习时参考。

本书可以作为高等院校文化产业管理、艺术管理、新闻传播学、公共事业管理、国际文化贸易、会展经营管理、动漫产业管理、文学、艺术学等相关专业的教材或教学参考书，也是文化产业研究者、政府管理者、文化产业从业者和爱好者的重要参考资料。

## 18.《中国文化产业年度发展报告（2009）》

叶朗主编，金城出版社，2009年9月1日，第一版

书目简介：《中国文化产业年度发展报告（2009）》是以北京大学文化产业研究院和国家文化产业创新与发展研究基地为主发起人，联合国内文化产业领域内的众多知名学者和企业家共同编撰而成的年度报告。2009年度报告秉承以往年度报告的编撰原则，继续以文化产业领域内的微观企业主体为重点分析对象，全力考察那些充满创新精神与进取意识的文化企业和企业家们的经营行为。此外，为了全面反映2009年我国文化产业的发展现状和发展趋势，我们还将在报告中重点探讨我国文化产业领域比较有代表性的创新行为和商业模式。同时，

我们也将在报告中对相关文化产业的政策体系进行系统的考察和分析。

由于本年度报告是产业的年度发展报告，因此我们不仅要在报告中体现出对我国的文化产业进行年度盘点的特色，还体现出对我国的文化产业进行跟踪研究的特点。为此，本年度报告不仅可以反映出我国文化产业的发展现状和发展趋势，还在一定程度上反映出我国文化产业和相关政策的发展轨迹。

## 19.《文化产业读本》

陈少峰著，金城出版社，2009年9月1日，第一版

书日简介：文化，是 个民族长时间的积累和沉淀，文化发展到今天，出现了更加复杂的形式和内容。产业是一个商业概念，而当产业遇到文化，便兴起了一场创造性的革命，诞生出文化产业这一全新的商业模式，将文化和产业完美地结合起来。文化的多样性和产业的商业性，使文化产业承载了更多的内涵和责任。本书探析了文化产业的前世今生，力图从文化和产业两个方面阐释文化产业的内涵和外延，其中涵盖了文化走向、公民文化、文化创造力、文化软实力、精英文化、大众文化、内容产业、动漫产业、因特网与手机内容产业、体育娱乐产业等一系列内容，同时，本书还着力探析了文化产业的发展现状及其未来的发展趋势，以期使读者能够更好地了解文化产业这一新生事物。

## 20.《文化遗产经济学》

顾江编著，南京大学出版社，2009年9月，第一版

书目简介：本书从经济学角度切入文化遗产问题研究，介绍文化遗产的战略性经营、文化遗产的产业化运作分析以及文化遗产的保护与管理等内容。书中指出了文化遗产的稀缺性、公共产品性、外部性、成本性、自然垄断性等经济学属性，同时，还以公共产品理论、委托代理理论、福利经济学等各种经济学理论为分析工具，深入探讨了文化遗产的经济学特征。

## 21.《文化传承与文化消费：电影产业的文化道路》

蓝爱国，马薇薇著，北京大学出版社，2009年8月1日，第一版

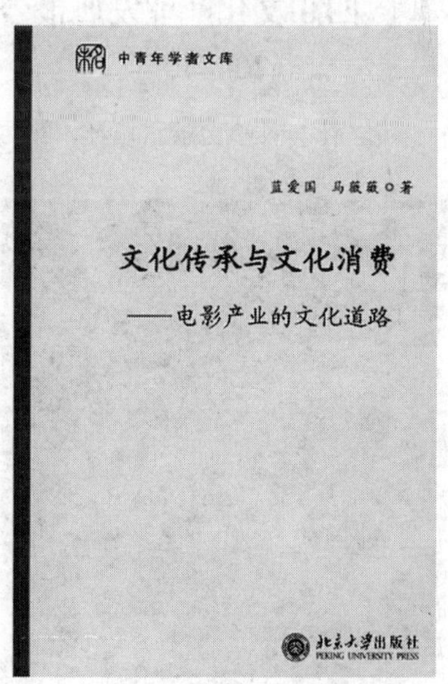


书目简介：本书针对中国电影产业发展历史、现实所呈现出来的产业文化格局、产业文化经验、产业文化特征、产业文化认知和产业文化困境，以文化理论为思想框架，详尽而具体地展开富有针对性的分析、阐述和说明，

力图从宏观、微观两个层面对电影产业文化发展关键症结作出理性诊断，对电影产业文化未来作出方向性推论。

## 22.《文化产业研究——文化软实力与产业竞争力（第二辑）》

顾江主编，东南大学出版社，2009年8月1日，第一版

书目简介：文化资源与软实力，文化产业发展与经济增长方式转变，大众：文化产业商品的“消费者”或“生产者”——费斯克与其他理论家的分野，文化品牌与地区竞争力——云南民族文化品牌建设之路，文化产业发展中的政策问题等等。

## 23.《四川文化产业发展报告（2008）》

侯水平主编，社会科学文献出版社，2009年8月1日，第一版

书目简介：本蓝皮书立足四川放眼世界，既总结四川文化产业的发展，又对全球文化产业前沿问题有独到研究。同时整合学术研究与实务部门的力量，成为年鉴与研究的结合，既有年鉴的事实和数据，又有研究提供理论与智力支撑。

本蓝皮书共分五部分：一是文化理论创新。分析研究汶川大地震铸就伟大的抗震救灾精神、四川新形象、四川文化发展支撑力、创意产业、体验经济与文化消费等。二是文化体制改革。分析研究四川文化体制改革历程、公共文化发展、文化产业人才培养、民营文化经济发展、川剧改革等。三是文化产业发展。分析研究四川文化产业发展战略，文化产业结构、文化产业集团、民族文化村寨旅游开发等。四是行业报告。分析研究四川影视文化业、期刊业、休闲产业、文化内容产业、广电新媒体等。五是区域报告。分析成都、宜宾、甘孜、崇州等几个重点地区的文化产业发展。

## 24.《变革与创新 中国文化产业新突破—“21世纪中国文化产业论坛第五届年会—云南·玉溪论坛”论文集》

胡惠林等主编，云南大学出版社，2009年7月1日，第一版

书目简介：由上海交通大学国家文化产业创新与发展研究基地、中共云南省委宣传部、云南省文化体制改革和文化产业发展领导小组办公室、中共玉溪市委、玉溪市人民政府共同主办的“21世纪中国文化产业论坛第五届年会——云南·玉溪论坛”，于2008年11月28日至31日在美丽的云南省玉溪市澄江抚仙湖畔举行。本届论坛主题为“变革与创新：中国文化产业新突破”。论坛

得到了云南省特别是玉溪市的大力支持，得到了全国文化产业界理论研究专家、学者和文化实业家的鼎力相助，产生了丰硕的研究成果和积极的社会影响。围绕论坛主题和参考论文选题，论坛组委会先后收到参会论文近六十篇。

## 25.《文化产业与艺术设计教育》

靳埭强主编，广西师范大学出版社，2009 年 7 月 1 日，第一版

书目简介：本书是汕头大学长江艺术与设计学院主办的“文化产业与艺术设计教育国际学术研讨会”的整理记录。出席研讨会的有来自美国、丹麦、英国、韩国、日本、新西兰、台北、香港、上海、广州等地的国内外专家学者。他们就设计的现在与未来、设计教育的新取向、创意产业发展策略与人才培养方向、产学结合与文化经济等问题提出了很多真知灼见。研讨会内容丰富，各位专家畅所欲言，思想碰撞，富有启发性。

## 26.《广东海洋文化产业》

张开城，张国玲等著，海洋出版社，2009 年 5 月 1 日，第一版

书目简介：本书分析了广东省海洋文化资源状况、广东省海洋文化产业的现状及存在的问题，把广东海洋文化产业与浙江海洋文化产业进行了比较分析，在此基础上提出了发展广东海洋文化产业的建议和对策。本书还对广东沿海各地市海洋文化资源和海洋文化产业状况进行了分析，指出其存在的问题并提出建设性意见。本书所展示的

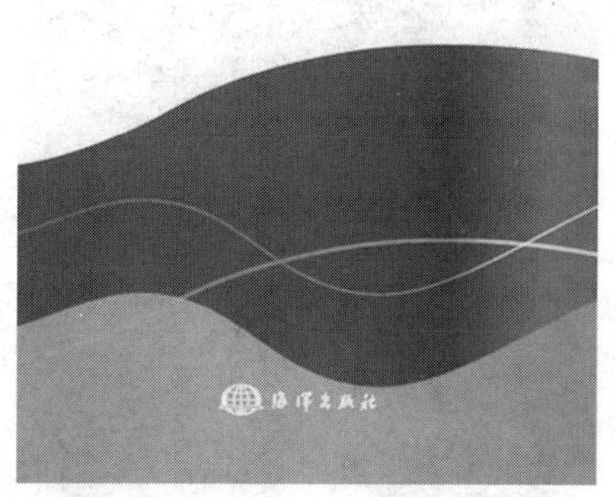


课题研究成果可供党政部门和企业决策参考，供大专院校、研究院所研究之用，还为宣传部门提供了广东海洋文化产业方面的资料。

## 27.《文化产业导论》

周正兵著，经济科学出版社，2009 年 6 月 1 日，第一版

## 28. 《大国策——通向大国之路的中国软实力：文化产业发展战略》

唐晋主编，人民日报出版社，2009年5月1日，第一版

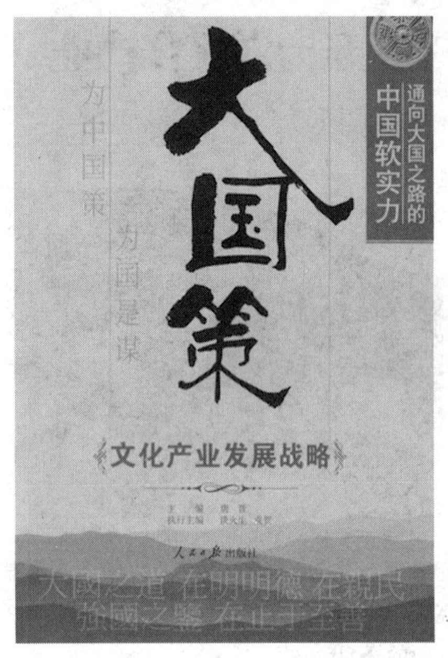


书目简介：美国的文化产业占GDP的20%，400家最富有的美国公司中，有72家是文化企业；日本的文化产业已经超过汽车工业，成为仅次于制造业的第二大产业；韩国已成为全球第五大文化产品与服务出口国，弹丸之国都开始面向全球输送他们的价值观。美国的影视、日本的动漫、韩国的网络游戏被中国的年轻人津津乐道，而中国的拖鞋和拖把，却遍布海外超市和卖场。中国杂技《天鹅湖》能够挺进北美和欧洲市场，场场爆满，进一步验证了中国文化的巨大魅力。中国不缺文化产品，缺的是文化发展战略。

我们乐意听西方人讲故事，西方人同样乐意听我们讲故事，问题在于我们讲不出来，或者讲出来了他们听不到。为了在全球文化阵地上安装一台扩音器，韩国把“文化立国”作为国策，日本制定了知识产权立国战略，而中国的文化产品至今还没有完全市场化。

## 29. 《科学发展观与中国文化产业实践》

邹广文，任丽梅著，中央编译出版社，2009年4月1日，第一版

书目简介：科学发展观是当代中国在新的历史条件下所做出的战略选择，是当代中国社会发展进步的灵魂。本书从科学发展观的视阈集中就当代中国文化产业的实践问题做了系统思考。尤其就中国文化产业的历史沿革、存在的矛盾与问题、国外文化产业发展的经验启示、未来中国文化产业实践的对策与思路等重要问题做了富有启示意义的思考。本书认为，随着全球化时代的社会发展理论的发展和我们对文化产业认识的逐步深化，一种有利于文化产业健康发展的社会发展诉求在我国的各项政策中日益体现出来，并成为当代中国科学发展观实践的重要内容。

## 30. 《2009年中国文化产业发展报告》

张晓明，胡惠林，章建刚主编，社会科学文献出版社，2009年4月1日，第一版

书目简介：本书是由中国社会科学院文化研究中心与文化部、上海交通大学国家文化产业创新与发展研究基地合作共同编写的第八本年度性国家文化产业报告。

本书力图将产业分析与政策分析相结合，既有对全国文化产业发展形势的宏观分析，又有对文化产业不同行业的权威性年度报告，既有对过去一年的评估，又有对新近一年的预测。

本书认为，2009 年将是一个转折性年头，国际金融危机正在推动中国经济转型，文化产业也面临新的发展机遇。本书建议，重新梳理文化产业概念，以新的视野和发展思路研究制订“国家文化产业‘十二五’发展规划”，为新的增长周期的到来做好准备。本书还建议，为了抓住难得的发展机遇，释放“原创能力”，必须大力解放思想、凝聚共识、进一步改革文化体制，解除束缚国民创造精神的一切枷锁。

## 31.《全球化与当代中国文化产业发展（全球化与中国文化发展研究丛书）》

张彩凤，苏红燕著，山东大学出版社，2009 年 4 月 1 日，第一版

书目简介：全球化作为当今世界发展的一种重要特征，涉及经济、政治、文化、生活等人类社会的一切领域，是当今覆盖面最广、影响最大、渗透最深的社会现象。20 世纪八九十年代以来，随着全球化进程的加快，众多学者开始从哲学、经济学、政治学、文化学、历史学、社会学等不同的角度研究全球化问题，他们形成的共识是：经济全球化深刻地影响了文化的发展。伴随着经济全球化进程的加快，世界各国、各民族间的文化不断跨越本国、本民族的空间障碍和社会障碍而相互影响、相互渗透。

全球化对当代中国的影响，始于经济方面，然后又涉及社会生活及文化诸方面。在经济全球化日益加快的过程中，各种文化、多种思潮相互交错、相互激荡，开启了世界历史的一个新时代。作为经济全球化的伴生物，文化全球化不仅意味着文化的全球整合，也意味着文化的冲突。这对中国特色社会主义文化建设既产生了积极影响，又带来了负面效应；既提供了良好机遇，又提出了严峻挑战。如何利用全球化提供的有利因素而又消除其消极影响，如何回应全球化的挑战，而又不丧失机遇，从而进一步搞好中国特色社会主义文化建设，是实践向我们提出的一个亟待解决的重大课题。

## 32.《文化娱乐产业的评价与发展》

谢伦灿著，中国经济出版社，2009 年 4 月 1 日，第一版

书目简介：经济的不断发展，推动了第三产业的繁荣。文化娱乐产业在工业化程度加强，人类劳动收入增加的趋势下应运而生。近几年来，我国努力开拓文化娱乐市场、大力发展文化娱乐经济，使文化娱乐产业成为国民经济中重要的组成部分。

本书是我国较早关注文化娱乐产业集群和竞争力评价体系的著作。本书的研究是在知识娱乐经济时代背景下所做的中国文化娱乐产业发展策略研究。它针对我国文化娱乐产业发展的问题与障碍，以美日韩文化娱乐产业的发展模式及策略经验为借鉴，探析适合于我国文化娱乐产业的发展策略与评价体系。

## 33.《文化产业发展与中国新文化变革（1998－2008）》

胡惠林著，上海人民出版社，2009 年 4 月 1 日，第一版

书目简介：本书从不同侧面、不同层次，就文化产业的现状、发展作了细致的研究，有很多颇有见地的看法，其中一些亦受到国务院有关部门的重视。因此，本书既体现了作者的理论水平，又反映了作者的研究紧贴中国当下文化发展的现实需求。10 年来我国文化产业之路是如何走过来的，特别是国家在文化产业发展上的政策思考、历史发展过程都比较完整地呈现在读者面前。

## 34.《民族艺术与文化产业》

张胜冰，屈小青，邹龙著，中国海洋大学出版社，2009 年 3 月 1 日，第一版

书目简介：文化产业管理专业目前面临很大挑战，主要表现为，第一，由于全球范围内文化产业发展非常迅猛，新生事物不断涌现，这使得文化产业理论研究无法满足现实发展的需要，甚至远远滞后于现实发展，许多现实问题无法得到理论上的回答，这些必然反映在这套丛书的撰写中。第二，如何使丛书适应文化产业管理专业的教学需要，也是我们所面对的重要课题。因为文化产业专业的教学处于起步阶段，还缺乏成熟的理论和经验，因此我们在丛书内容上尽量贴近现实需要，力求反映出当前文化产业最新发展动态和趋势，使教学内容与文化产业发展紧密结合，反映文化产业发展的最新动向。

## 35.《2008 年中国（昆明）民族文化产业发展国际高峰论坛文集》

云南省文化体制改革和文化产业发展领导小组办公室编，云南大学出版社，2009 年 3 月 1 日，第一版

书目简介：以“弘扬民族文化、加强国际交流、发展民族经济、创建和谐世界”为宗旨，以民族文化产业发展为论坛主题的高规格的文化产业盛会——2008 中国（昆明）民族文化产业发展国际高峰论坛于 2008 年 3 月 26 日在昆明隆重举行。国内外资深文化产业专家和著名文化企业家 150 多人出席论坛，共话民族文化产业发展，为推动云南民族文化强省建设出谋划策。

本书是此次会议的成果总结，包括两个部分：论坛贺电、致辞与宣言；专家论坛。

## 36.《文化产业的人才支撑体系研究——以成都为例》

成都市文化产业与人才建设研究课题组著，科学出版社，2009 年 3 月 1 日，第一版

书目简介：本书以成都市为例，在对成都市重点和优势文化产业充分调研的基础上，以产业发展为依据，以调整和优化产业人才结构为主线，以全面提高文化产业人才整体素质为主旨，综合运用多种调研方法，对成都市传媒、文化旅游、演艺娱乐、数字娱乐、文化会展、体育休闲、广告、创意设计八大重点和优势文化产业人才发展现状、趋势及市域内高校和民间培训机构文化产业人才基本状况、文化产业及人才政策作了比较全面的分析；在此基础上，参照文化产业发达国家与城市的经验，提出了相应的对策、建议。本书适合文化产业管理层、从业者、学术研究者参考，电适合经济类、管理类、社会学、艺术学、文化学等专业学生阅读。

## 37.《韩国文化产业》

（韩）姜锡一，赵五星编著，外语教学与研究出版社，2009 年 3 月 1 日，第一版

书目简介：“世界文化产业”丛书由清华大学国家文化产业研究中心陆地教授于 2004 年初开始组织国内外专家、学者编写，目的是为中国文化产业的经营者、管理者、研究者提供一个瞭望、借鉴世界文化产业发展的窗口和实证。

该丛书以国别为单位，分别介绍世界上主要国家文化产业市场的最新情况、管理制度和发展模式以及经验教训等，内容涉及出版业、电影业、电视业、广播业、音像业、广告业、演艺业、网络业等方面，资料翔实，数据丰富，历史与现实衔接，宏观与微观兼具，亦述亦评，饶有新意。

## 38.《文化产品供给论—文化产业发展的经济学分析》

左惠著，经济科学出版社，2009 年 2 月 1 日，第一版

书目简介：当前，国内外文化产业发展迅猛，它与信息产业等已构成新一轮产业革命的主体，并且文化产业与信息产业有日益融合之势，成为知识经济时代的重要特征。尤其随着发达国家相关文化产业规制的放松，跨行业跨地区的企业竞争、兼并与联合的加剧，高新技术的大量应用，使文化产业组织本身发生着深刻的变化。但是，长期以来，由于中国文化部门作为宣传事业的定性，文化产品（服务）一直由国家供给，文化资源由政府进行配置，文化部门是国家的行政性垄断部门，经济管理学科的学者很少涉及这一领域，因此，对文化产业经济理论的探讨相对较少。我国正处于文化体制转轨时期，政府对文化产业发展的干预手段、干预范围和干预程度，对于市场在多大程度上可以进行文化资源配置等问题，需要深入探讨和研

究。本书将尝试以文化产品特性剖析为基点，从文化产品供给视角出发，对文化产品的供给机制进行研究，试图从理论上廓清政府与市场的作用边界和范围，并且在不完善的现实的政府和不完善的现实的市场之间，建立一种有效的选择和相互协调机制，努力寻求政府与市场在文化产业发展中的均衡点，以提高各自的效率。

## 39.《保障弱势群体的公平受益：云南6个少数民族自治县文化产业化过程的利益分配问题研究报告集》

国际行动援助中国办公室编，知识产权出版社，2009年1月1日，第一版

书目简介：本书汇集了云南地区6个关于少数民族文化产业化的实地调研报告，这些报告是国际行动援助中国办公室资助的少数民族文化产业化调研项目所取得的成果。这一调研项目的宗旨在于引起人们特别是相关政策的制定者和研究者对少数民族产业化过程中弱势群体（尤其是妇女）公平受益问题的关注和思考。读者对象为民族民间文化产业化相关政策制定者和研究人员。

## 40.《中国文化产业评论（第9卷）》

胡惠林，陈昕主编，上海人民出版社，2009年1月1日，第一版

书目简介：本书是第9卷《中国文化产业评论》，书中具体收录了：《文化产业与中国现代性》、《论我国附属权贸易产业链的构建》、《大众文化品牌的创建及传承策略》、《公共财政和民族文化遗产保护与开发》、《创建以政府为主导的良好文化生态环境——喀什地区文化建设事业调研反思》等文章。

## 41.《创意起底——文化创意产业先锋思维解码》

卜希霆主编，中国国际广播出版社，2009年1月1日，第一版

书目简介：一个文化创意人的首要任务是提供精神产品，满足人们日益增长的精神文化需求，帮助人们更好的

认识世界，掌握规律。从这个意义上说，科学与艺术是通向真理的两种不同途径。与学者在追求真理的道路上孜孜以求一样，文化创意人也在不断探索，不断自我挑战，并在追求真理的过程中发现美、体验美、创造美。

## 42.《文化产业法学通论》

赵玉忠编著，云南大学出版社，2009 年 1 月 1 日，第一版

书目简介：《文化产业法学通论》一书分为四部分：导论部分先介绍了法律规范、法律关系等法学基本概念，进而阐述了文化产业与法治经济的内在关系；上篇为“民商经济法”；中篇为“文化行政法”；下篇为“程序法”，共计讲解了 26 部法律、40 余部行政法规和上百部行政规章中与文化产业相关的条文。该书内容充实、结构严谨，既恪守了法学理论体系的内在逻辑关系，又突出了文化产业法律适用的特色；既面向从业人员普及了法律和行业法规知识，又在合同应用和私权领域进行富有建设性的探索。

## 43.《动画文化学》

齐骥 著，中国传媒大学出版社，2009 年 10 月 1 日，第一版

书目简介：本书首次从文化理论和社会学的双重视角探讨了动画影像的文脉，是国内第一部系统研究动画作品文化现象和文化体系的学术专著。本书用优雅的笔触和深入浅出的写作方式，对动画影像背后的文化现象，诸如女性主义、种族问题、文化地理和文化传播形态等，进行了深刻剖析，构筑起动画文化生态的理论框架。本书以生动的语言和独特的视角，诠释出动画文化的力量：文化是动画艺术保持鲜活的血液，是动画艺术创造奇葩的源泉，是动画产业振兴腾飞的翅膀。

# 四、2009 年度文化产业主要报刊和网站

## 1. 报刊

| 类　别 | 名　称 | 主管单位 | 主办单位 | 公开/内刊 |
|---|---|---|---|---|
| 杂志（月刊） | 《文化产业》 | 山西出版集团 | 山西出版集团 | 公开 |
| 杂志（双月刊） | 《陕西文化产业》 | 陕西省社会科学院 | 陕西省社会科学院文化产业与现代传播研究所、陕西省文化产业促进会主办 | 内刊 |
| 杂志（季刊） | 四川文化产业职业学院学报 | 中共四川省委宣传部 | 四川文化产业职业学院 | 公开 |

续表

| 类　别 | 名　称 | 主管单位 | 主办单位 | 公开/内刊 |
|---|---|---|---|---|
| 报纸（周刊） | 《中国文化报文化产业周刊》 | 文化部 | 中国文化报社 | 公开 |
| 杂志（周刊） | 《文化创意产业周刊》 | 北京日报报业集团 | 北京商报文化创意产业新闻中心、北京大学文化产业研究院 | 公开 |
| 杂志（月刊） | 《中国文化产业》 |  | 中国传媒大学文化产业研究院 | 公开 |
| 杂志（月刊） | 《中国娱乐产业》 | 中国传媒大学、牡丹江新闻传媒集团公司 | 中国传媒大学文化产业研究院、《牡丹江广播电视报》 | 公开 |
| 杂志（月刊） | 《文化创意导刊》 | 中华人民共和国教育部 | 中国人民大学 | 公开 |

## 2. 网站

| 名　称 | 主管单位 | 主办单位 | 网　址 |
|---|---|---|---|
| 中国文化产业网 | 文化部文化产业司 | 深圳报业集团、深圳国际文化产业博览交易会有限公司 | http：//www. cncl. gov. cn |
| 中国文化传媒网 | 文化部 | 中国文化传媒集团（中国文化报社） | http：//www. ccdy. cn |
| 国家动漫产业网 | 文化部 | 扶持动漫产业发展部际联席会议办公室 | http：//www. dongman. gov. cn |
| 中国出版网 | 新闻出版总署 | 中国出版科学研究所 | http：//cbbz. chinapublish. com. cn |
| 中国新闻出版网 | 新闻出版总署 | 中国新闻出版报社 | http：//www. chinaxwgb. com |
| 中国文化市场网 | 文化部文化市场司 | 文化部文化市场司 | http：//www. ccm. gov. cn |
| 东北文化产业网 | 辽宁省文化厅 | 辽宁省文化厅 | http：//www. dbwhcy. com |
| 北京文化创意网 | 北京市委市政府 | 北京市文化创意产业领导小组办公室、北京市文化创意产业促进中心 | http：//www. bjcl. gov. cn |
| 山东文化产业网 | 山东省委宣传部文化体制改革与发展办公室 | 山东省文化产业研究基地、山东大学文化产业管理学系 | http：//www. sdcl. sdu. edu. cn |
| 太原文化产业网 | 中共太原市委宣传部 | 太原市文化创意产业发展指导委员会办公室 | http：//www. taiyuanci. com |
| 创意天堂——杭州文化创意产业门户 | 杭州市政府 | 杭州市文化创意产业办公室、浙江省技术创新服务中心 | http：//www. 0571cl. com |
| 齐鲁文化产业网 | 山东省委宣传部文化体制改革与文化产业发展办公室 | 山东文化产业人才培养研究基地、山东师范大学文学院 | http：//www. qiluci. com |
| 河南文化产业网 | 中国人民政治协商会议河南省委员会办公厅 | 河南省文化厅 | http：//www. henanci. com |
| 江苏文化市场信息网 |  | 江苏省文化市场管理办公室 | http：//www. jswhsc. gov. cn |
| 天津文化产业网 |  | 天津市文化体制改革工作领导小组办公室 | http：//www. tjwhcy. gov. cn |
| 文创网——重庆文化产业门户 |  | 重庆市国有文化资产经营管理有限责任公司 | http：//www. clcv. cn |
| 中国娱乐产业网 | 中国传媒大学 | 中国传媒大学文化产业研究院 | http：//fun. qx100. com. cn |
| 中国文化产业学术网 | 中国传媒大学 | 中国传媒大学文化产业研究院 | http：//lcl. cuc. edu. cn |
| 内蒙古文化产业网 | 内蒙古师范大学 | 内蒙古师范大学历史文化学院和内蒙古师范大学文化产业发展研究中心 | http：//www. omsoyol. com |
| 深圳文化产业信息网 |  | 深圳市文化信息办公室 | http：//www. szwenchan. gov. cn |
| 北京中关村创意产业网 |  | 中关村科技园区海淀园管理委员会海淀区文化创意产业领导小组办公室 | http：//www. chuangyi. org. cn |

# 五、2009年度国家社科基金简介

## 1. 2009年立项的国家社科基金项目

| 项目名称 | 负责人 | 所在省市 | 工作单位 | 项目类别 | 预期成果 | 计划完成时间 |
|---|---|---|---|---|---|---|
| 当代中国文化转型过程中的矛盾及对策研究 | 邴正 | 吉林 | 吉林省社会科学院 | 重点项目 | 专著 | 2012—12—31 |
| 我国公共图书馆文化产业研究 | 王志东 | 山东 | 山东社会科学院文献信息中心 | 一般项目 | 研究报告 | 2010—12—31 |
| 西南地区民族文化旅游创意产业发展研究 | 张琰飞 | 湖南 | 吉首大学 | 西部项目 | 论文集 | 2012—12—31 |
| 提高国家文化软实力的哲学研究 | 洪晓楠 | 辽宁 | 大连理工大学人文社会科学学院 | 一般项目 | 专著、论文集 | 2011—12—31 |
| 民族文化创意与区域旅游发展：西南边疆民族地区的研究视角 | 韦复生 | 广西 | 广西民族大学 | 一般项目 | 专著、论文集 | 2012—06—30 |
| 地方文化生态区建设中的知识产权问题研究 | 丁丽瑛 | 福建 | 厦门大学法学院 | 一般项目 | 论文集、研究报告 | 2012—12—31 |
| 长三角休闲体育产业集群与区域经济协调发展的研究 | 曹士云 | 杭州 | 杭州师范大学体育与健康学院 | 一般项目 | 论文集、研究报告 | 2010—12—31 |
| 徽州文化生态保护研究 | 方利山 | 安徽 | 黄山学院徽州文化研究资料中心 | 一般项目 | 专著 | 2011—6—30 |
| 我国当代大众文化建设研究 | 李明 | 安徽 | 安徽大学政治学系 | 青年项目 | 专著 | 2011—6—30 |

## 2. 2009年结项的国家社科基金项目

| 学　科 | 批准号 | 项目名称 | 成果名称 | 负责人 | 工作单位 | 证书号 |
|---|---|---|---|---|---|---|
| 应用经济 | 05BJY007 | 促进文化产业快速健康发展问题研究 | 促进文化产业快速健康发展问题研究 | 冯子标 | 山西财经大学经济学院 | 20090037 |
| 哲学 | 06BZX020 | 电影文化产业的文化传承与文化消费 | 电影文化产业的文化传承与文化消费 | 蓝爱国 | 中南大学文学院 | 20090412 |
| 哲学 | 04XZX006 | 中国西部文化产业发展问题研究 | 中国西部文化产业发展战略选择 | 彭岚嘉 | 西北师范大学 | 20090594 |
| 马列科社 | 05BKS017 | 发展民族文化产业在反西方文化战中的作用研究 | 发展民族文化产业在反西方文化战中的作用研究 | 李卫宁 | 中共云南省委党校 | 20090135 |

# 第八部分　专题调研

ZHUAN TI DIAO YAN

# 一、2009年度国家文化产业示范基地巡检报告

文化部文化产业司

2009年7月—12月，文化部文化产业司对137家国家文化产业示范基地进行了巡检。此次巡检，由各示范基地自检，省级文化厅（局）巡检并向文化产业司汇总结果。文化产业司没有参与全面的实地巡检工作。本报告是基于各省级文化厅（局）汇报的书面材料和文化产业司对部分示范基地的情况进行电话核实、实地抽查的结果。

从巡检情况看，绝大部分国家文化产业示范基地均能够按照国家级示范基地的要求，在所从事的经营领域健康发展。特别是能够面向市场，努力开拓，在推进文化体制改革、文化业态创新、地方经济和农村经济发展、弘扬民族特色文化产业、民营文化产业发展壮大、实施中华文化产品"走出去"战略、促进就业等方面进行了有益的探索和实践，取得了良好的成果，较好地发挥了国家级示范基地的示范、带动、辐射作用。

巡检中，也发现个别国家文化产业示范基地，因为种种原因，已经不再发挥示范作用，对此，下一步将根据文化部《国家文化产业示范基地评选命名管理办法》中的有关条款，进行相应的处理。

## （一）示范基地现状综述

1. 示范基地行业分布情况

从行业分布来看，137家示范基地中，演艺业、艺术品和工艺美术业、文化旅游业占据前3位，其比例分别为25%、25%和21%。这三类示范基地的数量，占示范基地总数的71%（详见表1、图1）。

**表1 国家文化产业示范基地行业分布情况**

| 行业 | 演艺业 | 文化旅游 | 艺术品及工艺美术 | 文化娱乐 | 动漫游戏网络文化 | 影视/出版 | 其他① |
|---|---|---|---|---|---|---|---|
| 数量 | 34 | 28 | 33.5 | 9.5 | 12 | 11 | 9 |

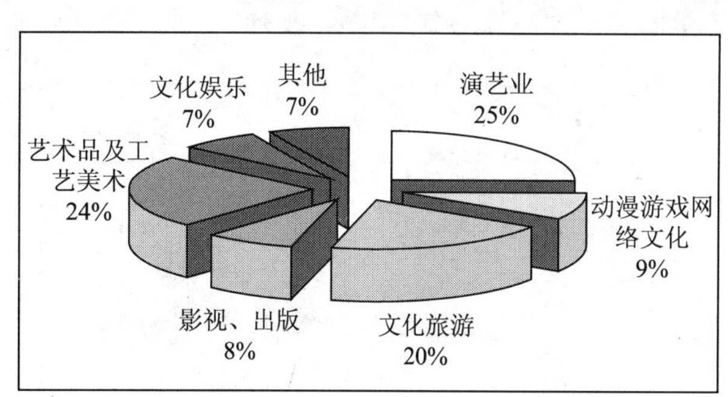


**图1 国家文化产业示范基地行业分布**

2. 示范基地地域分布情况及分布特点

（1）按省级行政区分布情况

广东（13家）、北京（11家）、四川（11家）、上海（9家）、辽宁（8家）的示范基地数量居全国前5位。另外江苏和浙江分别有7家示范基地。除四川外，其他6省均属于东部地区。而海南、西藏、新疆、宁夏四省区，都只有1个示范基地。（详见表2）

**表2 国家文化产业示范基地省区分布**

| 省区市 | 数量 | 省区市 | 数量 | 省区市 | 数量 |
|---|---|---|---|---|---|
| 北京 | 11 | 上海 | 9 | 广东 | 13 |
| 天津 | 3 | 江苏 | 7 | 广西 | 3 |
| 河北 | 4 | 浙江 | 7 | 重庆 | 3 |
| 山西 | 3 | 安徽 | 3 | 四川 | 11 |
| 内蒙古 | 2 | 福建 | 2 | 贵州 | 2 |
| 辽宁 | 8 | 江西 | 2 | 云南 | 5 |
| 吉林 | 4 | 山东 | 5 | 陕西 | 5 |
| 黑龙江 | 3 | 河南 | 4 | 甘肃 | 3 |
| 湖北 | 3 | 湖南 | 5 | 青海 | 3 |
| 西藏 | 1 | 宁夏 | 1 | 新疆 | 1 |
| 海南 | 1 | — | — | — | — |

（2）按城市分布情况

北京（11家）、上海（9家）、成都（6家）、深圳（5家）、杭州（4家）的示范基地数量位列前6。另外，大连、沈阳、长春、哈尔滨、南京、天津、昆明、郑州、西安、长沙、重庆等11个城市都有3家示范基地。上述17个城市分布的示范基地数量（68家）占示范基地总数的49.64%。

（3）按东、中、西部分布情况

137家示范基地中，位于东部省区的有70家，占总数的51%。中部地区和西部地区分别有27家、40家，占

① "其他"包括文化产业投资、文化产业群等不能明确划分行业的示范基地以及几家乐器生产企业。对于混业经营的示范基地，由于没有详尽的收入明细，对其所涉及的主要行业各分配0.5个名额。

总数的 20％和 29％。(详见图 3，表 3)

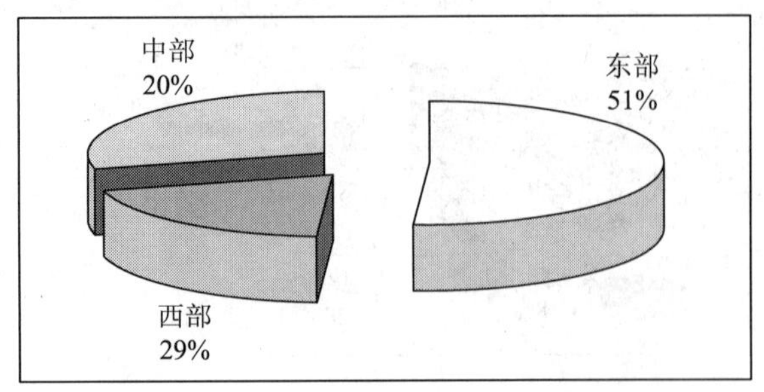


图 3　国家文化产业示范基地地域分布

表 3　按东、中、西部划分的国家文化产业示范基地的行业分布情况

| 行业/区域 | 演艺业 | 文化旅游 | 艺术品及工艺美术 | 文化娱乐 | 动漫游戏网络文化 | 影视/出版 | 其他① |
|---|---|---|---|---|---|---|---|
| 全国 | 33.5 | 28 | 33.5 | 9.5 | 12 | 8.5 | 10 |
| 东部 | 16 | 6 | 19.5 | 6.5 | 8 | 6 | 6 |
| 中部 | 8.5 | 7 | 3 | 3 | 4 | 0.5 | 3 |
| 西部 | 9 | 15 | 11 | 0 | 0 | 2 | 1 |

从统计数据看，演艺业在东、中、西部的分布比例与示范基地的总体分布比例基本一致。

西部地区明显的特点是没有科技类和文化娱乐业的示范基地，业态上以文化旅游、工艺美术、演艺业为主，除个别国有文化产业投资公司外，几乎全部基于当地的传统文化资源、自然资源、传统手工艺资源优势而建立。一方面说明西部具有比较丰富的传统文化、民族文化及手工艺资源，另一方面也源于西部地区经济、科技发展水平比较落后。这其中也涌现出几个利用当地文化资源优势，带动所在地县域经济发展的示范基地，为西部地区经济发展提供了可借鉴的思路。

中部地区具有一定的人才资源优势和传统文化资源，文化旅游有一定基础，动漫等业态有一定发展。而工艺美术类示范基地比例较低。

在东部地区，与经济发展水平有较大关联的文化娱乐、动漫游戏等业态分布比较集中。受消费水平和消费习惯影响的工艺美术类示范基地也较多。

3. 示范基地 2008 年收入情况

2008 年，大部分示范基地保持了良好的发展势头，业务收入、税收贡献等方面都有一定幅度的提升。

2008 年，由于地震灾害、金融危机等因素的影响，西部地区四川、重庆、云南、贵州、甘肃、青海等省市的示范基地发展受到的了明显的影响。游客人数下降对示范基地的经济收入有直接的影响，部分投资项目也面临投资不能到位的情况。也有个别示范基地体现了文化产业的“口红效应”，逆势增长。

(1) 收入总额

按照各示范基地自检报告的不完全统计，2008 年各示范基地收入总额为 282.1932 亿元②。

(2) 示范基地单体收入及所属行业分析③

在提供了收入数据的 94 家示范基地中，收入额超过 100 亿元的有 1 家，收入额在 10 亿元到 100 亿元之间的 7 家，收入额在 5 亿元到 10 亿元之间的有 4 家。(详见表 4，表 5)

表 4　国家文化产业示范基地 2008 年收入情况

(总数：94)

| 收入额 | 100 亿以上 | 10 亿—100 亿 | 5 亿—10 亿 | 1 亿—5 亿 | 5 千万—1 亿 | 500 万—5 千万 | 500 万以下 |
|---|---|---|---|---|---|---|---|
| 数量 | 1 | 7 | 4 | 18 | 17 | 42 | 5 |

表 5　2008 年收入额超过 5 亿元的国家文化产业示范基地

货币单位：亿元人民币

| 序号 | 示范基地名称 | 08 年收入 | 备注 |
|---|---|---|---|
| 1 | 华侨城集团 | 207.9327 | 上市公司 |
| 2 | 深圳市腾讯计算机系统有限公司 | 71.545 | 上市公司 |
| 3 | 上海盛大网络发展有限公司 | 35.69 | 上市公司 |
| 4 | 哈尔滨新媒体产业基地 | 29.70 | 产业群 |
| 5 | 上海东方明珠集团股份有限公司 | 18.25 | 上市公司 |
| 6 | 广东省广告有限公司 | 18.15 | |
| 7 | 西安曲江文化产业投资集团有限公司 | 12.6983 | |
| 8 | TCL 文化发展有限公司 | 10.00 | 上市公司 |
| 9 | 成都洛带客家文化产业开发有限公司 | 7.96 | 产业群 |
| 10 | 雅昌企业集团 | 6.0541 | |
| 11 | 苏绣文化产业群 | 5.99 | 产业群 |
| 12 | 福建网龙计算机网络信息技术有限公司 | 5.96 | 上市公司 |

我们注意到，在 137 家示范基地中，腾讯公司和盛大公司两家新兴网络文化企业收入额明显高于其他行业。而相比之下，占据数量绝大多数的演艺业、文化旅游业、艺术品和工艺美术业三类企业，其单体收入额都不大。

① “其他”包括文化产业投资、文化产业群等不能明确划分行业的示范基地以及几家乐器生产企业。对于混业经营的示范基地，由于没有详尽的收入明细，对其所涉及的主要行业各分配 0.5 个名额。

② 需要特别说明的是，华侨城集团虽然 2008 年收入达到 207 亿元人民币，由于不能明确区分其房地产收入和文化产业收入，没有将该企业收入计入收入总额。

③ 由于部分示范基地没有汇报其收入情况，本文中对于收入的统计均为不完全统计。

在收入额超过5亿元的12家示范基地中，有6家上市公司，3个产业群（另外三家企业是广东省广告公司、西安曲江文化产业投资公司和雅昌集团）。

腾讯、盛大等提供网络休闲、网络娱乐服务的科技型文化企业，通过网络传播形成数亿的用户群，取得了较高收入额，并且保持了较快的增长速度。2008年，腾讯全年总收入71.545亿元，比2007年同期增长87.2%；盈利为人民币32.460亿元，比2007年同期增长98.5%。要占领网络文化的主流市场。盛大公司2008年收入和利润都比2007年同期增长了40%以上。

演艺企业普遍收入较低。北京的演艺企业收入较高，显示出较好的市场基础。少数演艺企业继续展开院线制的探索，90%以上的演艺企业仍然采取单体经营的形式，制约了其发展规模和发展速度。

规模企业少。2009中国企业500强第500名的年收入是105亿，137家示范基地中，除华侨城集团外（以207亿收入进入500强），都与中国企业500强有一定距离。

4. 示范基地所有制分布情况

137家示范基地中，国有（包括参、控股）文化企业54家，占总数的39.4%；民营及外资文化企业68家，占总数的49.6%；分散业态的文化产业群15个，占总数的11%。不同所有制的行业分布情况如下：

（1）在动漫游戏网络文化领域，从数量上看，除3家国有经营的产业园区外，动漫游戏网络文化领域的示范基地全部是民营企业。

**表6　不同所有制国家文化产业示范基地行业分布情况**

| 行业 | 演艺业 | 文化旅游 | 艺术品及工艺美术 | 文化娱乐 | 动漫游戏网络文化 | 影视/出版 | 其他① |
|---|---|---|---|---|---|---|---|
| 总数 | 34 | 28 | 33.5 | 9.5 | 12 | 11 | 9 |
| 国有 | 18.5 | 11 | 9.5 | 3 | 3 | 6.5 | 3 |
| 民营及其他 | 15.5 | 17 | 24 | 6.5 | 9 | 4.5 | 6 |

（2）在演艺业和影视、出版相关领域，国有示范基地在数量上占据微弱优势。

（3）在文化旅游、艺术品及工艺美术、文化娱乐等领域，民营示范基地在数量上占有明显优势。

（4）在“其他”类中，3家国有示范基地有2家是文化产业投资公司，1家是产业群。6家民营示范基地中有3家乐器生产企业。

## （二）示范基地发展中的特色与亮点

从各地反映的情况看，在国有文化单位改制、民族/特色文化保护、文化业态创新、地方经济（农村经济）发展、民营文化产业发展壮大等方面，国家文化产业示范基地有效地发挥了示范、窗口和辐射作用。

1. 在推动文化体制改革等方面的突出作用

2009年，有6家示范基地被评定为“全国文化体制改革优秀企业”（详见表7）。

**表7　2009年入选“全国文化体制改革优秀企业”的国家文化产业示范基地**

| 序号 | 基地名称 | 主营业务 |
|---|---|---|
| 1 | 中国对外文化集团公司 | 演艺进出口及展览展示 |
| 2 | 北京儿童艺术剧院股份有限公司 | 演艺业及儿童文化产品 |
| 3 | 沈阳杂技演艺集团有限公司 | 演艺业 |
| 4 | 江苏省演艺集团有限公司 | 演艺业 |
| 5 | 西泠印社集团有限公司 | 艺术品经营及交易中介 |
| 6 | 河南奥斯卡电影院线有限公司（河南省文化集团） | 电影发行 |

2. 演艺业示范基地在促发展、创品牌方面精彩纷呈

除了获得“国家文化体制改革优秀企业”的演艺企业外，示范基地中其他的演艺企业，在以下几个方面都形成了一定的带动、示范作用：

（1）部分示范基地开发地域文化/民族资源，形成的品牌剧目常演不衰。如《印象·刘三姐》《多彩贵州风》《云南印象》《魅力湘西》《丽水金沙》《禅宗少林·音乐大典》《梦回大唐》《梦回长安》《宋城千古情》等，都取得了良好的经济效益和社会效益。

（2）部分示范基地创新舞台艺术形式，融合中国文化元素，形成了符合市场需求的优秀剧目，并产生了良好的国际影响。如《时空之旅》、音乐剧《蝶》等。仅2008年度，《时空之旅》演出402场，观众43万，票房收入4594万元。新华社评价时空之旅：“这台中西合璧的上海原创剧目让中国杂技摆脱了‘难度系数高、艺术水准低’的尴尬，而跻身全球高端娱乐秀的行列，成为中国文化体制改革和创新的一个成功案例。”音乐剧《蝶》填补了中国音乐剧作品荣获国际大奖的空白。

（3）民营演艺团体和演艺场所面向普通民众，发展大众文化演艺事业，取得了良好的经济收益和社会效益。典型的有辽宁民间艺术团、“田汉大剧场”、九寨沟演艺群、杭州金海岸等。

（4）上海大剧院、辽宁大剧院等国有演艺企业，继续探索市场化道路，取得了新的进展。上海大剧院自成立伊始就完全面向市场，自负盈亏，创造了。2008年，上海

① “其他”包括文化产业投资、文化产业群等不能明确划分行业的示范基地以及几家乐器生产企业。对于混业经营的示范基地，由于没有详尽的收入明细，对其所涉及的主要行业各分配0.5个名额。

大剧院还致力于为国内优秀原创剧目和本土优秀人才提供展示舞台，音乐、舞蹈、歌剧、音乐剧等全面开花。

3. 在推动区域经济发展方面卓有成效

中西部地区一些地方，通过市场手段，进行民族/地域文化资源开发，带动县域经济发展，探索经济落后地区依托文化资源优势发展经济的路径。

如庆阳香包文化产业群，通过当地政府的政策引导，在香包产业带动下，全市有3万多户、15万多人从事香包、剪纸、刺绣、皮影等民俗文化产业，对当地农民致富产生了直接的促进。仅香包产业，每年就为当地农民增加收入1.5亿元。陕西华县皮影群，通过市场化运作、企业化管理，连接皮影雕刻专业村、专业户，皮影戏演出班社以及相关产业为一体的点、线结合产业群体。同时当地政府出台了《华县人民政府关于加快民间艺术产业发展的意见》，通过皮影产业群的示范带动，拓展华州黑陶、节日面花、粮食字画、书法、剪纸、刺绣、木偶戏等文化产业，有力地促进了当地经济发展。目前全县从事相应业务的有2000多人，年产值超过4000万元。另外，成都三圣花乡景区、桂林广维文华旅游产业有限公司的《印象·刘三姐》项目等，都对当地经济发展、农村就业和农民增收产生了直接的带动作用。

4. 动漫等新兴产业的优秀企业快速发展，在推动中国文化走出去方面成绩突出

一些示范基地通过剧目的海外巡演等措施，积极推进文化走出去，并取得了较好的经济收益。这些剧目包括《时空之旅》《云南印象》及音乐剧《蝶》等。

而民营文化企业，特别是科技型文化企业，以市场为导向，通过外包服务、文化产品出口等形式，积极推进文化走出去。如江通动画，拥有三个系列的海外动画片版权，面向法国、意大利、加拿大、新加坡等国家输出动画产品，年创汇5000多万元人民币。中南卡通，从2005年开始走出国门，通过在海外设立子公司，推广国产原创动画片，2008年实现海外收入218万美元。福建网龙公司，依托海外的资源，成功地开拓了国际市场，现已成为美国市场上最大的中国网游运营商之一，覆盖英、法、西班牙等6种语言区域的游戏市场，迈出了民族网游海外拓展的历史性的一步。2008年，网龙公司出口额1.07亿人民币，占全国网游出口总量的21.8%。

5. 积极探索文化产业发展模式创新

（1）部分示范基地，依托地方政府资源，积极培育新兴文化业态。上海张江创意产业基地、上海多媒体产业园发展有限公司、哈尔滨新媒体集团等3家示范基地，通过建设公共的服务平台和技术平台，提供孵化资金等手段，有效地聚集和培育了一批动漫、网游及各类网络文化企业。到2008年底，张江先后引进或培育动漫、网游、影视后期制作及设计类企业274家。2008年，上海多媒体产业园内企业贡献税收超过5亿元。哈尔滨新媒体产业基地，2008年基地内动漫企业产量达到15000分钟（全国为12万分钟）。

（2）以西安曲江文化产业投资有限公司为代表的部分示范基地，通过市场化手段，对当地的文化遗产进行多角度、多种衍生产品的开发，实现了国有文化企业的迅速做大做强。2008年，西安曲江文化产业投资有限公司年收入12亿多元，进入中国服务业企业500强。

6. 在保护传承传统文化、民族文化，增进民族团结方面做出了有益的探索

2008年，宁夏回乡文化实业有限公司、海口市大致坡镇琼剧文化产业群等保护、传承、弘扬民族文化的项目进入示范基地序列，这些示范基地依托政府扶持，积极探索面向市场，为增进民族团结，发展特色文化产业、实施民族文化保护提供了新的路径。

7. 民营文化产业发展壮大

在现有的示范基地中，民营文化企业不仅在数量上占有优势，在发展速度、收入规模、社会效益、示范作用等方面也都有抢眼的表现。除了前面提到的盛大、腾讯、网龙、江通动画、中南卡通等企业，典型的企业还有宋城、瑞安集团、辽宁民间艺术团、松雷股份、雅昌等。

### （三）示范基地发展的政策环境

从2008年各地巡检报告反映的情况看，有至少16个省区市的地方政府出台了文化产业扶持政策，其中北京、江苏、海南等地2008年对示范基地的扶持资金投入都超过了1000万元。

从实际执行的扶持政策看，主要是补贴、奖励、贴息等形式的资金支持，也有少数项目在土地等基础设施建设方面获得了所在地政府的扶持。

也有部分省区市反映，虽然政府出台了扶持政策，但由于种种原因不能兑现，出现执行难。如湖北省反映，2005年文化部、财政部等部门联合下发的《关于鼓励发展民营文艺表演团体的意见》，文化部出台的《关于促进民营文艺表演团体发展的若干意见》等文件，因可操作性低，民营文化表演团体扶持资金、重大演出项目补助、国际市场开拓支持等资金无法到位。

部分地方政府对示范基地的重视程度较高，出台了专门的扶持政策和扶持措施。如海南省及所辖的海口市，对大致坡琼剧文化产业群提供了专门的基础设施建设资金；宁夏回族自治区针对回乡文化园提供了1000万元的地方财政扶持；青海吾屯、甘肃庆阳、陕西华县、广西五通、河北吴桥等地，都针对该地的国家文化产业示范基地出台

了专门的扶持措施。

## （四）示范基地反馈的问题和需求

从调研中看，《文化产业振兴规划》及其指导意见希望发展的重点文化产业中，文化产业示范基地主要在演艺娱乐、文化创意、动漫等产业进行了一些有益的探索和尝试，在自检过程中，各示范基地也反映了一些问题和困难。

1. 示范基地反映较集中的问题和需求

本次巡检过程中，各省区市文化厅（局）、各示范基地，对示范基地发展中面临的一些突出问题和需求进行了反馈。

（1）问题方面主要有如下10点：

①可操作的扶持政策少

一是没有针对文化产业示范基地的具体扶持政策；二是国家和省级政府发布的一些产业发展政策和指导意见，不具可操作性或无法落实，如减免税的政策，地方税务部门无法执行等。

超过60%的示范基地希望政府提供补贴、财政扶持、税收减免、贷款贴息等直接的扶持政策。也有约10%的示范基地在土地使用、市政配套、基础设施建设等方面提出需求。

②部分国有文化企业仍然面临体制障碍

部分示范基地希望出台鼓励政策，放宽国有文化企业的薪酬管制，能够以市场化的薪酬激励机制吸引人才、留住人才。

部分国有文化企业在涉及投融资等重大问题时，受到地方政府主管部门审批程序限制，无法及时决策，影响效率。如上海长远集团提出，该企业认定的一些文化产业投资项目，地方政府有关部门难以研判并及时审批，贻误了市场机会。

③部分行业面临市场秩序问题

部分示范基地希望当地政府加强市场秩序整顿，提及这一问题的集中在演艺业、艺术品和工艺美术行业。如《印象·刘三姐》面临“野看台”问题，曲州大理品工艺厂、大致坡琼剧产业群、九寨沟演艺产业群面临恶性价格竞争等。

④文化产业投融资体系存在缺陷

31个省区市普遍反映，由于文化企业存在资产规模较小、可抵押物少、项目回收期长等问题，在文化企业融资过程中存在融资难、融资规模小、融资渠道少等问题。

超过50%的示范基地希望政府通过贷款贴息等方式减轻企业贷款成本；部分示范基地希望政府出台具体政策，引导金融机构面向文化企业贷款。

⑤人才培养问题

主要体现在两个方面：一是懂经营的文化产业人才少；二是在劳动密集型的工艺美术业，缺少创新人才和人才培养机制。另外一个普遍的问题是学校培养的毕业生难以适应文化企业需求，存在对接问题。

⑥知识产权侵权问题在演艺、工艺美术、动漫等领域较严重。

如曲阳大理品工艺厂、景德镇法蓝瓷实业有限公司、厦门优必德工贸有限公司等企业，都面临知识产权侵权问题。

⑦演艺业示范基地反映的问题

如针对演艺产业形成大型演艺集团、加强演艺网络建设的要求，中国对外文化集团、辽宁大剧院、北京保利文化艺术有限公司、江苏省演艺集团有限公司等都做出了积极地尝试。但发展中突出的问题主要有两个方面：一是税收问题，突出体现在演艺业的重复征税问题；二是体制障碍，主要表现在条块分割，区域市场进入限制等问题，使得院线发展或业务拓展受到影响。

⑧动漫产业发展面临一些困难，主要是由于体制造成的制作与发行倒挂等问题。

⑨个别示范基地反映，由于政策缺位，抑制了民营资本进入文化产业的积极性。

⑩部分企业反映，在反哺公益性文化事业过程中没有获得相应的扶持和鼓励。如上海长远集团反映，企业反哺公益文化事业的资金，地方政府及相关部门没有作为事业投入进行认定，也无相应的上缴减免政策。个别民营示范基地认为，没有享受到与国有企业一视同仁的税收和扶持政策，希望获得统一的待遇。如建川博物馆提出，作为民营博物馆没有享受与国有博物馆同等的补贴和税收待遇。

（2）具体需求总结

在提出困难和问题的同时，部分示范基地还提出了一些具体的发展需求，主要有：

①税收减免要求

主要是减免所得税的要求。有企业希望对生产工艺美术产品的企业不要按制造业企业征收增值税。

②业务交流、信息沟通和互动学习需求

部分示范基地希望加强行业交流和示范基地之间的交流互动，提升信息沟通能力和业务发展活力。

③文化走出去方面的需求

中国对外文化集团、上海城市舞蹈有限公司等企业提出海外业务拓展问题，希望政府提供海外市场信息等服务。

上海城市舞蹈有限公司希望政府给予政策和措施支持，帮助其在海外建立常驻演出基地。

2. 突发性困难对示范基地的影响

2008年，面临自然灾害、金融危机等影响，中西部地区示范基地普遍面临客户减少、收入下降、投资不能到位等问题。

四川、重庆、贵州、甘肃等地的示范基地，面临地震引起的游客下降、生产停顿等问题，企业发展受到较大影响。

在各地反映的情况中，我们了解到，受金融危机和地震影响比较突出的是依赖外地客源的文化旅游业和文化娱乐业示范基地。而主要依靠本地客源的示范基地，受地震、金融危机影响的幅度都不大。

### （五）巡检中发现的问题

在本次巡检中，发现个别示范基地不能完全适应市场竞争，经营管理存在问题，业务收入低，处于亏损状态。

发现部分示范基地已经不符合《国家文化产业示范基地评选命名管理办法》的要求，这些示范基地有：北京520互联网上网服务有限公司、宁波市新彩虹娱乐有限公司、北京中录同方文化传播有限公司（有些情况还在核实中）。

有部分示范基地在自检中反映的与文化产业有关的经营状况和业务状况不清晰，或长期失去联络，需要进一步核实。主要有安徽安美置业投资发展集团、TCL文化发展有限公司、云南映象文化产业发展有限公司、安塞县黄土文化产业开发有限公司、天津市西青区文化旅游发展有限公司、大连普利文化产业基地、青岛市文化街、广东潮州关键宇航鼠动漫影视有限公司。

另外，部分地方文化管理部门对示范基地管理工作不到位，甚至失去联系，需要改进管理方式，加强管理工作。

### （六）加快示范基地发展的几点思路

（1）通过建立有导向性的统计和评价指标，完善评价体系，加强对国家文化产业示范基地的跟踪和管理，并引导示范基地向“高起点、规模化、代表国家水准和未来发展方向”的目标发展。

（2）深入调研，按行业特点、所有制特点、区域特点，充分考虑部分示范基地的公益性特点，进一步了解示范基地发展过程中面临的问题和困难，制定可操作的扶持政策，出台专项资金，促进国家文化产业示范基地健康、持续发展。

（3）协调财政部、国家税务总局等部门，制定文化产业税收优惠政策时，对于巡检合格的国家文化产业示范基地，给予倾斜。

（4）在落实《文化产业振兴规划》过程中，充分考虑国家文化产业示范基地的示范和带动作用，在设立文化产业发展专项资金时，重视示范基地项目，采取贴息、补贴等方式，重点扶持完善示范基地人才培养、增值服务、融资等方面的功能。①

（5）在设立针对示范基地的专项资金时，要求各地文化部门设立配套资金，中央和地方共同支持示范基地建设发展。

（6）通过设立会议制度或其他组织形式，建立长效机制，推动示范基地与政府之间、基地与基地之间的交流、沟通、合作、共建等工作。

## 二、2009全国文化产业发展调研报告

中国传媒大学文化产业研究院

在全国文化体制改革纵深推进和文化产业快速发展的背景下，2009年3月24日—31日，中国传媒大学文化产业研究院在全国范围内展开了一次文化产业调研工作，调研范围涵盖全国28个省、自治区的50余个城市（含直辖市），在此期间，课题组实地考察文化产业相关企业近100家，走访政府官员、相关企业负责人百余名，全面了解各地文化产业的最新动态和总体态势，深入剖析当前发展过程中存在的突出问题以及对进一步采取的对策措施提出可行性建议。

### （一）当前全国文化产业发展的整体情况

1. 文化产业整体上保持增长态势，已经或趋于成为区域经济发展中的支柱产业

2004至2007年，全国各省市自治区的文化产业普遍快速增长，其中北京市年均增速17.4%，上海市年均增速15%，江苏省年均增速24%，湖南省年均增速20%左右，山西省年均增速24.5%，安徽省年均增速20%以上，各地方文化产业的增长速度均高于GOP的增长速度，呈现出总体持续增长的良好态势，基本实现了文化产业的跨越式发展。

根据国家统计局的数据显示，2006年全国文化产业增加值为5123亿元，占GDP的比重为2.45%，2007年这一比重增加到2.8%，在全国文化产业稳步增长的大环境下，各省市自治区由于文化资源与发展基础的不同也有不同的经济表现。

① 科技部火炬计划中，对大学科技园、孵化器、国家高新区等平台性或示范性机构，都有专门的子项目支持。国税总局还为69家国家大学科技园设立了专门的税收优惠政策，涉及房产税等。

**表1　2007年全国22个省、省、自治区文化产业增加值及占GDP的比重①**

| 省份 | 文化产业增加值（亿元） | 占GDP的比重（%） | 省份 | 文化产业增加值（亿元） | 占GDP的比重（%） |
|---|---|---|---|---|---|
| 北京* | 992.6 | 10.6 | 上海 | 683.28 | 5.61 |
| 天津 | 115.83 | 2.3 | 江苏 | 570 | 2.19 |
| 河南 | 450 | 4以上 | 浙江 | 595.93 | 3.2 |
| 河北 | 302 | 2.2 | 江西 | 29.9* | 约3 |
| 重庆 | 114.19 | 2.8 | 贵州 | 55.48* | 2.93 |
| 吉林 | 189.32 | 3.58 | 福建 | 238.51 | 2.6 |
| 黑龙江 | 105.1 | 1.48 | 山东 | 810* | 2.74 |
| 云南 | 262.94 | 5.55 | 甘肃 | 26.44 | — |
| 湖南 | 446.22 | 4.9 | 广西 | 19.87 | — |
| 湖北 | 386.25 | 4 | 山西 | 190.75 | 2.8 |
| 安徽 | 173.1 | 2.4 | 广东 | 192.13 | 6.2 |

注：北京数据为文化创意产业的统计数据；江西数据为文化产业总收入数据；贵州数据为文化产业总产值数据；山东数据为2008年统计统计。

从上表可以看出，在经济发达的省市，文化产业（或文化创意产业）已经成为支柱产业，如北京市、广东省，尤其是北京市，其2007年文化创意产业增加值已经超过批发零售业、房地产业、商务服务业等行业，仅次于金融业，在第三产业中位居第二。一些省市文化产业的发展潜力强劲，占GDP比重近6%，正逐渐成为支柱产业，如上海市和云南省。

以本次调研中已获得数据的22个省市自治区为例，文化产业增加值占GDP比重5%至2.8%的省市自治区有9个，多集中在中部和西南部，这些省市在全国GDP排名中位于5至15位之间，文化产业的发展态势与该地区经济发展同步，相关度高；文化产业增加值占GDP比重低于全国平均水平的省市自治区有6个，但其中山东、江苏两省的文化产业增加值绝对值大，在全国居于领先地位，可见在经济发达地区文化产业的发展还有巨大的产能空间，而经济欠发达地区，文化产业的发展有待提高。整体而言，2004至2007年，全国各省市自治区文化产业的发展无论是在GDP比重、增加就业岗位还是拉动消费方面都有强劲表现，文化资源的"经济重生"如同一只强心针给全方位的现代化建设注入了活力。

但是，在总体增长的态势下，2007年部分省市的文化产业增长有所放缓，例如2007年文化产业增加值方面湖南省同期回落1.6个百分点，河北省下滑15至17个百分点，吉林省也较上一年减少，部分省市预测2008年文化产业的增长速度会持续走低。对于这一现象，调研组认为，这是文化产业发展经过了初期政策强力推动的阶段进入市场机制选择的阶段后的必然结果，同时也受到今年整体外部经济发展趋缓和消费需求不足的影响。

2. 文化产业结构调整持续进行，文化服务所占比重逐步上升，新兴文化业态正在形成

按照2004年国家统计局《文化及相关产业分类》的标准，文化产业分为三个层次、九大门类，涵盖文化产品的制造、销售和文化服务三大领域。据国家统计局统计，2006年全国文化产业核心层增加值为2038亿元，占整体文化产业增加值的42%，外围层增加值为874亿元，占18%，相关层增加值为1920亿元，占40%。以新闻出版、出版发行和版权服务、广播影视服务和文化艺术服务等为主构成的"核心层"仍是产业发展中的主体力量，以文化产品生产和销售为主的相关层所占比重较大。

从本次调研得到的各省市自治区数据来看，就2007年全国部分省市自治区文化及相关产业增加值的变动情况而言，文化产业结构调整的压力仍然存在，调整步伐还需要进一步加快。目前许多省市自治区文化产业结构的同构现象比较突出，各地方居前三位的行业类别中出版发行和版权服务、文化休闲娱乐服务、文化用品、设备及相关文化产品生产和文化用品、设备及相关文化产品销售这四个类别占有相当大的比重，基本上都在各地居于主导地位。

另一方面，2007年全国各省市自治区文化产业的发展在以核心层和外围层组成的文化服务方面呈现上升趋势，以相关层为主的文化产品制造和销售保持平稳增长。根据发展目标的不同，各省市自治区核心层、外围层和相关层的增减情况也各有不同，主要呈现以下特点：

（1）核心层持续增长，比重有加大趋势。在出版、广播电视、文艺院团等文化产业核心资源基础好的省市，将核心层实力的增强作为战略发展目标，重点扶持优势企业。以江苏为例，2007年，江苏核心层增长22.24%，相关层增长32.33%，回落0.69个百分点，省级五大集团总资产达到124.08亿元，比上年增长14.05%，其中凤凰出版集团已经成为资产、营业收入超百亿的"双百亿"集团。同样，地处老东北工业基地的黑龙江省，2007年核心层比上年增长17.4%，得益于新闻出版、文化和广播电视三大系统的发展，其中出版增长15.4%，广播电视增长3.1%。吉林省2007年核心层增加13.25%，稳固了核心层的主导地位，电视、电影服务增加最快，比重达到了29.01%。

① 以上数据来自调研组从各省市自治区收集的文化产业统计概览、党委和政府工作报告等，此次调研共涉及28个省市自治区，但部分省份数据缺失，无法列举在表中。

总体而言，2004至2007年，大部分省市自治区文化产业核心层的发展态势良好，但是从各省的地方数据来看，核心层在文化产业的整体格局中比例仍偏低，作为文化产业内容生产的源头作用发挥仍然不够。

（2）新兴文化业态增长迅速，提升了外围层的比重。随着科技创新和消费基础的扩大，以网络文化服务、文化休闲娱乐服务、其他文化服务组成的外围层在2007年取得了长足发展。上海增长前三位的均为外围层行业类别，以文化服务为主要功能的外围层已经成为建设国际大都市的支柱；江苏省文化休闲娱乐服务业增长48.56%，网络文化服务增长61.42%；山西省外围层提高7.8%，新兴的文化休闲娱乐服务和网络文化服务增加值增速达到39.5%和36.4%；湖南省外围层提高1.4个百分点，文化服务业所占比重上由2004年的52.9%上升到2007年的55.8%，其中，网络文化服务比重由2006年的1.6%提高到2.8%，文化休闲娱乐服务由2006年的25.1%提高到25.8%；重庆市外围层增加32.2%，其中，文化休闲娱乐服务行业增长29.7%。

从以上数字可以看出，以互联网信息为主的网络文化服务，以旅游、娱乐为主的文化休闲娱乐服务和以广告、会展、文化商务代理为主的新兴文化产业的发展潜力巨大，正在成为文化产业增量提升的重要引擎。文化产业的外围层以服务为入口，融入了其他行业的发展需求，增加了文化产业的中间产出，因此我们可以判断，外围层的比重在未来将继续加大。

（3）相关层比重变化不一，文化产品制造和销售仍为多数省市文化产业增加值的主要贡献方。从表二可以看出，浙江、福建、江苏等制造业发达的省份，以文化产品制造和销售为主的相关层是文化产业增加值的绝对来源，尤其是浙江省和福建省，已经达到60%以上。2007年，浙江省相关层增加比重略为下降，但仍占据半壁江山，在相关层中文化产品制造业增加值331.82亿元，占55.7%，文化产品批发零售业增加值92.73亿元，占15.5%。2007年，福建省相关层实现较快发展，比上年增长14.5%。在文化服务发展较好的省份，2007年文化产品制造和销售有一定比例的下降，比如山西省相关层降低5.9%，湖南省相关层下降0.7%，文化制造业的比重由2004年的28%下降到2007年的26.1%。

文化产品的制造和销售受市场（包括国际市场）变动和企业规模调整影响较大，作为文化产业的相关层与直接的商品消费紧密相关，因此市场和企业的细微变动都会直接波及文化产业的发展。比如，福建省厦华、柯达、日立等家电企业生产规模的缩小，影响了文化产业制造业的增速，也影响了文化产业批发贸易业的发展。

3. 文化产业的集群化发展格局明显，并围绕重点行业、重点企业形成园区化、集团化模式

随着文化体制改革的实质性推进，特别是105号文件和114号文件精神的指引下，我国文化产业的发展格局出现了新的特点。从此次调研中的全国情况来看，特别是东部发达地区的文化产业已经呈现出集群式发展格局，已经组建的包括广播影视集团、演艺集团、出版集团、新华发行集团等文化产业集团，涵盖行业门类多样，发展模式各有特点，逐渐形成了复合型、关联式业态，构建起了较为完善的文化产业生态链，并呈现出以重点行业、重点企业为核心的园区化、集团化发展模式，逐渐向外衍生、辐射，带动了相关产业发展和整体经济增长。

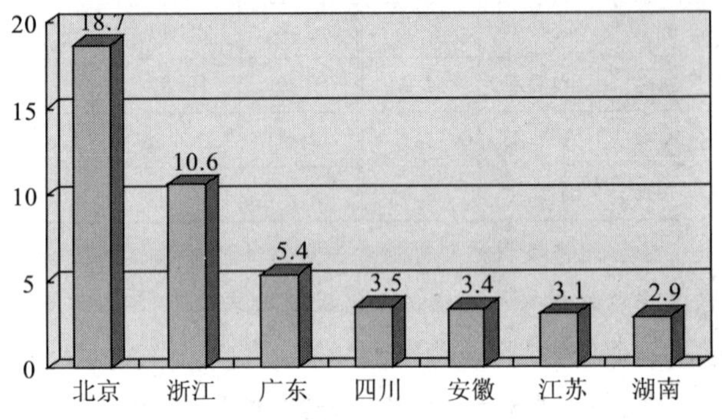


**图1　享受105号文件的地区分布**

以北京为例，2006年，中关村创意产业先导基地、北京市数字娱乐产业示范基地、中国（怀柔）影视基地、北京市798艺术区等首批10家市级文化创意产业集聚区正式挂牌，当年共实现收入490亿元，约占全市文化创意产业总收入的14%，集聚区新增企业近千家，一批具有带动作用的骨干、龙头企业相继落户。2008年，又有CBD国际传媒产业集聚区、顺义国展产业园、琉璃厂历史文化创意产业园区等11个文化创意产业集聚区获得认定。到2008年底，北京市集聚的文化创意产业总数超过一万家，文化创意产业集聚区发展格局已经形成。

在调研中，我们也发现，西部地区正在成为文化产业新的集聚区域，而且对园区的发展模式进行了富有特色的个性化探索。例如，以四川省文化产业园为例，这个包括文化创意产业园、电影主题乐园、青少年体验式素质教育基地、影视基地、旅游风情演出、文化小镇六大主题区和一个媒体传播渠道的“6+1组团”为中国区域文化产业的集群化发展提供了创新思路。

在文化产业集群化发展的过程中，一些优势文化产业，譬如广电、新闻出版等中的重点单位通过转企改制，逐渐呈现出规模化的集团发展趋势。

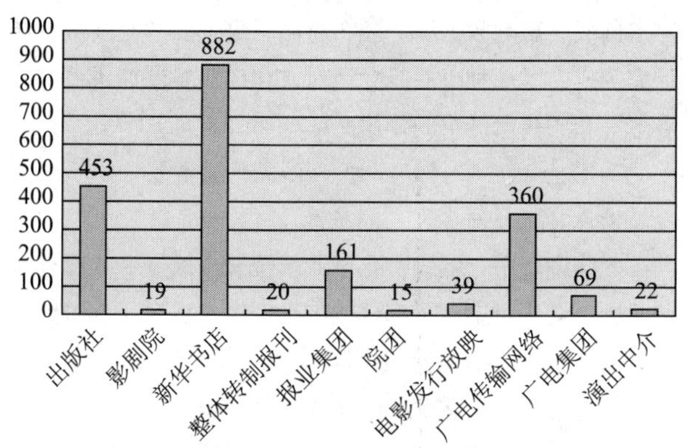


**图 2　享受 105 文件的企业集团行业分布**

整体来看，目前文化产业相关集团多集中在北京、浙江、广东、四川、江苏、安徽、湖南等省市。其中，经济发展水平和市场化程度越高的省份，集团化改革的力度和成效越显著，集团的实际经营状况和竞争力提升越快。值得一提的是，近几年安徽、湖南两省的集团化步伐迈得较快，特别是安徽出版集团和湖南出版投资控股集团，正在以产权和业务关系为联结纽带，以母子公司为主要体制，以优势企业和资产为先导，以品牌塑造为核心，在联合、兼并的基础上，力求实现跨媒体、跨行业和跨区域的联合。

4. 党和政府的文化管理方式逐步转变，文化产业宏观调控机制基本形成

在文化体制改革深入和文化产业发展的推动下，党和政府逐渐放松了对文化行业微观领域的直接的、行政性的管理，而是逐渐放权给企业，逐渐放权给市场，通过市场去建设文化，提升文化，转而开始进行文化产业宏观调控机制的建设，向立足于科学治理和公共服务的开放型政府、服务型政府转变。

从整体调研情况来看，各地政府都在积极推动文化体制改革和文化产业的发展，除了出台各项优惠政策外，还从以下几个方面积极进行宏观调控和有效监管：加快文化产业市场主体培育步伐；运用文化产业发展专项资金；抓住关键环节解决融资问题；充分挖掘利用本地文化资源优势，扶持培育重点文化产业和特色文化产业发展；加大人才培养和理论研究力度。

## （二）当前全国文化产业发展存在的突出问题

1. 文化产业规划与政策的执行力低，实施效果与设定目标存在较大差距

从 1998 年文化部设立文化产业司，标志着我国文化产业由民间自发阶段进入政府强力推动阶段，近年来文化产业在国民经济中的比重稳步提高，文化消费快速增长，文化产业逐步进入又好又快的新时期。但从转型期的时代背景和复杂的现实环境来看，我国文化产业发展普遍存在着规划和政策执行力低，目标期望值与实际运行效果差距较大的问题。

在本次调研中，我们发现，截至 2009 年 2 月，全国已有 29 个省市自治区制定了“十一五”文化产业发展规划，许多地区的文化产业发展已经成为党政“一把手”工程。但是大部分规划明显有两大缺陷：第一，规划或纲要制定前的现状调查和分析不足，造成对本地区的文化产业资源、市场以及优劣势等背景和现状认识比较粗浅，直接影响了规划的实际执行效果；第二，在规划或纲要的具体内容方面，对文化产业的基本原则、指导思想和发展目标的论述性内容比重偏大，而对于文化产业的结构、布局等决定规划可行性的内容相对较少。从调研中，我们还发现，部分省市的规划在实施效果的反馈与评估方面做得还很不够。例如，深圳市“十一五”规划提出，到 2010 年文化产业占 GDP 的比重达到 10%，虽然十一五时期文化产业发展迅速，培育了大量的骨干企业和战略投资者，但是该市相关负责人表示，这一目标很难在十一五结束时实现。全国还有很多的城市，其文化产业本身的发展与十一五规划制定的目标相距甚远。

与此同时，各地针对十一五文化发展规划的配套政策的落实情况也不尽人意。诚然，由于政策执行涉及到财政、人事、国土、工商、税务、公安等部门，给文化产业规划和政策的落实带来一定的困难。但究其根本还在于，一些深层次体制机制问题未得到解决，文化产业的行业壁垒和行政界限限制了产业的科学发展，资源要素改革进展不快，文化资源利用效率总体偏低。

2. 文化产业数据统计存在较大偏差，各地不同程度地存在口径标准不一和漏统虚报的现象

文化产业的数据统计是党和政府实施文化产业宏观调控、文化企业进行微观经营决策的重要依据。调研中，我们发现，各地文化产业界定、分类和统计指标设计的科学性、规范性和预见性明显不足，导致文化产业数据统计存在诸多问题。

首先，数据统计标准不一，相距甚远的各种统计版本并存。例如宁夏回族自治区，根据当地文化厅提供的发展情况报告，该自治区的文化产业体系包含文艺演出业、文化娱乐业、网络文化业、艺术培训业、文化旅游业、文化会展业、工艺美术业等七大门类，相比国家统计局提出的 9 大门类，缺失了新闻服务和出版发行版权服务两大部分。又如浙江省，全省文化产业统计严格按照国家统计局《文化及相关产业分类》的核心层、外围层、相关层进行，而省会杭州市，则以发展文化创意产业为主，将文化创意产业分为文化艺术类、影视传媒类、信息软件类、产品设

计类、建筑景观设计类、时尚消费类、咨询策划类等7大类。其核心层包括文化艺术类、影视传媒类、信息软件类、产品设计类、建筑景观设计类；外围层包括时尚消费类与咨询策划类；相关层包括文化用品、设备及相关文化产品的生产和销售的活动，但不包括与工业设计、建筑景观设计、服装设计等相关的生产和销售活动；同时又包括了大文化产业中的教育、卫生、体育的部分内容。

其次，年份断层现象严重，编造推测现象重新抬头。以辽宁省为例，2005至2007年文化产业统计数据完全空白，文化管理部门要求统计部门在今年的经济普查结束后，再推测出2008年以前的文化产业相关数据。而吉林省政府公布的文化产业统计数据也明确表示，部分年份的数据是推测出来的。相比之下，北京市的统计数据较为科学。根据市统计局的数据，2007年，全市文化创意产业资产总计7260.8亿元，比2004年增加2624.1亿元，增长56.6%，2004至2007年资产平均增长16.1%。但在抽样调查北京市各区县的2007或2008年文化产业相关统计数据时，顺义区委宣传部表示从未统计过该区的文化产业数据。另外从北京市委宣传部改革办了解到，北京市每年的文化创意产业统计数据是按照国家统计局《文化及相关产业分类》的标准分行业统计的，并非按照下辖各区县上报的文化产业统计数据进行统计。

第三、由于文化企业中中小企业和民营企业较多，其统计基础不扎实，数据难以得到真实反映。例如在2004年第一次全国经济普查中，在核查出的1.3万亿元GDP增量中，服务业漏统的占93.7%，文化产业大部分涵盖在其中；另一方面，文化产业链条的下游环节存在漏统现象。例如在以形象授权为核心的动漫产业中，得益于授权开发的玩具、服装、食品、饮料等制造业的产值难以计算其中，而申报主体和统计主体对数据要求的目的不同，维护各自利益的情况不同程度地存在，也影响了统计数字的准确可靠。

而统计部门独立运作经费不足以及数据结果出台太慢也是影响统计数据精确迅速出台的主要原因。文化产业的数据统计，大部分省份是委托各省统计部门进行的，文化管理部门每年支付给当地统计部门数额不等的统计费用，比如黑龙江省和吉林省就分别支付给省统计局15万元和10万元的统计经费，有些省份支付得更少，文化主管部门在支付统计经费的同时也附加了主观要求，统计信息的准确性得不到有效保证。

截至此次调研结束，除浙江省、黑龙江省提供了2008年完整数据，湖南省、江苏省提供了2008年部分数据以外，其他大部分省份只能提供2007年甚至以前的数据。新疆、甘肃、贵州等省份表示2008年数据出台尚无确切时间。统计周期太长，数据积压太久，容易出现年终突击制假、影响数据统一公布时间，更重要的是使数据统计完全成为了一种事后行为，对文化产业发展起不到“信号灯”和“指示器”的作用。

3. 转企改制不彻底，过多依靠政府干预，市场主体性功能没有充分发挥

此次调研中，围绕文化事业单位转企改制和集团化改革问题，调研组走访了部分省市已经组建或者正在筹建的各类文化产业集团，包括广电集团、报业集团、出版集团、发行集团、演艺集团等。以广电集团为例，从1998年我国第一家广电集团——无锡广播电视集团成立开始，到2004年12月起不再批准事业型集团，2006年1月起不再批准省（区、市）集团为止，全国共有省级、市级广电集团（含广电总台）18家，分布于北京、上海、天津、重庆、浙江、江苏、湖南、四川、福建等地省市。

上述集团绝大部分为事业型集团，并非真正的企业或产业集团，在实际运行中不同程度地存在“官商两面、事企难分”的问题。一方面这些集团与直属单位和政府部门有着千丝万缕的联系，还要承担一定的事业职责；另一方面产权归属不明晰，关于国有文化资产由谁管理、如何管理以及按照什么原则管理等问题一直都没能很好的解决，从而影响到集团组建后的运营。在调研中，我们发现，股份制改造原则被普遍应用于集团化改革中，但恰恰也是推进难度最大、问题累积最多的环节。股份制改造后成立的新公司大多由国有企业改制或由国家授权投资的机构新建，股权结构以国有股和法人股等非流通股为主，尤以国有股比重最大，导致政府对企业管理层行政干预过多，企业目标政治化，难以实现企业运作机制的转换。

### （三）对下一阶段全国文化产业发展的对策建议

1. 加大文化产业与第一、二、三产业的融合，推动产业升级转型

（1）资源的融合，有助于文化产业与第一、二、三产业形成更高的关联度，构建综合竞争力。

当今的竞争绝不是过去那种单一资源和单一力量的竞争，而是一种综合的、全面的竞争，并凸显文化竞争的主导地位。我国历史悠久，人杰地灵，文物古迹众多，传统文化艺术源远流长，人文资源十分丰富。只要充分发挥好文化产业资源和第一、二、三产业资源合力的综合优势，特别是发挥文化产业资源的软性力量，就能真正形成综合竞争力的强势。

（2）资本的融合，可以提高文化产业经济实力，打造“文化航空母舰”。

由于我国文化企业普遍规模偏小、资金投入较大、资金回报周期长、价值评估难于确定，文化产业项目很难取

得银行贷款，融资难问题始终是制约文化产业快速发展的难点。因此与第三产业的银行服务业融合，利用相对低成本的银行贷款完成融资一直是文化产业界经营者的梦想。

（3）生产方式的融合，能够带来文化与第一、二、三产业的共同发展。

随着经济全球化和文化全球化的大发展，文化产业和第一、二、三产业的融合正在孕育和产生人类新的生产方式。在我国，随着全方位开放态势的形成，文化优势已经逐步取代政策、地缘优势，成为地区竞争力的关键和重要指标。文化生产力与旅游生产力融合，以其崭新的生产形态和市场优势，已经成为新的国民经济增长点。国外许多国家更是把文化旅游产业作为发展的重点，显示出文化自身的经济价值得到前所未有的重视和开发，文化产业与旅游业一起构成了新的生产方式。通过文化与旅游服务业生产方式的互动，用文化旅游资源开辟新的产业群，不仅可以扩大经济发展总量，而且可以成为创造新财富的源泉。

（4）管理的融合，借助第三产业的先进管理手段，使文化产业服务人的距离更为接近。

相比其他产业，第三产业由于其服务的性质与人的距离更为接近，与文化有更多的关联。第三产业先进的管理技巧为文化产业提供了好的经验模式，而且第三产业既包括面向生活消费的企业如商贸、饮食、房地产、传播等，也包括面向全程生产环节提供服务的行业，如金融、资讯、保险、物流等。当第三产业融入文化的元素后，可以增强第三产业的实际竞争力，同时为文化产业提供更多的管理经验，对文化产业竞争力的提升也将起到推波助澜的作用。

2. 修订文化产业统计指标，规范文化产业统计

（1）完善统计标准。

因为文化产业核心、相关、外围层的划分有待进一步完善和修订，建议采用文化产业九大门类进行统计，但随着社会的发展，文化产业经济结构、运行体制和新兴文化产业类型不断变化升级。对九大门类中不规范的统计指标迅速删减，将新增和变化的内容纳入到新的指标体系。文化产业数据统计标准修订后，各地文化统计部门必须严格对照执行。

（2）规范统计工作。

统一思想、强化认识。数据统计是一项基础性的工作，是文化产业可持续性发展科学决策的依据，一定要引起高度重视。健全统计机构，加强统计工作力量。以加强基层统计基础建设为主线，以提高统计数据质量为重点，以创新统计服务方式为动力，运用统计信息进行科学决策，改善管理方式并指导实践，不断提高文化系统统计工作水平；

建立奖惩机制。设置诚信申报信用系统，实行奖励。民营文化产业的统计出于企业自我保护，很难得到全面、真实的数据。可以通过和工商管理部门的合作把数据申报和企业信用考核建立联系，对积极配合，表现优秀的文化企业可由税务、工商部门授予“诚信企业”称号，减税免税等优惠措施。对不重视数据统计，甚至弄虚作假的企业可以采取批评教育、停业整改甚至吊销执照的处罚；

转变采集方法。实现文化企业的数据与银行、税务统计监测系统对接，实现申报数据自动采集，从源头上采取主动介入，有效防止文化企业被动提供数据、捏造数据的情况出现；

借助经济普查。抓住今年全国第二届经济普查的大好机会，着重关注文化产业的数据普查；

转换部门角色。统计部门也要转换角色，将自己定位为服务部门而非权力部门。

3. 建立统一的文化管理部门，解决多头管理问题

（1）完善管理体制与机制。文化产业涉及的管理部门众多，客观上存在协调难、管理难、执法难的问题。既存在职能交叉，责任不清的问题，又存在职能空缺，管理不到位的情况。因此，建议通过深化文化体制改革，尽快建立和完善党委领导、政府管理、行业自律、企事业单位依法运营的文化管理体制。省级可以考虑建立由主管领导牵头、相关部门参与的文化产业领导小组，超越各部门的界限，从总体上研究、协调、解决本地区文化产业发展中的重要问题。已经建立起来的要有职有权，有专人管理，实际运作，不能只有一块空牌子。对领导机构成员单位要明确职责，履行职能，形成合力；对工作机构要赋予相应职责，配备相应工作力量，提供相应工作条件。

（2）统一协调、集中管理。文化管理是实践性很强的政府行为。加强文化市场的监管，在方法上要注意把集中监控与分级管理结合起来，把专业执法监督与动员社会力量管理结合起来；把法律和行政手段与经济手段结合起来。对于多头执法的问题，建议按照中央的精神将原有的文化、广电、新闻出版以及“扫黄打非”等相关行政执法队伍调整归并，实行属地管理，组建统一高效的文化市场综合执法机构。同时，要加强执法队伍建设，加大对文化市场执法人员的选拔、培育、教育和管理工作，提高依法行政能力和执法效率。

（3）成立行业协会，促进自我约束与自我保护相结合。此外，要加强引导，积极组建各类文化产业行业协会。比如：动漫协会、歌厅演艺协会、酒吧休闲协会的文化娱乐协会等。由行业协会协调全行业行动，有利于形成健康发展、自我约束和自我保护的机制。国外的文化产业之所以具有较强的生存发展能力，与有效的行业自我管理

有关。

4. 优化政策环境，完善法制建设

加快文化产业的发展，离不开好的发展环境，尤其是政策环境。政策环境是扩张文化产业投入效应的重要条件。

（1）要完善文化生产和文化管理政策。文化产业是一个特殊的产业，它以物质生产为基础，满足人的精神需求，力求社会效益与经济效益的最佳结合。要完善文化市场建设和准入政策。在社会主义市场经济中，必须打破垄断，打破进入壁垒，制定合理的准入条件。允许国有经济成分之外的其他经济成分进入，鼓励竞争，但要以适当竞争为度，防止无序竞争与过度竞争；必须制定合理的市场准入条件，不仅要打破进入文化市场的壁垒，建立更加开放的文化市场准入机制，依法整治文化市场秩序，加强文化市场的管理，为文化产业核心竞争力的培育，提供一个更加公平、规范、统一的文化产业市场。

（2）产业立法不但要紧跟产业发展的需要，而且要与体制改革相促进。当前我国文化产业处于快速发展期，传统产业继续发展，新兴产业不断涌现，新情况新问题也随之产生，文化产业立法要顺应发展趋势，尽快出台急需法规，对文化产业的发展予以规范、促进和有效管理。要建立全方位的文化产业法律体系：要根据文化产品的可复制性、文化产品对不同人群的适应性、文化产业所需的政策环境等，制定有关法律和法规；根据文化团体种类繁多、形式多样、文化消费人群对不同文化产品的接受能力的不同，制定文化市场准入的法律和法规；根据发展文化产业引进资金的需要，制定文化产业的投融资及财税优惠的法律和法规；根据文化产业人才和技术的需要，制定引进文化人才和技术的法律和法规等。加强执法，依法行政，保证社会主义文化产业在法制轨道上运行，并促进其发展的持续，高效，稳定。

5. 培养文化产业的创新人才

文化产业的发展急需也必然要求一大批、一大群文化产业方面的专业人才。创新人才匮乏成为制约我国文化产业发展的主要瓶颈之一。人们对文化产业的属性和规律把握不够，既缺少通晓文化产业内容又擅长经营管理的管理者、经营者，也缺少灵感迸发、创意迭现的创作者。

（1）尽早明确文化产业的学科归属。

目前文化产业的学科归属学界尚无定论，尤其是属于哪一个一级学科不明确。比照国家教育部学科门类、一级学科、二级学科目录，文化产业与一类学科中的经济学、文艺学、新闻传播学、艺术学、管理学等都有着密切的关系。在这方面教育主管部门应在充分论证的前提下，参考借鉴国外发达国家的经验，尽早明确文化产业的学科属性。只有如此，才能改变目前培养目标模糊、课题设置不合理、教育形式单一、教育体系单薄、教育层次不明、教育内容偏面、教育效果评估体系缺失等弊端。

（2）重视文化产业创新人才教育规律的研究。

由于文化产业涉及社会文化、政治、经济等各个领域，文化产业人才必然是一种复合型的人才。从理论上讲，就是要培养具备扎实的文化基础知识和良好的文化艺术鉴赏能力，具有广阔的国际视野，掌握文化产业的经营和运作规律，了解国内外文化艺术发展的趋势，同时具备现代管理、现代经济和法律知识的复合型人才。

（◎课题组调研人员：范周、谢伦灿、陈小申、李安、刘江红、王志敏、谢丹、陈曼冬、蒋多、萧盈盈、朱敏、夏忠群、齐骥、杨剑飞、赵莹、刘京晶◎执笔：蒋多、刘江红、齐骥、陈小申、谢伦灿、杨剑飞）

# 第九部分　规划与项目

GUI HUA YU XIANG MU

# 一、规划

## 文化产业振兴规划

党的十七大明确提出，要积极发展公益性文化事业，大力发展文化产业，激发全民族文化创造活力，更加自觉、更加主动地推动文化大发展大繁荣。为贯彻落实中央精神，在重视发展公益性文化事业的同时，加快振兴文化产业，充分发挥文化产业在调整结构、扩大内需、增加就业、推动发展中的重要作用，结合当前应对国际金融危机的新形势和文化领域改革发展的迫切需要，特制定本规划。

### 一、加快文化产业振兴的重要性紧迫性

文化产业是市场经济条件下繁荣发展社会主义文化的重要载体，是满足人民群众多样化、多层次、多方面精神文化需求的重要途径，也是推动经济结构调整、转变经济发展方式的重要着力点。党的十六大以来，党中央、国务院高度重视发展文化产业，采取了一系列政策措施，深入推进文化体制改革，加快推动文化产业发展。国有经营性文化单位转企改制取得重要进展，涌现出一批具有较强实力和竞争力的文化企业和企业集团，文化产业规模逐步壮大，以公有制为主体、多种所有制共同发展的文化产业格局初步形成。文化"走出去"步伐加快，文化进出口贸易逆差逐步缩小，我国文化产业的国际竞争力不断增强。总的看，我国文化产业呈现出健康向上、蓬勃发展的良好态势，正在成为推动社会主义文化大发展大繁荣的重要引擎和经济发展新的增长点。

同时要看到，我国文化产业的发展水平还不高、活力还不强，与人民群众日益增长的精神文化需求还不相适应，与日趋完善的社会主义市场经济体制还不相适应，与现代科学技术迅猛发展及广泛应用还不相适应，与我国对外开放不断扩大的新形势还不相适应。当前，国际金融危机仍未见底，并对文化产业发展产生诸多影响，但困难和挑战中蕴含着新的机遇和有利条件，文化具有反向调节功能，面对经济下滑，文化产业有逆势而上的特点，这为创新文化体制机制、做大做强文化产业带来了契机。要抓住机遇，大力振兴文化产业，为"保增长、扩内需、调结构、促改革、惠民生"作出贡献。

### 二、指导思想、基本原则和规划目标

**（一）指导思想**。全面贯彻党的十七大精神，坚持以邓小平理论和"三个代表"重要思想为指导，深入贯彻落实科学发展观，紧紧围绕《国家"十一五"时期文化发展规划纲要》确定的文化产业发展的各项目标任务和当前文化体制改革的重点，大力培育市场主体，加快转变文化产业发展方式，进一步解放和发展文化生产力，切实维护我国文化安全，推动文化产业又好又快发展，将文化产业培育成国民经济新的增长点。

**（二）基本原则**。坚持把社会效益放在首位，努力实现社会效益和经济效益的统一；坚持以体制改革和科技进步为动力，增强文化产业发展活力，提升文化创新能力；坚持走中国特色文化产业发展道路，学习借鉴世界优秀文化，积极推动中华民族文化繁荣发展；坚持以结构调整为主线，加快推进重大工程项目，扩大产业规模，增强文化产业整体实力和竞争力；坚持内外并举，积极开拓国内国际文化市场，增强中华文化在国际上的影响力。

**（三）规划目标**。完成经营性文化单位转企改制，文化市场主体进一步完善，活力进一步增强，文化产业规模不断扩大，推动经济社会发展的功能和作用得到较好发挥。

1. 文化市场主体进一步完善。按照创新体制、转换机制、面向市场、增强活力的原则，基本完成经营性文化单位转企改制，文化市场主体进一步完善，活力进一步增强。

2. 文化产业结构进一步优化。重点行业和项目对文化的拉动作用明显增强，文化创意、影视制作、出版发行、印刷复制、广告、演艺娱乐、文化会展、数字内容和动漫等产业得到较快发展，以资本为纽带推进文化企业兼并重组取得重要进展，力争形成一批跨地区跨行业经营、有较强市场竞争力、产值超百亿的骨干文化企业和企业集团。

3. 文化创新能力进一步提升。文化体制机制创新取得实质性进展，文化产业发展活力明显增强，以企业为主体、市场为导向、产学研相结合的文化创新体系初步形成，文化原创能力进一步提高，数字化、网络化技术广泛运用，文化企业装备水平和科技含量显著提高。

4. 现代文化市场体系进一步完善。市场在文化资源配置中的基础性作用得到更好的发挥，文化产品和生产要素合理流动，城乡文化市场进一步发展，现代流通组织和流通形式逐步成为文化流通领域的主要力量，文化消费领域不断拓展，在城乡居民消费结构中的比重明显增加。

5. 文化产品和服务出口进一步扩大。一批外向型骨干文化企业和国际知名品牌初步形成，对外文化贸易渠道和网络进一步拓展，文化产品和服务出口大幅增长，文化贸易逆差明显缩小，成为我国服务贸易出口的重要增

长点。

## 三、重点任务

当前和今后一个时期，要着力做好以下八个方面工作：

**（一）发展重点文化产业**。以文化创意、影视制作、出版发行、印刷复制、广告、演艺娱乐、文化会展、数字内容和动漫等产业为重点，加大扶持力度，完善产业政策体系，实现跨越式发展。文化创意产业要着重发展文化科技、音乐制作、艺术创作、动漫游戏等企业，增强影响力和带动力，拉动相关服务业和制造业的发展。影视制作业要提升影片、电视剧和电视节目的生产能力，扩大影视制作、发行、播映和后产品开发，满足多种媒体、多种终端对影视数字内容的需求。出版业要推动产业结构调整和升级，加快从主要依赖传统纸介质出版物向多种介质形态出版物的数字出版产业转型。出版物发行业要积极开展跨地区、跨行业、跨所有制经营，形成若干大型发行集团，提高整体实力和竞争力。印刷复制业要发展高新技术印刷、特色印刷，建成若干各具特色、技术先进的印刷复制基地。演艺业要加快形成一批大型演艺集团，加强演出网络建设。动漫产业要着力打造深受观众喜爱的国际化动漫形象和品牌，成为文化产业的重要增长点。

**（二）实施重大项目带动战略**。以文化企业为主体，加大政策扶持力度，充分调动社会各方面的力量，加快建设一批具有重大示范效应和产业拉动作用的重大文化产业项目。继续推进国产动漫振兴工程、国家数字电影制作基地建设工程、多媒体数据库和经济信息平台、“中华字库”工程、国家“知识资源数据库”出版工程等重大文化建设项目。选择一批具备实施条件的重点项目给予支持。

**（三）培育骨干文化企业**。着力培育一批有实力、有竞争力的骨干文化企业，增强我国文化产业的整体实力和国际竞争力。坚持政府引导、市场运作，科学规划、合理布局，在重点文化产业中选择一批成长性好、竞争力强的文化企业或企业集团，加大政策扶持力度，推动跨地区、跨行业联合或重组，尽快壮大企业规模，提高集约化经营水平，促进文化领域资源整合和结构调整。鼓励和引导有条件的文化企业面向资本市场融资，培育一批文化领域战略投资者，实现低成本扩张，进一步做大做强。

**（四）加快文化产业园区和基地建设**。加强对文化产业园区和基地布局的统筹规划，坚持标准、突出特色、提高水平，促进各种资源合理配置和产业分工。对符合规划的产业园区和基地，在基础设施建设、土地使用、税收政策等方面给予支持。建设若干辐射全国的区域文化产品物流中心，建设一批文化创意、影视制作、出版发行、印刷复制、演艺娱乐和动漫等产业示范基地，支持和加快发展具有地域和民族特色的文化产业群。

**（五）扩大文化消费**。不断适应当前城乡居民消费结构的新变化和审美的新需求，创新文化产品和服务，提高文化消费意识，培育新的消费热点。加强原创性作品的创作，打造一批具有核心竞争力的知名文化品牌。努力降低成本，提供价格合理、丰富多样的精神文化产品和服务。加快建设具有自主知识产权、科技含量高、富有中国文化特色的主题公园。开发与文化结合的教育培训、健身、旅游、休闲等服务性消费，带动相关产业发展。

**（六）建设现代文化市场体系**。建立健全门类齐全的文化产品市场和文化要素市场，促进文化产品和生产要素的合理流动。重点建设传输快捷、覆盖广泛的文化传播渠道。发展文艺演出院线，推动主要城市演出场所连锁经营。支持全国文化票务网络建设。推进有线电视网络整合，鼓励通过并购、重组等方式，进行广电网络的区域整合和跨地区经营。推进电影院线、数字电影院线的跨地区整合以及数字影院的建设和改造。支持国有出版发行企业以资本为纽带实行跨地区兼并重组。鼓励非公有资本进入文化创意、影视制作、演艺娱乐、动漫等领域。支持优先选用拥有自主知识产权、产品质量水平高的文化设备及产品。

**（七）发展新兴文化业态**。采用数字、网络等高新技术，大力推动文化产业升级。支持发展移动多媒体广播电视、网络广播影视、数字多媒体广播、手机广播电视，开发移动文化信息服务、数字娱乐产品等增值业务，为各种便携显示终端提供内容服务。加快广播电视传播和电影放映数字化进程。积极推进下一代广播电视网建设，发挥第三代移动通信网络、宽带光纤接入网络等网络基础设施的作用，制定和完善网络标准，促进互联互通和资源共享，推进三网融合。积极发展纸质有声读物、电子书、手机报和网络出版物等新兴出版发行业态。发展高新技术印刷。运用高新技术改造传统娱乐设施和舞台技术，鼓励文化设备提供商研发新型电影院、数字电影娱乐设备、便携式音响系统、流动演出系统及多功能集成化音响产品。加强数字技术、数字内容、网络技术等核心技术的研发，加快关键技术设备改造更新。

**（八）扩大对外文化贸易**。落实国家鼓励和支持文化产品和服务出口的优惠政策，在市场开拓、技术创新、海关通关等方面给予支持。制定《2009－2010年度国家文化出口重点企业和项目目录》，形成鼓励、支持文化产品和服务出口的长效机制。重点扶持具有民族特色的文化艺术、展览、电影、电视剧、动画片、网络游戏、出版物、民族音乐舞蹈和杂技等产品和服务的出口，抓好国际营销网络建设。支持动漫、网络游戏、电子出版物等文化产品进入国际市场。鼓励文化企业通过独资、合资、控股、参股等多种形式，在国外兴办文化实体，建立文化产品营销网点，实现落地经营。办好国家重点支持的文化会展，通过中国（深圳）国际文化产业博览会、中国国际广播影视博览会、北京国际图书博览会等推动文化产品和服务出口。支持文化企业参加境外图书展、影视展、艺术节等国际大型展会和文化活动。

### 四、政策措施

**（一）降低准入门槛**。落实国家关于非公有资本、外资进入文化产业的有关规定，根据文化产业不同类别，通过独资、合资、合作等多种途径，积极吸收社会资本和外资进入政策允许的文化产业领域，参与国有文化企业的股份制改造，形成以公有制为主体、多种所有制共同发展的文化产业格局。

**（二）加大政府投入**。中央和地方各级人民政府要加大对文化产业的投入，通过贷款贴息、项目补贴、补充资本金等方式，支持国家级文化产业基地建设，支持文化产业重点项目及跨区域整合，支持国有控股文化企业股份制改造，支持文化领域新产品、新技术的研发。支持大宗文化产品和服务的出口。大幅增加中央财政“扶持文化产业发展专项资金”和文化体制改革专项资金规模，不断加大对文化产业发展和文化体制改革的支持力度。

**（三）落实税收政策**。贯彻落实《国务院办公厅关于印发文化体制改革中经营性文化事业单位转制为企业和支持文化企业发展两个规定的通知》中的相关税收优惠政策，研究确定文化产业支撑技术的具体范围，加大税收扶持力度，支持文化产业发展。

**（四）加大金融支持**。鼓励银行业金融机构加大对文化企业的金融支持力度。积极倡导鼓励担保和再担保机构大力开发支持文化产业发展、文化企业“走出去”的贷款担保业务品种。支持有条件的文化企业进入主板、创业板上市融资，鼓励已上市文化企业通过公开增发、定向增发等再融资方式进行并购和重组，迅速做大做强。支持符合条件的文化企业发行企业债券。

**（五）设立中国文化产业投资基金**。按照有关管理办法，由中央财政注资引导，吸收国有骨干文化企业、大型国有企业和金融机构认购。基金由专门机构进行管理，实行市场化运作，通过股权投资等方式，推动资源重组和结构调整，促进国家文化发展战略目标的实现。

### 五、保障条件

**（一）加强组织领导**。地方各级人民政府要按照科学发展观的要求，切实将《规划》的实施列入重要议事日程，把《规划》提出的目标任务纳入经济社会发展总体规划，建立相关的考核、评价和责任制度，作为评价地区发展水平、衡量发展质量和领导干部工作实绩的重要内容。文化行政主管部门在党委宣传部门协调指导下，具体组织实施，相关部门密切配合，确保《规划》提出的各项任务落到实处。

**（二）深化文化体制改革**。通过深化文化体制改革，进一步解放和发展文化生产力，激发全社会的文化创造活力。要紧紧抓住转企改制、重塑市场主体这个中心环节，加快推进出版发行单位转企改制和兼并重组，加快电影制片、发行、放映单位和文艺院团转企改制，抓好党报党刊发行体制和广播电视节目制播分离改革。大力推动行政管理体制改革和政府职能转变，建立统一高效的文化市场综合执法机构。

**（三）培养文化产业人才**。继续抓好全国宣传文化系统“四个一批”人才培养工程，着力加强领军人物和各类专门人才的培养。继续办好经营管理人才培训班，培养一批熟悉市场经济规律，懂经营、善管理的人才。吸引财经、金融、科技等领域的优秀人才进入文化产业领域。注重海外文化创意、研发、管理等高端人才的引进，为我国文化产业发展提供强有力的人才保障。

**（四）加强立法工作**。进一步完善法律体系，依法加强对文化产业发展的规范管理。完善国家知识产权保护体系，严厉打击各类盗版侵权行为，促进国家文化创新能力建设。

## 山西省文化产业发展规划纲要（2009—2015）

大力发展文化产业是贯彻落实党的十七大精神和科学发展观，实现我省转型发展、安全发展、和谐发展的必然要求，也是应对经济危机，调整产业结构，培育新的经济增长点的重要举措。为此，根据《中共山西省委山西省人民政府关于深化文化体制改革的实施意见》（晋发〔2009〕24号）、《山西省人民政府关于加快服务业发展的实施意见》（晋政发〔2008〕11号）和《山西省“十一五”时期文化发展规划纲要》（晋政办发〔2007〕74号）的要求，特制订本规划。

### 一、发展基础

#### （一）文化产业强劲增长

据统计，2004到2007年，我省文化产业年均增长速度达到24.5%，明显高于同期GDP增长幅度。2007年我省文化产业实现增加值160.75亿元，占GDP的比重为2.80%，文化产业对经济增长的贡献率为3.54%，拉动GDP增长0.76个百分点。文化产业增加值占第三产业的比重为8%，超过房地产业（6.7%）和金融保险业（7.9%），已经成为我省现代服务业的重要组成部分。

（二）市场主体迅速崛起

统计显示，2006年全省共有各类文化产业单位81271个，文化个体户69238家，文化产业从业人员27.64万人。涌现出山西出版集团、山西日报报业集团、英语周报社、太原文广集团和山西宇达集团有限公司等一批成长性好、竞争力强的文化企业或企业集团。

（三）文化精品生产成果丰硕

电视剧《乔家大院》、《喜耕田的故事》、《走西口》，话剧《立秋》，舞剧《一把酸枣》，京剧《晋德裕》等文化精品，华夏文明看山西系列活动、平遥国际摄影大展、我们的节日·清明节、大同云冈恒山国际旅游节、五台山国际佛教文化艺术节、关公文化节等一批重大品牌文化活动，在全国产生了广泛影响，实现了社会效益和经济效益的双丰收，树立了山西的良好文化形象，增强了山西文化的软实力，为推动社会主义文化的大发展、大繁荣做出了积极贡献。话剧《立秋》、舞剧《一把酸枣》在全国各地演出均已达500场以上，票房均突破1000余万元。电视剧《喜耕田的故事》在中央电视台的平均收视率达6.62%，电视剧《走西口》的平均收视率更达到了9.6%。平遥国际摄影大展已经连续举办了七届，成为中国最具影响力的十大节庆品牌之一。

二、发展潜力

（一）得天独厚的人文资源

山西文化资源蕴藏丰厚，特色鲜明，品质卓越，色彩斑斓，被誉为华夏文明的“主题公园”、中国社会变革和进步的“思想库”、古代东方艺术的“博物馆”。现存不可移动文物30186处，其中，国家级重点文物保护单位271处，省级文物保护单位428处，世界文化遗产2处，国家大遗址保护项目4处，国家级历史文化名城5座，历史文化名镇4个，历史文化名村8个。四大梆子、民间歌舞、锣鼓艺术等96个项目列入国家级非物质文化遗产名录，301个项目列入省级非物质文化遗产名录。唐尧、虞舜、荀况、韩非、晋文公、关羽、王唯、柳宗元、白居易、司马光、关汉卿、傅山、赵树理等历史文化名人，彪炳史册，影响深远。根祖文化、佛教文化、晋商文化、古建文化、红色文化、边塞文化、太行文化、黄河文化等文化资源，底蕴深厚，类型丰富，为文化产业的发展奠定了坚实的基础。

（二）有待拓展的发展空间

从2007年我省文化产业增加值基本构成来看，新闻出版、广播影视和文化艺术服务等“核心层”，实现产业增加值38.70亿元，占全省文化产业增加值的24.10%，比全国同期比重低13个百分点左右；网络文化、休闲娱乐和其他文化服务等“外围层”，实现产业增加值79.50亿元，占全省文化产业增加值的49.50%，比全国同期比重高27个百分点左右；文化用品、设备及相关文化产品的生产、销售等“相关层”，实现产业增加值42.50亿元，占全省文化产业增加值的26.40%，比全国同期比重低14个百分点左右。可以看出，我省文化产业的“核心层”、“相关层”，具有很大的发展空间，广播影视、音像制品、文化用品制造、印刷包装等行业发展潜力还很大。同时，文化产业内部各行业的协同以及文化产业与旅游产业、信息产业的关联结合还有极大的延伸空间。

（三）不断增长的市场需求

2007年，山西人均GDP达到2213美元，城镇居民人均可支配收入11565元，农村居民人均纯收入3666元。据抽样调查，2007年我省城镇居民人均文化教育娱乐服务支出1054元，其中文化娱乐用品和服务472元；农村居民人均文化教育娱乐服务支出371元，其中文化娱乐用品和服务76元。全省文化娱乐用品和服务消费达到84.9亿元。按照国际经验进行测算，人均GDP超过1000美元，家庭文化娱乐消费将占总支出的18%。据此，2007年，山西居民文化消费总额应该在309.6亿元，而实际的消费额仅为84.9亿元，二者相比存在224.7亿元的差距。这说明山西文化需求还有很大的潜力，需要进一步开发与挖掘。与此同时，我省网络等新型文化消费持续上扬，目前已有网民819万；随着对外开放步伐的加快，我省文化资源在海内外的影响力将不断增强，能够蕴育更为广阔的市场需求。

（四）日益凸显的区位优势

山西区位优势十分明显，在全国经济和文化格局中占有重要地位。处于黄河经济区的中心位置，环渤海经济圈，市场潜力巨大。晋豫陕、晋冀豫、晋冀蒙三个“三角地带”是我省与周邻诸省（区）加强文化产业协作的桥梁，这些地带都可以同质文明为纽带，形成文化产业发展的互补共赢格局。随着三纵十一横十一环高速公路网络的形成，石太快速客运专线、大运快速客运线、太中银铁路、中南部铁路大通道等的开通，长治、运城、大同、吕梁、五台山、临汾机场全面通航，太原武宿机场升格为4E级国际机场，将大大缩短山西与外界特别是京津地区的空间距离，有利于加强文化产业的区位协作，提高市场配置各类文化资源的效率，拓宽我省文化产业发展的空间。

（五）难能可贵的发展机遇

目前，世界金融危机还在蔓延，对实体经济的影响也越来越大。历史经验表明，文化具有反向调节功能，面对经济下滑，文化产业具有逆势而上的特点。金融危机更加凸显了文化产品和服务的心理抚慰、精神激励功能，会进一步刺激出版物、影视剧、动漫游戏等大众文化消费，为做大做强文化产业带来契机。同时，文化产业具有能源消耗低、环境污染少、易于与新技术对接、产品技术含量高和吸收就业能力强等优势，有利于经济发展方式转变和经济结构调整。省委、省人民政府把文化产业列为具有潜力的新兴产业，明确提出要以服务业为突破口，发展新兴产业。特别强调要重点发展以文化为核心的旅游业，要提高文化产业对经济发展贡献的比重。这些战略部署将为文化产业的发展创造良好的条件。2007 年，省人民政府决定建设山西大剧院、山西省图书馆（新馆）、山西科技馆、中国（太原）煤炭交易中心、山西体育中心和山西地质博物馆等重点工程。2008 年起，山西将公共文化服务体系建设达标率纳入省委、省人民政府对各市考核的 44 项指标体系中，省市县乡村五级公共文化服务体系正在形成，改善了我省文化产业发展的基础条件，拓宽了文化产业发展的空间。

## 三、指导思想和基本原则

### （一）指导思想

以科学发展观为统领，牢牢把握社会主义先进文化的前进方向，以满足人民群众日益增长的精神文化需求为目标，以体制机制创新、内容形式创新、传播方式创新为手段，以实施重大文化产业项目带动战略、加快文化产业基地和区域性特色文化产业集群建设、培育文化产业骨干企业和引进战略投资者为重点，坚持工程化布局、项目化操作，努力把我省的人文资源优势转变为经济优势和产业优势，为建设充满活力、富裕文明、和谐稳定、山川秀美的新山西提供精神动力、智力支持和文化条件。

### （二）基本原则

1. 坚持文化产业发展和文化事业发展相协调的原则。一手抓公益性文化事业的繁荣，一手抓经营性文化产业的发展。建立促进文化产业发展的保障体系，实现政府扶持与市场运作的良性互动。着眼于维护国家文化安全，健全文化产业法规，完善相关管理办法与措施，确保文化产业健康有序发展。

2. 坚持社会效益和经济效益相统一的原则。重视文化的意识形态属性，同时考虑文化产品的产业属性，引导各类文化企业把社会效益放在首位，增强社会责任，努力生产和提供既有良好社会效益又有良好经济效益的文化产品和文化服务。

3. 坚持政府推动和市场调节相结合的原则。牢固树立市场意识和开放意识，充分发挥市场在配置文化资源方面的基础性作用。同时，要加大政府扶持力度，深化文化体制改革，优化产业结构，整合优质资源，创新发展环境。

4. 坚持文化产业和相关产业联动发展的原则。积极促进文化产业与信息、休闲、体育特别是旅游产业的联动发展，以旅游激发文化活力，靠文化增添旅游魅力。加强文化创意与工业设计、会展经济、城市建设、家居服饰等的融合，推动文化用品、设备及相关文化产品的生产和销售，形成新的经济增长点。

5. 坚持文化产业发展和先进科学技术相交融的原则。充分利用先进技术和现代生产方式，改造传统文化生产和传播模式，培育新的文化业态，推进文化产业升级，延伸文化产业链，提高文化产业整体技术水平和核心竞争力。

## 四、总体目标和主要任务

### （一）总体目标

我省文化产业快速健康发展，预期到 2010 年，文化产业增加值占全省生产总值的比重达到 3%以上，到 2015 年达到 5%以上。年均增长速度明显高于同期经济增长速度，整体实力和核心竞争力不断提高。文化产业增加值总量在全国处于中上游水平，一批特色文化企业在本行业中居于全国领先地位。文化及其产业对全省生产总值、财政收入、社会就业增长的贡献率大幅提高，形成地域特色鲜明，主导产业突出，布局结构合理，创新能力较强，精品不断涌现，市场繁荣有序的文化产业发展新局面。到 2020 年，基本实现由文化资源大省向文化强省的跨越，文化产业成为名副其实的支柱产业。

### （二）主要任务

今后一段时期，我省文化产业发展的主要任务是：形成一个格局，实施六大工程，建设十五大项目，振兴九大行业。

1. 形成一个格局

形成“一个中心、五大特色文化产业区”的发展格局。

充分发挥省会太原在区位、交通、人才、技术、信息和资本等方面的优势，努力把太原建成我省的文化旅游服务中心、影视剧与动漫产品制作中心、新闻出版与版权贸易中心、演艺与娱乐中心、艺术品创作生产与贸易中心、文化遗产展示中心、文化创意与会展中心、文化产品与文化物资流通中心，引领、辐射和带动全省文化产业实现快速发展。

以不同区域具有代表性的文化资源为依托，以园区和基地建设为重点，构建基本覆盖全省的五大特色文化产业区，孵化和培育一批关联度高、成长性好、发展空间大、地域特色鲜明的文化企业。

——佛教与边塞文化产业区。以北部大同、朔州、忻州一带的佛教文化、边塞文化、古都名城文化、长城关隘文化、民族民间文化等资源为依托，通过市场化运作和重点项目建设，推动相关产业融合，形成富有佛教文化特征和边塞风情的文化产业链。

——晋商文化产业区。以中部太原、晋中一带的晋商文化、古都名城文化、民居古建文化、民间民俗文化等资源为依托，发挥区位优势，利用现代科技，创新文化业态，提升产业层次，构建门类比较齐全的文化产业体系。

——根祖文化产业区。以南部临汾、运城一带的根祖文化、古都文化、盐池文化、道教文化、关公文化、名楼名寺文化等资源为依托，加大保护力度，注入新的创意，强化联动发展，培育以文化旅游为重点的产业集群。

——太行文化产业区。以东南部阳泉、长治、晋城一带的关隘文化、红色文化、民间民俗文化、山水文化、神话传说等资源为依托，加大整合力度，创新开发方式，培育发展优势，打造我省文化产业发展的新高地。

——黄河文化产业区。以沿黄一带的古渡文化、古镇文化、名楼文化、山水文化、红色文化和民间民俗文化等资源为依托，加强梳理研究，加大开发力度，创意文化产品，建设自然景观和人文精神有机融合、独具黄河黄土风情的文化产业带。

2. 实施六大工程

以重点工程为突破口，带动不同行业、不同区域的发展。

——大遗址保护和博物馆建设工程。发挥我省历史遗存丰富、文化品位高的优势，大力保护和开发晋阳古城、北魏平城、永济蒲津渡与蒲州故城、陶寺遗址、曲村一天马遗址、广武汉墓群等大遗址，兴建一批多业态聚集的遗址类园区。加大博物馆建设力度，兴建一批特色鲜明的专题博物馆。

——出版物流配送体系构建工程。抓紧建设山西新华物流中心、山西纸张物资中心、三晋图书城等省级出版物流配送中心，加快发展市级分中心和县乡一级的连锁店，扩大物流配送商品的种类，引进电子商务、网络书店等现代出版物交易系统，形成品种齐全、覆盖全省、辐射周边的图书物流配送体系。

——面向旅游市场的文艺精品生产工程。深入挖掘重点景区景点的文化内涵和文化特色，以增强旅游业的文化魅力和延伸旅游业的产业链条为重点，组织生产一批文化含量高、艺术精湛、观赏性强的文艺精品。在太原市、云冈石窟、五台山、平遥古城、壶口瀑布、鹳雀楼、太行大峡谷、武乡红色旅游区等重点景区，各打造一台气势恢宏、特色鲜明、市场效益好的大型综艺节目。并以上述景区景点的历史人文资源为题材，创作生产一批优秀的文学、戏剧、音乐、影视作品以及旅游纪念品。

——提升广播影视影响力工程。以山西卫视扩大国内影响力、黄河电视台扩大境外影响力、提升山西影视剧品牌影响力、加快有线电视网络整合与数字化改造等为重点，通过积极推动广播影视体制与机制创新，发展壮大实力，不断推出特色鲜明、影响深远、覆盖面广、收视（听）率高的名牌栏目、名牌节目、名牌影视剧，全面提升广播影视传播力和影响力。

——网络、新媒体与内容产业建设工程。加强互联网的建设和管理。加大扶持力度，重点办好黄河新闻网、山西新闻网和山西视听网等省级新闻网站，逐步形成省市县三级配套的网络宣传体系，不断提升网上舆论引导的能力和水平。积极推动手机报、网络电视、手机电视、移动电视等新媒体快速成长。广泛运用新科技，推进动漫、游戏、数字出版和数字印刷等新型内容产业的发展。培养壮大内容产品的创作生产队伍。

——文化品牌打造工程。在“华夏文明看山西”的主题下，精心培育和打造八大文化品牌。山西是人类文明、中华文明、古三晋文明的重要发祥地，围绕血脉相承的根祖文化，打造“华夏之根”文化品牌；山西有黄河文化中最具代表性的自然景观、最具民族魂魄的人文精神、最具独特魅力的民风民俗，围绕撼天动地的黄河文化，打造“黄河之魂”文化品牌；五台山是文化宝库、朝靓圣地、清凉世界，围绕影响广泛的佛教文化，打造“佛教圣地”文化品牌；山西是晋商故里，围绕汇通天下的晋商文化，打造“晋商家园”文化品牌；山西是东方建筑艺术的博物馆，围绕叹为观止的古建文化，打造“古建瑰宝”文化品牌；山西曾是沟通欧亚的门户、经贸文化交流的通道、民族融合的舞台、古代战争的前沿，围绕金戈铁马的边塞文化，打造“边塞风情”文化品牌；关公是中国历史上唯一的武圣人，围绕忠义仁勇的关公文化，打造“关公故里”文化品牌；山西是红色文化的沃土，是敌后抗日根据地的中心、团结抗战的重要战场、二战时期东方战场的战略支点，围绕血火浇铸的抗战史诗，打造“抗战文化”品牌。

3. 建设十五大项目

实施重大文化产业项目带动战略，省级重点扶持建设好十五大文化产业项目：

(1) 山西出版传媒产业园。该项目位于晋中经济技术开发区，占地面积200亩，总投资约34900万元。主要建设新华物流中心、新华印业园区和数字出版中心等。项目建成后，将进一步扭转我省出版产业基础设施落后、资源分散、技术水准低、产业集中度差的状况，更好地实现出版业数字化、网络化、集约化经营和规模化发展。

(2) 山西日报报业集团印报基地和文化物流园区。项目位于太原经济技术开发区。印报基地占地90亩，总投资约20246万元。包括印刷生产区建设、进口高速印刷生产线等。项目的建设，利于集团充分利用现有资源，提高报纸印刷质量和出版时效，拓展书刊杂志、手册广告等印刷市场，培育数码印刷市场，形成规模效益。项目建成后，预计年实现利润1192.78万元。文化物流园区占地面积100亩，总投资8876万元。主要包括办公楼、营业场所、仓储基地建设和发行站点扩容改造等。项目建成后，可实现年净利润1706万元。

（3）山西广电文化产业园。该项目位于太原市南内环街，占地面积114.63亩，总投资120000万元。项目包括广电新媒体创意产业中心、高智人才商务服务中心等功能区。项目建成后，将形成创意策划、影视拍摄、电子物流、新媒体制作、IT产品营销等产业的孵化发育基地，极大地推动我省电子产业的跨越式发展。

（4）山西非物质文化遗产展示园。该项目位于太原市清徐县徐沟镇，占地面积500亩，总投资约15000万元。主要包括文化主题公园、创意文化产业园建设，文化资源展示和文化旅游产品生产等。项目将以我省丰富多样、独特珍贵的非物质文化遗产为依托，以园区建设为平台，实现对非物质文化遗产的重点保护、集中展示和深度开发。园区建成后，将成为我省最大的民间艺术品、旅游纪念品生产基地和重要的旅游目的地。

（5）山西创意文化产业园（含舶奥无纸动画制作）。山西创意文化产业园位于太原国家高新技术产业开发区，占地面积16.5万平方米，总投资50000万元。依托太原高新技术开发区现有30余家动漫游戏企业，通过政府扶持，开展创意策划、软件设计、动漫游戏和数字媒体等业务，形成创意、制作、传播和营销的产业链，实现文化创意产业的集约化、规模化、国际化发展，打造中西部创意基地。舶奥无纸动画制作项目，总投资5000万元，主要包括采用Toonz制作软件进行无纸动画制作、无纸动画制作平台建设等。

（6）瓦窑艺术创意园。该项目在山西涤纶厂原有建筑的基础上改造建设，占地面积165亩，总投资50000万元。项目包括艺术创意园、文化品味街、玉河文化艺术村、艺术家公寓、工业设计研发中心、国企文化博物馆等。项目建成后，将成为我省艺术创意的孵化基地、三晋文化的展示基地、时尚文化的消费基地和文化活动的聚集基地。同时，将为我省国企解困，转型发展，探索新的路子，创造新的经验。

（7）运城市宇达青铜文化产业园。该项目位于运城市夏县，占地面积80亩，总投资6000万元。包括青铜雕塑创意、设计、放大样中心，全球青铜艺术品展示交易中心和配套生产线等的建设。通过加大资金投入，引进技术设备，完善配套设施，建成规模较大、设备先进、技术一流的国内第一个青铜雕塑基地。

（8）曲村—天马大遗址文化园区（含临汾市晋国博物馆）。该项目位于曲村—天马大遗址，占地300亩，总投资30000万元，主要包括园区基础设施及文物保护用房、陈列展示区、配套用房及辅助设施建设等。项目建成后，对于加强文物保护、弘扬优秀传统文化、促进文化事业发展、丰富旅游内容具有重要意义。

（9）黄河新闻网、山西新闻网、山西视听网等主流网站提升改造。总投资约23800万元。主要包括基础设施建设、先进技术装备引进、新型业务拓展等。项目的建设利于各网站提升技术水平和设施水准，更好地发挥主流网站的作用，掌握网上舆论引导的主动权。同时能为网站进军手机报、手机电视、网络电视和动漫游戏等新的业务领域，奠定坚实的基础。

（10）山西有线电视网络整合及数字化改造工程。该项目总投资约200000万元。项目将在充分照顾各方利益的基础上，通过政府注资、股份制改造、数字化建设等途径，整合全省的有线电视网络资源，形成省、市、县三级贯通的网络管理体系，实现全省有线电视的全程全网。预计全省网络总收入达201154万元。

（11）山西五台山旅游演艺中心及大型旅游演艺节目。该项目位于佛教圣地五台山，占地面积50亩，建筑面积约6600平方米，总投资11000万元。主体建筑共两层：一层为可容纳600人左右的佛乐演出剧场；二层为五台山佛教文物展览厅和五台山旅游产品加工营销部。项目建成后，将组建佛乐演出团并打造一台特色鲜明、气势恢宏、观赏性强的大型佛乐节目，展示山西的文化形象，提升景区的文化魅力，丰富游人的旅游生活。

（12）山西平遥国际艺术中心。该项目位于世界文化遗产平遥古城，总投资4000万元。主要包括现有设施的维修改造和扩建。项目建成后，将大大改善艺术中心的基础设施状况，从而为中外游客了解三晋文化、开展休闲娱乐创造良好条件。

（13）英语周报、语文报扩建项目。该项目位于太原高新技术开发区，占地35.7亩，总投资20000万元。包括报社传媒大厦及辅助设施建设，《英语周报》编辑、印刷及销售，网络数字传媒中心，中国第一教辅报刊群中心等。项目建成后，《英语周报》销售码洋将提高到约160000万元，利润将达到约22000万元。

（14）晋中市介休绵山风景区寒食清明博物馆。该项目位于介休市绵山风景区，总建筑面积90000平方米，总投资20000万元。主要包括清明博物馆主体工程及配套设施建设。项目建成后，将对弘扬传统节日文化、丰富景区文化内涵、提升景区文化含量发挥重要作用。

（15）八大文化品牌打造工程。在“华夏文明看山西”的主题下，通过专题片、影视剧、图书、电子出版物、展览展示、专栏专版和网络传媒等多种方式，全方位、大跨度、立体式地打造“华夏之根”、“黄河之魂”、“佛教圣地”、“晋商家园”、“古建瑰宝”、“边塞风情”、“关公故里”和“抗战文化”等八大文化品牌。项目总投资15000万元。

4. 振兴九大行业

以重点项目为支撑，集中优势资源，大力推动基础较好、优势明显、潜力巨大的行业健康快速发展。

（1）文化旅游业。加强人文景点建设，通过大遗址开发和特色博物馆建设，着力打造体现根祖文化、佛教文化、关公文化、晋商文化、红色文化、黄河文化、太行文化、边塞文化特色的景区。深入挖掘不同旅游景区的文化内涵，以面向旅游市场的文艺精品生产工程为龙头，丰富休闲娱乐形式，开发系列文化旅游商品，延伸旅游产业链条，跟进旅游的文化服务，提升旅游的文化品味，增强旅游的文化氛围，改善旅游的文化形象，在文化与旅游的互动、融合中实现文化旅游业的快速发展。

（2）新闻出版业。大力加强原创作品生产，调整优化报刊图书出版结构，扭转过分倚重教材教辅的局面，注重内涵发展，由数量型向规模型、特色型、品牌型、效益型转变。注重用高新科技改造新闻出版业，加快数字化、网络化、信息化以及电子商务的发展。深化新闻出版单位改革。鼓励出版发行单位跨地区、跨媒体联合，跨行业发展。以出版物流配送体系构建工程为带动，逐步形成网点设置合理，类型齐全，结构优化，遍布城乡的出版物发行网络。加强知识产权保护，推动版权贸易发展。加大“扫黄打非”力度，规范市场秩序。

（3）广播影视业。以大力提升广播影视引导力、影响力和可持续发展能力为目标，加快山西卫视国内扩大覆盖、省级广播电视省内覆盖和黄河电视台“走出去”步伐，打造一批品牌节目、栏目，生产一批高质量、高水平的影视剧作品。加快推进有线电视网络整合，大力发展新媒体业务，抓紧推进广播影视数字化、广播影视园区和基础设施建设，努力增强我省广播影视产业整体实力。

（4）演艺业。把原有场馆改造和新场馆建设结合起来，加强演艺场所建设，满足不同层次演出的需求。扶持公办重点院团发展，鼓励兴办民营院团，培育壮大演艺业主体。创新艺术生产方式，面向市场，面向观众，高起点策划，高层次运作，广泛整合优势资源，打造富有山西特色的演艺精品。重点培育一批既懂文艺生产又懂市场运作的演艺经纪人，扶持演艺中介机构发展，构建演出协作网络，畅通演艺产品进入市场的渠道。“走出去”与“引进来”并重，活跃我省演出市场。加强行业自律，规范演艺市场秩序。

（5）休闲娱乐业。规范经营内容，净化经营环境，整治市场秩序，倡导绿色休闲、健康娱乐。发展设施先进、内容丰富、安全时尚的综合性游乐项目，丰富休闲娱乐方式。鼓励茶吧、网吧、棋牌馆、歌舞娱乐和曲艺场所等走连锁经营的路子，扩大经营规模，提高经营档次。推动休闲娱乐业与旅游业、演艺业、影视业、餐饮业等相关产业的融合，催生新的休闲娱乐业态，提升休闲娱乐的文化品味，拓宽休闲娱乐的发展空间。

（6）印刷复制业。以重点印刷企业为龙头，整合全省印刷复制资源，提高产业集约化水平，扭转小而散的局面。引进先进的印刷复制设备，加快数字化、网络化等先进技术的运用，提高印刷复制业的技术装备水平，改善印刷复制品的质量，降低印刷复制业的成本。大力发展包装印刷、彩色印刷、高新技术印刷等产品类型，优化我省印刷复制品的结构。引进光盘生产线，加快光盘复制业发展。依托大型新闻出版机构，建设一批印刷复制业基地和园区，提升我省印刷复制业的整体竞争力。

（7）艺术品与工艺美术业。建立艺术品人才培训机构，兴办画廊画店、艺术品拍卖企业和经纪公司，举办艺术品博览会，构建艺术品收藏市场和电子商务平台，形成一批省内外知名的艺术品宣传、咨询、中介、经营企业。完善工艺美术行业管理体制，扶持建立工艺美术品研发生产机构，保护工艺美术大师、民间艺人及其知识产权，创新工艺美术业的技术和品牌。大力开发具有我省特色和优势的青铜雕塑、晋式仿古家俱、各类工艺品和旅游纪念品等相关产品。

（8）动漫游戏业。培育、壮大一批动漫游戏企业，逐步建成若干动漫游戏产业基地，打造山西动漫游戏产业品牌。支持动漫游戏企业与大专院校、科研单位密切合作，提升其研发能力、创意水平和队伍素质。鼓励原创产品的研发制作，开发以山西文化资源为内容的动漫游戏产品，形成动漫游戏产品生产、输出和转化的产业链。创造宽松环境，扶持优秀动漫企业做大做强。

（9）文博会展业。兴建一批具有山西文化特色的专题博物馆。加大投入力度，引进先进技术，推动我省文博信息业和文物复（仿）制业快速发展。加大政府投入，加快会展场馆建设。运用市场机制，强化产业运作，促进会展业快速发展。积极承办国际性、全国性重大会议、展览和赛事，拓展我省会展业发展空间，提高服务质量，提升会展业的发展水平。发挥行业协会作用，培育中介服务机构。

## 五、保障措施

### （一）强化对文化产业的领导

文化产业的发展，事关国家文化安全，事关国家文化软实力，事关国家经济发展。各地党委、政府要把文化产业发展摆上重要议事日程，纳入经济社会发展总体规划，纳入对各地党委、政府领导班子和领导干部的考核体系，努力营造支持文化产业发展的良好氛围。建立党委统一领导、政府组织实施、党委宣传部门协调指导、行政主管部门具体落实、有关部门密切配合的领导体制和工作机制。省、市、县各级均成立文化体制改革和文化产业发展领导组，统一指导、协调文化体制改革和文化产业发展工作。领导组由宣传、文化、财政、发展改革委、机构编制、税务、人力资源和社会保障等相关单位组成，由同级党委、政府负责同志担任正副组长。办公室设在同级党委宣传部。各级党委宣传部要建立内设专门工作机构，配备专门工作人员，具体负责日常工作。

### （二）深化文化体制改革

文化体制改革是文化产业发展的不竭动力。要按照中央的要求，加大力度，加快进度，不断推动文化体制改革在面上推开，向纵深发展。加快经营性文化事业单位转企改制的步伐，建立规范的现代企业制度，培育合格的文化市场主体。以资本为纽带，推进文化企业兼并重组，不断壮大骨干文化企业实力。积极拓宽投融资渠道，打造文化产业战略投资者。加强文化企业上市培育，鼓励通过公司改制实现投资主体多元化的文化企业发行上市，通过主板或创业板融资。大力推进文化产业结构战略性调整，完善所有制结构，充分利用先进技术和现代生产方式，提升产业规模和效益。加强文化产品和要素市场建设，大力发展市场中介机构和行业组织，积极参与国际文化市场竞争，培育现代文化市场体系。继续推进文化市场综合行政执法改革，转变政府职能，推进政企、政资、政事、政府与市场中介组织分开。探索建立新型的国有文化资产管理体制和运行机制，形成职责明确，反应灵敏，运转有序，统一高效的宏观调控体系。

### （三）设立文化产业发展专项资金

加大对文化产业资金投入的力度，优化财政在文化领域的投入结构和投入方式，充分发挥财政资金的引导和带动作用，支持有市场发展前景的重大文化产业项目的建设，支持关键技术的开发，支持文化产业链的形成，支持文化产业园区和基地建设。省级财政从 2009 年起，每年在预算内安排一定数量的资金，建立省级文化产业发展专项资金。采取贷款贴息、项目补助、奖励等方式支持文化产业发展。各市、县财政也要相应安排一定专款，建立本级文化产业发展专项资金，并制定相应的使用和管理办法。

省发展改革委从 2009 年起，每年安排一定数量的资金，主要用于未纳入服务业“1＋10”项目扶持的重大文化产业项目建设和文化产业园区的基础设施建设。

### （四）完善文化产业发展的政策体系

文化产业是新兴产业，处于弱势地位，需要各地政府予以大力扶持，特别是需要健全完善政策法规体系。要抓住贯彻落实《国务院办公厅关于印发文化体制改革中经营性文化事业单位转制为企业和支持文化企业发展的两个规定的通知》（国办发〔2008〕114 号）精神的契机，综合研究国家关于文化产业发展的方针政策，认真清理规范我省原有的政策法规，并制定出台符合山西文化产业发展实际的配套政策和实施办法。从市场准入、投资融资、税收优惠、出口扶持、土地使用、基地园区建设等方面，为我省文化产业发展提供政策支撑和法律保障。在条件成熟的情况下，拟定《山西省文化产业促进条例》等地方性法规。

### （五）加强文化产业人才队伍建设

充分发挥高等院校、科研院所和各类教育机构的作用，鼓励有关高等院校开设文化产业发展的相关专业。整合艺术教育资源，在我省组建一所艺术类本科院校。加强对文学艺术、新闻出版、广播影视、文化产业研究、动漫游戏、资本运营等文化产业各类专业人才，特别是文化产业发展的领军人物、创意策划人才和懂经营、善管理的复合型人才的培养。充分发挥区位优势，加强与北京等发达地区的联系合作。本着不求所有、但求所用的原则，用足用好我省招才引智的相关政策，努力引进文化产业的各类高端人才。加强对非物质文化遗产传承人、各类艺术专业工作者的保护和使用。建立健全人才激励机制，创建有利于各类人才施展才干的良好环境。设立省级荣誉制度，表彰有突出贡献的文化产业工作者。允许文化企业对有突出贡献的优秀人才以股权、期权等形式进行鼓励。

# 山西省旅游产业发展规划（2009－2011）

旅游业是国民经济的重要产业。加快发展旅游产业，对调整经济结构、拉动经济增长、促进居民消费、扩大社会就业具有十分重要的意义。

为贯彻落实党中央、国务院关于保增长、保民生、保稳定的总体要求，积极应对国际金融危机对我省的影响，保持旅游产业的平稳较快发展，促进我省“转型发展、安全发展、和谐发展”战略的实施，同时为“十二五”发展奠定坚实基础，特制订本规划。规划期为 2009 年－2011 年。

## 一、我省旅游产业面临的形势

近年来，我省旅游产业发展环境明显改善，产业规模不断壮大，发展质量显著提高。2008年，全省旅游总收入达739.32亿元人民币，在全国居第13位，在中部六省居第4位。2009年1—6月，全省旅游总收入达426.34亿元人民币，比上年同期增长17.29%。

我省旅游产业从“十五”末至今经历了一个低基数基础上的快速发展阶段，但目前的发展水平与丰富的旅游资源禀赋并不相称，存在旅游服务体系不完整、旅游基础设施不够健全、旅游产品结构单一、市场主体弱等诸多问题。我省旅游产业发展潜力和空间还很大，需加大旅游投入，进一步改善发展旅游产业的基础条件，加快旅游产品结构调整，大力转变旅游产业发展方式，拓展发展空间。

目前，我省旅游产业在面临严峻挑战的同时，也存在着许多有利条件：我国人均国内生产总值已经超过3000美元，旅游消费进入一个快速发展的阶段，旅游市场需求不断放大的总趋势没有改变；我省“转型发展、安全发展、和谐发展”战略的实施，使社会投资旅游的规模不断扩大；惠及民生的基础设施建设推动了公路、机场、铁路、环保等事业的快速发展，以及我省农村“五覆盖”民生工程的建设，将使旅游产业发展的环境大为改善。

## 二、指导思想和规划目标

### （一）指导思想

全面贯彻落实科学发展观，按照“三个发展”的要求，以构建山西旅游服务体系为支撑，以加强建设旅游目的地和提升完善精品旅游线路为重点，大力推进旅游产业的协调发展，为“十二五”乃至今后更长远时期旅游产业更好更快发展打下坚实基础。

### （二）规划目标

到2011年，旅游基础设施得到较大改善，旅游服务体系基本健全，旅游产业得到更大发展，在经济和社会发展中的作用进一步增强。

1. 旅游收入稳步增长。到2011年，旅游总收入达到1200亿元人民币，年均增长18%。

2. 旅游富民取得实效。到2011年，我省旅游产业直接就业人数达到35万人，间接带动就业人数达到200万人，全省乡村旅游客栈达到万家。

3. 旅游服务设施基本完善。到2011年，初步建成省、市、景区三级旅游服务体系，建成功能较为齐全的省级旅游信息平台。

## 三、产业发展的主要任务

### （一）构建全省三级旅游服务体系

构建省、市、景区三级旅游服务体系。在旅游中心城市建设旅游集散中心，在重点旅游目的地建设游客服务中心，集散中心和服务中心要具备游客集散、咨询、投诉、预订、住宿、餐饮、购物、救援、信息、导游等多种功能。

继续建设我省旅游信息平台，完善旅游政务、旅游信息咨询、旅游商务、网上旅游等功能。

### （二）推进以五大景区为重点的全省旅游目的地建设

以五台山、平遥古城、云冈石窟、关帝庙、八路军太行纪念馆为重点，挖掘文化内涵，突出特色，加大环境整治力度，完善接待设施，提高服务功能，完善旅游安全体系，形成多日游的旅游产品。

——进一步加强五台山风景区保护、管理和建设水平，把五台山建设成具有国际影响力、国内一流的佛教文化、休闲度假旅游目的地；

——加强平遥古城的国际影响力，推动民居客栈的管理和标准化建设，重点开发有地方特色的酒吧、餐饮、购物一条街，把平遥古城建设成为具有国际影响力、国内一流的晋商文化、观光休闲旅游目的地；

——深入挖掘历史文化内涵，把大同云冈石窟建设成具有国际影响力、国内一流的观光休闲旅游目的地；

——深度开发“黄河魂、中华根”主题，把关帝庙建设成海内外华人寻根朝圣的旅游目的地；

——以武乡八路军太行纪念馆为核心，结合周边红色旅游景点，形成国内一流的革命传统教育基地。

坚持分期开发、梯次推进的原则，加强右玉、芦芽山、藏山、碛口古镇、洪洞大槐树、壶口瀑布、历山、皇城相府、太行山大峡谷、王莽岭等景区的建设，使其成为我省重要的旅游目的地。

### （三）提升完善六条精品旅游线路

将古建宗教、晋商文化、寻根觅祖、太行山水旅游线路培育成成熟的旅游线路；将红色经典线路培育成爱国主义教育的重要旅游线路；规划建设黄河文明线路，同步进行市场开拓，形成我省重要的储备旅游线路。要依托重点景区、交通干线和集散城市，建成交通便捷、主题鲜明、要素配套、服务完善、内涵丰富的复合型精品线路。

### （四）调整优化旅游产品结构

在提升完善我省以文物观光游为主的传统旅游产品的基础上，加快自然生态旅游产品开发，重点开发右玉、历山、芦芽山、太行山、吕梁山等生态旅游产品，在右玉县试点建设不收门票的生态旅游景区。

在各地级市城市周边积极开发农家乐、城郊游、生态游等旅游项目，建设环城休闲度假带。

以杏花村、东湖醋园、同煤集团晋华宫矿、平朔露天煤矿、长子特高压示范工程、太钢集团不锈钢园区等为重点开发工业旅游。

围绕各类展会发展商务会展旅游。

到2011年，初步形成观光与休闲度假相结合，长线旅游与短线旅游相结合，要素齐全、功能配套的旅游产品体系。

### （五）加强旅游配套设施建设

继续完善重点景区的游客服务中心、停车场、旅游厕所、旅游信息、旅游标识等服务设施建设，建成50座游客服务中心，建设和改造100处生态停车场、260座星级以上旅游厕所。强化景区安全设施和安全管理，提高管理、服务水平。

把重点旅游景区的干线公路和支线公路、旅游标识系统、区间服务区建设纳入省交通规划。到2009年底，完成全省所有高速公路的400余块旅游交通标识牌建设。到2011年，完成3条共190公里旅游干线公路、22条共550公里旅游支线公路建设；完成国道、省道、旅游支线公路1000余块旅游交通标识牌建设；完成5处区间服务区、3处自驾车营地建设；所有地级市都要建设和完善旅游公交系统。今后，新建的所有公路都要规划旅游标识牌和区间服务区。

加强重点景区内部及周边、景区支线公路两侧的环境整治，景区环保设施建设要纳入城建、环保、林业、水利等规划，旅游目的地、重点景区都要建设垃圾、污水处理设施，改善燃料结构。

### （六）加大旅游市场开发的力度

加强区域旅游协作，建立区域旅游合作机制，推进黄河中部旅游规划，鼓励企业跨区域合作，形成跨区域的旅游线路和产品，开辟京太西（北京—太原—西安）中华民族文化走廊旅游线路和云冈－龙门－敦煌中国石窟游线路。以三处世界文化遗产为品牌，以六条精品旅游线路为纽带，拓展客源市场，优化旅游消费结构，提高旅游消费水平。

### （七）培育和壮大旅游企业

坚持政企分开的原则，积极探索景区公司化管理的模式。支持鼓励旅行社兼并重组，大力发展旅游超市。积极引进先进的旅游管理公司和旅游管理人才，提升企业经营管理水平。到2011年，全省AAAAA级旅游景区达到5家以上，AAAA级旅游景区达到45家以上；力争3家旅行社进入全国百强社；五星级酒店达到20家以上。

### （八）加强文化资源的开发利用

旅游部门和文化部门要把旅游开发与文化资源的开发利用紧密结合起来。尤其是把旅游娱乐与山西文化产业发展有机结合起来，开发地方色彩浓郁、生动活泼、参与性强的娱乐项目。

在旅游中心城市、重点旅游目的地建设旅游商品市场。

## 四、政策措施

### （一）加强对旅游产业发展的领导

加强对旅游产业发展的领导，建立健全统筹协作的工作机制。每年召开一次省级旅游产业发展大会，省人民政府常务会议每年至少专题研究一次旅游产业发展问题。各地级市要建立健全旅游产业发展的领导机构，经常召开会议研究旅游产业发展问题。强化对旅游发展规划实施的监督检查，加大景区管理体制改革力度，形成科学、规范的管理体系。

### （二）多渠道筹集旅游产业发展资金

在稳定并逐步增加省级旅游产业发展专项资金的基础上，各市和旅游重点县（市、区）要进一步加大政府引导性资金的投入。积极探索全省旅游产业发展大会申办制。大力推进银旅合作，支持旅游企业、景区多渠道融资。

### （三）建立促进旅游产业发展的激励机制

认真贯彻落实《山西省旅游条例》、《山西省促进旅游产业发展条例》等法规。鼓励企业转型发展旅游产业，制定促进企业转产的优惠政策；制定对旅行社的激励措施，鼓励更广泛的旅游消费者通过多种方式参与旅游消费活动，形成长效机制。对为我省旅游产业发展做出突出贡献的单位和个人予以表彰和奖励。

### （四）建立健全旅游质量监督机构与安全管理机制

完善省级旅游质监机构，建立职责明确、监管到位的旅游监管体系。强化旅游安全监管，健全旅游安全应急体系，旅游、卫生、公安、交通等部门要联合建立旅游安全应急机制，确定一批旅游应急医疗救治、救援服务的定点单位。

### （五）旅游人才培养和产业研究

面向旅游经济运行和产业实践，加强旅游培训、教育和科学研究。大力加强旅游职业教育，积极培养和引进急需的旅游人才。适时启动和推进全省旅游资源普查，挖掘一批新型旅游资源，储备旅游项目。

## 五、规划实施

省有关部门要按照各自的职责和本《规划》分工，尽快制订《实施细则》，并加强指导和监督检查。各市、县要按照本《规划》确定的目标、任务和政策措施，结合当地实际抓紧制定具体落实措施，确保取得实效。对实施过程中遇到的问题，要及时跟踪、了解和反馈。

# 内蒙古会展业发展规划（2009－2011）

会展业是指以会展基础设施、配套设施和相关服务为支撑，通过举办各种形式的会议或展览活动，短期集聚大批与会人员、参展商、贸易商及一般公众，进行信息传播、产品交易、专业合作、贸易洽谈、市场拓展、文化交流、参观旅游等活动进而带动相关产业发展的综合性产业。

内蒙古自治区的会展业起步相对较晚，但在全区经济和全国会展业快速发展态势的带动影响下，在各级党委、政府的高度重视和大力支持下，近年来在各方面都有了较大提高。为加快发展内蒙古会展业，并充分发挥其对区域经济的“关联带动”、对社会发展的“知识外溢”等效应，特制定如下发展规划：

## 一、总体思路与目标

### （一）总体思路

以会展业的法制化、市场化、产业化和国际化发展为目标，以强化政府对会展业的规划、引导、服务、协调和扶持为核心，坚持政策支持和行业协调并重、优化环境和规范主体并举，通过整合相关资源（重点是各级政府资源、相关企业资源、呼包鄂城市圈资源），突出优势资源（各地生产力优势、品牌、特色等），在巩固中小型会展的基础上重点培育特色化、规模化、效益型、品牌型会展。

在场馆建设上，按照规划设计前瞻、投入量力而行、设施布局合理、环保节能高效、责权利明晰等原则，分批兴建大型会议及展览中心，完善提升现有场馆设施，优化会展场馆设施的结构。

在发展轨迹上，逐步实现从依靠政府办展向依靠行业协会和企业办展转变；从综合性展会为主向专业性展会为主转变；从国内会展为主逐步向国际、国内会展并重转变；从多头办展向联合办展转变；从注重展会数量向注重展会质量转变；从注重商业利益向注重社会、经济效益并重转变。

在空间布局上，通过区域定位、功能定位、资源整合、市场开拓和重点建设，规划形成规模效益明显、分布相对集中、特色优势突出的三大会展区域：呼－包－鄂区域、满洲里－呼伦贝尔区域、赤峰－通辽区域，并构筑、延伸会展产业链，推动会展业的地域集群化发展。

### （二）发展目标

1. 总体目标定位

经过3年的努力，把会展业培育成为内蒙古新的经济增长点和文化产业中的主导产业，使内蒙古成为中国西部的工业、文化、医药、科技会展中心，会展的数量、质量均居于中国西部前列。

2. 预期经济目标

展馆面积：2011年超过60万平方米，从业人员达4.5万人左右。

会展数量：2011年达到175个，比“十五”期末增长61%。年递增幅达15%以上。

会展经济交易额：2011年达到2300亿元，比“十五”期末增长105%，年递增幅达15%以上。

会展业直接收入：2011年实现2.5亿元，年递增幅在20%以上。

拉动相关产业增加收益：2011年实现35亿元，年递增幅在20%以上。

3. 阶段发展目标

2009年，初步形成有利于会展业较快发展的良好环境；会展数量、规模、水平和综合效益稳步增长；初步建立起会展人才的教育、培训、引进和激励机制；初步建成一支适应内蒙古会展业发展要求的专业化人才队伍。

2010年，遵循专业化、市场化、规范化、国际化的原则，逐步理顺政府、行业协会和会展企业之间的关系，体制改革和机制创新初见成效；以高科技尤其是信息技术、数字技术、网络技术改造现有基础设施，并建立起会展信息管理网络体系。

2011年，内蒙古拥有3－5个国家级会展品牌；拥有2－3个国家级先进会展城市；在宏观管理、微观运作、机制构建、资源配置、配套服务、市场竞争方面整体进入全国中等行列。

4. 结构目标（在2009、2010、2011年的比值）

大型会展活动（展览面积2万平方米以上，会议规模500人以上）达到15%、25%、35%左右。

中型会展活动（展览面积5000平方米－2万平方米，会议规模200人以上）达到15%、25%、35%左右。

小型会展活动（展览面积5000平方米以下，会议规模200人以下）达到70%、50%、30%左右。

专业会展在数量和规模上的比重均达到50%、70%、85%左右。

国际会展在数量和规模上的比重均达到10%、15%、20%左右。

## 二、发展重点及布局

结合内蒙古社会经济发展规划，建设以3个会展城市为重点，以16个品牌会展为主打，以各盟市及边贸口岸为支撑的区域性会展布局，着力构建由“会展城市、品牌展会、专业展会”构成的多层次、广覆盖的会展体系。

### （一）3个重点会展城市

1. 呼和浩特市

（1）会展环境和基础

交通区位环境：呼和浩特东距首都北京669公里，北距内陆开放口岸二连浩特490公里，是沟通中国内地与蒙古、俄罗斯的重要交通枢纽，是中国45个公路主枢纽城市之一。与数十个城市有旅客列车通行。2005年3月，呼和浩特成功开通了呼和浩特至德国法兰克福的国际货运列车，由呼和浩特至俄罗斯、东欧、西欧的物流运输仅15天，运输费用与海运相差不多，是各类企业立足国内、开辟东西欧及俄蒙市场的首选投资地区。呼和浩特已有通往国内各主要城市的航线50余条。

经济发展环境：2005年呼和浩特市已成为“经济发展最具活力”的10个城市之一，2007年地区生产总值约达1118亿元，乳业、电力、生物制药等六大优势特色产业已具有一定规模优势，城市综合服务功能和辐射带动力进一步提高。

城市建设环境：2007年呼和浩特市建成区面积达到170平方公里，城区人口达到170万人，基础设施建设逐步完善，已经进入了人口标准上的特大型城市；以内蒙古会展中心、乌兰恰特大剧院、内蒙古博物馆等为代表的文化基础设施建设工程，以蒙元文化特色景观区、成吉思汗大街、伊斯兰特色街等为代表的特色景观区（街）打造工程，观音庙、大召等文化景点（区）保护和建设工程，公主府北公园、成吉思汗公园、扎达盖公园、南湖湿地公园等文化景点的兴建、续建工程，用草原文化符号装饰大街两侧建筑物的街区特色美化工程等，纵向表达了“历史文化名城”的历史脉络和文化底蕴，横向表达了“现代草原都市”的现代化水平与文化创新，打造了富有民族和地区特色的城市“名片”。呼和浩特市在2003年被评为中国优秀旅游城市、中国卫生城市。2007年，市区空气质量优良天数达到315天，在北方15个省会城市中的位次由2000年的末位上升为第三位，一级空气质量天数上升为第一位，绿化覆盖率提高到35%以上，美化、亮化以及环境治理工作扎实推进，城市基础设施功能进一步完善，宜居水平进一步提升。

会展产业基础：呼和浩特市的会展业在2002年以前基本上处于无序发展阶段，最近几年在市政府精心培育和社会各方面的大力支持下，每年的会展举办数量都以近30%的速度递增。呼和浩特市大型活动办公室自2002年开始，共协调举办了198项大型经贸、文体活动，对首府会展业的发展起到了积极的推动作用。呼和浩特有着极好的医药营销环境和广泛的群众基础，占有全国80%的二三十万医药保健营销大军活跃在祖国的大江南北，营销网络遍布于全国各地。以内蒙古展览馆为平台，呼和浩特市先后举办各类展览会、展销会、洽谈会等200多个，10多年来共有来自几十个国家和国内30多个省市自治区的一万多家公司企业前来参展，平均年接待国内外观众达上百万人次。

（2）构建未来3年呼和浩特市会展业的发展走向：

一是发挥首府优势，重点发展专业性的特色高端展会，力争在规划期打造3个在国内有较大影响的品牌展会。

二是创新工业、医药、经贸和消费品博览会，培育文化、旅游等博览会。

三是扩大呼市药交会的影响力，与外地的药交会互补联动，稳固呼市药交会的行业龙头地位。

四是力争使呼和浩特市在3年内进入全国会展城市排名前30位。

2. 包头市

（1）会展环境和基础

交通区位环境：世界稀土之都——包头市距离呼和浩特市288公里，是国家重要的工业基地，是亚欧大陆桥重要的桥头堡，是中西部地区重要的经济中心和区域性商贸物流中心。包头市国际集装箱运输有限公司是我国中西部地区最大的物流企业之一。

经济发展环境：2007年包头市地区生产总值达大约1280亿元左右，财政收入达到140亿元。工业是包头国民经济的主体特色，以冶金、重型机械、稀土、农畜产品加工（绿色产业）和化工等为支柱的新型工业体系已经形成。同时，社会服务业、交通运输业、仓储业、信息产业、旅游业发展迅速。软环境日臻完善。

城市建设环境：包头市基础设施完备，建成区绿化覆盖率达31.06%，生活垃圾无害化处理率达到90%，城市建设取得了累累硕果：先后荣获全国创建文明城市工作先进城市、全国卫生城、全国园林绿化先进市、中国优秀旅游城市、中国明星公益城市，并且在获得联合国改善人居环境良好范例奖的基础上，2002年又被评为联合国人居奖（全球共9个城市获此殊荣）。

（2）构建未来3年包头市会展业的发展走向：

一是充分发挥包头市的资源优势和物流优势，发挥其较强的工业辐射扩散效应和吸引集聚效应，积极参与国内外会展竞争，培育以冶金、新材料、重型机械、重型汽车、化工、农畜产品加工、绿色产业和高新技术产业为主要内容的特色会展业。

二是培育以包钢、一机集团、希望集团包头分公司、北重、鹿王、包铝、稀土、电力、乳业、小肥羊、华资、明天科技、工业硅等重点企业为主要关联和服务对象的会展体系。

3. 鄂尔多斯市

（1）会展环境和基础

交通区位环境：鄂尔多斯市位于内蒙古自治区西南部，是著名的“河套文化”发祥地，西、北、东三面为黄河环绕，与宁夏、陕西、山西三省毗邻。

经济发展环境：鄂尔多斯市地上、地下资源极为丰富。改革开放以来，鄂尔多斯市充分发挥资源优势，抓住国家能源战略西移和实施中西部开发的契机，构筑起以纺织、化工、煤炭、电力、建材、农畜产品加工、药材、服装等为支柱的工业经济，引进发展装备制造、电子信息、生物工程、材料工业等新型产业，构筑多元化现代产业体系，工业经济增长速度和效益综合指数连续几年居自治区前列。2007年，鄂尔多斯市地区生产总值达到1200亿元，人均GDP达到1万美元，地区生产总值增速继续保持全区领先。按照“经济基地化、基地产业化、产业集群化”的要求，鄂尔多斯市着力优化工业布局，集中打造八大工业园区，主导产业更加符合国家产业政策和环保要求，发展后劲不断增强。

城市建设环境：近年来，鄂尔多斯城市核心区建设取得了突破性进展，城市品位显著提升，社会事业全面进步。由于电价低、土地使用费便宜、劳动力价廉、运输方便、税收优惠、城镇综合服务功能不断完善、生态环境得到有力改善、社会治安和法制环境良好，鄂尔多斯市投资环境诱人。

会展产业基础：鄂尔多斯市以前瞻性眼光，大力发展高附加值、高文化、高科技、高关联度、低污染、低能耗的文化产业，努力提高文化产业在国民经济中的比重，而且会展业已成为其重点发展的文化行业。

(2) 构建未来3年鄂尔多斯市会展业的发展走向：

一是充分发挥民族文化、草原文化和区域经济优势，加强会展业与文艺演出、文化旅游、娱乐休闲产业的互动结合、优势互补，建立起比较完善的会展服务体系。

二是构建集购销、交易、仓储、货物配载、生活服务、信息网络为一体的跨地区、跨行业的会展物流体系。

三是优先发展符合鄂尔多斯产业发展方向的重要展会项目，大力培育循环经济、环保节能类展会，重点发展高新技术、物流、文化、毛绒、矿产等展会项目。

4.“呼包鄂”会展城市圈

(1) 会展环境和基础

2000年，内蒙古确立了以呼包鄂为核心的“金三角”特色经济圈建设发展战略，三地找准自身优势迅速崛起。“十五”时期，“金三角”特色经济圈经济年均增长率高达23.4%。中国社会科学院《2007年中国城市竞争力蓝皮书》显示，鄂尔多斯市、包头市、呼和浩特市在“增长竞争力”指标上分别列全国前三强。2007年，“金三角”特色经济圈积聚了内蒙古30%的人口、50%的工业固定资产、58%的科技力量、60%的生产总值、全区工业总产值排名前10位的大中型企业，有较发达的公路、铁路、民航立体交通运输网和通讯信息网，第三产业增加值占GDP比重达48%，产业结构升级较快，固定资产投资增长强劲，外商直接投资额占全区外商直接投资总额的比重达85%以上，外贸出口额占全区外贸出口总额的比重达76%以上，经济外向度显著提高，在内蒙古属于区位条件、资源禀赋、产业匹配条件、投资环境和发展基础最好的经济区域。目前，这三个城市的大型展馆建设速度和规模在我国西部城市中居于领先地位。

(2)“呼包鄂”会展城市圈形成条件：

“破壁开路”，拆除区域、行业、部门和所有制壁垒，消除资源要素流动的瓶颈梗阻和分散割裂状态，开拓会展资源整合、会展业集团化整合、会展关联产业网络化整合之路，实现会展业由散兵游勇、各自为政、小打小闹式的发展向各要素合力协作的发展转变。

联合做大做强一批以资本和业务为纽带、资源与信息共享、资源配置高效的关联会展企业，依托国家后备资源基地、煤炭工业基地以及奶业、羊绒纺织业等农畜产品加工基地，吸引国内外大型会展，大力培育有特色、有影响力的当地品牌展会，形成功能互补、竞合互动、布局合理、相对集中的区域性会展城市圈。

(3)“呼包鄂”会展城市圈发展定位：

区域定位：贯通三北（东北、华北、西北），辐射蒙、俄、东欧的会展城市圈。

消费市场定位：“呼包鄂”会展城市圈的本土购销能力相对有限，应通过细分目标市场，举办以吸引外来中间商为主的会展。

专业特色定位：“呼包鄂”城市圈的综合实力不及京津塘、长三角、珠三角城市圈，难以举办超大型综合性会展。但“呼包鄂”属于资源和产业特色较突出的城市，应利用“羊煤土气”、草原文化等特色资源优势，以及乳业、电力、煤炭、冶金、化工、制药等特色产业优势，进行专业特色定位，打造专业会展品牌。

## （二）16个品牌会展

依托内蒙古特色经济和主导产业，培育打造16个品牌会展，提高内蒙古会展业的核心竞争力。

1. 呼和浩特“药交会”

从1997年至今，呼和浩特“药交会”（包括全国巡回举办的药交会）已成功地举办了31届，规模从五六十个展位发展到700多个展位，吸引全国各地十万多客商前来参会。如今呼和浩特“药交会”已经发展成为内蒙古最大的商品交易会，并得到了中国保健行业的广泛认可，取得了固定城市药交会全国第一、亚洲第一；年客流量全国第一、亚洲第一；年举办届数全国第一；保健品类交易会全国第一、亚洲第一；药品类交易会全国第二的优异成绩。

内蒙古应继续做大做强“药交会”这一品牌会展，并以此为龙头，积极举办以中蒙药、生物药、兽药为主的其他专业会展。

2. 民族商品交易会

民族商品交易会（简称民交会）是经国务院批准同意，由国家四部委共同在少数民族地区举办的国家级民族商品交易会，集中展示了民族地区在党的民族政策指引下的发展成就。历届民交会的参展省市、参展国内外企业、参会客商、参观总人数之多，以及规格之高，都是普通会展所无法比拟的。

3. 草原文化节系列会展

草原文化节是内蒙古最大的节庆品牌之一，在其举办期间，可同时举办高层次、高级别、高水准的“中国·内蒙古绿色产品国际博览会”、“草原文化与绿色产品国际论坛”、“中国北方少数民族文化博览会”、“国际蒙医药博览会及学术研讨会”、“中国医药及保健食品大会”、中国西部发展论坛”、“中国·内蒙古草原文化研讨会”、“中国乳业高峰论坛”等系列会展。这些会展的内容和载体能表达草原文化内涵，能与草原文化节的其他活动交相辉映，共同增强内蒙古文化、产品和企业在世界范围内的感召力和吸引力，促进内蒙古经济发展和经贸合作。不过这对主办方的创意、策划、组织、管理能力是一非凡考验。

4. 农牧业科技成果博览会

从 2003 年，内蒙古开始自主举办自治区农牧业科技成果博览会（简称农博会）。农博会得到了自治区各级党政领导和社会的高度重视和支持，展会规模逐年扩大，办展水平迅速提高，社会影响和经济效益十分显著，受到全区及邻省市农牧民的欢迎和认可。农博会这一平台已经成为我区针对“三农”开展科技工作、建设社会主义新农村新牧区的重要窗口。

2003—2007 年，内蒙古共承办或组织参加各类科技展会 30 多个，参展企业共签订各类合同、协议 2000 多份，协议总金额达 100 多亿元人民币，先后荣获优秀组织奖、优秀展示奖、优秀产品奖等各类奖项共 32 项，在展示自治区实施科教兴区战略取得的成就，宣传科技创新和法规政策，构建企业的技术贸易平台、提高自治区的知名度和影响力等诸多方面取得了良好效果。

5. 中国·内蒙古物流博览会。借助内蒙古规划的几个物流中心，为现代物流业打造发展平台，提供服务支撑。

6. 内蒙古国际羊绒及绒毛制品博览会。在提高国际性的基础上，扩大博览会规模。

7. 内蒙古国际医疗器械展览会。应提高展会的主体资格和国际化程度，使之成为较大规模、在国际展览局注册的专业性品牌展。

8. 内蒙古畜牧产品交易会。在原有的基础上，提高国外摊位和参会人数。

9. 中国北方皮革皮草博览会。按照区域经济、市场化办展要素，整合全国同类会展项目资源，努力培育为中国北方地区有影响的专业展会。

10. 工业装备展览会。以现有工业装备、冶金、能源等展会为基础，力争在 3 年内培育为区域性品牌展会。

11. 中蒙俄三国边境贸易洽谈会。利用内蒙古与俄罗斯、蒙古国接壤的便利条件，发展边境贸易。

12. 中国奶业产品博览会。以此进一步打造“乳都”形象。

13. 内蒙古文化产业博览会。为内蒙古文化产业提供发展契机和动力。

14. 内蒙古那达慕大会。应在传统活动的基础上对那达慕大会进行创意创新，发展民族体育系列会展。

15. 特色能源、资源及相关工业设备、产品系列展。

16. 绿色产品系列展。如乳、肉、粮食、水果、蔬菜、林产品、水产品、野生植物加工等绿色食品会展；节能环保型工业产品展，等等。

## 三、主要挑战及对策

### （一）主要挑战

1. 政府管理和行业管理滞后

首先，政府管理缺位与越位并存。一方面是会展业主管行政机构空缺或不到位，政府对宏观层面的管理体制改革、政策体系建立、市场环境改善、服务体系优化、法律法规健全顾及少；另一方面是政府主导型的展会和微观层面的干预较多，会展业多头管理、多头审批情况严重，会展相关部门的联动机制尚未建立起来。

其次，行业管理体制建设滞后。会展业缺乏必要的主体资质标准和展会评估机制，缺乏有效的行业规范和自律规则，市场混乱现象比较严重，侵权现象时有发生，展会规模普遍偏小，效益不高。

2. 展馆建设不足

自 1987 年内蒙古第一个综合性展览馆——内蒙古展览馆在呼和浩特市建成投入使用以来，先后又落成了包头国际贸易中心、内蒙古商品交易中心、包头神华国际会展中心、赤峰国际会展中心、鄂尔多斯市康巴什新区会展中心、东胜科技会展中心、满洲里国际会展中心和内蒙古国际会展中心等规模不等的专业展览场馆。据初步统计，这些展馆面积共约 21.7 万平方米，共有展位 4420 个。

但放眼国内，内蒙古的展馆建设还处于起步阶段，表现为缺乏现代化的、符合国际标准的、利用率高的大型或特大型场馆；场馆普遍存在规模较小，功能欠缺，面积较小，设备老化，设计陈旧，结构不合理，通讯、水电等设施陈旧落后，公共交通、停车位、住宿、餐饮服务等不配套，利用率低等不足。虽然内蒙古国际会展中心的建成结束了我区接待不了全国大型展览会的历史，但由于缺乏专业管理人员和经验不足，几个大型展览会的管理都存在诸多问题。

3. 服务和管理水平较低

内蒙古缺乏资金雄厚、竞争力强的大型专业会展服务公司，缺少一支稳定的、高质量的专业会展人员队伍。会展企业中高素质人才比例明显低于高新技术企业及现代服务业的比例，缺乏熟练掌握外语、精通展览设计、擅长会展组织策划、了解国际惯例、富有实际操作经验的专业人员。会展服务中信息网络等高新技术应用较少。在项目管理和企业管理方面，定位模糊、管理混乱、重复办展、市场化水平低的会展项目多，定位准、规划和管理科学、档次高、影响广、市场运作强的会展项目少；散小弱差、效益偏低甚至入不敷出的会展企业多，具有实力、效益良好的会展企业少；服务于日用消费品的会展多，服务于高科技、高创意产品的会展少。

### （二）对策措施

1. 制订政策法规，设立会展业发展专项资金

（1）学习国外发达国家支持会展业发展的先进经验，借鉴国内兄弟省市的先进做法，研究制订内蒙古扶持会展业发展的相关政策法规。适时推出《内蒙古会展管理办法》，加强内蒙古地方性会展行业法规或行政规章体系的建设。要对政府统筹规划协调的管理体制（包括办展活动中有关治安、消防、交通组织和交通安全及市容等公共服务方面的协调管理机制）、行业主体及准入、行业协会的功能与作用、信息交流、政府部门和机构办展的条件、展览项目审查的协调机制、展览活动的市场监管、人才培养、对外合作等方面予以明确规定，以鼓励有序竞争、规范办展，为会展业健康发展创造良好的法制环境。

（2）设立会展业发展专项资金。会展业一方面需要投资庞大的基础设施、公共产品和牵涉广泛的公共服务，另一方面投资风险大、回收周期长，这就决定一般的社会资本难以或不愿介入。所以，会展业的发展离不开政府专项资金的扶持。会展业发展专项资金主要用于：①对自治区各级政府、各行业协会等组织申办、举办的大中型会展可给予财政专项扶持；②对符合内蒙古会展业发展要求的大型现代化展览场馆的兴建、改造可以优先评估立项，优先安排建设用地，同时给予一次性适当额度的财政资金补助；③对符合产业发展政策和有利于城市形象宣传的会展活动进行补贴；④扶持会展市场主体和项目研发、品牌培育；⑤支持会展网络的信息化建设；⑥对促进会展经济发展做出突出贡献的单位和人员进行奖励；⑦扶持会展专业培训和理论研究等。凡政府对会展项目的资金补贴均纳入专项资金，由会展管理部门统筹安排，合理使用，财政部门加强监督。

2. 营造内蒙古会展业发展的最佳环境

政府各有关部门应通力配合，建立有效的协调机制，成立会展管理机构，简化审批程序，提高办事效率和服务水平。应建立会展工作联席会议制度，统筹协调各相关职能部门，研究制定全市会展业发展规划和政策，统筹解决有关会展业重大问题，合力营造内蒙古会展业发展的最佳环境。新闻媒体要开辟专版、专栏、专题，并在会展的“事前、事中、事后”策划运作各类传播活动；会展经营者也要按照各类新兴媒体和传统媒体的特点，设计立体式、全方位、特色化、高效率的招展传播；工商、税务、城管行政执法、技术监督等部门，要恰当使用监管权力，努力创造健康、有序的会展市场秩序；公安、消防、卫生防疫等部门，要高度负责，为会展活动的顺利进行提供安全保障；城建、交通等部门，要为会展活动的户外宣传和公交线路、车辆安排等给予支持和配合；海关、商检、民航、铁路等部门，要积极创造参展人员和展品、展具能迅速进入和退离的“绿色通道”。管理者、会展经营者必须从会展前的立项办理、信息发布、信息咨询、展位租赁、设计装潢、广告宣传、活动策划，到会展中的旅游、演艺、保安、卫生、运输、仓储、餐饮、住宿、交通、金融、保险、法律、会计、翻译、意见与投诉的征集与处理，再到会展后的经验总结与保持联络等，全程提供专业化、标准化、规范化的优质服务。

3. 培育会展主体、规范会展市场

（1）积极培育现代化会展主体。按照市场经济发展的要求，通过信息共享和有序竞争，进行跨地区、跨部门的战略重组，建立符合现代企业制度的多元化、多种经济主体的会展公司，扩大企业组织规模，增强竞争实力。加强会展品牌和会展信息的宣传，大力宣传和扶持品牌展会。引导建立会展行业协会，充分发挥会展行业协会在协调管理、项目评估、资质认证、信息服务、联络代理、政策咨询、决策参考、政策制定、行业自律、统计监测等方面的作用。

（2）做好统筹规划。以“资源最优化配置、功能最大化发挥”为目标，明确地方会展定位，避免雷同模仿、一哄而上、竞争无序、主题模糊、资源浪费、效益降低等问题。科学规划会展场馆的建设，防止重复建设和无序竞争。实施高标准配套和专业化管理，加强功能分工与合作，最大限度地发挥效能。

（3）加强监督管理。对展会主办者、场馆经营者和展览公司的资质进行动态评估，对不合格者，取消办展资

格；严格执行《展会知识产权保护办法》，切实做好展会期间知识产权的协调、稽查、监督和处理工作；工商部门实行“大展会驻点、小展会巡查”，在大型展会中派出执法人员设立商标知识产权投诉点，现场提供商标咨询、查询服务，并实时监控、流动巡查展会中商标使用情况，及时查处各类商标使用侵权违法行为；参照保护驰名商标、著名商标的做法，加强对品牌展会的名称、标识和涉及到其专用权的保护；对展会结束后的合同履行情况进行抽查、实行履约跟踪、打击合同欺诈行为；建立展会保证金制度，用于侵权赔付或其他纠纷赔偿；建立信息登记监管平台，公布展会登记信息和信用信息，加强实时监管，提高监管水平；建立办展主体信用档案，对办展主体信用情况进行级别评定，根据不同级别信用实行分级管理。

4. 加大人才培养力度，奠定会展业可持续发展的基础

（1）加强会展理论研究。尽快成立会展理论研究机构，跟踪会展业的发展动态，探索会展业的运行规律和监管模式，研究会展经济发展政策和行业法律法规建设，开展会展市场预测和会展管理咨询服务，积极借鉴国外的先进经验，形成完善的会展理论研究学科体系。

（2）办好高等院校会展专业。在有条件的高校开设“会展经济与管理”、“会展策划与管理”等专业，大力扶持学科、师资、教材和实习基地的建设，鼓励产学研合作。

（3）组织会展职业培训。通过院校、中介组织和会展企业三条渠道，对现有会展从业人员分期分批进行在职培训、继续教育，重点培养涵盖会展策划、运作、管理、服务的复合人才。

（4）开展会展人才职业资格认证工作。进而形成各个级别和层次的会展管理和会展技术人才评估机制和专业人员聘用体系。

5. 重视现代信息技术，提升会展经济发展层次

（1）建立内蒙古会展数据库。将内蒙古的会展场馆、办展单位、会展服务企业、会展项目、会展人才以及历年会展情况和国内同行业等相关信息进行梳理、分类，运用电子信息技术整理存档，建立会展工作数据库，并不断充实内容，注重开发利用。

（2）办好会展网站。开设权威性会展网站，增强其时效性和信息量，高效提供全天候、跨地域的信息发布、咨询、招商、报名、展示、交流、交易等服务；积极与国内会展部门、相关媒体、兄弟省市会展网链接，扩大信息交流渠道；支持内蒙古会展企业自办网站并相互联网，建立高效、通畅、开放的信息互动平台。

（3）发展网络展览交易平台。办好网上展览活动，增强办展的便捷、高效、互动和覆盖能力，实现实物展览与网上展览、交易之间的相互补充，提升内蒙古会展业的现代化水平。

6. 促进会展业对外开放，吸引高端会展客户和项目

（1）加强会展业国际国内交流与合作。鼓励资金、技术、管理人员进入内蒙古展览市场。主动寻求与国内、国际知名展览公司合作，通过代理、移植、并购、合作等多种渠道、多种形式，吸引国际国内大中型展会和品牌展会来内蒙古举办。积极鼓励内蒙古企业及品牌展览会“走出去”，主动融入国际国内展览市场，参与更广范围、更高层次的交流、合作与竞争。

（2）吸引大量的高层次会展客户和项目。受地理、经济与社会条件所限，内蒙古会展业在吸引高层次会展客户和项目方面无法与环境优美舒适、经济文化发达的地区竞争。因此，内蒙古会展业应走差异性竞争路线，把特色放在首位，以特色求生存，以特色谋发展，以特色赢市场，做到人无我有、人优我特。内蒙古政府及有关行业部门应当引导各地根据自身资源特色和优势，开发特色会展，培育特色品牌，以特色差异吸引高层次会展客户和项目，避免跟风办展、同质竞争。

（3）鼓励举办高端会展活动。各职能部门、各行业协会要充分发挥各自的职能和行业优势，加强与上级部门、兄弟省市区、行业协会和相关国际组织的联系、协调和合作，创办和引进高端专业展会；政府各驻外机构要积极发挥作用，主动联络沟通，收集国家各部门和各地会展信息，为内蒙古各单位争取相关展会举办权提供支持帮助；各盟市要结合当地产业特点和文化资源，积极招商引会，创节办展，形成具有本地产业特色和文化特色的品牌展会；各会展中心、各行业协会要争取加入国内外同类行业组织，加强合作与交流，以有助于引进高端会展活动。

7. 加强会展业和旅游业、节庆经济的融合

加强会展业和旅游业、节庆经济的互补联动、有机结合。注重会展活动的旅游延伸；选择特色品牌展会打造成为特色旅游产品和节庆经济内容。包装会展设施为旅游、节庆吸引物，并转化会展的配套服务设施为旅游、节庆所用。提升旅游饭店的会议设施，满足国内中小型会议需求。掌握会展旅游、会展节庆的发展态势，将会展项目的申办与内蒙古旅游、节庆的宣传促销有机结合，形成以会展带动旅游，以旅游、节庆促进会展的良性互动的模式。

## 浙江省文化创意产业发展规划（2008—2020）

文化创意产业是指以知识产权的形成和应用为载体，将具有一定文化内涵的创新创意，通过科技的支撑作用和市场化运作可以被产业化的活动的总和。省第十二次党代

会报告中明确提出："要把发展服务业作为新的经济增长点和结构调整的战略重点，尤其要大力发展金融、创意、信息、咨询、物流、旅游、会展、电子商务等现代服务业。"2008年6月召开的省委工作会议提出了建设文化产业发展体系的任务，并且提出了"大力发展文化创意产业"的要求，明确在加快建设创新型省份和文化大省的进程中要把发展文化创意产业作为一项重大工作来抓。文化创意产业在我省经济社会发展全局中的战略地位已经凸显。加快发展文化创意产业，对于加快先进制造业基地建设，推进经济转型升级；对于提升中心城市能级、推进新型城市化进程；对于集聚创新要素、建设创新型省份；对于建设文化大省、发展社会主义先进文化等都具有重要的推动作用。

本规划将我省文化创意产业分为产业设计、信息软件、建筑景观、文化传媒、咨询策划、创意农业6个大类，11个行业，涉及38个国民经济行业小类。本规划编制以《国家"十一五"时期文化发展规划纲要（2006～2010年)》、《浙江省文化大省建设纲要（2001～2020年)》、《浙江省文化建设"四个一批"规划（2005～2010年)》、《浙江省推动文化大发展大繁荣纲要（2008～2012年)》、《中共浙江省委关于深入学习实践科学发展观，加快转变经济发展方式、推进经济转型升级的决定》为依据。规划期限分三个阶段，近期为2008～2010年，中期为2011～2015年，远期展望到2020年。

## 一、浙江文化创意产业的发展现状

浙江历史悠久，人文荟萃，发展文化创意产业具有得天独厚的优势条件。我省拥有浙江大学、中国美术学院、浙江传媒学院、浙江理工大学、杭州师范大学美术学院等相关高等院校，在书画、雕塑、动画、工艺设计、服装设计、影视传媒等专业领域拥有一批国内有影响的专家名师，在文化创意专业人才培养能力方面居全国一流。我省地处长三角，不断推进的国际化进程和毗邻上海国际大都市的区位条件，有利于吸引国内外文化创意人才来浙创业。我省是吴越文化的重要发祥地，拥有越剧、丝绸、瓷器、木雕、根雕等一大批特色传统文化资源，积淀深厚的文化底蕴为文化创意产业发展创造了厚实基础。我省正致力于建设创新型省份，努力建设先进制造业基地，推动"浙江制造"走向"浙江创造"。尤其是浙江轻加工为主的区域特色产业正面临转型升级的关键时刻，迫切需要工业设计、广告策划、信息软件、咨询策划等文化创意产业的有力支撑。我省民间资本丰裕，众多民营企业纷纷涉足投资文化创意产业。跨国企业和国际金融资本对进入我省文化创意产业领域十分看好。

当前，在党委、政府、企业、高等院校等共同推动下，我省发展文化创意产业的氛围日渐浓厚。省委、省政府高度重视发展文化创意产业，切实将文化创意产业培育成新的经济增长点和支柱产业，先后出台《关于建设文化大省若干文化经济政策的意见》、《浙江省推动文化大发展大繁荣纲要（2008～2012)》等一系列支持文化创意产业发展的政策意见。我省文化创意产业进入快速启动发展阶段，经过近几年发展，形成了软件、动漫、广告、设计、传媒等优势行业，逐步形成依托城市、集聚发展的空间布局态势，涌现出众多具有鲜明地域特色的文化创意产业集聚区。我省各类文化创意企业发展活跃，浙江广电集团、浙江日报集团、浙江出版集团等10家大型国有文化企业集团竞争力明显提升，广厦集团、横店集团、宋城集团等大批有实力的民营企业积极进入广播影视等文化创意产业领域，大量小型设计公司、个人工作室、策划咨询公司不断涌现。我省已成功举办中国国际动漫节、义乌文化产品交易博览会（文博会)、中国宁波世界创新工业设计展等重要会展，省内院校积极参与地方文化创意产业发展，全社会文化创意产业加快发展氛围日渐浓厚。

我们也要看到，我省文化创意产业在发展过程中还存在诸多问题。在文化创意产业发展过程中，各级政府如何有效发挥作用的机制还有待探索，需要进一步明晰政府在规划引导、政策扶持、项目支持、园区建设、企业孵化等方面的重点；作为文化创意产业核心要素的高端创意人才还比较缺乏；文化创意产业园区公共服务平台建设还相对滞后，信息集散、人才培训、成果转化、评估交易、风险投资等配套服务能力不强；文化创意产业体制束缚还比较多，部门多头管理现象比较突出，创意成果的知识产权保护等制度亟需完善。

## 二、总体思路

### （一）指导思想

深入贯彻落实科学发展观，着力实施"创业富民、创新强省"总战略，以服务先进制造业基地建设和支撑创新型省份建设为导向，坚持政府引导、主体多元；整合资源、重点突破；产业融合、集群发展；培育特色、提升功能；开放创新、集聚人才；强化龙头、扶持品牌六项原则，以培育发展具有国际影响的艺术品创作、展示和交易以及具有国内重要地位的工业设计、信息软件、数字娱乐、建筑景观设计、传媒出版"六大"基地为目标，构筑"创意城市、文化创意产业集聚区、文化创意产业园"三级布局框架；打造若干个国内外有较强影响的文化创意城市；形成一批综合优势明显的文化创意集聚区；扶持一批具有特色竞争优势的文化创意产业园区；培育一批具有一定规模和品牌影响力的文化创意企业；集聚一批国内外有较强创造力的高端文化创意人才；使文化创意产业成为带动产业结构转型的战略产业、加快新型城市化进程的重要引擎和推进文化大省建设的有效抓手，强力推进我省经济转型升级。

### （二）产业定位

培育打造“六大基地”：

——全国领先的艺术品创作、展示和交易基地。深入挖掘中国美术学院、浙江大学、浙江艺术职业学院等艺术创作资源和越剧等地方戏曲以及石雕、木雕等民间造型艺术资源，鼓励开发更多符合新时代特征的文化艺术作品，建设全国性的文艺作品展示交易场所，努力成为具有国际影响的艺术品创作、展示和交易中心。

——全国一流的以日用轻工产品设计为特色的工业设计基地。立足义乌小商品、绍兴轻纺、温州轻工等制造区块，依托中国美术学院、浙江大学、浙江工业大学等高等院校和一批龙头骨干企业，着力提升工业设计能力和水平，积极联姻各类成果转化中介机构，推进“浙江制造”向“浙江创造”转型，努力成为国内一流的工业设计基地。

——全国领先的以行业应用、工业控制、商务网站为特色的信息软件基地。着眼于加快信息化和工业化互动进程，立足杭州国家软件产业基地等优势区块，重点发展信息服务、软件设计及应用等行业，在工业自动化、金融财务、信息系统、电子商务等领域开发更多产品，形成一批具有较强竞争力的发展区块和骨干企业，努力成为全国领先的信息软件基地。

——全国领先的以动漫游戏、影视制作为特色的数字娱乐基地。顺应互联宽带网络、多媒体终端等技术发展趋势，立足国家动漫产业基地、国家数字娱乐产业基地，以及浙江大学、中国美术学院和浙江传媒学院等动漫教学研究基地，以杭州“动漫之都”建设、横店影视产业实验区、宁波国家级动漫原创基地建设为重点，带动全省动漫、影视产业的发展，着力开发动漫游戏作品和影视产品，深化发展数字娱乐内容产业，努力成为全国领先的数字娱乐基地。

——全国一流的以园林设计、建筑装饰为特色的建筑景观设计基地。加大高素质专业人才培养和引进力度，重视引进国际品牌规划设计机构，扶持本省专业建筑设计机构做强做大，进一步提高园林设计、建筑装饰等领域的竞争优势，促进文化艺术与创作设计的结合，努力成为国内一流的建筑景观设计基地。

——全国一流的以文化开发、数字技术为特色的传媒出版基地。做大做强传媒出版龙头企业，引进和培育优秀的创作团队，利用先进技术加快产业调整和升级，提升影视、传媒、出版整体发展水平，努力把我省建设成为全国一流的传媒出版基地。

### （三）基本原则

1. 政府引导，多元主体。政府引导、多元主体、市场运作、中介服务相结合，强化政府规划引导和政策扶持导向，优化产业空间布局，建立重点项目库，以企业为主体，充分发挥市场资源配置作用，培育专业中介机构和行业组织，推动我省文化创意产业快速发展。

2. 整合资源，重点突破。加大资源整合力度，立足传统文化资源，结合流行时尚元素，积极开发具有民族文化内涵和浙江文化特色的创意产品。推动高校、企业、协会等多方投入，力争在重点区域、重点企业和重点项目上实现新突破。

3. 产业融合，集群发展。充分发挥文化创意产业的渗透带动作用，促进三次产业融合发展，推进产业结构优化升级。以文化创意产业集聚区和文化创意产业园区为主要载体和重要抓手，进一步明确区块开发模式，逐步形成一批空间高度集聚、专业特色鲜明、联动效应突出的文化创意产业发展示范区块。

4. 培育特色，提升功能。以加快推进新型城市化为契机，注重文化创意产业的发展与城市的功能导向、空间重构、建筑造型、文化品位的有机结合，创造条件培育综合性创意城市和特色化创意城市，大力提升中心城市的创意功能。

5. 开放创新，集聚人才。加大体制机制创新和对外开放力度，鼓励非公资本进入，推进创新、创意和创业。突出人力资本在文化创意产业发展中的核心要素地位，建立长效的创意人才培养和引进机制，建立健全信息、人才、资金、技术、知识产权等公共服务平台。

6. 强化“龙头”，扶持品牌。引导有市场竞争优势的文化创意企业开展并购重组、风险投资、股权上市等资本运作，培育若干在国内外有较强竞争优势的文化创意企业，扶持培育强势文化品牌，形成龙头带动、大中小企业紧密合作的文化创意企业群体。

### （四）发展目标

近期（2008～2010年）：重点突破，成效显著。产业发展架构基本形成，文化创意产业规模显现，艺术品业、工业设计、信息软件、动漫游戏、建筑设计、传媒出版等优势行业发展加快，创意园区和企业发展加速推进，创意人才培育取得显著成效。到2010年，我省文化创意产业增加值达到1400亿元，占GDP比重达到5.5%左右；省级文化创意产业园区力争达到20个以上，文化创意产业从业人员占全社会从业人员比重达到7%，培育一大批具有国内外影响的创意人才、管理人才和营销人才。

中期（2011～2015年）：全面推进，功能强化。文化创意产业规模进一步扩张，杭州、宁波两个综合性创意城市初步形成，温州、嘉兴、义乌三大特色化创意城市逐步成型；规模显现、带动效应强的重点集聚区块发展水平全面提高，在全国发展地位进一步提升。到2015年，我省文化创意产业增加值占GDP比重达到7.5%以上；文化创意产业从业人员占全社会从业人员比重达到10%。

远期（2016～2020年）：稳步发展，优势凸现。进入稳步发展时期，文化创意产业规模进一步壮大，推动经济结构转型、促进中心城市建设和支撑文化大省建设的作用进一步增强，文化创意产业成为重要的支柱产业，我省成为全国发展文化创意产业的领先省份。

## 三、产业发展重点

立足我省发展基础，充分发挥比较优势，着力做强做大艺术品业、工业设计、信息软件、动漫游戏、建筑设计和传媒出版等优势行业，培育扶持发展广告策划、咨询服务、文化会展、教育培训和创意农业等潜力行业。

### （一）重点做强六大行业

1. 艺术品业

依托中国美院、浙江大学和西泠印社等机构，挖掘民间工艺及作品，积极发展书画、雕塑、篆印、陶艺等各类艺术品创作，加快培育美术经纪、美术出版、艺术品展示、艺术品拍卖、艺术品鉴赏等中介服务机构，推进艺术品的商品化经营和产业化生产。办好杭州西湖艺术博览会、浙江民间工艺品博览会等文化展会，培育我省传统文化和艺术品牌。加快发展和规范艺术品交易市场，加强艺术品经纪、艺术品市场管理等中介专业人才的培养和引进，扶持西泠印社集团有限公司进一步做强做大，鼓励发展画廊、艺术品经纪公司、艺术事务所、艺术收藏品市场、艺术拍卖行等各类主体，加强行业认证监管，建立健全信用评审和奖惩机制。

2. 工业设计

依托专业院校、科研院所和骨干企业，围绕区域特色产业发展，以工业设计园、行业设计中心、生产力促进中心、企业技术中心等研发机构为主要载体，加大财政和金融政策对R&D、企业研发和工业设计的投入，有效整合和引进各类设计资源，鼓励发展高等级研发实验室、专业化工业设计公司和以院所为依托的工业设计室，支持骨干企业设立专业化工业设计部门。以环杭州湾、温台沿海和浙中城镇群为依托，重点扶持发展服装、通信、汽车、机械、船舶、家电、家具、鞋类、厨具等我省优势制造领域的工业设计产业，突出培育时尚服装、日用轻工等设计品牌，推进“浙江制造”向“浙江创造”转变。

3. 信息软件

以杭州国家软件产业基地、宁波信息科技产业园等为主要平台，加强与浙江大学、宁波大学等科研院所的合作，大力培育和引进高端软件信息技术人才，着力突破共性基础软件及软件核心技术，重点推进面向行业应用和产业升级的嵌入式软件、软件出口与服务外包、行业应用软件、网络传输服务、数字内容与网络增值服务的发展，进一步优化软件与信息产业结构，提高产业国际化程度。努力建成以杭州、宁波等主要城市为依托的全国性软件产业基地、信息服务基地、服务外包基地和电子商务基地，产业规模稳居全国前五位，总体发展水平继续走在全国前列。

4. 动漫游戏

坚持自主创新和引进品牌相结合，民族文化和现代时尚相结合，创意内容与数字科技相结合，以杭州高新区国家动画产业基地、西湖区数字娱乐产业园和宁波动漫基地等为载体，完善教育培训、产业孵化、展示交流、技术支撑等公共服务平台，集聚美术原创、数字加工等专业创意人才，培育漫画、动画、游戏、衍生品开发等各类相关动漫游戏企业，建立和完善包括人才培训、生产创作、市场运营等主要环节的产业体系，使我省成为国内具有重要影响力的动漫游戏产业中心。

5. 建筑设计

推进建筑景观设计领域的市场化进程，加快管理体制和运作机制改革，推广和完善招投标制度，支持规划设计院所做大做强，扶持建筑景观设计公司（室）发展，引进国际建筑设计机构，形成良性竞争的市场格局。加快我省城市建筑景观设计产业与国际接轨，创新理念，拓展领域，提升水平，在区域市场竞争中形成特色竞争优势。加强专业人才的培养和引进，鼓励相关高校院所参与市场竞争。

6. 传媒出版

深化体制机制改革，推进广播影视业的市场化、产业化进程，支持浙江日报报业集团、浙江广播电视集团、浙江出版联合集团等龙头企业发展成为跨地区、跨行业、多媒体的大型文化传媒集团。加大对我省广播影视制作的扶持力度，做大做强省级国有控股影视集团，建设横店影视产业试验区等一批知名影视拍摄基地，培育一批民营影视制作企业，创作一批广播影视精品。创新广播影视经营模式，大力开发广播影视衍生产品市场。大力发展数字电视产业，将华数数字电视有限公司打造成为全省数字电视拓展的主平台。推进现代出版业的集团化、多元化、特色化发展，培育浙江日报集团、浙江出版集团、杭州日报集团等一批具有全国性影响力的龙头企业，鼓励图书、报纸、期刊、电子、音像、网络等领域多元化经营，大力实施精品工程，进一步做强品牌文化产品，全面提升我省新闻出版业在全国的地位和影响力。

### （二）扶持发展五类行业

1. 广告策划

大力发展广播影视广告、报刊广告、户外广告和新媒体广告，扶持发展网络广告等新兴广告业态。加强专业人才培养和引进，不断提高从业人员整体素质，提高广告产品中的科技含量和创意水平，以创意设计提升产业竞争优势。支持企业做大做强，促进多元化发展，加强市场研究、营销企划、广告创意、媒介投放、效果评估、产品展示等产业链之间的分工协作，打造一批具有国内外影响的综合性广告企业。扶持专业人才自主创业发展，鼓励引进国内外知名广告公司，提高专业化服务水平。健全广告协会功能，加强行业交流与自律，建立完善广告监管体系，提高广告的公信力，促进我省广告业健康发展。

2. 咨询服务

结合我省经济社会发展转型升级进程，引导和鼓励咨询服务创新，重点发展市场调研和策划、企业咨询、商务策划、金融咨询等咨询活动。依托高等院校和科研院所，积极开展与北京、上海、香港等地专业院所以及国际咨询企业的人才交流和合作，努力培养和打造一支优秀的咨询从业队伍。鼓励民营资本和外资进入咨询领域，扶持发展一批省内有潜力的咨询企业。

3. 文化会展

结合我省产业结构的优化调整，抓住2010年世博会、2011年休博会、西博会等重大会展活动举办契机，在进一步扩大中国国际动漫节、义乌文化产品交易博览会、宁波“浙江投资贸易洽谈会”等会展影响力的基础上，支持创建一批全国性乃至国际性的知名会展品牌。大力发展主题创意、活动策划、展馆设计、宣传招展等为会展举办方和参展方提供的专业策划服务，支持有条件的高等院校发展相关专业和学科，建立会展业人才培训和交流平台，增强我省文化会展的行业竞争力。

4. 教育培训

加快教育强省建设步伐，进一步提升素质教育水平，强化职业技能教育和培训，推进素质教育和职业教育的协调发展。强化杭州的全省教育培训中心地位，大力发展新兴网络教育、继续教育、职业技能教育、社会文化生活教育和考试辅导教育等，大力培育信息软件、工业设计、工艺美术、艺术创作、广告策划等专业技术人才。

5. 创意农业

结合我省农业区域布局和资源特点，充分挖掘嘉湖平原和金衢盆地特色农业产区、浙北—浙东南蔬菜优势产业带、浙东花卉园艺区、杭嘉湖传统蚕区以及浙东山体绿茶产区的生产、经济、生态、文化、艺术等功能，引导扶持发展创意农业。做好农业规划设计工作，积极建设供居民休闲、娱乐、体验的农业生态园区；开发利用农区良好的自然资源和生态环境，大力发展休闲观光农业；结合各具风貌特色的田园乡村和民俗文化，注入流行时尚、工艺美术和艺术创作元素，建设一批艺术村落和创意农庄；加强对农业废弃物的功能转化和再生利用，构思与构造相结合，积极制作实用品或农业工艺品。

## 四、产业空间布局

构筑“创意城市、文化创意产业集聚区、文化创意产业园区”三层级空间布局架构，形成上下联动、多方协作、以大带小的有序发展格局。

### （一）培育两大综合性创意城市

培育文化创意产业门类较多、创意能力突出、辐射能力较强的综合性创意城市，示范带动全省文化创意产业发展。

1. 杭州。立足省会城市、全省现代服务业发展中心和科技创新中心等地位，充分发挥科教人才、产业支撑、人居环境、文化底蕴等优势条件，重点发展信息软件、工业设计、动漫游戏、建筑设计、艺术品业、创意农业、传媒出版、文化会展等创意行业，培育增强文化创意产业的综合性竞争能力，成为引领我省文化创意产业发展的前沿基地和主平台、长三角文化创意产业发展的战略高地和全国文化创意产业的中心之一。

2. 宁波。发挥全省重要工业中心和国际化港口城市优势，突出服务于电子信息、服装、家电、汽车及零部件、模具、会展等优势产业的提升发展，重点培育软件信息、工业设计、动漫游戏、文化会展等创意行业，力争形成综合竞争优势，软件信息实力达到全国主要城市前列，工业设计尤其是服装设计能力居全省前沿，成为省内重要的文化创意产业中心。

**积极培育综合性创意城市**

| | 功能定位 | 发展方向 | 竞争优势 |
|---|---|---|---|
| 杭州 | 全国文化创意产业中心之一，全省文化创意产业主中心 | 信息软件、工业设计、动漫游戏、建筑设计、艺术品业、创意农业、传媒出版、文化会展 | 综合性竞争能力强 |
| 宁波 | 省内文化创意产业中心之一 | 软件信息、工业设计、动漫游戏、文化会展 | 形成综合竞争优势，全国主要城市前列的信息软件实力和全省前沿的工业设计能力 |

### （二）构筑十大省级文化创意产业集聚区

从产业基础、发展空间、资源优势等实际发展条件出发，近期重点扶持构建十个集聚效应明显、整体规模较大的标志性文化创意集聚区，包括杭州的环西湖文化创意产业圈、环西溪文化创意产业圈、沿运河文化创意产业带、沿钱塘江文化创意产业带；宁波的大学科技园文化创意产业集聚区；温州生态园文化创意产业集聚区；湖州的南浔文化创意产业集聚区；嘉兴的环南湖文化创意产业带以及金华的义乌国际商贸城文化创意产业集聚区、东阳文化创意产业集聚区。

**扶持建设十大文化创意产业集聚区**

| 城市 | 名称 | 空间分布 | 主要依托 | 重点行业 | 目标定位 |
|---|---|---|---|---|---|
| 杭州 | 环西湖文化创意产业圈 | 以西湖为中心，重点建设西湖创意谷和西湖数字娱乐产业园等 | 中国美术学院、浙江大学等高校；充分发挥环西湖区块的文化、景观、科技与人才等优势 | 设计服务、数字娱乐、时尚消费、信息软件等产业 | 文化生产力高度集聚的全国知名文化创意集聚区和示范区 |
| | 环西溪湿地文化创意产业圈 | 以西溪湿地为中心，重点建设西溪创意产业园和创意良渚基地等 | 充分发挥湿地优美的自然景观和独特的文化风俗优势；依托良渚文化的深厚内涵 | 艺术创作、文化休闲旅游、文化会展等产业 | 全国知名的艺术创作和创意大师聚集的文化创意基地 |
| 杭州 | 沿运河文化创意产业带 | 以运河为轴线，整合开发运河文化资源，重点加快运河天地文化创意园和杭州创新创业新天地建设 | 运河文化底蕴；众多老工业建筑；LOFT49 等文化创意产业园区 | 工业设计、建筑景观设计及广告设计等产业 | 全国知名的集研发设计、旅游观光、民俗风情于一体，特色突出、个性鲜明的文化创意产业集聚区 |
| | 沿钱塘江文化创意产业带 | 以钱塘江为主线，充分体现杭州大气、开放的新时代精神，着力构建江南、城西、钱江新城和下沙四大文化创意集聚区 | 依托高新区技术和人才优势；国家级软件基地和国家动画产业基地；高新区政策环境 | 动漫游戏、信息服务、工业设计、教育培训等产业 | 全国领先的信息服务和动漫游戏产业集聚区 |
| 宁波 | 宁波市大学科技园文化创意产业集聚区 | 位于宁波镇海区大学科技园内，已基本形成文化创意产业基地、高新研发基地和科技创新创业孵化基地 | 高校、人才优势；较强产业基础；旺盛市场需求 | 工业设计、服装设计、软件信息、动漫游戏、建筑设计等 | 长三角重要的软件设计和工业设计基地 |
| 温州 | 温州生态园文化创意产业集聚区 | 位于温州市区东南部生态园内 | 生态人居环境；轻工产业基础；旺盛市场需求 | 轻工产品设计、服装设计、广告策划等 | 国际性的轻工产品设计基地 |
| 湖州 | 湖州南浔文化创意产业集聚区 | 位于湖州市南浔区，包括琉璃庄园、南浔影视拍摄区、善琏镇湖笔文化园等区块 | 南浔古镇；琉璃工艺品；民间古藏馆 | 工艺设计、文化休闲、产品设计等 | 长三角文化休闲和创意设计基地 |
| 嘉兴 | 嘉兴环南湖文化创意产业带 | 位于嘉兴南湖周边，包括嘉兴创意江南文化产业园、嘉兴国际创意文化产业园、嘉兴现代文化创意产业园、同济大学科技园嘉兴基地、国际中港城会展中心等区块 | 交通区位条件；同济大学浙江学院；嘉兴科技城 | 建筑设计、装饰设计、广告设计、产品设计、服装设计等 | 具有特色竞争优势的设计服务基地 |

续表

| 城市 | 名称 | 空间分布 | 主要依托 | 重点行业 | 目标定位 |
|---|---|---|---|---|---|
| 金华 | 义乌国际商贸城文化创意产业集聚区 | 位于义乌国际商贸城周边，包括义乌市“学院2号·义乌创意园”等区块 | 专业市场优势；产业需求旺盛；信息流汇聚 | 日用小商品设计等 | 国际化的小商品开发设计基地 |
| | 东阳文化创意产业集聚区 | 东阳文化创意产业集聚区由浙江横店影视产业试验区和东阳民间工艺产业基地组成 | 组建浙江横店影视娱乐有限公司，吸引境内外影视公司及相关企业240多家；东阳民间工艺大师以及企业群落 | 发展影视剧创作、拍摄、制作、发行、交易、影视会展、影视研究、影视娱乐、影视旅游、影视衍生品开发等；传承和发展东阳民间工艺产业群 | 打造具有国际性影响力的国家级影视产业基地，打造具有中国特色的民间工艺产业基地 |

## （三）集聚发展三十一个文化创意产业园区

通过依托大专院校、依靠国家级开发区和科技园、规划建设功能新区等途径，集聚发展一批特色优势明显、辐射能力较强的文化创意产业园区，为众多文化创意企业提供孵化、创业、成长空间。近期重点对原则上满足总建筑面积在3万平方米以上、年营业收入超3亿元以上的创意园区进行扶持，进一步完善人才、技术、信息、融资、孵化等服务平台。

**集聚发展三十一个文化创意产业园区**

| 城市 | 名称 | 地理位置与规模 | 相关发展情况 | 发展重点和定位 |
|---|---|---|---|---|
| 杭州 | 西湖创意谷 | 位于杭州市上城区，环中国美院南山校区的区域。整体规划“一园、三区”，即以中国美术学院为依托的大学科技园；产业孵化区、展示交易区、时尚休闲区 | 开元198等产业孵化基地建成运作，浣纱路一带集聚杭州建筑设计研究院等知名建筑设计企业，劳动路、南山路、河坊街形成收藏品展示交易市场和集聚一批画廊、工作室，其中天工艺苑是重要的工艺美术创作基地，区域内还有胡雪岩故居、凤凰寺等一批历史建筑以及南山路酒吧、咖啡馆和湖滨路时尚名品店等休闲生活和时尚消费场所 | 重点发展服装设计、建筑景观设计、艺术品创作展示和交易、时尚消费、广告策划、咨询策划、影视媒体等创意行业，成为中国流行趋势的发布中心、浙江省重要的文化创意产业基地和时尚消费中心 |
| | 中山北路创意文化商业特色街区 | 南起庆春路，北至环城北路，全长约1．86公里，在业态布局上形成六大中心：西湖文化广场、五环运动广场、武林广场、玄坛银座广场、凤凰中大广场、西湖创意广场 | 成立了中山北路创意文化商业特色街区建设指挥部办公室，出台了概念性规划，拟在2009年10月1日举行开街仪式 | 打造成新建筑、新生态、新文化的杭州时尚旅游不夜城；高起点、高质量、高科技的数字化品质生活新地标；以及产业精髓、产品精华、创意精英构成的创意产品贸易街，建成“中国品质生活第一街” |
| | 之江文化创意园 | 杭州市西湖区转塘街道原双流水泥厂改造，总占地面积332亩，一期规划建筑面积8万平方米，已建面积约2．8万平方米 | 保留双流水泥厂建筑群的质朴感官和极具层次的建筑分布形态，改造成现代创意办公空间。3NITY TRINITY、德中文化产业促进会、HESIGN GALLERY、HESIGN INTERNATIONAL（HANG ZHOU）、CO. LTD、杭州般若堂文化传播有限公司、杭州布雷克广告设计有限公司已进驻 | 规划建设现代设计区、艺术创作区、新媒体区、展示展览区、配套服务区等，成为集创意产业办公室、创意产品展览展示、时尚消费与休闲等为一体的时尚新地标和文化创意产业制高点 |
| | 西湖数字娱乐产业园 | 位于杭州市西湖区文华路，一期建筑面积2．4万平方米。包括扩建的国家数字娱乐产业示范基地和国家数字娱乐产业示范基地西溪分园、紫金港分园等 | 浙江唯一的国家数字娱乐产业示范基地，集聚数字娱乐软件开发、娱乐网站、数字娱乐增值服务、衍生产品及服务等各类数字娱乐企业42家 | 重点发展动漫游戏、娱乐网站、互联网信息服务等数字娱乐内容产业，成为国内领先的数字娱乐产业示范基地 |

续表

| 城市 | 名称 | 地理位置与规模 | 相关发展情况 | 发展重点和定位 |
| --- | --- | --- | --- | --- |
| 杭州 | 运河天地文化创意园 | 位于拱墅区拱宸桥桥西，原大河造船厂等工业建筑和历史民居改造 | 以工业遗存、历史建筑的保护利用为特征 | 培育文化艺术、建筑景观设计及广告设计等文化创意产业 |
| | 杭州创新创业新天地 | 位于下城区北部传统工业区（杭重东部区块） | 现有厂区用地置换成综合性用地 | 重点发展以建设新型都市工业示范区为特征的工业设计与科技孵化等文化创意产业 |
| | 创意良渚文化产业基地 | 位于余杭区良渚镇，规划范围包括余杭良渚城镇新区和中国良渚文化村基地，总面积约 17．6 平方公里 | 《“创意良渚”基地战略规划》已正式实施，以创意生活、时尚消费策划等为特色的古老文明、现代时尚与自然环境相融和的创意良渚 | 重点发展文化生态旅游与时尚消费创意设计等文化创意产业，带动良渚镇及周边区块和谐发展 |
| | 西溪创意产业园 | 包括杭州市西溪湿地二、三期桑梓漾、南漳漾、董湾等区块 | 依托西溪综合保护工程的实施和西溪文化的挖掘，以西溪艺术村落等为重点，吸引文化艺术界知名人士入驻 | 重点发展文化休闲旅游和文学艺术等文化创意产业 |
| | 湘湖文化创意产业园 | 位于萧山休博园内威尼斯水城区块，一期为百城馆旧址，建筑面积 8 万平方米 | 挂牌浙江省文化创意产业实验区，是经政府批准的浙江省首个文化创意产业园区，现已入驻工业设计、装饰设计、艺术品创作等文化创意企业 20 多家 | 发展工业设计、建筑景观和装饰设计、艺术品创作展示和交易、影视文化、时尚创意等文化创意产业，成为杭州文化创意产业先导区、浙江乃至全国文化创意产业的示范区 |
| | 下沙大学科技园 | 位于下沙高教园，包括新加坡杭州科技园、第五时尚设计产业中心及浙江传媒学院文化创意产业园、中国计量学院 ZILOG（杭州）应用设计中心等区块 | 第五时尚设计产业中心建筑面积 20 万平方米，投资总额约 2 亿元，建设内容包括设计中心、产品展示厅、咨询图书馆、服装设计中心、时尚学院 EMBA、VIP 国际时尚俱乐部、中国服饰博物馆、品牌咨询中心等。新加坡杭州科技园由新加坡腾飞集团与下沙经济开发区联合开发，规划占地面积 43 公顷，建筑面积 75 万平方米，一期将建设软件工厂，重点发展软件开发、研发设计等产业 | 以发展高校经济为指向，重点培育工业设计、软件开发、新闻传媒与教育培训业等文化创意产业，打造软件及服务外包特色文化创意产业基地和亚洲最大的服装时尚设计基地 |
| | 山南设计创意产业园 | 位于杭州市上城区玉凰山南麓，园区占地 2000 余亩，建筑面积 25 万平方米 | 目前已经引进思美传媒、毛戈平形象设计学校、复兴大院等单位，正在准备进驻的南方建筑设计院、中国美院风景设计院、杭州城建设计院等单位 | 通过 3—5 年的努力，逐步把园区建成接轨国际国内领先水平的创意产业园区，成为浙江乃至华东地区主要建筑、园林景观项目设计基地；成为国内建筑设计水平一流、建筑设计专业细分最齐全的设计园区；成为国内最大的国际顶级建筑、园林景观设计专业人才聚集地，国内首家大师建筑博览群园区 |
| | 白马湖生态创意城 | 位于滨江区，总占地近 20 平方公里，包括正规划建设的卡通城等 | 依托邻近滨江区国家动画产业基地的先发优势和滨江高新区信息服务业的产业优势，保护利用自然生态和文化资源，推动动漫艺术与信息科技、旅游休闲相结合 | 文化创意产业和生态旅游业，国家级文化创意产业园区、白马湖休闲旅游度假区、杭州城市美学和建筑美学示范区，杭州和谐创业示范区 |

续表

| 城市 | 名称 | 地理位置与规模 | 相关发展情况 | 发展重点和定位 |
|---|---|---|---|---|
| 宁波 | 创e慧谷 | 位于宁波镇海新城宁波大学科技园内，占地面积140亩，规划建筑面积12万平方米 | 由科技创业大厦、中软宁波大厦、亚创研发楼群以及人才公寓等建筑组成，配备研发、培训、孵化、交易、展示五大服务功能 | 以软件设计、工业设计、动漫游戏、建筑设计、工艺美术等为发展重点，成为宁波市面向全国的文化创意产业先行地 |
|  | 宁波和丰创意广场 | 位于江东区城区，原有工业建筑改造，总投资113000万元，建筑面积15万平方米 | 已引进加拿大、韩国等设计机构，健全设计研发、展示交流、培育孵化及教育培训等功能 | 重点发展与家电、模具、纺织、电子、文具等制造业配套的工业设计行业 |
| 温州 | 温州学院路7#创意产业园 | 位于温州学院路，原温州冶金厂废弃厂房改造，首期建筑面积6000多平方米 | 温州日报报业集团和浙江工贸技术学院共同投资，打造温州市首个LOFT艺术区块 | 发展工业设计、广告设计、建筑设计、服装设计、动漫游戏、影视文化、出版发行、艺术品创作和展示等文化创意产业，成为温州LOFT发展的起源地 |
| 湖州 | 湖州多媒体产业园 | 位于东部新区吴兴大道北侧，南太湖大道西侧，约382亩 | 上海新长宁（集团）有限公司投资建设 | 重点发展动漫软件、网络游戏等文化创意产业，成为上海创意产业发展的重要延伸区 |
| 嘉兴 | 嘉兴创意江南文化产业园区 | 位于嘉兴经济开发区，规划用地4846．65亩 | 引进一批技术领先，影响力大的艺术精英和企业，完善园区内文化创意产业结构；培育特色鲜明的本地文化创意产业，形成风格独特的江南文化创意产业中心。到2020年，园区开发面积4800亩，建筑面积350万平方米，实现产值300亿元，从业人员3万人以上，企业500家以上，文化创意经济成为嘉兴市重要的经济增长点 | 重点发展影视传媒、设计咨询、动漫网游、传统文化、教育培训、休闲服务六大领域。逐渐发展成为区域性文化产业集聚中心，江南水乡文化辐射中心，南北文化聚集地 |
|  | 嘉兴国际创意文化产业园区 | 位于嘉兴市南湖区，前身东珊工业功能区，规划用地面积147公顷，已建成50万平方米 | 属于城中工业区LOFT改造项目，已有嘉兴建筑设计院等多家创意企业进驻，划分为创意文化一区（艺术设计）、创意文化二区（服装设计）、创意文化三区（文化传播） | 重点发展以建筑设计、装饰设计、礼品设计、家具设计为主的设计服务行业，成为浙东北文化创意产业发展的示范园区 |
|  | 嘉兴现代文化创意产业园 | 位于嘉兴市秀洲区，一期规划100．51公顷，创意产业核心区域52．52公顷。已建成60万平方米 | 依托原嘉北工业园区二期厂房转型改造，并向西扩张延伸规划而成。已有江南传媒文化创意园、日本宝司大软件设计、印度NIIT软件培训、上海汉琅动漫、领秀1088创意工坊、秀洲农民画艺术中心、嘉兴中聚网页软件、服装工业设计中心等一大批中外项目入驻 | 重点发展工业工艺、包装、服装设计产业；数字及立体影视节目制作产业；原创动漫、网游、农民画等创意文化产业。成为区域性工业设计中心、高端影视制作包装基地、动漫影视原创人才库及农民画创作基地 |
| 绍兴 | 绍兴文化产业园 | 位于袍江工业区内，计划投资10亿元，占地面积4平方公里 | 集文化产品制造区、文化产品交易区、文化产品展示区、文化创意推广区、文化旅游休闲区等于一体 | 重点发展动漫、数字体育、网络文化、多媒体游戏等文化创意产业 |
|  | 中国轻纺城纺织创意中心 | 位于绍兴县中国轻纺城，包括创意大厦、科创大厦、服装家纺市场等区块 | 发挥绍兴县轻纺产业和轻纺城市场优势，依托浙江省现代纺织工业研究院等科研力量 | 着重发展面料研究、花样设计、服装设计、家纺设计、展品展示、流行趋势发布等行业，成为国际性纺织创意中心 |

续表

| 城市 | 名称 | 地理位置与规模 | 相关发展情况 | 发展重点和定位 |
| --- | --- | --- | --- | --- |
| 金华 | 浦江文化创意产业园区 | 位于浦江到义乌快速通道沿线以南黄宅区块，距浦江县城和义乌市区车程均不到20分钟，区位优势十分明显。可纳入义乌和浦江两地的工作和生活圈活动范围。核心区块总面积约2000亩 | 按照“一园、多区，一核、多层”的创意园区发展布局，打造具有浦江特色的文化创意产业聚集区 | 重点发展工艺美术创意、制造业设计创意、时尚设计创意和休闲消费创意四大领域 |
| 衢州 | “两子”文化创意产业园 | 位于衢州市烂柯山、孔氏南宗家庙和城隍庙及府山公园附近街区 | 分二大功能区块：一是以孔氏南宗家庙为核心包括城隍庙及府山公园附近街区区域内，建设新的孔子文化景点、衢州中国儒学博物馆等开展国内外孔子文化交流；二是烂柯山围棋文化区块，建设集休闲度假、举办大中小型棋赛、开展国际交流和围棋培训等功能的围棋交流培训中心，围棋陈列馆等，发展衢州围棋文化创意产业 | 逐步成为孔子文化研究和交流中心和全国围棋比赛培训的重要基地 |
| 衢州 | 仙霞古道文化创意产业区 | 位于江山市区向南延伸至与福建浦城交界的仙霞关、廿八都等地，总面积24平方公里 | 建设江山市民俗博物馆、三卿口古瓷村保护与开发、和睦彩陶文化村、达河古窑址群、廿八都古镇保护与开发、大陈古建筑群保护修缮、江山古民居一条街、清漾特色历史文化村建设、江山古塔修缮工程、须江名人文化公园建设等；主要的非物质文化遗产保护开发内容有清漾毛氏文化（族谱）研究、廿八都古民俗研究、江山古陶瓷文化研究等 | 传承和弘扬江山优秀历史文化，发展具有时代特征的先进文化，推进江山特色文化与经济社会的融合发展，使江山成为浙闽赣三省边际历史文化名城和钱江源休闲旅游胜地 |
| 舟山 | 船舶设计基地 | 舟山软件产业园区内 | 依托浙江海洋开发研究院和软件产业园区，引进中科院、浙大中控集团、上海海事大学、江苏科大等专业院校和科研机构，着力提升船舶工业设计能力和水平 | 重点发展船舶设计、船舶制造自动化与控制自动化软件设计和船模制作，成为国际性船舶研发、制造中心 |
| 台州 | 玻璃雕刻工艺产业基地 | 位于台州经济开发区，建筑面积5万平米 | 企业投资和政府财政补助相结合，集玻璃雕刻艺术展示、交流、创作、旅游休闲于一体 | 依托台州职业技术学院（艺术学院）和台州工艺美术馆，开展人才培养、工艺传承、成果转化等工作，成为中国一流的玻璃雕刻艺术产业化基地 |
| 丽水 | 龙泉青瓷文化创意基地 | 龙泉市区剑川大道西侧、龙泉市中职校南侧，用地面积12.85公顷，建筑面积91500平方米 | 以青瓷文化为主题，集文化展示、学习交流、创作教学、收藏鉴赏、制作交易和旅游休闲功能于一体，博物展示区20500平方米，大师创作区49000平方米，国际陶艺村22000平方米 | 力争成为中国青瓷文化的研究和对外交流中心、陶艺人才培养基地和浙江省特色文化创意产业基地 |
| 丽水 | 遂昌三墩文化创意产业园区 | 位于遂昌县三仁畲族乡，占地18公顷 | 以好川文化遗存、古民居建筑和非物质文化遗产集中保护为载体，展示碳陶、乡土、民俗等地方特色文化 | 建设融文化旅游、商贸流通和科普教育为一体的文化产业园区 |

续表

| 城市 | 名称 | 地理位置与规模 | 相关发展情况 | 发展重点和定位 |
|---|---|---|---|---|
| 丽水 | 云和木制玩具文化创意产业基地 | 位于云和县，建设规模约25万平方米 | 设置5大板块：1. 南山板块。以木玩的动物森林公园为主；2. 广场板块。以人文雕塑为主，可移动和变化的中外著名人物木玩形式；3. 安溪板块。以木玩水生动物的水上乐园建设为主；4. 城堡板块。以博物馆、木玩研发中心、体验中心、会展中心、影视动漫等建筑设施为主；5. 生产板块。以生产为主的木玩生产加工园区 | 以木制玩具为特色，以文化创意为灵魂，集休闲旅游、生产制造等为一体，着力打造全国一流的特色文化创意产业园 |
| | 丽水万象文化创意产业园 | 位于丽水市区万象山原油泵厂区块 | 划分为综合艺术区块、设计传媒区块、工艺美术区块、展示区块、产品交易区块 | 丽水市特色文化的展示平台、创意产业的孵化平台、创意产品的交流平台、文化资源的培植平台和丽水产业转型升级的促进平台 |
| | 丽水古堰画乡油画市场 | 位于丽水市莲都区，包括莲都区的碧湖镇和大港头镇，核心区块包括大港头镇区、坪地、堰头、保定等范围 | 目前共进驻40多家商品油画企业，画工200多人，各家油画企业均已正常对外营业；另外，还建成“在水一方写生创作中心”、“九龙巴比松写生创作中心”、“石牛写生接待中心”、“大济写生接待中心”等写生基地 | 打造中国知名的文化产业园区、长三角最大的自然风光写生创作基地、长三角主要的原创画和行画生产基地、长三角独具魅力的生态文化旅游休闲中心 |

## 五、规划实施举措

### （一）强化组织领导

要建立健全文化创意产业发展的协调推进机制，切实加强宏观指导和管理。在领导小组统一领导下，协调党委和政府的各有关部门，把推动文化创意产业发展进一步摆上重要位置，认真抓好各项政策措施的落实，大力推动文化创意产业发展。领导小组办公室统筹指导和协调全省文化创意产业集聚区及文化创意产业园区的建设和发展。对文化创意产业集聚区和文化创意产业园区、重点文化创意企业、文化创意人才培养基地等进行认定，经认定后，享受有关优惠政策。主管单位对其实行动态管理，不定期进行考核，考核不合格的予以摘牌。各有关市、县（区）按照属地管理的原则加强对集聚区和产业园区的管理，可结合本地区的经济发展水平和具体情况，选择发展具有比较优势的文化创意产业。鼓励各市（县）加强交流与合作，充分借助杭州建设全国文化创意产业中心的平台，加强统筹协调，形成优势互补、协调发展、整体推进的文化创意产业发展格局。加强产业发展的分析研究和跟踪监测，及时准确掌握我省文化创意产业发展状况。

### （二）构建政策体系

认真贯彻落实《国务院办公厅关于印发文化体制改革中经营性文化事业单位转制为企业和支持文化企业发展两个规定的通知》（国办发〔2008〕114号）、《国务院关于非公有资本进入文化产业的若干决定》（国发〔2005〕10号）以及《中共浙江省委关于加快建设文化大省的决定》（浙委〔2005〕11号）和《中共浙江省委、浙江省人民政府关于印发〈浙江省推动文化大发展大繁荣纲要（2008～2012）〉的通知》（浙委〔2008〕71号）等现行的文化经济政策，进一步加大政策扶持和执行力度，在资金投入、立项、用地、税收、融资、进出口、社会保障等政策方面支持文化创意产业的发展，适时制定出台省级专门扶持政策，引导文化创意产业的资本、技术、信息、人才等资源集聚，解放和释放文化生产力。创造条件设立文化创意产业发展基金。服务业扶持专项经费、科技创新发展专项资金等相关资金应对文化创意产业中的重点企业及项目给予倾斜扶持。建立财政性资金采购自主创新产品制度，把具有自主知识产权的文化创意产品纳入政府采购自主创新产品目录。大力支持动漫网游、设计创意等新兴文化创意行业中小企业的发展，鼓励商业银行重点支持中小文化创意企业，支持社会力量建立风险投资和担保公司，为中小文化创意企业提供融资服务。

### （三）注重产权保护

创新知识产权保护和服务体系，研究制定文化创意产业知识产权保护和落实办法，建立健全知识产权信用保证机制。强化知识产权社会中介服务，扶持知识产权评价机构发展，形成贯穿于创意产品创作、生产、流通和消费全过程的知识产权保护体系。鼓励文化创意产业创新成果及时申请、注册相关权利。文化创意企业申请专利的费用，可从所在县市区专利专项资金中给予支持。加强对文化创意产品及形象的专利申请、商标注册、软件著作权登记等工作，建设知识产权保护举报投诉服务中心，严厉打击各种侵犯创意产品知识产权的行为，为文化创意产业发展营造良好环境。

### （四）推动社会参与

加大政策引导力度，鼓励和支持个人创新创业，加强服务体系建设，逐步形成全社会支持和参与文化创意产业发展的机制和氛围。鼓励和支持民间资本以多种形式进入政策许可的产业领域，推动形成以公有制为主体、多种所有制共同发展的产业格局。鼓励设立个人或合伙制的设计室（所）、创作室、咨询公司、策划公司等中小型文化创意企业，支持大学生开展各种形式的创意大赛，开展年度文化创意风云人物评选工作，充分调动社会各方面参与文化创意产业发展的积极性。发挥文化创意产业促进组织和中介机构、行业组织的作用，加快发展文化经纪、文物及艺术品评估鉴定、技术交易、推介咨询、担保拍卖等中介服务机构，积极支持各类文化经纪人和经纪执业人员开展业务。

### （五）建设人才队伍

适应文化创意产业发展的新形势和新要求，大力加强创意人才梯队建设，努力培养一支层次分明、素质优良、结构合理的人才队伍。把握培养、引进、用好人才三个环节。一是培育建设一批文化创意人才培养基地。采取产学研相结合的方式，大力推进高水平大学和重点学科建设。加强与海外高校和研究机构的交流与合作，采取交流互换、合作办学等形式，培养具有国际视野的营销和管理人才。大力发展职业技术教育，设立市场需求的专业，培养一批专业技术人才。采取有效举措，支持文化创意企业加大人才培训力度。二是创造良好引才环境。积极引进国内外高层次文化创意人才和创业团队，引领文化创意产业发展。对于引进的高层次文化创意人才，给予住房、落户、子女入学等方面的优惠政策。三是充分发挥市场配置人才资源的作用。深化国有文化单位改革，全面推行聘用制度和岗位管理制度，充分调动从业人员的积极性。积极探索与实施文化创意人才发现计划，支持文化创意人才的创业计划，对发展文化创意产业做出突出贡献的集体和个人给予表彰和奖励。

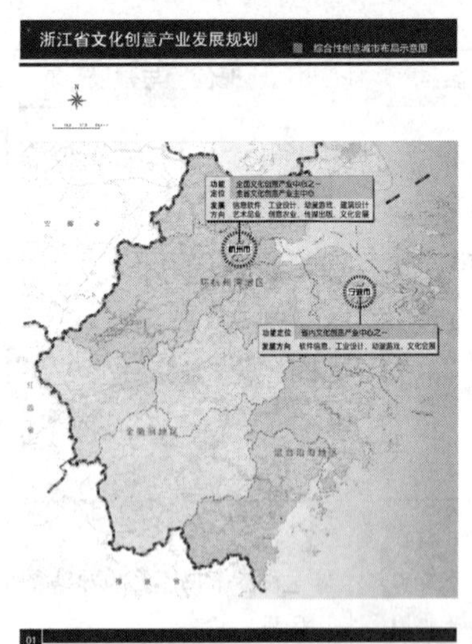


图 1　浙江省综合性创意城市布局示意图

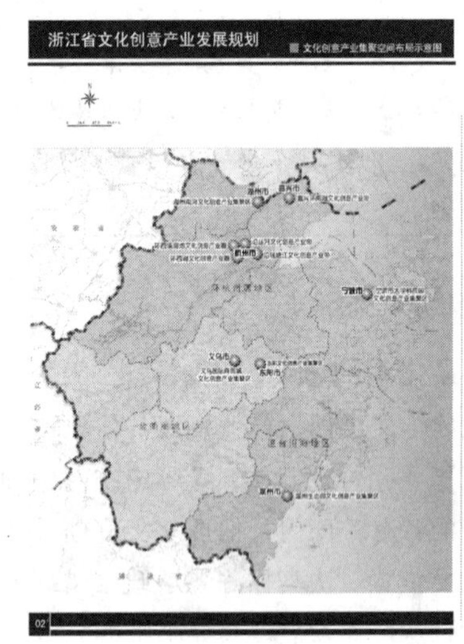


图 2　浙江省文化创意产业集聚区空间布局示意图

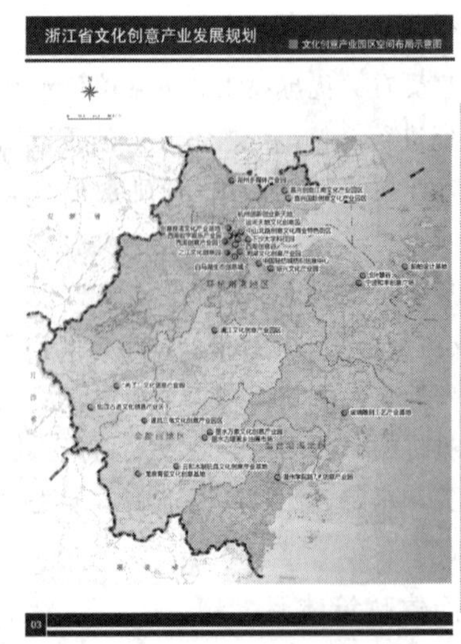


图 3　浙江省文化创意产业园区空间布局示意图

**附表　浙江省文化创意产业储备项目库**

| 序号 | 项目名称 | 建设地点 | 建设内容 | 建设期限 | 总投资（万元） | 建设规模 | 筹资方案 |
|---|---|---|---|---|---|---|---|
| 艺术品业 | | | | | | | |
| 1 | 1958创意工坊 | 杭州市江干区 | 原杭州环境净化设备厂旧厂房改造，打造以艺术品业为核心，涉及家居设计、金属工艺品、雕塑工艺品等设计、交易、发布与展示的艺术创意设计平台。 | 2008—2009 | 800 | 1.3万$m^2$ | 自筹 |
| 2 | 国博艺术中心 | 杭州市上城区 | 结合天工艺苑的改、扩建工程，建设国博艺术馆、当代大师馆，成为工艺品、美术作品的研发、创作、展示、交易中心。 | 2008—2011 | 500 | 3400$m^2$ | 财政 |
| 3 | 创意河坊 | 杭州市上城区 | 改造河坊街53号，艺术创作、展示、评估、拍卖和交易。 | 2008—2011 | 800 | 4700$m^2$ | 财政 |
| 4 | 南国遗城古文化交流研究中心 | 兰溪市 | 1. 建设“南国古建筑文化展示中心”展馆面积12000$m^2$，分唐宋元明清馆，内容为各时期的木雕、砖雕、石雕文物；2. “南国古建筑文化研究院”一座；3. “南国古建筑文化村”，古建筑72间（元明清建筑包括“大夫弟”、“秀野书院”、“龙门客栈”、“香山茶楼”、“元代戏台”、“竹楼台”及亭角、长廊等建筑群）。以中国古代文化展示、交流研究与休闲、观光游相结合。 | 2008—2010 | 5000 | 66600$m^2$ | 自筹 |
| 5 | 东阳木雕竹编精品展馆工程 | 东阳 | 集中展示东阳木雕工艺和传统文化的场所。 | 2006—2010 | 3000 | 16000$m^2$ | 财政 |
| 6 | 台州工艺美术馆 | 台州经济开发区 | 建设工艺美术品展示、艺术创作和交流中心。 | 2008—2010 | 4000 | 占地10亩，建筑面积2万$m^2$ | 自筹 |
| 7 | 千工坊（民间手工工艺美术） | 台州天台山佛教城西边、国赤公路南边 | 第一年吸收台州民间手工艺人作坊集中开坊200家；第二年吸收浙江省内200家；第三年吸收省内200家；第四年吸收全国各省150家；第五年吸收全国各省250家。 | 2008—2013 | 100000 | 1650亩山、350亩山地 | 股份合作制以集资、融资为主 |
| 8 | 中国（仙居）无骨花灯艺术展示中心 | 仙居皤滩乡 | 集中展示仙居无骨花灯艺术作品、工艺和文化的场所。 | 2008—2010 | 1500 | 15亩 | 政府投资<br>招商引资 |
| 9 | 浦江工艺美术创意园 | 新浦义公路南侧 | 建设工艺美术设计、研发、交易、会展等功能区。2008年开始项目前期工作，2009年开工建设，2012年全部竣工。 | 2008—2012 | 60000 | 核心区块900亩 | 招商引资 |
| 10 | 中国根雕博览园 | 衢州开化县 | 由根雕博物馆、巨型五百罗汉陈列馆、徐谷青根艺精品馆、“醉根”艺术品展销厅、“醉根”盆景植物园、枯树名木园、醉根文化休闲度假村等组成，浓缩钱江源自然人文，构筑新一代多元化特色创意园区。 | 2008—2012 | 8200 | 15000 $m^2$ | 自筹 |
| 11 | 和睦彩陶特色文化村 | 衢州江山市 | 建设彩陶坊、陶艺街、旅游接待中心、窑乡水景院等设施，展示江山古老的彩陶文化艺术。 | 2008—2010 | 1000 | | 自筹 |

续表

| 序号 | 项目名称 | 建设地点 | 建设内容 | 建设期限 | 总投资(万元) | 建设规模 | 筹资方案 |
|---|---|---|---|---|---|---|---|
| 12 | 青田石雕文化创意基地 | 丽水青田县 | 青田石雕已成功申报首批省级、国家级非物质文化遗产保护名录和浙江省首批文化遗产传承基地。石雕文化创意基地位于青田县山口镇，以石文化为主题，集创作、交易、收藏、研究、鉴赏、科研和旅游等功能于一体，壮大石文化产业，成为中国名石展示中心、研究中心和交易中心。 | 2008—2011 | | 3.2 万 $m^2$ | 自筹 |
| 工业设计 | | | | | | | |
| 1 | 赛博工业创意园 | 杭州市江干区 | 以浙江赛博科技孵化器为依托，主要发展工业设计、科技研发、咨询策划、信息服务等与工业相关的创意产业。 | 2008—2010 | 900 | 8 万 $m^2$ | 自筹 |
| 2 | 116 时尚创意园 | 杭州市江干区 | 结合四季青服装一条街，以服装设计、品牌策划、形象设计等为核心，拉动服装产业链向高端发展，重点打造纺织服装行业的五大中心：信息发布中心、品牌展示中心、设计师培育交流中心、流行趋势研究发布中心、培训服务与咨询中心。 | 2008—2010 | 1000 | 1.2 万 $m^2$ | 自筹 |
| 3 | 中国轻纺城纺织创意中心 | 绍兴县中国轻纺城 | 以绍兴县科创大厦、创意大厦、服装家纺市场为依托，重点建设纺织面料创意中心和服装家纺创意中心，加快引进国内外知名画料研发机构和面料、服装家纺设计师及工作室。建立配套的创意产业公共服务平台，提供纺织品检测、数据查询、软件开发、产品展示、流行趋势发布和小试、中试等服务。 | 2007—2009 | 41000 | 11 万 $m^2$ | 政府投资 |
| 4 | 丝绸之路工业创意园 | 湖州市南浔区菱湖镇 | 1. 与浙江大学科技园共同组建“丝绸科技有限公司”，主要发展具有丝绸文化属性和民族文化属性的系列丝绸产品的科技研发和工业设计等与工业相关的创意产业；2. 建设丝绸博物馆、丝绸文化研究所，展示中国丝绸文化和从事丝绸文化的研究；3. 规划丝绸文化的影视创作、拍摄发行和建设丝绸文化的歌舞表演场所，推动丝绸文化展示同创意产业发展相融合。 | 2008—2010 | 21000 | 占地 400 亩 | 自筹 |
| 5 | 架子鼓等乐器研发和生产制造区 | 平湖新仓镇 | 乐器研发和生产制造，生产各类架子鼓，年销售 3000 余套组，平均销售 200 美元/组，产品远销欧美、日本等，在国际架子鼓市场上占有较大份额。 | 2008—2009 | 3000 | 占地 40 亩 | 自筹 |
| 6 | 云和木制玩具文化创意产业基地 | 云和县 | 设置 5 大板块：1. 南山板块。以木玩的动物森林公园为主；2. 广场板块。以人文雕塑为主，可移动和变化的中外著名人物木玩形式；3. 安溪板块。以木玩水生动物的水上乐园建设为主；4. 城堡板块。以博物馆、木玩研发中心、体验区、会展中心、影视动漫等建筑设施为主；5. 生产板块。以生产为主的木玩生产加工园区。 | 2009—2012 | 30000 | 约 25 万 $m^2$ | 财政拨款 10000 万元；社会融资 15000 万元；向上争取 5000 万元 |

续表

| 序号 | 项目名称 | 建设地点 | 建设内容 | 建设期限 | 总投资（万元） | 建设规模 | 筹资方案 |
|---|---|---|---|---|---|---|---|
| 7 | 吉利汽车研究院有限公司 | 台州临海市 | 以浙江吉利控股集团有限公司为依托，主要开展汽车工业设计、整车、关键零部件（发动机、变速器等）研发设计及相关信息咨询服务。 | 2005—2010 | 35000 | 占地面积 4 万 $m^2$，建筑面积 2 万 $m^2$ | 自筹 |
| 8 | 吉奥汽车研究院有限公司 | 台州路桥 | 以浙江吉奥汽车有限公司为依托，主要开展汽车工业设计，整车、关键零部件（电器混合动力、发动机、变速器等）研发设计及相关信息咨询服务。 | 2008—2013 | 20000 | 占地面积 3 万 $m^2$，建筑面积 1.5 万 $m^2$ | 自筹 |
| 9 | 中国绗缝家纺城 | 开发区 | 建设绗缝家纺设计、研发、交易、会展等功能区。2008 年完成前期准备，2009 年开工建设，2010 年部分功能区试营业，2012 年全部竣工。 | 2008—2012 | 30000 | 占地 510 亩 | 拟按照上市公司产权运作，商请国资及其他会员企业投资 |
| **信息软件** | | | | | | | |
| 1 | 临安信耳恒生科技有限公司项目 | 临安高新技术产业园 | 以软件服务外包、软件开发产业为主，进行 IT 产业相关延伸产品的研发与生产，形成年开发金融服务等 5725 套、年提供国际软件外包 68000 月套、年提供软件出租运营 120400 月套、年网站运营业务收入 2.5 亿元，年产各类智能交通和自动化设备 27600 台（套）的生产规模。 | 2008—2010 | 145000 | 占地 250 亩 | 自筹 |
| 2 | 三维虚拟城市开发 | 绍兴市袍江 | 全国各大中城市的三维数字化建设。 | 2008—2015 | 100 | 租赁 | 自筹 |
| 3 | 恒生软件基地 | 金华市 | 软件及电子产品研发和生产、电子商务、高新技术等。 | 2007—2009 | 20000 | | 财政 |
| 4 | 三维数字台州 | 台州市 | 1. 前期建设台州主要市区三维模型。2. 中期建设相关数字信息（城市规划、应用性功能等）。3. 后期建设辅助建设、增加新功能、增加相关接口。 | 2008—2010 | 300 | 租赁 | 自筹及政府财政支持 |
| 5 | 嘉兴科技城高新产业区 | 秀洲新区东升西路以北，秀洲大道以西地块 | 形成高新技术产业化基地和软件企业产品外包及人才培训基地。 | 2009—2011 | 70000 | 占地约 260 亩，一期 125 亩。总建筑面积约 26 万 $m^2$ | 由嘉兴科技城高新技术产业区开发有限公司出资 |
| 6 | 利诚信息服务产业园 | 金华市 | 以 5173 网络游戏服务平台为基础，建设一个以电子商务为核心、信息呼叫服务为依托的新经济产业园。 | 2008—2012 | 15000 | | 自筹 |
| 7 | 台州东旭电子科技有限公司 | 三门县滨海新城 | 2009 年完成综合办公楼，2010 年安装软件开发生产线及购置办公设施，并培训高级程序员 50 名。 | 2009—2010 | 5000 | 4000 $m^2$ | 自筹 |
| **动漫游戏** | | | | | | | |
| 1 | 宁波新文三维股份有限公司生产基地 | 宁波市 | 动漫设计为主，待土地取得后实施。 | 2008—2010 | 1500 | 5000 $m^2$ | 自筹 |

续表

| 序号 | 项目名称 | 建设地点 | 建设内容 | 建设期限 | 总投资（万元） | 建设规模 | 筹资方案 |
|---|---|---|---|---|---|---|---|
| 2 | 绍兴动漫及周边产品开发 | 绍兴市袍江 | 动漫原创以及周边产品，如《绍兴师爷》等。 | 2008—2015 | 100 | 租赁 | 自筹 |
| 3 | 绍兴市电子竞技中心 | 绍兴市袍江 | 电子竞技和相关产业开发，游戏平台建设等。 | 2008—2010 | 1000 | 2008 m$^2$ | 自筹 |
| 4 | 秀洲农民画动画创作基地 | 嘉兴市国际生态商务区 | 制作一部52集的体现秀洲人民生活的动画片，整个制作周期为一年半至二年。 | 2008—2010 | 600 | | 秀洲投资或与上海昊海公司合作 |
| 5 | 嘉兴—上海文广CG合作项目 | 嘉兴市国际创意文化产业园 | 以CG（COMMPUTER GRAPHIC）为切入点，以CG国际联盟和上海文新集团为重要支撑，形成创意人才、创意大师、经典作品、专项商品、文化服务的综合集聚地。 | 2008—2009 | 1000 | | 银行融资战略投资合作 |
| 6 | 中国南湖漫画作家村 | 嘉兴国际创意文化产业园 | 建设为国内外从事漫画艺术的艺术家提供一个创作、展览、学术交流的平台。 | 2008—2009 | 2800 | 占地10亩，建筑面积8000 m$^2$ | 银行融资战略投资合作 |
| 7 | 桐乡市漫画文化基地 | 桐乡市 | 建立丰子恺漫画学校和漫画创作基地、创办漫画刊物、举办系列漫画大赛、生产漫画工艺品、发展动漫产业等。 | 2008—2010 | 1300 | | 自筹 |
| 建筑设计 | | | | | | | |
| 1 | 杭州南方设计院 | 杭州市下城区 | 南方建筑设计公司投资兴建，集聚一批建筑设计专业公司。 | 2008—2010 | | | 自筹 |
| 2 | 杭州创意设计中心 | 杭州市上城区 | 以中国美院风景建筑设计研究院为主，以建筑设计、景观设计、室内设计、艺术品设计为重点，成为浙江省实力最强、水平最高、影响最大的建筑景观设计基地。 | 2008—2011 | 40000 | 占地30亩，建筑面积4万m$^2$ | 自筹 |
| 3 | 国贸大厦建筑设计中心 | 杭州市上城区 | 吸引建筑设计类及相关企业入驻，打造建筑设计产业中心。 | 2008—2011 | 100 | | 自筹 |
| 4 | 滨江阳光大楼 | 杭州市滨江区 | 吸引集聚一批建筑设计专业公司。 | 2008—2010 | | | 自筹 |
| 5 | 天星龙创意设计广场 | 杭州市江干区 | 依托天星龙装饰建材博览中心，引进大型建筑设计院、装饰行业龙头企业、中小型室内设计机构等企业，打造杭州高端室内设计平台。 | 2008—2009 | 1200 | 2万m$^2$ | 自筹 |
| 传媒出版 | | | | | | | |
| 1 | 西塘古镇国际影视城 | 嘉善西塘镇 | 位于西塘古镇南苑路，将建成集影视拍摄、制作、展览和旅游等多功能于一体的影视产业园，并整合现有古镇影视基地进行联合开发。 | 2009—2015 | 60000 | 140万m$^2$ | 自筹 |
| 2 | 海盐黄沙坞文化休闲旅游开发 | 南北湖 | 五星级酒店、影视基地。 | 2008—2010 | 20000 | 五星级酒店6万m$^2$，影视基地占地500亩 | 自筹 |
| 3 | 桐乡复兴文化广场 | 桐乡市 | 电影厅及相关配套娱乐设施。 | 2006—2009 | 1000 | 6600 m$^2$ | 自筹 |

续表

| 序号 | 项目名称 | 建设地点 | 建设内容 | 建设期限 | 总投资（万元） | 建设规模 | 筹资方案 |
|---|---|---|---|---|---|---|---|
| 4 | 衢州文化艺术中心 | 衢州 | 包括大剧院、艺术馆、图书馆、美术馆，发展艺术美术创作、演出演艺等文化创意产业。 | 2008—2015 | 54000 | 占地 150 亩，建筑面积 60000 $m^2$ | 自筹 |
| 5 | 孔氏南宗家庙完善和利用 | 衢州 | 1. 陈列部分：碑、历史事件音像回放，自动讲解系统；2. 利用部分：演出系统完善、流失南宗的资料回收，全市开展读《论语》活动；3. 资料出版：南宗画册、南宗家谱、南宗史料汇编。 | 2008—2010 | 2300 | 占地 20 亩 | 自筹 |
| | | | 广告策划 | | | | |
| 1 | 新媒体产业研发基地 | 杭州市西湖区 | 依托浙大科技产业长廊，集聚广告、策划、传媒、数字娱乐等创意企业。 | 2008—2011 | | | 自筹 |
| | | | 咨询服务 | | | | |
| 1 | 中国纺织信息商务中心 | 杭州市江干区 | 服务于服装产业，集贸易、展示、交流、数据信息发布、产品科技研发、人才培训、物流配送、服装文化交流等功能于一体的综合性行业咨询服务中心。 | 2008—2010 | | | 自筹 |
| | | | 文化会展 | | | | |
| 1 | 嘉兴国际会展二期 | 会展中心北侧 | 大型会议会展设施。 | 2009—2010 | 9800 | 3 万 $m^2$ | 财政投资<br>企业自筹 |
| 2 | 马家浜文化遗址公园 | 嘉兴经济开发区 | 马家浜文化遗址公园分为遗址保护区、东南入口区、博物馆区、江南文化休闲区、稻文化展示区、湿地景观区 6 个区。马家浜博物馆分为马家浜文化博物馆和稻文化博物馆，围绕室外庭院呈半围合形态布置。 | 2008—2009 | 4300 | 3582 $m^2$ | 财政 |
| 3 | 西塘古镇马鸣漾文化特色街区 | 嘉善西塘镇 | 规划建设图书馆、展览馆、画廊、艺术作坊等业态。 | 2000—2012 | 32000 | 占地 14 亩 | 自筹 |
| 4 | 湖笔文化园 | 湖州南浔区善琏镇镇区 | 建有 690 米长的“湖笔一条街”，250 间“前店后坊”的制笔作坊，湖笔产品陈列馆、湖笔制作技艺展示馆等湖笔产业设施。 | 2003—2009 | 7700 | 占地 165 亩 | 股份合作制，融资 5500 万元 |
| 5 | 西塘古镇创意产业园 | 嘉善西塘镇 | 规划建设各种与文化创意有关的产业，包括软件开发区、展览展示馆、教育培训中心、创意商品步行街、主题公园等内容。 | 2010—2015 | 50000—80000 | 25 万 $m^2$ | 政府和企业投资相结合 |
| 6 | 洛舍钢琴文化产业园 | 德清县洛舍镇 | 建设集钢琴制造、配件加工、钢琴研发、质检技术中心及钢琴教育展示、培训为一体的钢琴特色产业园。其中：一期年产 5000 台钢琴生产线和钢琴行业技术中心建设项目，计划总投资 5600 万元；二期产业园标准厂房建设，计划总投资 7400 万元。 | 2006—2009 | 13000 | 占地 8 公顷 | 社会融资 0.74 亿元 |
| 7 | 新会展中心场馆 | 义乌市 | 设计标准展位 5256 个，2008 年主体建设。 | 2008—2009 | 175000 | 29.5 万 $m^2$ | 自筹 |

续表

| 序号 | 项目名称 | 建设地点 | 建设内容 | 建设期限 | 总投资（万元） | 建设规模 | 筹资方案 |
| --- | --- | --- | --- | --- | --- | --- | --- |
| 8 | 浙江中国科技五金城（会展中心） | 永康市 | 与五金城配套的大型会展中心。 | 2008—2010 | 32900 | 128798 $m^2$ | 自筹 |
| 9 | 青田田鱼博物馆 | 青田县方山乡 | 包括展览区、科研区、科普区、研讨区（会议）等四大功能。 | 2010—2012 | 9000 | 占地15亩 | 地方财政2000万元，上级财政3000万元，银行贷款4000万元 |
| 10 | 青田文化会展中心 | 青田县鹤城镇 | 集影剧、会务、展览、陈列、阅览等功能于一体的文化综合会展大楼。 | 2008—2010 | 15000 | 25000 $m^2$ | 地方财政3000万元，上级财政3000万元，银行贷款9000万元 |
| 11 | 海门老街整体建设 | 海门老街 | 建成集文化旅游，各类展览，古玩鉴赏、交易，美食品尝等为一体的文化集聚地。 | 2009—2015 | 500 |  | 政府和企业投资相结合 |
| 12 | 中国（台州）民营经济发展论坛 | 路桥路北街道 | 论坛会议中心和接待中心结顶，房产区部分结顶，已完成投资3.2亿元。 | 2007—2009 | 133500 | 232515 $m^2$ | 自筹 |
| 13 | 临海市博物馆(新馆) | 临海市灵湖北岸 | 文物陈列馆、书画及非物质文化遗产展馆、学术交流厅、库房等，2008年完成规划选址和项目报批，年内开工建设。 | 2008—2010 | 4590 | 占地12亩，建筑面积9000 $m^2$ | 财政 |
| 14 | 温岭市会展中心项目 | 温岭城市新区 | 展馆展位约1000个；配套商务、广告、仓储等大型现代化展览中心。2008年底前完成项目报批，2009年土建施工，年底竣工。 | 2008—2009 | 9360 | 占地51亩，展馆面积2.4万 $m^2$ | 政府和企业投资相结合 |
| 15 | 遂昌三墩文化产业园区 | 遂昌县三仁畲族乡 | 建设全省乃至全国率先创立古建筑和非物质文化遗产集中保护，展示乡土文化、民俗文化，融文化旅游、商贸流通和科普教育为一体的文化产业园区。 | 2008—2010 | 27000 | 18公顷 | 自筹及政府支持 |
| 16 | 烂柯山风景区中心区块建设 | 衢州 | 开发和建设新的孔子文化景点，开辟碑林、雕像林、《论语》林等人文景观；开设南宗家庙孔子文化陈列，建设碑、历史事件音像回放，自动讲解系统；编辑出版南宗画册、南宗家谱、南宗史料汇编等；开展国内外孔子文化交流，拓展孔子文化发展空间，带动与孔子文化相关的文化旅游、娱乐演艺、特色文化产品制造等产业发展。 | 2008—2010 | 2300 | 占地166亩 | 自筹 |
| 教育培训 |  |  |  |  |  |  |  |
| 1 | 科技创意馆 | 杭州市上城区 | 面向创意企业的综合服务中心和面向市民的科普与艺术活动基地，成为“西湖创意谷”的人才培训、信息发布、展示拍卖的中心。 | 2008—2011 | 200 |  | 政府投资为主 |
| 2 | 太湖源·国际生态文化园 | 临安市太湖源镇里畈水库南侧 | 文化教育功能区、休闲度假功能区、公共服务功能区、生活居住功能区。 | 2008—2010 | 94200 | 占地2500亩 | 自筹 |

续表

| 序号 | 项目名称 | 建设地点 | 建设内容 | 建设期限 | 总投资（万元） | 建设规模 | 筹资方案 |
|---|---|---|---|---|---|---|---|
| 创意农业 | | | | | | | |
| 1 | 萧山观光农业区 | 杭州市萧山区 | 依托省农业高科技示范园区和萧山农业综合开发区，发展观光农业、花卉产业等。 | | | | 自筹 |
| 2 | 高效生态江南葡萄休闲观光示范园区建设项目 | 嘉兴大桥镇 | 通过园区规划，土地流转和基础设施建设，项目规划新建钢管设施大棚50亩，简易连栋大棚10450亩，年产葡萄15750吨，形成高效生态江南葡萄休闲观光示范园区，打造创意农业示范。 | 2008—2011 | 9450 | 占地 10500亩，（其中核心区1018亩） | 自筹 |
| 3 | 长乐浙婺理学文化休闲区 | 兰溪市 | 1. 浙婺理学展示中心；2. 非物质文化遗产展示中心；3. 长乐养生文化基地；4. 长乐福地景区生态改造；5. 长乐古建筑保护；6. 休闲农业观光中心。 | 2008—2012 | 12000 | 占地300亩，建筑面积5万 $m^2$ | 自筹 |
| 4 | 武义温泉生态资源保护与开发 | 武义 | 温泉会务酒店、温泉文化城、温泉养生研究所。 | 2008—2010 | 60000 | 占地50公顷 | 自筹 |
| 5 | 衢州沟溪民间文化创意创作基地 | 衢州柯城区 | 建设农民画展示中心，形成农民画产供销一体化的市场网络机制；完善乡村民间文化培训创作设施，挖掘民间文化资源，培植竹编、剪纸、文物保护、文化旅游等文化产业，构建柯城区民间文化创意创作基地。 | 2007—2012 | 2100 | 用地30亩，总建筑面积16200平方米 | 自筹财政补助 |
| 6 | 金龙门生态休闲观光园 | 湖州平湖广陈镇 | 以生态农业为依托，通过文化创意，重点打造八大功能区：江南水乡农耕文化区、非物质文化遗产展示中心、青少年户外活动中心、垂钓区、花卉区、动物观赏区等。成为浙北地区规模最大、功能最多、文化品位最高的生态园区。 | 2007—2009 | 4050 | 占地1200亩，建筑面积15000 $m^2$ | 自筹 |
| 7 | 遂昌竹炭文化休闲观光园区 | 遂昌县妙高镇上江工业园区 | 建设全国首个集生产研发、应用展示、文化旅游、商贸流通和科普教育于一体的竹炭文化休闲观光园区。核心区为竹炭博物馆，占地25亩。 | 2008—2010 | 15000 | 300亩 | 自筹财政支持 |

# 杭州市文化创意产业发展规划
# （2009－2015）

## 前 言

文化创意产业是以创意为核心，以文化为灵魂，以科技为支撑，以知识产权的开发和运用为主体的知识密集型、智慧主导型战略产业。作为21世纪的新兴“朝阳产业”，文化创意产业正在成为一个国家和地区经济社会发展的重要动力。为抢抓创意经济时代所赋予的历史机遇，充分发挥杭州的文化优势、环境优势、人才优势、市场优势和产业优势，杭州市委、市政府于2007年提出了打造全国文化创意产业中心的战略目标。为加快我市打造全国文化创意产业中心的工作进程，尽快把我市文化创意产业纳入科学发展的轨道，特制定本规划。

本规划根据《国家“十一五”文化发展规划纲要》、《浙江省文化大省建设纲要（2001—2010年）》、《浙江省推动文化大发展大繁荣纲要（2008—2012年）》、《杭州市城市总体规划（2001—2020年）》、《杭州市国民经济和社会发展第十一个五年规划纲要》、《中共杭州市委、杭州市人民政府关于打造全国文化创意产业中心的若干意见》（市委〔2008〕4号）等精神编制，并与《浙江省文化创意产业发展规划》、《杭州市动漫游戏产业发展规划》、《杭州市艺术品产业五年发展规划（2008—2012年）》等专项规划相衔接，是推动今后一段时期我市文化创意产业科学、健康、快速发展的指导性文件。

本规划的范围涵盖整个杭州市域，其中杭州市区为重点规划范围。

规划的期限是2009—2015年。其中2009—2010年为第一阶段，2011—2015年为第二阶段。规划的基期为2008年。

## 一、发展背景

### （一）背景条件

1. 有利的国内外形势为杭州文化创意产业发展提供了新机遇。在世界范围内，创意经济浪潮风起云涌，文化创意产业在提升区域经济“硬实力”和文化“软实力”中的巨大作用与潜力正在不断彰显。在国内，党的十七大明确提出要“推进文化创新，增强文化发展活力”，“推动社会主义文化大发展大繁荣”；《国家“十一五”文化发展规划纲要》提出要加快构建文化创意产业群；浙江省第十二次党代会确立了走“创业富民、创新强省”之路的核心战略，提出要“构建和谐文化，切实加快文化大省建设步伐”。省委文化工作会议提出要建立文化产业体系，着力发展文化创意产业。国内外文化创意产业蓬勃发展的形势和鼓励文化产业发展的政策导向，为杭州大力发展文化创意产业指明了方向，为杭州打造全国文化创意产业中心带来了重大战略机遇。

2. 特殊的区域与城市发展阶段为杭州文化创意产业发展提出了新要求。改革开放至今，浙江省、杭州市的经济社会得到了迅猛发展，2008年浙江省人均GDP超过6000美元，同期杭州市按户籍人口计算的人均GDP已超过1万美元。但同时，浙江省和杭州市也面临着日益趋紧的要素资源和环境约束，部分地区、部分行业发展进入了平台期、瓶颈期。而文化创意产业是新兴的“朝阳产业”，具有消耗少、污染低、附加值高、渗透性强等特点，有助于推动传统产业向现代产业转变和经济发展方式的加快转变。为此，市委、市政府审时度势、果断决策，提出打造“一城、七中心”的战略定位，全国文化创意产业中心是其中唯一一个“国字号”中心；实施“城市国际化”、“工业兴市”、“服务业优先”、“软实力提升”、“环境立市”、“民主民生”六大战略，其中“服务业优先”和“软实力提升”战略的主要内容，就是要加快发展文化创意产业。市委、市政府作出的一系列重大决策部署，有利于杭州实现从工业经济“一级跳”到现代服务业“二级跳”再到文化创意产业“三级跳”，率先迈入以高新技术产业为主导、以现代服务业为支撑的后工业化时代。

3. 独特的综合优势为杭州文化创意产业发展提供了广阔空间。杭州独特的城市特性和人文氛围，使杭州特别适合发展文化创意产业之类的知识密集型、文化密集型、科技密集型新型产业、“朝阳产业”。具体来说，主要有五大优势：一是文化优势。杭州有8000年文明史，5000年建城史，是中国七大古都之一，历史源远流长，文化博大精深，名人灿若繁星，有最适宜文化创意产业发展的土壤。二是环境优势。杭州自古以来就有“人间天堂”之美称。杭州连续4年被世界银行组织评为“中国城市总体投资环境最佳城市”第一名；连续5年被美国《福布斯》杂志评为“中国大陆最佳商业城市”第一名。三是人才优势。杭州集聚了全省一半以上的高等院校、科研院所，拥有中国美术学院、浙江大学等一大批与文化创意产业发展密切相关的高等学府。四是市场优势。杭州所在的长三角地区是现今中国经济社会最发达、最具活力的地区之一，区内人口近1亿，有着旺盛的创意需求和强大的消费能力。五是产业优势。根据中国创意产业研究中心的《中国创意产业发展报告（2007）》研究结果表明，杭州文化创意产业综合实力名列全国第五位。

4. 各类产业分工与融合交互发展态势为杭州文化创意产业发展提供了有力支撑。近几年来，随着杭州市各类产业发展呈现既分工细化又互相融合的态势，制造与创造相互促进，制造业与服务业相互配套，工业化与信息化相互融合，使知识、科技、文化、艺术等元素更多地融入到产品和服务中，使产品和服务更多地体现社会性、生活性、环境和谐性，既提升了杭州的经济生活品质，也提升了杭州的文化生活品质、政治生活品质、社会生活品质、环境生活品质。特别是经过几年的精心培育，杭州高新技术产业和现代服务业特色更趋明显，龙头企业核心竞争力不断提高。发达的IT产业，先进的计算机网络、数字电视网络、IP宽带网、移动通信，为发展以创意为核心、以文化为灵魂、以科技为支撑，以知识产权的开发与运用为主体的知识密集型、智慧主导型的文化创意产业提供了有利的技术条件。

当然，杭州发展文化创意产业在面临诸多机遇与有利条件的同时，也存在着一些严峻的挑战，这主要表现在以下两个方面：

1. 来自于国际金融危机的挑战。爆发于美国的国际金融危机愈演愈烈，不仅对我国出口导向型的制造业产生了严重冲击，而且对刚刚起步的文化创意产业也造成了诸多影响。总体来看，这些影响主要体现在以下四个方面：一是在金融危机条件下，随着居民收入的下降和企业经营的不景气，市场上对文化创意产品和服务的消费需求，如艺术品消费，广告设计与建筑设计服务等，也出现相应下降；二是在金融危机条件下，由于金融机构的风险规避意愿更加明显，这将给文化创意企业特别是中小型文化创意产业的资金融通带来更多困难；三是由于此次金融危机波及面大、影响程度深，未来经济发展趋势在短期内难以明朗，这将对投资于该领域的企业家信心产生较大影响；四是国外市场的不景气，将对文化创意产品和服务出口产生直接的抑制作用。以上四方面的不利因素，将给我市处于起步阶段的文化创意产业发展带来巨大挑战。

2. 来自于城市间激烈竞争的挑战。随着党的十七大关于推动社会主义文化大发展大繁荣的指示精神在各地的贯彻落实，区域间文化“软实力”竞争日趋激烈，杭州发展文化创意产业前有“标兵”、后有“追兵”，而且追兵离我们越来越近。现在文化创意产业发展位居杭州之后的城市都在抓紧制定政策，争装“创意引擎”。如南京市目前已建和在建的创意产业基地（园区）已超过了40个，发展后劲十足，赶超之势尽显。而位居杭州之前的北京、上海、广州、深圳等“标兵”城市，更是借助先发优势，积极出台政策助推文化创意产业发展。如“十一五”期间北京的文化创意产业预计将以15%的速度递增，到2010年产业增加值占GDP比重有望达到12%；上海市提出要打造“国际创意产业中心”，成为与伦敦、纽约、东京相比肩的国际一流创意城市；深圳则依托“文化立市”战略，提出了建设“创意设计之都”的战略目标。国内主要城市文化创意产业竞相发展的态势，使我市文化创意产业发展的任务显得更加紧迫而任重道远。

### （二）发展基础

1. 综合实力不断增强。2008年全市文化创意产业实现增加值579.86亿元，按可比价计算，增长17.6%，高于全市GDP增速6.6个百分点，高于全市服务业增加值增速3.8个百分点，文化创意产业增加值占全市GDP的比重达12.1%，比上年提高0.2个百分点，对GDP增长的贡献率为13.2%。其中八大重点行业实现增加值351.05亿元，同比增长19.39%，占全市文化创意产业增加值的比重为60.5%，比上年提高0.6个百分点。

2. 部分行业优势明显。经过近年的发展，杭州市基本形成了门类较为齐全、具有区域特色的文化创意产业业态，部分行业在全国处于领先地位。如在龙头企业阿里巴巴集团的引领带动下，信息服务业加快发展，2008年9月我市被中国电子商务协会授予“中国电子商务之都”称号。动漫产业实现了争先进位，根据国家广电总局最新公布的数据显示，2008年杭州的动画生产量达到17411分钟（经国家广电总局备案的动画片分钟数），全国排名从2007年的第四位跃居为现在的第二位；在中国国际动漫节、西湖博览会等会展成功举办的示范带动下，杭州的文化会展业发展迅速；西泠印社拍卖有限公司在全国艺术品拍卖业异军突起，被誉为“江南第一拍”，已成为引领江南艺术品市场的风向标。

3. 园区建设加快推进。近年来，依托工业遗存、历史文化建筑、楼宇建筑等各种载体资源，我市已经创建了一批较为成熟的文化创意产业园区（基地），其中国家动画生产基地2家，国家动画教学研究基地3家，国家文化产业示范基地5家；正在规划建设的有杭州创新创业新天地、白马湖生态创意城、之江文化创意园、西溪创意产业园等15个园区（基地）。截至目前，杭州十大文化创意产业园区总规划建筑面积达200万平方米，在全市文化创意产业发展中的引领、带动作用初步显现。

4. 投资主体多元化进一步形成。通过发挥民营经济发达、市场机制完善、投资环境优越等优势，杭州积极吸引国内外民间资本和风险投资资金进入文化创意产业，为文化创意产业发展注入了活力与动力。目前，广厦集团、中南集团、太子龙集团等一批本土知名民营企业已进入文化创意产业，一批国际知名风险投资机构也纷纷来杭投资创业。在政府主导力、企业主体力和市场配置力的共同作用下，目前杭州文化创意产业投资主体呈现日益多元化的发展格局。

杭州文化创意产业发展取得了显著成效，但也面临着许多问题，这主要表现在以下六个方面：一是企业原创能力有待提高。这主要表现在“专家叫好、百姓叫座”的文化创意原创精品比较缺乏。二是产业集聚效应不明显。这主要表现在园区内企业的数量少、企业之间的关联度低和园区之间同质化现象等方面。三是人才集聚程度较低。杭州市文化创意产业不仅在人才总量储备上较少，而且在人才结构上也不合理，复合型高端创意人才尤其缺乏。四是知识产权保护任务重。目前杭州市针对文化创意产业知识产权保护的法规体系尚未健全，知识产权保护力度有待加强。五是公共服务建设滞后。目前，杭州市文化创意产业公共服务平台建设相对滞后，无法满足中小文化创意企业日益增长的对公共技术、人才培训、信息咨询和成果推广等方面的服务需求。六是产业国际化程度较低。这主要表现在杭州的文化创意产业发展更多地依赖于本地资源，与北京、上海等城市相比，在对域外特别是国外知名创意企业和人才的引进上存在较大差距。

## 二、总体思路

### （一）指导思想

深入贯彻落实科学发展观，紧紧围绕浙江省“创业富民、创新强省”总战略和杭州市建设“一城、七中心”的战略目标，适应杭州市科学发展、和谐发展、率先发展的战略需要，坚持“和谐创业”理念，坚持“服务业优先”和“软实力提升”战略，以资源禀赋为依托，以“创意、创新、创业”为主题，以“做大、做强、做优”为主线，以构建“3+1”现代产业体系为方向，不断提高文化创意产业的集聚度、知名度、美誉度和贡献度，不断促进杭州的经济文化化、文化经济化和经济文化一体化，为共建共享与世界名城相媲美的“生活品质之城”提供战略支撑和动力保障。

### （二）基本原则

1. 坚持以人为本。充分发挥文化人在实践“和谐创业”中的引领作用，激发市民群众的文化创造活力，推动生活和创业、文化与经济的有机结合，着力提升人民生活品质，满足人民群众的精神文化与健康需求。

2. 坚持自主创新。牢固树立“创意为王”、“内容为王”的理念，高度重视创意与创新的关键性作用，高度重视创意人才队伍建设，提高文化创意产业原创能力，提升产业综合竞争力。

3. 坚持改革开放。牢固树立新的文化发展观，推动文化创新，以全面深化文化体制改革为动力，加快文化创意产业发展；加大开放力度，搞好招商工作，充分利用国内外“两个市场、两种资源”，推动产业实现跨越式发展。

4. 坚持整合资源。打好浙江牌、中华牌、国际牌，整合高校、企业、科研院所等各方资源，调动各种力量，合力推进文化创意产业发展；融入长三角，接轨大上海，优势互补，错位发展，增强集聚能力，构筑辐射高地。

5. 坚持突出重点。结合杭州城市定位及资源禀赋条件，实施大项目带动战略，确定一批重点发展、优先发展、鼓励发展项目，着力打造一批重点行业与重点园区，梯度开发，以点带面，形成特色鲜明、布局合理的产业发展格局。

6. 坚持三力合一。充分发挥“政府主导力、企业主体力、市场配置力”三力合一的作用，加强各区、县（市）及相关部门之间的沟通与合作，建立多管齐下、广泛参与的长效工作机制，加快形成多方联动共同推动产业发展的良好局面。

## 三、战略目标

### （一）战略定位

确立跨越式发展理念，发挥比较优势、打造竞争优势、构筑文化创意产业优势，把文化创意产业打造成为杭州的“第四产业”、“品质产业”，跻身全国文化创意经济发展的第一方阵，成为全国文化创意产业中心。

具体而言，就是要让文化创意产业成为杭州打造“生活品质之城”的“助推器、主引擎、新载体、新抓手”，在杭州经济社会发展中发挥集聚、辐射与带动作用。

——促进杭州产业转型升级的助推器。加快发展文化创意产业，充分发挥文化创意产业的“整合、渗透、提升”功能，推进我市先进制造业基地建设和现代服务业发展提速，带动我市产业结构优化升级，助推“杭州制造”向“杭州创造”转变，为促进杭州乃至浙江省产业结构转型做出贡献。

——提升杭州文化软实力的主引擎。既要关注经济硬实力，更要关注文化软实力；既要修复自然生态，更要修复人文生态；既要打造投资者的天堂，更要打造文化人的天堂，围绕文化名城建设目标，加强社会主义核心价值体系建设，加快文化创意产业发展，提升杭州文化软实力。

——提高人民生活品质的新载体。大力发展文化创意产业，促进杭州工业化、城市化和信息化进程，推动教育创新和普及科学知识，不断满足人民群众多样化、高层次的精神文化需求，使之成为提高人民群众的经济生活品质、文化生活品质、社会生活品质、环境生活品质的有效载体。

——增强杭州城市综合能级的新抓手。依托杭州的文化优势、环境优势、人才优势、产业优势与市场优势，集聚创意要素资源，大力发展文化创意产业，积极打造“创意杭州”，强化城市创新服务功能，增强城市发展能级，加快杭州的国际化进程，提高杭州城市的综合竞争力。

### （二）发展目标

到2015年的总体目标是：文化创意产业增加值占全市GDP的比重力争达到17%左右，形成产业规模巨大、产业特色鲜明、创新能力强大、文化品位较高、创业环境一流、专业人才集聚、知名品牌众多、产权保护严密、公共服务完善的文化创意产业群，把杭州建成为名副其实的中国电子商务之都、中国动漫之都、中国女装之都、中国艺术品交易中心、中国旅游演艺中心和中国重要的设计研发基地，打造成以文化、创业、环境高度融合为特色的“国内领先、世界一流”全国文化创意产业中心，步入“文化融入经济、经济体现文化、经济文化一体化”的互动高级发展阶段。

到2010年的具体目标是：文化创意产业整体实力明显提升，人才资源加速集聚，园区建设快速推进，产业特色初具轮廓，创新能力不断增强，创业环境持续优化，品牌效应开始展现，产权保护有效加强，公共服务得到完善，基本构建起服务浙江、辐射长三角地区的创意研发基地、信息发布基地、产品交易基地和创意人才高地。

——产业实力提升。两年内把文化创意产业打造成为杭州的新兴主导产业，产业增加值力争以高于GDP 5个百分点的速度递增。

——创意人才集聚。吸引一批业内领军人物和创业团队，汇聚一大批创新与创意人才，就业总人数以年均10%的速度递增。

——园区建设提速。全市十大文化创意产业园区规划建筑面积总量超过220万平方米，其中建成面积达到100

万平方米，集聚文化创意企业数量达到1500家。

——产业特色初现。依托杭州的产业基础与资源禀赋优势，八大门类文化创意产业优势进一步突出，初步形成具有区域特色的现代产业集群。

——创新能力增强。作品原创能力、技术创新能力显著提升，推出一批具有全国和国际影响的作品、产品，成为浙江技术研发和作品原创的龙头。

——创业环境优化。自然环境美化，政策环境优化，“和谐创业”理念得到大力弘扬，进一步确立文化人在实践“和谐创业”中的引领地位。

——品牌效应展现。以动漫游戏、文化演艺、数字电视、女装设计等行业为突破口，重点推出一批知名作品和企业，依托众多品牌的有机集成，初步形成“杭州创意”大品牌。

——产权保护加强。全民知识产权保护意识不断增强，知识产权保护政策法规体系得到完善，侵犯著作权、专利权、商标权等违法行为明显下降。

——公共服务改善。建成一批产业孵化平台、投融资服务平台、技术创新平台、产品制作平台、产品和产权交易平台，服务功能得到有效增强。

## 四、空间布局

### （一）布局思路

杭州市文化创意产业布局的总体思路是：以丰富的现代美学创意、丰厚的传统人文底蕴和优美的自然风景为依托，充分体现“五水共导”的核心内涵，以“环西湖、环西溪、沿运河、沿钱塘江”为主线，以“十大文化创意产业园区”为重点，充分发挥各区、县（市）的产业优势和区位特点，积极拓展新兴文化创意产业园区，逐步形成布局合理、特色鲜明、开放灵动的“两圈、两带、多点”的文化创意产业空间新格局，为打造全国文化创意产业中心提供良好的空间载体。

实现上述空间布局要遵循的基本原则是：（1）充分尊重各地文化创意产业的发展现状与基础，有利于最大限度发挥潜力；（2）坚持“一主多副”或“两主多副”的发展思路，有利于园区之间实现竞合发展；（3）坚持突出重点，注重资源整合，围绕十大园区，推动文化创意产业实现集群发展；（4）结合杭州城市总体发展战略和杭州都市经济圈的建设，有利于促进城市的有机更新与产业的结构转型；（5）结合杭州“生活品质之城”建设，有利于提高人们的生活品质；（6）有利于“接轨大上海、融入长三角”。

### （二）空间结构

两圈：构筑环西湖文化创意产业圈和环西溪湿地文化创意产业圈，充分发挥自然山水赋予的灵气和丰厚的文化底蕴，打造成为杭州市文化创意产业的核心区。

环西湖文化创意产业圈——以西湖为中心，充分发挥环西湖区块的文化、景观、科技与人才等优势，重点建设西湖创意谷和西湖数字娱乐产业园，努力打造集设计服务、数字娱乐、时尚消费等为一体的文化生产力高度集聚的文化创意产业群。

1. 西湖创意谷：涵盖整个上城区，规划建筑面积16万多平方米，形成“一园三区”的格局。一园，即以中国美术学院为依托的大学科技园；三区，即产业孵化区（包括以浣纱路为轴线的建筑设计产业带、以开元198为核心的创意产业孵化基地、以文保点为主体的名人名家工作基地和玉皇山南国际设计创意园）、展示交易区（包括以清河坊为轴线的古董艺术产业带、以涌金创意家园为核心的艺术创作产业带、以天工艺苑为中心的工艺美术产业带）和时尚休闲区（包括以南山路、万松岭路为轴线的文化休闲产业带、以湖滨路为轴线的创意时尚生活产业带）。该园主要发展建筑景观设计业、艺术品业及时尚消费等特色产业。到2010年，集聚企业数量超过300家；培育一批具有自主知识产权和知名品牌的骨干企业，其中超千万元的企业达到20家；汇聚一批业界领军人物。

2. 西湖数字娱乐产业园：位于西湖区，规划建筑面积约8万平方米，积极打造以数字娱乐产业为核心的“一园多点”数字娱乐产业群，“一园”，即扩建的国家数字娱乐产业示范基地，包括杭州数字娱乐产业园1号楼、2号楼、3号楼；“多点”，即国家数字娱乐产业示范基地计量分园、数娱大厦公园、电子商务大厦分园、东方科技分园、紫金港分园等。该园重点发展动漫、网络游戏、手机游戏、数字音乐等数字娱乐类产业。到2010年，园区建筑面积达到8万平方米，产业链上企业数量达到150家，产值与税收分别达到8亿元和1500万元。

环西溪湿地文化创意产业圈——以西溪湿地为中心，充分发挥湿地优美的自然景观和独特的文化风俗，以西溪创意产业园和创意良渚基地为重点，打造以艺术创作和文化休闲旅游为主的综合性、创新型文化创意产业群。

3. 西溪创意产业园：位于西溪湿地的桑梓漾区域、河渚街蒋村集市区域、沿山河四大人文景观等区块，总规划面积约3万平方米。园区分“两大功能区块、三大主力业态”。“两大功能区块”包括东、西两区，其中西区为艺术村落区，主要由各类创意工作室、艺术创作和展示、艺术经营机构和配套商业组成；东区为创意产业区，主要由创意产业企业总部、大型创意产业机构和研发中心等组成。“三大主力业态”即艺术创作及艺术经营类、创意设计类、总部基地类。加快西溪国家湿地公园三期建设，拓展园区发展空间。到2010年，引进10—15家知名创意机构和一批知名艺术家落户园区，打造浙江省乃至国内具有一定影响力的艺术集散地和艺术交流中心。

4. 创意良渚基地：位于余杭区良渚镇，主要包括玉鸟流苏、美丽洲公园等区块，规划建筑面积5万平方米。该基地以良渚文化的深厚内涵和自然资源为依托，突出良渚文化和玉文化元素，重点发展文化生态旅游、时尚消费创意设计和文化会展等产业，以此带动良渚镇及周边区块的和谐发展。到2010年，集聚企业超过50家；年接待游客20万人次以上，旅游收入达到2亿元；汇聚一批文化名人和艺术家。

两带：构筑沿运河文化创意产业带和沿钱塘江文化创意产业带，进一步突出产业集聚度，发挥示范、引领和辐射作用。

沿运河文化创意产业带——以运河为轴线，整合开发运河文化资源，重点加快运河天地文化创意园和杭州创新创业新天地建设，打造集设计服务、旅游观光、民俗风情于一体，特色突出、个性鲜明的文化创意产业群。

5. 运河天地文化创意园：主要位于拱墅区运河段，规划建筑面积20万平方米，包括LOFT49创意产业园、唐尚433创意中心、“A8”艺术公社和乐富·智汇园、杭丝联166、西岸国际艺术区和浙窑陶艺公园等园区。该园以工业遗存、历史建筑的保护利用为特征，各基地适当错位发展，主要培育文化艺术、建筑景观设计及广告设计等产业。到2010年，产业增加值年均增长率超过20%，园区建筑面积达到20万平方米以上；重点建成7—8个产业基地，集聚企业超过200家；汇聚一批国内知名创意人才。

6. 杭州创新创业新天地：位于下城区北部传统工业区（杭州重机厂区块），规划建筑面积为30万平方米，由一组团工业遗存、二组团酒店式公寓、三组团SOHO办公区、四组团商业零售步行与SOHO办公区、五组团大型购物中心与商务办公区、六组团新型都市工业示范区、七组团科研孵化区和八组团工业公园组成，重点发展以建设新型都市工业示范区为特征的工业设计与科技孵化等产业，带动杭州次级商务中心的建设。

沿钱塘江文化创意产业带——以钱塘江为主线，充分体现杭州大气开放的新时代精神，着力构建江南、城西、钱江新城和下沙四大文化创意集聚区。依托各区块的文化资源优势和产业优势，打造集动漫游戏、信息服务、工业设计、教育培训等产业为一体的各具特色的文化创意产业群。

7. 之江文化创意园：位于之江旅游度假区，以中国美术学院为依托，主要形成“两点一线”互动发展的格局（“第一点”是指中国美术学院紧邻区，“第二点”是指凤凰·创意国际及周边矿山，“一线”是指两者之间的创意消费和配套服务发展轴线，共约2251亩的“工”字型区域）。园区围绕“创意的基地和平台、产业的集聚和品牌、艺术的摇篮和家园（创意＋产业＋居住）”三位一体的功能定位，坚持“统一领导、统一管理、统一规划”“三统一”的开发原则，坚持“先易后难、先点后面、先报后做”“三先三后”的开发时序，坚持“区校引导力、企业运作力、市场配置力”“三力合一”的开发模式，通过转塘特色街区、艺术村落样板、凤凰·创意国际三大项目带动，加快启动之江象山艺术社区建设，积极申报中国美术学院国家大学创意园，努力实现生态效益、经济效益、社会效益“三大效益”的最大化，逐步形成一个集产业发展、产业孵化、展览展示、艺术休闲、特色配套等为一体“国际化、品牌化、特色化”的杭州国际艺术新区。

8. 白马湖生态创意城：位于杭州高新开发区（滨江）南部区块，规划总面积约20.5平方公里，主要依托国家动画产业基地的先发优势及高新开发区信息服务业的产业优势，保护利用自然生态和文化资源，推动动漫艺术与信息科技、旅游休闲业相结合，重点发展动漫游戏产业，兼顾信息服务业、设计服务业、文化休闲旅游业等，打造“宜业、宜居、宜游、宜文”的综合性生态文化创意城。

9. 湘湖文化创意产业园：位于萧山区，一期浙江省文化创意产业实验区建筑面积8万平方米，以设计服务、教育培训业等产业为主。到2010年，力争聚集企业超过100家，实现产业增加值3亿元，完成税收超过1000万元，初步形成文化创意产业创意研发、制作、展示、营销的产业体系，辐射带动周边区域联动发展。

10. 下沙大学科技园：位于下沙高教园，规划建筑面积85.25万平方米，包括杭州经济开发区传媒文化创意产业园、杭州经济开发区安防科技产业园、杭州经济开发区IT服务外包创业园和新加坡杭州科技园，主要以发展高校经济为指向，各高校创意园根据自身特点错位发展，重点培育工业设计、影视制作与教育培训等产业。

根据各区、县（市）经济社会发展进程，结合楼宇经济、总部经济与城市综合体建设，依托各地资源禀赋条件，因地制宜培育发展一批新兴文化创意产业园，形成“10＋X”式的文化创意产业园区发展大格局。

——以杭报集团、杭州文广集团及在杭省级新闻单位为依托，充分发挥其产业优势、技术优势、人才优势和市场优势，加快浙江传媒创意产业园、人民书店文创产业综合体等新兴园区建设，打造现代传媒类文化创意产业群。

——以高新技术产业区、高教园区为依托，加快阿里巴巴淘宝城、恒生电子科技园、ADA国际设计中心、赛博工业创意园、467创意产业联盟等新兴园区建设，培育发展若干以工业设计、信息服务、教育培训等为特色的环高新、环高校文化创意产业群。

——依托丰富的文化内涵、风景旅游资源和体育基础设施，以休闲、娱乐、时尚消费等产业为重点，培育发展中山北路创意文化商业特色街区、黄龙商务圈休闲健身产业集聚地、大美丽洲文化旅游综合体、径山禅茶文化旅游综合体、临安太湖源创意基地、千岛湖姜家风情文化创意基地等。

——结合区、县（市）块状经济发展，以工业设计、服装设计等产业为重点，培育发展萧山临港型工业设计研发基地、余杭博卡品牌产业化基地、天都城时尚创意产业园、中纺116时尚设计创意园、天星龙创意设计广场、江干科技经济园、东街6号·艺术空间、富阳体育运动研发生产基地、富阳银湖文化创意园、桐庐分水制笔创意设计园等产业基地，推动产业结构优化升级，增强区域经济综合竞争力。

——结合我市农业区域布局和资源特点，有效整合各方资源，突出创意、农业、休闲、生态四要素，有步骤地规划建设若干“创意农业试验区”或“创意农业孵化基地”，部署确立我市发展创意农业的重点领域和重点区块，引导创意农业发展，提升现代都市农业竞争力。

## 五、产业发展

文化创意产业涵盖面广、产业链很长。杭州发展文化创意产业，必须坚持突出重点，立足杭州比较优势，依托现有产业基础，瞄准世界发展大势。规划期内，杭州应重点发展信息服务业、动漫游戏业、设计服务业、现代传媒业、艺术品业、教育培训业、文化休闲旅游业、文化会展业等八大行业，打造具有区域特色的文化创意产业群。

### （一）信息服务业

信息服务业主要指互联网信息服务业和广播电视传输服务等行业。规划期内重点发展电子商务业和数字电视业。

1. 发展目标

（1）近期目标

①电子商务业：

——电子商务应用。到2010年，全市重点培育的大企业大集团和骨干企业普遍建立专门网站，信息化普及率达到95%以上；企业应用电子商务的覆盖面达到50%以上，其中利用第三方电子商务服务平台达到40%以上；规模以上工业企业网上采购和销售额占企业采购和销售总额的比例达到20%以上。

——电子商务服务。到2010年，基本实现全市电子商务服务收入、利税、从业人员翻一番，分别达到50亿元、20亿元、2万人以上；培育5家以电子商务服务为主营业务的上市企业、5家主营业务收入超亿元的电子商务服务企业。

——网商培育。到2010年，每年培训能应用电子商务的各类企业经营者、管理者、从业人员、大学生等3.5万人次以上；通过网商培育每年新增就业岗位1万个以上。

②数字电视业：到2010年，建立以“三网融合”为标志的“多网络、多业务”融合的综合发展架构，完成向全省业务的拓展，实现营业收入超50亿元。

（2）远期目标

①电子商务业：依托全国电子商务专业网站和全国网商的高度集聚，把杭州打造成为中国电子商务之都，建成中国乃至世界互联网经济强市。

②数字电视业：到2015年，实现向综合型和全国性企业的成功转型，掌握数字化关键技术、专有技术，拥有数字化相关核心资源和核心产业，培育一个上市主平台，若干个核心产业链的上市平台，实现营业收入超百亿元。

2. 发展方向

（1）电子商务业：坚持“抓大不放小”，一手抓“顶天立地”，实施大企业、大集团带动战略，一手抓“铺天盖地”，实施群体战略。加快电子商务资源整合，大力推广电子商务应用，大力发展电子商务服务，以电子商务进企业为突破口，提高中小企业电子商务应用水平，打造网上块状经济和产业集群，在更广领域、更高层次实现个体创业与集群发展的互动和谐。

（2）数字电视业：加快推进有线与无线网络“天地合一”，加快以电视为基础的家庭信息终端、以手机为基础的手持信息终端、以城市电视为基础的城市公共信息终端“三大终端”的研发、生产和应用，坚持决战有线、主攻无线“两手抓”，拉长数字电视“产业链”，构筑产业发展“一条龙”。

3. 发展举措

（1）电子商务业

①推广电子商务应用。依托龙头企业，以产业链为基础，实施电子商务进企业计划；充分利用社区门户网站及各子网站，依托数字电视等终端和载体，实施电子商务进社区计划；积极推进农村信息化建设，整合信息化服务平台，实施电子商务进农村计划；积极开展电子商务进政府采购计划，带动全社会电子商务应用。

②提升电子商务服务。实施网商培育、电子商务服务

平台集聚计划及数字电视电子商务服务、移动电子商务服务、96345电子商务服务拓展计划。

③加快电子商务技术创新。提高企业自主创新能力，加强产学研合作，构筑创新创业平台。

④完善电子商务支撑体系。完善网络基础设施，加强物流配套体系、标准体系、信用体系和支付体系建设。

⑤优化电子商务发展环境。通过各种渠道培育，引进电子商务专业人才；加大扶持资金、扩大合作，加强监督，营造电子商务企业创新创业氛围。

（2）数字电视业

①加快全省有线网络投资整合。通过对有线网络的资本拓展和业务拓展的两种拓展模式，加快完成对全省各地市及部分县市区的有线网络投资整合，建设全省统一的数字电视服务平台，推进全省有线网络数字化的发展。

②加快数字化技术、内容服务推广。以提供数字化技术、内容服务为抓手，依托杭州移动电视、移动多媒体等网络建设，提高数字化技术、内容服务产业的覆盖面。

### （二）动漫游戏业

动漫游戏业主要指动画制作、网络游戏等数字娱乐行业。

1. 发展目标

（1）近期目标

到2010年，影视动画作品年生产量达到3万分钟，实现动漫游戏产业产值18亿元，带动相关产业收入180亿元，成为全国行业发展的排头兵。

（2）远期目标

到2015年，培育一批年销售收入超亿元的骨干企业，力争实现3—5家动漫游戏企业上市，把杭州打造成为中国名副其实的“动漫之都”。

2. 发展方向

重点扶持发展起点高、企业实力强、作品质量好、市场运作灵的动漫游戏企业，形成“以大带小、母子相连”的集团发展态势。加大对题材新颖、市场看好的原创精品的扶持力度，打造品牌作品。促进与国内外发达地区和城市的交流合作力度，提高产业发展的国际化水平。积极发展基于互联网、移动通讯等新媒体的动漫游戏新业态，丰富拓展产业链条。发挥比较优势，承接国际特色动画外包业务。

3. 发展举措

（1）发挥基地职能作用。依托杭州的IT产业基础和高校人才资源，提升杭州高新开发区（滨江）国家动画产业基地、国家数字娱乐产业示范基地和浙江大学、中国美术学院、浙江传媒学院等三大国家级动画教研基地的水平与规模，新建若干国家级基地。

（2）培育行业龙头企业。坚持扶优扶强原则，积极培育一批行业龙头企业，争取推出一批上市企业，通过发挥龙头企业的辐射、带动作用，引领产业发展。

（3）提高高端人才存量。以“动漫创意大赛”等有效形式为依托，发现、挖掘一批创意、创作人才。继续加大力度，做细服务，通过基地引进和企业进驻的方式，吸引高端创意和经营管理人才来杭州创业。

（4）加快公共服务平台建设。加快资源整合，打造技术先进、服务高效、成本低廉的公共技术服务平台；立足在杭各大专院校的动漫教学资源，引进国内外动漫教学培训机构，建立教学培训平台；以各级版权管理部门为依托，通过宣传普及、保障维权工作，构筑版权保护和交易平台；以参加国际知名动漫节、举办青少年动漫创意大赛、动漫市集和漫画创作大赛等形式，打造动漫推介活动平台。

### （三）设计服务业

设计服务业主要指工业设计业、建筑景观设计业及广告业。

1. 发展目标

（1）近期目标

①工业设计业：到2010年，培育出国家级工业设计品牌1家，省级工业设计品牌5家，市级工业设计品牌10家。

②建筑景观设计业：到2010年，行业实现总产值超过30亿元，其中产值超过亿元的企业数量达到10家。

③广告业：到2010年，培育一批年营业额超亿元的综合性广告公司，全市年度广告经营额超过60亿元。

（2）远期目标

①工业设计业：到2015年，使杭州成为国内具有相当影响力的工业设计中心之一，打响杭州“中国丝绸之府、中国女装之都”品牌，实现“杭州制造”向“杭州创造”转变。

②建筑景观设计业：到2015年，争取有1—2家企业上市，实现“杭州建设”向“杭州设计”转变，产业综合实力位居全国前列。

③广告业：到2015年，争取1—2家企业上市，全市年度广告经营额翻两番，在全市GDP中的比重超过2%，达到中等发达国家的平均水平，其中产值超过10亿元的企业数量超过5家。

2. 发展方向

（1）工业设计业：立足杭州先进制造业的产业基础，整合在杭高校、科研院所的资源力量，以我市重点优势产业以及生产性服务业的发展需求为重点，大力发展先进装备制造设计业、女装及丝绸设计业、包装设计业与模型设计业、家电轻工产品设计业、信息产品设计业、运动器材设计业等工业设计业，着力提高工业设计业对二、三产业的关联度、渗透度和融合度，推动产业发展高端化，促进制造业结构加快调整和转型，提升我市工业经济的核心竞争力，推动“杭州制造”向“杭州创造”转变。

（2）建筑景观设计业：充分发挥在杭各大建筑设计企业和研究机构的引领带动作用，导入浙江大学、中国美术学院、浙江工业大学等在杭院校的学科优势，加大政策引导，扶持重点企业，强化基础建设，大力发展建筑设计、环境规划设计、园艺设计、旅游设计、城市色彩设计等建筑景观设计业。依托建筑景观设计业发展，促进城市有机更新，提升城市的品位与内涵，加快“杭州建设”向“杭州设计”转变。

（3）广告业：按照高端服务业的标准，提高专业化服务水平，加强包括市场研究、营销企划、广告创意、媒介投放、效果评估、产品展示等在内的产业链之间的分工及协作，形成共生共赢的“大广告”合作经营模式；加快广告行业的结构优化升级，构筑以强势媒体集团、高水平高效益广告公司为主力的行业中坚，以相对成熟的媒介数字化技术为基础，打造一批具有全国影响力的新媒体广告内容提供商；创新整合营销思维，加大推行创意和创新来引领产业竞争优势的力度，全面提升杭州广告业的品牌形象。

3. 发展举措

（1）加快专业基地建设。促进资源整合，推动省市共建，加快杭州创新创业新天地、乐富·智汇园二期、省工业产品设计中心（暂定名）、赛博工业创意园等园区建设，打造工业设计特色产业基地；加快玉皇山南国际设计创意园、闸弄口建筑设计街区（暂定名）建设，形成以建筑景观设计业为主导业态的特色产业集聚地。

（2）加强人才队伍建设。搭建发展平台，形成科学机制，积极吸引国内外一流的专业设计人才来杭创业；依托杭州丰富的高教资源优势，加大培养力度，提高设计人才存量；推动高校与企业展开合作，加强实践培训，培养各种应用型人才。

（3）开展对外学习交流。以研讨会、高峰论坛等形式，广泛邀请国内外知名专家、学者、企业机构，展示、交流与学习国内外设计业的最新成果。加强与国内外高水平设计企业的战略合作，引进国外先进设计理念，因地改良推陈出新。

## （四）现代传媒业

现代传媒业主要指以现代高科技特别是信息、数字技术为依托的广播影视业、新闻出版业、全媒体业等。

1. 发展目标

（1）近期目标

①广播影视业：围绕“打造长三角有影响力的现代文化传媒集团”目标，加快资源、产业整合和体制机制创新，大力发展文化娱乐和全媒体产业，推动杭州文广集团向现代文化传媒集团转型。到2010年，全市广播影视产业增加值在全市GDP中的比重显著提高，经营创收力争突破30亿元；培育一批全国一流的民营影视企业群体，社会影视制作公司数量力争达到200家，培育一批行业领军企业。

②新闻出版业：到2010年，围绕“打造长三角一流现代传媒集团”目标，推动杭报集团加快实现从单一的纸质媒体向兼具报纸、数字电视、互联网、广播电视、城市电视、户外媒体一体化等多元媒体转变，从报业集团向现代传媒集团及文化产业集团转变；加快资源整合，组建杭州出版总社；大力发展数字出版以及图书发行配送业务。提升发展印刷复制业，力争年产值1000万元以上的印刷企业达到印刷企业总数的10%；打造杭州数字出版印刷产业园；发展总部经济，引进全省乃至全国先进的数字印刷出版企业入驻，形成高端印刷产业集聚地。

③全媒体业：到2010年，搭建起集视频、音频、图像、文字“四位一体”的全媒体系统，推出覆盖全杭州的无线城域移动终端阅读平台，实现“华数电视版杭州网、杭州网版华数电视”有机融合，把杭州打造成为全国首个“无线数字城市”。

（2）远期目标

依托龙头企业和重点骨干企业的快速发展，提升杭州现代传媒业的整体水平，到2015年，力争实现产业综合实力跻身全国前5强。

①广播影视业：到2015年，把杭州文广集团打造成国内一流，在全国同类城市中走在前列的大型综合性文化产业集团。

②新闻出版业：到2015年，杭报集团主业稳居全国省会城市党报集团和长三角区域报业集团前三甲，成为现代传媒产业的发展者、文化产业的战略投资者、全国报业集团的排头兵。

③全媒体业：到2015年，形成基于全媒体的互联网时代新的商业模式和赢利模式，率先打造成“网络电视、电视网络”，率先打造成“网络融合、内容融合、终端融合”的全媒体城市。

2. 发展方向

实施数字出版战略，打造具有国内外影响的数字出版产业基地。大力推进报网融合，深入实施数字报业战略，构建一次生成、多元化发布的数字化传媒平台，提高网络文化产业的规模化、专业化水平，大力发展手机报纸、手机电视、手机书刊等移动媒体和数字化产品。进一步推动杭报集团、杭州文广集团实现强强联合，鼓励企业跨行业跨地区经营。积极顺应现代传媒集团化、分众化、对象化、地方化、网格化、小型化的新变化、新趋势，充分利用和发挥自身优势，不断深化内部改革，扩展传播方式，提高传播质量，加快创新步伐。围绕推出全媒体、发展全媒体产业、把杭州率先打造成全媒体城市“三步走”的要求，创新理念、体制、技术、内容和模式，实现宽带通信网、数字电视网、下一代互联网的“三大融合”和网络融合、内容融合、终端融合的“三大融合”，推动形成家庭信息终端、手持信息终端、城市信息终端“三大终端”，率先打造具有杭州特色的全媒体，创造互联网时代的经济新模式和产业新模式。大力推进印刷业技术更新，推进印刷园区建设，扶持有条件的现代印刷企业上市融资，使杭州印刷业朝着“印前数字网络化、印刷多色高效化、印后多样自动化、器材高度系统化”的方向发展，巩固杭州印刷业在长三角印刷产业带中的领先地位。

3. 发展举措

(1) 加快产业结构调整。加快投资结构、产品结构、技术结构调整，有选择地建设真正符合当地特点的出版、印刷、复制、发行、影视、电子音像等优势特色产业，合理利用资源，推动产业集聚，促进专业化分工。

(2) 加强现代科技运用。加大投入，主动攻关，推进产学研合作，加快形成一批拥有自主知识产权的技术，促进科技成果产业化，壮大产业的实力；积极参与现代传媒业相关标准化体系建设。

(3) 提升人才队伍素质。实施素质工程、领军人才工程和高技能人才工程三项重点工程，加强经营管理人才和专业技术人才队伍建设，全面提升现代传媒业人才队伍整体素质。

### (五) 艺术品业

艺术品业主要指绘画、书法、雕塑、篆刻、工艺美术等视觉（造型）艺术。

1. 发展目标

(1) 近期目标

①艺术品拍卖业：到 2010 年，培育 1—2 个在国内乃至国际具有号召力和影响力的艺术品拍卖公司。

②艺术品交易业：到 2010 年，建成 1—2 个在国内具有相当规模的艺术品（古玩）交易市场；打造 1—2 个具有全国知名度的艺术品经营街区。

③艺术品会展业：到 2010 年，建成 1—2 个大规模、高品位、综合性的艺术品博览会和 1—2 个具有良好经济效益与社会效益的美术馆。

④工艺美术业：到 2010 年，销售产值达到 110 亿元；规模以上企业数量超过 160 家（其中年销售产值亿元以上企业 10 家）；传统保护品种增加到 33 种；具有中、高级工艺美术职称的人员数量超过 400 名；省、市级以上工艺美术大师数量超过 50 人。

(2) 远期目标

到 2015 年，培育 1—2 个艺术品产业集团并争取上市，力争行业规模、发展水平、产业特色均处于全国领先地位，形成一批具有国内乃至国际知名度的艺术品宣传、咨询、中介、经营企业，使杭州成为全国一流、世界知名的艺术品创作和交易中心。

2. 发展方向

按照国际现代艺术品的一级市场标准，围绕画廊、艺术品经营公司、艺术品市场等，打造国内一流的艺术品一级市场；借助中国美术学院、西泠印社等名校、名社的人才资源，围绕拍卖、艺术品会展业，打造国内一流的艺术品二级市场；依托互联网、新经济，打造国内一流的艺术品电子商务平台，促进艺术品交流交易。吸引国内外知名艺术品相关龙头和规模企业、全国性和国际性活动迁移杭州或者在杭州设立分部，发展艺术品总部经济。

3. 发展举措

(1) 整合各方资源。以艺术品创作者为中心，整合经纪人、画廊、美术馆、基金、拍卖行等要素，形成艺术品“产业链”。通过引进国内外艺术大师来杭创办大师工作室、知名艺术品企业来杭开设办事机构等多种形式，满足艺术品收藏、欣赏与美化生活等不同层次的需求。

(2) 建设特色园区。以十大文化创意产业园区为依托，培育若干艺术品展示与交易基地。加快建设杭州工艺美术特色园地、安荣巷艺术收藏品一条街和东街 6 号·艺术空间，打造“工艺美术精品展示销售中心”、“工艺美术学术交流中心”等为主要内容的中国（杭州）工艺美术馆。

(3) 加快人才培养。依托西泠印社、中国美术学院及其他在杭高校的艺术院系，加快培养艺术品鉴定师、艺术品评估师、艺术品评论家等专业技术人才。

(4) 加强市场规范。坚决打击制假售假行为，逐步建立艺术品经营企业诚信等制度，公开评审、推介和保障有信誉的艺术品经营单位，形成规范的艺术品交易市场。

### (六) 教育培训业

教育培训业主要指继续教育、职业技能培训、社会文化生活教育和考试辅导及其他教育产业等。

1. 发展目标

(1) 近期目标

①继续教育。发挥政府在人才培训中的规划、指导、监督、服务作用。引导人才培训机构向专业化、市场化方

向发展。鼓励和引导各类培训机构、行业协会开展与我市社会事业发展和产业升级需求相适应，紧贴用人单位需要，紧盯国际国内学术和技术发展前沿的各类人才培训。充分利用在杭高等学校的资源，为开展继续教育服务。通过合理布局，建立继续教育基地，方便学员就近学习。进一步建立健全继续教育制度，为继续教育的健康发展提供保障。

②职业技能培训。整合培训资源，发挥教育部门、劳动保障部门、行业组织以及企业集团、民主党派、工商联等群众团体的各自优势，广泛动员社会各类职业培训机构参与职业技能培训。加快培育形成信息畅通、竞争有序、操作规范的培训市场，构造政府政策引导、社会各方参与、培训紧贴市场、就业依靠培训新格局，切实有效地帮助各类人员提高就业能力和适应职业变化的能力。加强培训机构的基础建设，努力建设与杭州城市发展相适应的集培训、鉴定和就业服务为一体的功能齐全、设备现代化的综合培训基地，以满足不同性别、不同年龄、不同职业、不同层次劳动者提高技能素质的需要，搭建职业技能培训坚实的平台。

③社会文化生活教育和考试辅导。结合教育消费券的发放和使用，做大做强社区教育平台，到2010年，使杭州社区大学达到全省同类院校一流水平；全市各区、县（市）均建有社区学院，各街道建立社区学校（分院）；争创2个国家级社区教育示范区，建立100个职工教育示范基地，建立40个农村社区教育中心。在杭专修学院在校生达到8万人，开展高等教育自学考试辅导和各类其他考前辅导。促进民办培训学校办大办强、办出特色、办出品牌。

（2）远期目标

到2015年，依托“高水平大学”、“品牌培训学校”、社区教育平台建设，建成城乡结合、校企合作、结构合理、和谐发展、具有杭州特色的现代教育培育体系，使教育培训业成为“一城、七中心”建设的重要推动力量。

2. 发展方向

改善和规范各类培训学校办学条件和办学行为，培育品牌培训学校，大力发展各级各类教育培训。积极向社会发放教育消费券，大力推进职业技能培训和“双证制”（职业资格证书、成人职业高中学历证书）学历教育。各级各类学校要根据杭州经济社会发展的需要，进行学科专业结构的调整和设置。推动在杭高校与文化创意企业开展合作，积极培育具有创新思维的应用型创意人才。依托杭州丰富的高校资源特别是艺术类高校资源，以艺术类教育培训为主、其他教育培训为辅，加快发展“考试经济”。

3. 发展举措

（1）实施教育质量提升工程。开展专修学院特色专业建设，促进其良性发展。开展“品牌培训学校”建设，整合、扩大和优化教育培训资源，深化教育教学改革，以市场为导向，全面提升培训学校的办学水平和教育质量。

（2）构建多元化办学格局。在继续发展公办教育的同时，调动社会各方面办学积极性，鼓励多形式、多体制办学，积极发展民办教育。以教育培训、学校后勤社会化等为重点，发展教育产业。

（3）建设高素质教师队伍。全面实施学校教职工聘用（任）制，创新培养引进机制，优化学历结构，提高整体素质。深化教师培训模式改革，加强校本培训，加大教师培训经费投入。

（4）加快教育技术进步。引导、支持各类培训学校加大投入，不断改善办学条件，积极推进教育信息技术现代化。

（5）建立教育培训业发展基地。规划教育培训业发展园区，通过对社会资源的转让、划拨、租赁等形式，建立教育培训业发展基地。

（6）发放和使用教育消费券。向杭州常住人口中的城镇登记失业人员、初中及以下学历人员、杭州农村转移劳动力中的下岗失业人员、参加社保的“新杭州人”，在杭高校毕业大学生，企业在职职工三类重点群体发放教育消费券，鼓励三类重点群体参加各类教育培训，提高三类重点群体的就业技能和杭州人均受教育年限。

### （七）文化休闲旅游业

文化休闲旅游业主要指以人文资源为内涵的休闲旅游业。

1. 发展目标

（1）近期目标

到2010年，行业增加值达到25亿元，把文化休闲旅游产业培育成为国民经济新的增长点。

①演艺业：到2010年，培育2—3个在国内有重大影响的旅游演艺集团；培育5—6个有较强创作演出实力，阵容整齐、结构合理、梯队完善的市场演出团体。

②保健业：到2010年，产业从业人员超过10万人；产业增加值达到20亿元。

③运动休闲业：到2010年，进一步提升杭州的运动休闲设施、运动休闲项目，形成运动休闲服务体系，打造运动休闲品牌，实现全民参与运动、健身，提升杭城市民和外来旅游者的生活品质，成为整个长三角重要的运动休闲目的地。

（2）远期目标

到2015年，依托文化品位度、亲身体验度、商品创意度和服务创意度的提升，把杭州打造成为中国旅游演艺中心、“国际休闲旅游中心”，打响“东方休闲之都·品质生活之城”旅游品牌。

2. 发展方向

适应城市居民消费方式的不断更新，深度挖掘旅游演艺、疗养保健等特色潜力行业的文化内涵，打造具有杭州特色的生活品质行业和文化休闲旅游行业。以现有景区改造和转型升级为契机，以提升旅游文化创意能力为核心，以文化旅游景区和创意园区为依托，采取文化与旅游相结合、继承与创新相结合、产品创意与服务创意相结合的原则，整合资源，重点发展都市文化旅游、现代文化娱乐旅游、民俗旅游、乡村旅游、文化休闲旅游、修学度假旅游等旅游文化创意产品。

3. 发展举措

（1）推进创意与项目融合。推动旅游综合体建设和创意园区、旅游综合体建设与文化创意产业的有机结合，不断强化旅游综合体的文化创意成分，进一步提高旅游休闲度假项目的体验度和参与度。

（2）实施品牌带动。依托杭州丰富的旅游资源和文化资源，大力发展旅游演艺业，进一步打响“宋城千古情”、“印象西湖”、“西湖之夜”等一批知名品牌。积极鼓励具有杭州文化特色的旅游演艺节目的创演活动，推动知名企业与项目实施“走出去”战略。

（3）强化规划引导。编制文化创意产业园区的旅游项目规划，启动文化创意产业园区转化为旅游产品工程，促进文化创意和休闲旅游实现创造性结合，提升文化创意产业园区的旅游综合功能。

### （八）文化会展业

文化会展业主要指文化类会展或富有文化创意特色的会展业。

1. 发展目标

（1）近期目标

①到2010年，全年文化类会展数量占全市会展总量的一半以上，文化类展览总面积突破60万平方米。

②到2010年，定期举办10个以上的文化类品牌展览；拥有10个以上定期举办、参与人次10万人以上的大型品牌文化节庆活动。

③到2010年，培育形成一批善创意策划、会市场运作、能提供优质服务的品牌会展举办企业，形成1—2家管理服务水平与国际接轨、年营业收入2000万元以上的文化会展龙头企业。

（2）远期目标

到2015年，进一步提升文化会展业的国际化与产业化水平，把杭州打造成国内乃至国际具有“生活品质”鲜明品牌特征的文化会展集聚城市和国际会议目的地。

2. 发展方向

依托杭州、浙江的产业优势，重点培育丝绸女装、动漫游戏、工艺美术、金石书画、雕塑邀请展等文化会展活动。加快完善创意策划、场馆管理、会展传播、招商代理、广告代理、布展设计、设备租赁等配套“产业链”，提高文化会展业的关联度与辐射力。培育市场主体，壮大会展协会，优化会展环境，逐步健全会展业的市场化、社会化运作机制，推动产业发展。

3. 发展举措

（1）实施项目驱动与品牌引领。充分发挥西博会、休博会、中国国际动漫节的大项目带动作用，加快培育文化会展项目，以项目带动产业发展。着力把动漫产业博览会、文化创意产业博览会、丝绸女装博览会、良渚论坛等项目打造成国家级、国际性，在海内外享有较高知名度和美誉度的品牌展会。

（2）培育会展主体与会展市场。充分调动企业举办文化会展活动的积极性和创造性，培育文化会展企业发展，繁荣文化会展市场。鼓励高校名企参与共同打造杭州文化会展品牌项目，促进城市品牌与行业品牌、企业品牌的互动。加强文化会展行业服务管理，引导行业规范、健康发展。

（3）优化会展配套与服务保障。加快建设杭州奥体博览中心，尽快解决制约我市文化会展业发展的场馆瓶颈问题。大力培育会展策划、施工设计、展览搭建企业，优化杭州文化会展产业链发展。进一步提升政府在大型会展活动中的公共服务水平，提升文化会展的配套及服务保障水平。

（4）加强策划包装与营销推广。紧密结合城市特色和城市品牌，促进文化会展业与城市休闲、城市文化和城市经济的有机结合，推动展览、会议向品牌推广、大型节庆文化活动、体育赛事领域拓展，创新发展机制，强化主题特色，强化杭州会展整体营销，进一步提升杭州文化会展业的综合竞争力和对外影响力。

## 六、实施保障

### （一）优化发展环境

1. 强化组织领导。各区、县（市）要建立文化创意产业常设办事机构——文创办，明确机构编制，提升产业“一线”指导能力，形成市与区、县（市）两级联动的推进机制。健全市文化创意产业指导委员会成员单位工作例会制度、八大行业和十大园区联系人制度。按照规划的目标要求，有关城区和八大重点行业牵头部门制定年度工作计划，进行任务分解，明确年度工作的目标、任务、步骤与举措。加快编制八大重点行业和13个区、县（市）的产业发展子规划或行动计划。加大对园区三年行动计划和年度工作计划完成情况的检查考核力度。

2. 深化体制改革。进一步加快经营性文化事业单位转制和国有文化企业产权制度改革，积极探索国有文化企业事业单位资产管理改革。加大开放力度，加快文化管理体制改革，创新发展理念，以繁荣发展为目标，在资金、项目、人才引进等方面充分给予政策支持。加强文化创意产品和要素市场建设，积极打造大企业、大集团，培育、引进战略投资者，鼓励非公有制经济参与产业发展，加快形成统一、开放、竞争、有序的现代文化市场体系。积极创新经营模式、合作模式、分配模式，走出具有杭州特色的文化创意产业发展之路。

3. 构建服务体系。以八大行业为重点，加快行业协会建设，充分发挥行业协会在文化创意产业发展中的沟通、协调、自律与助推作用。加强政府、企业和科研院所的合作，培育和发展项目推介、商业经济、人才培训、风险投资、代理服务等各类中介服务机构。围绕文化创意产业园区建设，建立和完善信息、技术、人才、交易、创业孵化、融资等公共服务平台。逐步形成以市场化为方向，以公共服务平台为支撑，各类中介服务机构和行业协会为主体的文化创意产业服务体系。

4. 推进品牌建设。依托企业、院校和社会团体，创新文化艺术创作机制，营造创新创意宽松环境，积极推出一批文化创意精品；以阿里巴巴集团、华数数字电视有限公司、杭报集团、杭州文广集团、西泠印社集团等企业为引领，打造一批企业品牌；大力培育中国国际动漫节、创博会、西湖创意市集等会展和活动品牌；加快打造中国电子商务之都、中国动漫之都、中国女装之都、中国艺术品交易中心等，打响一批行业品牌。依托众多的产品品牌、企业品牌、会展品牌与行业品牌，打响“杭州创意”整体品牌。

5. 注重招商推介。坚持“非禁即入”原则，以大项目招商、楼宇招商、地块招商、产业链招商等形式，重点加大对知名企业、规模企业、品牌活动的引进力度。创立专业刊物和网站，定期编制和发布全市文化创意产业年度发展报告；创设文化创意活动周、文化创意产业高峰论坛，扩大对外宣传。加强与日本、韩国、欧美等文化创意产业发达国家和地区的合作交流，提升产业发展的国际化水平。

6. 加强考核评价。进一步完善我市文化创意产业及八大行业统计制度，建立既科学准确、与国家和省有关考核体系相衔接，又创新规范、有杭州特色的统计体系。对统计范围涉及到的 9 大类、145 个小类行业（其中，重点发展的文化创意产业有 8 大门类、92 个小类），做好全面仔细的统计、检查、核实、评估工作。各区、县（市）和市直有关单位以及各文化创意产业园区主要数据经市统计局核准后，定期向外发布统计分析报告。推出杭州文化创意产业发展指数。研究建立相关考核督查制度，重点对各区、县（市）文创产业发展情况、十大园区三年行动计划实施情况和招商引资情况进行考核督查。开展文化创意产业先进单位评选活动，表彰奖励一批文化创意产业先进典型。设立文化创意产业先进单位和出口大奖，对符合条件的企业和个人予以重奖。

### （二）强化政策扶持

1. 财税政策。主要包括以下方面：(1) 自 2008 年起，杭州市文化产业专项资金更名为市文化创意产业专项资金，资金总额增至 1.52 亿元，并根据财力逐步递增。以奖励、贴息、资助等方式扶持重大文化创意产业项目及企业。(2) 市本级每年在市文化创意产业专项资金中安排动漫游戏产业发展专项资金 5000 万元，用于支持我市动漫游戏产业发展。(3) 从市科技计划相关专项资金和市人才专项资金中安排一定资金，用于扶持文化创意产业发展。(4) 将高新技术文化创意企业纳入市级高新技术企业认定范畴，凡经认定的企业可享受财政扶持等优惠政策。(5) 市文化创意产业专项资金和市科技计划相关专项资金对文化创意项目采取多种方式进行扶持。(6) 凡经市文化创意产业指导委员会认定为杭州市级文化创意产业基地的，由市文化创意产业专项资金一次性给予 50 万元资金资助。(7) 支持和引导担保机构为我市中小文化创意企业的融资提供担保。对年日均担保责任余额在 2000 万元以上 5000 万元以内（含 5000 万元）的部分，按年日均担保额的 0.5%给予补助，对年日均担保责任额在 5000 万元以上的部分，按年日均担保额的 1%给予补偿。(8) 设立政府创业引导基金，采用阶段参股、跟进投资等方式，吸引国内外的风险资本投向初创型文化创意企业，具体按《杭州市创业投资引导基金管理办法（试行）》（杭政办函〔2008〕137 号）执行。(9) 在杭注册的文化创意企业，其申报软件著作权、专利权等知识产权所发生的费用，由市文化创意产业专项资金或市科技计划相关资金给予一定资助。(10) 支持高等院校和创意培训机构开展相关文化创意培训，对成绩突出者给予一定奖励。鼓励文化创意企业选送优秀员工参加高等院校和创意培训机构组织的学习与培训，对完成培训课程或取得相关从业、毕业、结业证书的员工，由市文化创意产业专项资金给予一定比例的培训费资助。(11) 加强对重点文化创意企业和重点文化创意产业的财政扶持，引导和推动文化创意企业提高自主创新能力。(12)“十一五”期间，每年在市文化创意产业专项资金中安排文化体制改革专项资金 200 万元，并根据实际需要逐步增加。(13) 鼓励企业积极争取国家和省各类文化创新建设资金，地方落实配套资金。(14) 扩大市本级财政资助覆盖面，市本级企业的项目资助由市文化创意产业办公室从市文化创意产业专项资金中予以安排；区级企业(不含萧山区、余杭区) 的项目，按财政体制分成比例，按市级企业资助标准的 25%安排各项扶持资金；萧山区、余杭区和 5 县 (市) 企业的项目，按市级企业资助标准的 12.5%安排各项扶持资金。(15) 对符合条件的连锁经营文化企业可统一缴纳增值税和所得税。(16) 对华数数字电视有限公司按照市物价局核定标准收取的有线数字电视视听维护费，按有关规定在 2009 年 12 月 31 日前免征营业税；对经营有线电视网络的单位从农村居民用户中收取的有线电视收视费和安装费，在 2009 年 12 月 31 日前免征营业税。(17) 对经营性文化事业单位改制为企业的，自转制注册之日起免征企业所得税。(18) 由财政部门拨付事业经费的文化单位转制为企业，自转制注册之日起对自用房产免征房产税。(19) 对单位和个人从事技术转让、技术开发和与之相关的技术咨询、技术服务业务取得的收入，免征营业税、城建税、教育费附加和地方教育费附加。企业、事业单位符合条件的技术转让所得，一个纳税年度内不超过 500 万元的部分，免征企业所得税；超过 500 万元的部分，减半征收企业所得税。(20) 对国家重点扶持、拥有核心自主知识产权、符合相关条件的高新技术企业，按 15%的税率征收企业所得税。(21) 对科研机构、高等院校转化职务科技成果，以股份或出资比例等股权形式给予科技人员的个人奖励，经主管税务机关审核后，暂不征收个人所得税。(22) 创业投资企业采取股权投资方式投资未上市中小高新技术企业 2 年 (含) 以上且符合相关条件的，可按其对中小高新技术企业投资额的 70%抵扣该创业投资企业的应纳税所得额。(23) 允许企业为开发新技术、新产品、新工艺发生的研究开发费用，未形成无形资产计入当期损益的，在按照规定据实扣除的基础上，按照研究开发费用的 50%加计扣除；形成无形资产的，按照无形资产成本的 150%摊销。在抓好以上政策落实的同时，加快研究制订人才培养与实训、文创产业孵化基地、文化创意产品与服务出口等方面的财政扶持配套子政策。

2. 投融资政策。(1) 对为向文化创意企业提供贷款业务的银行等金融机构，经认定后，每年按其新增贷款余额给予适当的风险补偿。(2) 鼓励银行等金融机构积极探索以无形资产质押贷款或以无形资产质押为主的组合贷款业务，为文化创意企业提供融资服务。(3) 对于以第二条方式获得的贷款或纯公益性项目和市里认定的重点文化创意产业项目发生的贷款业务，经认定后，按实际发生利息额给予贷款单位全额贴息补助；对其他文化创意企业获得的贷款，经认定后，按实际发生利息额给予贷款单位 50%的贴息补助。本条所定贴息比例均指市级单位，如区、县 (市) 所属单位，则由市和区、县 (市) 各承担 50%贴息额。(4) 充分发挥民间资金优势，放大财政性资金的引导效应，鼓励有关单位按规定发行债权信托产品为文化创意企业提供融资服务。(5) 市文化创意产业专项资金每年安排一定的资金，委托相关国有资产投资公司为出资主体，认购相关协议金融机构发起的债权信托产品，按一定比例公开募集社会资金，放大财政性资金引导效应，为有债权融资需求的文化创意企业提供融资服务，融资企业的融资成本控制在 9%以内。(6) 全面深化全市文化体制改革，鼓励符合条件的国有文化企业加快推进股权多元化改造步伐。(7) 分类指导符合条件的文化创意企业改制上市，积极培育一批文化创意大企业大集团及上市企业。(8) 建立由政府有关部门和签定战略合作协议的银行、担保机构等金融机构共同组成的联席会议制度，定期研究文化创意产业融资工作，研究制订相关举措办法。(9) 每年组织开展有融资需求的文化创意产业项目征集工作，征集一批具有影响力、符合条件的文化创意产业项目，以“银企洽谈会”、“投融资洽谈会”等形式，加以推介发布。(10) 建立融资文化创意企业信用评级制度；每年组织开展文化创意产业投融资创新产品评奖活动。

3. 园区建设及土地政策。(1) 积极鼓励盘活存量房地资源用于发展文化创意产业，对利用空余或闲置工业厂房、仓储用房等存量房地资源兴办文化创意产业，不涉及重新开发建设且无需转让房屋产权和土地使用权的园区，经市文化创意产业指导委员会确认并报市政府批准，属于符合国家规定、城市功能布局优化及有利于产业升级的，暂不征收原产权单位土地年租金或土地收益。(2) 对利用依法取得的商业服务用途的国有划拨建设用地兴办文化创意产业，且无需转让房屋产权和土地使用权的园区，其土地用途和使用权人可不作改变，同时经市、区县 (市) 政府批准可暂缓实行有偿使用。(3) 对老城区原有工业功能区改造为文化创意产业园区，不涉及重新开发建设且无需转让房屋产权和土地使用权的，土地用途和土地使用权类型可暂时保持不变。在以保护为主的前提下，允许产权人和使用人适度、合理地利用工业遗存、历史建筑及历史街区内的建筑，发展文化创意产业。(4) 对文化创意产业园区项目建设确需占用农用地的，国土资源部门要优先安排用地指标；对文化创意产业园区涉及经营性项目用地的，实行招拍挂方式公开出让。(5) 对园区内企业自主创新的文化产品、知识产品和服务实行优先采购，培养文化市场新的消费增长点。(6) 鼓励园区争创国家、省级产业示范基地，凡被认定为国家、省级示范基地的，由市文化创意产业专项资金给予一定的配套奖励。（7）鼓励工商、税务、知识产权保护等部门为文化创意产业园区入驻企业提供便捷公共管理服务。（8）鼓励文化创意产业园区建立专利技术产业化平台，在专利产业化项目及各类科技成果转化项目的安排上给予重点支持。鼓励专利服务机构与园区结对服务，加强对园区内的专利申请、专利纠纷、专利技术交易等相关服务工作。（9）鼓励园区与银行、担保机构、小额贷款公司等金融机构及创业投资基金合作，对为园区内文化创意企业提供融资服务的金融机构及创业投资机构，经认定后，可享受我市鼓励为文化创意企业提供融资服务的相关优惠政策。

4. 人才政策。一是加强培养。坚持自主培养为主，继续大力实施紧缺人才培训工程特别是新一轮新世纪“131”优秀中青年人才培养计划和新一轮“356”培训工程。市财政每年安排3000万元，用于实施“青年文艺家发现计划”；继续实施“中国杰出女装设计师发现计划”，培育、发现一批业内领军人才。注重发现和挖掘民间艺术人才，给予民间艺术人才特殊关注。在白马湖生态创意城等文化创意产业园区专门开辟“青年艺术家村落”，为业有所成者提供良好创作场所和有力政策扶持。给予大学生和初创业者租金、税收等方面的支持，向他们提供低价的“农居SOHO”等创作场所，做到“放水养鱼”。依托专业院校、教育培训机构和企业等多方力量，建设一批文化创意人才实训基地，积极开展文化创意人才实训，对参加实训的大学生及实训基地可按照《关于实施杭州市“万名大学生创业实训工程”的指导意见》（杭政办函〔2008〕161号）有关规定享受政策。加强与海外高校和研究机构的交流与合作，积极向国际顶尖级大师提供配套服务，培养具有国际视野的文化创意人才。二是大力引进。深入实施“人才强市”战略，积极组织开展海外招聘高层次文化创意人才工作，参与国际人才竞争，争取引进国际一流的艺术大师、设计大师、经济大师、社会问题研究大师、中国问题研究大师，着力提升我市文创人才队伍结构。把文化创意产业人才纳入《关于加强高层次人才引进工作的若干意见》（市委办〔2005〕2号）、《关于建设创新型人才队伍的若干意见》（杭政办〔2006〕32号）等文件的适用范围之中，形成包括住房、子女入学、落户等在内的创意人才引进“一揽子”政策，使政策惠及创意团队的每一位成员。发挥高等院校的“蓄水池”作用，争取创办浙江音乐学院等高等院校，加强与在杭高等校院、科研院所和企事业单位的合作，采取公开招聘、人事调动、合同聘用、项目合作、开办工作室、创作室等多种方式，走以人（大师）引人（团队）、以机会（提供创业机会）引人、以活动引人、以赛事引人的路子，着力引进一批国内外优秀的文化创意人才和创业团队。同时，在政策上对引进人才和本地人才一视同仁，注重保护“两个积极性”。三是营造氛围。大力支持网络、图书馆、公园绿化、咖啡吧、书店等方面的投入，为“无领者”的创业和成长提供“参与”与“体验”式的生活空间。鼓励建立中国艺术家艺术馆、美术馆、纪念馆群和艺术家村落，促进形成有利于创意产业发展的集聚效应。发挥文化人在实践“和谐创业”中的引领作用，通过组织研讨交流、开展媒体宣传、进行展示活动等多种形式，进一步打造“和谐创业”模式。大力实施城市国际化战略，加快形成更具人文气息、文化气息的城市风格，允许和鼓励文化人标新立异、别出心裁，营造宽松、包容、大气、开放的环境，进一步营造有利于文化创意人才发展的社区文化和社会氛围。四是完善机制。组建人才评估专家委员会，建立完善、规范的人才评估制度，按照标准对不同人才量身定制不同的优惠政策、授予不同的荣誉称号。探索建立高层次的文化创意人才的信息数据库建设，畅通供需信息发布渠道；建立高级人才信息管理协调制度，建立开放共享的高端创意人才信息库、分类人才资源信息库。推行杭州市文化创意风云人物评选活动，设立文化创意奖，对突出贡献的集体和个人给予表彰和奖励，不断完善创意人才激励机制。

5. 知识产权保护政策。探索搭建知识产权交易平台，鼓励和规范知识产权评估等中介机构发展，不断促进知识产权可评价、可物化、可质押、可交易。鼓励建立知识产权保护联盟、各种资质认证中心、版权资源信息中心和版权评价交易中心。抓好版权“五进”工作（版权服务进园区、软件正版化进企业、版权监管进市场、版权宣传进学校、版权顾问进单位），建立维权举报奖励机制，加大对版权的宣传和保护力度。结合“全国版权保护示范城市”和“国家数字出版基地”创建，充分发挥市知识产权工作领导小组和市国家版权保护示范城市创建工作领导小组的作用，进一步加强法规建设、队伍建设和基础建设。

**附件一：杭州市文化创意产业核心层统计分类说明**

按照《杭州市文化创意产业统计调查制度（试行）》，杭州市文创产业全行业统计范围包括9大类，涉及145个国民经济行业代码门类，分核心层和外围层两个层次。其中核心层是杭州市重点发展的行业，包括信息服务业、动漫游戏业、设计服务业、现代传媒业、艺术品业、教育培训业、文化休闲旅游业、文化会展业等8个行业，涉及其中92个国民经济代码小类，具体如下：

1. 信息服务业（8 个小类）

| 行业名称 | 行业类别 | 行业代码 |
|---|---|---|
| 信息服务业（包括互联网信息服务、软件服务、广播电视传输等） | 互联网信息服务 | 6020 |
| | 基础软件服务 | 6211 |
| | 应用软件服务 | 6212 |
| | 其他软件服务 | 6290 |
| | 有线广播电视传输服务 | 6031 |
| | 无线广播电视传输服务 | 6032 |
| | 卫星传输服务 | 6040 |
| | 计算机系统服务 | 6110 |

2. 动漫游戏业（3 个小类）

| 行业名称 | 行业类别 | 行业代码 |
|---|---|---|
| 动漫游戏业 | 动画和漫画业 | |
| | 网络游戏业 | |
| | 其他计算机服务（含网吧服务） | 6190 |

注：由于目前动漫游戏业尚没有四位数代码，且分别包含在其他专业技术服务（7690）与基础软件服务业（6211）中，所以很难对行业产值或增加值做出准确估计。鉴于杭州的动漫游戏业总体上是以园区集聚发展为主，所以在行业统计时，以产业园区为单位进行分类上报。

3. 设计服务业（11 个小类）

| 行业名称 | 行业类别 | 行业代码 |
|---|---|---|
| 设计服务业（包括工业设计、建筑设计、广告设计及咨询策划业等） | 建筑装饰业 | 4900 |
| | 工程勘察设计 | 7672 |
| | 规划管理 | 7673 |
| | 工程管理服务 | 7671 |
| | 其他专业技术服务（含工业设计及服装设计业等） | 7690 |
| | 广告业 | 7440 |
| | 市场调查 | 7432 |
| | 社会经济咨询 | 7433 |
| | 其他专业咨询 | 7439 |
| | 知识产权服务 | 7450 |
| | 其他未列明的商务服务 | 7499 |

注：其他专业技术服务（7690）包括利用电脑及相关软件进行的设计活动，含工业设计及服装设计业。为避免数据的重复计算，本部分在对其他专业技术服务（7690）统计时，要扣除动漫游戏业的相关数据。

4. 现代传媒业（23 个小类）

| 行业名称 | 行业类别 | 行业代码 |
|---|---|---|
| 现代传媒业（包括印刷、广播、影视、出版、发行等） | 新闻业 | 8810 |
| | 广播 | 8910 |
| | 电视 | 8920 |
| | 音像制作 | 8940 |
| | 音像制品出版 | 8824 |
| | 电子出版物出版 | 8825 |
| | 其他出版 | 8829 |
| | 图书出版 | 8821 |
| | 报纸出版 | 8822 |
| | 期刊出版 | 8823 |
| | 书、报、刊印刷 | 2311 |
| | 包装装潢及其他印刷 | 2319 |
| | 记录媒介复制 | 2330 |
| | 音像制品及电子出版物批发 | 6345 |
| | 音像制品及电子出版物零售 | 6545 |
| | 通讯及广播电视设备批发 | 6376 |
| | 图书批发 | 6343 |
| | 报刊批发 | 6344 |
| | 图书零售 | 6543 |
| | 报刊零售 | 6544 |
| | 图书及音像制品出租 | 7321 |
| | 电影制作与发行 | 8931 |
| | 电影放映 | 8932 |

5. 艺术品业（15 个小类）

| 行业名称 | 行业类别 | 行业代码 |
|---|---|---|
| 艺术品业（包括艺术品设计、制造及部分文化艺术活动等） | 园林、陈设艺术及其他陶瓷制品制造 | 3159 |
| | 雕塑工艺品制造 | 4211 |
| | 金属工艺品制造 | 4212 |
| | 漆器工艺品制造 | 4213 |
| | 花画工艺品制造 | 4214 |
| | 天然植物纤维编织工艺品制造 | 4215 |
| | 抽纱刺绣工艺品制造 | 4216 |
| | 地毯、挂毯制造 | 4217 |
| | 珠宝首饰及有关物品制造 | 4218 |
| | 其他工艺美术品制造 | 4219 |
| | 首饰、工艺品及收藏品批发 | 6346 |
| | 首饰、工艺品及收藏品零售 | 6547 |
| | 贸易经济与代理（艺术品、收藏品拍卖服务） | 6380 |
| | 文物及文化保护 | 9040 |
| | 其他文化艺术 | 9090 |

6. 教育培训业（9 个小类）

| 行业名称 | 行业类别 | 行业代码 |
|---|---|---|
| 教育培训业 | 中等专业教育 | 8433 |
| | 职业中学教育 | 8434 |
| | 技工学校教育 | 8435 |
| | 其他中等教育 | 8439 |
| | 普通高等教育 | 8441 |
| | 成人高等教育 | 8442 |
| | 职业技能培训 | 8491 |
| | 特殊教育 | 8492 |
| | 其他未列明的教育 | 8499 |

7. 文化休闲旅游业（16 个小类）

| 行业名称 | 行业类别 | 行业代码 |
|---|---|---|
| 文化休闲旅游业（包括旅游休闲、运动休闲、其他相关服务及部分文化艺术活动等） | 旅行社 | 7480 |
| | 野生动物保护（动植物观赏活动） | 8012 |
| | 室内娱乐活动 | 9210 |
| | 游乐园 | 9220 |
| | 休闲健身娱乐活动 | 9230 |
| | 其他娱乐活动 | 9290 |
| | 理发及美容保健服务 | 8240 |
| | 婚姻服务 | 8260 |
| | 摄影扩印服务 | 8280 |
| | 疗养院 | 8516 |
| | 文艺创作与表演 | 9010 |
| | 艺术表演场馆 | 9020 |
| | 群众文化活动 | 9070 |
| | 文化艺术经纪代理 | 9080 |
| | 体育场馆 | 9120 |
| | 其他体育 | 9190 |

8. 文化会展业（7 个小类）

| 行业名称 | 行业类别 | 行业代码 |
|---|---|---|
| 文化会展业 | 会议及展览服务 | 7491 |
| | 图书馆 | 9031 |
| | 博物馆 | 9050 |
| | 文具用品批发 | 6341 |
| | 文具用品销售 | 6541 |
| | 其他文化用品批发 | 6349 |
| | 其他文化用品销售 | 6549 |

**附件二：杭州市文化创意产业重大建设项目征集表**（2009—2010 年）

| 序号 | 项目名称 | 建设单位 | 建设周期 | 规划建筑面积（m²） |
|---|---|---|---|---|
| | 上城区 | | | |
| 1 | 西湖创意谷·玉皇山南国际设计创意园 | 玉皇山南综合整治工程指挥部 | 2009～2010 年 | 140000 |
| | 小计 | | | 140000 |
| | 下城区 | | | |
| 2 | 杭州创新创业新天地 | 市工投集团 | 2009～2010 年 | 300000 |
| | 其中： | | | |
| | ①1 组团工业遗存改造 | | 2009 年 | |
| | ② 南区块开工建设 | | 2009～2010 年 | |
| 3 | 华悦文化创意中心 | 浙江华丰集团 | 2009 年 | 8000 |
| 4 | 浙江传媒文化创意产业园 | 浙报集团 | 2009 年 | 100000 |
| 5 | 杭州数字出版印刷产业园 | 杭报集团 | 2009～2014 年 | 150000 |
| 6 | 杭州文广影视娱乐创意园 | 杭州文广集团 | 2009 年 | 30000 |
| 7 | 299 文化创意园 | 杭州东联广告印刷有限公司 | 2009 年 | 18000 |
| 8 | 中山北路创意文化商业特色街区 | 下城区政府 | 2009～2012 年 | |
| | 小计 | | | 606000 |
| | 拱墅区 | | | |
| 9 | 运河天地·乐富·智汇园二期 | 浙江泰普森体育用品有限公司 | 2009～2010 年 | 78000 |
| 10 | 运河天地·旅游文化创意园 | 市运河综保委 | 2009 年 | 5000 |
| 11 | 运河天地·信息外包创意产业基地 | 小河街道 | 2009～2010 年 | 12000 |
| | 小计 | | | 95000 |
| | 江干区 | | | |
| 12 | 赛博工业创意园 | 浙江赛博科技孵化器有限公司 | 2009～2010 年 | 80000 |

续表

| 序号 | 项目名称 | 建设单位 | 建设周期 | 规划建筑面积（m²） |
| --- | --- | --- | --- | --- |
| 13 | 东街6号·艺术空间（二期） | 杭州龙门艺术公司 | 2009年 | 3500 |
| 14 | 浙江省大学科技园 | 江干科技经济园 | 2009～2010年 | 80000 |
| 15 | 天星龙创意设计广场 | 杭州天星龙建材装饰有限公司 | 2009年 | 30000 |
| 16 | 嘉德威工业设计园 | 杭州嘉德威钢琴有限公司 | 2009～2010年 | 70000 |
| 17 | 七章公园网络“再世界” | 浙江七章企业有限公司 | 2009～2010年 | 34000 |
| 18 | 上塘河文化休闲旅游带·创意小田园 | 杭州元宝生态农业有限公司 | 2009年 | 3000 |
| | 小计 | | | 300500 |
| | **西湖区** | | | |
| 19 | 之江文化创意园一期工程 | 西湖区 | 2009～2010年 | 221940 |
| | 其中：①落成艺术会展中心1个，特色会展及交易中心2个以上 | | | |
| | ②拓展1个重点发展区和1个创业集聚区 | | | |
| | ③启动艺术品交流集散中心建设 | | | |
| 20 | 西湖数字娱乐产业园二期 | 西湖区 | 2009～2010年 | 88000 |
| | ①杭州数字娱乐大厦 | | 2009～2010年 | 36000 |
| | ②杭州电子商务大厦 | | 2009～2010年 | 32000 |
| | ③天亿大厦（家居创意） | 浙江天亿集团 | 2009年 | 20000 |
| | ④区域数字娱乐技术共享服务平台 | 与浙江大学、浙江工业大学及国家软件基地联建 | 2009年 | |

续表

| 序号 | 项目名称 | 建设单位 | 建设周期 | 规划建筑面积（m²） |
| --- | --- | --- | --- | --- |
| 21 | 西溪创意产业园 | 西湖区 | 2009～2010年 | 30000 |
| 22 | 467创意产业联盟 | 西湖区文新街道 | 2009～2010年 | 30000 |
| | 小计 | | | 369940 |
| | **杭州高新开发区（滨江）** | | | |
| 23 | 白马湖生态创意城 | 杭州高新开发区（滨江）管委会、政府 | 2009～2013年 | 300000 |
| | ①完成白马湖整体规划建设的60%左右工作量；②完成80%的市政改造；③完成“三环、三线”的整体发展布局；④创意产业和生态旅游格局初步形成，生活配套相对完善。 | | 2009～2010年 | |
| 24 | ADA国际设计中心 | 元光德控股集团 | 2009～2010年 | 78000 |
| | 小计 | | | 378000 |
| | **余杭区** | | | |
| 25 | 阿里巴巴·淘宝城 | 阿里巴巴集团 | 2009～2013年 | 250000 |
| | 其中：完成淘宝城60%的工程建设 | | 2009～2010年 | |
| 26 | 西溪国家湿地公园（三期） | 杭州西溪湿地公园（余杭）管委会 | 2009年 | 115000 |
| 27 | 恒生电子科技园 | 杭州恒生电子集团有限公司 | 2009年 | 170000 |
| 28 | 人民书店总部文创产业综合体 | 杭州谛都置业有限公司 | 2009～2010年 | 13000 |

续表

| 序号 | 项目名称 | 建设单位 | 建设周期 | 规划建筑面积（$m^2$） |
|---|---|---|---|---|
| 29 | 博卡品牌产业化基地 | 杭州博卡制衣有限公司 | 2009～2013年 | 60000 |
| 30 | 大美丽洲文化旅游综合体（良渚文化大遗址公园） | 杭州美丽洲实业有限公司 | 2009～2011年 | 50000 |
| 31 | 径山禅茶文化旅游综合体 | 杭州恒盛置业有限公司 | 2009～2010年 | 70035 |
| 32 | 超山旅游综合体 | 超山综整办 | 2009～2011年 | 50000 |
|  | 小计 |  |  | 778035 |
|  | 临安市 |  |  |  |
| 33 | 杭州临安昌化国石文化城 | 临安昌化国石文化城投资有限公司 | 2009～2010年 | 20010 |
| 34 | 太湖源国际生态文化村动漫城和休闲养生园项目 | 浙江普达海文化产业有限公司 | 2009～2011年 | 133400 |
|  | 小计 |  |  | 153410 |
|  | 建德市 |  |  |  |
| 35 | 严州历史文化保护工程（梅州古城保护） | 梅城镇政府 | 2009～2010年 | 82000 |
| 36 | 新叶古民居浙江省文化保护区工程 | 大慈岩镇政府 | 2009～2010年 | 6000 |
| 37 | 致中和文化旅游博物馆 | 浙江省致中和酒业有限公司 | 2009 | 2100 |
|  | 小计 |  |  | 90100 |
|  | 杭州经济开发区 |  |  |  |
| 38 | 下沙大学科技园新加坡科技园 | 杭州经济开发区管委会 | 2009～2010年 | 50000 |

附件三：杭州市文化创意产业空间布局示意图

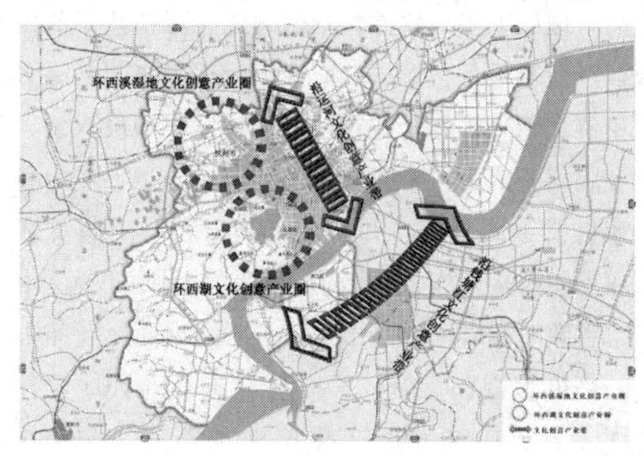


附件四：杭州市十大文化创意产业园区布局示意图

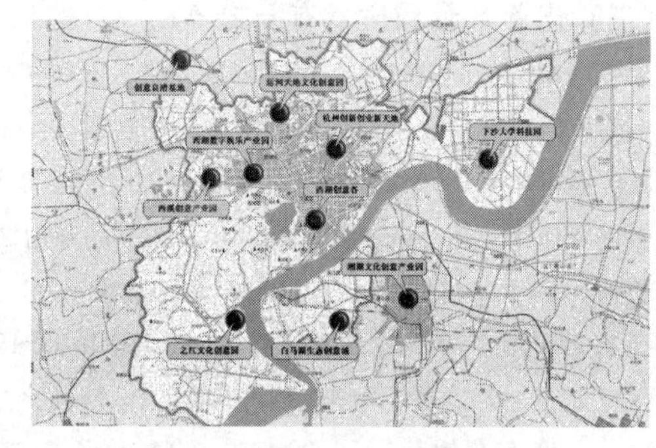

# 福建省新闻出版业发展规划（2009—2012）

## 一、我省新闻出版业发展现状

在省委、省政府和国家新闻出版总署的正确领导下，我省新闻出版行业以科学发展观为统领，认真学习宣传和贯彻落实党的十七大、十七届三中全会精神和省委八届三次、五次、六次全会精神，贯彻《国务院关于支持福建省加快建设海峡西岸经济区的若干意见》（以下简称《若干意见》）和《新闻出版总署（国家版权局）福建省人民政府共同推进海峡西岸经济区新闻出版业建设合作协议》（以下简称《合作协议》），解放思想，先行先试，全面推进各项工作，为建设海峡西岸经济区提供了强大的思想保证、精神动力和良好的舆论氛围、文化环境。

### （一）产业体系建设迈出新步伐

以图书、报纸、期刊、音像和电子出版物的出版、印制、发行为主，包括物资供应、进出口等附属门类，形成了较完整的产业链。2008年，我省有图书出版社12家，报纸59种，期刊176种，音像电子出版单位7家，印刷单位5579家（包括打字复印店2553家），复制单位10家，出版物发行网点4401处。2008年，全行业实现增加值86.03亿元，占全省GDP比重为0.8%；实现销售收入

472.53亿元；资产总额为514.43亿元；全部从业人员18.46万人。此外，版权相关产业迅速发展，福州软件、工艺品，厦门动漫、软件，泉州陶瓷、藤铁艺，莆田木雕等版权产业基地日益形成。数字出版逐步兴起，许多传统出版单位和新兴媒体企业在这方面作出了积极探索。新闻出版和版权业成为一个初具规模的产业门类，成为我省文化产业重要组成部分。2008年，国家新闻出版总署（国家版权局）与福建省人民政府签署《合作协议》，体现了省委、省政府和国家新闻出版总署对海峡西岸新闻出版业发展的高度重视和支持。2009年，省委办公厅、省政府办公厅《关于加快发展文化产业的意见》（闽委办发〔2009〕3号）公布了重点发展的十大文化产业，报刊服务业和出版印刷发行业成为其中两大产业。

### （二）出版数量和质量有新提高

积极培育优势门类，大力实施精品战略，出版了一批导向正确、内容精良、群众喜爱的出版物，在服务中心和大局、传播科学文化知识、丰富人民群众文化生活等方面发挥了重要作用。从2005年到2008年，图书品种由2943种增长到3471种，年均增长5.65%；总印数由1.06亿册减少到0.78亿册，年均减少9.87%；总印张由69.18万千印张减少到49.12万千印张，年均减少10.79%。报纸总印数由8.80亿份增长到10.38亿份，年均增长5.67%；总印张由325.54万千印张增长到443.57万千印张，年均增长10.86%。期刊总印数由0.28亿册增长到0.29亿册，年均增长1.10%；总印张由12.45万千印张增长到13.16万千印张，年均增长1.86%。音像制品由898种减少到624种，年均减少11.43%；数量由1870.92万盒（张）增长到2170.13万盒（张），年均增长5.07%。电子出版物由13种增长到47种，年均增长53.48%；数量由8.53万张增长到19.39万张，年均增长31.49%。据不完全统计，2006～2008年，全省有394种图书，12种音像、电子和游戏出版物，30篇期刊作品在省级以上各类评奖中获509个奖项。其中，2种图书获首届中国出版政府奖（图书奖）提名奖，8种图书、2种音像制品、1种电子出版物分获首届和第二届中华优秀出版物奖和提名奖，1种图书获中宣部第十届精神文明建设“五个一工程”入选作品奖，1种期刊获第三届中国优秀少儿报刊奖。

### （三）印刷发行行业实现新发展

海峡西岸印刷产业基地建设得到进一步推进，福州、厦门、泉州、漳州、龙岩、三明等地印刷工业园，有的初步建成投产，有的加快基础设施建设，有的已列入规划。重点企业培育取得成果，2008年有6家印刷企业入选全国印刷企业100强，3家印刷企业在深交所上市，我省成为印刷企业上市较多的省份。印刷业技术改造得到加强，数字印刷、网络印刷快速发展。尤其2008年省政府办公厅转发了省发展改革委、新闻出版局《关于加快我省印刷业发展的指导意见》（闽政办〔2008〕7号），进一步有力推动了印刷业发展。2008年全省3057家印刷企业实现工业产值249.30亿元，在东部11省中位列第7名。复制业得到发展，2008年音像电子出版物复制产量为8040.75万盒（张），其中磁带制品复制产量增势强劲，产量达189.37万盒（张），光盘制品复制的产量为7851.38万张。发行业形成了以福建新华发行集团为主体，多种经济成分、多条流通渠道、多种购销形式并存的出版物发行格局，保持了稳步发展的良好态势，连锁经营、物流配送、电子商务等成为重要经营方式，大型及较大型书城不断涌现，出版物订货展销活动活跃。2008年，发行业图书销售12.8亿册，销售金额61.9亿元。

### （四）对台对外交流取得新成效

全省新闻出版业对外开放进一步扩大，对外交往日益频繁。在出版领域，通过合作出版、版权贸易、实物贸易等形式，我省出版单位与境外出版企业开展了许多项目合作。在印刷、发行领域，呈现出国有、民营、外资等多种所有制企业有序竞争、共同发展的局面，许多外商到我省投资兴业，我省也有不少企业积极推进出版物和资本“走出去”，并在多个国家举办了福建书展。尤其在对台出版交流合作上取得较大进展。2006～2008年，全省出口台湾出版物约1.7亿人民币码洋，是大陆对台出口图书最多的省份。2006年以来连续举办了三届海峡两岸图书交易会、两届金门书展，其规模、效益和影响不断扩大，受到了两岸业界和读者的欢迎。此外，组织闽台业者参加了首届海峡论坛，成功举办了闽台出版印刷发行座谈会和项目对接会，召开了首次海峡两岸印刷产业发展研讨会、首次海峡两岸书籍装帧设计研讨会，福建日报报业集团实现了首批大陆记者赴台驻点采访，建成开通了《天下妈祖》网站等，加强了两岸文化交往。在全国各省级新闻出版局中，我省新闻出版局率先直接登记除计算机软件之外台、港、澳作品的版权，为相关企业提供了方便。

### （五）体制机制改革获得新进展

全省新闻出版业认真学习贯彻党中央、国务院和省委、省政府关于深化文化体制改革有关精神，加大力度、加快进度推进体制改革。在反复征求各有关部门意见的基础上，认真制定全省出版发行系统改革方案，积极推进省新闻出版局、省出版总社实行政事分开、政企分开、管办分离工作和整合资源组建海峡出版发行集团有限责任公司工作。经省委常委会议和省长办公会议研究通过，《福建省出版发行系统体制改革方案》已由省委办公厅和省政府办公厅正式下发（闽委办〔2009〕55号）。继续深化新闻出版企事业单位内部改革，建立了省出版总社系统生产经营情况定期分析制度，实施了直属单位法定代表人经营业绩考核办法，推进了劳动、人事和分配机制改革，促进了各单位加强经营管理和市场开拓。福建日报报业集团和福建新华发行集团继续深化改革，坚持多元化发展战略，实力和竞争力得到进一步增强，在我省新闻出版业发展中发挥了重要作用。一些党报实行了编辑和经营“两分开”改革，将广告、发行、印刷等经营性业务剥离出来推向市场，理顺了机制，增强了活力。

### （六）公共服务能力得到新加强

组织出版发行和印制党的十七大文件、国务院《政府工作报告》、《江泽民文选》及其它学习材料，及时满足全省广大群众学习贯彻的需要。2007 年，开展了农家书屋建设试点工作，建成 115 家农家书屋。2008 年，省政府办公厅转发了省新闻出版局等单位起草的《福建省农家书屋工程实施意见》（闽政办〔2008〕92 号），农家书屋建设全面展开，建成 1540 家农家书屋。2009 年，省委、省政府将农家书屋建设列入为民办实事项目，推进力度进一步加大。在农家书屋建设中，组织出版发行了一大批服务“三农”的读物；编辑印发了农家书屋图书、音像制品推荐目录；组织各地建立农家书屋建、管、用和长期更新、发展机制；省财政 2008、2009 年分别下拨农家书屋建设资金 656.5 万元和 1349.6 万元。2007 年开始连续举办了两届“全民读书月”活动，各地开展了主题鲜明、内容丰富、形式多样的阅读活动，营造了良好的读书学习氛围。继续做好中小学教材出版印刷发行工作，连续多年确保“课前到书、人手一册”。服务未成年人健康成长，组织报刊加强对侵害未成年人权益现象的舆论监督，组织出版发行适宜未成年人阅读的优秀读物，组织网络游戏企业在网络游戏上安装并使用防沉迷系统，加强对校园及其周边出版物市场的监管。

## 二、我省新闻出版业存在的主要问题

### （一）主要发展指标低于我国东部地区平均水平

2008 年，我国东部地区 11 个省（市）中，我省图书出版的种数、总印数、总印张、总定价，分别排在第 9 位、第 8 位、第 10 位、第 9 位；报纸出版的种数、总印数、总印张，分别排在第 8 位、第 8 位和第 10 位；期刊出版的种数、总印数、总印张，分别排在第 9 位、第 10 位和第 10 位；录音制品出版的种数和出版数量，排在第 10 位；录像制品的种数、出版数量，分别排在第 3 位和第 2 位；电子出版物出版的种数和出版数量，排在第 9 位；印刷工业总产值，排在第 7 位；出版物发行量和发行金额，排在第 7 位和第 9 位。

### （二）体制机制有待进一步理顺

新闻出版行业部分单位政企、政事、企事、管办不分，不适应社会主义市场经济体制要求。公益性事业和经营性产业体系不完善，公共服务水平有待提高。城市出版物市场管理有待加强，农村发行网点布局不尽合理、服务设施不健全、出版物市场开拓不够。新闻出版单位规模小、实力弱、竞争力不强，经营性出版单位市场主体身份不明确。

### （三）产业结构有待进一步调整

产业发展布局还不合理，一些地区发展特色不鲜明。产品优势门类不多，精品出版物、畅销产品数量少，缺少在全国有较大影响的品牌。教材教辅出版比重偏高，闽版出版物市场占有率低，境外市场开拓力度不够，“走出去”并且“走得好”的企业不多。出版内容资源开发利用不够，产业链拓展有待加强，在跨介质、跨领域、跨地区经营等方面步伐较慢，数字出版和新兴媒体尚未成为重要的新经济增长点。

## 三、我省新闻出版业面临的机遇和挑战

2009～2012 年，是我省贯彻国务院《若干意见》和省委八届六次全会精神，加快建设海峡西岸经济区的重要时期。我省新闻出版业发展面临繁重的任务，要紧紧抓住当前的战略机遇，积极有效应对各种挑战，进一步加快建设和发展步伐，提升对海峡西岸经济区建设的经济贡献率。

### （一）我省新闻出版业面临的机遇

一是中国特色社会主义事业发展“五位一体”的整体布局，确立了文化建设的重要地位和作用，推动文化大发展大繁荣成为全面建设小康社会的重要内容，为新闻出版业发展奠定了重要地位。二是新中国成立六十年来，尤其是改革开放以来，我们国家经济社会建设取得的巨大成就和宝贵经验，以及海峡西岸经济区建设保持的良好发展态势，为新闻出版业发展奠定了深厚的基础。三是党中央、国务院及其各部门对海峡西岸经济区建设的重视和支持，以及福建进一步凸显的对台优势，为我省新闻出版业加强对台交流合作提供了更加广阔的空间。四是随着人民群众生活水平和文化素质提高，以及城镇化进程加快，文化有效消费逐渐形成，对出版物的精神文化需求日益增强。五是高端科技发展迅猛，网络通讯和数字信息技术日新月异，促进了新闻出版业增长方式转变和产业升级。

### （二）我省新闻出版业面临的挑战

一是国内许多出版单位积累了相当的实力和经验，部分出版单位进入了产业扩张阶段，实行跨媒体、跨区域、多元化发展。与他们相比，我省出版业在竞争上处于相对劣势。二是我国加入 WTO 以来，国际媒体集团以各种形

式进入我国市场，参与出版物印刷、复制、发行等行业竞争，并通过下游行业影响上游的出版编辑环节。三是目前国际金融危机对新闻出版产业发展造成的冲击还在延续，出版物销售、报刊广告收入、印刷业务、出口加工贸易、企业融资等都受到影响。四是中小学教材出版发行面临更深层次的改革和更加激烈的竞争，教材在出版物总量和收入总量中比重将进一步降低。五是以各地区中心城市为主体的出版物市场相对饱和，影响了出版物的销售和增长。六是伴随着高新技术发展和市场激烈的竞争，对信息、载体、品牌、人才等方面优质资源的争夺更加显著，尤其是人才资源成为争夺的焦点。

## 四、我省新闻出版业发展的指导思想、原则要求和主要目标

### （一）指导思想

高举中国特色社会主义伟大旗帜，坚持以邓小平理论和“三个代表”重要思想为指导，深入贯彻落实科学发展观，高举旗帜、围绕大局、服务人民、改革创新，紧紧围绕海峡西岸经济区建设的战略部署，树立科学的新闻出版发展观，把发展作为第一要务，着力深化改革开放、推进先行先试，着力优化产业结构、转变发展方式，着力做大主体、做强主业，全面加强新闻出版舆论引导体系、产业发展体系、公共服务体系、行政管理体系和人才队伍体系建设，努力在海峡西岸文化建设中求先行，在全国新闻出版对台交流合作中求先行，进一步开创海峡西岸新闻出版业繁荣发展的新局面，为推进文化强省战略、加快建设海峡西岸经济区作出应有贡献。

### （二）原则要求

——坚持解放思想、实事求是、与时俱进，牢牢把握社会主义先进文化的前进方向；

——坚持贴近实际、贴近生活、贴近群众，促进新闻出版事业与产业共同繁荣发展；

——坚持把社会效益放在首位，努力实现社会效益与经济效益的统一；

——坚持以体制机制创新和依靠科技进步为根本动力，推动新闻出版业又好又快发展；

——坚持以公有制为主体、多种所有制共同发展，形成健康繁荣的发展格局；

——坚持以民族文化为主体、吸收外来有益文化，推动中华文化“走出去”；

——坚持发挥福建对台交往的“五缘”优势，培育和扩大我省新闻出版业发展的区域特色；

——坚持一手抓发展、一手抓管理，不断优化行业发展的体制机制和文化市场环境；

——坚持加强和改善党的领导，在党管舆论、党管干部、党管人才的前提下，最大限度发挥新闻出版工作者的积极性、主动性和创造性，激发文化生产力。

### （三）主要目标

到2012年，基本形成党委领导、政府管理、行业自律、企事业单位依法运营的新闻出版管理体制；初步建立导向正确、精品丰富、服务优质、效益增强的公益性事业与经营性产业两大运营体系；培育一批主业突出、多元经营、竞争力强、拥有品牌的新闻出版骨干企业；逐步形成资源优化整合、结构较为合理、技术比较先进、市场富有活力的产业格局；努力发展特色鲜明、辐射周边、面向全国、对外开放的海峡西岸新闻出版产业带；全省新闻出版业主要指标接近或达到东部地区平均水平，其中增加值预期160亿元以上，年均增长16%以上，成为促进全省经济社会发展的重要产业。

各主要行业预期目标为：

——图书出版业。形成以海峡出版发行集团为龙头的出版产业发展格局，精品生产能力增强，优势门类更加突出，闽版图书市场占有率提高。图书出版预期达到1.2亿册、80万千印张、种数约在4000种，年均分别增长11.39%、12.97%和3.61%。

——报刊出版业。公益性报刊和经营性报刊健康发展，形成一批在对台、对外交流方面有影响力的报刊，促进侨刊乡讯和报刊广告业发展。报纸出版预期达到17亿份、750万千印张，年均分别增长13.13%和14.03%；期刊出版预期达到0.68亿册、24万千印张，年均分别增长23.37%和16.21%。

——音像和电子出版业。音像制品和电子出版物的市场占有率稳中有升。音像制品预期达700种、2200万盒（张），年均分别增长2.91%和0.35%；电子出版物预期达70种、21万张，年均分别增长10.47%和2.01%。

——印刷复制业。培育一批有竞争力的骨干企业，建成一批技术先进的产业基地，发展一批结构合理的产业集群，逐步形成印刷业多层次、集约化的发展格局。印刷工业总产值达到350亿元，年均增长12%，初步形成100家以上有竞争力的大型骨干企业。其中产值超亿元的企业50家以上，争取培育3家上市印刷企业，5家以上具有先进印制水平、规模效益突出、具有国际竞争力的大型骨干印刷企业。推动印刷机械产业和印刷物流产业发展。复制业继续发展，音像和电子出版物复制产量预期达1.2亿盒（张），年均增长10.53%。

——出版物发行业。支持福建新华发行集团和厦门对外图书交流中心发展，培育一批实力较强的民营发行企业。加强出版物批发市场建设，城乡发行网点布局更加合理，两岸出版物流基地初步建立，推进形成统一开放、竞

争有序、健康繁荣的现代出版物市场体系。出版物发行量和发行金额有较大增长，出版物零售达 10 亿册、40 亿元，年均分别增长 7.15%和 9.14%。

——数字出版业。以互联网和通讯网为基础的各种形式的数字出版、网络出版加快发展。建立网络出版单位 10～12 家，培育和扶持在全国有影响的网络出版单位 3～5 家。数字出版产值力争达到 20 亿元以上，年均增长 30%以上。

——版权相关产业。确立在版权相关行业中有代表性的省级版权保护重点企业 100～120 家。培育 8～10 个版权产业基地。图书版权贸易、动漫游戏设计、计算机软件、工艺美术设计、影视、产品包装设计、玩具、雕刻等与版权相关产业的生产总值达 900 亿元左右，年均增长 10%。继续保持我省版权登记量居全国前 3 名的优势，2012 年争取年登记量突破 1.2 万件。推动版权贸易，促进进出口平衡，争取年均交易数量超 100 项。

## 五、我省新闻出版业发展的战略重点

### （一）实施闽版出版物精品工程

加强闽版出版物产品线建设，培育和扶持优势产品门类，优化产品结构。支持新闻出版企业策划出版更多贴近实际、贴近生活、贴近群众的优秀精神文化产品，生产更多思想性、可读性俱佳的原创精品力作，提高闽版出版物市场占有率。突出抓好“五个一工程”奖、中国出版政府奖、中华优秀出版物奖选题，“十一五”和“十二五”规划选题，其他重点选题，以及社会效益、经济效益显著的出版物出版工作。加强重点出版物选题立项管理，严格选题论证、重大选题备案和“三审制”等制度。完善策划、编辑、装帧、印制和营销机制，支持企业创新内容形式，在多个出版平台上对出版内容进行深度开发和加工，打破出版载体界限，实现一次生产、多元发布。完善出版物质量体系建设，加强质量抽查、评估和检测。

### （二）实施闽台出版交流合作工程

建立健全闽台出版交流合作机制，加强沟通，增进共识，共同发展，把福建建设成为两岸出版交流试验区，推动形成海峡区域新闻出版产业带。组建海峡书局出版社有限公司，支持吸收台湾资金入股成立海峡书局股份有限公司，支持以版权合作方式与台湾业界合作出版弘扬中华传统文化的期刊。支持各地培育一批对台交流合作企业，扶持重点单位加快发展。通过合作出版、委托组稿、版权贸易、共同策划选题等，推出一批适合两岸读者阅读，以弘扬中华文化、研究两岸关系、服务统一大业为主要内容的出版物，提高闽版出版物在入台发行大陆出版物中的比例。通过印刷业务承接、发行代理、展示展销、出版物出口、合办实体等，拓宽印刷、发行等行业交流合作的领域和渠道。办好海峡两岸图书交易会、海峡印刷技术展览会、海峡版权创意精品博览会、海峡 27 城市新闻出版业发展论坛等一批活动，努力扩大影响，提高效益，打造成为两岸出版交流合作的主要平台。在各地建设一批闽台出版交流基地，把福州、厦门建设成为两岸出版物交流基地，加强闽台数字出版项目合作，加快两岸产业对接。

### （三）实施新闻出版品牌建设工程

推动新闻出版企业制定品牌建设方案，加强企业形象和品牌打造力度，鼓励引导品牌塑造、推广活动，分类别、分层次、有重点地培育品牌、运作品牌，充分发挥好新闻出版品牌的示范、引领、集聚和辐射效应。在精品战略实施基础上，着力打造一批名牌出版物，带动其他产品的出版发行；重点扶持一批效益、形象好的新闻出版单位，打造一批全国知名的品牌单位；深入开展“福建省优秀出版物奖”和“福建省优秀出版人奖”评选活动、福建期刊双“十佳”评选活动等，健全品牌建设激励机制。坚持实施项目带动战略，以项目集聚要素、增进效益，逐步形成品牌性项目。鼓励企业多元经营、多方融资，盘活资产，加强资本运作，实行跨介质、跨领域、跨地区发展，成为国内知名企业。实施“走出去”战略，扶持外向型企业发展，继续举办境外“福建书展”，扩大福建新闻出版发行企业及其产品的海外知名度。

### （四）实施产业基地建设工程

推动各地优化产业布局，突出地方文化特色，促进资源整合和产业集聚，扶持支柱产业和骨干企业发展，支持有条件的地区建设产业园区或基地，逐步培育产业集群。建设海峡出版产业园和海峡出版业务大楼等重点项目，支持各地加强出版基础设施建设，逐步形成海峡西岸出版产业基地。继续推广“德化经验”，服务好版权保护企业，引导各地根据自身实际确定版权产业发展重点，形成海峡西岸版权产业基地。巩固和壮大印刷业，稳步发展复制业，推动印刷业从单纯加工服务型向以提高信息增值的现代服务型转变，加快建设福州、厦门、泉州、漳州、龙岩、三明等地印刷产业园，逐步形成海峡西岸印刷产业基地。鼓励发行企业发展连锁经营和现代物流，推动有条件的企业跨地区、跨国经营，抓好物流配送中心和出版物批发市场建设，积极扶持农村出版物市场和连锁网点建设，建立以大城市为中心、中小城市相配套、贯通城乡的新闻出版产业流通网络，逐步形成海峡西岸发行产业基地。

### （五）实施数字出版工程

实施科技兴业战略，加强对高新技术的应用，提高科技对新闻出版业发展的贡献率。推动新闻出版单位加快内部信息化改造，建设先进业务平台，改进经营管理方式。鼓励传统出版单位跨媒体经营，大力推动音像制品、电子出版企业向数字化、网络化转型。支持符合条件的单位申请互联网出版权，开展网络出版业务。支持新闻出版企业以互联网为平台，通过图文、音频、视频等形式，对出版内容资源进行全方位、立体式、深层次开发利用。积极发展以数字化内容、数字化生产和数字化传输为主要特征的新兴新闻出版业态，鼓励发展网络出版、网络印刷、网络发行，推进动漫出版、游戏出版和手机出版等发展，支持电子纸、阅读器等新闻出版新载体的技术开发和应用。加强产、学、研合作，促进数字出版基地建设。

### （六）实施农家书屋工程

按照政府组织建设、鼓励社会捐助、农民自主管理、创新机制发展的要求，动员各方力量，精心组织，加强投入，加大宣传，鼓励社会捐赠，完善农家书屋的建、管、用和长效机制。深入抓好“三农”读物的出版发行，组织做好农家书屋出版物配送更新。按照建设学习型社会的要求，把农家书屋和社区书屋作为读书活动重要阵地，广泛开展全民阅读活动。争取“十一五”期间全省建成4585家农家书屋，2011、2012年共建成3200家农家书屋，并对6648个已有的村图书室进行充实改造、加挂农家书屋牌子，到2012年覆盖全省14433个行政村，切实解决广大农民群众“买书难、借书难、看书难”的问题。

### （七）实施中小学教材保障工程

适应和服务教育事业发展，配合推进义务教育阶段教材政府采购、免费提供和循环使用等改革，组织做好教材出版、印刷、发行等工作，确保“课前到书、人手一册”。完善教材教辅编辑、审读、印制、检测、发行、服务等各项机制，加强质量管理，优化出版发行服务。对全省教材教辅出版发行资源进行重新整合、统一规划、合理配置，加强主流教材营销，编辑出版品牌教辅读物，争取主流教材市场占有率达到50%以上。

## 六、保障措施

### （一）坚持科学发展理念，确保正确发展方向

坚持以邓小平理论和“三个代表”重要思想为指导，深入贯彻落实科学发展观，用马克思主义中国化的最新成果武装头脑、指导实践、推动工作，坚持科学发展、先行先试，坚持社会主义先进文化前进方向，围绕中心，服务大局，弘扬主旋律，发展先进文化。坚持正确舆论导向，提高舆论引导能力，创新方式方法和载体手段，加快新技术新媒体的应用，增强舆论引导的吸引力。以党报党刊为主，整合都市类媒体、网络媒体等多种宣传资源，努力构建定位明确、特色鲜明、功能互补、覆盖广泛的舆论引导新格局。严格执行新闻出版纪律，建立健全内容预警机制、审读机制、突发公共事件新闻报道机制和报刊监管机制等，及时掌握舆情信息和社会动态，牢牢把握新闻舆论工作的主动权，努力为海峡西岸经济区建设提供强大的精神智力支持和良好的文化舆论环境。

### （二）坚持不断深化改革，增强产业发展动力

按照国家新闻出版总署《关于进一步推进新闻出版体制改革的指导意见》（新出产业〔2009〕298号）和省委办公厅、省政府办公厅印发的《福建省出版发行系统体制改革方案》（闽委办〔2009〕55号）的要求，大力推进我省新闻出版体制改革。着力改革新闻出版管理体制，党政机关与新闻出版单位实行政事分开、政企分开、政资分开、管办分离。完善新闻出版分级管理体制，合理划分省、市、县（市、区）三级新闻出版行政管理部门之间的权责。深化行政审批制度改革，继续清理和规范审批项目，改进管理方式。整合全省出版发行资源，组建海峡出版发行集团。完成新闻出版单位分类管理改革，公益性出版单位要明确社会职责与定位，构建科学的投入机制与运营机制；经营性出版单位逐步由事业单位向企业转制，建立现代企业制度，真正成为市场主体。引导中小新闻出版单位“小而专”，以专业化服务取得市场地位和效益。深化发行体制改革，完善现代流通体制，打造区域物流中心。充分发挥市场中介和行业组织作用，建立专业化、社会化服务体系。

### （三）坚持抓好两个市场，拓展产业发展领域

鼓励新闻出版单位立足国内、国际两个市场，积极开展跨地区、跨媒体、跨行业、跨所有制经营，鼓励有实力、有能力的企业到省外区域设立派出机构，或者实施联合、控股、兼并等经营战略。鼓励图书、报刊、音像、电子、网络出版及印制、发行业之间，国有、民营企业之间，新闻出版业与其他行业之间，在政策允许的范围内开展各种形式的交流、合作、重组、整合，实现优势互补、资源共享、互动发展。加强国际交流合作，支持新闻出版企事业单位实施“引进来”与“走出去”相结合的战略，坚持以我为主、为我所用的原则，积极开展多种形式的对外交流、版权贸易和项目合作，学习借鉴国（境）外先进的管理经验和科技水平，整合利用外部出版资源，通过扩大产品输出、版权输出乃至逐步实现品牌输出，参与国际竞争，开发境外市场和资源，弘扬中华文化。

### （四）坚持加强版权保护，鼓励产业自主创新

实施版权战略，完善版权保护制度，以保护创新为出发点，注重自主版权资源的开发、建设和利用，发展版权产业。推进版权保护立法，完善版权执法相关工作制度。以查处大案、要案为突破口，大力开展打击侵权盗版活动，特别是加大对互联网侵权盗版和对教材教辅、计算机软件、光盘等的侵权盗版行为的打击力度。突出重点，梯次推进企业软件正版化工作。大力开展版权宣传教育，增

强全民版权意识，鼓励优秀作品创作与传播。推动设区市成立版权调解委员会，有效解决和处理当地的版权纠纷。积极发掘、培育和树立一批版权保护示范单位和示范城市。形成法律制度体系健全、行政执法体系高效、社会服务体系完善、宣传教育成果显著、产业交流合作活跃的版权工作新局面。

**（五）坚持实施依法行政，营造良好发展环境**

加强和改进报刊出版管理工作，健全报刊出版许可制度，强化报刊主管主办单位职责。完善报刊审读机制，实行期刊分级管理，加强侨刊乡讯发展规划和管理，规范对记者证、记者站的管理。规范报刊广告经营行为，坚持开展虚假违法报刊广告专项治理活动。充分利用出版社等级评估机制，提高出版单位各方面建设的水平。大力实施文化环保工程，深入推进“扫黄打非”工作，努力净化社会文化环境。开展各类集中执法行动，严厉打击和查缴非法出版物，特别是破坏社会安定、危害国家安全、煽动民族分裂的非法出版物；大力扫除淫秽色情、凶杀暴力、封建迷信等文化垃圾；坚决查缴各类侵权盗版出版物，严厉查处取缔非法报刊。强化网上“扫黄打非”工作，继续清理整治网上低俗内容；建设网络出版监测系统，完善封堵删除互联网有害信息机制。加大对重大案件的查办力度，健全三级联动办案机制、全天候信访举报机制等。

**（六）坚持加大政策扶持，提供产业发展保障**

发挥政府公共财政主导作用，加大各级财政对新闻出版重点领域、公益领域的投入，资助奖励重要出版项目、大型出版工程、政策性或公益性出版项目、具有较高文化学术价值的出版项目，引导扶持出版单位调整优化出版结构，培育特色和优势出版门类。逐步建设行业项目库，建立健全项目生成、储备、运作和建设机制。实施对政府资金投入项目的社会效益和经济效益的评估、检测、考核和奖励机制。鼓励、支持和引导非公有资本以多种形式，进入制作、印刷、复制、发行、版权服务等政策许可的领域，加强和改进非公有制企业的服务和监管，为其发展创造良好的政策环境和平等的竞争机会。开辟安全有效的融资渠道，推动投资主体多元化，支持企业通过多种方式融资，有条件的企业争取上市。鼓励加强资本运作，实现国有资产保值增值。

**（七）坚持抓好队伍建设，提供产业人才支撑**

把科学发展观学习实践活动引向深入，牢固树立新的文化发展理念，加强党风廉政建设和反腐败工作，切实查找和解决制约发展的突出问题和在党性党风上存在的突出问题，努力提高新闻出版业科学发展的水平。加强领导班子建设，提高科学决策能力、民主管理能力、应对市场能力。坚持“五重五不简单”用人要求，完善公正选人用人机制，把思想政治坚定、组织能力突出、熟悉业务工作、富有改革创新精神的优秀干部提拔到重要岗位上来。大力实施新世纪高层次人才工程，推进“四个一批”人才培养，深化人事制度改革，加大人力资源开发力度，实行专业技术人员职业资格准入制度，开展经常性职业教育和职业技能培训、鉴定工作，加强重点领域、重点产业人才培养，加强中青年人才和复合型人才培养，凝聚和造就一支结构合理、素质优良、作用明显的高层次人才队伍，努力建设忠诚履职、务实清廉、素质优良、结构优化的新闻出版人才队伍体系。

## 南昌市文化系统文化产业发展规划（2009—2020）

为加快实施“文化大市、文化强市”战略，推进文化产业发展，不断提高文化对经济社会发展的影响力和带动力，更好地满足人民群众日益增长的精神文化需求，特制定本规划。本规划空间范围主要为南昌区域；时间范围从2009年至2020年。

**一、指导思想**

坚持以邓小平理论和“三个代表”重要思想为指导，全面贯彻落实科学发展观，坚持社会主义先进文化前进方向，加快文化体制机制创新，解放和发展文化生产力；加速文化产业结构调整和融合，大力发展特色文化产业，提供特色文化产品和特色文化服务；加大文化产业招商引资力度，广泛吸收社会资本，推进知名文化企业和国内外品牌文化项目落户南昌，使文化产业真正成为新的经济增长点，为“富民强市”和做好“两篇文章”做出新的贡献。

**二、发展目标**

适应社会主义市场经济规律，发掘和整合南昌文化资源，围绕打造和谐南昌、人文南昌、创意南昌、魅力南昌，加快培育一批在国内外有一定影响的龙头骨干文化企业，努力把我市建设成为中部地区有影响的文化资源聚集中心、文化产品生产流通中心、新型文化业态培育中心、文化旅游休闲度假中心和创意设计中心。文化系统文化产业产值每年增长20%，到2015年文化产业总产值达到25亿元，2020年达到50亿元，基本形成以创意和内容生产为核心、龙头企业为带动、产业基地为骨干，结构合理、整体协调和持续发展的文化产业格局。

**三、发展重点**

1. 电影放映业。抓好规划布局，加大招商引资力度，盘活国有电影资产，提高资本运行效率，在现有5家电影城的基础上，再建7家上规模、上档次的电影城，到2012年实现每个县区都有一家电影城（院）。以资金为纽带，以市电影公司为龙头，县区电影公司参股，统一品牌，统一经营，建立“南昌市惠民农村数字电影院线”，实现电影票房收入由2007年的3100万元上升到2015年的1.5亿元，进一步满足城乡人民群众观看电影的需求。

2. 文博展览和文化旅游业。加强与旅游部门的合作，共同打造方志敏广场为集纪念性、标志性、群众性、休闲性为一体的红色旅游基地、爱国主义教育基地、党风廉政教育基地。打造梅岭、西山旅游等南昌“红色”和“古色”文化旅游品牌。着力包装一批精品旅游景点、景区，促进文化旅游业快速发展。一是加强对外交流和宣传力度，拓宽外展渠道，争取每年安排一至二个文物外展项目。二是着力打造一至两台具有南昌地域文化特色的剧（节）目，常年演出，以满足广大游客高品位的文化艺术需求。三是深入挖掘南昌历史文化名城的深厚文化积淀和文化底蕴，采取引进外资、互惠双赢的合作方式，在相关旅游景点、景区开发一至两个可供游客观赏、参与，体现南昌文化艺术、民俗风情的体验性游艺、娱乐项目，吸引游客，留住游客。

3. 艺术教育培训业。一是以江西艺术职业学院为基础，改善办学条件，扩大办学规模，培养本科学历的艺术人才。二是大力开拓社会化艺术培训市场，充分发挥各级、各类专业文艺人才的作用。依托艺术中心、群艺馆（文化馆）、图书馆等场所，开展社会化艺术培训，普及艺术教育，提高市民艺术素养。

4. 文化娱乐休闲业。积极培育和发展大众娱乐、时尚娱乐、休闲娱乐、体验娱乐、数字娱乐等文化娱乐市场。

重点打造“四条”街。即：打造榕门路仿古一条街。依托江南名楼滕王阁，以榕门路为中心向外延伸，打造仿古一条街；打造福州路时尚娱乐一条街。福州路已形成我市餐饮、娱乐休闲中心，拟将进一步打造成时尚娱乐一条街；打造师大南路文化艺术一条街。江西师大周边已形成了一定的器乐买卖市场及艺术教育培训市场，拟规划打造为文化艺术培训一条街；打造苏圃路、佑民寺小吃一条街。依托目前苏圃路、经堂巷形成的小吃街雏形，进一步围绕佑民寺打造小吃一条街。拟将八一公园鸽园舞台改造成群众喜闻乐见的“百花”百姓大舞台。支持国内、国际高档连锁俱乐部落户南昌，满足省会城市的商务联谊需求。依托省、市文化艺术中心，打造艺术演出龙头企业；引导大众演艺和娱乐业结构调整，促进产业升级，积极吸引国内外著名娱乐品牌和项目落户南昌，保持文化娱乐休闲行业以每年20%以上的速度增长，不断满足人们日益增长的文化娱乐需求。到2015年，全市文化娱乐休闲业总产值达到10亿元，2020年力争突破20亿元。使之成为文化产业的支柱行业。

5. 音像制品发行业。打破地区、部门、行业、所有制界限，培育一批专业化大型音像企业，推进音像业向专业化、集约化方向发展，形成以大型超市为龙头，中小超市为支撑，连锁经营为基础的市场格局。利用文化系统的创作人才、演艺人才、摄制人才优势，开发影视作品，促进音像制品业的规模发展，通过转换机制，实现优势互补，资源共享，形成出版、制作、发行一体化的音像集团。依托“江西文化大市场”，在全省率先建立健康、规范的正版音像制品经营市场。到2015年，全市正版音像制品率达到85%以上，营业收入超 亿元。

6. 数字动漫业。瞄准国内五亿动漫及网游产品消费市场和100万分钟的市场空间，采取有效措施，争取政策支持，以泰豪软件、南大科技学院数字媒体研究所、江西师大等动漫教育培训、研究、制作单位为基础平台，吸引动漫网游企业空间聚集和行业集中，壮大动漫产业整体实力。鼓励动漫企业开展多形式、多主题和全方位的合作，通过跨地区、跨所有制形式的联合，发挥集成优势，增强渗透力和带动力，迅速扩大产业规模并以此带动相关文化产业的发展。充分利用艺术创作和红色文化品牌资源优势，开发具有南昌特色的古色文化、红色经典、绿色家园等概念原创动漫作品。尽快构建南昌动漫产业平台，迅速抢占这一新兴文化创意产业的发展先机。

7. 文化用品业。充分发挥省级“文化产业示范基地”——“华夏笔都”文港的示范、聚集、辐射、带动作用，推动文化用品产业的发展。深入挖掘文港制笔品牌、笔都地域品牌、文化用品系列品牌的深厚文化底蕴，加大资源整合、包装宣传力度，使文港文化用品产业产值在2007年20亿元的基础上快速增长，真正成为我市文化产业的示范基地和龙头企业。

8. 文化信息产业。加快发展网络文化信息服务业，重点发展面向商业、面向消费、面向娱乐的文化信息服务业，确保南昌在网络视听服务、网络阅读服务、网络财经服务、网络游戏服务、网络休闲娱乐服务、网络远程教育服务等具有先发优势的领域处于全国领先地位。实施文化单位“内容资源数字化工程”，发展文化信息集成、存储、处理、分发服务，开发移动文化信息服务、网上文化电子商务等新业态，提高南昌文化信息业服务区域、服务国内的能力。以超前意识和跨越式发展方式，加快文化传播载体电子化、数字化、网络化进程，利用网络技术改造传统文化产业，推动产业结构转型升级。力争到2012年，初步建立起以文化资源数据库以及公用电信网为基础的、文化网与全国其他知名综合网站和专业网站互联互通的、覆盖社区的、“文化网户户通”为目标的文化网络平台，不断扩大网民群体，使网上文化消费占全市居民文化总消费的10%以上，重点抓好“网上图书馆”、“网上博物馆”、“网上剧场”、“网上影院”、“文化电子商务”等项目建设，以商业服务方式实现文化信息资源共享。

9. 文物鉴定与艺术品交易。充分发挥文物、博物、书画专业人才聚集的优势，以八大山人梅湖景区、滕王阁、南昌画院为平台，规范管理，尽快打造若干集文物、文化艺术品（古玩、字画、玉器、杂件）展示、鉴定（有偿服务）、交流、交易、拍卖为一体的文化艺术品交易市场，以满足广大收藏爱好者对文物、古玩、玉器鉴赏和字画艺术品收藏等方面日益增长的需求。

## 四、保障措施

1. 实施重大项目带动。发展壮大我市文化产业，提高产业的效益，必须通过具体载体来落实，即吸引、整合、筛选出一批大项目，充分预留产业集聚的空间，形成以大项目及产业基地为龙头，带动中小型文化企业共同发展的文化产业组织体系。利用南昌特有的丰厚历史文化底蕴、现代文化资源和科技人才密接优势，继续策划、包装一批文化产业项目，打好文化产业基础，增强发展后劲。大力扶持电影、演艺娱乐、文化用品、动漫游戏、品牌活动等文化产业发展。一是着眼电影市场需求，着力推进“南昌市惠民农村数字化电影院线”的建立；大力扶持城区和四县电影城（院）的发展。二是紧扣“历史文化名城、绿色山水都城、现代动感新城”主题，策划创作一台体现南昌悠久历史、灿烂文化、辉煌成就的舞台剧（节）目，实行市场化、接待性演出。三是加快推进文化产业基地和文化产业园区建设。建设一批功能定位准确，拥有优势和特色，具备研发、投资、孵化、制作、培训、交易等功能的文化创意产业园，吸引国内外的创意企业和创意人才，打造文化创意产业园区、创意企业和创意产品三大品牌系列，增强内容产业的核心竞争力。着眼动漫游戏的巨大发展空间，大力扶持泰豪动漫学院、动漫基地，红谷滩创意产业园等动漫教育培训、研究、制作、发行单位的发展。四是着眼南昌“红色经典”，全力做好“中国南昌军乐节”，使中国南昌军乐节成为世人皆知，大家向往的知名文化品牌。五是加大非物质文化遗产整理保护力度，使南昌有更多的非物质文化遗产项目进入国家级名录。率先启动已列入国家非物质文化遗产名录的“南昌瓷版画”保护，打造瓷版画培训基地建设项目。

2. 搭建产业发展平台。抓紧实施公共文化服务设施规划，启动一批代表城市文化形象，服务广大群众，具有经济和社会效益的文化基础设施建设工程；积极推动“八大山人梅湖文化产业园”、红谷滩创意产业园、“世界面具公园”、“曹雪芹祖籍文化大观园”、“中国府第博物馆”（汪山土库）、“中国武阳红楼文化旅游产业园”、“城东赣文化产品集散中心”、“‘中文天下’网上中文培训机构”等文化产业园区、景区建设，发挥文化产业园区、景区和中心的聚集示范、窗口和辐射带动作用；深入挖掘现有文化产业项目、景点、景区的潜力，使之发挥出更好的经济效益。

3. 创新文化体制机制。一是降低门槛，放宽准入条件，简化营业性演出审批手续，打破地区封锁和地方保护，通过举办多种形式的组团和组合演出，引进推出各类大型文艺演出，激活、培育演出市场。二是积极稳妥地推进国有剧团的改革，选用优秀人才，用好优质资产，剥离不良资产，建立健全岗位责任制，完善分配制度和激励机制，增强专业剧团的活力，提高剧团适应和参与市场竞争的能力，增加演出收入。三是对局属南昌市电影公司四家电影院进行资产重组，通过授权，成立南昌市文化产业投资公司，搭建文化产业投融资平台。

4. 争取政策支持。在文化产业起步阶段，需要财政、税收、建设、土地等各部门的大力扶持。要尽快出台文化产业发展的若干经济政策和配套措施，建立专项资金，重点扶持市场前景好的文化企业和产业项目。鼓励社会力量兴办文化产业，对非公文化企业在项目审批、资质认定、文化经济政策等方面，享受国有文化企业同等待遇，进一步调动社会资本投资文化产业，兴办文化企业的积极性。

# 山东省文化产业发展专项规划（2007—2015）

为贯彻落实党的十七大和省第九次党代会精神，大力发展文化产业，加快建设文化强省，推动社会主义文化大发展大繁荣，根据《国家“十一五”时期文化发展规划纲要》和《山东省实施〈国家“十一五”时期文化发展规划纲要〉的意见》，与《山东省国民经济和社会发展第十一个五年规划纲要》相衔接，制定本规划。

本规划所指的文化产业（即文化及相关产业），是指为社会公众提供文化、娱乐产品和服务的活动，以及与这些活动有关联的活动的集合，涉及九个行业，划分三个层次。（1）核心层：新闻服务，出版发行和版权服务，广播、电视、电影服务，文化艺术服务。（2）外围层：网络文化服务，文化休闲娱乐服务，其他文化服务。（3）相关层：文化用品、设备及相关文化产品的生产，文化用品、设备及相关文化产品的销售。

## 一、现状与趋势

### （一）基本现状

1. 产业规模迅速膨胀。2006年，全省文化产业增加值604.4亿元，按可比价格计算比上年增长13.3%，占山东生产总值（GDP）的2.74%，对经济增长的贡献率为

2.53%，拉动GDP增长0.37个百分点。全省文化产业法人单位30340家，从业人员105.2万人，与2004年相比，分别增加了20.2%和14.5%。文化产业从业人员数占全社会从业人员数的比重达到1.8%。全省文化产品出口1.3亿美元，进口1288万美元，实现贸易顺差接近1.2亿美元。

2. 产业体系基本形成。初步建立了门类齐全、功能完善、布局合理的文化产业体系。广播影视、新闻出版、印刷发行、文化旅游等重点行业实现突破性发展，成为文化产业的重要支柱。2006年文化产业核心层、外围层、相关层实现增加值的比例为16∶14∶70。

3. 结构布局不断优化。广播影视、新闻出版、演艺娱乐等传统文化行业加快发展；数字电视、网络文化、动漫游戏、旅游休闲、文博会展、广告设计等新兴文化产业迅速崛起；工艺美术品制造、机制纸及纸板制造、视听设备制造等相关产业规模较大。以公有制为主体、多种所有制共同发展的文化产业格局初步形成。在演艺娱乐、网络动漫、印刷分销、院线建设、广告创意、影视制作等行业，民营资本投资活跃。全省依据特色区域文化资源和发展优势的产业空间布局逐步形成。

4. 品牌战略初见成效。山东（国际）文化产业博览会、中国（曲阜）国际孔子文化节、济南国际幽默艺术节、青岛国际啤酒节、潍坊国际风筝会、泰山国际登山节、烟台国际葡萄酒节、临沂书圣文化节、菏泽国际牡丹花会、中国江北水城文化旅游节等，形成文化节会品牌。一大批影视作品、戏剧作品、演艺项目、鲁版图书等，在全国产生较大影响。大众报业集团、山东广播电视总台、山东出版集团等7家国有文化产业集团实力不断壮大，成为带动全省文化产业发展的龙头。山东世纪天鸿书业有限公司、山东爱书人音像图书（集团）有限公司等民营集团，成为全省文化产业发展的新生力量。

5. 社会投资快速增长。在全国首次设计开发“山东省文化产业项目数据库”，征集文化产业招商项目1500余个，全省超亿元的在建文化产业项目工程达到66个。文化市场繁荣活跃，一批特色文化市场初步形成。文化中介组织、行业协会和人才队伍建设取得较大发展。

我省文化产业虽然取得较快发展，但还存在一些薄弱环节，与发达省市相比还有一定差距。一是总量偏少，规模偏小，文化产业增加值占全省GDP的比重不够高，对经济发展的贡献率偏低，文化产品和服务的供给与人民群众日益增长的精神文化消费需求不相适应；二是集约化程度不高，市场主体实力不强，大型龙头国有文化集团、民营文化企业、外向型文化企业有待进一步发育；三是文化资源优势向产业优势、市场优势转化的能力较弱，文化资源开发利用缺乏技术性、融合性、超前性，按照工业化、市场化标准进行产业开发、制造和营销的水平不高；四是产业结构不够合理，文化制造业所占比重较大，新兴文化产业发展相对薄弱；五是文化体制改革和机制创新不足，资本、产权、人才、信息、管理等文化要素市场发育相对滞后。

### （二）优势条件

1. 党政高度重视。省委、省政府认真贯彻落实党中央、国务院关于文化体制改革和文化产业发展的方针政策，把深化文化体制改革、加快文化产业发展，作为贯彻落实科学发展观、实现文化资源大省向文化强省跨越的必然选择，作为繁荣发展服务业、调整优化产业结构、转变经济发展方式的重要途径，不断加大支持力度。省第九次党代会确立了繁荣发展富有山东特色的先进文化、努力建设文化强省的战略目标，进一步作出重要部署。各级党委、政府发展文化产业的意识不断增强，具有区域优势与地方特色的文化产业蓬勃兴起。

2. 文化资源丰厚。我省是中华文明的重要发祥地之一，被誉为“齐鲁之乡、礼仪之邦”。文圣孔子、武圣孙子、科圣墨子、书圣王羲之、医圣扁鹊、工圣鲁班、农圣贾思勰、智圣诸葛亮等享誉海内外。鲁文化、齐文化、莒文化、东夷文化、黄河文化、泰山文化、运河文化、滨海文化、水浒文化、泉水文化、宗教文化、民俗文化、红色文化、现代文化等丰富多彩，交相辉映。泰山和曲阜“三孔”是我国最早被联合国教科文组织列入的世界自然文化遗产。全省拥有29个全国文化先进县，23个中国民间艺术之乡，6座国家级历史文化名城，27项国家级非物质文化遗产，157项省级首批非物质文化遗产，4107处重点文物保护单位，1.3万多处古建筑、古遗址，60多万件馆藏文物，118个县级以上专业表演艺术团体，75个各类博物馆。我省已发展成为全国旅游经济大省，拥有全部6大类旅游资源。全省体育人口占总人口的38%以上，体育场地达47362个，总数居全国第二位。底蕴深厚、风韵悠长、类型丰富的齐鲁文化资源，是山东文化产业开发利用的重要基础。

3. 区位优势突出。我省是我国东部沿海经济发达地区的重要省份，位于黄河经济带与环渤海经济区的交汇点，地处北京、上海两个经济文化中心之间，属于环渤海文化产业圈的重要组成部分，在全国经济和文化格局中占有重要地位，文化产业发展区位优势明显。我省与文化产业发达的日本、韩国隔海相望，地处东北亚经济区的核心区域，文化交流历史悠久，经济合作十分密切，有利于实现文化产业的跨国合作、转移与对接。

4. 经济基础雄厚。2006年，全省生产总值达到22077亿元，地方财政收入1355亿元，人均生产总值23794元，城镇居民人均可支配收入和农民人均纯收入分别达到

12192元和4368元，城乡居民人均文教娱乐用品及服务支出分别为1202元和409元。城乡居民消费结构逐步升级，文化消费市场不断扩大，对文化产品和文化服务需求的拉动作用进一步增强。

### （三）趋势展望

1. 文化产业将成为我省经济发展的支柱产业。随着文化体制改革的全面展开和逐步深化，城乡居民文化需求大幅度增长，公共文化服务等基础设施改善，经济社会又好又快发展，我省文化产业将步入高速增长阶段，对国民经济和社会就业的贡献率将不断得到提升。文化实力将成为经济社会综合实力的重要内容，文化经济的发展将决定经济社会发展的内在质量和可持续发展程度，成为全面小康社会建设目标顺利实现的关键。

2. 创意产业将成为文化产业发展的主导方向。“内容”是文化产业的核心和精髓，“创意”是文化产业发展的生命线和原动力。文化创意将成为我省文化产业发展的主导方向，推动传统文化产业的结构转型和优化升级，并与先进制造业日益融合，形成互为支撑、相得益彰的发展态势。

3. 文化与科技、旅游、资本的高度融合将成为文化产业的突出特征。科学技术特别是信息、网络等现代科技的迅猛发展，文化旅游业的蓬勃兴起，国有资本、社会资本的大量涌入，为文化产业发展提供了强大动力。提高文化产业的技术水平和科技含量，促进文化与旅游互利共赢，形成多元化、市场化、社会化的文化投融资格局，将成为实现文化产业由传统向现代转变，促进我省文化创新和业态更新，提升文化产业竞争力的重要途径。

4. 文化市场的对外开放将成为文化产业的推动力量。全方位、宽领域对外开放格局的形成，为全省文化产业的快速发展提供了巨大市场空间。跨地区、跨行业、跨国界经营的大型文化产业集团迅速成长，具有山东地方特色、原创性的优秀文化品牌逐步进入国际文化市场，推动齐鲁文化在中华文化走向世界进程中有更大作为。

5. 公益性文化事业和经营性文化产业将比翼齐飞、共同发展。公益性文化事业由政府主导，社会参与，不断增加投入，保障人民群众的基本文化权益；经营性文化产业由市场主导，面向市场需求，获得经济效益和社会效益双丰收。日益健全的公共文化服务体系和公共文化设施建设，为文化产业发展提供良好基础；不断发展壮大的文化产业，以更多的资源反哺公共文化服务体系建设，为促进公共文化服务发展提供重要保障。二者相互促进，共同构成先进的文化生产力。

## 二、指导思想和基本原则

### （一）指导思想

高举中国特色社会主义伟大旗帜，以邓小平理论和“三个代表”重要思想为指导，深入贯彻落实科学发展观，认真学习贯彻党的十七大精神和省第九次党代会精神，坚持解放思想、实事求是、与时俱进、开拓创新，牢牢把握社会主义先进文化前进方向，适应社会主义市场经济发展的要求，充分发挥我省丰厚的文化资源优势，以改革为动力，以创新体制机制、调整优化结构、转变发展方式、培育市场体系、壮大市场主体为重点，以科技和人才为支撑，以不断满足广大人民群众日益增长的精神文化需求为目的，进一步解放和发展文化生产力，促进文化产业超常规、跨越式发展，为建设文化强省提供强有力的产业支撑，为科学发展、和谐发展、率先发展，在新起点上实现富民强省新跨越，建设“大而强、富而美”的社会主义新山东，提供精神动力、智力支持和文化条件。

### （二）基本原则

一是坚持文化事业与文化产业相协调。正确处理繁荣文化事业和发展文化产业的关系，坚持一手抓公益性文化事业，一手抓经营性文化产业。依托文化事业单位的原创优势、人才优势和投资积累，加快文化产业发展；通过发展文化产业，为繁荣文化事业提供产业支持和创新动力，为发展社会主义先进文化提供基础和载体。

二是坚持社会效益和经济效益相统一。坚持社会主义先进文化的前进方向，巩固马克思主义在意识形态领域的指导地位，牢牢把握党对文化工作的领导权，始终坚持把社会效益放在首位。坚持文化的意识形态属性和产业属性，遵循精神文明建设规律和市场经济规律，确保社会效益和经济效益，为社会提供丰富多彩的文化产品和文化服务。

三是坚持政府引导和市场推动相结合。有效发挥政府在推动文化产业发展中的组织、协调、引导、扶持作用，充分发挥市场在资源配置中的基础性作用，依靠市场机制吸引资本、技术和人才等生产要素，调动社会力量参与文化产业发展。

四是坚持发展与管理两手抓。建立健全文化产业法律法规，依法保护知识产权，制定公平竞争的文化市场规则，合理开发、有效保护、科学利用文化资源，把文化生产经营活动纳入规范化、法制化轨道，确保文化产业健康有序发展。

五是坚持改革与发展相促进。正确处理改革、发展和稳定的关系，维护人民群众的基本文化权益，积极稳妥地推进文化体制改革，以人为本，创新体制，转换机制，以改革促发展，以发展推改革，解放和发展文化生产力，让广大人民群众共享文化产业的发展成果。

## 三、战略目标

### （一）总体目标

实施重大文化产业项目带动战略和大集团发展战略，加快文化产业基地和区域性特色文化产业群建设，培育文化产业骨干企业和战略投资者，运用高新技术创新文化生产方式，培育新的文化业态，加快构建传输快捷、覆盖广泛的文化传播体系。到2010年，把文化产业培育成为我省经济社会发展新的增长点，文化产业增加值占全省地方生产总值的比重居全国前列，文化产业的创新能力、核心竞争力明显增强。到2015年，把文化产业培育成为我省国民经济的支柱产业，初步建设成为文化产业发达、文化产业布局合理、文化产业体系完善、文化市场繁荣有序、文化精品不断涌现、文化设施配套齐全、文化生活丰富多彩的文化产业强省，使我省成为我国东部沿海文化产业高地和环渤海文化产业圈的重要支点。

### （二）具体目标

——文化产业快速增长。到2010年，文化产业增加值达到或超过1000亿元，占全省生产总值的比重达到或超过3%；到2015年，文化产业增加值占全省生产总值的比重达到或超过5%；全省文化产业增加值总量跻身全国前列。

——文化产业区域布局更加合理。初步建成一批在全国具有较大影响力、竞争力的孔子文化、影视剧制作、动漫游戏、印刷复制、广告会展等文化产业基地，基本建成鲁文化、齐文化、红色文化等产业园区，黄河文化、运河文化、滨海文化等产业带，初步形成东、中、西三大文化产业集聚区，最终构建成为特色鲜明、优势突出、布局合理的山东文化产业发展新高地。

——文化产业结构进一步优化。重点扶持和打造跨媒体、跨行业、跨地区，辐射全国、实力雄厚、竞争力强的旗舰式大型文化产业集团；组建一批“专、精、特、新”的中小文化企业；鼓励支持文化企业挂牌上市。广播电视业、新闻出版业、影视剧制作业、印刷发行业、文化演艺业、动漫产业、旅游产业、体育产业、广告会展业、古玩字画与工艺品产业等得到优先发展。

——文化市场更加统一开放、竞争有序。建立健全门类齐全、繁荣规范的文化市场，城乡文化市场全面活跃，文化产品和生产要素实现合理流动，构建现代文化产品流通组织和流通方式，培育一批大型现代流通组织和区域文化产品物流中心，充分发挥市场在配置文化资源方面的基础性作用。

——文化产品丰富多彩，文化服务质量显著提高。生产一批具有齐鲁文化特色的精品力作，涌现一批具有自主知识产权和市场竞争力的文化产品，打造一批国内外具有重大影响的文化活动品牌和文化服务品牌，孔子文化品牌带动和文化“走出去”战略取得重大进展。

——文化产业人才结构进一步优化，高素质文化队伍不断壮大。培养一批适应文化产业发展需要的文化创作人才、文化经营管理人才和文化科技创新人才，涌现一批文化名人和知名文化企业家，形成结构合理、素质优良、富有活力的文化产业人才队伍。

## 四、区域布局

遵循整合资源、形成合力、发挥优势、注重实效的原则，与全省“一体两翼”、“五大板块”的战略规划相适应，在空间布局上按照“三区、三园、三带”的框架展开，构建具有鲜明区域特色、结构合理、效益显著的文化产业发展总体格局。

### （一）三大文化产业集聚区

突出地方特色，发挥区域文化资源优势，重点建设三个文化产业集聚区，形成东、中、西特色鲜明、优势互补的山东文化产业发展长廊。

1. 以青岛为龙头，包括烟台、威海、日照、东营、潍坊，突出滨海文化和近现代文化资源与产品特色，打造东部文化产业集聚区。突出青岛龙头地位，衔接半岛城市群建设、制造业基地建设和环渤海地区综合开发，充分发挥海洋文化优势和邻近日韩、相对辽东的区位优势，突出“开放、融合、发达”的区域特色，进一步提高文化产品生产能力和文化服务功能，推进优势互补与和谐发展，实现文化生产要素的快速聚集和高效组合。加快发展新闻出版、广播影视、旅游休闲度假、文化演艺、创意设计、广告会展、动漫游戏等产业集群，力争成为全国文化产业开放程度高、发展活力强、最具核心竞争力的地区之一。

2. 以济南为中心，包括泰安、淄博、德州、莱芜、滨州，突出齐文化、泰山文化、黄河文化、泉水文化资源和产品特色，打造中部文化产业集聚区。结合济南省会城市群经济圈建设，充分发挥文化创意中心城市的教育、科技、信息、文化、资本的集成优势，重点发展新闻出版、广播影视、网络信息、动漫游戏、文化旅游、广告会展、文化演艺、休闲娱乐和现代物流等产业集群，进一步强化文化产业的集聚与扩散功能，促进中部地区文化经济加速崛起。

3. 以济宁为支点，包括临沂、枣庄、聊城、菏泽，突出儒家文化、运河文化、水浒文化、红色文化资源和产品特色，打造西部文化产业集聚区。与鲁南经济带建设和突破菏泽相结合，依托东方圣城、江北水城、红色文化名城、中国牡丹城等著名城市文化品牌，加强文化基础设施建设。加快推进中华文化标志城规划建设，发起成立专家咨询委员会，抓紧开展中华文化标志城规划创意征集和科学论证工作，加强建设项目可行性研究，形成总体规划方案，使规划建设的过程成为全民讨论、形成共识的过程。从历史文化遗产保护、环境整治、基础设施建设入手，在完善修编曲阜、邹城两个国家历史文化名城总体规划的基础上，以曲阜为重点，启动实施一系列孔子文化工程项目和基础设施项目，提升城市文化功能，为中华文化标志城建设奠定基础。培育壮大优势文化产业，重点发展文化旅游、工艺品制造、印刷物流、文化演艺等产业，建设孔子文化产业基地、红色文化园区、孙膑故里园区、中华祖源景区等，提高产业化运营水平，走出文化产业跨越式发展的新路子。

### （二）三大文化产业园区

突出历史文化特色，建设三大文化产业园区，发挥特色文化产业群、产业链的集聚效应，推动文化资源优势向产业优势转化，形成特色鲜明、功能完善的文化产业发展增长极。

1. 鲁文化产业园区。集鲁文化特别是孔子文化产品创意、科研、生产、服务、销售于一体，形成强大的集约优势。组建孔子文化产业集团，重点开发富涵孔子文化底蕴、创意新颖、深受市场欢迎的孔子文化系列产品，推动集团在国内和境外上市。保护开发曲阜明故城，进一步挖掘、提升和整合孔子文化资源。建设孔子文化博物馆，使之成为传播孔子文化的窗口。开展“孔子文化世界行”国际文化交流活动和对外贸易，积极参与国际文化产品市场竞争，扩大孔子文化的国际影响，推动孔子文化走向世界。

2. 齐文化产业园区。整合齐国故都、聊斋故里、陶瓷名城、足球故乡、孙子故里资源，突出齐文化尚功利、重革新、兼容并蓄的文化精神，重点研发齐文化系列产品，包括齐文化剧目、动漫、影视、旅游、艺术品等，将丰富的人文资源优势转化为产业发展优势，形成以淄博为中心的齐文化产业园区。

3. 红色文化产业园区。充分利用沂蒙革命老区文化资源，重点开发山东红色旅游联线，打造以临沂为中心的红色文化产业园区。突出生态、民俗、兵学、影视、书法和红色旅游特色，深度开发面向市场、贴近群众的革命文化产品，形成红色文化产业链。

### （三）三大文化产业带

以文化为纽带，以产业为载体，促进沿线特色文化资源的集聚整合，形成三条文化产业带，拓展文化产业发展的空间领域。

1. 黄河文化产业带。以境内黄河为轴线，以两翼广大地区为腹地，与京津及黄河流域文化产业发展相对接，整合开发黄河沿线文化资源和民俗资源，用现代理念进行策划包装，加强沿黄文化产业区域协作，推动文化经济规模的快速发展，成为文化生产力高度聚集的带状经济区。

2. 运河文化产业带。以京杭运河山东段为轴线，以运河两翼广大地区为发展空间，以沿河丰富的文化内涵为基点，整合开发运河文化资源，把京杭运河沿岸的城市组群和广大农村，建成一个集文化开发、旅游观光、休闲度假、民俗风情于一体，特色突出、个性鲜明的文化产业带。

3. 滨海文化产业带。以青岛为龙头城市，以沿海丰富的海洋文化、渔民文化、科技文化内涵为基点，整合开发山城相连、海天一色，人文景观与秀丽自然风光融为一体的旅游胜地，促进文化与现代产业融合发展，打造适合人类居住的文化环境，成为符合现代人时尚需求，具有休闲、娱乐、游览、度假和展示功能的知名文化产业带。

## 五、产业结构

全省文化产业结构进一步优化，优势互补、资源共享、合作竞争、系统完整的文化产业体系初步形成，文化产业的核心层和外围层增加值大幅度提高，对文化产业发展的贡献率明显增强。

### （一）产业发展重点

1. 广播电视业

做大做强山东广播电视总台，培育一批具有竞争力的广播影视市场经营主体。一是加快发展广播影视内容产业，打造名牌栏目、频道。推动生活、娱乐、体育类节目制播分离改革，吸引社会资本投资广播电视节目制作，提高市场化开发和公司化运作水平。着力提高广播电视节目制作的科技含量，推进广播影视制作、播映、存储、交易及影视衍生产品开发等领域的数字化，建设区域性节目制作中心和流通中心，确立山东广播电视在全国节目市场上的领先地位。二是大力发展广播电视数字新媒体产业，搭建有线数字广播电视平台，开发无线广播电视数字多媒体业务，积极开展数字广播、数字付费电视、手机电视、移动电视、互动电视、高清电视及其他业务。三是以资产为纽带，以行政推动与市场调节为手段，加快全省广播电视传输网络整合。加快全省有线电视网络升级换代和数字化改造，努力实现全省县以上城区由模拟向数字化的整体转移。四是以齐鲁影视文化广场、青岛影视基地、临沂国际影视城等开发建设为突破口，建设以济南、青岛为中心的山东广播影视文化娱乐基地。五是加强广播电视广告经营与管理，全省广播电视广告增长比例和增加额度继续保持或跻身全国同级同类广电机构前列。尽快组建山东广电产业集团公司，作为山东广电核心企业。形成节目、网络、广告三大主业并举，相关产业多元化发展的广播电视产业发展格局，全省广播电视业综合经济实力继续保持全国同行业领先位置。

2. 新闻出版业

进一步繁荣发展报刊业。调整优化报刊结构，注重内涵发展，推进报刊业由数量型向规模型、特色型、品牌型、效益型转变。加强对重点报业集团的支持、培育力度，进一步壮大大众报业集团以及济南日报报业集团、青岛日报报业集团、烟台日报传媒集团、临沂日报报业集团的实力。发挥重点报业集团的拓展、带动能力，按照“做大做强主报主业，带动其他相关产业”的发展思路，以主业为平台，开发上下游产业链，加快跨地区、跨行业、跨媒体发展步伐，着力打造一批社会效益和经济效益显著、具有较强影响力的品牌新闻出版物、品牌报刊社和龙头企业。

图书出版重点是优化结构，创新品牌，用高新技术支持现代出版业的发展。努力提高一般书在图书总量中的比重、鲁版书在全国图书市场中的比重，形成畅销书群、长销书群和引进版书群协调发展的图书出版格局。完成列入国家和省规划的重点图书出版任务。完善重点出版项目扶持政策和双效书评估办法，加强对重点出版项目的投入与跟踪问效，提高一般书再版率，确保在全国图书评奖中获奖数量名列前茅。加快各类出版物数字化、网络化、电子商务化进程，积极发展网络出版，开拓出版领域，加强网络游戏和动漫出版，完成列入国家和省规划的重点音像、电子出版物出版任务。以“农家书屋”建设为载体，积极开发出版适合农村经济社会发展，农民买得起、看得懂、用得上的图书、音像电子等各类出版物，组织好服务“三农”出版物的出版工作。实施“中国图书对外推广计划”，完善版权服务体系，鼓励支持优秀作品通过版权输出走向国际市场。到2010年，山东出版集团体制基本理顺，母子公司结构基本成型，微观运行机制基本成熟，内部资源配置得到优化，初步建成出版主业突出、多业并举、体制完善、机制灵活、综合实力和核心竞争力保持全国前列的大型综合性出版集团，打造国内外有较强竞争力的出版品牌。

3. 影视剧制作业

采用合资合作、项目合作等多种形式，鼓励和吸引社会资本投资影视剧制作业，培育一批在全国具有竞争力和影响力的影视剧制作公司，提升电影、电视剧的生产能力和生产效益。创新影视剧生产、销售体制机制，增强内部活力和市场竞争力。加强影视制作、发行、播映和衍生产品开发，扩大山东影视剧在全国的市场份额，积极开拓国际市场。加快影视剧的数字化进程，满足多种媒体、多种终端对影视数字内容的需求，形成山东广播影视产业发展新的增长点。

以城乡电影院线建设推动电影发行放映改革，支持多院线竞争发展。将新世纪电影院线和银星电影院线建成地域性品牌院线。组建山东鲁信影院发展有限公司（院线），通过新建、兼并、联合等形式，在济南、淄博、烟台、潍坊、临沂、威海、日照、泰安、东营、德州等城市建设10家不同档次和规模的影院，形成我省电影院线的知名品牌。开发建设现代化数字影城“齐鲁影都”，带动齐鲁影视文化广场和电影院线建设。大力发展社区和农村数字影院，在全省创建适合中低收入人群的低票价电影院线。在工商企业相对发达、人口密集的城乡结合部，建设一批高档次、多厅、多功能综合电影院和电影城。采取“企业经营、市场运作、政府花钱买服务”的办法，推动农村电影放映工程实施，在全省农村基本实现一村一月放一场电影的目标。

4. 印刷发行业

按照“合理布局、优化结构、提升档次、壮大实力”的原则，大力发展印刷复制产业。建设以济南为中心的出版物印刷产业基地，以青岛为龙头的山东半岛包装装潢印刷基地，以临沂为重点的印刷、物流基地。加快发展包装装潢印刷企业和可录类光盘企业，引进和发展外商投资印刷复制企业，建设一批规模大、竞争力强的大型印刷企业集团。积极运用数字化印刷、个性化印刷等国际先进印刷技术，优先发展高新技术印刷企业，鼓励发展“专、精、特、新”的印刷企业。到“十一五”末，全省年销售收入过亿元的企业达到40家，力争有三分之二的印刷企业达到设备先进、技术领先、效益良好的水平，使我省印制能力和水平保持全国领先地位。

山东省新华书店以加快连锁经营步伐为主线，强化主业经营，探索多元发展，构建以连锁总部为龙头，以城乡基层发行网点为依托的出版物经营格局。到“十一五”末，全省连锁门店达到500家，实现资产总额40亿元，年销售收入55亿元。建设山东出版物流中心及东、西、南、北四个分中心，形成覆盖全省、辐射周边的出版物物流配送体系。重点扶持规模较大、势力较强的民营发行企业，支持国有和民营出版物发行企业开展跨地区、跨行业、跨所有制经营，发展连锁经营、现代物流和网络书店等现代出版物流通系统。鼓励出版单位利用第三方物流，降低流通成本，提高流通效率。积极发展出版物发行电子商务、网络书店等各种形式的现代出版物交易系统。鼓励建设遍及全省的书报亭及公共信息服务网络。

5. 文化演艺业

深化文艺院团改革，培育市场主体。按照“一团一策”的原则，整合现有艺术院团及演出场所资源，着眼文化与旅游、科技、媒体、资本、市场的融合，引进战略投资者，合理安排股本结构，采用整体转制、部分剥离、兼并重组等多种形式，推动一般艺术院团及演出场所改革创新。支持和引导国有艺术表演团体，以市场运作的方式进行艺术创作、生产和营销。采用演出季制、月票制、通票制、会员制等多种方式，培育观众群体。发挥齐鲁文化底蕴深厚优势，在重点文化旅游城市，打造国内一流、观赏性强、具有较高知名度和市场号召力的大型旅游演艺品牌，使之成为山东的“文化名片”。大力支持积极健康的大众化娱乐项目和经营活动，优化演艺娱乐业结构，提升演艺娱乐项目的文化品位和科技水平，引导演艺娱乐业向超市化、连锁化、规模化、品牌化方向发展。健全现代演出体系，组建山东演出联盟，吸引全省主要艺术院团、演出中介和演出场所自愿加盟，打造演艺剧目创作生产、营销推介、演出场所等完整的产业链，促进全省演出市场网络体系的形成。按照市场需求定制、配置演艺节目，实现演出联盟经营的良性循环和健康发展。实行演出场所院线制，促进演出场所连锁经营。按照体育场、体育馆、音乐厅、大剧院、小剧场等功能类型，分门别类组织演出院线，逐步构建覆盖全省演出市场的演出院线体系。依托大众网，开辟“山东演艺在线”，及时发布演艺资讯，搭建信息共享平台。建立演艺中介组织，发展文化经纪、演出策划、咨询评估、市场调查、票务代理等文化中介组织，规范经营行为，提高文化产品和服务的市场化程度。完善演出资质认证体系，推行演出职业经理人制度、制作人制度、经纪人制度、领衔主演制度或明星演员制度等现代演出市场制度，逐步确立现代演出市场模式。

6. 动漫产业

加强动漫产业基地建设。与国家信息通讯国际创新园、济南高新区齐鲁软件园、青岛惠谷软件园等园区建设相结合，重点建设济南动漫基地、青岛国家动漫创意产业基地、青岛创意100产业园、烟台动漫产业发展基地、临沂动漫城、山东雪野文化创意基地等。充分发挥基地孵化、提升、集聚、创新四大功能，培育新兴企业，吸引国内外优秀企业，推动本地资源与外来企业、资金、项目相结合，促进动漫产业“产、学、研、服”一体化发展。推动核心技术研发。加大对动漫产业基础性、战略性和前瞻性核心技术和产业化支持力度，鼓励软件园区、动漫基地与高等院校、科研院所联合，整合优化资源，建立共享机制，搭建动漫游戏产业公共服务平台，为产业发展提供技术支撑。构筑动漫产业链。充分挖掘齐鲁优秀文化资源，研发和制作原创性的具有自主知识产权的动漫产品。推动动漫图书、报刊、电影、电视、音像制品、电子出版物（含互联网游戏作品）、舞台剧和基于现代信息传播技术手段的动漫新品种的开发与生产。鼓励文化企业生产制作与动漫形象有关的服装、玩具、电子游戏等衍生产品。建立动漫原创产品评选、奖励和推广机制，积极支持动漫原创产品推广活动，培养引导公众的创意兴趣和消费习惯。整合教育、培训、研发、孵化、营销等各种动漫产业资源，构建完整的动漫产业体系。把动漫人才培养纳入全省教育发展规划，重点培养复合型、创新型、技能型、操作型人才，建立动漫产业研发、制作及经营管理高端人才培养体系。健全高层次人才的引进、奖励制度，建立人才保障体系。逐步形成以动漫产业基地为中心、市场主体多元、动漫产业链相对成熟的产业体系，促使动漫产业成为我省文化产业的主要支柱之一。

7. 文化旅游业

加强文化与旅游产业的有机融合，积极发展文化旅游业。重点打造“文化圣地、度假天堂”形象品牌，重塑“山水圣人、黄金海岸”两条文化旅游主线。构建“九个文化旅游区”：以泰山、沂蒙山和泉城为载体，构建山泉文化旅游区；以“三孔”为载体，整合孔子、孟子、曾子等儒家文化旅游资源，构建儒家文化旅游区；以黄金海岸为载体构建海洋文化旅游区；以古运河为载体构建运河文化旅游区；以黄河为载体构建黄河文化旅游区；以齐国故都和孙子故里为载体构建齐文化旅游区；以潍坊国际风筝会和杨家埠木板年画为载体构建民俗文化旅游区；以梁山、郓城、东平湖和阳谷景阳冈为载体构建水浒文化旅游区；以沂蒙山革命根据地、枣庄铁道游击队、孟良崮战役、莱芜战役、济南战役、鲁西南战役、胶东抗日根据地、渤海革命老区为重点，开发与自然、文化相结合的红色旅游产品，构建红色文化旅游区。加大文化旅游区基础设施投资，在济南市集中规划建设博物馆、美术馆等一批全省性文化标志工程的同时，统筹规划建设青岛现代艺术中心、烟台市文化中心、潍坊市文化艺术中心、临沂市文化艺术中心、济宁市大剧院、菏泽大剧院、蒙山沂水大剧院、滕州墨子文化城、惠民中国孙子兵法城等一批区域性文化旅游标志性建筑，增加景区的文化内涵。规划建设济南市芙蓉街区、朱家峪旅游度假区、牟氏庄园旅游区、江北水城旅游区、羲之故里书圣文化园、曲阜尼山圣像大型旅游景区、周村古商城、烟台山、朝阳街开埠、蓬莱水城、莱芜雪野景区等一批文化旅游项目。在重点旅游景区和旅游城市，策划打造适合长期演出、反映不同景区主题、丰富游客夜生活的演艺精品。把文化旅游业培育成为我省国民经济的主导产业，实现由文化旅游资源大省向文化旅游产业强省的跨越。

8. 体育产业

建立和完善适应社会主义市场经济体制要求，符合现代体育运动规律，门类齐全、结构合理、规范发展的体育产业体系。积极发展竞赛表演、体育培训、体育彩票、体育传媒、体育中介、体育旅游等产业门类，探索体育运动项目面向社会、面向市场、良性循环的运行机制。加快体育健身娱乐业发展，鼓励开办各类体育健身休闲俱乐部，发展群众喜爱的运动项目，引导群众加大体育健身运动消费。大力发展健身器材租赁、健身康复、信息咨询、体质测试和健康评估等经营活动。打造我省体育用品知名企业和知名品牌，促进体育相关产业发展。加强体育设施建设，推动体育场馆多元化经营，强化无形资产运作，提高竞技体育服务水平。加快济南市奥体中心、德州市体育中心、潍坊市体育中心、济宁市体育中心、临沂市奥体中心、滨州市体育中心、莱芜市体育公园、聊城体育公园、菏泽演武馆等一批体育重点项目建设，集中力量办好青岛奥帆赛、第十一届全国运动会、山东省第二十二届运动会等重大体育比赛，适时举办山东省体育用品博览会。抓住举办北京奥运会帆船项目和第十一届全运会的机遇，培植新的竞争优势，增强全省体育产业实力。

9. 广告会展业

广泛吸收社会多元投资，加快烟台、潍坊、济宁、临沂、菏泽等一批会展场馆建设。培育品牌会展，提高会展业竞争力。做活节庆活动，丰富文化内涵，提高城市知名度。办好山东（国际）文化产业博览会等重点文化展会，打造集“节、会、展、演、赛、论”为一体的特色节会。在全省培育出10个具有国际影响力、20个具有全国影响力的名牌节会，形成定位准确、主题突出、特色鲜明、梯次发展的会展业格局。

充分发挥市场机制作用，推动广告资源的合理流动和科学配置，加快广告业结构调整，提高规模化、专业化水平。积极促进网络游戏广告、移动电视广告、手机短信广告等新型广告媒体的发展，拓展广告业发展空间，建立影、视、声、平面、户外、互联网、移动通讯等全方位、多门类的广告媒介体系。打造旗舰广告企业，培育一批知名广告品牌，初步形成结构合理的广告会展人才队伍，广告会展业现代化、国际化水平居全国前列。

10. 古玩书画与工艺品产业

加强基础设施建设，加快建设山东省文博中心。加强古玩书画和工艺品市场建设，依托济南英雄山文化市场、青岛文化街、临沂古玩城等，打造古玩书画市场；依托淄博陶瓷制造业和淄博陶瓷琉璃艺术节，打造陶瓷琉璃市场；依托曲阜孔子文化商品进出口基地，打造孔子书画工艺品市场；依托潍坊国际风筝会、中国江北水城文化旅游节、菏泽国际牡丹花会等，打造民间民俗工艺品市场。发掘我省历史文化资源和传统民间艺术资源，研究开发具有齐鲁文化特色的民间艺术系列产品，加大对民间民俗产品的扶持力度，培植一批工艺美术品品牌。鼓励社会资本兴办古玩书画和工艺美术产品生产企业，通过规模化、集约化方式，整合生产要素，扩大生产能力，打造龙头产品，形成辐射全国、面向海外的民间民俗工艺品生产基地。发挥高等院校和科研院所优势，建设工艺品产业研发基地和工艺美术馆，集中研发具有鲜明齐鲁特色、市场前景广阔的工艺美术品。鼓励兴办拍卖企业，支持发展高端拍卖业，提升行业附加值。支持利用闲置厂房规划建设艺术集聚区，吸引国内外艺术家、收藏家和文化机构入驻。促进艺术品销售与家居装饰、文化旅游的结合，开拓艺术品新的消费市场。

在突破发展十大重点产业的基础上，全省各地根据自身资源特点和发展基础，本着“有所为有所不为”和“量力而行”的原则，突出有个性特点的文化支柱产业门类，确立文化产业发展的布局和重点，形成重点推进的文化产业集群，打造优势产品、拳头产品、特色产品和名牌精品，主动与全省规划的三大集聚区、三大产业园、三大产业带相对接，形成合力，优势互补，协同发展。

### （二）产业发展方向

1. 重点突破内容产业

以创意为核心，汲取齐鲁文化资源优秀元素，创造文化产品著名品牌，引领文化消费时尚。强化图书报刊、广播影视、艺术演出等传统产业的内容制作能力，大力提升动漫游戏、广告会展、文化娱乐、旅游休闲等创意能力，加快发展工业设计、工艺设计、软件设计、包装设计、建筑设计、园林设计、服装设计等生产性文化创意产业，提高我省内容产业的创意水平和综合实力。

2. 优先培育新兴产业

优先发展高科技含量、高附加值的新兴文化产业门类，集中力量支持和突破高科技重点产业和重大项目。加强数字技术、数字内容、网络技术和安全播出等核心技术的引进和自主开发，推动各类文化载体的信息化、数字化、网络化建设。以浪潮集团、海尔集团、中创集团等为主体，在数字化装备、网络化系统、多媒体技术、软件技术等领域，集中力量开发具有国际竞争力的高质量文化电子信息产品，打造数字技术文化产业基地。在数字电视、手持终端、数字影院、智能儿童玩具、柔性显示器件等数字内容产品上加大开发力度，融合出版、报刊、广播电视、音像电影、通信网络等多种媒体形态，不断扩大我省数字产品的市场空间。加强宽带通信网、数字电视网和下一代互联网开发建设，实现信息服务的宽带化、个性化、智能化。加快推进“三网融合”和数字公共文化信息服务亭建设，普及数字广播电视业务，形成覆盖全省的共享型、集约化信息网络体系。推进新闻网站资源整合，建成与我省地位相称、具有较强竞争力和影响力的综合性网络媒体集团。

3. 着力发展民俗文化产业

把我省丰富的民俗资源作为文化产业着力开发的重点，大力实施“文化富民”工程。加强对非物质文化遗产的普查保护和市场开发，打造山东非物质文化遗产著名文化项目品牌。以文化创意为基础，以齐鲁大地非物质文化遗产为基本资源，结合时尚流行文化元素，创造丰富多彩的具有自主知识产权和文化特色的内容产品，形成在国内外影响广泛的“齐鲁风”新民俗文化潮流。建立非物质文化遗产档案和数据库，鼓励和支持非物质文化遗产项目的展览和演示活动，加强对优秀传统文化典籍、技艺的推介、演示和讲授。利用数字化技术，对历史悠久、具有鲜明地方特色的鲁菜艺术、三大秧歌、山东梆子、莱芜梆子、枣梆、柳子戏、柳琴戏、吕剧、山东快书、山东琴书、山东杂技、鲁锦艺术、梁祝传说等非物质文化遗产项目，进行市场开发、策划包装、宣传营销，促进优秀传统文化资源的产业化经营。对春节、元宵节、清明节、端午节、七夕节、中秋节、重阳节等传统民族节庆活动的内容、风俗、礼仪等民族文化的基本元素，进行多种媒体介质形式的产业开发，推出更多具有山东地方特色、百姓喜闻乐见、引领大众消费的著名文化产品和服务品牌，在全国创立齐鲁文化礼仪范式和服务特色标准体系。

## 六、保障措施

### （一）加强组织领导

各级党委、政府要从贯彻落实党的十七大精神和省第九次党代会精神、建设文化强省的战略高度，深刻认识发展文化产业的重大意义，切实把文化产业发展列入重要议事日程，把文化产业建设的目标任务纳入经济社会发展的总体规划。省及各地文化体制改革和文化产业发展工作领导小组，要定期研究、协调解决文化产业发展中的重大问题，形成党委领导、政府管理、行业自律、企业自主经营的领导体制和工作机制。

建立长效工作机制。把文化产业发展作为评价地区发展水平，衡量发展质量和领导干部工作实绩的重要内容，纳入对各级党委政府领导班子和领导干部的考核体系。

建立完善文化产业统计制度。全面开展文化产业统计工作，定期发布文化产业统计数据分析报告，发挥文化产业统计在政府决策和公共服务中的信息、咨询、监督职能。加强文化产业统计队伍建设，不断提高文化产业统计工作的质量和水平。

### （二）深化文化体制改革

认真贯彻落实《中共中央国务院关于深化文化体制改革的若干意见》（中发〔2005〕14号）和《省委省政府关于印发〈山东省深化文化体制改革工作方案〉的通知》（鲁发〔2006〕20号），积极稳妥推进文化体制改革。遵循区别对待、分类指导、因地制宜、逐步推开的原则，大众报业集团、山东广播电视总台、山东出版集团、省博物馆、省艺术馆及省直艺术院团等为省直改革试点单位，济南、青岛、莱芜、临沂、滨州等为改革综合试点市。综合试点市和试点单位要全面推开改革试点工作，非综合试点市也要积极试点，围绕推进文化事业单位改革、深化文化企业改革、加快文化领域结构调整、培育现代文化市场体系、健全宏观文化管理体制等主要任务，努力取得实质性进展。

### （三）完善文化经济政策

贯彻落实《国务院办公厅关于印发文化体制改革试点中支持文化产业发展和经营性文化事业单位转制为企业的两个规定的通知》（国办发〔2003〕105号）等中央提出的一系列文化经济政策，落实省委、省政府关于事业单位改革的配套政策和《省政府办公厅印发关于深化文化体制改革加快文化产业发展的若干政策的通知》（鲁政办发〔2007〕92号），设立文化产业发展专项资金，切实解决好文化事业单位转企改制过程中的财政税收、投资融资、资产管理、土地、人员分流安置、收入分配等问题。新建文化设施用地坚持节约集约用地的原则，要纳入土地利用总体规划和年度用地计划，并尽量在城市规划和村镇规划建设区范围内布局。省和具备条件的市可组建文化产业投资公司、中小文化企业融资担保公司，发展孵化器、风险投资、创业投资等新型投融资工具，积极培育和推进一批竞争力强、发展前景好、符合上市条件的文化企业申请上市融资。设立“省级文化产业发展突出贡献奖”，把文化创意产业优秀项目评选纳入省级精神文明建设“精品工程”，充分发挥其对文化产业发展的导向作用。

### （四）加强人才队伍建设

加强文化产业领域高层次人才培养。大力培养、造就和凝聚高层次、创新型文化领军人才，加强对优秀民间文化人才的挖掘、保护和利用，建立文化产业高端专家人才队伍，形成推动文化产业跨越式发展的人才优势。注重培养文化资本运营、文化经纪代理、文化产业经营管理和文化科技创新人才，加大文化产业人才培训力度，建立多层次、多渠道的文化产业人才培训体系，培养一批既熟悉宣传文化业务，又懂经营、善管理的优秀文化产业人才。

加强高等院校文化产业人才培养和学科建设。根据文化产业发展需求增加文化产业相关专业设置，形成优势学科。推进中国海洋大学、山东大学、山东师范大学、山东工艺美术学院、山东社会科学院等国家级和省级文化产业基地建设，培养更多的优秀文化产业创新人才。

完善人才选拔、聘用、激励机制。建立文化艺术专业人才库和文化经营管理人才库，逐步推行人事代理制度和文化人才网络化管理，充分发挥市场在人才资源配置中的作用，加快人才聚集，引导文化人才合理、有序流动。建立健全人才评估和激励机制，尽快健全技术、管理、品牌等参与收益分配的具体办法，实行一流人才，一流待遇。在文化企业积极试行企业家年薪制和股票期权制，建立与现代企业制度相适应的收入分配制度。

**（五）加强文化产业立法工作**

研究制定《山东省文化产业促进条例》，通过法定程序逐步将文化经济政策上升为法律法规。开展文化法制宣传，保护知识产权，提高依法行政、守法经营和维护文化权益的自觉性。加大执法力度，规范执法行为，提高执法水平。理顺政府管理部门的职能分工，避免多头管理、重复审批。制定和完善文化服务的地方法规，保障文化产业健康发展。

## 四川省文化产业发展规划（2009－2012）

根据国家文化产业振兴规划和我省服务业发展总体规划，为进一步推动全省文化产业加快发展，充分发挥文化产业在推进文化资源大省向文化强省跨越和调整结构、扩大内需、增加就业、推动发展中的重要作用，特制定本规划。

### 一、指导思想和发展目标

**（一）指导思想**

全面贯彻党的十七大精神，高举中国特色社会主义伟大旗帜，以邓小平理论和“三个代表”重要思想为指导，深入贯彻落实科学发展观，紧紧围绕加快建设灾后美好新家园、加快建设西部经济发展高地，遵循社会主义市场经济规律和精神文明建设规律，进一步解放和发展文化生产力，以资源为依托、内容为核心、创新为手段，加大改革力度，优化发展环境，大力培育市场主体，增强产业实力和竞争力，推动文化产业加快发展、科学发展、又好又快发展，将文化产业培育成国民经济新的增长点。

**（二）基本原则**

坚持文化与经济协调发展，充分发挥经济对文化的支撑、支持作用，文化对经济的促进、推动作用，促进社会和人的全面进步；坚持把社会效益放在首位，坚持社会主义先进文化前进方向，遵循市场经济规律，努力实现社会效益和经济效益的统一；坚持以改革促发展，深化文化体制改革，革除束缚文化产业发展的体制性障碍，增强文化发展的活力、实力和竞争力；坚持以结构调整为主线，加快推进重大产业项目，扩大产业规模，带动全省文化产业发展；坚持以科技进步为动力，加快文化与高新技术融合，创新业态，跨越发展，提高文化的吸引力、感召力和竞争力。

**（三）发展目标**

全省文化产业资源配置更加合理、产业结构更加优化、技术水平和自主创新能力显著提高，文化产品丰富多样、文化市场繁荣有序，文化产品和服务出口进一步扩大，文化影响力和文化产业竞争力显著增强。建设西部文化创意中心、西部文化产品物流中心、西部最大的动漫创意孵化中心、网游研发运营中心，建设西部数字出版基地、全国重要的民文出版基地、西部最大的印务基地、全国重要的影视制作基地、文化用品与设备生产制造基地。到2015年，文化产业增加值达到1000亿元以上，年均增幅高于同期国民经济增长。全省形成经营收入达50亿元文化企业5户、10亿元文化企业20户、1亿元文化企业80户，文化产业从业人员达到100万人以上。基本形成与西部经济发展高地和文化强省相适应的文化产业格局，文化产业综合实力领先西部、居全国先进行列。

### 二、产业布局

**（一）空间布局**

按照整合资源、发挥优势、错位发展、注重实效的原则，围绕全省“一主、三化、三加强”和“一枢纽、三中心、四基地”的发展思路，统筹规划全省文化产业发展的空间布局。

1. 集中发展区

依托特大城市和大城市都市圈，突出西部交通枢纽和物流、商贸、金融中心的地位，努力建设西部文化创意中心、文化产品物流中心，加快建设西部最大的印务基地、西部最大的动漫创意孵化中心、网游研发运营中心、全国重要的影视制作基地、文化用品与设备生产制造基地。做大做强四川日报报业集团、四川广播电视集团、四川出版集团、四川新华发行集团、峨眉电影集团、天府文化产业集团、新华文轩连锁股份有限公司、四川期刊传媒（集团）股份有限公司、四川省有线广播电视网络股份公司、四川省乡村文化股份有限公司、成都日报报业集团、成都文化旅游集团、成都演艺集团公司等。加快建设文化产业园区和基地，推进四川文化产业园区、红星路创意产业园区和国家动漫游戏产业振兴基地、成都现代印务基地、数字出版和影视基地等的建设。实施重大文化产业项目，推进四川文化城、四川广播电视塔影视文化广场、极地海洋公园等项目建设。形成支撑新闻出版、广播影视、演艺娱乐、网络文化、文化旅游、文化创意设计、广告会展、文化用品及设备生产销售的产业集群和产业聚集区。

2. 特色发展区

——川西民族文化产业发展区。依托藏、彝、羌等少数民族文化资源，依托九寨沟、黄龙、大香格里拉、大熊猫栖息地等自然文化资源，发展文化旅游、休闲度假、演艺娱乐、影视制作、民族工艺品生产等产业，打造民族特色文化产业。

——川南民俗文化产业发展区。依托自贡、宜宾、泸州等国家级历史文化名城名镇和自然生态资源，发展以酒文化、茶文化、盐文化、灯文化、恐龙文化、长江上游文化等为主的文化博览、演艺娱乐、影视制作、民间工艺品制作、广告创意设计、印刷包装等产品和服务，努力扩大对外文化贸易。

——川中历史文化产业发展区。依托峨眉山、乐山大佛、瓦屋山、遂宁观音故里、安岳石刻等宗教文化和自然生态资源，发展以文化旅游和文化休闲为主的文化产业；依托三苏祠、陈毅故居、郭沫若故居、张大千故里等文化名人资源，发展文化博览、艺术鉴赏、演艺娱乐、影视制作等产业。

——川东北红色文化产业发展区。依托川陕革命根据地、华蓥山游击队根据地和朱德、邓小平、张澜等故居以及“旺苍红军城”，打造红色文化产业；依托剑门蜀道、阆中古城、陈寿故里等文化遗址打造三国文化产业；发展文化旅游、影视制作、文艺演出、图书出版、文博展览等产业。

3. 文化产业园区和基地

加强对文化产业园区和基地布局的统筹规划，推动国家、省、市（州）三级文化产业园区和基地的规模化、集约化、特色化、科技化发展，打造综合性文化产业发展平台。

——重点建设西部最大的动漫创意孵化中心、网游研发运营中心，全国重要的数字出版基地、影视制作基地、印务基地和文化用品与设备生产制造基地，打造在全国有影响力的文化产业品牌，增强在国际国内市场的核心竞争力，发挥对我省文化产业的龙头带动作用，促进西部文化产业高地建设。

——加快建设省级文化产业园区和基地，吸引国内外战略投资者，鼓励国有、民营文化企业进入园区和基地，促进各种文化生产资源和要素的合理配置，推动产业集聚、产品研发、业态创新、产业联动，提升我省文化产业的综合实力。

——各市（州）依托区域优势文化资源，大力发展文化产业园区和基地，开发特色文化产品，拓展城乡文化市场，完善各类经营网络，形成特色鲜明、结构合理、优势互补、良性互动的产业格局。

**表1 重点文化产业园区和基地**

| |
|---|
| 文化部命名的国家文化产业示范基地：自贡市灯贸委管理委员会、成都市锦里公司、广元市女皇文化园、成都市三圣花乡五朵金花、成都市兴文投资发展有限公司、九寨沟演艺产业群、广汉三星堆文化产业园、四川乐山乌木珍品文化博物苑有限公司、成都洛带客家文化产业开发有限责任公司、成都演艺集团有限公司 |
| 国家动漫游戏产业基地：国家动漫游戏产业振兴基地、国家级网络游戏和动漫产业发展基地、国家863数字媒体成都产业化基地、国家数字娱乐产业示范基地 |
| 文化产业园区和基地：四川文化产业园区、四川文化创意产业园区、四川文化技能培训基地、灵岩山文化产业园区、成都现代印务基地、影视生产制作基地、遂宁市天上宫观音民俗文化博览苑、剑门关旅游文化产业发展园区、内江大千文化旅游产业园区 |

## （二）结构布局

重点发展新闻报刊、广播影视、出版发行、文化演艺等核心层产业，加快发展网络文化、文化旅游、广告会展等外围层产业，大力发展文化用品与设备生产销售等相关层产业。

1. 新闻出版产业

——巩固和发展优势新闻出版产业。通过资源整合、结构调整、机制创新、强化管理，推进出版、发行、报纸和期刊业的发展。实施重大产业项目带动战略，培育发展骨干出版传媒企业，增加新闻出版产品和服务的有效供给，增强全省新闻出版业的整体实力和综合竞争力。重点培育四川日报报业集团、四川出版集团、四川新华发行集团、四川期刊传媒（集团）股份有限公司、成都日报报业集团等实力雄厚、具有较强影响力和竞争力的国有大型文化集团，做强做大四川新闻出版产业。

——加快推动新闻出版业的转型和技术创新，构建覆盖广泛、技术先进的数字出版传播体系。鼓励和支持有条件的文化产业集团和新闻出版单位进入数字出版领域，在数字出版、数字印刷、电子纸和出版电子商务等方面进行自主研发，或与新型媒介深度融合，构建战略合作关系，把数字出版的发展与各相关产业的发展结合起来，推动传统出版向现代出版的转变。引导新闻出版业推进内容形式创新，使各种传播手段与优势内容资源相结合，探索新的盈利模式，形成出版业新的经济增长点。

——推进出版业内容创新。鼓励各出版单位利用社会生产要素提高内容创新能力。强力开发以川版教材、教辅、版权贸易为核心的内容产业和版权产业。在出版发行企业和部分非时政类报刊社实行投资主体多元化，不断探索新的途径和方法。加强非教材教辅出版物的出版，形成新的经济增长点。打破过度依赖规模、数量扩张的粗放式经营模式，积极推进增长方式的转变。

——构建全国性发行网络，推进出版物信息化网络和物流体系建设。大力发展连锁经营、读者俱乐部、网上书店等新型业态及现代流通经营方式，加快中心城市大型书城、图书商城、图书超市和城乡销售网点建设，逐步形成大中城市有书城，乡镇有销售服务网点，村有农家书屋的出版物销售服务体系，打造西部第一流的出版物物流产业。以中盘为依托，加快建设全国性出版物发行网络。

——加快印刷产业升级，重点发展大型龙头印刷企业和中小型优势特色企业，推动印刷业向多色、高速、数码化、个性化和高端化发展。以印务园区和基地为依托，促进全省印刷资源整合，建设西部最大的印务基地。

**表2　新闻出版产业重点内容**

| | |
|---|---|
| 骨干单位 | 四川日报报业集团、四川出版集团、四川新华发行集团、四川党建期刊集团，四川期刊传媒（集团）股份有限公司、成都日报报业集团、四川新华文轩连锁股份有限公司、四川联翔印务有限公司、四川新华彩色印务有限责任公司、博瑞印务公司 |
| 园区和基地 | 西部数字出版基地、四川民文出版基地、四川纸张仓储物流基地、成都现代印务基地、遂宁市中国西部射洪包装印刷城、益创出版文化科技产业园 |
| 重点项目 | 四川文化城、四川传媒大厦、四川文化产品配送运营网络中心、四川日报社新闻培训中心、四川出版传媒大厦、西部出版物流配送中心、四川期刊数字出版再造中心、成都国际版权交易·保护中心、中国德格雕版印刷博览馆 |

2. 广播影视产业

——大力推进广播影视业的数字化改造、专业化制作、集约化经营、企业化管理、集团化发展，加快技术创新和设备更新，着力打造四川广播电视集团、峨眉电影集团等实力雄厚、主业突出、竞争力强的大型广播影视传媒集团，确保广播影视产业发展在西部的领先地位。

——加快发展广播影视内容产业，按照贴近实际、贴近生活、贴近群众的要求，围绕经济、政治、文化、社会生活中的重大事件，摄制体现四川特色和时代风貌、兼具社会效益和经济效益的优秀影视作品。扩大影视制作、发行、播映和后产品开发，满足多种媒体、多种终端对影视数字内容的需求。建设集影视制作、旅游观光、文化娱乐于一体的全国重要的影视制作基地。

——继续推进全省有线广播电视网络整合，组建四川省有线广播电视网络股份有限公司，实现一省一网，加快网络双向化改造和数字电视转换步伐，打造全省性的有线数字电视节目平台、服务平台和传输平台。全省市（州）广播电台、电视台基本实现采、编、播数字化和节目传输、交换网络化。

——大力培育电影发行放映市场，打造具有一定规模的数字电影服务网络体系，建立覆盖全省城市和农村的电影院线网络，积极拓展西部和全国市场；扩大电影放映市场，开发城乡电影放映增值业务。

——大力发展移动多媒体广播电视、网络广播影视、数字多媒体广播、手机广播电视，建立市场化运作的新型传播平台，加快广播电视与互联网、电信“三网合一”和电视机与计算机、手机“三屏合一”，促进广播电视产业跨媒体、跨行业、跨地区发展。

**表3　广播影视产业重点内容**

| | |
|---|---|
| 骨干单位 | 四川广播电视集团、峨眉电影集团、四川省有线广播电视网络有限责任公司，电影院线、各市州县电台电视台 |
| 基地和园区 | 峨影影视制作生产基地、大邑安仁影视文化基地 |
| 重点项目 | 四川广播电视中心、四川广播电视塔影视文化广场 |

3. 演艺娱乐产业

——加快演艺资源整合，鼓励以资本为纽带、以产业链为支撑，引入战略投资者，打造具有艺术创新能力和市场竞争活力的文化演艺企业集团和文化演艺集群。鼓励社会资本以投资、参股、控股、兼并、收购等形式，参与国有文艺演出院团股份制改造。培育3个年收入上千万的大型演艺单位。推进大型文化娱乐企业规模化、连锁化、品牌化经营。培育5个年收入上亿元的大型文化娱乐聚集区。

——推行签约制、演出经纪人制、演出季制、保留剧目制、剧目制作人制，实行市场化运作。加强演艺剧目的策划、生产和后续经营，创作一批具有四川特色和中国气派的精品剧目。大力发展益智、健身、开心类型的文化娱乐项目，开发民间竞技娱乐项目，提高文化娱乐产业的质量和效益。

——采取政府、企业、社会多渠道投资方式，加强大型文化演出场所、娱乐场所等基础设施建设，在全省建成融高科技、参与性、舒适性、安全性于一体的十大游乐园；改善、完善现有剧场、歌舞厅、游乐园等演出和娱乐场所的服务功能与设施设备，提升经营档次。

——积极建设电子票务、剧场院线等现代演艺营销体系，推动主要城市演出场所连锁经营。

——充分利用特色文化资源，大力发展外向型文化产品，支持我省杂技、川剧、彩灯、皮影、民族歌舞等文艺表演团体和剧目“走出去”，扩大对外文化贸易，增强我省文化产品的国际竞争力和影响力。

**表 4　演艺娱乐产业重点内容**

| | |
|---|---|
| 骨干企业 | 天府文化产业集团、四川省乡村文化股份有限公司、成都演艺集团、成都文化旅游集团、阿坝州藏羌文化演艺集团、德阳杂技团、甘孜州康巴文化演艺集团、凉山文广演艺集团、四川省歌舞剧院有限责任公司、自贡灯贸有限责任公司、四川大木偶剧院、四川龙城演艺中心、四川人艺、四川省川剧院、四川省曲艺团、ATT 量贩歌城、星光灿烂、万家灯火、汤姆熊、红帽象、城市英雄 |
| 重大项目 | 天府大剧院、锦城艺术宫、成都艺术中心、广元启明星艺术中心、九寨沟演艺产业群、岷江源歌舞大剧院、茂县羌族歌舞演艺中心、四姑娘山演艺中心、康定中国情歌城、天府华侨城游乐园、成都极地海洋世界、成都宝龙世界城、成都国色天香游乐园、成都宽窄巷子休闲娱乐街区、乐山大佛剧院、遂宁文化娱乐城 |

4. 动漫及网络文化产业

——按照政府主导，企业主体，社会参与的推进模式，整合动漫游戏内容产业开发区和产业园区的优势资源，充分发挥产业集群效应，打造以设计、产品研发、企业孵化、人才培养、国际合作为支撑的相对成熟的产业链；扶持 3—5 家竞争力强、具有带动和示范效应的大型动漫游戏企业，推出有四川文化特色和国内外影响力的动漫品牌，打造西部最大的动漫创意孵化中心、网游研发运营中心，使动漫游戏产业成为四川文化产业的主要支柱之一。

——依托国家动漫游戏产业振兴基地、国家级网络游戏和动漫产业发展基地、国家 863 数字媒体成都产业化基地、国家数字娱乐产业示范基地，发挥基地在技术研发、企业孵化、人才培养和国际合作中的重要作用，形成带动全省、辐射西部的网络游戏动漫产业集群，把成都打造成西部“动漫之都”。

——发挥省内大专院校、科研机构及高新技术企业的科研人才优势，建立动漫游戏人才培训机制，加强应用软件和电子游戏软件研发，加快成都国家级软件产业基地和绵阳、内江等市的软件产业园区建设，建立健全软件应用配套体系，扩大软件外包和出口。

——加强四川新闻网、四川在线、天府热线、神韵在线、四川新华在线等网站建设，打造西部综合性网络信息服务平台，发展网络音乐、网络视频、网络游戏、网络出版、网络发行运营、网络广告等新兴文化业态，开发手机彩铃、彩信、短信、影视、小说等信息增值服务，发展电子商务，创建新的赢利模式，形成新的利润增长点。

——加快互联网与新闻出版、广播影视、演艺娱乐、世界遗产地、文物古迹等领域的融合，大力发展数字网络内容产品，加快出版社、图书馆、博物馆、名城古镇、文化娱乐场所等的数字化建设，促进传统文化产业的改造升级和结构调整，推动文化产业向数字内容产业发展。

——积极培育和规范网络文化娱乐消费市场，加强网吧等网络游戏场所建设，推进经营连锁化、规模化、品牌化，支持发展单机游戏，促进网络文化产业健康有序发展。

**表 5　动漫及网络文化产业重点内容**

| | |
|---|---|
| 骨干单位和企业 | 四川新闻网、四川在线、天府热线、神韵在线、四川新华在线、成都数字媒体产业化基地有限公司、INTEL、GAMELOFT、盛大、金山、腾讯、长城软件、斯普软件、锦天科技、掌中科技、汉科、梦工厂、欢乐数码、中轩、精锐动画、火车头、风之翼、中漫伟业、恒风动漫、牧鹰数码、精英设计、四川 8760 网络科技有限责任公司、夏尔科技、成都东软信息技术职业学院 、成都数字娱乐软件学院 、蓝谷数码学院 |
| 园区和基地 | 国家动漫游戏产业振兴基地、国家数字媒体技术成都产业化基地、国家数字娱乐产业示范基地、国家级网络游戏和动漫产业发展基地、中国数字娱乐产品制造中心、中国数字娱乐产品体验交易中心、中国移动无线音乐基地、川报集团新媒体传播发展中心 |

5. 文化旅游产业

——积极培育文化旅游市场主体。整合文化旅游经营实体，组建四川文化旅游集团，发挥成都文化旅游集团等国有文化旅游企业的龙头带动作用，支持中小民营文化旅游企业发展。吸引社会资本投资文化旅游产业，增强全省文化旅游企业的实力。

——大力开发文化旅游产品。整合历史文化、民族文化和民俗文化资源，重点建设“六大文化旅游区”，精心打造“七大精品文化旅游线路”。积极发展旅游景区、旅游集散地的文化演艺、文化娱乐、文化旅游商品研发生产与销售，支持旅游地创演优秀剧（节）目以及大型实景演出，形成一批特色鲜明、内涵丰富、竞争力强的文化旅游品牌。

——着力发展文化博览产业。依托世界遗产、文物古迹、名城古镇（村）、博物馆，抓住第三次全国文物普查和博物馆免费开放的机遇，发掘新的文博亮点和精品，加强文化旅游基地园区建设，完善文化旅游服务功能，搭建文化旅游项目整合平台；重点发展以“十大特色古镇”、

“十大博物馆”为代表的文化博览产业，打造“中国博物馆小镇”、“天府古镇”、“四川文博”等品牌。

——推进都江堰—青城山、三星堆遗址、剑南春酒坊遗址、藏羌碉楼与村寨、绵竹年画博物馆、茂县羌族博物馆等文化旅游景区景点的恢复重建，使重灾区和极重灾区文化旅游达到或基本达到灾前水平，局部地区争取超过灾前水平。

**表6　文化旅游产业重点项目**

| | |
|---|---|
| 骨干企业 | 九寨沟演艺（企业）集群、成都文化旅游集团、四川安仁镇老公馆文化发展有限公司 |
| 六大文化旅游区 | 岷山文化旅游区、剑门蜀道文化旅游区、香格里拉文化旅游区、川西乡村文化旅游区、川中历史文化旅游区、川南民俗文化旅游区 |
| 七大精品文化旅游线路 | 三国文化旅游线、巴蜀文宗旅游线、伟人故里红色旅游线、藏羌民族文化走廊旅游线、川藏茶马古道旅游线、川滇南方丝路旅游线、大熊猫生态文化旅游线 |
| 十大特色文化旅游古镇 | 客家文化古镇洛带镇、西蜀水乡古镇平乐镇、川西民俗古镇安仁镇、三国文化古镇昭化镇、巴都风水古城阆中古城、川西山水古镇柳江镇、川中丘陵古镇罗泉镇、抗战文化名镇李庄镇、茶马古镇上里镇、南方丝路古镇礼州镇 |
| 十大博物馆文博产业基地 | 四川博物院、金沙遗址博物馆、三星堆遗址博物馆、成都武侯祠博物馆、成都杜甫草堂博物馆、成都永陵博物馆、成都建川博物馆聚落文化产业基地、自贡恐龙博物馆、自贡盐业历史博物馆、广安邓小平故居纪念馆 |

6. 广告会展产业

——加强广告会展产业的市场主体建设，推动广告会展企业强强联合，促进广告会展产业的集约化、信息化、智能化经营。加强省内企业与世界著名广告会展企业的合资合作，吸引国内外资本投资开发我省广告会展市场。

——围绕“一枢纽、三中心、四基地”建设，大力发展会展经济。重点办好西部国际博览会、全国糖酒会、四川国际电视节、成都国际非物质文化遗产节、成都国际电脑节等大型会展活动，设立5—8个全国性和国际性论坛。通过会展产业带动广告产业、旅游产业的发展，将成都建设成为中西部最大的国际会展中心城市。

——努力提高广告创意设计和制作水平，创新平面广告、视听广告、户外广告的传播形式，发展电子广告、网络广告、移动广告等新型传播载体，不断提高广告服务的科技含量和质量。建立和完善广告质量评价、广告效果监测及市场调查体系。

**表7　广告会展产业重点内容**

| | |
|---|---|
| 骨干企业 | 四川省演出展览公司、成都新世纪国际会展中心、天府博览中心、九寨天堂国际会议中心、黑蚁设计、蓝色飞扬、丙火设计、阿佩克思广告、二十一世纪文化传播公司 |
| 重要会展节庆活动 | 四川省少数民族艺术节、四川凉山国际火把节、康定国际情歌节、中国网络音乐节、全国糖酒会、中国西部国际博览会、四川电视节、成都国际电脑节、中国国际软件合作洽谈会、中医药科技大会暨新技术新产品展览会、成都西部汽车博览会、中国（成都）道教文化节、中国成都国际非物质文化遗产节、成都国际桃花节、国际非物质文化遗产论坛、中国文化旅游产业发展论坛、中国城乡文化统筹发展论坛、中医药产业发展论坛、四川国际酒文化论坛 |

7. 文化用品及设备制造产业

——大力发展重大文化装备制造业。利用成都、绵阳等地的高新技术研发优势和制造业基础，积极发展广播电视设备、家用视听设备、印刷专用设备和材料、电影机械、演艺娱乐业、其他文化和办公用机械等重大装备的制造，把四川建设成为全国重要的重大文化设备生产制造基地。

——着力发展文化用品制造产业。积极推进乐器、文具、玩具、游艺器材、体育器材等文化用品制造的技术升级和产品更新，扩大宜宾、夹江等地的新闻纸和手工纸生产。合理利用国家非物质文化遗产，大力开发蜀绣、绵竹年画、攀枝花苴却砚、成都漆艺、羌绣、唐卡、祥巴版画、分水油纸伞等文化艺术品生产。把四川建设成为全国重要的文化用品生产制造基地。

——利用四川作为西部交通枢纽和商贸中心的优势，开展通讯及广播电视设备、照相器材、家用视听电器的批发零售业务，加大文化用品及设备的商贸物流，建成四川文化用品及设备交易中心。

**表8　文化用品及设备制造产业重点内容**

| | |
|---|---|
| 骨干企业 | 四川长虹电器股份有限公司、九洲电子股份公司、宜宾纸业、夹江造纸厂、成都乐器厂、德阳市利通印刷机械有限公司、四川炬光印刷器材有限公司 |
| 基地和园区 | 绵竹年画产业园、汶川藏族祥巴（版画）基地、成都蜀绣工场、茂县羌绣基地 |
| 重点项目 | 蜀绣、绵竹年画、攀枝花苴却砚、成都漆艺、羌绣、唐卡、祥巴版画、动感皮影、分水油纸伞等文化艺术品生产 |

8. 其他文化服务产业

——积极发展文化创意设计产业。依托四川创意人才优势，大力发展文化科技、音乐制作、时尚设计、广告设计、工艺美术品设计等文化类创意企业，促进文化创意设计产业向农业、制造业和服务业等传统产业渗透，提高相关产业的附加值。

——大力发展文化服务产业。开展文化艺术经纪、图书及音像制品出租、摄影扩印、模特表演、婚庆服务等；依托四川当代艺术、成都画派、嘉州画派等的创作实力，活跃艺术品书画市场；开展文物古玩、工艺美术品的鉴赏、收藏和拍卖，确保成都文物艺术品市场在西部的领先地位。

**表 9　其他文化服务产业重点内容**

| | |
|---|---|
| 骨干企业 | 四川文物总店、许燎原现代设计博物馆、金手指、群丽、时尚芭莎、如星百慧、诗婢家、成都市文物商店、雅风画廊、K画廊、非马画廊、千高原艺术空间、成都八益梦缘拍卖有限公司、四川嘉禾国际拍卖有限公司、成都市金沙拍卖有限公司、四川嘉诚拍卖有限公司、四川天府艺源拍卖有限公司、四川省梦虎拍卖有限责任公司、成都现代艺术馆 |

## 三、政策措施和保障条件

### （一）加强组织领导

各级党委、政府是推动文化产业发展的责任主体，主要领导是第一责任人，要将推进文化产业发展纳入重要议事日程，纳入年度目标考核。建立健全党委政府统一领导，宣传部门协调指导，文化、广播影视、新闻出版等行政主管部门具体组织实施，有关部门密切配合的文化产业发展领导体制和工作机制，确保《规划》提出的各项任务落到实处。建立健全全省文化产业发展统计分析制度，各级统计部门按照统计法规把文化产业的统计纳入国民经济统计序列。

### （二）深化文化体制改革

抓住经营性文化事业单位转企改制、重塑市场主体这个中心环节，进一步深化文化体制改革，解放和发展文化生产力。加快推进出版发行单位转企改制和兼并重组，加快电影制片、发行、放映单位和文艺院团转企改制，抓好党报党刊发行体制和广播电视节目制播分离改革。2011年底前，完成经营性文化事业单位转企改制任务。大力推动行政管理体制改革和政府职能转变，在市（州）和县（市、区）建立统一的文化市场综合执法机构。

### （三）培育文化市场

大力发展图书、报刊、音像制品等出版物市场，建设内容产品和文化用品综合市场，培育演艺娱乐市场，网吧连锁企业，繁荣广播电视节目交易市场，开拓动漫游戏、网络音乐、手机电视、手机游戏、移动电视、付费电视、网络广播电视等新兴市场，扶持古玩艺术品交易市场，大力发展农村文化市场，大力发展文化人才和劳动力市场，完善文化信息和技术交易市场。建立四川省文化产业协会、四川省网络文化促进会、四川省演出娱乐协会、西部演出联盟等行业中介组织，开展文化经纪代理、评估鉴定、技术交易、推介咨询、担保拍卖等服务，培育现代大型流通组织，拓宽文化产品流通渠道。

### （四）提供政策支持

认真贯彻落实国办发〔2008〕114号文件及配套政策，制定深化文化体制改革和加快文化产业发展的若干政策。以多种方式进入文化领域的非公有制资本，在土地使用、信贷、税收、奖励等方面享有与国有经济同等的待遇。简化民营文化企业的登记审核程序，保护民营文化企业的生产、创造成果。大力扶持文化产业基地和园区建设，将文化产业基地和园区的规划纳入城市总体规划、土地利用总体规划和主体功能区规划，并给予相应的土地优惠政策。

### （五）建立投融资体系

建立投资主体多元化、投资方式多样化、投资机制市场化的新型文化产业投融资体系。完善文化产业投融资信用担保制度。引导和鼓励金融机构支持民营文化企业的发展。各级政府建立和充实文化产业发展专项资金。支持文化企业上市或发行债券，鼓励利用土地、房产等资本以合作方式参加文化产业基地和园区、重点文化产业项目的建设，支持和引导非公有资本以股权受让、合资合作方式等参与国有文化企业改组、改制和兴办文化企业。

### （六）加强人才队伍建设

建立文化产业人才供求信息网和高级文化产业人才数据库；创造有利于人才成长的创业环境，允许国有企事业单位优秀人才兼职兼薪；引进集聚、大胆使用文化产业领军人才、创意人才、经纪人才、经营管理人才；支持高等院校、科研机构开设文化产业相关专业，培养各层次的文化产业专门人才；探索建立文化产业从业人员资格认证制度，加强文化产业从业人员继续教育培训，形成一支结构合理、富有活力、开拓创新的文化产业人才队伍。

### （七）大力开展文化产业理论研究

鼓励文化产业研究机构和文化理论工作者深入实际，开展四川文化产业发展应用对策研究，促进文化产业理论创新，为文化产业发展提供理论保证和智力支持。鼓励兴办民营文化研究机构。各级文化管理部门和文化市场主体，要积极吸纳文化产业研究机构参与重大规划、项目策划、品牌打造，促进科研成果向文化生产力转化。

各市州和省级文化部门、单位，要根据本规划编制本地区、本行业、本单位的文化产业发展专项规划，提出具体目标和措施，确保各项任务的落实。

## 成都市文化创意产业发展规划（2009－2012）

为加快成都市文化创意产业发展，发挥文化创意产业在低碳经济和绿色产业发展中的重要作用，促进经济发展方式转变，完善城市服务功能，提升成都中心城市的战略地位，根据国家《文化产业振兴规划》（国发〔2009〕30号），《成都市“十一五”时期文化发展规划纲要》（成委办〔2007〕7号）等文件精神及《成都市服务业发展规划（2008－2012）》，制定本规划。

本规划所指文化创意产业涵盖传媒、文博旅游、创意设计、演艺娱乐、文学与艺术品原创、动漫游戏和出版发行七个重点行业。

### 一、国内外文化创意产业发展现状与趋势

（一）国际文化创意产业发展现状与趋势。20世纪末，文化创意产业在全球范围迅速崛起，人类正进入文化经济时代。从发展趋势看，文化创意产业越来越成为一个国家或城市经济社会发展的战略取向，已发展成为区域软实力竞争的核心内容，并成为影响地区和城市经济辐射力、带动力的重要因素。

经济发达国家和地区均十分重视文化创意产业发展。据统计，目前全世界创意产业每天创造产值高达220亿美元，并以5%左右的速度递增。英国的创意产业在国民经济各产业门类中增速最快，年平均增长6%，约占英国国民生产总值的8%，成为仅次于金融服务业的第二大产业。美国是全球创意经济最发达的国家，创意产业超过航空、重化工及汽车等传统产业领域，成为最大的出口产业，2007年，美国核心版权产业的增加值达8891亿美元，约占GDP的6.44%。2005年，日本文化内容产业规模达250115亿日元，占GDP的6.2%。

（二）我国文化创意产业发展现状与趋势。北京、上海、深圳、杭州等城市已将发展文化创意产业作为强市战略来实施。2007年，北京市、上海市文化创意产业分别实现增加值992.6亿元和857.81亿元，分别占GDP的10.6%和7%；2008年，深圳市、杭州市文化创意产业分别实现增加值550亿元和576.86亿元，分别占GDP的7%和12%。文化创意产业已逐步成为国家和城市经济的重要支柱。

### 二、成都市文化创意产业发展现状与分析

目前，我市已初步形成以园区化、楼宇化为载体模式，以重大产业项目为带动，以骨干企业为支撑，传媒、文博旅游、创意设计、演艺娱乐、文学与艺术品原创、动漫游戏和出版发行等行业快速发展的文化创意产业发展格局。

据统计，2004年到2008年，我市文化创意产业营业收入从232.54亿元提高到595.62亿元，增加值从65.81亿元提高到133.7亿元，增加值占GDP的比重从3.2%上升到3.4%，对全市经济增长的贡献率从3.8%上升到4.8%。文化创意产业增加值增速超过全市经济增速，在我市新兴产业三大主体产业中排行第二，也成为我市新兴产业中吸纳就业能力最强的两大产业之一。但是，与发达城市相比，我市文化创意产业的发展还有明显差距。文化创意产业总量不大，增加值占GDP比重较低；骨干企业带动作用不强，仅在出版传媒、文化旅游等领域形成了大型文化集团，在跨地区跨行业经营能力和市场竞争力方面还有待提高，其他领域还缺乏具有全国影响力和行业整合能力的骨干企业；产业集聚效应不明显，具有全国影响的文化创意产业基地不多，区域性的特色文化创意产业集群有待形成，重大项目的规模效应和品牌效应还不明显。

### 三、指导思想、基本原则、总体思路和发展目标

（一）指导思想。全面贯彻党的十七大精神，坚持以邓小平理论和“三个代表”重要思想为指导，深入贯彻落实科学发展观，贯彻市委、市政府调整产业结构、发展新兴产业、转变发展方式的战略方针，深化文化体制改革，创新体制机制，大力培育市场主体，繁荣城乡文化市场，进一步解放和发展文化生产力。

（二）基本原则。坚持把社会效益放在首位，努力实现社会效益和经济效益的统一，坚持以体制改革和科技进步为动力，充分激发文化创意产业发展活力；坚持重点突破，加快推进重大项目；坚持以结构调整为主线，着力提高文化创意产业发展质量和水平；坚持城乡文化统筹发展，促进城乡文化大发展大繁荣。

（三）总体思路。根据成都实际，通过规划建设载体、培育壮大主体、实施重大项目、塑造文化品牌和完善公共服务，推进成都文化创意产业加快发展。立足成都优势领域，重点发展传媒、文博旅游、创意设计、演艺娱乐、文学与艺术品原创、动漫游戏、出版发行等七大行业，构建文化创意产业体系。以园区化和楼宇化为主要模式，建设产业载体，促进文化创意产业集群化发展。引进和培育骨干企业，发挥引导示范和资源整合作用，影响带动行业发展。建设一批投资规模大、辐射带动作用强、创意和科技含量高、市场潜力好的重大项目，推进产业融合与联动发展。实施品牌战略，培育一批品牌产品、品牌企业、品牌园区和品牌活动，塑造成都文化创意产业的城市品牌。搭建产业发展平台，完善投融资、产权交易、共性技术、产

品展示和信息交流等公共服务，营造良好的产业发展环境。

（四）发展目标。

近期目标：2009—2012年，全市文化创意产业增加值年均增长18%以上；2012年，增加值占GDP的比重达到4.2%。把成都建设成为“中国文化创意产业的鼎立之城”。

中远期目标：2015—2020年，通过“四基地”（全国领先的数字内容产业基地、文博旅游基地、创意设计基地、出版发行基地）和“两中心”（中西部演艺娱乐中心、文学与艺术品原创中心）建设，使文化创意产业增加值占全市GDP的比重达到6%，将其培育成为我市支柱产业。

## 四、发展重点

### （一）传媒业

发展目标：2009—2012年，全市传媒业增加值年均增长14%以上。2012年，成都传媒集团年产值达到40亿元，数字新媒体收入占集团媒体总收入10%以上，集团资产规模达100亿元，成为国内知名的以全媒体深度融合为特色的综合传媒集团。建设3—5个传媒产业园区，培育一批骨干企业，打造全国领先的数字内容基地。

推进措施：扶持成都传媒集团做大做强，加快发展以数字内容为核心的新媒体业务。发展网络媒体和移动媒体。优化提升“成都全搜索”网站、“house100”等新闻门户网站和社区网站，建立“环球商业博览”网络会展平台，打造在国内具有影响力的区域性网络媒体。推出手机报和手机杂志，推广双向互动电视、移动多媒体广播电视（CMMB），培育新媒体内容提供商。发展数字视听和移动内容。与通信运营商实施战略合作，建设“成都东区”数字音乐产业园，获取无线通信增值业务市场份额。以网络教育为切入点，建立数字出版发行平台。支持“美食天府”数字电视频道实现跨区域播出，发展高增值业务，培育数字内容提供商和内容集成平台服务商。

加快传媒资源整合。规划建设和打造“保利音乐主题公园”、“成都大魔方”城市娱乐中心，举行体育赛事及演艺活动，打造传媒活动平台。打通不同媒体形态之间的资源通道，最大限度调度和使用新闻资源。推进传媒资源与网游动漫、电信移动等资源整合，实施跨行业资源整合。

### （二）文博旅游

发展目标：2009—2012年，文博旅游业增加值年均增长16%以上。2012年，规划建设1—3座公益性博物馆，2个以博物馆群为核心的文化创意产业发展区，完成1—3个历史文化保护街区的修复与利用，兴办一批民间街区博物馆。完善文博资源产业化开发的市场机制，建成在国内具有影响力的“文博旅游之都”。

推进措施：加大文博基础设施建设力度，提高文博资源对文化旅游业的支撑作用。保护开发水井坊、宽窄巷子（二期）、大慈寺等三大历史文化保护街区，加快建设“安仁中国博物馆小镇”，规划建设“浣花文博旅游产业片区”，构建“三区两片”特色文博旅游产业发展区。新建成都博物馆、都江堰虹口深溪沟地震遗址保护和配套工程、抗震救灾纪念馆等特色文化主题博物馆，发展民间博物馆，构建特色鲜明的博物馆体系。打造“天府古镇”品牌，充分发挥成都文旅集团的机制优势，以古街、古镇和博物馆为开发重点，通过资本运作，吸引战略投资，建立完善文化旅游资源的整合开发和营销平台。

提升现有重点文博旅游品牌，完善文博旅游价值链。以武侯祠博物馆、杜甫草堂博物馆、金沙遗址博物馆、建川博物馆聚落等为重点，提高展陈技术的数字化、信息化水平，延伸文博旅游产业链，提升我市文博旅游品牌影响力。

实施整合营销，塑造成都特色文博旅游品牌形象。聚集全市博物馆主体，联合国内外媒体、旅游组织和旅行机构，构建文博旅游营销网络，推进旅游中转地向旅游目的地的转变。

### （三）创意设计

发展目标：2009—2012年，创意设计业增加值年均增长20%以上。2012年，培育1—3个创意设计产业集聚区，引进10—20个在国内外具有影响力的设计师工作室，扶持10家具有发展潜力的品牌设计企业，打造1个在中西部具有影响力的品牌展会，初步形成“成都设计”品牌效应，建成全国领先的创意设计基地。

推进措施：促进创意设计产业集聚发展。依托中心城区载体资源，打造“红星路35号”创意园区、许燎源现代设计创意产业园、“锦绣工场”时尚设计街区、“UK028”家居文化艺术创意街区。依托“198”区域，规划建设“成都国际创意社区”等创意设计产业基地。构建“两园两街一区”创意设计产业发展格局。围绕工业设计、建筑设计、服装设计、家居设计等领域，引进国内外一流的创意设计企业和机构，促进创意设计产业集聚发展。

完善创意设计公共服务。搭建工业设计共性技术平台，建立信息咨询、人才培训、展示交易、行业交流等平台，促进设计成果转化。扶持本地重点企业和知名设计机构，发挥骨干企业和领军人物的行业引领和带动作用，培育成都设计品牌。组织开展创意设计推广活动，举办“太阳神鸟”杯创意设计大赛、创意设计精品展、创意设计论坛等各类交流活动。鼓励本地设计企业参加国内外设计展览、学术交流、项目合作和设计创意类奖项的评选，支持具有成都文化特色的自主品牌设计产品的市场推广。

### （四）演艺娱乐

发展目标：2009—2012年，演艺娱乐业增加值年均增长20%以上。2012年，制作一台具有全国影响力的经典剧目，创作3—5部文化旅游剧并实现常态演出。新建大中型剧院3—5个，增加座席数5000个。

演艺娱乐业主要指标及综合实力居全国同等城市前列，打造中西部演艺娱乐中心。

推进措施：加快市场主体培育。深化文艺院团的体制改革和资产重组，引入战略投资者，积极培育具有市场竞争力的新型演艺市场主体。创新体制机制，加大对创作主体、经纪中介主体、营销推广主体的扶持力度。鼓励社会资本投资演艺娱乐，支持民营演出企业和团体做大做强，培育壮大一批行业骨干企业。

大力培育演艺市场。以旅游演艺为重点，创作《英雄·三国》大型旅游剧、《道解都江堰》大型旅游实景剧等演艺剧目，构建旅游演艺品牌体系。创新经营机制，以剧目创作、演员管理、演艺经纪、推广营销为关键环节，充分发挥市场在资源配置中的基础作用，构建演艺市场协作网络，提升我市演艺娱乐业的市场竞争力。

加快演艺娱乐载体建设。实施《成都市中心城区公共文化基础设施布点规划》，新建新声剧场、成都艺术剧院金沙旅游实景剧场、杂技团剧场和区级文化聚落等现代化大中型剧场，支持和推进四川省体育馆、锦城艺术宫、成都艺术中心和川剧艺术中心改扩建。支持实验剧场建设，营造开放的公共艺术空间。

### （五）文学与艺术品原创

发展目标：2012年，打造1—3个以文学与艺术品原创为特色的文化创意产业园区，支持建设四川美术馆。重点扶持5—10个现代化、专业化的艺术品经营机构，引导和规范艺术品市场秩序，构建多层次的市场体系。打造我国中西部地区文学与艺术原创中心。

推进措施：规划建设载体，打造文学与艺术品原创集聚区。依托中心城区旧厂房、“198”区域和近郊区域，规划建设“成都东区”、“艺术之家”、三圣艺术品原创与交易基地和“洛带文化艺术村”，聚集国内外知名、具有潜力的作家和艺术家，引进现代经纪画廊等机构，完善文学与艺术品原创、展示、交易、交流、培训等功能，打造以文学与艺术品原创为特色的文化创意产业园。支持建设四川美术馆和一批私立美术馆，完善艺术品研究、收藏、展示和公众艺术教育等公共功能，带动机构收藏和私人收藏，促进艺术品原创和交易。

壮大市场主体，激发和提升艺术品市场活力。依托《青年作家》和成都画院，探索建立全国性的文学与艺术品创作交流平台，壮大文学与艺术品原创人才队伍。扶持现代经纪画廊、拍卖行等市场营销推广主体，提高我市文学与艺术创意的产业转化能力和水平。

搭建交流平台，优化文学与艺术品原创环境。探索设立成都文学艺术发展基金，重点扶持本地文学和艺术优秀作品的创作，参与文学与艺术品投资，调动社会力量促进产业发展。培育“成都文艺双年展”等文学与艺术品博览品牌展会，构建以艺术交流和艺术品展示交易为核心的会展平台，营造良好氛围。

### （六）动漫游戏

发展目标：2009—2012年，动漫游戏业增加值年均增长16%以上。2012年，引进1—3家在国内有影响力的知名企业，打造1—2个以动漫游戏为特色的文化科技主题公园，以网络游戏、手机游戏、数字电影、动画制作为重点，建设全国动漫游戏研发运营中心、动漫游戏体验消费中心、动漫游戏实用人才供给中心。

推进措施：提高动漫游戏产业集中度。引进国内知名动漫游戏企业，充分发挥盛大、金山、腾讯、蓝猫等知名企业的品牌影响力，借鉴其成熟的商业运营模式和盈利模式，提升本地动漫游戏研发运营能力，延伸产业链，带动衍生品的开发、生产和销售。扶持博瑞梦工厂、叶网科技、斯普软件、欢乐数码等本地骨干企业，提高我市动漫游戏产业的市场竞争力。

规划建设文化科技产业园。引进国内龙头企业，打造以文化创意产业研发生产和旅游消费为核心，集动漫游戏、特效电影、创意设计、演艺娱乐和文化旅游为一体的新型文化科技主题公园，延伸动漫游戏产业链，促进文化创意与旅游业融合发展，培育我市新的经济增长点。

鼓励动漫游戏产品原创研发。集聚人才、资本、技术等关键要素，形成一批具有自主知识产权和市场竞争力的品牌产品，保持我市动漫游戏业在全国的领先地位。

### （七）出版发行

发展目标：2009—2012年，全市出版发行业增加值年均增长18%以上。2012年，我市出版发行业年总收入突破220亿元。打造1—3个出版发行产业基地，支持市域骨干企业跨行业、跨区域发展，打造全国领先的出版发行中心。

推进措施：深化国有出版单位体制改革，培育出版发行市场主体。实施成都时代出版社、成都音像出版社转企改制，建立现代企业制度。整合成都传媒集团所属报刊杂志社，打造全国有影响力的期刊业领军企业。

加快基地和园区建设，促进出版发行产业规模化、集约化、专业化发展。建设数字出版基地、四川文化产业园和成都现代印务基地，完善出版发行产业链，大力发展数字出版、新闻出版、网络发行和现代印务。引导大型出版发行集团数字化转型，鼓励跨行业、跨媒体、跨区域经营，打造复合型特色文化创意产业基地。

健全文化产权要素市场，完善版权服务体系。依托版权服务中心，建立集文化产权交易、投融资服务和文化产业项目信息交流、人才培训于一体的综合服务平台，开展孵化、登记、展示、推介、交易、经纪等各类服务，构建中国西部综合性的文化产权要素市场。通过建设全国首个版权示范城市，逐步构建功能齐备、配套完善的综合性版权服务体系。

提升品牌节会的影响力，营造良好的产业发展氛围。持续举办“成都全民读书活动暨成都购书节”，开展全民读书活动，培育阅读消费市场。努力办好2010年第二十届全国图书交易博览会，创新展会内容与形式，强化辐射引导功能，繁荣出版物市场，提高我市在全国出版发行领域的市场地位。

### 五、空间布局

结合目前我市文化创意产业发展现状和趋势，文化创意产业形成“四片两区一带多点”的空间格局。

四片：红星路片区，依托“红星路35号”园区、成都日报报业集团、四川日报报业集团，发展传媒业、广告业、创意设计；红光楼片区，依托“成都东区”项目，发展数字音乐、艺术品原创与交易、创意设计；红牌楼片区，依托“UK联邦”街区，发展创意设计；浣花片区，依托四川省博物院、杜甫草堂博物馆、锦绣工场和送仙桥艺术城，发展文博旅游、创意设计和文学与艺术品原创交易。

两区：南部新区，依托“国家动漫游戏产业振兴基地”，发展动漫游戏业；东部新城，发展文化科技、数字电影、演艺娱乐、文化旅游、体育休闲产业。

一带：“198”文化创意产业重点发展带，依托文化科技产业园、“成都大魔方”娱乐中心、音乐小镇、三圣文化创意基地、数字出版产业园、非物质文化遗产国家公园、两河森林公园、大熊猫生态园等文化创意产业园区，发展动漫游戏、时尚音乐、演艺娱乐、文学与艺术品原创、数字出版、创意设计、文化旅游等文化创意产业。

多点：挖掘二、三圈层特色文化资源，发挥地域优势，形成文化创意产业新亮点。依托安仁文博旅游发展区、天府古镇、安靖蜀绣产业园等项目，发展文博旅游、农业观光、创意设计业。

### 六、保障措施

（一）加强统筹力度。加快建立和完善全市文化创意产业推进机制，依据我市文化创意产业发展规划，制定相关政策，统筹协调和指导全市文化创意产业发展。加大文化创意产业项目的招商引资力度。各区（市）县要相应明确推进机构和责任，努力形成合力推动的机制。

（二）创新体制机制。深化文化体制改革，抓住转企改制、重塑市场主体这个中心环节，加快推进经营性文化事业单位转企改制。创新运营机制，培养有规模、有带动作用的市场主体，进一步增强国有文化集团的活力。大力推动行政管理体制改革和政府职能转变，建立统一高效的文化市场综合执法机构。

（三）加大资金投入。加大财政资金投入，带动社会资本，支持文化创意产业集聚区建设、重点企业招商、内容原创、产品研发、人才引进与培训、公共服务平台建设等。创新文化创意产业投融资方式，探索建立文化产权交易平台，鼓励金融机构支持中小文化创意企业发展，完善文化创意产业要素市场。

（四）完善产业政策。在土地、资金等政策上，将文化创意产业项目视同工业项目给予大力支持。规范文化创意产业园区（基地）建设和管理，提高文化创意产业集聚区建设水平。加强知识产权保护，对创意成果应用、知识产权评估、抵押融资和贸易等进行扶持。制定文化创意产业行业政策，优先扶持重点行业发展。

（五）培养引进人才。完善公平竞争和分配激励机制，鼓励和支持优秀拔尖人才脱颖而出。建立多层次的文化创意产业人才引进、培育和奖励制度，整合全市各项人才引进政策资源，下大力气引进掌握文化创意产业核心技术的团队和领军人物。加强本土人才培养，利用文化产业人才培训平台培养市场急需的实用技能型和创业型人才，促进大学生人才就业和创业。

（六）完善统计体系。结合我市实际，突出文化创意产业的重点门类，科学、准确统计我市文化创意产业相关数据，客观反映文化创意产业发展水平，为实施全市文化创意产业规划和制定各项政策提供依据。

（七）编制专项规划。在本规划的基础上，制定文化创意产业重点行业专项规划和促进办法，立足行业发展基础和条件，明确发展目标、发展重点和空间布局，提出具体推进措施。

## 云南省旅游文化产业发展规划纲要（2009—2015）

旅游和文化产业是以市场为导向，以资源为依托，以产品为核心，为人们提供各种旅游文化产品或服务的新兴产业，是现代经济产业的重要组成部分。在加快经济发展方式转变，满足人民群众的旅游与文化消费需求，扩大内需，实现经济平稳较快增长，推进产业结构优化，提升整体经济竞争力和构建和谐社会等方面具有重要的地位和作用。

为深入贯彻落实科学发展观，应对国际金融危机，落实党中央、国务院保增长、扩内需、调结构的总体要求，充分发挥云南自然风光、历史文化与民族文化资源优势，加快旅游“二次创业”和文化产业建设，推动旅游与文化进一步结合，促进云南由旅游资源大省向旅游经济强省、民族文化大省向民族文化强省发展，按照省委、省政府关于加快旅游产业发展和建设民族文化强省的实施意见，特制定《云南省旅游文化产业规划纲要（2009－2015）》。

## 一、发展现状

### （一）基本发展情况

国内外旅游文化产业，是伴随着经济社会的成长、人们收入的增长和消费方式的变化而逐渐成为现代经济的重要组成部分。进入21世纪后，全球旅游经济增加值以年均4.1%的增长率快速增长，2006年达到5万亿美元，2008年达到5.9万亿美元，预计到2010年将突破7万亿美元；全球文化产业以年均6.7%的增长率快速增长，2006年全球文化产业增加值接近1.5万亿美元，2008年达到1.7万亿美元，预计到2010年将超过2万亿美元。旅游文化产业已成为全球最具有增长活力的新兴产业之一。

西方发达国家的旅游文化产业已经走过了近百年的发展历程，形成了成熟的文化消费市场和产业链条，旅游文化产业占这些国家和地区经济总量的比重越来越大。从旅游产业看，2008年世界主要旅游发达国家，如美国、西班牙、德国、法国、英国旅游产业增加值占GDP比重都超过10%，有的国家高达20%；从文化产业看，世界主要文化产业强国的文化产业增加值占GDP总量的比重也都在10%以上，其中美国、日本达到20%左右，欧洲平均在10%－15%之间，韩国高于15%。而目前我国旅游产业增加值占GDP的比重仅刚刚超过了4%，文化产业增加值占GDP的比重也只有3%，与西方发达国家相比有较大差距。

我国是世界文明古国之一，在长期发展中形成了独特的中国文化，旅游从古代开始就已经存在，但在改革开放以后，具有真正现代旅游意义的旅游才发展起来，自从1978年以后，国家尤其重视旅游业的发展，旅游业从最初的旅游事业转变成经济产业，自1992年以来我国不断推出以中国文化为主旋律的旅游主题，对促进我国旅游产业发展起到了极大的推动作用。进入21世纪，中国文化产业发展强劲，迅速成为新兴产业。2008年我国入境过夜旅游人数达5300万人次，国内旅游人数达17亿人次，旅游总收入达11400亿元；文化产业持续增长，总产值突破20000亿元，增加值大约7600亿元。

云南省具有丰富的旅游与文化资源，独特的民族文化、地理、气候和区位条件，为云南旅游文化产业发展提供了良好的基础条件和比较优势。改革开放以来云南省始终坚持把旅游业作为支柱产业来培育，近期又将文化产业作为云南新的经济增长点和支柱产业来培育，并坚持把旅游与文化相结合，通过旅游弘扬文化，通过文化促进旅游，使旅游与文化两大产业在投资多元化、经营多样化、项目品牌化和产业互动中实现了协同发展。2008年，云南省旅游业总收入达663.3亿元，同比增长18.6%，旅游产业增加值占全省GDP的比重已达到6.8%；文化产业增加值达到300亿元，占GDP的5.3%，旅游产业与文化产业对促进全省经济社会又好又快发展起到了重要支撑作用。

### （二）面临的形势和机遇

当前，在全球金融危机的冲击影响下，不仅世界经济走向衰退，而且国内外旅游文化产业也受到一定的冲击影响。其中，全球国际入境旅游大幅度下滑，旅游产业主要指标增长率与上年相比也出现下降，2008年全球国际旅游入境人数9.24亿人次，增长率仅达到1.8%，增幅比上年的6.9%下降了5.1个百分点；旅游增加值达到58900亿美元，增长率为3%，增幅比上年的4.5%下降了1.5个百分点。我国入境旅游也受到一定的影响，2008年入境旅游人数1.3亿人次，下降约2%；入境过夜旅游人数5300万人次，下降约3%；旅游外汇收入400亿美元，下降约5%。世界旅游组织预测，受金融危机影响，2009年全球入境过夜旅游人数增长率将低于3%；全球旅游总收入增长率低于5.6%。全球文化产业也受到打击，许多国家文化产业增幅出现下降，我国文化产业由于还是有限开放的产业，与国际市场关联度不高，因此总体发展态势平稳，基本保持了以往3年的增长速度。

为了应对金融危机、刺激经济发展，世界各国都出台了一系列的应对措施，中国也已经和正在出台一系列拉动内需的政策，尤其是在扩张性财政政策下，国家对基础设施等方面的公共投资力度不断加大；国家扩大内需的系列政策给我省旅游文化产业带来了新的发展机遇，旅游文化产业作为拉动内需的优势产业，也将获得国家和各级政府的大力支持，这些都将有助于提升和改善旅游文化基础设施，并带动旅游文化产品的开发。随着一批重大旅游文化基础设施和项目的陆续建设，将形成新的旅游文化热点和吸引力，刺激旅游文化需求的增长。同时，国家国民休闲计划和休假制度的推行将对我省旅游文化产业产生积极的作用。云南省委、省政府审时度势，高瞻远瞩，制定并实施加快旅游文化产业发展的支持政策，多渠道筹措旅游文化建设资金，切实推进旅游文化建设项目的实施，推动旅游文化产业的改革和产业结构升级，明确提出了全面推进云南旅游“二次创业”，建设旅游经济强省和民族文化强省的目标，把云南建设成为国内外知名的国际旅游文化胜地。

展望未来，随着世界金融危机的影响继续深化和扩大，尤其是对新兴经济体和发展中国家的扩展影响，使世界经济将进一步衰退，并持续影响到今后世界旅游文化产业的增长与发展。但与此同时，世界金融危机也推动全球旅游文化产业格局变化，使全球旅游文化贸易将从产品服务竞争进入资本博弈时代，特别是随着我国刺激经济的一系列政策措施出台，扩大内需进一步加大，为云南旅游文化产业带来良好的消费环境和黄金发展时期。

### （三）发展的制约因素

云南旅游文化产业在快速发展中也面临许多问题和制约，既有外部大环境尤其是市场经济发展的影响，也有内部条件的制约。总体来看，制约云南旅游文化产业发展的因素主要有以下几方面：

一是云南经济发展基础相对薄弱，对于旅游文化产业发展的投入有限，基础设施仍然相对滞后，国际和地区航线以及航空运力仍然不足，铁路、公路结构和布局不够完善，通讯、信息等相关配套基础设施不足等。

二是经济优势还不明显，云南远离经济发达地区和主要旅游客源市场，旅游交通成本较高，旅游文化精品名牌产品还较少，旅游文化骨干企业和重点企业不多，对游客招徕和相关行业带动发展还比较薄弱。

三是旅游产业和文化产业的融合程度不够深入、产业协同互动不足，特别是由于旅游产业和文化产业分属不同的主管部门，各部门在制订规划、策划项目、宣传促销时，基本上是各定各的调，条块分割、地区割据和行业壁垒，严重制约了旅游产业和文化产业的整合与发展，难以发挥资源优势和形成整体效益。

四是旅游文化人才匮乏，人才要素市场不健全，从业人员总体素质不高，领衔主演、导演、编剧、音乐创作、舞台艺术等文艺人才以及旅游文化项目策划、经营管理人才短缺，人才结构不够合理，本土人才的合理使用和外来人才的有效引进机制不够顺畅等，已成为制约云南省旅游文化产业发展的“瓶颈”。

五是旅游文化产业的整体服务水平不高，没有形成完善的旅游文化管理有关法规规章和旅游文化行业的服务标准体系，从业人员的服务质量和水平还较低，违规违法经营和不按服务规定提供服务的行为经常发生，旅游文化行业管理的规范化、标准化、法制化还需加强。

### （四）加快发展的重要性

加快发展云南旅游文化产业，是弘扬传统优秀文化，提升旅游文化内涵的重要内容；是应对国际金融危机，推进云南旅游“二次创业”，不断增强云南旅游文化产业竞争力，实现从旅游大省向旅游经济强省、文化大省向文化强省跨越的重要途径。因此，必须把壮大旅游支柱产业和建设民族文化强省相结合，全面提高对加快发展云南旅游文化产业重要性的认识。

1. 有利于应对金融危机和扩大内需。世界范围内的金融危机对云南旅游文化产业产生了重要影响，但全国全省的经济发展格局没有改变，同时随着国内扩大内需的系列政策，国家推进国民休闲计划和休假制度等出台，将对云南旅游文化产业发展产生积极推动作用。因此，抓住机遇，加大对云南旅游文化产业的投资力度，使旅游产业和文化产业协同互动发展，有利于应对金融危机的影响，促进旅游文化产业快速健康地发展。

2. 有利于旅游产业和文化产业的发展。随着旅游业“二次创业”的深入开展，全省旅游业努力克服经济下滑带来的不利影响，实现了旅游业的平稳增长。文化产业也已经成为云南最具发展潜力的新兴产业之一，对促进全省经济社会又好又快发展起到了重要支撑作用。因此，加快旅游文化产业的发展，能够深入开展旅游业“二次创业”，加快民族文化大省和旅游经济强省的建设步伐，促进旅游产业和文化产业的融合。

3. 有利于发挥历史文化、民族文化资源优势，提升旅游文化内涵。云南各民族在长期的历史发展中，创造了绚丽而灿烂的民族文化，形成各具特色的风俗习惯和丰富的文化传统。通过加快旅游文化产业的发展，把它发掘出来并展示给广大的中外游客，不仅是建设云南民族文化强省，也是对中华民族乃至全人类文明进步的重要贡献。因此，加快发展旅游文化产业，对充分利用云南的历史文化、民族文化资源，提升云南旅游文化内涵具有重要的作用。

4. 有利于加大旅游文化产品开发，增强旅游文化产业竞争力。改革开放以来，云南旅游文化产业的快速发展，成为推动云南经济社会发展的重要力量。随着国内外旅游文化产业的蓬勃发展和市场竞争的日趋激烈，云南旅游文化产业发展面临着“不进则退、慢进也退”的严峻形势。因此，加快旅游文化产业的发展，对于开拓旅游客源市场，促进旅游文化产品供给，树立旅游文化品牌形象，增强云南旅游文化产业的竞争力具有十分重要的意义。

5. 有利于带动少数民族贫困地区脱贫致富，促进社会主义精神文明的建设。由于各种历史、地理和经济因素的影响，云南少数民族大多聚居在交通闭塞、经济不发达的贫困地区。因此，通过加快发展旅游文化产业，不仅有利于对民族文化起到保护、提炼和交流的积极作用，而且能促进少数民族地区交通、基础设施条件的改善，增加就业机会，扩大就业门路，促进贫困地区的经济发展，使少数民族贫困人口尽快脱贫致富，走上全面建设小康社会之路。特别是云南民族文化旅游资源内容丰富，形式多样，涵盖了食、住、行、游、购、娱等各方面，对其文化形式和内涵中的真、善、美的发掘和利用，可以令旅游者赏心悦目，并在潜移默化中满足审美心理需求，净化心灵，从而有利于抵制不健康的、低级庸俗的娱乐方式，创造一种舒适、文明的旅游环境，推动旅游文化产业的健康发展和促进社会主义精神文明的建设。

## 二、指导思想、基本原则和发展目标

### （一）指导思想

全面贯彻落实党的十七大精神，以邓小平理论和“三个代表”重要思想为指导，深入贯彻落实科学发展观，以继续实施大项目带动战略、优化结构、转型升级、提质增效为主线，加快推进旅游“二次创业”，着力打造文化产业，优化旅游文化产业布局，促进旅游文化产业集聚，把云南建设成为中国一流、世界知名的旅游目的地，实现建设旅游经济强省和民族文化强省的目标，把云南建成国家旅游文化产业改革发展试验基地和示范窗口。

### （二）基本原则

1. 坚持以人为本，把满足需求与扩大内需相结合。努力为人民群众提供更多丰富多彩的旅游文化产品，满足人民群众日益扩大的消费需求。

2. 坚持突出特色，把旅游产业与文化产业相结合。开发具有鲜明特色的旅游文化产品，培育云南旅游文化精品名牌，发挥品牌优势和品牌效应，深度整合旅游产业与文化产业优势，以旅游产业与文化产业的融合和互动，带动和促进相关产业协同发展。

3. 坚持改革开放，把推进改革试点与带动全面发展相结合。加快旅游改革发展试点和文化体制改革试点，加强对外对内区域旅游文化合作，大力引进战略合作伙伴，培育旅游文化企业集团，以重点项目和重点企业带动旅游文化产业发展，增强旅游文化产业发展活力。

4. 坚持创新发展，把发挥政府主导与市场机制作用相结合。政府主导、部门联动、市场运作、社会参与，培育旅游文化市场、壮大旅游文化企业、推进产业集聚扩张，广泛调动全社会发展旅游文化产业的积极性。

5. 坚持可持续发展，把资源环境保护与产业发展相结合。正确处理好保护、开发与发展的关系，有效整合和开发利用旅游资源、文化资源和生态环境，在开发的基础上促进旅游文化产业发展，促进生态环境和人文资源保护。

### （三）发展目标

1. 经济发展目标

按照每年15%的增长率，到2012年，全省旅游总收入达到1160.12亿元，旅游产业增加值达到677.91亿元，占全省GDP的比重达到7.13%；文化产业的增加值达到528.37亿元，占全省GDP的比重达到5.56%；按照每年18%的增长率，到2015年，全省旅游总收入达2112.92亿元，旅游产业增加值达到1234.69亿元，占全省GDP的比重达到8.23%；文化产业的增加值达到962.33亿元，占全省GDP的比重达到6.42%。

2. 产业建设目标

在继续推进6大旅游区发展基础上，着力建设10大旅游文化产业集聚区，10个旅游文化名城，30个民族文化旅游示范县，60个旅游小镇，100个旅游文化特色村，形成一批有竞争力的旅游文化市场主体，推进一批有发展潜力的旅游文化重大项目建设，打造一批知名旅游文化品牌，构建6大旅游文化走廊，形成4大国际国内旅游圈，全面提升可持续发展的核心竞争力，初步形成旅游产业与文化产业一体化发展新格局，实现由旅游大省向旅游经济强省的跨越，由民族文化大省向民族文化强省的迈进。

3. 产业投资目标

至2012年，全省旅游文化产业投资总额累计达到1000亿元；至2015年，旅游文化产业投资总额累计达到2000亿元。

4. 文化发展目标

加强文化遗产保护工作，基本建立物质文化遗产和非物质文化遗产保护体系，使85%以上的省级文物保护单位得到抢救性维护，50%以上重点博物馆和有文物但无库房文管所的保管条件达到规范要求。力争全国重点文物保护单位增加到86处以上，省级文物保护单位增加到320处，州、市、县级文物保护单位增加到2000处，新增一批国家级和省级历史文化名城以及世界文化遗产。基本建成具有云南特色的文物史迹网络。创建民族文化保护区16个，特色文化保护区9个，省级民族民间文化艺术之乡50个，培养民族民间文化传承人100个。

5. 社会就业目标

加强旅游与文化相结合，推动优秀传统文化的延续和传承，发挥旅游文化“形象大使”和桥梁的特殊作用，推动和促进云南的对外开放；促进城乡文化发展，促进乡村文化旅游、城镇文化旅游、都市文化旅游发展，推动和谐社会建设。促进劳动力的就地转化、帮助农民脱贫致富，到2012年，旅游文化产业直接和间接就业人数达到300万人，占全省就业人数的比重达10%；到2015年，旅游文化产业直接和间接就业人数达到400万人，占全省就业人数的比重达12%。

6. 生态环境目标

发挥旅游文化产业的带动作用，实施旅游循环经济试点，建立绿色产业体系，保护好云南的自然生态环境，促进云南生态环境和城乡社区环境面貌不断改善，在实现保护生态环境、促进经济发展、改善各民族生活条件和城乡统筹协调基础上，推动云南经济社会可持续发展。

## 三、主要任务和重点

按照上述指导思想、基本原则和发展目标，在当前及今后一个时期里，旅游文化产业发展的主要任务和建设重点，要着力抓好以下几个方面。

### （一）优化旅游文化产业布局

进一步优化旅游文化产业布局，加快推进6大旅游区、10大旅游文化产业集聚区、6大旅游文化走廊和4个旅游圈建设和发展。

1. 加快推进6大旅游区发展。巩固提升滇中大昆明国际旅游区和滇西北香格里拉生态旅游区；建设完善滇西南澜沧江—湄公河国际旅游区；滇西火山热海边境旅游区；滇东南喀斯特山水文化旅游区；积极开发滇东北红土高原旅游区。努力把六大旅游区打造成特色鲜明、功能配套、产品互补、互促发展的旅游目的地，实现旅游产业与文化产业的协调发展。

2. 加快推进10大旅游文化产业集聚区建设。突出旅游资源和文化资源的比较优势，以历史文化名城和重点旅游景区为依托，打造具有鲜明特色的旅游文化产业集聚区。具体包括昆明生态园林城市文化旅游区、大理—丽江—香格里拉—怒江世界遗产与民族文化旅游区、腾冲—瑞丽温泉度假与边地文化旅游区、建水—石屏—元阳历史文化旅游区、抚仙湖—星云湖古滇文化旅游区、石林—普者黑—罗平喀斯特山水文化旅游区、楚雄古文化与彝族文化旅游区、西双版纳—普洱—临沧茶文化旅游区、威信—镇雄—彝良红色旅游文化区、滇南边境民族文化旅游区。

3. 着力构建6大旅游文化走廊。依托6大旅游区和10大旅游文化产业集聚区，以昆明—滇西北高等级公路为轴心，构建连接昆明—大理—丽江—迪庆—怒江，并通往西藏、四川的“滇西北旅游文化走廊”；以昆明—瑞丽高速公路为轴心，构建连接昆明—楚雄—大理—保山，并通往南亚国家的“滇西旅游文化走廊”；以昆明—曼谷高等级公路为轴心，构建连接昆明—玉溪—红河—普洱—西双版纳，并通往东南亚国家的“滇西南旅游文化走廊”；以昆明—蒙自—河口（和昆明—邱北—文山—麻栗坡）高等级公路为轴心，构建连接昆明—红河—文山，并通往越南等东南亚国家的“滇南旅游文化走廊”；以昆明—曲靖—昭通高等级公路为轴心，构建连接昆明—会泽—昭通—盐津—水富，并通往四川、重庆等省市的“滇东北旅游文化走廊”；以昆明—石林—陆良—罗平高等级公路为轴心，连接昆明—玉溪—曲靖，并通往贵州、广西的“滇东旅游文化走廊”。

4. 努力形成4大国际国内旅游圈。充分发挥云南面向东南亚、南亚的区位优势，抓住建立中国—东盟自由贸易区的机遇，依托6大旅游区、10大旅游文化产业集聚区和6大旅游文化走廊，积极推进大湄公河次区域、泛南亚经济区、西南六省市七方和泛珠江流域区的旅游交流与合作，努力促进和形成面向东南亚的中国—东盟国际旅游圈，面向南亚的中国—南亚国际旅游圈，连接四川、贵州和广西的大西南旅游圈和泛珠江流域旅游圈，共谋互动发展。

### （二）推进旅游文化产业集聚

依托国家级、省级历史文化名城、名镇、名村和旅游发达的县区，大力推进全省旅游文化产业的集聚发展。

1. 以昆明、大理、丽江、景洪、建水、瑞丽、巍山等国家级历史文化名城和优秀旅游城市为依托，推进10大旅游文化名城建设。

2. 以石林、玉龙、香格里拉、腾冲、罗平、巍山、邱北、会泽等自然风光、民族文化、历史文化丰富的县为依托，推进30个民族文化旅游示范县建设。

3. 在巩固提升大研古镇、和顺古镇、黑井古镇、豆沙古镇等旅游文化名镇的基础上，推进60个旅游小镇建设。

4. 把旅游文化产业发展与建设社会主义新农村相结合，推进100个旅游文化特色村建设。

### （三）完善旅游文化产品体系

完善旅游文化产品体系，着力培育20大重点旅游文化产品。

1. 着力培育休闲度假旅游产品。凭借云南得天独厚的气候资源、众多高原湖泊及良好的生态环境，大力开发内陆湖滨型、休闲文化型、置业度假和休闲小镇等多种类型的休闲度假产品，加快云南旅游由观光型向观光休闲度假型转变，推动旅游产业的转型升级。

2. 着力培育文化遗产旅游产品。充分利用云南丰富的古生物、古人类遗址和悠久的历史文化，开发建设文化遗产旅游景区。

3. 着力培育民族文化体验产品。依托云南25个少数民族绚丽独特的民族文化和民俗风情，深度开发以体验性、参与性、娱乐性为主的民俗体验型和文化主题型旅游产品，增强对游客的吸引力。

4. 着力培育健康旅游产品。发挥我省自然生态、地质地貌和动植物等景观资源优势，着力培育“亲近自然、体验文化、享受生活、关爱生命”的健康旅游产品，打造“云南——绿色健康旅游天堂”新品牌。

5. 着力培育乡村旅游文化产品。策划高水平的规划和项目，开发具有不同特色的乡村旅游文化产品。

6. 着力培育文化演艺娱乐产品。培植发展一批有影响力的文化娱乐团体和企业，打造具有地方特色的大型文化娱乐活动品牌，形成参与性强、类型齐全、管理规范、文化档次高、服务功能完善的旅游文化演艺和娱乐产品体系。

7. 着力培育民族餐饮文化产品。培育民族餐饮文化龙头企业和形成品牌化经营，建立民族餐饮文化培训基地，开展民族餐饮文化国际合作与交流，举办民族餐饮文化节，促使云南民族餐饮文化产品由单一性向多样化发展，由饮食型向欣赏型发展，由物质型向文化型发展，由辅助型向主题型发展，促进云南民族餐饮文化产品体系的培育和建设。

8. 着力培育购物旅游文化产品。要在传统旅游商品的基础上，加强旅游商品和包装设计、创意、工艺制作改进等，积极开发具有本土特色的旅游商品，加快珠宝玉石、观赏石产品的生产和开发，并努力从普通的旅游商品转化为精品旅游商品。

9. 着力培育跨境会展商务旅游产品。加快沿边地区旅游资源开发和边境口岸设施建设，加强区域旅游文化合作，简化跨境旅游手续，大力发展跨境旅游并向纵深推进，增强云南旅游文化产业的外向型功能，把跨境旅游产品打造成云南最有影响力的旅游产品之一。以昆明、大理、玉溪、曲靖等重点城市为依托，加快会展和商务设施建设，把云南建设成为区域性国际会展商务旅游目的地。

10. 着力培育特种旅游文化产品。发挥云南独特的山地旅游资源优势，积极开发古生物、地质地貌、生物多样性等一批科技含量高、趣味性浓、参与性强、寓教于乐的科考科普型旅游产品。积极引导开发登山、攀岩、漂流、野生动物追踪探寻等一批安全性高、吸引力强的探险旅游产品。加大自驾车旅游产品开发力度。积极开发和推出自行车、徒步、野营等满足当地居民和游客消费的自助旅游产品。

### （四）建设旅游文化产业基地

围绕旅游文化产业布局、产业集聚区和产品体系建设，通过实施大项目带动战略和精品名牌战略，重点推动一批旅游文化产业基地的建设。

1. 建设一批国家公园，逐步形成国家公园体系。在总结迪庆普达措国家公园建设经验基础上，积极推进迪庆梅里雪山、丽江老君山、大理苍山等国家公园建设，逐步形成国家公园体系，把云南建成全国一流的文化生态旅游省份。

2. 建设一批休闲度假旅游基地。借鉴国内外休闲度假旅游建设经验，建设昆明环滇池、澄江抚仙湖——星云湖、大理洱海、丽江等一批康体休闲度假旅游基地，构建起休闲度假旅游产品体系，建设国内外知名的高原型休闲度假旅游胜地。

3. 建设一批旅游文化产业基地。依托丰富的文化资源优势，建设一批具有云南特色、在国内外有影响的民族文化旅游基地、科普科考和爱国主义教育基地、影视摄制基地、艺术创作培训基地、高原体育训练基地、民族民间工艺品制作基地及文化演出剧院和场所等。

4. 建设一批会展商务旅游基地。依托全省中心城市和旅游目的地、旅游集散地的优势，借鉴发达省市成功经验，进一步整合资源，不断摸索新路子，完善城市旅游功能，着力打造以昆明、大理、玉溪、曲靖等城市为中心的会展商务旅游基地，建成具有区域特色的旅游文化会展商务圈，发展为在全国有较大影响的会展基地。

5. 建设一批旅游商品生产营销基地。依托云南的珠宝玉石建设珠宝玉石生产营销基地，依托独有的药材建设药材商品购物基地，依托民族工艺品建设特色民族工艺品生产营销基地，依托云南的普洱茶建设普洱茶生产营销基地。进行规范化管理，向规模化、集团化、市场化、特色化发展。

### （五）培育旅游文化主导产业

1. 休闲度假业要大力开发科普型、休闲型、娱乐型和户外运动型的旅游项目和游客参与性强的专项产品，进一步完善综合服务功能，丰富景区文化内涵，增强对游客的吸引力。

2. 住宿餐饮业要树立品牌意识，打造名特餐饮品牌和餐饮名店，合理布局旅游餐饮设施，并配套休憩和娱乐功能，住宿业以市场需求为导向，优化酒店结构和布局，根据文化旅游消费的需求建设高星级旅游饭店，扶持和规范特色客栈及民居旅馆等。

3. 文化娱乐业要重点完善旅游酒店、旅游城市尤其是旅游景区的文化娱乐基础设施，形成参与性强、类型齐全、管理规范、文化档次高、服务功能完善的旅游文化娱乐体系。

4. 商务会展业要以昆明、楚雄、玉溪、大理、丽江、景洪、瑞丽等旅游城市为主，发挥其会展商务功能，创建商务会展品牌，积极争取一些中外大型会议、赛事、展览、博览的承办权。

5. 康体旅游业要重点开发景区或城市近郊的温泉和矿泉资源，挖掘传统中医医疗康体功能，建立环境优美、设施完备的疗养院和康体保健区，积极发展各种户外运动设施、训练基地、滑雪场、高尔夫球场和体育竞技类主题公园等专项体育旅游场所。

6. 民俗文化业要借鉴公司加农户等有效模式，大力发展民族民间文艺展演业、民间工艺品产销业、民俗文化旅游业，实现专业化经营、规模化发展。

7. 广播影视业要推进专业化制作、企业化经营、集团化管理、规模化发展，使全省广播影视营业收入年均增长15%以上。

8. 新闻出版业要转换经营机制，优化资源配置，建立现代新闻出版、印刷、营销体系，使全省新闻出版业总收入年均增长10%以上。

9. 商品购物业要优化销售网点布局，建立健全旅游商品批发零售体系，提高旅游购物业在旅游总收入中的比重，以地方特色产品和民族民间工艺品为核心，对现有的旅游商品进行提升，充分挖掘其文化内涵，避免一些粗制滥造的旅游商品的出现。

10. 旅游景观业要提升观光旅游产品文化内涵，提高经营理念，强化服务意识，准确进行市场定位，开展有效的市场营销，提高经营效益。

### （六）推动旅游文化产业重组

1. 做大龙头旅游文化企业集团。通过整合、重组国有资产，组建在旅游文化产业发展中，能够起到龙头和带动作用的大型旅游文化集团。

2. 做强中小旅游文化企业。选择一批发展前景好的中小企业，采取“捆绑式”服务、政策支持、投入倾斜等方式予以重点帮扶，引导中小企业围绕大企业延伸配套服务，促进提质增效。

3. 促进民营旅游文化企业的发展。切实加强软环境建设，为民营旅游文化企业创造宽松和谐的发展环境；加大服务协调力度，增强民营旅游文化企业的发展能力。

### （七）加快旅游文化市场开拓

1. 进一步突出打造“七彩云南，旅游天堂”的形象，针对不同时期、不同对象推出旅游宣传促销主题，激发和引导游客赴滇旅游的动机和行为。提高旅游目的地促销意识，建立“政府引导、部门联合、企业为主、市场运作”的旅游宣传促销新机制。

2. 大力开拓国际旅游文化市场。抓住有利时机，以俄、蒙、日、韩、东南亚、北美、欧洲、澳大利亚等国家和港、澳、台地区为重点，不断加大旅游文化宣传促销力度，吸引更多的入境游客和高端游客。

3. 培育旅游文化演艺消费市场。制定合理的价格，让各种渠道既有合理的利润，具有经营旅游文化产品的积极性，又可以吸引游客观看旅游文化演出。

4. 大力培育新兴旅游文化市场。通过内容创新、形式创新、技术创新、服务创新，做大云南市场，拓展省外市场，开拓境外市场，努力营造公平的旅游文化市场竞争环境，破除地方壁垒，逐步形成统一开放、竞争有序的旅游文化市场体系。

### （八）深化区域旅游文化合作

1. 深化与东南亚、南亚国家区域旅游文化合作，重点开展大湄公河次区域、孟中印缅地区、云南与老、泰、越等国北部的旅游文化合作，完善政府、企业和相关组织多元合作主体互动机制，联合开发旅游文化资源和开展宣传促销，培育澜沧江—湄公河黄金旅游文化线路等精品旅游文化线路产品。

2. 以深化“泛珠三角”区域旅游文化合作和川滇藏“大香格里拉”生态旅游区合作为重点，提升合作层次，拓宽合作领域，进一步推动滇港、滇澳、滇粤、滇沪、滇黔桂、滇黔渝和滇川藏等多层次、大范围的国内区域旅游文化合作，打破市场壁垒，推出旅游便利化措施，增强区域旅游文化品牌的吸引力。

3. 加快与国际旅游文化市场服务标准接轨。按照国际旅游文化市场的通行规则和服务标准，探索建立和完善与之相应的旅游文化市场规则和服务标准体系，重点推行相关行业的国际服务标准和国际质量认证，促进旅游文化经营管理、服务设施和服务技能与国际标准接轨，不断提高旅游文化产业发展的国际化水平。

### （九）加强基础设施建设

1. 以构建结构合理、安全、舒适、便捷的旅游交通体系为目标，加快新机场建设、老机场扩建和国际口岸机场的申报力度，开辟新的国内外航线。全面提高现有干线铁路运营能力和技术标准，积极推进省内铁路路网建设。加快干线高速公路建设，加快实施一批制约全省六大旅游区形成旅游环线的断头路、二级干线公路的建设项目。提升和建设一批通往重要旅游文化景区景点的三级旅游支线公路。加强澜沧江—湄公河等国际水路和滇池等重点旅游湖泊区的短途航运基础设施建设。充实和完善交通的旅游功能，满足游客的旅游配套服务设施建设。

2. 加强文化基础设施建设，规划建设一批具有云南特色、民族风格的文化重大项目设施，继续实施基层公共文化基础设施工程，尽快实现县以上都有图书馆、文化馆，乡乡都有文化站，村村都通广播电视，努力构建以县城为中心、以乡镇为骨干、以村社为终端的基层宣传文化网络。加大文化遗产保护。

3. 加大资源环境保护，实现可持续发展。全面实施“七彩云南保护行动计划”，在重点旅游开发区域，尤其是高原湖泊和生物多样性等生态十分脆弱和敏感的地区，加大资源保护力度，加大荒山、荒坡的绿化和高原湖泊、河流的污染治理力度，对生态脆弱的重要旅游文化景区实行游客容量控制和环境监测制度，实现旅游文化产业与资源环境的可持续发展。

## 四、项目支撑

实施项目带动战略，以大项目带动大开发、促进大发展，加大旅游文化产业项目建设的力度。其中，规划期内旅游文化投资开发建设项目165个，投资额2689.9848亿元；再加上民族文化旅游示范县、旅游小镇、旅游特色村建设项目700亿元，总计投资额为3389.9848亿元。第一阶段（2009年—2012年）预计规划总投资达到1000亿元；第二阶段（2013年—2015年）预计规划总投资达到1000亿元；2015年以后继续完成的项目19个，预计规划总投资达到1400亿元（未考虑新增加投资项目）。

## 五、政策措施

### （一）加强组织领导协调

1. 加强组织领导。依托各级旅游文化产业协调领导小组，领导和协调旅游文化产业的发展，研究旅游文化产业发展的重大问题，制定有利于旅游文化产业发展的政策措施，统筹旅游文化产业的协调发展。各级协调领导小组办公室具体负责协调和指导旅游文化产业规划实施和有关项目的建设。

2. 建立目标责任考核机制。将旅游文化产业发展的主要任务和工作重点，分解落实到各州市政府，加强对目标责任、工作进度的跟踪检查和阶段性问责问效。

3. 强化部门协调配合。建立健全政府部门间的工作协调联动机制和激励机制，充分发挥政府各部门的积极性、主动性和创造性，围绕旅游文化产业发展的目标、任务和工作重点，密切配合开展工作，形成加快旅游文化产业发展的合力。

4. 转变政府职能。完善公共服务平台，强化各级政府在法律规范、政策指导、规划控制、资金引导、市场监管、环境营造和公共服务等方面的职能。

5. 改革行政审批制度。创新政府管理方式，积极探索对核心旅游资源、重点文化资源的开发、建设、管理体制和运行机制的创新，理顺发改委、旅游、文化、国土、环保等相关部门职能的关系，强化对重点投资项目的便捷服务，减少行政成本，提高管理效率。

6. 健全旅游文化法规体系，整合行政执法资源，加快省、州（市）、县旅游文化执法机构建设，健全行之有效的综合执法机制；建立及时、便捷、高效处理游客投诉机制，进一步整顿旅游文化市场秩序，规范旅游文化经营服务行为，优化旅游文化经营环境，提高依法行政的能力和水平。

### （二）完善旅游文化产业政策

1. 完善有利于旅游文化产业发展的用地政策。积极探索建立土地整理平台，合理利用土地的管理制度，推进土地管理制度的改革和创新，在保障旅游文化产业建设用地供应方面实现突破。

2. 完善有利于旅游文化产业发展的投资融资政策。深化旅游投融资改革，探索灵活多样的投融资渠道，按照“谁投资、谁开发、谁保护、谁受益”的原则，对部分旅游文化产业基础设施实行“政府主导规划、企业投资开发、市场模式运作”的投融资机制，鼓励各种经济成分的社会资金投入旅游文化产业基础设施建设，鼓励投资者采用BOT、TOT、ABS、PPP等融资方式，加快旅游文化产业基础配套设施建设，着力解决旅游基础设施建设中的资金短缺问题。

3. 建立优质旅游文化资源开发政府担保机制，引导国有大企业和有实力的外商、民营企业积极投入优质旅游文化资源的开发；通过该机制的建立，有利于利用旅游国债投入、门票抵押贷款、政府担保贷款、发行旅游债券和股票等多种融资方式，多渠道争取社会资金投入旅游文化开发建设，加快云南旅游文化产业发展进程。

4. 建立重点旅游开发财税配套优惠机制，加大财政税收对旅游文化产业的扶持力度，运用财政投入、财政补贴、贴息贷款、减免税收等多种手段发挥财政投入的导向性作用，支持重点旅游文化项目和基础设施建设。进一步加大旅游文化项目招商引资力度，不断优化旅游文化项目投资环境，切实解决旅游文化产业建设资金“瓶颈”问题。

5. 完善有利于旅游文化地保护政策。加强立法，通过舆论、媒体等多种途径强化居民和旅游者对传统文化的尊重、维护和发扬，对少数民族优秀文化艺术进行合理科学的开发利用。推行资源环境保护补偿制度、旅游文化资源及环境保护责任制度，建立社会监督、社区监督的机制。促进旅游文化区管理体制改革，严格旅游文化开发环保审批制度，建立环境影响责任制。

6. 积极推进旅游产业与文化产业互动发展，合理开发和有效利用民族文化旅游资源，制定保障当地民族群众合理、有效参与旅游文化产业的措施和保障社区居民优先参与的政策，协调组织旅游地社区内各单位、个人形成互利互惠的合作机制。

### （三）积极推进改革试点

1. 积极推进旅游文化体制改革。旅游体制改革要突出投融资体制改革重点，理顺云南省旅游投资公司的管理体制，探索市场化的融资模式，成立云南省旅游融资担保公司，构建云南旅游融资担保平台。文化体制改革要按照“区别对待、分类指导，循序渐进、逐步推开”的要求，深入推进公益性文化事业单位的内部改革和机制创新，以抓好省级国有艺术院团的改革为重点，稳步推进国有艺术院团改革，科学合理调整全省国有艺术表演团体的结构布局；一般院团要引入竞争和激励机制，积极探索市场化运作道路，逐步改制为企业；各州市要因地制宜，结合实际，积极推进国有艺术院团的改革。

2. 积极推进旅游综合改革发展试点，加快试点区的产业结构调整、旅游产业提升、城市社区建设以及生态环境的改善。保山市腾冲县试点，要积极探索县域旅游管理体制、运行机制、旅游产品转型升级、特色产业带动县域经济发展的新模式；玉溪市抚仙湖——星云湖试点，要加大休闲康体度假基地和旅游新业态的创新力度，走出一条生态保护与特色产业互动发展的新路子；大理苍洱地区试点，要加快休闲度假和文化体验产品开发建设的创新力度，探索旅游与生态、旅游与文化互动发展的新机制；昆明世博新区试点，要大胆创新"政府为主导、龙头企业为带动"的管理体制和运行机制，探索建立符合现代企业发展规律的旅游企业孵化器机制。

3. 积极推进旅游文化企业改革试点。选择一批旅游企业改革试点单位，主要任务是理顺产权关系，推进多元投资主体的股份制改革，探索通过资产重组和资源整合，发展成为跨地区、跨行业的旅游龙头企业的新途径。对印刷、出版、发行、影视等经营性文化单位，按照建立现代企业制度的要求，培育一批自主经营、自负盈亏、自我发展、自我约束、有竞争力的国有和国有控股的文化企业或企业集团，推动形成以公有制为主体、多种所有制共同发展的文化产业格局。

4. 积极推进专项改革试点。选择一批村寨作为旅游促进新农村建设的专项改革试点，探索乡村旅游发展模式和经营方式，建立旅游与文化、旅游和新农村建设互动机制及利益分配机制。选择一批边境县市为跨境旅游文化专项试点，探索开发跨境旅游文化线路产品、建设旅游通道经济和外向型经济的开发模式，把景洪（含磨憨镇）打造成面向中南半岛的重要国际跨境旅游文化区，把瑞丽培育成面向缅甸及东南亚的国际跨境旅游文化区，把河口建设成为面向越南及东南亚的国际跨境旅游文化区。选择文山普者黑旅游度假区作为旅游循环经济专项改革试点，探索旅游开发与生态环境保护、建设的有机结合，以及旅游资源综合利用和循环利用的新途径。

5. 争取国家相关部门支持。积极争取国家相关部门对云南旅游文化产业改革发展给予支持，在旅游文化产业发展的管理体制改革、运行机制创新和政策运用等方面对我省给予指导，并按照"部门联系、省级推动"的方式和"一事一议"的办法，建立部省合作机制，建立若干国家部委联系点，先行先试，切实推动旅游文化产业改革发展工作的开展。

## （四）改革投融资体制机制

1. 加大政府引导性资金投入。建立省级和地方政府对旅游文化发展专项资金的投入机制。各级旅游文化发展专项资金除用于旅游文化规划编制、信息化工程、游客服务中心、休息站点、旅游厕所等公共建设项目外，还要采取直接补助、以奖代补和贷款贴息等方式用于支持开发性旅游文化项目的建设，吸引更多社会资金投入旅游文化开发建设，放大政府资金的引导效用。

2. 进一步规范政府投资行为，完善以项目评估、专家咨询、公开公示为主要内容的政府投资项目决策规则和程序，建立健全政府投资重大项目的决策责任追究制度。完善政府投入引导机制，推动州市、县区财政加大对旅游文化产业的投入，吸引海内外资本进入旅游文化产业。创新政府投资机制，探索通过财政投入、社会私募，争取发起设立云南旅游文化产业投资基金。

3. 建立、发展和完善以省旅游投资公司、省文化产业投资公司和世博股份、丽江旅游等上市公司为基本构架的投融资平台。创造条件，争取在规划期内成立省旅游文化融资担保公司，以增强融资功能。发挥省属旅游文化投融资平台在投资项目合作、银行信贷担保等方面的作用。培育和发展一批民营、外资和混合经济结构的旅游文化投融资主体，拓宽融资渠道，提高资金使用效益，为云南旅游文化产业发展筹措更多的资金。

4. 引导社会资本投入。鼓励旅游文化产业投融资体制和机制创新，发展风险投资、产业投资基金、私募基金等多种新兴的投融资工具。抓住当前国际资本流入和我国沿海产业向内地转移的机遇，发展风险投资和股权投资市场，疏通投融资渠道，引导海内外资金进入我省旅游文化产业。

5. 推进一批有竞争力的旅游文化企业在境内外上市和发行企业债券，充分利用资本市场的投融资和结构调整功能发展旅游文化产业。大力推进旅游文化企业股份制改革，积极培育上市企业资源，在规划期内力争一批旅游文化企业在海内外资本市场上融资。

## （五）建立健全市场体系

1. 发展和完善旅游文化产业要素市场。充分发挥市场配置资源的基础性作用，鼓励各类旅游企业积极进入省内资本、产权、土地、林权、人才等要素市场，促进跨地区、跨部门、跨所有制的企业产权交易和资源要素重组。

2. 完善旅游文化市场准入与退出机制。建立健全旅行社经营、旅游购物、旅游专业运输企业申报准入制度和旅游文化企业的评级、运营挂牌制度，规范旅游文化市场行为。实行部门联合监管，推进无障碍旅游。建立以旅游购物"公对公"的佣金制度。鼓励旅游文化企业采取参股、控股、联营等多种形式加强合作。加强旅游文化产品消费投诉机制建设，维护消费者合法权益。

3. 加快旅游文化行业协会的改革发展，强化行业指导与自律功能，推动行业诚信建设和企业诚信经营。整合旅游文化相关科研院所，建立健全决策咨询论证机制，建立旅游文化产业专家咨询库，为政府科学、民主决策提供服务。积极发挥法律、会计、审计、保险、仲裁等相关中介组织的作用。

**（六）培养旅游文化产业人才**

1. 高度重视旅游文化人才队伍建设，加快培养和努力造就一批名家大师、一批专业领域的领军人物，一批懂经营善管理的经营管理人才、一批掌握现代传媒技术的专门人才、一批素质高业务精的旅游文化服务人才，吸引一批国内外高层次旅游文化专门人才。

2. 制定旅游文化人才资源开发规划，积极探索建立适合云南省情，并与国际接轨的旅游文化人才资源开发机制，重视在职教育和岗位培训，使旅游文化人才队伍在数量、质量和结构上能满足建设旅游经济强省和民族文化强省的目标和要求。旅游、文化产业部门的人才规划要与教育、农业、劳动等部门的人才培养规划对口，通过相互合作，共同推进和实施人才资源开发规划。

3. 积极推进旅游文化教育培训改革与发展，在学校专业人才的教育中，专门开设旅游文化课程，培养云南旅游文化产业人才对文化有较强的敏感性、创造性和活力；创造和增加让旅游文化专业学生参与国际旅游文化的交流活动的机会和条件。

4. 加强与国内知名院校在旅游文化人才培养方面的合作，安排必要的专项资金，加大人才培养和引进力度，广泛吸引国内外知名艺术家、文化经纪人、文化企业家来滇创业，高度重视本地化人才的培养。

5. 完善公平竞争和分配激励机制，鼓励和支持优秀拔尖人才脱颖而出，设立省级荣誉奖励制度，重奖贡献突出的旅游文化工作者，营造尊重知识、尊重人才、尊重创造的良好环境。

# 二、项目

## 中国动漫游戏城建设项目

### 一、项目概况

该项目位于北京市石景山区首钢二通厂区内。核心区北至吴家村路、南至梅市口路、东抵新改建拓宽的小屯路、西临张仪村路。项目规划建设用地56.75公顷，包括行政办公用地、高科技产业用地，商业金融用地、多功能混合用地等。规划建筑面积为120万平方米。其中老厂的中部和北部，将有约20公顷的面积作为工业特色建筑集中保留区域，老厂房、老机车等将作为工业遗产予以保留，以作为动漫产业核心功能区服务相关企业，保留、改造、加建后建设规模预计可达到35万平方米。该项目于2009年10月14日正式启动，由文化部和北京市共同建设和扶持的国家重大文化创意产业项目。

### 二、总体定位

集动漫创作、生产、交易于一体、产业链完整的国家级、高水平的重点文化产业示范园区。

### 三、发展目标

为推动中国动漫游戏城建设，文化部将在以下几方面予以大力支持：把中国动漫游戏城确定为国家级动漫游戏产业园区，并与北京市一起将其作为重大项目上报国家发改委立项；尽快组建中国动漫集团公司，并通过该集团公司参与中国动漫游戏城项目的建设和运营；凡入驻中国动漫游戏城的企业，经过有关评审，将优先认定为动漫企业，享受财政部、国家税务总局的相关税收优惠政策，并可由文化部推荐优先享受相关银行的优惠贷款及其他投融资优惠政策；文化部将与有关部门一起，在中国动漫游戏城建设高端公共技术服务平台，并加大培训力度，聘请国内外动漫游戏专家面向企业开展高水平培训，尽快培养出我国一流的动漫游戏人才；将在中国动漫游戏城开展一系列评奖和赛事活动，不仅对获奖者进行表彰奖励，还将向投资开发商进行优秀产品的宣传推介，使好的设计创意能够尽快投入市场。

为推进中国动漫游戏城项目建设，加快北京动漫游戏产业发展，北京市将为中国动漫游戏城的规划建设和运营管理创造良好的发展经营环境，提供一系列配套支持政策。其中，北京市文化创意产业资金将向中国动漫游戏城倾斜，根据实际需要和财政状况，设立中国动漫游戏城发展专项资金，每年1亿元。

## 天津生态城国家动漫产业综合示范园

### 一、项目概况

项目位于天津滨海新区中新生态城起步区北部，距天津中心城区45公里，距北京150公里。规划占地1平方公里，总建筑面积约77万平方米。2009年3月4日，国家文化部与天津市政府共同签署了文化发展战略合作框架协议，并确定在天津滨海新区中新生态城建设国家国家动漫产业综合示范园（简称动漫园）。2009年7月1日，国家文化部的蔡武部长，天津市市委书记张高丽、市长黄兴国等重要领导为动漫园开工奠基，正式启动动漫园的开发建设。

### 二、总体定位

该项目是国家文化部与天津市政府之间合作的重大项

目，也是文化部第一个确认的国家级动漫产业园。园区规划建设有创意编剧策划区、研发与孵化区、综合服务区、智能衍生品区、高端办公区、动漫人才培育学校和动漫主题公园等7大功能区。

### 三、发展目标

建成后的动漫园将为园内企业提供动漫关键技术研发、动漫人才培养、原创项目孵化、设备租赁等服务，并建立跨越电影、动漫、电视、游戏、多媒体等诸多领域的专业化交流平台，以动漫为纽带贯穿各个领域，通过交流平台的建设，实现各领域资源整合与交融互动。

### 四、产业布局

充分考虑动漫产业及从业人员的特性，建设具有环保、生态、阳光、私密、生活、愉悦等硬件空间，有利于形成沟通交流便捷化、创意自由化、工作生活化、生活快乐化、激发灵感化等环境。

(1) 主楼：园区最核心的功能区，包括园区主楼及园区核心公园两部分，园区主楼主要提供园区管理、物业、会议、工商、税务、政策咨询、商务办公、产权交易、银行、信息服务平台等多种配套服务，核心景观公园提供举办动漫节、各种观演、交流等活动场地的区域。

(2) 研发与孵化区：动漫产业中动漫设备技术研发、集成基地，动漫产品交流展示基地以及动漫企业孵化基地。

(3) 智能衍生品区：动漫产业中具有顶尖质量的动漫产品和高效益附加值的衍生品的设计基地。

(4) 传媒大学：建立教育（大学）与培训基地，手绘、插画人才，三维动画、影视后期、软件应用等方面的人才培训基地，最终形成国家级动漫人才培养和从业人员继续教育、深造的中心。

(5) 六星级酒店区：将来园区乃至整个生态城高档接待的中心。

(6) 高档公寓及办公区：为园区提供配套居住，解决园区就业人员就近居住问题。

(7) 创意编剧策划区：动漫产业前期工作基地，包括策划、剧本创作、造型设计、场景、画面台本设计等。

## 天津市“三溪塘”艺术家聚集区

### 一、项目概况

“三溪塘”艺术家聚集区项目选址于素有“津门首驿”之称的天津市武清区河西务镇。项目位于103国道西侧，京杭运河以西，凤河以东，距北京东五环约39公里，距天津市区约50公里。三溪塘北靠香河、南临廊坊，占据京津冀“金三角”开发区域核心位置。该项目规划占地1399亩，总建筑面积约40万平方米，总投资额约20亿元。

项目共分两期开发建设，一期项目占地494亩，建筑面积约16.6万平方米，投资额约7亿元。其中，商业立项占地410亩，容积率为0.35，住宅立项占地84亩，容积率为1，绿地率不小于40%。项目一期建筑体量165823.3平米，50.47%为商业立项独栋。其余产品为联排、花园洋房、酒店式公寓、住宅商业和7—10层的高层住宅等。

项目一期预计2009年11月全面竣工，2010年8月售罄，实现约11.6亿元的销售收入，为当地上缴财政税收上亿元，并形成文化产业聚集。项目二期预计于2012年全面完工，道路和通讯配套完整，并形成文化创意、商务办公、专营专卖、商业街铺、会所、餐饮休闲、文化娱乐、美容健身、旅游观光环境，奠定河西务“京东文化、生态、颐居新区”的基础。

### 二、总体定位

以发展文化创意产业为立足点，以艺术家聚集为基础，以原创开发为核心，以作品和版权交易为纽带，以展示交流为平台，通过建设中华文化会馆区、艺术家工作室聚集区、私人收藏家博物馆聚集区、文化风情街、艺术公园和综合配套服务区等六大模块，为艺术工作者及收藏家们设计了最科学、最艺术的创作和生活模式，搭建融艺术创作、交流、交易、展示、收藏、特色体验商旅等功能为一体的文化创意产业公共发展服务平台。

### 三、发展目标

打造一个集交流、拍卖、创作、展示为一体的一站式文化产业平台，成为“立足京津、面向全国、辐射东北亚”的京津地区国际性的艺术家聚集区。

## 沈阳市清城文博旅游区

### 一、项目概况

该项目位于辽宁省沈阳市沈河区，主要是依托世界文化遗产沈阳故宫所在的盛京皇城的历史文化资源、旅游资源。盛京皇城是沈阳城市的胚胎，是清王朝的发祥地。2009年该项目被省委、省政府列为十大重点现代服务业项目之一，并上报全国文化产业示范基地，是辽宁省的重点文化产业项目。沈阳市第十四届人民代表大会确定于2010年开始由政府向银行贷款20亿，以加大投入加速改造，2012年全运会之前全部改造完毕。

2009年，按照对“沈阳清城”进行整体包装、策划的需要，对沈阳清城的地表建筑、历史人文等资源进行了归纳整理，以建筑学角度对整个方城地区进行了宏观设计，并已由沈河区政府、同济大学城方城发展与管理研究院、沈阳市规划设计研究院共同完成了《沈阳方城地区城市设计》，此规划已经通过沈阳市规划设计委员会的论证，项目建设将按照规划进行。

## 二、总体定位

以史为根、以文为魄、打造清城、形成品牌。世界性清文化旅游胜地、国家级文化旅游产业示范区、东北文化中心。

## 三、发展目标

进一步提升辽宁省清文化龙头标志——世界文化遗产沈阳故宫的国家级世界性历史文化价值，以“沈阳清城”为建设载体，以“世界性清文化旅游胜地、国家级文化旅游产业示范区、东北文化中心”为目标定位，力争将沈河区打造成为具有“皇城气象、满韵旗风、古今交融”特点的沈阳标志。

## 四、项目进展

### （一）完成《沈阳方城地区城市设计》

该设计由沈河区政府、同济大学城方城发展与管理研究院、沈阳市规划设计研究院共同完成，已经通过了沈阳市规划设计委员会的论证。设计共分规划、设计、建设管理、专题一、专题二、背景、遗产、勘探等八卷、三十册。

### （二）形成《沈阳清城文化旅游产业规划建设方案》

该方案由皇城街道办事处与辽宁辰龙设计公司共同完成。该设计依托于《沈阳方城地区城市设计》，已基本完成框架设计。设计理念是：以史为根、以文为魄、打造清城、形成品牌。

### （三）细化相关子项目规划

继续细划、完善通天千步廊、八旗广场、北中街老字号基地、优化升级沈阳路、盛京历史文化长廊、中心庙广场、罕王宫和十王府、九门遗址公园等子项目规划，相关项目立项和招商工作也在进行之中。

### （四）加大招商推介力度

一是利用区专业招商局、街道等相关部门及中街商会这个平台，加大招商力度；二是依托皇城规划设计，加快推进地区建设；三是积极向国家财政部申请专项文化产业资金，将皇城地区文化产业项目推介到沈阳市网络招商平台中；四是编撰一本讲述盛京皇城故事的书，书籍正在编撰中，进一步对皇城地区的文化进行挖掘和包装。

### （五）加快特色点位建设步伐

一是在完成大舞台小吃街改造的同时，启动大舞台小吃街、翰墨轩巷乐器街牌楼的建设；二是腾迁棚户区地块，北中街地块拆迁接近尾声，签约率达 90%；西华北里地块成立了危房收购办公室，拟对棚户区进行危房收购。

# 长春市知合国际动漫产业园

## 一、项目概况

知合动漫产业园位于长春市净月经济开发区。由加拿大 CCUA 集团投资建设，项目计划占地 13 万平方米，总建筑面积 10 万平方米，项目总投资 7 亿元。2009 年 7 月正式投入建设，已初步建成 3 万平方米，预计 2010 年 8 月份投入使用。

## 二、总体定位

充分发挥净月旅游开发区的优势，融合旅游和时尚创意产业于一体，打造“北中国”国际动漫外包原创动漫基地，形成生产、研发、发行、外加工、出口、衍生品及动漫旅游一条龙。

## 三、发展目标

3 年后达到年产动画片 7 万分钟、5000 款手机网络游戏、能提供 3000 个就业岗位、年产值达 2 亿元人民币，成为集生产、研发、发行、外加工、出口、衍生品及动漫旅游为一体的国际性动漫产业园区。

## 四、产业布局

园区包括动漫游戏生产中心、动漫游戏教学中心、动漫游戏衍生品中心、动漫游戏发行中心、动漫游戏体验中心。与美国、加拿大、新加坡、日本、韩国、西班牙、意大利、瑞士、马来西亚、土耳其等 10 个国家进行合作。以动漫发行为营利渠道，以动漫衍生产品为效益最大化，成就动漫产业的发展道路。

# 黑龙江省群力文化产业示范区

## 一、项目概况

该项目位于哈尔滨群力东区，东起上江街、西至景江西路西侧、南起群力第七大道、北至群力第一大道。具体指由景江西路西侧文化产业带、景江东路东侧文化产业带、“金河公园”带状景观带和景江东路、群力第七大道、上江街、群力第五大道围合区域。2009 年项目建设正式启动，至 2011 年三年分三期共建成建设规模 19 万平方米。2009 年已启动建设松花江历史文化展览馆、黑龙江省工艺品展销中心、图书城、艺展中心、少儿职业生活体验馆、中国冰雪画基地等文化项目及温泉度假中心、特色餐饮等配套服务设施等项目，建设规模约为 15 万平方米。群力新区文化产业示范区由美国 HOOP 建筑设计咨询（上海）有限公司设计打造，以传统文化“鼎”为标志性建筑的“金鼎文化广场”设计单位所设计作品均打造昼夜各不同、冬夏各特色的城市新景观、新亮点设计要求，采用了时尚、现代的设计理念，融入哈尔滨历史文化元素、建筑风格，突出"寒地水乡"的生态、节能、寒地的特色，建成后的"金鼎广场"将成为哈尔滨市新的旅游风景区。

## 二、总体定位

本着"突出统一协调、突出文化创意、突出景观生态环境、突出可实施性、突出长远发展"的"五个突出"的规划原则，集黑龙江省地域文化艺术精品展销、图书阅览销售、文化休闲娱乐、青少年生活体验教育、文化服务会展、中外著名艺术家展览集聚、文化项目配套服务等多功能于一体的园区。

## 三、发展目标

打造成全省规模最大、艺术门类最丰富、特色最鲜明的"文化产业带与旅游景观带"，形成国内有影响力，地方特色鲜明，市场生命力强的品牌文化产业示范区。

## 四、产业布局

（1）图书城：位于群力第五大道、景江东路以东、上江街以西围合区域，以图书阅读、图书销售、新书发布等功能为主，以音乐欣赏、音像制品销售、人文会友、文化用品销售、小型餐饮、数码体验、休憩等功能为辅。建筑规模约2万平方米。

（2）少年职业生活体验馆：位于群力第五大道以南、景江东路以东、上江街以西围合区域。建设规模型的少年职业生活体验馆，内将设立孩子们比较喜欢的一些社会职业，例如消防员、司机、交通警察、记者、厨师、法官、医生、银行职员、导游、模特等近百项社会角色体验内容。少年职业生活体验馆内均采用与实物比例三分之二大小的建筑和模拟设施，用可爱的卡通造型迎合少年的喜好，营造出不同的工作场所，年龄在4—15岁之间的少年进入少年职业生活体验馆后，按年龄分组，独立选择某项工作作为职业，先接受职业培训，通过面试后开始工作并获取报酬，用以支付少年职业生活体验馆的各项费用。若面试失败，可以前往"就业指导中心"接受指导后，再度参加培训进行提高，也可申请体验其它工作。这些工作必须是孩子独立进行，陪同的父母不得参加，但可以在观察区内观察孩子的表现。合理利用公共环境，使之成为大人与孩子都能够分享快乐的亲子乐园。建筑规模约1万平方米。

（3）哈尔滨文化艺术品中心和关东街：位于群力第五大道以南、景江东路以东、上江街以西围合区域。哈尔滨文化艺术品中心是以地方特色工艺品、少数民族工艺品、萨满艺术品、现代新工艺品、旅游工艺纪念品、商品等工艺品的展示和交易为主的文化专业市场。

（4）大型超市：位于群力第五大道以南、景江东路以东、上江街以西围合区域。大型超市主要经营服装鞋帽，服饰系列配套商品，日用百货，工艺美术品，五金交电，文教用品，中西餐饮，食品，常用药品，粮食及其制品，连锁加盟，副食品，收购水产品、蔬菜、水果，烟，酒，代客服务（除专项规定外），计划生育药具等。建筑规模约2万平方米。

（5）健身中心项目：位于群力第五大道以南、景江东路以东、上江街以西围合区域。健身中心设备齐全，拥有最专业化的健身设施，最专业化的教练和最专业化的服务。同时把健身、休闲、时尚相结合，在超大的健身中心内为每一位追求时尚，热爱健身运动，追求健康的人士提供最便捷，最理想的健身空间。建筑规模约1万平方米。

（6）影城项目：位于群力第五大道以南、景江东路以东、上江街以西围合区域。影城具备一流的电影软硬件设施，完全是按照国际电影城的标准设计并施工。为观众营造一个优美的视听环境和真正的五星级娱乐享受，使观众端坐其中，便可以领略到完美无瑕又极具无穷魅力的电影文化。建筑规模约0.6—0.8万平方米。

（7）市民综合培训中心以多种语言培训、计算机软件培训、中小学生文化补习等项目为一体的全方位培训基地，建筑规模约10000平方米。

（8）文化餐饮项目：位于景江东路东侧，第四大道与第五大道所夹段，以特色餐饮为主，酒吧、小型演艺为辅，包括国内外知名时尚文化主题餐厅，建筑面积约84000平方米。

（9）大型温泉酒店项目：建筑面积约27000平方米，开发建设室内外相结合，采取日式的建筑风格和洗浴方式。温泉渡假中心内设生态餐厅、游泳馆、康浴会馆、酒店、健康体验中心等多种功能，是集健身、休闲、娱乐、度假为一体的休闲、旅游、渡假的理想之地。

# 上海现代戏剧谷

## 一、项目概况

该项目位于上海市静安区，东起成都北路、西至镇宁路，以南京西路至华山路一线为中轴，宽约0.5公里、长约3公里的"S"形带状街区，途经20多家各类剧院或演出场所，演出座位占上海整个剧场行业的一半以上，是上海现代戏剧产业的核心集聚区。该项目作为上海重大文化产业项目于2009年3月正式启动。同时被列为上海首批文化产业园区，也是15家产业园区中唯一的音乐、演出娱乐类产业项目。

按照规划，2008至2010年，借世博重大机遇，加强与美、英国际主流现代戏剧演艺机构的联手合作，重点完善美琪—商城剧院—云峰剧院音乐剧演出功能，精心策划“2010年世博现代戏剧谷演出季”，力争在世博举行之时将“上海现代戏剧谷”品牌推向国际；2011至2013年，争取国际主力机构及主力剧场在戏剧谷沿线落地，部署落实百乐门及周边演出场所的改造利用，打通与上戏、上歌、上音等现代戏剧重要本土资源的合作平台，让“上海现代戏剧谷”全线贯通，形神兼备；2014至2018年，基本形成以现代戏剧尤其是各种现代商业戏剧类型为主体，并定期举办国内外演艺业名品演出、主题节庆、行业会展、高端论坛等活动的区域主题化、内容多元化的发展格局。

戏剧谷范围内已经有余秋雨、谭盾、张军、孟京辉等艺术大师名家的5个戏剧创意工作室，以及上海戏剧学院、上海话剧中心、上海歌剧院乃至上海大剧院等多个艺术机构和院团。而正在建设中的专业的音乐剧剧场，和正在蓬勃兴起的上海民间戏剧力量、海外戏剧制作运营公司，都将在上海现代戏剧谷的平台上集结。

### 二、总体定位

以推出世界经典、中国精品和上海原创剧目为目标，依托戏剧大道、商城剧院、美琪剧院、百乐门等剧院资源，打造一个以音乐剧、都市话剧、时尚戏曲等为重点的现代戏剧策划、创作、演出、营销集聚区。

### 三、产业布局

一轴：南京西路—华山路上海现代戏剧谷主轴。

三区：①美琪大戏院—商城剧院—上海展览中心—云峰剧院现代音乐剧产业区；②百乐门海上风情歌舞产业区；③上海戏剧大道—上海戏剧学院—儿童艺术剧院都市话剧、时尚戏曲、儿童戏剧产业区。

三带：①东向延伸带：美琪大戏院—商城剧院—上海展览中心，至上海大剧院和上海音乐厅现代音乐剧，为东向延伸带。②南北延伸带：美琪大戏院—商城剧院—上海展览中心，北至艺海剧院，南至文化广场，为南北延伸带。③西向延伸带：上海戏剧大道—上海戏剧学院—儿童艺术剧院，至上海话剧艺术中心，为都市话剧、时尚戏曲、儿童戏剧西向延伸带。

主体项目未来还将在东向与上海大剧院相接，西向与上海话剧艺术中心相邻，南向与在建的“上海文化广场”呼应，自然形成“戏剧谷”的三个延伸带。

## 青岛市1919创意产业园

### 一、项目概况

该项目位于山东省青岛市市北区华阳路青岛颐中卷烟厂老厂区及周边区域，占地130亩，项目属于旧厂房改造，改建完成后，总建筑面积125700平方米，一期总营业面积为155700平方米，项目总投资达2.7亿元人民币，系“青岛市创意产业投资有限公司”在原1919年大英烟草公司遗址上就地取材、因势利导所创建起来的，也是山东省已知的最大的创意产业园区。园区于2009年9月27日正式开园。园区内已经有青岛雕塑家协会、山东文化艺术研究中心、昕阳文化传播有限公司等350余家企业顺利签约入驻。已洽谈意向商户、企业近200家，合作意向明确。入驻企业一般需2～3年培育期。招商完成后，可以吸纳约800—1000个企业入驻，实现就业1万人以上，全部入驻企业每年形成的营业额在7—10亿左右的规模。

### 二、总体定位

立足于“产业复合，创意集聚”，以青岛本土的艺术创作区和集散区为定位，结合历史优秀建筑特色进行保护性开发，合理规划烟草博物馆、建材家居模拟展示区、影视动漫软件开发、艺术创意、商务酒店、餐饮等综合性创意产业集群。

### 三、发展目标与产业布局

主要搭建八大服务平台，包括信息交流平台、技术服务平台、公共保障平台、公共融资变现平台、公共后勤服务平台、营销服务平台、公共宣传展示平台、国际交流平台等。园区下设1馆9中心：青岛烟草博物馆、国际建材博览中心、服务外包中心、创意中心、当代艺术中心、数字家居设计中心、创业孵化中心、中国原创故事创作中心、会展学术中心、食尚创意中心。

## 湖南省华强文化科技产业园

### 一、项目概况

该项目位于湖南省株洲市云龙示范区内，由“中国500强企业”之一的深圳华强集团文化科技集团和株洲市人民政府共同开发建设。规划用地7500亩，项目总投资约150亿元人民币。该项目于2009年9月29日正式开工，一期项目总投资50亿元，占地2000亩，包括两个主题公园，旅游商业小镇，创意基地、动漫基地、影视后期制作基地、人才培养基地及其他配套设施。项目建成后将达到国家4A级以上景区标准，预计每年接待游客500万人次，安排就业2000人以上，带动相关产业发展比例是1：7。该项目是中部地区最大的文化产业项目和长株潭城市群“两型社会”建设亮点工程。

### 二、总体定位

以文化为核心、以科技为支撑、以旅游为平台、以生态为依托的发展理念，致力打造文化创意丰富、科技水平高端、产业发展集约、带动效应巨大、生态环境和谐的文化科技产业基地。

## 三、发展优势

云龙示范区距离长沙、株洲、湘潭等城市核心城区以及省政府、黄花机场等地都只有仅20多分钟车程，在长株潭城市群中具有其他地区无可比拟、得天独厚的区域和交通优势。云龙示范区的原生态绿化环境达到60%以上，是全省乃至全国最佳的人居环境之一。

## 四、产业布局

包括2个大型文化科技主题公园（即方特欢乐世界、方特梦幻王国主题公园）、1个旅游商业小镇（含旅游酒店）、4个文化科技产业基地。

# 梅州市麓湖山国家级文化产业园区

## 一、项目概况

该项目位于广东省梅州市南口镇海拔450米下的麓湖山，背靠著名的旅游景区"华侨乡"，占地面积6千余亩（建设用地2300亩）。梅县空港直达广州、香港，市内省际铁路四通八达；园区距离梅州城区中心14公里，距河梅高速不足10公里，揭梅高速接口处是正在建设的揭东国际机场。该项目由中华民族文化促进会联合中央文化管理干部学院、文化部网络文化研究中心、中央新闻纪录电影制片厂、中国传媒大学影视艺术学院、国际动画教育联盟等中央所属文化单位与广东新金基投资有限公司共同打造，五家国家文化单位已将14个国家级文化项目落地，这是国家文化部批准建设的第五个国家级文化产业园区。该项目一期工程于2009年5月动工，投资额达5亿元。

## 二、总体定位

集世界文化的多元化之长，在弘扬中华传统文化的基础上、凸显客家文化，集国际动漫展示、影像制作、国际文化交流、商贸、餐饮、建筑、商业地产开发、客家文化旅游为一体的多元化发展。

## 三、发展目标

发挥园区所在地，水资源、地貌资源的独特作用，充分利用原有地形地貌依山造势，傍水建房，以建筑为型，文化为魂。采用滚动发展的模式，一次规划，分段建设，按照园区内的文化产业项目需求和投标，成熟一个开发一个。保持生态环境，追求社会效益、人文效益、生态效益、开发效益的和谐统一。计划在5年内完成首期工程，用8年时间打造一个"高起点、规模化、代表国家水准和未来文化发展方向的国家级文化产业园区"。

## 四、产业布局

1. 先锋板块：世界动漫主题乐园

该板块整合政府、院校、专业协会和社会各方优势资源，引进先进理念、技术和管理经验，汇集国内外动漫领域的精英作品为一园；同时，将版权服务、考级中心、教育培训、制作和人力外包、动漫作品发行播放、衍生产品开发汇聚该项目旗下；争取建设、运营三、五年内将该项目打造成为广东乃至全国首屈一指、促进动漫产业发展的全方位复合型产业和行内权威性服务平台。

2. 支撑板块：影像制作基地

园区以"未来影像·亚洲国际青少年影像活动基地"、"中央新闻纪录电影制片厂数据库基地"和"中国传媒大学影视艺术学院实训基地"为支撑项目，置身现代世界影像交流的高端平台，经营国际影像产业。

3. 核心板块：中华文化园

（1）中华诗词苑。该项目将打造一个以诗歌为"经"线，以"风光"、"茶诗"、"情爱"、"诗酒"、"居住"为五条纬线、集休闲、娱乐、享受、教育、综合发展为一体的"中华诗词苑"。

（2）文促会海峡两岸客家文化交流中心。打造故家明月坛、生态养生园、台湾客家博物馆、文化部网络文化中心·客家网站。

4. 依托板块：文化使者家园

以中央文化管理干部学院之"国际文化使者家园"、"国家文化节节庆中心"、"国家文化干部之家"为依托，经营具有时代高度、国际视野和地方特色的国家级文化交流培训基地。

5. 综合板块：五朝大酒店

以"五朝大酒店"为龙头，以"麓湖山庄"与"山地运动俱乐部"为两翼，集自然生态、绿色环保、休闲娱乐、山地运动、观光为一体的高水平综合配套服务中心。客家历史上五次大迁移都经历了唐、宋、元、明、清这五个朝代，因此，"五朝"不仅仅是一般意义上服务项目，而是智慧地将客家文化魅力与文化产业容为一体。

# 桂林市华夏艺术大观园

## 一、项目概况

该项目位于桂林市南郊甑皮岩古人类洞穴遗址景区及周边地区。于2009年6月28日正式开园，总体规划436亩。该项目实施"名城名园名家名品"开发策略，在"山环绕·泉·溪·湖"的自然生态园林景观里设计安排大型酒店会展中心、文化旅游商业街、产权式收藏馆、盘古乐园和水体湖面五个部分，并分阶段完成：

第一阶段：投资为1.3657亿元人民币，包括土地出让金和安置费4032万元，别墅式收藏馆建安费8625万元人民币，报建费、设计费、规划费、地勘费和别墅区配套设施建设等 1000 万元人民币。

第二阶段：滚动式开发策略，建设华夏艺术大观园中其它设施，形成我市唯一的大型高雅文化旅游景点，投资期 2 年。利用开发收益并追加投资 8000 万元，建设会议区、展示区、接待区、艺术品一条街和其它园区设施景观与园林，采取 合作方式建设盘古乐园。

第三阶段：开发集旅游观赏、休闲运动于一体的 90 亩的水上乐园，各功能设施待定，预计总投资 1000 万元人民币

## 二、总体定位

融合旅游、文化、科普、商贸、休闲、馆所等多种经济形态，集史前文化和华夏艺术收藏为一体的大型主题艺术观园。

## 三、发展目标

具备收藏、展示、交流、研究、鉴定、贸易、旅游、培训、会议、休闲、娱乐、餐饮、居住等功能的国内最大的艺术品收藏品主题文化公园

## 四、产业布局

1. 会展中心区

①会议区——各类主题会议厅，为会展中心配套的展团办公室、洽谈室、新闻信息发布室、商务中心等。

②展示区——展示厅展示各类艺术收藏品，为艺术爱好者提供一个互相鉴赏交流、研究的平台。

③盘古乐园——神秘科幻的时光长廊，远古惊秀科技馆；蛮荒世界；模拟考古；极限挑战等游乐项目。

2. 旅游商业区（艺术品一条街）

商业街门面 220 多个，集中各类专业特色艺术品、藏品交换，旅游工艺品交易，商住相宜，具有浓厚的艺术文化商业氛围。

3. 产权式个人收藏馆区

中国收藏家协会会员、名家的个人藏品，艺术品的展示、鉴赏、名家的创作、交流场所。每个收藏馆占地 400 平方米左右，是个人收藏艺术与财富的象征。

4. 接待服务区

相应的银行、邮电、通讯、旅游、餐饮、娱乐、休闲、停车场、住宿等系列服务设施和服务项目。

# 重庆市西永微电子产业园区创意产业基地（艺术粮仓）

## 一、项目概况

该项目位于西永微电子产业园核心区，紧靠寨山坪自然生态风景区，自然条件与生态环境优越，交通便捷，水、电、气、通讯等各项配套设施功能完善。项目总建筑面积 258890m$^2$，用地面积 54788m$^2$，地上建筑面积 200890m$^2$，地下建筑面积 58000m$^2$，总投资约 6 亿元人民币，将在 3 年内完全建成。该项目由西永微电子产业园区、重庆大学艺术学院和重庆中十冶皓鼎房地产开发集团有限公司三方合作开发，并已在 2009 年第二届国际贸易（重庆）高峰会暨首届重庆服务外包洽谈会上入选“重庆文化创意产业投资指南”。

## 二、总体定位

以农耕文明为项目人文思想线，以文化创意产品交易市场、个人工作室、艺术家城堡、项目孵化基地、表演舞台等创意产业为主要内容，业态向上下游产业链延伸（研发设计创意、软件设计创意、建筑设计创意、文化传媒创意、咨询策划创意、时尚消费创意），同时打通创意产品产销链的前后环节（设计研发、生产组装销售）的文化产业基地。

## 三、发展目标

以中国重庆创意产业基地艺术粮仓为最终发展目标，3 年内打造中国西部首个创意产业示范园区，5 年内占据中国创意产业市场五强地位，并最终带动上下游产业链，推动产品升级换代，形成 200 亿以上的产业集群。

## 四、产业布局

创建中国西部最大的创意产业基地、中国西部创意产业科技开发试验园区、全国首个与高校联姻的“产学研”试验中心、中国西部创业孵化园区——重庆青年创业大厦、中国西部首个非学历“青年创业学院”创业技能培训基地，打造西部最大的“艺术品、工艺品、古玩、拍卖”交易市场，艺术品博物馆，永不落幕的艺术博览中心，艺术品加工总部基地、西部首个“室内光影动画主体主题的魔幻游乐园”、创意休闲娱乐附属设施在内的多个功能创意产业综合区。构建体验式艺术品购物乐园，引进部分休闲业态（快餐、游乐、超市、主题影院、动慢，歌舞表演）作为集群消费辅助产业。打造成重庆创意产业基地艺术粮仓，5 年形成 200 亿元的产业集群。基地建成后，将努力打造西部最大的“工艺品、艺术品、古玩、拍卖”交易市场，艺术品博物馆、永不落幕的艺术品博览中心，艺术品总部加工基地。

# 兰州市创意文化产业园

## 一、项目概况

项目位于兰州段家滩 698 号（原兰州油泵油嘴厂），东临兰州商学院、省艺术学校，北临改造完成的南河道，占地 30 余亩、总建筑面积 40000 多平方米，项目由甘肃

现代集团投资，借鉴北京798艺术区和深圳华侨城的操作手法对原恒孚油泵油嘴厂进行改造，也是甘肃省首个文化创意产业园区。该项目实施将政府推动和市场运作相结合，以入园企业为主体，依托政府的政策和资金支持打开局面，最终实现规范的企业化运营。在2009年兰洽会上，该项目正式签约落户兰州国家高新技术产业开发区，并于2009年7月18日正式开园。

## 二、总体定位

以现代艺术为依托，以旧厂房建筑物为原本，融会历史文化沉淀，融合艺术创作交流、艺术品买卖、艺术品展览展示、艺术沙龙营造、三维创作、多媒体研发应用、动漫设计、艺术表演及娱乐、视听艺术鉴赏等多功能于一体，面向知识密集型、高附加值、高整合性的文化创意产业平台和独具特色的产业发展载体。

## 三、发展目标

打造甘肃第一创意产业经济园区。

## 四、产业布局

建设虚拟现实研发及规划设计中心、动漫基地、甘肃本土文化产业孵化中心及创意产品市场、创意基地和艺术工坊五大功能分区，业态涵盖文化、广告、建筑设计、工艺、设计、时尚、影像、动漫、音乐、表演艺术、出版、软件电游、本地特色文化产品等多个领域。

# 第十部分　港澳台文化产业

GANG AO TAI WEN HUA CHAN YE

# 香港文化及创意产业概况

2008年下旬国际金融风暴席卷全球，香港作为一个开放的自由经济体系，备受全球经济滑坡的恶劣影响，本地经济增长、出口呈大幅下跌，失业人口持续攀升，金融市场波涛汹涌。2009年香港经济经受了自1997年金融风暴以来的又一次严峻考验。

在全球经济不景气的时期，香港特别行政区政府再次重申香港经济发展必须走高附加值的知识型经济道路，以维持增长和创造更多工作机会为长远目标。特区行政长官在《2009年至2010年施政报告》中提出，特区政府施政将重点扶持以“创新”和“知识”为本的产业。不光是传统的四大支柱产业是“固本”良方①，特区政府也强调六项优势产业对推动经济发展所起的关键作用。这六项优势产业包括教育、医疗、检测和认证产业、环保产业、创新科技、文化及创意产业。

## 一、新一轮政策措施

就文化及创意产业而言，特区政府于2009年制定了新一轮措施。较重要的措施包括：2009年年中成立“创意香港”办公室（下称“创意办”)，专门负责推动香港创意产业的发展。创意办除了监督较早前成立的“设计智优计划”及“电影发展基金”的实施之外②，特区政府在2009年还新设立了为数3亿元的“创意智优计划”，以专项资金扶持文化及创意产业的发展。

除上述措施外，为鼓励业界善用土地资源，释放千余栋旧工业大厦的潜力，特区政府鼓励旧工业大厦的业主整合业权，以创新方式重建或改装旧工业大厦，改造后的大厦将用作发展六大优势产业，包括文化及创意产业。该政策于2009年推出，并从2010年4月1日起正式实施。

在文化保育方面，特区政府在2009年也公布了一些项目。这些项目以文化保育为政策目标，也是过去数年努力累积的成果，其作用虽不至于改造文化及创意产业的整体布局，但对营造良好社会和文化环境起到了积极作用，因此对推动文化及创意产业的发展将产生良性效果。

特区政府于2008年2月推出“第一期活化历史建筑计划”，邀请社会各界呈交申请书，就活化多项历史建筑提供发展及运营建议。计划推出以后反应热烈，特区政府发展局共收到114份申请书。经过“活化历史建筑咨询委员会”的审批后，计划首批政府历史建筑选出以下6个保育及活化方案：

| 历史建筑 | 获选计划 | 获选机构 | 历史建筑旧貌 |
|---|---|---|---|
| 旧大澳警署 | 大澳文物精品酒店 | 香港历史文物保育建设有限公司 | 总楼面面积：1，000平方米<br>建成年份：1902<br>可能用途：精品酒店、茶座/博物馆、生态环保旅游 |
| 芳园书室 | “芳园书室”旅游及教育中心暨马湾水陆居民博物馆 | 圆玄学院社会服务部 | 总楼面面积：140平方米<br>建成年份：1920—1930<br>可能用途：小型图书馆、自修室、小区用途 |
| 荔枝角医院 | 香港文化传承 | 香港中华文化促进中心 | 总楼面面积：6，500平方米<br>建成年份：1921—1924<br>可能用途：度假营、旅舍、文化艺术村、学院 |
| 雷生春堂 | 香港浸会大学中医药保健中心—雷生春堂 | 香港浸会大学 | 总楼面面积：600平方米<br>建成年份：1931<br>可能用途：中药零售店铺、社会服务中心、展览中心 |
| 北九龙裁判法院 | 萨瓦纳艺术设计（香港）学院 | 萨瓦纳艺术设计学院基金（香港）有限公司 | 总楼面面积：7，530平方米<br>建成年份：1960<br>可能用途：艺术学院、培训中心、古物艺术廊 |
| 美荷楼 | 美荷楼旅舍 | 香港青年旅舍协会 | 总楼面面积：6，750平方米<br>建成年份：1954<br>可能用途：艺术中心、青年旅舍 |

很多项目的前期实施工作已陆续展开，一些项目则将于未来两三年内完成。此外，第二批活化历史建筑项目也会在2010年推出。同期，政府还会着手推进西九龙文化艺术区、中区警署建筑群、前警察已婚宿舍及中环街市等多个项目。这些项目有一些引入文化艺术元素和创意产业的概念，因此估计未来数年间将有多达十余个活化项目或文化基建项目相继落实或进行规划。这些项目虽然不一定

① 即金融、旅游、贸易及物流和专业服务。四大支柱产业占香港本地生产总值60%。

② “设计智优计划”设立的目的是加强对设计与创新活动的支持；“电影发展基金”于2009年7月正式运作，由政府向基金注资3亿元，以资助中低成本的电影制作。

产生促进文化创意产业发展的直接经济效果，但对重塑香港的文化景观、文化聚落会产生新的催化作用，也可能为本地文化氛围注入活力。

## 二、文化及创意产业概况

据特区政府公布的统计数据显示，香港约有32000家与创意产业相关的企业，从业人员超过17万人，每年增值额逾600亿元，约占本地生产总值的4%。①

2003年特区政府中央政策组曾委托香港大学进行首次《香港创意产业基线研究》，期间公布了数年的统计数据，但此后政府并无定期公布文化及创意产业的官方统计。笔者沿用基线研究的方法，就艺术品、古董与手工艺品、音乐、表演艺术、数码娱乐、电影与视像、软件与电子计算、电视与电台、广告、建筑、出版与印刷等11个行业重新进行核算，但由于产值数据的采集一般约有一年多的滞后期，因此近5年数据只统计到2008年。

**2004至2008年香港文化及创意产业增加值**

| (港币/百万元) | 2004 | 2005 | 2006 | 2007 | 2008 |
|---|---|---|---|---|---|
| 工艺、古董及艺术品 | 875 | 1091 | 741 | 1080 | 833 |
| 广告业 | 3625 | 3759 | 3786 | 5034 | 6165 |
| 建筑设计业 | 8783 | 8880 | 9095 | 10404 | 13964 |
| 设计业 | 533 | 705 | 982 | 1104 | 1608 |
| 电影及录像业 | 1742 | 1537 | 1930 | 2154 | 2133 |
| 软件及计算器业 | 12880 | 15084 | 17935 | 19356 | 16305 |
| 出版业 | 11271 | 12063 | 11955 | 13689 | 13127 |
| 表演艺术业及电视台及广播业 | 6650 | 6596 | 6710 | 7007 | 6006 |
| 数码娱乐业 | 174 | 223 | 195 | 178 | 215 |
| 文化及创意产业总额 | 46533 | 49938 | 53329 | 60006 | 60356 |
| 本地生产总值 | 1244819 | 1332830 | 1423299 | 1551970 | 1567880 |
| 文化及创意产业占本地生产总值比重 | 3.7% | 3.7% | 3.7% | 3.9% | 3.8% |

数据来源：香港特别行政区政府统计处

香港文化及创意产业过去10年占本地生产总值的比重，一直维持在3.7%至4.1%水平上窄幅震荡，印证了笔者过去所言，产业群的发展空间面对瓶颈、低增长的境况。② 产值总额虽然约达600亿港元，但2008年受金融风暴整体经济环境逆转的影响，只有三个产业，即建筑设计、广告及设计业比去年有实际增长，其余产业仍处于低谷。

2009年整体数据虽然尚未完全统计但从个别产业的发展或可窥见本地市场的景气状况。香港电影业虽被认为是文化及创意产业中的重要部分，但其比重只占本地生产总值约0.1%。2009年从事电影业的机构单位有1，240家，就业人数约7，200人。据特区政府数据显示，这些机构包括影片处理服务公司、电影制片厂、电影制作公司、电影院及从事电影发行及影片出租服务的机构单位。2009年电影业的增加值虽未统计出来，但电影的票房收入则稍有回升，收入达12亿元，较2008年上升6.2%。但影碟及其他音像制品进口总值约为2.5亿元，较2008年下跌15.8%；整体出口总值则为3.4亿元，较2008年下跌32.6%。以本地电影业为例，虽然零碎的数据不足以显示2009年文化及创意产业的总体轮廓，但从电影业进出口情况而言，依托服务及产品输出的行业态势已经难以独善其身，出现受低沉的经济环境所拖累的现象。

## 三、拓展内地市场的机遇与挑战

有观点认为香港文化及创意产业很多已逐渐向内地市场拓展，港商参与内地电影投资、制作以至放映业务的比重持续增加；广告业、建筑、设计以至软件业等多个服务导向型的行业，也有类似的发展趋势。这些行业在内地发展的经济成果并不能通过香港本地市场的数据清楚地反映出来，例如它们在当地产生的经济活力和效益（例如促进当地就业、消费活动），香港的统计数据也不会计算在内。文化及创意产业向内地市场发展的趋势进一步说明，过去

① 政府新闻网新闻公报，“‘创意香港’办公室正式成立”，2009年6月1日。（http：//www.info.gov.hk/gia/general/200906/01/P200906010155.htm）

② 莫健伟，《香港文化创意产业响应“边缘化”的思考》，《传媒透视》，2006年5月号；《回顾近八年香港文化创意产业创造就业机会的局限》，《青年研究学报》，12卷2期，2009年6月。

以香港本土市场作为创作、生产和消费中心的产业形态，将随着本地经济与内地市场逐渐融合慢慢退减，而跨地域的经济活动和生产活动将持续成为新的业态。

在这种趋势下，香港文化及创意产业面临来自两方面的挑战：1）业界企业和从业人员忧虑失去中心地位，本地市场的发展机遇将受到进一步限制，使本地文化及创意产业在区域竞争的环境下更加边缘化。2）有意拓展区域市场的企业，面对进入内地市场的障碍和挑战，有必要加强本身的竞争能力。特区政府推动文化及创意产业的政策，却还没有从发展区域经济的视角考虑，也没有充分的具体措施推动文化创意产业的升级和竞争力提升。这两方面挑战将持续成为香港文化及创意产业的制约因素。

（香港大学香港人文及社会科学研究中心 莫健伟）

# 澳门文化产业概况

## 前言

澳门在中国的海峡两岸四地中是面积最小的、真正的“弹丸之地”，两个离岛加上一个半岛，方圆不过二十几平方公里。它旁边的珠海市一个横琴岛的面积，就是它总面积的三倍多。人口方面，永久居民五十多万，而每年来这里的旅游者却达到二千多万，是它本身人口的数十倍。

澳门基本没有农业，工业也不发达，主要是制衣业和玩具工业及小型的电子产品工业。这里最发达的就是博彩业，而且从2002年之后，由于赌牌从独家垄断到开放为几家，博彩业越来越发达。博彩业由专门的机构“博彩监察局”管理。多数澳门人是从来不把博彩业当作文化产业看待的。而有关学者认为，博彩业仍应属于文化产业的范围。由于博彩业对澳门旅游业的影响至关重要，澳门文化产业的发展也不可能和博彩业割裂，为此，介绍澳门文化产业的概况，不能不谈博彩业。

## 一、澳门文化产业概况

澳门是中华人民共和国的特别行政区，位于中国珠江口的西南部，由澳门半岛、凼仔岛、路环岛以及新填海形成的路凼城四部分组成。2009年澳门的面积为29.2平方公里（2009年11月29日国务院批准澳门填海造地360公顷，将达到32.8平方公里）。2008年澳门的人口为54.9万人，人口密度为18901人/平方公里，居世界第一。而游客在2008年达到2200多万人次。2009年澳门国民生产总值（GDP）为1693.4亿元，人均GDP为31.11万元，为亚洲第二。旅游博彩业是澳门最大的经济动力。制衣业、玩具、电子业在上世纪八十年代曾占到总产值的30%，现在萎缩到仅占3%。服务业由于受博彩业影响，一直呈上升趋势，而文化产业除去博彩业之外十分微弱，没有一家能够形成自我良性循环的文化产业企业。

2006年，在澳门发生较大规模处于底层的人士游行之后，为了让“在当前经济框架中没有获益的人群”有出路，何厚铧特首建议：把“文化产业”作为“首个研究课题”。并说，“文化产业可以成为一种经济力量，甚至是澳门新的经济增长点之一”。2006年底，澳门成立了首家以促进文化产业发展为己任的“澳门文化产业促进会”。2007年，“澳门文化产业促进会”和“澳门中华文化交流协会”联合举办第一届“‘两岸四地’文化产业发展研讨会”。2008年，澳门政府组织代表团到周边地区进行考察学习。2009年，澳门政府做出成立“文化产业委员会”的决定。

## 二、博彩业

目前澳门持有幸运博彩专营牌照（俗称赌牌）和副牌照的共有六家公司，分别是：澳门博彩股份有限公司、银河娱乐场股份有限公司、永利度假村（澳门）股份有限公司、威尼斯人（澳门）股份有限公司、新濠博亚博彩（澳门）股份有限公司、美高梅金殿超濠股份有限公司。这六间公司共开设了33个娱乐场，比2008年增加了2个，比2004年增加了18个。

博彩业种类有幸运博彩（通称娱乐场，俗称赌场），赛狗，赛马，中式彩票，即发彩票，体育彩票—足球彩票，体育彩票—篮球博彩。

2009年澳门博彩总收入为1200亿（12038300万）元，其中幸运博彩即占1193亿元。2009年全澳总产值为1693.4亿，可见博彩业收入所占比例之大。

## 三、旅游业

澳门近年来的旅游人数一直保持在两千万以上，2009年达到2175万人次，是其本地人口的四十多倍，说明澳门是非常受旅客欢迎的地方。来澳门旅游的人多，首要因素当然是博彩业的吸引，其次是因为澳门有丰富的人文景观，特别是有被评为世界文化遗产的“澳门历史城区”。这是一群奇妙地融合在一起的中西建筑群，它们包括妈阁庙、大三巴牌坊、郑家大屋、东望洋炮台（含东望洋灯塔及教堂）、大炮台、岗顶剧院、圣老楞佐教堂、圣若瑟修道院、港务局大楼、何东图书馆、圣奥斯定教堂、民政总署大楼（市政厅）、关帝庙、哪吒庙、仁慈堂、大堂、玫瑰堂、卢家大屋、旧城墙遗址、圣安多尼教堂、东方基金会会址、西洋坟场。

再加上澳门旅游局每年推出的格兰匹治大赛车、国际烟花比赛汇演、澳门小姐选美、妈祖文化节、德国啤酒节、火树银花嘉年华等活动，以及文化局每年举办的国际音乐节、澳门艺术节、国际青年舞蹈节等一系列活动，也吸引了众多旅客的到来。与之相适应，澳门的酒店遍布全澳的大街小巷，且服务水平较佳。

2009年外来游客主要还是来自中国内地和香港。海内外游客所占比例为中国内地50.52%、中国香港30.93%、中国台湾5.94%、日本1.74%、东南亚其它地区7.61%、美加地区1.28%、欧洲1.17%、大洋洲0.62%、非洲、中东地区0.11%。这说明虽然来澳旅游的人多，但游客仍以中国人为主（占到87%以上），澳门离国际一流的旅游城市，还有一段距离。另据有关方面统计，目前澳门的游客在澳的平均时间仅为一天一夜（香港是两夜一天），说明澳门在吸引游客上还有潜力，当然也说明尚缺吸引人多呆一晚的内容。

## 四、会展业

澳门比较重视发展会展业。澳门旅游局在2009年活动计划中特别强调“促进会展业务的发展”，并制订“业界伙伴合作计划”，以及推出新版的《会议策划手册》，为会展业的策划者提供具体指引和协助。澳门还出版了《会展及奖励旅游日志》《会展及奖励旅游活动统计》等刊物。其目的都是推广澳门成为亚洲首选的会议目的地形象。

澳门文化局、贸促局等部门也注意开展会展活动，其特点是，目前由政府部门举办的会展多一些，比如为迎接上海世博会，政府专门成立了“上海世博会澳门筹备办公室”，并在2009年举办了一系列的活动。而民间组织的会展活动量少，规模也小些。不过近年来已相继成立了几家民间的会展社团，如澳门会议展览业协会、澳门展贸协会等，还有七八家专门从事会展业的公司亦应运而生。

由于政府和业界的推动，澳门会展场所越来越多，目前会展场地有澳门威尼斯人会议展览中心、澳门旅游塔会展娱乐中心、澳门渔人码头、澳门东亚运动会体院馆、旅游活动中心、综艺馆。大型会议场地有澳门商务促进中心、澳门世界贸易中心、澳门文化中心。

## 五、演艺业

澳门的演艺活动不少，主要由三部分构成，一是政府出面组织的演艺活动；二是民间社团组织的演艺活动；三是博彩娱乐业界经营的演艺活动。

真正属于商业（产业）性质的是第三种，而这类演艺，多在夜总会或赌场内举行，寻求感官刺激，品位良莠杂陈。其中有代表性的如巴黎艳舞，在澳演出时间最长，具有一定的艺术性，然而近年由于原演出场所改建为赌厅，移至一餐厅演出，质量迅速下降，日益衰落。再比如一种所谓“真人”表演的艳舞，虽一直在个别夜总会经营演出，但属色情表演，票价数百元一张，观众很少。

近年来在金沙娱乐场和威尼斯人酒店先后建立较大的剧场，并组织演出。以加拿大的太阳剧团在威尼斯人酒店演出大型杂耍最为突出，曾一度吸引许多人去买票观看。2009年全年每天都演二至三场，但是到年尾开始走下坡路。组织经营者已决定在2010年终止太阳剧团的演出。

在澳门一直都有政府部门组织演艺活动的传统。历时一个月的国际音乐节和艺术节，是每年必办的大型演艺活动。2009年国际音乐节，组织了26场演出节目，艺术节则组织来9项80场次的演出，为历届之冠。全年还有各种节庆的演出，政府在这方面投入的资源是不少的，如文化局2009年一年组织的以演艺为主的活动即达124场。这种状况造成一个负面影响，就是澳门居民习惯享受赠票，而不习惯购票观看演出，这对演艺产业的发展是不利的。当然政府已注意这种情况，开始着手改变。

澳门民间社团组织的演艺活动很多，尤其是粤曲社团比较活跃，粤曲社团达七十个之多，演出亦较频繁，但基本都是业余文化活动。

澳门除了有澳门乐团、澳门中乐团、澳门青年乐团之外，基本没有专业的戏剧团体。2009年底澳门演艺学院成立了青年话剧团，由在演艺学院毕业的学生组成。只是这种剧团离真正自负盈亏的职业剧团还有距离。

在舞蹈方面，澳门很早曾有过专业舞蹈团，后来解散了。2009年演艺学院和上海戏剧学院舞蹈学校合作举办的首届“全日制舞蹈技术课程”的学生毕业，遂成立了“青年舞蹈团”，演出庄亭定和杨敏健编导的大型舞剧《奔月》，不仅在澳门演出，于当年11月还到北京国家大剧院演出。同时首次在国家大剧院演出的还有澳门乐团和澳门中乐团。

要说明的一点是，在澳门演出的大多数是祖国内地和海外的专业团体，本地专业团体难以生存。这与澳门基本尚未形成良好的演艺市场有关，也与澳门缺乏专业的演艺人才有关。有人曾申办过高等艺术学府，未获政府批准。

演艺学院基本是从事业余教育。除2005年前开始和内地合办“全日制舞蹈技术课程”班之外，2009年又和中央音乐学院附中签约合作举办“全日制音乐技术课程”班。已招了40多学生，毕业后颁发澳艺学院和中央音乐学院附中的毕业证书。

## 六、影视业

澳门的电影产业很落后，电影制片业的空白到1989年才由“蔡氏兄弟（澳门）影业有限公司”填补。从蔡氏兄弟公司于1989年拍摄第一部澳门华人制作的故事影片《夜盗珍妃墓》，1995年拍摄了第一部反映澳门本土文化的电影《大辫子的诱惑》之后，澳门的电影产业就一直处于停滞状态。

2009年出现了一个大的变化。其前奏是2005年中国电影诞辰一百周年时，澳门电影协会向澳门政府基金会申请拍摄电影的赞助，至2007年政府终于批下经费。2008年，澳门基金会、澳门笔会和澳门日报出版社首度合办“澳门中篇小说征稿活动”，“旨在发掘成熟的文学作品，为澳门的影视制作提供有质素的文学文本”。这次活动选出了六部作品，连续出版，并在出版前言中写道：“首度中篇小说征稿活动已为澳门影视文化产业准备了精彩的文本。我们期待，这些文学作品最终能化为银幕作品。”

虽然这次征稿活动的中篇小说至今一部也没有改变成为影视作品，但在这个有意推动影视文化产业的思潮的影响下，再加上适逢庆祝澳门回归祖国十周年之时，2009年出现了一批澳门题材的电影作品。

其中故事片有：《还有一星期》，由澳门电影协会和蔡氏兄弟（澳门）影业有限公司联合出品，根据澳门作家李宇梁原作改编，导演、编剧蔡安安，执行制片人是澳门的张国政；《奥戈》，由广州新杰文化传播有限公司、濠龙（澳门）影视有限公司联合出品，根据澳门作家廖子馨短篇小说改编，导演、编剧、制片人是内地的张驰和王雁；《少年星海》，由北京银梦影视文化有限公司、上海电影（集团）公司、中央电视台电影频道节目中心、东阳百顺影视文化有限公司联合出品，导演是内地的李前宽、肖桂云，编剧是澳门的徐新；《澳门1949》，由珠海影视艺术家协会和八一电影制片厂联合出品，导演是内地的包福明，编剧是内地的朱颖鹓、王凉、包福明。以上几部电影都得到了澳门基金会的赞助，但后两部影片都是内地单位出品，澳门没有任何著作版权。

除去这几部进入电影市场的故事影片外，还有一批澳门的电影录像的爱好者拍摄了一些短片和录像作品。他们在澳门有关部门和团体的支持下2009年举行过规模较小型的“澳门国际电影及录像展”、“2009全澳原创录像展”、“百分之百澳门原创录像作品展”等活动。于十月份还在北京798的尤仑斯当代艺术中心举行了一个“澳门独立电影在北京”的活动。

澳门电影产业的特点是起步晚、规模小、力量微弱，然而独具自己的特色。其有代表性的作品是由蔡氏兄弟自己担任导演、编剧和制片人的《大辫子的诱惑》，此片不仅在国内获得第十九届百花奖的最佳合拍片奖，以及上海影评人评的“九五”十佳影片，在葡萄牙及美国的电影节也获奖项。但是产业化的道路走得十分艰难，《大辫子的诱惑》虽然在艺术上成功，但在经济上严重亏损。

2009年出现几部澳门题材的电影产品，对澳门电影产业来说是个较大的转机，尤其是《还有一星期》，它既是澳门第一部反映澳门最当前的普通居民的现实生活的电影作品，又是第一部澳门自己独立出品的故事影片，从此澳门有了真正意义上的澳门电影。

电视业在澳门也是较弱的。以政府为主要股东的澳门广播电视台仅有二十多年历史，一直是年年亏损。近年来相继成立了几家卫星电视台，如澳亚卫视、莲花卫视、五星卫视，基本也都亏损，但澳亚、莲花还一直坚持运营。

在电视节目的制作方面，最早得以发行的电视剧是蔡氏兄弟（澳门）影业有限公司和中央电视台联合拍摄的《错爱》，改编自澳门女作家的同名小说。澳门回归之时，蔡氏兄弟（澳门）影业有限公司和广东省有线电视台联合摄制三十集电视片《细说澳门》，2004年蔡氏兄弟（澳门）影业有限公司又和中央电视台合作摄制了七集电视片《感受澳门》。2009年仅有香港亚视公司和蔡氏兄弟（澳门）影业有限公司联合摄制，由香港亚视独家出品的二十集专题片《澳门500年》。

在动漫方面，澳门至今还没有真正进入市场的动漫影视产品，但已出现了“澳门动漫文化产业协会”等民间团体，展示过漫画作品，参加台湾的漫画家会议，并和内地联合举办了小型短期的“培训动漫专业人才”培训课程等活动。

## 七、关于文化产业发展的重要举措

2009年是澳门回归祖国的十周年，也是文化产业发展的重要一年。这一年澳门从政府到社会都对文化产业表现出比以前更大的关注及重视。

2月20日，“第十次粤港澳文化合作会议”在香港举行，签订了《2009至2013年粤港澳文化交流合作发展规划》，其中第十二条是“研究文化创意产业人才互换的留驻计划，举办文化创意产业经营人员的研讨培训，培养人才推动文化创意产业发展等。”

5月，澳门政府正式公布决定成立“文化产业委员会”，以推动澳门文化产业的发展。

7月20日，澳门特区政府与文化部港澳台办、中央政府驻澳联络办文化教育部联合主办“澳门特别行政区文化产业高级研修班”，在北京中央文化管理干部学院举行的开学仪式，澳门的政府部门、社团及业界共有三十人参加研修。

12月29日，澳门电影协会主办、澳门理工学院协办，召开了“‘两岸四地’电影产业发展研讨会”，内地的丁荫楠导演、北京电影学院党委书记籍之伟、黄式宪教授、台湾的李天铎教授、香港电影演员彭丹以及澳门学者穆凡中等专家参加研讨会并发言。

在澳门第三届特区政府就任之后，新任特首崔世安已表示要尽快推动澳门文化产业的发展。

（澳门文化产业促进会会长 蔡安安）

# 台湾文化创意产业概况

## 前言

1945年以后，以制造业及技术代工为主的产业，快速地造就了台湾经济的发展，但近年来，随着发展中国家快速的工业化，凭借其廉价的劳动力和土地成本，使得台湾在相同的竞争策略下逐渐失去优势，并且在全球化、数字化的发展趋势下，国际竞争已不全然依赖传统产业的思维，在传统产业失去原有优势，而数字信息化产业仍过度依赖国外产业的情况下，台湾更需要审慎思考，跳脱传统制造、代工的产业模式，开发附加价值高的知识经济发展。

1997年英国提出“创意产业”的概念，目的是在竞争激烈的全球市场中，以创新、创造力为中心，正式开启“文化创意产业”发展经济的新概念。如今，文化创意产业已经成为强势发展的经济形态。联合国贸易与发展会议（United Nations Conference On Trade and Development）所出版的《2008年创意经济报告》（Creative Economy Report 2008）指出，在1996年全球创意商品出口贸易总额是2270亿美元，在2005年其总额则达到4240亿美元，10年之间平均每年的增长率是6.4%。2000—2005年平均每年的增长率为8.7%，说明文化创意产业发展已显现出强劲的力量。

基于上述国际潮流与社会趋势，台湾于2002年开始提出“创意台湾”（Creative Taiwan）的发展目标，这也是台湾首次将抽象的“文化创意”视为重要工程来建设，此计划以“创意”为核心的生产模式，利用文化、创意、经济相结合所产生的具有深度、美感与体验价值的新兴产业形态，为产业带来新的发展潜能以及商业化的机会，推动经济增长，增加就业岗位，提升人们生活品质与美感教育，将台湾建设成为华人世界文化创意产业的领航者，从而为未来台湾发展和转型提供契机。

## 一、台湾文化创意产业政策现状

台湾于2002年提出的“挑战2008：发展重点计划”中，将“文化创意产业发展计划”列为重要的施政项目，计划执行期限为2003至2007年。“文化创意产业发展计划”将台湾关于文化、创意等产业分为“视觉艺术”、“音乐及表演艺术”、“工艺”、“文化展演设施”、“出版”、“电视与广播”、“电影”、“设计产业”、“广告”、“数字休闲娱乐”、“设计品牌时尚产业”、“建筑设计产业”和“创意生活产业”等13个类别。以“创意台湾”（Creative Taiwan）为目标，推动文化创意产业发展，期望透过文化创意产业结合人文与经济，发展兼顾文化积累与经济效益的产业，并提升整体生活环境与人民素质。

现今“挑战2008：发展重点计划”已告一段落，为保持延续台湾文化产业成长态势，台湾“行政院”于2009年3月25日设置“文化创意产业推动小组委员会”，由“行政院长”担任召集人，曾志朗“政务委员”及“文建会主委”担任副召集人，其余委员则由“院长”就相关部会首长及业界代表派（聘）任，并责成幕僚单位“文建会”整合“经济部”、“新闻局”及故宫博物院等相关机构，研究提出“创意台湾文化创意产业发展方案”，本发展方案为5年期计划，目标为“立足台湾，开拓大陆市场，进军国际，使台湾成为亚太文化创意产业汇流中心”，其计划内容规划为“环境整备”和“旗舰计划”两大主轴。

“环境整备”部分主要包括为推动计划提供多元资金投入、产业研发及辅导、市场流通与拓展、人才培育及媒体合作等工作，对于所有文化创意产业面临的共通性问题提出因应策略。2010年1月7日台湾“立法院”通过“文化创意产业发展法”（简称“文创法”），希望藉由“文创法”各项配套规范机制，协助降低文化创意产业市场准入门槛与发展障碍，突破或松绑既有法令的限制，使文化创意产业业者在有利于事业发展的法律框架下，实现其文化创意内容的商品化实践或相关服务，为台湾文化创意产业串连起完善的产业链，形成创作、流通、行销到品牌的完整产业架构。同时“文创法”将2002年所区分的产业类别进行了调整，将“文化展演设施”调整为“文化资产应用及展演设施产业”，将“设计产业”区分为“产品设计产业”及“视觉传达设计产业”，“数字休闲娱乐”区分为“数字内容产业”及“流行音乐及文化内容产业’，并加入“其它经中央主管机关指定之产业”等共16大类别，以增加文化创意产业认定的弹性空间，扩大文化创意产业的实质保障空间，使相关文化创意产业均能纳入“文创法”的保障范围内从而令台湾文化创意产业的环境整备更加完善。

“旗舰计划”部分则是从现有的产业范畴中，选择较为成熟、具备产值潜力与关联效益高的产业类别予以重点推动，分别由“新闻局”推动“电视内容”、“电影”及“流行音乐产业”计划，“经济部”推动“数字内容”与“设计产业”计划，“文建会”推动“工艺产业”计划。

表一 2008年文化创意产业主管机关执行计划一览表

| 计划方案 | 目的事业主管机关 | 执行方向 |
|---|---|---|
| 创意产业发展第2期计划 | 行政院文化建设委员会 | 以扶植艺文产业为目标，包括3项子计划：<br>1. 强化产业环境发展计划<br>2. 工艺创意产业发展计划<br>3. 创意文化园区推动计划 |
| 振兴流行文化产业方案 | 行政院新闻局 | 以电影、广电、出版产业之核心扶植与市场开拓为目标。 |
| 台湾设计产业翱翔计划 | 经济部 | 运用设计资源协助产业发展、开发市场、国际接轨及强化设计人才与研发能量为四大主轴 |
| 广告服务业发展计划 | 经济部 | 串连“创意营运”、“人才培训”及“沟通交流”3大构面，发展多元整合服务能量及商业策略合作机制，促进广告服务产业之商业价值提升。 |

资料来源：2008台湾文化创意产业发展年报（“经济部文化创意产业推动办公室”，2008）

上述计划的执行内容，希望针对台湾当前文化创意产业发展的优势（环境整备）、潜力（旗舰计划）、困境及产业需求（“文创法”），提出完整的推动策略，从而达到以台湾为基地，拓展华文市场，藉此来进军国际，打造台湾成为亚太文化创意产业汇流中心的发展愿景。

## 二、文化创意产业结构

根据《2008台湾文化创意产业发展年报》显示，台湾文化创意产业领域仍以中小企业为主力结构；现有组织性质多为“股份有限公司”，且于文化创意产业投入资本额较大者，营业额相对就会偏高，其中产业经营的“年资”（即经营年限）也是其主要优势之一。台湾文化创意产业发展态势呈现如下几个特点：

1. “产业创新”扮演关键角色

台湾文化创意产业之所以具有不错的环境调整能力，主要归功于产业的创新以及市场的灵活反应。从2002年到2007年文化创意产业企业数从2002年开始增长，在2005年达到51742家的高峰，之后则呈现微幅衰退的现象。2007年文化创意产业家数仍较2002年增长了13.32%，显示文化创意产业规模经过一定程度的扩张后，进入需要思考转型策略的时期。然而，保持高增长趋势的主要集中在具有创新、创意的相关产业，例如设计产业、出版产业等，说明“产业创新”扮演着关键角色。

2. 经营模式扩大化

2007年，台湾文化创意产业营业额结构以“年营业额为新台币500万元以下”的企业最多（79.46%），可见普遍而言，文化创意产业平均营业额均不高。与过去几年相比，各类别营业额结构比例大致相同。不过2002年以后，新台币“1亿元以上”的营业额比例出现逐年微幅成长，统计数值显示，目前文化创意产业能够获取较大收益的企业的比例有小幅提升的趋势。

表二 2002—2007年台湾文化创意产业企业数（单位：家）

| 年<br>销售名称 | 2002年 | 2003年 | 2004年 | 2005年 | 2006年 | 2007年 |
|---|---|---|---|---|---|---|
| 视觉艺术产业 | 3201 | 3255<br>(1.69%) | 3121<br>(−4.12%) | 3086<br>(−1.12%) | 2972<br>(−3.69%) | 2888<br>(−2.83%) |
| 工艺产业音乐与表演艺术产业 | 614 | 738<br>(20.20%) | 872<br>(18.16%) | 1019<br>(16.86%) | 1169<br>(14.72%) | 1354<br>(15.83%) |
| 工艺产业 | 10.540 | 10.614<br>(0.70) | 10.676<br>(0.58%) | 10.892<br>(2.02%) | 10.714<br>(−1.63%) | 10.437<br>(−2.59%) |
| 文化文化展演设施产业 | 179 | 205<br>(14.53%) | 240<br>(17.07%) | 273<br>(13.75%) | 316<br>(15.75%) | 339<br>(7.28) |
| 电影产业 | 703 | 696<br>(−1.00%) | 659<br>(−5.23%) | 648<br>(−1.67%) | 620<br>(−4.32%) | 602<br>(−2.90%) |
| 广播电视产业 | 1742 | 1789<br>(2.70%) | 1782<br>(−1.5%) | 1.746<br>(−0.91%) | 1.702<br>(−2.52%) | 1609<br>(−5.46%) |
| 出版产业 | 3001 | 3190<br>(6.30%) | 3386<br>(6.14%) | 3581<br>(5.76%) | 3637<br>(1.56%) | 3707<br>(1.92) |
| 建筑设计产业 | 6865 | 7548<br>(9.95%) | 8294<br>(9.88%) | 8249<br>(−0.54%) | 7969<br>(−3.39%) | 7699<br>(−3.39) |

续表

| 年<br>销售名称 | 2002年 | 2003年 | 2004年 | 2005年 | 2006年 | 2007年 |
|---|---|---|---|---|---|---|
| 广告产业 | 10169 | 10587<br>(4.11%) | 11175<br>(5.55%) | 11.766<br>(5.29%) | 12221<br>(3.87%) | 12303<br>(0.67%) |
| 设计产业 | 1624 | 1828<br>(12.44%) | 1925<br>(5.42%) | 2096<br>(8.88%) | 2239<br>(6.82%) | 2362<br>(5.49%) |
| 数位休闲娱乐产业 | 6075 | 7576<br>(24.71%) | 7.948<br>(4.91%) | 8315<br>(4.62%) | 8013<br>(−3.63%) | 7252<br>(−9.50%) |
| 设计品牌设计品牌时尚产业 | — | — | — | — | — | — |
| 创意生活产业 | — | 28 | 53<br>(89.29%) | 74<br>(39.62%) | 95<br>(28.38%) | 115<br>(21.05%) |
| 合计 | 44713 | 48052<br>(7.47%) | 50111<br>(4.28%) | 51742<br>(3.25%) | 51.667<br>(−0.14%) | 50667<br>(−1.94%) |

资料来源：2008台湾文化创意产业发展年报（“经济部文化创意产业推动办公室”，2008）

**表三　2005—2007年文化创意产业的营业额结构（单位：千元新台币）**

| 家数与营业额<br>营业额结构 | 2005年 | | | | 2006年 | | | | 2007年 | | | |
|---|---|---|---|---|---|---|---|---|---|---|---|---|
| | 家数 | 营业额 | 外销收入 | 内销收入 | 家数 | 营业额 | 外销收入 | 内销收入 | 家数 | 营业额 | 外销收入 | 内销收入 |
| 未满0.5百万元 | 14577 | 2430344 | 11815 | 2418529 | 14652<br>(0.51%) | 2402146<br>(−1.15%) | 11654<br>(−1.36%) | 2390491<br>(−1.16%) | 14119<br>(−3.64%) | 2338732<br>(−2.64%) | 12892<br>(10.62%) | 2325.840<br>(−2.70%) |
| 0.5—5百万元 | 26351 | 44321743 | 409793 | 43911950 | 26465<br>(0.43%) | 44516728<br>(0.44%) | 422165<br>(3.02%) | 44094563<br>(0.42%) | 26049<br>(−1.57%) | 43439310<br>(−2.24%) | 412552<br>(−2.28%) | 43026759<br>(−2.42%) |
| 5—10百万元 | 4490 | 31777459 | 802544 | 30974916 | 4328<br>(−3.61%) | 30612708<br>(−3.67%) | 718143<br>(−10.52%) | 29894565<br>(−3.49%) | 4270<br>(−1.34%) | 30170546<br>(−1.44%) | 664902<br>(−7.41%) | 29505644<br>(−1.30%) |
| 10—20百万元 | 2984 | 41863222 | 1370664 | 40492558 | 2919<br>(−2.18%) | 40987811<br>(−2.09%) | 1331180<br>(−2.88%) | 39656631<br>(−2.06%) | 2908<br>(−0.38%) | 40856794<br>(−0.32%) | 1207003<br>(−9.33%) | 38649791<br>(−0.02%) |
| 20—30百万元 | 1216 | 29971588 | 1074920 | 28896668 | 1213<br>(−0.25%) | 29875181<br>(−0.32%) | 1166502<br>(8.52%) | 28708679<br>(−0.66%) | 1182<br>(−2.56%) | 29032544<br>(−2.82%) | 1410658<br>(20.93%) | 27621885<br>(−3.79%) |
| 30—40百万元 | 514 | 17672964 | 977233 | 16695731 | 485<br>(−5.64%) | 16747287<br>(−5.24%) | 1200353<br>(22.83%) | 15546934<br>(−6.88%) | 421<br>(−13.20%) | 14436377<br>(−13.80%) | 1043517<br>(−13.07%) | 13392859<br>(−13.86%) |
| 40—50百万元 | 268 | 11958617 | 588359 | 11380258 | 272<br>(1.49%) | 12185534<br>(1.81%) | 674.271<br>(14.60%) | 11511263<br>(1.15%) | 277<br>(1.84%) | 12229935<br>(0.36%) | 717.914<br>(6.47%) | 11512022<br>(0.01%) |
| 50—60百万元 | 184 | 10044707 | 945105 | 9099602 | 156<br>(−15.76%) | 8538041<br>(−15.00%) | 579499<br>(−38.68%) | 7958542<br>(−12.54%) | 179<br>(−15.48%) | 9739619<br>(14.07%) | 707.275<br>(22.06%) | 9.032344<br>(13.49%) |
| 60—70百万元 | 155 | 20025218 | 1217805 | 8807413 | 139<br>(−10.32%) | 8972486<br>(−10.50%) | 760816<br>(−37.53%) | 8211670<br>(−6.76%) | 130<br>(−6.47%) | 8463735<br>(−5.67%) | 555215<br>(−27.02%) | 7908521<br>(−3.69%) |
| 70—80百万元 | 99 | 7383126 | 513067 | 6870059 | 95<br>(−4.04%) | 7142974<br>(−3.25%) | 276.907<br>(−46.03%) | 6866.067<br>(−0.06%) | 87<br>(−8.42%) | 6477485<br>(−9.32%) | 184408<br>(−33.40%) | 6293077<br>(−8.35%) |
| 80—100百万元 | 157 | 13993534 | 851260 | 13142274 | 146<br>(−7.01%) | 12982636<br>(−7.22%) | 1221000<br>(43.43%) | 11761.636<br>(−10.51%) | 166<br>(13.70%) | 14920519<br>(14.93%) | 1418579<br>(16.18%) | 13501940<br>(14.80%) |
| 1—2万元 | 318 | 44689706 | 3985801 | 40703905 | 337<br>(5.97%) | 46458704<br>(3.96%) | 3776440<br>(−5.25%) | 42682263<br>(4.86%) | 331<br>(−1.78%) | 45210890<br>(−2.69%) | 4070246<br>(7.78%) | 41140644<br>(−3.61%) |
| 2万元以上 | 358 | 295905329 | 24379202 | 271526128 | 366<br>(2.23%) | 305605999<br>(3.285) | 34.206267<br>(40.31%) | 271399731<br>(−0.05%) | 433<br>(18.31%) | 352723071<br>(15.42%) | 47272200<br>(38.20%) | 305450871<br>(12.55%) |
| 合　计 | 51671 | 552047558 | 37127568 | 524919990 | 51572<br>(−0.19%) | 567028232<br>(0.89%) | 46345196<br>(24.83%) | 520683036<br>(−0.81%) | 50552<br>(−1.98%) | 610039549<br>(7.59%) | 59677363<br>(28.77) | 550362187<br>(5.70%) |

3. 文化创意产业集中化

近年来台湾对外积极参与国际间各种展览活动（例如北京国际文化创意产业博览会、上海台北双城文化创意产业博览会等），藉由推广、展览的方式，将台湾各类具有创意和地方特色得产业引荐至国际市场，或参与国际相关文化创意设计竞赛，以增加“台湾品牌”优质设计的国际形象。如此不仅能将“台湾产品”带领到国际市场，同时也能推广“台湾创意”的发展途径。对内而言，为了加强台湾文化创意产业聚集效应，扶植具有未来发展潜力的文化创意新秀，台湾除了不定期举办“创意市集”，吸引台湾年轻创意人将其创意商品或概念予以发表、销售之外，还藉由闲置空间再利用的概念，串联区域性文化创意产业业者，整合相关资源与基地，形成具有地方特色的文化创意园区，运用群聚效益来扩大创意产业的发展能量。例如，台湾“文建会”已完成花莲园区宿舍区历史建筑再利用修复工程，以及台南文化园区内（原台湾总督府专卖局台南出张所）市定古迹局部解体调查工程，还举办了花莲园区“纪念品创意设计比赛暨夜生活节”、华山园区“文化创意产业论坛暨设计达人竞赛与展览系列活动”、“台中园区亚洲博物馆年会及TADA设计师联展”，而台湾美术馆所建设的“数字艺术方舟”也是台湾推动数字艺术创作、产值开发及国际交流的重要推手。至于非政府机构部分，包括文教基金会（如台北西门红楼）、学校的文化创意中心（如台湾师范大学文化创意产学中心、台湾艺术大学文化创意园区）等，通过举办各式文化创意展演、讲座与竞赛等，来推动台湾各种文化创意活动的发展。可以说，藉由政府部门联合群聚园区的建立，配合台湾民间文化创意的活力，不仅能引进国际著名的文化创意团体，建构台湾文化创意发展的交流推广平台，同时也能培植国内具有文化创意的潜力新秀，进而发掘台湾文化创意产业的实力。

4. 竞争的文化创意产业市场：

联合国贸易与发展会议（United Nations Conference On Trade and Development）所出版的《2008年创意经济报告》（Creative Economy Report 2008）指出，1996－2005年的10年之中，全球创意产业出口额（包括创意产品与创意服务）从1996年的2270亿美元成长至2005年的4240亿美元，成长幅度达87%。其中，发达国家在创意产业国际出口市场依然是主流，尤其是产业发展已臻成熟的欧洲国家，仍具有文化输出的优势。然而，从发达国家与发展中国家出口额比例来看，两者比例已逐年拉近，由1996年的2.4：1到2005年1.44：1，显示发展中国家近年来全力推动的成果。另外，亚洲国家在创意产业发展上也取得了优异的出口成绩，10年来出口额增长约为133%，2005年所占世界创意产业市场的比例为39.4%，直追欧洲国家。其中，印度与中国大陆成绩最耀眼，在1996－2005年间的创意产品出口额分别增长了2.33倍与2.42倍。这从另一个角度说明，台湾未来在文化创意产业市场上的竞争，将不止于亚洲区域，对于国际市场的竞争，更需要完善的配套与具有创意发展的思维策略来因应。

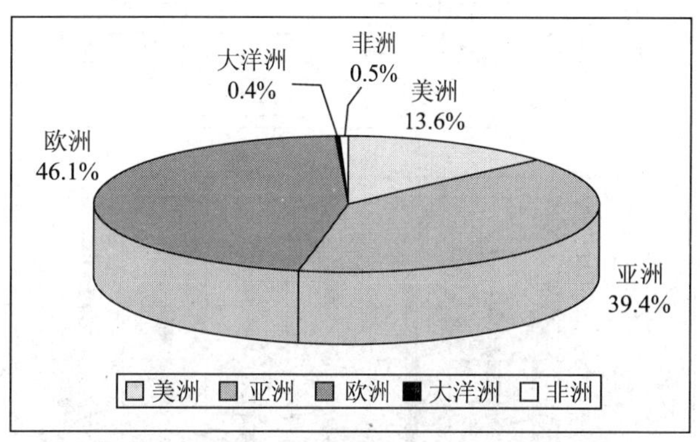


**图1　全球各区域创意产品外销额比例示意图**

（资料来源：UNCTAD“2008 Creative Economy Report”）

根据台湾“文建会”的数据统计，我们可以看到台湾文化创意产业发展的整体情形，2002年台湾文化创意产业营业额为4353亿元（新台币，下同），2007年为6329亿元，增加了1976亿元，2002至2007年年平均增长率为7.78%，比同期GDP3.7%的年平均增长率要高。而在增加值方面，2002年台湾文化创意产业增加值为2311亿元，2007年预估为3354亿元，增加了1043亿元，2002年至2007年的年平均增长率为7.73%。另外，根据“财政部财税资料中心”磁带资料、“行政院主计处”人力资源调查统计和“行政院劳工委员会”台湾地区职类别薪资调查显示，与文化创意相关产业的就业人数在2002年位16.24万人，2007年为21.16万人，增加了4.92万人，2002至2007年的年平均增长率为5.43%。整体来看，各项与文化创意有关的产业数据都有正增长趋势。

而从个别产业发展情形来看，部分类别一方面已有较为稳固的基础，另一方面也具有相当的成长空间。设计产业的营业额自2002年的220亿元增长至2007年的770亿元，每年平均增长率高达28%；而在2008年德国的iF奖与Red Dot奖项中，台湾获奖数高达近150件产品，其中更有6件作品获得iF金奖及Red Dot“Best of the Best”产品设计类大奖，说明台湾设计能力逐步受到国际肯定。在台湾“教育部”所推动的“艺术与设计创意人才养成计划”中，委托台湾师范大学所推行的“设计战国策/鼓励学生参加艺术与设计类国际竞赛”，自2005年执行以来，

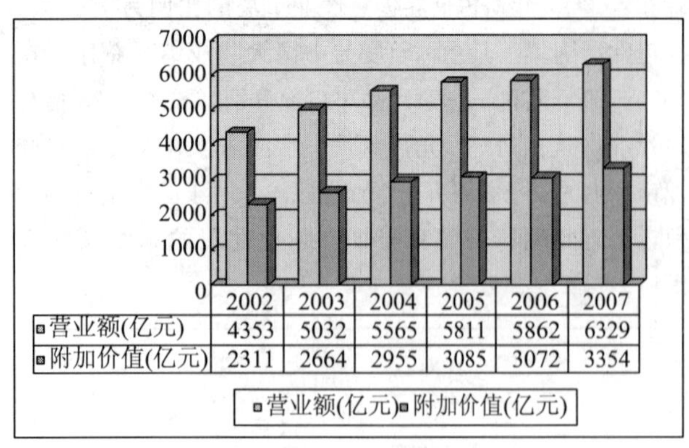


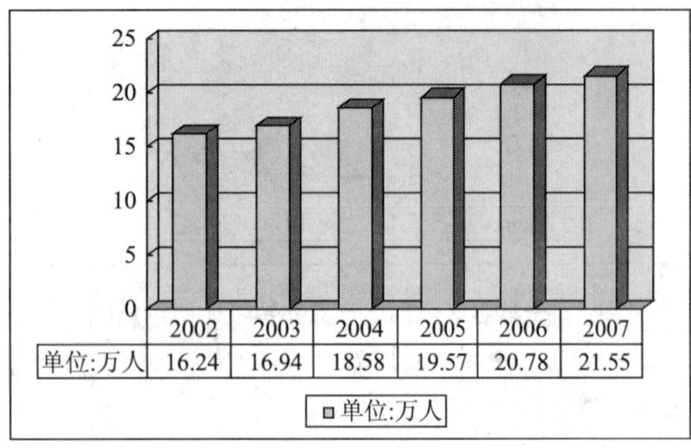


**图 2　2002—2007 年营业额及附加价值表**

已经有 200 人次荣获全球设计大赛奖项，成了培育人才的坚实基础。

对于台湾发展文化创意产业的优势而言，台湾是个多元文化和民主开放的社会，加上教育普及，人才及文化水准在亚洲地区中都有相当的水平，尤其是现今两岸互动频繁，台湾在中小企业、资讯和通讯硬件产业发展过程中，所累积的资金、人才、创新技术、灵活应变能力，以及在全球产业价值链上的操作经验和专业程度，也成为发展文化创意产业的稳固基础。加上藉由华人市场的既有根基，台湾近年来也成为精致、创新及当代华人文化的发展重心，影视和流行音乐产业更是引领风潮，因此两岸和亚洲华人所形成的新的大中华市场，对于台湾未来发展文化创意产业而言是一个重要的新契机。

## 三、两岸文化创意交流与未来展望

就两岸关系而言，经济合作架构协议（ECFA，Economic Cooperation Framework Agreement）的签署可说是过去 30 年两岸经济关系发展的总结。经济合作架构协议为经贸关系提供制度化和正常化互动的基础，将使两岸经济交流与合作进入新的发展阶段。

经济合作架构协议签署后，未来将在两岸经贸制度化和正常化过程中扮演“同步发展”的关键角色，从以知识产权保护与合作、金融合作、贸易促进及贸易便利化、海关合作、电子商务合作、推动双方重大项目合作、推动双方中小企业合作及研究双方产业合作布局和重点领域的探讨等议题作进一步的互动与协商。在此架构之下，以“经济合作”为重点，逐步向其它领域拓展，显示未来两岸经济与产业合作，也将随着两岸互信机制的建立而“深化发展”。对于文化创意产业而言，经济合作架构协议在推动两岸文化创意产业交流合作上，发挥着扮演着环境整备的先导作用，相信对于后续相关之交流互动，也能从纸上策略逐步落实于实际产业的推动。具体在 2009 年，海峡两岸进行的相关交流活动简述如下：

1. 参加北京文化创意产业博览会

“北京国际文化创意产业博览会”堪称国际文化创意产业规模最大的展览，2009 年 11 月 24 日由台北市副市长李永萍带队参加，连续三年参加北京文博会的“台北主题馆”，这次展览面积占地约 4000 多平方公尺是历年规模最大。共规划 12 个主题区、211 个摊位，除延续去年博物馆衍生商品区、创意生活区、时尚工艺 精品区、“原住民”文化精品区和数字内容衍生商品区外，今年增设台北市文创专区、台北县文创专区、台北国际花博专区。“台北主题馆”内特别规划台湾师范大学文创中心特别展区，是唯一也是参与台北主题馆最特别的学术单位。本次台湾师范大学文创中心特别展区共计有四个主题；一、“教育部”委办之设计战国策。二、国际学生创意设计大赛。三、本校文化创意产学中心。四、视觉设计学系。为期五天各界参观人数高达 43 万人，为历届北京文博会参加人数最多的一次，开启未来与中国建立学术与产业合作模式新的契机。

2. 台湾、浙江“繁、简”生活尺度海报交流展

本次设计交流活动，是由创立于 1928 年，素有“艺术家摇篮”之称的中国美术学院，和雄踞台湾美术教育界龙头长达 64 年的台湾师范大学共同主办，邀请台湾、浙江共 13 所大学设计相关科系跨校合作，包括台湾的台湾艺术大学、台中技术学院、亚洲大学、台南科技大学、高雄师范大学、东方技术学院，以及大陆的浙江大学、浙江工业大学、浙江理工大学、浙江工商大学及杭州师范学院，搭起一座两岸大学文创交流的桥梁。全球“华文热”不只吹进了两岸设计界，更跨越了文字繁简差异的那一道海峡，两岸大学生透过汉字艺术海报设计的交流，搭起一座文字书写交流的桥梁，如何赋予中文字时代感、国际化，表现两岸文字差异及融合，应用到现代生活中的视觉设计中，都是需掌握的表现重点。在历经一个月征选作品，邀集两岸学者专家评审，各选出 50 件作品，充分展现大学生以汉字型体之美的创作，藉由繁、简的汉字来传达不平凡的创意，巧妙结合两岸不同文字却又能意会的高

水平作品。

3. 成立海峡两岸文化创意产业研究联盟

2009年11月5日，来自海峡两岸的台湾师范大学、台湾艺术大学、台湾成功大学、中国传媒大学、厦门大学、同济大学等六所大学的代表汇聚福州西湖大酒店，共同签订“两岸文化创意产业研究联盟合作协议”。

协议签订之后，六方代表随即就联盟的组织架构、合作内容等问题进行了会商，经过讨论各方一致推选中国传媒大学文化产业研究院院长范周为联盟大陆方面召集人，台湾师范大学副校长林磐耸为台湾方面召集人。在合作内容方面，六方代表一致同意未来联盟成员在互利平等的原则下共同开展包括人员互访、学科建设、定期举办各类学术会议、课题研究、交换学术信息与资料等方面的合作，并拟定2010年于台湾举办首届会员大会。

## 结语

台湾的文化创意产业政策推动至今已迈入第8年，从“挑战2008国家发展重点计划”到“六大新兴产业”，文化创意产业发展政策皆占据重要地位。结合文化、创意、设计及服务的特质与内涵，发展文化创意产业，已是台湾升级转型的重要策略之一。

近年来，台湾在文化创意产业相关国际活动中颇有收获，例如2009高雄世界大学运动会、2009年台北听障奥运、2010上海世博台湾馆等，以及未来即将举办的2011世界花卉博览会、2011年世界设计大会等，说明台湾在国际文化创意产业推动方面的成果与潜力。当全球正从不景气的梦魇中逐渐苏醒，随着中国大陆经济的快速崛起，全球产业与财富重新洗牌，世界舞台被重新激活，特别是金融危机后的华人经济影响力已成为世界瞩目的焦点。

随着两岸政策与经贸的开放、ECFA的签署，两岸多元交流氛围的营造与推进的渠道更为成熟，两岸产业交流势必更为频繁与密切，未来“华人”文化创意产业的发展而言，将是未来两岸所要面临的严肃课题，如何创造出台湾、大陆甚至是全球华人文化创意产业更宽广的空间，是华人文化创意产业国际化的重要关键，同时也是开创新华人时代的关键契机。

（台湾师范大学副校长林磐耸、
台湾师范大学副教授苏文清）

# 第十一部分　评奖与表彰

PING JIANG YU BIAO ZHANG

# 一、国家级评奖与表彰

## 第十一届精神文明建设“五个一工程”奖

1. 组织工作奖（8个）

北京市委宣传部、江苏省委宣传部、浙江省委宣传部、福建省委宣传部、江西省委宣传部、山东省委宣传部、河南省委宣传部、解放军总政治部

2. 获奖作品（164部）

电影（26部）

| 获奖作品 | 选送单位 |
|---|---|
| 《梅兰芳》 | 国家广电总局 |
| 《高考1977》 | 上海市委宣传部 |
| 《邓稼先》 | 江苏省委宣传部 |
| 《袁隆平》 | 湖南省委宣传部 |
| 《超强台风》 | 浙江省委宣传部 |
| 《铁人》 | 全国总工会、北京市委宣传部 |
| 《八月一日》 | 解放军总政治部 |
| 《沂蒙六姐妹》 | 山东省委宣传部 |
| 《集结号》 | 北京市委宣传部 |
| 《大河》 | 新疆维吾尔自治区党委宣传部 |
| 《长调》 | 内蒙古自治区党委宣传部 |
| 《潘作良》 | 辽宁省委宣传部 |
| 《腊月雪》 | 吉林省委宣传部、黑龙江省委宣传部 |
| 《孟二冬》 | 黑龙江省委宣传部 |
| 《突发事件》 | 福建省委宣传部 |
| 《黎明行动》 | 湖北省委宣传部 |
| 《夜袭》 | 山西省委宣传部 |
| 《我的左手》 | 天津市委宣传部 |
| 《亲兄弟》 | 河北省委宣传部 |
| 《夜明》 | 广东省委宣传部 |
| 《从头再来》 | 江西省委宣传部 |
| 《隐形的翅膀》 | 陕西省委宣传部 |
| 《霓虹灯下新哨兵》 | 解放军总政治部、武警总部政治部 |
| 《记者甘远志》 | 海南省委宣传部 |
| 《寻找微尘》 | 山东省委宣传部 |
| 《程婴救孤》（戏曲电影） | 河南省委宣传部 |

电视剧（33部）

| 获奖作品 | 选送单位 |
|---|---|
| 《闯关东》 | 山东省委宣传部 |
| 《走西口》 | 山西省委宣传部 |
| 《士兵突击》 | 解放军总政治部、云南省委宣传部 |
| 《潜伏》 | 广东省委宣传部 |
| 《戈壁母亲》 | 国家广电总局 |
| 《金婚》 | 北京市委宣传部 |
| 《北风那个吹》 | 浙江省委宣传部 |
| 《星火》 | 中央统战部 |
| 《井冈山》 | 江西省委宣传部 |
| 《周恩来在重庆》 | 重庆市委宣传部 |
| 《绝地逢生》 | 贵州省委宣传部 |
| 《国家行动》 | 湖南省委宣传部、重庆市委宣传部 |
| 《保卫延安》 | 陕西省委宣传部 |
| 《彭雪枫》 | 解放军总政治部 |
| 《誓言永恒》 | 四川省委宣传部 |
| 《大国医》 | 河南省委宣传部、卫生部、天津市委宣传部 |
| 《地下地上》 | 青海省委宣传部、江西省委宣传部 |
| 《战争目光》 | 河北省委宣传部 |
| 《交通警察》 | 吉林省委宣传部 |
| 《父辈的旗帜》 | 天津市委宣传部 |
| 《喜庆农家》 | 辽宁省委宣传部 |
| 《文化站长》 | 黑龙江省委宣传部 |
| 《祈望》 | 安徽省委宣传部 |
| 《旗舰》 | 湖北省委宣传部 |
| 《没有语言的生活》 | 广西壮族自治区党委宣传部、中国残联 |
| 《人间正道是沧桑》 | 江苏省委宣传部 |
| 《我的青春谁做主》 | 上海市委宣传部 |
| 《郑和下西洋》 | 福建省委宣传部 |
| 《东归英雄传》 | 内蒙古自治区党委宣传部 |
| 《老柿子树》 | 甘肃省委宣传部 |
| 《木卡姆往事》 | 新疆维吾尔自治区党委宣传部 |
| 《台湾1895》 | 中直工委 |
| 《警察故事》 | 公安部 |

动画片（6部）

| 获奖作品 | 选送单位 |
|---|---|
| 《福娃奥运漫游记》 | 北京市委宣传部 |
| 《大耳朵图图》 | 上海市委宣传部 |

续表

| 获奖作品 | 选送单位 |
|---|---|
| 《郑和下西洋》 | 浙江省委宣传部 |
| 《独脚乐园》(第 1、2 部) | 河南省委宣传部 |
| 《喜羊羊与灰太狼》 | 广东省委宣传部 |
| 《三国演义》 | 国家广电总局 |

戏剧（30 部）

话剧（7 部）

| 获奖作品 | 选送单位 |
|---|---|
| 《矸子山上的男人女人》(话剧) | 辽宁省委宣传部 |
| 《万世根本》(话剧) | 安徽省委宣传部 |
| 《生命高度》(话剧) | 解放军总政治部 |
| 《风刮卜奎》(话剧) | 黑龙江省委宣传部 |
| 《坚守》(话剧) | 四川省委宣传部 |
| 《古丢丢》(儿童剧) | 湖北省委宣传部 |
| 《红孩子》(儿童剧) | 北京市委宣传部 |

京剧（5 部）

| 获奖作品 | 选送单位 |
|---|---|
| 《成败萧何》 | 上海市委宣传部 |
| 《北风紧》 | 福建省委宣传部 |
| 《丝路花雨》 | 甘肃省委宣传部 |
| 《飘逸的红纱巾》 | 江苏省委宣传部 |
| 《泸水彝山》 | 文化部 |

地方戏曲（12 部）

| 获奖作品 | 剧种 | 选送单位 |
|---|---|---|
| 《常香玉》 | 豫剧 | 河南省委宣传部 |
| 《寄印传奇》 | 评剧 | 天津市委宣传部 |
| 《女人九香》 | 河北梆子 | 河北省委宣传部 |
| 《傅山进京》 | 晋剧 | 山西省委宣传部 |
| 《柳河湾的新娘》 | 秦腔 | 陕西省委宣传部 |
| 《作田汉子也风流》 | 湖南花鼓戏 | 湖南省委宣传部 |
| 《杨广和》 | 吕剧 | 交通部、山东省委宣传部 |
| 《梭椤寨》 | 云南花灯剧 | 云南省委宣传部 |
| 《顾家姆妈》 | 滑稽戏 | 全国妇联 |
| 《百合花开》 | 秦剧 | 卫生部、甘肃省委宣传部 |
| 《洪皓》 | 满族新城戏 | 吉林省委宣传部 |
| 《快乐标兵》 | 赣南采茶戏 | 江西省委宣传部 |

歌舞剧（6 部）

| 获奖作品 | 剧种 | 选送单位 |
|---|---|---|
| 《十里红妆·女儿梦》 | 舞剧 | 浙江省委宣传部 |
| 《草原记忆》 | 舞剧 | 内蒙古自治区党委宣传部 |
| 《碧海丝路》 | 舞剧 | 广西壮族自治区党委宣传部 |
| 《猴王·花果山》 | 人偶奇幻剧 | 北京市委宣传部 |
| 《宋城千古情》 | 大型歌舞类节目 | 浙江省委宣传部 |
| 《井冈山》 | 大型歌舞类节目 | 江西省委宣传部 |

歌曲（26 首）

《我和你》(北京市委宣传部)
《北京欢迎你》(北京市委宣传部)
《生死不离》(四川省委宣传部)
《站起来》(安徽省委宣传部)
《天蓝蓝》(天津市委宣传部)
《海峡之梦》(福建省委宣传部)
《送你一朵东方茉莉》(湖南省委宣传部)
《一家人》(新疆维吾尔自治区党委宣传部)
《我的祝福你听到了吗》(河北省委宣传部)
《我的根在草原》(内蒙古自治区党委宣传部)
《旗帜》(江西省委宣传部)
《红旗颂》(黑龙江省委宣传部)
《中国，站立成树》(上海市委宣传部)
《迷彩八零后》(江苏省委宣传部)
《钢筋班的棒小伙》(浙江省委宣传部)
《可可西里》(国家广电总局、山东省委宣传部)
《农家车谣》(河南省委宣传部)
《好日子慢慢过》(湖北省委宣传部)
《我生在 1978》(广东省委宣传部)
《火辣辣的城》(重庆市委宣传部)
《回族尕妹，我的花儿》(宁夏回族自治区党委宣传部)
《月亮花》(云南省委宣传部)
《故乡情怀》(西藏自治区党委宣传部)
《我的陕北》(陕西省委宣传部)
《当代革命军人核心价值观之歌》(解放军总政治部)
《最亲的人》(公安部)

广播剧（15 部）

《京城第一家》(北京市委宣传部)
《中国钟》(天津市委宣传部)
《国歌响起》(辽宁省委宣传部)
《草原童谣》(吉林省委宣传部)
《咱们工人有力量》(黑龙江省委宣传部)
《照亮苗乡的月亮》(贵州省委宣传部)
《军训日记》(江苏省委宣传部)
《为了零点五克的挚爱》(浙江省委宣传部)

续表

| |
|---|
| 《重返鄱阳湖》（江西省委宣传部） |
| 《歌唱祖国》（福建省委宣传部） |
| 《情满昆仑》（山东省委宣传部） |
| 《“傻子”传奇》（安徽省委宣传部） |
| 《生死较量》（河南省委宣传部） |
| 《拔鲁》（广东省委宣传部） |
| 《吹破天的婚事》（国家广电总局） |
| 文艺类图书（28种） |
| 《八月狂想曲》（北京市委宣传部） |
| 《大江东去》（湖北省委宣传部） |
| 《红翻天》（解放军总政治部） |
| 《四面八方》（安徽省委宣传部） |
| 《大瓷商》（河南省委宣传部） |
| 《长街行》（上海市委宣传部） |
| 《命运》（湖南省委宣传部） |
| 《天行者》（中国出版集团公司） |
| 《流动的花朵》（山西省委宣传部） |
| 《腰门》（江西省委宣传部） |
| 《云裳》（辽宁省委宣传部） |
| 《小英雄与芭蕾公主》（广西壮族自治区党委宣传部） |
| 《感天动地——从唐山到汶川》（河北省委宣传部） |
| 《国运——南方记事》（中国出版集团公司、广东省委宣传部） |
| 《中国模范生——浙江改革开放30年全记录》（浙江省委宣传部） |
| 《丁新民与他的民工兄弟》（内蒙古自治区党委宣传部） |
| 《驶向深蓝——新中国舰船工业腾飞纪实》（山东省委宣传部） |
| 《家国书》（中央纪委、浙江省委宣传部） |
| 《我的天堂》（江苏省委宣传部） |
| 《千古一梦——中国人第一次离开地球的故事》（江西省委宣传部） |
| 《神七纪实》（湖南省委宣传部） |
| 《熊猫史诗》（重庆市委宣传部） |
| 《中国海军三部曲》（中央统战部） |
| 《走进帕米尔高原——穿越柴达木盆地》（安徽省委宣传部） |
| 《大学生“村官”》（江苏省委宣传部） |
| 《真爱长歌》（云南省委宣传部） |
| 《蓝天下的课桌》（福建省委宣传部） |
| 《楼兰古国的奇幻之旅》（新疆维吾尔自治区党委宣传部） |

## 第三届文化部创新奖

文化部创新奖自2004年起开始设立，是国家级的文化创新大奖，旨在文化艺术领域大力倡导科学思想，弘扬科学精神，鼓励和调动广大文化工作者文化创新的积极性，促进文化繁荣发展。2009年12月7日，由文化部文化科技司和深圳市委宣传部联合主办的“文化·科技·创新——2009·第三届中国文化创新高峰论坛暨第三届文化部创新奖颁奖仪式”在深圳举行。本届创新奖是对近两年来我国文化创新成果的全面检阅，共有128个项目参与角逐，20个项目荣获创新大奖。

特等奖1项

项目名称：徽州文化生态保护的创新与实践

完成单位：安徽省文化厅、黄山市文化局、绩溪县文化广播电视局

完成人：杨果、田传江、郭因、丁光清、张媛媛、王长丰、金涛、胡红蔚、左金刚

创新奖19项

| 项目名称 | 完成单位 | 完成人 |
|---|---|---|
| 组合式仿真古建筑模型 | 中国艺术研究院 | 刘托 |
| 中国盲人数字图书馆网站建设 | 国家图书馆、中国残疾人联合会信息中心、中国盲文出版社 | 李春明、王志庚、张炜、龙伟、李志尧、赵媛媛、李彤、胡宏哲、周琴、何川 |
| 全国图书馆志愿者行动 | 中国图书馆学会、国家图书馆、15个省（自治区）文化厅和省图书馆、省图书馆学会、中国科学技术学会学术部 | 陈力、汤更生、李国新、范并思、杨玉麟、邱冠华、于良芝、金武刚、李超平、胡京波 |
| 深圳市民文化大讲堂 | 中共深圳市委宣传部、深圳市社会科学联合会、《中国文化报》深圳记者站 | 王京生、吴忠、乐正、黄发玉、林金华、王跃军、汤庭芬、杨建、何国勇、刘婉华 |
| 中演票务通全国票务网络系统 | 中国对外文化集团公司 | 张宇、黄慧广、周青青、广明、薛利平、边宇 |
| e卡通—上图电子资源远程服务 | 上海图书馆上海科学技术情报研究所 | 张奇、陈顺忠、彭伟、朱普德、金家琴、邱君瑞、张磊、史晓红、夏海、吴建明 |
| 区域文化联动 | 吴江市文化广播电视管理局、吴江市文化馆 | 钱俊、沈泉生、杨筱东、赵雨萍、朱晓红、刘建华、陈月良、丁泉生、朱颖浩、严凤仙 |
| 百分之一文化计划 | 台州市文化广电新闻出版局、台州市建设规划局 | 许良云、吴文斌、杜小平、江海波、黎燕 |
| 高职艺术人才就业模式的探索与实践 | 安徽艺术职业学院 | 张云、王红、吴家宝、钱农、林禄明、吴宁宁、秦励、张诚、胡彩红、吴瑞侠 |

续表

| 项目名称 | 完成单位 | 完成人 |
| --- | --- | --- |
| 先进文化唱响新农村（邓州文化茶馆建设） | 邓州市文化局、中共邓州市委宣传部、邓州市人民文化馆 | 刘朝瑞、刘树华、朱艳红、阿颖、闫富传、崔伟伟、张绍从、李中龙、杨平、刘仲杰 |
| 福建艺术扶贫工程 | 福建省艺术馆 | 吴志跃、黄晓光、陈秀梅、刘如珍、宋珍珍、陈宗荣、徐玉萍、黄晓楠、宋曼君、詹红丹 |
| 三坊七巷历史文化遗产保护规划及数字技术应用 | 清华大学建筑设计研究院、福州市规划设计研究院、福州市三坊七巷管理委员会、福州市文物管理局 | 张杰、卫国、吕舟、杨勇、陈亮、张飚、魏樊、叶子文、张弓、高峰 |
| 山东省文化信息资源共享工程创新运行应用模式研究 | 山东省文化厅、山东省图书馆 | 李宗伟、李军、赵炳武、李西宁、周玉山、孙振东、周浩、周宁、蔡小晶、李晓婷 |
| 实施"文化惠民"工程—创新基层公共文化服务品牌打造模式——"文化周末""九个一"系列工程 | 东莞市莞城街道办事处、莞城文化周末工程办公室 | 张彤飚、黄优秀、王柏全 |
| 城市街区自助图书馆 | 深圳图书馆 | 吴晞、甘琳、王林、秦格辉、刘哲、杜秦生、张桦、孔足、李星光、杨雄标 |
| "南海Ⅰ号"整体打捞与水下文化遗产保护 | 广东省文化厅、交通部、广州打捞局 | 曹淳亮、景李虎、苏桂芬、龙家有、陈北先、何伟章、卜工、魏峻、崔勇、曹劲 |
| 蜀风雅韵——成都非物质文化遗产数字博物馆 | 成都图书馆 | 钟刚毅、王利、肖平、王骢、郭星、尹正元、陈孟洵、王承佳、张红灵、代瑞雪 |
| 北京2008奥运形象创新设计专项 | 中央美术学院 | 潘公凯、谭平、王敏、许平、宋协伟、杭海、王沂蓬、刘波、肖勇、吕品晶 |
| 上音历史唱片可干预智能化修复与数据库管理系统 | 上海音乐学院、上海协言科学技术服务有限公司 | 吴粤北、袁征、张潇、韩斌、王劲松、周畅 |

## 第十三届中国电影华表奖

2009年8月29日，第十三届华表奖颁奖礼在北京展览馆剧场隆重举行，数百位明星共贺新中国六十华诞。中国电影华表奖是中国电影的最高荣誉奖，每两年由国家广电总局对前两个年度完成的各个片种影片进行集中评选。中国电影华表奖是政府为中国电影设立的奖项，体现党和国家对电影事业的热情鼓励和大力扶持。

第十三届中国电影华表奖获奖名单

| 奖项 | 获奖节目/者 |
| --- | --- |
| 优秀故事片奖 | 《突发事件》、《铁人》、《沂蒙六姐妹》、《高考1977》、《集结号》、《梅兰芳》、《大河》、《超强台风》、《我的左手》、《八月一日》 |
| 优秀导演奖 | 冯小刚（《集结号》）、陈凯歌（《梅兰芳》） |
| 优秀编剧奖 | 苏小卫（《沂蒙六姐妹》）、张冰（《大河》） |
| 优秀男演员奖 | 张涵予（《集结号》）、果静林（《袁隆平》） |
| 优秀女演员奖 | 章子怡（《梅兰芳》）、范志博（《突发事件》） |
| 优秀数字电影奖 | 《十八个手印》、《棋王和他的儿子》、《锡林郭勒—汶川》、《横平竖直》 |
| 优秀少儿影片奖 | 《走路上学》、《男生贾里新传》、《买买提2008》 |
| 优秀戏曲片奖 | 《程婴救孤》（豫剧）、《廉吏于成龙》（京剧） |
| 优秀合拍片奖 | 《叶问》、《赤壁》、《画皮》、《非诚勿扰》 |
| 优秀科教片奖 | 《月球探秘》、《发酵床环保养猪新法》、《淡水小龙虾的养殖》 |
| 优秀动画片奖 | 《快乐奔跑》、《淘气包马小跳》、《喜羊羊与灰太狼之牛气冲天》、《麋鹿王》 |
| 优秀纪录片奖 | 《郎朗的歌：献给2008》、《人民至上》、《筑梦2008》 |
| 优秀译制片奖 | 《功夫熊猫》 |
| 优秀电影技术奖 | 《梅兰芳》、《赤壁》 |
| 优秀少儿男演员奖 | 丁嘉力（《走路上学》） |
| 优秀少儿女演员奖 | 诺民（《寻找那达慕》） |
| 优秀新人导演奖 | 海涛（《锡林郭勒—汶川》） |
| 优秀新人编剧奖 | 崔民（《横平竖直》） |
| 优秀新人男演员奖 | 余少群（《梅兰芳》） |
| 优秀新人女演员奖 | 徐筠（《我的左手》） |
| 优秀电影音乐奖 | 王黎光（《集结号》） |
| 优秀境外华裔导演奖 | 吴宇森（《赤壁》） |
| 优秀境外华裔男演员奖 | 甄子丹（《叶问》） |
| 优秀境外华裔女演员奖 | 舒淇（《非诚勿扰》） |

## 第二十七届金鸡奖

2009年10月17日，第27届金鸡颁奖晚会在江西南昌举行，此次电影节由中国文学艺术界联合会、中国电影家协会、中共南昌市委、南昌市人民政府主办，由电影频道承办。中国电影金鸡奖是中国电影界专业性评选的最高奖，是由中国电影家协会于1981年创办的，以奖励优秀影片和表彰成绩卓著的电影工作者。

| 奖项 | 获奖者 |
| --- | --- |
| 最佳故事片 | 《集结号》、《梅兰芳》 |
| 最佳导演 | 冯小刚（《集结号》） |
| 最佳男主角 | 吴刚（《铁人》） |
| 最佳女主角 | 蒋雯丽（《立春》）、周迅（《李米的猜想》） |
| 最佳男配角 | 王学圻（《梅兰芳》） |
| 最佳女配角 | 岳红（《走着瞧》） |
| 最佳编剧 | 王海洋、谷白、宗福先（《高考1977》） |
| 最佳摄影 | 吕乐（《集结号》） |
| 最佳美术 | 卢月林、余麦多（《铁人》） |
| 最佳音乐 | 王黎光（《集结号》） |
| 最佳录音 | 王乐文、李安磊、安韶峰（《八月一日》） |
| 最佳儿童片 | 《走路上学》 |
| 最佳纪录片 | 《决战太原》 |
| 最佳科教片 | 《月球探秘》 |
| 最佳美术片 | 《马兰花》 |
| 最佳戏曲片 | 《廉吏于成龙》 |
| 最佳导演处女作 | 李大为（《走着瞧》） |
| 最佳数字电影 | 《走四方》 |
| 评委会故事片奖 | 《八月一日》 |
| 评委会编剧奖 | 程晓玲（《清水的故事》） |
| 终身成就奖 | 秦怡、于蓝 |

## 第二十七届中国电视剧飞天奖

由中国广播电影电视部主办的第二十七届中国电视剧飞天奖评选结果于2009年9月9日在北京揭晓。参评作品为上一年度由广播电视行政主管部门批准设立的电视制作单位摄制的、在全国地市级（含）以上电视台播出的电视节目，经过各省、自治区、直辖市有关艺术领导部门推荐选送。

**大奖获奖名单**

**优秀女演员奖：**闫妮（《北风那个吹》）萨日娜（《闯关东》）
**优秀男演员奖：**张国立（《金婚》）孙红雷（《潜伏》）
**优秀导演奖：**康洪雷（《士兵突击》）郑晓龙（《金婚》）
**优秀编剧奖：**兰晓龙（《士兵突击》）高满堂、孙建业（《闯关东》）姜伟（《潜伏》）
**优秀音乐奖：**徐沛东（《戈壁母亲》）
**优秀音像奖：**《战争目光》剧组
**优秀剪辑奖：**《潜伏》剧组
**优秀美术奖：**《中国往事》剧组
**优秀摄像奖：**《闯关东》剧组

**长篇电视剧奖**

**一等奖**

《闯关东》《士兵突击》《戈壁母亲》《金婚》《潜伏》《静静的白桦林》《周恩来在重庆》《十万人家》《喜耕田的故事》

**二等奖**

《北风那个吹》《战争目光》《井冈山》《漂亮的事》《李小龙传奇》《台湾·1895》《彭雪枫》《国家行动》《奋斗》

**三等奖**

《我是太阳》《中国往事》《走西口》《特殊使命》《大工匠》《春草》《绝密押运》《郭海的家事》《东归英雄》《美丽人生》

**特别奖**

《震撼世界的七日》《奥运在我家》

**中短篇电视剧**

**一等奖**　空缺
**二等奖**　《公安部长罗瑞卿的故事》
**三等奖**　《贞姐》

**少儿电视剧**

**一等奖**　《名校》
**二等奖**　《快乐星球（第三部）》《六年级的夏天》
**三等奖**　《快乐的同桌》《AA欢乐营（第一部）》

**戏曲电视剧**

**一等奖**　《招贤记》
**二等奖**　《成兆才》
**三等奖**　《凤氏彝兰》

**系列电视剧**

**一等奖**　《卫生队的故事》
**二等奖**　《平安是福》

| 优秀译制片 |
| --- |
| 《乱世佳人》 |

| 提名荣誉奖 |
| --- |
| 《荣归》《老柿子树》《交通警察》《相思树》《英雄无名》《旗舰》《父辈的旗帜》《双面胶》《马文的战争》《叶挺将军》《战北平》《香港姊妹》《文化站长》《女工》《红梅花开》《大地》 |

## 第十五届上海电视节白玉兰奖

2009年6月8日—21日，由国家广电总局和上海市政府主办的第十五届上海电视节在上海举行。“白玉兰”奖国际电视节目评选，是一个国际性的电视节目评比赛事，共设置连续剧、电视电影、纪录片、动画四个类别。

连续剧类

| 奖项 | 获奖节目（者） | 国家 |
| --- | --- | --- |
| 最佳电视剧 | 《潜伏》 | 中国 |
| 最佳导演 | 滕华弢（《王贵与安娜》） | 中国 |
| 最佳编剧 | 姜伟（《潜伏》） | 中国 |
| 最佳男演员 | 孙红雷（《潜伏》） | 中国 |
| 最佳女演员 | 宋丹丹（《马文的战争》） | 中国 |

电视电影类

| 奖项 | 获奖节目（者） | 国家 |
| --- | --- | --- |
| 最佳电影电视 | 《欢迎回家》 | 德国 |
| 最佳导演 | 詹姆斯·霍威（《30级台阶》） | 英国 |
| 最佳编剧 | 苏珊娜·贝克（《贵妇还乡》） | 德国 |
| 交流纪念奖 | 《女人四十》、《黄金新娘》 | 日本、韩国 |

纪录片类

| 奖项 | 获奖节目（者） | 国家 |
| --- | --- | --- |
| 最佳亚洲纪录片 | 《劫后》 | 中国 |
| 最佳自然类 | 《雨》 | 日本 |
| 最佳历史文献 | 《死后必读》 | 美国 |
| 最佳社会类纪录片 | 《英国医生》 | 英国 |

动画类

| 奖项 | 获奖节目（者） | 国家 |
| --- | --- | --- |
| 最佳国产动画 | 《淘气包马小跳》 | 中国 |
| 最佳国产创意 | 《十万个为什么》 | 中国 |
| 最佳海外动画 | 《三只小鸟》 | 英国 |

## 第十二届上海国际电影节

2009年6月21日，第十二届上海国际电影节“金爵奖”颁奖典礼暨闭幕式在上海大剧院举行。上海国际电影节创办于1993年，由中国国家广播电影电视总局和上海市人民政府主办，上海市文化广播影视局和上海文化广播影视集团共同承办。电影节成功创办后的第二年即获得了国际电影制片人协会的认证，被归类于国际A类电影节。

金爵奖获奖名单

| 奖项 | 获奖节目/者 | 国家 |
| --- | --- | --- |
| 最佳影片 | 《原创人生》 | 丹麦 |
| 评委会大奖 | 《寻找智美更登》 | 中国 |
| 评审团大奖 | 《白银帝国》 | 中国 |
| 最佳男演员奖 | 斯维利·固德纳松 （《原创人生》） | 丹麦 |
| 最佳女演员奖 | 西蒙那·唐（《爱之伤痕》） | 丹麦 |
| 最佳编剧奖 | 《是的，我们行》 | 意大利 |
| 最佳摄影奖 | 《无福之地》 | 法国 |
| 最佳音乐奖 | 《电影就是电影》 | 韩国 |

亚洲新人奖获奖名单

| 奖项 | 获奖节目/者 | 国家 |
| --- | --- | --- |
| 最佳影片奖 | 《过速绯闻》 | 韩国 |
| 最佳导演奖 | 赵晔（《扎赉诺尔》） | 中国 |
| 评委会特别奖 | 《嘘……数到七》 | 伊朗 |
| 最受大学生欢迎影片 | 《扎赉诺尔》 | 中国 |

电影频道传媒大奖获奖名单

| 奖项 | 获奖节目/者 | 国家 |
| --- | --- | --- |
| 最受媒体关注影片 | 《走着瞧》 | 中国 |
| 最受媒体关注儿童影片 | 《寻找成龙》 | 中国 |
| 最受关注男演员 | 徐峥（《夜店》） | 中国 |
| 最受关注女演员 | 岳红（《走着瞧》） | 中国 |
| 最受关注导演 | 姚树华（《白银帝国》） | 中国 |
| 最受关注编剧 | 杨庆（《夜店》） | 中国 |
| 最具潜力新人导演奖 | 李大为（《走着瞧》） | 中国 |
| 最具潜力新人男演员 | 文章（《走着瞧》） | 中国 |
| 最具潜力新人女演员 | 朱芷莹（《这儿是香格里拉》） | 中国 |
| 评委会奖 | 《孟二冬》 | 中国 |

其他奖项

| 奖项 | 获奖者 | 国家 |
| --- | --- | --- |
| 终身成就奖 | 昆西·琼斯 | 美国 |
| 杰出电影艺术贡献奖 | 伊莎贝尔·于佩尔 | 法国 |
| 杰出电影贡献奖 | 哈利·贝瑞 | 美国 |
| 华语电影杰出贡献奖 | 吴宇森 | 中国 |

## 第十届四川电视节

2009年11月6日至8日，第十届四川电视节在四川成都举行。四川电视节由国家广播电影电视总局和四川省人民政府主办，四川省广播电影电视局和四川广播电视集团承办。作为亚洲最有影响力的国际影视节，四川电视节主要包括国际影视节目交易市场、“金熊猫”奖国际电视节目评选、“金熊猫”国际动漫暨新媒体视听产品博览会、国际主题日、国际电视发展论坛、国际广播电视网络设备暨多媒体展览会等六大主体活动及丰富多彩和形式新颖的活动。

“金熊猫”奖国际动画作品评选活动获奖节目名单

金熊猫动画片大奖

| 节目名称 | 公司 |
|---|---|
| 美猴王 | 中国中央电视台 |

最佳影院动画片

| 节目名称 | 公司 |
|---|---|
| 快乐奔跑 | 北京梦幻动画科技有限公司/北京电影学院 |

最佳电视系列动画片

| 节目名称 | 公司 |
|---|---|
| 三国演义 | 中国中央电视台 |

最佳动画短片

| 节目名称 | 公司 |
|---|---|
| 失而复得 | 英国AKA动画工作室 |

最佳宣传片

| 节目名称 | 公司 |
|---|---|
| 折纸小兵 | 大连乾豪数字科技有限公司 |

评委会特别奖

| 节目名称 | 公司 |
|---|---|
| 星系宝贝 | 成都恒风动漫制作有限公司 |
| 网站Sulekha.com的推广广告 | 印度著名房子动画公司 |
| 球道 | 上海派来蒙动画有限公司 |

中国原创特别奖

| 节目名称 | 公司 |
|---|---|
| 开心小镇 | 中国中央电视台 |
| 蘑菇点点之宠物大明星 | 上海动酷数码科技有限公司 |
| 抢驴 | 上海环球数码动画学院 |

最佳视觉效果

| 节目名称 | 公司 |
|---|---|
| 风云决 | 上海文广新闻传媒集团 |

最佳编剧

| 节目名称 | 公司 |
|---|---|
| 羊羊运动会 | 广东原创动力文化传播有限公司 |

最佳导演

| 节目名称 | 公司 |
|---|---|
| 美猴王 | 中国中央电视台 |

最佳创意

| 节目名称 | 公司 |
|---|---|
| 空缺（Vacant） | |

最佳动画形象

| 节目名称 | 公司 |
|---|---|
| 牟牟 | 中国台湾首映创意 |

最佳学生作品

| 节目名称 | 选送机构 |
|---|---|
| 阳光 | 吉林动画学院 |
| 错位的死亡 | 法国ESRA影音培训学校 |
| 夕阳恋曲 | 天津大学中视影视学院 |
| 呐喊 | 北京电影学院动画学院 |
| 梦的片断 | 中国台湾数位内容学院 |
| 桥 | 立陶宛维拉尼莫电影工作室 |
| 寻 | 辽宁师范大学影视艺术学院动画系 |
| 芝华塔尼奥 | 中国传媒大学南广学院动画系 |
| 独木桥 | 四川大学艺术学院 |
| 水脑袋 | 广州美术学院 |

“金熊猫”奖国际自然灾害影视节目评选活动获奖节目名单

新闻报道类

新闻报道大奖

| 片名 | 国家/地区 | 制作机构 |
|---|---|---|
| 真情相守 | 中国 | 四川电视台 |

最具影响力奖

| 片名 | 国家/地区 | 制作机构 |
|---|---|---|
| 真情相守 | 中国 | 四川电视台 |

最具震撼力奖

| 片名 | 国家/地区 | 制作机构 |
|---|---|---|
| 警民联手被埋七天的马元江成功获救 | 中国 | 山东电视台 |

最感人报道奖

| 片名 | 国家/地区 | 制作机构 |
|---|---|---|
| 笑着活下去 | 中国 | 河北电视台 |

最具人文关怀奖

| 片名 | 国家/地区 | 制作机构 |
|---|---|---|
| 特殊的护士节 | 中国 | 四川电视台新闻资讯频道 |

最勇敢报道奖

| 片名 | 国家/地区 | 制作机构 |
|---|---|---|
| 现场目击：距离震中最近的现场灾情 | 中国 | 四川电视台新闻资讯频道 |

评委特别奖

| 片名 | 国家/地区 | 制作机构 |
|---|---|---|
| 奖状 | 中国 | 什邡电视台 |

纪录片类

纪录片大奖

| 片名 | 国家/地区 | 制作机构 |
|---|---|---|
| 为了生命 | 中国 | 中国人民解放军八一电影制片厂 |

最佳长纪录片

| 片名 | 国家/地区 | 制作机构 |
|---|---|---|
| 劫后 | 中国 | 成都军区政治部电视艺术中心 |

最佳短纪录片

| 片名 | 国家/地区 | 制作机构 |
|---|---|---|
| 生死之交 | 中国 | 四川电视台《真情人生》栏目 |

最佳摄影奖

| 片名 | 国家/地区 | 制作机构 |
|---|---|---|
| 最后一次原谅我们，咸海 | 乌兹别克斯坦 | Gala—Film Studio |

最佳导演奖

| 片名 | 国家/地区 | 制作机构 |
|---|---|---|
| 萝卜寨 | 中国 | 四川电视台海外社教中心 |

最佳制作奖

| 片名 | 国家/地区 | 制作机构 |
|---|---|---|
| 为了生命 | 中国 | 中国人民解放军八一电影制片厂 |

最具人文关怀奖

| 片名 | 国家/地区 | 制作机构 |
|---|---|---|
| 挺进耿达乡，九人敢死队 | 中国 | 广东电视台 |

最勇敢报道奖

| 片名 | 国家/地区 | 制作机构 |
|---|---|---|
| 海啸——泰国，生命再来 | 法国 | 10 FRANCS |

评委特别奖

| 片名 | 国家/地区 | 制作机构 |
|---|---|---|
| 人民至上 | 中国 | 中央新闻纪录电影制片厂 |
| 崛起 | 中国 | 四川省人民政府新闻办公室 |

科教片类

科教片大奖

| 片名 | 国家/地区 | 制作机构 |
|---|---|---|
| 解密：“5·12”大地震 | 中国 | 峨眉电影频道 |

最佳导演奖

| 片名 | 国家/地区 | 制作机构 |
|---|---|---|
| 解密：“5·12”大地震 | 中国 | 峨眉电影频道 |

最佳摄影奖

| 片名 | 国家/地区 | 制作机构 |
|---|---|---|
| 沙尘暴 | 中国 | 华风气象影视集团有限责任公司 |

最佳制作奖

| 片名 | 国家/地区 | 制作机构 |
|---|---|---|
| 地震灾后重建家园 | 中国 | 北京科学教育电影制片厂 |

最佳创意奖

| 片名 | 国家/地区 | 制作机构 |
|---|---|---|
| 大地震 1668 | 中国 | 山东临沂师范学院电视制作中心 |

评委特别奖

| 片名 | 国家/地区 | 制作机构 |
|---|---|---|
| 守护家园——献给全国首个“防灾减灾日” | 中国 | 四川电视台 |

特别节目类

特别节目大奖

| 片名 | 国家/地区 | 制作机构 |
|---|---|---|
| “众志成城 抗震救灾”直播特别节目 | 中国 | 四川电视台 |

最佳导演奖

| 片名 | 国家/地区 | 制作机构 |
| --- | --- | --- |
| 武文斌 | 中国 | 山东电视台 |

最佳摄影奖

| 片名 | 国家/地区 | 制作机构 |
| --- | --- | --- |
| 不能无我们 | 中国 | 中央电视台军事节目中心《军事纪实》 |

最佳制作奖

| 片名 | 国家/地区 | 制作机构 |
| --- | --- | --- |
| 蓝天鉴忠诚 花雨祭英灵 | 中国 | 四川电视台公共频道 |

评委特别奖

| 片名 | 国家/地区 | 制作机构 |
| --- | --- | --- |
| “抗震救灾 众志成城”直播特别节目 | 中国 | 中央电视台 |
| “众志成城 抗震救灾”直播特别节目 | 中国 | 四川电视台 |
| “5.12”中国精神——抗震救灾周年特别节目 | 中国 | 四川电视台文艺中心 |
| 山东在行动——抗震救灾特别节目 | 中国 | 山东有线电视中心 |

“金熊猫”奖国际大学生影视作品评选活动获奖节目名单

纪录片类

纪录片大奖

| 影片 | 国家/地区 | 参选机构 |
| --- | --- | --- |
| 窗边的小公主 | 中国 | 北京师范大学 |

最佳社会类纪录片

| 影片 | 国家/地区 | 参选机构 |
| --- | --- | --- |
| 103号房子 | 以色列 | Ma’ale School of Film |

最佳人文类纪录片

| 影片 | 国家/地区 | 参选机构 |
| --- | --- | --- |
| 空缺 | | |

最佳自然与环境类纪录片

| 影片 | 国家/地区 | 参选机构 |
| --- | --- | --- |
| 巢 | 中国 | 北京电影学院 |

最佳校园题材纪录片

| 影片 | 国家/地区 | 参选机构 |
| --- | --- | --- |
| 宿管教师 | 丹麦 | The National Film School of Demark |

最佳导演奖

| 影片 | 国家/地区 | 参选机构 |
| --- | --- | --- |
| 拍摄电影的心愿 | 以色列 | Camera Obscura Tel Aviv，Israel |

最佳摄影奖

| 影片 | 国家/地区 | 参选机构 |
| --- | --- | --- |
| 灵魂列车 | 南非 | Bigfish School of Digital Filmmaking for Little Pond Production Trust |

最佳创意奖

| 影片 | 国家/地区 | 参选机构 |
| --- | --- | --- |
| 街头画家 | 伊朗 | Teheran Art University |

评委特别奖

| 影片 | 国家/地区 | 参选机构 |
| --- | --- | --- |
| 乐乐，毛毛和葆葆 | 中国 | 北京师范大学 |
| 洗脚 | 中国 | 上海戏剧学院 |
| 在江西的岁月里——邓小平小道 | 中国 | 南昌大学 |

剧情片类

剧情片大奖

| 影片 | 国家/地区 | 参选机构 |
| --- | --- | --- |
| 安息日母亲 | 以色列 | Ma’ale School of Film |

最佳校园题材奖

| 影片 | 国家/地区 | 参选机构 |
| --- | --- | --- |
| 空缺 | | |

最佳编剧奖

| 影片 | 国家/地区 | 参选机构 |
| --- | --- | --- |
| 垃圾里的电影 | 中国台湾 | 国立台湾艺术大学 |

最佳导演奖

| 影片 | 国家/地区 | 参选机构 |
| --- | --- | --- |
| 河龙川岗 | 中国 | 北京电影学院 |

最佳摄影奖

| 影片 | 国家/地区 | 参选机构 |
|---|---|---|
| 皮影 | 马来西亚 | Universiti Teknologi MARA Malaysia |

最佳创意奖

| 影片 | 国家/地区 | 参选机构 |
|---|---|---|
| 整容 | 澳大利亚 | Australian Film Television and Radio School |

最佳学生男演员

| 影片 | 国家/地区 | 参选机构 |
|---|---|---|
| 蒲公英 | 保加利亚 | National Academy for Theatre & Film Arts (NATFA) |

最佳学生女演员

| 影片 | 国家/地区 | 参选机构 |
|---|---|---|
| 伊内丝护士 | 德国 | German Film and Television Academy Berlin |

评委特别奖

| 影片 | 国家/地区 | 参选机构 |
|---|---|---|
| 妈妈离家上班去 | 中国香港 | 香港演艺学院 |
| 电椅死刑执行者 | 芬兰 | Tampere University of Applied Sciences School of Art and Media |
| 生日 | 中国 | 上海大学 |

实验作品类

实验作品大奖

| 影片 | 国家 | 参选机构 |
|---|---|---|
| 画框 | 巴基斯坦 | National College of Arts |

最佳创意奖

| 影片 | 国家 | 参选机构 |
|---|---|---|
| 疾病 | 爱沙尼亚 | Baltic Film and Media School |

最佳导演奖

| 影片 | 国家 | 参选机构 |
|---|---|---|
| 香港某地叫旺角 | 中国 | 北京师范大学 |

最佳摄影奖

| 影片 | 国家 | 参选机构 |
|---|---|---|
| 为了 Wendy | 加拿大 | Concordia University |

评委特别奖

| 影片 | 国家 | 参选机构 |
|---|---|---|
| 西绪福斯 | 中国 | 上海戏剧学院 |
| 球 | 中国 | 河北师大新闻传媒学院 |
| 门 | 中国 | 南京艺术学院 |

“金熊猫”奖国际新媒体视听作品评选活动获奖节目名单

视听作品大奖

| 节目名称 | 公司 |
|---|---|
| 巴巴象 | 成都巴斯图文化传媒有限公司 |

最佳手机视频

| 节目名称 | 公司 |
|---|---|
| 天天向上系列 | 北京千雅文化传播有限公司 |

最佳手机动画

| 节目名称 | 公司 |
|---|---|
| 闹堂兔贺国庆中秋 | 武汉玛雅动漫有限公司 |

最佳网络视频

| 节目名称 | 公司 |
|---|---|
| Sppeeding | 俄罗斯 |

最佳网络动画

| 节目名称 | 公司 |
|---|---|
| 巴巴象 | 成都巴斯图文化传媒有限公司 |

最佳手机游戏

| 节目名称 | 公司 |
|---|---|
| 空缺 | |

最佳手机摄影

| 节目名称 | 公司 |
|---|---|
| Newtop 作品 | 江珊 |

最佳网络游戏

| 节目名称 | 公司 |
|---|---|
| 空缺 | |

最佳数码摄影

| 节目名称 | 公司 |
|---|---|
| 空缺 | |

最佳创意奖

| 节目名称 | 公司 |
|---|---|
| 汉字童话 | 深圳市中润网络科技有限公司 |

最佳新技术应用奖

| 节目名称 | 公司 |
|---|---|
| 豆儿 | 北京蓝月谷文化传媒有限公司 |

最具市场潜力奖

| 节目名称 | 公司 |
|---|---|
| 巧克力恋情 | 北京千雅文化传播有限公司 |

“金熊猫”奖国际纪录片评选活动获奖节目名单

人文类

纪录片大奖

| 节目名称 | 公司 |
|---|---|
| 亚诺马米：最后一个部落 | 日本 NHK（Japan Broadcasting Corp.） |

最佳长纪录片

| 节目名称 | 公司 |
|---|---|
| 大明宫 | 中国 西安曲江影视投资（集团）有限公司 |

最佳短纪录片

| 节目名称 | 公司 |
|---|---|
| 彼得老人 | 俄罗斯 Ethnographic Bureau Studio |

评委特别奖

| 节目名称 | 公司 |
|---|---|
| 敦煌 | 中国 中视传媒股份有限公司 |
| 长江 | 中国 中央电视台 |
| 达尔文的失落世界 | 德国 Monaco Film GmbH |

亚洲制作奖

| 节目名称 | 公司 |
|---|---|
| 问道武当 | 中国 中央新闻纪录电影制片厂 |
| 见证南京大屠杀 | 中国 南京电视台 |
| 敲开市场的门 | 韩国 Ulsan MBC（Ulsan Munhwa Broadcasting Corp.） |

最具人文关怀奖

| 节目名称 | 公司 |
|---|---|
| 超人：世界上最小的人 | 英国 ITV Global Entertainment Ltd |

最佳创意奖

| 节目名称 | 公司 |
|---|---|
| 在自己的房间 | 中国 大连电视台 |

最佳导演奖

| 节目名称 | 公司 |
|---|---|
| 亚诺马米：最后一个部落 | 日本 NHK（Japan Broadcasting Corp.） |

最佳摄影奖

| 节目名称 | 公司 |
|---|---|
| 长江 | 中国 中央电视台 |

社会类

纪录片大奖

| 节目名称 | 公司 |
|---|---|
| 小人国 | 中国教育电视台等 |

最佳长纪录片

| 节目名称 | 公司 |
|---|---|
| 纽约的地下道居民 | 法国 INA |

最佳短纪录片

| 节目名称 | 公司 |
|---|---|
| 家 | 中国四川省中江县广播电影电视局 |

评委特别奖

| 节目名称 | 公司 |
|---|---|
| 我想在中国养老 | 比利时 SMOKE SIGNAL PROJECTS |
| 虾街十年 | 中国 湖北广播电视总台电视经济频道 |
| 张纯如与《南京暴行》 | 加拿大 REEL IRIS PRODUCTIONS INC. |

亚洲制作奖

| 节目名称 | 公司 |
|---|---|
| 聚焦索马里 | 中国上海文广新闻传媒集团纪实频道 |
| 生命在震撼中延续 | 中国 广西电视台 |
| 鸟巢 梦开始的地方 | 中国　中央电视台 |

最具社会关怀奖

| 节目名称 | 公司 |
|---|---|
| 旁若无人地跳舞 | 澳大利亚 G. A. P. Media |

最佳创意奖

| 节目名称 | 公司 |
| --- | --- |
| 时代广场小偷的日记 | 荷兰 Eyeworks Films & TV Drama |

最佳导演奖

| 节目名称 | 公司 |
| --- | --- |
| "Shakshuka"系统 | 以色列 MASHEHU PRODUCTIONS |

最佳摄影奖

| 节目名称 | 公司 |
| --- | --- |
| 最后一站 | 意大利 Rai Radiotelevisone Italiana |

自然类

自然及环境类纪录片大奖

| 节目名称 | 公司 |
| --- | --- |
| 种子猎人 | 澳大利亚 360 Degree Films Pty Ltd |

最佳长纪录片

| 节目名称 | 公司 |
| --- | --- |
| 鲨鱼海洋 | 加拿大 Horizon Motion Pictures |

最佳短纪录片

| 节目名称 | 公司 |
| --- | --- |
| 大消亡 | 加拿大 HENRY LESS PRODUCTIONS INC. |

评委特别奖

| 节目名称 | 公司 |
| --- | --- |
| 子宫日记：不寻常的动物 | 英国 ITV Global Entertainment Ltd |

续表

| 节目名称 | 公司 |
| --- | --- |
| 变色龙海滩 | 希腊 HELLENIC BROADCASTING CORPORATION ERT S. A. |
| 身体机器 | 加拿大 MB Media Productions Inc |

亚洲制作奖

| 节目名称 | 公司 |
| --- | --- |
| 森林之歌：长歌 大漠胡杨 | 中国 中央电视台 |
| 呼唤 | 中国 成都朵云轩文化艺术有限公司 |
| 飘荡在羌塘草原的生命之诗 | 中国 辽宁电视台 |

最具环境保护奖

| 节目名称 | 公司 |
| --- | --- |
| 入侵—流动中的自然 | 德国 ZDF |

最佳创意奖

| 节目名称 | 公司 |
| --- | --- |
| 去往宇宙边缘的旅程 | 英国 ITV Global Entertainment Ltd |

最佳导演奖

| 节目名称 | 公司 |
| --- | --- |
| 霉菌 | 俄罗斯 PARADOCS MEDIA |

最佳摄影奖

| 节目名称 | 公司 |
| --- | --- |
| 狂野的俄罗斯——堪察加半岛 | 德国 Studio Hamburg Produktion/NDR Naturfilm |

## 第十六届中国国际广告节中国艾菲奖

**2009** 年中国艾菲奖于 **10** 月 **30** 日在南宁揭晓。本届中国国际广告节中国广告长城奖由中国广告协会主办，中广协广告信息文化传播有限责任公司承办。参赛作品有中国境内（包括香港、澳门、台湾）、亚洲、非洲、欧洲、美洲、大洋洲等地区的华文广告。

**2009 年中国艾菲奖单项奖案例**

| 奖项 | 品牌 | Campaign 名称 | 广告主企业 | 广告公司 |
| --- | --- | --- | --- | --- |
| 全场大奖 | GE | 绿色创想系列运动 | GE 通用电气（中国）有限公司 | BBDO 天联广告 |
| 评委推荐奖 | 回力 | "再生：再来"计划之回忆回力 | 上海回力鞋业有限公司 | AMg 北京奥迈思互动传媒 |
| 最佳创意奖 | GE | 绿色创想系列运动 | GE 通用电气（中国）有限公司 | BBDO 天联广告 |
| 最佳传播奖 | 曼妥思 | 曼妥思脆皮软心糖——错觉篇 | 不凡帝范梅勒糖果（中国）有限公司 | BBH 百比赫（上海） |

续表

| 奖项 | 品牌 | Campaign 名称 | 广告主企业 | 广告公司 |
|---|---|---|---|---|
| 最佳效果奖 | 国际野生生物保护学会（WCS）·中国 | 中100万难，但见到濒危野生动物更难！——保护国内濒危野生动物“彩票”街头大派兑 | 国际野生生物保护学会（WCS）中国项目 | 广州市旭日因赛 |

2009年中国艾菲奖特别贡献奖：腾讯公司

**2009年中国艾菲奖分类奖案例**

**日用品类金奖案例**

| 品牌 | 广告名称 | 广告主企业 | 广告公司 |
|---|---|---|---|
| 美之源 | 美汁源果粒橙——享受仪式篇 | 可口可乐饮料（上海）有限公司 | |
| 曼妥思 | 曼妥思脆皮软心糖——错觉篇 | 不凡帝范梅勒糖果（中国）有限公司 | |

**日用品类银奖案例**

| 品牌 | 广告名称 | 广告主企业 | 广告公司 |
|---|---|---|---|
| 清扬 | 2009“不断突破”主题广告宣传活动 | 联合利华（中国）有限公司 | 睿狮广告传播（LOWE CHINA） |
| 尊尼获加 | 尊尼获加黑牌——“兄弟之约” | 酩悦轩尼诗帝亚吉欧洋酒（上海）有限公司 | BBH百比赫广告（上海） |
| 七度空间 | 七度少女，Q爱宝藏 | 福建恒安集团有限公司 | 腾讯科技（深圳） |

**日用品类金奖案例**

| 品牌 | 广告名称 | 广告主企业 | 广告公司 |
|---|---|---|---|
| 蒙牛 | 美到想不到 | 内蒙古蒙牛乳业（集团）股份有限公司 | 上海灵狮广告北京办事处 |
| 伊利 | 儿童专属牛奶，专助儿童成长 | 内蒙古伊利实业集团股份有限公司 | 国安DDB（北京） |

**日用品类铜奖案例**

| 品牌 | 广告名称 | 广告主企业 | 广告公司 |
|---|---|---|---|
| 可伶可俐 | 一天油击马拉松 | 强生（中国）有限公司 | DDB China Group |
| 美特斯邦威 | 美特斯邦威“变形看我” | 上海美特斯邦威服饰股份有限公司 | 上海氩氪广告 |
| 兰蔻 | 兰蔻璀璨香水上市广告运动 | 欧莱雅（中国）有限公司 | 阳狮广告上海分公司 |
| 康师傅 | 康师傅冰红茶网络音乐剧活动 | 天津顶津食品有限公司 | 上海奥美广告北京分公司<br>北京奥美互动（OgilvyOne） |
| 康师傅 | 花清香 茶新味 | 天津顶津食品有限公司 | Dentsu北京电通广告 |
| 果珍 | 让孩子爱上喝水 | 卡夫食品销售有限公司 | 上海奥美广告 |
| 一品留香 | 一品留香“贩卖人生的大自在”品牌全案推广 | 四川泸州一品留香酒业有限公司 | 巴蜀新形象广告传媒股份 |
| 蒙牛 | 品类分化 品牌进化——蒙牛果蔬酸酸乳上市推广运动 | 内蒙古蒙牛乳业（集团）股份有限公司 | 北京李奥贝纳维传凯普广告 |
| 佳得乐 | 佳得乐“运动不止2008” | 百事（中国）有限公司上海分公司 | DDB China Group |
| 伊利 | 伊利营养舒化奶—奥运后整合营销传播 | 内蒙古伊利实业集团股份有限公司 | JWT智威汤逊中乔广告 |
| 帮宝适 | 帮宝适夏季营销 | 广州宝洁有限公司 | 盛世广告（香港）服务有限公司<br>星传媒体（广州） |

续表

| 耐用品类金奖案例 | | | |
|---|---|---|---|
| 品牌 | 广告名称 | 广告主企业 | 广告公司 |
| 摩托罗拉 | AURA，艺炼传世奢华 | 摩托罗拉（中国）电子有限公司 | 上海奥美广告北京分公司 |
| **耐用品类银奖案例** | | | |
| 品牌 | 广告名称 | 广告主企业 | 广告公司 |
| 惠普 | 我的电脑，我的舞台——嘻哈音乐 | 惠普（中国）有限公司 | 盛世长城国际广告 |
| 佳能伊克萨斯 | 2009年佳能伊克萨斯IXUS小型数码相机“你好，色彩”整合营销方案 | 佳能（中国）有限公司 | Dentsu北京电通 |
| **耐用品类铜奖案例** | | | |
| 品牌 | 广告名称 | 广告主企业 | 广告公司 |
| 雪佛兰 | 点滴能量，驱动渴望-雪佛兰新乐骋2008年上市及全年推广 | 上海通用汽车有限公司 | 麦肯光明上海分公司 |
| 摩托罗拉 | 明A1600，让你领先一步 | 摩托罗拉（中国）电子有限公司 | 上海奥美广告北京分公司 |
| 美的 | 美的，我们敢想 | 广东美的制冷设备有限公司 | 上海奥美广告 |
| 福特嘉年华 | 新福特嘉年华上海战役 | 长安福特马自达汽车有限公司 | JWT智威汤逊中乔广告上海分公司 |
| **服务类金奖案例** | | | |
| 品牌 | 广告名称 | 广告主企业 | 广告公司 |
| 麦当劳 | 麦当劳“见面吧”暑期活动 | 麦当劳（中国）有限公司 | TBWA上海腾迈广告 |
| 服务类银奖安全银关搜狐 | 上搜狐，知天下 | 北京搜狐新媒体信息技术有限公司 | 三人行广告<br>德高广告（北京） |
| VISA | VISA2008北京奥运会 | 维萨信息系统（上海）有限公司 | BBDO天联广告上海分公司 |
| **服务类铜奖案例** | | | |
| 品牌 | 广告名称 | 广告主企业 | 广告公司 |
| 联合国儿童基金会 | 联合国儿童基金会蓝图行动 | 联合国儿童基金会（北京） | TBWA上海腾迈广告 |
| 宜佳购物 | “宜佳·到家”广告运动 | 辽宁宜佳电视购物有限公司 | 沈阳蔚蓝火红广告 |
| 麦当劳 | 麦当劳超值淘宝拍卖活动2009 | 麦当劳（中国）有限公司 | DDB China Group |
| IBM | “IBM”IT基础，重获自主“广告邮票册 | 国际商业机器（中国）有限公司 | OgilvyOne北京奥美互动 |
| **形象类金奖案例** | | | |
| 品牌 | 广告名称 | 广告主企业 | 广告公司 |
| 成都 | 2008成都震后城市形象提升整合推广案 | 成都市人民政府新闻办公室 | 成都阿佩克思达彼思整合营销传播 |
| **形象类银奖案例** | | | |
| 品牌 | 广告名称 | 广告主企业 | 广告公司 |
| 博世 | 博世工程师——科技成就生活之美 | 博世（中国）投资有限公司 | JWT智威汤逊中乔广告上海分公司 |
| **形象类铜奖案例** | | | |
| 品牌 | 广告名称 | 广告主企业 | 广告公司 |
| 国际劳工组织 | “老乡帮老乡，预防艾滋病”健康活动 | 国际劳工组织北京局 | McCann Healthcare麦肯健康传播 |
| **小预算类金奖案例** | | | |
| 品牌 | 广告名称 | 广告主企业 | 广告公司 |
| 国际野生生物保护学会（WCS）·中国 | 中100万难，但见到濒危野生动物更难！保护国内濒危野生动物“彩票”街头大派兑 | 国际野生生物保护学会（WCS）中国项目 | 广州市旭日因赛广告 |
| **小预算类银奖案例** | | | |
| 品牌 | 广告名称 | 广告主企业 | 广告公司 |
| 回力 | “再生：再来”计划之回忆回力 | 上海回力鞋业有限公司 | 北京奥迈思互动传媒 |
| 招商银行 | 招行银行云南扶贫十周年营销传播实例 | 招商银行股份有限公司 | 广州天进广告 |

续表

小预算类铜奖案例

| 品牌 | 广告名称 | 广告主企业 | 广告公司 |
|---|---|---|---|
| 江中 | 江中草珊瑚新款上市推广案例 | 江中药业股份有限公司 | 上海网迈广告 |
| IBM | IT 企业级存储产品 XIV 产品推广活动 | 国际商业机器（中国）有限公司 | OgilvyOne 北京奥美互动 |

# 第十六届中国国际广告节 “国酒茅台杯”中国公益广告黄河奖

2009 年 10 月 29 日，第十六届中国国际广告节“国酒茅台杯”中国公益广告黄河奖颁奖晚会在南宁市人大会堂举行，经过专业评审层层筛选评选出的金奖、银奖及铜奖等奖项被揭晓。本届评选由中国广告协会、贵州省工商行政管理局主办，中广协广告信息文化传播有限责任公司、贵州省工商行政管理局消费指导咨询服务中心承办。

**“国酒茅台杯”中国公益广告黄河奖获奖名单**

| 级别 | 地区 | 作品名称 | 公司名称 |
|---|---|---|---|
| 金 | 上海 | 山水 | 智威汤逊——中乔广告有限公司上海分公司 |
| 金 | 上海 | 中医系列——针灸篇、药罐篇、诊脉篇 | 麦肯光明广告有限公司－SGM Works |
| 金 | 新疆 | 廉政公益广播—《父子篇》 | 新疆普拉纳品牌策划有限公司 |
| 金 | 上海 | 地震孤儿领养公益活动 T 恤创意 | 上海广告有限公司 |
| 金 | 广州 | 春节感恩系列之战士篇、交警篇、环卫工人篇 | 广州市智在广告有限公司 |
| 金 | 陕西 | 我们的节日·春节（风俗篇） | 陕西人民广播电台 |
| 银 | 上海 | 扬正气 促和谐——尊重他人 尊重自己篇 | 上海神兵影视广告有限公司 |
| 银 | 河北 | 公益广告暑假生活篇《暑假的烦恼》 | 河北电视台广告经营管理中心 |
| 银 | 上海 | 丢脸之饭盒篇/丢脸之烟蒂篇/丢脸之塑料袋篇 | 北京电通广告有限公司上海分公司 |
| 银 | 哈尔滨 | 电子毒垃圾《惊叹篇》、《蜈蚣篇》、《蜘蛛篇》 | 哈尔滨海润国际广告传播集团 |
| 银 | 哈尔滨 | 廉政公益《童问篇》 | 哈尔滨海润国际广告传播集团 |
| 银 | 西安 | 坚强生活——金融危机篇 | 西安人民广播电台广告中心 |
| 银 | 哈尔滨 | 温室效应《温度计篇》 | 哈尔滨海润国际广告传播集团 |
| 银 | 上海 | 山水——山非山，水非水/山穷水尽/还我山水 | 智威汤逊——中乔广告有限公司上海分公司 |
| 银 | 广西 | 《还有这样一种春节》 | 南宁金岛广告有限公司 |
| 银 | 北京 | 我们的节日—春节《在路上篇》改革开放 30 年 | 广而告之合众国际广告有限公司 |
| 银 | 湖北 | 新春“手”礼 | 湖北省襄樊电视台 |
| 银 | 济南 | 福字篇 | 山东省国际广告有限公司 |
| 银 | 陕西 | 我们的节日·春节（有你们才是团圆篇） | 陕西人民广播电台 |
| 银 | 北京 | 我们的节日·春节—最先得到压岁钱篇 | 中央人民广播电台 |
| 铜 | 陕西 | 渴望光明——盲文篇 | 陕西电视台广告中心 |
| 铜 | 贵州 | 感恩父母 小人篇 | 贵州天马广告公司 |
| 铜 | 长春 | 《公益广告·钟表篇》 | 吉林省中麒影视制作有限公司 |
| 铜 | 广东 | 污水系列 1—1 污染的蟹、污水系列 1—2 污染的鱼、污水系列 1—3 污染的蛙、污水系列 1—4 污染的水 | 深圳市博文轩广告有限公司 |
| 铜 | 上海 | 请勿占用盲道（易拉罐篇、自行车篇、长裤篇） | 上海广告有限公司 |
| 铜 | 上海 | 山水——山穷水尽 | 智威汤逊——中乔广告有限公司上海分公司 |
| 铜 | 湖南 | “比比”系列 | 湖南芙蓉王文化传播有限公司 |
| 铜 | 河北 | 《丢手绢》 | 唐山人民广播电台广告经营中心 |
| 铜 | 成都 | 爱国主义教育彩票篇 | 成都天成声音传媒 |
| 铜 | 新疆 | 廉政公益广播—《真实的谎言女声篇》 | 新疆普拉纳品牌策划有限公司 |

续表

| 级别 | 地区 | 作品名称 | 公司名称 |
|---|---|---|---|
| 铜 | 济南 | 情绪传染 | 山东长城梅地亚文化传播有限公司 |
| 铜 | 重庆 | 爱护地球——纪念第40个地球日 | 重庆真意文化传媒有限公司 |
| 铜 | 重庆 | 关注全球气候变暖系列 | 重庆真意文化传媒有限公司 |
| 铜 | 吉林 | 电梯烟囱篇 | 吉林省青年力量文化创意传媒有限公司 |
| 铜 | 湖南 | 划玻璃篇 | 长沙盛美广告有限公司 |
| 铜 | 北京 | 我们的节日—春节《中国风篇》 | 广而告之合众国际广告有限公司 |
| 铜 | 上海 | 一点都不能少之除夕/端午/中秋 | 北京电通广告有限公司上海分公司 |
| 铜 | 重庆 | 我们的春节—别让我们的春节变味 | 重庆媒体伯乐公交广告有限公司 |
| 铜 | 吉林 | 春“结” | 东北师范大学美术学院 |
| 铜 | 北京 | 我们的节日·春节—电话这边的问候 | 中央人民广播电台 |
| 铜 | 陕西 | 我们的节日（春节）—理性消费篇 | 陕西人民广播电台 |
| 铜 | 安徽 | 改革开放三十周年 春晚篇 | 安徽交通广播电台 |

## 二、其他评奖与表彰

### 2009中国文化产业新锐奖

中国文化产业新锐奖由中国传媒大学文化产业研究院发起并举办，是目前国内唯一由专业院校联合政府官员、专家学者以及媒体共同发起主办的年度性文化产业评选活动。中国文化产业新锐奖自2007年以来已经成功举办两届，遵循“创新性，客观性，公正性，互动性”的评选原则，采取政府主管部门推荐、权威专家推荐和申报个体自荐的评选方式。2009中国文化产业新锐奖于2009年10月19日在“第四届“创意中国·和谐世界”文化产业国际论坛期间揭晓。

**2009“中国文化产业新锐奖”获奖名单**

（一）中国文化产业思想人物“精英奖”

| | |
|---|---|
| 陈　刚 | 湖南广播影视集团副总经理、快乐购有限责任公司董事长、总经理 |
| 陈建平 | 中外名人文化产业集团总裁 |
| 范建华 | 云南省文化体制改革与文化产业发展领导小组办公室常务副主任、文化厅副厅长 |
| 惠　凯 | 辽宁省大连市旅顺口区区长 |
| 卢永强 | 广东原创动力文化传播有限公司总经理 |
| 田凤志 | 黑龙江省委宣传部改革发展办公室主任 |
| 张立旗 | 大连大青文化产业集团有限公司董事长 |
| 周锡生 | 新华社副社长、新华网总裁 |

（二）中国文化产业特色园区“魅力奖”

| | |
|---|---|
| 1 | 北京“北岸1292”三间房创意生活园区 |
| 2 | 北京丰台科技园区 |
| 3 | 甘肃省文化产业示范园区—敦煌艺术产业园 |
| 4 | 黑龙江动漫产业（平房）发展基地 |
| 5 | 中国（南京）玉文化创意产业园 |
| 6 | 上海徐汇数字娱乐产业基地 |

（三）中国文化产业创新机构“推动奖”

| | |
|---|---|
| 1 | 南京市委宣传部 |
| 2 | 湖南红网新闻网络传播有限责任公司 |
| 3 | 牡丹江新闻传媒集团 |
| 4 | 沈阳杂技演艺集团 |
| 5 | 浙江台州广播电视总台 |
| 6 | 云南省腾冲县文化产业办公室 |

（四）中国文化产业优秀企业“活力奖”

| | |
|---|---|
| 1 | 北京洛可可设计公司 |
| 2 | 广东奥飞动漫文化股份有限公司 |
| 3 | 浙江杭州文晖投资管理有限公司 |
| 4 | 河北三鑫（文化产业）集团 |
| 5 | 云南中天文化产业发展有限公司 |
| 6 | 青海西宁新之奇文化艺术有限公司 |

（五）中国文化产业创意城市“示范奖”

| | |
|---|---|
| 1 | 河北省保定市 |
| 2 | 江苏省南京市 |
| 3 | 山东省济宁市 |
| 4 | 云南省昆明市 |

## 中国国际大学生动画节年度奖

2009年10月31日，由北京电视台与中国传媒大学联合主办，北京卡酷动画卫视、中国传媒大学动画学院、中国动画学会教育委员会共同承办的第四届北京（国际）大学生动画节落下帷幕。来自52个国家245所高等院校的参赛学生代表、30余位国际动画权威和各界人士齐聚一堂，共同见证了“北京动漫文化创意大奖”、“卡酷动漫创意大奖”和“白杨奖”等动画节奖项的揭晓。

**2009年（第四届）中国国际大学生动画节年度奖获奖名单**

| 奖　项 | 获奖作品 |
|---|---|
| 最佳漫画故事奖 | 《Chucha》 |
| 最佳单幅作品奖 | 《Mirage Town》 |
| 最佳网络互动作品奖 | 《Is your kid chubby?》 |
| 最佳互动游戏作品奖 | 《骰子滚滚》 |
| 最佳互动装置作品奖 | 《门》 |
| 最佳数字合成短片奖 | 《Memory—Zoot Woman》 |
| 最佳影视包装片奖 | 《The second beat is mine》 |
| Siggraph优秀学生作品奖 | 《kidbot》《要你好看》《Drowning》 |
| 最佳角色动画奖 | 《Dim Sum》 |
| 最佳美术设计奖 | 《Water Brain》 |
| 最佳原创音乐奖 | 《Mcdonough》 |
| 最佳网络动画奖 | 《双下山》 |
| 最佳导演奖 | 《Urs》 |
| 最佳编剧奖 | 《Whoops，mistake!》 |
| 卡酷年度动画编剧奖 | 《饮茶之功夫学园》编剧团队 |
| 卡酷年度动画片奖 | 《猪猪侠勇创未来之城》 |
| 评委会特别荣誉奖 | 金德龙 |
| 动漫文化杰出出品人奖 | 蔡东青 |
| 北京动漫文化创意作品大奖 | 《武林外传》 |
| 白杨奖获奖动画 | 《Whoops，mistake!》 |
| Asifa中国奖 | 《追》《诺言》《双下山》 |

## 第十六届北京大学生电影节

由北京市广播电影电视局、北京师范大学主办的第十六届北京大学生电影节2009年4月6日至26日在北京举行，北京大学生电影节以“青春激情、学术品位、文化意识”为宗旨，以“大学生办、大学生看、大学生评、大学生拍”为特色，在影视、教育和文化三界有着广泛深远的影响，已成为高校艺术教育的著名品牌，为推动中国电影的发展乃至亚洲和世界电影文化传播作出了突出贡献。

**第十六届北京大学生电影节获奖名单**

| 奖　项 | 获奖项目/者 |
|---|---|
| 最佳影片奖 | 《梅兰芳》 |
| 最佳导演奖 | 章家瑞（《红河》） |
| 评委会大奖 | 《非诚勿扰》 |
| 组委会大奖 | 《超强台风》《邓稼先》《喊过岭的故事》 |
| 最佳男演员奖 | 甄子丹（《叶问》） |
| 最佳女演员奖 | 周迅（《李米的猜想》） |
| 最佳观赏效果奖 | 《画皮》 |
| 最佳处女作奖 | 刘江（《即日启程》） |
| 最佳新人奖 | 余少群（《梅兰芳》） |
| 艺术探索奖 | 《秘密访问》 |
| 军事题材创作奖 | 《霓虹灯下新哨兵》 |
| 动画片特别奖 | 《风云诀》 |
| 教育题材创作奖 | 《新生万喜》《夏天有风吹过》 |
| 最受欢迎导演 | 叶伟信（《叶问》） |
| 最受欢迎男演员 | 范伟（《即日启程》） |
| 最受欢迎女演员 | 张静初（《红河》） |
| 最佳电视电影女演员奖 | 张丹妮 |
| 最佳电视电影男演员奖 | 李心敏 |
| 最佳电视电影导演奖 | 李灌洪（《走四方》） |
| 最佳电视电影奖 | 《谁动了我的幸福》 |

# 第十二部分　大事记

DA SHI JI

一月

**1月1日**，全国影视动画工作会议上，国家广电总局公布了2008年度全国各城市动画生产排行榜，前七位分别是长沙、杭州、广州、无锡、北京、上海和南京。

**1月1日**，财政部、国家税务总局发布的《关于扶持动漫产业发展有关税收政策问题的通知》开始执行。

**1月1日**，中央电视台牵头创建的中国电视新闻协作网正式开通。该网站是中国电视新闻直播联盟运作的平台，也是中央电视台筹建全国视频发稿中心的一个基础性网络平台。中国电视新闻协作网提供三项核心服务，即报题文稿系统、应急响应系统和策划在线系统。

**1月1日**，“2009中国生态旅游年”启动仪式在旅游城市三亚举行。海南省将投资27亿元建设26个旅游基础设施项目，通过为旅行社减负、大力开发农业旅游等特色旅游线路、开通12301旅游服务热线等多项措施发展旅游经济，打造“生态游”品牌。

**1月5日—6日**，“2009书业营销创新论坛暨2008中国图书榜中榜”揭榜盛典在北京举行。该论坛由中国图书商报社主办，全国各大国有图书卖场统一协办。在全国新闻出版业开始大刀阔斧进行体制改革和新闻出版总署明确提出“三年三步走”的战略部署下，论坛围绕“共享营销创新，激情改制征程”的主题，荟萃各方新锐观点，积极探索书业营销的新思路。

**1月4日—5日**，全国宣传部长会议在北京举行。中共中央政治局委员、国务委员刘延东，全国政协副主席陈奎元出席了会议。各省、自治区、直辖市和新疆生产建设兵团以及副省级城市的党委宣传部长，中央和国家机关有关部委、中央宣传文化系统各单位、总政宣传部、武警部队政治部和有关人民团体的负责同志出席会议。中共中央政治局委员、中央书记处书记、中宣部部长刘云山对2009年宣传思想文化工作作出具体部署。

**1月5日**，拉萨市娘热乡民俗风情园、拉萨市城关区古艺建筑美术公司、雅鲁藏布大酒店等8家企业被评为西藏自治区首批文化产业示范基地。

**1月5日**，国务院新闻办、工业和信息化部、公安部、文化部、国家工商总局、国家广电总局、新闻出版总署等七部门召开电视电话会议，部署在全国开展整治互联网低俗之风专项行动，并曝光了首批存在低俗内容的网站名单。

**1月5日**，中国嘉德国际拍卖有限公司公布2008年公司业绩，全年总交易额突破18亿元，创出公司年成交总额新高，继续稳居中国内地拍卖企业榜首。其中，中国书画部分全年总成交额高达9.9亿元，居全球艺术品拍卖中国书画门类榜首，占内地中国书画拍卖成交排名前5名拍卖公司总成交额的一半。

**1月7日**，工业和信息化部为中国移动、中国电信和中国联通发放第三代移动通信（3G）牌照，此举标志着我国正式进入3G时代。其中，批准中国移动增加基于TD－SCDMA技术制式的3G牌照，中国电信增加基于CDMA2000技术制式的3G牌照，中国联通增加基于WCDMA技术制式的3G牌照。TD－SCDMA为我国拥有自主产权的3G技术标准。按照电信运营企业各自发展规划，2010年底前预计完成3G直接投资2800亿元左右。

**1月7日**，2009年全国旅游工作会议在京隆重召开。国家旅游局局长邵琪伟作工作报告。报告认真分析了当前旅游业面临的形势，研究部署了2009年的工作任务。会议由国家旅游局副局长王志发主持，国家旅游局副局长杜一力、杜江，局党组成员、中纪委驻局纪检组组长刘金平出席会议。

**1月9日**，国家广电总局电影局在北京通报了2008年全国电影工作的有关情况。《赤壁》、《非诚勿扰》、《梅兰芳》、《画皮》、《长江七号》、《功夫之王》、《大灌篮》、《投名状》8部影片票房超过亿元，全年国产影片的市场占有率超过总票房的60%，连续6年超过进口影片。

**1月9日**，艾瑞咨询最新研究报告表明，在金融危机使得中国的对外贸易大受影响之际，中国的网游产品出口却开始快速增长。网游出口额在2008年超过1亿美元，而未来国际业务的增长速度也会超过国内业务，增幅将达100%。

**1月9日—11日**，以“改革开放30年：世界经济形势与中国文化产业机遇”为主题的2009年第六届中国文化产业新年国际论坛在北京举行。本届论坛以中国文化产业新机遇和未来全球经济新格局为核心，分别就“文化与财富——文化产业与新创富模式”、“泛在时代与传播革命”、“产业化背景下的中国电影”、“盘点中国体育产业，新旧媒体助推赛事营销”等议题进行探讨。

**1月10日**，历时4天的2009年北京图书订货会落下帷幕。本界订货会图书订货码洋达25.1亿元，比2008年增加2亿元。图书馆现货采购8100万元，比2008年增加1600万元。参展出版社533家，民营书业74家，比上届都有所增加。

**1月12日**，全国文化厅局长会议在北京开幕。文化部党组书记、部长蔡武出席会议并讲话。文化部党组副书记、副部长欧阳坚主持会议。党组成员、副部长陈晓光、周和平、赵维绥、赵少华、王文章，党组成员、国家文物局局长单霁翔，党组成员、部长助理丁伟出席会议。

**1月12日，**全国新闻出版（版权）局长暨党风廉政建设工作会议在北京举行。新闻出版总署署长、国家版权局局长柳斌杰做了题为《深入学习实践科学发展观推动我国新闻出版业又好又快发展》的主报告。中宣部副部长李东生出席会议并作重要讲话。新闻出版总署副署长蒋建国、李东东主持会议，副署长邬书林、阎晓宏、孙寿山，纪检组组长宋明昌出席会议。

**1月12日—13日，**2009年全国广播影视局长会议在北京召开。会议总结2008年工作，研究部署2009年工作。王太华、赵实、张海涛、胡占凡、雷元亮、田进、赵化勇、王庚年、王求同志出席了会议。王太华代表总局党组作工作报告，赵实作总结讲话，胡占凡传达了全国宣传部长会议精神。

**1月13日，**中国互联网络信息中心（CNNIC）发布《第二十三次中国互联网络发展状况统计报告》。截止2008年底，我国互联网普及率以22.6%的比例首次超过21.9%的全球平均水平。同时，我国网民数达到2.98亿，宽带网民数达到2.7亿，国家CN域名数达到1357.2万个，三项指标继续稳居世界排名第一，显示出中国互联网的规模价值正在日益放大。

**1月14日，**中国游戏产业年会公布的《2008年中国游戏产业调查报告》显示，尽管遭遇了金融危机，但中国网络游戏产业继续保持良好的发展势头，网游销售收入继续保持两位数增长。

**1月14日，**新闻出版总署署长柳斌杰在由各省（区，市）新闻出版局局长参加的座谈会上强调，新闻出版行业目前进入了改革的攻坚阶段，2009年是总署确定的新闻出版体制改革主题年，也是改革攻坚年。

**1月14日，**国家广电总局电影局向各电影集团公司、电影制片厂（公司）、声音制作单位、少数民族语电影译制中心，中影集团译制中心，电影数字节目管理中心，电影科研所发出《广电总局电影局关于加强少数民族语电影译制素材收集工作的通知》。

**1月16日，**被业界誉为中国动漫“第一锤”的央视动画《美猴王》品牌授权拍卖会在北京举行。本次拍卖会涉及《美猴王》品牌的音像、图书、玩具等8件拍品全部成交，成交额高达4135万元。这是国内动画行业首次以拍卖形式进行品牌授权。

**1月16日，**国产原创动画片《喜羊羊与灰太狼之牛气冲天》放映以来，首映日票房达800万，首周末一举突破3000万，不仅成为2009年贺岁档票房“黑马”，也刷新了国产动画电影的票房纪录。

**1月17日，**深圳华侨城集团打造的中国西南旅游娱乐基地成都欢乐谷开园，项目占地47万平方米，一期及配套工程投资超过25亿元。

**1月17日，**中国科学院中国现代化研究中心发布《中国现代化报告2009——文化现代化研究》。报告依据2005年世界各国的各项指标数据，认为中国的文化影响力指数在全世界排名第七，居于美国、德国、英国、法国、意大利、西班牙之后。21世纪中国文化现代化的战略目标可以分为两个阶段目标。第一阶段目标是：在2050年前，文化生活现代化达到世界中等发达水平。第二阶段目标是：在2100年前，文化生活现代化达到世界先进水平，全面实现文化现代化。

**1月17日，**文化部文化市场发展中心艺术品评估委员会举行“2008年中国艺术品市场十大事件评选揭晓盛典暨2009年文化部文化市场发展中心艺术品评估委员会年度全会”。其中艺术品界赈灾义拍、全国博物馆免费开放、“中国画卷”惊艳2008奥运开幕式、国家将启动涉台文物保护工程、齐白石版权案、中国申请人类非物质文化遗产代表作名录等入选。

**1月18日，**北京中关村石景山园绿色网游研发基地成立。

**1月18日，**台湾大甲镇澜宫与天津市汉沽区签署协议，投资40亿元在滨海旅游区建设妈祖文化经贸园。根据协议，妈祖文化经贸园占地750亩，全部通过填海造陆而成。其中，文化园区主要建设妈祖文化相关配套服务设施，经贸园区主要建设民艺大街、节庆广场、台湾美食广场、商务楼宇、津台文化中心等。

**1月30日，**新闻出版总署正式批复同意重庆出版集团公司筹备上市。重庆出版集团成为中央文改办、新闻出版总署推荐上市的全国13家文化企业之一。

## 二月

**2月2日，**国家广电总局发出《关于2008年国产原创电视动画片及国产动画创作人才扶持项目申请事项的通知》，对2005—2008年4年间创作生产、经广电总局推荐播出的电视动画片作品和相关创作人才进行物质扶持。

**2月6日，**公安部、工业和信息化部、文化部、国家工商行政管理总局、新闻出版总署等五部门日前联合发出通知，决定从现在开始至4月中旬，在全国范围内组织开展专项治理利用手机传播淫秽视频违法犯罪活动。

**2月9日**，在建的中央电视台新台址园区文化中心发生特别重大火灾事故。

**2月10日**，海南省唯一一个国家文化产业示范基地——海口市大致坡镇琼剧文化产业群正式挂牌。为了扶持其发展，海口市出台了十项措施，对该镇的琼剧产业实行“放水养鱼”政策。

**2月11日—12日**，2009年全国广播影视科技工作会议在上海召开。

**2月12日**，中国移动多媒体广播上海商业运营启动暨合作签约仪式在上海国际会议中心举行，由国家广电总局自主研发的中国移动多媒体广播电视（CMMB）正式转入商业运营。

**2月15日**，中共中央政治局常委、国务院总理温家宝在天津就经济运行情况进行调查研究。当天下午，温家宝总理来到天津豪峰动画科技有限公司，观看了国产健康电脑游戏的演示和企业自主研发的动画片。他鼓励企业加大研发和推广力度，生产出更多拥有自主产权的动画片和电脑游戏，促进动漫产业的发展，使文化产业成为应对金融危机的一个新增长点。

**2月16日**，国家版权贸易基地正式落户北京国际版权交易中心。

**2月16日**，由河南电视台和澳门澳亚卫视合作开办的中华功夫卫星频道在澳门正式开播。功夫频道借助澳门澳亚卫视已持有的卫星电视频道独立运营牌照、节目播出系统等资源，初步开设10余个栏目，每天24小时滚动播出。

**2月18日**，“中原文化香港行启动仪式暨2009豫港投资贸易洽谈会”在香港国际会展中心举行，此次洽谈会由河南省人民政府主办、香港贸易发展局、香港总商会、香港中华总商会、香港中华厂商联合会、香港中国企业协会、香港国际投资总商会、香港潮州商会、香港九龙总商会协办。

**2月20日**，在2009年广电新年发展论坛上，国家广电总局规划院院长姜文波表示，今年包括已经覆盖地面数字电视的北京、深圳等8个城市在内，将有37个城市（包括所有省会城市）完成地面数字电视的覆盖，并将在3年内实现对全国范围的覆盖。

**2月23日**，由文化部、工业和信息化部、共青团中央、湖南省人民政府、中国移动通信集团公司共同主办的原创动漫扶持计划（2008）公布仪式在湖南长沙举行。本次计划共扶持包括漫画作品、动漫演出作品、动漫舞台剧、网络动漫作品、手机动漫作品和cosplay社团在内的50个项目和51个团队，资助总额为700万元。这是我国首次在中央财政支持下，对原创动漫作品和原创动漫人才展开扶持工作。

**2月18日—28日**，央视网在第24届世界大学生冬季运动会报道中，首次成功运用“我上电视”（Me－on－TV）技术。该技术是一项基于第三代移动通讯技术（3G）网络的全新业务，它的应用大大提高了网络、电视节目的互动性，突出了报道的及时性。央视网成为国内第一个运用该项技术报道重大事件的媒体。

三月

**3月5日**，第十一届全国人民代表大会第二次会议在人民大会堂开幕，国务院总理温家宝向大会作政府工作报告。报告中指出：“支持文化产业加快发展，完善扶持政策，培育骨干文化企业。繁荣哲学社会科学，积极发展文学艺术、广播影视、新闻出版事业。加强网络文化建设和管理。做好文物和非物质文化遗产保护。推进公益性文化事业单位管理体制、运行机制改革和经营性文化单位转企改制。”

**3月7日**，黑龙江电视台与新华社音视频部签署全面战略合作意向协议，双方将致力于把新华社中国新闻专栏《新华视点》打造成为有广泛影响力的品牌电视新闻节目。

**3月9日**，文化部与中国进出口银行签订《关于扶持培育文化出口重点企业、重点项目的合作协议》。合作本着“整合资源、诚信合作、优势互补、共促发展”的原则，采取“文化部组织推荐、专家组认真评选、进出口银行独立审贷”的方式，旨在解决文化企业融资难问题，共同扶持培育文化出口重点企业和重点项目，着力打造文化出口重点企业和重点项目的融资平台。

**3月12日**，中央人民广播电台与交通运输部签署战略合作协议，旨在打造国家交通运输广播新闻发布、公益信息服务与应急体系平台。这是国家级媒体首次与交通运输部签订战略合作协议。

**3月13日**，由国家广电总局电视剧管理司主办，北京电视台、上海文广新闻传媒集团共同协办的全国省级卫视电视剧合作与发展战略研讨会在北京召开。会后23家省级卫视发布了《电视台电视剧播出自律公约》。

**3月20日—23日**，中国国际广播电视信息网络展览会（CCBN2009）举行，来自30多个国家和地区的1000多家企业和机构参展，有专业参观人士超过8.5万人。与上届相比，参展厂商增加了8%，展览总面积增加了5%。

**3月20日**，北京市委、市政府召开建设中关村国家自主创新示范区动员大会，正式公布了《国务院关于同意支持中关村科技园区建设国家自主创新示范区的批复》。《批复》指出，同意支持中关村科技园区建设国家自主创新示范区，并实施股权激励、科技金融改革创新等试点工作。

**3月22日，**第33届香港国际电影节开幕。

**3月22日—25日，**中共中央政治局委员、中央书记处书记、中宣部部长刘云山在山东省调研时强调，深化文化体制改革、推动文化大发展大繁荣，是我国经济社会发展进入新阶段的必然要求。刘云山指出，山东省高度重视宣传思想工作和文化建设，全省文化体制改革目标明确、把握平稳、成效明显，有突破、有经验、有亮点，呈现出积极稳妥的良好发展态势。

**3月23日，**北京市文化创意产业领导小组办公室发布《北京市文化创意产业担保资金管理办法（试行）》。

**3月23日－24日，**全国广播影视法制工作会议在湖北武汉召开。国家广电总局党组副书记、副局长赵实在会议上对下一步法制工作作出部署。

**3月26日，**世界知识产权组织（WIPO）与国家版权局在江苏南通签署"世界知识产权组织版权保护优秀案例示范点调研项目合作协议"。这是WIPO首次在全球针对一个国家的特定地区的一个行业而进行的版权保护微观调研项目。

**3月26日，**由中国广播电视协会受众研委会主持制定的《中国收视率调查准则》公布实施，这是自中国开展商业性收视率调查以来该领域的第一个规范性文件。该准则对样本抽取、数据采集、数据处理、数据报告、数据使用等方面进行了严格规定。

**3月26日，**为了贯彻落实《国务院办公厅关于印发文化体制改革中经营性文化事业单位转制为企业和支持文化企业发展两个规定的通知》（国办发［2008］114号），进一步推动文化体制改革，促进文化企业发展，财政部、国家税务总局出台了《关于文化体制改革中经营性文化事业单位转制为企业的若干税收优惠政策的通知》（财税［2009］34号）。

**3月27日，**根据《国务院办公厅关于印发文化体制改革中经营性文化事业单位转制为企业和支持文化企业发展两个规定的通知》（国办发［2008］114号）有关精神，财政部、海关总署、国家税务总局就文化企业的税收政策问题出台了《关于支持文化企业发展若干税收政策问题的通知》（财税［2009］31号）。

**3月29日－31日，**中共中央政治局常委、国务院总理温家宝在湖北考察。温家宝在视察武汉江通动画股份有限公司时，强调我国应该发展自己的动漫产业。温家宝说："我有时看我孙子喜欢看动画片，但是动不动就是奥特曼。他应该多看中国的动画片。你们做的工作很有意义。要让中国的文化走向世界，要在世界展示中国的软实力。让中国的孩子多看自己的历史和自己国家的动画片。"

**3月30日，**第46届戛纳电视节举行，组委会特地开设了"中国日"，中国影视节目的销售额达1049万美元，创历史新高。

**3月30日，**由天津电视台电视剧制作中心转企改制的天津电视艺术发展有限公司正式成立。该公司由天津电视台投资，全面实现市场化运作。

**3月31日，**国家广电总局向各省、自治区、直辖市广播影视局，新疆生产建设兵团广播电视局发出《广电总局关于加强互联网视听节目内容管理的通知》，要求加强网络文化建设和管理，抵制互联网视听节目领域的低俗之风，扎实推进互联网视听节目建设。

**四月**

**4月2日，**国产主流战争大片首次走进欧洲市场，《我的长征》、《八月一日》、《夜袭》3部影片成功销售给法国影片公司。法方将在法国、欧洲及非洲的法语国家、德国、奥地利、荷兰和印度尼西亚等国家和地区享有这3部影片的影院、电视和音像使用权。

**4月4日，**集文化、旅游、商贸三位一体的大唐不夜城实现"全城点亮"。不夜城以文化为切入点，融入游逛、购物、办公、娱乐、酒店等多种要素，以陕西曲江文化旅游产业为基础，启动西安旅游新一代主题型文化旅游商业引擎，再现盛唐长安第一大街的宏伟气势。

**4月6日，**为进一步推进新闻出版体制改革，加快新闻出版事业和产业发展，新闻出版总署印发《关于进一步推进新闻出版体制改革的指导意见》。

**4月10日，**国家广电总局印发了《广播电视播出机构违规处理办法》（试行）。

**4月15日，**第105届广交会在广州琶洲展馆开幕，至5月7日分3期举办。本届广交会设标准展位55885个，比上届增加265个。共有22104家境内外企业参展，比上届减少237家。在国内展会普遍由于金融危机而遭遇"寒流"之际，广交会的参展企业和展出规模依然保持稳定。

**4月15日，**国内首本电视购物质量手册《快乐购商品QC手册》在湖南正式发布。湖南卫视旗下的电视购物企业"快乐购"借2009年全国供应商大会之机，与千家供应商代表共同签署诚信公约，并发布了这本商品质量手册。

**4 月 16 日**，文化部和北京市政府签署推动首都文化建设战略合作框架协议。

**4 月 17 日—19 日**，“博鳌亚洲论坛 2009 年年会”召开，工业和信息化部副部长奚国华在“互联网创新驱动经济变革”分论坛中指出，2009 年一季度中国网民新增 1620 万人，互联网网民总数达到 3. 16 亿人，用手机上网的网民达到了 1. 176 亿人。2008 年中国电子商务市场规模约为 3 万亿元，同比增长 41.7%。网络广告整体市场规模约为 120 亿元，同比增长 55.8%；网络游戏市场规模在 190 亿元至 200 亿元，同比增长 50%左右。

**4 月 19 日**，第 28 届香港电影金像奖颁奖典礼晚会在香港文化中心大剧院举行。

**4 月 20 日**，2009 年全国知识产权宣传周活动启动。

**4 月 20 日**，北京工艺美术行业协会组织的海峡两岸文化创意产业展暨工艺美术高级人才培训班启动，30 日结束。

**4 月 21 日**，国家广电总局下发的《关于加强互联网视听节目内容管理的通知》中关于“无证”影视剧的禁播令一石激起千层浪，关于欧美、日韩等地的电视剧、电影、动漫节目的去留问题引起国内网民、视频网站等方面的巨大反响。同时，如何对互联网进行规范化管理也再次引起专家学者的关注。

**4 月 22 日**，由北京市知识产权局等策划的首都知识产权“百千对接工程”——海淀园创意产业知识产权推进活动启动。

**4 月 23 日**，第 14 个“世界读书日”。联合国教科文组织向全世界发出“走向阅读社会”号召，鼓励人们尤其是年轻人发现阅读的乐趣。中宣部、新闻出版总署联合印发《关于进一步推动做好全民阅读活动的通知》，倡导各地相关部门充分利用广播、电视、期刊、报纸、网络、手机等多种载体，进一步扩大全民阅读活动的社会影响。温家宝总理当日来到商务印书馆和国家图书馆，与编辑和读者交流读书体验，他在谈话中倡导民众“读书好、好读书、读好书”。

**4 月 23 日**，由天津青年友好使者艺术团改制而成的天津友好演艺发展有限公司正式挂牌成立，标志着天津文艺院团改革迈出关键一步。市委常委、市委宣传部部长肖怀远为公司揭牌。

**4 月 24 日**，由国家旅游局、江苏省人民政府、江苏省旅游局、苏州市人民政府主办，苏州市旅游局承办的 2009 苏州旅游节开幕。2009 苏州旅游节以“天堂苏州，东方水城”为城市旅游形象，以其再造“姑苏水上繁华图”的震撼场景，主打水上旅游品牌，进一步打造苏州旅游节的国际化水平，全力推动苏州旅游业稳健发展。

**4 月 24 日**，国家广电总局与财政部联合印发《中央广播电视节目无线覆盖专项资金管理办法》，该办法进一步加强了对中央广播电视节目无线覆盖专项资金的管理，提高资金使用效益。

**4 月 24 日**，北京市委宣传部举办“第四届首都大学生创意文化节”。

**4 月 25 日**，新闻出版总署和山东省政府主办的 2009 年第 19 届全国图书交易博览会在山东济南国际会展中心开幕。本届书博会参展规模与成交额均创历史新高，共设展位 2420 多个，其中外省展位达 1120 多个，展出包括港澳台在内的全国各出版社出版物达 30 多万种，各代表团订货码洋达 19.6 亿元，其中上海代表团共成交订货码洋 1.13 亿元，居全国地方省市之首。图书馆团购方面，上海代表团整体销售上升，采货总金额 571.8 万元，约占全国总团购码洋的 1/10。

**4 月 25 日**，“幻想中国—2009 中国 CG 原创艺术大赛”在北京大兴国家新媒体产业基地启动。

**4 月 25 日—28 日**，第一届南宁唐人文化节在广西南宁举办。主要包括：唐人文化大舞台、唐人文化大讲坛、唐人文化大展台，目的是弘扬国粹，打造传承优秀民族文化的文化产业示范基地。

**4 月 26 日**，第 9 个世界知识产权日。新闻出版总署署长、国家版权局局长柳斌杰强调，保护知识产权与文化产业的发展之间是一种生死攸关的关系，创造加上版权就等于财富。同时指出，版权业的核心意思就是要依靠人类的知识力量，依靠人的创造力，依靠国家的知识产权保护制度，使它变成巨大的社会财富。

**4 月 27 日**，天津滨海国际影业有限公司成立，标志着电影制片厂转企改制全面展开。市委常委、市委宣传部部长肖怀远出席成立仪式并为天津滨海国际影业有限公司揭牌。

**4 月 28 日**，北京市通州区宋庄文化创意产业集聚区公共服务平台奠基仪式举行，标志着北京市首家文化创意产业集聚区公共服务平台成立。该平台实际建成后，总建筑面积将达 1.28 万平方米，主要包括创意孵化培训、投资咨询、创意展示交流、版权保护、信息咨询等几大公共服务平台。此外，宋庄文化创意产业集聚区还联合中国传媒大学等高校以及其它国内外资源，为企业定向培养专业性创意产业人才。

**4月28日—5月1日，**2009中国义乌文化产品交易博览会在浙江义乌市梅湖国际会展中心举行。博览会由文化部文化产业司、国家广播电影电视总局社会管理司、新闻出版总署出版产业管理司、浙江省文化厅、浙江省广播电视局、浙江省新闻出版局、中国文教体育用品协会、浙江省文化产业促进会联合主办，商务部服务贸易司支持，中共义乌市委、义乌市人民政府承办。义乌文博会创办于2006年，已连续成功举办了3届，已成为国内文体行业唯一的外贸主导型展会。该展会以“文化产品交易，文化创新发展”为办展主题，主要由贸易展览、会议论坛和节庆活动等板块组成，重点突出经贸功能，以文化产品贸易为核心，开展展览、洽谈。主会场严格按照划行归市、同类集聚原则，根据参展商品种类别进行合理的设置。预设文化办公、体育娱乐、工艺美术、创意产品、书画5大类1500个展位。同期还举办各种类型的专题展，如2009国际文化交流展、邮票主题展、浙派书画名家作品展等。

**4月28日—5月3日，**由国家广播电影电视总局、浙江省人民政府共同主办，杭州市人民政府、浙江省广播电影电视局和浙江广电集团共同承办的2009年第五届中国国际动漫节在中国杭州（萧山）休闲博览园举行。本届动漫节特地新增了国际动画片交易会。动漫节围绕“动漫的盛会，人民的节日”这一宗旨，确定“动情都市，漫优生活”的主题，逐步实现“国际化、专业化、品牌化”的目标，为动漫产业发展搭建了更广阔的展示推广平台、交流合作和交易共享平台。动漫节共有来自38个国家和地区的322家中外企业参展，78万人次参会，累计成交额65亿元。

**4月29日，**“文化创意产业发展论坛暨国内首家文化创意企业登陆新三板新闻发布会”在首都师范大学举行。以前该校科技园入园企业——北京国学时代文化传播股份有限公司在深交所代办股份转让系统正式挂牌，成为入主“新主板”的国内首家文化创意类上市企业。

**五月**

**5月1日，**由重庆市文化广电局、重庆市新闻出版局、重庆市创意产业发展领导小组办公室、重庆市文资公司、重庆市九龙坡区人民政府主办，西部地区最大规模的“首届国际动漫文化节”在重庆国际会展中心开幕。期间，重庆视美动画公司与多莱宝、奥迪动漫、天贝玩具等多家国内外企业达成合作意向，意向合作金额超过1200万元，国际会展中心现场动漫产品销售额超过500万元，显示出动漫产业的强大生命力。

**5月1日—3日，**由国家旅游局和云南省人民政府主办，昆明市人民政府、云南省旅游局、云南世博集团有限公司承办的“2009中国昆明国际文化旅游节昆明狂欢节”在昆明举行。

**5月5日，**“2009中国电影节”在荷兰海牙拉开帷幕，7部中国影片在此后两周内在荷兰海牙、鹿特丹及代尔夫特市上映。

**5月6日，**国务院第62次常务会议通过《广播电台电视台播放录音制品支付报酬暂行办法》，自2010年1月1日起施行。

**5月6日，**北京市政府出台《关于实施首都知识产权战略的意见》。

**5月7日，**商务部、文化部、广电总局。新闻出版总署、中国进出口银行联合出台《关于金融支持文化出口的指导意见》，按照“各部门组织推荐，进出口银行独立审贷”的原则，充分发挥各自优势，共同搭建文化、金融合作平台，以支持文化企业和项目“走出去”为重点，全面支持文化贸易发展。

**5月7日，**中央电视台20集大型系列移动直播节目《直播台湾》圆满结束。这是中国内地电视媒体首次进入台湾以直播形式开展的系列报道活动。

**5月7日，**北京市委常委会讨论通过《北京市调整和振兴电子信息产业实施方案》和《关于鼓励跨国公司在京设立地区总部的若干规定》。

**5月7日，**中宣部副部长、文化部党组书记、部长蔡武率中央文化体制改革工作督查组，赴天津检查文化体制改革工作。期间，蔡武一行先后考察了天津广播电视电影集团、中华剧院、天津报业印务中心，深入了解天津文化事业和文化产业改革创新的新进展。

**5月8日，**中国光华科技基金会与国际版权交易中心、北京市东城区人民政府举办2009中国（北京）版权价值开发协作发展论坛。

**5月8日，**国内首个版权产业融资平台在北京中关村科技园区雍和园国际版权交易中心启动。该平台首创版权信托融资模式。

**5月15日—5月18日，**第五届中国（深圳）国际文化产业博览交易会在深圳会展中心举行。本届文博会总成交额877.62亿元，出口交易额87.66亿元，观众351.75万人次，境外专业观众7.46万人次。

**5月16日，**由国务院台湾事务办公室、国家广电总局等25个部委和福建省人民政府主办，中央电视台承办的首届海峡论坛开幕式暨“中华情·海峡缘”大型综艺直播晚会在福建厦门举行。

**5月18日，**吉林动漫集团成立，这是国内首家国有资本相对控股，民营资本广泛参与，完全按照现代企业制度和法人治理结构搭建起来的动漫产业集团。

**5月18日，**新传媒产业联盟等举办“中国新媒体创新大会”，24日结束。

**5月19日，**国家广电总局发展研究中心在北京发布《2009年中国广播电影电视发展报告》，2008年中国广播电视综合人口覆盖率已分别达到95.96％和96.95％，比上年增长0.56％和0.39；全年广播电视电影总收入为1667.21亿元，比上年增长20.49％。

**5月20日，**中共中央政治局常委李长春在陕西调研时强调，深入学习实践科学发展观，着力构建有利于文化科学发展的体制机制。

**5月20日，**湖南卫视国际频道（HuNan TV World）在香港正式开播，这是国家广电总局批准成立、内地卫视开办的第一家国际频道。

**5月21日，**中央各部门各单位出版社体制改革工作会议在北京举行。中共中央政治局委员、中央书记处书记、中宣部部长、中央各部门各单位出版社体制改革工作领导小组组长刘云山出席会议并作重要讲话，强调中央各部门各单位经营性出版社要在2010年底前完成转制改革任务。要推动经营性出版社全部转制为企业，按照建立现代企业制度的要求，完善法人治理结构，重塑文化市场主体。

**5月24日，**中共中央政治局委员、国务委员刘延东在江西调研时强调，要在文化体制改革的重点领域和关键环节取得实质性突破。

**5月26日，**北京市财政局、文化局下发《关于印发北京市舞台创作生产专项扶持资金管理暂行办法的通知》。

**5月27日，**中共中央政治局委员、国务委员刘延东在福建调研时强调，把海峡西岸经济区打造成重要文化产业基地。

**5月27日，**北京市政府直属国有独资文化公司——北京演艺集团成立。

**5月28日，**北京出版社出版集团由事业单位改制成为企业。

**5月31日，**在北京保利春拍中国绘画艺术夜场拍卖中，宋徽宗《写生珍禽图》以5510万元落槌，在持续时间长达5小时的夜场拍卖中，87件作品的成交率约94％，总落槌价约2.57亿元。

**5月31日，**第六届国际商标标志双年奖颁奖庆典暨国际创意产业论坛在北京798艺术区举行。

六月

**6月1日，**香港特区商务及经济局筹建的“创意香港”办公室在香港成立，专责管理和推动香港创意产业的发展。

**6月1日，**由中国文化部、四川省、联合国教科文组织共同主办的第二届中国成都国际非物质文化遗产节在成都开幕。这次非遗节的主题是“多彩民族文化，人类精神家园”。这是联合国教科文组织参与主办的中国第一个国际文化节会，也是汶川特大地震后，四川省举办的首个大型文化活动。

**6月3日，**文化部下发《关于促进民营文艺表演团体发展的若干意见》。

**6月4日，**文化部、财政部、国家税务总局发布《关于实施＜动漫企业认定管理办法（试行）＞有关问题的通知》。

**6月8日—12日，**由国家广电总局和上海市政府主办的第15届上海电视节在上海举行，近150家中外影视机构设展，海外展商的比例保持在40％左右，另有500多名中外专业买家参与交流洽谈。由开闭幕式、四大主体活动和特别活动组成。四大主体活动为“白玉兰”奖国际电视节目评选、国际影视节目市场（包括动画项目创投和真实导演创投会）、国际新媒体与广播影视设备市场、“白玉兰”国际电视论坛。此外，还有第二届大学生电视节等特别活动。

**6月9日，**盛大网络与华友世纪联合宣布，双方已经达成股权收购最终协议。盛大将收购华友世纪51％的股权，这笔交易的价值为4620万美元。

**6月10日，**在中国文化遗产日来临之际，第二届中国文化遗产动漫大赛在北京启动。大赛秉承“用动漫讲述文化遗产故事，用文化遗产元素丰富动漫作品内涵”的宗旨。

**6月11日，**中国和韩国游戏产业合作协调机制在江苏常州正式成立，这是中国文化部和外国文化管理部门关于网络游戏产业方面成立的首个协调机制。

**6月12日，**第四届甘肃省文化产业博览交易会开幕，期间共签约项目73个，签约资金达22.75亿元。

**6月13日—6月21日，**第12届上海国际电影节举行。本届电影节共有报名影片1925部，竞赛单元报名影片数量与报名国家和地区数量均刷新了历史记录。

**6月15日，**国内首个综合性文化产权交易平台——上海文化产权交易所正式揭牌。这是以文化物权、债权、股权、知识产权等为交易对象的专业化市场平台，将促进文化产业与金融资本的有效对接。当日，中国唱片总公司、凤凰卫视、盛大网络、世纪出版、淘宝网、新汇文化等10家文化相关企业与交易所现场签约，成为其首批会员单位。

**6月16日，**《重庆大剧院经营管理合同》举行签约仪式，市文化资产公司、江北嘴公司（共为甲方）和保利文化艺术有限公司、北京保利剧院管理有限公司、重庆市演出公司（共为乙方）的负责人共同签署了合同文本。根据合同约定，重庆大剧院自2010年1月1日起正式运行，每年演出将不低于130场。

**6月17日，**文化部、海关总署印发《美术品进口管理暂行规定》。该规定共有18项，内容涉及批量生产的工艺美术产品，美术品进出口活动，涉外商业性美术品展览活动等。规定将于2009年8月1日起执行。

**6月17日，**中国广播电视协会电视剧导演工作委员会在北京成立。

**6月17日～6月18日，**中共重庆市委三届五次全委会议召开，会议专题研究了宣传文化工作，做出了《重庆市委关于推动文化大发展大繁荣的决定》。《决定》提出要昂起重庆日报、重庆卫视两个龙头，要优化文化产业结构和布局，推动国有和民营文化企业协调发展，完善开放而健康的文化市场体系。

**6月18日，**中国广播联盟成立大会在北京举行，中宣部副部长、国家广电总局党组书记、局长王太华，国家广电总局副局长胡占凡出席开幕式。中国广播联盟是由中央人民广播电台发起，是中国广播界专业性、非营利性合作组织，首批成员台132家，包括中央台和各省、自治区、直辖市的全部省级电台和部分地市县级电台。中国广播联盟的原则为自愿、平等、互利、共赢。在成立大会上，中国广播联盟向全国广播界发出了“净化社会文化环境，抵制低俗之风”的倡议。

**6月18日，**山西省人民政府审议并原则通过《山西省文化产业发展规划纲要》。纲要指出，山西要培育基础文化产业、新型文化产业、产业园区龙头文化产业“三大支柱”，充分发挥基地作为承载文化产业发展的有效形式所具有的融合性、带动性和示范性作用。

**6月18日，**北京市旅游局主办2009北京国际旅游博览会，20日闭幕。

**6月19日，**作为重庆市文化产业十大项目之一的天健动漫项目取得重大进展，历时3年努力后，基地土地办理工作全面完成。天健动漫项目的建设将有力推动重庆市平面动画产业的发展。

**6月20日，**中国首次发布组织文化管理体系测评标准（简称COCS标准），COCS标准由术语和标准文件等9个部分共30条款构成，整个标准坚持实践性、科学性和规范性原则，具有很强的可操作性。

**6月20日，**中国国家版权局负责人在宁夏银川召开的相关会议上表示，中国政府已经批准成立了音乐、音像、文字、摄影4家著作权集体管理组织，电影领域的集体管理组织正在筹建当中。

**6月20日～6月21日，**由中国传媒大学、中国社会科学院、北京大学、清华大学、上海交通大学五家单位共同发起主办的“中国文化产业30人论坛”在北京召开。来自中国文化产业政府决策部门和理论研究领域的领导、专家、学者，就文化产业宏观形势与政策走向、文化产业发展战略与区域发展模式、文化产业理论与产业发展趋势、文化产业发展与文化产业体制改革等问题进行了主题发言与交流探讨。

**6月21日，**第12届上海国际电影节“金爵奖”颁奖典礼暨闭幕式在上海大剧院举行。

**6月21日，**2009年度山东省旅游产业创新奖颁奖典礼暨山东省首届旅游投资财富论坛在蓬莱市君顶酒庄会所隆重举行。山东省人民政府副省长才利民出席颁奖典礼并为获得一等奖的单位颁奖。全省部分市分管旅游的副市长、旅游局长、全国各大媒体记者以及获奖单位负责人等参加了此次盛会。

**6月22日，**为新中国成立60周年创造和谐稳定的社会文化环境，文化部决定自2009年7月1日至10月31日，在全国开展文化市场集中整治行动。

**6月24日，**上海文广新闻传媒集团（SMG）版权中心正式挂牌，这是国内地方媒体首家成立的版权中心。

**6月25日，**由中国电影家协会主编的《2009中国电影产业研究报告》、《2009中国电影艺术报告》在北京发布。报告结合了中影、华谊兄弟、保利博纳、光线影业等几十家电影公司的调研数据，并对2008年上映的电影进行了详细调查和艺术评价。

**6月25日，**《文化部办公厅关于“原创动漫扶持计划（2009）”申报工作的通知》发布。

**6月26日**，北方联合出版传媒（集团）股份有限公司分别与天津出版总社、内蒙古新华发行集团股份有限公司签署《战略合作框架协议》。三省、区、市在国内出版业率先达成合作共识，跨地区联合打造大型出版传媒产业集团和战略投资者，为探索国内出版产业强强联合与以资本运作方式进行资源整合的有效途径迈出了重要一步。

**6月26日**，吉林省长春市16个文化产业重点项目集中开工仪式暨知合国际动漫产业园奠基仪式在净月开发区举行，项目总投资达30亿元。吉林省及长春市领导高广滨、祝业精、张元富出席开工仪式。

**6月27日**，文化部、商务部联合印发《关于加强网络游戏虚拟货币管理工作的通知》。《通知》规定，禁止网络游戏虚拟货币交易服务企业向未成年人提供服务，从经济角度防止未成年人沉迷于网络游戏。

**6月27日**，北京市广播电影电视局将国家广电总局颁发的“国家动画产业基地”授予海淀、石景山和通州3个文化创意产业集聚区。

**6月27日**，由中国电影基金会、台湾两岸交流委员会共同主办的第一届两岸电影展中的“电影联通你我台湾电影展”开幕。

**6月28日**，由北京市学联等主办的“创业北京·创意北京”大学生创意创业邀请赛颁奖仪式举行。

**6月29日**，国家数字版权研究基地落户北京大学。

**6月30日**，商务部、国家版权局与美国专利商标局、美国版权局共同主办的互联网与版权保护圆桌会议在北京举行。近百位来自中国、美国、欧盟、日本政府部门、权利人组织和互联网企业的嘉宾就用户生成内容网站（UGC）的版权问题、P2P服务产生的版权问题、互联网链接产生的版权问题及与网吧有关的版权问题等议题进行了讨论。

**6月30日**，北京市出版工作者协会游戏、网络出版工作委员会成立。

**七月**

**7月1日**，首个国家动漫产业综合示范区在天津滨海新区中新生态城动工。中共中央政治局委员、天津市委书记张高丽宣布开工。

**7月1日**，华龙网、视界网整合后的华龙网全新改版上线。“两网”整合后的新版华龙网，是重庆首个集报刊、广播、电视、网络和手机“五媒一体”的全媒体网站。

**7月2日**，中国国际广播电台夏威夷整频率落地项目AM880中波台正式开播。这是中国国际广播电台在美国建立的第一个全天24小时整频率电台。

**7月3日**，北京市金融学会举办“2009首都金融论坛”，主题为“北京优势：文化创意与金融支持”。

**7月3日**，《动漫出版标准体系》制定工作会议在北京召开。会议就中国动漫出版标准体系框架、动漫产业发展面临的主要问题或障碍及对动漫标准制定工作的意见和建议等进行深入探讨。

**7月3日**，由中国电影基金会与台湾两岸电影交流委员会共同举办的第一届两岸电影展开启。《六号出口》、《练习曲》等6部台湾新生代电影在北京、天津与大陆观众见面。此前一周，《非诚勿扰》、《疯狂的赛车》等7部大陆影片在台湾亮相。

**7月3日～7月6日**，第五届中国国际动漫游戏博览会在上海展览中心开幕。由文化部、上海市人民政府共同主办，上海市文化广播影视管理局、上海国家动漫游戏产业振兴基地联合承办。展会举办期间，除动画放映、原创漫画展示、卡通形象授权租赁、游艺机试玩、Cosplay表演等保留项目外。针对不同的动漫爱好群体，还推出“怀旧玩具藏品展”、“变形金刚年会”、“卡漫街”、“原创看片看稿会”、“动漫游戏人才交流会”等丰富多彩的活动。

**7月4日**，由国家扶持动漫产业发展部际联席会议、财政部、文化部和上海市政府共同投资，由市委宣传部、上海市科委、市文广局和徐汇区人民政府具体支持，由中心负责建设和运营，面向动漫产业提供公共服务的上海动漫公共技术服务平台正式对外运营。文化部副部长欧阳坚、上海市委宣传部副部长张止静为平台揭牌。

**7月5日**，上海电影集团、西安曲江影视投资集团、香港毅诺进电影投资有限公司、宁夏电影制片厂、北京左岸唐人影视文化传播有限公司等5家颇具实力的公司在西安签约，组建“五方电影投资联盟”。该联盟将整合东、中、西部优势资源，共同投资、拍摄、发行电影，力促中国电影市场的繁荣发展，并推动中国电影走向世界。

**7月6日**，北京多媒体行业协会和北京市工贸技师学院联合成立北京数字动画和影视特效高技能人才培训基地。

**7月7日**，以“落实数字化发展战略，推进出版业升级转型”为主题的第三届中国数字出版博览会在北京国际会议中心开幕。年度数字出版先进人物、示范企业、知名品牌、优秀作品、创新技术评选推介结果揭晓，重庆市腾讯·大渝网等12家数字出版企业获得”知名品牌”称号。

**7月7日**，新闻出版总署根据《出版管理条例》和

《音像制品管理条例》的有关规定，制定了《复制管理办法》，并将于8月1日起实施。

**7月8日，**江苏省设立初始规模约20亿元的省级文化产业发展基金。

**7月9日，**第六届中国内蒙古草原文化节开幕。文化节以“弘扬草原文化，展示文艺精品，推动文化发展，促进社会和谐”为活动主题。

**7月10日，**北京银监局发布《关于金融支持首都文化创意产业发展的指导意见》的通知。明确要求积极支持文化创意产品的消费增长，扩大旅游会展、文化艺术、新闻出版、广播、电视、电影等综合消费信贷规模。各银行对于在中关村科技园区和文化创意产业集聚区的文化创意企业，要采取多种方式，不断加大信贷支持力度和改进金融服务。

**7月10日～7月12日，**第五届两岸经贸文化论坛在湖南长沙举行。本届论坛以“推进和深化两岸文化教育交流合作”为主题，共有两岸文化界、教育界、经济界和有关方面的代表400余人出席。各界专家就“中华文化的传承与创新”、“推进两岸文化产业合作”、“拓展两岸教育交流合作”等方面的内容展开了深入的探讨与交流。

**7月11日，**国家广电总局负责人在第五届两岸经贸文化论坛宣布，今后允许台湾有线电视网络服务公司经大陆主管部门批准后，在福建省提供有线电视设备和相关技术咨询服务。

**7月11日～13日，**第四届中国国际设计艺术博览会在北京展览馆举办。

**7月11日，**由甘肃现代集团投资的兰州创意文化产业园建设发展研讨会在兰州国家高新开发区创意文化产业园POST30艺术中心举行。现代集团董事长张学智、《读者》出版集团董事长吉西平、兰州市长助理、国资委主任、兰州国家高新技术产业开发区管委会主任牛向东、甘肃省委宣传部文化发展改革处处长盛文涛、兰州大学管理学院院长包国宪教授、兰州商学院副院长蔡文浩教授、研究员魏立桥教授等专家学者和入园企业代表一起座谈，就兰州创意文化产业园的建设发展提出了发展性的建议和意见。

**7月11日，**首届国际动漫产业科学发展论坛在青岛召开。本次会议由商务部、工信部、科学技术部、山东省人民政府、青岛市人民政府、美国消费电子协会（CEA）主办，中国电子商会动漫创意专业委员会承办。

**7月13日～7月15日，**文化部部长蔡武在湖南考察指导旅游演艺业等文化产业工作时指出，地方的旅游产业要突出特色，要将物质文化遗产与非物质文化遗产结合起来，合理利用，解决文化遗产的传承问题。

**7月14日，**《国家广播电影电视总局、宁夏回族自治区人民政府共同促进宁夏广播影视事业发展的合作协议》签字仪式在国家广电总局举行。中宣部副部长、国家广电总局党组书记、局长王太华，宁夏回族自治区副书记、主席王正伟，国家广电总局副局长张海涛等出席签字仪式。

**7月15日，**中国国际广播电台举办华语广播开播60周年庆典活动。全国政协副主席罗富和出席，国家广电总局副局长田进、中国国际广播电台台长王庚年出席并致辞。

**7月15日，**新闻出版总署下发《关于加强对进口网络游戏审批管理的通知》，进一步规范网络游戏出版服务的前置审批和对境外著作权人授权的网络游戏作品的审批和监督管理工作，规范与进口网络游戏相关的会展交易活动。

**7月17日，**财政部、国家税务总局颁布《关于扶持动漫产业发展有关税收政策问题的通知》。

**7月17日，**内蒙古第十届昭君文化节开幕。昭君文化节的规模和影响不断扩大，在坚持突出昭君文化的基础上，注入更多的创新性元素，同时更加注重提升品位、档次和走向国际化，形成非常鲜明、强烈的吸引力和影响力，成为呼和浩特市乃至内蒙古文化和旅游的一大品牌。

**7月19日，**2009中国国际动漫教育与人才战略高峰论坛在哈尔滨举行。来自韩国、日本以及国内的动漫专家就如何提高青少年动漫文化素养、加快动漫人才培养等问题进行了演讲。

**7月22日，**国务院总理温家宝主持召开国务院常务会议，讨论并原则通过《文化产业振兴规划》。这是继钢铁、汽车、纺织等十大产业振兴规划后出台的又一个重要的产业振兴规划，也是我国第一部文化产业专项规划，标志着文化产业已经上升为国家的战略性产业。国家将重点推进的文化产业包括：文化创意、影视制作、出版发行、印刷复制、广告、演艺娱乐、文化会展、数字内容和动漫等。

**7月22日，**亚洲第一大、全球第二大的游戏展会——第七届ChinaJoy展会在上海开幕。

**7月22日，**国务院新闻办公室和英国商业、创新和技能部联合举办第二届中英互联网圆桌会议，主题为“面对挑战，共享机遇”。

**7月22日～7月28日，**第20届香港书展在香港会展中心隆重举行。本届书展秉承了“多元与创意·书展20年”的主题，无论在展出的规模还是展会的整体社会认知方面，均远远优于往届，成为了书展20年来最隆重的一次文化盛事。

**7月26日**，中国新闻出版总署发布《2009年新闻出版产业分析报告》显示，手机出版的营业收入已超过传统的网络游戏，在数字出版内部居首。

**7月27日**，天津市召开文化产业项目推动会，集中推出11个文化产业项目，这11个文化产业项目是：天堂电影沙龙及意式风情区情景表演、津味相声风景线、杨柳青年画大院、纪念曹禺诞辰100周年系列活动、“打开音乐之门”音乐节、“今晚听听室内乐”系列演出、北方娱乐星阵营、水上芭蕾、鼓楼戏曲大观园、“开心麻花”舞台剧、天津音乐艺术街。项目涵盖了电影、戏曲、曲艺、交响乐、芭蕾等业态，并与商贸、旅游、餐饮紧密结合，建成后将进一步活跃本市文化旅游娱乐市场，丰富广大市民的文化生活。

**7月27日**，中宣部、文化部制定的《关于深化国有文艺演出院团体制改革的若干意见》印发，提出了深化改革的一系列新思路、新举措，标志国有文艺演出院团体制改革进入攻坚期。

**7月27日**，天津市召开学习云南经验加快文化旅游产业发展座谈会，对照云南省的经验找差距，谈思路，出措施，抓项目，推动天津文化旅游产业一年见亮点、两年大变化。天津市18个区县、滨海高新区、滨海旅游区和城乡规划建设交通工委、文化广播影视局、旅游集团等负责同志先后发言，围绕发挥优势、突出特色，加快推动文化旅游产业发展，提出了具体措施和重点项目。

**7月27日**，天津市北方报业印务股份有限公司经过一年多的股份制改造筹备后正式成立。公司由天津日报报业集团、天津农垦集团总公司、天津报业印务中心、天津第三建筑工程公司、今晚传媒集团等7家国有企业共同注资组建，成为目前天津市规模最大的股份制印刷企业。公司的成立，对于创新文化产业的体制机制，提升文化产业的竞争实力，具有重要意义，标志着天津市文化体制改革重点项目取得新的进展。

**7月28日**，北京市中关村动漫游戏孵化基地揭牌启动。

**7月29日**，国家广电总局发出《关于加快广播电视有线网络发展若干意见》，提出确保2010年底前各省基本完成有线电视网络整合，并鼓励和支持有实力的省级有线网络公司跨省联合重组。

**7月31日**，在中央支持下，西藏自治区政府计划每年投入2500万元作为文化产业和文化创作专项资金，以进一步加快西藏文化产业的振兴步伐。

**7月31日**，中国下一代广播电视网（NGB）进入实质性推进阶段。科技部、国家广电总局和上海市政府在上海举行中国下一代广播电视网启动暨上海示范网合作协议签字仪式。

**7月31日**，中央人民广播电台启动中国广播网的改制工作，成立央广网和文化传媒公司。这标志着中央人民广播电台新媒体发展进入了一个新阶段。

八月

**8月4日**，文化部、国家工商行政管理总局发布《文化部、工商总局开展动漫市场专项整治行动》的通知。

**8月5日**，杭州聚光科技、广东亚仿科技、中国路桥集团在内的5家中外知名企业签约落户通州国际新城，投资总额近50亿元。

**8月6日**，国家广电总局印发《关于促进高清电视发展的通知》，明确了中国高清电视业的发展政策及高标清同播工作的任务要求。

**8月6日**，新闻出版总署颁布《报刊记者站管理办法》，自10月1日起执行。

**8月8日**，第五届中国（长春）民间艺术博览会开幕。来自全国各省市区、港台地区以及俄罗斯、韩国、印度等9个国家的2600余名参展商，展出布艺、纸艺、铜艺、奇石、陶艺、锡器、牛角、葫芦艺、鱼皮画、发绣工艺等45大类8万多种民间艺术品。

**8月10日**，南京市召开推进文化体制改革加快文化产业发展大会，为新组建的市文化广电新闻出版局、市文化产业招商中心和南京市歌舞剧院有限公司、南京民族乐团有限公司等6家国有文化企业揭牌。

**8月10日**，成都高新区获批成为国家知识产权示范创建园区，成都经济技术开发区、成都现代工业港等5个园区获批建设省级知识产权试点园区。

**8月11日**，《广电总局关于加强以电视机为接收终端的互联网视听节目服务管理有关问题的通知》发布。

**8月12日**，河南省人民政府与国家开发银行在北京签订我国金融业首例支持文化产业发展的合作备忘录。

**8月12日**，世界贸易组织对中美间持续多年的出版物市场准入问题纠纷作出裁定，认为中国在出版物、音像制品、电影等文化产业领域的政策不符合入世承诺，违背了WTO公平原则。

**8月12日**，北京动漫游戏产业联盟成立。本次大会讨论通过了《北京动漫游戏产业联盟章程》，选举产生了联盟第一届理事会和监事会。

**8月12日**，新闻出版总署与中国银行签署《支持新闻出版业发展战略合作备忘录》。

**8月13日**，北京市石景山区文化传媒产业基地举行挂牌仪式。

**8月13日**，中国首届“金拇指”手机视频创意挑战赛正式启动暨CCTV手机电视“金拇指”频道上线新闻发布会举行。

**8月14日**，全国文化体制改革经验交流会在江苏南京召开。中共中央政治局委员、书记处书记、中宣部部长刘云山，中共中央政治局委员、国务委员刘延东出席会议并讲话。会议表彰了12个全国文化体制改革先进地区和58家先进企业。

**8月16日**，由中国传媒大学与韩国高等教育财团共同举办的第七届亚洲传媒论坛在吉林长春召开。200余位世界各国主管传媒产业的政府官员、传媒高层、专家学者参会，共同探讨经济危机背景下传媒业的困境与机遇。

**8月18日**，第11届亚洲艺术节在内蒙古自治区鄂尔多斯隆重开幕。

**8月19日**，重庆市文资公司与工商银行重庆市分行正式签署100亿元意向性融资的《金融战略合作协议》，这是重庆市迄今最大的一项文化产业融资协议。

**8月24日**，2009中国·石家庄第四届国际动漫博览交易会落下帷幕。据统计，本届动博会项目签约27项，签约总额逾27亿元，展会现场交易额2.4亿元。累计参展人数达120万人次、参展企业296家，举办专家论坛13场、cosplay展演65场，观看人数27万人次。

**8月20日～26日**，西藏拉萨雪顿节在拉萨隆重举办，主题为“寻梦拉萨、情醉雪顿”。节日按照“政府主导、市场运作、社会参与”的模式筹办，共举办民宗、文化、旅游、经贸、体育竞技等各类活动27项，参与观众规模3600名。

**8月26日**，第七届中国国际影视节目展和第十八届北京国际广播电影电视设备展（BIRTV2009）在北京开幕。本届展会主题是“满足多形式媒体的内容制作”。

**8月27日～8月31日**，第12届北京国际艺术博览会在北京国贸中心举行。此次展会主推中国当代艺术，迎合国际文化发展的总体趋势，整合韩国、日本等亚洲当代艺术力量，力邀欧美当代画廊参展，为广大艺术爱好者提供广阔的交流平台。

**8月28日**，文化部发布修订的《营业性演出管理条例实施细则》和《文化部关于加强和改进网络音乐内容审查工作的通知》。这两份规范性文件以加强政府监督管理工作为重心，使得营业性演出管理更加细化，网络音乐审查力度加大。

**8月28日**，第三届中国东北文化产业博览交易会在沈阳拉开序幕。本届文博会展示、展览面积15万平方米，比上届增长50%。展位数6500个，比上届增长45%。美、俄、德、韩等多个国家和地区的近百家国际著名企业前来参展。

**8月29日**，2009年中国广播影视大奖——电影华表奖（第十三届）颁奖典礼在北京展览馆剧场举行。《梅兰芳》、《集结号》、《高考1977》等10部影片获优秀故事片奖。陈凯歌、冯小刚获优秀导演奖，张涵予、果静林获优秀男演员奖，章子怡、范志博获优秀女演员奖。

**8月29日**，中国传媒大学文化产业研究院与北京大学文化产业研究院举办国有文艺演出院团体制改革研讨会。

**8月31日**，文化部、国家旅游局联合印发《关于促进文化与旅游结合发展的指导意见》。

**九月**

**9月2日**，动漫与文化创意展暨太原高新区与上海美术电影制片厂战略合作系列活动在高新区数码港启动。

**9月3日**，第16届北京国际图书博览会开幕，本届博览会有628家国内出版单位、文化机构和印刷机构和1700家国外出版企业展览。

**9月3日**，安徽美术出版社与日本株式会社学习研究社就中国原创新漫画《三国演义》日文版权输出在北京签署了正式协议。

**9月3日**，中国版权保护中心与韩国著作权委员会在北京签署协作合作意向书，双方将进一步加强卡通、网游、软件等领域的版权合作。国家版权局版权管理司司长王自强等出席签约仪式。

**9月5日**，哈尔滨中央书店举办首届全国连环画交流会。

**9月7日**，为推进网吧行业规模化、连锁化发展，加强网吧连锁企业的规范与管理，文化部印发《网吧连锁企业认定管理办法》。

**9月7日**，云南省发展改革委出台《云南省旅游文化产业发展规划纲要（2009—2015)》。《纲要》指出，在当前及今后一个时期里，云南省将进一步优化旅游文化产业布局，加快推进6大旅游区、10大旅游文化产业集聚区、6大旅游文化走廊和4个旅游圈的建设和发展。

**9月8日，**文化部制定《文化产业投资指导目录》。鼓励社会资本进入动漫创作、动漫工作室、动漫文化推广、动漫技术开发与应用、动漫服务平台和动漫衍生产品开发等领域，限制进入国内大型动漫游戏会展类。

**9月8日，**中国电视剧第27届"飞天奖"颁奖典礼在北京举行。《闯关东》、《士兵突击》、《戈壁母亲》、《金婚》、《潜伏》等30部长篇电视剧获奖。

**9月8日，**国家广电总局发布《广播电视广告播出管理办法》。自2010年1月1日起施行。

**9月8日，**2009中国安阳殷商文化旅游节正式拉开帷幕。本届殷商文化旅游节时间长达两个多月，活动分为文体、旅游、经贸三大部分。

**9月10日，**文化部文化体制改革工作领导小组办公室公布首批17家拟在年内完成转企改制工作的省会城市直属国有文艺演出剧团名单。

**9月10日，**在中非共和国总统弗朗索瓦·博齐泽·阳谷翁达访问中国期间，国家广电总局党组书记、局长王太华与中非共和国计划、经济和国际合作国务部长西尔万·马利科在人民大会堂签署《中华人民共和国国家广播电影电视总局与中非共和国新闻、公民责任感、全国和解和对话后续部合作协定书》。

**9月10日，**国内动漫玩具龙头企业广东奥飞动漫文化股份有限公司正式在深圳中小板上市，作为国家大力扶持原创动漫创意产业背景下上市的第一股，奥飞动漫主营业务为动漫影视片制作、发行、授权以及动漫玩具和非动漫玩具的开发、生产与销售。

**9月10日，**由文化部、中国文联、中国美协共同主办的"第十一届全国美展——动漫与综合作品展"在哈尔滨举行，全国美展首次设立动漫专项展，较全面地展现了5年来动漫创作的整体水平和发展现状。

**9月10日，**文化部发布《关于加快文化产业发展的指导意见》，《意见》指出加快文化产业发展的重要性、紧迫性以及指导思想、基本原则和主要目标，同时提出了文化产业的发展方向和发展重点以及主要任务和保障措施。

**9月15日，**国家广电总局下发了《广电总局关于互联网视听节目服务许可证管理有关问题的通知》。

**9月15～17日，**2009吉林国际动漫游戏论坛举行。

**9月17日，**全国少儿频道座谈会在广州召开。

**9月16日，**中央编办下发《关于印发＜中央编办对文化部、广电总局、新闻出版署"三定"规定中有关动漫、网络游戏和文化市场综合执法的部分条文的解释＞的通知》，该通知解释称，文化部是网络游戏的主管部门，负责动漫和网络游戏相关产业规划、产业基地、项目建设、会展交易和市场监管。

**9月18日，**第六届中国青海民族文化旅游节开幕。活动集中展示不同画派、不同风格的青海省黄南热贡唐卡、玉树藏娘唐卡、堆绣唐卡艺术精品；运用文字、图片、多媒体演示和传承人现场表演等形式，展示本省国家级和省级非物质文化遗产项目；集中展销近年来青海地方出版社出版的反映青海民族文化、地方文化的汉文、藏文、蒙文图书、期刊和音像制品。同时，还举行了非物质文化遗产保护讲坛、青海民族民间工艺美术品展览活动及各种文艺演出。

**9月20日，**中国首部手机动画电影《美丽人生》在全国26个城市的2000多个大学校园进行展播。

**9月20日，**第11届全国精神文明建设"五个一工程"（2007—2009）获奖名单揭晓，《福娃奥运漫游记》、《大耳朵图图》、《郑和下西洋》、《独角乐园》、《喜洋洋与灰太狼》、《三国演义》6部动画片获得了首次设立的动画片奖。

**9月21日，**大型动画片《孔子》首播式暨图书首发式在北京举行，第一季（1至26集）于9月28日孔子诞辰纪念日在中央电视台一套《动画城》首播，装帧版图书由青岛出版集团出版。

**9月21日，**中国最大手机SNS网站天下网和国内知名动漫公司拾荒动画签署战略合作协议。

**9月25日，**盛大网络旗下游戏业务——盛大游戏在美国纳斯达克挂牌上市，此次盛大游戏IPO融资额达10.4亿美元，这也是今年美国融资规模最大的IPO，并创下中国纳斯达克上市公司融资规模之最。

**9月25日，**新闻出版总署在北京启动中国原创动漫版权保护工作项目，每年定期举办动画版权服务周活动，推动动漫版权价值评估工作和扩大投融资渠道，深入开展著作权登记服务工作。

**9月26日，**《文化产业振兴规划》正式发布。

**9月26日～10月8日，**贵州织金国际溶洞文化节举行。此次文化节包括官寨古街游寨，毕节地区旅游特色商品展销，织金洞及毕节地区旅游营销策划和书画、摄影灯主题活动。

**9月29日～10月5日，**第二届中国国际漫画节举办。

此次漫画节举行了动漫版权交易会、金龙奖颁奖典礼、中国漫画家大会、穗港澳动漫游戏展、大学生原创动画大赛、中国原创连环画展等系列活动，展会入场观众逾15万人，国内外参展商交易额超过40亿元。

**9月30日**，国内唯一的全国性漫画创作行业峰会——第三届中国漫画家大会在广州锦汉展览中心召开。

**9月30日**，第七届青岛动漫艺术节动漫创意产业高峰论坛在青岛国际新闻中心举办。论坛旨在全力打造一个全新动漫产业的交流平台，由政府参与，行业协会组织领导，动漫产业运营商、动漫企业、专业动画教育机构、动漫爱好者以及专业媒体在内的众多企业和个人共聚一堂，共同探讨动漫产业的发展道路、发展模式、发展前景、运营模式、产业链打造、竞争力评估等一系列重要问题。

**9月30日～10月10日**，云南省委宣传部、省文产办、省文化厅、省文联、省文史研究馆在昆明共同主办集政治文化、传统教育、产业发展、市场功能、红色旅游、商业推广于一体的全国性盛会——2009中国云南首届红色文化产业博览会。

十月

**10月9～10日**，全球9大知名媒体共同发起的世界媒体峰会在北京人民大会堂隆重开幕，国家主席胡锦涛出席开幕式并发表重要讲话。峰会闭幕式上通过了《世界媒体峰会共同宣言》。

**10月12日**，国家广电总局发出《关于进一步加强电视动画片播出管理的通知》，要求自2010年1月1日起播出国产动画片黄金时段由原先的17点到21点延长至17点到22点，进一步扩大国产动画片的播出需求，为国产动画产业的发展营造良好的市场环境。

**10月13日**，国家副主席习近平与德国总理默克尔共同出席法兰克福国际书展开幕式，并发表了题为《加强文化交流，促进世界和平》的重要演讲。这是中国首次以主宾国身份在法兰克福国际书展亮相，在文化展示和版权交易上获得了双丰收。

**10月13日**，俄罗斯“中国当代电影周”在莫斯科拉开帷幕。中国电影《集结号》、《暖春》、《梅兰芳》、《夜宴》、《夜宴》、《叶问》和《如果爱》陆续与俄观众见面。

**10月14日**，全国动漫游戏产业发展与管理工作座谈会在北京举行。文化部党组副书记、副部长欧阳坚，党组成员、部长助理丁伟，文化产业司司长刘玉珠、副司长孙若风，文化市场司副司长庹祖海等以及来自全国动漫游戏界近百家企业的代表出席会议。欧阳坚副部长提出“八个问题”“九项工作”。

**10月14日**，中国动漫游戏城项目启动，该项目由文化部和北京市共同建设、扶持，集动漫创作、生产、交易于一体。

**10月14日**，北京市出台《北京市关于支持影视动画产业发展的实施办法（试行）》及《北京市关于支持网络游戏产业发展的实施办法（试行）》，坚决扶优、扶强、扶原创，在市文化创意产业发展专项资金中安排专项，以补贴、奖励等方式，鼓励多出精品、多出人才，支持动漫游戏产业发展。这标志着首都支持动漫游戏产业的政策保障体系日渐完善。

**10月14日**，北方联合出版传媒在德国举行献给建国60周年大型画册《中国》版权和成品书实物输出合同签字仪式。又一部展现中国风貌的大型图书将走向海外，向世界人民展现一个具有五千年悠久历史并在发展中不断迸射新活力的中国。

**10月14日**，浙江文化产业发展研究中心在浙江传媒学院正式成立，省委常委、宣传部长茅临生授牌。浙江文化产业发展研究中心由浙江传媒学院和省文化产业促进会共同成立，是浙江文化大省建设的信息交流、资源共享平台，也是推进我省文化产业大发展、大繁荣的“专家库”、“信息库”和“思想咨询库”。

**10月15日～18日**，由文化部、山东省人民政府主办的首届中国非物质文化遗产博览会在山东济南举办。博览会邀请全国各省区市省级以上的非物质文化遗产项目、部分省级以上非物质文化遗产项目代表性传承人参展、参演，采取实物展示、销售、图片展览、多媒体演示、代表性传承人现场制作等形式，充分展示非物质文化遗产的独特魅力，促进非物质文化遗产保护与经济社会协调发展。

**10月17日**，第18届中国金鸡百花电影节暨第27届中国电影金鸡奖颁奖典礼在江西南昌举行。

**10月17日～19日**，第二届中国（武汉）期刊交易博览会暨全国文化综合类期刊年会在武汉举行。会议以加强我国期刊行业的沟通、交流与合作，促进期刊业的繁荣与发展为宗旨，以文化综合类报刊订货为主要内容，吸引了全国近600家报刊、图书出版及发行单位，国内106家主流期刊负责人参加。新闻出版总署原副署长、中国期刊协会会长石峰等有关部门的领导出席了大会开幕式。

**10月18日**，中国开封第27届菊花花卉暨第二届中国收藏文化（开封）论坛开幕式在开封龙庭舞门广场隆重举行。

**10月19日**，由南京市人民政府、中国传媒大学、澳大利亚昆士兰科技大学共同主办，中共南京市委宣传部、中国传媒大学文化产业研究院承办的第四届“创意中国·和谐世界”文化产业国际论坛在北京成功举办。来自政府主管部门、理论界、产业界的100多名嘉宾参加了论坛。本次论坛以“全球突破：国家文化产业振兴”为主题，探讨金融危机和全球化背景下各国文化产业的发展模式，分享发展经验，探索未来国家文化产业振兴之路。

**10月19日，**国家广电总局发出《关于推荐2009年度第三批优秀国产动画片的通知》。

**10月21日，**上海广播电视台、上海东方传媒（集团）有限公司正式揭牌，这标志着上海在全国率先整体实施广播电视制播分离。

**10月21日，**“古今回想·欢庆中国文化”艺术节在美国卡内基音乐厅揭幕。这次中国音乐节演出场地遍布纽约全城，展现中国多元的富有朝气的文化，木偶戏、丝竹乐、古琴、侗族大歌、琵琶、皮影戏等这些在中国国内都难以一次欣赏到的古老文化艺术，将一一走进美国观众。

**10月21日，**电影《建国大业》的票房超过4亿元，创造了国产电影票房新纪录。

**10月23日，**第11届北京国际旅游节在奥林匹克公园景观大道隆重开幕。来自71个国家和地区、北京市18个区县及区域旅游合作部分省市的25辆花车、41个表演团队、近3000名演职人员参加了开幕式演出及盛装行进表演。本届旅游节的特色是以“鼓”为主体元素，来自国内和世界各地的十余种鼓及数十个国家和地区的鼓手联袂上演了一场“鼓”元素的视听盛宴。

**10月23日，**第二届中国国际动漫创意产业交易会在安徽芜湖隆重开幕，在项目发布和签约仪式上确定合作项目93个，投资总交易额达到92亿元。

**10月23～26日，**第十届国际漫画家大会在台湾淡水举行，大陆多位知名漫画家参会，并获得了多个重要奖项。

**10月24日，**新闻出版总署（国家版权局）、中国国际贸易促进委员会和北京市人民政府共同主办的第二届中国国际版权博览会在北京国家会议中心开幕。

**10月24日，**“2009北京世界设计大会暨首届北京国际设计周”在中华世纪坛开幕。这是世界设计大会首次在中国举办，旨在积极推动北京国民经济和社会事业的发展，成为创新经济的行动主题和“助推器”。

**10月26日～11月8日，**由扶持动漫产业发展部际联席会议主办的首届中国动漫艺术大展在中国美术馆举行，作为中央财政支持举办的一次国家级、高水平、专业化、综合性的动漫艺术盛会，大展以展览、展播、展映、展演四位一体的方式，共展出动漫名作321件，全面系统地展示了新中国成立60年来动漫艺术领域的重要创作成果。

**10月27日，**首届中国动漫艺术大展组委会以“动漫：艺术与产业”为题举办专场学术研讨会。文化部有关领导、动漫业内专家、动漫创作人及企业代表共计150余人参加了研讨会，共同探讨当代中国动漫艺术和产业发展过程中所面临的问题和对策。

**10月28日，**湖南省文化系统文化产业工作会议在湖南省张家界市召开。湖南省文化厅厅长周用金出席了会议。会议总结了近年来湖南省文化系统文化产业工作情况，部署了今后一个时期的文化产业工作。

**10月28日，**由福建省政府、中华文化联谊会、中华广播影视交流协会、中国出版工作者协会和台湾有关文化产业协会联合主办的第二届海峡两岸（厦门）文化产业博览交易会在厦门举行。

**10月28日，**中关村多媒体创意产业园首届“中国原创动漫”商业模式研讨会在北京举行。

**10月28日～10月31日，**由中国传媒大学、北京电视台主办，中国传媒大学动画学院、北京卡酷动画卫视、中国动画学会教育委员会共同承办的［Aniwow! 2009］第四届中国（北京）国际大学生动画节在中国传媒大学举行。本届动画节以“牵手”为主题，寓意来自五湖四海的朋友在动画节精神的感召下聚集一堂，共同分享一年来全球动画发展的最新成果，同时推进我国动画界与国际领先国家的牵手与交流，进一步深化动画学界与业界的牵手与合作，构筑青年动画人激发创意的舞台，进而倡导全国人民、全世界人民之间的牵手、理解与互助。

**10月28～31日，**由文化部文化产业司、对外文化联络局和广西文化厅共同主办的“2009中国一东盟文化产业论坛”在广西南宁举行。本届论坛主题是“文化产业与社会发展”，包括“金融危机给中国与东盟各国文化产业带来的机遇和挑战”、“民族文化遗产的传承保护与产业开发”、“奥林匹克与文化产业”、“大型实景演艺的特点及效果评价”、“创意与城市发展”、“中国一东盟自由贸易区框架下文化产业的合作”等6个议题。论坛邀请中国和东盟9国的文化官员及中国、东盟国家、美国、英国、日本等国的专家学者、企业家等正式代表共68人，列席代表180人。论坛活动丰富，包括开幕式、主题发言、文化产业战略互动对话、专题晚会、项目考察等。

**10月30日，**中国创业板首批28家企业集体挂牌上市，其中着力于华语影视内容制作的华谊兄弟备受关注，其开盘涨幅最大，达122.74%。

**10月30日**，由中华全国新闻工作者协会主办的全国优秀新闻作品年度最高奖、第十九届中国新闻奖和全国优秀新闻工作者最高奖、第十届长江韬奋奖评选结果揭晓。

**10月30日**，以“推进、推广、推动”为主题的第16届中国国际广告节在广西南宁国际会展中心拉开帷幕。广告节为推动商务合作，推进产业升级，特别设立媒介·广告企业交易会、广告设备器材及新媒体技术展览会、LED、霓虹灯及景观照明展览会、国际公关用品（礼品）博览会、2009汽车品牌文化展、中国广告业书画展、中央级电视台媒体推介会、省级电视台媒体联合推介会等商务洽谈、展览会。

**10月30日～11月1日**，第五届海峡两岸图书交易会在厦门国际会议展览中心举办。

十一月

**11月2日～5日**，第8届华中图书交易会在武汉举办，湖北省委常委、宣传部部长李春明同志出席了开幕式。来自全国27个省（市、自治区）的450余家民营及国有出版物批发单位参加了交易会。交易会坚持以市场为导向有动力，以民营为主体有活力，政府大力支持有助推力，主办方热情服务有凝聚力，现场气氛热烈，交易火爆，总交易额达5.5亿元。

**11月4日**，上海市人民政府新闻办公室宣布，上海迪士尼项目申请报告已获国家有关部门核准。落户在浦东新区的上海迪士尼乐园预计耗资244.8亿元，征地面积超过6000亩，这是美国迪士尼公司在全球占地面积最大的主题公园，最早有望在2014年开放。

**11月5日**，中共中央政治局常委李长春参观首届中国动漫艺术大展，专门对动漫产业发展作出重要指示，提出要培育更多专业型、创新型、复合型、外向型动漫人才，为加快动漫产业发展提供有力的人才支撑。要认真贯彻《文化产业振兴规划》提出的要求，加大工作力度，不断改革创新，推动动漫产业大发展大繁荣。

**11月6日～8日**，由国家广播电影电视总局和四川省人民政府主办，四川省广播电影电视局和四川广播电视集团承办的2009（第十届）四川电视节在四川成都举行。有来自70多个国家和地区及国内各省市区的几千家机构报名参评、参展，5000多名来宾参加，参与群众超过10万人次，各项交易活动达成意向性协议金额14.9亿元人民币，较上届增长67.4%。

**11月7日**，中美两国盲文出版机构在北京签署合作框架协议，共同运用现代科技促进盲文普及。据双方签订的协议，中美两国盲文出版社将把开发和生产高性价比可刷新式盲文显示器和整页盲文显示器设为目标，这种新型仪器可显示多语种的盲文，为中美两国盲人提供大量阅读材料。

**11月12日**，由世界遗产旅游博览会组委会和澳门会议展览业协会主办的“第二届世界遗产旅游博览会暨第二届国际休闲旅游与旅游商、礼品交易会”在澳门威尼斯人会展中心举行。

**11月12日**，由中国东方歌舞团转企改制组建的中国东方演艺集团有限公司，中国文化报社转企改制组建的中国文化传媒集团有限公司，文化部文化市场发展中心、中国演出管理中心转企改制共同组建的中国动漫集团有限公司，在北京同时成立。三家集团有限公司是文化系统首批由经营性文化事业单位直接转制为国有独资公司的中央文化企业，其组建创造了第一家中直院团整体转制、第一家部委主管报社整体转制、第一次组建中央动漫企业等多项历史纪录。

**11月15日**，由日本国际交流基金会与北京电影学院共同主办的首届“Anime Festa 2009”中日动漫交流会在北京电影学院开幕。

**11月17日**，国务院总理温家宝签署第566号国务院令，公布《广播电台电视台播放录音制品支付报酬暂行办法》。《办法》对广播电台、电视台就播放已经发表的音乐作品向著作权集体管理组织进行了规定。

**11月17日**，由安徽出版集团和台湾联合报系、联经出版事业公司、台湾上海书店共同主办的安徽文化周图书展在台湾上海书店举行。此次图书展是安徽文化企业首次走进宝岛台湾全方位展示图书出版成果、加强和台湾出版单位资源合作的重要举措。省委常委、宣传部长臧世凯出席图书展。

**11月17日**，深圳文化产权交易所正式挂牌成立，标志着深圳有了全新的文化交易平台，实现了文化产业与金融资本的有效对接，让资本和文化自由“恋爱”。首批文化产权项目将进入深圳文交所挂牌交易。

**11月18日**，第十届中国上海国际艺术节在上海大剧院圆满落幕。从1999－2008年，中国上海国际艺术节走过了不寻常的十年。10年间，五大洲50余个国家和地区的3万余名艺术家、300余个中外艺术团体造访艺术节，共上演中外剧（节）目606台，其中国外剧（节）目278台，国内剧（节）目328台，300余万观众走进剧场观看了演出。

**11月18日**，文化部发出《关于改进和加强网络游戏内容管理工作的通知》，要求建立网络游戏经营单位自我约束机制，完善网络游戏内容监管制度，强化网络游戏社会监督与行业自律。

**11月19日**，中国国际旅游交易会在昆明开幕，国家旅游局将2010年确定为“中国世博旅游年”。

**11月23日**，上海电影集团有限公司宣布与全球最大的影视技术公司汤姆逊集团联手，共同出资在上海成立面向影视、广告、动画等行业提供后期制作的上影THOMSON合资公司。

**11月25～29日**，第四届中国北京国际文化创意产业博览会在国家会议中心开幕。文博会以“激发文化创新活力，促进经济持续增长”为主题，举办展览会、论坛峰会、推介交易、创意活动、文艺演出五大系列数十场活动，共签署合作意向、协议322个，总金额55.2亿美元，为历届之最。文博会期间，还举办了“2009第四届中国文化创意产业高峰会”。

**11月25日**，国务院总理温家宝主持召开国务院常务会议，讨论并原则通过《关于加快发展旅游业的意见》。

**11月25日**，由国家广播电影电视总局、北京市人民政府共同举办的中国电视节目制作基地揭牌仪式在北京市大兴区星光影视园举行。中共中央政治局委员、北京市委书记刘淇出席授牌仪式。中国电视节目制作基地是目前国家广电总局批复的唯一一个国家级的电视节目制作基地。

**11月25日**，工信部召开新闻通气会，针对近来媒体广泛报道的收集淫秽色情网站问题，宣布多项治理手机网络涉黄措施。2009年以来，工业和信息化部组织关闭未备案网站19万余个，依据相关部门指令组织整改关闭涉黄等违法违规网站33000个。

**11月25日**，商务部、文化部、广电总局、新闻出版总署与中宣部、财政部在北京共同举行2009—2010年度文化出口重点企业和重点项目授牌仪式。

**11月25日**，中国建设银行浙江省分行与浙江横店集团签订战略合作协议，建行省分行在额度授信有效期内为横店集团提供60亿元融资。横店集团总裁徐永安在协议签署新闻发布会现场表示，横店集团在未来5年内，将在80亿元投资总额框架下，在影视娱乐中投入30亿元。

**11月26日**，2009年国家动漫游戏产业振兴基地联盟年会在杭州召开，会议的主题是“规范管理、提高品质、科学发展”。会议提出，在联盟中错位发展，实现有序竞争。

**11月26日**，中央人民广播电台下属的央广传媒发展总公司与中国建设银行北京分行签订了《战略合作协议》，央广传媒发展总公司获得30亿元的资金授信。

**11月27日**，第10届祖国大陆图书展在台北举办。本次书展共选送各类参展图书3万种，期刊近千种。书展期间，两岸出版界举办了以“探讨未来两岸出版合作模式，开创两岸出版交流新局面”为主题的论坛。

**11月27日**，动漫产业发展国际论坛在北京市石景山区举行。

**11月27日～12月9日**，越南、柬埔寨中国图书展销会举办，中国出版社达成版权贸易输出合同和意向的图书共计66种，其中当场签约输出21种。

**11月28日**，由中国社会科学院文化研究中心、广东省委宣传部等单位举办的2009中国国际文化产业论坛在广州开幕，论坛主题为“全球金融危机背景下文化产业的机遇”。中外学者、官员和业界人士1000余人参加了论坛。会上发布了《文化产业蓝皮书：国际文化产业发展报告第二卷（2009）》。

**11月28日**，第46届台湾电影金马奖颁奖典礼在台北举行。

**11月28日**，第三届文化创意产业集聚区发展论坛在北京举行。会议认为，我国文化产业集聚区进入功能提升阶段。

十二月

**12月1日**，东北区域动漫产业基地建设纳入国家战略。获国务院正式批复的《中国图们江区域合作开发规划纲要——以长吉图为开发开放先导区》提出，要“发挥区域内民族风情和关东历史文化特色，加强文化产业设施和基础设施建设，打造东北区域动漫及创意产业中心”。

**12月2日**，中共中央政治局常委李长春在湖南考察时强调，大力发展新兴文化产业，走出文化科学发展之路。

**12月4日**，国家广电总局局务会议审议通过《广播电视安全播出管理规定》，自2010年2月6日起施行。

**12月8日**，世界银行提供6000万美元贷款保护贵州文化自然遗产项目启动。这一项目是世行第一次在中国对以旅游为载体实现文化与自然遗产保护和发展项目进行贷款。

**12月10日**，国家广电总局印发《关于电视购物频道建设和管理意见》，明确了广电为主、诚信为本、规范发展的原则。

**12 月 10 日，** 中国国际出版集团在科威特首都科威特城与阿拉伯思想基金会签署出版合作协议。根据这份“一个文明”项目出版合作协议，中国国际出版集团每年将选定一定数量的中文图书翻译成阿拉伯文，内容涉及中国的历史、经济、教育和科技等领域。

**12 月 11 日，** 文化部联合其他部委在北京电影学院举办首届中国动漫艺术大展中国原创动漫展映研讨会。

**12 月 15 日～18 日，**“两岸动漫游戏产业中关村论坛”在北京举办。

**12 月 17 日～18 日，** 由中国动漫学会、中央电视台、海口市政府共同主办的 2009 中国动画年会在海口举行。

**12 月 18 日～19 日，** 新闻出版总署副署长李东东在河北调研新闻出版单位改革工作时表示，报刊业改革已有时间表、路线图和任务书。即将全面开始的报刊业改革将把全国报刊分为时政性、非时政性两类，要在坚持审批准入、主管主办、属地管理的原则下，通过明后两年全行业的努力，实现做强做大一批、整合重组一批、停办退出一批的改革目标。

**12 月 21 日，** 由国家版权局组织编纂、中国人民大学出版社出版的《中国版权年鉴 2009》在北京举行首发仪式。这是我国首次出版《中国版权年鉴》。

**12 月 21 日，** 随着杭州西泠拍卖公司收槌，中国保利、中国嘉德、北京瀚海、北京匡时、中贸圣佳、杭州西泠、北京华辰、北京荣宝八大文物与艺术品拍卖公司全年拍卖全部结束。八大公司全年共拍出文物与艺术品 26928 件，成交总额 866734.1 万元，与 2008 年成交总额 545037 万元相比，提高 59％，与 2007 年成交总额 660861.8 万元相比，提高了 31％。

**12 月 23 日，** 中国广播电视出版社有限责任公司挂牌成立，标志着中国广播电视出版社转企改制工作完成。

**12 月 28 日，** 中央电视台打造的国家网络电视播出机构中国网络电视台（CNTV）正式上线。中共中央政治局常委李长春在出席中国网络电视台开播仪式时强调，积极拓展互联网传播新领域，不断扩大主流媒体覆盖面和影响力。

**12 月 29 日，** 中央电视台中国电视剧制作中心正式在其原名称后加上“有限责任公司”，身份由事业单位变为企业。这家已有 26 年历史的最大的国家级电视剧生产机构的转企改制，成为中国电视媒体推进制播分离改革、将可经营性资产推向市场的重要标志。

**12 月 29 日，** 中华人民共和国工业和信息化部第 8 次部务会议审议通过《通信网络安全防护管理办法》，自 2010 年 3 月 1 日起施行。

**12 月 30 日～1 月 3 日，** 由国家广播电影电视总局、广东省人民政府联合主办的首届中国国际影视动漫版权保护和贸易博览会在东莞举行，博览会以影视动漫版权贸易为核心，旨在打造影视动漫版权保护和交易的平台。